1916 年留影

蔡元培年谱新编
（插图版）

王世儒 编

上卷

北京大学出版社
PEKING UNIVERSITY PRESS

图书在版编目(CIP)数据

蔡元培年谱新编:插图版/王世儒编. —北京:北京大学出版社,2019.10
ISBN 978-7-301-30861-5

Ⅰ. ①蔡…　Ⅱ. ①王…　Ⅲ. ①蔡元培(1868-1940)—年谱　Ⅳ. ①K825.46

中国版本图书馆 CIP 数据核字(2019)第 217256 号

书　　　名	蔡元培年谱新编(插图版)
	CAI YUANPEI NIANPU XINBIAN (CHATU BAN)
著作责任者	王世儒　编
责 任 编 辑	于　娜　韩文君
标 准 书 号	ISBN 978-7-301-30861-5
出 版 发 行	北京大学出版社
地　　　址	北京市海淀区成府路 205 号　100871
网　　　址	http://www.pup.cn
电 子 信 箱	zyl@pup.pku.edu.cn　新浪微博:@北京大学出版社
电　　　话	邮购部 010-62752015　发行部 010-62750672　编辑部 010-62767346
印 刷 者	北京中科印刷有限公司
经 销 者	新华书店
	730 毫米×1020 毫米　16 开本　88.5 印张　1733 千字
	2019 年 10 月第 1 版　2019 年 10 月第 1 次印刷
定　　　价	260.00 元(精装,上下卷)

未经许可,不得以任何方式复制或抄袭本书之部分或全部内容。
版权所有,侵权必究
举报电话:010-62752024　电子信箱:fd@pup.pku.edu.cn
图书如有印装质量问题,请与出版部联系,电话:010-62756370

出版说明

《蔡元培年谱新编》（插图版）（以下简称《新编》）是北京大学王世儒先生多年从事蔡元培研究厚积薄发的一部力作。

关于蔡元培年谱，中华书局、人民教育出版社先后出版了高平叔先生编纂的《蔡元培年谱》（1980年）和《蔡元培年谱长编》（1999年，以下简称《长编》）。前者仅一卷，过于简略；后者四卷，大部分为谱主著述内容摘录，与文集无太大差别。

《新编》与前述两书，尤其是与《长编》相比，具有以下特点。

一、《长编》中有三分之二篇幅为谱主著述内容摘录，而属于记述谱主生平事迹内容者仅三分之一。《新编》以翔实记述蔡元培生平事迹和思想面貌为内容，为求精练，绝少摘录谱主著述的文字内容，以免与谱主文集类书籍重复。

二、《新编》所引证的文献资料比《长编》所引证的文献资料，种类范围既广且多。中国国家图书馆、北京大学图书馆、北京大学档案馆特藏的诸多民国时期旧报刊、历史档案、出版物等资料，为本书的编写提供了便利。尤其是近年来图书馆界资源共享，网络检索便捷，使《新编》获取了更多来自于全国各地（包括港台）丰富的资料信息。

三、与《长编》的记述方法不同，《新编》记述谱主生平事迹采用的是纲目体，即以纲带目法。纲文的编写力求简明扼要，不加评论性文字。目文直接引用原始文献，藉以客观介绍谱主一生史事及思想面貌，并于各条记事之后均注明所据来源。

四、对于目前尚不适宜公开出版的部分内容，目文中用"从略"或者省略号"……"表示，并注明参考文献，为读者指示进一步查阅的途径。

五、对于近年来新发现的尚未见于已出版的《蔡元培全集》及其他相关著述，凡属篇幅在千字以内者，《新编》酌予介绍并作收录，以补已出版《蔡元培全集》及相关著述之缺。凡篇幅在千字以上者，仅列出标题，注明写作、发表时间及初次发表处，并指示明确的检索途径。

六、根据历史档案，选配了一百四十余幅珍贵的历史图片，其中一些是首次面世。这些插图使谱主的历史面貌更加具体形象。

本书是目前系统、全面、准确地记述蔡元培先生一生史事的年谱性工具书，具有重要的学术价值。

北京大学出版社

2019年9月1日

编写说明

《蔡元培年谱新编》（插图版）旨在客观、翔实地记述谱主一生的史事及思想面貌。唯其如此，全书在编写过程中，自始至终严格地依照如下的三点进行。

（一）广泛采集资料。为能获取真实、丰富的原始文献，编者广泛地查检了相关报刊及有关书籍，阅读了包括谱主日记、自传、函电等在内的各种著述，以及目前能搜集到的海内外人士撰写发表的日记、书信、回忆录、纪念文章等，凡与谱主生平事迹有关的可靠史料，尽量采集收录，力求系统、全面而准确地记述谱主的一生史事。

（二）实录历史本相。为能准确翔实地记述谱主的生平、事迹和思想的本相，本书的编写采用纲目体。纲文用语力求简练，点题而已，一般不加评论性文字；所有目文，直接引用原始文献，而且不论其为褒为贬，均原文照录，即以"述而不作"的方法，客观如实地反映历史的本来面目。

（三）缜密考订史料。内容上广泛收录，并非只是细大不捐地堆砌材料，而必须对所采集的史料，严谨进行辨订真伪的工作。凡经考证事涉子虚者，概不采用；遇有不同说法者，取其持之有据一说；与史实有出入之处，尽可能加以订正说明；尚难判定者，兼收并录，注明待考。除此之外，并对所采用的文献史料，一一注明所据来源，以避免以讹传讹，而利于引证参考。

年谱之作，对于研究谱主的一生史事及思想面貌，很有用处。但其编写工作十分繁难艰巨，很难做到尽善尽美，加之编者的学识水平有限，本书中的错漏失当之处，在所难免，尚望专家和读者惠予指正。

目 录

上卷

一、家世

二、幼年及旧学时代（1868—1897）

1868 年（清同治七年　　　戊辰）一岁	/009
1869 年（清同治八年　　　己巳）两岁	/010
1872 年（清同治十一年　　壬申）五岁	/010
1877 年（清光绪三年　　　丁丑）十岁	/011
1878 年（清光绪四年　　　戊寅）十一岁	/011
1879 年（清光绪五年　　　己卯）十二岁	/012
1880 年（清光绪六年　　　庚辰）十三岁	/012
1883 年（清光绪九年　　　癸未）十六岁	/013
1884 年（清光绪十年　　　甲申）十七岁	/014
1885 年（清光绪十一年　　乙酉）十八岁	/014
1886 年（清光绪十二年　　丙戌）十九岁	/015
1887 年（清光绪十三年　　丁亥）二十岁	/016
1888 年（清光绪十四年　　戊子）二十一岁	/017
1889 年（清光绪十五年　　己丑）二十二岁	/017
1890 年（清光绪十六年　　庚寅）二十三岁	/018
1891 年（清光绪十七年　　辛卯）二十四岁	/020
1892 年（清光绪十八年　　壬辰）二十五岁	/020
1893 年（清光绪十九年　　癸巳）二十六岁	/022
1894 年（清光绪二十年　　甲午）二十七岁	/023
1895 年（清光绪二十一年　乙未）二十八岁	/031

1896年（清光绪二十二年　丙申）二十九岁　　　　　　　　　　　　/034
1897年（清光绪二十三年　丁酉）三十岁　　　　　　　　　　　　　/044

三、运动革命与游学时代(1898—1911)

1898年（清光绪二十四年　戊戌）三十一岁　　　　　　　　　　　/055
1899年（清光绪二十五年　己亥）三十二岁　　　　　　　　　　　/062
1900年（清光绪二十六年　庚子）三十三岁　　　　　　　　　　　/074
1901年（清光绪二十七年　辛丑）三十四岁　　　　　　　　　　　/088
1902年（清光绪二十八年　壬寅）三十五岁　　　　　　　　　　　/108
1903年（清光绪二十九年　癸卯）三十六岁　　　　　　　　　　　/119
1904年（清光绪三十年　　甲辰）三十七岁　　　　　　　　　　　/130
1905年（清光绪三十一年　乙巳）三十八岁　　　　　　　　　　　/137
1906年（清光绪三十二年　丙午）三十九岁　　　　　　　　　　　/140
1907年（清光绪三十三年　丁未）四十岁　　　　　　　　　　　　/148
1908年（清光绪三十四年　戊申）四十一岁　　　　　　　　　　　/151
1909年（清宣统元年　　　己酉）四十二岁　　　　　　　　　　　/157
1910年（清宣统二年　　　庚戌）四十三岁　　　　　　　　　　　/160
1911年（清宣统三年　　　辛亥）四十四岁　　　　　　　　　　　/162

四、教育总长及第二游学时代(1912—1916)

1912年（民国元年　　　　壬子）四十五岁　　　　　　　　　　　/173
1913年（民国二年　　　　癸丑）四十六岁　　　　　　　　　　　/211
1914年（民国三年　　　　甲寅）四十七岁　　　　　　　　　　　/226
1915年（民国四年　　　　乙卯）四十八岁　　　　　　　　　　　/230
1916年（民国五年　　　　丙辰）四十九岁　　　　　　　　　　　/236

五、北京大学校长时代(1917—1926)

1917年（民国六年　　　　丁巳）五十岁　　　　　　　　　　　　/251
1918年（民国七年　　　　戊午）五十一岁　　　　　　　　　　　/283

1919年(民国八年	己未)五十二岁		/326
1920年(民国九年	庚申)五十三岁		/377
1921年(民国十年	辛酉)五十四岁		/422
1922年(民国十一年	壬戌)五十五岁		/474
1923年(民国十二年	癸亥)五十六岁		/559
1924年(民国十三年	甲子)五十七岁		/584
1925年(民国十四年	乙丑)五十八岁		/598
1926年(民国十五年	丙寅)五十九岁		/606

下卷

六、大学院院长及中央研究院院长时代(1927—1940)

1927年(民国十六年	丁卯)六十岁	/639
1928年(民国十七年	戊辰)六十一岁	/699
1929年(民国十八年	己巳)六十二岁	/824
1930年(民国十九年	庚午)六十三岁	/888
1931年(民国二十年	辛未)六十四岁	/944
1932年(民国二十一年	壬申)六十五岁	/1029
1933年(民国二十二年	癸酉)六十六岁	/1069
1934年(民国二十三年	甲戌)六十七岁	/1131
1935年(民国二十四年	乙亥)六十八岁	/1183
1936年(民国二十五年	丙子)六十九岁	/1244
1937年(民国二十六年	丁丑)七十岁	/1305
1938年(民国二十七年	戊寅)七十一岁	/1327
1939年(民国二十八年	己卯)七十二岁	/1352
1940年(民国二十九年	庚辰)七十三岁	/1369

附录 /1383

凡　例

　　一、本书旨在记述谱主生平事迹及思想的本相，所有纪事，均以与谱主有密切关系的事项为限，属于所谓背景材料者，概未收录。

　　二、本书按年月日纪事。年用公元，月日采用阳历。其中亦有个别事项，采用纪事本末方式，以利反映事项的始末原委。

　　三、本书内容为纲目体，文字力求简练概括，属于（一）纲文足以说明问题者，（二）记述谱主撰著发表或出版者，一律省略目文。

　　四、本书的目文，均直接引用第一手资料，并照录原文。所引用的原文，均以引号标示。

　　五、本书纪事，遇同一月日有多条事项者，仅在首条注明具体时间，其余以"同月"或"同日"标示。

　　六、本书各条纪事，均于该条文末注明资料来源，即注明该条资料的作者及出处等；凡未注谱主姓名仅列篇名或书名者，均为已辑入公开出版的《蔡元培全集》或《蔡元培文集》中的谱主之作。

　　七、本书对于谱主的撰述、演说词、题联及函电等文，凡属尚未辑入已出版的《蔡元培全集》者，尽可能收录，以补缺漏，便利参考；但对篇幅过长者，仅列篇名及最初刊载出处，可供自行检索。

　　八、本书遇有同一纪事，存有不同的说法者，予以兼收并录，裨供进一步研究参考。

　　九、本书对于所涉及的人名，在行文时力尽所知采用其本名或常用名，为便利阅读起见，或于（）内附其字号；为求文字简练，对所涉及的人物，一般不冠其职衔或称谓。但对引文中原所使用的名或字、职衔或称谓，照录原文，未作改动。

　　十、本书引文中，遇有错字需加订正者，订正之字以（ ）表示，置于错字之后，增补脱字，置于〔 〕内，衍文加〖 〗表示，模糊难辨之字，以□表示。

上　卷

家世

蔡氏祖籍诸暨,明末迁居绍兴,世代经商,至蔡元培先生六叔父茗珊始读书,并考试入学,为廪生。

19世纪绍兴城貌

"我家是明末由诸暨迁到山阴的。我的祖先有经营木材的,因同行忌刻,被斧砍伤。受伤后就不再经营木材。由这位经营木材的祖先,又过两代,传到了我曾祖。他行四。他的一位行三的哥哥,营绸缎商。曾由浙江运绸缎往广州,因偷关被捕,要处死刑。家中营救,罄其所有,免于一死。

我祖父是一位经营典当商的经理,就由他在笔飞坊买了一所房子,坐北朝南三个大厅。他生我父亲共七兄弟。我的第三叔好武,外出,不知所往,亦不知所终。余下六行中,第六第七两位叔叔,那时很小。我祖父因为他的大二四五四个儿子都已娶亲成家,又在屋后建筑五楼五底,以备大家庭合住之用。我们是大房,住一楼一底之外,尚多一间骑楼。……

我同胞兄弟四人。我的四弟早殇。所以实只兄弟三人。即我有一兄一弟。我有两姐均未出阁,在二十岁左右病故了。一个小妹妹,也早殇了。

我父亲面方、皮黄。我母亲面椭圆、皮白。我兄弟姊妹七人中,凡单数的都像母亲,双数的都像父亲。我行二,故像父亲。

我父亲为钱庄经理,二叔为绸缎庄经理,四叔也是经理钱庄,五叔七叔为某庄副经理。全家经商,只我六叔读书。我家至我六叔才考试入学,是一个廪生。他以前,祖传都无读书登科之人。"(萧瑜:《蔡孑民先生自述身家轶事》)①

"绍兴府有八县,山阴、会稽两县署与府署同城。自废府以后,乃合山阴、会稽两县为绍兴县。笔飞弄是笔飞坊中的一弄。相近有笔架山、笔架桥、题扇桥、王右军舍宅为寺的戒珠寺、王家山(即戢山)。相传右军在此的时候,一老妪常求题扇,有一日,右军不胜其烦,怒掷笔,笔飞去,这就是名笔飞坊的缘故。此说虽近于神话,但戒珠寺山门内有右军塑像,舍宅为寺的话,大约是可靠的。

笔飞弄的房子是我的祖父所经营的。分两进:前进是一堂两厅,有园有井,是买的。后进是五楼五底,是造的。我父与第二、第四、第五的三位叔父住后进,第六、第七的两位住前进,也是祖父分配的。

我第三叔父,因出去从军,多年不归,也没有消息,所以没有替他备住宅。"(《自写年谱》)

绍兴蔡元培故居

---

① 载香港《明报月刊》1978年3月5日。

二

幼年及旧学时代
（1868—1897）

1868年(清同治七年　戊辰)一岁

1月11日(农历丁卯十二月十七日)　出生于浙江省绍兴府山阴县(今绍兴市)城内笔飞坊中笔飞弄。

"我是清同治六年(一八六七),丁卯,十二月十七日亥时生的。原初是说十八日子时,后又改正为十七日亥时。那时中国无钟表,所以时间也不易计算准确。"

"我家住在绍兴城内笔飞坊中的笔飞弄。那时没有门牌号数。附近有笔架山、笔架桥、题扇桥、戒珠寺(相传为王右军故宅)。寺后有蕺山,土人呼为王家山。——这都是纪念王羲之的故事。"(萧瑜:《蔡孑民先生自述身家轶事》)

蔡先生乳名阿培,入塾后,名元培,字鹤卿,后改号孑民,并曾别署蔡振之名。

"孑民小名阿培,入塾时,加昆弟行通用之元字,曰元培。其叔父茗珊君字之曰鹤卿。及孑民治小学,慕古人名字相关之习,且以鹤卿二字为庸俗,乃自字曰仲申而号曰雀顾。及在爱国学社时,自号曰民友。至《警钟》时代,则曰吾亦一民耳,何为民友。乃取'周余黎民,靡有孑遗'二句中字,而号曰孑民,以至于今焉。孑民曾改名蔡振,则因彼尝为麦鼎华君序《伦理学》,谓四书五经,不合教科书体裁,适为张南皮所见,既不满麦书,而谓蔡序尤谬妄。商务印书馆恐所印书题蔡元培名,或为政府所反对,商请改署。故孑民于所译包尔生《伦理学原理》及所编《中国伦理学史》,皆假其妻黄女士之名,而署蔡振云。"(《传略》上)

蔡先生晚年居港时,还使用过周子馀的姓名。

"今年一月杪,始租得九龙柯士甸路一五六号楼下二号之屋而住之,以至于今;但通讯仍由商务印书馆转(香港之商务分馆在大道中三十五号),而姓名则借用'周子馀'三字。此间相识之寓公太多,若宣布真姓名,真住址,将应接不暇也。"(《致许寿裳函》1938年4月30日)

1869年（清同治八年　己巳）两岁

为乳母陈氏抚护。

"西历一八六八——一八六九年,清同治七年戊辰。乳母陈氏抚我。"(《自写年谱》)

1872年（清同治十一年　壬申）五岁

9月28日（八月二十六日）　祖父蔡廷桢去世。其祖父为典当商经理,以俭省稍有积蓄,"为子孙购地造屋,做成小康家庭"。

"是年八月廿六日,我的祖父去世。祖父讳廷桢,字佳木。我家先世是明季由诸暨迁至山阴的。山阴的始祖是恭政公,在画像上方巾蓝衫,是明代生员的样子。再传而至佐臣公,以造林售薪为业,重然诺,好施与,时谓之蔡善人。为同业所忌,或以斧斫其肩,因是辍业。又两传而至我高祖必达公,命诸子贩绸至广州,颇获利,因漏税,我第三曾伯祖为关吏所拘,将处死刑,倾家营救,获免,但家境从此中落。相传我祖父夏夜读书,无法得辟蚊烟,置两胫于瓮中,勤学可想。我祖父在一典当中习业,渐升至经理,以俭省,稍有积蓄,所以为祖宗置祭田,为子孙购地造屋,做成小康的家庭。"(《自写年谱》)

本年　入家塾,塾师为周先生。

"是年,我始进家塾,塾师是一位周先生。那时候初入塾的幼童,本有两种读书法:其一是先读《诗经》,取其句短而有韵,易于上口。《诗经》读毕,即接读四书(即《大学》《中庸》《论语》《孟子》)。其一是先读《三字经》《百家姓》《千字文》《神童诗》《千家诗》等书,然后接读四书。我们的周先生是用第二法的。但我记得止读过《百家姓》《千字文》《神童诗》三种。那时候塾中以读书为主要工课,先生坐着,学生立在先生之旁,〔先生〕先读,学生循声仿读,然后学生回自己座位,高声读起来。读书以外,止有两种工课,一是习字,一是对课。习字,先用描红法,即购得红印范本,用墨笔描写。先由先生把住学生的手,依样描写,连笔画的先后也指示了。进一步摹写,是墨印的或先生写的范本,叫作影格,用纸蒙着上面,照样摹写,与现在用考(拷)贝纸的样子。再进一步临写,是选取名人帖子,看熟了,在别纸仿写出来。对课,是与现在的造句相近,大约由一字到四字。先生出上联,学生想出下联来,不但名词要对名词,静词要对静词,动词要对动词;而且每一种词里面,又要取其品性相近的。例如先生出一山字是名词,就要用水字、海字来对他,因为都是地理的名词。又如出桃红二字,就要用柳绿、薇紫等词来对他。第一字都用植物的名词,第二字都用颜色的静词。别的可以类推。这一种工课,不但是作文的开始,并且也是作诗的基础。所以对到四字课的时候,先生还用圈发的法子,指示平仄的相对。平声字圈在左下方,上声左上方,去声右上方,入声右下方。学生作对子时,必要用平声对仄声(仄声包含上、去、入三声),仄声对平声。等到四字对作得合格了,就可以学五言诗,不要再作对子了。"(《自写年谱》)

1877年(清光绪三年　丁丑)十岁

8月2日(六月二十三日)　父亲蔡宝煜病逝。其父为钱庄经理,平素宽于处友,"借贷者不必有券"。

"是年六月廿三日,我的父亲去世。父亲讳宝煜、字曜山,任钱庄经理。去世后,家中并没有积蓄。我的大哥仅十三岁,我十一岁,我的三弟九岁。亲友中有提议集款以充遗孤教养费者,我母亲力辞之。父亲平日待友厚,友之借贷者不必有券,但去世后,诸友皆自动来还,说是良心上不能负好人。母亲凭藉这些还款,又把首饰售去了,很节俭的度日,我们弟兄始能生存。我父亲的好友章叔翰先生挽联说:'若有几许精神,持己接人,都要到极好处。'"(《自写年谱》)

父亲去世后,赖母亲周氏抚育。

"其父素宽于处友,有贷必应,欠者不忍索,故殁后几无积蓄。世交中有欲集款以赡其遗孤者,周氏不肯承认,质衣饰,克勤克俭,抚诸儿成立,每以自立,不倚赖勉之。常自言每有事与人谈话,先预想彼将作何语,我宜以何语应之。既毕,又追省彼作何语,我曾作何语有误否?以是鲜偾事。故孑民之宽厚,为其父之遗传性。其不苟取,不妄言,则得诸母教焉。"(《传略》上)

本年　在姨母家附读。

"十一岁,父亲去世。自此不再延师,就在别处附读。父亲是那年六月死的,我从那年下半年,就在姨母家附读一年。"(萧瑜:《蔡孑民先生自述身家轶事》)

1878年(清光绪四年　戊寅)十一岁

本年　在李申甫所设的私塾读书。

"因父亲见背,无力再聘塾师,我就在我家对门李申甫先生所设的私塾读书了。

李先生的教授法,每日上新书一课,先朗读一遍,令学生循声照读,然后让学生回自己位置上复读,到能背诵止,余时温习已读各书。在上课以前,把读过的书统统送到先生的桌上,背先生而立,先生在每一本上撮一句,令学生背诵下去,如不能诵或有错误,就责手心十下退去,俟别的学生上课后再轮到,再背诵,如又有不能〔背〕诵或错误,就责手心二十下。每次倍加。我记得有一次背诵《易经》,屡次错误,被责手心几百下。其他同学当然也有这种状况。"(《自写年谱》)

1879年(清光绪五年 己卯)十二岁

本年 开始学作八股文。

"是年始试作制艺,就是俗称八股文的。那时候试作制艺的方法,先作破题,止两句,是把题目的大意说一说。破题作得合格了,乃试作承题,约四五句。承题作得合格了,乃试作起讲,大约十余句。起讲作得合格了,乃作全篇。全篇的作法,是起讲后,先作领题,其后分作六比或八比,每两比都是相对的。最后作一结论。由简而繁,确是一种学文的方法。但起讲、承题、破题,都是全篇的雏形。那时候作承题时仍有破题,作起讲时仍有破题、承题,作全篇时仍有破题、承题、起讲,实在是重床叠架了。"(《自写年谱》)

1880年(清光绪六年 庚辰)十三岁

本年起 受业于探花桥王子庄(懋修)先生,前后四年。

"是年始就学于王子庄先生,先生讳懋修,设馆于探花桥,离我家不过半里。我与三弟朝就塾,晚归家,在塾午餐,每月送米若干,每日自携下饭之菜。其他同学有回家午餐的,有宿于先生所备之宿舍的。是时我已读过四书及诗、书、易三经,又已读删去丧礼之小戴记(那时候读经,专为应试起见,考试例不出丧礼题,所以不读丧礼),正读《春秋左氏传》。先生为我等习小题文(未入学的,考试时文题多简短,叫作小题;乡、会试的题较长,叫作大题),不可用四书五经以外的典故与词藻,所以禁看杂书。有一日,我从一位同学借一部《三国演义》看,先生说看不得,将来进学后,可看陈寿的《三国志》。有一日,我借得一部《战国策》,先生也说看不得,但王先生自记(己)却不是束书不观的。他因为详研制艺源流,对于制艺名家的轶事,时喜称道,如金正希(声)、黄陶庵(淳耀)的忠义,项水心(煜)的失节等等。又喜说吕晚村,深不平于曾靖一案。又常看宋明理学家的著作,对于朱陆异同,有折衷的批判。对于乡先正王阳明固所佩服,而尤其崇拜刘蕺山,自号其居曰仰蕺山房。所以我自十四年至十七年,受教四年,虽注重练习制艺,而所得常识亦复不少。那时候,在王先生塾中的同学,不下三十人,与我最要好的是薛君朗轩。薛君长于我两岁,住大路,他每晚回家,必经过笔飞弄口,所以我们每日回家时必同行,路上无所不谈,到笔飞弄口始告别。那时候,我所做的八股文,有不对的地方,王先生并不就改,往往指出错误,叫我自改。昼间不能完卷,晚间回家后,于灯下构思,倦了就不免睡着,我母亲常常陪我,也不去睡。有一次,母亲觉得夜太深了,人太倦了,思路不能开展了,叫我索性睡了,黎明即促我起,我尔时竟一挥而就。我终身觉得熬夜不如起早,是被母亲养成的。"(《自写年谱》)

受业师王子庄的影响,二十岁以前崇拜宋儒。

"王君名懋修,亦以工制艺名。而好谈明季掌故,尤服膺刘蕺山先生,自号其斋曰仰蕺山房。故子民二十岁以前,最崇拜宋儒。"(《传略》上)

1883年(清光绪九年 癸未)十六岁

本年 考取秀才。

"这三年(1881—1883)里边,我记得考过小考两次。那时候小考分作县考、府考、道考三级。县考正试一场,复试五场。府考正试一场,复试三场。道考由提学使主持,旧称提学道,所以叫作道考,正试一场,复试一场。每次考试的点名,总在黎明以前。我母亲于夜半即起煮饭,饭熟乃促我起,六叔父亦来共饭,并送我进考场。所以为我的考试,我母亲也辛苦了多少次。直到我十七岁,才进了学。那一期的提学使广东潘峄琴先生,讳衍桐,广东番禺人。"(《自写年谱》)

现存在山阴县考取秀才时的试卷有:

"《我不识能至否乎》《君子修之吉,小人悖之凶论》《赋得弱冠弄柔翰(得柔字五言六韵)》《在即物而穷其理也》《赋得下笔春蚕食叶声(得蚕字五言八韵)》"。(山阴县"二复"试卷)

考取秀才后,不再到王子庄处受业。而开始自由阅读,尤喜读《说文通训定声》《文史通义》《癸巳类稿》《癸巳存稿》等,深受影响。

"我十六岁,考取了秀才,我从此不再到王先生处受业,而自由读书了。那时我还没有购书的财力,幸而我第六个叔父茗珊先生有点藏书,我可以随时借读,于是我除补读《仪礼》《周礼》《春秋公羊传》《穀梁传》《大戴礼记》等经外,凡关于考据或词章的书,随意检读,其中最得益的,为下列各书:(一)朱骏声氏《说文通训定声》。……(二)章学诚氏《文史通义》。……(三)俞正燮氏《癸巳类稿》及《癸巳存稿》。

……我青年时代所喜读的书,虽不只这三部,但是这三部是我深受影响的,所以提出来说一说。"(《我青年时代的读书生活》)

或谓考取秀才后,专治小学、经学,为骈体文。

"孑民以十七岁补诸生,自此不治举子业,专治小学、经学,为骈体文。偶于书院中为四体文,辄以古书中通假之字易常字,以古书中奇特之句易常调,常人几不能读,院长钱振常、王继香诸君转以赏之。其于乡、会试所作亦然。"(《传略》上)

1884年(清光绪十年　甲申)十七岁

本年　在姚氏家充塾师。

"是年我到姚氏充塾师,学生三人。"(《自写年谱》)

1885年(清光绪十一年　乙酉)十八岁

在单氏家充塾师。

"光绪十一年乙酉。我在单氏充塾师,学生四人。"(《自写年谱》)

9月(八月)　第一次往杭州应乡试。

"是年八月初旬,我第一次随六叔往杭州,应乡试。启行这一日,照六叔父成例,祭祖告别。晚餐后上乌篷船,船行一夜,到西兴,渡钱塘江,到杭州。初八日黎明进考场,作四书文三篇,五言八韵诗一首,初九日出场。十一日第二次进场,作五经文五篇,十二日出场。十四日第三次进场,对策问五道,十五日出场。杭州与萧山止隔一江,故萧山人应试者常回家赏中秋。凡第一场、第二场试卷上有犯规的,如烧毁或不合格式等,辄于蓝纸上写号数,揭之考场照壁,俗称上蓝榜。我虽初次观场,幸而未上蓝榜。乡试卷不但编号糊名,并须由官派誊录用朱笔誊写一份,使考官不能认识考生的笔迹。但誊录往往潦草塞责,使考官不能卒读,因此有一部分誊录,先期与考生接洽,于首行若干字内,插用某某等三字,以便检出,特别慎写,藉以取得特别酬资。每次留场二日,饮食须自备,考生自携白米及冷肴、汤料等。每号有一勤务兵,时称号军,所携之米,本可付号军代煮,但号军多不良,所以我等都自携紫铜炊具,叫作五更饥,用火酒炊饭。每号之末间即厕所,坐近末间,每闻恶臭。又登厕时亦常苦呼吸为难,则携艾绳进场以避秽。集万余人于考场,偶有神经错乱,于试卷上乱写情诗或漫画杂事,甚而至于自杀的。闻者每附会事因,认为报应,并且说点名将毕时,有官役举一黑旗,大呼'有恩报恩,有冤报冤'云云,皆无稽之谈,但那时候常常听人道及的。乡试后举人例游西湖,那时候游湖的都出涌金门,门外有茶馆数处,忆其一名三雅园。由此地呼舟可游彭公祠(即三潭印月)、左公祠(左宗棠)、蒋公祠(蒋益澧)、刘公祠(刘典)等处,都是清朝功臣,所以辛亥后都废,止有三潭印月,至今尚存,但也没有人再提彭公祠的名了。别墅忆止有高庄与俞楼。杭州人喜用主试的姓作俏皮的对子,是年主考为白、潘二君,杭人就用《白蛇传》同《金瓶梅》作对,是'精灵犹恋金山寺,魂魄长依紫石街'。"(《自写年谱》)

本年 母亲周氏患病,密刲臂肉和药以进。

"我母亲素有胃疾,到这一年,痛得很剧,医生总说是肝气,服药亦未见效。我记得少时听长辈说:我祖母曾大病一次,七叔父秘密刲臂肉一片,和药以进,祖母服之而愈,相传可延寿十二年云云。我想母亲病得不得了,我要试一试这个法子,于是把左臂上的肉割了一小片,放在药罐里面,母亲的药,本来是我煎的,所以没有别的人知道。后来左臂的用力与右臂不平均,给我大哥看出,全家的人都知道了。"(《自写年谱》)

1886年(清光绪十二年 丙戌)十九岁

2月25日(正月二十二日) 母亲周氏病逝。

"正月廿二日,我母亲病故,年五十岁。我母亲是精明而又慈爱的,我所受的母教比父教为多,因父亲去世时,我年纪还小。我本有姊妹三人,兄弟三人。大姊、大哥、大弟、三妹面椭圆,肤白,类母亲。二姊、四弟与我,面方,肤黄,类父亲。就是七人中第一、第三、第五、第七(奇数)类母,第二、第四、第六(偶数)类父。但大姊十九岁去世,二姊十八岁去世,四弟六岁殇,七妹二岁殇。所以受母教的时期,大哥、三弟与我三个人最长久。我母亲最慎于言语,将见一亲友,必先揣度彼将怎样说,我将怎样对。别后,又追想他是这样说,我是这样对,我错了没有。且时时择我们所能了解的,讲给我们听,为我们养成慎言的习惯。我母亲为我们理发时,与我们共饭时,常指出我们的缺点,督促我们的用工。我们如有错误,我母亲从不怒骂,但说明理由,令我们改过。若屡诫不改,我母亲就于清晨我们未起时,掀开被头,用一束竹筱打股臀等处,历数各种过失,待我们服罪认改而后已。先用竹筱,因为着肤虽痛,而不至伤骨。又不打头面上,恐有痕迹,为见者所笑。我母亲的仁慈而恳切,影响于我们的品性甚大。"(《自写年谱》)

"居母丧,必欲行寝苦枕块之制,为家人所阻,于夜深人静后,忽夹枕席赴棺侧,其兄弟闻之,知不可阻,乃设床于停棺之堂,而兄弟共宿焉。"(《传略》上)

本年 经田春农先生介绍,应徐友兰之聘,为其子徐维则(以愻)伴读,并为校勘所刻《绍兴先正遗书》《铸学斋丛书》等。

"是年我以田春农（宝祺）先生的介绍，往徐氏为徐君以愻（名维则）伴读，并为校勘所刻《绍兴先正遗书》《铸学斋丛书》等。

我自十七岁以后，因不再受王子庄先生之拘束，放胆阅书。六叔父茗珊先生所有之书，许我随意翻阅，如《说文通训定声》《章氏遗书》《日知录》《困学纪闻》《湖海诗传》《国朝骈体正宗》《绝妙好词笺》等，都是那时候最喜读的书。于是就学散文与骈文，每有所作，春农先生必大加奖励，认为可以造就，所以介绍我到徐氏，一方面固为徐君择友，一方面为给我以读书的机会，真是我生平第一个知己。田氏、徐氏，藏书都很多。我到徐氏后，不但有读书之乐，亦且有求友的方便。王君寄顾（名佐）为以愻弟硕君之师，熟于清代先正事略等书，持论严正。以愻之师朱君莳卿，人甚豪爽，善为八股文与桐城派古文。魏君铁珊（名彧）有拳勇，能为诗古文辞，书法秀劲，皆尔时所识。以愻之伯父仲凡先生（名树兰）搜罗碑版甚富。那时候，年辈相同的朋友，如薛君朗轩、马君湄纯、何君阆仙等，都时来徐氏，看书谈天。曾相约分编大部的书，如《廿四史索引》《经籍纂诂补正》等，但往往过几个月就改变工作。这种计画（划），都是由我提出，但改变的缘故，也总是由我提出，所以同人每以我的多计画（划）而无恒心为苦。徐君以愻尝评我为'无物不贪，无事不偏'。"（《自写年谱》）

本年 曾报考书院，所作八股文深受书院院长赏识。

"那时候我也去考书院，山阴龙山书院的院长是钱箑仙先生（讳振常），会稽的稽山书院院长是王止轩先生（讳继香），我的八股文是用经、子中古字义古句法凑成的，钱先生很赏识，诗赋有时候全用小篆写的，王先生很赏识。"（《自写年谱》）

本年 不再作八股文，而改作词章考据学。

"二十岁起，我不教书了，我在徐家校书了。绍兴有徐家，藏书甚多，又喜校书、印书，及以文会友，故也延聘了我。我自此不再作八股了，改作词章考据之学。"（萧瑜：《蔡孑民先生自述身家轶事》）

1887年（清光绪十三年　丁亥）二十岁

继续在徐家校书。

"二十一、二、三、四岁，我都在徐家，读了许多的书。"（萧瑜：《蔡孑民先生自述身家轶事》）

徐氏铸学斋所刊刻的书籍中，署名"山阴蔡元培校"的卷本有：

《重订周易小义》二卷（光绪十四年徐氏铸学斋刊本）

《群书拾补》三十七卷附补遗三卷（光绪十五年徐氏铸学斋重刊）

《重论文斋笔录》十二卷(光绪十五年徐氏铸学斋重刊)(《绍兴先正遗书》会稽徐氏刻本)

本年　长兄元钫为之订婚,以大不孝要求取消。

"母丧既除而未葬,其兄为之订婚,孑民闻之,痛哭,要求取消,自以为大不孝。其拘迂之举动,类此者甚多。"(《传略》上)

1888年(清光绪十四年　戊子)二十一岁

继续在徐家校书。秋往杭州应乡试,未中试。

"清光绪十四年戊子。是年留徐氏。秋,往杭州应乡试,未中式(试)。"(《自写年谱》)

本年　为陶方琦、姚振宗补辑、徐氏孟晋斋抄录之《埤苍》《广苍》,撰写《识语》。

"著雍困敦之岁,以懸叚草稿于姚君海槎,属丁君汉章抄之,而培为之雠校。匆匆对读,未遑检书,瞥见所及,不无剌谬,约举三事,以为右契:《众经音义》《文选》李注征引群书,类譜音切,或有引申,咸非本文,而一概采缀,一失也;诸书有云《埤苍》以'兆'为'桃'字,有云《埤苍》'伟'作'祎',综覆元文,惟一字可据,而横截句读,竟以'兆'为'桃'、'伟'作'祎'为《埤苍》之文,二误也;《文选》注'俑','木送人葬也',显是'木人送葬'之误,有《广韵》可证。如斯之类,榛楛并采,不知订正,真乃钞胥之作,非复学者所为,三误也。姑识大校,俟他日订之。蔡元培识"。(徐氏孟晋斋抄录《埤苍》《广苍》)

1889年(清光绪十五年　己丑)二十二岁

4月(三月)　与王昭女氏结婚。

"大哥为我订婚于王氏,二月间结婚,所娶王夫人名昭,是薛君阆仙的姨妹,由阆仙介绍的。"(《自写年谱》)

"妇(指王昭)王荣庭外舅之仲女也。母氏陈。妇无兄弟,姊适薛朗仙[①],以光绪二十二年卒;妹未嫁而卒。妇年二十四而适于我,光绪十五年三月也。"(《悼夫人王昭文》)

同月　应科式,取第一名。

---

① 薛朗仙,即薛阆仙。

"结婚后七日,我去应科试,列第一名。"(《自写年谱》)

10月10日(九月十六日) 往杭州应乡试,中举人。

"是年有恩科。秋,复往杭州应乡试,与王君寄顾、徐君以荪同中式(试),主试为李仲约(讳文田)、陈伯商(讳鼎)两先生。"(《自写年谱》)

乡试中试为第二十三名。

"蔡元培字仲申、号鹤庼,小名宜哥、小字意可,行二。同治六年十二月十七日亥时生浙江绍兴府山阴县。……乡试中式(试)第二十三名。"(《浙江乡试年齿录》己丑恩科)

"蔡先生在早年写过许多才华横溢、见解精辟的文章,与当时四平八稳、言之无物的科举八股适成强烈的对照。有一位浙江省老举人曾经告诉我,蔡元培写过一篇怪文,一开头就引用《礼记》里的'饮食男女,人之大欲存焉'一句,缴卷时间到时,他就把这篇文章缴给考官。蔡先生就在这场乡试里中了举人。"(蒋梦麟:《西潮》远流出版事业公司 1990 年出版)

现存在杭州应乡试时的试卷有:

"《曰:'夫子何为?'对曰:'夫子欲寡其过而未能也。'使者出,子曰:'使乎,使乎!'》《子曰:'吾说夏礼,杞不足征也;吾学殷礼,有宋存焉;吾学周礼,今用之,吾从周'》《公孙丑问曰:'夫子加齐之卿相,得行道焉。虽由此霸王,不异矣。如此,则动心否乎?'》《赋得涛白雪山来(得来字五言八韵)》《是故,形而上者谓之道,形而下者谓之器》《八庶征:曰雨、曰旸、曰燠、曰寒、曰风。曰时五者来备,各以其叙,庶草蕃庑》《瑟彼玉瓒,黄流在中》《公会齐侯盟于黄 定公十有二年》《稷曰明粢,稻曰嘉蔬》《乡试第一问》《乡试第二问》《乡试第三问》《乡试第四问》《乡试第五问》《为肥甘不足于口与?轻暖不足于体与?抑为采色不足视于目与?声音不足听于耳与?便嬖不足使令于前与?王之诸臣皆足以供之》《德车结旌》。"(浙江己丑乡试试卷)

1890 年(清光绪十六年 庚寅)二十三岁

3月(二月) 到北京参加会试。

"是年春,往北京应会试,偕徐君以荪行。先至杭州,因雨滞留数日,向某公司借小汽船拖无锡快至上海,因那时候还没有小轮船公司的缘故。到上海后,寓北京路某茶栈,徐氏有股份的。有人请吃番菜,看戏,听唱书,游徐园、张园,那时候张园称作味莼园,左近房屋不多。愚园正在布置。由上海乘招商局轮船到天津,换乘内河船到通州,换乘骡车到北京。"(《自写年谱》)

4月2日(闰二月十三日) 访部曹李莼客(慈铭)先生。

"同邑新举人蔡元培、俞荫森、徐维则来。俞为子献之内弟,徐为仲凡之犹子,蔡年少知学,古隽材也。"(李慈铭:《越缦堂日记》同日 扬州广陵出版社 2004 年出版)

"那时候,我们同乡京官有鲍敦甫、吴解唐、王止轩诸翰林,李莼客、娄炳衡诸部曹。莼客先生是我在徐氏的时候常常读他的诗文与尺牍的,又常听杨宁斋先生讲他的轶事,所以到京后,最崇拜的自然是他了。"(《自写年谱》)

5月30日(四月十二日) 会试中试,为贡士。

"四月十二日。是日会试填榜……知山阴中两人:蔡元培、俞官圻;嵊县一人,沈宝琛,本东蒲人也;又萧山一人,绍兴共四人耳。"(李慈铭:《越缦堂日记》同日)

"会试后,我中式(试),房师为王黻卿先生(讳颂蔚),是很有学问而且怜才的。座师虽有四位,而我的卷子却在孙峤山先生(讳毓筠)手中。是年会试题为'子贡曰夫子之文章至惟恐有闻'。我的文中有'耳也者心之译,躬之督也及顺译道张督权而已矣'等语,有人问孙先生:'督躬有来头么?'孙先生说:'这何必有来头。'这一年的殿试,文韵阁写□间阎而□□一句,误落阎字,乃改而为面,又写一而字,预备倩友人代为挖补,仓卒间不及改,即缴卷。阅卷时,有人疑间面误写,翁叔平知是文君,特为解释说:'此有所本,我们年轻时,尝用间面对檐牙。'遂以第二名及第。当时北京流传一对子:'间面居然登榜眼,督躬何必有来头。'"(《自写年谱》)

5月31日(四月十三日) 访李莼客先生,告不待复试即归。

"蔡进士元培来,沈进士宝琛来。两生皆年少未习楷书,故不待复试归。"(李慈铭:《越缦堂日记》同日)

"因殿试朝考的名次均以字为标准,我自量写得不好,留俟下科殿试,仍偕徐君出京。此行往返,均由徐氏请一酒商张湘文氏作伴照料,张君对我很关切,甚可感。"(《自写年谱》)

10月(九月) 为上虞县志局聘为总纂。因手定《例言》为同事者反对,遂辞职。

"德化唐侯来宰吾虞,前后凡十有四载,兴废举坠,百事就理,复以旧志散佚,文献无征引为守土者之责,遂于光绪十六年锐意纂修,命士黻总其成。士黻自惭谫陋,敢当斯任,顾念生长是邦,忝列荐绅,纂续旧闻以诏(昭)来者,固其分也。重以贤侯责成之命,义不获辞,乃复私心窃计,以为己所不能,求能者以自辅,庶可善其事,以报贤侯乎。因荐山阴蔡元培为总纂。秋九月间开局于经正书院,蔡君手条《例言》,先定一书大纲。属稿甫就,议者蜂起,谓其文古异惊俗,别求明白易晓者,卒不果用其说,而蔡君亦适以事去。呜呼!书成不成与成书之善不善,殆有数存其间也耳。士黻既绌于才识,蔡君去后亦复鲜所折衷,幸赖贤侯信任之专,得偕二三同志集所长以底于成,然循用俗例,卑无高论,不过条陈,故实藉资考证。殆孟子所云其文事者乎。若夫义例精当,举然成家,则自有蔡君之说在,书既成略识颠末,如此并载原拟凡列于左方俾后之踵是役而起者,知所审择焉。光绪十有七年冬邑人朱士黻谨序。"(《上虞县志》光绪十七年刻本)

"是年,上虞县设修志馆,朱黻卿氏为馆长,王寄顾氏为编纂,聘我为总纂。我为拟访事例:以山水、都里、土产为各乡取录之例,以道里、山、水、祠庙、院塾、先正遗事、忠义、列女遗事、节烈、书籍、家谱、碑碣等为各里分录之例。又为拟志目,分地篇、吏篇、户篇、礼篇、刑篇、工篇、学篇、碑篇、列传、士女篇、杂篇、文征等篇,大抵本章实斋氏之说而酌为变通,名目既不同旧志,而说明又多用古字、古句法。同事多骇异之,喧传于馆外,引为笑谈。我作《罪言》一篇,取万历本及嘉庆本上虞旧志之目与我所拟者作一表,并说明或因或革之故,然彼等攻击如故,我遂辞职回家。"(《自写年谱》)

本年 霜降至次年小暑,写《知服堂日记》。

"自是年霜降至辛卯小暑,有《知服堂日记》一本,不著年月而以节气为标识,所记多读经读史时之札记。"(《自写年谱》)

1891年(清光绪十七年 辛卯)二十四岁

在徐家充塾师。

"清光绪十七年辛卯。九月二十七日,先师王子庄先生卒。是年仍馆徐氏。"(《自写年谱》)

1892年(清光绪十八年 壬辰)二十五岁

3月(二月) 到北京,补应殿试、朝考。

"是年我又往北京,补应殿试朝考。"(《自写年谱》)

现存北京补复试时的朝考试卷、殿试策论试卷有:

"《廷尉天下之平论》《审乐知政疏》《赋得江心舟上波中铸 得铜字五言八韵》及《殿试策论对》"等。(清光绪壬辰科朝考卷)(清光绪壬辰科殿试策论卷)

殿试策论试卷(1892年)　　蔡元培考进士时殿试策论卷的手迹

4月1日（三月初五日）　造访李慈铭。

"蔡鹤卿进士元培来。徐孝廉维则来，仲凡之犹子也。"（李慈铭：《越缦堂日记》同日）

4月2日（三月初六日）　接待李慈铭来访。

"下午，……诣敦夫子。答拜士俌、鹤卿、诒孙、春农及杨孝廉、王解元，谈至晚归。"（李慈铭：《越缦堂日记》同日）

4月5日（三月初九日）　造访李慈铭。

"徐乃烁侍御来。徐班侯来。蔡鹤卿来及门游士三立来。"（李慈铭：《越缦堂日记》同日）

4月8日（三月十二日）　造访李慈铭。

"蔡鹤卿来。孙生孝湛来。彭主事鸿翙来，……作片致鹤卿。"（李慈铭：《越缦堂日记》同日）

6月8日（五月十四日）　补复试后，被授为翰林院庶吉士。

"辛未。引见新科进士。得旨。刘福姚、吴士鉴、陈伯陶，业经授职。恽毓嘉、张鹤龄、李云庆、周学铭、赵启霖、周景涛、宝熙、汪诒书、田智枚、屠寄、汤寿潜、伍铨萃、黄炳元、杜彤、范德权、汪洵、王良弼、赖鹤年、徐中铨、卢维庆、张元济、张瀛、胡继瑗、饶士端、陈希贤、谭启瑞、林国庚、李哲明、蔡元培、夏孙桐，……俱著授为翰林院庶吉士。"（《大清德宗景皇帝实录》卷三一一）

6月11日（五月十七日）　谒见壬辰科会试正考官翁同龢。翁对蔡很赏识。

"新庶常来见者十余人,内蔡元培乃庚寅贡士,年少通经,文极古藻,隽材也。绍兴人,号鹤卿,向在绍兴徐氏校刊各书。"(《翁文恭日记》同日 上海商务印书馆1935年影印)

6月 自述被取为二甲进士的经过。

"向来电[殿]试卷是专讲格式,不重内容的,止听说张香涛氏应殿试时不拘格式,被取一甲第三名。我那时候也没有拘格式,而且这两年中也并没有习字,仍是随便一写,但结果被取为二甲进士。闻为汪柳门先生(讳鸣銮)所赏识。有一位阅卷大臣,说此卷的字不是馆阁体。汪说:他是学黄山谷的。于是大家都在卷子后面圈了一个圈,就放在二甲了。"(《自写年谱》)

9月(八月) 回绍兴。

光绪"十八年春,余应殿试,又进京,八月归"。(《悼夫人王昭文》)

1893年(清光绪十九年 癸巳)二十六岁

上半年 自绍兴出游,七月到广州。有《蔡太史拟墨》之印行。

"四月十八日出游,由宁波至上海,又乘长江船往南京、镇江、扬州及靖江县,七月到广州,寓清蹉总局,陈孝兰先生陔所招待也。陶心云先生濬宣适在广雅书局,常取廖季平氏之新说,作子所雅言至好古敏以求之者也等制艺数篇,我亦戏取是年广东乡试题《如有王者必世而后仁》,作一篇,陶先生自作一评,并为征求蓉生山长、徐花农学使、吴梦蕉孝廉等各缀一评而印行之,题为《蔡太史拟墨》,其意至可感也。陶先生为我言,廖季平氏在广雅时,常言诸经古文本出周公,今文本出孔子,孔子所记古制,皆托词,非实录,例如禹时代,洪水初平扬州定是荒地,禹贡乃言贡丝,自是孔子照自身所处时代写之耳。其他新说,类此甚多。然廖氏除印行关于今古文之证明外,最新之说并不著之书。南海康长素氏(祖贻)闻其说而好之作《新学伪经考》,时人多非笑之,惟石□□茂才称许康氏,说此人不凡云云。我于是得廖、康二氏已印行的著作,置行箧中。"(《自写年谱》)

秋 撰写《如有王者必世而后仁》一文。(《蔡太史拟墨》1893年刻印)

冬 由广州到潮州。

"冬,由广州至潮州,以同年李雪岩君之介绍,寓澄海林君冠生处。李君能说北京话及苏州话,林君甚诚笃,又有陈君爱南时偕谈燕,喜说梁节庵、康长素诸人琐事。汕头海关绍兴沈雪帆君与其子步洲,招待甚周。"(《自写年谱》)

本年 有散片日记。

"是年有散片日记,自四月十八日至六月十七日(公历6月2日至8月8日)。"(《自写年谱》)

1894年(清光绪二十年 甲午)二十七岁

4月1日(二月二十六日) 由潮州抵上海。

"心云老伯大人左右：侄到庵埠后，曾奉函，谅早蒙赐览矣。台从何日抵申？北洋已解冻，惟比日多风雨耳。侄以十八日到汕头，二十三日上船，小有风雾，尚不甚剧，托庇安稳，已于今日午后抵上海矣。……此间一、二日后，即当同家兄由宁波返里。……侄元培顿 二十六日晚"。(《致陶濬宣函》同日)

春 到北京应散馆考试。

"春，由潮州回绍兴，阅《朔方备乘》等书。又进京。应散馆考试，充编修。"(《自写年谱》)

4月(三月) 代夏同甫同年撰《荀卿论》一文。(蔡元培先生手稿)

6月1日(四月二十八日) 光绪皇帝召见，由二甲庶吉士升补编修。

"甲戌。引见壬辰科散馆人员。得旨。修撰刘福姚、编修吴士鉴、陈伯陶，业经授职。二甲庶吉士田智枚、赖鹤年、顾瑗、赵士琛、伍铨萃、江诒书、高宝銮、宝熙、范家祚、谭启瑞、周钧、赵启霖、胡鼎彝、赵熙、夏孙桐、刘可毅、孙多玢、李豫、杜彤、叶尔恺、傅增堉、连甲、黄炳元、于受庆、饶士端、卢维庆、蔡元培、俞洪庆、沈文翰、李哲明、王乃澄、贻谷，俱著授为编修。"(《大清德宗景皇帝实录》卷三三九)

6月(五月) 应李慈铭(莼客)之聘充塾师，课李之子承侯。

"李莼客先生请我为塾师，讲其嗣子承侯，并为代阅天津问津书院课卷。塾课每日讲《春秋左氏传》十余行，每十日课试帖诗一首。"(《自写年谱》)

7月3日(六月初一日) 阅《元史类编·帝纪》。

"丙午朔……阅《元史类编·帝纪》毕。"(本年《日记》同日)

7月4日(六月初二日) 阅《师郑堂骈体文存》。

"二日 丁未，晴。阅《师郑堂骈体文存》，体格今古杂糅，时有俗调。"(本年《日记》同日)

7月5日(六月初三日) 读《盘薖甲乙集》。

"读《盘薖甲乙集》，萧山汤纪尚(伯述)撰。其文亦道源昌黎而取径于恽大云、龚定公。大要叙事之作近恽，杂文近龚，而时旁溢于石笥宅章，结调时有沿袭数家者，循诵洽熟，不自觉也。造语峭鸷，乃近孙可之、樊绍述，浸浸逼周秦诸子。炼字亦合古谊，惟间入俪辞家雕曼之辞，为不称也。意在阐发幽潜，所记多山泽气节之士。因事立义，为春秋继，别之宗班氏、范氏，尽其事与文，谓之史材，可也。可以观其志也。"(本年《日记》同日)

7月6日(六月初四日) 阅冯梦桢之《快雪堂日记》。

"阅冯梦桢(开)之《快雪堂日记》五册,自丁亥至甲辰,万历十五年至三十一年也。所记惟征逐及家庭琐事,神仙家之服食,数术家之形法及禅说耳,粗率不甚修词,殊不足观也。"(本年《日记》同日)

7月9日(六月初七日) 读李慈铭《郇学斋日记》甲。①

"……晡时大雨,晚霁。读《郇学斋日记》甲。"(本年《日记》同日)

7月12日(六月初十日) 作《上虞刘新斋孝廉家传》。

"作《上虞刘新斋孝廉家传》。孝廉出后伯父,而为本生父持三年服。粤贼陷上虞,胁为伪官,不从。里居数十年,治桑梓水利,能持大体。论曰:为人后者,为其父母期著于礼经,揭于律令,以重宗法,不得已也。世风不古,士之决科者,吏之需次者,亲老,则与为人后,以为起复捷径,奇巧恶薄,乃墨氏之罪人。府君为本生父治丧三年,于礼为过,然足以纠世。故叙而论之,以见不屈于威,不扰于浮议,为乡里善人,根极至性非苟而已也。为异姓作家传,本非古法,而此传潦草塞责,叙事不中律度,录论亦不佳,存之以见梗概。"(本年《日记》同日)

7月15日(六月十三日) 中日甲午战争即爆发,甚为关切。

"阅上海《新闻报》记朝鲜事……二十七日报谓:日人已发哀美敦战书,订期于昨日十二下钟开仗。据此,则中日已构兵矣。此间查不得消息,未知若何?"(本年《日记》同日)

7月20日(六月十八日) 阅学海堂(天津问津书院)生童卷。

"十有八日 癸亥……阅学海堂生童卷十余本。"(本年《日记》同日)

7月21日(六月十九日) 作和李慈铭《庭树为风雨所折叹》五律诗两首。

"越缦先生见示《庭树为风雨所折叹》五律、《悯雨叹》七古。五律止轩先生和二首,鲍文和一首,予亦步韵两首,哑哑学语可笑咤也。"(本年《日记》同日)

7月26日(六月二十四日) 读《三国志》竟。

"读《三国志》竟。三国人才,魏为最盛,吴次之,蜀最少,而第一流在焉。当承祚时,魏事记述者多取材富有,故时列事实鲜载文字。《吴书》已多载,文疏,用充篇幅。蜀无史官,取材最隘,琐事杂文尤夥。绳以马、班之法,多可删者。又如《诸葛亮传》既载《出师表》矣,《董充传》又载表文。侍中郭攸之至以彰其慢。《向朗传》又载将军向宠之优劣得所。《吴书·陆凯传》既载谏皓二十事,《王蕃传》又载凯上疏常侍王蕃至有识悲悼,不采详略互见之法,并为重复。《蜀书》存季汉辅臣赞于邓孔山、费宾伯、吴子远之流,并云失其行事,故不为传,可想见网罗放失苦心。"(本年《日记》同日)

---

① 《郇学斋日记》为《越缦堂日记》中的一部分。

7月27日（六月二十五日） 汪康年（穰卿）嘱编《历代地理长编》一书。

"穰卿同年来，以中耆先生《〈历代地理志今释〉序》予。尚欲为《历代地理长编》，凡史中地名见于国事而非郡县者，悉编出之。亦以韵类之，借可并入上古《禹贡》。三代、春秋、战国诸地名，三五年来仅康甫成《晋书》一种，余多为之而未竟云云。今康甫成书并不传，劝培为之，期以二十年成。"（本年《日记》同日）

7月28日（六月二十六日） 谒会试考官王颂蔚（蒿卿）。

"谒蒿卿师。言洪侍郎使俄罗斯，临别嘱以搜元代遗书。后果得□种，皆回回文。于彼方译之，及半而归，京师无能译者。侍郎卒，其子议刻已译者，侍郎自署曰《元史列传稿》。沈子培比部为易名《元史拾遗》。蒿卿师又以与《三史拾遗》复，改题《拾补》。"（本年《日记》同日）

7月29日（六月二十七日） 阅《朔方备乘》一书，有存疑之见。

"阅《朔方备乘》，其《俄罗斯亚美利加属地考》，以墨领峡东之西海角监札加路为俄属。检光绪十年日本木村信卿所绘《五大洲全图》，以此地为美属阿喇斯喀，而北阿美利加州并无俄属地。马骏、郝丰海七年所绘《俄罗斯全图》（即附《备乘》），其东界亦至楚克栖冈札止，不及西海角。岂此地近日以归美利坚乎？当考。"（本年《日记》同日）

7月30日（六月二十八日） 读《汉书·高纪》，有不可解处。

"读《汉书·高纪》。沛，丰邑中阳里人也。自谓沛郡丰邑，以汉郡邑言之耳。应颜说，皆非。秦泗水郡，本有丰、沛二县，后文'沛令'及'守丰''围丰'，可证，汉初改泗水郡为沛郡耳。丰、沛二县仍秦旧。孟康曰后沛为郡，而丰为县，亦非是。汉王就汉中，诸侯人楚子慕从者数万人，于时何以不先遣人至沛迎太公、吕后，而待并关中后，始遣薛欧、王吸出武关因王陵兵迎之，殊不可解。"（本年《日记》同日）

7月（六月） 日兵入侵朝鲜，曾与友人赋诗寄愤。

"六月间，日本兵侵入朝鲜，京官多激昂。我正与黄鹿泉、王书衡、吴雁厂、胡钟生诸君为诗钟之会，亦尝赋诗寄愤，但未尝参加松筠庵联名主战的宣言。"（《自写年谱》）

8月3日（七月初三日） 阅《独行谣》竟。

"写（阅）《独行谣》竟，湘潭王闿运（壬秋）著，凡四百八十五韵，四千五百八十五言，自注甚详。咸同以来大事，颇具梗概。其言□□，颇违所见异辞之义，记湘军诸将事多可笑，诧尤不满于曾文正，前阅欧阳兆雄《水窗春呓》，于文正亦大有微词，盖乡评如是。"（本年《日记》同日）

8月5日（七月初五日） 与己丑同年公宴主考官李文田（仲约）。

"送吴淑人殡至妙光阁。到江苏馆，己丑同年公请李仲约夫子。"（本年《日记》同日）

8月7日（七月初七日） 读王元启（荸孙）《史记三书正伪》。

"读王元启（荸孙）《史记三书正伪》，校讹补夺，识别后人注语，至为精审。其《天官书正伪》谓《晋书》天汉起东方尾箕间，分二道。南经傅说鱼、天籥、天弁、河鼓，北经龟贯、箕下，次络南斗魁左旗，至天津下合南道，自由天市之南海市楼宗人齐络天津至螣蛇。而北道所经南斗杓二星在河中，魁四星独在河外。又《晋书》二道既合，后分夹匏瓜、人星、杵、造父、螣蛇、王良、傅路、阁道，北端大陵、天船、卷舌而南，今则匏瓜、人星、卷舌俱在河外，南行络五车之后。《晋书》谓经北河之南，入东井水，位东南，行络南河、阙邱、天狗、天稷、天纪至七星南而没。今象络五车之后，自由司怪、水府、四渎、阙邱之西一星以入于天狗、天纪之墟，而北河南之水，位南河及阙邱之东一星，俱与河无涉。可知云汉一天又在恒星之上，其右旋之度更迟于列宿。测星家当兼测天汉行度，与冬至日躔岁差分秒若干，以定天汉与恒星右旋迟速之度。案：此事未经人道。"（本年《日记》同日）

8月8日（七月初八日） 阅《樊川诗集》。

"阅《樊川诗集》，凡二十卷，湖北恩施樊增祥（嘉父）著。越缦先生谓得力于信阳而兼取北地，其七律足追踪唐之东川、义山，而古体胜之。"（本年《日记》同日）

8月11日（七月十一日） 乡试同年俞荫森（竹庭）病殁，往哭之。

"俞竹庭同年病殁于邑馆，往哭之，视其襚殓。竹庭名荫森，三十后始娶，今年三十六矣。尚无子女，一兄一弟皆去世。寡嫂痴妹（妹年二十四矣，以痴故不字），皆依竹庭，竹庭恃教读以糊口。自光绪十五年乡试中试后，三与试皆不第，鸠集资斧，艰苦异常。"（本年《日记》同日）

8月13日（七月十三日） 阅《朔方备乘》竟。

"阅《朔方备乘》竟。此书博综详（翔）实，早有定论，惟是长编之体，前后重复，不可枚举。"（本年《日记》同日）

8月14日（七月十四日） 与胡道南（钟生）同访高子鸣、赖云持。

"胡钟生同年来，同访高子鸣、赖云持两编修。"（本年《日记》同日）

8月15日（七月十五日） 《辽史纪事本末》四十卷本日阅竟。

"阅《辽史纪事本末》四十卷竟。契丹自太祖至天祚，凡九主二百九十一年。偏隅草创，日不暇给，刑政多不衷，其荦荦大者，如太祖五年，皇弟垆克、特尔格、伊德实、安图谋反，不诛，与之誓。六年，垆克复与安图等反。七年，禽之，凡诛乱党三百余人，而首恶垆克，其次特尔格，杖而释之，贳安图、伊德实罪。神册二年，垆克叛，入幽州为人所杀。三年，特尔格谋叛，赦不诛。天显元年，特尔格卒，伊德实见杀，任安图如故。世宗立，阴图二志，子察克于天禄五年遂作乱，弑世宗及太后、皇后。穆宗诛其诸子，赦安图通谋罪。伊德实子瑠格，世宗朝与萧翰谋逆，不诛。后欲因饮酒弑逆，不果。瑠格弟璸都复与察克之谋，凌迟死。异母弟科科里希斯亦以谋反诛。天禄二年之变,萧翰以尚帝妹额伯里,杖而释之。三年,复以书结安图反,乃诛之。乱贼稽诛,蔓延孽乳,卒酿肘腋之变,哀哉。"(本年《日记》同日)

8月16日(七月十六日) 阅潘任(希郑)《郑君粹言》三卷。

"阅常熟潘任(希郑)《郑君粹言》三卷。体例同汉儒《通义》。惟专采郑君经注,条理秩然,便于观玩。"(本年《日记》同日)

8月18日(七月十八日) 阅《金史纪事本末》《辽金纪事本末》。

"阅《金史纪事本末》竟。《辽金纪事本末》,江西萍乡李有棠(苔生)撰,凡辽四十卷,金五十二卷。其例以本史为正文,而仿裴世期注《三国志》例,采录诸书,条举异同于其下,谓之考异。其弟有棻序,谓搜采新旧《五代史》《宋史》《元史》、叶隆礼《契丹国志》、宇文懋昭《大金国志》、司马温公《通鉴》、朱文公《纲目》、李氏涛《续通鉴长编》、徐氏梦莘《北盟会编》、李氏心传《系年要录》、商氏辂《续纲目》、陈氏□《通鉴续编》、王氏宗沐《续通鉴》、薛氏应旂《宋元通鉴》、徐氏乾学《通鉴后编》、毕氏沅《续资治通鉴》等书,以及各家说部、传记、文集约百数十种。今按其所注,大都毛举异文,案而不断,又多系之曰'记未详''史未载'云云。其中多有纪所不宜详,史所不必载者。如赫噜佐命、韩延徽辅政及宗翰军谋、宗望战事诸篇,皆体近列传且多与他篇重复,不合袁氏旧例。又释地名,惟据《通鉴》《辑览》及《方舆》《纪要》,其所不著,则亦阙如。顾书多按明季舆地,为说与今多不合,乃不一引《一统志》,何哉?"(本年《日记》同日)

8月21日(七月二十一日) 作《沈太夫人寿序》一篇。

"沈太夫人寿序脱稿,淇年同年之祖母也,百岁,有子七,孙十四,曾孙十三,元孙三,五世同堂,盛矣哉。"(本年《日记》同日)

8月26日(七月二十六日) 访王止轩同年。

"同(沈)乙斋、(胡)钟生访王止轩同年。"(本年《日记》同日)

8月27日(七月二十七日) 赴李慈铭(越缦)宴请。

"越缦先生邀饮于寓斋,座有樊仲铭、游九云。"(本年《日记》同日)

同日 夜得七言律诗两首。

"古古天山积雪寒,匈奴右臂断应难。票姚绝塞碑铭蚀,博望图河著录繁。北固犹然雄六镇,东□底事衅三韩。习流愿效种蠡策,腹毳氃毪作羽翰。"

"老骖闶大说裨瀛,便有犀仪时从横。漫道狼秦因国间,无端桀宋啜羊羹。维新有动夸胡服,实纪何人练浙兵。为语模棱苏相国,终军无路请长缨。"(本年《日记》同日)

8月28日(七月二十八日) 阅《补晋书艺文志》四卷、附录一卷。

"阅《补晋书艺文志》四卷、附录一卷,常熟丁国钧(秉衡)撰。其自注托之子辰,仿罗长源《路史》例也。"(本年《日记》同日)

9月1日（八月初二日） 阅《晋书校文》竟。

"阅《晋书校文》竟，凡五卷。丁君欲注《晋书》，按群籍暨金石、文字之涉晋事者，创长编聚之，先录其文义异同为前人所未及举正者，为此书精审不苟，可据依也。"（本年《日记》同日）

9月2日（八月初三日） 阅《宋史纪事本末》《理学辨似》两书。

"阅《宋史纪事本末》一册、《理学辨似》一册。常熟潘欲仁（子昭）著，其目曰：不具之蔽、不广之蔽、不融之蔽、不晳之蔽、不精之蔽、杂蔽。其书后曰：意在尊程朱，崇敬义，进严毅，尚刚方，而不欲使似是而非者乱而败之也。宗旨甚正，而无腐谈。"（本年《日记》同日）

9月4日（八月初五日） 阅《日本新政考》。

"阅顾厚琨《日本新政考》，分四部：曰洋务、曰财用、曰陆军、曰海军。其书不甚有条理。"（本年《日记》同日）

9月5日（八月初六日） 阅完《东槎闻见录》。

"阅《东槎闻见录》竟。凡四卷，六合陈家麟（轶士）撰，分五十八类，较《（日本）新政考》稍有条理。颇记民风文事，为顾书所无。盖顾书专记制度，又以明治维新为限断。此书意在通古今包宏琐也。"（本年《日记》同日）

9月7日（八月初八日） 阅纪昀（谥文达）《帝京景物略》八卷竟。

"阅《帝京景物略》八卷竟。一、城北内外，二、城东内外，三、城南内外，四、西城内，五、西城外，六、西山上，七、西山下，八、畿辅名迹。其原本篇，附以诗凡十有奇，文达尽删之。又于《太学篇》中删去五百三十三字，《首善书院》篇中删千二十八字，而《李卓吾墓篇》则全删，文达称其胚胎则《世说新语》《水经注》，其门径则竟凌、公安，其序冷隽，亦时复可观，今观其书，剧能状难言之景，文笔颇依仿《考工》《檀工》，其记利玛窦墓，谓西学近墨，知言哉。"（本年《日记》同日）

9月9日（八月初十日） 阅李慈铭（越缦）日记。

"十日 甲寅 阅越缦先生乙卯、丙辰日记。"（本年《日记》同日）

9月10日（八月十一日） 送王黼臣、马稚眉进会试考场。

"同（沈）乙斋进城，送王黼臣、马稚眉诸君进场。"（本年《日记》同日）

同日 到书肆购书。

"阅场肆，于文光堂购得新刻本《海国图志》《西藏图考》，谐价三金。于宝善堂购得新刊注《汉书地理志》《西夏纪事本末》《中西纪事》《元遗山诗笺》《南北史识小录》《郎潜纪闻》，董方立所绘《皇朝舆地图》《说文通检》，谐价六金有奇。"（本年《日记》同日）

9月11日（八月十二日） 阅李慈铭（越缦）日记。

"阅越缦堂戊午日记。称府城武勋坊言子祠有卢雅雨（都转）所撰碑记，云丹阳公祠墓在常熟,而子孙大宗在越,自宋兵部侍郎云居汴至宋敷文阁直学士□知绍兴府,遂家山阴。而居常熟者,乃云弟山民之后也。"(本年《日记》同日)

9月16日(八月十七日) 阅《南史》后妃传等篇。

"阅《南史》后妃传、宋宗室及诸王列传凡四卷。"(本年《日记》同日)

9月24日(八月二十五日) 往越中先贤祠祭神。

"越中先贤祠年例祭神,日加巳往与祭。"(本年《日记》同日)

9月26日(八月二十七日) 到书肆购书。

"阅厂肆,买得《大清一统志表》、海录轩《文选》(李注湖北局重刻本)、《啸亭杂录续录》《礼记郑氏注郝笺》。"(本年《日记》同日)

9月27日(八月二十八日) 为赵志珊、姚稷臣两学使饯行。

"于江苏馆集庚寅同门诸君饯赵志珊、姚稷臣两学使,李□□、曾笃斋、丁师禹三大令。"(本年《日记》同日)

9月30日(九月初二日) 赴孙问清编修邀饮。

"孙问清编修、金甸臣工部招饮全浙馆。"(本年《日记》同日)

10月1日(九月初三日) 校阅《四部书雕本考》等书。

"校《四部书雕本考》。校《宋将相大臣年表》《宋方镇年表》(用《南史》纪校)。"(本年《日记》同日)

10月2日(九月初四日) 翁同龢尚书出京养病。

"闻翁尚书以病请假,上命养病西山,已出都矣,当有异常处分。"(本年《日记》同日)

10月6日(九月初八日) 与翰林院侍学士文廷式等联名呈皇帝折,奏请密联英德,以御日本。

"文芸阁读学又集同院诸君于谢文节祠,议上封事。传闻前日我遭□国居间与日本议和,日本要台湾,要兵费十九千万,议不成,而彼举倾国之师,取道黄海,其兵舰有自西贡来者,盖法郎西助之云。黄圭黎以法倭之合也,颇嫉之;德意志素洽于我,军兴,许我往购军器,其国人任于我者,皆加宝星(二事皆违公法)。此折请简重臣,结英德伐倭,许以犒师转饷。闻两湖总督张之洞曾议及,无虑二千万云。"(本年《日记》同日)

10月16日(九月十八日) 往广德楼看戏。

"访(张)菊生。同(周)榕倩、(沈)乙斋、(胡)钟生听玉成部戏于广德楼。"(本年《日记》同日)

10月19日(九月二十一日) 被派任武殿试弥封官。

"派明日武殿试弥封官。日加申,同鲍丈进城,寓国史馆,同寓有李前辈昭炜。"(本年《日记》同日)

10月21日（九月二十三日） 翰林院编修集议抗倭之策。

"倭事传闻款议将成，贻兵费二万万。同院诸君集于松筠草堂，有丁叔衡、冯梦华两编修所拟奏稿，大旨相同。谓和议不可恃，朝鲜不可弃（咸镜道为吉林屏蔽，平安为盛京屏蔽），偾事失机之卫汝贵、丁汝昌、叶志超必不可纵。请以董福祥为宋庆之副，当以进取为固圉，不可划江而守。请三路进兵：一由吉林渡图门江，取咸镜道。一由义州渡鸭绿江，取平安道。一渡海，溯大同江取黄海道。又陈我师守奉天者宜分顿兴京北及复州等处，不可株守九连城，蹈平壤覆辙。并陈保护台湾之策。"（本年《日记》同日）

10月22日（九月二十四日） 六叔父蔡铭恩中举，甚喜。

"抄得浙江榜，知第六叔父中式（试）十二名，甚喜。"（本年《日记》同日）

10月25日（九月二十七日） 逛书肆，购书。

"阅厂肆，购得《读史方舆纪要》《天下郡国利病书》《环游地球新录》各一部，谐价十一金。又《宸垣识略》五千。"（本年《日记》同日）

10月27日（九月二十九日） 《环游地球新录》八卷阅毕。

"阅《环游地球新录》八卷竟，江宁李圭小池撰。序曰：光绪二年，美国创设百年大会（华盛顿开国以来百年矣），其国公使照请……送物往会，圭亦由税务司派往会所，因纪为《美会纪略》《游览随笔》《东行日记》三种，而统以此名其称。"（本年《日记》同日）

同日 赴李慈铭（越缦）招饮。

"越缦先生邀饮，座有缪筱珊前辈。晚访乙斋、稚眉。"（本年《日记》同日）

11月4日（十月初七日） 杨绍震（海霞）同年病逝，赙以二金。

"四川己丑同年杨海霞孝廉卒（名绍震），赙以二金。"（本年《日记》同日）

11月8日（十月十一日） 阅俞樾（曲园）编《荟蕞编》一书。

"阅《荟蕞编》二十卷毕，曲园先生所编。意在表著独行，并从诸家文集中写出十五卷，以后则列女也。幺弦侧调，可泣可歌，较乞米佳传，攫金谀文为悦目矣。"（本年《日记》同日）

11月19日（十月二十二日） 阅《李杜诗话》等书。

"阅《养一斋诗话》十卷、《李杜诗话》三卷，山阴潘德舆（彦辅）著。其言曰：诗言志，思无邪。诗之能事毕矣。言志者，必自得无邪者，不为入三百篇之体制，音节不必学，不能学，三百篇之神理意境不可不学也。……"（本年《日记》同日）

11月27日（十一月初一日） 阅《樊山公牍》竟。

"阅《樊山公牍》竟。樊云门前辈令宜昌、咸宁等县公牍也，笔意峻洁，雅近名家。有俪词数篇，词人吐属，有异俗吏。"（本年《日记》同日）

11月30日（十一月初四日） 为胡道南（钟生）饯行。

"在（沈）乙斋许。胡钟生同年于明日南归，与乙斋、榕倩饯之。"（本年《日记》同日）

12月20日（十一月二十四日） 李慈铭（莼客、越缦）病故。

"冬十一月二十四日，莼客先生病故，承侯辍读，我移居南半截胡同之山会邑馆。"（《自写年谱》）

本年 有《知服堂日记》一册。

"是年有六月朔至九月晦《知服堂日记》一册。大抵校订史籍及其他读书时之札记。"（《自写年谱》）

1895年（清光绪二十一年 乙未）二十八岁

3月31日（三月初六日） 移居山会邑馆。

"由同升店移寓山会馆。乙斋于是日入围。"（本年《日记》同日）

4月2日（三月初八日） 送同乡孝廉进会试考场。

"入城，送同年同乡诸孝廉入场。叔通来。"（本年《日记》同日）

4月7日（三月十三日） 得罗振玉（陆喑）赠书二种。

"得陆喑茂才书，贻我《眼学偶得》一册、《淮阴金石仅存录》两册，皆陆喑自著。《碑别字》二册，其兄佩南茂才（振鋆）著。陆喑名振玉。"（本年《日记》同日）

同日 作寿陈慎斋八十诗二首。

"……寿陈慎斋先生八十：
越风实声□天下，耆宿吾钦见大亨。劝学广推安定懿，遗书重演宝纶馨。
偶因行义涉游侠，不为清流争醉醒。美意延年绅古谊，天南耿耿老人星。
经生自昔擅耆年，冯伏醰醰家法蝉。庭诰惟闻忞朴学，臣居久说近廉泉。
自裁贾傅治安策，遂赋陶公归去篇。比似元方颂功德，宝彝蕲寿傲前贤。"（本年《日记》同日）

4月28日（四月初四日） 黄鹿泉农部招饮，同缀诗钟。

"长沙黄鹿泉农部招饮松筠庵，作诗钟。"（本年《日记》同日）

4月30日（四月初六日） 清廷决与日本议和（签订《马关条约》），对此丧权辱国之举，极为悲愤。

"天津海啸，直隶督奏成兵精锐及火器皆汛没矣。于是上决与倭议和，和约十事。其大者，割台湾，割奉天辽阳以东，遵海西南至旅，给兵费二万万。定七年毕给。倭人驻兵威海，岁给兵费五十万，俟二巨万毕给，乃退兵，皆允之矣。日蹙百里，且伏祸机。韩魏于秦，宋于金，不如是之甚者！倭饷竭师罢，不能持久。而依宋、聂诸军，经数十战，渐成劲旅，杀敌致果，此其时矣。圣上谦抑，博访廷议，而疆臣跋扈，政府阘茸，外内狼狈，虚疑恫喝，以成炀灶之计，聚铁铸错，一至于此，可为痛哭流涕长太息者也！"（本年《日记》同日）

4月（三月） 函谢陶濬宣（心云）馈赠。

"心云仁丈大人左右：奉手示，敬谂起居佳胜，日有万喜。荷赐珍品，滕以饼银，故乡风味，顿触季鹰之思；美人金错，愧无琼瑶之报。盛情稠迭，至不敢当。远道寄将，未宜辜负。汗颜拜领，无任感谢。……侄元培拜白"（《复陶濬宣函》同月）

5月8日（四月十四日） 作诗四章，挽田润之。

"为四言诗四章，挽田润之封翁（阆仙代作二章，凡六章）。"（《蔡元培日记》同日）

5月10日（四月十六日） 为胡钟生书七言四联诗。

"胡钟生同年南归，携以纨扇书七言长句四联，仿诗钟体，摭两家故事为之。"

"《纨扇诗》：万事我曾问伯始，五经君许订中郎。能延石笥文心古，最惜麻姑指爪长。

清恐人知一绢慎，时乎不再一贤扬。相期治事师安定，谁复谂言药道明（读如芒）。"（本年《日记》同日）

5月13日（四月十九日） 撰河南省城浙江会馆楹联。

"李三原孝廉属撰河南省城浙江会馆楹联：畴昔开封、临安为宋京畿，朔建炎中扈跸耆臣，百世云仍，犹诵陈留风俗传；此邦循吏、寓公有乡先正，愿诸君子迨群孟晋，一编典录，重题会稽后贤名。"（本年《日记》同日）

同日 作《感事和黄鹿泉农部韵》诗一首。

"我喜谭将不谭兵，何处檀公万里城。穷北埋轮铃决秘，小东掘阋搀枪明。

徒闻仓葛尊王议，竟使尉佗图霸成。痛饮读骚作名士，森森芒角腹中生。

右（上）感事和黄鹿泉农部韵。"（本年《日记》同日）

5月29日（五月初六日） 复陶濬宣（心云）函。函中对清廷对日避战求和颇有微词。

"心云仁丈大人左右：……王太夫人节略已检出，命撰墓志，当草创呈削，恐率陋不中用耳。亦翁见贻数珠等物，已由徐樵云通守送到，本不敢当，但远道寄将，未便拂其盛意，谨以拜登，无任汗颜。谢柬已送樵翁处。晤时请为致意。

比款议既成，朝士连轸出都门。鲍丈亦已乞假，将南行矣。国闻乡讯，同一无聊。家兄来书，劝作归计。培首施两端，迟迟吾行，或俟秋风起，为纯鲈促驾，亦未可知。尔时重游粤海，藉挹清芬，亦快事也。……侄元培顿首 五月六日"。(《复陶濬宣函》同日)

6月(五月) 复陶濬宣(心云)函，述往送李慈铭(越缦)遗榇运送故里情形。

"心云仁丈大人左右：……李太宜人墓志，勉强应命，体乖词冗，定不中用，祈削正为荷。越缦先生榇已于前五日回南，凌晨往送，惟见吴、鲍两先生而已。翟公死生之感，羊昙知己之痛，百感交集，黯然销魂。"(《致陶濬宣函》本年6月上旬)

8月(七月) 撰写《长洲王先生(颂蔚)诔》文一篇。(蔡元培先生手稿)

秋 复陶濬宣(心云)函，谓将于十月初赴南海游历。

"心云仁丈大人左右：一昨接手示，知近有虞山之游，清兴雅怀，令人歆羡。培本拟即日图南，适以一事羁留，大约须十月初始成行。风尘仆仆，无谓已极。饥来趋人，不皇启处，可为浩叹！承筹及齐斧，感激之至。

常熟尚书处，书物已送去，晋谒相左。已作一书致殁甫前辈，遵来示略述梗概矣。汪、徐二侍郎，培前由贻榖处(亦属送悦昌文)转致一函，已陈大概。近日又各去过两次。见徐侍郎，则云函中有为介弟图广雅书局之说。心翁素所钦佩，又属友于情重，吾极愿为之竭力；但此事太小，又前日同乡一孝廉赴粤，已赍一函去求局中一席，尚未得复音，不便再渎云云。……侄元培拜白"。(《复陶濬宣函》本年秋)

11月(十月) 赴南京，访张之洞(香涛)氏。年末回绍兴。

"赴南京访张香涛氏，适康长素氏之房师余诚格氏亦在座。张氏盛称康氏才高，学博，胆大，识精，许为杰出的人才。是时南京有三多的谑语，就是驴子、板鸭、候补道。闻钱念劬氏遇乞丐，就说：你为什么不去做候补道？冬，回绍兴。"(《自写年谱》)

本年 为姚明经著《明宫杂咏》一书题词。

"《诗》三百篇，序于国史。《国风》十五，杂出琐事。由汉迄明，宫词乐府，咏史之篇，咸其支与。国朝词流大启肇域，南宋金源(元)，文字识职。渊渊饶子，申以十国。欧薛□逸，吴周撷奇。既富隶事，又工摘词，灿若珠贝，凄入肝脾。旃蒙协洽，旦月癸巳。浙蔡元培读毕题此。"(《题〈明宫杂咏〉》)

本年 代沈宝琛(乙斋)撰写《〈春闺杂咏〉跋》一篇。(蔡元培先生手稿)

1896年（清光绪二十二年　丙申）二十九岁

2月13日（正月初一日）　在绍兴，过年，拜客。

"拜客,厘局总办陈竹书太守(存懋,丙戌)前辈。"(本年《日记》同日)

2月24日（正月十二日）　邮寄胡道南（钟生）津门书局目。

"致胡钟生同年书,附津门书局目,当由柯桥延庆当转致。"(本年《日记》同日)

3月7日（正月二十四日）　造访何豫材。

"同钟生访何豫材,假得《周氏琴律切音》二册。"(本年《日记》同日)

3月13日（正月三十日）　阅《水窗春呓》《盛世危言》等书。

"阅《水窗春呓》二卷,欧阳兆荣著。其人以才气自负,而不讳偏宕,其不满意于曾文正。咸同间,天下多事而霸才无主,宜其激也。其论盛衰倚伏之故,名隽可喜。阅《日本史略》,彼国阿波冈本著。称明治四年(辛未),遣外务卿伊达宗城于清国,铃定通交条款。五年(壬申)九月,琉球遣史入朝,册其王尚泰为藩王,拟一等官列华族。六年(癸酉)三月,遣外务卿副岛种臣于清国,议台湾及朝鲜之事。七年(甲戌)三月,诏陆军中将西乡从道将兵征台湾,清人争之。八月诏参议大久保利,通使清国,论台湾之事。十月,清人纳偿金,乃班师。八年十一月,割柯太金岛与俄罗斯,而取其千岛。"

阅《盛世危言》五卷,香山郑应观陶斋著,以西制为质,而集古籍及近世利病发挥之,时之言变法者,条目略具矣。"(本年《日记》同日)

3月15日（二月初二日）　阅《电学源流》等自然科学书籍。

"阅《电学源流》《电学纲目》《电学入门》《电学问答》。"(本年《日记》同日)

3月16日（二月初三日）　抄录《李越缦先生传》。

"陶心云先生招饮。……(王)止轩先生示以平景苏前辈所作《李越缦先生传》,拟录一通。"(本年《日记》同日)

3月18日（二月初五日）　阅《光学量光力器图说》。

(田)"秋农来,携《甲午日记》去。阅《光学量光力器图说》毕。"(本年《日记》同日)

3月22日（二月初九日）　得胡道南（钟生）、田秋农来信。

"得胡钟生同年书,并《词辨》一册、《有明于越三不朽名贤图赞》。得秋农书,还《日记》,并致其亡室陈孺人事略、悼亡诗。"(本年《日记》同日)

3月23日（二月初十日）　写作《陈春澜六十寿序》。

"作上虞陈君春澜六十寿序毕。"(本年《日记》同日)

3月26日（二月十三日） 阅欧阳泉《点勘记》。

"阅来安欧阳泉（省堂）《点勘记》，取里塾通行之书，自《三字经》《千家诗》以至经传，读本诗、古文选本、试律、四书艺，一一辨其精诂，抉其谬误，闾里书师当奉为科律。"（本年《日记》同日）

3月29日（二月十六日） 自谓去年心绪恶劣，未写日记。

"〔薛〕阆仙来，携《甲午日记》去。余去年心绪恶劣，不写日记，阆仙携去者，皆应酬文字稿耳，而阆仙篇篇录之，曰防散失，令余愧死矣。"（本年《日记》同日）

3月31日（二月十八日） 阅《中西纪事》一书。

"阅《中西纪事》。是书题目，宜仿宋人北盟会编之例，题中西，非体也。"（本年《日记》同日）

4月4日（二月二十二日） 往祭岳父王荣庭。

"未正三刻清明。往王宅与祭外舅。"

"《祭外舅王荣庭文》：外舅姓王氏，讳荣庭，会稽人，世居蛏浦。考宝辉，妣赵氏、朱氏。外舅生八月而赵孺人卒，稍长，为后母所虐，欲致死之，跳而免。侨于质库，为司出纳。年□□，娶外姑陈氏，乃与舅同居，而以所入饶益之。于时异母弟景庭，奉朱孺人居杭州，贫无行，不能具甘旨，时迎以来，事之如所生，其卒也，殡葬如礼。外舅体肥泽，而警敏异甚。明日有事，则竟夕不寐，时时启户，视早、晚晴雨。无何，城北火，往视之，踬于桥，中风，或异以归，间日卒，时光绪二十有一年九月十八日也。年六十。生丈夫一子，殇。女子子三：长适山阴贡生薛炳，次归于培，次长殇。以弟子兰生为后。今年克葬于九里郈之董家园，左外姑生圹，右殇女附焉。外舅坦白无城府，其谨厚盖天性也。自亲串交游，下至仆隶，厚施薄责，人人如其意以去，以故翕然目为长者。其殆昔者石奋、直不疑之流亚与？呜呼，可以风矣。"（本年《日记》同日）

4月6日（二月二十四日） 同薛炳（阆轩）、庄仁如等，祭扫先师王懋修（子庄）墓。

"同阆轩、仁如及马家贤丈往庙下兔山，展先师王子庄墓。王君绍庭家翠山湾，扁舟先至。"（本年《日记》同日）

"先师讳懋修，字子庄，会稽县学增广生员，升（生）平博览群书，尤服膺阳明、蕺山两先生之说。里居授徒二十余年，言笑不苟，启迪周至，课四书义试律诗，主纪文达、路闰生之说而消息之，非近世闾里书师所能知也。阆轩从事最久，培从事四年，所以策励之者尤挚。先师卒于光绪十七年九月二十七，年五十有二。遗命以兄之孙幹庭为殇子，成后承重。葬于兔山之麓，岁展墓门，下士与焉。阆仙、仁如以多人莘莘，议别举行，各出番泉十五，岁以其息为墓祭之需。培频年远游，未闻其详，今兹里居，始与是役，嘉二君之义，而愧余无状也，记之。"（《展先师王子庄先生墓记》）

同日 函谢陶濬宣(心云)见赠《史学凡要》。

"心云老伯大人左右：久不晋谒，无任歉仄。尊价至，适侄往北门外墓祭，不及奉候，以为邑邑。伏读大著《史学凡要》，详博贯综，如入宝山，如历建章宫，千门万户，欢喜赞叹，得未曾有。'读子'一条，辱命教勘，谨当细读。窃恐椟昧，无以报命。比日祭扫未歇，二十八、九日当晋谒，邕挹高论。……小侄元培敬白 二十四日"。(《致陶濬宣函》同日)

4月12日(二月三十日) 访徐维则(以愻)。

"同〔薛〕朗仙看以愻，谈竟夕。"(本年《日记》同日)

4月15日(三月初三日) 致函陶濬宣(心云)，代友人求书《董中义家传》等件。

"心云老伯大人左右：蒙惠墨宝，猥未趋谢。昨同王寄翁赴试院前阅书，台从屈临，失迓为怅。委以校勘一条，谨以写完，录呈斧削。适有友人属代求大书《董中义家传》暨隋石经拓本，敬求便中检出一、二分，谨当走领。……小侄元培叩首"。(《致陶濬宣函》同日)

4月20日(三月初八日) 作祁年伯母六十寿文竟。

"作祁年伯母六十寿文竟。(祁同年祖恩乙丑副贡，甲午举人。)"(本年《日记》同日)

4月22日(三月初十日) 阅《淮南鸿案》一书。

"阅《淮南鸿案》。淮南俶真手会绿水之趍。注：趍，投节也。案：'趍'读为曲，又为奏。'投'读句读之读，亦曰句度。高秀训：度，二千九百三十二里千四百六十一分里之三百四十八。案：以周天三百六十五度四分度之一，核之凡千一百七十一万里。训云孝文时，淮南王长死于雍，时人歌之曰：'一尺缯，好童童。一斗粟，饱蓬蓬。兄弟二人不能相容。'《汉书·淮南王传》作'一尺布，尚可缝；一斗粟，尚可舂'。"(本年《日记》同日)

5月3日(三月二十一日) 复勘旧作《西湖底造闸记》一文。

"显敔来，属复勘前数年代撰《西湖底造闸记》。"(本年《日记》同日)

5月26日(四月十四日) 作挽田润之封翁诗。

"(薛)阆仙来。为四言诗四章，挽田润之封翁(又阆仙代作二章，凡六章)。"(本年《日记》同日)

5月29日(四月十七日) 拟校勘《星学辨正图示》一书。

"童亦韩同年以抄本天台齐次风先生《星学辨正图示》见示。书颇庞杂，不及水道提纲之详实也。亦韩以其孤本，欲刻之，讹字甚多，当为校仇。"(本年《日记》同日)

5月31日(四月十九日) 往吊吴讲(介唐)学士。

"吴介唐学士之丧,至自京师,殡于下方桥旧宅,往吊。"(本年《日记》同日)

5月(四月) 函谢陶濬宣(心云)赠书。

"心云老伯大人左右:昨奉手教,谨谂。承惠《景宋陶集》,祖德清芬,名贤墨妙,开帙雒诵,珍如拱璧。拜登,谢谢! 委校子部例言,谨增衍数言,别录呈览,仰求诲正。……侄元培顿"。(《复陶濬宣函》同月)

6月13日(五月初三日) 为范叔通、蔡雏顾求画。

"得(何)预才简,即复以素纸两幅,为范叔通及雏顾求画。"(本年《日记》同日)

6月26日(五月十六日) 作诗十六首。

"秋田以铁花灯素绢属题,为题七言绝句十六首。"(本年《日记》同日)

6月27日(五月十七日) 为朱允中(秋农)作《追蠡解》一篇。

"为(朱)秋农作《追蠡解》,以毋追说之。"(本年《日记》同日)

7月1日(五月二十一日) 自题蓬州扇二绝。

"见蓬州扇画溪边二美人映以桃竹,盖天台仙子也。戏题二绝:

(一)

不是多情争得仙,相逢采药此溪边。刘晨阮肇太无赖,铸作漫漫离恨天。

(二)

自此仙扃迥绝尘,谁从初地问前身。桃花犹作当年色,解芙空山失道人。"(本年《日记》同日)

7月6日(五月二十六日) 读《灌园未定稿》一过。

"访钟生于笋庵,不遇。访之管墅,归时,假得《灌园未定稿》,读一过。"(本年《日记》同日)

同日 撰写《〈灌园未定稿〉读后》一文。(蔡元培先生手稿)

7月14日(六月初四日) 游怪山宝林、清凉两寺。

"看堵子龄、何阆仙。游怪山宝林、清凉两寺。"(本年《日记》同日)

7月17日(六月初七日) 为朱允中(秋农)作四书文一篇。

"看徐七先生。为秋农作四书文一首(篇)。"(本年《日记》同日)

7月20日(六月初十日) 作《送马用锡(湄莼)之江右》绝句四首。

"海滨洴澼百金方,施手摩天巨刃扬。文字九千经十二,人间何处觅原尝。

晚学纷纷杨子居,南行之沛或相依。鹏蜩各得逍遥旨,谁解南华是僻书。(元唱饱食不知农战苦,我生惭对卫鞅书,甚佳。)

漫说人间无事非,风涛中占一荒矶。朱秦儒墨多名手,赢得众言吕不韦。

曾闻扼臂感曾参,远志当归皆午探。此去鄱阳风信好,先从家问寄丛谭。"(蔡元培先生手稿)

同日 作《和薛大见怀韵》二绝。

"穷大曾闻易失居,卅年日月感悒除。喜君锐志名家学,通故覃覃补礼书。
粤东午夜数南星,怪底年来目不听。(《经典释文》引《说文》睽目,不相听也。)
我信步天先学算,《周髀》字字映枯萤。"(蔡元培先生手稿)

7月23日(六月十三日)　借阅《东饿夫传》一书。

"(徐)以慭新得抄本,称《东饿夫传》,借读一过。会稽章格庵先生(正宸)著,实自编年谱也。自万历二十五年丁酉始(先生生于是年十二月二十),崇祯十七年甲申止,先生年四十八矣。末附《饿中杂诗》。孙祖绳识语,记先生甲申以后事。"(本年《日记》同日)

7月25日(六月十五日)　阅抄本《水笈》一书。

"阅抄本《水笈》四卷,补三卷,山阴徐沁(野公)著。前四卷记顺治乙未自扬州晋京(水道所经),自七月十六日至十月初八日按日记之,采地志、小说,间取石刻以证沿革,缀古迹也,必附唐以后人诗一、二、三、四首不等。补三卷记扬州回里所经,体例同前,唯不记日耳。"(本年《日记》同日)

7月27日(六月十七日)　阅《郎潜笔记》,知《红楼梦》中有十二金钗,皆为康熙朝太傅明珠之食客说。

"《郎潜笔记》述徐柳泉(时栋)说《红楼梦》小说,十二金钗皆明太傅食客:妙玉即姜湛园,宝钗即高澹人。以是推之,黛玉当是竹垞。所谓西方灵河岸上,谓浙西秀水。绛珠草,朱也。盐政林如海,以海盐托之。潇湘馆影竹垞,还泪指诗。史湘云是陈其年,其年前身是善卷山中诵经猿,故第四十九回有孙行者来了之谑。第五十回所制灯迷(谜)是耍的猴儿。宝琴是吴汉槎,汉槎尝谪宁古塔,故宝琴有从小儿所走过地方的古迹不少,又称见过真国女孩子。三春疑指徐氏昆弟,春者东海也。刘姥姥当是沈归愚。《随园诗话》卷二:曹楝亭为江宁织造,其子雪芹撰《红楼梦》,备记风月繁华之盛。某书记船山语,谓《红楼梦》八十回以后,其友高兰墅所补。"(本年《日记》同日)

7月28日(六月十八日)　同胡秋田游绕门山石宕。

"十有八日,壬午。秋田邀游绕门山石宕,午后大雨,归问家中人,皆不知有雨也。"(本年《日记》同日)

同日　作《游绕门山石宕即事》七绝六首。

"越中石宕柯岩最,更数曹山与石芊。我爱绕门绝幽倩,架床未展读书堂。
数峰绉瘦俯清泚,赖有泉明拂拭之。万柳桥边堤百丈,游人竞说放生池。
古墓犁田事可哀,荒山丛郭费安排。若闻冠石同鳌戴,恐有甄舒入梦来。
题名半厂太陈陈,诗老当年载月频。东望种山南石匮,我今载得月中人。(石壁有杜尺庄先生及卍香和尚诸人题名,称道光□年中秋后一日,自香炉峰载月来游云云。绝壁又有同治四年王叔彝等题名,称载酒来游,乘月返郡城。字大小皆如前,盖学步邯郸者。月中人,指歌者嫦娥。)

濠梁之乐我知鱼,潭水深深千尺余。岂必垂纶为贪饵,兰风钓石近何如?(胡七、徐五,钓皆不得。)

石屋参差如意庵,道南诸阮老尼谙。同舟好事徐元固,买得丛书满一龛。(元固,徐坚字。小泾阮氏藏书,寄石龛中,令老尼卖之,尼本阮氏女仆也。以愆买《知不足斋丛书》)。"(蔡元培先生手稿)

7月31日(六月二十一日) 作《感昨日事》七律一首。

"隐情惜已等寒蝉,别有牢愁欲问天。蜂虿蚩真漫尔,鹰鹯疾恶尚愀然。

销精太息田光志(谓唐山阴),借面犹知文若贤(谓徐七)。

何似太原王独行,质成深恐姓名传。"(蔡元培先生手稿)

8月7日(六月二十八日) 枕上苦蚊,作《群蚕》七律一首。

"扰扰群蚕欲刺天,雌雷灌耳不成眠。林前蚁动聪为累,日出虫飞梦未圆。

掷蜡火攻皆下策,逐蝇笔坏亦徒然。俾羞丹鸟无遗种,古语应同它善诠。"(本年《日记》同日)

8月8日(六月二十九日) 与友人同游固城禅院,品虾蟆泉。

"同钟生往大蓬头,看沈应南。看菉君姊婿,同游固城禅院,品虾蟆泉,甚冽。院之左为祗园洞,寄主处也。洞右石厂曰燕窝,甚凉,可御夹衣,可寒肉,村人呼为棉袄塘者也。"(本年《日记》同日)

同日 作《品虾蟆泉》一绝。

"石罅涓涓冷欲澌,题名无道玉蟾宜。何当七碗风生后,朗诵卢生月蚀诗。"(蔡元培先生手稿)

8月10日(七月初二日) 阅《楞严经》《客杭日记》等书。

"读《楞严经》,因《庄子·齐物论》进一解耳。隽处颇类《论衡》。……阅《客杭日记》,元郭畀(天锡)撰。樊谢序称扬州程松门士夫容阁所藏日记真迹四册,抄其至大戊申《客杭》一册,略汰其元系《武林典要》者,则此书摘抄本耳。"(本年《日记》同日)

8月11日(七月初三日) 与友人同游石佛寺、静修庵。

"陶吉生同年来。菉君邀游石佛寺、静修庵。石佛寺有禅画楼,李爱伯(慈铭)先生题额也。先生贻寓山寺不缘和尚楹帖,曰:平原亦书多宝塔,山水常如明镜台。"(本年《日记》同日)

8月18日(七月初十日) 作《题沈应南行乐图》二绝。

"若士相期汗漫游,金华冠子吉光裘。豪情不数严夫子,遍历神瀛大九州。(李固与弟圉书,固周观天下,独未见益州耳,昔严夫子常言,经有五,涉其四;州有九,游其八,欲类此子矣。)

灞桥诗思洵清绝,中散琴心况渺然。登彼高山望远海,移情何处觅成连。(图中重裘朱月朱制骑驴,奚童担箧,旁悬一琴。)"(蔡元培先生手稿)

8月31日(七月二十三日) 作《哀周榕倩》三律。①

"得钟生书,道周榕倩同年殁于江西。都中纵迹最密者也,唏嘘不已!榕倩名宗彬,会稽人。……自戊子后,居京师,首尾殆十年。余与君深交,自甲午始,时聚于乙斋许,同之者,钟生而已。四人者,语必彻夜,行必同车,棋酒殆无虚日。钟生最慎,乙斋最敏,余最疏懦,榕倩真率,不甚修边幅,而取予不苟,介然不可强以所不欲。其虑事审慎,余与乙斋尝哗笑之,以为迂回有甚于钟生也。然相得欢甚。去年出都,榕倩先余两月,拟取道江西归里,酿酒待我。我归而榕倩留滞江西不得归,遂客死,可悲也!年四十有五。娶于何,生一女,妾生男,七日夭,遂无子,命也夫!诗以哀之……"(蔡元培先生手稿)

9月7日(八月初一日) 阅袁子才《随园诗话》竟。

"阅《随园诗话》十六卷、补遗十卷竟。以性灵谈诗,未为巨谬。随园为此乃假广大教主之说,以奔走声气,结狡童佚女之欢,故实斋先生《妇学》《诗话》两篇严斥之。"(本年《日记》同日)

9月11日(八月初五日) 阅朱蓉生《无邪堂答问》毕。

"阅《无邪堂答问》毕。《无邪堂答问》五卷,义乌朱蓉生先生(一新)著。先生由编修转御史,光绪□年,以劾内监李莲英被议降三级,遂解职归。是时南皮张尚书督两广,辟广雅书院,聘为院长。院分经、史、理、文四斋,以四分校主之,而院长受其成。令诸生日记质疑问难之语于册,而院长以次答焉。先生简其答问之辞稍完整者,为是书,宗旨与《东塾读书记》大同,而持论更严。"(本年《日记》同日)

9月22日(八月十六日) 大姨(妻姊)病逝,甚伤痛!

"日加申至〔薛〕阆轩许。大姨倏痰痛,不能言,若中恶者,薄晚遂卒,伤哉!年三十有三耳。大姨生十七年,归阆轩,舅姑相继卒。阆轩读书而已,不问家计,大姨学书、算学,量入为出,恶衣菲食,女工烦□之事,皆自为之。雇一女奴,市物耳已。……"(本年《日记》同日)

9月30日(八月二十四日) 称陶濬宣(心云)作《孙恭人墓表》为不朽之作。

"示孙恭人墓表,义法缜密,文情悱恻,不朽之作也。他日篆额书丹,当称三绝。元配之称,盖始于《左氏春秋》'惠公元妃孟子'。然石墨鲜见,系之碑题,似亦太华。前人多书元室常衮《叔父员外郎志》、元娶(宋《范子严墓志》)、前娶(唐《高元裕碑》),然皆在文中,碑题多不识别。如唐处士包公夫人墓志,称包君前娶义汤朱夫

---

① 此处所说周榕倩病殁江西,纯系误会,其时周实无恙。

人下世,而夫人为继室,然则张夫人乃继室也,而只题包公夫人,可互证也。文中继配李氏,疑易余又娶于李。恃爱妄言,斥正为荷。……诸容晤质,敬复。敬请心云老伯大人道安。侄元培拜白 二十四日"。(《复陶濬宣函》同日)

10月1日(八月二十五日) 阅陆游(放翁)诗。

"阅放翁七律,有云:绍兴辛未至丙子六年间,予年方壮,每遇重九,多与一时名士登高于蕺山宇泰阁。"(本年《日记》同日)

10月10日(九月初四日) 阅张新之评《红楼梦》、金圣叹评《水浒传》。

"近日无聊。阅太平闲人所评《红楼梦》一过,金圣叹所评《水浒传》一过。圣叹自是隽才,斥《西厢》后四出为续部,甚卓。《水浒传》古本,则圣叹杜撰也。闲人评《红楼梦》,可谓一时无两觉,王雪香、姚梅伯诸人所缀,皆呓语矣。"(本年《日记》同日)

10月19日(九月十三日) 应桂轩认为蔡元培先生作文有意为奇涩,不类其为人,"因勉以至平至易之轨"。

"得应桂轩同年书,并金陵赠别序一篇。去年,余赴金陵,会桂轩以访故人钱念劬,留滞浙馆,闻余至邀之同居,晨夕清谈甚相得也。濒别,桂轩许赠余以言,而持久未寄。展缄雒诵,如见故人,盖相别九月矣。大意以余文有意为奇涩,不类余为人,因勉以至平至易之轨。桂轩固喜方、姚诸家文者,故其言如此。此文颇喵缓,类吴仲旋,非余所喜,然切直之言,洞中余病,不可忘也。余自戊、己来,读定庵先生文,喜而学之,又厕以九经诸子假借之字,倒句互文之法,观者辄讶为奇僻。己丑,乡试宜汝梅先生得余卷,谓是老儒久困场屋者。庚寅,王黻卿先生得余卷,疑是跅弛不羁之士。及见余年少朴僿,不能为大言,皆爽然失。桂轩之意,盖亦如是。"(本年《日记》同日)

11月2日(九月二十七日) 阅《寄龛》甲、乙两志。

"(朱)秋农来,贻我《寄龛三志》。阅《寄龛》甲、乙两志,都十二卷,会稽孙彦清(德祖)先生著,亦阅微草堂五种之流。"(本年《日记》同日)

11月5日(十月初一日) 得马用锡(湄莼)书,知友人周榕倩实无恙,为之狂喜。

"得湄莼书,知榕倩实无恙,为之狂喜。《随园诗话》载苏州徐朗第孝廉哭随园一诗,亦讹传凶闻也。榕倩达人,读余诗当绝倒也。余前致湄莼书,并致诗草,谓榕倩若在,请以示之。万一希冀,竟如所愿,岂非快事。"(本年《日记》同日)

11月6日(十月初二日) 为敬敷义塾题写楹联。

"府城北门外干奉乡鲍溇村有敬敷义塾,创始于道光初年。冯太守清聘、聂太守蓉峰相济成之。经粤寇之乱已颓废,所集泉为司事者所蚀。山阴唐大令师竹以告富察太守,太守谋之缙绅,厘别更新之,既成,属余为楹铭。铭曰:师道立则善人

多，五品能训名义无忘推帝俊；学馆起而吏民爱，七经还教循良终古颂文翁。"（本年《日记》同日）

11月7日（十月初三日） 复王继香函，告尚不能附从赴京。

"钧示敬悉。受业甚愿附从者以行，又有懋翁作伴，更为忻幸。惟舍间颇有琐事，即能成行，亦须月杪矣，不敢游移以稽台从，当俟抵京后再图趋侍耳。……受业元培叩首"。（《复王继香函》同日）

11月8日（十月初四日） 撰写《诰赠资政大夫会稽徐府君墓表》。（蔡元培先生手稿）

11月9日（十月初五日） 为何琪（朗仙）书匾。

"为何朗仙书孟庵匾，并系以铭。""铭曰：懋慎劢恤，古训勉力。孟与黾覉，音转文别。我闻先正，顾祖桢斋。周列士传，后学模楷。粤所见世，奉乎越缦。孟学名庵，九变复贯。伯间轩轩，指的疾趋。一簧之隽，文而又儒。王史有言，博学知服。比事属词，用相切宜。"（本年《日记》同日）

11月13日（十月初九日） 长子阿根出生。

"夜十一点钟二刻十分，得一子。当为十日子初，或曰亥正。（越俗视其发际旋窝，正者时正，偏者时偏。此儿旋窝正，故以为亥正）。"（本年《日记》同日）

"十月九日王夫人产一子，命名曰阿根。"（《自写年谱》）

11月14日（十月初十日） 阅梁启超（卓如）纂《西学书目表》，并有评论。

"得以悫帖，贻我……梁卓如《西学书目表》《读西学书法》，并保产、催生两方。《西学书目表》，区书名、撰译人、刻印处、本数、价值、识语六品，甚便翻检。识语皆质实。读书法则取识语，演简为繁耳。末篇立意本正，而窜入本师康有为悖谬之言，为可恨也。卓如近于《时务报》中，刻其《变法通议》，能撷经史偏旁之义，左其新说。近时言西学者，莫能抗颜行也。其强记博辨，实足睥睨一切。而早岁溺于康有为之说，不能摆脱。其《通议》论学校，取证《周礼》者甚多；而论中国积弱，由于防弊，谓王制《公羊传》《春秋繁露》所述官职，皆有长无贰，惟《周礼》言，建其正，立其贰，故既有冢宰、司徒、宗伯、司马、司寇、司空，复有小宰、小司徒、小宗伯、小司马、小司寇、小司空。凡长皆卿一人，凡贰皆中大夫两人，此今制一尚书，两侍郎之所自出。《周礼》伪书，误尽万世，不顾矛盾也（本篇论古乡官，皆用乡人，仍引《周官》《管子》《国语》证之）。其古议院考，亦引《周礼》。"（本年《日记》同日）

11月18日（十月十四日） 为薛朗轩藏书室书匾。

"培与朗轩皆服膺番禺陈东塾先生，而朗轩用心尤挚，治经一宗其家法。癸巳，培在粤东，于先生长息孝直许，模遗像以归，朗轩奉之书室三年矣。倾名其室曰'服兰'，属书楣，系以铭曰：

兰甫先生，海南大儒。楬箸家法，汉郑宋朱。声律通考，水道说图。读书所记，饷饫生徒。吾友薛君,屡守知服,私书先生,好学为福。远抚遗像,永寿书堂,五经庚子,一瓣心香。孙登行障,贾岛铸金,□各之谊,匪今始今。"(蔡元培先生手稿)

同日　代伯棠撰文一篇。

"伯棠属代撰《寇恂贾复轩轾论》,应拔贡试时题,命题无甚意义,大约指恂杀复部将,避复事耳。即依此意敷衍成篇,殊无味也。"(本年《日记》同日)

11月21日(十月十七日)　应上虞陈抠(级三)之请为撰《锲斋记》一文。

"吾闻之吾友薛君,孔子以后,儒派为二,荀孟而已。孟氏尊德性而归于自得,自宋以来,主静以立极致良知以为天下大本者宗之。荀氏道问学而要之于知止,自汉以来,以经义治事、以威仪通礼意、以即物穷理为致知诚意之本者宗之。孟氏之论学也,曰养曰达,而程其功,则曰扩而充。荀氏之论学也,曰蜕而积,而程其功,则曰锲而不舍。孟学之徒,尊见而捷悟其极至于以六经注我,以心之神明为圣,非高明之质,鲜能持其说。而荀氏之徒,沉潜笃实,有坛宇,有阶陛,虽中庸之材,乡曲之士,咸有依据。是以为孟学者,若宋若明,间世而一见。而荀学,则汉之儒林,宋之道学,国朝经史考订之学,皆其家法也。夫经者,所以明道;史者,捭揽事俗之繁变,以证道之赜。为经学者,琐屑于故训,诘屈于物名,牵连于科例,多连博贯,而后识义理之归,其迂回如是。为史学者,校雠于时月之先后,地势之险易,人名、官制之同异,而后有以稽政治之中失,人事之是非,其杂糅如是。呜呼,是皆锲而不已之说也。

上虞陈子级三,勉之经、史之学,而撷荀子语铭'锲'于读书之室,盖审于宗派者。爰推吾友之说,以证成其义。"(蔡元培先生手稿)

11月22日(十月十八日)　与徐维则(以懿)、徐尔谷(显敔)等游绍兴石佛寺。

"十有八日己卯。食时微而即霁。以懿、显敔、何、薛二朗、钟生,邀游下方桥石佛寺(在羊石山),并邀许翰伯、陈韵楼。勒题于名壁。"(本年《日记》同日)

"光绪二十二年十月,余将北征,同人饯余于是。千年象教,印度忽焉。此子疲于津梁,此中惟宜饮酒。岘首嘉客,有如叔子,新亭名士,谁为夷吾,息壤在兹,赤石鉴之。

山阴蔡元培识、会稽徐维则书。同集者:江宁许登瀛。山阴胡道南、何琪、薛炳、陈星衍。会稽徐尔谷。"(蔡元培研究会藏碑石拓件)

11月24日(十月二十日)　作酬答许登瀛(翰伯)赠别韵 七律二首。

"我欲披云诉玉京,浑河滴泪可能清。买山计已荒充隐,斫地歌犹张酒兵。藜藿岂曾庇猛兽,蒲牢徒见吼长鲸。三君八俊古何物,未必东林果累明。

西笑长安梦未醒,感君高咏托云停。国师问字从扬子,老吏论诗比汉廷。我辈解嘲文尚白,当途惜己眼谁青。迢迢燕越三千里,夜候南天处士星。"(蔡元培先生手稿)

11月30日(十月二十六日) 撰《徐氏十四经楼藏书记》一文。(蔡元培先生手稿)

12月2日(十月二十八日) 函谢陶濬宣(心云)馈赠。

"昨奉手毕,语长心重。恨恨别绪,彼此同之。承赐多珍,并惠及婴孩,情意稠迭,至不敢当。恐辜盛意,谨以拜登,谢谢!骊驹已促,燕越三千,北羽之便,时赐教言。敬上 心云仁丈大人左右 小侄元培顿 二十八日"。(《复陶濬宣函》同日)

本年 为陶在铭(仲彝)题写扇面。

"乾隆中,杭州先正曰:卤学士所居,曰抱经堂。登是堂也,无杂宾,无杂言焉。今大学士仪征阮公所燕居,曰挈经室。入是室焉,无杂宾,无杂言焉。夫言之庞由学之歧也,所居之猥猥,由耆好之俚也。宾客之发孰浮华,由主人之不学也。京师宣武坊有堂辟然曰问经堂。主人出,窥其容,顒然者;聆其欸,铿然者;试其行,肫然者;从之游,效其威仪,遬然者。虽以龚巩祚之善言,以百家学,登是堂,愀乎非五经之简毕,不敢言焉。主人陈其氏,庆镛其名,颂南其字,福州其籍,户部主事其官,曩与巩祚同游阮公之门者也。巩祚题其楣之左偏。

仲彝老伯大人 正画 鹤顾侄蔡元培"。(绍兴鲁迅纪念馆藏件)

本年 农历正月至十月有日记,日记中记有诗作。

"是年有正月至十月日记,日记中有七绝二十八首、七律七首。

诗稿:六月十日和薛大韵送湄莼之江右七绝四。和薛大见怀韵,七绝二。题铁花灯七绝十六。游绕门山石宕即事,七绝,感昨日事七律。六月廿一日,虾蟆泉。廿九日,七绝一首,为菉君姐倩题优俪品茶图。七月十四日,七绝四首,十月二十日,酬许翰伯赠别韵,七律二首。"(《自写年谱》)

1897年(清光绪二十三年 丁酉)三十岁

1月(十二月) 陆行赴京。

"因王夫人于十一月九日始满月,而天津已于十月卅日封口,余又希望于十二月杪抵北京,乃决计陆行。先由上海往清江浦,乃换乘骡车北上。自清江浦至北京,称为十八站,而我欲速到,乃破站走,预计十五日可到,于是有几夜不得不宿在打尖的地方。记有一次炕下即为猪栏,有一次没有炕,在泥地上铺麦杆,我只好坐了一夜。十二月末日到宛平,旅馆不接客,不得已访县长,蒙其款待,宿署中。此行闻见特新,作诗颇多,可惜捡不到记录。"(《自写年谱》)

2月2日(正月初一日) 到北京,寓南半截胡同。

"辛卯朔。晴。晨发四十里至都,寓南半截胡同沈乙斋同年公馆之北院。电报

家中。"(本年《日记》同日)

2月3日(正月初二日) 访沈达文拔贡。

"至琉璃长义仓,见沈达文拔贡,亦贵午桥先生门下士也。遇朱寿生驾部、丁子香农部。"(本年《日记》同日)

2月11日(正月初十日) 赴何枞僧丈酒宴,大醉骂座。

"正月十日,何枞僧丈招饮,大醉骂座。我父亲善饮,我母亲亦能饮,我自幼不知有酒戒。忆十岁时,为范氏表兄所激,曾大醉一次,酣睡一日余始醒。长辈咎表兄,彼以将酒劝人并无恶意的成语替自己辩护,这是我第一次醉。后来馆徐宅,时参加宴会,猜拳行令,时时醉。到北京,京官以饮食征逐为常,尤时时醉。然醉后从不胡闹,同人恒以愈醉愈温克目我。此次忽大骂同座(其原因已不记得),以后遂不免屡犯。"(《自写年谱》)

2月17日(正月十六日) 宴客江苏馆。

"同(沈)乙斋设具江苏馆,客到者二十一人。"(本年《日记》同日)

2月21日(正月二十日) 出席同乡新年团拜。

"同乡团拜于下斜街浙江会馆,演福寿部,并招各部翘楚。"(本年《日记》同日)

3月11日(二月初九日) 出席壬辰同年新年团拜会。

"壬辰同年团拜于湖广馆,演福寿部,往,乙夜归。"(本年《日记》同日)

3月15日(二月十三日) 点勘《沈翼星先生文选》。

"始点勘《沈翼星先生文选》。李氏识语:清名即是长年诀,当世应无未见书。(赠鲍以文《阮四集》五)。"(本年《日记》同日)

3月19日(二月十七日) 与沈子培商定分签越缦堂《日记》。

"见沈子培比部,订分签越缦先生日记。"(本年《日记》同日)

3月21日(二月十九日) 往贺何枞僧四十寿诞。

"枞僧先生四十寿(实四十三,以夫人四十寿设宴),集中郎文为联,祝之曰:该备宠荣兼包全锡,恩高游夏寿同松乔。往拜,听帽儿戏。"(本年《日记》同日)

3月26日(二月二十四日) 接受光绪二十年八月皇太后寿诞封赏,本日寄报家中。

"上大哥书,至汲生从弟书。光绪二十年八月十六日,皇太后万寿,覃恩,以编修加四级,为先考妣请五品封典,并以本身一轴貤赠先王父母,凡诰命二轴,谨寄家中。"(本年《日记》同日)

4月3日(三月初二日) 收陆竺斋赠书二种。

"陆竺斋世叔见贻《存斋年伯行述》一册,汤蛰仙《危言》二册。"(本年《日记》同日)

4月9日(三月初八日) 往山会邑馆公祭先贤。

"山会邑馆公祭先贤,往与祭。谒徐寿蘅师,未见。"(本年《日记》同日)

4月15日(三月十四日) 赴天津迎接眷属。

"十有四日,癸卯。同韵沧兄乘车至黄村,登小火轮。车无舱,大风扬尘,栗肌迷目,晚至廊房,换车,坐二等舱,到天津,寓中和栈楼第十房。"①(本年《日记》同日)

4月20日(三月十九日) 得上海电报,知眷属二十二日到塘沽。

"得上海电报:眷属于十八日晚上新济轮船,绕燕台,大抵二十二日可到。写一帖,托时叔雇潞河船。"(本年《日记》同日)

4月23日(三月二十二日) 到塘沽接眷属。

"二十二日……大风雨。携仆乘火车往塘沽,'新济'(船)已到。又雇船接眷属,顺风扬帆。"(本年《日记》同日)

4月30日(三月二十九日) 于晚间抵京城。

"廿二日眷属至,廿五日由水道进京。是夜舟泊杨村,廿六日泊河西务。廿七日泊马头。廿八日午至通州。廿九日雇骡轿一、骡车九进京,午尖于双桥,晚到京。计此行出京乘火车,费一日半;进京乘舟及骡车,费五日。"(《自写年谱》)

5月2日(四月初一日) 赴翰林院,"接见掌院"。

"庚申 朔,晴。赴(翰林)院,接见掌院。"(本年《日记》同日)

5月15日(四月十四日) 进内城,寓方略馆。

"与止轩先生、何怂僧比部、孙问清检讨进城,寓方略馆。"(本年《日记》同日)

5月16日(四月十五日) 在保和殿应试差官的考试。

"四月十四日,进内城,寓方略馆。十五日,诣保和殿应试,题为'经正则庶民兴(孟子),三曰举贤四曰使能(《礼记·大传》),赋得方流涵玉润,得方字'。傍晚缴卷出城。此试为各省主考学政及会试同考官之人选而设。"(《自写年谱》)

5月20日(四月十九日) 赴王伯唐驾部招饮。

"答客数家。见王伯唐驾部,招饮义胜居,约为诗钟。日稷去,主客无一至者,留柬托他事谢之。"(本年《日记》同日)

5月25日(四月二十四日) 乾清宫引见。

"二十四日,癸未。上御乾清宫,元培由吏部引见。"(本年《日记》同日)

5月26日(四月二十五日) 访徐树铭侍郎,知考卷被李端棻(苾园)"诧为傀物"。

"谒长沙徐侍郎,知试卷在李苾园侍郎手,诧为傀物。长沙闻之,索阅,极倾倒,李不能持前说,然以诗中用潇湘为疑。长沙又力争之,曰:'若疑者,任于吾处择一佳卷相易,在吾手中,非第一无位置处也。'既午,易矣,李思前语,复靳之,**缊易以**

---

① 此处的"小火轮"指小火车。

去，以己意置第四云。（补戊寅)。"（本年《日记》同日）

5月29日（四月二十八日） 评论陈炽（次亮）著《庸书》《续富国策》等书。

"《庸书》内篇五十，外篇五十，陈炽次亮著。其语皆世俗所知也，而喋喋不休。书限百篇，篇限八九百字，意有余截之，不足演之，故多复沓语，多游移语，无切实中窾要语，乃文场射策陋习，不足言著书也。《续富国策》四卷，农书、矿书、工书、商书，亦陈次亮著，较《庸书》为切实。"（本年《日记》同日）

6月14日（五月十五日） 买《形学备旨》等书。

"过官书局，买《形学备旨》《八星之总论》《农学新法》。"（本年《日记》同日）

6月15日（五月十六日） 代葛宝华通政拟策问题。

"为葛通政拟策问五。葛，福建□考官也。"（本年《日记》同日）

6月18日（五月十九日） 开始整理李慈铭日记。

"十有九日，丁末①。始签越缦日记。"（本年《日记》同日）

6月20日（五月二十一日） 阅《农学报》。

"农学会寄来报二十册，第二期答问第五叶皆脱去，厕以博议第五；其第一期《农学报》第二叶亦有数册误作博议第二。"（本年《日记》同日）

6月24日（五月二十五日） 游南城龙树寺。

"与乙斋游南下洼龙树寺，坐兼葭簃良久，生翠荡目，暗凉袭肌，仿佛故乡西湖阮公祠退省庵矣。"（本年《日记》同日）

6月29日（五月三十日） 阅《农学报》第三期，甚感"风气大开，名论迭出"，谭嗣同"文笔尤古雅"。

"《农学报》第三期到。《农学报》中，姚志梁请开北方利源总公司禀、广西史中丞谕、谭嗣同浏阳土产表叙，皆佳。风气大开，名论迭出，自强之基，券于是矣。谭叙文笔尤古雅。"（本年《日记》同日）

6月30日（六月初一日） 携眷属游中顶、陶然亭。

"与乙斋各携眷属逛中顶，殿宇催颓，象设剥落，惟中殿稍修整，游人济济，汗雨熏蒸，村人涂抹青红，□持铙鼓为兰子之戏（高跷）、朱虚之歌（秧歌)，以甲午万寿点景，招致此辈，因署其匾曰御览），粗俚可笑。亟回，饭于龙树寺，薄暮归，纡道游陶然亭，郁闷□龙树远矣。"（本年《日记》同日）

7月7日（六月初八日） 阅《富民说》《铁道论》等书。

"阅马建忠（眉叔)《适可斋记言》四卷。《富民说》《铁道论》《借债以开铁道说》《法国海军职要序》《上李伯相出洋工课书》《巴黎复友人书》《玛赛复友人书》《上李伯相复议何学士如章奏设水师书》《上复李伯相札议中外官交涉仪式》《洋货入内地

---

① 此处疑为丁酉。

免厘禀》《上李伯相论朝鲜商约界务禀》《上李伯相论漠河开矿事宜》《拟设翻译书院议》，凡十有二篇。其人于西学极深，论铁道，论海军，论外交，皆提纲挈领，批却导窾，异乎沾沾然芥石陈言，毛举细故以自鸣者。"（蔡元培先生手稿）

7月8日（六月初九日） 与壬辰同年一起公祭张之万（文达）。代徐树铭侍郎拟策问一篇。

"十有九日 丁丑，晴。壬辰公祭张文达师，赴之。……为徐侍郎拟策问，皆按群经平义为之。"（本年《日记》同日）

7月28日（六月二十九日） 阅宋育仁《采风记》，认为该"书记事有条理，文亦渊雅"，是"通人之论"。

"阅宋育仁（芸子）《采风记》三册，凡五卷，《时务论》一册，《纪程诗》一首，《感事诗》四首。二十年以检讨充二等参赞官，驻英时作也。记一政术、二学校，附说例、三礼俗、四教门、五公法。记事有条理，文亦渊雅。其宗旨，以西政善者皆暗合中国古制，遂欲以古制补其未备，以附于一变主道之谊，真通人之论。"（蔡元培先生手稿）

8月2日（七月初五日） 阅邸抄廖中丞折，知已在杭州设立求是书院及武备学堂。

"阅邸抄廖中丞折：已于杭州普慈寺后，设一求是书院，以一西人为总教习，华人二副之，一授算学，一授西文。又于其西偏设武备学堂。"（本年《日记》同日）

8月18日（七月二十一日） 自书一联，于《日记》中。

"都无作官意（张籍），惟有读书声。"（本年《日记》同日）

9月1日（八月初五日） 阅罗振玉（陆喑）《读碑小笺》等书。

"阅罗陆喑《读碑小笺》《存拙斋札疏》《面城精舍杂文》，颇有前人未发之说。"（本年《日记》同日）

9月7日（八月十一日） 收到王止轩送来《荀学斋日记》十册。

"止轩先生送来越缦先生《荀学斋日记》十册。……都中目伶人为相公，乃'象姑'之音转，《荀学斋日记》亦以呼相公为怪异，故著之。"（本年《日记》同日）

9月11日（八月十五日） 借阅严复译《教案论》。

"诣书衡，假得严复（字幼陵）观察所译宓克《教案论》一册。"（本年《日记》同日）

9月13日（八月十七日） 阅《教案论》。

"阅《教案论》，英人宓克撰。凡四篇，一发端，二政治，三教事，四办法。大意以中国虽以儒立国，并不遏外教，如道、释、天方诸教与儒并行，而独于西人景教，疾之如仇，皆由教士不能揣摩华人性情习俗以为传教之术。径情直遂，口舌取胜，而建堂施药、收养贫孩诸事，均启疑窦，遂招谤书。其下者又托于巫觋之所为，更以不验滋疑。至于以兵护教，尤为传教大害云云。论俱透辟。"（本年《日记》同日）

9月24日(八月二十八日)　赴孙问清等人招饮。

"孙问清前辈、王止轩先生、金甸臣水部招饮下斜街浙江馆。"(本年《日记》同日)

9月27日(九月初二日)　宴请朱桂清、吴子修等于"浙馆"。

"与乙斋饯朱桂清前辈、吴子修年伯及叶伯皋、夏同甫二同年于下斜街浙馆,并邀止轩先生及叔通。"(本年《日记》同日)

9月30日(九月初五日)　与娄俪笙、沈乙斋等小食于一品升。

"陶杏南来。与俪笙、屏石、乙斋、韵沧小食一品升。"(本年《日记》同日)

10月4日(九月初九日)　闻杭州乡试大风折闱前旗杆,叹科举制将废矣。

"闻杭州大疫。应试者万四千人终三场者九千耳。大风折闱前旗杆一,坏绰楔一,圮誊录所。江南闱圮明远楼。江浙人文渊薮,殆新学竞起,科举将废,故有是祥欤?"(本年《日记》同日)

10月9日(九月十四日)　购李慈铭自造湖塘村居图笺。

在"清秘阁购越缦先生自造湖塘村居图笺数十番。"(本年《日记》同日)

10月15日(九月二十日)　撰《庄有龙墓志铭》。

"府君讳有龙,字某,姓庄氏。其先人和人,及府君,始迁会稽。厥考曰兆荣,三娶,生四子,府君其季。府君幼敏干,未冠即以贾赡家。未几,粤寇陷杭州,继母姚休以殉,而诸兄子皆见虏,府君自浙东赴之,间关重跻,屡设奇计,卒克葬其母,而次第归诸兄子,辄夜负涉涧以奔,遂得脱。于时,渡江者率为舟子所劫持,府君至,出重资济之,且为设食,众感泣,其后或往来如戚串焉。府君既归诸兄子,则授室兴业如所生,或不肖,窃资以逃者数矣,归则训诲之,畀之资,俾别居焉,其厚德如此。光绪二十三年二月某日,府君卒,年六十有六。以子肇布政使司理问衔,加级封奉直大夫。配潘氏、王氏,皆封宜人。女二,适仁和李敬言、山阴拔贡生朱允中。□月□日,肇葬府君于某山之原,以状请铭,铭曰:礼家爱古,大功同财。秦以法治,宗法俄隳。分富赘贫,德色谇语,施爱始亲,他何足数。我闻后贤,亦曰任恤,义门之旌,惇使攸述。懿与府君,乃出至诚,艰难险阻,径行直情,屡窒不回,终始颙若,我勒兹铭,用砥世毂。"(本年《日记》同日)

10月16日(九月二十一日)　阅《竹汀日记抄》三卷。

"阅《竹汀日记抄》三卷,一所见古书,一所见金石,一策问。第一卷称黄荛圃所藏宋刻《旧唐书》不全,本卷首朱印'绍兴府镇越堂官书'八字。"(本年《日记》同日)

10月22日(九月二十七日)　阅张南山《花甲闲谈》。

"阅张南山《花甲闲谈》,其《京国古风篇》有辛卯九月既望,龚定庵自言有一事欲与古人争胜,平生无一封与人论文书也。又称魏君源居忧吴门,其所著《诗古微》,颇悔少年未定之作,闻不复示人。又自称迁居烂面胡同北头路东。书中称为

《诗人征略》作序,今刻本《征略》无之。"(本年《日记》同日)

10月28日（十月初三日） 撰孙恕斋六十寿序。

"为问清前辈撰其尊人恕斋先生六十寿序。"(本年《日记》同日)

10月29日（十月初四日） 代陆思诚作赠柏广文诗一首。

"陆思诚以柏广文(如松)生传征诗。广乐园听戏。"

"史有游侠传,或云进奸雄。后书揭独行,觊异心实同。

龚生《尊任》篇,古微始沟通。卓哉柏夫子,应和若球镛。

炙眉郭稚行,取罪雷仲公。管中一斑耳,慕义曾何穷。"(本年《日记》同日)

11月3日（十月初九日） 借阅《知新报》。

"十有九日,戊寅。答客数家,……见菊生,借澳门《知新报》五册。"(本年《日记》同日)

11月11日（十月十七日） 拟设东文书馆,学日文,以览西书。

"书衡来,拟辟东文书馆,以西书直贵,其要者,日本皆有译本,通东文即可博览西书,且西文非三、五年不能通,东文可以半年为期,尤简易也。"(本年《日记》同日)

11月14日（十月二十日） 签注李先生《日记》。

"签李先生日记。李先生日记：'魏默深文订误,称经典释文、叙录,今马、郑所注并伏生所诵,非古文也。'按：陆氏时,马、郑两家注见存,言必无误。是马、郑虽兼传古文,而所注仍用古〔今〕文之本。然则近儒之述,郑注《尚书》,必别为古文者说,亦未确。元配谨案：陆氏以梅氏古文为孔氏本,故谓马、郑所注皆今文耳,不足据。"(本年《日记》同日)

11月17日（十月二十三日） 赴妙光阁,吊唁沈太夫人。

"赴妙光阁,吊沈子培比部、子封前辈太〔夫〕人之丧。"(本年《日记》同日)

11月18日（十月二十四日） 对清廷对外妥协投降政策,深表不满。

"近日有德国教士二人,行山东曹州府境,为盗所杀。德师船舶胶州海口者皆登岸,声言中国宜撤兵,如过四十八点钟不撤者击之。案：德人尝以英有香港、法有西贡、俄有海参崴,因亦欲得一中国海口,以为碇泊战舰之所,屡见东西新闻纸。而外间所传《中俄密约》有以胶州湾假俄国人屯战舰语,故借此小衅,图捷足先登耳。吾中国近二十年傍范睢远交之策,甚睦于德,近又推诚于俄,不自强而恃人,开门揖盗,真无策之尤也。"(本年《日记》同日)

11月21日（十月二十七日） 作赠曾广文诗一首。

"广文号冷官,官冷中多热。日侵丞簿权,云为令长蘖。

亦有老学究,守株藏其拙。执笔争锱毫,米盐役琐屑。

冷热互乘除,失职无乃埒。党非吾柏君,横流孰砥碣。

冷眼斥尘荣,热肠富提挈。尝为刎颈交,排难耻亦雪。

经义与治事,身教此为烈。作颂鸣百簧,楬为冷官臬。"(本年《日记》同日)

11月22日(十月二十八日) 与沈乙斋一起宴客。

"与乙斋宴客同丰堂,坐有甘肃候补道张廷楫(梅杭),余姚人也。"(本年《日记》同日)

12月2日(十一月初九日) 迁居绳匠胡同。

"移寓绳匠胡同。有来贺者,觞之。"(本年《日记》同日)

12月9日(十一月十六日) 自撰大门楹联一付。

"夹螣无名充大隐,结绳有史演奇觚。(自撰大门楹帖)"(本年《日记》同日)

12月13日(十一月二十日) 贺午桥先生除授乌里雅苏台将军。

"进城贺午桥先生得乌里雅苏台将军。又答客数家。"(本年《日记》同日)

本年 书赠敦甫一联。

"敦甫仁兄大人疋属

秀句还吟广平作;深杯肯放郑虔醒。 崔觐蔡元培"。(蔡元培研究会藏抄件)

本年 写有知服堂日记。

"有知服堂日记,自一月至九月。"(《自写年谱》)

三

运动革命与游学时代
(1898—1911)

1898年(清光绪二十四年　戊戌)三十一岁

1月4日(十二月十二日)　校阅李慈铭《日记》第二辑。

"校《桃花圣解庵日记》第二辑竟。"(本年《日记》同日)

1月9日(十二月十七日)　三十岁生日。

"余生日,依古人周岁为年法(钱竹汀说),生三十年耳。"(本年《日记》同日)

1月15日(十二月二十三日)　到国史馆,填写履历书一纸。

"午后到国史馆,书履历于名纸,曰:'字仲申,浙江绍兴府山阴县人,壬辰科进士,见官编修,于光绪二十三年十二月二十三日到馆,志传兼修。'凡二纸。携凡例一册归,曰国史馆现辨画一列传,凡例者四十九。曰纂辑臣工列传,凡例者五,曰前辨画列传,凡例者十二。其现辨例后,题'道光三十年正月提调官翰林院侍讲蔡宗茂、编修方俊谨拟'。"(本年《日记》同日)

1月20日(十二月二十八日)　皇帝祫祭太庙,与迎送之列。

"日加丑。上祫祭太庙,元培与迎送之列,侵晨归。"(本年《日记》同日)

2月3日(正月十三日)　贺年数十家。

"进城贺年数十家,皆附致乙斋刺,城外百余家,皆托乙斋投刺。"(本年《日记》同日)

2月12日(正月二十二日)　同乡京官公宴绍兴知府熊起磻。

"日中,同乡京官公宴新选绍兴府知府熊再莘(起磻)于越先贤祠。"(本年《日记》同日)

2月13日(正月二十三日)　赴王书衡招饮。

"(王)书衡约饮广和,座有(夏)穗卿、(陶)杏南。"(本年《日记》同日)

2月15日(正月二十五日)　清政府准予开办京师大学堂。

"邸抄:上谕御史王鹏运奏请开办京师大学堂等语。京师大学堂迭经臣工奏请,准其建立,现在亟须开办,其详细章程,着军机大臣会同总理各国事务衙门王大

臣妥筹具奏。"(本年《日记》同日)

2月21日(二月初一日) 整理《越缦堂日记》。

"乙卯朔。签《越缦堂日记》毕。乙斋邀饮丰堂。"(本年《日记》同日)

2月27日(二月初七日) 赴杜荍生邀饮。

"杜荍生前辈邀饮湖南馆,缀诗钟。"(本年《日记》同日)

3月3日(二月十一日) 往沈宅吊唁。

"(沈)乙斋是夜得家书,其尊人于初一日弃世矣,闻报即往唁。"(本年《日记》同日)

3月9日(二月十七日) 赴壬辰同年团拜。

"壬辰同年团拜于湖广馆,赴之。"(本年《日记》同日)

3月17日(二月二十五日) 为沈乙斋整理寄存日用杂物。

"乙斋携眷奔丧,为料理旧居寄顿诸物,不克远送,素车远别,执手悢悢!"(本年《日记》同日)

3月19日(二月二十七日) 请假十日,回避指派会试同考。

"时叔来,同出赏花。令仆持陈刑部印结诣署,请假十日,恐派会试同考也。"(本年《日记》同日)

"六叔父(蔡宝烔)来京应会试,我先期请回避,因恐我或被派作帘官,六叔父就不能进场。"(《自写年谱》)

3月22日(三月初一日) 胡道南(钟生)代购《二十四史》一部。

"榕倩、钟生来。钟生为代购竹简斋石印《二十四史》一部。"(本年《日记》同日)

3月26日(三月初五日) 孙问清贻赠《碑传集》一部。

"孙问清前辈来,贻我钱定庐先生(仪吉)《碑传集》一部,凡六十册。"(本年《日记》同日)

3月30日(三月初九日) 次子无忌在北京绳匠胡同出生。

"九日,壬辰。是日自鸣钟二点一刻,举一子。"(本年《日记》同日)

"是月九日,王夫人又产一男,命名曰煦。"(《自写年谱》)

蔡元培与次子蔡无忌合影（1901年）

4月4日（三月十四日） 阅陈汉章《缀学堂初稿》。

"阅象山陈汉章（倬云）《缀学堂初稿》四卷，经史舆地之学，发疑正误，皆有依据。《九族古义图证》转注释例，皆如吾所欲言。欲用郦亭例记海国诸水道，甚卓。必题《水经注》则无谓，不如用许星伯《西域水道图说》例也。"（本年《日记》同日）

4月12日（三月二十二日） 宴请入京应会试的山、会举人。

"与止轩先生、谢户部、何、俞两刑部宴山会诸公车于嵩云草堂，凡八十六人，到者半。晚复宴榕倩、静夫、稷臣、少芳、钟生、以慈诸同年于家。"（本年《日记》同日）

4月16日（三月二十六日） 访叶织昌，未遇而返。

"昨蔡鹤颅来，未见，欲观蒿隐遗集，即作函请其编校。鹤颅，蒿隐门人也。"（叶昌炽《缘督庐日记钞》同日 北京图书馆出版社 2007年出版）

5月9日（闰三月十九日） 分撰《忠义毛胜贵传》。

"赴国史馆，分得《忠义毛胜贵传》。"（本年《日记》同日）

"毛胜贵，湖南湘乡人。咸丰八年，以武童投效启江行营。是年四月，随攻江西抚州、建昌两府及崇仁、乐安、宜黄、南丰四县城，复之，赏给六品军功顶戴。十年正月，随授四川攻剿滇匪。十一年三月，随项□牛腹渡贼巢，毁之，并解大邑县城围，以把总尽先拔补。十一年八月，随解绵州城围，肃清川北。同治元年二月，得旨以千总尽先拔补，并赏戴蓝翎。八月，又以前随击蓝逆于石羊场，大胜，得旨以守备留于四川，尽先补用。十一月，又以前随解眉川围，克复丹棱县，蓝逆授首，奉旨以都司留川,尽先补用,并赏换花翎。二年二月,以前年收复青神县城,踏破铁山贼巢,有旨以游击留四川,尽先补用。六月,以前年围剿李逆于龙□场,生擒首逆,全胜肃清,有一旨,以参将留川,尽先补用。是年冬,攻克横江泛双龙场石逆坚巢。三年六月,奉旨赏加副将衔。五年正月,以二年至四年迭次防剿叙南滇黔各匪得力,得旨以副官尽先补用,而胜贵已于四年十一月剿田苗股匪于高县之龙盘力战死。事闻,得旨交部从优议恤,寻赐恤如例。"(蔡元培先生手稿)

5月16日(闰三月二十六日) 送六叔父(蔡宝炯)回里。

"(六)叔父南归,同行者、钟生、以憼、宜生,送至马家步(堡),登火车,始回。"(本年《日记》同日)

5月22日(四月初三日) 检核李慈铭日记,凡六十三册。

"李先生日记:《越缦堂》六册(乙卯至庚申),又一函六册(庚申至癸亥),《孟学斋》一函六册(癸亥至乙丑),《孟学斋》《籀诗研雅室》《受礼庐》《祥琴室》《息荼庵》一函凡六册(乙丑至己巳),《桃花圣解庵》一函十册(己巳至甲戌),又《后集》二函十册(甲戌至己卯),《荀学斋》二函二十册(己卯至乙丑),凡六十三册,存知服堂。"(本年《日记》同日)

7月(六月) 撰写《李文田侍郎事略》。

"侍郎讳文田,字仲约,广东顺德人,卒于光绪乙未十月二十日,年六十有二。子一,名渊硕。中日失和,首请录用□贤,匡扶危局。同治之季,有修复圆明园之役,侍郎谓内患虽平,外忧尚逼,抗疏力争,遂以终养乞归。……"(蔡元培先生手稿)

8月4日(六月十七日) 从陶杏南(大钧)学日文。

"移寓城中羊越宾胡同江宁试馆,同寓刘葆良前辈(树屏)及令子伯渊(仲)、许璟卿中书(文勋)、唐蔚芝户部(文治)、王芍庄孝廉(绍堪)、书衡比部(仪通)。聘会稽陶杏南司马(大钧)教授日本文字。"(本年《日记》同日)

"日加戌到试馆,杏南以日本续议租界事,将之津门,荐日本人野口茂温代。"(本年《日记》8月4日、8月10日)

"是年,张君菊生设通艺学堂于琉璃厂,专修英语,而刘君葆良则设一习日文之馆于内城。我那时还没有习西文之决心,推想日文可速成,遂加入刘君馆中,不肯学日语,但学得'天尔远波'等读法,硬看日文书。"(《自写年谱》)

8月7日(六月二十日) 书题《梅岭课子图》。

"为傅晓渊拔贡题其尊人应谷先生《梅岭课子图》。"(本年《日记》同日)

"汉师传经表,离娄富家学。禄利途既开,异议恣扬榷。

万言说一言,繁芜郑君剥。南朝帜文藻,义疏华胜朴。

云仍宋经义,千年祢先觉。先生玩经文,体尊此焉托。

吟风弄月来,亮哉不胶卓。趋庭授诗礼,器成楗韫珏。
长公一黉隽,拔解驰轸较。吾乡数循吏,治谱君家握。
经义孕治事,百里无乃觳。会看发幽光,雏凤仪广乐。"(蔡元培先生手稿)

8月9日(六月二十二日) 编《和雅》两篇。

"得杏南所注和文,编为《和雅》两通,一以字多少为次,略依释言释训之例;一以字母为次,便检阅也。"(本年《日记》同日)

8月12日(六月二十五日) 作《矿人以时取金玉锡石论》一文。

"为阶平作《矿人以时取金玉锡石论》成,以原草致秋农。"(本年《日记》同日)

8月13日(六月二十六日) 译《万国地志序》。

"六点钟,野口君(名多内,字子历)来。译《万国地志序》。"(本年《日记》同日)

8月14日(六月二十七日) 与许璪卿到什刹海观荷。

"同璪卿至什刹海观荷,小坐树荫,复至积水潭,较什刹海为幽秀,憩净业寺,归。"(本年《日记》同日)

8月15日(六月二十八日) 以和文译《论语》一章。

"日加酉到馆,野口君议以《论语》译和文,并注虚字文法,译一章。"(本年《日记》同日)

8月25日(七月初九日) 译《俄土战史》数页,有文从字顺之乐。

"野口名多内,字茂温,又字子历。宪法书为专门之学,多彼国相承语,野口君亦未能尽解也,暂辍。夜译《俄土战史》数页,有文从字顺之乐。"(本年《日记》同日)

8月26日(七月初十日) 访日本人杉见仙。

"同许中书访日本人杉见仙(几太郎),假得《东亚新报》第2册,中有《连盟论》甚佳。"(本年《日记》同日)

8月28日(七月十二日) 公宴日本人野口等。

"出城,公宴日本人野口、近藤、杉木等三君于粤东新馆,并邀黄顺之(宫允)、陶海仙、葛毓斋。"(本年《日记》同日)

9月1日(七月十六日) 为朱秋农作文一篇。

"为秋农作《所欲与聚所恶勿施》论(十八日以原稿以之)。"(本年《日记》同日)

9月8日(七月二十三日) 阅《大东合邦论》十四篇并撰《阅后记》一篇。

"阅日本森本丹芳(藤吉)《大东合邦论》,十四篇。序言。一、国号释议。二、人世大势。三(上/下)、世态变迁。四(上/下)、万国情况。五、俄国情况。六、汉土情况。七、朝鲜情况。八、日本情况。九、日韩古今之交涉。十、国政本原。十一、合邦利害。十二、联合方法。十三、论清国应与东国合纵。十四、附宇内独立国一览表。其宗旨在合朝鲜为联邦,而与我合纵以御欧人。引绳切事,倾液群言,真杰作也。……"(本年《日记》同日)

9月12日（七月二十七日） 自述喜读小说，并曾疏证《石头记》。

"余喜观小说，以其多关人心风俗，足补正史之隙，其佳者往往意内言外，寄托遥深，读诗逆志，寻味无穷。前曾剌康熙朝士轶事，疏证《石头记》，十得四五。近又有所闻，杂志左（下）方，用资印证。固知唐丧笔札，庶亦贤于博奕：

林黛玉（朱竹垞）、薛宝钗（高澹人）、宝琴（冒辟疆）、妙玉（姜湛园）、

王熙凤（余国柱）、李纨（汤文正）、探春（徐澹园）、惜春（严藕舲）、

史湘云（陈其年）、贾母（明太傅）、宝玉（纳兰容若）、刘姥姥（安三）、

元春、迎春、秋菱……"（本年《日记》同日）

9月27日（八月十二日） 为胡道南（钟生）书楹帖两幅。

"致钟生书，并楹帖两幅，一贺其为子行婚礼，一房中帖子。

文曰：银管新编女红志，金题长展牡丹图（牡丹图用易安事）。"（本年《日记》同日）

9月（八月） 戊戌变法失败。当康、梁被重用厉行新政时，未曾一访；至变法失败，"六君子"被杀，康、梁被通缉，甚为愤懑。有人以康党疑之，亦不与辩。

"是年，梁启超氏有'公车上书'的运动，康有为氏与谭嗣同、杨锐、刘光第、林旭诸氏被任用，厉行新政。我虽表同情，然生性不喜赶热闹，未尝一访康氏。我与梁氏虽为乡试同年，但亦未与见面。及八月间，谭、杨、刘、林及杨深秀、康广仁六君子被杀，康、梁二氏被通缉，我甚为愤懑，遂于九月间携眷回绍兴。虽有人说我是康党，我也不与辩。"（《自写年谱》）

"子民是时持论，谓康党所以失败，由于不先培养革新之人才，而欲以少数人弋取政权，排斥顽旧，不能不情见势绌。"（《传略》上）

10月15日（九月初一日） 携眷出京。

"辛亥朔。携眷出都。午到马家步（堡），登汽车，黄昏到塘沽，乘肩舆登汽船，名'景星'（怡和）。"（《自写年谱》）

10月20日（九月初六日） 到上海。

"六日，丙辰。午到上海，寓泰昌客店。"（本年《日记》同日）

10月26日（九月十二日） 抵绍兴。

"十有二日，壬戌。辰抵里。自都至上海，由客寓包办，凡银圆六十有七，肩舆银圆四（自汽车至船，不过三里耳，舆直二银），客寓人赏银圆一又十分之三。自汽车至店、自店至快船，谓之上力、下力，及店中两日房饭银，凡银圆九，店中茶房赏银圆一，汽船茶房赏一·二，快船直银圆一·八，赏舟人三饭及柴一·四，渡江肩舆及担一，乌篷船直二，王子封行赏〇·五，凡用银圆一一五·五。"（本年《日记》同日）

12月6日（十月二十三日） 得见谭嗣同、林旭狱中诗。

"得（胡）钟生书，见示谭（嗣同）、林（旭）狱中诗。（谭、林诗文略）"（本年《日记》

同日）

12月12日（十月二十九日） 应聘任绍兴中西学堂监督（一说总理），是蔡先生服务于新式学校的开始。

"得熊太守照会，属办中西学堂事。"（本年《日记》同日）

"那时候，绍兴已经有一所中西学堂，是徐君以愻的伯母（父）仲凡先生所主持的。徐先生向知府筹得公款，办此学堂，自任督办（即今所谓校董），而别聘一人任总理（即今所谓校长），我回里后，被聘为该学堂总理。"（《自写年谱》）

"我三十二岁九月间，自北京回绍兴，任中西学堂监督，这是我服务于新式学校的开始。"（《我在教育界的经验》）

"戊戌政变后，先生知清廷之不足为，革命之不可以已，乃毅然弃官归里，主持教育，以启发民智。"（蒋维乔：《民国教育总长蔡元培之历史》）①

12月13日（十一月初一日） 到中西学堂视事。

"看朗轩，同至徐氏，晤仲丈及以愻。到学堂，晤（寿）孝天、（许）翰伯，假得《法文轨范》一册。到墨润堂买叶氏天文、地理、植物三歌略，《西学启蒙》十六种，体操书一种。"（本年《日记》同日）

12月16日（十一月初四日） 在铸学斋晚膳，遇地震。

"高子唐先生之丧，往吊。晚饭于以愻铸学斋，座有朗轩、湄莼。方举箸，忽窗户震撼，楼尤甚，佥疑地震。"（本年《日记》同日）

12月18日（十一月初六日） 提出中西学堂所聘各教习关约。

"访熊太守，示以学堂所聘各教习关约。理学，马用锡（湄莼）；词学，冯学书（仲贤）；蒙学，马绹章（水臣）、赏乃勋（星槎）；算学，杜炜孙（秋帆）；英文，蓝寅（筠生）。"（本年《日记》同日）

12月19日（十一月初七日） 徐维则（以愻）见借《海原阁丛书》《新闻报》等。

"得以愻片，见借《海原阁丛书》《荔墙丛刻》及前月二十一日以后《新闻报》。"（本年《日记》同日）

12月21日（十一月初九日） 阅姚惜抱《尺牍》。

"阅姚惜抱《尺牍》，其致谢蕴山者有云：'胡生雒君在楚中，甚为章实斋所苦，余人多去之，雒君勉留以终其事。秋冬之间，或来铃阁，计此时其书亦向成矣。'疑指《湖北通志》。"（本年《日记》同日）

12月24日（十一月十二日） 为绍郡中西学堂印行蒙学切音课本撰写说明。

"今年冬，为中西学堂定蒙学课程，欲以切音为学子识字之初桄，沟通西学之捷

---

① 载《民立报》1912年1月18日。

径,商量旧学,无憾心者。于箧中检所谓总□图而读之,持较诸家,实有数善:以入声建首,而公弓孤居,混易辨,一也。以五声均具之十一部为本,而以其溢出为余声,近似者为半声,无杂厕见□之弊,二也。谓第四声及余声大抵有阴声,而阴声大抵有音无字,为前人所未言,三也。惟入声亦有阴阳,而谓阴声与阳声同人。又所著之字,古音、方音多与吾乡不合者,今一切以己意更定之。凡无字之音,用汉人譬□为音,例以吾乡谣谚注焉,期易读而已,不暇为作者计也。……"(蔡元培先生手稿)

12 月 25 日(十一月十三日) 应允褚闰生为蒙学教习。

"秦淮卿比部来,荐褚闰生为学堂蒙学教习,允之。"(本年《日记》同日)

同日 抄留马用锡(湄莼)代作之《沈子丹墓表》。

"写湄莼代作沈(子丹)君墓表寄其家。"(本年《日记》同日)

蔡先生在《墓表》手抄稿上有记曰:"因援乐旨潘笔之例,乞湄莼成之,其发端意亦犹是,而文笔较为渊懿。"(蔡元培先生抄留稿)

12 月 28 日(十一月十六日) 改聘马水臣为中西学堂词学教员。

"湄莼来言已代订马水臣秀才为学堂词学教习(旧订蒙学)。"(本年《日记》同日)

1899 年(清光绪二十五年 己亥)三十二岁

1 月 3 日(十一月二十二日) 任胡道南(钟生)为中西学堂检校。

"访熊太守,请其照会钟生为学堂检校。"(本年《日记》同日)

"君名道南,字钟生,会稽县人。与我同举于乡,始相识,对我非常恳挚,凡力所能及的,无不竭诚相助。我任绍兴中西学堂总理,君愿任监学,不支俸给,于大门之左辟一室,设高座,得于窗中监学生出入,诚笃如此。"(《自写年谱》)

1 月 5 日(十一月二十四日) 为任孝芬诗集作序一篇。

"为章履庵(安)亡妇任孝芬诗集作序。"(本年《日记》同日)

"《文福轩诗》者,会稽章履安秀才元配任孺人所作也。孺人适秀才十四年而卒。顺于君姑,睦于叔妹,宜于夫子,家政景然,有《实录》十四册。其卒也,秀才甚悼之,属其女弟抄所作诗为二卷,题词者数十家矣,而征序于余。"(蔡元培先生手稿)

1 月 6 日(十一月二十五日) 送出延聘杜亚泉(秋帆)为学堂教员聘书。

"敦夫先生来。朗轩来,持全体通考一函去。秋帆关,托朗轩送去。"(本年《日记》同日)

1月28日(十二月十七日) 撰写《严复译赫胥黎〈天演论〉读后》一文。(蔡元培先生手稿)

2月4日(十二月二十四日) 作《平㮰征信录序》。

"癸卯。作《平㮰征信录序》,脱稿,贻仲丈。"(本年《日记》同日)

2月23日(正月十四日) 到学堂监新旧司事交接账目。

"同钟生、朗仙到学堂,与显敢监新旧司事交账。看敦夫先生。"(本年《日记》同日)

2月26日(正月十七日) 发学堂著录学生汇考题。

"作致乙斋书。发汇考题致学堂著录诸生。"(本年《日记》同日)

2月(一月) 撰写《绍郡中西学堂借书略例》。

"甲午以来,屡奉明诏,广厉学官。吾乡士流,咸兴于有用之学,然而其途至啧,其书至繁,非寒士所能具也。爰有巨子创为借书之约,和咻杂出,事遂中辍。元培闻而甚惜之。今年承乏学堂,悯藏书之寡,购之则绌于费,欲欤助于有力者;又念藏书既多,当广之,使不佢学堂者亦得就而借焉。为学堂立法,而即寓借书约之美意于其中,当亦诸君子所许也。爰缮略例,遄企欢成。光绪二十五年正月 蔡元培谨识"。(绍兴鲁迅纪念馆藏件)

3月1日(正月二十日) 杜亚泉(秋帆)本日到中西学堂。请童亦韩散发中西学堂征信录。

"亦韩来。秋帆来。以学堂征信录50册致亦韩,托散诸新昌。"(本年《日记》同日)

"余之识亚泉先生,始于民元前十三年。是时,绍兴有一中西学堂,余任监督,而聘先生任数学及理科教员,盖先生治学,自数学入手而自修物理、化学、及矿、植、动物诸科学也。学堂本有英、法两种外国语,而是年又增日文。先生与余等均不谙西文,则多阅日文书籍及杂志,间接的窥世界新思潮,对于吾国传统的学说,不免有所怀疑。"(《书杜亚泉先生遗事》)

3月2日(正月二十一日) 请金玉畦散发《学堂征信录》。

"金玉畦(文畴)来,以《学堂征信录》百册托其至萧山时散之。"(本年《日记》同日)

3月5日(正月二十四日) 移住绍兴中西学堂。

"移寓学堂,钟生薄暮亦至。"(本年《日记》同日)

3月6日(正月二十五日) 在上虞、余姚等县散发《学堂征信录》。

"致陶吉斋书,附《征信录》十册(内附致金禄甫书)。致王寄顾先生书,附《征信录》百册(上虞)。致蒋味经同年书,附《征信录》百册(余姚)。致乙斋书,附《征信录》五十册(嵊)。看仲丈。看以愻。"(本年《日记》同日)

3月10日(正月二十九日) 英文教习蓝筠生本日到学堂。

"英文教习蓝筠生到。李、杜两教习到。……午后到学堂。"(本年《日记》同日)

3月11日(正月三十日) 公饯前署县令任侯。

"与任、廖诸君公饯前署山阴县任侯(厚甫)于学堂。法文教习到。"(本年《日记》同日)

3月12日(二月初一日) 绍兴中西学堂开学。

"乙卯朔。学堂开学。学生到者二十三人,附课生三人,算学师范生一人。湄莼见示理学课程例言,九变复贯,可悬国门。"(本年《日记》同日)

绍兴中西学堂的教员,"可谓极一时之选"。但教员中颇有新旧派别,蔡先生属"新派"一边。

"我任绍兴学堂总理。该学堂学生,依年龄及国学程度,分为三斋,略如今日高小、初中、高中的一年级(数学及外国语例外)。今之北京大学校长蒋梦麟君与北大地质学教授王烈君,都是那时第一斋的小学生。今之中央研究院秘书马祀光君,浙江省教育厅科员沈光烈君,都是那时第三斋的高才生。堂中外国语旧有英、法两种,任学生选修。我到后,又添了一种日本文。教员中授哲学、文学、史学的有马湄莼、薛朗轩、马水臣诸君,授数学理科的有杜亚泉、寿孝天诸君,主持训育的有胡钟生君。在那时候的绍兴,可谓极一时之选。但教员中颇有新旧派别,新一点的,笃信进化论,对于旧日尊君卑民、重男轻女的习惯,随时有所纠正;旧一点的不以为然。讨论的机会,总是在午餐与晚餐时。因为餐室是一大厅,列许多方桌,每桌教员一人、学生六人,凡不与学生同桌之教员与总理,同坐中间圆桌。随意谈天,总不免涉及政治上、风俗上的问题,所见不同,互相驳辩,新的口众,旧的往往见诎。此种情形,为众学生所共闻,旧的引以为辱。而我与新派的教员却并不想到这一些。"(《自写年谱》)

3月18日(二月初七日) 为中西学堂学生圈选报纸。

"到学堂,阅《中西日报》,凡可观者,皆识别之,以便学生检阅。"(本年《日记》同日)

3月21日(二月初十日) 开始学英文。

"戊子。晚与钟生、秋帆、湄莼同学英吉利文字。"(本年《日记》同日)

同日 复读严复《天演论》。

"复读《天演论》,导言十四谓泰东、泰西皆以恕平天下,而以盗财、批颊二事证其与自存不相比附,严氏遂谓其所举本非太平公例。公例曰:人各自由,而以他人自由为界,用此则无弊矣。案:自由有界,正恕字本义,岂严氏语焉不详,而吾误读耶。至盗财、批颊二喻,本不足为恕病,吾仍援严氏所引斯宾氏之说析之,其说曰:吾之群学如几何,皆取有法之形,其不整无法者,无由论也。今天下人民,国是尚多无法之品,故以吾说例之,往往若不甚合者。然论治之道,不资诸有法固不可。夫盗财、批颊,正所谓无法之品,不足为证耳。"(本年《日记》同日)

3月23日(二月十二日) 与杜亚泉(秋帆)编切韵记号。

"与秋帆编切韵记号,以无字之音,非记号不能读也。"(本年《日记》同日)

3月25日(二月十四日) 将《越缦堂日记》(手稿)归还李承侯。

"学堂课英、法、算学。以《越缦堂日记》六十三册还承侯。"(本年《日记》同日)

3月26日(二月十五日) 在学堂监察学生月考。

"学堂课中学题为:《李斯论》《子产论》《人之所以异于禽兽者几希》(制艺)、《读越王勾践世家》(不拘体韵)、《赋得铁路》(得车字,五言六韵)、《问中西文字异同大略》《问算学致用大略》,(以上理斋、词斋题)。《问诸生何故读经》《问何故习西国语言文字》《问何故(习)算学》《问教习何以讲格致浅说》《说燕子》《猫能捕鼠》(造句)、《蚕食叶吐丝》。终日与钟生在堂上监察。论李斯者多用苏子瞻说,归狱荀卿。有一卷谓燔诗书者,斯用商鞅说。湄莼谓本之姚惜抱,朗轩云朱子先有此说。论子产者,多剿袭四书类典,排比事实,毫无心思。此种书,真可燔也。"(本年《日记》同日)

3月28日(二月十七日) 阅《清议报》。

"阅《清议报》,凡六册,卷端数论题任公者,即梁起(启)超,其言戊戌革政本末十七,如吾所闻,惟有诽谤语。闻张南皮已致书日本政府,请其封禁,又不准汉口某报馆代散,直隶都则欲买不可得云。"(本年《日记》同日)

4月1日(二月二十一日) 与友人游兰亭。

"邀筠生教习及钟生、湄莼、以愁、朗轩游兰亭。"(本年《日记》同日)

4月6日(二月二十六日) 写切音记号一篇。

"朗轩来。写切音记号一通,寄(杜)秋帆。"(本年《日记》同日)

4月9日(二月二十九日) 阅《翼教丛编》,谓是书所载叶丙辉驳梁之文甚多,"有极无谓者"。

"以愁许借得《翼教丛编》三册,湖南苏舆所编,凡六卷。皆掊击康、梁之言。梁氏虽持康学,而剧能爱好,文笔较遒,持论较实,如《春秋孟子界说》《变法通议》及为徐宛平代作《輶轩今语》,多可取者。丛编所载叶丙辉驳梁之文甚多,有极无谓者。去年于《国闻报》见熊秉三与陈右铭书,历言王益吾、叶焕彬、张□□三人与梁、熊凶隙之故,仍为争利,然则与康、梁之争《时务报》于汪穰卿同耳。丛编有王扞郑《实学评议》二篇,乃因报馆无费,揣摩南皮意为此以求助者,杂凑横决,无聊极思。

《亚东时报》第十册,昆山徐友谅论海上各报之弊,有曰:湘中旧党之有《翼教丛编》也,不过争权忮名,落井下石,巧附朝贵,谬托清流之私智耳。亮哉斯言,助我张目。"(本年《日记》同日)

4月10日(三月初一日) 是日中西学堂春季官课。

"学堂春季官课,钱会稽及□教谕来,题为:《张骞论》《春王正月论(说)》《郭令公单骑见回纥杂体诗》('见'字不安),以上经史学。《治水说》(教谕命)、默'我车既攻'三章,默'子曰善人为邦百年'三章,以上蒙学。"(本年《日记》同日)

4月23日(三月十四日) 到学堂上堂课。

"到学堂,英、法文、算学堂课。"(本年《日记》同日)

4月24日(三月十五日) 到学堂发堂课题。

"堂课,秋田先生来,题为:《陈平周勃论》《民团利病策》《贞下起元说》《舜明于庶物》(至以施四事经义)、赋得□□□□□。蒙学题为:《浚闸港议》《越中上冢说》。"(本年《日记》同日)

4月27日(三月十八日) 拟改学堂名为养新精舍。

"拟名学堂曰'养新精舍',此后皆书精舍。午后到精舍,以切音简表教蒙学斋诸生。胡秋田及董子琛来。"(本年《日记》同日)

4月29日(三月二十日) 阅《庸庵笔记》竟。

"阅《庸庵笔记》竟。凡史料二卷、轶闻一卷、述异一卷、幽怪二卷。史料轶闻,皆资考证。庸庵颇不满于左文襄,记其晚年形状,甚可笑。此三卷体仿《啸亭杂录》。其于三卷,述异十之四五为小掌故,幽怪则强半狐鬼,中有托以论史事者,则纪河间故技也。"(本年《日记》同日)

4月(三月) 校订徐维则(以愻)编《东西学书录》,并为作序一篇。

"书录之作,始于去夏,学业嫜陋,仓卒成帙,舛讹尤多,方深愧恧。同学胡君钟生道南、何君豫才寿章、蔡君鹤顾元培、杜君秋帆炜孙、马君湄蒓用锡,多为纠正,列类疏,补书议,匡余不逮,何幸如之。"(徐维则《东西学书录》例言)

"《东西学书录》。自汉以来,书目存者,虑有四家:一曰藏书之目,如《汉书·艺文志》之属为官书,《遂初堂书目》之属为家书是也。一曰著书之目,如《通志·艺文略》、焦氏《国史经籍志》,通历代著书之人;《明史》志艺文,以明为断;方志志艺文,以乡人为断,是也。一曰买书之目,如《书目答问》是也。海禁既开,西儒踵至,官私译本,书及数百。英博兰雅氏所作《译书事略》,尝著其目,盖'释放录'之派,而参以'答问'之旨者也。其后或本之以为表,别部居,补遗逸,揭精诂,系读法,骎骎乎蓝胜而冰寒矣。

吾友徐子以为未备,自删札记之要,旁采专家之说,仿四库书《简明目录》之例,以为'书录',补两家之漏,而续以近年新出之书,及东人之作。凡书之无谓者,重复者,互相证明者,皆有说以明之。夫两家之书,裨益学者,赌成效矣;得徐子之书,而详益详,备益备,按图以索,毫发无憾。盖公理渐明,诞谲无实之作日消,而简易有用之书递出。广学之倪,吾以是券之矣。

光绪二十五年三月 山阴蔡元培叙"。(徐维则编《东西学书录》增版1930年1

月印行）

5月4日（三月二十五日） 到杭州。

"晨到固陵，渡江，寓中城皮市巷嵊县试馆。"（本年《日记》同日）

5月7日（三月二十八日） 嵊人王笑山来访。午后与沈乙斋同游西湖。

"王笑山及其兄子蔼生来。笑山，嵊人，某科武举人，在省会充闽浙提调差。蔼生读书东亚学堂。午后与乙斋游西湖，出钱塘门，坐扁舟，抵文澜阁而还。"（本年《日记》同日）

5月8日（三月二十九日） 王笑山邀游西湖。

"嵊人陈达三来。笑山邀游西湖。日加申雨，黄昏归。高庄最幽秀，宜消夏。蒋国敏祠胜左公祠，而近日游踪阒寂，渐趋芜蔓。张勤果祠，一亭以外，皆无理致。"（本年《日记》同日）

5月12日（四月初三日） 同沈乙斋、陈达三到湖墅。

"同乙斋、达三到湖墅，晤张幼馨、王柳桥，为试馆购屋者也。午至拱宸桥。午后至天仙歌院观演剧，夜亦如之，宿于金寓。"（本年《日记》同日）

5月17日（四月初八日） 与汤寿潜（蛰仙）商拟为中西学堂请款禀帖。

"同亦韩看邵伯炯（章），位西先生之孙，近为养正书塾塾正。午后，蛰仙来，缮请为学堂拨款禀稿。"（本年《日记》同日）

5月22日（四月十三日） 到忠清里东亚学堂、求是书院参观。

"偕童、沈至忠清里东亚学堂，晤日本人松江笙洲（贤哲），见贻学约一纸。冒雨至求是书院，晤胡教习浚康，字可庄，导观化学房及藏书室，八星仪及三百倍显微镜皆佳，闻购之美人，各费银八十两，如日本所制，其值损半云。"（本年《日记》同日）

5月23日（四月十四日） 到保安桥东亚学堂参观。

"至保安桥东亚学堂，晤教习某君，华语颇艰涩，不能畅谈。"（本年《日记》同日）

5月26日（四月十七日） 访钟厚翁，议学堂请款事。

"访钟厚翁，言学堂请款事，以近日大吏注意防务，手足忙乱，无暇及此也。晚与伯炯商，竟从其说。"（本年《日记》同日）

5月27日（四月十八日） 往蚕学馆参观。

"谒杨雪渔前辈（文莹）。午后偕乙斋、亦韩往蚕学馆，晤车眉子同年。"（本年《日记》同日）

5月28日（四月十九日） 返抵绍兴。

"午后晴。渡江，黄昏到家，即致恬生从兄许，会葬族父于木栅。"（本年《日记》同日）

6月1日（四月二十三日） 与胡道南（钟生）同访徐维则（以愻）。

"回家即到学堂。夜与钟生同访以愻，见所买抄本胡额君《汉西京博士考》及

《河州景忠录》。"(本年《日记》同日)

6月7日（四月二十九日） 拟聘中川外雄为学堂教习。

"得伯绚书,言松江笙州人品不佳。近从日本领事速水一孔君访得中川外雄君,兼通东西文及体操,堪为教习,月送脩五十银圆,由学堂供应皆如吾意。"(本年《日记》同日)

6月12日（五月初五日） 与杜亚泉（秋帆）等商拟延聘日文教习合同稿。

"午后约以慭、莼渔、朗轩至学堂,与秋帆商东文教习合同草。"(本年《日记》同日)

6月13日（五月初六日） 更定学堂课程时刻表。

"先祖忌日,回家与祭。到学堂。更定学堂课程时刻。"(本年《日记》同日)

6月15日（五月初八日） 邀薛阆轩、庄莼渔等合摄一影。

"邀薛、庄、徐三君及俞、胡、杜、马四君同照小影。"(本年《日记》同日)

同日 托徐树兰（仲凡）函购教学器材及标本。

"送仲丈上海之行,托函买日本教育社物理、化学、助力诸器械及化学药品,庶物、动物、植物诸标本。"(本年《日记》同日)

6月18日（五月十一日） 到省城杭州。

"到固陵,渡江,至省城中段木场巷朱宅,晤朱四（季则）。朱所居之宅,典自叶,及浩吾（翰）家也。朱、叶有连,分居前后宅。"(本年《日记》同日)

6月20日（五月十三日） 访日本驻杭州领事速水。

"与伯英、莼渔同至伯绚处,遂同往马肃港,访速水领事,久谭。适中川教习来,略谭而别。"(本年《日记》同日)

6月23日（五月十六日） 访浙江巡抚刘树堂、杭州知府林启等。

"访刘中丞、恽方伯、林太守及武兰荪、朱晓楠两太守。"(本年《日记》同日)

6月29日（五月二十二日） 委李惟康代递学堂请款禀。

"二十二日丁卯,晴。以学堂请款禀致惟康代递。"(本年《日记》同日)

7月8日（六月初一日） 学堂官课,山阴知县宁璜苧到学堂。

"鸡鸣到精舍。是日官课,山阴知县宁璜苧大令来,题为:《莫不尊亲》（四书文）、《用中正论》《赋得二三豪俊为时出（得时字）》。"(本年《日记》同日)

7月11日（六月初四日） 请熊起磻知府为聘用合同盖印。

"以合同示熊太守,请其盖印。致秋农京邸书,附致葛侍郎及或斋书。"(本年《日记》同日)

7月13日（六月初六日） 赴胡道南（钟生）邀饮。

"钟生邀饮柯岩,座有筠生、秋帆、以慭、湄莼、鉴生。"(本年《日记》同日)

7月18日（六月十一日） 为嵊县沈梅清居处题词。

"四明削成,绵亘数里,嵊县其四,驱羊之选。梅清广文,癖哉卧游。仰止行止,面东而楼。

排闼送青,挂笏挹爽。一览无余,绝顶何让。名以状实,是曰揭櫫。 己亥六月蔡元培书"。(蔡元培先生手稿)

7月19日(六月十二日) 点校译本《茶花女遗事》。

"点勘巴黎《茶花女遗事》译本,深人无浅语,幽矫刻挚,中国小说家,惟《红楼梦》有此境耳。"(本年《日记》同日)

7月24日(六月十七日) 得知浙江省布政使署已批复绍兴学堂请款。

"晚到精舍。得杏仙书,抄藩署批:'允于丁漕平余所提省会学堂款内岁拨一千串给绍兴学堂。'"(本年《日记》同日)

7月26日(六月十九日) 阅《日本国鹿门观光纪游》。

"阅《日本国鹿门观光纪游》,言中国当变科举,激西学,又持中国唇齿之义甚坚,皆不可易。时以烟毒、六经毒并言,其实谓八股毒耳。八股之毒,殆逾雅(鸦)片。若考据词章诸障,拔之较易,不在此例也。十年前见此书,曾痛诋之,其时正入考据障中所忌耳。"(本年《日记》同日)

8月3日(六月二十七日) 日语教习中川到学堂。

"中川君来。君名外雄,字子□,号羽舟,日本国福井县,曾在本县小学八年,又在寻常中学校五年,卒业值征兵,中选,在陆军辎重队三年(皆有证书)。又入外国语学校,学德语,不及一年。以去年三月至我国。今年年二十有八耳。"(本年《日记》同日)

8月5日(六月二十九日) 与日语教习中川笔谈。

"与中川君笔谈,言去年在外国语学校习德语,会我国有德踞胶澳事,德教习与一教华语之我国人金某相骂,德人甚骄躁,在讲堂犹狂骂不止,渠愤甚,忽然来我国,家中有母有兄,尔时竟不及归别云。与商教育法,言他日如课程繁密时,夜以继日,或不及理私事(如家书、答朋友书、购物之类),当招一友人(同国人)来此代料理,食宿之费,皆自任之云云。盖彼国人尽心教育者如此。"(本年《日记》同日)

8月6日(七月初一日) 宴请日语教习中川。

"与蓝、徐、庄、赏、杜五君宴中川君于快阁,邀阁主人姚海槎观察之子幼槎及钟生、伯英陪之。"(本年《日记》同日)

8月7日(七月初二日) 与中西学堂教员蓝寅、赏乃勋等同学日文。

"丁未。始习东文。和文同学题名:蓝寅字筠生、赏乃勋字星槎、沈桐生字桐生、徐维则字以愻、庄肇字莼渔、杜炜孙字秋帆、蔡元培、李锡身(雪苏)。"(本年《日记》同日)

8月11日(七月初六日) 阅《东亚时报》。

"阅《东亚时报》第十二册:《培根论》宗旨同严幼陵《原强》,而切事情则过之。"(本年《日记》同日)

8月13日(七月初八日) 阅吴翊清《随轺日记》。

"阅吴翊清(宗濂)《随轺日记》一册,光绪二十年随龚仰蘧使法所记,道理翔实,惟语及龚使,必缀诼词,令人作恶。"(本年《日记》同日)

8月21日(七月十六日) 与蓝筠生订日译英文法。

"到外姑家拜六十生日。午饮毕,返精舍。始与蓝筠生教习订日译英文法。"(本年《日记》同日)

9月2日(七月二十八日) 公祭已故学堂检束教习任秋田。

"与学堂诸教习及诸学生诣任宅,公祭秋田先生,先生于二十二日卒,其恭人以二十三日卒。"(本年《日记》同日)

9月5日(八月初一日) 延请何阆仙为检束教习,并更定一起学习日文的方法。

"何君阆仙来,同学和文,即请其居日新斋,检束学生。和文课程,更定以先一小时授读本一课,限第二日默写,以后一小时译汉文为东文,以讨文法。"(本年《日记》同日)

9月7日(八月初三日) 译日文书《生理学》。

"戊寅。显敀来,……始译和文《生理学》。"(本年《日记》同日)

9月8日(八月初四日) 阅日本石川千代松著《进化新论》一书,"甚豁心目"。

"己卯。阅日本石川千代松所著《进化新论》,所引达尔文说,甚豁心目。"(本年《日记》同日)

9月9日(八月初五日) 宴请徐显敀、陶吉荪。

"与钟生、阆仙、秋帆宴吉荪、显敀于学堂。显敀演日本影画。"(本年《日记》同日)

9月10日(八月初六日) 偕日语教习中川君诣大禹庙、南镇庙等古迹。

"偕中川君及何、杜二君诣大禹庙、南镇庙、登炉峰,绕道至石屋及清林院。石屋为明张雨若参议天瓦书院遗址,甚宽敞。青林禅院闻即王氏十三间楼。三人相商拟移学堂于此。"(本年《日记》同日)

9月13日(八月初九日) 为金墨林荐馆。

"致方雨亭同年(家澍)书,为金墨林(恩溥)荐馆也,致堵子舲同年转达。"(本年《日记》同日)

9月14日(八月初十日) 复游青林禅院,并绘一图。

"午后复与何、杜二君游青林禅院,绘一图,又至石屋,见有张某请禁伐樟木碑,叙来历颇详。又大殿匾多有张某率男梁、桢标立者。梁、桢皆在学堂读书,移学堂

事,张氏当赞成也。"(本年《日记》同日)

9月18日(八月十四日) 到上虞,吊袁宾来亡妻。

"臣到曹娥,舆而渡江,至百官,乘扁舟至小越袁宾来家,知宾来悼亡,致楮烛,以便衣吊焉。午后,焕庭来,冒雨至横山,访陈君春澜。此君富而无子,颇悭。"(本年《日记》同日)

9月23日(八月十九日) 到杭州,访张松樵。

"到西兴,过江,抵望仙桥河下晋升堂客寓。访张松樵,同至茶肆谈。"(本年《日记》同日)

9月24日(八月二十日) 到东亚学堂,晤日本教习太田美峰、荒井文石及同乡罗少卿。

"到东亚学堂,看尚斋,已回里矣。晤教习太田美峰(名得证)及荒井文石(名贤佑)。太田教英语,荒井则长于汉学。晤罗少卿(承瀛),本吾乡人,寄籍顺天,以某官需次浙江,东亚学堂之设,渠以有力焉。其议论多浮光掠影之谭。"(本年《日记》同日)

9月26日(八月二十二日) 返抵绍兴。

"渡江归,到学堂已夜半矣。"(本年《日记》同日)

10月5日(九月初一日) 以联贺沈雪帆年丈六十寿。

"以联祝沈丈雪帆六十寿,并以一扇贻步云,乞枚臣寄潮州。"(本年《日记》同日)

10月9日(九月初五日) 往绍兴知府官署贺熊太守母寿。

"到学堂。阆轩来。孝天来。……往府署,祝熊太守母乐夫人寿。"(本年《日记》同日)

10月16日(九月十二日) 宴请轰木等日本友人。

"日本三君昨晚由明家堰看丝厂回,来学堂,今晨始见之,晚具馔以宴,席间吟崔氏黄鹤楼诗,曼音甚可听。三君者,一轰木君,名长,为蚕学馆教习。一村田君,名忠三郎,亦长于蚕学。一伊东君,名辰昌,从其师省会武备学堂教习斋藤季次郎来者。"(本年《日记》同日)

10月22日(九月十八日) 与熊起磻太守议棉花捐(学堂公款)事。

"午后到团防局,与徐七、谢二同诣府署,与太守言棉花捐事,并送章程二十通。"(本年《日记》同日)

10月25日(九月二十一日) 到试院前买《花夜记》两册。

"到学堂。得亦韩、吉臣书。同以懋、仁如、阆仙到试院前买《花夜记》两册,某国教士范约翰所刻。第一册,一字两字之名词。第二册,叙器物体用。皆有图,又以苏州语释之,颇便训蒙。"(本年《日记》同日)

10月30日（九月二十六日） 谓许沅（研农）所定《崇实学堂章程》"颇精密"。

"戴铭翁见示丹徒许研农县丞（沅）所定崇实学堂章程,颇精密。其英文以七年为限,兼以未译、已译诸书授普通学,尤好。闻此君为金陵汇文书院卒业生,福开森之弟子也,以今年六月始需次浙江云。其中蒙学课本,云用南洋公学纂本,当购之。"（本年《日记》同日）

11月2日（九月二十九日） 函请张元济抄、购严复杂著及南洋公学所编书。

"访徐仲丈及以惩。陈正臣（文骙）来,言张菊生近状,即作一书,托转致菊生。请其抄严侯官杂著及购公学所编书。"（本年《日记》同日）

11月6日（十月初四日） 向府署询棉花捐札示情况。

"至司马池头,看乔轩,晤以惩,同访徐七先生,以得府局棉花捐札示也。"（本年《日记》同日）

11月9日（十月初七日） 会晤日人小越。

"晤日本小越君,到此已三日矣。华装徒步游我国,逾三年,遍历东三省及长江左右,将往台州云。"（本年《日记》同日）

11月12日（十月初十日） 宴学堂全体教习。

"回家,因大哥又病也。即到学堂,宴请教习,以皇太后万寿也。"（本年《日记》同日）

11月18日（十月十六日） 至华严寺看澹然和尚。

"至华严寺看澹然和尚,年七十有四矣,贵州人,以优贡生留滞湖南,曾练勇击苗,厥后家歼于粤贼乃为僧,于时年三十一耳。好言《易》,所著《易学》四册,本宋人所传'河图洛书',而一据卦象为说,谓大书卦画悬壁熟观,积思既久,忽于梦中悟之,亦旧学之魔者。"（本年《日记》同日）

11月19日（十月十七日） 阅《书曾袭侯〈中国先睡后醒论〉后》及《新政论议》。

"到学堂。阅南海何沃生（启）、三水胡礼垣（翼南）《书曾袭侯〈中国先睡后醒论〉后》及《新政论议》,导源彻蔀,烛照数计,自侯官严氏外,无足抗颜行者。"（本年《日记》同日）

11月25日（十月二十三日） 赴上虞。

"（徐）仲丈招饮东湖,赴之,未终席,启行赴上虞,到小越已乙夜矣,晤袁宾来、袁厚斋。"（本年《日记》同日）

11月26日（十月二十四日） 为陈春澜夫人某题主。

"为陈春澜观察之夫人某题主。午后行,到管墅。三更,宿于钟生同年家。"（本年《日记》同日）

11月27日（十月二十五日） 为胡欢生之母题主。

"为胡欢生之母夫人题主。午归家。"(本年《日记》同日)

11月30日（十月二十八日） 为章福生之祖题主。

"为章福生孝廉（世齐）之祖父母题主。晤吉臣。回学堂，已黄昏矣。"(本年《日记》同日)

11月（十月） 为绍兴府学堂编订学友约五条。

"学堂衰有书院，书院弊有学堂。朝三暮四，新耳目尔。然而据乱而作，一无凭借，教术不一，课本不定，迂道而无津，倍事而无功，使学者群以为外国语之肆，悲哉，与书院何异。虽然教术可订也，课本可编也。有丁许之助，攻错之资，何志不成！何弊不绝！爰仿外国学堂评议员之例，广援同志，联为学友。先缮规约，具如左（下）方。光绪二十五年十月 蔡元培谨识。

一、学友须已通国文溥通学，而究心教术，不沾沾于利禄者，始敢引为同志。一、学堂办事授业之章程，学友有欢成纠正之责。一、学友有志学算及外国语者，可住学堂，不必出膳金，惟须为学堂编教科书，或任检束之责。一、学友自住学堂外，皆以议期集议于学堂，以每月十五日为通常议期。相去一、二日程者，毕集以孔子生卒日（生日八月二十七日，卒日二月二十一日）为特别议期，无论远近毕集。一、学友有不住学堂而愿自编教科书者，书成，经诸学友评议。足为善本，则由学堂酌赠经费，且为付刻，仍署编者名。"（绍兴鲁迅纪念馆藏件）

12月3日（十一月初一日） 熊起磻知府到学堂"甄别学生"。

"太守诣学堂，甄别学生，翁教授来监视。午后，招蒋某以尺四寸纸为学堂教习学生脱影，翁教授亦与焉。"(本年《日记》同日)

12月4日（十一月初二日） 宴请学堂各教习。

"宴学堂各教习，并邀二徐、薛、庄、谢移居之仪。"(本年《日记》同日)

12月7日（十一月初五日） 商议鲍渌义塾附属绍兴府学堂事。

"徐七先生来，与言鲍渌义塾事，拟以附属于府学堂。"(本年《日记》12月5日)

"晨，同钟生访鲍丈，不晤。访徐七先生。访缪羹翁，不晤。午后复至徐七先生许，同至缪氏晤谈。"(本年《日记》同日)

12月15日（十一月十三日） 与胡钟生等商订来年印《雠智灯》事。

"与钟生、阆仙、秋帆订定明年印《雠智灯》，抄条例。"(本年《日记》同日)

12月16日（十一月十四日） 刻印《绍兴推广学堂议》。

"十有四日。以绍兴推广学堂议及学友题名表付刻。"(本年《日记》同日)

12月28日（十一月二十六日） 寄发《推广学堂议》。

"到学堂。致秋农书，附去《推广学堂议》一册。致灿庭书。致济颙先生书。致

沈伯明算学卷,并《推广学堂议》。"(本年《日记》同日)

12月30日(十一月二十八日) 日人中畑荣求诗,应以三律。

"到学堂。日本中畑君以册征诗,应以三律(君名荣,字含山)。"(本年《日记》同日)

"星界积天演,危哉吉甫林。病夫宜瓦解,黄种定波沉。卓荦同文国,缠绵先觉心。侠游来几辈,自郐尚怀音。

语学余滋愧,粗知天尔波。导师足旧雨,嘉客此行窝。掷地天台赋,丰碑夏穴摩。多君尤倜傥,小极镇高歌。

闻道瀛洲钱,于今逾一年。南行尽楚粤,北指欲齐燕。社会惭无状,津梁喜有缘。茫茫文野史,百感集成连。"(蔡元培先生手稿)

12月31日(十一月二十九日) 绍兴府学堂放年假。

"学堂解馆,惟中川教习以订六月期,未去。"(本年《日记》同日)

与家人合影(1899年前后)

1900年(清光绪二十六年 庚子)三十三岁

1月3日(十二月初三日) 偕日人本田幸之助游禹穴及南镇。

"日本诗人本田幸之助及东本愿寺留学生铃木君广阐来。本田君以诗负盛名,为《太阳报》所载十二宗之一。午后同游禹穴及南镇,舟中口占长句,本田和之。"(本年《日记》同日)

1900 年留影

1月6日（十二月初六日） 同本田幸之助游快阁。

"同本田君等游快阁。晚回家。本田、铃木于是夜行。"（本年《日记》同日）

1月31日（正月初一日） 拜客贺年并分送学堂《征信录》。

"甲辰朔。循例拜客，随分学堂去年《征信录》。"（本年《日记》同日）

2月12日（正月十三日） 到杭州聘请日本教员。

"到杭州，寓嵊县试馆。午后诣日本领事馆，访中川、藤乡、若松、杉本诸君，皆不值。到武圣堂东亚学堂，晤太田、过冈、毛利三君。夜，中川君来，不及谈。"（本年《日记》同日）

2月13日（正月十四日） 与日人中川同往日本领事馆访藤乡，与谈订约事。

"晤中川君，同至领事署，晤若松君，与言藤乡订约事，若松以不与藤乡素识，不知胜任与否，不愿签字，且言中川以孤身在学堂，非所愿，而每月五十元银之亦太薄，故辞，而学堂不承旨加之，为无礼。余略与之辩，即与藤乡约午后三时行。将出，中川君坚留少坐于其室，藤乡君来，笔问其脩少于中川何故。又言到杭州后，所闻绍兴学堂情形，何以与上海所闻者不同。未及详辩。……余欲同藤乡行，太田曰：藤乡君言杭州所闻与上海不同，不愿去。余问：上海所闻何如？则言上海所闻，言助中川君而已，今中川去任，而一人任事，不能照前约。余告以此事非一人所能决定，俟回学堂与督办者商定，三日内必复。"（本年《日记》同日）

2月14日（正月十五日） 到学堂，与徐树兰（仲凡）等商聘日文教习藤乡事。

"晨到学堂。徐丈来。显敏来。致藤乡书。写杭州与日本人问答语为日记，将

以告罗叔蕴。"（本年《日记》同日）

2月21日（正月二十二日） 日人藤乡到绍兴中西学堂，商定月薪之外月敬八元之俸。

"藤乡君来，即到学堂，辩论数四，始定议于薪水外，月送月敬八元，与中川君月俸五十元等。"（本年《日记》同日）

2月26日（正月二十七日） 受校董警告，愤而辞绍兴中西学堂总理职。

"二十七日。致徐丈仲凡书，辞总理之责。夜行。"（本年《日记》同日）

杜亚泉"先生与余等均不谙西文，则多阅日文书籍及杂志，间接的窥见世界新思潮，对于吾国传统的学说，不免有所怀疑。……平时各有任务，恒于午膳晚餐时为对于各种问题之讨论。是时教职员与学生同一膳厅，每一桌，恒指定学生六人，教职员一人。其余教职员，则集合于中间之一桌，先生与余皆在焉。每提出一问题，先生与余往往偏于革新方面，教员中如马湄纯、何阆仙诸君亦多表赞同；座中有一二倾向保守之教员，不以为然，然我众彼寡，反对者之意见遂无由宣达。在全体学生中视听之间，不为少数旧学精深之教员，稍留余地，确为余等之过失，而余等竟未及注意也；卒以此等龃龉之积累，致受校董之警告，余愤而辞职。"（《书杜亚泉先生遗事》）

同日 致绍兴中西学堂校董徐树兰函，阐述辞职之理由。

"承示并二十三日《申报》，具悉。所属恭录二十一日上谕悬之厅事，仰见老成深虑，钦佩无任。尚有奉商者，下款请列台衔，若元培则不愿列名也。使其言而果出于我皇上与，勿欺南犯，先师所训，面从后言，《尚书》所戒，亦不能不择其言之何如而漫焉崇奉之。况乎二十四年八月以后所下上谕，岂尚有一字出于我皇上哉？皆黎邙之鬼所之耳。王莽之篡汉也，有孝元皇后，有孺子婴，所下诏令，无非周公摄政、唐虞揖让之故事。然而谯玄、李业，隐遁不违，而后书列之独行。扬雄固著书仿《周易》《论语》者，一依违其间，而朱子斥为莽大夫，其故可知也。今日之事，何异于是！元培而有权力如张之洞焉，则将兴晋阳之甲矣。然而力不能为，则姑尽吾保国保种之心，而为其所可为者而已。其能偿吾意与否，尚未可知也。岂有取顽固者之言而崇奉之之理哉！

若曰将为之以避祸也，则元培固不畏祸。元培近得炼心之要，时无古今，他无中西，凡所见闻，返之吾益己益世之心而安，则虽阻之以白刃而必行；返之吾心而不安，则虽迫之以白刃而不从。盖元培所慕者，独谭嗣同耳。若康、梁之首事而逃，经元善之电奏而逃，则固所唾弃不屑者也，况其无康、经之难而屑屑求免也乎。且夫避祸者，所以求生也。充求生之量，必极之富贵利达。元培而欲求富贵利达也，固将进京考差，日奔走于彼顽固者之门，亦复何求不得，而顾恋此青毡乎。传曰，死生亦大矣。元培为此，岂真畏生而乐死哉，乃所以求生也。孔子曰，无求生以害仁，有杀身以成仁,此善求生者也。严复译西儒之言曰:群己并重,则舍己为群,此善为己者也。何则,大厦将倾,非一木所能支,固已。虽然,此一木者,固与彼众木同在大厦之下者也。一木支之而众木我助与,大厦或可以不倾,而一木与众木咸可以不折也。一木支之而先折,众木激而群支之与,折一木而保全众木,宜亦一木之所乐也。一木支之而先折,而众木坐视之与,则大厦必倾,而众木尽折,其与一木争者,不过先后折之异耳。然而,彼一木者,必支之而后快,则亦何苦违其心,以待众木之同折乎。元培固愿为一木者也,无物足以夺之。

虽然,如元培者诚不足惜,其如累人何!何则?元培又有说:元培所理者,学堂而已。学堂者,绍兴之公事也,非元培一人所得而蟠踞也。果欲责之元培与,元培之宗旨如此。有与元培同志而不畏祸者,共事可也。教习而畏祸也者,辞职可也。学生而畏祸也者,告退可也。绅董而畏祸也者,绝交而勿干与焉可也。

虽然,前年之垫款,今年之用费,度非元培所能办也。绅董而真心欲维持学堂者,必不可出此。则元培又有一上策焉,曰元培辞总理之责而已。此事也,于学堂有三益:曰大改宗旨,可以免祸,一也。凡元培所订教习,有不惬于绅董意者,元培既去,悉可解约,二也。元培以挥霍名,今既去矣,可以力反所为,节用而持久,三也。三益之外,于元培又有一大益也。元培所自信者,教育之事耳,筹款与综核,非所长也,今一切责之,丛脞于事,局眷其身。能卸责也,则可以专究教育学,而尽心读书矣,岂非一大益乎。所切望者在此,如荷俯允,则元培已以赴嵊之故,一切事皆卸于钟生同年矣,即以今日为元培卸总理之期可也。率直之言,诸维鉴察。"(本年《致徐树兰函》同日)

一说经多人调停,曾允暂留。

"旧派的教员,既有此观念,不能复忍,乃诉诸督办。督办是老辈,当然赞成旧派教员的意见,但又不愿公开的干涉。适《申报》载本月二十一日有一正人心的上谕,彼就送这个上谕来,请总理恭录而悬诸学堂。我复书痛诋,并辞职。后经多人调停,我允暂留。"(《自写年谱》)

2月27日(正月二十八日) 拟往嵊县,无船,于舟中草拟剡山、二戴两书院学约。

"十钟到蒿坝,到王元兴行,其主号九皋者,乙斋所识也。雇船不得,以学政将过境,凡船皆扣,留以候差矣。昨日学官马赴嵊,亦趁渔船以去。今日渔船、货船尽行,无可趁矣。坐舟中,草书院学约。"(本年《日记》同日)

2月(正月) 受聘剡山书院院长。

"当我离绍兴中西学堂以前,嵊县官绅聘我为剡山书院院长。照旧例,每月除官课由知县主持外,举行师课一次,由院长出四书文题、试贴诗题各一,为评定甲乙就算了。院长到院与否,都无关系。我觉得此种办法,实太无聊,到院后,曾演讲数

次,说科学的有用,劝院生就性所近,分别考求;但书院经费有限,不能改进,我担任一年,就辞职了。"(《自写年谱》)

2月—3月(正月—二月) 冻雪杜门,独居深念友人,作《岁暮怀人诗并序》。

"《岁暮怀人诗并序》。风云月露之词,其亦有不得已者乎。四始六义,持之有故,言之成理,不系于情而言情特深。若夫外感交于前,幽忧秉诸内,人世不可知,而道谊维系之大,旷百世而相感者,不必故为琐琐也,而随物短长之情见矣。**纲章**少好词章,以为笺笺者唯以骋情殊态,诙诡离其阈,纷投无忌,斯滥觞矣。长而略涉为学之藩,徐通愿言之旨,而后知诗可以作。何者?雕琢胜则漓其本真,性灵薄或伤夫暨艳也。试观文章之盛,自战国而两汉,而六朝、三唐、宋、元、明,固孰则可以苟然而作,作而可以漫然以传哉!然而天者物之始也,各有一天而不可相通则竞,各有一天而有以相喻则乐。以竞间乐,于是河梁握手以后,友朋之什若渊薮矣。今年承乏学堂,朋簪投契,以水济水,亦云乐矣。然世变大而不可通者亦愈大。始而竞焉继且不可知耳。亦思夫物本诸天,各抱一理,亦如风云月露之适然相值,离留迎距,益见造物之大。解馆以来,冻雪杜门,独居深念,成杂文数首,所畜靡多,莫能息讫。继念平生师友,裒益我者,密近忘愉,疏逖亦挚,往复十年,回翔百辈,疏其最者,播诸篇章。今岁接席诸贤,不在此数。题曰《怀人》,垂质方来,固非自吟,襟襫云尔。……"(《浙江学刊》1993年第4期)

3月1日(二月初一日) 到嵊县二戴书院。

"进城,到龙头街沈乙斋同年家,并见韵仓、象仓。午后,同至二戴书院。拜客,晤陈次耕大令及茹鹿泉、沈梅清两明经。"(本年《日记》同日)

3月2日(二月初二日) 访沈乙斋,并晤嵊县诸友。

"看乙斋,遇于途,同至其北门寓所,晤梅清明经,未几,宋云楂、屠乔云、郭兰如三茂才亦来,因至书院不遇,故来此也。畅谈至快。嵊县之风,较之山、会为开化矣。如钟生、阆轩所惊为非常异义者,沈、屠、郭、宋诸君无不怡然涣然。同由乙斋之友,物以类聚,然得此数人,亦为不孤矣。晚到乙斋家饮,坐有孙兰圃典史、卢鸿卿茂才及宋君云楂。是日西房史佩祺茂才(芬)来。监院赵笔卿(树诚)、卢隅卿(观海)二君来。"(本年《日记》同日)

3月3日(二月初三日) 赴陈次耕知县宴请。

"陈(次耕)大令邀饮,赴之。散,沈、宋二君同至书院。得阆轩书。"(本年《日记》同日)

3月5日(二月初五日) 返抵绍兴。

"晨,至蒿坝,过坝,易小舟,三钟道学堂。"(本年《日记》同日)

同日 过录许沅(研农)所定崇实学堂西学课程表。

过录"崇实学堂西学课程表(丹徒许研农县丞沅定)(表略)"。(本年《日记》同

3月26日（二月二十六日） 致翊志书院院董吴亮功信并三月课题。

"致吴亮功书（亮功寄诸暨城中志局金挺之茂才转寄沣浦）。

翊志书院三月朔题：孟子曰中也养不中一章（生）。我不欲人之加诸我也二句。赋得目（得明字）。凡试律诗题，拟借以发明物理，故自全体学始。"（本年《日记》同日）

3月27日（二月二十七日） 撰写《绍兴府学堂学友第一议期摄影记》。

"光绪二十六年二月十一日，孔子卒日，为绍兴府学堂学友第一议期。于时外力骤搏，士论大哗，总理者愤道路之指目，激督办之掣肘，扼腕灰心，将辞去矣，于是学友罕有至者。而丹徒许研农先生惠然自省会来，抵掌大谈，以其所闻见、所阅历，析事理之序，发体合之旨，洒然有以消人意而通群谊也。会张君琴孙亦至。乃集诸学友之与议者而以泰西脱影法图之。……于时，揣学堂之瓦解，悲同志之星散，以是为纪念云尔。"（蔡元培先生手稿）

3月29日（二月二十九日） 致许沅（研农）信并附绍兴府学堂学友摄影照片。

"到学堂。钟生同年往杭州，以初十日影片致许县丞书，记于纸背。"（本年《日记》同日）

3月30日（二月三十日） 日人安村喜当、井上雅二等来访，同游禹穴及东湖。

"日本博物馆学艺委员安村君（名喜当）及东亚同文会员井上君（雅二）、曾根君来。得罗叔蕴书、中川君书（中附本田君所贻学堂之修身儿训十册）、若松君书，皆为安村君介绍者也。安村君言以修美术史，故来此访古迹。同游禹穴，登炉峰，归，迂道游东湖。安村君携照相器，于东湖照三片。"（本年《日记》同日）

3月31日（三月初一日） 黄知县到学堂监督季课。

"至寺池吊钟厚堂观察之子。黄会稽来，因学堂季课也。"

"自秦以来，我国民思与秦以前不同者何在？其逐渐改变者何如？何者为进？何者为退？至于今，与西洋思比较，有何同异？何去何从？试详言其关系。拟编民史条例（皆三级课题）。"（本年《日记》同日）

3月（二月） 被聘为诸暨丽泽书院院长，未到任。

"那时候，诸暨有丽泽书院，亦聘我为院长，我未能到院，一年后，我力劝改为学校了。"（《自写年谱》）

同月 先后撰写《上皇帝书》《夫妇公约》《佛教护国论》等三篇文章。（蔡元培先生手稿）

4月13日（三月十四日） 寄发剡山书院、翊志书院三月课题。

"致宋云槎书，附宋氏家谱序及剡山书院三月课题：《孟子曰鱼我所欲也》一章、《见利思义》四句、《赋得新闻纸》（得闻字）。"

"寄翊志书院三月望课题：《孟子曰鱼我所欲也》一章、《见利思义》三句、《赋得耳》《得闻字》《论看报章之益》。"（本年《日记》同日）

4月14日（三月十五日） 写定初级学堂章程学事表。

"写定劝办初级学堂章程学事表。以府学堂详细章程付刻。"（本年《日记》同日）

4月17日（三月十八日） 至于伯英处取请其代购的《东洋史要》《国家学》等书。

"到学堂。于伯英许取代购《东洋史要》《国家学》《日本警察新法》及《三等学堂课艺》各一部。三等学堂者，钟天、鹤笙所设，鹤笙于光绪二十二年草《学堂新法教授议》，所言学童识字造句之法，先得我心矣。"（本年《日记》同日）

4月18日（三月十九日） 阅《国家论》一书。

"阅《国家论》，德人□□□所著。颇不喜以社会例国体之说，盖欧洲实际家之异于理论家者也。"（本年《日记》同日）

4月21日（三月二十二日） 到学堂补堂课。

"到学堂。得沈雪帆丈书，今日补堂课。

（课题：）《原国》《记山东义和团》（三级）、《孟子辞受取与之义》（薛君命）、《记绍兴墓祭》《汉徙齐楚大族实关中论》。"

4月22日（三月二十三日） 拟订翊志书院四月课题。

"得翊志书院监院诸君书。……翊志四月课题：《由君子观之至几希矣》（生）、《赋得血》（得心字）、《说诸暨湖田利病》《富与贵至不处也》（童）、《后汉书·党锢传书后》《读汉书·孝元后传》（七律）。"（本年《日记》同日）

4月23日（三月二十四日） 阅《战法学》二卷。

"阅《战法学》二卷，日本参谋本部部员陆军炮兵大尉石井忠利于乙未、丙申间随其公使在我国时所著也。上卷为高等战法学，其目曰战略学、军制学、给养学、募兵学。下卷为初等战法学，其目曰行军、战军、驻军总论，曰军纪，曰教育，曰训练。虽语焉不详，而大致井然。语气均为我国立说。"（本年《日记》同日）

4月29日（四月初一日） 往谢墅看山。

"与胡、薛二君往谢墅看山。看少华，借《象山先生集》两函。"（本年《日记》同日）

5月2日（四月初四日） 寄发剡山书院、二戴书院课题。

"……剡山书院题：《夫人必自侮至人伐之》（生）、《朝闻道》二句（童）、《赋得蚕》。

二戴书院题：《儒行儒有今人与居至犹将不忘，百姓之病也义》《史记·货殖列传书后》《记嵊县养蚕法》《劝集资购报启》（附传阅章程）。《轻气球赋》《感事诗》（八

股文之弊,五言八韵)。"(本年《日记》同日)

5月11日(四月十三日) 决意解聘日语教习藤乡。

"得东文学生公函,言藤乡教育之无法,各学生徒费学时,了无进益,遂决意解约。"(本年《日记》同日)

5月12日(四月十四日) 命学堂三级堂课题。

"堂课(三级题):中国社会现状,近日盗贼公行。 拟集资开厂延师招工,分日力为四,以其二习工艺,以其一识字明理,以其一习武备。 闻警则如救火之例,整队以出,平日厚其工资,不幸为盗杀,则厚其抚恤,于事有济否? 有无流弊? 其节目当如何?

(二级):大学记生财大道论。鲍生、召平等为萧相国图自全论。记权阉李莲英。"(本年《日记》同日)

5月13日(四月十五日) 听藤乡介绍日本教育派别。

"宋心斋与裘子京为其子女订婚期于东湖书院,邀饮,赴之,藤乡先生同去。舟中言日本教育有二派:曰杉浦派,门下多非常之才,而颇不合时宜;曰嘉□派,务妥贴可行,而无奇才。余谓我国人才奄奄欲绝,宜以杉浦派救之。问其著作,言有《冰川丛话》。"(本年《日记》同日)

同日 请阮建章秀才代阅剡山、诩志两书院课卷。

"托阆仙以剡山、诩志两书院八股文、八韵诗丐阮建章秀才代阅,送脩银三十圆(冬季送)。"(本年《日记》同日)

5月14日(四月十六日) 学堂师生合影照片。

"十六日 学堂师生合摄影相。"(本年《日记》同日)

5月15日(四月十七日) 决与日文教习藤乡解约,未果。

"继香来。与藤乡定解约之义,藤乡认合同中第十四条当于两月后解约。"(本年《日记》同日)

5月19日(四月二十一日) 到嘉善,被聘为宁绍会馆董事之一。

"午后二小时至嘉善城中,寓百昌生土店,晤象山顾楚生、上虞姚彬斋,皆经理会馆者也。"(本年《日记》同日)

"那时候,留居嘉善县的宁波、绍兴两府同乡建立宁绍会馆,聘我为馆中董事。因为嘉善同嘉兴等县,自太平天国事变以后,本地经兵与疫的两次扫除,地旷人稀,农田尽成荒地。先有湖南人领地垦荒,绍兴人继之。绍兴离嘉善较近,往垦的更多;日久,遂有购数百亩、数千亩的地主,招佃代种,于是关系渐趋复杂。而宁波、绍兴的商人,来此地开设钱庄、杂货铺的,也与年俱增。又宁波人的习惯,客死者必须归葬,力不能归柩时,须有一停柩的地方,宁绍会馆的设立,一方面用以调解地主与佃户,或农人与农人间的纠纷;一方面用以改良旧日停柩的公所。因地主中有单君继香者是我旧日学生,提议请我,经其他发起人赞同,所以有此聘书。但我虽去过好几次,也不过对于立案、定章等事稍有帮助,没有多大的贡献。"(《自写年谱》)

5月23日(四月二十五日) 协助筹建宁绍同乡学塾及义园。

"二十五日 集议于会馆,拟章程七条,略为演说。大意言会馆为两府人寓此者而设,故所办事,均以共同利益为的。而公同利益,在使人各有以自立,而又互相亲睦。以完全自立之势,故拟开义塾以启民智,使人知自立之道,亲睦之意。而亲睦之义,非报之生死不相背负不全,故拟设义园。至于有害自立及亲睦之事,一切禁之……"(本年《日记》同日)

同日 夫人王昭吐泻兼作,属早归。

"晚回寓,得以慈函,展之,则阆仙字也。言内人于十八日夜吐泄(泻)兼作,因而憔瘦,属早归。即复以明、后日尚有事,大约二十九日可行。"(本年《日记》同日)

5月27日(四月二十九日) 自嘉善启行回绍兴。

"午后启行,以汽船须夜半后到嘉善境。游西门外天皇殿而回。……晚饭于顾初苏家,毕即行,夜三点钟,汽船到,即易舟。"(本年《日记》同日)

5月29日(五月初二日) 到绍兴,急归家。

"令增发往孔凤春买宫粉八两,妇所嘱也。渡江乘扁舟,到学堂。饭于萧山县,买小石磨一具,以妇病咳,备捣杏仁也。晤朗仙,问妇病状,言十八日余行即病,亦不就医,至二十三日,始就樊医诊,仍用平肝药。……不饭归家。"(本年《日记》同日)

5月31日(五月初四日) 四叔母传语为妇问卜,不忍拂。

"妇仍服昨方药,亦无效。余归后,仅能啜米汤数口而已。四叔母传语为妇问卜,余不信,然妇欲之,余以治心免病之义,不忍拂也。遣女仆往,言地主邻鬼为祟,以十馔及心经、楮钱送之。"(本年《日记》同日)

6月5日(五月初九日) 夫人王昭病逝。

"妇服廉臣药,呕甚,药与汤仅两三口而已。到学堂,与朗仙商易医,托孝天代订张朴山。旁午喜睡,口渴,喜饮开水,呕差矣。午后,呕甚,颇烦燥。张朴山来诊,言是热入血室,用小柴胡汤,朗仙不能决,以问田杏村丈,丈言张方必不可服,不如仍延翼仙。朗仙回乃遣人往延翼仙。余时与朗仙及三弟谈于堂,有时入室视之,见其喜睡,亦不以为意。晚翼仙尚未至,阿煦之乳姬往视,问欲饮水否,不应,抚之,气欲绝矣,大呼,急进视之,目尚微转,抚脉,脉微动,呼之不应,转响而气绝矣。乌呼哀哉!年三十有五耳(生同治五年十月十日日加辰,卒光绪二十六年五月九日日加酉)。"(本年《日记》同日)

"是年四月间,我为宁绍会馆事往嘉善。二十六日,得薛朗轩函,言王夫人有疾,促早归,我遂于二十九日启行,五月二日到家。九日,王夫人卒。我为文哀之,词如左(下)：

　　王夫人，荣庭外舅之仲女也，母氏陈。夫人无兄弟。有一姊，适薛君朗轩，以光绪二十二年卒。有一妹，未嫁而卒。夫人年二十四而归于我，光绪十五年三月也。十六年春，余晋京，应会试，五月归。十八年春，余应殿试，又晋京，八月归。十九年夏，余历游江苏、广东，二十年春归。未几，晋京散馆，二十一年冬归。二十二年十一月晋京。二十三年三月，夫人携子到京，二十四年九月同出京，迄今居故乡将二年矣。乌呼！十年之中，余在家者十之三四。既在家矣，往往饥躯而出，其得欢然聚首者，不过两三年耳。夫人病，余适以事往嘉善，得讯而归，不及十日而夫人卒，乌呼！余能为不负夫人耶？

　　夫人有洁癖，坐席、食器、衣巾之属，非与同癖者，或触之，则懊恨欲死。睡则先去外衣，次长裙，乃以湿巾遍拭其发及衣衽，盖十年如一日。其始来归也，余恶其繁琐，常与之争。夫人又尚气，不能受佛逆之词。余用钱颇宽，而夫人持之以俭；余不欲亲细事，而夫人持之以勤。余于时方持妇人既嫁从夫之义，时有以裁制之，夫人虽不能不相让，而心滋不悦，以是得肝疾。

　　近年，余深绎平权之义、自由之界，乃使夫人得一切申其意。而余亦时以解足缠、去华饰、不惑鬼怪为言，夫人颇以为然，而将次第实行之，余亦不之强，而俟其自悟而决去也。以是各信谅劝之有趣，而几忘狎媟之为乐，伉俪之爱，视新婚有加焉。乌呼！孰意其不可久耶？

　　夫人淡于世荣，归余后，余即得科第，而夫人不以为喜。余官京师，阒然不趋事权要。戊戌九月，决然相与携两儿出都，跋涉长途，辛苦备尝，夫人不以为苦。今年，有试差之考，族戚友朋多以是劝晋京，而余不从，夫人亦无忤焉。乌呼！以夫人超俗之识与夫劲直之气，充其量，盖足以偿余所期而无难，而孰意其中道而摧折也夫，乌呼！"(《自写年谱》)

8月29日(八月初五日)　到嵊县二戴书院。

"八时到嵊县东，遂进城，寓二戴书院。看乙斋、韵沧、象沧。"(本年《日记》同日)

8月30日(八月初六日)　晤嵊县知县侯蓉江及二戴书院董事。

"谒客，晤知县侯蓉江。茹君鹿泉、冯君笑春、薛君子寅、袁君韵轩、裘君维乔、卢君鸿卿(四人书院董事)。"(本年《日记》同日)

8月31日(八月初七日)　与冯笑春同游学宫。

"商子峨、张云青来。冯笑春来，同往学宫，在城隍山之麓，所谓学山者也。南望群山环卫，颇豁心目。"(本年《日记》同日)

9月4日(八月十一日)　发学堂课题。

"谢君黼斋、任君莘甫来。因课期，绅董来，午同饭。发课题：(生)今也欲无敌

于天下而不以仁,是犹执热而不以濯也。(童)子不语怪力乱神。(诗)赋得显微镜。"(本年《日记》同日)

同日 写作《〈四语汇编〉读后》一文。(蔡元培先生手稿)

9月10日(八月十七日) 往学山访姚穆(眉甫)。

"晨,看省庵及云楼。午后省庵来,同访姚君眉甫(名穆)于学山。书楼五架,北枕小山,南揖群峰,风景绝佳。此君藏书颇多,谈新学甚投契。"(本年《日记》同日)

9月12日(八月十九日) 访茹鹿泉于其家。

"冯君来,同访茹君于其家。家在菱畈城西三里许,其书室曰望茔楼,望其母之茔也。稠桑四亩,远山环峙,开十八窗,足资凭眺。"(本年《日记》同日)

9月14日(八月二十一日) 到剡山书院发课题。

"到剡山书院午饭。发题:《孔教与各教不同而合于近今理学哲学说》《孔子行在孝经志在春秋说》《曾子传孝经义孟子传春秋义说》《中庸为孔子之孙子思所作以昭明圣祖之德说》《易十翼为孔子哲学说》。因拟于二十七日孔子生日为诸生演说孔教大义,故先发此诸题,令先拟议之。"(本年《日记》同日)

9月16日(八月二十三日) 写定切音通俗文字。

"写定切音通俗文字,夜以字母第一类授岳忠,咸欢。"(本年《日记》同日)

9月19日(八月二十六日) 撰发《告嵊县剡山书院诸生书》。

"鄙人承乏书院,已逾半年,来此解装,将及一月,得与贵县贵士大夫上下其议论,纯挚之情,奋迅之气,非他县所及也。鄙人蒿目时艰,推寻原始,非有开智之事,必酿亡种之忧。一手一足,命在何时,随地随时,嚶求同志。大水无津之惧,望门投止之况,岂好事哉,诚有所不得已也。属者登楼,发篋见藏书之褒然。率意妄谈,辱满堂之属耳。嗟乎,几何起点,其在斯乎!敢述管见,以质高明。……"(蔡元培先生手稿)

9月20日(八月二十七日) 在剡山书院为学生演说孔教大意。

"孔子生日,为位于堂,行三跪九叩首礼。九打钟,演说孔教大意,以孝字为纲。旁午止。官绅及诸生听讲者数十人。"(本年《日记》同日)

9月23日(八月三十日) 与童亦韩同游鼓山书院。

"赴新昌,晤亦韩,寓其从弟亦欧别墅。午后,同出城,游鼓山书院,宋石克斋先生(培)读书处也。"(本年《日记》同日)

9月24日(闰八月初一日) 游新昌南明山大佛寺。

"亦韩挈其子晏球,并邀简香及培游南明山大佛寺。佛凿石成之,高称十丈,大殿为阁五层,第五层'逍遥楼'三字,摹鲁公书。寺有碣,刻米南宫所书'南明山'三字。屋后大池垂柳,甚可喜。"(本年《日记》同日)

9月25日(闰八月初二日) 赴梁简香邀饮。

"简香邀饮于东岳庙之客堂,俯清溪,玩秋稼,城堞山林,远近掩映,亦复不恶。"(本年《日记》同日)

9月27日(闰八月初四日) 阅宋恕《卑议》一书。

"阅宋恕(燕生)《卑议》,多厘然当于心者。"(本年《日记》同日)

9月28日(闰八月初五日) 与童亦韩同访陈藻。

"同亦韩访陈伯绅(藻),竹川明经(谟)之子也。藏经学、小学书颇多。"(本年《日记》同日)

9月29日(闰八月初六日) 回嵊县。知有"驳余诋八股文之说"。

"回嵊。得大哥书及墨润寄来《英文初范》等书。有剡西□□德子投函,驳余诋八股文之说。"(本年《日记》同日)

10月4日(闰八月十一日) 撰写《书姚子〈移居留别诗〉后》一文。

"嵊宋生省庵,绍兴学堂高材生也,志之锐,文之遒,自未入学堂已然。叩其师承,则曰吾师姚子之所授也。既来嵊,介宋生以见姚子。……姚子出《移居留别诗》征和,书此以答,且以讼我过焉。"(蔡元培先生手稿)

10月8日(闰八月十五日) 拟与徐维则、薛炳等谋恤马用锡(湄莼)遗孤。

"得大哥书,言湄莼于初九日卒矣,哀哉!贫病交侵,重以积毁,使公等存而此人死,惊才绝学,为天下惜,不惟独学无友之戚而已。一子尚幼拟与以愻、朗轩等谋,为送宋家溇小学堂读书。"(本年《日记》同日)

10月14日(闰八月二十一日) 阅报悉三合会活动消息,特志本日日记。

"十七日(公历十月十日)报译文汇报粤美领事来电云:广东三合会匪五千人,其统带二,一孙汶(译音)、一杨某。其宗旨与满人为难,已败官兵,刻据沙湾及师子澳邻近之某处。该会党尚南行,沿途皆有土人以新兵接济。"(本年《日记》同日)

10月20日—21日(闰八月二十七、二十八日) 自嵊县到绍兴。

"二十七日 晴。午抵蒿坝(王元兴行)雇舟。遇王寄颐同年,谈于任氏行。夜解缆。""二十八日 晨抵家。午后访以愻、朗轩。"(本年《日记》同日)

10月26日(九月初四日) 绍兴中西学堂于暑假后停办,提出重新开办计划。

"同伯英、朗仙到学堂整理书籍。二君言学堂解散之可惜,为之心动。夜归家,拟一节省办法,大旨以三月为限,每月之费以百银元为限,所收公费,自三百元外,皆以还历年垫费,教习减脩,不请监督。"(本年《日记》同日)

10月27日(九月初五日) 徐树兰(仲凡)无意重办中西学堂。

"以简省办法示薛、俞二君,皆愿共事。乃同至徐氏,以质仲丈,终无意。"(本年《日记》同日)

10月29日(九月初七日) 再次商请徐树兰(仲凡)续办中西学堂。徐终无意。

"同钟生、朗轩诣徐氏,复与仲丈商,终无意。"(本年《日记》同日)

10月31日(九月初九日) 到杭州,为嵊县二戴书院购文具。

"傍午抵西兴,渡江,寓沈洪远家。为嵊(县)书院购石板、墨水笔等,夜寄出。"(本年《日记》同日)

11月3日(九月十二日) 到嘉善。访顾楚荪。

"午前三钟至嘉兴,憩船局,遇杭州人包杏农,同舟行。午抵嘉善,访顾楚荪,留寓于其家。姚彬斋来。史菽嘉来,述甫之弟也。嘉善人郁海帆、钱革斋来。"(本年《日记》同日)

11月5日(九月十四日) 访嘉善知县汪清麒。

"拜晤知县汪少芗同年(清麒)。其余城守侯定山(得标),教谕杨□□(荣寿),同年夏晓岩(之森前辈),陆寿田(仁基),吴树人(同年兄弟)……均未见。"(本年《日记》同日)

11月6日(九月十五日) 拟择瑞安陈虬(志山、志三)之女为妻。

"得亦韩书,知陈志山同年已允以其女妻我矣。其女年十九,读书,且不缠足,前托亦韩求之也。志公书庚甲一纸寄来,为壬午年二月二十二日酉时。吾亦书生年月日以报。因志公有彼此仪节以简为是之说,故致亦韩书,言娶期当在明年五月后,或于今年先订婚约,请以本人影相及手书一文(自著言夫妇一伦者或同书宋氏《卑议》中《伦始》一章),互易为约,或再徇俗例,附主婚者求允各帖,其贽或金或币,择用其一。或定一地为主婚者、媒者会亲亦可。请亦韩及陈君介石酌定。"(本年《日记》同日)

11月7日(九月十六日) 草拟《改善嘉善客农垦荒纳租建议》文。(蔡元培先生手稿)

11月18日(九月二十七日) 赴嘉兴。

"赴天宁庄阳庙,遂至落苏蒂,饭于陈廷奎家。赴嘉兴,宿于小西门外甘继贤家,晤屯头王仁卿。"(本年《日记》同日)

11月20日(九月二十九日) 到上海南洋公学访友。

"赴徐家汇,游南洋公学,晤宋省庵、俞少伯。至法华东镇,晤许研农、袁申甫。夜至天仙院观剧。"(本年《日记》同日)

11月22日—23日(十月初一、初二日) 经嘉兴回嘉善。

"十月朔 到嘉兴。诣李东升家。同至甘宅,茗于杉青闸及寄园。""二日 回嘉善。"(本年《日记》同日)

11月24日(十月初三日) 得胡钟生书,知周榕倩病逝。

"得以慈书,附钟生函,言榕倩以末疾于七月间死矣,哀哉!丙辰讹传其死,余曾以诗哭之,时湄莼在江西,邮诗属访,而榕倩竟不死,见诗和韵,于戊戌进京时出以见示，重索嗣音。是夏握别，屡通书问，今年不得一柬，而不意其竟死也。无子，一女，年二十耳。一妻一妾，流滞江西。钟生属乙斋联名为书，征赙于山会同年，为归榇计。即属稿寄去，并复以悫。"(本年《日记》同日)

12月2日(十月十一日)　议定宁绍会馆董事垫款事。
"议定会馆各董事分垫款，明年收捐款还。"(本年《日记》同日)

12月5日(十月十四日)　代拟宁绍会馆书塾章程。
"写会馆书塾章程。楚荪写示蓬头会章程，为核定并作表。"(本年《日记》同日)

12月11日(十月二十日)　与顾初荪谈编订宗谱事。
"余游嘉善，晤象山顾君初荪。顾君方经理宁绍会馆事，烦劳琐屑，锲而不舍，有古卓行之风。顾君语余曰：晤之志会馆也久，然而迟迟不创议者，吾自以所欲为而急于此者三：宗谱也，宗祠也，义田也，皆宗族事也。会馆，乡事也。吾将先尽吾心力于宗族焉，而后及于乡。虽然，乡之事则既迫二三同志之怂恿而与闻之矣；而所谓急于此者，顾未有以偿，吾滋不安。吾以三者之中，宗谱为尤急焉，而先府君遗稿，尝录副而藏之，乃出以示余。余读顾君自序，源流详矣，表世系亦略具，而不及其他。窃以世系表用挂线体，不如用史家王子侯表例，以派别为经，而世次纬之，于昭穆亲疏之系，一览而可明。其他宜增者，又有四焉：曰大事表，若族人生卒，若嫁女，若娶妇，若旌节孝，若科名，皆记之。以年为经，而事系月日焉。曰忌日表，以月日为经，凡亡者生日有荐寝之俗，亦附记之。曰墓记，图其域而详记方向里步及碑碣之文，荫木之数。曰家传，先世有德者，叙其事为传。伍者，宗谱之大纲也。谱稿未备，余无能为役。谨陈所见，备他日抉择之耳。"(蔡元培先生手稿)

12月14日(十月二十三日)　寄发剡山书院课卷。
"致茹麓翁书，并剡山书院课卷。"(本年《日记》同日)

12月22日(十一月初一日)　到杭州，访陈介石。
"进省城，寓沈鸿远行，因无虚室，借住郑沛三行。到养正书塾，晤陈介石教习及伯绹、亦韩。介石言陈志山之女读书不多，远不及宋燕生女也。又言志山纳妾后，移居府城，其妻女尚在瑞安。志山得介石为我媒之书，以己意允之，近与其妻商，以道远未决也。"(本年《日记》同日)

12月24日(十一月初三日)　回绍兴。
"到家。见临安人书，即致书亦韩。见秋帆书，并《亚泉杂志》十五册。"(本年《日记》同日)

本年　在杭州得识许沅(秋帆)，并开始注意吴稚晖其人。
"我在绍兴学堂时，偶往杭州，得识许君秋帆沅。许君以丹徒人宦游杭州，设一方言学社，教授英文，曾至绍兴学堂参观。曾为我等述吴君稚晖在南洋公学训练学生的成效，我始注意于吴君之为人。"(《自写年谱》)

本年 书赠励余一联。

"修风晓逸德星夕映;祥禽辈作瑞木朋生。　崔顾蔡元培。"(蔡元培研究会藏抄件)

1901年(清光绪二十七年　辛丑)三十四岁

蔡元培与次子蔡无忌等合影(1901年)

1月7日(十一月十七日)　为宋省庵书一屏联。

"看嵊县高训导。到王祥和,晤少伯、少村、吉生、礼堂。得宋子云及其子省庵书,属书屏联。"

文曰:"社会古义,厥惟五伦。平等相接,爱力弥纶。及其治事,有三纲云。彼民主国,总统莅焉。主辅相系,何碍平权。彼哉狃纲,伦理不宣。恣其专制,夫妇造端。身度解弛,妇学蘪蕴。矫揉涂泽,束缚拘圈。妾媵广置,优伶同论。酿成媚骨,利兹混沌。或激而裂,悍狠纷纭。六弊繁杂,更仆数难。无往不复,渐见倪端。六斋卑议,新会罪言。知行合一,责在时贤。脱习为要,劝学为先。商量心理,绅绎国闻。齐心同愿,职识分安。道德之爱,团结缠绵。情无旁溢,富不唐捐。亦事济美,进化宜天。国以家称,政以俗旋。改良人种,关雎所关。佳耦日配,相与勉旃。右(上)文仿箴体,为省庵书屏。"(本年《日记》同日)

1月15日(十一月二十五日)　往宋家溇义塾。

"何阆仙来,同往宋家溇义塾。"(本年《日记》同日)

1月21日(十二月初二日)　收到诸暨诩志书院聘书。

"亦韩到府城,专函促归,午后解缆,黄昏到家。得吴亮公书,并诩志书院关

约。"(本年《日记》同日)

2月2日(十二月十四日) 整理马用锡(湄莼)藏书。

"整湄莼藏书,将斥卖之。得钟生书。"(本年《日记》同日)

2月3日(十二月十五日) 汇付座师陈伯商助款。

"致菊生书,汇所集陈座师助款,并唁穰卿之丧。致钟生书。致乙斋、亦韩书。"(本年《日记》同日)

2月16日(十二月二十八日) 王伯刚见赠《清芬录》二册。

"伯刚来,见贻《清芬录》二册,止轩先生集,其先德及嫂孙烈妇、弟孝子诸铭状传诔之文,照写本石印也。元培有跋。"(本年《日记》同日)

2月17日(十二月二十九日) 何寿章(豫才)允接办绍兴府学堂。

"往朱宅,遂至会稽署为陈氏递息呈。豫才来,允接办学堂。"(本年《日记》同日)

2月18日(十二月三十日) 阅姚石甫《识小录》。

"杨贤斋来。阅姚石甫《识小录》,言佛教传授宗派颇简明。"(本年《日记》同日)

2月20日(正月初二日) 移交绍兴府学堂册籍。

"到豫仓,以学堂册籍致豫才。"(本年《日记》同日)

2月25日(正月初七日) 过录日本各级学校课程表于日记。

"日本学校课程表——大学校,高等学校,大学预科,高等师范学校,女子高等师范学校,寻常师范学校,师范学校简易科,寻常中学校,中学校实科,高等女学校,工业学校,农业学校,蚕桑学校,水产学校,商船学校,商业学校,高等小学校,寻常小学校,幼稚园,徒弟学校。"(本年《日记》2月18日、2月25日)

3月12日(正月二十二日) 参加宋家溇书塾开学式。

"宋家溇书塾开学,随六叔父及从弟宝颐、兄子学琦往。"(本年《日记》同日)

3月15日(正月二十五日) 参加斗门辨志义书塾开学式。

"斗门辨志义书塾开学,与朗轩、古琴同往。夜赴容山。"(本年《日记》同日)

3月16日(正月二十六日) 参加容山养蒙书塾开学式。

"容山养蒙书塾开学,往。夜与吉生、伯英同舟赴陶堰。"(本年《日记》同日)

3月17日(正月二十七日) 访陶在宽(栗园),见其所制之柜。

"访陶栗园主政,见其所制柜。夜解缆。"(本年《日记》同日)

3月18日(正月二十八日) 回绍兴,午抵家。

"晨,饭于伯英家,即解缆。午抵家。看以慭。"(本年《日记》同日)

3月23日(二月初四日) 发翊志书院二月课题。

"致吴公亮函,附去诸暨二月翊志书院课题:《不违农时》(二节);《吾非斯人之徒与而谁与》;《赋得卧薪尝胆》;《论语论孝论》;《越十年生聚十年教训说》;《凡教案皆起民教不和,不和由教士干与讼事,干与之故,由士不能宣孝友睦姻任恤之教,而人民好讼,试筹何以挽救?》;《论奉天将军增祺与俄罗斯擅订密约之害》。"(本年《日记》同日)

3月26日(二月初七日) 作《〈魏子安墓志铭〉阅后》一文。(蔡元培先生手稿)

3月29日(二月初十日) 参加议定蚕学会章程。

"同以慭、叔良、慕庄、桥仙往栖凫,晤叔楠、纪堂,游后庵桑园,议定蚕学会章程,并与慕庄订合同为分会教习。"(本年《日记》同日)

3月31日(二月十二日) 杜亚泉嘱作《〈化学定性分析〉序》。

"得秋帆书,属作《〈化学定性分析〉序》。得亦韩书。"(本年《日记》同日)

"《礼记·大学》称:格物致知。学者类以为物理之专名,而不知实科学之大法也。科学大法二:曰归纳法,曰演绎法。归纳者,致曲而会其通,格物是也。演绎者,结一而毕万事,致知是也。二者互相为资,而独辟之智必取径于归纳。海通以来,我国学者,颇译科学各书,顾往往偏重演绎,化学其一也。用使学者有因循故步之思,而不为实验新知之事。彼夫医家五行,族工墨守,牢因积习,决非间接之说所能破,方且以吾为幻为海市,以此相拒,庸有济乎?吾初交杜君亚泉,君方治化学,以考质为的,穿穴诸书,为表为说,及得译本辨质,而竟有造车合辙之验。去年来上海,印行杂志,所译著化学家言为多,而定性分析两篇,于化学归纳法最为详尽,学者按图以索,举隅而反,必有发交通情,旁薄万汇,以自扩其演绎之范围者,幸勿以吾言为河汉也。"(蔡元培先生手稿)

4月2日(二月十四日) 到杭州。往方言学社访许沆(研农)。

"渡江到省城,寓彩霞岭王公馆,晤王笑山、陈伯申、陈慕庄。到朗轩馆,晤莼渔及陈仰蘧。袁申甫来,见示方言学社章程,其同学所创,请许研农先生授英文及普通学,因同至学社,晤研农。"(本年《日记》同日)

4月3日(二月十五日) 请童亦韩辞温州婚事。

"看则季、莼渔。托亦韩辞温州婚事。于松岗阁晤介石。"(本年《日记》同日)

4月4日(二月十六日) 访友于养正书塾,见章炳麟作《訄书》。

"到养正书塾,晤伯绹、仲昭,见示章枚叔所作《訄书》,宗旨在帝孔氏,逐满洲。伯绹言,瓜尔加锡侯,满洲之言维新者,见此书因立一扶满抑汉宗旨,以与枚叔抗争。嘻!黄种方绌于白种,而种之中乃自相与争,此何异汤沐已具,而群虱乃斗于裈中也。然满汉之界,祖宗立法未善有以启之,二百余年无大争,故界不破,今乃有以争为宗旨者,此满汉大同之基也。"(本年《日记》同日)

4月5日(二月十七日) 到余杭,访叶祖香。

"晨启行。午到松茅林,登舟。晚到余杭东门外,寓显圣寺(旧名白塔寺),僧曰贵修。访厘局委员叶祖香司马,留饭。同座者满洲进士同裕,其乡试与家叔父同年(甲午),唐师竹大令之孙际盛。"(本年《日记》同日)

4月6日(二月十八日) 决定向南昌黄世振女士求婚。

"又访叶司马,见示南昌黄氏女所绘直幅扇叶,女士工致绝伦,书亦端秀。司马言其有孝行,为亲疾刲臂者三。家极贫,女鬻画,弟佣书,始度日,弟妹书画皆女士所教。余甚倾倒,属致书决婚事。"(本年《日记》同日)

"我的元配王夫人之卒,已过了一年,友朋多劝我续娶,并为我介绍相当之女子;我那时提出五条件:(一) 天足者;(二) 识字者;(三) 男子不得娶妾;(四) 夫妇意见不合时,可以解约;(五) 夫死后,妻可以再嫁。同乡的人,对于(一)、(二)两条,竟不易合格;而对于(四)条又不免恐慌,因而久不得当。有林君为言都昌黄尔轩先生之次女,天足,善书画。黄先生方携眷属需次杭州,可托人探询。我适与童君又往临安,抵余杭,薄暮,童君识余杭某局长叶祖芗君,往投宿。叶君设宴相款,我大醉,叶君谅我直率。晚餐后,叶君导观大厅中所悬之图画,均极精细之工笔画,款署黄世振,字亦秀劲。叶君说,这是我同乡黄尔轩之女,甚孝,尝刲臂疗父疾,工书画。童君就告以我有求婚的意思,叶君慨然以媒介自任。后来借叶君之力,我得与黄女士订婚,己(辛)丑□月结婚于杭州。"(《自写年谱》)

同日 访晤章炳麟(枚叔、太炎),乞得《訄书》一册。

"十有八日。……昨道经仓前,访章枚叔,乞得《訄书》一册。"(本年《日记》同日)

"我与章太炎君相识,亦始于此时。我与童君亦韩自杭州往临安,为绍兴同乡组织小学校,路过余杭,访章君于其家。童君与章君本相识,故为我介绍。章君本名炳麟,字枚叔,但是时以提倡排满之故,自比于明遗老顾亭林、黄梨洲两先生,因改名为绛(亭林名),而字太炎(取于黄太冲、顾炎武)。是时所发表的是第一版的《訄书》。此书汉人虽读之感痛快,但畏祸,不敢多为传布;而杭州驻防金梁,乃购数十部分赠满人之识字者,说:'汉人已如此,我们还可不振作吗?'金君倒真是章君的知己了。"(《自写年谱》)

4月7日(二月十九日) 移住衣锦里李宅。

"移居衣锦里李宅。此间创议造会馆者八人,皆农于乡间,而绍兴八县人客于此者,农以外,胥役于县署者为多,此辈颇暗阻之。周丹林来,客民中之号解事者也。"(本年《日记》同日)

4月8日(二月二十日) 拟翊志书院三月课题。

"翊志书院三月课题:《仁以为己任》(四句);《毋求备于人》;《赋得蚕月条桑》;《问仪礼十七篇何以无事天神地祇之礼》;《太史公伍子胥何以及白公胜事》;《联俄联日利害论》;《论宣讲乡约之益》。"(本年《日记》同日)

4月9日（二月二十一日） 作《临安县境绍兴客民创设义塾助捐启》。

"缮临安县境绍兴客民创设义塾助捐启，并定义塾及附属善举略例。"（本年《日记》同日）

4月10日（二月二十二日） 撰写《家道论》一文。

"家道始于夫妇，夫妇之道始于婚，论婚仪第一。我国自周秦以来，男女之防极严。歌舞订约，如欧西国俗，必不能行。虽然，主婚者惟门第之求，惟贸贸然媒妁之决；身与其事者，转不得过而问焉。此夫妇之道所以苦，而淫佚之所以多也。

凡男女十五岁以下不得议婚，学业未定，智慧未发，不知同心否也。俗有以五世同堂之故早婚者，觊虚荣而忘实祸，最为可怪。至以门第之故，自幼定婚，甚指腹为婚，五年十年，人事未可逆料，其流弊大矣。

男女既达议婚之年，父兄师长当为言夫妇一伦与卫生、立业及政俗种族关系之大，且与齐不改从一而终为男女应守之公义，尤不可不慎之于始，当视为极正大极紧要之事，与进学堂，就实业同。凡世俗举以为谐谑，引以为羞耻者，皆野蛮猥鄙之为，不足措意，藉以养其自择配偶之识力。"（蔡元培先生手稿）

4月12日（二月二十四日） 访许根九（香九），与畅谈。

"赴北乡横板溪，访许根九，营室未竟，占溪山之胜，畅谈。到临安后，遇此人，为解事者耳。"（本年《日记》同日）

同日 作一文，赠许根九（香九）。

"余来临安，见越人侨寓者众，城居黠猾，业胥吏，无足齿数。农于乡者，或愿悫可倚任，率不解事，殆无可与深言者。童君省庵，为言许君香九，家北乡高陆，课农圃，授子弟经史，怡然自得，足迹不入城市。余意许君盖隐者。介童君书，与同年生童亦韩孝廉访之。方营新居，占溪山之胜，荷塘柳坞，点缀其间。既见君，淡漠孏散，略不拘俗士礼法，余意君诚隐者。既而引觞纵谈，数临安当时人物，皆有皮里阳秋。及近世风习之坏，则愀然太息，引为己忧，余然后知君为有心人也。"（蔡元培先生手稿）

4月16日（二月二十八日） 复访章炳麟（枚叔）。

"二十八日。行，过仓前，复访枚叔。午后四时到松茅场，步至湖滨，坐小舟，到藕香居啜茗，进涌金门，到佑圣观巷陈氏。"（本年《日记》同日）

4月17日（二月二十九日） 到杭州养正书塾，访陈介石。

"同亦韩、朗轩到养正书塾，晤介石、叔通及赵望瀛。"（本年《日记》同日）

4月19日（三月初一日） 出席方言学社开学式，有演说。

"方言学社开学，与朗轩往观礼。亦韩、介石及养正书塾教席魏聪叔、陈叔通、赵望瀛、宋澄之皆到。其他研农之同僚八人，学生十五人。午后演说者三人，余及研农、聪叔也。致颂词者六人，以文词代演说者二人。夜，研农来。属撰学社记，并

笔记所演说付录,因所忆如左(下):

今日为学社开学之日,我所演说者即是表明学社命名之义及一切课程之关系。学社品格,当属于通俗语所谓学堂一类。学堂本吴中学塾之通名。而近则以为分班教授诸院塾之大别名,盖分班教授法,始于上海西人之学塾,故从吴语而他处借以为分别文耳。学塾繁多,不可具数,今最著者,为学宫、书院、学堂三大支。学宫最古周制,与西人同,其后流为史官素餐之地,于是矫之以书院。自宋以来,颇持清议,其后又流而师生牟利之地,于是矫之以学堂。然而学宫如故,书院如故,则我国恋旧之习太深也。因旧属之颓败,而改造者不尽撤蠹蚀之料,则蠹必传。因旧肆之折阅,而改为者不尽去舞弊之人,则弊愈广。夫是以书院之起,非不与学宫争,不久而与之俱化。今学堂之起,其将竞而存与,抑亦与之化与?是无他责,责主持学堂者而已。……"(本年《日记》同日)

4月21日(三月初三日) 秀水董东初(祖寿)见贻《爱国自强歌》。

"午后,与朗轩行至湖滨,亦韩已到藕香居矣。晤秀水董祖寿(东初),见贻《爱国自强歌》,颇佳。"(本年《日记》同日)

4月22日(三月初四日) 步游灵隐寺。

"步游灵隐,品石听泉,颇饶佳趣。惟镌刻佛像太多,可厌。"(本年《日记》同日)

4月25日(三月初七日) 往求是书院访友。

"亦韩来,同看仲华。到求是书院,晤靖夫、雪荪、鞠卿、少垣。"(本年《日记》同日)

4月26日(三月初八日) 到梅青书院访贵翰香。

"访陈福贤、舒亦周。看贵翰香于梅青书院,同到藕香居茗谈。"(本年《日记》同日)

同日 到开导学堂访晤伊藤贤造、铃木蓬岭。

"到银洞桥开导学堂,晤伊藤贤造、铃木蓬岭。"(本年《日记》同日)

4月27日(三月初九日) 到敷文书院访杜安侯。

"到敷文书院看杜安侯。凌霄同铃木元英来。元英号东海,通西医,亦寓开导学堂。"(本年《日记》同日)

4月28日(三月初十日) 参加开导学堂言志会,有演说。

"凌霄、东海来,同往开导学堂,适开言志会,遂与席,为演说:学生亦有立法、行政、司法三权,学生当养成学堂思想,以为国家思想之基础。"(本年《日记》同日)

4月29日(三月十一日) 自题摄影片。

"自题摄影片。致以惢书,并桑刀一柄。"(本年《日记》同日)

"山阴蔡氏,元培其名,字曰仲申,别号鹤庼。同治六年,冬十二月,丙申人定,爰生于越。少就举业,长习词章,经义史法,亦效末光。丁戊之间,乃治哲学。侯官

浏阳,为吾先觉。愤世浊醉,如揉如涂。志以教育,挽彼沦胥。众难群疑,独立不惧。越求同心,助我丁许。"(蔡元培先生手稿)

4月30日(三月十二日) 与黄世振女士行订婚式。

"纳彩于黄氏,以金玉如意,银元十全及摄影片押帖,由唐渔笙、林景如送去。回,黄氏以金彩五事,十银元押帖。此间礼节,较绍兴为简便矣。"(本年《日记》同日)

5月2日(三月十四日) 张锡庚邀饮,结识日人结成琢,并为其诗稿题字。

"晚,锡庚邀饮,座有日本诗人结成琢,字蓄堂,方游绍兴而回,见示诗稿。"(本年《日记》同日)

"唐杜工部诗名空前后,而论者目为诗史,洵哉。诗足以裨史也。族史所载,皆大盗肩闭之术而已。而诗人者,乃盱衡外界,旁薄万汇诸物结晶之体,社会聚散之点,精察而约取之,而出之以微言,使人自悟,洵哉,弥民史之阙陷,而含哲学之意味也。日本结城君,忼慨有侠士风,而尤喜为诗。今年春,航海游吾国,自福建、上海而浙江,渡江而东,行山阴道中,得诗若干首,抚今吊古,托物兴怀,而于教学之所造,俗尚之所趋,尤三致意。余越人也,读之而国民进化之思想,油然以兴,则洵乎诗之可以裨史也。君渡江时,与余相左;其返也,遇于省会酒楼,见示《越游诗草》,乃识余感情于卷耑以质君。"(蔡元培先生手稿)

5月5日(三月十七日) 日人结城蓄堂等来访。

"结城蓄堂及凌霄来,久谈,留午饭。蓄堂言,回国后,当以松阴著作贻我。"(本年《日记》同日)

5月6日(三月十八日) 到上海。

"十有八日。黄昏到上海,宿舟中。"(本年《日记》同日)

5月7日(三月十九日) 与张元济同访刘葆良。午后访叶浩吾。

"晨,到菊生家。年伯母影堂前行礼。同菊生访刘葆良前辈于澄衷蒙学堂,午饭。到三家园汤癸生处,晤胡玉堂,知蜇轩已于昨日往扬州矣,……访秋帆,同访叶浩吾。"(本年《日记》同日)

5月11日(三月二十三日) 移住澄衷学堂。

"移寓蒙学堂。发家书。致朗轩及凌霄书。"(本年《日记》同日)

5月12日(三月二十四日) 汪康年(穰卿)邀饮万年春。

"晚,穰卿邀饮万年春,座有韩静宜(澄),杭州人,旧为求是书院教习,今在日本领事署司书记;严伯屿,幼陵先生之子;陈蓝生(锦涛),旧在天津大学堂,长于英文、格致、哲学,今为公学教习;温清甫(忠尧),中外日报馆英文翻译,二君皆广东人。"(本年《日记》同日)

5月13日（三月二十五日） 改号"知困斋"，以表教育之志。

"余取陆放翁诗句，自号心太平庵，取春秋太平世义，而又以哲学家唯心论贯之。近见日报及《清议报》中屡出'心太平室主'，耻与雷同，乃改号知困斋，以表教育之志。"（本年《日记》同日）

5月14日（三月二十六日） 同杜亚泉（秋帆）到金粟斋及商务印书馆。

"秋帆来，同至金粟斋、农报馆、商务印书馆。晚，徐年丈邀饮。"（本年《日记》同日）

5月15日（三月二十七日） 介绍日人近藤政往访何阆仙。

"日本人近藤政（即小村俊三郎）来，戊戌在京师时常见者也。近欲由苏州而杭州、而绍兴，为作书致何阆仙。"（本年《日记》同日）

5月18日（四月初一日） 就任澄衷学堂代理监督。

"圣像前行礼。堂董邀饮新太和馆。"（本年《日记》同日）

蔡先生在《自写年谱》中说任澄衷学堂代理监督事在同年七月。

"澄衷学堂成立。此学堂为叶澄忠之诸子遵其父之遗命而设立者。监督为武进刘君葆良。七月间，刘君曾邀我相助，不过一月余，刘君又介绍我于南洋公学。"（《自写年谱》）

5月20日（四月初三日） 赴杭州。

"赴杭州，登大东舟，晤张少秋户部，少秋近治算数。"（本年《日记》同日）

5月22日（四月初五日） 到杭州，访薛朗轩。

"进城，仍寓佑圣观巷朗轩斋中。"（本年《日记》同日）

5月23日（四月初六日） 在杭州筹办师范学校。

"亦韩来。看璧臣、芍泉。到养正书塾，晤介石、伯䌹、叔通、叔明。"（本年《日记》同日）

"我自离绍兴学堂后，曾与童亦韩同往杭州，筹办师范学校。"（本年《日记》同日）

5月24日（四月初七日） 访浙江巡抚余荣，未遇；访张少秋、林景如。

"午后访余中丞荣、方伯诚，均未见。访景如、少秋、篆书、兰生及陶心丈、蒋六山。"（本年《日记》同日）

5月26日（四月初九日） 回上海，仍寓澄衷学堂。

"午后六小时到上海，仍寓蒙学堂。亦韩寓亚泉学馆，看菊生。"（本年《日记》同日）

5月27日（四月初十日） 约请汤寿潜（蜇仙）茗话。

"与亦韩到三家园，约请汤蜇仙于午后二小时到怡珍茗话。"（本年《日记》同日）

5月28日（四月十一日） 汤寿潜（蜇仙）邀饮万年春。

"访刘(树屏)前辈于其寓,并访赵君竹书(凤昌)。游徐园。午,蜇仙邀饮万年春。"(本年《日记》同日)

同日 访日本友人结城。

"访结城君于虹口文典史路丰阳馆,见贻藤泽南岳君《万国通议》(南岳名恒),见示西薇山所著《言志篇》,主张汉学。薇山名毅一,长冈山县和气郡闲谷学校,此校为阳明学泰斗熊泽蕃山所创设,赖山阳曾寓此以授徒。"(本年《日记》同日)

5月29日(四月十二日) 与杜亚泉(秋帆)同访结城、长冈等日本友人。

"与秋帆同访结城君,介以见长冈子爵(护美),见贻诗一部。访冈本君韦庵,见贻《西学探原》一部。"(本年《日记》同日)

5月30日(四月十三日) 到盛宣怀公馆访张美翔(让三)。

"到跑马厅盛京卿公馆访张让三,不晤。进城访孙问清前辈及其弟霭生。"(本年《日记》同日)

6月1日(四月十五日) 拟付印东籍交通所章程。

"孔子像前行礼。秋帆来,见示东籍交通所章程,甚好,拟付印。"(本年《日记》同日)

6月3日(四月十七日) 访邵仲威及杭州知府三多等。

"看邵仲威(孝仪)于南市丰记马头。看三六桥(三多)于四马路鼎升栈。看袁文椒(树勋)于日本领事署。"(本年《日记》同日)

6月4日(四月十八日) 发诩志书院第三期课题。

"发家书,附致葛彧斋及何朗仙书。

诩志书院题(第三期):《孟子曰道在迩而求诸远一章》《小不忍则乱大谋》《赋得座右铭》《论宋季联合灭辽联元灭金之失》《论制艺取仕之流弊》《记诸暨各宗祠赡族劝学之法》《问上海各日报何者最善?》"(本年《日记》同日)

6月5日(四月十九日) 访盛宣怀。

"致张让三(美翔)书,即得复,言盛(宣怀)将回里,午后访之,晤张让三。"(本年《日记》同日)

6月8日(四月二十二日) 与张美翔(让三)谈蒙学之关系问题。

"看菊生、仲可、亚泉。让三来,畅谈蒙学之关系,谋为各处学堂立交通之法,言宁绍台道春幕中,海盐陈广斋(致远),有心人也。"(本年《日记》同日)

6月11日(四月二十五日) 得知浙江巡抚准办师范学校。

"(蒋)悍斋、(徐)仲可来。得(童)亦韩电:'事准办,速来。'看赵竹君,不晤。"(本年《日记》同日)

6月13日(四月二十七日) 得见准办师范学堂抚批。

"得景如书,见示师范学堂第二呈抚批,颇结实。得朗轩书。"(本年《日记》同

6月15日（四月二十九日） 访会杭州知府三多（三六桥）。

"晨乘肩舆进城,到彩霞岭,晤亦韩,同去朗轩馆中。至养正（学堂）,晤伯绚、介石、叔通、素民,约三六桥谈。"（本年《日记》同日）

6月18日（五月初三日） 访浙江布政使诚勋（果泉）及陈蓝州大令。

"访诚果泉方伯及陈蓝州大令。夜介石来。致方伯书。"（本年《日记》同日）

6月19日（五月初四日） 访杭州知名绅士。

"访省城绅士樊介轩侍讲、杨雪渔编修、孙仲华主事、谭仲修、王同伯两孝廉及陆勉斋吉士、陈仲恕茂才。"（本年《日记》同日）

6月21日（五月初六日） 到上海。

"到上海。景卿寓后马路正祥盛。得家书及以愻书。"（本年《日记》同日）

6月24日（五月初九日） 抄存《挽夫人王昭联》。

"亡妇忌日,忽忽一年矣。鹿鹿奔走,弃子不教,哀愧交集。忆素帷联语,未留存稿,录于左（下）方：

维新党人,吾所默许,乃不及于难,鹿车南返,鹪巢暂栖,尚有青毡,博得工资同一饱。

自由主义,君始与闻,而未能免俗,天足将完,鬼车渐破,俄焉属纩,不堪遗恨竟终身。

其二曰：

早知君病入膏肓,当屏绝万缘,常相厮守,已矣,如宾十年,竟忘情乃尔耶？

尝与我争持礼俗,问浑圜大地,安置幽冥？嗟乎,有子二人,真灵魂所宅耳。

其三曰：

安知早死非为福；岂有下愚不及情。"（蔡元培先生手稿）

6月25日（五月初十日） 盛宣怀邀饮于南洋公学。

"午,盛京卿招饮于公学,座有日本人长冈子爵及小室长锋诸君,美人傅兰雅、福开森两君。"（本年《日记》同日）

6月27日（五月十二日） 函约汤寿潜（蛰仙）晤谈。

"到升平楼。投书汤则诚,约其父蛰仙谈。"（本年《日记》同日）

同日 购日文书数种。

"到理文轩,购东文书数种：《西国立志编》《日本风俗》《东京游学案内》。"（本年《日记》同日）

6月28日（五月十三日） 拒为《古今四大家策论》一书作序。

"沈玉霖来,以《古今四大家策论》索序,一善化人从《何博士备论》《龙川集》《壮悔堂集》《魏叔子集》选出者,不伦不类,却之,并劝勿印。"（本年《日记》同日）

7月6日（五月二十一日） 到杭州求是书院，访宋燕生。

"午到佑圣观巷。午后到求是书院，看宋燕生，畅谈。与陈介石同到养正书塾，晤伯纲。"（本年《日记》同日）

7月8日（五月二十三日） 访陶七彪，见示所制之床。

"与朗轩看陶君七彪，见示所制之泰床（陶君小名泰升，故以为名，而时人呼为陶公床）。木质棕棚，横径□尺，纵径□尺，反复四叠之纵□尺□寸耳。藏四足其下，宜屈申，穹其中，容帐褥，锲其旁，容楦足之木，架帐之铜，初以中空圆柱，螺旋而接之，今钩联方柱，分庋左右，一抽而成架，尤便捷。其度准形学，其力准重学，其质气候为之。虽空气极燥时，木不泐，极湿时棕不弛，坐卧十余年如新。"（本年《日记》同日）

7月9日（五月二十四日） 作《陶公床记》一文。

"二十四日 雨。作《陶公床记》。"（本年《日记》同日）

"光绪二十三年五月二十三日，元培自上海回里，抵杭州，访会稽陶公七彪于忠清巷寓庐。公见示所谓'泰床'。'泰床'者，时所称'陶公床'者也。公小名泰升，取《易》义故，分画二卦象于其桯而名。以'泰床'时人习于公所为柜与灯案之属，咸以'陶公'名，因沿其称云。"（《陶公床记》）

7月11日（五月二十六日） 访陶七彪，详阅其所制之床。

"看七彪，详阅陶公床，并度尺寸，备注于记。留午饭。"（本年《日记》同日）

7月12日（五月二十七日） 邀鲁鹿生来，代写某师范学堂案牍。

"张锡庚及何朗轩来。看邵莲臣，邀鲁鹿生来，代写师范学堂案牍。"（本年《日记》同日）

7月14日（五月二十九日） 函寄《中外日报》笔政汪康年稿件一篇。

"启者：会稽陶七彪先生，与足下至好，其所制造，想曾见之。弟近为作《床记》一篇，意欲仿从前日报登《陶公柜记》之例，登贵报专件。特录奉，乞酌之。……年小弟元培顿 二十九日"。（《致汪康年函》同日）

7月17日（六月初二日） 移居三忠祠。

"移居三忠祠，即借为官书局者也，亦韩同寓。何、薛二朗轩来。陶清甫来。许季茀与其同班学生五人来。"（本年《日记》同日）

7月19日（六月初四日） 拟订绍兴东湖二级学堂章程。

"陶心丈欲于明年设二级学堂于东湖书院，属何朗轩经理，朗轩属拟章程。"（本年《日记》同日）

7月22日（六月初七日） 拟接办原求是学院为师范学堂，遇阻而罢。

"陆勉斋因吾等呈请办师范学堂二牍，内有求是书院有无成效道路皆知语，大愤，驰书中丞，历叙维持书院之苦心，乃言人言藉藉，至蔡某亦以有何成效见责，今

特辞去,请即以蔡某接办,使略尝甘苦,藉观成效云云。适应答谒戴懋斋,遇勉斋,遂与畅言必不接办之理。"(本年《日记》同日)

"余(尊匏)识子民先生于庚辛(光绪二十六、七年)之间,时吾浙学校,初有规模,先生独倡议筹设师范学校,植教育之根本,为其巨绅所阻,当道亦格之,自〔是〕先生则走海上谋事。"(时事新报馆《中国革命记》第14册)

7月(六月) 与汪康年谈呈办师范学堂事,谓"师范一门为各学堂根本"。

"前言为师范学堂事,承教甚快。惟《日报》中,尚未得拜读大著,渴望之至。其中曲折,前言未详,当再奉闻。藩批弟亦未见全文,即《日报》所记数语核之,矛盾已多。其曰杭垣各学堂粗有规模,岂不以省城已有求是、养正两学堂为已足乎?然学堂办法,宜由小学、而中学、而高等、而大学。是故各州县城宜设小学堂、中学堂,省城则高等学堂,京师则大学堂。今杭垣学堂如养正、如求是之撤内院而留外院,皆是小学堂课程。方宜增设高等学堂,而况师范一门为各学堂根本者乎?……弟培顿。"(《致汪康年函》同月)

8月3日(六月十九日) 以《浙江筹办学堂节略》提供浙江巡抚任筱园中丞参考,希望兴办新式学校。

"看《浙江筹办学堂节略》,致项兰生,因姚稷臣前辈在苏州劝任筱园中丞莅任后广兴学堂,函询情形于穰卿,穰卿以问兰生,兰生又以属我也。"(本年《日记》同日)

8月9日(六月二十五日) 借阅吴敬恒撰《东游日记》。

"史师谭许借无锡吴稚晖(朓)《东游日记》,誊一通。此君心思甚周密,可喜也。"(本年《日记》同日)

8月14日(七月初一日) 代邢菊汀开列初级二级小学各种教科书目。

"朱则季来。邢菊汀来,言将集同志六人开小学堂于嵊县南乡,因贻以绍兴劝办初级学堂略例数纸,并为写初级二级各种教科书目。"(本年《日记》同日)

8月18日(七月初五日) 得见林纾、魏易合译《黑奴吁天记》数页。

"藕根诸君招饮(陈、袁、汪),坐有琴南、少泉,见《黑奴吁天记》译本数页。"(本年《日记》同日)

8月26日(七月十三日) 到上海。

"到上海,寓宝善街周昌记栈第八号房。到普通学书室看秋帆。"(本年《日记》同日)

8月27日(七月十四日) 同陶植斋(配三)访陶杏南、张元济(菊生)等友人。

"同配三、秋帆看(陶)杏南。看(张)菊生。看(刘)葆良。"(本年《日记》同日)

8月29日(七月十六日) 与刘树屏(葆良)同访孙宝瑄(仲玙)。

"仲可来。葆良来,茗于怡珍,同进城,看孙仲玙、孙蔼人及蒙孙。"(本年《日记》

同日）

　　同日　结识钟观光。

"秋帆宴陶杏南及宁波钟、张二君于金谷春，邀饮。钟君镇海人，尝与同志创设宁波实学会，研究理化学，近将往日本购书器。章君京会中人，同东游也。托探哲学馆通讯教授之法。"（本年《日记》同日）

8月（七月） 撰写《唐孝子祠校赞》。

"人群坚涣，爱力推移。爱无限量，始由亲施。代表百行，惟孝何疑。代表群贤，孝子允宜。肫肫唐子，昔人之师。终身孺慕，全受全归。后有达者，名德所贻。诵芬述德，展墓建祠。非祠而已，庠序在兹，广锡尔类，成人有基。养洁《白华》，室筑伯夷。笔耕所得，家法可知。岂等崇闳，设自民脂。清风懿德，楬为国维。蔡元培敬撰并书"。（蔡元培先生手稿）

9月2日（七月二十日）　移居外虹口隆庆里782号。

"移寓外虹口隆庆里七百八十二号邵仪仲处。于蓉舫处借床、桌、椅若干。秋帆来。仲可来。"（本年《日记》同日）

9月3日（七月二十一日）　访陈蓉曙道台。

"葆良来。到景升栈二十五号看陈蓉曙观察。看徐年丈，为正记书局宋鲁平乞保书。"（本年《日记》同日）

9月4日（七月二十二日）　访汪康年（穰卿）、金煦生等人。

"胡鉴生来。访汪穰卿、金煦生、阮蓉芳、洪荫之（荫之即洪述祖）、陈炳奎、童雏伯。"（本年《日记》同日）

9月7日（七月二十五日）　到澄衷学堂授课。

"致屠叔彝书、李璧臣书。始往澄衷学堂，编字课目，晨去晚回。"（本年《日记》同日）

9月9日（七月二十七日）　赴盛宣怀（杏荪）邀饮。

"看吴挹清，不晤。盛杏孙（荪）邀饮于其寓。"（本年《日记》同日）

9月11日（七月二十九日）　杜亚泉（秋帆）拟出版《普通学报》，属任经学门撰译。

"秋帆来，欲印《普通学报》，分八门，乞同志分任撰译，每期4页或2页，属元培任经学门。经学者，包伦理、论理、哲学，大约偏于理论者。"（本年《日记》同日）

9月12日（七月三十日）　到开导学堂访中川外雄。

"看中川外雄于开导学堂，旧所从学东文者也，自安庆来。"（本年《日记》同日）

　　同日　记录澄衷学堂职教员姓名于日记。

"澄衷蒙学堂题名：总理 刘树屏（葆良）。堂董 樊棻（时勋）、陈祖烈（瑞海）、穆□（莳湖）、徐会绚（文明）、王予枋（海帆）、曹予铸（雨琴）、叶松卿、叶贻鉴（子衡）、王松年、樊和甫、武野苹、叶志铭(鸿涛)。教习 夏清贻(颂来)、黄守恒(许臣)、刘元弼(松之)、武维祺(廷琛)、何庭械(筱春)、方俊章(梦麟)、赵英(心壶)、沈颐(朵山)、李嘉业(仲华)、严保诚(练如)、陶乃堃(配三)、秦铭光(仲硕)、章鸿图(乐平)。管图书 严翼(沚沅)、沈秉亮(莲荪)。监起居 谢宗春(岳申)、顾以卫(晏安)、罗薇孙。"(本年《日记》同日)

9月13日(八月初一日) 受聘南洋公学特班教习。

"南洋公学特班生开学,见延为教习,今日到学。到普通学书室,秋帆拟印行《普通学报》,以经学一门付我为之。"(本年《日记》同日)

"这时候的南洋公学,除盛君杏荪自任督办外,监督为沈子培君,教务长为伍昭扆君。公学本分为上院、中院两部,上院拟设路、矿、电等专科,中院办中学,又附设小学。尔时还没有中学毕业生可以进专科的,所以上院尚未开办。中院自国文及本国地理、历史外,均用英文教科书,有英美教员数人。沈君到学后,提议设特班,聘我为教员(特班于八月朔开课,特班事别有记)。"(《自写年谱》)

"我三十五岁(前十一年)任南洋公学特班教习。那时候南洋公学还止有小学、中学的学生;因沈子培监督之提议,招特班生四十人,都是擅长古文的;拟授以外国语及经世之学,备将来经济特科之选。我充教授,而江西赵仲宣君、浙江王星垣君相继为学监。学生自由读书,写日记,送我批改。学生除在中学插班习英文外,有愿习日本文的;我不能说日语,但能看书,即用我的看书法教他们,他们就试译书。每月课文一次,也由我评改。四十人中,以邵闻泰(今名力子)、洪允祥、王世澄、胡仁源、殷祖同、谢沈(今名无量)、李同(今出家号弘一)、黄炎培、项襄、贝寿同诸君为高材生。"(《我在教育界的经验》)

"黄炎培回忆南洋公学特班的学习情形时说:"当民国纪元前十二年,我甫从旧式教育界,幞被出走,投上海南洋公学考取特班生肄业,开学之日,礼场诸师长中,有衣冠朴雅,仪容整肃,而又和蔼可亲者一人,同学走相告,此为总教习,则吾师是也。师之教吾辈,日常课程,为半日读书,半日习英文及算学,间以体操。其读书也,吾师手写修学门类及每一门类应读之书,与其读书先后次序。其门类就此时所忆及,为政治、法律、外交、财政、教育、经济、哲学、科学——此类分析特细。文学、论理、伦理等等,每生自认一门,或二门,乃依书目次序,向学校图书馆借书,或自购阅读。每日令写札记呈缴,手自批改。隔一二日发下,批语则书于本节之眉。佳者则于本节左下角加一圈,尤佳者双圈。每月命题作文一篇,亦手自批改。每夜召二三生入师朝夕起居之室谈话,或发问,或令自述读书心得,或对时事感想。全班四十二人,计每生隔十来日得聆训话一次,入室则图书满架,吾师长日伏案于其间,无疾言,无愠色,无倦容,皆大悦服。吾辈之悦服吾师,尤在正课以外,令吾辈依志愿习日本文,吾师自教之。师之言曰:今后学人须具有世界知识,世界日在进化,事物日在发明,学说日新月异。读欧文书价贵,非一般人之力所克胜。日本移译西书至富,而书价贱,能读日文书则无异于能遍读世界新书。至日语将来如赴日留学,就习未晚。令我辈随习随试译。师又言:今后学人,领导社会,开发群众,须长于言语。因设小组会习为演说、辩论,而师自导之,并示以日文演说学数种令参阅。又以方言非一般人通晓,令习国语。犹忆第一次辩论题为:世界进化,道德随而增进乎?抑否乎?某次课题:试列举春秋战国时爱国事实而加以评论。自(其)余不能复忆矣。斯时吾师之教人,其主旨何在乎?盖在启发青年求知欲,使广其吸收,由小己观念进之于国家,而拓之为世界。又以邦本在其民,而民犹蒙昧,使青年善自培其开发群众之才,一人自觉,而觉及人人,其所诏示,千言万法,一归之爱国。"(黄炎培:《吾师蔡孑民先生哀悼辞》)[①]

9月16日(八月初四日) 赴沈子培、张让三邀饮。

"沈子培、张让三邀饮一品香。看陈韶笙。看赵竹君。"(本年《日记》同日)

9月18日(八月初六日) 移住南洋公学。

"得介石书。得少泉书。晤汪昆甫,汪兰阶同年(凤果)之侄。移寓公学。"(本年《日记》同日)

9月20日(八月初八日) 赴盛宣怀邀饮。

"亦韩来。晚盛京卿邀饮一品香,座有缪小山编修,自金陵来。宿于隆庆里。"(本年《日记》同日)

9月21日(八月初九日) 与童亦韩、汤寿潜(蛰仙)茗谈。

"与亦韩茗于大观楼,晤蛰仙。晤铭甫。日昃到公学。"(本年《日记》同日)

同日 草拟南洋公学特班生学习办法。

"一、中文书(赅译本)课程,每日自一点钟起至四点半钟止(?),凡七小时(其午后进英文课堂者,自八点钟至十一点半)[②]。一、每日以三小时课编纂,三小时课讲义,一小时为修辞之学。一、编纂为探迹之学。凡所看记叙之书(日本人所谓历史的)皆属之。札记之例:一稽本末(即因果,凡下论断,必先推其前因后果),略如纪事本末之属。一比事类,略如赵氏札记之属(此即论理学归纳之法,谓于杀散殊别中,抽出共同公理以贯之)。一附佐证,略如商榷考异之类(本书不详,别引书证明之,或援以比例时事,惟不可涉于琐屑)。一、讲义为探理之学,凡所看论著之书皆属之(日本人所谓理论的)。一、札记之例,一节精要,一著心得,一记疑义。札记每七日一缴,如左表……"(蔡元培先生手稿)

9月22日(八月初十日) 访陈悍斋、赵夷初等。

---

① 载蔡元培研究会编:《蔡元培纪念集》。
② 此处原文即有误。——编者注

"亦韩同蜇仙、蒙孙回杭州,往送之。到登贤里,晤惺斋、夷初、清漪。"(本年《日记》同日)

9月26日(八月十四日) 辞翊志书院院长。

"致吴亮公书,辞翊志书院院长,劝其改书院为学堂。节录东京图书总目录竟。"(本年《日记》同日)

10月4日(八月二十二日) 命南洋公学特班课题。

"《论史事为人类进化之资介》《读道学家书分德行与性理两类说(德行近所谓伦理学,性理近所谓哲学)》《原法》。"(本年《日记》同日)

10月8日(八月二十六日) 与温钦甫、张元济商办旬报。

"与温钦甫及仲宣、菊生商旬报事。到中外日报馆晤魏少塘,穰卿邀饮于万年春,座有惺斋。"(本年《日记》同日)

10月11日(八月二十九日) 为姚穆甫改定师曾学堂课程表。

"致亦韩、仲恕、叔通、聪叔、朗轩书。复姚穆甫书,并为改定师曾学堂课程表。"(本年《日记》同日)

10月12日(九月初一日) 赴盛宣怀的秘书张让三邀饮。

"让三邀饮,座有廉惠卿、杨逊斋,皆初见。惠卿于京师设东文学堂,逊斋,宁波储材学堂总教习也。"(本年《日记》同日)

10月13日(九月初二日) 与张元济、杜亚泉等议创《开先》旬报。

"与菊生、钦甫、亚泉议创旬报,拟名《开先》,因钦甫所拟英文名有前队、冲锋之意。"(本年《日记》同日)

10月14日(九月初三日) 赴杭州。

"让三、逊斋、宪邕来。彦复、漱□、小徐来。三钟到亚泉及陈景卿许,即赴铁马路桥,登舟,赵夷初来送,并贻食物。"(本年《日记》同日)

10月16日(九月初五日) 在杭州求是书院与友人畅谈。

"进城,看仲恕、燕生、伯绚、叔通、介石、叔民、聪叔,适皆到求是书院,畅谈。"(本年《日记》同日)

10月17日(九月初六日) 访任道镕(筱园)巡抚。

"谒任巡抚、费运司及书局提调萧某、史仲华,惟晤巡抚。"(本年《日记》同日)

10月22日(九月十一日) 抵绍兴,到学堂理书。

"晨,到家。往学堂理书。晤豫才、伯英、雪苏、问原。"(本年《日记》同日)

10月25日(九月十四日) 再次提议在杭州设师范学堂,仍未果。

"诣介石谈,议设师范学会(堂),以少塘说巡抚、运使等,皆以上谕无师范学堂字,各省皆无此学堂,未必肯拨经费也。"(本年《日记》同日)

10月28日(九月十七日) 回上海,晚到南洋公学。

"十有六日,到上海,诣登贤里。十有七日,看亚泉。看菊生,不晤,午后晤于译书院。晚到公学。"(本年《日记》10 月 27、28 日)

10 月 31 日(九月二十日)　　拟为增版《东西学书录》作序。

"亚泉来。钟生来。鲍廷扬来,以顾君所辑《续东西学书录》乞检定,并为作序。"(本年《日记》同日)

同日　　命特班本日课题。

"《论信陵、平原、孟尝、春申四君与其国之关系》(政治史)、《律有自首免罪以公理证明之》(法律学)、《拟外务部大臣移葡萄牙外部长书》(公法学)、《宋明道学家同出孔子,而有宗教质性与哲学质性之不同试概论之》。"(本年《日记》同日)

10 月(九月)　　所编《学堂教科论》一书出版,系由杜亚泉开办的上海普通学书室印行。

11 月 2 日(九月二十二日)　　评阅报考南洋公学日文班学生试卷。

"公学考所招东文学生,到者三百二十七人。"(本年《日记》10 月 31 日)

"到译书院,到张让三、吕幼舲许,阅东文学卷。"(本年《日记》同日)

11 月 7 日(九月二十七日)　　在南洋公学参与迎送醇亲王载沣。

"醇邸临公学,与沈、费、张、赵四君迎送谒见。午,公学宴醇邸及其参议员、随员,与宴。座中凡三十余人,有地方官及道府以公事留上海者,又美国人五,皆公学教习。晚,与菊生同车到广学会购书,公学备呈醇邸者也。"(本年《日记》同日)

11 月 10 日(九月三十日)　　杜亚泉属译《妖怪学讲义》。

"午后看文湘。弼臣邀饮杏花楼,座有亚泉,属译《妖怪学讲义》。"(本年《日记》同日)

同日　　写作《开先报》叙例及《叶澄衷墓志》。

"金范臣来。写定《开先报》叙例。写《叶澄衷墓志》。"(本年《日记》同日)

11 月 11 日(十月初一日)　　作南洋公学特班八月月课积分表及九月月课题。

"到公学。写特班生八月月课积分表于此册尾。特班生九月月课题:《论秦汉重农抑商(政治)》《论刑逼招供之非理(国法)》《论法人占土耳其弥低偏海岛(公法)》《说恕(道德)》……"(本年《日记》同日)

同日　　拟定南洋公学特班生游戏规则。

"一学生游息虽有一定之时,然须有一定之地。如抛球、竞走等事,只准在体操场为之;其因雨、因寒不得至体操场,则只能于饭厅游廊等处游步,不可结队蹴舞,以妨他人。

一学生于出入饭厅、体操场时,皆当整齐,不可争先乱走。

一学生寻常走路时,皆当有步骤,不得冲突他人。

一学生即在游息之地,亦不得于同学有笑谑忿詈之事。"(《南洋公学特班生游

戏规则》）

同日 为《选报》撰写序文一篇。

"吾闻史例有三：曰记注，曰缉比，曰撰述。记注者，据事直书，如左氏所记董狐南史之事是。缉比者，整齐故事，实录历史，皆其例也。撰述者，抽理于赜动之中，得间于行墨之外，别识通裁，非文明史不足当之。吾国古书，盖有以缉比之体，韬撰述之义者，孔子春秋事也。故易世而其义始著于竹帛。自汉迄今，惟司马子长氏有撰述之才，余无闻焉。晚近士流溺帖括放国闻，缉比、记注之事，且不措意，遑论其他。海通以来，有日报为记注之体；其后或拔其萃，为旬报、七日报，则缉比之体。然所采率不出上海各报，又以宗旨不定，猎粗舍精，于所谓缉比以为撰述之资者，固未或胜任也。吾友诸暨蒋君智由，赵君祖德，有感于是，创为《选报》，荟域中域外之国文报而抉择之，其在关天下之故、通古今之变者，咸具本末，间附评议，托体于温故，而取径于开新。盖不居撰述之名，而有其义者，非与寻常缉比之报为重台也。洞冥之士，当不可河汉吾言。光绪二十七年九月 山阴蔡元培叙。"（《选报》1901年第1期）

"我是年常到上海，时相往还者有蒋观云、叶浩吾、清漪昆弟、王小徐、汪允宗、方青箱诸君。蒋君方主持《选报》；王、汪、方三君办理金粟斋。金粟斋为蒯君礼卿光典出资所设立，其任务在为严君幼陵刻所译之书。是时严译《天演论》已盛行，而严君尤注意于穆勒氏之《名学》，但译稿不能受迫促，仅刻成《名学》二册，后遂停办。蒋君之《选报》，由赵君□□出资印行，销行颇广，因为蒋君选辑精严，编次亦有条理，便于检阅。自撰之评论及选录之诗，均足以感人。但后来杭州之养正书塾，因陈君介石反对林君少泉之故，陈君率高材生汤、马诸君离塾赴上海，编《世界学报》，亦拟由赵君承印，蒋君反对，蒋、赵几至绝交，于是《选报》停刊，而《世界学报》出了不多期，也停了。"（《自写年谱》）

同日 撰写《译学》一文。

"译学二别：一政界之事，一学界之事。周之时，有夷蛮戎狄之号，即有象寄、译鞮之学，以任象胥掌客舍人之官，此政界之事也。孔子问官郯子而言天子失官学在四夷。《尔正》一书，或云托始周公，有释言一篇，而《论语》亦称雅言。雅者，夏也，此学界之事也。"（蔡元培先生手稿）

11月13日（十月初三日） 为江湘岚事访顾初苏。

"让三偕李濂冰、孙慎臣、张咏霓来。晚，看初苏，邀饮松盛胡同金佩琴许，为江湘岚事也。"（本年《日记》同日）

11月14日（十月初四日） 宴请顾初苏、甘继贤等友人。

"邀（顾）初苏、甘继贤、王孝丰、李东升及王兰坪年伯饮于万年春。夜宿天宝栈。"（本年《日记》同日）

11月15日（十月初五日） 杜亚泉来函订定译《妖怪学讲义》。

"晨，与初荪到澄衷学堂。到公学。亚泉函订译《妖怪学讲义》。"（本年《日记》同日）

关于译作此书，蔡先生后来于日记中有注曰："《妖怪学讲义》六册，为日本井上圆了所撰，我已译出，由亚泉购印。仅印一册，而书肆火，余五册均毁。"（本年《日记》11月10日）

11月17日（十月初七日） 借阅《社会平权论》《东西洋伦理史》等书。

"白振翁许借：《社会平权论》《支那人气质》。菊生许借：《东西洋伦理史》《哲学史》《哲学泛论》。"（本年《日记》同日）

11月18日（十月初八日） 为江仲威之子具结担保。

"看仲威。到澄衷学堂，为仲威之子具保结。"（本年《日记》同日）

同日 命南洋公学特班课题。

"《宋儒论性有义理、气质两种，然否？》（道德）、《游侠平议》《殷法刑弃灭于道辨》《评英特之争》。"（本年《日记》同日）

11月24日（十月十四日） 宴请林琴南、童雏伯等友人。

"晚邀琴南、雏伯、史师谭、翁震伯及亚泉饮于万年春。"（本年《日记》同日）

11月29日（十月十九日） 命南洋公学特班课题。

"《俄皇大彼得遗训十五条，为彼国二百年来外交政策之方针，其中有已实行者，试条举以证之》《论监禁与放流两刑用意之异同》《程正叔论寡妇再醮之非，谓饿死事小，失节事大，然再醮即失节乎？以公理断之》。"（本年《日记》同日）

同月 寄高风歧（啸桐）等《学堂教科论》三册，请匡正。

"啸桐先生足下：在省城时，迭次晋谒，不克挹教为怅。……侧闻执事与雨亭同年宾主之难，有汝南南阳之风，循声贯耳，钦佩何量。复闻近日创办学校，厘定章程，弦歌之化，行见师表百城。奉上拙著《教科论》三册，敬乞匡正，并分贻雨亭同年及令弟梦聊先生正之。……弟蔡元培顿首"。（《致高啸桐函》同月）

12月1日（十月二十一日） 访张元济（菊生）。

"到菊生许，赵、温、徐及狄兰池皆在。到东文学堂，看叔蕴。"（本年《日记》同日）

12月2日（十月二十二日） 作《外交报》序例一文。

"作《外交报》叙例，因《尊闻报》改名也。看仲可。到公学。"（本年《日记》同日）

12月6日（十月二十六日） 参与公祭南洋公学前总理何嗣琨（眉孙）。

"公学前总理何眉孙（嗣琨）之柩回里，诣平江会馆，与公祭。"（本年《日记》同日）

同日 结识吴敬恒(稚晖)。①

"晚,菊生邀饮万年春,晤胡(吴)稚晖(眺)。"(本年《日记》同日)

吴敬恒回忆二人相识过程说:

"余在南洋公学教书,往来上海市,时一遇之,告者曰:此即蔡元培,号鹤卿,能作怪八股者,却所谓弱不胜衣,恂恂然儒者也。前一年,余在天津北洋大学教书,夏穗卿先生亦通雅集中之作者,方为天津育才私立学校校长,在天津国闻报馆常常相晤。彼已缕述孑民先生之行谊,故吾在上海相见时,不但知其能作怪八股,且知为海内通人之一。而孑民先生对于夏先生,亦谓其学识通博,过于章枚叔。枚叔仅学人,学人难,惟通人更难,学人惟守先待后,通人则开风气者。今即可以孑民先生之言,论定孑民先生。此为四十三年前我二人相识之初,相处稍密,又在后。"(吴稚晖:《四十年前之小故事》)②

12月7日(十月二十七日) 宴请邵仲威、罗叔蕴。

"晚邀仲威、叔蕴饭于万年春,邀稚晖、颂平,不至。"(本年《日记》同日)

12月8日(十月二十八日) 访吴敬恒。

"看稚晖,述加纳氏、蟹江氏之说甚备。"(本年《日记》同日)

12月10日(十月三十日) 命南洋公学特班课题。

"宪法题:《论者谓民智未开不能设议院,然否》、行政学:《外人目我为君权无限辨》、法律:《揭唐律、今律之大不同而有关系者,评其得失》、理财学:《论国家彩票、富签票之弊,并陈筹还外债之策》、外交:《论强国对弱国不守公法之关系》、哲学题:《希腊苏格拉第有知即德之说,试申引之》、教育学:《论教育之关系》。"(本年《日记》同日)

12月11日(十一月初一日) 认《外交报》资本三百元。

"菊生邀饮万年春,凡任《外交报》资本者,各先出银三百元,由办事人出收据,即余与菊生、仲宣、钦甫也。"(本年《日记》同日)

12月12日(十一月初二日) 《马用锡〈讲义录〉序》一文脱稿。(蔡元培先生手稿)

12月14日(十一月初四日) 为赵从蕃(仲宣)拟定初级、二级学堂课程科目。

"为仲宣定初级、二级学堂文科、伦理科、地理科、历史科课程。"(本年《日记》同日)

12月21日(十一月十一日) 预命南洋公学特班本月月课题。

"到公学,译东文各报。预命本月月课题:《拟中国地方自治之制》(宪法)、《论

---

① 吴敬恒原名眺,后改敬恒,字稚晖。
② 载蔡元培研究会编:《蔡元培纪念集》。

绅权之关系》(行政)、《论监禁罪犯当有以教之》(法律)、《欲以孔子之说组织一祖先教试条其大义》(哲学)、《论小学校当注重理科》(教育)。"(本年《日记》同日)

12月22日(十一月十二日) 宴请张元济(菊生)、赵从蕃(仲宣)。

"邀菊生、仲宣饮于一品香,邀钦甫、浩吾、穰卿、显畋,不至。"(本年《日记》同日)

12月24日(十一月十四日) 到嘉善,访汪小芗县令及鲍仲清训导等人。

"晨到嘉善。看汪小芗大令、鲍仲清训导、丁教谕及许文圃、唐少登、陆寿田、夏晓岩四同年,郁海帆、徐少云、侯定山、周炳文。晤单寄芗、方殿升。寓初荪家。"(本年《日记》同日)

12月27日(十一月十七日) 到杭州。

"进城,寓鸿远行。看景如、朗轩。夜,景如及绳之来。"(本年《日记》同日)

12月29日(十一月十九日) 到养正书塾访友。

"到养正书塾,遇燕生、翰芗、穰卿。"(本年《日记》同日)

12月30日(十一月二十日) 到日文学堂访友。

"介石来,同至日文学堂,看燕生、州髓。州髓以《寄学速成法》印本不全者见示,视《和文汉读法》为详。"(本年《日记》同日)

12月31日(十一月二十一日) 至黄宅,行亲迎之礼。

"午后到黄宅,谒女之父母,略如古者亲迎之礼。"(本年《日记》同日)

10月—12月(九月—十一月) 所作《哲学总论》一文发表。(《普通学报》第1期、第2期)

本年 与养正书塾教员陈介石、林少泉、陈叔通等,时相往还。

"是时杭州著名的学堂有二:一为高等学堂,用求是学堂改组的,其程度约如今日的高中。一是养正书塾,是私立的,其程度约如今日的初中。养正书塾的教员,如陈介石、林少泉、陈叔通诸君,监学邵伯絅君,均时相过从。学生中如汤尔和、杜杰峰、马夷初诸君,均杰出之才。林、陈诸君出一白话报;林君后改号白水,以犀利的白话文著名,实于是时开始练习之。高等学堂所聘的教员,有宋君燕生恕,博览、广交游、善清谈。著有《六斋卑议》,反对洛闽理学,颇多新思想。但虑患特深,特喜作反语,自称著有十种《鸣冤录》,如《汉学鸣冤录》等等,中有一种是《满洲鸣冤录》。又尝为驻防营的桂翰香作诗集序,汤、马诸君深不以为然。"(《自写年谱》)

1902年(清光绪二十八年 壬寅)三十五岁

1月1日(十一月二十二日) 与黄世振(仲玉)女士结婚。

"午前八小时,与黄氏女行婚礼,设孔子位,同行三跪九叩首礼。诸友来,余请以演说易闹洞房。于是翰香(贵林)、朱则季(世效)、陈冕斋(懋)、汪叔明(希)、孙偶耕(翼中)、魏充叔(易)、宋燕生(怒)、陈介石(黼宸)、叶少吾(景范),各以意演说。余开宗明义言,夫妇之道,极正大,极重要,无可引以为羞涩,并无可援以为谐谑之理,而近世东南诸省盛行闹洞房之俗,务以诡侧谑浪为宗,实不可解。然天下极谬误事,其中必有真理,此为哲学家名言。窃意古者女子于归,诸母有警戒之词,初到夫家,舅姑及族戚来者,亦必有以教之,《颜氏家训》所谓教妇初来此其意也。流传讹变,乃至如近日闹房者之所为。吾意欲改今复古,既承诸君子不弃惠临,敬乞各以意赐教,当铭之绅鞶,永为矜式。"(本年《日记》同日)

1月2日(十一月二十三日)　谓夫人黄世振"天性之挚,吾所仅见也"。

"黄氏女,名世振,字浣芗,丁丑正月五日丑时生。幼为父钟爱,故不缠足。十六岁,以母病,抚养仲弟五六年,又抚其妹。十七岁,以父病笃,刲臂和药。自学画,以父老家贫,曾彻夜作画,鬻钱以度日,目光为之耗。天性之挚,吾所仅见也。"(本年《日记》同日)

1月7日(十一月二十八日)　到养正书塾,访陈介石、邵伯𫍯诸友。

"舍弟回里。到养正,看介石、伯𫍯诸人。"(本年《日记》同日)

1月12日(十二月初三日)　到余杭。

"午行,晚到余杭,晤叶祖乡司马,留饭。夜登舟。"(本年《日记》同日)

1月15日、16日(十二月初六日、初七日)　到上海。

"五日　午后,往拱宸桥,登舟。六日　薄暮到上海,宿普通学书室。"(本年《日记》同日)

早年上海留影(1902年)

1月17日（十二月初八日） 到南洋公学授课。

"晚,到公学。看十二月课卷。"（本年《日记》同日）

1月19日（十二月初十日） 具宴答谢祝贺新婚诸友。

"谒孔子,散学。晚邀客十四人,宴于泰和馆,皆以娶妇送礼物者。"（本年《日记》同日）

1月26日（十二月十七日） 访马相伯。

"与(何)豫才同往公学,又至土山湾看马相伯。"（本年《日记》同日）

1月28日（十二月十九日） 公宴沈曾植（子培）、屠寄（敬山）。

"公宴沈子培、屠敬山于辛园,水木明瑟,于上海租界可云别有天地。中酒摄影为图。"（本年《日记》同日）

同日 荐介郁斋任府学堂日文教习。

"晚约郁斋、豫才、伯英饮于一品香,荐郁斋于府学堂,授日本文字。"（本年《日记》同日）

1月30日、31日（十二月二十一日、二十二日） 自上海到杭州。

"二十一日 雪。与仲可及孙百祺同舟行。二十二日 大雪。夜半到杭州。"（本年《日记》同日）

2月4日（十二月二十六日） 访许仲可并晤丁修甫。

"看仲可,晤丁修甫,言其家妇女通英语者颇多,由其素与耶稣教士慕家谷等交好,而女教士时临其家故也。"（本年《日记》同日）

同日 访宋仲恕、宋燕生等。

"看仲恕、叔通、冕斋、伯绚、兰生、文椒、藕耕、笙叔。看燕生,病丹毒,卧床二十日矣。翰香日视之,友谊之挚,可敬。"（本年《日记》同日）

2月7日（十二月二十九日） 徐仲可携子徐振飞来访。

"仲可及子振飞来,其妹婿赵伯英来,伯英住兴忠巷。韩静涵来。静涵住坝子门太平桥下青龙街范文庙对门。"（本年《日记》同日）

2月8日（正月初一日） 与徐仲可、赵伯英等游西湖。

"与仲可、伯英及仲可之子振飞游西湖退省庵、孤山等处,合摄影于二我轩。"（本年《日记》同日）

2月13日（正月初六日） 偕眷属游灵隐寺及西湖。

"携妇、子并大舅、六姨游灵隐寺及西湖左公祠、岳坟、高庄、彭公祠诸胜,并于高庄与妇、子合摄一影。"（本年《日记》同日）

2月16日（正月初九日） 到绍兴家中。

"晨,到家。看以慹,不值。看莼渔、秋农、翁又鲁。莼渔、秋农、谔民来。"（本年《日记》同日）

2月19日、20日(正月十二日、十三日) 自绍兴到杭州。

"晚,乘舟行。""到杭州。妇病。"(本年《日记》同日)

2月23日(正月十六日) 偕眷赴上海。

"启行,赴沪、挈眷属。妻弟绳之欲送至上海,同行。"(本年《日记》同日)

2月25日(正月十八日) 抵上海。

"进新马路登贤里屋。看亚泉,已将登舟赴南寻矣,立谈数语即别。"(本年《日记》同日)

2月27日(正月二十日) 到南洋公学,晤总理汪风藻(芝房)。

"到公学,晤总理汪芝房前辈。晚回寓。"(本年《日记》同日)

3月2日(正月二十三日) 到南洋公学。

"到公学。看仲可,不直,遇之于普通学书室。"(本年《日记》同日)

3月6日(正月二十七日) 到南洋公学译书院访汤寿潜(蛰仙)、张元济(菊生)等。

"到译书院,晤蛰仙、菊生、仲可,知王久伯同年(舟瑶)午前到公学见访,即访之于其寓,不值,到公学。"(本年《日记》同日)

3月9日(正月三十日) 与刘树垣、白振民等议编本国政治史。

"刘垕生(树垣)邀饮万福居,座有白振民、傅伟平、冯子久,杨晋苏,议编本国政治史。"(本年《日记》同日)

同日 撰写《日人盟我版权》一文。(蔡元培先生手稿)

同日 闻英自由党反对英日同盟,记述于本日日记。

"英自由党以日本不足信,颇有反对英日同盟之说。"(本年《日记》同日)

3月13日(二月初四日) 撰写《日英联盟》一文。(蔡元培先生手稿)

3月14日(二月初五日) 为冯氏家谱题词。

"仲可、渭卿来。冯笑春来,以家谱索题词。"(本年《日记》3月15日)

"得邵伯䌹书,言蚕馆学生额外者可收,即致钟风章。为笑春题词于家谱。"(本年《日记》同日)

3月15日(二月初六日) 草拟《师范学会章程》。(蔡元培先生手稿)

3月16日(二月初七日) 访会张元济(菊生)、狄宝丰(兰士)。

"三时。到外交报馆,晤菊生、兰士。"(本年《日记》同日)

3月25日(二月十六日) 赴徐友兰(叔佩)年丈招饮。

"叔佩年丈约饮聚丰园,赴之。座有冯芊承前辈及同乡寿省三、陈纪堂。"(本年《日记》同日)

同日 徐维则(以愻)赴江西知县任。

"以愻夜登舟,将以知县需次江西,欢送之,力辞,遂不果。"(本年《日记》同日)

3月26日（二月十七日） 在南洋公学授学生日文汉读法。

"学生有愿习和文汉读者，是日始课之，嗣后于水、金日为常课。"（本年《日记》同日）

3月29日（二月二十日） 与童亦韩商定临安启明学堂章程。

"不到学。命论理学、词学题，令冯禧送去。亦韩来，商定临安启明学堂章程，请冯笑春（带）去。"（本年《日记》同日）

3月30日（二月二十一日） 宴请刘葆良、张元济（菊生）等友人。

"午约葆良、菊生、一山、振民、垕生、时勋、朗轩、武野苹、玖伯及大哥饮于江南村。"（本年《日记》同日）

3月（二月） 所作《说孔氏祖先教》一文发表。（《普通学报》第四期）

4月3日（二月二十五日） 偕夫人、子女游徐家汇育婴堂及美术工艺院等处。

"偕妇、子游徐家汇天主教所设育婴堂，美术工艺各院及女工院、博物院、天文台。"（本年《日记》同日）

4月7日（二月二十九日） 赴陶七彪邀饮。

"七彪邀饮太和馆，座有项兰生。又有周孟渊，从七彪游历各国者也。"（本年《日记》同日）

4月9日（三月初二日） 林少泉到上海。

"高子来。林少泉来。少泉住永安街万安楼。"（本年《日记》同日）

4月13日（三月初六日） 宴请戚元丞、汪师尘、林少泉等饮于江南村。

"看戚元丞、汪师尘、王慕陶、刘寄丹，晤戚汪。少泉携妻、妹来上海。紫来之妻，及方雨亭之女，皆欲延师授学，而吾妇与焉，戚、王（汪）诸君，即欲延为师者也。晚约诸君饮于江南村。"（本年《日记》同日）

4月15日（三月初八日） 出席教育会筹备会议。

"陶杏南来。到余庆里，方欲开教育会，与议。"（本年《日记》同日）

同日 蒋观云（惺斋）借蔡宅宴请薛、陈诸女士。

"蒋惺斋借吾寓宴薛镜琴、陈撷芬、夏小正、吴弱男、亚男、陈素云、林□□、方□□诸女士，浣芗代为主人，惟薛、林、陈到。"（本年《日记》同日）

4月17日（三月初十日） 访徐友兰（叔佩），商缮请截留漕粮禀。

"夜，桐甲来函，催回寓，商禀请截留南漕事，以吾乡米贵，已有人劫富室矣。回寓，同访徐叔佩年丈，即缮一禀稿。"（本年《日记》同日）

4月20日（三月十三日） 议定中国教育会章程。

"到教育会会所，议定章程，定名曰'中国教育会'。到怡珍，晤许圃邻、吕润身及余杭寓民金方二君，石慧贞同来。"（本年《日记》同日）

4月21日（三月十四日） 议设南洋公学特班同学恳亲会。

"到学。始设同学恳亲会,议定每日午后四时半钟至五点半钟。"(本年《日记》同日)

4月22日(三月十五日) 致胡秋田(栗长)函,并记述胡宅被劫事。

"致伯纲、素民聪叔函。致胡秋田、栗长函。

吾乡米贵,石六千数百钱,沙地居民以去年棉花歉,尤苦。钱肆十人拟集资赈之,胡秋田亦倡绅富捐各得数千金。而初六日,忽有老妪数十人到秋田家索钱米,秋田呼丐头来,令先代付,丐头不肯,迁延间,观者纷至。秋田惧,招团勇来,观者遂与团勇斗,团勇皆伤。是时,胡氏已闭大门,毁门入,胡氏眷属穴墙遁。一切器具服玩,或被劫,或被毁,值万金云。自薄暮至夜半方散。方乱时,地方官皆到,知府熊、协镇万先遁,会稽知县留胡氏,门毁,乃与胡氏眷属偕遁,知府急电省城,请拨兵,兵到,捕与事者二人,杀之。"(本年《日记》同日)

4月23日(三月十六日) 访经元善(莲珊),经欲重兴女学堂。

"午后到西门万年茶楼,亦韩、润身来,同往桂墅里,访经莲珊(元善),即己亥冬主持电阻立嗣而获谴,遁澳门者也。前曾设女学堂于桂墅里,而设分学于城中陈公祠。桂墅里早停,陈公祠尚有一上虞蒋女史授徒,经君欲重兴之。"(本年《日记》同日)

4月26日(三月十九日) 被推为中国教育会事务长。

"到教育会会所,被推为事务长。公举王慕陶、蒋知游、戚元丞、蒯若木为干事、陈仲骞为会计。"(本年《日记》同日)

"是年三月,上海新党蔡孑民(元培)、蒋观云(智由)、林少泉(獬)、叶浩吾(瀚)、王小徐(季同)、汪允宗(德渊)、乌目山僧宗仰等集议发起中国教育会,表面办理教育,暗中鼓吹革命。议既定,即驰函各地同志赴沪,开成立大会。时钟宪鬯先生在江阴南菁高等学堂为理化教员,于课外密谈革命意义。某日,钟师接蔡蒋诸君公电,嘱其赴会,并介绍会员。钟师接信后,赴会与否,意尚未决。而余与常熟丁芝孙、无锡黄子年,皆意气甚盛,怂恿钟师,愿随之赴会。即日渡江趁轮船,值江中大风,浪高丈余,舟小几覆。然诸人皆整襟剧谈,殊不为意。及抵江北,适是夕无轮船。屈计赴会之期,已赶不及。乃发电覆蔡蒋诸君,同时入会。

教育会成立之日,蔡孑民被举为会长。时会员人数稀少,经济尤为竭蹶,发展殊难。暂从文字方面鼓吹,实行办学,尚未有具体计划。"(蒋维乔:《中国教育会之回忆》)①

4月28日(三月二十一日) 在南洋公学教授日文汉读法。

"到学,全班学生始学和文汉读法。"(本年《日记》同日)

---

① 载蔡元培研究会编:《蔡元培纪念集》。

"其时学生中能读英文者甚少。群思读日文书,我乃以不习日语而强读日文书不彻底法教授之,不数日,人人能读日文,且有译书者。"(《记三十六年以前之南洋公学特班》)

4月(三月) 所作《说孔氏祖先教》一文发表。(《普通学报》第四期)

5月4日(三月二十七日) 到中国教育会。

"浣芳宴撷芬、宗素诸女士于江南村。到中国教育会。"(本年《日记》同日)

5月7日(三月三十日) 本月在南洋公学特班所授课题。

"宪法:《宪法精理著人民权利十三条,以我国现行法制比较其违合之变》;行政:《新民丛报》公民自由篇举广东人自治之成绩各依其例以所居本省之事证之》;法律:《论立法司法两权分立之理》;外交:《论国际公法之性质可以国家学中之民约论证明之》;理财:《论改定盐法及抵制洋盐进口之策》;哲学:《斯宾塞尔言谬误事中自有真理试以所知之事证明之》;教育:《普之胜法毛奇将军归其功于小学校教育试论其理》。"(本年《日记》同日)

5月(四月) 所编《文变》一书出版。是书于光绪二十八年四月由上海商务印书馆代印。

6月(五月) 所作《群学说》一文发表。(《普通学报》第五期)

7月(六月) 于暑假中游历日本。

"在南洋公学时,曾于暑假中往日本游历一次,与高君梦旦同船,到东京后,亦同寓一旅馆。是时,桐城吴挚甫君汝纶新任京师大学堂监督,到日本考察,日人以'清国大儒'称之,宴会无虚日,盖吴君任直隶莲池书院甚久,以桐城派古文授诸生,为日人所素识,且尔时日人正以助中国推行教育自任,对于此惟一国立的大学,自然特别注意了。我本预备逗留一个月,忽逢吴君稚晖被日警逮解出境的案,遂陪吴君回国。"(《自写年谱》)

8月5日(七月初二日) 伴吴稚晖回国,承担保护之责。

"当子民任南洋公学教员时,曾于暑假中,游历日本。到东京,未久,适吴稚晖君以陆军学生事,与驻日公使蔡钧冲突,由日警强迫上船。是时,陆仲芬君等将伴送至长崎。相与议曰:'万一所乘船直赴天津,则甚危,谁可偕去?'子民以在日本无甚要事,且津京均旧游地,则曰:'我偕去。'于是偕吴君回国。或疑子民曾在日本留学者,误也。"(《传略》上)

"吴君自前几年游日一次后,称日本教育进步,劝亲友送子弟赴日留学,自愿任监护之役,所以第二次赴日,从往者颇多。其中年龄长一点、志气高一点的,都想学陆军,吴君率以往使馆,请公使介绍;是时中国驻日公使蔡钧,揣摩政府意志,不轻送汉人受军事教育。见吴君所率诸生意气颇激昂,愈不敢转请于政府,托词拒绝,屡去屡拒。最后一次,吴君与诸生留使馆不归,必待公使允许始离馆。使馆招日本警役入馆,拘留吴君于警署,遣散学生。第二日早晨,留日学生开会,商营救吴君及责问公使的办法。我与高君亦共商吴挚甫君,请营救吴君。后探知日方将递解吴君出境,留学生陆君世芬等愿任沿途照料的责任,但至远到神户为止。有人说:蔡钧老羞成怒,说不定一面向政府报告,诬吴君为康党;一面与日人密商,送吴君往天津,引渡于津吏,直送北京;倘非有人能同往天津,随时援救,则甚为危险。询有无谙悉北方情形,并愿同往者;我自认有此资格,遂偕行。及上船后,日警即不过问,而所乘船又直赴上海,我遂与吴君同抵上海。那时候,我国留日学生,竞唱(倡)各省分途革新的方策,各省留学生分出杂志,如《浙江潮》《新湖南》等等。《浙江潮》的主笔,是海宁蒋君百里与诸暨蒋君伯器(蒋观云之子),同学陆军,成绩优昇,有'浙江二蒋'之称。吾国侨日商人,与留学生关系较密的,有东京的王锡三与神户的孙实甫,均宁波人。浙江第一次派遣学生留日,为章宗祥、陆世芬、吴世欸、陆宗舆(?)四人,均由王君招呼。孙君对于吴君事,甚尽力,我等到神户时,即宿于其寓。"(《自写年谱》)

吴敬恒后来回忆此事说:

"壬寅之夏,吴挚甫先生方受张百熙之托,为北京大学调查赴倭,询余之情,嘱公使蔡和甫送生入成城校,蔡不践约。当时留学生尽起责之。倭警以吾及孙寒厓先生,妨害治安,逐归国。吾在东京愤起,欲自杀,以彰倭判之不公。得救,护至神户,押上法国邮船。孑民先生到倭无几日,虑海上余等再蹈不测,特取消游倭,伴余二人归。"(吴稚晖:《四十年前之小故事》)

8月(七月) 资助陶成章赴日留学。

陶成章"到沪,谒今教育总长蔡元培先生,一见倾盖如平生欢,蔡君(元培)赠以银,遂附某日丸东行。……得安抵东京,入某学校,旋肄业成城校。"(章乃毅:《民国浙军参谋陶公焕卿传》)①

10月(九月) 与蒋观云、黄宗仰、林少泉等在上海创办爱国女学。

"爱国学社未成立以前,我与蒋观云、乌目山僧、林少泉(后改名白水)、陈梦坡、吴彦复诸君组织一女学,命名'爱国'。初由蒋君管理,蒋君游日本,我管理。初办时,学生很少;爱国学社成立后,社员家中的妇女,均进爱国女学,学生骤增。尽义务的教员,在数理方面有王小徐、严练如、钟宪鬯、虞和钦诸君;在文史方面,有叶浩吾、蒋竹庄诸君。一年后,我离爱国女学。"(《我在教育界的经验》)

---

① 该《传》系抄本,浙江省图书馆藏。

爱国女校开学典礼合影（后排左五为蔡元培）

"民国纪元前十年，余在南洋公学任教员。是时反对清廷议立大阿哥之经莲三先生尚寓上海，而林少泉先生偕其妻林□□夫人及其妹林宗素女士自福州来，均提倡女学。由余与亡室黄仲玉夫人招待。在登贤里寓所开会，到会者除经、林二氏外，有韦氏增佩、增瑛两女士，吴彦复先生偕其女亚男、弱男及其妾夏小正三女士，陈梦坡先生偕其女撷芬，及其二妾蔡青细、蔡□□三女士，余与林、陈诸先生均有演说。会毕，在里外空场摄影，吴彦复夫人自窗口望见之而大骂，盖深不以其二女参与此会为然也。未几，薛锦琴女士到沪，蒋智由先生设席欢迎，乃请仲玉与林氏姑嫂作陪，而自身不敢列席，盖其时男子尚不认娶妾为不合理，而男女之界，亦尚重避嫌如此。

爱国女学，即在此种环境中产生也。是年冬，由蒋智由、黄宗仰两先生提议，设立女校，余与林、陈、吴三先生并列名发起，设校舍于登贤里，名曰爱国。罗伽陵夫人代表乌目山僧捐资相助，而推蒋先生为校长，发起人均任教员。未几，蒋先生往日本游历，余被推继任。开办时所有学生，即发起人家中之女子，及第二年，始报外来学生；而第一届学生，多因年龄长大、家务分心而退学，故学生甚少。……

余长（掌）本校前后数次，凡革命同志徐伯荪、陶焕卿、杨笃生、黄克强诸先生到上海时，余与从弟国亲及龚未生同志等，恒以本校教员资格，藉本校为招待与接洽之机关。其时，较高级之课程，亦参革命意义，如历史授法国革命史、俄国虚无党故事；理化注重炸弹制造等。又高级生周怒涛等，亦秘密加入同盟会——而入于纯粹的教育事业之时代。"（《爱国女学三十五年来之发展》）

11月14日（十月十五日） 南洋公学发生全体学生退学风潮，引咎辞职。南洋公学特班随之解散。

"适是年之夏,徐家汇南洋公学五班生沈步洲(联)、胡敦复(炳生),有闹学风潮,堂中处置失当,致全体学生,皆表同情于五班生。蔡孑民为特班教员,从中调停,不得要领,毅然与学生俱退。逐成自来未有之退学大风潮。"(蒋维乔:《中国教育会之回忆》)

"是年,有中院第五班生,以误置墨水瓶于讲桌上,为教员所责。同学不平,要求总理去教员,总理不允,欲惩戒学生。于是激而为全体退学之举。特班生亦牺牲其保举经济特科之资格,而相率退学,论者谓孑民平日提倡民权之影响。孑民亦以是引咎而辞职。"(《传略》上)

"特班开办于民元前十一年之春,解散于前十年之冬,自始至终,不及二年。"(《记三十六年以前之南洋公学特班》)

11月16日(十月十七日) 爱国学社成立,被推为总理。

爱国学社开学典礼合影(前排立者右六为蔡元培)

"中国教育会本拟自办学校,而南洋公学退学生百余人,无力自组学社,遂推代表请求于中国教育会。会中特开会议,决定接受退学生之请求,予以经济及教员之赞助。推蔡孑民为总理,吴稚晖为学监,于是年十月十七日,在南京路泥城桥福源里,租屋开办,定名爱国学社。"(蒋维乔:《中国教育会之回忆》)

"癸卯驻日公使蔡钧忽电请清廷停派留东学生,免为革命邪说所中,且照会日政府请禁止中国学生肄业陆军。国内外志士因之异常激昂,教育会乃谋集资自设学校,培植人材。正计划间,而南洋公学适发生全体罢学之风潮,盖该校教习不许学生谈论时政,压抑过甚,乃有是举。退学生之有力者何靡施(梅士福州人)、穆湘瑶(藕初)、计烈公、胡敦复、敖孟姜(嘉兴人)、俞子夷、曹梁厦、何震生、贝寿同等,初拟凭自力组织学校,继以资力不足,乃求助于教育会,章、蔡、黄、吴等允之,黄宗仰为言于罗迦陵女士,承慨助巨款,而学校始得成立,即爱国学社是也。未几南京陆师学堂学生亦因事多数退学,该校学生中以章士钊(行严)、林砺(后名懿钧号立山),为最激烈,均先后加入爱国学社,而声势乃益张。"(冯自由:《中国教育会与爱国学社》)①

自述脱离南洋公学后,为爱国学社教员。

"我三十六岁(前十年),南洋公学学生全体退学,其一部分借中国教育会之助,自组爱国学社,我亦离公学,为学社教员。"(《我在教育界的经验》)

11月20日(十月二十一日) 所作《爱国学社开校祝词》发表。(《选报》第35期)

11月27日(十月二十八日) 函请吴稚晖主持爱国学校。

"稚晖先生足下:弟适得南浔电,以学堂冲突事,招往调停。弟等本非一切持破坏主义者,如曲突徙薪之事,亦甚愿为之,故于今午即趁船去。爱国学校(即共和学校之改名)之事,前日曾面求先生主持其事,请先生勿再推让(今日又托蒋维翁面达一切),以致失机。其中如经济部,可与仲旗或陈梦丈商酌;其教科部,则浩吾、小徐皆可商,但此二公皆好为高论,或不适于实行,还乞先生斟酌学生近日状况独断定之耳。弟三四日后即回上海,尔时再面罄一切。诸事偏劳,不胜歉感。江君问薛宅,亦不知其寓所,请先生再详问陈君,即托其转订,至祷。又前日所言请李佳白为名誉教员事,闻渠与陈梦翁颇相得,晤时亦乞一商之。弟蔡元培顿首 十月二十八日"。(《致吴稚晖函》同日)

11月(十月) 为《增版〈东西学书录〉》撰写序文。

"前者吾友徐君以慸印其所编《东西学书录》,而元培为之序,迄今阅三年矣,又得新书数百种,君欲续著录焉而未果。会顾君鼎梅燮光自江西邮示所著,则此数百种者大略已具,且于前录遗编之书,亦有所补焉。徐君大喜,遂更为之编校增补而合印之。夫图书之丰歉与学术之竞让为比例。方今士气大动,争研新学,已译未印之书存目报纸者,已不可偻指数,自是以往,益将汗牛而未已,两君者诚能仿外国图书世界之例,日纂而月布之,其裨益学界非浅鲜矣。光绪二十八年十月 元培又识。"(徐维则编 顾燮光补《增版〈东西学书录〉》1902年11月印行)

冬 将赴南京为爱国学社借款,时闻长子阿根病亡,"竟不暇顾"。

"其年初冬,南洋公学因第五班[生]师生之争执,酿成全体罢学,共戴孑民先生自立学校,即一革命雏形之爱国学社也。方南洋公学全体学生散出时,学生当然不名一钱,即少数教员,亦皆穷措大。有常熟黄宗仰先生,所谓乌目山僧者,方与犹太哈同罗夫人相谑,即慨然指借泥城桥市屋为校舍。虽驰电四出,而火食待举。孑民

---

① 载《辛亥革命》(一),上海人民出版社1957年出版。

先生之长公子,即无忌君之兄,病方正重,竟不暇顾,乘轮舶去南京,商借款项于蒯先生光典,共送玉步,其家来告,长公子气已绝,子民先生挥泪嘱友处后事,登轮而去。余亦送者之一,始敬其临难不乱,承诺不苟变,竟有如此者。越三日,得六千元而归,爱国学社竟确立矣。"(吴稚晖:《四十年前之小故事》)

本年 致陶濬宣(心云)函,告谈善新入女学寄住事洽妥。

"学生谈善新寄住之事,因彦复明日挈眷往金陵,今已与苏报馆商妥。馆主人陈梦坡先生,亦教育会会员,而兼为爱国女学校之经理人。其二夫人蔡青缃女士,即女学校学生,其爱女撷芬女士,工绘事及文辞,即《女报》主笔,今年为爱国女学特别科学生,明年亦拟来学,皆谈女士同学也。请属其至苏报馆拜会蔡陈两女士,并看定住屋,然后订定何日移寓。心云老伯鉴 侄元培顿"。(《致陶濬宣函》)

本年 曾从马良(相伯)学习拉丁文。

"最先来要求吾教拉丁文的是梁任公,任公求教的时候,他已经学过五个月的拉丁〔文〕。后来有蔡孑民、张菊生、汪康年诸位。吾感于这几位同学的热诚,就联想到一般青年,就决定办震旦。吾还记得蔡孑民在徐家汇南洋公学教书,吾住在土山湾前面的楼房里,孑民每晨必从南洋公学步行而来,约摸有四五里路,从吾读拉丁。有时竟在五点钟的时候,天还没有亮,孑民已在外边低声喊叫相伯、相伯!吾很希奇,老清早已有人来看吾,吾就开窗下望,原来,就是蔡孑民,吾急忙摇着手,对他说:'太早了,太早了,八九点钟再来吧!'蔡孑民不得不败兴而去。"(凌其翰:《九三老人马相伯语录》)①

本年 为麦鼎华译《中等伦理学》一书撰写序文。(新潮社编《蔡孑民先生言行录》下册 1920 年 10 月 北京大学出版部印行)

1903年(清光绪二十九年 癸卯)三十六岁

1月(十二月) 爱国学社与《苏报》订约,每日由学社教员撰写论说一篇。

"南洋公学学生既退学,谋自立学校,乃由子民为介绍于中国教育会,募款设校,沿女学校之名,曰爱国学社。以子民为代表,请吴稚晖君、章太炎君等为教员。与《苏报》订约,每日由学社教员任论说一篇(子民及吴章诸君,凡七人,迭任之,一周而遍),而苏报馆则每月助学社银一百圆以为酬。于是苏报馆遂为爱国学社之机关报矣。"(《传略》上)

一说由学社教员供给"学界风潮"一栏之文。

---

① 转引张若谷:《马相伯先生年谱》,长沙商务印书馆 1939 年出版。

"《苏报》者，陈梦坡所主办也。其持论较他报为新。去冬以来，官立学堂先后风潮迭起，乃在报端辟'学界风潮'一栏，大为世人所注目。至是，与中国教育会携手，会员及社员，担任供给每日材料。苏报馆每月出费百元，资助爱国学社。由蔡子民、吴稚晖等六人，按日撰说以酬之，于是《苏报》遂为革命之机关。"（蒋维乔：《中国教育会之回忆》）

2月9日（正月十二日） 京师大学堂聘蔡元培为教员，未至。

"张鹤龄以副总教习主教务，聘孙诒让、蔡元培、屠寄等充经史教员，诒让、元培不至。"（罗惇曧：《京师大学堂成立记》）①

2月20日（正月二十三日） 与杜亚泉、何豫才等筹建绍兴公学。

"绍兴教育会之关系及其目的，既由蔡杜二君言之□□，某请为诸君述去年八月以来在绍兴筹议公学状况及此时办□□□。分为四项：曰费、曰地、曰法、曰人。经费必须宽筹，然不支□□□公费，不募无名之虚款，惟就同人中先行量力认定常年捐，数各从自愿，不事强迫，将来兴办以经费之多寡，定局面之大小，积小而大，逐渐扩充，以期永久，此筹费之状况也。地址尤宜宽广，庶几他日可以扩充郡域，惟南门之能仁寺最合用。寺之檀越为祁姓有，名彦猷者□主也。某介友人谋之，祁君愿入会，事始有端绪，此定地址之状况也。至于办法，当先定宗旨，初蔡君建议，以师范、专修、普通三科并举，惟今年府学堂已专设师范院，而各县小学堂，亦以次设立，皆依普通学科，当此需材孔亟之时，自应以专修速成为主，但吾郡教育根柢未深，普通科尚多多益善，则惟有两科并设，庶无□阙之憾。至于教员，自应公举，惟应举几员，某员任某事，则须随时酌定，至是四事已渐有绪。同志凡二十三人，于是以正月二十三日集议于府城老虎桥徐宅，除远出及因事不能到者外，其至者凡十人，能仁寺僧智圆亦在座。先提议地址，议定借寺之半，与智圆约，以殿后厅□五楹，及西偏楼五楹，及偏屋数间为学舍，其佛殿东偏楼六楹，仍归寺僧住持，而殿后一楹，则借以为讲堂，其余基地一任建置，具禀府县立案。公学之地址已定，第二项办法，决定专修普通两种。前举第三项，校员先定规则数条，一曰立议员若干人，由同人公举，任赞助评议之职；二曰立经理一人，由同人于议员中公举，经理全校事务之责。三曰经理任期以两年为限，期满再由公举，连举者仍留任。四曰经理有全□行政之权，议员担任评议不能掣肘。五曰事有关于重大者，由经理定期会集议员议决之。六曰公学内设学务会议所一处，每月庚卯，两星期同人会议一次，其不在会者，亦得入座旁听。凡郡中各学校员即不任议员之职，亦应各抒所见，以资集益。是日即依第一、二条，用投票法公举经理、议员，从多数公推宗加弥为经理，余人均为议员。续有入会者，俟后再举。第四筹集已认未认之款，计是日已登册者都银一千四百一

---

① 载《民国经世文编》（教育），上海经世文社1913年印行。

十元,公议交存经理,其有认而未登及续有认捐者,由同人各就所识,陆续携册往收云,此同人在绍兴筹备公学之始末也。"(《苏报》光绪二十九年二月二十九日)

2月(正月) 与爱国学社教员吴敬恒、章炳麟等,开始在张园举行演说会,倡言革命,宣传爱国思想。

"我三十六岁(前十年),南洋公学学生全体退学,其一部分借中国教育会之助,自组爱国学社,我亦离公学,为学社教员。那时候同任教员的吴稚晖、章太炎诸君,都喜倡言革命,并在张园开演说会,凡是来会演说的人,都是讲排满革命的。我在南洋公学时,所评改之日记及月课,本已倾向于民权女权的提倡,及到学社,受激烈环境的影响,遂亦公言革命无所忌。"(《我在教育界的经验》)

3月8日(二月初十日) 在上海向旅沪绍兴人士发表《绍兴教育会之关系》的演说。(《苏报》光绪二十九年二月十四日、十五日)

3月10日(二月十二日) 绍兴教育会举行第一次月会。

"绍兴教育会昨开第一次月会于城内穿心街浙绍公所,议决教育会章程及教育法程、事务所规则。会员均于是日自写志愿书而受证书以去。前次所举之会计员经莲三君,以高年荐袁春洲君自代,已经会员公认矣。"(《苏报》光绪二十九年三月初二日)

3月15日(二月十七日) 中国教育会在张园安垲第举行第二次演说会,在会上发表演说。

"本月十七日中国教育会开第二次演说会于张园安垲第。先是教育会欲设体育部,以练国民躯干,故此次开会即以体育为演说之主义。午后二点三十分,先由吴稚晖君登台表同情于大众,次由蒋竹庄君、穆抒斋君演说军国民之宗趣,复次徐宝姒女士、蒋增炜君演说外祸之酷烈,急望国民自立,蒋君仅六七龄之童子,徐女士仅十余龄,而其言极沉痛甚矣,智种灵苗之不绝,而支那之前途尤有望也。复次敖梦姜君、马叙伦君、沈步州君、林子超君、金松岑君、徐镜湖君、董竹香君相继演说,各树一义,而皆哀痛迫切。沈君之言,尤为慷慨淋漓,令人生勇猛之念。林君演说,兼及大坂博览会之人类馆,以支那人列于野蛮种族事,欲我国民急设法阻出,否则说赴会者使之停止,以示相绝之意,而当时举手以表同情者甚多。复次吴稚晖君演说为人奴隶之惨与国民独立之不可缓,语之切挚,如将片片肺肝剖献同胞,环听之人多有泣下数行者。复次华铭初君、马君武君、王蕴章君、祝尔康君、周开基君、朱文驷君、秦景阳君、敖梦姜君、许原尹君、蔡民友君、陈春生君相继演说。马君演说欧洲革命三大原因,一争多数人之幸福。二纳税,如保险费。三民族主义,所言皆切实之学理。蔡君仍发挥教育部主义。陈君为镇江演说会会员,陈说工商主义,其□恺恻,且于激烈改革,尤具其□其慎之意。复次吴稚晖君第三番演说,其言多与陈君反对,激昂奋迅,四座感动。复次金陵某君演说,言中国宗教之当改革,语简而当。复次何共和君再演军国民之主义。复次徐镜湖君、蔡民友君论演说为表己意，以决于众，最贵有反对者之攻驳，盖观于两面，真象始见，乃不陷于法执我执，而有生心害之祸，遂于此次演说会之一收束。复次吴稚晖君演说体育部本题，而令欲体育者题名，斯时已五点三十分矣，于是有百余人题名罢，乃各散去。此次演说听者近三百人。天雨途潦，不因是而阻步，较诸正月十八日第一次演说会，尤为踊跃。"（《苏报》光绪二十九年二月二十八日）

"昨日教育会在张园开第二次演说会，仆亦得躬与其盛。其高兴无异与多人入一大酒肆也。是日昏云密雨，到会初不过三百多人，后竟不下七百余人，则不惟酒肆之大，其酒味之美当亦脍炙人口矣，不然何阴雨而尤是其盛也。时交二点二十分，吴稚晖先生登坛开演，表明今天为第二次演说会。此演说会为中国之演说会，教育会会员不过做一发起人而已，中国人都有一份，人人可听，人人可演，此演说为最要紧的事情。假如遇了强盗，亦必须演说，演说云何，大呼救命，四万万同胞其各救其命，亦互救其命可乎？表明毕，即下坛。一罐陈酒甫行脱帽，浓烈香气扑鼻入脑，已不饮自醉。随后蒋君竹庄、沈君步洲、穆君抒斋等诸君陆续演说。……"（《苏报》光绪二十九年二月二十一日）

3月25日（二月二十七日） 函告陶濬宣（心云）学生谈善新在校近况。

"心云仁丈大人足下：奉二十三日惠书，谨谂文从于三月初十边可莅上海，甚喜。……谈学生在此甚安好。惟年齿稍长，颇不耐苦，又以学校规则，无本家亲戚在沪，不敢令出门，渠不免嫌闷，望公如岁，能早临最好也。又据云：欲添买棉衣，请酌寄衣资。谨此奉闻。相见不远，诸容晤罄。……侄民友顿首 二十七日"。（《致陶濬宣函》同日）

3月（二月） 建议马良（相伯）设校招生，教授西学。

"公元一九〇三年（光绪癸卯）为本校创始年。时相伯先生方寓居土山湾，孑民先生则掌教于徐家汇之南洋公学，相距咫尺，过从甚密，得间联合南洋师生数人，建议先生设校招生，教授所谓西学，先生允之，并约耶稣会士偕来赞助，至二月杪新校成立，定名为震旦学院。"（《震旦学院一览》）①

"先是蔡孑民先生等，以求西学必先通其语言文字，而西人教会学校及国人自办之学校，但为蒙童设法，因袭成规，经过迁缓，不合成年人求学之用，乃邀约同志胡敦复炳生、贝季眉寿同诸君，请先生讲拉丁文，至是先生以来求学者众，乃就徐家汇天文台余屋，设震旦学院。"（钱智修《马相伯先生九十八岁年谱》）

4月3日（三月初六日） 江南陆师学堂发生退学风潮，与吴敬恒等公电欢迎退学生加入爱国学社。

---

① 转引张若谷：《马相伯先生年谱》。

"……事既发,学生中建置者曰,破坏者建置之基地也,即破坏即建置,破坏者之功也;有破坏无建置,破坏者之罪也。吾辈欲为学界之□□,岂可放弃其功而先冒认其罪,乃约退学生三十余人,赁居一寺,群议有以善其后,拟仿南洋公学之例,组织一学校。……上海教育会吴稚晖、蔡民友诸先生,公电至愿协商此事。同学乃推代表者林懿均、章士钊(士钊先事约两礼拜出学,以其新订章程与己反对也)与海上志士筹商一切。适开第三期演说大会于张园,□提议此案,颇承诸同志乐与赞成,懿均二人归约退学诸人,齐身赴沪,即与爱国学社诸君合班讲学。"(《苏报》光绪二十九年四月初十)

4月11日(三月十四日) 发表《释仇满》一文,对"排满"与"杀尽胡人"等观点,不予赞同。(《苏报》光绪二十九年四月十一日、十二日)

"张园之演说会,本合革命与排满为一谈。而是时邹蔚丹君作《革命军》一书,尤持'杀尽胡人'之见解。子民不甚赞同。曾于《苏报》揭《释仇满》一文,谓'满人之血统,久已与汉族混合,其语言及文字,亦已为汉语汉文所淘汰,所可为满人标识者惟其世袭爵位,及不营实业而坐食之特权耳。苟满人自觉,能放弃其特权,则汉人绝无杀尽满人之必要'云云。"(《传略》上)

4月13日(三月十六日) 浙江大学堂发生退学风潮,退学生电请吴敬恒、蔡元培往杭赞助,以不能离沪辞之。

"……至十六夜揭示学堂斥退学生六人,其罪名曰:借端挟制,出言无礼。六人者,皆平日最不取媚于载(劼斋)氏者也。……总理劳乃萱袒护私人,斥逐学生激成全堂告退之举。闻退学生诸君已于石板巷自建新民塾,并电请吴稚晖、蔡民友两君往杭赞助其事。两君以不能离沪辞之。"(《苏报》光绪二十九年三月二十一日)

4月25日(三月二十八日) 各省旅沪人士集议立一团体,以阻外人入境,与龙积之、马君武等人与会并发表演说。

"广西巡捕王之春借外兵外款,入境平乱,沪上广西籍寓公及公车之由河□,旋者,一闻此信即遍发传单,约同志会议其事,粤东绅商闻之后,加印传单,布告同人。到会者中国教育会全体会员、爱国学社全校生数百人,及各省闻风而来者共一千数百人之多。……公议决议立一会,专以阻止外人干涉为目的。"(《苏报》光绪二十九年四月初一日)

"昨日,两粤同乡会刊发传单,午后一点钟,寓沪各省绅商到者三四百人,首由龙君积之登坛演说,次徐君敬吾,次关君德甫,次马君君武,次梁君啸庵,次钱君宝仁,次吴君稚威(晖),次邹君天外,次伊君某,次蔡君民友,次叶君浩吾。宣明外兵干预为中国亡国之原,两粤沦亡为全局糜烂之始,莫不发言涕零,听者亦多有惨怛形于色者。"(《苏报》光绪二十九年三月二十九日)

在是日集会上还提议立即成立一团体,以阻法兵干涉。

"此事是全国人民的事,不是一二省之事。此刻应讲对付王之春之策,当先发电责问王之春与法国有约,此刻恐岑春煊到后阻止之故,法人要挟以速成□□,现在我等对付王之春,要桂省人民先从本地阻挠此事,上海及各地遥为声援,遍告同志,就今日起立一团体,专为阻法兵干涉而设,愿与此会者即请签名。"(《苏报》光绪二十九年四月初一日)

4月26日(三月二十九日) 主持中国教育会成立一周年大会。会议改选乌目山僧为会长。

"三月二十九日教育会本部支部会员大会于徐园,盖教育会成立一年,以其所经历者,修改章程,而一周年中所办各事,以及提议,各项经济之出入,宣告全体会员也。是日午后一下钟,到会者会员六十余人,旁听者百余人,爱国、务本、自立三女学校生若干人。先领入场券,以次入座。会员坐中央,旁听者左右列坐,别设坐,以待三校女学生。二下钟开议,吹军号者三。先由蔡君民友演说开会宗旨,并申言今日宣布报告等事,次由王君小徐对众宣读修改之章程,并本部与支部联络规则,请会员决议。议既决,然后投票选举,公举会长一人则乌目山僧是也。评议员十一人,为蔡君民友、吴君稚晖、王君小徐、贝君季美、穆君抒斋、蒋君竹庄、陈君梦坡、吴君仲旗、吴君丹初、汪君允中、蒋君观云、裘君剑岑、敖君梦姜、虞君和钦、余君桐伯。监察员四人,为吴君稚晖、蒋君竹庄、王君小徐、敖君梦姜。此外,干事六人、会计二人、书记二人、庶务二人,则由评议会公推选举。既毕,由蔡君民友宣告一年以来所办各种事件,后由吴君稚晖宣告出入款项,大宗细目一一朗诵,俾众周知。此报告即付印,印毕后则会员尚当各送一份,使晓然于会中所办各事焉。"(《苏报》光绪二十九年四月初二日)

4月27日(四月初一日) 中国教育会在张园召开拒俄会。爱国学社等校军国民精神大奋。

"中国教育会得东京留学生公电,谓日俄将启战,留学诸君愿编义勇队赴辽东决战。教育会同人借国民会议事余,乃宣示其电于同胞诸君。诸君闻电,人人感奋,故有愿应东学诸君为义勇队者出站草地之举,其实此事又与国民会截然为二也。义勇队之结果,以未得东京详细之章程,且日俄之开战,亦止传闻,尚无确议,惟教育会之体育部及爱国学校、育才学堂,经此激刺,军国民之精神大奋,人人皆注重于陆军教育□□,颇重视体操,一洗文弱书生之腐败气象云。"(《苏报》光绪二十九年四月初十日)

4月(三月) 军国民教育会成立,为会员,剪发、服操衣,与诸生同练兵式操。

"是年三月,忽得东京留学生电:桂抚王之春,借法兵法款,以平内乱。应揭其阴谋,公同阻止。教育会乃开临时大会,公电攻击王之春。嗣得东京续电,留学界已组成义勇队,从事训练,养成军国民资格,国家有事,即准备赴前敌效命,希望海上响应。由是爱国学社社员,亦拟组织义勇队,但缺乏教练之人,无从积极进行。时各省官立学堂久受压制之学生,反抗风潮之最为激荡者,应推是年四月南京陆师学堂之退学风潮。稚晖抚掌曰:我们之义勇队不患无教练之人矣。发电贺之。而陆师退学生亦推代表林力山、章行严二人,来沪接洽。会中表示欢迎,增租房屋以容纳之,且一切费皆免收。代表归后,全体学生四十余人皆来沪,编入爱国学社学籍。于是林力山、章行严等,合社中原有体育教员,分任教练,改正名称,为军国民教育会。自蔡子民、吴稚晖、宗仰等重要会员,及年龄较长之社员,志愿入会者共九十六人,分为八小队,早晚训练。"(蒋维乔:《中国教育会之回忆》)

"那时候学社中师生的界限很宽,程度较高的学生,一方面受教,一方面即任低级生的教员;教员热心的,一方面授课,一方面与学生同军事训练。社中军事训练,初由何海樵、山渔昆弟担任,后来南京陆师学堂退学生来社,他们的领袖章行严、林力山二君助何君。我亦断发短装与诸社员同练步伐,至我离学社始已。"(《我在教育界的经验》)

5月1日(四月初五日) 冯镜如、易季服等发起组织四民总会,中国教育会同人皆表赞同。

"是月五日冯镜如君、易季服君等喜海上群谊之发达,欲建设四民总会,造议事厅,为民会之基础,且谋于议事厅所在之处,辟绿草如茵之广场,建高矗云霄之钟塔,为海上文明士女别创公园,以适于卫生诸事,以养其高尚品性,故冯君近日达极度之热诚。虽与阻法阻俄等会联结而生,然四民总会自是久远事业,实与阻法俄诸会之因事而立者不同,命之曰四民总会者,欲合农工士商全国之民,其为一大团体也,故括而言之又曰国民会。当日几无一人不赞成,龙积之君尤力参冯、易诸君之间,期其必成。龙君中国教育会中之表(代)表者,日与其事,故人疑国民会即为教育会之改设,其实教育会中人,赞成国民会者,不只龙君一人,如叶浩吾君、蔡民友君、乌目山僧、王小徐君、吴稚晖君皆表同情。"(《苏报》光绪二十九年四月初十日)

5月(四月) 与柳亚子初识。

"我第一次看见蔡先生,是民国纪元以前九年癸卯四月,地点在上海泥城桥福源里爱国学社教室中。这时候,我是爱国学社的学生,蔡先生和吴稚晖先生、章太炎先生都在担任教课。蔡先生教的是伦理学,吴先生教的是天演论,章先生教的是国文,但他并不用课本,只是坐着闲讲,讲他的光复大义而已。我和章先生最接近,邹威丹先生寄居学社,也时同谈论。对于蔡先生和吴先生,则比较疏阔一些。"(柳亚子:《纪念蔡元培先生》[①])

6月3日(五月初八日) 清政府密电上海道,密拿蔡元培、吴稚晖、汤樵、钮永

[①] 载蔡元培研究会编:《蔡元培纪念集》。

建等人。

"王之春因被在沪绅商告发借法兵法款,且于张园集议一节,特请政府密拿严办为首造谣煽动租界群众诸人。所欲拿者六人,其中一系翰林、一系举人、一人沙门、一系已辞职之某官员,皆热心爱国之士也。吾辈访知有某大员在沪,嗾使上海道于彼在张园演说时,即行禁止并拿办诸首领等情。"(吴稚晖:《上海苏报案纪事》)①

上海工商局传讯蔡元培、吴敬恒等人。

"……在未捕章太炎以前,虽未如蒋(竹庄)先生所说魏光涛密电上海道,拿办蔡元培、吴稚晖、章炳麟、邹容、陈梦坡、宗仰六人,或者密电已在三四月间早有之,在五月后想更加多。故就余所知,捕房传讯,凡有六次。好像两次在五月前,四次在五月后。第一次与宗仰传去者,有蔡子民、徐敬吾、章太炎及我。每次所问之话,大略相同,终说:'你们止是读书与批评,没有军火么?如其没有,官要捕你们,我们保护你们。'我们回说没有军火,即点头而别。"(吴敬恒:《回忆蒋竹庄先生之回忆》)②

6月11日(五月十六日) 上海道诱捕蔡元培、吴敬恒,未成。

"十六日,尚有上海已革举人章迥来骗我们进城。他说,他们将开设一文鞭学校,暗寓文人更革之义,叫我与子民等都去讲演,其实他受上海道之使,要我们等去就捕。"(吴敬恒:《回忆蒋竹庄先生之回忆》)

6月12日(五月十七日) 爱国学社与中国教育会发生谁藉谁生存之争,蔡先生以为双方皆鄙陋。

五月十七"夜间开会于社员一书房,有余,有蔡子民、章太炎、张溥泉、王小徐、吴建常(时为会计),学生有穆抒斋、贝季眉、胡敦复、沈步洲、曹惠群。章太炎先开口,学社乃教育会之附属品,沈步洲说有学社才使教育会有会所。蔡子民即板起面孔,似表两方皆鄙陋。余至此,方知章太炎日日与学生暗斗,将逐去学生,另开学校。余即笑曰,如此争执,两方皆有主持校务之意,然校又无校款,止有板凳一套而已,宁争板凳耶?蔡子民闻余说得太毛细,即怒而起曰,何至争及琐末,不成说话。即起去,余亦起,众皆散,溥泉悻悻而出"。(吴稚晖:《上海苏报案纪事》)

6月15日(五月二十日) 不愿问爱国学社事,乃赴青岛。

"明日蔡子民即表示欲往青岛,不愿多问社事,众留不可,渠略收拾,二十三日竟出校上轮船赴青岛。"(吴稚晖:《上海苏报案纪事》)

蔡先生自述往青岛之原因说:

---

① 载《辛亥革命》(一)。
② 载《东方杂志》第33卷第1号。

"我在爱国学社时,我的长兄与至友汤蛰仙、沈乙斋、徐显民诸君均愿我离学社,我不得已允之,但以筹款往德国学陆军为条件;汤、徐诸君约与我关切者十人,每年各出五百元,为我学费。及学社与中国教育会冲突后,我离社,往德的计划将实现。徐君从陈敬如君处探听,据言红海太热,夏季通过不相宜,不如先往青岛习德语,俟秋间再赴德。于是决计赴青岛。陈君梦坡为我介绍于李幼阐君。李君广东人,能说普通话,谙德语,在青岛承办工程方面事业,设有《胶州报》,其主笔为广东易季圭君。李君初于馆中辟一室以居我,我租得一楼面后,乃迁居,自理饮食。日到李君处学德语,后李君无暇,荐一德国教士教我。不到两个月,我的长兄来一电报,说家中有事速归。我即回沪,始知家兄并无何等特殊之事。汤、徐诸君以爱国学社既停办,我无甚危险,遂取消集款助学之约,而属我长兄留我于上海,谋生计。"(《自写年谱》)

在青岛留影(1903年)

6月19日(五月二十四日) 爱国学社与中国教育会分别独立。蔡先生与爱国学社脱离关系。

"五月二十四日,爱国学社遂宣告独立。发布《敬谢教育会》一文,揭之报端。宗仰乃以教育会会长名义,发布《贺爱国学社之独立》一文以答之。"(蒋维乔:《中国教育会之回忆》)

"方爱国学社之初设也,经费极支绌。其后名誉大起,捐款者渐多,而其中高材生,别招小学生徒,授以英算,所收学费,亦足充社费之一部。于是学社勉可支持,而其款皆由中国教育会经理,社员有以是为不便者,为学社独立之计划,布其意见于学社之月刊。是时会中已改举乌目山僧为会长,而孑民为副会长与评议长。于是开评议会议之。孑民主张听学社独立,谓鉴于梁卓如与汪穰卿争《时务报》,卒之两方面均无结果,而徒授反对党以口实。乌目山僧赞成之,揭一文于《苏报》,贺爱国学社独立,而社员亦布《敬谢中国教育会》一文以答之,此问题已解决矣。而章太炎君不以为然,以前次评议会为少数者之意见,则以函电招离沪之评议员来,重行提议,多数反对学社独立。孑民以是辞副会长及评议长,而会员即举章君以代之。于是孑民不与闻爱国学社事矣。"(《传略》上)

6月(五月) 函请陶濬宣(心云)设法为绍兴一小学校争取常款。

"心云仁丈大人左右:书件均收悉。知为炉锡捐事濡滞。近已有头绪否?绍兴教育会以商业中人尚无赞成者,恐集费为难也。余俟临沪晤谈……再者,侄近得家书,言炉锡捐已经批准。岁入数几何,虽未能预定,然大约不致甚少。舍弟敷顾近与任复斋兄合设一小学校于笔飞坊,未有常款,意欲于此捐中分润几成。想左右为教育普及起见,必能设法欲成也。……民友又白"。(《致陶濬宣函》)

7月1日(闰五月初七日) 上海工部局派中西警探查封苏报馆,指名逮捕蔡元培、吴敬恒等人。

"光绪二十九年五月初一日开始,《苏报》改请章行严为主笔,行严就任第一日,首撰论中国当道者皆革命党一文,以耸动当世观听。其后数日即登章炳麟所撰之《康有为》(又名驳康有为书),续登革命军序等文字,革命旗帜于是益鲜明矣。遂引起满清官吏之注目,罗织成狱。……

自章炳麟、邹容之论著先后在《苏报》中发表后,举国上下无不震动。先是,上海迭次反清运动,清政府已极注意,在四五月间清商约大臣吕海寰曾函告苏抚恩涛,谓:'上海租界有所谓热心少年者在张园聚众议事,名为拒法拒俄,实则希图作乱,请即将为首之人密拿严办'等语。苏抚立饬上海道向各国领事照会拿人,各领事业经签名许可,而工部局独不赞成,上海《泰晤士报》特著论称工商局之能主持公道焉。查吕海寰媚于清政府,第一次开具名单指名逮捕者凡四人:即蔡元培、吴敬恒、钮永建、汤樵。第二次指名逮捕者六人:即蔡元培、陈范、冯镜如、章炳麟、吴敬恒、黄宗仰。其所以甘为虎作伥者,以受王之春之托,出此毒辣手段。盖张园开会群众对王之春借法国兵法国款事痛加击抨,因之触王之春之怒。张园之会实出蔡元培等所主持,故王之春藉此有以报复也。被查拿者因工部局不赞成此举,故咸到局报明姓名居址,工部局允予特别保护,而清政府捕人运动未能达到。及章炳麟、邹容之文章发表,清吏于是称奉清帝谕旨,要求工部局会同查封《苏报》及逮捕诸人。工部局初尚坚持,清吏一再交涉,工部局卒徇其情。至闰五月初六日(即公历七月一日)①由租界分派中西警探赴爱国学社传拿章邹蔡吴等。"(张篁溪:《苏报案实录》)②

---

① 此处原文即有误。
② 载《辛亥革命》(一)。

7月(六月) 自青岛回上海,为外交报馆译日文稿以自给。

"子民到青岛不及一月,而上海苏报案起,不涉子民。案既定,子民之戚友,以为游学之说,不过诱子民离上海耳。今上海已无事,无游学之必要,遂取消每月贷款之议。而由子民之兄,以上海有要事之电促子民回。既回,遂不能再赴青岛,而为外交报馆译日文以自给。"(《传略》上)

8月(七月) 参加沈荩追悼会并发表演说。

"当时西太后专政,有主事沈荩因直言触了她的怒,就将他交刑部杖死。上海一般志士得到这个消息,非常愤忾,就在愚园集会追悼沈荩。先生当众演说,痛诋清廷的政治暴乱,蔑视人权,听者无不动容。"(马鉴:《纪念蔡子民先生》)[①]

9月(八月) 所译《哲学要领》一书售稿于商务印书馆。

"子民在青岛,不及三月,由日文译德国科培尔氏《哲学要领》一册,售稿于商务印书馆。其时无参考书,又心绪不甚宁,所译人名多诘屈。而一时笔误,竟以空间为宙,时间为宇,常欲于再版时修正之。"(《传略》上)

12月(十一月) 与王小徐、汪允宗等组织对俄同志会,出版《俄事警闻》。

"我回上海后,有甘肃陈镜泉君,自山东某县知县卸任后,来上海,稍有积蓄,愿意办一点有助于革命的事业,与中国教育会商,决办一日报,名为《俄事警闻》,因是时俄国驻兵东三省,我方正要求撤退,情势颇紧张,人人注意,故表面借俄事为名,而本意则仍在提倡革命。以翻译俄国虚无党之事实为主要部分。论说预列数十目,如告学生、告工人、告军人之类。每日载两篇,一文言,一白话。推王君小徐主编辑及译英文电,我与汪君允宗任论说及译日文报。及日俄开战,我国转守中立,我等没有面目再对俄事发言,乃改名《警钟》,王君主张不直接谈革命,以避干涉,及王君他去,我与汪君迭任编辑,遂不免放手,蹈《苏报》覆辙。我与王、汪诸君皆不支薪俸,印刷费由陈君任之。后来陈君又办一镜泉书局。他的资本为经理所乾没,陈君不能再任此报印刷费,则由我等随时由各方面募集小款,勉强支持。我等到不能支持时,乃由刘申叔、林少泉诸君接办,直至□年□月,始被封停办。"(《自写年谱》)

"未几,先生(蔡元培)复由青岛返,会俄人占据东三〔省〕之谋益显,先生组织对俄同志会,创《俄事警闻》日报,以警告国人。对俄同志会者,即义勇队之变相,所谓名为拒俄,实则革命者也。"(蒋维乔:《民国教育总长蔡元培》)[②]

对俄同志会广告

"同人拟组织对俄同志会,以研究对付东三省问题之法。阅报诸君表同情者,请开姓名住址,投函上海新马路华安里七百零三号俄事警闻社报名,以便议事时函

[①] 载蔡元培研究会编:《蔡元培纪念集》。
[②] 载蔡元培研究会编:《蔡元培纪念集》。

请出席。"(《俄事警闻》第1号)

本年 受聘商务印书馆编译所所长,为商务印书馆编译教科书。

"商务印书馆编教科书之动机,乃在民元前九年癸卯。先是各书局盛行翻译东文书籍。国人因知识之饥荒,多喜购阅,故极畅销。商务印书馆经理夏瑞芳见而心动,亦欲印行此类之书。乃谋于某某二人,托买书稿。二人招集略谙东文之学生,令充翻译,译成书稿数十种,售与商务印书馆。夏瑞芳立即付印,不料印出后,销路绝鲜,而稿费已损失一万元。尔时张元济正办南洋公学译书院,恒托商务印书馆印书,瑞芳以张系端人君子,询以购进之稿,不能畅销之故。张即云:'盍将书稿交我检阅。'阅后,知其内容实欠佳。旋设编译所,请人修改后再出版,在北福建路唐家弄租屋三楹,设立编译所。张即介绍译书院中之同事四五人,为之修改译稿。然苦不易从事,张于是介绍蔡元培为编译所长,以谋改进。依蔡之计划,决议改变方针,从事编辑教科书。此商务印书馆编辑教科书之发端也。"(蒋维乔:《编辑小学教科书之回忆》)①

本年 始识陈其美,后一起入科学仪器馆理科传习所学化学。

"当癸卯(民国元年前九年)年,我长(掌)爱国女学校,先生(陈其美)送杨生兆良来校,始相识。第二年(甲辰),我与先生均入科学仪器馆之理科传习所就学。讲化学者,为镇海钟宪鬯先生。"(《陈英士殉难十五周年纪念报告》)

1904年(清光绪三十年 甲辰)三十七岁

1月(十二月) 陶成章(焕卿)、魏兰由日归国至上海,与蔡先生熟商革命进行之法。

"癸卯冬十二月,魏兰拟归浙江运动,陈蔚介绍先生(陶成章)同往。遂与魏兰由东京至上海,与蔡元培熟商进取之法。及抵杭州,寓杭州白话报馆,时已腊月二十八矣。"(魏兰:《陶焕卿先生行述》)。②

"冬十二月,云和魏兰(字石生),归国为秘密运动。平阳陈蔚(字仲林),介绍陶成章来,遂偕成章返国,抵上海,与蔡元培联络。至杭州,寓于下城头巷白话报馆。……是为癸卯十二月二十九日事也。"(《陶成章集·浙案纪略》)。

2月17日(正月初二日) 所作小说《新年梦》,今起在《俄事警闻》发表。

"是时西洋社会主义家,废财产、废婚姻之说,已流入中国。孑民亦深信之。曾

---

① 载《出版周刊》第156号。
② 《陶成章集·附录》,北京中华书局1986年出版。

于《警钟》(实系《俄事警闻》)中揭《新年梦》小说以见意。惟其意,以为此等主义,非世界大多数人承认后,决难实行,故传播此等主义者,万不可自失信用。尔时中国人持此主义者,已既不名一钱,亦不肯作工,而惟攫他人之财以供其挥霍。曰:'此本公物也。'或常作挟邪游,且诱惑良家女子,而有时且与人妒争,自相矛盾。以是益为人所姗笑。子民尝慨然曰:'必有一介不苟取之义,而后可以言共产。必有坐怀不乱之操,而后可以言废婚姻。'对于此辈而发也。"(《传略》上)

2月19日(正月初四日) 发布《俄事警闻》改刊广告。

"本社本拟从正月初五日改《俄事警闻》为《警钟》,惟同人以现在尚属《警钟》集股期限之内,且日俄开战,俄事之关系尤为我国存亡绝续瞬不可逸之机会,本社尤不得不屏除一切,专以此问题,提醒国民相与急起直追,力争此一线之生机。用特倍扩篇幅,加增材料,而仍以俄事为之范围。俟东三省问题解决,或已及《警钟》集股截止之期,即改《警钟》。特此广告。"(《俄事警闻》1904年2月19日)

2月25日(正月初十日) 《俄事警闻》出版终刊号,自正月初十日起改为出版《警钟》日报。

"《俄事警闻》之尾声。本社初发起之时,胪举俄人强横,夺我土地,虐我人民,种种之愤恨,掉广长之舌,写正则之心,亦已受多数国民之欢迎矣。然而言论有穷,事变无极,东三省之问题,前者为俄人独据时代,今者为日俄并争时代。在独据时代,我国民宜专筹对付俄人之策;在并争时代,则我国民一面为对付俄人之策,一面又宜为对付日人之策。此本社将于明日改为《警钟》之原因也。"(《俄事警闻》1904年2月25日)

"《警钟》报编辑所,在南京路的后面,地方很宽敞,但是办事的人不多,除了总编辑蔡先生外,其余都是自动来为先生服务的南洋旧同学。这个报的经费,有一部分是陈君镜全担任的。陈君是甘肃人,在山东做了几任知县,稍有积蓄,后来因病辞官,到上海来做寓公。他在上海棋盘街开设一家竞进书社,同时又办了这个报,所以《警钟》报的发行所,就设在竞进书社里面。但是这位陈君钱本不多,不能无限制的供给《警钟》的费用,而《警钟》报本来就是蔡先生革命运动的刊物,一面要国人鉴于日俄之争,即时猛省,一面译登俄国虚无党的历史,为国人种下革命思想,所以广告和销路都不甚多,不能完全自立。因此只有蔡先生做独脚(角)戏,一直办到非离开上海不可的时候为止。"(马鉴:《纪念蔡子民先生》)

2月26日(正月十一日) 所撰《〈警钟〉发刊之旨趣》一文发表。(《警钟》日报同日)

3月13日(正月二十七日) 对俄同志会改为争存会。

"甲辰正月,复经同志会员之决议,改《警闻》为《警钟》。又以时局日非,对俄二字不足为吾人唯〔一〕之责任,特于正月二十七日开会提议,又经同志会会员之赞

成，改名争存会。"(《警钟》日报1904年4月7日)

"争存会广告。本会即对俄同志会之扩张，以养成国民资格，抵制外界压力为宗旨。已由全体会员委托警钟社社员拟草章程，再开大会以多数决定之。各会员如有意见，请于七日内投函本社，以备斟择，念七日未与会议诸君，如不愿与于争存会者，亦请于七日以内，投函本社声明。"(《警钟》日报1904年3月16日)

3月(二月)　撰写新昌峿镇《王君茂庭家传》文。

"《王君茂庭家传》。君讳际元，字圣槐，茂庭其号也，浙江新昌县人。家世殷富，及君而中落，君以商振之。君有内行，事父甚孝，奉食必洁，常置钱十贯于父之枕底以备用，父卞急每怒辄跪而受罚焉。君尤勇于慈善事业，凡乡人贫者，时以钱谷济之，或被盗劫子以去，君为之营谋，历三日夜不寐，卒入盗窟，为取子以归。尝岁暮蠡城归，冒风雪，得寒疾，不能言，闻邻有火灾，跃起大呼救，病若失，其急人患难类如此。

尝道经村外桥头坑，日暮失足，堕溪中，乱石矗立，幸无恙，以其桥梁柱皆木，故多危险，乃誓易以石而重建焉。集资巨万，不足，则称贷以益之。桥成，行人称便。君以光绪二十二年九月卒，年六十，配梁氏，有贤行，称内助，子十三人，多殇，惟二男一女成立，长桂泰，次世桢。世桢好学，通日本文字。孙四。

论曰：吾国人习气，坐视危险之事而不为之，所或曰：'吾幸免而已，他人不暇顾焉。'呜呼！自执政以至齐民，以得过且过为宗旨者，孰不如是，是以万事堕坏，浸至亡国。王君以堕溪之故，慨然改建石桥，不以难自阻，洵勇于任事者，推此志焉，可以救吾国。"

光绪三十年岁次甲辰中澣之吉赐进士出身翰林院编修蔡元培撰(新昌峿镇《南屏王氏宗谱》光绪三十年重修)

4月7日、8日(二月二十二日、二十三日)　《警钟》日报第42号、43号刊登争存会归并中国教育会议案。

"自前月二十七日对俄同志会开第二次会议，由多数会员决定改名争存会，且以会章属本社记者任属草之役。记者以此事征集会员各各(个)之意见，而以多数折衷之，故广告以征，而久未有应者，记者欲姑以一二人之意见为案乎，则章程所著务在实行，不得不按吾辈所处之境遇，与夫所具之能力而为之。……"(《警钟》日报1904年4月7日)

"中国教育会第三次大会广告。又争存会签名诸君，承认《警钟》第四十二号、四十三号所登之归并教育会议案者，亦请到会，以便介绍入会。本会记者启。"(《警钟》日报1904年4月26日)

5月1日(三月十六日)　中国教育会举行第三次会员大会，被举为会长。

"中国教育会第三次大会广告。本会定于三月十六日开第三次大会于虹口蓬

路爱国女学校内之本会事务所,自午后一时至五时,凡本部支部各会员,均请届时莅会。"(《警钟》日报1904年4月26日)

"记中国教育会第三次大会。三月十六日中国教育会开第三次大会于虹口蓬路之事务所,其事状如左(下):(一)书记员报告第二次大会以后之事状。(二)会计员报告第二次大会以后之簿记。(三)爱国女学校代表人报告一年间女学校之事状及簿记。(四)警钟社代表人报告警钟与本会之关系。(五)同里及常熟两支部各代表人报告一年间支部之事状。(六)书记员提议改订之章程由全体会员之多数决定。(七)介绍来宾入会。(八)依议决之改订章程公举职员。举会长一人、干事长一人、评议员九人、监察员二人,并由会长推任会计员一人,经全体会员承认。(九)发入会证书于初入会之会员,事毕乃散。"(《警钟》日报1904年5月2日)

民元前八年甲辰,"中国教育会开春季大会,公举蔡子民为会长"。(蒋维乔:《中国教育会之回忆》)

6月3日(四月二十日) 长女威廉出生于上海。

"威廉以民元前八(九)年(一九○四年)生于上海。幼年仍随母黄仲玉夫人到绍兴及杭州、新城县等处,时我正游学德国也。"(《哀长女威廉文》)

威廉与父母

6月19日(五月初六日) 主持中国教育会纪念会。

"中国教育会于昨天午后三时开五月初六日纪念会于事务所,由会长演说此次开会宗旨,并讨论对于侨寓地所管之法律与后此应付之方法。至五时散会。是日到会者在沪会员约三分之二,来宾五人。"(《警钟》日报1904年6月20日)

7月20日(六月初八日) 辞《警钟》日报编辑之职,再次出任爱国女学经理。

"蔡子民敬白。子民近担任爱国女学校务,故警钟社编辑之役已由汪允宗君主任。凡以社务投函者,请勿于函面写鄙人姓名,免致展转延阁,如与子民个人交涉

之事,则请寄新闸西胜业里六百三十号。"(《警钟》日报 1904 年 7 月 20 日)

"暑假时,锺(宪鬯)先生因公私交困,对爱国女学校,无力维持,向教育会辞职,会中仍推蔡子民续任经理,余仍被推为义务教员。"(蒋维乔:《中国教育会之回忆》)

"我三十八岁(前八年)暑假后,又任爱国女学经理。又约我从弟国亲及龚未生、俞子夷诸君为教员。自三十六岁以后,我已决意参加革命工作。觉得革命止有两途:一是暴动,一是暗杀。在爱国学社中竭力助成军事训练,算是下暴动的种子。又以暗杀于女子更为相宜,于爱国女学,预备下暗杀的种子。一方面受苏凤初君的指导,秘密赁屋,试造炸药,并约钟宪鬯先生相助,因钟先生可向科学仪器馆采办仪器与药料。又约王小徐君试制弹壳,并接受黄克强、蒯若木诸君自东京送来的弹壳,试填炸药,由孙少侯君携往南京僻地试验。一方面在爱国女学为高材生讲法国革命史、俄国虚无党历史,并由钟先生及其馆中同志讲授理化,学分特多,为练制炸弹的预备。年长而根柢较深的学生如周怒涛等,亦介绍入同盟会,参加秘密小组。"(《我在教育界的经验》)

8 月 31 日(七月二十一日) 爱国女学举行开学典礼,在会上演说女学生对于自由平权诸学说之责任。

"爱国女学校开学。昨日午后一时,本会之爱国女学校开学,本会会员及教员及来宾皆引席行礼后,来宾陈女士演说女学生之幸福与责任,次校长演说女学生对于自由平权诸学说之责任,于二时毕。"(《警钟》日报 1904 年 9 月 1 日)

爱国女学校甲辰秋季补订章程

"宗旨。第一条,本校以增进女子之智德体,力使有以副其爱国心为宗旨。职员。第二条,本校规定之职员如左(下):校长一人,教员八人,正副女监督各一人。第三条,本校教员具(俱)以教育会会员担任,义务会员不足,始延聘积学之士充之。学级及教科。第四条,本校修业分为二科,曰预科,曰本科。第五条,预科分二学级,曰初级,以未读书及读而未明者入之,二年毕业;曰二级,以曾读书略知文义者入之,一年毕业。第六条,初级之教科目为:修身、算学、国文、习字、手工、体操、音乐;二级之教科目为:修身、算学、国文、历史、地理、理科、家事、裁缝、手工、体操、音乐、图画。第七条,不毕预科者不入本科,如学力未充不能以二年毕业者则更延长时日,以补充之。第八条,本科分文科、质科二部,具(俱)以预科毕业生及受试验而有相当之学力者入之,二年毕业。第九条,文科之教科目为:伦理、心理、论理、教育、国文、外国文、算学、历史、地理、法制、经济、家事、图画、体操;质科之教科目为:伦理、教育、国文、外国文、算学、博物、物理、化学、家事、手工、裁缝、音乐、图画、体操。学额及学费。第十条,学额定二十名,取年十二岁以上二十岁以下。第十一条,学生每月纳学费银二元,于正月开校及暑假后开校日预纳半年。第十二条,学生膳宿者月纳银四元,只留午膳者一元五角,均于月朔预交。学生学期及假期。第十三条,自正月开校日始,至十二月冬假日止,为一学年。第十四条,一学年分二学期,自正月开校日始至暑假日止,为第一学期;自暑假后开校日至冬假日止,为第二学期。每学期必据其平日功课积分而加试验,以甄别之。第十五条,假期除星期令节外规定如左(下):暑假期,自小暑节起至处暑节止;冬假期,自十二月二十日起至正月二十日止。第十六条,星期及例假外,学生如有事请假,须由家族告理由,方能认可。规约。第十七条,学生之规约如左(下):甲,不得缠足(已缠足者入校后须渐解放);乙,不得涂抹脂粉;丙,不得著靡丽之衣服及首饰,亦不为诡异之装束及举动以骇众;丁,不得常骛游观,即集合演说之场,非监督率领亦不参与;戊,不得请人代作文字流布外间,猎取虚名;己,不得以闻有女权自由之说,而径情直行,致为家庭、乡里所不容。"(《警钟》日报1904年8月18日)

8月(七月) 陪同柳亚子去虹口西牢,探视被关押的邹容、章炳麟。

"甲辰暑假,再来上海。此时章先生和邹先生都被捕在虹口西牢,我便找到了蔡先生,想去看看他们。原来西牢对于他们的探视者,限制极严。每一个月只容许一个人去探视,且须指定探视哪一位,不能两位同时接见。探亲人去时,要有捕房所发的许可证,这许可证是在蔡先生处的,他每月去西牢探视一次,上次看章先生,下一次便看邹先生,平均着轮流下去。我和蔡先生接洽时,蔡先生说,可以把他的许可证借给我,这个月由我去探视。但上一个月他去时,是邹先生接见的,所以这一个月要轮到章先生接见了。我对于上海地方,陌生得很,便由蔡先生陪我同去。他候在西牢的铁门外面,我则进铁门到接见的地方。好象(像)是一个小窗洞吧,上面还有铁直棍。我就在铁直棍的外面看到了章先生,也没有什么话好讲,只问他安好,请他向邹先生代为致意罢了。接见时间完毕以后,仍由蔡先生送我还到客栈住宿。这一次的印象,是十分深刻的。"(柳亚子:《纪念蔡元培先生》)

9月(八月) 与陶成章(焕卿)等商议响应黄兴同时举事。

"秋八月,兰(魏兰)与毓祥由缙云经永康、金华,至嘉兴,与敖嘉熊接洽。先生(陶成章)在上海与蔡元培等密谋,定于十月初十日万寿节,黄兴在湘、鄂两省同时并举,以闽、浙两省为后援。议定,先生遂乘轮而至温州。盖不知兰等之由陆路而出也。及兰等抵上海,见蔡元培,始知彼此相佐之。……"(魏兰:《陶焕卿先生行述》)

"是时湖南黄兴欲在长沙起事,期为十月初十日,告蔡元培,欲浙江协约共起。元培以告成章,成章恐有未妥,仅云为接应。"(《陶成章集·浙案纪略》)

10月(九月) 促成浙东两派革命党合作。

"我在《警钟》报馆时,曾再任爱国女学校长,那时候,我以女学作为革命党通讯与会谈的地点。各教员中,与闻此事的,以从弟国亲及龚君未生为最多。龚君本随陶君焕卿成章,属往金、衢、严、处等地,运动会党,劝他们联合起来,待时起事。而绍兴又有一派秘密党,则为嵊县王君金发、祝君绍康所统率,而主动的是徐君伯荪(锡麟)。此两派各不相谋,而陶、徐两君均与我相识;我就约二君到爱国女学,商联络的方法,浙东两派的革命党,由此合作,后来遂成立光复会。"(《自写年谱》)

11月(十月) 光复会成立于上海,为会长。

"………至甲辰冬,(陶成章)复渡日本,道经上海。是时蔡元培已由人望见推为光复会会长。元培与成章同乡,成章素重元培德行。元培之组织光复会,本为暗杀计,然亦招罗暴动者,知成章于内地各秘密党中颇有结纳,故劝之入会,成章不能却其意,遂入其会。其后元培复至嘉兴劝敖嘉熊入会,嘉熊许其有事相助,而不入其会。成章介绍魏兰入会,欲以城内外交通之枢纽,元培迟疑之,兰遂以是不入其会云。"(《陶成章集·浙案纪略》)

一说光复会始由陶成章所组织,且"雅不愿自居首功"。

"是冬,先生(陶成章)又与皖、宁各志士在上海组织一秘密会,名曰光复,以蔡元培为会长。"(魏兰:《陶焕卿先生行述》)

"自军国民教育会成立后,革命党人功用从此一大进步,均由鼓吹时代而渐趋于实行之一方面。湖南杨卓林(字□□)、黄兴(一名轸,字静坞,一字克强)等以军国民教育会会员归乡运动,结徒散票,别成一会,号曰华兴会,谋在长沙起事失败,遁走上海。各省军国民教育会会员亦多归居上海,军国民教育会组织有暗杀团,规则极为严密,为上海中国教育会会长蔡元培所觇知,求入其会,于是改名为光复会,又曰复古会,军国民教育会之名词亦遂销去无踪矣。当光复会成立之时,正万福华(江西人)枪击王之春(原任广西巡抚)不中之时也。"(《陶成章集·浙案纪略》)

"陶成章《浙案纪略》所记光复会成立事,稍有出入者,雅不愿自居首功而已。"(沈瓞民:《记光复会二三事》)①

冬 介绍徐锡麟加入光复会。

"甲辰冬,以事过上海,寓于五马路周昌记,因至虹口爱国女学校访蔡元培,成章亦在焉。时元培与皖、宁诸志士组织一秘密会,名曰光复,邀锡麟入会,从之。"(《陶成章集·浙案纪略》)

"徐君是一个最有权变的人,最初在绍兴富户许氏充塾师,甚为其学生许□卿所悦服,已与密订共同运动革命的策略。其后,徐君为府立中学堂监督,拜知府熊某为老师,博其信任,不特学堂中施行各种军事教育,均以体育为保护色,无人訾议;而且向知府请拨正式步枪四十管,令学生作实弹射击的练习,亦无人过问。此等学生,一部分由徐君拔为干部员,直至参加枪毙恩铭案为止;一部分转入大通学校,助秋竞雄女士组党,因秋案而死伤的亦不少。徐君既与陶君合作,乃密商进行

---

① 载《辛亥革命回忆录》(四),北京中华书局 1962 年出版。

方策,主张先混入官场,攫取军权或警权,始可起事;但欲取军、警权,又非有一种资格不可。于是由许君出资,为徐君、陶君捐道员(许君自身亦道员)及知府不等。又往日本习陆军,徐君以手段圆滑,得政府认可;到日本后,验体格,均因近视眼或其他生理上的缺陷,不能进军校,乃同习警政。但陶君等未能入官,滞留东京,偶往南洋各埠活动,或密赴内地接洽。惟徐君以候补道到安徽,管警政,遂有枪毙恩铭的大举。"(《自写年谱》)

1905年(清光绪三十一年 乙巳)三十八岁

1月13日(十二月初八日) 爱国女学增设英文一科。

"爱国女学校广告。本校明年于预科各教科外,增设英文一科(此为随意科,预科生不愿学者听之)并添招两班,凡女子年在二十五岁以下者,虽未曾读书,亦可来学,如业经修业,则观其程度插入甲乙两班,至于有志向学而孤贫不能出学膳费者,本校亦可斟酌情形或免或减,惟均须由切实保证人于本年十二月二十日以前,预先报名,俟明年正月二十日开学时试验学诣,再定班次。校舍仍在新衙门北相康里第四弄二十一号。"(《警钟》日报1905年1月13日)

1月15日(十二月初十日) 主持爱国女学放假(即结业)式,并发表今岁本校之情形及明岁接办之宗旨的演说。

"昨日午前十时,中国教育会开十二月月会并行爱国女学校放假礼,会员而外并有来宾十余人到会。先由教员俞子夷君踏琴唱校歌,次校长蔡孑民君演说今岁本校之情形及明岁接办之宗旨,并历举法国、俄国女子求学之苦况,以激励女子爱国之心,次唱校长别学生歌。嗣吴丹初君代表教育会演说女子自立之道。次来宾殷女士演说。吴丹初君复申明女子与国家之关系,并学校所以名爱国之故。演说既终,唱教员别学生歌。又由校长蔡孑民君校定学生优劣,给以赏物。次唱学生别本校歌,行一鞠躬礼。来宾、校长、教员皆退。学生唱相别歌,行一鞠躬礼相别,次摄影乃散。"(《警钟》日报1905年1月16日)

4月3日(二月二十九日) 邹容病死于狱中。

"二月二十九日,邹容病毙于狱中。叶浩吾有函告蔡孑民,已由中外日报馆,备棺殡殓,十日之内,即须埋葬,嘱会中觅地及筹葬费。"(蒋维乔:《中国教育会之回忆》)

4月5日、6日(三月初一日、初二日) 中国教育会同人举行邹容追悼会,并议处善后事宜。

"三月初一日,教育会同人,在愚园开邹容追悼大会。到会者五十余人。初二日,在爱国女学校,会议邹容善后事宜,拟将枢暂停于会馆,一面择地,一面通知其家属,后有义士刘东海愿以其宅畔空地,为邹容墓穴。会中乃就此地,开始经营葬事。"(蒋维乔:《中国教育会之回忆》)

5月(四月) 中国教育会开办通学所。

"四月,教育会决议开办通学所,系补习性质,早晚上课,以便有职业者,前来肄业。学科有拉丁文、德文、法文、英文、日文、初级理化、高级理化、博物、代数、几何、名学。来学者共百数十人。担任教科者,除会员外,多一时知名之士,如马相伯之拉丁文及名学,钟衡章之博物,龚紫英之代数,寿孝天之几何。……"(蒋维乔:《中国教育会之回忆》)

6月25日(五月二十三日) 中国教育会重行选举,当选为会长。

"五月下旬,开会重行选举,蔡子民以多数当选正会长,钟宪鬯当选副会长。"(蒋维乔:《中国教育会之回忆》)

7月(六月) 与柳亚子等在通学所听陶成章(焕卿)讲催眠术。

"乙巳暑假,我又到上海,就学于中国教育会所办的通学所,听陶焕卿先生讲催眠术。蔡先生是教育会的会长,也每天亲自来随班听讲。此时邹先生已病故狱中,遗骸由刘季平先生义葬华泾。我托蔡先生设法,想去华泾探视。蔡先生说起刘先生也来通学所听讲,立刻就替我介绍。这样,可以想见蔡先生待人接物,是如何的恳挚了。"(柳亚子:《纪念蔡元培先生》)

夏 再次离爱国女学,由徐紫虬、吴书箴接办。

"我三十九岁(前七年),又离爱国女学,嗣后由徐紫虬、吴书箴、蒋竹庄诸君相继主持,爱国女学始渐成普通中学,而脱去以前革命性的特殊教育了。"(《我在教育界的经验》)

"暑假,蔡子民因接办爱国女学校一年,无力支持。教育会新入会会员,吴书箴、徐紫虬二人,锐意接办,即由蔡子民委托吴君任庶务,徐君任教务,接续办事,不设经理名义。"(蒋维乔:《中国教育会之回忆》)

10月26日(九月二十八日) 由何海樵(蔡先生有时亦写为何海秋)介绍,加入同盟会,参加秘密小组研制炸药。

"我入同盟会在乙巳年(光绪三十一年,一九〇五年),是同盟会成立之年,或其次年。我是由何海樵介绍加入的。"(萧瑜:《蔡孑民先生自述身家轶事》)

"在东京之同盟会成立以后,会员杨笃生、苏凤初等六人,在某山上请一日本化学教授为导师,习制炸药;此为同盟会中的秘密小组。前任爱国学社军事教员何海秋君自东京来上海,以秘密形式介绍我入同盟会,并介绍入小组,并言苏君将来沪传习,委我预为安排。我于爱国女学左近租屋一幢,并介绍物理学家王君小徐及化学家钟宪鬯先生加入小组。苏君到后,约我等愿习者开会,以一纸书黄帝神位等字,供于上方,杀一鸡,滴血于酒中,我等都跪而宣誓,并饮鸡血酒,苏君乃开始教授。仪器及药品,皆钟先生自科学仪器馆携来者。若干日而毕业。苏君率同志数人往湖南。我等仍继续筹制炸弹,炸药易制,而王君小徐遍访上海五金店,未有能代制精便的弹壳者。黄君克强及蒯君若木自东京来,均携有弹壳若干,装药后,由孙君少侯密送南京,于僻处试掷之,竟不炸。我等所组织的秘密机关,不能不解散;仍以爱国女学为接洽之所。杨君笃生来上海,知无可凭藉,乃往北京。过保定时,遇吴君樾,极相投契,吴君并表示为国牺牲之决心,索工具于杨君。杨君抵北京,任译学馆教员,乃密制炸药,装诸纸烟罐,以药线导火。吴君携以赴考宪五大臣车上,既发火,未及掷出而已炸,遂殉国。"(《自写年谱》)

秋 介绍黄炎培加入同盟会。

"民国成立前七年乙巳秋,吾师忽召至其寓庐,郑重而言曰:'我国前途至危,君知之矣(师手书见称必以君以兄)。诸强邻虎视于外,清廷鱼烂于内,欲救亡,舍革命无他道。君谓然乎?'则敬答曰:'然'。曰:'欲革命,须有组织。否则,力不集,事不成。今有会焉,君亦愿加盟乎?'则敬答曰:'苟师有命,何敢不从。'期以某日深夜宣誓,出誓文,中有句:'建立民国,平均地权,驱除鞑虏,光复中华。'吾师即指'平均地权'句说明其理由。小子卒在吾师之前,宣誓加盟焉。其地上海市西昌寿里六十二号,则吾师之寓庐也。"(黄炎培:《吾师蔡孑民先生哀悼辞》)

冬 为绍兴《张川胡氏宗谱》作序一篇。

"近世比较民族者谓一民族必有其一种特具之性质,始能自立于世界。如中国民族之勤俭而坚忍,日本民族之勇敢而进取,伦通民族之沈毅而有序,拉丁民族之华贵而善动,斯拉夫民族之鸷悍而深思,其大概也。夫一民族然即自一民族而递析之,以至于其中之一氏族亦何独不然。吾国以农为本业,而祖宗墓域又为子孙所保守。当往昔地广人稀之世,苟农于其地,则子孙繁衍皆得以辟地于其旧居之左右,故往往有数百千户聚族而居者。既聚族而居,则本其祖先遗传之□性,而加以家庭教育之相同,其地理气候之感觉,风俗习惯之渐染,尤无一不同者,故能历千百年而不失其祖先之特性焉。

予自少学为文词,则喜得诘屈奇诡之文而读之,如樊宗师、卢仝之作尝于手录而循玩焉,而求之于近世之乡先生,得胡云持先生《石笥山房文集》,尤好之。玩其文则论其世。康熙朝初举鸿博士之衔华藻,鸷声气者百计以投其彀中。先生虽屡膺征荐,独落落不合,困厄以终。盖其耿介质实之性质有不可及者,予尤景而仰之。岁庚寅获交于先生之族曾孙钟生孝廉,尝相与共事于教育界,相知最深,其为人也,谨厚而谦抑,其所为文渊懿而精炼。若皆与先生异趣,而独其耿介质实之性质,则与予所以想象先生者若合符节焉。自予获交于钟生而其昆季子姓之为予所得见者,若而人率皆不失耿介质实之概。予尝曰耿介质实其张溇胡氏之特性欤。迩者张溇胡氏续修宗谱成，征序于予，予以一氏族之谱与一民族之历史同，必有可以推见特性者，虽其中传记者所著足以见其人之行习性情者，仅及于历世最著之贤哲，然即此代表之数贤哲而推暨之，又征之于其所传诵之家训，普守之规条，则所谓特性者优足以抽象而得之。予读张溇胡氏之谱，而益信予向者所言耿介质实之特性之益有征焉。爰揭橥之以为序。

光绪三十一年冬月　赐进士出身翰林院编修山阴蔡元培拜撰"。（胡钟生纂修绍兴《张川胡氏宗谱》光绪三十一年　敦睦堂木活字本）

本年　与陈独秀初次共事。

"我初次和蔡先生共事，是在清朝光绪末年，那时杨笃生、何海樵、章行严等，在上海发起一个学习炸药以图暗杀的组织，行严写信招我，我由安徽一到上海便加入了这个组织，住上海月余，天天从杨笃生、钟宪鬯试验炸药。这时子民先生也常常来试验室练习、聚谈。"（陈独秀：《蔡子民先生逝世后感言》）①

本年　被孙中山委派为同盟会上海支部部长。

"次年，丙午。黄克强持孙先生书来，派我为上海支部部长。"（萧瑜：《蔡子民先生自述身家轶事》）

本年　介绍从弟蔡元康（国卿）②加入同盟会。

"我在爱国女学，从弟国亲（卿）相助数年，我已为介绍入同盟会。国亲（卿）回绍兴，参与女学、报馆等事，又为王子馀、裘吉生、王叔梅、俞英厓诸君介绍入会。"（《自写年谱》）

本年　经陶成章介绍，在沪结识秋瑾。

"甲辰冬，……日语讲习会终，瑾将还里省亲，因叩成章所运动事，成章尽以其所历告之。瑾乃索为介绍，成章以其为女子，不便，然亦难竟拒之，遂为介绍同人机关二处，一函致上海光复会会长蔡元培，一函致绍兴徐锡麟。瑾既返沪，即谒元培于爱国女学校，旋往南京。"（《陶成章集·浙案纪略》）

1906年（清光绪三十二年　丙午）三十九岁

1月27日（正月初三日）　致函蒋智由（观云）、胡瑛（晋武）等人。

"致观云、晋武、范澄、王统（海军生）、伯荪函。"（本年《日记》同日）

同日　黄炎培（韧之）、孙毓筠（少侯）等友人来访。

"韧之来。少侯、姚剑丞、易本义、廖秉衡、杨化鲲偕陈嘉裕、陈□□、王麟杜

---

① 载蔡元培研究会编：《蔡元培纪念集》。
② 蔡元康，字国卿（清），下文中亦称为谷青、谷清、谷颀、谷卿。

来。"(本年《日记》同日)

1月29日（正月初五日） 到杭州。

"午后三时,到拱宸桥,坐船进城,六时到沈宏远。夜到城头巷白话报馆,见叔明,又邀偶庚。"(本年《日记》同日)

1月30日（正月初六日） 回到绍兴。

"午前七时行,渡江,到西兴,九时矣。十一时乘船行,午后十时到家,晤三弟。"(本年《日记》同日)

本月 在绍兴兴办学务公所,用以促进绍兴所属八县教育事业。

"秋竞雄女士在东京时已与徐伯荪、陶焕卿诸君订为同志,回国后,即在绍兴运动。嵊县姚茂甫君迁居绍兴。爱国学社旧同志敖梦姜君亦时来绍兴。那时候,绍兴一个小地方,革命的空气颇为浓厚,但均守秘密,普通人士认为新党罢了。诸同志建议办一绍兴学务公所,用以促进属八县的教育事业,推我为所长,促我回里,我于是回绍兴,办学务公所,邀裘吉生、杜海生诸君相助。先办一师范传习所,讲授各种教育上需要的科学。要办一师范学校,筹款辄为人所阻挠,我愤而辞职。"(《自写年谱》)

2月4日（正月十一日） 到临浦,访汤寿潜（蛰仙）、陶葆廉（拙存）等人。

"到临浦。见蛰仙、拙存、卢鹿笙。"(本年《日记》同日)

2月13日（正月二十日） 在绍兴女学堂演说。

"二十日。往女学堂开学演说。"(本年《日记》同日)

2月18日（正月二十五日） 到绍兴府学堂访胡钟生。

"午到府学堂,晤钟生,晤谢祥麟,为其友陈、鲁二君作函致林庚侯、沈飚民。"(本年《日记》同日)

2月19日（正月二十六日） 访俞埔（觐夫、伯英）,商定创办师范补习科与私塾改良会。

"午后,偕钟生访觐夫,议定先办补习科与私塾改良会。定于二月初三日开山、会两县学务议会。"(本年《日记》同日)

2月24日（二月初二日） 到府学堂视事。

"山阴县学堂开学。赴府学堂,酌定各科教授时间,以学生程度不齐,无从下手。属分科考试后再定。"(本年《日记》同日)

2月25日（二月初三日） 出席山阴、会稽两县学务议会,选举议员。

"午后,开山、会两县学务议会,公举议员。到者六十八人,举议员二十人。"(本年《日记》同日)

2月27日（二月初五日） 被举为大通师范学堂总理。

"大通师范学堂开学。开评议会,公举我为总理,蛰轩为议长,钟生、海生为纠

察员。"(本年《日记》同日)

3月3日(二月初九日)　偕俞英厓赴上海。

"得国弟书,即复。晚启行,偕英厓。"(本年《日记》同日)

3月6日(二月十二日)　返回上海,并曾到中国教育会所。

"午前三时至码头,七时回家。……看楚南、子夷。看菊生、梦丹、竹庄、仲可诸君。亚泉、孝天、伯昭来。到会处。"(本年《日记》同日)

3月7日(二月十三日)　到中国教育会所处理事务。

"到会处。看亦韩,并晤拙存。午偕亦韩饭于杏花楼。"(本年《日记》同日)

3月17日(二月二十三日)　参观广明师范传习所。

"致少侯、行严函,均由若木转递。偕钟生参观广明师范传习所。"(本年《日记》同日)

3月20日(二月二十六日)　迁居绍兴。

"午后行,雇双夹弄南□子一只。计舟价及小汽船附托之费,凡二十四元。"(本年《日记》同日)

3月23日(二月二十九日)　午前抵绍兴。

"午前十一时抵万安桥。晤女工传习所之监督黄介眉君。"(本年《日记》同日)

3月24日(二月三十日)　与周竹铭一起讨论工艺传习所章程。

"周竹铭来,偕往府学堂,欲以工艺传习所章程相商也。"(本年《日记》同日)

3月25日(三月初一日)　到大通师范学堂访俞英厓等。

"到大通,晤英厓、衡甫。致韧之、雪澄、定生函。"(本年《日记》同日)

3月28日(三月初四日)　拟任陈激声为绍兴学务公所庶务科干事。

"晤激声,订为学务公所庶务科、会计科干事。"(本年《日记》同日)

3月29日(三月初五日)　延请王晓梅为理化博物教员。

"耶稣复活节。致王晓梅书,约以来任理化博物教科。"(本年《日记》同日)

3月31日(三月初七日)　听取陈韵培、褚康甫等报告"义务学堂事""振武分社事"。

"陈韵培、阮仲贤来,告义务学堂事。褚康甫、何荆良、贾鼓山来,以振武分社事。"(本年《日记》同日)

4月1日(三月初八日)　访俞伯英(觐夫)、周竹铭等。

"到(绍兴)府学堂,晤觐夫、竹铭、馥钦。任复斋来:(一)以护国寺归入公所。(二)铅山坡农试验厂。"(本年《日记》同日)

4月9日(三月十六日)　到绍兴学务公所视事。

"始至公所办事。钟生来,得蒋观云书,胡晋武(瑛)书。"(本年《日记》同日)

4月22日(三月二十九日)　出席山阴、会稽两县学务公所成立会并有演说。

"山、会学务公所举行开办式。得孝天书,得梦旦书。"(本年《日记》同日)

5月23日(闰四月初一日) 知上海爱国女学校务发生纠葛。

"初一日(西历五月二十三日)得华兰二字电,为校事。"(本年《日记》同日)

5月(四月) "新山歌案"发生。

"新山歌一案之发,在丙午四月,结案则在丁未三月也。《新山歌》系敖梦姜所编,托蔡元培在上海印刷,魏兰、陈乃新共取千册,入内地分送,因成是祸。"(《陶成章集·浙案纪略》)

6月11日(闰四月二十日) 辞谢绍兴学务分处执行部长职。

"致八县府议员书,辞绍兴学务分处执行部长。致黄韧之书。"(本年《日记》同日)

6月12日(闰四月二十一日) 电请陈介石探询清廷派员出洋留学事。

"二十一日 致陈介石电,并付复电十四字(费)。"(本年《日记》同日)

6月24日(五月初三日) 到杭州访友。

"午到杭州,寓新晋隆。晤徐谊臣、孔式如、陈赞臣。午后访林景如、孙偶庚、汪素民、汤蜇轩、叶祖香。"(本年《日记》同日)

6月26日(五月初五日) 到上海。访叶瀚(浩吾)、蒋维乔等。

"午后二时到,寓祥升公。访叶浩吾。浴,剃发。访伯昭、竹庄、练如、念慈、秋帆、孝天,并晤锡理,知已辞乐群。"(本年《日记》同日)

6月27日(五月初六日) 黄炎培(韧之)来访。

"初六日 韧之来,交来诚字七十个。"(本年《日记》同日)①

同日 访会张元济(菊生)、高凤谦(梦旦)及吴书箴、徐子虬等友人。

"看菊生、梦旦及其他编译所诸君。看书箴、子虬。子虬来。书箴来。孟崇军来。徐敬吾来。蒯若木来。"(本年《日记》同日)

6月29日(五月初八日) 章炳麟狱禁三年期满出狱,与叶浩吾、蒋维乔等十余名中国教育会会员前往迎接。

"五月初八日,章炳麟监禁期满,将于是日出狱。事前数日,会中先行预备,购定船票,送往日本。是日之晨,蔡子民、叶浩吾及余等在沪会员十余人,均集于河南路工部局门前守候。十时,炳麟出,皆鼓掌迎之。随由叶浩吾陪乘马车,先至中国公学。即晚,登日本邮船。"(蒋维乔:《中国教育会之回忆》)

7月3日(五月十二日) 主持邹容墓前纪念塔落成揭幕式,并当场发表演说。

"是月十二日,华泾邹先生墓前纪念塔落成,由蔡先生主持举行揭幕礼,我也和建行公学同学十余人前去参加的。"(柳亚子:《纪念蔡元培先生》)

---

① 据黄炎培在《八十年来自述》中云:"诚字七十个"系指当时秘密加入同盟会人员的代号。

"五月,邹容墓前纪念塔落成。乃于十二日,开纪念会,是晨,余偕蔡子民、严练如至南市大码头,则黄任之及中国、健行两公学学生共三十余人,皆已齐集。乃乘舟行三小时,抵华泾,登岸,行二里许,至刘东海家。午餐毕,群赴墓前开会。首全体行鞠躬礼,次纪念塔除幕,次报告,次演说。蔡先生是日之演辞,特别警策。"(蒋维乔:《中国教育会之回忆》)

7月11日(五月二十日) 致刘师培(少甫)函。送交张元济(菊生)侦探小说。

"又致少甫函。致小徐函。周冠五之侦探小说,交菊生。"(本年《日记同日》)

7月17日—19日(五月二十六日—二十八日) 致信陶成章(焕卿)等人。

"二十六日 又复少甫函。致焕卿函。阆仙约晚来。二十七日 少甫专人来,即复。致蜚仙、焕卿函。致秦宝琛函。二十八日 复钟生函。致焕卿函(少甫行)。"(本年《日记》同日)

7月25日(六月初五日) 致函陶成章(焕卿)。

"为蒯若木致焕卿书,挂号。得书衡书。"(本年《日记》同日)

7月(六月) 介绍柳亚子加入光复会。

"此时,我已加入中国同盟会,更由蔡先生的介绍,加盟于光复会。"(柳亚子:《纪念蔡元培先生》)

8月11日—12日(六月二十二日—二十三日) 到上海、发家书。

"二十二日 到上海。二十三日 致仲玉书。"(本年《日记》同日)

8月13日(六月二十四日) 致刘师培(少甫)、汤寿潜(蜚先)等人信。

"少甫、蜚先、子余,皆挂号。韧之、焕卿片。"(本年《日记》同日)

8月26日(七月初七日) 清政府拟派翰林院编检出国留学。赴北京等候派遣。

"我那时候预备离开绍兴,适北京友人来信,说政府要派翰林院编检出国留学,留日、留欧,由本人自择,劝速往北京登记。我自离青岛后,本时时作游学计划,得此消息,不能不心动,遂往北京。"(《自写年谱》)

"由上海行,坐太古公司之'顺天'汽船,官舱价一〇·五。午后四时三十分行。"(本年《日记》同日)

8月29日(七月初十日) 抵天津。

"午后四时到天津紫竹林,住中和栈。船上茶房每客一圆(午前十一时到大沽)。"(本年《日记》同日)

8月30日(七月十一日) 到北京。

"午前七时十八分乘汽车行,十二时到前门,一时到南半截胡同,住山会邑馆之藤花别馆。"(本年《日记》同日)

8月 译著《妖怪学讲义录》(总论)由上海商务印书馆出版。原著者为日人井

上圆了。(该书)

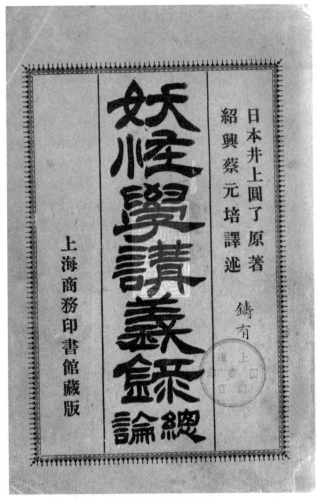

妖怪学讲义(1906年)

9月8日(七月二十日) 应京师大学堂译学馆教务提调章梫(一山)之聘,任国文教授。

"二十日 七时,章一山,醉琼林。"(本年《日记》同日)

"适同乡章君一山梫长译学馆,请我为教授,任乙班的国文及西洋史。"(《自写年谱》)

此为蔡元培先生第一次服务于北京大学。

"我在民元前六年,曾任译学馆教员,讲授国文及西洋史,是为我在北大服务之第一次。"(《我在北京大学的经历》)

"在三十六年前（清光绪三十一年），我考入了北京的译学馆。第一学期教国文的先生，我忘记了他的名字。他讲书很死板，同学们都不欢喜。到第二年，学校方面改聘了蔡子民先生。蔡先生一来就大不同了。他讲起书来，极其活泼有趣。大家上他的课，都觉得乐此不疲了。后来我回家来，家人告诉我，蔡先生曾在李莼客家教过书。他旧学是很有根底的。"（陈诒先：《记蔡子民先生》）①

译学馆原址

9月18日（八月初一日） 往译学馆访友。

"到译学馆，访卢勤卿、刘子襄。"（本年《日记》同日）

9月20日（八月初三日） 收取译学馆参考书。

"收译学馆参考书二十三种。"（本年《日记》同日）

9月（八月） 为译学馆讲义撰写序言。（《国文学讲义》序言）

10月30日（九月十三日） 命丙级国文课题。

"丙级题为：《文之优劣，当以何者为标准？》"（本年《日记》同日）

10月31日（九月十四日） 命乙级国文课题。

"乙级题为：《诸君于自作之文，有惬心与否？于他人之文，有赞赏与否？以何定之？》"（本年《日记》同日）

10月（九月） 撰写《捐建嵊邑清节堂之碑记》一文。（绍兴鲁迅纪念馆藏拓片）

同月 编印《国文学讲义》并撰写《序言》。（《国文学讲义》序言）

11月1日（九月十五日） 命己堂丙级国文课题。

"己堂丙级题：《论我国言文不一致之弊》。"（本年《日记》同日）

11月2日（九月十六日） 命甲堂国文课题。

---

① 载蔡元培研究会编：《蔡元培纪念集》。

"甲堂题:《文章之用,不外叙事、辨理、抒情三者,试分别论之》。"(本年《日记》同日)

11月14日(九月二十八日) 赴友人邀饮。

"刘治襄、金易侯、刘龙伯、文耀斋邀饮醉琼林。"(本年《日记》同日)

11月22日(十月初七日) 致函汪康年(穰卿),述暂留京师有待出洋留学事。

"弟此次进京销假,本为最不安之事。徒以游学德意志之志,抱之数年,竟不得一机会。忽见报载学部有咨送翰林游学东西洋之举,不能不为之心动。初亦恐进京而事不成,徒折吾节。故初则电询陈介公,后又电询王书公,其复函均称非进京销假不得图。王书翁到沪面谈,并催弟速行。因以七月进京,此亦日暮途穷之为,不意竟成夸父逐日之失。

到京后,始知学部有缓送西洋之说,然友人尚有允为运动者,久之亦杳无消息。而同乡缪、萧诸丈为筹自费计,萧并首贷千金,汇至京号以为倡。由是死灰复燃。萧以回南,允再向别处运动,当为筹足两年经费(约三千元),并劝弟暂勿出京,以便一得南中经费筹足之信,即可向学部索取咨文。此弟所以暂留京师,而且姑应译学馆教员之招致也(订定时声明可行则行,不能预订期限)。盖弟数年来,视百事皆无当意。所耿耿者,唯此游学一事耳。而萧丈近日来信,所筹得者,尚未及二千金,故不能不有待。……穰卿吾哥同年足下。年小弟元培顿上 初七日"。《致汪康年函》同日)

12月1日(十月十六日) 三子柏龄在绍兴出生。

"得六叔父及三弟书。是日巳刻,仲玉生一男(二十六日补记)。"(本年《日记》同日)

"得绳之书,知仲玉于十六日巳刻得一男。"(本年《日记》12月10日)

同日 为自费游学德国呈请学部给予咨文。

"编修蔡元培为以自费游学德国,呈请移咨学部给咨事:窃职素有志教育之学,以我国现行教育之制,多仿日本。而日本教育界盛行者,为德国海尔伯脱派。且幼稚园创于德人弗罗比尔。而强迫教育之制,亦以德国行之最先。现今德国就学儿童之数,每人口千人中,占百六十一人。欧美各国,无能媲者。爰有游学德国之志,曾在胶州、上海等处预习德语。今年四月间敬读邸抄,有政务处议准编检各员游学西洋之奏,因特来京销假。唯是时本衙门已准学部咨称:拟送欧美各员,暂缓派送等语,故未呈请咨送。职现拟自措资费,前往德国,专修文科之学,并研究教育原理,及彼国现行教育之状况。至少以五年为期,冀归国以后,或能效壤流之助于教育界。敬请恩准,咨明学部备案,并给咨知会出使德国大臣,随时量为照拂。再职留学德国之期在五年以上,以措资费,深恐未能持久。将来本衙门实行咨送编检游学西洋之时,为职补入官费生额内,伏乞批准存案。又职现在译学馆任教员,拟于该馆年假后出京回家,携带资费,便道先游历日本,而后前赴德国。查本衙门恩赐津贴分派章程,游学人员,亦得月领半份。职出京以后,拟由现为译学馆学生之职胞侄学琦遣仆持据领取。每年颁发新执据时,亦由职胞侄学琦亲身到署领取。合并声明。为此呈请。"(蔡元培先生手稿)

12月21日(十一月初六日) 致函陶士行、蒋观云等友人。

"作致士行、观云、梦旦、尔和书。"(本年《日记》同日)

本年 与张元济、高凤谦共同校订的《最新修身教科书》第一、二册出版。

"学部第一次审定。初级小学最新修身教科书(第一册、第二册),福建长乐高凤谦、浙江山阴蔡元培、浙江海盐张元济校订。上海商务印书馆印行。"(该书)

1907年(清光绪三十三年 丁未)四十岁

早年留影(1907年)

1月31日(十二月十八日) 收到学部关于赴德留学咨复。

"十二月初四日咨复:该编修自措资斧,前往欧洲留学,志趣远大,洵属可嘉。应即咨送。除备咨行出使德国大臣,文由该编修来部领取外,相应咨复。"(本年《日记》同日)

2月(正月) 回绍兴度春节。解除译学馆教授之约。

"我本拟在北京度岁,静候派遣消息;不意从弟国亲忽来一电:家中有事,速归。我遂悯悯然走平汉路南下,因天津口已冻了。回家后,始知家中实无甚要事,彼闻有不利于我的传说,特促我南避。北京的朋友,知道家中的电,亦认为必有他故,章君恐为我所累,特来一电,解教授之约。"(《自写年谱》)

6月(五月) 随出使德国大臣孙宝琦(慕韩)赴德留学。

"丁未。我随孙宝琦赴德。他做钦差,我留学。由西伯利亚走的。有齐寿山同行。"(萧瑜:《蔡孑民先生自述身家轶事》)

"到北京后,始知编检志愿游学的人数太少,政府遂搁置不办。适得孙君慕韩宝琦使德的消息,乃托他的兄弟仲玙宝瑄及叶君浩吾为我关说,愿在使馆中任一职员,以便留学;我亦自访孙君,承孙君美意,允每月津贴银三十两,不必任何种职务。一方面与商务印书馆商量,在海外为编教科书,得相当的报酬,以供家用。我遂于是年五月间随孙使由西伯利亚铁路赴德。孙使率参赞、随员十余人,所能记忆的,有王君钦尧夫妇、项君致中、李君、张君等,我以外,又有赴德留学的三人,为齐君寿山宗颐、钱君轶裴方度及福建许君。"(《自写年谱》)

7月11日(六月初二日) 到柏林。

"到柏林后,我与齐、钱二君同寓,齐君本通德语,钱君善英语,我得两君助力不少。齐君本译学馆学生,他的同学顾君孟馀兆熊留德已数年,诸事熟悉,我等所请的德语教员,均顾君所代选代订。又由顾君而认识薛先生仙舟颂瀛、宾君敏陔步程。

薛先生爱国好学,自奉甚俭,携他的甥女韦增瑛女士留学,常自购蔬菜,借房东厨房自烹。最恶同学中的游荡者,对于娶西妇的人,尤时时痛骂。悯我初学德语的艰苦,排日为我讲德语的文法,而属我为彼讲中国古文,作为交换条件,我得益不少。

宾君是豪爽的人,留德较久,于各方面情形,甚熟悉,初到德国的同学,赖他帮忙的很多。

中山先生到德国建设同盟会时,即在宾〔君〕寓所开会,然我在德时,宾君从未谈及,直至回国后十余年,宾君为其母夫人征寿序,始为我述此事。同时留学柏林的,尚有马君武、夏浮筠元瑮诸君,亦时相过从;夏君每日于大学课程听完后,常到我寓,同往旅馆晚餐,或觅别种消遣。(各人自付钱,不必相请。)"(《自写年谱》)

8月5日(六月二十七日) 致函吴稚晖,核实"苏报案"发生时的一些情况。

"(一)俞明震来沪,为欲封苏报馆乎?抑欲封爱国学社乎?(二)俞与公见面在何日?巡捕房捕人在何日?(捕人忆是闰二月初六日,是否?)(三)第一次会审公廨问案者止问《苏报》乎?抑兼问《革命军》等书乎?(此或已见从前各报)弟忆是问官询章、邹以是否苏报馆主笔？彼等佥言：'主笔是吴稚晖(此即恨公而欲陷公耳)，非吾等，惟吾等各有言革命之书。其实英吏以此等书可不必问，而清吏则欲索观。但其书由何处觅来则不可知。'未知究竟如何？(四)弟前闻公见俞明震后，曾回教育会告章、邹二君以'苏报案'起之消息，而二君曾抗言'宁死不遁'。(五)弟又闻俞明震来时，公已与爱国学社诸君意见不合而不与闻社事。确乎？"(《致吴稚晖函》同日)

11月21日(十月十六日)　　阅章炳麟所作《邹容传》，认为其述及"苏报案"事对吴稚晖有微词，乃托名撰写《读章氏所作〈邹容传〉》一文，为吴剖白。

"稚晖先生鉴：久欲驳章氏《邹容传》语，而苦无暇。顷始勉强脱稿，然亦不惬意也。所以托为他人之笔者，因弟此时方专意就学，无暇与人打笔墨官司。而章君方闲暇，思作文而甚苦无题目，彼见驳论，必又有驳驳论之文。应之则无暇；不应之，则人将以为理短而不敢辩矣。然使纯是假托之名，则又将不足以取信于人。故于后半篇，仍出弟名，未知如此办法，先生以为然否？……弟民友顿"。(《致吴稚晖函》同日)

12月7日(十一月初三日)　　为驳章太炎《邹容传》再复吴稚晖函。

"稚晖先生足下：得二十五日手书，于驳章枚叔事，不以第三人代办为然，甚善。且所要求于枚叔者，不过欲其承认'想当然'语，此真和平、正当之至。虽以神经病自负之章叔枚，恐亦不能不感服也。(先生第一要求在证人，然证人必不可得，故以承认'想当然'语为最确之目的。)凡积愤有所发抒，则其气渐杀。先生既以极尖刻之言，十余易稿矣，亦稍稍足以舒受诬之恨。吾知此后先生即面询枚叔，亦必不至有三批其颊，骂为狗屁之事矣。

惟弟所录枚叔《邹容传》之文，所谓'爱国学社生多○(眺)弟子，颇自发舒。陵轹新社生如奴隶，余与社长元培议，欲裁抑之，元培畏，不敢发'云云。其所谓发舒者，乃言社生(旧社员)发舒。所谓裁者，亦谓裁抑旧社员之权。此则枚叔之本意如此。当时曾谓弟曰：'旧社员以贵族自居，而陵新社员(平民)，吾辈当助平民以抑贵族。'盖枚叔本意如此。其办法，则欲令新旧社员出同等之学费，而旧社员担任教科者，予以特别权利，视〔同〕外请之教习。弟当时颇知学社中组织复杂，不易改变，不以为意，故未尝于评议会中提议。其所谓先生畏而不敢发者，又彼之'想当然'也。而先生来书中，乃以发舒为指先生，又以裁抑为先生之权，似是误记。恐先生或于致枚叔书，亦及此语，故特奉闻。……弟民友顿"。(《复吴稚晖函》)

12月26日(十一月二十二日)　　函告汪康年(穰卿)在德学习、生活情况。

"穰卿吾兄同年惠鉴：奉手书，借谂安抵上海，藏器待时，甚善。……弟到此已将半年，而德语程度，尚甚幼稚。现惟专修语学，亦未尝有所考察，无可奉告者。孙慕翁见待甚殷勤，每月津贴百马克。而弟毫无可以报效于彼者，甚抱歉也。……弟元培顿　十一月二十二日"。(《复汪康年函》同日)

冬 撰写《读章氏所作〈邹容传〉》一文。(孙常炜编《蔡元培先生全集》)

下半年 在柏林学习德语。经孙宝琦介绍,应唐氏家庭教师。

"孙使恐我旅费不足,适唐君少川之侄宝书、宝潮、宝□、宝□等来柏林留学,均不过十余岁,国学尚浅,因令于预备德语外,请我授国学,每月报酬德币百马克。"(《自写年谱》)

参与筹办《新世纪》周刊。

"先生(李石曾)在巴黎与吴敬恒、张人杰筹备《新世纪》周刊,张负责经费,吴负责编排,先生与蔡元培、褚民谊等供给文稿。"(杨恺龄:《民国李石曾先生煜瀛年谱》台北商务印书馆1980年出版)

1908年(清光绪三十四年 戊申)四十一岁

3月8日(二月初六日) 复吴稚晖函,谓章太炎(枚叔)《答书》无驳辩的价值。

"稚晖先生足下:奉来函,承于百忙中录枚叔答书见示,感荷之至。彼书多影响之谈,仍是此公故技。而先生乃肯节取以为药石,虚怀达观,洵不可及。视彼褊忮,如枚叔者,奚啻上下床之别哉。本事关键诚在张鲁望一语。张弟不知为何许人。来书称已作书问之,则先生知其人也。他日彼有答书,弟亦欲闻其略。自张鲁望之一语外,彼书各语,诚无可辩之价值。……弟民友顿 阳历三月初八日"。(《复吴稚晖函》同日)

3月26日(二月二十四日) 函告吴稚晖,所示"民报社书"措词前后不相应,系毫无价值之言。

"示民报社书,其中措词多前后不相应。如上文云,'议论荒谬',似指文章之意义;而下云'花鼓戏腔调''刚伯度口气',则专指文体;下又云'以无政府之高谈,自文其卑劣浅陋,仿佛以主义为表,而文词为里焉者'。此等毫无价值之言,似可不必介意。惟彼不任代派《新世纪》,则当别行设法耳。张溥泉来欧,贵报或可引为助手。此公伉直,无城府,且持无政府主义甚早,想先生所谂也。……敬复 稚晖先生足下 弟民友顿"。(《复吴稚晖函》)

3月31日(二月二十九日) 函告吴稚晖有留法学生在京尽言革命党事。

"昨得片,知李石公已就痊,为慰。见最近《新世纪》中已有石公译稿,知已能从事译述矣。同学齐君得家书,有云留法学生思铎(不知是恩铎之误,或其人本名思铎,而遗其姓也,想尊处必易查明),自称侦探员,呈送京中各衙门书一部,画一张,尽言革命党事,各堂官观之色变,且甚秘之。然京中已嚣动,报章亦登载之云云。谨以奉闻……弟民友顿首 三月三十一日"。(《复吴稚晖函》同日)

4月17日(三月十七日)　　向吴稚晖介绍陶成章(焕卿)。

"稚晖先生足下：……顷有同志陶君焕卿(成章)，欲有所求教于先生，弟敬为之介绍：此君初有志陆军，曾入日本成城学校，未毕业，与龚君未生(国元)(龚君本爱国学社社员，先生当尚记之)粗衣草履，历游浙东诸郡，交欢于其他之各会党，历一二年，深得其信用，即弟前书《徐锡麟君遗事篇》所称之同乡某君也。其朴挚耐劳，颇足步先生后尘，而为弟所万万不及者。去年十二月间曾来一函，欲率死士入北京，图实行中央革命事业，而思求助于法国民党，为设一藏身之机关，求新世纪社介绍之，并询新世纪社员姓名。弟复书告以法之民党，恐无此财力以应吾党之求；至新世纪社员，则吾所知者为吴君云。……而陶君顷又来一书，并有上先生一函，则其意至诚矣。特将前书之半及所属转寄之函奉上，幸先生酌复之。……弟民友顿首　四月十七日"。(《致吴稚晖函》同日)

6月(五月)　　转寄陶成章来函于吴稚晖。

"稚晖先生鉴：手示及各件谨悉。枚叔末路如此，可叹可怜！然申叔亦太不留余地。公所谓诒反对党骇笑，诚不免。公及溥公两之，甚善。……近日陶君成章又来一函，有所商于公。然弟意公未必能离巴黎，特将原函奉览。应如何作答，乞暇时示及。弟未尝不思作西欧之游，而现在羁于作工之约(教科及编辑)，不能成行矣。……弟民友顿"。(《致吴稚晖函》)

上半年　　在柏林，学习德语，任唐氏家庭教师，兼为商务印书馆编书，应接不暇。

"我在柏林一年，每日若干时习德语，若干时教国学，若干时为商务编书，若干时应酬同学，实苦应接不暇。德语进步甚缓，若长此因循，一无所得而归国，岂不可惜！"《自写年谱》)

7月下旬(六月下旬)　　建议吴稚晖继续与章太炎辩论。

"手示及枚叔函均谨悉。先生第二次答枚叔函，弟读之甚惬心，却并无可已不已之观念。盖彼既捏造故实，诚如来示所云，不宜听其胡传。且彼既载之于《民报》，即不与之辩，则亦不能不声明不屑与辩之意，以告旁人也。先生与彼各书，措词极其界限，固当理直气壮，无所用其横生枝节；亦缘心地干净，与彼霄壤故也。彼此次之函，真无聊之极，乃至不敢涉张鲁望一字。虽强作虚骄之面目，由第一书、第二书以至此书，次第观之，则彼末次之书业已自认其罪状矣。未知彼尚欲揭之于《民报》否耶？……弟孑民顿首"。(《复吴稚晖函》)

9月(八月)　　迁居莱比锡。

"适同学齐君宗颐持使馆介绍函向柏林大学报名，该大学非送验中学毕业证不可，遂改往来比锡①(Leipzig)进大学。那时候，中国学生留学来比锡的，还只有张

---

①　此处系尊照原文，现译为"莱比锡"。

君仲苏谨一人,且与齐君同籍直隶,同在译学馆肄业,与齐君甚相得。我接齐君报告后,遂向孙使声明,而于戊申暑假中往来比锡。"(《自写年谱》)

10月15日(九月二十一日) 入莱比锡大学,正式注册为哲学系学生。

莱比锡大学主楼

"我只是想在这里介绍一下我们莱比锡大学(即 Karl-Marx-Universitat)档案馆所存的三种资料。

第一种资料是莱比锡大学校长办公室档案藏的学生名册。在蔡元培的名册上有三次入学注册的记载:1908 年 10 月 15 日,有效期限两年;1910 年 10 月 19 日;1912 年 11 月 1 日。

第二种资料是莱比锡大学的学生索引卡片。在蔡元培的卡片上有关于他学习、居住地址、宗教信仰、毕业证书等记载。

第三种资料是蔡元培先生的两件毕业证书。

第一种资料特别有价值。因为注册是由蔡先生亲自填写的,入学注册和学生卡片虽然内容简单但是还是可以说明几个问题:(一)蔡元培正式注册是入哲学系的学生。(二)他获得证书两次;第一次是在 1911 年 11 月 4 日;第二次是在 1913 年 4 月 17 日。(三)蔡元培在他三年半在莱比锡留学期间有过六个不同的地址。……(四)在 1908 年入学名册上蔡元培先生没有回答关于宗教信仰这一项,但 1910 年和 1912 年他的回答是孔教。(五)他在 1908 年名册上写年龄时填了 35 岁(虽然他那时已经 40 岁);1910 年(他已经 42 岁了)又填了 35 岁;1912 年(正是他 44 岁时)他填了 36 岁。很可能当时感觉到 40 岁以上已不能入学。"(费路:《蔡元培在德国莱比锡大学》)①

蔡元培关于进入莱比锡大学的经过和在校听课、研究情形的自述:

---

① 《论蔡元培》,旅游教育出版社 1989 年出版。

"该大学设有中国文史研究所,主持的教授为孔好古氏(August Conraty),彼甚愿招待中国学生,我由彼介绍进大学,毫无留难。我所听的讲义,是冯德(Wilhelm Wundt)的心理学或哲学史(彼是甲年讲心理,乙年讲哲学史,每周四时,两种间一年讲的);福恺尔(Vokelt)的哲学;兰普来西(Lemprechs)的文明史;司马罗(Schmalso)的美术史;其他尚听文学史及某某文学等。我一面听讲,一面请教师练德语,一面请一位将毕业的学生弗赖野氏(Freyer)摘讲冯德所讲之哲学史,藉以补充讲堂上不甚明了的地方。

冯德是一位最博学的学者,德国大学本只有神学、医学、法学、哲学四科(近年始有增设经济学等科的);而冯德先得医学博士学位,又修哲学及法学,均得博士;所余为神学,是彼所不屑要的了。他出身医学,所以对于生理的心理学有极大的贡献。所著《生理的心理学》一书,为实验心理学名著。世界第一个心理学实验室,即彼在莱比锡大学所创设的。又著《民族心理学》《论理学》《伦理学》《民族文化迁流史》《哲学入门》(此书叙哲学史较详),没有一本不是元元本本,分析到最简单的分子,而后循进化的轨道,叙述到最复杂的境界,真所谓博而且精,开后人无数法门的了。

兰普来西氏是史学界的革新者,他分历史为五个阶段:(一)符号时代,(二)雏型时代,(三)沿习时代,(四)个性时代,(五)主观时代。符号时代,是人类意识最蒙昧,几没有多大的分别。如中国文字上一二三等指事的文,又如各民族图画的几何形,人与人的关系,就是共同生活,饥了就食,倦了就寝,并没有何等有机的社会组织。雏型时代,就进一步,有一种类别的意识。如中国或埃及的象形文,鸟、兽、虫、鱼,各就它们一类中共有的特点表现出来。在社会上,自图腾以至于宗法,自渔猎以至于农工商业,渐成分工的组织。沿习时代,是一种停滞的意识,承雏型时代的习惯,变本加厉,不求其所以然。如中国文字由小篆变为楷书,诗文上的拟古,图画上的摩仿。在社会上,贵族与平民,公民与奴隶,男与女,资本家与工人,都不考求他们的成立的因由,而确认为天然不平等的阶级,没有改变的可能。个性时代,就又进一步。如图画上之写真,每一个人的面目,不能移到别一人。人人有'人各自由'之观念,人人有自尊人格的气概;平民与贵族争,有法国的革命;奴隶与公民争,有林肯的解放黑奴;女子与男子争,有各种妇女运动;工人与资本家争,有社会主义;无一非人权的意识所表现。主观时代,为我见的扩大。是孟子'万物皆备于我'的'我',菲希德'我与非我'的哲学的'我',并非为小己的竞争生存着想,而以全体人类为一大'我'。'禹思天下有溺者,犹己溺之;稷思天下有饥者,犹己饥之。''伊尹乐尧舜之道,思天下有不与被尧舜之泽者,若己推而纳诸沟中。''人人不独亲其亲,不独子其子,鳏寡废疾皆有所养。''人人各尽其能,各取所需。'这是社会主义者理想的世界,将要待人类文化更进时始能实现的。(因兰氏所举例证,我已记不清楚,箧中又无书可检,用己意说明,不知道失了兰氏本意没有)兰氏旋于一九一四年逝世。

兰氏所创设的文明史与世界史研究所,除兰氏外,尚有史学教授六七人,学生在三四年级被允许入所研究者,那时约四百人。我以外国学生,不拘年级,亦允入所并有兰氏所指导的一门中练习。他的练习法,是每一学期中,提出有系统的问题一组,每一问题,指定甲、乙二生为主任,每两星期集会一次,导师〔为〕主席;甲为说明的,乙为反驳的或补充的,其他丙、丁等为乙以后的补充者。最后由导师作结论。进所诸生,除参加此类练习班外,或自由研究,或预备博士论文,都随便。

兰氏讲史,最注重美术,尤其造形美术,如雕刻、图画等。彼言史前人类的语言、音乐均失传;惟造形美术尚可于洞穴中得之,由一隅反三隅,可窥见文化大概。研究所中搜集各地方儿童图画甚多,不但可考察儿童心理,且可与未开化人对照。

孔氏所主持的中国文史研究所,也有练习班,我也参加。孔氏曾任我国译学馆教员,通梵文,常用印度寓言与中国古书相对照,颇有新义。

来比锡大学礼堂中正面的壁画,为本地美术家克林该所绘。左部画一裸体而披蓝衫的少女,有各民族雏型的人物环拱着,这是希腊全部文化的象征。中部画多数学者,而以柏拉图及雅(亚)里士多德为中坚,柏氏着玄衣而以一手指天,为富于理想的象征,雅氏着白衣而以一手指地,为创设实证科学的象征。右部画亚力(历)山大率群臣向左迈进,为希腊人权威的象征,克氏又采选意大利各种有色的文石雕一音乐大家贝多汶坐像,设在美术馆庭中。

此地美术馆,以图画为主,当然不及柏林、明兴等处美术馆的富有,但自文艺复兴以后的诸大家,差不多都有一点代表作品,尤其尔时最著名的印象派作家李勃曼,因曾寓此城,所陈列作品较多。其第三层将各国美术馆所收藏之名画,购其最精的照片,依时代陈列,阅者的印象虽不及目睹原本的深刻,然慰情聊胜无。我常想,我们将来设美术馆,于本国古今大家作品而外,不能不兼收外国名家作品;但近代作品,或可购得,而古代作品之已入美术馆的,无法得之,参用陈列照片的方法,未尝不可采用。

美术馆外尚有一民族学博物馆,馆长符来氏(Woller),即在大学讲民族学者,我亦曾往听讲,其中所搜非洲人材料较多且精,因符来氏曾到该地。中、日亦列入,我亦曾助馆员说明中国物品。

有一花园名曰椰园(Palmgarten),因园中有一玻璃房,专培养热带植物。有一演奏厅,于星期日午后及晚间奏音乐,我常偕同学往听。德国音乐名家最多,普通人多能奏钢琴或提琴者,我也受他们的音(影)响,曾学钢琴,亦曾习提琴,然均不久而中辍。

有一戏院,每日演话剧或小歌剧。小歌剧轻松婉丽,同学张君仲苏最所爱听,我亦偶与同往。话剧多古今文学家作品,寄托遥深。又德国舞台科白,为标准德语,听戏亦为练习语言的一法。大学体谅学生,每日于门房中留有中等座位的折价券若干张,备学生购取。报纸则于星期日揭载七日戏目。我等愿于某日观某剧,如未曾读过剧本,可先购一本,于观剧以前读完它,更易得益。(莱比锡为德国印刷业集中地点,有一雷克拉谟书店(Recram)印行小本,版权满期的文学书或科学书,每号价不过二十生丁。)

德国最大文学家哥德氏(Goethe)曾在莱比锡大学肄业,于其最著名剧本《弗斯脱》中,描写大学生生活,即在莱比锡的奥爱摆赫(Auerbach)酒肆中,此酒肆为一地底室,有弗斯脱博士喝啤酒的壁画,我与诸同学亦常小饮于该肆。(及民国十年,我偕林宰平君重到莱比锡,再访该肆,则已改造为美轮美奂的饭馆了。)普通演《弗斯脱》剧本的,都只演第一本,即法国人所译编的歌剧,也只有第一本。第二本节目太繁,布景不易,鲜有照演的。惟莱比锡因系哥德就学之所,而弗斯德于芬斯脱节(Fenste)之夜,正欲服毒,闻教学之歌舞而中止,所以来(莱)城剧院于五月芬斯脱节前后,特排日连演第一、第二之两本。我在来(莱)城三年,每年届期必往观。

我于讲堂上既常听美学、美术史、文学史的讲〔演〕,于环境上又常受音乐、美术的熏习,不知不觉的渐集中心力于美学方面。尤因冯德讲哲学史时,提出康德关于美学的见解,最注重于美的超越性与普遍性,就康德原书,详细研读,益见美学关系的重要。德国学者所著美学的书甚多,而我所最喜读的,为栗丕斯(T. Lipps)的《造形美术的根本义》(Grnndlage Ber Bildende Kunst),因为他所说明的感入主义,是我所认为美学上较合于我意之一说,而他的文笔简明流利,引起我屡读不厌的兴趣。

那时候冯德一派的学者摩曼教授(Meumann),适也在这大学。他是应用心理学的实验法于教育学及美学。所著《实验教育学讲义》,是在瑞士大学的讲稿。又著《现代美学》及《实验美学》两书,虽篇幅不多,而门径分明。我想照他的方法,在美学上做一点实验的工作。于是取黑色的硬纸、剪成圆圈,又匀截为五片,请人摆成认为最美的形式。又把黑色硬纸剪成各种几何形,请人随意选取,列为认为最美的形式,此等形式,我都用白纸双钩而存之,并注明这个人的年龄与地位,将俟搜罗较富后,比较统计,求得普通点与特殊点,以推求原始美术的公例。但试验不及百人,归国期迫,后来竟未能继续工作。……

在文明史研究中,与但采尔(Teodos Wilherm Danzel)相识。但氏汉堡人,面微黄,颇心折东方文化,治民族学,其毕业论文之题曰《象形字》,其中中国象形字一节,我代为选择。……"(《自写年谱》)

开始素食。自信素食有三益。

"齐寿山的父亲,就是齐令辰,号禊亭。是李石曾先生的业师。寿山与李先生为师兄弟。他告诉我李先生吃素及吃素的道理。我很向慕,因之我也开始吃素。一直吃到民国十年。我在北京,患了腿病,不能行走。医生感觉病时素食不易调理得法,为简便计,乃又劝我恢复肉食。其实还是偏重素食,不如以前之严格而已。"(萧瑜:《蔡孑民先生自述身家轶事》)

"我那时候也是素食,这是民元前二年在莱比锡时受李君感化的。同学齐君寿山与李君有世谊(齐君之父,即李君之师),应李君之招而游巴黎,回柏林后,告我等;李君提倡素食甚力,常说动物于死时全体强直,发一种毒质,食者必受其害。我闻此,适莱比锡有素食馆数处,往试食,并得几本提倡素食之书,其所言有三益:一、卫生,如李君所言;二、戒杀,不肉食则屠杀渔猎等业皆取消,能因不忍杀动物之心,而增进不忍杀人之心,战争可免;三、节省,一方牧场,能以所畜牛羊等供一人一岁之食者,若改艺蔬谷,可供给十人以上。李君不但讲卫生,而且为尽力于和平运动的一人,故有此主张。我亦深信之,素食十二年,至民元(国)十年,在北京,因足疾,被医生劝告而又肉食,深愧不如李君的坚定。"(《自写年谱》)

本年 曾游巴黎,与李石曾往来。

"戊申年(光绪三十四年,一九〇八年),我游巴黎,与李先生多所往来。"(萧瑜:《蔡孑民先生自述身家轶事》)

1909年(清宣统元年　己酉)　四十二岁

继续在莱比锡大学听课与研究。在1908年至1909年学年度所学的课程有:
"新哲学史——从康德至当代(Wundt冯德教授讲)　1908/1909

叔本华的哲学(Brahn讲)　1908/1909

心理学原理(Lipps讲)　1908/1909

心理学(Wundt讲)　1909

儿童心理学与试验教育学(Brahn讲)　1909

语言心理学(Dittricth讲)　1908/1909

德国现代文明史:其过去与现在　1909

德国文学发展现状(Wittkowski讲)　1908/1909

作为一个哲学家和自然科学家的哥德　1908/1909

现代自然科学的主要研究成就　1909"(费路:《蔡元培在德国莱比锡大学》)

8月21日(七月初六日) 自谓曾经钦慕俄国虚无党,并谓刘师培(申叔)有好胜、多疑、好用权术的特征。

在德国留影(1909年)

"稚晖先生左右:前日奉惠书,并刘事各证据。先生于百忙之中,详书见示,感激不可言状。……弟从前甚钦慕俄国虚无党之所为,且亦甚赞成目的神圣手段之说。然如德国哲学家则于此等事绝对的反对,而专主张堂堂正正之革命,以言论鼓吹为惟一预备方法。弟初以为德人奴隶根性太深,故其言学理,亦复尔尔(理论之力至大,德国政治家压力颇重,而从无暗杀案,可惊也)。近来鉴于我族党人之变态,与俄国警界之丑状,乃使弟不能无疑。盖人类以习惯为第二之天性,其初固不惜以丑恶之手段赴其美善之目的。然所谓美善之目的者,相距至远,接触之点极微。而丑恶之手段,则不免时时循返之,由是习惯于丑恶而不知不觉,遂至以是为目的,殆人类所难免乎。

刘申叔,弟与交契颇久,其人确是老实,确是书呆。惟尚杂以三种性质:(一)好胜。此尚是书呆本色。盖所谓文人相轻,自古而然也。弟尚记得一段笑话:有一日,吴彦复言:夏穗卿到彦复处,见申叔所作《□书》,有言黎民即汉人指目苗种之名,则大诧曰:光汉小子,好盗人书。盖穗卿曾于《汉族纪□》(见《新民报》)中有此说。以为申叔袭之,而不著其所自出也。时陈镜泉在座,曰:申叔前见屠敬山之《历史讲义》有此说,尝曰:吾书不可不速刊,否则人将以此说为创于屠氏也。

(二)多疑。此则在其与何震结婚,及主任《警钟日报》以后,始时时发见。其最著者,在芜湖任安徽中学堂事,敖梦姜、陶焕卿(成章)、龚未生诸君皆与其事。后校中有冲突,敖君为某某等所殴,寄居于申叔家中。一日,敖君不知以何事到衙门一次,而申叔家人即大猜疑之,谓其告密于官,将捕拿申叔。顿加敖以白眼,立刻欲驱逐之。(三)好用权术。此则弟已不能举实事以为例证,惟曾忆有此情状而已。此三种性质,甚之为老实人之累。盖世界自有一种机警之人,心术至正,而能用权术以求售事,然必非老实人所当为。如弟者,自量无用权术之机智,则竟不用之。在申叔,未免好用其所短。然此等性质,充类至尽,亦不过于自党之中生冲突而止。万不料其反面而受满人端方之指挥,且为之侦探同党也。弟初见书生侦探之说,即疑之。然彼报未几即自取消。弟尚以为在疑似之间。一月前,得钟君宪鬯来函,有云:近来风云大变,素日同志,改节易操者,盖多有之,如刘申叔辈,其尤甚也云云。钟君素不妄语,弟于是始知申叔之果变节。及后见《民呼日报》,两载端方携其亲信之书记陶保濂主政,刘师培孝廉赴北洋云云,则彼又公然入端方之幕矣。现又得阅先生所示各证据,此人之变节殆已无疑。……弟子民顿 八月二十一日"。(《复吴稚晖函》同日)

9月5日(七月二十一日) 函告吴稚晖《民呼日报》已被查封。

"手示谨悉。诸公近日忙迫乃尔,弟日前屡屡迫促,真不情之至矣。……得上海友人书,言《民呼日报》已被查封,主笔于右任被拘押。右任被诬,尚押捕房,案尚未了(来函系阴历七月初一日发),报则改名《开明》矣。未知为关系国事,或关系个人名誉之口实而被告?然主笔被押,报馆改名,则似乎情节较重大者。……弟民友顿"。(《复吴稚晖函》同日)

10月 译著《伦理学原理》一书由上海商务印书馆出版。此书原为德国泡尔生(F. Pauisen)所著,由日本蟹江义丸译为日文,蔡元培先生又据日文译为中文,署名蔡振。(该书)

11月(十月) 谓陶成章无端制造内讧,属无理取闹。

"奉手示及辑报一束,已读毕,报奉缴。南海末路如此,已矣,不能复有所为矣。吾党凋枯,亦复尔尔,令人痛哭。陶君之内讧,尤为无理取闹。此公本有此等脾气,前与徐(锡麟)、陈诸君结为特别死党(凡五人);在东京时,亦以党款故,与徐君龃龉,驰函各处攻徐君,谓其有异志。然徐君卒不出一诋陶语,识者曾以是判徐、陶之优劣,及徐君殉义,则是非更昭然矣。吾族终不免有专制性质,以政府万能之信仰,移而用之于党魁,始而责望,终而怨怼,真令人短气!……稚晖先生 弟子民顿"。(《复吴稚晖函》同月)

本年 于课余,别延讲师,讲授德国文学。

"进世界文明史研究所,研究比较文明史。又于课余,别延讲师到寓所,讲授德国文学。"(《传略》上)

1910年（清宣统二年　庚戌）四十三岁

继续在莱比锡大学听课与研究。在1909年至1910年学年度所学的课程有：
"哲学基本原理（Bichter 讲）　1909/1910
康德以后的哲学史（Volkelt 讲）　1910
伦理学基础（Volkelt 讲）　1910
心理学实验方法（Wirth 讲）　1910
德国古代与中世纪的文明史（Lamprecht 讲）　1909/1910
德国现代文明史：世界观与科学观（Lamprecht 讲）　1909/1910
宗教改革与文艺复兴时期的德国文明（Lamprecht 讲）　1910
德国戏剧及演艺艺术史章节选读（Koster 讲）　1910
史学方法与历史艺术观（Lamprecht 讲）　1910
哥德的戏剧（Witkowski 讲）　1909/1910
德国文学史概况——自古代至现代（Witkowski 讲）　1909/1910
18世纪德国文学史（Koster 讲）　1909/1910"（费路：《蔡元培在德国莱比锡大学》）

3月（二月）　自莱比锡复信吴稚晖，谓汪精卫"至可敬爱"，并询问制造炸药的方法。

"稚晖先生足下：奉惠书并承示各函件，感谢之至。……精卫君至可敬爱，彼与同人所组织之小队，或能发见一惊人之剧。弟之所见，恐平民革命之剧，在支那终不能有好结果。现在所可预期者，惟有两涂：幸则为土耳其之革命，如汉民君《以土耳其革命告我国军人》篇所言，弟颇赞成之。不幸则支那民族演犹太人之印版文字，分居于各强国政府之下，而守其不洁、贪、吝、迷信旧宗教（以儒家之祖先教代摩西教）之习惯，历劫不变。其中一部分占势力于经济界，又有一小部分为忽出忽没之暗杀党，一小部分为学术家，而平时受人诟詈凌虐，又无端而受虐杀，一一如犹太人已往及现在之历史。二者何去何从，恐不出十年，可以解决也。此次精卫函中，曾询制药之法，公曾以所知者告之否？想公所知必甚富，弟亦甚愿知之，能见示否？……弟孑民顿"。（《复吴稚晖函》同月）

4月25日（三月十六日）　《中国伦理学史》一书由上海商务印书馆出版。署名蔡振。

蔡先生自述其编撰动机时谓："吾国夙重伦理学，而至今顾尚无伦理学史。迩际伦理界怀疑时代之托始，异方学说之分道而输入者，如盘如烛，几有互相冲突之势。苟不得吾族固有之思想系统,以相为衡准,则益将旁皇于歧路。盖此事之亟如此,而当世宏达,似皆未遑暇及。用不自量,于学课之隙,缀述是编,以为大略之椎轮。"(该书《序例》)

"《中国伦理学史》,虽仍用日本远藤隆吉氏《支那思想史》之三时期分叙法,叙述的材料,亦多取给于此书,而详其所略、略其所详的却不少,其中如六朝人的人生观与清代黄梨洲、戴东原、俞理初三氏之编入,为我最注意之点。"(《自写年谱》)

4月(三月)　与寿孝天讨论蔬食主义问题。

"(前略)蔬食主义,先生之论,实获我心,盖吾两人之性质,实最相近者也。亚兄之言,则以伦理学之法相绳,亦持之有故。但此主义,乃感情上之问题(弟前函言感觉,似不如情感为妥),而非知识上之问题;即兼知识言之,亦进化论之范围,而非目的论之范围。

现在人类之知识,尚不能有确定之目的论,即将来之人类,亦恐终无从而确定。至于进化论,则已有公例可循。而蔬食主义者,于进化论之公例,实为不悖。盖人类文化愈浅,则其所牺他以自益也,愈与己近似;而文化渐进,则所牺者以渐疏远。最显之例,其始以人舁人,如我国及日本之肩舆及人力车,稍进则用马车,更进则用油用电。其理由有二:一以知识进步,利用之术渐精;二则情感进步,恻隐之心渐广也。野蛮人能食人,而开化之民族则不能,以野蛮人尚无人类同等之观念,其视异种之人,犹开化人之视禽兽也。自达尔文进化论发行后,人兽同祖之说,积渐为人类所公认,而动物心理及动物教育之成绩,日渐进步,于是人兽同等之观念,日渐萌茁于普通人之脑中,而蔬食主义渐行矣。……"(《致寿孝天函》)

5月12日(四月初四日)　知悉汪精卫因刺杀清摄政王载沣失败被捕,甚为惊骇。

"稚晖先生:久不通问,承示精卫君被拘之讯,深为惊悼。此公屡经同人苦劝而不回,良可敬佩,然未下手而败,则由可悲也。此等猛剂,自史坚如以来,无一次得手。而手枪则徐、王诸君固不空发矣。后胜于前,公之言良然。……孑民顿"。(《复吴稚晖函》同日)

同日　移居 Taistrasse I. III. R.

"弟已移居 Taistrasse I. III. R. (仍在 Leipzig)。……与《新世纪》发行所通信时,敬乞转告为荷。"(《复吴稚晖函》同日)

12月11日(十一月初十日)　所译《德意志大学之特色》一文发表。(《教育杂志》第2年第11期)

12月(十一月)　函请孙毓修(星如)访购金石图谱书籍。

"星如先生左右:尝于本馆所印各教科书及杂志中,获闻先生绪论,钦迟久矣。顷奉惠书,并高梦翁转寄《金石图画书目举例》,诸承指导,并允为代任求书之劳,感激无任,钦佩无任。弟从前所见考订金石本不多,而记忆力甚弱,即曾见之书,亦有不复忆其范围之广狭者。所需各书,全仗先生为之抉择。……公所举以为例之书,第一条之石印《西清古鉴》,已蒙购寄。又《西清绪鉴》甲编,亦可代购(但此书不知何时可以印竣),至幸至感。《宣和博古图谱》及《古玉图谱》,如佳本难得,或其价太贵,则不购亦可,因此间尚可设法借读也。《宣和鼎彝谱》及《古玉图考》,或尚有其他类似之书,务请访购。……"(《致孙毓修函》)

在莱比锡三年,常于暑假中出去旅游。

"我在莱比锡三年,暑假中常出去旅行。德国境内,曾到过特莱斯顿(Dresden)、明兴(Munchen)、野拿(Jana)、都绥多荸(Dusserdorf)等城市。德国境外,仅到过瑞士。往瑞士时,我本欲直向卢舍安(Lucean),但于旅行指南中,见百舍尔(Basel)博物馆目录中,有博克令(Böcklin)图画,遂先于百舍尔下车,留两日,畅观博氏画二十余幅,为生平快事之一。博氏之画,其用意常含有神秘性,而设色则以沉着与明快相对照,我笃好之。"(《自写年谱》)

1911年(清宣统三年 辛亥)四十四岁

继续在莱比锡大学听讲与研究。在1910年至1911年学年度所学的课程有:
"康德哲学(Volkelt 讲)   1911

希腊哲学史(Volkelt 讲)   1910/1911

心理学实验(三部分)(Wundt 讲)   1910/1911

民族心理学(Wundt 讲)   1910/1911

现代德语语法与心理学基础(Dittrich 讲)   1910/1911

古典时期的德国文明(Lamprecht 讲)   1911

专制主义时期的德国文明史(Lamprecht 讲)   1910/1911

文化的起源与原始形态(Weule 讲)   1910/1911

舞台艺术从 15—20 世纪的发展(Koster 讲)   1911

美学(Volkelt 讲)   1910/1911

古典希腊雕塑艺术(Schreiber 讲)   1911

罗马式的建筑学与雕塑(Eckstaedt 讲)   1911

莱兴(Lessing)之 Liaokoon:艺术对美学之贡献(Schmarsow 讲)   1911

古代荷兰绘画(Schmarsow 讲)   1911

哥德《浮士德》注解(Koster 讲)   1911"(费路:《蔡元培在德国莱比锡大学》)

三、运动革命与游学时代(1898—1911) 163

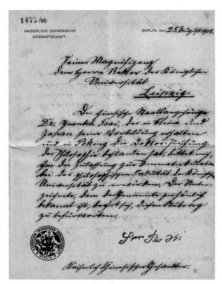

大学证明

1月4日(十二月初四日) 向吴稚晖倾诉在德留学情况。

"稚晖先生左右:一年来竟不通闻问,且亦不得捧读《新世纪》,不克接先生之謦欬久矣,时时念及。……至勉赴学问云云,则虽不敢不以此为鞭辟,而来此已逾三年,拾得零星知识,如于满屋散钱中,暗摸其一二,而无从连贯;又或拾得他人弃掷之钱串,而曾不名一钱;欲摸索一二相当之钱以串之,而顾东失西,都无着落。惟终日手忙脚乱,常若债负,与日俱增,而不知所届。偶或悍然不顾,引我无目的之乐天观,以强自排遣,则弟之避债台也。盖弟从前受中国读书人之恶习太深,年来虽痛自洗濯,而终未能脱去。又生平有小题大做之脾气,详于小则不能不遗其大。自知其失而终不能改,故沉游于苦海之中,而不能度也,所幸半佣半丐之生涯,尚可勉强过去。再历数年,或之摸得之散钱稍富,而渐有适当于断烂钱串者,得联合以为小小之结束,则庶几不负故人之期望矣。……弟子民顿 一月四日"。(《致吴稚晖函》同日)

1月29日(十二月二十九日) 寄发友人贺年片。

"发贺年各片:薛、韦、齐、钱、胡、余、夏、阮、贝、陈介、李、项、许、二唐。"(本年《日记》同日)

1月30日(正月初一日) 到舒尔夫大。

"登Rudelsberg,赴Saalecke,归途经Lengefeld,午饭于Katze之旅馆。午后,赴Schnlpforta,观其教院及学校。"(本年《日记》同日)

2月10日(正月十二日) 收到张元济(菊生)来信及汇款。

"得菊生十二月二十一日函,并马克54.87。"(本年《日记》同日)

2月19日(正月二十一日) 　游览木山。

"午后,偕(张)仲苏、(高)谨卿登木山。"(本年《日记》同日)

3月10日(二月初十日) 　听Dr. Arnmen演说。

"听Dr. Arnmen演说Mazdazmant学。"(本年《日记》同日)

3月12日(二月十二日) 　往油画博物院参观。

"偕高、张观油画博物院,观国民战争纪念碑。"(本年《日记》同日)

3月13日(二月十三日) 　与安采尔一起整理鉴别中国器品。

"始偕Anzer整理中国物件之在Grassimuseam者。"(本年《日记》同日)

3月14日(二月十四日) 　与穆斯德柏格一起鉴定中国铜器。

"始偕Müsterberg鉴别中国铜器。"(本年《日记》同日)

3月25日(二月二十五日) 　收到高凤谦(梦旦)汇款及商务印书馆清单。

"得梦旦二月初三日函,并马克543,又商务印书馆清单一纸。计此次寄款,支今年脩200圆余。"(本年《日记》同日)

2月、3月(正月、二月) 　译作《撒克逊小学(国民学校)制度》发表。(《教育杂志》第3年第1、2期)

4月4日(三月初六日) 　寄周豫才《中央文学报》。

"得孙星如所寄《陶斋考金录》《续录》(续录借用)、《汗简笺正》《古玉图考》。寄《中央文学报》(四月一日出)于周豫才。"(本年《日记》同日)

4月5日(三月初七日) 　函请孙毓(星如)审定老子、弥勒等铸像的专名及其来历。

"星如先生足下:前得正月六日惠书,即于二月九日奉一片,谅荷察及。顷承寄各书已到,凡《汗简笺正》六册、《古玉图考》四册、《陶斋考金录》八册,又《考金续录》二册,感谢之至。《陶斋考金续录》,准于他日缴还本馆。本馆所印之《西清续鉴》如已出版,敬乞购寄一部。抑弟又有奉渎者,此间博物院有我国铜、陶等像,近因编次目录,属弟辨识,其间如老子、弥勒、观音、八仙、魁星、文昌等,虽易举名,而其他在疑似之间者,亦不少。又求知西人所著中国风俗、宗教各书,亦无其像,无从印证。今以各像摄影片奉上,敬求审定专名,略书来历,不胜企祷。……弟元培顿 三月七日"。(《复孙毓修函》同日)

4月9日(三月十一日) 　抵达柏林。

"晨四时,赴柏林,六时半到,偕徐子鸿,寓Herderstr,15. bei Barfeld。"(本年《日记》同日)

4月14日(三月十六日) 　同钮永建、贝季美等游格朗沃德。

"偕贝、钮、阮散步Grünewald。"(本年《日记》同日)

4月15日(三月十七日) 　同钮永建、贝季美等参观腓德烈博物馆。

"偕钮、贝、阮游观 Friedrich Musenm。阮邀午餐。"(本年《日记》同日)

4月17日(三月十九日) 决计滞留柏林等待李石曾。

"齐寿君见告,李石曾将于二十日到此,决计稍待之。访胡仲巽,乃知彼为十年前办中西强正学堂者。"(本年《日记》同日)

4月20日(三月二十二日) 在柏林博物院观油画。

"复观油画于博物院。晚观 Eispalast。得梦旦二月二十九日函。"(本年《日记》同日)

4月21日(三月二十三日) 返回莱比锡。

"午间,季美邀尝豆芽菜。午后四时乘车行,贝、阮、齐、夏四君送至车站。六时五十分到 Leipzig 看张、高。"(本年《日记》同日)

4月29日(四月初一日) 孙毓修(星如)来函告书已寄出。

"得星如三月十三〔日〕函,言《西清续鉴》已寄出,并属用过赠此地大学,又《殷商贞卜文字》。"(本年《日记》同日)

5月1日(四月初三日) 德国同学但采尔邀同译中国古文。

"得 Jeichmann 函及赠画。Danzel 邀同译我国古文。"(本年《日记》同日)

5月8日(四月初十日) 开始学钢琴,后亦曾习提琴等乐器。

"始学 Klavier 于 Schultz,订定每月脩十马。"(本年《日记》同日)

"德国音乐名家最多,普通人多能奏钢琴提琴者,我也受他的影响,曾学钢琴,亦学习提琴,然均不久而中辍。"(《自写年谱》)

5月9日(四月十一日) 寄周豫才杂志二册。

"寄陶星存德帝国议院及法院图各一纸。寄周豫才《中央文学杂志》二册。"(本年《日记》同日)

5月16日(四月十八日) 收到张元济(菊生)汇款。

"得菊生函,并汇票银 555.39。得肃伯容丈函。"(本年《日记》同日)

5月17日(四月十九日) 收到孙毓修(星如)寄书。

"接孙星如所寄《西清续鉴》四十二册,《殷商贞卜文字考一册》。"(本年《日记》同日)

5月21日(四月二十三日) 辞却小提琴教习。

"辞 Violin 教习(Schultz)。"(本年《日记》同日)

5月29日(五月初二日) 函请张元济(菊生)以报款代寄家用。

"致菊生函,言《外交报》事,嘱以报款寄家。"(本年《日记》同日)

6月3日(五月初七日) 函请孙毓修(星如)代购《博古图》一书。

"星如先生足下:本月四日奉三月十三日惠函,敬复一片。顷承寄之《西清续鉴》四十二册及《殷商贞卜文字考》一册,均领到,感谢无既。惟弟尚有奉渎者,《博古图》如尚可得,弟终愿得一部。得精本固佳,否则,即稍劣,亦慰情聊胜无也。尚求留意为幸。……弟元培顿 五月七日"。(《复孙毓修函》同日)

同日 赴慕尼黑游览。

"赴 München,寓 Pension Reichkopf,Schwanthalerstr,79。是日乘 7∶14D. Zug 行,4 到。"(本年《日记》同日)

6 月 10 日(五月十四日) 回莱比锡。

"乘 7∶15D. Zug 回 Leipzig。"(本年《日记》同日)

7 月 15 日(六月二十日) 赴科隆。

"偕高君赴 Cassel,观 Gemälde Galerie。晚赴 Cöln,寓于 Hotel Victoria。"(本年《日记》同日)

7 月 18 日(六月二十三日) 回莱比锡。

"游 Wilbilmhöhe。复观 Gemäldegalerie。晚回 Leipzig。"(本年《日记》同日)

7 月 21 日(六月二十六日) 收到孙毓修(星如)寄《列女传图》《芥子园画谱》。

"得亚泉函,内有菊生函。得孙星如所寄《列女传图》及《芥子园画谱》。"(本年《日记》同日)

7 月 22 日(六月二十七日) 访摩曼教授。

"访 Prof. Meumann。"(本年《日记》同日)

7 月 30 日(闰六月初五日) 友人野盖尔邀茶话。

"Jäger 招饮茶,并见其妹,座有 Danzel 及 Ewerth 二君。"(本年《日记》同日)

7 月 31 日(闰六月初六日) 本年上学期课业结束。

"致三弟函,内附致国亲弟及萧丈片,又致政治研究社函。复 münsterberg,大学夏期功课毕。"(本年《日记》同日)

8 月 4 日(闰六月初十日) 赴德莱斯敦,参观一新式中学校。

"闰六月初十日,赴 Dresden。"(本年《日记》同日)

8 月 11 日(闰六月十七日) 得知杨守仁(笃生)蹈海殉难。

"得高谨卿片,知杨笃生蹈海殉国。"(本年《日记》同日)

"杨笃生近年亦留学英国,因激愤国事,脑病时发,于西历八月初六日投利物浦海中自尽,由稚晖等为安葬于利物浦之公茔矣。"(《复黄仲玉函》8 月 22)

8 月 13 日(闰六月十九日) 返抵莱比锡。

"晚 7∶10 由 Dresden 行。晚 9∶30 抵莱比锡 D. Z. 得高叔钦电。又得傅松林函。"(本年《日记》同日)

8 月 14 日(闰六月二十日) 钢琴课改时。

"得高谨卿片(Cöln)。琴师之课改为 12ubr—1/21。"(本年《日记》同日)

8 月 20 日(闰六月二十六日) 成《杨笃生先生蹈海记》一文。谓杨笃生一生

"以革命为唯一宗旨,以制造炸弹为唯一之事业""洵所谓鞠躬尽瘁,死而后已者"。

"致季美函,有笃生二片及《杨笃生先生蹈海记》。"(本年《日记》同日)

8月31日(七月初八日)　译出普鲁士学制稿并寄张菊生。

10月8日(八月十七日)　收到孙毓修(星如)寄书。

"致孙星如片(告收到《三古图》)。"(本年《日记》同日)

"寄普鲁士学制译稿于菊生。"(本年《日记》同日)

10月11日(八月二十日)　到维坎斯多弗。

"赴Saalfeld,12∶10D. Zng,2∶38到。3∶50Auto,4∶30 bis Wickersdorf。"(本年《日记》同日)

"辛亥九月间,野氏在维坎斯多弗(Wickersdorf)之一新式中学任教员,邀我往游。此校重在启发学生,使能自动的研求。于训育特别注重。午、晚餐师生共聚一堂,由一人读世界名人格言一则,以代宗教中之祈祷;每星期至少演奏音乐一次;学生得在校中约所喜之男女同学开茶话会。"(《自写年谱》)

10月12日(八月二十一日)　同野盖尔游山。

"偕 yägen 游山。赴 Frl Sibert 茶会。"(本年《日记》同日)

10月13日—14日(八月二十二日、二十三日)　得知武昌起义消息。

"阅报,知革命军已克武昌、汉阳。""阅报,知革命军已克汉口,长沙革命军亦起,安徽、广东闻亦起义。"(本年《日记》同日)

"……忽见德国报纸上,载有武昌起义的消息,有一德国朋友问我:这一次的革命,是否可以成功?我答以必可成功,因为革命党预备已很久了。不久,又接到吴稚晖先生一函(自伦敦来,或自巴黎来,我此时记不清了),以武汉消息告我,并言或者是一大转机,我辈均当尽力助成(大意如此)。我于是先到柏林,每日总往同学会,与诸同学购报传观,或集资发电,大家都很热烈的希望各省响应就是了。"(《辛亥那一年》)

"我住此校方一星期,正阳历十月十日左右,忽见德国报纸载武昌起义消息:野氏亦留心中国时事者,询我:'中国革命军,有成功希望否?'我说:'可成,因运动已很久了。'我又接吴君稚晖一函(自巴黎来,抑自伦敦来,现在记不清楚了),亦以武昌起义事见告,并谓'大家应竭力促成此举'。我于是往柏林。到柏林后,见留德同学每日聚集同学会中,竞购晨、午、晚各报,探取中国革命消息,互相谈或临时集款发电于某某等省当局,促其响应。同学刘君庆恩最兴奋,会中旧有小黄龙旗两面,刘君折而弃之。有一日,使馆中一职员项君来,笑而言:'现在革命党势孤了,袁宫保出来了!'刘君大怒,批其颊;旁人婉劝项君去。"(《自写年谱》)

10月14日(八月二十三日)　野盖尔属购《李太白全集》。

"Jäger 属购《李太白全集》,拟共译之。"(本年《日记》同日)

10月18日（八月二十七日） 武昌起义爆发,本以为革命成功有望,为之喜而不寐。及见清廷起用袁世凯之讯,于是转而疑虑。

"……俄焉于报纸中见吾党克复武昌之消息,为之喜而不寐。盖弟意蜀事本早有头绪,湖南、广东、安徽皆迭起而未已者,得湖北为之中权,必将势如破竹。无几,报纸中于得汉阳、汉口等消息外,又确有长沙及广东、安徽军人起事之说。其时弟胸中一方面愧不能荷戈行间,稍尽义务;一方面以为大局旦夕可定,日盼好消息,或无目前自尽国民分子义务之余地。无何,昨日所见报纸,有袁世凯肯任湖广总督之讯,于是弟之十分乐观生一顿挫。弟以为袁世凯者,必不至复为曾国藩,然未必肯为华盛顿。故彼之出山,意在破坏革命军,而即借此以自帝。……弟子民顿 十月十八日"。(《致吴敬恒函》同日)

同日 返回莱比锡。

"晚回莱比锡,得孝天片。"(本年《日记》同日)

10月19日（八月二十八日） 赴柏林,访俞大纯、李偑君、顾梦渔等,集会演说,声援武昌起义,希望革命早日成功。

"赴柏林。或言革命军已克南京、九江。马君武归国,送之于车站(Zoo)。"(本年《日记》同日)

"开会时,除一汉军籍外,无一汉学生不到,演说时,听者无不力表赞成。今日弟到时,见李君方以朱笔画出革命党新闻及其间之要语,顾君则节译其大要而书于黑板,其他诸君争阅报,或欢跃,或叹惋,或怀疑,均发于革命速成之希望心。……十月十九日 子民白"。(《致吴敬恒函》同日)

10月20日（八月二十九日） 函请孙毓修(星如)为德人野盖尔代购《李太白诗集》等书。

"星如先生惠鉴:前日接《三古图》后,即奉一片,想已达左右。顷弟来一小村,观一最新式之中学校,……与其间教员谈话,有一人示一杂志中一篇,言十年前,有人以德国散文译中国诗,而十年来德之诗人颇有受唐诗影响者,尤以谪仙之作为最。渠因欲购《李太白诗集》一部。又有其图画教员搜日本画印本颇多,弟询其对于日本画之评□,彼乃谓日本画多托于现世之快乐,而中国画则多真挚,含哲学思想,故中国画之意味,较日本画为深厚云。弟适携有有正书局所印之《历代名画集》数十纸,因出示此教员,并即持赠于其学校之书库。而此教员乃尚欲自购一份,并欲兼购其他各集,弟已允之。谨求代购各书如下:(一)《李太白诗集》(如附有年谱或稍有注释者尤佳)。(二)历代名画集,自第一集至第五集。(三)《任阜长书〔画〕谱》,阜长之画,有无价值,弟竟不知。又此印本佳否?其价值贵否?请先生酌定应购与否。……弟元培顿 八月二十五日"。(《致孙毓修函》同日)

10月24日（九月初三日） 函告吴稚晖,此间得知举袁世凯为总统的消息,于人心有消极影响。

"稚晖先生惠鉴：又连奉两书，及致俞慎翁书（此书已转致），谨悉一切。此间于星期六拟法一电于商上海报馆，大意谓外国均赞同吾党，决不干涉，望竭力鼓吹，使各地响应云。……因发电时，已得汉口各国领事以汉文公告不干涉之消息，又知满酋愿与吾党分南北而治，故电中删去不干涉等字，而言不可允北朝之请，又加入孙文举袁世凯为总统事，于昨夜始发也。孙之推袁，确否固不可知，然此等消息，除离间满、袁外，于半新半旧之人心极有影响。外交亦然，如德国政界推服袁甚至，故俞慎翁特奉一电，请公以英文电示此讯，并勿参疑词，以便转示德报馆，易于取信。……弟子民顿首　十月二十四日"。（《复吴稚晖函》同日）

10月26日（九月初五日）　致信孙中山，拟为革命军购炮。

"稚晖先生：昨得复电，知中山地址，为感。此次与中山通信，为筹款购炮事也。……惟购炮之费，每尊约五万马克，八尊则四十万，约合美国金圆十万。此间决无力筹出，乃商之于中山。今日已发出一函，属其复电。如中山既允，则运输之事，炮厂任之；选购验收及军中运用之事刘（庆恩）及周君树廉（亦在此间研究炮术者）能任之。至炮价则由中山与砲厂之银行直接交涉，此间毫不干与。此等办法似皆甚妥。中山处筹出十万美金当亦不难。……弟子民顿　十月二十六日"。（《致吴稚晖函》同日）

11月2日（九月十二日）　回莱比锡。

"九月十二日。回Lepzig。"（本年《日记》同日）

11月5日（九月十五日）　决定回国。

"决计回国一次，受同人之劝也。我军得上海及吴淞炮台，宣布共和政体。"（本年《日记》同日）

11月6日（九月十六日）　往驻德使馆，"属写护照"。

"张静江、姚叔楠、郑明礼来。往使馆，属写护照。告许梦泉，以高谨卿事托李偁君。"（本年《日记》同日）

11月13日（九月二十三日）　接陈其美（英士）电报促归国，本日启程。

"由柏林行，晚十一时开车。"（本年《日记》同日）

"辛亥革命，我在德国，陈英士有电报给我，催我回国。我就由西伯利亚启行回国了。"（萧瑜：《蔡孑民先生自述身家轶事》）

11月28日（十月初八日）　抵达上海。

"午十二时，抵上海，寓天津路开泰栈。"（本年《日记》同日）

12月4日（十月十四日）　参加江浙诸省代表选举大元帅活动，力主推选黄兴为大元帅。

"是时，黄君克强已到上海。上海名流，如张季直、汤蛰仙、赵竹君、章太炎诸君,正代表江浙诸省,拟推举大元帅,多数拟推黎宋卿君,而陈英士君则倾向黄克强君。我权衡两者间,因黎君颇有与袁世凯部下妥协之倾向,举黎后,恐于革命军的进行有障碍,乃于推举之前一夜,访汤、章诸君,告以利害,诸君皆勉强从我说,汤君并约我到会。翌日,在会场,汤君特声明请我代表而先退席。及投票,黄君占多数,乃定为大元帅。章君垂涕而道:'黎公首义有功,虽不能任大元帅,但不可不以副元帅位置之。'全体赞同,于是定黎为副元帅。"(《自写年谱》)

12月13日(十月二十三日) 赴南京。

"赴南京,晚六时到。寓中西旅馆。"(本年《日记》同日)

12月21日(十一月初二日) 到无锡。

"赴无锡,寓启泰栈。访秦效鲁(毓鎏)。"(本年《日记》同日)

12月25日(十一月初六日) 孙中山归国抵达上海。

"中山先生自海外归来,到上海,诸名流当然欢迎,但彼等所最希望的,是孙先生借到了一笔很大的外债,可以充军费。不意孙先生到后,他们问及款项,孙先生说:'我带了精神来,并没有带什么款来!'他们不了解'革命精神'为何物的,当然很失望了。"(《自写年谱》)

12月29日(十一月初十日) 在南京出席临时大总统选举会议,孙中山当选中华民国临时大总统。

"那时候,有十七省代表十七人齐集南京,将开会公举中华民国总统,这被举的当然是孙先生了。但是浙军的将领,因与光复会有关系,而又自恃是攻南京有功的,对于选举问题颇有异议。章君太炎时在黄浦滩某号屋中,挂了一个统一党的招牌,有其弟子十余人左右之,其一即汪君旭东,并邀我寓其中。章君对于浙军将领的主张,甚注意,特属我往南京,与各省代表接洽,劝展缓选举。我到南京后,晤几位代表,除湖南代表谭君石屏外,都主张举孙先生,也不赞成展缓的办法。我归而报告,章君语我:'如孙果被举,组织政府时,我浙人最好不加入。'我那时候空空洞洞的漫应之。后来孙先生果以十六票被举为总统(湖南代表独举黄兴),欲组织临时政府,命薛仙舟先生来招我,将以任教育总长,我力辞之;薛先生说:'此次组阁,除君与王君亮畴外,各部均以名流任总长,而同盟会老同志居次长的地位;但诸名流尚观望不前,君等万不可推却。我今日还须约陈君兰生同去,备任财长,如君不去,陈更无望了。'我不得已而允之,即回寓取行装,章君引浙人不入阁之约以相难扣我行装,我告以不能不去,去而面辞,如得当,无问题;否则我当于报纸上宣布我背约之罪以谢君。章君之诸弟子,亦劝其师勿固执,乃容我往。我到南京后,见孙先生,面辞,不见许,乃拟一广告稿,寄章君之弟子,请其呈师订正,备发表。未几,其弟子来一函,说章君不愿发表云。"(《自写年谱》)

四

教育总长及第二游学时代
（1912—1916）

1912年（民国元年　壬子）四十五岁

1月1日　孙中山就任南京临时政府大总统。

"孙大总统就任记。中华民国孙大总统前日由沪赴宁，……总统下车即入总统府，命员先缮写誓词及宣言书，十一时在旧大堂行就任式。首由山西代表景君耀月报告民国成立由来及孙君之功绩。次由总统读誓词，音节庄重。在场人均矗立静听，令人生严肃之感。代表继宣读欢迎文，读毕，上玺绶。胡君汉民代总统朗读宣言书，海陆军人代表徐司令官绍桢读祝词，总统致答词后，军乐声作，式典告终。"（《民立报》1912年1月6日）

中华民国临时政府成立合影（1912年1月）

1月3日　临时内阁组成，出任教育总长。

"江日（一月三日）组织内阁，仿美国制，不设首相，其各部总长、次长如下：陆军部总长黄兴，次长蒋作宾。海军部总长黄钟瑛，次长汤芗铭。司法总长伍廷芳，次长吕志伊。财政总长陈锦涛，次长王鸿猷。外交总长王宠惠，次长魏宸组。内务总长程德全，次长居正。教育总长蔡元培，次长景耀月。实业总长张謇，次长马和。交通总长汤寿潜，次长于伯循。"（《民立报》1912年1月5日）

民国教育总长（1912年）

孙中山电沪督陈其美，嘱告蔡元培、伍廷芳等速到南京视事。

"陈都督其美鉴：今日组织内阁，各部部长人员已定。……伍王程蔡张于诸公在沪，乞告知并派专车延请速到宁视事。总统孙文。江。印。"（《时事新报》1912年1月5日）

同日 在上海出席中华民国联合会成立大会，被选为参议员，并在会上提议"组织民选参议院"。"联合会成立大会记。十五日午后一时，中华民国联合会成立大会于江苏教育总会。到会者二百余人。首由主席唐文治君报告开会。次由章炳麟君演说本会宗旨，次行选举，用投票法。章炳麟君是126票，被选为正会长。程德全君得八十一票，被选为副会长。次由各省会员互选参议员，其得票最多数者，江苏为唐文治、张謇二君，浙江蔡元培、庆德闳，湖南熊希龄、张通典，湖北黄侃，安徽王德渊、程承泽，四川黄云鹏、贺孝齐，江西刘树堂、邹凌元，广西陈郁常，云南陈荣昌，广东邓实，甘肃牛载坤，贵州符诗、王朴诸君当选。复次由唐文治君报告驻会干事由会长指任，但会长以本日仓踔，须详审方能指定宣布。唐君复提议增设特别干事，专取有学识者充之，无定员，由职员会公推。复次蔡元培提议，请愿临时政府组织民选参议院，因现在临时参议院诸员皆由各军政府所派，非公意也。复次由黄云鹏君提议各省设立分会事，均满场一致表决，至六钟散会。"（《民立报》1912年1月5日）

1月4日 自上海乘车赴南京。

"孙大总统昨派代表两人来沪欢迎财政总长陈锦涛、教育总长蔡元培两君到宁

四、教育总长及第二游学时代(1912—1916) 175

任事。沪军都督府当即派委人事科科员黄寿松、范宗成及招待员翁大鹏等三员于昨日恭送陈蔡两君乘车赴宁。"(《申报》1912年1月5日)

1月11日 与章炳麟联名启事寻找刘师培(申叔)。

"刘申叔学问渊深,通知今古,前为肖人所误,陷入樊笼。今者,民国维新,所望国学深湛之士,提倡素风,任持绝学。而申叔消息杳然,死生难测。如身在他方,尚望发一通信于国粹学报馆,以慰同人眷念。章炳麟、蔡元培同白"。(《大共和日报》1912年1月11日)

1月17日 出席徐锡麟、陈伯平烈士追悼会,并发表激烈演说。

"徐烈士锡麟及陈烈士伯平灵柩,于十四号(即二十六日)运抵南京后,即停放下关商埠局,定今日发引赴沪,马烈士子畦灵柩,已先由该家属领归。当陈徐二柩发引之先,于午后二时,在商埠局开追悼会。徐总督固卿代表孙大总统,其他则陆军长黄克强,学务长蔡鹤卿,林女士素皑及政界各重要人物,均莅会演说,尤以蔡鹤卿君演说为最激烈,即分别致奠,旋将灵柩送至沪宁车站。"(《时事新报》1912年1月18日)

1月18日 复孙毓修(星如)函,谓他日开办江南图书馆当有借重。

"星如先生大鉴:手示谨悉。图书馆一门,他日如有开办之力,必当借重先生。盖此事弟以为甚重要,而以弟所知,则吾国研究中外图书馆事务者,莫如先生也。《校雠新议》,深冀即日脱稿,先睹为快。……弟元培顿 元月十八日"。(《复孙毓修函》同日)

1月19日 临时政府教育部开始办公。

"中华民国教育部总长蔡,为呈报事:正月十九日奉大总统令颁给印信一颗,遵即敬谨祇领,即日启用。为此呈报钧案,仰祈察核施行,须至呈者。再本部办事处,暂设碑亭巷江苏外务局,合并声明。右呈大总统孙"。(《临时政府公报》第3号)

"南京教育部之组织,至为简单,孑民先生与余及会计兼庶务共三人,于一月十二日自上海乘宁车赴南京,因为时已晚,宿于下关大观楼。翌日,先生进城谒临时大总统孙中山,问教育部办公地点在何处。中山云此须汝自行寻觅,我不能管也。于是余等因无办公地点,乃在城内乐嘉宾馆住宿。既而孑民先生往江苏督府内务司访马相伯先生,马氏时为内务司长,以素与先生为莫逆交,乃慨然允借碑亭巷内务司楼上房屋三大间,为教育部办公处,是即民国初之教育部初成立时之官署也。教育部既成立,于是投效纷纷,蔡先生终日见客。……是时各部,皆依照官制草案,呈荐人员,孑民先生谓余曰:我之主张,办理部务,当与办社会事业一例,在正式政府未成立,官制未通参议以前,不必呈荐人员。除总次长已由大总统任命外,其余各人,概称部员,不授官职,为事择人,亦不必多设冗员。余极赞成之。故南京政府各部人员,或多至百余人,惟教育部连缮写者只三十余人而已。其津贴自总长下至录事,不分等级,每月一律给三十元。全部开支,每月仅计千元,而每日上午九时起,午后四时半止,分工作事。凡小学、中学、专门、大学各项学制,部员各就所学,担任起草,一如书局中之编辑所,绝无官署意味。临时政府三个月结束,而中华民国全部学制草案,实于此时大略完成。迨南北统一,正式政府成立,教育部迁移北京,再将草案修正,……陆续以部令颁布全国。"(蒋维乔:《民国教育部初设时之状况》)①

1月21日 临时政府教育部颁布"新定普通教育暂行办法"(十四条)。

"《中华民国教育部普通教育暂行办法》通令。民国既立,清政府之学制,有必要改革后,各省都督府或省议会鉴于学校之急当恢复,发临时学校令,以便推行,具见维持学务之苦心。本部深表同情。惟是省自为令,不免互有异同,将使全国统一之教育界俄焉分裂,至为可虑,本部特拟普通教育暂行办法若干条,为各地方不难通行者,电告贵府,望即宣布施行。至于完全新学制,当征集各地方教育家意见,折衷至当,正式宣布。兹将办法及暂行课程表列下:1. 从前各项学堂均改称为学校,监督、堂长应一律通称校长。2. 各州县小学应于元年三月五日(即阴历壬子年正月十六日)一律开学;中学校、初级师范学校视地方财力,亦以能开学为主。3. 在新制未颁以前,每年仍分二学期,阳历3月开学,至暑假为第一学期;暑假后开学至来年二月底为第二学期。4. 初等小学可以男女同校。5. 特设之女学校章程暂时照旧。6. 凡各种教科书(应)合乎共和民国宗旨,清学部颁行之教科书,一律禁用。7. 凡民间通行之教科书,其中如有尊崇清朝廷及旧时官制军制课并避讳、抬头字样,应由各该书局自行修改,呈送样本于本部及本省民政司、教育总会存查。如学校教员遇有教科书中不合共和宗旨者,可临时删改,亦可指出呈请民政司或教育总会通知该书局改正。8. 小学读经科一律废止。9. 小学手工科应加注重。10. 高等小学以上体操科应注重兵式。11. 初等小学算术科自第三学期起兼课珠算。12. 中学校为普通教育,文理实不必分科。13. 中学校初级的师范学校,均改为四年毕业,惟现在修正已逾一年以上,骤难照改者,得照旧办理。14. 废止旧时奖励出身。高等小学毕业者,称高等小学毕业生;中学校师范学校毕业者,称中学校及师范学校毕业生。"(《民立报》1912年1月25日)

1月25日 出席内阁会议。

"二十五号(即初十日)下午一时开内阁会议:(一)推行公债票,(二)发行军用钞票,(三)征收地方租税。到会者有陆军、教育、财政各总长及外交总长及次长,又实业次长,海军部派参事官列席。当会议时,陆军总长黄君与财政总长陈君因财政事意见不合,小有争执。"(《时事新报》1912年1月28日)

---

① 载舒新城编:《近代中国教育史料》第4册,中华书局1928年出版。

1月26日　以教育部电名义,请四川都督转资州府,护送刘师培到南京。

"四川都督府转资州分府:报载刘光汉(即刘申权)在贵处被拘。刘君虽随端方入蜀,非其本意,大总统已电贵府释放。请由贵府护送刘君来部,以崇硕学。教育部。宥。"(《临时政府公报》1912年1月29日)

1月28日　出席参议院会议,并发表演说。

"正月二十八日上午十时,大总统及总部总次长先后临参议院,由议长赵士北引导入议场,各议员皆入席,以待大总统出席。在议长席后稍左,行政官席,在议长席之左右,总长仅黄兴、蔡元培二人列席,其余王宠惠等七人均未至。入席后首奏军乐,继由总统出席,令秘书长胡瑛宣读开会词。次由行政官蔡元培(教育总长)、蒋作宾(陆军次长)、钮铁生(陆军部参谋)、王鸿猷(财政次长)、魏宸组(外交次长)、黄兴(陆军总长)、居正(内务次长)、马和(实业次长)及海军部某君,先后出席演说。"(《时事新报》1912年1月29日)

1月29日　出席内阁会议。

"二十九日午后特开阁议。列席者胡汉民、王宠惠、蔡元培、马君武、景耀月、于右任、魏宸组、居正等,海军部派王统、任光宇为代表。议决:上元、江宁两县归江宁府管理,及在上海创办西字报等事,官制未议决。"(《申报》1912年1月30日)

1月30日　教育部发出通电,要求各省注重社会教育。

"各都督公鉴:前拟普通教育暂行办法,业经通电贵府在案,惟社会教育亦为今日急务,入手之方,宜先注重宣讲,即请贵府就本省情形暂定临时宣讲标准,选辑资料,通令各州县实行宣讲,或兼备有益之活动画、影画,以为辅佐。并由各地热心宣讲员,集会研究宣讲办法,以期易收成效。所需宣讲经费,宜令各地方于行政费或公款中酌量开支补助。至宣讲标准,大致应专注此次革新之事实,共和国民之权利义务及尚武、实业诸端,而尤注重于公民之道德。当此改革之初,人心奋发,感受觉易,即希贵府,迅速查照施行。教育部。陷。"(《时事新报》1912年2月2日)

1月　结识王云五,并即邀至教育部"相助为理"。

"我认识蔡孑民先生,始于民国元年一月下旬;但我开始听到他的大名则在临时大总统府成立后一二日。由于报纸刊载各部首长的名字,蔡先生被列为教育总长,其时我从事教育工作已有六七年,平素对于教育的制度备极关怀,因而对新政府的新教育首长,当然想略知其历史。不久我便探悉蔡先生是一位翰林,却具有革命思想,且曾在上海组织中国教育会。这时候我已由国父孙先生邀任临时大总统府秘书,正在清理手边未了的事,不日便要晋京任职,绝无另行求职之意。只是积久欲吐有关教育的意见,现在面对一位可以进言的主管部长,姑且进我言责,至于能否发生影响,固所不计。于是我便抽出一些工夫,写了一件建议书。……真想不到此一建议书,从上海邮寄到南京教育部以后,不过十日左右,我便在南京临时大总统府服务中接到由上海家里转来蔡先生的一封亲笔信。大意说对我所提供的意见认为极中肯,坚邀我来部相助为理。"(王云五:《蔡孑民先生与我》)①

2月3日 临时政府教育部发布征集国歌的广告。

"教育部征集国歌广告。国歌所以代表国家之性质,发扬人民之精神,其关系至大。今者民国成立,尚未有美善之国歌以供国民讽咏,良用恧焉。本部现拟征集歌谱,俟取材较多,再敦请精于斯学者共同审定,颁行全国。倘蒙海内音乐名家制作曲谱,并附歌词,邮寄本部,不胜企盼之至。教育部谨启。"(《临时政府公报》第8号)

2月5日 出席内阁会议。

"五日下午开内阁会议,到会者孙大总统、蔡元培、吕志伊、居正、于右任、魏宸组,及海军部代表共七人,提议事略如下:(一)清帝年俸前议三百万,因清贵族要求至少须四百万,在会诸君似有允意,但须参议院通过,方能定夺。(二)清帝逊位问题于旧历二十五日发表,逊位后居住北京或热河均听便。(三)清帝逊位书发表后参议院始举袁世凯为大总统,但须莅任南京。(四)邮政印花第一次纪念品四围新花中印孙大总统肖像。(五)各部总次长常有他项要公,不能均在署中启用关防,往往未曾接洽,议决总长如在中启用关防时,次长须另用小戳。"(《申报》1912年2月7日)

2月6日 函复缪荃孙(小山),表示将尽心保护江南图书馆。

"小山先生左右:奉惠书,敬悉一切。元培到南京后,即时有以江南图书馆事相告者。适马相伯先生代理江宁都督,询之则言此图书馆当属于地方政府权限内,故一切事仍请马先生主持之。驻扎馆中之军队,曾属徐固卿总督下令迁地,亦复无效。马先生因请丹徒茅子贞君入馆任事,因茅君之子在宪兵司令部,有约束军人之权也。元月三十一日,元培曾到馆中一观,王君懋镕并出最精之本相示,一饱眼福,先生之赐也。陈君善余及李君仁囧,均曾来此一谈,陈君并递一节略,详述图书馆情形。将来画定中央与地方政府权限时,如以此馆直接隶教育部,则元培等必当加意保护,不负先生当年搜罗之苦心。即目前无直接管理之权,然从旁助力,亦不敢不尽心也。……后学蔡元培顿首 二月六日"。(《复缪小山函》同日)

2月8日 发表《对于新教育之意见》一文。提出以军国民教育、实利主义、公民道德、世界观、美育五项"为民国教育方针"。②(《民立报》1912年2月9日、10日)

"我那时候,发表《对于教育方针之意见》一文,据清季学部忠君、尊孔、尚公、尚武、尚实的五项宗旨而加以修正,改为军国民教育、实利主义、公民道德、世界观、美

---

① 载《东方画刊》第2卷第12期。
② 此文后改题为《对于教育方针之意见》。

育五项。前三项与尚武、尚实、尚公相等；而第四、第五两项却完全不同。以忠君与共和政体不合，尊孔与信仰自由相违，所以删去。至提出世界观教育，就是哲学的课程，意在采周秦诸子、印度哲学，以打破二千年来墨守孔学的旧习。提出美育，因为美感是普遍性，可以破人我彼此的偏见；美感是超越性，可以破生死利害的顾忌，在教育上应特别注重。对于公民道德的纲领，揭法国革命时代所标举的自由、平等、友爱三项，以古义证明说：自由者，富贵不能淫，贫贱不能移，威武不能屈是也，古者盖谓之义。平等者，己所不欲，勿施于人，是也，古者盖谓之恕。友爱者，己欲立而立人，己欲达而达人是也，古者盖谓之仁。"（《自写年谱》）

同日 出席第五次内阁会议，讨论教育部内部组织。

"二月八日午后一时开第五次阁议，到会者较前为多，除交通、实业、司法等部总长未至外，余部总次长俱至。海军部则派代表到会。秘书长胡汉民、法制院宋教仁亦列席。所议各事如下：（一）议地方官制，（二）议教育与内务部之权限，（三）议决增拓殖部。……法制院所拟官制，大抵全仿日本教育部。现自拟草案，除总长次长下设承政厅外，特分为三司：（一）学校教育司，所属有二科，曰普通教育科，曰专门教育科。实业教育不另分科，而分隶于普通与专门，以示教育需重实质之意。（二）社会教育司，所属有三科，曰宗教科，美术科，编辑科。（三）历象司，所属二科，曰天文科，曰测候科。已呈请总统，转致法制院修改。"（《时事新报》1912年2月10日）

2月10日 致电江亢虎，望佛教协进会活动注意自重。

"上海社会党本部江亢虎先生鉴：佛教协进会意甚美，惟望进行以渐。颇闻金山开会，有以武力胁助寺产者，深望非确。请公及诸同志注意，勿使我辈所敬爱之社会党及佛教徒为人诟病。蔡元培。蒸。"（《民立报》1912年2月11日）

2月12日 清帝正式宣布退位。

"辞位清谕，昨（十二日）午三时宣布。京津人士以前清帝早已失统治权，此次宣布不过正式之声明，对之无甚注意。"（《民立报》1912年2月14日）

2月16日 参议院选举袁世凯（慰庭）为临时政府大总统。

"南京参议院选举临时大总统，两省合投一票选举，被选举人袁世凯得五票，黎元洪得两票。票箱由马湘伯、陈懋修监视。开票后行正式选举，每省三议员共投一票，共十七省，袁世凯得十七票，满场一致。当即由参议院致电袁世凯君云，袁慰庭先生鉴：孙大总统辞职，参议院行正式选举，公得全场一致。"（《民立报》1912年2月21日）

2月21日 被推为迎接袁世凯到南京就任大总统专使，本日启行北上。

"南京专使北上记。南京临时政府欢迎新总统专使蔡子民、魏注东、钮惕生、汪精卫、宋渔父、刘冠雄、黄可凯、曾昭文、武昌黎副总统代表王正廷诸先生偕同民国外交全权代表唐少川君,于昨天乘招商局新铭轮船北上。黄克强、武秩庸、陈英士诸君均至轮欢送,下午三时启碇。"(《民立报》1912年2月22日)

"孙先生将被举为总统的时候,诸名流的观察,袁世凯实有推翻满洲政府的力量,然即使赞同共和政体,亦非自任总统不可。若南京举孙先生为总统,袁感失望,以武力压迫革军,革军或不免失败,故要求孙先生表示'与人为善'之乐,于被举后声明,若袁氏果推翻清廷,我即让位,而推袁氏为总统之唯一候补者。孙先生赞同而施行之,故清廷退位后,孙先生辞临时总统,而推袁世凯,袁世凯遂被举为总统。但孙先生及同盟会同志认为,袁世凯既被举为总统,应来南京就职,表示接受革命政府之系统,而避免清帝禅位之嫌,叠电催促,殊无来意,于是有派员之举,而所派者是我。我的朋友说:这是一种'倒霉的差使,以辞去为是'。我以为我不去,总须有人去,畏难推诿,殊不成话,乃决意北行。此行同去者,有汪精卫、宋渔父、钮惕生、唐少川及其余诸君,凡三十余人,包定招商局'新裕'轮船。船中尽是同志,而且对时局都是乐观派,指天画地,无所不谈。我还能记得的是迁都问题,这是在南京各报已辩得甚嚣尘上的了。大约同盟会同志主张南迁的多,但在船中谈到这个问题,宋君渔父独主张不迁,最大的理由是南迁以后,恐不能控制蒙古。他的不苟同的精神,我也觉得可佩服的。船驶至天津左近,忽遇雾,停泊数日,在船中更多余暇,组织了两个会:一是六不会,一是社会改良会。"(《自写年谱》)

2月23日 唐绍仪等在舟中发起成立社会改良会。

"蔡专使等在舟中曾创设社会改良会,其宗旨在于人道主义及科学知识为标准,改良社会上种种之恶习惯,已议定章程及改良条件三十余款,并举定干事数人。"(《民立报》1912年3月2日)

社会改良会为唐绍仪发起,而各人都有提议。

"社会改良会是唐君少川所发起,而各人都有提议的。对于家庭市乡、礼仪习尚、慈善迷信,或应排斥,或应改良,或应增设,都有所论列。删去重复,忆有五十余条。同人签名发起,共三十三人,首列的是我的姓名蔡元培,最后的是江苏蔡培,亦是凑巧之一端。此会条文及发起人名单,忆曾付印,但今已无从寻检了。"[1](《自写年谱》)

2月24日 在舟中,发起成立六不会。

"蔡专使等在舟中又发起六不会。(一)不狎妓,(二)不赌博,(三)不纳妾,(四)不食肉,(五)不饮酒,(六)不吸烟。凡入会者,于前三项必当遵守,于后三项,则可自由。同行诸人,已一致署名入会,此举似微然于个人之精神,社会之风气,关系甚大,果能鼓吹实行,可一扫从前政界之恶习。"(《民立报》1912年3月2日)

---

[1] 该会"缘起"及章程见《民立报》同年3月29日。

六不会是从进德会改造而来的。

"六不会是从进德会改革的。吴稚晖、汪精卫、李石曾诸君,以革命后旧同志或均将由野而朝,不免有染有官场习气的;又革命党既改成政党,则亦难保无官吏议员之竞争;欲提倡一种清净而恬淡的美德,以不嫖、不赌、不娶妾为基本条件(已娶之妾听之),凡入会的均当属守,进一步则有不吸烟、不饮酒、不食肉、不作官吏、不作议员六条,如不能全守,可先选几条守之。同船的人,除汪君外,大都抱改革政府的希望,宋君尤认政治为生命,所以提议删去不作官吏、不作议员二条,而名此通俗化之进德会为六不会,以别于原有之进德会。"(《自写年谱》)

2月25日 与陈其美、黄兴、钮永建等48人联名发起白雅雨哀送会。

"白前烈雅雨忠榇停沪,于兹上月。今其哲嗣一霞君择地于通州□山,定本月二十六日(即旧历二十一日)扶柩归葬。同人谊当执绋,谨定是日上午八时开会于西门斜桥永锡堂,庸藉申哀送之忱,凡同志务希贲临。如有送花圈、挽联、诔文等,请预送英界四马路望平街同庆公南栈五号房收。特此通告,不胜企祷。发起人:陈其美、蔡元培、黄兴、钮永建、胡瑛、王芝祥、徐绍桢、吴敬恒(下略)。"(《民立报》1912年2月26日)

2月26日 与迎袁专使同抵天津。在津发表北行任务谈话。

"南京专使蔡子民诸先生及民国外交全权代表唐少川君二十三日到烟台,因雾阻今日始到天津,沿途士民欢呼,……欢迎。"(《民立报》1912年2月27日)

"专使蔡元培君至津后有人往访,询其北行意见。据言此来专以调和南北为宗旨,于建都地点及国民一切建设之方法,绝不稍存偏私之意见,必期以国利民富为前提。袁大总统人极明通,必能彼此意见投合。南方朋友,对于余之此行,颇有疑余偏请袁总统之情面,余固决不如此;愿北方人士,亦勿疑余偏向南方。总之,此次一切关系于全国,绝不能以一方之意扰害全局。"(《民立报》1912年3月3日)

2月27日 与迎袁代表自天津到达北京。

"南京代表二十七日下午一时抵京,由蔡元培领袖。车站上满挂彩旗,欢迎队中有外长胡维德,各军统将由段祺瑞领袖,商会各业代表以及警察、学生等。全城飞挂五色旗,人民异常欢呼。各代表下车后,即以贵胄法政学校为行辕。"(《民立报》1912年2月28日)

"到北京时,在前门欢迎的,当然非常之多,有官吏,有商人,有学生,而我所特别注意的,乃是龙泉孤儿院的学生,特与其最前的一位握手,而且演说几句。后来,我要离北京时,特偕同人往孤儿院参观一回,并于所携公款中提出千元捐助该院,这也是此行的一种特殊纪念。"(《自写年谱》)

同日 "某友晤蔡元培君询问国都地点,蔡云:本专使专为欢迎总统而来,非为议定地点而来,目下只请项城赴南京一行,以安人心,地点所在自有一定不易之理,

非专使所敢过问云云。"(《申报》1912年3月8日)

2月28日 连日两次会晤袁世凯,与其商定国都地点并敦劝立即赴宁就任总统职。

"蔡元培君连次谒见袁项城。蔡力争劝袁赴宁,袁以北京地面不能离身为辞。蔡意拟电请黎副总统来京镇压,而袁赴宁就职,收服南方人心。"(《民立报》1912年3月5日)

"袁在迎宾馆与蔡孑民专使等特开会议。是日上午九钟,专使等即诣石大人胡同至十钟余膳毕,越时开议,至午后二时止。所议只迁都并赴宁受任两问题。其议定都地点时,首由袁将京外人员及各团体条陈,不可迁都之电呈一百余件,请诸专使披阅毕,并详述宜在北京奠都之理由。又议赴宁受任事,即声明暂允一行,由京汉铁路南下,俟宣誓就任后,即返北京。闻蔡专使亦允。据此会电南京孙总统及参议院候复再议云。"(《民立报》1912年3月7日)

2月29日 袁世凯允赴南京行就职式。晚七时发生兵变事件。

"二十九日南京专使蔡元培、宋教仁、刘冠雄等同谒袁总统,已商允俟军事民政及新政府布置妥定后,即行南来。袁总统今日午后分宴南京专使,戌时始罢。"(《民立报》1912年3月1日)

"(章行严)书北京兵变事。二月二十九日日中本社北京通讯员旦电本社言,蔡元培等发起六不会(按此电至昨早始到),樽俎之间,似甚从容,而晚间遂有兵变之事,褐起仓卒,咄咄怪事。合各处消息观之,则叛兵之起,实在晚七时,顷东华、西华两门同时火起,乱兵横被市街。旋不通,屋被焚或则遭掠。各国使署一体戒严,所有外人,悉在使署卫兵保护之下。当火起时,风势甚烈,延烧至三月一日早四时始熄,故财产之损失甚巨。南京专使之行辕,亦受攻击,幸诸使皆得及时避去。袁总统之在险中,此无可疑。京沪之间,风说不一,而最后所得,则总统府无恙,专使亦安然迁寓于六国饭店,而京中秩序渐复云云,是乃不幸中之幸也。至兵变之原因,谓为欠饷过久,当不中不远,或指为旗兵之阴谋,乃不真确也。

……《字林西报》所得消息谓,袁总统于两周之内联合内阁发表后,即行南来受职,而本社所知,则有袁总统决不南来之说。实此次叛兵直接起于袁君部下,则袁君以为口实,缓其行期,乃在意中。惟记者深望此番变动于大局无甚影响。语云无平不陂,无往不复,其是之谓也。"(《民立报》1912年3月2日)

"袁世凯方面,以梅酢胡同之法政学堂校舍为招待所,大约是一所停办的学校,所以不见有一点学校的设备。除唐君自有住宅、汪君住他处外,同行的人都住在招待所。与袁见面,谈南行就职事,渠表示愿行,说肯想一脱离这个臭虫〔的方法〕,惟军队须有人弹压,如芝泉(段祺瑞)肯负责,我即束装。但袁派要人见面的,都力持袁不能南下之说。我的任务是迎袁,不能不力说南下之无害。相持了数日,□日晚餐后,我在钮君室闲谈,适汪君亦来,正谈笑间,忽闻拍拍的声音,有说是爆竹的声音,但钮君惕生说:'我是军人,听得出是排枪声,恐有变。'用电话到陆军部问,说的是第三师兵变。大门口亦有枪声,有人来报告,卫兵已不知去向了。于是大家主张由后面出去。有一人知道后墙对面,是一个青年会西人的住宅,先与接洽借住一夜。我等十余人觅后门不得,乃从小屋上逾墙而出,在西人客座中兀坐至翌晨,始改寓六国饭店。

第二日,孙慕韩最先来慰问,说:'昨夜我正在总统处,总统闻兵变,即传令须切实保护梅酢胡同,并说:人家不带一兵,坦然而来,我们不能保护,怎样对得住?后来变兵闹得凶起来,左右请总统进地下密室,总统初不允,我等苦劝之,彼遂进密室,而我亦暂避六国饭店来了。'这一番话是否靠得住,也就无从证明。闻变兵口号:'袁宫保自己要到南京做总统去,不要我们了!我们还是各人抢一点,回老家去!'所以这一夜没有杀人放火,就是抢劫;抢到的就往乡间逃。而兵变的夜间,统兵的将领,不敢派未变之兵出去弹压。第二日,始派兵巡查,变兵渐渐绝迹了。而直隶等省,有几处闻风而起,也闹着兵变。于是袁派的更振振有词了:袁总统尚未离北京,已经闹到这个样子,若真离去,恐酿大乱。这些话是人人的口头禅了。我们在北京迎袁的人,当然不敢擅主,请示于孙先生,往返磋商,结果准袁世凯在北京就总统职,在□月□□日举行就职典礼。我们变相的使节就此完毕,而回南京。"
(《自写年谱》)

3月1日 致电孙中山及参议院等,报告北京兵变及诸专使仓猝出避情形。

"孙大总统参议院各部总次长,武昌黎副总统,申、民立报,天津民意报公鉴:前电所称未知下落诸君,均已到,请勿念。元培等叩。东。"(《临时政府公报》第29号)

"南京孙大总统、参议院、各部总次长、武昌黎副总统、上海《民立报》、天津《民意报》、烟台蓝都督鉴:昨夜八时,北京城内枪声四起,所在纵火,招待所亦有兵士纵枪殴门而入,掳掠一空。培与汪君兆铭、范君熙绩、杨君广襄、蒋君岭晹、张君魁,暂避外国人家。今晨至六国饭店,王君正廷、王君景春亦至,余人尚无下落。此事闻因第三镇兵变,杂以步军统领衙门所辖及禁卫军等,专为抢掠起见,与政治无关,亦未滥杀人。余情续详。蔡元培。东。"(《民立报》1912年3月3日)

3月4日 致孙中山长电,报告北京状况,提议临时政府地点暂设北京,袁世凯在北京行受职式。

"培等此次奉总统令而来,止有欢迎被选大总统袁君赴南京就职之目的。顾自抵天津而北京,各团体代表之纷纷来见者,呈递说帖者,北方各军队首领之驰电相商者,已数十通,皆以袁君不能离京为言,且无不并临时政府地点为一谈。元培等以职务所在,无稍事通融之理。且袁君面称极愿早日南行,惟对于北方各种困难问题,须妥为布置云云,是本与培等北来之目的,决无差异。故培等一方面对于诸要求者,撤去临时政府地点问题,而惟坚执袁公不可不赴宁受职之理论;一方面催促袁布置北方各事,以便迅速启行。不意前月二十九日之夜,北京军队忽然变乱。一般舆论以袁将南行为其主要之原因。内变既起,外人干涉之象亦现,无政府之状态,岌岌不可终日。于是一方面袁君颇不能南行,而一方面则统一政府不可不即日成立,在事实上已有不可易之理由。培等会议数次,谓不能不牺牲我等此来之目的,以全垂危之大局。爰于初一、初二两日,迭发公电、私电多次,提议改变临时政府地点,冀得尊处同意,以便改转交涉之方针。乃两日间未得一复,而保定、天津相继扰乱,大局之危,直如累卵。爰于今日午后开会议,准备与袁君为最后之交涉,于会提议准备之主旨两条:(一)消灭袁君南行之要求。(二)确定临时政府之地点为北京。其达此主旨之方法,则大略袁君在北京行就职式,而与南京、武昌商定内阁总理,由总理在南京组织统一政府,与南京前设之临时政府办交代,公遣外务总长或次长到北京任事。其参议院及内阁迁北京时,用重兵护卫,以巩固政府,弹压乱兵,全体赞同。然此议虽为今日必要之举,而培等职务所限,决不能为此案之提议者。故培等不往见袁君,而由绍仪、兆铭往商。开议时询袁君以有何主见,彼谓前日之事,负国民,负专使,足为无能之铁证,敢固辞,不复任总统。仪、铭答以今日负责任之时,非谦逊之时,宜开诚布公商议办法,后熟商之结果,遂与培等准备会议所提出之两条相同。惟以何等手续进行两条始无窒碍,则非在南京讨论不可。商定于欢迎团中推数人,袁君亦派亲信者数人,同赴南京。仪、铭回寓告于培等,培等皆赞同,遂推定教仁、永建、正廷、述先等四人回南京。袁君所应派之人,属仪酌定,绍仪与同人商酌,指定唐在孔、范源濂二君,已商袁派定同行。将来一切详细办法,均由教仁等到南京后妥商,不先赘述。惟约计自启行以至商定,至早必要十日以外,而大局之危已如此□□□□□,言者皆谓因争执地点以致耽误大局,函电交至;外人亦啧有烦言,若不有以安人心,恐将败坏不可收拾。敢请尊处迅开会议,如赞同袁君不必南行就职,及临时统一政府设在北京,请即电复,以拯危局。至培等放弃职务之罪,则敬请执法惩处。蔡元培。支。"(《申报》1912年3月9日)

3月6日　急电孙中山,请回复可否即回南京复命。

"万急。孙大总统鉴:培等受命欢迎袁君赴宁就职,前月二十七日,已以此意面达袁君,而袁君亦极愿南行,一俟拟定留守之人,即可就道。不期二十九夕,北京兵变,扰及津、保。连日袁君内抚各处军民,外应各国驻使,恢复秩序,镇定人心,其不能遽离北京,不特北方人民同声呼吁,即南方闻之,亦当具有同情。故培等据所见闻,迭电陈述。兹承电示,知袁君委托副总统黎君代赴南京受职。是培等欢迎之目的已经消灭,似应回南,面陈一切。谨先电闻,并祈即复。元培等。鱼。"(《临时政府公报》第33号)

3月7日　复孙中山电,认同袁世凯在北京受职。

"万急。孙大总统鉴:鱼电敬悉。公统筹大局,设此委曲求全之办法,使中华民国早收统一之效,敬佩莫名。此间情形,昨已委托宋君教仁、钮君永建、王君正廷、彭君汉遗来京报告一切,应否再属汪君兆铭回南?祈酌示。元培。阳。印。"(《临时政府公报》第36号)

3月9日　推定范熙绩、谭学夔同袁氏所派人员往奉天调查。

"孙大总统鉴:昨电告此间拟推二人,偕袁所派人员往奉天调查,想荷鉴及。今已推定范熙绩、谭学夔二君,于午后四时启行。谨闻。元培等。青。"(《临时政府公报》第37号)

3月10日　出席袁世凯在北京就任临时政府大总统的仪式,代表孙中山致祝词。

"本日下午三点钟时,袁大总统行受任礼。仪式虽短颇是使人感动。袁大总统宣读誓文毕,即由南京欢迎专使蔡元培君向之祝颂词,袁大总统随亦答词,于是各界人员如军界官界商界僧界及北京自治公所之代表等,均以次向总统祝贺。"(《时事新报》1912年3月12日)

"蔡元培代表孙大总统祝词。我国新由专制政体而改为共和政体,现在实为过渡时代,最重要者有召集国会、确定宪法等事。孙大总统为全国选一能负此最大责任之人,而得我大总统,因以推荐于代表全国之参议院。孙大总统为全国得人庆,深愿与我大总统躬相交待,时局所限,不克如愿,用命元培等代致祝贺之忱,希望我大总统为中华民国造成巩固之共和政体,为全国四万万同胞造无穷之幸福焉。"(《时事新报》1912年3月18日)

3月11日　发表《告全国文》,详陈北上的目的与经过。

"培等为欢迎袁大总统而来,而备承津、京同胞之欢迎,感谢无已。南行在即,不及一一与诸君话别,谨撮记培等近日经过之历史以告诸君,托于临别赠言之义。

(一)欢迎新选大总统袁公之理由。自清帝退位,大总统孙公辞职于参议院,且推荐袁公为候选大总统。参议院行正式选举,袁公当选,于是孙公代表参议院及临时政府,命培等十人欢迎袁公莅南京就职。袁公当莅南京就临时大总统职,为法理上不可破之条件;盖以立法、行政之机关,与被选大总统之个人较,机关为主体,而个人为客体,故以个人就机关则可,而以机关就个人则大不可。且当专制、共和之过渡时代,当事者苟轻违法理,有以个人凌躐机关之行动,则涉专制时代朕即国家之嫌疑,而足以激起热心共和者之反对。故袁公之就职于南京,准之理论,按之时局,实为神圣不可侵犯之条件,而培等欢迎之目的,专属于是,与其他建都问题及临时政府地点问题,均了无关系者也。

……

(六)培等现实之目的及未来之希望。培等此行,为欢迎袁公赴南京就职也。袁公未就职,不能组织统一政府;袁公不按法理就职,而苟焉组织政府,是谓形式之统一,而非精神之统一。是故欢迎袁公,我等直接之目的也;谋全国精神上之统一,我等间接之目的也。今袁公虽不能于就职以前躬赴南京,而以最后之变通办法观之,则袁公之尊重法理,孙公之大公无我,参议院诸公之持大局破成见,足代表大多数国民,既皆昭揭于天下;其至少数抱猜忌之见,腾离间之口者,皆将为太和所同化,而无复纤翳之留。于是培等直接目的之不达,虽不敢轻告无罪,而间接目的的所谓全国精神上之统一者,既以全国同道(胞)心理上之孚感而毕达,而培等亦得躬途〔逢〕其盛,与有幸焉。惟是民国初建,百废具举,尤望全国同胞永永以统一之精神对待之,则培等敢掬我全国同胞之齐心同愿者以为祝曰:中华民国万岁!"(《民立报》1912年3月11日)

3月13日　离北京赴武汉。

"孙大总统、各部总次长鉴:元培、兆铭、宸组及随行四员,于今日午前九时半乘专车赴汉。特闻。元培等叩。元。"(《临时政府公报》第42号)

"蔡元培君及南京代表中年事较长诸君,将于明日(十三日)启行赴武昌,谒见黎副总统,然后再至南京。至代表中之年较少者,现须暂留北京,待将来再赴天津、上海,以便参预津沪两处之会议。"(《时事新报》1912年3月14日)

3月15日　到达武昌,往会黎元洪副总统。

"孙大总统、参议院鉴:培等昨晚抵汉口,即赴武昌,谒黎副总统,报告在北京经过事件。今夕乘金陵轮船赴南京。谨闻。元培、兆铭。咸。"(《临时政府公报》第43号)

3月16日　离武汉赴南京。

"蔡专使等昨日午后四时抵汉口即渡江,入武昌城见黎副总统,报告在北京经过事件。今夕(十六)乘轮赴南京。"(《民立报》1912年3月17日)

3月18日　与汪精卫等同抵南京。

"蔡孑民、汪精卫两先生今日到宁,将袁总统誓词呈孙总统。"(《民立报》1912年3月19日)

3月19日　往参议院,报告北京兵变始末。

"蔡专使元培今日(十九日)赴参议院,报告北京兵变始末。"(《民立报》1912年3月20日)

3月26日　国务总理唐绍仪电请袁总统同意内阁成员名单。

"唐总理昨日(二十六日)已将国务员名单与南京政府商定,电袁总统请求同意。其内容如下:外交陆征祥,内务赵秉钧,陆军黄兴,海军萨镇冰,财政熊希龄,教育蔡元培,司法王宠惠,工商陈其美,农林宋教仁,交通梁如浩,参谋段祺瑞。"(《民

立报》1912年3月27日)

3月29日 参议院举行全体会议,对国务总理唐绍仪提出的内阁成员名单进行表决,蔡元培以全票数通过为教育总长。

"今日晚唐总理提出之内阁员名,除交通梁如浩外,全体通过。内计陆征祥、王宠惠、蔡元培得全票数。"(《民立报》1912年3月31日)

北京临时政府唐绍仪内阁成员留影,左一为蔡元培(1912年3月)

3月31日 出席同盟会举行的公饯孙中山宴会。

"昨日(三十一日)同盟会公饯孙总统,到者千人,唐总理、汪精卫、各部总次长,徐总督及王芝祥等均到。"(《民立报》1912年4月3日)

3月 荐任部员,重视教育行政专家,不注意党派的关系。

"我既任教育总长,次长为景君大昭,乃邀钟宪鬯先生及蒋竹庄、王小徐、周豫才、许季茀、胡诗庐诸君同为筹备员,从事本部组织、学制改革、学校登记等事。景君未尝推举一人,亦不问部事,惟有时与谈话而已,盖景君是一不羁的文学家,又热心党务,对于簿书期会等事,殊不耐烦。但是我到北京后,景君代理,景君忽开数十人名单,加以参事、司长、科长、秘书等名义,而请总统府发委任状,除旧有各员外,大抵皆文学家而非教育家。在景君之意,为彼等先占一地位,庶北迁时不致见遗。但蒋、钟诸君深不以为然,我归南京,联名辞职。乃开一会议,我声明次长此举,固是美意,但不为其他教育行政的专家留若干地位,使继任的长官为难。又多人既被委任,而或为后任长官所淘汰,则反使本人难堪,不如乘此尚未正式发表之时,取消他。多数赞同我说,景君亦不反对,遂将几十张委任状送还总统府。闻秘书长胡君汉民深怪我此等举动,对于本党老同志不肯特别提拔。故政府北迁时,有人请胡君介绍入教育部,胡君对以'别部则可,教育部不能'。我那时候只有能者在职的一个念头,竟毫没有顾到老同志的缺望,到正式组织时,部员七十人左右,一半是我所提出的,大约留学欧美或日本的多一点;一半是范君静生所提出的,教育行政上有经验的多一点,却都没有注意到党派的关系。"(《自写年谱》)

4月1日 介绍中医杜同甲。

"杜君同甲,研究医学,垂二十年,苦心孤诣,实事求是,其所治愈,鄙人尝亲见而深知之,谨为病家介绍。杜君现寓上海武昌路太平里口绍兴杜寓内,门诊五角,出诊二元。"(《民立报》1912年4月1日)

4月6日 陪同孙中山等人一起参观江南制造局造船厂。

"孙中山先生……偕同公子、二女公子及宋女士于昨午前十点半钟乘坐汽车驾临制造局,先由总理李平书君命令局警卫队巡警及船厂巡警各持枪械站班。进局后即由李总理、陈□□等导引各厂观察各项机器,及察阅制造各种军械毕,即由……海军事务处先以西式茶点茗谈,继由海军部备有西筵请孙先生等出席饮宴。首座为中山先生及其女公子,陪座者为蔡子民、林向近、王亮畴、马琼石、张心如、唐总理绍仪、孙女士摩根、王□友、于右任……"(《民立报》1912年4月7日)

同日 陪同孙中山出席统一党举行的孙中山欢迎会。

"孙(中山)先生自制造局海军处出约三时许,及至统一党会场。到会者为汪精卫、胡汉民、于右任、蔡子民、景耀月、吕天民、谭人凤、唐总理、熊希龄、程德全、赵竹君、张继、刘昌言、邓秋梅等。由孙先生先出席演说民生主义,并谓此后两政党当共同趋秉民生主义为增进国民利福之预备。唐总理演说趋重财政问题。后有提议今日两党大会,不可无纪念。现值江淮灾黎呼号求应,应由今日集捐,以拯穷民。时唐总理即倡捐五千元,其余陆续签捐共计约得二万元。"(《民立报》1912年4月7日)

4月7日 与汪精卫、唐绍仪、宋教仁、胡汉民、魏宸组等32人联名发表《国民报》出版启事。(《亚细亚日报》1912年4月7日)

4月11日 自上海到南京。

"教育部总长蔡元培君今日来宁料理部务,闻明后日率同全部人员赴沪,再行北上。"(《民立报》1912年4月11日)

4月15日　与唐绍仪、宋教仁等自上海启行赴北京。

"昨晚新昌轮船北行,唐总理外有蔡宋两总长及前北京代表王君庚玉,熊总长以财政事件未大就绪,未能即行。"(《民立报》1912年4月16日)

4月20日　与唐绍仪、宋教仁等经天津到达北京,受到中外人士的欢迎。

"今日(二十日)下午二时半,唐总理偕蔡宋二总长由津入京,中外人士往迎者颇形拥挤,内外巡警厅总丞率警队,步军统领率部队各数百名,自东车站起沿途夹道排列,唐总理等过时均举枪致敬。军乐队奏乐导入内城,陆军部总统委员迎接,极表诚意。"(《民立报》1912年4月22日)

4月21日　出席国务员会议。议定各部工作交替或暂行继续办理等。

"昨日国务总理唐署、外交总长胡署、财政总长周、内务总长赵、陆军总长段、教育总长蔡、农林总长宋、交通总长施,均齐集总统府开国务员会议,已议定各部交替或暂行继续办理事宜。"(《民立报》1912年4月23日)

同日　以校董名义发布以徐固卿为爱国女学校长布告。

"爱国女学校发布。元培等于壬寅年创办斯校,幸赖同志,赓续改良进步,以迄今日,猥承社会奖借,来学日众,成绩尚佳。兹者维乔因事北行,对于校务势难兼顾,爰是公推徐固卿先生为校长,一力主持,当承见允,伟人造福,曷可胜量。维乔旧日校长名义,应即取消。兹于四月十二日开会欢迎徐公,元培等无任忭跃。此布。校董蔡元培　校长蒋维乔等同启。"(《民立报》1912年4月21日)①

4月22日　邀请范源濂(静生)出任教育次长。

"当我们将离北京以前,唐君少川商拟一内阁名单,得袁同意,仍以我为教育总长,我力辞之,乃易为范君静生。到南京后,范君闻此消息,忽出京,不知所之;又有人散布谣言,谓以范易蔡,乃因蔡迎袁无效而受惩。以此种种原因,孙先生及唐君等定要我继续任职。我托人询范君以可否屈任次长,渠慨然愿任,我于是仍为教育总长之候补者,提出于参议院而通过。"(《自写年谱》)

同日　致电范源濂、钟观光、鲁迅、蒋维乔、王云五等26人,敦请入京到部任事。

"上海民立报馆转范静生、夏穗卿、袁观澜、钟宪鬯、蒋竹庄、许季茀、周豫才、谢仁冰、汤爱理、王云五、杨焕芝、胡梓芳、曹子谷、钱轶裴、高叔钦、陈墨涛、马振吾、林冰骨、赵幼梅、胡孟乐、张鼎荃、洪季苓、杨乃康、张燮和、顾养和、许季上诸先生鉴:昨日国务院成立,教育部亟须组织,请即日北来为盼。蔡元培。养。"(《民立报》

---

① 据《民立报》同年4月25日报道:徐校长欢迎会延至4月23日举行。

1912年4月24日)

同日 电请黄炎培（韧之、任之）到教育部任职。

"苏州都督府黄韧之先生鉴：来电悉。江君被选，然教育部普通司司长需人至急，仍请江君任部务，而提议以次补员任江苏参议员，谅可通过。如江君必不能来，则非公自任本部司长不可，并请速来。以全国与一省校，轻重悬殊，务请承诺。鹄候佳电。教育部蔡元培"。（《致黄炎培电》同日）

4月23日 敦请伍崇学（仲文）、伍达（博纯）、王懋镕等到教育部任职。

"上海《民立报》转伍仲文、伍博纯、王懋镕诸先生鉴：本部亟须组织，请即日北来为盼。教育部蔡元培。漾。"（《致伍仲文等电》同日）

4月24日 电邀冀贡泉到教育部任职。

"上海《民立报》转冀贡泉先生鉴：本部亟须组织，请即日北来为盼。教育部蔡元培。敬。"（《致冀贡泉电》同日）

同日 敦请王劭廉（少泉）到教育部相助。

"天津北洋大学王教务长鉴：有要事奉商，请即来京，到铁子（匠）胡同教育部办公处晤谈，至盼。蔡元培。敬。"（《致王少泉电》同日）

"少泉先生大鉴：在津得听雅教，忻幸奚似。本部组织伊始，百端待理。专门学务，尤关重要。执事于专门教育，富有经验，夙所钦佩。深望不我遐弃，相助为理。执事所主持之北洋大学教务，求得学望夙孚，可以代公者，诚难其人。然本部专门学务，关系更大。苟得执事综理一切，俾全国专门教育，日臻完善，是不仅北洋大学受其福，即全国专门学校亦均拜执事之赐矣。务恳早日惠临，面领教益，无任企祷。敬候示复。……"（《致王少泉函》）

4月25日 出席第三次国务会议。

"国务总理于二十五日上午谒见大总统后，曾赴国务院召集各部总长，开第三次国务大会议，约九点钟开会，所议大纲如下：（一）接议划分各部权限办法，以立内官制之基础。（二）再议各部行政费之略数，草订预算统计法及支配款用途，筹还本息之预议。（三）讨论要求各国早日承认统一政府，请委通告各国公使。"（《民立报》1912年5月1日）

4月26日 接收前清学部事务。

"教育总长蔡元培到京多日，先未莅任，缘次长范源濂以事去南。范在学部最久，于该部情形极为熟悉，以及前有司员之贤否勤惰，无不周知。范于前日返京，蔡总长与之斟酌再四（三），遂于二十六日到教育部任，并派定十八人接收前学部事务。"（《教育杂志》第4卷第2号）

"……二十六日到教育部任后，奉派接收之各司员，到堂参见。蔡与各员略谈：学务之困难，由于学生程度不齐，加以前清办学之种种靡费，其细情不外奢、纵二字。现在入手办法，拟先将中学以上官、公、私立学校，严加归并，裁汰冗员，严定章程，以便早日开学。国家无论如何支绌，教育费万难减少。无已，惟有力行节俭，以为全国倡，亦拟自中学以上始。其所搏节之款，以之多办初、高两等小学，渐立普及教育基础，一洗前清积习。"(《教育杂志》第4卷第2号)

同日 就教育问题答记者问。

"又日前某报记者往谒教育总长蔡元培君，问某报言执事拟将蒙藏教育另行划开，果有此事乎？蔡君云：并无此意。现时蒙藏已与汉人合为一家，万无将其划开之理。观于理藩部裁撤，将蒙回藏之属于内务者并入内务部，可见蒙回藏之教育亦宜并入普通教育，而与汉人同一办法矣。记者又问：执事对于吾国经史旧学，主张保全欤？蔡君曰：旧学自应保全，惟经学不另立为一科。如《诗经》应归入文科，《尚书》《左传》应归入史科也。蔡君又云往日学部订一章程，不问其对于全国各地适宜与否，而一概行之，此恐于各处地方情形不同，不能统一。鄙意欲设一高等教育会，以调查研究各处之教育，求适宜于全国，以谋教育之统一。此区区之志也。"(《教育杂志》第4卷第2号)

4月27日 敦请黄炎培(韧之)出任教育部普通司司长职。

"万急。苏州都督府黄韧之先生鉴：前电未荷复，至念。普通司长，如江先生必不肯就，则非公自任不可。务乞承诺，即候电复。蔡元培"。(《致黄炎培电》同日)

同日 敦请伍光建(昭扆)到教育部任职。

"上海《时事新报》转伍昭扆先生鉴：教育部组织伊始，专门司长，敬以奉屈先生，务请承诺，请速命驾，并先电复，至祷至盼。蔡元培。沁。"(《致伍昭扆电》同日)

"上海商务印书馆张菊生先生鉴：教育部专门司长，拟请伍昭扆先生担任，请转恳，并请其速临。蔡元培"。(《致张元济电》同日)

同日 电请夏曾佑(惠卿)到教育部任职。

"上海斜桥路十五号夏惠卿先生鉴：教育部待公来，始得完全组织，请速命驾。又专门司长，拟请伍昭扆先生担任，请转商。能即日偕来，尤感。蔡元培"。(《致夏曾佑电》同日)

4月29日 出席新参议院在北京举行的第一次会议。

"中华民国纪元四月廿九日，新参议院在北京开第一次会议。袁大总统偕唐总理、各国务员莅会，行开院礼。……是日国务员到者总理唐、外交胡、内务赵、陆军段、海军刘、教育蔡、农林宋、交通兼财政施，议员到者七十五，女宾到者三，外宾到者德法英美日俄意班奥各国参赞及新闻记者，特别、普通旁听者约百余人。"(《民立报》1912年5月4日)

5月1日　呈请大总统分别委任钟观光等七人为参事、秘书、司长各职。

"本部已于四月二十四日接收学部事务，现在分设厅司，规划一切，所有参事、秘书、司长各职，极应慎重遴选，分别荐任。查有钟观光等七员，或久供部职，长于行政，或历办学务，确有经验，均堪荐请委任。兹将各员姓名开具清单，呈请大总统鉴核，并请颁发委任命令，以重职守，实为公便。""袁总统于五月三日照单任命。"（《政府公报》1912年5月，第5号）

5月2日　敦请江瀚（叔海）出任中央图书馆馆长。

"叔海先生有道：前复一笺，计得达。中央图书馆，各国皆视为重要之计划，必得硕儒宏彦主持其间。况此间图书馆，自改革以来，不无散亡凌乱，尤必有人起而赫然振董之。夙维我公耆年硕望，世林同钦，馆长一席，非公莫属。斯文未丧，吾道不孤。敬候德音，无任神溯。"《致江瀚函》同日

同日　函请王劭廉（少泉）任教育部专门教育司长。

"少泉先生惠鉴：两寄函电，未蒙赐复，引领津桥，曷胜企盼。此间接手伊始，百端待举。对于京师、北洋大学，更须待商执事。即本部专门学务一项，尤盼仁者惠临，主持一切，教育前途之光荣也，岂仅鄙人承受教益已耶。此书达左右后，敢请执事即日命驾莅京，来部赐教，不胜切急企盼之至。……"（《致王少泉函》同日）

5月3日　呈请大总统准将北京大学堂改名北京大学，并荐严复出任校长。

"为荐任大学校校长事。北京大学堂前奉大总统令，京师大学堂监督事务由严复暂行管理，等因，业经该监督申报接任在案。窃维部务甫经接收，大学法令尚未订定颁布，北京大学堂既经开办，不得不筹商目前之改革，定为暂行办法。查从前北京大学堂职员，有总监督、分科监督、教务提调各种名目名称，似欠适当，事权亦觉分歧。北京大学堂今拟改称为北京大学校，大学堂监督改称为大学校校长，总理校务；分科大学监督改称为分科大学学长，分掌教务；分科大学教务提调，即行裁撤；大学校校长须由教育部于分科大学学长中荐一人任之，庶几名实相符，事权划一，学校经费亦得藉以撙节。现已由本〔部〕照会该总监督任文科大学学长，应请大总统任命该学长署理北京大学校校长。其余学科除经科并入文科外，仍暂其旧。俟大学法令颁布后，再令全国大学一体遵照办理，以求完善而归统一。谨呈。""本日 袁大总统批准并正式任命。"（《政府公报》1912年5月，第5号）

"《临时大总统令》。任命严复署理北京大学校校长。此令。大总统盖印。唐绍仪 蔡元培署名。"《申报》1912年5月5日

5月4日　出席国务院特别会议，讨论借款问题。

"四日午前，国务院开特别会议，由唐报告借款决裂，非设办法不可。教育总长蔡□，裁撤军队时，晓以大义，令其自行归农；如不肯去则与以委任状，令其投门纳捐，或以将扰乱秩序驳之。唐主张搜刮富户，资财百万者，捐四十万，约可得数千百

万。国务员均不赞成。蔡又云,发行不兑换纸币。闻亦有难之者。末后农林总长宋□,暂时总须借款,敷衍目前,再筹至当办法。段、赵深然其说,财政总长亦赞成宋说。讨论之结果,群主张少借款,以便于偿还,并议定一面发行不兑换纸币,救目前之急。"(《民立报》1912年5月10日)

同日 委任祝荫庭为北京教育会会长,刘宝和为次长。

"教育部总长蔡元培自莅任后,对于改革教育事宜,异常认真,昨与次长范源濂议商,委派祝荫庭为民国北京教育会会长,委派刘宝和为该会次长,并将内外城原设九学区一律改为分会。人员责成祝荫庭会长由各学区劝学员内推举,开单申部派定,所有各分会会员每员每月定薪津三十元,业经交本部秘书厅核办矣。"(《民立报》1912年5月6日)

5月6日 发布教育部正式办公告示。

"前日教育总长出堂谕云:本部各厅司职员,业经分别委任。兹定于五月六日开始办事。嗣后除星期日循例休假外,每日午前自九时至十二时,午后自一时半至四时半,为本部办事时间,望按时到部,各尽专责。"(《教育杂志》第4卷第3号)

5月7日 报传蔡元培力主拒绝六国银行团监理中国财政的要求。

"此间盛传,拒绝六国团监理财政之要求,以教育部总长蔡元培君为最。此说极为可靠。"(《民立报》1912年5月8日)

同日 与于右任、王正廷、章炳麟、黄炎培、吴敬恒等74人联名发起成立通俗教育研究会。①

"通俗教育研究会简章。

第一条 宗旨。本会以研究通俗教育设施方法,为普通人民灌输常识,培养公德,并发启有关社会教育之各事物为宗旨。

第二条 研究事项。研究事项分二类。甲,以语言艺术及娱乐事物感化社会者,如宣讲、演剧、音乐、活动画、影画、说书场、展览会及其他有关通俗教育事物。乙,以印刷出版物感化社会者,如杂志、日报、讲演资料、歌词、剧本、小说及其他有关通俗教育之各印刷物。

第三条 研究方法。研究方法分集会研究、通信研究二种。凡属专门事项须待专家讨论者,则分设研究部,如关于戏剧,则设剧本研究部;如关于各种图画,则设图画研究部。细目另订。

第四条 进行次第。本会对于甲种研究事项,征集改良进行各方法,登载于本会杂志,以备与社会联络,次第见诸实行。对于乙种研究事项,应先从事于编辑方法,以资编辑通俗图书者之标准,并由本会随时择要编辑,或以会费征集稿本,次第

---

① 该会发起"宣言"见《民立报》1912年5月7日。

刊行。

第五条　会员。凡具有普通知识赞成本会宗旨者，经会员二人以上之介绍，会长之同意，为本会会员。凡富有经验学识，能提倡指导本会事业，或以经费及编辑资料赞助者，由本会敦请为会员。

第六条　会所。本会设事务所于上海西门外江苏教育总会。

发起人：(略)。"(《民立报》1912年5月10日)

5月8日　发表关于改良教育的意见，认为教育制度只可渐次改良。

"教育总长蔡元培自视事以来，办事甚为认真，对于教育一事，颇极注重。兹将其近日发表之事项及意见列下：

(甲)征集部员意见。蔡总长对于整顿学务，绝无成见，惟取决于众议。日昨交出五大纲，饬各司员上意见书，以备采用。(一)改订学规之标准办法。(二)整顿师范学堂办法。(三)归并各校问题。(四)实行国民教育之入手办法。(五)接济在各国留学生问题。

(乙)组织中央教育会。蔡总长以共和成立，教育极宜普及，拟组织中央教育会，共分三大纲：(一)调查全国学务。(二)预算全国学务经费需筹的款。(三)改良教育而谋进行方法。并派祝椿年、彦海筹划进行。

(丙)慎重基本教育。决定将全国地方教育，先行设法维持，提出办理手续有五端：(一)会同财政内务等部，暂筹的款，分别补助。(二)规定国税及地方税。暂订划分规则。并提办学务之法。(三)通告各省议会。迅速提议维持之策。(四)电查各该省现办学务之情形及维持之方法。(五)京师设立地方学务厅，统核地方教育一切事宜。

(丁)改良教育制度。对于改良教育制度，蔡总长说：教育制度只可渐次改良。强迫教育之制，始以四年为度，继以六年，终以八年。且云高等学校行将设立，拟多延聘有学问之西人为之掌教。此等高等学校，其程度规模，悉以京师大学等。惟大学注重理想的教育，而此项高等学校，均注重实用的教育。小学、高等小学及中学课程，均注重实用的教育。小学、高等小学及中学课程，不久将颁行。中学毕业给予证书，即得径入高等学校及京师大学。除高等学校及大学校外，毕业后概不给学位。"(《教育杂志》第4卷第3期，《民立报》1912年5月9日、13日)

5月10日　反对聘用外员监理财政及协助遣散军队。

"财政总长熊君已将盐茶收入开单交与六国银行团代表，初十日内阁会议时，唐绍仪及蔡元培君反对聘用外员监理财政及由外员协助遣散军队二事甚力。"(《申报》1912年5月14日)

5月12日　列名同黄兴、段祺瑞、赵秉钧等66人发起成立五族国民合进会。(北京市档案馆藏件)

5月13日　出席参议院第五次会议,在会上宣布所部政见。

"十三日上午九时二十分,参议院开第五次会议。国务总理及各部总长(内务赵总长因病缺席)全体出席。……秘书长报告文件毕,议长谓今日国务员到院宣布政见。当由唐总理、财政熊总长、陆军段总长、教育蔡总长、农林宋总长、海军刘总长、司法王总长、交通施总长、署工商王总长,以次登台宣布政见。"(《民立报》1912年5月20日)

同日　蔡元培在演说教育行政之方针时,尚陈述了"民国国旗""教育普及"二事。

"元培对于教育行政之方针既如上述所陈,此外尚有附属陈述者二事:一则民国国旗。闻诸君对于国旗统一案,均主张用五色旗。元培窃以为国旗者,所以表明国民之程度,亦历史上时代程度之标记。用旗之程度,在根据文明程度,全国统一,旗帜精神特色无不包罗,外人亦尝以我国人民比较日本人民与欧西人民,或谓中华人民纯粹奴隶性质,或谓中华人民具有远志,具有高尚之思想,与欧西人同。每用图画比较曰,此日本人图画,此中华人图画,由图画而知中华人民有深远之志。鄙人对于五色国旗,颇不谓然。由科学论,则颜色应有七色,非止五色;由历史上之习惯论,则又与青黄赤白黑不相吻合。若谓为起义时之纪念,则用明五大民族,取义亦不有当。国旗为全国人民精神所系,贵院提议此案时,应请诸君注意。其二则教育普及者。人人受同等之教育,即权利义务之思想亦无不同等。男子与女子同系国民,所谓男国民女国民者是也。诸君于议定国会组织法及选举法时,于女子似不必加以限制。以上二事,于教育前途,亦甚有关系。故鄙人连类及之,尚望诸君匡其不逮。"(《民立报》1912年5月24日)

5月15日　在北京出席黄花冈烈士就义一周年纪念大会,并在会上发表激烈演说。

"今日(十五日)上午九时在东安市口织云公所,开黄花冈〔烈士〕纪念大会。中外男女来宾及新闻记者到者约近千人。首由主席张继报告,次宋教仁报告当日黄花冈事迹綦详。次总统特派员傅良佐代总统致词,深表悼慕。次唐绍仪、蔡元培、章太炎、胡瑛、刘冠雄、景耀月、王宠惠、于右任相继演说。其大旨表明同盟会真性质,愿我同胞化除党见,牺牲权利,志诸烈士之志,行诸烈士之行,造成我真正共和民国,实行民生之意。……"(《民立报》1912年5月17日)

蔡元培演说时声色俱厉,口手俱震,似对某人所发。

"在京同盟会,以黄花冈起义诸烈士之殉节,于今恰及一周年,因发起纪念会于三河井大街织云公所。各党及社会中流人物到者一千余人。唐总理是日亦出席演说,略谓死者诸公,为国就义,此后本会同人亦当如死者之殉国家。蔡元培演说略谓:去年今日,为黄花冈诸烈士就义之日,诸烈士所怀抱之目的,今已圆满达到,想诸烈士在天之灵,亦当慰藉。惟中华民国缔造伊始,我们后死之人,责任甚重,能否达到救国目的,尚不可知。故今日之追悼会,对于死义诸人,不应当感痛,应当羡慕,此在会同人当知者也。诸烈士皆同盟中同志。同盟会之宗旨,专在牺牲性命以就国家。诸烈士既杀身成仁,死而无憾。我们后死者追悼之余,当以诸烈士为榜样。此后事业方多,我们同志尤不可不具牺牲的性质、敢死的精神,则无事不可做矣。至于同盟会以外之党派甚多,对于本会时有诋毁之言,或谓同盟会争权夺利,或谓同盟会多运动做官者,种种言论,皆污蔑本会太甚。元培深信我们同盟会只知牺牲性命,不知争攘权利,黄花冈死义之人,我们同盟会之代表也。(按蔡君演说至此,声色俱厉,口手俱震,似对于某君所发)。"(黄远庸:《北京黄花冈纪念会》)①

同日 出席北京大学开学式。

"北京大学校业已开学,学生到者百余人,教员数十人。英国公使朱尔典、总税司裴璀琳、教育总长蔡元培皆莅会。首由校长严幼陵君演说,略谓学校规则,宜趋谨严,不得过于恣肆。次由蔡鹤卿先生演说,谓大学为研究高尚学问之地,即校内课余,仍当温习旧学。次由英、德、法三教习演说,……演说毕,主宾尽欢而散。"(《教育杂志》第 4 卷第 4 号)

5 月 27 日 与程雪楼、黎元洪、宋教仁、黄兴、唐绍仪、汪精卫等共同发起的政见商榷会在上海举行成立会。

"前由程雪楼君邀约黎副总统、唐总理、黄留守、蔡、熊、宋总长、伍秩庸、王采臣、汪精卫、赵竹君、于右任诸君发起,政见商榷会昨日在江西路十八号该会事务所开成立会,推举黄克强君、程雪楼君为会中主任,并将会章修正公决如下:(一)本会定名为政见商榷会。(二)本会暂设事务所于上海。(三)本会集各政党专以商榷政见、联络感情为宗旨。(四)本会会员分三种:(1)发起人,(2)各政党各领袖,(3)各政党所推举者。(五)本会推举二人为主任,以一年为期,期满改举。(六)本会事务由主任酌派数人经理。(七)本会经费由发起人及各政党筹集。(八)本会每月开常会一次,每年开茶话会一二次。(九)开会时会员不能到者,可委托他人代表或投意见书。"(《民立报》1912 年 5 月 28 日)

5 月 教育部颁发普通教育办法九条。

"教育部已将应行变通教育办法九条,日昨通告京外各学堂一律遵办。兹照录如下:一、从前各项学堂均称为学校。监督、堂长,一律通称校长。二、各种教科书务合于共和民国宗旨,……三、师范、中小学读经科,一律废止。四、小学手工科应加注重。五、高等小学以上体操科应注重兵式。六、初等小学算术科自第三年起,应兼珠算。七、初等小学可男女同校。八、中学校为普通教育,文理实不必分科。

---

① 载《远生遗著》,商务印书馆 1927 年出版。

九、废止旧前奖励出身，初高等小学毕业者，称初等高等小学毕业生，中学校师范等校毕业者，称中等学校师范学校毕业生。"（《民立报》1912年5月31日）

同月 手拟《提议以内务部官制之礼教司移入教育部案》文稿。（蔡元培先生手稿）

同月 《中学修身教科书》由上海商务印书馆出版，此书系蔡元培先生在德留学期间编写。（该书 商务印书馆1912年出版）

蔡元培所编写的《中学修身教科书》的封面（1912年5月）

6月1日 书勉上海举行的世界语演讲大会。

"今日之会为联络沪上及各世界语团体之共同开讲式，亦即各同志谋推广世界语之第一步。会场陈列图书报章及明信片等数千种，诸君尽可浏览，本会备员顾问并报告，学部蔡总长来书提创斯语并遗书劝勉，深望到会诸君竭力提创，以谋新中国新国民之幸福云。"（《民立报》1912年6月5日）

6月8日　电告各省都督,严禁学生滥发电报,干预政府借债事。

"教育总长蔡元培,以现在政体虽已改建共和,然学生行动仍不能逾越范围之外。近日拒借外债之风,流行甚烈。窃恐学界因而效尤,自不得不预为限制。昨已电达各省都督,严禁学生滥发电报,干预借款,以清权限云。"(《民立报》1912年6月9日)

6月上旬　函请胡玉缙(绥之)到教育部任职。

"绥之先生大鉴:于报端得读大著《孔学商榷》篇,无任钦佩。深愿得一朝夕奉教之机缘。适有接收典理院一事,似与先生所精研之孔学不无关系,故以奉烦。无论专制共和,一涉官吏,便不能免俗,曰谕,曰派,皆弟所蹙然不安者。以冗故未遑议,致承政厅遂袭用之。奉惠书后,即转示厅员,彼等有所答辩,附奉一览。字句小疵,想通人必不芥蒂。民国初立,教育界除旧布新之事,所欲请教者甚多,尚祈惠然肯来,相与尽力于未来之事业,敬为全国同胞固以请。……蔡元培敬启"。(《复胡玉缙函》)

6月15日　决定召开全国教育工作会议,研讨教育方针、计划诸问题。

"蔡子民先生拟举行特别会议于中央教育部,以议决吾国教育种种问题。"(《民立报》1912年6月15日)

"教育总长蔡元培将于此一星期内在北京开普通教育讨论会。各省教育部之代表,均须到会。此次讨论会研究教育方针、计划。一旦公决,京师大学堂将重行停办,抑继续接办。"(《民立报》1912年7月3日)

6月16日　出席日本贵族访华团欢迎会。

"十六日下午一时,参议院议员欢迎日本贵族团于万牲园。国务员到者:内务总长赵、财政总长熊、海军总长刘、司法总长王、教育总长蔡、农林总长宋、工商署总长王及农事试验厂长蔡基植九(八)人。议院正副议长议员,到者五十六人。日贵族团到者十二人,日公使馆及新闻记者、正全银行取缔役、日本邮便局长等,到者十七人。齐集畅观楼下,军乐队奏乐毕,首由正议长吴君致欢迎词……洋洋洒洒约千余言,尤为日宾所欣赏。"(《民立报》1912年6月22日)

6月17日　拟重建中央教育会,以张元济为会长。

"蔡教育长拟再办中央教育会,以张元济为会长,严修副之。"(《民立报》1912年6月17日)

6月21日　总统袁世凯独断专行,国务员显分两派,相互牵制,无一事可以进行。同盟会籍的国务员议决联袂辞职。

"昨日同盟会代表张耀增、李兆甫、熊成章、刘□四君谒袁总统,陈述关于唐总理辞职事件。张君称现同盟会籍国务员已决议全体辞职。唐总理辞表今日下午可以提出,刘宋蔡王诸总长辞表明晨可以提出,是为唐内阁业将解散之征。"(《民立

报》1912年6月23日）

"那时候唐君所提出之阁员名单,除外交陆君子欣、陆军段君芝泉、内政赵君智庵、财政熊君秉三、交通施君植之外,司法王君亮畴、农林宋君渔父、工商陈君英士与我皆同盟会会员,唐君少川亦已入会,会员与非会员各得五人。到北京组织政府,陆君尚未回国,外交由唐君兼任,陈君英士不到,由次长王君儒堂代理。施君因常受同盟会会员不得意者之诘责,谓:'汝有何功于革命而据此高位?'表示消〔极〕,不常到国务会议。国务会议中,显然分为两派,袁派要用总统制,同盟会派要用责任内阁制,袁则用责任内阁之名而行总统制之实,军政、财政及任免名单,皆由总统府决定而后交政府发表。熊君、赵君常常不参加会议,袁派惟段君一人来敷衍,事事以迎合总统为要点。我那时尚是书生,常与争执,其实皆无关紧要的支（枝）节问题。两方所集中致力的只有借款,一方由熊君出面,一方由唐君出面,各以捷足先得为快,然皆不成。有一次,熊君借成一笔小款,用英文合同送国务会议求承认,唐君与二王君指出有一二字用得不妥,然为总统所已决之办法,亦无法反对。

于是宋君忍不住了,以为政府已成立若干日,而尚无大政方针发表,殊不成话,愿任起草,同事当然赞成,草定后,在会议中传观一次,宋君亦有说明,都表示同意;盖宋君为同盟会中惟一之政治家,与进步党之汤济武、林宗孟诸议员有交情,提出后可望通过。但尔时惟一之难关是财政,故文中亦以财政为重要部分,虽用总理名义提出议会,而临时非财长加以说明不可;于是知照议会,定期全体阁员到会,有重要报告。在熊君方面,习惯于总统独断独行之方便,且对于农林总长之越俎代庖,尤为不快,于是在出席议会之前一日晚间,突借黄君克强为国民捐问题攻讦财长之电,驰函辞职,派员慰留,避匿不见。第二日出席议会,不能提出政策,仅报告政府困难情形,全体议员都有点诧异。有一进步党议员就责问总理,谓闻总理曾借到比款一千万,用途如何?何以不能报告?……这真是亡国总理。唐君愤愤,几不能置答。宋君要求代为说明,而议员又不许,遂空空洞洞的退席。

唐君已洞悉袁氏对于己之不信任,欲借议会中'亡国总理'之丑诋而辞职。各方面都慰留他,他亦无法决去,又敷衍了好几日。我也忍不住了,有一夜,我约了唐、宋、王、王四君密谈。我说目前情形,政府中显分两派,互相牵制,无一事可以进行。若欲排斥袁派,使吾党同志握有实权,量力审势,决无希望。不如我辈尽行退出,使袁派组成清一色的政府,免使吾辈为人分谤,同归于尽。尔时宋君不甚以为然,但亦没有较善的办法可以打破僵局的。于是决定,俟有适当机会时,吾党同志全体去职。

唐君担任组阁时,孙先生方面本也有几种条件:一是唐君必先加入同盟会,一是广东都督胡汉民、江西都督李烈钧必须维持外,须以王铁珊为直隶都督等等。在征袁同意时,袁亦含糊答应,唐君以为不成问题。不意唐君进同盟会一举,既引起袁派老同事的排挤,而直隶都督问题,又迟迟不肯发表;促之,则袁派用'釜底抽薪'法,劝王君铁珊离京,表示不任直督之决心;王君见风使帆,飘然而去。唐君一方面惧受吾党之诘责;一方面窥见袁氏对于同盟会,对于唐君个人已表示不再敷衍之端倪。而且他与袁共事多年,知道袁对于一个人有疑忌了,不管有交情无交情,必置之死地而后快。若公然辞职,危险殊甚。乃于□月□□日间与一西妇同车,赴车站,乘火车往天津。到天津寓所后,始电请辞职。照例慰留,唐君决不肯回,而陆君子欣适已回国,乃由陆君以外交总长代理总理,国务会议乃照常开会。我与二王及宋君亦联带辞职,袁派认为拆台,竭力挽留,梁君燕孙奔走最勤,宋君颇不以我等显然反袁为然。然我因有□日夜间之决议,持之甚坚,卒于同时去职。"(《自写年谱》)

  同日 拟于唐绍仪辞总理职之日,辞职出阁。

  "昨日蔡元培、魏宸组二君自津归,述唐总理决意不返京,并述其中不得已苦衷,谓与其多任总理一日于民国前途不能谋幸福,不如即行辞职云。……

  同盟阁员宋教仁、蔡元培、刘冠雄、王宠惠、王正廷诸总长拟于唐总理五日假满辞职之日,联袂辞职出阁。"(《民立报》1912年6月19日)

  同日 向袁总统呈请辞教育总长职。

  "为呈请辞职事:元培迂愚无状,猥承任命承乏国务院两月于兹矣。以大总统之英明,唐总理之同志,谬谓追随其间,当能竭千虑之一得,以贡献于民国。不图理想与事实,积不相容。受事以来,旅进旅退,毫不能有所裨益,始信国务重大,诚非迂愚如元培者所能胜任。屡议提欲辞职,而国务院为有机体,国务院中之一员,不得有单独行动之自由,牵率因循,负疚滋重。今值总理辞职,国务院当然解散。元培窃愿还我初服,自审所能,在社会一方面尽国民一份子之责任,以赎两月来负职之罪。为此呈请辞职,伏乞照准。"(中华民国《政府公报》1912年6月号)

  6月23日 出席同盟会在京职员会,并在会上有演说。

  "昨日上午同盟会假万牲园开全体职员会,欢宴孙毓筠、王天纵、谭人凤、马毓宝诸君。在会各国务员赵秉钧、刘冠雄、蔡元培、宋教仁、王宠惠、王正廷俱列席。日宾小野内藤及夫人。由胡瑛主席代表全体述欢迎词。孙王谭马答谢。席间因询各国务员组织第二任内阁意见,据云决定纯粹政党,无论由何党组织均可。若为混合内阁,本党各员决不加入。次蔡元培相继演说,欢悦逾恒,拍照而散。"(《民立报》1912年6月26日)

  6月27日 函请蒋维乔(竹庄)转商张元济贷款千元。

  "竹庄先生鉴:得本月二十四日惠书,知老伯已渐痊可,公亦不久可来京,甚慰。款事承委曲设法,并承菊公多方代筹,感谢不既。惟近日情形,与公临行时稍有不同。……弟现已辞职,不久出都,约计出时,非得千圆不足以了葛藤。故前日已函告菊公,请其代筹千圆,尚未得回信也。菊公函拨之二百圆,拟姑从缓。至苏浙路股票,恐都中未必能押出;即能押出,他日赎回,亦大费周折,鄙意以不用为是,请不必带来。总之,弟此时与商务分馆毫无交涉,前之五百圆已还,后之二百圆未取。所希望于菊公者,贷弟以千圆整数,俟弟南归后,陆续设法筹还耳。如公再晤菊公,务请代达此意,可否并祈速复。……弟元培敬启 六月二十七日"。(《复蒋维乔函》同日)

6月 于工余学习世界语。

"教育总长蔡每日散署后,亲至世界语传习所听讲。"(《民立报》1912年7月3日)

5、6月 与皇室总长世续商议筹设一大图书馆,以接收保管四库全书。

"清太后以内廷四库所存书籍多系外间未见之本,现在民国亟须设立图书馆,拟将四库书籍全数捐交图书馆,以存国粹,而增见闻。昨已由皇室总长世续与教育总长蔡元培面商办法。"(《民立报》1912年7月1日)

7月1日 再次呈文大总统,恳辞教育总长职。

"元培前于六月二十一日呈请辞职,蒙大总统批示慰留,弥增惭悚。伏念元培任事数月,毫不能有所设施,是以决意避贤,非计较外界之是非,实衡量寸心之得失。顷新总理已莅任,正值组织新国务院之时,若再迁就依违,更无以副国民之付托,与士类之期望。为此再行呈请,敬乞大总统速任教育总长,俾元培得早一日去职,即尸位之咎早一日解免,曷胜企幸。谨呈。"(《教育杂志》第4卷第6号)

7月2日 袁世凯表示挽留教育总长蔡元培,蔡坚决辞任。

"前日各国务员集总统府,袁总统恳切挽留,且向教育蔡总长云:我代表四万万人坚留总长。蔡答以元培代四万万人坚辞总统云。"(《民立报》1912年7月6日)

7月3日 发出教育总长照会,转饬已任学校校务者须开去兼差。

"教育部总长照会。为照会事,前奉国务院令开,兼差为旧日恶习,庶政废弛胥由于此。盖人才各有专长,精力不可分用,专责始克有功,兼任不免两败。民国初建,百废维新,岂宜重蹈覆辙,致坏首基。为通令行政各机关在职人员,勿得兼任他差。其有兼差者,即由各机关查明开去,以肃官纪而饬吏治,此令等因在案。兹查大学校分科各学长中,法政科大学学长王世澂有总统府兼任职务,农科大学学长叶可梁有外交部兼任职务,商科大学学长吴乃琛有财政部兼任职务,显与国务院通令相背,且大学学长所负教育责任至为重大,兼承他职必有顾此失彼之虑,外间舆论对于此事评陟频多。相应照请贵校长查照前项通令,转嘱各该学长于学校职务与官署职务之中,何去何从,择任其一,庶官纪可藉是整饬,而吾庄严神圣之教育界亦不致贻他人以口实也。即希贵校长查照施行并祈即日见复为荷。须至照会者。右(上)照会北京大学校。中华民国元年七月三日 蔡元培(印)"。(北京大学档案)

7月8日 同盟会干事胡瑛辞职出京,与宋教仁、王宠惠等在万牲园为其饯行。

"日前同盟会提议改组,昨开职员会时胡瑛宣布改组政见,驳诘者多,胡因辞退干事,准日内出京。昨蔡元培、宋教仁、王宠惠诸君在万牲园饯别。"(《民立报》1912年7月11日)

7月9日 邀集到京出席临时教育会的会员,到教育部开座谈会。

"初九日上午九时,蔡总长邀集到京会员,在部中开茶话会,到者五十余人。由蔡总长、范次长招待就座后,蔡总长演说,略谓此次开会,为期甚促,又值暑天,远劳诸君,实为抱歉。部中初欲觅一宿舍,不意相当之屋竟无所得,即如各学校虽均停课,大半为公共机关借用,亦难商借。今日为茶话会,区区之意,须白于诸君之前。此次开会,为讨论教育问题,部中所备议案,因迫促之故,必多不详不备,诸君如有意见,尽可提出。但近来每见开会时,常各执一见,或有意批驳。此次开会,则纯为教育,而教育事业,纯然为人,毫无利己之处,必无争执之虑。苟诸君各抱一利人之心,讨论再四,得良结果,则实为教育前途之幸云云。演毕,次长范源濂亦略述数语,会员相对寂然。蔡总长复言,请君自各省来,请将各省情形随意谈述。于是有四川、江苏、河南、福建、江西议员各报告本省教育现状。约略言之,不外二种,一因财政支绌,原有学校,不能全开;一办教职员大半腐败,致教育界殊少成效。至十二时总长邀会员入会堂茶点。"(《民立报》1912年7月19日)

同日 出席教育会的会员代表挽留蔡总长;答谓此次辞职并非因教育一方面,实不得已而出此。

"前开预备会时,推定张寿春、黄炎培、庄俞、何燏时见蔡总长,表示会员挽留之意。初九日茶话会毕,四代表遂对总长声明此意。蔡总长答谓此次辞职,并非因教育一方面,乃系对于国务院一方面,不得已而出此。总长为政务官,对于国务院为重,对于本部为轻,去留与教育会关系甚少。诸君之意,极为感激。但望诸君从长讨论,莫因一人而有所疑虑。代表等复历述教育界现状,与中央教育部及教育总长之关系,万一有可留之机会,务望将一方面看重,担此责任。蔡总长复言:我于教育本为愿意担任之事。但应去不去,于精神教育颇有妨碍。如有可留之机会,苟于辞职理由无妨,当将诸君盛意,列在看重一方面。代表遂辞出,据情报告会员。"(《民立报》1912年7月19日)

7月10日 主持临时教育会议,发表辨别民国教育与专制时代不同之点的演说。

"初十日上午九时,行正式开会礼。会员到五十八人。教育总次长同时就座。干事长请总长报告开会宗旨。蔡总长演说洋洋数千言,颇为精辟,其辨别民国教育所以与专制时代不同之点,大抵谓专制时代由上特定一种教育主义,而以利禄诱人民以就之,民国教育当视各种人民而施以各种相当之教育主义,当以人民一方面为重,至于教育方针,当着重道德而次实利。末谓此次开会之期,只有一月,而部中所预备之议案,莫不重要,以至短短之时限,讲至重要之事件,务望诸君规定大纲,勿苟小节等语。次选正副议长,用单记名投票。……"(《民立报》1912年7月20日)

同日 与宋教仁、王宠惠、王正廷同谒袁总统,说明一同辞职的理由,并函致陆总理声明公事办至本月14日止。

"昨蔡宋两王同谒袁总统,表明一律辞职原因,并谓现今中国国事艰难,某等虽退希望大总统者甚厚,尚望以旋乾转坤手段,奠我中华邦基。袁总统谓,诸君去志之坚实,非余所及料,今既不能挽回,只好允如所请,诸君所嘱刻不敢忘,然继任甚难其人,如有杰才,尽可保举。蔡答国务员保举责任在总理,某等辞职之人何敢妄举云。"

"蔡宋两王昨函致陆总理,请早举人接任,所有公事办至十四日,以后不担责任。"(《民立报》1912年7月13日)

7月12日 规定学生制服,一律采用国货。

"蔡教育长提议,规定学生制服均用国货,自高等小学以上,男生以操衣为制服,女生以常服为制服,均冬黑夏白。"(《民立报》1912年7月15日)

7月13日 出席临时教育会谈话会,答告辞职理由。

"是日阴雨,会员仅到三十余人,总长蔡次长范同时出席。黄炎培起言,前因总长辞职与本会有极大关系,到京会员曾在师范学校开预备会推举代表,请见总长表示挽留之意,日来事机益迫,会员中又提议及此,不识总长出于辞职之理由,可略闻否?蔡元培起言:自南京组织临时政府,所谓革命党人居多,革命党即同盟会。南北统一,唐绍仪到宁,时局为之一变。及政府北迁,内阁组织,遂有甲、乙两派,参互其间,甲派即同盟会,乙派即非同盟会。在平时,甲派主张冒险进取,乙派主张和平保守。政见不同,即政策不同。但政见政策必取同一之致,而后收效较大。此时吾即不愿加入内阁。统一政府既成,甲、乙两派之主张,常致两歧。……以致两三月来,政府毫无大政策发表,朝令暮令,无非琐屑之端,不速挽救,于大局万分危险。甲派之在国务院者,即倡辞职之议。与其两派混合,致政治不能进行,不如任何一派主持国务,犹得实行其政见。……是时余等主见,亟当实践,在余等以为,内阁均负连带责任,余等之去,为当然之事。各方面有责谓不以国家为前提者,不知正以国家为前提,故如是也。……"(《民立报》1912年7月21日)

7月14日 获免教育总长职。

批词云:"据呈已悉。该总长道德学问,当世罕俦,任事以来,于全国教育行政,筹画大纲,规模宏远,天下学子,称颂弥殷。前此呈请辞职,本大总统殊深叹惜。当此国基甫创,二三君子,弃我如遗,使本大总统蹈弃贤之咎,固不足惜,其如国事何?沥胆披肝,劝导再四,并代表全国四万万人谆切挽留,私意该总长必能谅此苦衷,勉停高躅。乃复据呈请解职,情调坚切,出于至诚,若再不如所请,又恐邻于强迫、过拂该总长之意。不得已勉徇所请,准免教育总长本官,尚望身在江湖,勿忘国事,时惠箴言,用匡不逮,本大总统有厚望焉。此批。"(《教育杂志》第 4 卷第 6 号)

同日 获准解职后,谈辞职之故。

"中华民国元年七月十四日,蔡元培既解教育总长之职,客有就而问之者曰:何子之不以国家为前提,而悻悻然必欲辞职也?答曰:否,否,我之辞职,正我之不敢不以国家为前提也。请言辞职之故。……"(《民立报》1912 年 7 月 27 日)

同日 本日起,不再到教育部尽职。

"蔡宋两王四总长,今日起已不往国务院办事。"(《民立报》1912 年 7 月 14 日)

做了几个月的教育总长,认为颇有可以记录的事情。

"我在国务院中做了几个月尸位的阁员,然在教育部方面,因范君静生及其他诸同事的相助,颇有可以记录的事情。

学部旧设普通教育、专门教育两司,我为提倡补习教育、民众教育起见,于教育部中增设社会教育司,以防致牵涉孔教,特请研究宗教问题之夏君穗卿任司长。不意我与范君离部以后,汪君伯棠代理教育总长时,夏君竟提议社会教育有提倡社会主义的嫌疑,须改名云云,我闻之甚为诧异。

我与范君常持相对的循环论。范君说:'小学没有办好,怎能有好中学?中学没有办好,怎能有好大学?所以我们第一步,当先把小学整顿。'我说:'没有好大学,中学师资那里来?没有好中学,小学师资那里来?所以我们第一步,当先把大学整顿。'把两人的意见合起来,就是自小学以至大学,没有一方面不整顿。不过他的兴趣,偏于普通教育,就在普通教育上多参加一点意见;我的兴趣,偏于高等教育,就在高等教育上多参加一点意见罢了。

我那时候,鉴于各省所办的高等学堂程度不齐;毕业生进大学时,甚感困难;改为大学预科,附属于大学。又鉴于高等师范学校之科学程度太低,规定逐渐停办;而中学师资,以大学毕业生再修教育学的充之(仿德国制)。又以国立大学太少,规定于北京外,再在南京、汉口、成都、广州,各设大学一所。后来我的朋友胡君适之等,对于停办各省高等学堂,发见一个缺点,就是每一省会,没有一种吸集学者的机关,使各省文化进步较缓。这个缺点,直到后来各省竞设大学时,才算补救过来。"(《自写年谱》)

7 月 15 日 教育部部员举行蔡总长送别会。

"上午至教育会旁听少顷。下午部员为蔡总长开会送别,不赴。"(《鲁迅日记》同日)

7 月 21 日 出席同盟会北京总部成立大会,并在会上有演说。

"昨同盟会北京本部开夏季大会,到五百余人。首由代理总干事魏君宸组报告本部成立,三月新会员已得八百余人,足征发达。今为改选总务、财政、政治三部主任干事,特用记名投票法,于是投票开读,总务宋教仁以二百三票当选,财政孙毓筠以百六十三票当选,政治张耀增以百五十票当选。嗣由蔡元培、宋教仁、景耀月、王正廷诸君及沈佩贞、郑毓秀女士相继演说。大致主张整理内部,求信社会,组织政党内阁,不争他党权利,处于监督政府地位。众共鼓掌。是日大雨倾盆,至六时散会。"(《民立报》1912年7月23日)

"对同盟会粤支部演说词。中华民国是同盟会人所构造而成,此论者所常言者也。但今日希望于诸君者:

第一,以后我同志断不要说这句话。盖同盟会与民国,不过关系甚密切而已,此则天下自有公评,不必我同志以此自诩。须知我同志之组织此团体,并非记既往,原为图将来,故切不可自己专功,至惹起社会上人之反对。

第二,本部北移已及三月,团体散漫,并无实在设施。其间干事会到者虽多,而所议事件迄不得圆满结果。若常如此,则同盟会将消灭了。同盟会消灭,恐共和亦将消灭了。故希望今日所举定各干事,均须热心实力做去,毋至议论多而成功少。

第三,须为有机体之举动。有机体者,即统一之意。凡关于所议事件,须一致决定,方为有机体。现都中同志所办新闻已不少,然大都议论分歧,绝无统一。故以后希望我同志须立统一之意见。

第四,我同志何故而须结集此团体乎?盖先有宗旨而后成团体,并非先有同盟会而后造出宗旨去装做的。所以同盟名目,万不能改,不能舍己从人,只抱定三大主义做去,务以达到民生主义为目的,虽招反对,亦所弗恤,是亦希望于我同志者。"(《中国同盟会粤支部》第7期)

7月22日 鲁迅等人为蔡元培设宴饯行。

"晚饮于陈公猛家,为蔡子民饯别也,此外为蔡谷青、俞英厓、王叔梅、季芾及余,肴膳皆素。"(《鲁迅日记》同日)

7月24日 离京往沪。

"蔡总长元培今日出京往沪,拟在江浙一带办理同盟会分会事务。"(《民立报》1912年7月27日)

8月4日 相信新任教育次长董鸿祎之主张与蒋维乔无异。

"竹庄先生鉴:子言兄来,奉手书及摄影片,感谢之至。范先生长部后,以次长要公,备实行预备之计划,其意诚美。公不肯任,而推诸董先生,公之谦谦,未免太过。而董先生任事后,其所主张,能与公自任无异。则弟亦所敢信也。教育部虽卷入政争之漩涡,而竟能维持成局,虽无独立之名,而已有其实,后来之希望,未有量也。……弟元培敬启 八月四日"。(《复蒋维乔函》同日)

8月13日 出席民国新闻社股东会议，会上被选为社长。

"今日（十三日）午刻，民国新闻开股东大会，集议重要事件，并推举职员。与会者有黄克强、蔡子民、徐固卿、吴稚晖、陈陶□、陈楚楠、连雅堂、吕天民、陈泉卿、姚勇忱、□望潮、恢宇诸君二十余人。首由总经理报告收支款项，次公推蔡子民先生为社长，次组织董事会并筹商进行方法，次公举吕天民先生为南洋募股代表，其所遗总编辑一席，亦推社长兼任，迨散会已三小时矣。"（《民立报》1912年8月14日）

8月14日 为商务印书馆《新字典》所作序文发表。（《东方杂志》第9卷第4号）

8月17日 出席世界语会举行的欢迎大会，并发表演说。

"世界语会昨日假座西门外江苏教育总会开会欢迎前教育总长蔡元培君。午后二时各会员与男女来宾先后莅会，到者约一百余人。首由孙国璋君宣告开会宗旨，谓蔡君提倡本会不遗余力，今日蔡君尤扶病到会，实为难得。……言毕，即由蔡元培君登台宣言，谓今日蒙诸君开会欢迎，愧不敢当，惟鄙人对于世界之观念，以及提倡社会尚多抱憾，务望诸君子极力提倡，俾益民国。言毕，共摄一影，遂振铃散会，时已鸣钟五下矣。"（《申报》1912年8月18日）

8月19日 与王芝祥、戴天仇等十七人联名发起组织法律维持会。

"《发起组织法律维持会通告》。大总统与副总统无直接杀人之权。张君振武等所得罪状，皆暗昧不明，未经裁判，即行枪毙。尤可奇者，犹复加恤赠金，掩饰耳目。此种举动，明明故意违犯约法，玩弄国民。若不讨论其究竟，无以为法律生命之保障，尚何共和政体之可言？故敝会发起于阳历八月二十日下午二点钟，在张园安垲第特开会研究办法。凡我国民，务请自由降临，据理发言，共和幸甚；中国国民幸甚！法律维护会发起人：王芝祥、蔡元培、李怀霜、戴天仇、郑隆骧、张人杰、赵铁桥、徐棠、姚勇忱、周佩箴、张弁群、褚民谊、姚雨平、吴敬恒、张虎臣、林与乐、赵祖望等同启。"（《民立报》同日）

8月20日 出席法律维持会召开的会议，讨论国民维持法律之办法。

"沪上同盟会等各会员蔡元培、王芝祥、戴天仇、胡瑛、李怀霜诸君，为张振武、方维二人在京枪毙一事，特于昨日假座泥城外张氏味莼园开法律维持会，到者约二千余人，午后二时半开会，首由临时主席吴稚晖君报告开会宗旨，略谓北京参议院为我国民之代表，张君枪毙一事，昨日参议院已经提出诘问，凡我国民自应开会讨论维持法律之办法，以为后援。言毕，将黎副总统致袁大总统之电报及黄克强君诘问袁大总统之电文先行宣读，继将袁大总统复电当众宣布，……继由蔡元培君登台宣告开会结果。第一通电参议院严诘袁总统；第二，请诸君于明日至事务所继续讨论。……散会时已薄暮矣。"（《申报》1912年8月21日）

"张振武、方维被杀消息达沪，沪人士大激昂，非为张、方二人生命惜，为中华民国法律前途惜也。王铁珊、蔡子民诸先生乃发起法律维持会。昨日下午二时开会于张园安垲第,到会者千余人,至无容足地。首由吴君稚晖报告开会缘起,随宣读步军统领会衔宣布罪状原文,又袁总统复黄克强先生电文,黎元洪布告各省电文,请共研究其违法杀人之点,及黎氏两电自相矛盾出入,即可显见其任意罗织。继乃宣参议院质问政府五款,谓吾人宜从法律上讨论辅助参议院之法云。……"(《民立报》1912年8月21日)

同日 与法律维持会发起人王芝祥、胡瑛等联名致电北京参议院。

"北京参议院鉴:张、方一案,总统与副总统皆有违法之咎。公等所诘五条,尚多未尽。乞更严重诘问,使共和国之法律能保障完全而止。国民以生命委托于公等者至重,勿以寻常视之,全国国民愿为公等后盾也。法律维持会发起人王芝祥、蔡元培、胡瑛、姚雨平、吕天民、吴敬恒、戴天仇、李怀霜、张人杰、张弁群、赵铁桥、周佩箴、徐棠、褚民谊、王博谦、章佩乙……一千零二十四人。"(《民立报》1912年8月21日)

8月23日 应邀出席中国社会党党员会议,在会上就江亢虎在汉口被捕事发表演说。

演说词略谓:"国家社会主义与无政府主义,党纲所定,半用励一己道德,半请政府采用。政府中人,以各国无政府党之激烈,遂以社会主义破坏秩序,妨害国家之存在,于是厉行取缔。江亢虎在鄂,并未有他种举动,甫抵汉口,即被拘捕,与清拘捕革命党,如出一辙,蹂躏人权,莫此为甚。是现在对于江亢虎被捕后详情,尚未探悉。须一方面访实黎对江之待遇,一方面举代表赴鄂交涉,一方面请法律家研究起诉。"(《民立报》1912年8月24日)

8月25日 与张謇、胡瑛等联名致电财政部,请对中国公学抵押财产按原批拨付。

"北京财政部钧鉴:号电敬悉。中国公学前拨前清沪道蔡乃煌经手抵押元丰润等户财产三百七十余万,前经孙大总统批准立案。兹奉钧电,有酌量提拨等语,似与孙大总统原批稍有未合,谨再陈明,务恳电饬上海关施监督遵照原批拨付,实为德便。中国公学董事张謇、胡瑛、于右任、蔡元培、王正廷叩"。(《民立报》1912年8月25日)

9月3日 以校董身份出席中国公学开学式,并发表演说。

"中国公学因民国初立,建筑需才,特于上学期改办政治、经济、法律三科,本学期又大加扩充,添设大学预科,并续办本科,以为造就全才之计。兹于九月三日举行开学式,学生已达二百人。该校董事蔡元培、马经武、胡经武、罗焕章、陈润夫、黄贞呈、郑仲劲等诸先生均莅校。是日上午十时开会初,学生对各董事先生及教职员互行一鞠躬礼。礼毕,由校长谭心休先生致开学词,继由庶务长梁乔山先生报告校中一切办法甚详。次由蔡元培先生出席演说,大旨谓未光复以前,全国学风以破坏为目的,当时,鄙人对于此旨,亦颇赞成。现在民国成立,全国学风以建设为目的,故学子须以求高深学问为唯一之怀想。又云,学问并非学商学者即为商,学政治者即为官吏,须知即将来不作一事,学问亦为吾脑筋所应具之物。末复演述学科原理,勉励学生,其言深发明哲理,全体鼓掌。"(《民立报》1912 年 9 月 5 日)

9 月 5 日　与黄兴、胡瑛、王芝祥、陈其美、徐绍桢、张謇等四十二人联名发起熊成基、白雅雨、王汉、刘敬庵四烈士追悼会。

"《发起四烈士追悼大会通告》。安庆起义熊烈士成基、滦州起义白烈士雅雨之灵柩,次第经过沪上,同人等共表哀敬,谨择于九月初八日在张园开追悼大会,兼悼首倡暗杀殉身彰德之王烈士汉,萍醴被逮狱中殉难之刘烈士敬庵。诸公如有祭文、诔歌、挽联、幛轴、花圈等,或合送或分送,请先期送到大马路同盟会机关部为荷。发起人:黄兴、蔡元培、胡瑛、陈其美、王芝祥、徐绍桢、张謇……"(《民立报》1912 年 9 月 8 日)

9 月 9 日　作《〈琴绿堂遗草〉序》一篇。(蔡元培先生手稿)

9 月 23 日　偕眷属赴德国留学。

"我长教育部的时候,兰普来西氏曾来一函,请教育部派〔学〕生二人,往文明史与世界史研究所相助,我已于部中规定公费额二名,备择人派往,人选未定,而我去职。南归后,预料政府上的纠纷方兴未艾,非我辈书生所能挽救,不如仍往德国求学;适顾君孟馀亦有此意,我遂函商范君静生,告以与顾君同往德国之计划,请以前所规定之公费额二名,分给我与顾君二人,范君复函批准。我遂于□月□□日偕黄夫人及威廉、柏龄启行,顾君亦偕其夫人同行。记得所乘之船为奥国的'Africa'(亚非利加)。偕妇孺作远游,尚是第一次,幸有顾君及顾夫人助为照料,得减除许多困难。"(《自写年谱》)

与黄夫人及威廉、柏龄等合影(1912 年 9 月)

9月27日　途经新加坡,受到华侨总商会、学务总会热情欢迎。

"新加坡函云:民国大教育家、前教育总长蔡君元培,偕同秘书员顾君,乘亚非利加邮船赴德,于九月二十七早抵埠。华侨总商会代表林镜秋、许梦芝、李江海、白炽寰四君,曹总领事及其书记等员,学务总会筹备处各同人,各学校校长等,同往迎迓,即乘汽车至华侨总商会茶会。首由总理沈君子琴致欢迎词,蔡君答词,随及演说,大意谓中华民国成立,宜以除党见兴教育两大问题,为今日最要之事。洋洋洒洒,并赞美商会组织之完备,办事人之热心云云。总商会代表,又请蔡、顾二夫人到会。有顷,二夫人复至总领事署会晤劳夫人。盖顾夫人在德国留学有年,语言文学,均臻佳妙。午后,学务同人开欢迎会,首由干事长曹领事宣布开会理由,并代学界全体致欢迎词,请蔡君演说,宾主交欢。茶会后,蔡顾二君即登船,该晚启程赴欧。蔡君系赴英法德意诸国,考察学务,研究教育办法,以便归国整顿学务,将来回国,必有益于我民国教育前途也。"(《教育杂志》第4卷第8号)

9月　撰写《徐(锡麟)先生墓表》。(启功 牟小东编《蔡元培先生手迹》)

同月　撰写《王有光墓志铭》及《〈陈浮生诗歌集〉题词》。(蔡元培先生手稿)

10月2日　鲁迅得见蔡元培《呈徐白折》。

"又见蔡子民呈徐白折,楷书,称受业,其面有评语云:牛鬼蛇神,虫书鸟篆。为季芾以二角银易去。人事之变迁,不亦异哉!"(《鲁迅日记》同日)

10月24日　参与起草的《大学令》,以"教育部部令第七号"正式颁布。

"是年十月所颁之大学令第三条曰:大学以文、理二科为主。须合于下各款之一,方得名为大学。一、文理二科并设者。二、文科兼法商二科者。三、理科兼医农工三科,或二科、一科者。即鄙人所草也。"(《读周春岳君〈大学改制之商榷〉》)

"清季的学制,于大学上有一通儒院,为大学毕业生研究之所。我于《大学令》中改名为大学院,即在大学中分设各种研究所,并规定大学高级生必须入所研究,俟所研究问题解决后,始能毕业(仿德国大学制),但是各大学未易实行。北京大学曾设一国学研究所,清华、交通等大学继之,最近始由教育部规定各国立大学所应设之科目。

清季学制,大学中仿各国神学科的例,于文科外,又设经科。我以为十四经中,如《易》《论语》《孟子》等已入哲学系;《诗》《尔雅》已入文学系;《尚书》、三礼、《大戴记》、春秋三传,已入史学系,无再设经科的必要,废止之。我认为大学为研究学理的机关,要偏重文理两科。所以于《大学令》中规定:设法、商等科而不设文科者,不得为大学;设医、工、农等科而不设理科者,亦不得为大学。但此制未曾实行。而我于任北大校长时,又觉得文理二科之划分甚为勉强,一则科学中如地理、心理等等,兼涉文理;二则习文科者不可不兼习理科,习理科者不可不兼习文科,所以北大的编制,但分十四系,废止文、理、法等科别。"(《自写年谱》)

11月1日 抵德国后,再入莱比锡大学研究、听讲。

"到德国后,仍住莱比锡。兰普来西要求我供给中国文明史材料。我允之。拟由我起中文稿,由顾君译成德文。但顾君因肺疾,与莱比锡之空气不相宜,医院的设备亦不完备,不得已而迁柏林。译事用通讯,亦无妨。"(《自写年谱》)

入学"注册登记。号码27。入学年月1912年11月1日。姓名蔡元培。国籍中国。年龄36。宗教信仰孔教。学习专业哲学系。"(蔡元培研究会藏德国莱比锡大学档案复印件)

11月26日 向吴稚晖通报到德留学情况。

"稚晖先生鉴:……弟到此已及一月,到时大学既开学,不肯不去听讲,而眷属偕来,则衣食住之安排,远较个人为复杂,故日日忙碌,而至今尚未可谓安排妥帖也。到庇能时,停舟仅两点钟,精卫及诸同志强邀登陆。精卫行期已定,而尚以祖国有无危险为行止之标准。……德人修中国文明史事,意不甚诚,且亦无经费以购图籍,故尚未与之开正式谈判。照目前情形而论,弟与顾君仍是自领公费,游学此地,不过于彼等研究中国史范围中稍为辅助,并未为有系统之工作也。

弟之地址如左(下):Querstrasse 27 Ⅳ Leipzig ……弟蔡元培敬白 十一月二十六日"。(《致吴稚晖函》同日)

12月26日 致蒋维乔(竹庄)函,述此次留欧目的。

"竹庄先生大鉴:奉书,得详知教育部及大学校近事,感荷之至。……此次重到欧洲,于旧游之地,觉无甚异于曩昔,似乎精神科学之势力,较为膨胀,而研究支那文化者,稍稍较前为多,然其热度究尚不甚高。故文明史一事,从前据教员来信,虽若异常恳切,足以动吾人之注意,而一到此间,与之面谈,则彼之希望,与吾人之理想,相距尚远。故鄙意对于此事,目前虚与委蛇而已,稍缓或竟取消之,而专以研究美学及考察美育情形为目的。其详已于前数日致董恂公书中言之,晤时可以询及。……弟蔡元培敬白 元年十二月二十六日"。(《复蒋维乔函》同日)

12月31日 致蒋维乔(竹庄)函,奉托相助二事。

"竹庄先生大鉴:二十七日奉一函,想荷见及。函中于助修中国文明史一事,有预备取消之说。迩因开谈判一次,彼等所要求者,尚与前此函商之情形相近,未便断然拒绝,殆可共同研究。除函告董恂公外,并以奉闻。又,弟有欲请公注意者二事,前函未及写入,故再奉告:(一)稚晖有一子一女,均在英伦进学校,其夫人亦在彼,每月约费银百圆,由文明书局寄出。然稚晖奔走于公益事业,势不能从事编辑。弟在教育部时,本欲为其子或女图一公费,以舒稚晖内顾之忧,而俾得专力于公益,然卒无机会。此次稚晖为国语统一事留京,部中或稍有津贴,然亦短期,且恐稚晖未必果受。如有机会可以发留学生公费者,请公为图之。(二)汪精卫偕其夫人到法国,有同行男女学生八人,其中有四人,由精卫为函告袁总统,请拨公费,至今未

得确信。此事，如由总统府交教育部核办，请破例玉成之。……弟元培敬白 元年十二月三十一日"。(《致蒋维乔函》同日)

12月 允为《民德杂志》撰稿。

"汪精卫到巴黎后，与李石曾发起一《民德杂志》，专发挥人道主义与科学知识，不谈政治，弟亦允每月担任少许，附闻。"(《复蒋维乔函》同年12月26日)

本年 作《王母朱太夫人家传》一篇。(该件 油印本)

本年 为张琴夫题写扇面。

"着意裁诗特地催，花须着意听新诗。清香未吐黄金粟，嫩蕊犹藏碧玉枝。不是地寒偏放晚，定知花好故开迟。也宜急趁无风雨，莫待霜高露结时。

琴夫先生雅正 蔡元培"(蔡元培研究会藏复印件)

1913年(民国二年 癸丑)四十六岁

继续在莱比锡大学研究、听讲。

自上年11月至本年春所听课程有：

欧洲从中世纪过渡到近代的历史(Lapprecht 讲) 1912/1913

古代巴罗克式(Barock)的艺术 1912

造型艺术与美学(均由 Schmarsow 讲) 1912/1913 (费路：《蔡元培在德国莱比锡大学》)

2月1日 访 Einer(艾尼尔，房东)，商高某租房事。

"访 Einer，商高君寄住事，约定三条：(一)每季膳宿费三百马，但假期中每日别付四马五十分(如每季付四百二十马，则假期可减为每日三马)。(二)预备杂用费，约每季百马，一切由艾尼尔代付，惟每周给高一马或一马五十分，俾自由耗费。(三)如艾尼尔与高偕同他出，偶有饮食，其费由艾尼尔代付，仍须缴还。"(本年《日记》同日)

2月2日 韩汝甲以在柏林设立学者联合会、办报事相属。

"韩君来，言彼拟于各国都城设一联华会，英、法已组成，德京亦已议有端绪。其办法专联合议院中左党。办事机关，拟分为三部：(一)议员联合会。(二)学者联合会。(三)报。拟以在柏林之(二)(三)相属。俟渠赴奥、意等国后，当在巴黎开一会议，议定办法云。"(本年《日记》同日)

2月5日 与章士钊、孙毓筠联名呈请大总统为《苏报》主办人陈范(梦坡)请恤。

"得稚晖函，言为陈梦坡请年金事，即复。"(本年《日记》同日)

"稚晖先生鉴：接一月二十三日手书，知读音会已有端绪，且有进行程序二册寄赐，甚幸。……陈梦坡先生晚境奇窘，良可叹。《苏报》横议，弟亦其一。为梦坡先生请年金，不特情不忍却，抑亦义不容辞。呈中措词请先生为之，不必经弟读过，并为弟列名，从速呈请为幸。专此奉复……弟元培敬白 二月五日"。（《复吴稚晖函》同日）

同日 收到教育部寄考察费一千圆。

"得教育部函，寄考察费一千圆。得德华银行函，寄前款至。"（本年《日记》同日）

2月11日 偕萧友梅赴大学生演说会。

"夜，萧君赴外国大学生演说会。"（本年《日记》同日）

2月12日 偕眷属往听交响乐。

"夜，偕妇、子赴 Palmeng，听 Symphonie Konnzert。"（本年《日记》同日）

2月16日 袁大总统授予二等嘉禾章。

"阅报知总统有给我二等嘉禾章之令，无谓之应酬，始置之。"（本年《日记》同日）

2月18日 收到张元济（菊生）邮寄的《画史汇传》等书。

"接菊生所寄《画史汇传》凡三十册。接《地学杂志》一册（元年十月出版）。"（本年《日记》同日）

2月22日 与兰普莱西同访塞凯特尔及佛勒蒂。

"Lamprecht 偕访 Sekretăr、J. B. Flade。（Sophienstr，8，Ⅱ）"（本年《日记》同日）

3月1日 迁居新址。

"迁居于 Furstenstr 6. I. r。得刘君书，内有在美国大学学科。"（本年《日记》同日）

3月4日 与顾孟馀（梦渔）商石刻《贩舌人》事。

"致梦渔快信，商为石刻《贩舌人》事。"（本年《日记》同日）

3月5日 收到教育部寄发的学费。

"得刘子英书（教育部寄学费五个月）。致顾梦渔函。""致刘子英函，告收到学费，并言辞勋位事。"（本年《日记》3月4日、5日）

3月8日 为刘敦翔申请公费致函刘子英。

"致刘子英函，为刘君敦翔请给公费（教育部）。"（本年《日记》同日）

3月9日 撰写译学馆校友会祝词。

"得译学馆校友会函，索祝词及照片。致陈启荣片。"（本年《日记》2月17日）

"敬祝译学馆校友会万岁！

社会繁荣,符同生物。馈贫无粮,生机爰遏。我国文化,周季烂然。秦汉一统,专己守残。新时期一,输入佛学。同化老庄,玄谈竞作。宋明哲理,宿此蓬庐。千载不蜕,殆拘于墟。二期启蛰,欧风东渐。什倍梵夹,别国方言。清同文馆,舌人是植。译学代兴,文字识职。兹校之设,不逮十年。同学孟晋,扼有蹄筌。民国肇基,百废具举。莘莘校友,兹焉翕羽。商量旧学,培养新知。吾侪天职,毋荒于嬉。中华民国二年三月九日　蔡元培敬祝"。(蔡元培先生手稿)

3月10日　为裘守光售石案赴Brand-Erbisdorf(布兰德-爱尔彼斯多夫)。

"往Brand-Erbisdorf,遇Nossen及Freiberg,午后三时,在彼法庭,谳裘守光不纳税而售石案,宜罚德币百马,以监禁十二日代之,已禁五日,余以石货充公。"(本年《日记》同日)

3月11日　旁听定谳陈彝兴售石案。

"午后到Sayda,观谳陈彝兴案,于不纳税而售货外,尚有殴人、唾面、毁凳、毁被等,及以Seifenstein假充Marmor('日本大理石'五字刻于石上)。除欺诈罪免究外,第一罪因已监禁五周,不必再罚,殴人等罚五马,赔偿公众器皿罚四马。"(本年《日记》同日)

3月13日　被浙江人选为参议员。

"得王钦尧函,内有魏铸东函,言王儒堂说浙江人举我为参议员。"(本年《日记》同日)

3月17日　不甚赞成在欧洲设立中国国民党支部。

"得黄大伟片,商在欧洲设国民党支部事。""致黄大伟函,言不甚赞成国民党支部事。"(本年《日记》3月15日、17日)

3月20日　国民党理事长宋教仁(钝初)被袁世凯派凶手刺杀于上海火车站,3月22日不治身亡,时称"宋案"。

"宋先生被刺之通电。万急。北京袁大总统、国务院、参议院、各省省议会、各都督、各报馆及国民党支部鉴:二十〔日〕晚十时半,黄克强先生送宋钝初先生北上,在沪宁车站登车时,有奸人连放三枪,宋君腰部中弹,立即舁往医院,子虽取出,伤尚危重。克强先生等无恙,凶手在逃。特闻。国民党上海交通部。"

"今早四时四十八分,宋先生仙逝。"(《民立报》1913年3月22日)

3月22日　以夫人所绘《岁寒三友》赠送兰普莱西教授。

"以仲玉所绘《岁寒三友》及景泰青茶杯二赠Lamprecht。又以中国《新字典》捐入Institut。"(本年《日记》同日)

3月27日　为顾兆林补官费事致函刘子英。

"致梦渔函。致刘子英函(教育部),为梦渔之弟兆林属托补官费事。"(本年《日记》同日)

4月13日 赴柏林,参观陈饰品展览会等。

"赴柏林。晤梦渔、谨卿。看陈饰品展览会。看 Kaiser Jubiläum Ausstellung。"(本年《日记》同日)

4月14日 与李石曾晤谈。

"晚五时二十九分,石曾至,偕至一咖啡馆谈,知精卫因其妇难产未来。与石曾约俟彼到上海后,来电定行止,并订送家眷于柏林。"(本年《日记》同日)

4月15日 参观工艺博物馆,午后回莱比锡。

"看 Kunstgewerbe Museum 及'Das Kind' Ausstellung。午后三时四十五分启行回 L,六时三十分到。"(本年《日记》同日)

4月19日 函告汪精卫回国时间不必相待。

"得褚民谊函,言豆腐公司之别院已退租,而印局有两房可住。致精卫函,属其欲行则行,不必相待。"(本年《日记》同日)

4月20日 赴柏林觅新居。

"赴柏林。晤顾氏夫妇,知其所居 Pension 中,有空屋,可住。看柏林之人类学博物院。"(本年《日记》同日)

4月24日 到索德波朗、兰普莱西等处辞行。

"到各处辞行:Soderblom、Hamerning、Lamprecht、Courady。"(本年《日记》同日)

4月26日 偕眷属迁居柏林。

"赴柏林,八时四十一分行,十一时十五分到。居 Windscheidstr, 39, Pension Philipp。得 Richter 复函。"(本年《日记》同日)

4月27日 偕眷属游动物园及立泽湖。

"偕妇、子游动物园。午后,赴 Litzensee。"(本年《日记》同日)

4月28日 偕眷属在街区散步。

"午后,偕妇、子散步 Leipzigerstr 及 Friedrichstr、Reichkanzlei Platz 以西,至 Spandauer Chaussee。"(本年《日记》同日)

4月30日 得汪精卫快信,告宜速归国。

"得精卫快信,附来李石曾电,言本党已宣布与袁决裂,预备以地方兵力为后盾,宜速归。即复精卫一函。"(本年《日记》同日)

4月 所作《世界观与人生观》一文发表。(《东方杂志》第9卷10号)

5月1日—2日 得莱德函并沃尔帕莱索学校聘约,即复并退寄聘约。

"得 Fr. Reich 函,以 Deutsche Schule in Valparaiso 之聘约见示,大意每周授课十八至二十时,而其中六时为外国语。每月俸给 250 Reichsmark 及 250 Pesor Landesmünze(约德币 90 pfenige)。三个月一付,假期不扣。"(本年《日记》5月

四、教育总长及第二游学时代(1912—1916) 215

1日)

"致叔来函。复 Reich 函,并还 D.S.I.V 聘约等。"(本年《日记》5月2日)

5月3日 访驻德公使颜惠庆(骏人),签办回国护照。

"得陈冰如函,寄精卫护照来。访颜骏人,属预备护照。"(本年《日记》同日)

5月5日 汪精卫、褚民谊到柏林。

"又得陈冰如女士函,即复。得姚叔来函。得精卫函,并寄法币来。晚六时,精卫及民谊至。"(本年《日记》同日)

5月6日 汪精卫、褚民谊来访。

"偕汪、褚二君访李、郭二君。衣箱、书箱九件,由 KOOK 运送上海,并保险。"(本年《日记》同日)

5月7日 汪精卫、褚民谊返法。

"民谊午刻归法。午后,偕精卫、仲玉观旧博物院。晚,精卫行。"(本年《日记》同日)

5月13日 偕夫人参观工艺博物馆及展览会。

"午后,偕仲玉观 Alte Museum 及 Anatom Mus。"(本年《日记》同日)

5月14日 致黄世晖(绳之)函,属赁新居。

"致绳之函,属赁屋,不必定在租界。致伯韩函。"(本年《日记》同日)

5月16日 应驻德公使颜惠庆之招茶话。

"颜公使招茶话,为同学演说,晤张嘉森(君枚)。"(本年《日记》同日)

5月17日 见阅《民权报》临时增刊逆证号。

"精卫来,见示《民权报》临时增刊逆证号,赵秉钧于宋案之关系已有确证。"(本年《日记》同日)

5月18日 启程回国。

"ab Berlin Charlottenburg 5月18日 12:12 夜。"(本年《日记》同日)

"致精卫函,告以十八日夜须启行。"(本年《日记》5月10日)

"弟因近日政府与民党冲突甚急剧,屡接同志电促之归,已决定于本月十九日由柏林启行,大约六月初旬可抵上海。相见不远,诸容面罄。"(《复蒋维乔函》本年5月9日)

5月下旬 吴稚晖在《民立报》连续发表《可以止矣》一文,主张国民党以蔡元培为总统候选人。

"欲得与时势最适之总统应备之要素,一则实系官僚,暂与保持儒术之游魂余气也;一则近乎圣贤,则为君子儒也;一则略经欧化,以备儒术之蜕化也。以斯人当国,用旧道德裁抑名士,用新道德鉴别学生,庶旧染有涤除之日,而新机渐以萌芽。求诸国民党则有蔡孑民君代,求于进步党张季直君必首选矣。张君吾信其能读圣贤书者,其可以充选总统之条件,自有彼党罗示于国民。我则为吾党略状蔡君之能事,则曰:尊贤礼士,止嚣抑竞,奉公守法,十有二字。蔡君确守而不失,庶几阁部无幸位,曹司无幸禄,奔竞立息,逆旅俄空,于是士安于读、商安于市、工安于肆、农安于野,伟人名流皆戒其政界之野心,而谋实业之竞进。蔡君固又偏于进步,富于自由,绝非以因循守旧为苟安,苛刻为制裁,得此而使发狂之新民国休养一时,期休养中得适宜之滋补健全,自可卜矣。"(《民立报》1913年5月22日)

5月30日 抵达大连。

"ab Daling 大连湾 5月30日 10:20晚。"(本年《日记》同日)

6月2日 回到上海,访会孙中山、黄兴。

"ab Shanghai 上海 6月2日 9:00晨。"(本年《日记》同日)

"汪精卫、蔡子民两先生游历法德两邦,研究彼中政制治术,本不汲汲归国,近因祖国政潮迭起,时局危迫,迭接各方面函电促返,共图维持,两先生亦以国事为重,遂于月前同自欧洲遵海启程,于昨晨抵沪。两先生丰采犹昔,而忧国之诚弥益殷挚,想对于大局必有一番伟画也。"(《民立报》1913年6月3日)

"晨九时抵上海,至宝山路文孝里一弄六十七号外舅家卸装。访精卫于惠中旅馆,偕访靖(静)江于通运公司,偕访中山、克强于爱文义路百号。"(本年《日记》同日)

自述回国的起因、经过等情。

"国内忽有宋君渔父被刺案,孙先生力主与袁世凯决裂,招我等回国,陈君英士自上海来电催促,遂与汪君精卫约期,由西伯利亚回国。到大连后,从弟国亲来接。国亲于同盟会初成立的时候,在本党尽力不少;留学日本以后,渐接近于稳健一派,此次来接,实欲阻我入国。由国亲观察,国民党(同盟会已改组为国民党)恐将为袁世凯所消灭,不如不卷入旋涡为妙。但我既有回国的决心,万不能到大连而折回,遂由大连到上海。"(《自写年谱》)

6月3日 访会孙中山、王宠惠(亮畴)、黄兴(克强)等。

"访中山、亮畴于五马路之铁路公司。午后到克强处。得以《人道周报》社函,并周报十八纸。"(本年《日记》同日)

同日 访张元济(菊生)、高凤谦(梦旦)等。

"访菊生、梦旦、仲可、孝天、亚泉。"(本年《日记》同日)

6月4日 访会唐绍仪。

"访唐少川。到国民党事务所,晤周宗泽(景瞻,湖北)、张百麟、刘民畏三君,携回《国民月刊》一册。晚章行严招饮,座有岑西林、夏□。"(本年《日记》同日)

6月5日 同汪精卫致电袁世凯,主张调解南北之争。

"袁世凯接汪精卫、蔡元培二先生电,主张调和南北。"(《民立报》1913年6月

8日）

6月6日 访范源濂（静生）、赵凤昌（竹君）。

"蒋伯器招饮，午后偕访范静生、赵竹君。"（本年《日记》同日）

6月8日 出席国民党上海交通部欢迎会，并有演说。

"本月八号国民党上海交通部职员，因章太炎、蔡子民、汪精卫先生到沪，特于交通部开茶话会，以表恳亲之意。首由居部长觉生出席演说，略谓太炎先生为革命先觉，开国伟人，昔日奔走国事，今日调和大局，皆煞费苦心。此次由京、鄂回沪，必有宏谋硕画，挽救民国。蔡子民、汪精卫两先生，夙为民国健者，革命功成，远游欧美，志向高远，品行清洁，人所钦佩。因宋案、借款二事发生，关系民国大局，特束装归国，以维持共和之前途。今日章、蔡、汪三先生到会，同人实深欣慰，务望切实指导同人，以策民党之进步。乃请章太炎先生出席演说，……继请蔡子民先生演说。略谓吾党革命，本为大多数人民谋幸福，今仍当体察大多数人民之心理，现多数人民不主极端进取，然受人刺激，被人蹂躏，吾多数国民，必共抱不平。吾党只须以坚忍之决心，持稳健之步调，誓死缔造真正共和，则多数国民，必表同情，吾党自有战胜之一日者。吾同志诸公，处此危疑艰险之日，惟有运静细之心思，蓄坚实之力量，采取舆情，以维持大局，则民国幸甚。"（《民立报》1913年6月12日）

同日 晚赴胡瑛（经武）约会。

"赴本会交通部之欢迎会。晚，胡经武约（陈）陶怡、精卫同至慎食卫生馆。"（本年《日记》同日）

6月9日—10日 连日来，两次晤赵凤昌（竹君）与谈南北调和的问题。

"到赵竹君处，偕陶怡、经武、精卫商议。"（本年《日记》6月9日）

"闻政府有撤换江西都督之命令，看竹君。于右任、张百麟、吴铁城，邀至惠中旅馆，晤省议会联合会诸君。"（本年《日记》6月10日）

同日 得阅《亚细亚报》载《蔡元培兄弟之一夕话》一文。

"得国弟函，并剪下《亚细亚报》一纸，记《蔡元培兄弟之一夕话》。"（本年《日记》同日）

6月12日 发表《对于〈时报〉及〈时事新报〉"一夕话"之更正》一文。

"余自欧洲回国经大连，余弟元康在彼地相候，相见后曾议及时事，皆人情之常。北京新闻记者或闻其事而以意敷衍之，遂如《时报》等所载，其中大半失实，如川费云云，乃余临行时由李石曾、张静江二君贷我二千五百法郎，与汪君无关，与孙、黄二君更无关。……余一未毕业之游学生耳，有何名义可借？报言余弟恐有借余之名义为号召，且云恐加入叛乱，有坏名誉，余并不闻余弟有是语也。

余初到上海，纯从各方面探听消息，至四日后始敢下断语，岂有初到大连，即妄加判断之理？乃报中谓余对于借款问题，深以国民党之反对为不然，并以通电各国为有意捣乱,皆为捏造。并有去年亦在政府云云,时势变迁,余岂有以刻舟求剑之成见者耶？所言今年又甚不以政党内阁为然,余亦并无此语也。其他所记余弟之语,皆多失实,盖余弟现为无党派之人物,初无左袒政府之意。辨不胜辨,故举其失实之大者于左云尔。"(《民立报》1913年6月12日)

6月14日 因袁世凯下令取消江西省都督,婉辞赴京调停。

"日前袁电请汪(精卫)、唐(绍仪)、伍(廷芳)、蔡(元培)来京商解南北问题,乃忽下取消赣督命令,闻者均以为异,惟汪、蔡闻早已来电婉辞。"(《民立报》1913年6月14日)

同日 出席上海浦东中学校周年纪念会,并发表演说。

"得浦东中学校朱叔源函,约十四日参与周年纪念会,复以候知时刻即往。"(本年《日记》6月10日)

6月15日 章炳麟与汤国黎在上海举行结婚礼,与孙中山、黄兴、陈英士等出席,并为证婚人。

"昨日为章太炎先生与汤国黎女士新婚之期,章先生寓北四川路长丰里。下午一时,沈君剑侯及亲故十余人偕章先生亲近于天津路牲泰旅邸,二时半章先生偕汤女士骖鸾同莅受俪园……"

"章先生为革命先觉。汤女士为务本女塾第三班师范毕业生,现在神州女学任教务,名德声华,为时钦重,故来宾极盛。礼场以园中之天演界剧场铺设之,尚觉地小,拥挤异常。孙中山、黄克强、陈英士诸君皆先后至,女宾尤多。哈同君罗夫人及陈中央君在礼场前后照料,尤为尽力。三时正行结婚仪式。蔡子民先生为证婚人,查士瑞君为典仪,而介绍人则张伯纯、沈和甫两君也。……"(《民立报》1913年6月16日)

6月19日 迁居温州路。

"迁居于温州路百十九号。"(本年《日记》同日)

6月21日 蒋维乔(竹庄)商请出任某大学校长。

"竹庄来,以大学校长事相商。"(本年《日记》同日)

6月22日 被举为中国国民党新闻记者同志会会长。

"赴国民党新闻记者同志会,被举为会长。"(本年《日记》同日)

6月26日 出席圣约翰大学毕业式。

"得圣约翰大学堂函约,二十六日与卒业式。"(本年《日记》6月11日)

6月29日 出席南洋中学第九次毕业式,并发表演说。

"昨日南洋中学第九次毕业,请江苏教育司黄任之先生给证书,共二十六名,……给证书前,有范静生、蔡子民、金邦平诸先生演说,来宾甚盛,颇极一时热闹云。"(《民立报》1913年6月30日)

6月30日 出席复旦公学中学四年班毕业式,并有演说。

"昨天为徐家汇复旦公学暑假之期,并为中学第四年毕业行给凭式。本埠如民国法律学校、南洋路矿学堂、南洋大学均有代表莅会,校董如蔡孑民、陈英士、温宗尧先生等亦均到校。下午二时入席,先由校长李登辉先生报告本学期大要及此后公学进行之方针,又由庶务长叶藻庭报告本学期出入账略,并言本校未得公款补助经费,异常困难,深谢董事会垫〔款〕维持。继即请蔡先生演说,大旨勖学生当以学问为自身之责任,勿为干进之器具,并推阐习外国文者,当以吸收他国之文明及输运本国之文明于他国,为莫大之志愿,历举周秦诸子各国学者互相转运而成学说,与现在各邦学者考求历史人类两学,亦无不取材受证于东方古代文物,旁及钟鼎绘画,举例周详,演说至四十分钟之久,堂上掌声如雷,皆谓有益学者不浅,继即给凭。……"(《民立报》1913年7月1日)

7月4日 在上海城东女学发表《养成优美高尚思想》的演说。

"得杨白民函,嘱于最近星期日到城东女学堂演说,复一函。"(本年《日记》6月23日)

7月6日 往工业专门学校演说。

"到工业专门学校演说,午后到神州女学。"(本年《日记》同日)

7月7日 助爱国女学常年捐五十元。

"致庄思缄、纽惕生函。是日付爱国女学常年捐五十元。"(本年《日记》同日)

7月8日 付寰球中国学生会常年捐。

"付寰球中国学生会常年捐八元。"(本年《日记》同日)

同日 撰写徐季苏著《〈戒烟必读〉书后》一文。(广益书局编《蔡元培言行录》)

7月10日 为神州女学及朱绍屏等留学费用事致董鸿炜(恂士)函。

"致恂士函:一为神州女学张默君、陈鸿璧、郑一书介绍;一为朱绍屏、俞安澜、杨谱笙等十六人询学费。"(本年《日记》同日)

7月11日 与庄思缄、沈剑侯等晤谈。

"庄思缄、沈剑侯、朱赓石、王引才来。胡经武来。"(本年《日记》同日)

7月16日 与汪精卫、张继、吴稚晖等创办《公论》晚报,鼓吹讨袁。

"诣民国新闻社,与稚晖、精卫、溥泉等议定出一《公论》晚报,每日一出。"(本年《日记》同日)

"此间民党对于国事临时所发布之意见,请汪精卫、蔡元培、张溥泉、吴稚晖诸君担任撰述,并采取时贤章太炎、蒋观云诸君之名论,分为□论、名论、舆论、群言、时评、谈丛诸款,按日由民国新闻刊布。……"(《民立报》1913年6月20日)

7月19日 二次革命爆发。与汪精卫、唐绍仪联名致电袁世凯,劝其辞职,以息战祸。

"北京大总统钧鉴:西密。赣事既起,东南诸省以次响应,皆声言只对公一人。培等以为无论胜负,然倡和非止数辈,发动非止一隅,则国民之表见,已为中外所喻。公对此固难免愤慨,然哀矜生民,顾念国危之意,想当更切,必不忍以一人之故,令天下血流。且为公仆者受国民反对,例当引避,而以是非付诸后日,流天下之血,以争公仆,历史所无,知公必不出此。望公宣布辞职,以塞挠攘,斯时天下激昂之情,将立易为感谅。为国家计,为公计,不敢不言,鉴恕为幸。蔡元培、汪兆铭、唐绍仪叩。效。"(上海《时报》1913年7月30日)

7月20日 与章炳麟联名通电宣布浙督朱瑞秽迹、丑闻,呼吁浙人起而共逐之。

"杭州省议会、商务总会、吕师长、张旅长、章团长鉴:浙都督朱瑞,假诸将士之力,克定金陵,徼幸将绩,吞没饷项,劫取财物,累累数十万金。自受任为都督,贿赂公行,滥糜官款,任用宵人,为邦人所指目。如派张栩办北京《新中国报》,授以巨万,密为运动杭、沪各报,多以贿买,并为妻弟张世桢运动选举众议员,以实业司酬监督孙世伟。又于杭、沪等处设机关,鬻实官缺,统捐局长,地方知事,贿分数等,如江永琛以一娼寮走使,任为知事,乃事迹之最著者,且浙江军队,不过一师、一旅及水陆巡防各数千人,一岁饷糈,约计不盈四百万,而预算开至六百余万,综其贪污之迹,实为近世官僚所无。而又草菅人命,骚扰行旅,专作残苛,助桀为虐,内则恃陈汉第为奥援,外则以朱福诜、张栩、华林、屈映光、秦子乔等为心膂,金任为朋,百计拥护,故秽迹虽闻于浙中,而恶声不流于境外。迩者,宁波独立,嘉、湖、绍、温、处、台,亦将接踵继起,非得公明大吏,统摄群伦,哀我浙江,将成瓦裂。如朱瑞辈一意党附政府,延不宣告独立,且既为著名脏吏,必不可一日姑容。炳麟等关怀桑梓,谊难先观,应请诸君子共扶大义,戮力评弹。若其廉耻未忘,必当挂冠而去;如复驽骀恋栈,惟有纠合文武与众逐之。临电愤慨发欲冲冠,诸希谅察。章炳麟、蔡元培同叩。号。"(《民立报》1913年7月21日)

7月22日 所作《敬告全国同胞》一文发表,鼓动民军起而讨袁,迫使袁氏退位。(《民立报》同日)

7月23日 所作《敬告各省议会》一文发表,敦请各省议会代表民意,公开宣布赞同讨袁运动。(《民立报》同日)

7月24日 得袁世凯复电,又发第三电。

"得袁复电(前十九日、二十一日曾偕汪、唐发两电),又发第三电。"(本年《日记》同日)

7月25日 所作《论非常国会》一文发表,主张以省议联合会代行国会职权。(《民立报》同日)

7月26日 所作《正独立之误会》一文发表,指出所谓"独立",即"表其不承认

袁氏之命令,而与之断绝关系云"。(《公论》同日)

7月27日 所作《成见》一文发表,批驳我国宜采总统制,而总统"非以袁氏任之不可的谬见"。(《民立报》同日)

7月29日 所作《袁氏不能辞激成战祸之咎》一文发表,例证事实,指控袁世凯是造成战祸的罪魁祸首。(《民立报》同日)

同日 所作《孰仁,孰忍,孰诚,孰伪?》一文发表,剖析参、众两院甲乙两团体的关于止息战祸主张孰真孰伪。(《公论》同日)

7月30日 所作《野心欤,约法欤,让德欤?》一文发表,指斥袁氏破坏约法,以为他日"倒共和而行专制之预备"。(《民立报》同日)

同日 所作《折衷派》一文发表,赞同李石曾所主张的折衷之说。(《公论》同日)

7月31日 《公论》停刊。

"《公论》出版于是日截止。"(本年《日记》同日)

7月 与李烈钧(协和)一起运动军队,兴师讨袁。

"孙先生正游日本,闻本案,即回国,力主兴师讨袁。然国民党所能调动的军队,除江西、广东两省外,均归黄君克强节制,黄君知实力不足,迟疑不敢发难。黄君部下,以第八师为最精锐,其两旅长,一为福建王君用功,一为湖南黄君开第,均为黄君克强至好,而师长则冯国璋之女婿,借作保护色,使不为袁派所忌。其中马队、炮队等设备,尚未完全,正拟逐渐增置,以为南方之模范师,不欲轻动。其他各师,亦均视第八师之动静为标准。故主战派以运动第八师为第一着。适李君协和自江西来,亦主战,主往南京运动第八师,以我与王君在爱国学社中相识,约同去。到达后,王君方卧病,在床边与之熟商,王君以为毫无把握,遂废然而反。是时赵君竹君约我与汪君精卫往谈,称北京方面愿与黄君筹妥协的办法,于是我与汪君日往来于黄赵之间,磋商条件。有一日,忽得南京电,第八师决动员,招汪君与我往,起通电草。我等两人遂同往,盖第八师下级军官均受主战派运动,跃跃欲试,旅长无法阻止也。于是战端起。"(《自写年谱》)

8月3日 所作《悔祸》一文发表,认为南北两方若皆有悔祸之心,则战祸可以立弭。(《民立报》同日)

8月15日 撰写《〈愧庐诗文钞〉序》一文。(蔡元培先生手稿)

8月17日 撰写《胡钟生传》一文。

"致陶吉生、王子馀各一函,以所作《胡钟生传》文钞序及文稿等,托徐季荪转致子馀。"(本年《日记》同日)

8月23日 撰写《余姚汝湖乙种农学校记》(《教育杂志》第12卷第3号)

"致三弟及金弟函,以《农学校记》及伯搌屏纸寄金弟。"(本年《日记》同日)

8月26日 蒋维乔(竹庄)函告,赴欧考察费已属朱炎之转递。

"得恂士十八日函,竹庄十九〔日〕函,言下半年考察费,已属欧洲留学经理朱炎之带去,可函索,由比京使馆转递。"(本年《日记》同日)

同日 致蒋维乔(竹庄)函,谓所请考察费不得通过可听其截止。

"竹庄先生鉴:日来屡得谷清舍弟函,知弟之学费,屡承公及董恂翁等煞费苦心,为之斡旋。又知公以弟川资不敷,助以二百圆;并承代商于钟、汤、袁三君,集成五百圆,付舍弟寄来。感戴高义,曷有既极。此款已由舍弟汇来,谨已拜领。今日又由张菊翁处接到手书及恂公一纸,知恂公已将考察费汇出。弟到欧后,可向朱炎之君索取。恂公爱我之厚,感荷可言。惟手示有董公毅然云云,是否此款尚有不成熟处,恂公不顾而为之?弟自得舍弟函,言部款未能通过,即与菊公商量,仍以编书度日,如两年前故事,业已商有头绪。如部款不甚成熟,尽可听其截止,万不愿以此累爱我者也。幸与恂公熟商之。……弟元培敬启 八月二十六日"。(《致蒋维乔函》同日)

9月5日 偕眷属赴法游学,本日自沪起程。

"九月五日,有日本邮船'北野丸'西发,弟拟乘之而去。昨已往定舱位,有否明日可得确信。知念特闻。"(《致蒋维乔函》本年8月26日)

"午前十二时,登'北野丸',十二时半解缆。"(本年《日记》同日)

9月18日 船抵槟榔屿,访汪精卫。

"午前六时,到槟榔屿。访精卫于陈宅,在陈宅午餐,偕游极乐寺及略涉植物园。"(本年《日记》同日)

10月7日 船抵埃及苏伊士。

"一点,到苏彝士。午后五时行。"(本年《日记》同日)

10月8日 抵达突尼斯钵赛。

"十点,到钵赛。午后四时半行。"(本年《日记》同日)

10月14日 船抵法国马赛。

"午前五时,到马赛。午后,观驰马场建筑。午后七时三十分,登汽车,八时二十五分行。"(本年《日记》同日)

10月15日 抵达巴黎近郊科隆布镇。

"午前十时十五分,到巴黎,乘马车行,午后一时到哥仑布,至豆腐公司,晤马君武及邢、陈、华诸君。"(本年《日记》同日)

"□月间,我又拟出国了,本欲仍往德国,适吴君稚晖将往法国,约我同往,我于是携了眷属,乘日本邮船三等舱行。到马赛后,我等登陆,而吴君则乘原船往英国。我等自马赛到巴黎,有华法教育会李君石曾等招待,暂寓于巴黎附近之科隆布镇华法教育会办事处,午、晚餐则包与豆腐公司。

豆腐公司为李君石曾所创立。李君提创素食，以豆类食品与乳类有同等滋养，故募集资本，设公司于科隆布，用小机器制豆乳及豆腐等出售。然法国人吃不惯，销路不好。欧战期间，以豆腐干及豆制饼干充军队干粮，以绿豆芽充生菜，销售较多，然终不能持久，于□□年停办。"(《自写年谱》)

10月21日 赴张星、夏雷寓中午餐。

"致稚晖函。夏雷、张星、华君邀往寓中午餐，其女房东Wust能德语。"(本年《日记》同日)

10月23日 宴请夏雷、张星等友人并略观鲁爽堡博物馆。

"宴夏、张、谭、华、邢、李诸君于中央饭店，并略观鲁爽堡博物馆。"(本年《日记》同日)

10月25日 偕谭熙鸿、华林等参观卢佛尔博物院。

"偕谭、华、陈三君观卢佛尔博物院。午后，观大学校。"(本年《日记》同日)

11月4日 初读法文书。

"威廉、柏龄始进学校。我与仲玉、无忌初读法文书。"(本年《日记》同日)

11月10日 购买德文书刊。

"在德国书铺Eilel's定Literatur Centralblatt三个月，付Fr.十二。"(本年《日记》同日)

11月16日 宁协万以书稿求序，阅后"告以所见不同，而不为作序"。

"稚晖先生鉴：奉书，知褚君有张、庞二姓被蹂躏之说，弟未之前闻。……宁君印书事，适尊函到时，渠亦有一函来，告弟以彼之住址，并属弟速寄介绍书，故弟之介绍书已直接寄彼，可以省先生转致之烦。宁君勤学而爱国，自是佳士。其书，因彼来索序，弟以诵一过，推之其为美国游学生一流(似亦基督教中人)。其书既欲先生及弟为序，而又请胡维德作序；书中好以得诸日、英人记者游记者，装缀为实地闻见。弟曾其太露痕迹处告知之，渠欣然愿改，正其虚心，可佩也。书中议论，尊英抑法，有太武断处。弟以其人勤恳而虚心，可以尽言，直告以所见不同，而不为作序，渠亦不之怪焉。因先生许以颇似笃生先生，故弟详述所观察者，以相印证。……弟元培敬白 十一月十六日"。(《复吴稚晖函》同日)

11月17日 到驻法使馆访胡维德(馨吾)等友人。

"看李应生、李渭川。看胡馨吾、张元节、吴印泉(作康，一清之子)。馨吾邀至中华午餐。"(本年《日记》同日)

11月18日 复吴稚晖函，谓张静江、庞青城被当局蹂躏事可面询陈、郑二君。

"稚晖先生鉴：十六日奉惠书，即谨复一函，想荷鉴及。顷晤陈君黼章(其文)及郑君筱舟(玉书)，询知张、庞二氏被抄之说，果有其事，政府横恣至是，良可痛恨。请于陈、郑二君晋谒时，面询情形，恕不详述。陈、郑二君初到伦敦，赁庑入校等事，

尚求费心指示，不胜感荷。……弟元培敬白 十八日"。(《复吴稚晖函》同日)

11月24日　方君英女士来访。

"方君英女士自蒙得而斯来。"(本年《日记》同日)

11月26日　函告吴稚晖，可资助黄金砺回国川资。

"稚晖先生鉴：得手书，知黄君金砺因其家遭袁党之难，急须回国，而川费尚缺六七镑，且须到法，为走西伯利亚之预备，适谭君不在此，汪君闻昨始到法，弟尚未得晤，因渠径往蒙城故也；惟黄君所缺之川费，弟尚可以独任，不必再与谭、汪二君商量。至护照则即无旧者，胡使处尚不难办到，可属黄君即日来法，径至印字馆(即弟现在所写之地，所谓 37. Rue Victor Hugo, Colombes 者也)。如黄君于法京不甚熟悉，可以电或函告弟等以到巴黎车站之时间，此间有人可以往接也。……弟元培敬上 二十六日"。(《复吴稚晖函》同日)

12月1日　函告吴稚晖，黄金砺已从巴黎启程回国。

"稚晖先生鉴：黄君已于前晚八时登车，由豆腐公司之邢君招呼，因弟适为他事所羁，竟不克送至车站也。除携有巴黎至哈尔滨车票外，携俄币百卢布、英币三镑、德币二十马克、法币二十余法郎，大约到上海后，当可稍有赢余，即不遇其兄，亦不至不名一钱也。……弟培敬白"。(《致吴稚晖函》)

同日　参观美术展览会。

"到 Grand Palais，观秋季美术展览会。"(本年《日记》同日)

12月6日　与汪精卫、魏宸组(铸东)，商议"将来之事"。

"稚晖先生鉴：奉三十日手书，敬悉一切。适因魏铸东、黄大伟二君来此，精卫先生亦来，对于将来之事，大略商议自造舆论一方法外，亦别无何等奇计。精卫先生自然守其舍多用寡之素志，但亦以为非目前之事。渠所注意者为求学务早、待时而动两义。至此间可为之事，非俟石曾先生来，未能决定也。……弟元培敬白 十二月六日"。(《复吴稚晖函》同日)

12月19日　与汪精卫一起观剧。

"精卫、石曾至。得季美函。""精卫招往 Opera 观剧，所演为 Thais。"(本年《日记》12月18日、19日)

12月21日　与吴稚晖、李石曾筹划出版月刊以解决同人之经济问题。

"稚晖先生鉴：汪先生已于今赴英，所商印刷品，想已谈及。本拟俟先生到此后，熟商而后定，惟今日午后，李先生在此与弟等商量，拟于两三日内一面商请某报馆(即印字馆之铅字所自出者)，劝其与我等合出《世界月刊》，即彼任印刷，而我等任编辑、排字；一面商诸某书肆(即常用各种字书者)，为代编法华、华法各词典，皆所以解决同人之经济问题，俾不致徒仰政府之鼻息，而为公费之有无受特别影响也。……望先生接电后，即束装来此，可径赴印字馆下榻也。……弟元培敬白 十

二月二十一日"。(《致吴稚晖函》同日)

同日 送汪精卫往伦敦。

"送精卫及其亲属赴伦敦。观飞机赛会。"(本年《日记》同日)

12月24日 迁居贝尔斯特路。

"迁居于2，Rue Bellenst。"(本年《日记》同日)

"弟及眷属已于二十四日迁居印字馆相近一人家,然信片仍可由印字馆转递。"(《复吴稚晖函》本年12月26日)

12月26日 致函吴稚晖,谈筹划出版《世界月刊》情况。

"稚晖先生鉴:惠片敬悉,先生将以新年偕精卫先生来此,甚慰。前日奉函,言石曾先生以发行《世界月刊》事,有电邀先生之预约,亦函先生预允,尤感。此数日内,李、褚两先生与一书铺商编辞典事,彼将托人向中国调查,如销行之效果有希望,当订约举办,约一阅月可有确实消息。又与一印书局商辞典及《世界丛书》(前议本指《世界月刊》为普通科学杂志,及将往印字馆之前一夜,始相与商议,谓杂志之销行不如小本书,因拟仿日本博文馆百科全书例出丛刊,请彼承印,至于杂志,则拟以自力为之),彼不愿合办,而只允代印,惟云苟有保证,则印费不防缓付。李先生因嘱预算经费,俟彼有报告,再定行止。……弟元培敬白 二十六日"。(《复吴稚晖函》同日)

12月27日 始实行半日编书计划,以践与商务印书馆之约。

"竹庄先生大鉴:奉本月一日惠书,知先生早已南归,仍在商务印书馆任事,甚慰。……弟到此后,因假寓印字馆中,既为公所,则酬应较繁,重以石曾、精卫诸君陆续西来,皆于将来之教育界,为我辈应尽义务之商议;而家庭各事,又费安排。两月以来,所预定半日学法语、半日编书之计划,竟未实行。对于商务印书馆之契约,至为歉仄。然弟意对于编书之约,无论部费有无,必须实践。今已于二十四日迁居一法人家,儿辈进学校事亦已安排妥当,当可实行半日编书之计划。至编辑次第,拟先编《文字源流》《文法要略》《中国文学史》三种,然后及心理、伦理等科。……弟元培敬上 十二月二十七日"。(《复蒋维乔函》同日)

本年 与汪精卫、吴敬恒、李石曾及邵可侣、齐乃等发起组织人地学社。(该社有《人地学社宣言》《人地学社简章》,载于《北京大学日刊》1918年2月20日)

"人地学社拟于民国二年正月成立,于民国二年十月一号开学,肄习法文普通学,在法国中学预备(指未曾习法文者),于民国三年十月一号,人地学社第一班开学,次年第二班开学。"

"发起人:吴敬恒、汪兆铭、李煜瀛、邵可侣(法国地理理化学家)、齐乃(法国生物学家)、蔡元培。"(《人地学社宣言》)

1914年(民国三年 甲寅)四十七岁

居住巴黎近郊,学法语,从事著译,并与汪精卫等常在李石曾寓所聚谈。

"我等在科隆布住了几个月,后来因在巴黎左近寻得一家可以分租而包饭的房子。那时候,大的男孩子无忌往嫩夷进一个法国学堂去了,我偕黄夫人携一个九岁的女孩子威廉、七岁的男孩子柏龄住在那里。那时候同住的还有一位瑞士人、一位英国人。忽然奥塞的交涉决裂了,瑞士人于午餐时说:'不得了,已经宣战了!我立刻要回国,加入队伍。'英国人说:'和平长久了,有了战争,可以把污浊的渣滓扫荡一回。'我们的房东是个法兰西银行送现款的工役,平日间穿了制服,戴了制帽,拿了皮夹,怀了手枪,很得意的样子。此次被征入伍了,女房东哭得很伤心。房东去了两三日,来一信,说是疲乏得很,军队中所发的皮靴太宽大了,走路很费劲。

李君石曾在蒙泰祺租了房子,住他的家眷。我们同汪君精卫一帮人,也常常到那里去开会的。到风声紧急的时候,法国政府由巴黎迁往巴多,留法俭学会的学生,留在巴黎近郊的也觉不稳当了。李君把自住的房子腾出了,给学生住,而自己及家眷迁到乡间去,并劝我们同去,邀我们到蒙泰祺会齐,然后同往乡间□村暂住。此地全是旧式农家的样子,道路上常有牛马粪等。李君把最好的一间楼房给我们。食物则牛乳、面包、乳油、鸡蛋等,应有尽有。最不便的是厕所,设在后园中,上装木架子,可容两人并坐。我的最小的孩子柏龄,承女房东特许,可在房间的铅桶上排泄,余人非往园中不可。李君备竹签一支,一面写'有人在此'等字,一面空白,挂在园门上,以便进出的人随时可做记号。但有些人不能注意于此,李太太登厕时,常恐有别一个男人进去,占其旁位,乃请李君陪往并坐。这真是那时候一种特殊的事情。"(《自写年谱》)

1月26日 认为汪精卫稍致力于政治,不致妨及开展教育事业。

"稚晖先生鉴:惠书敬悉。……精卫先生通诚款问题,昨讨论半日石曾先生不十分赞成,以为既认定教育可以救世,便当断绝政治上之迷信。且教育界(指石曾先生所提倡之教育)人材若是之寥落,若再分营政治,必无补于彼,而有损于此云云。精卫先生则于政治界之关系,实亦未能完全割爱,弟恐一防于修学,二防于教育事业,三则恐添油之作用亦无所施,所欲致力于政治之关系,亦必无价值云云。弟则以为稍稍致力于政治关系,必不致妨及教育事业,或且稍有裨益。至添油作用,亦可间接而得之,惟妨于求学,实为惟一问题。……弟元培敬白 一月二十六日"。(《复吴稚晖函》同日)

2月27日　致函吴稚晖，谈近来生活情况。

"稚晖先生鉴：久不通问，想安好。……弟近来排定日程：半日读书，半日编书，然亦不能无出入。法语之进步，竟非常缓慢，诚无可如何也。前从石曾先生处见先生所草法文详解举例一节，如此解释，真无不可说明之例。惟鄙意此等详解，宜先用之于文法书，盖年长之人，喜有统系，而以旁见侧出为苦，先使读详解之文法书，而后进以先生所举之读本及石曾先生所拟编之科学小册，则头头是道矣。……弟元培谨白　二月二十七日"。(《致吴稚晖函》同日)

3月19日　胡汉民函约撰稿，未敢轻诺。

"稚晖先生大鉴：前奉复函，备悉先生对于近事之意见，已转致张、李诸君传阅。……今日接汉民书，以发起《民国评论》见告，且嘱寄稿，并询可否列名社员，月任撰述。弟现在已日不暇给，于列名社员，月任撰述一层，决不敢轻诺；寄稿之嘱，虽未便率尔谢绝，然亦止能以无定之词对之。渠又有两函，嘱分致先生及精卫先生，致先生函奉上，想亦为杂志事，先生意见如何？尚希便中示及。……弟元培谨白　三月十九日"。(《复吴稚晖函》同日)

4月16日　函请吴稚晖列名为《东方杂志》投稿。

"……去冬菊生及杜亚泉(《东方杂志》之编辑人)因《中华杂志》有卓如等主笔，要求王、李两先生及弟等投稿，以与之竞争。弟等三人均诺之，然至今无所投。如先生肯居其名最好，否则请石曾先生亦可。至于此间搜辑稿件及修改之役，弟任之如初，想蒙赞成。……弟元培敬白　四月十六日"。(《致吴稚晖函》同日)

4月23日　拟撰写《拉斐尔传》。

"稚晖先生鉴：十二日、十六日迭上两函，想荷鉴及。……《学余丛述》中之发刊词及《康德美学述》，已改完，奉上。……惟此报本兼重美术，现在美术一方面，尚稍嫌寂寞，故弟前写之《拉飞儿①雅典学派图释》暂留此，拟扩为《拉飞儿传》，而加入拉氏他种图片，以凑热闹[弟意每期介绍一人，第二期则拟介绍兰伯伦(Rembrandt)，因此等名家画片，现已觅得廉价缩印本，可以取材也]，尚须费数日之饾饤。……弟元培敬白　四月二十三日"。(《致吴稚晖函》同日)

4月27日　函告蒋维乔(竹庄)近来之经济状况。

"竹庄先生大鉴：通问以来，忽忽数月。……顷得舍亲绳之内兄函，言从高耀堂处得一消息，谓先生虑弟奇窘，拟约同人共同设法相助，关爱之切，感荷可言。窃意先生当因弟之公费既停，而商务馆中又未便支脩，揣有窘象，特为预筹，非挚爱何以及此。惟弟到法后，接去年部费，节省用之，目前实尚可支持。去岁西来，已重累故人。一之为甚，决不可再。顷又传有部费复发之耗，如其果确，可释绵注。……弟

---

① 拉飞儿，现译为"拉斐尔"。

元培谨白 四月二十七日"。(《致蒋维乔函》同日)

4月 应李石曾之邀,与吴稚晖同往蒙达尔城,出席蒙达尔城俭学团讲习会,作《德儒康德之空间时间说》演讲。

"余寓居英伦之八年,以甲寅春之假之第三日,赴观法兰西俭学之状况。……其明日为星期日,蒙达尔城之俭学团方开两周一度之讲学会。主持其事之李石曾君,特邀蔡孑民君为本期之讲员。余遂与一行人随蔡、李两君同去。俭学诸君中多吾国高识之士。故当日既开会,蔡君演题为《德儒康德之空间时间说》。其余兴又令余述中国新制音母之状况。留滞巴黎三日,土曜清晨,又与蔡、李、褚三君乘车赴观提艾布相近之人工丝厂。华人作工于其间者五十人。工余之设备,无异一补习校,余等皆大感动……"(吴稚晖:《甲寅游法记》)

5月27日 赞同出版《劝学》,并允任编辑。

"稚晖先生鉴:别后即奉惠片,谢谢,知酬应甚忙,不欲以不要之函片重烦著神,故久未通问。此间自陈竞存到后,又提起出报问题,渠亦肯任经费之一部分,而于报之内容无所干涉,张、李两先生以商于弟,弟以此事似尚为有益而无损,赞成之。现在所居与印字局密切者,为弟及溥泉先生。溥泉先生既任经理之事,欲以编辑之任委于弟,弟又不便固辞,允暂任之。前日李先生函商于先生,承先生函复赞成。同人不胜感悦。……报之体例,弟拟出一纸,抄奉,请酌改,名曰《劝学》,妥否?亦请酌示。……弟元培谨白 五月二十七日"。(《致吴稚晖函》同日)

6月12日 与吴稚晖等人讨论所办杂志名称问题。

"稚晖先生鉴:……石曾先生明日特自蒙城来,容再与接洽一切。报名尚未定。先生所写《学商》二字,同人恐见者疑为专谭商学;弟拟用《游学》二字,仍嫌烂熟。精卫先生拟《学风》,当可用。一二日内必可决定也。行严所发行之《甲寅》已见过第一本,诚佳。其加注之法,拟仿行之,或置之每篇后。先生此后草稿,于译名下可记入号数,而于篇末注以原文或出处,更便。……弟培谨白 六月十二日"。(《复吴稚晖函》同日)

6月23日 函告吴稚晖,所编刊物定名《学风》。

"稚晖先生鉴:奉手书,并致石曾先生函,均敬悉。……先生之函,弟即加封寄去,万一石曾先生已启行而相左,谭先生必能再寄来,弟亦可先以尊意告之也。褚先生亦尚未来,此间有几许事未能定夺,然弟已陆续发稿,陈先生陆续排成,尚有日渐进行之状,请勿念。报名于《修学》《学风》二者,同人多赞成《学风》,于先生所虑几层亦以为然,而以为不至如是之甚,故仍用《学风》,请鉴谅。……弟培谨白 六月二十三日"。(《复吴稚晖函》同日)

"弟等在此,常以促进教育、改良社会之责任,互相策勉。去年,曾有发行《学风》杂志之义,其内容即以科学、美术为中坚。第一期属草甫竣,而欧战发端,迄今

四、教育总长及第二游学时代(1912—1916)　　229

尚未付印。出版以后,当与贵处之杂志相应求也。"(李石曾、蔡元培《复任鸿隽函》1915年6月)

6月　撰写《〈学风〉杂志发刊词》,后于1920年发表。(新潮社编《蔡孑民先生言行录》)

7月4日　复函吴稚晖通报《学风》第1期出版情况。

"稚晖先生鉴:承寄示《失败》一册,谢谢。……惕生先生想尚在伦敦。汉民先生来一函,嘱为转交,谨转托先生致之。《学风》第一期本拟于本月十五日印完,因铅字不齐,正在添铸,恐须稍缓出版;然第一期经多许周折,以后便可顺手矣。……弟元培谨白　七月四日"。(《复吴稚晖函》同日)

8月26日　函告吴稚晖已迁居巴黎街105号。

"稚晖先生鉴:久不奉书,读先生致褚、李两先生函、片,迭承垂念,甚感。……敝寓已迁居巴黎街一零五号,去豆腐公司至近,不自备膳,而全家寄食于公司,较之寄居法国下宿中节省多矣。……弟元培谨白　八月二十六日"。(《致吴稚晖函》同日)

8月　自圣多耐迁居都鲁士。

"我们在这里住了不久,就迁到相近的一个小镇圣多耐去。这地方出赁的房子比较多一点,我们与李君等就分住了。我们住的是一家帽店的楼上,房东是一位半老的寡妇,同一位二十余岁的女儿。女儿能制帽饰,曾与一中国学生为友,该学生回国后,不通消息,托我们代为探听。

我们住圣多耐不久,又迁都鲁士。都鲁士是法国南方的一都会,有大学,记得李君圣章、谭君仲逵、王君馥清均曾在该大学肄业。小孩子们都进学校,我同黄夫人也学一点法语。"(《自写年谱》)

同月　与李石曾组织"旅法学界西南维持会",对困难学生给予临时接济,并撰写题为《吾侪何故而欲归国乎》的通告。此文后于1916年发表。(世界社编印《旅欧教育运动》)

"七月,欧战爆发,……迨德国攻陷法国北部,法国政府迁都波铎,留法学生亦纷纷南迁,且国内汇款稽阻不到,群起恐慌,先生(李石曾)与蔡元培组织留法西南维持会,对一时未能收到汇款之学生临时予以接济,因得渡过难关。蔡元培方由德国移住法国都鲁士。"(《民国李石曾先生煜瀛年谱》)

9月3日　报载袁世凯汇款四千法郎,"接济"困于法国的汪精卫、蔡元培等。

"袁总统以汪兆铭、蔡元培二人虽隶国民党,尚无煽乱实据,且富学问,现困于法,特饬汇四千法郎接济。"(上海《时报》同日)

蔡元培在复友人信中亦提及袁氏曾"忽汇银三千法国",并述及对于此款的态度。

"弟与袁世凯绝交,至分明,在彼亦不过笑弟为一迂儒,未必置于意中。……去春忽汇银三千于法国,云闻汪、李、蔡三君现状颇窘,以此相助云云。弟等既不愿用,亦不便却,商定将其移作《学风》杂志印费。……"(《复吴稚晖函》1915年4月6日)

9月14日 为留法学界西南维持会之故,迁居望台省谟觞村。

"竹庄先生鉴:七月十九日奉一函,并托转致钟先生一函,已达否?……九月初二日,去巴黎不过四十启罗迈当,法政府迁于西南境波尔多,弟所居适在两行炮台环线之间,如巴黎被围,则必被圈入。遂以三日携眷属启行,先赴蒙达而斯市,因李君石曾之家眷在彼也。然其地尚为南来之德军所能经,而其地学校皆改为病院。李君方发起留法学界西南维持会,为留法同学觅学校于西南各省。弟家亦有须进学校之人,适有一法人介绍一住所于西方之望台省谟觞村,遂以十四日再西迁(其时,德军已不再进行,所居地不甚危险。然为维持会之故,必须西迁。维持会之报告,曾寄上海《新闻报》《时报》等,未知曾揭载否?其中论说三首,皆出弟手也。……我等既发现此等学校,遂拟暂卜居于此等市,因择去谟觞村十二启罗迈当之爽多耐市而于九月二十八日迁居之。……弟元培谨白 十月二日"。(《致蒋维乔函》本年10月2日)

11月 吴敬恒等谈论欧洲时局,心有隐忧。

"弟于十一月与梁宇皋君由伦敦至法国之他罗斯,与蔡子民、李石曾、汪精卫诸先生剧谈,彼等皆皱眉苦脸,希望以后无复战事。"(吴敬恒:《致周恩来书》)①

1915年(民国四年 乙卯)四十八岁

1月 所编《哲学大纲》一书,由上海商务印书馆出版。

"《哲学概论》(后改名《哲学大纲》),以几本德国哲学家的门径书为蓝本,而据韩非子《解老》中道与理之界说,说哲学在吾国本应名为道学。又说明古代只有宗教,凡后来哲学、科学之任务,皆包于其中。其后哲学独立,科学尚包于哲学之中,而宗教之范围,特别减缩。及科学次第独立,而哲学的范围,亦渐渐减缩。又说:'哲学有科学的与超科学的之别。每一种科学的,数理哲学之类是;有包括自然科学的,如自然哲学是;有包含自然科学与社会科学的,如斯宾塞尔综合哲学原理,孔德实证哲学是。至于超科学的哲学,则所谓形而上学者是。又关于美学一方面,特别注意,亦受德国学派的影响。………"(《自写年谱》)

2月7日 与吴敬恒、李石曾等发起组织"世界编辑社",未成。

"二月七日,先生(吴敬恒)至法国南部都鲁斯,与李煜瀛、蔡元培、张继等发起组织世界编辑社,未成。"(《民国吴稚晖先生敬恒年谱》)

---

① 见《吴稚晖先生全集》卷九。

2月19日 复吴稚晖函,谓对日"不可不采一种急进之方法,以为防御"。

"稚晖先生鉴:前奉惠书,始悟弟等之误会,政治乎,学术乎,惟精卫先生内断于心而已。致汉民书,至理名言,中□均彻,以汉民之敏练,读之当不能无所觉悟,如不寄与,殊可惜也。日本竞(竟)下辣手,虽以我等之奄奄如陈死人者,亦大为之刺激,以为不可不采一种急进之方法,以为防御。先生对于此事,夙所料及,有何善策?务希明示。……弟元培敬白 二月十九日"。(《复吴稚晖函》同日)

2月25日 草拟"御侮会"会章数条,提供讨论。

"稚晖先生鉴:奉二十日手书,知弟及汪、谭二君函均尚未达,故先生于弟等发电奉邀之故未能确定。弟敢缕述此间近日之历史以奉告。

自日本要求各款载法报后,谭仲逵、李圣章二君询弟有何意见,弟尔时见二君刺激甚剧,稍宽解之。……第二日,汪(精卫)、陈(璧君)、方(君璧)、李(圣章)、谭(熙鸿)诸君均到弟处商议。其时,诸君均已为归国之准备,略议归国后应办之事,适星期六有一讲演会,弟合诸君所提议及弟所能想到者,草'御侮会'会章数条,提出互相讨论。汪君以'御侮'字含有兄弟阋墙之前提,恐人疑为所谓'爱国会'之变相;且言此会本属秘密传播之作用,尽可不用会名,亦无须会章,但言抵抗强权之办法亦可,弟等均以为然。……弟元培敬白 二月二十五日"。(《复吴稚晖函》同日)

3月 与汪精卫联名函请王宠惠(亮畴)代向中华书局商售书稿。

"亮畴先生足下:径启者,自李石曾兄发起留法俭学会以来,此间俭学生已及百余人,其中以习农者为多数,率皆先进中等农业实习学校,半日听讲,半日做工。即使他年所研究之高等学问,不必限于农科,而可以农业实习学校为操练身体及补习普通科学之所,此实足以养勤朴之习惯,而拔除留学生接近官僚之流弊者也。

近日农校诸君,合编一《农学杂志》,石曾兄亦担任撰述之事,拟岁出四册,第一册稿已编成。其体例,则石曾兄之《农学图说》及罗士嶷君之《农学杂志之言论纲要》详之。惟印刷之事,颇为困难,不特农校诸君无自行发刊之经费,且欲借此志稿稍稍为学费之补助,势不得不资有力者之赞助。弟等谨为代奉第一册稿于先生,请为订正,并与中华书局一商售稿之办法。……如中华〔书局〕愿购此稿,则请与商定二例:(一)稿以字数计,每千字给费若干?(二)每期收稿后,即汇发稿费。设中华〔书局〕不愿购此稿,则请再为询于商务印书馆。万一两家皆不愿购稿,则请于任何一家中再商一合办之法,即此间同学任编辑,而书业任印刷、发行等事,俟有赢利,两方分派,但须先商定一分派之条件,亦请先生酌行之。……弟汪兆铭 蔡元培敬启"。(《致王宠惠函》)

4月6日 复函吴稚晖,述与袁氏父子时出龃龉的来由。

"稚晖先生鉴:奉书及朱东润先生片,知先生近又病疟,然同时读先生致谭先生一纸,似已痊愈,尚望加意珍摄。……弟与袁世凯绝交,至分明。在彼亦不过笑弟为一迂儒,未必置于意中;袁克定则弟与之并未一面,亦未通一字。然近来时出缪辂之笑话,大约彼等总不肯放过精卫先生。而弟适与之同留法国,又二次革命时,适同时归国,适同发一电劝退任,遂生出种种连带之关系。……弟元培敬白 四月六日"。(《复吴稚晖函》同日)

4月、5月 受教育部委托草拟《一九○○年以来教育之进步》一文。(蔡元培先生手稿)

5月4日 复函吴稚晖,讨论与"中华"的出版关系问题。

"稚晖先生鉴:由石曾先生处递到手书,及陈君书,知'文明'忽合并于'中华',而又留有'文明新纪'之局面,此后'文明新纪'与'中华'为何等关系,几无从悬揣,然从前利用'文明'之计划不能不变,而为利用'中华',则无疑矣。弟及仲逵先生于配达书报之事,毫无经验,几无从讨论其利害,惟石曾先生两次来书,计划甚备,弟等略以所见附注之如左(下):(一)利用'中华',不能如'文明'之便当,似以通盘筹划,商定条件为善。若仅以商一杂志,诚恐失计。(二)精印样本,似为与'中华'交涉以前不可少之事。(三)石曾先生所言促人注意之大著作,似以《世界百科全书》之名为较善。其第一函所言之《世界大历史》,亦未尝不可并入其中,如埃及一册、希腊一册等等,又如中世史若干册,近世史若干册等等,亦未尝不可自由分合。先生前曾述辜汤生语,称《泰西新史揽要》之影响,此《世界大历史》若能次第译印,其影响之大,可知也。……弟元培敬白 五月四日"。(《复吴稚晖函》同日)

5月 复函吴稚晖,讨论如何急救国内时局方法问题。

"稚晖先生鉴:两奉惠片,敬悉。今日报载,袁世凯已悉允日人要求。先生所谓'暗亡',业已做到。此时所当讨论者,与未允时可以从开战一方面着想者不同。弟再三思之,仍惟有老生常谈数法:(一)从根本上解决,即前在杜城所商之扩充教育事业;(二)提倡抵制外侮之精神,即从前汪先生在时所拟之御侮会之类;(三)先革政府而借政府之力以修战备,及振兴教育实业。第三法,据外报屡言,袁世凯所以迟迟不允之故,恐一允之后,国中革命党及军队,必反对政府。然则今日或亦一机会。然其是非相当之人不能当其冲,而相当如汪先生者,且逊谢未遑,似止能听李、钮、章、彭诸人集合而为之。第二法,则汪先生及陈、方、曾诸女士,必尽力鼓吹,观一月以前提倡国货之成绩,想今日必更坚定,或不至呈虎头蛇尾之旧观。第一法,则石曾先生所拟之编辑部(教育权恐亦渐为日人所掌,则留法俭学会之扩张尤要)及先生所商于'文明'之印刷事业,仍当积极进行。未知先生对于现在之时局尚有别种急救之方法否?……弟元培敬白"。(《复吴稚晖函》同月)

6月初 复任鸿隽(叔永)函,对《科学》杂志以提倡科学为主甚表赞同。

"叔永先生足下:由吴玉章君转到惠书,并《科学》杂志一册,洛诵之余,不胜感佩。欲救吾族之沦胥,必以提倡科学为关键,弟等绝对赞同。伏读《科学》杂志例言,有不涉宗教一条。又杂志发端,揭一科学与宗教宣战之 G 氏以为模范,想见诸君子所提倡者,诚纯粹之科学也。夫实验之科学与臆造之宗教,本不相容,徒以科学自有范围,不能不留有存而不论之余地,宗教家遂得假零星之科学知识以张其教义,以莠乱苗,其害乃转较蒙昧之宗教为甚。

美国基本人民本英产,英人固以笃信宗教著于世界者也。美之立国,又托始于清教徒,故美国教会之势力至巨。我国留美学者,以彼国退还赔款之故,其数较他国为多,而其介绍汲引之事,大半由教士担任。故留美同学,不患其不励于学,而患其毗于教。今得诸君子脱离宗教之《科学》杂志以树之的,庶有以输科学之真铨,而屏教宗之阑入,此尤弟等所助为张目者也。……弟李○○、蔡○○"。(《复任鸿隽函》)

"本社发起之时,作始甚简,设非社会上先觉前辈优予同情,其不易于发荣滋长明矣。举其要旨,如蔡孑民、吴稚晖诸先生,自民国四年旅居法国时,闻本社之发起,即来函加以鼓励。"(刘咸:《中国科学社二十年》)

6月15日 赞许《科学》杂志为"学术界一方面之代表"。

"稚晖先生鉴:前月十八日奉一函后,迄今未曾修候,想起居安善。……任鸿隽君来一函,对于石曾先生前此之复函,甚为满意。石曾先生以其《科学》杂志有反对宗教迷信之主义,谓足以与青年会一派对峙,而又惜其范围之稍隘。弟则以为专谈物质科学,亦足以为学术界一方面之代表。将来此间所出杂志,大约不免偏重社会一方面,即以石曾先生所举互相投稿、游学互换地点等法为补助,亦分工之义也。石曾先生属以此义询于先生,故以石曾先生函及任君原函寄奉,至《科学》,则先生当已见过,故不寄。……弟元培敬白 六月十五日"。(《致吴稚晖函》同日)

同月 与李石曾等组织勤工俭学会。

"昔者李石曾、齐笠山诸君之创设豆腐公司于巴黎也,设为以工兼学之制,试之有效,乃提倡俭学会。俭学会者,专持以俭求学之主义者也。而其中有并匮于俭学之资者,乃兼工以济学。其与豆腐公司诸君虽有偏重于学及偏重于工之殊,而其为工学兼营则一也。继豆腐公司诸君而起者,有地浃泊(人造丝)厂诸君。人数渐增,范围较广。于是李广安、张秀波、齐云卿诸君,按实定名,而有勤工俭学会之组织。由此勤于工作,而俭以求学之主义,益确实而昭彰矣。"(《勤工俭学传序》)

8月13日 函告蒋维乔(竹庄),钮永建(惕生)曾电促归国,未应命。

"竹庄先生大鉴:迭奉六月十三日及二十二日惠书,敬悉一切。……承询归国之说,近日仅得钮惕生君促归之电,电中兼及吴稚晖、汪精卫二君。今惟稚晖归,而弟及精卫则谢之。将来如弟果归则必不投身政治之旋涡,而专在社会间效力,当如公言。承公知爱,预为忠告,尤感荷勿谖也。……弟元培敬白 八月十三日"。(《复蒋维乔函》同日)

9月28日　与吴稚晖讨论如何看待筹安会的活动。

"稚晖先生鉴：奉二十二日惠书，敬悉一切。……同学范君来函，附有剪下上海报一节云：'杨度、孙毓筠、严复、刘师培、李燮和、胡瑛发起筹安会，宣言共和国体不适国情，特组此会，以筹一国之安，将于国势前途、共和利害，各抒己见，贡献于国民，凡有发起人二人之介绍，得为会员，已于石附马大街设事务所。'此等集会，苟以《甲寅》对复辟论之眼光观之，似可听其存在，第使舆论十分反对帝制，则有些推敲，转使民国二字之招牌，益以巩固。若果以逢恶之机关，促帝制之实现，则讨袁之革命军较为名正言顺，而于袁氏实无丝毫之实利。石曾先生谓之迷信，胡维德则谓之愚钝，未知彼果因迷信而至于愚钝否也。褚先生在此时，弟等亦曾谈及此事，均不甚注意。恐汪先生及陈、李、柏诸君，似皆未有特别之刺激也。先生所见如何？幸以见示。……弟元培谨白　九月二十八日"。（《复吴稚晖函》同日）

10月1日　移居法国南部海浴场罗埃上（Royan），从比利时人欧思东学法语。

"民国四年的暑假，李君发起，大家往南方海浴场罗埃上（Royan）避暑。我们所住的是一所别墅，房东愿全年出租，李君劝我们留住，所以暑假后，李君等到别处去了，而我们一家还住在这里。

我们在这个时期，学法语，常常是欧思东君教的。欧君是比国人，长于音乐，欲改五线谱为三线谱，常素食，反对宗教，主张恋爱自由，与李君交契多年。彼教我等法文，不用读本及文法，选一本文学书，选出几节，我们抄出来，有不解的辞句记出来，请其解释，有时候讲讲文学史，所以我们的法语学得不切实。"（《自写年谱》）

"弟家则将于十月一日迁往Royan，亦海滨小市，夏间游人甚多，生活程度甚高，冬期则稍廉，又不似此岛之交通太曲折，而难于购物，故试居之。"（《复吴稚晖函》本年9月28日）

10月30日　李石曾创办《勤工俭学传》月刊，为之撰写序文一篇。

"李石曾君又有见于勤工俭学之举，由来已久，而其间著名之学者，各具有复杂之历史，不朽之精神，类皆足以资吾人之则效，而鼓吾人之兴会，爰采取而演述之，以为《勤工俭学传》，月刊一册，华法对照，俾读者于修养德性之余，兼得研寻文字之益。其所演述，又不仅据事直书，而且于心迹醇疵之间，观察异同之点，悉以至新至正之宗旨，疏通而证明之，使勤工俭学之本义，昭然揭日月而行，而不致有歧途之误，意至善也。余既读其所述樊克林、敷莱尔、卢梭诸传，甚赞同之，因以所见，述勤工俭学会之缘起及其主义，以为之序。时民国四年十月三十日也。蔡元培"（世界社编印《旅欧教育运动》）

10月　复函陈炯明（竞存），允为《新中华杂志》征求稿件。

"竞存先生大鉴：别后久疏修候，歉仄无似。……前得邹鲁（海滨）先生来函，已知先生及诸同志有《新中华杂志》之组织。顷读惠书，益知其详。承属助搜材料，义不敢辞。顷又接八月二十二日惠书知此志以候欧洲同学投稿,故展期出版,益不敢不急图有所贡献。惟弟于修学之余,兼任编译,本已日不暇给。于政治问题,久辍研究,尤不敢妄有所论列。当于译论、调查各门,向同学中力为搜求,如有所得,容即直寄邹君。诸希勿念。……弟蔡元培敬白"。(《复陈炯明函》)

秋 与吴稚晖、李石曾等联名举张继(溥泉)为"世界编译社"代表。

"溥泉先生大鉴:知足下已安抵北美,良慰。世界编译社之发起,前曾面□,极荷赞成。顷社章、演说词及《学风》丛书概要,均已印成。上海及南洋各方面,已由兆铭担任集款,惟不及赴新大陆,弟敬恒等又以事未克启行。敬推足下为本社代表,在美洲诸同志中筹集经费。一切办法,悉具简章,先寄奉若干份,尚有英文译本,当由南洋径寄尊处。……弟吴敬恒 蔡元培 李煜瀛 汪兆铭同启"。(《致张继函》)

11月12日 函请吴稚晖转托林森(子超)在美洲为世界编译社募集经费。

"稚晖先生鉴:本月六日奉一函,中有石曾先生函,想已荷鉴及。顷又得石曾先生函,附来溥泉先生一纸,以渠不久回欧,世界社集款之事,转托林子超君,属弟等致一公函于林君,弟已如石曾所属写一纸,并列先生及弟等四人之名,请先生赐阅,如无不妥当处,请加封寄美,如有不妥,请先生改写寄出,不必再与弟等传阅矣。……弟元培敬白 十一月十二日"。(《致吴稚晖函》同日)

12月7日 得李根源、章士钊等十一人署名函,招赴日作军事准备,"拟婉谢之"。

"稚晖先生鉴:……弟又得东京一函,十一人署名:李根源、章行严、钮惕生诸君俱在列,言欲专从军事方面入手,而以人才集中为急务,招弟赴东。函中口吻,似是普发于留西各同志者。先生当亦接有此等函件,或章、钮诸君尚有特别私函,亦未可知。以弟之能力及境遇,赴东亦不能有何等助力,拟婉谢之,先生以为何如?……弟元培谨白 十二月七日"。(《复吴稚晖函》同日)

12月 与李石曾、吴稚晖一起成立世界社,并草拟《缘起》及该社《简章》。(世界社编印《旅欧教育运动》)

同月 所作《石头记索隐》一书,拟交上海商务印书馆以租赁版权方式出版。

"前得复书,允将大著《石头记索隐》发行,谨悉。已请竹庄兄详细核校矣。"(《张元济致蔡元培函》本年12月8日)

"我在留德、留法时期,尝抽空编书,所编如《中国伦理学史》《哲学概说(论)》等,均售稿于商务印书馆。惟《石头记索隐》,用租赁版权办法。《石头记索隐》,是我读陈康祺《燕下乡胜谈〔录〕》,见有其师徐时栋(?)之说,以《石头记》之妙玉与薛宝钗为姜湛园、高江村之影子,因而依例推求,考得林黛玉影朱竹垞,探春影徐健庵,惜春影严藕渔(?),王熙凤影余国柱,宝玉影允礽,爱红就是爱汉化,均有事实可以比附。最难得的是第□□回'刚去了巡山太岁,又来了探海夜叉'一谣,从'去了余秦桧,来了徐严嵩'化出来;第□□回之'丰年好大雪,珍珠如土金如铁,东海少了白玉床,龙王来请金陵王'之谣,从'五方宝物归东海,万国金珠贡澹人'化出来。所以我自信这本索隐,决不是牵强附会的。"(《自写年谱》)

本年 曾与李石曾等发起组织互助社并手撰《互助社征款启》。(蔡元培先生手稿)

1916年(民国五年 丙辰)四十九岁

2月16日 云南省都督唐继尧发出照会,请任都府高等顾问官。

"照会。云南都督府为照会事。窃以驰驱戎马,因军将之劳。帷幄运筹,实仗之识实之彦。乃者,元首背叛,群邪乱政,国本贴危,外忧煎逼。值邦家多难之秋,正元老壮猷之日。本都督痛怀危局,恒思缔造之难,顺相舆情,用兴挞伐之举,素仰执事老成硕德,望重群伦,相应照请为本府高等顾问官,借鸥海雄图,作苍生霖雨。微特私衷感激,抑我列祖列宗,圣圣相承二万里闳丽望,即叹千年文明之绪业,实利赖之。望即欣承,无任观企。须至照会者。右(上)照会,蔡元培先生。唐继尧。中华民国云南都督印。中华民国五年二月十六日。"(蔡元培研究会藏复印件)

2月 函告张元济,《石头记索隐》一书版权问题,可与蔡元康(谷顾)商议。

"蔡鹤庼来信,言《石头记索隐》作为版权共有,应与谷顾商议。顷得复信,谓非预先接洽不能承认。须来沪时再行商议。"(《张元济日记》同年2月8日)①

3月29日 与李石曾、汪精卫等在巴黎自由教育会所举行"华法教育会"发起会,并在会上发表该会"意趣"的演说。

"民国五年三月二十九日,开'华法教育会'发起会于巴黎自由教育会之会所。首由穆岱君发言,略谓:'自吾与留法中国团体诸君交接以来,见其关于教育之计划精深宏博,即有裨于中法两国精神上之发展,亦有裨于人道。此事之希望与结果必极伟大,为吾人所极端赞同。'并宣其宗旨与作用,列为三部。次由蔡子民君演说此会之意趣……次由辈纳君与李石曾君宣布到会者、通信报名者及向尽力于旅欧教育者之姓名如下:

法国:皮乃欧(学务使)、皮凯纳(工部秘书长)、米沙(小学校长)、沙伯(中学教授)、沙娥女士(小学教授)、沙尔伯(著作家)、伯雷(文学博士)、伯雷女士、伯第业(中学校长)、宜士(共和工商会代表)、法露(农科实业学校教务长)、法士乃(社会学校教授)、南迲(大学教授)、亚和(《都尔日报》主笔)、柏唐(巴黎大学教授)、柏尔葛

---

① 《张元济日记》,北京商务印书馆1981年出版。

1916年在法国与华法教育会人士合影（四排左二为蔡元培）

（中学校长）、施亚宜（大学教授）、马珊（工部书记）、马莱亚（下议员）、高斯（正谊书局）、绍可侣（比京新大学教授）、葛乐（百科书局）、万桑（下议员）、达尼斯（医学博士）、爱友（上议员）、雷格（前教育总长）、辈纳（中学教授）、盖而尼（人权会代表）、穆岱（下议员）、欧乐（大学教授）、欧思同（音乐家）、顾来（学务司长）。

中国：方君瑛、吴玉章、吴稚晖、汪精卫、李石曾、李汝哲、李晓生、李圣章、李广安、李骏、余顺乾、范淹、姚蕙、徐海帆、陈冰如、陈子英、张溥泉、张静江、张惠民、张秀波、张竞生、陆悦琴、曾醒、彭济群、褚民谊、黄仲玉、齐致、谭仲逵、梁耀藿、蔡子民。

继则推举干事，拟定会章及组织进行各事。会长：欧乐、蔡子民。副会长：穆岱、汪精卫。书记：辈纳、法露、李石曾、李圣章。会计：宜士、吴玉章。"（世界社编印《旅欧教育运动》）

4月3日 华工学校开学，考验入学新生。

"华法教育会成立于千九百十六年三月二十九日，今六月二十二日，始集此大会。审定所拟之会章，为期似亦久矣。惟临时干事会之进行，非仅在拟定会纲，并致力于他事。今法国工艺须藉重中国之人工。然中国工人之忽入他乡，各事皆异，不无流弊。故拟建设华工学校，以养译材。然非仅传达言语而已，且为立身之先导，以助其乡人也。本会得工部与教育部之赞助，立得校所。李煜瀛君集得二十余人。彼辈不惮牺牲其工业，自备资斧而来肄业于校中。四月三日，蔡元培君考验新生。五日，欧乐君于东方语言学校行开校礼。米沙君担任组织教育。欧思同君每日到校，教练语言。校中课程遂渐就绪。如度量权衡、普通智识以及工艺图画，皆以法文授之。更有尽义务之中国教员若干人，或以中国语言教授卫生、修身诸问题，或担任助教及传译。"（世界社编印《旅欧教育运动》）

4月27日 复函蒋维乔（竹庄），分答"改撰墓表"及拟《美学丛述》各书事。

"竹庄先生大鉴：奉三月二十日惠书，敬悉一切，分答于左（下）：老伯传文，奉书时尚未脱稿，今已改撰墓表，因勤工俭学一事，殊关紧要，而此文又作于安葬以后，故墓表较志铭为宜也。惟久不作此种文字，恐多不合义法处，其太甚者，请先生径改之。文中之樊克林，西文作 Franklin，旧译当不如是，此从石曾所译者。弗来尔，本西班牙无政府党人，为政府所仇，避之法国，既而悟西班牙人程度太低，非激烈之革命手段所能骤就，乃倡所谓新教育，立学校，印教科书，流布颇广。六七年前（弟在德国时，传文不在此，不能确指其年），以事回西班牙时，其地正有暴动，政府忽假此捕弗来尔而杀之。

《石头记索隐》本未成之作，故不免有戛然而止之状。加一结束语，则阅者不至疑杂志所载为未完，甚善。特于别纸写一条，以备登入。

《文字源流》，当着手编成。然馆中早有印本，此事似不甚急需。弟本欲编《美学丛述》及《欧洲美术小史》二种。《美学丛述》之第一编为《康德美学述》，《欧洲美术小史》之第一编为《拉斐尔》，均早已发端，而久未脱稿。今欲编成之，以先售于商务，以后始续编《文字源流》也。……弟元培敬白　四月二十七日"（《复蒋维乔函》）

同日　写作《少颖公墓表》。

"《少颖公墓表》。元培来法兰西二年矣，其国有工会组织完备，为政府畏友。由无工不学，人人心知其意故也。吾旅法华工李广安、齐云卿诸君闻其风而悦之，相与设勤工俭学会，以工余励学为第一义。吾友李君煜瀛为辑世界名人之工而学者，以为《勤工俭学传》，月出一篇，已印行者为美利坚之樊克林、法兰西之卢骚、西班牙之弗来尔诸氏，而以祖国之模范人物责之元培，元培方欲举许行、陈仲之徒及织帘读书、治笾谈易诸先哲以应之而未暇也。

会吾友蒋君维乔丁外艰，邮其尊府君少颖先生行状于元培，请为之辞。元培敬读状，则肃然而兴曰：'少颖先生其我勤工俭学会最近之模范哉！'案状，先生讳树德，字高行，少颖其号也。世为江苏武进县人，曾祖讳熙龙，考讳鸿发。先生九岁而入塾，十二岁而孤，明年遂辍学而习工，当时工肆录徒，初无所谓教授，惟次第实习，由粗及精，偶受其师之指示而已。而一肆之杂役悉责诸徒，先生体素羸，入工肆后，夙兴夜寐，备极敏瘁，五年而业成。然先生尤不以是废其学，方洪、杨革命军之攻陷武进也，先生年十九矣，避之靖江，鬻薪贩甑以奉母，暇则取箧中残本《论语》读之，服膺其言至废寝食，乡人咸匿笑之，先生自若也，其专精如此。先生为读经，而尤邃于《易》，熟复循诵，不遗一字，博观先儒格言以律身而训子。中年贷赀设肆，口不二价，甚得信用，因以起其家。其用财也啬己而丰人，自奉不妄费一钱，亲族或死而无依则买棺殡葬之，而抚其子。遇人急慷慨施与，未尝有吝色。尝诲诸子曰：'利之于人,身外之物,然治生之道亦不可不知,要必本于义,不可妄取。苟益于世,宜称吾力为之,勿以小善不为。然不必居其名,为善欲使人知,不如勿为也。以信立业,以俭持躬,随地为善,而不必居其名。'何其性质之近于樊克林与!当时学者强半以科举为鹄,先生以经传课子,而戒之曰:'吾望汝曹读书能为明理之君子,不望以进取也。君子务本,德行本也,文章末也,天地之间惟德可以长久。'又曰:'吾以孤贫失学,然稍知圣贤义理,人非圣人,孰能无过,惟在私欲萌动时克之而已。'其学之鞭辟近里如此。先生于研经之余,尤喜美术,书画、音乐诸科皆习焉。为篆隶,绘山水花鸟,歌昆曲,奏弦管诸乐器,罔勿精以分授于诸子。先生之教育,崇学术而屏举业,与弗来尔氏之提倡新教育,以反对贵族教会相近。弗来尔氏尝创立学校,辑印教科书,而先生之教不出家巷,似不无广狭之差。然先生叔子维乔,委身于吾国教育界且二十余年,所编教科书目且数十种,于吾国教育界之革新与有力焉,而自谓得力于庭训者为多,然则先生之新教育固以间接而传播于国民矣。

先生娶季夫人,子男五人,维翰、维钟皆善音律。维翰精山水、人物、花鸟及篆刻,有名于时。维钟更精算学,著有《曲线新说》《堤积术辨》二书行世。维乔、维桢亦善音律。维杰年十五而殁。女子二人,长适同县章氏,次殇。孙七人,正谊、正厚、正钧、正慧、正觉、正权、正平。孙女五人。先生卒于民国四年十一月十九日,年七十有四。维乔等以今年一月三十日葬先生于武进之怀南乡。元培未及奉手受教于先生,而与维乔共事于教育界甚久,得以推见其渊源之家学,而尤以先生之学得自艰苦淬砺之中为大有关系,故揭其义于墓道之阡,以为勤工俭学者劝。

五年四月二十七日 蔡元培谨表"。(武进《新安蒋氏宗谱》第二卷 民国十年印本)

4月29日 函告吴稚晖,同感尚无归国之必要。

"稚晖先生鉴:前于汪先生得读大片,引杨皙子(度)帮忙不帮闲语,具见宁静之态,甚为慰悦。顷又奉片,知惕生先生来书,促弟等归国,弟亦以为无归国之必要,与先生所见皆同。汪先生既将赴英,将来如何答复,及所寄川资应如何汇还等情,请先生与汪先生商定而行之,弟绝无不赞同也。……弟元培谨白 四月二十九日"。(《致吴稚晖函》同日)

4月 与汪精卫、李石曾联名函请国内各省协助招募赴法华工。

"径启者:欧战期中,法国工人多数从军,因有招致华工之议。我等以为此事裨益于我国人者有三:……业与法国招工局订一平等待遇之合同,而又设一旅法华工学校,以为工人教育之预备。惟是最要关键,尤在应招之人,不可不择其适宜者。某等欲以此事托诸贵省各地之劝学所及小学校诸君。特请代表某君亲诣贵省,办理此事,携有招工条件及合同底稿,奉请鉴定。某君人地生疏,务请随时随地量加照拂,并求知会各地劝学所及小学校诸君,赞助某君,成此美举,无任感荷。华法教育会蔡元培 汪兆铭 李煜瀛同启"。(世界社编印《旅欧教育运动》)

5月 编写《华工学校讲义》，凡四十篇。

"欧战已起，法国以战士之骤众，工人之骤缺，应于需要，招致华工。当时李石曾先生，即深思熟虑，以为之所。由是有华工学校之组织。而蔡孑民先生手撰《华工学校讲义》，关于德育智育者，凡四十篇。其精神所注，一在保全华工固有之美德，益发挥而光大之；一在修补华工向来所不免之缺点，曲喻而善导之。以先生平日之人格与学问，所修养者至深，故其所言，简而深，平而切。工余读之，身体而力行之，则道德与智识，不期而日进于光明。此诚华工淑身之本，而自立之源也。"(汪精卫：《华工学校讲义》序)

"那时候李君所招呼的学生有两种：一种是留法俭学会的学生，每年家中还能备国币六百元的学费，由华法教育会替他安排，用得很省。又一种是勤工俭学会的学生，是只备赴法川资及一年旅费，到法后，第一年练习法语，第二年以后，就可进工厂作工，自给有余，晚间还可就学。欧战开始以后，我国亦为参战国之一，但没有军队可以相助，于是派遣工人，助后方工作，到法国的也有数千人。李君为使这些工人便于工余就学起见，特编一种成人教育的教科书。派给我编的，是关于行为方面与关于美术方面的。关于行为方面，李君还出了几个举例的题目给我，是偏重于辨别疑似的，如理信与迷信，俭约与吝啬之类，我所编的都照此式。其关于美术的，则有建筑、图书（画）、音乐等篇。后来印入《蔡孑民言行录》中，称为《华工学校讲义》。"(《自写年谱》)

6月22日 华法教育会举行正式成立会，通过会章，举定两会长：中方蔡元培、法方欧乐。

任华法教育会长留影(1916年)

"六月二十二日,开华法教育会于巴黎。欧乐君(法国大学教授)发挥法哲与中儒吻合之处,由此两会及若干次之讨论,议定会章,并召集会员,其详不及备载,仅撮述大略于(下)。

宗旨。本会宗旨在发展中法两国之交通,尤注重以法国之教育图中国之发展。其事业略分三类:一曰哲理与精神之部分,如编辑刊印中法文书籍。二曰科学与教育之部分。三曰经济与社会之部分,如工商之组织交易,其中最要者为第二部分,列其子目为:甲、联络中法学者诸团体。乙、创设学问机关于中国。丙、介绍多数中国留学生来法。丁、助法人游学于中国。戊、组织留法之工人教育。己、在法国创设中文学校或讲习班。

会员与职员。(一)名誉会员。于精神上提倡本会之进行,不纳会费。(二)公益会员。(三)实行会员。后二者均纳会费,并担任组织。名誉会员,首先举定中法两国教育总长:范静生君、班乐卫君。职员共二十四人。会务在法国由法会长主之;在中国由中国会长主之。举定中法两会长,蔡孑民君、欧乐君。"(《华法教育会纪略》)①

8月10日　所撰《拉斐尔》一文连续发表。(《东方杂志》第13卷第8号、第9号)

8月15日　发表《文明之消化》一文。(《旅欧杂志》创刊号)

8月　与李石曾、汪精卫等所创办的《旅欧杂志》出版。

"吾人之旅于此者,耳目之所感,其最著者:一则因学理之发达,而精神物质之文明,乃进步而不已也;一则因民权之发达,而平民制度之基础,因以确立,且亦进步而不已也。吾人之所感,即如此矣。取其所感,以相质证。踪迹相迩,则发为语言;謦欬相隔,则形于文字。真理以辨难而愈明,事实以讨论而愈确,斯盖势之不容己者。诗曰:嘤其鸣矣,求其友声。相彼鸟矣,犹求友声。矧伊人矣,不求友生。此吾人所欲致其诚于旅欧同人之间者也。又曰:庭中有奇树,绿叶发华滋。攀条折其荣,将以遗所思。此吾人所欲致其诚于国内父老昆弟之间者也。

(一)定名。本杂志定名《旅欧杂志》,为旅欧华人所刊行。(二)宗旨。以交换旅欧同人之智识,及传布西方文化于国内为宗旨。(三)编辑。本杂志编辑,请汪精卫、李石曾、蔡孑民诸君为主任。(四)内容。本杂志内容分图画、论说、纪事、通讯、丛录、杂俎六部。(甲)图画。搜罗科学美术富有趣味之图画,以精版丽彩印刷之。(乙)论说。以发挥本杂志之宗旨为范围。(丙)纪事。分世界大事、国内要闻、旅欧华人近况三门。(丁)通讯。遴登海内外诸君子之惠书,或赏奇文,或析疑义。(戊)丛录。纂集科学文学之鸿篇巨著,足以阐发真理,裨益社会者。(己)杂

---

① 见《北京大学日刊》1918年12月18日。

俎。短篇佳制,可以浚神智、起兴味者,骈罗于此,俾读者得开卷之乐,收多闻之助。"(《〈旅欧杂志〉出版之缘起及简章》)

9月15日　发表《对于送旧迎新二图之感想》一文。(《旅欧杂志》第3期)

9月19日　报载自法归国允任大学校长。

"北京电。蔡元培不日来京,允就大学校长。"(《申报》同日)

9月　敦请唐继尧、唐绍仪等为华法教育会名誉会员。

"○○先生执事:径启者。世运日新,学风丕变,吾国教育,不能不兼容欧化,已为有识者所公认。……执事不特吾国人素所敬爱,法人亦深致钦迟。○等谨偕华、法各评议员公推执事为本会名誉会员,以资全体会员之矜式。伏念本会宗旨,不外乎发展吾国教育,俾与先进共和国为平行之进化,必为执事所赞成。本会名誉会员之公推,谅荷执事同意。敬请赐复,俾得宣布。本会详细情形,具详《旅欧教育运动》一书,附奉一册,敬希鉴察。"(《致唐继尧等函》同月)

同月　函请教育部对于该会开展的工作给予支持帮助。

"○○总长执事:径启者。世运日新,学风丕变,吾国教育不能不兼容欧化,已为有识者所公认。元培等留法较久,考察颇详,见其教育界思想之自由,主义之正大,与吾国先儒哲理类相契合;而学术明备,足以裨益吾人者尤多。间尝应求同志,分类经营,如书报之传达,留学之推广,华工教育之组织,次第发起。行之十年,虽实力无多,成绩有限,而始简终巨,希望甚奢。迩者得彼国教育家之赞同,相与组织为华法教育会,会中职员,华法参半。……谨奉本会章程华、法文各一通,敬请鉴定。会中教育事业,尤请鼎力玉成,量予补助,俾得以渐扩张,于吾国教育界有积极之影响,曷胜感荷。……"(《致教育部函》同月)

10月2日　接教育部电,偕眷属自法启程回国。

"船票已买得,船须十月初二日午后开,船未开时,船上不能住宿,开船以前两点钟始准上船,我等可于三十日赴波尔多,初一日赴马赛,住客栈一夜。初二日之午前,赴警署,搬行李,尚从容也。"(《致黄仲玉函》本年9月23日)

"民国五年,我在法国,接教育部电,要我回国,任北大校长。我遂于冬间回来。"(《我在教育界的经验》)

10月　与李石曾合撰的《译名表》刊出。(世界社编印《旅欧教育运动》)

11月9日　自法国乘船归国到沪。本日往黄兴灵堂吊唁。

"蔡子民先生于前日午前乘法国邮船归沪,昨日赴(黄兴)先生灵前吊奠。□撰述墓志铭一事,闻亦已慨允。"(上海《民国日报》1916年11月10日)

11月11日　自上海到杭州。

"蔡子民先生由法回沪,已志昨报。兹悉先生因浙江各界敦促,故定于今日赴杭一行。"(上海《民国日报》1916年11月11日)

"蔡孑民先生偕其弟谷卿君,昨晚(11日)抵杭。"(上海《民国日报》1916年11月13日)

11月13日　赴浙江省督军兼省长吕公望宴请。

"蔡鹤卿先生(前教育总长)道德学问,久为海内人士所钦仰,近自法国归来,在沪逗留三日,于十二日乘特别快车来杭,昨日吕督军特于本署设宴款待。辛丙俱乐部干事长龚未生君与先生交谊素笃,昨往访问,晤谈良久,以杭人久聆先生之崇论宏议,特请留杭演说一次,以慰各界人士之渴望,已得先生许可,其会期定于十七日下午一点钟起,会场则假座凤舞台。闻先生于演说后,拟渡江返绍兴原籍一行,再行北上。中央本有以大学校长一席敦请先生担任之意,就否未定,而此后拟于教育界有所尽力,则已决定方针云。"(上海《民国日报》1916年11月15日)

11月15日　赴浙军参谋长周凤岐等人宴请。

"昨日(十五号)午刻,参谋长周凤歧、监运使胡思义、财政厅莫永贞、民政厅王文庆、警政厅夏超、交涉员林昆翔诸君等,假座陆军同胞社,公宴蔡子民先生。"(上海《民国日报》1916年11月17日)

11月17日　出席杭州各界欢迎蔡孑民先生演说会,并发表演说。

"杭人函:于昨日午后借座新市场凤舞台,开蔡孑民先生演说会。到者约五千人,座为之满,甚至演台前均有鹄立而听者。一时半振铃开会。由吕督军兼省长介绍蔡先生历史,……报告毕,先生登台,鼓掌如雷。先生云:人民为国家构成分子,须人人有爱国思想,斯国家有存在希望。兄弟远离家乡已十年矣,兹值国家多变之秋,深知非改弦更张之,国家未有能转机者。吾浙承前明遗老之后,刺激最深,故对于清之恶感最剧。即所以反对之者亦最烈。溯自戊戌政变,孙中山先生倡于粤,吾浙已稍露其端倪,其明证焉。即此次筹安会起,袁氏帝制运动之时,滇黔起义,东南各省,尚无何等之表示,吾浙独遥为响应,首先发动,则虽谓吾浙系中国之中坚,亦无不可。但兄弟留寓异国,对于本国应尽之义务,极少效力,中心歉疚,实无际涯。今日在诸父老昆弟之前,兄弟极欲乘此机会,与诸父老兄弟一为倾吐,第兄弟经验学识,两愧不及,不过藉此与诸父老兄弟一为商量,当望诸父老兄弟之有以指教焉。今日讲演之标题:《吾人所受于欧战之教训》……"(上海《民国时报》1916年11月20日)

11月22日　自杭州抵绍兴。

"蔡元培与其弟元康于昨日回绍兴。"(《申报》1916年11月23日)

11月26日　出席浙江第五师范学校欢迎会,并发表演说。(绍兴《越铎日报》1916年11月28日)

一说蔡先生在浙江第五师范演说事在同年11月29日。

"上午至校。……十时蔡雀倾先生来演说,至午毕。"(《周作人日记》同年11月29日)

同日下午　出席绍兴各界举行的欢迎会并发表演说。(绍兴《越铎日报》1916

年11月28、29日)

"民国五年冬,蔡先生由欧洲回国,到故乡来,大家欢迎他,在花巷布业会馆讲演。我也去听,那时我在第五中学教书兼管教育会事,蔡先生来会一次,我往笔飞坊拜访,都未曾见。"(周作人:《记蔡孑民先生》)①

11月28日 在浙江第五师范的《演说词》刊出。(《越铎日报》同日)

11月29日 列名与孙中山、唐绍仪等发布黄兴出殡通告。

"北京大总统、国务院、参议院、众议院、南京副总统、各省督军、省长、议会,黄蔡二公追悼会,各都督将军办事长官转各报馆钧鉴:黄克强先生丧事谨定十二月二十一、二两日开吊,二十三日举殡杭州西湖茔地。

唐绍仪 李烈钧 蔡元培 柏文蔚 唐人凤叩"(《申报》同日)

11月 分别为杭州西湖岳庙、刘基庙题联。

西湖岳庙联:

"民族主义,历元清鼎革,始达完全,如神有知,稍解生前遗恨;

圣湖风景,得祠墓点缀,差不寂寞,兹地云胜,允宜庙貌重新。"

西湖刘基庙联:

"时事(势)造英雄,帷幄奇谋,功冠有明一代;庙堂馨俎豆,枌榆故里,群瞻遗像千秋。"(《文化娱乐》1986年第6期)

12月9日 自绍兴到上海。

"蔡元培于昨日特别快车赴沪。闻系应孙中山君之招。"(《申报》1916年12月10日)

12月11日 在上海江苏省教育会发表题为《教育界之恐慌及其救济方法》的演说。

"蔡孑民师来江苏省教育会讲演。题为《教育界之恐慌及其救济方法》。首叙恐慌之现象,莫甚于毕业生无出路。次论恐慌之原因有三:(一)高等教育机关太少。(二)学生能力不足,由无相当职业教育之故。(三)道德不完全,由无责任心故。复次以第一问题由政府主持,姑不具论,就第二、三问题畅发之。复次论吾国今日之对于宗教问题,主张以美术代宗教。美术代宗教,为先生积年所主张,抑时间短促,未能尽阐义蕴。听者亦未能请益。异日过沪,当更详讲之。"(《教育杂志》第9卷第2号)

同日 应邀在上海南洋公学发表演说。

"蔡鹤卿先生前日在南洋公学演说云,某前掌教此间,规模草创,不若现时之盛,其后数经艰险,而校名亦因之三更。初名南洋公学,名称极泛,继改高等实业,始表现为高等教育学校;今定名工业专门,而又冠以'交通部'三字,望而知为工艺

---

① 载《古今月刊》第6期。

而属于交通一途者……"(天津《大公报》1916年12月29日)

同日 赴杭州,即将北上。

"……闻(元培)先生明日即返杭,勾留数日后,即由杭乘直通车北上云。"(上海《民国日报》1916年12月12日)

12月18日 为从弟蔡元康(谷青)书一联。

"五年十二月十八日,将自杭赴京,为谷青二弟书。

行不得则反求诸己,躬自厚而薄责于人。元培"。(启功 牟小东编《蔡元培先生手迹》)

12月20日—22日 在上海江苏省教育会发表的演说词——《教育界之恐慌及其救济方法》——刊出。(上海《时报》同日)

12月21日 与孙文、唐绍仪等联名发布代主黄兴丧事"恐有未周"启事。

"《恕讣未周》。敬启者:克强先生之交游满天下,车笠之盟,缟纻之好,究有为仆等所未悉者。代主丧务,免持大体,征名遍讣,恐有未周,诸祈见谅为幸。

主丧友人:孙文 唐绍仪 柏文蔚 李烈钧 蔡元培 谭人凤"。(《申报》同日)

同日 携眷赴京。

"蔡元培昨日携眷过宁,旋即渡江转车北上。"(《申报》1916年12月22日)

12月22日 抵达北京。

"蔡元培先生抵京。北京大学校长事,须调查能否着手整顿,再行决定。惟当局劝驾颇力。"(上海《民国日报》1916年12月22日)

"蔡孑民先生于二十二日抵北京,大风雪中来此学界泰斗,如晦雾之时忽睹一颗明星也。先生现寓观菜园陈宅。"(上海《中华新报》1917年1月1日)

12月26日 被任命为北京大学校长。

"十二月二十六日大总统令。任命蔡元培为北京大学校长。此令。"(《时事新报》1916年12月28日)

"民国五年,帝政取消,袁世凯死,范君静生任教育部(总)长,电促我回国,任北京大学校长,我遂偕眷属于冬间回国。到上海后,有多数友人,劝不可就职,说北大太腐败,恐整顿不了,反把自己名誉毁掉了。也有少数劝驾的,说腐败的总要有人整顿,不妨试一试。我从少数友人的劝,往北京。"(《自写年谱》)

"蔡先生本来在清季就不顾他翰林院编修清高的地位和很好的出路,而从事革命,加入同盟会。当时党内同志有两种意见,一种赞成他北上就职,一种不赞成。国父孙中山先生认为北方当有革命思想的传播,像蔡元培先生这样的老同志应当去那历代帝王和官僚气氛笼罩下的北京,主持全国性的教育,所以主张他去。蔡先生自己又不承认做大学校长是做官,于是决定前往。"(罗家伦:《蔡元培先生与北京大学》)[1]

---

[1] 载台湾《传记文学》第10卷第1期。

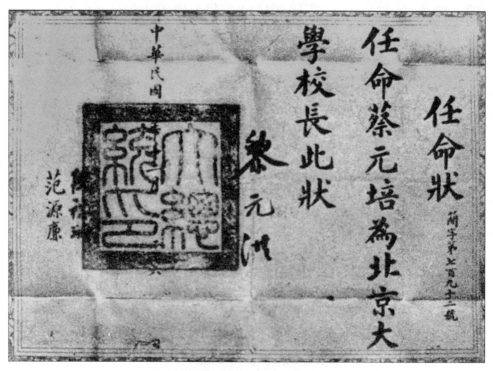

北京大学校长任命状(1916年12月)

校长蔡元培先生

同日 到前门外一家旅馆,访陈独秀,聘为北大文科学长。

"十二月二十六日。早九时,蔡孑民先生来访仲甫,道貌温言,令人起敬,吾国唯一之人物也。""蔡先生差不多天天要来看仲甫,有时候来得很早,我们还没有起来。他招呼茶房,不要叫醒,只要拿凳子给他坐在房门口等候。后来我和仲甫商量,晚上早睡,早上要起得早些才好。"(汪原放:《回忆亚东图书馆》)

"我到京后,先访医专校长汤尔和君,问北大情形。他说:'文科预科的情形,可问沈尹默君;理工科的情形,可问夏浮筠君。'汤君又说:'文科学长如未定,可请陈仲甫君。陈君现改名独秀,主编《新青年》杂志,确可为青年的指导者。'因取《新青年》十余本示我。我对于陈君,本来有一种不忘的印象,就是我与刘申叔君同在《警钟日报》服务时,刘君语我:'有一种在芜湖发行之白话报,发起若干人,都因困苦及危险而散去了,陈仲甫一个人又支持了好几个月。'现在听汤君的话,又翻阅了《新青年》,决意聘他。从汤君处探知陈君寓在前门外一旅馆,我即往访,与之订定;于是陈君来北大任文科学长,而夏君原任理科学长,沈君亦原任教育,一仍旧贯;乃相与商定整顿北大的办法,次第执行。"(《我在北京大学的经历》)

《新青年》

同日 信教自由会开会讨论国教问题,应邀出席会议发表演说。指出所谓"以孔教为国教",实不通之语。

"鄙人今因信教自由会新年俱乐会之机会,得与国会及学界、报界诸君相聚一堂,诚为鄙人之幸。窃闻今日论者往往有请定孔教为国教之议,鄙人对兹问题,深致骇异。据鄙人观察,宗教是宗教,孔子是孔子,国家是国家,各有范围,不能并作一谈。……孔教不成名词,国教亦不成名词,然则所谓'以孔教为国教'者,实不可

通之语。"(《在信教自由会之演说》)

12月27日 应邀出席北京通俗教育研究会的欢迎会,并发表演说。(《东方杂志》第14卷第4号)

12月29日 应邀出席北京政学会的欢迎会,并发表题为《我之欧战观》的演说。(《新青年》第2卷第5号)

同日 在上海南洋公学发表的《演说词》刊出。(天津《大公报》同日)

12月 停留上海时,曾应邀往爱国女学校发表演说。(《东方杂志》第14卷第1号)

本年 撰有《康德美学述》一文。(蔡元培先生手校铅印稿)

本年 为浙江女子职业学校题词。

"女子能熟习有益社会之职业而又济之以勤勉则能自立,能自立则自然与男子平权矣。蔡元培"。(蔡元培研究会藏复印件)

五

北京大学校长时代
（1917—1926）

1917年(民国六年　丁巳)五十岁

北大校长时期的蔡元培

1月1日　在北京政学会欢迎会上的演说词——《我之欧战观》——发表。(《新青年》第2卷第5号)

1月4日　发布就任北京大学校长通告。

"为通告事。民国五年十二月二十六日,奉大总统令:任命蔡〇〇为北京大学校长,此令。等因,奉此,遵于六年一月四日到校就职,除呈报外,特此通告。一月五日"。(北京大学档案)

1月5日　呈报大总统就任北京大学校长日期。

"北京大学呈稿(呈字第一号,六年一月五日发)。北京大学校长蔡元培呈为报明就职日期,民国五年十二月二十六日奉令任蔡〇〇为北京大学校长,此令。等因,奉此,遵于六年一月四日到校就职,理合呈报,伏乞钧鉴。谨呈 大总统。北京大学校长蔡○○ 中华民国六年一月五日"。(北京大学档案)

1月6日 被浙江公民大会推为代表之一,向当局请愿,拒杨善德督浙、齐耀珊掌浙。

"北京大学校校长蔡鹤顾先生鉴:杨督浙、齐长浙,非浙人所愿。请中央收回成命,已于今日启程,恳公亦加入,务乞共同主持,为浙造福。浙江公民大会同叩。麻。"

"北京大总统、国务总理钧鉴:歌电恳请收回成命,同日举定章炳麟、蔡元培、沈定一、王锡荣、经亨颐代表赴京面陈,以抒下情,已于本日启程。全浙公民大会叩陈。鱼。"(《申报》1917年1月8日)

1月9日 主持北京大学开学式,并发表就任演说,指出"大学者,研究高深学问者也"。

"北京大学,在清季本名京师大学堂,分设仕学、师范等馆,所收的学生,都是京官。后来虽逐渐演变,而官僚的习气不能洗尽。学生对于专任的教员,不甚欢迎;较为认真的,且被反对,独于行政法界官吏兼任的,特别欢迎;虽时时请假,年年发旧讲义,亦不讨厌,因有此师生关系,毕业后所为奥援。所以学生于讲堂上领受讲义及当学期、学年考试时要求题目范围特别预备外,对于学术,并没有何等兴会;讲堂以外,又没有高尚的娱乐与自动的组织,遂不得不于学校以外,竟为不正当的消

《新潮》

遣,这就是著名腐败的总因。我于第一次对学生演说时,即揭破'大学学生当以研究学术为天责,不当以大学为升官发财之阶梯'云云。于是广延积学与热心的教员,认真教授,以提起学生研求学问的兴会;提倡进德会,以挽奔竞及游荡的旧习;助成体育会、音乐会、画法研究会、书法研究会,以供正当的消遣;助成消费公社、学生银行、校役夜班、平民学校、平民讲演团与《新潮》等杂志,以发扬学生自动的精神,养成服务社会的能力。"(《自写年谱》)(《东方杂志》第14卷第4号)

1月10日 出席旅京浙人筹议浙事会议。

"浙江旅京同乡日来接到杭州方面急电,不下数十件,如章太炎、沈定一、徐定超诸人,皆有列名。大致系报告浙省风潮现已大定,并述五年来以浙人治浙事之成绩,对于新督军省长,决不承认之意。该省旅京同乡,情关桑梓,昨特假浙江议员第一公寓开会,到者三十余人。首由浙江旅长潘某报告杭州现状,谓周凤岐、夏超等与吕督军已言归于好,浙省内部已安然无事云云。次由蔡元培、陈洪道、郑际平、朱文劭、沈钧儒诸人相继发言,均以浙省自此次独立以来,临时所募军队,较前几多三分之一,按以维持地方秩序言,已绰有余裕。杨善德久官于浙,军界半多旧识,更无带兵入浙之必要,且主客相聚,最易起疑,万一生意外之变,亦非中央维持地方之本心,应请政府速电停止。至省长一层,齐耀珊不谙浙情,自非所宜。而数载以来,浙人治浙之成绩,又确优于各省,应请中央另行任命。当推定沈钧儒、朱文劭二君起草,先将各方面情形及浙中舆情,函告大总统及国务总理。并定今日,由蔡元培以个人资格,赴府院陈述一切。……"(《申报》1917年1月11日)

1月11日 呈文教育部,请任陈独秀为北京大学文科学长。

"敬启者:顷奉函开,据前署北京大学校长胡仁源呈称,顷据本校文科学长夏锡祺函称,锡祺拟于日内归省加有他事相累,一时不克来校,恳请代为转呈准予辞去文科学长等语,理合呈请钧部鉴核施行等因。查文科学长夏锡祺既系因事不克来校,应即准予辞职,所遗文科学长一职,即希贵校长遴选相当人员,开具履历送部,以凭核派等因到校,本校亟应遴选相当人员,呈请派充以重职务,查有前安徽高等学校校长陈独秀品学兼优,堪胜斯任,兹特开具该员履历函送钧部。恳祈查核施行为荷。此致教育部。附履历一份。北京大学校长蔡元培。中华民国六年一月。

陈独秀,安徽怀宁县人,日本东京日本大学毕业,曾任芜湖安徽公学教务长、安徽高等学校校长。"(北京大学档案)

1月13日 应邀出席益友社、宪法研究会等十一政团联合举行的欢迎会,并有演说。

"昨日宪政讨论会、益友社、宪法研究会、政学会、宪法协议会、宪政会、静庐、衡社、渊庐、潜圚等十一政团,假湖广会馆开欢迎梁任公、蔡孑民两先生大会。……各政团、国会议员到者五百余人,政界、学界到者百余人。梁、蔡二先生先后莅止。一时三十分由筹备员孔润宇君宣布开会,公请王正廷君致欢迎词,次请梁任公先生演说,又次请蔡元培先生演说,末由汤化龙君答词。时已五时三十分,复至西客厅茶话。"(北京《晨钟报》1917 年 1 月 14 日)

"今日(十三)下午一时,十一政团均在湖广会馆开欢迎梁任公、蔡子民大会,与政团之调和,颇有关系。"(《申报》1917 年 1 月 14 日)

同日 教育部派陈独秀为北京大学文科学长。

"教育部令第三号。兹派陈独秀为北京大学文科学长。此令。中华民国六年一月十三日 教育总长范源濂(印)"。(北京大学档案)

1 月 15 日 为《科学》杂志撰写祝词。

"上海静安寺路五十一号中国科学社成立于兹已四年矣,《科学》杂志发行已届第一年第一号。内容之丰富,校订之周详,印刷之精美,定价之低廉,在杂志中推为上乘,其第三卷第一期除黎大总统及张季直先生题词外,并有北京大学校长蔡元培先生之祝词。"

"《祝科学》。民之初生,有神话而已,进而有宗教,又进而有哲学,是谓学之始。学有二道:曰沈思、曰实验。哲学之始,沈思多于实验,虽有形之物,亦皆以悬想定之,及实验之法既备,凡自然现象,皆分别钩稽成为系统之学,而哲学之领土,半为所占,是为科学之始。至于今日,则精神界之现象,亦得以研究物质之道?理之,而建设为科学,如心理学是。而实验教育学、实验美学,亦遂缘是而发生,有成立科学之希望,循是以往,凡往昔哲学之领域,自玄学以外,将一切为科学所占领,科学界之发展,未可限量。科学社诸君,勉乎哉。民国六年一月十五日。蔡元培"。(《申报》1917 年 1 月 27 日)

同日 北京大学发布布告:陈独秀为本校文科学长。

"北京大学布告第三号。本校文科学长夏锡祺业已辞职,兹奉部令,派陈独秀为本校文科学长。特此部告。一月十五日"。(北京大学档案)

同日 在上海爱国女学校的《演说词》本日发表。(《东方杂志》第 14 卷第 1 号)

1 月 18 日 商请吴稚晖到北京大学任学监兼讲授。

"稚晖先生惠鉴:别后连得两书,承荐诸人,当缓缓设法。兹有启者:弟前以北京大学问题,商于先生,先生谓中国事,云不可办,则几无一事可办;云可办,则其实亦无不可办云云。弟到京后,与静生、步洲等讨论数次,觉北京大学虽声名狼藉,然改良之策,亦未不可一试,故允为担任,业于一月四日到校,九日开学。虽一切维持现状,然改良之计划,亦拟次第著手。

大约大学之所以不满人意者,一在学课之凌杂,二在风纪之败坏。救第一弊,在延聘纯粹之学问家,一面教授,一面与学生共同研究,以改造大学为纯粹研究学问之机关。救第二弊,在延聘学生之模范人物,以整饬学风。适前任学监主任张君坚欲辞职,意欲请先生,惠然肯来,屈就此职。校中本有言语学概论一科,每周三时,无人担任,并欲请先生主讲,兼可于国音统一之议同时研究,渐组织一言语学研究所(文科本有言语学一门),傥亦先生所许可与闻。……弟元培敬启 一月十八日"。(《复吴稚晖函》同日)

1月19日 撰写《跋黄兴遗札手卷》。

"记曰:'至诚之道,可以前知。'言妄念廓清,则虽极人事之蕃变,而自能彻照其因果也。克强先生诚于爱国,故当袁氏帝制运动如火如荼之时,而远在美洲,推断败征,不爽累黍。使永其年,以致力于建设,其造福吾国者何限。呜呼,人之云亡,邦国殄瘁。至诚如克强先生,乃仅仅留此吉光片羽供我辈后死者之纪念耶!

六年一月十九日 蔡元培拜读敬题"。(上海市文物管理委员会藏件)

1月 邀集国立各专门学校校长会议,提出大学改制议案。

"自蔡子民任大学校长后,即主张就大学原有之学生,分别去留,专办文理二科,其他法工二科学生,则分送北洋,以资深造。兹闻蔡君已邀集国立各专门校长会议一次,为改设分科之准备,大体已有端绪。并改大学预科为一年,本科为三年,更添设研究科为二年,于教育部原定年限,不相背驰,于专门学校毕业年限,亦无出入。惟大学之文理二科学生,不经研究科,则不能毕业。而分科学生,则准免入研究科,但仅予技师资格,不得受学位之荣誉。此项办法,已呈教育部核定矣。"(《教育杂志》第9卷第4号)

在整顿北京大学中,提出了"思想自由""兼容并包"的办学方针。

"我到北大时,北大设文、理、工、法四科及预科。设备都不完全,而又无增加经费的希望,于是提议,并工科于北洋大学之工科,而以所省经费供其他各科增加设备之需要,为教育部及北洋大学所赞同而实行之。

教学上的整顿,自文科始。旧教员中,如沈尹默、沈兼士、钱玄同诸君,本已启革新的端绪;自陈独秀君来任学长,胡适之、刘半农、周豫才、周岂明诸君来任教员,而文学革命、思想自由的风气遂大流行。理科自李仲揆、丁巽甫、王抚五、颜任光、李润章诸君来任教授后,内容始以渐充实。北大旧日的法科本最离奇,因本国尚无成文之公私法,乃讲外国法,分为三组:一曰德日法,习德文、日文的听讲;二曰英国法,习英文的听讲;三曰法国法,习法文的听讲。我深不以为然,主张授比较法。而那时教员中,能授比较法的,只有王亮畴、罗钧任二君,二君均服务司法部,只能任讲师,不能任教授,所以通盘改革,甚为不易。直到王雪艇、周鲠生诸君来任教授后,始组成正式的法科,而学生亦渐去猎官的陋见,引起求学的兴会。

我对于各家学说,依各国大学通例,循思想自由原则,兼容并包。无论何种学派,苟其言之成理,持之有故,尚未达自然淘汰之命运,即使彼此相反,也听他们自由发展。例如陈君介石、陈君汉章一派的文史,与沈君尹默一派不同;黄君季刚一派的文学,又与胡君适之的一派不同;那时候各行其是,并不相防。对于外国语,也力矫偏重英语的旧习,增设法、德、俄诸国文学系,即世界语,亦列为选科。"(《自写年谱》)

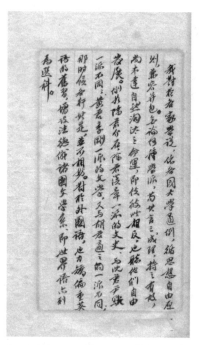

《自写年谱》手稿中对"思想自由,兼容并包"思想的记述

同月 提出北京大学教员担任课程时间办法6条。

"北京大学校长蔡鹤卿,对于整顿大学校事务积极进行。刻闻蔡君发出通告,规定该校教员担任教科钟点办法。大致如下:(一)本校专任教员,不得再兼任他校教科。(二)本校教员担任教科钟点以二十小时为度。(三)教员中有为官吏者,不得为本校专任教员。(四)本校兼任教员,如在他校兼任教科者,须将担任钟点报告本校。(五)本校兼任教员,如在本校已有教科钟点十二小时者,兼任他校教科钟点,不得逾八小时以上。(六)教员请假过多,本校得扣其薪金或辞退。"(《教育杂志》第9卷第2号)

同月 与伍廷芳、袁希涛、梁启超、张元济、张謇、唐绍仪、范源濂、蒋维乔、黄炎培等四十四人联名发起组织中华职业教育社,以兴职业教育。

"吾国今日之唯一重要问题,厥为生计,举凡国家财政,人民生活,无不日趋入窘迫之途,欲求根本解决,厥惟提倡职业教育。俾使中国学者,由求学作官之观念,转入求学生产之道途。使人学一技,各专一能,迨至学成,即各以其技能服役社会,以为自立之根本,庶不致堕入无业流民之旋涡。伍廷芳、梁启超、张謇、范源濂、汤化龙、唐绍仪、王正廷、袁希涛、严修、蔡元培、郭秉文、黄炎培、雍涛诸君有鉴于此,特发起组织中华职业教育社,拟具章程,筹办职业教育。一面先在北京择地创立都市、乡村男女职业学校,及日夜星期职业补习学校;一面从事调查、讲演、出版,藉以引导人民注重职业教育。该社发起人黄炎培、郭秉文,目前并往菲律宾,调查该地职业教育之状况,以资仿效,且已在上海办一职业学校,成绩颇佳。又由王君正廷及其同志,一面致力于征集社会之状况,以定职业选择之途云。"(《教育杂志》第9卷第4号)

同月 与伍廷芳、袁希涛等人联名发布中华职业教育社征集社员并募集基金通启。

"敬通启者:同人等组织中华职业教育社,其理由及办法,具如刊布。兹定六年一月开始募集社员并分筹社费,由其杰、元济、家修任临时基金管理员,以上海中国银行及上海商业银行为收款机关,一俟经费筹募成数,即行宣布开办。同人等或居发起,或表赞同,咸认斯举为救国家、救社会唯一事业。凡我同志,尚鉴微忱,宏此远谟,端资大力。倘加欣助,实所拜嘉。幸公鉴焉。

敬通启:伍廷芳　袁希涛　张寿春　邓萃英　聂其杰　梁启超　张元济　周诒春　于定一　陈容　张謇　江谦　杨廷栋　朱有渔　蒋梦麟　蔡元培　陈宝泉　史家修　庄俞　顾树森　严修　宋汉章　刘垣　刁信德　沈恩孚　唐绍仪……"(《中华职业教育社宣言书》1917年印行)

2月5日 与天津《大公报》记者谈教育问题及欧战问题。

"北京大学校长蔡子民先生与本报记者之谈话。(一)教育界之注意点。余自欧归国,友人多为余言江浙两省普通教育过于普通,各校学生因无特别技能,无法谋生,遂多随便觅事,今后需于职业教育特加注意,俾学校教育可与社会需要适合,其言甚中今日教育界之弊害。惟以余之见,如于中学普通科参入职业科,仍嫌凌杂,而难得实益,莫如多设与高等小学或中学同等之农工学校,俾无力升学,急图谋生之青年,受职业教育有技能之修养也。职业教育以上,更有二事,为教育界所万不可忽者:一为养成学生自动的研究学术之兴趣;一为提倡其对于自然界或人造物之美感。盖彼既于学术有兴趣,则毕业之后必可随所嗜好之职业就之,不致任便就业或时作改弦易辙之思,起种种非分之妄想,既有高尚之美感,则职业以外更有精神上之慰安,不致有厌倦之感,而世间种种烦恼,皆可打破之。故此二事者,今日教育界最大之急务也。(二)欧洲战争之观察。国人对于欧战有最易误解者二事,即德国历久不敝,终必得胜,与夫今后弱小之国,非大张军备无以自存是也。以余所见,则殊不然。此次欧战原因在德自不待言,盖德国准备军实,处心积虑已数十年,是德国可谓为军国主义之代表。法国以保护弱小诸国为怀,早年大革命之战争,乃为个人争人权,此次之大战争,则系为弱国争人权,是法国可谓为人道主义之代表。今兹之战虽参与者不下十国,而其实则德与法战耳。军国主义与人道主义之战耳。从多助与寡助上观察,德之败也必矣。夫战争之祸欧洲人固久已厌之,前岁大战争未开始,前数日欧洲社会党曾开大会,决议由工人全体罢工,以阻战祸,乃他国社会党代表均已签名,而德国社会党畏国法之威,心虽赞同不敢签字,遂卒不免于此次之大劫。设使当时各国工人实行罢工,则战事从何实现。德国自经此次战劫,甚至国内购用食物亦受严法之制限,其人民固已创巨痛深,战事终结后反对军备之声,必勃然而起。使今后各国但将社会改良各为社会的联络,则以后虽有抱持军国主义者,亦莫由行其野心。吾人观于此等趋势,故甚不愿吾国扩张军备,以昭世界之注目,务于从改革社会、普及教育、振兴实业上入手,但使我国不起排外之思想,则瓜分之祸不足虑也。(三)对于大学之计划。大学生向来最大之误解,即系错认大学为科举进阶之变象,故现在首当矫正者即是此弊,务使学生了解于大学乃研究学术之机关,进大学者乃为终其身于讲学事业。学生如此,教授亦如此。盖大学教授须一面教人,一面自家研究也。因此之故,拟竭力办理文理两科,完全其科目,因此两科乃法工农医诸科原理、原则所由出,而入是两科者,又大抵为纯粹讲学而来,既不想做官,亦不想办大实业也。今后预科年限拟缩短,而别设研究科,惟恐学生入大学者,其学力不能衔接,故预科改为一年或两年,尚待斟酌。要之预科如两年,则研究科为一年,预科如一年,则研究科为两年。总尽现行之六年毕业制度支配。兹后预科收取学生,拟盖从严格。惟近年因政潮不定,经费竭蹶,地方学务殊形退化,于招考大学学生殊多困难也。"(天津《大公报》1917年2月5日)

2月8日 报载当局拟任蔡元培为普通文官典试委员长。

"普通文官应试者极踊跃,拟以蔡元培充典试委员长。"(《申报》1917年2月9日)

2月11日 出席谷钟秀的宴请,讨论时局问题。

"昨日农商会谷钟秀氏于水利局宴请陈炯明、王宠惠、汪兆铭、蔡元培、胡汉民、程潜、张孝准诸氏讨论时事,司法总长张耀增氏亦在座,谈及吾国加入欧战问题,诸多主张加入,惟陈炯明、张耀增则颇多忧深虑远之词,兹录诸人主张大致如下……此外,蔡元培、张孝准诸君则主张加入说者也,两君语多未及备载。"(《申报》1917年2月12日)

2月17日 出席欧美同学会正式成立大会,并发表演说。

"欧美同学会成立于民国二年间,为我国留学欧美各国毕业生回国从职者所组成,其宗旨系联络感情,研究学问。袁政府时代,欲收拾一般留学生之心,对此事颇示赞成之意,遂将南池子石达子庙地址,拨归该会应用。略加修葺,于日昨晚间开成立大会。到者有百数十人,如陆子兴、蔡子民辈均行到会,相继演说。又有幻灯、电影助兴,颇极一时之盛云。"(北京《晨钟报》1917年2月19日)

2月19日 对《新青年》杂志刊载的在政学会及信教自由会演说词,进行辨正。

"《新青年》记者足下:鄙人归国以来,偶在会场演说,事前既无暇预备,事后亦不暇取速记稿而订正之。日报所揭,时有讹舛,以其报仅资一阅,即亦无烦更正。不意近日在政学会及信教自由〔会〕之演说,乃为贵杂志所转载,势必稍稍引起读者之注意。其中大违鄙人本意之点,不能不有所辨正。爰陈其概于下,幸揭载之⋯⋯"(《新青年》第3卷第1号)

2月21日 为《菲律宾华侨教育丛刊》撰写序文一篇。

"近数年来,菲律宾人体育之发达,职业教育之完备,时为我国人所称道。于是教育部有派员考察教育之举,而吾友陈筱庄、蒋竹庄、黄任之诸君,皆与于是役焉。夫菲人教育之成绩,既驰誉于我国,则我国侨菲者之教育势不能不受其影响。而所受之影响及何程度,此国内教育界所愿闻也。我国侨菲者之教育即受菲人之影响,而决不能与之雷同,必时时与国内之教育家互相研求,以不失为我国人之教育,此又侨菲之教育家所渴望也。欲达此两界之希望,不可不有一种交通之机关。迩者,小吕宋中西学校有《华侨教育丛刊》之编辑,足以当之。其将不独为侨菲教育界之圭臬,而国内教育界藉以得多数参考之资料,无可疑焉。用特邮寄数语,以表欢迎之意云尔。民国六年二月二十一日 蔡元培"(《菲律宾华侨教育丛刊》第1集 1917年印行)

2月 与张一麐、张元济、梁启超等人联名发布师范讲习社《第二次发行新体师范讲义简章》。(《教育杂志》第9卷第4号)

3月3日 出席外交后援会成立会,并有演说。

"下午一时,国民外交后援会假江西会馆开成立大会,各界到者数百人。首由筹备员朱君念祖报告,推举汤君化龙主席。刘君彦登台演说,述世界诸国之关系,颇为详尽。此时,梁任公及汪伯棠、蔡子民、张君劢诸君,相继到会。众请梁君演说。因此次外交方针决定,梁为极有关系之一,故听众特为注意。⋯⋯梁君演说毕,蔡子民君继之。略谓今次欧洲之战,乃强权与公理之争,即道德与不道德之争。我国古训言,乡邻有斗者,虽闭户可也。又曰各人自扫门前雪,休管他人瓦上霜。欧洲战争,国人似可不理,但此为强权与公理之争,我国不能居于公理之外,是即当视为同室之斗,门前之雪矣。"(《申报》1917年3月7日)

3月5日 在外交后援会的《演说词》本日发表。(天津《大公报》同日)

3月14日 教育部发出指令,同意蔡元培提出的大学改制方案。

"大学改制之议,发端于本年一月二十七日之国立高等学校校务讨论会。其时由北京大学蔡校长提出议案,其文如下。

窃查欧洲各国高等教育之编制,以德意志为最善。其法科、医科既设于大学,故高等学校中无之。理工科、商科、农科,既有高等专门,则不复为大学之一科。而专门学校之毕业生,更为学理之研究者,所得学位,与大学毕业生同。普通之大学学生会,常合高等学校之生徒而组织之。是德之高等专门学校,实即增设之分科大学,特不欲破大学四科之旧例,故别列一门而已。我国高等教育之制,规仿日本,既设法、医、农、工、商各科于大学,而又别设此诸科之高等专门学校,虽程度稍别浅深,而科目无多差别。同时并立,义近骈赘。且两种学校之毕业生,服务社会,恒有互相龃龉之点。殷鉴不远,即在日本。特我国此制行之未久,其弊尚未著耳。今改图尚无何等困难,爰参合现行之大学及高等专门学校制而改编大学制如下:

(一)大学专设文、理二科。其法、医、农、工、商五科,别为独立之大学。其名为法科大学、医科大学等。其理由有二:文、理二科,专属学理;其他各科,偏重致用,一也。文、理二科,有研究所、实验室、图书馆、植物园、动物院等种种之设备,合为一区,已非容易。若遍设各科,而又加以医科之病院、工科之工场、农科之试验场等,则范围过大,不能各择适宜之地点,一也。

(二)大学均分为三级:一、预科一年,二、本科三年,三、研究科二年,凡六年。上案经北京高等师范学校陈校长、北京法政专门学校吴校长、北京医学专门学校汤校长、北京农业专门学校洪校长一致赞同,即于同月三十日由各校长公呈教育部请核准。二月二十三日教育部开会议,列席者总次长、参事、专门司司长、北洋大学校长,及其呈各校长。第一条无异议。于第二条,则多以预科一年为期为太短,又有以研究科之名为不必设者。乃再付校务讨论会复议。二月五日校务讨论会开会议决:大学均分为二级,预科二年,本科四年,复六年。复于三月五日在教育部会议一次,无异议,乃由教育部于三月十四日发指令曰:'改编大学制年限办法,经本部迭次开会讨论,应定为预科二年,本科四年'云云。此改制案成立之历史也。"(《新青年》第3卷第6号)

3月15日 函请汪精卫到北京大学任教。

"在弟观察,吾人苟切实从教育着手,未尝不可使吾国转危为安。而在国外所经营之教育,又似不及在国内之切实。弟之所以迟迟不进京、欲不任大学校长,而卒于任之者,亦以此。昔普鲁士受拿破仑蹂躏时,大学教授菲希脱为数次爱国之演说,改良大学教育,卒有以救普之亡。而德意志统一之盛业(普之胜法,群归功于小学校教员,然所以有此等小学校教员者,高等教育之力也),亦发端于此。先生即我国今日之菲希脱也,弟深愿先生惠然肯来,主持国文类教科,以真正之国粹,唤起青年之精神。……弟进京后,受各政团招待时,竟老实揭出不涉政界之决心,彼等不特不加反对,且有表同情者,亦可见今之政客,其头脑亦似较前几年为清晰矣。"(《致汪精卫函》同日)

3月27日　发起组织国语研究会。

"蔡元培发起国语研究会,已由部立案。"

"去年八月,北京教育界中人为改良初等小学校起见,发起国语研究会于北京已见报端,兹闻赞成是举者甚多,二月十八日在宣武门外学界俱乐部开会讨论进行方法,莅会者皆研究教育社会有名之人,当经议定简章九条:一、定名:中华民国国语研究会。二、宗旨:研究本国语言选定标准,以备教育界之采用。三、会所:设于北京。四、会员:凡赞成本会宗旨者由本会会员介绍得为会员。五、职员:设会长一人、副会长一人、干事若干人……"(《申报》1917年3月9日)

"国语研究会立案呈。窃维吾国今日欲图教育之普及,必自改良教科书始。欲改良教科书,必自改革今日教科书之文体,而专用寻常语言,博征古籍,以究其异同,详著其变迁之迹,斟酌适中,定为准则。其程度必视寻常之语言稍高,视寻常之文字较低,而后教育可冀普及,而语言亦有统一之望。夫教育不普及,语言不统一,实吾国今日之大患。同人等有鉴于此,爰有国语研究会之设立,业经集合同志,互相讨论,一俟在京各有会员征求已齐,即当照章推举会长及会中各职员。兹先将发起人姓名,并征求会员启事暨国语研究会暂定简章九条,黏呈鉴核,请予立案,实为公便。谨呈教育部"。(《申报》1917年3月27日)

3月29日　到清华学校参观,并发表演说。(新潮社编《蔡孑民先生言行录》)

3月31日　直隶定县中学校参观,并在该校发表演说。

"鄙人初到贵县,承诸君子以极郑重之仪式相招待,且愧且感,谢谢! 又承不弃,命有所陈述,以备参考,鄙人义不敢辞。但鄙人于贵县教育界状况,尚未详为考察,势不能为切实之贡献,惟有举鄙人回国以来,对于我国教育界之感想,为诸君子言之而已。……"(天津《大公报》1917年7月2日)

同月　北京大学评议会成立。

"三月,改订学制案议决。大学评议会成立。"(《北大生活》北京大学出版部1921年印行)

4月4日　延请周作人为北京大学预科教授。

"四月三日上午到遂安伯胡同访蔡校长,又没有见到。及至回到寓里,已经有信来,约明天上午十时来访,遂在寓等候。见到了之后,则学校功课殊无着落,其实这也是当然的道理,因为在学期中间不能添开功课,还是来担任点什么预科的国文作文吧。这使我听了大为丧气,并不是因为教不到本科的功课,实在觉得国文非我能力所及。但说的人非常诚恳,也不好一口拒绝,只能含混地回答考虑再说。"(周作人:《知堂回想录》)

4月5日　往访鲁迅。

"上午蔡(元培)先生来。午后寄芳子蜜枣一合(盒)。"(《鲁迅日记》同日)

同日 访会周作人,与谈近日尚不能安排北大授课事。

"上午蔡先生来访,功课殊无着(落)。"(《周作人日记》同日)

4月8日 应邀出席神州学会举办的学术讲演会,发表《以美育代宗教说》。

"日前(八日)神州学会在湖广会馆开第一次讲演会,到者约千人左右。首由蔡孑民先生演说《以美育代宗教说》,次由李石曾先生讲演《学术之进化》,……是日到者太半是各校教员学生,尤以北京大学及高等师范二校学生为最多。"(《甲寅日刊》1917年4月10日)

4月10日 周作人来访,面辞授国文课事。

"下午乘车至大学,谒蔡先生辞国文事。又告南行。"(《周作人日记》同日)

4月11日 函告周作人入北大国史编纂处任职。

"下午得蔡先生函,令在国史编纂处办事。至部同大哥一商。"(《周作人日记》同日)

4月12日 与周作人言定,自本月16日始入北大国史编纂处任事。

"上午至大学访蔡先生,言定十六日始,每日四小时。"(《周作人日记》同日)

4月14日 向孙中山函索黄兴行述,以撰黄兴墓碑。

"中山先生大鉴:径启者,前奉惠示,催撰黄克强先生墓碑,以未有行状,恐叙事多所挂漏,曾托章行严兄代为觅取,至今未得,遂尚不能报命,已托人向湘省觅寄。顷又奉电催,而湘友尚未寄来。如尊处有克强先生行述(家传、哀启或墓志铭稿均可),请赐寄一份,当即属草。墓碑立在墓前,非如志铭藏诸圹中,第于半月内上石,尚未晚。……蔡元培谨启 四月十四日"。(《复孙中山函》同日)

4月15日 率北大师生赴西山植树。

"前日教育部率领京师国立各专门、大学职教员学生在西郊薛家山举行植树,是日学生与盛者约有二千人,无不精神抖擞,踊跃从事。部长范源濂、次长袁希涛亦莅场亲植松柏各一株,其他各校长如蔡元培、陈宝泉、路孝植、洪镕、方还皆率领学生亲行种植,至下午四时始行礼成,整队而归,颇极一时之盛云。"(北京《晨钟报》1917年4月17日)

同日 与吴稚晖、张继、李煜瀛等联名发起留法俭学会。

"《留法俭学会缘起及会约》。甲、缘起。改良社会,首在教育。欲输科学知识于东亚,必以留学泰西为要图。惟西国学费,宿称耗大,其事至难普及。曾经同志筹商,拟兴苦学之风,广辟留欧学界,俾青年女子得吸收新世界之文明,而进益于社会,岂浅鲜哉。况民生困迫,实业需材,故欲造就青年济世之学子,尤以民智先进之国为宜。兹由同志组织留法俭学会,以警平民之自觉,而助俭学之实行也。愿东亚父老,幸时教之。……地址。本会设在北京顺治门外储库营民国大学。

发起人:吴敬恒 蔡元培 张继 李煜瀛 马景融 蔡公时 华林 刘景新 时明

荇 白玉璘 罗世勋 江季子 夏雷 刘厚 蔡无忌 法露"。(《东方杂志》第14卷第4号)

4月17日 与范源濂、张元济等22人联名发起南洋公学图书馆募捐启。

"谨启者,泰西各国自都会以逮乡镇,莫不有图书馆之设,网罗群籍,以便览观,其有裨于人民之智识,诚非浅鲜。而大学校之藏书楼,蓄积尤富,就学者得以随时参究,补教授之所不及。故学问益新,国家之文化因之而日进,其关系岂不巨哉。我国宋时令州县各置稽古阁,其后谓之尊经阁,相沿至今,然率皆虚应故事,无裨学者。清之盛世,于杭州、扬州、镇江,立文渊、文汇、文宗三阁,以储四库书供人阅览,□亦无效可睹。惟各省著名书院,若广州之广雅,江阴之南菁,藏书颇多,诸生朝夕披阅,类成高材,古学赖以不坠。我校创于民国前十五年,颇有声于当世,开创之初,前总理何梅先生,遍征各省官书局书籍,迄于今日,续有增加,然较之广雅、南菁,尚远不逮。以比欧美大学之储置,更有天渊之隔矣。同人以本校之立瞬届二十年,而校中无图书馆,议就校地余隙,□款建筑。校长唐蔚之先生欣然赞同。惟是建筑之费约需银六万元之多,断非一手一足所以为力,敬希海内达人、同学、巨子,共襄盛举,举竞抱泉,庶几早日观成,永留纪念,是而诸君子有大惠于我国之文化,将与斯馆共垂无疆之麻,岂第同人之感幸无极而已耶。是为启。发起人:王清穆、杨士琦、许世英、陈锦涛、范源濂、张元济、蔡元培、尤桐、黄炎培……谨启"。(《申报》1917年4月17日)

4月29日 应邀出席中国大学开校四周年纪念会,并发表演说。

"北京中国大学前日为开校四周年纪念,又值专门部法政商三本科及附中两班学生第一次毕业,特开纪念大会并举行毕业式,柬请全体董事、职教员及中外各界名流,莅校参观。会场系就校中广场搭棚为之。来宾及观礼人到者甚众,并有音乐迭奏,颇极一时之盛。下午一时,鸣钟入场举行毕业式,首由校长姚恨吾君报告,……继教育长官及蔡子民先生等演说。次由校长、董事、职教员各致训词。"(天津《大公报》1917年5月1日)

4月 向教育部、内务部立案,拟建立华法教育会北京会所。

"民国五年冬,蔡子民(本会会长)、李石曾(书记)、吴玉章(会计)、彭志云(干事)诸君将有中国之行。于巴黎本会开会,决定组织中国会所,推行会事,即由蔡君等实行之。诸君先后到京。华法教育会于民国六年四月在教育部、内务部立案,并由教育部拨借大方家胡同图书馆房舍为会所,及开办学校等事。图书馆未迁移之先,暂以东城区遂安伯胡同四号为临时会所。"(《华法教育会纪略》)

"《发起成立华法教育会公启》。径启者:世运日新,学风丕变,吾国教育不能不兼容欧化,早为识者所公认。元培等留法较久,考察颇详。见其教育界思想之自由,主义之正大,与吾国先儒哲理类相契合。而学术明备,足以裨益吾人者尤多。

间尝应求同志分类经营,如书报之传达,留学之推广,华工教育之组织,次第发起,历有年所。虽实力无多,成绩有限,而始简毕巨,希望甚奢。迩者得彼国教育家之赞同,相与组织为华法教育会。前此发起诸事有资于法国方面之助力者,得此机关益形便利。……元培等自维能力薄弱,深惧不克竟其所志,切望诸君子大为赞助,俾利进行。前途幸甚! 谨启

华法教育会国内职员蔡元培(会长) 汪兆铭(副会长) 吴敬恒 张继(评议员) 李煜瀛(书记) 吴永珊(会计)"。(《华法教育会公启》1917年印)

同月 为上海工业专门学堂(南洋公学)撰写建校二十周年祝词。

"南洋公学自创建以迄于今,适二十年,今日举行二十周年纪念会甚盛事也。同人等因念母校之建在科举未罢之际,是时沪滨虽被欧化最先,而士民竞逐乃在熙攘之间,至于育才治学仅仅赖一二景教附设学校,以肩其任,吾国士大夫留意于此者盖寡,迨盛杏荪先生了于大势所趋,始奏立南洋公学以与北洋大学并峙,其规模宏远,不特为当时华校所罕见,抑亦在华西校所难几然。同人等肄习之时,母校科目尚未完整,其后由邮传部而交通部递相管辖,虽实业工业名称屡易,而科目亦日趋于专门。迄今办理之妥善,成绩之优美,为举国学校所仰慕,此讵非同人等足以自豪者欤! 矧自十余年以至今日,同学之负笈异邦,归而出所治以贡献于社会者,在在皆是,其影响所及不可谓不远。则后来诸同学,挟其已习之实学,以辟吾华未启之富源,其成效之隆必有十百倍于同人者可无疑也,同人等所以期望于母校者及其所以祷祝于母校者如此。"(《西安交通大学校史资料选编》第一辑)

5月5日、6日 在直隶省定县中学的《演说词》发表。(《甲寅日刊》1917年5月5日、6日)

5月9日 复函外交总长,申明北京大学辞退克德来、燕瑞博两名英籍教员,"全照合同办理,绝无含混不清之处"。

"径启者:来件均敬悉。今年经教育部及各直辖专门学校讨论多次,议决将现行学制更改,以后北京大学只办文、理两科,其余各科,均取收缩主义。又预科减少年限,于暑假后并入本科。学制更改,教员人数自然减少。又照克德来合同第九条,本可随时辞退,给以三个月薪水。欲辞退时,并可不必事前预先通知,本年三月二十八日即已函告克教员,已属特别优待。来函所述满给三年薪费之要求,逾越合同范围,本校当然拒绝,认为无谈判之余地。燕瑞博本系代伊文斯,于民国四年九月到校,并无合同,伊教员合同,今年八月三十一日期满。纽伦合同,亦于今年三月三十日期满。此事本校全照合同办理,绝无含混不清之处,辞退理由本可无庸声明。今承垂询,故特将更改学制始末情形,为贵总长陈之。……至疑及本校有人指使,则更不成问题。反对英人之语,亦可不辩。因本校尚有英国教员,今年合同已满而仍继续教授功课者。此外,尚有新聘之英国教员。且今年所辞退之外国教员,

尚有数人,亦非尽是英人也。英使署若再质问,望贵总长代答上列种种情形,实为公便。顺颂日祉。蔡元培启 六年五月九日"。(北京大学《复外交总长函》同日)

同日 为林语堂所著《汉字索引制》撰写的序文发表。(《新青年》第4卷第2号)

5月10日 撰有《曹夫人传》一文。

"《曹夫人传》。夫人姓曹氏,讳刚,镇海清翰林院编修讳昌燮之元女也。髫年明敏,随宦京师,受诵经史,通晓大义。年十四,居父丧礼度无曑,比于儒士,二十一归同县处士李君讳止斋为继妻,上事耄姑,下抚家子,婉婉恭谨,具有恩礼。镇海故濒海澨,甲申法防,甲午倭寇,烽燧再警,故里骚然,夫人侍夫奉姑,间关枯郡,会处士与前妻子遘,疾旅次,药齐鬻,糜身任,勿怠于时。处士服贾沪渎,书契簿录,咸仰闺门,密勿钩稽,罔有舛错,姑丧未除,继痛夫殒哀,毁灭颂肠,疾卒,发女孝劖股,天起沉疴。光绪维新,举国响。夫人周察大势,非广兴学校,无以立国;非庸辟女智,无由强种,因创立横河公学,解女缠裹,甬上女教。实资倡率师,初北军族未实,脱簪典珥,以足行饷,见义之勇,士夫愧之。邻婿受诈,几毁室家,密界以金,戮辱斯免。又里夫失业,纵子为非,斥财量米,父子感悔。隐德潜修,薄俗为厉,春秋五十,诚止庭祝,旁岭孔墅,崎岖戒行,移诸馈遗,以资平治,律己谨严,动中规矩,饮食寝兴不爽,漏刻日记,万汇积七八年,朝晦夕阴,未或有间,小德必饬,大者可知已。方今阴教失修,横流是惧,母仪遽谢,衿缨曷式哉。吾友徐子建侯,奔走国事,中忌下狱,委曲资援,实维夫人,尝为元培称述懿行,爰论次行之,备采览焉。 蔡元培"。(《寸心杂志》1917年第5期)

5月12日 撰写挽陈其美(英士)对联。

(一)

"轶事足征,可补游侠,货殖两传;
前贤无愧,定是子房,鲁连一流。"

(二)

"浙沪依然,革故鼎新,先烈庶其瞑目;
袁冯安在,流芳遗臭,国民自有定评。"(上海《民国日报》1917年5月12日)

5月14日 在《北京大学日刊》发布布告,斥责"匿名揭帖"的行为。

"匿名攻讦,为不负责任之举动。连日校中发见匿名揭帖多种,甚是淆乱听闻。以后各机关之布告,请一律用机关名义发表,其有个人意见须发表者,请一律签名,以负责任。此告。"(《北京大学日刊》同日)

同日 复教育部函,再次申明北京大学辞退克德来、燕瑞博两名英籍教员,系照合同办理。

"径启者:奉贵部来函称,'本月九日,准英朱使来照……并见复可也'等因,并中西文抄本克德来、燕瑞博两教员呈各一件,均已读悉。案本校对于辞退该两教员之理由，曾历次函复贵部在案。今该教员犹复多方要求，并具呈控告。谨再申明各要点如左(下)：

（一）本校辞退克教员，系按照合同第九条办理，毫无不合。

（二）《北京日报》之论文，该报自负责任，不能谓出于本校之主使调唆。

（三）本校五月九日之通信，乃说明辞退中外各教员之故，由于本校改组，并无对于具呈人之谤言。以是本校早承贵部谆谆以和平解决相劝，而苦于别无办法。若该教员必欲起诉，则听其自由而已。惟据贵部抄示英朱使照，有请将开审日期及地点，先期示知，便可按照约章所载之办法，派英员前往观审云云。地点究在何处？约章原文如何？尚祈示知为荷。

又，贵部来函称：英朱使来照，有'蔡君情愿以本人为被告'一语，殊与当日面谈之语有异，录奉英文笔记一节，请鉴。此复。"（《复教育部函》同日）

5月21日 鲁迅得蔡元培先生信。

"夜得蔡(元培)先生函并《赞三宝福业碑》《高归彦造像》《丰乐七弟二寺邑义等造像》《苏轼等访像老题记》拓本各三份。"（《鲁迅日记》同日）

5月23日 应天津南开学校励学、敬业、演说三会邀请，赴该校演说。

"月之二十三日，校中自治励学、敬业乐群、演说三会开联合讲演会。特烦姜先生更生往京敦请蔡子民、李石曾、吴玉章三先生来会主讲。诸先生不嫌烦琐，慨然贲临。同时，校中特开欢迎大会于礼堂，并丐蔡先生演说，蒙先生首肯，遂于演讲之先，复为全校赐训词焉。记者不揣谫陋，随笔录之，归而略修其辞，宣诸报端，以审同好，谅亦阅者所许也。周恩来笔录"（南开学校《校风》第67期）

"民国六年五月二十三日，校中自治励学、演说两会暨本会开联合讲演会，特烦姜先生般若往京，敦请蔡子民、李石曾、吴玉章三先生主讲。诸先生不嫌烦琐，慨然贲临。蔡先生取思想自由为题，名言谠论，娓娓动人。记者于六年前即读先生著作，今日始得一瞻风采，私幸之余，用是不揣谫陋，随笔录之，归而略修其辞，宣吾报端，以审同好。……周恩来笔录"（南开学校《敬业学报》第6期）

5月27日 出席北京宣武门外储库营留法预备学校开学式，并发表组织俭学会及建立预备学校的意义的演说。（《东方杂志》第14卷第9号）

5月30日 在南开学校欢迎会上的《演说词》发表。（南开学校《校风》第67期）

5月 出席北京留法俭学会第一次讲演会，发表题为《说俭学会》的演说。（《旅欧杂志》第23期）

同月 为丙辰学社发行的《学艺》第一号作介绍。

"《新青年》记者足下：近日丙辰学社发行《学艺》第一号（总代派处：上海中华书局）。丙辰学社为东京留学界研究学术之机关，而以其研究所得，揭之于《学艺》。

观卷首图案及适夷君《说学艺》篇,知于提倡科学以外,兼及美术,尤鄙人所欢迎也。循览一过,如陈启修君之《国宪论衡》、屠孝实君之《南华道体观阐隐》,允为杰作。郑贞文君之《周期律说》、高维魏君之《连种病之研究》,虽揭载未完,而元元本本,已见一斑。其他各篇,关于政治若工艺者,亦均资参考。近年吾国学者社会之杂志,纯然言学理者,有《科学》。根据学理以谈法政者,有《太平洋》及《新国民》。今《学艺》则兼前两种性质而有之。要之,皆好学者所不可不读之杂志也。特为绍介。"(《新青年》第3卷第3号)

同月 撰写挽李蔚然联跋。

"君先世都指挥金事,从永历帝奔缅甸,归老曲石。光绪朝,割缅甸界英吉利,□得天马、汉龙两关属中土佐证,陈请大吏力争,不用。宣统三年八月,武昌兵起,君子根源应于昆明,始雪亡明之辱,而天马、汉龙两关终不我有矣。联曰:

义旅起昆明,九世复仇原不忝;强邻逼缅甸,重关资敌有遗哀。"(蔡元培研究会藏拓印件)

同月 为新加坡中华俱乐部书联。

"新加坡中华俱乐部以提倡同国人实业教育为鹄的,而陈设均用国货,爰集语为联以祝之。同气相求同声相应,十年树木百年树人。 六年五月 蔡元培"。(浙江美术学院藏件)

6月1日 应徐宝璜之请撰写的《故众议院议员徐子鸿先生墓碑》全文发表。(《同德杂志》第一编第二期)

6月4日 复吴稚晖函,告以政局或有变乱,劝"稍缓北行"。

"稚晖先生大鉴:奉前月二十六日惠书,敬悉。……《太平洋》弟已读过数册,诚精实可佩。征及拙作,暑假中当勉作一二首以应之。至《学风》旧稿,除发刊词已揭于《旅欧教育运动》外,余稿或已入《东方杂志》(《拉斐尔》),或未完(《康德美学述》),故未便登诸《太平洋》,请鉴谅。政局大变,恐教育界亦未能不受影响,大驾稍缓北行,亦甚好。……弟元培谨启 六月四日"。(《复吴稚晖函》同日)

6月7日 再次申明北京大学辞退英籍两教员,系"按照合同办理"。

"径启者:顷接大部来函,并抄示伍总长会晤英艾代使问答,知英艾署使对于敝校辞退英教员事,仍不满意云云。案报馆登载之语,本校当然不能负责。本校为特别优待该教员起见,业已通信辨正,见五月九日英文《北京日报》,由敝校署名。兹特奉一纸,请转致艾署使一览。本校对于教员之延聘及辞退,纯以教科为标准。改组以后,旧有之教科既已删去,势不能虚留不任教科之教员。新增之教科,不得不别延相当之教员以任之,决无何种特别关系。至对于所辞退之教员,本校惟知按照合同办理,决不能有逸出合同以外之事,敬请转复英艾署使为荷。……北京大学校长 六年六月七日"。(北京大学《复外交部函》同日)

6月18日　教育部同意北京大学商科改为商业学门，隶于法科。

"六月十八日，教育部布告。北京大学现有商科改为商业学门，隶于法科。文云：案据北京大学校长呈称，查本校自本学年始设商科，因经费不敷，不能按部规程分设银行学、保险学等门。而讲授普通商业学，颇有名实不副之失。现值各科改组之期，拟仿美日等国大学法科兼设商业学之例，即以现有商科改为商业学门，隶于法科，俟筹有的款，创立商科大学时，再将法科之商业学门定期截止。等情到部。查法科兼设商业学门，美日各国已有成例。该校请将现有商科改为商业学门，隶于法科一节，尚属可行。除指令北京大学准如所请办理外，特此布告。"（《教育杂志》第9卷第7号）

6月26日　国史馆并入北京大学，北京大学附设国史编纂处，由校长兼任处长。

"六月二十六日，教育部呈。遵令接收国史馆，拟并入大学文科，酌订北京大学附设国史编纂处简章，凡十五条。文云：本年四月十九日，奉指令国史馆暂行停办，由教育部查照接收。此令等因奉此。……现经酌定办法，拟将编纂国史事项，暂行并入北京大学。本年暑假，即就文科大学开办中国史学门，附设国史编纂处，由大学校长兼任处长，分别酌聘纂辑员，先修通史长编，略分表志传记等类，并搜集民国历史材料，详编目录，分类储藏，继续纂辑，业经酌定每年预算各费计四万元。自本年七月份起，每月额支经费三千元，余四千元为临时经费，备充添购图书之用，已编入六年度预算。较之上年度该馆预算，减少五分之三有奇。兹拟定北京大学附设国史编纂处简章十五条。是否有当，理合缮单具呈，谨乞鉴核施行。谨呈。指令。呈悉，准如所拟办理。"（《教育杂志》第9卷第8号）

6月　在南开学校敬业、励学、演说三会联合讲演会的《演说词》发表。（南开学校《敬业学报》第6期）

北京大学文科英文学门第一次毕业摄影（1917年）

7月1日　张勋复辟发生,是夜避居北京饭店。

"张蔚西约游西山,车至颐和园,坐藤轿,赴静宜园,……午后偕蔚西诣静宜园女学校,访英敛之,不晤,晤其妻。方剧谈,忽得干城电话,促速归,即赴颐和园,晤干弟,始知张勋、康有为等已实行复辟,警厅强迫商肆悬龙旗矣。干弟属勿回寓,因赴北京饭店,既而知石曾已先在,晚接眷属来。"(本年《日记》同日)

7月2日　避居天津。

"晨八时三十分,乘京奉车赴天津,寓德义楼二十五号。"(本年《日记》同日)

7月3日　致书总统府辞北京大学校长职。

"发辞职书于总统府。并致函于教育部,嘱其主持校务。又致一函于北京大学文牍处,嘱印送留别同事函。"(本年《日记》同日)

"大总统钧鉴:元培以北京空气不适于孱躯,乘大学暑假,暂来海滨,借资摄养。不意日来北京空气之恶,达于极点,元培决不能回北京。谨辞北京大学校长之职,敢请大总统别任贤者,接办校务,实为公便。……蔡元培谨启。中华民国六年七月二日"。(《致黎元洪函》本年7月2日)

7月4日　决定暂留天津。

"干弟送行李来。决定暂留天津,赁定马家楼楼面屋六间,以快信催丈人家速来津。"(本年《日记》同日)

7月5日　迁居马家楼。

"复看英界新造屋,因租价太昂,却之。午后,迁居马家楼。"(本年《日记》同日)

7月6日　出席浙江旅津公学暑期休业式,并发表演说。

"午后三时,赴英租界福善里浙江旅津公学,马幼渔、陈伯(百)年、朱逖先诸君均在校。……《蔡子民之演说词》右稿为校中人所记录,大致不差,见十四日(天津《大公报》)。"(本年《日记》同日)

7月8日　得代总统冯国璋(华甫)电。

"得冯华甫电,报告代理总统,并述请教之意。"(本年《日记》同日)

7月9日　以快信复冯国璋来电。

"看石曾于鼓楼东姚宅。复冯电如左(下)。改用快信寄去。"

"冯代总统钧鉴:阳电敬悉。张勋叛国,黄陂失职,代总统就任,薄海仰望,敬贺。元培四五年来委身社会教育,久不与闻政治。惟际兹大变,匹夫有责。辱承明问,敢贡其愚。窃以为张勋之敢于复辟者,实以胁迫总统解散国会为张本,违法无惮,其流毒固当如是。张勋妄人耳,其败也可立而待。万一变相之张勋接踵而起,则中华其不国矣。伏愿我总统于开宗明义之章,为惩前毖后之计,从速依法召集国会,并以国会之同意,组织国务院,厉行法治,用杜乱源。救国大计,在此一举。如承采纳,民国幸甚。"(本年《日记》同日)

7月11日 接待袁希涛（观澜）、陈独秀来访。

"袁观澜来。陈独秀来。致袁涤庵函。"（本年《日记》同日）

7月12日 访范源濂（静生）。

"偕石曾看范静生，为乌脱来访段事。"（本年《日记》同日）

7月13日 访法国驻津领事。

"偕石曾、玉章访乌脱来于法领事馆。"（本年《日记》同日）

7月14日 在浙江旅津公学暑假休业式的《演说词》发表。（天津《大公报》同日）

7月15日 撰写《教育工会宣言书》，倡议组织中国的教育工会。（蔡元培先生手稿）

同日 在北京留法俭学会上的演说词——《说俭学会》连续发表。（《旅欧杂志》第23期、第24期）

7月17日 为田杏村作《医学丛书》撰写序文。①

撰写"田杏村先生《医学丛书》序。静生来，言明日赴京。玉章来，言即赴京。"（本年《日记》同日）

7月20日 北京大学职教员函请回校。

"得北京大学职教员公函，请回校。周俊人寄来职教员致教育部公呈。徐恂甫来。得苏甲荣函，亦劝回校，并索《辛亥战纪》稿。"（本年《日记》同日）

同日 得陈独秀（颂甫）函，知胡适、章士钊等愿入北大执教。

"得颂甫函，言适之、行严、无量均以我如仍任北京大学校长，彼等必任教授云。"（本年《日记》同日）

7月21日 教育部函促回校。

"王懋之来。仲骞、绳之、寿龄来。仲骞携有教育部函，速回校。"（本年《日记》同日）

7月23日 返回北京大学。

"九时二十分赴北京，十二时三十分即至大学。"（本年《日记》同日）

"张勋、康有为拥清废帝谋复辟。元培闻警，即离职去津。时方修校门，门傍则辟一洞通出入，而学校职员中有妄人，遽揭龙旗于洞口。越日，义兵至，据东斋屋顶架轻炮，以击逆贼张勋宅。事定，或举此二事告元培。元培笑曰：'有是哉！抑何滑稽之甚。'置妄人弗究。"（《国立北京大学校史略》1933年12月 北京大学编印）

7月24日 到教育部，并走访友人。

"到教育部。午后，访袁涤庵、朱继庵、洪铸生（未晤）、垕顾、钦衡、陈静斋、吴玉

---

① 序文中所注写作时间为同年7月18日。

章。"(本年《日记》同日)

7月26日 函告吴稚晖已回到北京。

"稚晖先生大鉴:石曾先生适往蠡县乡间组织勤工俭学会预备学校,故尊函尚未得读。石曾先生三四日后当赴津,携眷来京,住京城遂安伯胡同四号。弟亦已来京,住北京大学中,此后通讯较便矣。……弟元培谨启 七月二十六日"。(《复吴稚晖函》同日)

7月27日 召集北大各科学长议定职教员加薪事。

"集各科领袖议月初加俸事。"(本年《日记》同日)

7月28日 早车到天津。

"早车回津。……得稚晖、商务印书馆、马夷初、汤执存、王造周等函。得国弟函。"(本年《日记》同日)

7月30日 早车返回北京。

"早车来京。……陶沛山、王叔海、黄季刚、虞叔昭、陆树棠来。为叔昭致高子益函。"(本年《日记》同日)

8月1日 在北京神州学会的演说词——《以美育代宗教说》发表。(《新青年》第3卷第6号)

8月5日 《申报》以《北京大学改制与蔡元培》为题,连续报道北京大学改革学制理由。

"顷者该校有《大学改制之事实及理由》一文发表,文末亦于反对改变学制一层,有所论列。爰录其文如下,以供国人研究。……

依上案,则农、工、医等专门学校,均当为改组大学之准备。而设备既需经费,教员尚待养成,非再历数年不能进行。而北京大学则适用改革之机会,于是由评议会议决而实行者如下:

(一)文理两科之扩张。大学号有五科,而每科所设,少者或止一门,多者亦不过三门,欲以有限之经费,博多科之体面,其流弊必至如此。今既以文理为主要,则自然以扩张此两科,使渐臻完备为第一义。然为经费所限,暑假后仅能每科增设一门,即史学门及地质学门是也。

(二)法科独立之预备。北京大学各科以法科为较完备,学生人数亦最多,具有独立的法科大学之资格。惟现在尚为新旧章并行之时,独立之预算案,尚未有机会可以提出,故暂从缓议,惟于暑假后先移设于预科校舍,以为独立之试验。

(三)商科之归并。商科依部令宜设银行、保险等专门,而北京大学现有之商科,则不设专门,而受普通商业,实不足以副商科之名,而又无扩张之经费。故于五月十五日呈请教育部,略谓:'本校自本学年始设商科,因经费不敷,不能按部定规程分设银行学、保险学等门,而讲授普通商业学,颇有名实不敷之失。现值各科改组之期,拟访美、日等国大学法科兼设商业学之例,即以现有商科改为商业学门,而隶于法科。俟钧部筹有的款创立商科大学时,再将法科之商业专门定期截止'云云。旋即二十三日奉教育部指令曰:'该请将现有商科改为商业学门隶于法科一节,尚属可行,应即照准'云云。

(四)工科之截止。北京大学之工科,仅设土木工门及采矿冶金门。北洋大学亦国立大学也,设在天津,去北京甚近,其工科所设之门,与北京大学同,且皆用英语教授,设备仪器、延聘教员,彼此重复,而受教之学生,合两校之工科计之,不及千人,纳之一校,犹病其寡,徒縻国家之款,以为增设他门之障碍而已。故与教育部及北洋大学商议,以本校预科毕业生之愿入工科者,送入北洋大学,而本校则俟已有之工科两班毕业后,即停办工科。(其北洋大学之法科,亦以毕业之预科生送入本校法科,俟其原有之法科生毕业后,即停办法科,而以其费供扩张工科之用。)

(五)预科之改革。大学预科由旧制之高等学堂嬗蜕而来。所以停办高等学堂,而于大学中自设预科者,因各省所立高等学堂程度不齐,咨送大学后,种种困难也。不意以五年来经验,预科一部、二部等编制及年限,亦尚未尽善。举一部为例,既兼为文、法、商三科预备,于是文科所必须预备而为法、商科所不必设者,或法、商科所必须预备而为文科所不必设者,不得不一切课之。多费学生之时间及心力于非要之课,而重要之课,反为所妨。此一弊也。预科既不直隶各科,含有半独立性质;一切课程,并不与本科衔接,而与本科竞胜;取本科第一年应授之课,而于预科之第三年授之,使学生入本科后,以第一年之课程为无聊,遂挫折其对于学问上之兴趣。且以六年之久,而所受之课,实不过五年有奇,宁不可惜。此二弊也。此亦促进大学改制之一原因。改制以后,预科既减为二年,而又分隶于各科,则前举二弊可去。或有以外国语程度太低为言者,不知新章预科,止用一种外国语,即中学所已习者。习外国语积六年之久,而尚不能读参考书,有是理乎?

大学改制,有种种不得已之原因,如上所述,惟未经宣布。又新旧两章,同时并行,易滋回惑。故外间颇多误会,如前数日《北京日报》之法律、冶金并入北洋大学之说,其实毫无影响,又八月三日、四日之《晨钟报》揭载余以智君之《北京大学改制商榷》,其对于本校之热诚,深可感佩,惟所举事实,均有传闻之误。即如引蔡元培氏之言,谓'文科一科,可以包法、商等科而言也;理科一科,可以包医、工等科而言也。'询之蔡君,并不如是。蔡君不过谓法、商各科之学理,必原于文科;医、农、工各科之学理,必原于理科耳。若如余君所引之言,则蔡君第主张设文、理二科足矣,何必再为法、医、农、工、商各为独立大学之提议乎?其他类此者尚多,故述大学改制之事实及理由,以告研究大学学制者。如承据此等正确之事实,而加以针砭,则固本校同人之所欢迎也。八月五日 北京大学启"。(《申报》1917年8月17日、22日)

8月7日 鲁迅寄蔡先生信并所拟北大校徽图样。

"寄蔡先生信并所拟大学徽章。"(《鲁迅日记》同日)

8月15日 函请旅法同人留意相关法国学者,以备北京大学延聘。

"北京大学拟新设法文学、哲学、美学诸座,请法国方面职员为留意数人,其资格如下:(一)新党。(二)文学博士:(A)自然派文学(NaturatiŠme),(B) Comte 派及 Geyan 派哲学,(C) Bergson 派哲学,(D) 长于美学及美术史、兼谙悉美术馆之组织者。(三)性情温和。(四)热心教授中国人而不与守旧派接近者……旧制,大学各科学,可用西文教授,如理科用德文、法科用法文之类,此甚不妥。鄙意拟全用华语教授,但亦不能不借助于西人。拟于各门研究所(Institute),以一本国学者为主任,而聘一欧洲学者共同研究;讲授则本国学者任之。此本国学者,以大学毕业后,再在英、法、德等国研究数年者为合格。其所聘欧洲学者,即由此本国学者于研究期细心访问,择其果有学问而又能实心指导外国人者,与之联络,备他日延聘,庶能裨益此事。"(《旅欧杂志》第 22 期)

8月17日 呈请教育部派温宗禹为北京大学代理工科学长。

"呈。为呈请事,顷据本校理科学长兼代工科学长夏元瑮声称,理科事务日渐繁颐,不能兼顾工科事务,恳请开去代理工科学长职务等语,自系实在情形,应请照准。查有本校工科教员温宗禹在校有年,勤劳懋著,拟请钧部即派该员代理工科学长,以重职务,实为公便。谨呈 教育总长。北京大学校长蔡 中华民国六年八月(八月十七日发)"。

"北京大学布告第七号。代理工科学长夏学长元瑮,业经辞去代职。兹奉部令,派温教授宗禹代理工科学长职务。特此布告。八月二十七日"。(北京大学档案)

8月 北京大学改年级制为单位制,亦称选科制。

"北京大学近日各科组织渐次就绪,乃着手学制之改革,已于上月十五日由教育部会同法科大学,及法政专门学校两方为第一次之会议,以修改大学之规程。当时所论(议)决公布者,约有七事:一、采用选课制度。二、预科单位。三、本科单位,由各科自定之。四、担任起草者,须兼任本科及预科规程。五、第三外国语不必定为必修课目。六、每科必修科目单位,至少不得低于全科目之半数。七、规程起草,一月为期。以上七事,其发动之要点,实以选科制度之规定为其中心。"(《教育杂志》第 9 卷第 12 号)

"……年级制之流弊,使锐进者无可见长,而留级者每因数科课程之不及格,须全部复习,兴味毫无,遂有在教室中瞌睡、偷阅他书及时时旷课之弊,而其弊又传染于同学。适教员中有自美国留学回者,力言美国学校单位制之善,遂提议改年级制为单位制,亦经专门以上学校会议通过,由北京大学试办。"(《传略》上)

9月4日 聘任胡适(适之)为北京大学文科教授。

"聘书 敬聘胡适之先生为文科教授。此订。北京大学校长蔡元培（印） 中华民国六年九月四日（印）"。（北京大学档案）

"那时候因《新青年》上文学革命的鼓吹，而我们认识留美的胡适之君，他回国后，即请到北大任教授。胡君真是'旧学邃密'而且'新知深沈'的一个人，所以一方面与沈尹默、兼士兄弟、钱玄同、马幼渔、刘半农诸君以新方法整理国故，一方面整理英文系，因胡君之介绍而请到的好教员，颇不少。"（《我在北京大学的经历》）

9月14日 撰写《读寿夫人事略有感》一文。（寿孝天述《故室罗氏事略》1917年寿氏自印）

9月15日 在北京留法俭学会预备学校开学式的《演说词》发表。（《东方杂志》第14卷第9号）

9月22日 陪同元首祀孔。

"前日元首祀孔，教育界中陪祀者有北京大学校长蔡孑民、北京高等师范学校校长陈攸庄云。"（天津《大公报》1917年9月24日）

9月 《红楼梦索隐》一书，由上海商务印书馆出版发行。该书印行多次，书名亦称《石头记索隐》。（《小说月报》第7卷第1—6期）

"得蔡鹤卿信，允发行《红楼梦索隐》，已将信送竹庄阅焉。"（《张元济日记》本年同日）

10月14日 邀请法博士沙莱到北京大学讲演。

"昨日，北京大学校长蔡元培君特开会欢迎法国两院外国政治委员沙莱君，是日沙君对于该会本其学术经验发为极有价值之言论，题为《法兰西与科学》。闻沙君此来系视察远东政情云。"（北京《晨钟报》1917年10月16日）

"昨日（十四日）上午十时，法国哲学博士沙莱，在北京大学文科第一院教室演说《法国与科学》，届时由北京大学校长蔡元培致介绍词。博士登坛用法语演说。由李石曾用官话翻译。"（《申报》1917年10月20日）

10月15日 所撰《植物大辞典序》一文发表。（《东方杂志》第14卷第10号）

10月19日 主持华法教育会讲演会。

"……法国陆军少校葛励业于本月十九日午后四点半钟，在东长安街平安电影公司演说，其题为《列强之战力与胜败之预测》。开会之先，由蔡孑民君宣布开会之旨。……华法教育会、中法协会公启。"（《北京大学日刊》1917年11月18日）

10月24日 接待周作人来访。

"上午往大学，因无讲义停讲。访蔡先生，观龟甲兽骨文字。"（《周作人日记》同日）

11月2日 请周作人代访倭讷。

"上午往校，蔡先生招，嘱往亮国（果）厂访倭讷。"（《周作人日记》同日）

11月14日　宴请蒯寿枢（若木）、屠寄（敬山）、夏曾佑（穗卿）等小叙。

"若木先生大鉴：闻公将于今日午后三时到京，久别亟思一谈，明日午后六点钟请惠临东兴楼一叙，座有屠敬山、夏穗卿、叶浩吾、张蔚西、钱念劬诸老辈，又陈仲甫亦在座。想公必能拨冗一来也。……弟蔡元培谨启　十一月十三日"。（《致蒯若木函》本年十一月十三日）

11月16日　为蒋维乔到北京大学讲演静坐法，发布布告。

"《校长布告》。本校教职员诸君注意：蒋竹庄先生维乔素信静坐法有却病延年之效，实验数十年，确有心得，近复参以哲理，著《因是子静坐法》一书，又译日本冈田氏《静坐三年》一书，以为佐证。读其书而实行之者，已数见不鲜。蒋先生到北京后，曾在北京师范学校演说是义，闻者大为感动，已设有静坐会。本校为提倡卫生进德起见，定于十八日（星期）午前，敬请蒋先生在法科大讲堂讲演静坐法，届时务望就听为幸。"（《北京大学日刊》同日）

11月17日　为上海地方审检厅建筑新署撰写碑文。

"上海地方审检厅建筑新署早经告竣，俟内部器具置办齐备，即可迁入，兹袁、林两厅长将厅署建筑缘始，请北京大学校校长蔡元培氏撰文勒碑，并将碑文函送公款公产经理处转请修志局载入县志，以垂永久。兹将碑文录下：

上海地方审检厅之建设实始于民国元年知县事吴馨厅长。黄庆澜以县署湫隘不任繁剧，议划地仇直改营新署，既得法部允许，会易厅长，袁钟祥莅任之朔，周察城闉圊市廛，勿宜难厕，主全署迁移，以其地直分建厅所。议既定，与故检察长汪孙商之邑绅，得同仁辅元堂塜地十六亩许，于车站路视旧址恢郭，而去稠市稍远，由是上其事于省高等审判庭长蔡元康，检厅长徐声金暨司法总长章宗祥，金谓可行，许咨财政部下清理管产处移提旧署其价银币十六万元，康别筹二万，裨补不足。五年四月，部遣技正贝寿同、技士严治，规划监造，翌年遂告成功，而看守所卒得部帑。移筑者，高地两检察长王树荣、林炳勋之力居多，夫维执事贤劳民治改作之功允不可没，狠诬记载，以诏来者。　民国六年十一月十七日　蔡元培"。（《申报》1917年12月10日）

11月20日　为天津水灾，捐助赈款二十元。

"本校职员捐助天津水灾赈款清册：蔡元培二十元。……"（《北京大学日刊》同日）

11月22日　介绍马姓者访周作人乞助。

"上午往校，收十月下半月薪俸。午返，有马姓持蔡先生柬来乞，助予一元。"（《周作人日记》同日）

11月23日　发起组织北京大学静坐会。

"《校长布告》。本校现拟设一静坐会，以为卫生进德之助。凡各科学生有愿入

会者,务于本月二十四日以前,亲赴各该科教务处报名可也,此示。"(《北京大学日刊》同日)

同日 捐赠北京大学图书馆《剑影楼遗稿》一册。

"海内名士暨本校职教员与诸同学历年来捐助于本馆之书报清册。……蔡校长捐潘节文著《剑影楼遗稿》一册三部。……图书馆书目编订室日记录。"(《北京大学日刊》同日)

11月24日 准予逾期到校学生吴嘉猷随班听讲。

"《校长布告》。据法科一年级学生吴嘉猷呈称:因僻处山陬,交通不便,辗转途次,到校较迟,恳予格外原谅,仍准留校听讲等情。查该生到校之期,已逾授课时间三分之一,照章应令休学。姑念该生向学情殷,所称各节尚属实情,准予随班听讲,俟学年考试成绩在七十分以上,再行核办。此示。"(《北京大学日刊》同日)

11月25日 对学生林明侯关于在校内餐堂增设素食的提议,"甚所赞成"。

"学生林明侯请于校内增设餐堂另订素食章程书。……右提议本人甚所赞成。同学中有赞成斯举者,可速赴斋务处报名,以备议定办法,蔡元培白。"(《北京大学日刊》同日)

同日 发布《校长布告》,支持创办北大学生银行。

"《校长布告》。创办学生银行,前曾有教员建议于评议会。经评议会议决,可以试办。凡本校法科经济一、二、三、四年级及该门毕业留校研究各生,若有热心此举者,可选举一委员会,由本校拨给地址,以便筹办一切,并可请教员数位,以为指导。又闻清华学校曾办有学生银行,成效甚著,如有愿往调查者,可由本校代为介绍,以期易于接洽;至开办经费,如有不足时,本校亦可稍代筹措,以资补助。此示。"(《北京大学日刊》同日)

11月27日 捐赠航空学校已故教员白永魁奠款十八元。

"《校长布告》。本校捐助航空学校白故教员永魁奠款一览表。蔡元培十八元、陈独秀二元、王建祖二元……"(《北京大学日刊》同日)

11月30日 北大哲学门研究所举行第一次月会,拟请蔡校长演讲《哲学与科学之关系》。

"哲学门研究所重要启事。……本所定于十二月三日(星期一)晚七时半,在校长室开成立第一次月会,已蒙校长蔡孑民先生允任讲演《哲学与科学之关系》,务乞本门各教授及研究员,届时莅会为盼。"(《北京大学日刊》同日)

北京大学中国哲学门第一次毕业摄影

11月 聘请徐悲鸿为北京大学画法研究会导师。

"岁丁巳,欧战未已,姬君资吾千六百金,游日本,……六月而归,复辟之乱已平。吾因走北京,识诗人罗瘿公、林畏庐、樊樊山、易实甫等诸名士,即以蔡孑民先生之邀,为北京大学画法研究会导师。"(《悲鸿自述》)①

徐悲鸿"经华林介绍,识蔡元培。蔡邀请任北京大学画法研究会导师"。(李松:《徐悲鸿年谱》北京人民美术出版社1985年版)

同月 转请江西省长对赣籍学生李世桂等另行筹款补助。

"北京大学为咨行事。案据本校分科赣籍学生李世桂等呈称:窃江西津贴源案以在校未毕业各分科学生均分为限,历办多年,毫无疑义。……但细察情由,根本差异,他省津贴办法多系按额顶补,每人定数,百元至二百元不等,为数既巨,顶补有方。而江西成规,平均分派,实际上自有难以援例者。在校长体恤寒畯,于研究学生,力谋栽培,凡在门墙,孰不感荷!若为之据情咨请江西省长,另筹补助,则本省长官为培养人才起见,自必具有同情,而生等敬爱先进,亦无不乐观厥成。为此呈请转咨江西省长,另行筹款,补助研究学生,庶事得两全,实为德便等情,相应据情转咨贵公署查核办理可也。此咨江西省长 北京大学校长蔡 中华民国六年十一月 日"。(北京大学档案)

同月 转请江西省长对赣籍学生姜景煦等准予照发津贴。

"北京大学为咨行事。案据本校本届毕业赣籍学生姜景煦、谭澄、杨权、杨桢、刘琳、龙沐光、甘均道、杨群亚、龙沐棠、周蔚绶。姜景煊呈称:窃生等肄业本校,每年由本省给予津贴,今夏虽已毕业,闻本校将有研究所之设,仍愿留校研究,借资深

---

① 载《良友》第45、46期。

造。恳请校长转咨江西省长公署,将生等津贴照旧发给,以资补助,不胜感戴之至等情。查该生等既属有志深造,则此项津贴,自可准予照领,理应据情咨请德便。谨呈贵公署查核办理可也。此咨江西省长 北京大学校长蔡"。(北京大学档案)

12月1日 准予愆期到校学生王乃僮随班听讲。

"《校长布告》。据理科二年级学生王乃僮之保证人王泽登函称:该生乡里灾害荐臻,以致愆期到校,恳请原情准其附班听讲等语。本学期开课已经两月,本难照准,惟据所称各节,亦系实情,不无可原之处。王乃僮姑准随原班听讲,俟觇本学年成绩如何,再定办法。此批。"(《北京大学日刊》同日)

同日 发布任用李光宇、李续祖等为事务员令。

"兹派李光宇为文科研究所事务员。此令。兹派李续祖为理科研究所事务员。此令。兹派李芳为法科研究所事务员。此令。北京大学校长蔡元培。"(《北京大学日刊》同日)

12月2日 蔡先生造访鲁迅。

"下午谷青来。蔡先生来。"(《鲁迅日记》同日)

12月4日 发起组织北京大学画法研究会。

"《校长布告》。'提倡画学'诸生有愿组织画法研究会者,可于本星期内到文牍处报名。此示。"(《北京大学日刊》同日)

同日 发布任用汤润为事务员令。

"兹派汤润为法科图书馆事务员。此令。北京大学校长蔡元培"。(《北京大学日刊》同日)

12月5日 法科学生王少右等人呈请设立"阅书报社",准予立案并指拨用房及器具。

"《校长布告》。据法科学生王少右等呈请设立阅书报社一节,查所举设社四利,具见好学之诚,所议章程亦切实可行,容即指拨书室及器具,以便克期开办。此批。"(《北京大学日刊》同日)

"兹有法科生王少右等纠合同志,发起阅书报社,专从事于购阅各种关于法理上之书报,以补图书馆之缺。社址设在法科。凡文理工之与有同情者,俱可与会。业经校长准予立案矣。"(《北京大学日刊》1917年12月1日)

同日 主持国史编纂处会议,讨论《通史编辑条例》。

"《通史编辑条例》之商榷(全文略,见同日《北京大学日刊》)。

右(上)议案为国史编纂员屠君寄所提出,业于本月五日开会讨论。到会者屠君寄及钱君恂、张君相文、叶君瀚、刘君师培、王君式通、周君作人、孙君诒棫、童君学琦、蒯君寿田、蔡君元培,凡十一人,悉赞同右(上)议。惟第四条加以说明,谓纪元当用西史基督,纪元年前若干年之例,自民国纪元逆溯而上,及无年可纪而止,每

年仍附注甲子及历代年号云。"(《北京大学日刊》1917年12月7日)

12月6日 出席北大文科研究所第一次研究会,并发表《哲学与科学之关系》的演讲。

"北京大学设立各科研究所,顷已次第成立。文科研究所于昨日在校长室开第一次研究会,学生志愿研究者约四五十人。蔡鹤卿校长、陈仲甫学长及章行严、胡适之、陶孟和、康心孚、陈伯弢诸教授均莅会。先由主任胡适之君述研究会之成立及报告研究者之科目、人数,并云今日为本研究会成立之第一次〔会〕,特请蔡校长演说,其题目为《哲学与科学之关系》。次由蔡鹤卿演讲,略谓:今日为研究会成立之初,故集会同人于此,互为谈论,俾彼此有认识之机会。余之所说亦为随意之谈,非专门分科之研究可比,且以冗忙,无暇于搜集材料,故亦只略述大意云云。其演讲之大略则历论人间思想之变迁,以为人类初期之知识惟有宗教,次之乃有哲学,最后乃有科学,科学分科愈密,哲学之驳新愈少。昔日论哲学者皆出于演绎,今之论科学者乃注重归纳。然哲学亦决不因科学之密而有此境,盖哲学者,欲知其未知也。未知之境界无穷尽,哲学亦无穷尽,且科学之统系亦必赖哲学始能阐明其原理原则,故治哲学者不可忘科学之严密,治科学者亦必本哲学以明其原理。所谓纯正哲学者今已不复存在,彼一部分学者或谓哲学因科学而隳坏,不知古代囫囵之哲学今已无有价值云云。继由胡君报告以后各科研究之期间、地点,遂散会。"(《申报》1917年12月8日)

12月7日 与汤尔和、马叙伦等34人,联名发起陈介石追悼会。

"《陈介石先生追悼会启事》。瑞安陈介石先生以痛感鸰原,撄疾恫化。闻讣惊哀淹涉日月位哭之礼,未申思旧之怀弥恻。元培等拟于本月十八日(即旧历十一月初五日),设位于北河沿北京大学法科,集兹袍契,共举哀临。诸公如有挽章,祈于十五日以前,送交北京大学法科庶务处代收,或有赗赠径送后门外板厂胡同瑞安黄宅内陈君舜先生收可也。

发起人:蔡元培、林绳武、孙诒棫、赵任道、许璇、辛汉、虞廷恺、洪彦远、章献猷、杜佩球、刘揆一、陈介、汤尔和、马裕藻、马叙伦……"(《北京大学日刊》同日)

"挽陈介石联:

数故乡人物渺然,若志三,若仲容,若平子,死别经年,而今又弱一个;

得天下英才而教,在杭州,在广东,在北京,师承作记,相期共有千秋。"(《瑞安先生哀挽录》1917年石印本)

12月9日 准予吴凤苞入校旁听的批示。

"《校长批示》。据旁听生吴凤苞呈请入校旁听等情,查该生前呈既经批准归入文科旁听在案,仰即遵照校章,亲赴文科教务处报名可也。此批。"(《北京大学日刊》同日)

12月11日 出席国语研究会与北大国文门研究所研究办法讨论会。

"星期二下午四时,本校国文门研究所国语部各教员与国语研究会诸君,会于国史编纂处。国语研究会会员到者陈颂平、董懋堂、刘资厚、陆雨庵、黎锦熙、沈商耆、朱造五诸君。本校职员与会者蔡校长、沈尹默、钱玄同、朱逖仙、刘半农、胡适之诸君。是日所讨论者,为国语研究会与本校国语部研究所对于国语一事,所应分工合作之办法。讨论结果,大致以一切关于此问题之学术上之研究如语言史标准语之类,皆属之大学研究所。国语研究会及教育部之国语编纂处,则惟办理一切关于国语教育所急须进行之诸事。现该会拟以五年之力办理此事,以二年为调查之用,以三年为编纂国语教科书之用。黎锦熙君拟有详细意见书,商榷国语研究之具体进行办法。"(《北京大学日刊》1917年12月13日)

12月14日 复江西省长咨查研究生津贴办法。

"北京大学为咨复事。准贵公署咨查本校研究所学生上课及需费情形,等因前来,查本校研究所之设,原为本科毕业诸生研究学术蕴奥起见,虽不必每日上课,而每一星期亦须到所讨论一次。所需参考书籍,较之本科学生有加无减。又查本科毕业赣生,现在留校研究者仅有四人,并经转入文科随班听讲。其他毕业赣生,此后是否来校研究,此时尚不能定。至他省对于留校研究各生之津贴,有于原额外另筹者,有于原额中均分者,办法亦不一律。咨准前因,相应咨复,希即查照。附送研究所简章及通则与办法草案各一份,即请查收备览可也。此咨江西省长 北京大学校长蔡 中华民国六年十二月十四日"。(北京大学档案)

12月17日 主持北京大学校庆20周年纪念演说会。

"本月十七日午后,为本校二十周年纪念日,开演说会于法科大讲堂。先由校长陈开会词,大意谓,进化之理,愈后愈速。现今二十年之进步,本可速于其他百年或五百年,因历数二十年来改变之状况,可谓为人才教育而进于纯粹学术教育,希望此后之二十年其进步更可观云。次由前教育总长范静生先生演说……中间并奏吴瞿安教授所谱之纪念歌,是日演说词有学生韩君笔记,将次第宣布于本日刊。"(《北京大学日刊》1917年12月21日)

12月19日 告示全校,对匿名揭帖,将照章严处。

"《校长布告》。闻近日宿舍前揭有攻讦同学之匿名揭帖,务即一律除去,嗣后如再有此等揭帖发见,当查明主名,照章严惩。此示。"(《北京大学日刊》同日)

12月21日 北京大学书法研究社成立。

"本社于上星期五(即二十一号)已开成立大会,公推杨君湜生、薛君祥绥为本社执事。"(《北京大学日刊》1917年12月25日)

12月22日 发布准予学生项镇藩、李恭用为听讲生的批示。

"《校长批示》。据法科二年级政治门休学生项镇藩呈称:因罹重疾,到校逾限,恳请破格免与休学,暂改为听讲生等情。查该生所称各节,当属实情,姑从宽准其随班听讲,俟学年考试后,再行核办。此批。

又据法科四年级经济门休学生李恭用呈称:因痛胞弟夭折,致染重疾,是以到校逾限,恳乞格外体恤,免与休学,暂改为听讲生等情。查该生所称各节,情尚可原,姑从宽准其随班听讲,俟学年考试后,再行核办。此批。"(《北京大学日刊》同日)

12月24日 呈请教育部允派温宗禹为北京大学工科学长。

"呈。为遵令遴员接充工科学长请予核准事。……查工科学长胡仁源自奉令派赴美国后,所有工科学长职务,当即由校呈请暂派理科学长夏元瑮代理,嗣因夏学长事务日繁,势难兼顾,复经呈准改派该科教授温宗禹兼代,该员自任职以来热心筹划,深资得力,现在胡学长既经辞职,拟请钧部即派该员接充工科学长,以资熟手而专责成,实为公便。谨呈 教育总长 北京大学校长蔡 中华民国六年十二月(十二月二十四日发)"。(北京大学档案)

"教育部指令 第八八三号。令北京大学。呈一件,遵令遴员请派学长由。据呈已悉,所有该校工科学长职务,应准照派工科教授温宗禹接充。此令。教育总长傅增湘 中华民国六年十二月二十八日"。(北京大学档案)

12月26日 以复函代《中国黑幕大观》一书序文。

"谨复者,前于各报广告栏见《黑幕大观》,意为近世写实派小说一流,已函订预约券,奉上邮局汇票二元二角,请查存。今奉惠书,益谂诸君子救世苦心,深所钦佩。惟作序则未敢,因未读全书,率尔发言,不特自轻,兼亦轻大著也,如必欲鄙人列备,即以此函代序,未识有当尊意否?手此,祗颂 著祺。蔡元培敬复 十二月二十六日"。(路滨生:《中国黑幕大观》中华图书集成公司1918年3月出版)

12月29日 被授予二等大绶嘉禾章。

"《教育部来函》。径启者:准铨叙局咨开六年十二月二十九日奉大总统令,蔡元培给予二等大绶嘉禾章,此令。等因,并送勋章凭单履历表到部,兹检送勋章凭单履历表各一张,即希查照填写履历送部以凭咨局注册可也。此致 北京大学校长"。(《北京大学日刊》1918年3月21日)

12月31日 为传布科学,引起研究兴趣,呈文教育部,发起组织学术讲演会。

"窃以我国近年所以民俗日偷、士风日敝者,端由于师法坠落,学术消沉。就社会一般人士言之,则以无讲演会之设立,故求学之心,极为薄弱。就教育一般言之,则以教师多墨守其所学,而不能修业问道,增进知识。故中小学校之根本教育,比年以来,毫无进境。此士风之良窳,关于学术之兴废者也。元培等有鉴于此,咸以挽救士风,振兴学术,首宜提倡讲演,供其休业公余之暇,引其求学问道之心。联合同志,敦聘名流,为之解事辨物,宗理明道,略采平民大学之法,重振儒林讲学之风。

与会同人，无不赞同此旨，乃议决先组织学术讲演会于京师，并拟定章程十条，延请主讲多人。惟以经费艰于筹画，难以渐次进行。窃以大部职掌教化，敦崇学术，于组织讲演之事，必苾为资助，是以不揣冒昧，恳请每月拨助经费二百八十元。谨将组织学术讲演会情形及请拨助经费理由，详陈原委，敬祈鉴核施行。

附：学术讲演会章程。第一条、本会定名曰学术讲演会。第二条、本会以传布科学、引起研究兴趣为宗旨。第三条、本会会员无定额，凡各校职教员及各界人士为本会听讲者，皆为本会会员。第四条、本会之组织如下：甲、本会设干事部，凡发起人均为本会干事，由干事中公推一人为干事长。乙、本会干事，暂设文牍事务员一人，司理一切往来函件及印发讲义图表事项。设庶务会计事务员一人，司理会款出纳及会场照料事。遇有特别需要时，得由干事长酌添事务员。第五条、本会地点，暂附设于北京大学。本会讲习地点，暂就北京各城分设三处。第六条、本会讲演时间，暂定为每星期日上午，讲演一小时至二小时。第七条、本会讲演取公开式，凡有志向学者均可一律免费。第八条、本会主讲人，由本会聘请，每次讲演，酌赠车马费十元，不欲受车马费者听便。第九条、本会讲演日期之分配，由主讲人定之。第十条、本会章程有未尽事宜，得随时增改之。"（北京《教育公报》第5年第4期）

本年 以"女杰"二字赞王金发之母。

"宋岳母以'精忠报国'四字，勖子成名，一时士大夫群相与贤之。王母徐老孺人，揆其生平课儿，正与相同。《淮南子》曰：'智过千人谓之俊，百人谓之杰。'妇人身处闺闼，而能以天下国家为心，其识见固超出寻常万万矣。因以二字奉赠，俾知今世尚有是人，并不使岳母专美于前云。时中华民国六年　蔡元培谨跋"（嵊县敦伦堂《王氏宗谱》）

本年 应约撰有《讼棍》一文。［路宝生编《绘图中国黑幕大观》（上）中华图书集成公司1918年版］

本年 撰有《王君季高传》一文。（嵊县敦伦堂《王氏宗谱》）

本年 为温州籀园祠题联。

"博学于文，约之于礼；多闻阙疑，慎言其余。"（樊祖鼎：《籀园琐忆》温州市图书馆1989年印）

本年 修改、标点《法文高等专修馆章程》。（《法文高等专修馆章程》1917年油印本）

本年 为浙江新昌大佛寺撰写佛联一副。

"理哲家言，同源西圣；华严法界，现象南明。　蔡元培撰"。（《佛教文化》2005年第2期）

1918年(民国七年 戊午)五十一岁

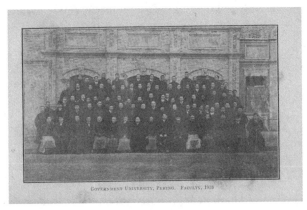

北京法政大学师生合影(1918年)

1月1日 发布任用秋复、阮尚臧为事务员令。

"派秋复为本校会计课事务员。此令。派阮尚臧为本校杂务课事务员。此令。北京大学校长蔡元培"。(《北京大学日刊》同日)

1月2日 致函蒯寿枢(若木),介绍马廉(隅卿)参与西北科考。

"若木先生大鉴:……有马君隅卿者,幼渔(裕藻)之弟也,于普通学外,兼通德语,愿赴甘、新一带考察宗教、古物等,如尊处需才,可备任使。谨为介绍……弟元培敬白 一月二日"。(《致蒯寿枢函》同日)

1月5日 早车抵保定,到育德中学校参观并应邀发表演说。

"保定离北京甚迩,有一二故人在彼中学校任事,屡以演说相招,因彼中各校每星期六有演说会也。平日羁于校务,不能往,及年假时践约,以一月五日早车行,十二时抵保定,即赴育德中学校。午后参观省立第六中学校,演说中学校学生,当以科学、美术铸成有自治能力之人格,庶升学后,受放任之待遇而不致堕落。晚间在育德中学演说,提出自由、平等、友爱为德之大纲,而所以育之者,仍不外科学、美术。又以育德中学校学风,尤重勤、俭二字,并说勤、俭之风与自由、平等、友爱尤有密切之关系焉。"(《游保定日记》)

1月6日 上午,往直隶公立农业专门学校参观,并有演说;下午,往直隶第二女子师范学校参观,亦有演说。

"六日,午前参观直隶公立农业专门学校,演说世界大势,将由都市的工商联合政策,而转为乡村的农工联合制度,于人类之体魄及品性,皆大有关系。故农业学校学生,当知农业为平民的而非贵族的,实践的而非理论的,进化的而非保守的。故学生在校时,当注重实习,留意普通农人之习惯,庶毕业后得实地施行,而不至以农商部或各省实业厅职务为归宿。

是日,李石曾君亦演说,大意谓:农业之进化与全世界之进化的重要关系;而中国农业之进化,尤与世界农业进化有重要关系。姑举两端言之:(一)生理上之关系。人类当以蔬食为正轨。中国人多蔬食,故农业偏重种植而不尚畜牧,与欧美之务肉食而重畜牧者不同,将来必可推行于世界。(二)组织上之关系。农业非用机械不能进步,而机械非大地主不能置,是一困难。今欧洲各国,有农业组合,既得机械之益,又不受大地主之害,为我国所宜取法云。

午后参观直隶第二女子师范学校,因校长见告,此校以造就'良妻贤母'为鹄,以'诚、敬、勤、俭'四字为校训,故演说时提出'勤、谨'二字。勤字分为勤于学及勤于事两项;谨字则为不敢放肆、不敢奢华、不敢骄慢三项,无非申明校训以坚学生之信而已。晚游保定公园,即莲池书院旧址。在园中晚餐,座间商定在保定设华法教育会支部。夜回育德中学校,复为高等留法预备班(中学毕业生所组织)说俭学会及勤工俭学会之概略。"(《游保定日记》)

1月7日 中午返回北京。

"七日,七时三十分行,十二时抵北京。鄙人在保定之经历如此。而七日之《民强报》所载,有所谓'中央政闻社'者,谓鄙人以秘密事件赴保定,不知参观与演说,何所容其秘密也。谨布右之日记以释疑。蔡元培志"。(《游保定日记》)

1月9日 准予成立北大学生消费公社。

"据学生李宏增等呈请准予设立消费公社一节,应即照准,除知照法科杂务科筹拨房屋一间并垫款购置器具外,合行批示,仰即知照。此批。"(《北京大学日刊》同日)

1月11日 发布校长布告,申明遇有学生对职员无礼情事,定当照章惩戒。

"《校长布告》。闻各科学生,近来对于职员时有无礼情事。查本校惩戒规则第二条、第三条内载,学生若对于职员无礼,其情节较轻者由学长谴责,命其悛改;其情节较重,或已经谴责仍不悛改者,应即记过。第四条,凡学生有记过时,应将详细情由宣布校内,并函告该生家属及保证人。第五条,犯第二条者,扣学年平均分数三分。以后遇有学生对职员无礼情事,查明后定当照章惩戒,断不姑容。此示。"(《北京大学日刊》同日)

同日 《游保定日记》在《北京大学日刊》公开发表。(《北京大学日刊》同日)

1月13日 发布准予学生张厚载改为听讲生的批示。

"《校长批示》。据法科三年级政治门休学生张厚载呈称:因罹重疾,到校逾限,恳请破格免与休学,暂改为听讲生等情。查该生所称各节尚属实情,姑从宽准其随

班听讲,俟学年考试后再行核办。此批。"(《北京大学日刊》同日)

1月14日　函告吴稚晖,招募赴法华工之事已告截止。

"稚晖先生大鉴:久不修候,颇闻先生足疾又发,杜门谢客,近稍瘥否？想趁此机会,或可谢绝无谓之纠缠,著书数卷也。……弟虽在京师,然誓不与闻政治,至今已成习惯,惟校务太忙,无暇读书,亦终日为人役耳。石曾先生已在大学任生物及社会哲学教科,又经营留法俭学会及勤工俭学会之预备学校,甚有兴会,近又新设一孔德女子学校;其华工之事,则已截止,不与闻矣。……弟元培谨白　一月十四日"。(《致吴稚晖函》同日)

1月17日　函请卫国桓(心薇)为北京大学设计游泳池建造方案。

"心薇先生大鉴:径启者,本校体育会拟设游池一门,其地点约在新斋前地,敬请相度一所并预计宽度及工费若干。特属杨君走商,请指示一切为幸。……"(《北京大学日刊》同日)

1月19日　发起成立"北京大学进德会",公开发表《北京大学进德会旨趣书》,征求甲、乙、丙三种会员。

"民国元年,吴稚晖、李石曾、汪精卫诸君,发起进德会于上海。会员别为三等:持不赌、不嫖、不娶妾三戒者,为甲等会员;加以不作官吏、不吸烟、不饮酒三戒,为乙等会员;又加以不作议员、不食肉,为丙等会员。……今仿其例,而重定进德会之等第于左(下):

甲种会员:不嫖、不赌、不娶妾。乙种会员:于前三戒外,加不作官吏、不作议员二戒。丙种会员:于前五戒外,又加不吸烟、不饮酒、不食肉三戒。……"(《北京大学日刊》同日)

同日　批示北京大学雄辩会章程"尚属可行",准予备案成立。

"《校长批示》。据学生雷国能等呈送雄辩会总章请予备案一节,查所拟总章尚属可行,应准备案。此批。"(《北京大学日刊》同日)

1月20日　为进德会乙种会员

"进德会报告。乙种会员九人:蔡元培、章宪武、郭静华、孙文洲、包开善、周榕、鲁麟光、江永年、赵增印。"(《北京大学日刊》同日)

同日　发布调充卢勃华为事务员令。

"令卢勃华:卢勃华调充第二寄宿舍事务员。此令。"(《北京大学日刊》同日)

1月22日　批示准予开办北京大学学生银行。

"据学生陈灿等呈报筹备学生银行情形,并缮具各种规章,恳请批示等情。查所拟章程及招股规则尚属妥善,应准照办,仰该生等迅速进行,务使该行早日成立,以副厚望,此批。"(《北京大学日刊》同日)

1月24日　在北大消费公社认股十股。

"筹备消费公社事务所报告。兹据各募股人先后报告到所教员认股者计：蔡元培先生十股、王建祖先生四股、胡钧先生八股、林行规先生五股、马寅初先生四股、周家彦四股、毕善功三股……"(《北京大学日刊》同日)

1月25日　校役何以庄勤谨好学，文理通达，不没其所长，特擢任教务处缮写之务，酌增月薪。

"陈、李、张、钱诸君及查君公鉴：来函及何以庄所作三篇，均悉。昔郭林宗于旅舍中躬自扫除；美国大学生，间有于晨间执洒扫之役，或午、晚间为侍膳者；日本大学生有于课余散报纸，或拉人力车者。为贫而役，本非可耻。一校之中，职员与仆役，同是作工，并无贵贱之别。(法国教育家多入工会；东方人或以任教育事业者至等于官吏，误也。)不过所任有难易，故工资有厚薄耳。惟何以庄既文理清通，不可没其所长，已调入文科教务处，任缮写之务，酌增月给，借以励其好学之诚，而欢成诸君之美意。且本校对于校役，本有开设夜班之计画。他日刻期开课，尚须请诸君及其他寄宿舍诸君分门教授，必为诸君所赞成。因何以庄事而联想及之，并以闻。一月二十五日　蔡元培白"。

学生陈宝书、李宗裕等24人荐何以庄于蔡校长函。

"敬禀者：第一寄宿舍丙字号斋役名何以庄，在斋服务，素称勤谨，每于暇时以课作求正，并尝持书乞解。生等以其身为仆役，不辍于学，因询其家世，答称寒困，因而废学，情辞恳恻，闻之慨然。及观其文稿，亦清顺通达，四书多能背诵，洵仆从中所仅见。生等仰体先生奖学惠困之心，谨特奉陈钧座，倘蒙俯察，量才拨调，俾任相当职务，以示激劝。想君子成人之美，亦吾师所乐从焉。谨附其所作文稿三篇，乞检阅。

陈宝书、李宗裕、张汉熙、钱王倬、张铸、胡言甫、梁国常……胡庆颐谨启"。(《北京大学日刊》1918年1月26日)

同日　任徐宝璜为《北京大学二十周年纪念册》总编辑。

"本校《二十周年纪念册》之筹备。本校二十周年纪念册，本由朱一鹗、陈钟凡、周炳琳、胡维鹏、俞九恒、程体乾诸生搜集材料，近因进行不易，特请徐宝璜教授为总编辑。凡各方面有关纪念册之材料，均请送至徐教授处为幸。蔡元培白"。(《北京大学日刊》同日)

1月26日　阅司空图《诗品·典雅》。

"阅司空图《诗品·典雅》，落花无言，人淡如菊。《石头记》中以花袭人影高淡人，又其兄名花自芳。"(本年《日记》同日)

1月29日　发布任用杨真江等为事务员令。

"令杨真江：派杨真江为文科研究所事务员，此令。令邓秉钧：派邓秉钧为图书馆事务员，此令。北京大学校长蔡元培"。(《北京大学日刊》同日)

同日 题录《放翁秋夜读书》(一首)、《放翁读书》(二首)。

"《放翁秋夜读书》。别驾生涯似蠹鱼,简编垂老未相疏。也知赋得寒儒分,五十灯前见细书。"

"《放翁读书》二首:

(一)面骨峥嵘鬓欲疏,□□只合卧蜗庐。自嫌尚有人间意,射雉归来夜读书。

(二)归老宁无五亩园,读书本意在元元。灯前目力虽非昔,犹课蝇头二万言。"(启功 牟小东编《蔡元培先生手迹》)

自题诗画(1918年1月29日)

2月1日 发布启事,征集全国近世歌谣。

"蔡校长启事。教职员及学生诸君公鉴:本校现拟征集全国近世歌谣,除将简章登载日刊,敬请诸君帮同搜集材料,所有内地各处报馆、学会及杂志社等,亦祈各就所知,将其名目、地址,函交法科刘复君,以便邮寄简章,请其登载。……蔡元培敬白"。(《北京大学日刊》同日)

同日 在北大学生储蓄银行认股五十份。

"本会自招股以来,认股者异常踊跃,现据募股员报告,已达八百八十九股之多。兹将认股人姓氏及所认股数开列于后:蔡校长五十、王学长二十、马寅初二十、胡钧二十……筹备学生储蓄银行委员会通知。"(《北京大学日刊》同日)

2月4日 函请陈衡恪(师曾)审定北大画法研究会章程。

"师曾先生大鉴:日前承临校讲演,同人甚为感动。现在报名于画法研究会者,已有七十余人。拟刻期开办,惟会章须请先生审定,然后宣布。特嘱会中临时干事陈、狄二君请教,务请指示一切,为幸。……蔡元培谨启 二月四日"。(《北京大学日刊》1918年2月21日)

2月5日 发表启事,介绍指头书家。

"蔡元培启事。本校毕业生张鉴,号镜波,善以指头作书,现愿公诸同好,特此介绍。其通讯处为江苏高邮县城外月塘汪德合大米号。"(《北京大学日刊》同日)

"张鉴,字镜波,一字智通,江苏高邮县人。善书,尤工指书。爰代为介绍,并酌定润例如下:笺纸琴对二元。手卷二元。册页二元。

收件处:高邮城外东街。念日交件。介绍人蔡元培。"(《北京大学日刊》1918年2月19日)

2月7日 发布《关于从严整顿校风的布告》。

"顷奉教育部训令内开,案据本部视察员报告:法科大学各班缺席学生较多,甚有逾全额半数者。又教员上堂过迟,有迟至打钟后三十余分钟,始上课者。视察时并见有学生一人,在堂阅览《秋水轩尺牍》,足征管理教授,均不甚认真等语,合亟令行该校,仰即从严整顿,以肃学风。此令。等因。查过时到课堂,碍学业,乱秩序,为弊滋多。大学学生,年龄既长,学问亦有根基,宜知自重,不宜若幼小孩童,时须督察。自布告之日起,所有法本、预科各生,于打上堂钟后十分钟内均须上堂归座,教员来迟,亦须静待。其过十分钟方始上堂者,及未打下堂钟而随意下堂者,均以旷课论。学生在授课时间内,除本门之讲义课本外,不得携带他种书籍。经此次告诫后,倘仍有以上情事,应由管理职员呈明学长,按照本校惩戒规则严办,以肃校风。特此布告。"(《北京大学日刊》同日)

2月8日 致函陈邦济、狄福鼎,谓已请陈衡恪介绍画法研究会导师数人。

"陈、狄两君鉴:陈师曾先生已有复函,送去一览。函中所称别延导师云云,愚已函告陈先生,请其介绍数人。并拟于十八日以后,专请导师开会一次,讨论简章。……蔡元培敬白 二月八日

简章草案姑留此间,想会中必尚有别本也。"

陈衡恪复蔡元培函。

"鹤顾先生执事:日前奉读来示,并画法研究会简章草案一通,其中所规定各项,大概不出乎此。惟此会研究画法,非与教室授课可比,近于通信教授。所谓导师者,须先指定数人,如章程所列分类,不仅学者分别学习,而导者亦须分门担任指导。而指导之方法,既不能如教室之详切精密,应如何办法使可餍学者之望,促进步之发达,如章程第三条所言方法,虽大致不外乎此。而所以行之者,似宜先指定导师数人,预为商榷一切办法,然后可资进行。……衡恪顿首 二月五日"。(《北京大学日刊》1918年2月21日)

2月9日 布告全校暑假后停发各种讲义。

"校长布告。顷学长会议议决,暑假后,全校各种讲义,一律停发。二月九日"。(《北京大学日刊》1918年2月25日)

同日 召开北京大学文理法工四科学长会议。

"陈、夏、王、温四学长公鉴：启者，兹定于本月九日午后三时，在校长室召开学长会议，届时务请莅会为荷。此订 并颂公绥 蔡元培启"。(《北京大学日刊》同日)

2月14日 改组《北京大学日刊》，并请徐宝璜任编辑主任。

"日刊之改组。本校日刊，业已改组，由校长请徐宝璜教授为主任，经理一切，更组织编辑、经理二部分任诸事。编辑部已于十四日成立开第一次会议。到会者有孙国璋讲师及沈尹默、胡适之、徐宝璜三教授，当时对于编辑、经理二部之组织法，略加修正，并议决自节后起，除星期日外，日出正、副两张。"《北京大学日刊》1918年2月18日)

2月15日 为林语堂作《〈汉字索引制〉序》一文发表。(《新青年》第4卷第2号)

2月18日 同意李大钊、李辛白等人组织成立"大学公余法文夜校"。

"大钊等为便于同人学习法文起见，商请华法教育会会员龚礼南先生附设一夜班于本校，业经校长认可，凡本校同人及本校同人所介绍者，均可入班。愿者请至斋务课报名，以便克期开课。"(《北京大学日刊》同日)

2月20日 与陈宝泉、汤尔和等联名发表"学术讲演会启事"。

"我国近年所以士风日敝、民俗日偷者，其原因固甚复杂，而学术销沉，实为其重要之一因。教者以沿袭塞责，而不求新知；学者以资格为的，而不重心得。在教育界已奄奄无气如此，又安望其影响及于一般社会乎！同人有鉴于此，特仿外国平民大学之例，发起此会，请国立高等学校各教员，以其专门研究之学术，分期讲演，冀以唤起国人研究学术之兴趣，而力求进步。演题及时间、地址，次第布告于后，幸阅报者注意。

发起人：蔡元培、张谨、陈宝泉、汤尔和、金邦正、王家驹、洪镕同启"。(《北京大学日刊》同日)

同日 《蔡元培在育德学校演说之述语》一文发表。(《北京大学日刊》同日)

2月22日 为书法研究社指拨社址，并允为购买碑帖。

"本社自去冬成立后，迭与校长及马叔平先生商议一切，力求进行，至今已略有头绪。……(甲)觅定地址。本社原定开会时假文科第一教室为会址，平时则无地址，殊觉不便，乃请校长指拨地点。校长允拨新修大楼房屋，并往见图书馆长，请将图书馆内小屋让出，为本社暂时藏碑帖处，已允让出，本社碑帖即藏该处。(乙)购买碑帖。校长允为本社购买碑帖，当请马叔平先生开列碑版名目，沈尹默、钱玄同先生开列草书碑帖名目。校长阅后，即托马先生随时购置。碑帖现已购多种，正在裱装。"(《北京大学日刊》同日)

同日 北大画法研究会召开第二次大会，逐条通过章程。该会正式成立。

"《画法研究会通告》。本会简章于二月二十二日开第二次大会将草案逐条通

过,略有修改,兹公布之。"(《北京大学日刊》1918年2月26日)

2月23日 收周作人代译文稿一件。

"上午往校访蔡先生,交译件。又取《新青年》一册来。"(《周作人日记》同日)

2月25日 胡适、郑阳和发起"成美学会",与章士钊、王景春等列名为赞成人。

"《成美学会缘起》。天之生人,贫富安患,常失于均。均之之法,是在以富济贫,以安救患已耳。然消极的慈善事业,其利益止于个人,不如积极的集资助学,其利益之所及,直接在于个人,间接及于一社会、一国家,远且及于世界。矧在今日国家之需才孔亟,社会之造就宜宏,所可憾者,天地生才,美质难得,苟有之矣,使其或以财用不足,遂莫由研究高深学术,致不克蔚为国才,则非第其一个人之不幸,实亦社会国家之大不幸,可惜孰甚焉。尝考中外历史,在我邦则夙有上品无寒门,下品无世族之诮;在他邦则有于凡受大学教育,出而任事者,谓其在社会自成为一阶级,几似于少数之贵族。夫以高等教育之重要,实为一国命脉所关。乃唯富者得以席丰履豫,独占机会,其有敏而好学,家境贫窭者,辄抱向隅之叹。而其结果,则足以减少人才之数,并促生阶级之感。某等怵于斯弊,思所以祛除之,爰有斯会之创,唯冀合群策群力,以共成之。社会前途幸甚,国家前途幸甚。发起人:郑阳和、胡适。赞成人:蔡元培、章士钊、王景春"。(《北京大学日刊》同日)

2月27日 撰写《铁研斋丛书序》一文。(桑宣:"铁研斋丛书"第一种《礼器释名》)

3月2日 所作《中国人口论序》一文发表。(《北京大学日刊》同日)

3月3日 北大消费公社举行成立大会,委托胡千之代为出席致词。

"《消费公社成立大会纪事》。三月三日午前九时摇铃开会。公推胡千之先生为临时主席。校长致训词由胡千之先生代表。今日本公社开成立大会,蔡校长本欲莅会,以事未克分身,函嘱鄙人代表,并述及对于斯社成立略有三种感想。想诸君已见校长函矣,而鄙人所不能已于言者,以本社之设非为营业,仅为同学其谋利益耳,即学理而推,事实以证,人类究竟有此团结能力与忍耐良性,故所希望于诸同学者,在发扬人类互助之精神,群策群力,以图进取,举凡猜忌,悉付东流。所谓维持,贵在交互,若然则互助者,岂特本社社员相对而已哉,对他团体亦莫不然。盖人类之欲望日增,需要日在,一人之身,既准备百事,一部之内,又难具百工,则促文明之进步,舍互助又将焉属,此所宜注意者一也。机关必须有发展能力。本社之能否发展,端视职员之心力何,如其薄弱者无论颖,所望本社之足以普利于全校,惟须立之以坚忍之心,济之以强毅之力发展,云乎哉,是在诸职员之任劳任怨,始终莫懈已,此所宜注意者二也。今世互助之团体,日益发达,外邦几遍,境内皆是。吾国至今尚不多见,何哉?以公司之设董其事者,往往取股东之血本,以饱一二人之私囊,否则亦执行不善,百弊丛生,以致群视公司为畏途。鄙人昔客津门,购某公司股票银千两,迄今函询,皆不见答,更不必言及红利。于此亦可以推见一般。诸君理论期于实践,慎始犹在图终,挽此狂澜,权之风声,以养成本社模范资格,则公司之覆辙可免,庶全国之普及能期也。凡此皆校长谆谆望于斯社者,鄙人代表来此,爰就其意申说之。"(《北京大学日刊》1918年3月7日)

3月5日 向教育部呈报《国史编纂略例》。

"国史编纂处订出《国史编纂略例》,由蔡校长具文呈送教育部,鉴核备案。呈为续送国史编纂处纂辑股《编纂略例》请予鉴核备案事:查国史编纂处照章应分纂辑、征集二股。征集股条例,业经拟定,送呈钧部备查在案。兹复拟定纂辑股《编纂略例》十二条,理合送呈钧部鉴核备案。谨呈。"(《北京大学日刊》同日)

3月8日 召集画法研究会导师会议,商讨指导办法。

"三月八日,校长邀画法研究会诸导师,商定指导规则。到者陈师曾、贺履之、汤定之、徐悲鸿、李毅士、钱稻孙、贝季眉七君。陈、贺二君,均任山水花卉二门。陈君允每周评画一次(用邮往还),每月为不定期讲演二次,所评之画即于讲演时携交。汤君任山水一门,允每月谈话二次,并示范画。徐君任中国部人物画及外国派水彩画,评画期由会员商定。李君任外国派水彩及铅笔画,每月评画二次,每次二时。钱、贝二君允为临时讲演云。"(《北京大学日刊》1918年3月9日、11日)

同日 商请画法研究会各生,每人月纳费一元,以补助导师脩金。

"邦济、福鼎二兄鉴:画法研究会诸导师昨已邀至本校商议一次,所议结果,别纸报告,……此等研究金,在本校课程以外。书法研究会导师,均尽义务,而画法研究会则否。然校中经费支绌,至多按讲演时间,照讲师例送脩,而对于导师,尚觉太微。今拟由会员每人月纳脩若干于所隶之导师(外国大学有此例),以资补助(约每门以一元为限)。请与诸同人商之。蔡元培白 三月八日"(《北京大学日刊》同日)

3月12日 捐助成美学会票洋百元。

"成美学会报告。……(二)收款计数:蔡元培助票洋一百元、章士钊助票洋四十元、王景春助票洋五十元、胡适助票洋五元、陈独秀助票洋十元、温宗禹助票洋二十元。"(《北京大学日刊》同日)

3月15日 发布北京大学英文速记学开班通告。

"《校长布告》。本校拟请梅殿华先生教授英文速记学,凡通英文之学生,如愿习速记,可于本月三十日以前,在文科教务处报名。报名人数满二十人,方行开班。此布。"(《北京大学日刊》同日)

同日 发布北京大学学生储蓄银行成立通告。

"《校长布告》。本校学生储蓄银行现已成立,凡各科学生所携银钱,均可交该行存储。如不交储该行,自由带入斋舍之内,以后遇有遗失情事,舍监概不负代查

之责。此布。"(《北京大学日刊》同日)

同日 周作人还回德文《美术史》。

"上午往校访蔡先生,还德文《美术史》。"(《周作人日记》同日)

3月18日 为校役夜班招聘各科教员。

"《校长告白》。学生诸君公鉴:启者。本校于春假后开设校役夜班,约计校役在景山东街校舍者九十余人,北河沿校舍者四十余人,在寄宿舍者六十余人,于景山东街为本校舍及附近寄宿舍之校役开六班,又于北河沿为本校舍及附近寄宿舍之校役开四班,共十班,分为甲乙两组,各受业三日,以便互代役务。其课程如左(下):国文二时、算术一时、理科一时、修身一时、外国语一时。时间在每晚七时半至九时半,约计每班教员六人,每人担任一句钟,十班共六十人。欲请诸君各以所长分任教科,愿任者务于一星期内函告校长室,注明所任课目,以便开会讨论。蔡元培白"。(《北京大学日刊》同日)

同日 函请周作人译书。

"晚,得蔡先生函及《廓清》一本,嘱译。"(《周作人日记》同日)

3月20日 收周作人译件。

"上午往校,得丸善十二日函。访蔡先生还译件。"(《周作人日记》同日)

3月21日 捐赠已故教授田北湖奠款十元。

"本校教职员敬赙田北湖教授题名。钱玄同二元、朱家华二元、朱希祖三元、周作人二元、徐韬五元、陈独秀五元、温宗禹三元、郑阳和五元、蔡元培十元、马裕藻五元、沈尹默五元……"(《北京大学日刊》同日)

同日 大总统令授予二等大绶嘉禾章。

"本校因校长勋章事复教育部函。敬复者,奉函敬悉,蔡校长勋章凭单业已收到,兹将填明履历函送钧部,以备转送。此致教育部。北京大学谨启"。

附教育部来函。"径启者:准铨叙局咨开六年十二月二十九日,奉大总统令,蔡元培给予二等大绶嘉禾章,此令等因,并送勋章凭单履历表到部,以凭咨局注册可也。此致北京大学校长。"(《北京大学日刊》同日)

3月23日 延请冯祖荀(汉叔)为画法研究会导师。

"画法研究会通告十一号。本会又由校长延请冯汉叔先生为导师,担任临时讲演。"(《北京大学日刊》同日)

3月27日 主持召开北大校役夜班教员会。

"校役夜班教员会。启者:自校役夜班倡议以成,投函愿任各科教员者已不乏人,今定于二十七日午后四时半,在校长室开会讨论,届期务请到会。又愿任而尚未函告者,请速于二十七日以前函告,并同时到会为幸。蔡元培白"。(《北京大学日刊》1918年3月25日)

"校役夜班教员会纪事。二十七日午后四时半,开校役夜班教员会于校长室。到者教员五十七人,校长、庶务主任及斋务课、杂务课、法科杂务课之事务员各一人均列席。议定各事如左(下):

（一）于景山东街及北河沿两校舍各设本班教务处一所,各指定本校书记一人,办理本班事务。（二）于二十八日午后七时半,开分部教员会,凡三部:国文、修身为一部;算术、理科为一部;外国语为一部。各举主任一人,并将开一全体教员会,公推主任一人。（三）定本班为强迫教育,凡校役必须入班。（四）校外愿学者暂不兼收。俟本班办有成效时,再议扩张。（五）议定每月试验一次,成绩较优者奖励之。（六）议定国文用白话体,修身用演讲,均不用教科书。算术兼用珠算。外国语为随意科。"(《北京大学日刊》1918年3月29日)

4月14日 出席北大校役夜班开学典礼,并发表演说。

"于月之十四日,本校全体校役二百三十余人,均身着长衣,胸前戴花一朵,齐集于文科第一教室,为举行校役夜班开学礼也。午后一时,摇铃开会。校长、来宾及夜班教员先后就席。首由校长率领全体人员向台上所悬之国旗二幅行三鞠躬礼,次由全体校役向校长一鞠躬,复向来宾及教职员一鞠躬。行礼即毕,由算学、国文、理科、修身、外国语各教授会主任先后登台报告各门试验及分班之详情。报告已毕,由校长及郑阳和先生、徐宝璜先生先后致训词后,即散会摄影。是日,会场极整齐严肃,校役面有笑容,似深幸得有求学问上之机会也。"(《北京大学日刊》1918年4月16日)

4月15日 应邀出席国立美术专门学校开学式,并发表演说。

"中国第一国立美术学校之开学式。民国纪元以来,教育部极注意于美育问题,因有设立美术学校之计划。去年范总长指任郑锦君为美术学校筹备所主任,定校址于西城前京畿道,继又任郑君为校长,经营半年,于本月十五日午前九时行开学式。到者教育部总次长及部员、学务局长、国立各学校职员数十人。届期学生,向本校职员及来宾行礼后,郑校长报告筹备情形,并述美术二字之界说,又勉学生以恪守规则,热心向学两义。次傅总长演说,……次来宾蔡孑民演说,略谓美术本包有文学、音乐、建筑、雕刻、图画等科。惟文学一科,通例属文科大学,音乐则各国多立专校,故美术学校,恒以关系视觉之美术为范围。关系视觉之美术,虽尚有建筑、雕刻等科,然建筑之起,本资实用;雕刻之始,用供祈祷。其起于纯粹之美感者,厥为图画。以美学不甚发达之中国,建筑、雕刻,均不进化;而图画独能发展,即以此故。图画之中,图案先起,而绘画继之。图案之中,又先有几何形体,次有动物,次有植物,其后遂发展而为绘画,合于文明史由符号而模型、而习惯、而各性、而我性之五阶段。惟绘画发达以后,图案仍与平行之发展。故兹校因经费不敷之故,而先设二科,所设者为绘画及图案,甚合也。惟中国图画与书法为缘,故善画者常善书,而画家尤注意于笔力风韵之属。西洋图画与雕刻为缘,故善画者亦或善雕刻,而画家尤注意于体积光影之别。甚望兹校于经费扩张时,增设书法科,以助中国图画之发展,并增设雕刻专科,以助西洋图画之发展也。次郑校长致谢词并到院中摄影及茶话而散,时已十二时矣。"(《北京大学日刊》1918年4月18日)

同日 撰写《北京大学画法研究会旨趣书》。

"科学、美术,同为新教育之要纲,而大学设科,偏重学理,势不能编入具体之技术,以侵专门美术学校之范围。然使性之所近,而无实际练习之机会,则甚违提倡美育之本意。于是由教员与学生各以所嗜特别组织之,为文学会、音乐会、书法研究会等,既次第成立矣。而画法研究会,因亦继是而发起。既承本校教员李毅士、钱稻孙、贝季美、冯汉叔诸先生之赞同,复承校外名家陈师曾、贺履之、汤定之、徐悲鸿诸先生之指导,会议数次,遂成立简章如左(下)。

所欲请诸会员注意者,画有雅俗之别,所谓雅者,谓志趣高尚,胸襟潇洒,则落笔自殊凡俗,非谓不循规矩,随意涂抹,即足以标异于庸俗也。本会画法,虽课余之作,不能以专门美术学校之成例相绳。然既有志研究,且承专门导师之督率,不可不以研究科学之精神贯注之。庶数年以后,成绩斐然,不负今日组织斯会之本意,与诸导师热心提倡之盛意焉。 七年四月十五日 蔡元培"。(《北京大学二十周年纪念册》1918年印行)

同日 所作《读周春岳君〈大学改革之商榷〉》一文自本日起连续发表。(《北京大学日刊》1918年4月15日、16日)

同日 为重印《明于越三不朽名贤图赞》作序一篇。(《越中三不朽图赞》绍兴印刷局1918年印行)

4月22日 与夏元瑮、冯祖荀、徐之杰联名发表启事,为潘调侯遗孤募集教育费。

"潘调侯先生,向在大学任事有年,同人感情素洽,去秋病逝,家无余粮,遗孤年仅十龄,情尤可悯。此次何燮侯先生来京,为谋遗孤教育费。同人拟各量力资助,一俟集有成数,即托农校赵济舟先生转交何燮候先生汇收。诸公念笃故旧,度必深赞此举也。单到务希酌予解囊,书名及款数,不胜感荷之至。蔡元培、夏元瑮、冯祖荀、徐之杰启"。(《北京大学日刊》同日)

4月24日 接待日宾参观北京大学。

"日本军官来校参观。昨早九时日本军官宇垣少将、本庄中佐、川崎少佐、山田大尉经教育部来函介绍本校参观,由校长招待并飨以茶点后,由理科教务处刘先生引导参观各处。"(《北京大学日刊》1918年4月25日)

4月26日 为谭鸣谦作《哲学对于科学、宗教之关系论》一文,撰写识语。①

"右论甚有见地,惟以感情之表现为宗教,意志之表现为哲学,尚不甚确。表现感情者,实为美学。至哲学实为智力与意志所合的表见;宗教实为感情与意志所合而表见。故科学以渐发展,则哲学之范围以渐缩小;美学以渐发展,则宗教之范围以渐缩小。哲学之永不能为科学所占领者,曰玄学;宗教之永不能为美学所占领者,曰信仰心。以哲学之所研究为信仰之标准,则宗教亦循思想界之进化而积渐改良,决不至与科学冲突,凡与科学冲突者,皆后于时势之宗教耳。作者以为何如?七年四月二十六日　蔡元培识"。(《北京大学日刊》1918年5月18日)

同日　所作《〈华法教育会丛书〉序》一文发表。(《北京大学日刊》同日)

同日　接待周作人来访。

"上午往校,访蔡先生,说明年往俄事。"(《周作人日记》同日)

同日　主持学长及各系教授会主任会议,讨论今夏招考新生事宜。

"本校招生办法。二十六日校长、学长及各教授会主任在校长室开会,讨论关于今夏招考新生各事,其议决事件如下:(一)各科本科除自预科升入者外,不另招新生。惟文本科招法文学一班。各科预科另招一年级新生。(二)预科新生试验科目全与去年同。……"(《北京大学日刊》1918年4月30日)

4月27日　所撰《北京大学二十周年纪念册序》发表。(《北京大学日刊》同日)

4月28日　往访鲁迅。

"午后铭伯先生来。下午鹤顾先生来。"(《鲁迅日记》同日)

4月29日　访罗振玉(叔蕴),聘其为北京大学古物学研究所主任教员。

"吾国治古物学者,以罗叔蕴先生为巨擘,四月二十九日先生到京。蔡校长即往访于燕台旅馆,握手道故,并请任本校古物学讲座。先生以衰老不能讲演辞,并言近在日本京都亦不任教科,惟在支那学会中与汉学家时有讨论而已。乃与商专设一古物学研究所,请为主任教员,无教室讲演之劳,而得与同志诸教员共同研究,并以研究所之组织法及全国古物保存法,请先生起草。先生颇首肯。"(《北京大学日刊》1918年6月4日)

4月　与北京西山静宜园和碧云寺订立夏季租房合同。

"本校现已租定西山静宜园及碧云寺房屋,为本校西山旅行队今夏居住之用。其合同如后:兹由北京大学租定西山静宜园房屋二所,两方订立条约如下:

(一)所租之屋为见心斋全部及昭庙大楼全部,租期以三个月为度(自七月一日至九月三十日)。(二)租金言明现洋五百四十元,于进屋之前付三分之一,中期

---

① 谭鸣谦后改名平山,其文连载于《北京大学日刊》1918年4月27日—5月18日。

付三分之一，满期时全数交付。（三）住客举动各须文明，不可有粗鄙浮薄之行为，如损坏门窗栏楣花草诸物，须照价赔偿。静宜园代表英敛之、北京大学代表蔡子民、中证张蔚西。中华民国七年四月　立。"（《北京大学日刊》1918年5月1日）

"兹由北京大学租定西山碧云寺住夏房屋一所，两方订立条约如下：

（一）所租之屋为行宫院全部，租期以三个月为度（自七月一日至九月三十日）。（二）租金言明现洋二百四十元，分两期交付，进屋以前付一半，八月份付一半。（三）住客举动须文明，不可有粗鄙浮薄之行为，如损坏门窗栏楣花草诸物，须照价赔偿。碧云寺代表聚林、北京大学代表蔡元培、中证李石曾。中华民国七年四月三十日"。（《北京大学日刊》1918年5月2日）

春　拟定北京孔德学校教务评议会简则。

"（一）本会拟改进孔德学校教务，使渐即于同人理想中之新教育为宗旨。（二）本会为华法教育会会员、北京大学教员及学生之父兄中同志者所组织。（三）本会会务如左（下）：甲、审定课程。乙、选定教科书。丙、选聘教员。丁、视察教务之进行。（四）本会每月于第一星期开常会一次，其有特别需要时，得开临时会。赞成者签名如左……"（蔡元培先生手稿）

5月1日　呈请教育部咨商外交部，准予北京大学每年增派20名海外留学生。

"本校派生留学近闻。本校拟每年派毕业生二十名往美国留学，现已呈请教育部咨商外交部，于美国退还赔款留学名额增加二十名，以备本校选派毕业生前往留学。呈文如后：（略）。"（《北京大学日刊》同日）

5月2日　日本汉学专家林泰辅等到北京大学参观访问，接待并陪同听课。

"昨日午前九时，教育部视学刘以钟君偕日本汉学专家林泰辅博士（现任东京高等师范学校教授）及诸桥辙次君，来本校参观。林博士近正讲授经学，著有一书考述中国周以前文化，故尤注意于文科，欲与文科诸教员之讲授古学者接谈，并赴教室听讲。蔡校长导往第十二室、第十一室、第十三室、第十四室、第三室旁听，并诣本校图书馆一观。留校午餐，座有陈学长及陈伯涛、黄晦闻、马夷初诸教授，于哲学、文学，颇有所讨论。"（《北京大学日刊》1918年5月3日）

5月3日　召集评议会临时会，讨论本年招生办法。

"评议会诸君公鉴：五月三日午后四时，在校长室开临时会，届时敬请莅会。……蔡元培谨启"。（《北京大学日刊》1918年5月1日）

"评议会诸君公鉴：本日午后四时临时会，须复核招考简章及补议购置教科书事，届期务请早临为幸。蔡元培再启"。（《北京大学日刊》同日）

同日　向教育部呈报《乡土地志编纂细目》，请通饬各地教育机关遵此"细目"编纂乡土志。

"本校地理教员钱振椿，因乡土地志为研究地学重要之材料，拟定一种编纂细目。已由本校转呈教育部,请予通饬各地教育机关,遵此细目编乡土地志。该呈文全文如后。

呈为据情转呈请予核办事。据本校地理教员钱振椿函称,本国地理向无专书史册之地理志。各省之府县志,卷帙浩繁,记载邃博,固属地学不可多得之参考书,惟地理科所需之教材,尚有不备者,学子多以为憾。近人新编纂之地书,或遵史志,或本外籍,似已稍臻完美,然其撮拾外人之学说,往往有失实之处,甚至外人目为陈腐,我尚视如拱璧,以本国人而不明本国之地学,诚为学术上最大之污点。为此胪陈乡土地志编纂细目,请由本校转送教育部,请予通饬各地教育行政机关,转令所属中小学校及国民学校,一律遵此目,编纂乡土地志,克期呈报中央汇为巨帙,俾得有所采撷,实为地学之幸。等情,并细目一份前来。查该教员所称各节均属研究地学切要之图,所拟编纂细目,亦均详善。理合转呈钧部通饬办理,实为公便。谨呈教育总长。北京大学校长蔡。附编纂细目一份。"(《北京大学日刊》同日)

5月4日 清华、汇文和高等师范三校举行联合运动会,被聘为总评判员。

"三校联合运动会在清华学校举行。月之四日汇文学校及高等师范,在清华学校举行第七次三校联合运动会。请本校校长蔡孑民先生为总评判员。自早九时开始,至午后五时完毕。"(《北京大学日刊》1918年5月16日)

5月9日 发布启事,为校役夜班聘请修身教员。

"学生诸君公鉴:顷刘君光颐因事归里,其所任校役甲班修身,已请杨湜生继授。惟杨君前任之丁二班修身,今尚无人接授。其时间为星期六晚七时至八时,地点在本校理科。诸君中有热心愿任斯课者,请与高君月彩接洽为幸。蔡元培"。(《北京大学日刊》同日)

5月11日 与徐崇敬、马寅初等17人联名发表启事,集资兴建北大法科苑囿。

"蔡校长等现发起集资,在法科建一苑囿。其捐启如后:

敬启者。自本校成立,忽已廿年,纪盛之典虽行,垂远之业未举。同人不揣微末,愿有赞扬,拟集货泉,共建苑囿。盖征往古,此制实多,载考遐方,例尤不鲜。况士志于艺,用心孔殷,诵习之余,宜以游息。闻莺鸣而求友声,观草长而滋生意,云飞霞蔚,皆为文章,树木树人,道斯一贯。仲舒之勤,何嫌于窥园,与点之乐,尽寄乎风咏。居者不出,坐傲啸于羲黄,来者如归,共盘桓夫晨夕。檐户维新,幸无妨帽碍眉之诮,拳石之积,犹作凌嵩超岱之观。养性悦魂,为学日益。从此百年,枝皆成栋,南国之棠可思,武城之树不毁,实赖诸君之赐。刻已就本法科隙地,扫除瓦甓,鸠工经始,伏乞量力捐金,并希早惠,由募捐人收齐,转交法科会计课收入,俾便促督晋筑,不日成之。他日观水寻源,即末返本,诸君与有荣施焉。另附图式一纸。均祈大鉴,并请公安。徐崇敬、马寅初、胡钧、陈怀、蔡元培、张孝移、屠振鹏、黄振声、王建祖、林损、王荫泰、陶履恭、余棨昌、伦哲如、左德敏、朱锡龄、王启常同启"。

(《北京大学日刊》同日)

5月17日 应清华学校"国情考察会"之敦请,在该会发表《中国教育之现状》的演说。

"月之十七日,蔡校长受清华学校国情考察会之敦请,在该会演说《中国教育之现状》。听者甚众。清华学校国情考察会,乃为该校游美学生预知本国情形而设,故在会者多高级学生。闻该会发起已一年有半矣。"(《北京大学日刊》1918年5月20日)

5月18日 邀请音乐名家王心葵,在北京大学演奏古乐。

"五月十八日下午,本校特请音乐名家诸城王心葵先生,到校演奏古乐。原定假座理科第一教室,嗣因来会者极形拥挤,改在文科第一教室,而倚伫窗外户畔者仍众,几迭足而立。综计约有一千余人。来宾中,有音乐家卫西琴先生、吴弱男女士等,本校教员有词曲教授吴瞿安先生等。先由吴瞿安先生将曲名宣布。四点许,蔡校长偕王先生到场。校长致介绍词。略谓王先生秉承家学,殚心研究,遂得专精绝艺。曾居日本五六载,兼通中西乐法。民国三年,教育部征集国歌,章太炎先生特荐先生定谱。先生鉴于是时政局恶劣,卒不肯应。其衿怀高旷,可以想见。今游北京,承允本校之招,惠然肯来,诚当引为荣幸之事。愿到会者静虑息声,以聆雅奏。王先生适患感冒,讲演中西乐比较一项,即行缺去,俟日后笔述于日刊宣布云云。次王先生奏乐。……是晚校长留王先生晚餐,同座有卫西琴、吴瞿安、胡适之诸先生,尽欢而散。"(《北京大学日刊》1918年5月21日)

5月20日 本日起,《北京大学日刊》陆续刊登《歌谣选》。

"本校自二月初发起征集全国近世歌谣以来,进行甚顺,计所收校内外来稿已有八十余起,凡歌谣一千一百余章。由刘复教授选其最佳者,略加诠订,名曰《歌谣选》,至其余所有来稿亦将不分优劣依寄到先后,用油印印出约自五十章至百章,为第一辑、第二辑、第三辑。……"(《北京大学日刊》同日)

5月21日 北京大学学生集会并往总统府请愿,反对签订"中日协约"。校长于事发时劝阻无效,引咎自责提出辞职。

"报载中日协约,大损国权,不啻亡国条件,昨已签字,将送总统盖印。昨夜本校同学因开紧急会议于文科饭厅。到会者千余人,留日归国学生代表亦至演说,有痛哭泣下者。议决今日全体请假往见总统,要求勿予盖印,并将条文公布。校长闻悉,今早八时来校,当众劝阻无效。遂于九时齐集整队出发,约有千四五百人,十时抵新华门,十一时三校(北大、高师、高工)代表同见总统。下午二时,蔡校长因此向部辞职。是夜七时,全体复集法科礼堂,宣布往见总统情形,并议决各班长代表上

书教育部,挽留蔡校长。"(《苏甲荣日记》同日)①

《北京大学日刊》关于学生集合、请愿和北大校长劝阻情形的报道。

"本校学生因中日出兵、协约签字事,忽于前晚(二十日)在本校开会,到者颇众,演说甚多,当即决定与留日学生取一致行动,不消干预政事,惟力争不签字之中日军事新协约而已。其具体办法:第一步,全体学生于昨日(二十一日)上午齐集总统府,由代表数人晋见总统,恳求勿为盖印,并将条件全文速为公布。后为校长得知,于早六时驰来校中,百方劝导,均归无效。临出发时,校长复上前阻拦,略谓诸君有何意见,尽可告我,定当代达总统、总理,若此全体出发,不徒无补于事,且难免不受干涉之辱,为君等计,还以勿出为是。奈声势汹汹,挽回无法,卒至全体出发矣,午后一时返校。据云,途中秩序甚为整齐,至府亦蒙召见,详为解释,并将协约各条朗读一过,各生始返校云。"(《北京大学日刊》1918年5月22日)

《申报》报道蔡校长曾到北大全体学生集会之所,演说劝阻。

"北京大学全体学生前晚开会,决定昨晨全体往谒总统后,蔡孑民校长即于昨日清晨七时到校,拟设法劝阻。是时学生已会集,呈全体请假单,请求准假一日。蔡校长立时至学生会集之所,演说劝止。谓热心国事,原未敢抑制,但此种行为、此种办法,实非学生会集之所宜,果有所见,自宜各就各科,推举代表说明意见,某必当达于政府,如不信某言是,即不认某有代表资格,某惟有立电政府,先请辞职。学生闻之虽极感动,惟众意谓校长自有苦心,但终不能不依旧进行,于是校长去而全体学生整队出发矣,时午前九时。"(《申报》1918年5月24日)

5月22日 向总统、教育部提出辞呈。北大全体学生挽留,本日照常上课。

"蔡元培对大学生请愿劝阻无效,愤而辞职,学生全体挽留,今日照常上课。"(《申报》1918年5月23日)

呈大总统、教育部辞职全文。

"呈为呈请辞职事:窃元培自任北京大学校长以来,办理不善,早承洞鉴。顷本校学生对于《中日防敌军事协定》多所怀疑,曾开会讨论,决定由各班长率全体学生,诣总统府要求废约。元培再三劝告,并允以代达意见于大总统,而彼等不肯听从,毅然列队进行。元培平日既疏于训育,临时又短于肆应,奉职无状,谨此辞职。伏乞别简能者,继续办理,实为公便。谨呈大总统。"

"呈为呈请辞职事:窃元培自任北京大学校长以来,办理不善,早承洞鉴。顷本校学生对于《中日防敌军事协定》多所怀疑,曾蒙总长面嘱,以该约并无危险等情,宣告于全体学生,元培谨已遵行。不意昨夜学生开会讨论,决议于今晨八时由各班长率全体学生诣总统府要求废约。元培特于七时到校,多方劝告,并许以代达意见

---

① 苏甲荣,时为北京大学哲学系学生。

于大总统,而彼等不肯听从,毅然列队进行。元培平日既疏于训育,临时又拙于肆应,奉职无状,谨此辞职。

又,本日接文科学长陈独秀、理科学长夏元瑮、法科学长王建祖、工科学长温宗禹联名一函,称独秀等因不能襄助校长管理学生,有负学长职务,谨行辞职云云。合并奉闻。现本校一切教务,暂由各教授会主任执行。其他事务,由庶务主任、图书馆主任分别督饬,均可照常进行。元培等现正办理交代事宜。除元培已呈请大总统别简能者继任校长外,理合呈请钧部,分别委任相宜之人接任学长职务,实为公便。谨呈教育总长。"(《北京大学日刊》1918年5月23日)

同日 教育部袁(希涛)次长到北京大学,送回北大校长、学长辞呈,表述挽留之意。

"校长、学长……辞呈于二十一日发出,学生代表四人即诣教育部请挽留。二十二日晨,全体班长向校长陈挽留之诚意;午间总统府以校长辞呈送教育部。午后教育部袁次长来校,述其个人及总长之意,挽留校长、各学长,并致训勉学生之语。晚间陈秘书送回两呈。"(《北京大学日刊》1918年5月24日)

5月23日 北大学生各班长申述挽留校长之诚意,乃声明留职。

"二十三日午前十时开学长会,议决须召集各班长询以全体学生是否均已觉悟,乃定去留。午后四时,各班长齐集校长室,由校长述袁次长来校情形及训勉语,并详述个人对于全体学生之希望,并询现在同学是否均已觉悟。各班长中有两人次第发言。均表明觉悟之状况及申述挽留校长及各学长之诚意。校长乃声明留职焉。"(《北京大学日刊》1918年5月24日)

5月24日 发表"致进德会会员公函",公布会员人数已达468人,定于5月28日举行成立大会。

"进德会诸君公鉴。敬启者:本会会员,于本月十八日截算,已有四百六十八人。今定于本月二十八日午后四时,在文科第一教室开成立大会。开会以前,先以通讯的记名投票法,选举评议员及纠察员,……奉上会员名册一本,内分列职员、教员、学生三部,请分部按数举出。于所选之评议员姓名上,各志以○;于所举之纠察员姓名上各志以△,加封送校长室。……蔡元培谨启。"(《北京大学日刊》同日)

5月27日 主持研究所主任会议,讨论各所研究科目。

"五月二十七日下午四时,开研究所主任会议于校长室。到会者陈、王两学长及沈尹默、黄振声、胡适、马寅初、陈启修、黄右昌、俞同奎七主任。由校长主席。是日所议定事件如下:

(一)讨论夏学长之意见书议决下列办法:(1)研究科当限于范围甚狭之专门学科。A本科所无。B本科所有而未能详尽。(2)研究员以毕业生为主体,二年级以上之本科生欲习研究科必须本班教员认可。(3)研究所教员或学生均须随时讲演讨论。(4)研究所现有学科依第一条之规定全行改组。(5)研究所教员除特请者外均尽义务,惟可酌减施行细则之钟点数。

(二)议决暂时停止法科四年级之特别研究,以研究所之译名译书两相代之(其详细办法另由法科各研究所主任另定之)。

(三)法科研究所改定科目。(1)比较法律。(2)刑法。(3)国际法。(4)银行货币。(5)财政。(6)经济学。

(四)文科研究所改定科目。研究科。(甲)哲学门:(1)中国古代哲学史料问题。(2)逻辑学史。(3)儿童心理学。(乙)国文学门:(1)清代考订学。(2)文字孳乳之研究。(3)文学史编纂法。(丙)英文学门:(1)诗 Victorian Perlod。(2)近代名剧。共同研究。(甲)哲学门:(1)审定译名。(乙)国文学门:(1)字典编纂法。(2)语典编纂法。(3)今韵之研究。(4)方言之研究。

(五)理科研究所,随后由理科学长与各门主任决定发布。

(六)以上各门研究科目如有程度适宜之学生愿研究某科不在上列之内容者,可随时酌增。"(《北京大学日刊》1918年5月29日)

同日 发布《关于转发教育部严禁学生集会干涉政治以维校风的布告》。

"顷奉教育部训令,内开本日各校学生群集公府,要求撤销中日协约条件各情,业经严令劝谕解散。查当时随同附和各学生,该校实居多数,亟应由该校校长剀切训饬,并予严重取缔,嗣后不得再有集众开会,干涉政治情事,各该校长务各负完全责任,督率各职员随时查察,严切约束,以重校规而维风纪。切切此令。等因。

查学生集众开会,干涉政治,早经悬为厉禁,本日本校各生群聚公府,要求撤销中日协约条件,实属违犯校规,非严行取缔不足以维学风,嗣后各生如再有此举动,即当照章严予处分,仰全校学生一体知悉。此布。"(《北京大学日刊》同日)

5月28日 主持北京大学进德会成立大会。

"《进德会报告》。本会于二十八日午后四时,在文科第一教室开成立大会。先由校长述开会词,并言今日本拟报告被选评议员、纠察员之姓名,惜检票未毕。未知结果,拟稍缓宣告于日刊,又声明各条界说。次李石曾君演说《最新之道德学与宗教时代玄学》,……次由校长申明进德之名,非谓能守会规即为有德。德者,积极进行之事,而本会条件皆消极之事,非即以是为德,乃谓入德者当有此戒律,即孟子人有不为而后可以有为之义也。"(《北京大学日刊》1918年5月30日)

5月30日 《在中华书局小学会议欢迎会之演说词》本日起连续发表。(《北京大学日刊》1918年5月30日、31日)

6月1日 被选为进德会评议员。

"《进德会报告》。本会之评议员、纠察员选举票至本月一日始检毕。今先揭当选人姓名及其票数于后,其他各人所得票数,嗣后亦当排日揭载,以供众览。评议员当选者：蔡元培212票、王建祖167票、温宗禹165票、夏元瑮158票、陈独秀152票。"（《北京大学日刊》1918年6月3日）

6月4日 罗振玉函告，因年事等因辞谢北大古物研究所主任教员之聘，拟再函敦请。

"顷得此函，似有不能来校之意。然蔡校长拟再驰函敦劝，或能邀罗先生之允诺也。"（《北京大学日刊》同日）

同日 与陈独秀、夏元瑮等联名发布代售北海游览券启事。

"本校同人公鉴：顷接陈树青先生来函称，湘省兵灾苛重，待赈孔殷，特请开放北海三日，所收券费，悉充赈款。兹送上游览券四本，计二百枚，即请赐收，代为公售，（中略）并希于一星期内见复为幸云云。游览券二百张，现存会计课，每张售票洋一元。望同人于一星期内，向会计课购取，为荷。蔡培、陈独秀、夏元瑮、王建祖、温宗禹同启"。（《北京大学日刊》同日）

同日 撰写《〈中学国文科教授之商榷〉序》。（新潮社编《蔡孑民先生言行录》）

6月6日 为北大音乐研究会拟定会章，并延请王心葵教授古乐。

"音乐会紧要启事。启者：顷奉校长函示，现为本会聘定王心葵先生教授琴瑟等古乐，拟自六日起，另觅会所，大加扩张，代拟会章一纸，饬开临时大会，详加讨论云云。兹定于六日（即星期四）下午四时半，在文科第四教室特开临时大会，凡我同人务望拨冗惠临，是为至幸。后附校长代拟章程。"

"校长所拟简章。一、本会定名为北京大学乐理研究会。二、本会宗旨在敦重乐教、提倡美育。三、本会研究之事项如下：甲、音乐学；乙、音乐史；丙、乐器；丁、戏曲。以上各部复得析为若干种类。本会方值创造，未能完备，暂以教师之便设琴、瑟、琵琶、笛、昆曲五类。四、本会隶属于北京大学，校内外人均得入会。会中细则，另章规定之。五、本校学生入会者，每人每年每类收费六元；校外入会者，每人每年每类收费二十四元。惟各校学生得各校校长介绍者，得免交半数（十二元）。交费或并交或依学期交均听便。本校毕业学生已经出校者，每人每年每类收费十二元。六、入会者填写履历，交由本会请校长核准后，始为会员，其半途出会者，亦须请校长核准。七、本会暑假年假，概不间断。"（《北京大学日刊》同日）

6月10日 主持法国公使柏卜到校访问欢迎会。

"法国驻华公使柏卜先生于月之十日午后五时，在文科第一教室演说法华亲善之意。听者甚众，同时，《巴黎时报》主笔杜伯斯古先生，演说《法国写真文学最近之进步》。王心葵先生奏古乐数阕。中法人士，相聚一堂，一讲法国最近之文学；一奏中国最古之音乐，诚盛会也。法公使原拟是日来本校参观，校长遂请其演说，以表欢迎。钟鸣五下，文科第一教室人已坐满，校长导公使、杜伯斯古先生及其他法国来宾入。首由校长致开会词，略谓中法政体相同，友谊素笃，故中国对于法国文化，

较诸他国之文化,尤为欢迎。今日法公使及杜伯斯古先生来校演说,更促进友谊云云。"(《北京大学日刊》1918年6月12日)

6月11日 与夏元瑮联名刊登欧美同学会晚餐会改期启事。

"本校欧美同学会诸君注意:欧美同学会之第一次晚餐会,因本星期不及预备,已改为本月十九日举行。特此奉告。蔡元培、夏元瑮同启"。(《北京大学日刊》同日)

6月12日 《欢迎柏卜等演说会开会词》本日发表。(《北京大学日刊》同日)

6月15日 接待日本议员访华团。

"日议员团于月之十五日,由外交部部员刘君家愉引导,来本校参观。蔡校长及本校日文教员周君龙光,招待并导往校内各处参观。"(《北京大学日刊》1918年6月17日)

6月18日 与李石曾、王道元等十人联名发起留法俭学会学校募款义务戏。

"留法俭学会学校募款义务戏缘起。留法俭学会发起于民国元年,以推广留学为目的,以节省学费为方法。昔日留学之事,仅属于少数之人,自俭学之法实行,留学乃可期于普及。惟未赴法之先,须与以相当之预备。创办学校,所费甚巨,自非广筹抵款,岂能期诸永久,明效大验,或将徒托空言。今承学界商界诸君提议组织义务戏,以所售入场券之价,辅助会中所办学校。同人等或为俭学会分子,或对于该会原表同情,于义务戏之举,自极赞成。虽然留学之事关于中国学术之进步者至巨,邦人君子,咸所关心,对于斯会之赞助,非仅同人区区数十人所克担荷,又必有赖于社会之多数人,盖可知也。此举成立伊始,预来购券者已不胜计,虽征赞义举者之多人,斯则同人等谨代俭学界敬布其感谢之忱者也。发起人:李石曾 陈任中 蔡元培 齐宗康 安迪生 王道元 张谨 孙壮 彭济群 顾肇庆"。(《北京大学日刊》同日)

6月20日 主持国史编纂处会议,讨论今后进行方法等问题。

"本月二十日午后三时,国史编纂处诸君在校长室开会。到者自蔡处长外,有屠敬山、张蔚西、叶浩吾、刘申叔、王书衡、文诹、沈兼士、邓文如、孙季芃、童亦韩、蒯耕崖、徐贻孙诸君,传观征集股及编辑股事务员所汇录之报告并讨论此后进行方法。闻在校纂辑诸君已商定暑假期中仿各机关例放假半日,午前仍照常治事。其重要之报告之左(下):

征集股报告事项:一、各机关及个人所赠印刷品计84种共3211册。二、前后购入中文书报及东西文书报,计中文书报113种共1009册,东文书报31种75册,西文书报17种24册。三、本股所钞书报及案卷计20种共217册。四、已翻译稿计5种共10册。五、已编辑稿计4册、图12张、图说1册。

编辑:《西南纪实》1本(邓文如先生)、《自治外蒙古》3本(钱念劬先生)、《分段中俄界图》12 张、《分段中俄界图说》1 本（此二件系钱念劬先生、陈飞青先生）。……"（《北京大学日刊》1918 年 6 月 24 日）

6 月 21 日　《欢迎柏卜等演说会闭会词》本日发表。（《北京大学日刊》同日）

6 月 22 日　致外交部文,请发朱家华赴瑞士留学特别护照。

"启者：敝校现派教员朱家华赴瑞士研究地质学,经美赴欧。该教员携有女眷,恐由美赴欧之船不允搭载,又所经各国亦恐多所留难。欲请贵部特别玉成,给以外交送信员名义,发特别护照一份,俾得安抵瑞都,实为公便。此致外交部。校长蔡元培　中华民国七年六月　日"。（函字第六十三号六月二十二日发）（北京大学档案）

6 月 23 日　出席北大画法研究会休业式并致训词。

"该会于月之二十三日上午十时,在理科第一教室开会行休业式。……十时前,校长蔡先生及导师徐悲鸿先生、钱稻孙先生、冯汉叔先生、李毅士先生亦相继到会,先在习画室内茶点并参观成绩。十时许,由干事陈邦济君导至会场。先由陈君报开会意见……并恭请蔡先生致训词。"（《北京大学日刊》1918 年 6 月 28 日）

6 月 25 日　出席戊戌北京大学同学会成立会。

"本校开戊戌大学同学会之成立会。昨午会员到者二十余人。教员到者,黄、徐二君。来宾到者,教育部袁次长、本校蔡校长。十二时在文科第一教室开会。首由发起人代表李文权君报告,次会员曾彝进君、陶□□君演说。次来宾袁次长、蔡校长演说。"（《北京大学日刊》1918 年 6 月 26 日）

同日　作有《〈实用测量法〉序》一文。（卫梓松编《实用测量法》上海商务印书馆 1919 年）

6 月 26 日　为北京大学戊午同年录撰写序文。

"中华民国七年,国立北京大学毕业诸君汇刻题名录,以为纪念。以本年二月十一日以后为旧历戊午岁,乃题为戊午同年录,而征词于余。余惟同年录之名,盖起于科举时代,冠以干支亦当时之习惯也。顾科举者,间数岁一举行之,非永久之机关。而科举中式之同年,其素不相识者,恒居大多数也。然而既为同年,则岁时集会,休戚相关,往往历久而不渝。盖人类互助之性,不能无所托,以表现同年者,亦其表现之一机会也。今本校毕业之同年,既有永久机关之母校以为基,而同年诸君,率皆朝夕聚首,互有讲习之关系,近者三四年,远者六七年。其感情之挚,必视科举时代之同年为倍蓰,可无疑也。余故不辞而题其端,以为证。是年六月二十六日　蔡元培"。（《国立北京大学分科戊午同年录》1918 年印行）

6 月 28 日　《在北大画法研究会休业式之训词》本日发表。（《北京大学日刊》同日）

6 月 29 日　出席北大进德会评议员、纠察员第一次会议。

"七年六月二十九日,进德会评议员、纠察员第一次会议。本日到会者二十九人,蔡元培、沈尹默、傅斯年、罗家伦、陈宝锷、高日采……",议决"重发志愿书于会员"等事项。(《北京大学日刊》1918年7月4日)

北大文科国文门第四次毕业班师生合影(1918年6月)

7月4日 与北京高等师范、北京法政专门学校等六校校长,联名发起公建西山精舍。

"本校及高等师范、法政专门、医业专门、农业专门、工业专门五校,拟在西山静宜园之香山寺遗址,建筑精舍,为六校同人暑假旅行西山之用。现已设立筹备会积极进行,并向教育部立案矣。"呈文署名为"六校校长"。(《北京大学日刊》同日)

7月6日 发起成立北京大学新闻研究会,并草拟章程8条。

"本校将于暑假后设立新闻研究会,现已由校长将该会简章拟就,并印就多份,存于日刊处。凡注意此会者,可向该处取阅。"

"北京大学新闻研究会简章。一、本会定名为北京大学新闻研究会。二、本会以灌输新闻知识,培养新闻人才为宗旨。三、本会研究之事项如下:(甲)新闻之范围、(乙)新闻之采集、(丙)新闻之编辑、(丁)新闻之选题、(戊)新闻通信法、(己)新闻纸与通信社之组织。四、本会研究之时间,每星期三小时。五、本会隶于北京大学,校内外人均得入会。六、校内会员,每年每人纳费九元;校外会员,年纳十八元,分三期缴纳。七、既纳之费,无论何种情形,概不退还。八、北京大学日

刊处,为本会办事机关。入会者向该处报名。"(《北京大学日刊》同日)

7月8日 与张元济商讨大学教科书改良问题。

"鹤顾来谈,大学教员及兼任外边教授者,拟就现有教科书先行改良,问本馆能否接受照改。余云:极所欣盼,即报酬一层,将来一应致送,虽不能丰,亦应尽所当为。鹤顾谓,此可后来再说,此时可否各送书一份,以便着手。余云,可以照送。"(《张元济日记》同日)

7月9日 发起创办世界图书馆。

"世界图书馆之发起。七月九日午后四时,本校编译会开茶话会,欢迎商务印书馆总经理张菊生先生。是日,蔡校长及本校讲师李石曾君提出创办世界图书馆议案,因请张先生于午后二时到校,并约本校图书馆主任李守常君,及京师图书馆迁移午门筹备员陈仲骞君,到校会议,本校胡适之、沈尹默、朱逖仙、钱玄同、马幼渔诸教授皆在座。提议后,全体赞成。张先生遂函告上海商务印书馆,顷已得来函赞同。拟由华法教育会报告于巴黎会所,积极进行。大约半年以内,此事当有成议矣。"

蔡元培、李石曾:"创办世界图书馆议"。

"一、提议与发起。民国五年夏,由华法教育会提议,创办中文图书馆于法国、法文图书馆于中国。扩而充之,为中西各国文字图书馆。此意曾向巴黎数大书店商榷,均认为可行。民国七年夏,向商务印书馆提议,亦认为可行。即当合中西各团体发起世界图书馆,并组织临时办事机关,预备进行,先从中国世界图书馆之法文部,与法国之中国图书馆著手。

二、办法。由中西各书馆,仿照西方习惯,每出一书,送图书馆以样本之意。每出较为一重要之书,互相交换二册,以成中国法国之图书馆。收集书件,在中国由商务印书馆为总机关;在法国,以巴黎华法教育会为总机关。中文书各二册,分置于巴黎、里昂(或比京)。法文书各二册,分置于北京、上海(与他国交换之书,亦略仿此意)。于图书馆外,并设售书机关。在中国,以商务印书馆为总机关;在欧洲,以中国印字局为总机关,即以图书馆所存之书为样本。

三、试办。先于北京组织试办机关,拟定条件,并征求法国书业之同意。俟经商定,即行征集图书。一俟战事告终,即交换运送。运书经费,及图书馆房舍,亦均由试办机关筹画。交换售书事,亦同时筹办。俟中法两处图书馆均有头绪,即仿此办法,推及于他种文字之图书。

四、世界图书馆之完全组织:

中国(甲)北京图书馆、(乙)上海图书馆:法比图书部、英美图书部、德奥图书部。各有一主任经理之。

法国(丙)巴黎、(丁)里昂(或比京)中文同上。

英美德各处,亦各设一、二中文图书馆。"(《北京大学日刊》1918年8月17日)

7月10日 函请北京法国医院院长贝熙业兼任北大校医。

"法国医院院长贝熙业博士大鉴:径启者。本校人数颇众,卫生与治疗各事,均待讲求。前曾商请先生自本年九月起,担任本校校医,已承表示赞同。至先生有因事离京,或虽在京而不能到校时,届时当请指定代人,本无困难。关于到校与治疗办法,寻常每星期到校一次,遇有特别病人时,请临校诊视,或送至医院就诊,一如所商。(下略)"(《北京大学日刊》1918年10月4日)

7月18日 往北京香山避暑,设想迁北京大学校址于该处。

"蔡校长已往西山。"(《苏甲荣日记》同日)

"校长蔡公避暑碧云寺,遍游各处,亦深感其山峦峻伟、林泉清幽,迥非衰草黄沙、马嘶人语之景山东街所可几及,设迁大学于此地,不特于精神上可根本改革,即形式上亦可焕然一新。有清末叶曾于德胜门外拨地一区,为大学建校舍,民国四年,改用为模范团兵营。当时政府曾允本校谓将来若须重建校舍,可在西山一带拨地备用,后因战云弥漫,遂停勘测。今若重提前议,政府自无不同情。暑假中,适逢工科教授孙瑞林先生住见心斋内,故蔡公即请孙先生,就近勘测适宜地点。"(《北京大学日刊》1918年8月17日)

同日 草拟请参加西山旅行队的北大学生各述简历启事。

"同在一校,觌面或不相识;或相识矣,而不能知其从前之阅历与现在之状况,虽相识如未识也。在山诸君,人数无多,询问较便,爰提出左(下)列诸问题,请逐条作答,无者阙之,随时送鄙人处。俟集有成数,鄙人亦当为诸君述一生之所经历,以增进彼此相识之程度焉。 七年七月十八日 蔡元培。

(一)姓名字号。起名之义。如此一字为兄弟行所公用者,又偏旁或有取义等。字为尊长所命与?抑自命之与?别号何义?以有字、号为善与?抑以省之为善与?(二)乡里。何省?何县?城与?乡与?故乡风景与北京比较何如?与西山比较何如?故乡人情风俗与北京比较何如?(三)亲属。家世有何特点?父、母俱存与?品性如何?营何职业?兄、弟、姊、妹几人?年各若干岁?在何等学校?或任何等职务?已婚娶与?有子、女若干人?几岁?已订婚与?未婚妻是否在学校?未订婚与?所希望之婚配如何?赞成独身主义者与?(四)品性。刚与?柔与?敏捷与?精细与?有何等嗜好?有不善之念、能自知之而自制之与?善善之念与恶恶之念,孰为偏胜?常以何事为消遣?(五)学业。从前所受之教育如何?性所最近者为何种'科学'?平日所最苦者为何种'科学'?毕业后愿任何种职业?(六)经济。家境如何?现在一年之费,皆家中所供给与?毕业以后,有自费游学或留京研究之能力与?现在一年之费,作如何分配?(七)对于本校之关系。对于本校不满足之感何在?教员中所最佩服者何人?同学中所最亲善者何人?以何故而亲善之与？入何种会？（八）入山以来之状况。卫生上、美学上之感想如何？每日之定程如何？于音乐、绘画及其他运动，以何者为最有兴会？"（蔡元培先生手稿）

夏 拟定《常识丛书编辑会简章》。（蔡元培先生手稿）

8月3日 为胡适著《中国古代哲学史大纲》作序一篇。（胡适：《中国古代哲学史大纲》商务印书馆1918年出版）

8月5日 撰挽海盐沈太夫人一联。

"恭挽海盐朱母沈太夫人

孝行闻闾里，高年又淑才，人称苏氏母，蔚见王庭槐；

懿范应长在，慈云感永颓，千秋墓上树，风雨可胜哀。 蔡元培"。（《妇女杂志》第4卷第8号）

8月14日 赞成北京大学消费公社设商业夜班。

"消费公社近上书于校长，呈请设立商业夜班。校长已函复赞同，并嘱即着手组织。"（《北京大学日刊》同日）

8月16日 与胡适、沈尹默等组织新教育研究会，并举行第1次讨论会。

"国立北京大学蔡孑民等以西洋教育之革新，多赖试验学校，故组织一新教育研究会，研究试验学校之办法，第一次开会后，公推沈尹默、胡适之、朱逷先、马幼渔四君拟定草案，于八月十六日午后三时在北京大学校长室开会讨论。到会者为蔡孑民、钱玄同、刘半农、胡适之、沈尹默、朱逷先、马幼渔、钱秉陵、姚书城、丁庶为、吕一成、陈百年、王继根、张中甫、顾石君、陈独秀、蒋梦麟诸君。其基本改革诸要点列下：（一）国民学校国文科改文言为国语，纯用白话体教授。（二）第三、四年兼习语法。（三）减少授课钟点，加增唱歌、体操、游戏钟点。……"《申报》1918年8月25日）

8月21日 列名发起中法公益事业联合会。

"北京中法两国绅商发起一中法公益事业联合会，草定章程十四条，呈报内务部立案。该会设立之目的有三：（一）奖励推广法国语文及法国文学美术。（二）协助中法教育、文学、科学及美术事业之发达。（三）募集基本金分配于以上各事业。该会由下列各会选出代表组成之：中法文学协会代表蒲希贤尔、医生西格拉斯君、欧美留学生会代表蔡元培君、王宠惠君，法比留学生会代表吴光善君、何子才君，中法协会代表巴国君、马尔扬君，中法睦谊会代表铎尔孟君、刘甫臣君，远东生物学会代表李煜英君……北京音乐美术考古语言学会等。"（《申报》同日）

8月27日 为徐宝璜编著《新闻学大意》作序一篇。（徐宝璜：《新闻学大意》商务印书馆1918年出版）

为徐宝璜所著《新闻学》题写书名（1918年）

8月31日 对胡宣明《组织学界卫生会之提议》，表示赞成。

"卫生教育联合会医士胡宣明君，对于公众卫生教育，非常热心，近有一文其题为《组织学界卫生会之提议》，邮寄蔡校长。校长对于其提议之大旨，极为赞成。惟进行办法，须俟与其他教育机关商酌，方能决定。"（《北京大学日刊》同日）

9月12日 作《跋〈新世说〉》一文。（易宗夔：《新世说》1918年印行）

同日 撰有《兰溪蔡氏重修宗谱》序一篇。（抄留底稿）

9月14日 特设高考补习班，为高考未录取学生补习一年。

"北京大学蔡校长以今年新生未录取者甚多，深恐青年徘徊歧路，虚掷光阴，特设一补习班，凡有中学毕业程度者皆可报名，肄业补习一年即可入该校预科，一俟开学后即截止报名，有志者从速也。"（北京《晨钟报》同日）

同日 为蒯寿枢（若木）访聘家庭女教师一名。

"若木先生大鉴：前日领教为快。嘱访女教师，顷由周寄梅（诒春）君推荐一人，尚合宜。其条件如左（下）：（一）可住于贵府，每日教授时间，自三点钟至六点钟均可（不兼别处事）。（二）膳由尊处供应，抑须渠自出膳费。（三）月俸一百元（现银）。……如尊意赞同各条件，则月内可以订约，十月初即可开课也。……弟元培敬白 九月十四日"。（《致蒯寿枢函》同日）

9月20日 主持北京大学开学式，并发表演说。

"昨日午前九时，本校在文科第一教室行开学式。教职员与学生行相见礼后，蔡校长演说略言：大学为纯粹研究学问之机关，不可视为养成资格之所，亦不可视为贩卖知识之所。学者当有研究学问之兴趣，尤当养成学问家之人格。本校一年以来，设研究所，增参考书，均为提起研究学问兴趣起见。又如设进德会，书法、画法、乐理研究会,开校役夜班,助成学生银行、消费公社等,均为养成学生人格起见。此皆诸生所当注意者。且诸生须知,既名大学,则万不可有专己守残之习。一年以来,于英语外,兼提法德俄意等国语及世界语;于文学外,兼提倡本国近世文学及世界新文学;于数理化等学外,兼征集全国生物标本,并与法京巴斯德生物学院协商,设立分院。近并鉴于文科学生轻视自然科学,理科学生轻忽文学、哲学之弊,为沟通文理两科之计画。望诸生亦心知其意,毋涉专己守残之习也。次陈学长演说。……"(《北京大学日刊》1918年9月21日)

北大红楼(第一院)

9月21日 发布设立北京大学新闻研究会的布告。

"《校长布告》。本校为增进新闻知识起见,将设立一新闻研究会,凡愿入会者,于本月内向日刊处报名可也。"(《北京大学日刊》同日)

9月24日 赞同北京大学法文班师生创办留法预备补习班。

"国立北京大学法文班各科教员学生等,现发起创办一留法预备班,招收校外生徒来校补习法文及各种科学,以为自费留法之预备。蔡子民校长对此深表赞同,刻已由该校发起人与华法教育会接洽一切,开办之期约在下月初旬云。"(北京《晨钟报》同日)

9月25日 主持北京大学编译处会议,议决补助科学杂志等事项。

"开会之初,蔡校长报告二事:(一)代表组入法文协会事。法文协社为各团体所组织,编译处亦其一也。曾于本月十四日开译议会一次,议决推陈独秀、胡适之二君为代表,组入协社,惟专任法文名著直译事。(二)补助科学杂志事。蔡校长接科学社代表胡明复君来函云,社中经费迩来异常支绌。……因提议于编译处每月经费中,提出二百元,补助科学社。到会者皆赞成。"(《北京大学日刊》1918年9

月27日)

  同日 所撰《〈罗马法〉序》一文发表。(《北京大学日刊》同日)
  9月27日 所作《〈中国币制统一论〉序》一文发表。(《北京大学日刊》同日)
  9月30日 主持北京大学学长及研究所主任工作会议。
  "九月三十日,由蔡校长召集各学长及研究所主任会议。提议照研究所总章第八条,组织研究所联合会,互选会长。讨论之结果,愈以现在各研究所之书报,均已汇集于图书馆,不必别筹便利交通之法;划一办法,一时亦未易著手。联合会之举,暂缓实行,遇必要联络时,仍由校长召集云。"(《北京大学日刊》1918年10月3日)
  同日 为河南郾城建设医院捐款二十一元。
  "本校代募河南郾城建筑医院捐款清册。金邦正二元、王家驹二元、陈宝泉二元、汤尔和二元、洪镕二元、蔡元培二十一元、王建祖二元、陈汉章二元、辜汤生一元……"(《北京大学日刊》同日)
  10月6日 江苏省教育会美术研究会成立,被推为特别会员。
  "江苏省教育会美术研究会自发起组织以来,各地人士入会者,非常踊跃。遂于月之六日下午二时开成立大会。到者百余人。……沈信卿君当选为会长,刘海粟君当选为副会长,丁悚、张韦光、庄伯俞诸君当选为职员。又因接有蔡孑民先生、符九铭先生去函赞助,遂推为特别会员。"(《北京大学日刊》1918年10月15日)
  10月7日 发布《北京大学月刊》征稿启事。
  "全校同人公鉴:本校定于明年一月发行《月刊》,由各研究所主任教员认定分期编辑,已布诸《日刊》。第一期之稿,须于本年十二月一日集成。请诸君速以所作分别送至各研究所主任,以便审定后,汇送朱遏先先生处。稿件均横写,并加各种符号,如《科学》式,印有稿纸,存《日刊》处,可索取。 蔡元培谨启"。(《北京大学日刊》同日)
  10月8日 北大学生傅斯年对哲学门隶于文科,"颇有怀疑之念",致函蔡校长商榷之。蔡校长即作答复。
  "傅君以哲学门属文科为不当,诚然。然组入理科,则所谓文科者,不益将使人视为空虚之府乎?治哲学者,不能不根据科学,即文学、史学,亦莫不然。不特文学、史学近皆用科学的研究方法也。文学必根据于心理学及美学等,今之实验心理学及实验美学,皆可属于理科者也。史学必根据于地质学、地文学、人类学等,是数者,皆属于理科者也。如哲学可并入理科,则文史亦然。如以理科之名,仅足自然科学之代表,不足以包括文学,则哲学之玄学,亦绝非理科所能包也。至于分设文、哲、理三科,则彼此错综之处更多。以上两法,似皆不如破除文理两科之界限,而合组为大学本科之为适当也。蔡元培附识"。(《北京大学日刊》同日)
  10月14日 出席北大新闻研究会成立会,并发表演说。

"新闻研究会业于月之十四日晚间八时,开成立大会。会员到者数十人。蔡校长亲临演说,略述设立新闻研究会之目的,并其对于我国新闻之一种特别感想。徐宝璜教授讲演《新闻纸之职务及尽职之方法》,并谓新闻学乃世界幼稚学问之一种,伊不过曾经研究,并不敢云高深,好在研究会乃大家共同研究,责任并不在一人之身云云。"(《北京大学日刊》1918年10月16日)

国立北京大学新闻学研究会第一届合影(1918年)

同日 与夏循垍、周象贤等发起组织北京大学卫生学会。

"北京大学卫生学会之组织。蔡校长及夏循垍、周象贤、贝熙尔、陈世璋、陈鹏、李石曾六君,近发起组织北京大学卫生学会。其草章如后。(一)定名。本会定名为北京大学卫生学会。(二)宗旨。本会以促进本校职员及学生之公共卫生与个人卫生为宗旨。……"(《北京大学日刊》同日)

同日 呈请教育部审核《大学校长等派赴外国考察规程》。

"呈为呈请鉴核事。窃查民国六年五月三日,钧部公布之国立大学职员任用及薪俸规程第十三条,载有'凡校长、学长、正教授,每连续任职五年以上得赴外国考察一次'等语,本校各科学长中现有连续任职五年以上者,拟即派其亲赴外国考察一次,所有关于考察一切事项,自应由校详拟规则,呈请核定,以便遵行。兹将本校所拟并经评议会议决之《考察规程》九条,送请钧部鉴核,指示施行。谨呈教育总长。北京大学校长蔡 中华民国七年十月十四日 附规程一份(略)"(《蔡元培全集》18卷)(北京大学档案)

10月16日 在北京大学新闻研究会成立会的《演说词》发表。(《北京大学日刊》同日)

10月18日 出席国际研究会第三次欧战演说会,发表题为《欧战与哲学》的演说。

"国际研究会第三次欧战演说,由本校蔡校长演讲《欧战与哲学》,及叶莘先生演讲《欧战之目的及和平之基础》,会期为十月十八日(星期五)下午四时,仍在法科大礼堂。"(《北京大学日刊》同日)

10月20日 出席国民杂志社成立大会,并发表演说。

"《国民杂志社成立纪事》。十月二十日,本社假欧美同学会开成立大会。社员到者八十余人。来宾有蔡子民、徐伯轩、邵飘萍、徐彬彬诸先生。九时开会。由许德珩君主席,报告经过情形,并申说办本志之必要。次请来宾演说毕,主席致谢意。次由社员易克嶷、朱一鹗、吴载盛诸君演说。少顷来宾退。……"(《国民》杂志第1卷第1号)

同日 主持中法协进公会会议,讨论中法教育合作与交流问题,并致开会词。

"中法协进公会本月二十日(星期日)假江西会馆(宣武门外)开大会。本校教职员学生诸君,愿赴会者,请至文科事务室签名,并领取入场券。"(《北京大学日刊》1918年10月19日、31日)

10月21日 主持北京大学欢迎史文先生演说会。

"本月二十一日(星期一)下午四时,上海青年会全国协会体育部主任干事史文先生,莅本校演说。由蔡校长主席。由徐宝谦先生译成汉文。"(《北京大学日刊》1918年10月28日)

10月22日 出席北京大学画法研究会秋季始业式,并发表演说。

"十月二十二日下午四时,画法研究会举行秋季始业式于理科第一教室。会员到者三四十人,各科同学亦二十余人。蔡校长及导师贺履之、汤定之、贝季美、李毅士、徐悲鸿诸先生均列席,又有校外画家俞瘦石,亦来参观。……陈干事报告毕,蔡校长起而致训词……"(《北京大学日刊》1918年10月25日)

10月23日 与熊希龄、张謇等组织和平期成会。

"北京电。熊希龄、张謇、蔡子民等联合各党系及在野名人共二十四名,组织和平期成会,以和平运动为范围。昨已拍发通电,此为纯粹无政治作用之结合。"(《申报》1918年10月26日)

10月24日 与熊希龄、张謇等联名发表发起和平期成会通电。

"(衔略)慨自国内构衅,忽已年余,强为畛域之分,酿成南北之局,驯致百政不修,土匪遍地,三军暴露,万姓流离,长此相持,何以立国。希龄等夙夜焦思,以为内争一日不息,即国基一日不安,险象环生,无有终极。况欧战将终,国际势迫,若仍兄弟阋墙,何能折冲御侮。且不自谋和解,难逃世界责难,是以人心厌乱,举国从同,各抱忧危,苦难宣达。希龄等外察大势,内体舆情,瞻顾徘徊,义难缄默,拟组一和平期成会,为同情之呼吁,促大局之和平。赞成本会宗旨者,切望同声相应,协力进行,盖和局早成一日,即乱机减少一分,群力增加一分,即国本早定一日,忧时君子,当蹙斯言,谨布腹心,伫候明教。再本会宗旨,不分党派,亦非政团,和平告成,即行解散,决无他种作用,合并声明。

熊希龄、张謇、蔡元培、王宠惠、庄蕴宽、孙宝琦、周自齐、张一麐、王家襄、谷钟秀、丁世峄、徐佛苏、文群、汪有龄、王克敏、王祖同、梁善济、籍忠寅、李肇甫、王芝祥、汪贻书、王人文、林绍斐、由宗宠等同叩。"(天津《大公报》1918年10月25日)

同日 召集杨济华、张铸、李良骥等11名同学,商议北大体育会事务。

"杨济华、张铸、李良骥、刘正经、刘桂开、陈邦济诸君公鉴:为商议体育会事,请于二十四日午后四时,到景山东街校长室会议为荷。……蔡元培敬启"。(《北京大学日刊》1918年10月24日)

10月25日 在北京大学画法研究会第二次始业式《演说词》发表。(《北京大学日刊》同日)

10月27日 出席北京大学数理学会成立会,并发表演说。

"《数理学会成立会纪事》。本会于七年十月二十七日上午开成立会,会员到会者十八人,校长蔡先生及秦景阳、冯汉叔、何吟苢、张菊人、王士枢、纽伦诸教授均莅会,并有军官学校来宾四人,首由临时主席吴家象君报告本会之缘起,略谓'数理学会范围甚广,而在发轫之初,所在切实易行者,厥惟共同研究一事,盖以数理之学宏深奥衍,个人研究,每感受许多之困难;故必综合多数之思想以解析繁博之问题,始可周匝详明,而无得此遗彼之患,且尝奇析疑,每多佳趣,个人研究之兴味,转因共同研究而益精,张君燊云有见于此,首创数理学会,并邀集同志十余人为发起人,嗣经拟定简章呈校长、学长阅定,现在建设之事,略有端伊;至会务进行,仍需校长及诸教授一一指导云云'。次校长演说,略谓'数理之学,发达最早,应用亦最宏,有以数学讲音乐者,有以物理讲社会学者,故谓数学物理为诸科学之基本诚非謷言,现在集会研究,实为必要之举,将来联合他校,以及敦请名人演讲等事,校中必竭力协助云云'。……"(《北京大学数理杂志》第1卷第1期)

10月29日 主持召开全国专门以上学校校长会议。

"教育部所召集之全国专门以上校长会议,于昨日在西城手帕胡同通俗教育会所开成立会。闻各省区校长到会列席者已有四十九人,由教育总长指定北京大学校长蔡孑民君主席报告开会后,首由傅沅叔总长致开会词,主席蔡孑民代表会员答词。闻教育部对于该会议共提出议案二十余起,其中有涉及交通方面,已由教育部咨请交通部临时得派委员出席该会议。"(《申报》1918年10月30日)

10月30日 《拟在专门以上各学校校长会议提出讨论之问题》一文,本日起在《北京大学日刊》连续刊载。(《北京大学日刊》1918年10月30日、31日、11月9日)

10月31日 在中法协进会会议的《开会词》发表。(《北京大学日刊》同日)

11月3日 和平期成会成立，为该会副会长。

"昨日(三日)午后一时，和平期成会假湖广会馆开成立大会，到会者五百余人。开会后推熊秉三先生主席，委托汪有龄说明本会经过情形及其旨趣。大旨谓：多数人希望时局和平，故有期成会之设，所以期其必成也。期成会之旨趣有可注意之两要点：第一完全为代表普通民意，不含有党派政治之意味，第二，对于时局不提出条件。此次由两方当局提出而本会可以代表多数国民心理发表意见。其所以不提出条件者，诚恐引起两方之反感，转为和平之障碍也。……正副会长，原定公推，有人主张投票选举，以示郑重。当即发票，写票毕，报告结果。第一次熊秉三得票二一二张，当选为正会长；第二次蔡子民得票一八三张，当选为副会长。"(天津《大公报》1918年11月4日)

11月4日 与熊希龄等一起列名致函孙中山，请协助和平期成会开展工作。

"中山总裁先生执事：……敝会宗旨，业于漾电陈述，谅邀鉴察。兹复公请王铁珊先生代表敝会，驰赴广州，面罄一切，并组织分会，与诸公熟商进行办法，即乞赐与接洽，并恳大力匡襄，随时指导，俾和平目的克期可以达到，不独俾会之光荣，实全国人民敬拜诸公之赐矣。……和平期成会熊希龄、蔡元培等同启"(《致孙中山函》同日)

11月11日 主持召开和平期成会职员会。

"和平期成会昨午后四时开职员会，到六十余人。会长熊秉三君因事未到，由副会长蔡子民君主席。谷钟秀报告该会成立后与政府接洽，请求速开南北和平会议，上星期五(八日)得国务院电话谓可照办。……"(天津《大公报》1918年11月12日)

同日 所撰《德国分科中学之说明》发表。(《北京大学日刊》同日)

11月13日 与熊希龄等联名致函大总统徐世昌，请从速举行南北和谈。

"《致公府函》。大总统钧座：谨陈者。迩者，平和之声弥漫全国，而进行方法非设两方接洽机关，平和无由实现，当将平和会议办法折陈钧鉴，希龄等面聆训词，仰荷嘉许，钦佩莫名。惟正式会议迟开一日即大局平和迟现一日，且欧洲战事已停，国际危机愈迫，无论内部原因如何，又安有从容解决之余地，是以举国觉悟，呼吁随之，想望和平，有如望岁。昨接陆荣廷来电，称切望积极进行组织，决定办法，俾双方接近协商。谭延闿来电亦有南北两方本心皆欲和平，而当局确有难处，非组织一会议机关，仅恃函电绝无希望等语。又上海平和期成会马良等来电请转南北当局，谓年来和战迭出，曾亦有弃战言和之经过，信使载途，电邮旁午，而测度愈多，意志转歧，此其病皆生议和无总汇，而言和不公坦，遂使全国颙望之举，转为藉和激战者所劫乘。今事机危迫百倍于前，岂可茬苒因循，再蹈覆辙，惟盼两方议和机关即速成立，南北同派数人，择适中地点开始会议云云，措词尤为恳切。闻国务院讨议是项问题,已仰承钧旨,均予赞同,是两方当局皆认平和会议为不可缓,应请饬下国务院速定办法、地点及代表人数,希龄等亦得承示通电西南照办。拯斯民于水火,纾国步之艰难,不但希龄等所馨香祷祝以求之者也。专肃敬叩 崇安 熊希龄 蔡元培同肃"。(《申报》1918年11月23日)

11月14日 主持欧战协济会庆祝协约国胜利大会。

"昨北京各校男女生三万余人,为欧战协济会事行空前之大集会。午时齐集天安门会场,各用军乐队,排队步行东交民巷及繁盛街市,友邦人士甚为欢迎。后复折回会场开演说会。蔡元培主席。首美公使演说,英公使、法公使及梁士诒代表及青年会总干事格达、叶玉虎等七人相继演说毕,同声欢呼万岁而散。"(《申报》1918年11月16日)

11月15日 撰写《熊子真〈心书〉序》。(熊子真:《心书》1918年自印本)

11月15日、16日 北京大学为庆祝协约国胜利,连续两天在天安门前举行演讲大会。

"吾校今明两日下午二时至五时,在天安门外开演说大会。今日蔡校长演说。"

"十六日,校长及各教员,仍在天安门演说。"(《苏甲荣日记》同月15日、16日)

"本月十五、十六两日,本校曾在天安门外举行演讲大会。除本校校长、陈学长、王学长及胡适之、陶孟和、马寅初、陈惺农、李石曾诸教员之外,来宾丁在君、廖世功、冯执中诸先生亦到会演讲,大受听者欢迎。"

"蔡校长十五日之演说词为《黑暗与光明的消长》,十六日之演说词为《劳工神圣》。"(《北京大学日刊》1918年11月27日)

11月16日 与熊希龄等人联名上书徐世昌(总统),建议召开和平会议,"释阋墙之争"。

"和平期成会熊希龄、蔡元培等昨上东海(徐世昌)函云,西南方面岑陆唐诸人刻均来函,深愿速以和平解决大局,释阋墙之争,为御侮之备。拟请总统允开和平会议,择定地点,特派代表人员与南方接洽,将法律与事实两问题,同时解决。现在欧战告终,东亚问题悬在眉睫,断无闲暇时间容我私斗。总统以一身任天下之重务,请当机立决,勿涉迟疑,万一再有牵徇,诚恐千钧一发,稍纵即逝云云(闻东海已将此项函件交国务院核议)。"(《申报》1918年11月18日)

同日 致广州军政府电,谓当局确有和平诚意,望予"同声相应"。

"和平期成会熊(希龄)、蔡(元培)等致广州军政府铣(十六日)电云:文(十二日)电转达上海和平期成会马良等来电谅已鉴及。国民渴望和平,万方一致。同人等奔走劝告,力短心长,迭经公函陈述,中央当局确有和平诚意。今欧战既停,吾国阋墙之争尚未解决,凡在国民,引为深耻,和平初步,总须双方有实事之表现,乃足示中外以决心。顷本会会员徐君佛苏上谒大总统,确云撤兵,明令即行公布,深望尊处同声相应,使国民知此后永永弭兵止戈,为武德莫大焉。至和平进行方法,仍请速与秀山督军商榷,以归一线。本会谨当效耶许之役,以尽匹夫之责。鹄候示复,俾有遵循。熊希龄、蔡元培等叩。铣。"(《申报》1918年11月19日)

11月17日　与熊希龄等联名致函朱启钤,主张南北暂行停战,静候解决。

"陕闽问题南北争持不决,十七日北京和平期成会熊希龄、蔡元培等特致函北方总代表朱启钤氏,主张南北暂行划界停战,维持现状,静候解决。原函云:

自政府派定代表筹备会议,和平前途已有转机,惟南方近因陕闽问题抗争甚烈,而尤重陕事,因局部牵掣以致南方代表尚未派出,障碍横生,大局可虑。敝会昨电南方当局痛陈利害,请即日先派定代表再议枝节,同时建议府院请对陕闽暂划界停战,惟念时机紧迫,敝会虽尽力斡旋,而调停收效犹有不得不赖我公之主持者。查陕甘问题内容复杂,而陕尤特甚,昨国务院电复南中认陕闽为剿匪区域,在当局虽自具苦心,而内容问题实非如是简单。陕乱经年,兵匪糅杂,人民疾苦,地方糜烂,诚如院电所云。惟查该省靖国军本部曾经南方承认,其总副司令于右任、张钫曾受南方任命,现既南北停战,而独对陕用兵,则南方所争似亦不能全置之不顾。闽事纠纷稍逊于陕,然协商解决要亦宜速,伏念中国今日处不得不和之势,有外人干涉之危,无论南北均宜觉悟,大势先决,根本会议早开一日,则危机减少一分,对局部问题总宜捨弃成见,顾全大局。敝会斟酌各方情形,以为剿匪安民为大局,善后要政,而划界停战,则目前待决之亟务,拟恳我公毅力主持,商请政府暂令停战,一面电商南中会同派员至两省,监视划界维持现状,其靖国军区域中之土匪,即责成该总司令负责剿办,静候解决,如是既便大局和议之进行,且无碍地方善后之计划,为大局计似莫逾此,敝会除电请南中速派代表外,用特函请我公主持,勿令陕闽纠纷影响和局,不胜盼切待命之至。"(《申报》1918年12月22日)

11月18日　介绍尹仲材访会孙中山。

"中山先生赐鉴:久疏修候,时从北来诸同志中,得谂起居康胜为慰。……四川尹君仲材,同盟会老同志也,谭石屏先生谂知之。尹君对于社会事业有一计划,欲请教于先生,特为专函介绍,幸进而教之。……蔡元培谨启"。(《致孙中山函》同日)

同日　撰写《评注〈阅微草堂笔记〉序》。

"清代小说最流行者有三:《石头记》《聊斋志异》及《阅微草堂笔记》是也。《石头记》为全用白话之章回体,评本至多,而无待于注。《聊斋志异》仿唐代短篇小说,刻意求工,其所征引,间为普通人所不解,故早有注本。《阅微草堂笔记》则用随笔体信手拈来,颇有老妪都解之概,故自昔无作注者。然纪晓岚氏博极群书,虽无意为文,而字字皆有来历,不为证明,读者或不免失其真意。会文堂主人有鉴于此,特评注而重印之,以与《石头记》评本、《聊斋志异》注本相埒。从此纪氏之书,将益受普通人欢迎矣。中华民国七年十一月十八日　蔡元培识"。(《评注阅微草堂笔记》

上海会文堂书局 1918 年出版)

11 月 20 日 允列名旅京华侨学会特别会员。

"幼实吾兄及旅京华侨学会诸同人公鉴:奉惠书及贵会简章,敬悉,并深佩诸君子之热诚,承属列名特别会员,敬当如命。……弟蔡元培敬启 十一月二十日"。(《旅京华侨学会文件》1919 年春印行)

11 月 21 日 与熊希龄联名推介王芝祥(铁珊)到广州组织和平期成会。

"广州岑西林、伍秩老诸先生、莫日初督军钧鉴:本会公推王铁老赴广州组织和平期成会,启行在即,敬乞接洽,共筹进行。熊希龄 蔡元培叩。马。印。"(《申报》1918 年 12 月 10 日)

11 月 23 日 召集全校教职员及各科学生班长会议,议定北大参加提灯会事务大纲。

"上星期六,校长在理科大礼堂召集教职员、各科班长,议定关于提灯会事务大纲如左(下):

一、提灯会各事,由各科班长会商办理。

一设事务所四处。提灯会总事务所,新大楼文科事务室。……

一全校学生分为三大队。文科为一队,理工科为一队,法科为一队。每队举一队长,并由三队公举一总队长。"(《北京大学日刊》1918 年 11 月 27 日)

11 月 26 日 召集北京大学全校班长会议。

"本校为提灯会事,定于二十七日午后一时分开各科班长会议于各科事务所,四时开全校班长会议于法科大讲堂,届时必须到会。各班长于此时间有功课者,准其缺席,不记旷课。 十一月二十六日"。(《北京大学日刊》1918 年 11 月 27 日)

11 月 27 日 本月十五日在庆祝协约国胜利大会上的演说词——《黑暗与光明的消长》发表。(《北京大学日刊》同日)

同日 本月十六日在庆祝协约国胜利大会上的演说词——《劳工神圣》发表。(《北京大学日刊》同日)

11 月 28 日 撰写《北京大学学生参加庆祝协约国战胜提灯会之说明》。(新潮社《蔡孑民先生言行录》)

11 月 29 日 北京大学在中央公园举行第二次演讲大会。

"本校将举行第二次演讲大会。本月十五、十六两日,本校曾在天安门外举行演讲大会。……大受听者欢迎。今定于二十八、二十九、三十日,再行举行,并请本校高材生加入云。"(《北京大学日刊》1918 年 11 月 27 日)

"今明二日,吾校在中央公园开演说大会。此次并许学生参加。蔡校长言,此等演说,为吾国平民大学之起点,极博听者欢迎。未几下雨,彼等犹不辍听者,亦不散,可谓热心教育矣。"(《苏甲荣日记》同日)

11月 列名《曾母谭太夫人六秩正寿征诗文启》并执笔撰写《寿文》一篇。①

《征诗文启》。"瑶岛降真,宝婺辉于天姥;甘泉画象,惇史襃以礼宗。元扈翠妫,提蕇帝纪;绿纯黄玉,雅曲云章。此固美任姒之徽音,祝春秋之寿域也。而况庭晖戏彩,周颛称觞;部乐导观,崔邠侧帽。圣湖润其德水,韦幔荫以慈云。昔时阿母蟠桃,尚授灵经于璇馆;此日儒林风藻,更赓鲁颂于閟宫。谨述懿茝,以资喤引。惟曾母谭太夫人,余杭著姓,内则名媛,诗礼蕴其仪,环珮饰其德。笄年十七,归仲侯赠公。佳偶曰配,而琴瑟以和;祥女入门,而仆媪皆喜。桓车菜荟,敬共眉齐;岳旨潘辞,答如影响。赠公以仲房之季子,作世父之长君。蒲赢同怀,皋鱼遽泣,既田氏耻分荆树,复宋妻苦饫糟糠,坎壈科名,屈志则卞和刖足;浸淫寒暑,沉疴则李贺呕心。太夫人典质钗裙,调量药饵。焚香减纪,寿命欲夺夫鬼神,刲肉作糜,精诚冀格夫金石。痛马卿之不寿,封禅遗书;作赵妇之呼天,磨笄切誓。是时也,两姑衰暮,景已桑榆。数子零仃,惨余豚鹨,倘事亏而蓄阙,必室毁而巢倾。于是励节柏舟,茹哀漆室,内则断机勖学,出则提瓮事亲。夕膳晨餐,慰庭闱之眷恋;男钱女布,勤手足之拮据。代石健而浣裙褕,类姜诗而供盘鲤。威姑称其贤孝,媮媮皆欢;宗党钦其柔嘉,循循以劝。廿年隆养,有如一朝。及其彦禾长兄以枕戈草檄之年,处瘴雨蛮烟之地,劳心王事,赍志炎荒。太夫人念长豫而增哀,课季谌而愈笃。翦发浣客,择以友师;垂幔传经,勖之文学,丽润仲君遂乃金翅擘海,云龙翔霄,治律作诸侯之上宾,懋功为辅雄之循吏。东阿待理,北堂承欢,虽曰赵括能读父书,亦由虞潭克勤母教。更有异者,当其蓬门闭雪,茅屋牵萝,两瓮之麦皆焦,一绚之丝莫售。在常情者,必至庚癸呼困,丙丁书帖,而太夫人坚心贞介,缉钱屏其母家;苦节艰虞,冰铁励其儿辈。彰兹闺范,岂仅行义桓嫠,论以儒宗,足埒圣清柳惠。至于持躬俭约,秉性慈祥,凌杂省其致盐,恺悌逮乎臧获。决疑排难,感人胜虞寄要言,好善乐施处事,有怀清大义。易象谓:积善余庆。班书云:美意延年,固足征也。今当孟冬十月,为太夫人华甲寿辰,馆启恒春,岭梅初放,家临宛委,仙册常探,上元祝以千春,严媪荣共万石,固早中叠扬女箴之化,德门标家庆之图者已。宝琦等或孔李通家,或潘杨旧戚,当此琼筵之开,敢思邀彩笔以铺张。伏冀大雅名公,当时硕彦,被之歌咏,假以篇章,集蒲桃百轴之函,映芝草九华之色,愿为腰笛,听仙鹤之南飞,先以乘韦,徯朵云之下贲。此启。

陈汉第、罗振方、沈金鉴、冯学书、田文烈、王家襄、孙宝琦、蔡元培、汪大燮、沈铭昌、钱能训、王式通、李思浩、章恩寿、沈祖宪、谢宗诚 谨启"。

《寿文》。"盖闻甘泉画象,金母为昭;瑶台降芬,宝婺是瞻。翠妫元扈。纪自提蕇;彤管绛纱,称于汉晋。斯所以隆家人之首,立女宗之世者也。维我曾老伯母谭

---

① 此文原无标点,现为绍兴裘士雄先生添加。

太夫人，弘农望族，山阴世胄，诞茂淑姿，苞含秀德，内积和顺，外发英华。龆齓之岁，随侍晴轩太翁，辙涉三晋，知该群义。妙思女则，箴诫是法，展如之人，邦之媛也。年十有七，归仲侯赠公，玉度启光，兰仪滋发，敬勤威姑，肃然慈母。称诗内顺，率礼蹈和。金声遐振，惠问川流。赠公禀玙璠之质，握瑚琏之器，宏览载籍，博游才艺，徽音润春云，风仪明秋月。第以鄙薄经义之文，遂失试官之目。科名坎壈，屈志归徕。时乃舅氏刘公小崧方掌芜湖关道，频书招致，勖以进取。而赠公深识臧否之运，每怀冲虚之道，淡然自逸，闲居养素，好贤待士，坐客恒满。太夫人虑觞醑之不继，辙典质以广宴。鲁鳖笋蒲，肴簌芬藉，繁歌欢饮，群称美焉。赠公故生自华宗，世务闲隔，陈书满几，弹棋闲设。太夫人既从容左右就成恬旷，遂使家人忘贫，国爵屏贵者矣。光绪壬午，赠公方展绮才，振策云衢，不幸浙闱未捷，遭离沴湿，遘病连年，百医靡术。太夫人陪奉朝夕，不能自舍，中夜彷徨，焚香呼闿，愿自损纪，刲臂以修。昊天不吊，药石亡灵，疾以大渐，毁璧荫摧。太夫人奉殿望灵。痛要同穴，截发磨笄，气掩风云。是时也，衰亲在堂，遗孤待哺，两男三女，长者十龄，稚者数岁，形影伶仃，襟流涕泗，历柏舟之劲节，冰霜为心；和柳丸以督课，机灯长夜。遵义方之训，宪女史之戒。十指所获，两姑是养。四节之会，益供丰旨。奉蒸尝以效顺，事洒扫以弥载。日月云逝，情曾恻焉。晴轩太翁时方致仕归，诸昆弟亦宦游晋粤，闵兹孤苦，群相周贷，而太夫人贞心持操，守约服贫。且尝诏曰：今适南亩，努力耕种，是蓑是穗，秋收以丰，如彼梓材，丹漆弗勤，岁劳朴斫，终负其文，孤寡之俦，处此艰虞，偶得所养，辙自纵逸，居多皇日，般游荒业，上辱祖德，内惧颠沛，若斯之事，如何其可。夫穆穆阃范，旷代鲜闻，巍巍女表，薄海同钦矣。厥后，彦禾长君以终军之年，奋跃渊途，参戎粤西，屡立勋劳，班命方崇，信懋德之克继，将厉冀乎鹏程。时适法兰西租借广州湾事，因会勘道经海南，入处蛮烟瘴雾之区，竞兴哀风凄雨之悲，功业未融，背世湮沉。于是大吏奏闻，公朝嗟悼，入祀两粤昭忠祠，褒贤弘制，亦隆重也。士生一世，策名委身，必秉殊操，乃无颓德。况从国事尽瘁而已。是以弱冠慷慨，前代攸美，母教之烈，尤足称焉。

太夫人既内殷私痛，训诲益严，述录先泽，俾无陨坠。丽润仲君乃承慈言，研机味道，多才丰艺，妙年流芳，隽声清邵，历佐戎幕，忠节允著。州郡欢慕，咸备礼聘。旋掌计权，警垦之职，隐括足以矫时，贞固足以干事。群公休之，遂命出守承德，理刑蒙旗。寻兼筹备司法之任，心明通亮，韵宇宏深，下车敷化，风动神行，诚恐既乎，钩距靡用。而太夫人犹虑刑政繁舛，殃民害国，日夜忧惧，每有告诫，备尽宽喻。曰：'爵乃上天，位匪大宝。曾氏数世，众沾惠露，清白吏之称，何可败哉？'故仲君扬历南朔，出参军事，入掌秘书，芳猷遐被，清晖映世，虽司马之清能，固亦太夫人之教之所诚也。

太夫人雅达聪哲，宏敏多奇，经仁纬义，敦穆闺庭，育道乘德，驰声里闬，片言解纷,顽愚应命,捐藏振乏,逶迤欢呼。溯自赠公之卒,太夫人独持门户,凡数十年,丧葬婚嫁之务,咸然具举,联跗齐颖,接萼均芳,亲党皆谓自兹可以舒怀,长享逸乐。而太夫人操作如故,不肯自怠,靡曼绝于耳目,布素表于造次,未尝晏居,作色相伐,尝聚家人而谓之曰:'昔者予家竹崖伯母实为宰相之女,尚书之妇,贵极一时,宠光三族,雾縠之积,盈牣珍藏,侍儿之玩充备深堂,犹不废中馈纺织之务。予侪可耽安乎?'故频年以来,滨海飚起,豺狼抗毒,中资之家,相率他徙。太夫人独以祖宗坟墓所在,不可背离,且州间之间,情谊素笃,苟或骚动,必亡危害,遂尔宁处,终亦无事。彼自信之决,固其素所树立使然也。更有异者,光宣之际,邻居失火,已及曾氏之室,俟风既息,四壁巍然,于是令德益著,芳闻滋彰。而太夫人歉然自视,惘然自悲,不欲人有知之者。盖曾氏四世,节孝一门,自曾公之祖母若母,及太夫人长君之媳,并慷慨旌心,贞顺自矢,殆所谓格于天心,见之人事者矣。仲君既选盛时,驰驱当世,垂勋光国。乃念太夫人守节劬劳,将历三纪,尝谋称觞,用娱亲欢。会顺直大水,哀鸿遍野,仲君方奉命兼理赈务,太夫人遂令仲君夫人制襦百袭,分惠菑黎。其瑰意琦行,乘理照物,亦深远哉。今年太夫人春秋六旬晋一矣,孟冬十月,乃为设帨之辰。元配等凤仰芳徽,躬逢嘉会,遂聚绅佩之士,共庆隆庆,扬兹休烈,颂閟宫之章,献南山之颂,降斯景福,擎百岁之霞觞,睹此英词,昭千秋之金鉴焉。

沈铭昌、沈祖宪、王式通、章恩寿、沈尔蕃、陈炳镛、冯学书、许寿昌、徐尔谷、李炳吉、何勋业、沈嗣霖、俞镕、王宝书、王明仕、杜子极、陶迺堃、解光前、杜子楸、倪荣东、沈鉴史、倪荣尚、王宝琛、王以超、周树人、应汝楫、陈维祯、陶孝华、倪荣来、王建寅、蔡元堃、陈鏻、陈年、王振南、张敬胜、余家仁、刘承恩、倪治宗。

蔡元培 撰,王家襄 书"。(《曾母谭太夫人六秩寿言初编》1918年冬曾氏自印本复制件 藏绍兴蔡元培故居纪念馆)

12月1日 主持全国和平联合会筹备会议。

"本会发起以来,现幸各省各会先后来电一致加入,已派代表到会者业有十余者之多,于十二月一日午后二时在京师总商会本会事务所,召集全体筹备大会。到会者一百余人。公推本发起人蔡元培先生为主席。彭报晖先生报告本会发起经过情形后,首先通过会章。继由会员全体提议,以本会发起一月有余,一应进行事件甚多,非推举主任干事,不足以专责成,而资应付,依会章第六条之规定,应设干事部。当场公请主席蔡元培先生提出,安迪生先生为干事部总务科主任,彭报晖先生为文书科主任,吕均先生为会计科主任,陆定先生为交际科主任,万福华先生为庶务科主任,合同执行本会一切重要事务。当场一致通过。嗣由蔡元培先生提议,依会章第四条规定,拟由本会公推四人前往上海,组织驻沪代表办事处。经众赞成后,即公推黄郛先生、文群、徐佛苏、赵正平诸先生为本会临时参议,至六时余始行散会。"(《全国和平联合会一览》)

12月7日 联合教育界人士陈请各国退还庚子赔款,专供推进我国教育事业。

"拟联合同志陈请各国退还庚子赔款,专供吾国推广教育事业。日前本校王云阁教授提出此项意见书。经本校蔡校长提出于学长会议,略加修正,并已得国立各专门学校校长及学务局长赞同,拟征集各校教职员,联名陈请矣。"(《北京大学日刊》同日)

12月9日 出席北大画法研究会基本金募集办法讨论会,提议组织"北京大学学生游艺大会",以售入场券所得,"充画会基金"。

"十二月九日下午一时,画法研究会因讨论基本金募集问题,于本会所开会。到者蔡校长、冯汉叔先生、李辛白先生、章味三先生、释如幸、陈君邦济、狄君福鼎七人;陈万里、李闸初、朱延甫先生,因事未到。章味三后至。互相讨论者,实六人。先由狄君福鼎将拟定之募集基本金条例,请诸先生商榷修改,佥谓甚妥。……冯汉叔先生提议,京城交钞充塞,现银缺少,三千元金额,恐捐募未能如数,不如于捐募之外,另开展览会,卖入场券,以充基金,容易著手。蔡校长谓:此会可名曰北京大学学生游艺大会。于阴历新年初二或初三,在法科大学举行,以画法研究会为主体,请全校各种团体,各奏所长,以为襄助。所得费用,除开销外,悉充画会基金。以后如他会有事,画会亦应帮助,以获互助之益。此事可由会中干事,向各会先事联络,共同组织,当能成就。众咸赞成,遂宣告散会。"(《北京大学日刊》1918年12月13日)

12月10日 准听讲生张厚载等七人改为正科生。

"《校长布告》。法科三年级政治门听讲生张厚载,二年级商业门听讲生蒋蓉阙、陈泓鉴,一年级法律门旁听生申焘、成宪孟、林德扬,一年级商业门插班生程瑜等七名,于学年考试在七十分以上,特准该生等改为正科生。此布。"(《北京大学日刊》同日)

同日 撰写《商务印书馆总经理夏君传》。[《夏瑞芳(粹方)先生哀挽录》]

12月12日 出席北大哲学门三年级学生举行的欢送李石曾再次赴法茶话会。

"本校生物学讲师李石曾先生,教授文科哲学门三年级生物学既毕,特于月内再赴法国。前日(十二日)下午一时,哲学门三年级全体学生,在哲学研究所开茶话会,以欢送李先生。到者李先生之外,并有蔡校长。先由级长赵健君致欢迎词,……说毕,略进茶点。二时半群集大楼北面偏西,摄影乃散。"(《北京大学日刊》1918年12月14日)

12月13日 被推为协约国民协会干事。

"近日中外人士在京发起一协约国民协会,以增进协约各国与中国之情谊,及互谋扶助为目的,曾经开会数次,议决章程,推举职员。昨日下午复开职员会,由干事中互推名誉会计及名誉书记,并讨论进行方法。其职员名单如左(下):

会长熊希龄,副会长汪大燮、铁士兰(法国人),名誉会计梅尔斯(英国人),名誉书记叶景莘、顾临(美国人),干事蔡元培、王宠惠、冈部(日本人)、铎尔孟(法国人)、伯郎特(俄国人)、儒拉(意国人)、狄希业(比国人)、金绍城。"(《申报》1918年12月15日)

同日 列名北京大学画法研究会基本金募集员。

"《北京大学画法研究会募集基本金条例》。(一)本会自中华民国七年十二月二十日起,拟募集现银三千元之基本金。(二)三千元分由募集员十人募集,每月报告会中,作总计算一次。(三)基本金募集后,存银行生息,按月取息,充作会费。(四)请公正士绅三人为基金监察员,利息之动用及用途,亦得随时检查。(五)凡捐款者,皆为本会赞助人。将来刊勒姓氏,以垂永久。数额较巨者,本会另谢以画图。(六)捐款收到日,有收据作凭。由募集员签名盖章,以重责成。

募集员姓名:蔡元培 冯祖荀 章献猷 陈鹏 李光宇 李辛白 释如幸 朱有绪 狄福鼎 陈邦济"。(《北京大学日刊》同日)

12月14日 与陈独秀、王建祖等联名发起第二次同人恳亲会。

"本校教职员诸先生公鉴:本年一月三日,本校同人曾在桃李园举行恳亲会一次,第二次拟在本校纪念日(本月十七日)午后六时,仍在桃李园举行,并为将赴欧美之夏浮筠学长,杜伯斯克、李石曾、张君劢、冯千里、徐振飞、徐悲鸿诸讲师及旧同学叶玉甫先生饯行。诸先生愿与斯会者请函告文牍处,或签名于文牍处所备之册。……发起人:蔡元培、王建祖、陈独秀、温宗禹"。(《北京大学日刊》同日)

同日 在北京大学哲学门学生欢送李煜瀛赴法会上的《演说词》发表。(《北京大学日刊》同日)

12月15日 为胡宣明译《摄生论》撰写序文一篇。(《摄生论》上海商务印书馆1919年出版)

12月17日 主持北京大学二十一周年校庆纪念会,并报告一年来学校经过各事。

"本校二十一周年纪念会,于十七日午前在法科大讲堂举行。其四壁悬挂画法及书法二研究会成绩一百余种,琳琅满目,神妙宜人,颇足发人美感也。首由蔡校长致开会词,略述一年中之成绩与以后之希望。次由教育总长及夏学长、杜伯斯克、李石曾、叶玉虎诸先生先后致训词。次由乐理研究会导师王心葵先生奏中乐,……摄影而散。"

"蔡校长之开会词,略谓去年今日,本校曾开二十周年纪念会,今又一年矣!此一年之中,各方面多少均有进步。就本校言,消费公社与学生银行均由无而有,且均试办有效矣。画法研究会与书法研究会成立不满一年,今竟有成绩在此陈列,供诸位之观览矣。校役夜班与消费公社之商业夜校亦应时而起矣。此外教育部曾开一专门以上学校校长会议,其所议决者,颇多与大学之进步有关。而欧战终了,将来采办书籍与仪器,亦当较易。此一年来今昔不同之处也。至本校之希望,亦有可报告者二事:(一)本校现拟在西山购地建筑校舍,已承步军统领李阶平先生允许极力赞助,当可办到。(二)本校现拟请各国退还庚子赔款,为本国兴学之用。已拜托梁任公及叶玉虎先生抵欧后极力鼓吹。如能办到退还,当然有一部分可为本校扩充之用,若增设学科,广购图书等希望则不待言者也。此次纪念会尚有一特异之点,即夏学长与本校教员杜伯斯克、李石曾、张君劢、冯千里、徐振飞、徐悲鸿诸先生不日将赴欧美研究战后情形,将来回国贡献于本校者必更多。今日特为之饯别是也。"(《北京大学日刊》1918年12月19日)

12月18日 主持全国和平联合会第一次大会,讨论会务进行办法。

"十二月十八日下午三时二十五分,振铃开会,公推蔡元培先生为临时主席。主席报告本会自发起以来,曾屡开筹备会,今日特请行政长官、各界来宾列席参观。开第一次大会,譬如小儿弥月之汤饼,以后逐渐发达,应如何进行之法,请公同研究……"

"全国和平联合会宣告。本会联合全国省议会、商会、教育会,业于十八日开成立大会。各法团推定代表到会者,已逾过半数,本会实为完全成立。用特宣布本会进行宗旨,以告我国民。本会由全国法定团体组织,而成为真正民意机关,故对于南北和平会议,为实行共和国民应尽之职务,遇有双方冲突之点,及与大多数利害关系之处,实行发表国民真正意见,以立于第三者仲裁地位,此其一。本会对于南北双方,本无褊袒之见。惟此次南北会议,凡关于种种善后问题,均待解决,兹拟于本会内附设各种研究会,于事前预先讨论,以便将来发表民意,主张公道,不居国民会议之名,实行我第三者仲裁之本旨,此其二。本会既立于第三者仲裁地位,我国民责任之重可知,兹后计划进行,尤关重大。本会自当推出对外对内最负重望之人主持一切,为会中之砥柱,并将本会一部分事务,移至南北会议地点实行结合,以贯彻我国民正大之主张,非达到南北真正根本和平之目的不止,此其三。凡兹三大宗旨,均经本会评议部决议实行。用特宣布,深望我国同胞,赞成本会,协同进行。除通告南北当局外,谨此宣告。"(《全国和平联合会一览》)

12月19日 与熊希龄联名致函朱启钤(桂莘),请北京政府解决陕闽纠纷,以利南北议和早日举行。

"桂莘先生大鉴:径启者。自政府派定代表筹备会议,和平前途,已有转机。惟南方近因陕、闽问题,抗争甚力,尤重陕事。因局部牵制,以至南方代表尚未派出,障碍横生,大局可虑。敝会昨电南方当局,痛陈利害,请即日先派定代表,再议枝节。同时建议府、院,请对陕、闽暂划界停战。惟时机紧迫,敝会虽尽力斡旋,而调停收效,犹有不得不赖我公之主持者。……敝会除电请南中速派代表外,用特函请我公主持,明令解决陕、闽纠纷,以免影响和局,不胜盼切待命之至。……熊希龄、蔡元培启"。(天津《大公报》同日)

同日 在北京大学成立二十一周年纪念会的《开会词》发表。(《北京大学日刊》同日)

12月21日 出席外交讲演大会,并有演说。

"昨日(二十一日)国民外交后援会及战后外交研究会,在虎坊桥湖广会馆开外交讲演大会,到会者二百三十余人。首由蔡子民登台演说。大略谓,吾国外交失败,大都由于国民教育程度太低,举措失当,以致引起交涉,酿成失败之结果。此次世界和平会议,吾国历来外交失败事件,如领事裁判权、关税等等,均将提出议案,待公平之解决。此外,尚有庚子赔款,亦当先要求援美国先例,退还吾国,惟不可专作留学经费,应作为兴办吾国一切教育之用云云。次梁任公演说。……"(《申报》1918年12月26日)

同日 发起组织全国专门以上学校联合会,本日领衔呈报教育部备案。

"呈为缮送全国专门以上学校联合会章程,请予鉴核备案事。窃惟教育之道,必得群策群力,始能收宏远之效,此在普通教育犹然,何况专门教育。查吾国专门以上学校,现在已有七十余所,然向鲜联络,欲谋进行,殊多滞碍。元培等现拟组织一个全国专门以上学校联合会,每遇有专门教育上共同事业,即可交会讨论,既免隔阂之弊,复收协进之功,于专门教育前途,似属〔不〕无裨益。所有会中一切经费,悉由联合各校自行担任,无须另筹,致妨预算。兹拟具会章一份,理合送请钧部备案,指示施行。谨呈教育总长。(衔略)"(《北京大学日刊》1918年12月21日)

12月24日 《在外交后援会的演说词》本日发表。(天津《大公报》同日)

12月26日 与王宠惠、顾鳌等发起成立国民制宪倡议会。

"二十六日午后五时蔡元培、王宠惠、顾鳌、周泽春、景耀月、李景龢、易宗夔等二十余人,在中央公园水榭约同发起国民制宪倡议会,首由蔡元培发表意见书,次由周、顾等诸人先后发表意见,对于此会均认为有发起之必要,至八时半始散会。"(《申报》1918年12月31日)

12月28日 与王宠惠等举行新闻记者谈话会,介绍国民制宪倡导会成立缘起及宗旨。

"蔡元培、王宠惠等发起之国民制宪倡导会,业于二十六日在北京中央公园水榭,开会讨论进行方法。昨日(二十八日)下午一时,又在来今雨轩延请北京新闻界记者谈话,发表此会创始之真意,要求新闻界鼓吹,以促将来良好宪法之早成。"(《申报》1919年1月1日)

12月31日　为中国科学社手书《中国科学社征集基金启》。

"当此科学万能时代,而吾国仅仅有此科学社,吾国之耻也。仅仅此一科学社,而如何维持,如何发展,尚未敢必,尤吾国之耻也。夫科学社之维持与发展,不外乎精神与物质两方面之需要:精神方面所需者,为科学家之脑,社员百余人,差足以供应之矣;物质方面所需要者,为种种关系科学之设备,则尚非社员之力所能给,而有待于政府若社会之协助。此征集基金之举所由来也。吾闻欧美政府若社会之有力者,恒不吝投巨万资金,以供研究科学各机关之需要。今以吾国惟一之科学社,而所希望之基金,又仅仅此数,吾意吾国政府若社会之有力者,必能奋然出倍蓰于社员所希望之数,以涮雪吾国人漠视科学之耻也。爰题数语,以为左券。　中华民国七年十二月三十一日　蔡元培"。(《中国科学社征集基金简章》1919年2月印)

12月　应北大学生傅斯年、罗家伦之请求,为《新潮》杂志题写刊名。(《新潮》第1卷第1号)

同月　所撰《夏瑞芳传》发表。(鲁庄编:《一百名人家政史》)

冬　应邀同新民学会旅京会友毛泽东、蔡和森等座谈。

"会友在京,曾请蔡子民、陶孟和、胡适之三先生各谈话一次,均在北大文科大楼。谈话形式,为会友提出问题,请其答复。所谈多学术及人生观各问题。"(《新民学会会务报告》第1号)

本年　与吴稚晖、李石曾等筹办中国世界语学院并撰写《中国世界语学院劝捐启》。(《中国世界语学院劝捐启》1918年铅印件)

本年　撰写《无锡高孝愆赞》。(蔡元培先生抄留底稿)

本年　书赠凤池一联。

"凤池仁兄雅鉴

世事亦犹云迭起;我思长与月相摩。民国七年　蔡元培"。(蔡元培研究会藏抄件)

1919年(民国八年　己未)五十二岁

1月1日　所作《〈国民杂志〉序》发表。(《国民》杂志第1卷第1号)

1月3日　被推为全国和平联合会参议长。

"北京电。顷和平联合会推举蔡元培为参议长。恽宝惠、顾澄副之。"(《申报》1919年1月4日)

1月5日　与熊希龄等偕同和平期成会成员抵达南京。

"熊希龄、蔡元培、谷钟秀等偕和平期成会会员四十余人今日抵宁,军政各机关

长官,省议会、商会、教育会、南京和平期成会均派代表赴浦口车站欢迎。"(《申报》同日)

1月7日 与熊希龄联名致电广州军政府请速派代表出席和平会议。

"北京和平期成会会员张一麐、谷钟秀、丁佛言等日前由宁赴沪,疏通地点问题。……昨日熊秉三、蔡孑民特用和平期成会名义致广州军政府各总裁电云:希龄等不量绵薄,力望和平,承诸公本顾大局之心,表一致戢兵之旨,救国救民,感佩同深,惟和议之开,国人望之若岁,乃延缓至今,倏逾两月,动机虽久,开会犹遥。近得西讯,欧洲和议行将开始,彼事局之重大,关系之复杂,过我何啻十百,乃我之和议进行,若将落后,以致比来舆论日益加严,试思南北双方及各和平团体所愿促进和平者,其意无非无欧洲和会将开,我国不能不速谋统一,以冀国际上得列席发言之地位,今若失此千载一时之机,将使吾国吾民永无出死入生之日,时会迫促,宁忍因循及今,不图万悔莫及,希龄等日夕彷徨,忧心如捣,诸公远识,自有同心,现幸北方代表已抵南京,同人抱其促进和平之夙愿,冀奔走之微劳,亦于四日至宁,顾以南方代表诸君姓名尚未宣布,何时到会,亦未得知,翘首南天,曷胜恳盼,我公谋国心长,和平念切,计心力谋和平早成,以期出国民于水火,进世界之敦槃,务乞电促军政府即将各代表姓名电布并促即日首途,克期集会,俾和议早开一日,国家人民即早安一日,同人等虽薄劣无似,然于双方间之调停、疏通,当惟力是视,不敢辞劳,亦不忍卸责也。谨在陈辞,伫候明教。 和平期成会熊希龄、蔡元培等同叩。阳。"(《申报》1919年1月10日)

同日 发表脱离"和平期成会""全国和平联合会"等团体启事。

"《蔡元培启事》。鄙人自五年十二月到京,委身教育,绝不与闻政治。去年十月杪,友人以国势阽危,凡在国民,皆有鼓吹和平之义务,屡来督责,义不容辞,遂加入和平期成会,及全国和平联合会,因而与此两会有连带关系之国民制宪倡导会、外交请愿联合会等援例要求,旨趣相近,势不宜有所别择,强作解人,殊觉无谓。迩来和平会议不日开幕,期成会、联合会诸要人已次第南下,鼓吹和平之务,业已告一段落,而鄙人既羁学务,兼罹胃疾,不能再效奔走之役,自本日起,对于上述各种集会,不得不脱离关系。谨此宣言,诸维公鉴。八年一月七日谨启"。(《政府公报》第1053号)

同日 公布《北京大学月刊》版式启事。

"本校教授、讲师诸先生公鉴:月刊形式,已由研究所主任会公决,全用横行,并加句读、问、命等记号。但诸先生中亦有以吾国旧体文学形式一改,兴趣全失为言者。鄙人亦以为然。惟一册之中,半用横行自左而右,半用直行自右而左,则大不便于读者。今与诸先生约,凡科学性质之文,皆用横行,送各研究所编入普通月刊。其文学性质之文,有不能不用直行式者,请送至校长室由鄙人编辑为临时增刊,稿多则每年四册,作为月刊以外之季刊;稿寡则每半年一册,而改月刊为每年十二册,均无不可。请诸先生随时赐稿,幸甚。"(《北京大学日刊》同日)

1月8日 请盖大士为北京大学画法研究会导师。

"本会今由校长敦请盖大士先生为导师,担任油画指导。谨此布闻。"(《北京大学日刊》同日)

1月9日 拟与张相文等编纂民国《国史前编》一书。

"中山先生大鉴:顷接方兄寰如来函,欣悉国史荷蒙先生允为间日演讲,逖听之余,至为佩慰。盖民国成立以来,群言混乱,是非不明,不有信史曷以昭示来兹。且饮水思源,尤不容忘其本来。故元培与编纂诸君,共同斟酌,拟自南京政府取消之日止,上溯清世秘密诸会党,仿司马公《通鉴》外纪之例,辑为一书,名曰《国史前编》,所以示民国开创如斯其难也。……蔡元培 张相文谨启"。(《致孙中山函》同日)

1月11日 主持北京大学学生游艺大会筹备会,说明此会之所以需要。

"画法研究会于一月十一日,请全校各种团体执事人员,商议学生游艺大会筹备事宜。是日下午二时,在画法研究会开会。……蔡校长主席,说明此会之所以需要。一以谋全校各种团体之联络,一以试此种筹款方法效果如何,故甚乐于提创赞成。次由狄福鼎君谓此次为画会筹集基金,劳动各界,深为感谢,并说明开会时期在阴历正月初二初三两日。其中部分大约区筹款、游艺、余兴三部,请各团体各尽所长,共襄盛举。然后将推定之职员名单,请蔡校长征求同意,当时到者皆为首肯。未到者,蔡先生亦嘱该干事等分头商议,准至四点钟,遂宣告散会。"(《北京大学日刊》1919年1月17日)

1月12日 手书叶瀚所撰对联一副,志国史编纂处同人游什刹海赏雪。

"八年一月十二日,北京大学国史编纂处与张君蔚西、童君亦韩、邓君文如,商学余俱乐部事。是日大雪,张君约余等到什刹海赏雪,并乘冰橇游湖中,头面衣履俱染,六出花意甚浓。归而撰此联,将悬诸部屋,以志胜游。""贫贱何伤,只要把物与民胞安排下去;精神能固,却须从冰天雪地磨练过来。杭县叶瀚撰 绍兴蔡元培书。"(香港《华侨日报》1985年1月8日)

1月16日 鲁迅认为蔡元培在北大的革新,似无大效,惟《新潮》出版,"颇强人意"。

"主张用白话者,近来似亦日多,但敌亦群起,四面八方攻击者众而应援者则甚少,所以当做之事甚多,而万不举一,颇不禁人才寥落之叹。……大学学生二千,大抵暮气甚深,蔡先生来,略与改革,似亦无大效,唯近来出杂志一种曰《新潮》,颇强人意……"(《鲁迅致许寿裳函》同日)

1月17日 与张相文、童学琦等发起组织"通史讲演会"。

"国史编纂处附设通史讲演会条例。第一条。本会定名曰通史讲演会。第二条。本会会所设于国史编纂处内。第三条。本会会员，以大学校史学门学生，及国史编纂处编辑员、名誉征集员为主体，余如本校教授、讲师及本校学生，愿入本会，尤为欢迎。第四条。本会会员，分组研习、讲演。每组不设定额。如研究通史者，则称通史组，余仿此。第五条。每组设主任一员，担任本组分配讲演各事。先时公推数人充之。第六条。每组会员，担任本组研求论讲之事。凡值会期，无论教授、讲师、纂辑员、学生，均可主任演讲事务。第七条。每组讲演之要目，约略如下：（一）诸史体例，（二）疑义证明，（三）孤本采集，（四）物品考证或图解说明等。第八条。每期提出之讲演稿，先将其稿油印成秩。又设临时书记二人，于演讲时随笔记录。记录后，即交主任演讲员订正。如关乎地理者，则载于地学会《地学杂志》；其关于各门史事者，则载于本校月刊，或别刻单行本。如会员中学生一类，其研究各组学术成绩最优者，得由会提出请求国史编纂处长兼大学校校长，酌予优奖。第九条。除本会会员外，可延请中外名家，深通史故者，到会讲演。其讲演稿，亦依第八条办理。第十条。本会开会之日，定每月一次。期在每月终时举行。第十一条。本会于定期讲演外，如遇有专门家发明新理，暨各组学术有互相证明之事，得于定期讲演外，别行特别讲演。凡特别讲演不定期，遇必要时，得开临时会，共同议决而定之。发起人：蔡元培、张相文、童学琦、叶瀚、邓之诚。"（《北京大学日刊》同日）

1月18日　北京大学公布《退款兴学会简章》，请教员加入退款兴学会。

"本校教职员诸先生公鉴：径启者，按退款兴学会第3条，国立大学教员皆得为会员。谨请〇〇〇先生为会员。简章列后，请鉴。北京大学启。

《退款兴学会简章》。一、定名。本会定名为退款兴学会。二、目的。请求列国退还庚子赔款，作为振兴全国教育及研究高深学术之补助费。三、会员。全国国立各大学、各专门学校、各高等师范学校校长，教员，各省区教育会会长，皆得为会员。凡中外个人赞助本会者，皆得为名誉会员。四、干事部。（一）由国立大学及各专门学校、各高等师范学校校长组织之。（二）遇必要时，干事部公推若干人为干事。五、地点。本会设会务所于北京……"（《北京大学日刊》同日）

1月21日　主持"通史讲演会"成立会，讨论修订"条例"。

"三时，国史编纂处开通史讲演会。会员到者五十二人。首由张蔚西先生报告开会宗旨。经众推定处长（校长蔡元培）为主席。主席提出该会条例，逐条讨论，经众修正如左（下）：

第一条，原文本会定名曰通史讲演会，经众议决改为史学讲演会。第二条、第三条，众无异议。第四条，原文本会会员，分组研习讲演，每组不设定额。如研究通史者，则称通史组。余仿此。处长云：分组大概暂分通史组、学术史组、法制史组、宗教史组、交通史组、经济史组、地学史组、风俗史组，俟将来各会员研究有得，遇有必要分组时，可随时增益之。第五条，原文每组设主任一员，担任本组分配讲演事，先期分推数人充之。处长云：每组设主任一员，须加干事一员，担任本组分配讲演交接各事。第六条、第七条、第八条、第九条，众无异议。第十条，原文本会开会之日，定每月一次。期在每月终时举行。处长云：本会开会之日，宜于开会下加一常字。遇有特别讲演时，得临时举行。第十一条，原文本会于定期讲演外，如遇有专门家发明新理、暨各组学术有互相证明之事，得于定期讲演外，另行特别讲演。凡特别讲演不定期，遇有必要时，得开临时会，共同议决而定之。叶浩吾先生起立，申诉特别讲演会开立之性质后，处长意即豁然。又由浩吾先生与发起诸人公商，于各组学术下，应增各学科三字，庶研究之范围较广。处长云：凡特别讲演不定期，遇有必要时，得开临时会，宜改为主任、干事会。逐条讨论毕，众皆赞成。处长旋即指定许绍獬、盛铎、滕统音、张希象为本会干事员。并请各会员自行认定何组。于是干事许绍獬、盛铎等遂请各会员分别认定各组如下。（下略）"《北京大学日刊》1919年1月24日）

同日 与张相文联名致函孙中山，请以开国元老之身份向海外通告征集国史资料。

"中山先生大人尊鉴：捧颂来教，感佩无量。清世党会，来源最古，大要以天地会为鼻祖，确系明末遗老所创立，递衍而为三合、为三老，蛛丝马迹，具有线索可寻。彼其初意，不过反清复明而已。至同盟会兴，乃与共和有直接关系，然固亦秘密会党也。且亦多吸收各会分子，此中离合之迹，诚未易分明，要非广事搜罗，不足以资考证。诚如尊谕所谓，须经以岁月，几经审慎，乃可成为信史者也。可恨者，前此种专制时代，国内书籍，几无一字可考。元培前亦曾托旅外诸友代为搜集，迄今年余，报告尚属寥寥。先生以开国元老，望重寰球，海外各机关，大半亲手创造，幸蒙俯允，通告征集，此诚元培、相文等所翘首跂踵、日夜所祷祀以求者也。……蔡元培 张相文同叩"。《复孙中山函》同日）

1月22日 与熊希龄等联名致电四川省议会，请速派代表出席和平会议。

"成都省议会鉴：删电接悉。人民苦兵已久，欧洲和会将开，对内固应速谋和平，对外尤当速谋统一，现在南北方代表均经派出，广州军政府于北方代表亦已承认，此时只宜求和议之进行，不必苛论人物，致生障碍。贵会洞明时势，顾全大局，谅以鄙言为然也。 熊希龄 蔡元培等。养。"《申报》1919年1月26日）

1月25日 与徐宝璜、李大钊、胡适等33人发起组织"学余俱乐部"。

"敬启者：同人等发起学余俱乐部，如本校职教员、学员诸君赞同此旨，愿入本部为会员者，请惠寄台衔、赐交（文学研究所）左翼苍、（图书馆）李守常、（英文研究所）杨真江、（哲学研究所）萧炼尘、（理科研究所）唐鸿志、（东斋日字号）狄君武、（西斋黄字号）陈乃谦、（西斋）滕统音、（西老胡同十六号）刘光震、（国史编纂处）盛伯宣诸先生处。俟择日再开成立大会，兹将发起简章列后：

学余俱乐部发起简章。第一条、本部宗旨,因本校同人求学余闲,借以联络感情、交换学识为主,不涉校外之事,暂定名曰学余俱乐部。第二条、本部地点,附设地学会内(东安门内北池子盔头作)。第三条、本部会员,暂以本校为限。如校外同人,得本会会员介绍,皆可入会。第四条、本部备有各种书报,并随时罗致有关考证之古物及美术品,专供本部同人展览。此外,次第组织游戏部,如台球、投壶等类;文艺部,如诗社、词社等类。第五条、本会会员月纳会费一元,由本部按月派人征收。其会员中现充学员者,会费得减为每季一元,按四季交纳。第六条、本部于年终及暑假时宴集各一次,愿与宴者,届时另行组合。第七条、本部职员,应公推正、副部长,常务干事及评议员等,每一年公举一次。第八条、本部事务及款项出纳,应由干事员按照议订会章时所定章程办理、报告,以供众览。第九条、本简章未尽事宜,俟征求众意后,再定详细章程,以期尽善。

发起人:蔡元培 徐宝璜 侯毅 黄侃 唐鸿志 朱希祖 马裕藻 冯祖荀 马衡 吴梅 李大钊 张相文 童学琦 萧清海 左贯文 叶瀚 李续祖 孙诒棫 邓之诚 杨真江 胡适 沈尹默 陈锺凡 蒯寿田 陈浏 盛铎 许绍獬 刘光震 狄福鼎 滕统音 陈邦济 萧鸣籁 夏镜澄"。(《北京大学日刊》同日)

同日 提议陈仲子、夏宗淮等分别任音乐研究会主任干事及副主任干事。

"音乐研究会启事。本会现据李吴桢君函称:日前本会干事诸君选举桢为主任干事,桢自问才力薄弱,再三恳辞。当时诸君金谓,本校游艺会开会在即,本会应有辅助进行之职,自不可无人担负会务,嘱桢勉为其难,云云。桢不获已,承认暂任临时主任一星期。现以期限将满,务恳诸君另举贤能,庶于会务得有进步。又,校长蔡先生云,因李吴桢君坚辞主任干事,蔡元培提议:请陈仲子君为正主任干事,夏宗淮君及李君为副主任干事,俾得减轻李君责任,候诸会员决议。等因。为此本会援照章程第九条第三项,定于本月二十六日上午九时,在理科第十七教室开临时会,务祈诸会员准时莅临,无任盼祷。此启。"(《北京大学日刊》同日)

同日 出席全国和平联合会职员大会,被推为该会总代表之一。

"全国和平联合会业经各省代表议决,于下星期四日开始南移,昨特在京师总商会事务所召集全体职员会员大会,到者二百余人。是日张总代表亦莅会,由陈筱庄先生代表评议会请张总代表主席。复由陈先生报告:(一)本会不日南移。(二)本会评议会前因本会进行上有种种必要,曾加推总代表三人:一蔡子民先生、一熊秉三先生、一张仲仁先生,并评述三先生之历史及与本会前途关系之重要。继由主席张总代表起立报告蔡先生、熊先生、张先生三公之热心和平与本会将来有莫大之赞助,遂一一报告,全体一致通过并大鼓掌欢迎。总代表通过后,由陈先生及干部主任,请新总代表蔡先生赐训辞。遂由蔡先生登台,首述不敢当总代表之意,继复述本会前途必须一致团结,努力进行云云。"(《全国和平联合会一览》)

同日 呈请大总统、国务总理将"退款兴学会简章及意见书",转电中国赴欧代表。

"退款兴学会之简章及意见书,业由蔡校长领衔呈请大总统、国务总理、教育总长,转电吾国赴欧代表,竭力赞助,以期达到目的。"(《北京大学日刊》同日)

1月26日 赞成并支持国故月刊社的成立。

"国故月刊社于二十六号(星期日)下午一时,在刘申叔先生宅内,开成立大会。教员到者六人,同学数十人。通过简章,并议定于阳历三月起,每月二十号出版。当即推定职员,并由教员介绍续请编辑教员若干人。"(《北京大学日刊》1919年1月28日)

"国故月刊社纯由学生发起,其初议定简章,即送呈校长阅览,当蒙极端赞成,并允垫给经费。本社遂以成立。"(《北京大学日刊》1919年3月24日)

1月27日 主持学余俱乐部发起人会议,讨论修订会章、选举职员,被推为部长。

"一月二十七日下午三时,学余俱乐部在北池子盔头作开发起人会议,到会者三十人。首由叶浩吾先生说明发起旨趣及筹备情形。遂请蔡孑民先生主席,讨论简章。胡适之、徐伯轩、邓文如、叶浩吾、朱遨仙先生关于条文之修正,互有申说。众通过后,复由邓文如、左翼苍先生,请到会诸君共负征集会员责任。蔡孑民先生谓,宜请各教授会主任、各科教务处事务员,暨各团体领袖,分头募集,众皆赞成。复选举部长及临时干事。公推蔡孑民先生为正部长,叶浩吾先生为副部长,徐伯轩先生、萧炼尘先生、顾君业先生为文牍员,左翼苍先生为庶务员,马幼渔先生为会计员。选举毕,继由各人酌量捐助特捐,以备筹备一切。散会后,由各临时干事开职员会议,筹画设备事宜,及募集会员手续等事。"(《北京大学日刊》1919年1月29日)

1月28日 评价黄郛(膺白)著《欧战之教训与中国之将来》是关于欧战问题的一本翔实而有系统的著作。

"膺白先生足下:承赐大著《欧战之教训与中国之将来》,详读一过,无任佩服。此大战争历四年之久,各国印刷品之关系战事者,何啻千百种。吾国亦参战分子也,以弟所见,国人关于欧战之著作,翔实而有系统者,惟大著及叶景莘所著《欧战之目的及和局之基础》而已。立于吾国国民之地位,审观外界已往之动状与将来之趋势,而图所以自立,此两书所同也。叶君之作,以国际政策为范围,故尤详于国际间之宣言及所提条件,足以供关心于和平会议者之参考。大著则广及政府与社会种种造因食果之实例,以定我国努力改进之标准,故言约事赅,而义蕴尤为宏深,读者所受之影响,必较叶君之作为尤巨也。……蔡元培谨启 八年一月二十八日"(《北京大学日刊》1919年1月29日)

1月30日 撰写《重修〈新昌县志〉序》。(《新昌县志》1919年铅印本)

1月 《北京大学月刊》创刊号出版,所撰《发刊词》刊出。(《北京大学月刊》第1卷第1号)

同月 所作《哲学与科学》一文发表。(《北京大学月刊》第1卷第1号)

2月5日 与汪大燮、熊希龄、张謇等发起组织"国际联盟同志会"。

"国际联盟同志会为汪大燮、熊希龄、张謇、蔡元培、王宠惠、林长民等六君发起,业于二月五日在石驸马大街熊宅,开发起人筹备会,传观宣言书及会章草案。是日到会者二十七人。本校职员蔡元培、王宠惠、胡适、陶履恭、宋春舫、梁敬錞诸君皆与焉,皆加入发起人中。公推梁启超、汪大燮、蔡元培、王宠惠、李盛铎五君为临时干事。……"(《北京大学日刊》1919年2月11日)

2月9日 出席中华万国禁烟联合会召开的禁烟大会并有演说。

"昨日午后青年会开禁烟大会,中外官员、使署官员及商学两界,到者甚多。安格联、蔡元培、张一鹏、丁嘉立、伍连德等皆有动人演说。黄开文代表徐总统宣读总统之文。一致议决如下:(一)组织中国禁烟大会;(二)中国境内之中外官民力助政府禁烟之政策,并请未曾批准一九一三年海牙鸦片条约之各国政府立即批准该约;(三)电致巴黎和会说明中国禁止鸦片贸易之民意,并请列强合力取缔鸦片之出口,俾中国得扫除国内烟毒。"(《申报》1919年2月11日)

2月10日 与熊希龄等联名发出通电,建议将和平期成会南北代表视为全国性代表。

"各省省议会、商会、教育会钧鉴:昨接密电,南北总代表准于日内在上海开会,和平可期,四海人民之望,惟此次会议重在根本解决,以谋永久和平。各代表虽分南北,要当以国家为前提。美总统在欧洲宣言,谓此次欧洲和会代表,宜视为新世界之代表,不得视为各国之代表,今我会议代表,亦宜视为全国之代表,不当视为南北之代表,全国运命以此会议为转移,各代表对于全国人民之责任如何重大,所谓天下安危系之一身者也,征之侨居中国之各国官商心理,亦无不以此次会议代表为最关重要,能采全国民之心,将来决议条件即可以定国是而保和平。贵会出自各省民选,有代表民意之价值,务乞迅电上海南北各代表,一致付托敦促进行,使各代表有尊重民意,解决国是之全权,不独国内和平可达目的,即目前外交问题亦可赖各代表之担任,传达民意,发表意见,实于国家大局裨益匪浅。谨供所见,乞赐酌裁,仵候明教,无任盼祷。

和平期成会会长熊希龄 蔡元培等同叩。灰。"(《申报》1919年2月19日)

2月11日 与汪大燮、熊希龄等草拟之《国际联盟同志会缘起》本日公开发表。(《北京大学日刊》同日)

2月12日 国际联盟同志会在北京大学举行成立会。

"国际联盟同志会成立会广告。本会定于本月十二日午后二时，在北京大学法科大讲堂开成立会。届期敬请北京大学教职员诸君及学生诸君到会。……此会为纯粹研究性质，本校教职员诸君，及学生诸君，均可入会。愿入会者可于本日到校长办公室签名，或于大会时临时签名均可。"(《北京大学日刊》1919年2月11日)

2月15日 同意徐悲鸿等发起成立北京大学健身会。

"健身会纪事。十五日下午一时，该会假体育会事务所开成立会。到者导师有卢万和、陈凤来、牛发祥诸先生。会员因下午有课，到者略少。先由陈君述今日开会意思，并介绍各导师。次报告该会经过情形。略谓前画法研究会导师徐悲鸿先生，以吾校同学因体质虚弱，或疾病缠身，而中途退学者颇多。与蔡校长商发起斯会，当蒙校长面允，即于去腊五日布告成议。……"(《北京大学日刊》1919年2月18日)

2月17日 林琴南发表文言小说《荆生》，诋毁北京大学与新文化运动。(上海《新申报》同日)

2月19日 出席北大新闻研究会改组大会，被推为会长。

"新闻研究会于十九日午后，在文科第三十四教室开改组大会。校长亲临演说。会员对于起草之简章略加修正通过，随及选举职员。结果为校长当选为正会长，徐君宝璜以二十三票当选为副会长，……是日会员到会者为缪金源、徐思达、傅馨桂、冯嗣贤、曹杰、何邦瑞、谭植棠、温锡锐、毛泽东、区声白、谭鸣谦……"(《北京大学日刊》1919年2月20日)

2月21日 出席协胜纪念建筑筹备处关于建筑协胜纪念牌坊会议。

"协胜纪念建筑筹备处，以建筑协胜纪念牌坊急待进行，已屡次开会，集议办法。闻已决定将中央公园大门内之格言亭拆去，就其旧址建筑牌坊，是项建筑及一切费用，约费三万元，已得政府许可，将于三月上旬即行开工。昨日下午四时，又在中央公园董事会开会讨论一切进行事宜，到者三十余人，大学校长蔡元培及法人铎尔孟诸名流均与会。当时议决将于开工之日延请各部要人，外交团及中外名人与在京绅商、学界，参与开工礼式，并于开工之日在中央公园内结彩张旗，以点缀盛举。"(《申报》1919年2月23日)

2月22日 召集北京大学各学长、教授会主任及研究所主任会议，讨论"本校扩张计划及其他各科重要问题"。

"学长诸君，教授会主任诸君、研究所主任诸君公鉴：为本校扩张计划及其他各科重要问题，于本月二十二日(星期六)午前十时，在景山东街校长室开会讨论。先期奉送大学院计划及本校历年支出比较表，已有设备价值比较表，备预行研究。届时务请到会(是日校中备有午餐，会议可延至午后，以便当日解决，而提出于评议会)。此订。并祝公绥。蔡元培谨启"。(《北京大学日刊》1919年2月21日)

2月23日　出席中日语学研究会第二次演说会并有演说。

"中日语学研究会昨日(二十三日)在老城根中国大学开第二次演说会。到会者中国方面有蔡元培、贺嗣章、邵宗孟、黄国英诸君；日本方面有日使馆船津书记官、中烟书记官、西田参赞及三井书院梭长、吴永康诸君,此外尚有日本新闻记者多人,约计到会人数共约二百余人。首由贺君嗣章报告开会宗旨,继由中日两国学生相互用外语演说,言辞琅琅极流畅,此由中日两国人士相继演说,其中尤以蔡君子民与船津书记官之演说为可记载,蔡君大意谓,学外国文字,当先注意学其普通语言,次及文法,如此乃可收实际上应用之效云云。"(《申报》1919年2月27日)

同日　国民外交协会举行讲演大会,应邀发表《自他均利的外交》演说。

"昨日下午1时至5时,国民外交协会在中央公园社稷坛前殿,开讲演大会。一时许,座为之满,后至则几无立足地。首推熊秉三主席报告经过情形,次由蔡元培君演说,题目为《自他均利的外交》,……散会时已六时余矣。"(北京《晨报》1919年2月24日)

2月26日　公布与商务印书馆签订的《北京大学月刊》出版合同。(《北京大学日刊》同日)

2月28日　发布"校长启事"为俄人喀拉斯廷征求中国朋友。

"顷有俄国喀拉斯廷君来称,伊乃俄东大学校派来研究华语者,甚愿得一二华人为友,一星期中,聚会数次。一半时间,由华人教以华语；其他一半时间,由伊教授俄语,或德语亦可云云。校内同人,有愿与喀君为友者,请于三日内至校长办公室接洽可也。此启"。(《北京大学日刊》同日)

"俄人喀拉斯廷君昨日复来,鄙人即将已签名愿与伊交换练习言语者之名单交伊,听其自行斟酌。伊云将于数日内择定数人,当直接通信商量办法。　蔡元培谨启"。(《北京大学日刊》1919年3月5日)

2月　与蒋梦麟、胡适、陶履恭、黄炎培、郭秉文、徐甘棠等人,共同发起组织"新教育共进社"。

"同人等察国内之情形,世界之大势,深信民国八年,实为新时代之新纪元。而欲求此新时代之发达,教育其基本也。爰集国中五大教育机关,组织新教育共进社,编辑丛书、月刊,盖欲在此新时代中,发健全进化之言论,布正当确凿之学说。当此世界鼎沸,思想革命之际,欲使国民知世界之大势,共同进行,一洗向日泄泄沓沓之习惯,以教育为方法,养成健全之个人,使国人能思、能言、能行、能担重大之任,创造进化的社会；使国人能发达自由之精神,享受平等之机会。俾平民主义在亚东放奇光异彩,永远照耀世界而无疆。"(《新教育》月刊第1卷第1期)

同月　所撰《教育之对待的发展》一文发表。(《新教育》月刊第1卷第1期)

3月1日　发布启事,为北大教职员代索中法友谊会舞会入场券。

"中法友谊会将于三月四日午后九时半,在外交部大楼开跳舞会。本校教职员诸君有愿与会者,请于两日以内见告,当代索入场券。蔡元培敬白"。(《北京大学日刊》同日)

3月4日 通知马寅初等出席审计委员会会议。

"朱继庵、马寅初、郑寿仁、黄伯希、胡适之、秦景阳、张菊人先生公鉴:诸先生均被推为本校审计委员,请于本月五日(星期三)午后四时莅文科学长室,互推委员长,并商定进行事宜。蔡元培谨启"。(《北京大学日刊》同日)

同日 发布通知,于本月六日(星期四)下午召开体育会会议。

"纽伦、卫尔逊、孙瑞林、陈惺农、马寅初、黄伯希、黄振华、朱继庵、陈庆文、杨宗伯诸先生公鉴:为本校体育会事,请于本月六日(星期四)午后四时,莅理科学长室与体育会职员商议一切。蔡元培谨启。

体育会职员诸君公鉴:现拟请教员中热心体育者加入体育会,定于本月六日午后四时,在理科学长室商议一切,届时请诸君到会。蔡元培谨启。"(《北京大学日刊》同日)

同日 通知陈百年、周起孟、胡适等于本月七日下午开会,商议全校制服、徽章问题。

"陈百年、周起孟、胡适之、马寅初、黄伯希、朱继庵诸先生公鉴:请于本月七日午后四时,莅文科学长室,商议本校制服、徽章等问题。蔡元培谨启。"(《北京大学日刊》同日)

3月5日 主持北京大学审计委员会委员长选举会。

"审计委员会于昨日午后,在校长室开第一次会。由校长主席。各委员投票选举委员长。结果为马寅初君得五票,朱锡龄君与秦汾君各得一票。马君以多数当选为委员长。"(《北京大学日刊》1919年3月6日)

3月6日 助北大学余俱乐部特别捐现洋五十元。

"学余俱乐部启事。本部组织迭经讨论筹画,现在设备将次就绪,并依据部章,特设会文社、钧天社,正在分途接洽,不日即可成立。附设茶座,备办咖啡、清茶及各种点心,以备会员随时取用。价极廉。台球已在天津租用,下星期可以运京。一俟诸事布置完竣,即行定期开成立大会。附登本部捐款及支款清单。捐款:蔡子民现洋五十元、张蔚西现洋二十元、叶浩吾现洋二十元、邓文如现洋二十元、马叔平现洋十元、胡适票洋十元……"(《北京大学日刊》同日)

3月13日 在国民外交协会讲演会的演说——《自他均利的外交》发表。(北京《晨报》同日)

3月14日 为美国天数博士Downey到北大演讲发布布告。

"《校长布告》。本校现请美国天数博士Downey先生来校演讲天文学,本校教

职员及学生届时均可往听。校外愿听讲者,亦可来听。……讲演地点,理科第一讲堂。"(《北京大学日刊》1919年3月14日)

3月15日 在北京青年会发表题为《贫儿院与贫儿教育的关系》的演说。(《北京大学日刊》1919年4月23日)

同日 被举为京师中小学校体育公会名誉会长之一。

"京师中小学校体育公会设西城东铁匠胡同劝学办公处,以促进中小学校学生体育之发达为宗旨。由安新县人王道元发起创办。1919年2月16日成立,3月15日批准备案。会长袁希涛,副会长张继熙、张瑾,名誉会长蔡元培、范源濂、傅增湘、张一麐、严修,名誉副会长陈宝泉、方还、蒋维乔、汤尔和,主任王道元。会员二百八十五人。该会会员须具有高等专门学校专任体育之权责,及富于体育上之经验学识者,或中小学校长、主任教员及体操专科教员为合格。"(《北京档案史料》1991年第2期)

3月16日 北京大学学余俱乐部举行成立大会,被选为部长。

"学余俱乐部于上星期日午后,在理科第一教室开成立大会。到者三百余人,公推吴瞿安君主席。由徐伯轩君报告本部经过之情形。报告毕,古琴、钢琴、提琴之高手,先后奏乐;昆曲、皮黄之巨子,相继清唱。复继有幻术,助兴不少。后即宣布选举结果,蔡子民君当选为正部长、叶浩吾君当选为副部长,……"(《北京大学日刊》1919年3月18日)

3月18日 发表《致〈公言报〉函并附答林琴南君函》,对林琴南指责北京大学"覆孔孟,铲伦常""尽废古书,行用土语为文字"等指责,例举事实,详加驳斥。

"《公言报》记者足下:读本月十八日贵报,有《请看北京大学思潮变迁之近状》一则,其中有林琴南君致鄙人一函。虽原函称'不必示复',而鄙人为表示北京大学真相起见,不能不有所辨正。谨以答林君函抄奉,请为照载。又,贵报称'陈、胡等绝对的菲弃旧道德,毁斥伦常,诋排孔、孟',大约即以林君之函为据,鄙人已于致林君函辩明之,惟所云'主张废国语而以法兰西文字为国语之议',何所据而云然?请示复。"

在《答林琴南君函》中,明确申述两点主张:"(一)对于学说,依世界各大学通例,循思想自由原则,取兼容并包主义。与公所提出之'圆通广大'四字,颇不相背也。无论何种学派,苟其言之成理,持之有故,尚不达自然淘汰之运命者,虽彼相反,而悉听其自由发展。""(二)对于教员,以学诣为主。在校讲授,以无背于第一种之主张为界线限。其在校外之言动,悉听自由,本校从不过问,亦不能代负责任。……革新一派,即偶有过激之言论,苟于校课无涉,亦何必强以其责任归之于学校耶!"(《公言报》同日)

3月19日 发表《致〈神州日报〉记者函》,对该报《半谷通信》中关于陈独秀学长"近有辞职之说"的不实报道,予以更正。

"《神州日报》编辑部公鉴:……贵报上月两次登《半谷通信》,皆谓陈学长及胡适、陶履恭、刘复等四人,以思想激烈,受政府干涉。并谓陈学长已在天津态度颇消极,而陶、胡等三人,则由校长以去就力争,始得不去职云云,全是谣言。此次报告中虚构一陈学长辞职之证据,而即云'记者前函报告信而有征矣'。阅报者试合两次通信及鄙人此函观之,所谓信而有征者安在?此项谣言,流传甚广,上海报纸,甚至有专电言此事者。惟各报所载,以贵报为最详细,且通信员又引鄙人之言为证,故不能不一辩之。贵报素主实事求是,敢请照载此函,以当更正。"(《北京大学日刊》同日)

同日 发表复张厚载(镠子)函,责其徇林琴南之意,发表林攻击北大之文,于"爱护母校之心,安乎,否乎?"

"镠子兄鉴:得书,知林琴南君攻击本校教员之小说,均由兄转寄《新申报》,在兄与林君有师生之谊,宜爱护林君;兄为本校学生,宜爱护本校。林君作此等小说,意在毁坏本校名誉,兄徇林君之意而发布之,于兄爱护母校之心,安乎,否乎?仆生平不喜作谩骂语、轻薄语,以为受者无伤,而施者实为失德。林君詈仆,仆将哀矜之不暇,而又何憾焉!惟兄反诸爱护本校之心,安乎,否乎?往者不可追,望此后注意。"(《北京大学日刊》1919年3月21日)

3月24日 与沈尹默、胡适等联名启事,为马寅初母丧征募赙仪。

"马寅初先生现遭母丧。本校同人有拟赠赙者,请送交学生储蓄银行代收。"(《北京大学日刊》同日)

3月26日 函请周作人代觅德文书。

"上午往校。得蔡先生函,托代觅德文书籍。"(《周作人日记》同日)

3月29日 在天津青年会发表题为《欧战后之教育问题》的演说。

"鄙人今日承青年会诸先生之邀,来此讲演,适值大风扬尘,而诸先生仍惠然肯来,鄙人深感诸先生之盛意,尤恐无以副诸先生之望,谨先告罪。今日演题为《欧战后之教育问题》,本青年会诸先生所预定。此番战争之后,世界各事无不有所改变。教育主义自不能不随之而改变。鄙人意见,以为战前教育偏于国家主义。战后教育必当偏于世界主义。即战前主持教育者,仅欲为本国家造成应用之人才。而战后主持教育者,在为世界养成适当之人物。此战前战后教育主义区别之点也。……"(《欧战后之教育问题》)

3月31日 北京大学发布布告予以学生张厚载勒令退学。

"《本校布告》。学生张厚载屡次通信于京沪各报,传播无根据之谣言,损坏本校名誉,依大学规程第六章第四十六条第一项,令其退学。此布。"(《北京大学日刊》同日)

3月 撰写《恭祝百官区立第一女学校校长季母糜老夫人五秩寿序》。

"古有寿夫人之文乎？曰尝见之于诗矣。《鲁颂·閟宫》之篇曰：'令妻寿母。'夫母而曰寿，则必其为颂祷之文可知也。《大雅·既醉》之篇曰：'釐尔女士，从以孙子。'夫女士而曰有孙子，则必其为寿妇又可知也。

今岁仲春之吉，为百官乡副议长季子嘉先生之淑配糜老夫人五秩生辰，都人士咸将为此春酒，以介眉寿，而征序于余，余不获以不文辞，乃称觞而为之祝，曰：夫以妇人之身而能行丈夫事者古不多见，昔者班氏《汉书》未成而卒，诏其女弟曹昭，躬就东观踵而成之，于是公卿大臣执贽请业，此女子之述史也。苻秦初建学校，广置博士经师，五经粗备，而周官失传，博士上奏太常韦逞之母宋氏家传周官音义，诏即其家讲台，置生员百二十人，隔绛帷而受业，赐宋氏爵，号为宣文君，此女子之传经也。然以糜夫人较之，则有过无不及者。满清末造，女学萌芽，百官乡创办舜江女校，特聘夫人为校长。是时子嘉先生方与二三同志办成美学校，各有成绩。迨民国二年，子嘉先生去世，学款支绌，将中止。夫人勉力继续，又兼任百官区立第一女学校校长，藉竟先夫未尽之志，而使一乡中女子之秀颖者，人人皆纳身于轨物而知文字。大吏每岁委员视学，辄嘉奖不已。欧风东渐，西学门类大备，以视班姑、韦母之仅仅传一家学校、一部书，不诚有广狭之分乎？子嘉先生无子，夫人念宗祧之重，择犹子继良为子，既命过房，且将授室矣。古人云节妇之后必昌，继良方为上德校毕业生，立志修身，所造亦未可量。夫人家室之投壶，安知不如《既醉》女士之有孙子乎？夫人为子嘉先生之妻，则令为继良之母，则寿尔炽尔昌，又安知不如《閟宫》所颂之寿母乎？夫人办学之思方兴未艾，他日由六十、七十以至百岁，岂有穷期？今日之觞特宾之初筵耳！

时在中华民国八年 岁屠维协洽律中夹钟之月 谷旦

北京国立大学校校长 年家眷侍生绍兴蔡元培谨识 鞠躬撰并书"。（季驰生等纂修《百官季氏宗谱》惠润堂印 民国十六年版）

3月、4月 对横行无忌的安福国会，表示以辞职为抗议的不合作态度。

"当民国八年三四月间，欧美留学生在清华园开了三天的大会。那时正当安福部横行无忌的时候，一般西洋留学生稍有天良的，都还想有所努力，所以大会中推举了几个人，组织一个'政治主张起草委员会'，拟了一个很详细的政纲，一条一条地报告出来，都通过了。最后有一位先生——似乎是张伯苓先生——起来问道：'假如政府不采我们的主张，仍旧这样腐败下去，我们又怎么办呢？'那时大家面面相觑，都没有话了。蔡先生起来说：'将来总有一日实在黑暗的太不像样了，一般稍有人心，稍为自爱的人，实在忍无可忍了，只好抛弃各自的官位差使，相率离开北京政府，北京政府也就要倒了。'这句话虽不是正式的议案，却可以表示蔡先生在安福

时代的态度。"（胡适:《蔡元培以辞职为抗议》）①

4月2日 复函教育总长傅增湘（沅叔），申明敝校有《新潮》《国故》之出版发行，新旧共张，实为"大学兼容并包之旨"。

"沅叔先生左右：奉读尊札，敬悉一是。情长意殷，感荷无量。此中原委，昨已面陈左右。兹再述其涯略。敝校一部分学生所组织之《新潮》出版以后，又有《国故》之发行，新旧共张，无所缺倚。在学生则随其好尚，各尊所闻。当事之员，亦甚愿百虑殊途，不拘一格从容纳之。局外人每于大学内情有误会之处，然若持《新潮》《国故》两相比拟，则知大学中笃念往昔，为匡掖废坠之计者，实亦不弱于外间耆贤也。……大学兼容并包之旨，实为国学发展之资。正赖大德如公，为之消弭局外失实之言。元培亦必勉励诸生，为学问之竞进，不为逾越轨物之行也。……蔡元培谨启 四月二日"。（《复傅增湘函》同日）

4月3日 作七律二首。

"《丁未三月三日瀛台修禊限韵'南海'二字》

（一）又是今年三月三，追寻上巳更成惭。逢场游戏聊复尔，大事糊涂便不堪。伯乐何曾空冀北，兰城空自忆江南。拚将万斛新亭泪，一洗瀛台帝德惭。

（二）阽年帝德今何在？桃李逢春犹蓓蕾。疥壁空留供奉书，临河漫说时流罪。

风尘颒洞陶然亭（丙午，我未到，是日大风），水木清华什刹海（乙巳，我亦到），禊事三年转瞬间，常有遗闻溯辛亥。"（蔡元培先生手稿）

4月5日 与王宠惠、范源濂等联名发表启事，为梁启超辨诬。

"《上海时报》《新闻报》《申报》《时报新闻》并转各报馆、五十三商团鉴：阅沪商团议决事件，乃致疑于梁任公先生。梁赴欧后，迭次来电报告主张山东问题为国家保卫主权，语至激昂。闻其著书演说极动各国观听，何至有此无根之谣？愿我国人熟察，不可自相惊扰。元培等久不与闻政论，惟事关国际，且深知梁先生为国之诚，不能嘿尔，特为申说，务乞照登。"（上海《时报》1919年4月6日）

4月8日 主持北京大学文理两科教授会主任及政治、经济门主任会议，议决提前实行"文理科教务处组织法"及选举教务长。

"校长特于本月八日召集文理两科教授会主任及政治经济门主任会议。是日到会者为秦汾、俞同奎、沈尹默、陈启修、陈大齐、贺之才、何育杰、胡适等八人。当由与会诸君议决：将三月四日所发表之文理科教务处组织法，提前实行，……继投票公推教务长一人。投票之结果，马寅初君得四票，俞同奎君得三票。马君当选为教务长。"（《北京大学日刊》1919年4月10日）

---

① 载《努力周报》第38期。

4月10日 呈报教育总长,北京大学废止文理科学长制,改行教务长制,并已选举马寅初为教务长。

"呈为呈报事。本校文理两科现因谋教务上之改良起见,拟自本学期起实行归并计划,下设学长,于各门教授会主任中按年选举一人为教务长,以期兼筹并顾而免参差之弊。本月八日开会选举经济系教授会主任、文科教授马寅初为教务长,除于校内外公布外,理合呈请钧部鉴核备案。谨呈教育总长。北京大学校长蔡 中华民国八年四月 日"。(北京大学档案)

4月13日 嘱捐京师总商会图书一百四十九册。

"京师总商会欲组设一图书室,前曾致函本校征求书籍。校长嘱图书部将馆中复本书籍酌捐若干种。现在图书部检出复本书共三十九种一百四十九本,已电话通知总商会派人来取矣。"(《北京大学日刊》同日)

同日 应邀出席中国大学成立六周年纪念大会,并发表演说。

"本月十三日下午一时,北京中国大学举行成立六周年纪念大会,及商科大学本科学生第一次毕业式。兹志其情形如下:(一)鸣钟入场。(二)毕业式:甲、校长报告。乙、董事职教员率领毕业学生向国旗行三鞠躬礼。丙、毕业生向董事职教员行一鞠躬礼。丁、毕业生向来宾行一鞠躬礼。戊、授与证书。……演说题名:致训词者为教育次长袁希涛君、校长姚恨吾君、教务主任骆继汉君、学长洪逵君、教员刘夫君。演说者为林传甲君、艾德敷君、蔡元培君。演说毕,由王露君鼓琴。"(北京《晨报》1919年4月14日)

4月14日 转请江西省教育厅给予许德珩、陈宝锷赴法留学津贴。

"北京大学为咨行事。案据本校文科三年级学生许德珩、陈宝锷声称:窃生等均于本年暑假毕业,拟毕业后前往法国留学,以资深造。惟家非素丰,学膳各款需费甚巨,欲遂所愿端赖公家资助。为此恳请校长咨商江西教育厅长,请于盐余项下拨给若干,以资津贴。他日有成,衔感无极等情。相应拟请转咨,并将该二生前两学年总平均分数开具清单一份,送请贵厅查核办理,并希见复为荷。此咨江西教育厅长 北京大学校长蔡 四月十四日"。(北京大学档案)

4月15日 主持高等法文专修馆新校舍开幕及春季开学典礼式。

"高等法文专修馆开校(昨十五日),校址在西安门大街46号之法文专修馆,行新舍成立春季始业式,特请中法人士到校演说,由馆长蔡子民主席报告,次名誉馆长铎尔孟、法公使柏卜、教员华南圭等先后演说。该馆现有学生三百人,以湖南来者为最多。闻山西亦将送九十人前来云。"(北京《晨报》1919年4月17日)

"北京华法教育会中法协进会所办之法文专修馆,去年既已成立。学生有三百余人之多。……四月十五日为春季开校期,亦即新舍成立之期。本日特请馆长蔡子民、铎尔孟公使顾问、法国公使柏卜及其他中法人士到校演说。首由蔡君报告法文班成立之历史,并希望中法人士赞助。次法使演说。……最后,蔡馆长致谢,摄影而散。"

会场台上悬有蔡馆长书字一幅,云:"法国革命时代揭出自由、平等、博爱三字为道德标准,实即吾国哲学家所提倡之义、恕、仁三字也。足见两国道德思想之相同。"(《时事新报》副刊《学灯》1919年4月19日)

4月16日 函请李煜瀛(石曾)延聘法国教习及代购世界语教科书。

"石曾先生大鉴:计上海船行之期,想先生已早抵巴黎矣。兹有奉恳之事如下:(一)北京大学暑假后须增延法国教习二人:甲、专门文学家。乙、兼治哲学者。忆曾奉函托访。现据贺培之君见告,其中须有一人能讲授《法国文学史》及《法语史》者。(葛拉耐君,在京见过几次,但不肯留京为教员。)务求早日订定,条件请先生酌之。(二)前曾有两函奉托代购世界语教科书,今又有一书单,亦请代购,祈属书肆寄来。书价或请代垫,或由书肆直接向大学索取,均无不可。……弟元培敬启 四月十六日"。(《致李石曾函》同日)

4月17日 召集北京大学学余俱乐部职员会,讨论该部重要问题。

"学余俱乐部诸职员公鉴:为讨论本部重要问题,定于今日午后三时,在本部开职员会。届期务请莅会。此订,蔡元培敬启"。(《北京大学日刊》同日)

4月18日 函告李煜瀛(石曾),京津孔德学校及法文专修馆等校近况。

"石曾先生大鉴:……关于京津各校情形,弟再以所知者奉告:(一)天津孔德中学愿赴京之学生,不过八九人。故由吴先生调停,在京设一孔德中学筹备处,实行预备留法课程,由居先生办理,而天津之中学仍旧。其每月二百元之经费,则津校得百四十元,京校得六十元,而再由吴先生筹助京校每月四十元。(二)北京孔德学校亦不能不预备设中学班,照普通中学办理。故吴先生所主张之办法,只能暂纳于法文专修馆,而未可谓之中学。(三)法文专修馆,由张岱杉处每月任五百元。彼对于育德及布里,每月共任三百元。惟育德建筑费一万元,彼允于彩票款中提出,而迄今尚无着落。(四)本拟请吴先生于暑假后任法文专修馆馆长,而近日上海同济校舍事发生,亦欲请吴先生为校长。吴先生如往沪,则可请刘厚君任专修馆事。……弟元培敬白 四月十八日"。(《致李石曾函》同日)

4月19日 主持北京大学音乐会演奏大会开幕式。

"北京大学音乐研究会昨夕七时半,借东城米市大街青年会大礼堂开音乐演奏大会,由校长蔡孑民君主席,到会者达千人以上。青年会门前,车马如云,会场则楼上楼下甫到开会时间,便已满席,后至者无容足之地。演奏之次序,系以古今中外之乐相间而作,并约昆曲专家到场演唱,其余奏乐之人,均由中外有名之男女音乐大家担任。……记者以为,如此盛会,在北京混浊之社会中,可谓得未曾有,倘能时时演奏,不特有益于国民审美之知识,亦可增进其高尚之精神也。"(北京《晨报》

1919年4月20日）

同日 三月二十九日在天津青年会讲演词——《欧战后之教育问题》，经直隶工业专门学校学生陈邦材笔记，并经蔡校长订正本日发表。（《北京大学日刊》同日）

4月20日 出席北京大学浙江同乡会成立会，被推为会长。

"本会四月二十日上午在理科大讲堂开成立大会。公推蔡子民先生主席。开会秩序为：（一）开会。（二）主席致开会词。（三）通过章程。（四）演说。（五）摄影。（六）散会。惟演说因时间短，未及举行。其选举结果，蔡子民先生为正会长，黄人望先生为副会长。"（《北京大学日刊》1919年4月25日）

4月22日 与北京国立六校校长联名呈请教育部垫款购买德家花园，以建西山精舍。

"呈为呈请事。窃查国立六校，曾于上年六月间提议假西山静宜园中之香山寺遗址，公建西山精舍，并经呈请钧部核准在案。现查该处租地条件，不甚合宜，不能不别觅相当处所。查德家花园，现拟出售。该园与薛家山毗连，每年植树节，六校学生均须赴该山植树，若建精舍于此，不惟可为暑假时旅行寄宿之所，并可为植树时休息之用。本月十一日，校务讨论会中曾提此议，全体赞同。估其产假（价）及购到后一切设备，大约在三万元左右。现时国立六校，经费均极支绌，未易骤集此款。拟由钧部先行筹垫，再由六校陆续筹还，似于钧部预算不致有牵动之虑。除一方面托人与德家接洽外，理合公恳钧部核准，指示施行。谨呈 教育总长。

北京大学校长蔡 北京高等师范学校校长陈 北京法政专门学校校长王 北京医学专门学校校长汤 北京农业专门学校校长金 北京工业专门学校校长洪"。（《北京大学日刊》同日）

"本校及高等师范、法政专门、医学专门、农业专门、工业专门五校，上年曾议假西山静宜园之香山寺遗址，公建西山精舍，业经立案。现以该处不甚合宜，更提议购德家花园为基址，已全体赞同，积极进行，并向教育部立案矣。"（《北京大学日刊》同日）

4月23日 在北京青年会发表的演说——《贫儿院与贫儿教育的关系》本日起连续发表。（《北京大学日刊》1919年4月23日、25日、26日）

4月24日 在北京高等师范学校修养会之演说词——《科学修养》，本日发表。（《北京大学日刊》同日）

4月25日 与沈尹默、胡适等人联名为马寅初母丧发布征赙启事。

"前因马寅初先生遭母丧，同人曾登一启事，谓本校同人有拟赠赙仪者，请送交学生银行代收，现定于本月月底截止。特此谨白。

蔡元培 沈尹默 胡适 朱希祖 徐宝璜 郑寿仁 张祖训启"。（《北京大学日刊》

同日）

4月29日 请胡适与蒋梦麟商定派人赴沪办理招考事。

"适之先生：留示各函，均已分别办理。……暑假北大招考，拟借江苏省教育会会所，已电商。并求与梦麟兄商定，本校应派若干人赴沪？……弟蔡元培敬启 四月二十九日"。（《致胡适函》同日）

4月30日 为河南农业专门学校招聘主任教员。

"鄙人顷接河南农业专门学校校长陶琅斋君来函，谓：该校暑假后须添农学主任教员一人，拟聘一位西洋留学者担任。薪金按钟点计算，每一小时现洋三元，月薪约至二百元左右，届时可别行函商，云云。本校及国立各校同人中，如有资格相符之友人可为介绍者，可函告鄙人，当为介绍。"（《北京大学日刊》同日）

同日 为《致中》杂志题词。

"《致中》杂志者，北京青年界之所组织，欲藉以研究最近之学术，而为改良社会事业之准备者也。夫志愿愈大，进行愈难。若吾国数千年之老大社会，其凡百思想，殆无一不囿于陈腐之习惯，将欲改弦而更张之，其作于始也，固赖有奋勇直前之精神；其持于后也，尤赖有坚忍不拔之意志，否则昙花一现，虽有若无，诸君将何以自解而解于社会耶？余于诸君之组织，深表同情，惟恐其不能持久也，故勉之。蔡元培。民国八年四月三十日"。（《致中》杂志第1期）

4月 为北京大学数理学会捐现洋10元。

"《北京大学数理学会报告》。本志出版，承校中教职员及同学捐助款项，本会同人无任感铭。兹谨宣布于下，兼表谢忱。

蔡元培捐现洋十元 何育杰捐现洋二十元 秦汾捐现洋二十元 冯祖荀捐现洋十五元 王仁辅捐现洋十五元……"（《北京大学数理杂志》第1卷第2期）

5月2日 为李辛白父丧赠赙仪票洋五元。

"本校同人送李辛白先生封翁之赙仪，截止四月月底为止，……蔡元培票洋五元、孙国璋票洋二元、蔡晓舟现洋一元……"（《北京大学日刊》同日）

5月3日 聘请法国法学博士巴赫为北大名誉教员。

"法国法学博士巴和氏，前年应震旦大学院教习之聘来沪，兼办英、法律师职务。博士前在北京曾任国立大学法科专门教授，近该校校长蔡子民以博士历年在校成绩卓著，业经专函聘为该校名誉教员，以备顾问一切。"（《申报》1919年5月5日）

同日晚 北大学生集会议决力争青岛主权四项办法，并决定于次日联合全市各校学生齐集天安门为示威之运动。

连日来，"各校学生情不可遏，屡举代表秘密会议，佥谓七日虽迩，已莫能待。北京大学学生遂于三日（星期六）午后一时发出通知，召集本校学生于晚七时在法科大礼堂开会,共议进行办法四条:(一)联合各界一致力争;(二)通电巴黎专使坚持不签字;(三)通电各省于五月七日国耻纪念(日)举行游行示威运动;(四)定于星期(即四日)齐集天安门举行学界之大示威。盖是时有数人演说,激昂慷慨,声泪俱下,于是法科学生谢绍敏悲愤填膺,当将中指啮破,裂断衣襟血书'还我青岛'四字揭之于众,而鼓掌声、万岁声相继而起,全场顿现一种凄凉悲壮之景象。少顷,咸以事非急举不可,遂议定知会各校学生于翌日(即四日)齐集天安门为示威之运动"。(蔡晓舟、杨景工:《五四》)

5月4日 为争山东主权,北大学生联合京内各校学生举行示威游行,纵火赵家楼,攒殴章宗祥。有三十二名学生被捕。

五四运动中北大学生游行队伍
(1919年5月4日)

五四运动

"八年四五月间,因巴黎和约允许日本得承袭德国在山东的权益,舆论主张我国全权代表不签字于该约;而政府中亲日派曹汝霖、陆宗舆、章宗祥等不赞成。五月四日,北京大学学生联合北京各高等学校学生,为此问题示威游行,到曹汝霖宅前,破门而入,适见有火油一箱,遂试纵火。偶然有一人出,群以为即汝霖,攒殴之,后始知为宗祥。未几,巡警至,大捕学生,学生被捕的数十人。我与各校长往警察总监处具保,始释放。但学生以目的未达,仍派队分途演讲,巡警又捕学生。而未被捕的学生仍四出演讲,且人数日益加多。巡警捕拘不已,拘留所不能容,乃以北大之第三院在北河沿者为临时拘留所。拘学生无数,于是各地方均设学生联合会,各校均罢课。而留法学生也组织敢死队,包围我国的全权代表,要求不签字于和约。政府亦知众怒难犯,不能不让步,于是不签字的要求,终于达到了。但是学生尚有一种要求,是罢免曹、陆、章。政府迟迟不肯发表;学生仍罢课,仍演讲,北平(京)、天津、上海等工商界也为学生所感动,而继起要求,如政府再不执行,将有罢市、罢工之举,于是罢免曹、陆、章之令乃下。这就是五四运动的大概。显而易见的,一方面是政府的办理不善,深可慨叹;一方面是学生的热诚与勇敢,很可佩服。有人疑从此以后,学生将遇事生风,不复用功了,而结果乃与之相反。盖学生在此次运动中,得了两种经验:一是进行的时候,遇着艰难,非思想较高、学问较深的同学,不能解决,于是人人感力学的必要。二是专靠学生运动,政府还是不怕,直到工商界加入,而学生所要求的,始能完全做到。觉得为救国起见,非启发群众不可。所以五四以后,学生一方面加紧用功;一方面各以课余办平民夜校、星期演讲及刊布通俗刊物;这真是五四运动的收获。"(《自写年谱》)

胡适《日记》中关于五四运动由来的记述。

"晚十一时,车行。此为归国后第一次远行。与叶叔衡同房。我们谈一九一九年巴黎和会及五四运动的故事,有足记者。

巴黎和会中国代表团失败的消息传来,徐世昌主张签字,陆征祥、王正廷、伍朝枢皆主张签字。汪大燮其时为外交委员会主席,他于五月二夜(或三夜?)去看蔡先生,告以此时形势,说学生不可不有点表示。蔡赞成其说,故四日有大游行,遂有打赵家楼的事。"(《胡适日记全集》1929年1月16日)

同日 教育部发出训令,通令各校对学生"严尽管理之责。其有不遵约束者,应立予开除"。

"教育部训令第一三八号。令北京大学。查学生在校修业期间,一切行为言论,自当束身法则之中,不得轶出规范以外。乃本日午后一时,因外交问题,本京各校学生聚众一二千人开会游行,竟至酿成事端,殊堪惊骇。本部为维持秩序,严整学风起见,用特切实通令,各校对于学生当严尽管理之责,其有不遵约束者,应立予开除,不得姑宽,以敦士习,而重校规。仰即遵照。此令。中华民国八年五月四日"。(《北京大学日刊》1919年5月19日)

5月5日 与北大学生一起商讨如何营救被捕同学问题。

"北京大学之会议。学生之被捕者,皆系何校之学生与学生之姓名,尚无明细之调查。惟知北京大学学生归校后清点人数,知失去数人。旋又有人报告,谓失去之人,确已被捕。于是全体学生忿不可遏,遂在法科开会,蔡孑民校长亦到,当由学生报告经过种种,谓学生等虽感于义愤举动,不免有鲁莽之处。若云犯法,则学生实不能担。警察擅自捕人,实属无理。况曹汝霖、章宗祥受此挫折,必不甘心,既与日本人勾结,又与军阀派有密切之关系,必要借外交之压逼与军人之蛮横,纳此无辜学生于罪网之中,被捕之学生必至无辜。当时遂有主张全体赴警察厅交涉者。蔡校长竭力阻挠,谓学生既非无礼,警察厅亦不至专服从有势力之命令而悖公理,遂属学生先举代表,与王亮畴先生在文科讨论办法,学生遂往文科开会。蔡孑民自往警察厅,先事交涉,说明警厅苟不放出学生,将有学界同盟大罢课之事发生云云。"(上海《民国日报》1919年5月7日)

同日 与北京专门以上十四校校长在北大集会,讨论营救学生办法。为八人代表之一,往府院见总统、总理,保释被捕学生。

"昨日教育部有严重命令分布各校校长,查明为首滋事学生,一律开除,故各校校长于午后三时在北京大学会议。议决此事多数是国民运动,不可让被捕的少数学生负责。若指此次运动为学校运动,亦当由各校校长负责,故各校校长连翩往警厅,要求释放学生,如警厅不允,则往教育部;教育部不允,则往总统府。总而言之,不释放此少数学生,誓不终止。若政府不容纳众议,虽致北京各校教职员全体罢课,亦所不惜。"

"专门以上十四校校长,昨日(五日)下午二时,在北京大学集会。议定举出代表八人,往谒总统、总理、教育总长及吴总监。被举人蔡元培(北大)、陈宝泉(高师)、金邦正(农)、洪熙(工)、汤尔和(医)、姚憾(中文)、刘某(法专)等。于昨下午五时同赴府院,总统、总理皆辞未见,到教育部中,告以总长已辞职未到部,到警察厅,吴总监接晤。各校长陈明来意,吴谓此次捕人系出院令,故若释放,非再有院令不可云云。各校长即兴辞而出。"(《申报》1919年5月8日)

同日 发布与北京大学学余俱乐部脱离关系启事。

"《蔡元培启事》。学余俱乐部大会曾推鄙人为部长。鄙人校务太忙,无暇及此,敬辞部长,并与学余俱乐部脱离关系。特此声明。"(《北京大学日刊》同日)

5月6日 与文理科教务长等联名发布内部布告,要求北大学生不得再有轻率行动,以救释被拘留同学。

"校长布告。为要求释出被拘留诸同学,鄙人愿负完全责任。但诸生必须严守冷静态度,万勿再有何等轻率之举动为要。此布。校长蔡(元培)、文理科教务长马(寅初)、法科学长(王)建(祖)、工科学长(温)宗禹 五月六日('缮写两份,在理、法科膳厅门前同时牌示,并抄交斋务科缮牌悬于各斋')"。(北京大学档案)

同日 与专门以上十三校校长在北京大学开会,商讨保释被捕学生问题,并一起往见教育总长及警厅总监。

"各校校长会议情形。昨日北京专门以上十三校校长仍在北京大学文科开校长会议。午后各校长同至教育部谒见傅总长,陈述本日京津各校因见被捕学生迄今尚未释放,群情汹汹,本日全体罢课,要求傅总长设法先将被捕学生保释,以安人心。傅总长允向钱总理商之,惟能否有效,则不可而知。傍晚各校长复至警察厅访吴总监,陈述非于本晚以前将学生释放,各校秩序势难维持,请求将被捕各生保释。吴总监以权不在警厅,不能准其保出云。"(北京《晨报》1919年5月7日)

5月7日 与专门以上十三校校长同至警厅具结,保释三十二名被捕学生。

"被捕学生全体释放。昨晨十三校校长,又齐至警厅保释。当由吴总监接见,谓学生可以释放，但各校校长须担保上课云云。校长咸谓如果可以释放，则上课一层可由校长负责。吴总监乃请各校长具保结并书明即日上课云云。于是三十二名被捕之学生始得还其自由矣。"(北京《晨报》1919年5月8日)

五四运动北大被捕学生释放回校欢迎大会合影(1919年6月)

5月8日 向总统及教育总长呈请辞职。一切校务，暂请温宗禹(工科学长)代行。

"为呈请辞职事：窃元培自任国立北京大学校长以来，奉职无状，久思引退。适近日本校全体学生又以爱国热诚，激而为骚扰之举动，约束无方，本当即行辞职；徒以少数学生被拘警署，其他学生不忍以全体之咎归诸少数，终日皇皇，不能上课，本校秩序极难维持，不欲轻卸责任，重滋罪戾，今被拘各生业已保释，全体学生均照常上课。兹事业已告一段落。元培若再尸位本校，不特内疚无穷，亦大有累于大总统暨教育总长知人之明。敬竭诚呈请辞职，并已即日离校。一切校务，暂请温宗禹学长代行。敢请总长呈请大总统简任能者，刻期接任，实为公便。谨呈大总统、教育总长。北京大学校长蔡元培。中华民国八年五月八日"。(《北京大学日刊》1919年5月19日)

5月9日 发表辞职启事，悄然出京。

"《蔡元培启事》。我倦矣！'杀君马者道旁儿'。'民亦劳止，汔可小休'。我欲小休矣。北京大学校长之职，已正式辞去，其他向有关系之各学校，各集会，自五月九日起，一切脱离关系。特此声明，惟知我者谅之。"(《北京大学日刊》1919年5月10日)

"《申明》本月十日日刊《蔡元培启事》栏内，'杀君马者路旁儿'，误作'道旁儿'。'民亦劳止，汔可小休'，误作'汽可小休'。特此申明。"(《北京大学日刊》1919年5月12日)

蔡元培辞职启事的手书件：

"吾倦矣！'杀君马者道旁儿'．'民亦劳止，汔可少休'。我愿少休矣。北京大学校长之职已正式辞去，其他向有关系之各学校各集会，自五月九日起，一切脱离关系。特此声明，惟知我者谅之。蔡元培启"。（启功 牟小东编《蔡元培先生手迹》）

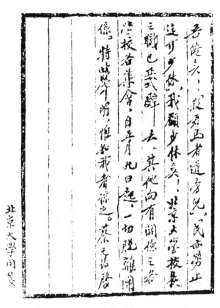

五四运动中的辞职启事(1919年5月9日)

"晨五时三十分，偕段君子均启行。到天津寓新旅社楼房四十一号。"（本年《日记》同日）

蔡先生自述本日辞职出京的理由。

"在我呢，居校长的地位，即使十二分赞助学生，而在校言校，不能不引咎辞职。所以于五日即递辞呈。八日，闻政府已允我辞职，别任马君其昶为校长。我深恐发表以后，学生有拒马之举，致涉把持地位之嫌疑，故于九日赴天津，广告于《晨报》称：'杀君马者道旁儿，民亦劳至（止），汔可小休，我欲少休矣'；北京大学校长，已正式辞去等语，表示我之去京，实为平日苦于应接不暇之烦忙，而亟思休息也。"（《自写年谱》）

一说蔡元培愤然出京，是因"某方面对学生必不肯轻易放过"。

"九日《顺天时报》所载惩办学生命令，本已撤回，乃昨日（九日）又复发表，据新闻编译社消息谓，因四日学生风潮发生后，政府本拟即下警戒学生之明令，嗣经傅总长入府力争，迟至前晚始行发表。惟即发以后，旋复撤回，原因何在，众多怀疑。

昨询公府要人,据称此项命令仍须即日发表,不过因命令前半段转抄吴总监呈文,其中字名多不相符,故不得不略为修改,至移交法庭办理一节,仍未删去。又据安福派之某机关报称,前晚印铸局送来命令一道,系欲惩办此次滋事学生,旋即印铸局又来电话谓,此令已经撤回,请勿登报。昨日政府又将此令发出,据知其内容者云,前晚政府之所以撤回惩办学生命令,系迫于熊希龄等之要求;至昨晚之所以仍将此项命令发出,则因外国报纸业经登载(按所称外国报纸,殆指日人《顺天时报》),若听无责任之人阻止,将已发之令取消,恐外人将笑儿戏国事云云。可见某方面对学生必不肯轻易放过,此蔡孑民之所以愤然出京也。"(《申报》1919 年 5 月 12 日)

5 月 10 日 迁居大来泰 21 号。

"迁法租界大来泰二十一号。得幼轩函。午后子均回京,携去《告学生》一函。"(本年《日记》同日)

自天津致书北京大学学生,说明辞职出京理由。

"仆深信诸君本月四日之举,纯出于爱国之热诚。仆亦国民之一,岂有不满于诸君之理!惟在校言校,为国立大学校长者,当然引咎辞职。仆所以不于五日即提出辞呈者,以有少数学生被拘警署,不得不立于校长之地位,以为之尽力也。今幸承教育总长、警察总监之主持,及他校校长之援助,被拘诸生,均经保释。仆所能尽之责,止于此矣。如不辞职,更待何时?至一面提出辞呈,一面出京,且不以行踪告人者,所以避挽留之虚套,而促继任者之早于发表,无他意也。北京大学之教授会,已有成效,教务处亦已组成,校长一人之去留,决无妨于校务。惟恐诸君或不见谅,以仆之去职,为有不满于诸君之意,故特在途中匆促书此,以求谅于诸君。十日 蔡元培"。(《申报》1919 年 5 月 14 日)

5 月 12 日 草《辞职真因》一篇。

"晨,幼轩去,携去《辞职真因》一函。午后五时,仲玉、子均去。"(本年《日记》同日)

5 月 13 日 《辞职真因》,在北京《晨报》发表。

"《蔡元培辞去校长之真因》。得天津确实消息,蔡孑民已于十日乘津浦车南下,登车时适有一素居天津之友人往站送他客,遇蔡君,大诧异曰:'君何以亦南行?'蔡君曰:'我已辞职。'友曰:'辞职当然,但何以如此坚决?'蔡曰:'我不得不然。当北京学生示威运动之后,即有人纷纷来告,谓政府方面之观察,此举虽参与者有十三校之学生,而主动者为北京大学学生,北京大学学生之举动,悉由校长暗中指挥,故四日之举,其责全在蔡某,蔡某不去,难犹未已,于是有焚毁大学、暗杀校长之计划,我虽闻之,犹不以为意也。'八日午后,有一平日甚有交谊而与政府接近之人又致一警告谓:'君何以尚不出京,岂不闻焚毁大学、暗杀校长等消息乎?'我曰:'诚闻之,然我以为此等不过反对党恫吓之词,可置之不理也。'其人曰:'不然,君不去,将大不利于学生。在政府方面,以为君一去,则学生实无能为,故此时以君去为第一义。君不闻此案已送检察厅,明日即将传讯乎?彼等决定,如君不去,则将严办此等学生,以陷君于极痛心之境,终不能不去;如君早去,则彼等料学生当无能为,将表示宽大之意,以噢咻之,或者不复追究也。'我闻此语大有理,好在辞呈早已预备,故即于是晚分头送去,而明晨速即离校以保全此等无辜之学生。……我友曰:'这能保去职后学生不起骚动乎?'蔡君曰:'殆不致有何等举动。我尚有一消息,适忘告君。八日午后,尚有见告,政府已决定更换北京大学校长,继任者为马君其昶。我想再不辞职,倘政府迫不及待,先下一令免我职,我一人之不体面,犹为小事,而学生不免起一骚动。我之急于提出辞呈,此亦其旁因也。今我自行辞职,而继任者又为年高德劭之马君,学生又何所歉然,而必起骚动乎。我之此去,一面保全学生,一面又不令政府为难,如此始可以保全大学,在我可谓心安理得矣。'"(北京《晨报》同日)

5月16日 离津赴沪。

"十六日。致幼轩函。午前十一时三十分启行,登津浦车。"(本年《日记》同日)

同日 徐世昌发布大总统指令,挽留蔡元培。

"大总统指令第一三三二号。令北京大学校长蔡元培。呈为奉职无状,恳请解职由呈悉。该校长殚心教育,任职有年,值兹整饬学风,妥筹善后,该校长职责所在,亟待认真擘理,挽济艰难。所请解职之处,著勿庸议。此令。"(《北京大学日刊》1919年5月17日)

5月17日 过南京,抵上海。

"午后一时到浦口,渡江至南京。三时登车,晤沈步洲、张轶欧、赵厚生及华侨丘君。夜抵上海,寓法租界天主堂街密采里旅馆 Hotel France。子均住永和麻袋铺。"(本年《日记》同日)

5月18日 与蒋梦麟、黄任之等商发致总统、总理、教育总长电,如"政府曲谅学生爱国愚诚,宽其既往",可"勉任维持"北大校长职。

"午前,蒋梦麟、黄任之、沈信卿、赵厚生来,商发一电于总统、总理、教育总长。"(本年《日记》同日)

"北京大学校长蔡元培……业已莅沪。经沪教育界多方面劝驾,请以全国教育为重,意已稍转。兹将其致京电录下。大总统、总理、教育总长钧鉴:奉大总统指令慰留,不胜愧悚。学生举动,逾越常轨,元培当任其咎。政府果曲谅学生爱国愚诚,宽其既往,以慰舆情;元培亦何敢不勉任维持,共图补救。谨陈下悃,伫候明示。元培。"(《申报》1919年5月19日)

5月19日 以从弟蔡元康(谷清)为代表与北大学生代表会谈。

"午刻,谷清到。嘱代赴江苏教育会,与学生代表谈判。谷清住一品香。溥泉来。菊生来。"(本年《日记》同日)

5月20日　蒋梦麟携胡适信来访。

"梦麟来,携示适之一函。谷清来。致幼轩函。"(本年《日记》同日)

同日　国务院、教育部发挽留号电。

"上海蔡子民先生鉴:来电诵悉。我公慨任维持,热诚至佩,群望所属,同企德音。此次学生举动,逾越常轨,深堪惋惜。政府办理此事,本属持平,外间谣传,并非事实。前车来轸,群论纷庞,伫盼行旆,迅资整理。院号印。"

"上海蔡鹤卿先生鉴:来电敬悉。顷接首揆,述及学生前事,政府并无苛责之意。深望我公早日回京,主持校务,以慰众望,曷胜盼祷。希涛号印。"(《申报》1919年5月22日)

5月21日　离沪赴杭州,晚,会见北京、天津、上海学生代表。

"早车启行赴杭州,午刻到。致幼轩函。镜清已到。"(本年《日记》同日)

"昨晤北京大学学生代表方豪,及天津、上海学生代表杨、朱诸君。得梦麟函及北京两电。"(本年《日记》5月22日)

5月22日　收到蒋梦麟来信及北京两电。

"得梦麟函及北京两电。得朱一鹗电。得幼轩函。"(本年《日记》同日)

5月23日　得蒋梦麟、汤尔和等人函电。

"得梦麟函及肖庄、尔和、仲蕃、铸生电。致幼轩函,内有致肖庄、尔和等各学校校长函。得子均所转幼轩函。致子均函。"(本年《日记》同日)

5月24日　致蒋梦麟一函。

"致梦麟函,并致各校函稿节本,属登报。"(本年《日记》同日)

5月25日　得沈尹默、胡适促回北大电。

"得尹默、适之电:'学潮惟公来可收拾,群望公来。'"(本年《日记》同日)

同日　阅广益书局所印《清谭》。

"阅广益书局所印《清谭》,抄袭他书而成,所引《春冰室》野乘甚多。卷七所引,有《都门时事汇录》七则。又有一条,吴梅村身后之文字狱。《绥寇纪闻》本名《鹿樵纪闻》,施愚山致金长真书云,梅村《鹿樵纪闻》一书,'邹流骑以故人子弟之义,卖屋为任剞劂……今拘系赴解,举家号哭,悉焚他书,笥囊为空'。案:《石头记》探春自号蕉下客,黛玉谓可牵去宰之,疑影此事。"(本年《日记》同日)

5月26日　连得蒋梦麟两信即复一信。

"致幼轩函。得梦麟函,并尔和两函。晚又得梦麟函。晨致梦麟函。"(本年《日记》同日)

同日　复电国务总理、教育总长,告"卧病故乡,未能北上"。

"北京国务总理、教育总长鉴：号电敬悉。卧病故乡，未能北上。元培。宥。"（上海《民国日报》1919年5月30日）

另据蔡先生同月28日《日记》中有"致国务院、教育部电"记载，此电或实于5月28日发出。

5月27日　致蒋梦麟快函。得段子均函、汤尔和函、蒋梦麟函。

"致幼轩快函。致梦麟快函。得子均函。得尔和函。得梦麟函。"（本年《日记》同日）

同日　为出版《越缦堂日记》致叶景葵（揆初）等人函。

"致叶揆初、孙伯恒、李璧臣函，皆为《越缦堂日记》事，属与王书衡接洽也。"（本年《日记》同日）

5月29日　得黄幼轩函，得蒋梦麟函。致黄幼轩函，致蒋梦麟函。

"得幼轩二十六日函。得伯轩函。得梦麟函。致幼轩快函，内附致伯轩函。致梦麟函。"（本年《日记》同日）

同日　作七绝一首。

"《散步书所见》。槐絮水沾如泼乳，榴花风揉宛堆绒。偶因错觉催诗兴，美意谁能夺化工。"（本年《日记》同日）

5月30日　段宗林（子均）来杭，午后赴上海。得蒋梦麟函。

"子均来，定于午后二时三十分赴沪，游湖。致幼轩函，由子均携去。得梦麟函，告与杨健问答语。"（本年《日记》同日）

5月31日　致蒋梦麟、黄炎培（任之）函。

"致幼轩快函，商迁杭事。得梦麟、任之函。致无忌函（挂号）。"（本年《日记》同日）

6月2日　得蒋梦麟函并附有胡适函。

"得梦麟函，附来胡适之函。得幼轩三十日函，言汤尔和函中学生调戏日妇云云，并无其事。"（本年《日记》同日）

6月3日　致蒋梦麟函，收汤尔和来信。

"得幼轩函。致梦麟函。得仲玉三十一〔日〕函。得尔和函，有'来而不了，有损于公；来而即了，更增世忌'等语。"（本年《日记》同日）

同日　阅《随园诗话》毕。

"阅《随园诗话》毕。卷二第四页：'康熙年间，曹楝亭为江宁织造……素与江宁太守陈鹏年不相中，及陈获罪，乃密书荐臣，人以此重之。其子雪芹，撰《红楼梦》一部，备记风月繁华之盛。'中有所谓大观园者，即今之随园也。又十二页：'刘大年贺王楼村修撰移居云：碧山堂里老尚书，二十年前此卜居。碧山堂尚书者，即东海徐健庵司寇，领袖名场者。查浦先生亦有诗云：分明万壑归东海，不到朝宗转自

疑。'……"(本年《日记》同日)

6月4日 迁居西湖畔杨庄。

"暴雨即霁。午后,迁居杨庄。致仲玉、幼轩函,并附去石曾函,嘱转致云。"(本年《日记》同日)

同日 致汤尔和函。得蒋梦麟函。

"致尔和函。谷弟及常侄来。得幼轩一函。得梦麟函。"(本年《日记》同日)

6月5日 得蒋梦麟函。

"步至玉泉观鱼。得梦麟函,言见寄法文报。得幼轩二日函。"(本年《日记》同日)

同日 开始翻译《现代美学》等书。

"始译摩曼氏《现代美学》及齐融安氏《别格逊哲学》。"(本年《日记》同日)

6月6日 得黄幼轩函。致蒋梦麟函。

"晨六时十五分,散步至钱塘门。……得幼轩快函。致梦麟函。"(本年《日记》同日)

同日 北京政府任命胡仁源为北京大学校长。

"六月六日大总统令。任命胡仁源署北京大学校长。此令。"(《申报》1919年6月8日)

6月7日 得蒋梦麟及许德珩函。

"晨六时二十分散步,过西泠桥至锦带桥。……得梦麟快函,内有许德珩函。"(本年《日记》同日)

6月8日 致黄幼轩函,致蒋梦麟(孟麟)函。

"晨六时散步,过跨虹、东浦、玉带等桥,由金沙港历田间,转至岳庙前大路回。致幼轩函。致孟麟函。"(本年《日记》同日)

6月9日 胃疼,吐后渐愈。

"午后,二、三弟妇及大妹来。胃疼,吐后渐瘥,不用晚餐。"(本年《日记》同日)

6月12日 得汤尔和、沈尹默等人函。

"得汤尔和、沈尹默、李亦卿、邵千志、朱横秋函。"(本年《日记》同日)

6月14日 北大学生许德珩、蒋之龙等造访,以病辞。

"进城送镜弟。知许德珩、蒋之龙、李梧桢昨夜访谷弟,必欲见我,决以病辞。"(本年《日记》同日)

6月15日 在报上刊登谢绝来访启事。

"为谷弟拟一广告:子民家兄回里以后,胃疾时发,近日病势忽增,神经非常衰弱。医友切嘱,非屏绝外缘,静养半年,恐难复原。现正紧要关头,不许见客,亦不许传阅函电,因而到浙访问者,均不免徒劳往返;一切函件,亦均不能即有答复。特

代声明,请求原谅。(登报时稍有改变)"(本年《日记》同日)

"报载《蔡元康敬代孑民家兄启事》。孑民家兄回里后,胃病增剧,神经非常衰弱。医生切嘱现正紧要关头,不许见客,不许传阅函电。辱承亲友存问,深以不能接见为歉,用特代为声明。凡我至亲好友,务请勿劳驾,勿惠函电,俾得静养,种种不情,诸希亮察。"(《申报》1919年6月17日)

同日 得幼轩函,得蒋梦麟函。

"得幼轩、仲玉十一日函。得梦麟函。致幼轩、仲玉快函。"(本年《日记》同日)

同日 撰写《不愿再任北京大学校长的宣言》。①

"(一)我绝对不能再作那政府任命的校长:为了北京大学校长是简任职是半官僚性质,便生出许多官僚的关系,那里用呈,那里用咨,天天有一大堆无聊的照例的公牍。要是稍微破点例,就要呈请教育部,候他批准。什么大学文、理科叫作本科的问题,文、理合办的问题,选科制的问题,甚而小到法科暂省学长的问题,附设中学的问题,都要经那拘文牵义的部员来斟酌。甚而部里还常常派了什么一知半解的部员来视察,他报告了,还要发几个训令来训饬几句。我是个痛恶官僚的人,能甘心仰这些官僚的鼻息么?我将进北京大学的时候,没有想到这一层,所以两年有半,天天受这个苦痛。现在苦痛受足了,好容易脱离了,难道还肯投入去么?

(二)我绝对不能再作不自由的大学校长:思想自由,是世界大学的通例。德意志帝政时代,是世界著名专制的国家,他的大学何等自由。那美、法等国,更不必说了。北京大学,向来受旧思想的拘束,是很不自由的。我进去了,想稍稍开点风气,请了几个比较的有点新思想的人,提倡点新的学理,发布点新的印刷品,用世界的新思想来比较,用我的理想来批评,还算是半新的。在新的一方面偶有点儿沾沾自喜的,我还觉得好笑。那知道旧的一方面,看了这点半新的,就算'洪水猛兽'一样了。又不能用正当的辩论法来辩论,鬼鬼祟祟,想借着强权来干涉。于是教育部来干涉了,国务院来干涉了,甚而什么参议院也来干涉了,世界有这种不自由的大学么?还要我去充这种大学的校长么?

(三)我绝对不能再到北京的学校任校长:北京是个臭虫窝(这是民国元年袁项城所送的徽号,所以他那时候虽不肯到南京去,却有移政府到南苑的计划)。无论何等高尚的人物,无论何等高尚的事业,一到北京,便都染了点臭虫的气味。我已染了两年有半了,好容易逃到故乡的西湖、鉴湖,把那个臭气味淘洗净了。难道还要我再作逐臭之夫,再去尝尝这气味么?

我想有人见了我这一段的话,一定要把'我不入地狱,谁入地狱'的话来劝勉我。但是我现在实在没有到佛说这句话的时候的程度,所以只好谨谢不敏了。"(蔡

---

① 此文当年未见发表。

元培先生手稿）

同日 胡仁源改教育部任事。北大师生派代表"挽蔡"。

"教育部训令。第二四五号。令北京大学。署北京大学校长胡仁源,现经调部办事,所有校务仍由工科学长温宗禹代理。此令。中华民国八年六月十五日。教育次长代理部务傅岳棻。"（北京大学档案）

"胡仁源调部任事,决由政府及教职员、学生两联合会、北京大学生各推代表赴浙,请蔡回京主持北大校务。"（《申报》1919 年 6 月 16 日）

"不意政府任命马君之事并未实现,而谋攫取北大校长之地位的是胡君仁源。胡君曾为南洋公学特班生,有哲学思想,文笔工雅,我甚器重之。后来留学英国,习工科,以性近文哲的学生肯习工艺,尤为难得。民国五年,任北大工科学长,并代理校长。余到北大后,仍请任工科学长,而彼不愿,遂改聘他人。以曾经代理校长的人来任校长,资格恰好。但推戴胡君的人,手段太不高明。他们一方面运动少数北大学生,欢迎胡君;一方面又发表所谓《燃犀录》,捏造故事,丑诋我及沈尹默、夏浮筠诸君,于是激起大多数北大学生的公愤,公言拒胡,并查明少数迎胡之同学而裁制之。胡君固不敢来,而政府亦不愿再任他,乃徇北大教职员及学生之请而留我。"（《自写年谱》）

6 月 19 日 收国务院、教育部电。

"得国务院、教育部电。阅《孙文学说》《民铎》杂志第六期。"（本年《日记》同日）

"《教育部致蔡校长电》。杭州教育厅伍厅长转蔡子民先生鉴:学潮渐息,大学校务,仰赖维持。兹派徐秘书专程赴杭,面致忱悃,务希速驾为盼。傅岳棻。巧。"（《北京大学日刊》1919 年 6 月 23 日）

6 月 20 日 复国务总理、教育部长电,再次辞职。

"进城晤谷弟。复国务院、教育部电。"（本年《日记》同日）

"北京国务总理钧鉴:洽电敬悉。元培奉职无状,理宜引退。猥承叠电挽留,曷胜感愧。惟卧病经旬,近又加重,即愿忝颜北上,亦且力不从心。敢求转请大总统俯赐解职,别任贤者,庶元培不致以延误校务,重滋罪戾,拜赐多矣。诸祈鉴察。蔡元培。号。"

"教育部傅部长钧鉴:巧电敬悉,元培奉职无状,理宜引退。猥承叠电挽留,曷胜感愧。惟卧病经旬,近又加重。即愿忝颜北上,亦且力不从心。敢求转请大总统俯赐解职,别任贤者。庶元培不至以延误校务,重滋罪戾,拜赐多矣!并请徐秘书切勿劳驾,尤为感荷!诸祈鉴察。蔡元培。号。"（上海《民国日报》1919 年 6 月 23 日）

"《院致蔡电》。上海探投蔡子民先生鉴:前得复电,谂尊体违和,一时未能北上,至深系念。近日京师学潮已息,校事重要,亟待主持,学子莘莘,同深延跂,务希早日莅止，以副群望并盼惠复。院。洽。印。"

"《蔡复院电》。叠承挽留，感愧莫名，时事多艰，才难胜任，尸位误职，仍恐难免，所有大学校校长一席，请另简贤能，以维教育。元培近来老病复发，实不能力疾北上云云。"（北京《晨报》1919年6月22日）

6月22日 陈独秀在北京被捕，章太炎来电嘱营救。

"得若木函，询出京后近况如何。太炎有电，属救陈仲甫。"（本年《日记》同日）

6月24日 康宝忠（心孚）、马叙伦（夷初）嘱勿再辞职。

"心孚、夷初来电：'号电闻部已代复，仍坚挽留，勿再辞，君默、幼渔枒日南谒，当能接洽。宝忠、叙伦。敬'。"（本年《日记》同日）

6月25日 作七绝二首。

"高下诸峰若竞争，偶然均势白云横。横看成岭亦殊妙，漫说看山喜不平。"

"雨中荷叶镇田田，泻汞流珠见不鲜。最是水痕平展处，恍疑海蛤蜕桑田。（荷叶上水痕大者径二三寸，望之全作白色，且有闪光，其外廓及斜纹，绝似一种海蛤壳。但此痕于雨霁后仍不能褪，渐由萎而破。疑是叶绿为水所破坏，始呈此状也。）"（本年《日记》同日）

6月26日 到杭州，会见北大学生代表狄福鼎、李吴桢等。

"进城，晤狄福鼎、李吴桢。晤尹默。晤裕庭。"（本年《日记》同日）

6月27日 致蒋梦麟函。

"致幼轩快函。致梦麟函，并还适之函。"（本年《日记》同日）

6月28日 会见北京中等以上学校教职员联合会代表马裕藻（幼渔）及教育部秘书徐鸿宝（森玉）等。

"进城，晤马幼渔、徐森玉。又晤李吴桢、狄福鼎，狄君交来朱一鹗函。"（本年《日记》同日）

同日 作七绝一首。

"近山暧䁖远山明，薄霭微阳互映成。幼妇峰头太古雪，奇观忽又眼前横。（远山皓然，仿佛在瑞士鲁翠痕市蜚尔万得湖旁丽儿山巅，用远镜望幼妇Juonge Frau峰头积雪。）"（本年《日记》同日）

6月30日 到杭州，会见汤尔和、沈尹默，并见北大学生代表狄福鼎等。

"进城，晤尔和、尹默。又晤幼渔、森玉、亦韩。并见学生狄、熊二君。"（本年《日记》同日）

同日 得幼轩函。得蒋梦麟（孟麟）函。

"得幼轩快函。得幼轩二十七日快函。得孟麟函。"（本年《日记》同日）

7月2日 为王维白撰其妻《赵〔芬〕夫人传》写毕。

"为王维白撰其妻赵〔芬〕夫人传毕，作函寄出（挂号）。得幼轩六月二十九日

函。"(本年《日记》同日)

7月3日　得蒋梦麟寄《新教育》杜威号。

"得梦麟函,附来广西省议会、北京教育会各一电,得梦麟所寄《新教育》杜威号。"(本年《日记》同日)

7月4日　致蒋梦麟函,致汤尔和函。

"进城,见尔和致谷弟函及维白复电。致梦麟函。致尔和函。"(本年《日记》同日)

同日　允复勘李慈铭《越缦堂日记》。

"晤李璧臣,允为复勘《越缦堂日记》。"(本年《日记》同日)

7月5日　复胡适函,请筹发贝得明津贴等四事,并敦劝勿脱离北大。

"适之先生:由尹默先生处接到前月二十二日的手书,知道贱恙很承关切,感谢得很。弟出京的时候有许多事,没有机会与先生接洽一番,累先生种种为难,实在抱歉得很。手书中十件事,有六件已经解决;其中虽然有可惜的事,只好慢慢的补救,此刻暂且不提。后面没有解决的四件事,请先生照原约办事,弟负完全责任(即使弟不能回校,亦愿对于继任的校长,要他履行)。中间最急的就是贝得明的半年津贴,弟备一条,致会计课黄君,请转去,属即筹发。卫尔逊的津贴,如第一期已须发给,亦可由会计课寄去。卜思的契约,不久即有人可以签字,只好临时再送;但先生可先安慰卜思君,请其放心。林玉堂君如到京,请予订定,照约帮助。

先生说,因任杜威君演讲的译述,将离去大学。弟觉得很可惜,望先生一面同杜威作教育运动,一面仍在大学实施教育,这是弟最所盼望的!……弟培敬白　七月五日"。(《复胡适函》同日)

7月6日　作七绝二首。

"久已隔窗听夜雨,居然倚枕看朝霞。霞痕转眼已全失,雨意无端又怒加。"

"起来正是雨霏霏,旭日穿云未敛晖。半面空濛半潋滟,西湖装得像徐妃。"(本年《日记》同日)

7月7日　得蒋梦麟及胡适函。

"得梦麟函,并附来适之函。适之言,北大英文教科书尚未定,消费公社因无人垫款,不肯往定。"(本年《日记》同日)

7月8日　致汤尔和函,致蒋梦麟函。

"致尔和函。致梦麟函,附还适之函。"(本年《日记》同日)

7月9日　致电教育部长、全国及北京学生联合会,放弃初见,一俟胃病痊愈,即北上复职。

"教〔育〕部傅部长钧鉴:宥电敬悉。元培才力短浅,重以宿疾,迭经辞职,乃辱迭电慰留,并由徐秘书面达盛意,感歉之余,宁敢固执初见,谨当暂任维持,共图补救。惟月来旧恙屡发,迭经医家劝告,谓系胃疡前兆,尚须严重摄生。倘允俯鉴区区,宽以时日,一经就愈,即当束装北上。元培。佳。"

"上海全国学生联合会、北京中等以上学校学生联合会、北京大学学生会干事部公鉴:仆出京后,宿疾屡发,本拟借此息肩。乃迭接函电,并由方、杨、朱、许、蒋、李、熊、狄诸君代表备述诸君雅意;重以各方面责望之殷,已不容坚持初志。惟深望诸君亦能推爱仆之心,有所觉悟,否则教育前途,必生障碍。非特仆难辞咎,诸君亦与有责焉。元培。佳。"(《申报》1919年7月11日)

7月11日 再次会见北大学生"挽蔡"代表,对北大校务及学生表示非常关切。

"据北大学生挽蔡代表狄君福鼎十一日重行到杭见蔡之报告,谓蔡病体渐愈,对于校务及学生非常关切,……一俟体气稍健,运动后胃中不至出血,必然即赶到京。现狄君已返京报告一切。"(《申报》1919年7月12日)

同日 请工科学长温宗禹教授继续代理北京大学校务。

"北京大学温学长鉴:弟出京后,承维持校务,甚感。弟以卧病,借图息肩。迩来各方面责望甚殷,未便坚持初志。惟病状所艰,尚难北上。敢请先生暂再庖代。敬此奉闻,并候电复。元培。真。"(《申报》1919年7月13日)

7月13日 约蒋梦麟到杭一谈。

"致梦麟快函。得幼轩十日快函。知梦麟已到,约到此一谈。"(本年《日记》同日)

7月14日 决定请蒋梦麟代表至校理事。

"偕梦麟游花坞,遇雨。梦麟、尔和在此晚餐,决请梦麟代表至校办事。"(本年《日记》同日)

同日 作《偕蒋梦麟游花坞》绝句六首。

(一)

游迹先经松木场,肥缸多许列途旁。湖滨久吸新空气,到此居然忆故乡。
(绍兴人从前多露列肥缸,闻近已改设公厕,不意于此间又见之。)

(二)

东洋艇子坐伽趺,粗席为蓬顶上铺。水涨桥低行不得,几番抽出一边弧。

(三)

几处桑根漾绿波,稻畦漫漫已成河。舟人为避小桥阻,径自田间放棹过。

(四)

花坞无人再艺花,道旁茶竹翠交加。逢人尚问坞何在?已入坞中二里赊。

(五)

茅蓬十八悉成庵,第一庵中我辈探。掘笋烹茶日亭午,一僧庸朴耐闲谈。

(六)

中途忽遇雨倾盆,已过凉亭不见村。衣履淋漓全透渗,始逢社庙急推门。(本年《日记》同日)

7月15日 会晤汤尔和、蒋梦麟、段锡朋等人。

"尔和、梦麟来。午后进城,晤段锡朋、李吴桢。得尹默函。得罗家伦函。得《星期评论》函。得陈宝锷、张国焘函。"(本年《日记》同日)

"民国八年的夏天,巴黎和会中国拒绝签约以后,我代表同学去杭州迎接(蔡)先生回校,在一个小巷子的小屋子里见着先生,我一个人和先生谈话,这是第一次。先生以为五四运动过去了,大家要知道真正的救国,单靠爱国的感情是不够的,必须秉此感情以求理智的发展,去发挥真正的救国力量。'读书不忘救国,救国不忘读书',这是先生昭示的名词……"(段锡朋:《回忆》)①

7月17日 致蒋梦麟、罗家伦(志希)、段锡朋快信,并附有《告北京大学学生文》。

"进城,晤沈尹默。致蒋梦麟、罗志希、段锡朋快函(罗、段两函附有《告北京大学学生书》)。致傅岳棻函。"(本年《日记》同日)

7月18日 致蒋梦麟(孟麟)函。

"得仲玉、幼轩快函。致孟麟快函。致伯轩函。"(本年《日记》同日)

7月19日 北大学生干事会电促回校。

"致张廷济函。得学生干事会电。(□归,敬悉一切。请即日北上,以杜觊觎。北大干事会。啸。)"(本年《日记》同日)

同日 得马叙伦(夷初)及北京高师、北京法政等四校长电,催速北返。

"又马夷初及陈、洪、金、王四校长各致尔和电,均催我速往。附录电文:(其一)蔡谷清兄转汤尔和:鹤老缓来,外潮未已,务同北上,此间多同此意。伦。巧。(其二)蔡谷卿先生转汤尔和、蔡鹤卿两公鉴:学潮虽平,枝节尚多。务乞汤公恳邀蔡公即同北上,盼切。宝泉、镕、邦正、家驹。巧。"(本年《日记》同日)

同日 作《枕上口占》二首。

"残夜萧条睡不成,远闻犬吠近蛙鸣。疏钟一杵忽相间,收摄心神观我生。"

"我生常逐智无涯,死处观生总不谐。活水源头刚一瞥,浑然何处费疑猜。"(本年《日记》同日)

7月20日 收到李璧臣交《越缦堂日记》手稿一箱。

"午后进城,晤李璧臣。璧臣交来《越缦堂日记》一箱,凡四十九本,又目录一

---

① 载蔡元培研究会编:《蔡元培纪念集》。

本。又李槐卿嘱题小照笺及璧臣请写旧作笺。"(本年《日记》同日)

同日　函复阎锡山,所派留法预备生已分别接待办理。

"百川仁兄先生惠鉴:前日钱君及预备学生到京,弟适南返,未及招待,甚为歉仄。闻尊属各节已由彭志云分别办理矣。五月六日惠书,迄今始得展读,迟迟不报,尤罪! 承赐玉照,俾得朝夕瞻仰,如亲謦欬,曷胜感荷。……敬请勋安不宣"。(《复阎锡山函》同日)

7月21日　电请全国学联通电全国学生,"一律上课"。

"全国学生联合会鉴:五四以来,学界牺牲极大。现在六条要求,均有相当解决。务望通电全国学生诸君,一律上课,以慰国民之望。蔡元培。马。"(上海《民国日报》1919年7月23日)

同日　为《伯夷颂》拓本书"敬观"二字。

"范叔恫来函,属题范文正所书《伯夷颂》拓本,题'敬观',即缴。"(本年《日记》同日)

同日　北京中等以上学校学生联合会电请回京复职。

"杭州中国银行蔡谷卿先生转孑民先生鉴:蒋已抵京,无任欢迎,惟教育事业,百端待理,尊恙稍痊,请即命驾,以维群望,不胜感盼。北京中等以上学生联合会叩。马。"(北京《晨报》1919年7月24日)

7月22日　致电蒋梦麟告北大事"争端又开,请勿接办"。

"得谷弟电:'报载校内情形,蒋代似欠斟酌,速电蒋缓办。'发一电:'北京医学专门学校汤校长转蒋梦公:争端又开,请勿接办。'"(本年《日记》同日)

同日　与陶行知讨论中学改革及南京高师改大学问题。

"午后进城,晤陶行知,相与谈中学改革策,及南京高师改大学事,彼此甚洽。陶君言,曾集高师学生百人,询以中学所习代数曾经应用者几人,可举手。举手仅九人。复反讯之,则未曾应用者,却有九十一人。已应用之九人中,用诸适当问题者,亦是少数。其法不过两星期可以授毕。因而推得中学学生如无志于专研数理天文诸科者,其代数课程,决不宜如是其繁云。"(本年《日记》同日)

7月23日　发布启事,北大校长职务暂由蒋梦麟代理。

"蔡校长启事。本校教职员诸君公鉴:元培因各方面督促,不能不回校任事。惟胃病未愈一时不能到京。今请蒋梦麟教授代表,已以公事图章交与蒋教授。嗣后一切公牍,均由蒋教授代为签行。校中事务,请诸君均与蒋教授接洽办理。特此奉布 并颂公绥 蔡元培敬启"。(《北京大学日刊》同日)

同日　会见全国学生联合会代表。

"进城,晤李吴桢、王秉乾二君,王为北京法政专校学生,代表全国学生联合会

来。全国学生联合会终止罢课,见本日《时事新报》。"(本年《日记》同日)

同日 发表《告北大学生暨全国学生书》一文。(《北京大学日刊》同日)

同日 阅《越缦堂日记》并作《读越缦日记感赋》诗一首。

"卅年心力此中殚,等子称来字字安。岂许刚肠容芥恶,为培美意结花欢。史评经证翻新义,国故乡闻荟大观。名士当时亦如鲫,先生多病转神完。(或作'独推此老最神完',又'多病'或作'体弱'。)"(本年《日记》同日)

同日 作七绝二首。

"湖中群鸟惯双飞,鹓鹊强奔古所讥。独自水嬉一翠燕,朝朝相对欲忘机。"

"策策游鱼善合群,一逢争食便纷纭。稚龟水底从容甚,嗒喋唵喁总不闻。"(本年《日记》同日)

同日 北京大学举行全校大会,欢迎蒋梦麟来校执行校务。

"蒋梦麟君代表蔡校长而来北京大学,执行校务,大学全体学生特于七月二十三日上午十时,在大学理科开会欢迎,当由蒋君备述蔡校长之近况与其振兴教育之大计,并述蒋君个人对于大学生之希望与大学生应负之责任,听者皆为感动。"(北京《晨报》1919年7月25日)

7月24日 得蒋梦麟函,得段锡朋函。

"得幼轩函。得梦麟函。得段锡朋函。"(本年《日记》同日)

7月26日 致汤尔和、蒋梦麟快函。

"致尔和、梦麟快函。致尔和电。"(本年《日记》同日)

同日 作七绝三首。

"昼观鱼鸟夜观萤,活泼光明总不停。倘使眼前皆死物,更从何处证心灵。"

"西窗日日许看山,朝暮阴晴现一般。不是烟霞与渲染,我心匪石也成顽。"

"寂如止水一湖平,闸泻溪流了不惊。赖有熏风与吹绉,万方活色眼帘呈。"(蔡元培先生手稿)

7月27日 北大评议会、教授会电告同人欢迎蒋梦麟。

"得北大评议会、教授会宥电:'蒋君代表公来,同人至为欢迎。一切事宜,已与会商进行。痊复仍乞速驾,以慰群望。'"(本年《日记》同日)

同日 作七绝一首。

"越山隔岸望中收,一曲之江似细流。更揽全湖作灵沼,慢腾腾地几扁舟。"(本年《日记》同日)

7月28日 致蒋梦麟快函,得蒋梦麟快函。

"致梦麟快函,附去李石曾、郑阳和、张廷济各函。致亦韩快函,附去致敬山函。得梦麟快函(二十五日)。"(本年《日记》同日)

7月29日 致蒋梦麟电。

"致蒋梦麟电。致菊生函,并《荀学斋日记》一函,……"(本年《日记》同日)

7月30日　对蒋维乔(竹庄)诉述决以蒋梦麟代理北大校务之经过。

"竹庄先生大鉴:……昨又奉函,俾得详细梦麟到京以来一切情形,尤感。梦麟之事,自经公函告后,适尔和亦以此为言,不约而同。然弟接校中来函,言'主持无人,迫不及待',因有电部请蒋代理之提议,而梦麟坚不肯承认。适与尔和泛论,始知医专等校有代表签行办法,乃商之梦麟,承其允诺,是十四日午后六时事。来示所谓梦麟早十日到,可免次珊当十七日一拳者,实无可如何之事也。……弟元培敬白　七月三十日"。(《复蒋维乔函》同日)

7月31日　得蒋梦麟及汤尔和函。

"得梦麟二十七日函。得尔和二十八日两函。得夷初二十八日函。"(本年《日记》同日)

8月1日　致汤尔和、蒋梦麟函,并致许寿裳(季黻)函。

"致尔和、梦麟快函。致罗志希函。致许季黻函,为许德珩、陈宝锷游学事。"(本年《日记》同日)

8月2日　教育部令准蔡元培所请,由蒋梦麟代表主持北大校务。

"教育部训令第○三六号。准北京大学蔡校长元培函称侵电敬悉,屡承敦促,本思早日北行,胃病未瘳,尚难就道,歉仄万分。元培既负责任,岂敢放弃。今特请本校教授蒋梦麟君代表主持校务,已将公事图章交与蒋君,一切公牍均由蒋君代为签行,与元培在校无异等因。查该校校务久已无人主持,亟需董理,以重责成,准函前因,除敦促蔡校长早日回校,并令知蒋教授代表主持校务外,合计令行该校知照。此令。"(《北京大学日刊》同日)

同日　得汤尔和、蒋梦麟函。

"得尔和三十日函。得梦麟二十七日函、二十八日报告、二十九日函。"(本年《日记》同日)

8月5日　作七绝三首。

"问舍求田长子孙,先生清福胜乘轩。何须唐突西施者,强与夷齐一队论。"

"娓娓清谈通绝尘,先生便是六朝民。不烦派到孙黎辈,再向光宣巧效颦。"

"十年三相渐丰腴,服制纷更悉称躯。尚有峨冠同燕尾,待周六秩补新图。"(蔡元培先生手稿)

8月9日　复函马叙伦(夷初),谓尚不能回校任事。

"夷初先生左右:五四以后,承公苦心维持,北大得以保存,众口同声,弟闻之不胜钦佩。……弟既不能与北大脱离关系,本宜如来示所揭,早日北行。惟胃病未痊,尚不堪舟车之劳。而代理蒋君到校以后,内之教职员及学生,均表欢迎;外之教育部以正式公牍承认,正可以盘根错节,试其利器。弟乘此养疴,决非偷懒,亦非别

有所忌惮也。……弟元培敬启 八月九日"。(《复马叙伦函》同日)

同日 作《病中口占》二首。

"托病居然引到真,旧疴未尽更增新。寒冰火焰更番过,地狱原来在我身。"

"巨人不疟古所传,血液充强理或然。不见微生名小鬼,亏他悬想近真诠。"(蔡元培先生手稿)

8月10日 函请蒋维乔(竹庄)以教育部名义,开脱被诬陷的学生。

"竹庄先生大鉴:奉五日函,对于弟之行止,设想周到,感荷无已。……学生诉讼事,在检厅认私人间关系,与学校无涉,故各校长及教职员联合会等与之交涉,皆无效。司法界之现状,路人皆知,其借此泄愤,所不待言。恐仍须教育部竭力斡旋,始可速了,且不致令学生吃大亏也。先生对于此等学生,素所关切,想必荷乘机设法。特此奉托,并请道安。弟元培敬启 八月十日"。(《复蒋维乔函》同日)

8月19日 致函吴稚晖,称"唐山(路矿学校)办社会教育甚尽力"。

"稚晖先生大鉴:自绍兴回杭,得读惠函、惠片,知先生本拟于科学社开会时到杭。往会探听,始知大驾未莅,想无暇耳。既失此机会,弟亦不敢望先生特别拨冗驾临矣。……此次唐山学生在联合会建议,甚有见地,闻在唐山办社会教育甚尽力,此先生陶铸之效也。但伯初向主清静无为,而此校又直隶于交通部,未知颇生困难否?……弟元培敬启 八月十九日"。(《致吴稚晖函》同日)

8月23日 复书北京大学六十位讲师,说明按评议会通过之案发放讲师薪俸的理由。

"六十位讲师先生公鉴:奉八月七日惠函,敬悉。本校对于讲师,向按教授时间、支配俸给。元培最不赞成,曾于评议会中提出议案,拟将各种教科,按程度浅深,预备难易,及时间多寡,酌定月俸若干,延聘讲师。如一年间无特别变动,则自一年八月至第二年七月,每月送俸与教授无异。此案业经通过,惟须俟各教授会将每种教科与俸给之比例,斟酌妥当,汇录成表。如并无龃龉之点,及其他窒碍难行之处,然后公布施行。若平日仍是按时计俸,而特于暑假中别送俸给,则非惟本校经费不敷,一时断难筹出,且与评议会通过之案,实根本不相容也。来示云云,恐是传闻之误。谨此详闻,诸希鉴察。并颂公绥 蔡元培敬启"。(《北京大学日刊》同日)

8月28日 撰《叔父燕山府君家传》一篇,叙述四叔父蔡宝然(燕山)生平事迹。又撰《四叔父燕山府君手书跋》一篇。(启功 牟小东编《蔡元培先生手迹》)

8月30日 为《中国黑幕大观》一书题词。

"黑幕大观为近世写实派小说。蔡元培"。(《申报》同日)

8月 应新潮社之约撰写《传略》脱稿,题为黄世晖记《传略》。(新潮社编《蔡孑民先生言行录》)

同月 列名与沈祖宪、王式通等人撰写《绍兴陈醉庭先生六秩寿辰征文启》。(《绍兴陈醉庭先生六旬寿言集》光华美术公司石印本 1919 年 8 月)

9 月 1 日 所撰《战后之中国教育问题》一文发表。[《日华公论》(日)第 6 卷第 2 号]

9 月 2 日 北京政府拟请蒋智由长北大。蒋氏"大不谓然"。

"当蔡氏未到京之前十日,蒋智由长北大之说宣传一时。但据教育部员司对于学生代表之谈话,则谓绝无其事。然国务院之函电明明由龙氏具名发寄,虽未明言北大校长,而细究文章之所在,已可推知;再观未具名之私人专电,揭于沪报者,则校长之说,亦可证明。总之,政府对于蔡氏之挽留,不过表面文章,聊以敷衍学生,盖恐其再有风潮发生也。蔡氏对于此层,极感不快。然为信用一面计,此时不能不一来;而为数千学生计,此时更不能不一来也。"(《申报》1919 年 9 月 21 日)

"北京大学校长蔡元培方有北来消息,忽传政府近日拟行换人,并决定请蒋智由担任,已去电征其同意。而蒋氏大不谓然,竟在沪报刊登广告,题曰:《蒋智由入山明志》。文曰:现以北大开校,蔡先生病未北上,校长莫定,有拟由智由长大学者,业已驰书决谢,必不往就,坚如铁石。理由以超然之身,发公正之论,必处于不官不党之地,方能副此素志。校长之职,虽异仕途,亦绝不投身其中,致受牵率。日内便拟入山,取古人如有复我、则在汶上之意。暂时有来往信函,或未及收到,恕失答复。毁誉亦不闻问,明此志于天下。蒋智由启"(北京《晨报》1919 年 9 月 6 日)

同日 复函蒋智由(观云),请允任北大校长。

"观云先生左右:奉惠书,敬悉。政府拟请公任北大校长,为事择人,可为教育前途幸。在公不愿任此,自有苦心。弟已电告蒋梦麟君,并同时发一快函详言之矣。惟弟衰病侵寻,久思息肩,如公肯接办,以赎弟数年来溺职之咎,在弟实为深幸。务祈惠然允任,幸勿固辞。……弟蔡元培敬启 九月二日"。《复蒋智由函》同日)

9 月 4 日 汤尔和、蒋梦麟联名函告此时已有回京一次之必要。

"孑丈大鉴:冬电到后,即告段子钧君暂缓来杭,以便商酌妥后,再行出发。观云事即告学生要人,彼等并不以为怪,谓此事原由甚长,可以不理。和、麟等昨晚详细磋商,以为此时已有大驾来京之必要。到京后,群疑自息。……后学尔和 受业蒋梦麟 同上 九月四日"。(《汤尔和、蒋梦麟致蔡元培函》同日)

9 月 12 日 回到北京。

"我自出京后,寓天津数日,即赴杭州,寓从弟国亲家,后又借寓西湖杨庄,满拟于读书之暇,徜徉湖山。奈北大纠纷未已,代表叠来,函电纷至,非迫我〔回〕京不可。经多次磋商,乃于七月十四日,与蒋君梦麟面商,请其代表到校办事。蒋君于十六日赴北京。又经函电商讨,我直至九月十日启行,十二日到北京,重进北大。"

(《自写年谱》)

9月13日 教育次长傅岳棻到寓造访。

"北大校长蔡元培君已到京。北京大学校长蔡元培君,自发生学潮飘然南下之后,各方面函电纷驰,期望蔡君之重复入都者,其心弥切。兹确悉蔡君已于前晚十二时抵京,现仍寓东堂子胡同。昨日教育傅次长亲往蔡君住宅道絷维之意,并商及此后对于学校之进行事宜。"(北京《晨报》1919年9月14日)

9月16日 公告本月二十日到校办事。

"本校教职员诸先生公鉴:开学在即,元培受各方面督促,不能不勉强北来,已于本月十二日抵京,旅行劳顿,胃疾又发,现尚不能出门;定于二十日(开学日)到校办事。届期再当与诸先生晤商一切,敬希鉴谅,并颂公绥 蔡元培启"。(《北京大学日刊》同日)

同日 呈报教育部,国史编纂处事务移交完毕。

"呈为呈报事。……二十八日复奉钧部秘书处函开,本部现将国务院秘书厅公函内开,奉谕,国史编纂处派涂参议接收,函请查照等因前来,相应函达贵校,请烦转饬知照等因,本校遵于本月十二日将该处所有文件书籍,以及一切应行移交等项一并移交涂参议接收。理合备文呈报,恳祈鉴核备案。谨呈教育总长 北京大学校长蔡 中华民国八年九月 日"。

"处长钧鉴:敬启者。本处奉令归并国务院办理,派涂参议风书接收,已于十二日一概交待清楚,乞即呈报教育部查照,实纫公谊。专肃,敬颂公绥 国史编纂处启 九月十三日"。(北京大学档案)

9月20日 北京大学全体学生、教职员举行欢迎蔡校长回校大会并同时举行开学典礼式。出席会议并发表回任及开学式演说。①

"本校全体学生及教职员,于本月二十日上午在法科大礼堂,先后开欢迎蔡校长回校大会。欢迎毕,即继续举行开学礼。到者数千人,均有愉快之色。学生欢迎会,由张国焘君主席,方豪君致欢迎词。蔡校长致答词。大意谓对于校中有二种希望:一、永远保持所已表现之自治能力与自动精神,以自由发展于研究学术,为自动的、非注入的,用不着再设规则管理。二、拿定主意、信任自己,则将来校长即一日换一人、二人,亦不生问题云云。教职员欢迎会,由马夷初教授主席、致欢迎词。蔡校长致答词,主要语为大学为有机体,职教员应互相谅解,同力合作,以便进行云云。后继续行开学礼。由校长主席、致训词。大意谓本校非出卖文凭及死知识之机关,乃为研究学问之地方云云。……蔡校长致谢各方面后,即宣告散会。"(《北京大学日刊》1919年9月22日)

---

① 蔡校长的答词、训词均见《北京大学日刊》同月22日。

"我回北大后,于教职员及学生欢迎会中声明,略谓:五月间为国权问题而运动,牺牲学业,尚算值得。后来为校长问题,又纷扰了一两个月,实为可惜。德国的大学,每年换一校长,由神学、医学、法学、哲学四科的教授轮值,从来不生问题。我们鉴于此次校长问题的纠纷,也要做到教授治校的方式。拟设评议会,由各系教授推出评议员组织之。这就是北大评议会的缘起。"(《自写年谱》)

同日 呈报教育总长本日起到校照常供职。

"呈为呈报备案事。窃元培前因患病,未能任事,特请本校教授蒋梦麟代表主持校务,曾承钧部令准在案。现在病已告愈,业于本月二十日到校照常供职。除已通知蒋代表外,理合呈请钧部备案。谨呈教育总长"(《北京大学日刊》1919年9月25日)

9月21日 出席北京中等以上学校教职员联合会举行的欢迎会,并有演说。

"数日前北京中等以上学校联合会通函各学校云:拟于本月二十一日下午二时,开中等以上学校职教员茶话会,欢迎北京大学校长及各专门学校校长,有教育部长官、警察总监及此次热心维持学界之虞春灵先生列席,以表谢忱。是日拟请贵校职教员全体到会,以襄盛举。再本会事务急当收束,此次会后即由憾等遵照第六次会议议决,会同各职员清理一切,编制报告,奉达台览,不再开会云云。昨日下午,该会在北大法科开会。吴总监及虞春灵君,均因病未到,傅次长因赴宴会未到。由康宝忠君主席。首由主席报告开会宗旨。略谓自五四以来学界之大风潮,今日竟得恢复原状,实赖教育部、警厅及各校校长竭力维持而得。故今日本会开会,对于教育部、警厅及各校校长,竭诚道谢。次由姚憾、沈士远二君致欢迎词。……次由北大蔡校长演说。……次由主席宣告,本会暂且作一结束,遂散会摄影、茶话,尽欢而散。"(《申报》1919年9月24日)

北大蔡校长演说词:"谓我从五月九日出京以后,这几个月之中,学界发生种种艰难困苦的事,都是诸位先生身当其冲,我没有帮着一点忙,今天反受诸位先生的欢迎,真是惭愧得很!这回的事,无论学生之是与不是,我们处于国立学校校长地位的人,总不能不引咎辞职。因为国立学校是政府所办的缘故。这回学生举动对不对,且不论;但因此可以证明学生很有自动的精神,我们应该维持他们这种很好的自动精神。我们更应该自勉。"(北京《晨报》1919年9月22日)

9月22日 在北京大学第二十二年开学式的《演说词》刊出。(《北京大学日刊》同日)

同日 与刘复、马寅初、李大钊等20人联名,为朱蓬仙教授征募赙仪。

"本校教职员诸先生公鉴。敬启者:本校朱蓬仙教授(宗莱)因病逝世,身后萧条,同人有欲致送赙仪者,请于十月十五日以前送交本校会计课代收,以便汇送,至纫公谊。

蔡元培、刘复、朱希祖、郑阳和、李辛白、沈尹默、黄世晖、周同煌、马寅初、刘文典、沈兼士、康宝忠、马叙伦、钱玄同、段宗林、潘大道、李大钊、沈士远、马裕藻、陈大齐同启"。(《北京大学日刊》同日)

9月28日　同意北大学生组织成立"新知编译社"。

"本校学生王若怡等在校内组织一新知编译社,已得校长及各方面赞许,于昨日在理科大学内开成立大会,通过简章及一切议案。并由每人担任编译三种书籍,尽阴历年内完成一种。其所认书籍,皆极有价值,足供今日文化社会之需要,并已当场公推成平为社长。"(《北京大学日刊》1919年10月2日)

"本社成立,在民国八年九月二十八日。第一次成立会,社员二十余人,全体出席。当时议定简章,分任编议。……"(《北京大学日刊》1921年1月7日)

10月1日　与北京高等师范等五校校长联名呈请教育部准予组织欧美留学生通讯社。

"呈为组织欧美留学生通讯社呈请核准备案事。窃维近年以来,国人之留学欧美者日众,每研究一问题,关于他国之消息则极易搜罗,关于本国之材料反无法觅得,此实为国家之羞。……○○等有见及此,爰组织一欧美留学生通讯社专为留学生搜罗各种材料以备其研究之用,既解除其求学之困难,亦足增进其研究本国事之兴味。且社中所搜罗之材料除供给留学生外,拟均自存一份,日积月累可为将来开办教育参考馆之基础。又国内如有须调查欧美情形之处,亦可托由此社请受此社利益之留学生代为调查,故此社之组织,对内外似均有裨益。兹特拟具简章一份,理合送请钧部核准备案,俾得遵照进行,实为公便。再此呈系由北京大学主稿,合并声明。谨呈 教育总长 北京大学校长蔡、北京高等师范学校校长陈、北京法政专门学校校长王、北京医学专门学校校长汤、北京农业专门学校校长金、北京工业专门学校校长洪。呈字第一百二十号 八年十月一日发"。(北京大学档案)

"本校与高师、法专、医专、农专、工专等五校,为帮助欧美留学生搜罗本国之材料,以供其研究之起见,现定联合组织一欧美留学生通讯社。已由本校校长领衔会同该五校校长,呈请教育部核准备案。"(《北京大学日刊》1919年10月15日)

10月4日　为荷兰登·卡特征友通信。

"蔡元培启事。顷接荷兰 Ten-Cate 君来函言:愿与本校学生以图片通信。兹将其通信方式宣布于后:H.J.Ten-Cate Lange Bergstraat 23,Amers fort Holando(荷兰)"。(《北京大学日刊》同日)

10月11日　出席北大画法研究会秋季始业式,并有训词。

"本校画法研究会,自本学期起,继续开会。兹悉该会业于十一日下午举行始业式。是日天雨,新旧会员到者四十人。先由干事来君焕文述开会词。旋由蔡校长致训词。"

校长训词:"画法研究会,今已将近二年,成绩在吾校各种集会中,为比较的佳良者。吾颇注意于新旧画法之调合,中西画理之沟通,博综究精,以发挥美育。会员诸君颇能加意于是,故此会深有希望。至画会西洋画之导师徐悲鸿先生赴法后,请得盖大士先生。今日来宾吴新吾先生,又新自巴黎回。我深知巴黎为美术中心,意大利旧时美术,皆传至法国。法人发扬蹈厉,颇多名家。今画界所谓新派者,悉实于是发生。吾希望吴先生将法国国画之趋势,及学习美术之程序言之,为今日开会生色。谨郑重为之介绍。"(《北京大学日刊》1919 年 10 月 15 日)

10 月 16 日 出席北大新闻研究会第一期结业式,颁发证书并致训词。①

"新闻研究会第一次研究期满式,业于本月十六日下午八时在文科事务室举行。首由干事曹杰君主席,报告开会理由及一年中过去情形。次由会长蔡元培先生发给证书,并致训词。次由导师徐宝璜教授演说《中国报纸之将来》。后由会员李君吴桢、黄君欣、陈君公博相继演说。"(《北京大学日刊》1919 年 10 月 21 日)

同日 为北大体育研究会订定职员改选办法及选票式样。

"校长布告。本校为注重体育起见,向设有体育会,按照该会简章之规定,每年应改选职员一次,兹订改选办法及选举之权。此布。"(《北京大学日刊》同日)

10 月 20 日 出席杜威博士六十岁生日晚餐会,并致祝贺演说。

"本校与教育部、尚志学会、新学会,因本月二十日为杜威博士六十岁的生日,特于该日午后七时在中央公园来今雨轩,开晚餐会,以表庆贺。公推王宠惠先生主席。晚餐后,主席起言,今天是杜威博士六十岁的生日,教育部、北京大学、尚志学会、新学会公开祝贺会。惟教育部傅次长因事未到,很为抱歉。请北京大学校长蔡孑民先生致词。……"(《北京大学日刊》同日)

10 月 22 日 在杜威博士六十岁生日晚餐会的《演说词》本日发表。(《北京大学日刊》同日)

同日 与北京高等师范学校等六校长联名,呈请教育总长对各校薪俸免予搭放公债。

"呈。为呈请鉴核事。窃查京外各机关职员俸给搭放八年公债办法,业奉钧部令知在案。自中、交两行纸币停止兑现而后,纸币价格日形低落,迄于近日,二不值一,各校教职员受此亏累为日已久,其困难情形,想早在钧部洞鉴之中。前此曾经迭次陈情,请予改发现金,虽荷照非虚略加润色,奈所失既多,仍不足以相济。查各校教职员等终日热心校务,与普通官吏似有不同。纸币之亏折,既无法以弥缝,若再于此币价低落无已之时,益以债券,其亏累更不堪言喻。为此公恳钧部,请将搭发公债一事对于京中直辖各校,免于实行,以恤士艰,而维教育,实为公便。谨呈

---

① 训词见同日《北京大学日刊》。

教育总长。北京大学校长蔡、北京高等师范学校校长陈、北京法政专门学校校长王、北京医学专门学校校长汤、北京农业专门学校校长金、北京工业专门学校校长洪、北京女子高等师范学校校长毛 中华民国八年十月二十二日"。（北京大学档案）

10月23日 为王璞著《注音字母发音图说》作序一篇。（该书 注音字母书报社印行 1919年石印本）

10月27日 发表寻书稿启事。

"周伟先生所著《二十世纪财政学》之原稿，前曾有人自培处借阅。培现在不能忆其姓名，请借阅者即将此稿送还培处，以便归还周先生。此启"。（《北京大学日刊》同日）

同日 为陶乐勤译《政治经济学》作序一篇。

"陶君乐勤，执业上海，公余则从事翻译法国季特氏之经济学，并远道以该书之目录相示，而征序于予。季特氏者，乃现时经济学者中之泰斗也。其所著之经济学，自出版后，风行天下。欧美各国，均有译本，而我国则尚缺。如今陶君毅然从事翻译以介绍其书于国人，实堪钦佩。余虽与陶君素未谋面，且未能全读其译稿，然就其数次通信中所表示之诚恳勤勉之态度观之，深信其译稿必能合于信、达、雅三字之标准也。民国八年十月二十七日 蔡元培序"。（该书 泰东书局 1920年出版）

10月31日 为《日语汉译读本》一书撰写《跋语》。

"甲午以后，吾国人之不能读西书者，始欲利用日文书以求新学说，然往往粗习文法，以意属读而已，以体近汉文之书，已不能透彻阅言文一致之作，益复茫然。于是不得不进而学日语，及正式之日文。然日语日文之教本，其初级者，多为日本儿童而设，不适于我国之年长者，教授者或不能活用，亦增艰苦。用以自修，则更格格不相入矣。迩者日本印刷之书，殆无不用言文一致体，于是愿读日文书者，尤不得不学日语及正式之日文，而吾友葛君锡祺乃有《日语汉译读本》之作，其体例之精善，译解之详确，序者久有定评，出版以后，风行全国，群推为最适于自修之本，顷将再版，特题数语，以资介绍。 民国八年十月三十一日 蔡元培"。（葛祖兰著《日语汉译读本》长沙商务印书馆 1931年6月出版）

秋 介绍李大钊（守常）到北京女子高等师范学校讲授西洋伦理学史。

"据陈钟凡先生《守常印象记》（未发表）一文内讲：'我认识守常先生，始于民国八年（1919年）秋天，彼时我在北京女子高等师范学校主持国文部，课程中有伦理一门，由蔡子民先生介绍他（守常先生）来担任。……他讲授西洋伦理学史，多属于各派学说的评价。'（文操：《试编李大钊遗著系年目录》四）[①]

[①] 载《学术月刊》1957年第4期。

11月2日　北大浙江同乡会举行秋季常会,改选职员,被选为会长。

"本会业于本月二日,在理科第一教室开秋季常会。副会长黄伯珣先生主席。当时改选职员。蔡孑民先生以八十八票当选会长。黄伯珣先生以六十一票当选副会长。"(《北京大学日刊》1919年11月7日)

同日　召集北大评议会组织委员会委员会议。

"组织委员会诸君公鉴:敬启者。本月七日午后四时三十分在第一院应接室开会。届期敬请莅会。此订,并颂公绥。蔡元培敬启"。(《北京大学日刊》同日)

11月5日　请江西教育厅长许寿裳(季黻)资助杨立诚留学费用。

"季黻先生大鉴:径启者。江西丰城杨立诚君,本年在北京大学哲学门毕业,将以自费留学法国,因学费不敷,欲援许德珩、陈宝锷两君例,请于镑余中每月拨给若干,以资补助为荷。玉成感荷无已。……弟蔡元培谨白 十一月五日"。(《致许寿裳函》同日)

11月6日　转发招募北京青年会会员的布告。

"《校长布告》。顷准教育部秘书处函开,奉次长嘱,此次北京青年会招募会员,蒙大总统特捐会费四百元,得送会员五十名,专备选送直隶省籍优等学生,以示鼓励。应即通知直辖专门以上各校,查取本年暑假考列甲等直辖各生姓名、年龄、籍贯等第,即日开单送部以凭汇办,其有询明不愿入会者,无庸开列等因特此通知等因。凡本校籍隶直隶,曾经本年暑假或去年暑假学年试验取列甲等各旧生中,如有愿入该会者务于本月八日以前,亲赴文牍处报名,以便转送。此布。十一月六日"。(《北京大学日刊》1919年11月7日)

11月7日　与王家驹等人联名发起康宝忠(心孚)追悼会。

"敬启者:关中康心孚先生,幼秉琦行,长擅玮材,学迈等伦,名驰京国,涵咏圣籍,明山宾累。执教鞭,挤嚅道,真常河内,时亲讲席,匠成翘秀,士林借以开莹;陶铸英才,进修于焉津寄。教育界公推泰斗,庠序士群仰师宗。乃于本月一日在北京法政专门学校早课甫罢,骤撄风疾,猝然长逝。恶耗惊传,咸深涕洒。谨拟于十一月二十二日,在北京大学法科大讲堂开会追悼,以志哀思。景仰前修,慨师儒之不作;顾瞻硕德,伤哲人之其萎。爰疏短启,征表同情。"(《北京大学日刊》同日)

同日　召开北京大学组织委员会会议。

"组织委员会诸君公鉴:敬启者。兹定于本月七日午后四时三十分,在第一院应接室开会,届期敬请莅会。此订。并颂公绥。蔡元培敬启"。(《北京大学日刊》同日)

11月8日　为上海中西女塾招聘汉文教员。

"培近接上海 Mcdyeire School 之校长来函谓:愿请一能以极纯熟之官话教授汉文者为教员,每年能出约一千元之薪水。本校毕业生中,有自忖资格相当而又愿

去者,请于本月十五日以前投函校长办公室,以便转达该校。此启。"(《北京大学日刊》同日)

11月11日 主持北大音乐研究会同乐会,并致开会词。

"同乐会于十一号晚七时,假法科大礼堂开会。以原发入场券不敷分布,遂废收券之议。六时半校外来宾以及本校同学到者,已达千人以上,座为之塞。七时开会,首由蔡校长致开会词。次为哈门女士钢琴。三胡适之先生演说。四为本会导师昆曲。五丝竹。六狄晓兰女士古琴。七李文华女士古琴。八赵丽菱女士钢琴。九王心葵导师琵琶。十哈门女士钢琴。十一陈仲子、谭涉明钢琴合奏。十二潘珍宅女士钢琴。十三昆曲。十四周季英先生古琴。十五临时特请史先生琵琶。十六郭定荣先生戏曲。至此已十时半。蔡校长遂宣布闭会。"(《北京大学日刊》1919年11月14日)

11月13日 请云南督军唐继尧照料北大教授钟宪鬯(观光)。

"云南唐督军鉴:北京大学教授钟观光君,因采集标本,在祥云县境内被盗,敬请转知该县知事照料一切。蔡元培。元。"(《北京大学日刊》1919年11月14日)

同日 为《体育周报》撰写周年纪念祝词。

"近日得读黄醒先生之《体育周报》,乃举各种工作,而说明其裨益体育之条件;以体育专家而注意及此,其必能为体育界开一新纪元,可无疑也。故值《周报》有周年纪念之举,而敬致欢喜赞叹之忱。"(《体育周报》特刊第1号)

11月14日 为已故教授康宝忠征募赙金。

"敬启者。本月十六日(星期日),为本校已故教授康心孚先生家奠之期,本校诸公赠致挽词,请径交至西城石灯庵康宅。如致赙金,请于本月三十日以前交至本校会计课汇收(拟与本校所赠薪俸并储为康君遗孤教养之资),以便转交康君家族。专此布启。蔡元培、马寅初、马裕藻、马叙伦、朱希祖、陈大齐、钱玄同、沈士远、沈尹默、沈兼士同启"。(《北京大学日刊》同日)

11月17日 应邀在北京女子高等师范学校发表《国文之将来》的演说。

"今日是贵校毛校长与国文部陈主任代表国文部诸君要我演说,我愿意把国文的问题提出来讨论。尤愿意把高等师范学校应当注意哪一种国文的问题提出来讨论。所以预拟了《国文之将来》的题目。"(《国文之将来》)

同日 在北京大学音乐研究会同乐会的《开会词》发表。(《北京大学日刊》同日)

11月19日 与胡适、毛邦伟、李大钊等43人,联名发表《李超女士追悼大会启事》。

"北京女子高等师范学生苍梧李超女士,幼失怙恃,长受教育,深痛神州女界之沉沦,极欲有所建树,矢志求学,不幸受家庭之虐待,横被摧残,向修业于梧州女子师范、广州女子师范时,几经艰阻,旋以姊丈之援助,跋涉京华,得受国立女子师范高等教育。其家固谓女子无才便是德者,牵制愈力,直欲置之死地而后已。姊丈筹济,备受责言。嫂抱不平,几以身殉。女士只身万里,忧愤莫诉,积悲成疾,遽于本年 8 月 16 日赍志以殁。遐迩咨嗟,同深惋惜。同人等谨拟于 11 月 30 日(星期日)在石附马大街国立北京女子高等师范开会追悼,俾慰女士之灵,聊以作生者之气,伏祈各界诸君惠临为盼,如赐于挽章诗文,万所感激。……

发起人:蔡元培、胡适、毛邦伟、陈中凡、李大钊、周绍昌、伍树芬、吴弱男、赵炳麟、关冕钧、罗家伦、黎启祥、康白情、罗振英、王兰……苏甲荣同启"。(北京《晨报》1919 年 11 月 19 日)

同日 前在北京女子高等师范学校发表的题为《国文之将来》演说词,全文刊出。(《北京大学日刊》同日)

11 月 22 日 主持已故教授康宝忠追悼会。

"本校及法专、高师、朝阳、中国等校,于二十二日上午在法科大礼堂,为本校已故教授康心孚先生开联合追悼会。到者甚众。由蔡校长主席,说明开会之理由。次康心孚之弟报告其历史甚详。是日读祭文者有本校学生会代表方豪君及法专之学生代表方毅君。演说者有法专校长王家驹君、高师代表某君、本校教授马叙伦君及本校学生陈廷璠君与法文专修馆学生钟少梅君。"(《北京大学日刊》1919 年 11 月 24 日)

11 月 25 日 阐明对李璧臣关于印行《越缦堂日记》的两项要求答复意见。

"书衡先生阁下:……得李璧臣兄函,又提议两事:第一还原稿,鄙意以为可允之。第二事索书十六部,恐难办到,请与慕韩、幼山诸先生商之。前晤张菊生兄,据言印书清账未携来,须稍缓始能结束,想公亦已接洽矣。诸承偏劳,容晤谢。……弟蔡元培敬启 十一月二十五日"。(《致王书衡函》同日)

11 月 26 日 徐宝璜函辞校长办公室秘书职,亲至其宅挽留。

"校长因徐宝璜教授辞校长办公室秘书及日刊编辑处主任事,于昨晨亲至其寓中挽留。徐教授已允接担任此等职务,至本年年底为止。"(《北京大学日刊》1919 年 11 月 27 日)

11 月 30 日 出席北京女高师李超追悼会,并在会上发表演说。

"昨日为北京学界假座女高等师范开追悼李超女士大会之期。该校会场不甚大,故筹备会不得已特发男宾入场券,稍加限制。然是日莅会者仍甚多,男女约共千人以上,会场几无空足地,赠送诗文挽章者,不下三百余份。会场大门及马路大门均扎彩花。会场东首扎彩棚一座,中置李超女士遗像,上有蔡子民先生所题'不可夺志'横额一幅,左右置花圈二十余。会场中并散发女士遗像及胡适之先生所撰传。下午二时宣告开会,先奏乐,次主席周家彦致开会词。次全体行三鞠躬礼,同时奏乐。次读祭文。次奏乐。乐止,该校国文班同学唱追悼歌。次同乡李某君报告女士事略。次演说。是日特请演说者为蔡子民先生、胡适之先生、陈独秀先生、蒋梦麟博士、李守常先生,均如约而至,淋漓尽致,全场感动,满座恻然,无不叹旧家庭之残暴,表同情于奋斗之女青年。……"(北京《晨报》1919年12月1日)

同日 撰写挽李超联。

"求学者如此其难,愿在校诸君勿辜负好机会;守钱房害事非浅,舍生计革命不能开新纪元。蔡元培。"(长沙《大公报》1919年12月6日)

12月1日 为《晨报》周年纪念刊撰《文化运动不要忘了美育》一文发表。(北京《晨报》同日)

12月3日 向北大评议会提出组织委员会报告及给予沈尹默出国考察津贴,请议决。

"评议会常会。日期:十二月三日下午四时半开会。未到会者:黄伯希、温善甫。图书馆主任李守常君出席。一、组织委员会报告:(一)蒋委员长代表校长提出,黄右昌先生代马寅初先生为委员,请评议会追认。通过。(二)蒋委员长解说报告之内容及图表。(三)校长提出组织委员会报告,逐条讨论。1.修正总务长条:'总务长……以教授为限,不得由教务长兼任'……通过。(四)马幼渔先生提议:1.取消现在布告上文法理科等名目,应改组系等新名目。通过。2.教务长病假是否应由教务会议改选?3.评议会记事应报告于评议员。(五)校长提议:国文教授会主任沈尹默教授在校五年以上,照章可以出洋考察,现已赴日本,除仍支原俸外,由本校每月津贴六十元。通过。"(北京大学评议会记录)

12月6日 允为北大速记学会支付特别讲员津贴。

"速记学会启事。本会成立瞬及两月,研究尚有成效,惟速记为近世最便用之学术,亟应加以提倡,而欲求研究完善,端赖讲员得人。查有杭县汪一庵先生,精研速记积有心得,所著《中国新式速记术》,条理井然,足裨实用。本会久拟聘为讲员,徒以会章规定讲员纯尽义务,且本会经费亦甚支绌。而汪君与本校毫无关系,未便强其无偿讲演。上月十九日本会召集临时大会,议决聘为特别讲员,一面商请校长酌给津贴;一面与汪君磋商,由愿学之人酌纳学费。现本校已允酌量津贴,与汪君磋商亦有端倪。……"(《北京大学日刊》同日)

12月7日 在北京女子师范学校发表的题为《义务与权利》演说词,本日"改定"。(新潮社编《蔡子民先生言行录》)

12月8日 《在李超女士追悼会上的演说词》本日发表。(《北京大学日刊》同日)

12月9日 提出北京大学各委员会名单,请评议会议决。

"评议会临时会议。日期:十二月九日下午五时。未到者:蒋梦麟、马寅初、何育杰、张菊人、温善甫、朱继庵。俞星枢先生请陈聘丞先生代表。一、马幼渔先生提议：(一)总务长应定续任次数；但得续任一次。通过。(二)校长提出各委员会名单，征求同意。略有修正。修正后，全体通过。……"(北京大学评议会记录)

12月10日　与熊希龄、张一麐等三十四人联名发起创设北京刻经处，集资刻印经书。

"教职员及学生公鉴：本校顷接得北京刻经处发起人熊希龄、蔡元培、张一麐、江朝宗等三十四人函称，……拟创设北京刻经处，专刻他处未刻之书，体例款式，悉依杨居士成规，俾分之各自单行，合之便成全藏。兹事体大，非厚集资金不足以垂久远。倘荷海内同人公襄斯举，以财施为法施，弘法利生，无以逾此，其为公德宁可较量哉云云。此项捐册现存文牍处，诸君中有愿捐资襄助此举者，请通知该处可也。"(《北京大学日刊》同日)

12月12日　所撰《跋〈海外中国大学刍议〉》一文本日发表。(《北京大学日刊》同日)

12月13日　申明"大学没有女禁，说不到开字"。

"镇流先生：接到手书，说'大学开放女禁'的事。大学规程并没有规定'女子不能进校'；招考时但说招中学毕业生，也没有说专招男生。所以大学并没有女禁，说不到开字。要是有中学毕业的女子来考预科，断没有不准考的理。来信说：'去年有很开通的女子向你请求开放，你说现在男女同学、为社会所不许'云云，我不记得有这事。(不知道这个很开通的女子是什么姓名，能告我么？)就是去年果有此事，我现在却断不作此想了。十二月十三日　蔡元培"。(《复谢镇流函》同日)

12月14日　同意胡哲谋、陈良猷等发起成立北京大学戏剧研究会。

"本校英文系一年级学生胡哲谋、陈良猷等所发起之戏剧研究会，现已有会员十五人，……该会并与蔡校长及蒋梦麟、宋春舫、顾孟馀、吴瞿安、胡适诸教授相接洽，均经其允许，并愿为指导协助。"(《北京大学日刊》同日)

同日　出席北大学生林德扬追悼会，并发表演说。

"林德扬君字士言，四川华阳人也，坚决而爱国，肄业于本校法律系三年级。五四运动，以病躯效奔走甚力，事后复组织北京第一国货店，以为实行提倡国货之计，致积劳增病，于十一月十六日投万牲园溪内自杀，时年二十有七。噫，恸矣！际兹风雨飘摇，国步艰难之时，而志士先摧，同人等悲悼何极！爰定于十二月十四日午前九时，在北大法科开会追悼，以志哀忱。本校教职员及学生如有鸿文见惠，请交第二院(理科)林德扬君追悼会筹备处为荷。"(《北京大学日刊》1919年12月10日)

"今天上午北大学生会在法科大礼堂替林君德扬开追悼会，蔡先生在散会前赶到演说的。林君的自杀，在《晨报》上看见，有赞成他的，也有反对他的，如今把蔡先生的意思记出来，给大家看看。"(《北京大学日刊》1919年12月20日)

12月16日 应少年中国学会北京总会之邀,发表题为《工学互助团的大希望》的演说。

"本会于去年十二月十六日,假北京大学法科大礼堂,特请蔡子民先生讲演。题目是《工学互助团的大希望》。是日,到会者来宾数百人。"(《少年中国学会周年纪念册》1920年编印)

12月17日 主持北京大学成立二十二周年纪念会,并发表演说。

"《北大二十二周年纪念会》。北京大学于昨日开二十二周年纪念大会,颇极一时之盛。兹为记录如下。该校教职员学生于上午十时前,均已齐集大礼堂,至十时摇铃开会。由校长蔡子民主席。首由蔡子民登台报告一年来经过之情形,末谓比较从前颇多改革而尤可纪念者约有两端:(一)本校最近之组织各科行政委员会、立法委员会,均已渐次成立。(二)凡从前被少数人把持之各事项,经此改良,得以公之于众。以上两端,具较前者为有进步而堪为纪念者也。次由大学教授马寅初演说,……过午宣告散会云。"(北京《晨报》1919年12月18日)

12月20日 撰写《读武者小路实笃的著作有感》一文。(《新青年》第7卷第3号)

12月21日 与陈独秀、胡适、李大钊等人联名发表"工读互助团募款启事"。

"做工的穷人,没有力量读书受教育,这不是民智发达一种缺憾吗?读书的人不能做工,教育越发达,没有职业的流氓越多,这不是教育界一种危机吗?占全国民半数的女子不读书不做工,这不是国民的智力及生产力一种大大的损失吗?父兄养子弟,子弟靠父兄,这种寄生的生活,不但做子弟的有精神上的痛苦,在这财政紧急的时代,做父兄的也受不了这种经济上的重累。同人等因此种种理由,特组织'工读互助团'来帮助北京的青年,实行半工半读主义,庶几可达教育和职业合一的理想,倘然试办有效,可以推行全国,不但可以救济教育界和经济界的危机,并且可以免得新思想的青年和旧思想的家庭发生许多无谓的冲突。照眼前试办的预算,需费不过千元。凡赞成此举者,请量力捐助,为荷。……发起人:蔡元培、陈独秀、胡适、周作人、顾兆熊、李大钊、陶孟和、程演生、王星拱、高一涵、张崧年、李辛白、孟寿春、徐彦之、陈溥贤、罗家伦、王光祈"。(《新生活》周刊第18期)

12月25日 主持北京孔德学校二周年校庆纪念会,并发表演说。(新潮社编《蔡子民先生言行录》)

12月26日 函谢蒯寿枢(若木)允捐工读互助团现款百元。

"若木先生大鉴:奉惠书介绍崔君,甚感。……允捐工读互助团一百元,因该团正在开办,需款甚急,敢请即日检付,并祈全发现金。如承向他处再代筹一二百元,尤感。……弟元培敬启 十二月二十六日"。(《复蒯若木函》同日)

12月31日 北京国立八校教职员为要求政府以现金发放薪水"停止校务",

与各校教职员一同辞职。

"国立北京大学呈稿。呈为校务停止,无法维持,恳请辞职并请立予派员接替事。窃自教职员停止校务以来,倏已半月,迭经设法疏通,迄无效果,转瞬假期届满,更属无法支持,既未便坐视,又无法进行。惟有恳请大总统准予辞职,并即迅派要员接替,无任屏营待命之至。除呈报教育部外,谨呈大总统。北京大学校长蔡"。(北京大学档案)

12月　被聘为上海美术专门学校董事会主席。

"一九一九年十二月,上海美专成立了校董会,由蔡先生任主席。开始革新教育内容,提高教学质量。他对校董会的工作是亲自过问的,如梁启超、袁希涛、沈恩孚、黄炎培,都是由他提名之后,聘为校董的。因他远在北京,联系不便,便请黄炎培为驻沪代表。"(刘海粟:《忆蔡元培先生》)①

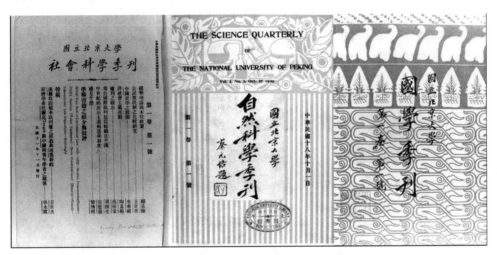

北京大学三大学术期刊

1920年(民国九年　庚申)五十三岁

1月1日　应《时事新报》元旦增刊之约,撰写的《国外勤工俭学会与国内工学互助团》一文,本日发表。(《时事新报》增刊同日)

同日　撰写《挽冯国璋联》。

"自代理总统时力弭战衅,遂为南北调和派中坚,临殁宣言,尤感同泽。

---

① 蔡元培研究会编:《蔡元培纪念集》。

于私立大学中月任常捐,更有学术研究所计画,达孝继志,是在后昆。"(《冯华甫先生哀挽录》1920年印)

1月3日 本拟偕杜威、胡适等同往唐山,因故作罢。

"稚晖先生大鉴:奉片精绝,谢谢。弟自去年十二月三十日提出辞呈后,曾赴天津,本拟偕杜、胡诸君同到唐山领教,而昨午得北京电话因教育部挽留之手续非回京共同商量不可,遂于午后回京,不及与杜、胡诸君相见,亦恐不能到唐山矣。……弟蔡元培敬上 九年一月三日"。(《复吴稚晖函》同日)

1月4日 应日本大正《日日新闻》之约,撰写《对中日问题的感想》一文,本日发表。① (日本大正《日日新闻》同日)

1月8日 第二次具呈大总统,与北京国立各校校长一同辞职。

"呈为呈请批示祇遵事。窃自教职员停止职务以来,元培曾经多方设法疏通,迄无效果。爰于上月三十一日呈请准予辞职,并请速派妥员接替在案。现已时逾数日,尚未奉到批示,无任惶恐。用再具呈恳请钧座速将前呈批准,不胜感激待命之至。谨呈大总统。北京大学校长蔡"。(北京大学档案)

1月15日 在少年中国学会北京分会大会上的演讲词《工学互助团的大希望》发表。(《少年中国》第1卷第7期)

1月16日 与汤尔和、王家驹等因不信任傅岳棻掌教育部,请求政府罢免其职。

"北大校长蔡元培、医校长汤尔和、法校长王家驹、学务局长张谨谒靳,请表示去傅决心。靳答予所面许教职界者,必完全负责任,宁不做总理,断不失信于人。"(《申报》1920年1月17日)

1月18日 出席北京大学平民夜校开学典礼,并在会上发表演说。

"本校学生会教育股所办之平民夜校,已于昨日上午九时,在法科大礼堂行开学礼。并邀请来宾及学生家属,计当时到会者约七八百人之多。……来宾中,有蔡子民先生、陈仲甫先生及徐女士等相继演说。学生及学生家属亦有演说者。直至十二时始行散会。"(《北京大学日刊》1920年1月20日)

1月19日 与汤尔和应国务总理靳云鹏之召,到靳宅听取关于免除傅岳棻教育总长职的说明。

"……前日下午,靳氏召汤尔和、蔡子民等到宅,说明可以办到去傅,先从次长着手,缓提教育总长。蔡等即代表学界赞谢政府容纳民意的美德。靳亦称谢不遑。一段公案,始归结束。如无意外波折,大约不日或可实行云。"(《申报》1920年1月20日)

---

① 该文以日文发表,现已由王青等译成中文。

1月20日 致函易培基(寅村),请玉成孙世灏官费留学。

"寅村先生大鉴:久疏修候,遥闻总持教育,不胜钦佩。兹有启者,教育部有公费留学欧美额三十余名,其中四名,专为派遣美术学生而设。自定章后,仅派过徐悲鸿君一人,现尚留法未回。近有湖南孙世灏君,素擅中国绘事,到比利时后进彼国立美术学校,兹在一教员私设教师练习,进步甚速,成绩甚优,所绘人物风景,均被教师奖赞。锲而不舍,能成一作家。惟旅费至为困难,殆将辍业。若蒙特别玉成为补部费,或贵省公费额,俾得继续求学,实为万幸。专此奉商。……弟蔡元培敬启 一月二十日"。(《致易培基函》同日)

同日 与胡适、马寅初、陶履恭等联名发表启事,为北大已故教授杨昌济(怀中)征集赙金。

"本校哲学系教授杨昌济先生,于本月十七日病殁于德国医院,身后极萧条。同人等拟为征集赙金,本校教职员及同学有愿致赙赠者,请送交会计课,以便汇交。"(《北京大学日刊》同日)

1月22日 与范源濂、章士钊、杨度、毛泽东等再次发表启事,介绍杨昌济生平并为征集赙金。"敬启者:湖南杨怀中先生,以本年一月十七日午前五时病殁于北京德国医院。先生操行纯洁,笃志嗜学,同人等闻其逝世,相与悼惜。溯自先生留学日本东京弘文学院及高等师范学校,复留学于英国苏格兰大学,既毕业,赴柏林考察教育,亦逾一年。辛亥冬季,全国兴革命之师,先生于是时归国,即回长沙,任高等师范及第一师范各校教授,雍容讲坛,寒暑相继,勤恳不倦,学生景从,如是者七年有余。戊午岁,长沙被兵事,师范学校亦驻兵,教育事业将隳弃无可为,先生乃来北京,任国立大学伦理学教授,参稽群籍,口讲之暇,复有译述。精神过劳,因遂致病,始为胃病,继以浮肿,养疾西山,逾春秋两季。入冬以后,病势日剧,居德国医院受诊治,医者谓其脏腑俱有伤损,医疗匪易,而先生之病,亦竟以不治,以吾国学术之不发达,绩学之士寥落如晨星,先生固将以嗜学终其身,天不假年,生平所志,百未逮一,为教育,为个人,均重可伤也。先生既无意于富贵利达,薪资所储,仅具薄田数亩,平日生计,仍恃修俸。殁后遗族,尚无以自存。先生服务教育亦近十年,揆诸优待教员及尊重学者之意,同人等拟对其遗族,谋集资以裨生活,积有成数,或为储蓄,或营生产,俾其遗孤子女,略有所依恃。伏冀诸君子知交,慨加赙助,此则同人等所感盼者也。诸维亮察不尽。

蔡元培、章士钊、范源濂、梁焕奎、杨度、梁焕彝、周大烈、陈介、李穆、李傥、方表、范锐、胡迈、罗超、张缉光、廖名缙、范治焕、薛大可、向瑞芝、刘棣蔚、王志群、陈衡恪、陶履恭、陈润霖、胡元倓、朱剑凡、毛泽东、黎锦熙、熊崇煦 同启。

如蒙赙赠,请寄送宣外贾家胡同达子营十六号湘潭李俪君,或宣内什八半截西口中沈箄子胡同三号胡彦远代收。"(《北京大学日刊》同日)

同日 与北京各校校长联名呈请教育部补发经费。

"呈为公请补发事。国立北京专门以上各校八年度预算,业奉钧部开单令知在案。查八年度预算岁入岁出,概以现洋计算,……曾经参、众两院议决咨请政府查照办理,并经审计院咨明财政部,嗣后国库对于各机关请领之款如有搭放京钞,请即于发款时查明市价,折合现金,并关照领款人员知照,以符预算实数,等因,在京国立各校自应一律遵照办理。惟照会计年度,应以八年七月起实行,所有前半年各校未经全领之款,恳请钧部从速照数补发,俾得清还各处欠款实为公便。再,此呈系由北京大学主稿,合并声明。谨呈教育总长。北京大学校长蔡、北京高等师范学校校长陈、北京法政专门学校校长王、北京医学专门学校校长汤、北京农业专门学校校长金、北京工业专门学校校长洪、北京女子高等师范学校校长毛 中华民国九年一月二十二日"。(北京大学档案)

同日 公布北京高师颜保良所写《我们对于废止现在学校考试制度的意见》长文,并请北大师生发表意见。①

"顷接北京高等师范学校颜保良先生所送意见书,对于考试制度之弊害言之详矣,其所举考试废止以后之考查方法,是否均可实行,抑尚有他种方法可以补充者?特为揭原文于日刊请本校同人发布意见。蔡元培附志"。(《北京大学日刊》同日)

1月24日 准许工读互助团成员刘伯庄、蒲照魂等十人进北大旁听。

"工读互助团起先拟设立三组。第一二两组,早已成立。第三组,现已筹备就绪了。现在又有法文专修馆学生,因赴法勤工俭学稍有困难,他们就把国外工读变成国内工读,约了十个同志,筹了五百元开办费,加入工读互助团组织第四组,现租定东城松公府夹道某处房间,先成立消费社,随即组织织袜工厂,筹备妥,不日即可开幕。并蒙北大蔡校长允许入校旁听。兹探悉十人姓名如下:刘伯庄、蒲照魂、赵鸿恩、张震六、张俊杰、李深荫、社大勖、赖庆湜、杨昌祚、吴时英"。(北京《晨报》1920年1月24日)

同日 《在北京大学平民学校开学日演说词》本日发表。(《北京大学日刊》同日)

1月28日 为郁林中学代聘英文教员。

"本校英文门毕业生公鉴:培顷接梧庵中学严毅君来电,嘱代聘英文教员一人。凡有愿去者,请于三日内通知校长办公室可也。兹将严君原电登布于后。大学校长鉴:郁林中学聘一英文教员,周二十五时,月薪榆币八十元。乞代选电复。梧庵中学严毅叩"。(《北京大学日刊》同日)

1月 为留美学生"中国政学社"出版的《政学丛刊》创刊号题词。(《政学丛刊》第1期)

---

① 颜文载《北京大学日刊》1920年1月22日—1月31日。

同月　所撰《去年五月四日以来的回顾与今后的希望》一文发表。(《新教育》第 2 卷第 5 号)

同月　与李石曾、吴敬恒等在北京创办中法大学,并任校长。

"北京中法大学……成立于民国九年,为吴稚晖、蔡孑民、李石曾诸先生所创办。李先生任董事长,蔡先生任校长。设大学本部及各学院,以法文为第一外国语,附设中学、小学、农场、疗养院各数年。"(李书华:《两年中法大学》)

同月　中国科学社北京社友会成立,被推为正理事。

"本社社员在北京者,有四十余人之多,去冬由金君邦正等发起组织北京社友会,已经全体通过成立。举定蔡孑民先生为正理事,陆费执、梅贻琦两君为文牍及会计理事,近复草定简章,会务日形发达。"(《科学》第 5 卷第 3 期)

2 月 1 日　所作《读武者小路实笃的著作有感》一文发表。(《新青年》第 7 卷第 3 号)

2 月 2 日　致教育部呈文,请转咨陆军部发给运送杨昌济灵柩回籍护照。

"呈为呈请转咨事。本校教授杨昌济系湖南长沙县人,于上月在京病故。现拟一星期内运柩回籍,因湖南驻兵甚多,运途中恐有不便,拟请钧部咨商陆军部从速发给运柩护照一纸,以便起运。谨呈教育总长。北京大学校长蔡　中华民国九年二月二日"。(北京大学档案)

"文牍处:速呈教育部,请转咨陆军部即发杨昌济教授运柩护照。蔡"。(北京大学档案)

2 月 4 日　北京专门以上各校学生为"反对山东问题直接交涉",举行示威游行,沿街演讲。

"《昨日学生大讲演与被捕详情》。(一)讲演团之分布。昨日专门以上各学校按学生联合会之决议,开始在城内外各市为大规模之讲演。在前门大街、大栅栏、观音寺一带之讲演者,为北京大学、高等师范、中国大学诸学校;在顺治门一带之讲演者为法政专门、高等工业等学校;在东西长安街一带之讲演者为高等女子师范、高等商业学校;在前门大街、大栅栏、观音寺一带,手执白旗之学生,络绎于途,在各交通要冲由一学生站立高凳之上,为热烈之讲演,其他不讲演之学生,皆环立其侧,维持秩序。各人所持白旗,多书'国亡家何在,民气胜武力''赶紧拿出良心来救国''万众一心''力争外交'等字样,尚有大旗一面,上书'严惩暴吏'四字。……大约讲演人数当在三千人以上,听者二三万余人。……(五)学生之被捕。四时许,前门一带学生讲演愈益激昂,群众围观者愈多。突由城内涌出武装军警约三千余人,至前门桥头,在前门大街至珠市口两旁马路上,作八字阵包围讲演之学生,将学生二千余人全体拘入天安门内,学生慷慨就缚,并未抗争。进天安门之后,首先将各学生拥上天安门城楼。学生上城楼之后,意气激昂,犹手摇白旗,俯瞰城下,大呼不止。"

(北京《晨报》1920年2月5日）

2月6日　与陈映璜、毛邦伟等联名保释被捕学生。

"前日学生讲演风潮被捕四十余人，迄未释放。闻北京各专门以上学校校长对于此事昨特具呈教育部质问一切。兹觅得原呈如后：呈为请示办法事。查昨日各校学生道旁讲演，当晚即被军警拘留三十余名，迄今尚未释放。今晨工业专门学校学生夏秀峰赴校上课，忽被逮捕；北京大学学生公寓有巡警指索学生三名。午后四时，前门一带讲演学生，横被军队殴打，多受重伤。查学生均系青年，激于爱国热诚，举动虽不免有过分之处，然政府既以息事宁人为主，何而拘留多人，至今不放，且有陆续逮捕之势，实足使校长等穷于劝告。且今日军队之举动，似属逾越常轨，应请转咨军警各机关，查明究属是何军队，是否奉有长官命令。迅予答复，以释群疑。至于业经先后拘留之学生，大部究有如何办法，亦祈明白宣示，俾有遵循。谨呈教育部。

蔡元培、陈映璜、毛邦伟、王家驹、洪镕、金邦正、汤尔和、张谨、郑锦、王尔臧"。
(北京《晨报》1920年2月7日）

同日　与汪有龄、姚憾等联名呈请政府明确表示解决山东问题交涉的方针，以弥学潮。

"《校长团亦反对直接交涉》。政府对于前日学潮，曾经派员分访各校长，请令各校学生尽心向学，勿作他举。闻前日各专门以上学校校长对于此项问题曾开会讨论，佥以此次学生举动，均系出于爱国热诚，未便深加干涉，但政府对于山东问题若能容纳众意，则学生等亦不能再有苛求，当经决定一面上呈政府请明白表示解决山东交涉之方针，一面敦劝学生早日上课，俾免贻人以口实。兹觅得该呈原文，录之如后：呈为外交大计关系国命遵照部令陈述意见事。窃各校奉教育部第六十三号训令内开：专校以上生徒如有主张，无妨就学理知识所得，在校内为理论事实上之研究，藉以陈述政府，唤醒社会，各等因奉此。仰见政府虚衷采纳之至意，莫名钦佩。查山东问题自日使请求直接交涉以来，群情激昂，同深注意。窃维德约不予签字，无非内鉴民情，外察大势，审慎周详而后出。此既不签约于前，自不宜与日本直接交涉于后，此理甚明，无待赘述。据报载政府以联盟会不可恃，夫盟会之不可恃纯系揣测之词，若与日本直接交涉，则是自承日本有继承德约之权利，为患甚烈，不难预断。且美国保留案，纯为正谊之主张，英法亦有赞同之势。若我先为交涉，则国际信义扫地，大势亦不可为。且此次京津学生之呼吁，迹虽过分，而心实无他，政府但能博采舆情，明白表示，不独学生别无苛求，即全国当亦同深感佩。校长等职司办学，本不应作出位之思，惟此次学生所以有逾轨之举，实起源于外交事件，且同属国民自宜备举所知，以供采纳，庶群情不至动摇，而青年易以劝告，为此合词呈请鉴核。

北京大学校长蔡元培、朝阳大学校长汪有龄、中国大学校长姚憾、北京高等师范学校代理校长陈映璜、北京高等女子师范学校校长毛邦伟、北京法政专门学校校长王家驹、北京农业专门学校校长金邦正、北京工业专门学校校长洪镕、北京医学专门学校校长汤尔和、北京美术学校校长郑锦、京师学务局局长张谨"。(北京《晨报》1920年2月9日)

2月8日 主持万福华追悼大会。

"昨日为万福华君追悼大会,到会者约数百人。下午三点开会致祭,首由大众公举蔡元培君为主席,报告开会之经过并略述万君之历史,次奏乐读祭文,众向灵前行三鞠躬礼,再次来宾演说。前后有十数人,至四点半始散会,颇极一时之盛云。"(北京《晨报》1920年2月9日)

2月10日 发布校长布告,将教育部第61号、62号、63号训令,第249号指令,一同全文公布。令内略述一月三十一日北大等各校学生示威游行,与日人"冲突"经过,要求各校校长告诫学生勿得再行结队出校。(《北京大学日刊》同日)

2月11日 发布校长布告。公布教育部第59号训令。令内称1月28日有北大学生十余人,在东安市场调查日货,有砸毁损伤物件行为,各校校长应切实阻止此等越轨行为。(《北京大学日刊》同日)

同日 为山西某外语学校招聘法文教员一人。

"《蔡元培启事》。培顷接卫中先生自晋来函云:中在晋组织一外国文言学校,尚缺法文教员一人,不知先生肯为代聘否?至于功课之教授方法,另纸说明。薪金一节,每月大洋一百二十元。本校同人中,如有自信资格相当而愿就此事者,请于本星期六以前,函告校长办公室以便介绍。"(《北京大学日刊》同日)

2月13日 发布校长布告,公布教育部第65号训令。令称各校学生藉口外交问题,聚众游行愈演愈烈,各校校长务须劝阻。(《北京大学日刊》同日)

2月16日 为保定育德中学招聘国文教员。

"保定育德中学欲聘国文教员一人,教授学生两班,共百三十人,每星期讲授十五小时,每班两星期作文一次。每月俸银四十元,膳宿由校供应。本校毕业诸君,有愿任此席者,或有友人可推荐者,请于十八日以前投函校长办公室。"(《北京大学日刊》同日)

2月17日 北京大学开始招收女生,实行男女同学。

"北京大学实行男女同学。近来各方面要求北京大学对于女子开放门户之声浪日高。因此,北京大学亦以时势所趋,不能不略为变通办理,故日前始决定暂准女子以旁听生资格入学,俟将来得教育部许可后,再收正科生。昨日从前在女子高等师范学校肄业之王兰女士已得许可入文科哲学系第一年级,为旁听生。王女士系江苏人,现住东老胡同,令兄亦系北大文科学生。此为北京大学收取女生之嚆

矢,想全国女子得此消息必接踵而至,诚教育界之新纪元也。"(北京《晨报》1920年2月18日)

北大最早的女生(王兰等)(1920年)

2月26日 发布校长布告,公布教育部第74号训令。令称近日仍有学生持旗出校,散队游行,得间演说并散布传单,煽惑罢市罢工等,令各校校长严切告诫学生,勿得再有此等干触法纪行动。(《北京大学日刊》同日)

3月3日 与蒋梦麟、陶履恭、胡适等19人联名发表启事,为已故教授龚文凯募集赙赠。

"敬启者:本大学教授兼数学门研究所教员龚文凯先生,绩学励行,诲人不倦,以此积劳,遂婴痼疾,竟于二月十七日病殁京寓。龚先生家世寒素,端赖俸薪所入,勉支事蓄,一旦溘逝,后顾堪虞。现在旅榇未归,老弱靡托,感念逝者,能无伤怀。夙仰先生古道照人,情殷周急,如有赙赠,请于本月二十日以前,交由总务处会计课代收汇存,以作归榇恤孤之用,不胜公感。此布,即颂公绥。

蔡元培、陶履恭、蒋梦麟、秦汾、何杰、俞同奎、冯祖荀、何育杰、罗惠侨、温宗禹、周象贤、马叙伦、孙瑞林、胡适、朱希祖、沈士远、叶志、顾鼎、赵廷炳公启 三月三日"。(《北京大学日刊》1920年3月4日)

3月5日 北大学生昨日议决罢课,与陶履恭、胡适、蒋梦麟等表示坚决反对。

"北大学生忽于前日议决罢课,外间殊为诧异。……闻蔡校长及北大教授,对于该校学生此种决议非常反对,并表示学生如果实行罢课,则蔡校长及陶履恭、蒋梦麟、胡适等诸教授一律辞职。并于日前特由教务处发出布告云,……自今日起,除有充足理由请假者外,凡继续旷课一星期以上者,即令退学,概不宽贷。闻北大学生已取消决议之意云。"(北京《晨报》1920年3月6日)

3月6日 主持召开北京大学评议会特别会,讨论通过一九二〇年度经费预算等议案。

"评议会特别会。日期:三月六日。到者:蔡元培、何育杰、张大椿、俞同奎(张代)、朱锡龄、黄振声、陈世璋(朱代)、马寅初、蒋梦麟、朱希祖、胡适(蒋代)、陶履恭(马代)、陈大齐、马裕藻。一、九年度预算案。加添物理系教授两名,六千七百二十元。又化学仪器一万元。其余照预算委员会案。通过。二、追认收回本校送往北洋大学学生案。收回本校送往北洋大学学生,开设新班。三、暑假以前送薪临时办法。(1)本校教授兼授工科,照讲师例加薪。因暑假以前,一时未易另聘教员之临时办法,暑假后须改订之。(2)讲师照旧例按月送薪,暑假内不支薪。四、孔德学校由本校教育系借用为试验学校,由本校每月津贴二百八十元(按一教授薪水)。"(北京大学评议会记录)

3月9日 与胡适、范源濂等讨论学潮事。

"今日请假。孑民先生家饭,范、蒋、陶及尔和、王维白两校长皆在,讨论学潮事。"(《胡适日记全集》同日)

3月10日 为《欧美同学会丛刊》撰写《发刊词》一篇。(《欧美同学会丛刊》第1卷第1号)

3月11日 公布北京大学招收的女生名单。

"本校自允许女生入学以来,各处函询入学资格而欲来者,日必数起。其已经得入学旁听者,文科有九人。文科女学生履历一览表(均为旁听生)。

王　兰	江苏无锡人	二十岁	哲学系第一学年
杨寿璧	贵州贵阳人	十九岁	哲学系第一学年
赵懋芸	四川南溪人	二十八岁	哲学系第一学年
赵懋华	四川南溪人	二十三岁	哲学系第一学年
邓春兰	甘肃循化	二十二岁	哲学系第一学年
韩恂华	天津	二十一岁	哲学系第一学年
奚　浈	江苏南汇	二十二岁	英文系第一学年
查晓园	浙江海宁	二十一岁	英文系第一学年
程勤若	安徽歙县	二十六岁	国文系第一学年。"

(《北京大学日刊》同日)

蔡元培先生关于北大率先招收女生的回忆。

"我是素来主张男女平等的。九年,有女学生要求进校,以考期已过,姑录为旁听生。及暑假招考,就正式招收女生。有人问我:'兼收女生是新法,为什么不先请教育部核准?'我说:'教育部的大学令,并没有专收男生的规定;从前女生不来要求,所以没有女生;现在女生来要求,而程度又够得上,大学就没有拒绝的理。'这是

男女同校的开始,后来各大学都兼收女生了。"(《我在北京大学的经历》)

"那时候,受过中等教育的女生,有愿进大学的;各大学不敢提议于教育部。我说:一提议,必通不过。其实学制上并没有专收男生的明文;如招考时有女生来报名,可即著录;如考试及格,可准其就学;请从北大开始。于是北大就首先兼收女生,各大学仿行,教育部也默许了。"(《我在教育界的经验》)

教育部默许北京大学招收女生。

"教育部函字第一三七号。敬启者:前准函复大学允许女生旁听一事,备审各情,外间所传自属失实。旁听办法虽与招正科学生不同,惟国立学校为社会观听所系,所有女生旁听办法,务须格外慎重,以免发生弊端,致于女生前途转滋障碍,斯为重要。此致,北京大学"。(《北京大学日刊》1920年4月15日)

3月12日 发布校长布告,公布教育部第91号训令。(《北京大学日刊》同日)

3月14日 与胡适、蒋梦麟、李大钊等同赴燕京大学与清华学校教员的公宴。

"十四日,燕京大学教授 Porter 等,及清华学校各教员,公宴本校校长及胡适之、蒋梦麟、李守常诸先生。座中谈及文化运动与基督教双方之意见。蔡胡蒋诸先生对于宗教哲学颇多深沉之发挥,而协和大学教员 Zuger 先生,尤能揭破一切宗教内幕云。"(《北京大学日刊》1920年3月17日)

"最后,我要借此替燕京大学说几句话。燕京大学成立虽然很晚,但它的地位无疑的是教会学校的新领袖的地位。约翰东吴领袖的时期已过去了。燕京大学成立于民国七年,正当北京大学的蔡元培时代,所以燕大受北大的震荡最厉害,当时一班顽固的基督教传教士都认〔为〕北大所提倡的思想解放运动对于宗教大不利的。有几个教士竟在英文报纸上发表文字,攻击北大的新领袖,有一篇文字题为'三无主义'(A-three-inm),说北大提倡的是'无政府、无家庭、无上帝',其危险等于洪水猛兽。但是一班比较开明的基督教徒如燕京大学之司徒雷登先生与博晨光先生,如协和医学校的一班教员,都承认北大提倡的运动是不能轻易抹煞的;他们愿意了解我们,并且愿意同我们合作。几个公共朋友奔走的结果,就在民国八(九)年的春天,约了一日,在西山卧佛寺开了一个整天的谈话会。北大方面到的,有蔡元培先生、李大钊先生、陶孟和先生、顾孟馀先生和我;基督教徒二三十人。上午的会上,双方各说明他们在思想上和宗教信仰上的立场;下午的会上,讨论的是'立场虽然不同,我们还能合作吗?'结论是,我们还可以在许多社会事业上充分合作。"(胡适:《从私立学校谈到燕京大学》)①

---

① 载《独立评论》第108期。

与胡适、蒋梦麟、李大钊香山合影(1920年3月14日)

与胡适、蒋梦麟、李大钊及外国友人游香山合影(1920年3月14日)

3月18日 出席北京高等师范学校教育与社会杂志社成立会,并发表演说。

"高师原是模仿日本办的学校,自前三年校长陈筱庄先生往菲利宾调查教育回来之后,遂觉日本式的教育有许多缺憾,先生逐渐将它们一件一件的改良,到而今简直可以说,校中一切日本式的制度,完全消灭了。校中管理则有学生自治会,……计划每月出杂志一大册,名定《教育与社会》。于昨日上午十时开成立大会,来宾及各同学莅会者千余人,请得杜威博士、蔡元培先生、邓萃英先生演说……"(北京《晨报》同日)

3月20日 为蔡晓舟著《国语的组织法》作序一篇。

"《国语的组织法》序:用'国语'代旧式的'国文',现在已渐渐有成效了。去年教育会联合会,通过了国语教科书的议案;教育部已宣布小学校试用'国语';书肆也有'国语'读本出售;日刊、周刊、旬刊、月刊用'国语'的也不少了。但是教授'国语',非常困难,因为没有专讲'语法'的书。

我友胡适之、刘半农二君,都有编语法的计划。别人着手的当也不少。但都不知道什么时候才可以成书。蔡君晓舟为适应这种时势的要求著了这本《国语的组织法》,可算是'语法'书的第一部了。他先把初稿给我看,我是没有研究过'语法'的人,匆匆的读了一遍,把怀疑的点写出来交给他,他居然统统改掉了。他自己觉得这部书太简略,且难保没有误处,有不敢轻易问世的意思。我劝他不必过虑。世界断没有一着手就能完善的事。有了一个底子,缺略的自然有人会补,错误的自然有人会改,从此渐渐的近于完善了。他既然要去印行了,我所以很诚恳的替他介绍。

中华民国九年三月二十日　蔡元培"。(蔡晓舟《国语的组织法》泰东图书局出版)

同日　发布校长布告,公布教育部第438号指令。(《北京大学日刊》同日)

3月23日　领衔致函卫戍司令部,保释被捕各校学生。

"敬启者:前此各校学生游街演讲,致遭拘押,迄未释放。在校各生,群心焦虑。查该生等举动虽属逾越常轨,但揆厥用心,不无可原之处。为此合词函达,请求从宽开释。各校自应力予告诫,以后不准再滋事端。倘荷俯允,实纫公谊。此致　卫戍司令部　北京大学等校公启"。

"京师地方检查厅批:蔡元培等状请将蔡咸章等保释由。具状人蔡元培等。

状悉。查蔡咸章等四十三名,甫于本日由京畿卫戍司令部解送到厅。所请保释之处,应俟侦查后,再行核办。此批。三月二十三日"。(《北京大学日刊》1920年3月25日)

3月28日　与梁启超、范源濂等联名致电浙江省长齐燮元,反对更换浙江一师校长。

"浙江齐省长鉴:近闻浙省一师更换校长,生徒惶惶,已陷失业状况,兹复有勒令休业之谣,诚恐压迫过甚,牵动全局,尚祈鼎力维持,恢复原状,学界前途,关系非浅,某等或情关教育,或谊切桑梓,冒昧渎陈,诸乞鉴谅。

梁启超、张一麐、范源濂、梁善济、蔡元培、汤尔和、王家襄、汪大燮、孙宝琦、王式通"。(北京《晨报》1920年3月28日)

3月　为北京大学《音乐杂志》题写刊名。

"音乐杂志　蔡元培题"。(该刊1920年第1卷第1期)

为《音乐杂志》题写刊名(1920年)

4月1日 北京大学评议会举行常会,通过在法国里昂设立中国大学的计划,并决定由蔡元培、李石曾等襄助筹款等一切进行事宜。

"四月一日评议会开常会。到会者陶孟和、沈尹默、马夷初、贺培之、何吟苢、胡适之、黄伯希、朱逖先诸教授。

会议通过:本校赞成在里昂设立中国大学的计划,并请蔡校长及李石曾先生代表本校襄助筹款及一切进行事宜。评议会规则修正案。陈百年提出,修正后通过(评议会规则修正案附后)。"(《北京大学日刊》1920年4月13日)

同日 所撰《洪水与猛兽》一文发表。(《新青年》第7卷第5号)

4月10日 主持华法教育会欢迎同人演说会。

"前星期六(十日)下午三时,北京华法教育会,因铎尔孟先生去年回国现仍来中国,又次日吴稚晖先生将离京赴法国筹办海外大学,又谭仲逵先生新由法国留学归国,特在石达子庙开会。到者有华法教育界之诸人,法文专修馆,学生工读互助团团员等数十人。由蔡孑民先生主报告后,即由铎尔孟、吴稚晖、谭仲逵三位先生演说。"(北京《晨报》1920年4月12日)

同日 发布校长布告,公布教育部第170号训令。(《北京大学日刊》同日)

4月15日 发布召开北京大学教务长选举会议通知。

"各系教授会主任公鉴:因现任教务长已届任满之期,定于十七日午后二时在教务长室开会选举,届期务请莅会。此订,并祝公绥。蔡元培谨启"。(《北京大学日刊》同日)

同日 在北京高等师范学校教育与社会杂志社成立会上的《演说词》发表。(《教育与社会》第 1 卷第 1 号)

4 月 17 日 发布校长布告,公布教育部第 176 号训令。(《北京大学日刊》同日)

4 月 20 日 拟设北大天文学系,业经评议会通过。

"国立北京大学蔡孑民校长,拟设天文学系一节,业得评议会全体通过。现正筹备聘请教授,设置仪器,预计本年暑假后即可成立云。"(北京《晨报》1920 年 4 月 20 日)

同日 发布北大系教授会主任改选情况的通告。

"数学系、化学系、地质学系、德国文学系、经济学系教授会主任诸先生公鉴:本年四月间,教授会主任照章应改选二分之一,现除史学系、哲学系两主任选定未久,毋庸改选,及物理学系、中国文学系、政治学系、法律学系业经改选外,英国文学系、法国文学系,均已准备改选。此外五系,请留至明年改选,以符定章。谨此宣布。蔡元培谨启"。(《北京大学日刊》同日)

与北京大学政治系教员及毕业同学合影(1920 年)

同日 华泰盐垦公司陈公使拟在浙江东台试办新村,代为介绍其事。

"本校同人如对于陈君所提议之事,有特别兴会,可函述意见于校长办公室。其招股章程及垦地略图,亦存校长办公室,可索观也。蔡元培白"。(《北京大学日刊》同日)

4 月 24 日 发布校长布告,公布教育部第 214 号训令。令谓各校学生因闽案、鲁案,一致罢课,为"无意识之牺牲",应由各校长责令"刻日上课"。(《北京大学日刊》1920 年 4 月 26 日)

4月28日　为黄兴信函题跋。

"《黄兴信函并题跋》。右为克强先生反对洪宪之表示,经思缄及仲仁先生各识跋语。克强先生作此书时,庄、张两先生正亦反对洪宪为项城所仇视,借此结一翰墨缘,良是美事。余是时流寓法兰西海滨,竟不可有所尽力,读此唯有惋悚而已。"(《近代史资料》第53册)

4月29日　召集北大各系教授会主任开会,选举教务长。

"各系教授会主任诸先生公鉴:敬启者。本年应改选诸主任,业已举定。谨定于二十九日(星期四)午后三时,在教务长室开教务长选举会。届期务请莅会。此订。并祝公绥。蔡元培启"。(《北京大学日刊》1920年4月27日)

"四月二十九日下午四时,教务长选举会开会。到会者十一人。选举结果:顾孟馀教授得八票,陈惺农教授得二票,蒋梦麟教授得一票。顾教授当选教务长。"(《北京大学日刊》1920年4月30日)

4月30日　北京大学评议会常会,讨论通过蔡校长提出的五项议案。

"评议会常会〔记录〕。日期:(一九二〇年)四月三十日。

到者:马幼渔、马夷初、沈尹默、贺培之、朱遏先、陈百年、何育杰、朱继庵、胡适之、马寅初、俞星枢、黄伯希(胡代)、张菊人(朱代)、蒋梦麟、陶孟和。

(一)教务长为总务会议当然会员。(二)总务长为教务会议当然会员。(三)注册主任为教务会议当然会员。右(上)三案,总务处原议,校长提出。通过。(四)总务处原议:'本校事务员及书记之任用及晋级,由总务委员会审查通过后,呈请校长决定。其审查规则由总务委员会拟定,经评议会通过后施行。'通过。(五)校长提议:'请陶孟和先生为图书委员会会员,以补宋春舫先生之缺。'通过。(六)a.校长提议:'增加庶务委员会人数至十一人。'通过。b.庶务委员长马夷初教授提出:'陈怀、钱稻孙两君为庶务委员会会员。'通过。(七)陶孟和、胡适之两教授提议:'本校每年设留学额若干名,资送毕业生留学外国。其办法细则,由原提议人另拟稿,交下次评议会议决。'通过。(八)韩述祖教授任职五年期满,拟赴欧留学,请校中酌量补助。议决:适用职员任用及薪俸规程第十三条。通过。(九)朱骝先教授请展限留学一年。通过。(十)陈寅恪君(陈伯严之子,师曾之弟,现留学美国)请本校借助一千元,将来于服务本校时扣还。议决:照行。通过。(十一)杨祖锡君(曾留学瑞士十年,专工音乐)请资助川资五百元回国。议决:'请校长商请教育部筹此款。'通过。(十二)褚民谊君请寄款购买生物学仪器。议决:'归生物学系计划书内筹划。'通过。(十三)范静生先生转来陈攸庄先生函,筹办教育调查所事,请大学补助经费。议决:'大学每年担任华银三千元。'通过。(十四)校长提议修正《校长、学长、正教授派赴外国考察规程》。通过。(十五)请朱继庵、陶孟和、陈百年、俞星枢、胡适之、贺培之、马寅初七教授组织委员会担任修正'校长等出洋考察规程',并修正本校教职员待遇的一切办法,并推陶孟和先生为委员会主席。通过。(十六)五月评议会例会,改在五月第二个星期三。通过。(十七)英文系学生李光灼、高廷梓等函称:拟筹办英文季刊,惟开办费(第1期印费约五百元)尚无着,请由大学垫借。议决:'本校不能垫款,可由发起人自行筹集。'通过。六时半散会。"(北京大学评议会记录)

5月1日 与中国大学、北京高师、朝阳大学等十校校长联名公呈国务院、教育部文,就学生罢课问题,请示解决办法。

"为呈请示遵事。案奉钧教育部第二一四号训令,内开:'本日查悉京校各生,因附和上海各校行动,借词外交事项,一致罢课。查各校迭次风潮,赖政府及各该校教员苦心维持,始获稍就平靖,然在各学生精神上之损失,已属不可数计。此次沪校借词外交问题,率行罢课,嗣接沪电,据称经各方劝导,业已恢复原状。……'等因。奉此。查学生此次罢课,系受上海影响,校长等事前事后浩诚疏通,然皆未见效果,长此相持固执,非学界之幸,尤非国家之福。窃学生罢课,重在外交问题,及京津学生久拘未释二事,刻已迁延有日,尚无解决之法。校长等职责所在,深抱不安。现虽随时相机恺切劝导,惜无别种妥善办法。除另呈(教育部、国务院)请示究竟应如何办理之外,理合呈请批示袛遵,实为公便。谨呈国务院、教育部。北京大学校长蔡、北京医学专校校长汤、中国大学校长姚、北京农业专校校长金、朝阳大学校长汪、北京工业专校校长洪、北京高师学校校长陈、北京美术学校校长郑、北京女子高师校长毛、北京法政专校校长王、京师学务局局长张。九、五、一"。(《北京大学日刊》1920年5月6日)

5月4日 出席北京大学五四运动一周年纪念大会,并有演说。

"北京五四纪念日,京学生原定游行,因军警干涉乃取消游行,在大学内开纪念大会,到者数千人,梁启超、蔡元培均与会,有极沉痛之演说。"(《申报》1920年5月5日)

5月5日 撰写《〈男性原理论〉序》。①

"《男性原理论序》。我国有以无后为不孝之习惯,故望嗣心切。又有专以男子为后之习惯,故生女而不生男引以为戚。于是短书中颇有转女为男之术,大抵欺人谈也。相传褚澄论子宫左右,谓男精泄于妇人之左,生男,右则生女。其理由男女清浊,故男左女右为言。全是臆说,宜其不验。欧美学者,近以病理之统计,证明生理,往往有殊异之发见。因男子睾丸偏缺,而男女仍可杂生,知男女之分,无关于父体。因女子卵巢偏病,而有生男生女,与男女偏病之分;知男属右巢,女属左巢。又因左右巢卵珠成熟之期有先后,得因月数奇偶,而定生男生女之常例。证据昭然,

---

① 该书出版时易名《男女性原论》。

殆无疑意。四会罗光道先生,据以著《子女唯心法》一书,罗列彼方学者研究之结果,以告我为重男轻女之人。使得有以自处,而免于娶妾夺继之陋俗。其裨益宁有涯与？谨题数语,以为介绍。 中华民国九年五月五日 蔡元培"。(〔英〕德森著 罗光道译述《男性原理论》中华书局1921年出版)

5月6日 同意高等法文专修馆学生免于毕业考试,并主持该馆学生毕业式。

"高等法文专修馆第三届毕业,适在本次罢课期内,不能举行考试。该馆学生,平日素主张废考主义,于是趁此机会发挥平日之主张,遂推代表张明、周梦熊及陈振瀛前往与馆长蔡子民先生、副馆长李石曾先生交涉后,果蒙允准,为我国学校废考之嚆矢。昨日午后三时,在该馆已举行毕业仪式,来宾颇多,极一时之盛。馆长蔡先生,名誉馆长铎尔孟先生(法人),副馆长李石曾先生均相继演说。……"(北京《晨报》1920年5月7日)

5月7日 以北大校长名义,保释"五一"被捕学生。

"五一节日,北京学生被拘八人,迄未释放。北大蔡校长以此次所拘多系北京学生,故于前日以校长名义,向警察厅请准保释。惟闻吴总监则谓此项学生既属工读团,且加入劳动纪念,是其性质已同于工人,当在北大学校范围之外,故已拒绝保释云。"(北京《晨报》1920年5月9日)

5月8日 撰文介绍黄郛(膺白)著《战后之世界》一书。(《北京大学日刊》同日)

5月12日 发布校长布告,公布教育部第723号指令。令谓京津被捕学生,由法庭审判解决,各校应督促学生,限期上课。(《北京大学日刊》同日)

5月14日 主持召开北京专门以上学校校长会议,议决提前于6月6日举行学年考试。

"昨日校长会议议决,提前举行学年考试。昨日上午十时,京内专门以上学校校长,在北大第一院会议。蔡校长主席。工专洪校长呈议,提前于下月六日举行学年考试,讨论良久。主席请表决,反对者两校,大多数通过云。"(北京《晨报》1920年5月15日)

同日 发布校长布告,公布教育部第245号训令。《训令》谓被拘学生,法庭自当依法解决,非行政官署所得干涉。各校长有督率学生之责,应切实开导,刻期上课。(《北京大学日刊》同日)

同日 函复朱镜宙(铎民),已将《南洋华侨教育调查表》存放北大图书馆,借供众览。

"铎民先生大鉴:……承示《英属南洋华侨教育调查表》,详细得未曾有。不惟遵命以原表存北大图书馆,借供众览;并抄出载诸《北大日刊》,以广传布,想为先生所许也。南洋关系重要,诚如表示,北大自去年起特为华侨子弟之中学毕业者,开

一预科旁听之例,亦甚愿彼中觉悟之人日益增进耳。……弟蔡元培敬启 五月十四日"。(《致朱镜宙函》同日)

5月17日 与姚憾、胡春林等联名呈文警察厅,请准保释五月一日被捕学生。

"保状。欧志辉、黄钦、丁肇青、李荟棠、何孟雄、王恕、蒲照魂、张快等,前因违章散放五月一日劳工纪念传单,业由贵厅讯问在案。现各校一律上课,该等既已知悔,为此具保敬请释放,以便回校上课,藉策自修。即希查照,至纫公谊。此致,京师警察厅。具保人:蔡元培、姚憾、胡春林。中华民国九年五月十七日"。(《北京档案史料》1990年第2期)

同日 劳动节被捕学生获释。

"工读团学生因劳动节发放传单,被拘警厅半月有奇。兹闻该学生等,业经校长团保证,已于前晚(十七日)一时全体释放。"(北京《晨报》1920年5月19日)

同日 题莱芜卢乐成和堂手札十一通册子。

"册中记事十一则,以先生在东莞任内所设施者为多。兴教劝学,抑强扶弱,造福于地方甚大。他如洁己奉公、疏财仗义之事实,亦略见一斑。然处处以不矜不伐自厉,洵老成典型也。《山东通志》称先生到南海,任三月,即以刘女案为言官所劾,虽查询得白,而以教授改官去。此案册中已详言之。当时何尝不料及容某有京控之准备,然毅然为刘氏保障,卒以此降官而不悔。呜呼,可以风矣!中华民国九年五月十七日 蔡元培敬读并识"。(蔡元培先生手稿)

5月21日 主持北大评议会特别会,议决通过北京大学毕业生留学章程及修正旁听生章程。

"评议会特别会。日期:五月二十一日。到者:蔡(元培)、陈(大齐)、何(育杰)、朱继(庵)、俞(同奎)、马(幼渔)、马夷(初)、陶(孟和)、蒋(梦麟)、朱希(祖,马幼代)、马寅(初,陶代)、胡(适,蒋代)、张(大椿,何代)、贺(培之,朱继代)。

一、临时工科案。教育部第802号指令,望将工科补习班迅速停止,并恳切劝谕学生回北洋大学。议决:先疏通再定办法。二、夏浮筠学长请展缓六个月回国案。议决:准其展缓六个月,并由本校呈请教育部。三、史学系讲师杨适夷先生请借款补助留学案。议决:现在本校经费支绌,无从筹措。四、陶、胡提出本校派遣毕业生留学外国章程。议决:照第一次原案重行修正,本日提案搁议。五、教务会议提出修改旁听生章程。通过。"(北京大学评议会记录)

同日 发布校长布告,公布《国立北京大学修正旁听生章程》。(《北京大学日刊》同日)

5月26日 为沈尹默著《秋明室诗稿》作序一篇。(该书 北京大学出版部1920年出版)

同日　为浦瑞堂编《白话唐人七绝百首》作序一篇。(该书 中华书局 1920 年出版)

5 月 29 日　为厦门平民学校招聘织染科教员二人。

"厦门平民学校欲聘织染科教员二位,如本校同人有可推荐者,请写明详细履历,送至校长办公室为幸。蔡元培启"。(《北京大学日刊》同日)

同日　《美术的起源》(在美术讲演会的讲演词)一文自本日起连续发表。(《北京大学日刊》1920 年 5 月 29 日、6 月 11 日、12 日、13 日、15 日、16 日、17 日、21 日、7 月 13 日)(后又在《新潮》杂志第 2 卷第 4 号、《绘学杂志》第 1 期中发表)

5 月　为《新青年》杂志"五一劳动节纪念号"题词。

"劳工神圣 蔡元培"。(《新青年》第 7 卷第 6 号)

为《新青年》"五一劳动节纪念号"的题词(1920 年 5 月)

同月　所作《去年五月四日以来的回顾与今后的希望》一文发表。(《新教育》第 2 卷第 5 期)

同月　熊子贞致函蔡元培,对蔡"以美育代宗教"之"代"字,提出疑义。特将熊信转罗家伦(志希),请揭诸《新潮》月刊,以供讨论。

"志希兄:有熊君来信,请一阅。不知有可采入《新潮》否?元培敬白"。(《新潮》第 2 卷第 4 号)

同月　为北京大学《绘学杂志》题写刊名。

"绘学杂志 蔡元培"。(该刊 1920 年第 1 期)

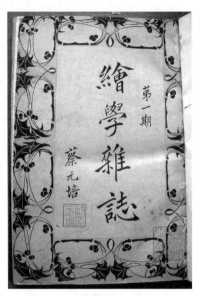

为《绘学杂志》题写刊名(1920年)

捷公使在北大讲演后留影(1920年5月)

6月1日 致函浙江省议会,请发放浙籍赴法勤工俭学生补助费。

"浙江省议会昨接蔡元培函云:昨接浙籍学生张宗文等由香港舟次来函,略谓生等家计贫寒,志愿赴法勤工俭学,曾援各省前例,向浙江省议会请愿要求补助旅费每人洋四百元在案,幸蒙议员全体赞助。惟当时生等急于放洋,而议会闭会之期又迫,未待此案通过三议,即恳商吴稚晖先生向沪上银行与每人借款四百元,生等始得于五月九日乘法船西渡。惟此款系由吴先生一人担任,须从速归还,方不致失信。素仰先生等热心教育,恳即致书浙江省议会请其提前通过,将补助费从速发下,俾得清还借款。无任感激之至云云。该生等苦心向学,殊堪嘉许,补助费一层,既经贵会赞助,即希设法进行,早日将议案通过,俾该生等得安心向学幸甚云云。"(《申报》1920年6月4日)

6月4日 召集北大各科班长开会,申明不能同意同学提出的"废考"要求。

"北大废考问题,自校长蔡元培表示不能通融后,学生方面仍有一部分极力运动。因此蔡校长复于四日午后五时,召集全体班长在文科讲堂严切劝勉。其措词大意以考试制度,万难撤废之理由,前经缕述,诸君当以谅解。于兹尚有一言为最后之忠告。查学生此次要求废考,无非因前此爱国运动停课过久,意欲藉废考之余闲,补缺课之利用,宗旨未尝不是。要知爱国运动极有荣誉,而废考运动则适与相反。本校风雅,不欲诸君因要求废考而减损爱国之荣誉云云。"(北京《晨报》1920年6月6日)

"五时开会,蔡校长即问各班长谓今日到者是否全系班长,皆答是。蔡复问诸君是否已将废止考试一事问全体同学,得全体同学之同意,主张不考。大众未答。蔡校长待片刻乃言,废考一事实不可能。日前有班长数人见余,要求不考,余即知为一部分人之主张而非全体之意见,故今日余复以此为问,依今日情形观,主张废考绝非全体意见。吾请为诸君言不能废考之理由:第一,依教育部定章不能不考。第二,此次多时未上课实因有爱国运动,因是要求多上数日课免去考试,第爱国运动在学生方面为最有名誉之事,因前此罢课而谋补足功课,亦为学生好学之表示,如因此而要求废考,殊非所宜,盖欲补足功课除免考外,固尚有方法也,故余极不愿为学生罢考而牺牲学生爱国运动之名誉云云。众默然无应,遂散会,于是酝酿多日之废考运动至此乃可告一结束。"(《申报》1920年6月8日)

6月5日 发布《校长特别布告》,通知全校学生补习课程。

"本学年屡遭意外事故,辍课甚多,各种学科,多未能讲完,于升学上诸多窒碍,现经教务会议议决,于本学年考试完毕后,自六月二十八日至八月七日止,本、预科各种主要学科,仍继续上课,应补之学科及每日上课时间,别由教务处议决宣布。九年六月四日"。(《北京大学日刊》1920年6月5日)

6月7日 为胡钧著《中国财政史讲义》作序一篇,又为所著《社会政策》作序一篇。(两书均于1920年由上海商务印书馆出版)

6月8日 北京大学史学系教授叶瀚(浩吾)著《墨经诂义》(上编)出版。特著文介绍。

"《墨经诂义》为史学系叶浩吾教授所著。据《墨子·耕桂篇》有'能谈辩者谈辩,能说书者说书,能从事者从事,然后义事成也'等语,推知墨子设此三科,又因现行《墨子》各篇,正可准三科分类,引以诂经,怡然理顺。读书得闲,为研究墨学者新辟蹊径。其中订伪解疑之点,亦多为前人所未及见者。上编已出,在本校出版部寄售,特为介绍。蔡元培"。(《北京大学日刊》同日)

6月16日 请刘富槐代撰《江浪文家传》《杨励甫墓志铭》两文。(《蔡元培先生抄留底稿》)

同日 以上海中国公学代理董事长名义与上海正大银行签订《借款契约》一份。(《近代史资料》总69号)

6月20日 主持召开中法协进公会第二次年会。

"第二次中法协进公会于本月二十日下午二时,在江西会馆举行开幕式。到会约千人左右,政界要人,各机关代表,法国方面代表及各处重要函电,较前年第一次开会为尤多。……蔡子民君以中法协进会董事年长领袖之资格,为公会主席致开会词,略谓此次公会开会,距前次开会一年有半,此会本应于去年举行,因本会干事铎尔孟、李石曾两君,彼此仍在法国,故至今方能开会,后致谢本会来宾及各方来电后,又述中法近来接近情形与事业之进步,为二次开会讨论之资料,请诸位指教云云。"(北京《晨报》1920年6月22日)

6月25日 发布校长布告,公布《国立北京大学本科转学规则》。(《北京大学日刊》同日)

6月25日—26日 《在国语传习所的演说》一文连续发表。(北京《晨报》1920年6月25日、26日)

6月29日 报载蔡元培等将赴法国,出席里昂中国大学开幕式。

"北大校长蔡元培近应法国巴黎大学及里昂政府之电召,拟赴欧一行。其任务除行里昂中国大学之开幕礼及筹备一切外,尚拟考察欧洲战后之教育情形,与欧洲学者教育界有所接洽。往返之期,大约三月即行回京。"(北京《晨报》同日)

7月1日 主持法国巴黎大学教授班乐卫来华考察欢迎会。

"七月一日下午,北大第二院凡开二会,中法协进会教育股开会……五时班乐卫之欢迎会,以理科大讲堂为会场,原设千座,届时以到者逾额,竟莫能容,立窗外以听者甚众,原设特别座二十,既以外宾到者众,乃复临时扩充其座,故至五时二十余分始克开会。先由北大校长蔡元培君介绍班乐卫于大众略述其生平,谓班君以数学名于时,身出寒家,知民生疾苦,以是后有政声。君初为教育家,曾任巴黎大学多艺学院等校教授。迨一九一〇年始入政界,故君为教育家而兼政治家。君素热心研究中国文化,此次复任巴黎大学中国学院正院长,来华考察,余等深愿一聆其教训云云。言毕,请班君演说。班君以法语询李石增君蔡君何言。李译告。班君遂言曰……末由蔡子民君登台致谢二君,并谓班君长于航空学,于该学著有专书行于世,故末段言及飞机,至于与巴黎大学交换教员、学生一事,北大亦甚表赞同,以

后当由两校商酌进行云云。"(《申报》1920年7月4日)

7月2日　决定缓期赴法。

"蔡校长本定七月底赴法,与李石曾、吴稚晖诸先生筹划里昂大学事。兹蔡先生接吴稚晖先生自法来电,谓里昂事已有端绪,不日动身回国。蔡李两先生恐与吴先生彼此在途中相左。故须暂缓赴法,以便与吴先生在华相会。又班乐卫氏在京,蔡李两先生须与之接洽一切。以此两因,故一时不便离华云。"(《北京大学日刊》同日)

7月4日　主持中法协进公会第二次大会闭会式,并致闭幕词。

"本月四日午后二时,中法协进公会在织云公所行闭会式。首由蔡子民君主席致闭会词,次由干事李石曾君报告会务,次由干事铎尔孟君述班乐卫先生之历史与来华之关系。三时,由名誉主席法公使致祝词,并出示里昂大学校长来电,嘱为赞助中法大学事业,后即介绍班乐卫先生演说。班君演说大意,……五时,由蔡主席宣布散会,并译读法公使所接里昂校长与法参议员于格儒君两电,皆赞助里昂中国大学者。……蔡译读后,略谓由以上两电,可见法国政学各界对于中法大学,始终赞助,至为可感云云。"(《北京大学日刊》1920年7月7日)

7月6日　邀请英国哲学大家罗素来华讲学。

"哲学大家罗素,生平著作甚富。……日前北京大学蔡校长曾与傅桐教授联电,请罗氏来华讲演,于六日午后接罗氏复电云,本年或明年秋间,必可来华。"(北京《晨报》1920年7月10日)

7月8日　请蒋梦麟代替主持北大评议会特别会。

"评议会特别会。日期:七月八日。到会者:校长(蒋代)、蒋(梦麟)、朱希(祖)、朱继(庵)、贺(培之)、黄(振声)、张(大椿,贺代)、何(育杰,朱继代)、陶(孟和)、胡(适)、沈(士远)、马夷(初)、马幼(渔,夷代)。

一、总务处庶务部增设收发课事。议决:追认,全体通过。二、总务处增设日刊课。议决:追认,通过。三、总务处图书部分课。分四课:1.登录。2.编目。3.典书。4.购书。议决:照原议分课,通过。四、图书馆用助教事。议决:(马夷初先生修正案)图书馆添用助教,图书馆主任改为教授。全体通过。五、赠予名誉教授或名誉学位于外国著名学者。议决:凡著名学者,经教务会议推荐,评议会通过得与本校赠与名誉学位或名誉教授,或两者并赠。其详章另定之。全体通过。六、国立北京大学募款规章案。议决:通过。七、教务会议提交研究所简章案。议决:通过。"(北京大学评议会记录)

7月16日　与北京高师、法政专门、医学专门等六校校长联名呈文教育次长,请将积欠各校经费从速筹拨。

"为呈请事：窃各校经费困难情形，历经详陈，请予维持在案。现在七月已逾半月，而五六两月份经费，仍未发放。际此政局纠纷，百物昂贵，教职员索薪之函，各商号讨账之夥，日必数至，允之实无从应付，拒之亦难以措词，加之厨房以拖欠过巨，几至不能举火。在校员役，群深惶惑。惟此迫不得已，再行合词陈请钧部，将积欠校费迅速筹拨，俾得维持现状，不胜迫切待命之至。谨呈教育次长。

北京大学校长蔡、北京高等师范学校校长陈、北京女子高等师范学校校长毛、北京法政专门学校校长王、北京医学专门学校校长汤、北京农业专门学校校长金、北京工业专门学校校长洪。"（《北京大学日刊》1920年7月20日）

7月17日 召集北大行政委员会长及总务委员开会，讨论为扩充图书、仪器设备，募集资金的进行办法。

"谨启者：本校因扩充图书、仪器之设备，拟向国内外募集款项。兹定于本月十九日（星期一）晨八时，在第一院接待室邀集各行政委员会长及总务委员，讨论进行办法，务请届时赉临。蔡元培启"（《北京大学日刊》同日）

7月20日 北京大学妇孺救济会成立，被推为总干事。

"《北京大学妇孺救济会通告》。本会现已成立，定于本月二十日午前九时起，在本校第一院开始报名。凡有妇孺入会者，务即前来报名（名额以六百人为限，额满即行停止）。兹将本会办法并干事名单列后，希即查阅为荷。……

北京大学妇孺救济会干事名单。总干事：蔡元培。副总干事：沈士远。调查部主干：李辛白、李大钊、徐宝璜、许文堉。干事：徐之杰、胡春林、卢伯华、苏昭桂、周同煃、黄世晖。交际部主干：马叙伦、姚憾、郑阳和、胡春林。干事：万秀岳、卢伯华、李振彝、杨德泰、段宗林、童霁、何育杰、罗惠侨、盛铎。……"（《北京大学日刊》1920年7月21日）

7月23日 为李季译《克卡朴氏社会主义史》作序一篇。（《新青年》第8卷第1号）

7月25日 坚信教育终能救国救世。

"铎民先生大鉴：……弟等因在教育界深受政治不良之影响，故有不能不容喙于政治之觉悟，然自身仍从教育进行也。弟信教育终能救国救世，惟在恶政府之下，效率减少，进行较缓耳。……弟蔡元培敬启 七月二十五日"（《复朱镜宙函》同日）

7月27日 致函吴稚晖，请速来京主持读音统一会。

"稚晖先生大鉴：昨奉一函中有汪先生家信一函，想荷鉴发函复。教育部秘书陈仲骞来言，范静生之意，对于读音统一之事，拟积极进行。因王朴等所设之传习所，日渐曼衍，稍与会旨有违，不可不有以挽救之，而其事非先生来京主持不可。拟为先生特备一治事之所，如字典尚未脱稿，则一切参考之书，此间均可代办，除部中已有专函劝驾外,并嘱弟助为一言。……故弟亦极端赞成先生之速来。尊意如何,敬希示复……弟元培谨启 七月二十七日"。(《致吴稚晖函》同日)

同日 为宋教仁日记——《我之历史》——作序一篇。(宋教仁著《我之历史》1920年石印本)

8月2日 召集生物学会会议,讨论开办生物学系的计划。

"教务长顾先生,仪器主任陈先生,生物学会李石曾、徐海帆、蒋右沧、龚展虞、谭仲逵诸先生公鉴:本会定于八月二日午后四时,在第一院接待室开会。届时敬请惠临。

附录谭先生所拟筹备开办生物学系计划草案,先期详阅,备于开会时决议。蔡元培敬启。"(《北京大学日刊》1920年7月31日)

同日 收到夏元瑮复函,回告爱因斯坦"相对论"为物理科学中的一门新学说。

"孑民先生赐鉴:昨得四月十二日手书,敬悉一切。仪器事一部分可望照旧价计算,现请朱骝先一手经理。以后交涉情形,由渠及公司函达可也。Einstein 相对论,乃物理学说中一种新学说。谓时间与空间均属相对,无时间即无空间,无空间亦无时间。此说现在欧美颇极盛行。有多数哲学、物理、天文家,均叹为奈端以来所未有。瑮识此人,曾蒙渠招饮一次,赠我照片一枚。现将为一书介绍其说至中国。渠无大著作,除杂志文外,只通俗小册,已命书店寄上一本矣(下略)。"(《北京大学日刊》同日)

同日 聘周树人(鲁迅)为北大讲师。

"敬聘周树人先生为本校讲师,此订。国立北京大学校长蔡元培。中华民国九年八月二日。第161号。"(原聘书复印件)

8月3日 推荐区声白应聘岭南大学华侨班国文教员。

"顷接岭南大学副校长钟荣光先生来函谓:愿请国文教员,主任该校国文班之国文,月薪八十元云云。本校毕业生中,如有愿往者,请于八月三日以前将详细履历示知本(校长)室,以便转达该校。"(《北京大学日刊》1920年7月28日)

"本校毕业生愿应岭南学校国文教员之聘者,共有十余人。校长以区声白君最为相宜,遂定介绍区君于该校。"(《北京大学日刊》同日)

8月9日 为罗家伦谋商务印书馆在外编译职务。

"鹤卿来信,为罗家伦谋在外编译职务。当送梦翁阅看,拟定办法。"(《张元济日记》同日)

同日 呈请教育部速发积欠的经费。

"呈为据情转呈事。案据本校书记董联桂等函称:时局多故,百事维艰。本校辍发薪资已经三月之久,我校长洞悉在校诸同人困苦,已于七月十六日联合北京专门以上各校校长,函请教育部发给薪资,以维现状,旋奉部令,一俟借有的款即行发放。等因。足征我校长热心维持、无微不至,联桂等理应静候,何敢冒渎。惟现实情形,较前迥异,米面价格昂贵,度日甚为艰难。在校同人中,昔日虽有一二可以支持者,近日已俱沦于艰窘之境,而典当一空,告贷无路矣;向不可以支持者,所受困苦则更不堪言状也。为此联名上呈,恳请校长设法筹出款项,提前发给薪资若干,俾联桂等俯仰有资,得以安心供职,不胜感激待命之至等情。查该书记董联桂等所称各节,确系实情,理合据情转呈,恳请钧部将积欠本校经费,从速拨给,俾得转发,实为公便。谨呈教育总长。北京大学校长蔡元培 中华民国九年八月九日"。(北京大学档案)

8月16日 民国大学校长陈量侵吞校款。蔡先生以该校董事身份公函揭告法厅。

"民国大学陈量侵占校款甚巨,曾志本报。现据署名负责者来函云,该校委员会代表文科学长刘立夫、法科教习金人铭、文科教习冯慕瑗、教务员朱秉文及学生代表钱焕猷、覃怀琸、李琳承、汪宗纪、王宇清、王书堂等,于本月十四日起诉。旋于昨日(十六日)午后一时,由学生代表商请委员会请求司法便衣巡警二人,会区密拿交法庭起诉,追款抄办矣。陈氏被捕时坚欲请保,巡警未许,当即押入法厅看管。又闻此次陈量侵占巨款,有该校董事、北大校长蔡元培之关系(冒蔡之名以领校款)。蔡尤震怒,曾经以公函请捕,双方同时揭破陈之劣行。故法厅拟从重惩办,以维教育而儆效尤云。"(北京《晨报》1920年8月18日)

8月20日 出席民国大学董事委员会联席会议,讨论维持整顿该校办法。

"民大前校长陈量被拘情形,已志昨报。兹据确实报告,该校委员会代表等因整顿校务起见,商同校董蔡元培,于昨日(二十日)午后一时,假宣外永光寺西街全蜀会馆,开董事委员会联席会议。校董……如蔡元培、张国仁、高孔时、应善以、冯家道遂代表白曾烜等十余人,皆到会。教职员学生赴会者尤多。开会秩序如下:……讨论维持校务办法,当电各校董及教职员学生公议办法四股:(一)教育股推蔡元培主任。(二)会计股推张国仁主任。(三)文牍股推刘立夫、金人铭主任。(四)交际股推应善以主任,并推举教职员刘立夫、金人铭、冯慕瑗等十一人为临时住校办事人。"(北京《晨报》1920年8月22日)

同日 与王文彬、黄右昌、李大钊等12人联名发表启事,主张目前宜召开临时国民大会,并拟出临时国民大会提案七项。

"敬启者。自顷政局更新,国事诸待解决。国民大会之主张,遂为舆论所公认。本校教职员及学生,亦有热心研究者。同人等窃谓兹事体大,既未便放弃天职,存而不论,又不宜掉以轻心,反滋贻误,爰就所知,邀集谈话,祈于交换意见,有所折衷。讨论结果,以为时论之对于国民大会,大率趋重法律问题(如修改约法及制宪等等)。此固国本所关,至为紧要。然使国人心目中热望兴革之政治诸问题,尚未解决,则即使正式国民大会果能成立,而武力干涉,金钱运动之历史,必不免于重演。此国民大会怀疑论所由起也。故国人等主张先行提倡临时国民大会,解决目前切要事件,庶不致筑室道谋,坐失良机。兹将拟就之临时国民大会提案七条,逐加说明,别纸录附。此不过同人等个人之主张,当否尚难自信。兹谨函达台端,征求同意。如荷赞可,即乞于函到五日内示复(请亲笔署名,并注明地址),交汉花园北大第一院收发课汇存。再用全体赞成人个人名义,通告京内外各学校及各界团体,以资联络而便筹备。专此布达。即颂台祺。并盼答复。

王文彬、黄右昌、李大钊、廖书仓、何思枢、蔡元培、沈士远、蒋希曾、孟寿椿、罗文幹、胡春林、谢绍敏、陈启修。九年八月二十日"。

"临时国民大会提案七条。(一)解散非法国会,并不承认非常国会继续存在。[说明]非法国会——即新国会——产自非法,根本不能成立。非常国会——即旧国会——已失时效,当然不能继续存在。(二)肃清祸国党孽,禁止起用复辟帝制犯。[说明]安福祸首虽经拿办,而平日依托党籍卖国自肥者,亦应分别惩办,以儆效尤。又复辟帝制犯均罪不在赦,永不得再行起用。(三)裁减军队,废除督军及与督军同等制。[说明]军队原以御外侮,而我国则以军队酿内乱,亟应裁减以减轻人民负担。督军、巡阅、军区长以及其他同等军阀制度,均应一律废除,以符民治精神。(四)凡国民应享之一切自由权利,禁止侵犯。[说明]凡载在约法之身体言论出版集会一切自由,均应得绝对的保障。(五)实行地方自治,并得由各地方自由编练民团。[说明]地方有编练民团权,庶足防兵匪侵害,而举自治之实。(六)公布国家会计,禁止秘密借款。[说明]民国财政,人民罔有闻知。一听奸人滥借外债,咸归中饱。饮鸩止渴,可为寒心。嗣后岁出岁入,亟应公布。预算决算,亦须依法办理。并严禁秘密借款,以防贪冒。(七)根据民意决定外交方针,并取消一切卖国密约。[说明]我国外交素为少数人所把持,丧权辱国,殊堪痛恨。以后外交务须根据民意办理,庶免奸人操纵。所有二十一条与军事协定以及其他卖矿卖路一切密约,均取消之。"(《北京大学日刊》1920年8月21日)

8月23日 民国大学举行校务委员会和董事会联合大会,公举蔡元培为总理。

"民国大学因前校长陈量侵吞学校公款至一万数千元之多,任用该校教务长武某狼狈为奸,内容极其腐败,已迭志本报。近闻该校委员会及董事会,昨日假全蜀会馆开联合大会,公共议决取消陈量校长资格,由法庭学校双方追回原款,并公举该校董事蔡元培先生为总理,张国仁、应善以两君分任校董事。……"(北京《晨报》1920年8月24日)

8月27日 出席梁伯强家宴。

"梁伯强家饭,有梁任公、蓝志先、蒋百里、蔡、蒋、陶等。任公谈主张宪法三大纲:(一)认各省各地有权自定自治宪章。(二)采用'创制''免官'等制。(三)财政问题。他很想我们加入代表,我婉词谢之。"(《胡适日记全集》同日)

8月31日 主持北京大学授与班乐卫、儒班名誉学位仪式。

"本校教务会议议决,赠与班乐卫、儒班二人以名誉学位,已于八月三十一日在第二院举行授与学位礼。授与名誉学位,在本校,事属创举。故事前已举筹备员预备一切。行礼之日,除教职员学生外,来宾甚多。就中有教育范总长,法国公使代表(法使以先有他约未到)、各高等专门学校代表,及旅京法国各界(人士)。入座后,首由校长蔡先生致开会词……次由教务长顾先生述说受学位人班乐卫氏之履历,并宣布教务会议授与学位之决议。……于是校长蔡先生正式授予儒班氏学位,但儒氏不在中国,当时由班乐卫氏代受,并向校长握手致谢。其次班乐卫氏致答辞……"(《北京大学日刊》1920年9月4日)

9月1日 到车站为班乐卫离京送行。

"前法国总理班乐卫于昨日乘专车赴津,政府除派军乐一队、卫队一排,在车站欢送外,外交总长及外交界人员并蔡子民、徐世章等数十人,亦均赴站握手送别。"(北京《晨报》1920年9月2日)

9月2日 发布与愿任缅甸中学等校教职员者订期面谈启事。

"《校长启事》。前曾于报名愿任缅甸中学教职员诸君中,选出二十七人,专函订期前来教务长室谈话,兹恐函或未达,特将诸君姓名开列于后,请即查照前来为要。

九月二日:刘士贤 刘翰章 郭景谊 尚中 张庭英 吕廷杰 朱安宗 罗宗翰

九月三日:常士杰 朱杰 崔鸿元 崔智泉 潘元耿 刘潜 刘兆瑸 龙石强

又,报名愿任新华商业学校教员诸君,请于本月六日(星期一)上午九时,到第一院接待室面谈为要。"(《北京大学日刊》同日)

9月3日 赞同朱我农入北大任英文系教员。

"适之先生:承赐《水浒》新印本,拜领。谢谢!……推荐朱我农先生任英文系教员,弟甚赞同。容即提出聘任委员会,勿念。……弟元培敬启 九月三日"。(《复胡适函》同日)

9月4日 主持北京大学授予班乐卫等名誉学位仪式的《开会词》《闭会词》本日发表。(《北京大学日刊》同日)

9月5日 胡适、任鸿隽(叔永)来访。

"与叔永同访孑丈。"(《胡适日记全集》同日)

9月6日 与任鸿隽(叔永)等同访范源濂(静生)。

"与叔永同访范静生,孑民先生亦至,同去。"(《胡适日记全集》同日)

9月9日 主持召开北京大学评议会特别会,讨论通过《北京大学现行章程》

等议案。

"评议会特别会(记录)。日期:(一九二〇年)九月九日。

到者:蔡元培、陈大齐、马幼渔、陶孟和、朱希祖、何育杰、张大椿(何代)、贺之才、朱希龄、沈尹默、马叙伦、胡适(蒋代)、俞同奎(陶代)。

一、教务会议提出史学系选派学生出洋留学史学案。决议:九月份起,每月提出三百元作派遣留学史学学生之用,至本年度预算终止为止。选派办法由校务会议定之。二、校长提出:1.国立北京大学现行章程,2.行政会议规则,3.学系教授会通则案。决议:通过。"(北京大学评议会记录)

9月10日 北京大学恢复工科班学生入学。

"本年春季,北洋大学因校长问题发生风潮,该校工科学生纷纷转入北京大学,计有三十余人。其时北大应该生之请求,设采矿、土木、冶金六班,乃上课。不数日,前教长傅岳棻起而反对,不承认工科之设,并令该生复回北洋原校。北大乃变通办法,停止该科学生考试,令其下学年来校举行入学试验,改入理科。现在傅某解职。该校工科学生乃举代表二人,向蔡校长要求恢复工科。蔡氏当与范总长接洽。刻闻范氏已允。……"(北京《晨报》1920年9月10日)

同日 呈请教育部从速清发积欠的教职员薪金。

"呈为据情转呈请予核办事。案据本校全体教职员函称:窃查本校薪俸积欠数月,同人等屡经函请校长会同各校妥商办法,逡巡逾月,迄未清发。同人等已有断炊之忧,若不设法维持,于教育前途殊多窒碍,用特再为函商校长,务祈速予设法,以济眉急,不胜迫切待命之至等情前来。查该员等所称各节,确系实情,究应如何办理之处,理合据情转呈钧部查核办理,指示施行。谨呈教育总长。北京大学校长蔡元培 中华民国九年九月十日"。(北京大学档案)

9月11日 主持北京大学第二十三年开学式。

"本校开学礼,已于十一日(星期六)举行。是日上午九时,全体教职员、学生及来宾,齐集于第三院大礼堂。行礼毕,由校长蔡先生致开会词,教务长顾先生、总务长蒋先生相继致词。旋由蔡先生介绍新聘教授颜任光、任鸿隽、陈衡哲、谭仲逵、燕树棠诸先生相继演说。旧教授胡适之、陈惺农两先生亦均有演说,至十二时余,宣布散会,并摄影以为留念。"(《北京大学日刊》1920年9月13日)

"是日上午九时,学生及教职员相继入席。行礼毕,校长蔡孑民乃登台致训词,其实系一篇恳切谈话,并不带有训令形式也。蔡校长略称:本校自去年改组各种会议以来,颇有一种可喜的现象,盖观以往之经验,确有成效可仿,从前不过各系有各系教授会,究竟全校之事,尚难统一,自有聘任委员会后,均系几经讨论而后定,绝不如昔日仅凭校长学长个人之主张,比以前确有裨益。又预算委员会,对于各部分经费之支配,务求统一,即以购办图书一端论,以前仅由各教员自由开单,购买办法很不统一,今有委员会以专司其事,则情形大大不同矣。至若教授一方面,近来亦有改良之点,如从前有许多功课,不必在教室教授者,亦勉强增加单位,徒费有用之时间,而于学生毫无实益,现在改成选科制,予学生以自由选择之机会,节省了多少有用光阴,以供自由研究,确是有益。一年以来,学生总算有了一点自觉,不像以前专在混分数、混文凭,一己颇自知用功,既然自知用功,在学校一方自当予以研究工具,所以在设备上,如各种试验室、图书室,亦须扩充起来,以应其急需。以后校用经费,总须提出几分之几,以供设备之用。所有教员,务必延聘有名学者,除正式教授外,并时延名人来校讲演,如杜威先生已经留校一年,将来仍可再续留一年。又英国学者罗素,不日来华,本校已与他方面组成讲学社,请来讲演。有人说听临时讲演如吃脑汁,不过图一时之奋兴,但是能由一时奋兴以引起研究的兴味,也是有益之事。希望同学一方面为社会服务,一方面还要自己切实用功。近来同学诸君大家总算能自己尊重自己,不良的习惯改去很多,但人数太多,不能人人皆能自治,还望大家发展自治精神,人人皆能管理自己,或是互相管理,不必烦学监、舍监时时为之担心。

我本来拟夏间赴外国一行,因船期屡误,又以自己事有许多未解决,以至迟迟未行。现已决定十月间动身,照现在校中各会之组织,即无校长也是一样,将来我走之后期间的三个月,即请蒋先生代理校长。或者我之此行考察各方回来时,对于本校有一点好处亦未可知。今日藉开学机会,获与诸君共话一堂,既报告校中情形,并述将来希望,且可就此告别,至于本学期聘来各教员,我亦可一一为之介绍。……"(《申报》1920年9月14日)

9月12日 兼任北京民国大学校长。

"民国大学因开学在即,校长尚无人担任,特要求校董蔡孑民、张国仁等召集董事开会,以讨论各项重要问题,兹探得该校于日昨(十二日)开新旧董事会议,出席者有张一鹏、冯家遂、江天铎、丁槐、蔡元培、秦国镛、姚憾、萨君陆、蒋梦麟、胡适、徐宝璜、师景云等四十余人。公推董事张晋三为临时主席,其提议条件共十二条。先由主席提议选举校长,用投票法选举。结果以蔡孑民得票最多。揭晓后,全体鼓掌欢迎。蔡始以北大公务甚繁,不能兼任为辞,继经诸董事推戴,众学生之请求,不得已遂允兼任校长之职。并登台声称,诸君如决欲鄙人充校长,则鄙人有三条要求:(一)自接任之日起,所有校中原来教职员之薪水废止。(二)校中旧学生严加考查,切实整顿,以后所招新生概作经济预科生,以造就完美之经济人才。(三)本日出席新旧董事及新推各部职员,均须各尽厥职,实力相助。三条发表之后,全体会员同声赞成。校长问题遂解决矣。……"(北京《晨报》1920年9月15日)

9月14日 北京大学发文致外交部,"请发给蔡元培赴法护照"。(《北京大学日刊》1920年9月21日)

9月15日 通知各系教授会主任到校长室检阅拟聘教员名册。

"各系教授会主任诸先生公鉴:经聘任委员会审查,存记堪胜教员之任者,已有多人。各系如需增聘教员,请先到校长室检查存记名册,以免临时物色之烦难。"(《北京大学日刊》同日)

同日 北京大学呈文教育部,报告"本校蔡校长请给假赴欧美考察教育,并请派员代理"主持校务。(《北京大学日刊》1920年9月22日)

9月16日 与蒋梦麟、顾孟馀等20人联名发起赈灾启事。

"今年北方旱灾,异常重大,灾区有五六省之广,灾民有数千万之众,无衣无食,道殣相望,瞬届寒冬,苦痛尤甚。窃思此等难民同属国民分子,坐视不救,夫岂人情。同人等念责任之所在,用特组织斯会。仰祈本校全体赞助,慷慨任捐,以尽互助之谊,无任祷荷,此启。九、九、十六。

认捐办法假定教职员、学生每人认捐以一元为单位(多多益善)。教职员认捐者,交由会计课代收。学生认捐者,交由斋务课代收。俟集有成数,届时如何赈放再行公决。

发起人:蔡元培、蒋梦麟、顾孟馀、沈士远、李辛白、李守常、马叙伦、俞同奎、马裕藻、陈世璋、朱希祖、郑寿仁、黄右昌、胡祖植、罗文幹、郭华、李振彝、张祖训、冯祖荀、黄国聪、朱锡龄、胡适、胡春林、周丰、万秀岳、黄世晖、周同煌、包开善、郑阳和、卢中岳"。(《北京大学日刊》1920年9月25日)

同日 为任鸿隽(叔永)、陈衡哲(莎菲)证婚。

"今日下午为叔永与莎菲结婚之期,我允为作礼赞。……孑丈有一联:科学社最小限度,历史谈重新开篇。行礼,孑丈证婚。婚礼甚简单,最可采用。"(《胡适日记全集》同日)

9月17日 在北大第二十三年开学日《开会词》本日发表。(《北京大学日刊》同日)

9月18日 主持召开北京大学评议会临时会,讨论通过"北京大学现行章程修正案"。

"评议会临时会(记录)。日期:(一九二〇年)九月十八日。

到者:蒋(梦麟)(马夷初代)、贺(之才)(俞代)、陶(孟和)(胡代)、沈(士远)、朱继(庵)、朱(希祖)、张大椿(朱继代)、俞同奎、何(育杰)、陈百年、马幼(渔)、马夷(初)、胡(适)、(蔡)校长主席。

校长报告:因本校现行章程提出部议后,尚有应修改之必要,故于本日将修正案提交组织委员会及行政会议,俱已通过。今特提出评议会,希望也得通过。次由马夷初先生报告组委员会通过的修正案。讨论结果,修正如下。(下略,修正案全文见《蔡元培全集》第18卷)"(北京大学评议会记录)

9月20日 就任北京民国大学校长职。

"九月二十日,蔡校长就职,力图刷新,裁汰职员,甄别学生,修订规程,精神焕然一新。"(《北京民国大学沿革一览》)

9月21日 教育部复准蔡元培赴欧美考察半年,并准由蒋梦麟代理校长职务。

"敬启者。顷准来牍具悉。欧美各国战后教育状况,亟宜实地调查,藉资考镜。贵校长此次所陈给假半年,亲赴欧美法比英德各国,考察教育及大学事务,拟以本校哲学系教授会主任蒋梦麟代理各节,本部应并照准。至应领川资旅费,即由本部教育调查费项下拨发六千元,分期交付,以资应用。相应函复,即希查照办理可也。此致 北京大学蔡校长"。(《北京大学日刊》1920年9月24日)

9月23日 代某处招聘教授普通文艺导师。

"有人托弟代聘教授普通文艺之导师数名,有愿就者,乞到校长办公室报名,以便定期面商一切。蔡元培启"。(《北京大学日刊》同日)

9月30日 北京大学收到外交部复函,"蔡校长赴法游历护照"已办妥。(《北京大学日刊》同日)

9月 改订建立南京大学计划书致教育部文。

"敬启者:案奉大部。函开,接奉来函:关于南京添设大学一案暨计划书各件均悉。查建设南京大学,本部早有此议,唯限于经费,未克实行。今承荩筹,拟就南京高等师范学校校址及南洋劝业会旧址,建设南京大学,以宏造就。本部极表赞同。唯查所拟进行计划,自十年度起,南高师停止招生,俟旧有学生全体毕业后,即将南高名称取消。目前虽大学与高师名目并存,而实际无异停办高师,专办大学。此与本部原定大学校系统不无出入。查南京高等师范原设有教育、农、工、商各专修科,程度较高,范围较大。如将以上各科改归大学,而留南高师本科照旧赓续办理,既可谋大学速现,复与现行学校系统不相抵触,似较妥善。即希分别商订办法,再行送部酌夺等因。奉此。谨如命改定,将南高师原有之教育、农、工、商四科改归大学,并与高师会商,就九年度预算临时费项下,搏节指拨八万一千元,以充大学筹备开办经费。相应请缮一份,备函送呈台鉴。只希裁夺施行,实为公便。专肃敬颂公安

王正廷 沈恩孚 蔡元培 蒋梦麟 张謇 穆湘玥 江谦 郭秉文 袁希涛 黄炎培等谨敬"。[《南大百年实录》(上) 南京大学出版社 2002年出版]

同月 作《西郊驴背口占》一首。

"驴背安闲胜似车,远山丛树望中赊。秋容黯淡已如此,几处新开荞麦花。"(蔡元培先生手稿)

北京大学被灾同学感谢会合影

10月1日 为萨本栋译《画法几何学》作序一篇。

"萨君本栋，勤敏好学，课余编译安顿利氏及亚斯利氏之《画法几何学》一书，文笔条达，义理显豁；虽未照原文全译，然删繁避晦，颇便初学。学者由是熟加研究，将见科学上、工程上之各种物体，表现于纵面、横面、侧面或截面等，已能纤悉无遗，而泰西之学术工艺，或借以广传于中土，是亦吾侪之所乐为介绍者也。 中华民国九年十月一日 蔡元培"。（蔡元培先生手稿）

10月3日 主持中国科学社北京社友会会议，讨论社务进行问题。

"十月三日午后二时，北京社友会借欧美同学会开暑假后第一次会，欢迎新到北京各社员，并讨论社务进行。是日到会者三十余人。由社友会理事长蔡元培君主席宣告开会后，理事书记陆费执报告第六次开会情形及暑假中之经过，次由社长任鸿隽君报告南京社所之布置，科学事业进行之次序以及明年预算之不足，因提议三事：（一）应设筹款委员会，积极筹足预算不敷之款。（二）设立编辑分部，征集北京一部分社员著作，以备在《科学》上发表。（三）设置征求委员，以便绍介新社员，征求社费。三条皆有所讨论，以次通过并举各种委员……"（《科学》第5卷第11期）

10月4日 发表启事，声明南洋华侨各社团捐助北京学联款项，存于北大会计课，尚未取用。

"《蔡元培启事》。前由南洋华侨各社团联合会及吴记庵先生捐到北京学生联合会之款，共国币三千一百九十四元五角九分，托鄙人代交该会。因华侨方面来函，有请鄙人将此款提出一部分，捐到上海学生联合会等语。鄙意以五百元作为该会支销，函达沪会。嗣经该会函复须分半数，并要求函商原捐款人可否照办。鄙人因即驰函往询,至今尚未得复,故此款不便即时交付北京学生联合会。自'二四'后,该会一切用款,均由鲁士毅君暂向本校会计课借用,一俟华侨捐款分配妥当后,再行扣还。鲁君并未将此款项领取。特此声明。"(《北京大学日刊》同日)

10月5日 准予王文彬入北京大学旁听。

"敬启者:奉书敬悉一切,足下可先往文科教务处报名,俟有定额,再行顶补。……蔡元培敬启 九年十月五日"。(《复王文彬函》同日)

同日 周作人托买世界语丛书。

"至东堂子胡同,访蔡先生,托买世界语丛书。"(《周作人日记》同日)

10月10日 撰写《徐(锡麟)烈士祠堂碑记》。(绍兴政协文史资料委员会编《徐锡麟史料》1986年出版)

10月11日 代山东黄县招聘中学史地教员。

"蔡元培启事。顷有人托聘中学校历史地理教员一位。条件如左(下):学校地点——山东黄县城里。薪金——每月大洋四十五元。教授时间——每星期二十时左右。有愿就者,请于三日内写详细履历及通讯住址,投函校长办公室。"(《北京大学日刊》同日)

同日 请谭熙鸿任校长室秘书。

"本校纪事。徐宝璜教授任校长办公室秘书已历三年,近因受蔡校长别种委托,无暇兼任秘书,业已于十一日专函辞职,敬蔡校长复函承认并别请谭熙鸿教授接任秘书矣。校长办公室 九年十月十一日"。(《北京大学日刊》1920年10月20日)

10月14日 公布北京大学评议会评议员选举结果。

"本届评议会选举,共收到选票四十三张,内废票两张(因所举超过法定人数)。兹将各教授所得票数开列如下:陶履恭三十一票,顾孟馀、蒋梦麟、俞同奎各三十票,胡适二十九票,朱希祖二十六票,王星拱二十四票,陈启修二十三票,李大钊、马叙伦各二十票,何育杰十九票,陈世璋、沈士远、郑寿仁、冯祖荀、张大椿各十八票。以上十六人当选。……"(《北京大学日刊》同日)

同日 在孔德学校与张元济商讨发行国语教科书事。

"午后四时,蔡鹤卿约至孔德学校,继续商办发行国语教科书。已拟有条件,由梦翁收存。告以照前所拟办法,并无别须改动,但须回沪与同人商量,方能确定。"(《张元济日记》同日)

10月15日 为北方灾区捐助现洋二十元。

"本校前代北京地方服务团,向教职员学生各方面征求团员及捐款。兹谨公布之。

蔡元培现洋二十元、陈启修现洋十五元、陈惟佽现洋十元、唐才升现洋五元、申

祖香现洋二元、杨栋林现洋五元、滕骏现洋十元……"(《北京大学日刊》同日)

10月16日 发表启事,布告自本月18日起,由蒋梦麟代理校长职。

"元培出京在即,谨于十八日以校长职务交与代理校长蒋梦麟教授。特此布闻。"(《北京大学日刊》同日)

同日 召集新当选评议员开会。

"新被选评议员诸先生公鉴:兹定于本月十六日(星期六)上午九时,在第一院接待室开评议会,请诸位先生按时到会。此启。"(《北京大学日刊》1920年10月14日)

同日 主持召开北京大学评议会常会,讨论通过评议会各委员会成员名单等议案。

"评议会常会(记录)。日期:(一九二〇年)十月十六日。

一、本年评议员改选当选人如左(下)列十六人:陶履恭、顾孟馀、蒋梦麟、俞同奎、胡适、朱希祖、王星拱、陈启修、李大钊、马叙伦、何育杰、陈世璋、沈士远、郑寿仁、冯祖荀、张大椿。二、本日到会者:陈启修、冯祖荀、朱希祖、何育杰、顾孟馀、陈世璋、李大钊、沈士远、马叙伦、郑寿仁、蒋梦麟、胡适(蒋代)、蔡元培。三、陈启修被推为本会书记。四、张大椿、俞同奎先生辞退评议员案。议决:不能承认其辞职(由书记通告)。五、委托本会书记整理旧议案,并请校长室书记员,帮同缮校誊书。六、每次评议会于毕会时,应决定实行公布之议决及不应公布之议决。七、本会组织、预算、审计、出版、仪器、图书、庶务、聘任各委员会会员,由校长推定提出名单。照原名单通过。八、马叙伦提议:预算委员会之决议,应报告于评议会。通过。九、沈士远及郑寿仁提议:本校毕业生来本校旁听,免收学费一事,发生种种流弊,应有一定之规定。议决:1. 本校毕业生来本校进他系为正科生或旁听者,仅正科生有寄宿权利,旁听生无寄宿权利。……"(北京大学评议会记录)

10月17日 北京大学举行第二次授名誉学位典礼,在会上颁发名誉学位证书并有演说。

"十月十七日为北大第二次授与名誉学位之期。上午九时,在该校第三院大礼堂行典礼式,……到者除该校教职员学生外,来宾颇多。就中有专门学校代表、旅京美国各界、女高师及其他女校学生,计共有千人之多。就席后,蔡校长起立,作短简之演说,述明授给名誉学位之事,略谓今日〔为〕本校第二次授与名誉学位之期。本校教务会议决,现在应授与名誉学位者,为班乐卫、芮恩施、儒班、杜威四先生。前因芮恩施离京,杜威在北戴河,而班乐卫适在北京,故于八月三十一日在第二院举行第一次授与名誉学位典礼。现在杜威先生回京,乃定今日授杜威先生以哲学博士、芮恩施先生以法学博士云云。演说毕,由蒋梦麟译成英语,乃归座。教务长即起立,略述第一位受学位人芮恩施之历史,请校长发给法学博士名誉学位。……教务长再起立,叙第二受学位人杜威先生之历史,校长起立,宣布授与哲学博士名誉学位。……"(《教育杂志》第 12 卷第 11 期)

10 月 18 日　委徐宝璜代理民国大学校长职务。

"十月十八日,蔡校长赴欧考察教育,委教员徐宝璜代理校长。徐代理校长即于是日就职。"(《北京民国大学沿革一览》)

10 月 19 日　邀集刊印《越缦堂日记》的发起人开会,商定该书发售及归付印刷费用等问题。

"前三日鹤卿来,将《越缦堂日记》交付,约今日午后往运群社与发起人晤商。到者鹤卿(慕韩未到,已回浙矣)、王幼山、书衡、童峙青(张岱杉之代表),商定以王幼山新购五部,又岱杉售出四百部应续收之千六百元抵还外,约尚欠四千余。拟函慕韩,并由同人设法归清。余声明前售出三百四十七部及岱杉售出之四百部,找款不知何时交,如将到期仍不取书,届时另商办法。此外,又商定售价五十元,净收三十五元。又书稿交与浙江图书馆,由浙江公会函达省长。"(《张元济日记》同日)

10 月 20 日　出席北大学生会举行的欢送校长出国考察话别会,并在会上发表演说。

"北京大学校长蔡孑民,已购定船票于十一月十五日由沪放洋。所有校中职务,自本月十八日起,完全交由教授蒋梦麟代理。明日晚即拟由京赴湖南一行,在未放洋以前,是否再来北大,此时尚难决定。北大学生特于今日(二十日)下午三时,召集全体同学在第三院法科大礼堂开话别会。是日到会之人极众,堂内几不能容。三时十分蔡氏入场,鼓掌声雷动。首由学生会职员□某登坛报告开会理由。……言毕,蔡氏起立就席发言。……"(《申报》1920 年 10 月 24 日)

赴欧考察教育北大师生欢送蔡校长合影(1920 年 10 月)

10 月 21 日　奉托周作人审查待续印之《越缦堂日记》书稿。

"启明先生大鉴:越缦先生日记,除五十一册已付印外,其前有十四册,遵先生识语,拟节录备印。托孙公达君加签,陶万福君缮写。已抄过五册,第六册未抄毕。第七册以后,虽有旧甲、乙、丙、丁等签,然尚须审查一过。弟即日出京,谨以奉托。俟陶君第六册抄毕,请以第七册付之。其后递易。别有抄本三册,均与原本重复,

亦奉上,备对勘。……弟蔡元培敬启 十月二十一日"。(《致周作人函》同日)

10月23日 在北京大学学生会欢送蔡校长出国考察话别会的《演说词》发表。(《北京大学日刊》同日)

10月24日 同罗素等抵达汉口。

"东方通讯社消息云:罗素博士及蔡元培等已于二十四日抵汉口,拟于武昌文华大学讲演,三日后即遄赴长沙。"(北京《晨报》1920年10月28日)

10月26日 应湖南省教育会之约,参与长沙学术讲演活动,本日到长沙。

"暑假中,湖南学者周鲠生、杨端六诸君乘杜威留京、罗素新自英来的机会,发起长沙讲演会;北京各校著名的教授都被邀,我也参与。那时谭君组庵任湖南省长,招待我们。我讲了四次都是关乎美学的,我曾把演稿整理一过,载在《北京大学日刊》。"①(《自写年谱》)

"昨日晨,教育会得李戊如自汉口拍来罗素定于二十六日午前十一时到小吴门之电,当即电告各校派代表二人,共六七十人,前往车站欢迎。同时北大同学欢迎团亦有十余人到站,盛况与欢迎杜威略同。十一时火车到站,即由欢迎团中推定陈凤荒、朱剑凡、方竹雅、赵运文等上车,表述欢迎之意。同车来者有勃勒克、蔡孑民、吴稚晖、张东荪、李石岑、杨端六、赵元任、傅佩青诸君。"(长沙《大公报》1920年10月27日)

10月27日 在长沙学术讲演会正会场发表题为《何谓文化》的讲演。

"学术讲演会纪事。昨日遵道正会场开第二日讲演讲会。听讲人数与昨日等。……下午二至四时,仍为罗素先生讲演,杨君端六翻译。讲演毕,方科长报告,下点钟请蔡孑民先生讲《何谓文化》。……"(长沙《大公报》1920年10月28日)

同日 出席湖南教育会欢迎晚宴,并有演说。

"昨晚午后六时,教育会公宴各讲演名人于该会西偏楼上,列席者四五十人。酒数巡,陈会长凤荒起立致词。……蔡孑民先生演说,谓诸先生已详说善道,吾再演说,适为画蛇添足。然即从蛇足少为点缀,亦无不可。湖南为中国之瑞士,此语甚切。瑞士有德法意三种民族,均能和衷共济,以立一国。湖南亦有中西南三路,甚望亦能如瑞士也。"(长沙《大公报》1920年10月28日)

10月28日 在长沙学术讲演会分会场发表题为《对于学生之希望》的讲演。

"昨日分会场在南门外第一师范。上午为蔡孑民、吴稚晖两先生讲演。蔡先生所演者为《对于学生之希望》,吴先生所演者仍继续前日所演《勤工俭学》。"(长沙《大公报》1920年10月29日)

同日 出席湖南北大同学在岳云中学举行的欢迎会,并应岳云中学之请,发表

---

① 蔡先生在长沙学术讲演会实有五次讲演,在另外的参观集会活动中有四次讲演,共有九次讲演。

演说。

"昨日午前八时,北大同学在岳云中学欢迎杜威夫妇及蔡子民、吴稚晖诸先生,吴未至。岳云中学学生即邀请先生讲演。……蔡先生演述《中学生求学之要点》,谓宜于英文、算学、国文用功。但国文一科,能以白话文表达意思,即可适用,用功稍为容易。英文、算学二门,更须加意研究,始可以求各种学问云云。"(长沙《大公报》1920年10月29日)

10月29日 在长沙学术讲演会正会场发表题为《美术之进化》的讲演。

"昨日正会场在遵道会。上午讲演者为蔡子民、张东荪两先生。蔡先生所讲者为《美术之进化》,张先生所讲者为《对于社会改造之管见》。"(长沙《大公报》1920年10月30日)

同日 应兑泽中学之请,在该校发表讲演。

"昨日上午八时,荷花池兑泽中学全体教职员,敦请蔡子民、吴稚晖两先生讲演。首由校长李文英致欢迎词,全体学生起立致敬。次由蔡、吴两先生次第演讲。"(长沙《大公报》1920年10月30日)

同日 应邀出席第一师范教育问题讨论会,并在该校为学生演说。

"昨日(二十九日)第一师范职教员,关于该校教育事项,有所讨论。特请此次来湘名人讨论。到会者有蔡子民、吴稚晖、张溥泉、李石岑、杨端六及教育科长方竹雅、朱剑凡诸公。闻当时拟讨论者为(一)学科制应如何实行。(二)考试方法应如何改良。(三)学生应如何与社会联络。(四)学生自治问题。(五)男女共学问题。(六)师范生的修养。(七)师范生的服务。……惟蔡先生特在该校向学生讲演有半小时之久云。"(长沙《大公报》1920年10月30日)

10月30日 出席长沙县教育会等八团体的欢迎会,并有演说。

"昨日下午六时,省农会、总商会、长沙县教育会、报界联合会、律师公会、青年会、实业协会、中华公会等八团体,假总商会欢迎杜威及其夫人,与蔡章张李杨等诸名人。到会者八十余人,用中餐宴会。席间,商会左会长代表各团体致欢迎词。杜威、蔡子民、章太炎有演说。"(长沙《大公报》1920年10月31日)

10月31日 与吴稚晖、章太炎、谭组庵等同游岳麓山,并瞻仰黄兴、蔡锷之墓。

"昨三十一号。谭总司令、赵师长,各机关长官黄一欧、柏将军、欧阳俊明、钟才宏及杜威、蔡子民、吴稚晖、章太炎、张溥泉、李石岑、杨端六、张东荪等诸名人,由中华汽船公司乘差轮渡河,分赴黄、蔡墓地一带瞻仰风景,游览一周。"(长沙《大公报》1920年11月1日)

10月 所撰《我的新生活观》及《北京大学校旗图说》刊出。(新潮社编《蔡子民先生言行录》)

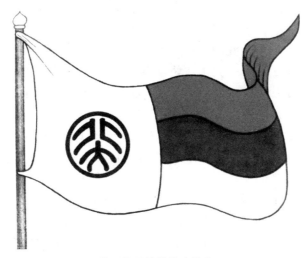
蔡元培设计的北大校旗

同月 在北京高等师范学校国文部发表的《论国文的趋势及国文与外国语及科学的关系》演讲词及在该校学生自治会的《演说词》刊出。(新潮社编《蔡孑民先生言行录》)

同月 《在〈法政学报〉周年纪念会演说词》及《在燕京大学男女两校联欢会上的演说词》刊出。(新潮社编《蔡孑民先生言行录》)

11月1日 上午,在长沙学术讲演会正会场发表题为《美学的进化》的讲演。下午,在学术讲演会分会场发表题为《美学与科学》的讲演。

"昨日上午正会场遵道会,由蔡孑民、李石岑两先生讲演。蔡先生所讲者,为《美学的进化》,李先生所讲者为《杜威罗素的批评》。下午为杜威接演《教育哲学》。"

"昨日上午分会场第一师范缺席。下午为张溥泉、蔡孑民两先生讲演。蔡先生所讲者,为《美学与科学》,张先生所讲者为《普通投票》。"(长沙《大公报》1920年11月2日)

11月2日 在长沙学术讲演会正会场,作关于美学的讲演。

"最后一日之讲演会正会场。昨日为学术讲演会最后讲演之日,听讲者仍极为踊跃。惟招待人员连日忙碌,颇形疲倦。上午,遵道会正会场为蔡孑民、章太炎两先生讲。蔡先生到会时,无人主席,乃自登坛讲演美学。少顷,招待员陆续到。"(长沙《大公报》1920年11月3日)

11月3日 与章太炎、张溥泉、李石岑等赴醴陵考察磁业。

"蔡孑民、章太炎、张溥泉、李石岑四位先生,于昨日上午讲演终了后,即连袂乘

坐特别专车,往醴陵考察磁业。本日下午,随车返省。"(长沙《大公报》1920年11月3日)

同日 在醴陵讲演《美化的都市》。

"三号……,午后五时,吴先生在城隍庙演讲《市民自治》,同时假遵道会,请蔡先生演讲,题为《美化的都市》。"(长沙《大公报》1920年11月8日)

11月4日 自醴陵返长沙。

"……是日(四日)上午,吴蔡两先生以急于赴京,即偕杨君端六登车启行。章张两先生是晚赴铁路局筵宴,因宿局中,五号十时返省。"(长沙《大公报》1920年11月8日)

11月5日、9日 《美术的价值》一文——"在长沙周南女校讲演,毛泽东记"——连续发表。(长沙《大公报》同日)

11月9日、10日 在长沙岳云中学的演说词——《中学的教育》——全文发表。(长沙《大公报》1920年11月9日、10日)

11月11日 在长沙妙高峰第一中学的演说词——《中学的科学》——发表。(长沙《大公报》同日)

11月16日 在北京,应邀出席中法协进会举行的公饯会,并有演说。

"本校同人公鉴:顷接中法协进会同人会启。定于本月十六日为蔡校长及同行诸人饯别。诸君如有愿加入者请到会计课签字并交会饯费六元为盼。顾孟馀启"。(《北京大学日刊》1920年11月13日)

"《中法协进会公饯蔡元培》。本月十六日晚八时,中法协进会在北京饭店开聚餐会,公饯北大校长蔡元培并由法公使为陪宴首席。中法人士列席者八十余人,颇极一时之盛。宴毕首由法公使对蔡校长致祝词,略谓北京大学有二十余载之历史,自蔡校长领袖该校进步日速。今将作法国之行,更大有裨于两国文化之协进云云。次由蔡校长致答词,首谢法公使及列席诸公,次述赴法之意旨。重在国外大学及侨工教育,次及赔款兴学问题,对于法政府提倡里大深表谢忱云云。……会散时,已十一钟矣。"(北京《晨报》1920年11月18日)

11月16日、17日 《美化的都市》一文——"在醴陵的讲演,由刘建阳、吴湘如记"——连续发表。(长沙《大公报》同日)

11月17日 写作《刊印〈越缦堂日记〉缘起》一文。(李慈铭:《越缦堂日记》第1卷)

11月19日 在长沙兑泽中学的演说词——《学生的责任和快乐》——发表。(长沙《大公报》1920年11月19日)

11月21日 与李煜瀛联名函谢陈炯明(竞存)对国外教育助款。

"竞存先生大鉴:得奉惠电,敬悉慨助国外教育事业五万元,至为感佩。昨已致申谢,并即遵嘱复告拨款之处,谅达左右。……关于用款及汇款问题,略陈如左(下):此次元培赴欧,于海外教育之进行,约有四事:(甲)里昂中法大学。(乙)中比工作大学。(丙)维持留学。(丁)运动赔款。先生允助之款,拟以一大部分为(乙)事之用,以一小部分为(丙)、(丁)两事之用,此二项皆系佛郎用途,拟即带往。……敬启 十一月二十一日"。(《复陈炯明函》同日)

11月22日 自北京到上海。

"蔡孑民君已抵沪。昨日马寅初、鲁学琪、狄福鼎等发出通告云,北京大学旅沪同人公鉴:蔡校长已于昨晚九时抵沪。兹定于今晚八时在西藏路一品香宴会。务希准时莅临云云。"(上海《民国日报》1920年11月23日)

同日 《在华法教育会欢送会上的演说词》发表。(《北京大学日刊》同日)

11月23日 在上海出席陈独秀、汤尔和等主持的北大同学会饯别会。

"昨晚八时,北京大学旅沪同学会假座一品香设备西餐,欢送校长蔡孑民君及随同赴法筹办里昂中法大学事宜之北大教职员张申府(字崧年)、李光宇(字阐初)二君,又北大毕业生赴英国伦敦大学留学社会学之徐彦之君。与宴者如陈独秀及其夫人、马叙伦、吴稚晖、张健、汪精卫、沈信卿、穆藕初、胡敦复、胡明复诸君及西人黑昂君,以及各同学、各新闻记者。蔡君之弟亦由汉口来沪送行,参与宴会。由陈独秀主席。欢宴既毕,首由主席致欢送词,次蔡先生答词,次汤尔和演说。"(上海《时报》1920年11月24日)

"《北大同人宴送蔡孑民记》。蔡孑民先生前日(二十二日)抵沪,北京大学旅沪同人,于昨晚八时假座一品香菜馆设宴□饯蔡君。蔡君即席演说,述此次赴欧美考察之旨趣,并希望北大同人力图补救弱点而保存优点,其已出校者,希望能出其精神与物质之力辅助母校,语意态度,均甚诚恳。列席者陪宾如汤尔和、陈独秀及其夫人、吴稚晖、汪精卫、李阐初、张申府、徐彦之、张溥泉、沈信卿、穆藕初、胡敦复、胡明复、贾季英、孙道胜。……次蔡孑民君演说,先致谦谢之词,继谓一国之学者,必有荟萃集中之地,方可发展,其地即大学是也。今日我国之大学,较之列强,相去远甚,是以非出洋切实考察不可。予近赴湖南,即为感触。今人每求各省自治,若大学一层,即应各省各立大学,始有大益。如法国之大学区制度即须往考察,以资参酌实行。他若德国大学重自由,英重人格,美重服务,法重创造,俄国现闻有劳工大学及平民大学等,亦均须分头考察者。至于中国各学校之不能进步,实以环境无丝毫补助,如缺乏高等学术研究所、图书馆、博物院,为其大原因,故亦均须考察之。其余美术各种,如中国惯收藏精美书画于家,密不示人,以为能爱古雅也。殊不知美术品有公诸大众之本性,最好能陈列一室,以备有目共赏。关于此等事,亦拟考察之也。今请更言对于北大同人希望:一、须打破视大学毕业优科举之积习。须知大学毕业以前,尚无学问之可言,一经毕业,不过初入门径耳。二、毕业同人,能出其精神与物质之能力,辅助母校,以期补助弱点,保存优点为最佳,欧美各国学生大都如是,此予所欣然希望者。诸君在沪,现更组织同学会,此尤可喜者也。末复举杯致谢(众鼓掌)。"(《申报》1920年11月24日)

11月24日 自吴淞口登法船高尔地埃号赴法。

"蔡君于今早九时至新关码头。乘亚历山大号拖轮至吴淞口外,登法公司轮船高尔地埃号放洋。至法国马赛登岸,拟先往里昂,筹办中法大学。"(上海《时报》1920年11月24日)

"此次赴法之高尔地埃号,昨日午刻业已放洋。赴法人士有北京教育团蔡子民等十余人及女生刘清扬等十余人。至码头送行者,为胡汉民、吴稚晖、张菊生、沈信卿、丘心荣、钱新之、王正廷等及北大旅沪同学会陈独秀、狄君武等数十人。蔡君在沪购法文书廿余册,拟在船中教授同行学生。并定按日上课,至抵法而止。并据蔡君云,预定半年归国。在欧考察再至美,取道南洋而回。蔡君服西装,围一绒围巾,容色似觉苍老,精神仍极充足,以和悦之态招待送行者。船将开时,并登岸与送行者一一握手而别。并闻陈独秀等直送至吴淞。"(上海《民国日报》1920年11月25日)

11月28日 在船行途中发电蒋梦麟,询问夫人黄仲玉病情。

"去年十一月二十八日,在船中发一无线电于蒋君,询汝近况,冀得一痊愈之消息以告慰,而复电仅言小愈,聊以宽我耳,我于是益益不宁。"(《祭亡妻黄仲玉》)

12月5日 船抵新加坡。受到南洋华侨中学等校长欢迎接待,并往各校参观、演说及题字。

"《蔡校长经过星嘉坡时之情形》。本月初五日蔡子民先生偕陈大齐、张崧年、徐彦之、刘清扬、王新亚、李光宇、夏循埴、刘运筹、陶尚剑诸君,乘法船高尔地埃,于清晨七时抵驻本坡。端蒙学校校长沈朝阳先生、道南学校校长形延祖先生及本校涂校长,均同时赴船埠迎接,晤蔡先生略谈,遂知该船于本日下午四时,即须启碇,于是将其欲办各事,一一商定而接次行之。兹将是日经过各事列下:八时至九时,至林君义顺店中小坐,晤各商家。十时至十一时,游本坡风景佳处。十二时至本校午膳(素食)。时参观本校,并与同学作十分钟谈话(所谈之话另录)。一时三十分,赴道南、端蒙、启发中学〔及本校〕四校欢迎会。会场假道校食堂。本校童子军十五人,及道南童子军五人,任维持秩序、招待来宾之责。道南教员夏应佛君、养立教员陈安仁君任记录。布置既定,由本校校长涂先生略为介绍,蔡先生遂登坛演讲约一时三十分乃止(其演词另录),听者均鼓掌不已。其中对于健全人格,及女子须受同等之教育,尤为注意焉。三时茶会。三时三十分摄影。四时船乃启碇,送者约三十余人。是日经过各事,均能照预定者行之。蔡先生在本校参观时,语多称赞,见校中校训明智力学爱国乐群八字,似有深感,随书乐群二字以赠本校。吉隆坡尊孔学校长周君南君，系其高足，此次因病未能来欢迎。蔡先生询问之余，亦行赠四字。……"(《北京大学日刊》1921年1月7日)(《星嘉坡南洋华侨中学校周刊》1920年12月11日)

12月10日 新潮社编印的《蔡孑民先生言行录》一书，在北大出版部发行。

"新潮社启事。新潮社丛书第四种——《蔡孑民先生言行录》已到，寄售处，本校出版部。"(《北京大学日刊》同日)

12月15日 应朱希祖之请为《梦鹿庵文稿》作序文一篇。(朱丙寿:《梦鹿庵文稿》1920年铅印本)

12月25日 与张謇、蔡元培等联合署名发表《国立东南大学缘起》。

"教育重普及，学术贵大成。昔之言教育者，第知小学为普及之具。欧战以后，各国学者乃悟大学教育亦宜注意。凡欲为推广倡设者，汲汲惟恐或后。盖今后之时代大学教育发达之时代也。吾国初设学校囿于古者家塾、邑庠、州序、乡校、国学之阶级，仅仅置一北京大学，若北洋大学，若山西大学，则以特别关系而立，而东南则依然无一大学。民国初建，东南人士所兴学校往往号称大学，未几而停辍者相望。近年教育部议设五大学，南京居其一，已草预算矣。迄未见诸实行，故自天津、太原以南官私立学校计之，舍今日甫经议立之厦门大学、南通大学外，仍无一大学。有则外人所设立者也，东起河济南迄海徼其方里不下五百万，其人口不下二万万，其学者不下百万，而数十年来，数千里中无一完备之大学，嗜学而蕲大成者，不入外人所立之大学，必裹粮赍装不远千里而之京津，京津之大学不足容，则必东走日本、美利坚，西诣俄、英、法、德，以解其嗜学之渴，比学成而归，而桑梓钓游之地，复不能以最高学府罗致其人，俾之从容赓续极深研几萃世界之学术，铸造而树中国之徽识，此非吾东南人士之耻欤。美之人口百兆，大学五百余，吾东南各省倍之当得大学千余；日之人口七十兆，大学三十余，吾东南各省六之，当得大学二百，区区议立一二校，其不足语于发达也审矣。然而教育部议立于南京之大学，时越数年犹迟回审顾而未能遽行其议。原其迟回审顾而未能遽行其议，殆以绌于经济为主因，今之国立学校经常费用犹时虞不给，矧有余力以创大学？此尽人所知也。然以大学之不容缓，而国家兴学之费又未必计年可以骤增，吾东南人士乃得一兼顾之法曰：按照部议立一大学于南京，而以南京高等师范学校之专修科并入，名之曰国立东南大学。在南京创办东南大学，其利有十……准此十利，故謇等拟就南京高师地址及劝业会场建设东南大学，而以南高诸专修科并入其中，图之数月既上言于教育部，部可其请刻期筹备，且节南高之费为新建大学之资。吾东南人士夙夜企梦之大学，行且涌现于目前，惟兹事体大，非资群力群策，不足以立丕基而昌民治，谨述其缘起，敬告邦人君子，诸姑姊妹，凡我同志洞明世界之潮流，倡导国民之文化者，嘉许兹举乐助厥成，或诏以植学之规，或附以劝学之费，尤我东南诸省百十万亿父兄子弟无疆之休,非徒謇等之庆幸已也。

发起人　张謇　蔡元培　江谦　王正廷　袁希涛　穆湘玥　蒋梦麟　郭秉文　沈恩孚　黄炎培等宣言"。(《申报》同日)

12月27日　船行三十余日,本日抵达法国。

"弟于去年十一月二十四日,随蔡先生由上海动身,航海三十余日,于十二月二十七日在法国登陆。……蔡先生到法国后,先到里昂住了四五天,又到巴黎住了两三天。弟动身之日(一月十五日),蔡先生拟赴瑞士。……"(《陈大齐致蒋梦麟函》)①

"这时候,张作霖、曹昆(锟)等深不以我为然,尤对于北大男女同学一点,引为口实。李君石曾为缓和此种摩擦起见,运动政府,派我往欧美考察大学教育及学术研究机关状况。适罗君钧任正由政府派往欧美考察司法情形,遂约定同行。遂于十一月下旬赴上海,乘一法国邮船于十二月下旬到法国。"(《自写年谱》)

12月　赴法途中,写了三篇文章,整理了七篇在湖南的演说稿。

"试猜蔡老先生干些什么呢?偶然谈谈天,看看小说,当然亦是不免;但不过占他的十分之一二。从上海到西贡这六天里头,他少许有点应酬,写写信啦等等,而且船上亦有些零星事件要安排安排。西贡到矶布堤十六天(十二月一日至十六日),他作了些极用心思,我们大家都绝对不能作的事体。著了三篇稿子:(1)《中法学生》序(月刊名,西贡中法学校学生创办);(2)《中法学校三年级演说词》;(3)《中法学校一二年级演说词》。以上三稿皆曾寄上海《时报》,不知登刊与否。整理了七篇在湖南讲演的稿子:(1)何谓文化;(2)美术的进化;(3)美学的进化;(4)美学的研究法;(5)美术与科学;(6)对于师范生的希望;(7)对于学生的希望。这七篇都抄过两份,一份寄湖南,一份寄大学日刊发表。从矶布堤起,先生动手翻译柏格森的《玄学导言》。这是他在上海答应过李石岑君、为《民铎杂志》做的工作。你看蔡先生做的这些事情,是不是到法国去办政党的一种预备?(前外交次长代理部务、现中国驻法公使陈籙说:蔡子民到法国去办政党。)"(徐彦之:《从上海经过法国到伦敦》)②

同月　校阅《蔡元培先生言行录》,发现排印错误七十九处,列出《正误表》。(蔡元培手稿)

12月底　自里昂致电李石曾,询问夫人黄仲玉病情。

"到里昂后,即发一电于李君,询汝近况,又久不得复。"(《祭亡妻黄仲玉》)

"石曾先生:弟已到里昂。仲玉痊愈否?汤尔和家中安否?告李阐初家放心。

---

① 载《北京大学日刊》1921年3月3日。
② 载《晨报》1921年4月21日—27日。

湘粤款如何？里大学生何时招考？请电复褚君。"(《致李石曾电》同月)

本年 与李石曾、褚民谊等组织大同乐会。

"请教育部拨发古物保存所储存木料，以制造古今乐器呈。……专制时代，各项大乐，均不公开，习之者少，日渐沦亡，至今社会所遗传之国乐，不过几种末流之丝竹，规格既小，曲器俱劣，较之西乐，当然不足与竞，致使国家蒙无乐国之诮。其实国乐真相，并不如此，及时整理，未始不可恢复旧观。职是之故，同人等于民国九年，组织大同乐会于上海，集合同志，研究整理国乐之方法。"(《时事新报》1930年6月25日)

本年 为《许氏重刊谱牒》作序一篇。

"新学说繁，社会主义代家族主义而起于焉。有地质古生物学，为人物一源之谱牒；各世界史、国史，为政治组合之谱牒；社会学、人类进化史，为社会改进之谱牒；而又有血统遗传，家庭教育以逻辑之，亲属法以维护之，实皆人道亲亲之训所演绎也。然则皆演绎也，皆谱牒也。予尝疑世界国无姓氏谱牒之学，故家庭主义不发达。吾国则不然，记曰：亲亲也，尊尊也，长长也，男女有别，此其不可得与氏变革者也。尊尊以下姑勿论。亲亲之义，吾国习惯，法所最注重，即此可据为国粹特性乎？则又不然。予游历欧西，与其贤士大夫游，始知彼邦于姓氏谱牒不具形式而精神之结合，乃突过于吾也。贵族华胄靡论矣，即在平民莫不洞明其姓氏之来源，支派迁移之时也，即或血统为婚亦未尝昧其世系。间居德京柏灵，主某商家，商出一牒，备详家世传授，了如指掌，虽吾国最良之谱牒，蔑以过也。苟欲以新学说易，天下而谓亲亲之大义可以变革乎哉？故谱牒之与史、与地理、与社会人类进化，同为不可不研究，绝不因社会主义胜家族主义而废，吾敢断言也。武进牛塘许氏，溯自太岳，传世久远，代有名流，而江南之支派繇义兴迁牛塘者，有朝七公兄弟，世守耕读，犹存东汉儒者孝弟力田，循礼让产之风，其十九世裔孙国英指严，甫者，与予为文字交，因略审其家世，又知武进固文学荟萃之乡，而许氏者，独暗然，多朴学不忘其本嗣。指严之族尊，以重刊谱牒，且葳事介，指严请序于予，予维许氏受姓胙土数千年以来，远在黄帝纪元之前，而近古迄于现代，子孙多名贤长德著称于当世，则其家族之结合，血统之继传，必有大过人者，其精神灵秀，与天壤同为不败，必不因事变之沧桑，国政之移易有所动摇，以归于泯灭，是可信也。而其间有明达崛起，出类拔萃，本家族之特性，推而施之于社会，张其固有之德业文采，被以新教育、新文化，蔚然郁然，如宗教之一视同仁，而使许氏子孙咸？有德京某商思想不忘其本，则不谓之家族主义，而谓之社会主义，无不可也。况人道亲亲之训，本吾国文明始祖所倡，言谱牒之学，又历史意识所依据，其人不能读，故书述遗训，数典不忘其祖，知身所自来，必为雅人，其家而有古物保存，先世手泽，详其世系，必为大家，此中外皆然，非独吾国之特性。然吾国之特性，则必有大可用于今世者，在许氏子孙多贤，自能会斯微意,其必不河汉,吾定矣。抑又有言者,今教育救国,如悬药以治病,而家族教育,尤为引剂消导之要,品许氏家族之结合久长完美,若此当有能修其新教育以模范全国者,予尤不禁企而望之。前教育总长 北京大学校长绍兴蔡元培谨撰 道州何维朴书"。(民国九年《许氏重刊谱牒》自印本)

1921年(民国十年 辛酉)五十四岁

1月1日 为时报馆题词。

"恭祝时报馆新屋落成。日日新又日新。蔡元培题"。(《时报馆纪念册》民国十年元旦出版)

1月2日 在巴黎,参加华法教育会学生善后事业委员会工作,解决勤工俭学生与华法教育会之间的经济关系问题。

"在巴黎,参加学生善后事业委员会,因留法勤工俭学生未失业时有存款于华法教育会者,及失业者多,皆向会求助,会中款绌,即暂挪学生存款作挹注,积久,不但求助者无可助,提存款者亦不能照付,遂滋纠纷。现委员会议决,速筹法币六十万佛郎,还所挪存款及再发七十人维持费两个月。此后华法教育会不再问学生经费事。"(本年《日记》同日)

同日 在巴黎晤张君劢,知倭铿现不愿赴外国讲学。

"晤张君君劢,言:倭铿(Eucken)现方尽力于倭铿社(Euckenbund)事业,信从者在二千人以上,故不愿赴他国。"(本年《日记》同日)

1月6日 自巴黎到日内瓦。

"到日内瓦。由方君万笏招呼,寓美景旅馆(Hotel Bellevue)。严君鹤龄亦寓此。"(本年《日记》同日)

1月7日 在新加坡南洋华侨中学等校欢迎会的演说词——《普通教育和职业教育》,及《与新加坡南洋华侨中学学生的谈话》今日发表。(《北京大学日刊》同日)

1月9日 得蒋梦麟电,知夫人黄仲玉已于本月2日病逝,心甚悲痛。作《祭亡妻黄仲玉》一文。[1]

"得蒋君梦麟、谭君仲逵电,始知黄夫人于一日去世。溯我自湖南回北京,夫人已病,然一面延法国医生诊治,一面尚为我整理行装,我行时夫人已渐痊;在船中我

---

[1] 据同年1月11日《北京大学日刊》所载《发起蔡夫人追悼会启事》中述:蔡夫人"于本月二日疾终法国医院"。

曾以无线电向北京询问,亦以'渐痊'复我;不意到欧不几日而即得此噩耗也。我心甚痛,写祭亡妻仲玉一首。

今日,此地举行葬青年军人病故者之典礼,有飞机游行湖面及空际,军乐队等在我窗前往还,观者如堵。人生无常,益令我悲念仲玉。"(本年《日记》同日)

1月12日 发布《华法教育会通告》(一),阐明留法俭学会、勤工俭学会、华法教育会三团体的性质及相互关系。

"元培到法以来,在法勤工俭学生以及学生部任事者,先后向培声述各方面困难情形,及询求解决办法。培观察所及,知由学生事务部组织之不良者半;由于华法教育会、俭学会、勤工俭学会,多有不辨其性质,混为一谈,因而发生误会者又半。今既欲解决一切困难,不得不先辨明此三会之性质。考此三会成立之历史,俭学会最早,成立于民国元年,宗旨以纳最俭之费用,求达留学之目的。勤工俭学会则成立于民国四年六月,以勤于工作,俭以求学为目的。自此两会先后成立,来法人数日益增加;同时,法国方面亦多注意中法两国文化之提携,为言欲达此种目的,非特设机关公同集议不可。于是始有华法教育会之组织。是华法教育会为两国文化事业之总机关,俭学会、勤工俭学会不过其事业内之一部分,今则混为一谈,多以为勤工俭学事务即华法教育会全体之事业,勤工俭学事务办理之不善,尽以委罪于华法教育会。如此误会,是直以华法教育会为勤工俭学会之代名,此实大谬不然者也。欲矫此误,惟有俭学会、勤工俭学会对于华法教育会为部分之分立,由两会学生自行分别组织,华法教育会从旁襄助一切。其组织方法,暂由华法教育会代拟。俟两会成立,种种组织及办事规则,完全由两会学生自行定妥后,此种代拟办法即行作废。如此解决,既免以前之误会,而两会学生自行组织事务所,对于本团体情形观察较周,知悉较切,一切措置,自当胜于今之学生事务部。且学生诸君来法,多富自治能力及新生活之精神。此种办法,尤与诸君心理吻合。所拟方法及说明如下,幸即速行组织,元培不胜厚望焉。民国十年一月十二日 华法教育会会长蔡元培"。(安徽《教育月刊》第33期)

1月13日 在日内瓦参观大学及美术学校。

"偕罗君及宋君春舫参观大学,晤秘书卢希(A. Roussy)君及法学院比较法教员摩尔科(Paul Mrcoud)君,得多数印刷品。参观美术馆及美术学校。"(本年《日记》同日)

1月14日 到瑞士首都伯尔尼。

"午后一时二十五分行。五时,到伯尔尼(Berne),访汪公使一谈。"(本年《日记》同日)

1月15日 到伯尔尼大学参观。

"乘公车到大学,于其左近书肆购德文新美术书数种。"(本年《日记》同日)

同日 与廖世功、高鲁联名致函教育总长,请设法接济赴法勤工俭学生。

"北京教育部总长钧鉴:勤工俭学生来法国者,多不合所订条件,携款太少,又无勤工之志,且工亦难找。教育会维持彼等生活挪借经费为数甚巨,万难继续,现已绝粮,拟请筹划各省按照湘鲁粤各省成例,在本省地方从速设法汇银。接济人数:湖南三百三十人,四川二百七十人,直隶一百五十人,浙江一百八十人,江苏五十人,安徽四十人,广东三十八人,福建二十五人,湖北二十五人,江西二十人,山东十五人,贵州十人,陕西五人,山西五人,云南三人,奉天三人,广西三人,并祈立即阻止各省遣送勤工俭学生,否则万无办法。廖世功 蔡元培 高鲁"。(《申报》1921年1月29日)

1月16日 回日内瓦,会晤华侨和留学生代表。

"午前十时二十分行,耿、宋二君来送。二时回日内瓦。五时,严君鹤龄约茶话,晤朱、宋、赵、庄、周、胡诸君及周、赵两夫人,我有演说。"(本年《日记》同日)

同日 发布《华法教育会通告》(二),宣告华法教育会对于俭学生、勤工俭学生脱卸一切经济上的责任。

"元培前以学生事务部组织不良,亟应改弦更张,曾于本月十二日通告,表明此意,并希学生诸君速即自行组织,以便办理各俭学会或勤工俭学会事务。在学生方面,自当奋作新猷,弥补前失。而在本会方面,一年以来,借贷学生之款,亏空之数甚巨。本会原无基金,又无入款,挪借之术,有时而穷;而告贷之学生,方日增无已;今则亏竭已极,万难为继。惟有竭诚通告:华法教育会对于俭学生及勤工俭学生,脱卸一切经济上之责任,只负精神上之援助。学生诸君,幸勿误会本会之接济有始无终,须知本会既无源源而来之底款,则此与日俱增之接济,何能应付?本会迫于万不获已,拟具以下办法。学生诸君,当能谅解此苦衷,不以逾情之非难见责。元培谨代本会竭诚宣告,除卸经济上之关系,仍当尽其能力所及者,以辅助在法学生诸君,惟亮察焉,幸甚。民国十年一月十六日 华法教育会会长蔡元培"。(安徽《教育月刊》第37期)

1月18日 到法国里昂。

"晚八时行,十一时抵里昂。"(本年《日记》同日)

1月19日 到巴黎,访班乐卫、贝乃德等。

"午后二时十分行。十一时到巴黎。访班乐卫(Painleve,数学家)、贝乃德(Benard)、欧拉(Aulard,史学家)。访波来(Borrer,亦数学家,曾与班乐卫同到中国)。移寓贝福旅馆(Hotel Bedford),并于吕推梯亚旅馆(Hotel Lutetia)赁一室,备交际。"(本年《日记》同日)

1月21日 偕罗文幹同访班乐卫。

"午后二时偕罗君及谢东发君同访班乐卫君。"(本年《日记》同日)

1月22日　造访贝乃德。

"午后五时访贝乃德君,属我写一文,论中西文化异点。"(本年《日记》同日)

1月23日　先后访问欧拉和波来,并向波来了解巴黎高等师范情况。

"午前九时三十分偕李君圣章访欧拉君,欧拉君甚注意于里昂大学,谓渠与贝乃德君必当加入委员会。

午十一时三十分偕高君叔钦访波来君,询巴黎高等师范情形,因波来正在高师任教员也。彼言巴黎高师附属于巴黎大学,为培植高等、中等学校之教员而设,招考时,先命题,分寄各大都会八十二所,分别试验;俟取得若干名,再定期来巴黎口试。"(本年《日记》同日)

1月27日　再到里昂。

"晨八时,偕高(鲁)君行。午后四时到里昂。"(本年《日记》同日)

1月28日　往里昂大学参观。

"午后三时到大学,观造像模型陈列所,陈古代像之模型,主任某教员指示甚详。像之色相虽如原本(古铜者,作青黑色),而质甚轻,于座下置小轮,可随意移转。模型只具要点,如人首,或全队人物之一部分,余则多列摄影片以补之。有各地方具同式之像者,亦重列模型,以资比较。像之残缺者,于他种物品中觅得全者证明之,如弥尔之魏妮斯(Venus de Millon),虽有残缺,而其全像却于古钱上见之也。闻此室所陈,曾费一百五十万佛郎。然今日仿造,价当三倍。室之光线及任重力均须注意。"(本年《日记》同日)

1月　为《体育季刊》题词。

"《体育季刊》

教育三纲,体育特重。康强其身,智德可用。鸿范曰弱,六疾是统。小雅所讥,无拳无勇。

五禽体戏,华佗遵奉。陶侃文士,百甓日用。古义不匮,新知尤众。手此一编,病夫无恐。"(许龙厚著《太极拳势图解》体育研究社 民国辛酉年出版)

2月2日　在里昂参观地质陈列所及矿物研究所。

"访吕弥野(Lunis Lumiere),观其所手制之立体摄影机。参观地质陈列所及矿物研究所。"(本年《日记》同日)

2月3日　在里昂参观织物陈列所。

"参观织物陈列所、蚕丝陈列所及公立验丝局。蛾之保存,用絮垫平者较针定为妥。闻是美国式。晚七时五十分行。"(本年《日记》同日)

2月4日　到斯特拉斯堡,游览加特立教堂。

"十时二十分到司太生堡(Strasbourg),寓台尔弥奴旅馆(Hotel Terminus)。游加特立教堂(Cathédrale),完全峨特式,大门穹窿,间布满神像,似我国之万佛坊。饭于凯末儿馆（Maison Kammergell），他的平房为一四六七年所建，二层楼为一五八九年建，形式甚古，壁画取材于神话，窗用圆玻片嵌成，云是酒瓶底。"（本年《日记》同日）

2月5日 在斯特拉斯堡参观大学文学院。

"访大学文学院院长费斯德（Pfister）及校长查勒梯（Charlety）。费氏主张：为提高中小学教员程度起见，宜准许到大学自由听讲，不问出身如何。询法国收回大学后，有何改变。彼言：德人办理时，外观甚伟，而内容颇简，物理学仪器甚少，今已增筹二百万佛郎以扩充之。又从前学生不多，现已有二千人。午后，参观动物研究所、物理研究所、地质研究所。"（本年《日记》同日）

2月6日 参观斯特拉斯堡大学药学院。

"十二时半，药学院院长谢当（Jadim）君邀游圣阿底尔山（Le Mont Sante Odile），值雾与雪，不能远眺。参观药学院校舍，据说：各国大学授药学，二年毕业；法国定为四年；现本国学生已有二年制，拟为外国学生要求。又毕业后欲再研究微生物或寄生物等科目者，亦仅需延长一年。"（本年《日记》同日）

2月7日 参观斯特拉斯堡大学医学院。

"医学院院长韦斯（Weiss）君邀观医学院，先参观波来尔所组织之微生物研究所，盖德人管领时，并不授微生学，现始组织。参观各病院、各种浴室及各种助运动的器械。"（本年《日记》同日）

2月8日 到南锡（Nancy）。

"晨九时行，十一时四十六分到囊希（Nancy）。"（本年《日记》同日）

2月9日 在南锡，参观大学。

"午前参观大学，理学院沛梯（Petit）院长导观冶金系、药学院、农学院。农学院某教授对中国学生甚厚，于课余常为补课。藏书楼及古物陈列所，均于停战前十日为德国徐伯林飞艇所轰炸，掷弹二百余，并有燃烧弹，毁伤甚剧。救出的书籍正在整理中。午后参观化学、电机、数理各研究所。"（本年《日记》同日）

2月10日 在南锡参观森林学校及市立剧院等处。

"参观森林学校，所搜标本甚富。参观市立剧院后台组织。参观市政厅及博物院。"（本年《日记》同日）

2月11日 在南锡参观家具制造厂和玻璃制品厂。

"参观摩埃野（Moyrille）家具制造厂，每逢木理至美者，锯成薄片，分嵌于床柜上，匀称无比。参观岛木（Daum）玻璃器制造厂，厂主见赠铁架玻盆一具。晚六时三十分行，八时十分到梅次（Metz）换车，十一时十一分又行。"（本年《日记》同日）

2月12日 到沙洛埃参观工艺大学。晚回布鲁塞尔。

"经比京（Bruxelle）到沙鲁埃（Charleroi），访工艺大学，晤校长希罗

(Hiereaux),导观将购之屋,备作中国学生宿舍者。参观教室及陈列所。化学教室中有电影机,启机自动换片,不必需人着手。晚回比京。"(本年《日记》同日)

2月13日 参观布鲁塞尔市政府及高等法院。

"魏注东公使来,偕往参观市政府及高等法院,往滑铁卢凭吊,看历史画(Panorama)全景画。"(本年《日记》同日)

2月14日 到布鲁塞尔,访问比利时教育部长戴斯德及参观自由大学。

"访教育部长戴斯德(D'Esters),赠我彼国《高等教育概要》。访齐尔(Gille)教授,此君为比国自由党学者,所著关于伦理学者,各国多有译本。对于中国留学生甚关切。欧战时有留比学生吴抱一君,家讯不通,由教授及其夫人携以避难,饮食教授,与自家子弟同样看待。参观美术博物院。偕齐尔教授参观自由大学,乞得《大学概要》两大册。参观解剖学研究所及巴斯德研究所(研究微生物,与巴黎所设同名)。"(本年《日记》同日)

同日 前在湖南的第一次讲演,题为《何谓文化》发表。(《北京大学日刊》同日)

2月15日 到比利时列日(Liège)、鲁文(Louvain)参观大学。

"赴里爱巨(Liège),参观大学,以实用工艺为主要科。参观电学及机械学研究所。参观技师俱乐部及学生公社。是日午后,赴卢汶(Louvain),参观大学,此校宗教色彩甚重,中国留学生,多为久居吾国之加特力教教士雷鸣远君所引进者。其藏书楼素著名,一九一三年为德军所毁,今仿其遗址。参观市政府及教堂。"(本年《日记》同日)

同日 前在湖南的第二次讲演,题为《美术的进化》发表。(《北京大学日刊》同日)

2月16日 到巴黎。

"参观工人公社(Maison de Peuple)。参观新式图书馆。午后三时三十分行,十一时到巴黎。"(本年《日记》同日)

2月19日 参观马当(Matin)报馆。

"参观马当(Matin)报馆,先见总主笔俞佛耐尔(Jouvenel)君,说:'现在知识界生计甚困,拟仿劳工例组织工会。'总理某君导观排字机、印刷机等;排字机与打字机(Linodibi)相连,打一行则一行之模即成;但如有误字,须全行更换。又有一种Monolibi,打后字与字不相连。"(本年《日记》同日)

同日 前在湖南的第三次讲演,《美学的进化》发表。(《北京大学日刊》同日)

2月21日 前在湖南的第四次讲演,《美学的研究法》发表。(《北京大学日刊》同日)

2月22日 往巴黎大学参观,受到该校校长阿庇尔接待。

"访大学校长埃贝尔(Appelle)君,导观大礼堂等处,邀参与 Ecole Charte 之百年纪念式。文学院长勃鲁纳(Brunne)导观文学院教室及图书室等。地理研究所有埃尔紫斯(Alsass)、罗来纳(Rolaine)二州之浮雕式图多幅,准地势高下为之,云是大战中次第制成的。观语言学研究所之语言试验机,即勃鲁纳君所创制者,搜罗各国名人之留声片,以验其发音之特点,曾搜得孙中山先生之话片。"(本年《日记》同日)

同日 前在湖南的第五次讲演,《美术与科学的关系》发表。(《北京大学日刊》同日)

2月23日 往巴黎美术馆、巴黎大学理学院及法学院参观。

"午前,参观美术图书馆(Bibliothèque des Arts,在 Rue Spontini),馆长余宾(Audre Joubin)君导观各室,每室为一时代或一民族之美术及古生物学等书,有一室专藏各国博物馆目录;有一室专藏路易十四时代以来各类美术肆之目录,可以检查一种美术品展转易主之迹。除总目录外,每室均有卡片目录。中国各书,均为柴佛耐(Savonne)君所搜集,凡关乎金石、小学、书画等书。据言:照片易收,可在法、意、德、英搜集;德、意精而价廉,法较贵,英不多。照片多用硬纸衬裱而加套;最精雕印片,裱入浅镂之厚纸中而盖以明角片。午后,参观巴黎大学之理学院及法学院。看地质学陈列所、物理学研究室等。看有色照片。有某教授见示所发明之折光筒,可以折去旧画之反光;凡色彩及花纹,均可了观,且可以显出题款,因古画家如鲁宾斯(Rubens)等,或竟题款于人物之足趾上,非遮去浮光,不易见也。在法学院参观讲堂及图书室等。"(本年《日记》同日)

2月24日 访问大学联合办事处的沛蒂杜德伊,了解法国各大学研究所情况。

"午前,到国立大学及其他学校之办公处(Office National des Universités et Ecoles Francais)访沛谛都德夷(Petit-Dutaillies)君,询法国各大学研究所情形,据言:'学生预备博士论文,有八年或十年始完者,多赖奖学金补助,亦有一面预备,一面在中学任教育者。'询大学与中小学校之关系,据言:除大学校长外,本没有法律上之规定,惟大学教员多兼任中学教员,有人的关系,故彼此极易联络。小学,因师范学校教员,亦多由大学教员兼任,故亦不至于隔阂。

午后参观医学院及药学院。在药学院,观病理学陈列所,观解剖室,观产科练习室,以蜡制人体练习助产。观药科,观实验室及植物园、暖室等。观药物陈列所,以药性分类,又有以民族分类者,有一中国药肆,曰万和堂,形式及器物均备。"(本年《日记》同日)

同日 前在湖南的第六次讲演,题为《对于师范生的希望》发表。(《北京大学日刊》同日)

2月25日　前在湖南的第七次讲演,题为《对于学生的希望》发表。(《北京大学日刊》同日)

2月26日　请班乐卫介绍可到中国讲学的法国学者。

"晤班乐卫君,请其介绍法国学者到吾国讲学;班君介绍四人:(一)居利夫人(化学);(二)哈德玛(Hadamard)君(算学及机械学);(三)沛霖(J. B. Perrin)君(物理学);(四)龙任闻(Langevin)君(物理)。但后来都未能请到,惟龙君受国联委派,曾来吾国考察高等教育。"(本年《日记》同日)

2月27日　访欧乐(Aulard)教授。

"访欧乐(Aulard)教授,是法国著名史学家。"(本年《日记》同日)

2月28日　参观拿破仑一世纪念馆。

"访法国国家学会之书记马松(Masson),导观拿破仑一世纪念馆,凡拿破仑及其眷属之画像甚多;所遗器物及签字之文牍、手书,他人关于拿氏之著作,均甚富有。"(本年《日记》同日)

2月　为宿迁庚楼《蔡氏族谱》撰写序文。

"临川为江右名区,星应斗宿,古属扬州。春秋战国分隶吴、楚,秦、汉以还,迄乎宋、元,或号九江郡,或称豫章郡,或名临川郡。唐分十道,曰:昭武,明改抚州,置府领六县,其大略也。考蔡氏之入临川,自五代始,《王彧传》:太宗剪除暴主,义平四方,欲引朝望以佐大业。封蔡兴宗始昌伯,食邑五百户,子姓日繁焉。厥后,伯禧派支分浙西,季通派宦居淮右。阅唐宋之六百祀,元明清之七百年,绵绵延延东洛之衣冠不坠;铮铮跻跻,西山之俎豆常新。知孝友之家,理宜久享,姻睦之风,世守勿替也。壬辰夏,培由京师退居湖滨,晤宗卿、子鸣先生三星期之久,瞻其德音,钦其风采,低徊留之不能去。溯厥本源,鸣老为季通支派,培则为伯禧苗裔。吴山越水,千里同堂。伯爵侯封,一脉相系,其渊源非无自也。鸣老嘱谱序于培,培备员教育不知史之管,得宿豫族谱窥见一斑,知钟吾硕望兴江浙名族熠耀古今,窃未尝不叹祖功宗德之遗泽长也。后生小子恐家声之不振,理学之就湮,夕惕日乾,勉旃勉旃。

民国十年元月　前教育部长一等宝光嘉禾章浙西族晚生　元培谨识"(宿迁庚楼《蔡氏族谱》民国辛酉年　西山书屋印)

3月1日　往法兰西学院参观。

"参观法兰西学院(Collège de France),晤办事人克罗惹(Maurice Croiset)及书记丕楷佛(P. Picavet)。据言:此院专为研究高深学问而设,教员多专请,兼大学教育者甚少。又言:院中每一研究所,政府年给十万法郎,甚苦不敷。观物理实验所,有贝奈尔(Bernard)氏之遗物。观有机化学实验室,主任摩罗(Moureu)君在欧战中发明甚多,其发明斯沛里毒质(Speric 系一种油类,布地面,数日不绝,气化伤

人),早于德人数日。"(本年《日记》同日)

  3月2日 访会世界语学者射倍尔。

  "访世界语学者射倍尔(Sebert),年已八十三矣,午前本不起床,有往访者,在床上见之;今日特早起,于十一时见我。据言:去年国际联盟开会时,曾上书请以世界语为国际语,法国代表误会为将排斥法语,不允列入议案;嗣后曾声明国际仍不废英、法语,但请加世界语译本。又言巴黎商会长已允于商业学校中加世界语教课,并由各省商会会长分别提议于本省商会。"(本年《日记》同日)

  同日 出席巴黎大学校长埃贝尔的欢迎晚宴。

  "晚,应巴黎大学校长埃贝尔(Appelle)所约之晚餐会,座有班乐卫、欧乐、陈仁先、顾少川、高叔钦诸君。埃校长演说,注重于北大废院存系之办法;对于我个人之著作,尤注意于《石头记索隐》。我之答词说,中法文化相类似及将来互相而进步。请高君译成法语。"(本年《日记》同日)

  3月4日 参观自然历史陈列馆、矿物及地质陈列所。

  "参观自然历史馆,由昆虫学者某君引导。言动物陈列所中间极明,殊非宜。又楼上陈列鲜羽鸟类在极明处,恐彩色缘受光而变,亦非宜。又言:为普通阅览者计,须为系统的排列,每种举例即可,其重复之品,可置于学者研究之所。最高一层之昆虫陈列所,即某君所管理,全用系统的排列法。参观矿物及地质陈列所,由主任某君引导。检示中国产辰砂,又检出镭锭所自出之矿物二种。馆长某君导观古生物学(Paléontologie)陈列所……"(本年《日记》同日)

  同日 参观歌剧院。

  "午后,参观歌剧院(Opera),由副总理拉罗埃(Laroi)君引导。建筑分五层,舞台在第三层,布景工具在下层,于楼上地板中作裂缝,升降之。"(本年《日记》同日)

  3月5日 往巴黎高等师范学校参观。

  "参观高等师范学校。校长为文科学者,副校长为理科学者,虽无明文规定,而习惯如此;著名微生学者巴斯德(Pasteur)曾任该校副校长。凡大学教授兼任高师教员者,不别支薪给。学生在官费额百余名,每名每年由政府津贴三千五百佛郎,以竞争试验取入,寄宿校中。

  参观乌尔朋(Urbain)之无机化学院。参观卢孙堡美术馆,已稍收新派图画。晚八时三十分行。"(本年《日记》同日)

  3月6日 到里昂,参观商品展览会。

  "午前四时到里昂。车站旁有赛会场,以织物为最多。中国馆中有贸易公司及豆腐公司之食品,其他绸样、印刷品及北大出版品,亦与列。"(本年《日记》同日)

  3月7日 到巴黎。

  "七十二十分行,午后到巴黎。"(本年《日记》同日)

同日 所撰《祭亡妻黄仲玉》一文发表。(《北京大学日刊》同日)

3月8日 到巴黎,偕李圣章同访居里夫人。

"与李君圣章偕访居利夫人(Madame Curie)于其镭锭研究所。先由其秘书导观各实验室,在教室中有特制扩声机,能传出镭质跃散之声。晤居利夫人,朴质诚恳,谓中国即无战争,与欧洲不同,必能以多数财力供学术上之用。又谓中国亦不可无实验镭锭之所,如在北京建设,必较为清静,不似巴黎之嘈杂而多尘烟。询以何时往美国,云在本年暑假中。询可否一到中国?答言:暑假无多日,此次不能往,当于将来之暑假中谋之。"(本年《日记》同日)

3月9日 到基梅博物院参观,见有中国玉器、瓷器,估计掠自圆明园。

"参观基梅博物馆(Muée Gimès),专陈东方美术品。埃及织物,自 Mumuy 身上剥下。印度多雕刻品。中国有玉器、瓷器,大约从圆明园劫去者,亦有图画。"(本年《日记》同日)

3月12日 到德国科隆(Coln)游览、参观。

"晨到德国科仑(Coln),先游观各环(Ring)街道。参观大学,平地一层为大厅及办事处。第一层楼为礼堂及教室,教室外廊间陈船之模型及农产品标本,烟草、橡胶等原料及制品皆具。第二层楼为各种研究所。渡桥,到来因河彼岸,参观天主教教堂。晚八时十分行。"(本年《日记》同日)

3月15日 到柏林。访会德国教育次长贝克,了解德国大学近年改革情况。

"访教育次长贝克(Dr. Becker)。据言德国现改定公务员退休年限,官吏以六十岁为限,教员以六十八岁为限,免老人久占地位,使后进无缘出头。询大学近有何等改革?彼言德本只有各邦大学,无国立者,现就普鲁士大学言之,旧时直隶国王,今隶内阁(旧奉王令,今奉阁令)。大约学问上研究上完全自由,而行政经济上受国家监督。大学有评议会,由校长、院长、前任校长及各系举出之教授(任期二年)组织之。校长一年一选。凡教授出缺,由评议会推举候补者三人,候教育部指任其一,但教育部有于三人外特别指任之自由。由历史上看,大约大学偏于保守,而政府偏于进取云。"(本年《日记》同日)

3月16日 偕夏元瑮(浮筠)、林宰平,访会爱因斯坦(Einstein)。

"午前,夏君浮筠、林君宰平来,同访安斯坦(Einstein),知彼将往美国,为犹太大学筹款。归途到英、荷为短期演讲,即回德。彼现任物理研究所所长,言德人不愿彼久离德。询以是否能往中国?答甚愿,但须稍迟。彼询如往中国演讲,应用何种语言?告以可用德语,由他人翻译,夏君即能译者之一。夏君言:用英语亦可,安斯坦自言操英语甚劣。夏君询相对律既出,以太无存在之必要,光行状态如何?彼答:旧说以太是固体,不能存在;若改定义,认为空间状态之名词,亦可存在。夏君询:闻法国新出 Théorie Einstein 一书,为 Fable 所著,有大作序言,确否?彼答:我

并不与闻此事,亦未曾作序。"(本年《日记》同日)

3月17日 访翰奈克,了解德国威廉研究院情况。

"午前,访汉奈克(Hanack)于国立图书馆,询威廉研究院之组织法。彼言:该院已设二十二研究所。初因工商业家知利用科学之需要,捐款设立,旧由皇帝居其名,现已改组,由教育部与委员会管理。院长由委员会推出,每一研究所各有所长,又有一干事。所中研究之对象及聘请研究员,完全由所长主持;工商业家止有请求,不能强迫;教育部与委员会亦不能干涉,惟所长须由委员会选定耳。二十二所中,属于纯粹科学者有物理、化学、生理等;属于应用科学者,有微生物、血清、制钢、验煤、造革(以人工制造,价须廉于真者)等;属于文化科学者,有历史等。"(本年《日记》同日)

同日 到柏林大学参观访问。

"午后,访柏林大学校长赛佛尔(Sefle),询大学情形。彼言:校长及各院院长,均由教授会选举,一年一任。常川办公者为大学法官及秘书,校长及院长均各有秘书。校长于午前授课,午后一时至四时在办公室,余时尚须交际及研究,甚忙。每日由三书记报告各事及询问意旨,然重要文件须校长自撰。革命后,教授无甚变动,讲师中偶有新进,为革命前所未必收容者,然人数甚少。至学术研究,毫不受革命影响,独立如故。亦言大学教授会偏于保守,而政府偏于进步。与贝克所言同。又言学生亦多属保守派。"(本年《日记》同日)

同日 晚八时赴留德学生会欢迎会,并有演说。

"八时,到留德学生会欢迎会,报告中国大势、北大学生现状、法国勤工俭学生状况及留法学界所印行《科学与美术》《中国真相》等事,末附及王光祈君通讯中说留德学生短处,并无恶意,劝同学不必因此攻击王君。"(本年《日记》同日)

3月19日 到德国莱比锡(Leipzig),参观民族学博物馆、美术博物馆等处。

"晨八时,与林君宰平同行,十一时三十分到来比锡(Leipzig)。观民族学博物馆、美术博物馆。游派尔门园(Palmen Garten)。晚,到奥爱拜赫地底小酒家(Auerbach)小饮,即哥德所叙入《浮士德》剧本者。"(本年《日记》同日)

3月20日 到德国耶拿(Jena),访张君劢,知倭铿不能到中国讲学。

"晨十二时二十四分行,一时三十分到耶拿(Jena),访张君君劢,言倭铿君不能到中国讲学,荐奈托浦(Natorp)君,奈君为新康德派巨子,与科亨(Cohen)同乡。又言德国哲学界现最被推崇者为许绥尔(Husserl)君,许君著有《论理学研究》,反对心理的论理学最力。又有厉克德(Riekert)君,著有《哲学系统》等书,亦新康德派之著名者,惜其人现在神经异常,未便聘往中国云。"(本年《日记》同日)

3月21日 访德国哲学大家倭铿,询其对于宗教的见解。

"午前访倭铿君,谈一时许。询以对于宗教之见解。彼言即个人没入全体之义。又言人类须脱去否认世界的偏见,而信世界为可以认识者。又言对于工作,不可单认为谋生的作用,当有乐工之意,深许中国人之以工作为乐事。倭君以自己不能往中国讲学,推荐奈、厉诸君及杜里希(Driesch)君,杜君为生理学家,现任来比锡大学教授。"(本年《日记》同日)

同日　参观海克尔(Haeckel)博物馆。

"午后,观赫格尔(Haeckel)博物馆,所陈列虽不及其他都会自然科学博物馆之宏富,而系统分明,时以模型图画补充之。观赫格尔住宅,其书室中四壁皆悬赫氏手绘之图,闻所作约二千余页。藏书室亦保存原来式样,惟卧室之床已移去。亦有一写字案,写信未封及来信未启者,均照原式列案上。博物馆中有一室,陈赫氏所著书印本及译本。有一华文译本,题曰《普一道论》,盖即一元论之意也,译文不过数篇,用楷书写之,称赫氏为海夫子,而自称茅腾飞。序文中有说基督教义者,显与赫氏主义相违。书用红格纸抄之,套以绿绢,云是光绪庚辰年祝赫氏六十岁生日者。"(本年《日记》同日)

3月22日　到法兰克福。

"午前十时行,十一时到韦马(Weimar),换车,停二时,往观美术博物馆。一时三十分复登车,八时二十九分到莱茵河畔之法兰克福(Frankfort am Main)。"(本年《日记》同日)

3月23日　到德国法兰克福,访特勒史雷(Dreoxler)教授,并往大学参观。

"访特勒史雷(Dreoxler)教授,特君治数学兼治哲学,著有小册说康德学说,见赠,曾在青岛及上海之同济学校任教员。看歌德居室。到大学,访校长该赖赫(Gelach),同观实验心理研究所,有时间分析机,可分至千秒之一。云是素曼(Schumann)教授所创制,除柏林大学外,惟此校有之。又有一螺旋集中式花纹,急转之则见为集中,停止则见为外散。校长邀午餐于其家,其夫人及长女均在座。其夫人曾与陆征祥君相识,藏有陆君所绘之草蝶一帧。"(本年《日记》同日)

3月24日　到慕尼黑(München),至教育部访霍普特曼,了解慕尼黑大学教育现状。

"八时二十九分到明占(München),访德国外交部所介绍之哈泼曼(Hauptmann)于教育部,哈君历言经济困难,学校设备不周之苦。又言此间大学暂不收外国学生,实因人数太挤;除对于俄国学生特别注意外,并无政治特因云。"(本年《日记》同日)

同日　到慕尼黑大学参观访问。

"访大学校长佛兰克(Frank)君,由罗克斯(Leuchs)教授导观地质学研究所,又观动物学、人类学陈列所。据说接丁在君函,属写东俄地质状况,要求于六个月内完成,已复电允之,惟完成之期须十二个月,并属转告丁君云。"(本年《日记》同日)

3月25日 参观德意志博物院。

"午后到德意志博物院(Deutsches Museum),参观第一层楼,自天文学至炼丹术。已五时,遂出院。"(本年《日记》同日)

3月26日 再次参观德意志博物院。

"午前,再往德意志博物院,晤鱼末弗(Karl Rumpf)及贝蚩(Gustav Betz)两博士,因院长米雷(miler)适不在明占也。贝蚩导观由一层炼丹术至平地层之矿工机械等。与第二层之船工、藏书室等,均择优讲解。询该院之开办费及每年经常费各若干,据言:现已在博物院岛建新院舍,此间不过暂居;开办时赠品居多,所费未易质言。经常费亦因暂居,未能言其确数云。"(本年《日记》同日)

3月28日 到奥地利维也纳。

"九时二十分行,十二时到柴蚩堡。二时三十五分又行,晚十时四十五分至维也纳。"(本年《日记》同日)

3月29日 在维也纳参观大学及美术学校。

"到大学,观建筑大概。廊中罗列著名教授造像,医学院较多。到美术学校,校前有歌德与雪莱造像。晚到埃彼罗剧院观剧。"(本年《日记》同日)

3月30日 参观美术史博物院及皇室离宫。

"参观美术博物院(Kunsthistorische Hofmuseum)及美术学校之陈列所。往沁钵吕能(Schönbrunen)参观皇室离宫,中有一厅,用中国黑地描金屏隔之,四壁均陈列中国瓷器。访前奥国驻北京公使罗德林(Rosteren)君,即曾与辜汤生氏同研究中国古学者。"(本年《日记》同日)

3月31日 参观贝尔佛大陈列所及工艺博物院。

"观贝尔佛大陈列所(Belveda)所陈列美术品,不及二百种,但佳品甚多。观工艺博物院(Tachnische Museum),内容颇似明占的德意志博物院。第二层楼陈各种工具,危险处以红色志之,使作工者知预防。又有救火器械之沿革。"(本年《日记》同日)

4月1日 到匈牙利布达佩斯。

"晨九时行。晚六时三十五分到匈牙利京城布达佩斯(Budapest)。寓'大旅馆',浴巾以被单充之。忆自科仑至柏林时,睡车中无盥巾,车仆取枕套充之。颇相类。足见大战后各国经济困难之一例。"(本年《日记》同日)

4月2日 在布达佩斯参观大学及国立博物院。

"往大学,晤校长福棱次(Dr. Hanuy Ferentz)君及动物学教授野挪(Jenö)君。野挪君曾留吾国二年余。大学分设三处:神学院、法学院在一处,哲学院一处,医学院又一处。

观国立博物院,院中陈列品,有未整列者。院长谓前时为罗马尼亚所掠,皆裹

而藏之,今始行整理,然被掠者已不少。有匈奴之马镫,又有一铜鼎,云疑仿中国为之。"(本年《日记》同日)

4月4日　到茵斯布莱克(Insbruck)。

"午后七时二十五分行,夜中大雨。过兰德克(Landeck)时有雪。到音斯不来克(Insbruck),左近雪山在望,草树皆现鲜绿,间以溪流,风景极佳。山上短树,缀以雪花,仿佛海底的白珊瑚。"(本年《日记》同日)

4月5日　到瑞士苏黎世(Zürich),晤李灌镕。

"午后七时到端士苏黎支(Zürich)。晤李君灌镕,为前朝鲜教育部长李载焜之子,已入中国籍,曾留学英国牛津大学三年,到此间大学亦已三年,在列钵斯(T. Lipps)指导下专攻心理学。"(本年《日记》同日)

4月6日　与李灌镕同往苏黎世大学及国立美术院参观。

"参观大学。观美术院(Kunshaus),有苟特雷氏(Hödler)油画及稿件甚多;李君言苟氏画以线之调和见长,色亦浓至。有波克林氏(Böklin)画数帧。观一图画展览会,有苟特雷及韦尔替(Welti)画多帧。往佛尔弗堡(Wolfburg),观奇阿科美替(Augusto Giocometti)画百余帧,纯以色彩分配为主,以所草玻窗图案为最美。有花鸟数帧,确似中国画。其托意有不易了解者。"(本年《日记》同日)

4月7日　到卢塞恩(Luzern),游格拉茨园及博物馆。

"到吕森(Luzern),雨,雪,冒雪游格拉次园(Glatsch garten)及博物馆。午后游菲尔怀特湖(Vierwaldsee)。七时回苏黎支。"(本年《日记》同日)

4月8日　抵日内瓦。

"晨七时三十分行,午后六时抵日内瓦。"(本年《日记》同日)

4月9日　到蒙德棱游览。

"一时二十分行,二时五十分抵蒙德棱(Montren)。乘街车赴希融宫(Chateau Chillon),晤廖叙畴。六时回日内瓦。"(本年《日记》同日)

4月10日　游览卢梭岛。晚到法国里昂。

"游卢梭岛(Lnsel Rousseaux),抵卢梭街(Rue de Rousseaux)。街口悬一木牌,写《民约论》《爱弥儿》《新道德》三书之名。……午后二时二十分行,八时五十分到法国里昂。"(本年《日记》同日)

4月14日　到意大利威尼斯(Venizia)。

"晚七时到威内萨(Venizia),火车过都零(Turin)时,见居人曝所洗衣于住屋之阳台,为欧洲别处所未见。"(本年《日记》同日)

4月15日　游圣马科寺(S. Marco)。

"游圣马科寺(S. Marco),见文石柱及镶玻璃画,殊为大观。有时辰钟,作两人锤击状。……观文化博物院(Museo Civio),见古代公爵衣冠,有与中国古装酷似者。又古代卤簿有刀枪等,亦与我国相类。妇人鞋底衬高,作袜形,表面用绸,长至尺余,当时通行长裙,不至露鞋也。"(本年《日记》同日)

4月16日 到意大利佛罗伦萨(Florenz)参观游览。

"午前七时行,午后二时到佛罗伦萨(Florenz),冒雨游德格里·乌飞栖宫(Palazzo Deglie Uffizi),观其陈列所,有意、法、德、荷诸名家图画及希腊、罗马雕刻。观圣克罗斯(S. Croce),有但丁(Dante)纪念碑、弥卡朗日罗(Michalangelo)墓碑。观圣罗伦瑳(S. Lorenzo)。"(本年《日记》同日)

4月17日 游罗浮宫(Palazzo Vecchio)。

"游旧□宫(Palazzo Vecchio),壁画及壁衣均甚著名。游小□宫(Palazzo Pitti),有拉斐尔(Raffail)、替栖盎(Tizian)名画。午后,观国立博物院。观美术学院(Academic di belle Arts),有弥卡朗日罗所造《大卫》等像。图画中有某氏所绘拉斐尔死时状况。"(本年《日记》同日)

4月18日 到罗马,参观泰尔蒙博物院(Thermen Museum)。晚到那玻利(Neaple)。

"七时行,午后二时抵罗马。观推尔明博物院(Thermen Museum),造像与图画最多。晚六时行,十一时到那玻利(Neaple,又作 Napoli)。"(本年《日记》同日)

4月19日 晨游庞培古城(Pampeji),晚到罗马。

"晨八时游庞培古城(Pampeji),雇一导游者,随地说明。……午后观新邦沛一教堂,甚华奢。回奈坡里,观国立博物院(Museo Nationale),壁画及铜器多自邦沛及海枯拉农(Hakulaneum)两故城发掘而得之。晚七时行,十一时到罗马。"(本年《日记》同日)

4月20日 在罗马得知从弟蔡元康(谷清)病逝消息。

"得里昂转来宋汉章君电,知从父弟谷清去世。谷清少于我十四岁,在革命运动及教育事业,力为我助。留学日本,治法律及经济,曾任苏州审判厅长,后改入金融界,任中国银行杭州分行行长。对于浙江省公益,亦多所尽力。持此以往,大有可为,今年仅四十三岁耳,竟以暴疾殁,哀哉!惜哉!我今次西游,既哭仲玉,又哭谷清,旅中郁悒,非可言宣。

观罗马议政场(Forum Romarum)、大剧院(Koloseum)、战神庙(Kapitol)等古迹。"(本年《日记》同日)

4月21日 在罗马,访会意大利教育部长克罗绥(Croce)。

"午前游彼得教堂(Peters Kirche)。十一时,访教育部长克罗绥(Croce)君,即曾著《美学原理》等书者。询以康德言美感限于视、听二觉;而居友(Guyun)则包举各种快感,宜何从?答言:从康德。但康德以后,美学理论之发展,已不为康德所囿。询其对于表现派之美术如何批评?答言无美学上价值,不过逾量之活动耳。"

(本年《日记》同日)

  4月22日 在梵蒂冈参观罗马大学及教皇宫。

  "十时访大学校长柯尔加那(Guido Calcagno)君,并晤华语教授华加(Giovanni Vacca)君。

  观教皇宫(Vatikan),凡拉斐尔壁画,弥加朗惹罗之屋顶画,均得观其原本,不胜伟大之感。观保罗教堂。午后五时行。"(本年《日记》同日)

  4月23日 到凡替尼格拉(Ventiniglia)。

  "十时五十分到凡替尼格拉(Ventiniglia),为意、法交界。候行李,到二时十三十分始行。曾散步海滨,并登古堡。"(本年《日记》同日)

  4月24日 到里昂。

  "晨六时,到里昂。"(本年《日记》同日)

  4月26日 参观里昂大学医院。

  "往大学病院看割治两起:一、妇人肠病,截去大肠一段。二、男子胃肠交接处闭塞,割去少许,以火力封闭之,别于胃肠他处缝合而开孔。"(本年《日记》同日)

  4月27日 参观美术学院。晚到巴黎。

  "参观美术学院,花卉画一面照自然描写,一面以几何方式范围之。午后二时行,十时到巴黎。"(本年《日记》同日)

  4月29日 到荷兰海牙。

  "晨六时半到比京布鲁塞尔。午后二时四十分行,八时三十分到海牙。"(本年《日记》同日)

  4月30日 在海牙,晤华侨会长韩朝宗。

  "午前,中华会韩朝宗会长来访,告明晚开会,请参加。中华会为荷属华侨子弟在荷京留学者所组织。参观图画馆(Manritshuis)。游佛雷召宫(Vrcdespaleis)。自盎佛斯(Anvers)车站出,渡桥,即见圆尖塔无数。"(本年《日记》同日)

  5月1日 游诺特怀克(Nordwejk)。

  "游诺特怀克(Nordwejk),沿途见郁金香花,红白紫黄,各色均备,红者最多。"(本年《日记》同日)

  5月2日 到荷兰阿姆斯特丹(Amsterdam),参观国立大学及博物院(伦伯朗故居)。

  "晨九时,往阿姆斯特丹(Amsterdam)。参观大学,晤校长,校长医学院出身,皮肤病专门。

  参观国立博物院蓝伯伦(Rambrandt)油画甚多,以《夜巡》(Nachtwacke)为最著名。参观蓝伯伦故居,藏蓝氏画稿及铜版画,甚多。"(本年《日记》同日)

  5月3日 到英国牛津。

  "午前十时到哈维克(Harwick),又换车,十一时三十分到伦敦。十二时十分偕罗君钧任行,六时到牛津。寓波蒙街四号(4 Beanmont Street)。访惠通学院(Worten College)院长及罗马法教员,均未晤。"(本年《日记》同日)

5月4日　与傅斯年(孟真)一起参观牛津大学。

"傅君孟真来,偕往观学院数所,大抵屋皆甚古,而花园则甚整洁。闻牛津大学学生,至少住院中所备宿舍一年以至二年,每人宿舍,除卧室外,尚有一室,备读书会客之用。"(本年《日记》同日)

同日　出席惠通学院院长的欢迎晚宴。

"晚七时半,应惠通学院院长之邀,往该院晚餐。座有大学副校长、图书馆长及其他重要教员,在膳厅中与本院学生同时进膳,惟别设一桌耳。学生分五桌,第四年级在中,一、二、三级在右,以次而降;官费生在左。我等餐毕,又往别室饮波德及义黎等酒,食果点,陈列往昔传留之银器、燃烛。毕,又往别室饮咖啡,吸烟。副校长及图书馆长均谙德语。"(本年《日记》同日)

5月5日　参观牛津大学图书馆。

"午前到图书馆,由馆长及华文教员苏齐尔(Soothill)招待,并晤柴易斯教授(Seis)。柴氏研究古代文明,发明巴比仑文读法;年已八十余,曾三至中国。馆中藏有王右军墨迹手卷,有谢惠连跋,宋元明人题字,望而知为伪者。有宋版《左传集解》(有吴文定朱笔评语)及黄东发《古今集要》。晚五时四十分行,七时到伦敦。"(本年《日记》同日)

5月6日　到伦敦。出席中国留学生会的欢迎会。

"偕高君叔钦赴中国学生会之欢迎会。晤刘君半农、傅君孟真。晤章君行严,言正草一改造中国之计画,用重农主义云。"(本年《日记》同日)

5月7日　访会英国大学委员会主席麦科米克及渥来斯教授,了解英国大学教育情况。

"访大学委员会主席麦科靡克(Sir William Mcormick, chairman of the University Grants Committee),询欧战后英国大学新状况,彼言:学生人数骤增,政府为提倡理工教育及整理全国大学起见,特定补助地方大学之制,凡地方对于某一大学出经费若干者,中央亦出费若干以补助。乔治总理为渥来斯人(Wales),先劝其乡人奉行。前年政府共补助五十万镑,去年增至百万,现已增至二百万。其来源则于每种税一镑上加一便士之附加税以充之。询政府对全国各大学,是否加以干涉?彼言:一任其自由发展,惟用度上如浮滥时,始干涉之。

参观戴德陈列所(Tate Galerie)。参观国立陈列所(National Galerie)。参观惠斯德教堂(Westminster)。四时半,赴渥来斯教授(G. Walles)茶话之约,兼晤其夫人及女公子。"(本年《日记》同日)

5月8日　与北大同学谈话,继在伦敦参观。

"与北大同学谈话于中国楼。参观科学博物馆,所陈列各机械,均由简单而复杂可以见进化之迹。惟最新式者,或因工厂专利,故未陈列。……

午后偕渥来斯夫人参观女子大学,在一公园中。此校设立已八十年,而校舍则于七年前集捐建筑。学生六百人,寄宿舍每人一室,可容百人。大讲堂可以演剧。图书馆两面通光,于书架间设阅书案,学生自由取阅,阅后置书架旁之小架上,各科实验室又有特别书库。"(本年《日记》同日)

5月9日 参观伦敦大学及不列颠博物院。

"午前偕渥来斯教授参观伦敦大学之一部分,晤理学院院长赛沛尔(Seper)君。参观美术学校,晤罗遂斯坦教授(Rothestein),罗氏极言中国图画之优美。

午后参观不列颠博物院,晤聘生(Pinsen)君,见示佛教图像五帧,系自敦煌石室搜得者,闻共有二百余帧云。见示王摩诘《辋川图》,有桂未谷等题字,恐是后人所绘,出售者加以王维之名。大厅中所陈顾虎头《女史箴图》,甚佳。"(本年《日记》同日)

5月10日 偕刘半农、傅斯年参观不列颠博物院,访齐勒。

"午前偕刘君半农、傅君孟真往观不列颠博物院,访齐勒(Giles)君,见示敦煌石室中所得古写本,有切韵四卷,小公主信一纸,唐时历本二叶,又有木简若干件,已见沙凡氏书中。又晤韦勃氏,出示中国古图画,看埃及、叙里亚等遗物。午后,看印度古物。"(本年《日记》同日)

同日 到剑桥。出席中英友谊会的欢迎会。

"四时行,八时到剑桥。到铿学院(King's College)应中英友谊会之招。"(本年《日记》同日)

5月11日 参观剑桥大学各学院。

"午前参观著名各学院。一时,副校长齐勒(Giles)君招午餐,座有其夫人及女公子。餐后导观大学陈列室及图书馆,看宋版各书。"(本年《日记》同日)

5月12日 到爱丁堡(Edinburgh),参观大中学校及国立博物馆。

"晨七时到爱丁堡(Edinburgh)。参观美术学校,晤其校长,询中国学生是否习西洋画?答以有之;彼言中国旧画甚美,万不可破坏。告以分途并进,各不相妨。到大学,参观心理学实验室。参观国立博物馆,分自然史、人类学、历史、美术等部。观图画展览会。观古堡及王宫。"(本年《日记》同日)

同日 出席中国留学生会欢迎会。

"午,中国学生会招饮,会长林君可胜,为文清博士之子,现在大学医学院任生物学助教。副会长袁昌英女士,为杨君端六之夫人。"(本年《日记》同日)

5月13日 到伦敦,参观楷旭(Cacho)夫人蜡人馆。

"晨到伦敦,寓哈尔公园旅馆(Halpark Hotel)。观楷旭(Cacho)夫人之蜡人馆,现代著名人物,如文学家、政党领袖等,均已列入。中国人二:一为孙中山,其一则香港售茶叶者。晚到吕列克剧院观贝格尔乐剧(Beggers Opera)。"(本年《日记》同日)

5月14日　游汉泼通王宫(Hampton)。

"游汉泼通王宫(Hampton),建筑作正方形,屋顶烟囱筒林立,作种种花纹。内部华丽,礼拜堂之壁及玻璃画甚美。"(本年《日记》同日)

5月15日　在伦敦与徐志摩同访费拉依。

"偕徐君志摩访费拉依君,并晤其妹、其女及别一女友。费氏为新派画家,壁上悬毕克梭(Picasso)油画一幅,乍观之,似图案,非图案;似人物,非人物。费氏为我等解说,谓所绘为女子头面,系毕氏初入手时所作。盖见一物而觉其为美者,无非种种线之感触;今抽取此若干线而重新组织之或重复之,遂成其状。"(本年《日记》同日)

5月17日　到巴黎。

"午前十一时行,午后七时到巴黎。"(本年《日记》同日)

5月18日　在巴黎。访张君劢,知倭铿荐德里希到中国讲学。

"访张君劢,言倭铿不能到吾国讲学,荐奈托钵(Natorp)自代,而其夫人反对之,乃荐特里希(Drisch)。又言新康德派已宣言不专治认识论而从事于人生哲学。又言德国多数党学者,惟科赫(Koch)尚得在野拿(Jena)任大学教授。四月间之大活动,科氏皆与闻其事,其所以失败,由于第三国际社会党运动下级首领太过,不受上级首领驾驭。我往野拿时,曾晤倭铿夫人,亦新派画家也。"(本年《日记》同日)

5月19日　出席华法教育会、北大同学会等三团体的欢迎会。

"晚六时半,应华法教育会、北大同学会、和平促进化学研究会等各团体之招,在学者社(Société de Savant)晚餐。九时五十分行。"(本年《日记》同日)

5月20日　在里昂,得知岳丈黄尔轩病逝。

"晨,到里昂。得北京电,知外舅黄尔轩先生去世。先生讳炽昌,江西都昌县人,以巡检在浙江候补,有傲骨,善书,其子女皆受相当教育,女子不缠足,官僚中不可多得之人物也。"(本年《日记》同日)

5月22日　获法国教育部名誉勋章。

"观荷兰图画展览会。观法国图画展览会。鲁宾、古朗同来,邀我往教育部,见部长贝拉(Leon Perar),赠我一名誉徽章。"(本年《日记》同日)

蔡先生"由英回法。由法动身(赴美)时,里昂大学宣布赠与蔡名誉文学博士学位。二十四日——动身前一日——由法国政府赠与法国最高奖励学者之勋章,由其教育总长亲为佩带"。(罗志希:《蔡子民先生游美纪略》)[①]

---

① 载北京《晨报》1921年8月9日。

5月25日　自巴黎乘船赴美国。

"午前九时五十五分行,午后四时三十分到赛布格(Cheburgh);五时登科仑比克船(Colympic),向美洲。船中读英语自修书,有法文注音。"(本年《日记》同日)

"二十五日动身,由里昂大学校长来巴黎欢送,并有里昂市长及里昂大学评议会代表及巴黎大学代表等,极一时之盛。"(罗志希:《蔡孑民先生游美纪略》)

6月1日　抵纽约。

本日"十一时到纽约"。(本年《日记》同日)

"蔡先生这〔次〕来,其在纽约登岸已为6月1日下午,故是日哥仑比亚大学之毕业式不及参与。即日侨寓威斯特旅馆。我在普林斯顿大学院之学年考试,于这一日上午考完,遂于午车来纽约。汪敬熙君亦由约翰哈蒲金来。是日赴海岸迎接者除北大全部在纽约同学二十二人外,尚有留学界及华侨多人,及中国领事、外国新闻记者等。"(罗志希:《蔡孑民先生游美纪略》续一)①

同日　接受《纽约论坛》《泰晤士报》等记者的采访。

"一日下午,新闻记者纷集,最著名报馆,如纽约《泰晤士报》《纽约论坛》《先声》《晚邮》等均有代表。由我与卜思分任翻译,其所问者多关于中国文化运动、学生运动及新教育之发展问题。而《晚邮》记者施同女士尤再三致问于先生《石头记索隐》,此书名及于西洋女新闻记者,亦趣闻也。"(罗志希:《蔡孑民先生游美纪略》续一)

6月2日　访会孟禄(Monroe),了解美国大学与中小学的关系等问题。

"访孟禄(Monroe)君,询以美国大学与中小学校之关系如何。答言:私立大学,入学凭考试;州立大学对于州立中学毕业生验证书,其他亦凭考试。询美国现时哲学趋向,答言:实用哲学渐超过于康德、海该尔派之观念论。"(本年《日记》同日)

"晚七时,到新闻家文艺协会(The Foreign Press Service),孟禄君亦在座,我讲《东西文化联合之趋势》。"②(本年《日记》同日)

同日　出席中国留学生会的欢迎会。

"九时,应中国学生会之招,到大学哲学院,我讲留学生当注意之事,以人生观为基本,求方法,报告,互助等等。"(本年《日记》同日)

"二日上午,往访哥仑比亚大学当局如校长白特尔、学长吴德不列治、教育院主任孟罗等,参观大学。白在社会极活动,以事务见称,而吴、孟均在学术界负盛望。下午接待外宾,六时赴美国新闻记者会议,由彼等请先生演说中国近代思想之变

---

① 载北京《晨报》1921年8月10日。
② 是日讲演临时改讲《中国文学的沿革》。

迁。八时赴纽约全体中国学生欢迎会,纽约中国学生计一百四五十人,几全体尽到,座不能容。先生到,一致肃然起立。所演讲甚长,另有冯友兰君笔记。大约分为四点:(一)为求学当以学问为本位,以人类幸福为己责,当破回国后安福尊荣之思想。(二)为学当从创造,不仅吸收,故尤当注意于方法,望注重实际,□之生活,不当避免。(三)在留学期中当留意国内学术思想之变迁,不当莫明真相,蹈文人相轻之习;且当译书,以谋对于国人有所贡献。(四)近代学术,重在互助,团体当以学术为本位,不当以其他目的之结合。稔知留学界情形者均认为切中时弊之谈,满座均大感动。"(罗志希:《蔡孑民先生游美纪略》续一)

6月3日 在哥伦比亚大学与留美北大同学座谈。继听取同学报告嘱为调查的事项。

"到大学哲学院,与北大同学谈话。午餐时,我讲《中国各大学与北京大学之将来》。午后七时,到女青年会,此间同学分别报告代为调查之事件,此为朱君经农代我属托者。"(本年《日记》同日)

"三日上午留美北大同学会在哥仑比亚大学哲学院开欢迎会。到者二十二人,依次陈述母校利弊及应当兴革之点,极恳切,谈后蔡先生属各人拟意见书一通交上。会后在哥校'母校'之铜像下摄影。中午为北大同学及纽约中国学生欢迎蔡先生餐会。先生发表考察所得教育之意见两点:(一)大学不好,中小学教育无振兴之望;故教育之根本,是以办好大学入手。(二)法国大学区域之制度,极力实行,将全国划为若干教育区,每区以内之中小学教育及社会教育,均由大学筹划主持。晚间由调查股将调查所得,开会报告,调查员均在座,而来旁听者亦多。依问题之性质,次第报告。因预备充分,而担任者又极热心,是以材料甚丰富,报告有厚至盈册者,均由蔡先生带回。"(罗志希:《蔡孑民先生游美纪略》续一)

与哥伦比亚大学旅美北大同学会合影(1921年6月3日)

6月4日 应约谈对于中国政情及日英续约等问题的看法。

"午十二时,应李国钦、黄膺白二君之招,到律师俱乐部,座有精琦君及其他杂志记者多人,谈中国情形及日英续约等问题。"(本年《日记》同日)

"四日上午中美灾赈会代表来访,波斯顿报界代表来访,问中国学术思想界之改革,谈话甚久,有极长之文字发表。午间由华商巨子公宴,有法、意领事在座。又有美国巨富罗伯茨夫妇慕蔡先生名,请先生寓其家中,婉谢之,因事忙不便也。"(罗志希:《蔡孑民先生游美纪略》续二)①

6月5日 上午,出席旅美华侨欢迎会,提出为北大图书馆募捐问题。

"五日上午接见中国学生,将三日未完之报告,由调查股继续报告。下午华侨假天主教礼拜堂请蔡先生演讲,在厅内者有三千余人,座为之满,而在门外不得入尚有一千余人,鹄立以待,为从来未有之盛况。先生演题,关于教育,而将北大图书馆募捐正式向大众提出,欢声雷动。继由段锡朋君演说,是晚中国华侨报界开欢迎会。"(罗志希:《蔡孑民先生游美纪略》续二)

下午,到某教会演说。

"午后二时到安良工商会。三时,应国民党之招待,到某教会演说。"(本年《日记》同日)

6月6日 参观纽约州立图书馆及自然历史博物馆。

"午前参观州立图书馆,晤馆长安得生(H. Anderson)君及馆中学校主任李次(Litz)君导观一周。午后二时参观自然历史博物馆,馆长阿斯波衡(Osborn)君,详示美国中亚新远征队之路线,言现已第三次出发矣。"(本年《日记》同日)

同日 出席国际教育会的欢迎会,发表题为《中国新教育趋势》的演讲。

"晚七时,哥仑比亚大学校长布得雷(Butler)君以国际教育会名义招饮,座有孟禄、精琦诸君。校长及孟禄君均有演说,我演说《中国新教育趋势》。"(本年《日记》同日)

"六日参观纽约公共图书馆,由其馆长设茶会招待,此为美国第二大之图书馆,其中除四百万册书籍外,尚有多帧之美术品,油画尤多佳者。旋赴自然历史博物馆参观,亦由其主任阿斯邦(Clome)开会招待。此为关于自然科学最大之博物院。阿氏为美国最著名古生物学家,与蔡先生谈及该院东方远征队之计划。因该院以大宗经费,派出远征队一组,拟至西藏一带,搜求最古之原人及其遗迹。盖世界人类,是否始自西藏高原,及美洲红人是否来自亚洲,均为近代人类学最重要之问题。阿氏与蔡先生商量,欲与北大通力合作,希望我们有学者与之共同出发,将来所得材料,即以一半见赠,以为中国创造自然历史博物院之基础。……阿氏与蔡先生谈

---

① 载北京《晨报》1921年8月14日。

甚欢，各赠照片以为纪念。晚间罗克弗尔基金社和国际教育会公宴蔡先生，由孟罗博士致欢迎词，极为推崇，在座者有哥大校长等，夜深方散。"（罗志希：《蔡孑民先生游美纪略》续二）

6月7日　出席华侨公会的欢迎会，并有演说。

"午后四时半赴中华公所欢迎会，我有演说。晚，饭于自由楼，又有演说。是晚，其余演说者十余人。"（本年《日记》同日）

"七日上午游纽约美术院，其规模极大。罗丹最著名雕刻之《思想家》《亚当》《夏娃》等原作共二十余件均在此，非美人富力，曷克致之。蔡先生尤注重拉菲尔、伦勃朗之画，以为其美术史材料。下午纽约中华会馆请蔡先生演说，为北大图书馆募捐性质，故到者多较大商家。晚由纽约各华侨团体联合公宴。……由蔡先生演说国内学术与国外侨民之关系。"（罗志希：《蔡孑民先生游美纪略》续三）[①]

6月8日　获纽约大学名誉法学博士学位。

"午前，严恩樞君及精琦君邀我往纽约大学，参与毕业式；校长勃鲁（Brown）君以名誉法学博士学位赠我。是日得名誉学位者五人以上，卡耐奇夫人其一也。午后李佳白来访。六时，安良公所总会招饮于自由楼，我有演说。"（本年《日记》同日）

"八日上午纽约大学行毕业式，请蔡先生参与，并决定赠先生名誉法学博士学位。是日典礼极盛。该校毕业生将五百人，来宾在极宏伟之礼堂不能容，而四面设棚幕以安位置。由校长宣布蔡先生之事业及著作，最后述至中国新教育之领袖、教育的新中国之领袖二语时，全场掌声呼声四起。赠蔡先生以博士披肩，紫色。……下午精琦博士、波斯顿新闻记者、久居中国之李佳白君、北高师美国教员丁恩君来访。晚赴华侨安良工商总会欢宴大会，以电灯在其最高楼盘亮欢迎二字，一远望见。由蔡先生演说中国自农业国变为工商业国之重要及工商业之互助，最后归于提倡学术，为图书馆捐款事，到者极感动。"（罗志希：《蔡孑民先生游美纪略》续三）

6月9日　晚抵波士顿。

"九日上午收拾行装及（办理）未完手续，下午乘车赴波士顿，晚间到波。"（罗志希：《蔡孑民先生游美纪略》续三）

同日　函请李国钦协助募款建筑北京大学图书馆。

"国钦先生大鉴：敬启者。纽约小住，辱承宠招，盛谊隆情，良深感激。弟此次来美，专为募款建筑北京大学图书馆。惟时间短促，未克与诸华商逐一细谈。素仰先生德望为众商所宗仰，为此奉恳鼎力鼓吹，以期早告厥成。弟拟于本日下午赴波士顿，匆匆不及走辞，至以为歉。兼此鸣谢。敬颂时祺。"（《致李国钦函》同日）

6月10日　出席麻省理工大学毕业典礼式。

[①] 载北京《晨报》1921年8月16日。

"十日上午参观美术馆。下午麻省理工大学请参与毕业典礼。麻省理工为美国最著名之第一邦立工科大学也。晚赴中国学生会之欢迎会,其附近学校之中国学生亦一齐到会,数约百人。有长篇演说。"(罗志希:《蔡孑民先生游美纪略》续三)

6月11日 到波士顿。往哈佛大学参观。

"十一日上午参观哈佛大学全部,尤注重于心理及物理两实验室,及其图书馆等。下午六时赴华侨各团体欢迎会,公宴于西湖楼。九时至中华公所欢迎会,均有演说。"(罗志希:《蔡孑民先生游美纪略》续三)

"午前参观哈佛大学,由书记长招待,偕观图书馆。唐君擘黄导观实验心理学研究所;易君导观物理学研究所。"(本年《日记》同日)

同日 出席华侨公会欢迎会,并有演说。

"晚七时,华侨招饮'西湖',到中华公所演说。"(《日记》同日)

6月12日 由波士顿抵费城。

"十二日由波士顿乘车至菲拉得尔菲亚(Philadelphia),华侨排队来车站迎接。特备汽车六辆,高扬中美国旗,列队而行。下午由华侨假大礼拜堂开欢迎会,请蔡先生演说。是日天气酷热,到者三千余人,座不能容。晚间接见各团体代表及新闻记者。"(罗志希:《蔡孑民先生游美纪略》续三)

6月13日 到华盛顿。出席芮恩施的欢迎宴会。

"十一时行,午后三时到华盛顿。晚八时前驻华公使芮恩施招晚餐,于禁酒期中,特饮白兰地,可异也。"(本年《日记》同日)

"十三日上午游费城独立厅、国会遗址等处,并大致参观本邦文□大学,下午乘车赴华盛顿。十三日下午到华盛顿,留学监督严恩槱、赵国才二君及学生多人到车站迎迓,即赴华德门公园旅馆。旋公使施肇基君亦来。晚间前驻华公使芮恩施请宴会,在座多知名之士如 Waloottsott 等。"(罗志希:《蔡孑民先生游美纪略》续三)

6月14日 往教育局,了解美国高等教育及职业教育情况。

"午前九时到教育局,晤高等教育司长育克博士(Dr. York),询司中任务,答言:惟办高等教育会议及统计二事。初时止办统计,近十二年,始办会议。对于各学校,受中央政府补助者,提出相当条件,余不干涉。询以近年会议中大问题为何?答言:为教员薪俸。现已增二倍半。询以各学校经费分配的比例如何?答言:除先提建设费外,大约教职员薪俸占十之六,设备费等占十之四。并言:各大学有岁费六七百万者。校长为筹款等事,致无暇顾及教务,现多增设教务长一员。

到职业教育局,全体董事均到,惟资本家代表团因我到太迟,不及待而去。除见赠打印的说明书外,农业部、工业部、残疾部及退伍军人部各代表均分别详说推行方法,多主张职业教育与普通教育联络。"(本年《日记》同日)

同日 参观美国国会图书馆。

"参观国会图书馆,与馆长谈,请其赠卡片目录一套于北京大学,并交换图书,彼甚赞成。司丕根博士导观华文书库,其检目甚详明。"(本年《日记》同日)

同日 出席乔治城大学毕业式。

"参加该尔革通大学(Georgetown)毕业式,校长邀晚餐,我演说《东西文化之结合》。"(本年《日记》同日)

"十四日上午参观教育局,由其专门教育主任接待。美国无教育部,一切教育事务,均综于此局。蔡先生发问多注重于中央教育机关与地方教育之关系及与各大学之权限。其答话历述美国教育发展之经历。继谓美国教育均由各邦独自举办,中央全无干涉之能力,及干涉之必要,各大学纯粹独立,决无被政府干涉之事。继又问及邦立大学与邦政府之关系。所答均同,但述及董事会组织之异点。由该局面赠出版品甚多,并允将该局以后每年出版品全份赠与北大,为数甚巨。旋赴联邦职业教育部参观。该部事前知之,已召集董事会欢迎。……是日由农工商三项代表,次第发言,报告其内容,极恳挚。又由该董会特为拟就报告书二通,评述其组织及内容,交与蔡先生。其盛意极可感。旋赴国会图书馆,此为最著名最大之图书馆,而此行又为极可纪念之举。其馆长卜第门已先预备招待,引之参观一切,当时面允蔡先生赠送该馆全部卡片一份与北京大学,不加限制。……

下午由华盛顿乔治大学请蔡先生参与毕业典礼,衣博士大礼服高坐礼坛上,虽甚苦,然在美国视为优崇之敬礼,此座有各部总长、参众议员。仅海军总长但倍有演说,但氏且能操华语,甚佳。是晚即由该大学请毕业大宴,由蔡先生演说《东西文化之接近》,词甚长(后改题《东西文化结合》)。"(罗志希:《蔡孑民先生游美纪略》续四)①

6月15日 参观权量局。

"十五日上午参观权量局,其分析之精密,以百万分之一、二百万分之一计,诚是令人钦佩。其白金长标准尺尤可贵。其中建筑十八所,各分门类,如量、衡、度、冶金、电机、气压等等,均由各部主任引导。彼等均极望中国采米达制,以与世界划一,有极大便利。中午赴使馆宴会,在座美人有芮恩施等。宴会后即由施公使开茶会招待在华盛顿中国学生,以备蔡先生接见。茶会由严恩拉夫人主持。午后在亚林敦旅馆,见芝加哥、旧金山、匹斯堡、横库瓦等地华侨代表,商议西行路程事,大致决定。晚间由严、赵二监督在苏尔曼旅馆欢宴。"(罗志希:《蔡孑民先生游美纪略》续五)②

"参观标准局(Bureau of Standards),历权度标准、电灯、冶金、机械等处,未及

---

① 载北京《晨报》1921年8月17日。
② 载北京《晨报》1921年8月18日。

通观。局中某博士赠我生的迈当尺一支。"(本年《日记》同日)

6月16日 访晤麦伦、华尔确第博士。

"十六日早赴卡耐尔基学院,访麦伦博士,又赴斯密梭林学院访华尔确第博士,二人在学术界有声,华氏尤系世界著名国际法学者。其日偕蔡先生去者,仅袁同礼君。……晚赴华盛顿华侨欢宴会,该处华侨不多,但在座有各种代表。蔡先生演说对于美国教育之感想,以图书馆捐款事为归。"(罗志希:《蔡孑民先生游美纪略》续五)

"午前参观卡耐尔基研究院(Carnegie Institute),晤梅雷盎博士(Dr. Merream)。参观斯密斯·梭尼研究院(Smith Sonian Institution),晤惠尔科帖博士(Dr. Walcott)。"(本年《日记》同日)

6月17日 在华盛顿,参观琼·霍普金斯大学(Johns Hopkins)。

"午前到巴尔梯摩(Baltimore),参观琼·霍丕铿大学(Johns Hopkins),晤校长古德诺(Goodnow)君。看心理实验室,研究员演示感觉各种器具,中有测验色盲器。观生物学实验室。午后,参观丕波氏(Peabody)图书馆。观动物心理实验所。"(本年《日记》同日)

"十七日赴波定莫参观约翰哈普金大学,波城距华盛顿仅一点钟火车,属于玛丽兰邦,为美国发达最早地方之一。到后见其校长前中国顾问古德诺博士。古氏比回国时容颜较老矣,而精神极佳。身上挂了一大串钥匙,替蔡先生四处开门,操法语为之解说。"(罗志希:《蔡孑民先生游美纪略》续五)

"中午赴该处中国学生欢宴,席间蔡先生演说,谓对于该校自由研究之精神,极留好感。且闻该校著名教授,并不愿学生人数之多,而在乎对于学生个个照顾得到,教员与学生能作共同之研究,如以前最著名新派心理学教授华特生(Watson)任教时,仅限制收学生四人。绝少上课,仅为共同之研究与作无定期之实验,是以能独标新说,有所贡献于当代。欲学术之进步,首先重研究事业。学生应当有□书研究功夫之根底,将来方可谈学问,而教授尤当研究,且与学生作共同之研究。约翰哈普金大学为美国首先提倡研究事业之学校,且教员多能招呼得过来,望诸君勿失此机会云云。下午参观该校附设医院及疯人院,皆可谓全系医学、生理学及实验心理学学生之实验室。观汪敬熙君之实验室,其中蛙鼠成群,别饶兴趣。由芮虚特博士指导参观,且及于彼自己所作之实验。彼与汪君极相得,现均注重于动物心理学。芮氏操德语解释,傍晚乘电车回华。"(罗志希:《蔡孑民先生游美纪略》续六)①

6月18日 访美国国立科学研究评议会,与凯罗士博士座谈。

"午前九时到国立科学研究评议会,晤凯罗士博士(Dr. Kallogge),据言:从前

---

① 载北京《晨报》1921年8月19日。

实业家以倍于大学之俸给延科学家特别为之研究,而成效不佳。因知研究学术,终当以大学及专门研究所为适当之机关。彼允与北大交换印刷品。……到卡耐尔奇国际和平基金管理所,晤斯科贴博士(James Brown Scott)。午后看美术馆。"(本年《日记》同日)

"十八日上午蔡先生往国际研究院访其院克罗格博士,其谈话极有重要可以记载之点。克氏亦著名生物学家,其职务亦极重要。克氏谓该院之目的,在鼓励美国关于物质科学及生物科学之研究,并及于辅助各大学之研究事业。……"(罗志希:《蔡孑民先生游美纪略》续六)

"下午赴戈尔兰美术院,收藏甚多,油画多属美国派,雕刻中有作小孩像合掌面带笑容者,形态绝佳,题曰《强迫祷告》,尤有深意。晚间由蔡先生在苏尔曼旅馆宴请美国学者。所请有卡诺基学院院长麦伦博士、斯密索林学院总秘书华尔确第博士、国会图书馆副馆长格利劳博士、国会图书馆编目录主任麦尔博士、卡诺基学院秘书盖尔伯博士、华盛顿乔治大学校长瓦尔斯博士、前驻华公使芮恩施博士、国会图书馆中文书主任施文古博士。因星期六晚间关系,未能尽到,然已属一时盛会。"(罗志希:《蔡孑民先生游美纪略》续七)①

6月19日 参观国家博物院。

"十九日上午本系星期日,办事人员休息之期。乃由华尔确第博士特别招呼国家博物院及斯密索林学院为蔡先生开放。由各部主任专家特为指导。国家博物院分新旧两建筑。所建筑内一部分关于自然历史,如古物学、人类学、地质学等;其一部分为近代史上之物,如大战时之军用品,渐渐移陈其内。指挥者告我曰,求历史不当仅在已往也。"(罗志希:《蔡孑民先生游美纪略》续七)

"下午乘摩托车漫游大公园一周,四时遂离华盛顿至水牛城观瀑矣。"(罗志希:《蔡孑民先生游美纪略》续八)②

"午前参观新旧博物院。新者,陈列美术品及地质学、生物学、人类学标本,石器时代之器具特多,红印度之俗尚,亦可见一斑。旧者,陈美国历史纪念品(发明家)、工艺品、战器等。有参谋部军用地图,即对德宣战后所用者。"(本年《日记》同日)

6月20日 到布法罗(Buffalo)。与罗家伦(志希)一同游赏尼加拉瀑布。

"晨七时二十分到布法罗(Buffalo)。十时,与罗君志希同乘电车抵尼加拉瀑布(Naigara falls),十二时到。乘汽船,衣橡衣,戴橡兜,坐船面上,船缓行,得次第观侧面正面,有时如在骤雨中。步行过桥,见瀑之平面,苔藓映带,全作绿色;惟波涛

---

① 载北京《晨报》1921年8月20日。
② 载北京《晨报》1921年8月21日。

汹涌,间作白溜;其折下处作碧色;直下处则纯作白色。衣法兰绒衣,上罩雨衣雨兜,行瀑下木桥,有时如猛雨扑面,目不能视梯级,则侧行或倒行。"(本年《日记》同日)

"二十日早抵水牛城,旋乘电车至来格拉大瀑。瀑有三:一名美国瀑、一名龙拉瀑、一名马蹄瀑,即坎拿大瀑。龙拉瀑较小,界于两者之间,为加、美天然分界之处。……我们初坐船在瀑下视瀑,已觉奇景,最后换雨衣,过瀑下危桥,绕瀑后观瀑,更为奇特。但瀑雨飞来,全身冰湿,非体弱者所能受,而蔡先生当之行若无事,其体力与精神,均有不可及者。"(罗志希:《蔡孑民先生游美纪略》续八)

6月21日 留宿瓦特金,会见康乃尔大学的北大同学。

"二十一日离水牛镇,闻绮色佳附近之瓦特金处风景特胜,而大家以为蔡先生在纽约、华盛顿一带无夜不迟两三点钟睡,非令其休息一夜不可,遂留宿瓦特金一夜,得见康乃尔大学北大同学十余人,相谈甚欢。"(罗志希:《蔡孑民先生游美纪略》续八)

"晨十时赴伊太楷(Ithaca)。午餐后,与北大同学谈话。四时赴凡青格林(Watnkin Glen),于湖中泛小舟。"(本年《日记》同日)

6月22日 自绮色佳赴芝加哥。

"二十二日由北大同学林士模博士伴蔡先生赴芝加哥,我即留绮色佳入康大暑期学校。昨接林君来函,谓已到芝,华侨欢迎,已成狂热,美国学界颇多接洽。"(罗志希:《蔡孑民先生游美纪略》续八)

6月23日 到芝加哥(Chicago)。参观芝加哥大学。

"晨八时到芝加哥(Chicago)。一时,芝加哥大学招午餐,校长俞成(Judson)君适他往,由教务长罗滨孙(Robertson)君主席,座有教员若干人,吾国留学生三人。餐后,导观地理教室,学生之桌皆作斜面,便于陈图。观图书馆、理化实验室、女子大学。"(本年《日记》同日)

同日 出席北大同学谈话会。

"晚七时半,北大同学约作谈话会,在草地上,席报纸而坐,分食所携瓜果饼饵等,提出种种问题,互相讨论。座有南洋公学同学五人,高师同学一人。"(本年《日记》同日)

6月24日 午前参观美术馆。午后应远东民生社之邀,摄影、演说、茶话。

"午前参观美术馆,即在美术学校中。教员李东(Rydson)君导观图书部。午后二时,应远东民生社之约,摄影、演说、茶话。社长为潘君伟,社员在报馆服务者为多,皆青年而较有知识者。"(本年《日记》同日)

同日 先后出席华侨公会、留学生会的欢迎会,均有演说。

"五时,应中华公所之约,到万丰楼晚餐。餐后,到公所演说。晚八时半,应学

生会之约,到女子大学演说,茶叙。"(本年《日记》同日)

6月25日 在芝加哥得教育部电,委赴檀香山出席太平洋教育会议。

"晨九时十五分行,一时三十分到惠斯康新(Wisconsin)。留学生十余人约在市政厅饭馆午餐,乔君万选主席,邵君元冲致欢迎词。……晚五时四十分行,十一时三十分仍到芝加哥。得严监督电,言教育部委我赴檀香山,参加九月间太平洋教育会议。"(本年《日记》同日)

在美出席太平洋各国教育会议中国代表团合影(1921年)

6月26日 先后出席中华实业公司、芝加哥中国国民党本部等团体的欢迎会,均有演说。

"午前十时,参观菲次博物院(Fields Museum),以中国部之铜器、陶器等及红印度人之器物为特色。午,至德公所招饮。三时,国民党招饮,有演说。五时,中华兴业公司招饮,有演说。八时,到国民党本部演说。"(本年《日记》同日)

6月28日 与陈树人等同游黄石公园。

"与陈君树人、林君可仪同游黄石公园,十时十一分行。夜宿车中……"(本年《日记》同日)

6月30日 到黎闻通(Livingston)。

"晨到黎闻通(Livingston)。九时十五分,又乘敞车行。沿途山色河流,迥异于前两日所见。……十一时,到迦底纳(Gardiner),换汽车,到马摩时堪(Mammoth Camp)。午后,导游人导观各处,以天使台(Angel Terrace)为最壮观……"(本年《日记》同日)

7月2日 访西奈曼(Chinaman)及加斯德(Gastle),晚到黄石湖旅馆。

"晨,大雪,访西奈曼(Chinaman)及加斯德(Gastle)两加斯(Geyser)。……晚五时到黄石湖旅馆(Yellow Stone Lake Hotel)。散步,见有于汽车旁张幕为舍者,全家携庖具,于林中食宿,此为最简便之旅行。"(本年《日记》同日)

7月4日 返抵黎闻通。

"五时到马摩时旅馆,六时三十分行。九时回黎闻通。在市中散步。闻此地居人约七千人。十一时行。"(本年《日记》同日)

7月6日 到西雅图(Seattle)。先后出席各团体的欢迎会,有演说。

"晨七时三十分,到西雅图(Seattle),有新闻记者二人谈话,并摄影。十一时,到琼彩楼早餐,座有西雅图中国俱乐部(China Club of Seattle)之会长雷维思(M. Lewis)君及书记梅其朋(K. Mekibben)君。此俱乐部有中国人六十余人,美国人三百六十人。午后二时到大学学生会演说。八时,在华人青年会空地演说。十一时行。"(本年《日记》同日)

7月7日 到温哥华(Vancouver)。

"晨七时到文库佛(Vancouver)。国民党〔支部〕招饮,有演说。国民党支部建筑最宏敞,办事规则亦勤整。"(本年《日记》同日)

同日 函谢卡内基国际和平基金会捐赠出版物。

"斯科特博士:这次在贵国旅游,有机会见到您,不胜荣幸。……从我们会谈中,我得知,您乐意将北京大学图书馆列为获得卡内基国际和平基金会出版品的图书馆之一。我深信,这些刊物将长期为我国学生提供资料来源,对他们具有持久而重要的价值。我也深信,您慷慨无私的帮助,将进一步加深我们两国知识分子之间的相互了解。有关贵会刊物运往北京的事,我已委托我校毕业生袁同礼先生前来与您详细商洽。谨对您和您的崇高事业致以良好的祝愿。蔡元培 旧金山 1921年7月7日"。(《致斯科特函》同日)

7月10日 到维多利亚(Victoria),先后出席华侨公会等团体的欢迎会,并有演说。

"晨,到维多利亚(Victoria)。游郊外,到马氏花园,小饮。看学生运动。晚,到

中华会馆演说。到致公堂晚餐。到国民党部演说。到华人工会演说。"（本年《日记》同日）

7月12日　到波特兰（Portland）。

"到派脱兰（Portland），观大瀑布。晚，中华会馆诸君招饮，有演说。"（本年《日记》同日）

7月13日　参观波特兰的图书馆。

"午前参观图书馆，其中儿童图书馆为儿童指导各种集会，甚详。到华侨学校演说，校长梁君。晤梅伯显领事，谈广东银行集款事及其设教育银行、译书局等计划，并谈及台山教育银行计划。"（本年《日记》同日）

同日　函谢美国国会图书馆赠送目录卡片一套。

"普特兰博士：……承蒙您鼎力帮助，美国国会图书馆将为北京大学图书馆提供一套完整的国会图书馆卡片。这些卡片将成为我国学者的一个长期而丰富的资料来源，对他们具有持久而重要的价值。我深信，您的无私帮助将有力地促进中美两国知识分子之间的相互了解。值此离美之际，不能亲自前来向您致谢，并讨论有关卡片运往北京事宜，非常抱歉。我已将此事托付给我校毕业同学袁同礼先生，由他前来与您协商办法。最后，请允许我代表北京大学，代表无数的将得益于您的慷慨帮助的人，衷心感谢您对中国现代教育事业的关心和支持。蔡元培 旧金山 1921年7月13日"。（《致普特兰函》同日）

7月15日　到旧金山（San Francisco）。出席华侨公会欢迎会。会晤各团体代表。

"晨，到三藩市（San Francisco）。午后到中华会馆欢迎会。中华、晨钟两校学生在运动场集会，同摄影。六时，晤各团体代表。"（本年《日记》同日）

7月16日　出席旧金山华人团体"蔡氏欢迎会""华侨演说会"。

"十二时，到蔡氏欢迎会。五时四十分到华侨演说会，国歌分四节：一、中华民国，二、中华国民，三、中华国旗，四、中华国□；中有托赖上帝语，盖教会所编。有幼女唱歌。"（本年《日记》同日）

7月17日　出席旧金山中国国民党〔部〕演说会。

"午后一时，到国民党〔部〕演说会，在戏院中。四时宴会，八时观奈何桥戏，为商人特别集演者。"（本年《日记》同日）

7月18日　访问旧金山各华侨团体。

"参观华女抚育所。二时访问各团体，以和平会、商务总会、同源会及国民党诸会所为最弘洁。"（本年《日记》同日）

7月19日　在旧金山参观大学。

"午前参观大学，晤夏课主任海格（Haigt）君及理学院院长勃伦（Bron）君；偕观天文台、钟楼、图书馆。邀往公园中大学俱乐部午餐。游山顶。午后四时到学生会演说。夜七时到北大同学会。"(本年《日记》同日)

同日　撰写《在中国学生会的演说词》一文。(蔡元培先生手稿)

7月20日　迁居柏克莱(Berkeley)。

"迁寓贝克垒(Berkeley)。"(本年《日记》同日)

7月21日　在旧金山逛中国书肆。

"午后到三藩市中国书肆购得《康南海诗集》《近人诗录》等书。"(本年《日记》同日)

7月22日　到柏克莱中国学生会写字。

"午前到学生会写字。参观心理学实验室。夜八时,观学生演剧。"(本年《日记》同日)

7月23日　游哥尔顿格特公园(Golden Gate Park)并观中国学生会演出。

"游哥尔顿哥脱公园(Golden Gate Park)。参观博览会后所建之博物院。参观琼博物院(Jone)。观西部中国学生会演剧《山东泪》,以剧前之中国音乐及幻术为较佳。"(本年《日记》同日)

7月25日　到派罗·埃尔多(Palo Alto)。

"十时由三藩市乘公车行,十一时到派罗·埃尔多(Palo Alto),诣学生会暂憩。午后二时开会。五时乘汽车至圣育才(San Jose)。又上哈密尔顿山(Mount Hamilton),至里克天文台(Lick),已八时矣。"(本年《日记》同日)

7月26日　自旧金山到洛杉矶(Los Angeles)。

"晨行,十时四十五分到洛杉矶(Los Angeles),黄剑农、黄培铄(北大学生)、黄乾生三君,朱、潭、杨三女士及商人代表若干位来接。"(本年《日记》同日)

7月27日　在洛杉矶参观加州大学及市博物馆。

"午前参观本市大学及博物院。午后参观加省大学。五时到中华会馆演说。七时尚志学校招宴于翠花楼。九时学生会在谭宅开会。谭君名良,与康、梁友善;康、梁到此地时,即住其家。谭君本前清举人,知医,在此,常为西人治跌伤症。妇女因跳舞而倾跌伤骨者,畏割治,辄就诊于谭。谭为处方并煎药,使饮之,辄有效,酬报甚丰。"(本年《日记》同日)

7月28日　到尚志学校写字。到国民党洛杉矶事务部座谈。

"午前十时谭女士驾车来迓,偕游全市及附近富人别墅所在地派尔氏奈(Pardina)。午后到尚志学校写字。午后四时,中华会馆招宴于翠花楼。晚八时,国民党同人约至事务部谈话,又往中国楼晚餐,此楼即本党支部长谭君集股所设,谭君任经理。"(本年《日记》同日)

同日　草拟《北京大学图书馆募款洛杉矶集捐队办法》。

"昨日演说会中,鄙人提出北大图书馆捐款问题,承到会诸君赞同,非常感激。惟鄙人于明晨即离罗省,不能不于诸位侨胞中,推举几位专任募集捐款之事。今用本埠为公益事业集捐旧例,组织集捐队办法如左(下):(一)集捐队凡五队以'北大图书馆'五字为记号。(二)每队各先推队长一人,参谋一人……(三)队员均由队长与参谋自行邀请。(四)队长与参谋所集捐款,亦适用纪念章程第三款至第十款,惟加倍计算。……(五)队长、参谋及队员均于上条所举纪念法外,凡集款最多或次多之队,当由北大特制金、银等纪念章以酬之。(六)集款以一个月为期。"(蔡元培先生手稿)

7月29日 返抵旧金山(San Francisco)。

"晨行,午后十时抵三藩市(San Francisco),晤林君可仪。"(本年《日记》同日)

7月30日—31日 乘船往檀香山。在船中晤美国驻华公使苏曼(Schuman)。

"午后一时乘南京〔号〕船行"。"在船中,晤美国驻华公使苏曼(Schuman)君,能作德语,曾留德三年,在哈顿堡、柏林、都宾根等大学研究哲学,曾见德国哲学史名家古诺·菲绥尔(Kuno Fischer)。"(本年《日记》同日)

蔡元培(右十)与少年中国晨报社合影(1921年7月)

8月1日 阅《柴拉图脱拉遗言》。

"始阅英译尼采氏之《柴拉图脱拉遗言》。"(本年《日记》同日)

同日 周太玄采访并记录的蔡元培《关于宗教问题的谈话》本日发表。(《少年

中国》第 3 卷第 1 期）

8月2日 草拟《教育独立》演词稿。

"草教育独立演词稿。林君为我述庄君泽宣所草《中国教育》概略。我意在不受宗教与政治之干涉。"（本年《日记》同日）

8月3日 撰写"教育家采用公共副语议"提案。

"草教育家采用公共副语议提案,我意在采用柴门苛弗之世界语（提案题为《小学教育采用公共副语议》）。"（本年《日记》同日）

8月6日 抵达檀香山（Honolulu）。

"晨七时到檀香山（Honolulu）,谭学徐领事及谢已原、古瑞轩诸君来接。午后郑君彦伦来,同往参观水族馆,又到公园散步。郑君名训寅,福建人,曾在北大预科肄业,现任此地领事馆书记,已调外交部,据言：可与我同伴回国。"（本年《日记》同日）

太平洋教育会议期间在檀香山参观菠萝园留影（右四为蔡元培）

8月8日 上午访夏威夷教育局长。午约请韦捧丹、谢已原及王天木等,商议参加太平洋教育协会事。

"访教育局长马克·康瑞尔（Mac Congher）君及太平洋联会秘书福特（A. H. Ford）君。午,约韦捧丹,谢已原及王天木三君在旅馆便餐,商参加太平洋教育协会事。"（本年《日记》同日）

8月9日 应邀出席太平洋协会午餐。

"午,应太平洋协会之请,往青年会午餐,福特君为各代表互相介绍。……晚八时,在华人基督教第二支会演说。"（本年《日记》同日）

8月10日 出席在檀香山召开的太平洋教育会议。

太平洋"教育会议之会期系自八月十日至十九日,莅会之代表计自美国来者五十人,本岛代表三十人,中国代表五人：蔡元培（北京大学代表）,林士模（江苏教育会代表）,谢已原、韦慤（粤广政府代表）,王天木（夏威夷大学汉文历史教授）。澳洲一人,坎拿大一人,智利一人,夏威夷二十六人,印度二人,日本八人,爪哇一人,高丽一人,纽西兰一人,葡萄牙一人,菲利滨一人,俄国西比利亚一人,暹罗一人。自九日起各代表群集本岛,每日晨九时至十一时半,午后二时至四时为会议期间,四时至六时为各处之茶会。中午十二时及晚间六时至九时,则为各团体之餐会。十一日上午九时为正式开会之第一日,以夏威夷上议院议事厅为会所。……直至十七日始由议事主任邦克尔通知各代表将提议事件提交,以便翌日表决。我国所提出者为(一)教育独立。(二)采用教育副语。(三)交换学生。(四)交换教员。(五)各国大学设太平洋商务科。(六)教科书公共审定。(七)影戏片公共审查等。"(《申报》1921年9月25日)

  同日 午后受夏威夷大学招待。晚六时应邀出席太平洋教育会议各国代表招待会。

  "午后四时,受夏威夷大学招待,晤校长顿博士(Dr. Deen)。闻此君新发明治疗麻风法,已著成绩。六时,太平洋协会在青年会招待各国代表,每一国均有一代表演说,我等请韦君任之。"(本年《日记》同日)

  同日 本年5月12日在爱丁堡中国学生会及学术研究会欢迎会的《演说词》、在学术研究会晚餐会上的《答词》发表。(《北京大学日刊》同日)

  8月12日 出席太平洋教育会议,并有演说。

  "午前,到委员会,例有演说,我草一稿,请韦君以英语译之。十一时,到基督教会。午,夏威夷俱乐部招午餐,有土人音乐及唱歌。有两人演说,一人以工党的立场,反对续招华工。午后二时,大会。四时,委员会。"(本年《日记》同日)

  8月13日 在檀香山游全岛,晚到中国学生会演说。

  "游全岛,先到努奈努颇利(Nuuanu Pali),旋到文特惠尔奥胡(Windward Odhu),在哈利尼旅馆午餐,商会所招待也。……晚七时半,到学生会演说。"(本年《日记》同日)

  8月14日 先后往华人基督教会、檀香山中国国民党等团体演说。

  "午前十时,到华人基督教会第一支会演说。午后二时,应国民党〔部〕之招,到戏院演说。"(本年《日记》同日)

  8月15日 出席朝鲜代表的午餐会并有演说。

  "赴朝鲜人午餐会,有朝鲜食品,用鱼与鸡卵团成丸形,再用香蕈小片衬之。又有糯米煎饼,作棕色。"(本年《日记》同日)

  8月16日 继续参加太平洋教育会议,并出席日本代表的招待活动。

  "午前九时,开会。午后,应日本人招待,到日本中学校,有柔术、击剑及幼稚生歌舞。参观日本佛寺,全用西洋礼拜堂式,无偶像,设佛龛佛案及香炉,参合东、西洋式,颇美观。屋顶塔用印度式。晚,日本人招宴于摩西苏基俱乐部(Mochit Suki

Club),陈日本书画及小品盆花,纵客观览。所延东西男女宾四百余人,冷餐后,演彼国弹筝、吹箫等技。有花蝶舞,采西洋式。"(本年《日记》同日)

8月17日　火奴卢卢俱乐部约午餐,因迟到未入座而返。

"午,火奴卢卢俱乐部约午餐,到稍迟,仅为日本某男爵留一座,余人须候增座。我与王君天木先行,林君可仪留而敷衍之。晚七时,国民党〔部〕招晚餐。"(本年《日记》同日)

8月18日　继续参加太平洋教育会议。

"午前,开会。有迦尔当(Jardan)君演说《教育与民治之关系》,言:'德国政治极专制,而大学却自由;美国政治尚民治而大学受董事会专制。但德国中小学亦甚专制'云。午后二时,表决本会议对于各国政府之谢函及要求:第一类,谢美总统提倡华盛顿会议,谢各团体招待等,均通过。第二类,要求各国政府提倡和平教育、研究废止战争、人口问题、检查教科书中妨害国际感情之文字、加入太平洋关系、增置有益学术之影片、用罗马字母拼各国语、预备报界开会等案,均通过。有检查影片、各国用公共通商语、太平洋歌三案,被否决。"(本年《日记》同日)

同日　出席檀香山华侨举行的欢迎各国与会代表宴会,并有演说。

"晚,华侨开晚餐会于基督教第二支会,所延百余人,黄福君主席(黄君毕业于美国某大学,现任美华银行总经理)。演说者,檀岛省长、我、韦君、许直臣君、叶桂芳君、日本藤原君、朝鲜申君、美国费加纳(Figanes)君等。有男女学生琴歌及土人音乐等。"(本年《日记》同日)

8月19日　继续出席太平洋教育会议。会议本日闭会。

"午前九时开会,有数人报告对于此会之感想。吾国会员中,由韦、林二君致词。午后二时又开会,有数人报告。本岛省长福令通(Forrington)君到会,行闭会式。四时,省长约茶会。"(本年《日记》同日)

出席太平洋各国教育会议期间,曾提出《举行太平洋各国联合运动会议》《小学教育采用公共副语议》等议案。(蔡元培先生手稿)

同日　北京国立八校教职员太平洋问题研究会举行成立会,被推为会长。

"昨日(十九)下午三时,北京国立八校教职员太平洋问题研究会,在北京美术学校大礼堂开成立大会,到会者六十余人。众推法专王兆荣为临时主席。主席宣告开会后,谓此会仅为研究此次太平洋会议,系有永久的性质,故名曰太平洋问题研究会。旋将发起人第一次决定之草案,逐条加以说明后,……付表决,全体一致通过。次讨论选举会长、副会长方法,决定用无记名投票。开票结果:正会长蔡元培当选,副会长蒋梦麟当选。"(北京《晨报》1921年8月20日)

8月21日　到西罗(Hilo),往看火山遗迹。

"晨七时抵西罗(Hilo),华侨张君父子及牧师徐君以车来接。到振群学校小坐,同往市中游览,看虹瀑(Rainbow Falls),路经小学、中学、病院、议会等建筑。……四时往看火山遗迹三窟(Thris Moods),均陷地中如管形,因火山喷液,围绕大树而凝结,树既焚尽,遂留此中空形也。看火山湖,下陷如锅,广数英亩。……"(本年《日记》同日)

8月22日 看火山遗迹二处。下午回西罗。

"晨七时行,看火山遗迹二处,均因喷液围树而成。矗立空中,如碑亭然。看海滩数处,白涛激石,幻成奇观。

午后三时回希罗,四时船行。船中遇彭克尔(Bunkel)君,自言受太平洋协会之委托,将在檀香山设一永久教育委员会,并拟于冬间往中国及日本一游。……"(本年《日记》同日)

8月23日 到檀香山参观。

"晨七时,到檀香山。九时,参观 H. S. P. A. 试验所,糖厂与波罗公司合设者也。其中有图书馆,有实验糖类室,蔗田害虫益虫(即食害虫之蝇蝶等)考察室等。……"(本年《日记》同日)

同日 撰写《知识问题》演说词一篇。(蔡元培先生手稿)

8月25日 出席多门斯茶会。晚到华文学校演说。

"午后三时,多门斯(Damens)君约茶会,花园甚广,有大池,种热带植物甚多。设日本石灯。厅中陈列者皆中国物品。屋顶设一庙,大小不甚相称。晚,华文学校同学会成立,约演说,我演说《华文不难学》。"(本年《日记》同日)

8月28日 到直臣学校演说。

"午前十时,到直臣学校演说。"(本年《日记》同日)

8月29日 启程回国。

"乘'春阳丸'回国,午后五时,与韦君同行。"(本年《日记》同日)

8月30日 在回国途中船上,每日阅书,以为常课。

"自本日起,每日减时三十分,故船中抽去三十一日不计。在船中,每日午前,阅古北来之《教育史》(*The History of Education*, by Ellwood P. Coubberley);午后,阅司泼令尔之《欧陆退化》(Splingle: *Das Untergang des Abendlandes*),以为常课。"(本年《日记》同日)

8月 函请旅美华侨人士为建筑北大图书馆招募捐款。

"敬启者:元培来游此邦,备承款待,隆情高谊,感佩逾量。……尚有托者,北京大学图书馆募捐一事,现待积极进行。素闻诸君子热诚爱国,见义勇为,务恳鼎力劻勷,设法劝募,俾获早收成裘之效。他日人文蔚起,学术发达,诸君子之功,亦且不朽矣。……蔡元培敬白"。(《致美国华侨函》同月)

同月 函请中国驻美各地领事为建筑北大图书馆劝募各方助款。

"○○领事先生大鉴：前在贵处厚扰，并蒙指导一切，至以为感。……兹有托者，北京大学图书馆募捐一事，现待积极进行，惟董其成者，自非声望素孚，断难取信于众。凤谂先生领袖群伦，热心公益，特寄上捐册一本、捐启及章程各五百份，请即发向各方劝募，将见登高一呼，群峰响应，成裘之效，崇朝可睹；他日人文蔚起，学术发达，先生之功，亦且不朽。临颖神驰，不尽悃款。专此鸣谢。……蔡元培"。（《致驻美各地中国领事函》同月）

同月 撰写《韩母朱太恭人墓志铭》。

"曩予登词馆，赞修国史，满蒙以外尝搜求于我汉族故事，盖起咸、同，讫光、宣，以孝友任恤著称者百不获一二，女德尤衰焉。天地不交，屯运方夯，所谓福绪祥源，含仁葆义之泽，于是斩焉无余，宜乎世道人心之至于斯也！

朱太恭人者，湖北汉阳县人，予友韩君世昌之母也。年十五归德湘公，不逮事舅奉故以孝，闻德湘公先世皆业儒，曾王父某习汉宋学，融合门户，名满江汉间两世能继业不衰，讫德湘公，遭洪、杨乱，家中落，始废儒就贾业汉皋，莫能养亲，太恭人以针黹佐日食，仅免饥寒，无何，姑病剧，太恭人至刲臂疗疾，疾有瘳，人无知者。待娣姒甚和睦，有劳必自任，无以责人。汉皋为商贾辐辏地，比户织居，倏遭回禄。德湘公以儒者习贾事多亏折，重罹火灾，恒无托足所，匪仅饥寒已也。育子女綦夥，辄夭绝，生人之累极矣。太恭人昕浣涤，夕针缕，助夫生活，如是者近十五年。德湘公以癸卯殁于疫，遗子女才十余龄，逋负至百缗不克偿，太恭人当此困境，独从容措事葬夫、偿债，抚育子女，咸得经纪，驯至世昌成立，此真丈夫所难能，太恭人以一弱女子任之。不少忧伤悲沮而底于成，讵非巾帼而优于丈夫者乎？吾见亦罕矣。

洎世昌立业，声誉逮重洋，缙绅争相倾慕，家业勃兴，太恭人由啬跻丰，动辄感慨歔欷，以昔日编茅夹箬、忍饥茹苦为分内事，不惜损甘旨之资，开学校、助善举，不十年捐赀逾十万，中外见称，其他以故求者不在此数也。道敝俗浇，世禄之家争蹈侈靡，縠绮文秀，珠玉狗马，惟恐不克炫耀，流俗。以宣一世，兜鍪之士，凌厉锐发，逾闲荡检，莫可向迩，阃帏放恣尤厉，垒珠堆翠，击筐污裙，饰之者万金不贵，弃之者千金不惜，而有以慈善事请者，则又视之甚难，不名一钱，其重其所轻，轻其所重，类皆如此。噫，太恭人远矣。苏省士大夫重其行为，请于大总统，特予专案褒扬，将立坊以彰潜德，又足见直道犹存，尚未澌灭殆尽也。太恭人以清同治丙寅年生，民国九年庚申二月二十六日卒，春秋五十有五，葬汉阳县南乡。子男一，世昌，二等大绶、宝光嘉禾章，大总统府、江苏军民两署顾问前参议院议员。女一，适同邑徐业江，余皆早夭。

铭曰：五季之风，振古再见。九鳌翻軸，百儒废卷。前美尽歇，德以人贱。不华不夷，匪翟匪珠。蝇营狗苟，唯利是趋。美哉君子，斯鸠比德。贼仁害义，豺虎是若。人禽之辨，兴歇之机。扬烈导源，厥端甚微。隽此贞石，永迪芳徽。

民国十年辛酉秋七月由山阴蔡元培子民撰"。(汉阳《韩氏宗谱》第二卷 民国二十三年印)

9月9日　到日本横滨。

"午前九时,到横滨。午后五时,换乘美国船(Hawkely State)行。"(本年《日记》同日)

9月11日　到日本神户。登陆观览。

"晨到神户。偕韦君往广益公会,请指导员一人,往观布引瀑布,分雌雄二瀑。午后看电影,止有英文说明,有一人以日语口译之,作剧中人口吻。"(本年《日记》同日)

9月14日　到上海。

"十四日,晨到上海。"(本年《日记》同日)

"太平洋教育会议,吾国代表蔡子民、韦捧丹二先生,于会议毕后自檀香山归国,已于昨日到沪。本埠商学两界友人特访二先生于寓所,询其在太平洋教育会议之经过。二先生于谈论之间,颇形忧色,盖曾受一番深刻之刺激也。二先生在檀香山时,曾目击日本代表在该会种种之活动,并所占优胜之地位。并闻美日代表宴会时,日人至公言支那陷于无政府状况。南北代表只能代表其私人意见,而不能代表其国民所公认之主权者。在太平洋教育会议中,到会者皆教育界中人,而日人之政策用意已显然可见,将来华盛顿太平洋会议开会时,所议者皆关政治重要问题,其手段亦较在教育会议中更进一步,此可为吾国深忧者。二先生并谓华盛顿会议开始,为吾国生死关头,日美间胶葛至多,难保不有牺牲吾国地位及权利,以与他种问题交换,蹈凡尔赛和议覆辙者,深望全国国民合力主持其间云云。"(上海《民国日报》1921年9月15日)

9月15日　向上海商学两界人士,报告出席太平洋教育会的感想。

"午,沈信卿、穆抒斋、藕初昆弟、黄任之邀午餐于大东,座有上海商学两界人〔士〕,报告太平洋教育会议中感想。"(本年《日记》同日)

"蔡子民、韦捧丹两先生,近均参与在檀香山开会之太平洋教育会议,事毕回国。昨午由黄任之、沈信卿、穆藕初诸君假大东酒楼设宴,邀商学界要人作陪。沈君起致欢迎词,请两先生报告一切。蔡先生首述此次历游欧美各国,凡九阅月,最增兴感者,即中欧各国经过大战,萧条困苦,百倍我国,而教育事业绝未停顿,反求扩充。最增慨叹者,即至美洲为北大图书馆募捐。华侨因见报载教费问题迄未解决,均问北大是否确能维持,颇难置答。继述太平洋教育会议,由太平洋协会发起召集。去年开科学会议,明年开商务会议,本年则为教育会议。此次我国代表共五人。……"(上海《民国日报》1921年9月16日)

同日　出席科学社欢迎晚餐会。

"午后往商务印书馆,晤菊生、梦旦、亚泉、孝天、汪伯轩、庄伯俞等。夜,胡敦复、刚复昆弟、杨杏佛、周仁代表科学社邀晚餐于大东。"(本年《日记》同日)

9月16日 自上海赴北京。

"晨九时行,任之来送。午后三时到南京,即赴浦口,六时车行。"(本年《日记》同日)

"北大校长蔡子民先生抵沪以后,本埠各界多致欢迎。蔡先生本拟少作勾留,现因淫雨不止,恐津浦路或再中断,故已定今晨即行北上矣。"(上海《民国日报》同日)

同日 《关于太平洋教育会议的演说》一文发表。(上海《民国日报》同日)

9月18日 回到北京。

"十一时到北京。到背阴胡同新宅。沈士远、尹默兄弟来。兼士来,未晤。顾孟馀、胡适之来。"(本年《日记》同日)

"自浴堂打电话到蔡子民先生家中。问知蔡先生已于早十一时到京,就约定时间去看他。四时半,到他家。蔡先生精神甚健,虽新遭两件大不幸的事——死了夫人与令弟——而壮气不少减退,甚可喜。"(《胡适日记全集》同日)

9月19日 邀胡适、顾孟馀、颜任光、陈聘丞等,商议北大进行办法。

"七时,到蔡先生家。孟馀、任光、聘丞也来。我说大学进行事,决定破釜沉舟的干去。蔡先生尚不退缩,我们少年人更不应当退缩。是夜商量:(一)图书〔馆〕募捐事。(二)主任改选事。(三)教务长改选事。(四)减政事。(五)组织教育维持会事。"(《胡适日记全集》同日)

9月20日 出席北大全体师生欢迎校长回国大会,并有演说。

"十年九月二十日,本校全体开大会于第三院大礼堂,欢迎校长蔡先生之回国。三时,蔡先生到会,以次与诸人相见。三时一刻开会。首由教务长顾孟馀先生致欢迎词。词毕,由蔡先生演说。至四时余演说毕,共到丁巳讲堂前摄影,以为纪念。"(《北京大学日刊》同日)

"午前九时,石曾来。午后三时,教职员欢迎会。"(本年《日记》同日)

北大欢迎校长赴欧考察回校大会合影(1921年9月)

同日 始见新聘教授吴虞。

下午"三时,各卷阅毕。予遂至大礼堂,赴欢迎会。沈兼士介绍见蔡子民。听演说后,照相而散"。(《吴虞日记》同日)

9月21日 发布《校长通告》,照章进行各系主任改选工作。

"本校各系主任,照章应于本年四月改选二分之一。前以教职员停止职务,迄未举行。现校务已照常进行,亟应举行改选。查物理学、中国文学、政治学、法律学、英文学、法文学六系主任,曾于去年四月改选,本年尚应留任。其数学、化学、地质学、德文学、经济学、史学、哲学各系主任,皆应改选,以符每年改选二分之一之规定。改选手续及日期,另行拟定。特此奉闻。……蔡元培谨启 九月二十一日"。(《北京大学日刊》1921年9月22日)

同日 访北京国立八校校长。

"午后,访各校校长,晤郑、熊。始订阅《京报》。购《宋诗抄》《十八家诗抄》《小畜集抄》,三十八项。""昨,国立各校校长晚餐会(王、俞、吴、张、郑、邓),西车站。"(本年《日记》9月21日、9月22日)

9月22日 《在北京大学欢迎蔡校长考察欧美教育回国大会上的演说词》发表。(《北京大学日刊》同日)

同日 罗文幹(钧任)、郭秉文来访。午后主持北大七系教授会主任改选会。

"罗钧任来。郭秉文来,允由各团体分任林士模君旅费,以庄泽宣君论文稿付之。在本校选举教授会主任。"(本年《日记》同日)

同日 分别致函物理系各教授请改选该系主任。

"○○先生大鉴:敬启者。物理系主任张大椿先生已辞职,现已改选。兹送上选票一张,请就附开名单中选举一人填入,务于明日下午五点以前,投于校长室投票箱中为要。……蔡元培启 九月二十二日"。(《致何育杰、丁燮林函》同日)

9月23日 出席孔德学校全体师生欢迎校长回国大会,并发表演说。

"孔德学校教职员及学生全体,于二十三日开会欢迎蔡元培校长。兹将是日蔡氏之演说词,补志如下(文略)。"(北京《晨报》1921年9月27日)

同日 应邀出席教育部的午宴。

"午十二时,教育部邀午餐于中央公园,座有美国孟罗博士及英美教育视察团。"(本年《日记》同日)

同日 公布系主任改选结果。

"《校长通告》。数学、化学、地质学、哲学、德文学、史学、经济学七系改选主任,业于昨日(二十二日)下午六时开票。兹将选举结果宣布于下:数学系冯祖荀三票(当选),王仁辅一票。化学系陈世璋四票(当选),俞同奎、丁绪宝、王星拱各一票。地质系何杰三票(当选),温宗禹、王烈各一票。哲学系陶履恭一票,校长加一票(当选),胡适、蒋梦麟各一票。德文系教授二人,照章应由杨震文先生接替。史学系朱希祖三票（当选），李大钊、叶瀚各一票。经济系顾孟馀二票，校长加一票（当选），黄振声二票，马寅初一票。蔡元培 十年九月二十三日"。（《北京大学日刊》同日）

同日 召开北大教务长选举会议。

"各系主任公鉴：谨定于今日（二十三日）下午六时，在教务长室开会选举教务长，请诸先生届时到会为盼。蔡元培谨启 九月二十三日"。（《北京大学日刊》同日）

同日 通知颜任光当选为物理系主任。

"任光先生大鉴：敬启者。物理系主任改选，于本日下午五时开票，先生当选。谨此布知。……蔡元培 九月二十三日"。（《致颜任光函》同日）

同日 通知杨震文（丙辰）接任德文系教授会主任。

"丙辰先生大鉴：敬启者。德文系教授会主任，本年应当改选。查德文系教授只二人，照章应由先生接替教授会主任，兹特通知，请即鉴察为盼。……蔡元培敬启 九月二十三日"。（《致杨震文函》同日）

9月24日 出席北大全体学生在法科礼堂举行的"蔡校长回校欢迎会"，并在会上发表演说。

"昨日上午十时，北大学生在该校法科大礼堂开全体大会，欢迎蔡元培校长，到者约千余人，极形拥挤。约十时半，蔡校长到会，全体学生脱帽致敬，鼓掌之声不绝。首由主席鄢祥湜致欢迎词。略谓今日到会人数极众，足征同学欢迎蔡先生表示一片热忱。蔡先生的学问人格和道德，是全国敬仰的，无待我们再来表彰，今天开欢迎会，有几种意思：（一）欧战以后，世界经济政治社会教育各方面都有重大的变迁，这次蔡先生到欧美考察战后教育归来，这是我们应该欢迎的。（二）蔡先生任大学校长以来，种种改革不遗余力，我们大学有极大的进步，现不但是全国文化运动的中心，且与将来东方学术思想之发展，有很大的关系。但是因经费困难，一切设备，尚多简陋，而图书馆一事，尤关重要，这次蔡先生在南洋、美洲募款很有成效，将来图书馆成立，〔于〕我们求学有极大的帮助，这是我们应该欢迎的。（三）现在教潮虽告结束，然经费仍不稳固，蔡先生回来，对于教育经费，必须种种计划，使学校立于全安的地位，使我们安心求学，这是我们应该欢迎的。现在代表全体同学祝蔡先生康健，并请赐教。语毕后，蔡校长起而演说。谓此次赴欧美考察战后教育，迄今九月，不幸京中又发生罢课风潮，今日承诸君这样热忱的欢迎，殊觉不安。现将主席鄢祥湜所述希望，略答一二。"蔡校长的演说分为两点：（一）"希望同学大家注重体育。因为没有强健的身体和精神，决不能够研究学问和担当社会上的各种事业。"（二）"要自动研究学问，才能够发达个性，个性发达，才有创造的能力，中国学生个性发达的很少，因此对社会多是盲从，这都是由平时死守讲义，不能自动的研究所养成的习惯而来。……"（北京《晨报》1921年9月24日、25日）

同日 往见大总统徐世昌(东海),晚赴教育部三参事宴请。

"午前十时,北大学生欢迎会。谢基夏为湖北法文学校事来京。晚教育部三参事、二司长与仲骞邀晚餐。五时半,见东海递留法技艺传习所说帖。"(本年《日记》同日)

同日 公布北京大学教务长改选结果。

"本月二十三日改选教务长结果宣布如下:顾孟馀九票(当选),胡适三票、陶履恭一票。蔡元培 九月二十四日"。(《北京大学日刊》同日)

同日 公布北京大学物理学系主任改选结果。

"物理学系主任张菊人先生辞职,昨日(二十三日)举行改选,其结果如下:颜任光二票(当选),何育杰、丁燮林各一票。蔡元培 九月二十四日"。(《北京大学日刊》同日)

9月24日、25日 《在北京大学全体学生欢迎蔡校长考察欧美教育回国大会上的演说词》全文连载。(北京《晨报》1921年9月24日、25日)

9月25日 中国科学社北京社员举行例会并欢迎蔡元培。应邀出席会议并发表演说。

"中国科学社北京社员,于前日在中央公园行健会开例会并欢迎蔡元培。到会者二十余人,首讨论基金筹募事,……次蔡元培演说。略谓在外将近一年,历行欧美各国,为时甚短,未得详细观察。而于科学事业,非一短期旅行者,所得窥其一二。惟参观各国博物馆所陈列者,皆以科学方法,由简而繁、由浅而深,即无科学基础者,亦能了解。且各地多系公开,俾人民皆知注意科学事业。今吾国人民多不知科学为何物,欲求科学之发达,岂非难事云。语毕后,进茶点,摄影而散。"(北京《晨报》1921年9月27日)

同日 与胡适交谈北大改革问题。

"三时半,科学社在行健会开会欢迎蔡先生。蔡先生演说在欧美所见提高科学与普及科学的种种设施。演讲毕,叔永与在君都说他们希望北大作提高科学的事业。"

"与蔡先生谈大学改良事,他要我写出来。我回家后,即写了一封详信给他。"(《胡适日记全集》同日)

同日 在住宅与吴虞交谈中学及旁听等事。

"九时,幼渔来,同过背阴胡同蔡子民处。子民住所乃黄幼轩之公馆,中住人共四家,房甚精洁,轩朗。同蔡谈中学校及旁听事。又询蔡在外调查,将来北大可取法者,以何国为多。蔡言法美为多。对于北大改革尚无□□,须细细思考后,再图整理。"(《吴虞日记》同日)

同日 草拟《向中国科学社北京社友会演说要点》。(蔡元培先生手稿)

9月26日 对胡适所拟北大改良办法,甚赞同。并同意提出教务会议讨论。

"三时,与蔡先生同到他家谈话。他很赞成我给他的写信,他批了几句话,要我带去提出今天的教务会议。"

蔡先生的批语是:"胡先生提议各条,元培均甚赞同。惟进行程序,须经教务会议议定。请提出为幸。元培附志。"(《胡适日记全集》同日)

同日 发表对太平洋国际会议我国应提议案及山东问题的意见。

"《提案之范围及山东问题》。第一,此次太平洋会议,我国应提议案,原难预先确定;惟就其大体言之,此次会议系为世界和平起见,吾人之希望,凡各国在我国内有妨碍我国主权者,或足以为破坏和平之引线者,皆应要求除去之。第二,山东问题,现在日本虽已提出具体条件,然其性质,本应无条件归还,实无详细交涉之必要。惟日本既已提出具体条件,我国似不能置之不理。盖恐欧美各国,不明东方实情,误认日人所提条件为有理由。故我国应将不与日本直接交涉之理由,及其所提条件不妥之处,详细剖解,宣布世界,以避第三者之误会。第三,对于美国所拟关于我国议案,因关系重大,条目繁多,待将各种材料整理后,始能发表。十、九、二十六日,北京大学校校长蔡元培谈。"(《学林》第1卷第2期)

9月27日 访王石荪、颜惠庆(隽人)及沈士远等六教授。

"访王石荪。访颜隽人。访士远、尹默、兼士、幼渔、季铭、叔平。在沈宅午餐。"(本年《日记》同日)

9月28日 答《学林》杂志记者问。

"《学林》杂志记者来询。对于太平洋会议中提案,答以此会本为图远东和平而设,凡在中国有妨害主权之条件、足为破坏和平之导线者,望一切取消。又询对于山东问题,答以此次日本既提出条件,不能置之不理,可驳复,除无条件归还外无可交涉。而一面对于彼条件之不当,及我等主张,亦当设法公布,以免他国人误会。"(本年《日记》同日)

9月29日 决定组织预科委员会,以整顿北大预科。

"顾孟馀、丁巽甫、李仲揆、沈兼士、胡适之、朱逖先、王雪艇诸先生公鉴:本校预科为本科各系之基础,亟须切实整顿,严定标准,提高效率。前考试委员会及教务会议对此事屡有决议,兹欲使责任有所专属,决定组织一预科委员会,议定并执行一切关于预科课程及教授法之事件,并请先生担任该会委员,刻日集会,进行一切,是为企祷。蔡元培谨启 九月二十九日"。(《北京大学日刊》1921年9月30日)

同日 报载《蔡元培昨日赴沪》,主持太平洋教育会议讨论会。

"上海总商会、江苏省教育会发起召集全国教育会商会联合会,并定于十月一日开会讨论太平洋会议各问题,曾经电请北京大学校长蔡元培届时到沪,主持一切。现该会以日期切迫,又再电敦促,是以蔡氏已于昨日晚车由京动身南下云。"

(北京《晨报》同日)

同日　致夏元瑮(浮筠)函,告以北大聘物理学教授之条件。

"致夏浮筠函,告以在物理系任教授之条件:1. 讲授时间太少时可兼任编书,所编书之大纲及编成期限提出教务会议通过。2. 每月俸给照现行最高教授额二百八十元,请与顾孟馀君接洽。"(本年《日记》同日)

9月30日　知教育公债事方梦超有意见。

"午前,尹默来,言教育公债事方梦超(教育部秘书)有意见。"(本年《日记》同日)

10月1日　请方梦超与叶恭绰(玉甫)商议教育公债事。

"尹默偕方梦超来,言与叶玉甫商教育公债事。"(本年《日记》同日)

10月2日　沈兼士面告国文研究所应办之事。

"兼士来,示国学门国文研究所应办之事。"(本年《日记》同日)

同日　出席华法教育会议翻译法文书事。

"二时,到华法教育会,议翻译法文学术书事,先各任译一书,我任 Guyau 之美学。"(本年《日记》同日)

同日　出席北京各团体国民外交联合会国民大会,并任大会主席。

"李景和、白坚甫、何□□来,代表北京各团体国民外交联合会,约午后二时到公园,大会主席。午后四时到会,主席,议决推代表十人催促外交当局速驳复日本要求山东问题直接交涉之文,驳书中但声明根本反对,不得逐条驳复。"(本年《日记》同日)

10月3日　与叶恭绰(玉甫)、方梦超等商议教育基金公债事。

"王子刚来。午后二时,叶玉甫、陈圆庵、方梦超及沈氏三兄弟来,商教育基金公债事。玉甫说:交通附收赈捐,可改为教育捐。"(本年《日记》同日)

同日　偕国民外交联合会代表赴外交部询"鲁案"事。

"四时,偕国民外交联合会代表九人,往外交部询鲁案事,颜外长意,不能不举要驳复。"(本年《日记》同日)

10月4日　以发行教育公债意见稿交沈氏兄弟酌定。

"午前以发行公债事征求意见广告稿,送沈氏弟兄酌定,梦超亦来。"(本年《日记》同日)

同日　节译《玄学导言》毕。

"节译伯格森《玄学导言》毕,寄李石岑。"(本年《日记》同日)

10月5日　出席北京国立八校校务会议及八校教职员联席会,讨论教育经费问题,决定本月十一日各校一律开学,正式上课。

"午后,到校务讨论会。议决,请于交通部邮电铁路附加赈捐期满,征收规定为国立各校及向由教育部担任放款各学校教育经费。四时,到美术学校,与教职员联合会代表谈话,决定于十一日正式上课。"(本年《日记》同日)

"昨日(五日)午后四时,八校教职员各代表,在美术学校开第九次联席会议,首由何炳松、钱秝陵报告昨晚八时,交长张志潭派正式代表张兆芝前来,转述其意如下:(一)张交长在职一日,必维持一日。(二)答复教部公文,一俟手续完竣,即可办理云云。……同时八校校长均到会,即开校长、教职员联席会议。首由工专许代表报告八校补课,现将期满,本日同人决定十月十一日正式开学。惟经费及基金,与政府交涉未了事件,请校长商榷进行。法专王校长答称,教职员决定正式开学,各校长实深感激。基金问题,蔡校长现在与同人向政府商议妥当办法,至交部公文及七月欠薪,决定明日同蔡校长往晤马次长,务希于双十节前办到。"(北京《晨报》1921年10月6日)

10月6日 为教育经费事访范源濂(静生)、马邻翼(振五)。

"午前八时半访范静生,九时访马振五,均为教育经费事。沈步洲来。沈士远、尹默来。仲骞来。"(本年《日记》同日)

同日 为教育捐事访教育部次长王章祜(叔畇)。

"午后,访王叔畇,属向张远伯说交通附捐事。"(本年《日记》同日)

10月7日 为"通俗日报社"办平民工读学校募集办学基金。

"《蔡元培启事》。兹《通俗日报》经理田君瑞三,拟于该社内附设平民工读学校一所。惟开办伊始,经费甚难,乃延请同志组织义务夜戏一台,以所得之款,全允该校基金。田君以此事商之于元培,元培以其有益于社会也,故乐为之助。特为介绍于本校教职员诸先生及同学诸君,请为赞助。积沙成塔,集腋为裘,该校前途,实受大赐。"(《北京大学日刊》同日)

同日 陈独秀于10月5日晚在上海被捕,与胡适、李石曾等商议营救。

"夜间得顾名君电话,说独秀昨夜在上海被捕。打电话与蔡子民先生,请向法使馆方面设法。法人真不要脸!"(《胡适日记全集》同月6日)

"今天得蔡先生电话,他说已和铎尔孟商量,他们主张不和使馆办交涉,因为使馆是很守旧的。他们拟由蔡先生和我们发一电给上海法领事,此人较开通,或有可以设法之处。"(《胡适日记全集》同日)

"晨,为陈独秀被逮事,访石曾。访铎尔孟,午,协和医校邀午餐,商组织卫生委员会事,座有秉三、静生、寄梅等。晚,至幼山处,晤书衡、屺瞻,并晤东浦沈庆生。赴颜隽人晚餐之约,询组织外交委员会事。"(本年《日记》同日)

同日 北京国立八校校长《请将交通部邮电铁路附加赈款改为附加教育经费说帖》刊出。(《北京大学日刊》同日)

10月8日 刊出《校长启事》,催学生按期还书及交纳违约金。

"近据图书部报告:学生借书不按定期交还及积欠违约金者甚多,……亟须切实整顿,以维将来。关于此届借书不如期交还及积欠违约金等情,容系新章实行未久,借书者或不熟习,不无可原。兹决定通融办法如下:(一)限期至本月十三日以前,凡借阅之书籍应交还尚不交还者,照章停止学生资格。(二)已将书籍交还而所欠违约金尚未交还者,亦限于本月十三日以前缴纳,如逾期不缴,应停止其借书期一年。十年十月八日"。(《北京大学日刊》1921 年 10 月 11 日)

10 月 9 日 游西山碧云寺。

"十时半,赴西山碧云寺,晤张小良、齐寿山。午后,赴温泉庙,石曾途中车倒伤臂。"(本年《日记》同日)

10 月 10 日 游京西大觉寺。

"十时,赴温泉村学校。游大觉寺。午后三时回京。"(本年《日记》同日)

10 月 11 日 主持举行北京大学一九二一年秋季开学式,并发表演说。

"本校于昨日上午十时,在第三院大礼堂行开学礼。礼毕,首由校长蔡先生及教务长顾先生致训词,次由蔡先生介绍新聘教员程瀛章、朱经农、吴又陵、徐旭生诸先生演说。末复请胡适之先生演说,至十二时散会。"(《北京大学日刊》1921 年 10 月 12 日)

同日 布告全校教职员,如有借阅图书馆图书逾期不还者,按修正借书规则办理,即处罚违约金。

"本校教职员诸先生公鉴:据图书部报告,同人中有借阅图书馆书籍逾期未还,并有积欠违约金等情。此事宜按本年一月修正之图书馆借书规则办理。诸先生中如有借书,届期务请早日交还,或欠违约金亦希照章缴纳,如一时不即缴纳,应由薪水中扣除。特此谨启"。(《北京大学日刊》同日)

10 月 12 日 到北京民国大学销假视事,制订募集该校基金办法。

"十月十二日蔡校长回国销假视事,因感于本校基金无着,屡次呈请教育部备案时,率加诽难,乃推定常务董事樊守中、杨永泰、岳乾斋、沈吉甫、卓君庸、谭瑞霖、谈丹崖、司徒颖等二十余人,每月各担任募捐二十五元,并规定募集基金办法,期于一年内募足基金十万元,存储生息,为一劳永逸之计。"(《北京民国大学沿革一览》)

同日 在一九二一年秋季开学式的《演说词》发表。(《北京大学日刊》同日)

同日 发布《校长布告》,请沈士远任北大代理总务长。

"总务长蒋梦麟教授,因公请假赴美,现请庶务主任沈士远教授代理总务长。此布。十月十二日"。(《北京大学日刊》1921 年 10 月 13 日)

同日 法驻上海总领事电告蔡元培,陈独秀已交保释放。

"北京大学蔡校长鉴:陈独秀先生已交保释放。该案必如尊嘱,以公断理,请释念。上海法总领事费尔登"。(《北京大学日刊》同日)

10月13日 为河南省第一中学聘请法文教员。

"顷接本校学生河南李均邦函有云,刻下生忝任敝省第一中学校教务主任,祈先生时赐教言。敝校现有法文两班,每班法文钟点每周八小时,两班共计十六小时,按例每月薪金六十四元。近因该两班法文教员另有他就,此两班暂停上课。先生见高识广,深悉法文,谅必乐予敝校介绍一善良法文教员,伏祈费神,速为物色,以便早日上课。至于薪金一层,如有品学兼优之人,自当从优,惟至多不能超过八十元。是否有人,请速示复云云。本校同人如有可以介绍之法文教员,请于一星期内函告校长室。蔡元培启"。(《北京大学日刊》同日)

10月14日 与张謇、王正廷、袁希涛、黄炎培、蒋梦麟、余日章等人,联名函谢齐燮元(抚万)捐款兴建东南大学图书馆(即孟芳图书馆)。

"抚万督军麾下:东南大学创立伊始,经费奇窘,以是对于学生最为需要之图书馆,估计十余万元,无款未能兴工。謇等谬承教育部聘为大学校董事,负有辅助之责,正拟筹募捐款,从事建设。适接校长郭君秉文报告,敬悉此事已蒙麾下禀承太翁孟芳先生慨允,撙节廉俸,独力陆续捐助。东南学子,咸受沾溉,闻讯之余,曷胜钦感,用肃专函,藉申谢忱,幸希垂照,并请□陈太翁。袛颂勋安。

张謇、蔡元培、王正廷、袁希涛、聂其杰、穆湘玥、陈辉德、余日章、严家炽、钱新之、荣宗敬、江谦、沈恩孚、黄炎培、蒋梦麟、任鸿隽谨启"。(《北京大学日刊》同日)

10月17日 因病入院治疗。

"鹤卿今日病足,亦入院诊治。"(《张元济日记》同日)

"《北京大学布告》。蔡校长因病现在医院疗治。医生嘱须静养,始能得痊。本校同事同学及诸友人,望勿前往探视为要。"(《北京大学日刊》1921年10月19日)

10月19日 发布因病不能到校办公的启事。

"元培因病不能到校办公。所有应与校长接洽事务,请与校长室谭熙鸿教授接洽。蔡元培 十月十九日"。(《北京大学日刊》1921年10月20日)

10月21日 通知俞同奎、胡适、蒋梦麟等为新一届聘任委员。

"○○先生大鉴:敬启者。前届聘任委员会任期已满。兹由校长照章指任,提出委员长及委员名单,于本月十八日评议会已经通过,先生为本年新任聘任委员之一,特此奉闻,敬希察照。……蔡元培 十月二十一日。俞同奎、胡适、蒋梦麟、马叙伦、黄振声、顾孟馀、陈启修、谭熙鸿、陶孟和"。(《致北大聘任委员会委员函》同日)

10月27日 吴虞收到由蔡元培署名的聘书。

"……晤沈士远,至其二层楼右手十五号室中小坐,言蔡子民内病已愈,惟脚疔割后,一时尚难行步也。北京大学送续聘书来,……予前次聘书为蒋梦麟署名,此次则蔡子民署名。"(《吴虞日记》同日)

10月29日 公布本届仪器委员会委员及委员长名单,并通知召开第一次会议。

"兹委陈世璋、谭熙鸿、颜任光、李麟玉、李四光、何杰、何育生、龚安庆、程瀛章诸先生为本届仪器委员会委员,其中以陈世璋先生为委员长。并定于本日下午四时,在第一院接待室开本届第一次仪器委员会。届时务请出席为要。"(《北京大学日刊》同日)

10月 补汇欠发袁同礼(守和)的一年津贴。

"守和先生大鉴:本校补助先生之津贴,今夏因校款无着,教职员罢职,未能及时汇上。现校务已照常进行,特将自民国十年七月至十一年六月应发津贴共四百八十余元汇上,请查收。……蔡元培启 十年十月 日"。(《致袁同礼函》同月)

秋 在北京大学及北京高等师范学校讲授美学课程并撰写《美学讲稿》《美学的趋向》《美学的对象》等讲稿。(蔡元培先生手稿)

11月2日 通知北大教授参观评议员选举开票式。

"本校教授诸先生公鉴:本届本校评议员选举,定于今日下午三时在校长室将票数汇齐,四时在第二院大礼堂开票。教授诸先生均请到场参观,以昭慎重。"(《北京大学日刊》同日)

11月3日 公布北大评议员换届选举结果。

"本届本校评议员选举,已于昨日下午四时一刻在第二院大礼堂,当众开票,计收到选举票共六十九张。兹记其结果如下:

谭熙鸿、顾孟馀、胡适、王星拱、陈世璋、何育杰、陶履恭、沈士远、朱锡龄、李大钊、俞同奎、冯祖荀、马裕藻、夏元瑮。以上十四人当选。温宗禹、贺之才、张大椿,以上三人因票数相同,应于其中决选二人。"(《北京大学日刊》同日)

11月4日 通知召开北京大学教务会议。

"各系主任先生鉴:兹因有重要事务,定于本月七日(星期一)下午四时,在第一院教务长室开教务会议,届时务望出席为荷。蔡元培 十一月四日"。(《北京大学日刊》1921年11月4日)

11月7日 续布评议员决选结果,并通知召开当选评议员第一次会议。

"本届评议员当选之最少票数,且票数相同之贺之才、张大椿、温宗禹三先生之决选票,已于本月五号午后四时,在第二院大礼堂开票。计收到决选票共四十四张。其结果如下:贺之才三十六票,张大椿三十四票,温宗禹三十二票。以上贺之才、张大椿二先生当选。"

"本届评议员十六人,业已完全选出。当选者为谭熙鸿、顾孟馀、胡适、王星拱、陈世璋、何育杰、陶履恭、沈士远、朱锡龄、李大钊、俞同奎、冯祖荀、马裕藻、夏元瑮、贺之才、张大椿诸先生。兹定于本月九号(星期三)下午四时,在第一院接待室开本届第一次评议会。请当选评议员诸先生,届时务必出席。"(《北京大学日刊》同日)

同日 任沈兼士为文科研究所国学门主任。

"兼士先生大鉴：径启者。本校研究所自议决归并四门以来，分门筹备。现国学门已有头绪，敬请先生为本校研究所国学门主任，量为布置，刻期进行。对于有关系之各学系，并请商同各系教授会主任办理。……蔡元培敬启 十一月七日"。（《北京大学日刊》1921年11月8日）

11月9日 发布《校长布告》，公布本届评议会议决事项。

"十一月九日，本届第一次评议会议决事项应行公布者如下：

（一）议事规则宜实行案。议决：按评议会规则实行。（二）校长委任组织委员会委员案。组织委员会，马寅初（长）、陶孟和、胡适、马叙伦、陈启修、陈世璋、顾孟馀、沈士远、谭熙鸿。议决：原案通过。（三）校长委任预算委员会案。预算委员会，谭熙鸿（长）、马寅初、胡适、陈世璋、顾孟馀、徐宝璜、沈士远、陶孟和、王世杰、王星拱、陈启修。议决：原案通过。（四）校长交预算方针案。议决：赞成校长提议之《学术上充分发展、事务上相当限制》之预算方针，俟交预算委员会推出具体的预算案，再为审议。（五）校长交议校歌案。议决：（一）不承认二十周年纪念会歌为本校校歌。（二）本校暂不制校歌。……"（《北京大学日刊》1921年11月11日）

11月11日 为北京大学教授张一志编《山东问题汇刊》作序一篇。（张一志编《山东问题汇刊》1921年11月出版）

11月28日 北京大学评议会召开本年度第二次会议，讨论通过蔡校长提出新定研究所组织大纲等议案。

"日期：民国十年十一月二十八日。到者：陶孟和（顾代）、顾梦渔、谭熙鸿、贺之才（谭代）、马裕藻、何育杰、王星拱、夏元瑮（何育杰代）、冯祖荀、沈士远、胡适、张大椿、俞同奎（张大椿代）、朱锡龄、李大钊。

（一）校长交议新定研究所组织大纲。由本会公推三位，整理此次校长提交之新定研究所组织大纲，并从前本会通过之研究所办法，然后提交本会。议决：整理前次通过之研究所办法，并校长提出之新定研究所组织大纲，改为四人。已推定：顾梦渔、胡适之、马幼渔、谭仲逵。（二）议决：未办研究所之各系，在该各系新设之学门研究所未成立以前，得斟酌需要，设立研究室。（三）陈校医提变更校医室组织并预算意见书案。议决：下次开会再议（首先提出）。"（北京大学评议会记录）

11月 向北京大学教务会议提出，请将学生阅读参考书之处名为阅览室的议案。

"各系教授会主任诸先生大鉴：本校研究所已于去年议决并作四门，将来四门成立后或改名研究院，或更名大学院，现尚未定。惟各学系现均设有学生阅读参考书之处，闻亦多以研究室名之，恐与专为毕业生所设之研究所，易相混同。请于教务会议中议定一名，或某系参考室，或名某系阅览室……各系均一律，何如？请公

决。右(上)案请谭先生提出教务会议。蔡元培"。(北京大学档案)

同月 函谢陈垣(援庵)①捐助平民补习学校现款一百元。

"援庵先生大鉴:奉惠书并捐助平民补习学校款一百元,谨先代领,并为百余苦青年谢谢。容再由该校奉上正式收据。……弟蔡元培敬启 即日"。《复陈垣函》11月)

同月 答复陈玄冲致《哲学》季刊函。

"杨朱为庄周,是我个人的臆说,我的详考尚未脱稿,当然赞成者极少。胡适之先生沿习旧说,认为有杨朱其人,是胡君的自由。读者自决之而已。"《哲学》季刊1921年第4期)

12月3日 为毕业生秦恩寿寻求工作单位。

"本校经济系毕业生秦恩寿君,对于中学以上之英文、西史、速记、簿记、翻译、打字诸科,具有特长,愿任教务,因特介绍。如有愿意延聘者,请与本校校长办公室接洽。"(《北京大学日刊》同日)

12月7日 发布《校长布告》,劝告全体学生尊重教员讲授与指导,不应有"不合情理之举动"。(《北京大学日刊》同日)

12月14日 发布《校长布告》,公布本年第三次评议会议决事项。

"本月十四日本年第三次评议会议决案件,应行公布者如下:

(一)新定本校研究所组织大纲案。议决:通过国立北京大学研究所组织大纲。……(二)图书馆借书规则修正案。议决通过。(三)校长提出关于本校各会议如修正机关规则案。……议决:原案通过。(四)校长提出教务会议提出本校毕业生在本校为讲师者,一律改称助教兼讲师。议决:凡本校毕业生在本校为讲师者,得称助教。"(《北京大学日刊》1921年12月17日)

12月21日 发布孟禄博士到北大讲演通知。

"《校长布告》。本校特请孟禄博士于本月二十四日(星期六)下午四时,在第三院大礼堂讲演教育问题,本校教职员先生及同学诸君,均请来听是盼。讲题:大学之职务。翻译者:胡适之先生。"(《北京大学日刊》同日)

12月23日 与陶行知、熊希龄等发起组织中华教育改进社,并任会长。

"中华教育改进社是一个新产生的团体,就是新教育共进社、新教育杂志社、实际教育调查社三个团体改组而成。二十三日下午开会,已将简章通过,并举定董事,为蔡元培、范源濂、张伯苓、袁希涛、李建勋、黄炎培、汪兆铭、郭秉文。名誉董事七人,为孟禄、严修、张謇、梁启超、张一麐、杜威、李石曾云。"(北京《晨报》1921年12月26日)

---

① 陈垣,字援庵,又字圆庵。

"……孟禄将于二三日内离京,实际教育调查社亦将与'新教育共进社'及'新教育杂志社'三团体合并而成'中华教育改进社',故于昨晚六时在中央公园来今雨轩公共设筵饯别。席间言论甚多,极一时之盛。……其间有可以注意的,如北大校长蔡元培君在病院中特草演说节略,托胡适君代译,对于五个月前孟禄在纽约教育界公宴蔡君席上,评论中国学生运动之眼光,表示十分钦佩,并以此次不能躬与调查讨论为恨。"(北京《晨报》1921年12月24日)

同日 与熊希龄、张弧等联名发出请愿书,请法、比及中国政府以退还庚子赔款专作教育经费。

"……希龄等窃维振兴教育,本为国家急务,退款兴学,尤有先例可援,既全国之一致,知民意之所趋,曾受委托,理合代达。但各界国民所深望者,赔款既退,全数兴学。近闻法国之部,有议退还者,颇以发达实业为言。实业关系,自亦重要,然教育为立国之本,实业亦生财之道,此款利益究宜归诸教育。伏恳顺从舆情,向友邦政府积极磋商,俾收圆满效果,不胜盼祷之至。北京华法各团体代表熊希龄、蔡元培、张弧、铎尔孟、李煜瀛"。(北京《晨报》同日)

12月31日 为罗琛著《恋爱与义务》作序一篇。

"罗琛女士,华通斋先生之夫人也。原籍波兰,长学法国,兼通英德俄诸国语及世界语,工文学。居北京既久,于治家政外,常尽力于慈善事业,尤幸喜为有益社会之小说。近日以新著《恋爱与义务》小说汉本见示,余方养病医院,受而读之,心神为之一振。其叙事纯用自然派作法,准个人适应环境之能力而写其因果之不爽;其宗旨则颇以自由恋爱在一种环境中,殆不免于痛苦,而以父母教育子女之义务为归宿。观于逃亡以后,历种种艰苦而善育其女;使得受高等教育;临别则为之送致于前夫而心乃安。黄大任于失妻以后,亦放任之,其公平豁达,诚可为同此境遇者之模范。而要其聚精会神教育两儿,使其成为贤男良女,则尤作者所致意焉。

十年十二月三十一日 蔡元培叙"。(《小说世界》1923年第6期)

12月 因足疾住德国医院治疗,刘海粟两次探访,与谈很多艺术问题。(刘海粟:《忆蔡元培先生》)

同月 为《佛心丛刊》题词。

"心心相印 蔡元培(印)"。(《佛心丛刊》1922年第1期)

同月 节译之柏格森《玄学导言》一文发表。(《民铎》第3卷第1号)

本年 任华法学务协会临时代表。

"华法学务协会原发起人[按姓氏笔画繁简次序列左(下)]:王宠惠 汪大燮 李煜瀛 范源濂 孙宝琦 张一麐 张弧 潘复 熊希龄 蔡元培。华法学务协会临时职员:临时主席熊希龄 临时代表蔡元培 临时书记铎尔孟 李煜瀛"。(《旅法学务协议与华法学务协会之经过》)

本年 往返于法、德、比、奥、英、美等国之间,参与文化、学术活动。

"这一年的一月十八日赴法国,往来巴黎、里昂间。二月十二日到比利时。十六日又到法国。三月十二日到德国。二十八日到奥国。四月一日到匈牙利。五日复到瑞士。十日复到法国。十三日往意大利。二十四日复到法国。六月一日到美国。十日到坎拿大。十四日又到美国。三十日上船。八月六日到檀香山,受教育部委托,参加太平洋教育会。二十九日上船,九月九日到日本。十四日到上海。十八日回到北京。"(《自写年谱》)

北大平民学校学生合影(1921年)

北京大学孑民堂塑像(1921年)

1922年(民国十一年 壬戌)五十五岁

1月6日 介绍刘海粟访会教育部次长陈垣(援庵)。

五、北京大学校长时代(1917—1926) 475

北京大学校长(1922年)

"援庵先生赐鉴：径启者。上海美术专门学校刘海粟君，长于新派油画，近日来北京游历，作画多幅，不久将在高师开一作品展鉴会。深慕硕学，亟思请教，敬为介绍，幸赐接见。……蔡元培敬启 一月六日"。(《致陈垣函》同日)

1月11日 为吴淞同济工专学校招聘国文教员。

"吴淞同济工专学校阮尚介先生来函，该校拟聘国文教员一位，须于新思潮有研究者，每星期教授十二小时，每月薪水六十元。本校毕业诸君有愿就此席者，请来函告知，以凭转荐。"(《北京大学日刊》同日)

1月14日 与国立各校校长、学务局长联名致教育次长公函，敦促务于旧历年前拨发积欠各校的经费。

"次长钧鉴：敬启者。接教职员代表联席会一月九日来函，内开各校领到经费两月，较之同人所拟定者，尚少半月。顾念学子光阴为重，不得不勉为让步，应即如期授课。但民国十年尚欠之一个半月，务于一月二十五日以前发出，以为旧历度岁之资。谨此郑重声明，千祈特别注意等因。查联席会要求旧历年内，非将积欠发清不可，前曾面陈，允向政府接洽。现在为日无多，用于函达台端，务乞查照施行。至本年一月份经费，并请按期筹发，毋任感荷。专此，敬颂钧安。八校校长、学务局长公启。十一年一月十四日"。(《北京大学日刊》1922年1月17日)

同日 请吴法鼎(新吾)著文介绍意大利雕塑名家阿尔西蒂。

"我国习西洋绘画者渐多，而尚无习雕塑术者。鄙意西洋雕塑与绘画，有极密切之关系；久有延访雕塑家之意。适吴新吾先生以阿君在北京之状况见告，闻之为狂喜。因先请吴先生序其事略，布之《日刊》，以介绍于本校同人。 十一年一月十四日 蔡元培附识"。(《北京大学日刊》1922年1月17日)

1月16日 与国立各校校长、京师学务局长联名公呈国务总理文，提议京师教育经费请于实行关税值百抽五时，即由关税项下直接拨发。

"为呈请事。窃查十年十二月十八日阁议，议决财政教育两部提议，北京专门以上学校经费俟增加关税案定后，每月增拨十万元，具征政府尊重教育之盛意。顷闻关税增加案，已经华府会议赞成限制用途，以扩充教育为第一条。查实行值百抽五，每年已可增加二千六百万之谱。现在教育经费支绌，恒苦不能发展，请自实行值百抽五时，即按照阁议每月增拨十万元，以符原案。再京师教育经费，现虽由交通部直接拨交每月特别□款二十二万元，第每值时局不靖，即不免愆期，教育基础时〔受〕动摇，殊非长久之计。拟请于实行值百抽五时，即由关税项下，直接拨充，以维久远，教育前途，实利赖之。除呈教育部外，谨呈国务总理。八校校长、学务局长公呈。十一年一月十六日"。(《北京大学日刊》1922年1月19日)

同日 发起刘海粟画品展览会，并发表与李建勋合撰的《介绍艺术家刘海粟》一文。

"刘海粟先生画品展览会。日期：一月十五日至十七日；时间：午前九时至午后四时；地点：琉璃厂高等师范学校。"(《北京大学日刊》同日)

1月19日 与北京国立各校校长联名公呈教育总长文，请免各校教育用品纳税。

"呈为呈请事。窃查国立八校置备各应用品经过关局，照章纳税，无甚等差。际兹校费支绌，置备各品，殊为不易。类如理科仪器、农学标本、医工试验诸品，多系研究学术之用，纯为教育用品，较其他普通货物不同，经征之处，似宜豁免。查东西各国对于学校用品，或减少税收，或全行□豁，用以提倡文化，藉为鼓励学术，法良意美，可仿而行。闻香山慈幼院之用品，已准免税。国立八校，更无歧视。为此公呈钧部，请援照香山慈幼院免税成例，咨请财政部税务处即饬所属各征收机关，对于国立八校校用品，概予免税放行，以示提倡，而资便利，教育前途，不无裨益。谨呈教育部总长。八校校长公呈。一月十九日"。(《北京大学日刊》1922年2月25日)

同日 通知德文系教授会讨论编造进行计划及经费预算。

"德文学系教授会诸先生鉴：径启者。本校现将详造预算，以定进行计划。兹特请即时召集教授会议，将下列诸点，详细讨论决定填写后，于本月二十八日以前交校长室。 蔡元培敬启 十一年一月十九日

附：填写各点

关于现在者：(一)教员额数及薪金。(二)必要之图书、仪器购置费。(三)其

他用费。

关于将来者(自今年七月起):(一)应否添加科目及加聘教员。(二)图书、仪器应否扩充。(三)其他用款应否扩充。"(北京大学档案)

同日 介绍李石曾访会陈垣(圆庵)。

"圆庵先生大鉴:足疾未愈,尚不能走访,至歉。顷有启者,关于中法大学、勤工俭学生工艺传习所等事,欲请教左右者甚多。兹请敝友李石曾诣尊处晤罄,敬为专函介绍,……蔡元培敬启 一月十九日"。(《致陈垣函》同日)

1月21日 向北京大学评议会提出请议决案四项。

"十年度第四次会议。日期:民国十一年一月二十一日。出席议员:冯祖荀、马裕藻、朱希龄、顾孟馀、贺培之、谭熙鸿、李守常(谭代)、沈士远、何育杰。谭熙鸿君代理主席。……二、主席谓校长说:本年早有计划拟移往西郊。此案今提出本会,请求承认。议决:通过。迁移办法,由校长酌定。三、主席报告:本校总务长业已任满,照章得连任一次。第二任总务长,校长仍委任蒋梦麟。蒋君现在出洋,委任沈士远代理。请承认。议决:通过。(附校长建议:照章总务长任期两年,但得连任。蒋梦麟教授任总务长已届两年,拟仍请其连任。蒋教授未回校以前,仍请庶务主任沈士远教授代理。请评议会认可。蔡元培。)四、主席报告:本校考试委员会,现届任满。现由校长委定第二届考试委员,开列名单,请本会承认。议决:通过。[考试委员会委员:顾孟馀(长)、余文灿、马裕藻、黄国聪、谭熙鸿、丁燮林、王星拱、罗惠乔、陶孟和、朱希祖、王世杰。请谭先生提出评议会,要求承认。蔡元培]"(北京大学评议会记录)

1月23日 被举为中华教育改进社董事之一。

"中华教育改进社董事名单:蔡元培、范源濂、张伯苓、袁希涛、李建勋、黄炎培、汪兆铭、郭秉文。"(《北京大学日刊》同日)

同日 为北京大学平民教育讲演团捐款五元。

"平民教育讲演团报告。寒假募捐,承诸位踊跃解囊,本团同人感激不尽。兹将台衔及款数列后,以资纪念。蔡元培五元。……"(《北京大学日刊》同日)

1月25日 与赵国藩合撰《寓兵于工之计划》一文发表。(《东方杂志》第19卷第2号)

1月26日 发布《校长布告》,废止学费缓交担保及清理积欠学费。(《北京大学日刊》同日)

1月30日 撰写《石头记索隐》第六版《自序》,对胡适将该书列为"附会的红学"说,进行辩驳。

"适之先生大鉴:承赐大著《胡适文存》四册,拜领,谢谢!虽未遑即全读,亟检《红楼梦考证》读之,材料更增,排比亦更顺矣。弟对于'附会'之辨,须俟出院后始能为之。公所觅而未得之《四松堂集》与《懋斋诗抄》,似可托人向晚籍诗社一询。……弟蔡元培敬启 一月四日"。(《致胡适函》同日)

"近读胡适之先生之《红楼梦考证》,列拙著于'附会的红学'之中,谓之'走错了道路',谓之'太笨伯''笨迷',谓之'很牵强的附会',我殊不敢承认。或者我亦不免有敝帚千金之俗见。……"(《石头记索隐》第6版《自序》)

1月31日 公布北京大学评议会改选总务长结果。

"本校评议会本年第四次常会议决事项,应行公布者如下:

……主席提出本校总务长业已任满,照章得连任一次。第二任总务长,校长仍委任蒋梦麟君。蒋君现因出洋离校,在其未回校前仍委任沈士远君代理,请本会同意案。议决:原案通过。"(《北京大学日刊》同日)

2月3日 与国立各校校长联名公呈大总统、国务总理、教育部总长文,请拨德国赔款充国立北京专门以上八校教育基金。

"呈为请拨德国赔款,充国立北京专门以上八校教育基金,仰祈俯赐核准事。窃查近年以来国家财政困难,教育经费,时虞不给。前虽奉大总统明令筹给基金,徒以政局不定,迄今未有的款。元培等以为,教育为立国大本,较之其他政务,尤为紧要。因噎废食,在势既有所不能;而无米为炊,当局亦难乎为继。现在从事教育人员,为筹措经费,心力交瘁,一切进行计划,反致无所顾及,长此因循,教育绝无进步之望,国家所受影响匪细。此种现象,殊足引为杞忧。为今之计,亟应筹画切实办法,务使教育经费有可靠之来源,以树永久基础。查我国参战损失,已向德国索偿。据闻我国实在损失约在六千万元之谱,德国政府现允担认代付湖广、津浦各项债票,本息约一千六百余万元,并允缴纳现金二千三百万元,两共三千九百万元,作为赔款。其缴纳现金部分内,应扣发还德商款项一千五百万元,中国政府净得现金八百万元。当此财政竭厥之际,政府得此巨款,用以分配各项支出,仅能敷衍一时,无裨实际,不若充实教育基金,以为一劳永逸之计。在政府方面,不过减少临时收入,而教育前途,得此巨款,顿呈无限生机。元培等谨请政府,毅然决定以该款悉数拨充北京国立八校基金;万一拨给全数有所为难,最少亦请拨给半数,四百万元。明知政府需款甚殷,而教育经费尤关紧要。务恳俯念培育人才系国家根本之计,迥非寻常事业可比,迅准将此项德国缴纳赔款,指定拨给,则莘莘学子受惠实非浅鲜矣。迫切陈词,不胜屏营待命之至。谨呈大总统、国务总理、教育部总长。八校公呈二月三日"。(《北京大学日刊》1922年2月7日)

同日 函谢刘翰怡赠书。

"翰怡先生阁下:去秋过沪,匆匆未及奉访,为歉。而公以精刻捐入北京大学,全校同人均拜嘉惠。闻各书已装成两箱,现托商务印书馆运至北京,敬希检付该馆为幸。……弟蔡元培敬启 二月三日"。(《致刘翰怡函》同日)

2月4日 扶病出席欢迎法国新任驻华公使宴会。

"昨日(四日)午后一时,由熊希龄、汪大燮、张弧、蔡元培、林长民、王章祐、马林翼、陈垣、铎尔孟、李煜瀛等,代表法学务协会假北京饭店公宴新任法公使傅乐猷及其参随与其他法国客卿,并请政学各界要人如教育部齐总长,各校教员等陪席,宾主计五十余人颇极一时之盛。北大蔡校长且扶病参与,与法公使作短时间之谈话,极为殷挚,惟因病未能入席。宴将终,由汪大燮演说,……继由李煜瀛代读代译蔡孑民之长篇演说,最后由法公使演说……"(《申报》1922年2月7日)

2月6日 与北京国立各校校长联名公呈大总统、国务总理文,请将法国退还庚款之半数,拨充国立八校教育基金。

"国立八校校长蔡元培等,昨日公呈政府,请以法国退还赔款之半数,充作八校教育基金。原文如下:呈为法款退还,请均配用途,酌拨国立八校教育基金事。窃法国议会议决,退还我国庚子赔款,声明充中法两国精神与物质上关系之用。查精神事业,莫过教育;物质事业,自属实业。二者为国家命脉所关。然精神与物质相较,则精神尤为重要。此次退还赔款,既有为发展中法精神与物质之声明,自当根据此意,均配用途。年来国立八校经费奇绌,国家财政又极困难,更无的款拨充基金。拟请以此项退款之半数,充国立八校教育基金,以维首都教育,以固国家根本。并闻政府对于此项赔款,拟组织委员会,商酌分配用途,国立八校亦国家行政团体之一,应请准予参加,庶几一得之愚,亦可以供采择,而于国家精神与物质两方面之关系,不无裨益。为此呈请察核训示施行,毋任屏营待命之至。谨呈大总统、国务总理。八校校长公呈二月六日"。(北京《晨报》1922年2月8日)

同日 发布《校长布告》,请沈士远兼任北大校长室秘书。

"校长室秘书谭仲逵教授,因公往上海,特请沈士远教授兼任校长室秘书,于本月六日开始办公。此布。"(《北京大学日刊》同日)

同日 允在适当时间为上海美专募集建筑费。

"海粟先生大鉴:……贵校募集建筑费,弟力所能及,不敢不尽。若以总队长相属,必不敢当,以寒士当募款之冲,其成效可想而知也。都中政潮方烈,尚未易着手集款,到适当时期容图之。……弟蔡元培敬启 二月六日"。(《复刘海粟函》同日)

同日 致陈垣(援庵)函,请为蒋维乔谋编审处职。

"援庵先生大鉴:阅报见贵部专门司长已提出署理于国务会议,知正式公事已照常进行。……顷有奉渎者,贵部习惯,凡部员外放厅长而卸任者,一时无他位置,则任为编审员。参事蒋维乔君,外放江西教育厅长,未就职,可否为位置于编审处?屡渎不安之至。……蔡元培敬启 二月六日"。(《致陈垣函》同日)

2月7日 在华法学务协会举办的欢迎法国新任驻华公使傅乐尤宴会的欢迎词发表。

词谓:"我久闻公使在外交界的成绩,与到中国后对于我国的友谊,对于中法两方面文化沟通的赞助,非常钦佩。适因有疾,尚未到使馆访候,又不能参与今日的盛会,歉疚无已(按蔡校长是日扶病到会与法使周旋,筵开先退,未列席陪宴,故云。——北京《晨报》记者注)。然感怀拳拳,不可不宣,敬托我友李石曾君代为转达。我常常觉得西洋各国,在文化上与中国最有关系的是法国,……但是照目前情形看起来,仿佛输入美国文化的人,比输入法国文化的还多一点,例如从法国回来的留学生,只是在北京大学服务的,比较的多一点,从美国回来的留学生,在各种高等教育机关里都不少。美国与中国国体相同一如法国,离中国虽是比法国近一点,但从哲学文学美术的根底上讲起来,自然远不及法国,为什么美国文化在中国的势力比法国大呢?这固然因为从前学生学英文的多学法文的少,最大的原因,是留美学生在经济上得了美国退还了一九○○年赔款一部分的助力,留法的中国学生有二千人,其中大半须先做工而后求学,回国服务的时期尚遥遥无定;留美的中国学生已有三千人,大半是有宽裕的学费,直接受高等教育,几年后,一定可以回国服务,这就是美国退还庚款的成效。现在法国也有退还赔款的计划,业经成立,我们很希望多用在教育上,给国内中等以上的学校受点特别补助,多设法文班,给留法学生也有宽裕的学费,可以专心求学,早点回国来服务。我知道公使对于各种华法间文化事业,都是很肯提倡的,但退还赔款,是目前最切要的一件事,我尤希望公使尽力主持。不久我的足疾好了,我一定要来拜访公使,今日先遥祝公使健康。"(北京《晨报》1922年2月8日)

2月8日 嘉许北京大学平民学校设立中学班。

"家庭与学校实行联络,北大第一平民学校设立中学班,已志前报。兹该校接北大校长蔡先生函,极为嘉许,并谓不必拘定部章,亦不可太拘年级,只须注重国文、英文、数学三科,国文全练习白话。中国史地等,可作为国文读本之一部;外国史地等,可作为外国文读本之一部。至课程一项,蔡先生以所拟过于繁重,已交北大教务处审查。俟审查以后,必有一番新改革也。"(北京《晨报》1922年2月8日)

2月11日 主持召开北京大学评议会本年度第五次会议,提出"职员待遇法案""教员保障法案"等议案。

"日期:民国十一年二月十一日。出席会员:蔡元培、张大椿、沈士远、马裕藻、朱锡龄、夏元瑮、俞同奎、王星拱、贺之才、冯祖荀、李大钊、顾孟馀、何育杰、陈世璋。一、主席提出职员待遇法案。议决:先付油印,交各会员审阅后,限于一星期内发表意见,两星期后再开临时会讨论议决。二、主席提出教员保障法案。……议决:(一)教授之聘任与辞退,均须经评议会议决。(二)原案第二项交教务处议决。(三)本会已有议决。三、主席提出兼职教授改讲师案。议决:(一)凡教授在校外非教育机关兼职者,及在他校兼任重要职务者,须改为讲师或以教授名义支讲师

薪。(二)凡教授在他校充讲师者,须先得本校承认并限制钟点。但此项办法应在本年暑假后实行。……"(北京大学评议会记录)

2月15日 发布《校长布告》,公布北京大学评议会议决事项。

"本届评议会第五次会议(十一年二月十一日)议决案,应行公布者如左(下):

(一)教授之聘任与辞退,均须经评议会之议决。(二)凡本校教授在校外之非教育机关兼职者,及在他校兼任重要职务者,须改为讲师或以教授名义支讲师薪俸。(三)凡本校教授在他校兼充讲师者,须先经本校认可并限制钟点,于本年暑假后实行。(四)研究所国学门委员会规则。1.本委员会以规划研究所国学门之一切进行事项为职务。……"(《北京大学日刊》同日)

2月17日 复函胡适,表明对英国退还庚款用途问题的意见。

"适之先生:弟足疾尚未全愈,不能相访;但明日午后研究所国学门委员会第一次开会,当到校,可晤谈也。奉惠书,询弟对于英国退还赔款之意见,适顾先生在此,商定几条:

(一)将来设管理此款之委员会,中国方面必须有教育部与教育界选派之委员;不得如前次美国退款完全由外交部处分。(二)退款之一部分,用在专门教育:(甲)大学之英国教员讲座,如英文学或其他科学等,但所聘英国教员全由大学自主。(乙)派遣留英学生,但所派遣者须经公开试验。(丙)图书馆购置英文书籍。(丁)博物馆□□□天文台。其他一部分用于普通教育,即补助有英语课之普通学校。至于此款不能如美款之办清华学校,不能为香港大学与其他英教士所设之学校所瓜分,闻先生与阿迭斯氏早已谈过,弟等均表同情也。……"(《复胡适函》同日)

同日 聘任李圣章为北京大学仪器部主任。

"……现在仪器部主任一席,已由校长聘请李圣章教授担任,业已就职。嗣后本校教员诸先生如有关于全校仪器之事务,请径与李先生接洽可也。"(《北京大学日刊》同日)

2月18日 主持召开北京大学研究所国学门委员会第一次会议。

"研究所国学门委员会各委员公鉴:本委员会定于十八日(星期六)午后三时,在第一院研究所国学门开会,届时务希出席为荷。蔡元培敬启 二月十五日"。(《北京大学日刊》1922年2月15日)

"研究所国学门委员会第一次会议纪事。委员长:蔡元培。委员:顾孟馀、沈兼士、李大钊、马裕藻、朱希祖、胡适、钱玄同、周作人。一报告。(一)特别阅览室设立之经过。沈兼士报告:本学门成立后,曾要求图书馆在四层楼本所附近,设一特别阅览室,以便将本所提用之书籍,公开阅览。嗣以图书馆无人可调,遂未实行。但为谋图书馆及本学门双方事实上便利起见,实非有一特别阅览室不可。现已有四层楼另辟一室,专供普通阅览,暂由本门代为经理。一面已请图书馆主任派人接管。且前次图书委员会将本学门之提书规则取消,于研究上殊感不便。李大钊谓:图书委员会对于研究所提用书籍,议决两种办法:(1)复本可借;(2)单本照借书规则办理,限两星期归还。马裕藻谓:从前研究所尚无特别研究室,图书馆或恐阅书者不便,所以取消提书规则。现在可再与商酌。蔡元培谓:可由本委员会向图书主任声明已设特别阅览室情形,由图书主任提出图书委员会复议。(二)歌谣研究会。沈兼士报告:歌谣研究会为进行便利计,现已并入本学门。此刻最重要的事情是定音标,及发表已经收集之材料。……"(《北京大学日刊》1922年2月27日)

同日 列名俄国灾荒赈济会发起募款赈济俄国灾荒。

"通电:上海王儒堂、聂云台、黄任之、张仲行、钮惕生、曹云赓诸先生转商会、教育会、青年会各报馆、各团体及各慈善家公鉴:救灾恤邻,古有明训,此次俄国大旱,灾民至数千万人,饥饿待毙,惨不忍闻,各国输捐巨款,力举赈济,载于报章,我国南北近虽连年大旱,自顾为难,然以英美日法各国对于上年北省大灾捐助赈款至二千余万元之巨,我之受于人者如此其厚,无论如何艰窘,亦应节衣缩食,竭力救援,庶合亲仁善邻,彼此互助之义,同人等特发起俄国灾荒赈济会于北京,设法筹募捐款购办赈物,运济俄国,素仰我公仁慈在抱,胞与为怀,高瞻远瞩,尤具眼光,敬恳鼎力提倡,赐捐巨款,俾得追随各国之后,同布义声,永铭慈谊,不胜慈祷之至。

俄国灾荒振济会董事长:熊希龄。副董事长:蔡元培、王芝祥。董事:刘芳、景春、张英华、汪大燮、王人文、王正廷、刘镜人、王达、恽宝惠、胡适、俞人凤、唐文高等。干事长王葆真及全体职员同叩。真。"(《申报》1922年2月18日)

2月19日 建议陈垣(圆庵)任余日章为武昌高师校长。

"圆庵先生大鉴:径启者。武昌高师谈校长借军警暴力,开除学生多人,致激成全体罢课之举。闻贵部已有撤换之计划,顷接该校学生来函,欲请任余日章君为校长。余君声望,各界所知,以长斯校,或足抵抗外力。如能得余君同意,似不妨采纳该校学生之意见。敬为转达,尚祈尊酌。原函附奉……蔡元培敬启 二月十九日"。(《致陈垣函》同日)

2月20日 改请谭熙鸿任北京大学代理总务长。

"《校长布告》。因代理总务长沈士远教授无暇兼顾总务处事务,现已改请谭熙鸿教授任代理总务长,业于本月二十日到处办事。此布。"(《北京大学日刊》1922年2月21日)

同日 所撰《国语的应用》一文发表。(《国语月刊》第1卷第1期)

2月22日 在自宅召开中华教育改进社部分董事谈话会,讨论筹划教育经费的问题。

"中华教育改进社于本年二月五日在上海开第一次董事会,曾组织一筹划教育经费委员会,分计划、关税、赔款、公债四部,并推定委员若干人。现因范静生、张伯苓、李湘宸诸董事北归,特于二十二日在北大校长蔡元培寓所,开一谈话会。到会者除范、张、李、蔡四氏外,有陈筱庄、汤尔和、谭仲逵、顾孟馀、李石曾、胡适之、马寅初诸人。由范氏报告上海开会情形,并商定于三月五日约京津各委员,在北大开会商议进行会务云。"(北京《晨报》1922年2月24日)

同日 评李石岑著《教育独立建议》,"周密之至"。

"承寄示大著《教育独立建议》,已详细读过,周密之至。弟一时竟无可以质疑处。惟于推行上,最小团体(城、镇、乡教育会)如何能不为旧派塾师所蟠踞(因中学毕业生少而小学教职员多),或有问题耳。弟有《教育独立议》一篇,系取法于法之大学区制,在二月份之《新教育》中发表。请指正。……弟元培敬启 二月二十二日"。(《致李石岑函》同日)

2月24日 与北京国立各校校长联名,呈文教育部,请将德国赔款中之七百万元,悉充国立八校基金。

"呈为呈请事。窃校长等前请以德国赔款八百万元,悉数拨充国立北京专门以上八校基金,并请钧部提议请拨在案。嗣经钧部提出国务会议,谓社会与学校并重,请以四百万元专充国立八校基金,一百万元为筹办京师图书馆之用。查校长等前次公呈,原请以八百万元,悉数拨充八校基金;万一拨给全数有所为难,最少亦请拨给半数四百万元,以一百万元为建筑京师图书馆经费,尚余三百万元,政府既无声明,钧部又未提及,是否已经动用,抑或钧部别有主张?殊为惶惑。年来教育基础,时形动摇,虽奉大总统明令筹给基金,只以的款无着,迄未奉行。此次德国赔款,数仅八百万元。除以一百万元为钧部筹办京师图书馆经费外,余数自应请求拨充国立八校基金,以作百年树人之计。教育为国家根本命脉所关,非寻常事业可比,而此宗款项,尤与各国退还庚子赔款性质不同,悉数拨充国立八校基金,似无不可。为此呈请钧部查照前呈,再行提议,请以七百万元拨充国立八校基金,一百万元作为京师图书馆经费,庶几学校与社会两有裨益。再前此钧部提出国务会议之件,奉次长面述已经国务院批'假定'二字。第所谓'假定',是否专指数目,抑系概括全案?寻绎再四,殊不获解。合并呈请明白批示,实为公便。谨呈教育部总长。八校校长公呈。二月二十四日"。(《北京大学日刊》1922年2月28日)

同日 与国立各校校长联名,公呈教育部总长文,请将前财政部指拨之教育准备金、国库券二百万元,调换为盐余债券。

"呈为呈请事。京师学款准备金,前经财政部拨给国库证券二百万元,曾由钧部收存在案。兹查本年二月十五日财政部通告盐余指拨内外短期借款表内,载有指拨教育准备金库券二百万元一项。现盐余债券业经成立发行,应请钧部将前存国库证券二百万元,迅商财部调换盐余债券二百万元,以作京师学款准备金。为此呈请鉴核，迅予施行，实为公便。谨呈教育部总长。八校校长、学务局长公呈。二月二十四日"。(《北京大学日刊》1922年2月28日)

同日 函请教育部速准上海美术专门学校立案。

"圆庵先生大鉴：前上海美术专门学校校长刘海粟君来京，曾晋谒左右，略述该校现状。顷接刘君函，以请省款补助，非请贵部早准立案不可。该校内容，闻贵部曾派朱炎君考察。如无大不合处，可否准予立案，以示贵部提倡美术之盛意。敬祈酌夺。……蔡元培敬启 二月二十四日"。(《致陈垣函》同日)

2月25日 集款印行张克诚先生遗著。

"张克诚先生在本校讲佛学数年，甚受听众欢迎。不意竟于一月二十四日示疾去世。同人爰有印行遗著之议，请蒋竹庄先生选集，得四种曰：《成唯识论提要》，曰《八识规矩颂浅说》，曰《心经浅说》，曰《印度哲学》。估计初印版费约银六百元。同人中有愿任印费之一部分者，请于三月十日以前交到本校会计课。二月二十五日 蔡元培启"。(《北京大学日刊》1922年2月27日)

同日 主持召开北京大学评议会本年度第六次会议，讨论通过《限制职员在校外兼职》等议案。

"日期：民国十一年二月二十五日。到会会员：蔡元培、马裕藻、沈士远、顾孟馀、陈世璋、王星拱、贺之才、陶孟和、何育杰、夏元瑮(何代)、谭熙鸿、胡适、李大钊。
一、主席报告：仪器主任改聘李盛章先生专任；蒋梦麟先生在美为本校图书馆募捐延续假期及现请谭仲逵先生代理总务长案。议决：通过。二、沈士远、陈世璋君提议：限制职员在校外兼职案。议决：凡职员在校外兼职者，只能给予津贴，不支予薪俸，不能受一切优待办法，津贴最高额以六十元为限。三、主席交议：执行本校教授在校外非教育机关兼职，及在他校兼任重要职务者，应改讲师之手续案。议决：1. 凡教授在教育机关兼职者，应改为讲师一案，于本年暑假中实行；在行政机关者，即日实行。2. 凡教授名义支讲师薪者，不得享教授应享之权利。此项权利列举：(1) 教授会主任之选举权及被选举权。(2) 评议员之选举权及被选举权。(3) 关于优待教授之一切权利。3. 凡在校外兼职教授，改为以教授名义支讲师薪俸的办法，限于曾在本校充当教授五年以上者，此外不得适用。关于'以教授名义支讲师薪的办法，限于一次办完，将来不再适用'。四、职员待遇案。议决：由顾(孟馀)、胡(适)、陈(世璋)三先生将蔡、陈诸先生意见加入，另成一修正案，下次开会再议。五、世界语附入国文系案。议决：缓议。"(北京大学评议会记录)

2月27日 与熊希龄、颜惠庆、黎元洪、齐耀珊、张志谭等各界人士，共同发起赈济俄国灾荒募捐。

"我国人最富慈善性，凡是亲仁善邻，救灾恤患一切美德，从不让人独步的。所以同人等也发起了一个救济俄灾的团体，名曰俄国灾荒赈济会。期望着各大善人提视世界如一家，凡自己力量所能办到的，竭力提倡。虽然今年中国被水旱灾七省之多，也得想法子来救。是不是还得求如各友邦帮助呢？要是先顾自己，不管他们的死活，不独于理不顺，问心也有不忍。敝会为此恳求诸公大发慈悲，一面对于本国的灾荒，急谋救济；一面对于俄人的痛苦，更当加以援助。须知恤邻，即为爱国，济人之急，正是为自己造福。现在都知道维护国际的名誉，这救济俄灾，正是国民的外交。有钱的乐善好施，十、百、千、万的捐款，固最好不过了，就是各界中人节省一点用费，或是一圆、半圆的银洋，或是几个、几十个的铜元，聚少成多，亦不无小补。古人说：当仁不让。愿各慈善大家，量力捐款，救救我们的邻国三四千万待死的灾民。敝会同人全体，为此捧着满腔的同情，向你们各位慈善家恭恭敬敬的求告，又向你们感谢。并且愿各位慈善家在自己所想望的以外，还得着多少善的果！

本会董事长：熊希龄。董事：黎元洪、颜惠庆、蔡元培、齐耀珊、张志谭、王乃斌、王芝祥、叶恭绰、田中玉（下略）。"（《北京大学日刊》1922年2月28日）

同日　为杨昭悊著《图书馆学》作序一篇。（该书 商务印书馆1922年出版）

3月4日　与北京国立各校校长联名公呈大总统、国务总理、教育部总长文，再请明白批示以德国赔款八百万元悉数拨充教育基金。

"呈为呈请事。窃校长等前以德国赔款八百万元，悉数拨充国立专门以上八校教育基金，呈请鉴核在案。乃呈请多日，未奉批示，伫望怀疑，殊深惶惑。首都教育，为国家根本命脉所关，尤应特别注意，以作育材基础。为此，再行呈请查照前呈，迅予明白批示，以昭大信，而释群疑，毋任屏营待命之至。谨呈大总统、国务总理、教育部总长 八校校长公呈 三月四日"。（《北京大学日刊》1922年3月8日）

同日　与国立八校校长联名，公呈教育部总长，请从速开出应行参加"法国赔款委员会"人员名单。

"为呈请事。窃查法国退还庚子赔款，曾由校长等公呈，请以半数拨充国立八校基金，并请参加此项赔款委员会，以便有所贡献在案。兹闻报载，财政部已有复文到国务院，略谓法国退还庚子赔款用途尚未分配，请将此项退款半数拨充国立八校基金，自系为维护教育起见，将来政府组织委员会，应即准予参加，以凭分配等因，具征政府重视教育之盛意，惟是参加人员须由钧部指派。为此公呈，请将法国赔款委员会应行参加人员，迅即开单，咨送财政部，以便遇事接洽而免隔阂。事关教育基金，伏乞迅予批示，毋任屏营待命之至。谨呈教育部总长 校长公呈 三月四日"。（《北京大学日刊》1922年3月8日）

3月6日　与国立各校校长联名，公呈大总统、国务总理、教育部总长文，再请查照前呈迅速拨付京师教育经费。

"呈为呈请事。窃查京师教育经费，现虽由交通部直接拨交每月特别协款二十二万元，第数月以来，往往愆期不发，教育现状，殊难维持，曾于一月十六日请于关税增加案中,每月拨付京师教育经费二十二万元,具呈鉴核在案。乃迄今未奉批示,伫望怀疑,毋任惶惑。为此再行呈请查照前呈,并请仿照船税直拨外交部旧例,迅以批准,以昭信守,实为公便。谨呈大总统、国务总理、教育部总长。八校校长 学务局长公呈 三月六日"。(《北京大学日刊》1922年3月8日)

同日 与国立各校校长联名,公呈教育部总长文,请于本月十五日前,拨付积欠的教育经费。

"为呈请事。窃查京师教育经费,由交通部直接拨交每月特别协款二十二万元,曾经国务会议议决实行在案。查各校经费,例应于每月二十五以前拨给,现计十年七月份半个月、十一月份一个月;十一年一月份一成六五、二月份一个月,逾期已久,还未照拨,非特教职员会迭函催迫,无词以对,学校本身,亦有岌岌不可终日之势。用特恳切郑重声明,请于本月十五日以前,将所有积欠如数拨付,俾得维持现状;否则校长等无法维持,惟有本陈力就列不能则止之义,请钧部另简长材接替,毋任迫切待命之至。谨呈教育部总长 八校校长 学务局长公呈 三月六日"。(《北京大学日刊》1922年3月8日)

3月7日 为南通甲种商业学校招聘教员。

"《蔡元培启事》。南通甲种商业学校聘请教员,担任下列功课:英文商业实践,每星期四小时;英文会计学,每星期三小时;英文簿记学,每星期四小时;商业英文,每星期二小时;经济学,每星期四小时(共十七小时)。薪水:北大毕业者每小时一元;北大同学留学回国者每小时一元半。本校毕业诸君愿担任者,请于七日内函告侨务局李亦君,或校长室。三月七日"。(《北京大学日刊》1922年3月8日)

3月8日 为湖南工业专门学校招聘教员。

"《蔡元培启事》。湖南工业专门学校欲聘机械科与应用化学科教员各一人,每星期教授二十四点钟,每月薪俸三百元。本校同人有可介绍者,请于本月十五日以前,函告校长室。"(《北京大学日刊》1922年3月8日)

3月9日 请胡适酌定选派出席国际学士院联合大会代表。

"适之先生大鉴:顷阅报载,五月在比京开会之万国学士院联合大会,……前曾函致本校请派代表与会,又教育部亦有函来,本校究竟如何答复?请先生早日酌定为幸。……弟蔡元培敬启 三月九日"。(《致胡适函》同日)

3月11日 决定《北京大学月刊》用横排格式印行。

"适之先生:复示敬悉。《月刊》事遵命用横式,于十五日午后四时会商,已付文牍课油印通告。……元培白 三月十一日"。(《复胡适函》同日)

3月13日 与北京国立各校校长、京师学务局长联名,公呈大总统、国务总理、教育部总长,重申请由关税项下直接拨付教育经费。

"为呈请事。奉教育、大部第三七二号指令内开为令行事,准财政部咨开准国务院函开,据北京大学校校长蔡元培等呈称教育经费支绌,请自关税实行值百抽五时,即按照阁议每月增拨十万元,并拟请即由关税项下直接拨充以维久远等语,照录原件函达核复,等因到部。查北京专门以上学校经费,前经贵部会同本部提议俟增加关税案定后,每月增拨十万元,当经国务会议议决在案,□俟实行二五附加税时,由本部按月增拨,以符院议,至原有经费二十二万元,本由交通部协拨。兹据校长呈称,每值时局不靖,拨发不免愆期,请于关税项下拨充等因,系维久远之计。……至各校经费二十二万元,请于关税项下直接拨充一层,财政部谅亦深知交通协款不能如约之实情,而于各校所请求亦认为维持久远之计,自应立予实行,以昭大信,如有窒碍,亦应切实示以理由,俾祛各校之惑。乃不加可否,忽作远扬之笔,以中法银行股息为京师教育基金,络诵再三,实有文不对题之若。查该项股息性质如何,为数若干,何时始可应用,一切均须审度。若以缥缈之词为慰藉八校之计,校长等虽系书生,易于潮弄,但亦久知西江之水不能苏涸辙之鲋。故此节自应另案办理,不能并为一谈。校长等反复磋商,惟有合词予请查照前呈,除自关税实行值百抽五时,每月照院议增拨十万元外,并请将每月经费二十二万元,自本月份起即由关税项下,直接指拨,以为久远。……

谨呈 大总统 国务总理 教育部总长 八校校长、学务局长公呈 三月十三日"。(《北京大学日刊》1922年3月15日)

同日 发布召开《北京大学月刊》编辑员会议通知。

"径启者,为本校月刊事,拟组织一编辑部,敬请先生等为编辑员,并祈于本(月)十五日午后四时,到第一院接待室商议。附奉编辑员名单一纸。……蔡元培敬启。

《国立北京大学月刊》编辑员名单:冯祖荀先生、丁燮林先生、王星拱先生、李仲揆先生、谭熙鸿先生、胡适先生、沈兼士先生、朱希祖先生、陶孟和先生、顾孟馀先生、王世杰先生、陈启修先生、朱经农先生。"(《北京大学日刊》1922年3月13日)

3月14日 召集北大研究所国学门委员会议。

"研究所国学门委员会,定于本月十四日下午四时,在研究所开会,请委员诸先生届时到会。蔡元培启"。(《北京大学日刊》同日)

3月16日 与国立北京各校校长、京师学务局长联名,致函"内外短债委员会",查询"教育经费准备金"及"教育公债"两事。

"敬启者:近年财政紊乱,达于顶点,公债一项,尤为财政当局,与其所关系银行通同舞弊之方便,近闻贵会于审查公债之事,业已积极进行。谨以两事奉询:

(一)十年八月间,国务院应北京各校教职员代表之要求,以国库券二百万元送存教育部,作为此后北京教育经费之准备金。本年一月十五日政府公报中,财政所公布之盐余抵押各债,亦有此款。究竟财政部开送贵会清单,有无此宗款项在内?

(二)近日京沪各报均称,财政部曾于去年发行教育公债七百万元,究竟有无此事?右列两项敬请贵会详细调查,早赐答复,无任感刻。此致,偿还内外短债委员会。八校校长、学务局长署名。三月十六日"。(《北京大学日刊》1922年3月20日)

同日 召开《北京大学月刊》编辑部编辑员第一次会议。

"冯汉叔先生等大鉴:敬启者。前请先生等商议《月刊》编辑事,原定本月十五日午后四时,现改为本月十六日午后四时,在第一院招待室商议该项事务,特此奉达。敬颂时祺。蔡元培敬启。

附:《国立北京大学月刊》编辑员名单:冯祖荀先生、丁燮林先生、王星拱先生、李仲揆先生、谭熙鸿先生、胡适先生、沈兼士先生、朱希祖先生、陶孟和先生、顾孟馀先生、王世杰先生、陈启修先生、朱经农先生。"(《北京大学日刊》1922年3月14日)

3月17日 与国立北京各校校长、学务局长联名,再呈教育部总长文,请迅速拨发积欠教育经费。

"为呈请事。窃校长等曾于本月六日呈请大部,请于十五日以前发清积欠,俾维现状,否则请另简长材接替在案。现已逾期,未奉批示,殊深惶惑。目前学校状况,岌岌贻危,校长等处兹境况,实难应付,为此再行呈请查照前呈,应如何办理之处,迅予明白批示,俾资遵循而免陨越,毋任急切待命之至。谨呈教育部总长 八校校长、学务局长公呈 三月十七日"。(《北京大学日刊》1922年3月20日)

3月21日 与胡适会商,拟请经利彬兼任北京大学与天津水产学校教授。

"适之先生:前日晤天津水产学校孙校长,知渠已函定生物学者彬君任教授。……渠既知吾校请彬君,且知南京高师亦延之,度彬君必甚难决定。拟函告彬君,决请留北,兼任北大及水产校事。大约水产校月俸不过百元,每周不过讲授三时。吾校则可送月俸二百元以上(或竟送二百八十元)。又有计划生物研究所之便利,似较赴南京为妥。请先生再致彬君一函,告以两校协商情形。孙君亦必已去函,当能促其早日复允也。……元培敬白 三月二十一日"。(《致胡适函》同日)

3月25日 主持召开北京大学评议会十年度第七次会议,讨论通过学生事业委员会、奖学金及助学金条例等议案。

"日期:民国十一年三月二十五日。出席议员:蔡元培、马裕藻、朱锡龄、陶孟和、何育杰、贺之才、陈世璋、顾孟馀、王星拱(陈世代)。

一、校长提议设立学生事业委员会。因学生所办各种事业,如书、画法研究会、音乐会等等,学生办理,渐渐表现出其无能力,不能不由学校着手整顿,故有特设委员会之必要。议决:组织法及委员名单,均通过。但委员中,加入马寅初君,以便整顿学生银行及消费公社。……二、提议化学系学生出外参观旅行办法。化学系主任提出:《化学系学生出外参观旅行规则》……议决:仍查照十年十一月九日第一次会议议决之《学生旅行办法》办理。三、提议研究所国学门研究规则第一条及第二条,加入'及校外学者'五字。议决:通过。四、提议蒋梦麟君拟在德留学事。议决:由校长核办。五、提议奖学金及助学金条例。议决:本条例第三条限于贫苦之学生句下,加入'而无职业者'五字。又,加附则一条,具文如下:本条例,俟本校全部预算通过后实行。六、提议修正本科转学规则。议决:通过。七、提议修正旁听生章程。议决:第十五条末加入'实验功课,每星期实验一小时者,每年纳费四元'。余照原文通过。八、提议修正华侨学生入学特别办法。议决:通过。九、提议教授制大纲、职员待遇规则、教职员薪俸规则。先由顾孟馀君说明'教授制大纲',为学术进步起见,预备将来实行。如本会通过后,再由校长与各系教授会商定,各系应各设讲座若干。议决:'教授制大纲'通过。但自本教授制大纲实行后,各国教授之薪俸,与本国教授之薪俸,均照该规则办理。……"(北京大学评议会记录)

3月26日 撰写《黄庞流血感言》一文。(《黄庞三周年纪念刊》1925年1月印行)

3月27日 与汤尔和、王家驹联名致函张公权、陈瀛生,请动放教育准备金项债券款,以解各校目前之急。

"公权、瀛生先生阁下:兹有恳者,八校及京师教育准备金,前由财部发给库券二百万元,拟以九六公债偿还,早见政府公报,并短债委员会审查在案。现以交通协款久未拨付,京师教育有不可终日之势,除用此项债券设法救急外,别无他策。今晨面商董总长,请即日先行拨放此项债券。董意亦极赞成,惟云须得先生承认,方可照办。可否即由尊处函致委员会,请其即日核定,准予如数动放,毋任激切待命之至。专肃。敬颂台绥。蔡元培、汤尔和、王家驹同启 三月二十七日"。(《北京大学日刊》1922年3月29日)

同日 与北京国立各校校长、学务局长联名致函"偿还短债委员会",请将教育准备金库券二百万动放,以解各校燃眉之急。

"敬启者:接奉贵会第四十九号公函,内开财政部送会审查之盐余指拨内外短期借款表,确有教育准备金库券二百万元一项在内等因。查此项库券,原为交通部协款不能如期拨付时应急之用。现在交通部此项协款,屡次愆期,国立八校及京师教育有岌岌之势。同人不愿国家根本之图,废于一朝,尤不忍见各方面辛苦维持之力,亏于一篑。用特合词函请贵会,立予核准并知照保管银行,将此项债券动放,俾可设法以救燃眉之急,不胜迫切之至。此致 偿还内外短债委员会 八校校长、学务局长同启 三月二十七日"。(《北京大学日刊》1922年3月29日)

同日 通知马寅初、谭熙鸿等11人出席学生事业委员会委员会议。

"○○先生大鉴：径启者。本校拟组织学生事业委员会，敬推先生为委员，业经评议会通过。兹定于二十九日午后四时，在第一院接待室开会，届期务请莅会。……蔡元培敬启

学生事业委员会：谭仲逵、沈士远、马寅初、黄幼轩、丁燮林、燕召亭、萧友梅、陈师曾、钱稻孙、李仲揆、朱经农。"（北京大学档案）

同日 未准胡适告假一年。

"去看子民先生，谈一时。子民先生不准我明年告假一年。"（《胡适日记全集》同日）

3月28日 发布《校长布告》，公布《国立北京大学助学金及奖学金条例》《国立北京大学研究所国学门研究规则》《修正国立北京大学本科转学规则》《修正国立北京大学旁听生章程》《修正国立北京大学华侨学生入学特别办法》及《国立北京大学学生事业委员会暂行组织大纲》等规章。（《北京大学日刊》同日）

3月30日 吁请北大师生，积极参加赎回胶济路主权的集股活动。

"三年以来，同人为山东问题奔走呼号，早为国内外所注意。今我等实心实力之试验期到矣。此后山东问题之关键，全在胶济路之收回。已由北京学界组织一集股赎路会。本校领有认股书多册，已分头向教职员诸君及学生诸君招募。现在只请认股，并不收款；须俟定期通告，始由认股者缴款于指定之银行。务请诸君均尽力认股，或展转招募，多多益善，以不辜负往日奔走呼号之热诚，不胜企祷。蔡元培谨启"。（《北京大学日刊》1922年3月30日）

同日 主持召开北京大学《文艺季刊》编辑会议。

"○○先生大鉴：径启者。本校拟编印《文艺季刊》，敬推先生为编辑员。兹定于本月三十日（星期四）午后四时，在第一院接待室开会讨论，届时务请莅会。……蔡元培敬启 三月二十七日。

附：《文艺季刊》编辑：胡适之、顾孟馀、宋春舫、徐旭生、叶浩吾、陈师曾、马叔平、周启明、萧友梅、沈兼士。"（北京大学档案）

3月 所撰《教育独立议》一文发表。（《新教育》第4卷第3期）

4月1日 与北京国立各校校长、京师学务局长联名，公呈教育部总长文，声明请于四月五日前至少拨发两月经费，否则即请选贤接替。

"为呈请示遵事。准教职员会代表联席会议二十五日函开，前承法专王校长代表莅会，报告本月十七日、二十五日两次发出欠薪等语。忽忽旬日，春假又届，一再爽约，迄不践言。同人等枵腹从公，迫不及待。现议决四月五日十二时以前，务将欠薪全发，否则春假以后不负教管之责。京师各公立中学，亦复岌岌可危。数月以来，校长等以经费无着，或奔走流通，或竭诚呼吁，原以教育为国家命脉所系，不得

不勉为其难,无如点金乏术,不能为无米之炊,现实已山穷水尽,无力维持,谨以最诚恳之声明,请于四月五日以前,至少拨给两月经费,春假后方能开课,否则能力已竭,实难负责,请即另选贤能,迅予接替,毋任迫切待命之至。谨呈教育部总长。八校校长,学务局长公呈。四月一日"。(《北京大学日刊》1922年4月12日)

同日 召开北京大学浙江同乡会常年大会。

"本会定于四月一日上午九时,在第三大讲堂开春季常年大会,敬请同乡诸君全体出席为盼。会长蔡元培启"。(《北京大学日刊》1922年3月30日)

4月6日 介绍北京大学平民教育讲演团到保定旅行、讲演。

北京大学平民教育讲演团"每年必于春假旅行京外,举行农村讲演一次,本年旅行地点为保定"。"本月六日由京搭车七点十分往保定出发,凡团员十二人。……十二点五分钟到了保定,蔡校长为我们写了一封信给育德中学校长郝仲青先生,请他指导一切,所以我们下车后就到育德中学停住。郝先生到天津去了,由该校教务主任张纪五先生出来招待,并告诉我们保定情形。"(北京《晨报》1922年4月15日、16日)

北大平民教育讲演团

4月9日 主持北京国立八校校务讨论会,讨论教育经费及开学时间问题。

"昨日上午十时,八校校务讨论会在西城背阴胡同蔡元培私宅开会,讨论教育经费及开学问题。兹因前请教育部发出两月积欠,为开学经费,迄今仍未办到,惟陈垣已于十日发出经费万元,又于十四日发出一万元,以后再以九六公债一百二十万及国库券八十万向银行抵押,设法筹措。此时若开学延期,恐学生学业大受影响,因决定仍于今日开学,对于经费再设法催促云。"(北京《晨报》1922年4月10日)

同日 出席第一百九十次教职员代表联席会议,在会上力排"延长春假"的意见。

"昨日下午二时,八校教职员在美术学校开一百九十次联席会议。当由校长方面代表报告经费问题交涉之情形,及主张仍拟照常开学之苦衷。报告毕后,教职员开始讨论开学问题,多数代表对于校长方面之苦衷,颇为谅解。惟以经费积欠尚不得要领,恐负各校同人之委托,深为抱歉,当向各校教职员辞职云。"(北京《晨报》1922年4月10日)

"前天(九日),联席会议主张延长春假,实则罢课之别名。蔡先生亲自出席,为很激烈的演说,坚持不肯延长。并说:如果教职员坚执此议,他便要辞职。但此次辞职,不是对政府,是对教职员。联席会议的人虽然很不满意(因为蔡先生还说了许多很爽直的话),但不能抵抗。于是昨日各校一律开课,而联席会议的各代表一齐辞职。"(《胡适日记全集》1922年4月11日)

同日 "非宗教大同盟"在北大举行讲演大会,因病未能到会,委萧子昇代表出席并代读讲演词。(上海《民国日报》副刊《觉悟》1922年4月13日)

"下午一时,过北大三院礼堂,非宗教大同盟讲演大会。听众二千余人,外国人、女生、老人都有。张耀祥、李石曾、李守常讲话,予继之,鼓掌声如雷。蔡孑民因病未到,萧子昇代表,读其讲词。"(《吴虞日记》同日)

"昨日(九号)下午一时起至五时止,该同盟又召集同志在北京大学第三院开讲演大会,到会者中外合计约千余人。首由萧子昇报告开会,……蔡孑民因足疾不能站立演说,遂由萧子昇代读蔡孑民之演说词(见后),又次由主席——介绍张耀翔、李石曾、李守常、吴又陵诸人出席演说。"(北京《晨报》1922年4月10日)

同日 请周作人转商爱罗先珂出席平民补习学校游艺会。

"启明先生大鉴:……顷有奉恳者,湖南李实君,在翊教寺胡同办一平民补习学校,已历三年,成绩甚好。现在经费无着,欲开一游艺会以筹之。地点在教育部会场,时间约在本月下旬。尔时拟请爱罗先珂先生加入一次,敬请转商。想先生与爱先生均热心于平民教育,必能惠允也。……弟元培敬启 四月九日"。(《致周作人函》同日)

4月10日 函请刘海粟告知钱士青、谭廉等六位董事的履历。

"海粟先生大鉴:奉惠书并美校董事会来函,敬悉。弟对于此事之办法,已详复董事会函中。查董事诸君中,如钱士青、谭廉、唐熊、阮性存、张福增、章慰高六位,弟不甚知其详,如承便中属书记抄赐各位履历一纸,幸甚。……弟蔡元培敬启 四月十日"。(《复刘海粟函》同日)

4月13日 特请来华之瑞典斯托贺姆(通译为斯德哥尔摩)大学美术史教授西冷博士,到北大讲演《东西洋绘画的要点》。

"《校长启事》。瑞典斯托贺姆大学美术史教授西冷博士(Prof. Osvald Sirén),研究东西洋美术多年,著有《美术原理》(英文)等书。此次来中国游历,本校特请其于本月十三日(星期四)晚八时半,在第三院大礼堂,讲演《东西洋绘画的要点》,由胡适之教授担任译述。讲演中所举东西洋名画,皆一一用幻灯影片照出,以助了解,此启。"(《北京大学日刊》1922年4月12日)

4月15日 邀请美人斯蒂芬先生到北大讲演《铁路借款的用途的监督》。

"《校长启事》。今日为铁路实业而借外债,似已成不可逃之趋势。但此项借款,在银行家则主张须有监督用途之权,而在国中则时闻反对用途监督之说。此问题为今日最切要的问题,凡关心国事者,皆宜慎重研究。本校今请美国新银行团代表斯蒂芬(Stevens)先生,于本月十五日(星期六)下午四时,在第三院大礼堂讲演《铁路借款的用途的监督》。由胡适之教授担任译述。斯蒂芬先生并允于演讲完后,答复听者之问难。此启。"(《北京大学日刊》1922年4月13日)

同日 与北京国立各校校长、学务局长联名,公呈教育部总长文,请提交国务会议讨论以盐税项内解决京师教育经费来源问题。

"为呈请事。窃维京师教育经费,迭次要求,迄无效果。财部既未能筹有的款,交部又未能按期发给,京师各校无法支持。校长等再四权商,似非另筹来源的款,不足以暂救各校之急。查盐务署于民国二年十二月二十四日公布盐税例,第一区奉天、直隶、山东、山西、甘肃、陕西、淮北等岸,盐税每百斤抽收二元五角,四年以后虽有加增,但亦不逾二元七角五分之数。进至民国七年,盐务署修正公布条例第二条规定,每盐百斤课税三元,第七条规定区域及其日期,由盐务署定之。此项条例,虽经颁发,近闻尚未实行。校长等以为,教育经费关系国家要政。拟恳政府按照盐务署修正条例第二条,将第一区行盐区域,实行加足盐税三元,即以所加之数,全行充作京师各校经费。查民国六年第一区运销盐额共一千零四万八千九百一十一石,以直隶原抽税额每百斤抽税二元七角五分扣算,各岸平均摊计每百斤加抽三角,一千余石即可年入三百余万元,恰合京师公立小学以上各校常年预算之数。虽盐署稽核所向持不允盐斤加价宗旨,但此为公布条例所定之额,并非额外增加,且为一时救急之需,稽核所当亦不致抗议。况第二区之湘鄂西粤各岸,该省长官任意加价,有每盐百斤加至五六元者。第一区虽稍加,足不过半数,于原有销额,必无所滞。应请钧部迅赐提交国务会议议决施行。如果见诸实行,匪特交通部之责任,暂从轻减,此后教育常款有着,莘莘学子,固免虚旷光阴,即政府亦可少抒茝虑,不致时滋纷扰,有损威信。校长等为维持废学起见,合词陈请,乞赐核行,不胜迫切待命之至。谨呈教育部总长。八校校长、学务局长公呈。四月十五日"。(《北京大学日刊》1922年4月19日)

同日 出席北京美术学校成立四周年纪念会,并有演说。

"日昨(十五日)国立美术学校为第四周年成立纪念日。是日上午八时,教职员学生及来宾相聚于该校之大礼堂,举行纪念典礼,颇极一时之盛。当时情形如次:

(一)教职员学生向国旗及校旗行三鞠躬礼。(二)校长训词。即先述本校历来经过之情形及本日纪念之价值,次述本校前途之发展,末述对于学生之希望。(三)来宾蔡元培演说。首述西洋美术史各期的特质及其发展状况,次述中国美术发展之历史及与西洋美术发展之比较,末述中国美术达到西洋最新各派的美术所必由之路。"(北京《晨报》1922年4月16日)

4月16日 复胡适函,重申聘任林语堂等二人的约定"当然履行"。

"适之先生:手书敬悉。林、陈二君预约早已约定,当然履行。惟将公所拟预约送聘任委员会存案而已(梦麟兄主张如此)。林君一年补助费四百八十元,陈君购书费四百元,均属会计课送至尊处。……元培敬启 十六日"。(《复胡适函》同日)

4月17日 与马叙伦(夷初)商讨如何筹划教育经费问题。

"夷初先生大鉴:奉惠书,敬悉。所拟筹划教育费计划,本是征求意见之初稿。现且将别订计划,从岁出比例上着想不复拘于赔款、关税二途。尊意以赔款还诸各省,理由甚足,弟甚愿照尊意改定也。……弟元培敬启 四月十七日"。(《复马叙伦函》同日)

4月18日 被举为北京大学浙江同乡会会长。

"北大浙江同乡会通告。本会本届常会改选职员,结果如下:正会长蔡元培,副会长蒋梦麟。"(《北京大学日刊》1922年4月18日)

4月19日 邀请美人山格夫人到北大讲演《生育制裁的什么与怎样》。

"《校长启事》。无限制的生育,使人口之增加超过教养的能力,小之可致一身一家之贫窭,大之实为世界文化与和平之一大危机。西洋自马尔图斯以来,学者多有提倡生育制裁(Birth-Control)之论者,但社会习于成见,往往认此事为不道德。实则与其生而不能养,与其生而杀之以贫病,何如预为制裁而不生之为愈乎?美国女士山格夫人(Mrs. Margaret Sanger)为提倡生育制裁最力的人,八年以来,为此事入狱数次。至最近一年中始能成立'生育制裁协会',赞成者已有五万人之多。此次山格夫人到日本讲演,便道来中国游历。本校特请夫人于本月十九日(星期三)下午四时在第三院大礼堂,讲演《生育制裁的什么与怎样》,由胡适之教授担任译述。此启。"(《北京大学日刊》1922年4月18日)

"下午,山格夫人(Mrs. Sanger)在大学讲演《生育制裁》,我替她译述。听者约二千人。她的演说力甚好。女子演说甚少他(她)这样的有条理层次。"(《胡适日记》同日)

同日 为萧子昇著《时间经济法》作序。

"时哉勿可失,时乎不在来,吾国爱时之格言如此类者,不胜偻举矣;而吾国人乃特以不爱时著名于世,应酬也,消遣也,耗时间于无用之地者,不知几何人,其或朝夕力行,每日在八时以上,且无所谓休息日者,宜若可以纠浪费时间者之失;而核其效率乃远不及他国人八小时以下之工作。何也？不知利用时间之方法故也。萧君子昇著《时间经济法》一书，于积极消极两方面，均有适当之理论与实例，吾国人读之，当无有不发深省者。余守书中'不当讲的话不讲'之条件，而为此'简单'之介绍。十一年四月十九日 蔡元培"。(萧子昇著《时间经济法》商务印书馆1925年出版）

4月19日、20日 通知北大国文等六系教授投票改选系主任。

"○○先生大鉴：○○学系主任本年应行改选，兹奉上选举票一纸，附有本系教授名单，请即填写于本月二十一日十二时以前，投送第一院校长室选票柜内，以备十二时开票，是为至盼。……蔡元培 四月十九日

中国文学 物理 英文 政治 法律 法文"。（《北京大学档案》）

"○○先生大鉴：敬启者。昨日所奉国文系选票，其教授名单中遗落朱希祖先生。特此通知，请即补入为盼。蔡元培启 四月二十日"。（《北京大学档案》）

4月20日 为胡适借得《四松堂集》一书。

"适之先生：近日向晚晴簃借得《四松堂集》一部，凡五册（问《懋斋诗抄》则无之）。其中关涉曹雪芹者，自先生从《熙朝雅颂集》中抄出两诗（第一首'蓟门落日松亭尊'，下注'时余在喜峰口'，据《敬亭小传》'彼以丁丑住喜峰口'；又'扬州旧梦久已觉'，下注'雪芹曾随其先祖寅织造之任'，亦可为雪芹是寅孙之证）及杨雪桥采《笔尘》一条入诗话外，仅有两条……先生如一读此集，或更有所发见，特奉上。但请早阅毕，早赐还耳。"（《致胡适函》同日）

"今天蔡先生送来他从晚晴簃（徐世昌的诗社）借来的《四松堂集》五册，系刻本，分五卷。"（《胡适日记全集》同月21日）

4月21日 复函胡适，告林长民（宗孟）、王宠惠（亮畴）提议组织团体的起因、经过情形。

"知林宗孟忽有组织团体之提议，请以弟所知奉告。弟与罗钧任在欧洲时，钧任曾先到英国，回法后见告，谓林宗孟深以亮畴及弟不干与政府问题为恨。有一日，在顾少川所邀晚餐会上，林又以此语顾，劝顾发起云云。此去年事也。最近数日前，钧任来弟处，言彼责备亮畴，不宜太消极；宜发表对于现今各种大问题之意见；可先以一杂志发布之，亮畴已首肯云云。因询弟可否帮忙？弟答以可，但告以现在之大问题，莫过于裁兵理财，须有专家相助。彼提出蒋百里，弟以百里颇有研究色彩，不甚满意；然以军事家不易得，亦以为可。其后彼又提出先生及梦麟，又曾提及顾少川，弟当然赞成。彼忽提出宗孟；弟尔时即忆及去年之言，即告以宗孟为研究系头领，恐不好拉入。彼言以人材取之，不好太取狭义。弟告以有此等头领在内，外人即以为此举全是某系作用，而以亮畴等为傀儡，发言将不足取信。彼后言今日不过探公意见，如果能组织，自当从长计议，云云。今宗孟又来拉公，可知主动

者全是宗孟。亮畴是好好先生。钧任年少而颇热中,佩服顾少川几乎五体投地,故有此等运动。此后如钧任再来商量,弟当简单谢绝之矣。率复,并祝,著祺。弟元培敬启。四月二十一日"。(《胡适日记全集》1922年4月22日)

同日 与国立各校校长、京师学务局长联名公呈教育总长,请教育部将京师教育准备金"库券换取债票缘由"查核备案。

"呈为呈报备案事。窃查京师教育准备金前由财政部发给国库券二百万元,嗣经偿还内外短债委员会审查决定,换给九六盐余公债,当蒙大部派员同校长、局长前赴银行换取债券,计换得九六盐余公债券一百二十万元,随存中国银行。存单及未经换给之国库券八十万元,暂存校务讨论会,听候拨用。所有领取库券换取债票缘由,理合呈请钧部查核备案,实为公便。谨呈教育部总长。八校校长、学务局长公呈 四月二十一日"。(《北京大学日刊》1922年4月26日)

4月23日 主持北京大学一九二二年春季运动会开幕式。

"北京大学一九二二年春季运动会,……上午十时开会,运动员及职员齐向国旗、校旗,行一鞠躬礼后,校长致开会词。略谓:记得五六年前,在第三院曾举行过一次运动会,中间隔断,迄未举行。今天这运动会是五六年来的第一次,实可欣慰。我对于这次运动会的意思,今日《日刊》上已说过,此刻所希望,(一)诸君于竞赛时,出于镇静,勿以得失为念而伤于气。(二)今日与会人数不多,希望以后人数增加,大家出来参与运动会,于健身一端,极力注意,下次开运动会时,必更有可观云云。

次开始运动,依秩序单所规定,比赛各项,至十二时余休息。下午自二时起,依次运动,临时又加入运动员数位,共五十余人,精神益复奋发,各项成绩皆甚佳。"(《北京大学日刊》1922年4月28日)

同日 所撰《运动会的需要》一文发表。(《北京大学日刊》同日)

4月24日 为介绍麦克乐在北京大学讲演体育问题发表启事。

"《校长启事》。东南大学体育研究推广主任麦克乐先生(C. H. Mccloy)应中华教育改进社之委托,将调查全国体育现状,加以研究,提出一种适于中国学生之体育方法,此次由南而北,已经历山东、山西、直隶三省,到北京后甚愿以所抱意见及调查所得,报告于教育界。本校特请其于二十五日午后四时,在第三院大讲堂,用华语讲演,本校同人均请届期往听。"(《北京大学日刊》1922年4月24日)

同日 通知北大物理系颜任光、国文系马裕藻等当选为系主任。

"○○先生大鉴:敬启者。此次物理等六系改选主任,业于本日开票。选举结果,先生当选为○○学系主任。谨此奉闻,即希察照。……蔡元培启 四月二十四日

物理系颜任光 国文马裕藻 英文胡适 法文李景忠 政治陈启修 法律何基

鸿"。（北京大学档案）

同日 为沈钧儒著《家庭新论》作序文一篇。（沈钧儒著《家庭新论》商务印书馆1923年出版）

4月25日 主持召开北京大学教务长改选会议。

"○○先生大鉴：敬启者。兹定于本月二十五日（即明日）下午四时，在第一院教务会议室（即教务长室），改选教务长，务请先生准时到会投票为祷。……蔡元培 四月二十四日"。（北京大学档案）

"兹定于本日下午四时，在第一院教务会议室，改选教务长，敬请各系主任先生准时到会投票为祷。四月二十五日"。（《北京大学日刊》同日）

同日 通知胡适本日当选北京大学教务长。

"适之先生大鉴：本日改选教务长结果，先生当选。特此奉闻。……蔡 四月二十五日"。（北京大学档案）

4月26日 与林长民（宗孟）、王宠惠（亮畴）、罗文幹（君任）等谈"组织团体"事。

"……蔡先生昨夜打电话来，说宗孟、亮畴、君任去看过他。谈过前次商议的事。蔡先生主张不组织团体，但赞成发表意见，并由一班人出来主持裁兵等事。"（《胡适日记全集》1922年4月27日）

同日 与北京国立各校校长联名，致函教育部总长，谓在本月三十日以前如不能将积欠经费发清，即提出总辞职。

"敬启者。各校经费枯涸，已陷于无可如何之状态，加以教职员生活攸关，逼索欠薪，刻不容缓，并声明截至本月三十号上午十二时以前，不将积欠如数发清，即总辞职，以另谋生计云云。校长等呼吁无效，应付无方，求谒台端，又不获见，进退维谷，焦急万分。现经商定办法三项，录供参考：（一）请钧部在三十号以前，特别设法发给两个月费。（二）如不能办到，暂以军事及经费为理由，以明令提前放假。（三）前二项俱不能照办时，则请即日准予辞职，派员接充。除上三者外，大部如有更妥善之办法，校长等亦愿敬聆教益。……八校校长署名 四月二十六日"。（《北京大学日刊》1922年5月1日）

同日 公布北京大学教务长改选结果。

"《校长通告》。教务长改选，业于本月二十五日举行。兹将选举结果宣布如下：胡适四票（当选）、陈世璋两票、陶孟和两票、顾孟馀两票、马裕藻一票。四月二十六日。"（《北京大学日刊》同日）

4月28日 为胡适辞教务长事重召集一会。

"下午，蔡先生为我辞教务长事，重召集一会。我再三陈说，总辞不掉，后来我因为这是一个危急的时候，不便脱卸，故暂时答应了。"（《胡适日记全集》同日）

同日　在北京大学本年春季运动会上的《开幕词》发表。(《北京大学日刊》同日)

4月29日　召集北京大学全体教职员大会，报告经费交涉情况，选举出席教职员联席会议代表等。

"本校教职员诸先生公鉴：敬启者。兹因报告校费交涉经过情形及公推代表，出席八校教职员联席会议事，定于二十九日（星期六）午后准五时，在第三院大礼堂开教职员全体大会。届时务乞出席为盼。……蔡元培启"。(《北京大学日刊》同日)

"本校教职员临时代表团第一次会议议决事项。议决（一）本代表团出席各校教职员联席会议之人，依下列方法定之：A. 旧代表。每人轮流出席一次，其轮次依下列大会揭示之名次定之：李守常、周象贤、王星拱、王绍瀛。B. 新代表。每次联席会议须有四人出席，除下列名单上最初二人外，每人继续出席二次。各人出席之轮次，依下列大会揭示之名次定之：何基鸿、沈士远、陈启修、黄右昌、胡适之、马幼渔、胡春林、顾孟馀、程振钧、燕树棠、朱经农、高一涵、周同煌、冯汉叔、陈世璋、沈兼士。议决（二）明日本校代表出席联席会议，取劝商态度，希望各校代表顾虑时局纷乱，缓行总辞职，勉强维持现状。……"(《北京大学日刊》1922年5月13日)

5月2日　北京大学救济妇孺所成立，被推为主任。

"近日近畿发生军事，京师公益联合会特在四城分设救济妇孺所数十处，以备紧急时附近妇孺避难之处。本校担任组织第二十五分所。昨日上午十时，本校为筹办此事，列席者为总务、注册、庶务三部及校医室同人。结果议定本所之组织，并推定各股干事，即日着手准备一切。各干事名单，录列于下……以供罗览。国立北京大学救济妇孺所。主任蔡孑民……"(《北京大学日刊》1922年5月3日)

5月4日　为湖北中法高等学校招聘教员。

"湖北中法高等学校嘱访请法文教员一位，每星期教授二十点钟，每月薪水八十元。本校同人有可介绍者，请于本月七日以前函告校长室。蔡元培启"。(《北京大学日刊》同日)

同日　出席中华教育改进社国民音乐研究部会议。

"中华教育改进社之国民音乐。……五月四日，本社国民音乐研究部在总事务所开会。到会者有萧友梅、胡适、周作人、梁任公、蔡孑民、杨仲子、易熙、杨昭恕诸先生，及林美德女士。推定萧友梅为音乐研究部主任，并公请梁任公、胡适、周作人、蔡孑民、易熙诸先生担任著作歌词。"(北京《晨报》1922年7月16日)

同日　在四月二十九日北大教职员大会上的《演说词》刊出。(《北京大学日刊》同日)

同日　应约为纪念五四运动三周年而作《五四运动最重要的纪念》一文发表。

(北京《晨报》同日)

5月5日 召集会议,组织成立北京大学保卫团。

"《蔡元培启事》。李仲揆、丁巽甫、燕台亭、程铸新、沈士远、白锦涛、王文麟诸先生暨报名保卫团学生诸君公鉴:本校保卫团征集团员,现计报名者已有三百余人,亟须从事编制,以便与总团联合。兹定于本月六日(星期六)午后五时,在第三院大讲堂开本团成立大会,共筹进行,届时务祈全体出席为盼。五月五日"。(《北京大学日刊》1922年5月6日)

5月6日 请胡适酌定招考简章中可否加入交纳制服费。

"适之先生:今年招考简章中,对于新招预科生,加入制服费若干元,于入校时交纳。可否?请酌定。元培启 五月六日"。(《致胡适函》同日)

5月12日 呈文教育部,请将明末及清代内阁档案,调拨北大以为史学研究整理材料。

"为呈请核办事。……稔知教育部历史博物馆收藏明末及清代内阁档案,如奏本、誊黄、报销册、试卷等甚夥,皆为清代历史真确可贵之材料,积久尘封,卷秩又复繁重,整理良非易事。虽经该馆派员整理多年,迄未蒇事。良以此事非有多数具有兴会之人,按日排比,断难克期成功。现在本校对于清史材料,需要甚殷。拟恳钧部将此项档案全数拨归本校,即由史学系及研究所国学门组织委员会,率同学生,利用暑假停课之暇,先将目录克期编成,公布于世,以副众望;然后再由专门学者鉴别整理,辑成专书。如此办法,较为轻而易举。尚祈钧部顾念近世史之重要,史料之难求,准如所请,批示遵行,实为公便。谨呈教育总长。蔡元培"。(《北京大学日刊》1922年5月25日)

同日 与胡适、梁漱溟、李大钊、陶孟和等人在自宅开会,讨论《我们的政治主张》。

"七时,打电话与蔡先生,借他的家里开会,讨论《我们的政治主张》。其余各人,也在电话上约定十一时相见。……十一时,在蔡宅开会,到者:梁漱溟、李守常、(陶)孟和、(顾)孟馀、汤尔和、徐伯轩(未约他,偶相值)、(朱)经农等。他们都赞成了,都列名做提议人。蔡先生留我们吃饭;饭后他们都散了,我独与蔡先生闲谈。"(《胡适日记全集》同日)

5月13日 邀请蒋百里到北京大学作关于裁兵问题的讲演。

"我国百事停滞,皆由兵多,异口同声曰裁兵,至于今日,尤公认为实行裁兵之机会。蒋百里先生军事专家,而对于裁兵问题有具体的计划者也。本校于十三日(星期六)午后四时,请蒋先生在第三院大讲堂讲演,届时本校同人均请往听。蔡元培启"。(《北京大学日刊》1922年5月13日、16日)

5月14日 与胡适、王宠惠、罗文幹等联名发表《我们的政治主张》。

"我们为供给大家一个讨论的底子起见,先提出我们对于中国政治的主张,要求大家的批评、讨论,或赞助。

(一)政治改革的目标。我们以为现在不谈政治则已,若谈政治,应该有一个切实的、明了的、人人都能了解的目标。我们以为国内的优秀分子,无论他们理想中的政治组织是什么(全民政治主义也罢,基尔特社会主义也罢,无政府主义也罢),现在都应该平心降格的公认'好政府'一个目标,作为现在改革中国政治的最低限度的要求,我们应该同心协力的拿这共同目标来向国中的恶势力作战。

(二)'好政府'的至少涵义。我们所谓'好政府',在消极的方面是要有正当的机关可以监督,防止一切营私舞弊的不法官吏。在积极的方面是两点:(1)充分运用政治的机关为社会全体谋充分的福利。(2)充分容纳个人的自由,爱护个性的发展。……提议人:蔡元培 王宠惠 罗文幹 汤尔和 陶知行 王伯秋 梁漱溟 李大钊 陶孟和 朱经农 张慰慈 高一涵 徐宝璜 王征 丁文江 胡适"。《努力周报》同日)(北京《晨报》1922年5月15日)

5月15日 与张謇、齐燮元、王正廷、蒋梦麟、黄炎培等联名启事,为孟芳图书馆募捐图书。

"敬启者。窃维书籍之用,胜于象犀之珍、图史之功,当与日月并寿。然徒侈曹仓之富,不示诸人,矜邺架之藏,未公诸世,则历久而饱蠹鼠,将损坏而鲜存,不幸而罹兵燹,更摧残之殆尽。此古今人士所以不惜出私家所储藏,供多士之浏览也。矧近岛国,远览西邦,莫不府辟琅环,光辉奎壁。通巴陵地道,龙威之宝籍森罗,登宛委峰巅,轩帝之玉书晒晔,规制既崇于虎观,珍藏何减于鸿都。人以植学为美谈,俗以输公相矜式,诚足扬学海之波,壮人文之盛矣。本馆既蒙齐督军禀承太翁孟芳先生慨出巨资,独力捐建,然刘略班艺,王志阮录,以及海外之专书,山中之秘籍,尚须搜集以广流传。又精本书籍,更须景印,期多多益善。将来卷帙之富,随中西出版以增加,签帕所标,较东南金箭为尤重。在校内师生,参考授受,由此而益明。在校外士庶,研摩教育,缘兹而普及。现馆础既立,建筑力求完善,内可容十万余册。准备保火险机,无叶少蕴焚弃之灾,胜孔氏壁庋藏之固。国内不乏藏书之家,奖学之士,倘愿割爱转赠,或捐资购备,本馆当视若奇珍,置同鸿宝,借以发挥文物,嘉惠士林。兹拟捐赠图书办法数条,附列于后,以彰盛德,而留纪念。邦人君子,幸垂鉴焉。

募捐图书办法:国内外热心教育之士,有愿捐资购书,或赠送书籍者,本馆订下列纪念办法数条,以志高谊:

甲、捐资或赠送贵重书籍数在一万元以上者,本馆特辟一室,以捐资或赠书者别号名之。乙、捐资或赠书数在二千元以上者,将捐资或赠书者等身照片悬挂室中。丙、捐资或赠书数在五百元以上者,本馆将捐资或赠书者小像悬挂室中。丁、捐资或赠书数在一百元以上者,本馆将捐资或赠书者姓名汇镌铜牌,嵌置壁上。戊、凡损资购书或赠者,本馆将捐资或赠书者姓名载入书内。己、凡以名人未刊著述或海内孤本寄存本馆,当负保存之责任。

名誉校董:齐燮元。校董:张謇、蔡元培、王正廷、袁希涛、聂其杰、穆湘玥、陈辉德、余日章、严家炽、钱永铭、荣宗锦、沈恩孚、江谦、蒋梦麟、黄炎培、郭秉文同启"。(《北京大学日刊》同日)

5月20日 提议北京大学保卫团改组学生军。

"北大保卫团改组学生军。北大在奉直战事将发生时,校内曾组织保卫团,学生加入者三四百人,由体育会办理一切。至战事停止,保卫团似乎无用。该校当局因提倡体育之故,不但该团未经取消,且积极进行。每日清晨六点半至七点半,各团员必在第一院大操场练习各种活动。昨日该团开会,蔡校长亲自临场演说,对于该校学生近日趋重体育之新气象,益加以鼓励,并提议将该团改为学生军。该团赞成其说,已定今日上午在体育会办公室从新编制,并规定徽章制服,及以后一切计划,于昨日已发出通告。"(北京《晨报》1922年5月21日)

5月21日 参加王宠惠在法学会召集的会议。此会本意是要把各党派聚在一起谈谈,打破已往的成见,"求一个可以共同进行的方向"。

"亮畴邀在法学会吃饭,遇着子民、君任、任公、宗孟、秉三、董授经(康)、颜骏人(惠庆)、周子廙(自齐)、张镕西(耀曾)。今天的会,本意是要把各党派的人聚会来谈谈,大家打破从前的成见,求一个可以共同进行的方向。今天结果虽少,但他们谈过去的政争,倒也颇能开诚认错。这些人之中,颜骏人最陋,人却不坏。周子廙自然是很深沉的政客,但我不解他何以很恭维徐菊人,说他是一个哲学大家,勤而能计虑!董授经是很老实的人,极力答应实行财政公开的主张(因为他近有财政总长之望,已定了),但我怕他太老实了,干不下这样一件大事。"(《胡适日记全集》同日)

5月22日 与梁启超、熊希龄、汪大燮等联名答复曹锟、吴佩孚效电。

"熊希龄等响应曹吴之冯电。二十二日石驸马大街熊宅会议之结果,决定发电答复曹、吴等效电。其文如下:效电敬悉。诸公于军事倥偬之际,尊重民意,谋巩国本,启超等曷胜钦佩。承询各节,经约在京同人讨论,佥以解决纠纷,当先谋统一,谋统一当以恢复民国六年国会完成宪法为最敏速最便利之方法。但宪法未成以前,所有统一善后各问题,应由南北各省选派代表,于适中之地组织会议,协谋解决。诸公伟略硕望,举国所仰。倘荷合力促成,民国前途,实利赖之。管见当否,仍候裁夺。熊希龄、汪大燮、孙宝琦、王芝祥、钱能训、蔡元培、王宠惠、梁启超、谷钟秀、林长民、梁善济、张耀增等同叩"。(《申报》1922年5月27日)

5月23日 请刘海粟为北大学生王海滨、陈季清具名作保。

"海粟先生大鉴：顷有北大学生王海滨、陈季清二君往德国留学，在上海德领事馆申请护照，须请本埠有名誉之校长作保证，谨此奉烦，如荷慨允，不胜感荷。……弟蔡元培敬启 五月二十三日"。(《致刘海粟函》同日)

5月27日　林长民(宗孟)力劝参与组织一个政党。

"宗孟邀吃午饭，同坐有子民、亮畴、汪伯唐、任公、钧任、唐天如、张公权等。宗孟极力劝我们出来组织一个政党，他尤注意在我，他的谈锋尖利得很，正劝反激，句句逼人，不容易答复。但办党不是我们的事，更不是我的事。"(《胡适日记全集》同日)

5月28日　召开理工科主任会议，讨论北大地质系实验室事务。

"冯汉叔、颜任光、陈聘丞、何孟绰、李仲揆、沈士远、余文灿诸位先生公鉴：兹定于二十八日(星期日)午前十点钟，在第二院教员休息室讨论地质系实验室事务。届时务请贲临。……蔡元培启"。(《北京大学日刊》1922年5月26日)

同日　函告胡适北大拟聘唐钺为心理学教授。

"适之先生：奉函推荐唐钺先生为本校暑假后心理学教员，已经聘任委员会赞同，请专函唐君商议，请为心理学教授，如每星期在八时以下，拟送月俸二百四十元；如在九时至十二时，则拟送三百八十元。请酌行。……弟蔡元培敬启 五月二十八日"。(《复胡适函》同日)

5月30日　出席罗文幹(钧任)的宴请，不赞成林长民(宗孟)等人的组织政党事。

"到法学会，罗钧任邀吃饭。客为顾少川，余人为蔡、汤、林、董、王、周等。席散后，我到蔡先生家去谈。他说，教育总长已定林宗孟。宗孟想我去作次长，蔡先生劝他不必开口，蔡先生也不赞成组政党事。"(《胡适日记全集》同日)

6月1日　出席国立八校教职员联席会议，痛斥当局背信、把持、积欠八校经费，拟提出辞职，并要求当局惩处刁顽部员。

"昨日(一日)上午十时，八校教职员在美术学校开会，八校校长蔡元培、吴炳枞、李建勋、周颂声、毛邦伟、吴宗栻、俞同奎、郑锦、张谨等均莅会。主席报告教育当局无诚意维持国家教育及教育部部员之把持八校经费各情形毕，北大校长蔡元培当出席报告，同人因催索八校经费，已届气尽力竭之时，当局始而延缓，继而背信，终而任刁顽之部员从中把持，以致同人生活、校务进行，悉感痛苦，迫不获已，拟提出辞职，决心求去，断不忍国立教育机关，长此停顿。若当局不愿犯天下之大不韪，稍有觉悟之意，同人必与之交涉一切，最后虽将被褥移入教部，作卧索之举，亦所不惜。所有节前当局允发之十八万元欠款，与惩戒把持之部员二事，无论如何日内必极力进行云云。"(北京《晨报》1922年6月2日)

6月2日　与北京国立各校校长联名致函交通部，请完全负责筹拨京师教育经费。

"敬启者。顷准钧部第一七三七号函开,查年来军事频兴,财源枯竭,所辖路电各政、业已入不敷支。复经阁议担负之款,每月几增百万,本无余项可资挹注,八方腾挪借贷,以致积累益深。现值金融奇紧,内外银行前欠未清,难再通融。无米何以为炊,长欠两蒙不利。再四筹酌,不得不提出国务会议,请将各项协款概免由本部负担,并非专指教育经费一项而言。并经咨商财部迅筹的款,备付此项经费,以重教育等因准此。查京师教育经费在财政部未筹得的款以前,由贵部特别协济,前次既经国务会议通过,而交财教三部复有无故不得变更此项办法之协定,是此项协款应由贵部特别负责,与其他各项协款,显然不同。设贵部果能将全部一切收入支出,统归财政部按数分配,以谋财政统一。元培等为根本整理财政起见,无不表示同情,否则未经财部筹得的款,京师教育经费尚无把握以前,自应仍请贵部遵照前次阁议及协定办法,完全负责,以维教育而免纠纷,实为公便。此致交通部。八校校长署名 六月二日"。(《北京大学日刊》1922年6月7日)

同日 拟邀请不同党派的人士,联发一电劝孙中山结束"护法"活动。

"七时,张镕西邀吃饭。有蔡、王、林、罗、张公权、谷九峰、徐佛苏、李伯生等。他们说起今天徐世昌午间宴请顾少川,席上他有告别的演说,散席后他就上火车往天津去了。蔡、王、林都在座,在座的客都去送他上车。

今晚席上,蔡先生提起孙中山的问题,他想邀在座各党的人同发一电,劝中山把护法的事作一结束,同以国民资格出来为国事尽力。席上的诸人因往日党派关系,多怕列名。我劝蔡先生拟稿即发出,即邀李石曾、张竞生等列名,以友谊劝告他。蔡先生说今天本是石曾、竞生发起此议。他们明日即发电去。"(《胡适日记全集》同日)

6月3日 领衔请孙中山停止北伐,并宣告与北京非法总统"同时下野"。

"昨日下午二时,在京教育界在美术学校开六三纪念会,教职员到者二百余人。蔡元培、李建勋、胡适、沈士远、高一涵、严炎武等均出席。由严炎武主席。原拟至交部索薪,因时局已有重大变化,故作罢论。旋由蔡元培、李建勋、胡适、沈士远、高一涵演说。大意为教职等系知识阶级之人,所宜留意者,不仅属于学校问题,为放开眼光,关于时局,亦当有所建议。盖政局一日不宁静,即学校问题亦不能解决,二者盖相关联者也。蔡元培因提议致电孙文与非常国会,其文如下。广州孙中山先生及非常国会议员诸公钧鉴:自六年间国会受非法解散,公等与西南诸首领揭护法之帜,以广东为国会自由召集之地点,中间受几多波折,受几多阻力,而公等坚持不渝,以种种手段求达护法目的,开非常国会以抵制北方非法国会;选举总统以抵制北京非法总统;举行北伐,以抵制北方拥护非法国会与非法总统之武力。虽有以此种手段为诟病者,而公等坚持如故,固以为苟能达护法之目的,无论何种手段不妨一试。且正维公等用此种手段,使全国同胞永永有一正式民意机关之印象,故至今日而克有实行恢复之机会。公等护法之功,永久不朽,当为国民所公认。乃者北京非法总统业已退职,前此下令解散国会之总统,已预备取消六年间不决之命令而恢复国会。护法之目的,可谓完全达到。北方军队已表示以拥护正式民意机关为职志。南北一致,无再用武力解决之必要。敢望中山先生停止北伐,实行与非法总统同时下野之宣言,倘国会诸君,惠然北行,共图国家大计,全国同胞实利赖之。蔡元培等二百余人叩"。(北京《晨报》1922年6月4日)

6月4日 为北大本届毕业生举行欢送茶话会,并为赎回胶济路集股。

"本年毕业诸同学公鉴:诸君离校在即,深望对于集股赎路之举切实认定,留为永久纪念。特于本月四日(星期日)午后二时,在第三院大讲堂开茶话会公同商议。届期务请早临为幸。蔡元培启"。(《北京大学日刊》1922年6月2日)

"六月四日下午三时,国立北京大学蔡校长在第三院,为本届毕业同学开欢送会。首由蔡校长演说……次由胡默青先生报告(认股)进行方法,并由到会诸人先行认股,以资提倡。计是日到会者五十四人,共认七百七十余股。后每人分携北大毕业募股纪念征信册一本。五时散会。"(《北京大学日刊》1922年6月6日)

6月6日 与王家驹、李建勋、毛邦伟等十余人联名发电,敦请黎元洪莅京复任总统职。

"闻学界方面:蔡元培、王家驹、李建勋、毛邦伟等十余人,亦已将欢迎黎氏之电稿拟就,昨已发出通启,征求学界同人签名,以便联名拍发。其电稿云,天津黎大总统钧鉴:中央政府负责无人,考量事实,非公莫属。务恳俯顺舆情,维持大局。事关国脉,万乞即日莅京,勉任难巨,毋任企祷之至。"(北京《晨报》1922年6月8日)

同日 函复胡适,同意派遣史学、地学留学生。

"适之先生:示派遣史、地学生留学一案,定于新生入学考试时举行招考,甚善。人数可以仍旧,旅费必须筹出(如政府能按月发款,必可照付)。……蔡元培敬启六月六日"。(《复胡适函》同日)

同日 在欢送北大本届毕业生茶话会上的《演说词》刊出。(《北京大学日刊》同日)

6月8日 邀请顾维钧到北大作题为《学生生活》的讲演。

"顾公使近年历驻美英及在巴黎会议、国际联盟、华盛顿会议之成绩,全国共见,无待赘言。此种能力,实以学生时代之修养为基础。顾公使在美留学时,学识超异,为全校同学所佩服,推任编辑杂志,可见一斑。此青年外交家,实我国大学学生之模范人物也。回国以来,关于华盛顿会议之经过及关系,屡有讲演,我等已于报纸中读之。今承其允于八日(星期四)午后五时,在第三院大讲堂讲演《学生生活》。全校同人,均请往听。蔡元培启"。(《北京大学日刊》1922年6月6日)

同日 复胡适函,谓敦请黎元洪来京之电,"发亦无害"。

"适之先生:来示敬悉。催黎来京,我也觉得无谓。但因各方面催促,已提交各校签名,万一名签毕而黎已来,可作罢论。否则不能不发。鄙意以为发亦无害。因内阁自称以国民资格维持现状,岂能持久?西南方反对旧国会,揭一黎以与孙对待(峙)而开和议,似亦未为不可。万一弟等之电果发,先生仍以所见发表于报纸何如?……元培敬启 六月八日"。(《胡适日记全集》同日)

6月10日 复章炳麟、张继电,申述前电请孙中山停止北伐,宣告与北方非法总统"同时下野"的理由。

"章太炎先生、张溥泉先生同鉴:惠电均悉。年来国内蜩沸,由于养兵太多,驻防式之军队,弟之痛恨,岂减诸公。裁兵计划,将汰留少数节制之师,以固国防,土著且去,其况驻防。惟南北对峙,拥兵者所藉口,增招不遑,何从言裁。溯西南举兵,倡言护法,一由于国会被非法解散,二由于北方总统由非法议会举出,二因不去,则虽有圆满之分赃条件,南方当局无法承认。今徐世昌已告退,而前被解散之议会,亦已恢复,则前此举兵之二因,均已消灭。不乘此时停止兵事,谢去非常国会,权宜选举总统,使南北方留滞之议员,共同集会,免不足法定人数之缺点,以完成宪法。而留恋此权宜之局,以延长战祸,是以护法始,而以争总统终,全国其谓之何?弟等一电,不过本敬仰中山先生及非常国会诸议员之诚意,而为爱人以德之劝告,明白彰著。所谓'为人傀儡'者何指?若置身炮火不及之地,而鼓吹战争,或不免有为军阀傀儡之嫌疑,而且实以无知识之兵丁傀儡,正弟所不忍者耳。弟前与诸同人发表《我们的政治主张》,曾表示要求一种公正的,可以代表民意的南北和会。又曾与熊秉三、汪伯棠诸君合发一电,主张于恢复国会外,并由各省代表组织会议,以解决一切善后问题。若此种会议,果能实现,则或取各省所主张之联省自治,或取李石曾君所主张之南北分治,皆可于此会议中协商而决之,即赣人治赣、浙人治浙之主张,亦尽可从容商定,初无武力解决必要也。且即使南北有分治之必要,南人北人同为中华民国国民,决非与韩、日相等,李完用之喻何所指耶?弟所服务之北京大学,是国立的,非何等私人所专有,弟尽相当之义务,得相当之报酬,视政客之无事而食,较为无垢,较为不辱。二公来电所谓'身食其禄'、所谓'身事伪廷',皆君主时代之陈言,不意于民国十一年,犹出诸二公之口,诚非弟所能解矣。六月十日 蔡元培"。(北京《晨报》1922年6月12日)

同日 与胡适等谈高等教育问题。

"下午蔡先生邀我们谈高等教育问题,我提议两事:(一)组国立大学联合会。(二)第一大学区(北京)国立各校合并。"(《胡适日记全集》同日)

6月11日 呈文总统府,请于裁员减政中保留地质调查所。

"农商部调查所开办以来,颇有成绩,顷政府有将该所裁撤之说。蔡元培特函请政府,请予维持,原函如下:查地质调查,各国政府皆以为重要事业之一,不第以启发矿利,亦与学术研究有关。农商部地质调查所,自设立以来,关于调查矿产方面,固已成绩昭然,即关于学术研究方面,尤能于中国地质多所发明,几足与各国地质机关相颉颃,此非元培等之私言,实为中外专家所公认。该所所刊专门报告交换,远及欧美,本年万国地质学大会,亦已提出论文。由该会通告各国,不特为国内研究机关之矜式,亦实关国际文化之名誉。且闻该所用人极严,办事认真,洵为近时官立机关中所仅见。兹者政府裁员减政,自有权衡,惟该所办理有年,成绩昭著,似不应在裁减之列。元培等知闻所及,意见相同,用特合词证明,陈备鉴考,惟希有以维持而发展为幸甚。"(北京《晨报》同日)

6月13日 与北京国立各校校长、学务局长联名公呈教育部文,请改三学期为二学期。

"呈为呈请改定学期事。窃查部章一学年分为三学期。按之现在情形,实多窒碍。兹拟改三学期为二学期,特提出说明书随呈附上,是否可行,即希钧部查核示遵,实为公便。谨呈 教育总长。八校校长、学务局长公呈。六月十三日"。(《北京大学日刊》1922年6月22日)

6月15日 布告代理总务长谭熙鸿病愈到职。

"径启者:前因代理总务长谭仲逵先生患病,所有职务暂由沈士远先生兼代。现在谭先生业已病愈,定于十六日到校办事。嗣后关于总务长职权范围以内事件,请向谭先生接洽可也。……蔡元培启 六月十五日"。(《北京大学日刊》1922年6月16日)

同日 为福建美华学校招聘数理教员。

"福建上杭美华学校来函称:本年秋添办中学,尚缺数学及博物、理化教员两位,……。本校毕业生有愿往者,请于三日内开具履历,叙明愿任科目,须薪金若干,函交校长办公室,以凭转达。蔡元培 六月十五日"。(《北京大学日刊》同日)

6月16日 为开封济汴学校延聘国文、历史教员。

"开封济汴学校拟聘国文、历史教员各一位。国文:每周十五小时,改文八十本至百本,月薪五十元(每小时教授四十分钟,下同);历史:每周二十四小时,月薪四十元。校中备有住宿,外送川资十二元。本校毕业生有愿担任者,请予三日内来函,叙明履历及志愿,以便介绍。蔡元培启"。(《北京大学日刊》同日)

同日 列名北京国立八校校长、学务局长公呈教育部文,请迅速补发积欠经费及落实解决暑假后各校开学的经费来源问题。

"呈为呈请示遵事。窃查京师教育经费积欠甚巨,迭经呼吁,迄无效果。现在暑假将届,诸需结账,而教职员索催欠薪,势尤迫切,为目前救急起见,应请按照教职员与□□□次长之约定,将以前积欠迅速如数拨发,以维现状。复查华府会议,原以教育、交通、实业三项为名,提议增加关税,外人以三项关系中国国本,始经承认。在实行值百抽五时,教育经费即应取给,于斯对内对外,庶足昭示诚信;即使不能办到,而实行值百抽七五,为期亦不甚远。前闻政府曾有与税务司商议通融预垫之说,此举亦系唯一补救良法。务请大部积极进行,俾教育经费确有着落。再秋后开学与否,必须事前决定,方能着手筹备。大部关于此层,究竟如何决定?如决定秋后继续开学,究竟以何项之款为八校经费,请即迅予明白批示,以便祗遵。谨呈教育部总长。八校校长、学务局长署名。六月十六日"。(《北京大学日刊》1922年6月22日)

同日 函请尉礼贤协助在德购买教学仪器。

"尉礼贤先生大鉴:日前畅谈甚快。北京大学在德购办仪器事,经贵国公使允许,力与援助,至为欣幸。大学前拟在德购买物理学仪器,曾由大学驻德代表朱骝先(家骅)先生向各工厂接洽,讵以价目及付价方法,各厂要求太奢,大学款项有限,未能商议妥协。兹拟恳请先生,由贵国驻京使署一面对于贵国国内关系机关有所主张,如能使大学用德国国内价目购得,自为最善;不然,亦请设法特别通融。至于详细办法,可由贵国国内关系机关与北京大学驻德代表朱骝先先生就近接洽商定。……十一年六月十六日"。(《致尉礼贤函》同日)

同日 赞同推举蒋梦麟做教育次长。

"下午蔡先生邀我去谈,他说有人要我出来做教育次长,我不能答应,推举蒋梦麟,蔡先生也以为然。"(《胡适日记全集》同日)

6月19日 应约赴孙丹林(汉尘)的宴请。

"孙丹林(汉尘)来京,现暂就内务次长的事,他要和我们谈谈,故守常约我和孑民、石曾同他吃饭。此人是吴佩孚的诸葛亮;吴氏得有今日,大半是他的功劳。"(《胡适日记全集》同日)

同日 发布《校长布告》,公布《修正北京大学考试制度》及《北京大学体育委员会组织大纲》。(《北京大学日刊》同日)

同日 通知沈士远、谭仲逵等出席学生军操练式。

"径启者:六月二十一日(星期三)晨六点钟,为学生军暑假前最后一次操练,将发给运动会奖品,并会同照相(短衣较好),届期务请早临。此上 ○○先生大鉴。蔡元培敬启 十一年六月十九日。

沈士远、谭仲逵、胡适之、李仲揆、丁巽甫诸先生。文牍课照缮即发。"(北京大学档案)

6月20日 与王宠惠、顾维钧、罗文幹等发起"茶话会",讨论"今日迫切的问题"。

"孑民、亮畴、少川、钧任发起一个茶话会,邀了二十多位欧美同学在顾宅谈话,讨论今日迫切的问题。这个意思甚好,我因与钧任提议,继续定期开茶话会,每次由四五个人做主人。大家赞成此议。下次的主人中,我也是一个。今天到会的有丁在君、张君劢、秦景阳、陈聘丞、严琚、王长信、周季梅、蒋百里、林宗孟、陶孟和、李石曾、高鲁、叶叔衡等。讨论的总题是'统一'。"(《胡适日记全集》同日)

6月21日　出席北京国立八校教职员代表联席会议,并有发言。

"国立八校教职员代表联席会议二十一日上午九时,在前京畿道北京美术学校开会,首由主席尹炎武报告连日高恩洪与蔡校长疏通情形……寻即讨论经费问题,比以八校校长方面有与联席会议商洽之事,于是决定依照原议与校长方面接洽,至十一时许八校校长蔡元培等来会,当由蔡氏说明来意,旋由尹炎武将联席会议所以函请大总统罢斥兼教长高恩洪之理由说明一遍,蔡氏当谓八校教职员方面对于高氏既如对学生之挂牌斥逐,已至最后一点,此时请勿进行,第一步论理高氏原是好人,彼既允筹八校经费,有大总统月俸十二万元,崇文门税关四万元,其余六万元之数,则由财交两部筹拨,尽可听其做去,希望教职员勿为人所利用云云。"(《申报》1922年6月24日)

同日　领衔发起谭熙鸿已故夫人陈玉凤(纬君)追悼会。

"径启者:北大教授、留法同学谭仲逵先生之夫人陈纬君女士,于民国十一年三月十七日逝世。同人等谨定于本月二十五日在宣武门外北半截胡同江苏会馆,为谭夫人开追悼会。同人等如有诔词、挽联、花圈等,请于二十四日以前送至北大杂务课代收。特此奉闻。八校同人及留欧同学蔡元培敬启"。(《北京大学日刊》同日)

6月22日　请胡适酌定可否准予杨国华转学北大。

"有俄文专修馆学生杨国华,愿转入本校一年级。彼已在预科一年,本科一年,学俄文共两年,每星期教授时间,比本校预科两年为多,似不妨准其插班。但须经何等手续,请酌定。适之先生　元培"。(《致胡适函》同日)

6月23日　与丁燮林、李大钊、李四光、李石曾等10人合撰之《谭陈纬君夫人行状》发表。(《北京大学日刊》同日)

6月24日　组织北大体育委员会,并请胡适、顾孟馀等为委员。

"径启者:本校为促进全体学生体育起见,组织体育委员会,敬请先生为委员。并请于二十六日晚七时临本校第三院便餐,商议一切。此上　○○先生　蔡元培敬启　十一年六月二十四日。

胡适之先生、顾孟馀先生、蒋百里先生、李仲揆先生、丁巽甫先生、沈士远先生、谭仲逵先生。文牍课照缮七份。"(北京大学档案)

6月25日　参加谭仲逵夫人陈玉凤的追悼会。

"与任光、瀛章同到谭仲逵夫人的追悼会。与孑民先生及守常等小谈。"(《胡适

日记全集》同日）

6月26日 与郑锦（褧裳）、陈衡恪（师曾）等商议北大画法研究会附属美术学校事。

"径启者：本校拟以画法研究会附属于国立美术学校，一切办法均待商议。敬请于二十六日晚七时，临本校第三院便餐，以便从容讨论。此上 ○○先生。蔡元培敬启 十一年六月二十四日。

美术学校郑褧裳校长、陈师曾先生、钱稻孙先生。文牍课照缮三份。"（北京大学档案）

同日 与萧友梅商议组织音乐传习所事。

"径启者：为组织音乐传习所事，请于二十六日晚七时，临第三院便餐商议一切。此上友梅先生。蔡元培敬启 十一年六月二十四日"。（北京大学档案）

6月27日 出席在顾维钧住宅召开的第二次茶话会。

"下午，借顾少川家开第二次茶话会。到者加多于前次，讨论颇有条理；后有李石曾、王雪艇提出一个商榷书，提倡一个'邦联制'（Confederation），名为'分治的统一'，实则严格的分裂。我起来痛驳他；因为王君自说是略仿美国最初八年的联邦制，故我说，不去采用美国这一百三十年的联邦制，而去学那最初八年试验失败的邦联制，是为倒行逆施！是日加入讨论的人，没有一人赞成他们这个意见的。"（《胡适日记全集》同日）

6月28日 与胡适、谭熙鸿、李大钊等商讨内阁档案整理方法问题。

"径启者：历史博物馆所藏内阁档案，业经移交本校，急须整理。兹定于二十八日（礼拜三）上午九时，在第一院接待室开会，讨论整理方法，务请赏临为盼。顺颂教祺。蔡元培敬启 十一年六月二十六日。

胡适之教务长、谭仲逵总务长、李守常图书馆主任、沈士远庶务主任、朱逖先、单不庵、杨适夷、何柏臣、马幼渔、陈伯弢、黎稚鹤、马叔平、胡文玉、沈兼士、黄仲良。文牍课照印十六份，即发。蔡"。（北京大学档案）

同日 推荐马叙伦（夷初）出任浙江省教育厅长。

"夷初先生大鉴：前奉惠书，深以推荐教厅为不当，其时布置未妥，不必多与公办。现政府已发表，浙中教育界自然极欢迎。请公暂牺牲出洋之志愿，为吾浙教育立一基础，不胜企祷。……弟蔡元培敬启 六月二十八日"。（《致马叙伦函》同日）

6月29日 主持民国大学毕业式。

"北京民国大学昨（二十九）日举行毕业式，邀请京中政学新闻各界观礼。礼成后，首由该校校长蔡元培演说该校经过情形及将来希望，并对于此次毕业各生加以勉励。复由来宾相继演说，最后摄影茶叙而散。"（北京《晨报》1922年6月30日）

同日 敦请朱希祖（逖先）、胡适等14人指导整理内阁档案。

"敬启者:历史博物馆所藏内阁档案业经全部移校,敬请先生指导整理。兹定于七月三日开始,务请于三日(礼拜一)上午九时,到第三院教员休息室接洽,以便进行为盼。……蔡元培敬启 六月二十九日

朱逖先 胡适 陈伯弢 沈兼士 杨适夷 马叔平 单不庵 刘叔雅 钱玄同 何柏臣 李革痴 马幼渔 沈尹默 文牍课照缮分送"。(北京大学档案)

6月30日 发布启事,说明因足疾不能出席上海美专筹建校舍会议。

"《蔡元培启事》。上海美术专门学校筹建校舍募捐委员会,本定于六月二十九日在沪开幕,现因元培足疾未愈,医生以南方潮湿,坚劝勿行,与张君劢先生、刘海粟校长面商办法决定,先请委员诸先生从事征募,正式开募俟有定期再行通告,尔时元培必当来沪敬承明教,违约之愆,请委员诸先生并预备到会诸君原谅。"(《申报》同日)

同日 建议吴佩孚"容纳联省自治之舆论,贯彻裁兵废督之主张"。

"保定吴巡阅使鉴:奉敬电,备承奖饰,至不敢当。公擢陷廊清,功震全国,犹复虚衷询及刍荛,谨当以有责之匹夫,贡尽于监者。敢望容纳联省自治之舆论,贯彻裁兵废督之主张,迅开会议,以宏远谟。如承赞可,当再函详。蔡元培。陷。"(《复吴佩孚电》同日)

6月 所撰《美育实施的方法》一文发表。(《教育杂志》第14卷第6期)

7月2日 乘火车到济南。

"上午九时三十分火车开。车上遇孑民、汤尔和诸先生。人多极了,车辆甚少,拥挤不堪。我们七人同包一房,天气又热,很觉得苦。下午七时半到济南,寓石泰岩旅馆。"(《胡适日记全集》同日)

7月3日 在济南,主持中华教育改进社第一次年会。

"中华教育改进社本年在山东举行年会。今早(三日)九时开会,由蔡孑民主席,陶知行报告社务,田督军、齐省长、梁任公、黄任之相继演说,至一钟遂散会。"(《申报》1922年7月6日)

"中华教育改进社年会已于三日在省议会举行开会式。计各处教育家到会者百余名,鲁省教育界中人到会者千余名,颇极一时之盛。首由蔡元培陈述开会词,田中玉、梁启超等相继演说。至讲演日程现已发表云。"(北京《晨报》1922年7月6日)

"蔡元培致开会词,略谓:本会此次来济,蒙山东教育界诚恳招待,竭力赞助,今日又蒙行政当局、教育当局光临,本会异常感谢、异常荣幸。考欧美近来教育,日新月异。我国古有教育,惟不进步。如欧美义务教育之年限日增,向之望普及国民教育者,今且望其提高人人有中学及高等知识。返观中国则四年之国民义务教育,尚不能实行,遑问成人教育、盲哑教育哉。若夫上进教育,则一方普及,一方提高。大

学上有研究院、图书馆、仪器,广为设备,以备上进者之研究,而中国则盖缺如也。设备与人较,其相差宁可以道里计。今中国教育行政各机关,惟注意于斯,热心提倡,然其收效之微,实不如办教育者自动所得之事半功倍也。中华教育改进社,即合各省教育实行研究各省教育切身问题,共同解决,以谋教育自身之发展。其所欲研究者有数问题:曰学制问题,是否适合于各地。曰方法,向之所教授者,皆前人研究之成果,今当注重其方法。曰教育经费问题,今日教育之摇动而无进展者,类为经费问题,此问题解决之困难,实为最大最要之事。本会对于上述数端,虽分组讨论,然事贵合作,尚赖明教云云。"(北京《晨报》1922年7月8日)

同日 在中华教育改进社第一次年会上提出《国立大学与省立大学分别设立议》讨论案。(《新教育》第5卷第3期)

同日 为《中华教育改进社第一次年会日刊》撰写《发刊词》。

"为什么会期中办这个日报?我们这个改进社,自从新教育编译社并入后,就用《新教育》作为发表意思的机关,但《新教育》一月出一次,只能用作平时的报告。开会期间,每日有各方面的新事实、新言论,急须发表,所以发此临时的《日刊》。"(《新教育》第5卷第3期)

7月4日 主持中华教育改进社董事会第一次会议。

"中华教育改进社……于四日八时在事务所开会。蔡元培、袁希涛、梁启超、李建勋、张伯苓、张一麐、陶孟和等均出席。由蔡元培主席,致开会词。陶孟和报告社务。议决:向大会提议修改章程,通过加入机关四十余,电谢交通部招商局优待赴会人员办法,聘陈容专任事务部主任。……"(北京《晨报》1922年7月11日)

"董事会第一次会议。七月四日下午八时。董事会于四日下午八时在年会事务所开会。到会者有董事蔡子民、袁观澜、黄任之、梁任公、李湘臣、张伯苓、郭秉文(黄任之代)。名誉董事张仲仁。主任干事陶知行。由蔡子民主席并致开会词。陶知行报告社务后即行议事,议决:(一)向社务会议提议修改章程。(二)通过加入机关社员四十余人。(三)电谢交通部招商行优待赴会人员办法。(四)聘陈立素先生专任事务部主任职务。(五)向社务会议提议于南京、长沙二处中选一处为来年大会地点。"(《新教育》第5卷第3期)

同日 主持召开中华教育改进社美育组会议。

"七月四日午后二时,美育组在本会事务所二十二号开会。本组会员及旁听员李景纲、雷家骏、蔡元培、武绍程、钱稻孙、郑锦、陈衡恪、高洪缙,同时出席。首由书记武绍程报告第一次开会结果,推举蔡子民先生为正主席。……蔡先生就席发言,照分组讨论议案手续,本应先对审查员审查,惟本组会员不多,又所提议案亦只四件,为省略手续起见,即以今日出席人同为审查员,并将议决案件作为二读通过,众赞成,遂开始审查。"(《新教育》第5卷第3期)

7月5日 出席中华教育改进社年会本日会议，晚赴济南各界公宴。

"五日上午在商埠商会开全体社务会议。议决下次开会地址在北京，并推黄炎培、李湘辰为副主席。下午在省议会开讲演会，推士博士讲《科学与教育》，由朱经农翻译。蒋梦麟讲《欧美教育之观察》。晚间由山东军政学绅各界宴该社社员于公园，到者四百余人，由蔡元培代表致谢。"（北京《晨报》1922年7月11日）

同日 与黄炎培等亲笔签名发表在全国推广职业教育意见书。

"自欧战后欧美各国对于职业教育愈益注重，吾国职业教育尚在萌芽时代，尚无全国大规模有系统之组织。此次济南教育大会中华职业教育社特提出关于全国之大规模运动，将意见详具说帖，分陈大总统、国务院及教育部，现此说贴已于会议时通过，由蔡元培、黄炎培等及全国职业教育机关各代表亲笔签名行将发表矣。"（《申报》1922年7月8日）

7月6日 出席济南北大同学会举行的欢迎会，并有演说。

"七时，到中和饭店，北大留济同学会开欢迎会。蔡先生及我们都有演说。"（《胡适日记全集》同日）

同日 主持召开中华教育改进社年会第一次学术会议。

"七月六日上午十时，在商埠商会举行第一次全体学术大会，到会者一百四十九人。首由本社董事长蔡元培先生主席报告学术会议之目的，略云：（一）发扬各组主张之精华。（二）沟通各组互相关系。（三）使各组会员明白年会全部之运动及共同努力之方向。并谓：凡在分组会议通过而无问题之各案，可在大会宣读，作为大会通过。其在分组会议未通过而欲交大会公决者，亦可提出讨论。继由王卓然报告征集社员办法。……"（《新教育》第5卷第3期）

同日 以中华教育改进社名义，领衔致电北京政府请以退还庚款作教育专款。

"……政府昨接中华教育改进社由济南来电云：庚子赔款，美国退还于前，此外各国，经我国各方面接洽，亦渐有退还之动机。兹查展缓五年指抵七年短期公债之八个月赔款，于本年十一月底期满，其中俄国赔款一部分，每年三十六万余镑，在对俄断绝国际关系以后，自毋庸照付，恳请指明拨作教育专款，示我政府以赔款扩张教育之诚意。不惟教育需要借资救济，且可得各国退款兴学之同情，关系尤为重要。敬乞提交阁议，特与准行，无任企祷。中华教育改进社蔡元培等。鱼（六日）。"（北京《晨报》1922年7月11日）

7月7日 应邀出席山东报界的欢迎公宴。

"本地报界（共十三家）邀蔡先生及我们几个人，在公园吃饭并谈话。梦麟、任之、王昌国女士（湖南省议员）及我都有演说。……

晚上，到百花村吃饭，主人为商务分馆。饭后与蔡先生同到梦麟寓所谈话，谈的是：（一）大学事，（二）教育部事，（三）经农事。"《胡适日记全集》同日）

同日 主持中华教育改进社年会第二次学术会议。

"七月七日上午十时,在商埠商会举行全体学术会议大会,仍由董事长蔡元培先生主席。在各组报告前,由主席介绍熊秉三先生报告在北京请政府指拨本社事务所办公房屋进行状况毕,由师范教育组、义务教育组……相继报告,众无异议,各案皆作大会通过。"(《新教育》第 5 卷第 3 期)

7月8日 主持中华教育改进社年会第三次学术会议,讨论各组报告。

"七月八日上午十时,在商埠商会开第三次全体学术大会,仍由董事长蔡元培先生主席。请各组代表将决议案件报告于大会。首由学校卫生组代表报告该组议决案件,次由国语国文组代表报告该组议决案件。"(《新教育》第 5 卷第 3 期)

"上午,学术会议,听各组报告。内中惟高等教育组议案中《废止法政专门学校》一案,有最多反对之声。此次伯秋原提出的议案是《改良法政专门》,被孟和改为'废止',竟通过了。今天报告出来,即有反对很烈的论调。后来蔡先生与高等教育组商量,作为'保留',而反对的人还是悻悻不已。"(《胡适日记全集》同日)

同日 主持中华教育改进社董事会第二次会议。

中华教育改进社"董事会第二次会议。七月八日下午二时。到会者蔡元培、张伯苓、黄炎培、李建勋、张一麐、熊希龄、袁希涛、梁启超(张伯苓代)、郭秉文(黄炎培代)。(一)报告孟禄资送麦柯尔、推士来华事。议决,致谢捐资团体及孟禄。议决,推士调查大纲,为详细实地考察各地各校之科学教育实况,并依据实况向各校或相互机关陈述改良意见。(二)麦柯尔来华事。议决,麦柯尔先生先在南京、后至北京,各半年。(三)王卓然之著作归新教育丛书一律办理。(四)教育经费委员会归入筹划全国教育经费委员会,加设地方教育经费部,并将计划部分:1. 国家经费股。2. 地方经费股。(五)设立本社组织委员会,推张伯苓、李建勋、陶知行为委员,张伯苓主席。(六)建设好大学意见送交筹划教育经费委员会及高等教育组。(七)委托主任干事审查入社社员资格,报告下次董事部决定。(八)七月以后,函商东南大学让主任干事专任本社职务"。(《新教育》第 5 卷第 3 期)

同日下午 在中华教育改进社第一次年会闭幕式上作《告别词》演说。(《新教育》第 5 卷第 3 期)

7月10日 胡适见读蔡先生抄写的扇面诗。

"往山东时,车上看见蔡先生为尔和写的扇子,写的是赵翼的三首白话绝句,内有一首云:李杜诗篇万口传,至今已觉不新鲜。江山代有才人出,各领风骚几百年。"(《胡适日记全集》同日)

7月14日 在北京,出席在顾维钧住宅举行的"茶话会",讨论"省自治"问题。

"……四点又到顾少川君(宅)赴茶话会。茶话会讨论'省自治'问题,委托亮畴起草,作为讨论的基础。"(《胡适日记全集》同日)

7月18日 呈文教育部，请咨商内务部拨予北京大学扩建学生宿舍用地。

"呈为呈请转咨事。窃查本校学生达二千余人，而宿舍仅有三所。第一宿舍约容三百余人，第二宿舍约二百人，第三宿舍约一百余人。除第一二宿舍，系校有房产外，第三宿舍尚系租用八旗先贤祠。能否常租，尚属问题。本校四周地面，亦既其狭，人烟又极稠密。学员公寓大小虽云逾百，无一适合卫生。此等环境，于学生生活、学术思想，妨碍极大。故斋舍扩充，在本校今日，实为必要之图。查东安门至北箭亭一带围墙，及墙内外隙地，有由内务部投标招领之说。此项公家墙地，密迩本校。倘能拨归本校拆充起造宿舍之用，至为合宜。预估需款不多，即足供全校学生之寄宿。于道路往来，既毫无妨碍，而于本校则裨益实多。为此呈请钧部转行咨商内务部，特准照拨，实为公便。谨呈教育总长 北京大学校长蔡元培 中华民国十一年七月十八日"。（《北京大学日刊》1922年7月22日）

7月19日 与周作人谈世界语教室事。

"上午访蔡先生，为世界语教室事。"（《周作人日记》同日）

7月21日 与北京国立八校校长、学务局长联名，分别致函财政总长董康（绶金）、交通总长高恩洪（定庵），奉商八校教育准备金库券的回换与抵押问题。

"绶金总长钧鉴：敬启者。去年贵部发给教育准备金国库券二百万元，声明以盐余作抵，从本年八月起，分二十个月摊还。嗣以前项库券市面上不能流通，爰于本年四月，商准内外债审查委员会，换得九六公债一百二十万元；余八十万元未经更换。查此项准备金，原为交部不能按期发款时利用之准备，现时积欠已多，部款既难照发，而九六债市面上仍无相当之价格。元培等迫不获已，拟以前项库券与六国银公司代表杨度商订押款办法，据称：是项库券，必须财政部盐务署对于六国银公司正式声明，准定到期付款，决不迟误，国立八校及学务局可任意向银公司抵押，并准银公司转向他银行抵押等情，便可洽商押款。至所押成数，至少在四折以上，利息以市面最低者为准。元培等以校款支绌异常，无法支应，用是具函奉商，准将前此调换九六债票之百二十万元国库券（现仍在中国银行）仍复给还各校，所领债票，亦仍退还贵部。如荷赞同，请即一面迅知中国银行照数回换；一面对于六国银公司为确切负责、到期有效、并准抵押之声明，以便抵押，而资应付，不胜企盼之至。专此肃泐，敬颂勋祺，并候示复。八校校长、学务局长公启 七月二十一日"。

"定庵总长鉴：敬启者（中略，文同致财政部）。拟请转商财政总长，将前此调换九六债票之百二十万元国库券（现仍存中国银行），仍复给还各校取领，债票亦仍退回财政部。如荷赞同，即迅与财政部接洽，请其一面知照中国银行照数回换；一面对于六国银公司为确切负责到期有效并准抵押之声明，以便抵押，而资维持。将来议有端倪，仍当另文呈报。事机迫切，鹄候酌行，并希示复。专此肃泐，敬颂勋祺。八校校长、学务局长公启 七月二十一日"。（《北京大学日刊》1922年7月29日）

7月22日 与张謇、梁启超联名呈文政府，请拨经费二百万元，以助开办研究所及博物馆之用。

"据教育界消息，蔡元培、张謇、梁启超等，以学术研究所及博物馆等于教育具有直接间接之关系，亟宜创设，以期学术之进步。惟因经费无着，难以进行，故特呈请政府指拨关税二百万元，作为补助学术团体开办研究所及博物馆之用，并请分拨三万元，为一部分之基金。闻政府已于前日提出阁议，决议施行云。"（北京《晨报》1922年7月24日）

7月29日 与北京国立各校校长、学务局长联名呈文大总统、国务总理、教育总长，要求按月照数由关税项下尽先拨给教育经费。

"为呈请事。查京师教育经费每月二十二万元，及院议关税增加案定后北京专门以上各校经费每月增拨十万元，均于关税实行值百抽五时按月照数拨给。其理由及详情，曾于本年三月十三日呈明在案。在此项经费未经确定以前，八校及京师中小学经费每月二十二万元，曾经阁议，规定由交通部拨给。年余以来，交通部虽有负责之表示，而各校经费积欠如故。元培等身感困难，实难言喻。因愈知八校经费，非由政府指定切实可靠之税源，如海盐税之类以供给之。不特八校之发展无望，即八校之维持，亦将益趋于不可能之境。兹闻本月二十七日阁议之时，财政部对于教育部、钧部所提北京教育经费二十九万元，由关税实行值百抽五时照数拨给之案，不但无诚意之赞助，竟将原案要义故意完全抹煞。元培等闻之，深为惋惜。教育为立国之根本，而经费尤为教育命脉，此皆尽人所知者。今办教育，而不予以切实可靠之经费，则教育之根本自不能稳定；教育之根本不能稳定，则有害于国家之前途者何如，当然可知是诚非谋国之道也。元培等躬任教职，体念国家前途，睹此危状，不忍缄默，亦不敢缄默，用敢再出诚恳之呼吁，合词请于教育部所提出二十九万元中之北京国立八校，及京师中小学校，每月经费二十二万元，并院议关税增加后北京国立八校，每月增拨之十万元，统由关税实行值百抽五时，按月照数由关税项下尽先拨给，以重教育而维久远，伏乞迅予明白批示祗遵，不胜迫切待命之至。谨呈 八校校长、学务局长署名 七月二十九日"。（《北京大学日刊》1922年8月5日）

同日 函复陈衡哲，申明对"非宗教运动"并非无条件地赞成。

"衡哲夫人大鉴：（上略）承示弟对于非宗教运动，不当为无条件的赞成，诚然诚然。但弟不甚爱惜毛羽，凡大体可取之集会，有拉弟加入者辄应之。非宗教，本为弟近年所提倡之一端，不过弟之本意，以自由选择的随时进步的哲学主义之信仰，代彼有仪式有作用而固然不变的宗教信仰耳。此次非宗教同盟发布各电，诚有不合伦理之言。然矫枉终不免过正，我等不能不宽容之，不忍骤以折衷派挫其锐气。弟在大会时之演词，仍是平情之论，此文弟可负责，其他通电弟不负责也。（下略）

蔡元培敬启"。①(《北京大学日刊》同日)

7月30日　与北京国立各校校长、京师学务局长联名公呈大总统、国务院,请照数指拨教育经费。

"为呈请事。窃元培等前以教育经费无确实来源,请于实行值百抽五之关税项下照拨指数,业于本月二十九日公呈在案。现闻政府业已允准照办,具见维持教育之诚意,感佩莫名。惟此案既经国务会议通过,极盼见诸实行,为此再行公呈,请饬下国务院迅即行知税务处,克日呈复遵办,以征确实,而维久远,毋任迫切待命之至。谨呈　八校校长、学务局长署名　七月三十日"。(《北京大学日刊》1922年8月5日)

8月1日　缮送通知,请评议员出席评议会会议。

"径启者:本会定于八月一日(星期二)午后四时,在第一院接待室开会,届期请到会。此上　○○先生大鉴。评议会启　十一年七月二十八日。文牍处缮送诸位评议员。蔡　二十八日"。(北京大学档案)

"本届评议会第九次(八月一日)会议决议案,应行公布者如左(下):一、本校附设音乐传习所案。……另案公布,兹不再录。二、请陈教授启修为组织委员会委员长。三、两学期制收费办法案。本科全年学费三十元,每学期收十五元。预科全年学费二十五元,上学期收十三元,下学期收十二元。宿费全年二十五元,上学期收十三元,下学期收十二元。四、征收讲义费案,原案如左(下):本校讲义费,上学年竟用至一万数千元之多,拟自下学年(十一年九月)起,一律征收讲义费。办法如下:(一)无论中文洋文,亦无论铅印油印,一律每页收费半分。(二)特制讲义券三种(半分、一分、二分),由会计课出售,学生购取讲义券,自银一角起,多少听便。(三)无论何科何系学生,需用何种讲义,均须按页用讲义券换取。(四)每学年终了,学生如攒有余,可向会计课退还原价。(五)此项讲义券专备学生换取单篇讲义之用,不得作为购取他项图书之代价。"(《北京大学日刊》1922年8月26日)

同日　召集冯祖荀(汉叔)、李四光(仲揆)等人商议本校四种季刊编辑发行问题。

"径启者:本校发行四种季刊,有共同商议之处特于八月一日(星期二)午前九时,在第一院接待室开会,届期敬请惠临。此订并祝　○○先生时绥。蔡元培敬启十一年七月二十九日。

冯汉叔、李仲揆、王抚五、丁巽甫、谭仲逵、李圣章、顾孟馀、陶孟和、王雪艇、朱经农、陈惺农、朱逖先、沈兼士、马幼渔、钱玄同、胡适之、蔡子民、李守常、刘叔雅、单不厂、王钟麒、郑奠、宋春舫、萧友梅、陈师曾、马叔平、徐旭生、叶浩吾、周启明、周豫

---

①　引文中的"上略""下略"是原有的。

才、杨仲子、钱稻孙。文牍课照缮发出。"(北京大学档案)

8月4日　发布《校长布告》，公布《北京大学关于不参加考试学生的待遇办法》。

"现在各省对于本校不受试验、不要文凭各生之待遇情形，并成绩之如何考查，不甚明了，多有来函询问。查是项学生，实与旁听无异，一切待遇当然与正科生不同，其成绩之优劣，并不考查，嗣后报部册内并不列名，并应停发各项证明书，及停止递补各该省津贴缺额之权利，除据此咨复外，特此布告。十一年八月四日"。（《北京大学日刊》1922年10月28日）

8月5日　与北京国立各校校长、学务局长联名呈文大总统、国务总理、教育部，驳斥交通部高恩洪总长八月二日的复函，仍请迅速拨发所有积欠的各校教育经费。

"为呈请事。窃京师教育经费，教育部与财政部本有应负之责任。讵积欠逾过逾多，将来经费仍未有着。国立公立各校，久有岌岌不可终日之势。前曾一再公呈大部、教育部，请求设法维持，始终未得要领，后经商得六国银公司之同意，准以去年财政部发给之国券抵押现款，藉维现状，复呈请大部、教育部设法进行。校长等以为教育部与交通部，既不能按期发款，此种变通抵押变法又为总长、教育总长所认许，当无不积极进行，讵多方推委，茫无办法，后复公函总长、教育总长，请查照迭次公呈，迅以照办见复，继得复书，教育经费并非总长、高总长到任后所积欠，且谓汤次长明令代理部务，原可不再过问，甚至以校长等不责前者、不责后者为责备之词。此种语意，实所未解。总长为代表机关之人，何得以前任、后任为脱卸责任之地步。总长、高总长身为阁员，贸然为此不明法理、不负责任之言论，未免令人齿冷，况所谓不责前者不责后者云云，究竟前者何人，后者何人，尤属索解不得。校长等奉令长办学校，止知向责无旁贷之教育长官与责无旁贷之交通当局，催发款项，并不知有所谓前后之别。汤次长虽奉明令代理部务，第现已辞职又不到部。校长等呼吁无门，自不得不向有责任之高总长有所陈请，勿论高总长尚在兼代期内，即使开去兼职，而在未经辞脱交通总长以前，依旧不得不负法律上之责任。况高总长到任已逾两月，而所发款项，连财政部之十一万元一并计算在内，犹不敷两个月之经费，有无积欠，不言可知。在高总长，虽不过偶或出言不慎，而校长等对于教职员，几无以自解，此真不可思议者也。现时各种债务，日益紧逼，开学之期，又复不远，种种校务，非款不办。以前积欠与将来经费，究竟作何处理，是否筹备开学，继续维持，应请迅予明白批示，以使祗遵。至所有积欠，仍应迅请分别拨给，勿再延宕，迫切陈词，毋任屏营待命之至。谨呈大总统、国务总理、教育部。八校校长、学务局长署名。八月五日发"。（《北京大学日刊》1922年8月12日）

8月10日　出席中华教育改进社董事会议。

"8月10日下午2时,本社董事在香山森玉笏开会。到会者有董事蔡元培、熊希龄、张伯苓、李建勋,名誉董事张一麐,主任干事陶知行,事务部主任陈容。议决:(一)通过委员会章程。(二)依据委员会规程,组织各种教育委员会,统依此次所定之委员会规程修正,使不致抵触。(三)本社担任各委员会经费总数,自本年7月1日起12年6月底止,为二千元。……"(《新教育》第5卷第3期)

同日 函告刘海粟,因足疾反复,不能到上海与会。

"海粟先生大鉴:前奉一函,对于二十七日开委员会之举,因上海商业凋敝,颇用怀疑。现因弟足疾屡次反复,离预定动身之期(本拟十五日动身)不过五日,而尚无何等起色,家人及医生均加阻挠,并南京、南通之行亦只得取消(已电告学社矣)。二十七日之会,万不可发广告。已电闻,特再详陈诸希鉴谅为幸。……弟元培敬启八月十日"。(《致刘海粟函》同日)

"上海西门美术专门学校刘海粟校长鉴:南行未定,二十七日之委员会请勿通告,免再失信。蔡元培。蒸。"(《致刘海粟电》同日)

8月12日 发布《校长布告》,通知愿赴矿厂练习、应试之工科应届毕业生报名。

"顷准农商部矿政司函开:……惟汉冶萍公司练习生尚有缺额八名。又据龙冈铁矿公司函称,拟收练习生二名。兹定于九月十一日在本公司举行考试,以定去取。贵校毕业生如有愿赴各矿厂练习者,请即转知各该生届时前来应试,并希将投考者姓名、人数,先行见示为荷,等因到校。凡本校工科采冶系毕业各生,如有愿赴各矿厂练习者,务于本月内前来本校文牍课报名,以便函送。此布。十一年八月十二日。"(《北京大学日刊》同日)

8月13日 对北京农业专门学校呈请教育部改为大学,"极表赞同"。

"北京农专日前上呈教育部,请改大学,已志本报。顷闻该校教职员学生连日会议,一面与教育界名流接洽,一面疏通教部当局,刻正积极进行,非达到目的不止。日前该校代表胡鹤如、王学诗曾到香山面谒蔡元培探询意见,希望予以援助。闻蔡氏以农业有设立大学之必要,该校又原为大学,加以此刻已采用选科制,与四年制大学实互相出入,对于此举,极表赞同,并从旁鼓吹,俾该校请改之农业大学,早日实现云。"(北京《晨报》1922年8月15日)

8月14日 同胡适、汤尔和、李大钊等同访孙丹林,对吴佩孚的"武力统一"梦,提出忠告。

"晚七时,到大陆饭店会着孙丹林。同座有子民、尔和、梦麟、守常。我们谈的都是很恳切的忠告。孙的态度很不好。他似乎在那儿做武力统一的迷梦。他说,吴佩孚大事不糊涂,他在几年前就说和老段比一比,再和张作霖比一比;当时人都很不留意,后来果然都灵了。孙说时颇得意;他又说:'要是我肯给子玉上条陈,只消两师兵直捣广州,什么事都没有了。'这句话使我们大生气。孑民先生说:'那么吴子玉也不过是一个军阀!'梦麟说:'吴子玉何不先打过山海关看看!'说到后来,他的态度稍软下来了,也承认吴佩孚对于联省自治应该逐渐改变态度,不可没有一个退步。"(《胡适日记全集》同日)

8月15日 《对于"改正蔡元培对于废止法专案说明书内之失实处"之答辩》发表。(北京《晨报》同日)

8月17日 北京国立八校校长及八校教职员代表二十一人,应交通部高总长之约到该部洽谈何时发放积欠的教育经费问题。及至该部,高总长拒而不见,不仅发放经费问题毫无解决,而且横遭意外侮辱。

"是日上午八时前,校长等及八校教职员代表二十一人,同赴交通部投刺请谒,门者引至中门外之一小室,等候久之,始来谓高总长传语兮(分)班接见,先见校长,后见教职员。金以为既系同来,自应同见。门者以此回报,寻复来言:总长已不在部,由胡秘书代见,惟仍须分班接见。校长等及教职员代表承认与胡秘书谈话,仍以同见为请。门者导行,不数武,则见中门已紧闭,门以内有卫兵排列,如防寇盗,门者屡呼不应,继复由收发处通电声明,久之,始启门放入,仍由门者导引至内客厅,由胡秘书出见,声言总长已往公府,余以个人资格前来招待。校长等致道谢之忱,继恳转请总长出见。胡谓总长确不在部。同时,教职员代表以高总长甫言分班接见,何至遽出,因电询总理,昨日高总长既允接谈,今日何以又拒而不见?是否确系他往?奉总理电答谓:与高总长电谈甫毕,现时确在部中。教职员复据此以要求胡秘书,请总长出见。未几,胡秘书传语:总长已回部,请到大堂分别接见。金谓等候已久,总长又须出席国务会议,一一接见,容未有便,请总长来此公见,并请胡秘书转达。良久,高总长始出席,谓因事迟延,诸请原谅。语毕,校长等谓:此来系经国务总理兼教育总长之介绍,并得总长允许,来此商榷教育经费问题,不意既到贵部,而总长忽闭门不纳,未稔何故?高总长诿为不知,且谓:或系下等社会之所为。教职员代表谓:总长为一部之首领,不有命令,谁敢出此?且交通部焉有所谓下等社会者?高总长又谓:不知公等来此,是以关门。校长等谓:白昼非夜间可比,同人并非常到贵部,若永远不来,是否由元旦关至除夕?未免笑谈!且此种举动,有伤国家体面,究竟谁为主动之人?应请彻查严究。高总长谓:此事在我自有权衡,不劳过问。校长等谓:虽系贵部内部之事,既然侮辱来宾,不得不请总长负责。同时教职员代表声言:兹事无论总长知与不知,不得不认为侮辱教育界之人格,应请总长有所表示。高总长遂声明歉意,兹遂告一段落。

谈及经费问题,校长等谓:教育经费积欠已五个月。高总长忽插言曰:焉有如许之多?校长等及教职员代表以所欠数目确系如此,而高总长突然否认,均为诧异,因询高总长究欠若干。高谓:昨日已拨给一个月经费,交教育部收领矣。校长问:此一个月经费为数几何?高谓二十二万。校长问:是否按照新阁议,抑旧阁议办理?高谓:余不知新旧。校长等声明:按照旧阁议,月二十二万,部费不在内;若按新阁议,应为二十九万;既有新阁议,自应以新阁议为准;此二十二万实不敷一月之数。高谓:此款仅拨给八校,与部费无干。时教育部会计科赵科长因公来部,爰商请高总长饬役邀请赵科长出席,当由校长等面询赵科长,此款曾否领到?据言并未领到。高总长即谓大众曰:公事确已办好,何以尚未拨交?旋有该部出纳科长来言:支票业经预备,专候洋员签字,即可照付。校长等一面请赵科长务具印领,以凭领款;并一面声明,兹款奉高总长面属,仅归八校,与部费无干。赵科长去后,校长等及教职员代表均谓:现时虽蒙总长筹得一个月经费,但因前此亏累甚多,不敷尚巨,截至开学之日为止,除本届允发之一个月不计外,预计积欠约有五个月之多,总长有何办法?高总长谓:我尽力去筹。校长等问:截至何时可以筹得若干?因开课有一定期限,不得不预为计画。高问:何时开课?答以九月十一。高谓:开课前必当照付。教职员代表谓:虽系九月十一开课,但九月一号即应开学,能否于开学前付款,以资筹办?高总长毫无难色,立即允于八月三十号以前付款。校长问:拨给之数如何?高信口答曰:如数付清。校长谓:既允如数,不仅校费一项,共需一百十万元,总长能否负责?高总长答言:自应负责,惟此为机关所负之债务,余不过代表机关而已;设届时人的问题有变更,则余即不能负责。金谓总长之言甚是。同时,教职员代表向校长等询问:高总长允于八月三十号以前拨清积欠,能否担保?校长等答言:对于高总长个人,极端信任;惟对于事实则否,因前此以过之事实,皆不能使人有相当之信任。高谓:然则将如何?教职员代表声言:可否请总长以书面表示或证明?高允诺,即属教职员起草,草毕,还请高总长阅看,并求改正。高披览一过,谓甚善,即照此缮。同时有人声问:到期如不付、或不能全付时,总长对于今日之言,应如何负责?高谓:自有我负责。教职员谓:如何负法?可否商定,一并记在书面?高谓:可先缮正文,余由我亲自填写。又有主张请高总长派人缮写者,高立即传唤录事,一面亲自在草稿中如不付或不能全付字下,写仍由交通……写未竟,突有秘书殷仁、胡光杰等,率领部员多人,蜂拥而来,夺其笔,疾呼曰:汝是否为交通总长、抑教育总长?凭何以交通之款借教育之用?并戟指校长、教职员,疾声厉色谓:此等人是否穷人?彼既能来交通部索薪,我辈亦可向彼等家中索食,戟指顿足,其势汹汹;户以外,且有辱骂不堪入耳之言。高总长止云:由我负责,属该部员等勿噪。讵仍置若罔闻。校长及教职员睹此横逆状态,虽不免愤慨,然皆默无一言,未予计较。卒之,该部员等夺去草稿,并执笔大声疾呼曰:此系交通部之笔,非汝高恩洪所能擅用,心欲用之者,汝可回家自取,此不予汝也。嚷毕,一哄而散,且行且大呼曰:罢工!未几,复来强高总长出席部务会议,谓兹事非汝所应为,应由国务总理签字。高总长顾谓校长、教职员代表曰:我去如何?金谓自应请去。高总长遂外出,行时尤回顾曰:请稍候,会毕即来。无何,复出席,谓部员不许即行签字,将以此赴国务院与总理一商,诸君愿同去者听,如不去,可先回,容再以书面交付。金谓愿在部静候,请总长速回。高唯唯,时在上午十时半左右。讵高总长去后,久无消息。校长等复电询总理:曾否与高总长接洽? 总理谓:尚未晤及。因请总理速商见复,比蒙应允。候至下午七时许,仍无消息,一再电询总理,未详所在,并闻高总长先已赴津。教职员代表颇有主张继续久待者,嗣经校长等恳切劝慰,于下午七时许一同出部。"(《北京大学日刊》1922年8月26日)

同日 与高师、法政专门等校校长联名发出辞职通电。

"上海申报馆转各报馆并全国各界鉴:教育经费,积欠五个月以上。北京国立八校校长暨教职员代表二十一人,根据阁议,并经教育王总长预向交通高总长介绍,允于本日上午在交部接见。讵到部后,始则闭门不纳;继则谈话未终,突来部员多人咆哮怒骂;总长托词赴院,一去不回;宪兵巡警盘诘监视;自朝至暮,毫无效果。似此蹂躏,万难忍受。除胪陈事实,呈请辞职外,特电奉达。 蔡元培、李建勋、许寿裳、王家驹、周颂声、俞同奎、吴宗栻、郑锦"。(《北京大学日刊》1922年8月26日)

同日 往法国驻华公使馆,要求转令法驻沪领事释放陈独秀。

"北京十七日电。此间闻陈独秀被捕,已有十余团体联名抗议,蔡元培等已面质法使,请其转令法领释放。长辛店工会亦通电营救。"(《时事新报》1922年8月18日)

8月18日 与李大钊等设宴欢迎苏俄新代表越飞(Yoffe),并有演说。

"夜七时,守常请俄国新代表约佛(Yoffe)吃饭,同来的有莫斯科大学中国学者Lvanoff及参赞二人。陪客的有孑民、孟和、石曾、梦麟。孑民有演说,我也说了几句,约佛作答。"(《胡适日记全集》同日)

"苏维埃俄国代表越飞君抵京以来,已引起各界之注意。本月十八日下午八时,北京大学蔡校长、李大钊教授等十余人,设席东方饭店招待越氏,表示我国人士欢迎越氏之盛意,及对俄国之好感。席间蔡子民、李守常、胡适之诸君相继发言,越氏亦有恳切之答词。首由李守常教授致词,略谓越飞君及俄代表团来华,意在与中国及中国国民建设友谊的关系,吾人代表中国知识界,与负有真正责任之俄国代表诸君共聚一堂,深引为幸。越飞君在日俄会议未开幕以前,先行来京,此点吾人颇为重视,盖藉此足证中俄两国在对日政策上,实有互相提携之必要云云。次由蔡校长发言,略谓中国系旧文化之国家,自欧风东渐以来,社会、经济及政治诸方面,均有绝大之进步。前次中国之革命,仅为政治的,此后已有社会的革命之趋向。俄国革命事业,为吾人之前驱,今日愿以受业者之资格,欢迎远道来临之先导者云云。"(《申报》1922年8月23日)

8月19日 与北京国立各校校长联名呈文大总统、国务总理、教育部,对八校校长及教职员代表 17 日在交通部横遭意外侮辱,认为有伤人格,要求彻查真相,辨明曲直,并准予全体辞职。

"为呈请辞职,恳即派员接替,以专责成,而维教育事。近年以来,教育经费支绌异常,校长等力所能及,无不维持。兹以开学在即,不名一钱,匪特教职员受经济上之压迫,生活不能自由;即学校行政,亦复重受影响,几于停滞。国家财政困难,校长等未尝不深切顾虑,无如积欠已在五个月以上,实无法以应付。曾一再恳请(大部)(教育部)在开学以前,至少发给三个月经费。比蒙(总长)(教育总长)面谕,已由交通部筹得十一万元,并由(总长)(教育总长)另筹十八万元,已敷最近阁议通过之数,惟兹款系向他方面电筹,止有七八成把握云云。

校长等以为数甚微,勿论尚未确定,即使照付,比之预计数目,相差尚远。此宗款项,本应由交通部负责,爰商请(总长)(教育总长)预向交通总长介绍,订期接谈,经交通部高总长电允,于十七日上午七时至九时在部接见校长并教职员代表。……

窃思校长等及教职员代表,应交通总长之约而来,始则闭门不纳,继则一去不返,自朝至暮,困守一室,饥不得食,渴不得饮,非特受该部员之揶揄侮辱,兵警梭巡,更番监视,甚至宪兵亦来盘诘,直欲法外示威。校长等为国服务,自信无他,乃至疲精劳神,焦头烂额,而尚不免于意外之耻辱!在政府感想如何,不能悬揣;而在校长等实不能常任此无足轻重之职务。为此,恳切呈请立予罢斥,另任贤能,庶几教育事业不至扫地以尽。而校长等德薄能鲜,至不得已而辞职,何事哓哓。惟闻高总长及该部二员有种种诬蔑之词,在彼不过为卸责固位之计,而在校长等认为有伤人格,因是不揣冒渎,据实胪陈。除恳请准予辞职外,并祈彻查真相,以明曲直。谨呈大总统、国务总理、教育部 八校校长署名 八月十九日发"。(《北京大学日刊》1922 年 8 月 26 日)

同日 决以黄炎培(任之)为驻沪代表,代为签署所有外发函件。

"海粟先生大鉴:两奉惠书,知任公先生到校演讲,甚有好影响。……弟足疾既未愈,而都中各校为经费问题又多故,恐今年竟不能来沪矣。但因此耽误美专进行之务,心甚不安。近想得一法,前已承任之兄允为弟驻沪代表,凡外发函件如经任之、观澜、君劢诸先生认为可发者,请任之兄签名盖章发出(必须有人签名始有希望)。不但董事部,即集捐委员会亦必如此办理。除函告任之兄外,特此奉告,并请与观澜、君劢两先生接洽。培再启"。(《复刘海粟函》同日)

8 月 20 日 所撰《汉字改革说》一文发表。(《国语月刊》第 1 卷第 7 期)

8 月 21 日 与国立各校校长联名公呈大总统、国务总理,仍请辞职。

"为无术维持仍恳派员接替事。窃校长等前呈辞职,请另任贤能,以便接替,蒙派秘书王寿彭慰留,复将辞呈退回,具征尊重教育之诚意,无任感谢。惟校长等为国服务，自信无他，乃至疲精劳神，而横遭侮辱，似此恋栈，人格何存！且开学在即，不名一钱，积欠五月以上，要求最少发给三个月，至今亦未有着落。匪特新生入学试验，业已登报停止；即教职员欠薪及商店欠款，纷纷催索，亦无法应付。为此迫不获已，除将原呈附呈外，仍恳派员接替，以专责成，毋任屏营待命之至。谨呈大总统 八校校长公呈 八月二十一日"。

"为呈请事。窃校长等于十九日公呈钧院、部，恳请辞职；派员接替，以专责成，而维教育。乃呈上三日，未蒙批示，群情疑虑，伫望良殷。校长等既经呈请辞职，专候派员接替，谨再公呈钧院、部，请查照前呈，迅予明白批示，并恳速简贤员接替，以重教育。至教育总长、总长及交通当局面允先行拨给之教育经费，逾期未发，仍恳迅予拨给，毋任迫切待命之至。谨呈国务总理、教育部长 八校校长公呈 八月二十一日"。（《北京大学日刊》1922年8月26日）

同日 与萧瑜（旭东）、李煜瀛、高鲁联名函请刘海粟列名于征集中国美术品通函。

"敬启者：里昂中法大学来函，为法国东方博物馆征求中国美术品，借以发展本国精华，意至善也。兹为分类征求搜罗国粹，窃以先生资望，素为社会所钦，拟请列名信内，事关文化运动，谅荷赞同，附寄复函一通，务乞即日签名付邮为祷。此请海粟先生。

蔡元培 萧旭东 李煜瀛 高鲁同启 八月二十一日"。（《致刘海粟函》同日）

8月24日 与国立各校校长第三次联名呈文大总统，请准辞职。

"大总统钧鉴。敬启者：校长等前日晋谒，面承训诲，恳切周详，两次辞呈，未蒙批准，并屡由王秘书传示钧意，谆谆以爱护学生相勉，仰见大总统维护教育之盛情，无任感佩。惟校长等不得已而辞职之原因，业于两次辞呈中，缕缕陈述困难情形，谅荷洞鉴。溯自十七日校长及教职员代表等在交通部横受侮辱以来，已逾七日，国务院及教育部竟成无人负责之状况，不独对于交通部之举动，不闻何处分，而对于事前校长等所要求最小限度，所谓开学以前发给三个月经费者，亦仍毫不理会。校长等既无唾面自干之大度，尤缺无米为炊之能力，虽期期不愿方大总统之命，而事实如此，义难返顾。方今各校招生之举，业已停顿，数千来京应试之学生顿起恐慌。即各校旧生，亦以开学无期，非常失望。大总统素以爱护学生为怀，谅不忍其长此迁延，废时失学，敢请俯纳校长等辞职之请，早日派员接替，以专责成，而图进行。谨再上前两次辞呈，敬祈批准。并祝公祺。国立北京八校校长蔡元培等谨启。八月二十四日"。（《北京大学日刊》1922年9月2日）

8月26日 与胡适、丁文江（在君）等谈时局。

"与在君同访蔡先生，谈时局，也想不出法子来。"（《胡适日记全集》同日）

8月29日 与国立各校校长第四次联名呈文国务总理、教育总长，请准辞职。

"为无术维持,仍恳派员接替,以重教育事:窃校长等前呈辞职,请另任贤能,以便接替,蒙派林秘书长慰留,复将辞呈退回,具征我总理尊重(大部一五六九号指令慰留,具征维持)教育之诚意,无任感谢。惟校长等为国服务,自信无他。乃至殚精竭虑,而横遭交部侮辱;政府对于交部,迄未闻有若何办法。设再恋栈,人格何存?再开学在即,不名一钱,积欠在五月以上,要求在开课前最少发给三月,亦未有确切之允准;前教育总长、前总长允拨之一月,交通总长当面声明已拨给之一月,事隔两周,亦未照拨。似此空言塞责万难继续维持。现在新生入学试验,业已登报停止,教员欠薪及商店欠款,均纷纷催索,实属无法应付。为此迫不获已,仍恳准予辞职,派员接替,以避贤能,而维教育,实为公便。谨呈国务总理、教育总长 八校校长公呈 八月二十九日"。(《北京大学日刊》1922年9月2日)

8月31日 为杨丙辰译《费德利克小姐》一书作序一篇。(杨丙辰译《费德利克小姐》商务印书馆1923年出版)

8月 所撰《湖南自修大学介绍与说明》一文发表。(《新教育》第5卷第1期)

同月 与李煜瀛联名呈请步军统领对于中法大学扩充西山碧云寺生物学院事准予立案。(北京市档案馆藏件)

9月3日 与教育部来员谈教育经费事。

"下午,邓芝园来谈,大概是代表王亮畴来的,谈教育经费事,说明天可发一个月,政府还可派人去慰问教职员(为交通部事)。他要我同去找蔡先生,蔡先生带了儿女到先农坛游玩去了,我们借教育部的汽车,追踪到先农坛,寻着蔡先生,谈了许久。"(《胡适日记全集》同日)

9月4日 与胡适同访汤尔和,请汤出任教育次长。

"罗钧任代表亮畴来劝我出来作教育次长,我决不干。我们同去看蔡先生,谈了许多,决计由蔡先生和我去劝汤尔和出来,如尔和不出来,我们再想法子。……九时半,与蔡先生同去看尔和,谈很久。尔和有肯出的意思,但须得顾少川答应肯帮忙进行关税的事。"(《胡适日记全集》同日)

9月5日 与胡适同访罗文幹(钧任)。

"早八时半,到蔡宅;尔和已来过,他拟有一个财、交、教三部合请总统下令指定关税为教育经费的呈子。此令朝下,他夕出视事。……十时半,与蔡先生同访钧任,钧任答应去办。"(《胡适日记全集》同日)

9月6日 与国立各校校长联名呈文国务总理、教育总长,请速发积欠经费并准辞职。

"为再呈辞职,恳乞批准,以维教育事。窃校长等前以经费无着,无法维持,一再呈请辞职在案。蒙派杨秘书天骥代达歉意,并退还辞呈,逊听之余,岂容再渎。惟校长等前此要求发给最少限度之三个月经费,原系一方谅解政府之困难,一方顾虑本身之事实，考量至再，不得已而为此委曲求全之请，固非不谅政府之苦衷，亦非已得教职员之承诺，尤非以此为要求之条件，不过按诸事实，非此不能。屈计截开学之日，积欠半年，而只要求发给三个月经费，其中为难情形，当在洞鉴之中。况教育事业，与他项事业不同；教职员服务状况及境遇之清苦，尤非他界可比。政府不欲兴办教育则已，设尚有维持教育之诚意，应请迅即照发。前次迭经呼吁，迄今不名一钱，现值开学在即，其势不容再缓，杨秘书代表总理，声明确已筹得一个半月之数，务恳即日发给；其余一个半月之费，仍恳克日筹发。在未经领得三个月费以前，绝对不能负责。为此合词呈请迅拨积欠，并派员接替，以专责成，毋任迫切待命之至。谨呈国务总理 八校校长署名 九月六日"。

"为再呈辞职，恳乞批准，以维教育事：窃校长等前以经费无着，无法维持，一再呈请辞职在案。复奉批令。勉为担任，毋再固辞等因。奉此，校长等苦心维护，已历年所，岂至今日，忽萌退志？无如积欠已阅半年，迭为将伯之呼，不闻若何响应。在校长等虽声嘶力竭，而在不顾大局、任意摧残教育之交通当局，不惜食言而肥；即在责无旁贷、一再声称有心维持教育之大部，亦不过以空言塞责。殊不知无米之炊，其何能济。前此校长等要求至少发给三个月欠费，固非不谅政府之苦衷，亦非已得教职员之同意，且非以此为要求之条件，不过按诸事实，非此不能。积欠半年，而请款三月，校长等委曲求全之苦心，纵不能见谅于政府，自信可以大白于天下。现时开学在即，数千学子求考不能，入学不得，校长等既不忍坐视教育之沦胥，又无法以动政府之观感，惟有再行合词呈请辞职，敬避贤路。破坏教育之责，不独交通当局尸其咎，即在大部，恐亦不得谓为无责也。昨日国务院杨秘书天骥代表总理面称，现时确已筹备一个半月之经费，在未领得三个月费以前，匪惟开学无期，校长等亦绝对不能负责。为此合词呈请迅发积欠，并准辞职，无任迫切待命之至。谨呈教育部总长 八校校长署名 九月六日"。（《北京大学日刊》1922年9月9日）

同日 拟辞北大校长职，委托胡适以教务长名义维持校务。

"三时去看蔡先生，蔡先生说政府允发的一个半月的经费，至今未发，到初十日各校校长不能不坚决辞职出京了。他要我以教务长名义支持下去。我请他明天上午到教务会议去谈谈。"（《胡适日记全集》同日）

9月8日 邀请汤尔和、胡适、蒋梦麟等在东兴楼吃饭，谈话很久。

"蔡先生邀尔和、梦麟、孟和和我到东兴楼吃饭，谈得很久。我戏说，我们不久要送一个议案到教育部，请教育部把一切公文都改用国语，并加标点符号（此为我在国语统一筹备会的提案）。这件事，你（尔和）若肯行，我来帮你做一个月的秘书，何如？尔和说，你若来，我必办；你不来，我必批驳此案。蔡先生说，我们大家作证。尔和说，我二十五年不喝绍兴酒了，今天干此一杯，以为契约。"（《胡适日记全集》同日）

同日 向罗文干(钧任)表示,愿为汤尔和作担保。

"下午四时,到少川家茶会。尔和告诉我说,钧任今天下午又去看蔡先生,说指令可下,但尔和不得翻悔。蔡先生说,'我可以担保'。这也是我昨天一封信之力。"(《胡适日记全集》同日)

9月10日 为教育部出具向银行借款用途证明。

"夜到梦麟家吃饭。客是穆藕初,同座有孑民、亮畴、少川。散席后,我们谈教育经费事,亮畴已筹得十一万元,但一时不能发出,今夜托银行界商借十一万;到十二时,接到电话,说有一家银行已允垫此款,但须教育界保证此款果为教育费。我替蔡先生拟一书,交与亮畴,证明此款为教育费。散时已一点钟了。"(《胡适日记全集》同日)

9月11日 出席北京国立八校校长会议。因经费无着,全体辞职。

"今天上午八校校长会议,多数还是要和学校脱离关系。蔡先生劝阻不住,就全体辞职了。王家驹(法专)、李建勋(北高)主张最力;他们大概还想唱唱戏,我们也只好洗耳等着。"(《胡适日记全集》同日)

同日 发表与北京大学脱离关系启事。

"《蔡元培启事》。自九月十一日起,元培与国立北京大学脱离关系。凡北大一时不能停止之事务,概请蒋梦麟总务长酌量办理,候政府派定继任校长,即由蒋总务长刻期交待。"(北京《晨报》1922年9月13日)

9月14日 会见北大学生挽留校长代表,声明"个人复职问题,自当与校长团取同一行动"。

"北大校长蔡元培……十一日声明与北大脱离关系。北大学生闻此讯后,特于昨日(十四日)上午九时,在北大第三院大礼堂召集全体学生大会,当即推出主席,共同讨论,议决挽留。……所推出之代表二十人,于昨日午后一时,至蔡元培家中,实行挽留。首由学生代表谓,同学闻先生忽然宣告脱离北大关系,不胜惶惑。因北大近年来于国家文化方面,所以有些微之贡献者,人莫不知其为先生之力,而先生忽然宣告脱离关系,其影响于文化前途,殊为重大。又先生为北大全校之领袖,骤然去职,必令学生读书亦将蒙其不利。况先生在校长团中,曾表示个人可以牺牲,校务不能停滞,乃当其他七校校长并未宣言与学校脱离关系之际,而先生忽单独发表与北大脱离关系宣言,此真学生等所大惑不解者也。今日学生全体大会议决结果,一致请先生打消辞意,收回脱离北大关系之宣言,否则将全体来此挽留云云。蔡元培谓,诸君代表同学来此挽留,个人实深感谢。余此次辞职之理由,固因教育经费困难,无从维持,其实余颇欲藉此稍事休息,以研究余所爱好之学术。至于发表脱离关系宣言,并无何种之意义,盖与八校校长之辞职宣言同一性质;且余深信本校之组织,足以维持现状,即余不管事,亦无甚妨碍。又教育经费问题,日内当可解决,断不致使同学长此无书可读云云。学生代表复再三申述同学诚恳挽留之意,坚请蔡取消脱离关系宣言。蔡始终以不便取消为辞,最后鉴于学生代表意思之诚恳,乃谓:(一)脱离关系宣言,无关重要,八校校长辞职问题一旦解决,则此项问题,亦随之而解决。(二)个人复职问题,自当与校长团取同一行动。本政府所发之教育经费,能令其他七校比较满意时,则个人当即复职,学校亦可早日宣告开学。各代表闻蔡氏如此答复,遂亦无言,乃相率告辞而出。"(北京《晨报》1922年9月15日)

同日 与郑锦、邓萃英等联名发起女画家邵碧芳追悼会并联名发表《女画家邵碧芳事略》文。

"女画家邵碧芳于七月十九日,卒于德国医院,停棺于下斜街妙光阁。近其友何建民及其弟继雍为发讣文,定于九月二十三、二十四两日,在北京美术学校开追悼会。同日并开碧芳图画展览会。蔡元培、郑锦、邓萃英等则为之撰事略,叙述其生平。"(北京《晨报》1922年9月14日)

9月15日 与国立各校校长联名致函教育次长汤尔和,申明如政府正式允准发放校长团所提出的最低经费数额,可照旧供职。

"顷闻教育次长汤尔和曾慰留八校校长,惟校长等此次辞职,全系事实问题。事实上经费无着,虽若何慰留,亦难如命。当即联名致函汤氏云,尔和次长大鉴:顷承慰留,并声述筹费经过情形,公谊私交,均极纫感。所有各校困难情状,及不得已要求最低限度三个月费之苦衷,业经当面声明。现奉面允,日内允发足两个月费。按诸事实,仍难维持。惟为顾全国家教育基础起见,不得不于无可如何之中,勉副尊嘱。兹经切实筹商,议定俟政府允发之两个月费完全领到后,其余一个月费,从本日起,请尽一星期内照付。至次长面允中秋节前另发一个半月之款,不在其内。此要求经政府正式允准后,同人等自应照旧供职,否则无法应付,仍不得不求政府及次长之特予原谅也。专此肃陈。敬颂公安。

蔡元培、李建勋、许寿裳、王家驹、俞同奎、周颂声、吴宗栻、郑锦谨启。九月十五日"。(北京《晨报》1922年9月16日)

9月17日 与国立各校校长共同署名致函教育总长、次长,报告八校关于教育部允发经费问题的讨论意见。

"总次长钧鉴:敬启者。昨承次长电告,前函已呈总长阅览,并谓除已筹得两个月费外,其余一个月应发之款,连各校自筹之十一万元在内,尽两星期内照发;并据联席会代表报告,总长面允中秋节前仍应另发一个半月经费云云。当经开会讨论,议决结果如下:

(一)政府拟以各校自筹之十一万元(即各校之九六押款),作为政府发款,是否可行?议决不能承认。仍应作为自筹之款,另行分配用途。

(二)汤次长承认两星期以内除各校自筹之十一万元不计外,准再发半个月费能否承认?议决勉予承认。尽九月三十号以前,必须发出。至王总长、汤次长先后面允中秋节前另发之一个半月,仍应照发。前两次议决经函陈总次长得其复而承认后,再与联席会协商。用特据实胪陈,敬祈查照。在政府虽有为难之处,而在校长等实已委曲求全,无可再行迁就,是否允如所请,即祈见复,毋任企盼。敬颂公安 八校校长署名 九月十七日"。(《北京大学日刊》1922年9月23日)

9月20日 主持召开中华教育改进社董事会议。

"九月二十日上午九时,本社董事在美术学校开会。到会者有董事熊希龄、蔡元培、黄炎培、袁希涛、张伯苓、李建勋、邹秉文(代郭秉文),主任干事陶知行,事务部主任陈容,研究员推士、麦柯尔。由蔡元培主席代表董事部欢迎推士、麦柯尔两先生。……议决事项:(一)本社与国内高等教育机关合设学程办法。(二)通过全国儿童玩具展览会简章。"(《新教育》第5卷第3期)

同日 主持全国学制会议第一次全体会议。

"教育部召集之学制会议,已于昨日上午十点十五分,在教育部会场举行开会式,下午二点三十分开第一次会议。是日之开会式首由筹备员报告,根据会议细则第二条之规定,以本会会员九十八人计算,现已到会五十八人,可以正式开会。当由会员公推蔡元培为临时主席。……略谓:依照开会秩序,本应续请教育总长致开会词。惟王总长已于昨日辞职,不克出署。而昨夜任命之汤尔和总长,现尚未就职,亦不能出席,故此节只好略去。现由本席依照开会秩序,敬致答词。今日本会开会,蒙大总统特派代表出席,并致训词,本会异常感谢。在大总统之意,对于吾国教育,注意因应世界潮流,以谋改更,而期完善,实本会同人所当遵循者也。查吾国学制,实成于元年之临时会议,施行以来,每多窒碍,此教育界同人所深知,无待详言。至去岁以来,尤为显著,故全国教育联合会议开会之际,对于学制,即有详密之讨论。本会之召集,其原因即在此。至本会之目的,则在征集全国教育家之意见及经验,以谋旧制之改善。惟所谓旧制之改善者,乃属于将来发展之问题,故宜注意于将来之若何,始能得一完满结果,至于目下之影响若何,是别一问题,即所谓施行之时期及进行之手续等,皆当别论也。吾人宜本此以为研究,而求勿负召集之苦心及总统之训诲云云。旋由主席签定会员坐次,乃按照开会秩序,互选正副主席。会员投票毕,乃推定邓萃英、汤中等五人为开票员。开票结果:正主席蔡元培三十七票,当选。副主席王家驹三十一票,当选。开票后已十一点十五分,乃由主席宣告散会。"(北京《晨报》1922年9月21日)

同日 应《顺天时报》之访,发表《对于财政问题的谈话》一文。(《顺天时报》同日)

9月21日 北京国立八校校务讨论会发表声明,蔡元培等八校校长,自本日起到校供职。

"敬启者。前因教育经费积欠五个月以上,迭经呼吁,未有效果,除呈请辞职外,曾宣言不负责任。兹已由政府拨给两个月费,并允于本月三十号以前再发半个月。敝会同人为尊重学生学业起见,不得不勉力维持,亟图开学。自本月二十一日起,已照常到校供职。曾蒙各界援助,深用感谢,敬谨声明,并希鉴谅。

蔡元培、许寿裳、李建勋、周颂声、王家驹、吴宗栻、俞同奎、郑锦同启。十一年九月二十一日"。(《北京大学日刊》1922 年 9 月 23 日)

同日 主持全国学制会议第二次、第三次全体大会。

"学制会议之第二次大会,本定于昨日(二十一日)下午两点开始,嗣以会期有限,倘不兼程并进,恐所得效果不多,故特改于昨日上午九时举行,而于下午二时半举行第三次大会。此两次大会中,均继续讨论学校系统案之中等教育段及高等教育段。除昨日讨论未了之:(1) 学校改革系统案。(2) 山西省教育会提拟学制改革系统案。(3) 改革学校系统案。(4) 对于全国教育联合会所议决新学制拟废止第二期小学为八四四制中学案。(5) 江西省教育会对于全国教育联合会所议决新学制系统草案之意见。(6) 请改全国国立高等师范为师范大学案。各案一并讨论。直至第三次会议将闭会时,始将初读完竣,当即组织第一组审查会,由主席蔡元培推定胡敦复、黄炎培、袁希涛、陈启修、程时煃、王义周、经亨颐、杜赓箕、王卓然、戴应观、秦汾、沈步洲、邓萃英、王家驹、李建勋等担任审查。审查会定于今日上午九时开会,而第四次大会则定于今日下午二时半开会云。"(北京《晨报》1922 年 9 月 22 日)

同日 在全国学制会议上的《开幕词》刊出。(北京《晨报》同日)

9月22日 主持全国学制会议第四次全体大会。

"昨日(二十二日)下午二时五十分,学制会议复开第四次全体大会。开会之后,先讨论戴应观提出之'规定大学年限废止高专案',决定交第一组委员会审查。次即讨论:(一) 县市乡教育行政机关组织大纲案。(二) 县教育局组织法草案。(三) 改革县教育行政组织案。(四) 拟改各县劝学所为教育局,局长由教育厅直接委任以杜幸进而资整顿案。各案初读完竣后,决定组织第二组委员会从事审查。当由主席(蔡元培)推定陶行知、张伯苓、王义周、张鹤浦、张树椿、章慰高、吕铸、汤中、陈宝泉、陈任中、许寿裳等担任审查。……嗣又决定今日上午九时,仍开审查会。下午二时三十分续开第二次全体大会云。"(北京《晨报》1922 年 9 月 23 日)

9月23日 主持全国学制会议第五次全体大会。

"昨日(二十三日)下午二时四十五分,学制会议复开第五次全体大会。……五次大会中之讨论情形,大略如下。主席蔡元培:现在正式开会。查今日议事日程,其第一条,即《对于县市乡教育行政机关组织大纲之意见》,提案人已于第四次大会，将其理由大略说明，似无再行说明及讨论之必要，应即交第二组委员会并案审查。现在应即讨论《省区教育机关设立参议会案》。查此案系由教育部交议者，应请教育部司长陈宝泉先生说明。陈宝泉：现在一般之趋势，均希望有表示民意之机关，而本案之精神，亦即在此。查各省之在教育机关设立参议会者，以江西为最早，其次则为江苏。此等参议会之设立，乃以备教育行政机关之咨询，而期教育发达为目的。……"（北京《晨报》1922年9月24日）

同日 与胡适、李大钊、邓中夏、刘仁静等联名发表启事，为陈独秀募集诉讼费。

"启者。陈独秀君为社会教育、思想自由之故被捕案虽了结，而关于讼费及销毁书籍纸版损失，在二千元以上。陈君清贫，同人深悉，遭此厄运其何以堪。凡表同情于社会教育、思想自由及与陈君有旧，愿解囊相助者，希交上海环龙路铭德里二号高君曼；北京希交北京大学图书馆李大钊收转为荷。蔡元培、李石曾、蒋梦麟、胡适、邓中夏、刘仁静、张国焘、高尚德、李大钊、林素园、范鸿劼、黄日葵、蔡和森、缪伯英同启"。（北京《晨报》1922年9月24日）

9月25日 主持民国大学发起人茶话会，讨论筹募办学基金及扩充校务问题。

"民国大学于昨日午后一时，由该校长蔡元培氏召集发起人茶话会，到会者俱为国会议员，有吴景濂、钱崇垲、江天铎、邵瑞、彭赖洁平诸人。关于筹募基金及扩充校务，均有具体讨论，并组织常务董事会，以期共同负责，为大规模之发展云。"（北京《晨报》1922年9月26日）

同日 出席中华教育改进社筹划全国教育经费委员会议。

"九月二十五日下午七时，本社附设筹划全国教育经费委员会开会。到会者蔡元培、顾孟馀、陈宝泉、陈锦涛、袁希涛、罗文幹、汤尔和、邵振青、蒋梦麟、黄炎培、胡适、马寅初、谭熙鸿、张佐汉、刘星涵、王震良、李湘宸、邹秉文、陶知行、陈容等。议决增加教育税部，并推定陈锦涛、顾孟馀、胡适、黄任之、马寅初为教育税部委员。"（《新教育》第5卷第3期）

9月26日 主持全国学制会议第六次全体大会。

"昨日（二十六日）下午二时五十五分，学制会议复开第六次全体大会。……大会中讨论之情形、大略如次。主席蔡元培：现在正式开会，先请第二组委员会报告审查部交《县市乡教育行政机关组织大纲案》之情形。陈宝泉：委员等承大会之委托审查，先后曾开会四次，审查结果，多数以为特别市有另行规定之必要，故将部案分而为二，使县之规定与特别市之规定，各成一案。……主席：赞成原案之规定者举手（多数）。"（北京《晨报》1922年9月27日）

9月28日 主持华北大学开校式。

"二十八日上午十时,华北大学行开校式,王总理因开国务会议,派吴秘书为代表,薛总监派彭处长为代表。此外到者有新闻界邵飘萍、孙九录等。校董理事王式通、三多、高朔、王荫泰、姜绍祖、潘渊、宋绍英、林晓、陈庆其、张维城等,连同学生共约二百数十人。首由校长蔡元培致开校词,次由来宾王总理代表吴南如及邵振青、王献,校董恩华、李觥,理事长樊守忠等相继演说。蔡校长致答谢词,乃摄影,茶点,尽兴而散。"(《新教育》第5卷第4期)

1922年9月,蔡元培出席华北大学开校仪式(二排右六为蔡元培)

同日 主持全国学制会议第七次全体大会。

"昨日(二十八日)下午三时,学制会议复开第七次全体大会,先继续讨论《县教育行政机关组织大纲案》,二读完竣之后,……全案即刻成立。当即讨论《特别市教育行政机关组织大纲案》,除第九条加入'提议关于教育事项'及删去第十一条外,原案均通过。二读于是完竣,并经议决省略三读,故全案亦即成立。当由黄炎培提议于下次全体大会中,首先讨论《学校系统案》,全体表示同意。旋由主席(蔡元培)声明,定于今早九时续开第八次大会。时已五时,遂宣告散会。"(北京《晨报》1922年9月29日)

9月29日 主持全国学制会议第九次全体大会。

"昨日(二十九日)上午十时十五分,学制会议复开第八次全体大会。主席蔡元培因事未到,由副主席王家驹主席,讨论第一组审查委员会提出之《学校系统改革案》,至上午十一时四十五分,始将初等教育段讨论完毕,由主席宣告散会。下午二时四十五分,复开第九次全体大会,由蔡元培主席,继续讨论,对于审查会之提案,略有修改,即全案通过。并由会员等议决省略三读,于是全案成立。嗣又继续讨论第二组审查委员会提出之《省区教育行政机关设立参议会案》及《兴办蒙藏教育办法案》,均已完全成立。遂由主席声明,所有审查会提出各案,均已完全了结,其余会员提出之案,应于明日(即今日)上午九时再一一讨论。"(北京《晨报》1922年9月30日)

9月30日 主持全国学制会议第十次全体大会。

"昨日(三十日)上午十时,学制会议复开第十次全体大会。讨论:(一)现任劝学所长暂停议会选举权案。(二)请教育部组织教材细目编审会案。(三)扩充省县视学员额案。各案均略加修改,决定送交教育部,备其采择。……十一时十五分,复举行闭会式。首由主席(蔡元培)请代理次长邓萃英致闭会词。邓氏致词后,旋由主席致答词。时已十一时四十分,遂撮(摄)影而散。"(北京《晨报》1922年10月1日)

9月 应邀出席苏俄代表越飞宴请。

"……促成一九二二年中山越飞共同宣言的发表,越飞使华系列宁亲自决定,而共同宣言之发表关系建立中苏的联系甚大,指出了外交上正确路线,守常于此事前即南下访孙,做好准备工作,若非守常从中奔走,当时成就恐未必达臻圆满。越飞曾一度邀余夫妇与蔡子民、李守常共饭,但未深谈,当时外交团中人物冷遇俄使,不谈不睬,极难堪。"(吴弱男:《有关李大钊烈士数事》)[①]

同月 批注《教育总长交议案》。(蔡元培先生批注手稿)

10月2日 主持北京大学一九二二年秋季开学典礼,并发表演说。

"《北京大学布告》。本校定于十月二日开学,是日上午九时,教职员及学生务全体齐集第三院大礼堂,行开学礼。此布。十一年九月二十七日"。(《北京大学日刊》1922年9月30日)

"九时,大学开学。蔡先生、我、梦麟略有报告。此外便是新教员的演说。今年新教员的演说是最平庸的了。芮恩施有演说,也是平庸得很。校长请新教员吃饭,饭后客散,我同梦麟与蔡先生谈大学事。"(《胡适日记全集》同日)

"开学,九时至三院大礼堂。天气晴朗。晤沈尹默、沈士远、沈兼士、朱希祖、杨适夷、蔡子民、李石曾,……十二时归。"(《吴虞日记》同日)

10月3日 出席北大评议会,讨论添聘教授及北大教授兼任校外教课钟点限制等议案。会上,对不秉公表决议案者,表示不满。

"九时,开评议会。议及教授兼任他校教课钟点的限制。我提议不得过本校授课钟点二分之一。后经修正为不得过六小时。有几位评议员反对,颇有议论。蔡先生起立,大声发言,面色红涨,很有怒气。他说:'评议会到了今天,不能再反对这件事了。你们要反对,应该在去年三四月间反对。如果我们不实行此案,我们怎样

[①] 北京大学图书馆藏吴弱男:《见闻录》复印件。

对得起因兼任各部事务,而改为讲师的几位教授呢?我们今天只能以评议员资格发言,不应该以私人资格发言!'我认识蔡先生五年了,从来不曾见他如此生气。他实在是看不过贺之才一类的人,故不知不觉的发怒了。后来此案付表决,只有两人不举手。蔡先生事后似悔他的发怒,故后来说话非常和气。"(《胡适日记全集》同日)

"十年度第十次会议。日期:(民国十一年)十月三日。到会者:胡适、马祖荀、何育杰、王星拱、朱锡龄、陈世璋、陶孟和、谭熙鸿、马裕藻、蔡元培、沈士远、贺之才。

一、胡适君提议:本校教授在他校兼课,每周至多不得过六小时。议决:多数同意通过。二、胡适君提议:请组织新建筑金募集委员会,即日开始募款,为下列三项之用:1. 图书馆,2. 大讲堂,3. 宿舍。以上三种建筑,募额五十万元。议决:先组织委员会,定计划,以校长、总务长、教务长、各学系主任、各事务部主任为基本委员,筹议进行。三、议长提出本校添聘王道济、李泰棻、宋春舫为教授,周思忠为体育会导师,均经聘任委员会审查合格,请同意。议决:通过。四、议长提出袁同礼君在美研究图书馆学,延期一年,请同意。议决:通过。"(北京大学评议会记录)

10月5日　应邀出席爱德华的宴请。

"Eswayds(爱德华)因为传教大家,Sherwoodeddy(舍伍德埃迪)来了,邀我们几位不信宗教的人和他吃饭谈谈,蔡先生和我都到了,Eday 谈的是一种极浅薄的实验主义,……远不及杜威一派的谨严。"(《胡适日记全集》同日)

蔡元培先生主持北京大学授予杜威、芮恩施名誉博士学位仪式后留影

10月6日　公布北大评议会议决案,自本学年起,各科各种讲义一律实行收费。

"《北京大学布告》。讲义一律收费,业经本校评议会议决,自本学年起实行。兹将原议决办法宣布如下,以便周知,此布。

一、无论中文、洋文,亦无论铅印、油印,一律每页收费银币半分(一元二百之一)。二、特制讲义券三种(半分、一分、二分),由会计课出售,学生购买讲义券,自银一角起,多少听便。三、无论何科何系学生需用何种讲义,均须按页用讲义券换取。四、每学年终了,学生如有攒余,可向会计课退还原价。五、此项讲义券,专备学生换取单篇讲义之用,不得作为购取他项图书之代价。附讲义券样式三种(略)。"(《北京大学日刊》同日)

同日　在本年秋季开学典礼式的《演说词》刊出。(《北京大学日刊》同日)

10月7日　与胡适、蒋梦麟等13人联名发布通知,请北大师生参加促进裁兵运动。

"全校同人公鉴:国庆日北京学商各界,为促进裁兵起见,举行群众运动。已指定本校为北队出发点。元培等希望全校同人加入北队,特于八日(星期日)午前十时,在第三院大礼堂开会讨论,届期务请教职员诸君及学生诸君全体到会。蔡元培、胡适、蒋梦麟、丁燮林、李煜瀛、谭熙鸿、李四光、李大钊、颜任光、李麟玉、王世杰、沈士远、白雄远同告"。

"学生军诸君公鉴:国庆日裁兵问题之群众运动,已公推本校学生军为北队照料员,特于八日(星期日)午前九时在第三院大礼堂开会讨论,届期务请学生军诸君全体到会。蔡元培、李四光、丁燮林、沈士远、白雄远同启"。(《北京大学日刊》同日)

10月8日　召集全校师生大会,讨论参加北京各界裁兵运动大会事宜。

"十时,蔡先生为裁兵大会事,在第三院召集一个大会,我也有演说。后日北京各界举行裁兵的示威游行。发起人中有林长民等,故人多存观望。我演说中大意说,大家不必怕人利用,下午,应蔡先生之请,把上午的演说写出付印。"(《胡适日记全集》同日)

10月10日　在《晨报双十特刊》发表《到了今日我们对于裁兵问题,还可以没有一种普遍的表示么》一文。(北京《晨报副刊》同日)

同日　主持天安门前国民裁兵运动大会,并发表演说。

"国庆日(十日),国民裁兵运动在天安门前开大会,讲台搭在十字路南面,台上两旁张'裁减兵额救国救民'之白色布旗,中悬国庆日国民裁兵大会一白布横披,四面警察面台而立。台后步军统领衙门派出游击队一排。东西南北四队各按游行路线出发。……全场约有五万人以上,下午四时十五分宣布开会。……次由各军正指挥推定蔡元培为主席。蔡氏登台谓:元培现在当将裁兵之意义及必要,为各位述之。我国今日之穷乏,尽人皆知,而其原因,则岁入大部分用于军费,饱军阀之私囊。想谋治安,必打倒军阀。想打倒军阀,必先裁去为军阀羽翼之士兵。政府中人,虽有主张裁兵奈力量薄弱,不但不能实行,且动辄受挚于军阀。自决之道,为我等国民唯一之责任。不知者,谓国民赤手空拳,焉能与有枪阶级奋斗?其实,国民之精神凝结坚固,大足战胜十万毛瑟。试观各国之革命史,无一不由国民发动。就中国言,其成绩极为显著。袁世凯当国,声势赫耀,洪宪自为,大拂国民心理,群起反抗,卒乃推翻。张勋复辟,国人非之,不数日张勋鼠窜,其势力铲除净尽。迨后安福部横行中国,无人不侧目相视,不久安福竟成历史上之一名词。他如交通系利用军阀,僭窃国柄,国民不予赞同,鸣鼓相攻,今皆销声匿迹。凡此数者,皆我国民积极奋斗严重示威之成功。中国之兵,计统有一百六十余万,为世界各国最多兵额之国家。国中有识之士,亦知兵多害国,兵多病民,倡为裁撤之说,发为议论,载之报章。顾其宣传力不大,不足引起军阀之注意。今日裁兵运动,为全国国民反对兵与军阀之一种表示,亦为国内政治史上破天荒之现象。鼓勇努力,督促政府,使以国民之意思为意思,克日实行。在政府方面,有服从人民意思之义务,人民之主张如何,政府只有采行之权力,并不能有所抵抗。我等人民之权力所在,亦不应自弃其天职。况今日之事,有切肤之利害,国民宜一致奋斗,一方面宣传军阀之死刑,一方面唤醒为军阀奴隶之兵士。政府若不屡行我国民之意思,则为政府背叛国民,国民为驱除公敌计,当毅下最后之决心,推倒此讨好军阀之政府。此为生死关头,权力所在,加入运动之诸君,须一致努力,一致奋斗。至裁兵之方法请丁慕韩(锦)先生讲演。"(北京《晨报》1922年10月12日)

同日 与北大学生共同发起组织"北京大学同学会"。

"北大为全国最高学府,开办迄今,二十余年,四方来学者,日益以众。现时人数,将达三千,可谓极一时之盛矣。夫以济济多士,萃集一堂,研究学术,砥砺德业,本互助之精神,作他山之攻错,彼此情谊,实有联结之必要。无如时会迁流,先后既难接洽,精神涣散,新旧每多隔阂。萍水相逢,各不相识,名虽同学,实同路人。精神既不贯注,形势全同散沙。此诚我北大同学之一大恨事也。同人等有感于此,爰拟联合在校与毕业同学,暨教职员诸君组织一北大同学会,以为永久机关,借谋北大前途之发展。兹将组织要旨分述如左(下):

(一)联络感情。北大团体甚多,或以同乡为基础,而有同乡之组织;或以学术事业为基础,而有各团体之活动。然皆局于一部,并非以全体同学之利益、北大前途之发展为标准,而为共同之组织及计划也。甚或各团体间,常少调和之精神;而在校同学与毕业同学、暨教职员间,悬隔尤甚,误会滋多。此为联络感情贯注精神计,不可不组织同学会。

(二)提携事业。我校毕业同学,出外服务,恒不用违其长;亦或怀才莫展。加上社会上恶性势力之压迫,坏习惯之熏染,亦间有神抑气沮因而堕落者。如有同学会之组织,则举凡关于职务上之介绍,事业上之互助,在[在]有强大之助力以为之后盾矣。此又同学会所以有组织之必要也。

(三)改进校务。北大之留学海外者,现已在各地方组织同学会;对于报告校闻,协助校友及本校;图书馆捐款之募集,均已积极进行;而国内乃尚无何等组织,以为海外同学会之大本营。对于本校之改良建设,如图书馆基金之募集,校舍之迁移,以及教授上、训育上之改进,均尚未有共同努力之表示。若能合全体同学与教职员而为有系统之组织,以尽力于本校,则本校前途之发展,必且无量。此亦同学会之不可不速为组织者也。

（四）服务社会。学校为社会之模范,文化之中心。无论对何种问题,直接间接,均能发生最大之影响,五四运动,其明证也。惟北大学生会,则早已无形消灭;凡有关于社会方面之运动,无非临时纠合,权为应付,长此因循,将何以应时变而杜纷纭？且北大同学,服务社会者,日见其多;将来对于社会之改良,实有莫大之关系。此为服务社会计,而同学会之组织,更不容缓也。

综上数端,可见北大同学会实有组织之必要。惟兹事体大,非少数人之能力所可将事。用特建议于全体同学与教职诸君之前,征求同意。凡赞成组织北大同学会者,请即于各斋院号房签名,公同发起,定期开筹备会议,筹商进行,俾克早日成立,是所祷盼。发起人蔡元培及本校同学。"（《北京大学日刊》同日）

10月12日 被举为国民裁兵运动团体代表之一,向府院国会递交请愿书。

"前日（十日）裁兵运动各团体联席会议,在石达子庙开会,讨论向府院国会呈递裁兵请愿书事件,结果公推蔡元培、周长宪、郭春涛三人为各团体代表,向政府请求及时组织裁兵临时委员会,以为裁兵之预备。兹闻该代表等于昨日（十二日）午前十时先至集灵囿请谒总理,当由王宠惠接见,与各代表一一握手毕。首由蔡元培发言,略谓:国庆日国民裁兵运动,团体参加者计八十六个,约五六万人,一致主张请政府即日裁兵。昨日各团体复开联席会议,议决要求政府从速组织临时委员会,筹备裁兵事宜。至此项委员会之组织,拟请政府指派委员若干人,与各团体所推举之代表,共同组织之。我等特代表众意,向总理请愿,总理为发起裁兵促进会之人,对此当无不赞同之理,望速提出阁议议决施行云云。遂将请愿书递交总理。"（北京《晨报》1922年10月13日）

同日 《在国民裁兵运动大会演说词》发表。（北京《晨报》同日）

10月14日 开始在北大哲学系讲授美学课程。

"《注册部布告》。蔡校长担任之哲学系美学课,原系每周两小时,现改为一小时,一年授毕。由星期六（即十月十四日）起开始授课,时间为午后二时至三时。在第一院第二教室。"（《北京大学日刊》同日）

蔡元培先生自述在北大讲授美学课,事在"十年",有十余次,因足疾住院停止。①

---

① 此处谓事在"十年"似有误。

"我本来很注意于美育的,北大有美学及美术史教课,除中国美术史由叶浩吾君讲授外,没有人肯讲美学。十年,我讲了十余次,因足疾进医院停止。"(《我在北京大学的经历》)

蒋复璁回忆说,蔡先生在北大授美学课,只有两个月,后因其出国而停止。

"我在北大听蔡先生教课,只有两个月。蔡先生在北大授课,除了译学馆不算,恐怕也就这两个月。他教的是美学,声浪不很高,可是很清晰。讲到外国美术的时候,还带图画给我们看,所以吾们听的很有味,把第一院的第二教室完全挤满了。……于是没有法子,搬到第二院的大讲堂,……所可惜的,美学搬到大讲堂不久,蔡先生出国去了,吾们的美学没有听完,可是那个时候的盛况宛在目前。"(蒋复璁:《追忆蔡先生》)①

同日 与林长民、邓仲夏等为北京72团体代表,同往总统府、国务院请愿废止治安警察条例。

"北京七十二团体代表蔡元培、林长民、邓仲澥、毛一鸣,为请愿废止治安警察条例,于昨日上午十时,晋见府院当局。先至国务院,因王总理辞职未到院,当晤院秘书吴南如,呈递请愿书,并由林长民说明来意。……言毕,代表等即兴辞而去。继至总统府,总统当即延见。首由林长民说明来意,极言此条例之为害。总统谓该条例于人民之自由权委实有妨,诸君代表各团体请愿废止,余极表赞成。继问该条例内容如何,比由邓仲澥出一纸,盖撮录治安警察条例重要条文者。……最后谈及女子参政问题,总统谓女子此时程度尚低,似不足语参政。蔡元培当谓女子参政问题,不宜问程度够不够,宜问此事该不该。如果女子应参政,自当予以参政权,即使程度有不足,则教育未始不足以补救之,万不能因今日女子之程度不够,而此权利即可斩而不予也。"(北京《晨报》1922年10月15日)

10月15日 为"陈冲事",属谷源瑞函复私立北京笃志女子中学。

"源瑞兄:陈冲事,似可先复一函于笃志女学校,告以学生名册中并无此人,但为何人化名,正在查考云云。尊意如何?……元培敬启 十五日"。(《复谷源瑞函》同日)

10月17日 对朱希祖(逖先)、王世杰(雪艇)等十教授提出将所征收的讲义费,用于购置学生各种参考书的建议,表示赞成。

"逖先、雪艇、士远、巽甫、兼士、润章、鲤生诸先生公鉴:奉惠书,提以所收讲义费尽数拨归图书馆,供买学生各种参考书籍之用,甚善、甚善!谨当照行。此次征收讲义费,一方面为学生持有讲义,往往有听讲时全不注意,及平日全不用功,但于考试时急读讲义等流弊,故特令费用己出,以示限制。一方面则因购书无费,于讲

---

① 载蔡元培研究会编:《蔡元培纪念集》。

义未废以前,即以所收讲义费为补助购书之款。至所以印成小券,不照他校之规定每学期讲义费若干者,取其有购否自由之方便。彼等若能笔记,尽可舍讲义而不购也。……蔡元培敬启 十月十七日"。(《北京大学日刊》1922年10月18日)

同日 为中华职业教育社征求会员。

"敬启者。中华职业教育社本届第六年度征求会员,曾委托元培担任。本校同人,热心提倡职业教育,或有志研究职业教育者,谅不乏人。如志愿入社者,请于本月内将入社愿书及岁费,交至本校总务科苏君甲荣处,以便汇缴该社。蔡元培启 十月十七日"。(《北京大学日刊》同日)

10月18日 连日来,有少数学生因反对征收讲义费,对教职员谩骂、恫吓,破坏校纪,于此深感痛心,迫不获已,提出辞职。

"呈为呈请辞职迅予派员接替事。窃元培自任北京大学校长以来,六年于兹。时值政局不靖社会骚动之际,影响及于学校。菲材重任,时虞陨越。然犹勉强支持者,以移风易俗,非教育不为功。近年来,以多数职教员之助力,对于整饬校风、提高程度等项,正在积极进行。上届评议会开会议决,以本校经费支绌,此后所发讲义,须一律征费,以备购买参考书籍之用。乃一部分学生不加谅解,起而反对。经元培一再明白解释,该生等一概置诸不理。本月十七日下午,有学生数十人群拥至会计课,对于职员肆口谩骂,并加恫吓。及元培闻风到校,该生等业已散去。十八日晨,复有学生数十人,群拥至校长室,要求立将讲义费废止,复经详为解释,而该生等始终不受理喻。复有教职员多人出而劝解,该生等威迫狂号,秩序荡然。此种越轨举动,出于全国最高学府之学生,殊可惋惜。废置讲义费之事甚小,而破坏学校纪律之事实大,涓涓之水,将成江河,风气所至,将使全国学校共受其祸。言念及此,实为痛心。此皆由元培等平日训练无方,良深愧惭。长此以往,将愈增元培罪戾。迫不获已,惟有恳请辞职,迅予批准,并克日派员接替,不胜迫切待命之至。谨呈大总统、教育总长。北京大学校长蔡"。(《北京大学日刊》1922年10月19日)

胡适先生关于是日北大讲义费风潮的记述。

"孟馀为当日在场解围之人,谈此事很清楚。蔡先生辞呈中说此事只有数十人,其实当日为首者虽只几十人,而附和者实有几百人;其中虽有多数是看热闹的,然大家拥挤不肯走散,遂使当日秩序大乱。孟馀从第三院赶来,签字担任讲义费事,大家方才散去。(蔡先生已允签字,说三日内不收费,如评议会议决仍须收费,则此三日的费,由他担任。学生仍不散去,定要他答应立即废止。蔡先生大怒,遂把字条撕了。)孟馀不知蔡先生担任的只是三日的费,遂答应签字,允为提出评议会。如评议会仍须征费,则以后的讲义费由孟馀担任。"(《胡适日记全集》同日)

北京《晨报》关于是日讲义费风潮的报道。

"北大学生为反对征收讲义费,于前昨两日在该校第三院大礼堂开会,与会者数十人。查该校征收讲义费，为本学期新制，由学校发行讲义券三种，学生持券即可向各科换取讲义。该校学生不服，乃议决推举代表李去非、石毓松向校长要求，一面此数十人仍在校长室门外喧闹，并有打破会计课门户等情事。校长及总务长等见学生来势凶猛，出而阻止。代理教务长顾孟馀见劝阻无效，乃谓此系评议会议决之件，后天为评议会常会之期，当交该会复议，此三日暂不收费。学生不允，顾乃谓学生曰：如后日评议会不予通过，此费当由我负责。学生仍不允，必欲顾签字，顾不得已乃照前意书条签字其上，学生数十人遂持条而去。校长一时气愤异常，谓吾辈为学校为学生费去多少心血，而学生竟如此不明事理，遂即电教育部辞职。教育总长汤尔和复电慰留。蔡则以为此系教育界重大问题，少数学生举动狂悖尤属可原，而大多数所谓驯良学生竟似隔岸观火，无正式之组织出为制裁。全国淹淹莫不如此，殊令办学者万分灰心。苟无此严重之表示，那牺牲一校亦所不惜，使所谓驯良学生者不有万一之觉悟，则后此教育前途不堪设想。"（北京《晨报》1922年10月19日）

北京《晨报》有消息谓，是日北大少数学生所以甘心捣乱，实因帝制余孽杨某暗中排动。

"此次北大数学生所以甘心捣乱，实因帝制余孽杨某因谋教长计划，为北大所反对，积憾于北京大学，故谋藉少数暴动分子，以快其私。北大学生开会时，曾有人报告此项消息，而在北大附近发布之传单，亦多有道及此者。始志之，以待证实。"（北京《晨报》1922年10月20日）

10月19日 总务长蒋梦麟、庶务部主任沈士远等相率辞职。

"北京大学学生因要求废止征收讲义费，于前日拥至校长室大肆咆哮，且有种种不可理喻之举动，而对于该校职员又肆口谩骂，并加恫吓。校长蔡元培鉴于如此蛮横之举动，竟出诸我国最高学府之北京大学学生，深为灰心。故昨日已向教育当局提出辞呈，态度极为坚决。而总务长蒋梦麟、庶务部主任沈士远、图书部主任李守常、出版部主任李辛白等亦相率辞职。……"（《京报》1922年10月20日）

10月20日 在自宅会见北大学生"挽留"代表。表示如确知大多数同学未参与十八日越轨行动，可以复职。

"北京大学风潮，由昨日各方面之情形观之，一二日内当可完全解决。前日该校学生派出代表八人，赴蔡元培私宅当面挽留。蔡氏向代表宣布，谓如能确知大多数同学并未参加而且否认十八日之暴动，并有维护学校之决心，则余复职回校、自不成问题等语。"（北京《晨报》1922年10月22日）

同日 在自宅宴请胡适、顾孟馀吃饭。

"我到蔡先生家吃饭，孟馀也在，谈了很久。教务处书记陈政有电话来，说学生干事会明天八点钟开会，要我出席演说，我答应了。"（《胡适日记全集》同日）

同日 复函刘海粟,为美术专门学校立案事请再上一催促之文,并请在上海群益书社代购画片。

"海粟先生大鉴:前奉两函,久未奉答为歉。美专立案事,已向教部查过,尚可转圜,但须校中再上一催促之呈文,或可设法,请速预备。……弟蔡元培敬启 十月二十日

再,群益书社出售德国人所印画片,弟欲为北大购入若干张,以备讲美学时展览之用。彼有大幅、中幅、小幅三种,拟以中幅为限。……其总价以二百元为限。敬请先生代为选定。如先生无暇,请先生转托一位选定后,即由群益寄京,弟以款直汇群益也。渎神至感。元培再启"。(《复刘海粟函》同日)

10月22日 致《京报》记者邵飘萍函,申明北京大学征收讲义费情由。

"本报对于此次各校风潮,曾在评坛中表示一二意见,蔡子民先生阅报后,曾致本报邵飘萍记者一函。今将此函一部发表,虽未得蔡先生同意,但本报以为不妨披露也。该函如下:

(上略)征收讲义费,不如尽废讲义,及财政完全公开等,诸承指教,甚所赞同。所谓讲义费者,并非如私立学校强迫学生每年纳若干元,因北大废止讲义之计划,已于三年前提出,徒以一部分意见上之未一致未能完全执行。然理科本不用讲义,文科及政治经济各系亦有由学生笔记不发讲义者,所以此次之讲义费,乃用邮票式,由会计科发售,每日可持此票换讲义。不需讲义者,竟可不花一钱。即所受之课有若干种,需讲义者亦可斟酌轻重或购或不购,实在无力购此者,可勉强笔记,或借同学所购者节录之,似乎体谅学生已极周到。弟如回校则仍拟向从前所定进步的方针进行。至校中财政公开一节,在北大亦已议论多日,一则因国立学校经费领自政府,今对于政府所设之审计院每月均送清册矣。校中现行教授制由教授所组织者,事前有预算委员会,事后有审计委员会,均可详细检核,无所谓不公开也。若学生则合全体之学费宿费等计之,仅占全部校费十五分之一,故不应有权监督。三则校费之分配,从前教职员薪俸所占数太多,设备费太少,又各系各部设备费亦不甚平均。拟定一新计划,除每年预算决算外,并为每月之预决算,并于全校预决算外,为每系每部之预决算,实行无碍而公布之,以备他校之参考。故先曾交预算委员会先为计划,至今尚未规定也。有此诸因,所以一时尚说不到公布,若将来有即日公布之必要,则现成之决算抄登《日刊》,亦甚易也。尊意如何,尚祈时时赐教(下略)。"(《京报》1922年10月23日)

10月23日 列席教育部新学制案座谈会。

"二时,到教育部。为新学制案,尔和召集部中科长以上谈话会,邀观澜、任之和我出席,又邀学制会议正副主席蔡先生及王家驹列席。"(《胡适日记全集》同日)

同日 敦劝蒋梦麟、沈士远、李大钊等人一同复职。

"到六味斋,蔡先生请吃饭。席上是梦麟、士远、守常、辛白、汉叔诸人,都是辞职的。蔡先生劝他们一齐复职,因为今天下午四时评议会(我没有到)认学生签名为满意(据北京《晨报》同月二十二日载:北大学生挽留校长临时干事会二十一日议决,请未参加并不承认十八日越轨行动同学,在斋房签名。至二十一日晚六时止,'正式签名者前后达二千余人,该校全体学生不满三千人'。表明大多数同学有爱护学校的决心。),推举代表五人去请校长复职,校长已允了。"(《胡适日记全集》同日)

10月24日 宣布复职,到校视事。

"北大校长蔡元培前因该校一部分学生之暴动,于十八日呈请教部辞职。嗣经全体学生一致挽留,并由学生签名声明未参加且不认十八日之暴动。蔡氏因既确知此次暴动,乃系极少数学生所为,与大多数学生无关,遂于昨日宣言复职,到校视事,并定于今日下午四时,在该校第三院大礼堂召集全体教职员学生开会。学生方面拟日内开全体大会,欢迎蔡氏,嗣以蔡氏发令召集大会,欢迎会无举行之必要,遂决于今日在大会中,由挽留校长干事会报告经过情形,并结束一切。北大风潮至此已完全解决矣。"(北京《晨报》1922年10月25日)

同日 发布回校视事启事,并敦请各辞职教职员复职。

"《蔡元培启事》。辞职教职员诸先生公鉴:十八日因少数学生暴动,元培辞职离校,诸先生亦同日辞职,然仍照常维持校务,使全校学生不致因而荒业,感荷热诚,岂惟元培一人。但元培辞职之呈,政府既坚决退回,而学生中,除最少数者外,均已照评议会提出办法签名声明,对于暴动,实不赞成;并以全体名义致函元培及诸先生,申述诚恳挽留之意。元培对于大多数之学生,不忍恝然置之。谅诸先生亦同此意。元培现已同意回校视事,敬请诸先生亦即取消辞意,俾全校恢复原状,不胜企祷。十一年十月二十四日"。(《北京大学日刊》1922年10月25日)

10月25日 取消辞意,回校视事,本日下午主持全校师生大会并有演说。

"本月二十五日午后四时,在第三院大礼堂开会,请教职员诸君、学生诸君全体到会。"(《北京大学日刊》同日)

"北大蔡校长因政府坚决退回辞呈,并大多数学生恳切之挽留,已于二十四号回校视事。日昨又在该校召集一教职员学生全体大会,彼此推诚相见。首由蔡校长演说,大意谓少数人之精力有限,总希全校人员同心协力以进,盖欲维持社会之存在。虽在社会中之意见分有两派,不妨随时相告,用合理之研究,以定取舍。再现时学校之风潮大都感于外界刺激而起,如在前清时各校学生感于专制政府之威力,发生革命之思想,遂引用于学校中,以为办事人员皆公仆,惟学生乃主人,稍不适意,即将学校认为革命之试验地矣。今之学生亦认为学校与国家同。其实却大不然。如国家费用皆来自人民之税赋,学校则仅学宿费一部分来自学生,且人民终身不能离开国家,学生毕业后大部分不能不离开学校,故绝不能以国民之责任在学校中试验之。故从兹以后,第一同人须有浓厚之感情,俾协力而前进。第二须有冷静之头脑,俾免受外面之刺激。……此外尚有学生多人演说,五时余始散。"(《京报》1922年10月26日)

10月26日 通知《文艺季刊》编辑员交稿。

"文艺季刊编辑员诸先生公鉴:本季刊亟待出版,诸先生所担任之稿件,请准于十一月三十日以前交下,俾得编妥付印,不胜企祷。蔡元培启"。(《北京大学日刊》同日)

同日 与胡适、丁燮林(巽甫)同去挽留颜任光。

"午后蔡先生打电话来说,颜任光辞职了。他要我同去与巽甫、仲揆们商量留他的办法。我到那里,才知道任光为了梦麟昨天演说里有一句'管仪器的颜先生俏皮一点,把两万块钱拿来了',大生气,竟至辞职。"(《胡适日记全集》同日)

同日 《在北京大学十月二十五日大会上的演说词》刊出。(《北京大学日刊》同日)

10月27日 出席在顾维钧宅召开的欧美同学会茶话会。

"四时,顾宅茶会。亮畴、钧任又大发牢骚,到处骂人。大家都不满意。最后蔡先生起来说,我提议这个茶话今天以后,不继续开会了。就是要开,也须等王(宠惠)、罗(文幹)等,几位出了阁之后。"(《胡适日记全集》同日)

10月28日 与北京国立各校校长、京师学务局长联名公呈大总统、国务总理、教育总长文,谓关税值百抽五为教育经费来源案,近期即将实行,请饬各有关部门至期遵照执行。

"为呈请事。窃元培等前以教育经费无确实来源,请于实行值百抽五之关税项下指拨,曾经国务会议通过,并由大总统二千八百四十号指令,准如所拟办理在案。嗣奉教育部、钧部第二一二号令开,准财政部函复情形并函达外交部,请切实向外交团商洽。自本年关税实行值百抽五之日起,法总税务司将教育经费每月二十九万元,按月拨支教育部本部外,合即令行知照,等因奉此,具征维持教育之诚意,毋任钦感。兹闻实行之期,已定于十二月一日开始。教职员联席会议函促进行,刻不容缓。由特合词呈请,伏乞饬部钧部至期遵照实行,俾教育经费得以巩固,不致时起纠纷。迫切陈词,毋任屏营待命之至。谨呈大总统、国务总理、教育部总长。八校校长,京师学务局长公呈 十月二十八日"。(《北京大学日刊》1922年10月31日)

10月31日 出席中国天文学会成立会,并有演说。

"中国天文学会于日昨假中央观象台开成立会。到者约百人。汤尔和、马叙伦及北大校长蔡元培等亦均与会。公推高鲁为临时主席。首由主席宣布开会宗旨,并报告筹备经过情形,嗣由汤尔和致祝词。次蔡元培演说,略谓:吾国人研究天文最早,彼时虽不免有种种迷信之谈,但根据此种神话,可知古人对于天文之注意,甚望天文学会诸同人,利用一般之神话观念,启之以科学知识,由神话观念而转入科学观念。次金绍清演说,……言毕,并提出会章,请共同讨论,当即通过。"(北京《晨报》1922年11月1日)

同日 通知吴子昌到校长室取书。

"吴子昌君鉴:尊著《大同音韵学》,曾送第二寄宿舍,知已移寓。现存校长室,请来取。蔡元培"。(《北京大学日刊》同日)

10月 为孙国章编《世界语高等文典》作序。

"民国六年夏,余为北京大学聘请孙荪仲先生担任世界语讲席。当时学者数十人,自后逐年增加,今则已分为若干班,一班有多至百人以上者。北大如此,他校亦相继加入此项课程。但每向北大购取教本,殊不能为多数之供给。爰请孙先生以历年所用讲义,辑成专书,颜曰《世界语高等文典》,供普通中等以上学校教科之用。他日各师范学校能实行上年教育联合会所议决师范学校加入世界语课程一案,则将来人才辈出,或由师范生更编辑各种小学用书;高等文典一变而为初等文法书,是尤余等所希望者也。

中华民国十一年十月 序于北京大学 蔡元培"。(孙国章编《世界语高等文典》商务印书馆1922年出版)

同月 所撰《中华教育改进社第一次年会日刊发刊词》《中华教育改进社第一次年会开幕词》《中华教育改进社第一次年会报告叙》刊出。(《新教育》第5卷第3期)

11月3日 公布北京大学评议会本届评议员选举结果。

"《校长启事》。本校本届评议员选举已于昨日下午四时一刻在第二院大讲堂当众开票,计收到选举票共五十八张。兹记其结果如下:谭熙鸿、王星拱、胡适、顾孟馀、李四光、陶履恭、马裕藻、陈启修、丁燮林、李煜瀛、李大钊、朱希祖、冯祖荀。以上十三人当选。"(《北京大学日刊》1922年11月4日)

11月4日 被推为废除治安警察条例第二次到总统府请愿代表之一。

"月前京师七十余团体以治安警察条例妨害人民自由,与共和国精神根本背驰,曾推举代表四人进谒府院,要求将该法废止,后阅报载国务会议议决,仅交内务部修改,各团体对于政府此类搪塞办法异常愤激,于前月二十九日在北大第二院开联席会议,讨论对付办法,当场议决数项,并推定蔡元培、林长民、毛一鸣、郭春涛四人为第二次请愿代表。昨日该代表蔡元培、郭春涛两人(林长民、毛一鸣因事未到),至国务院请愿,因总理未到,由梁秘书出面接见,首由蔡元培说明来意及该条例种种弊害,与要求废止之理由,并面递呈文一纸。"(《申报》1922年11月6日)

11月5日 出席北京大学化学会成立会,并发表演说。

"十一月五日晨九时,北大化学会在第二院大讲堂开成立大会。会员及来宾到者五十余人。首由韩君觉民报告开会及经过情形。他说:今日本会开成立大会,蒙蔡先生、蒋先生、陈先生及诸位教授到会指教,我们极表欢迎。本会宗旨是本共同研究精神,促求真理的兴趣,以谋中国化学的进步。……韩君报告毕,主席请校长演说。……"(《北京大学日刊》1922年11月10日)

同日 与蒋维乔、庄俞等联名介绍恽铁樵印行薛福辰批点的影宋版《内经》。

"吾国医学,可谓衰落已极。然不能归咎于学术。盖盛衰为人才问题。至中国医学是否有不可磨灭之处,当于学术本身研究之。恽铁樵君发愿印行善本《内经》,附以《群经见智录》,阐发秘奥,是从吾国医学根本上讨论,关系匪细。同人审其《内经》,为明覆宋版,今摄影精印,确与原宋本无异,良为可喜。然是书价值,尤在薛福辰氏之批点,恽氏之《群经见智录》及定价之廉。不谋利而谋普及,固不仅以宋版见重也。至其纸张、印刷、装订之精良,朱色圈点,眉批之可爱,均为寻常影宋所不及,诚有目共赏之书也。

蔡元培 蒋维乔 庄俞 赵晋卿 缪子彬 严独鹤 王纯银敬启"(《申报》同日)

11月6日 与北京国立各校校长、京师学务局长联名复函教育部,前请将九六债票仍复换回盐余国库券事,不再进行。

"敬启者。奉贵部第四○九号函开,前据来函拟将前换九六债票,仍复换回盐余国库券,业经函准财政部照办,并于八月二十六日函达贵会,迄未见复。此项债票亟应换回盐余〔国〕库券,用特函达贵会,将前领九六债票,从速送部,以便办理等因。奉此,查前请将所换九六债票,仍复换回盐余国库券,系为商订押款起见。前准财政部函开,每月放回盐余款项,早已不敷支配上项库券。拟向六国银公司押款办法,由部署声明一节,事实上恐难办到,等因到校,既系部署不能确切负责到期有效,并准抵押之声明,则前请以九六债票仍复换回盐余国库券,自应作为罢论。相应函复贵部,即希查核办理是荷。此致教育部。八校校长,学务局长署名。十一月六日"。(《北京大学日刊》1922年11月10日)

11月7日 主持召开北京大学评议会十一年度第一次常会,讨论通过全校各系分组组织等议案。

"日期:(民国十一年)十一月七日。到会者:李仲揆、李煜瀛、朱希祖、冯祖荀、胡适、王星拱、马裕藻、陈启修、蔡元培、谭熙鸿、丁燮林。

一、推举谭熙鸿为本会书记。通过。二、本校各系分组组织案。蔡校长报告分组案之理由。李四光报告分系组织于(一)学课有不妥。(二)管理上有不方便。组的组织,可免集权上各种害处。胡:关于组的问题,以前即有意见,以为:(一)分组可以打通各系。(二)组织委员会讨论组织问题。如甲:关于组织方面。乙、关于职权方面。陈惺农：除学务外，关于事务上，本案使有人担任各组专责，甚赞同。但关于学务，应另组织。王星拱：请以胡先生所讲者作为本案修正案，并希望扩充胡提案，加入事务，其修正字样，由相关各系联合组织委员会，各委员会推人加入财务委员会。胡：由这次评议会推五人作起草委员，把关于本案有关各条整理后，发交各评议员，先行详细审查后，再行讨论。李四光：请改本会承认本校相关各学系为谋教务及事务上便利起见，应有联合之组织。胡适附议。通过。胡提议：由主席推定委员五人，根据上列议决案，拟一分组组织法草案，印送各评议员，下次开会时提出讨论议决。马幼渔附议。议决：通过。三、财务委员会及财务主任案。蔡先生报告提案理由。丁：各委员会无改变之必要。李：应加财务扩充筹划等事。胡：财务委员会职责项下，加筹划扩充经费。丁：先议财务主任事，财务委员会以后再与其他各委员会通盘合议。众赞同。通过。胡提：修正财务部组织大纲。王星拱附议。通过。四、谭提校中事务改良案。本校机关繁多，事务纷杂，不加以切实整顿及管理，势难得办事之实效。兹为改进起见，敬提办法如左（下）：校长室改组。校长对于学校为负完全责任之人，关于校中一切事务，皆应有所接洽，并督促进行。校长秘书人数，因有增加之必要，最好设为三人，所应分任职务，草拟如下：1. 承校长命掌理各机关报告案件，接洽及分配各机关应行事宜，并督促其进行。2. 专管校长往来中文信件，并得承校长委托，代表出外接洽事务。3. 专管校长往来西文信件，并招待外宾。议决：由校长办理。五、讲义费案。蔡校长：请改原案或修正。胡：可改之理由：（一）负担太重。（二）以前通过，未经预备即实行。（三）印刷不佳。陈：此事即有风潮，若改恐于学校纪律有碍。丁：同意上面的意见。胡：风潮已有过，讲义费不必讨论。李：最好废止讲义，改出丛书。马报告：学生不愿改讲义成书，因不愿出款。胡提议：组织委员会筹划废止讲义事。办法：（一）调查讲义实情，能成书者成书。（二）未能成书者，得发大纲。（三）本学年内，暂不纳费。陈：本案既经评议会议决，应否重议？蔡：（一）由教务处妥筹实行废止讲义办法。（二）于实行废止讲义之前，讲义费事由总务处妥筹暂时办法。蔡提议：评议会维持原案。冯附议。……"（北京大学评议会记录）

同日 出席俄国革命五周年纪念会，并有演说。

"昨日为欧俄革命五周年纪念之日，俄国全权〔代表〕越飞氏特宴中国新闻界及教育界，到会者六十余人。越飞本人因病未愈，特请新自莫斯科来京之敌德夫代表，用俄语致词。……次由王家襄、吴莲伯二位演说。""最后由蔡元培演说，谓本人系办教育的，若就过去革命史事观之，凡一种革命多起于由不平而使其平之一点观念。往日法国革命因在解决政治上不平，今次俄国革命则在解决经济上、教育上不平，可使无钱的工人、农民，都得入大学，此则极可庆幸之事，而相信由此以后，世界上必发生极大变化。今谨举杯酒，祝劳农俄国万岁，越飞先生及贵代表及诸位健

康。"(北京《晨报》1922年11月8日)

同日 通知谭熙鸿、王星拱等13人出席评议会第一次会议。

"○○先生大鉴:径启者。本月三日选举之结果,先生当选为评议员。兹定于本月七日午后四时,在第一院接待室开评议会,届期务请莅会。……蔡元培敬启 十一月四日

文牍课照缮十三份,即送新被选各评议员。"(北京大学档案)

11月8日 为广东省文昌县中学招聘教员。

"顷得海口来电,北大蔡校长鉴:文昌县中学缺数理教员一名,钟点三十,月薪现洋九十,川资酌补,求代聘。速到。学生符子遴、陆达节。世。本校同人如有适宜之学者,可以介绍,请于一星期内函告校长室。蔡元培启"。(《北京大学日刊》同日)

同日 报送召开世界语大会通知。

"敬启者:本年国际世界语大会在日内瓦开会,除通过中国教育部代表等提议组织一大规模的国际世界语编译会一案外,又议决请各国采为国际辅助语并加入小学。此议似于我国儿童未读他种外国语之前,先读世界语,最为适当。际此未实行以前,对于吾国上届教育联合会议决师范学校加入世界语一案,其实施方法亟待讨论。现定阳历十二月十五日在京开会,除呈报教育部外,敬请贵厅提出意见或派员列席,无任欢迎。……国立北京大学世界语研究会 蔡元培、孙国璋。庚。"(北京大学档案)

11月10日 出席北京美校改为美术专门学校典礼式,并有演说。

"昨日(十日)下午一时,北京美术专门学校举行庆祝实施专门制度典礼。教育总长汤尔和氏,参事、司长等,七校校长蔡元培等,计五十余人均到。二时,齐集大礼堂开会。首由来宾及教职员、学生向国旗行鞠躬礼,次即唱《卿云歌》,然后由校长郑锦登台简单报告经过毕,即由汤尔和致训词。……次由北大校长蔡元培氏演说,谓美术学校现改为专门,望顾名思义,以后逐渐改良进步,以为国家美术之模范,尤须注重雕刻,以增进绘画之能力云。"(北京《晨报》1922年11月11日)

同日 在北京大学化学会成立会的《演说词》刊出。(《北京大学日刊》同日)

11月14日 应邀出席北京大学职员校务协进会成立会,并有演说。

"本校职员校务协进会于本月十四日下午四时,在第三院第二十一教室开成立大会,并柬请校长、总务长、教务长及各部主任莅会旁听。届时会员出席者六十五人,已占全体五分之四,校长及注册部主任罗东里先生、出版部李辛白先生亦先后到会。……主席宣告今日大会即为本会成立会。继讨论会章,会员发表意见颇多,于第一、第三、第六、第七各条,均有增改,余照原案通过。次请校长演说、李辛白先生演说。……"(《北京大学日刊》1922年11月17日)

同日　为湖南工业专门学校招聘教员。

"湖南公立工业专门学校现需教员三人,条件如左(下):

学科	每星期教授时间	月俸	开约期限
物理学	二十四	二百元	二年
机械	二十四	三百元	二年
英文	二十六	二百元	二年

本校同人,如有可为介绍者,请于一星期内函告校长室。蔡元培启"。(《北京大学日刊》同日)

同日　为广西北流县立中学校招聘教员。

"元培顷接广西北流县立中学校梁校长函,属访聘英文教员一人,本校同人有可为介绍者,请于一星期内函告校长室。条件列左(下):

……四、资格:国立北京大学英语系本科毕业或北京高师英语部毕业。五、服务:教授二、三、四年级英文,每周二十四小时。六、待遇:月薪八十元。自开学日起,至放寒暑假日止,支足全薪,假期内半薪,全年约以十一个月计算,膳宿由学校供给,川资二年一迎一送,均计每次六十元。七、任期:一聘两年,关满后再行续聘。"(《北京大学日刊》同日)

同日　所撰《安斯坦博士来华之准备》一文发表。(《北京大学日刊》同日)

11月14日、15日　函请周作人转商俄人耶尔所夫可否到北大作几次俄国文化讲演。

"启明先生大鉴:承介绍俄国耶尔所夫校长,已提出聘任委员会,未能通过。因会员均以俄国人只可靠俄国文学之类,若欧洲哲学史等,恐与中国人相去无几也。又不知其从前由何校出身。对于以一俄人译华语事,亦颇怀疑。若请其特别演讲,本可不受聘任委员会拘束,但究竟以何种学科为宜,可否暂请讲俄国文化几次?请转询。又应如何报酬,亦希设法询明为幸。……弟元培敬启　十四日"。(《致周作人函》同月十四日)

"启明先生大鉴:耶尔所夫事,聘任委员会未通过。现止能请其演讲俄国文化几次,但报酬如何?请询及。恐此等例外演讲,校中未能常行,终不足以维持彼夫妇在京之生活也。且俟讲几次之后,再设法。……弟蔡元培启　十五日"。(《致周作人函》同月十五日)

11月15日　组织北大二十五周年纪念筹备委员会。

"下月十七日为本校第二十五周年纪念日,向曾有举行纪念之拟议。现为期为近,学校方面经校长酌请各部人员及各教授,组织筹备委员会,着手筹备。十五日下午四时,在第一院接待室开第一次会议。其情形如下。出席委员:蔡元培、蒋梦麟、胡适、罗惠乔、丁燮林、沈兼士、沈士远、萧友梅、马衡、李大钊、谭熙鸿、苏甲荣、李四光。议决:纪念会分学术讲演、展览、游艺部……"(《北京大学日刊》1922年11月17日)

同日 出席北京大学史学会成立会,并有演说。

"本校史学会之组织,酝酿甚久,先后经数次集议,始得筹备就绪。遂于十一月十五日午后四时在第三院大礼堂,开成立大会。到者有蔡校长、朱逖先、蒋梦麟、胡适之、马叔平、叶浩吾、杨适夷诸位先生,与史学系同学及毕业同志四十余人。先由姚君揖让报告筹备经过情形,……事毕即请蔡、朱、杨、叶诸先生讲演。"(《北京大学日刊》1922年11月23日、24日)

同日 为段廷圭著《新女子职业教育》作序一篇。

"女权运动在欧美已行之数十年,及今渐收成效,而在我国则方始运动也。夫男女地位之不平等已数千年,一旦欲矫而正之,诚非易易。然苟能先求教育上与职业上之平等,则其他一切之不平等自无存在之余地矣。年来小学与高等教育已行男女同校制,女子中学虽仅见而亦有增设之望,即中学之男女同校制亦非绝对不可行者。教育平等必能以渐实现可无疑。职业上各工商业亦开参用女员之例,其人数不及男子,则以女子职业教育尚未普及故也。近日提倡女子职业教育者固有其人,而实心实力办理此事者尚寡。倘亦所谓口惠而实不至者与。段碧江先生创办务本女子甲种职业学校,辛苦支持,成绩卓著。乃复以对于女子职业教育之意见,勒为是编,以促同志者之兴起。起而行,然后坐而言,宜乎切实综贯,与学为口头禅者不同也。爰题数语,为之介绍。

中华民国十一年十一月十五日 蔡元培"。(段廷圭著《新女子职业教育》中华书局1923年出版)

11月18日 拟辞去民国大学校长职。

"北京民国大学自蔡元培接办以来,迄今两载。惟以基金无着,势难继续,而该校董事人数虽多,然皆不负筹款责任。即校之发起人吴景濂等,虽经蔡氏邀同商量维持方法,然亦互相推诿,不允担任。蔡氏鉴于校款无着,前途极为危险,遂决意辞职,以免再误青年学业云。"(北京《晨报》1922年11月18日)

11月19日 应邀出席京师市民会讲演会,发表题为《市民对于教育之义务》的演说。①

"敬启者。本会定于十一月十九日开讲演大会,对于市民义务进行教育。地方财政竭力提倡。已聘定北京大学校长蔡元培先生、教育次长邓芝园先生、经济博士

---

① 演说词全文载《晨报副刊》1922年12月25日。

马寅初先生主讲。其会期、地点及演题如下：

会期十一月十九日。时间下午一点。地点前外东珠市口天津会馆。演题《市民对于教育之义务》，蔡元培先生；《地方教育问题》，邓芝园先生；《地方财政问题》，马寅初博士。此次讲演系属公开，无论何人，均可入听。京师市民会启"。(《北京大学日刊》1922年11月18日)

11月20日 与北京国立各校校长、学务局长联名公呈教育总长文，请对关税指拨教育经费案积极实行。

"为呈请事。窃奉钧部第一九〇五号指令内开，查教育经费每月二十九万元，由关税实行值百抽五之月起，由关税照拨一案，前据来呈以实行之期，已定于十二月一日开始等语，除经本部咨请外交部根据大总统明令及院部原案，即日向外交团切实商允按照税务处原函办法，自上海实行值百抽五之月起，不问有无益亏，亦不待结算，即按月将教育经费二十九万元，直接拨交本部外，并咨国务院及财政部，请其函知外交部，赶紧与使团商洽赞同，合即令行知照。等因。奉此。具征维持教育之诚意。查各校经费，现已积欠四月以上，而公债七成，截至一月，便已无着，所欠三成，未见筹发，教育前途，至可危惧。关税指拨教育经费，原为永久之计。既经阁议通过，自无反汗之理。教育为国家命脉所系。钧部为教育总枢。现在实行期近，务乞积极进行，以期贯彻初志，俾免首都教育再因经费问题，而现停顿之象。迫切陈词，毋任屏营待命之至。谨呈教育总长。八校校长、学务局长公呈。十一月十二日"。(《北京大学日刊》1922年11月25日)

同日 为广东潮州中学招聘理化教员。

"广东省立潮州中学校，现需聘博物、理学、化学教员一位，每星期教授二十点钟。每点钟以月计算，七兑边薪金五元。教科书用英文本，兼用英语讲授。本校同人如有可介绍者，请于一星期内函告校长室。十一月二十日 蔡元培"。(《北京大学日刊》1922年11月21日)

同日 拟请俄人耶尔所夫在北大作俄国文化的演讲。

"启明先生大鉴：俄国耶尔所夫先生如允讲《俄国文化与十八、九世纪哲学》，请于每星期六之三至五时演讲，可自本星期起，候示，即在《日刊》广告。……弟元培敬启 十一月二十日"。(《致周作人函》同日)

同日 请沈兼士审定孙蜀丞文稿。

"兼士先生大鉴：孙蜀丞送来《读书脞余》一册，意欲单行。敝意不如采入《国学季刊》，将来再辑成书，特奉上，请酌定。弟已以此意告孙君矣。……弟元培敬启 十一月二十日"。(《致沈兼士函》同日)

11月21日 出席北大经济学会秋季常会，并发表演说。

"十一月二十一日，本校经济学会在第三院第三教室开秋季常会。蔡校长暨马寅初、顾孟馀两先生均有演讲。蔡校长演词之大意谓:闻本会有编辑、调查、讲演等股,惟编辑本非易事,非议论新颖,材料丰富不可。至调查一层,随时随地均有供我们调查之资料。即如东斋对面之饭馆,亦有足供我人调查者。凡调查经济状况,须先从小处着手,再推及于大事业之组织管理,可免头忙脚乱之弊。调查所得材料既多,然后参与学理,刊印杂志,我决其必有价值也。"(《北京大学日刊》1922年11月28日)

11月22日 同意设立北大社会科学记录室。

"校长先生:敬启者。前年评议会议决,本校应设立社会科学研究所,惟本校图书异常贫薄,一切可供专门研究之材料,如各种国内外统计、公牍、学术期刊之类,尤形缺乏。……本月十七日孟馀等集议,佥以为本校应即成立社会科学研究所筹备处,即由该处筹设一种社会科学记录室,一面购置本国、西洋及日本等国社会之定期刊行物,一面设法搜积其他研究材料。预计办理此事,必须相当房间一二间,并需开办费(供立时购置各种期刊之用)四百元,及每月经常费二百元。用是函请先生审量是否可行;如邀允许,并乞转知各关系处课办理为祷。专此敬候 时安。

顾孟馀 燕树棠 周览 王世杰 何基鸿 陈启修 十一年十一月十七日。

右(上)函已经校长复以'款可照发,请即进行'云云。附志于此。"(《北京大学日刊》同日)

同日 函复刘海粟,同意列名于举办美术展览会呈文中。

"海粟先生大鉴:迭奉两函,知南京展览兴会甚好。又,呈省长及到曹、吴、田三函稿,均妥适梓印,承寄赐,谢谢。美术展览会呈文如草就,弟自当列名。……弟蔡元培敬启 十一月二十二日"。(《复刘海粟函》同日)

11月23日 出席北大二十五周年纪念筹备委员会第二次会议,议决有关纪念活动事项。

"本校二十五周年纪念筹备委员会第二次会议记事。出席委员:蔡元培、胡适、蒋梦麟、马衡、钱稻孙、罗惠侨、沈兼士、苏甲荣、李大钊(蒋代)。

议决:一、查本校第一次开学,为前清光绪二十四年即戊戌,即西历一八九八年。推至本年十二月十七日,为本校第二十五年之成立纪念日,而非二十五周年纪念日。故此次举行庆祝,宜更正为本校第二十五年之成立纪念会之筹备,即于此日起,准备于一年中完成必须建设之事业。如图书馆、大会堂、大学丛书、校歌、二十五年内各种学术史等。二、本年纪念节举行庆祝,除取消烟火一项外,余仍照上次议决案筹备。至学术大讲演,亦拟俟来年二十五周年纪念时举行之。但此次亦希望有教授数人,于纪念日为学术讲演。三、本委员会名义仍旧,负责筹备来年二十五周年纪念之一切事宜。四、本校第二十五年之成立纪念日之庆祝日程如下:(略)。"(《北京大学日刊》1922年11月25日)

同日 发布《校长布告》，公布《中华教育文化基金董事会社会调查部设立社会研究奖金办法》。

"顷准中华教育文化基金董事会函开。敝会社会调查部为鼓励学子从事科学的社会研究起见，订有社会研究奖金办法，现拟于贵校法律、政治、经济三系先行试办，兹特抄录办法六条专函奉达，即请查照等因到校，特此布告。"（《北京大学日刊》同日）

同日 在中华教育改进社一周年纪念会的《开会词》发表。（《新教育》第6卷第1期）

11月24日 在北京大学史学会成立会上的《演说词》发表。（《北京大学日刊》同日）

11月25日 为罗文幹（钧任）因金佛郎案被捕事答记者问。

"蔡元培之痛心语。某通讯社记者昨访北京大学校长蔡元培，询以对于罗案之批评。兹记谈话如下：（记者）问：先生对于罗钧任被捕案之意见如何？（蔡）答：余认此举为国会与总统之自杀，于钧任人格，一无所损。问：何以于钧任人格，一无所损？答：就吴景濂等举发钧任受贿之点言之，彼等所指证据，为华义银行出给连号之支票三张：（一）八万镑，（二）三万镑，（三）五千镑。现八万镑支票，财部中既有财可稽，交通部又具函证明，已不成问题。三万、五千镑两张支票，给与洋行之外人及买办之经费，有意商及两公使公函作证。受贿与否，昭然若揭。至其余各点证诸合同与事实，皆显而易见。故认为与钧任人格一无所损。问：先生指此举为国会及总统之自杀，何以故？答：法治国之元首、国会，与政治家之行动，应以法律为前提。吴景濂、张伯烈居众议院议长副议长之地位，于私人告密函上，盖众院印信，坚请黄陂不依法律手段，逮捕阁员（据报载如此）实为不合。黄陂为一国元首，对此等重大事件，应加以考虑。执行逮捕，有一定之手续，乃听一面之辞，贸然而谕军警长官，速即逮捕，令人诧异。阅近日报纸，或指为违法，或谓自辛亥以来，黄陂每遇大事，无一不受胁迫。对于此种批评，纵于爱黎，亦莫能辩。闻众议院对于查办罗案，竟匆匆通过。总统与国会如此草率从事，将失人民之信任心。故视为彼等之自杀。问：阅报载议员张琴等之查办及解释意见书，先生阅后，以为如何？答：余阅其内容，无法附会法律，为总统及议长之辩护而已。问：先生对于吴佩孚之号电之批评，可得闻否？答：吴氏电报，向以嬉笑怒骂出之，独此次来电，语气含蓄，自己尚能站得住。问：罗案虽由吴张举发，闻此中尚有主动者，信否？答：余闻天津派之某某，帝制派之某某，为此案之主动者，即以推倒王阁为目的。吴犹居共谋地位，张则为被动者。余以为倒阁系常有之事，惟用此种手段，非国家之福也。"（北京《晨报》1922年11月26日）

同日 发布拟举行北京大学第二十五年成立纪念的布告。

"《校长布告》。本校成立于前清光绪戊戌年,至明年(民国十二年)十二月十七日,拟举行本校成立第二十五周年纪念。本年十二月十七日原拟举行之庆祝,应作为'本校第二十五年之成立纪念',以免误会。此告。"(《北京大学日刊》同日)

11月28日 通讯改选北大化学系教授会主任。

"○○教授大鉴:径启者。陈聘丞教授坚辞化学系教授会主任之职,挽留无效,不得不举行改选。今奉上选举票一纸,请选定后加封,写明化学系教授会主任选举票字样,于本月三十日十二时以前,送校长室。……蔡元培敬启 十一月二十八日"。(北京大学档案)

11月30日 聘请日本文学博士今西龙担任北京大学朝鲜史特别讲演。

"今西龙先生阁下:前由敝校教授有留学贵国者,谈及阁下专门研究朝鲜史,已数十年,不胜钦佩。兹幸驾莅敝国,为期一年。拟请阁下担任敝校朝鲜史特别讲演,每星期二点钟,别请敝校教授一人为翻译,伏祈允许为荷。……北京大学校长蔡元培鞠躬 十一年十一月三十日"。(《致今西龙函》同日)

同日 函复刘海粟,英画家Fry如来华,北大可任部分费用。

"海粟先生大鉴:迭奉惠书,敬悉。任公、君劢二公为Fry来华事来函均已悉。此公如果肯来,北大必可任一部分之费〔用〕,但须视其讲演时间之久暂,而始能提出讨论。……弟蔡元培敬启 十一月三十日"。(《复刘海粟函》同日)

11月 撰写杨增龙墓碑碑文。

"《龙潭老人杨君墓表》。君讳增龙,字耀海,陕西华州龙潭杨氏,曾祖讳怀荣,祖讳嗣修,考讳同春,四岁丧母,身体羸弱,不克及时入学,然性孝友,年十五秦中回乱,室庐烬焉。兄起龙目击心伤,得狂易疾,不知流落何所。时君避乱河东,乱定归里,怆怀手足之情,每于生日,必挥泪致祭,终身不废。年二十六遭父大故,经营丧葬,务极完备,禫祭期近,入竹园觅杖材,猝遇豹迎面来,陷头部强半于口,君自分必死,行人惊呼,卒脱于险,然已血流被面,堡众咸来慰问,经月而始愈。君天怀镇定,即所遭颠沛,未尝或改其素。塾师雒某者,与诸昆弟构讼,数阅月未到塾。里人且解约,某贫极昏,拟诉之官词不近,里人多非笑之,状未入而某愤愤投井死,命案牵连,殡之日;犹令鹤年送之。客户张荣贫君,以堡南水田给租,得免为饿孚,嗣以荣贫,鄙绝来往,适荣与何娃因田事缪辖疑君主持,荣服毒死而讼,累及君,两事费钱千余缗,始解。君产不及中人,至是而负债累累,人且虑其无以自立,而君措置裕如。于儿孙辈读书,尤竭尽心力,俾相继成名,先后支出学费近万金,曾资助北京大学图书经费,又捐资兴学,得一等银质奖章。君力农起家,能□□□□□麦摘柿犹躬自为之。以民国十一年三月六日卒,春秋七十有五,配刘太君先君四岁殁,余为表其墓,子鹤年专任□□□□□业农,有父风。鹤庆医学士。鹤瑞工学士。孙钟健理学士,现复德国留学。余详刘太君,墓表不赘及,同年七月三日归葬

□□□□同穴。余将君身世经历之重要者揭诸阡,使后之人观览焉。"(西安碑林杨耀海墓碑拓片)

同月 所作《华北大学开校词》刊出。(《新教育》第5卷第4期)

同月 为北京大学《社会科学季刊》题写刊名。

"国立北京大学社会科学季刊 蔡元培题"。(该刊1922年第1卷第1号)

11月底 函告胡适,北大评议会有教授请假如何支薪的"决议"。

"适之先生大鉴:奉惠书,提议于请假之一年中,支半薪云云。弟忆评议会有决议一案:请假半年者支全薪,一年者支半薪。如查得相符,当照尊示办理,否则先生亦不必客气。……弟元培敬白"。(《复胡适函》同月)

12月1日 主持北京大学十一年度第二次常会,讨论全校分组(自然科学组、文学组、社会科学组)问题。

"日期:民国十一年十二月一日。到会者:蔡元培、朱希祖、冯祖荀、李煜瀛、胡适(王星拱代)、陈启修、谭熙鸿、李四光、丁燮林、马裕藻、王星拱、顾孟馀。

一、主席提出分组组织案。李:报告本案精神。(一)不易原有组织。(二)增加各系互相联络之组织。主席:请讨论。王星拱:各系主任应有相当之权。马幼渔:本校精神在教授制。本案仍应本此精神,以求进行,不必多是更易。主席:应请讨论者。(一)组的方法。(二)各系各组及教务处权限问题。请分开讨论。……通过。二、预算案(关于图书仪器者)。于一星期内送由各组系审议,再由评议会表决。议决:不再复审议。"(北京大学评议会记录)

12月2日 为浙江水灾急赈募捐。

"顷接中国华洋义赈救灾总会浙灾急募赈款大会学校募捐股来函,云:'径启者:兹为浙江水灾急赈募捐事宜,定于十二月二日下午二时,在前京畿道美术专门学校开会,筹商办法。届时至祈台端贲临,并转知贵校浙籍学生,亦望推举代表三人至五人出席为荷。此致北京大学校长。中国华洋义赈救灾总会浙灾急募赈款大会学校募捐委办蔡元培、汪大燮、汤尔和。十一年十一月二十九日。'按此次浙省灾情,非常重大。外国及本国各省同人,均分途尽力。同省诸君,尤愿倍尽义务。敢请本校浙籍教职员全体,及浙江同乡会中推出学生代表三人或二人,届期到会为幸。蔡元培敬启"。(《北京大学日刊》同日)

同日 为文昌中学招聘国文教员。

"顷接符、林两君电,文曰:文昌中学校缺国文教员一位,月薪现洋百二十元,二十四点钟,川资酌补。请为代聘,速到云云。本校同人如有可为介绍者,请于一星期内函告校长室。十二月二日 蔡元培启"。(《北京大学日刊》1922年12月4日)

12月4日 通知各系主任选举"分组会议主席"。

"○○主任大鉴:径启者。本月一日评议会议决,组织分组会议,已将组织大纲奉览。现奉第○组主席选举票一纸,请于本月七日午前十二时以前,选定加封,于封面写明'第○组分组会议主席选票'字样,送校长室为幸。……蔡元培敬启 十二月四日。

文牍课照印分送各主任(按照本系所属之组,填一、二、三等字),并另备各分组会议主席选举票附去。"(《致北大各系主任函》同日)

同日 通知北大化学系教授,再次票选教授会主任。

"○○教授大鉴:径启者。前因陈世璋教授坚辞化学系教授会主任职务,挽留无效。曾举行改选,选举结果,李麟玉教授以最多数当选,但李教授亦坚决不肯就职,商请无效。不得已,只可重行改选。今奉上主任选举票一纸,请选定后加封,并于封面写明'化学系教授会主任选举票'字样,于六日午前十二点以前,送至校长室为幸。……蔡元培敬启 十二月四日。

文牍课照前例送化学系各教授,本日发出为要。"(《致北大化学系教授函》同日)

同日 函谢刘海粟赠送画作一幅。

"海粟先生大鉴:……大著国画四纸,久已接到,惟尚未题字。其中一纸承赐,当拜领。又一纸系送与里昂展览会者,当转交。其他两纸是否须寄还尊处,候示照行。……弟元培敬启 十二月四日"。(《复刘海粟函》同日)

12月5日 为新加坡南洋中学招聘教员。

"顷接本校毕业生鲁士毅君自新加坡来电,嘱为南洋中学访聘国文、英文、科学教员各一人,商业教员二人,均须专任。本校同人如有可为介绍者,请于一星期内函告校长室为幸。蔡元培启 十二月五日"。(《北京大学日刊》1922年12月6日)

12月6日 与汪大燮、汤尔和等联名发表为浙江水灾急募赈款启事。

"北京大学浙籍教职员学生诸君公鉴:敬启者。本会为进行急募浙灾赈款事项于本月二日下午,假美术学校开筹备大会,京内中等以上各校均有代表与会,当场公决募款办法五条:

(一)凡浙籍教职员,均请捐一个月月薪十分之一以上(只以一个月为限)。……(二)浙籍学生自由捐助。(三)由浙籍教职员及学生组织募捐团,向校内外募捐。(四)请求开放三海、颐和园等处,及历史博物馆、交通博物馆等收费助赈。(五)设游艺股筹画游艺事项,收费助赈。

素仰台端,关怀桑梓,用特专函布闻,一俟捐册印就,即行酌数奉上,尚祈鼎力赞助,并广为劝募,以宏义举,至纫公谊。……浙灾急募赈款大会学校募捐会。委办蔡元培、汪大燮、汤尔和谨启 十二月六日"。(《北京大学日刊》1922年12月9日)

同日 发布《校长布告》,公布《北京大学津贴学生军制服的规定》。(《北京大

学日刊》同日)

12月7日 主持召开北京大学评议会十一年度特别会议,讨论通过各系、各组及总务会议组织大纲等议案。

"日期:(民国十一年)十二月七日。到会者:李大钊、冯祖荀(丁代表)、顾孟馀(马代)、丁燮林、马裕藻、蔡元培、李四光、陈启修、胡适(亦请丁代表,无效)、谭熙鸿、朱希祖(亦请马代表,无效)、李煜瀛。

一、组织案议决:通过。二、预算案。议决:预算照原案修正并加下列附条后通过。附条一:第一组之各系之图书仪器费,可酌量通用。附条二:凡在自然科学各系之外之各系所需之仪器费,可于公用仪器项内酌量支提。三、财务委员会组织案主席报告:本案之意,即(一)取消原有之预算委员会及审计委员会二会。(二)组织财务委员会以为编制预算、审计决算,并监督实行预算之作用。议决:照原案修正后通过。"(北京大学评议会记录)

同日 为北京大学第二平民学校捐款十元。

"北大第二平民学校春秋募捐结果报告,平字第十八号。蔡元培捐十元、黄世晖捐五元……"(《北京大学日刊》1922年12月14日)

12月10日 与李石曾、贝勒士等同到中法大学西山学院参观,并发表讲演。

"上星期日(十号)蔡元培、铎尔孟、贝勒士(法人)、李煜瀛诸人,同赴中法大学西山学院参观。该院系民国六年由李氏等联合中法学者举办于西山碧云寺,迄今数载,一切尚在计划时期。如屋宇之改建,图书馆博物馆之设立,大有古寺院化之势。是日蔡等均有演说。首由蔡元培讲演,略谓诸君求学,久历艰辛,又从海外归来,从痛苦中求愉快,得有今日新学院之建造,伴名山胜景之地,求东西文化之沟通,看诸君怡颜悦色,都是由忍耐而来,尤望诸君奋志创造。须知便宜非福,逆境顺受,处现之我境,当记昔之我境;看胜之我境,当思不如我之境。准是以思,世变沧桑,境地靡常,而吾们心志坚定,必能奋身现实社会,独往独来,有成无败,只求吾们个人能力发展,各食其力而已。切望诸君好好容受良好光阴,深究西文,俟有良机重游欧洲,诸君之经历固益大矣。……"(北京《晨报》1922年12月17日)

12月12日 召集推选北京大学法政经济记录室书记会议。

"○○先生大鉴:现为组织法政经济记录室事,请于本月十六日午前十点钟临第一院接待室,推选书记并接洽一切。专此并祝公绥。蔡元培敬启 十二月十二日。

何基鸿、黄右昌、王世杰、燕树棠、陈启修、周览、陶孟和、李守常、顾孟馀。油印法政经济记录室规则附入函中。"(《致何基鸿等函》同日)

12月15日、16日 在北京大学主持召开世界语联合大会。

"世界语联合大会开会纪事。第一日十二月十五日,下午四时在本校第三院大礼堂开会(公开的)。到会人数,竟达两千余人。先由主席蔡〔校〕长述开会词,次唱《希望》歌,次孙国璋先生述柴博士生平及其创造世界语之经过毕,即请大总统代表、教育总长代表、顾维钧博士相继演说;华南圭夫人用世界语演说,由华南先生译述毕,并发表个人对于世界语之意见。最后,爱罗先珂先生亦用世界语演说,由耿勉之先生任翻译。至六时由主席宣告散会。

第二日十二月十六日,下午四时在本校第一院接待室开会。出席会员及代表:王桂森、王鲁彦、宗之潢、耿勉之、陈廷璠、陈裕光、陈声树、马金涛、孙国璋、蔡元培、程振基、廖洪基、苏甲荣、荣兆、胡鄂公夫人、周作人(孙国璋代)。当场推定主席蔡元培。通过议案九件:(一)新制小学应于后二年加入世界语课程案。(二)师范学校暂行规定世界语课程案。议决:由民国十二年起,旧制师范,编入本科第一学年课程;新制师范,编入初级第二学年课程;高等师范编入本科第一学年课程。(三)大学校宜于任何一学系中,参与选修世界语者准计单位。(四)新制中学于后二年加入世界语课程案。(五)由北京大学设立世界语讲习会或传习所,由各省派员听讲案。(六)由各省教育行政机关组织世界语讲习会案。(七)建议教育部设立世界语讲习所案。(八)筹办世界语专门学校案。议决:由提案人先编制预算。(九)建立世界语书社以推广文化案。议决:由筹备委员议定集股办法。投票举定联合大会执行委员五人:蔡元培十三票、孙国璋十三票、王桂森十一票、陈廷璠七票、周作人六票。以上五人当选。……执行委员会事务所,本校第二院世界语研究会。"(《北京大学日刊》1922 年 12 月 22 日)

12 月 16 日 与孙国璋联名发表启事,对协助举办世界语联合大会的各界人士,表示谢意。

"本届世界语联合大会开会,幸承诸同人热心帮助,或牺牲精神与时间,或助以必需的费用与用品,'中心藏之,何日忘之'!谨以至诚,表示感谢。蔡元培、孙国璋同启 十二月十六日"。(《北京大学日刊》1922 年 12 月 22 日)

12 月 17 日 主持北京大学二十五年成立纪念会,并有演说。

"北大二十五周年纪念会,十二月十七日开始举行,上午九时许在该校第三院大礼堂行开幕礼。按照预定秩序,首由校长蔡孑民氏主席,宣布开会,致开会词。……次为教育长胡适之演说……再次由总务长蒋梦麟演说……次学生代表演说。即毕,蔡校长宣告散会。时已下午一时。午后一时半至三时半,第一院有兰球、射术、足球、技击等。二时至五时,第三院会场有学术讲演,由蔡校长主席、卫礼贤博士讲演《文化之组织》,张竞生教授讲演《现在和将来的行为论》。……是日男女参观人甚众,汉花园、北河沿、马神庙一带途为之塞,至傍晚五时许,则参观人皆至第三院,致入口处拥挤不通,诚一时之盛况也。"(《新教育》第 6 卷第 1 期)

"本校二十五年之成立纪念会秩序单:

十七日。开幕式(在第三院大会场举行,自上午九时起)。(一)主席(校长)宣布开会;(二)校长述开会词;(三)教务长演说;(四)总务长演说;(五)教育部总次长演说;(六)前京师大学堂总监督演说;(七)毕业同学代表演说;(八)来宾演说;(九)本校教职员代表演说;(十)学生代表演说。(十一)散会。"《北京大学日刊》同日)

12月22日 为新加坡南洋华侨中学预聘教员。

"前为南洋中学访聘各教员,除商业一门外,余门均有多人愿任,已函告鲁士毅属其自行选定。而近接该校总理王水斗君及校长鲁士毅君来函,附有聘请教员预约一通,特为公布之。至选聘何人,仍候鲁君来函决定。十二月二十二日 蔡元培附志。

教员资格。曾在北京大学本科毕业,经北京大学某系主任鉴定,持有北京大学校长介绍书者。……

聘请各科教员列左(下):(1)国文主任一人,文学系毕业。(2)物理、数学一人,物理系毕业(中文亦须通顺)。(3)英文主任一人,英文系毕业。(4)商科主任一人,经济系毕业。(5)商科教员一人,经济系毕业。"《北京大学日刊》1922年12月23日)

同日 主持中华教育改进社京津董事会议。

"十二月二十二日,京津董事在本社总事务所开会。到会者蔡元培、熊希龄、蒋梦麟(黄炎培代表)、张伯苓、李建勋、陶知行、陈容、张仲述诸君。董事长蔡元培主席。首由张仲述君报告欧美中等教育状况。……张君报告毕,蔡元培君起立致谢。次通过本社十二年度进行计划案及预算案,次通过筹设教育图书馆案、改进中国女子教育之计划案。次议决请本社研究员推士、麦柯两博士继续在本社研究一年,以完成所任职务……六时散会。"《新教育》第6卷第1期)

同日 在中华教育改进社一周年纪念会的《开会词》刊出。(《新教育》第6卷第1期)

同日 在世界语联合会《演说词》刊出。(《北京大学日刊》同日)

12月23日 出席中华教育改进社周年纪念会。

"本日中华教育改进社开周年纪念会,遵派前往与会。下午二时余开会,由蔡元培、陶行知报告本年四月以后社务成绩及将来进行之希望。张彭春报告考察欧美教育现状。次由来宾顾某及教育总长代表滕某,先后登台演说,至下午五时余散会。计是日到会者,中外人士约一百余人,会场秩序极为整肃。"

蔡元培致开会词:"本会每年七月间有一次大会,今年在济南举行,明年在北京举行。今天是本社的小生日,蒙诸位来宾及北京社员来会,很是感激!本社宗旨,在改良促进教育。换句话说,就是教育界自己进行,联合个人及机关合力互助,以改进中国的教育。今年本社在济南开会,到会人士非常踊跃,当时议决案共一百二十二件,现在已次第执行。当时的分组会议,现在多数改为委员会,聚各处教育界人才,而分类讨论教育上各种问题,不但中国教育界人士,热心和本社联合改进教育,就是外国的教育家,如孟禄博士资送推士来华帮助本社研究教育心理测验。这多是教育界互助精神的表现。本社明年拟办的事业,如教育图书馆、陈列所等,现正筹备。我们希望明年大会的社员比今年更多,大家来讨论教育上重要的问题。"(《新教育》第 6 卷第 1 期)

同日 《在北京大学成立二十五周年纪念会开会词》刊出。(《北京大学日刊》同日)

同日 函谢苏俄代表越飞(姚飞)派人出席北大二十五周年校庆纪念会。

"姚飞先生鉴:敬启者,本校成立第二十五年纪念日,承贵代表派员莅会,并致祝辞,顷闻之下,曷胜钦感。本校同人甚望中俄人民日益亲善,并愿竭尽心力,以企图学术上之建树,为自由真理而奋进,以副贵代表备极奖掖之希望。……北京大学校长蔡元培启 十一年十二月二十三日"。(《致姚飞函》同日)

12 月 25 日 在京师市民会的演说词——《市民对于教育之义务》——发表。(北京《晨报副刊》同日)

12 月 26 日 为华洋义赈总会招聘助理游园事务义务人员。

"顷接华洋义赈总会来函,嘱本校推出学生十人,助理游园会事务。学生诸君中,愿任此事者,请于三日内函告校长室。原函附左(略)。十二月二十六日 蔡元培启"。(《北京大学日刊》1922 年 12 月 27 日)

12 月 29 日 与李石曾、王克敏联名发起为救护西伯利亚的波兰孤儿募捐。

"《为救护西伯利亚的波兰孤儿募捐启》。欧战的时候,有二百多万波兰人,被送到西伯利亚,其中包含着许多儿童。以后那些漂泊于荒寒的西伯利亚的人们,死于天灾人祸者为数不少,又抛下了很多的孤儿。千九百十九年八、九月间,阔尔恰克军从乌拉尔地方向东撤退以后,赤军不断的东进,前来西伯利亚避难的波兰人日益增多,于是有设法救济的必要。安那·比露克威齐夫人(Mrs. Anna Bielkiewiez)和她的同志,冒了许多的艰险,组织了一个波兰儿童救济会的团体,去救济这一班沦落在冰天雪地里的孤苦的儿童。在这三年间,赖在美波人、美国人、日本人及其他仁人义士的援助,经夫人等之手,已经有好多的波兰儿童,得遄返他们复兴的故国了。我们一读夫人的自述文,便可知道此事的颠末。尤其使我们敬佩的,是日本青年的义侠的行为。日本人义侠的友情,已竟深深的植在波兰青年的心田。我们富有博爱精神的中国青年,对于这些还在漂流于遐荒凛厉饥寒交加的西伯利亚的波兰儿童,应该怎样尽一点援救的责任?现在夫人来到北京了,他想要求我们的援助,再从俄国带二百个波兰儿童遄回他们的故国。运输的方法,由夫人自去办理。

只有旅途中的衣食费用,至少约须一万元,要请中国的仁人义士踊跃输捐,玉成此义举。我们感于夫人辈的热诚,日本青年的义侠,沦落于西伯利亚的波兰儿童的孤苦颠连,不禁起了无限的同情。'人之好善,孰不如我。'想凡看到此启的人,所具的热烈的同情,必更超过我们几百倍。我们本于慈爱的心情,发为哀怜的声音,谨向中国同胞,为此二百个孤寒无依的儿童请命。发起人:蔡元培、王克敏、李煜瀛"。(《北京大学日刊》1922年12月29日)

冬 题刘海粟新作《溪山风松图》。

"不是一定有这样的石头,也不是一定有这样的松树;也不是一定有这样的石头与这样的松树同这种样子一块儿排列着。完全是心力的表现,不是描头画角的家数。海粟先生新作 蔡元培"。(刘海粟作《溪山风松图》)

本年 敦请胡适等同与宪法起草委员会成员沈钧儒(衡山)面谈"关于教育之一章"问题。

"适之先生大鉴:昨晚晤沈衡山,言近方为宪法起草委员会关于教育之一章,将于今日午前九时左右来敝寓,商酌条件。弟意此事颇有关系,请先生偕临一谈,如一函先生高兴同来更好,特遣敝车奉迓。……弟元培敬启 二十日"。(《致胡适函》同日)

本年 为《英汉双解韦氏大学字典》作序一篇。(该书 商务印书馆1923年出版)

本年 撰写《支那之专制政体》一文。(蔡元培先生手稿)

1923年(民国十二年 癸亥)五十六岁

1月3日 公布爱因斯坦来函,并说明彼未能来华,系因于误会。

"读右函颇多不可解的地方,安斯坦博士定于今年初来华,早经彼与驻德使馆约定,本没有特别加约的必要。我们合各种学术团体致函欢迎,是表示郑重的意思;一方面候各团体电复,发出稍迟;一方面到日本后因他的行踪无定,寄到稍迟。我们哪里会想到他还在日本候我们北京的消息,才定行止呢? 函中说斐司德博士像是受我的全权委托,曾提出什么留华的请求云云,这是我并没有知道的事,读了很觉得诧异。但这都是已往的事,现在也不必去管他了。人们已有相对学说讲演会、研究会等组织,但愿一两年内,我国学者对于此种重要学说,竟有多少贡献,可以引起世界著名学者的注意。我们有一部分的人,能知道这种学者的光临,比什么鼎鼎大名的政治家、军事家重要几十百倍,也肯用一个月费二千镑以上的代价去欢迎他。我想安斯坦博士也未见得不肯专诚来我们国内一次。我们不必懊丧,还是大家互相勉励罢。十二年一月三日 蔡元培"。

爱因斯坦致蔡元培函。

"校长先生:虽然极愿意且有从前郑重的约言,而我现在不能到中国来,这于我是一种莫大的苦痛。我到日本以后,等了五个星期,不曾得到北京方面的消息,那时我推想,恐怕北京大学不打算践约了。因此我想也不便向尊处奉询。还有,上海斐司德博士(Dr. Pfister)——像是受先生的全权委托——曾向我提出与我们从前的约定相抵触的留华的请求,我也因此不得不揣测先生不坚决履行前约。因此种种关系,我将预备访视中国的时间也移在日本了,并且我的一切旅行计划,也都依着中止赴华这个前提而规定。今日接到尊函,我才知道是一种误解;但是我现在已经不能追改我的旅程,我希望先生鉴谅。因为先生能够想见,倘使我现在能到北京,我的兴趣将如何之大。如今我切实希望,这种因误解而发生的延误,将来再有弥补的机会。安斯坦。22、12、1922。

附白:夏教授的一封信中,亦提及先生此信。这信先到柏林,再到日本,在最近几天我才收到的。"(《北京大学日刊》1923年1月4日)

1月4日　与朱希祖、马裕藻、马叙伦等联名,发起北大已故教授陈孟冲追悼会。

"北京大学教授瑞安陈孟冲先生,力疾讲学,徂逝京华,哲人云亡,剥肤等痛。惟以告凶之间,适在伏暑之中,表哀之礼,稽而未行,岁序延迟,凄怆曷极。兹择于一月七日下午二时,即阴历十一月二十一日,在北京大学第三院大礼堂开追悼大会,藉发潜德,爰式方来。凡我同人,尚希戾止,不胜公感之至。蔡元培等二十七人同启"。(《北京大学日刊》同日)

同日　请沈兼士致函易培基鸣谢赠书。

"兼士先生大鉴:长沙易寅村培基,为太炎先生之弟子,喜搜罗金石品。前此曾以拓本若干种赠弟,自言当此时期,尚营此等生活为可笑。……此次又送拓本百余份,属致校中金石考订室,并称尚有考证,亦可录副寄来。原函奉览,请先生致一较为诚挚之谢函,即由先生署名,以便后来常与直接通讯。……弟蔡元培敬启　一月四日"。(《致沈兼士函》同日)

同日　被聘为杭州大学董事。

"杭州大学董事蔡元培、蒋梦麟等经省议会选出,咨请省长聘任,定于本年一月间组织大学董事会。"(《申报》1923年1月6日)

1月5日　与北京国立各校校长联合署名,致函教育总长,请速定办法补发积欠的经费。

"总长钧鉴:昨接北京国立八校教职员会代表联席会议函称,校薪积欠,迭经会催。前在汤总长任内,曾有年内发清积欠之预约。现在彭总长到任,亦有补发欠薪之宣言。现届年关,不独发清之预约无效,即补发之说亦托空言。贵会究竟如何进行？同人枵腹从公,势难久待,除派代表向教部严重交涉外,相应函请贵会讨论筹措,见复是为至盼等语。查八校经费,积欠至四月以上,教职员等薪金既无从支给,各商家欠账亦无法清还,东挪西补,困难万分。满望大部履行年终补发积欠之宣言,乃静候多时,年关已届,不见发款。教职员等严词询问,情有可谅。相应函请大部速定办法,将积欠经费,日内即行补发,藉符前言,而维教育,不胜盼切,并希速复为荷。八校校长署名 十二年一月五日"。(《北京大学日刊》1923年1月9日)

1月6日 寄交道路建设协会入会愿书及会费。

"道路建设协会每日各省各界来往文牍均有百数十件,兹摘录重要数函以供关心道路问题者之参览。国立北京大学校长蔡元培来函'承交下愿书全数发出后至今尚未能悉行收回,今先将二十二张并元培入会愿书及会费奉上,请察收'。"(《申报》同日)

1月8日 任李书华、李四光等为系图书阅览室负责人。

"○○先生大鉴:径启者……现接图书部皮主任函称:自然科学各系现拟分设数理系阅览室、地质学系阅览室及化学系阅览室。兹将十三次会议决议案录呈,即希于每系教授中,选请一人负责管理,是幸云云。敬请先生为○○○阅览室负责管理之教授。此订。并祝公绥。蔡元培敬启 十二年一月八日。

数理系李书华 地质系李四光 化学系陈世璋"。(北京大学档案)

1月9日 敦请今西龙、伯希和担任北大国学门考古学通信员。

"本校敦请今西龙、伯希和博士担任研究所国学门考古通信员。北京大学研究所所长蔡元培 十二年一月九日。文牍课照缮各一份。"(北京大学档案)

北京大学国学门研究所所长蔡元培

1月17日　发布为浙江水灾募集赈款延期启事。

"敬启者。日前函奉吾浙水灾赈救募捐收据存根,请教职员、同学诸先生担任募款,原以华洋义赈总会定于十五日结束,故前函亦请于十五日以前募竣。现已为期太促,特展至本月二十日为止,务请于二十日以前募齐为荷。……蔡元培谨启一月十七日"。(《北京大学日刊》同日)

同日　因愤恨教育总长彭允彝干涉司法独立,蹂躏人权,向大总统提出辞北大校长职。

"彭允彝以教育总长而提出曲解条文,干涉司法之议案,致动国人之愤慨。兹事关系蹂躏人权与破坏法律两大问题,断不能轻轻放过。昨日教育界方面自见本报记载后,异常痛恨,以为彭如此举动,断不足居教育当局之任。北京大学校长蔡元培,首先提出辞职呈文,并声明即日不到校视事。呈中措辞极为悲愤,自谓不屑在此种教育当局之下,维持残局,自昧天良。其他各校校长及学生均将有所表示,势非驱彭下台不可。……蔡元培辞呈原文如下:

为呈请辞职事。窃元培承乏国立北京大学校长,虽职有专司,然国家大政所关,人格所在,亦不敢放弃国民天职,漠然坐视。数月以来,报章所记,耳目所及,举凡政治界所有最卑污之罪恶,最无耻之行为,无不呈现于中国。国人十年以来最希望之司法独立,乃行政中枢竟以威权干涉而推翻之。最可异者,钧座尊重司法独立之命令朝下,而身为教育最高行政长官之彭允彝,即同日为干涉司法独立与蹂躏人权之提议,且已正式通过国务会议。似此行为,士林痛恨!金谓彭允彝此次自告奋勇,侵越权限,无非为欲见好于一般政客,以为交换同意票之条件耳。元培目击时艰,痛心于政治清明之无望,不忍为同流合污之苟安;尤不忍于此种教育当局之下,支持教育残局,以招国人与天良之谴责。惟有奉身而退,以谢教育界及国人。谨此呈请辞职,迅予派员接替,立卸仔肩。此呈。"(《教育杂志》第15卷第2号)

同日　发布辞北大校长职声明。

"《蔡元培启事》。元培为保持人格起见,不能与主张干涉司法独立、蹂躏人权之教育当局再生关系,业已呈请总统辞去国立北京大学校长之职。自本日起,不再到校办事,特此声明。十二年一月十七日"。(北京《晨报》1923年1月18日)

胡适关于蔡元培愤激辞职的经过说明。

"北京反动的政府实在使我们很难忍受了。于是有蔡孑民先生抗议而辞职的事。此事外间颇不明真相,我在这里略记此事经过事实。

……我因为要作评论,故打电话给《京报》的邵飘萍,问他这条新闻的来源,是否可信。邵说,是中一通讯社传出来的,这是高凌霨自己的通讯社,是可靠的。邵又问:'知道今天下午的新闻吗?'我说不知。他说:'说来话长,还是明天我邀你和蔡先生、梦麟先生吃午饭,当面谈罢。'十七日,我们四人在东华饭店吃午饭。邵飘萍要报告我们的消息,乃是罗文幹一案,地检厅已宣告不起诉了,十六日阁议,竟决定由司法总长程克令地检厅续行侦查,而提议人乃是教育总长彭允彝。彭之动机大概是要见好于吴景濂,以谋得同意票。

我们听了这事,自然很气。蔡先生自去年十月讲义风潮以来,即有去志。他来劝我告假时,曾说自己也要走了,因为不愿在曹锟之下讨生活(当日有先倒王阁,次倒黎而拥曹的传说)。后来王毓芝(曹锟的健将)来京,与王克敏同具名请蔡、蒋、汤和我吃饭,席后二王公然陈述曹锟对教育界的好意!这是更使我们难堪的,并且可证实曹有做大总统之意了。蔡先生去志既决,故于二十五周年开学纪念,大举庆祝,颇有愿在歌舞升平的喊声里离去大学之意。纪念已过去了,反动的政治更逼人而来。蔡先生今日听了飘萍的话,很愤激,他主张邀集国立各校长中之可以公事者,——法专与农专为彭系的人,——以辞职为抗议,不愿在彭允彝之下办教育。

当时蔡先生请飘萍试拟一辞呈,稿成后,殊不满人意。我们只好先散了,带了呈稿到蔡宅去商议。我们到蔡宅后,决计不用邵稿,由我另起稿,经蔡先生删改后,我们就散了。下午蔡先生邀汤尔和来商议,决定二事:(一)初稿为'元培等',决改为一人出名,不邀各校长了。(二)我们初议蔡先生不出京,尔和劝他即日出京,蔡先生也依了。蔡先生就于十八日早晨出京了。我到正午始得他出京的信。"(胡适《我的年谱》)①

1月18日　与蒋梦麟等共同提出的《筹办杭州大学大纲》发表。(《北京大学日刊》同日)

1月20日　北京政府国务院发文慰留蔡元培。

"上海何护军使转蔡孑民先生鉴:顷奉大总统发下贵校长辞职呈文一件奉谕交院留等因,先生领袖学界,士望攸归,祈早回京,毋萌退志。院。号。印。"(《申报》1923年1月22日)

1月23日　发表《不合作宣言》,打破恶人政治,不与毫无人格的彭允彝为伍。

"北京大学校长蔡元培因彭允彝破坏司法,蹂躏人权,遂羞与为伍,愤而辞职。世人既不无不明真相者,而彭党更造作谣言,淆乱视闻。而蔡氏辞职之真意,或以此为一部分人所不察。顷蔡氏已明白宣言,述辞职原因甚详。兹照录其原文如下:(文略,见浙江教育出版社出版《蔡元培全集》第5卷)。记者就此篇宣言观之,则蔡氏欲以不合作主义,打破今日之恶人政治,此与印度甘地抵抗英国政府之方法,完全相同。但未审蔡氏之主张,能与甘地风靡印度否耳。"(北京《晨报》同日)

蔡元培先生离京后,其友人某君遇之于天津车站,两人略有问答,择要记载如下。

---

① 载《胡适日记全集》(4)。

"某问：先生此次辞职，凡主张正义者莫不同声感叹。谓方今社会廉耻荡然，先生此举，足以唤起已死之人心。然外间不察，颇多议论。其所怀疑大旨，可归纳于二点：（一）谓先生辞职有袒护罗文幹之嫌疑；（二）与彭允彝有争意气之嫌疑。先生之真意究何在，可闻欤？蔡答：余生平仅知是非公道，从不以人为单位。余之不平，纯为中央行政机关无端干涉司法所致。对于罗君虽相交有素，然当其柄政时，每与相遇，余皆正言厉色，责备内阁之毫无政策，在京诸友可以说明予口者，颇不乏人。既非苟同，何有偏袒。反而言之，即有余所鄙视之人，为政府无端蹂躏，余亦视力之所及，起而抗争。知此则余之是否偏袒罗氏，可不辩而明矣。至与彭允彝争意气一节，尤属一面之辞。彭氏为人，除觉其政客臭味太重外，余亦不甚注意。惟其身居教育当局，越俎干涉司法，其用心何在，不难想见。假使余所敬爱之人，一旦身居高位，有此蹂躏人权、以图私利之举动，余亦不惜与之绝交，正其罪恶，不稍假借。知此则余是否侧重彭氏个人，亦可不辩而明矣。

某问：然则先生之真意究属何在？蔡答：余即宣言发表，先生读后，当自知之。时汽笛已鸣，匆匆而别。"（北京《晨报》1923年1月23日）

1月24日 《北京大学全体学生宣言》发表。宣言要求罢免彭允彝，挽留蔡校长。（《北京大学日刊》同日）

1月29日 《北京大学全体学生挽留蔡校长第二次宣言》发表。（《北京大学日刊》同日）

1月 为北京大学《国学季刊》题写刊名。

"国立北京大学 国学季刊 蔡元培题"。（该刊1923年第1卷第1号）

2月14日 《北京大学全体学生第三次宣言》发表。宣言称，除蔡元培外，决不承认任何人为校长。（《北京大学日刊》1923年2月23日）

同日 《北大毕业同学会宣言》发表，声称为了国家、为了北大，必须驱逐彭允彝，挽留蔡校长。（《北京大学日刊》1923年2月23日）

2月24日 《北大毕业同学会宣言二》发表，呼吁全国同胞联合起来，推翻军阀政治、军阀国会。（《北京大学日刊》1923年2月26日）

同日 《北京大学毕业同学会致蔡校长书》发表，恳请蔡元培校长早日回校视事。（《北京大学日刊》同日）

2月 为《新闻报》三十周年纪念题词。

"新闻报三十年纪念

无党无偏 蔡元培敬祝（印）"。（《新闻报三十年纪念册》1923年2月印行）

3月2日 往通济隆询往欧洲的船期。

"往通济隆询往欧之船，所得消息如下：法国船，每月两次，头等110—120镑、二等80—86镑；意大利船，每月一次，一、二等合，86镑。"（本年《日记》同日）

3月4日 与黄世晖（幼轩）、黄干城商定往瑞士事。

"幼轩、干城偕威〔和〕柏两儿来，决定往瑞士事。"（本年《日记》同日）

3月13日 中华教育改进社推定蔡元培、范源濂等8人，为赴美出席国际教育会议代表。

"敬启者。万国教育会议，定于本年六月二十八日至七月六日在美国旧金山举行。本社业经沪津二次董事会议议决，推定代表蔡元培、范源濂、黄炎培、郭秉文、张伯苓、胡适、汪兆铭、陶行知八人出席。定于六月四日由沪起程赴会，并预定于八月二十日以前回京。……中华教育改进社启"。（《北京大学日刊》1923年3月16日）

3月16日 寄徐新六函并附去订婚照片。

"致新六函，并附去定（订）婚照片（挂号）。得菊生函。"（本年《日记》同日）

3月21日 偕李石曾同访张弧（岱杉）。

"偕石曾访张岱杉（英租界小营门里十二号路二二二门牌），彼知我要赴欧洲，说愿助点旅费，行期定后函告。"（本年《日记》同日）

3月26日 重寄题词订婚照片。

"得新六二十四日函，始知前日误寄未写婚词之照片，特检出题词者寄去。"（本年《日记》同日）

3月 与陈大齐、蒋梦麟等联名提出《筹办杭州大学的建议》。（《教育杂志》第15卷第3号）

4月3日 鲁迅得蔡先生信。

"上午往大学讲。晚得蔡先生信并还汉画像拓本三枚。"（《鲁迅日记》同日）

4月10日 7日由天津乘船，本日到上海。

"到上海，寓极司非尔路四十号张菊生兄宅中。"（本年《日记》同日）

4月13日 访陈璧君（冰如）。

"午后访冰如，知精卫实赴哈尔滨，已回奉，大约十日内可回沪。"（本年《日记》同日）

4月17日 与商务印书馆约定为编译书稿。

"（一）译现代教育名著一种或二种，以德文教育哲学、教育原理或教育行政为宜，每种以十五万字为度。（二）编简易师范《哲学纲要》一种，以三万字为度，此件需要最亟。略照《哲学大纲》体裁，如一时无暇，可就该书酌为增减重排。（三）编高中或师范《美学概论》《哲学概论》各一种，每种以八万字为度。（四）编百科小丛书。关于哲学或美学者一种，每种以二万字为度。

以上四项，为此间所最希望者。此外，著译他书及论文、杂记为杂志用者，亦甚欢迎。"

"又在打字件上添注:约定每月支三百元,以二百元为编译费,一百元为调查费;编稿每千字六元,译稿每千字四元。"(本年《日记》同日)

同日 补录《丰台看花歌》,因可作美学佐证也。

"南人为园种花蕊,北花只在野田里。园里栽花爱惜多,花时其奈狂风何?
田里栽花不如草,偏到开时花倍好。燕市风光谷雨余,丰台芍药弄晴初。
剧怜紫艳红香坠,不在高楼小院居。畴醉曲栏供掩映,谁添软幔助扶疏。
空村细雨行人摘,破庙斜阳野叟锄。今年偶向花间走,狼藉娇香一回首。
人世遭逢亦偶然,沉吟且进杯中酒。更忆洛阳看牡丹,鞓红欧碧望中宽。
我怜青帝千堆锦,人作神农百草看(中州种牡丹,止取丹皮入药)。
刈去宋青帝底卖,捆归扁鹊市中摊。将花持比南中菜,菜亦南中有人爱。
君不见四月东吴赏菜花,千围绣幄烂朝霞?此间芍药如泥贱,苦荬瓜蒌共一年。"(本年《日记》同日)

同日 请北大评议会公决由蒋梦麟作为蔡校长"个人代表"。

"北京汉花园国立北京大学评议会鉴:蒋梦麟教授来电,只肯代表个人,培亦赞成,请公决。蔡元培。篠。"(发报草稿)

蒋梦麟致蔡元培电:"闻命惶恐。前函详述:最高限度,代表先生个人为止。兹命代理,于学校、个人均感不系(易)维持。学校众意金同,曷敢畏难思退。惟长夜梦多,当求可求之计。请电评议会依照前函改为个人代表。梦麟叩。铣。"(北京大学档案)

同日 汪精卫约请会晤胡汉民(展堂)。

"精卫来。晚,精卫约晚晤展堂。致幼轩函,托觅寄哲学书几种。"(本年《日记》同日)

4月18日 与汪精卫、胡汉民、徐谦(季龙)、高凤谦(梦旦)等同赴张元济(菊生)宴请。

"晚,菊生邀宴,座有精卫、汉民、季龙、梦旦。致中山函,托精卫转。"(本年《日记》同日)

同日 复孙中山函,谓碍难"效力左右"。

"中山先生大鉴:久违大教,时切驰思。石蘅青先生携示尊函,命效力左右。本拟即日首道,奉令承教。惟现今儿辈有赴欧洲留学之议,年幼途远,非培亲自照料不可;而培近拟一书,须征集材料于欧洲,正在预备启行,碍难中止。又现在军务倥偬,麾下所需要者,自是治军筹款之材,培于此两者,实无能为役。俟由欧返国,再图效力,当不为迟,尚祈鉴原。……"(《复孙中山函》同日)

4月20日 致高鲁(叔钦)函并附致邮船公司函。

"致叔钦函,寄去致邮船公司函(我与汪、胡已签名),并高幼轩事。"(本年《日

记》同日）

4月21日 请辞北京大学《文艺季刊》编辑主任。

"北京大学《文艺季刊》编辑部诸先生公鉴：本部组织之始，元培被推为编辑主任。第一期未编成，而培离校。虽曾以编辑事务托张凤举先生代行，而张先生又不肯居其名。今特托张先生邀请诸先生开会讨论，务请准元培脱离关系，而别举一主任编辑者，以利进行。……蔡元培启 四月二十一日"。（《致北大〈文艺季刊〉编辑部函》同日）

4月23日 为徐珂（仲可）作《题纯飞馆填词图》二首。

"公车连署上书时，雄辩惊筵我见之。此后不闻谈政治，教人静读纯飞词。戊戌之春，陈伯商师宴浙江己丑同年，座中仲公与夏琴舫同年力辩，因夏君不赞成公车上书事也。"

"文人自命便无用，此论未公吾不凭。五代若非词世界，一般相斫更堪憎。"（蔡元培先生手稿）

4月24日 赴任鸿隽（叔永）、陈衡哲（莎菲）夫妇之晚宴。

"晚五时赴宝山路宝山里访徐仲可、振飞父子，按所闻二十号询问，不是。即赴横滨路达字三号（中国公立医院弄内），任叔永、陈莎菲夫妇之招晚餐，坐有适之、经农、云五、振飞、文伯。努力社同人，只少一在君矣。振飞言，所住是十八、十九号，非二十号。"（本年《日记》同日）

4月25日 汪精卫来访。

"午前，精卫来，知稚晖将偕邹海滨来沪。"（本年《日记》同日）

4月28日 为张元济（菊生）从兄题《行乐图》等。

"为菊生从兄仲友（元勋）题《行乐图》（五十九岁）：作仲友跌坐蒲团上，手提念珠，自题《西江月》，有'仰事俯畜一齐休……生平嗜好惟酒'等语。

向平宿愿已全偿，大好湖山在故乡。更有静中安乐法，新从我佛证心光。

我佛门庭大自由，周妻何肉并无尤。那须无酒才能学，愿为东坡转话头。"（本年《日记》同日）

同日 为徐振飞辑印《天苏阁丛刊》作序。

"徐君振飞曾印《天苏阁丛刊》，行世已久。近又扩张之为第二集，有《五藩》《梼杌》《内阁小志》等书，皆难得之本。而余所尤感有兴味者，则其尊人仲可先生之《可言》也。……此类有关世道之记载，于《可言》中占大部分。此先生早年用世之精神，应时势之需要而流露者。读当无不发深省者。其他数典正名，或沿溯古今，或沟通中外，言之有物，亦成学治国者闻之所取资，余既快先睹，因叙其概，略于卷端。中华民国十二年四月二十八日 蔡元培"。（本年《日记》同日）

5月3日 请徐珂（仲可）夫妇作与周氏婚事介绍人。

"午后访仲可及其妇人,并见其长孙大春及大庆、大庚两孙女。晚,振飞招宴功德林,晤周泽青、仲奇、子竞三昆弟。周氏姻事,约仲可夫妇为介绍人。"(本年《日记》同日)

5月4日 周氏昆弟招饮,本周日换庚帖。

"晚,三周招饮,坐有适之。定于星期日十二时在一品香十四号房宴周氏昆弟及徐氏夫妇并振飞,换庚帖。"(本年《日记》同日)

5月6日 与周氏正式交换订婚庚帖。

"午,约徐仲可夫妇及振飞(介绍人)、周泽青、子竞昆弟,宴于一品香,交换庚帖,周宅以金制袖扣、金针合镌吉祥如意四字者腠帖。"(本年《日记》同日)

5月7日 丁文江嘱向北京医专荐介翁之龙。

"得任叔永函,附来常熟翁之龙履历,述丁在君意,属转荐于汤尔和,在医专任教员。"(本年《日记》同日)

5月8日 为亡室黄夫人造坟事分别致徐仲可、黄世晖(幼轩)函。

"致仲可函,还《四库总目》并仲玉事略,邮片六张。致幼轩函,告京、绍两地造坟事,附去致民大董事会、学生会及黎稚鹤函。"(本年《日记》同日)

5月10日 预定波楚斯号轮船二等舱两间。

"定 Porthos 船二等舱两间,为 201 号(四位)、203 号(两位),付定银六百二十四元二角,合规银四百五十两(每位七十二两)。将于七月二十一日由上海开行往马赛。"(本年《日记》同日)

同日 请徐振飞代办赴法护照。

"以我及威、柏两儿,霆、兴两侄之相片送振飞,托索到周君相片后,即代办护照。"(本年《日记》同日)

5月12日 择定七月十日在苏州行婚礼。

"周泽青、仲奇、子竞来,告婚期择于七月十日。得仲可来函,言周太夫人访仲可夫人,告知所定婚期,并言将来可在苏州留园成礼(不取赁费,但给仆赏),而可在铁路饭店作寓。又谓新妇礼服,可由女家代制。"(本年《日记》同日)

5月13日 作《跋抄本〈隶缵〉》一文。(蔡元培先生手稿)

5月15日 委托徐珂(仲可)夫人转送周宅礼服费百元。

"送百元于仲可夫人,托转送周宅,为礼服费。"(本年《日记》同日)

5月16日 请江天铎(竞庵)代理民国大学校务。

"得幼轩函,言民大事,江竞庵不肯任校长,愿以总董资格代任校务。即复幼轩一函,并附致江一函。"(本年《日记》同日)

5月18日 自上海到杭州。

"晨七时三刻,往梵王渡车站,登车,菊生送至站。午,到杭州,寓湖滨旅馆十九

号。"(本年《日记》同日)

5月21日 到绍兴。

"晨渡江到西兴,雇乌篷船,由小汽船拖行。午后五时,抵绍兴西郭门。先至中国银行,即回家,晤七叔母及同辈诸君。复回中行晚餐,夜宿舟中。"(本年《日记》同日)

5月23日 看地数处。祭扫先祖墓。

"偕弟、侄邀宝帆叔及连生往木栅,看地数处,均不佳。往谢乡,扫先祖墓,及先考、妣,先兄、嫂,先六叔父,先室殡室。"(本年《日记》同日)

5月24日 拟在西堡庙前购地。

"偕弟侄及宝帆叔,并约陶吉生复往西堡看地,主购庙前山地,第五中学庶务员钟绍先君草一造坟之预算表。"(本年《日记》同日)

5月25日 访陈积先、王叔枚诸友。

"访陈积先、王叔枚、薛阆轩、车眉史、陈庚先,均晤。"(本年《日记》同日)

5月28日、29日 购置西堡一地,并立界石,定坟向。

"连生偕金友生来,称西堡地需价百二十元,允之,即约商氏家长、房长来写契。""约吉生及宝帆叔、钟绍先等往西堡,立界石,定坟向。"(本年《日记》同日)

5月31日 往春晖中学,并为学生演说。

"偕沈肃文、刘大白往上虞白马湖春晖中学校,晤经子渊、夏丏尊(途中遇薛朗仙,同去)。晚,为诸生演说。"(本年《日记》同日)

5月 函复北大全体学生挽留电。

"北大学生诸君公鉴:元培早有去志,不过因彭事而促进,义取洁身,无暇顾虑。校中布置妥贴,偶易校长,于诸君学业上之进行,固毫无障碍也。不意诸君顿受激刺,罢课奔走,并连带其他各校,闻之已深抱不安;及重以众院门前之惨剧,动魄惊心,怅惘无已!……目前有少小之牺牲,即难免贻国家以他日重大之损失。务望注意远大,善自抑制,专力为学术之预备,毋被卷入政治旋涡,以免旷时失学,而贻无穷之悔,此仆所馨香而祷祝者也。临别赠言,诸祈鉴纳。"(《致北大学生函》同月)

北京大学学生会以全体学生名义,致电蔡校长,请打消游欧之意。

"上海江苏省教育会黄任之先生转交蔡校长钧鉴:兹闻先生游欧,全校惶骇,务恳先生念国人属望之殷,学生挽戴之切,打消游意。谨电奉留,万祈鉴纳。北大全体学生叩。"(《北京大学日刊》1923年5月29日)

同月 函复北大全体教职员,谓辞意已决,义无反顾。

"北大教职员诸先生公鉴:此次辞职出京,仓促之间,未及与诸先生预为接洽,至为歉仄!校务承诸先生维持,学生照常上课,俾得减少罪戾,感荷无已。惟近日诸先生竟有'留蔡去彭'之表示，深为不安。弟之去志，早为诸先生所洞鉴。此次因彭事而实现，不过提早几日耳。既已决行，不惟彭之去否毫无关系，即再加以如何重要之条件，亦复义无反顾。敬请诸先生爱我以德，而玉成之。临别依依，不尽欲言。……"(《致北大教职员函》同月)

6月1日 自春晖回到绍兴。

"午前九时四十五分，自春晖行，午后五时到家，仍住徐宅。"(本年《日记》同日)

6月4日 参观朱尉乡区立第一小学。

"午后，杨君招饮其家，并导观朱尉乡区立第一小学校，校长魏君，诸暨人，又有教员蒋君，学生五十余人。"(本年《日记》同日)

6月6日 在绍兴参观第五中学、第五师范、明道女师等校，并为三校学生演说。

"午前参观省立第五中学校、第五师范学校、县立明道女子师范学校。午，在五中午餐。晚，孙选卿（五师校长）、朱少卿（明道校长）约在五中晚餐。午后三时，为五中、五师、女师三校学生演说。"(本年《日记》同日)

6月7日 萧友梅来函商改组音乐传习所事。

"得萧友梅函，商改组音乐传习所事。"(本年《日记》同日)

6月8日 为音乐专科学校事致函萧友梅。

"致菊生函。致新六函。致萧友梅函，附致马幼渔函，为音乐院事。"(本年《日记》同日)

6月9日 会见北大学生代表李骏，应允于彭允彝去职后回京一次，然后请假游欧。

"晨，陈仲瑜偕北大学生代表李骏君来，携有学生会干事会函，及适之介绍函。要求于彭去后回京一次，安慰各校教职员、学生，偕四校长复职，以结束去彭一案，然后请假西游，允之。邀往游东湖及坝口石宕。"(本年《日记》同日)

6月8日、9日 在绍兴五师、五中、女师三校联合大会的《演说词》发表。(绍兴《越铎日报》同日)

6月11日 汪精卫来函请为蒋介石之母写传略。

"得区生函，附来精卫函，嘱为蒋介石之母作传略。知精卫现寓上海霞飞路康宁里四号。"(本年《日记》同日)

6月13日 到杭州，会晤胡适、高凤谦(梦旦)。

"晨，抵西兴。十时，抵新新旅馆，晤适之、梦旦。我寓四十二号房，兼浴室，每日五元五角。"(本年《日记》同日)

6月14日 偕高凤谦(梦旦)、胡适等游龙井、九溪十八涧。

"偕梦旦、适之及适之之侄思聪游龙井、九溪十八涧,饭于烟霞洞。午后游虎跑(定慧禅寺)及万松岭敷文书院旧址(杭州大学预定地)。"(本年《日记》同日)

"我于六月八日再到杭州,住湖上新新旅馆。同游者为高梦旦先生,后思聪从上海来同住。十四日,蔡子民先生从绍兴来,也住新新。"(《胡适日记全集》同日)

6月16日 赴北京高等师范寓杭同学宴请。

"午,北高师寓杭同学寿子逸、蒋伯潜、周迟明、赵准如、黄骏如、卢斐然、倪公孚诸君招饮九芝小筑,有戴应观君在座。"(本年《日记》同日)

6月20日 回绍兴。

"九时,到谷弟家中。东原来,午后同渡江。"(本年《日记》同日)

"二十日,蔡先生回绍兴去,我又到烟霞洞一次,订定移居日期。"(《胡适日记全集》同日)

6月21日 北京大学教职员临时委员会推派陈启修等人;学生会推派范体仁等赴绍兴,欢迎蔡校长回校任事。

"彭允彝长教部以来,首都教育顿呈飘摇动荡之象,虽教员学生奔走呼号,共谋驱彭,而彭终抱笑骂由之。今冰山已倒,彭允彝亦抱头鼠窜。各校教职员、学生以为目的已达一部,纷纷开会,派遣代表,欢迎前此不愿与彭合作之五校校长。闻北大教职员已派陈启修、学生会已举范体仁,即日前往欢迎蔡校长回校任事。数日扰攘之驱彭运动,可告一结束矣。"(北京《晨报》1923年6月24日)

同日 在绍兴会晤北大教职员及学生代表。

"晨抵家。得幼轩两快函。得梦麟、威廉、干城、宗伯等函,知惺农、宗伯、俊甫、子均被举为北大教职员代表,来绍面邀回校。……惺农、子均到,寓新民旅馆,知宗伯因劳顿留杭。"(本年《日记》同日)

6月22日 邀陈启修(惺农)、段宗林(子均)游绍兴东湖及大禹陵。

"邀惺农、子均游东湖及禹陵。晚,在叔荪家设宴,……夜赴杭。"(本年《日记》同日)

6月23日 抵杭州,草拟《致北大教职员函》《致北大学生会函》等文。

"十一时抵杭,寓湖滨旅馆。午饭于味莼园。午后访适之及宗伯,偕往平湖秋月。拟致北京各校教职员联席会议、北大教职员、北大学生会函稿。"(本年《日记》同日)

"二十日蔡先生行后,北大教职员代表陈惺农、杨宗伯、段子均赶到杭州。二十一日陈、段追往绍兴,二十三日与蔡先生同回杭州,邀我同商议行止。我们在平湖秋月的大杨树下商定了蔡先生的三个宣言。"(《胡适日记全集》同日)

6月24日 赴北京国立八校三代表午宴。晚到上海。

"午,三代表邀饮于聚丰园。俞连生及伯韩侄遇于途。晚,赴上海,宿沧州旅

馆。"(本年《日记》同日)

同日 复北京国立各校教职员联席会函，申明决意辞职，建议组织"国立八校董事会，负责经营八校之全责"。

"北京国立各校教职员联席会议诸先生公鉴：前奉惠电，敦促回京；见爱之挚，至深感荷。培之出京，本以北京为政治界恶浊空气所弥漫，不能再受，不得已而出此。今之恶浊，视五阅月以前，奚啻倍蓰，洵非诸先生发电时所能意料。事已至此，培不能进京，已不成问题。诸先生爱人以德，必能容恕也。北京政府破产之势已成，而政客官僚摧残教育之计划且方兴未已。国立八校当此危险时代，若不急筹高等教育独立之良法，势必同归于尽。诸先生素抱维护八校之热诚，鄙意似宜藉此时机，由八校教授会公推全国最有信用之人物，组织一北京国立八校董事会，负经营八校之全责。凡八校维持现状及积渐扩张之经费，均由董事会筹定之款。且对于中央或地方担任拨款，各机关切实监督，定期交付，不使有挪用或拖欠之余地。而各校校长宜先由各本校教授会公推，再由董事聘请，不复受政府任命，以保独立之尊严，而免受政治之影响。如此事果有端倪，则培以旧日同事之关系，虽远适异国，力所能及，不敢不尽。否则，来日方长，吾辈日日疲精力于应付现状，而终不免有同归于尽之叹，培不敏，不敢再与闻兹事矣。竭诚奉告，用备甄采。敬谢关注，祗祝公祺不宣。

十二年六月二十四日 蔡元培敬启"。(《北京大学日刊》1923年6月30日)

同日 复北大全体教职员函，申明辞职理由，建议用"合议制"执行北大校长职务。

"北京大学教职员诸先生公鉴：叠奉函电，并承杨(芳)、陈(启修)、段(宗林)三先生代表屈临，晤详一切，具见诸先生维持北大之苦心，与对培个人之挚爱，感愧交并，几非笔墨所能形容。惟君子爱人以德，目前北京政局，视培辞职出京时，不特毫无改良，而黑暗乃倍蓰之，诚非诸先生缮发函电、推举代表之时所能意料及之者。事已至此，培之不能进京，业已不成问题，谅为诸先生所承认矣。对于北大及其他北京国立各校之根本救济，鄙意宜与北京政府划断直接关系，而别组董事会以经营之，已于复北京国立各校教职员联合会一函言其概略，想为诸先生所赞同也。五阅月以来，北大校务，赖评议会维持办理，培辞职已久，本不欲再来饶舌，惟前之辞呈未经政府批准，今之自命政府者，又不足与言此事，值兹学年终始之际，诸先生屡以校中重要行政无人负责为言，谓培今日决不能与北大脱离关系，培不能不有所贡献。窃以为此事根本解决，仍在上述之董事会；董事会未成立之前，拟请教务长、总务长与各组主任会设委员会，用合议制执行校长职务，并请委员会公推主席一人代表全权。照此进行，似无窒碍。合诸先生学理经验之所具，而益以和衷共济之精神，以运用于北京大学积年改进之组织，区区校务，游刃有余。培一人之去就，又何

关轻重耶？诸希鉴谅,敬祝公祺不宣。十二年六月二十四日 蔡元培敬启"。(《北京大学日刊》1923 年 6 月 30 日)

同日 致北京大学学生会函,谓因北京政局多变,清明无望,前允赴欧前回校一次决定作罢。

"北京大学学生会诸君公鉴:前承赐电,并承代表李骏君屈临舍间,携示诸君公函,见爱之挚,为之感泣。当日李君见语,北京政府颇有改良之兆,如果实现,务请进京一次,以慰诸同学之悬望。培尔时对于诸君之诚恳,与代表者之亲切,义不能无所感动,爰答以政局如有清明之端绪,则我于赴欧以前,一度进京,亦无不可;想李君早已报告于诸君矣。不意李君离绍兴不数日,而北京政局大变;不特于李君所预言之改良绝对无望,而黑暗倍蓰于培辞职出京之时。诸君爱人以德,既蒙挚爱,决不以进京责培矣。北大校务,以诸教授为中心。大学教授由本校聘请,与北京政府无直接关系,但使经费有着,尽可独立进行。《传》曰:'天下自乱,春秋自治。'《诗》曰:'风雨如晦,鸡鸣不已。'此大学同人之责也。考北大经费每年七十余万,北京政府之不足以言,既已彰著,鄙意宜别组董事会以维持而发展之,已具复北京国立各校教职员联席会一函。但董事会未成立以前,不能责诸教授为无米之炊,似可以学生诸君暂任之。姑以二千五百人计,若每人任筹三百元,即可得七十五万。较之香港大学学生岁需八百元者,尚不及半,似不为苛求也。培以为电报政策,群众运动,在今日之中国,均成弩末。诸君爱国爱校,均当表示实力,请于维持母校一试之。谨贡所见,作为临别赠言,幸诸君采纳焉。祗祝公祺不宣。十二年六月二十四日 蔡元培敬启"。(《北京大学日刊》1923 年 6 月 30 日)

6 月 25 日 与周仲奇约定婚礼之送帖、行礼及宴客事宜。

"午后,看振飞,看仲可夫妇。晚振飞为仲奇约我赴一品香晚餐,并晤泽青、子竞,约定送帖及留园行礼、宴客等,均请仲奇承办。菊生为代印函稿各数纸。"(本年《日记》同日)

6 月 26 日 出席学艺社午宴并有演说。午后赴苏州。

"午,惺农约学艺社诸君在一品香午餐,坐有欧阳予倩、高□□、周颂久夫妇、阮湘、范寿康(上虞,教育)、傅无退等。我演说一次。……午后,赴苏州,晚八时到,寓铁路饭店。"(本年《日记》同日)

6 月 27 日 送杨芳(宗伯)、段宗林(子均)往上海。

"午前,偕子均入城,到观前街。午后,宗伯、子均行,于车上晤惺农、溥泉。"(本年《日记》同日)

同日 为浙江省立第一师范学校《毒案纪实》一书题词。

"以'一师毒案纪实'题词寄伯诚。以《一中二十五年纪念会祝词》寄伯珣。"(本

年《日记》同日）

6月28日 上午，在江苏省立医专演说，午到上海。

"午前八时，到江苏省立医专演说。首言医学与各科学的关系，次言中国研究医学者的特殊任务，即以科学方法整理旧医案及方剂；次述医校学生有特殊的社会服务，即传布卫生知识。九时四十五分登车，十二时到上海，仍寓菊生家。"（本年《日记》同日）

6月30日 北大学生会派代表范体仁、马复南下，欢迎蔡校长。

"本校学生会定派范体仁、马复、施宗昱、宋炎四君为代表，赴南欢迎蔡校长。兹因该会经济困难，昨日开会议决，先派范体仁、马复二君即日前往云。"（《北京大学日刊》同日）

6月 为浙江省立第一师范学校毒案题词本月刊出。（《浙江省立第一师范学校毒案纪实》1923年6月印行）

同月 为工业杂志出版题词。

"工业杂志出版 益智厚生 蔡元培敬祝（印）"。（《化学工艺》1923年第1卷第3期）

7月1日 撰写《绍兴商会会所落成记》一文。（蔡元培先生手稿）

7月4日 北大学生会面请回校代表范体仁、李骏到沪。

"东原来，偕见菊生。午后，诣商务印书馆考试。致陈、杨、郇诸宅喜束。致黄宅喜束。学生会代表范体仁、李骏来。"（本年《日记》同日）

7月5日 在上海会见并晚宴北大教授李大钊，学生代表李骏、范体仁等人。

"守常来。晚宴守常、李骏、施家昱（叔宝）、范体仁、马复于一品香。"（本年《日记》同日）

7月6日 会见北大学生会及北京学生联合会代表马复（栗生）、范体仁、邓仲澥等人。

"马栗生来，为致函于谭仲逵，并赠以四十元。复北大学生函，由马栗生携去。范体仁、邓仲澥来，以复北京各团体联合会及学生联合会两函，交范君。"（本年《日记》同日）

7月7日 离上海赴苏州。

"九时三十分赴苏州。午后，仲奇偕许海珊来，携有北大职员校务协进会贺电，即复一函（附束）。"（本年《日记》同日）

7月10日 与周峻（养浩）女士在苏州留园行结婚典礼。

与夫人周峻合影

"午后三时,往周宅所寓之惠中旅馆亲迎,即往留园。四时行婚礼。偕新妇摄影后,回苏州饭店。易衣后,偕新妇诣留园。周宅女眷宴新妇于后厅,周氏四舅宴我于前厅。客座设礼堂。音乐队间歇奏乐。有客来要求演讲,因至礼堂说此次订婚之经过。十一时偕新妇回寓。"(本年《日记》同日)

在苏州留园结婚典礼时的演说词。

"余今年五十七,且系三娶。所欲娶者为寡妇,或离婚之妇,或持独身主义而非极端者。惟年龄须在三十岁以上。余谙习德文,略通法文,而英文则未尝学问,故愿娶一长于英文之室女。余不信仰宗教,嗜美术。既辞北京大学校长,即欲赴比利时或瑞士留学。周,年三十三。前在上海爱国女学毕业,治英文有年,非宗教中之人,亦嗜美术,有志游学,与余所持之条件适合也。"(徐珂《可言》)

7月12日 偕新婚夫人谒岳母等周氏长亲。

"偕新妇谒外姑及兄嫂长亲等,留午宴。"(本年《日记》同日)

同日 为保护甪直镇塑像事,访顾颉刚。

"为杨惠之塑像保存事,访顾颉刚,误至护龙巷,故不晤。访朱申甫镇守使、蔡思愚道尹,均未晤。"(本年《日记》同日)

同日 函告胡适,将与顾颉刚、王伯祥洽谈甪直镇罗汉保存事。

"适之先生大鉴:弟之婚事,早承询及,弟以先生正在摄养之期,不敢以私事劳驾,未敢奉柬,远蒙函祝,感谢无已,谢谢。甪直镇罗汉保存事,俟与新妇商量后,托人向颉刚接洽或在沪与王伯祥接洽,因弟即将往沪,恐不及访颉刚,而且闻郑介石言,颉刚卧病不能出门也。……元培敬启 七月十二日"。(《复胡适函》同日)

7月13日 上午再访顾颉刚,下午到上海。

"午前访顾颉刚、张仲仁、王谢长、达师世,并晤季玉、季昭。十二时五十四分,启行赴上海。寓一品香六十二号室。访徐夫人于赵宅。"(本年《日记》同日)

"孑民先生来,为杨惠之塑像事。胡适之先生捐百元,孑民先生亦捐百元。孑民先生之妻兄周忠奇先生(苏州医专校长)且肯下乡察看,因书介绍信一通寄去。"(《顾颉刚日记》同日)

7月14日 偕新婚夫人周峻访见亲友。

"午前,偕新妇访菊生一家,晤。访仲可一家,未晤。访任叔永一家,晤其夫人陈衡哲。访爱国女学校,晤宋侠公。午后,访联珠里及新新里陈宅,皆周氏亲戚也。"(本年《日记》同日)

7月15日 宴请北京大学教职员赴沪代表周同煌(俊甫)等。

"又有俊甫(同煌)、沈坚白(恩祉)、包开善等均到。午约周、沈、包三君及幼、干诸兄在一品香午餐。"(本年《日记》同日)

同日 撰写《徐梅生先生传》一篇。(蔡元培先生手稿)

"写《徐梅生先生传》,寄叔荪。"(本年《日记》同月24日)

7月19日 报载将偕新婚夫人往欧洲作蜜月旅行。

"北大校长蔡元培氏日前在苏结婚,新婚燕尔,游性顿增,故偕同新夫人往欧作蜜月旅行。闻蔡氏此去并在欧洲各国考察教育状况,故到欧后将有数月之勾留。蔡氏已向本埠法邮船公司购定 Porthos 包岛斯号邮船客位,明日(二十号)下午□时在杨树浦黄浦码头上轮即于是日三时放洋离沪,同往者除新夫人外,尚有公子及蔡威廉女士。"(《申报》同日)

同日 在一品香旅社答记者问。

"北大校长蔡元培氏,日前偕同新夫人并男女两公子及亲戚黄君等共六人来沪寓西藏路一品香旅社,定今日午后一时许,在南满洲铁道码头乘法邮船包岛斯号放洋赴欧,本社记者昨晚访之于一品香旅社,叩以此行之目的。蔡氏谓余(蔡氏自称)此行系送两儿及亲戚黄君等赴比留学,到法后自马赛上岸即转往比京,拟在比处居留二年,专攻美育,外间传说余赴欧以六月为期,殊属不确。记者又询以时局问题。蔡氏不愿表示,只云以后救国之责任,完全在青年肩上,甚愿国内学生努力学问,使三育平均发达,实力既充,自可担当大事,若一味空发电报,殊于国无补云。蔡氏又谓北大校长一职,本拟完全脱离关系,惟因诸同学挽留之恳切,故名义上只得担任,至去国期内一切校务,已嘱付蒋梦麟氏云。"(《申报》1923年7月20日)

7月20日 偕夫人周峻、女威廉,乘"波楚斯"号船离沪赴欧。

"午后一时,诣南满铁道会社之黄浦码头,上船 Porthos。送行者黄幼轩、干城兄弟、沈坚白、周俊甫、张菊生、陈叔通、高梦旦、徐新六、时报馆之侯可九、早报馆之赵君豪及其夫人(两报馆记者均摄影),外姑、诸内兄及诸内亲。"(本年《日记》同日)

7月23日　到香港,登陆到邮局寄信。

"午后二时,到香港。登陆,曾君偕至大东酒楼换钱,小食,到邮局寄信。到先施公司购杂物。"(本年《日记》同日)

7月24日　在香港游览。

"偕养浩及威廉、纪兴复登陆,乘汽车环游港境,游兵头花园及名园。过筲箕湾、铜罗湾等新辟村镇。十一时回船,十二时船行。"(本年《日记》同日)

7月25日　寄出辞杭州大学董事函并撰写《闻方君瑛女士自尽志感》一文。

"致叔荪、季荪函。致朗声函,附去致杭州大学董事会函,辞董事。……写《闻方君瑛女士自尽志感》,寄精卫,并附去石曾函。写《绍兴商会会所落成记》,寄车眉子。"(本年《日记》同日)

7月26日　为蒋君扬《兰竹画册》题词。

"凡人之有抱负、有能力者,不必专意学书,而所书自有独到之处。苟自书以外,一无所有,而惟以临摹碑帖为事,则虽工力精致,而终不免为俗书。此袁随园与人论书法之大意也。书既有之,画亦宜然。吾国之画,本与书法相关。如《历代名画记》称:吴道子受笔法于张旭,知书、画用笔同矣。画之尤近于书法者,为兰竹,以其于六法中,尤重气韵生动,骨法用笔皆通于书法者也。文与可之竹,郑思肖之兰,所以尤足珍重,非徒以其技之工,正以其胸襟志节,高人一等故耳。君扬年丈以米商起家,振兴家塾,尽瘁地方公益,其中如保存东湖禁花会、办六仓公学等。间为奸吏劣绅所挠阻,而不为之屈。暇则览名儒语录,或与人对弈,或弹琵琶自娱,而尤精于绘事,山水花卉,均不尚貌袭,而纯以神韵气势胜,兰竹其尤著者也。晚年病肝风,两臂常自震动,然兴之所至,饮酒少许,即伸纸疾挥,劲气犹直达纸背,斯与张颠作书何异。吾辈即仅仅见丈所画之兰竹,而其全体审美之精神,与平日任事之实心与毅力,皆足以窥见一斑矣。谨因叔平同年之属,而僭题数语,以为介绍。中华民国十二年七月　年愚侄蔡元培敬识"(蔡元培先生手稿)

"致仲可函,寄蒋君扬兰竹画题词。"(本年《日记》同日)

8月2日　到新加坡,晤陈嘉庚父子,与谈办学校事。

"午十一时到新嘉坡。一时登陆,乘汽车二,到 Rotinson Road 访林义顺君,晤邵甘棠君及邱君……。四时,至陈嘉庚公司……晤陈嘉庚君,朴实可亲,不能作普通语,由其子厥福传译。厥福曾肄业北大预科二年也。询办学校事颇详,彼最注意者,为学生罢课及延请好教员不易二事;对于有高级中学后不办大学预科,亦怀疑。第一事,答以学校当于平日考查学生意见,先为安排;如彼等已发难,而学校自审无错误,则当坚持之,不必因挟制而迁就。第二事,告以先划定款设备、图书仪器,使教员得研究学问之凭借,则学者肯来。第三事,告以高级中学毕业生程度不能即入大学本科,可设补习班。"(本年《日记》同日)

8月4日 北京大学评议会公布蔡校长七月十二日来函,布告自八月四日起由蒋梦麟代理校长职务。①

"本会接到蔡校长七月十二日致本会公函内开,本月五日来函述本月四日贵会第十九次会议议决两条主张:校长职务仍由元培完全负责,而元培未回校前,代理校长事务之办法,或由个人担任其责,或委托机关负责,须由元培决定正式表示。元培前致教职员函,虽提议以教务长、总务长与分组主任会议委员会,用合议制执行校长职务,而近来征集各方面意见,对于合议制均不甚赞成。元培愿取消前议,主张请个人负责,如荷赞同,则元培尚有应预先声明者如左(下):

一、负责之个人,拟援九年例,仍请总务长蒋梦麟教授任之;二、蒋教授所任之总务长将满期,照章不能再连任。但现值危急之秋,骤易生手,必多窒碍。拟请修改,据举将总务长只准连任一次之条文删去。等因准此。本会当于七月十六日议决,请总务长蒋梦麟教授代理校长职务。自八月四日起,所有校长职务概由蒋梦麟教授负责执行。此布。八月四日。北京大学评议会。"(《北京大学日刊》1923年8月11日)

8月8日 到斯里兰卡科伦坡(Colombo),登岸游览。

"六时到Colombo,有两堤二条相接近。堤内泊船,而堤外白浪如山,水沿堤而散,如瀑布,最可观。七时上岸,购邮片一打,水果三种……"(本年《日记》同日)

8月9日 到澳大利亚维多利亚,登岸游公园。

"七时登陆,乘汽车环游,到维多利亚公园,略散步。到新建佛寺,壁上油画皆欧式,而所塑坐卧诸佛像皆平常。到婆罗门礼拜堂,正在修理。游旧佛寺,有楼,可着履而上。"(本年《日记》同日)

8月11日 在船中作诗三首。

"蜜月于今已满期,如宾相敬绝恒蹊。屠躯事事关心甚,最是新晴曝足时。"

"携得娇儿娇女来,闲谈常逐笑颜开。解衣推食寻常事,博爱精神作意裁。"

"江夏黄童竟有双,天真留得是敦庞。沿途自有慈云护,万里离家意不悚。"(本年《日记》同日)

8月13日 在船中题苏州留园结婚纪念照。

"《题留园俪照》。忘年新结闺中契,劝学将为海外游。鲽泳鹣飞常互助,相期各自有千秋。"(本年《日记》同日)

8月17日 到吉布提(Djibouti),登岸略游而返。

"八时到Djibondy②。乘小舟上陆,约行二十分时,每人出一佛郎。饭于

---

① 蔡先生在本日来函的信封上写有"敬请李守常教授转上北京大学评议会公启"等字(北京大学档案)。

② 此处疑原文拼写有误。

A. Rbiyas，每人十佛郎。午后二时，船行。"(本年《日记》同日)

8月21日 到苏伊士(Suez)。在船中与印度大学生某君闲谈。

"三时到 Suez。夜，又与印度大学生某君谈，彼只通英语，由养浩传译。彼曾在英伦敦大学及美哈佛大学习哲学，已毕业，信基督教，入青年会，现将往爱丁堡青年会办事，不愿久为英人服役也。"(本年《日记》同日)

8月22日 到塞得港(Port Said)，登岸购物。

"九时到 Port Said。登陆购鞋子、领结、胰子、带子、购埃及皮袋、风景册、他物。午后三时，船行。"(本年《日记》同日)

8月27日 船抵马赛，登陆乘车赴巴黎。

"晨八时到马赛，无忌及褚民谊来接。十一时登陆，到站旁第一旅馆，因褚君寓此也。午后乘马车环游马赛一次。……七时，乘车赴巴黎。车中甚凉、坐寐颇苦。"(本年《日记》同日)

8月28日 到巴黎，转车赴布鲁塞尔。

"九时到巴黎。午后十二时半赴比京，晚五时到。王绍辉君及沈君，使馆林礼源君(彪)及杨君来迓。寓 Rue de Trone，98，Pension，为 Mme Piter 所设。"(本年《日记》同日)

8月31日 到中国驻比使馆访友。

"到使馆，看林、陈、罗、王、杨、苏诸君。得民谊函。得李光汉函。"(本年《日记》同日)

9月1日 迁居 Keyenvold，15。

"迁居于 Keyenvold，15。寓中有王君树春及比人一，挪威人一。"(本年《日记》同日)

9月3日 往工人大学，为留学生演说。

"午后，往 Ctarceroi，先至工人大学，晤校长。到华生寄宿舍，为学生演说。晤马夫人及其三子一女。"(本年《日记》同日)

9月9日 迁居克因沃持路9号。

"迁居于克因沃持路9号。午后，游比王避暑宫所在地，Parc de Lacken，有中国式建筑，因新加油漆，不开放，未能入门。……"(本年《日记》同日)

9月15日 迁居斯开尔昆路(Rue Scailguin)22号。

"迁居于 Rue Scailguin 22。说明六人同住每月一千二百佛郎。……房东为 Jaer 夫人。"(本年《日记》同日)

9月18日 始编《简易哲学纲要》一书。

"始编《哲学纲要》，本日成一千字。"(本年《日记》同日)

9月19日　本日编书七百字。

"午前十时,偕沈君赴美术学校,为养浩及威廉报名。编书七百字。"(本年《日记》同日)

9月20日　访会美术学校油画教员。

"午前沈君来,偕访美术学校之油画教员 Herman Richir 于 42, Rue Thomas Vinsotte Schaecbeck,据言未习过活人模型画者,不能不进预备班。导游其工作室。为作一函,属交美术学校之书记 Muller。"(本年《日记》同日)

9月21日　往美术学校参观油画。

"偕沈君往美术学校,购画具,看依绥柯战争油画 Panorama de la Bataille de l'Yser, 1914, par M. Alfred Bastien。"(本年《日记》同日)

同日　法国《东方共和报》刊有蔡元培为过激党首领之新闻。

"得南锡学生会来函,告法国《东方共和报》有诋我为过激党首领之新闻,并剪报见示。函由总书记陈秉乾君签名。"(本年《日记》同日)

9月22日　偕夫人参观美术馆。编书约千五百字。

"龚君来。偕养浩及纪兴往观美术馆及其他博物院。编书约千五百字。"(本年《日记》同日)

9月24日　夫人周峻(养浩)、女儿威廉往美术学校应试。

"八时半,养浩及威廉往美术学校,应预备班试验,画一鹿头,用碳笔或铅笔,听人自择。"(本年《日记》同日)

9月25日　旧历中秋节,与家人及友人散步赏月。

"旧历中秋,晚间,集家中人及孙、沈、王三君小饮,并散步赏月。"(本年《日记》同日)

9月26日　北大评议会议决校长游欧期间支薪法。

"得幼轩本月四日函(由西伯利亚),知张岱杉已任财长,对各校允于开学前筹拨三十万,四十日内,再拨百万。我支薪法,已由评议会决定,仍支六百元,而以三百二十元分给梦麟。"(本年《日记》同日)

9月29日　捐里昂大学法币一百法郎。

"得里昂大学国庆筹备会函,即复,捐法币一百法郎,由无忌带去。"(本年《日记》同日)

9月　发表关于《学校应提倡体育的谈话》。

"北京大学校长蔡元培氏近赴比利时研究美育,现已定居比京布鲁塞尔,闻拟留比二年始行返国。蔡氏近语某记者,对于国内政局之观察,及教表(育)方针之意见,谈论颇详。最后谓:中国有识之士在野运动以民众势力推倒军阀,此诚为根本之图。惟中国社会毫无组织,民众势力犹如散沙,非有长期间教育训练恐难有望。

余极不满今之青年口谈革命而不务实力,且借口于志在革命而抛荒学业,其结果,革命未成,而自身先已堕落,此则余所反对者也。中国教育应重尚武,不但为保卫国家计,亦为强健身体计。余上次由欧返国,曾在北大提倡学生军,即是此意。惟中国学生多习于文弱,年龄稍长者,更不愿受严格之'军事训练',此实为提倡者之一大阻力。余之主张,各学校应一律提倡体育,国民身体既强,临是(时)授以军事智识,亦可执干戈以卫国家。此则余对于教育前途之意见也。"(北京《晨报》1923年10月20日)

10月3日 始学意大利文。

"养浩、威廉始往94 Rue Souveraine, M. Van Strytanke 处上课。养浩全日,威廉仅半日。我与养浩、威廉,始学意大利文。"(本年《日记》同日)

10月4日 草拟在沙洛埃劳工大学演词并请孔宪铿译为法文。

"往沙洛埃之演词草毕,访孔宪铿君请译法文。"(本年《日记》同日)

"黄建中君来。孔宪铿君来,以译文见示。"(本年《日记》10月7日)

10月10日 往沙洛埃劳工大学发表题为《中国的文艺中兴》的演讲。

"国庆日,往公使馆参与纪念会,午餐。午后二时四十五分,往沙洛埃劳工大学讲演,学生会招晚餐。"(本年《日记》同日)

同日 比利时新闻报记者采访,答以中国现在教育制度及法文教育概况。

"午后三时,比报 La Derniere Heure 记者 Daek 来访,询中国现在教育制度及法文教育状况,答复大概,由王绍辉译告。"(本年《日记》同日)

同日 作《读史》一首。

"公路终亡孟德兴,同槽诸马已崚嶒。伯符不得江南地,鼎足三分尚未能。"(本年《日记》同日)

10月12日 赴驻比公使王景岐便宴。

"晚,王使约便宴,偕养浩去。同座有戴使春霖(字雨农)及其子。戴任外交官二十年,现任瑞典公使,其子生长西班牙。"(本年《日记》同日)

10月14日 许德珩(楚僧)请协助筹借留法二年学费。

"许楚僧来,属函告穆藕初,拟借三千元,作为二年留法、一年留英学费及归国川资。"(本年《日记》同日)

10月16日 作函为宾鸿焘筹津贴、为许德珩筹借款。

"致熊秉三、范静生函,为宾鸿焘托筹津贴。致穆藕初函,为许楚僧筹借款。致吴肇周函,附去致高梦旦函,为介绍所编三角法教科书。"(本年《日记》同日)

10月19日 复荷兰中国学生会函。

"前得荷兰中国学生会函,托王绍辉作一复函答谢,略言此刻尚未能来荷,稍缓必来。"(本年《日记》同日)

10月23日 继续编书。

"编书约一千七百字。""编书八百字。"(本年《日记》10月23日、24日)

10月26日 继续编书。知罗家伦(志希)到德。

"得段书贻片,知志希亦到德。编书八百字。""编书一千五百字。"(本年《日记》10月26日、27日)

10月28日 应基尔(Gille)教授及其夫人之招茶话。

"Gille教授及夫人招茶话,座有巴黎大学教授Lévy-Brühl及Bordeaux大学哲学教授Ruysson与其夫人。"(本年《日记》同日)

同日 刘复(半农)来谈研究语言、哲学情形。

"午后,刘半农来,讲所研究语言、哲学情形及回北大后教授之预备。"(本年《日记》同日)

10月29日 刘半农复来,谈在法一年及回国川费等费用嘱函商北大。

"半农又来,对于沙洛埃之演词,稍有当增改处;并言可送法国杂志载之,不必付日报。又以语言学研究所开办费六千至八千,维持一年及回国川费三四千,刻论文费八百元等需要,属函商北大。"(本年《日记》同日)

10月 与邵瑞彭、许寿裳、王式通等联名印发华北大学募集基金启事。(《北京华北大学募集基金启》1923年10月铅印件)

11月1日—10日 致刘复(半农)函,并寄《中国文艺中兴》演讲稿。

"得刘半农函,并见赠Otto Jespersen著作三种……致半农函,寄去《中国文艺中兴》演讲稿。"(本年《日记》11月1日—10日)

11月10日 向罗家伦(志希)通报学习、生活情况。

"志希吾兄大鉴:得书知近年劬学状况,甚为忻慰。……弟在此尚好,然尚不能专心编书读书。家中人均进学校,内子周峻及女儿威廉,已进美术学校,儿子伯龄在一中学校补习数学,明年即往Charlerai,备进劳工大学机械科。对于欧人生活,尚觉易于体合,请勿念。……弟蔡元培敬启 十一月十日"。(《致罗家伦函》同日)

11月中旬 函请罗家伦(志希)代购德文参考书。

"志希吾兄大鉴:得复函,敬悉。……弟现在正为商务编哲学教科书,为时间所迫,不能多参考。即据Windelband之《哲学入门》为蓝本(亦是1920年订正本)。然商务所要求不过三万字,故删去甚多。因W氏曾许可Kuefe及Jerusalem之书,故急欲得之,以备参考。此两书及Hans Vaihinger之Die Philosophie des Als ob请先为各购一部。'Als ob'派之杂志如订价不贵,亦请订一份。

英国哲学家中,弟却欲先读Shaftesbury著作之德译本,因屡在德国人著作中,见有Sh.氏以美学建设伦理学之说,而不知其详,故欲一读。即如Herbast之著作,弟从前亦以为非第一流哲学家,不暇购读其著作,今于W.氏《哲学入门》中称其

以道德为普遍美学之一部分,故急欲一读之。此两种亦比较的先睹为快。……"(《致罗家伦函》同月)

11月19日 函请傅斯年(孟真)代购德文书。

"孟真吾兄大鉴:奉书敬悉。德文书目七册已收到,谢谢!承示新出哲学各书,甚感。Splengler 之 Vntergrund des 其书,曾读一过,而且此次带来,惟弟所有者仅第一册,尚有第二册已出版否?如已出版,弟亦欲得之,弟新托志希兄在柏林访购,请就近一询志希。如未购得,即请以尊处所余之一部见让,但书价仍请照算。……弟元培敬启 十一月十九日"。(《复傅斯年函》同日)

11月21日 驻比使馆邀赴茶会。

"使馆因考察实业专使张孝若到,开茶会,见招。"(本年《日记》同日)

11月22日 为刘文岛出具证明。

"得刘文岛函,属证明彼为勤工俭学生,因写一纸证明之,寄去。"(本年《日记》同日)

11月28日 作《哀陈衡恪》文。

"陈师曾君在南京病故。此人品性高洁,诗、书、画皆能表现特性,而画尤胜。曾在日本美术学校习欧洲画时,参入旧式画中,有志修《中国图画史》。在现代画家中,可谓难得之才,竟不永年,惜哉!"(蔡元培先生手稿)

12月27日 教育部令知北京大学,在蔡校长赴欧期间,由蒋梦麟代理校长职务。

"教育部训令第二四二号。令北京大学。本部因北京大学蔡校长元培现在欧洲考察,未回校以前,派蒋梦麟代理国立北京大学校校长。即希知照。此令。中华民国十二年十二月二十七日。署教育总长黄郛。"(《北京大学日刊》1924年1月4日)

12月 所撰《五十年来中国之哲学》发表。(申报馆《最近之五十年》1923年12月编印)

本年 为福建泉州新华学校题词。

"教育者,教为人而已。为人之道安在?在立己而立人已。吾愿新华学子人人能自立,则教育之效著矣!"(福建泉州《新华校讯》1986年刊)

本年 自书个人简历。

"蔡元培[年五十八岁。一八六七年一(腊)月十七日①生于中国浙江省绍兴府山阴县。]

一八九二年 中进士,为翰林院庶吉士。

---

① 此处系为农历。

一八九四年　任翰林院编修。
一八九八年　出京,任绍兴中西学堂监督。
一九〇一年　任南洋公学(今名南洋大学)特班教习。
一九〇二年　任爱国学社社长及爱国女学校校长。
一九〇六年　任北京译学馆教习。
一九〇七年　到德国柏林。
一九〇八年　到 Leipzig,进大学听讲。
一九一一年　革命军起,归国。
一九一二年　南京政府成立,任教育总长。政府移北京,仍任教育总长,五月辞职。九月,复到德国 Leipzig。
一九一三年　四月回国。九月赴法国。
一九一六年　回国。
一九一七年　任北京大学校长。
一九二一年　美国纽约大学赠名誉博士。
著有《中学修身教科书》《中国伦理学史》《哲学大纲》《简易哲学纲要》《石头记索隐》等书。又,北京大学学生所设新潮社印有《蔡孑民先生言行录》。"(蔡元培先生手稿)

1924年(民国十三年　甲子)五十七岁

1月1日　接待中国驻德使馆馆员林彪(礼源)等来访。

"林礼源、王绍辉、杨□□、罗怀、吴国炳、张天翼诸君来。"(本年《日记》同日)

1月3日　送蔡柏龄、黄纪廷、黄纪行往沙洛埃入学。

"送柏儿及廷、兴二侄往 Charleroi。"(本年《日记》同日)

1月4日　请蒯淑平观剧。

"午后二时,无忌回巴黎。晚,请淑平观剧。"(本年《日记》同日)

1月5日　到旅馆访蒯淑平并送至车站。

"午前十一时,访淑平于 Touring Hotel,送至车站。"(本年《日记》同日)

同日　往谢寿康处茶话。

"午后四时,谢寿康君招茶话,座有 Gille 夫妇、沈良、宝锷二君。"(本年《日记》同日)

1月6日　赴驻比公使王石荪之邀观剧。

"晚八时,王石荪夫妇约我与养浩观剧于 Monnaie。"(本年《日记》同日)

1月9日　收到迪铁尔(Dietterle)博士函,知其愿助学习世界语之事。

"得 Dr. Dietterle 函,言因黄涓生君之介绍,愿助学习世界语之事,并已嘱书肆寄读本及辞典各一部(两书已收到)。"(本年《日记》同日)

1月10日　偕长女游列日(Liège)。

"偕威廉游 Liège。"(本年《日记》同日)

1月11日　作七绝一首。

"去年此日结缡时,满座宾朋贡祝词。今岁同游多美岛,湖光林影竞催诗。"(本年《日记》同日)

1月13日　作《法比国庆日》一首。

"比户高悬祖国旗,吾侪国庆也如斯。纸冠舞蹈沿途是,我在欧洲始见之。"(本年《日记》同日)

1月15日　作《猫牙》一首。

"岭端新起几高峰,道是猫牙远望中。渐近渐多新变相,须知幻觉本无穷。"(本年《日记》同日)

1月16日　作《本射湖》七绝三首。

(一)

"群山环抱一潋涡,碧水澄泓静不波。赢得人呼小瑞士,最宜月夜荡舟过。"

(二)

"有人说是小西湖,山更雄奇水不如。大好湖山随处有,莫言此好故乡无。"

(三)

"故乡湖水富菱莲,此地偏宜弓苇间。比似明湖在山左,却因清旷倍堪怜。"(本年《日记》同日)

1月19日　曾往沙洛埃。

"到沙洛埃,取衣服,取书籍。"(本年《日记》同日)

1月20日　往巴黎。

"到巴黎。购水仙岩茶四瓶。"(本年《日记》同日)

1月24日　作七绝一首。

"而今风日渐苏回,报道春光又要来。雨雪泥涂满都市,月来几作劫中灰。"(本年《日记》同日)

2月2日　由布鲁塞尔迁居法国斯特拉斯堡。

"比京到史埠 12:1—20:34。"(本年《日记》同日)

2月3日　作《见绿星旗》《丽儿山》各一首。

"《见绿星旗》。一路人家尽绿窗,山青水碧意难降。绿星小队今晨过,希望无穷表此邦。(今晨于 Z. 车站见国际语会员绿星旗,西人以绿色为希望之代表。)"

"《丽儿山》。湖上看山山上湖,湖山面面景差殊。自从丽儿山头望,更爱菲韦湖畔居。"(本年《日记》同日)

2月6日　为周太玄译《人的研究》一书撰写序文一篇。(周太玄译《人的研究》中华书局1924年版)

2月9日　作《对山饮咖啡》《雨湖》各一首。

"《对山饮咖啡》。盛夏不须图北风,皑皑积雪满前峰。薄寒正是中人际,热饮居然挟纩同。"

"《雨湖》。今日连番看雨湖,山容林态尽模糊。若操妥耐传神笔,写出伦敦风景图。"(本年《日记》同日)

2月10日　为褚民谊著《免阴期变论》一书撰写序文一篇。(《免阴期变论》1924年版)

同日　在比利时沙洛王劳工大学演说词——《中国的文艺中兴》——发表。(《东方杂志》第21卷第3号)

2月15日　为《医药常识》一书撰写序文一篇。(大生制药公司:《医药常识》1924年编印)

2月29日　致蒋梦麟函,告欲往英国洽谈退还赔款事,并有游俄计划。

"梦兄大鉴:接一月十七日惠书,知学校内部甚好,学生较前为用功;师大之范,法大之江,均已就职。若政府能酌量发给经费,现状实可乐观,惟兄当内外之冲,劳苦可想,心甚不安耳!弟到比京,本想避人,而相扰者仍不能免。现迁 Strasbourg,而不以住址多告人,但由同寓诸君代收函件,较为清静,颇可编书、读书。惟留英之北大同学,因英国退还赔款一事,机会已到,而支配用途,恐为教会把持,欲弟往英伦与彼国学者接洽,弟已允之,不久或须一往。惺农在俄,兴会甚好,来函邀弟往游,弟亦愿往,惟须俟游英以后,始能定期。知适之回京,尚不能多做事。愿大家加意保护,勿使太劳。……弟蔡元培敬启　二月二十九日"(《北京大学日刊》1924年4月14日)

同日　函请蒋梦麟切实筹款以购买语言研究仪器。

"再者,来书以校款支绌,刘半农所要求之购置仪器等费,一时无从筹汇,嘱弟转告,弟已告之。然彼以不购语音仪器,则彼所研究之语音学,回国后无从继续进行,而亦无以教人,故要求甚为迫切。又以所需六千元至八千元之款,在全校经费中不过占百二十分之一,而又经评议会通过以为于领到款项时,勉强提出,或尚可行。故除正式致兄一函外,又嘱弟力为助力。此事务请兄切实一筹。……弟培再启"。(《北京大学日刊》1924年4月14日)

3月5日　《北京大学日刊》刊登校庆二十五周年纪念会发出的"民意测量表","国内大人物"提名蔡元培共153票。

"本校二十五周年纪念日之民意测量……第六问：你心目中国内或世界大人物是哪几位？国内人物：孙文473票、陈独秀173票、蔡元培153票、段祺瑞45票、胡适45票、梁启超29票……"（《北京大学日刊》1924年3月5日）

3月6日　致《泰晤士报》记者函。

"致《泰晤士报》记者函（陈剑翛代缮）。致无忌函。致李显章函中，有致张阆声函。"（本年《日记》同日）

3月17日　寄交《简易哲学纲要》书稿。

"致（张）菊生函，寄《简易哲学纲要》稿。"（本年《日记》同日）

3月24日　函告杨荫庆（子馀），拟赴英国讨论"英款兴学"事。

"子馀先生大鉴：奉复示并大著《讨论退款兴学案大纲》，敬诵一切。弟对于英款兴学之意见，大致与先生所主张相等，惟条目上小有异同，俟到英后请教。近因连接留英学生退款兴学会函电，嘱于二十七日或二十八日来英，决定于二十八日到。相见不远，诸容晤罄。复研究会一函，因未知在会所附设何处，敬请费神转交。……弟蔡元培敬启　三月二十四日"（《北京大学日刊》1924年4月29日）

3月28日　偕夫人到伦敦。

"蔡先生于三月二十八日到伦，与各重要报馆接洽，如《泰晤士报》……。各报纸将蔡先生相片刊出。其对蔡先生退款兴学意见之措辞虽有不同，但撮其要者有以下二点：（一）蔡先生之言论系代表中华教育改进社决议案，并参酌留英学生退款兴学研究会，希望以大部分之款，在中国创设大规模之科学馆。（二）希望英国政府对于人选问题格外慎重。现因英下议院拟组织一退款委员会，办理关于退款一切事宜。前英驻华公使朱尔典将有被派委员长之希望。其他有委员之希望者，大都皆商政两界耳。……"（《北京大学日刊》1924年6月24日）

3月30日　出席留英两团体举行的欢迎会，并发表演说。

"蔡子民先生为英国退还庚子赔款问题，特于三月二十八日偕夫人由法到英，拟在伦敦勾留数星期，次第与友邦政学新闻各界人士接洽，宣达吾国教育界之意见。留英学生退款兴学研究会，及留英工商学共进会，首于三月三十日午后三时，在伦敦探花楼开会欢迎。到会者除该两会会员外，有朱代使、苏领事、朱夫人、杨女士及使馆人员，颇极一时之盛。……主席杨子馀君报告开会宗旨。……蔡子民先生演说。……"（《北京大学日刊》1924年5月21日）

4月1日　与蒋梦麟、刘海粟等联名发表《吴新吾先生追悼会公启》。

"启者：故国立北京大学导师、上海美术专门学校教务长、前国立北京美术专门学校教务长信阳吴新吾先生法鼎，抱沈博绝丽之才，擅神化丹青之笔，十年铅椠，万里沧溟，谭艺则粉本犹新，课士则皋比如昨，惟我邦彦，实为国光。乃以中华民国十三年二月二日道卒常州武进医院，春秋四十。倚闾慈母寿越耄龄，学语孤雏，生才周晬,人生到此,天道如何!在昔尺波,隙驷既酬,旨于秾陵,置酒弦琴,亦述诔于光禄,兴言气类,罔间古今。同人表墓,才疏倾河泪尽,冀魂归于里,复假象设于闲安。谨定于四月六日,在国立北京大学第三院礼堂开会,为位追悼,兼取先生生平作品,罗列会堂,藉供展览,想牙生之罢奏,譬匠石之废斤,感不绝于余心无怼乎!前志恭疏短引,维以告哀,伏维大雅惠临,光及存殁,临启悚惶,鉴察不尽。

蒋梦麟 蔡元培 钱稻孙 刘镇中 刘海粟 杨祖锡 裔寿康 戴修鹭 戴修骏 谭熙鸿 苏希洵 严智开 叶镜□ 郭志云 徐炳昶 徐王慎徽 孙百璋 梁仁杰 梁华庆年 张黄 傅铜 侨曾劬 乔高劬 乔曾佑 裘善元 李煜瀛 李姚同宜 李宗侗 李麟玉 李玉华 李祖鸿 李钟鲁 沈兼士 洪逵 陈和先 陈启民 马衡 秦锡铭 王尚济 王济远 王悦之 王祖彝 王子云 王丕谟 方子杰 余同甲 何霁峰 吴昆吾 吴朱美琳 汪亚尘 同启"。(《北京大学日刊》同日)

4月4日 访罗素夫人。

"午后二时半,访罗素夫人。"(本年《日记》同日)

4月5日 访牛津大学校长,介绍关于退款用途问题。

"蔡先生同杨子馀君,晤牛津大学校长 Michael Salder,此人在英政府方面言论极有力量。蔡先生把他对于退款用途之主张,一一为之解释,伊甚表同情。"(《北京大学日刊》1924年6月24日)

4月7日 函请傅斯年(孟真)、罗家伦(志希)代备出席康德诞辰二百年纪念会祝词。

"孟真、志希吾兄大鉴:……接北大来函,言德国于本年四月举行康德二百年生日纪念会,属弟代表全校与会,弟本有游德之意,乘此一来,亦复甚佳。考康德生日为四月二十二日,想祝典必在是日举行。弟拟于十五日后由英行,在法略停一二日,定于二十日以前,偕内人到柏林,敢请代为选定寓所。……又到会或须有祝词,应如何措词,请代备。……弟蔡元培敬启 四月七日"。(《致傅斯年、罗家伦函》同日)

4月8日 赴议员 Edmund HarueY 的宴请,向其介绍对于退款用途的主张。

"蔡先生同杨子馀君,赴议员 Edmund HarueY 午餐之约,席间谈及退款问题,蔡先生述其主张。座中共八人皆为议员,而为关心中国事者,对于委员之组织,皆有发言权。这个接洽,比较甚为重要。"(《北京大学日刊》1924年6月24日)

4月9日 到剑桥大学访柴理斯,请协助进行退款兴学事。

"蔡先生同杨君赴剑桥大学,见读中国文学、讲中国话、写中国字之英人柴理斯君。柴君为该校中文系主任,对于中国事甚清楚,为与中国最表同情者,在言论界极有势力,他应许尽力帮助退款兴学。"(《北京大学日刊》1924年6月24日)

4月10日 在伦敦出席英国"中国学会"会议,宣读所撰《中国教育的发展》论文。(《中国教育的发展》译本 1924 年印)

"中国北京大学校长蔡元培博士，星期四日晚（四月十日）往伦敦大学东方学院研究科之中国协会演说，希望得有赞助，以促进中国之科学教育。主席中国公使朱兆莘氏，称蔡氏为中国教育界泰斗，时下新文化运动之领袖，从前曾在德法两国留学，故倾向德国现世主义 Secuiar 的教育制度。蔡氏演讲中，力言中英两国之教育宗旨，均注重培养学者之良好品性，中国古代教人射御，英国注意运动，皆此旨也。惟中国之科学教育，尚极幼稚，希望英国政府所退还之庚子赔款一千或一千二百万镑，用以设立科学博物馆，斤南铿新顿之博物馆然，并设研究文物机关，以做英国退款诚意之永久纪念品，彼望此一纪念品，设于南京或北京。又提议以一部分之款，派遣中国学生到英留学，及由英国派遣学生至中国各大学研究中国学术。"（《申报》1924年5月18日）

4月14日　上午，与罗素夫人同到外交部，访东方司司长；下午，与朱代使同会 H. Gmlls。

"午前，蔡先生同杨君与罗素夫人到外交部，晤东方司司长 WaterlirY。由这次谈话，知（一）委员人选多系商人受教育、外交二部之代表。蔡先生请他多加选派教育界名人。（二）用途并未规定用于教育上，不过尚有些希望。蔡先生力言发展两国之友谊，以将此款建一大科学馆为最好。（三）两方约好，随时交换意见。最后彼等对于蔡先生之意见，允为讨论该方案之参考。

午后朱代使请蔡先生晚餐，目的为介绍与 H G M。此人为现代之大文豪，言论界负有极大之势力，眼光远大，允许援助，已有长篇论文发表。"（《北京大学日刊》1924年6月24日）

同日　到东方学校发表演说。

"蔡先生在东方学校演说，题为《退款兴学问题》。此文已广登各报。"（《北京大学日刊》1924年6月24日）

4月21日　在德国哥尼斯堡，出席"康德诞生二百年纪念会"，并发表演说。

"接北大来函，言德国于本年四月举行康德二百年生日纪念会，属弟代表全校与会，弟本有游德之意，乘此一来，亦复甚佳。考康德生日为四月二十二日，想祝典必在是日举行。弟拟于十五日后由英行，在法略停一二日，定于二十日以前，偕内人到柏林，敢请代为选定寓所。鄙意租一有器具之房屋两间，一间作卧房，一间作会客所，似乎较住旅馆为方便。必不得已，寓不甚贵之旅馆亦可，请酌行。又到会或须有祝词，应如何措词，请代备；如须演说，鄙意似可用《康德与戴震》。因戴氏亦适于今年在北京举行二百年生日纪念会，而彼之学说在中国有大影响，颇足与康德之在欧洲相比拟也。戴氏生日之各种演词，弟未见过，如尊处有之，则请刺取若干条，以与康德学说相比较，或同或异，不妨分别论之。如兄等赞成此义，请先为预备

（并请译成德文），渎神至感。相见不远，诸容面罄。……弟蔡元培敬启"。(《致傅斯年、罗家伦函》本年 4 月 7 日)

在德国哥尼斯堡参加康德二百岁诞辰纪念会合影(1924 年)

4 月 23 日 函复刘海粟，嘱写题词，稍候写奉。

"海粟先生大鉴：由子竞内兄转下惠函，并贵校新建西洋画教室摄影一纸，谢谢。属写题词，候选得相当之成语，即写奉。……弟元培敬启 四月二十三日"。(《复刘海粟函》同日)

4 月 29 日 对于英国退还庚款分配用途的意见发表。

"一、以百分之九十设一科学博物院，其中分两部分：一部分陈列理化学及工艺进化标本，略如 South Kensington 中之 Science museum；一部分陈列自然历史进化标本，略如 Natural history museum。

理由：(一)退还赔款，为退款国极大善意，不可不有一种永久的、普遍的大建设，以为退款国与吾国特殊友好之纪念品。(二)我国欲振发国民努力文化之精神，不可不亟营大规模之文化事业；而财政竭蹶如此，非经长时期之整理，决不能筹出巨款；允宜乘退还赔款之机会，而以较巨之款经营之。(三)文化事业，为世界主义的，与国民教育之关于国权者不同；不至因有退款之关系，而生主客间关于权限问题之纷议。十一年中华教育改进社在济南开会时，由汤尔和君提出此种意见于该社之全国教育筹款委员会，讨论后，公认为适当。并议定一种条件，其(某)国所退之款，即以建设与某国最有关系之文化事业，如法国退款，建设美术院；意国退款,建设天文台;英国退款,建设工商博物院之类。鄙意商业以工业为基础;工业以自然科学为基础;故本教育改进社建设工商博物院之原议,而依照伦敦博物院习惯,即称为科学博物院,而包含工艺于其中。

二、以百分之八为国立各大学中设立英国文史学讲座之基金。其中除教员俸给外,如购置英国图书及美术品,津贴优秀的研究生之费,均特别规定之。

三、以百分之二为派遣大学教员与毕业生留英研究公费的基金。第二、第三之两款,亦教育改进社原议所有,但小有增改。"(《北京大学日刊》同日)

4月 在柏林,参观柏林大学、美术学院及音乐学院等。

"一九二四年四月,蔡先生偕周夫人赴德国哥尼斯堡,出席康德二百岁生日纪念会时,路过柏林,停留数天。他们在柏林参观柏林大学、美术学院、音乐学院及游览动物园、植物园,我都曾随同几位同学陪伴。"(毛子水:《对于蔡先生的一些回忆》)①

5月8日—9日 到巴黎,函约贝索尔德(A. Besuard)晤谈。

"到巴黎。""致国立美术学校校长 A. Besuard 函,约期晤谈。"(本年《日记》同日)

在法国参观留影(1924年)

5月21日 在法国史太师埠,出席"中国美术展览大会"开幕典礼,并有演说。

"旅欧华人最近有一最新、最有意义、最有新精神之组织。论性质属于学术文化之研究;论影响实为中国在国际间作一有力之宣传。其事云何?即在法国史太师埠举行中国美术展览大会是也。……五月二十一日开幕。先日,巴黎、里昂各方面人士如公使夫妇、王亮畴、郑毓秀、萧子昇、谢东发、曾仲鸣诸君外,又男女同学多人,均抵史太师埠。记者亦在队中,由巴黎同车出发。到史太师埠后,所寓旅店,店

---

① 载毛子水:《师友记》,台湾传记文学出版社出版。

主特悬中国大旗以示敬意。二十一日下午四时,由蔡子民、褚民谊两君邀请中法各界约八千人茶会,有演说,史埠总督并致谢词。是晚九时正式开幕请我国陈公使、法国史埠总督主席。各作开幕词毕,继之以郑博士毓秀之演说,议论风生,倾动满座。继由郑毓秀之幼年侄女代表筹备委员会读谢词,向史埠总督、大学校长、美术司长,中国方面陈公使、蔡校长、王亮畴、褚民谊、郑毓秀、萧子昇、谢东发诸君,一一致谢赞助。……直至十二时始散。观众约三千人,全宫拥塞,不得其门而入者,尚不计其数。"(《东方杂志》第 21 卷第 16 号)

在法国史太师埠与中国美术展览会筹备委员会的合影(1924 年)

同日 《在留英学生退款兴学会及留英工商学共进会欢迎会上的演说词》发表。(《北京大学日刊》同日)

5 月 22 日 出席旅法中国美术展览会招待宴会,并有演说。(《东方杂志》第 21 卷第 16 号)

5 月 24 日 为中国美术展览会捐款及垫款。

"付褚民谊五百法郎,又一千法郎,为美术展览会捐款及垫款。"(本年《日记》同日)

5 月 30 日 向退款兴学研究会捐款。

"致杨子馀函,内附致退款兴学研究会函,并捐款五百法郎。"(本年《日记》同

日）

5月 作《题〈载书归里图〉》二律并赞文一篇。

"行年六十困风尘,潦倒湖湘廿四春。抚赤岂能酬爱戴,罢官幸为守清贫。生逢盛世容吾懒,老畏浮名伴此身。归艇载书无长物,萧然谁识宦游人。"

"湘水清涟点绝尘,轻帆略载一家春。拥来卷轴聊夸富,付与儿孙不厌贫。师古真叨前哲益,从今善保老儒身。绿榕丹荔都无恙,归去闽南作散人。"

"主人坐舟中平眺,案上瓶花书帙,舟首一童烹茶,舟尾一老者摇橹,舟自柳荫中出。陈枫阶先生《载书归里图》道光中。"

赞《载书归里图》：

"读书万卷,现宰官身,不亲铜臭,愿作散人。一叶扁舟,柳荫容与,瓯茗初烹,瓶花欲语。行芳志洁,堪对湘累。多文为富,□中与才。鼎鼎百年,子孙永宝。矜式群伦,庶有德造。

民国十三年五月,任先公使以主持中国美术展览会来斯太史堡,携示先德枫阶先生《载书归里》,谨为赞如右（上）。绍兴蔡元培"。（蔡元培先生手稿）

同月 为旅法《中国美术展览会目录》撰写序文一篇。（《东方杂志》第21卷第16号）

6月3日 为要求以英国退还之庚子赔款用于教育致电卡布尔（Capples）、韦伯（Webb）等。

"致 Capples、Webb 诸君电,均为要求以英国退还庚子赔款用在教育上。"（本年《日记》同日）

6月6日 在 Lutzerbourg,望见山上有古壁,作《山上古壁》二首。

（一）"车中一夜未安眠,睡眼临书不耐看。百草千花窗外过,坐观风景亦陶然。"

（二）"风景真宜长夏夸,般般色相斗秾华。最怜万绿平铺处,几朵深红罂粟花。"（本年《日记》同日）

6月7日 撰写拟在维希（Vichy）温泉公司发表的演说稿。

"拟在 Vichy 演说《自然供给人类的》：（一）发见。（二）充分利用。（三）补充（如运动等）。"（本年《日记》同日）

6月8日 作《八日夜》二绝。

"一宿□庐正对山,上弦月子尚弯弯。山房几点灯如豆,也似明星不可攀。"

"欹枕犹能对月眠,月光了了照窗前。独吟对影成三句,只惜无人与比肩。"（本年《日记》同日）

6月13日 应邀到法国维希温泉公司参观,并发表演说。（蔡元培先生手稿）

同日 离维希到巴黎。

"午后四时三十五分由 Vichy 行,十点三十分到巴黎。"(本年《日记》同日)

7月15日 致函英人伯兰特·罗素,希望英国拟成立的庚款基金咨询委员会中,有教育界及学术界人士参加。

"尊敬的伯兰特·罗素阁下:……我十分高兴的从伦敦的中国留学生中得知,工党执政后,您曾经就庚款问题致函首相,……英国政府在一项提交会议的议案中,决定将赔款基金给予我国教育事业,这一对英中关系的明智措施正是您倡导的结果。目前,还需通过互相了解来推进这项政策,以期取得直接而有效的结果。鉴于您已了解我们的目标,有必要向您详细阐明这一观点。

但是,令人不安的是英国报纸对我国教育工作者意见的歪曲。今天的中国一致同意将庚款用于振兴教育,这在动乱年代极为难得,意义重大。国家的希望寄于此,决非寄于任何政治灵丹。同时,我感到,由众议院最近的辩论可以看出,我们的要求——更多了解教育家们对庚款问题的观点——在英国几乎毫无基础。据悉,英国政府拟成立咨询委员会以调查庚款基金的分配方法,其成员皆由外交部遴选。如此说属实,也没有理由不邀请资深的教育家或著名学者参加。我无意低估财政部某些工党朋友的努力,但也愿表达教育家们广泛持有的看法,即行将成立的委员会不应排斥杰出的〔学术界〕人士。这不仅是中国人民的强烈期望与要求,而且将大大有利于两国合作的前景。……蔡元培 中华民国公使馆转布鲁塞尔 1924 年 7 月 15 日"。(《致罗素函》同日)

7月18日 报载蔡元培由法函京谓"法并无金佛郎其物"。

"蔡元培由法函京,法并无金佛郎其物,亦无金佛郎汇价,中政府如承认金佛郎,意须将每月金镑镕化,分析每月金佛郎得金镑十分之几,每月金佛郎分量不能同,又不能在华定造金佛郎,将来或将折一平均价。蔡认付金甚不自然。"(《申报》同日)

8月9日 为出席美洲民族问题国际会议,到海牙。

八月"九日,到海牙"。(本年《日记》同日)

"目前,我正在布鲁塞尔休假,本月底将去海牙,出席美洲民族问题的国际会议。我和您分别已三年了,希望以后再次访英,同你更深入地讨论庚款问题……"(《致罗素函》同年 7 月 15 日)

8月29日 到瑞典斯德哥尔摩(Stockholm)。

八月"二十七日,上船。餐桌号数 28、29"。二十九日"晚 7 时,到 Stockholm"。(本年《日记》8 月 27 日、29 日)

8月31日 在斯德哥尔摩参观国家博物院

"去市政厅。看国家博物院。游公园,有跳舞。"(本年《日记》同日)

8月 受教育部委托参加在海牙举行的国际民族学研讨会。

"教育部来函:国际阿美利加大会,将于荷兰海牙举行第二十一次会议,属我到会,时期为八月十二日至十六日开会,其后数日,在葛丹坡城继续工作。"(本年《日记》4月10日、8月9日)

"为咨行事。迭准来咨嘱派员赴阿美利加协会第二十一次大会,兹经函请现在法国之北京大学校长蔡元培就近代表出席,相应咨复,即希查核。转复驻京荷欧使也。此咨。"(《教育公报》第十一年第五期)

同月 所作《简易哲学纲要》一书,由上海商务印书馆出版。(该书 商务印书馆1924年8月出版)

同月 前《在旅法中国美术展览会招待会演说词》发表。(《东方杂志》第21卷第26号)

9月1日 在斯德哥尔摩参观美术学校及诺贝尔研究所。

"参观美术学校。看卫队。看自然历史博物馆。看 Nobel Institut。"(本年《日记》同日)

9月2日 参观诺斯克(Norsk)博物院。午后到乌普萨拉(Upsala)。

"看 Norsk 博物院。午后到 Upsala。"(本年《日记》同日)

9月29日 返回斯特拉斯堡。

九月"二十九日(到)史埠"。(本年《日记》同日)

9月30日 函复罗家伦(志希),赞同以丁文江或胡适参与英国退还庚款用途委员会。

"志希吾兄大鉴:……英国退款用途委员会事,弟亦赞成推荐丁文江君,如丁君因矿务而不能来英,则以胡适之先生为最相宜,因适之先生现因肺疾,北大又准假一年,乘此机会转地疗养,亦甚好也。十一月间如国内战事平定,英国会当可奉行三谈形式,尔时当积极进行。……弟元培敬启 九月三十日"。(《致罗家伦函》同日)

10月6日 因受经济及时间限制,未能参加柏林美学讨论会。

"志希吾兄大鉴:……本月十六日至十八日,柏林有美学讨论会,弟亦被邀,然为经济及时间所限制,竟不克到会,不克与诸同学一晤矣。……弟元培敬启 十月六日"。(《致罗家伦函》同日)

同日 再致罗家伦(志希)函,询段锡朋(书贻)、傅斯年(孟真)等人近况。

"志希兄再鉴:承购寄 Desoir 之《美学与美术科学》,早已收到,渎神谢谢。前闻段书贻兄说蒋先生虽寄数百元,而似乎以此充川资,此后恐再难接济,未知诸兄现在作何计划?又闻孟真兄因山东欠费不寄,亦颇窘,未知确否?……培再启"。(《致罗家伦函》同日)

10月31日 北京大学拍发请即归国主持校务电。

"请蔡校长归国主持校务电。法国。政局变化,校务待公主持,请速回,盼即复。北大代理校长及评议会。"(《北京大学日刊》同日)

10月 撰写《在里昂市爱友市长招待会上的演说词》。(蔡元培先生手稿)

11月3日 分别致北大评议会、代理校长蒋梦麟函,说明尚"不能作速归计"。

"评议会诸先生公鉴:旷职已久,奉电速归,敢不谨遵。惟现正有所研究,未便中辍,不能作速归计,尚祈鉴谅。专此。敬祝公绥。蔡元培敬启 十一月三日"。

"梦麟吾兄大鉴:……诸承关爱,良深感佩。惟弟去年离校以后,视北京为畏途。既已出国,正可借以脱离。徒以当局太无人格,不愿向彼提出辞呈。而兄与教部商妥,援任职五年后请假留学之例以助,弟又不敢辜负美意。满拟及此时期,对于美学及人类学较为有系统之研究,以期归国后在学术界稍稍有所贡献。今旅行归来,方着手于参考整理之业;若遽辍业而归,势必前功尽弃。……务请玉成……弟元培敬启 十一月三日"。(《北京大学日刊》1924年12月20日)

11月4日 北大全体学生发电促蔡校长回校。

"本校学生致蔡校长电。蔡校长,全体同学望公速回。北大学生会。"(《北京大学日刊》同日)

11月8日 电复北京大学蒋代校长,"不能即归"。

"北京大学蒋代校长:留欧研究,不能即归。余函详。乞转告评议会,并顾、李两公。元培"。(《北京大学日刊》同日)

11月10日 为许德珩译《社会学方法论》一书撰写序文一篇。(《社会学方法论》商务印书馆1924年版)

11月15日 到比利时布鲁塞尔。

"离巴黎,晚6时到。寓 Hotel providance 33 号室。"(本年《日记》同日)

11月18日 到科隆,续签护照。

"晨五时到 Köln。午后二时,抵 Muster,警察检护照,已过期,属下车完手续,遂至警察署及财政厅。在厅付25马克,警署10马克,始签注得留三个月。"(本年《日记》同日)

11月19日 自科隆到汉堡。

"午前十时十七分行,午后三时十六分到,寓 Hotel Berline hof。"(本年《日记》同日)

11月21日 到汉堡大学报名入学,继续研究民族学。

"到大学报名。访 Thileius 院长。晤 Anzel(莱比锡博物院,曾见过)。"(本年《日记》同日)

"民国十三年,先生赴荷兰瑞典出席民族学会;民国十五年,赴德,在汉堡大学继续研究民族学,其好学不厌的精神如此。

先生于民族思想别有创获,其说不主一家,故其成就,弘博而无所不赅,精微而无所不实。"(何联奎:《蔡孑民先生对于民族学之贡献》)①

12月4日 向傅斯年、罗家伦倾诉不能归国执掌北大的苦衷。

"孟真、志希两兄大鉴:奉孟真兄函,陈说弟归国之必要,情词悱恻,弟不能不感动。方欲奉告不能归国之苦衷,而又接志希兄函,恳切周详,益使弟不能遽下断语。然弟再四思维,此时实不能遽作归计。盖以救国问题而言,此时所最急者,在打倒军阀之预备,此断不能如辛亥以前之革命事业,利用几支军队,或放几个炸弹,可以收效。为根本解决计,在建设民军,使国民各有当兵之资格,或投入军队,或发起团练,以自卫之精神,代随地劫掠之募兵。然此事非普及平民教育,于普通简易教育中参入军事教育,不能收效。入手办法,只能先从在校学生训练起。若在校之教员、学生,均了解此义而实行之,则由学校而推及商工农社会,十年、二十年以后,或可达到目的。计若迂阔,然七年之病,求三年之艾。鄙见止此,其他即有较为简捷之方法,弟未之知也。弟于民国元年间,见革命事业由利用无知识之军队而小就,即预料有军人执政之一时期,于《对于教育方针之意见》中,曾提出以征兵代募兵之说。前三年在北大组织学生军,亦本此主义。然精力就衰,回想二十年前在爱国学社时,曾截发杂(主张)学生中练兵式体操,而今日已不能再演。若空口提倡,则适以此等计划促军阀之注意,而普通人未必倾听,近日偶然对热心国事者言之而已。此种主义,在弟认为救国之惟一政策,而弟已无提倡之资格,不能不让诸年富力强之同志。至关于北大之问题,弟自忖精力实不能胜此烦剧,若以梦麟、石曾诸君任之,实较为妥当。校中同人往往误以'天之功'一部分归诸弟,而视弟之进退为有重要之关系。在弟个人观察实并不如此,就既往历史而言,六七年前,国内除教会大学而外,财力较为雄厚者惟北大一校,且校由国立而住在首都,自然优秀之教员、优秀之学生较他校为多,重以时势所迫,激刺较多,遂有向各方面发展之势力。然弟始终注重在'研究学术'方面之提倡,于其他对外发展诸端,纯然由若干教员与若干学生随其个性所趋而自由伸张,弟不过不加以阻力,非有所助力也。即就'研究学术'方面而论,弟旁通多,可实未曾为一种有系统之研究,故亦不能遽有所建设。现在如国学研究所等,稍稍有'研究'之雏形者,仍恃有几许教员、几许学生循其个性所趋而自由伸张,弟亦非有所助力也。然而弟对于研究学术之兴会,乃随年而增进。孔子曰:'朝闻道夕死可矣。'无论有无成功,必欲尽一时期,一尝滋味。此次来欧,本已决脱北大关系而专心于此,后来因种种关系,不能不暂居其名。弟以为,既有其名,势不能闭门读书而不与外事,故对于教育事业或学术集会,不能不参与,事后思之深觉非计,自今以后,于此等关系亦将一概谢绝,惟对于北大居名而旷职,深

---

① 载蔡元培研究会编:《蔡元培纪念集》。

为不安,当亦谋所以解决之,惟冀知我者能见谅而已。……弟蔡元培敬启"。(《致傅斯年、罗家伦函》同日)

1925年(民国十四年 乙丑)五十八岁

1月3日 致北京大学评议会公函,请允许暑假后再留欧研究一年。

"评议会公鉴:前奉惠电,促即回国,旷职已久,敢不遵命。惟事实上实不能即作归计,曾电复代理校长蒋君,请为转致,谅荷鉴察。惟蒋君屡次来函,陈述种种困难,似非培归国不可。培今拟暑假中归国一次,接洽各事。惟培有不得不请贵会许可者,即至少于暑假后再续假一年是也。培自前年出京后,本决计脱离本校,故径于去年(应指1923年)夏季启程来欧,拟以两年,专研美学,于素来未得解决之诸问题,利用欧洲图书馆、博物馆,潜心研究,冀得结果。不意到欧以后,旋得消息,辞职之举,未能实现,而职务由蒋君代理,俾培得援'任职五年以上,出洋研究'之成例,仍居其名。培初意既承本校如此优待,势不宜置教育公务而不顾,故于本校委赴德国参与康德纪念会,教育部委赴荷兰、瑞典参与美洲地理人类学会,及其他留欧同学要求赴奥京参与世界语大会,赴法国史太师埠参与中国美术展览会,并交涉中法大学校长及代理校长诸问题,均不敢不黾勉从事。然坐是而第一年研究之时间,全被占去。回顾本校,经济困难,达于极点;而政潮激荡,又无时不受影响。幸赖贵会诸先生、蒋代理校长及诸同事辛苦奋斗,不但维持有方,而校务且日有进步。培一方面感佩诸君子之热诚与毅力,一方面益自惭无状。自忖此一年中,仆仆道途,所经营者,未必均有效果;即就稍有效果者而言,对于教育界之贡献,亦复甚微,殊不足以赎放弃职任之罪。故自去年十月起,即屏除一切,专心求学。冀再历一二年,稍有所得,以副研究之名。若此时辍业而归,则所谓'何所闻而来,何所见而去',不特自问难安,而亦无以副本校特别优待之盛意。窃维本校以研究学术为鹄的,凡教授出洋研究者,如朱君家骅、刘君复、陈君启修,均以所研究之对象,非一年所能竟,承本校许可延期,培今事同前例,原于满一年后(自十二年七月至十三年六月),即以教授之资格与薪俸,继续留欧完成学业,谅必为贵会所许可。故敢以暑假后再留一年之计画,预陈于贵会,幸贵会承认之。专此奉布,并祝公绥。蔡元培敬启 十四年一月三日"。(北京大学档案)

1月14日 五十九岁生日,夫人以鲜花、红烛祝寿,口占二绝鸣谢。

(一)"我有童心欲忘年,承卿点缀亦欣然。祝余老寿逾康德,团聚还当六十年。"

(二)"上寿百年有二十,今方踉跄半途来。若参世界长期史,我是婴儿犹

"一月十四日我生日,在阳历方满五十八岁,而在阴历,则已五十九岁矣。我妻以吾国向有庆九之例,特备鲜花、红烛□□□□,并以《康德二百年生日纪念年册》及德译威尔斯《世界大纲》二书为寿。口占鸣谢。"(蔡元培先生手稿)

2月10日 资助赴法勤工俭学生曾宪忠(仲华)法币一百方。

"宪忠仁兄大鉴:接一月二十一日惠函,知贵体稍有不适为念。近日已痊愈否?每月筹款备进校,弟力实愧未能,尚请原谅。勉筹法币一百方寄奉,藉助医药之需,乞哂存。……弟蔡元培敬启 二月十日"。(《复曾宪忠函》同日)

2月28日 与沈光周、符焕等联名发表《为严贞甫君征挽启》。

"公启者:十三年十二月二十九日,顺德严君显扬,号贞甫,国立北京大学法律系毕业,因公积劳,病终广东公立医科大学医院。哲人其萎,群深悲悼。凡属年世寅乡戚学友门宗谊,理宜致奠。惟贞甫君至孝性成,因太夫人在堂,临终语其令兄炎南、源左两君,切勿举丧,所有锦丝祭轴,祭品香仪,一概勿受。第念尽遵遗嘱,不能达戚友之情。众议征诗文挽联,以慰泉壤,无论诗文对联诔言歌曲,请用普通笺纸誊正,于三月内径寄广东顺德县大良细墟如心饼馆收,或交北京西河沿交通银行李伯炽君代收转寄,以便将来汇集发刻派送,以留纪念,幸勿见弃,是所祈祷。谨此奉闻,并候撰祺。

蔡元培、沈光周、符焕、陈达材、刘君翼、马绍援、李显、龙匡球、周先觉、谭玉山、刘廼潜、区声白、罗宗孟等43人同启"。(《北京大学日刊》同日)

3月10日 拟于本年暑期中回国一次。

"菊生吾哥大鉴:奉一月二日惠函,敬谂奉托购各书,已属馆中分别预约及购寄,至为感荷。承属探询□□□各事,专函往询,尚未得其答复;而又奉二月十日惠函,敬谂奉托汇与和钦舍弟之五十元,已于新年开馆时寄出,至感至谢。又奉托再汇五十元,系预备丧务之用,弟亦有专函奉托,稍迟几日,必能达左右也。弟本欲再留两年,而蒋梦麟兄来函,言有种种为难情形,非弟回国一次不可;如弟必不能留,则亦可回而复出;并承彼代弟计画,于暑假中暂回,要求电告。弟此时若提出辞呈,则使梦兄益增困难;不辞而又不回,则态度又暧昧,故复电允于暑假中回国一行,而要求再得续假一年,备暑假后再作欧游。现尚须观察时局,如到七八月间有可以回国之情势,则准回来一次。弟元培敬启 三月十日"。(《复张元济函》同日)

3月28日 闻孙中山逝世,深致哀悼。

"蔡校长电北京大学转汪精卫先生:闻中山先生逝,不胜悲悼,请代致唁。蔡元培"。(《北京大学日刊》同日)

3月31日 函请蒋梦麟转托李大钊婉告俄人,因身体不健,尚不能游俄。

"梦麟吾兄大鉴:二月二十六日惠函收悉。惟弟五月间必不能即行,恐须在八九月之间,俟酌定后再奉告。弟身体现不甚健,由俄境行,须车行太久,恐不能支持。……或俟再来欧洲时,设法一往游。请转托守常先生为婉告俄人及留俄之华人也。……弟元培敬启　三月三十一日"。(《北京大学日刊》1925年4月30日)

3月　作挽孙中山联。

"是中国自由神,三民五权,推翻历史数千年专制之局;

愿吾侪后死者,齐心协力,完成先生一二件未竟之功。"(《总理哀思录》1925年印)

同月　撰《祭孙中山先生文》一篇。(《总理哀思录》1925年印)

4月3日　应世界学生基督教联合会之请,作《中国现代大学观念及教育趋向》一文。(蔡元培先生手稿)

4月12日　出席在伦敦中国驻英使馆举行的孙中山追悼会,并有演说。(蔡元培先生演说记录稿)

4月19日　撰写《孙中山先生传略》一文,供在法国里昂各界华人及法国友好人士举行的孙中山追悼会上宣读。(蔡元培先生手稿)

4月24日　介绍章桐译卢梭《忏悔录》于商务印书馆出版。

"章桐君译有卢骚《忏悔录》,属弟为觅售主,弟已为寄与商务印书馆编译所王云五君。惟章君欲得先生一序,弟已属王君就近与先生接洽。如欲观译稿,可向王君索取。又万一商务不能收此稿,弟已属王君以译稿寄尊处,请先生为向中华书局一商。"(《致吴敬恒函》同日)

4月　为章桐译卢梭《忏悔录》作序一篇。(《忏悔录》商务印书馆1929年版)

同月　为樊炳清编《哲学辞典》撰写序文一篇。(《哲学辞典》商务印书馆1926年版)

5月13日　复胡适函,告定于本年8月启行回国。

"适之先生大鉴:奉惠书,知贵体渐康复,于授课外兼从事中国哲学史长编,甚慰,甚慰。然尚祈注意调摄,切勿过劳。承示北大当确定方针,纯从研究学问方面进行,弟极端赞同,八月中旬准启行回国,与先生及梦麟兄共同商定。弟放弃责任,累梦兄受多许委屈,不安之至,祈先生随时宽慰之。……弟元培敬启　五月十三日"。(《复胡适函》同日)

5月　为北大经济系一九二五年毕业级友录题词。

"民国十四年,经济系毕业同学,初拟印行级友会录,嗣有全校毕业同学录之作,遂寝斯议。兹镌校长蔡元培先生之赠言于是端,藉资纪念。张梿　十四年五月三日"。

蔡先生的题词是:

"生财有大道,生之者众,食之者寡,为之者疾,用之者舒,不患寡而患不均,不患贫而患不安。此吾国古代经济学理论也,前一条关乎生产,后一条关乎分配。自科学发展以后,利用机械,则生众为疾之目的,可以达;实行社会主义,而均安之目的,可以近矣。爰题于经济系民国十四年毕业级友会录,以资印证。蔡元培"。(《北大经济系民国十四年毕业级友会录》)

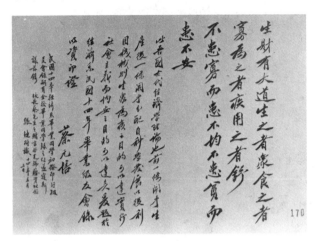

为北大经济系毕业同学录题词(1925 年 5 月)

同月 为北大哲学系一九二五年级友会纪念刊题词。

"知之为知之,不知为不知,是知也。

哲学在我国古书本名为道学。今曰哲学者,希腊语斐罗梭斐之译文。其原意为爱智。故哲学家不忌怀疑而忌武断,不妨有所不知,而切不可强不知以为知。愿以孔子之言,与哲学系诸同学共勉之。因题诸民国十四年哲学系级友会纪念刊。蔡元培"。(《民国十四年北京大学哲学系级友会纪念册》)

为北大哲学系级友会纪念刊题词(1925 年 5 月)

6月5日 函请教育总长章士钊酌派代表出席里昂世界语会议及准给赵懋华留学公费。

"……公近以法长兼教长,想教育界各种困难问题必能迎刃而解,敬礼!敬祝!兹有二事相商:一、贵部已派黄尊生君代表出席巴黎之世界语国际科学会议,而八月间尚有在日内瓦举行第十七次万国世界语大会中之夏令国际大学,务请派员出席。如仍派黄君代表,似亦甚妥。奉上里昂世界语学会函,请酌行。二、四川赵懋华女士,留学德国,成绩颇优,受川战影响,学费甚为困窘,欲援前部费生韩朝矩、张传琦二人成例,请贵部准给公费。已经驻德公使馆为之陈请,属培更为一言。附奉赵女士履历一纸,请察。蔡元培 比国六月五日"。(《致章士钊函》同日)①

6月11日 函告易培基(寅村)将与王宠惠(亮畴)等联名发表关于"沪案"的宣言。

"北大校长蔡子民由法致书前教长易寅村氏,谓对沪案彼与王亮畴等将有所发表,并云已推王氏主稿。该函系六月十一日所发,日昨始到。本社据某方面消息,谓蔡等之宣言确已发表。欧洲人民,因此受绝大之感动。兹将蔡原函摘录如下:

寅村先生大鉴:(中略)顷又接先生及国立大学联合会同人电,示以英日警察残杀学生工人之真相,此事真可痛恨。外国报纸,初颇言及对一切外人,近于庚子义和团。且认为党俄者所指使。现已知英日巡警有残杀行为,而报告各地罢工风潮为专对英日而发。奉电亦有所根据,已寄亮畴,托其主稿,有所发表,亮畴深通法理,必能发一种正当之辞,以感动第三者也。弟个人自当随机尽力,未知此函到北京时,吾同胞已能以大牺牲而获得相当之报偿,瞻望前途,杞忧曷极。诸应为道自重,不宣。弟蔡元培敬启"。(《第一小报》1925年7月7日)

6月17日 北京大学致电蔡元培校长,告北大师生对于沪汉事件所取的态度。

"蔡子民先生鉴:沪汉事件,英日诬我排外及赤化,亟须辩正。我校早已组织后援会,对外宣布真相,对内募款救济工人,监督政府交涉。余函详。北京大学教职员沪案后援会 十四年六月十七日"。(《北京大学日刊》1925年6月18日)

6月24日 为沪汉事件致北京大学并全国各团体电。

"北京大学并转全国各团体鉴:自主运动,深以不克躬与为憾。间闻过激,颇兹疑虑。请纯用不合作主义促对方反省。全国一致宣言,尊重外人生命财产。要求政府宣告列强,指明此次冲突,实为外国行政机关及其他〔不〕平等制度在华不能相安之铁证,应即废止,应特派全权专使另订平等新约,并对于此役牺牲者有相当赔偿。言论上务以平等、公道为标帜,避去偏激名词。蔡元培"。(《北京大学日刊》同

---

① 载《章士钊全集》(五),上海文汇出版社2000年出版。

日)

6月27日 所撰《北京大学国学研究所一览序》发表。(《北京大学日刊》同日)

7月7日 主张通过驻外各公使分别进行交涉,以废除各项不平等条约。

"北京大学蒋梦麟先生鉴:国内运动,集中于收回国权,甚善。列强会议为形式上不能免之举,然受外国官商久留中国者之包围,恐无大效。请告外交当局,责成驻外各公使分别交涉,并在舆论上鼓吹单方废弃之理由。蔡元培。虞。"(《北京大学日刊》1925年7月18日)

7月25日 在世界教育会联合会第二次大会上发表题为《中国教育的历史与现状》的演说。(蔡元培先生演说词记录稿)

同日 向世界教育会联合会第二次大会提交议案一项。

"(一)胎教院与育婴院的试验。大意谓现在自幼稚院以至大学,教育制度渐备,而又有淑种学以为根本上改良人种之预备。然自受胎以后,至入幼稚院时期,除所设家庭教育以外,注意者尚少。拟采中国周代胎教之制,设胎教院以安置孕妇。又生儿童后,母亲得携儿住于育婴院,至入幼稚院为止。院中设备,均以调养性情为主。(二)脱离宗教教育。宗教各宗并立,永不别黑白而定一尊。宜俟成年人自由选择,始合于信仰自由之主义,不宜于幼年时代。"(蔡元培先生抄留底稿)

7月 在汉堡撰写并发表《为国内反对日英风潮敬告列强》一文。

"蔡元培自沪案发生,即在欧洲积极向各国宣传此次惨案真相,及取消不平等条约之必要。近又发表一长篇宣言,英法德三国文字,送登欧美各报,日昨将原稿寄归国内,兹录其原文如左:(文略)。"(《申报》1925年7月30日)(《北京大学日刊》1925年8月1日)

同月 撰写《中国社会的动荡》一文。(《中国社会的动荡》徐钟年译稿)

8月10日 为巴黎万国美术工艺博览会中国会场《陈列品目录》作序文一篇。(蔡元培先生手稿)

9月15日 致北京大学代校长蒋梦麟函,告准于本年十一月启行返国。

"梦麟吾兄大鉴:连接两电,曾奉告定于十一月启行。因有种种未了之事,不能提前。累兄偏劳,歉仄无似。顷有一事,欲请兄即日进行。俄京学院各种印刷品,多关于回纥蒙古吐火罗突厥之研究。现在俄政府正与我国修睦,且注意于教育界,且加拉罕正在俄京,可请助力。请乘此机会,索取该学院出版物全份。本月十一日,俄京科学院纪念大会,本校如有代表,则进行更为方便,否则亦请别行托人关说。陈寅恪君有其目录,弟已嘱抄一份,当续寄。……弟元培敬启 九月十五日"。(《北京大学日刊》1925年10月7日)

9月17日 偕夫人周峻同到巴黎,函请罗家伦、傅斯年面叙。

"前奉函想早达。弟已到巴黎,请于明日(十八日)午后六点半钟,临中华饭店一叙,并求代约孟真兄为幸。……弟元培敬启 十七日"。《致罗家伦函》同日

9月22日 返回汉堡。出席劳工法律保护会会议。

"晚8时,劳工法律保护会开会。"(本年《日记》同日)

9月26日 致函罗家伦,询问致京粤各函及亮公宣言是否发表。

"在巴黎诸承照拂,并荷招邀得观名剧,感谢之至。京粤各函想已发。亮公宣言已发表否?……培、峻启 九月二十六日"。(《致罗家伦函》同日)

10月3日 函请罗家伦(志希)代为决定是否同意书商购印此次讲演文稿。

"志希吾兄大鉴:……Rawaran之演讲,想承兄一切办妥,渎神至感。顷有一书铺,谋合印此次讲演稿者,定有条件,在弟固无所不可,然亦未便随便答应,已复以一函,属彼诣兄商谈,可由兄决定一切云云。特将原函奉上,如并无关紧要之事,请兄代弟允之。……弟蔡元培敬启 十月三日"。(《致罗家伦函》同日)

10月4日 为刘复编纂《敦煌掇琐》一书作序文一篇。(该书 中央研究院历史语言研究所印)

10月8日 函告蒋梦麟,将于11月归国。

"梦兄大鉴:弟决于十一月启行。前奉告索取俄京科学院出版物之事,陈君寅恪曾开出几种重要书籍目录,原函奉上。余容续布。……弟元培敬启"。(《北京大学日刊》同日)

10月 往来于巴黎及瑞士,精神强健。

"顷蒋先生接〔旅〕法国许楚曾来函云:子民先生于上星期抵此(巴黎),现住瑞士,月底再到巴黎。伊现已决定于十月二十左右由海道归国,一切均妥备,当无可缓。知注特闻。伊精神比初到欧洲时强健,可为之喜云云。"(《北京大学日刊》1925年10月15日)

11月12日 推荐傅斯年、俞大维为汉学杂志撰稿人。

"尊敬的教授先生:惠书及所寄中文杂志在离开汉堡前业已收悉,至为感谢。……先生有意创立汉学杂志,我可推荐两位撰稿人,他们是傅斯年和俞大维。傅先生出生于山东一个名门世家,饱读经籍,博闻强识,自毕业于北京大学后,先后在伦敦、柏林读书,业已六年。其专业为心理分析,但他也从事中国语言文字的研究。俞先生出生于浙江一个书香之家,其叔俞明震为著名诗人。俞先生聪敏过人,所欲学者,从不知其难,长于数理哲学,多有新论发表于德国杂志,并为德国数学界所注目。……您忠实的蔡元培"。(《复尉礼贤函》同日)

12月9日 决定于本月12日乘船归国。

"孟真吾兄大鉴：连奉三函，感谢之至。……弟等虽可乘车至 Genua 上船，然前次旅行中乘车太久，已视汽车为畏途，又行箧较多，车运亦不便。决计于十二日上船，船行虽稍久，然或者可多读几本书。承美意属游柏林，感谢之至，惜不能从命，请鉴谅。……弟培敬启 十二月九日"。(《复傅斯年函》同日)

12 月 12 日 本日乘福尔达号船启行回国。

"志希吾兄大鉴：由比京使馆转到两函，敬悉一切。兄事弟到校后必当设法，现在尚未敢悬断也。……弟于去年十二月十二日上船 Fulda，现将到 Colombo，特预写此函，备到埠后付邮。一路平安，希勿念。……弟元培敬启 一月十二日"。(《复罗家伦函》同日)

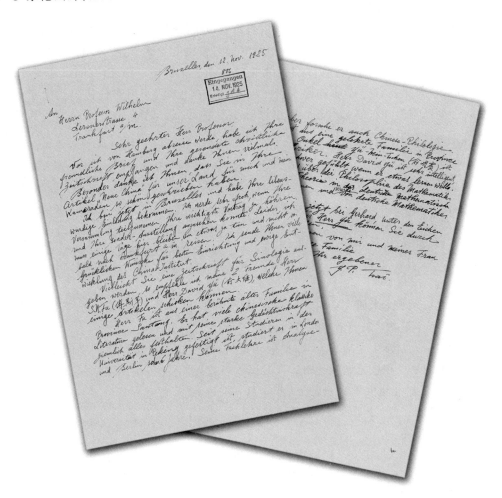

蔡元培的信

1926年(民国十五年　丙寅)五十九岁

1月2日　由法启行回国。

"闻北大方面接有蔡元培在法国马赛登船时所发报告启行归国来电,谓已决于一月二日由法首途。同船者有蔡之夫人及其公子、女公子等,并有林风眠(按即新发表之国立艺专校长)及留德留法学生多人。……"(《时事新报》1926年1月31日)

1月12日　请胡汉民指导罗家伦等组织"华事问讯部"工作。

"汉民先生大鉴:……欧洲自吾国五卅事变以来,表同情于吾国之人各国皆有,即英国亦复不少。敝友罗君志希,在英伦时曾与彼国工党联络,相与组织一华事问讯部,宣传吾国真相,于彼国舆论上颇收效果。弟去年曾作一函,附有问讯部概要,寄往广州,未知公启行以前曾鉴及否?现罗君已到巴黎,于何君仙槎仍尽力于此事。公到巴黎后,罗、何二君必将以事详陈于左右,敢请指导一切。……弟蔡元培一月十二日在孚而大①船中"。(《致胡汉民函》同日)

1月16日　船抵科仑坡。上岸购物。

"晨八时,到科仑坡,十时上岸购物,一时半回船,四时船行。"(本年《日记》同日)

1月22日　到新加坡。

"到新加坡,访林义顺、陈嘉庚。"(本年《日记》同日)

1月30日　北京大学学术研究会、北京大学学生会分别筹备欢迎蔡校长回国事宜。

"《北京大学学术研究会启事》。蔡校长行将抵国,本会特派彭道贞、李竞何、陶桓连、梁度、钟书衡、朱契诸君筹备欢迎事宜,特此通告。"

"《北京大学学生会启事》。昨得确实报告,蔡校长不日抵国。同学闻之,异常欣忭。本会早已积极筹备欢迎事宜。凡属于本校各团体,务请从速来函加入,协同筹备为盼。"(《北京大学日刊》1926年1月30日、31日)

2月2日　为《小学商量》题词。

"实事求是。

在东大令此书,字字从经验中得来,而以极诚恳之态度发表之,可备教育家采用。于再版时,特题四字,以为介绍。十五年二月二日　蔡元培"。(《宇宙风》乙刊

---

① 即福尔达号。

第 26 期)

2月3日 上午七时半抵达上海。

"到上海。午、晚均在三哥处用膳。"(本年《日记》同日)

"昨日上午七时半,北京大学校长蔡元培偕留德医学博士陈定(陈陶遗省长之公子)等,由德国乘福尔〔达〕远轮船抵沪。江苏交涉公署特派交际科帮办王镜舜,前往码头欢迎。闻陈君寓三马路惠中旅馆,蔡君寓沧州饭店云。"(《时事新报》1926年2月4日)

2月4日 接受国闻通讯社记者采访,对中国政治、教育等问题发表看法。

"北京大学校长蔡孑民先生,于昨日晨偕其夫人由德返国抵沪,闻在沪勾留三日后,即将返绍兴一行,再行北上赴京。昨日国闻通讯社记者行往访问,蔡氏表示其意见大致如下:

余去国二年余,惟于外国报纸电讯中略知中国政治状况,但未能详尽。特余深感军阀此兴彼仆,甲虽籍运幸以胜乙,但不久必图报复。凡此自私自利,无裨国家。故必须有真能为国为民之军队,出而扫除一切,中国方有安宁之望。惟望此后政客学者,勿再存利用军阀之心,挑拨离间,重苦吾民,军阀实无善类也。至关于政制,余赞同联省自治。因中国幅员广大,欲有人出而统一,河清难俟。各省能自治,则中央政制不成问题。委员制之与责任内阁制,相去无几。又学生界近来现象,余甚不赞成。盖社会现实问题固当求解决,但社会生命悠久,也必须有人埋首以规将来。近来欧洲各国,自大战以后,社会亦极危险,但虽有人出而奔走,终有一部人埋首研究。至学生究竟重在学问。大学生知识充足,即因迫于义务,必出而发表主张,或信仰何种主义,不妨以个人名义出之,不必强人从同,必欲以机关或团体名义,盖言论思想之自由,为共和国之绝对原则也。……"(《申报》1926年2月5日)

同日 赴科学社晚宴。

"九时,任之来。严慎予来。孙绍康来。晚六时,科学社约晚餐。"(本年《日记》同日)

2月6日 赴张君劢、黄炎培(任之)宴请。

"……国立政治大学校长张君劢及中国职业教育社主任黄任之二君,定今日(六日)下午六时,在张君私宅宴请蔡氏夫妇,有江苏省教育会会长袁观澜、驻会干事沈信卿等作陪。闻蔡氏在沪尚须勾留数日,然后返绍兴原籍,缓日北上,大约阴历正月始能北上云。"(《申报》同日)

"午前九时到商务,〔会〕高凤池、梦旦。4时,〔会黄〕任之。"(本年《日记》同日)

2月7日 旅沪北大同学公宴蔡元培校长。

"北京大学校长蔡孑民先生由欧归国,到沪后暂寓沧州别墅。闻拟于二三日内离沪,并闻旅沪北大学生定于今日(七日)正午十二时,在一品香公宴,极盼各同学届时携带份金二元,参与盛会云。"(《时事新报》同日)

"午,朱经农生子宴。北大学生会。"(本年《日记》同日)

蔡元培先生在旅沪北大学生欢迎会的讲演。(宪章记)

"我初回国,尚未到京,但总觉得有应当办理者,大学重点,不在讲堂,而在研究所。重要功课,就在研究所。学生出校,总先在研究所下一番功夫,毕生研究的基础,就在此时定局。后来到社会上继续研究,总不离此时所定。"

"我所希望于学生,尤其是大学生,在政治上应当有所主张,但资格应当分开。在校学生一方面是国民,一方面是学生。国民应当为救国运动,学生应当求学。两种资格应当分开,决不可应用学生资格到国民方面去。学生可以爱国,但不应以学生或某校学生会名义去做。事实上学生会名义的力量或比个人大些,固不外一种手段。但此种手段决不宜用,好在大家都渐知此种手段,不受蒙蔽,这一层我一定要校正它。或者积重难返,不能校正,但良心上总觉得非校正不可。总之,大学总要成一研究机关,总要有一部分研究的人,即离学校到社会,总要有研究的机会。我意见如此,不如此办,即不担任校长名义。如果担任,必如此办。因诸君均是同学,故说到此,还请指教我以后的方针。"(《京报》1926年3月5日)

同日 《国闻周报》记者采访的谈话记录——《与〈国闻周报〉记者的谈话》——全文发表。(《国闻周报》第3卷第6号)

2月8日 决定赴杭州返绍兴。

"北京大学校长蔡元培抵沪后,连日与本埠教育界酬酢甚忙。兹悉杭州教育界,昨推省教育会会长李俊夫来沪,欢迎蔡君返杭,作一度公开演讲。朱(李)君抵沪后,即赴沧州饭店谒见,蔡氏已定即日赴杭返绍云。"(《申报》同日)

2月11日 到杭州。

"午,一时三十分上车,七时到杭。寓浙江医院。"(本年《日记》同日)

"蔡孑民今日赴杭。北京大学校长蔡元培回国后,在沪略事勾留,即遄返绍兴原籍。兹悉已由绍来沪,定于今日前赴杭州,对于改进浙江教育将有所建议云。"(《申报》同日)

2月13日、14日 在杭州出席教育会活动及北大同学会欢迎会。

"十三日 午,教育会。十四日 午,北大同学会。"(本年《日记》同日)

2月16日 回上海。

"十六日 午后,回上海。"(本年《日记》同日)

2月17日 出席中国科学社上海社友会新春宴会。

"本社上海社友会于二月十七日晚七时,假爱多亚路联华总会举行新春宴会。社员到者有马相伯、蔡孑民、叶玉虎、周美权、凌鸿勋、席鸣九、宋梧生、张君谋、朱其清、王季梁、胡先骕等五十余人。来客到者有唐乃安夫人、唐瑛女士、朱懋澄夫妇、赵叔雍夫妇、葛成慧女士等四十余人。由社友会理事长周美权主席。马相伯、蔡孑民、叶玉虎均有演说。"(《科学》第10卷第12期)

2月18日 应邀出席上海文艺界梅花会,并有演说。

"前日下午六时,上海文艺界由田汉、黎锦晖发起举行大规模之梅花会,假大东旅社聚餐,特请之客为蔡元培先生及北京国立艺专新校长林风眠先生及夫人,其余如陆费伯鸿,文学家郑振铎、叶绍钧、严既澄、宗白华、魏时珍、郭沫若、郁达夫、周予同、叶法无、李璜、胡朴安、方光涛、赵景深、康洪章、唐有壬等数十人。……

后由蔡元培先生起立演说,略谓道经上海,躬逢盛会,既尝佳馔,又睹名画及各种艺术之表演,甚为欢快。花为一种象征,如日本以樱花为象征,中国或以桃花或以牡丹,惟愚意此二种尚不十分确切,惟梅花可以代。"(《申报》1926年2月20日)

3月4日 赴杭州。

"四日 午后,赴杭州。"(本年《日记》同日)

3月6日 与汤尔和等游湖。

"偕尔和、仲奇游湖。楼外楼小酌。"(本年《日记》同日)

3月9日 因时局愈形紧张,暂不北上。

"蔡元培自沪返籍后,京教育界同人曾迭电请蔡氏入京,昨据与蔡氏接近方面消息,蔡近复京友人一电一时尚无意北上,原文觅录如下:(上略)去国数年,一旦返籍度岁,甚觉愉快。目前时局愈形紧张,拟暂不北上,特闻。"(《申报》同日)

3月10日 被选为"新中国柱石十人"之一。

"'新中国柱石十人'的结果已经统计出来了,自今天起逐日发表。蔡孑民先生以四百七十一又十分之七票之最多数当选,记者敬致敬仰之意。"(《京报副刊》第434号同日)

3月12日 在杭州出席孙中山逝世一周年纪念会,并发表孙中山生平事迹演说。

"浙江国民党省党部,十二日上午在省教育会举行杭州第一次孙中山先生追思大会。夏省长代表应西、计教厅长代表戴应观、郭实业厅长代表赵钵尼、省议会副议长祝绍箕、教育家蔡孑民等与会。场中悬中山遗像及遗嘱,各机关及党部挽联甚多。九时四十分振铃就祭,先奏哀乐,沈肃文述开会词,全体向遗像三鞠躬,礼毕,静默五分钟,以志哀悼。次由沈肃文演说中山主义与现在国家之关系;蔡元培述中山之略历及事迹。……"(《时事新报》1926年3月13日)

3月13日 因北京政局混乱、交通阻梗,暂缓赴京。

"北京大学校长蔡元培自返国后,即于去岁年底返绍兴原籍,旋又来沪。现悉蔡氏又于日昨赴杭州。据闻蔡因北京局面混乱、交通阻梗,一切推蒋梦麟代为主持,本人暂不北上云。"(《时事新报》同日)

3月17日 致电汪精卫,请接待英国庚款委员会访华团。

"广州国民政府汪精卫委员长鉴:英庚款委员到沪,将开会。弟劝彼等先到广州考察,惟尊处能否招待?请电复客利饭店六十五号转。蔡元培。霰。"(《致汪精卫电》同日)

3月20日 致函英国庚款委员会,述对于退款分配用途的补充意见。

"庚款委员会诸先生鉴:闻诸先生正在征集各方意见,为将来分配用途之准备。鄙人敬陈所见,以备参考。鄙人于一九二四年在伦敦时,曾对于庚款用途发表意见,以两原则为前提:(一)以庚款的全数,办理一种大规模的事业,为永久纪念。(二)此远大规模的事业,必为中国教育上目前所最需要者。鄙人又认为中国教育上目前所最需要者,为科学的教育,故主张以庚款全部办一科学博物院,包有陈列、试验、演讲、研究、编印图书杂志等事,以一部分为开办费,而以一部分为继续维持及积渐扩张之基本金。现虽事隔两年,而鄙人之主张如故。惟有当声明者三事:

一、博物院之名,易使人疑为偏重陈列,而忽于研究、推行等事,拟更名为科学院。

二、既注重科学教育,而以大规模的科学研究院为大本营,对于各地方研究科学的机关,自有助其发展之同情。应以一部分庚款为各地方科学机关之补助。

三、对于各地方高等教育机关,酌拨科学讲座与研究生公费额与派遣留英学生之基本金,而此类研究生,包括在本国研究与到英国两类。……蔡元培。一九二六、三、二十"。(《致英国庚款委员会函》同日)

同日 作庚款用途分配《意见书》,并请胡适提出会议。

"适之先生大鉴:昨于临行时,留函送奉,附有尔和先生一函,为欢迎英庚款委员事,想荷鉴及。到杭后,忆先生曾属弟陈述意见,而报纸上说先生现正在审核各方面之要求书。故弟即缮《意见书》一纸奉上。似乎弟所主张与先生及在君先生所主张之大规模试验所,存小异而实则同,或者无以方凿入圆枘之嫌。请阅后代为提出。……弟元培敬启 三月二十日"。(《致胡适函》同日)

3月21日 浙江省教育会邀请蔡元培作公开讲演。

"蔡孑民先生到杭后,各团体均纷纷邀请讲演。兹已决定二十一日上午九时,在省教育会公开讲演,凡愿闻蔡先生之演讲者,均得按时列席。现闻已由会通函各校知照云。"(《时事新报》1926年3月20日)

"浙江省教育会今日敦请蔡孑民氏莅会讲演,题为《我对于吾浙教育界之希望》。蔡氏学问道德,夙为世人崇拜,故未及开会时间,大讲堂座位已无虚席,后至

者植立一隅。"(上海《民国日报》1926年3月22日)

3月24日　参观之江大学。

"午前八时半,参观之江大学。"(本年《日记》同日)

3月25日　在杭州一中学校讲演。

"午前十时,约黄梅生。午后二时半,中学校讲演《中学生爱国心的实现法》。"(本年《日记》同日)

3月26日　慰问"三一八"惨案中北大遇难受伤学生,并主张联合各校要求惩办凶手。

"北京国立北京大学蒋梦麟兄:学生死伤,同深怆悼!请代慰伤者。望联合各校要求惩凶,但不可陈义过高。适、元培"。(《胡适、蔡元培致蒋梦麟电》同日)

3月31日　作七律三首。

(一)

"豆花微白菜花香,一带平畴迓艳阳。偶见桃花三两树,仰看竹箭百千行。问天底事双瞪目,识路真同九折肠。常避触蛮蜗角外,行歌聊学接舆狂。"

(二)

"今日同游约八仙,半曾戒饮半陶然。行年六十有醇酒,拔地四千到岭巅。先导幸能招邑子,禅机还特证先贤。月中苦觅崎岖路,几杵钟声谷口传。"

(三)

"西山霞影尚微红,皓月团团已在东。结想忽联盘古眼,裕光真在广汉宫。历阶人影看三折,护壁苔痕认几重。此景明知千里共,置身高处倍从容。"(蔡元培先生手稿)

3月　为《之大月刊》题词。

"思潮发展　蔡元培题"。(《之大月刊》2卷1期)

同月　为上海《市北月刊》题词。

"诲人不倦　蔡元培(印)"。(《市北月刊》1926年第1卷第2期)

4月2日　函告北京大学评议会、代校长蒋梦麟,稍缓决定回校日期。

"国立北京大学评议会公鉴:奉电敬悉。旷职已久,亟思回校,惟目前尚难于抽身,稍缓即决定行期,专函奉告,诸希鉴谅。并祝公祺。蔡元培敬启　四月二日"。

"梦麟吾兄大鉴:奉电敬悉。累兄久劳,弟亦亟思北行,惟现在尚难于脱身,稍缓即决定行期,专函奉告,诸希鉴谅。并祝日祺。弟蔡元培敬启　四月二日"。(《北京大学日刊》1926年4月13日)

同日　作《和陶在东原韵》一律。

"在东先生大鉴:前晚枉存,听教为快。奉上大著《小学商量》之题词一纸。拙作一律，哑哑学语，敬希教正为幸。……弟蔡元培启 四月二日。①

彭泽家风总乐天，寄情诗酒似当年。揭来梓里开三径，犹记霓裳咏众仙。同有嗣音城阙感，相期撮壤泰山边。(公扼腕于近日之学风，而颇属望于最高教育机关之挽救；鄙意则主张各人从小处着手。)明知炳烛吾尤恋，愿抱残编对冷泉。

在东大令见赠长句，依韵奉和，即希指正。 蔡元培"。(《宇宙风》乙刊第26期)

4月2日—5日 与汤尔和、黄炎培、袁观澜等同游宜兴天目山。

"教育界名人齐赴宜兴游历。宜兴天目山，风景清幽，更擅太湖之胜，古今名人往游者甚众。兹有教育界名人蔡元培、汤尔和、黄任之、袁观澜、方唯一诸君，乘春假数日之间，结伴往游，并由潘序伦君(宜兴蜀山乡人)偕往作向导，其行程志如下：本日(一日)由沪启行，当晚抵宜兴蜀山乡，明日入山，五日返蜀山乡，六日启行回沪，七日午刻到沪。"(《时事新报》1926年4月1日)

4月6日 启行回沪。

"六日 午车赴上海。"(本年《日记》同日)

4月7日 筹备成立浙江科学院，任筹备主任。

"浙江科学院将成立，浙江科学院自经筹备主任蔡元培，会同副主任汤尔和积极进行以来，因院址、经费问题久未确定，几成难产，现由夏定侯省长商准南京孙口帅核拨，每月定为三千元，充该院经常费。院址决借用西湖图书馆余屋洋房一所，成立之期当不远矣。"(《时事新报》同日)

4月9日 报载将被命为广州中山大学改组委员会委员。

"蔡元培、胡适约灰(十日)可抵粤省，蔡胡二氏将被命为中山大学改组委员会委员。"(《申报》同日)

4月11日 参加浙江科学研究院董事会。

"十一日上午九时，浙江省教育会开二十次评议会。出席评议员二十余人，由盛佩葱主席。依案开议：(一)征求十五年会员。决照上年分组征求，请各机关主任，担任正主任。(二)汤款筹设一科学研究院。公决提为建筑费。组织董事会，聘汤尔和、蔡元培为主任，推许蟠云、盛佩葱与汤氏接洽。(三)教职员待遇。提案省议会，结果保留。(四)招待英庚调查员。决由会备茶点，各机关主任、本会评议员、教职员联合会，共同招待，并请蔡元培、汤尔和加入董事会。……"(《时事新报》1926年4月12日)

4月22日 为王云五编《四角号码检字法》作序一篇。(《四角号码检字法》商

---

① 《小学商量》之题词见本书本年2月2日。

务印书馆 1930 年修订再版）

5月1日 为陶冷月《冷月画评》撰写赠言、题联。

"……陶冷月先生，本长国画，继而练习西法，最后乃甚凭国画，而以欧法补充之。创作新中国画数十帧，一切布景取神，以至题词、盖印，悉用国画成式；惟于远近平凸之别，光影空气之变，则采用西法。町畦悉化，体势转邃，洵所谓取之左右逢其源者；他日见闻愈博，工力更深，因而造成一新派，诚意中事。爰书数语，以资印证。十五年五月一日 蔡元培识"。（启功 牟小东编《蔡元培先生手迹》）

"尽善尽美武韶异；此心此理东西同。"（冷月画室：《冷月画评》1935 年 9 月出版）

5月13日 北京大学电促蔡元培校长回校主持校务。

"上海法界福煦路二六五号蔡无忌转蔡校长鉴：本校亟待先生主持，请于内阁成立后即行北上。北京大学"。（《北京大学日刊》同日）

5月15日 复周作人（启明）信，告因患胃病，稍愈即当回校。

"启明先生大鉴：奉四月二十五日惠函，语长心重，感荷无已。弟对于北大，既不能脱离，而久旷职守，惭愧万分。惟现因胃病大发，医生禁为长途之旅行，一时竟不克北上。稍愈决当首途，容晤罄一切。敬希鉴谅，并祝著祺。弟蔡元培敬启 五月十五日"。（《复周作人函》同日）

5月18日 北京大学评议会函请蔡校长，早日回校，主持校务。

"自北大校长蔡元培回国后，该校学生教职员再三电促蔡入京，蔡氏迄无表示。现该校因代现校长蒋梦麟不能到校、教务长顾孟馀出京，校务无人主持，经费又异常枯竭，故望蔡回校益切。前日该校评议会特议决致函蔡氏，促其速来，原函如下：

孑民校长先生：先生返国后，本校曾一再电恳返校，主持校务。惟电文词简，诸多未尽，兹故续上一函，以稍补电文之略。月前军事剧变，京中一般人心诚不免于惊惶，本校当时亦颇陷于恐慌之中。然本校校务仍未尝因是而有一日之停顿。今则京中秩序，已复常态，本校恐慌亦已全成过去，先生北来，殆毫无危险，矧先生之学问道德与政见，不论何种环境，俱足使野心者不易中伤耶。本校前电速驾，亦实有鉴于此。依本会同人之揣测，先生行止之不决，或不是因为本校外界环境有何危险，而系于对本校内部之改善有所疑虑，此则本会同人亦敢负责为先生陈述数言！自先生去国而后，三数年来，外间对于本校诚然有不少的攻毁，本会同人，虽不敢谓外间之攻毁，概属非是；然平心而论，本校学生之程度，本校学生之爱纪律，本校图书、仪器之设备，在近三数年间，实际上固俱有显著的进步。假使先生北来，则凡先生图利学校与学术之计画，实不难次第实行。脱非如此，本校同人亦复有何乐趣，今犹不避艰窘，株守此间？本校经费，积欠已达十五阅月之久，最近三数月，校费之枯竭，尤为历来所无。所以本校目前最大困难，仍是经费问题。现时本校同人之恐慌,亦即在此。但俄国庚子赔款,为数甚巨,大可接济北京国立诸校。俄国使署近亦较前容易商洽,先生为俄款委员会之委员长,如能及时北来,进行此款,益以蒋梦麟先生及其他本校同人之辅助,大概可望成功。此事所关甚巨,因为北京政府现在既已毫无经常收入可言,则本校以及北京其他国立学校,如果不能向俄款方面设法,其将完全停顿,殆极难避免。所以此间企盼先生早日返京者,尚不以本校同人为限。基于以上诸种事实,本会同人,用特一致恳请先生早日到校,主持一切,俾目前急待解决之种种问题,得顺利进行,想先生爱校情殷,值兹学校万分危难之际,必能容纳本会同人迫切之请,而决然北还也。临书神往,肃候明示,并祝教安。北京大学评议会敬启 十五年五月十八日"。(《申报》1926 年 5 月 26 日)

5月25日 复函北京大学,谓近患胃病,稍愈即行回校。

"北京大学公鉴:奉电,命于内阁成立后即行北上,诸蒙体谅,既感且惭。惟培现适患胃病,医生不许为长途之旅行。拟俟稍愈,即行首途。诸希鉴谅。并祝公祺。蔡元培敬启 五月二十五日"。(《申报》1926 年 6 月 2 日)

同日 函复胡适,说明实因患疾不能回校,稍愈不再迟延北上。

"适之先生大鉴:奉本月十六日惠函,勤勤恳恳,使弟十分感动。惟近日实因胃疾大发,决不能北行。因二十日来激刺既多,起居无节,不能不引起旧疾也。(中略)弟日日以旷职为疚心,一到可以北上之时期,决不再有迟延。幸知我者谅之。敬复。(下略)弟蔡元培敬启 五月二十五日"。(《北京大学日刊》1926 年 6 月 4 日)

5月27日 雕塑家李金发拟为蔡元培雕塑肖像。

"雕刻师李金发氏自回国以来,除雕名人肖像外,不苟制作。近以吾国学术界名人北大校长蔡元培氏在沪之便,特为制肖像以资景仰。蔡氏闻之亦不胜欣喜,除给以参考资料外,并谓'弟得附绝技以不朽,荣幸之至,感荷之至'云。闻该像成后,除赠蔡氏外,并翻制一具,为将来北京大学树立铜像之模型云。"(《申报》1926 年 5 月 27 日)

5月29日 复北京大学评议会函,告苟能力疾北行,必即回校。

"国立北京大学评议会公鉴:前奉惠函,始知前电亦贵会所发也。函中情词勤恳,面面想到,培非木石,能无感动。苟能力疾启行,自必即日首途;惟培实因胃疾大发,不能动身,负疚万状,尚祈鉴谅。再此敬复,并祝公祺。蔡元培敬启 五月二十九日"。(《北京大学日刊》1926 年 6 月 5 日)

6月5日 为王祥辉著《逻辑学》作序文一篇。(蔡元培先生手稿)

6月11日 荐介黄馥兰继任某看守所长。

"杨厅长台鉴:径启者。闻贵厅看守所殷所长因事辞职,现由黄馥兰女士代理。黄女士禀性慈良,且有办事才。如殷夫人决不复职,敬请加委黄女士继任为

幸。……蔡元培敬启 六月十一日"。(《致杨厅长函》同日)

6月22日 被推为南洋大学同学会募捐建筑该校工业馆发起人之一。

"南洋大学同学会理事会议决,发起募捐建筑工业馆,庆祝母校三十周年纪念已志本报。该会现已推定唐文治、王清穆、叶恭绰、张元济、福开森、王宠惠、蔡元培、陆梦熊、黄炎培、虞和德、章宗元等十一人列名发起,并推黄炎培代表,向北京同学会接洽,一致进行。上海方面定下月初旬举行大规模之募捐运动。该校成绩素著,声誉日隆,想社会各界对于此举,必乐寄同情而予以资助。"(《申报》同日)

6月28日 致电教育部,请辞北京大学校长及俄庚款委员职。

"国务院杜总理转教育部任总长鉴:元培病体不支,久旷职守,不胜惭愧,谨辞去国立北京大学校长及俄款委员会委员职务,伏乞允准派人继任。元培"。(北京《晨报》1926年7月5日)

"蔡元培二十八日电京,辞北大校长及俄庚款委员。须俟阁议决定。"(《时事新报》1926年7月3日)

致胡适函,述辞北大校长及俄庚款委员职的原因。

"适之先生大鉴:前日又奉惠函,知于新六兄处知弟近状,而仍促弟北行。昨在南洋大学晤丁在君,言接兄一函,嘱彼促弟北行,且有不行则'资格丧失'之警告(弟实以毫无资格为自由,方且求失之而不得也。然而时在君未携尊函,亦言之不详,恕不详答)。今晨又奉惠函,报告各难得教员纷纷他就之警讯,而且知钢君非即得六千之欠款之偿还,则亦将一去不还;虽承先生向新六商借,而尚无把握。先生对于北大,对于学者,对于弟,均有尔许热诚,弟佩服感谢,非言可表。然弟竟无以副先生之厚望,死罪,死罪!六月二十八日午前十一点,弟已致电于国务院及教育部辞北大校长及俄款委员之职;故昨日在君亦以为既有此举,无从再参辩议。弟所以急发此电者,有种种原因:(一)预料教育公债由弟参与之无效。俄款本已可全由吾国政府支配;从前借俄使之压力,作成俄使得有'专用于教育'之要求,而设委员会以处理之,其经过情形弟不甚明了,第三者已有放弃主权之攻击。俄委员对于维持国立各校之提案,屡屡梗议,其用意何在?先生曾为弟言之;彼现在岂屈服于军威而软化乎?弟以为不若是之易。梦麟之乐观,以为弟若与俄委员一谈,彼必照行,谈何容易?若果如此其易,则彼必有利用我之条件,弟岂能受之?惟梦麟对于此事,知之较详,而平日办事之手腕又远胜于弟,或者有促成此事之方法。闻内阁已有别派委员之议,不如弟先让出,而梦麟或可补入,则办理较为顺手。(二)怀疑于现在是否为取消不合作主义之时期?又是否有从井救人之必要?弟三年前出京时,本宣布过不合作之意见,虽不为先生所赞同,而亦以成事不说之态度对待之;而在弟却不可不有前后相应之态度。今之北京状况,可以说是较彭允彝时代又降下几度,而我乃愿与合作,有是理乎?且五月二十八日之北京《国民晚报》与六月一日之英文《导报》均载某与《密勒评论》主笔之言,其所准备,可以想见。先生殆亦早知之,故有'六十老翁复何所畏'之忠告,诚见爱人以德之美意。然牺牲主义,本以所为牺牲之事实为标准,而并不以年龄为标准。今所为牺牲者,乃一本人所认为万无希望之公债,则不敢认为有牺牲之价值也。(三)认辞职为较善于被免职。近日友人自北京来者,传某方定有改组北大之计划。最近一友人报告一消息:某甲条陈于某乙,谓内阁不可无新派人,如某丙、某丁者宜以任司法、教育。某乙谓丙无问题,丁则以吾留任北大校长。于是某甲以书面告某丙,而外间知之。所以梦麟曾与某君为弟事谈及,有'先辞职'抑'待免职'孰为较妥之商酌。闻梦麟以等免职为较妥,然而弟所见与之相反也。诸位重要教员之耐苦而维持,弟自然佩服万分,但弟不能筹款以供之,则即不能为继续维持之要求。对于别有高就之教员,自然为北大惜之;然弟既以'不合作'律己,宁敢以合作望人。……弟蔡元培敬启 七月二日发"。(《致胡适函》本年7月2日)

6月30日 出席上海南洋大学第二十六次毕业式,并发表演说。

"上海南洋大学昨(六月三十日)举行第二十六次毕业式。除发给大学各科毕业文凭、授予各科学位外,并发给附属中学、附属小学毕业证书,及各种奖评。各界来宾到会者,有交通部代表沪宁路局任筱珊,前该校经济特科主任蔡元培,陇海路督办黄翊昌,五省总司令孙传芳代表,浙沪商埠总办丁在君及交涉代表,同学会代表等二三十人。下午二时奏乐,凌校长及来宾、教职员、毕业生及其他学生,先后进大礼堂就座。乐止,凌校长报告,……次交通部代表任筱珊训词。次蔡元培演说,即述二十余年前主持经济特科之情形,并比较当时学潮与现在学潮之异同。结论谓两者相同之点,即(一)学潮发生之原因,多数在乎青年对于眼前政治不满足,而气愤所致。(二)学生接受时代思潮较速,常不满于思想较旧之教员,于是发生问题。关于两者不同之点:第一,在于从前学潮结果,皆学生一部分或全体退学,甚至出而自办学校。现在则学生认为学校为公共机关,如办理不善,应更换当局或教员,自己不肯去之而他。第二,在于从前学潮分管事与不管事二派,现在分意见不同、争谋不同操纵二派。但其结果皆同。盖因学潮而退学或转学者,均较不退学者不如,至少就大多数讲是如此,故甚望现在勿再有学潮发生云。"(《时事新报》1926年7月1日)

同日 为寿鹏飞著《红楼梦本事辨证》作序一篇。

"余所草《石头记索隐》,虽注重于金陵十二钗所影之本人,而于当时大事,亦认为记中有特别影写之例,如董妃逝而世祖出家,即黛玉死而宝玉为僧之本事。允礽被喇嘛用术魔魇,即嫂叔逢魔魇之本事。亦尝分条举出。惟不以全书为专演此两事中之一而已。王梦阮、沈瓶厂二君所著之《红楼梦索隐》,以全书为演董妃与世祖事,已出版十五年矣。同乡寿桀林先生新著《红楼梦本事辨证》,则以此书为专演清世宗与诸兄弟争位之事;虽与余所见不尽同,然言之成理,持之有故。此类考据,本不易即有定论;各尊所闻以待读者之继续研求,方以多歧为贵,不取苟同也。先生不赞成胡适之君以此书为曹雪芹自述生平之说,余所赞同。以增删五次之曹雪芹,为非曹露而即著《四焉斋集》之曹一世,尤为创闻,甚有继续研讨之价值。因怂恿付印,以公同好。十五年六月三十日"。(该书 商务印书馆1927年出版)

6月 在《浙江教育季刊》发表所撰《沈蒲舟先生传》一文。

"《沈蒲舟先生传》。先生名镜蓉,蒲舟其号也,浙江绍兴县人。其先代以商业世其家,先生少时父命读书本为习商业计,入塾后甚颖异,十余岁即能为文,塾师强之应试,辄及格,补县学生,旋补廪膳生,乙酉乡试中式,会试不第,遂报捐教职,选授庆元县训导。庆元县僻在万山中,地瘠苦,先生怡然就,任进诸生,实行月课,历八年不倦,阖境文化,为之大振。旋因病告归,越五年后,选为昌化县训导。昌化县为杭之边地,僻陋无异庆元。先生草改良私塾条陈数千言,上之大吏巡抚任道镕大赏之,下令各州县仿行。嗣以丁母忧,去官服阕,仍回昌化原任。时方停科举办学堂,昌化当时懵然无以应。先生则助县令先设县学堂后,劝各乡以次第设乡学校,并劝高材生赴日本留学,一时名誉大振。巡抚张曾扬闻而异之,饬提学使驰书招先生,任为省视学,不开本缺。嗣绍兴府学堂屡起风潮,无敢任监督者,提学司乃量移先生为府学堂监督。学生素闻先生品学,果帖然就范。民国元年本省社政事部,先生参与其事后,分设教育司,时延聘者皆留学名流。先生以通晓学则,娴于公牍,被任为课长后,改行政公署,改巡按使公署,改省长公署,每改一次署员更动者以数计。先生因熟娴学务,历次皆留为科员。六年十一月始设教育厅,先生以省署科员转为教育厅第二科科员,办理全省小学事宜。小学公牍最繁,先生终日削稿未竣,则携回寓舍于夜分续成之,虽炎暑不稍休。如是者历四年余,先生口不言劳,而厅中遇有文字及不易措置等事,又辄以先生任之。十一年二月,擢为第三科科长,时学校风潮迭起,先生内则削牍,外则赴各校调解,悉心董理,历数年无缺事,然坐是积劳成疾矣。十四年春,改任第一科科长,朝夕勤笃,一如其任二三科时。今年一月间,旧疾大发,急归家遂卒,年七十。夫人高氏,子聪训,壬寅科举人,考外务部主事;女二,长适刘大白,次适吴佐三。

蔡元培曰:先生为余第五叔母之从弟。于余为舅氏行。余少时既得亲先生之言论风采,验其为人,自清季变法以来,老辈多保守旧制,嫉新法,或有意迎合潮流,违心而急进不按切事情,先生独以诚恳和平之态度,随时势需要推行新制,不激不随。呜呼,可以风矣! 蔡元培拜撰"。(《浙江教育季刊》第2期)

7月2日 北京大学评议会致电蔡元培,恳请"打消辞意",回校主持工作,并致函教育部请发电挽留。

"致蔡元培电。上海武定路蔡孑民先生鉴:闻先生电部院辞职,全校惶骇。先生去留,关系本校安危,务恳打消辞意,回校主持。此间已坚请部院挽留,盼速复。北大评议会叩。"

"致教育部公函。教育总长大鉴:敬启者。顷闻本校校长蔡孑民先生已致电贵部表示辞职,本校教职员同人闻讯之余,群用惊异。本校已于本日召集评议会开会讨论此事,当经一致意决:一面由本校电达蔡校长,坚请打消辞意;一面恳请贵部去电挽留。兹特函达,务请尊重本校同人意见,勿允蔡校长辞职,并电促力疾回校,无任感祷。专此,并颂公安。国立北京大学谨启 七月二日"。(《北京大学日刊》1926年7月5日)

7月4日 北大学生会召开代表大会,议决函请教育部恳切挽留校长,并宣言除蔡氏外,任何人均不堪任北大校长。

"学生会通告。本会因蔡校长辞职,缘于本月四日上午九时,召集代表大会,讨论应付方法,至时假中留京代表一致出席,其议决办法如左(下):

(一)致电蔡校长,请其顾念及全体同学爱戴诚意,打消辞意,并请其早日回校,主持一切。(二)函请教育部恳切挽留蔡校长,并称在蔡校长未回校之先,部派任何人为代理或正式校长,均不承认。(三)发表宣言,表示除蔡孑民先生外,国内任何人均不堪任北大校长之职;故苟有妄冀为北大校长,而冒昧一试者,将以极强硬手段对付之。除以上三种外,并拟特派代表至上海挽留,务达到蔡校长回校之目的而后已。"(《北京大学日刊》1926年7月8日)

同日 北京大学评议会致蔡校长公函,恳请"打消辞意,以全学校"。

"孑民校长先生赐鉴:月余以前,先生得本会及本校同人函札,具言胃疾稍纾,即行返校,全校闻此,无不庆幸。不意数日前,先生忽有向院部辞职之电。本会同人闻讯之余,群用惶骇,当于本月二日,将本会同人全体一致之意见,简单电呈,兹就其未尽者,赓续陈之。数月以来,本校殆全在官僚军阀环伺之中。在此种情状之下,本会同人自然深盼先生早日北来,力促校务之发展,使谋危本校者亦无所藉口。但先生即或因病不及即来,本会同人亦决不能任令先生与学校脱离关系。因在此等时期,先生不能返校,尚不过使校务进行暂时略受影响;先生之去职,直可使学校生存根本发生危险。盖官僚军阀于先生去职之时,必不免因利乘便,以学校为扶植势力之地巢耳。本校同人为学校之利益与尊严计,亦必不免与后继之人发生冲突。此类冲突一经发生,本校之秩序或生命危矣。所以月前梦麟先生向本会表示离职之意,本会同人亦坚以此非其时相劝。月前梦麟先生致先生私函中,向先生所提三项办法,虽列有由先生电部院辞职一条,然此系梦麟先生之一种见解。与本会同人之见解,殊属相异(本会同人仅于事后得见蒋先生函),且梦麟先生该函之主旨,实际上亦只在劝先生采纳来京或来津两种办法。凡斯种种,想邀洞鉴,无俟详述。综之先生纵因病而暂不能来,亦决不可因暂不能来,而坚决言去。本校为先生及同事数十百人,十年来惨淡经营之学校前途,虽尚有需待兴革之事,其既存之纪律与设备,实已具相当之规模;近数月来,校中同人不避艰苦与危险,继续在此间奋斗,亦无非欲继先生之志,为国家成就一个真正讲学机关。倘斯校竟因官僚军阀之压迫摧残,而遭横死,先生对于学校,对于在此间继续奋斗之同人,其感痛为何如?倘先生之坚决言去,实速其死,先生之感痛更将何如?用是本会一面向政府严重交涉,促其切实挽留;一面函恳先生立即打消辞意,以全学校。情急言恳,诸惟曲谅,敬盼后命。并祝教安。北京大学评议会敬启"。(《北京大学日刊》1926年7月8日)

7月5日 电告京教育界友人,坚辞北大校长职。

"蔡元培辞职及北大方面挽留情形,迭志本报,京中教育界某君,昨接蔡于歌(五)日晚自沪来电,报告业已辞去北大校长诸职,并谓此后当优游沪杭,甚望爱我者万勿挽留云云。辞意甚坚决,兹将原文探录如左(下):(衔略)弟因身体多病,已致电国务院及教育部辞去北大校长及俄款委员职,此后当优游沪杭,静养顽躯,甚望爱我者,万勿挽留,请转告京中教育界诸君子为祷。弟蔡元培叩。歌。"(北京《晨报》1926年7月7日)

7月8日 往李金发宅,共同修改铜像。

"约午前九时访李金发。"(本年《日记》同日)

"雕刻师李金发君为蔡氏雕刻铜像,为将来北京大学树立铜像之用,闻工作将告完竣。蔡氏前日亲往吕班路三十二号李氏住宅,修改像模三小时。……"(上海《申报》1926年7月9日)

同日 往杭州。

"八日午车往杭州。"(本年《日记》同日)

同日 北京大学全体教职员,电请蔡元培校长打消辞意。

"孑民先生鉴:先生辞职,关系本校存亡。同人今日召集大会一致议决,即请教育当轴,切实挽留,并派代表来沪面陈一切。务恳顺从群情,打消辞意,以副同人等数年来忍苦期等之至意。北京大学教职员全体。齐。"(《北京大学日刊》1926年7月10日)

7月9日 北京大学全体教职员,再次致电挽留蔡元培校长。

"孑民先生鉴:教长已有电挽留先生,并向本校往谒代表表示坚决态度,务请先生顾本校前途,万勿再辞。北京大学教职员全体。佳。"(《北京大学日刊》1926年7月10日)

7月12日 再次致电教育总长任可澄,坚辞北京大学校长职。

"蔡元培又电教部辞职。教长任可澄前有阳电致北大校长蔡元培,请其来京就职,已志本报。兹查教育部方面,十二日早接到蔡氏复电一件,仍以衰病请辞,闻任仍拟二次致电挽留,兹将蔡复电大意录左(下)。北京教育部任部长鉴:阳电奉悉。

一月以来,衰病渐深。北大校长职务,实难担任,仍盼俯赐鉴谅,另简贤能接替,俾免旷误。蔡元培"。(《申报》1926年7月15日)

7月13日 由上海到杭州。

"北大校长蔡元培现正筹设科学研究院,日前由沪来杭,今夜(十三)夏省长在公馆设宴谯蔡,并请汤尔和、计宗型、金百顺等为陪。"(《申报》同日)

7月14日 复北大某教授函,谓"辞意已决,无论如何,决不回校"。

"闻北大某教授前曾以私人资格,致函敦劝蔡氏,昨接复函,兹探得原函录如左(下)。(衔略)来函敬悉。弟长北大数年,对于物质精神,均不敢不加注意,故尚有许计成绩。校内数百教职员同人、数千青年同学,以及教育界名流学者,与夫教育当局,此次函电交驰,殷殷挽劝者,盖皆为此。殊不知办教育者,贵实际而不尚虚名。弟此际既无强健精神,又无现实教育眼光,事实上不能使最高学府多多获益。教育当局、教职员同人、数千百有厚望之青年同学,又何必念及已往,而对弟仍谬加爱戴耶?总之,弟辞意已决,无论如何,决不回校。区区之忱,代达为祷云云。"(《时事新报》1926年7月18日)

7月16日 北京国立九校校务讨论会,致电挽留北大校长蔡元培。

"孑民先生大鉴:睽道范时,且驰思引领卿云,毋任翘企。迩来京师教育屡濒危境,补救维持,非异人任。先生学界泰斗,中外宗仰,际此教育危急存亡之秋,非得德宏量远如先生者,不足以资进展。比闻蒲轮回国,息影沪滨,同人等瞻念教育之存亡,仰慕卿辉之信切,谨驰恭恳台端,早日莅京主持商榷,不独九校同人深资倚畀,即首都教育亦同庆更苏也。专肃。敬颂道绥。

林风眠、易培基、胡敦复(顾成代)、孙柳溪、张贻惠、章祖纯、马君武(吴承洛代)、屠孝实、蒋梦麟(余文灿代)。七月十六日"。(《北京大学日刊》1926年7月17日)

7月18日 出席国语促进会茶会。

"十八日 午后四时,国语促进会茶会。"(本年《日记》同日)

7月19日 到省立女子中学演讲。

"十九日 午前九时,女中西大街分校。"(本年《日记》同日)

7月20日 北京大学赴沪"挽留"代表谭熙鸿、钟观光等至上海寓所挽劝回校。

"北京大学校长蔡元培自由法返沪后,近往来杭、沪,拟在杭筹办科学院,对北大事已屡申辞职。北大因推教职员代表谭熙鸿等六人南下,于前晚搭车抵沪,即往蔡寓谒诚挽劝。闻蔡辞意仍甚坚决。该校一面复挽黄炎培前往劝驾,未悉能打消辞意否?"(《申报》1926年7月22日)

7月22日 在杭州会见北大教职员代表谭熙鸿、钟观光等,允于暑假内不再言辞,病愈即行返校。

"雪艇先生转教职员诸先生公鉴:沪上一函,及今日所发敬电,想俱达览。二十二日来杭,访蔡先生于春润庐,连日长谈,于学校方面之愿望,与先生所有难处,彼此谅解,言无不尽。结果,允于暑假期内不再言辞,俟病体痊愈,即行来校结束。据前后情势,与弟等能力,只能办到如此。但观先生对于吾校受护之志意,仍极诚挚。彼时能否留任,则视同人如何努力矣。现由蔡先生拟具公函二件,一致本校同人,一致教长,俟明日交来,即当携之北上。一切详情,俟抵京报告。专颂公安。弟谭熙鸿、钟观光敬上 七月二十四日"。(《北京大学日刊》1926年7月31日)

"钟师宪鬯、谭君仲逵到。""偕钟、谭游湖。"(本年《日记》7月22日、23日)

7月24日 函复教育总长任可澄(志清),坚辞北大校长职。

"志清总长台鉴:奉惠电,并由北大代表钟、谭二君携示手书,敬谂俄款委员之任,蒙允解除,不胜感荷。北大校长之职,亦决非衰朽所能任。近又胃病时发,不能来京,长此迁延,负疚无极。敢祈速觅替人,俾得交待。培疾稍瘥,即当来京结束,且图领教。……"(北京《晨报》1926年8月11日)

7月25日 致北京大学全体教职员函,表明暂不辞职。

"北京大学教职员诸先生公鉴:奉惠电惠函,并由钟宪鬯、谭仲逵两先生于盛暑中远道屈临,晤详一切。诸先生爱护本校之热诚,与爱元培个人之恳挚,感佩万分。培以抱疾,不克北行,久旷职守,心尤不安。已又函请教育部速觅替人,俾得交卸。惟替人未到以前,培自当与诸先生共负责任,维持本校;尤望胃疾稍愈,能进京一行,与诸先生得以晤商。除托钟、谭两先生面达一切外,专此奉复。并祝公祺。蔡元培敬启 七月二十五日"。(《北京大学日刊》1926年7月31日)

7月27日 北大教职员代表谭熙鸿、钟观光等离杭,送至车站。

"雪艇先生转教职员诸先生公鉴:在杭所发函电,想均达览。蔡先生致部、校二函,均已面交,兹特专邮奉上,祈收到时速行示知,以慰悬系(致本校函,措词尤为明确,持示教部,当更有力)。弟等别时,蔡先生送至车站,言下眷念本校,尤为殷挚,想不久总可北上。窃意校内应即筹备川资,汇寄蔡宅,以表欢迎诚意。可否?希即公决。……弟谭熙鸿、钟观光上 七月二十七日"。(《北京大学日刊》1926年7月31日)

同日 回上海。

"二十七日 六时,上车回上海。"(本年《日记》同日)

7月31日 北京大学代校长蒋梦麟到上海,挽劝蔡元培回校就职。

"北京大学代理校长蒋梦麟,于昨日从海道搭轮到沪,分至各亲友处谈话,并报告北京现状及教育界情形,顺便并访蔡子民,挽劝其赴京就职云。"(《时事新报》1926年8月1日)

8月3日 报载今日将在江苏省教育会国音练习所开课式讲演。

江苏"省教育会附设国音练习所,于今日开课,入所练习者极踊跃,教厅长计仰先及北大校长蔡孑民,均莅会讲演"。(上海《民国日报》同日)

8月7日 由浙江兴业银行退汇北京大学汇付的赴京川资五百元。

"北大教职员诸先生公鉴:承由兴业电汇川费五百元,至不敢当。自沪抵京,所费无多。培于病瘥北上时,自能应付,决不敢再支校款。心领盛情,谢谢!本托钟、谭两先生携回,而两先生不肯,特由原行汇还,敬希收回。诸希鉴谅,并祝公绥。蔡元培敬启 八月七日"。(《北京大学日刊》1926年8月17日)

8月18日 为刘海粟近作题词。

"海粟先生大鉴:前奉复示,知尊意亦赞成慎重为慰。承赐画筴,老笔纷披,至堪把玩,谢谢。……属题《九溪十八涧》及《言子墓》两图,均已题七绝一首,扇面亦已写,并见示之西湖画十一张,均奉璧,乞查存为幸。……弟蔡元培敬启 八月十八日"。

"《题〈九溪十八涧〉图》。传闻杨子泣歧途,理智常夸统万殊。艺感由来忌单调,转从复曲得清娱。

《题〈言子墓〉图》。风光殊不似初春,老树槎枒欲捱人。想见秋声催栗感,不教怀旧转怀新。"(《海粟近作》上海美术用品社1928年出版)

8月27日 为《海粟近作》题词。

"吾国画家,有摹仿古代作家之癖;而西洋古代美术家,亦有摹仿自然之理论,虽所摹仿之对象不同,而其为轻视个性则一也。近代作者,始渐趋于主观之表现,而不以描写酷肖为第一义,是为人类自觉之一境。

海粟先生之画,用笔遒挺,设色强炽,颇于 Gauguin 及 Van Gogh 为近而从无摹仿此二家作品之举。常就目前所接触之对象,而按其主观之所据感,纵笔写之,故纵横如意,使观者能即作品而契会其感想,谓余不信,请观此册。十五年八月二十七日 蔡元培"。(该书 上海美术用品社1928年出版)

8月 撰《挽张謇联》一幅。

"为地方兴富教之业,继起有人,岂惟孝子慈孙,尤属望南通后进;
以名士鸣光宣两朝,日记若在,大裨徵文考献,当不让常熟遗编。"(蔡元培先生手稿)

9月1日 出席全国国语教育促进会成立大会。

"全国国语教育促进会定于今日上午十时,在西藏路宁波同乡会开成立大会。(一)开会。(二)明月音乐会演奏。(三)对国旗行敬礼。(四)公推主席。(五)主席宣告本会成立。(六)报告。(七)讨论会章。(八)开票员宣读当选会董。(九)唱国语运动歌。(十)长官致词。(十一)蔡元培、袁观澜、沈信卿、陈启

天、都成圃以及各界人士讲演。（十二）余兴节目有音乐、国语歌剧等游艺。"（《时事新报》同日）

9月3日 赞许顾颉刚著《古史辨》一书。

"颉刚吾兄鉴：久不见，由伏园兄转到大著《古史辨》，把个人思想的经过与朋友讨论的函件都依第辑录起来，不但使读者感许多趣味，而且引出无数方法。最颠扑不破的方法，是'层累地造成的中国古史'的说明。虽现在尚有证据不充分处（如以'禹敷土'、'奕奕梁山，惟禹奠之'等为禹有天神性之证，弟未敢附和），然随时留意，将来必有可以证明者。……弟蔡元培敬启 九月三日"。（《致顾颉刚函》同日）

9月16日 以国语教育促进会董事身份，参与该会工作。

"全国国语教育促进会已于九月一号正式成立。该会董事会因全国国语教育促进会董散处各地，不便集合开会，故改用通信商议法。闻会董蔡元培、赵元任、刘复、王璞等已将各种议案分别签定，快递会中，不日即可汇集意见，发表各种进行事宜。"（《时事新报》同日）

9月29日 被推为全国国语教育促进会会长。

"全国国语教育促进会董王璞、汪怡、吴稚晖、胡适、张一麐、陆衣昌、赵元任、蔡元培、刘复、黎锦熙、蒋镜芙、钱玄同等12人，照章推选正会长一人，副会长二人。现各会董已将选票寄交该会，由会汇集结算。正会长蔡元培当选，副会长吴稚晖当选、张一麐当选。又闻该会干事，已经各会董通信商定，不日由新会长函聘云。"（《时事新报》同日）

9月 为李金发著《雕刻家米西盎则罗》一书题写书名。（该书，商务印书馆1926年出版）

10月7日 全国国语教育促进会倡导"全国国语运动"。

"全国国语教育促进会，近日积极筹备明年一月一日举行全国国语运动各种事宜。日前为刊印'全国国语运动纪念'字样于日历、日记、月份牌上，特致函全国各大公司、大书局、大印刷厂。原函如下：谨启者。本会议定每年一月一日为全国国语运动纪念日。拟请贵公司十六年份的日历、日记、月份牌上（一月一日），加入'全国国语运动纪念'字样，以资宣传。素仰贵公司提倡国语教育，定能俯允。闻各大公司接函后，拟即于明年一月一日日历、日记、月份牌上，加入'全国国语运动纪念'字样，以示提倡云。"（《时事新报》同日）

同日 全国国语教育促进会召开第一次干事会，议决请蔡元培会长题写会牌。

"全国国语教育促进会于十月七日下午五时，在上海西藏路平乐里该公所，开第一次干事会，共到干事二十余人。先由征求委员会蒋委员，报告本会征求成绩，次由主席宣读董事会决议案件及干事会执行事两件，又报告本会函请全国各大公司、大书局、大印刷厂，于明年一月一日日历、日记、月份牌上，加刊'全国国语运动

纪念'字样。报告毕，……议决请会长蔡元培先生写会牌。"(《时事新报》1926年10月9日)

10月10日 所撰《十五年来我国大学教育之进步》一文在《申报》之《国庆纪念增刊》发表。(《申报》同日)

10月18日 赞同胡适以英退还庚款的一部分筹设学术研究院的"提高计划"。

"适之先生大鉴：奉八月二十九日惠书，知在伦敦开会一次，后即休会，将于九月中旬以后重开，并知西行时一路平安为慰。……'提高计划'，弟深所赞同。英款一部分备设研究院之用，更无问题。惟日款能否与英款冶为一炉，弟未敢断言。据梦麟说，美款恐无法可想。现在惟希望英款先有着落，全仗先生努力。

……北京国立各校将来终有统一之办法，若有一最高等之研究院(大学院)，不分畛域，选各校一部分较优之教员为导师(自然可延国内外学者)，而选拔各校较优之毕业生为研究生，则调合之机，由此而启。鄙意若能由赔款而成立，正不必以狭义之北大范围之。事求可，功求成，本不必避嫌，然以现在成见太深，神经过敏之师大、法大等人，闻此讯，将必为利益均沾之要求；求而不遂，则百端破坏，虽贻笑外人而不惜，此则不可不预为顾及者。时局若无新进展，北京政府殆无清明之望，此等研究学术机关，即不在北京，亦无不可，文化中心，人力可以移转之。……弟蔡元培启 十月十八日"。(《复胡适函》同日)

10月 为南洋大学三十周年纪念撰写的《中国古代之交通》一文发表。(《南洋大学三十周年学术专刊》1926年印)

同月 为皖苏浙三省联合会草拟《对新闻记者的演说词》及《招待各国领事团演说词》。(蔡元培先生手稿)

11月14日 苏浙皖三省联合会正式成立。

"苏浙皖三省联合会自经发起后，各方面均表同意，即于昨日中午正式成立。……简章，(一)本会以三省人民联合组织之。(二)本会以人民直接负责，速行实现自治为目的。(三)本会由三省推举十二人，分任会内事务。(四)会的各种规则及进行办法，随时由委员会议定宣布。(五)委员会议事规程，由委员会定之。(六)会所设于上海。"(《申报》1926年11月15日)

11月21日 被推为苏浙皖三省联合会浙江委员之一。

"三省联合会浙江委员，昨日由全浙公会召集各同乡会在宁波同乡会开联席会议。到绍兴、温州、嘉兴、杭州等同乡代表共四十一人。当场推王廷扬主席。先由褚辅成报告三省联合会性质，次讨论选举手续，决定先用协商手续，推出十四人后，再以投票决选出十二人为正式委员。结果当选者为蔡元培、虞洽卿、褚慧僧、魏伯桢、殷铸夫、王晓籁、邬志豪、沈衡山、顾子才、毛西峰、王廷扬、周萍田等十二人。胡凤翔、姚吾刚、沈田莘为候补。至蔡元培氏,业由会当场派代表朱章宝等二人,前往征求同意。蔡以责任所在,自当勉任云。"(《申报》1926年11月22日)

11月22日 出席苏浙皖三省联合会第一次委员会议。

"苏浙皖三省联合会因三省委员均已推出,特于昨日下午四时,召集全体委员,开第一次委员会。计到会委员……浙省为邬志豪、周继藻、顾乃斌、蔡元培、王孝赉、褚辅成、殷汝口、沈钧儒、魏伯桢、王廷扬等共二十八人。公推许世英主席。由干事员沈衡山报告经济状况及各处来函毕,次决议以下各事:(一)推定孟森、魏伯桢、李次山起草办事细则。(二)组织军事、外交两委员会,委员人选不限三省人,不拘人数,随时可以增推,并声明系临时性质。"(《申报》1926年11月23日)

11月23日 主持苏浙皖三省联合会第二次委员会议。

"苏浙皖三省联合会,昨日下午三时开第二次委员会,到者二十二人。公推蔡元培主席,嗣蔡氏他事离席,改由褚辅成代理。议决各案如下:(一)军事外交两委员会,业经推定。军事委员人名,暂不发表;外交委员则为王正廷、殷汝耕、王丰镐、赵锡恩。(二)办事细则及议事规则,通过。……"(《申报》1926年11月24日)

同日 为上海美术专门学校作校歌一首。

"蔡元培为美校新作校歌。美术学校近请蔡子民作校歌,刻已由音乐教员刘质平、李恩科等作曲,俾学生练习讴歌。其词云:我们感受了寒温热三带变换的自然,承继了四千年建设文化的祖先,曾经透彻了印度哲理的中边,而今又接触了欧洲学艺的源泉。我们的思想应如何博厚?我们的兴会应如何郁茂?我们的创作应如何丰富?我们将要与巨灵击掌,不可不把细弱的手腕养成强壮;我们将要与夸父竞走,不可不把短小的足力养成耐久;我们希望到发达时期,有伟大的影响,不可不于幼稚时期有完全的修养。啊!我们有了摇篮了,可爱呵,我校建设的清閟!啊!我们有了乳糜了,可爱呵,我校设备的周至!啊!我们有了保姆了,可爱呵,我校教师的优异!我们现在彻底的受了母校的陶熔,将来要在世界上发扬我们祖国的光荣!啊!可爱的祖国,万岁!啊!可爱的母校,万岁!"(《申报》1926年11月23日)

11月25日 出席苏浙皖三省联合会委员会议。

"苏浙皖三省联合会于昨(二十五)日午后四时,开委员会。到者有蔡元培、许世英、袁观澜、褚辅成、殷铸夫、关元良、王绍鏊等二十五人。袁观澜主席。杨千里宣读电英公使阻止借款原文。沈衡山宣读港沪英商会函。次殷汝骊提议,谓沪上联华总会中外商人之交际机关,主致函该会说明反对英商借款理由,众赞成。……"(《申报》1926年11月26日)

同日 三省联合会致函挪威总领事,声明将随时与各国领事接洽外交事务。

"苏浙皖三省联合会,昨日午后四时开委员会。到蔡、许、袁观澜、褚、殷铸夫、关元良、王绍鏊等人。袁观澜主席。……杨千里宣读电英公使阻止借款原文。沈衡山宣读致港沪英商会函。次殷汝骊提议,谓沪上联华总会为中外商人之交际机关,主张函该会说明反对英商借款理由,众赞成。……又该会致领袖领事函,通知推定各处委员云。敬启者:敝国不幸,变祸相寻,中外商旅,不遑宁处,世英等为免除目前兵祸,保障地方安宁起见,代表皖苏浙三省人民公意,组织三省联合会。上海为中外商旅会集之中心,所有关于外交事务,极为重要。兹特推定委员代表本会,随时与贵领事安慎接洽,敬希查照,以符贵领事顾念邦交,尊重和平之意,并附呈委员名单一纸,特此奉布,敬致挪威总领事阁下。三省联合委员会许世英、蔡元培等。"(上海《民国日报》1926年11月26日)

11月27日 主持苏浙皖三省联合会委员会议。

"三省联合会昨日开委员会。公推蔡元培主席。议决为:(一)外交代表报告接洽情形。(二)定下星期二下午四时招待中外新闻记者,报告本会宗旨,预定许世英或蔡元培主席。(三)今日市民大会推蔡元培、褚辅成、俞希稷、胡凤翔、汪同尘等出席代表。"(《申报》1926年11月28日)

11月28日 出席上海市民反对奉鲁军南下大会,并有演说。

"奉鲁军南下已成事实,上海全市陷于恐慌之中,自治运动更加紧急,各团体联合会,决定昨日下午一时,在西门公共体育场,召集反对奉鲁军南下上海市民大会。至一时余,市民集者五万余,……开会时,由冷隽主席,……蔡元培演讲,略谓江浙为中国文化先进之区,对于此种强暴军阀,当然不能容其立足,吾人今后为谋切身利益问题而解放自由者,只有市民起而组织人民政府。"(《申报》1926年11月29日)

11月30日 主持苏浙皖三省联合会新闻招待会。

"三省联合会于昨日下午四时假宁波同乡会四楼,招待中外记者。到中西各报、各通讯社记者,或全(团)体有代表出席及该会委员、来宾等六七十人。因等候英国新闻记者未至,始于五时许入座,由蔡元培主席致欢迎辞(辞录下),由殷汝耕翻译日语,次由日本新闻记者代表林贞次郎致答辞……次由中国新闻界陈冰伯、张振远、朱绍屏相继致谢辞。蔡主席欢迎辞(文略)。"(上海《民国日报》1926年12月1日)

12月1日 主持苏浙皖三省联合会委员会议,讨论发电阻止孙传芳南下问题。

"皖苏浙三省联合会昨日下午四时,在本会所开委员大会,讨论各项进行事务,到二十二人。由蔡元培主席。……(三)讨论孙传芳南下如何表示。议决去电阻止南下。当即推孟莼生起草,经众修改通过。"(《申报》1926年12月2日)

同日 为上海爱国女学二十五周年纪念会撰写《演说词》一篇。(《上海爱国女学校二十六周年纪念刊》1927年12月印)

12月4日　主持苏浙皖三省联合会会议,讨论合作实现自治的问题。

"昨日下午七时,苏浙皖三省联合会假江南旅社招待国民党四党部。出席者蔡元培、褚慧增、邬志豪等;国民党到者,江苏省党部、上海市党部、安徽省党部、浙江省党部、梅电龙、林钧等六十余人。首由三省联合会蔡元培致欢迎词。双方讨论以后进行问题,并愿一致合作,以求贯彻自治之精神。……"(《申报》1926年12月5日)

同日　函请谭延闿(组安)接待朱镜宙(铎民)。

"组安先生大鉴:径启者。同盟会老同志朱铎民兄,曾于民国二年在浙江办报,以宋案忤袁政府被封,后游南洋群岛,著有《南洋》。近在厦门中国银行服务。此次以行务访北京,顺道游大连、奉天等处,于彼地政治及经济状况有透彻之观察。现慕粤省革新气象,特来观光,幸指导一切为幸。特此介绍……弟蔡元培启　十二月四日"。(《致谭延闿函》同日)

12月6日　主持苏浙皖三省联合会第八次会议,讨论援助上海洋务工会启封等问题。

"皖苏浙三省联合会昨日下午三时在本会所开第八次委员会。到会二十五人,由蔡元培主席。开会情形,沈衡山报告文件:(一)新苏公会改推余炳忠为出席委员。(二)上海洋务公会请援助启封。(三)市党部赞成支电主张。……"(《申报》1926年12月7日)

12月8日　主持皖苏浙三省联合会第九次会议,议决加聘宋梧生为外交委员等事项。

"皖苏浙三省联合会昨日下午二时,在本会开第九次委员大会,到蔡元培等二十余人。由蔡元培主席,魏焖、杨天骥记录。开会结果如下:

(一)江苏委员余炳忠出席。(二)沈衡山报告陆伯鸿逵、张文彬辞外交委员职,沪北商学会来函。当即议决:陆张两委员辞职照准,加聘宋梧生为外交委员。又报告组织上海特别市及草定市制大纲情形。(三)欢迎外交委员吴凯声出席。(四)沈衡山提议孙传芳强迫使用军用票及各种税项,将来人民受苦必巨,……议决电致三省以内各县征收机关及各团体人民劝告对于孙传芳苛征军费或预借漕粮之类,一概拒绝。"(《申报》1926年12月9日)

12月10日　与许世英、董康等以苏浙皖三省联合会名义,致电安格联,阻止北京政府发行新公债。

"北京安格联先生鉴:北京现已无政府可言,筹款无非为军阀提用,助长内乱。闻有发行新公债七千万元或补发九六公债三千万之议,东南人民,异常愤慨。先生去年在贺得霖长部时代,尚能坚拒签字,今日尤望以民意为重,勿徇所谋。谨代表东南民意声明,所谓现在北京政府,实已为军阀统治下之一附属机关,此等举动,尤悖民意。如先生不能辨别民意,所在轻于赞助,所有以后此项负责损失,应即由先生个人完全负其责任。无论至于何时,将来由人民组织之新政府,决不加以承认。特此忠告。苏浙皖三省联合会许世英、董康、蔡元培等。蒸。"(上海《民国日报》1926年12月11日)

12月12日 出席上海市各团体代表大会,并发表关于上海自治问题的演说。

"上海市民为组织特别市,拒绝奉鲁军南下,特于昨日下午三时,召集各团体代表大会。到会之各团体及诸名流,均有演说,并通过通电及提案三则。到会代表,三省联合会蔡元培、褚辅成、沈衡山,上海特别市党部林钧,上海总工会汪寿华,商总会余化龙,全国学生会唐鉴,上海学联刘永简等三百余团体。推余化龙主席。由沈衡山宣读通电,并详为解释电文意义。……通过后,即请蔡元培讲演。略谓今日上海市代表大会,系要求上海市民之自治,及拒绝奉鲁军南下。现在政局形势紧急,上海应组织特别市,以谋上海人民之安全。年来军阀猖獗,民不聊生。孙传芳剥夺人民集会结社之自由,压迫民众,封闭会所,更加以苛政杂捐,无微不至。江浙两省财产,将为其搜括殆尽,因此人民痛苦益剧,则要求自治之心愈切。自今以后,吾上海市民,应管理上海市之市政云。"(《申报》1926年12月13日)

12月13日 主持苏浙皖三省联合会第十二次委员大会。会议议决由外交委员会调查军阀向外人订购军火问题。

"皖苏浙三省联合会昨日下午三时,在本会所召集第(十)二次委员大会,到二十余人。由蔡元培主席。主席报告上期委员会因人数不足,改开谈话会。今日继续讨论……(四)褚慧僧、杨千里提议,外间风传孙传芳向外人订购军械,有半月一月交货之说,应请外交委员会切实调查,并应由本会通告外交团不应接济军械,以助内乱。……"(《申报》1926年12月14日)

同日 在上海市自治运动各团体代表大会上的《演说词》摘要刊出。(上海《民国日报》同日)

12月14日 主持上海美术专门学校董事会,平息该校学潮。①

"上海美术专门学校校董会,于十四日中午在功德林举行。到会蔡元培、袁观澜、黄炎培、沈信卿、张君劢(王庚代)、章旭高、徐朗西及校长刘海粟、教务长江新等。由蔡元培主席。首由刘校长报告风潮情形,由各校董讨论良久,……议决:提早于本月二十日放假,所有未完功课,准下学期提前开学补授。"(《时事新报》1926年12月16日)

12月15日 主持苏浙皖三省联合会第十三次委员会议,并"报告与党部接洽情形"。

---

① 指同年11月22日,该校学生郎应年、张学儒等,因对教师王济远批评不满,遂开学生大会宣布罢课。

"皖苏浙三省联合会昨日下午三时,在本所召集第十三次委员大会。到二十余人,由蔡元培主席。情形如下:(一)沈衡山报告各方文电。(二)殷汝耕报告与日领事馆接洽反对接济军火与孙传芳之情形。(三)余泰忠提议请北京税务司转饬各海关严禁军火进口。决议:交由外交委员会办理。(四)主席报告与党部接洽情形。"(《申报》1926年12月16日)

12月16日 苏浙皖三省联合会致电上海海关,要求"切实扣阻"军火进口。

"上海海关税务公司公鉴:鄂赣战后,孙传芳收集残部,尚欲据皖浙苏三省继续其无希望无意义之战争,为我三省人民所深痛恶绝。兹已再四表示其坚决反对。乃孙传芳毫无觉悟,尚在搜括现金,密向西商购置大批军火,本会已代表三省人民,向各关系国驻京公使声明反对,请为制止。贵总税务司,服从国民,应以民意为从违。现在北京政府早无代表中华民国之资格,倘有利用该政府所称为陆军部,或其他附属军事机关之护照,输送军火入口,即系与人民作战,延长内乱之行为,应请贵总务司严饬所属各关税务司,遇有此类军火入口,应即切实扣阻,待统一政府成立后,听候发落。上海三省范围,为减少战祸起见,尤应请贵税务司口监督,切实注意为幸。特此电达。皖苏浙三省联合会委员会许世英、董康、蔡元培及全体委员。铣。"(《申报》1926年12月20日)

同日 苏浙皖三省联合会致各国公使电,声明反对外国政府及外商向孙传芳接济军火。

"北京分投英美法日意比荷德各国公使阁下:本会据各方所得确实消息,战败之孙传芳,尚在向西商密购军火,谋在皖苏浙三省境内,继续其毫无希望无意义之战斗。皖苏浙三省人民,极端反对其所为。各国对于吾国内战,应守严正中立态度。若有接济孙传芳军火,增加其战斗力之情事,即不啻假手孙传芳,以与我三省人民作战。敢乞贵公使转告贵国政府及商人,切实禁阻前项情事,以保两国交谊。特此电达。皖浙苏三省联合会委员会许世英、董康、蔡元培及全体委员。铣。"(《申报》1926年12月20日)

12月17日 出席苏浙皖三省联合会第十四次委员会议,讨论营救被捕学生等问题。

"皖苏浙三省联合会于昨日下午三时,开十四次委员会。到袁观澜、汪禹丞、朱叔源、张宏业、何尚平、殷汝耕、褚辅成、王恪成、蔡元培、沈衡山等。公推袁观澜主席。由沈衡山报告(一)中华全国警钟会来函,赞助本会进行由。(二)旅沪湖北商学会函请本会注重劳资两面之调剂由。公决:留作参考。(三)吴忠法、周兰卿函请本会设法援助被捕学生。公决:函请开释。"(《申报》1926年12月18日)

12月19日 主持浙江协会成立大会,为大会主席。

"浙江协会,昨日(十九日)上午十时在蒲柏路开成立大会,到一百余人。公推蔡子民主席,马斯幹、郑观松记录。一、主席蔡子民报告开会宗旨。略谓本会系以前浙江青年社改组而成,乃青年社之扩大范围者。同人等在此刻风雨飘摇之浙江中间,遽然有浙江协会之组织,我知将来所谓浙江的创造或有可期。现在略述新浙江的创造:(一)要解除军阀的武力,组织人民自卫军,而加以主义的训练,不为一二人之私,不然我们就永远在恐慌的时期。(二)从根本上着想,农业是我们的基本事业,不过这班农人对于学识实在欠缺,而且多是小农,甚而至于帮助人家而自己不能独立,此后应当联合起来,或由省政府予以经济上的帮助,而对于农业上,加以种种的改良。(三)工人方面。浙江虽没有多大工厂,而手工业仍极灵。现在工人所要求的仅在增加工资,减少工作时间。鄙人以为还应予以生命上及财产上种种保险,使其安心工作,且加以教育,使成为完人。(四)商人方面。商人智识较高,故竞争亦烈。同一商店,在同一处有几十所之多,徒消耗工力,无济于事。而银行钱庄等,更只为卖空买空之交易。故鄙意此后应由政府出面维推(持),划全市为几区,而每区中设一种百货商店,如现在邮政局的样子。……二、筹备主任报告。大致谓:甲、本会不注重于少数领袖,而为群众化。乙、本会为政治运动,及其他社会事业而成立。丙、本会绝对的与其他关于浙江的团体〔合〕作,决无仇视之意。丁、本会此后时有确定的政见,贡献于浙江人民。三、演说。有朱义权、赵韵逸等。词长不录。……"(上海《民国日报》1926 年 12 月 20 日)

同日 出席浙江省自治政府成立会议。会议通过省政府组织大纲,被选为省务委员之一。

"浙人呼吁自治由来已久,然以环境与地位之关系,始终未能实现。此次因鉴党联两军直驱浙境,时机甚为迫切,全浙人士以为此时如不尽力促成自治,恐自治将成绝望,故杭垣各法团、各要人,经数次之讨论,迄至昨日(十九日)下午九时,即通过省政府组织大纲,发表宣言及布告,选出省务委员九人,正式宣布自治。委员名单为蒋尊簋、陈仪、张载阳、蔡元培、周承炎、褚辅成、黄郛、周凤歧、陈其采。"(《申报》1926 年 12 月 21 日)

12 月 20 日 三省联合会质问驻法公使陈箓,因何为军阀借"庚款"。

"巴黎陈公使鉴:《字林西报》载,公与法政府提议,将庚赔作为借款,供奉方讨赤之用等语。夫赤于何有?讨赤何意?公系解人,当见症结。现在皖苏浙三省人民,业已结同团体,迭次表示据(拒)绝无意识之战争,断不许有效奔走口舌之劳,为军阀斡旋借款,借寇资而赍盗粮也。特电奉询,并请明示。皖苏浙三省联合会委员许世英、董康、蔡元培及全体委员。哿。"(《申报》1926 年 12 月 21 日)

12 月 22 日 主持苏浙皖三省联合会委员会议,议决致各国公使电,声明反对北京政府"二四库券"之议。

"皖苏浙三省联合会昨日下午三时,在本会所召集委员大会,讨论一切进行事项。到二十余人,推蔡元培主席。……沈衡山提议,报载北京政府有以奥国赔款担保,发行二四库券之议,本会应去电反对。议决:致电北京银行公会及安格联,请其力予阻止,当即经众通过。又上次会议反对二五附加事、致北京各国公使电,亦经通过。"

"北京分送美国、日本、法国、意大利、荷兰、德国、比利时各国公使馆及苏联大使钧鉴:报载北京公使团会议,将以英代办提案允许二五附加税由海关征收之讯。此项提案,于现在时局,若得决议实施,无异资给北方军阀莫大财源,使之延长内乱。查北京政府,早已无人承认,在国际间亦早失其代表全国政府之资格。故关税会议,早已停顿不开。今日此种状态并不变更,列强何故忽有此举?关税问题,国民自始主张自主,故舍此决不能为会议之目的。然在今日,北方尚被军阀控制之际,口不能与之财政上之便利,以助长我内乱。祈阁下及贵国政府速将此意对英代办所提关税之建议,立即停止进行讨论。幸甚,幸甚。皖苏浙三省联合会委员会许世英、董康、蔡元培及全体委员叩。养。"(《申报》1926年12月23日)

"北京银行公会鉴:目前国内无政治可言。筹款结果,无非提供军阀,延长内乱。最近报载二四库券,闻拟由中交、口金、大陆、中南各行承销,如系事实,诚堪愤诧。银行非隶属政府机关,营业基础,尤审察民意为重。此次库券,理应力拒,即以后如有类此款项发生,并望一致勿予承认,否则我皖苏浙三省人民,今日因军事所受之损失,他日必以各银行在三省地方财产作抵,请即以此电为息壤。特此忠告。皖苏浙三省联合会委员会。养。"

"北京安格联先生鉴:承复,敬代三省人民致谢。近因潘复等密有以奥国赔款担保,发行二四库券之议,尤望力予阻止为幸。皖苏浙三省联合会许世英、董康、蔡元培及全体委员。养。"(《申报》1926年12月23日)

同日 语记者暂不赴杭就职委员职。

"浙省宣布自治,蔡子民亦当选为委员之一。记者昨遇蔡君询以能否赴杭就职?蔡氏谓昨日杭州陈公曾派人前来促往就任,余已函复自治以客军退出为首要,鄙人在沪亦正为此,工作任务相同,就职与否,不成问题,目下暂时不能赴杭云。"(《申报》1926年12月23日)

12月23日 孙传芳下令缉拿运动自治各团体领首人物。

"孙传芳以苏浙皖三省联合会及全浙公会、新苏公会、全皖公会四团体运动自治,不利联军,除由孙氏登报通告外,并饬戒严司令李宝章、淞沪警察厅长严春阳,取缔该团体集会,并缉拿领袖褚辅成、董康、许世英等七十余人,商请英法两领事签字,以便执行。"(《申报》1926年12月26日)

12月24日 主持皖苏浙三省联合会,议决补请陈柱一为外交委员等议案。

"皖苏浙三省联合会昨日下午四时召集委员大会,到二十余委员,由蔡元培主席,杨千里记录。(一)沈衡山报告各方文电。(二)补请陈柱一为外交委员。(三)对三省人民作彻底之表示,当即起草通过。(四)包志澄报告外交委员会酌量办理。(五)议决自下星期起每逢一、五两日开委员大会。"(《申报》1926年12月25日)

12月26日 主持浙江协会董事会,议决发表宣言,反对破坏自治等案。

"浙江协会昨日下午开董事会,出席董事蔡子民等十八人。主席蔡子民。议决(一)发表宣言,反对破坏自治。(二)通过董事会细则。(三)推举秘书杨明、邹北昌二人。(四)讨论该会进行事宜颇多。"(《申报》1926年12月27日)

12月27日 出席皖苏浙三省联合会第十八次委员会,讨论各团体新任代表等事项。

"昨日下午二时,皖苏浙三省联合会开第十八次委员会,到者许世英、蔡元培、王正廷、朱叔源、陈莼生、沈钧儒、褚辅成、王晓籁、何尚丰等。公推许俊人(世英)主席。由沈衡山报告来函(一)曹榕炳来函辞职由。(二)新苏工会来函,出席本会代表李味青辞职,改推汪同尘出席由。……次汪同尘、朱叔源等相继发言。"(《申报》1926年12月28日)

12月30日 偕夫人周峻参观中华女子美术专门学校成绩展览。

"昨日上午,蔡元培先生偕夫人参观中华女子美术专门学校(蔡系该校董),由校长唐家伟女士率学生陈乐君、孙惠筠等欢迎,导入图画刺绣各课堂,参观所有图画、刺绣及肖像画。各项成绩,异常精美。该校学生织有汉碑石门颂大篆,古雅苍老,又绣有明林良之芦中野鸭阁及宋徽宗之白鹰阁,栩栩生动,绣法精彩。蔡校董皆称赞不已,并题赠'国华'大字横额一方,以示鼓励云。"(《时事新报》1926年12月31日)

同日 所撰《在上海国际工业服务团成立大会演说词》刊出。(上海《时报》1926年12月31日)

12月 蒋介石函请出任浙江政治会议委员及政务委员会委员,并请任政治会议代理主席。

"介石先生大鉴:两奉手书并委任状,承委以浙江政治会议委员及政务会议委员之职,并于张静江先生回浙以前,代理政治会议主席,为国为党,义不容辞。惟弟素来委身教育,对于政治问题,既未研究,亦无经验;备位委员之一,偶陈迂阔之论,或无大碍;代理主席,必不胜任。如能请静江先生早日回浙,主持大计,良为尽善;万一不能,可否请褚慧僧先生兼代之?褚先生在政界有十余年之经验,与吾浙军事家及政治家多所联络,非若弟之落落也。现在各委员在上海者凡十人,已由褚先生于本日邀集谈话,决议先设临时省政府于宁波。有三人先于明日先往,预为筹备。余拟于明年一月四日往。先此报告。并祝捷祺。蔡元培敬启"。(《复蒋介石函》本

月○日）

同月 主张男女平等，不赞成遗产制。

"征求对于妇女承继权意见书。苟具有天良与情感的人，谁愿他妻子于他死后毫无资藉，受人欺负？谁愿他的女儿出嫁时双手空空，任人主宰？但因妇女承继权在我国法律及风俗上均不允许，以至纵然具有天良和情感的丈夫与父亲，纵然他们家产丰富，而终不免当他生前或死后，自家爱妻及女儿常常因经济缺乏，而堕入于愁苦之乡。好丈夫，好父亲！希望你们对于这个关于骨肉的问题，千万郑重考虑一番吧，千万勿为法律、风俗所拘束，各凭良心的主张特来表示其意见。我们当陆续在《新文化》月刊上发表。藉觇社会对于这个重要问题的趋向。新文化社同人谨启十五年十一月十二日"。

"蔡元培先生意见：我不赞成遗产制，但遗产制未取消以前，当然男女平等。对于寡妇之一份，我亦赞成。"（《新文化》创刊号 1927 年 1 月 1 日）

同月 所撰《说民族学》一文发表。（《一般》杂志第 1 卷第 12 号）

本年 作《戏赠适之》（元寒通韵）。

"何谓人生科学观，万般消息系机缘。日星不许夸长寿，饮啄犹堪作预言。

道上儿能杀君马，河干人岂消庭貆。如君恰是惟心者，愿与欧贤一细论。"（蔡元培先生手稿）

本年 有《床上口占》二绝。

（一）

"晨钟暮鼓梦中省，犬吠鸡鸣觉后闻。逃出市声喧杂界，绿窗高卧似山村。"

（二）

"何来善恶与妍媸，是我贪嗔是我痴。不解擒王擒蚁贼，愈精勤即愈支离。"（蔡元培先生手稿）

本年 有《和徐息庵见赠韵》一首。

"水澄当日聚朋师（水澄巷徐氏藏书颇富，前十年已出售于商务印书馆）。

插架缥缃带草垂。平叔清谈浮白后，伟长中论杀青时。

剧怜渭北凋春树，差幸闽南有故知。六十年头同健在，徐图良觌未嫌迟。"（蔡元培先生手稿）

本年 与吴昌硕、郑孝胥等联名为郑曼青书画作品润格。

"吾国书画，有共通之点，笔势一也，胸襟二也。唯工力或未必平行。故古代书家或能画而不以画名，画家或能书而不以书名。自宋以后，如米襄阳、赵松雪、董香光之流，始以工力悉敌之书画鸣于世，此亦文艺发展之一证也。曼青先生自幼即兼攻书画，锲而不舍，以书家之笔力用于画，故秀而特劲；以画家之风致用于书，故正而不拘。其气韵超逸，寄托遥深，因作品而表现高洁之个性，则书画一致也。为定

润格，以广流传。……吴昌硕 朱祖谋 郑孝胥 蔡元培"。（蔡元培先生手稿）

本年 为山满先生书字一幅。

"范忠宣平生自奉粗粝，每退食自公，易衣短褐，率以为常。子弟有请教者，公曰：'惟俭可以养（廉），惟恕可以成德'。（养下脱廉字。）

山满先生属正 十五年 孑民蔡元培"。（蔡元培研究会藏抄件）

中央研究院院长蔡元培(1928年)

蔡元培年谱新编
（插图版）

王世儒 编

下卷

出版说明

《蔡元培年谱新编》(插图版)(以下简称《新编》)是北京大学王世儒先生多年从事蔡元培研究厚积薄发的一部力作。

关于蔡元培年谱,中华书局、人民教育出版社先后出版了高平叔先生编纂的《蔡元培年谱》(1980年)和《蔡元培年谱长编》(1999年,以下简称《长编》)。前者仅一卷,过于简略;后者四卷,大部分为谱主著述内容摘录,与文集无太大差别。

《新编》与前述两书,尤其是与《长编》相比,具有以下特点。

一、《长编》中有三分之二篇幅为谱主著述内容摘录,而属于记述谱主生平事迹内容者仅三分之一。《新编》以翔实记述蔡元培生平事迹和思想面貌为内容,为求精练,绝少摘录谱主著述的文字内容,以免与谱主文集类书籍重复。

二、《新编》所引证的文献资料比《长编》所引证的文献资料,种类范围既广且多。中国国家图书馆、北京大学图书馆、北京大学档案馆特藏的诸多民国时期旧报刊、历史档案、出版物等资料,为本书的编写提供了便利。尤其是近年来图书馆界资源共享,网络检索便捷,使《新编》获取了更多来自于全国各地(包括港台)丰富的资料信息。

三、与《长编》的记述方法不同,《新编》记述谱主生平事迹采用的是纲目体,即以纲带目法。纲文的编写力求简明扼要,不加评论性文字。目文直接引用原始文献,藉以客观介绍谱主一生史事及思想面貌,并于各条记事之后均注明所据来源。

四、对于目前尚不适宜公开出版的部分内容,目文中用"从略"或者省略号"……"表示,并注明参考文献,为读者指示进一步查阅的途径。

五、对于近年来新发现的尚未见于已出版的《蔡元培全集》及其他相关著述,凡属篇幅在千字以内者,《新编》酌予介绍并予收录,以补已出版《蔡元培全集》及相关著述之缺。凡篇幅在千字以上者,仅列出标题,注明写作、发表时间及初次发表处,并指示明确的检索途径。

六、根据历史档案,选配了一百四十余幅珍贵的历史图片,其中一些是首次面世。这些插图使谱主的历史面貌更加具体形象。

本书是目前系统、全面、准确地记述蔡元培先生一生史事的年谱性工具书,具有重要的学术价值。

北京大学出版社
2019年9月1日

编写说明

《蔡元培年谱新编》（插图版）旨在客观、翔实地记述谱主一生的史事及思想面貌。唯其如此，全书在编写过程中，自始至终严格地依照如下的三点进行。

（一）广泛采集资料。为能获取真实、丰富的原始文献，编者广泛地查检了相关报刊及有关书籍，阅读了包括谱主日记、自传、函电等在内的各种著述，以及目前能搜集到的海内外人士撰写发表的日记、书信、回忆录、纪念文章等，凡与谱主生平事迹有关的可靠史料，尽量采集收录，力求系统、全面而准确地记述谱主的一生史事。

（二）实录历史本相。为能准确翔实地记述谱主的生平、事迹和思想的本相，本书的编写采用纲目体。纲文用语力求简练，点题而已，一般不加评论性文字；所有目文，直接引用原始文献，而且不论其为褒为贬，均原文照录，即以"述而不作"的方法，客观如实地反映历史的本来面目。

（三）缜密考订史料。内容上广泛收录，并非只是细大不捐地堆砌材料，而必须对所采集的史料，严谨进行辨订真伪的工作。凡经考证事涉子虚者，概不采用；遇有不同说法者，取其持之有据一说；与史实有出入之处，尽可能加以订正说明；尚难判定者，兼收并录，注明待考。除此之外，并对所采用的文献史料，一一注明所据来源，以避免以讹传讹，而利于引证参考。

年谱之作，对于研究谱主的一生史事及思想面貌，很有用处。但其编写工作十分繁难艰巨，很难做到尽善尽美，加之编者的学识水平有限，本书中的错漏失当之处，在所难免，尚望专家和读者惠予指正。

目录

下卷

六、大学院院长及中央研究院院长时代（1927—1940）

1927年（民国十六年	丁卯）六十岁	/639
1928年（民国十七年	戊辰）六十一岁	/699
1929年（民国十八年	己巳）六十二岁	/824
1930年（民国十九年	庚午）六十三岁	/888
1931年（民国二十年	辛未）六十四岁	/944
1932年（民国二十一年	壬申）六十五岁	/1029
1933年（民国二十二年	癸酉）六十六岁	/1069
1934年（民国二十三年	甲戌）六十七岁	/1131
1935年（民国二十四年	乙亥）六十八岁	/1183
1936年（民国二十五年	丙子）六十九岁	/1244
1937年（民国二十六年	丁丑）七十岁	/1305
1938年（民国二十七年	戊寅）七十一岁	/1327
1939年（民国二十八年	己卯）七十二岁	/1352
1940年（民国二十九年	庚辰）七十三岁	/1369

附录 /1383

凡 例

一、本书旨在记述谱主生平事迹及思想的本相,所有纪事,均以与谱主有密切关系的事项为限,属于所谓背景材料者,概未收录。

二、本书按年月日纪事。年用公元,月日采用阳历。其中亦有个别事项,采用纪事本末方式,以利反映事项的始末原委。

三、本书内容为纲目体,文字力求简练概括,属于(一)纲文足以说明问题者,(二)记述谱主撰著发表或出版者,一律省略目文。

四、本书的目文,均直接引用第一手资料,并照录原文。所引用的原文,均以引号标示。

五、本书纪事,遇同一月日有多条事项者,仅在首条注明具体时间,其余以"同月"或"同日"标示。

六、本书各条纪事,均于该条文末注明资料来源,即注明该条资料的作者及出处等;凡未注谱主姓名仅列篇名或书名者,均为已辑入公开出版的《蔡元培全集》或《蔡元培文集》中的谱主之作。

七、本书对于谱主的撰述、演说词、题联及函电等文,凡属尚未辑入已出版的《蔡元培全集》者,尽可能收录,以补缺漏,便利参考;但对篇幅过长者,仅列篇名及最初刊载出处,可供自行检索。

八、本书遇有同一纪事,存有不同的说法者,予以兼收并录,裨供进一步研究参考。

九、本书对于所涉及的人名,在行文时力尽所知采用其本名或常用名,为便利阅读起见,或于( )内附其字号;为求文字简练,对所涉及的人物,一般不冠其职衔或称谓。但对引文中原所使用的名或字、职衔或称谓,照录原文,未作改动。

十、本书引文中,遇有错字需加订正者,订正之字以( )表示,置于错字之后,增补脱字,置于〔 〕内,衍文加〔 〕表示,模糊难辨之字,以□表示。

下　卷

六

大学院院长及中央研究院院长时代(1927—1940)

1927年(民国十六年　丁卯)六十岁

1月1日　所撰《有饭大家吃　有工大家作》一文发表。(上海《民国日报》1927年1月1日《元旦增刊》)

同日　为常宗会与胡蕴华婚礼证婚并赠祝词。

"留法理科博士现任东大教授常宗会君与苏州浒墅关省立女子蚕业学校毕业生胡蕴华女士于元旦日在远东饭店结婚。证婚者为蔡元培先生,一时宾朋满座,环堵如云。"(《申报》1927年1月3日)

"社会组织,托始夫妇。互尊人格,互尽义务。互谅所短,互认所长。亲爱不渝,幸福无疆。

中华民国十六年一月一日,宗会先生与蕴华女士结婚,元培被招为证婚人,曾贡颂词。

二十八年八月十五日补书之,借请俪正。"(启功　牟小东编《蔡元培先生手迹》)

1月5日　为蒯若木作《龚夫人写经现瑞图》等件。

"若木先生大鉴:别来久疏修候。……屡有北上之议,满拟晤罄一切,而终不果。承寄示《龚夫人写经现瑞图》及《征文引》,想见温故知新,精进不已,自愧钝根,浮沉随俗,妄题一赞,写呈教正。……弟元培敬启　一月五日"。(《致蒯若木函》同日)

1月8日　国民党浙江临时政治会议在宁波成立,为该会代理主席。

"浙江自改革后,以临时政治会议为本省最高机关,即以该会议议决案,由政务委员会及财务委员会,分别执行。现在该会组织成立,除报告国民政府暨蒋总司令外,并发布通电如下。全省各县党部、市党部、各工会、各农民协会、各教育会、各商会、各学校、各报馆钧鉴:案奉国民革命军总司令蒋令开,任命张人杰、周凤歧、韩宝华、陈其采、经亨颐、宣中华、蒋梦麟、蔡元培、褚辅成、戴任、马叙伦等,为浙江临时政治会议委员,并任命张人杰为主席。张人杰未就职以前,任命蔡元培为代理主席。等因奉此。本会议业于本年一月八日,在宁波成立。现在本省敌军已经肃清,本会议爰于三月一日在省城实行职权。特此电闻。浙江临时政治会议印"。(《申

报》1927年3月9日)

"这年年边,我得到蒋总司令的任命状,任命我做浙江政务委员会委员,同时,委员除了国民党里的共产党党员两位外,还有褚辅成、蔡元培、查人伟、魏炳、沈钧儒、朱少卿(还有别人,记不清了),主席是张人杰,代理主席是褚先生。那时,浙江省城仍旧入了孙传芳手里,所以我们从上海到鄞县(宁波)去就职……其实宁波也没有正式被收复,不过没有孙传芳的军队,只有浙江第二师的旅长石铎(和我是养正书塾的同学)在那里。我们当夜得了段○○旅往宁波开来的消息,就在魏炳先生家里住了一夜,第二日大早,分头各奔前程。"(马叙伦《我在六十岁以前》上海生活书店1947年印行)

1月18日 到玉环县坎门。

"午前二时,船行。午后四时,到坎门。"(本年《日记》同日)

1月20日 自宁波到福州。

"午前十时,进福州港口,换小舟,道琯头,寓碧云亭旅馆。"(本年《日记》同日)

"蔡元培二十日到福州。厦门大学国学研究院派顾颉刚往迓。二十六日得复电,日内来厦。"(《申报》1927年1月27日)

1月21日 到南台。

"九时半上小汽船。十一时开,三时到南台,寓法大旅馆。"(本年《日记》同日)

1月22日 与蔡振东同访何应钦(敬之)。

"蔡振东来,同访何敬之总指挥,邀住城中,寓财政部福建全省禁烟支处,处长李怀霜君,旧《民铎报》主笔也。"(本年《日记》同日)

1月23日 在福州女职学校演说。

"福州专电。蔡元培、马叙伦昨到。二十三日假女职学校演说。"(《申报》1927年1月25日)

"二十四日福州电。蔡元培、马叙伦及其民党二三要人,由宁波避来福州。"(《申报》1927年1月26日)

同日 出席旅闽北大同学公宴。

"午,北大同学等招饮。午后,东路军政治部招演讲。"(本年《日记》同日)

"到聚春园,公宴蔡、马二先生,同席凡三十五人,说话人极多。予以孑民先生之命,报告厦大状况。午饭自十一时至二时半。……

今午同席:蔡子民、马彝初、姜绍谟、励德人、张绍琦、王星舟、袁冠新、王昆仑、李大超、汪涤陈、赖清芳、贾祝年、王悟梅、黄俊昌、李希仁、周一志、范映霞、黄钟〔瑛〕、何朝宗、王漱芳、冷欣、宋思一、顾千里、金铁鸣、李在冰、吴醒耶、高芳、苕之、

介泉、元胎、式湘、宾于、予。"(《顾颉刚日记》同日)①

1月25日 到国民革命军第四师演说。

"午,到第四师演说。晚,刘侯武夫妇邀饮。"(本年《日记》同日)

1月26日 由福州到厦门。

"蔡元培二十日到福州,厦门国学研究所派顾颉刚往迎,二十六日得复电日内来厦。"(《申报》1927年1月27日)

1月27日 到国民党福建省党部演讲。

"午后二时,省党部演讲。"(本年《日记》同日)

1月28日 到福建省教育改造委员会、福州中小学教员联合会演讲。

"午前七时,教育改造委员会。十一时,中小学教员联合会、省议会。"(本年《日记》同日)

1月30日 到厦门。

"午前九时,到厦门,寓鼓浪屿之厦门酒店。"(本年《日记》同日)

1月31日 在厦门大学参观并发表演讲。

"〔到〕厦大。晚,顾、潘、黄招饮南普陀。"(本年《日记》同日)

"是日往厦门大学,十点,为在厦门之北大同学招待。先参观国学研究院及生物学院等。……十二点午餐,我与马君及北大同学刘、叶、陈、容、陈均有演说。摄影。散后,到厦大之浙江同乡会,又有演说。晚,顾、潘、黄三君约饮南普陀佛寺,吃素餐。此地有闽南佛学院,又邀演说,告以稍缓再商。"(《致周养浩函》本年2月1日)(本年《日记》同日)

同日 在厦门大学浙江同乡会招待会上,报告浙江革命工作。

"十五年国民革命军北伐,蔡先生在江浙预备响应,被革命目标五省联军总司令孙传芳下令通缉,他从浙江坐木船浮海到厦门。那时我在厦门大学任教,校中招待他,我也坐(作)陪。席上有人骂当时学生不守本分读书,专喜欢政治活动的,蔡先生就正色说道:'只有青年有信仰,也只有青年不怕死,革命工作不让他们担任该什么人担任?'他这般疾言厉色,我还是第一次见呢。翌日,他应厦大浙江同乡会之招,报告浙江革命工作,说到不顺利处,他竟失声哭了。那时他已经六十岁,就在这般凄风苦雨之中度过了他的诞辰。"[余毅(顾颉刚):《悼蔡元培先生》]②

1月 所撰《现代女子的苦闷问题》一文发表。(《新女性》第2卷第1期)

2月1日 到集美,参观集美学校。

"今日参观集美学校。学生一部分尚反对校长,我亦想为他们调和,看情形如

---

① 《顾颉刚日记》,中华书局2011年出版。
② 载蔡元培研究会编:《蔡元培纪念集》。

何耳。集美学校之建筑及设备，均甚好。午间在集美吃饭。晚间，集美校长叶君又邀往其家中晚餐。"（《致周养浩函》本年2月1日）

2月4日 自宁波到福州。

"蔡元培、马叙伦三十日偕许卓然自省抵厦，三十一日旅厦北大同人在厦大欢宴。一日参观集美学校，二、三两日华侨及鼓浪屿各界欢迎。四日偕许赴泉州，定七日返漳。蔡、马系由甬〔兴河〕乘帆船至福州。语人云，此来为游历，将暂留闽，俟浙局变化定行止。"（《申报》1927年2月5日）

2月6日 受集美学校校长之请，调解该校学潮。

"集美学校，陈嘉庚有意停办。校长叶渊欲请蔡元培调停学潮，正在疏通中。"（《申报》1927年2月7日）

2月7日 自泉州抵厦门。

"蔡元培、马叙伦七日晚自泉抵厦，各界定九日在教育会大会欢迎。"（《申报》1927年2月8日）

2月8日 调解集美学校学潮。

"集美学潮，经蔡元培调解，中学、师范各部分立成校。校长由校主聘请，省政府委任。原校长叶渊，仅理财政、建筑。蔡电省政委会、校主陈嘉庚，征同意。陈八日复蔡拒绝，决停办。"（《申报》1927年2月9日）

2月9日 到厦门，出席厦门各界欢迎会。

"厦门各团体演讲。教育会（一点半）午前十一点，厦大教职员会。晚，刘交涉使。"（本年《日记》同日）

"九日，厦门各界在教育会，欢迎蔡元培、马叙伦。闻陈嘉庚电厦大，停办国学研究院及文科。"（《申报》1927年2月11日）

2月10日 到厦门青年会演讲。

"晚，王世钦、郑螽斯二君。七时半，青年会演讲。"（本年《日记》同日）

同日 劝说陈家庚，勿停办集美学校。

"蔡元培电陈嘉庚，劝勿停办集美学校。陈复对蔡办法表示容纳。但提三条：（一）叶渊改任监督，仍留校。（二）政府明令保护以后不再受任何扰乱。（三）运动风潮学生，查明决开除，否仍决停办。蔡已转省政府。"（《申报》1927年2月11日）

2月11日 对陈嘉庚决定开除学生事，从中调解。

"政委会电陈嘉庚，表示维护集美学校，勿萌退志。蔡元培对陈开除学生条件斡旋，令学生于真（十一日）电陈道歉，候复可解决。蔡定十四日偕马叙伦赴漳。"（《申报》1927年2月12日）

2月12日 与厦门北大同学会座谈。

"午后三点,厦门北大同学会,在青年会。"(本年《日记》同日)

2月13日　在闽南佛学院发表题为《佛学与佛教及今后之改革》的演说。

"上午,闽南佛学院欢迎。二点,孙贵定。六点,教育会。"(本年《日记》同日)

2月14日　偕马叙伦赴漳州。

"六时半,上船。七时,船行。八点半到浮宫,换汽车,十时抵漳州,寓西园,游公园。午后,游云洞岩、东新桥等处。"(本年《日记》同日)

"蔡元培、马叙伦十四日赴漳州游历,日内返。拟十七日止福州。"(《申报》1927年2月15日)

2月15日　出席漳州各界欢迎大会并有演说。

"午前,乘汽车直达南靖县,游南山寺。午后二时,往礼拜寺演讲。"(本年《日记》同日)

"蔡、马二先生往礼拜堂讲演,予与振玉、元胎、孟温游东岳庙及古玩铺,又至古香斋买书籍、印色。"(《顾颉刚日记》同日)

2月16日　回厦门。

"午前十时,《嘘风报》社同人招摄影。十一时,到团部演说。午后一时行,五时到厦门。晚,陈之夔君招饮(青年会)。"(本年《日记》同日)

2月18日　同顾颉刚谈厦大校事。

"漳州旅外学生会招予及蔡、马二先生往照相。与子民先生谈校事。……上大通船,与蔡、马二先生商院事。晚归,仍冒雨。"(《顾颉刚日记》同日)

同日　乘"集美第二"汽船回浙江。同日作《赠集美第二》一首。

"晨八时上'集美第二',孝丰、达安送至船上,采真亦已到。"

"民国十六年二月十八日,承'集美第二'送我等回浙,口占致谢,并请采真校长、君一船长教正。

见惯风涛了不奇,好凭实习养新知。渔权外海新开展,记取青天白日旗。"(本年《日记》同日)

"蔡元培、马叙伦十八日晨八时乘汽船某号北行。闻过省将转赴浙方。"(《申报》1927年2月19日)

2月19日　到新镇,停一夜。作《赠集美第二》再一首。

"到新镇,泊一夜。

断发操舟古越民,浙东渔户尚精勤。更将闽士雄强气,随着巨涛送海门。"(本年《日记》同日)

2月20日　到温州。

"晨,启碇。午,到温州。夜,上陆。晤曹军长。宿瓯江第一旅馆。"(本年《日记》同日)

2月21日 国民党中央政治会议组织上海临时政治委员会,被指派为委员之一。

"中国国民党中央执行委员会政治会议,曾于本年二月二十一日第六十二次政治会议,议决组织上海临时政治委员会。派吴敬恒、蔡元培、钮永建、杨树庄、蒋尊簋、陈其采、何应钦、陈果夫、郭泰祺、叶楚伧、杨铨、林焕廷、杨贤江为上海临时政治委员会委员。吴敬恒为代理主席。"(《申报》1927年4月9日)

2月23日 到宁波。

"午后三时,到宁波。宿青年会第五号。晚,到张君一亲戚处晚餐。"(本年《日记》同日)

2月25日 离宁波,抵绍兴。

"晨九时上车,陈熙甫、来醉樵(省防军司令)派副官一人,护兵十余人护送。十一时,抵百官,晤谷伯旸。抵曹娥,由朱兆兰君招待。晚六时,抵绍兴,到县党部,总商会招宴。宿徐宅。"(本年《日记》同日)

2月26日 到达杭州,列席政务委员会。

"晨到家。八时由绍行,午一时抵杭州,寓青年会三一一号。午后,访何敬之,未晤。列席政务委员会。晚,唐君招饮知味观。"(本年《日记》同日)

与女儿威廉在杭州留影(1927年)

"政务委员蔡元培、马叙伦,今日已到杭,与褚辅成、沈钧儒各委员会商。该会有二十八日正式成立消息。"(《申报》1927年3月2日)

3月1日 出席浙江政务委员会议。会议推选出民治、司法、教育和建设四科科长。

"浙江政务委员会一日上午十时开会,潘枫余、查人伟、马叙伦、蔡元培、王廷扬、魏炯、沈钧儒等均出席。褚辅成主席。根据浙江省政务委员会组织大纲第五条,政务委员设秘书处及民治、司法、教育、建设四科之规定,公推朱兆莘(少卿)为教育科长,同时并推马叙伦为建设科长、褚辅成为民治科长、查人伟为司法科长。众无异议。通过后即电蒋总司令委任,一俟复电到后,即行正式任事。"(《申报》1927年3月5日)

3月4日 邀约马叙伦、邵元冲等讨论浙江省善后问题。

"六时顷蔡孑民、马夷初约至青年会晚餐,兼与王达天、陈熙甫(其蔚)、郑佐屏(炳垣)等谈,对于浙省善后问题均有所讨论。"(《邵元冲日记》同日)①

3月12日 主持杭州各界纪念孙中山先生逝世二周年大会。

"上午九时,各团体整队与祭。十一时与祭,有规定之仪式。"(本年《日记》同日)

"今日(十二日)为孙中山先生二周年纪念日,各界休业一天,在湖滨公共运动场开纪念会。各界男女到者约十五万人。先行祭礼,仪式如下:(一)鸣炮。(二)下半旗。(三)全体肃立。(四)奏哀乐。(五)向国旗、党旗及总理遗像三鞠躬礼。(六)主席蔡元培恭读遗嘱。(七)献花。(八)读祭文。(九)全城静默五分钟。(十)奏哀乐。祭毕开会,首由蔡元培主席宣布开会宗旨。次宣中华报告总理生平事略。……"(《申报》1927年3月17日)

同日 在杭州之江大学演说词——《读书与救国》——一文发表。(《知难周刊》第2期)

3月13日 出席孙中山纪念碑奠基式。

"上午九时,纪念碑奠基。十时,追悼阵亡将士。"(本年《日记》同日)

3月16日 出席国语促进会会议。

"午前,国语促进会。午,省党部午餐。"(本年《日记》同日)

3月21日 与邵元冲等同访张静江。张谓蒋介石已决心与共产党分裂。

"午后4时顷离寓舍,拟出城渡江,乃将抵江滨适静江由赣来,乃遂仍返旅舍。晚约孑民、夷初等同至新新旅馆访静江谈。静江谓介石对于与共产党分离事已具决心,南京定后,即当来宁共商应付云云。"(《邵元冲日记》同日)

---

① 《邵元冲日记》,上海人民出版社1990年出版。

3月24日 与张静江(人杰)、马叙伦等自杭州赴上海,访白崇禧"有所商议"。

"张静江氏于本月十日由南昌动身,由陆赴杭,于二十一日抵杭。旋于前日下午二时,由杭特开专车来沪。同行者有蔡元培、马叙伦等。……至昨晨十时始抵龙华,当即同行下车,往访白总指挥,有所商议。"(《申报》1927年3月25日)

"九时到沪。函告次立,属杜、陈二美术家速来龙华总指挥部,访潘宜之政治部主任。陈香孙、李石曾,霞飞路环龙路安利西饭店。邵元冲,萨钵赛路。"(本年《日记》同日)

"午后五时顷,偕静江、子民、梦麟、夷初等同乘车赴沪。以交通初复,车行迂缓,翌晨九时许抵龙华。下车即至前敌总指挥部旧督办公署,晤白健生、潘宜之、张伯璇定潘、黄膺白、王伯群等,旋稚晖、石曾亦同来晤,共商应付党务事宜。稚晖以屡为陈独秀等所绐,亦忿然以为非分裂不可。石曾意亦激昂。"(《邵元冲日记》同日)

3月26日 蒋介石自南京到上海,与邵元冲、吴稚晖等同往晤谈。

"傍晚知介石已抵丰林桥(新西区对门)上海交涉使署,遂于晚间偕稚晖、石曾、子民、静江等同往一谈,以杨杏佛等在座,故不能尽言,约明日再商而别。"(《邵元冲日记》同日)

3月27日 出席蒋介石召集的秘密会议,讨论国民党与共产党分裂的办法问题。

"午前介石来,约同迁入丰林桥总部行营,遂与稚晖、石曾、子民、静江、梦麟、夷初等均行迁入,寓旧沪海道尹公署内。是日开会讨论与共产党分裂之办法……"(《邵元冲日记》同日)

3月28日 主持国民党中央监察委员会会议。会议通过所谓"举发共产党案"。

从略。(《申报》1927年7月1日)

3月 草拟《浙江临时政治会议大纲》《新浙江之第一步》等工作计划。(蔡元培先生手稿)

同月 撰写《〈中国在变革〉前言》一篇。(蔡元培先生手稿)

4月2日 主持国民党中央监察委员会会议。此会为3月28日会议的继续,即所谓"护党救国"的第二次会议。

"第二号会议,四月二日午后七时在上海举行。到会委员蔡元培、吴敬恒、张人杰、古应芬、陈果夫、李石曾、李宗仁、黄绍雄。主席蔡元培。记录马叙伦。"从略。

(《申报》1927年7月1日)①

是日会议一致通过呈送国民党中央执行委员会的《咨文》。

"窃本会职责所在,'党员施政方针,是否根据本党政纲',尚应过问,则弃裂本党政纲,酿成亡党亡国之行为,尤应举发。是以本会委员分赴各地,遇集上海,遂于民国十六年三月廿八日先开临时会,决定于四月二日下午七时,召集中央监察委员会全体紧急会议,到会三之二。蔡元培、李宗仁、古应芬、黄绍雄、张人杰、吴敬恒、李石曾、陈果夫共同出席。公推蔡元培为主席。"(上海《民国日报》1927年4月16日)

一说此《咨文》所称四月二日的全体紧急会议,"完全是彻头彻尾的捏造"。蔡并未出席。

"这个咨文所称四月二日举行中央监察委员会全体会议一节,完全是彻头彻尾的捏造。即使把那天的秘密会议改头换面,冒称中央监察委员会全体紧急会议的话,当时在场的,也只有李宗仁、黄绍雄、吴稚晖、李石曾、陈果夫五人,只占全体中央监委二十人的四分之一;蔡元培、古应芬、张静江三人并未参加。即使把这三个加上,也还不是半数。可是咨文不但把三个不在场的人加上,'公推'一个不在场的蔡元培当主席,还把到会的人数说成三分之二。"(黄绍雄:《四·一二政变前的秘密反共会议》)②

4月4日 与吴稚晖等一起通知汪精卫已提出所谓"对共产党弹劾案"问题。

"晨八时顷偕湘芹至总指挥部访健生、任潮、德邻、季宽等。九时顷同至莫利哀路孙公故宅访精卫,至则稚晖、石曾、子民、介石、子文等亦在。稚晖始与言此次监察委员会提出对共产党之弹劾案,必将采断然之处置,故只系通知而非商榷。"(《邵元冲日记》同日)

4月5日 出席国民党要人在上海举行的谈话会。会议内容密不宣布。

"四月五日午前,汪君精卫、蒋君介石、柏君文尉、宋君子文、李君济深、李君宗仁、黄君绍雄、白君崇禧、古君应芬、甘君乃光、蔡君元培、李君石曾、吴君稚晖,开一谈话会于沪海道尹公署楼上。所议预先声明,暂不宣布。惟吴君报告因今日报纸登载国民党共产党两首领之宣言,外间误会者甚多,以为从此中国归两党共同治理,信有之乎?汪君大笑,以为那读报的太不辨文理了,全部宣言仅言两党之误会不可发生,未言两党共理中国。吴君问,先生所谓'仅言两党之误会不可发生,未言两党共理中国',能许在报上发表吗?汪君坦然允许。……"(《申报》1927年4月6日)

---

① 是日会议通过"应予监视之人名单"内有鲍罗廷、陈独秀、谭平山、林祖涵、毛泽东等197人。见台北《"革命"文献》第16辑。

② 载《文史资料选辑》第45辑。

同日 主持国民党中央监察委员会议。此次会议为所谓"护党救国运动"第三次会议。

"第三号会议,四月五日午后二时在上海举行。出席者黄绍雄、陈果夫、李宗仁、李石曾、吴敬恒、蔡元培、古应芬。主席蔡元培,记录马叙伦。……"(《申报》1927年7月2日)

4月6日 出席国民党要人重要谈话会。此会为国民党进行"清党运动"的一次重要会议。

"连日,国民党要人在上海莫利爱路孙总理遗宅及总司令部,因党事纠纷,开重要谈话会。与会者汪精卫、蒋介石、李济深、李宗仁、黄绍雄、甘乃光、柏文蔚、白崇禧、宋子文、蔡孑民、古应芬、李石曾、吴稚晖等十余人。讨论近日国民党情形、所有汉口之命令、上海及各地之行动。各有建议,最后乃共依汪精卫氏之主张,暂时容忍,出于和平解决之途。其主要办法,即于四月十五日召集中央全体执监委员联席会议于南京,以求解决。"(《申报》1927年4月8日)

4月8日 主持国民党中央监察委员会议。此次会议为所谓"护党救国运动"第四次会议。

从略。(《申报》1927年7月2日)

同日 出席国民党上海临时政治委员会成立会,为委员之一。

"中国国民党中央执行委员会政治会议,曾于本年二月二十一日第六十二次政治会议,议决组织上海临时政治委员会。派吴敬恒、蔡元培、钮永建、杨树庄、蒋尊簋、陈其采、何应钦、陈果夫、郭泰祺、叶楚伧、杨铨、林焕廷、杨贤江,为上海政治委员会委员。吴敬恒为代理主席。嗣于第六十四次政治会议,议决通过上海临时政治委员会组织条例七条,第六十六次会议又决议加派白崇禧、吴忠信二人为委员,经秘书处分别函电通知在案。因其时上海尚未克复,该委员会未能宣告成立。兹闻已于昨日在新西区旧沪海道尹公署开第一次委员会议。委员出席者有杨树庄、陈果夫、杨杏佛、蒋尊簋、陈其采、叶楚伧、白崇禧、何应钦、吴忠信、郭泰祺、蔡元培十一人。吴敬恒因事缺席,临时推杨树庄暂代主席、狄膺暂司记录。先由陈委员报告经过情形,嗣复宣读中央政治会议所交付本会执行之中央对沪方略,及对沪简要办法四项,复讨论即日组织秘书处,开始办公,宣告该会成立。所有该会会议规划及办事细则,推杨铨、叶楚伧、陈果夫三委员起草。末复由白委员崇禧提议,自今日起,每日上午十时至十二时开会一次,候大体计划决定后,再规定每星期开会日期。该会为上海最高机关,有处决上海市一切军事、政治、财政之权,并指挥当地党务。"(《申报》1927年4月9日)

4月9日 出席上海临时政治委员会第二次会议。会议通过该会会议规则及办事细则。

"昨日上午十时,上海临时政治委员会在新西区该会会所开第二次会议。委员到者白崇禧、叶楚伧、陈其采、蔡元培、吴忠信、郭泰祺、陈果夫、蒋尊簋、杨杏佛、杨树庄、林焕廷十一人。吴敬恒因事缺席。杨树庄迟到。临时改选白崇禧为主席,仍由狄膺记录。席上曾讨论通过会议规则及办事细则,并推定叶楚伧、林焕廷、郭泰祺三委员为常务委员。……"(《申报》1927年4月10日)

4月11日 访会胡汉民。

"午后二时至二时半,辣斐德路鸿仁里一号胡展堂。在安利西会齐。五时,静江处。"(本年《日记》同日)

同日 上海临时政治会议第二次会议,"准蔡委员元培提议",对上海各大学"应予维持"。

"临时政治会后,据昨日议决案,即致函南洋、暨南、商科各大学维持委员会云:敬启者。本会第三次会议,准蔡元培提议,上海各大学本会应予维持,拟函致南洋大学周仁、杜光祖、胡明复,同济大学许陈奇、孟心如、布美,暨南大学姜伯韩,政治大学陈望道、刘大白,中国大学何鲁,商科大学及商业专门学校金侣琴、潘序伦,请负责维持各该大学现状,早日开学。当经决议照办,除分函外,相应函达台端,请烦查照办理云云。"(《申报》1927年4月12日)

4月12日 与邵元冲、马叙伦商议党务。

"午前访夷初、子民等商党务及返浙接洽事。午后至龙华及总部行营。"(《邵元冲日记》同日)

4月13日 出席国民党中央监察委员会正式会议。会议决定将所谓"武汉派之罪状"通电全国。

"国民党中央监察委员会于昨日(十三日)开正式会议。列席委员为蔡元培、张静江、黄绍雄、吴敬恒、邓泽如、李石曾及古应芬等。讨议结果,遂联名通电全国,历数徐谦、邓演达等武汉派之罪状凡十一条。……此次中央监察委员会之会议,系于蔡元培等赴宁前在沪所开。"(北京《晨报》1927年4月16日)

同日 与邵元冲、蒋伯诚有会晤。

"午前访蒋伯诚,并同晤子民、梦麟等,决定明日赴杭,静江则定今日赴宁。"(《邵元冲日记》同日)

同日 与白崇禧、叶楚伧等联袂赴南京,参加国民党重要会议。

"十三日,白崇禧、叶楚伧、蔡元培、吴敬恒、侯绍裘等联袂赴宁,因十五日该地将开中央执行委员与监察委员之联席会议。该会议将讨论国民政府移宁问题,有相当之重要性,是盖不外蒋介石一派图谋掌握政府之全权,若谓商议调停两派(指汉派、宁派)则未必也。"(北京《晨报》1927年4月16日)

4月14日 到南京。主持国民党中央监察委员会议第五号会议。会议提出"迁都南京"。

"第五号会议,四月十四日在南京举行。出席者黄绍雄、邓泽如、蔡元培、李石曾、张人杰、吴敬恒、陈果夫。主席蔡元培,记录邓青阳。主席恭读总理遗嘱,全体肃立。讨论事项:(一)蔡元培提议,四月二日全体会议所议决之弹劾案,应否即行缮发。议决明日(十五日)正午送出。(二)吴敬恒提议,中央设在南京,说明汪精卫同志来函,主张在南京开第四次全体会议,且总理向来主张都于南京,故有迁都南京之必要。议决主张迁都南京。(三)吴敬恒提议,中央监察委员会必须警告中央执行委员及国民政府委员,促其即来中央所在地开会案。议决先行起草,待下次审查发送。(四)蔡元培提议,请吴敬恒同志起草。议决通过。……"(《申报》1927年7月2日)

同日 列名中国国民党中央监察委员会委员,与邓泽如、黄绍雄、吴稚晖、李石曾、古应芬、张静江、陈果夫等联名发表所谓《护党救国通电》。

"《通电》例举武汉联席会议及中央执行委员会第三次会议之不合法,开会后之行动有可痛心者十一大端,实有极危险之倾向,望我全体同志念党国之危机,共图匡济。词颇长,从略。"(上海《民国日报》1927年4月14日)

4月15日 主持国民党中央监察委员会第六号会议。会议通过通知中央执行委员及国民政府委员在南京开会等案。

"第六号会议,四月十五日下午三时在南京举行。出席者蔡元培、吴稚晖、邓泽如、张人杰、李石曾、陈果夫。主席蔡元培,记录邓青阳。主席恭读总理遗嘱,全体肃立。讨论事项:(一)蔡同志宣读上次议决警告中央执行委员原定九人,嗣加四人,共十三人。除跨党叛徒外,尚有多人,请谭组庵来,便可开会。议决照办,由本会拟就电文,拍发召集。(二)吴同志提议,现已决定国民政府迁都南京,应请中执常务委员即在南京组织常务会议案……议决照办。由本会拟就电文,拍发召集。(三)蔡同志提议,陈果夫昨日之党务报告应如何处理案。议决交江西军事当局妥办。……"(《申报》1927年7月2日)

4月17日 国民党中央政治会议决定设立中央宣传委员会,为委员之一。

"(十七日)政治会议议决,总政治部主任吴稚晖,副(主任)陈铭枢。又议决,中央宣传委员会委员吴稚晖、蔡元培、李石曾、陈果夫、叶楚伧、甘乃光、陈铭枢、李君佩、刘霆、胡汉民、戴天仇。……"(北京《晨报》1927年4月20日)

同日 国民党中央政治会议决定组成浙江分会,为浙江分会委员之一。

"(十七日)政治会议议决,政治会浙江分会人员蒋介石、蔡元培、何应钦、周凤岐、庄松甫、陈其采、马叙伦、蒋梦麟、邵元冲。"(《申报》1927年4月20日)

4月18日 出席南京国民政府成立大会,并有演说。

"南京国民政府迁宁,十八日行成立礼,蔡元培授印,胡汉民代表受印,吴稚晖演说。"

"宁各界十八(日)晨十时开庆祝国民政府建都南京、国民党恢复党权大会。国民政府委员九时在省议会就职后,蒋介石、蔡元培、吴稚晖、胡汉民、李石曾、蒋作宾各要人相偕莅会,各机关团体军民人等到三万余人。蒋演说……吴蔡胡诸人相继演说。……"(《申报》1927年4月19日)

"政府巧(十八日)晨十时许,在(江苏)省议会行迁宁成立典礼。张静江、蒋介石、胡汉民、吴稚晖、蔡元培、李石曾、邓泽如、蒋作宾、柏烈武、甘乃光均到。蔡元培受(授)印,胡汉民授(受)印。礼毕,赴市民庆祝大会,到十余万人。吴稚晖、蔡元培、胡汉民、李石曾均演说,大意谓宁都系总理指定。……"(上海《民国日报》1927年4月20日)

蔡元培演说云:"国民政府建在南京,有重大之关系。总理三民主义,亦在南京有重大之关系。总理前在同盟会,是秘密谈。民国元年,临时政府设在南京,方得公开。总理是要袁世凯到此,袁贼已允,无如终不肯离军阀根据地之北京。如早在南京见(建)都,三民主义定早实现。……"(上海《民国日报》1927年4月22日)

南京国民政府成员合影(1928年)

同日　出席南京各界庆祝国民政府建都南京大会。

从略。(《申报》1927年4月20日)

4月20日　复胡明复电,谓上海教育委员会急需成立。

"政治会议上海临时分会并转胡明复先生鉴:上海教育委员会亟须成立,请胡先生负责召集第一次会议,所有关于教育文件,悉送胡先生分别处理。培大约两三日后可来沪,当再接洽。蔡元培。哿。"(上海《民国日报》1927年4月22日)

4月22日　自南京赴上海。

"二十二日,蔡元培、钮永建、杨树庄、李石曾、甘乃光、陈其采、虞洽卿赴沪。"

(《申报》1927年4月24日)

4月23日 主持国民党中央政治会议上海分会教育委员会成立会。

"中央政治会议上海教育委员会,由中央政治会议上海临时分会秘书处发出通知书,召集成立。昨日午后二时,该会委员蔡元培、褚民谊、胡明复、姜伯韩、朱经农、周仁、刘大白诸委员,先后到会。当推蔡元培主席。议决该会即日成立,并推定褚民谊、胡明复、姜伯韩、杨杏佛、朱经农五人为常务委员,开始办公。并议决其他案件多件,六时散会。"(《申报》1927年4月24日)

4月24日 自上海赴杭州。

"浙省政府委员蔡元培、马叙伦、黄人望等及其眷属,日前由浙往宁,参与南京中央政府建都盛典,事毕返沪,与各界有所接洽。定于今日(二十四日)上午由沪乘客车返杭。"(《申报》1927年4月25日)

"晨九时,向杭州。"(本年《日记》同日)

4月26日 午到杭州。

"浙江政治会议主席蔡元培,政务委员会主席张静江,省防军总指挥蒋伯诚,昨午到杭,各界定二十七日在公众体育场作热烈欢迎。"(《申报》1927年4月27日)

同日 与邵元冲同被推定审查浙江省政纲。

"午前九时开政治会议至午后四时止,并决定于明日召集省委员会,又推余及孑民审查浙省政纲。"(《邵元冲日记》同日)

4月27日 列席浙江省务委员会第一次会议。

"浙江省务委员会于四月二十七日成立后,开第一次会议。列席者政治会议浙江分会主席张人杰,委员蔡元培、庄崧甫。出席省务委员蒋梦麟、邵元冲、马叙伦、蒋伯诚、陈希豪、程振钧、陈屺怀、黄人望。开会后出席省务委员宣誓就职,政治会议浙江分会主席致词。……省务委员会委任各厅处之重要职员,均经会议通过。"(《申报》1927年5月8日)

同日 出席浙江省党部茶会,并有演说。

"晚,省党部茶会,约省政各委员,由余主席,静江、孑民等皆有讲演。"(《邵元冲日记》同日)

同日 被任为国民政府教育行政委员会委员。

"国民政府命令。任命蔡元培为教育行政委员会委员。此令。"(《申报》1927年5月27日)

4月30日 主持浙江省政治会议。

"午前政治会议开会。孑民主席。通过省政府秘书处及各厅组织条例。"(《邵元冲日记》同日)

5月1日 与马叙伦、蒋梦麟等同游烟霞洞。

"午前夷初约余及子民、梦麟、羟甫、伯诚、锟徙等,同游烟霞洞并素餐。"(《邵元冲日记》同日)

5月2日 主持浙江省署总理纪念周并作报告。

"午前在省署举行总理纪念周,由蔡子民主席并作报告。"(《邵元冲日记》同日)

5月4日 赴邵元冲、蒋伯诚宴请。

"午后计划市政并至省党部一行。晚与伯诚同约宜之、子民、熙甫、夷初等晚餐。"(《邵元冲日记》同日)

"午后六时,九芝小筑;姜次立、陈希豪。"(本年《日记》同日)

5月5日 出席浙江省务委员会议,并有演说。

"五月五日为孙总理于民国十年就〔任〕非常大总统之日,浙江省政府于是日下午二时,召集省务委员蔡元培、马叙伦、蒋伯诚、周凤岐等及各厅职员一百五六十人,在政治分会楼下举行典礼。蔡委员元培演说,略谓当民国十年之时,军阀猖狂特盛,党员又不努力,环境至为恶劣。总理救国情殷,特于存亡危急之秋,负起重大责任,卒自此积劳病亡。现在我们党员,应该共负责任,以总理的精神为精神,以竟总理未竟之志。次蒋伯诚报告总理就任非常总统之历史甚详。"(《申报》1927年5月8日)

同日 到商业学校演讲。

"午后,商业学校演说。"(本年《日记》同日)

5月6日 与邵元冲一起修改浙江最近政纲。

"九时后开省务会议。午后与蔡子民商修改浙江最近政纲。"(《邵元冲日记》同日)

"《浙江最近政纲》,为本年三月十五日中国国民党浙江省执行委员会暨各县市执行委员会代表联席会议议决,而于四月十五日由省党部代表于市民大会交与政务委员会代表者。本以十五年十月中央及各省联席会议所通过之《中国国民党最近政纲》为蓝本,故大体不背于本党政纲。而其中间有于军政、训政期间骤用宪政时期之条件,于实行颇感困难,并有专为阶级斗争而设……兹特先举应删、应改各条,略述理由,而后列修正之全文。谨候公决。……"(蔡元培先生手稿)

5月9日 主持浙江省省务委员及官署职员总理纪念周,并作政治报告。

"浙江省政府省务委员暨秘官署各厅署全体职员约二百人,于九日上午十时举行总理纪念周,先向国旗党旗总理遗像行三鞠躬礼,次主席蔡元培读总理遗嘱,次主席政治报告,略谓本周最大的事件,就是各方要求讨伐武汉……又今天五九纪念日。五九是国耻当中最大的一个国耻,我们不仅纪念这个沉痛的大国耻,并要连带纪念一切的国耻。次全体职员行三鞠躬,遂举起右手宣誓。"(《申报》1927年5月11日)

同日 南京中央政府第九十二次会议,议决成立中央研究院和劳动大学。被推为筹备委员之一。

"九日中央政府九十二次会议,伍朝枢宣布外交方针。伍于十日上午十时就代外交部长职。李石曾请在沪设教育行政委员会办校照准。又请开办中央研究院照准。推张静江、蔡元培、李石曾、褚民谊、许崇清、金湘帆为筹备委员。吴稚晖、李石曾请开劳动大学,内分劳工学院、劳农学院两部照准。推张静江、金湘帆、许崇清、蔡元培、李石曾、褚民谊、张胜白、吴宗信、严慎予、沈泽春、匡互生为筹备员。院址在上海江湾……"(《申报》1927年5月12日)

5月10日 出席浙江省署晚宴,并有演说。

"晚与默君作东共宴政治会议、省务会议、省党部诸同人于省署。到者约四十余人。余及默君先后致辞,孑民、伯诚、周怒涛、葛敬棨答辞。"(《邵元冲日记》同日)

5月17日 出席杭州市市长就职式。

"午后二时顷,在省署大礼堂举行市长宣誓就职典礼,各界各团体代表到者约百人,由蔡子民授印并与夷初等致辞,来宾中有王伯秋及朱鸿达等演说,余致答辞并摄影。"(《邵元冲日记》同日)

5月18日 与邵元冲、蒋梦麟等同车赴沪。

"午后一时顷登车赴沪,备明日吊张定甫翁之丧。同车为孑民、梦麟、夷初、叕甫、昂若等。八时抵沪。"(《邵元冲日记》同日)

5月19日 出席劳动大学筹备委员会议。会议决定即日开始筹办劳工学院事宜。

"劳动大学筹备委员会昨日下午二时开第二次会。到褚民谊、吴忠信、匡互生、严慎予、蔡元培、李石曾、沈泽春、张胜白等。推吴忠信主席。议决各案如下:(一)工厂定名为国立劳动大学劳工学院上海模范工厂。(二)即日开始筹办劳工学院,以工厂常务委员五人、总协理及监察四人,另聘专门筹备员,组织筹备委员会。(三)函聘留比劳动大学之马光辰、蔡柏龄等任本院教务,并请在欧考察劳工教育情况。"(《申报》1927年5月20日)

同日 往张宅祭奠已故张定甫先生。

"昨日为张静江、澹如诸昆季尊人定甫先生设奠之期,国民革命军蒋总司令先期到沪,特于前一日专往张宅致祭。所有国民政府要人如吴稚晖、蔡子民、李石曾、伍梯云……皆于昨日先后前往祭奠。午后三时举殡,执绋者殆数百人,颇极一时之盛。"(《申报》1927年5月20日)

5月23日 与邵元冲、张人杰、李石曾等谈党务。

"四时后至西湖饭店访静江、孑民、石曾、民谊,谈党务。"(《邵元冲日记》同日)

5月25日 被推为浙江大学研究院筹备员。

"九时至省政府开省务委员会,通过浙江大学研究院筹备员名单共九人,为张人杰、蔡元培、李石曾、蒋梦麟、马叙伦、邵元冲、胡适、陈世璋、邵斐子,并决定由省

政府用聘任式行之。"(《邵元冲日记》同日)

5月27日 出席浙江省政府招待茶会。

"三时顷省政府开招待各界茶话会,宣布浙江省政纲。由周恭先主席,蔡子民说明制定政纲之经过,又由到会诸人演说,六时顷散。"(《邵元冲日记》同日)

6月1日 列名于夏定侯追悼会公启。

"《追悼夏公定侯启》。敬启者:志士以捐躯报国为乐,成败非所逆睹。世态成覆雨翻云之局,死生乃见交情,矧夫九域漂流,舟壑无藏身之地,万人雨泣,湖山有堕泪之悲,若十八军军长夏公定侯,慷慨誓师,从容就义,不独浙中父老子弟,悲愤弥天,抑亦海内志士仁人,同声一哭者也。

公一身系全浙安危,十年谋生聚教训,扼腕于武人之专制,殷忧于来日之大难,杂虏凭焉,民生耗矣,用是困心衡虑,纡策待时,积愤填膺,当机立断,去年十月,响应国民革命军,合众志以成城,值敌氛之压境。匈奴未灭,壮士何以家为;坏劫将临,比户不知死所,以一旅龙骧之众,当四郊蚁聚之师。公明知众寡强弱之悬殊,固以置生死祸福于度外。一军孤陷,援绝蚍蜉,七萃宵惊,化为猿鹤。悲鸣班马,待收四散之残兵,遍地钼麇,尚念八旬之老父。才足于济变,而不屈节以求生;智足以全身,而不忘亲以避难。盖孝行根于至性,死事弥复可哀。人知公之死,死于兵,而不知公之死,死于孝。若使天柱不倾,地维不绝,则公之折回中道,永诀衰亲,遂至遇害。此事不可不表而出之也。然一方成犄角之形,一隅关东南之局,公之此举,功曷可泯,事虽不成,其志亦足以〔昭〕于天下矣。

今者玄甲黄肠,尚稽殊礼,素车白马,何处招魂?人杰等,追忆生平,凄然心目,爰于十六年阳历六月十八日,开追悼会于杭州西湖忠烈祠。呜呼!七典攸崇,唯疆场之功为大;九京可作,征使君谁与归,尚冀车笠故人,苔岑旧雨,或附同舟之谊,或参入幕之宾。大招小招,人世几回伤往事;东浙西浙,风云当为护储胥。藉慰英灵,永敦风义。声震金石,为制廋子山思旧之铭;义薄云天,免广刘孝标绝交之论。谨启。

张人杰 蔡元培 周凤歧 马叙伦 陈其采 阮性存 蒋伯诚 邵元冲 蒋尊簋 张载阳 高云麟 程良骥 吴士鉴 徐鼎年 黄人望 许宝驹 王廷扬 俞炜 萧鉴 朱文劭 王锡荣 金百顺 王祖耀 宓福衡 斯烈 顾乃斌 章烈 杜持 郑文易 计宗型 徐乐光 叶焕华 同启"。(《申报》同日)

6月3日 自上海赴南京。

"国民政府中央委员蔡元培及李石曾,前因政务由宁来沪,业经多日,现定今晚由沪乘夜快车返宁。"

"中央委员蔡元培、李石曾及浙江省政府委员褚辅臣,于昨晚七时半由沪乘坐夜快车,联袂赴宁公干。"(《申报》1927年6月3日、4日)

6月6日 出席国民党第二届中央监察委员会第四次全体会议。会议报告应予通缉的共产党员案已经进行。

从略。（《申报》1927年7月10日）

以该会名义发表的通缉人名单，即所谓"清党运动"，牺牲了不少青年。

"蔡先生一生和平敦厚，蔼然使人如坐春风。但在民国十六年上半年，却动了一些火气参加过清党运动，牺牲了不少青年。一张用中央监察委员会名义发表的通缉名单，真是洋洋大观，连我也大受影响，只好亡命而去日本。"（柳亚子：《纪念蔡元培先生》）

同日　自南京赴上海。

"国民政府委员蔡元培、李石曾六日夜车赴沪。"（《申报》1927年6月8日）

6月7日　国民党中央政治会议咨行国民政府请核议施行蔡元培等请变更教育行政制度提案。

"（一）国民党中央政治会议咨文。为咨行事：第一百〇二次政治会议，准蔡委员元培提出教育行政委员会呈文一件，请变更教育行政制度，以大学区为教育行政之单元，区内之教育行政，由大学校长处理之。凡大学，应设研究院，为一切问题交议之机关。特议具大学区组织条例八项，及大学行政系统表，请核议施行等语。当经决议：由国民政府核议施行。相应录案，并检奉原呈附件，咨请查照办理。此咨国民政府　中央执行委员会政治会议　十六年六月七日。

（二）请变更教育行政制度呈。呈为呈请变更教育行政制度，以一事权，而利教育事：窃职会鉴于吾国年来大学教育之纷乱，与一般教育之不振，其原因固属多端，而行政制度之不良，实有以助成之。教员勤于诲人者已不多得，遑论继续研究，欠薪累累，膏火不继，图书缺略，设备不周，欲矫此弊，自宜注重研究之一端。凡大学，应确立研究院之制，一切庶政之问题，皆可交议，以维持学问之精神，此制度之宜改良者一也。一般教育之行政机关，簿书而外，几无他事。其所恃以为判断之标准者，法令成例而已，不问学术根据之如何，于是而与学术最相关之教育事业，亦且与学术相分离，岂不可惜！自宜仿法国制度，以大学区为教育行政之单元，区内之教育行政事项，由大学校长处理之，遇有难题，得由各学院相助以解决之，庶几设施教育得有学术之根据，此制度之宜改良者又一也。本以上两要旨，兹特拟具大学区组织条例八项，大学行政系统表，一并呈上，是否有当，统祈核示祗遵。谨呈　国民政府　教育行政委员会"。（舒新城编《近代中国教育史料》第4册）

6月8日　同中国济难委员会干事一起宴请沪上各界要人，开展基金募集活动。

"午刻，救难委员会，亚尔培路三二二号郑宅，十二时半。"（本年《日记》同日）

"中国济难会干事李石曾、蔡子民、郑韶觉、杨杏佛，前晚假亚尔培路郑宅宴请各干事及沪上各界要人。到者有许隽人、王宠惠、黄郛、周佩箴、俞飞鸿、匡互生、王晓籁、王一亭、张性白、严慎予、黄鸣道、吴承斋等三十余人。席终，由杨杏佛首先报告济难会之经过情形,次郑韶觉报告济难会复活情形,希望重筹大款,专门救济被难烈士子女,因觉劳动大学最为合宜,故双方现谋合作。凡此吾人后死之责,请力加赞助。次李石曾、蔡元培报告劳动大学之旨趣,在使心力与体力平均发达。末由黄郛演说赞成此举,并提议搜编革命史及建国葬场。……"(《申报》1927年6月11日)

同日 出席劳动大学筹备委员会议,推定劳工学院院长人选。晚宴教育行政委员会委员。

"二时,劳动大学筹备会。四时,教育行政委员会。晚宴教育行政委员,功德林,七时半。"(本年《日记》同日)

"国立劳动大学筹备委员会昨开会,到蔡元培、李石曾、褚民谊、张静江、吴忠信、张性白、匡互生、严慎予、金湘帆等。当将劳工学院组织大纲,一致通过,并决定推聘沈仲九为该院院长。"(《申报》1927年6月11日)

6月11日 与邵元冲、蒋介石等讨论组建杭州市公安局问题。

"十时至政治分会开会。十一时后接路局电话,谓介石即将到杭,乃于十二时顷散会后同至车站相待。少顷车到站,晤介石、石曾,旋同至静江寓少憩。傍晚与静江、孑民、介石、梦麟、夷初、伯诚等同至烟霞洞晚餐兼止宿,并对公安局等问题有所商榷,十一时后寝。"(《邵元冲日记》同日)

6月13日 国民党中央政治会议第105次会议议决,组织中华民国大学院,特任蔡元培为该院院长。

"十三日中央政会第一〇五次会议,讨论(一)教育行政委员会提议,组织中华民国大学院,为全国最高学术教育机关,附呈组织大纲,议决通过。请法制委员会起草条例,特任蔡元培为院长。(二)设外交委员会,推胡汉民、蒋中正、吴敬恒、李石曾、伍朝枢为委员。……"(《申报》1927年6月15日)

设立中华民国大学院,系由蔡元培、李石曾、褚民谊等所提议。

"中央教育行政委员会委员蔡元培、李石曾、褚民谊等,以近年来官僚化教育,匪特有害教育事业,抑且使一般真正学者不愿过问教育,故事实上有改造之必要。乃仿各省大学区办法,向中央政治会议提请组织中华民国大学院,以为全国最高教育行政学术机关。业经第一〇五次政治会议议决,并以蔡元培为院长。"(《申报》1927年6月15日)

中央教育委员会蔡元培等呈国民党中央政治会议咨文。

"谨陈者。关于国民政府应组设教育部问题,元培等筹议再三,以为近来官僚化教育,实有改革之必要。欲政治官僚化为学术化,莫若改教育部为大学院。现已拟有组织大纲一通,已提出教育行政委员会通过。请提出政治会议核议,如原则能予以通过,则可交法制委员会草拟条文。于下星期之星期一再提议政治会议讨论。是否有当,请公决。"

"组织大纲:(一)中华民国大学院为全国最高学术机关,故定名为中华民国大学院,简称为中国大学院。(二)本大学院之组织与职务,列表如(左)下。(甲)大学委员会。1. 委员长一人,为院长之当然职。2. 委员若干人。各部主任与各大学校长,为当然委员,并得延聘其他学者加入。(乙)院长办事处。1. 院长一人,总司全院事宜,并为国民政府之一员。2. 秘书若干人,就中以一人为秘书长,兼委员会秘书。(丙)教育行政部。主任一人,辅助院长处理一切教育行政事宜之不属于各大学区,及各大学区互相关联者。部员若干人,分理教育行政事宜。(丁)研究院及其他国立学术机关,如劳动大学、国立图书馆、博物馆、美术馆、观象台等,其章程别定之。(戊)各种专门委员会,如学术基金委员会之类,于必要时,得次第设立,其章程临时另定之。"(《申报》1927年6月17日)

  同日 受聘为杭州市参事。

  "本日聘定市参事十五人,为蔡子民、顾子才、范耀雯、宓廷芳、金润泉、王湘泉、王竹斋、邵斐子、沈尔乔、钱墨卿、王伯秋、桂崇基、寿景伟、董修甲、许宝驹。"(《邵元冲日记》同日)

  6月14日 国民党浙江省党部改组,为青年部部长。

  "浙江省党部十四日改组。组织部部长张人杰、宣传部部长邵元冲、青年部部长蔡元培、工人部部长陈希豪、农民部部长沈尔乔、妇女部部长姜绍谟、商民部部长洪陆东。"(《申报》1927年6月15日)

  "张静江先生蔡元培先生钧鉴:真电敬悉。昨准中央组织部函开,九十六次中央常务会议议决,派张人杰、蔡元培、邵元冲、林森、陈希豪、洪陆东、沈定一、沈尔乔、姜绍谟等九人,为浙江省党部改组委员,已分别通知就职等语。兹承电询,敬以奉闻。中央政治会议秘书处文印。"(《申报》1927年6月17日)

  6月15日 与邵元冲、阮荀伯议修正浙江省务委员会组织条列。

  "午前,与蔡子民、阮荀伯商修正省务委员会组织条列。九时半赴省务会议。"(《邵元冲日记》同日)

  6月17日 出席杭州市全体参事晚宴。

  "午后在市政厅办事。晚约各市参事及各局局长晚餐于聚丰园,到蔡子民、邵斐子、范耀雯、钱墨卿、金润泉、王竹斋、顾子才、沈尔乔。又财政、公安、教育、工务各局长,公用林技师、蒋伯诚、杨畅卿、郑馥如及安徽教育厅长张仲林等。十时顷散。"(《邵元冲日记》同日)

  6月20日 与张静江、胡汉民等同赴徐州。

  "胡汉民、张静江、钮永建、李石曾、蔡元培诸要人,同赴徐州。"(《申报》1927年6月21日)

  6月21日 出席国民党徐州会议。

  "晨一时半,抵徐州,晤冯焕章,开会议。"(本年《日记》同日)

从略。(《申报》1927年6月28日)

6月22日 自徐州南返。

"蒋总司令亦以在徐布置妥贴,今(二十二日)晨偕中央各委员返宁。清晨……七时,蒋率总部人员偕同胡汉民、吴稚晖、李烈钧、张静江、蔡元培、李石曾、钮永建及李鸣钟、方本仁等分乘汽车莅站,与欢送人员周旋后,即行登车,七时十分,开车南驶。"(《申报》1927年6月28日)

6月23日 到达南京。

"蒋总司令在徐州会议闭后,偕国民政府委员胡汉民、张静江、钮永建、蔡元培、李石曾诸要人,联袂南返,于二十三日上午三时抵宁。……据闻此次徐州会议结果,极为圆满。对于北伐任务,决协同作战。大体计划,亦经决定。……"(《申报》1927年6月25日)

6月24日 出席国民党中央政治会议第一〇八次会议。会议议决特任王宠惠为司法部长等事项。

"十四日中央政会一〇八次会议。蒋中正、吴稚晖、蔡元培、李石曾、戴季陶、伍朝枢、古应芬、丁惟汾、萧佛成诸委员提议,请特任王宠惠为司法部长。议决通过。又广东省政府委员及各厅长,悉免职,另任命李济深、邓泽如等十一人为粤省政府委员,并以李文范兼民政,陈可钰兼军事,陈融兼司法,古应芬兼财政,冯祝万兼农工,张难先兼土地,曾养甫兼建设,李禄超兼实业,朱家骅兼教育厅长。……"(《申报》1927年6月26日)

6月26日 关于何时成立大学院问题答记者问。

"中华大学院长蔡元培二十三日由徐来宁。因避烦嚣,现住玄武湖。或就询问大学院何时成立？据称：现在大学院条例,正由法制委员会罗家伦等起草。俟起草后,由中央政治会议议决通过,再行公布。至成立之期,须俟军事完全底定,方有大规模之组织。大约行政部以现由广东迁宁之中央教育行政委员会改组；研究院以现由广东迁宁之中央学术院改组；学术委员会则以各区中山大学校长、教育厅长及著名学者充任委员；委员长由院长兼任。蔡氏又谓,此次各方学生,多有为生计问题来索位置者。然吾党之士,当超出生活,以发展文化,提高知识为前提；谋生之术,非所愿闻云云。"(《申报》1927年6月28日)

同日 国民党中央法制委员会通过大学院组织条例。

"中央法制委员会通过三法案：(一)大学院为全国教育及学术最高机关。设院长一人,同时院长兼为国民政府委员,院内设教育行政处及教育会议。(二)省政府组织法。省政府在国民党指导之下,管理省政务,……(三)国民政府法制局组织条例。"(上海《民国日报》1927年6月28日)

6月27日 出席国民党中央政治会议第一〇九次会议,与古应芬、李石曾等联名提案一项。

"中央政会二十七日一○九次会议。(一)任蒋梦麟为第三中山大学校长、张乃燕为第四中山大学校长。(二)蔡元培、古应芬、李石曾、丁惟汾等提议,请规定在军政机关服务人员虽未入党,一律以党员论。有犯党员背誓条例所定各条之罪者,均照党员议处。……(九)中央法制委员会函送大学院组织法草案。通过。咨国民政府公布。"(《申报》1927年6月29日)

6月28日　自南京返上海。

"国民政府中央委员蔡元培、李石曾等,昨日(二十八日)由宁乘特别快车返沪。"(上海《民国日报》1927年6月29日)

6月29日　国民党中央政治会议第一百一十次会议,通过大学院组织法。

"中央政治会议一百一十次会议,于六月二十九日通过中华民国大学院组织法。"(《申报》1927年6月30日)

同日　中华教育文化基金会举行第三次董事年会。会上被选举为该会董事之一。

"中华教育文化基金会第三次董事年会,于民国十六年六月二十九日上午九时,在天津裕中饭店开会。出席者为颜惠庆、张伯苓、范源濂、黄炎培、顾维钧、周诒春、丁文江诸董事。由颜董事长主席。……通过准黄董事炎培、丁董事文江辞职,并选举蔡元培、胡适二君为董事。"(《中华教育文化基金会第三次报告》)

7月1日　自上海赴南京。

"中央委员李石曾、蔡孑民等,昨夜由沪乘二十三次夜车赴宁。"(上海《民国日报》1927年7月2日)

7月4日　出席国民党中央政治会议第一一一次会议。会议通过蔡元培等人关于设立中央建设委员会等十三项提案。

"中央政会四日开一一一次会议。(一)蔡元培、李石曾提议,请设立中央建设委员会,实现总理建国方略,统一各省建设行政。决议通过,并交法制委员会拟具条例。(二)古应芬呈送划分国家地方两税收入支出暂行标准草案及理由书。决议通过执行。(三)任命颜中组为浙江省政务委员兼财政厅长。(四)加派何焕三为清理整理招商局委员。"(《申报》1927年7月6日)

同日　自南京赴上海。

"四日晚,蔡元培、李石曾、张继、郑毓秀、丁超五同赴沪。"(《申报》1927年7月6日)

7月5日　自上海赴杭州。

"中央委员蔡元培、张溥泉、李石曾、褚民谊,于前晚联袂由宁乘沪夜快车来沪,于昨晨抵北站。蔡元培即于当日下午一时半,乘沪杭车赴杭。"(《申报》1927年7月

月6日)

7月6日—7日 在杭州出席第三中山大学筹备委员会,讨论该校章程等事项。

"午前九时至十一时半开省务会议。午间与新自沪来之孑民、石曾、适之、湘帆、陈世璋、韦悫等中央教育委员,又马寅初、邵斐子、夷初、梦麟等在楼外楼同餐,餐后在舟中开第三中大筹备委员会,对于章程等有所讨论。"(《邵元冲日记》同月6日)

"第三中山大学筹备委员会委员蔡元培、李石曾、胡适之、陈聘丞、蒋梦麟、邵元冲、邵裴子、马夷初,于六日在西湖楼外楼午餐,午后即在西湖中泛舟,在舟中开会,讨论第三中山大学章程,删改数条,修正数条,泰半通过。并于七日七时,赴江干乘轮缘钱江而上,即在舟中继开会议,并拟游览严陵云。"(《申报》1927年7月8日)

7月11日 自杭州赴上海。

"政务委员蔡元培日前返杭,昨(十一日)附(乘)早车赴沪。"(《申报》1927年7月12日)

7月13日 自上海到南京。

"蔡元培、周凤歧今日到宁。"(《申报》1927年7月14日)

同日 大学区组织条例全文,本日公布。

"大学区组织条例,已经中央教育委员会最近会议通过。全文如下:大学区组织条例。(一)全国依现有之省份及特别区,定为若干大学区,以所在省或特别区之名名之。每大学区设校长一人,综理区内一切学术与教育行政事项。(二)大学区设评议会,为本区立法机关。(三)大学区设秘书处辅助校长办理本区行政上一切事务。(四)本大学区设研究院,为本大学区研究专门学术之最高机关。研究院内设设计部,凡省政府关于一切建设问题,随时可以提交研究。(五)大学区设高等教育部,管理本部各学院及区内其他大学及专门学校事项及留学事业。(六)大学区设普通教育部,管理区内公立中小学校及监督私立中小学校。(七)大学区设扩充教育部,管理区内劳农学院、工学院及关于社会教育之一切事业。(八)大学〔区〕评议会、秘书处、研究院、高等教育部、普通教育部、扩充教育部之组织与职权,别定之。(九)本条例经国民政府公布后执行之。"(《申报》同日)

7月17日 列名于莫干山肺病疗养院开院通告。

"浙省莫干山为避暑胜境,满山皆竹,地极清幽。同人等几经考察,金谓宜于疗治肺病,以及其他须转地疗养各症,爰特集合同志发起组织。其主旨在救济疾病,不杂营利观念。其办法则天然、药力兼施并重。今已觅定院址在该山胜处,所有院内设备亦经租就,并请上海及各处名医主持医务。兹择定七月二十日先行开院,凡我抱恙同胞如须入院就治者,务请即向本院驻沪事务所索阅章程,接洽一切可也。

发起人 蔡子民 李石曾 张静江 褚民谊 窦赞丞 胡伯平 周凤箴 周伯年 徐懋斋 姚沁泉 张芹伯 张叔训 周健初 徐逸民 徐乃礼 汪振时 汪企张 臧伯庸 龚元炳等三十七人"。(《申报》同日)

7月19日　自南京到上海。

"中央委员李石曾、蔡子民等,前晚由宁搭乘廿四次夜快车,于昨晨六时半抵沪。"(上海《民国日报》1927年7月20日)

7月23日　致胡适函,允为"英款委员会"成员之一。

"适之先生大鉴:枉存失候为歉。日内适有事,不克趋承,承示英国退款委员会预拟诸人,弟愿就;民谊远去,弟可代为承认。惟亮畴近在南京,请先生直接函询之。容再图良觌,先此奉复。……弟元培启 七月二十三日"。(《致胡适函》同日)

7月25日　自南京赴上海。

"蔡元培今晨七时赴沪。"(《申报》1927年7月26日)

7月26日　自上海到杭州。

"浙省政务委员蔡元培昨(二十五日)由沪附(乘)八次车返杭,同行来杭者有张溥泉、林森,省政府今日(二十六日)为之设宴洗尘。"(《申报》1927年7月27日)

7月31日　请拨大学院院址获准。

"教育行政委员会主席蔡元培,呈请将旧江宁府学及学宫全部房屋,拨为(大学院)院址,已奉国府明令照准。其原呈文云:

为请拨旧江宁府学及学宫全部房屋为大学院院址事。窃大学院为全国学术及教育行政机关。现在百端待理,亟应早日组织,以利进行。查旧江宁府学及学宫,为清同治年间就明故朝天宫遗址改建,背山面水,高明爽垲,居城之中,重屋复栏,规模齐整。以之改作大学院院址,极为适宜。拟请特予准将该项房屋全部,拨归大学院应用。先由教育行政委员会接收,俾便着手修缮,克日完成,实为公便。谨呈国民政府。教育行政委员会 蔡元培"。(《申报》1927年8月1日)

8月4日　次女睟盎出生于上海。(蔡睟盎教授自述)

8月8日　与李宗仁、白崇禧、何应钦、蒋介石、胡汉民等联名致电汪精卫、谭组庵等,赞成武汉分共,并愿与武汉方面合作。

从略。(台北《"革命"文献》第17辑)

同日　为姜琦、邱椿著《中国新教育行政制度研究》一书撰写序文。(《中国新教育行政制度研究》商务印书馆1927年出版)

同日　书赠怡和轩字幅。

"若臧武仲之知,公绰之不欲,卞庄子之勇,冉求之艺,文之以礼乐,亦可以为成人矣。

中华民国十六年八月八日为怡和轩书 蔡元培"。(启功 牟小东编《蔡元培先生

手迹》)

8月11日　向国民党中央政治会议提交维持以江浙渔税充教育经费的议案。

"查江浙渔业事务局,由中央政治会议议决,咨国民政府,派谭兆鳌为局长。乃邬振磬挟私不遂,假托渔会、渔商呈电反对,财政部遂拟变更原案,以渔税本系地方税,加征是否适当等语,呈请政府令行江浙两省省政府斟酌议复。似与原案不合。事关政府威信、教育经费,拟请维持原案,将江浙渔税仍定为特税,充中央研究院、劳动大学经费,由政府委派之江浙渔业事务局局长谭兆鳌负责办理。再,谭兆鳌所拟征收渔税章程,甚为妥善,并不扰民,并请准予照办,以裕税收。谨具节略,附抄件,请核议公决,咨国民政府令行财政部遵办,以维威信,而兴教育。　蔡元培　十六年八月十一日"。(蔡元培先生抄留底稿)

8月12日　自上海到南京。

"蔡元培、易培基,今晨抵宁。"(《申报》1927年8月12日)

同日　与吴稚晖联名提出各机关公务人员捐俸救济伤兵的议案。

"吴委员敬恒、蔡委员元培提议:凡在国民政府各机关服务人员,每月俸薪在一百元以上者,应捐一个月俸薪之百分之十,交由财政部收转上海战地救济会,专充救济伤兵药品之用。是否有当,请公决。"(《吴稚晖先生全集》卷9)

8月13日　函请浙江政务委员会拨付远东运动会经费。

"浙江政务委员蔡元培由宁来函,请拨远东运动会经费二万元,业经议决,令财政厅照数拨发,昨由省政府函复蔡委员知照。"(《申报》1927年8月14日)

同日　褚辅成(慧僧)、董康(绶经)来访,似为营救史良、郑观松事。

"褚慧僧、董绶经〔来〕,为学生史良、郑观松〔事〕。"(本年《日记》同日)

8月14日　与胡汉民、张静江、李石曾、吴稚晖等联名发表离宁通电,反对安庆会议。

从略。(《申报》1927年8月15日)

8月17日　与胡汉民、吴稚晖、李石曾等同往杭州,行踪"秘不告人"。

"蒋介石离后,宁派文武要人皆有秘密会议,何应钦态度忽强硬,主仍拥蒋。李宗仁率兵回宁,及驻沪白崇禧部赴宁,似皆为此。……胡汉民、蔡元培、吴稚晖、李石曾已赴杭,似在烟霞洞,秘不告人,意极坚决。桂系将领早有反北大(北京大学)运动,故蒋介石行,北大系皆极恐慌,纷纷来沪。……"(北京《晨报》1927年8月18日)

8月20日　主持劳动大学筹备委员会议。

"国立劳动大学筹备委员会昨日下午二时开会。到委员褚民谊、许崇清、金湘帆、张性白、匡互生、吴早信、易培基、蔡元培、严慎予等。蔡元培主席。议案:(一)劳动大学组织大纲草案,修改通过。(二)劳学院预算草案通过。(三)劳农院预算草案通过。议毕散会。"(上海《民国日报》1927年8月21日)

8月22日 汪精卫提出,将前对胡汉民、蔡元培、吴稚晖等人开除党籍处分撤销。

"东南执监撤销处分原案,由汪精卫提出,内称中央前次对于胡汉民、蔡元培、吴稚晖、李济深、张静江、蒋中正、古应芬、萧佛成、陈果夫等,曾下开除党籍处分,现请将前次处分撤销,准第四次大会解决。"(《申报》1927年8月26日)

8月23日 报载蔡元培等已打消辞意不日返回南京。

"中央消息,胡吴张蔡李五委员,因各方挽留甚殷,已打消退志,不日返宁。"(《申报》同日)

8月29日 顾颉刚来访。

"到鲁弟处取支票,送至朱铎民家,晤其夫人。到蔡(孑民)先生处,谈半小时。"(《顾颉刚日记》同日)

8月 答复虞和德(洽卿)、褚辅成(慧僧)等关于江浙渔业税问题的诘责。

"洽卿、慧僧、文六、伯器、衡山、建侯、履登、伯桢诸先生台鉴:奉惠书,关于江浙渔业局事,严词诘责,颇以为异。苛税扰民,弟之反对,必不后于诸公。惟渔业事务局事,已由主管机关查明办理,应如何处置,不久即可发表。以弟所闻,浙江省政府所尚定而提议者,有专收外海渔业税,不收内河税一条,若能通过,对于内地渔民之恐慌,必可解除。此局定案时,本有兼受江浙两省政府监督一条。浙江省政府之所主张谅必为财政部所注意也。关于税款用途,原案虽指定以充中央研究院、国立劳动大学经费,而现今浙江方面提议,以十之四充中央学款,以十之三供江苏建设费,以十之三供浙江建设费,则尚在讨论中。……"(《复虞洽卿等函》同月)

9月3日 在上海主持中国科学社第十二次年会。

"中国科学社第十二次年会,于昨日(三日)正式开幕。是日上午九时至下午四

中国科学社第十二次年会合影(1927年9月3日)

时止,社员注册者计六十六人。下午四时,在上海总商会常会室举行开幕典礼。来宾及社员到者共百余人。由该社董事蔡孑民主席并致开幕词,初述年会筹备之经过,次述年来政治及社会虽多变化、困难,本社事业仍进行如常。科学家不因成败变更态度,由此可见。末述总理之三民主义,完全根据科学,故为同人所信仰。……"(《申报》1927 年 9 月 4 日)

9 月 4 日 在上海总商会,发表题为《各民族记数法之比较》的讲演。

"今日下午五时,蔡孑民先生在总商会公开演讲,题为《各民族记数法之比较》。"(《申报》同日)

中国科学社第十二次年会"九月四日下午二时,在上海总商会开社务会议。社员到者四十余人。任鸿隽主席。……下午五时公开演讲。由蔡元培演讲《各民族记数法之比较》,到会听者百余人。先生征引繁博,听者皆乐而忘倦,直至六时半,方行散会"。(《科学》第 12 卷第 11 期)

9 月 6 日 主持中国科学社年会欢宴上海各团体酒会。

"昨日(六日)为中国科学社年会之第四日,……直至下午六时半始毕。八时该社全体社员在华安保寿公司,欢宴上海各团体,到者八十余人。除该社全体社员外,到有李石曾、郭泰祺、王云五、盛同荪、李广身、石瑛、冯少山诸君。中新两报,亦派代表参与。先由该社董事蔡孑民先生主席致辞,次由李石曾、王云五、石瑛、李广身、胡刚复、杨杏佛等演说,至十时尽欢而散。"(《申报》1927 年 9 月 7 日)

9 月 9 日 在上海会见汪精卫,商讨"宁汉合作"问题。

"汪精卫自来沪后,即与南京国民政府诸委员商榷党国前途大计。兹悉汪氏已晤蔡委员元培、张委员静江、李委员石曾。双方讨论结果,甚为圆满。惟五委员(指当时在上海的胡汉民、蔡元培、张静江、吴敬恒、李石曾)是否重返南京一节,外间殊为重视。本报记者特向蔡委员元培询问此点,据说五委员回宁一节,现在尚难决定,须视二三日讨论之结果,方可决定。"(《申报》1927 年 9 月 11 日)

9 月 10 日 继续与汪精卫等武汉派要人会谈。

"汪精卫等一行,前夜与李石曾、胡汉民、蔡元培等会见,交换意见,但尚未有何等具体的成说,此后两派接洽似有可能性。昨早蔡元培与汪兆铭等二三武汉要人间交换意见,似有几分合作之希望。"(北京《晨报》1927 年 9 月 13 日)

同日 出席白崇禧等人为欢迎汪精卫等汉派人物而举行的宴会,并发表演说。

"国民革命军淞沪卫戍司令白崇禧、副司令周凤岐、海军总司令杨树庄等,特于昨日下午一时,假座于新西区交涉公署之外交大楼,设宴欢迎汪精卫、谭组安、孙哲生、朱益之、何敬之、李德邻及莅沪诸同志,到一百余人。由杨树庄主席。……到会者除杨树庄、周凤岐两主人外,有汪精卫、朱益之、孙哲生、李德邻、蔡孑民、李协和、宋子文、孔祥熙、张继、覃理民、居正、邹海滨、谢持、蒋百器、褚民谊、叶楚伧、杨杏佛……共约百余人。宴会时之顺序（一）宾主入席。（二）奏乐。（三）进餐。（四）主席杨树庄致词。（五）汪精卫演说。（六）覃理民演说。（七）李宗仁演说。（八）蔡元培演说。（九）摄影。（十）奏乐散会。"

蔡元培演说：从略。（《申报》1927年9月11日）

9月11日　宁、沪、汉三方代表，在上海戈登路伍梯云宅举行第一次正式谈话会。

9月12日　出席宁、汉、沪三方代表第二次正式谈话会。

9月13日　出席宁、汉、沪三方代表第三次正式谈话会。

"九月十三日举行第三次正式谈话会。决议案如下：（一）在特别委员会中，公推五人，代行监察委员会职权。关于人选，由谈话会商定；发表手续，依照甲案的五项办理。（二）公推特别委员张继、于右任、何香凝、李石曾、蔡元培五先生代行监察委员会职权。（三）抽签决定特别委员和候补委员的次序。在上列的三次谈话会中，出席者有谭延闿、孙科、伍朝枢、程潜、叶楚伧、李烈钧、王伯群、谢持、杨树庄、许崇智、张继、覃振、于右任、居正、茅祖权、刘积学、甘乃光、傅汝霖、李宗仁、张人杰、蔡元培、李石曾、朱培德诸先生和我。还有汪兆铭、陈公博、褚民谊及缪斌。正式谈话会圆满结束，就于九月十四日，出席人员和其他有关的〔人员〕，共乘专车赴宁。"（邹鲁：《中央特别委员会》）

9月14日　自上海赴南京参加会议。

"宁汉两方合组之特别委员会，已得多数中央委员同意，即日在宁开会。李宗仁、蔡元培、朱培德、伍朝枢、孙科、谭延闿、杨杏佛，今日下午四时由沪专车返宁。"（《申报》1927年9月15日）

9月15日　出席国民党中央执监委员联席会议，被举为国民党中央特别委员会委员。

"中央执监联席会议，十五日下午二时半在中央党部开临时会议，到深夜始散。出席执监委员及候补委员二十人。蔡元培、李石曾、褚民谊、陈嘉祐、伍朝枢、于右任、谭延闿、李宗仁、潘云超、朱霁青、李烈钧、吴铁成、朱培德、孙科、程潜、张人杰、经亨颐、周启刚、黄实、缪斌。由谭延闿主席。先议推补委员案。……补周启刚、黄实、王乐平、陈嘉祐、朱霁青、丁超五、何应钦、陈树人、褚民谊为中央执行委员；补黄绍雄为中央监察委员。继又议决，设中国国民党中央特别委员会，分别行使全会职权，至第三次全国代表大会开会时为止。当推定李宗仁、杨树庄、李烈钧、冯玉祥、谢持、蔡元培、汪精卫、唐生智、蒋中正、程潜、王伯群、覃振、何香凝、阎锡山、胡汉民、孙科、朱培德、林森、于右任、戴季陶、张继、许崇智、伍朝枢、谭延闿、吴敬恒、邹鲁、李石曾、张人杰、居正、李济深、何应钦、白崇禧，为中央特别委员会委员。……又推定张继、于右任、何香凝、李石曾、蔡元培，执行监察委员会职权。"（《申报》1927年9月17日）

9月16日　出席国民党中央特别委员会第一次会议。会议通过修正发表中国国民党宣言等各案。

"中央特别委员会十六日下午二时至六时,在军事委员会开第一次会议。出席委员谭延闿、张继、伍朝枢、居正、孙科、李宗仁、程潜、杨树庄、谢持、蔡元培、于右任、张静江、邹鲁、李石曾、王伯群、褚民谊、傅汝霖、叶楚伧、覃振、白崇禧、朱培德、李烈钧、刘积学、茅祖权、缪斌。主席谭延闿。议决:(一)修正发表中国国民党宣言。(二)决议中国国民党党部组织。(三)决议国民政府组织。(四)决议设监察院。(五)决议中央党部、国民政府及军事委员会人选。(六)决议本会代行中央执行委员会职权时,用中国国民党中央执行委员会印。……"(《申报》1927年9月20日)

同日 被举为国民政府委员、常务委员。

"中央特委会议决,国府委员四十七人:于右任、丁惟汾、王伯群、王宠惠、古应芬、白崇禧、田桐、孔庚、王法勤、伍朝枢、朱培德、李宗仁、李济深、李烈钧、汪兆铭、何应钦、宋子文、居正、林森、周振麟、柏文蔚、胡汉民、陈调元、唐生智、孙科、张人杰、张继、黄绍雄、许崇智、钮永建、邹鲁、覃振、程潜、冯玉祥、杨树庄、经亨颐、熊克武、邓泽如、蔡元培、樊钟秀、刘守中、蒋中正、蒋作宾、戴传贤、谢持、阎锡山、谭延闿。……国府常务委员五人:汪精卫、胡汉民、李烈钧、蔡元培、谭延闿。……"(《申报》1927年9月19日)

9月17日 主持国民党中央特别委员会第二次会议,讨论该会办事细则等事项。

"中央特别委员会于十六日正式成立。十七日午后二时举行第二次会议。委员出席者十四人。蔡元培主席。讨论各案:(一)每周星期二上午九时开常会一次,遇必要时得临时召集会议。(二)开会时,出席委员过全数三分之一时,为法定人数。(三)出席之委员未兼任何职务者,每月支薪三百元,候补委员二百元,有兼职者不领薪。……"(《申报》1927年9月20日)

9月18日 由南京到上海。

"中央委员张静江、于右任、蔡元培、李石曾等昨由宁来沪。"(《申报》1927年9月19日)

9月19日 国民党中央特别委员会举行第三次会议,议决推定蔡元培、汪精卫等为特别委员会常务委员。

"十九日中央特委会开第三次大会。张继主席。议决:(一)推定特委会常务委员汪精卫、蔡元培、谢持,秘书长叶楚伧。中央党部各部委员:组织部汪兆铭、陈树人、谢持、王昆仑、景定成、潘云超、茅祖权、吴敬恒。宣传部戴传贤、顾孟馀、胡汉民……"(《申报》1927年9月20日)

9月20日 出席国民政府委员、军事委员会委员就职典礼式。会上,代表国民政府受印,致答词;代表中央特别委员会致训词。

"今日(二十日)上午十一时,国府委员及军会委员在紫金山侧大操场,举行就职及阅兵典礼,……各委员到齐后即于上午十一时三刻,宣告正式开会。由刘钺、萧芹两副官司仪。其行礼情形如下,全体肃立就位,中央特别委员会委员立在第一排,国民政府委员立在第二排,军事委员会委员立在第三排。奏乐,行礼。张继恭读总理遗嘱,全体静默三分钟。中央特别委员会代表张继致词。张君致词时,精神充足,声如洪钟,全体大鼓掌。张继代表中央特别委员会授印,蔡元培代表国民政府受印毕,致答词。次中央特委会代表、国民政府代表、军事委员会委员就位。蔡元培代表中央特委会致训词,伍朝枢代表国民政府致训词并授印,由程潜代表军事委员会受印,宣誓致答词毕。高呼各种口号,是时军乐大作,即举行阅兵式。"(《申报》同日)

9月21日 出席国民政府委员会议第一次会议,议决任命国民政府秘书长及发表宣言要旨等项。

"国府委员二十一日上午十时,开第一次会议。到谭延闿、孙科、伍朝枢、蔡元培、李烈钧、李宗仁、白崇禧诸委员。谭延闿主席。会议至下午四时始散。议决案所发表者:(甲)任命连声海为国府秘书长,黄惠龙为副官长。……"(《申报》1927年9月22日)

9月22日 函约罗家伦(志希)等晤谈。

"志希吾兄大鉴:党务学校校舍,已有着落。请于今日午后五点到弟处一商,弟已约胡刚复君,亦于是时到敝寓也。诸容晤罄。……弟元培敬启 九月二十二日"。(《致罗家伦函》同日)

9月23日 邵元冲来访,"略谈浙事"。

"晨访蔡孑民略谈浙事,又晤溥泉、民谊等。"(《邵元冲日记》同日)

同日 为挽留蒋介石、汪精卫事赴上海。

"伍朝枢、杨树庄、孙科、褚民谊、朱培德、蔡元培、陈诚,昨晚夜车联袂赴沪。"(《申报》1927年9月24日)

9月25日 自上海赴南京。

"赴沪挽蒋、汪后,国府诸委员蔡元培、居正、邹鲁、谢持、陈和铣、吴铁成、褚民谊、易培基等,因明日须开中央特委会,今晚由沪启程,明日可抵宁。"(《申报》1927年9月26日)

9月26日 出席国民党中央党部第三次联席会议,讨论所谓"清党委员会存废问题"等议题。

"中央党部昨日(二十六日)开第三次各部联席会议,到会者有蔡元培、谢持、萧同兹等二十余人,讨论今日特别委员会议题,大致为清党委员会存废问题,财务委员会存废问题,中央军人部存废问题,并议今日通令各级党部暂时继续工作,其拟

六、大学院院长及中央研究院院长时代(1927—1940)

就之各部工作通则亦将提出今日会议。"(《申报》1927年9月28日)

9月27日 出席国民党中央特别委员会第四次会议。会议通过国民党中央党部各部办事通则及统一党务等案。

"二十七日中央特委会开第四次会议。到谭延闿、李烈钧、蔡元培、谢持、李宗仁、白崇禧、张继、居正、邹鲁等十余人。程潜主席。通过中央党部各部办事通则及统一党务案。决议:(一)补发表宋渊源为国府委员。(二)决议废止中央财务委员会,各级党部经济之分配由常务委员与各部委员联席会议审定各级党部出纳之审计,由中央特别委员行使监察职务者办理。(三)中央党部农民部改称农人部,商民部改称商人部。……"(《申报》1927年9月28日)

9月28日 披露汪精卫赴武汉的任务与目的。

"蔡元培昨在中央党部纪念周报告,此次汪精卫赴武汉,系解释特委员会之成立经过,以期使武汉方面诸同志了解。"(《申报》1927年9月29日)

9月29日 出席国民党中央党部各部联席会议,议决组成庆祝双十节筹备委员会等事项。

"中央党部,召开各部联席会议。到蔡元培等十六人。议决推褚民谊赴沪,监第一军长刘峙宣誓;组庆祝双十节筹备委员会;重行起草民众团体系统大纲。"(《申报》1927年9月30日)

9月30日 出席国民政府委员第四次会议。会议议决增设财政次长等三案。

"国府三十日开第四次会议。到谭延闿、何应钦、孙科、蔡元培、程潜、伍朝枢、张继、李宗仁、白崇禧、陈调元、谢持、邹鲁、李烈钧等二十余人。谭延闿主席。议决:(一)增设财政次长为二人,一任郑洪年,一由苏省财政厅长张寿镛兼任。(二)修订财部组织条例,其内容未即发表。(三)改任浙江省政府委员。……"(《申报》1927年10月1日)

9月 北京大学校长名义,此时取消。

"十六年,国民政府成立,我在大学院,试行大学区制,以北大划入北平大学区范围,于是我的北京大学校长名义,始得取消。综计我居北京大学校长的名义,十年有半;而实际在校办事,不过五年有半。一经回忆,不胜惭悚。"(《我在北京大学的经历》)

"我于民国十二年离北大,但尚居校长名义,由蒋君梦麟代理。直到十五年自欧洲归来,始完全脱离。"(《我在教育界的经验》)

同月 在中国科学社第十二次年会的《答谢词》发表。(《科学》第12卷第11期)

10月1日 国民政府举行部长就职宣誓仪式。正式就职大学院院长。

"国府财长孙科、外长伍朝枢、交长王伯群、法长王宠惠、大学院院长蔡元培,一日宣誓。谭延闿授印。中央党部代表李烈钧训词:要一致为党努力,排除为世界障碍之帝国主义、国家主义,为国家障碍之地方主义地盘思想,以治心为本,治国为末。谭延闿训词:要团结精神,佐党国和军政早日统一,主义和理论早日实行。孙科答词:矢与同志共奋责任,祛除腐化、官僚化之积习,造成统一政府,完成革命使命。……"(《申报》1927年10月2日)

大学院、中央研究院及各专门委员会成立大会留影(1927年10月)

同日　被任为浙江省政府委员。

"国府发表浙江省政府委员十人:何应钦、朱家骅、蒋伯诚、陈其采、程振烈、蔡元培、蒋梦麟、陈屺怀、阮荀伯、马寅初。以何应钦为委员会主席。"(《申报》1927年10月2日)

10月2日　被派为国民党浙江省党部特派员。

"中央派何应钦、蒋梦麟、蔡元培、沈定一、蒋伯诚为浙江党部特派员。"(《申报》1927年10月3日)

同日　偕沈定一、高鲁等到晓庄,视察邹村师范学校。

"大学院院长蔡孑民于本月二日,偕农人部委员沈定一、江苏省政务委员高鲁、中央党部妇女部委员吴章琪,同到神策门外晓庄,视察试验邹村师范学校工作。视察毕,由该校开欢迎会,首由校长陶知行及学生代表操振球致欢迎词毕,由蔡院长演说,即从该校校训'教学做合'为讲题,发挥尽致,认□□字实为中国教育思潮之结晶,而为今后教育改革之基本原则。次由沈定一演说……"(《申报》1927年10月5日)

10月3日　主持国民党中央党部总理纪念周会议。会议报告浙江省党部的

六、大学院院长及中央研究院院长时代(1927—1940) 671

问题等事。

"三日中央党部纪念周,蔡元培主席。报告:(一)浙江伪省党部反动情形及解决经过。(二)晋阎出师及政府之准备。(三)汉党部同志全数来京,汉政治分会经汪委员前往解释,不致受人利用。并勉各同志注意本党根本所在,努力基本工作。"(《申报》1927年10月4日)

同日 出席国民党中央特别委员会第五次会议,会议通过中央党部第四次联席会议决议案等事项。

"前日(三日)下午二时,中央特别委员会开第五次会议,出席委员谭延闿、王伯群、李宗仁、傅汝霖、杨树庄、蔡元培、白崇禧、李烈钧、邹鲁、覃振、谢持、程潜、叶楚伧、缪斌、茅祖权等十五人。主席李烈钧,记录梁寒操、宋云光、王子壮。报告事项:(一)叶秘书长楚伧报告妇女部委员王文湘再电辞职。(二)李济深、戴传贤电称不能来宁就职。(三)冯玉祥同志拟派刘□代表出席电。(四)各方贺电。(五)中央党部各部委员第四次联席会议决议案。……"(《申报》1927年10月7日)

同日 五卅殉难烈士墓成,为撰《五卅殉难烈士墓碑文》。(《国闻周报》第4卷第47期)

10月4日 出席国民政府第五次常务会议。议决国府秘书处及副官处组织条例等案。

"四日国府第五次常务会议。到李烈钧、谭延闿、王伯群、孙科、蔡元培等十余人,谭主席。决议:(一)通过国府秘书处及副官处组织条例。(二)规定秘书长简任一级,秘书简任二、三级,又额定秘书八人至十六人。(三)连秘书长辞职,慰留。(四)朱培德因病辞赣省政府委员,慰留。(五)决定大举北伐,并下讨伐令。"(上海《民国日报》1927年10月6日)

10月5日 出席国民党中央特别委员会临时会议。会议议决派刘炳辰、蒋子英等11人为江苏省党部临时执行委员等案。

"五日午后二时,中央特委会临时会议。到谭延闿、覃振、叶楚伧、蔡元培、杨树庄、李宗仁、白崇禧等十余人。谭主席。决议:(一)派刘炳辰、蒋子英、沈竞、郭福增、高芳、钮民华、杨思礼、何民魂、李寿雍、缪斌、葛建时为苏省党部临时执行委员。……(五)通知各工厂,双十节工人停工,不扣工资。(六)由宣传部制讨奉宣传大纲。"(上海《民国日报》1927年10月6日)

10月7日 出席国民政府委员第六次常务会议。会议议决嘉勉岳维峻等事项。

"国民政府于本月七日上午九时,在国府委员会议室开第六次常务会议。出席委员李烈钧、蒋作宾、蔡元培、谭延闿、钮永建、白崇禧、何应钦、李宗仁等。公推李烈钧主席。议决案：（一）岳维峻江电称，愿率所部一致拥护政府，共同北伐，决议复电嘉勉。（二）二十六军长陈焯，定八日在沪宣誓就职，请派员莅场训话。决议电派王伯群委员前往……"（《申报》1927年10月9日）

10月8日　自南京到上海。

"蔡元培应路局党部之请，定明晚夜车赴沪讲演。"（《申报》1927年10月7日）

"蔡元培、褚民谊、沈定一、陈和铣、郑毓秀昨乘夜车赴沪。"（《申报》1927年10月9日）

10月9日　自上海到杭州。

"蔡元培、谢持，定今晚由沪来杭。"（《申报》1927年10月10日）

10月10日　出席浙江省政府第一次临时会议。

"十月十日浙江省政府各委员举行宣誓就职典礼，即继续开第一次临时会议。出席委员何应钦、蔡元培、陈屺怀、程振钧、蒋梦麟、阮性存、陈其采。程代蒋伯诚主席。何应钦恭读总理遗嘱。陈委员屺怀报告：秘书长计宗型业已辞职，所有职务以常务委员名义暂委楼秘书金鉴代理。楼秘书报告陈委员其采兼财政厅长因事请假，委派财政厅第一科科长程鹏代表出席。……

议决通过：（一）陈代民政厅长提出任命本厅荐任职人员并请审查资格。议决交蒋委员梦麟、程委员振钧审查后再议。（二）蒋委员梦麟提议中央政治会议浙江分会结束，所有文卷、器具拟移交省政府及中山大学……保管。"（《申报》1927年10月14日）

同日　在杭州出席何应钦就任浙江省政府主席典礼式。

"何应钦十日下午二时，在省政府大厅就浙省政府主席委员，并有重要演说，何氏下榻西湖新新旅馆。国府派蔡元培监督就职典礼。"（《申报》1927年10月12日）

同日　出席浙江省政府成立民众庆祝大会，并有演说。

"浙江民众庆祝大会，于双十节下午二时在西湖公众体育场举行。……到会人物有中央党部代表褚民谊，国府代表蔡元培，省府主席何应钦，省党部特派员沈定一，执委王讷言、沈尔乔等，及省党部领导之各级党部、各机关、各级工会、各级农会、各级商会，共五百余团体，总计约二十余万人。……二时十五分，何主席偕褚民谊、蔡元培到会，即奏乐欢迎，全场高呼欢迎何主席、拥护何主席、拥护浙江省政府口号，当由中央党部委员褚民谊先行演说，何主席、蔡元培演说毕，因天气奇热，主席宣告免除游行。"（上海《民国日报》1927年10月13日）

同日　应高思庭之嘱写诗一首。

"诘旦登秦望，沙弥为前导。鲸浸合烟云，蚁蛭收城灶。秦碑传说异，白茅空

六、大学院院长及中央研究院院长时代(1927—1940)　　673

浩浩。

思庭先生正属　蔡元培"。(《团结报》1981年9月12日)

10月11日　离杭州返上海。

"蔡元培、褚民谊,昨晚返沪。"(《申报》1927年10月12日)

10月12日　对中央社记者发表军政方面的谈话。

从略。(上海《民国日报》1927年10月13日)

10月13日　主持国民党中央各部第五次联席会议,议决举行总理纪念周活动方案。

"元(十三日)晨十时,中央各部委员第五次联席会议。到蔡元培、邹鲁、褚民谊、谢持、傅汝霖、茅祖权等十余人。蔡主席。决议本月敬日(二十四日)开始举行中央总(理)纪念周。通令在宁各级党部、国民政府各部均派代表参加。又决议中央宣传部须将每周党务、政治、军事情形,制成纪念周报告大纲,于每星期六分发各党政机关。决议中央各部组织法应呈中央特委会审核通过。最后复讨论党政机关职员薪俸应采同一原则,决议交特委会讨论。"(上海《民国日报》1927年10月14日)

同日　出席国民党中央特别委员会第二次临时会议。会议议决通过国民党第三次全国代表大会筹委会组织大纲和代表大会组织法。

"今日午后二时,中央特委会开二次临时会议。到李宗仁、蔡元培、覃振等十余人。谢持主席。议决:(一)裁撤各军病院党代表。(二)江西党务各案,交组织部办理。(三)本党三次全国代表大会筹备委员人选,由常委拟定,提出下次会议公决。又通过三次全国代表大会筹备委员会组织大纲及全国代表大会组织法。"(《申报》1927年10月13日)

10月14日　出席国民党中央特别委员会第三次临时会议,讨论第三次全国代表大会选举法等议案。

"中央特委会寒日午后开第三次临时会议,到蔡元培等十二人。讨论事项:三次全国代表大会选举法案,本党少年团新章程案,中央青年部特别指导委员条例案,会计师可否以党员为限案,复拟训政实施案暨委员会委员名单案,佃农缴租条例草案,修改中央特别委员、国府委员俸给案……"(《申报》1927年10月16日)

10月15日　出席国民党中央党务学校特别区分部成立典礼,并代表中央党部致训词。

"中央党务学校,经中央党部批准,设特别区分部,隶属中央党部特别区党部,本月十五日举行成立典礼。到有中央党部代表,中央特别区党部代表及来宾杨杏佛等。由罗家伦主席,报告开会宗旨。中央党部代表蔡元培训词。大意:今天是中央党务学校特别区分部成立的时期。这个区分部的成立,与别的区分部不同。在普通一般的区分部,多半是几个有训练的党员组织的,这个区分部,却是一般很有革命经验的党员和在训练的党员组织的。这当然可以说是一个模范区分部。诸位知道区分部是党的基层组织,如果区分部办不好,上级区部一定不会好的。诸位是青年党员,都具有革命的决心的,将来出校以后,希望大家均能努力的去做区分部的工作,不要好高骛远的只想站在上级党部。我记得总理从前在上海讲演,他说中国的建筑,是上梁的,由上而下的;外国的建筑,是安基的,由下而上的。我们要晓得党的基础,非是由下而上注意下层工作不可。……(《申报》1927年10月20日)

10月16日 在国民党沪宁、沪杭甬两路特别区党部发表党务演说,介绍国民党中央特别委员会产生的原因及组织经过。

"前日下午五时,沪宁、沪杭甬两路特别区党部筹备处,请大学院长蔡元培先生讲演。到会者二百余人,……其演说词云:此次国民革命军由浙直攻上海,驱除张宗昌及孙传芳之兵,成功非常迅速,皆由路局同志帮助之力居多,鄙人深为佩服,久欲相聚一堂,一抒积悃,今日到会,得与诸位把晤,实属非常庆幸。今日最重要之问题,厥为宁汉合作组织之特别执行委员会。各方同志,不知真相,每每以为疑问。当未合作之先,上海有中央党部,南京有中央党部,汉口亦有中央党部;南京有政府,汉口亦有政府。其时帝国主义者,日肆破坏,日本且出兵山东,张、孙军阀,窥伺不已。而同党同志,自分相离,殊觉无以对已往之先烈,及全国之同胞,是以同志中有主张无论如何委屈,如何牺牲,以求宁汉之合作。当总理生时,容纳共产党加入国民党,以英日各国皆对中国抱帝国主义,惟俄国宗旨平等,可以相助。其时在上海会议,俄国代表宣言,俄国帮助中国国民党,只以个人名义加入,并无共产关系,同志中本多怀疑。……"(《申报》1927年10月18日)

同日 请李详(审言)代拟《程蒲孙遗集序》一文。(蔡元培先生抄留底稿)

10月17日 主持国民党中央党部总理纪念周活动。

"中央党部篠(十七日)纪念周。到四百余人,蔡元培主席。覃振报告苏省党部、宁沪市党部成立。方涛声电告晋军克南口,保定冯往河北督师,与蒋谋面,津浦正面决由何应钦总指挥担任进攻。训练方案人选已定,张继等赴汉系私人联络感情,解释误会。"(上海《民国日报》1927年10月18日)

同日 主持国民党中央特别委员会第六次会议。会议讨论了青年部特派指导员条例等议案。

"中央特委会第六次会议。篠(十七日)午后二时,特委会第六次常会。到孙科、程潜、蔡元培、谭延闿、覃振、傅汝霖、叶楚伧、王伯群、李烈钧、居正、谢持、茅祖权、何应钦、伍朝枢、褚民谊等。蔡主席。决议要案：（一）青年部提出该部特派指导员条例。议决由青年部与大学院讨论后再提出。（二）孙科提议，财部会计师请必以党员为限。决议不限定党员。（三）谭延闿、蔡元培、覃振、邹鲁提出复拟训政实施方案委员会委员名单。决议先推邹鲁、褚辅成、傅汝霖起草训政实施方案委员会组织大纲，再定委员人选。"（上海《民国日报》1927年10月18日）

同日 请李宗仁等设法发放国民革命军暂编第三军军费。

"德邻总指挥同志大鉴：径启者。暂编第三军军长梁寿恺同志，前充国民第三军旅长兼大名镇守使。去年国民军退南口时，因京汉交通断绝，未能北征。秋间，吴佩孚反攻武胜关，所以不得志者，阻遏之力，以梁同志为最。其后郑、汴诸役，既著成绩。今夏复孤军渡河，连克数县，进围大名。旋因我军津浦线退却，遂移至京汉线新乡一带，待命北伐。现在饷械两缺，维持至艰，业已正式呈请军事委员会发给维持费及医药费，以济眉急。该军代表张家桢君现正来宁，特为介绍，务恳俯念该军艰窘情形，于会议时，设法成全其请，不胜感荷。……"（《致李宗仁等函》同日）①

10月18日 出席国民政府第八次常务委员会议，提议请附加煤油特税以充教育经费。

"国府十八日八次常会，到蔡元培等十四人。谭延闿主席。议决：（一）常委会提议，任吕苾筹、杨熙绩、刘民畏、许静之、朱文中、王敢莹、韦一新、周仲良等为国府秘书。照准。（二）常委会提议，任命马湘严、白熊、刘钺、黄伯左为国府高级副官。照准。（三）副官长黄惠龙请任吴雅觉、黄远宾、汪宝忠、陶治安、张广泉为中校副官。……"（《申报》1927年10月20日）

"月之十八日国民政府开八次会议，大学院长蔡元培提议请附加煤油特税以充教育经费。凡煤油汽油及其他类似煤油之油类，均须附加。附加率为每税一元附加一角五分。附加所得之款，以三分之二为中央直辖教育机关经费，三分之一为地方教育经费。蔡氏说明后，各人均甚赞成，惟附加税项事关财政，特议决先交财政部审查，下次会议再行核议云。"（《申报》1927年10月22日）

10月20日 主持国民党中央党部各部委员第六次联席会议。

"昨（二十日）晨十时，中央党部各部委员第六次联席会议。出席委员蔡元培、邹鲁、居正、谢持、吴铁城、褚民谊等十五人。蔡主席。中央工人商人两部报告苏州

---

① 此信同时分致白崇禧、何应钦，内容相同。

铁机工人罢工情形。决议要案如下：(一)中央各部联席会议规则修正通过。(二)中央各部应制每周工作报告，各职员制每日工作记录。(三)商店职工团体概归中央商人部或当地各级党部商人部指挥监督。……"(上海《民国日报》1927年10月21日)

10月21日　出席国民政府第九次常务委员会议。会议议决安徽省政府改组等事项。

"国民政府二十一日开九次会议。谭延闿主席。到孙科、伍朝枢、李烈钧、程潜、蔡元培、谢持等十六人。议决事项：(一)安徽省政府改组，以陈调元、柏文蔚、张秋白、何世桢、宁坤、韩安、汤杰先、陈中孚等为委员。陈调元为主席。(二)简任林福烈为九江关监督。兼外交部特派江西交涉员。赵文锐为杭州关监督兼外交部特派员浙江交涉员……"(《申报》1927年10月23日)

同日　自南京赴上海。

"蔡元培二十一日赴沪，开大学院经济委员会。"(《申报》1927年10月22日)

上海寓所留影(1927年10月)

10月23日　出席北京大学旅沪同学会成立会。

北大"教职员学生，以旅沪同学日益增多，遂发起北大同学会，以资联络。昨日

六、大学院院长及中央研究院院长时代(1927—1940) 677

(二十三日)下午二时,在交通大学开成立会。到者为蔡元培、胡适、保君建、余精一、张维城、徐士豪、谢绍敏等九十余人。推鲁士毅为主席。开会如仪,后报告筹备情形。次蔡元培、杨杏佛等演说。再次通过章程,推定职员,摄影茶点而散"。(《申报》1927年10月24日)

　　同日　自上海返南京。

"财政部长孙哲生,次长郑洪年、张寿镛,于昨晚偕同中委蔡元培、邹鲁等同乘沪宁夜特别快车,联袂返宁。"(《申报》1927年10月24日)

　　10月24日　出席国民党中央特别委员会第七次会议。会议通过开除唐生智党籍等案。

"二十四日下午二时,中央特委会七次会议,到谭延闿、李烈钧、蔡元培、谢持、孙科、伍朝枢、覃振、邹鲁、茅祖权、傅汝霖等十五人。(一)谭延闿代表国府报告唐生智叛党及阻挠北伐实情,并已命令声讨褫夺本兼各职,因事出非常,请求追认案。决议通过。(二)中央开除唐生智党籍案。决议唐生智叛党通敌,破坏统一,依照总章七十五条永远开除党籍,解除党内一切职务"。(《申报》1927年10月26日)

　　10月25日　发表就任大学院院长通电。

"中国国民党中央特别委员会各委员、国民政府各委员、国民政府军事委员会各委员、外交部伍部长、交通部王部长、财政部孙部长、司法部王部长、各省省党部、各省省政府钧鉴;国立各大学校长,各省教育厅厅长,南京、上海、广州特别市政府公鉴:案奉国民政府令　特任蔡元培为大学院院长。奉此。遵于十月一日宣誓就职。猥以菲材,谬膺重任,汲深绠短,陨越时虞。尚祈时锡箴规,藉资策励,至为盼祷。谨此电闻。大学院院长蔡元培叩。有。印。"(《大学院公报》第1卷第1期)

　　同日　在上海北大同学会成立会的《演说要点》刊出。(上海《民国日报》同日)

　　10月27日　请胡适允任大学委员会委员。

"适之先生大鉴:惠书敬悉。大学委员会所讨论之事,未必涉及有政府及无政府问题,劳动大学与无政府主义尤无关系。现在校长为易寅村(培基),乃是章太炎之弟子……彼不解西文,更不知无政府主义为何物也。劳动大学实即陶知行所提倡之教学做合一主义。弟甚赞成陶君之主义,想先生对彼所办之农村学校,必亦极端赞成也。

现拟大学委员会例会之期,一年不过两次,如先生以不办事而支多数车马费为不然,则前弟所告之三百元,现亦已改去,拟于开会办公时酌送公费及车马费,想先生必由赞成也。石曾固好争意气,然会中有多人均非持无政府主义者,彼亦无从固执。今日所拟定之委员,自石曾及先生以外,为褚民谊、高叔钦、徐崇钦三人。而当然委员,则为戴季陶、朱骝先(副校长)、蒋梦麟、张君谋、张仲苏(同济)、易寅村(劳动)、郑韶觉(暨南),各方面人都有,愿先生勿固辞。……弟元培敬启　十月二十七

日"。(《复胡适函》同日)

10月29日 与叶楚伧、伍朝枢联名呈复国民党中央政治会议关于江浙渔税问题《审查报告》。(蔡元培先生抄留底稿)

10月30日 应南京市教育局之邀,发表"教育三要素"演讲。

"宁市教育局陷(三十)晨十时,在通俗教育馆欢迎大学院蔡院长。蔡演讲教育三要素:(一)养成科学头脑。(二)养成劳动习惯。(三)提倡艺术兴味。"(上海《民国日报》1927年11月1日)

"南京市长何民魂、南京通信、南京特别市教育局及市立私立各学校、社会教育机关,于十月三十日上午十时在市立图书馆开会欢迎大学院院长蔡元培、特别市长何民魂、到各机关代表及来宾二三百人。陈剑脩主席报告蔡何宗旨。……

蔡元培致词谓:教育方针须求高尚与普及,我国创设新式学校已数十年,能使人满意而无缺点者,则甚寥寥,此后首都学校为全国模范,关系中外观瞻,教育人员负责任非常重大,特提出应注意之三点:(一)养成科学头脑。(二)养成劳动习惯。(三)提起艺术的兴味,均教育界应负重大之使命云云。"(《申报》1927年11月1日)

10月31日 呈报国民政府启用大学院印信。

"呈为呈报事。本月二十九日,准钧府秘书处第四二二号公函,内开:'径启者。现奉国民政府颁发贵院木质镶锡大印一颗,文曰:大学院印;象牙小章一颗,文曰:大学院院长。相应函送,即希查收见复为荷'等因。并颁发木质镶锡大印一颗、象牙小章一颗到院,准此。遵于十一月一日启用,理合备文呈报察核备案。谨呈国民政府。大学院院长蔡元培(印)"。(《大学院公报》第1年第1期)

10月 在晓庄师范学校演说词——《蔡董事长训词》——刊出。(程本海:《在晓庄》中华书局1930年出版)

11月1日 与谭延闿、孙科等联名邀请汪精卫、李济深(任潮)等出席国民党中央执行委员全体会议。

"广州汪精卫、李任潮、何香凝、陈公博、甘乃光、宋子文、陈树人、黄季宽、李登同,汉口王立斋、顾孟馀、朱霁青、潘云超诸先生均鉴:本日为宁、汉同志商定开第四次中央全体会议之期,同人等或已在宁集候,或在沪、浔专候来宁。惟在汉、粤中央诸同志仍无来宁确讯,法定人数尚缺数人,会期只得延缓。事关党国前途,务祈早日命驾,并请预示来宁日期,不胜企盼。谭延闿、孙科、伍朝枢、李烈钧、程潜、何应钦、周启刚、褚民谊、缪斌、陈嘉佑、黄实、蔡元培、李煜瀛、吴敬恒、张人杰。东。"(上海《民国日报》1927年11月2日)

11月2日 出席国民党中央特别委员会第八次常务会议,与谭延闿等提议早日成立监察院及最高法院。

六、大学院院长及中央研究院院长时代(1927—1940) 679

"中央特别委员会于二日上午九时,在中央党部开第八次常务会议。出席委员蔡元培、谭延闿、李烈钧、伍朝枢、褚民谊、王伯群、邹鲁、覃振、谢持、茅祖权、孙科、缪斌。公推居正主席。……讨论事项:(一)中央组织部函称,拟加委方隶棠、杨潜、万灿、周敦宪等驻法总支部临时执行委员会委员。议决通过照委。(二)国府委员蔡元培、谭延闿、李烈钧提议,早日成立监察院、最高法院。议决设立。……"(《申报》1927 年 11 月 5 日)

同日　出席国民政府委员临时特别会议。会议议决军人不干预政治、党务等要案。

"国民政府为解决此后军政各要务,特于二日午后二时,召集在宁之全体委员开临时特别会议。到委员蔡元培、李烈钧、蒋作宾、伍朝枢、柏文蔚、白崇禧、谢持、邹鲁、居正、覃振、谭延闿、孙科、程潜等二十余人。谭延闿主席。议决要案甚多,但均尚未至发表时期。其可以发表之决议案有:(一)军人不干预政治党务案。(二)第四次执监会议展期案。……"(《申报》1927 年 11 月 4 日)

同日　与谢持同以中国国民党中央特别委员会常务委员名义,函告日本山田纯三郎将为已故山田良政建纪念碑。

"敬启者。革命事业,国际互助,历史先例,著为盛事。兹查有故山田良政君,追随先总理首创革命,惠州之役,即以身殉,为我民族独立而牺牲,至堪震悼!本会追维先烈,特于十一月二日大会通过建碑案,以慰英灵,而旌忠勇。其碑文及建碑方式,俟制定后,再行通知。先此奉告。此致　山田纯三郎同志。

中国国民党中央特别委员会常务委员蔡元培(签章)、谢持(签章)中华民国十六年十一月四日"。(北京大学图书馆藏复印件)

11 月 3 日　以院长名义,发布国立音乐院招生启事。

"国民政府创设大学院,原涵有提倡艺术科学之意。其组织宗旨,与自来教育部不同者,在此音乐一科居美术重要地位。欧美各国多由国家设立学院,以施行其高等音乐教育。我国府大学院成立,因亦设立音乐院于沪上,一方面输入世界音乐,一方面从事整理国乐,期趋向大同而培植国民美与和的神志,及其艺术。本学期拟先招预科一班及选科若干名。报名日期十一月一日至五日。……院址:法界华龙路陶尔非司路五十六号　院长蔡元培、筹备员萧友梅同启"。(上海《民国日报》1927 年 11 月 3 日)

11 月 4 日　出席国民党中央党部审查各部组织委员会。

"四日午后,中央党部开审查中央各部组织委员会,蔡元培、谢持两常委及中央八部主任均出席。"(上海《民国日报》1927 年 11 月 5 日)

11 月 5 日　主持总理诞辰纪念会筹备会。

"总理诞辰纪念筹备会昨在中央党部开第一次会议。各机关代表到三十余人。

蔡元培主席。议决推董光孚为筹备主任,项东山、王文藻副。筹备处设总务、宣传、布置、纠察、游艺、交际六科,分任筹备事宜,并定今晨十时在宁市政府开第二次会议,讨论进行事宜。"(上海《民国日报》1927 年 11 月 6 日)

11 月 6 日 往上海,召开各大学校长会议。

"中华民国大学院院长蔡元培,及大学院行政处长杨杏佛,昨晨来沪,定今日上午在李石曾宅内,开各大学校长会议。闻有重要议案讨论。"(《申报》1927 年 11 月 6 日)

"大学院大学委员会第一次会议。出席者蔡元培、李煜瀛、易培基、郑洪年、褚民谊、戴季陶、蒋梦麟、胡适、朱家骅、张乃燕、张仲苏、杨铨、金曾澄、高鲁。主席蔡元培。记录金曾澄。讨论事项:(一)大学委员会条例案。议决,修正通过。(二)大学委员会议事细则案。议决,修正通过。(三)统一党化教育及政治指导案:1. 政治教育委员会组织条例。2. 学校训育委员会组织条例。3. 中央青年部特派指导员案。议决,第 1 及第 2 项修正通过,第 3 项另有议决。(四)国立第四中大呈请变更大学区名称案。议决,通过,呈国民政府。(五)国立第三中大建议修正教育会规程案。议决:先行修正,下次提出。……"(《大学院公报》第 1 年第 3 期)。

11 月 8 日 自上海返南京。

"蔡元培、王宠惠,定明晚返宁。"(《申报》1927 年 11 月 7 日)

11 月 9 日 出席国民党中央特别委员会第九次会议。会议议决通过监察院组织法及八部组织大纲等案。

"中央特别委员会九日上午,举行第九次会议。到李烈钧、王伯群、邹鲁、蔡元培、孙科、伍朝枢、谢持、覃振、茅祖权、谭延闿、白崇禧等,孙科主席。议决要案:(一)通过中央八部组织大纲。(二)国府监察院组织法,照审查通过。(三)中央特委会处理军事区域党务条例,通过。……"(《申报》1927 年 11 月 11 日)

11 月 10 日 主持国民党中央党部各部第八次联席会议。

"灰(十日)晨中央各部第八次联席会议。蔡元培主席。议决案如下:(一)十一日午后党部职员停止办公,准备参加晚间提灯会。(二)十二日上午八时在中央党部大礼堂开纪念会,会毕齐赴公共体育场参加民众庆祝大会。……"(上海《民国日报》1927 年 11 月 11 日)

11 月 11 日 出席国民政府第十五次常务会议。

"国府真(十一日)上午九时,开第十五次常务会议。到蔡元培、孙科、覃振、伍朝枢、李烈钧、王伯群等十二人。谭延闿主席。通过修正金融监理局条例,全国注册局条例……"(上海《民国日报》1927 年 11 月 12 日)

同日 自南京赴上海。

"蔡元培、谢持、傅汝霖,定今晚赴沪,参加明日孙总理铜像奠基礼。"(《申报》1927年11月12日)

11月12日 接受国民社记者采访,发表对时局的看法。

"大学院院长蔡孑民先生昨由宁到沪。国民社记者询以时局现象。兹记谈话如下。问:近日盛说蒋介石氏仍能与汪合作,消息可靠乎?答:近来双方均甚谅解,合作已属可能。问:中央全体会议预备会议,即日将在沪举行乎?答:待汪精卫等来沪后,即将举行。问:正式会议何时可开,在何地开?答:均须在预备会议决定。问:胡汉民先生亦可望出山乎?答:胡氏尚未遇,惟胡氏素以党国为重,当可望其出山。问:中央要人与先生同来乎?答:并未同来。今日国府亦在举行总理诞辰纪念,恐未必能到,大约日内到达。观此,领袖间之谅解,大局之完整,殆有急转直下之望矣。"(《申报》1927年11月13日)

同日 在上海出席孙中山铜像奠基典礼,并发表演说。

"昨日上午十时,上海民众及机关各团体代表,特于沪宁路火车站东边大门前草地上,举行总理铜像奠基典礼,参加代表甚多,仪式亦至隆重矣。……陈德徵报告树立铜像之意义,继郭泰祺、冷欣、蔡元培演说。"

"蔡元培演说略谓,今天要是总理犹生在世看见我们这样热烈地纪念他的诞辰,他一定是非常高兴,可惜他逝世了。但是总理的诞辰纪念,终是和他逝世纪念两样。我们纪念诞辰,虽含有悼惜的意义,但终是庆祝的意义居多。他的诞生,是中国民族和世界被压迫民族何等幸福的事。中华民族受总理四十多年的领导,才有一切觉悟。生着时,人家要替他祝寿,他终是反对的。现在我们追想他一生事迹,是多么光荣宝贵。但这些伟大的基业,都造于今日的诞日,没有诞日,怎有他以后的历史?他由诞生的基,受家庭、学校各种良好教育,才完成他伟大的人格,他以后一切的建设,都基于诞日的。我们现在要静默三分钟,就是追想总理的事迹,与遗留我们的是什么?总理遗交我们的是实行三民主义的责任,我们闭目想之:我们奉行了没有?就民生主义说,衣食住行,都应改良,但就上海论,这个问题解决了没有?像垦荒、开道路、建筑铁路、兴举教育,市民精神上物质上一切的需要,均待积极进行。我们今天在总理的诞辰,还不能一一见诸事实,实觉愧对总理,此后我们应估量自己的责任,应该如何奉行,已经奉行的有多少,尚待努力的有多少?如此方不辜负总理,方不辜负今天盛大的纪念。"(《申报》1927年11月13日)

同日 在暨南大学发表题为《中国新教育之趋势》的演说。(王维骃:《近代名人言论集》1932年版)

11月13日 主持召开大学委员会第二次会议。

"大学委员会第二次会议。出席者蔡元培、李煜瀛、易培基、张乃燕(杨考述代)、郑洪年、褚民谊、杨铨、金曾澄(杨铨代)、蒋梦麟、胡适。主席蔡元培。纪录杨铨。讨论事项：(一)修正教育会规程案。议决，修正通过。(二)国立第三中大建议解释私立学校规程疑义并拟加佃书案。议决，照原案通过。(三)特别市教育局划归第四中大管理，窒碍难行，请转呈撤销案(上海特别市政府原案)。(四)江苏特别教育局暂行条例案(第四中大提案)。以上(三)(四)两案，并案讨论。议决：特别市教育局仍归大学区管辖。特别市教育局暂行条例，修正通过。(五)专门以上学校立案，应由大学院统一案。议决：由各省区大学或教育厅转呈大学院立案。……"(《大学院公报》第1年第3期)

11月14日 与蒋介石、张静江等同访吴敬恒，共叙消除误会问题。

"蒋介石氏昨日上午十一时，偕同张静江、李石曾、蔡元培等四人，访吴稚晖，谈话约两小时。其内容大致以党国为主体，从前各个人之私见政见之不同而发生误会，一切譬如昨日死，今后须从新做起，作再进一步之合作，共同为党国谋成功，为人民谋幸福。……"(《申报》1927年11月15日)

同日 自上海回南京。

"大学院院长蔡元培，中央委员易培基、邹鲁、谢持等，于昨晚九时三十分乘沪宁夜车返都。一俟预备会确定日期后，即来沪出席会议。"(《申报》1927年11月15日)

11月16日 出席国民党中央特别委员会第十次会议。会议修正通过农民运动大纲等案。

"铣早九时，特委会十次会议。到蔡元培、白崇禧、孙科、覃振、伍朝枢、王伯群等十余人。覃振主席。议决：(一)改重庆特别市党部为普通市党部。(二)农运大纲修正通过。(三)设中央及地方特种刑事法庭，审判反革命案件。(四)惩戒党员组小团体。……"(《申报》1927年11月17日)

11月17日 出席国民政府第十六次会议。

"国民政府委员会第十六次会议，昨上午九时举行。出席委员蒋作宾、宋渊源、谭延闿、钮永建、李烈钧、覃振、谢持、孙科、王宠惠、蔡元培、伍朝枢、邹鲁、王伯群等十三人。谭延闿主席。议决案如下：(一)任命伍毓瑞、彭万程为江西省政府委员。(二)司法部提出修正惩治盗匪暂行条例，全部通过。"(上海《民国日报》1927年11月18日)

11月18日 出席国民政府第十七次常会。

"国府十七次常会。到蔡元培、王伯群、李烈钧、孙科、白崇禧、陈调元、宋渊源、邹鲁、钮永建九人。议决：(一)任命褚民谊、潘云超为监察院委员。(二)通过国府参事处组织条例。"(上海《民国日报》1927年11月19日)

同日 主持国民政府第十八次常务委员会议。会议通过国民政府参事组组织条例等案。

"国府十八日开十八次常务会议。到李烈钧、白崇禧、孙科、王伯群等九人。蔡元培主席。（一）议决国民政府参事组组织条例六条。（二）议决任命潘云超、褚民谊为监察院委员。……"（《申报》1927年11月19日）

11月20日　主持中央研究院筹备会及各专门委员会成立典礼。

"本月二十日上午十时，中央研究院筹备委员会及各专门委员会，在南京大学院举行成立典礼。各筹备员与专门委员到者，计有谌溪、曾昭抡、王世杰、周鲠生等三十一人。由蔡院长主席，报告中央研究院及各专门委员会之筹备经过。次讨论议案：（一）通过中央研究院组织大纲。（二）通过大学院观象台定名为紫金山观象台。（三）讨论各研究所及专门委员会之进行计划，并指定各研究所筹备金与各专门委员会常务委员。……午间，由蔡院长宴到会诸君。"（《申报》1927年11月23日）（《大学院公报》第1年第1期）

中央研究院院长（1927年）

同日　出席南京特别市党部全体党员大会，并发表题为《国民党之离合与特委会之地位》的演说。

"昨日（二十）下午二时，南京特别市党部在该部开全体党员大会，到会者四千余人。孙伯文报告开会宗旨，……蔡元培等相继演说。"（《申报》1927年11月22日）

11月22日　自南京到上海，与汪精卫、蒋介石等人会晤。

"中央委员何应钦、朱培德及监察委员蔡元培得电,悉汪精卫、李济深已到沪,并悉本月二十四日有谈话会之举行,均于昨日先后到沪,并已与汪精卫、蒋介石及各委员晤面,会谈一切。"(《申报》1927年11月23日)

同日 南京发生流血事件。

"二十二日南京开枪射击事件,民党人员颇为痛心。其详细今始探悉。事起之因,乃为二十二日,民众以唐生智之败退而举行庆祝游行,经军事当局禁止不听。中央党务学校学生到处演说,攻击反共之西山派,随即排队游行。军事当局令其速散,终致引起争论,兵士当开枪向大队射击,至少击毙二人、击伤六人。军事当局宣称游行队确曾开枪,击毙兵士三人、伤七人。上海国民党人主张惩罚开枪射击者。"(北京《晨报》1927年11月26日)

11月23日 函请褚民谊到南京监察院任职。

"民谊先生大鉴:宪法五权,弹劾极关重要,所以造成廉洁政府在此,肃清贪官污吏亦在此。监察院重组,执事夙持正义,风节皎然,其有造于党国者实大。现在监察院亟须成立,一切盼望主持,特派黄副官来沪奉迓,即希早日命驾,不胜祈祷。即颂道祺。国府委员谭延闿、李烈钧、蔡元培"。(《申报》1927年11月24日)

11月24日 出席在蒋介石住宅召开的上海谈话会。

"由谭延闿、蒋介石、李济深、汪精卫联名召集之谈话会,今日下午在法租界蒋宅开会。列席者二十三人,其中监察委员七人,执行委员十四人,又候补委员二人。胡汉民未列席,甚足注意。蒋介石主席。据闻当场决定,对于粤变暂缓讨论,俟十二月三四五日预备会议时,提出讨论。"

"国民党执监委员二十三名,本日午后开谈话会,其重要议题如下:(一)就粤方提案关于党务政务军事外交等四十四项交换意见。(二)恢复中央党部。(三)李石曾主张文武合作问题。(四)第四次中央全体会议日期。(五)反共产党问题。(六)此次广东事件。"

"列席昨日谈话会之人物如次:执行委员谭延闿、汪精卫、蒋介石、李济深、何应钦、周启刚、朱霁青、伍朝枢、孙科、褚民谊、丁惟汾、朱培德、宋子文、于右任……监察委员张静江、陈果夫、李石曾、蔡元培、邵力子、吴稚晖、陈璧君"。(北京《晨报》1927年11月26日)

同日 与谭延闿同被推派赴南京调查处理"11·22"流血事件。

"日前第四次中央执监委员谈话会,曾接受首都民众为惨案请愿事件,并推定谭延闿、蔡元培两委员切实查办。谭氏已于日前早车偕同惨案委员会石代表赴宁,调查真相。兹闻蔡氏亦定于明日(二十八日)赴宁,会同查办。"(《申报》1927年11月27日)

11月25日 撰写《五卅殉难烈士之墓碑》一文。

"五卅殉难烈士墓已在赶造，不久即可完工，其墓碑除由谭延闿书'来者勿忘'四字外，碑文由蔡元培撰，严慎予书，业已竣事。"(《申报》1927年11月25日)

11月26日 主持上海国立音乐院开院典礼。

"国立音乐院昨日(二十六日)下午二时，在陶尔斐斯路举行开院典礼。出席者蔡元培、金曾澄、杨杏佛、褚民谊及各教员等。主席蔡元培致词，次萧友梅报告筹备经过情形，旋由来宾金杨诸君相继演说。国文教授易韦斋亦对学生致勉励语。……"(《申报》1927年11月28日)

一说上海国立音乐院系于同月27日补行开院典礼。

"国立音乐院于十六年十月开始筹备，以上海陶尔斐斯路五十六号房屋为院址。十一月十五日开始上课，于同月二十七日补行开院典礼。临时礼堂中，悬党、国旗及总理遗像。出席者院长蔡元培、大学院秘书长金曾澄、行政处长杨杏佛与褚民谊及各教员等。行礼如仪后，主席蔡院长致训词，次教务主任萧友梅报告筹备经过情形，旋由来宾金、杨诸君相继演说。国文教授易韦斋，亦对学生致勉励语。继请教员王瑞娴女士独奏钢琴，朱荇青先生琵琶独奏。淮阴平楚、陈承弼先生奏小提琴等，各尽其所能。……"(《大学院公报》第1年第1期)

11月27日 主持大学院艺术教育委员会成立大会，并讨论通过进行办法。

"蔡氏素主张真善美三者并重，故对于艺术方面之建设事业特别注意。除国立音乐院已在上海成立外，专电召林风眠等来京办国立美术馆，最近又在大学院成立一艺术教育委员会。函聘林风眠、张静江、张溥泉、李金发、周峻、高鲁、吕征、吕彦直、萧友梅、王化之等十一人为委员。该会业于昨日(星期日)午前十时，在法租界马斯南路九十八号李宅开第一次全体大会。有临时参加之杨杏佛。由蔡主席。讨论事项：(一)艺术教育委员会组织大纲，讨论修改后，逐案通过。(二)为会务进行便利起见，特设研究编审、美术展览会之分组委员会，并通过各会组织大纲。(三)美术展览会会期与会址问题。议决先设筹备委员会于南京；开会日期定明年暑假，会址另议。(四)通过美术展览会预算案。(五)筹备国立艺术大学案。议决由委员会提出详细计划及预算案，俟下次开会时，再行合议。(六)整理全国艺术教育案。议决，由委员会切实调查现状，再行研究办法。会议至午后一时，由蔡元培氏在李宅设宴接待各委员，并摄影尽欢而散。"(《申报》1927年11月28日)

同日 主持大学院华侨教育委员会会议，讨论该会进行办法。

"大学院华侨教育委员会于本月二十七日下午三时，在上海办事处开会。由蔡元培院长为主席。到会者有主任委员钟荣光及委员高叔钦、何尚平、金湘帆、周启刚等。首由主席宣布大学院设置华侨教育委员会之意见，次由主任报告该会自筹办以来至开始办公经过情形，次讨论：(一)会组织大纲及预算，议决通过。(二)会议细则草案。议决付审查。(三)请聘各区华侨教育专员案。议决付审查。

（四）大学院聘任驻外华侨教员、专员条例。议决付审查。"(《申报》1927年11月28日)

11月28日 由上海赴南京，会同谭延闿处理南京"11·22"流血事件。

"日前第四次中央执监委员谈话会，曾接受首都民众为惨案请愿事件，并推定谭延闿、蔡元培两委员切实查办。……兹闻蔡氏亦定于明日（二十八日）赴宁，会同查办。"(《晨报》1927年11月27日)

同日 发表关于处理南京流血事件的意见。

"上海《时报》记者访问蔡元培之谈话。问：先生对南京惨案之善后意见与办法如何？答：日前谭组安先生返宁之前，余曾向其表示意见，无论如何，军警决不应向民众开枪，故着手办理该案之初步，首须向肇祸军警加以适当之处分，以平民众之气，然后再行追究其原因与经过。问：外传该案发生事前军警系受西山会议派主使？答：此案依余个人意见，认为出于误会。……至各党部、民众团体所指出此案之主使数人，必为平日民众所为不满人物，遂借此将其牵入。问：该案是否完全由先生与谭组安氏负责办理？答：当二十四日中央执监委员会时，学联等代表到会请愿，在座诸君对该案异常重视，但谈话会不能发施命令。余与谭先生既为执监委员，又为国民政府常务委员，因即托余与谭先生负责转达国民政府，处理此案。会后谭先生及诸委员已多返宁者，必能措置裕如，余因大学院经济委员会在沪开会，并未同去，现在犹未接谭先生之报告。经济会明日可毕，俟后日返宁，该案真相当可明了。"(上海《时报》1927年11月28日)

11月30日 自南京赴上海。

"李济深及谭延闿、蔡元培、王伯群、钮永建，今晚赴沪。"(《申报》1927年12月1日)

11月 与郭任远、陈果夫、王宠惠、戴季陶等18人发起募建薛仙舟图书馆，并撰发募款《通启》。(《募建薛仙舟先生图书馆通启》1927年11月印)

12月1日 蒋介石和宋美龄在上海行结婚礼，为证婚人。

"蒋介石氏与宋美龄女士昨日下午三时五分，先在西摩路宋公馆举行教会式之婚礼，交换婚戒；至四时二十分在戈登路大华饭店正厅举行最近时行之婚礼。党国要人及中外各界男女来宾，到有千余人。……主婚人及证婚人入席，于是蔡元培君即登台中立，何香凝、王正廷及蒋锡侯等向左立，李德全、谭延闿、余日章等向右立，形式颇为壮观。次由蔡元培君宣读证书，复次用印。四时三十七分，新郎新娘相向立，随司仪之赞礼声，相对行一鞠躬礼，全场又大鼓掌。……"(《申报》1927年12月2日)

12月2日 出席上海爱国女学成立26周年纪念会，并有演说。

"上海爱国女学创始迄今，已历二十有六载，爰于昨举行纪念之典礼。午前先开校友会,……午后一时为纪念会,到会者约千余人。首由来宾蔡孑民、周养浩、刘仁航、杨由康、陈德征、马崇淦、刘士林、林思温等相继演说,次文二级学生连环演讲,……及毕已六时矣。"(《申报》1927年12月3日)

同日 与李宗仁、朱培德等在汪公馆晚餐。

"中央委员李宗仁、朱培德、于右任、朱启钤、缪斌、甘乃光、陈树人、谭延闿、蔡元培、宋子文、柏烈武、朱霁青、褚民谊等,昨日晚间在汪公馆晚餐,席间随意议谈各项问题,直至十时半始散去。"(《申报》1927年12月3日)

12月3日 出席上海特别市党部举行的欢迎全体执监委员大会,并发表演说。

"上海特别市党部以中央全体执监委员聚集沪滨,会商国事,对党国前途,抱有无限希望,特于昨日上午九时,假北四川路中央大会堂,开党员大会,欢迎中央执监委员,赴会男女约五千余人。中央监察委员蔡孑民,执行委员朱霁青、潘云超,均于十时许莅会,并各有诚挚恳切之演说。

蔡孑民先生演说谓:今天承上海同志欢迎中央执监委员,兄弟忝为监察委员之一,实至愧惶。年来一切党内纠纷,和党中有不合党义行动,均监察委员不能克厥职所致,而此次特委会之组织,兄弟亦属参与之人;特委会现状不能满人意,兄弟亦应负责。最近'一一·二二'惨案之发生,应由政府负责,而兄弟又属国府常务委员之一,所以兄弟罪状,实难胜数。中央会议中将自请处分,应受同志责备戒惩不遑,何敢再受欢迎,待罪之余,敢为诸同志贡献者有两点:何谓腐化恶化。最腐化的,就是把党当作议会看。像从前议会一般的勾结军人、督军团等等,是政治上最腐化的举动。而党内开正式会议,时常不出席,暗中则勾结运动,以贯彻私人主张及利益,不服从党的意旨,并做种种破坏的举动,这可以说是党内最腐化的分子。……至取消特别委员会问题,实属轻易。按特委会之产生,乃宁方同志不赞成汉方同志所主张之四次全体执监会议,格于当时形势,而应事实之需要所产生,当初动机,实不良善,后来许多同志就没有就职,或就屏于特委会之外,以致党部不能健全,一部分同志更形消极,而渐成清一色之趋势,致种种现象不能令人满意。但特委会原属临时机构,取消或改组是一样很小的事,拥护特委会的是太无聊,大声疾呼以反对的是可不必,同志们正可用此精神,夫研究当前有利党国的问题,党的一切组织和设施,自有随时应事实的需要而改革,应眼前党国的需要而改革。眼前党国的需要,自然是开第四次全体会议,在开会前应小小心心免蹈覆辙,均不可自闹意见,至开会不可。至一一·二二惨案,现由地方法院检举,军事委员会负责调查。谁是凶犯,谁是主使,均将依法惩办。惨案的责任,国府常务委员是应负责的,所以兄弟亦在自请处分,愿受党最严厉的惩罚。不过同志们应认清,此次事变乃家内,非五卅惨案,三一八惨案可比。国民政府对死者、伤者,当尽量抚恤,而同志们亦不可因此案,而诉于党外,协以分散党的势力。我们要知道党的分裂与完整,不仅是少数委员的幸运所系,亦与党国前途祸福的关键呵。"(《申报》1927年12月4日)

同日 主持在上海召开的国民党二届四中全会第一次预备会。

"谭延闿、汪精卫、蒋中正三人出名,通告在沪各委员,定于昨日下午三时在拉都路三一一号开谈话会,藉以商决一切,故昨日下午三时四十分开会,共到执监委员三十三人。本系谈话会,嗣因到会认为已足法定人数,乃临时改开第一次预备会。惟因议案不及编就,只得各委员自由提出讨论。所讨论者为南京惨案问题。取消特别委员会问题、对于粤局问题,等等,均有详细之讨论。"

"下午三时四十分开会,由邵力子记录。首由汪精卫提议,推举主席。当公推蔡元培,通过。……继主席蔡元培谓,于未提案前,报告前次会议委托办理之南京惨案,当将报告书提交公决。……常委会与政府组织问题,蔡主席谓,标语不能视为党之政策。特委会既应时势之需要,现时势变更,特委会产生太草率,当然可以取消。事前略谈不妨,不必太认真。现在急需消灭一切意见,速开全体会议。谭延闿谓,现在需有实际办法,特委会时效已过,可取消。但必须有一代替机关,本党章程,本有常务委员会,今须从速组织常委会,政府组织亦可在大会中决定,一切错误,均可在大会中纠正及处分之。蔡主席意亦谓然。特委会当然可取消,惟必须在全体会议后,可以一言而决,无庸过虑,至常务委员会,可先商定人选,提交大会,国民政府组织亦然。各委员谈至此,即宣告散会。"(《申报》1927年12月4日)

关于南京"一一·二二"惨案调查报告书。

"前次谈话会中,承诸位同志以南京十一月二十二日的惨案,命延闿、元培负责办理。因延闿、元培现与李协和同志,均为就职而办事之常务委员,当然负责也。延闿遵于是晚即往南京,元培因此后连日有大学院专门委员会在上海开会,不能即往,委托大学院行政处主任杨杏佛同志代表,先往南京接洽。现在延闿已由宁来沪,杨同志亦有专函。适值诸位委员有谈话之举,谨综举此案之实情及办法,报告概略:(一)此案最重要之一点……南京市内,时有对于特别委员会拥护与反对之争斗,易为彼党分子造机会,不免神经过敏,发令停止开会、停止游行。又虑发令太迟,不及制止,乃令戒严司令部加意防范。司令部声明人数太少,不能负完全责任。政府乃又令十三军教导团加厚兵力。此当日预前防范之情形也。政府固未尝下可以对群众放枪之命令,然并无绝对不准放枪之命令。惨案之所以酿成,即由于此,故此事完全应由政府负责任,即应由常务委员三人负责任。应如何严厉处罚,以谢死者、伤者及受惊之群众,请诸位执监委员公决。(二)监时何故有实弹射击之举。究是误会,抑是故意,射击者何人,发令者何人,究竟群众所指目为主使者是否的确?此为军法上、刑事上犯罪问题,自非经法定机关调查真相,求出证据,不能惩办。现已由地方法院检查起诉,并决定组织特别法庭,将来自有公平办法。

(三)对于惨案中之死者、伤者,现已由政府分别办理。死者抚恤其家族,伤者予以充分之疗养费,其因伤而残废者,为筹划善后之策。(四)政府严令官吏军警,恪守保证人权之律令。右之办法,是否有当,请诸位执行委员、监察委员公决。蔡元培、谭延闿"。(《申报》1927年12月4日)

12月4日 出席国民党二届四中全会第二次预备会。

"第四次中央执监委员全体会议之谈话会,昨日下午二时四十分仍在原处开第二次预备会。出席执监委员三十三人。公推汪精卫主席。按照秘书处编定之议事日程,依次提出讨论。已经讨论解决三项提案,至六时散会。已解决之各案:(一)特委会及其产生之各机关存废案。议定,特委会在中央全体会议开会时取消;在预备会议时,一切重要政治、军事,应于预备会议商办。(二)常务委员会组织案。议定,按照党章常务委员九人,由全体会议选举。(三)中央党部各部组织案。议定,李石曾、戴季陶、甘乃光、陈果夫四委员组织审查委员会,先行审查。预备会议时,所有议定之案,尚须在四次全体会议开会正式表决。"(《申报》1927年12月5日)

同日 出席俭德储蓄会第二次会员同乐会。

"昨日上午十时,为俭德储蓄会第二次会员同乐会,除各项游艺外,特敦请国民政府大学院院长蔡孑民先生莅会讲演,听者约八百余人。首由该会会长胡朴安登台致词,……蔡院长讲题大旨为'俭德之真义与储蓄之关系'。演词记录如下:诸位,兄弟今天承俭德储蓄会之宠邀,来此讲演,无任感激。但兄弟连日以来事务繁忙,本不能出席,兄弟对于俭德储蓄会自素赞许,况认这同乐会是有趣的一件事,又重以胡朴安先生之约,故不能强却,特拨冗前来。惟以时间关系,未曾从事预备,不过随便说几句罢了。兄弟对于俭德二字,是凤推重的,但此二字之真义,理会者固多,然能确切明了可能去履行者殊少,需要有人领导解释此二字之真意义,及一切履行的方法,将斯旨推行全国,考其责任莫斯会莫属,即斯会会员莫属,推而言之,即全国人民莫属。盖舍俭德而言之,即为奢华。执而言之,即为鄙吝。奢华与鄙吝,皆为有过与不及,惟俭德适乎中庸,故欲求俭德二字之真义,在乎适中。奢固非俭也,吝亦非俭也。其与俭德二字之有密切关系者,厥惟储蓄。储蓄者谓将其每月所入之款,除去正当用费外,其无谓之消耗,一概屏绝,视其所入,将几成充作储金,以备特别及意外之需用。至储蓄之方法甚多,有银行储蓄、保寿储蓄、儿童储蓄与其他储蓄等,其义一也。能实行俭德,鼓励储蓄,即可达到总理的遗嘱自由平等之志愿。所谓自由平等者,非为一律平等无差也,乃谓各竭其力而作其事。譬如彼能举一千斤,则举一千斤。我只能举一百斤,只得举一百斤。各视其力之所能,不可强求之,此即是平等。以一例十,斯道自彻。吾愿大众能励行俭德、储蓄,全国人民庶可近自由平等焉。"(上海《民国日报》1927年12月5日)

12月5日 出席在李济深住宅召开的宁派会议。会议提出延期举行国民党二届四中全会第三次预备会。

"李济深、李宗仁、谭延闿、何应钦、张静江、孙科、伍朝枢、蔡元培、吴铁城、李石曾等执监委员十人,未出席昨(五)日预备会议,遂至流会。各方盛传预备会已决裂。彼等昨日在李济深宅集会,商定事项如次:(一)广东事件。对张发奎等,决以武力应付,一面令黄绍雄反攻广东;一面令李宗仁、白崇禧出兵讨伐。(二)第四次全体执监会议,如因受广东事件影响不能开成,则一切由常务委员会处理云。彼等不顾预备会议,而另作此等商定者,则显然在此地集合之各委员已告决裂,而会议前途形险恶矣。"

"昨(五)日蒋宅预备会议,列席者有中央执行委员十八人,监察委员四人,实不足法定人数。宁派人物谭延闿、蔡元培、孙科、张静江、李宗仁、何应钦、李济深、伍朝枢、吴铁城、李石曾等另开一会议,并发出联名函件,提议第三次预备会议延期至本月八日。蔡元培昨晚宣称:以各方同意取消特别委员会,与宁政府有关人物,深愿将重行改组后之政府与各种委员会之人选问题,付之讨论。但此事需历若干时间,故将第三次会议延期。"(北京《晨报》1927年12月7日)

"谭延闿、蔡元培等十委员致第四次中央全体会议函:弟等在此会商议案,尚未议有办法,而已过开会时间,故不得不要求延会,明日照常开会可也。此致,第四次全体中央执监委员公鉴。谭延闿、蔡元培、李石曾、李宗仁、何应钦、孙科、张静江、李济深、伍朝枢、吴铁城同启。十二月五日"。(《申报》1927年12月6日)

同日 与谭延闿、李烈钧等以国民政府常务委员的名义,联名发表《对一一·二二惨案宣言》。

"我们非常的不幸,竟在我们国民政府的首都,演出十一月二十二日的惨案。这些热诚庆祝北伐西征胜利的同胞,不死伤于帝国主义者及军阀官僚之手,而死于青天白日旗帜之下,这是何等悲痛的事情。这惨案的负责者之罪,应十倍于三一八惨案之段祺瑞,应百倍于五卅惨案之英帝国主义者,这是人人能承认的。负责究竟是谁?自然是政府,尤其我们三个就职而办事的常务委员。我们三个人良心上决不愿有所推诿,谨当负责办理此案。至于惨案之起,放枪者何人?发令者何人?这些人的罪,虽没有我们三个人的重大,然而犯了军法上刑法上杀人的罪,当然要惩办的。但这是法律的关系,必要调查真相,求出实据,然后可以断定某人有何等罪名,应怎样惩罚。现在已饬由军事委员会、司法部分别转饬查拿究办,并决定要组织特别法庭来办理,将来必有公平的办法。至于这一次不幸而牺牲的,我们真痛心得很,觉得比五卅与三一八两案的牺牲者加倍的悲痛。现在无可如何,只可设法补救。死者不可复生,应抚恤他们的家族。受伤的已进医院,应充分供给他们的疗养费,残废的应分别筹善后的方法。这是国民政府已经实行的。对于将来保障人权

的手续,要严密规定,这更不待言了。"(《申报》1927年12月7日)

12月6日 继续出席宁派在南园召开的会议,讨论解决粤局的办法等重要问题。

"谭延闿、李宗仁、李济深、李石曾、张静江、蔡元培、何应钦、孙科、伍朝枢、吴铁城等十委员,昨日下午自一时起,仍在南园开会讨论解决粤局之办法及其他各项重大问题,直至下午六时半始散会。尚有数委员散会后在南园晚餐。晚餐后,仍继续谈话,至深夜始散。……会议之内容,暂不宣布。大致对于粤局问题为最重要,所谓常务委员及政治委员人选问题者,实无关重要也。"

"谭延闿等昨日上午再函秘书处,请求再延会一天。原函云:敬启者。关于党部各部组织人选问题,同人等尚未接洽完妥,应请通知各委员本日(六日)仍延会一天为盼。此致,中央预备会议秘书处。蔡元培、李石曾、谭延闿、伍朝枢、孙科、何应钦、李济深、吴铁城。十二月六日"。(《申报》1927年12月7日)

12月7日 出席在南园召开的国民党中央执监委员会议。会议研究讨论特别委员会取消及如何应对广东局势问题。

"中央委员朱培德、谭延闿、蔡元培、李石曾、李宗仁、何应钦、孙科、张静江、李济深、伍朝枢、吴铁城等十一人,于昨日下午六时在南园宴请中央各委员及要人,……宴毕已十时即开会议。由吴稚晖起立,劝特委会自动取消,语初甚和平。谭延闿、孙科报告小组会议情形。谭赞成吴稚晖之说,特委会无形停顿,等于取消,不成问题。现在所欲研究者,为广东问题及开会地点问题,至开会地点则主张在南京。孙科谓南园开会,为避免障碍,开会顺利起见,诸粤方委员不必出席,并谓张、黄有共党嫌疑,必须讨伐云云。"(《申报》1927年12月8日)

同日 出席国民党中央监察委员五人小组会议,拟对汪精卫、顾孟馀、陈公博三人提出审查。

"中央监察委员张静江、吴稚晖、李石曾、李宗仁、蔡元培等五人,另有一小组会议。因徐谦质问全体会议预备会函内,有'归罪于谦一人'之语,故拟对汪精卫、顾孟馀、陈公博三执行委员,将提出审查云。"(《申报》1927年12月8日)

12月8日 出席国民党二届四中全会第三次预备会议,提议会议先行讨论"地点与日期"问题。

"第三次预备会议于昨日下午三时五十五分宣布开会,到会执行委员二十三人,监察委员六人。公推蒋中正主席。邵力子记录。随即开始讨论议案。

蔡元培起立谓:现在正当北伐进行之时,南京方面之政治军事,不可因会议长久停顿,应请预备会赶快结束,以便谋各事之进行,要求今日之预备会变更议事日程,先行讨论第七案正式会议之地点与日期,而地点定在南京,大致已无问题,只须请各委员讨论日期问题。蔡元培提议后,孙科、李济深两委员附议蔡委员之提议。

汪精卫、何香凝两委员即起发言,主张按照议事日程先行讨论第一案。……赞成照原案依次讨论者有十四人,为多数,决定照原案讨论。……"(《申报》1927年12月9日)

12月9日 出席国民政府第二十二次会议。

"十二月九日,国府开第二十二次会议。到委员谭延闿、蔡元培、李烈钧、蒋作宾、王伯群、王宠惠、钮永建诸人。李烈钧主席。议决要案如下:(一)特任赵戴文、张之江为国民政府委员案。(二)总理葬事委员会函称:粤财厅所担任之葬事经费,因粤乱恐难照拨,请饬财部先拨,以免工程停顿案。……"(上海《民国日报》1927年12月11日)

12月10日 出席国民党二届四中全会第四次预备会。会议提出请蒋介石继续行使总司令职权。

"昨日下午二时,中央各委员在法租界拉都路三一一号,开第四次预备会议。到执行委员二十三人,监察委员五人。于右任主席。邵力子记录。下午三时十分宣告开会。主席起立谓,今日为第四次预备会,应按照议事日程,请各委员依次讨论。汪精卫起立谓,今日已有一提案,现提交预备会中请各位委员讨论。汪君并将提案原文宣读一过,又将提案内之两要点,加以说明:(一)请蒋中正继续任国民革命军总司令职权。(二)余(汪自称)自己声明,如少数同志对余不能原谅,兆铭即可引退云云。……

王乐平、蔡元培、朱培德三委员相继起立发言……"(《申报》1927年12月11日)

12月11日 与孙科、李济深、伍朝枢聚集谈话。

"昨日下午二时许,中央委员孙科、李济深、伍朝枢、白崇禧、李宗仁、谭延闿、蔡元培等,在新闸路南园聚集谈话。方振武氏亦在座。讨论问题,大概为关于第四次中央全体会议者,因集会时间颇久,详情未得探悉。"(《申报》1927年12月12日)

同日 自上海赴南京。

"谭延闿、蔡元培、郑洪年,今晚返都。"(《申报》1927年12月12日)

12月12日 在国民政府总理纪念周上,报告"汪蒋合作"问题。

"国民政府十二日上午十时,在本府大礼堂举行第十一次总理纪念周。李烈钧主席。……蔡元培报告谓,广东问题谭主席已经说过,这回汪蒋合作,监察委员欲提出检举汪精卫、陈公博、顾孟馀三人与粤变有关,不能列席四次会议。因报纸发表,彼方一面发电袒护张、黄,一面宣布监察委员尚未至开会时期,不能检举,以为抵制。两方不相亲爱,已不啻公开。蒋同志再任总司令原因,由于汪、陈、顾等,希望被保障安全。但汪氏因检举之故,预备不出席而引退,已见报载,不再赘述。至特别委员会问题,虽认为需要时期已过,但执监委员是否能负责,须彻底研究,得以

解决云云。"(《申报》1927年12月14日)

12月13日 出席国民政府第二十三次委员会议。会议议决最高法院推事、检察官人选。

"国府十三日二十三次会议。到李烈钧、张静江、谭延闿、蒋作宾、蔡元培、王伯群、钮永建、孙科、王宠惠、伍朝枢、宋渊源。谭主席。议决任命李均鲁、师曾、吴昱恒、彭学俊等署最高法院推事；邱文康、胡宏思、狄侃署最高法院检察员。"(《申报》1927年12月14日)

同日 在大学院会见中等学校校长，面允筹划教育经费。

"各中学校长全体赴大学院，见蔡院长。蔡面允切实筹划教费，并促程部长复职。"(《申报》1927年12月14日)

同日 向记者发表对于时局看法的谈话。

"问：中央全体会议已定明年一月一日至十五日正式举行，以先生观察，届时能否成会？答：中央全体会议，各方意见均盼速成，以便党国大政有所取决。上次预备会议中，余曾提议以本月十五日为正式开会期间，亦早日促成之意；但粤方委员则以嫌时间太迫，故结果定为明年一月一日至十五日。至成会与否，以余观察当可不成问题。粤方委员初颇以南京开会，恐身体安全及言论自由有所不便；经谭组庵先生及余极力担保，蒋介石先生亦力言无碍，并可完全负责，粤方委员疑虑已释，届时自能来京，会议前途此时固可乐观也。问：中央会议既不久举行，特别委员会是否已准备结束？答：特别委员会其产生本为应时局之需要，现既有中央会议，则特委会自可依时结束。至结束方法尚未决定，有人主张特委会自行宣布以党政大权归还中央执行委员会、中央监察委员会。此议是否可行，尚待特委会开会解决，今日已由秘书处发出通知，定明日上午举行会议，即讨论此项问题；如届时不足法定人数，或先开一谈话会，亦未可知。……"(台北《"革命"文献》第17辑)

12月14日 出席国民党中央特别委员会例会，有关于上海四次预备会议经过的报告。

"十四日特委会例会。到蔡元培、谭延闿、杨树庄、白崇禧、王伯群、李烈钧、叶楚伧、孙科、伍朝枢、茅祖权等。席间由谭、蔡等报告沪四次预备会议经过，次讨论政局及特委会结束问题。各委员相继发表重要意见，内容未明。最后议定，在中央正式会议未开前，特委会照常办公，各级党部经费由秘书处统筹计划。……议决特委会俟四次全体正式会议开会时停止职权及维持中央党务学校。又蒋介石托人征求李烈钧对彼出山意见，李有重要贡献。"(上海《民国日报》1927年12月15日)

12月15日 以大学院院长名义，公布《教科图书审查条例》。

"中华民国大学院布告第四号。为布告事：照□本院订定教科图书审查条例十六条，业经呈奉国民政府核准，并经本院公布施行在案。前国民政府教育行政委员会公布之教科书审查规程,及三民主义教科书审查规程,应自该条例公布之日起,开始实行外,其他各条,均应切实执行。嗣后各中小学教科书编辑人或发行人,应即依照新颁布条例内各条,将各项教科书呈送本院审查,唯小学用之国文、国语、历史、地理、常识、社会、公民各科,月前经呈送国民政府教育委员会审查在案者,准免予再送。特此布告。中华民国十六年十二月十五日 院长蔡元培"。(《申报》1927年12月18日)(《教育杂志》第20卷第1号)

12月16日 出席国民政府第二十四次委员会议,不赞成下令通缉汪精卫、陈公博等人。

"国府十六日开第二十四次会议。重要议案为处置汪精卫、陈公博、顾孟馀、甘乃光、何香凝、陈树人、王法勤、潘云超、王乐平等问题。上午九时起,……全体粤同乡各团体、省市代表,赴国府,请愿下令通缉;会内反复讨论,未及解决。下午,国府参事秘书副官处全体党员呈各委员,谓如不解决,则党员等以为国民政府已不能代表国民与本党,当即一律辞职。其时各代表闻蔡元培不赞成通缉,决定改为查办,邀蔡到招待室,大起质问,嗣后李烈钧向大众演说,法律、事实须兼顾,已下令查办,并通令严加监视矣。"(《申报》1927年12月17日)

12月17日 自南京到上海。

"蔡元培、伍朝枢、孙科、王伯群、王宠惠、郑洪年、魏道明,昨晨自宁来夜车抵沪。"(上海《民国日报》1927年12月18日)

12月18日 应邀在上海法科大学发表演讲。

"本埠蒲柏路上海法科大学,于昨日(星期日)午前十时,请校董即大学院院长蔡孑民先生,在第五教室即改名之大讲堂演讲。题为《对于法科大学生之贡献》,到教职员及学生四百余人。"(上海《民国日报》1927年12月20日)

同日 出席上海北大同学会第二次聚餐会,并发表《中国共产党问题》的演讲。

"北大同学会第二次聚餐会已于前日(十八日)午后六时在东亚酒楼浣花厅举行,到者有蔡元培、黄坚、鲁士毅、金国珍、余彩一等六十余人。首由鲁士毅报告一月来经过情形,次由金国珍报告会址问题,后由蔡元培演说,余彩一记录,题为《中国共产党问题》,略谓三民主义与共产主义业成对等名词,实则孙先生说过'三民主义就是共产主义',又云'共产主义为三民主义之目的,三民主义为共产主义之方法'。又说曾手写《礼运》'大道之行也,天下为公'一节可见。"(《申报》1927年12月20日)

12月19日 自上海返南京。

"外长伍朝枢、交长王伯群、大学院院长蔡元培、财次长张寿镛、郑洪年及蒋作宾等,于昨晚九时半联袂由北站乘沪宁夜车返都。"(《申报》1927年12月20日)

同日 出席大学院华侨教育委员会第二次常会。

"大学院华侨教育委员会,前昨两日于本埠陶尔斐斯路五十六号开第二次常会,先后由蔡院长孑民及钟荣光主席。出席委员有林森、周启刚、汪同尘、何尚平、金曾澄、李守诚等。"(上海《民国日报》1927年12月20日)

12月20日 以大学院院长名义,公布私立大专中小学校立案条例。

"大学院布告第五号。为布告事:查前教育行政委员会订有学校立案规程八条,所有各级学校立案,均依照此项规程办理。惟按之事实,专门以上学校,其立案应当从严,中等以下学校,其立案不妨略宽,若适用同一之规程,则实施上既形窒碍,本院有鉴及此,爰参照前项规程另行订定私立大学及专门学校立案条例,及私立中等学校及小学立案条例各九条,以便分别办理。并以此两项条例公布之日起,即将从前之学校立案规程废止。嗣后各私立学校立案,自应依照新颁条例办理。至私立大学及专门学校,无论在已设或未设大学区省份,当一律照新条例规定,由本院立案。特此布告。中华民国十六年十二月二十日。大学院长蔡元培"(《申报》1927年12月24日)(《教育杂志》第20卷第1号)

12月22日 自上海到南京。

"蔡元培二十一日由沪乘特快车返都。王宠惠夜车赴沪。"(上海《民国日报》1927年12月22日)

同日 就时下政局答记者问。

"昨日(星期四),国府招待新闻记者……记者于国民政府退出后,复驱车至成贤街大学院,谒国府委员蔡元培氏。时蔡正准备赴沪,其形忙碌。记者当即以昨日车站方面消息,谓见先生与吴稚晖先生偕来,但其后外间又说吴先生未来,究不知吴先生来了没有?蔡答:二十二日系乘早车由沪到京,一人来的,吴先生并未来,想是有人见错了。记者问:蔡先生昨日方到京,今日又赴沪,未免过于行色匆匆,不知赴沪亦有何要公否?蔡答:因为上海伤兵慰劳会,要我演讲,所以去一去。今天(二十二日)晚上八点钟就要动身,其实大家看的听的是唱歌演戏,讲演不过是那么回事。谭先生也许碰巧同车,却说不定。我下星期一一准回的。记者问:最近关于第四次会议消息如何?蔡答:会是一定要开的,差不多最早是五号开幕,这还要看蒋先生(中正)筹备如何。委员总有多数可列席,像褚民谊先生,本来是要去国,现亦挽留了。记者问:中央党部由蔡先生及谭李两先生维持,现在状况如何?蔡答:这本当维持,惟现因各事甚忙,故中央党务只好让谭李两先生偏劳一点了。记者问:闻近来外传,政局将有局部变移,又有谓今日(二十二日)国府会议,即系讨论此问题,确否?蔡答:国府今日常会,关于政治方面的,只因王宠惠先生出席国际法庭,议决请魏道明先生代部。除此而外,并未论及其他问题。所谓局部变移,亦未闻有此说云云。"(上海《民国日报》1927年12月24日)

同日 出席国民政府第二十六次常会。会议议决"实行教育经费独立案"。

"国民政府二十二日上午九时开第二十六次常会。出席委员为蔡元培、李烈钧、谭延闿、孙科、伍朝枢、王伯群、何应钦、钮永建、冯玉祥代表熊斌、阎锡山代表刘朴忱。谭延闿主席。……议决要案：（一）何总指挥应钦凯旋，向政府报告与南北军合力攻克徐州经过，并陈述完成北伐意见。……（六）府议决定设立教育银行。（七）府议决定通令全国财政机关，嗣后所有各省学校专款、教育税收及一切教育收入，永远悉数拨归教育机关保管，实行教育经费独立案。"（上海《民国日报》1927年12月24日）

孙科、蔡元培提议实行教育经费独立案原文。

"窃维教育为国家根本，伏读总理手定国民党政纲对内政策第十三条云：'厉行教育普及，以全力发展儿童本位之教育，整理学制系统，增高教育经费，并保证其独立'，足征教育经费独立之重要。方今东南底定，北伐进展，已渐入建设时期，而最关国本之全国教育，犹须急起直追，尽量发展。职部、院遵从遗训，谨守党纲，已将学制系统分别厘定，并筹备教育银行，指拨各项附税，充作基金，为增高教育经费之预备。惟查全国教育经费种类繁多，数目复杂，若任其散漫无稽，不加清理，于独立精神，相去甚远。职院、部往复筹商，拟请钧府通令全国财政机关，嗣后所有各省学校专款及各种教育附税，暨一切收入，永远悉数拨归教育机关保管，实行教育会计独立制度，不准丝毫拖欠，亦不准擅自截留挪用，一律解存职院，听候拨发。如此则教育经费与军政各院完全划分。经济公开，金融巩固，全国教育，永无废弛停顿之虞。即将来整顿扩充，亦得随时通盘筹划，不致徒托空言，束手无策。党国前途，实利赖之。是否有当，请公决。孙科 蔡元培"。（《大学院公报》第1年第2期）

12月24日 出席大学院大学委员会第三次会议，讨论试行大学区制省务暂行条例等问题。

"大学委员会第三次会议。出席者蔡元培、金曾澄、易培基、郑洪年、蒋梦麟、褚民谊、张仲徐、戴季陶、朱家骅。主席蔡元培。记录金曾澄。讨论事项：（一）试行大学区制省份特别市教育局暂行条例案。议决，修正通过。（二）大学区大学名称案。议决，下次再定。（三）教育会规程案。议决，修正通过。（四）请将大学院及中央研究院译名正式公布案。议决，通过。（五）注意各学区学校卫生案。议决，原则通过。（六）关于教育及青年运动救济方针案。议决，原案分送各委员，俟下次再提出。"（《大学院公报》第1年第3期）

同日 发布大学院布告第四号，公布《教科图书审查条例》。

"为布告事。照得本院订定教科图书审查条例十六条，业经呈奉国民政府核准，并由本院公布施行方案。前国民政府教育行政委员会公布之教科书审查规程，及三民主义教科书审查规程，应自该条例公布之日起，同时废止。至新颁条例，除第一条应展缓至民国十七年九月一日开始实行外，其余各条，均应切实执行。嗣后各中小学教科书编辑人或发行人,应即依照新颁条例内各条,将各项教科书呈送本院审查。惟属于小学用之国文、国语、历史、地理、常识、社会、公民各科,且前经呈送国民政府教育行政委员会审查在案者,准免予再送。特此布告。大学院院长蔡元培"。(《教育杂志》第20卷第1号)

同日 发布大学院布告第五号,公布《私立大学及专门学校立案条例》。

"为布告事。查前教育行政委员会订有学校立案规程八条,所有各级学校立案,均宜照此项规程办理。惟按之事实,专门以上学校,其立案原当从严;中等以下学校,其立案不妨略宽。若适用同一之规程,则实施上反形窒碍。本院有鉴及此,爰参照前项规程另行规定私立大学及专门学校立案条例暨私立中等学校及小学立案条例各九条,以便分别办理,并从此两项条例公布之日起,即将从前之学校立案规程废止,嗣后各私立学校立案,自应依照新颁条例办理。至私立大学及专门学校,无论在已设或未设大学区省份,当一律照新条例规定,由本院立案。从前教育行政委员会所定,在已设大学区省份,凡私立专门以上学校,得直接向该大学区立案,转请中央教育行政机关备案办法,并与取消。除呈明国民政府备案,并公布施行暨通令各省区及各特别市教育行政机关遵照办理外,特此布告。大学院院长 蔡元培"。(《教育杂志》第20卷第1号)

12月25日 近作《文人》(七律一首)发表。

"伏园吾兄:承赐《贡献》,已得两册,谢谢。属写数字,录近作《文人》塞责。……弟蔡元培敬启 十二月二十日"。

"《文人》(七律)蔡元培

文人自昔善相轻,国手围棋抵死争。大地知难逃坏劫,灵魂无计索真评。

即留万古名何用,宁似刹那心太平。邓析惠施世多有,孰齐物论托庄生。"(《贡献》旬刊第3期)

12月26日 自上海到南京。

"交长王伯群、外长伍朝枢、法长王宠惠、院长蔡元培……昨晚由沪乘夜车联袂返都。"(《申报》1927年12月27日)

12月27日 办理国民党中央党部结束事宜。

"中央党部二十八日停止办公。蔡元培顷请国民政府饬财政部拨款十万元,办理结束。"(《申报》同日)

同日 请杨铨(杏佛)代表出席大学院艺术教育委员会第二次会议。

"大学院艺术教育委员会第二次会议。时间:十六年十二月二十七日(星期二)午后二时。地点:南京城贤街大学院会议厅。出席者:蔡元培(杨杏佛代表)、林风眠、吕澂、李金发、高鲁、王代之、萧友梅(杨杏佛代表)、李重鼎(王代之代表)。……讨论事项:(一)向大学院建议创办国立艺术大学案。议决,照原拟计划书陈请大学院在西湖办一国立艺术大学,先设绘画、雕塑、建筑及工艺美术四院,经常费暂定十二万零九百六十元。(二)院长交下赵太侔君所拟国立剧院计划,属本会审查并附意见案。议决,最适当办法,直援欧美各国音乐与戏剧合作之例,使与音乐院切实合作,增重话剧中音乐的意味,培养新的歌剧与新的音乐的切实基础。如此则剧场即音乐演奏场,与音乐院共同建筑,两方经费可省,两方设备可备。况此两种艺术,有共同研究,互相表里之处,事实上亦无分立之必要,本会应即以此意答复大学院。(三)本会主办之美术展览会,应否冠以中央二字,以示政府提倡之意,请复议案。议决,美术展览会上加'大学院'三字,以示政府提倡之意。(四)美术展览会筹备委员会办事细则,请审查案。议决,审查通过。(五)艺术教育委员会十七年总预算案。议决,照原案交大学院行政处核议。(六)推定本会常务委员案。议决,俟本会预算成立后再议。"(《大学院公报》第1年第2期)

12月28日 自南京赴上海。

"交通部部长王伯群、大学院院长蔡元培,前晚由宁乘夜车启程,昨晨抵沪。"(上海《民国日报》1927年12月29日)

同日 撰写张静江之父母《张定甫先生暨庞夫人合葬墓志铭》。(《民国档案》1995年第1期)

12月29日 自上海返南京。

"蔡元培、张之江昨晚乘夜车返都。"(上海《民国日报》1927年12月30日)

12月30日 与胡汉民、谭延闿以常务委员名义批复伍朝枢辞职呈文。

"国民政府批(第四五七号)。外交部长伍朝枢呈请辞职由,呈悉。国家缔造方新,外交关系綦重,该部长樽俎折冲,勋劳夙著,时事孔亟,倚畀尤殷,尚望维系邦交,勉肩巨任,甚勿遽萌退志,所谓辞职之处,著无庸议。此批。

中华民国十六年十二月三十日 常务委员蔡元培 胡汉民 谭延闿 李烈钧"。(《申报》1928年1月6日)

同日 致函第四中山大学校长张乃燕(君谋),请接受北大刘念曾等27名学生转学。

"君谋先生台鉴:北大学生刘念曾、黄继植等二十七人来晤,述在北京军阀铁蹄之下,生命濒危,北大改组以后,教授、课程,两皆腐败,不得已相率南来,恳求转学第四中山大学,使得继续修业等情,谨为介绍,拟请于本年第二学期开始即准其转学,按所习学程年级,分别选修,足幸。……(附姓名、学级单)弟蔡元培敬启 十二月三十日"。(《致张乃燕函》同日)

本年 撰写《真善美》(讲演稿要点)一篇。(蔡元培先生手稿)

本年 撰有《提议设全国商标注册局以收入作教育经费案》一篇。(蔡元培先生抄留底稿)

本年 撰有《党部职员应兼负调查社会状况之责任》一文。(蔡元培先生手稿)

本年前后 写作《追怀不嗜杀人的总理》一文。

"总理的盛德丰功,各同志中比我知道详细的,谅都已说过了;我现在所感想到的,是总理不嗜杀人的一点。

总理致力革命四十年,不但政敌甚多,就是始信而终叛的人也不少;然而总理最反对暗杀,一切均以堂堂正正之革命军行之。军行时自然不能没有死伤的人,然这是不得已而杀人,不是嗜杀。以汤芗铭的反复,并不念他的旧恶;以陈炯明的叛变,还许他悔过效力;其他类似的人,从没有宣布过死刑。总理的不嗜杀人,可以公认了。

孟子说:'天下定于一','不嗜杀人者能一之'。吾党所以能统一全国,固当推本于总理之一切理想与能力,而不嗜杀人的一点,亦不能不认为重要的元素;同志中以遵奉总理遗教而完成统一事业自任者,对于此点,亦不可不加以注意啊。"(北京鲁迅博物馆藏件)

1928年(民国十七年　戊辰)六十一岁

1月1日 所作《一死一生》一文发表。(上海《民国日报》元旦增刊1928年1月1日)

1月2日 自上海到南京。

"大学院院长蔡元培,于二日晨搭特快车返宁。"(《时事新报》1928年1月4日)

1月3日 出席国民政府第二十九次会议。

"国民政府三日开二十九次会议。到蔡元培、张静江、张之江、李烈钧、何应钦、李宗仁各委员。陈绍宽、熊斌、刘朴忱各代表。(一)决议令蒋总司令中正、冯副总司令玉祥、阎总司令锡山、杨总司令树庄,皆率所部克日会师幽燕,完成大勋。(二)决议设建设部。(三)决议财政部长孙科,素具长才,着调任建设部长,所遗财政部长缺,着本部委员宋子文继任。(四)决议特派外交部长伍朝枢任赴美订条约特使,出使以后外交部务着次长郭泰祺代理。"(上海《民国日报》1928年1月5日)

同日 就国民党中央全体会议和蒋介石复职问题答《革命军报》记者问。

"《蔡元培氏之谈话》。南京《革命军报》载称:中央全体会议与蒋介石复职为目前党国两大要事,凡我同志皆急欲一知。日昨午后六时,本报记者特至大学院访中央委员蔡元培氏,承其接见,关于以上两事,谈之甚详,兹录于下:(问)中央全体会议的出席委员能否足法定人数?(答)现实中央委员已经到宁者,有六人以上,在沪者有九人以上,故全体会议的出席委员,定可足法定人数。(问)蒋介石确于何日可以到京?(答)蒋氏确于四日到京。(问)蒋氏复职职务是军事委员会的主席呢,还是总司令呢?(答)蒋氏复职,职务是军委会主席兼总司令,以便使军政与军令兼顾。(问)吴敬恒先生于一号发表《劝大家相安一时》一书,是吴先生个人的意见,还是有其他委员参加意见呢?(答)吴先生发表此书,大致系其他中央委员之意见,经吴先生赞同,再参加以吴先生自己之意见,合而发表此书。其中关于政府一项,常务委员七人中,'添汪'二字,系'添蒋'二字之误。此二字关系甚大,吴先生已有专函更正矣。谈至此,记者遂兴辞而出。"(《时事新报》1928年1月5日)

1月4日 蒋介石由上海到南京,复任国民革命军总司令职。蔡元培以国民党中央监察委员身份,出席欢迎式,并有演说。

"蒋介石今日下午五时五十分专车抵下关站,压道车先十分到。……到站欢迎者为何应钦、李宗仁、贺耀祖、吴稚晖、张人杰、褚民谊、杨树庄、陈绍宽、邵力子、蔡元培及国府军委会全体职员。……七时由谭、蔡、李三主席在第一会议厅设宴欢迎。中央执监委员、国府委员、军委会委员、苏省政府委员、各部长次长、各军代表等均列席,共六十余人。"(《时事新报》1928年1月5日)

"蒋介石氏于四日午后五时四十分,偕同国民政府主席谭组安,由沪专车抵京,各机关各团体到站欢迎者近万余人。……到站欢迎人物:中央委员如吴稚晖、张静江、蔡元培、褚民谊、何应钦、白崇禧及冯玉祥代表张之江、阎锡山代表刘朴忱,并各军政机关重要人物。

宴会之盛况。蒋氏汽车于六时二十分抵国府,常务委员李烈钧亲出迎迓,旋何应钦、李宗仁、吴稚晖等,亦陆续莅临,与蒋氏畅谈颇久。七时许即举行宴会。蒋氏于军乐声中与各委员鱼贯入第一会议厅宴会,计列席者为蒋介石、谭延闿、吴稚晖、张静江、褚民谊、杨树庄、陈绍宽、蔡元培、李宗仁、何应钦、李烈钧,以及各军长各军代表,冯玉祥代表张之江、阎锡山代表刘朴忱、江苏省政府委员茅祖权、陈世璋、何玉书、高鲁、叶楚伧等五十余人。首由李烈钧代表国府致欢迎辞,次蔡元培、张之江、刘朴忱、吴稚晖、蒋介石等均有演说。

蔡元培演说。蒋介石同志与本党历史甚深。自广东兴师北伐以来,蒋同志所负之责任尤重。故自辞职以后,党国纠纷愈甚。此次各方面同志以为军事上如不能打到北京,则一切工作计划均不能实现,且以后亟待解决之问题尚多,所以请蒋同志复职,负起责任,完成北伐。一方促开中央全会,以便召集第三次代表大会。蒋同志为此次推举筹备会议之人,到京后必可积极促成。至于从前政治会议,蒋同志所提议之军令、政令,必须划分。现在既然复任总司令,则军令当由总司令负责,军政当由军委会负责。如此进行,不独北伐可以进展,而一切困难问题,亦可解决,甚望自今日起,负起责任。"(《申报》1928年1月6日)

1月5日　出席在谭延闿住宅举行的国民党要人谈话会。

"今晨十时,张人杰、吴敬恒、蒋中正、蔡元培、李烈钧在石板桥谭延闿宅,会商中央四次会议之进行,午刻始散,结果圆满。"(《时事新报》1928年1月6日)

1月6日　以大学院院长名义通令各省,对教育经费实行教育会计独立制度。

"径启者:奉国民政府令第一二三号开:'现据该院及财政部提议,整理学制系统,增高教育经费,并保障其独立,拟请通令全国财政机关,嗣后各省学校专款及各种教育附税,及一切教育收入,永远悉数拨归教育机关保管,实行教育会计独立制度,不准丝毫拖欠,或擅自截留挪用,一律解存大学院听候拨发'等情一案。事关整理学制系统,保障教育经费独立,应即分饬依照上项办法,克日切实施行。除分令外,合亟抄发原提案,令仰该院即便遵照办理等因,并抄发原提案到院。查该项提案既经奉准,相应照抄原件,函请贵府通令财政机关,即便遵照办理,并希见复为荷。……大学院院长蔡元培"。(上海《时报》1928年1月11日)

同日　出席国民政府第三十次常会。

"鱼(六日)晨国府开三十次常会。出席委员蔡元培、张人杰、李烈钧、张之江、谭延闿、宋渊源、杨树庄、蒋作宾、李宗仁、王伯群、魏道明、王绳祖等。谭延闿主席。决议要案:(一)军委会呈称,杨森祖庇吴逆佩孚,把持鄂西川东,破坏统一,请明令免除杨森本兼各职。决议照办。……"(上海《民国日报》1928年1月7日)

同日　应邀在南京市通俗图书馆发表关于通俗教育问题的演讲。

"南京市长何民魂、市教育局长陈剑翛,于六日下午一时,请蔡子民、褚民谊、邵力子三君,在市立通俗图书馆演讲。首由何市长、陈教育局长致词介绍,蔡子民、褚民谊、邵力子先后演讲关于通俗教育问题及对于市政改良之意见。听众七百余人,颇极一时之盛。"(《申报》1928年1月8日)

1月7日　出席国民党中央党部常务委员会临时会。会议议决电邀各中央执监委员到南京参加会议。

"今日上午十时,丁家桥中央党部开常务委员会临时会。到蒋介石、谭延闿、李烈钧、丁惟汾、陈果夫、褚民谊、缪斌、何应钦、蔡元培、张静江、周启刚、宋子文、李宗仁。谭主席。……讨论事项,议决:(一)用常务委员会名义,电各中央执监委员,速来京与会。(二)电胡汉民、萧佛成、孙科,催请来京。(三)下星期三在中央党部开政治会议第一二四次会议。……"(《时事新报》1928年1月8日)

"阳(七日)晨十时,中央执委会常务委员会临时会议。地点丁家桥中央党部。到张人杰、蒋中正、蔡元培、丁惟汾、李烈钧、李宗仁、谭延闿、陈果夫、褚民谊、何应钦、宋子文、缪斌、周启刚等。谭延闿主席。决议要案:(一)中央监委会函陈关于惩处汪兆铭等意见。(甲)汪兆铭、陈公博、顾孟馀、甘乃光应停止出席任何会议,留请第三次全国代表大会处分。(乙)何香凝、陈树人、王法勤、王乐平、潘云超交

第四次中央全会,倘无惩处之必要,可即听其照常行使职权。……"(上海《民国日报》1928年1月8日)

同日 自南京赴上海。

"大学院院长蔡元培,于前晚乘夜车来沪。"(《时事新报》1928年1月9日)

上海寓所内阅书照(1928年)

1月10日 离上海回南京。

"大学院院长蔡元培,于昨晚乘九时半夜车返都。"(《时事新报》1928年1月11日)

1月11日 报载蒋介石宴请军政要人。

"蒋中正晚在总部西花厅宴在宁之军政要人。李宗仁、何应钦、陈调元、贺耀祖、李烈钧、张人杰、蔡元培、张群等二十余人。"(《申报》1928年1月17日)

同日 函告李石曾,已将吴稚晖"所说大意"转告张静江。

"石曾先生大鉴:到沪得畅谈为快。弟昨晚始启行,近午到宁。已以吴先生所说大意告静江先生(凡弟认为不可说者,并不说)。并以先生许不日到宁,而愿往汤山俱乐部之意告蒋先生。蒋先生已饬副官处自明日起速布置。将来派卫队五十人一层,亦必行。彤宜先生到后,请即偕临为要。……弟元培敬启 一月十一日"。(《致李石曾函》同日)

1月12日 出席国民党中央执行委员会常务委员会。会议讨论国民党各省党部去留等问题。

"中央执行委员会常务委员会,今日上午十时在中央党部开会。到谭延闿、蔡元培、蒋中正、李烈钧、褚民谊等。除褚民谊向会报告粤方委员已到宁外,议决:(一)关于各省市党部系特委会所产生者,随同取消,即由特委会以前所派之党部暂行维持,俟中央四次会议再行解决。(二)皖鄂滇纠纷太多,无论何派,一律停止

六、大学院院长及中央研究院院长时代(1927—1940)　　703

进行。(三)绥远党部照旧。……"(《时事新报》1928年1月13日)

1月13日　出席国民政府第三十二次常会。

"元(十三日)晨国府第三十二次常会。到蒋作宾、李烈钧、李宗仁、宋渊源、张之江、蔡元培、杨树庄、何应钦、谭延闿、钮永建、王伯群、朱培德等。谭延闿主席。决议案:(一)总司令蒋电告,中正迭受各级党部及各军将士之敦促,政府与民众之督责,以北伐大业急待完成,仍令出负艰巨,爰于支日驰赴首都,继续执行中央所赋予之国民革命军总司令职权。决议复电嘉勉。(二)国府常委军委会主席团报告修正国民革命军总司令部组织大纲。决议专案讨论。(三)军事委员会呈据何总指挥胪陈此次北伐各战役指挥作战有功人员,计一军二师长徐庭瑶、九军长顾祝同、九军十四师长黄国梁、三师长涂思宗、廿一师长陈继承、新编十军二师长张森、四十军二师长杨永清、三十三军一师长袁声等,请予嘉奖,以励有功。决议明令嘉奖。……"(上海《民国日报》1928年1月14日)

1月16日　自上海赴南京。

"大学院院长蔡元培、安徽建设厅长秋白,昨晚乘夜车赴京。"(上海《民国日报》1928年1月17日)

1月17日　出席国民政府第三十三次常会,提议请改大学院教育行政处主任为副院长。

"篠(十七)晨国府三十三次常会。到王伯群、蒋作宾、宋渊源、蔡元培、于右任、经亨颐、钮永建、杨树庄、谭延闿、李烈钧、李宗仁、何应钦、朱培德、蒋中正、张之江等。谭延闿主席。决议案:(一)任命冯玉祥、孙岳、刘镇华、方振武、梁寿恺、薛笃弼、魏宗晋、江恒源、庞秉勋为河南省政府委员。指定冯为主席。并任薛兼民政长、刘兼建设、魏兼财政、江兼教育厅长。(二)任命龙云、范石生、胡瑛、金汉鼎、陈钧、张维翰、马聪、丁兆冠、张邦翰为云南省政府委员。指定龙云为主席。并任陈兼财政、丁兼民政厅长。(三)大学院院长蔡提议,请改教育行政处主任为副院长,决议通过。(四)任命陈锐、高近宸为国府秘书。高云龙、郑兆熙为国府参事。……"(上海《民国日报》1928年1月18日)

1月18日　主持国民党中央政治会议第一二五次会议。

"中央政府委员会巧(十八)上午九时,开一百二十五次会议。出席委员何应钦、朱培德、叶楚伧、易培基、李烈钧、蔡元培、谭延闿、赵丕廉、蒋中正、何香凝、邵力子、丁惟汾、于右任等十三人。由蔡元培主席。议决事项:(一)各省商联会总事务处呈送该会组织大纲及执监委员姓名表,请准予备案。议决暂存,候交中央商人部。(二)江苏省政府呈送禁烟办法请核准案。议决,交国府核办。(三)加推杨树

庄为中央政府会议委员。……"(上海《民国日报》1928年1月26日)

1月21日　自南京赴上海。

"蔡元培、褚民谊、顾祝同于二十一夜往沪。"(《申报》1928年1月26日)

1月25日　请吴稚晖撰写胡明复纪念碑文。

"径启者：查褒奖胡明复博士一案，前由中央教育行政委员会呈奉中央执行委员会政治会议决议，由国民政府明令褒恤，将来大学院成立，准勒碑礼堂纪念。现本院礼堂尚未建筑，拟先于中央研究院理化实业研究所中，为勒贞珉，用示旌异。所有碑文，敢即借重鸿词，以彰硕学。相应抄录政治会议公函及胡博士事略，专函奉恳。贵委员奖借后进，素具热诚，尚望惠然命笔，早赐嘉言，无任盼祷。此致 吴委员"。(《大学院公报》第1年第3期)

1月26日　与谭延闿、李烈钧联名题写追悼国民军联军殉义将士挽词。

"洛阳无线电台转电开封省政府台鉴：追悼会为期在迩，谨致挽词，请代制办。文曰：热血溅黄河，犹余杰阁丰碑，炳辉日月；英魂归碧落，想见云车风马，扫荡幽燕。国民军联军殉义将士千古。谭延闿　蔡元培　李烈钧。宥。午。印。"(《申报》1928年1月28日)

同日　出席国民党中央执行委员会第一一六次常会。

"中央执行委员会常务委员会，今午开一百一十六次常会。到蒋中正、蔡元培、李烈钧、于右任、何香凝、丁惟汾、丁超五、陈果夫、郭春涛。丁惟汾主席。决议案：(一)电复湖北省汉口市两代表会，该项代表会未请中央派员监视，与向例不符，其组织是否遵照总章，亦未具呈申明，且中央已议决鄂省党务停止活动，对该会碍难承认。(二)浙省党务前经议决由改组委员会接收，现该省党部临时执委会电催，派改组委员陈希豪、洪陆东先往接收。……"(上海《民国日报》1928年1月27日)

同日　函复李石曾，谓"四人会议，当可举行"。

"石曾先生大鉴：奉书敬悉……闻汪先生已到沪，组安属转托先生善劝之，能劝彼来宁最好。惟组安明晚即来沪，彼亦能与汪面谈矣。先生前所提议之四人会议，当可举行。……弟元培敬启　二十六日"。(《复李石曾函》同日)

同日　自上海回南京。

"大学院院长蔡孑民氏，于二十一日由京来沪，业于昨晚乘夜车返宁视事。"(《时事新报》同日)

1月27日　出席国民政府第三十五次会议。会议通过大学院组织法及任杨铨为副院长等议案。

"国府今日开第三十五次会议。谭延闿、蔡元培、蒋介石、钮永建、李烈钧、蒋作宾、于右任、张之江、王伯群等出席。谭主席。议决案：（一）晋阎号电称，谨帅所部听蒋总司令指挥。决电复。（二）豫冯祃电称，谨遵所颁北伐军战斗序列三条办理。（三）晋阎祃电呈报北方革命军战斗序列。决分令军委会及北伐全军总司令知照。（四）胡汉民、孙科、伍朝枢电告，二十五日由沪起程，赴亚非欧美各国考察政治经济。决电复，并授方针。（五）蔡元培呈送修正大学区组织条例。通过。（六）蔡元培呈送试行大学区制省份特别市教育局暂行条例。准备案。（七）蔡元培呈送修正大学院组织法，并请任杨铨为副院长。通过，并照准。……"（《时事新报》1928年1月28日）

1月28日 发电营救汉口第二中学校长徐昌期。

"武昌卫戍司令部胡军长鉴：闻汉口第二中学学生颇有附和共党者，因而连及徐校长昌期亦被监禁。但徐君实无共党嫌疑，如蒙早日开释，无任感荷。蔡元培。养。"（《致武昌卫戍司令电》同日）

同日 《修正中华民国大学院组织法》公布。（《国民政府公报》第36期）

1月29日 为沈卓吾题孙中山演说留声片册子。

"人类之所以异于动物，文明人之所以胜于野蛮人，虽因缘复杂，而新工具之无穷的发明与利用，实为一大关键。人而不能发明新工具，可耻也。有新工具而不能利用，尤可耻也。工具之中如望远镜、显微镜之于目，电话机之于耳，种种制造机械之于手，种种交通机关之于足，吾人固已有利用之者。为纪念伟人或最所关切之人计，则画像、雕像及照相之写其容貌，印刷品之传其思想若言论，固矣；而欲并传其语音，则莫如留声片。

我中国国民党总理孙先生著述等身，足迹遍及数大洲，遗像遗嘱，比户供奉，宜若可以餍崇拜者之望矣，而多数之人，犹以不得亲接其謦咳为歉然。

使非卓吾先生于总理在日，利用留声机保存当日简要之训词，则后之瞻遗像、读遗书，而以不克亲闻演说为憾者，又何借而告慰耶？吾以是钦佩卓吾先生利用新工具之手腕，而缀数语于兹册。

十七年一月二十九日　蔡元培"。（蔡元培先生手稿）

1月30日 拟聘李书华（润章）、李麟玉（圣章）为中央研究院专任研究员。

"石曾先生大鉴：径启者，杏佛谈及现中央研究院理化实业研究所即将开办，物理组主任为丁燮林君，化学组主任为宋梧生君，甚愿请润章、圣章两君来南，在研究所中为专任研究员，未知北京法大任务可以摆脱否？除由弟直接函询润章兄并托于回京时转询圣章兄外，征求先生同意。……弟元培敬启　一月三十日"。（《致李石曾函》同日）

1月31日 出席国民政府第三十六次会议。会议议决任命蔡元培兼交通大学校长等事项。

"国府今日开第三十六次会议。出席委员张之江、朱培德、李烈钧、蔡元培、蒋作宾、王伯群、李宗仁、谭延闿、蒋中正、钮永建、经亨颐、于右任、宋子文、何应钦、张人杰、宋渊源。谭主席。议决案：(一)财政监理委员会请任命财部会计局长朱忠道兼该会秘书处长。照准。(二)司法部呈称，查司法制度暂行沿用四级三审，前经钧府核准令行在案，至前用二级二审之各省，在奉到令文以前，由第二审判决案件，一律认为确定，如赴第三审，不予处理，请鉴核颁发明令，由部转行京外各法院遵守。议决：照最高法院意见，前各省用二级二审裁决各案，已经确定者，自不得再行上诉。至未经确定各案，仍应依四级三审办理。(三)军委会呈，参谋厅上校主任刘祖舜、上校科长赵翊邦等四员，经总部调用，决以参谋来金章继任主任，陈世璠继任科长。(四)军委会请任军械处筹备科长史文桂为十三军参谋处长，罗卓英补充科长，钱宗廉为二后方医院长。均照准。(五)杨树庄电，接诵号电，谨当遵令力行，一致奋斗。决复电。(六)王世杰请辞鄂省委员兼教厅长。照准，决任刘树杞接充。(七)任命蔡元培为交通部直辖第一交通大学校长。"（《时事新报》1928年2月1日）

同日 出席国民党中执监委员联席会议。会议议决前被检举的粤方五委员应照常行使权力等案。

"中央执监委员联席会议，今日下午三时在中央党部开会。到执委谭延闿、蒋中正、何应钦、宋子文、朱霁青、朱培德、李烈钧、白云梯、于右任、经亨颐、丁惟汾、丁超五、郭春涛、陈肇英；监委张人杰、蔡元培、邵力子、陈果夫、缪斌、李宗仁等二十人。议决：(一)何香凝、陈树人、王法勤、王乐平、潘云超粤方五委员，前经中央监察委员会检举，兹经本联席会议共同商议，认为应照常行使职权。(二)二月一日午后二时，开第四次中央执行委员全体会议预备会。"（《时事新报》1928年2月1日）

1月 撰写《北伐殉义将士及死难民众纪念》一联。

"北伐必成，如此成仁，看河水洋洋，气吞万里。

中原既奠，如兹奠石，有华堂奕奕，名垂千秋。

北伐殉义将士及死难民众纪念 中华民国十七年一月 蔡元培敬撰并书"。（《时事新报》1928年2月3日）

同月 为《大学院公报》撰写《发刊词》一篇。（《大学院公报》第1年第1期）

大学院公报封面(1928年1月)

同月 为何联奎(子星)题写扇面。

"楼鼓声中日又斜,凭高又觉在天涯。空桑客土生秋草,野渡孤舟集晚鸦。瘴雾不开连六诏,俚歌相达带三巴。故乡可望应添泪,莫恨云山万叠遮。子星同学兄雅属　蔡元培"。(孙常炜编《蔡元培先生全集》)

1月 为《侨务汇刊》题词。

"无远弗届　蔡元培题(印)"。(《侨务汇刊》1928年第1期)

2月1日 出席国民党第四次中央执监委员全体会议预备会。

"第四次中央执监委员全体会议预备会,今日下午三时三十分在中央党部举行。到执委十九人,谭延闿、蒋中正、柏文蔚、褚民谊、宋子文、经亨颐、于右任、朱霁青、缪斌、李烈钧、何应钦、何香凝、白云梯、朱培德、丁超五、丁惟汾、王乐平、陈树人、陈肇英;监委蔡元培、张人杰、郭春涛、邵力子、李宗仁、陈果夫。蒋中正主席。议决案四:(一)开会日期。兹定于二月二日上午十时,先举行中央执行委员会第四次全体会议开幕式,三日正式会议事。(二)组织方式。推谭延闿、蒋中正、于右任三同志为主席团主席。……"(《时事新报》1928年2月2日)

同日 主持国民党中央政治会议第一二七次会议。会议通过建设委员会组织法及委员名单等事项。

"今日午中央政治会议举行第一二七次会议。出席委员张人杰、于右任、邵力子、贺耀祖、宋子文、何应钦、陈果夫、李石曾、易培基、张之江、赵丕廉。蔡元培主席。孙科、张人杰等十一委员提议,请设立中华民国建设委员会,拟具组织办法、预算及委员名单,请公决。当议决:(一)建设委员会组织法修正通过。(二)建设委员孙科、张人杰、胡汉民、吴敬恒、蒋中正、谭延闿、蔡元培、李济深、李宗仁、李石曾、何应钦、冯玉祥、阎锡山、孔祥熙、叶楚伧、宋子文、易培基、郑洪年、魏道明、陈立夫、曾养甫、王瀓及国府各部长、各省建设厅长⋯⋯"(《时事新报》1928年2月2日)

  同日 所撰《〈中央日报〉创刊祝词》发表。

  "党外无党,囊括长材。进取保守,相济无猜。进取过激,是日恶化。宁闻碎玉,果愈全瓦?

  保守已甚,腐化是惧。或开倒车,或封故步。补偏就弊,赖有谠言。后知后觉,努力宣传。严戒讦攻,多筹建设。忝属同志,敢告主笔。《中央日报》万岁 蔡元培敬祝"。(南京《中央日报》同日)

  同日 抄正毛夷庚代作《国民军联军阵亡将士暨各地死难民众诔》一文。(蔡元培先生抄留底稿)

  2月2日 出席国民党第二届中央执行委员会第四次全体会议开幕式及谈话会,被推为外交方针讨论委员会委员。

  "本日上午十时,举行第四次中央执行委员会全体会议开幕式。⋯⋯由蒋中正主席,致开会词。十二时礼成。摄影。旋开谈话会,议决各案如下:(一)自明日起,每日上午九时至十二时,下午二时至五时,继续开会。(二)加推褚民谊、缪斌为中央党部各部组织及整理党务根本计划审查委员会委员。(三)组织外交方针讨论委员会,推谭延闿、于右任、李石曾、宋子文、蒋中正、蔡元培、李宗仁为委员。⋯⋯"(《时事新报》1928年2月3日)

  2月3日 出席国民党第二届中央执行委员会第四次全体会议正式会议。

  "今日上午九时,第四次中央执行委员会全体会议,在丁家桥中央党部开会,四周戒备森严。到潘云超、陈树人、丁超五、白云梯、朱霁青、朱培德、王乐平、经亨颐、谭延闿、张人杰、蔡元培⋯⋯计执委二十三人,监委八人。谭延闿主席。李仲公记录。⋯⋯"(《时事新报》1928年2月4日)

  2月4日 继续出席国民党第二届中央执行委员会第四次全体会议。

  "第四次中央全会第二日,今日上午九时开会。到执监委员三十人:李宗仁、褚民谊、柏文蔚、朱培德、黄实、于右任、蔡元培⋯⋯由蒋主席。秘书李仲公报告要件,依次议程开议。第一案关于'11·22'惨案决议施行案。议决⋯⋯是案仍归法庭依法审判。第二案续议国府改组案。决议国府组织条例第八条,国府设内务、外交、财政、交通、司法、农矿、工商等部,并设最高法院,考试、监察、审计三院,大学院、法制局、建设委员会、军事委员会、蒙藏委员会、侨务委员会。⋯⋯"(《时事新报》1928年2月5日)

  同日 与李宗仁、李煜瀛等联名致电程潜(颂云)、白崇禧(健生),申明对粤委九人处分意见。

"汉口程颂云先生、白健生先生两总指挥勋鉴,并恳转汉上诸同志先生均鉴:粤委之处分,若以行政手续行之,通缉严惩,自极允当。但诸人或不足恤,而中央尊严又不可不兼顾,故为中央委员留其身份。……又将九人分别情节轻重,其汪、陈、顾、甘四人,情节较重,由监委清查其过举,列款请求交最高党权之全国代表大会处分。其两王、何、陈、潘五人,情节较轻,俟第四次全会开后,交全会从速决定。倘全会多数因何为女同志应格外谅恕;因两王、陈、潘素非重要,并予曲原者,而先生与四方同志定亦不加苛求,弟等即不再建议为进一步之请求矣。区区之意,伏求垂察。

弟李宗仁、李煜瀛、张人杰、蔡元培、吴敬恒同叩。支、亥。"(高平叔、王世儒编注《蔡元培书信集》上册)

2月5日　主持欢迎法国公使玛泰尔宴会。

"法公使玛泰尔①五日上午由汉乘轮抵京,首都党政军各界均派员赴江干迎迓,玛氏登岸后,即乘汽车至国府,与各委员晤面,畅谈颇久。旋由李烈钧、蒋中正、蔡元培、谭延闿四委员于正午十二时在国府第一会议厅欢宴玛氏,并请党政军各要人作陪,会场布置极为华丽,餐席上遍布国旗党旗,并佐以各种花果,气象一新。十一时后各要人纷纷莅止,共约五十余人,由李烈钧、蒋中正、蔡元培主席。进餐后,首由蔡元培起言,谓今日国民政府同人欢宴玛使,承蒙不弃,惠然肯来,实为荣幸。同人谨请李协和同志代表致欢迎词,藉祝玛公使之健康云云。次即由李协和致词,由外交部特派张君为翻译,最后玛使答词,词意极为诚恳,至二时许宾主尽欢而散。"(《申报》1928年2月7日)

2月6日　继续出席国民党第二届中央执行委员会第四次全体会议。

"今日上午十时,全会继续开会。列席者蔡元培、褚民谊、李宗仁等二十九委员。于右任主席。秘书长报告,从略。次依议开议。第一案确定整理党务根本计划案。关于整饬党纪方法一项,讨论恒三小时之久。有主整饬党纪应从宽者,有主应从严者。嗣据草案修改,结果决议如下:政治会议第十五次会议所通过之中央常务委员会第五十八次会议,议决照准交国民政府公布之党员背誓条例,交常务委员会修正。次议第二案,蒋中正、戴季陶整理特别党部案。所提四条,皆通过。"

"四次全会今日下午二时继续开议。到会委员与上午同。谭延闿主席。……议决由中央全体会议指定常务委员十一人至十五人,以一人为主席。国民革命军总司令得兼任军会主席。"(《时事新报》1928年2月7日)

同日　主持国民政府欢迎法国驻华公使玛泰尔招待会。

---

①　玛泰尔,即为马泰尔。

"法使马泰尔今晨抵宁,即赴外部,中午国府设宴招待,到李烈钧、蒋中正、宋美龄、于右任、李石曾、郭泰祺、褚民谊、经亨颐及沪法领梅里爱,法舰长费来恩,法使参赞劳克等六十余人。蔡元培主席。餐后蔡发言,李烈钧演说……"(《申报》同日)

同日 主持大学院欢迎法国驻华公使马泰尔大会。

"中华民国大学院院长蔡元培于昨日下午四时,在大学院欢迎法公使马德尔①。到者有马公使、上海领事、公使馆陆军参赞。陪宾有郭泰祺、李石曾、戴季陶、李烈钧等数十人。先由蔡氏致欢迎词,次由马公使答词。

蔡氏欢迎词如下:不久以前,我国某处有一个小学教员,命学生把他们最看得起的一个外国举出来。结果,列强及瑞士、比利时等,俱得到一部分学生的崇拜。有的国家,因为它的殖民地是世界上最多;有的国家,因为它的财富是世界上第一;有的国家,因为它的维新是世界上最快。法国也得到许多小学生的崇拜,不过小学生崇拜它,不是因为它的殖民地多,不是因为它富庶,也不是因为它能学人家,能维新,却是因为它的文化发达得最高。法兰西的文化,在中国小学生的眼光中,已经有这么正确的判断,那在成人的眼光中,更不必说了。所以我们今天欢迎马泰尔公使,不是因为他是强大富盛的国家的代表。法国尽管是强大富盛,却是因为他是文化极高的国家的代表。在我本人,能以中国最高的教育学术机关的代表的资格,来欢迎马公使,尤其是一件特别愉快的事。马公使来到新京,虽则是第一次,但他并不是生人。在法国时,在北京时,我们曾经熟识马公使。马公使在中法文化事业上有过长久的努力。在欧战没有结束,当我们初办华法教育的时候,马公使即已参赞我们的计划,翊助我们的工作。近十年来,我国所以能派许多年轻有为的学子前往法国,探求高深学问,马公使实有伟大的功劳。迨后欧战结束,庚款退还,我们即力主以全部款项拨充文化事业之用,马公使又居中赞助,卒达目的,近十年来中法合办之学校,在法国则有里昂的中法大学,在中国北有北京的中法大学,南有上海的中法工商专门学校,此外尚有其他文化机关多种;而于每种机关之设立,马公使辄与援助。自马公使为驻华公使后,我们所得的帮助,更难枚举。就以北京的中法大学而论,我们以政治的关系不能亲自督促该校之发展,我们也不能不离开北京,而将校事委诸他人。然而中法大学至今未被军阀所摧残者,良以马公使的助力为多,我们实不胜感谢之至。上海之中法工商专门学校,在去年革命军未到上海之时,以种种纠纷,早被解散,我们为增进中法文化合作起见,现已决定重办,并决定恢复工商诸科。一面设高等的研究所,一面设基础的职业科,我们希望马公使能时时予我们以助力,使新的比以前更要宏大,而使贵国工商两业的优点以传布中国。以上所说的,不过是中法合办的学校。文化事业本来不限于学校,学校以外,还有其他种

---

① 马德尔,即为马泰尔。

种方法,可以促进两国间文化的合作。即如两国间学者的交换讲演,出版品的互赠,或是其他的合作,均足以增进两国文化相互的赏识。听说大化学家白笃劳先生不日来到上海,我们希望他来到上海后,马公使能劝他到都城来讲学,更希望马公使回国以后,能劝其他的学者到我国来考察或讲学。就我们一方面说,我们也希望能努力于中国文化的宣扬。大学院为全国教育及学术之最高机关,它的组织,它的事业,一个普通的外国人,或许不易了解,因为它既不是通常的一个教育部,又不是一种学校,但马公使一定不会遇到这种困难的,因为大学院实在就是法国教育部及国家学院之组合团体。它的职务是兼有教育行政及学术研究。就教育行政而论它是各大学区的最高统治机关(马公使也许知道,我们已经采用法国的大学区制,使政治与教育绝对分离了)。就学术研究而论,兼属于大学院的中央研究院实为全国最高的学术研究机关。所以本院实为全国文化事业之中心。本院虽成立甫四月,但是我们希望不久就能有些成绩,对于法国的知识界也能时时有些贡献。我们更希望于最近期内,能派遣学者游历法国,以为两国间文化之媒介。凡此种种,我们深盼马公使于回国后,能转达贵国各学术团体、各教育机关。现在敬祝马公使归途平安。"(《中央日报》1928年2月7日)

同日　准予第三中山大学改名为国立浙江大学。

"浙江省政府委员公鉴:陷电悉。第三中大,尊意主改国立浙江大学,与条例并无不合,自可照准。蔡元培。鱼。"(《大学院公报》第1年第3期)

2月7日　继续出席国民党第二届中央执行委员会第四次全体会议,被推为国民政府常务委员。

"七日上午九时,四次全会继续开会。列席者李宗仁、李烈钧、朱培德、黄实、蔡元培、褚民谊等二十八委员。讨论事项:(一)宣言案。因尚未修正完毕,留至下午闭会前讨论。……(四)国民政府主席及委员人选案。议决兹推定谭延闿、蔡元培、张人杰、李烈钧、于右任为国民政府常务委员,并推定谭延闿为主席。……"(《时事新报》1928年2月9日)

2月8日　出席江苏省和南京市政府举行的招待会,并有演说。

"首都省市两政府,今午在省政府招待中央全体委员,宾主共到四十余人。首由钮永建致词,庆祝全会结果圆满。……在前方向敌人进攻时,当然须运动民众助我革命。至已经奠定之区,则须从事建设,绝对不可再牺牲民众。故今日党政方面,均向建设一条线上做去。……"(《时事新报》1928年2月9日)

2月9日　主持大学院大学委员会第四次会议。

"大学委员会第四次会议,十七年二月九日举行(是日为大学委员会与政治教育委员会联席会议,但因出席人数甚少,改为谈话会)。出席者蔡元培、金曾澄、杨铨、张仲徐、彭学沛、谭延闿、张乃燕。主席蔡元培。纪录金曾澄。讨论事项:

(一)教育经费办法之报告及讨论。结果:大致以大学院及财部所议定原则三条,在现时情形似尚可行,因大学院自行派人征收捐税,不特手续麻烦,成绩又未必良好;若由财政机关征收,指定为教育用途,亦与教费独立之精神,尚无违背。(二)第四中大名称案。结果:可以改称江苏大学。(三)维持教育救济青年案。结果:第一项、第二项、第三项修改。第四、五项照原文。第六、七项删去。第八项修改。第九、十项删去。(四)学生联合总会之要求案。结果:大致可供参考,但减轻学费,允许参加校务会议两点,须加以考虑。(五)国立剧院计划案。结果:国立改为实验二字,提交国府。"(《大学院公报》第1年第3期)

2月10日 出席国民政府第三十七次会议。会议议决公布国民政府组织法等案。

"国府今开第三十七次会议。出席委员蔡元培、谭延闿、于右任、经亨颐、白云梯、宋渊源、李烈钧、何应钦、张之江、钮永建、蒋作宾、杨树庄。谭主席。议决案:(一)中央执行委员会函开,查中华民国国民政府组织法,现将本会第二届中央执行委员会第四次全体会议于二月四日决议修正在案,应公布施行。决议公布。(二)中央执委会函开,第一次中央执行委员会第四次全体会议,关于国民政府委员人选案,经于十七年一月七日决议,推举丁惟汾、于右任、王伯群、王法勤、王宠惠、孔祥熙、古应芬、白崇禧、白云梯、田桐、伍朝枢、朱培德、朱霁青、李宗仁、李烈钧、李济深、汪兆铭、何香凝、何应钦、宋子文、宋渊源、林森、周雪麟、柏文蔚、胡汉民、陈调元、孙科、许崇智、张人杰、张之江、张继、黄郛、黄绍雄、钮永建、程潜、冯玉祥、杨树庄、经亨颐、熊克武、邓泽如、蔡元培、赵戴文、樊钟秀、刘守中、蒋中正、蒋作宾、戴传贤、阎锡山、谭延闿,为国民政府委员,即希查照。决议:公布执行。(三)中央执委会函开,第二届中央执行委员会第四次全体会议关于国府常务委员及主席人选,经七日决议,推定谭延闿、蔡元培、李烈钧、于右任、张人杰五人,并推定谭延闿为主席。决议录案通知。……"(《时事新报》1928年2月12日)

同日 通知广州第一中山大学定名"中山大学"。

"广州中山大学朱校长鉴:阳电悉。贵校永远定名中山大学,'第一'两字,应即删去,特复。蔡元培。蒸。印。"(《大学院公报》第1年第3期)

2月11日 出席金陵大学春季开学典礼式,并发表演讲。

"金陵大学于本月十一日上午,举行春季学期开学典礼。到该校教职员六十余人,学生六百余人,来宾有各机关代表,如大学院院长蔡孑民,第四中山大学俞庆棠,汇文女学刘校长二十余人。首由该校校长陈裕光报告金大过去历史及今后革新计划。……后由大学院院长蔡孑民演讲。大旨谓:大学院以科学化艺术化劳动化相提倡,大学必须具备此三种精神。金大在十七年前即成立,彼时南京尚无大学,故金大实为南京最早之大学。近来北京协和医学校房屋,均采用外中内西式样。因外表中式,则合于艺术化;内部西式,则合乎科学化。此种精神,首由金大之首先倡导。至金大农林科创办人裴义理先生,从事赈务,开垦荒地,故近来鼓楼一带之成绩及其点缀,实为金大之功。宗教在过去之历史,殊为有功,因彼时尚无科学与艺术,其后科学与艺术赖宗教之保护,始得逐渐发展,以至于独立,故宗教应任人自由信仰。最近各教会学校列宗教为选修科目,实为一进步之现象。金大困难已去,今后校务当蒸蒸日上云。直至十一时,始行散会。"(上海《民国日报》1928年2月15日)

2月12日 以校长名义,发布第一交通大学布告。

"《第一交通大学布告》。(一)本校定于本月十三日开课,二十日补行学期考试,仰各学生依期到校上课补考,勿得自误。(二)前次各学生因学费太重请求核减,兹正通盘筹划酌拟核减,藉轻负担。在未定办法以前,应暂缓收费,惟求学光阴宝贵,不可因学费事致多耽误,仰各学生依照布告,先行上课可也。"(上海《民国日报》1928年2月12日)

2月14日 出席国民政府第三十八次委员会议。会议议决修正公布陆军编制条例等案。

"国府今日开第三十八次委员会议。出席者谭延闿、李宗仁、白云梯、经亨颐、李烈钧、张之江、蒋作宾、于右任、蔡元培、宋渊源、钮永建、何应钦、王伯群。谭主席。议决事项所发表者如下:(一)法部呈复审修正革命军陆军编制条例,大体尚属允当,惟其中法律名词及条文略加修改,请鉴核。决议修正公布。(二)军委会呈,二十六军军长陈焯电请奖励进占宿迁有功人员第一师长赵观涛、第一团长樊崧甫,阵亡营长孟获州另案请恤。又四十军长贺耀祖请嘉奖克复徐州出力人员第一团长陈心镕、第二团长朱邦纪、第四团长杨茂才、第六团长曹致远、教导团长李九、炮兵团长杨特。决议:准其分别嘉奖。……"(《时事新报》1928年2月15日)

同日 以大学院院长身份,到第四中山大学对该校学生提出的免交学杂宿费问题,发表讲话。

"(一)关于免收学费一层,本人不能作主,因此乃整个的问题,非一校之事。惟学生既有此请求,我可以提出中央政治会议,诸君可静候解决。(二)已经校务会议决议开除学籍之两学生,本人当尽力设法补救。(三)无论如何,希望诸生以学业为重,依期上课,切勿因此而荒废宝贵之时间。"(《教育杂志》第20卷第3号)

2月15日 出席国民党中央政治会议第一二八次会议,在会上提出是否免收中山大学学生学杂宿费,以谋教育普及的议案。

"政治会议今日上午十时,在中央党部开一二八次会议。到谭延闿、于右任、丁惟汾、钮永建、蔡元培、叶楚伧、易培基、李石曾、李烈钧、李宗仁、何应钦、张人杰、柏文蔚、冯玉祥代表张之江。谭主席。议案:(一)大学院院长蔡元培提议,拟国立四中大学生请求免收学费、宿费、杂费等情,为谋普及各级教育起见,请统筹教育全局,以免学生困难而谋教育普及案。决议国立四中大学生学费、膳宿费仍应缴纳,其他保证金、杂费缓交,大学院酌量减免。至学校免费问题,应由大学院统筹全局,妥定办法、分期分级执行。同时由国府训诫学生,应严守学校纪律。(二)张之江、钮永建等提议,尊重人民信教自由,取消反对基督教口号。议决交常务委员会核办。(三)本会议经费案。决议:向财部领十万元。(四)中国卷烟厂公会请求:甲、华烟税率减为值百抽二十,与舶来品同,并准华商仍照七折征税。乙、前已收百分之五十存货已征之税发还。丙、准以旧印花换新印花。决议:查明再议。(五)国民联军总政治部长郭春涛呈,请依照旧案,补发积欠西北政治工作经费案。决先拨二万元,并推李石曾、李烈钧、易培基、于右任、张之江五委员与部商酌改。……"(《时事新报》1928年2月16日)

同日 主持大学院大学委员会第五次会议。

"大学委员会第五次会议。十七年二月十五日举行(此次系教育经费计划委员会开联席会议)。出席者李煜瀛、吴稚晖、易培基、高鲁、张乃燕、金曾澄、杨铨、蔡元培。主席蔡元培。记录金曾澄。讨论事项:(一)修正大学院组织法请大学委员会追认案。议决:照修正案通过。(二)大学院分掌政务事务案。议决:院长主持政务,副院长主持事务。事务人员须有保障,不随政务官为去留。又大学委员会为大学院最高立法机关,决议全国教育上、学术上重要事宜。此种制度为院长制与委员制并行。(三)修正大学委员会条例案。议决:第二条第二项,改为副院长三字。(四)张乃燕委员提议,修正大学区条例部务主任,拟仍称部长案。议决:大学院既有明令,不称部长,为避免误会起见,决定大学内高等教育、普通教育及扩充教育各部,部改为处,部主任改名处长。(五)维持教育救济青年案。议决:下次再行讨论。(六)教育经费案。主席说明,财政部拟请将本院所有征收各项捐税,交还财部,双方另订办法数条,以资遵守。李委员主张维持教育经费独立原则,保留此案,再与财政当局详加磋商。易委员主张实行教育经费独立,征收各机关,不宜轻于放弃。议决:分推吴李张三委员,将拟订办法,再行修改。(七)大学区大学名称案。议决:第三中山大学改名浙江大学。第四中山大学改名江苏大学。均不加国立二字。"(《大学院公报》第1年第3期)

2月16日 出席国民党中央执行委员会第一一七次常务委员会。会议议决建筑赵声铜像等案。

"今日上午十时,中央常会开一一七次会议,到委员十三人。于右任、丁惟汾、谭延闿、陈肇英、蔡元培、郭春涛、经亨颐、白云梯、朱霁青、何香凝、柏烈武、李烈钧、缪斌。谭主席。(一)柏委员提议,为已故同志赵声建筑铜像于镇江,请中央拨款若干,以示表彰案。决议照付建筑费一万四千元,交国府拨给。(二)上海特别市

长张定璠呈请如何确定工人运动案,国府转。决议交民众训练委员会。……"(《时事新报》1928年2月17日)

2月17日 出席国民政府第三十九次委员会议,在会上提出召开全国教育会议的议案。

"国府今日开第三十九次委员会议。出席委员谭延闿、蔡元培、于右任、钮永建、蒋作宾、李烈钧、宋渊源、张之江、丁惟汾、白云梯、经亨颐、王伯群、宋子文、李宗仁。由谭主席。议决案:(一)军事委员会呈,军政厅军务处长朱华因病辞职,请以高级参谋蒋绍昌升任。照准。(二)军事委员会呈,阵亡团长郭俊仁应照少将阵亡例给恤。照准。(三)军事委员会补送十八军第一师长林逸圣等五员履历,并请任命严敬为该军第二师长。照准。(四)大学院院长蔡元培呈送教育会议条例、准备案。(五)大学院院长蔡元培呈称,职院为谋三民主义教育之实施,教育行政之统一,学制系统之整顿,教育经费之保证,拟于五月间召集教育会议,拟定会议规程及筹备委员会组织大纲并支付预算表。决议定名为全国教育会议。由大学院召集,并令行财政部按照预算表拨款。……"(《时事新报》1928年2月18日)

同日 自南京赴上海。

"大学院院长蔡元培,于前晚由首都乘夜车来沪。"(《时事新报》1928年2月19日)

同日 电复安徽教育厅长雷啸岑废止祀孔典。

"安徽教育厅长览:删电悉。祀孔典礼,已经明令废止,勿庸举行。大学院院长蔡。巧。印。"(《大学院公报》第1年第3期)

2月20日 自上海回南京。

"大学院院长蔡元培,昨晚九时半偕副院长杨杏佛同乘夜车晋京。"(《时事新报》1928年2月21日)

2月21日 出席国民政府第四十次委员会议。会议通过派李宗侗任中法国立工业专门学校代理校长。

"国府今日开第四十次委员会议,出席者李烈钧、谭延闿、蔡元培、于右任、李宗仁、经亨颐、丁惟汾、蒋作宾、白云梯、朱霁青、钮永建、黄郛、张人杰。谭主席。议决:(一)大学院院长蔡元培呈称,中法国立工业专门学校校长褚民谊,已奉钧府令派赴法国考察卫生事宜,拟派李宗侗代理校长。照准。(二)苏省政府呈称,国府新组织法农矿工商各立一部,无农工部之设置,是省政府农工厅已失指导连贯之枢机,其余建设、教育、实业、土地各厅,亦有同样情形,拟请将省政府制度从速改定,以利政务。决议送政治会议。……"(《时事新报》1928年2月22日)

同日 出席外交部长黄郛就职典礼,并代表国民党中央党部致训词。

"国民政府外交部长黄郛二十一日下午二时,在国府大礼堂行宣誓就职典礼。

中央党部特派蔡元培到会监誓。朱霁青、经亨颐、缪斌、白云梯……及其他各机关到会者不下三百余人,济济一堂,颇极一时之盛。二时半开会,由谭延闿主席,恭读遗嘱后即举行授印礼,由谭主席授印,黄趋至台前接印。旋即宣誓。……

宣誓毕即由蔡元培训词,云:本党所持外交最重要之方针,在取消一切不平等条约,至于如何废除,总理曾主张以联合世界上以平等待我之民族,共同奋斗,在当时对我所最表亲善者要为俄国,故本党遂采取联俄方略。然外交政策并非永久不变,一年以来,不断的发现俄国对我之侵略……所以四次全会预备会开会时,决计与俄断交,此为外交上采取之手段,故外交当局必须明了各国对我如何,然后始知因应之方,外交部长责任之重,由此可见。四次会议,对外交人选问题,一再斟酌,最后乃决请黄同志担任。黄同志在日本多年对日情形最为熟悉。黄又曾游历欧美,熟知国际上最近之趋势,故吾人深知黄同志担任外交一席,必能因应适当,甚愿黄同志努力向前,使废除不平等条约之目的得早日实现云云。"(《申报》1928 年 2 月 23 日)

2 月 22 日 出席国民党中央政治会议第一二九次会议。在会上提出各机关事务官不随政务官更易等议案。

"中央政治会议今日上午十时,在中央党部开第一二九次会议。出席委员李石曾、蒋中正、丁惟汾、宋子文、易培基、张人杰、叶楚伧、柏文蔚、蔡元培。谭主席。议决案件:(一)国府内政、农矿、工商三部应即成立。(二)推黄郛为政治会议委员。(三)推方振武、孙岳、岳维峻为国府委员,送中央执行委员会。(四)推李宗黄、吴宗信、刘纪文为建设委员会委员。(五)推于右任为国府审计院长。(六)谭延闿、蒋中正拟定立法程序法草案十条并理由书。决议:立法程序法修正通过,移送中央执行委员会交国府公布。(七)大学院院长蔡元培提议,各机关事务官不随政务官更易。决议事务官不随政务官更易一层,交国府核议。大学院准副院长为事务官;大学院院长离职时,准由院长委托大学委员会委员中之一人代理其任务。"(《时事新报》1928 年 2 月 23 日)

同日 致电白崇禧(健生)等,介绍刘树杞任湖北省教育厅长。

"武汉卫戍司令部白健生先生、胡今予先生,湖北省政府张怀九先生鉴:鄂中迭经变乱,学子失业,为状至苦,现在寒假将满,倘不急图开学,本学期将复停顿,现国府已任命刘君树杞为教育厅长,并令即日赴鄂,务望公等与刘君接洽,设法使各校经费有著,校址如军队占用,并令即日迁移,俾各级学校得早日复业,无任祷盼。蔡元培"。(《申报》1928 年 2 月 22 日)

2 月 23 日 出席国民党中央执行委员会第一一八次常务会议。会议推定组织、宣传、训练三部部长。

"今日上午十时,中央开第一一八次会议。到于右任、丁惟汾、朱霁青、陈肇英、

六、大学院院长及中央研究院院长时代(1927—1940) 717

经亨颐、蔡元培、周启刚、丁超五、白云梯、缪斌、谭延闿、柏烈武、蒋中正、郭春涛等十四人。于主席。议决:(一)推定蒋中正为组织部长、戴季陶为宣传部长、丁惟汾为训练部长。(二)民众训练委员会推定经亨颐、朱霁青、戴季陶、蒋中正、何香凝、王乐平、丁超五、陈果夫、李石曾九同志组织之,以李石曾、经亨颐、朱霁青、何香凝、陈果夫为常务委员。(三)推丁超五同志为中央特种刑事临时法庭庭长。(四)拨发前代理组织部长吴倚沧抚恤费一万元。(五)前武汉总政治部工作人员及武汉中央党部来宁人员请求分配工作案。决议:交常务委员酌量任用。(六)加推孙岳、岳维峻、方振武为国民政府委员。(七)修订政治会议及分会条例案及丁、陈、蒋三委员所提整理党务计划案,交丁惟汾、陈果夫、蒋中正、谭延闿、蔡元培五同志审查。由丁负责召集。"(《时事新报》1928年2月24日)

2月24日 出席国民政府第四十一次委员会议。会议通过任命军事长官等五项议案。

"国府今日开第四十一次委员会议。出席委员谭延闿、蔡元培、李烈钧、王伯群、张之江、陈调元、蒋作宾、丁惟汾、经亨颐、柏文蔚、于右任……。谭主席。议决:(一)任命三十七军副军长范熙绩兼该军教导师长。(二)财政部长宋子文提议,为劝募续发二五厘券,以济北伐需要起见,凡认购巨款或缴款迅速、劝募出力者,拟分别奖给奖章、匾额,以资鼓励。(三)外财两部会呈称,交部所请撤销扬子江水道讨论委员会,改归该部接管案。决准如所请办理。(四)第四次国际昆虫学会订于一九二八年八月十二日至十八日在美国纽约省益司克城康奈尔大学举行,请派专家列席,或惠寄报告及蚕丝赛品,以便在会陈列。又秘书处签呈,关于参加意大利都利诺地方所举行之万国丝绸展览会案。……决交建设委员会妥办。(五)决议中国合众蚕桑改良委员会整理事宜,并交建设委员会妥办。"(《时事新报》1928年2月25日)

同日 与丁惟汾(鼎丞)商解浙江省党部与省政府之间的纠纷。

"鼎丞先生大鉴:午前晤教,对于浙江省党部与省政府之纠纷有解决办法,甚幸。弟已电告两方。顷将致陈、洪两同志之电奉览,如尊处能即发一电,声明接收之事,改组委员全体应负责任,不必陈、洪两同志偏劳,则误会当易解除。诸请酌行。……弟蔡元培敬启 二月二十四日"。(《致丁惟汾函》同日)

同日 电告陈希豪、洪陆东"浙事"解决办法。

"浙江省党部陈希豪、洪陆东两同志鉴:浙事已与丁鼎丞同志商定,中央特电声明,接收事宜本由改组委员会全体办理,不使二公从事独贤。请就近约同姜次立、沈尔乔诸同志与省政府诸同志协商办法,必能解除误会。待中央所派遣之指导委员到浙,党务便可进行。深冀两同志与省政府诸同志均能推诚相与,勿持成见,则无论何等困难,必可解决也。无任盼祷。蔡元培。敬。"(《致陈希豪、洪陆东电》同

日）

2月25日 由南京到上海。

"大学院院长蔡元培，于昨晨由新都乘夜车抵沪。"（《时事新报》1928年2月26日）

同日 出席沪江大学新校长刘湛恩就职式。

"沪江大学新校长刘湛恩博士，于前日下午二时半举行就职典礼。前往观礼者大学院院长蔡元培、工商部长孔祥熙、江苏交涉员郭泰祺、上海市长张定璠、教育局长鲁继曾及教育界知名人士八九十人，极一时之盛。首由主席校董会代表缪秋生致词，……其后主席恭请大学院蔡院长致词。略谓：今日为沪江大学新校长刘湛恩博士就职典礼，特由京赶来观礼。此次沪大以中国人长校，殊为可欣。以前教会学校，非为教育而培植人才，实为宣传宗教工具。兹沪大魏前校长让位于新校长，即所以表示沪大非为宣传宗教之工具，亦所以表示沪大非为帝国主义工具也。深望沪大自刘新校长就职后，校董会一切所有权交还国人，庶刘新校长得以处置裕如，而符收回教育权之实也。"（上海《民国日报》1928年2月27日）

同日 发布召开全国教育会议通电。

"南京分送中国国民党中央执行委员会、国民政府均鉴：……大学院为实施三民主义教育，统一教育行政，整理学制系统，保障教育经费，增进教育效率起见，定二月冬至寒日，在宁召集全国教育会议。规程经国府核准，会员除院内职员暨特聘专家外，每大学区或省区应派代表二人，每特别市代表一人，中央党部选派代表五人，谨先电闻，公文续到。中华民国大学院院长蔡元培。有。印。"（《大学院公报》第1年第4期）

2月26日 主持大学院艺术教育委员会第三次常会。

"大学院艺术教育委员会第三次会议录。一、地点：上海法租界霞飞里1092号国立音乐院会议室。二、时间：二月二十六日上午十时（星期日）。三、出席者：蔡元培、张继、周峻、林风眠、萧友梅、李金发、李重鼎、王代之。甲、报告事项：（一）大学院蔡院长报告增聘陈树人、唐家伟两氏为本会会员。（二）本会秘书长王代之报告杭州国立艺术院筹备经过情形。乙、讨论事项：（一）本会会址。议决：迁设西湖国立艺术院。（二）推定常务委员案。推定林风眠、李金发、萧友梅、王代之为常务委员。（三）本会办公费究竟如何规定案。议决：由常务委员拟造最低预算，根据前案编入国立艺术院预算，送请大学院核拨。（四）请中央及各省选派学生往国外研究艺术案。议决：由常务委员拟具办法请大学院通令各省教育厅、各中山大学采取实行，并于每次考选研究艺术学生时，先行函知本会派员参加，以昭郑重。"（《大学院公报》第1年第6期）

2月27日 到第一交通大学视事。

"午前到交大。午后五时,郭秉文来。"(本年《日记》同日)

同日 由上海返南京。

"大学院院长蔡元培,于昨晚乘夜车返都。"(《时事新报》1928年2月28日)

同日 南京第四中山大学校长张乃燕具呈辞职。当面挽留其职。

"四中大学校长张乃燕因学生免费及驱胡风潮,已具呈向大学院辞职。但据闻大学院传出消息,蔡元培院长已将张氏辞呈当面退还矣。"(《时事新报》1928年2月27日)

2月28日 出席国民政府第四十二次常会。

"二十八日晨十时,国府开第四十二次常会。到蒋中正、谭延闿、张人杰、蔡元培、李烈钧、王伯群、蒋作宾、宋渊源、于右任、张之江、于惟汾、杨树庄、李宗仁、黄郛、白云梯、朱霁青、钮永建、魏道明、熊斌。谭主席。(一)中央委员会函开,谭蒋二委员所拟立法程序法,业经政治会议修正通过,请本会交国府公布,复经本会百十八次会议决照办,录案请查照公布。决议公布。(二)中央执行委员会函开,本会百十八次常会决议加推方振武、薛维峻、孙岳为国府委员,录案请查照。决议录案通知。(三)中央执行委员会函开,本会常会决议推丁超五为中央特种刑事临时法庭庭长,录案请查照任命。决议任命。……"(上海《民国日报》1928年2月29日)

2月29日 出席国民党中央政治会议第一三○次会议。会议讨论劳资仲裁条例草案等事项。

"中央党部今日开第一三○次政治会议。到柏烈武、黄郛、蔡元培、丁惟汾、谭延闿、叶楚伧、李烈钧、贺耀祖、李宗仁、于右任、蒋中正、张人杰、何香凝、邵力子等。谭延闿主席。议案:(一)叶楚伧函送劳资仲裁条例草案,请核议实行。决议交法制局初步审查。(二)国民政府法制局函送,国民政府内政、农矿、工商三部组织法草案,请审核。决议修正通过。(三)中央执行委员会函送司法部拟订反革命治罪暂行条例十三条及提议书,请核办。决议修正通过,通知中央执行委员会送国民政府公布。(四)中央执行委员会函送司法部修正惩治盗匪暂行条例,及原审查报告书各一份,请核办。决议将修正案交国民政府核准公布。(五)国民法制局函称,兹制定关系考试制度之基本问题及同人等对于各该问题之意见节略一件,请予议定后交由该局,根据议定原则再行起草考试院组织法、官吏考试法及官吏任用法,送请审核。决议推谭延闿、蔡元培、于右任、张人杰四委员,会同法制局长王世杰开会审查,由谭延闿召集。……"(《时事新报》1928年3月1日)

3月1日 出席国民党中央常务委员第一一九次会议。会议议决总理逝世纪念日,举行植树活动等事项。

"今日上午十时,中央常务委员会开一一九次会议。出席者柏文蔚、陈肇英、周启刚、丁超五、李宗仁、于右任、李烈钧、邵力子、蔡元培、朱霁青、白云梯、丁惟汾、谭延闿、何香凝等十四人。主席谭延闿。议决案：（一）总理逝世纪念日,各地举行植树活动,以为各地造中山林之提倡。（二）推于右任、何香凝、丁惟汾、陈肇英、朱霁青、邵力子、周启刚负责筹备总理逝世三周年纪念典礼。（三）派道范为中央组织部秘书,廖维藩为中央党部训练部秘书。（四）加推孔繁蔚、丰玉玺、朱继光、张荫梧、江楚、赵守钰、曹浩森、孙连仲、刘镇华、黄国良、谭庆林、井岳秀、高桂滋、任应岐、方鼎英、伊德钦、刘汝明、卫定一、石友三、张维玺、韩复榘、李云龙为军事委员会委员。（五）照准国民政府呈请,增加夏斗寅、方本仁为军事委员会委员。（六）电令福建省党部停止召集各市县代表党务讨论会。（七）政治会议修正之反革命治罪暂行条例,交国民政府公布……"（《时事新报》1928年3月2日）

  同日 发起在上海举行的和平讲演大会。

  "国际妇女和平自由同盟会代表,法人特来瓦脱女士、英人派爱女士来华游历。蔡孑民氏特发起演讲会,召集沪上各校教职员及学生莅会听讲。兹悉该演讲会准定今日（三月一日星期四）下午四时半,在卡德路九十五号环球中国学生会举行。讲题为《欧洲最近女子对于和平之运动》。闻蔡氏昨已致函各校请通告员生,届时莅会听讲。"（《申报》1928年3月1日）

  3月2日 出席国民政府第四十三次会议。会议议决由马叙伦充任国民政府参事等案。

  "今日上午九时至十二时,国府开第四十三次会议。出席者蒋作宾、张之江、陈调元、柏文蔚、林森、于右任、谭延闿、李烈钧、蔡元培、白云梯、黄郛、王伯群、宋渊源、李宗仁、张人杰、钮永建。主席谭延闿。议案：（一）常务会提议,本府参事蒋隆□现充第十四军参谋长,对参事职务不能兼顾,应即免职,遗缺拟请简马叙伦充任。议决照办。（二）交长王伯群呈称,为督促招商局改组,并力图整顿起见,拟将交通部监督招商局章程略加修改,请鉴核备案。决议准予备案。（三）军委会呈称,自拟改定长江沿海各要塞司令：江阴要塞司令改为江阴区要塞司令,吴淞要塞司令改为吴淞区要塞司令,镇海要塞司令改为镇海区要塞司令,请鉴核备案。决议准予备案。……"（《时事新报》1928年3月3日）

  3月3日 出席国民党中央常务委员第一二〇次会议。会议讨论保障技术人员任务案等四项。

  "今日上午九时,中央党部开第一二〇次中央常务委员会议。出席者丁惟汾、柏文蔚、周启刚、丁超五、蔡元培、白云梯、王乐平、朱霁青、谭延闿、何香凝、于右任、邵力子、陈肇英。主席丁惟汾。决议案如下：（一）陈肇英、邵力子两委员提议,保障技术人员任务案。决交政治会议。（二）推定周佛海同志暂任中央宣传部秘书。（三）推定周启刚同志为军事委员会经理处党代表,至军医处党代表,则由常务委

员提出决定。(四)各省党务指导人员考察条例,修正通过。……"(《时事新报》1928年3月4日)

3月4日　主持范源濂(静生)追悼会。

"午前十时,科学社,追悼范静生。"(本年《日记》同日)

"中国科学社董事范静生先生,于去年十二月二十三日在天津逝世。先生一生事业,专心教育,为吾国教育界所景仰,两游欧美,对于近世科学多有心得,归国后提倡不遗余力,而对于中国科学社各种事业,尤多尽力。迩来该社事业日臻发展,未始非公之所赐也。该社于三月四日上午十时,在南京社所开会追悼。到会者五十余人,蔡子民先生主席致开会词,该社社长竺藕舫君读祭文。……最后蔡子民君述向时与范公同在教育部时,深知范公之为人,处世接物,毫无阶级,一秉大公云云。"(上海《民国日报》1928年3月7日)

同日　撰挽范源濂联。

"教育专家,最忆十六年前同膺学务;科学先进,岂惟数百社友痛失斯人。静生先生千古　蔡元培恭挽"。(《范静生先生小传》)

3月5日　为龙璋撰《潜叟书明德校训四箴》撰跋一则。

"惟坚苦故对事忠,惟真诚故对人恕。忠恕违道不远,故藏诸己者睟然,而对于世者卓然,任重投艰,于是乎在。明德学校以'坚苦真诚'为校训,诚哉其知所本矣。立校三十年,非艰苦无是久也。一堂讲诵,和蔼融怡,非真诚无是乐也。龙研仙先生依此四字著为四箴,并手书以垂久远。今观宣劳党国之同志,出于明德者甚众,则此四字校训,谓非陶铸人才之宝训乎!

中华民国十七年三月五日　蔡元培"。[龙璋(研仙)撰《潜叟书明德校训四箴》震亚书局 民国十七年印本]

3月6日　出席国民政府第四十四次委员会议,被派兼代司法部长职务。

"国民政府六日开第四十四次委员会议。出席者谭延闿、蔡元培、于右任、李烈钧、朱霁青、白云梯、张之江、宋渊源、林森、蒋作宾、王伯群、黄郛、何应钦。谭延闿主席。议决案:(一)任命方本仁、夏斗寅为军事委员会委员。(二)任命孔繁国、黄国樑、丰玉玺、谭庆林、井岳秀、朱绶光、张荫吾、孙楚、赵守钰、曹浩森、孙连仲、刘铁华、高桂滋、任应岐、方鼎英、仲德钦、刘汝明、卫定一、石友三、张维玺、韩复榘、李云龙为军事委员会委员。(三)中央执行委员会准政治会议函送暂行反革命治罪法。决议,公布。(四)蔡元培、李石曾等提议,请设立中央建设委员会,统一各省建设行政;又孙科等提出建设委员会组织法,已经一百二十七次会议修正通过。决议,公布。(五)任命赵丕廉为内政部次长。(六)蒋中正呈称,拟设立战地政务委员会,举凡作站区内民政、财政、外交、司法、交通各政务,悉归处理,谨拟具战地政务委员会条例草案,请公布施行。决议,修正通过。……(十三)法长王宠惠赴海牙

国际法庭,未回国以前特派蔡元培兼代司法部长职务。"(《时事新报》1928年3月7日)

3月7日 出席国民党中央政治会议第一三一次会议。会议议决指定蔡元培等三人审查"修正监察院组织法草案"等事项。

"中央政治会议七日在中央党部举行一三一次会议。到蔡元培、贺耀祖、张人杰、张之江、叶楚伧、易培基、黄郛、谭延闿、蒋中正、李烈钧、于右任、宋子文、何香凝、柏文蔚、赵丕廉、邵力子等。谭延闿主席。会议情形如下：(一)决议推蒋中正为中央政治会议主席。(二)决议任李济深为广州政治分会主席。李宗仁为武汉政治分会主席。冯玉祥为开封政治分会主席。阎锡山为太原政治分会主席。(三)决议加推交通部长王伯群出席内政部农矿工商三部组织法草案审查委员会。(四)决议修正省政府组织法,交前次推定审查□□□□□审查,由于右任负责召集。(五)决议修正国府监察院组织法草案,指定蔡元培、易培基、叶楚伧三委员审查。蔡元培负责召集。(六)决议修正国民政府审计院组织法草案,指定蒋中正、于右任、谭延闿、李烈钧、宋子文、蔡元培审查。由于右任负责召集。(七)推蔡元培、谭延闿、黄郛、张之江、赵丕廉审查蒙藏委员会组织法草案。法制局长及白云梯得列席审查。由蔡元培召集。"(《时事新报》1928年3月8日)

3月8日 出席国民党中央常务委员会第一二一次会议。会议通过由陈果夫代理组织部部务等七案。

"今日上午十时,中央常务委员会在中央党部开第一百廿一次会议。出席者蔡元培、周启刚、谭延闿、缪斌、于右任、丁惟汾、柏烈武、朱霁青、白云梯、丁超五、经亨颐、何香凝、李烈钧、蒋中正等。于右任主席。议决案七起：(一)总理逝世三周年纪念大会筹备处提出之纪念大会程序单。通过。……(四)中央组织部长蒋中正,函请以陈果夫部员代理部务案。决议照办。……"(《时事新报》1928年3月9日)

3月9日 出席国民政府第四十五次会议。会议议决由蒋介石任中央陆军军官学校校长等七案。

"九日国民政府举行第四十五次会议。出席者蒋作宾、经亨颐、白云梯、谭延闿、何香凝、张之江、宋渊源、于右任、李烈钧、蔡元培、王伯群、孔祥熙、蒋中正、宋子文各委员。谭延闿主席。议决事项：(一)军委会呈请任命蒋中正为中央陆军军官学校校长,李济深为副校长,何应钦为教育长。决议照任命。(二)南京、上海两特别市政府与江苏省政府权限,时有纠纷。现推举李烈钧、蒋作宾、蔡元培三委员会同法制局长王世杰,江苏省政府主席钮永建及南京、上海两特别市长,审查两特别市权限。(三)军委会呈请任命代理交通处处长邱炜升充该处处长。决议照任命。(四)军委会呈称,上校参谋左焕鼎另有任务,应即开缺,遗缺请以吴安伯递补。又上校参谋蒋绍昌业奉任为军务处处长,所有上校参谋缺,请以军务处上校科长何培

基调充。并升中校科员漆奇为上校科长。决议照任命。"(《时事新报》1928年3月10日)

3月10日 到司法部视事。

"代司法部长蔡元培,十日到部视事,勉全体职员,努力从公。"(《申报》1928年3月11日)

3月12日 被聘为大学院古物保管委员会委员。

"大学院古物保管委员会委员张继、傅斯年、蔡元培、沈兼士、张静江、陈寅恪、易培基、李济之、胡适、朱家骅、李四光、顾颉刚、李宗侗、马衡、李石曾、刘复、高鲁、袁复礼、徐炳昶、翁文灏等二十人,已经分别函聘,并经议决大学院古物保管委员会组织条例九条。"(《时事新报》1928年3月12日)

同日 出席孙中山逝世三周年纪念大会。

"今日(十二日)为中国国民党孙总理逝世三周年纪念日。首都方面上午九时左右,中央执行委员会、国民政府、江苏省政府、南京特别市政府等各在本机关行礼后,十一时在公共体育场开纪念大会,下午二时,齐赴紫金山参谒总理陵墓,举行植树纪念典礼,一切仪式均依筹备会预定秩序……到会人数计中央委员及国府委员谭延闿、蔡元培、蒋中正、李烈钧、何应钦、何香凝、张之江、白云梯、朱霁青、邵力子、蒋作宾、宋渊源、王伯群、丁超五、王乐平、钮永建……各学校各团体共到五万余人。"(《申报》1928年3月14日)

3月13日 出席国民政府第四十六次委员会议,提议并通过张吉墉为河南高等法院院长等案。

"国民政府今日开第四十六次委员会议。出席者蒋作宾、谭延闿、李烈钧、蔡元培、于右任、张之江、白云梯、宋渊源、经亨颐、钮永建、何应钦。谭延闿主席。议决案如下:(一)兼代司法部长蔡元培提议,简任张吉墉署河南高等法院院长。决议照任命。(二)军事委员会呈,请任命第二十二军军长赖心辉为第九路军副总指挥。决议照任命。(三)军事委员会呈称据十二军军长任应岐电,请以该军党代表李小义兼该军副军长,请审核任命。决议照任命。(四)国民革命军总司令蒋中正呈称,第一集团军业经编组就绪,缮具各长官衔名清单,请审核任命。……决议照任命。……"(《时事新报》1928年3月14日)

同日 召集蒙藏院组织法及侨务委员会组织法审查委员会。

"蔡元培十三日下午在大学院召集白云梯、赵丕廉、王世杰、谭延闿、黄郛等开蒙藏院组织法草案及华侨委员会组织法审查委员会。"(《申报》1928年3月14日)

3月14日 出席国民党中央政治会议第一三二次会议。

"十四日上午十时,百三十二次政治会议。出席委员柏文蔚、蔡元培、何香凝、邵力子、谭延闿、丁惟汾、叶楚伧、于右任、黄郛、李烈钧、冯玉祥代表张之江、陈果夫、蒋中正、阎锡山代表赵丕廉。主席蒋中正。议决：（一）蒋中正提议称：中正出发在即，请别推政治会议主席，或另推委员代理。决议推谭延闿代理中央政治会议主席。（二）决议加推王伯群、孔祥熙、薛笃弼为政治会议委员。（三）决议各特任官、各省政府委员、各特别市市长之任免归政治会议决定。（四）决议任阎锡山、赵戴文、南桂馨、贾景德、商震、马骏、温寿泉、田桐、方本仁为政治会议太原分会委员。（五）决定推谭延闿、蒋中正、黄郛、李石曾、吴敬恒、蔡元培、张人杰、孔祥熙、王正廷为外交委员会委员。……"（上海《民国日报》1928年3月15日）

同日 出席司法部次长朱履龢就职式。

"国民政府司法部次长朱履龢，于十四日下午三时在该部大礼堂行就职典礼，兼代部长蔡元培莅临监督。……礼成。由蔡兼代部长演说：鄙人此次奉行兼代部务，诚恐精力上兼顾不及，当时曾在国民政府婉辞，未获允许，加以各方敦促甚殷，而王部长又属多年老友，公谊私情，均不容辞，只得暂来帮忙，好在王部长不久即将归来。朱次长在美国研究法律有素，历充外交部、司法部重要职务，此后对于部务，措施自必裕如。鄙人事务较繁，并代部长，不过负政务上之责任，致干部中一切事务之进行，尚须朱次长负责处理，并望各位同人照常努力，务使司法前途日有进步，勿令王部长回任之日发生今不如昔之感，斯则善矣。"（上海《民国日报》1928年3月18日）

同日 与于右任联名提出上海《民国日报》津贴议案。

"蔡委员元培、于委员右任提议：上海《民国日报》，前经本会议议决月给津贴三千元。嗣因该报营业范围扩大，需用较巨，经中央特别委员会决议，增加津贴每月二千元，共为每月五千元。该报在本党有悠久之历史，在国内有相当之地位，值此沪上各报经济竞争剧烈时期，本党似有充分济助之必要。除原津贴三千元经决议在案外，所有增加之二千元，应请本会议予以追认。祈公决案。"（蔡元培研究会藏抄件）

3月15日 出席国民党中央常务委员会第一二二次会议。会议讨论最高法院提议修正刑法的有关条文等案。

"今日上午九时，中央常务会议开一二二次会议。出席者李烈钧、丁惟汾、谭延闿、陈肇英、何香凝、蔡元培、邵力子、丁超五、柏文蔚、于右任、缪斌、朱霁青、陈果夫、白云梯、经亨颐、何应钦、周启刚、蒋中正、李宗仁。主席谭延闿。议决案：（一）国府函送最高法院提议修正刑法第十一条第四款理由及条文，及司法部长复修正刑法草案附陈意见案。决议刑法第十一条第四款'或夫亲'三字暂删除，俟将来制定民法时再行决定。（二）中央组织部函送，(1)党员总登记条例，(2)省党务指导委员会组织条例，(3)省党部指导员服务规则，请公决施行案。决议修正通过。（三）周启刚委员函称，奉常会议决推为军事委员会经理处党代表，惟尚未奉到此项党代表职权条例,请明令规定,俾有遵循案。蒋中正委员提议,推周启刚同志兼国民革命军总司令部经理处党代表案。决议周启刚同志兼国民革命军总司令部经理处党代表,其职权条例,由秘书处参照前党代表权利拟定,提出常会讨论。……"(《时事新报》1928年3月16日)

同日 召集江苏省及上海、南京两市政府官员,讨论解决省市权限及纠纷问题。

"蔡元培今日下午五时,在国府召集江苏省政府主席钮永建、委员叶楚伧,及南京、上海两市府,讨论一切纠纷案件及省市权限问题。"(《时事新报》1928年3月16日)

3月16日 出席国民政府第四十七次常会,请简任陈长簇为湖南省高等法院院长。

"国府十六日开四十七次常会。出席委员丁惟汾、蒋作宾、经亨颐、白云梯、李烈钧、谭延闿、蔡元培、孔祥熙、于右任、李宗仁、黄郛、蒋中正、宋子文……谭延闿主席。决议案:(一)中央政治会议咨开,本会第一百三十二次会议决议任命庄崧甫为浙江省政府委员,录案请查照任命。决议照任命。(二)中央政治会议咨开,本会第一百三十二次会议决议任命缪斌、钱大钧为江苏省政府委员,录案请查照任命。决议照任命。(三)兼代司法部长蔡元培请简任陈长簇署湖南省高等法院院长。决议照任命。(四)蔡元培拟具司法行政委员会组织条例草案,请审核。决议修正通过。(五)大学院院长蔡元培呈送中学暂行条例,请查核备案。决议准予备案。"(上海《民国时报》1928年3月17日)

同日 公布司法部《司法行政委员会组织条例》。①

"《司法行政委员会组织条例》

第一条 司法行政委员会依本条例审议关于司法行政事项。第二条 司法部关于左(下)列事项,于执行前应交司法行政委员会审议:(一)司法制度改革事项。(二)向国民政府提出法律条例案事项。(三)司法官之任用事项。(四)其他部长交议事项。第三条 司法行政委员会由司法部长聘任委员四人至六人组织之。司法部长、最高法院院长、司法部司长为当然委员。司法行政委员会以司法部部长为委员长。第四条 司法行政委员会设秘书一人,由司法部秘书长兼任。第五条 司法行政委员会开会时,由委员长主席。委员长因事缺席时,由委员互推一人代理之。第六条 司法行政委员会每月开常会一次,有特别事项时,得开临时会。第七条 司法行政委员会于必要时得召集各省区高等法院院长或其代表列席会议。第八条 司法行政委员会议事细则,由该委员会另定之。第九条 本条例自公布日

---

① 该《条例》为蔡元培先生拟稿。

施行。"(《申报》1928年3月17日)

3月17日 自南京到上海。

"蔡元培于昨日午后四时许抵沪。"(《申报》1928年3月18日)

3月19日 为《浙江卷烟公卖局汇刊》撰写序文一篇。

"《浙江卷烟公卖局汇刊》序。语曰:前事不忘,后事之师。凡治一事即有良法美意,而外缘牵掣未必果能实施。苟当事者缘此沮丧,举一切法意掷诸故纸堆中,不复以问世,则他日一值有重提此议之机会,而无此依据,又不得不重为创法造意之准备,其不经济为何如邪?王君鲲徙,前膺浙江卷烟公卖筹备主任,有之职不过两阅月,而悉心擘画,理论章制,纲举目张,使见诸实际,其成效盖可逆睹,因财政当局有改办统税之举,而一省公卖之计划遂一中辍,亦事之无可如何者也。然若不以是灰其心,举两月间所草之论议与章则,及一切单票图表之方式汇而印之,以告留意此案者,使他日重议公卖之期得以依据,诚大公无我所为也。乐为之序,以表彰之。

中华民国十七年三月十九日 蔡元培"。(王鲲徙编《浙江卷烟公卖局汇刊》1928年)

3月20日 出席战地政务委员会主席蒋作宾就职典礼。

"战地政务委员会主席蒋作宾及委员陈家栋、赵世暄等,二十日在国府大礼堂宣誓就职。到于右任、谭延闿、蔡元培、蒋中正、王伯群等。于代表中央监誓并训词。谭代表国府及蒋均有训词,末由蒋作宾答词。"(上海《民国日报》1928年3月21日)

同日 电请江苏省交涉署令校外势力退出上海法政大学。

"上海法政大学杨校长鉴:皓电悉。已电请交涉署及市政府设法令校外势力退出,恢复学校原状,静候法律解决矣。谨复,并请转学生会葛润斋等知照。蔡元培"。(《复上海法政大学杨校长电》同日)

同日 电请淞沪卫戍司令部制止占收上海法政大学事。

"大学院院长蔡元培,为徐谦夫人沈彬占收上海法政大学事,已电淞沪卫戍司令部及交涉公署,请设法制止,恢复原状。"(《申报》1928年3月21日)

3月23日 出席国民政府第四十九次会议,会议通过追加全国教育委员会经费等议案。

"国府委员会二十三日上午开四十九次会议,主席谭延闿。……议决案:(一)常务委员报告拟定国府委员视察条例提请公决案。修正通过。(二)大学院院长蔡元培呈请追加全国教育会经费预算五千元,并令部照拨,以利进行案。照准。(三)大学院院长蔡元培呈据大学校长张乃燕呈称本校学生倪世雄为先烈倪映典之子,家境困穷,请照革命功勋子女就学免费条例准予免费。决议交于右任、

张人杰……核办。"(《申报》1928年3月24日)

3月25日 大学院古物保管委员会开成立会。

"午后三时,古物保管委员会成立会。"(本年《日记》同日)

"古物保管委员会……二十五日开成立会。到蔡元培、张继、高鲁、李宗侗等。议决案:(一)推李宗侗为秘书。(二)电王士珍等慎重保管故宫。(三)函河南、陕西两省政府,请禁止私人发掘古墓及有关历史之古物。(四)致函外交部请转告意政府,反对以意款作考古以外之用。(五)加推林风眠、徐悲鸿为委员。"(上海《民国日报》1928年3月28日)

"古物保管委员会某成员语本社记者,该会二十五日开成立会,到蔡元培、张继、高鲁、李宗侗等。议决案:一、推李宗侗为秘书。二、电王士珍等慎重保管故宫。三、函河南、陕西两省政府,请禁止私人发掘古墓及有关历史之古物。四、致函外交部,请转告意政府,反对以意款作考古以外之用。五、加推林风眠、徐悲鸿为委员。"(《申报》1928年3月28日)

同日 为《第一交通大学西文图书目录》撰写序文一篇。(该图书目录 第一交通大学图书馆1928年4月印行)

3月27日 自上海返南京。

"国府常务委员张人杰、蔡元培,上海兵工厂厂长张群,昨晚九时半夜快车晋京。"(上海《民国日报》1928年3月28日)

3月29日 出席国民党中央党部举行的黄花岗七十二烈士纪念会,并发表演说。

"中央党部二十九日上午十时,举行黄花岗七十二烈士纪念会,到中央国府委员等五百余人。蔡元培主席。行礼后,于右任报告烈士殉国事略,至足为人敬仰,希望继承精神,努力奋斗。蔡元培演说,大意谓黄花岗烈士不但牺牲生命,而且牺牲虚名,后死者当效之。现在军阀未倒,建设方始,武装同志固应有牺牲精神,而政府统辖下之各机关人员,亦应如此,俾一面完成北伐,一面注意建设,庶可慰七十二烈士英灵于泉下。……"(《申报》1928年3月30日)

3月30日 出席国民政府第五十一次会议。会议议决通过修正禁烟条例等四案。

"三十日国府开第五十一次会议。出席委员李烈钧、白云梯、蒋作宾、于右任、张人杰、王伯群、谭延闿、经亨颐、蔡元培、宋渊源、孔祥熙、何应钦。……议决通过修正禁烟条例及审理烟案简易程序。"(《时事新报》1928年3月31日)

同日 出席国民党中央常务委员第一二四次会议。会议讨论通过各省省党部,特别市党部党务指导委员名单等议案。

"今日午后二时至六时,中央补开第一二四次常务会议。到丁惟汾、缪斌、丁超

五、白云梯、邵力子、经亨颐、朱霁青、于右任、蒋中正、谭延闿、李济深、蔡元培等。于右任主席。议决事项：(一)组织部提出各省省党部、特别市党部党务指导委员名单,请审查通过案。决议通过。(二)宣传部呈,依据该部组织条例,请陈立夫、曾养甫、周启刚同志为该部设计委员,请通过委任案。决议通过。(三)组织部提出关于海外部驻粤办公处存废问题案。决议撤销。(四)宣传部拟提定关于《中央日报》办法三项,请核定案。决议缩减经费至五千元以内,暂行维持,于必要时,待予以增加。(五)组织部拟就中央执行委员出入证式样及颁发章程,请提会通过案。决议由秘书处决定。"(《时事新报》1928年3月31日)

  同日 出席内政部长薛笃弼、次长赵丕廉就职式。

  "新任内政部长薛笃弼、次长赵丕廉,于三十日午后二时在国民政府大礼堂行就职礼。到会委员宋渊源、何应钦、蔡元培、李烈钧、谭延闿、孔祥熙等,及内政部全体职员各机关代表五六百人。主席谭延闿恭读总理遗嘱,代表中央党部授印。薛部长与赵次长同行宣誓就职。蔡元培代表中央党部训话,略谓本党革命之目的,系专为解除多数人民之痛苦,其进行工作,非与民众联成一气,互相努力不可。总理所定之建国大纲,对于民政非常注意。民政全为内政部之关系。中央政府以薛赵两同志,向来都在北方工作,对于民政素有经验。冯总司令在陕甘河南一带,久著政声；阎总司令之于山西,中国早有山西民政为全国模范之誉,十余年来为中国人民所钦仰。一切建设之规划,皆为薛赵两同志所辅助,中央知之甚深,故此次倚畀亦极殷。现在国民政府统治之下各省,已开始训政,内政尤关重要。内政与人民休养息息相关,将来如何能使人民生息,皆须主持其事者,勤慎厥职处理得宜,而任用官吏得人,尤为内政之要素。薛赵两同志向以勤慎见称,将来发展内政之新献,足以慰吾人之希望云云。四时摄影散会。"(上海《民国日报》1928年4月1日)

  同日 致电广东省政府,阻止该省查封汪精卫等三人在粤财产。

  "蔡元培电粤内容。闻报载粤政府查封汪精卫、何香凝、陈树人产业,不胜骇异。汪同志在吾党历史上占重要地位,既有过举,事后不宜苛求。何、陈两同志现在中央行使执行委员会职权,无地方上特加惩处之理；如有此举,务希打消。……"(《时事新报》1928年3月31日)

  3月31日 出席司法部秘书长皮宗石、参事陶公衡就职式。

  "司法部秘书长皮宗石、参事陶公衡两氏,于本月三十一日上午十时,在本部大礼堂宣誓就职。全部职员齐集,当由蔡元培部长监督,行礼如仪。蔡部长并训辞,略谓秘书长一职,系赞襄部务,职任重大。部长为政务官,仅能担任政治方面事务,但鄙人事繁恐难时常到部,所有秘书处事务,均须秘书长负责办理。至于事务方面,由朱次长负责办理。皮秘书长曾留学英国,回国后又历任要职,学问经验,深均仰佩,将来与朱次长在部处理一切事务,必能愉快。又本部邓参事青阳,请假赴粤,林参事者仁，现又派战地政务委员会，代表本部，参事厅未便无人主持。查参事职务，关于法令方面，至为重要，平时所运用者，悉以法学为多，非精通法学人才，难以胜任。现在陶参事系北京大学毕业，后又在美国得有法学学士位，历任法学教授及秘书等职，学识宏富，素所深知，担任参事职务，甚属相当。希望两位就职后，与各部人员和衷共济，努力本职，有厚望焉云云。"(《申报》1928年4月2日)

3月 发布废止春秋祀孔旧典通告。

"为令遵事：查我国旧制，每届春秋上丁，例有祀孔之举。孔子生于周代，布衣讲学，其人格学问，自为后世所推崇。惟因尊王忠君一点，历代专制帝王，资为师表，祀以太牢，用以牢笼士子，实与现代思想自由原则及本党主义，大相悖谬。若不亟行废止，何足以昭示国民。为此，令仰该厅、校、局长，转饬所属，着将春秋祀孔旧典，一律废止，勿违。此令。"(《大学院公报》第1年第3期)

同月 撰写《刘抱真墓碑》文。(蔡元培先生抄留底稿)

4月1日 宴请李济深。

"蔡元培一日晚宴请李济深，席间商谈一切。"(《申报1928年4月2日》)

4月2日 函请罗家伦(志希)面叙。

"志希吾兄大鉴：前日何仙槎兄偕丁鼎丞先生来言山东教育问题，深盼兄能加入战地政务委员会。又有人说，党务学校一部分学生，得加入战地工作，由兄统率前往。此事非与兄晤商不可，敢请今午一点钟，或晚八点钟惠临一谈，因电话相约未通，特函告。……弟元培敬启 四月二日"。(《致罗家伦函》同日)

同月 为上海音乐院院刊撰写《发刊词》一文。(上海《音乐院院刊》第1期)

4月3日 主持国民政府第五十二次会议。会议通过国民革命军连坐法等七案。

"今日国民政府开第五十二次会。出席委员李烈钧、白云梯、张人杰、经亨颐、蔡元培、宋渊源、黄郛、王伯群、钮永建、孔祥熙、何应钦。主席蔡元培。……(二)决议：军事委员会所呈国民革命军连坐法，准予备案。(三)决议：外交部条约委员会修正规则准予备案。(四)决议：明令□释第九十九次中央政治会议关于党人自动惩治土豪劣绅事犯，在十六年四月十五日以前免究之决议案，系以惩办土豪劣绅曾有自动行为之党员为限，土豪劣绅及其他反动分子不得援引。(五)决议：通过国府秘书处组织条例。(六)决议：明令旌恤胡笠僧。(七)决议：军事委员会所呈国民革命军连坐法准予备案。"(《时事新报》1928年4月4日)

4月4日 主持国民党中央政治会议第一三五次会议。会议议决任冯玉祥等六人为政治会议开封分会委员等四案。

"今日中央政治会议开第一三五次会议。到薛笃弼、王伯群、黄郛、孔祥熙、张人杰、叶楚伧、赵丕廉、蔡元培、易培基、丁惟汾、柏烈武、于右任、李烈钧、陈果夫、李济深、何应钦、蔡元培主席。……讨论事项:(一)决议任冯玉祥、郭春涛、邓哲熙、凌勉之、李兴中、何其巩为政治会议开封分会委员。(二)决议张励生、祁志原为政治会议太原分会委员。……"(《时事新报》1928年4月5日)

4月5日　出席国民党中央常务委员会第一二五次会议。会议通过北伐宣言及全体党员训令等三案。

"今日上午九至十一时,中央举行第一二五次常务会议。出席者丁惟汾、于右任、李烈钧、蔡元培、白云梯、陈肇英、柏文蔚、经亨颐、陈果夫、何应钦、李济深、朱培德。由丁惟汾主席。议决事项:(一)北伐宣言及全体党员训令案。决议修正通过。(二)训练部请委派叶古嶷为党务教育科主任、史维焕为党化教育科主任、秦亦文为总务科主任案。决议:通过。(三)王委员法勤函请取消前武汉政治分会关于罗贡华等处分案。决议:取消。"(《时事新报》1928年4月6日)

同日　主持大学院大学委员会第六次会议,讨论修改大学院组织法及中央研究院组织法等议案。

大学委员会"第六次会议,十七年四月五日举行。出席者:蔡元培、杨杏佛、蒋梦麟(刘大白代)、易培基、郑洪年、张乃燕、高鲁、朱家骅(李乃尧代)、张仲苏、金曾澄。蔡元培主席。金曾澄记录。讨论事项:(一)修改大学院组织法案。议决,第三条'中央'改为'国民政府'四字;'司'改为'处';'图书局'改为'文化事业司',并呈复中央政治会议。(二)修改大学委员会组织案。议决,原案及修改案即交各委员详细审查,提出讨论,再呈国府。(三)修改中央研究院组织法案。议决,通过呈国府。(四)维持教育救济青年案。修正通过,并指定杨铨、刘大年、陈果夫起草学生自治会条例,商请中央党部,再行公布。(五)浙江大学呈请加'国立'二字。无讨论,因浙江最近已拟取消此议,改称中华民国大学院浙江大学。(六)江苏大学学生代表呈请改名国立南京大学案。议决:仍称江苏大学。"(《大学院公报》第1年第5期)

4月6日　在国民政府委员会议上,提出著作权法议案。

"国府今日会议,大学院院长蔡元培提出著作权法。议决著作物审查权归大学院,纠察权归内政部。"(《时事新报》1928年4月7日)

同日　出席国民政府第五十三次委员会议。会议讨论通过中央研究院组织条例等五案。

"六日国民政府委员会开第五十三次会议。出席委员李烈钧、宋渊源、蔡元培、王伯群、孔祥熙、白云梯、经亨颐、李济深、何应钦。主席李烈钧。报告事项:(一)大学院院长蔡元培江(三日)电报告全国教育会议改定五月十三日在京开会。……(三)决议通过国立中央研究院组织条例。(四)决议通过最高法院检察官办事细则。(五)全国注册局分别改隶农矿、工商两部,所有该项收入,仍照原案

径解大学院,充教育经费。"(《时事新报》1928年4月7日)

同日 呈请国民政府仍将注册收入项拨充教育经费。

"大学院院长蔡元培,今日呈请国府,谓全国注册局现改隶农矿、工商二部,该局所拨大学院全国教育经费,仍请责令照数赓续拨付,并会同财政部拟具建议一通,合并呈请鉴核试行。"(《时事新报》1928年4月6日)

"《关于注册收入继续拨充教育经费的提案》为提议事案。查全国注册局系根据注册条例第二条所载,本条例注册事宜,以国民政府注册局主管之规定组织之,所有该局注册收入,业由元培会同孙委员科提议拨充教育经费业经通过,并经国民政府令行财政部转饬该局遵照在案。该局组织之初,一切事务秉承财政部办理,现农矿、工商两部既已成立,就行政系统而论,自应分别改隶两部,以一事权。嗣后关于注册事项按其性质,分别改归两部主管,庶政令统一,教育实业交(兼)受其益。至前经令饬径解大学院之教育经费一案,仍责成两部赓续照办,不得移充别项用途。是否有当,尚希公决。提议人蔡元培、宋子文"。(《国民政府公报》第48期)

同日 主持劳资争议处理法草案审查会议。

"劳资争议处理法草案审查会,六日下午二时在司法部开会。出席薛笃弼、孔祥熙、王伯群、李宗侗、王世杰、蔡元培等。蔡主席。对审查意见,由列席委员互相传观后,议决将意见书汇送法制局修正,俟修正后,再定期开会审查。"(上海《民国日报》1928年4月7日)

4月7日 从南京到上海。

"谭延闿、蔡元培、王正廷、朱培德等,于昨晚由首都乘24次夜车来沪,于今(七日)晨八时半抵北站,即各乘汽车返寓。"(《时事新报》1928年4月8日)

4月8日 从上海赴杭州。

"大学院院长蔡元培于昨晨八时二十五分到沪后,即与李济深、陈铭枢、蒋伯诚等于下午一时四分乘车赴杭。闻蔡氏赴杭原因,为处理国立艺术学院风潮云。"(上海《民国日报》1928年4月8日)

同日 与吴稚晖、张静江等同游杭州烟霞洞。

"国府委员李济深、张静江、吴稚晖、蔡元培、陈铭枢、梁漱溟以及外交部长黄膺白暨眷属随员人等,于前日(七日)先后由沪来杭,其行踪、任务,已略志本报,兹再将各委员昨日在杭情形分志于后。

昨日(八日)上午八时五分,……吴稚晖、蔡元培、张静江等七人,由浙江大学校长蒋梦麟、建设厅长程振钧伴同分乘汽车四辆,由蒋伯诚公馆会齐出发,在灵隐会晤,迨至十一时同往烟霞洞。……各委员抵烟霞洞为时尚早,即分别游览,至十一点十五分,方始开席进餐。……"(上海《民国日报》1928年4月9日)

4月9日 到杭州,出席西湖国立艺术院开学典礼,并调解该校罢课风潮。

"西湖国立艺术院此次发生罢课风潮后,学校当局对学生提出条件,一无容纳,致相持多日,犹未解决。杭州学联会于八日召集各校学生代表开会,一致起而援助,大学院院长蔡孑民与女公子,于七日晚由沪来杭,调解此次风潮。该院已定于九日上午,举行开学典礼,蔡氏亲往训词,并宜于最短期间解决此次风潮云。"(《申报》1928年4月9日)

"西湖罗苑国立艺术院,于九日上午十时许,举行开学典礼,同时举行教职员作品展览会。到有来宾吴稚晖、马夷初、殷汝熊等四十余人。行礼如仪后,院长林风眠致词,旋请蔡孑民训词。"(《申报》1928年4月11日)

同日　自杭州经上海赴南京。

"大学院院长蔡元培,前日赴杭游览,业于昨午由杭乘第七次中快车返沪,于当晚八时半抵北站,即改乘九时半夜车返京。"(《时事新报》1928年4月10日)

4月10日　出席国民党各省市党务指导委员宣誓仪式,并以监察委员身份致训词。

"今日上午十时半,各省市党务指导委员在中央党部行宣誓礼。计到中央执监委员蔡元培、于右任、丁惟汾、陈果夫及来宾等百余人。于右任主席。……监察委员蔡元培致训词。……"(《时事新报》1928年4月11日)

4月11日　出席国民党中央政治会议第一三六次会议。会议议决推谭延闿、蔡元培等人为财政监理委员会委员等七案。

"今日上午九时,中央政治会议举行第一三六次会议。出席李烈钧、薛笃弼、王伯群、易培基、叶楚伧、柏文蔚、丁惟汾、蔡元培、张人杰、宋子文、孔祥熙、何应钦、于右任。列席王世杰。主席于右任。议决重要案件七项:(一)决议任李宗仁、程潜、张知本、严重、张华甫、刘岳峙、陈绍宽等,为政治会议武汉分会委员。(二)决议推谭延闿、蔡元培、孔祥熙、蒋中正、何应钦、李宗仁、杨树庄、宋子文等,为财政监理委员会委员。(三)蔡元培委员提出审计法审计报告。决议审计法修正通过,送中央执行委员会交国民政府公布。(四)大学委员会函送大学院组织法修正草案。决议大学院组织法修正通过,送中央执行委员会交国民政府公布。(五)农矿部长易培基提议,请将安徽烈山煤矿局划归农矿部管理,决议照办。……"(《时事新报》1928年4月12日)

同日　应《申报》记者请求,发表修正大学院组织法的谈话,以释各界疑问。

"大学院最初组织法之起草,远在去年秋间,约在大学院成立前两三月。当时国民政府方以全力应付军事,对于教育事业,尚无具体计划,余与李、张、吴诸先生以教育不可无主管机关,又不愿重蹈北京教育部以官僚支配教育之覆辙,因有设立大学院之主张。其特点有三:一、学术、教育并重,以大学院为全国最高学术教育机关。二、院长制与委员制并用,以院长负行政全责,以大学委员会负议事及计划

六、大学院院长及中央研究院院长时代（1927—1940） 733

之责。三、计划与实行并进，设中央研究院，实行科学研究。设劳动大学，提倡劳动教育。设音乐院、艺术院，实行美化教育。此三点为余等主张大学院制之根本理由。至大学院之内部组织，余等并无成见，但求办事上能增加效率，不因人设事，致成衙门化而已。故最初之组织法，仅设秘书处，负办理事务之责；设教育行政处，负教育行政之责。大学院成立之后，经过三阅月之试验，余觉全院应有一负全责之事务官，故提议改教育行政处主任为副院长。同时改教育行政处为学校教育组、社会教育组、法令统计组、书报编审组、图书馆组，分掌教育行政事务。至是大学院之组织与各部已大致相同，但名称略异而已。

最近国民政府各部、院之组织法，均已通过公布，其内容均能参酌各国新旧制度，而成因时制宜之组织。而大学院三月来之试验，于修正后之组织，亦有更改之必要，如学校教育组事务太多，图书馆组事务太少，法令统计组之性质应分，书报编审组之名称应改，故决乘此时参酌各部组织法，为本院组织法之第二次修正。其更改之处，均为办事机关之名称及事务之分类，如取消法令统计组，设参事，专管法令事宜；以统计及书报编审等事，并入文化事业处。分学校教育组为高等教育及普通教育两处。以前之五组，今改为四处。处之地位，与各部之司相等。最初本拟即用司之名称，嗣经大学委员会讨论，改司为处。故此次修正案之动机，完全在求办事之便利与组织之适当，对于大学院制之特点，均仍保留，未加变更。外间有谓此次修正组织法为杨副院长一人所主张，系与事实不符。余等预备修正组织法已久，因当时各部组织法尚未公布，故静候至今，以期集思广益。大学院本为一草创之新组织，无日不在试验之中，最近之修正组织法，亦利用经验力求进步之意而已。"（《申报》1928年4月12日）

同日 《修正中华民国大学院组织法》公布。（《国民政府公报》第51期）

同日 为《清季外交史料》一书撰写序文一篇。（王彦威编纂 王亮辑补《清季外交史料》外交史料编纂处1932年出版）

4月12日 出席国民党中央常务委员会第一二六次会议，会议通过修正大学院组织法公布执行等议案。

"中央常务委员会于四月十二日上午十时，开一百二十六次会议，出席委员丁惟汾、于右任。列席李烈钧、蔡元培、白云梯、缪斌、经亨颐、陈果夫。主席于右任。决议案：一、中央组织部送来（一）海外党员登记条例。（二）海外各地总支部党务指导委员会组织通则。（三）军队党员登记条例。决议通过。二、中央政治会议送来修正大学院组织法及审计法请交国府公布执行案。决议交国府公布。三、中央秘书处拟请蔡元培、张静江、叶楚伧、陈果夫、于右任、谭延闿、丁惟汾为中央财务委员会委员，请核议案。决议通过。"（《申报》1928年4月13日）

同日 为刘海粟作品选题词。

"综採繁缛 抒轴清英 蔡元培题(印)"。(《上海画报》1928年412期)

4月13日 主持国民政府第五十四次会议。

"十三日国府第五十四次会议。出席委员李烈钧、宋渊源、白云梯、蔡元培、黄郛、经亨颐、张人杰、孔祥熙、于右任……主席蔡元培。讨论事项:(一)决议依照总理遗教,明令提倡我国旧有美德,并令大学院标举普通人民应具之美德,编为专本,责成各学校实地训育。(二)决议马尾、厦门设置两要港司令,并任命郁邦彦、林国庚充任。(三)决议加派军委会政治训练部副主任何思源为直鲁赈灾委员会委员。(四)决议勖勉内政部长提倡清洁卫生运动。(五)决议简任许寿裳、李葆勤、杨芳为大学院参事。李希若为大学院高等教育处处长。朱经农为大学院普通教育处处长。陈剑翛为大学院社会教育处处长。钱端升为大学院文化事业处处长。"(上海《民国日报》1928年4月14日)

同日 自南京赴上海。

"蔡元培、孔祥熙、宋子文,十三日夜车赴沪。"(上海《民国日报》1928年4月14日)

4月14日 到杭州,筹备博物院。

"国民政府大学院院长蔡元培、副院长杨杏佛,昨(十四日)由沪乘八号快车来杭,于下午七时五十分到站,是夜下榻西湖饭店。闻二氏此来专为筹备博物院,约有数日勾留云。"(《申报》1928年4月16日)

4月16日 在西湖国立艺术院开学式演说词——《学校是为研究学术而设》——发表。(《中央日报》副刊1928年同日)

4月18日 出席国民党中央政治会议第一三七次会议,被特任中央研究院院长。

"十八日上午九时,中央政治会议第百三十七次会议。出席委员蔡元培、薛笃弼、谭延闿、易培基、叶楚伧、于右任、孔祥熙、宋子文、李烈钧、王伯群、黄郛、张人杰、何应钦、阎锡山代表赵丕廉。决议案:(一)张委员人杰等提出修正省政府组织法草案审查报告,决议省政府组织法通过。(二)薛委员笃弼提议规定国民政府训政时期施行大纲。决议制定训政时期行政纲领及实行次第与期限,由各部院会同尽本年六月底以前各就职掌提出草案,俟草案汇集,联合开会讨论,将讨论结果送政治会议决定。(三)蔡委员元培等提出劳资争议处理法草案审查报告。决议劳资争议处理法第一章通过,第二章以下由法制局、工商部、司法部讨论后再提出,由蔡委员召集开会。(四)决议任命刘郁芬、宋哲元为开封政治分会委员。(五)决议任命胡宗铎为武汉政治分会委员。(六)决议特任蔡元培为中央研究院院长。"(上海《民国日报》1928年4月19日)

六、大学院院长及中央研究院院长时代(1927—1940)　　735

中央研究院院长(1928年)

4月19日　出席国民党中央常务委员会第一二七次会议。

"十九日上午九时,第百二十七次中央常务会议。出席常委谭延闿、丁惟汾、于右任。列席者蔡元培、陈果夫、经亨颐、白云梯、周启刚、丁超五、叶楚伧、缪斌、何香凝。主席谭延闿。决议案:(一)"11·22"惨案特别法庭常务委员白云梯等呈为法庭组织及审判程序法全文已由司法部审定、修正公布,请转国府照令通饬知照,以昭郑重,而示独立案。决议特别法庭组织及审判程序法之解释权应归中央执行委员会。(二)中央组织部函为拟具战地党务指导委员会组织条例草案,送请提出常务委员会议议决实行案。决议通过。(三)代理宣传部长叶楚伧呈为中央日报开办伊始,每月经费五千元,俾资维持,是否有当,请鉴核示遵案。决议通过照准。……"(上海《民国日报》1928年4月20日)

4月20日　出席国民政府第五十六次会议。会议议决特任蔡元培为国立中央研究院院长等十二案。

"今日国府开第五十六次会议。出席委员李烈钧、林森、谭延闿、白云梯、经亨颐、于右任、张人杰、王伯群、蔡元培、宋渊源、黄郛、钮永建、何应钦。主席谭延闿。……讨论事项:(一)决议特任蔡元培为国立中央研究院院长。(二)中央政治会议咨开,兹经本会派宋子文、易培基为外交委员会委员,请查照。决议录案通知。(三)代理宣传部长叶楚伧呈,为《中央日报》开办伊始,每月经费五千元,俾资维持,是否有当,请鉴核示遵案。决议通过照准。(四)代理宣传部长叶楚伧呈,为根据该部组织条例第四条,拟委谢福生同志为国际宣传科主任、林君默同志为出版

科主任、崔惟吾同志兼代普通宣传科主任,请予通过委任案。决议通过委任。……"(《时事新报》1928年4月21日)

4月21日 出席国民党中央党部临时会。会议讨论应付日本向中国出兵问题。

"今日上午十时,中央党部开临时会,讨论日本出兵问题。出席者蔡元培、谭延闿、李烈钧、于右任、张人杰、何应钦、缪斌、周启刚、陈果夫、丁惟汾、丁超五、叶楚伧、经亨颐、白云梯等。外长黄郛亦出席。于右任主席。首由黄郛报告日本出兵事,并谓已电驻日特派员殷汝耕,令查问来华日兵确数,尚未得复。次各中委相继发表意见,均认为日本出兵,其性质完全为干涉中国内政,与保护侨民完全无关。……并议定发表:(一)告日本民众书。(二)告各友邦人民书。(三)告全国国民书。"(《时事新报》1928年4月22日)

4月23日 国民政府发布任蔡元培为国立中央研究院院长令。

"国民政府令。特任蔡元培为国立中央研究院院长 此令。中华民国十七年四月二十三日"。(《国立中央研究院总报告》第1册)

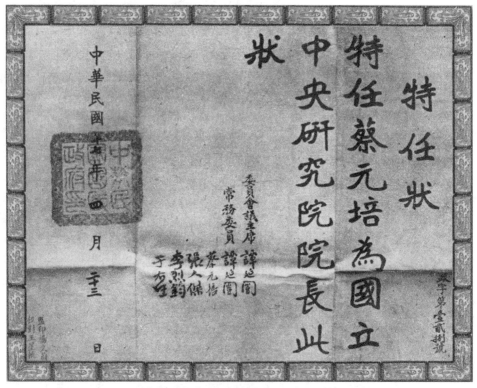

中央研究院院长任命状(1928年4月)

六、大学院院长及中央研究院院长时代(1927—1940)　737

同日　出席国民党中央党部临时会议,通过反对日本出兵山东宣传大纲。

"中央党部为反对日本出兵山东,续于今日下午三时开临时会议。到白云梯、于右任、经亨颐、何应钦、丁超五、陈果夫、周启刚、蔡元培、谭延闿、丁惟汾、李烈钧。丁惟汾主席。决议通过宣传大纲及训令党员文,定明日午后三时续开会议,宣传大纲暂不发表。"(上海《民国日报》1928年4月24日)

同日　大学院垫借广州中山大学校费二万元。

"广州中山大学戴季陶、傅孟真先生鉴:佳电悉。中央拨款,尚无眉目。兹先由院垫汇两万元备用。元培、铨。"(《复戴季陶、傅斯年电》同日)

同日　主持召开国民党中央党部财政委员会第一次会议。

"中央党部财政委员会二十三日上午十时,在中央党部开第一次会议。到蔡元培、陈果夫、于右任、谭延闿、丁惟汾五人。关于中央各省党部财务会之支配问题,讨论颇久,结果决定各省党费视各地经费状况仍照从前办法由各级党部指定预算表,送由中央核定后交国府执行。"(《申报》1928年4月24日)

4月24日　出席国民政府第五十七次会议,决议修正省政府组织法公布执行等议案。

"二十四日国府委员会开五十七次会议。出席委员谭延闿、李烈钧、白云梯、于右任、蔡元培、王伯群、宋渊源、经亨颐、林森、孔祥熙、钮永建、何应钦。主席谭延闿。……

讨论事项:(一)决议修正省政府组织法公布施行。(二)决议特任缪培南为军事委员会委员。(三)决议任命周绍英为军事委员会军政厅军务处铨叙科科长。……"(《申报》1928年4月25日)

同日　主持大学院副院长杨铨就职典礼,并召开大学委员会临时会议。

"二十四日下午三时,大学院副院长杨铨,参事许寿裳、杨芳、朱葆勋,秘书长金曾澄,秘书张西曼、孙揆均、齐宗颐……在大学院行就职典礼,全体职员均参加。杨铨读誓词。蔡院长致训词。"(上海《民国日报》1928年4月25日)

"前日午刻三时大学院杨副院长,秘书长各参事及该院全体职员,在该院大礼堂行宣誓就职礼。由蔡院长代表中央致训词,略谓宣誓乃表示自己的诚意,至为重要。昔袁世凯就总统职时,总理亦要他宣誓,就是此意。吾人不仅只表示诚意而已,尤其要有决心来实行,方不致负党国云云。"(《申报》1928年4月26日)

"大学院大学委员会临时会议记录。地点:大学院会议厅。时间:十七年四月二十四日。出席者:蔡元培、易培基、张乃燕、高鲁、张谨(高鲁代)、郑洪年、蒋梦麟(刘大白代)、杨铨、胡适(杨铨代)、金曾澄。主席蔡元培。纪录金曾澄。讨论事项:(一)江苏大学名称案。决议:江苏大学改称中央大学,得冠以'国立'二字。(二)修改大学区组织条例案。决议:逐条修正通过(连同修正案呈国府公布)。

(三)修正大学委员会组织条例案。决议：逐条修正通过(连同修正案呈国府公布)。(四)学生团体组织大纲案。决议：逐条讨论通过(连同决议案函中央党部核议咨国府议决公布)。"(《大学院公报》第1年第6期)

4月25日 出席国民党中央政治会议第一三八次会议。会议讨论通过裁撤大学院华侨教育委员会等五案。

"中央政治会议二十五日午前九时，在中央党部举行一三八次会议。出席者薛笃弼、王伯群、李烈钧、易培基、丁惟汾、叶楚伧、何应钦、于右任、蔡元培、赵丕廉、孔祥熙、黄郛、谭延闿、陈果夫。谭延闿主席。决议案如下：(一)决议劳资争议处理法通过。(二)决议华侨委员会组织法修正通过。(三)大学院和蔡元培呈请将大学院所设之华侨教育委员会裁撤，华侨教育事项归侨务委员会办理。决议照准。……"(《时事新报》1928年4月26日)

4月26日 出席国民党中央常务委员会第一三一次会议。会议通过海运、铁路特别党部组织条例等七案。

"今日上午九时举行中央第一三一次常务会议。到于右任、丁惟汾、谭延闿、经亨颐、朱霁青、白云梯、叶楚伧、张人杰、丁超五、蔡元培、陈果夫、周启刚、柳亚子等。……讨论事项：(一)组织部提出海运、铁路特别党部组织条例案。决议通过。(二)关于佃农保护法之解释及修正问题案。决议推陈果夫、蔡元培、谭延闿、张人杰、经亨颐、丁惟汾、朱霁青组织审查委员会审查。(三)政治会议函送议决侨务委员会组织法案。决议交国民政府公布。(四)大学院呈送学生组织团体大纲案。决议交组织、训练两部及民众训练委员会审查。(五)组织、训练两部提议，全国教育会议，中央党部勿庸派代表参加案。决议通过。(六)宣传部请以朱霁光兼代该部秘书案。决议照准。(七)关于组织中央党部工作同志业余训练会案。议决交训练部办理。"(《时事新报》1928年4月27日)

同日 出席国民政府财政监理委员会第二次会议，讨论军费等问题。

"财政监理委员会今日下午三时，在财政部开第二次会议。除易培基在沪未归外，谭延闿、蔡元培、薛笃弼、宋子文、孔祥熙、黄郛、王伯群等均到。闻关于军费问题，有长时间之讨论，决议甚圆满。"(《时事新报》1928年4月27日)

4月27日 出席国民政府第五十八次会议。会议通过任命审计院副院长等七案。

"国府今日举行第五十八次会议。出席者白云梯、朱霁青、李烈钧、丁惟汾、谭延闿、蔡元培、经亨颐、王伯群、孔祥熙、于右任、张人杰、周震霖、宋渊源、钮永建、何应钦、宋子文。……讨论事项：(一)决议任命茹欲立为国民政府审计院副院长。(二)决议特派朱培德为第一集团军前敌总指挥。(三)决议废两用元统一国币办法，交财政部妥拟呈报。(四)决议修筑鲁西河堤费令财政部拨给四万元，另令直鲁赈灾委员会设法。(五)决议派建设委员会委员陈立夫为战地政务委员会委员。(六)决议通过财政部军需公债条例。(七)决议通过卷烟税国库基金保管条例。"(《时事新报》1928年4月28日)

同日 出席审计院院长于右任就职典礼式,并代表国民党中央党部致训词。

"审计院院长于右任二十七日午后二时,在国府大礼堂举行就职宣誓典礼。到谭延闿、李烈钧、蔡元培、丁超五、朱霁青、宋渊源、孔祥熙、薛笃弼、唐悦良、熊斌、何应钦等。谭主席,授印后,由中央党部代表蔡元培训词:略谓在审计院未成立前,国家岁入支出,往往有中饱弊病。于同志致力革命,历有年所,今长审计院,必能本监督精神,审核国家预决算,以杜流弊。次国府代表谭延闿训词……"(上海《民国日报》1928年4月28日)

同日 自南京赴上海。

"宋子文、蔡元培、孔祥熙、王伯群、杨杏佛今夜赴沪。"(《申报》1928年4月28日)

4月28日 领衔发布庆祝马相伯先生九旬寿诞启。

"马相伯先生耆年硕德,功在国家,事业彪炳,如泰山北斗,海内同钦,元培等或系忘年交,或有葭莩之谊,或曾列门下,或叨居世好,欣逢先生九旬华诞,应有华封之祝,以庆人瑞之盛。特定于五月六号星期日午刻,假座上海徐汇公学大礼堂聚餐庆祝,愿加入者请在下列地点就近接洽,领取餐券,俾可凭券入席。此布。

领券地点:上海法大马路法商电器公司沈叔眉君、南市董家渡公教进行会陆秋坪君、徐家汇徐汇公学傅梦臣君、法租界亚尔培路三〇九号中国科学社上海社所何尚平君。"(《申报》同日)

同日 函复马步芳,曾与韩树森接谈。

"久慕,未得把晤为怅。韩生树森来,携示惠函,借谂祛弊兴利,各方面均有进步,不胜钦佩。韩生在指导之下,办理教育,成绩斐然,自是隽才。弟曾与畅谈,对于贵省现状,得知概略,幸甚,敬复。……"(《复马步芳函》同日)

4月29日 令行江苏大学对张鸿祥霸占学产事查明核办。

"大学院院长蔡元培,以南通张鸿祥有霸占学产情事,特令行江苏大学查明核办。"(《申报》1928年4月30日)

4月30日 到交通大学出席会议。

"午前十时,偕梧生访法领事。午前十时三刻,交大。……三时,郭复初来。四时,交大开会。"(本年《日记》同日)

4月 派员到最高法院、刑庭考查工作。

"司法部蔡部长接事以来,对于整理司法不遗余力。部中人员无不奋发办公,从前积压案件,业已清理不少。闻近拟考查各级司法机关,已于日前派员至最高法院、刑庭考查。……下星期考查民庭成绩,嗣后将再派员考查各省高等法院及地方法院,以课勤惰。"(《申报》1928年4月8日)

同月 提出解决宁沪苏省权限问题的审查报告。

"本月十五日及十六日,元培等曾约集上海和南京两特别市长、秘书长及局长,暨江苏省政府主席、秘书长、民政厅长、财政厅长,假大学院会议厅开谈话会,对于省市权限区域等问题,曾作详尽之讨论,讨论终结时,省市各方,对于他方之意见及困难,俱能充分谅解。沪宁两市政府,对于市区扩充问题,俱愿尊重省政府意见,采取渐进办法,因之浦口可暂不并入南京市。上海特别市于其原定区域之一部分,亦愿暂缓接收。而在其他方面,省政府对于变更特别市之隶属关系一层,亦未坚持。元培等兹特参照省市双方意见,提出解决省市区域权限等问题之办法若干条,拟请大会审议通过后,分饬关系各机关(江苏省政府、上海特别市政府、南京特别市政府、财政部、内政部、法制局)遵照办理,是否有当,敬候公决。……"(蔡元培先生抄留底稿)

5月1日 出席国民政府第五十九次会议。会议议决公布修正大学区组织条例及修正大学委员会组织条例等六案。

"国府委员会一日上午十时,开五十九次会议。出席委员李烈钧、谭延闿、宋渊源、张人杰、于右任、白云梯、蔡元培、王伯群、经亨颐、周震霖、何应钦等。主席谭延闿。……讨论事项:(一)决议颁布国民政府侨务委员会组织法。(二)决议修正大学区组织条例,公布之。(三)决议修正大学委员会组织条例,公布之。"(《时事新报》1928年5月2日)

同日 自南京赴上海。

"孔祥熙、蔡元培、易培基、杨杏佛、王伯群、唐悦良、高鲁、王正廷等,于今晚九时半夜车赴沪。"(《时事新报》1928年5月1日)

5月2日 离上海赴南京。

"王伯群、易培基、蔡元培、杨杏佛、王正廷、高鲁,今晨来京。"(《时事新报》1928年5月2日)

同日 出席国民党中央政治会议第一三九次会议。会议修正通过著作权法及讨论其他议案七项。

"中央政治委员会于二日上午九时,开第一三九次会议。出席者薛笃弼、李烈钧、于右任、蔡元培、张人杰、易培基、谭延闿、孔祥熙、王伯群、陈果夫、何应钦、阎锡山。主席谭延闿。……(一)决议著作权法修正通过,送中央执行委员会交国府公布。(二)任命林森、萧佛成、邓泽如、周启刚、张南生、郑洪年、王志远、吴公义为侨务委员会委员。(三)决议特任傅存怀、郭宗汾、周玳、南桂馨为军事委员会委员。(四)决议任命马晓军、李国身为建设委员会委员。(五)决议江苏农工厅改为农矿厅,任命何玉书为江苏农矿厅厅长。(六)决议市政府组织法交法制局起草。(七)柏文蔚提议,撤销□盐官局。决议交国府核办。"(《时事新报》1928年5月3日)

5月3日　出席国民党中央常务委员会第一三二次会议。

"三日上午九时,中央第一三二次常务会议。出席常委丁惟汾、于右任、谭延闿。列席者经亨颐、白云梯、李烈钧、丁超五、叶楚伧、陈果夫、蔡元培、何应钦、宋子文。主席丁惟汾。决议事项:(一)中央党校请拨添造校舍建筑及买地费用三万之案,决议照准。(二)决议加委张臣灏、贾伯涛为上海工会整理委员会委员。(三)通过中央组织部所拟中国国民党组织系统图。(四)通过驻日整理党务特派员条例。(五)通过:1.中央执行委员会招待海外同志事务所简章。2.军队特别党部筹备员选派条例。"(上海《民国日报》1928年5月4日)

同日　《大学区组织条例》公布。(《国民政府公报》第56期)

5月4日　出席国民政府第六十次会议。会议通过侨务委员会委员任命等五案。

"国民政府委员会四日上午十时,开第六十次会议。出席委员李烈钧、宋渊源、蔡元培、丁惟汾、王伯群、白云梯、朱霁青、经亨颐、于右任、谭延闿、宋子文、孔祥熙、钮永建。主席谭延闿。……决议事项:(一)任命林森、萧佛成、邓泽如、周启刚、张南生、郑洪年、王志远、吴公义为侨务委员会委员。(二)任命江苏省政府委员何玉书兼江苏农矿厅厅长。(三)任命童翼为军事委员会军政厅厅长。(四)任命周象贤为军医管理委员会秘书长、汪文琡为秘书。(五)内政部拟送各地方救济院条例草案,请核定公布案。交薛笃弼、经亨颐、钮永建审查。"(《时事新报》1928年5月5日)

5月5日　出席国民党中央党部五五纪念暨庆祝克复济南大会,并以国民政府代表身份在会上发表演说。

"中央党部五日上午十时,举行五五纪念暨庆祝克复济南大会,到谭延闿、于右任、张静江、蔡元培、何应钦、李烈钧、钮永建、丁惟汾、吴敬恒及江苏省政府委员何民魂、高鲁、张乃燕,及各机关各民众团体代表约千余人。谭延闿主席。恭读遗嘱后,……国民政府代表蔡元培演说云:主席,诸位同志。今天在纪念与庆祝的日子,忽听得济南与日兵冲突的事件发生,我们在激愤之余,同时须想到总理不屈不挠的精神。日本出兵,会有意外,我们早就想到,但是结果还免不了冲突,我们对此必须推其原因,然后可筹备对付办法。日本出兵,借口为保护日人生命财产,恐怕发生前次南京事件,□□出了兵,又临时找机会来挑衅。一方面因为国内的政争,想移其国人视线以对外;一方面他们与军阀订了许多密约,有许多权利,他们知道国民革命成功就会来的,所以想尽办法,来延长军阀的命运。倘若有其他方法,它是不出兵的,因为它知道中国实际上,兵力虽然不够,但万众一心,作最后的奋斗,实未可侮。且德国曾欲持兵力侵凌比国,只用强权,结果激起全世界公愤。它既有野心,不得不藉口机会以出兵,以宁案为藉口,出兵后便借机会以挑衅。它以为如此才能压平国内的政潮,它方面复避免国际的反对,它的用意实如此。凡我同志,当然愤懑。但是我们不能随便上它的当,我们须有准备,到了某时期、某种程度,然后用某种政策来对付,方得最后胜利。故此刻最要在对于日本挑衅须坚忍镇定,不要将事情蔓延开去,使北伐发生障碍。现在国家尚未统一,许多事情不能痛快地办,我们第一要统一全国,以全国的力量来办理。但想全国统一,必要使北伐不生挫折,对于此事,须力求缩小范围,早日解决。我们对前方消息,虽不甚悉,但相信各方正在进行。蒋总司令来电,切实负责,革命军人是不屈不挠的。我们一方面军事仍旧进行,一方面由黄部长办外交,想早日便可解决。……

现在党部和政府正切实商量办法,我们前方后方的同志,都要大家一致,千万不要像在北京或奉天底下一样,自己另外想办法。政府有了政策,自然告诉大家;大家有何办法亦可以贡献给政府,全体一致,不使发生其他意外事件,才不辜负今天纪念总理和庆祝胜利的意义。"(《申报》1928年5月7日)

"南京中央党部于五月五日开总理就非常总统纪念及庆祝北伐军克服济南大会。由谭延闿主席,并报告日兵在济南暴行,谭主席报告后,有于右任、蔡元培演说。"(上海《民国日报》1928年5月7日)

同日 出席国民政府委员紧急会议,讨论对于日军蓄意挑衅制造惨案的应对办法。

"国民政府委员会五日午十二时,开紧急会议。出席委员宋渊源、白云梯、经亨颐、何应钦、谭延闿、张之江、蔡元培、钮永建、张人杰、李烈钧、丁惟汾、于右任。主席谭延闿。……决议三项:(甲)请各路大军继续前进,务于最短时间完成北伐,并于湘鄂加派主干军队,起程北上。(乙)对于日本军队在济南之暴举,令外交部继续提出抗议,严重交涉。(丙)即日宣传军民团结,一致奋斗。"(《时事新报》1928年5月6日)

同日 出席国民党中央党部召开的临时紧急会议。会议研究部署对付日军在济暴行的有关事宜。

"五日午后二时,中央为日兵在济暴行,召集临时紧急会议。出席委员朱霁青、叶楚伧、白云梯、于右任、丁惟汾、丁超五、陈果夫、蔡元培。由于右任主席。议决案如下:(一)致电蒋总司令、战地政务委员会,慰问并指示一切。(二)致电各省党部指示一切。(三)电令国府、政治会议及各省市党务指导委员会,哀悼被日本军队杀害之蔡公时及士兵民众。(四)明日下午继续开会。"(《时事新报》1928年5月7日)

同日　关于如何处理济南事件问题,答《革命军报》记者问。

"昨日午后七时,《革命军报》记者为济南事变,赴大学院访蔡院长,谈话如下:(问)先生对于处理此次济南事变之方法如何?(答)处理此次济南事变之法,予意略有三点:一、在北伐未完成以前,须尽力完成北伐,以期早日肃清奉鲁军阀。在此期间,对于此等事件,完全用外交手段去交涉。二、目前要调查事变之真因。三、将真相宣布于世界,使各方面均得为公平之判断。(问)先生预测交涉之结果如何?(答)予以为此次交涉,定可得到圆满结果,因为田中此种挑衅行为,惨案事实,已引起我国全体民众之悲愤;其国内民政党等正进行倒阁;而中日交涉,又常与第三者关联,若田中内阁一意孤行,顽梗不化,是直与正义人道为敌对,不独我国有最后之决心且为世界各国所不容,即其本国民众,亦将誓死反对。故余料此次交涉,定可得圆满结果也。"(《申报》1928年5月7日)

同日　约见美国驻华使馆参赞。

"约美国参赞 Wood。"(本年《日记》同日)

5月6日　出席国民党中央党部紧急会议。会议研究讨论"五三惨案"应付方案问题。

"六日下午二时,中央党部继续开紧急会议。出席委员谭延闿、陈果夫、何应钦、于右任、周启刚、白云梯、丁惟汾、蔡元培。由谭延闿主席。讨论议案:(一)电诉日内瓦国际联盟会,请求公判。(二)我国国民党告日本国民书。(三)'五三惨案'应付方案。为郑重起见,严密讨论。约五小时许,尚未决定。决明日下午继续开会,直至夜八时散会。"(《时事新报》1928年5月7日)

同日　通电各大学及各省教育厅、教育局于五七国耻纪念日讲授特种课程。

"大学院院长蔡元培昨日通电各大学暨各省教育厅、教育局分令各校,于五七至五九国耻纪念日,各校应讲授特种课程:(一)民族主义。(二)日本的研究,如地理、历史、人口、经济、兵力、文化等。(三)中日交涉史等题,俾青年明白纪念国耻之真谛云。"(《申报》1928年5月7日)

5月7日　出席国民党中央党部召集的各团体代表谈话会。会议宣读了国民党中央制订的对日方案。

"中央党部为日本暴行事,求民众与党部意见一致计,本日上午十二时召集首都各团体代表王开基、张历生、唐国钧等十九人谈话。首由于右任宣读中央所制订对日具体方案七条,继谭延闿演说,望各团体了解中央慎密意旨,不可暴动,决计攻下北京,再议其他。现拟查明真相,再提二次抗议。以前广州对英胜利,即民众完全受党指导,可以为法。蔡元培演说七日至九日三天,专讲日本研究民族主义等问题,并效法德美,提倡体育,以作雪耻之预备。"(《时事新报》1928年5月9日)

同日　出席国民党中央常务委员会第一三五次会议。会议通过"日本军队在山东暴行告后方民众书"等五案。

"中央党部五月七日下午二时,开一三五次常务会议。出席委员丁惟汾、谭延闿、于右任、白崇禧、叶楚伧、蔡元培、何应钦、陈果夫(张道藩代)。主席丁惟汾。议决:(一)通过日本军队在山东暴行告后方民众书。(二)通过内蒙古党务指导委员会组织条例。(三)通过中央财务委员会组织条例。……"(《时事新报》1928年5月8日)

5月9日　出席国民党中央执监委员、政治会议委员、国民政府委员联席会议。会议认为日军继续挑衅,意在破坏北伐,并议决继续北伐等应付办法。

"本日中央政治会议例会,改开中央执监委员、政治会议委员、国府委员联席会议。到薛笃弼、易培基、于右任、丁惟汾、王伯群、经亨颐、白云梯、孔祥熙、蔡元培、宋渊源、张之江、李烈钧、朱霁青、陈果夫、周启刚、何应钦、钮永建。列席者王世杰、何民魂、陈汝霖。主席于右任。……决议:(一)令蒋、冯、阎三总司令会商军事机宜,继续北伐。(二)令李、程、白三总指挥率湘鄂全军,赶速由京汉线进攻,在最短期间内,会师北京。(三)令外交部再向日本严重抗议。……"(《时事新报》1928年5月10日)

5月10日　出席国民党中央常务委员会第一三六次会议。讨论制定"五三惨案"宣传方略及宣传大纲等项。

"十日上午九时,中央开一三六次常务会议。出席委员李烈钧、陈果夫、周启刚、朱霁青、于右任、何应钦、丁惟汾、蔡元培、白云梯、缪斌。主席丁惟汾。讨论事项:(一)制定'五三惨案'宣传方略、宣传大纲、标语。(二)审查民众训练委员会条例。……"(《时事新报》1928年5月11日)

同日　与于右任一起召集首都各团体代表谈话会。

"于右任、蔡元培十日在中央党部召集首都各团体代表谈话,到三十余人,谓中央对日自有外交策略,不必鼓动排日,至于散发传单、张贴标语等项,须经中央审定,方可应用。"(《申报》1928年5月11日)

5月11日　主持国民政府第六十二次委员会议。会议议决公布实施著作权法等五案。

"国民政府委员会于五月十一日开第六十二次会议。出席委员丁惟汾、白云梯、经亨颐、张之江、蔡元培、王伯群、宋渊源、孔祥熙、钮永建、李烈钧、朱霁青、于右任、何应钦。由蔡元培主席。……讨论事项:(一)著作权法公布施行。(二)决议著作权法实施细则,公布施行。(三)决议法官惩戒条例,公布施行。……"(《时事新报》1928年5月12日)

5月12日　出席国民党中央政治会议委员与国民政府委员联席会议。会议通过致美国总统电文及优恤蔡公时等议案。

六、大学院院长及中央研究院院长时代（1927—1940）　　745

"中央党部政治会议。国民政府各委员，十二日上午九时在国府第一会议大厅，开联席会议。出席委员谭延闿、何应钦、经亨颐、白云梯、丁惟汾、缪斌、宋渊源、于右任、李烈钧、陈果夫、王伯群、钮永建、吴敬恒、张人杰、蔡元培。……议决案有四：（一）通过致美总统顾理治电文。（二）通过告东北将士书。（三）通过任谷正伦为首都卫戍司令。（四）明令优恤蔡交涉员公时。"（《时事新报》1928年5月13日）

同日　出席中央党部、国府委员联席会议，会议通报日军在济南迭次挑战情事。

"谭延闿、张静江、吴稚晖等要人……文（十二日）晨三时返京，上午九时即在国府第一会议厅召集中央党部、国府各委员开联席会议。出席委员谭延闿、何应钦、经亨颐、白云梯、丁惟汾、缪斌、宋渊源、于右任、钮永建、李烈钧、陈果夫、吴敬恒、张人杰、王伯群、蔡元培……由谭主席报告：（一）此次济案日兵节节进逼，迭次挑战，我军遵守长官命令，不愿破坏国际和平，力求避免冲突。（二）北伐军事连日进展极速。（三）与蒋总司令洽商应付外交方针，军事机宜，已有具体方法，结果圆满等……"（《申报》1928年5月13日）

同日　出席国民党中央执行委员、监察委员与国民政府委员联席会议，讨论谷正伦升充南京卫戍司令等案。

"中央执监委员与国府委员，今午在国府开联席会议。出席者谭延闿、何应钦、经亨颐、白云梯、丁惟汾、缪斌、宋渊源、于右任、钮永建、王伯群、李烈钧、陈果夫、吴敬恒、张人杰、蔡元培……主席谭延闿。首由谭延闿主席报告与张、吴两委员在兖州会晤蒋司令议谈情形，续由张、吴分别加以补充，次通过由谭主席致华盛顿总统府顾理治总统电，再次通过首都卫戍司令贺耀祖既经免职，遗缺由副司令谷正伦升充，末讨论残余军阀张作霖将让出北京，退归关外，北伐军亦不穷追，俟抵达北京后，召集全国国民会议，解决国是。……"（上海《民国日报》1928年5月13日）

同日　自南京赴上海。

"张静江、王伯群、蔡元培、缪斌等，于今晚乘夜车赴沪。"（《时事新报》1928年5月13日）

同日　为《西洋科学史》作序一篇。（尤佳章译《西洋科学史》商务印书馆1928年出版）

5月13日　为《中国卫生行政设施计划》一书撰写序文一篇。

"《中国卫生行政设施计划》序。焦头烂额之功伟则伟矣，曷若曲突徙薪之计得也；亡羊补牢之策虽云未晚，曷若修我墙垣之无失也。防患固宜如此，防疾亦何莫不然。虽今日医学发达至于其极，直可无疾不瘳。然病中之痛苦已不可补救，加以金钱之损失，光阴之虚掷，一人见其微，众人成其巨，设为列表而计之，必有惊人之数,其影响于国计民生宁云浅鲜?况更为国族强弱所系乎!此古今明哲所以汲汲讲求卫生之道,以图防杜于事先也。

卫生与国家既有密切之关系,故除个人卫生外,各国皆有公众卫生之设施,即卫生行政是也。据最近调查各国人民平均之年龄,莫不长于吾国;疾病死亡之数,莫不少于吾国,皆由于卫生行政设施之善。观其集中全民之智力,以谋全民之安全,精究其策略——其步骤计划即极详尽,收效安得不宏?

我国古代未尝不以卫生为行政之一端,《周官》《月令》所存皆班班可考,无如前人既略而不详,后人遂阙而不讲,驯至军阀当国,时局日非,虽有识者提倡靡遑,而在位者衰如充耳,不惟自封故步,抑且尽弃前型,瞻望诸邻,瞠乎后矣。今者革命已将成功,建设于焉入轨,凡有设施皆以民众利益为准的,即卫生行政一项已有相当之讨论,且将徐图实施,然非广罗专门学者之主张以为参考,则实施之计划终恐难于尽善。此胡定安博士所以有《中国卫生行政设施计划》之作也。博士卒业于普鲁士公众卫生学院,又卒业于柏林大学,得医学博士学位,且在柏林市公众卫生局实习有年,经验学识不待论矣。此著引证确当,阐发精详,而所附之国民政府卫生行政组织大纲条陈草案,对于设施之次第,尤为缕析,诚讲求卫生行政者不可不读之书也。爰为之序,以介绍于读者。

十七年五月十三日 蔡元培"。(胡定安著《中国卫生行政设施计划》商务印书馆1928年出版)

5月14日 列名高仁山先生追悼会发起人。

"仁山先生,游学欧美日本,专攻教育,归国后主持北大教育学系,并创办艺文中学,成绩斐浅,旋因效忠党国,为奉军所捕,于本年一月十五日就义于北京天桥,噩耗传来,咸深悲悼。现其遗属脱险来京,备悉殉难颠末,爰定于五月二十四日下午一时半,假南京国立中央大学体育馆开会追悼,凡钦仰先生之为人者,均希贲临,以志哀思。

发起人:杨铨 凌冰 余文灿 宋发祥 陈科美 刘海粟 吴敬恒 蒋梦麟 陶知行 吴研因 樊际昌 查良钊 蔡元培 张乃燕 王云五 孟宪承 赵迺抟 汪亚尘 胡适 张歆海 陈剑翛 成舍我 杨廉 荣玉立 钱端升 朱经农"。(《申报》同日)

同日 离上海回南京。

"大学院院长蔡元培,日前来沪公干,刻已完毕,于昨晨八时五十分乘特别快车返京。"(《时事新报》1928年5月15日)

5月15日 全国教育会议在南京召开,主持大会开幕式并致开会词。

"今日全国教育会议在中大开幕。到各机关团体代表及来宾三百余人。金陵女大歌《天下为公》一曲,蔡孑民主席即致词。略谓中国教育,素极散漫。现在政治未统一时而开此会,就想öffnen开会,诸位于交通不便之时,远道赶到,甚为钦佩。现在中国最须科学,故应极力提倡;对于学生运动,亦应特别注意;对教育人才,亦应设法,使各得其用;教育经费,应使其增加与独立;学制之变更,亦希各代表详为讨论。继由中央代表谭延闿、国府代表宋渊源训词。……最后主席指出,用大会名义,致电国际联盟及美总统,请力为济案主持公道,当场通过而散。下午二时继续开会。蔡元培主席。通过会议细则及分组审查委员会规则,又票选徐崇清为大会副议长。……"(《时事新报》1928年5月16日)

同日 在全国教育会议上提出,用大会名义致电国际联盟及美国总统,揭露与控诉日本军国主义者的侵略暴行。

"全国教育会议,上午开幕,由蔡主席提出用本会名义,致电国际联盟及美国总统,请对济案主持公道,当经全体通过,并拟就电文如下:

日内瓦国际联盟秘书长德蓝孟爵士鉴:中华民国全国教育会议,于今日集会于南京,谨一致议决,请执事注意于日本对华最近之侵略行为;且为和平及正义起见,有以制止日本在华之作战行动。日本派兵至我中国领土之山东,实为违反国际公法。日军在山东之挑衅举动及其残酷之行为,纵日本极为作虚伪之宣传,然其真相,此时当早已在洞鉴之中,勿庸赘述。国民政府明知日本以帮助北洋军阀、破坏中国统一为其传统政策,故当时以全力扫荡军阀余孽之时,竭力避免与日本发生任何纠纷。济南附近之革命军之全体退出,即为吾方不惜委曲求全、力避冲突之表示,乃日人横暴竟不稍减,且挑衅更甚,辱我更甚。既占胶济全线,拆毁黄河铁桥,袭攻济南以南之革命军,复要求将国民革命军之大部军队,当济南日军之前,全体解散;同时日本之兵舰纷纷开至中国腹地,其形势无异对华战争。际此国际严重时期,吾辈固日日谋所以维持东亚之和平,更望以维持世界和平为己任之国际联盟,能与我侪以同情与助力。中华民国全国教育会议议长蔡元培

致美国总统的电文与致国际联盟的电文内容相同,从略。"(上海《民国日报》1928年5月17日)

5月16日 出席国民党中央政治会议第一四○次会议。

"十六日上午九时,中央政治会议开一四○次会议。出席薛笃弼、易培基、李烈钧、陈果夫、张人杰、于右任、王伯群、谭延闿。议决案:(一)法制局函送修正各部院组织法。决议通过,交国府公布。(二)法制局函送修正法制局组织法。决议交国府公布。(三)中央执行委员会函送朱霁青委员意见书,请复议劳资争议处理法。决议交法制局会同工商部及朱委员审议。(四)决议任命鲁涤平为政治会议武汉分会委员。(五)决议特任李品仙、叶琪、周灿、陶钧、魏益三、廖磊、刘兴、何键、李燊为军委会委员。……"(上海《民国日报》1928年5月17日)

同日 出席全教会三民主义教育组审查会,讨论三民主义教育宗旨案。

"十六日下午二时,各代表专家暨大学院当然出席委员,即一律到中央大学一

字房,开第一次审查委员会……三民主义教育组出席者蔡元培、徐崇清、朱家骅、庄泽宜、陈体江、唐世芳、刘大白、陈剑翛、李汾。公推朱家骅为主席委员。刘大白为文书委员。一、请大学院确定三民主义为全国宗旨案。决议:(一)教育宗旨不必定。(二)理由不必讨论。(三)教育宗旨说明书,由大学院编订,原案内容供大学院参考。二、解释党化教育案。决议:供大学院编订教育宗旨说明书。三、请大学院速订党化教育宗旨,揭橥民生社会道德标准。决议:供大学院编订教育宗旨说明书参考。四、各级学校应一律实施三民主义教育以养成效忠党国人才案。决议:办法修正后,交大学院编订教育宗旨说明书。……"(上海《民国日报》1928 年 5 月 18 日)

5月17日 主持全国教育会议第三次全体大会。

"全国教育会议于十七日上午九时,在中央大学一字房开第三次大会。主席蔡元培。恭读总理遗嘱。十六日会议之决议,各组提案,均交付审查。审查结果,已将意见付印,惟未能完全印好,故先讨论高等教育审查报告。……大会终结时,主席宣布请各代表赴丁家花园财政部之大学院欢迎宴。下午继续开各组审查会。"(上海《民国日报》1928 年 5 月 18 日)

同日 在南京丁家花园,素宴全国教育会议代表。

"大学院欢宴记。本日午刻,蔡院长宴请全体会员、新闻记者及各界来宾于丁家花园财政部西花厅。党国要人到有何应钦、张之江、薛笃弼、王伯群、孔祥熙、张寿镛等数十人。酒数巡,蔡院长致辞。略谓此次教育会议集会于首都,承诸公远道贲临,至为感刻。惟筹备时间忽促,招待诸多简慢,抱歉滋深。招待所房屋狭小,设备简单,致使诸君重度求学时代数人合居一室之学校生活,尤觉难安。今日粗备素餐,诸位驾临小叙,是薛部长注重俭约之旨,粗饭布衣,是书生本色,愿与诸公共勉之。次由副议长许崇清代表全体会员致谢词,同人等此次莅京与会,得有两种快感:(一)大学院特设招待所,殷勤招待,使同人等阔别多年之旧友与同学,复同聚首一堂,畅叙别情,诚有不可言喻之乐趣。(二)此次宴席全用素餐实表现教育家怡澹俭朴之精神,且虽为素肴,而鱼翅燕窝等各色仍具备,更予同人等视觉与味觉相错之观念,而留一深刻不忘之印象。同人等醉饱之余,自应感激无涯云。"(《申报》1928 年 5 月 18 日)

5月18日 出席国民政府第六十四次委员会议。会议通过山东省政府委员及主席任命等九案。

"今日上午九时,国府委员开第六十四次会议。出席委员丁惟汾、谭延闿、熊克武、宋渊源、白云梯、朱霁青、蔡元培、孔祥熙、张之江、王伯群、于右任、钮永建、何应钦。主席谭延闿。……讨论事项:(一)中央执委会政务委员会咨开,本会议一四〇次会议议决,任命孙良诚、丁惟汾、蒋作宾、宋哲元、石敬亭、魏宗晋、何思源、孔凡

六、大学院院长及中央研究院院长时代(1927—1940) 749

蔚、陈雪南、于思波为山东省政府委员,并指定孙良诚为主席。……决议照准。……(三)钮永建、经亨颐、薛笃弼呈称,奉交审查各地救济院条例,遵即详为审核,分别修正,缮具该条例修正案,请鉴核施行案。决议将条例改为规则,由内政部公布施行。(四)南京卫戍司令谷正伦呈请辞职,并辞副司令职务,另简贤能。决议慰留。……"(《时事新报》1928年5月19日)

  同日 出席陈英士殉难二十周年纪念会,并有演说。

  "中央党部十八日午后四时,开陈英士殉难二十周年纪念会。到于右任、孔祥熙、谭延闿、何应钦、钮永建、蔡元培、丁惟汾、陈果夫及机关团体代表约二三百人。谭延闿主席。奏哀乐后,主席恭读遗嘱。全体静默三分钟,齐向国旗、党旗、总理遗像及陈英士遗像三鞠躬,于右任读祭文。主席报告:英士先生历史,举国尽知,推翻清室,缔造共和,人尽归功于辛亥武昌起义,若无英士先生在沪号召同志,提倡革命,恐不易奏功。英士先生追随总理有年,始终信仰总理主义,艰苦奋斗,百折不回,此种精神,实足为吾人效法,故今日纪念,吾人当实留深刻感觉,永久不忘。……蔡元培演说:英士先生每遇困难时,镇静如恒,而事之以诚意做去,不尚虚伪,吾人应从此处纪念之而效法之。"(上海《民国日报》1928年5月19日)

  5月19日 出席全国教育会议三民主义教育组审查会。

  "全国教育会议三民主义教育组第三次审查会于五月十九日上午九时开。地点:大会场。出席人:蔡元培、朱家骅、陈礼江、庄泽宜、唐士芳、周启刚、谷毓杰、李汾。主席朱家骅。审查各案:(一)确定教育方针案。(二)明定道德、科学、军事、政治、劳动五种训育案。(三)规定民众训练及青年教育方针并学生团体活动范围,为德育智育体育群育美育案。"(上海《民国日报》1928年5月21日)

  同日 询问胡适可否到广州中山大学任副校长。

  "散席时,周子敬(仁,蔡夫人之弟)来说,蔡先生要我同出去。我们上车之后,车开到万全停下,始知蔡夫人与无忌夫妇都在秦淮河船上。蔡夫人新到,这是一席家宴。在国民政府席上实在没有吃饱,故我在此大吃大喝。

  蔡先生拉我细谈,问我肯不肯到广州中山大学去做副校长。骝先现任浙江民政长,季陶又任广州政治分会事,故他要我去。我谢绝不能去,说了两个理由:第一是我现在决计开始作《哲学史》,不能做这样的事。第二是季陶的思想近来颇有反动的倾向,恐怕不能长久合作。"(《胡适日记全集》同日)

  5月20日 同全国教育会议代表一起参观中山陵。

  "昨日星期日,全国教育会议代表、大学院职员及特约讲解员等六十余人,上午九时集大学院,分乘马车二十辆、汽车三辆、马五匹,往谒总理陵墓。大学院蔡院长,张奚若、朱经农、陈剑翛、钱端升四处长导往。"(《时事新报》1928年5月21日)

  同日 出席外交部长黄郛召集的外交委员会议。

"黄外部长由沪回京,二十日上午十一时,在张静江宅召开外交委员会议。到谭延闿、李烈钧、蔡元培、何应钦、于右任等数人。席间黄报告:(一)日政府致我党书内容。(二)济案与各方接洽情形。(三)国际间对济案态度。讨论历三小时余。"(《申报》1928年5月21日)

同日 与谭延闿、张静江等联名致电蒋介石,通报对于济案及日本备忘录的应付方针。

"蒋总司令:弟等讨论济案及觉书应付方针:(一)前方临时协定,既经多次接洽,日方坚持不允免除,惟有由前方速派代表前往办理,以便结束。(二)道歉,以我方虽曾有令保护侨民,仍不能避免冲突,引以为歉为辞。至向何人及以何种方式道歉,已亦电亦农非正式探询。(三)觉书,因含有确定日本在满特殊地位之关系,拟以简单答之,大意连年用兵为求统一,东省日侨自当保护,同时以口头以张(作霖)能下野,退出北京,自无用兵必要。延闿、人杰、烈钧、右任、元培、应钦、郓。哿。"(《致蒋介石电》同日)

同日 为张蔚西编《地学丛书》作序一篇。(上海《民国日报》1928年9月5日)

5月21日 主持全国教育会议第五次全体大会,并作简短的政治报告。

"昨日(廿一日)上午,全国教育会议继续开第五次大会,先举行总理纪念周,蔡议长主席,行礼如仪,并作简单之政治报告,正式开议。……讨论情形:(一)讨论教育行政组学制系统案。首由许寿裳报告第一次审查结果。关于师范学校问题一案,讨论甚久,程时煃、韩安等均主张师范教育应行独立。程时煃理由谓:一、师范非普通学校,国家应特别注意。二、文化事业,须求集中。三、个性问题。四、各国均独立,故我国亦应独立。……五十二票赞成通过。"(《时事新报》1928年5月22日)

同日 发表修改全国教育会议议程的"紧要通告"。

"《修改议案日程紧要通告》。此次全国教育会议,议案共有三百余件之多,会期仅十二日,大会八次已过其半,而议决之案甚少,来日苦短,势非增加大会次数不可,兹将下星期会议日程,修改如下:

养日(二十二日)星期二,上午九时至十二时大会,晚七时各组审查会。二十四日(星期四)上午九时至十二时大会,下午二时至四时各组审查会。二十六日(星期六)上午九时至十二时大会,下午二时至四时各组审查会;下午四时国术馆欢迎会,并表演国术。敬希注意为荷。此致 全国教育会议会员 蔡元培"。(《时事新报》1928年5月22日)

同日 出席中央大学校长张乃燕举办的欢迎全国教育会议代表午宴。

"中央大学校长张乃燕于二十一日十二时,在该校体育馆,特备佳肴,欢宴全国教育会议代表,到者有薛笃弼、陈慕松、张之江、蔡元培、何玉书等,暨中央大学职

六、大学院院长及中央研究院院长时代(1927—1940) 751

员,及各代表专家八十余人。宾主交欢,济济一堂,诚乐事也。"(《胡适日记全集》同日)

5月22日 出席国民政府第六十五次委员会议。会议讨论中央大学呈请建筑大礼堂等八案。

"二十二日国府委员会开第六十五次会议。出席委员谭延闿、周震霖、孔祥熙、李烈钧、蔡元培、于右任、朱霁青、张之江、白云梯、宋渊源、王伯群、钮永建、张人杰、何应钦。主席谭延闿……讨论事项:(一)决议特任李品仙、叶琪、魏益三、刘兴、何健等为军事委员会委员。(二)司法部函送刑事诉讼法草案,附刑事诉讼法施行草案,请核议。决议交法制局审查呈复,再送中央政治会议决定。(三)决议公布修正内政、外交、财政、交通、司法、农矿、工商、大学院组织法。(四)南京特别市长何民魂呈请改称南京特别市为京都市或首都市,以示区别,请鉴核示遵。决议缓议。(五)安徽省政府篠电称,张委员秋白宣劳党国,此次被刺身亡,同深哀悼,请将本党逃犯勒缉务获,提问已获各犯,一并惩治,……决议照准。(六)战地政务委员会主席蒋作宾呈请明令褒扬该会外交处主任兼外交部特派山东交涉员蔡公时及职员张鸿渐、谭显章、周惠宽、虞家达……决议交内政、外交二部办理。(七)军委会呈称,职会常务委员办公厅上校参谋童翼业经呈请升任军政厅副厅长在案,所遗原缺拟调军政厅上校主任罗经猷充任……决议照准。(八)国立中央大学校长张乃燕,呈请令饬财部拨款五万元建筑大礼堂。决议交大学院审查。"(《时事新报》1928年5月23日)

同日 备私宴招待出席全国教育会议代表。

"二十二日午刻,蔡元培暨夫人在半边街韬园,宴请全国教育会议诸会员。赴宴者有薛笃弼、白云梯、何应钦、孔庚之诸要人及蔡之女公子,何应钦之夫人,各省代表、专家六十余人。薛、白二人来后,略事寒暄,未宴即去。午后一时,诸宾客络续莅止。二时十分就席,酒数巡忽闻一阵掌声,则是蔡院长端立堂中,对各来宾致欢迎词。略谓今日兄弟个人略备菲酌,与各位随便叙叙。我们现在所用之中国菜,颇富有调和性质,调和即含有妥协意味。我们向以不妥协之口号革命,但事实极端主义每遭失败。综观历史,周秦以来,盛倡中庸之道。迨战国时代,尤盛倡个性发展,各家学说如庄子、老子之徒,每多极端主张。迄于六朝,尤趋放任。晚近无政府主义先后失败,而中山先生亦主张以马克思之阶级斗争,析为劳资调和。我们应循之正轨,盖即斯意。"(《申报》1928年5月23日)

5月23日 出席国民党中央政治会议第一四一次会议。会议通过劳资争议处理法及罢免程潜本兼各职等六案。

"中央政治会议二十三日上午九时,开一四一次会议。出席委员王伯群、薛笃弼、李烈钧、谭延闿、于右任、张人杰、蔡元培、孔祥熙、宋子文、叶楚伧。主席谭延阁。议决案如下：（一）劳资争议处理法第三次修正案通过，送中央执行委员会交国府公布。（二）蒙藏委员会组织法中之主席制，改为常务委员制，委员额数应否增加。交法制局议复。（三）武汉政治分会主席李宗仁简电陈第六军长兼第四路总指挥程潜种种罪状，业于马日开特别会议，依据政治分会条例第二条第三项之规定，将该军长暂行监视，请交政府明令免去其本兼各职，以申法纪。决议程潜应即免职，听候审办。……"（《时事新报》1928年5月24日）

  同日 偕夫人出席南京市政府欢迎全国教育会代表茶话会。

  "市政府欢迎全国教育会议代表，下午二时先在图书馆举行演讲会，由王云五演讲四角检字法，陈立夫讲姓氏速检法，由陈剑修担任主席，听者数百人。散会后即由招待彭林仙、程叔彪引导至市府参观，并在市府会议厅举行茶话会。……是时蔡元培亦偕其夫人及杨杏佛等亦先后莅止，济济一堂，颇极一时之盛。"（《申报》1928年5月29日）

  5月24日 主持全国教育会议第八次全体大会。会议继续讨论教育宗旨说明书草案等项。

  "昨日上午九时，开第八次大会。临时提案由主席分别交各组审查，并继续讨论三民主义教育宗旨说明书草案，及各组审查报告。主席为蔡元培院长。会员到者六十三人。"（《时事新报》1928年5月25日）

  同日 主持高仁山追悼会。

  "本日下午四时，全国教育会议诸员就中央大学体育馆为前北大教育系主任、艺文中学校校长高仁山君，举行追悼大会，到会来宾约千余人。蔡元培主席。奏哀乐行礼毕，主席报告谓高君为本党忠实同志，又为教育专家，主行道尔顿制，对于教育界极有贡献。此次开会之重要意义，在追悼高君，并欲继续高君之志，恢复高君精神，所寄之艺文中学云云。"（《申报》1928年5月25日）

  5月25日 出席国民政府第六十六次委员会议。会议议决罢免程潜本兼各职等九案。

  "二十五日国府委员开第六十六次会议。出席委员林森、张之江、白云梯、宋渊源、钮永建、蔡元培、谭延闿、杨树庄、孔祥熙、王伯群、于右任、李烈钧、张人杰、周震霖、何应钦。主席谭延闿。……讨论事项：（一）中央政治会议咨开，据李宗仁电，请交政府免去程潜本兼各职等情，当经本会议议决，第六军军长兼第四路总指挥程潜应即免职，听候查办，请查照办理。决议照办。（二）中央政治会议咨开，本会议议决，任命鲁涤平、陈嘉任、李隆建、张定、刘召圃、曾继梧、刘岳峙、周灿、何建、陈嘉佑、刘兴为湖南省政府委员，指定鲁涤平为主席，并指定陈嘉佑兼民政厅长，李隆建兼财政厅长，张定兼教育厅长，刘召圃兼建设厅长。决议照任命。（三）中央政治会议咨开，本会议议决，任命于右任、周诒柯、李□、翁敬棠、薛笃弼、王世杰、陈和铣为法官惩戒委员会委员。于右任为主席。请查照任命。决议照任命。（四）中央政治会议咨开，准丁惟汾提议，请明令战地政务委员会迅速豁免鲁省一切苛捐杂税，……决议照办。（五）外交部长黄郛养电，请允准辞去本兼各职案。决议慰留，请交中央政治会议定夺。……（九）兼代司法部长蔡元培提议，任于右任为最高法院院长。决议照任命。"（《时事新报》1928年5月26日）

5月26日 主持全国教育会议第十一次全体大会，并报告第十次全体大会议决各案。

"二十六日为会议之第十二日，大会之第十一次。各组审查报告，均于此次大会结束。故原定下午二时各组审查会，中止停开。下星期一之第十二次大会，应将所议决案三读，而此次为中外注目之全国教育会议，亦当于是日闭幕矣。……主席蔡议长元培，先报告上届会议结果，并说明继续上届未决之职业教育组审查报告，旋即开始讨论……"（《时事新报》1928年5月27日）

同日 出席国术馆欢迎教育会会员晚宴。

"昨日下午六时，张之江及国术馆同人欢宴全国教育会议诸会员，赴宴者有蔡元培及夫人、女公子，国府薛部长、省政府钮主席、李景林夫人及其女公子诸代表等五十余人。宴前表演各种武术，李之女公子及张主席亦参加表演。演毕即入席，席间由张主席致欢迎词，蔡院长致答词，王云五、杨杏佛等演说。"（《申报》1928年5月27日）

5月27日 出席国民政府内政部举办的全国教育会议代表招待宴会，并有演说。

"二十七日晚七时，内政部招待全教会议会员。到蔡、杨两院长及各处代表五十余人。席设养性台前，露天排列，共八桌，以果子露代酒。主席薛笃弼致词，谓全教会议，关系中国学生甚大，各案均为改进今后教育，切中要肯。惟一般青年，脱离学校，社会上无补习机会，希望对民众补习教育积极进行云云。次蔡元培演说，大致谓大学院对民众教育之应注意，实属刻不容缓，故现已在门帘桥设民众学校，庶失学青年，有补习机会，甚望薛部长能时加见教或助力，愿共同努力，以底于成。"（上海《民国日报》1928年5月28日）

同日 为《经营银行概论》一书作序一篇。（冯薰编印《经营银行概论》1928年印行）

5月28日 主持全国教育会议闭幕式。

"两星期来关系全国教育根本计划之全国教育会议，于昨日大会中行闭幕式。……蔡议长致词，大意谓此次全国教育会议定期两周，后见议案甚多，不能于两周内讨论完毕，会期将延长，乃后于会期中增加大会三次，竟使全部提议案件，均在预定期间讨论完毕，实多幸甚。此次各议决案，计分十二组，共通过二三七案，连

同本日所议决六案,合共二四三案。……"(《时事新报》1928年5月29日)

同日 出席大学院同人欢迎全国教育会会员午宴。

"本日午刻,大学院同人公宴全体会员于莫愁湖胜棋楼,来宾到有于右任、李范一、赵丕廉、徐佩璜等。席间谈笑甚欢。杨杏佛主席致开会词,诙谐滑稽,听者均笑不可抑……蔡元培、李士毅等演说。"(《申报》1928年5月29日)

同日 自南京赴上海。

"张静江、蔡元培,今日夜车赴沪。"(《申报》1928年5月29日)

5月29日 出席国民政府第六十七次委员会议。会议议决任命湖北省政府委员等八案。

"五月二十九日国民政府开第六十七次会议。出席委员李烈钧、蔡元培、宋渊源、白云梯、钮永建、孔祥熙、经亨颐、朱霁青、谭延闿、宋子文、杨树庄。主席谭延闿。议决案:(一)中央政治会议咨开,……任陶钧、时功玖为湖北省政府委员,请查照任命。决议照办。(二)军委会呈,据第六路军总指挥刘湘电称,该路前敌总指挥杨森业奉明令免职,遗缺恳委第二十二军军长赖心辉充任,转请俯赐特派。决议照准。(三)兼代司法部长蔡元培呈称,前奉政治会议函交广东律师公会电,请将最高法院广东分院中止迁宁案,经提交司法委员会议决,国府已建都南京,最高法院并经成立,该分院已无存在理由等由函复到部,究竟该分院应否撤销,请鉴核示遵案。决议最高法院广东分院立即撤销。(四)兼代司法部长蔡元培提议,署安徽高等法院院长鲁经潘辞职,拟照准,遗缺以周诒柯简理,递遗最高法院首席检察官一缺,以戴修瓒简理。决议照办。……"(《时事新报》1928年5月30日)

5月30日 出席国民党中央政治会议第一四二次会议,提议以凌冰为河南省政府委员兼教育厅长。

"中央政治会议今日开一四二次会议。出席者丁惟汾、薛笃弼、王伯群、叶楚伧、李烈钧、于右任、宋子文、蔡元培、谭延闿、孔祥熙、陈果夫、杨树庄。主席谭延闿。议决案:(一)内政、外交、司法三部拟送国籍法草案及实行条例草案,请公决实行。决议交法制局签订意见后再议。(二)法制局拟送特别市政府组织法草案,请公决施行。决议指定薛笃弼、蔡元培、李烈钧、陈果夫、孔祥熙五委员审查。由薛笃弼召集开会。(三)法制局函送修正蒙藏委员会组织法第二条,修改规定常务委员三人,主席一人,委员人数改为五人或三人。决议送中央执委会交国府公布。(四)大学院长蔡元培提议,请以凌冰为河南省政府委员兼教育厅长。决议照准。(五)建设委员会主席张人杰提议,拟派该会常委兼秘书长王澂复美接洽建设事宜,并请交国府令财部筹发旅费二万元,秘书长一职拟由常委陈立夫兼任,是否有当请公决。决议照准。……"(《时事新报》1928年6月1日)

同日 出席财政监理委员会第四次会议,议决金陵关岁出预算表等案。

"财政监理委员会三十日晚开第四次会议。到蔡元培、薛笃弼、杨树庄、宋子文、王伯群、孔祥熙、谭延闿。主席宋子文。(甲)报告:一、财部国库司送最近国库收支。二、修正组织条例,送国府公布。三、财部函,国府经费每月改支十万三千四百八十元,请备案。(乙)议决:一、核准金陵关等十六年度岁出预算表七十一起。二、请拨龙潭伤亡将士筑墓费案,候查明拨给。"(上海《民国日报》1928年6月1日)

5月31日 主持召开大学院三民主义考试委员会第一次会议。

"大学院三民主义考试委员会记录,第一次会议。时间:五月三十一日下午五时。地点:大学院。出席:段锡朋、周鲠生、陈泮藻、陈剑翛、王世杰、蔡元培、杨铨、丁惟汾、陈果夫、叶楚伧。主席:蔡元培。……讨论事项:一、考试之目的及范围。议决:(甲)目的:① 测验受试者对于三民主义之认识。② 根据测验之结果,规定各级学系三民主义教科之设施及内容。(乙)范围:限于大学及专门学校之本预科学生。二、考试之方法。议决:(甲)用笔试,分问题及测验,试题用表格式排列。(乙)试题目的内容之必要条件。① 三民主义之基本概念。② 三民主义与其他主义之比较。③ 受试者本人之思想发展。(丙)试题标准。以三民主义十六讲为限,以浅易为主。……"(《大学院公报》第1年第7期)

5月 复马步芳函,称韩树森"办理教育,成绩斐然"。

"步芳先生代主席勋鉴:久慕,未得把晤为怅。韩生树森来,携示惠函,借谂祛弊兴利,各方面均有进步,不胜钦佩。韩生在指导之下,办理教育,成绩斐然,自是隽才。弟曾与畅谈,对于贵省现状,得知概略,幸甚。……"(《复马步芳函》同月)

同月 帮助刘开渠赴法学习雕塑。

"一九二八年四月(国立艺术院)开学,我任助教。开学典礼上,蔡先生讲了话。我找了个机会,又向他提起我想去法国学雕塑的事。蔡先生笑着说:你的事我一直记着,有机会就让你去!到五月,我就接到了大学院的委任书,委我为驻外著作员,委任书上还清楚写明,月薪八十元,我喜出望外。我是个刚毕业的学生,蔡先生地位那样高,可他对我的事一直挂在心上,并能很快给我解决了,我万分感激。可我马上又想到另外一个困难,到法国去很远,我一个穷学生,那里有钱买船票?我到南京找到蔡先生,蔡先生又笑一笑说:'我已经给你想好了,你先提前支半年的工资,接着再预支半年的工资,是一年的了。我还可以给你写封信给中法联谊会,转请法国轮船公司,票价可以打个折扣,这不就解决了!'蔡先生那么忙,还为我想的如此周到,真使我感动。"(刘开渠:《蔡先生帮助我赴法学习雕塑》)[①]

同月 为《科学丛谈》撰写序文一篇。

---

① 载蔡元培研究会编:《蔡元培纪念集》。

"自清末傅兰雅、华蘅芳辈翻译科学书以还,近年译述之者稍多,然教科为多参考者少。参考书中,高深者多,浅显者少;浅显之中,枯索无味者多,引人入胜者少。科学本严整切实之学,苟无引人入胜之方,则教者谆谆,听者藐藐。余每见吾国中学学生,视算学、物理等科为畏途,高中毕业,则入政、法、经济科者多,入理、化、工程科者少,此因大半学生畏惮科学之心,已养成习惯故也。而所以养成此习惯者,科学书籍之过于严谨枯燥,不足以引起其兴味也。于是知引人入胜之科学参考书为不可少。今读尤君此书,兴趣盎然,如晤良朋,倾谈一室,以流利之文笔,写科学之妙谛。学者得此为参考,何虑不发起其爱好科学之心,更何虑不能循序渐进,登科学之堂,入科学之室乎?其有助于学校科学教育者匪浅,爱乐而为之序。

民国十七年五月 蔡元培序于新都大学院"。(尤佳章译《科学丛谈》商务印书馆1928年出版)

6月1日 出席国民政府第六十八次委员会议。会议议决调任许寿裳为大学院秘书长等六案。

"国府今日开第六十八次会议。出席委员宋渊源、李烈钧、谭延闿、于右任、王伯群、张人杰、白云梯、朱霁青、蔡元培、何应钦。主席谭延闿……讨论事项:(一)宋委员渊源提议,筹备国货银行,附送国货银行章程与招股章程,请公决。决议指定孔祥熙、宋子文、王世杰审查。(二)法制局长王世杰呈复,奉交审查军事委员会所拟呈之法规编审委员会组织条例,大体尚属妥善,惟第三条拟加修正,请鉴核。决议照修正公布。(三)工商部长孔祥熙拟呈工商部国货陈列馆规程及省区、特别市国货陈列馆组织大纲,请鉴核备案。决议设国货陈列馆,应准照办,规程各项,由部公布。……(五)大学院院长蔡元培呈请调任许寿裳为大学院秘书长,孙揆钧为大学院总务处处长,请鉴核。决议照办。"(《时事新报》1928年6月2日)

6月2日 由南京赴上海。

"大学院院长蔡元培、副院长杨杏佛,于今晚乘夜车赴沪。"(《时事新报》同日)

6月3日 主持大学院艺术教育委员会第四次常会,讨论举办美术展览会的有关事项。

"大学院艺术教育委员会于本月三日上午九时,在国立音乐院开第四次常会。列席委员蔡元培、张继、周峻、林风眠、萧友梅、李金发、李树化、林文铮、唐家伟。由蔡院长主席。开会如仪,并报告艺术教育委员会秘书王代之已受大学院聘为国外特约编辑员,不久即将赴法。本会秘书事务,由林文铮办理。随即由林文铮报告会务进行。次讨论美术展览会具体办法。议决如下:一、大学院院长为美术展览会当然会长,艺术委员会秘书为美展当然秘书。筹备委员会主任杨杏佛。该会共分四组:(甲)文书事务组(由大学院负责)。(乙)征集组,主任高乐宜。……(丙)出版宣传组,主任孙伏园。(丁)指导组,主任刘既漂。……三、审查委员会,主任林

风眠。四、以上各委员,均由大学院美术展览会会长聘请之。"(上海《民国日报》1928年6月5日)

同日 说明举行三民主义考试的意义。

"大学院院长蔡元培、副院长杨杏佛,为举行公私立专门以上学校三民主义考试事,于昨日午刻假东亚酒楼,招待上海市党部指委会委员、秘书及三民主义考试委员会委员……席间由蔡院长说明举行三民主义考试之主旨。略谓此项考试,目的在测验各专门学校学生对于三民主义认识之程度及态度,以便根据测验结果,规定三民主义教科实施之内容,一切办法,已见大学院通告。此项测验,无论及格与否,不影响其学业成绩。但各大学、专门学校之学生必须一律受验。上海公私立各校,均于一日中举行之,试题将由大学院颁发。届时各校除由考试委员一人主试外,其监视人员及办理考试事宜,可请本校推出职教员三四人任之。总之此举在明了各大学、专门学校学生对三民主义之认识云。"(《时事新报》1928年6月4日)

6月4日 离上海回南京。

"大学院院长蔡元培,昨偕副院长杨杏佛乘九时半夜车返京。"(《时事新报》1928年6月5日)

6月5日 出席国民政府第六十九次会议。会议通过公布劳资争议处理法等十案。

"五日国府开第六十九次会议。出席委员宋渊源、王伯群、谭延闿、宋子文、蔡元培、张人杰、孔祥熙、朱霁青、白云梯、于右任、丁惟汾、蒋作宾、何应钦。主席谭延闿。……讨论事项:(一)中央执行委员会函开,本会常务会议议决劳资争议处理法,照第三次修正案通过,交国府公布。议决公布。(二)中央委员会函开,准政治会议函送修正蒙藏委员会组织法,业经本会常务委员会议决修正,其第二条不设主席,请查照公布。决议公布。(三)财政监理委员会常务委员宋子文,呈送修正监理委员会组织法条例请公布,附送该会秘书处组织条例,请鉴核备查。决议财政监理委员会组织条例公布。财政监理委员会秘书处组织条例备案。(四)秘书处转陈法制局函开,奉交中华民国刑法施行条例经加审查,并为修正,兹将修正中华民国刑法施行条例草案送请转呈审核。决议照修正案公布。(五)法制局长王世杰呈称,奉交工商部所拟之《规程》文句嫌含混,业为修正,请鉴核施行。决议通过。……"(《时事新报》1928年6月6日)

6月6日 出席国民党中央政治会议第一四三次会议。会议通过统一中央教育学术机关等八案。

"今日中央政治会议举行第一四三次会议。出席者薛笃弼、王伯群、易培基、张人杰、谭延闿、叶楚伧、于右任、蔡元培、孔祥熙、丁惟汾、何应钦。……(一)决议外交部长黄郛呈请辞职照准,特任王正廷为外交部长。(二)决议任命薛笃弼为河南省政府委员兼财政厅长。(三)决议任命李明灏为湖南省政府委员。(四)决议山东省政府增设农矿厅,任命于恩波兼山东农矿厅长。(五)决议江西省政府委员李尚庸、彭程万违抗中央,破坏党委,着即免去本兼各职,来京听候查办。……(七)法制局拟送土地收用法草案并附说明,请核议。决议指定蔡元培、薛笃弼、易培基三委员会同法制局长审查,由蔡元培召集开会。(八)蔡元培提议统一中央教育学术机关。决议准照办,咨国府明令公布。

附提案:国民革命势力既统一全国,一切建设事业皆当积极进行,教育学术立国之本,尤有积极整理之必要。查从前北京政府之下,中央教育学术机关,往往分隶各部院机关,如清华学校及俄文专修学校属于外交部,地质调查所属于农商部,观象台属于国务院,社会调查所属于中美教育文化基金委员会之类。政策既不一贯,性质更漠不相关,于发展教育学术不速,障碍实多。现在国民政府既设有中华民国大学院,为全国教育学术机关,自应一律改归大学院主管。其各部院对于专门人才之需要,各团体对于设立机关之条件,均当由大学院继续负责办理,是否有当,仍候公决。"(《时事新报》1928年6月7日)

6月7日 列席国民党中央常务委员会第一四四次会议。会议决议撤销战地党务指导委员会等十案。

"中央党部七日上午九时,开一四四次常务会议。出席委员于右任、谭延闿、丁惟汾;列席周启刚、李烈钧、陈果夫、蔡元培、叶楚伧。……决议:(一)撤销战地党务指导委员会。(二)各军所组织之民众团体,一律由党部接收。(三)中央组织部拟请委刘峙、富全斌、刘君笃、蒋鼎文、黄乃祺、徐庭瑶、谢远灏、胡宗南、曹日晖等九人为第一军特别党部筹备员,请决议施行案。决议照准。(四)中央组织部提议:1. 请委黄慕松、冯轶斐、曾养甫、程天放、霍宝树、赖连、杨宙康、徐中岳、赖刚九人为国民革命军军官团特别党部筹备员。2. 第二军特别党部筹备员张焖另有任务,请改委吴贞赟补充。决议照办。(五)中央政治会议送来内政部薛部长关于提倡国货具体办法之建议书一件,请核议案。决议交民众训练委员会审查。……"(《时事新报》1928年6月8日)

同日 主持大学院三民主义考试委员会第二次会议。

"大学院三民主义考试委员会第二次会议于六月七日下午四时在大学院举行。出席者:段锡朋、皮宗石、张厉生、经亨颐、陈立夫、张道藩、李敬斋、蔡元培、杨铨、丁惟汾、朱经农、陈剑翛、周鲠生。主席蔡元培。讨论事项:(一)试卷格式:(甲)标题改为公私立专门以上学生三民主义考试表。(乙)照原表修正下列各点:① 小学一项删去,将该栏改为学历。② 科目改为科别。③ 第十一项删去。第十二、十三两项改为参加革命工作及民众运动。(二)试题之分配及分量。决议:(甲)将民族、民权、民生之特点,撮入试题之内。(乙)问答及测验题,须多而且简单。(丙)测验题须多于问答题,易题须多于难题,难题约占百分之十五至二十。(三)考试及阅卷人员。推定:(甲)本日出席人员,全体均为阅卷员。(乙)中央大学监试员:段锡朋、皮宗石、张厉生、经亨颐、张道藩、陈剑翛、周鲠生、周佛海、梅思平、李泮藻、史维焕。金陵大学监视员:陈立夫、李敬斋、吴企云。金陵女大监视员:朱经农。考试时间:定六月十六日下午二时至四时,宁沪各校,均同时举行。"(《申报》1928年6月14日)

6月8日 出席国民政府第七十次会议,提议恢复"北京大学"校名并选任校长。会议决议任蔡元培为校长。

"八日国府委员会七十次会议。谭延闿主席。议决案:(一)外交部提请任命林世则为外部特派直隶交涉员。决议照准。(二)外交部提请任命朱敏章为战地政务委员会委员,兼外交处主任。决议照准。(三)政会咨开,本会议四十三次会议准蔡元培提议,统一中央教育学术机关案,经议决照办,咨国府明令公布,请查照办理并转饬各该主管部、机关遵照。决议照办。……(十)大学院院长蔡元培呈称,北京大学历史悠久,上年北京教育部并入师范大学,改名曰京师大学。现在国府定都南京,北方京师之名,不宜沿用。拟请仍名北京大学,并选任一校长,以专责成。又易培基提请任命蔡元培为中华大学校长,在蔡尚未到任以前,请李石曾署理。决议京师大学改名为中华大学,任命蔡元培为校长,未到任前,以李石曾署理。"(《时事新报》1928年6月9日)

蔡元培提案原文:

"查北京大学在教育经过中有悠久之历史,上年北京教育部并入师范、农、工、医、法、政、艺术等科,及女子师范大学、女子大学,名曰京师大学。现在国府定都南京,北方京师之名,绝对不能沿用,拟请明令京师大学改为北京大学,并请任命校长,以专责成。其内部组织,统由新校长拟具办法,呈由职院核定,藉谋整顿,而促进行。"(《时事新报》1928年6月10日)

一说任蔡元培为北京大学校长,系为孔祥熙所提议。

"国府常会,蔡提议北大人选问题,经亨颐谓北大应予一致赞成,孔祥熙谓北大校长请蔡兼任。蔡谓可暂负此名,待本人亲赴北京接收后,即请李石曾代理校长。"(《时事新报》1928年6月9日)

同日 在国民政府常会上提出修正《中央特种刑事临时法庭诉讼程序暂行条例》案。

"国民政府八日常会,兼代司法部长提出修正《中央特种刑事临时法庭诉讼程序暂行条例》,当经决议通过。兹将该条例录下(文略)。"(《申报》1928年6月10日)

同日 明确表示,大学院对于性学"必当随时取缔"。

"菊生吾哥大鉴：前奉惠书，以电影与性学之害，宜属教育会议诸君注意，甚佩甚佩。因会议已将结束，未能具案提出，曾于谈话时，分别嘱托，彼等均表同情也。检查电影事，别种议案中，已有涉及者。惟此次会议，竟无关涉性教育之案，故性学无正式禁条，然大学院必当随时取缔也。……弟元培敬启 十七年六月八日"。(《复张元济函》同日)

同日 赴上海，主持中央研究院各所联席会议。

"马福祥、蔡元培、杨杏佛、缪斌、陈和铣、王若周，于今晚乘夜车赴沪。"

"大学院正副院长今日赴沪，主持中央研究院各所联席会议。"(《时事新报》1928年6月9日)

6月9日 主持召开中央研究院第一次院务会议，讨论本院经费预算等问题。

会议"时间：十七年六月九日。地点：东亚酒楼。上午八时开会。出席会员：蔡元培、徐渊摩、丁燮林、陶孟和、竺可桢、李四光、杨端六、王季同、杨铨、高鲁、周览、宋梧生、周仁。主席蔡元培。记录杨端六。议决事项：(一)本院预算问题。议决：1.各所收入暂不列入预算。2.本院十七年度预算，照扩充计算提出。3.各所收入均解交院会计处，再归各该所照常支用。(二)接收北平研究机关。议决，由各所推举人员，经院长委任，往北平接洽，否则由院长委任现在北平主持各该机关人员，暂行维持。(三)统一及整理全国研究机关。议决，由大学院妥定计划。(四)本院施行计划。议决：1.各所于六月二十六日以前拟订计划，提出大学院。于六月三十日以前，提交国民政府。……"(《国立中央研究院总报告》第1册)

6月10日 出席中国公学董事会议，继续当选董事会董事。

"中国公学自胡适之博士长校后，力谋革新，六月十日午十二时中国公学校董会假座一品香开会。出席者蔡子民、胡适、熊克武、杨铨、王云五、但懋辛、叶葵初、钟古愚、刘南陔、沈蕙山、丁毅音、余蕴兰。通过中国公学组织大纲十三条，中国公学校董会章程十三条。票选蔡子民、于右任、熊克武、胡适、杨铨、马君武、夏剑丞、叶葵初、朱经农、何鲁、王云五等十五人为校董。"(上海《民国日报》1928年6月16日)

6月11日 离上海回南京。

"大学院院长蔡元培及副院长杨杏佛，于昨晚乘夜车返都。"(《时事新报》1928年6月12日)

6月12日 出席国民政府第七十一次会议。会议决议蒋介石请辞总司令职慰留等八案。

"十二日国民政府开七十一次会议。出席委员张之江、宋渊源、谭延闿、钮永建、白云梯、朱霁青、张人杰、王伯群、于右任、蔡元培、李烈钧、经亨颐、孔祥熙……讨论事项：(一)国民革命军总司令蒋中正呈称，兹当燕京收复，北伐完成，请俯准将国民革命军总司令职权解除,并准辞军事委员会主席职务。决议慰留。(二)海军总司令杨树庄呈称,海军为国防根本大计,亟应随时整理,古兹重任,断非孱躯所能胜任,请俯察愚忱,准予免去本兼各职,另简贤能。决议慰留。(三)内政部长薛笃弼呈请辞去内政部长职务,另简贤能接替。决议慰留。(四)阎总司令锡山齐电,请任命张荫梧为北京警备司令、傅作义为天津警备司令。决议照任命。(五)农矿部长易培基,请简任农矿部参事陈郁兼署总务处处长。决议照准。……"(《时事新报》1928年6月13日)

6月13日 出席国民党中央政治会议第一四四次会议。会议决议蒋介石请辞本会议主席职慰留等七案。

"今日中央举行第一四四次政治会议。出席者李烈钧、薛笃弼、蔡元培、张之江、易培基、叶楚伧、张人杰、于右任、谭延闿、孔祥熙、王伯群、陈果夫、何应钦。……讨论事项:(一)蒋中正函请辞去本会议主席职务,请照准,另推人继任。决议恳切挽留,原函送回。(二)中央政治会议咨开,本会议第一四四次会议议决,任命张继、白云梯、刘朴忱、罗桑□嘉格、桑泽仁、陈继庵、李凤冈为蒙藏委员,并指定张继、白云梯、刘朴忱为常务委员,请查照任命。决议照任命。(三)中央执行委员会、政治会议咨开,本会第□□□次会议议决,任命陈鸾书为山东省政府委员兼工商厅长,请查照任命。决议照任命。……"(《时事新报》1928年6月14日)

6月14日 出席国民党中央常务委员会第一四六次会议。会议决议丁惟汾辞职慰留等六案。

"中央党部十四日开第一四六次常务会议。出席者李烈钧、白云梯、经亨颐、叶楚伧、谭延闿、丁超五、朱霁青、于右任、蔡元培、缪斌、陈果夫。……决议:(一)丁委员惟汾辞职慰留。(二)民众训委会函送南京特别市党务指导委员会呈请解释领导民众职权案,请公决。决议领导民众之权属党部,南京市指导委员会召集之民众集会,市府参加可也。(三)中央组织部为拟派程汝怀、石毓灵、李思炽、李宜暄、郑重、蔡卓、桂砺丰等七人为国民革命军第十九军特别党部筹备员案。决议照委。(四)中央组织部提议:(子)福建省党务指导委员郑重武拟调江西省党务指导委员。(丑)拟派陈乃之为福建省党务指导委员。(寅)拟将福建省党务指导委员罗兆修与安徽省党务指导委员对调。(卯)拟将江西省党务指导委员洪轨撤销职务。(辰)江西省党务指导委员王礼锡辞职,准予照准,留候本部任用。……"(《时事新报》1928年6月15日)

同日 主持大学院第四次院务会议。

会议"地点:本院会议室。时间:六月十四日(下午)三时至六时。出席者:俞复、张西曼、孙揆均、史喻庵、杨芳、柳扒青、吴研因、陈维纶、许寿裳、赵迺抟、谢树英、张奚若、齐宗颐、蔡元培、薛光锜、杨铨、朱葆勤、钱端升、高与、高鲁。主席蔡元培。记录张西曼。……讨论事项：一、讨论训政实施方案。A. 先讨论普及教育之部，次高等教育，次文化事业。各部均逐条修正通过。唯教育经费一项，不以年限划分，至文字上之饰润，交由主稿各员办理。B. 关于社会教育之部，移交小组会议审查之。C. 全部训政实施草案之修正补充各点，由小组会议负责整理后，提交下次重读。二、中央党部送来之职员调查表，由本次出席各员分告诸同事，在本星期六以前，填交秘书处。三、张处长提议整顿本院文件新式标点办法。议决：由许秘书长、孙总务处长及曾文书科长协同负责整顿。"（《大学院公报》第 1 年第 7 期）

6 月 15 日　出席国民政府第七十二次委员会议。会议议决任易培基为故宫博物院院长等十二案。

"今日国民政府委员会开第七十二次常会。出席者李烈钧、张之江、白云梯、蔡元培、宋渊源、经亨颐、王伯群、谭延闿、于右任、宋子文、孔祥熙、钮永建、何应钦。议事情形如下：（一）中央执行委员会政治会议函开，……请特任易培基为故宫博物院院长。当经议决，派易培基即往北京接收故宫博物院。该院名称及章程应如何修改，交内政部、大学院商议，提会讨论。除分函外，希查照办理。议决照办。……"（《时事新报》1928 年 6 月 16 日）

同日　主持大学院大学委员会第七次会议。

大学院大学委员会记录。"第七次会议六月十五日下午二时在本院举行。出席者：杨铨、吴敬恒、胡适、蒋梦麟、高鲁、易培基、郑洪年、张仲苏、张乃燕、许寿裳。主席蔡元培。记录许寿裳。讨论事项：第一条，中央大学校长人选问题。决议：追认大学院指令，吴先生坚辞不就。在新校长人选未定以前，由张乃燕校长继续维持。第二条，中华大学校长人选问题。决议：依蔡先生表示不往北京，即以李石曾当选。第三条，高中以上学校军事教育方案（讨论此案时何敬之总参谋长列席）。决议：修正第一条改为凡大学、高级中学、大学预科，并其他高中以上学校，均应以军事教育为必修科目，修习期间高中及大学预科一年，专门及大学二年。第四条，中央义务教育委员会组织条例草案。决议：第四条正副院长以下，改为院长为正主席，副院长及普通教育处长为副主席，其余通过。第五条，中小学课程标准起草委员会条例草案。决议：全条通过。"（《大学院公报》第 1 年第 7 期）

"饭后去开会。蔡、吴、杨、易培基、郑洪年、张仲苏、蒋、张乃燕、高鲁、许寿裳，都到。先讨论中央大学的事，蔡先生报告过去的情形，吴先生有长时间的补充说明。……

蔡先生报告北大问题的经过，有两点：（一）改名中华大学。（二）他自己不愿兼中华大学校长，请会中决定推李石曾为校长。我起立说：（一）北京大学之名不宜废掉。（二）石曾先生的派别观念太深，不很适宜，最好仍请蔡先生自兼。风云大起来了。张乃燕起来说：蔡先生的兼收并蓄，故有敷衍的结果。李先生派别观念深,故必不敷衍,故李石曾最适宜。吴稚晖起来说了半点钟,说明北大之名宜废,李石曾是天予之,人归之。……

在吃饭时,蔡先生说,他从不晓得社会这样复杂;他应付不了这样复杂的社会,干不下去了。他们逼他兼司法部长,却不许他做北大校长。这种干法,未免太笨。"(《胡适日记全集》同日)

同日 与吴敬恒、戴季陶等人共同起草《中华民国政府宣言》。(《申报》1928年6月16日)

6月16日 自南京到上海。

"大学院院长蔡元培,前晚由首都乘夜车来沪公干。"(《时事新报》1928年6月18日)

6月18日 离上海回南京。

"国府委员张静江日前来沪公干,刻已完毕。于昨晚偕同大学院院长蔡元培、副院长杨杏佛等,乘九时半夜车返都。"(《时事新报》1928年6月19日)

6月19日 出席国民政府第七十三次委员会议。会议议决蔡元培辞中华大学(原名北京大学)校长兼职,另以李石曾充任等九案。

"今日国民政府开七十三次会议。出席委员张之江、熊克武、宋渊源、王伯群、蔡元培、李烈钧、谭延闿、张人杰、钮永建。由谭延闿主席。议事情形如下:(一)阎总司令锡山、战地政务委员会主席蒋作宾盐电称,节关在迩,北京军警饷项大约六十万元,维持治安临时费二十万元,卫戍警务司令部军费约十万元,共约一百万元,务恳迅速拨发。决议交财政部迅速筹拨。(二)山东省政府委员冷□呈请辞去委员、民政厅长本兼各职。决议慰留。(三)周委员震麟、熊委员克武、柏委员文蔚呈称,前陆军中将徐于同志奔走革命,具有历史,为刘佐龙所杀害,身后萧条,应予昭雪,并且优恤。决议交军事委员会审查。(四)财政厅长宋子文拟呈国货物品免税暂行办法,请鉴核施行。决议照准。(五)工商部长孔祥熙照送国货陈列馆开办费,请令财政部照拨开办。决议照拨开办。(六)蔡委员元培提请辞中华大学校长兼职,另任大学委员会所举之李石曾委员充任。决议照准。"(《时事新报》1928年6月20日)

同日 复北京大学陈大齐(百年)等电,称已请李石曾担任中华大学校长。

"东板桥五十号陈百年诸位先生鉴:真、铣电敬悉。校事承诸公暂行接管,甚佩热诚。弟以事繁,此时不能北行,特派接受员日内即出发,中华大学校长已请石曾先生担任,不日回国。请台洽。蔡元培。效。"(北京大学档案)

6月20日 列席国民党中央常务委员会第一四五次会议。会议通过故宫博物院组织法草案等七案。

"中央党部今日上午九时,开一四五次常务会议。出席者谭延闿、于右任。列席者经亨颐、蔡元培、丁超五、李烈钧、邵力子。……讨论事项：（一）中央政治会议函送该会第一四五次会议制定之市组织法、特别市组织法，请查照转交国府公布。决议照送。（二）中央政治会议函兹准大学院院长蔡元培函复北京故宫博物院组织法草案，业已会同内政部薛笃弼审定核议案，经一四五次会议讨论并经决议通过，送中央交国府公布，请查照办理。决议照办。（三）大学院、内政部会拟故宫博物院组织法草案，及理事会条例草案，请核议。决议：（子）故宫博物院组织法草案通过，送中央执行委员会交国民政府公布。（丑）故宫博物院理事会条例草案。通过，送中央执行委员会交国民政府公布。（寅）任命李煜瀛、易培基、汪精卫、江瀚、薛笃弼、庄蕴宽、吴敬恒、谭延闿、李烈钧、张人杰、蒋中正、宋子文、冯玉祥、阎锡山、何应钦、戴传贤、张继、蔡元培、黄郛、于右任、马福祥、胡汉民、班禅额尔德尼、恩克巴图、赵戴文为故宫博物院理事。……"（《时事新报》1928年6月21日）

同日 慰留胡适继续担任大学委员会委员。

"适之先生大鉴：奉惠书，坚辞大学委员会委员，不敢奉命。还请继续担任，随时赐教为幸。示赴会费用账，已嘱会计科照数汇奉，到时请查存。……弟蔡元培敬启 六月二十日"。（《复胡适函》同日）

6月21日 列席国民党中央常务委员会第一四八次会议。会议通过故宫博物院组织法草案等提案。

"二十一日中央百四十八次常会。到谭延闿、于右任。列席者经亨颐、蔡元培、丁超五、李烈钧、邵力子、陈果夫。于右任主席。……讨论事项：（一）中央政治会议函送该会一四五次会议制定之市组织法四十二条，特别市组织法三十九条，请查照转交国府公布。决议，照送。（二）中央政治会议函，兹准大学院院长蔡元培函复，北京故宫博物院组织法草案业已会同内政部长薛笃弼订定，送请核议案，经一四五次会议讨论并经议决通过，送中央执行委员会交国府公布，请查明办理。议决照办。（三）中央组织部函：1. 拟委派罗介夫、谌尚英、成光耀、李韫衍、岳森、李云杰、徐仲恩、唐劼、陈声孚九人为第十四军特别党部筹备员。2. 第一军长刘峙电称，该军特别党部筹备员黄子琪去职，请改委凌承绪补充，并拟照准请公决。决议照准。（四）中央组织部函送特种刑事诬告治罪法草案一案。决交政治会议审议。（五）中央组织部函告，蒋森、黄剑平请辞警卫司令部特别党部筹备员职务，拟以照准，并拟不另补派，请公决案。决议照办。……"（上海《民国日报》1928年6月22日）

6月24日 再次慰留胡适继续担任大学委员会委员。

"适之先生大鉴：连奉两函，敬悉。前接尊函后，即复一函，请勿辞大学委员。……弟对于先生辞大学委员之函，并未默许，仍请继续担任为幸。承规劝之言，甚佩，当铭诸座右。……弟元培敬启 六月二十四日"。（《复胡适函》同日）

6月25日 出席国民党中央政治会议临时会议。会议议决任李石曾等十三人为政治会议北平临时分会委员等六案。

"中央政治会议二十五日上午,开临时会议。出席者薛笃弼、杨树庄、蔡元培、张人杰、谭延闿、叶楚伧、邵力子、丁惟汾、于右任、李烈钧、蒋中正、陈果夫、何应钦、冯玉祥。由蒋中正主席。议决案如下:(一)任李石曾、阎锡山、冯玉祥、张继、刘守中、王法勤、鹿钟麟、赵戴文、蒋作宾、白崇禧、马福祥、陈调元、李宗侗为政治会议北平临时分会委员。(二)任李石曾为政治会议北平临时分会主席。(三)任命商震、韩复榘、徐永昌、段崇林、朱绶光、丁春膏、沈尹默、孙焕仑、李鸿文、温寿泉、严智怡为河北省政府委员。指定商震为主席,并任命孙焕仑兼民政厅长,温寿泉兼建设厅长,严智怡兼教育厅长。(四)任命何基巩为北平特别市市长。南桂馨为天津市特别市市长。(五)加推王正廷为政治会议委员。……"(《时事新报》1928年6月26日)

同日 列席国民党中央常务委员会第一四九次会议。会议讨论起草普及全国小学教育计划等五案。

"中央党部今日下午三时,开第一四九次常务会议。出席者谭延闿、于右任、丁惟汾。列席者蔡元培、丁超五、朱霁青、叶楚伧、陈果夫、经亨颐。主席丁惟汾。讨论事项如下:(一)中央训练部函谓,使普及全国小学教育计划精密起见,拟由中央训练部会同大学院聘请小学教育专家组织委员会办理起草事宜,请公决案。决议由训练部、大学院各派一人,并聘小学教育专家三人为起草委员会,由训练部召集开会。(二)决议通过中国国民党中央执行委员会经济设计委员会组织条例。……"(《时事新报》1928年6月26日)

同日 建议毘卢寺之会采用全国佛学会之名。

"太虚法师慧鉴:晨间奉教,甚感。顷晤张静江先生,谈及毘卢寺之会,最好采用全国佛学会之名而避去教字。……蔡元培敬启 六月二十五日"。(《致太虚函》同日)

6月26日 出席国民政府第七十四次委员会议。会议议决设立裁兵善后委员会等十四案。

"国民政府委员会今日上午九时,开第七十四次会议。出席者经亨颐、宋渊源、张之江、钮永建、蔡元培、李烈钧、谭延闿、于右任、宋子文。列席者徐元浩、王世杰、王正廷。由谭延闿主席。议事情形如下:(一)蒋中正呈请设立裁兵善后委员会。决议通过。(二)中央执行委员会、政治会议咨开,关于京兆直隶区域名称问题,经本会议第一百四十五次会议:1.直隶省改为河北省。2.旧京兆区各县并入河北省。3.北京改名北平。4.北平、天津为特别市。请查照办理。决议照办。(三)中央政治会议咨开,本会议临时会议议决,任命商震、韩复榘、徐永昌、段崇林、朱绶光、丁春膏、沈尹默、孙焕仑、李鸿文、温寿泉、严智怡为河北省政府委员,指定商震为主席,并任命孙焕仑为民政厅长,温寿泉为建设厅长,严智怡为教育厅长,请查照任命。又咨请任命何其巩为北平特别市市长、南桂馨为天津特别市市长。决议照任命。……(十二)决议北京业已改为北平,所有与北平相关之旧有名称用京字者,一律改为北平。……"(《时事新报》1928年6月27日)

6月27日　出席国民党中央政治会议第一四六次会议。会议议决由蔡元培等负责审查刑事诉讼法草案及其施行法草案等七案。

"中央政治会议二十七日上午九时,开第一四六次会议。出席者薛笃弼、丁惟汾、叶楚伧、李烈钧、谭延闿、蔡元培、于右任、陈果夫、杨树庄。由谭延闿主席。议决案如下:(一)决议土地收用法修正通过。(二)决议刑事诉讼法法案及施行法草案,指定李烈钧、叶楚伧、薛笃弼三委员会同司法部、最高法院、法制局审查。由司法部蔡部长召集开会。(三)决议交法制局草拟党员诬告反坐条例。(四)审计院院长于右任函送,改订审计院组织法,请核议。决议通过,送中执委员会交国府公布。(五)决议战地政委会应即取消。(六)决议指定李济深为广东省政府主席。(七)浙江党务指委会条陈:1.严禁收编军阀残余军队。2.裁减兵额。3.采用征兵制。4.节省国帑,为建设费用。决议:将各处送来条陈,汇集分类,送主管机关注意。"(《时事新报》1928年6月28日)

6月28日　列席国民党中央常务委员会第一五〇次会议。

"廿八日上午十时,中央第一五〇次常务会议。出席常委于右任、丁惟汾、谭延闿。列席者李烈钧、经亨颐、陈果夫、丁超五、蔡元培、陈肇英。主席谭延闿。决议案:(一)组织部函请委陈铭枢、蒋光鼐、陶因、李吴桢等九人为第十一军特别党部筹备委员。决议照准。(二)组织部提出政治设计委员会组织条例,请公决案。决议修正通过。(三)组织部函告陈官明请辞驻菲总支部党务指导委员职,拟照准,遗缺以沈祖征补充,请公决案。决议照准。(四)决议禁止招募新兵,缺额不补。(五)民众训练委员会函送民众团体会员总登记规则草案及民众团体会员登记表、登记册式样,请公决案。决议修正通过。……"(上海《民国日报》1928年6月29日)

同日　主持大学院第六次院务会议。

"地点:本院会议室。时间:六月二十八日下午二时。出席:谢树英、吴研因、陈维纶、朱葆勤、赵迺抟、柳扳青、朱经农、许寿裳、孙揆均、俞复、张西曼、曾传统。主席蔡院长。记录曾传统。……讨论事项:(一)继续讨论训政时期施政方案。决议:将已整理的全部方案,修正通过,并推定许秘书长、朱处长、吴科长修饰文字,赶于六月底呈报国民政府。(二)大学条例草案。决议:关于大学各学科分院分系问题,尚待详细商酌,原草案暂保留。……(三)中央训练部派员会同商议起草全国小学教科计划案。议决：推吴研因科长代表本院前往会商。大学委员会议决组之义务计划委员会仍继续进行。"(《大学院公报》第1年第8期)

6月29日 出席国民政府第七十五次委员会议。会议议决同时公布刑法及刑事诉讼法等七案。

"二十九日国府委员开第七十五次会议。出席者丁惟汾、朱霁青、谭延闿、宋渊源、于右任、蔡元培、王伯群、李烈钧、何应钦、钮永建、杨树庄。列席者徐元浩、王世杰、薛笃弼。由谭延闿主席。议事情形如下：(一)中执委会函开,准中央政会函送市组织法及特别市组织法,请转交国府公布,当经本会第一四八次常会议决照送,请查照公布。(二)战地政委会蒋作宾函称,河北省政府地点,北平、天津、保定三处,以何处为适宜,乞迅电示遵。决议定在保定。(三)军委会呈称,前建国湘军第一军独立第一旅旅长黄辉祖,效忠党国,积劳捐躯,拟请准照中将战时积劳病故例给恤其子女品璜等八人,并准分别免费入学,请鉴核示遵。决议给恤照准。(四)财长宋子文呈送,津海关二五附税国库券保管基金条例请鉴核公布,并请派员会同组织委员会办理保管事宜。决议通过。(五)决议财部发行煤油特税短期公债,准予改名为善后短期公债,并予原条例第十四条加入'江苏银行'字样。(六)兼代司法部长蔡元培提议,查中华民国刑法草案业经公布,定七月一日施行。而刑事诉讼法未经公布,拟请明令将刑法施行期展延至本年九月一日为施行期,以待刑事诉讼法公布,同时施行。决议展期至九月一日施行。……"(《时事新报》1928年6月30日)

同日 复电陈嘉庚,海外捐款可径汇国民党中央党部财务委员会。

"新加坡陈嘉庚先生鉴：在报纸上得读赐电,敬谂先生及侨居海外各同志热心赈务,捐款已汇六十万元,甚佩感。承询交款方法,现中央党部已组织财务委员会……并有严密的保管法。嗣后尊处汇款,请径汇南京丁家桥中央党部财务委员会可也。吴敬恒、蔡元培。艳。"(《复陈嘉庚电》同日)

同日 电请阎锡山保护王式通。

"北平阎总司令鉴：王君式通,籍隶山西,耆年好学,不问外事,敬请加意维护。谭延闿、蔡元培。艳。"(《致阎锡山电》同日)

同日 被选为中华教育文化基金会副董事长。

中华教育文化基金董事会"第四次董事年会,于民国十七年六月二十九日在天津利顺德饭店开会。到会者颜惠庆、张伯苓、顾临、顾维钧、郭秉文、周诒春、贝诺德、司徒雷登诸董事。……选出本会十七年度职员如下：董事长,张伯苓。副董事长,蔡元培、孟禄。"(《中华教育文化基金董事会第三次报告》)

6月30日 主持召开中央研究院第二次院务会议。会议议决十七年度预算等问题。

"时间:十七年六月三十日。地点:中央研究院。上午八时开会。出席会员:蔡元培、杨铨、丁燮林、李四光、徐渊摩、王季同、陶孟和、宋梧生、杨端六。主席蔡元培。记录杨端六。议决事项:(一)十六年预算查账问题。议决:先由本院推举二人查账,当推定宋梧生、杨铨二君为查账员。(二)十七年度预算问题。议决:十七年度本院扩充经费十万元,如可领到,除现有机关共支配七万元外,余三万元中,以一万元归历史语言所,一万元归教育研究所,其余一万元尽先提拨补助图书馆建筑费。……"(《国立中央研究院总报告》第1册)

同日 公布中华民国大学院第四七五号训令。

"训令。中华民国大学院训令第四七五号,令各大学、省教育厅、特别市教育局云:为令饬事,本院对于教科图书之发行与采用,现为适应需要起见,暂定变通办法十条,以资救济,除布告周知外,合将布告抄发,其已经本院批准审定,及审竣发还修正,并正在审查各书籍,除随时刊登本院公报外,一并分别饬知,仰即遵照,并转饬所属一体遵照。此令。

中华民国十七年六月三十日 院长蔡元培"。(《申报》1928年7月2日)

同日 自南京赴上海。

"蔡元培、王伯群、曹万顺、熊斌,今夜车赴沪。"(《时事新报》同日)

6月 撰写《蔡幼襄传》一篇。(蔡元培先生抄留底稿)

7月1日 主持上海第一交通大学毕业式并校长王伯群就职典礼。

"昨日第一交通大学举行本届毕业,并王伯群校长就职典礼。行礼如仪后,(一)主席蔡元培报告。(二)王校长宣誓就职。(三)国府委员蔡元培监誓训词。(四)王校长答词。(五)学生会代表致词……(六)王校长答词颇极诚恳,接学生会之要求。(七)给凭。(八)礼成散会。"(上海《民国时报》1928年7月2日)

同日 答复刘英士等关于三民主义考试第六题答案问题。

"英士、孝炎、蘅静三先生鉴:今日阅报,见先生等辞三民主义考试委员书,认此次考试第六题答案'民族主义、民权主义、民生主义是中国革命的口号'为亵渎主义,至为惶恐。敝院所发表之答案,均根据总理三民主义讲演,第六题之答案,总理在民权主义第二讲中,重复言之至三次之多:(一)法国革命的时候,他们革命的口号是自由、平等、博爱三个名词,好比中国革命用民族、民权、民生三个主义一样。(二)从前法国革命的口号是自由,美国革命的口号是独立,我们革命的口号,就是三民主义。(三)从前法国革命的口号是用自由、平等、博爱,我们革命的口号是用民族、民权、民生。幸详为查阅,便知三民主义实为中国革命之口号。关于阅卷一事,当遵命另聘人担任。谨此奉复。蔡元培 七月一日"。(上海《民国日报》1928年7月2日)

7月2日 离上海回南京。

"大学院院长蔡元培,于今晚由沪乘九时三十分夜车进京。"(《时事新报》1928年7月3日)

7月3日 出席国民政府第七十六次会议。

"三日上午九时,国府开第七十六次会议。出席委员李烈钧、谭延闿、于右任、宋渊源、宋子文、王伯群、蔡元培、朱霁青、钮永建、何应钦。主席谭延闿。……讨论事项:(一)安徽省政府委员兼财厅长余谊密呈请辞去本兼各职。决议:慰留。审委会呈称,拟调王伦充该会参谋厅第一局长。决议:照准。(二)军委会呈称,拟调王纶充该会参谋厅第一局长,请鉴核任命。决议:照准。(三)秘书处签呈称,案查江海关二五附税国库券保管基金条例,规定本府派员一人,应派何人,敬请钧裁。决议:派蒋委员作宾。(四)法官惩戒委员会长于右任呈请任命王开置为该会秘书长。决议:照准。……"(上海《民国日报》1928年7月4日)

7月4日 出席国民党中央政治会议第一四七次会议。

"中央政治会议四日开一四七次会议。出席李烈钧、谭延闿、薛笃弼、王正廷、张之江、王伯群、蔡元培、于右任、陈果夫。谭主席。决议案:(一)于右任等报告会计法草案审查结果,请决议施行。决议:会计法大体通过。(二)中央执行委员会函送朱委员霁青对于土地收用法意见书,请将该法复议。决议:土地收用法改称土地征收法,交法制局参照朱委员意见及本会议讨论意见,审查修正,再提会讨论。(三)交通部长王伯群拟具交通事业革新方案一册,及分类条举估计十种,并称交通事业,今后欲期逐步施行,克收成效……由交通部提会讨论。……"(上海《民国日报》1928年7月5日)

7月5日 列席国民党中央常务委员会第一五二次会议。会议通过派杨胜治等人为第十军特别党部筹备委员等九案。

"五日中央党部开一五二次常务会议。出席谭延闿、丁惟汾、于右任。列席李烈钧、丁超五、朱霁青、蔡元培、陈肇英、陈果夫。谭延闿主席。议事情形如下。(一)中央组织部函,拟委:(甲)方振武、方振良、孙光普、何应时、杨玉、李磐祯、朱重民等七人,为第一集团军第四军团总指挥部特别党部筹备员。(乙)阮玄武、孟昭习、徐衍昆、王日新、耿廷桢、陈其元、李宝善等七人,为三十四军特别党部筹备员。(丙)鲍纲、盛士恒、王占林、冯华堂、冯□重、王积昆、程璇等七人,为四十一军特别党部筹备员。(丁)华文选、聂尚宣、孙天放、胡寄梅、姜文锦、史时太、程宗康等七人,为四十二军特别党部筹备员。(戊)高桂滋、赵特夫、高协和、刘礽祺、康新之、王金溥、霍于乐等七人,为四十七军特别党部筹备员。(己)缪培南、吴寄伟、陈芝馨、李江欧、霍吴靖、吴爱萍、岳冷欣等七人为第四军特别党部筹备员,请议决施行案。决议照委。……(八)组织部函为拟派杨胜治、李伯华、王润宇等为第十军特别党部筹备委员。决议照委。……"(《时事新报》1928年7月6日)

同日 主持大学院第七次院务会议。

"地点：本院会议室。时间：七月五日下午三时。出席者：史喻庵、朱经农、吴研因、赵遹抟、谢树英、杨芳、柳扢青、许寿裳、蔡元培、朱葆勤、薛光锜、高与、俞复、孙揆均、林文铮、陈剑翛、曾传统。主席蔡元培。记录曾传统。……（一）关于美术展览会事。决议：（甲）美术展览会在南京开会。（乙）展品之征集、审查及保管，由艺术院负责办理。（丙）经费照原案，由会计科先拨一千元。（丁）个人展品数目，改为至多不得过二十件。外国人出品，更须限制。（戊）奖励作品，可照全国教育会议案，每年拨出二万元作奖金。……（二）艺术院学生宿舍问题。决议：仿照音乐院办法，由艺术院在经常费内每月节存一千元，以两年为度，合计得二万余元。宿舍建筑费最少须两万元，适可相抵。此款可先由大学院挪拨，按月扣还。……"（《大学院公报》第1年第8期）

7月6日 出席国民政府第七十七次委员会议。会议议决简任易恩侯为山东高等法院院长等六案。

"今日国府第七十七次会议。出席委员谭延闿、于右任、李烈钧、王伯群、张之江、宋渊源、朱霁青、丁惟汾、蔡元培、钮永建、宋子文、何应钦。主席谭延闿。讨论事项：（一）中央执行委员会函开，本会第一一○次会议决，禁止招募新兵，缺额不补，并转知军事委员会通令各军遵照。决议严令遵办。（二）兼代司法部长蔡元培提请简任易恩侯为山东高等法院院长。决议照准。（三）兼代司法部部长蔡元培提请简任易恩侯署山东高等法院院长。决议照准。（四）交王呈称，为统一交通行政，发展交通事业及整理债务实施方案起见，拟于八月十日召集全国交通会议，拟具会议规程，请鉴核示遵案。决议核准施行。（五）军委会呈送陆军礼节草案，请鉴核公布。决议指定何应钦、张之江、朱霁青审查，由张之江召集。……"（《时事新报》1928年7月7日）

同日 介绍太虚法师访会法国哲学家柏格森博士。

"柏格森先生大鉴：顷有启者，太虚法师，素研究佛教哲学，持以与其他哲学家理论相比较，著书数种，现来欧洲，深慕先生，愿一闻绪论，如蒙约期一谈，实为厚幸。……中华民国大学院院长蔡元培敬启 十七年七月六日"。（《致柏格森函》同日）

同日 介绍太虚法师访会德国哲学家杜里舒博士。

"杜里舒先生大鉴：……"（内容与《致柏格森函》相同）（《致杜里舒函》同日）

7月7日 出席全国财政会议，并于会前对记者发表关于解决教育经费问题的谈话。

"七日蔡元培以财政监理委员资格，出席全财会大会。开会前，与本报记者作简切谈话：（一）五中全会（会）期，至迟延至七月底。（二）法定人数不生问题。

(三)大学院在财政会议所提四案,即全教会前日所提主张教费独立,并以俄款及意比赔款发行公债等。个人一时不能北上。北平教育由旧有及新派各去员办理。……(五)北大决定名中华大学,惟旧有教员、学生极力运动保存原名。(六)个人对全财会感想,甚盼能将裁兵及财政统一等重大事件,略为解决。"(《申报》1928年7月8日)

7月8日 为张元济作《涉园续刊》撰写序文一篇。

"菊哥大鉴:前次到沪,未及趋访,想起居安善。命作《涉园续刊》序,久不报,甚歉。顷始脱稿,奉上,祈削正之。……弟元培敬启 七月八日"(《致张元济函》同日)

7月9日 列席国民党中央常务委员会第一五四次会议。会议决延期召开中央执监委员第五次全体会议等七案。

"今日中央党部开一五四次常务会议。出席者谭延闿、于右任、丁惟汾。列席朱霁青、经亨颐、叶楚伧、蔡元培、白云梯、丁超五、缪斌、陈果夫、恩克巴图。主席于右任。议决案如下:(一)蒋中正电询第五次全会可否延期案。决议第五次全体会议延期至八月一日。(二)民众训练委员会提出工会组织暂行条例草案。决议修正通过,交国府公布。(三)决议委南桂馨、潘云超、王道元、刘朴忱、杨以周、郭树荣、韩振声、刘天素、穆之振等九人,为天津特别市党务指导委员。(四)决议委韩少奇、熊鸿昭、沙吾提河基、定希程、李子峰五人为新疆省党部筹备员。(五)决议委郑文利、李垕身、施嘉幹、陈福海、闵罗丙五人,为沪宁沪杭铁路特别党部筹备员。(六)白云梯提议建筑中央党部职员宿舍案。决议从速建筑。……"《时事新报》1928年7月10日)

7月10日 出席国民政府第七十八次委员会议。会议通过裁兵善后委员会组织条例草案等案。

"十日国府委员会第七十八次会议。出席者谭延闿、张人杰、于右任、李烈钧、张之江、宋渊源、朱霁青、蔡元培、钮永建、经亨颐、白云梯。……讨论事项:(一)军委会拟呈裁兵善后委员会组织条例草案,请鉴核施行。决议修正通过公布。(二)财政部部长宋子文,呈请核示各省旧欠田赋豁免办法。决议十六年十二月三十一日以前旧欠田赋,实欠在民者一律豁免。(三)秘书处转呈司法部函称,湖南省政府主席鲁涤平电荐石铭勋充任湘省特别刑事地方临时法庭庭长一案,如可准予任命请转呈鉴核。决议照任命。(四)外交部长王正廷提议称本部原设次长二员,现在部务殷繁,尚有次长一缺拟请简任朱兆莘充任。决议照任命。……"(《时事新报》1928年7月11日)

7月11日 出席国民党中央政治会议第一四八次会议。会议议决通过暂行特种刑事诬告治罪法等十二案。

"今日中央政治会议开一四八次会议。出席委员蔡元培、叶楚伧、于右任、李烈钧、张人杰、丁惟汾、薛笃弼、谭延闿、王正廷、陈果夫、何应钦。谭主席。议决案如下：（一）决议暂行特种刑事诬告治罪法通过。（二）决议违警刑法通过。（三）决议修正惩治土豪劣绅条例。决议于第九条下增加一项如下：凡犯本条例之罪，在本条例实行前尚未经过审判者，概依本条例处断。（四）决议土地征收法通过。（五）决议：1. 省政府委员与特别市市长，不得由一人兼任。2. 兼南京特别市市长何民魂，着免去兼职，专任江苏省政府委员。（六）决议任命刘纪文为南京特别市市长。（七）决议任命杨兆秦兼山西省民政厅长。……"（《时事新报》1928年7月12日）

7月12日 列席国民党中央常务委员会第一五五次会议。会议议决交国民政府公布违禁罚法等十案。

"今日中央党部开第一五五次常务会议。出席委员于右任、谭延闿、丁惟汾。列席叶楚伧、缪斌、朱霁青、恩克巴图、李烈钧、经亨颐、周启刚、陈果夫、蔡元培。主席丁惟汾。议决案如下：（一）中央政治会议函送，一四八次政治会议议决违禁罚法五十三条，请转交国府公布施行案。决议交国府公布。（二）中央监察委员会函，南京特别市党务指导委员会弹劾吴稚晖同志在汉对报界谈话，违反纪律，破坏党务一案，仅凭报纸登载引为口实，尤为荒谬，复未奉中央批复，公然印发弹劾呈文，分送各报登载，此种举动，任为重大错误，应予警告，将印刷品二纸函送提出公决执行，并见复案。决议照办。……"（《时事新报》1928年7月13日）

同日 主持大学院第八次院务会议。

"地点：本院会议室。时间：七月十二日下午二时。出席者：史喻庵、朱经农、赵迺抟、毛常、谢树英、柳扳青、许寿裳、朱葆勤、薛光锜、高与、俞复、孙揆均、曾传统。主席蔡元培。记录曾传统。……讨论事项：（一）美术展览会各项大纲。议决：大学院美术展览会组织大纲、筹备委员会组织大纲、审查委员会组织大纲、征集条例、奖励条例等五种。议决：均照参事室所签注之点，修正通过，并函知艺术委员会。（二）中央农林教育委员会组织大纲草案。议决：照原草案修正通过，条例改为大纲。（三）中央民众教育设计委员会组织大纲草案。议决：照原草案修正通过，条例改为大纲。（四）厘定告假手续。议决：请假人员由各处处长核准，送院长决定，发交秘书处登记。"（《大学院公报》第1年第8期）

7月13日 出席国民政府第七十九次委员会议。会议决议修正公权度标准案等事项。

"国府委员会十三日开第七十九次会议。出席委员谭延闿、张人杰、于右任、蔡元培、宋渊源、丁惟汾、朱霁青、张之江、钮永建、何应钦、李烈钧。……讨论事项：（一）蔡元培、钮永建、王世杰等报告划一权度标准案，业经详细审核，并调集各方之意见书比较表等悉心研究,金以全国权度,极宜划一,民间习惯,亦当照顾。兹采用工商部原案之第二办法,拟具中华民国权度标准方案,敬候公决。决议修正公布。(二)蔡元培、王世杰、徐元浩等报告处理遗产条例修正案,已遵照日前会议多数人之意见,重加修正,附送修正案全文,请公决。决议修正公布。(三)宋哲元虞电称陕西连年兵燹,今岁麦收歉薄,入夏亢旱,稻禾复槁,灾象已成,请迅拨巨款,俾资救济。决议函中央党部请拨华侨捐款三十万元,赈济北平、陕西、热河、绥远、察哈尔等灾区。(四)于右任呈请简任贺世晋、闻亦有、王士铎、朱宗涛、周增奎、王培原、杨汝梅、赵希复、常云湄、林襟宇十员,为审计院审计员案。决议照任命。(五)于右任呈请简任王世铎以审计员兼署总务处处长、王培原以审计员兼署第一厅厅长、贺世晋以审计员兼署第二厅厅长案。决议照准。……"(《时事新报》1928年7月14日)

同日 为武汉大学募集助款。

"德邻主席大鉴:日前武汉大学筹备委员会李四光、周鲠生两君来,言及武汉大学筹建新校舍,希望先生赞助,托为转达。……弟明知武汉方面财政困难,裁兵一切,需费正大,而犹代武汉大学为此特别请求者,实因有鉴于大学教育为建设事业中最基本之一项。广东、广西既投巨款以兴大学,武汉为中部重镇,向亦为文化学术之中心,感觉此项需要更切。武汉分会诸公如肯慨然于万难之中,拨出上项临时费,以树立武汉大学永久不拔之基,岂惟武汉一隅之光荣,先生等所以间接造福于全国学术文化者,亦匪浅鲜矣。……弟蔡元培"。(《致李宗仁函》同日)

7月14日 自南京到上海。

"国府主席谭延闿于前晚偕代理法长蔡元培,由宁来沪公干,业于昨晨抵埠。"(《申报》1928年7月15日)

同日 介绍太虚法师访会英国哲学家伯兰特·罗素。

"亲爱的罗素先生:我非常愉快地向您介绍佛教学者太虚,他曾著有关于佛学及其他各派哲学比较研究的专书多种。太虚现往欧洲游历,他希望见到您,并有若干哲学问题向您请教。您如能约定时间接待他,我将深感欣幸。……中华民国大学院院长蔡元培"。(《致罗素函》同日)

7月15日 往清凉寺,祭奠蔡公时烈士。

"昨日为国民政府外交部特派江苏交涉员蔡公时同志开吊之日。自上午八时起至下午六时止,清凉寺前,素车白马,盛极一时,挽联琳琅,亦荣亦哀,市公安局并派军乐队前奏哀乐。往祭人物,国民政府代表上海市长张定璠,外交部代表秘书长樊光,大学院院长蔡孑民、副院长杨杏佛,总司令代表张正明,……其他各团体及个人先后往祭者共约一千二百人。"(《时事新报》1928年7月16日)

蔡元培先生挽蔡公时先生联:

"躯壳云亡，亘古精神系党国；牺牲受辱，千秋气节贯星辰。"（《时事新报》1928年7月15日）

7月17日 呈送中央国术会组织大纲修正草案，获"准予备案"。

"十七日国府委员会八十次会议。出席委员于右任、李烈钧、谭延闿、经亨颐、宋渊源、钮永建、张之江、张人杰。……讨论事项：（一）中央执委会函开，本会于一五五次常务会议准中央政治会议函送违警罚法到会，当经议决交国府公布，请查照办理。决议公布。（二）张之江、何应钦、朱霁青提呈，对于陆军礼节草案之审查报告，请公决。决修改通过，公布。（三）蔡元培呈送中央国术会组织大纲修正草案请核议。决议准予备案。（四）张人杰、于右任提议，由政府函请中央党部加拨范鸿仙烈士葬费一万七千元案。决议照办。（五）秘书部转呈内长薛笃弼函请指拨的款，办理各地赈灾办法案。决议指定薛笃弼、李烈钧、钮永建，召集河北、山东赈灾委员会委员商洽。……"（《时事新报》1928年7月18日）

7月19日 致电四川省当局，请维护教育经费独立，以巩固教育基础。

"……大学院蔡元培有二电致川中将领：（一）成大盐款六十万照拨。（二）肉税交出以维教育经费独立。又重庆革新通讯社消息，……中央大学院蔡元培院长为关心四川教育，日前特电四川当局，请维护教费独立，以巩固教育基础。"（《吴虞日记》同日）

7月20日 出席国民政府第八十一次委员会议。会议决议公布暂行特种刑事诬告治罪法等六案。

"今日国民政府开第八十一次会议。出席者于右任、张之江、谭延闿、钮永建、宋渊源、李烈钧、蔡元培、朱霁青、白云梯。主席谭延闿。会议情形。……（一）中央执委会函送暂行特种刑事诬告治罪法请公布。决议通过公布。（二）内政部长薛笃弼呈，为研究各种内务行政起见，拟召集全国内政会议，拟订全国内政会议规程草案，及会议纲要各一件，送请鉴核，并称如蒙批准，拟即由部公布，与禁烟会议同时召集，先后举行。决议照准。（三）法制局呈复，奉交军委会所拟陆海空军平时战时抚恤条例草案，经逐条审核，加以修正，请鉴核施行。决议通过，公布。（四）秘书处转呈，法制局函送，特准探采煤油矿暂行条例草案，请查照转呈。决议照准。……"（《时事新报》1928年7月21日）

同日 出席南京市长刘纪文就职典礼。

"南京市长刘纪文二十日下午四时在市府大礼堂宣誓就职。到谭延闿、蔡元培、钮永建、何应钦、叶楚伧、张寿镛、朱霁青、王正廷、薛笃弼，及各机关代表、民众团体、市府职员共二千余人。（一）谭主席诵遗嘱授印。（二）中央党部代表朱霁青致训词。（三）国府代表谭延闿致训词。（四）军委会代表谓：各国首都，莫不雄壮。希望南京，亦能蔚成，建设完美之首都，以表曝于世界，发扬革命政府之建设精神。

(五)总司令代表何应钦致词。……最后刘答词,谓承教当努力做去,以后仍乞不吝赐教。"(上海《民国日报》1928年7月21日)

7月23日 列席国民党中央常务委员会第一五八次会议。会议决议任用无线电收音人员计划等六案。

"中央党部二十三日下午二时开第一五八次常务会议。出席者丁惟汾、谭延闿、于右任。列席者蔡元培、恩克巴图、陈兆英、周启刚、陈果夫、李烈钧。叶楚伧主席。决议案如下:(一)代理宣传部长叶楚伧呈,为前拟筹设广播无线电台计划,业奉中央一五五次常会通过,兹为训练相当人员,藉资应用起见,特订定任用无线电收音人员计划,呈请查核,即将所列经费照拨案。决议照办。(二)代理宣传部长叶楚伧呈,为前拟筹设广播无线电计划,业奉中央第一五五次常会通过,兹为训练相当人员,藉兹应用起见,特制定任用无线电收音计划,呈请审核,即饬会计科将所列经费照拨案。决议照办。(三)南京特别市党务指委会邱河清等呈,为江苏省会业由苏省府第十九次会议决定迁往镇江,特再呈恳转乞国府,将苏省财政厅原址,明令拨作该会永远会址,使归还教堂而利党务进行案。决议照办。……"(《时事新报》1928年7月24日)

同日 发布大学院通令,要求各地方筹设义务教育委员会。

"大学院院长蔡元培,以厉行义务教育,亟须筹设委员会计划进行,二十三日训令各省区、各特别市教育行政机关文云:为通令厉行义务教育,筹设委员会计划进行事。世界自由平等之国家,殆无不行义务教育之制者。吾中国国民党以三民主义治国,党国之基础,在全体国民。惟我国教育尚未发达,国民多数缺乏相当之智识能力。总理在革命过程中既定'唤起民众,共同奋斗'之方针,又于手制之政纲中特定'厉行普及教育'一项,义务教育之亟宜进行,于此可见。重以军政渐次结束,训政业已开始,欲我国民咸知三民主义之要求,咸能保我民族、行使民权、求裕民生,均非厉行义务教育不为功,过去之民众以未受教育尚未能悉明党义,将来之民众则不能不藉义务教育之力领导之,使了解我党之主张而为实行三民主义之主体也。本院有鉴于此,深觉义务教育之进行,在此时期,无论经费若何竭蹶、进行若何不易,必须全力赴之,不容稍缓。故改组中央义务教育委员会,主持全国义务教育之计划,业已制定章程,着手进行在案,并望各省区各市县均设义务教育委员会,襄助教育行政机关及促进义务教育,其已设县教育行政委员者,亦宜对于此项目标,切保负责进行,勿稍玩忽,务期于民国十八年五月底以前,制订推行义务教育计划,于计划完成之日起,并期每两年减少失学儿童百分之二十,至经费则应由各地方指定专款,或规定地方全部收入(各项附加税包括在内)百分之几十,作为义务教育经费,各省更宜筹定的款,以为市县义务教育之补助,并须将推行义务教育成绩,按年呈报本院,以凭考核。此令。"(上海《民国日报》1928年7月25日)

7月24日 出席国民政府第八十二次委员会议。会议决议公布土地征收法等八案。

"二十四日国府第八十二次会议。出席委员谭延闿、于右任、李烈钧、蔡元培、张之江、宋渊源、何应钦。列席徐元诰、薛笃弼、熊斌、王世杰、吴藻华、王正廷。主席谭延闿。……讨论事项：（一）中执会函开，本会第一五七次常务会议，准中政会函送土地征收法请交国府公布，当经议决照办。兹检送土地征收法请查照公布。决议公布。（二）薛部长报告中央处理逆产委员会委员人选，经于本月二十日在本府开会讨论，拟以徐元诰、经亨颐、田桐、朱绍良、刘维训充任，是否有当，静候公决。决议照办，指定经委员为主席。（三）张委员之江、钮委员永建、宋委员渊源、何委员应钦、薛部长笃弼呈报，于本月十八日在内政部开会，研究禁烟委员会委员人选，拟以蒋中正、冯玉祥、阎锡山、李宗仁、李济深、何应钦、钟可托、李登辉、张之江、李烈钧、陈绍宽、薛笃弼等十二人为委员，是否有当，请鉴核。决议照办，指定张之江为主席。薛笃弼、常可托为常务委员。（四）国民革命军总司令蒋中正呈送，第一次改编部队，师旅长刘峙等衔名表，请鉴核，俯赐任命，并刊发关防，以资信守。决议照任命。（五）内政部长薛笃弼呈称，参事张秀陞另有差委，遗缺拟请任命科长杜曜其升任。决议照任命。……"

"本日府会尚有重要议案如下：司法部呈请于北平设最高法院第一分院，甘肃设第二分院，四川设第三分院，云南设第四分院。凡山西、热河、绥远、察哈尔、河北、东三省诉讼，均归第一分院管辖。决议，俟法院编制法制定后再议。"（上海《民国日报》1928年7月25日）

7月25日 出席国民党中央政治会议第一五〇次会议。会议讨论施行村制等六项议案。

"中央政治会议今日开第一五〇次会议。出席者于右任、薛笃弼、蔡元培、谭延闿、李烈钧、陈果夫、丁惟汾、王正廷。……讨论事项：（一）阎委员锡山提议请施行村制，并缕述村制之得益及其组织，以政治上种种关系是否可行请公决。决议交内政部、法制局作制定县组织法之参考。（二）古委员应芬转总理法律顾问美国律师林百克，请委派驻美财政设计专门委员及在美设立华人银行之建议书。决议交国民政府。（三）法制局拟送工会法草案，请公决施行。决议将工会法草案交法制局参照工会组织暂行条例整理后再提出。（四）中央执行委员会转山东省党务指导委员会呈送制定最近政治纲领，以作政治实施最低限度标准，请核议。决议指定丁惟汾、薛笃弼二委员审查。……"（《时事新报》1928年7月26日）

7月26日 列席国民党中央常务委员会第一五九次会议。会议修正通过农会组织条例等四案。

"本日上午九时开中央一五九次常务会议。到丁惟汾、谭延闿、于右任、李烈钧、丁超五、朱霁青、叶楚伧、恩克巴图、周启刚、陈果夫、蔡元培、陈肇英。主席丁惟汾。议决各案如下：(一)中央民训会函送农会组织条例,请公决案。决议修正通过。(二)中央民训会函送特种工会组织条例,请公决案。决议通过。(三)中央组织部函请委张义华、徐方、林逸圣、严敬、李石桥、运龙翔、高寿庸等七人,为第八军特别党部筹备委员,请公决案。决议照准。(四)中央训练部函为择定丁家桥前南洋劝业会旧址,及所有圈地,为建筑中央高级党政训练所所址,及操场之用,拟请议决,并函国府令饬首都建设委员会遵照拨用。又该所学生名数六百余名,所址须极宽大,方能容纳,兹拟定建筑费十五万元。决议经费暂定十五万元,地址另觅。……"(《时事新报》1928年7月27日)

同日 主持大学院第九次院务会议。

"地点:本院会议室。时间:七月二十六日。出席:杨芳、俞复、薛光锜、朱葆勤、柳扳青、朱经农、高与、许寿裳、蔡元培、吴研因、陈维纶。主席蔡元培。记录曾传统。……讨论事项:(一)捐资兴学褒奖条例。议决:照原草案修正通过。标题'捐助'改'捐资'。(二)全国教育会议议决,应如何审定实施案。议决:照普通教育处分配办法,略加修改,由各处审酌议决案内容,并参照本院实施纲领,决定施行的先后,最好由各处将各案经办、现办、后办三种程序编列成表,提出下次会议,以便汇订。(三)决议:加推谢树英为学制系统公布文〔件〕起草员。议决:通过。"(《大学院公报》第1年第8期)

同日 发送于右任、宋渊源等出席会议通知。

"径启者:……内政部拟订地方行政人员训练处,各省地方行政人员训练所等七种条例,及外交部举行驻外使领职员考试简章各件呈复意见,经国府第八十一次会议决定,由弟召集审查。兹定本月二十八日(星期六)午后四时,在大学院开会,用特函请查照,准时莅临,至为企盼。此致

于委员右任　宋委员渊源　钮委员永建　王部长正廷　薛部长笃弼　王局长世杰
弟蔡元培敬启　七月二十六日"。(《致于右任等函》同日)

7月27日 出席国民政府第八十三次委员会议,会上提出司法官考试典试委员会条例及司法官考试暂行条例议案。

"二十七日国府委员会开八十三次会议。出席者于右任、张之江、谭延闿、李烈钧、杨树庄、蔡元培、丁惟汾、朱霁青、宋渊源、何应钦。……讨论事项:(一)中央执行委员会决议刑事诉讼法交国府公布,请查照办理。决议公布。(二)蔡元培提司法官考试典试委员会条例十一条,又司法官考试暂行条例二十四条。决议交法制局审查。(三)国民革命军总司令蒋中正,呈请将所辖各军,自出师以来,立有勋劳人员与夫死伤残废将士,规定奖叙抚恤条例,明令颁布,以便遵行。决议交军委会速拟呈奖叙条例。(四)审计院院长于右任呈送十七年度岁出预算书,请鉴核饬

拨。决议交财政部。……"(《时事新报》1928 年 7 月 28 日)

同日 拟订改组清华学校董事会提案。

"清华学校改归大学院管辖,已奉国民政府明令规定在案。现因历史上之关系,拟暂由大学院会同外交部处理。其处理方案,宜先从该组董事会着手。特拟董事会组织人选如左(下):

(一)当然董事:大学院长、外交部长、美国驻华公使。

(二)大学院会同外交部聘任国内学术专家四人(内二人系清华学校出身)。

至该校董事会董事,系外交部长、次长及美使三人,合并声明。是否有当,敬请公决。

提议者:大学院长 外交部长"。(蔡元培先生手稿)

同日 发布交换小学教育意见办法通令。

"大学院院长蔡元培,为交换小学意见事,通令各省区、各特别市教育行政机关。文云:

为通令各省市交换小学教育意见事。自这次革命改制以后,各省市对于教育,一定有许多新的建设、新的发展,本院以为教育贵在通力合作,互相研究,互换意见,甲地方如有悬而未决的问题,乙地方或已有办法;这机关如有较可施行的方法,那机关或也可以采用,要是互相研究,互换意见,那就困难不难解决,良法得以推行了。从事教育的,个人之间尚且有研究讨论的机合,我们各省市教育机关,方以学术化为号召,怎可不联络进行,以求通力合作呢!为此,令行全国各省市教育行政教育机关,仰即根据所附'交换小学教育意见办法'提出关于小学教育的意见,随时交换,是所至望。此令。"(《申报》1928 年 7 月 27 日)

7 月 29 日 在国民政府常会提议改组中华教育文化基金董事会,获通过。

"大学院院长蔡元培于昨日国府常会时,提议改组中华教育文化基金董事会案,议决照办。兹将提案原文及改组人员姓名录后:中华教育文化基金董事会于民国十三年九月十七日,由贿选总统曹锟以大总统令,委派董事十五人组织成立。现在国民政府统一全国,此种贿选命令,自应根本取消,且所任命之董事中,有为国民政府所通缉者,有为拥护贿选之官僚与军阀者,皆不当任其主持国民革命之教育文化事业,拟请国民政府明令取消贿选时代成立之中华教育文化基金董事会,另颁董事会章程,新任命董事主持会务。国民革命之教育文化事业前途,实利赖之,是否有当,务希公决。拟请国府任命董事,中国:胡适、赵元任、施肇基、翁文灏、蔡元培、汪兆铭、伍朝枢、蒋梦麟、李石曾、孙科;美国:贝克、贝诺德、孟禄、顾明、司徒雷登。"(《时事新报》1928 年 7 月 30 日)

同日 为提倡语体文事,发布大学院通令。

"大学院院长蔡元培,为提倡语体文事训令各省区、各特别市教育行政机关。

文云:为通令提倡语体文事,案据全国教育会议议决,提倡语体文,以利小学教育的改进。本院深觉全国教育会议议决的办法,实有施行的必要。为此除分令外,仰即切实遵照办理,并转令各小学和初级中学,一体遵照办理,不得有违。此令。"(《时事新报》1928年7月29日)

7月30日 列席国民党中央常务委员会第一六〇次会议。会议议决各学校增加党义课程等七案。

"今日午后二时,中央党部开一六〇次常务会议。出席者谭延闿、于右任。列席者李烈钧、邵力子、朱霁青、周启刚、陈肇英、缪斌、蔡元培、柏文蔚、柳亚子。主席谭延闿。讨论各案如下:(一)中央训练部函……特制定各校增加党义课程暂行通则,拟请决议公布,并函国府转大学院,通令全国各级学校切实施行案。修正通过。(二)中央训练部函,为贯彻党治起见,拟请决议通令各级党部切实施行,并交国府饬属遵照实行,是否有当,请公决案。决议修正通过。(三)中央组织部函,拟派陈书农、项昌权、林洪冠、王启江、刘欧初、陈锦、陆式超、陈齐、宋国枢等九人,为驻法总支部党务指导委员,请核议。决议照委。(四)八月一日上午八时开五次全会预备会,如不足法定人数,即开谈话会。(五)组织部提议,陕西党务指委焦易堂、史临川、曹配言、张志俊,均因事不能赴任,请中央将焦易堂等四人任命一并撤回,请改潘士安、梁俊章、过之翰、王惠四人补充,是否有当,请公决案。决议照准。(六)中央组织部函,为拟具省执委会组织条例,省执委会组织细则,海员、铁路特别党部筹委会组织条例,党团组织通则,请公决案。决议修正通过。(七)决议中央组织部调查科主任陈立夫辞职,由张道藩代理。"(《时事新报》1928年7月31日)

同日 出席国民党中央执监委员谈话会。

"谭延闿、李烈钧、于右任、蔡元培、蒋介石、李石曾等中央执监委员二十余人,于三十日午后在中央党部开谈话会,议决第五次全体会议之准备事项,决定从八月一日至三日开预备会议,从四日起约一星期,开第五次全体正式会议。"(《时事新报》1928年8月1日)

同日 发布关于师范学校制度的大学院令。

"为令遵事。查本年五月间,本院召集全国教育会议,有关师范学校制度,各处提案甚多。会中并案审查,先后讨论,当经议决送由本院采择施行。本院详加审核,见所议决案,于列邦通行之学制,及我国现时之实况,俱能兼筹并顾,亟应照录原案,通令遵照,以利推行,除分令外,合将议决原案一并检发,令仰该长即便遵照并转饬所属一体遵照。此令。"(《申报》1928年7月30日)

7月31日 答上海《民国日报》记者问。

"(记者)问:二届五中全会明晨决开会否?(蔡)答:准时开会,如执委出席足法定人数,则开预备会,不足改谈话会。问:先生对政治分会认为须继续设立否?答:政治分会为权宜组织,到训政实施后,无设立之必要,惟目下尚未至裁撤时期。问:对全会观察如何?答:甚乐观。问:先生有意见发表否?答:无特殊意见。问:教育经费独立案将提出否?答:此为规定于第一次全国代表大会宣言者,无再提必要,惟求实行耳。问:中央前令各级党部不得自由发表意见,与民主集权意义合否?答:各级党部对内得向中央建议,对外不应单独发表主张,免各地意见分歧。"(上海《民国日报》1928年8月1日)

同日 出席谭延闿、蒋介石的宴请,席间谈话甚久。

"今晚六时,谭、蒋宴请在京中执中监各委员,到刘守中、于右任、陈嘉佑、黄实、周启刚、何应钦、恩克巴图、柏文蔚、缪斌、蔡元培、陈果夫、柳亚子、邵力子、郭春涛等,席间谈话颇久,至九时后始散。"(《申报》1928年8月1日)

7月 与王世裕、汤日新等人联名发起为秋瑾建祠筑亭募捐。

"鉴湖女侠秋君,成仁已二十有一年。去岁,故乡越社诸君子,谋建风雨亭于女侠就义之所,集资千金,以地隘费少,未能兴工。今岁,广丰汤君又斋来长吾县,锐意兴举,拟购左右民居,拓展其址,并于女侠当日囚系之旧山阴县典史署,为女侠建祠。约计购地建筑之费,非六七千金不办。议从事募捐,如有余资,则储为秋祠常费基金。夫民国肇造,赖诸先烈牺牲之功为多,女侠更为女界之第一人,不有表彰,恶足以示来兹?故为弁数言。所望邦之贤哲慕义之士,解囊输将,早观厥成;庶后之人凭吊流连,足以兴其爱国观念,民国人心,益以巩固,予实馨香祝之。

中华民国十七年七月

发起人:蔡元培 汤日新(县长) 王世裕 姚烈 陈升(警局长) 王述曾 张钟湘 任家瑛(党部常务员) 杜子懋"。(蔡元培先生抄留底稿)

同月 为罗群烈士题词。

"罗群烈士不朽 杀身成仁 蔡元培题(印)"。(《国闻周报》1928年第27期)

同月 撰写《论容许外人杂居内地的危险》一文。(蔡元培先生手稿)

8月1日 出席国民党中央执监委员谈话会。

"中央执监委员第五次大会今日开谈话会,下午四时在中央会议厅举行。出席者执行委员丁超五、于右任、朱霁青、黄实、陈嘉佑、周启刚、谭延闿、蒋中正、何应钦、刘守中、柏烈武、恩克巴图、戴季陶、李济深、经亨颐、陈肇英、缪斌。监委柳亚子、陈果夫、邵力子、蔡元培、李石曾、张人杰。……决:(一)三日午后开提案研究会。(二)四日上午八时开第一次预备会。"(《时事新报》1928年8月2日)

同日 通令各省区、特别市教育行政机关增进小学教员待遇。

"大学院院长蔡元培以小学教员之待遇,极宜增进,已规定薪水制度,同时希望小学教员崇尚节俭,勿为堕落之生活。一日通令各省区各特别市教育行政机关及

国立院校转饬所属遵照。原文录左(文略)。"(《申报》1928年8月3日)

8月2日 为《全国教育会议报告》撰序一篇。(该书 商务印书馆1928年版)

8月3日 出席国民政府第八十五次委员会议。会议讨论通过司法官任用考试暂行条例等八案。

"国民政府委员会今日开八十五次会议。出席委员李烈钧、宋子文、谭延闿、于右任、蔡元培、王伯群、杨树庄、张之江、宋渊源、戴传贤、何应钦、李宗仁。主席谭延闿。讨论事项：(一)外长王正廷呈称，查派赴国际联合会代表在欧设有办事处，向例管理人员，由首席代表充任，现在赴会代表既经派定，所有代表办事处事务，拟援案请派首席代表施肇基整理。决议照办。(二)南京特别市长刘纪文拟呈建设首都议案五款，请核转五中全会核议施行。决议交建设委员会、财部、内部核议具复。(三)内长薛笃弼告称，遵令核议抚恤杨增新一案，拟请颁给治丧费三千元，即派新省大员就近致祭，灵柩归籍时，由经过地方官吏妥为照料，并给以遗族恤金，以示优异，是否有当，请鉴核施行。决议照办。(四)朱培德呈请准辞去江西省政府主席暨委员职务，俾得专心服务中央，藉报党国。决议慰留。(五)黄实呈请准予辞去江西省府委员及财厅长职务，俾得专心供职中央，以报党国。决议慰留。(六)兼代司法部长蔡元培提议简任田汝翼署山西高等法院院长。决议照办。(七)蔡元培提议审查司法官任用考试暂行条例之修正草案。决议通过。(八)蔡元培提送审查驻外使领馆职员任用考试条例之修正草案。决议修正通过。"(《时事新报》1928年8月4日)

同日 主持大学院第十次院务会议。

"第十次会议。地点：本院会议室。时间：八月三日下午三时。出席者：许寿裳、高鲁、朱经农、朱葆勤、柳扳青、俞复、孙揆均、史喻庵、谢树英、杨芳、薛光锜、陈维纶、蔡元培、高与、张西曼。主席蔡元培。记录柳扳青。……讨论事项：一、专门学校条例。由主席逐条讨论修正通过，内有两条保留。二、审查高级中学以上学校军事教官服务规程。由主席逐条讨论，修正通过。三、由许秘书长报告中华民国教育宗旨说明书。议决：由列席诸人将原案于会议后详加审查，俟下星期一临时院务会议再行讨论。四、由许秘书长、孙处长报告在国府内政部会议关于训政时期内施政纲领之经过，因明日开小组会议，故急将本院训政时期施政纲领拟就，由主席将草案原文逐条讨论，修正通过。"(《大学院公报》第1年第9期)

同日 出席国民党中央执监委员二届五次提案审查会，讨论关于中央党务会议等提案。

"五中全会三日晚八时开提案审查会，到执委戴季陶、丁超五、周启刚、于右任、黄实、朱培德、朱霁青、陈嘉祐、刘守中、何应钦、谭延闿。监委陈果夫、蔡元培……于右任主席。开会后，即开始讨论关于中央常务会议之各条，讨论结果：一、依照建国大纲规定施行方案。决议,提出预备会。二、不发表。三、结束军事整顿军队案。决议,提出预备会。四、统一财政确定预算案。决议,提出预备会。"(《申报》1928年8月4日)

8月4日 出席国民党中央执监委员第二届第五次全体会议第一次预备会。

"第五次中央全会第一次预备会,昨午前九至十一时在中央会议厅举行。到执委谭延闿、李烈钧、丁超五、宋子文、于右任、周启刚、朱培德、黄实、恩克巴图、陈嘉佑、朱霁青、刘守中、蒋中正、李济深、戴传贤、何应钦、丁惟汾、经亨颐、缪斌等十九人。监委到蔡元培、陈果夫、邵力子、张人杰。候补到李福林、郭春涛、李宗仁。蒋中正主席。决议案:(一)程潜业经第一四八次常务会决议停职,应予追认,以候补委员缪斌递补。(二)本月七日上午八时,开第二次预备会。(三)审查委员会以谭延闿、蒋中正、于右任、戴传贤、丁惟汾五人组织之。"(《时事新报》1928年8月5日)

8月5日 邵力子对蔡元培所提取消青年运动案,不表赞成。

"蔡元培所提取消青年运动案,各委意见不一。邵力子以为学生会在北伐前即有此组织,如不违反本党政策,自应存在,惟其固有系统与组织,有修改必要。各委对邵此种意见,颇多赞同。"(《时事新报》1928年8月6日)

同日 杨铨(杏佛)谓,关于青年运动案,不是蔡元培个人意见。

"自七月三十一日《新闻报》载有大学院院长蔡孑民先生在五中会议提议青年运动不继续之专电后,上海学联会曾发表宣言,并致书蔡氏反对取消青年运动。记者昨晤大学院副院长杨杏佛氏,谈及此事。兹录当时问答如下:(问)蔡院长向五中会议所提之青年运动现在不宜继续案,内容究竟如何,先生能见告否?(答)余因事留沪,尚未见此案原文,但知此案并非蔡先生个人之提议,乃大学委员会及全国教育会议提出未决之案。今年春间,曾有人在大学委员会根据中央四次会议宣言,提一维持教育救济青年案。大学委员会因此案关系本党民众训练方针,特请中央党部出席,共同讨论,并由此联席会议,推定陈果夫、刘大白及余三人为审查并修正此案之委员,嗣因修正案与原提案人意见不甚同,大学委员会乃以原案及修正案汇送中央党部,以备参考选择。五月间,全国教育会议在京开会,两广教育厅及国立中山大学,复有类似之提案。大会因案涉本党民众训练及青年运动理论、方略,讨论甚久,卒议决仍将全案由大学院呈请中央党部决定。闻中央党部常务会议复因此案关系甚大,主由五中大会解决。报上载蔡院长关于青年运动之提案,当即大学委员会中根据四中会议宣言之救济青年案,即全国教育会议中,广州中山大学及两广教育厅所提之关于青年运动案两案之合并也。"(《时事新报》同日)

8月6日 主持大学院第十一次临时院务会议。

"地点:本院会议室。时间:八月六日下午三时。出席者:孙揆均、俞复、薛光铸、朱葆勤、柳扳青、杨芳、谢树英、陈维纶、许寿裳、高与、朱经农、赵迺抟、蔡元培、张西曼、张奚若。主席蔡元培。记录柳扳青。……讨论事项：一、中华民国教育宗旨的说明书。议决：由许寿裳、朱经农、赵迺抟、朱葆勤、张奚若五人担任修改，预备明日提出大学委员会审议……二、中华民国学制系统草案，照原案修正通过。三、高级中学以上军事教官服务条例。议决：照原案修正通过。"(《大学院公报》第1年第9期)

8月7日 招待中华农学会、新中国农学会、中华林学会三团体会员。

"今日大学院院长蔡元培、农部长易培基，招待中华农学会、新中国农学会、中华林学会三团体会员，共百六十余人。蔡致欢迎词。易氏因在沪就医，特派参事陈邰代。"(《时事新报》1928年8月8日)

同日 出席国民党中央执监委员第二届第五次全体会议第二次预备会。

"第五次全会第二次预备会，今午前八至十时在中央会议厅举行。出席执委李烈钧、谭延闿、于右任、陈嘉佑、朱培德、黄实、周启刚、丁超五、丁惟汾、宋子文、蒋中正、刘守中、何应钦、经亨颐、戴传贤、朱霁青、缪斌、恩克巴图、柏文蔚、李济深。候补陈肇英。监委柳亚子、陈果夫、张人杰、李石曾、蔡元培、邵力子。候补郭春涛、李福林。主席于右任。决议案：(一)推谭延闿、于右任、蒋中正、戴传贤、丁惟汾五委员为大会主席团。(二)八月八日上午八时举行第二届中央执行委员会第五次全体会议开幕式。(三)各种提案分三组审查。"(《时事新报》1928年8月8日)

8月8日 出席国民党第二届中央执委会第五次全体会议。

"第五全会第一次会议，今晨九时开会，十时二十分散会。到执委朱霁青、朱培德、李济深、刘守中、黄实、王乐平、经亨颐、宋子文、丁惟汾、恩克巴图、于右任、何应钦、陈树人、王法勤、周启刚、何香凝、戴传贤、柏文蔚、缪斌、谭延闿、陈嘉佑、丁超五、李烈钧、蒋中正。候补陈肇英。监察委员邵力子、柳亚子、陈果夫、张人杰、蔡元培。候补郭春涛、李福林。议决案如下：(一)总理安葬日期暂定十八年一月一日。(二)整顿党务办法，由审查会讨论后再行决议，提交全会决定。(三)第一次预备会议因程潜停止职权，以缪斌递补为正式中央执行委员，应予追认。(四)各种提案、建议、意见，分组审查。……"(《时事新报》1928年8月9日)

同日 撰写《说青年运动》一文。(蔡元培先生手稿)

8月9日 所拟向国民党二届五中全会提交的《关于青年运动问题提案》全文刊出。(上海《民国日报》同日)

8月10日 出席国民党第二届中央执委会第五次全体会议第二组审查会。

"今日审查会第二组下午三时开会。到刘守中、于右任、潘云超、邵力子、何香凝、陈树人、陈肇英、经亨颐、黄实、丁超五、蔡元培。于主席。审查结果：(一)修正潘委员云超关于各级党部与政府之间关系审查报告。(二)修正潘委员云超关于

训政开始应设立五院案之审查报告。（三）修正丁委员超五关于约法案之审查报告。"（《时事新报》1928年8月11日）

同日 与谭延闿联名提议的《外交问题提案》全文发表。（上海《民国日报》同日）

8月11日 出席国民党第二届中央执委会第五次全体会议第二次会议。

"五中全会第二次正式会议今日午前八时在中央会议厅举行。计到执委丁超五、丁惟汾、何应钦、陈嘉佑、于右任、谭延闿、经亨颐、陈树人、李烈钧、柏文蔚、周启刚、王法勤、何香凝、朱培德、黄实、刘守中、朱霁青、王乐平、缪斌、蒋中正、恩克巴图、戴传贤、宋子文等二十三人。候补委员陈肇英、吴铁成。监委蔡元培、柳亚子、陈果夫、邵力子四人。……决议案：（一）统一革命理论案。议决此案交常务会议指定中委若干人组织理论审查委员会，将研究结果提交下次会议，议决公布。（二）民众运动案。决议人民在法律范围内有组织团体之自由，但必须受党之指导与政府之监督，政府应从速制定各种法律，以便实行。（三）革命青年之培植及救济案。决议对于努力革命工作确有成绩之同志，考选其学有根基者，派遣各国留学，其程度过低而不能留学者，应特别设法给以受教育之机会，以养成其实际工作之能力，其详细办法，由中央常会规定之。（四）厉行以党治政，以党治军，及取缔军政机关干涉民众运动两案。决议交常务会议、国民政府、军事最高机关派员规定，详细办法根据以党治国原则，分别施行。"（《时事新报》1928年8月12日）

8月12日 就青年运动提案问题及大学院改为教育部问题对记者发表谈话。

"《蔡元培之谈话》。中央委员蔡元培语记者，谓本人关于青年运动之提案，系根据四次全会宣言拟定具体办法，与其他建议案性质略有不同。又大学院与研究院近划分为二，故实际上现在之大学院与从前之教育部无大分别，今当五中全会有人提出拟改大学院为教育部，此事当听大会解决，本人无成见。"（上海《民国日报》同日）

8月13日 函告胡适，对其辞职事允向大学委员会报告。

"适之先生：前奉惠函，言必辞大学委员，不敢相强，当向委员会报告。久不复，甚歉。中华教育文化基金董事会，尚未有正式文件送达各委员，甚歉。董事改选一条，如原文较新改者为长，未尝不可由会中提请修改。周、张诸君之不能仍旧，别有原因，请先生不必因此而让贤。因让出之后，亦未必即以周、张诸君补入也。……弟蔡元培敬启 八月十三日"。（《致胡适函》同日）

8月14日 出席国民党第二届中央执委会第五次全体会议第四次会议。

"今晨，全会举行第四次会议。到执委李烈钧、谭延闿、于右任、戴传贤、丁惟汾、蒋中正、经亨颐、刘守中、宋子文、朱霁青、何应钦、柏文蔚、陈嘉佑、周启刚、缪斌、恩克巴图、朱培德、黄实、丁超五等五十九人。监委陈果夫、邵力子、蔡元培。候补监委郭春涛、李福林、杨树庄。蒋中正主席。决议案如下：（一）中央政治会议案。议决中央政治会议委员，须由中央执委会推定，以汪精卫、胡汉民、谭延闿、蒋中正、甘乃光、陈公博、邵力子、伍朝枢、孙科、朱培德、张静江、丁惟汾、吴稚晖、蔡元培等四十六人为委员。（二）政治分会案。议决各政治分会限本年底，一律撤销，政分会条例第四条修正为'政分会议决案交该特定区域内之最高级地方政府执行之，不得以政分会名义发布命令，任命官吏'。（三）戴季陶临时提议，大会闭幕后由中央党务会议指定专门人才，审查编制大会决议案，决定实行详细办法。决议照准。……"（《时事新报》1928 年 8 月 15 日）

8 月 15 日　出席国民党第二届中央执委会第五次全体会议闭幕式。

"中国国民党第二届执委第五次全会闭幕式，今午十一时至十二时半，在中央党部大礼堂举行。到执监委员李烈钧、戴传贤、经亨颐、蔡元培、于右任、谭延闿、恩克巴图、邵力子、何应钦、蒋中正、陈果夫、丁惟汾……及中央党部各职员与来宾，共约三百人。谭延闿致闭会词，于右任读大会宣言。……"（《时事新报》1928 年 8 月 16 日）

同日　具呈国民政府，辞大学院院长职。

"大学院院长蔡元培、副院长杨杏佛，因五中全会决议设立行政、立法、司法、监察、考试五院，行政院之下应设教育部，大学院制度无形取消，删（十五）日上呈国府，辞正、副院长职。"（上海《民国日报》1928 年 8 月 17 日）

8 月 16 日　主持大学院大学委员会会议，讨论通过北平大学区组织大纲等事项。

"大学院今日开大学委员会。到戴季陶、朱家骅、郑洪年、蒋梦麟、杨杏佛、张乃燕、许寿裳、高鲁等十一人。蔡院长主席。讨论北平大学区组织大纲，照原案通过。并定两原则：（一）大学区以北平政治分会所管辖为区域，包括北平市、天津市、河北省、热河区。（二）设大学委员会北平分会。"（《时事新报》1928 年 8 月 17 日）

同日　主持大学院第十二次院务会议。

"地点：本院会议室。时间：八月十六日下午二时。出席者：孙揆均、俞复、薛光锜、朱葆勤、柳扳青、杨芳、谢树英、陈维纶、许寿裳、高与、朱经农、赵洒抟、蔡元培、张西曼、张奚若、钱端升、吴研因、陈剑翛、杨铨、曾传统。主席蔡元培。记录曾传统。……讨论事项：（一）规定学校放假办法案。议决：照参事室原拟办法修正如下：办法第三条改为'各学校纪念日应放假者，每年至多不得过两日'，又第四条之末，加'国耻纪念，详另表'一句。……（二）学术会条例草案。议决：照原草案大致修改如下：（甲）标题改为学术会社条例。（乙）第二、第六、第七各条均删去。（丙）第九条条文'立案'字样，改为'备案'。……"（《大学院公报》第 1 年第 9 期）

8 月 17 日　提议酌提逆产没收之款为建筑看守所专款。

"兼代法长蔡元培向国府提议,据皖最高法院长呈请转请国务会议,将逆产没收之款,酌提若干,为建筑及改造各县看守所专款,兼充狱内作业基金等情。查各省监所,正待改良,所需费用,在未经筹有的款以前,可否准予暂照该院长所拟办理之处,请公决。十七日府会,决议,交处理逆产委员会核议具复。"(《申报》1928年8月18日)

同日 提议任罗家伦为清华大学校长。

"国民政府第八十六次委员会,通过蔡元培提议,任罗家伦为清华大学校长。"

"大学院院长蔡元培、外长王正廷,提请任命罗家伦为北平清华大学校长。决议照准。"(《时事新报》1928年8月18日)

同日 订定中华民国教育宗旨。

"中国国民党以三民主义建国,应以三民主义施教。从前所颁布之教育宗旨,自不适用。今特仰遵总理遗教,根据教育原理,订定中华民国教育宗旨如左(下):

恢复民族精神,发扬固有文化,提高国民道德,锻炼国民体格,普及科学知识,培养艺术兴趣,以实现民族主义。

灌输政治智识,养成运用四权之能力;阐明自由界限,养成服从法律之习惯;宣扬平等精义,增进服务社会之道德;训练组织能力,增进团体协作之精神,以实现民权主义。

养成劳动习惯,增高生产技能,推广科学之应用,提倡经济利益之调和,以实现民生主义。

提倡国际正义,涵养人类同情,期由民族自决,进于世界大同。"(《大学院公报》第1年第9期)

同日 分别呈文国民党中央执委会、中央政治会议及国民政府,请辞本兼各职,并携眷离开南京。

"蔡元培今日携眷离京,并分呈中央执委会、政治会、国府辞职。原呈如下:

窃元培一介书生,畏涉政事。前以全国尚未统一,人才不能集中,备员国府,一载于兹,于政治会议委员、大学院院长外,并兼他职。诚念渡此难关,必可遂我初服,所以黾勉从事,不敢告劳。顷统一告成,万流并进,人才济济,百废俱兴。元培老病之身,不宜再妨贤路,且积劳之后,俾可小息。谨辞政治会议委员、大学院院长本职及代理司法部长兼职,其他国民政府委员及政治会议委员亦一并辞去。愿以余生,专研学术,所以为党国效力者在此。簿书期会,实非所长,长此因循,益增愆咎。此呈上后,元培不复到会、院、部视事。大学院事务已托副院长杨铨,司法部事务已委托次长朱履和代拆代行,静候交代。除分呈国民政府外,擅离职守,愿受处分。敬请准予退休,良为万幸! 谨呈 中国国民党中央执行委员会、政治会议、国民政府。"(《时事新报》1928年8月18日)

六、大学院院长及中央研究院院长时代(1927—1940)　　787

同日　离京赴沪。

"大学院院长蔡元培于开院务会议后,十七日早晨赴沪。"(上海《民国日报》1928年8月18日)

8月20日　偕夫人游览焦山。

"蔡元培氏自辞职后,即携眷离京。前据大学院消息,彼已返绍兴原籍,但昨日中央党部某职员因事赴镇,便中去焦山游览,见蔡与其夫人亦在该处。据闻蔡因决心退休,行踪不定,亦不愿人知。"(《时事新报》1928年8月21日)

"蔡元培言辞后,徜徉山水,前日偕夫人回京后,忽又只身离京。三十日晨,蔡夫人搭车赴沪,临行将留京器具什物尽室带去。杨杏佛、高鲁、许寿裳均赴车站送行。"(上海《民国日报》1928年8月31日)

8月21日　国民政府开第八十七次委员会议,议决慰留蔡元培。

"廿一日国府委员会开八十七次会议。……讨论事项:蔡元培呈请辞去大学院院长及代理司法部长等本兼各职案。决议慰留,并派宋子文前往挽留。"

"蔡元培辞职,国府除慰留外,并将派宋渊源赴沪劝驾。"(《时事新报》1928年8月22日)

8月22日　国民党中央常务委员会第一六一次会议,议决将蔡元培呈送"国民革命歌谱"交宣传部研究。

"中央党部二十二日上午九时开一六一次常会。议决各案如下:(一)蒋中正电称:因病请准假两星期,以便疗养案。决议电复:'闻病深系,病愈仍盼速回京,不必以两星期为限。'(二)关于各种特别法庭案。决议:司法院即将成立,所有各种特别法庭,应即取消,以谋法权之统一,详细办法,交政会妥议。……(十五)大学院院长蔡元培呈送遵令饬音乐院谱就国民革命歌谱,呈请鉴核案。决议交宣传部研究。"(《时事新报》1928年8月24日)

8月23日　报载蔡元培辞职原因,"并非为反对大学区制,临行时在院并未支薪"。

"五次会议以后,大学院院长蔡元培氏辞职一事,颇引起一般人士之注意。良以蔡氏夙为学界泰斗,在学术界教育界俱属众望所归者,今者突然辞职,不惟教育上骤失重心,即国府方面恐易难得相当继人,于是揣测蔡氏辞职之原因者,乃腾载于报纸。据知其底细者言,蔡氏辞职实有二因:一系职务纷繁,劳苦太甚;一系趁五次会后,政府组织将有变更,可以及时引退。至有谓蔡因反对大学区制而辞职者,并非事实。盖大学区制,现方在试验期间,如结果良好,则各省区或皆将仿行;如结果不善,则即取消。教育贵乎实验,亦惟有实验方能进步,且蔡氏总绾全国教育行政,对于某种制度之存废,自有取决之权,更不必出于辞职一途。故言蔡氏为反对大学区制而辞职者,确属非是。又报载蔡氏临行曾在大学院会计科预支八月份薪

金百元,亦全属子虚云。"(《时事新报》1928年8月23日)

8月24日 准予北京北海图书馆继续办理国际出版品交换及收藏官文书事宜。

"大学院指令第八○三号。呈悉。查出版品之国际交换,为沟通文化而起,前北京政府所设办理该项事务之专局停办后,该馆能继续执行其职务,交换事业赖以不断,深堪嘉慰。至交换事业,本与图书馆事业相关,在中央图书馆未成立以前,上项事务由该图书馆继续办理,尚属可行。又在中央尚无庋藏大批官文书之建筑以前,所有应送存中央之官文书,由该馆暂为分别保藏,按期编目,亦属可行。惟执行是项事务之详细办法,以及所需经费,仰该馆长即行详细具呈列报,再行饬遵。此令。中华民国十七年八月二十四日 院长蔡元培"。(《国立中央研究院十七年度总报告》)

同日 提议设立字典馆,编纂中国大字典。

"大学院院长蔡元培呈国府,拟设立字典馆,编纂中国大字典,并拟具计划书及预算表请令财部照拨经费。二十四日府会决议,交大学院另拟办法。"(《申报》1928年8月25日)

同日 自上海赴南京。

"蔡元培今日特快车返京。"(《申报》1928年8月25日)

8月25日 离南京赴上海。

"大学院院长蔡元培亦于昨日下午抵沪。"(《申报》1928年8月26日)

8月27日 国民政府发出慰留大学院院长蔡元培令。

"国府慰留大学院院长蔡元培令云:统一告成,国人望治。遗大投艰,深赖硕德老成,共资康济。出处之间,动关大局,翩翩高蹈,实非其时。望念缔造之艰难与群情之殷切,勉回所执,以慰延颙。除派宋委员子文躬亲敦促外,来牍及封还,以公体国之怀,并休戚相关之谊,知必不忍遽弃也。"(《时事新报》1928年8月28日)

8月30日 向中华教育文化基金董事会美方董事申明改组中方董事的必要。

"保罗·孟录:政府改组中华教育文化基金董事会的行动是必要的,因为前任中方董事是由曹锟任命的。美方董事保留不变。坚信此举不致影响中美友谊。蔡元培 王正廷"。(《致孟录电》同日)

8月31日 大学院副院长杨铨(杏佛)向记者发表谈话,谓"蔡院长辞意坚决,本人同进退"。

"大学院副院长杨杏佛倾语记者,蔡院长辞意坚决,本人同进退。此次来京,系办结束,明日即须返沪。又谓大学院改教育部实际上无问题。强迫教育此时尚谈不到,男女同学可共教而不可同育;白话与文言均须含有文学的意味,白话文不以方言为标准云云。"(《时事新报》1928年9月1日)

同日 函请江苏高等法院院长张君度关照冒鹤亭被控案。

"菊哥大鉴：手书敬悉。致张院长函奉上，请转致冒先生。内子已于昨午后抵沪，不日当趋访。……弟元培敬启 八月三十一日"。(《复张元济函》同日)

8月 函告傅斯年(孟真)，罗家伦(志希)将出任清华学校校长。

"孟真吾兄大鉴：别后得书，屡言志希可任清华校长，现已得王儒堂同意，拟不待董事会组成及国府简任，而先由大学院、外交部会同发表。但儒堂主张先告美使，俟无异议，乃发表。……"〔《致傅斯年(孟真)函》同月〕

同月 为《中央研究院历史语言研究所集刊》撰写《发刊词》一篇。(该刊 第1本第1册)

同月 与张自忠、朱培德、谭延闿、蒋介石、冯玉祥、李宗仁等七十人联名发起《临清武训学校募捐启》。

"堂邑武训行乞兴学，为举世所信仰景慕者，垂数十年，其盛德懿行，载在清史。独行传及国立各级学校教科书，又散见于当代文豪之撰著集录，近则学童唱歌于校，伶人演剧于场，虽妇人孺子几无不知武训为空前之义人者。其感人之深如此，势必使其遗徽余泽，丕显于全国，以完成普及之盛业，方符乎崇贤乐善之旨。兹有王君丕显者，清季附贡、民国师范毕业生，当武训手创义塾时，即聘为塾师，其教导训诲之殷，武训极敬礼之。及训殁，而能始终不失其矩矱，廿余载如一日，洵可谓善继武训之志矣。至民国七年，本县征收局局长韩纯一、东临道尹龚积柄及邑绅车震、孙振家、沙明远、孙百福等，咸钦其热心苦操，思欲借是展大此校规模，故于国民级外，增设高等一级，即公同集捐三千余元，以为不如是不足以显武训之旧业也。九年复蒙大总统给额捐资，余如总理、总次长、参众两院，无不乐于捐输。自斯以后，各省诸名流亦皆慨解仁囊，极力襄助。综计十载捐款，约有二万余元之谱。现以此校课程颇优，就学者日益加多。鄙人等拟添设中学一级，以育人才，而基金尚微，校舍不敷，因以赓续募捐，俾武训事业，永垂万世而不朽，想世君子必乐为捐资，以襄成义举也。谨启。

发起人：张自忠 朱培德 薛笃弼 谭延闿 蔡元培 阎锡山 蒋中正 冯玉祥 李宗仁 孙良诚 石敬亭 梁启超 李石曾 丁惟汾 萧一山……"(《武训传》1936年印行)

9月1日 令治安维持会查报日人强买临淄古物案。

"治安维持会昨接大学院院长蔡元培来函，令将强买临淄龙池古物案，查明具复，设法追还，以存文献。维持会顷已函复该案始末情形。"(《申报》1928年9月2日)

9月4日 致函国民政府常务委员谭延闿等，再辞本兼各职。

"大学院院长蔡元培氏，自辞职离京后，始而遨游金焦，继而息影沪苏，闭门谢客,人莫知其居处。盖蔡氏辞意坚决,尤畏俗套之挽留也。但国府方面,自五中会后,训政开始,望治弥殷,决不能使蔡氏志成硕德,飘然引去,继任无人,行且濒教育于破产。故国府会议,除明令慰留外,更特派宋部长子文赍函躬亲赴沪,恳切挽留。第蔡氏态度决绝,毅然未有转意,观其致谭延闿等函中有'去志早决,义无反顾'之语,可知其辞意之坚决矣。兹探得蔡氏复谭等原函如后:

组安先生大鉴:由子文先生递到手书,知承枉驾,失候为罪。来教婉挚,感何可言。惟弟早有去志,公所深知,初以北京未下,后因全会将开,突有表示,易招妄测,忍隐未发,忽又逾月。兹全会告竣,澄清吏治,登进贤能之机会,自唯溺职,不去何待?事前未及奉告,谅荷鉴原。君子爱人以德,敢请提出适当继任之人,早予任命,使弟于事实上与名义上均获自由,曷胜感幸,竭诚奉恳。敬祝勋绥。弟蔡元培敬启。

右任、组安、协和先生大鉴:由子文先生递到惠书,并面陈盛意,深感三先生及国府会议诸同人之不弃。惟元培自知轻才,难膺频剧。去志早决,义无反顾。方命之愆,尚祈鉴宥,并求迅择适当继任之人,提请任命,无任感荷,无任企祷。专此敬复,并祝公祺。弟蔡元培敬启"。(《时事新报》1928年9月4日)

9月5日 国民党中央政治会议第一五三次会议,对蔡元培续辞本兼各职,决议慰留,送还辞呈。

"今日上午八时中央政治会议开一五三次会议。讨论事项……委员兼大学院院长兼代司法部长蔡元培续呈请辞去本兼各职,并请选定继任大学院之人,交国府任命,更督促司法部长王宠惠回部,以重职守案。决议慰留,辞呈派孔祥熙送还。"

续辞本兼各职呈。

"呈为恳准予辞职事。奉八月二十二日公函,辱承慰留,良感殊遇。惟元培自知甚明,即非称职,义不可以苟留,敢请准予卸除本兼各职,并请选任大学院院长之人,交国民政府即行任命,更督促司法部部长王宠惠回部,以重职守,实为公便。谨呈 中国国民党中央政治会议"。(《时事新报》1928年9月6日)

同日 所撰《〈地学丛书〉序》全文发表。(上海《民国日报》同日)

9月6日 出席蒋介石的宴请,席间参与国民党中央政治会议改组等问题的讨论。

"蒋中正氏昨晚七时,在西摩路宋宅宴请留沪各中央委员。至七时十分左右,胡汉民、戴季陶、蔡元培、李石曾、李济深、李宗仁、陈铭枢、宋子文八氏,先后莅临。七时四十分许就座,席间对中央政治会议之改组,五院之人选及一切党政之设施等问题,均略有讨论。各委所发表之意见,已归一致,结果甚为圆满。……"(《时事新报》1928年9月7日)

9月11日 致函胡汉民(展堂)、蒋介石、谭延闿,声明"监察院院长决不担任"

"大学院院长决不复职"二事。

"(敬请展堂先生先阅,便中转致蒋、谭二公)

展堂、介石、组安先生大鉴:前晚(组庵先生亦于第二日以此见劝)承约偕赴南京,现因忽有感冒,不能即行,但稍缓必当自途,请勿念。惟弟有不能不预先声明者二事:(一)监察院院长决不担任。忆前晚本已决定李石曾先生为院长,李德邻先生为副院长,而前日石曾先生见告,乃以弟为院长,今无论是否石曾先生之误会与推脱,而弟决不担任。(二)大学院院长决不复职。现在须速觅一继任者,弟亦正在物色,如认为得当而取得本人同意,即提出。

如右(上)举二端,承诸先生许可,则弟俟稍愈,即来京候教。此后愿以中央监察委员之资格尽力于党务,以政治会议委员之资格尽力于政务(弟曾辞政治会议委员,然近经谭先生及孔庸之先生转示会中同人之意见,弟遵,当取消辞意),以中央研究院院长之资格尽力于教育学术。余生几何,能力有限!果能如此尽力,自问以告无罪。若再苛求,必多贻误。自知甚明,决难迁就。沥诚奉恳,务请玉成。并祝勋祺不宣。弟蔡元培敬启 九月十一日"。(中国第二历史档案馆藏档案复印件)

同日 请保罗·孟禄接受中华教育文化基金董事会的任命。

"保罗·孟录①:感谢来电。政府改组中华教育文化基金董事会,决不意味着要毁掉基金会,而是使之自身永存下去。当新的董事会开会时,首批任命者即能就任。希望你接受任命。 蔡元培"。(《复孟录电》同日)

9月13日 认为清华大学以逐渐改为研究院为宜。

"鄙意清华最好逐渐改为研究院,必不得已而保存大学,亦当以文理两科为限,若遍设各科,不特每年经费不敷开支,而且北平已有较完备之大学,决无需乎重复也。惟收来自当以渐耳。"(《致罗家伦函》同日)

9月15日 第三次呈文坚辞大学院院长职,并荐贤自代。

"自大学院院长蔡孑民氏辞职赴沪后,副院长杨杏佛氏亦相继以辞职闻,虽国府以蔡、杨两长办理大学院卓著成绩,一再指令慰留,并派宋子文、孔祥熙等躬亲赴沪,恳切挽劝,无如蔡氏等辞意坚决,迄未稍有转圜。顷据可靠消息,蔡氏于删日(即上星期六)又上第三次辞呈于中央政治会议及国民政府,并荐贤自代。……"

"又讯,大学院改为教育部,以易培基氏任部长。闻现已商得蔡氏同意,一俟正式发表,即将赴京就职云。"(《申报》1928年9月19日)

9月16日 所撰《三民主义的中和性》一文发表。(《三民主义半月刊》第1卷第4期)

---

① 保罗·孟录,即保罗·孟禄。

9月18日 自上海赴南京，于行车前接受记者采访，发表关于国民政府五院人选的谈话。

"昨晚同时晋京各委员，计为胡汉民、戴传贤、蔡元培、李石曾、王宠惠、李济深、李宗仁、宋子文、吴铁城氏。"(《申报》1928年9月19日）

"昨夜沪宁夜车将开时，本报记者茌站访各中委于车次，分记所谈大意如下：

蔡元培氏谈话。五院长正副院长之人选，与近日报纸发表者相似，惟司法院副院长尚未定，且有几院亦需得本人同意。行政院下新增军政部、参谋部，此为五次会议中所决定。外传设卫生部说不准。至司法部在五次会议所定者，国府组织大纲中并无此部，惟胡展堂先生主张另设司法部，尚须加以讨论。现任各部部长均不更动，外传外交、交通、财政三部长更动说亦不确。对中央党部之组织，有人提议设组织、宣传两部；训练部及民众训练委员会均将裁撤说，尚须讨论。至部长人选，原定组织部长蒋介石，惟蒋因事繁坚辞，决由戴季陶代理，宣传部长为胡汉民，训练部有推余意，恐难胜任。惟各部必须设副部长，并可酌量增设一人云。"(《时事新报》1928年9月19日）

9月19日 抵南京，并接受记者采访。

"今晨六时五十五分，胡汉民、李济深、李宗仁、蔡元培、戴传贤、李石曾……各中执监委及外长王正廷，相偕抵京，……下车出站，与各欢迎者一一握手，即分乘汽车进城。"(《时事新报》1928年9月20日）

"中央监察委员蔡元培至京后，与李石曾同寓张静江宅。日日社记者于下午一时许往访，当承接见，与之谈话如下：

（问）先生此次在沪与各中委协商后，结果如何？（蔡答）完全系谈话式，到京后尚须作进一步之协商，藉收妥善之效。（问）五院成立步骤如何？（答）尚未决定，大约立法、行政、司法先当成立。（问）五院长已决定否？（答）尚待斟酌，大约胡先生（展堂）长立法，蒋先生（介石）长行政。（问）监察院长一席，是否先生担任？（答）各委员虽有此意，但本人尚未同意。（问）五院成立后之政治趋势，先生推测若何？（答）五院成立以后，政治方面定可乐观。（问）先生对建设及外交上有何感想？（答）建设之先决问题在整理财政，财力充裕，建设事业不难充分发展。对于裁兵，必须继续进行，以节滥支。关于外交方面，正逐步着手进行。日本态度虽仍强硬，但各国均将先后妥善解决，日本陷于孤立地位，届时想易就范。（问）先生辞大学院长，国府已恳切慰留，先生愿任艰巨否？（答）对大学院事务，决意不干，今已上第二次辞呈，并向中央保荐蒋梦麟先生继任。（问）外传先生将任中央党部训练部部长，确否？（答）训练工作十分繁重，本人精力决担当不起。（问）中央常务委员会是否取改组方式？（答）中央常会不改组，仅增加一二人而已。（问）外传停止举行清党之说,确否?(答)并无其事。(问)李石曾先生对北平中华大学校务接任否?(答)李先生与余同车来京,现同住静江先生私宅中,李先生之意,表面上已辞去校长名义,内部事情,仍愿积极去干。(问)孙哲生先生有来电否?(答)孙先生有电来,二十一日即可到沪,转车来京。(问)先生此刻欲访各中委否?(答)上午在总司令部看蒋先生,其时胡展堂等亦在座,大家谈了一回。下午我不想出去。"(《申报》1928年9月21日)

同日 国民党中央政治会议开第一五五次会议,对蔡元培续辞大学院院长职决议挽留。

"中央政治会议十九日上午八时,开一五五次会议。出席委员(略),主席谭延闿。决议案:(一)国府转侨务委员会呈送该会组织法修正草案,请核议。决议照修正案通过。(二)国府转工商部呈送权度法及权度局组织条例,请核议。决议交法制局作初步审查。(三)决议湖南省政府委员张定电辞教育厅长兼职照准,任命张炯为湖南省教育厅长。(四)决议任命孙连仲、林竞、黎丹、马麒、郭立志为青海省政府委员,并指定孙连仲为省政府主席,并任命林竞兼民政厅长,郭立志兼财政厅长,马麒兼建设厅长。(五)决议顺直水利委员会现经建委会接收,应即照改组计划切实进行,新委员会应添聘河北省政府委员或代表二人,委员会之定名另拟呈核。(六)大学院院长蔡元培续呈坚请辞去大学院院长职务,并荐蒋梦麟继任。决议挽留蔡院长。"(《申报》1928年9月20日)

9月20日 列席国民党中央常务委员会第一六八次会议。会议议决凡中央执监委员均为政治会议委员等十案。

"二十日上午中央开一六八次常务会议。出席者蒋中正、谭延闿、戴季陶。列席者郭春涛、白云梯、周启刚、蔡元培、陈肇英、李石曾、缪斌、李烈钧、丁超五、胡汉民。……(一)决议加推胡汉民、孙科为中央常务委员会常务委员。(二)决议凡中央执行、监察委员均为中央政治会议委员,候补者得列席。(三)决议加推张继为中央政治会议委员。(四)谷正伦转请鱼台阵亡四十军教导师长龚宪遗骸照廖、范两先烈成例一并附葬总理陵园请核示案。决议在总理陵墓附近将指定国葬地点,候汇案办理。(五)中央训练部拟具党治教育实施方案呈请公决并请□本党统治下教育名称核定示遵案。决议推蔡元培、李煜瀛、戴传贤三委员审查。……"(《时事新报》1928年9月21日)

同日 出席南京市长刘纪文的宴请。

"本月二十日下午六时,刘市长在市府会议厅设备西餐,宴请各中央委员及各部长,内政部长薛子良先到。六时半,张之江、王正廷、林云陔、朱培德、叶楚伧、丁超五、蒋作宾、缪斌、李石曾、蔡元培、陈铭枢、胡汉民、何应钦、戴季陶、刘庐隐相继而到。孔祥熙至入席后方到。王正廷未入席先去。蒋总司令、李宗仁、李济深因事

未到。七时入席……至九时方散。"(《申报》1928年9月24日)

9月21日 国民政府开第九十六次委员会议,通过北平大学区组织大纲,并改中华大学为北平大学。

"今日国府第九十六次会议。……讨论大学院呈送北平大学区组织大纲草案请核示遵案。决议通过,并改中华大学为北平大学。"(《时事新报》1928年9月22日)

同日 出席国民政府预算委员会第一次会议。会议议决预定预算标准等多项要案。

"预算委员会今日午后三至六时,在财部开第一次会议。到蒋作宾、宋子文、谭延闿、蒋中正、李济深、何应钦、王伯群、蔡元培等。主席谭延闿。议决案:(一)推谭延闿、宋子文、于右任为预算委员会常务委员。(二)决定裁兵限度及时期。(三)预定预算之标准。(四)整理预算标准。(五)整理中央各税收办法等要案甚多,因其中有关军事,概不宣布。"(《时事新报》1928年9月22日)

同日 自南京赴上海。

"蔡元培、宋子文、孔祥熙、蒋作宾、张寿镛等,于今晚由京乘车赴沪,明晨可抵北站。"(《时事新报》1928年9月22日)

9月22日 在上海,访孙科促其往南京就职;访于右任力劝于氏勿即辞职。

"财长宋子文、中委蔡元培、工商部长孔祥熙,现以孙哲生已由海外归来,爰于二十二日晨七时由宁联袂来沪,邀请孙氏克日晋京,共主党政。……"

"中央委员于右任氏,昨电中央辞本兼各职。在京各委员闻讯,以党国大局正需元老主持,多主张复电慰留。昨晨大学院院长蔡元培,由宁乘夜车来沪,抵埠后即往于宅致唁,并以私人资格,力劝于氏勿即辞职。闻于氏尚在踌躇中云。"(《时事新报》1928年9月23日)

9月26日 被推为国民政府组织法草案审查会成员。

"国府组织法草案共七章五十七条,今日中央政治会开会,由原提案人戴传贤、张人杰、李石曾将草案朗读一过。众讨论结果,决推蒋中正、胡汉民、王宠惠、蔡元培、何应钦、王正廷、吴敬恒、张人杰、李石曾、戴传贤、李济深、谭延闿等,于本星期六开始审查之。各委如有意见,在星期六前可向审查会提出,以便汇集讨论。"(《时事新报》1928年9月27日)

同日 发布大学院布告,公布"国语罗马字拼音法式"。

"《中华民国大学院第十七号布告》。为布告事:查国语统一筹备会制定国语罗马字拼音法式,两年以来,精心研究,已多方试验,期于美善。其致力之勤劬,用意之周到,至堪嘉尚!兹经本院提出大学委员会讨论,认为该项罗马字拼音法式,足以唤起研究全国语音学者之注意,并发表意见,互相参证,且可作为国音字母第二式,以便一切注音之用,实于统一国语有甚大之助力,特予公布,俾利推广而收宏效。此布。院长蔡元培 中华民国十七年九月二十六日。

附国语罗马字拼音法式(略)。"(《申报》1928年9月29日)

9月30日 自上海赴南京,于行车前就国民政府组织法草案内容问题,向记者发表谈话。

"中央委员蔡孑民氏来沪多日,已于三十日晚赴京。本报记者昨晤蔡氏于车次,兹录其谈话概要如次:国民政府组织大纲草案,现已经过三次修正,大体虽无变更,但各院职权范围及相互关系,现尚在研究中。盖此时仍属训政时期,一切建设,仍须受党之指导,在宪法未成立之前,暂时仍当以党治为建设之中心。至国府所采制度,颇与内阁制似,如立法院就立法精神言,与各国国会同,较似为监督机关,而行政院则为被监督机关;惟立法院规定各院长及行政院所属各部长为当然委员,则行政官吏同时复有监督之权,此层似若混合。但考之英国政党政治,行政官吏多由国会选出,而政府行政大计,须随时报告国会,互通声息,以泯党争,则现在行政与立法两院之关系,亦颇可行。且监察之权,已有监察院专负其责,立法院之权限,似较国会为小,此就普通观察而言。至组织大纲原意如何,当俟提案人加以说明,或待审查委员会审查完毕,经中央政治会议决议后,即可由中央党部正式发表。而行政、司法两院,为全国行政系统所关,不可稍停,尤当早日成立。至监察院与监察委员会,性质上有政治与党务之分,人选问题并无限制之必要也。"(《时事新报》1928年10月1日)

同日 作《跋〈秀水陶子方先生手牍〉》一文。

"许君季莳藏子方先生尺牍三通,余既为之题襟,顾有不能已于言者。以公由翰林出为牧令,驰驱关内外,刻苦自励,一如穷儒,娓娓对于民生国计惟恐不得一当,致负所学。逮达节新疆,稍可发舒,举积忧劳瘵之身,负桑榆收迹之效。晚督岭峤,公疾已不可为,犹抗章言事,其最大者如裁宦寺一疏。夫自古内臣与妇寺,固相为表里者,清季秕政,在官邪失德,宠赂昭章,而实为宦竖交通钩致盘横相庇。当时台谏,如仗马列峙,不敢一鸣,公独刺其所隐,不顾时忌,海内诵之莫不咋舌称叹。今观公之尺牍:其一见居官不假手亲戚,至有觖望因之委曲琐细求解于骨肉。其二则慎于择友,兰澨之渐防之于始,犹必善为之说,不予人以不堪。其三论战具不修,无以御侮,毋轻徇侥幸之言,付诸一掷,此则深关存亡大计,与东南疆臣不谋而合者。区区数番纸,仅一鳞半甲,皆见公诚信不欺之学,而揭之为一往孤迈之气。季莳为公孙婿,宝藏有年,余推士大夫先具穷苦之节,然后能当盘错之寄。观公之治文县、牧迪化,与吾乡王阳明之官驿丞、刘蕺山之一担首路何异!翰墨流传,盖非无自季莳其慎守之哉。 中华民国十七年九月三十日 蔡元培敬跋"。(绍兴蔡元培故居纪念馆藏复印件)

9月 为《同济大学二十周年纪念册》作序文一篇。（该纪念册 同济大学 1928 年印）

10月1日 列席国民党中央常务委员会第一七一次会议。会议讨论筹备国庆纪念问题等四项。

"今日下午二时第一七一次中央常务会议。到胡汉民、孙科、谭延闿、缪斌、蔡元培、邵力子、陈肇英。主席孙科。讨论事项：（一）中央宣传部呈奉令领导筹备首都国庆纪念，遵即召集各机关代表开会，决定请中央秘书处担任筹备会总务部正主任，经费暂定二万元。……决议推褚民谊主任其事，经费由中央函国府令财政部拨款二万元，实报实销。（二）山西师范参观团，呈此次来东南各省参观经过开封、杭州等处，行返南京，资斧告罄，请补助川资。决议交大学院核办。（三）民训会函据海员总工会整理委员会电照该会委员文佳被公安局转奉警备司令部命令捕去，似与中央规定党部与特种刑庭之相互关系第五项抵触，究竟如何办理，请公决。决议函淞沪警备司令部查复。（四）陈肇英提议，国术馆举行武术考试办法，未臻完善，特列举应讨论者，祈公决。决议交国府。"（《时事新报》1928年10月2日）

10月2日 出席国民政府第九十八次委员会议。会议议决任蔡元培等为管理俄国庚款委员会委员等十案。

"今日国府开九十八次会议。……讨论事项：（一）中央执委会函为中政会任命李庆施为鲁省委，门致中为甘肃省委。又任命曹浩森、国贯虹为赣省委，并以曹兼建设厅长，请查照办理案。决议照办。（二）中央执委会函为中政会议决豫省委刘镇华呈辞建厅长兼职照准，任命张钫为豫省委兼建厅长，请查照办理。决议照办。（三）军委会呈称，查此次缩编军队，业经各集团军着手办理，兹据先后呈报，计一集团已编成新制十三师，第二集团、第三集团军各十二师，第六集团六师。兹拟以师为单位，不冠集团军名义，即就现今编成各师分配番号，并附呈各师长刘峙等姓名清单，请鉴核俯赐任命案。决议照办。……（十）张人杰报告据计划庚款委员会建议，管理俄国部分庚子赔款委员会，原由中国委员二人、俄国委员一人合组。现在亟应改组，拟请改任蔡元培、张人杰、李石曾为委员等情，查前项建议已得大学院建设委员会同意，理合提请公决施行。议决照办。"（《时事新报》1928年10月3日）

同日 出席国民政府组织法第一次审查会议。

"今日下午二时，国府组织法第一次正式审查会议在中央党部举行。到蒋中正、谭延闿、胡汉民、孙科、蔡元培、王正廷、李烈钧、李济深、李石曾、张人杰、戴季陶等十三人。蒋中正主席，对组织法草案审查极慎重，各委意见发表颇多。各报记者在中央党部坐候至六时许，尚未散会。"（《时事新报》1928年10月3日）

10月3日 出席国民党中央政治会议第一五七次会议。会议通过国民政府组织法及准蔡元培请辞大学院院长兼代司法部长等十案。

"三日晨中央政治会议一五七次会议。出席蒋介石、胡汉民、戴季陶、孙科、谭延闿、张人杰、李宗仁、李济深、李石曾、王伯群、王正廷、王宠惠、孔祥熙、薛笃弼、易培基、邵力子、陈肇英、缪斌、褚民谊、吴铁城、蔡元培……讨论事项：（一）决议中华民国国民政府组织法通过，送中执委会公布。（二）关于中华民国国民政府组织法之修正及解释，由中国国民党中执委会、政治会议议决之。（三）决议国民政府五院组织法推蒋介石、孙科、胡汉民、戴季陶、李石曾、张人杰、蔡元培、李济深、吴敬恒、谭延闿诸员起草。（四）白云梯、恩克巴图提出，请于立法院中规定蒙回藏立法员名额，并请于蒙委员内，设正副主席二项。决议交与五院组织法起草会。（五）中执委会函开，查中政会议暂行条例，关于委员人数及人选标准，均无明文规定，兹经本会一五七次常会决议，函政会拟具中政会委员额数及人选标准，请查照办理。决议推胡汉民、李石曾、孙科、蒋介石、谭延闿五委员会商，提出意见书讨论。……"

"三日晨，中央政治会议一五七次会议。……决议，大学院院长兼代司法部长蔡元培，迭请辞职，应照准。特任蒋梦麟为大学院院长。催司法部长王宠惠速回本任。"

"元培三上辞呈，均蒙慰留。惟自知甚明，万难继任，而院、部政务不能任其长此停顿，致误党国，用敢再申请准辞本兼各职，并任命蒋梦麟为大学院院长，督促王宠惠回司法部部长本任，以卸仔肩。"（《时事新报》1928年10月4日）

同日 列席国民党中央常务委员会第一七二次会议。会议通过国民政府组织法公布施行等五案。

"今日午后二时，中央常会开一七二次会议。出席委员谭延闿、胡汉民、孙科、戴传贤、蒋中正。列席吴铁城、褚民谊、蔡元培……决议案如下：（一）中央政治会议函送，一五七次会议议决通过之中华民国国民政府组织法，请公布施行案。议决通过。（二）决议通过训政纲领六项，并公布之。（三）陈委员果夫函，前以北伐告成，蒋同志已由前方返京，中央组织部部务负责有人，曾呈请辞去代理组织部长职务，迄今未蒙批准，特再备文声请，伏祈鉴核照准案。决议照准。（四）周委员启刚提议侨务委员会组织条例修正案，前经政治会议通过后，由中央常会议决交五院组织时交立法院核议，今值各部院会组织起草之时，应请将各该修正案交五院组织起草员审议，请公决案。决议照办。（五）中央组织部函，为驻印□总支部指委会呈以该会委员关乐民、谭策良、黎南兴、王志远先后归国，请另委谭文昶、张国基、詹贵兴、谢震政补充，以利党务案，拟予照准，函请决议施行案。决议照委。"（《时事新报》1928年10月4日）

10月5日 国民政府第九十九次委员会议，决议准蔡元培请辞本兼各职。

"今日国府开九十九次会议。……讨论事项：（一）中执会函送，中政会通过之国府组织法。决议照登公报，并令知各机关。（二）中执会函送，中政会议决案，蔡元培辞大学院院长及兼代司法部长照准，任蒋梦麟为大学院院长，催宠惠回任。决议照办。（三）大学院副院长杨铨再请准辞副院长职。决议照准……"（《时事新报》1928年10月6日）

10月7日 与吴稚晖等同游栖霞山，晚赴蒋介石宴。

"蔡元培、吴稚晖、杨杏佛，七日游栖霞山。晚间蔡等应蒋中正宴。"（上海《民国日报》1928年10月8日）

10月8日 被任为国民政府委员、监察院院长。

"八日晨十时，开中央一七三次常委会议。……讨论事项：（一）李石曾、张人杰、吴稚晖临时提议，请选任蒋中正、谭延闿、胡汉民、蔡元培、戴传贤、王宠惠、冯玉祥、孙科、陈果夫、何应钦、李宗仁、杨树庄、阎锡山、李济深、林森、张学良为中华民国国民政府委员。议决通过。（二）李石曾、张人杰、吴稚晖临时提议，请选任蒋中正为中华民国政府主席，谭延闿为行政院院长，胡汉民为立法院长、王宠惠为司法院长、戴传贤为考试院长、蔡元培为监察院长。决议通过。（三）宣传部代理部长叶楚伧临时提议：（甲）关于党旗、国旗案，业经审委会选定两种，请公决通过，俾于十月十日颁布案。决议党旗、国旗均照宣传部所拟定之图样及尺度比例规定颁布。（乙）前拟就本党双十节告民众书，请核定案。决议修正通过。（四）蒋中正提议，关于阵亡将士、本党先烈之抚恤遗族建立公墓专祠并优恤残废士兵一案，办法大纲内抚恤及设立残废教养院、公墓、革命纪念祠各项经费，为数甚巨，拟请将海外华侨汇来留存国府及中央财委会之款，挪借应用，其不足之数，由中央派员分往海内外募捐，请公决案。决议照办。……"（《时事新报》1928年10月9日）

10月9日 辞任国民政府监察院院长职。

"中央党部常务委员会及执监委员诸同志鉴：元培决不能任监察院院长，请于本日会议收回成命，别任贤者，以专责成。"（《辞任监察院院长电》同日）

"南京平仓巷金银街一号吴稚晖先生鉴：青电敬悉。因病不能来京，请原谅。监院无论如何，弟决不担任，并未发表，易人不难。先生善策，请留赠愿任者。明日如有发表，万请勿列弟名。又张学良之名，亦以不列入为妥。请转告介公。元培叩。青。"（《复吴稚晖电》同日）

10月13日 致电国民政府，认为"国府译名"欠妥。

"蔡元培氏以国府译名，尚嫌未妥，昨特电中央表示意见，并请从缓公布，以供党内外之研究。原电如下：国民政府蒋主席并转中央常务会议诸委员公鉴：报载中央常务会议议决，改国民政府译名为 National Government，查国府旧译为 Nationalist Government，其义为民族主义者之政府，已非原意。新译作国家政府、全国政府或国立政府,去原义更远。各国中央政府皆为国立或属之国家,故新译实为国家中央政府之通称。以之代表国民政府似觉未妥。窃谓国民政府建国大纲为总理所特创,以各国已有名词译之必难适合,且各国文字不同,尤难期其统一,不如选用国民政府之罗马拼音,既示总理之政治创造,本为得未曾有,且为中国一切设施立'名从主人'之先例。总理三民主义各国译名,皆嫌未妥,惟音译无误解之弊,可为此证。管见所及,是否有当,敬希公决,并盼从缓公布国府译名,予党内外学人以研究讨论之机。专泐。敬颂 党祺"。(《时事新报》1928年10月14日)

同日 为辞监察院院长事,拟与吴稚晖面谈一至妥办法。

"……弟本欲即上辞呈于党部常务委员,而且于此问题解决以前,绝对不到京。然以先生来书之恳挚,不欲遽为径情直行之举,以忤先生。兹定于星期一晚车来京,与先生面谈,商定一至妥之办法,想先生一星期内不离京也。……弟元培敬启 十月十三日"。(《致吴稚晖函》同日)

10月15日 接受记者采访,表示"不能任监察院长"职。

"蔡孑民氏自中政会通过中央常会发表为监察院长,时蔡已来沪,即表示不就。中央特派孙哲生、林子超两氏来沪敦促,两氏均于十四日晤蔡,表示中央敦促之殷。前晚孙哲生赴京,临行时语人,则蔡氏已允昨晚(十五日)赴京,对监察院长职,允入京后再商决。记者昨赴慕尔鸣路升平街二四三号蔡寓晋谒,据一司阍者语,蔡氏因病昨晚中止赴京。记者又书简略之四问题,请蔡氏答复。蔡以铅笔共书十四字。兹录问答如下。记者问:先生今晚赴京否?蔡答:不去。问:不赴京因何原因?答:因病。问:先生经各中委敦促对监察院长意思如何?答:不能任监察院长。问:先生何时可赴京?答:病愈即去。"(《时事新报》1928年10月16日)

10月21日 为北大毕业生钟天心、袁世斌出具英文学历证明。

"杏佛、端六先生大鉴:顷有北大毕业生钟天心、袁世斌二君,往英留学,因未领毕业证书,欲各得一英文证明书。请为代备,并于签名处加一前北大校长之衔为荷。……弟元培敬启 十月二十一日"。(《致杨杏佛、杨端六函》同日)

10月22日 力辞监察院院长职。

"中委蔡元培日前来沪,对监察院长力辞不就,并以胃病复发,在寓逐日就医,谢绝亲友,以资调养。现以在京各委员恳切挽留,力辞不获,已允二三日内晋京,商洽一切。"

请辞监察院院长呈原文:

"为呈请准辞去监察院院长及国民政府委员名义事:本月八日中央执行委员会常务会议,命元培任国民政府委员兼任监察院院长。案监察院兼有弹劾、审计两专责。元培疾恶,素号不严,计学尤非所习,以长监院,极端不宜。如勉强就职,既犯力小任重之戒,尤塞为事择人之路,为党为国,深抱不安。为此,沥诚请求收回成命,准予辞去监察院院长及国民政府委员名义,慎择一刚方精明之同志任之,以专责成,实为公便。此上 中国国民党常务委员会"。(《时事新报》同日)

同日 自上海赴南京。

"中央委员蔡元培、张静江、李石曾、张继诸氏,以二十三日将出席国务会议,特于二十二日晚令路局备头等卧车一辆,附挂十一时夜快车联袂晋京。"(《时事新报》1928年10月23日)

同日 作《题祝枝山楷书》。

"祝京兆书,流传者多作狂草,半为赝品。此册楷法遒劲,酷似唐人写经,诚真迹也。作于正德己巳,京兆年五十有一矣。 中华民国十七年十月二十二日 蔡元培"。(《题祝枝山楷书》)

同日 发表《对〈时事新报〉记者的谈话》。

"余此次赴京,将与在京各委员晤商一切。监察院组织尚需时日,即至成立时期,亦必有能执行监察职权之人出任斯职。余意以稚晖先生最为适当,奈吴先生不愿担任政府职务,俟到京后即可商定办法。"(《时事新报》1928年10月23日)

10月23日 出席国民政府第三次国务会议。

"二十三日上午十时,第三次国务会议。出席胡汉民、林森、张继、王宠惠、孙科、冯玉祥、戴传贤、谭延闿、蒋中正、蔡元培、陈果夫、李济深、何应钦、古应芬。主席蒋中正。报告事项:(一)中执委函开,本会第一七七次常务会议决议特任李宗仁为军事参议院院长,李济深为参谋总长,何应钦为训练总监部训练总监,请查照特任。决议,照任命。(二)中执委函,为准中央政治会议函开,国府函请特任阎锡山为内政部长,王正廷为外交部长,冯玉祥为军政部长,宋子文为财政部长……决议,照任命。"(《申报》1928年10月24日)

同日 大学院改为教育部并"实行交替院务"。

"国民政府命令。大学院改为教育部,所有前大学院一切事宜,均由教育部办理。此令。"(上海《民国日报》1928年10月24日)

"大学院新旧院长蒋梦麟、蔡元培二十三日实行交替院务。蒋已驻院视事,俟行政院成立后,再行定期正式就职。院中职员均照常办公。"(上海《民国日报》1928年10月24日)

10月24日 出席国民党中央政治会议第一六〇次会议。会议讨论关于革命有功人员待遇办法等十一案。

"今日上午十时,中央政治会议开第一六〇次会议。出席委员王正廷、林森、古应芬、胡汉民、冯玉祥、李济深、王宠惠、陈果夫、孙科、缪斌、蔡元培、张继、李石曾、张人杰、叶楚伧、薛笃弼、褚民谊、王伯群、谭延闿、戴传贤、蒋中正、孔祥熙。……决议案:(一)关于革命有功人员待遇办法案。决议检同中华革命党酬勋章程,送中央执行委员会讨论。(二)关于设立革命历史博物馆案。决议送中央常会讨论。(三)关于编辑革命史案。决议送中央常会讨论。(四)胡汉民等提出审查报告,关于立法院委员任用标准拟首重其人在党之历史,以曾为党国效忠,在革命过程未尝有违背党义之言论行动,而于法律、政治、经济有相当之学识经验者,由院长提请国府任命,并须经政治会议决定,以符合党治精神,是否有当,请公决案。决议照准。(五)决议兼湖南民政厅长陈嘉任呈请辞去兼职照准,任命曾继梧兼湖南省府民政厅长。……"(《时事新报》1928年10月25日)

同日 出席蒋介石的宴请,有所洽商。

"蒋介石二十四日下午七时,在总部宴蔡元培、张继、孙科、胡汉民、王宠惠、戴季陶、林森、宋子文、梅思平、王世杰、方东美、周鲠生等,有所洽商。"(《申报》1928年10月24日)

10月25日 列席国民党中央常务委员会第一七九次会议。会议讨论召开国民党第三次全国代表大会问题等七案。

"二十五日午前十时,中央开一七九次常务会议。出席者谭延闿、蒋中正、胡汉民、孙科、戴传贤。列席陈肇英、郭春涛、缪斌、李济深、蔡元培、王宠惠、古应芬……讨论事项:(一)关于第三次全国代表大会案。决议全国代表大会之代表,依第一次全国代表大会例,由省市选出全额之半,中央指定全额之半。选举法另定之。……"(《时事新报》1928年10月27日)

同日 出席国民政府行政院院长及各部部长宣誓就职典礼式,为监誓委员。

"行政院长及部长今日午后二时,在国府举行宣誓就职典礼,除内政部长阎锡山外,余均到。二时十分行礼,中党部监誓委员蔡元培,国府主席蒋中正。行政院长及各部长先后就位,行礼如仪。由蒋中正授印,院长受印,各部长接印,皆一鞠躬退,印交本院部监印官捧回。"

"监誓委员蔡元培之训词,略谓今日为行政院部十二位同志就职。行政院为国府五院最重要之机关,全国统一后,政治之良窳,实有赖焉。且行政在五院中所任地位,均较他院为重大,无论三权五权之国家,莫不以行政为首图。一方有党的指导,一方承国府之命令,执行或计划,虽总理著有建国方略及大纲,然不过大概,故尚须因时制宜,预定方针。诸同志皆有猷有为有守,何患政治不良。清朝政治之坏,即与此相及,此后希望实行做去,建设廉洁政府。行政院长及各部长皆忠实同志,操守作为,均能努力,前途大有希望。"(《时事新报》1928年10月26日)

同日 应允暂任监察院院长。

"径启者:第一七三次常会,令元培任国民政府委员,兼任监察院院长。窃以监察院有弹劾、审计两种任务。元培疾恶,素号以宽,计学尤非所习,以任此职,甚不相宜,且因中央研究院本职,也已日不暇给,未便再兼要职,曾累次恳辞,未蒙允准。

第一七七次常会,又任命国民政府委员陈果夫同志为监察院副院长,陈同志在党部任事甚久,夙著刚方,尤长综核,于监察院任务,甚为适宜,胜元培十倍,敢请一面责成陈副院长悉心筹备,一面随时物色适宜院长人才,一得其人,即行改任,俾元培去监察之名义,而以研究为专职。至监察院筹备时期至短,非数月不办,旧有之审计院,应继续行使职权,到监察院成立时,始行改组,敢请知照政府,责成审计院长于右任同志、副院长茹欲立同志负责进行。如蒙核准,实为公便。此上 中央执行委员会常务委员及中执、监委员诸同志。蔡元培"。(上海《民国日报》1928年10月27日)

"蔡元培允暂兼监察院长职。今日(二十五日)上中央执监委员函,大意谓中央研究院事繁,不暇兼职。既固辞不获,请监察院副院长陈果夫筹备一切,一面物色正院长。至监察院筹备期间,旧有审计院应继续行使职权云云。"(《申报》1928年10月26日)

同日 与薛笃弼联名拟定婚礼丧礼新规并会呈国民政府。

"蔡元培、薛笃弼会呈国府,拟定现行婚礼丧礼等制,请核准施行。(甲)婚礼要点:1.定婚信物为婚帖,聘礼概免。2.结婚一月前,由两方家庭同意,定日双方具名发帖,礼品革除。3.行婚礼时,证婚人分别询问,新郎新娘是否同意?(乙)丧礼要点:1.死后家属用讣或登报通知。2.俗例僧道冥器衔牌神主等均革除。"(上海《民国日报》1928年10月26日)

10月26日 出席国民政府第四次国务会议。会议决议通过孙中山迁葬日期等十五案。

"二十六日国府第四次国务会议。出席者蒋中正、林森、冯玉祥、戴传贤、胡汉民、孙科、李济深、陈果夫、谭延闿、王宠惠、蔡元培、张继。……讨论事项:(一)总理葬事筹备处呈为总理葬期前经中央一七〇次常会议决,定明年三月十二日举行,议决筹备迎柩奉安大纲多项,特录案送请采择施行案。决议照办。(二)中央执委会函为准中央政治会议函开,本会议一六〇次会议议决特任何成濬为国府参军长,未接任以前,以参军吴思豫暂代请交国府办理等由,相应函请查照办理。决议照办。(三)中央执委会函为中央政治会议函开,本会议一六〇次会议议决任命班禅额尔德尼为青海省府委员,请交国府任命等由,相应函请查照办理案。决议照任命。……"(《时事新报》1928年10月27日)

同日 出席大学院大学委员会会议,议决大学委员会委员人选。

"大学院大学委员会于二十六日下午三时在大学院开会。到委员易培基、褚民谊、李书华、李石曾、刘大白、张仲苏、张乃燕、蒋梦麟、蔡元培、杨杏佛等十人。决议事件:(一)大学委员会仍继续进行,改名教育部大学委员会。(二)议决大学委员会委员人选分三种:甲、各大学区校长。乙、各省教育厅长。丙、各国立大学校长可聘任。(三)议决教育行政机关与各级学校公文往来,均以公函行之。(四)通过中央大学区评议会组织大纲。(五)议决大学委员会北平分会人选:蔡元培、易培基、张继、沈尹默、李麟玉、萧瑜。……"(上海《民国日报》1928年10月28日)

同日 出席南京北大同学会第六次大会。

"南京北大同学会二十六日下午在金陵大学大礼堂开第六次大会。到教职员蔡元培、李石曾、秦汾、蒋梦麟、张乃燕、朱锡龄等,及同学二百余人。二时振铃开会,公推孟寿椿主席。首由干事俞汝良报告本会成立后经过情形,及已借得在京暨南校舍一部为同学会会所。次由蔡、李两君训话,大旨勉励诸同学毕业后仍须努力求学,及同学会应如何办理,始不失同学会之精神。次讨论会务进行办法……"(《申报》1928年11月1日)

10月27日 关于允就国民政府监察院长职对记者的谈话。

"中央委员张静江、李石曾、褚民谊,国府委员监察院长蔡元培,于昨(二十七日)晨七时抵沪,……记者见蔡氏自提皮包甫下车,即趋与谈话。问:先生已允就监察院长职,将于何日宣誓就职? 答:未定,就我现在亦不晓得。问:先生将监察院事宜,统委副院长陈果夫先生筹备,有诸? 答:诚然。问:先生此次来沪,有何公务? 答:纯为来沪休憩,兼理私事。问:先生约于何日晋京? 答:将于下星期内即返首都。"

"国民政府委员监察院长蔡孑民,于昨晨由京抵沪,本报记者上午往访于慕尔鸣路蔡氏私邸,当蒙延见,作下列之谈话。问:蔡先生对中央监察院之组织法及委员人选拟订之计划如何? 答:予对监察院长一席,以予之性情能力均不愿就,此次所以勉允担任,因中央各委以新国府成立伊始,院长即有变更,殊属不妥,故予勉允担任院长名义。迨三四月后,中央觅得妥当人选,即当辞退。至内部组织及委员人选筹备事宜,均由副院长陈果夫先生负责。问:以先生之德高望重而一再谦辞监察院长,原因得闻乎? 答:予不愿就院长职,实因自觉监察院长事非予所宜,而予颇致力于中央研究院事宜,俾学术上有所发展。问:研究所已设立者有几所? 答:如地质、化学、生物诸科设在上海,气象、天文则设在首都,社会科学因欲利用法制局地址及参考书籍,故设首都,经济、政治则设在沪,人文历史附设广州中山大学。问:研究院人才及经济如何? 答:各所研究员均不多,因本院须合于是项人才标准而本人愿者始延揽之。经费由国府拨给,旧预算为十万元,嗣因中央经费支绌,核减为五万元,现复呈请中央增加至十万元,但尚未批准。问:监察院成立后,对监察各省官吏事宜,抑将各省设分院乎? 答:中央监察院对各省行政官吏之监察事宜,事实上将来必须设分院,唯分院不限定一省一处,如交通便利各省可合设一院,其不便者,亦得一省设一院,盖中央虽可派特派员至各省调查弹劾,然审计部分,决不便将各地文件案卷悉行调至中央审核。问:张静江先生将任浙江省政府主席,确乎?

答:确已决定,惟尚未正式发表,大约下星期三中央政治会议可正式通过任命。问:朱家骅先生仍回浙江民政厅否?答:大约可来,静江先生已电促其速回浙,朱复电谓十一月十日可到浙与静江先生面洽。问:浙大校长蒋梦麟先生既就教育部长职,继任浙大校长将为何人?蒋氏对浙省委辞职去否?答:大约仍由梦麟先生兼任,暂不辞职。"(上海《民国日报》1928年10月28日)

  同日 自南京赴上海。

  "张静江、蔡元培、褚民谊、杨杏佛、孙科、王正廷、宋子文等,于今晚乘夜快车赴沪。"(《时事新报》1928年10月27日)

  10月29日 自上海返南京。

  "孙科、吴铁城、王正廷、唐悦良、蔡元培等,二十九夜车联袂回京。"(上海《民国日报》1928年10月30日)

在南京留影(1928年)

  10月31日 国民党中央政治会议第一六一次会议修正通过中央研究院组织法。

  "三十一日上午十时,中央开第一六一次政治会议。……蔡元培拟送国立中央研究院组织法草案请核议。决议修正通过。"(《时事新报》1928年11月1日)

  11月1日 为《中国学术月刊》题写刊名。

  "中国学会编辑 中国学术月刊 蔡元培题"。(《时事新报》同日)

  同日 出席中央银行开幕典礼,并以国民党中央党部代表身份致训词。

"中央银行于昨日(一日)正式成立。上午九时举行开幕典礼,同时举行总裁、副总裁、理事、监事就职典礼。参与典礼人员:中央党部代表蔡元培,国民政府主席蒋中正,中央委员吴稚晖、邵力子,中央银行职员总裁兼理事宋子文,副总裁兼理事陈行……中央党部代表蔡元培致训辞。……"(《申报》1928年11月2日)

"中央银行于昨日正式成立,上午九时举行开幕典礼,同时举行总裁、副总裁、理事、监事就职典礼。典礼情形:一、海军司令部军乐队奏乐。二、主席中央党部代表蔡元培,国民政府主席蒋中正及全体职员等入席。三、向国旗党旗及总理遗像行敬礼……中央党部代表蔡元培训词。蔡氏谓:本党奉行之三民主义,为民族、民权、民生。民生为平均地权,节制资本,此则与财政金融有莫大关系。昔北京政府时代,其政治全系于金融问题,一切操之金融界,致财政破产。故吾人欲着手整理财政,必有良好之金融机关,始可举办建设事业,以图政治之发展。中央银行发轫在粤,信用甚佳,及发展至汉,中受顿于沪行,又久久未成。宋同志即为在粤协助总理中央银行之人,现承乏此职,既为财政当局,复主持金融机关,当不致有金融界利用国家当局,致财政破产之弊。广东一省,在军政繁剧时,宋同志尚能应付裕如,则统一全国后,以此地大物博之中国,解决经济问题,遵照总理《建国方略》,成功经济建设,可操左券矣。"(上海《民国日报》1928年11月2日)

同日 出席中华国货展览会开幕式,并以国民党中央党部代表身份致训词。

"中华国货展览会,经国民政府工商部、上海特别市市政府积极筹备,迄今已三月,于昨日下午二时始在南京新普育堂会场,举行开幕礼。……到会之人物:国府主席蒋介石,中央党部代表蔡孑民、吴稚晖,中委宋子文、邵力子,工商部长孔祥熙,及许世英、邵元冲、潘公展、宋子良、陈世光、赵晋卿、王一亭、杨杏佛、马湘伯、虞洽卿、陈希曾、熊式辉、宋美龄……中央党部代表蔡元培致训辞:今天中华国货展览会开会,兄弟代表中央参加,觉得非常荣幸。国货展览会的目的,就是要提倡国货,我们要提倡国货的原则,就是要使中国经济平等。现在经济上有两种不平等:一种是某种力量,压倒其他一部分的力量,使它不能发展。第二种就是供给它很多的货物。我们现在要提倡国货,就是因为外国货的力量现在很大,把国货压迫下去。我们就是要把自己的国货提倡起来,使中国人大家来用国货,这是一种意义。还有一种,为什么人人欢喜外国货呢?因为外国货制造得好点,能够投合人的需要。我们中国不是没有原料,也不是没有人工,当然应当自己制造国货,还可以供给别人用,或彼此交换。可是我们现在有了原料,有了人工,而不制造,专门用外国货,这是不对的,所以要提倡国货。不过这两种意义,为什么有许多人不明白呢?因为他们不知道,或者不认得,哪一种是国货。所以工商部以及上海热心同志,为提倡国货,来办这个国货展览会。有了这个国货展览会,可以把所有好的国货,陈列出来,使得来会的人,有一种新觉悟。从前不知道什么是国货,现在可以知道了,大家一定替国货推广销路,大家来买中国货,大家来抵制压迫国货的力量。其次我们看了这个国货展览会,可以把顶好的国货和外国比较一下,要是比得过,当然不必说,若是比不过,就应当如何设法改良。还有我们需要较便宜的货物,我们有没有,要是国货展览会里没有,我们应当如何设法制造。我想国货展览会,应当把有的陈列出来,使大家来买好的国货;我们没有的,或是欠好的,应当设法改良。这样才不辜负工商部以及商界同胞热心提倡国货的意思,元培代表中央希望,就是如此。"(《申报》1928年11月2日)

11月5日 由上海到南京。

"谭延闿、吴稚晖、褚民谊、蔡元培、缪斌、王伯群、钮永建,五日晨七时余由申抵京。"(《时事新报》1928年11月6日)

同日 出席蒋介石晚间的宴请。

"蒋中正五日晚六时在总部宴杨树庄、冯玉祥、谭延闿、蔡元培、胡汉民、吴稚晖及陈果夫、何应钦夫妇,宋美龄亦在座。"(《申报》1928年11月6日)

11月7日 出席国民党中央政治会议第一六二次会议。会议决议修改司法部组织法有关条文等十三案。

"七日中央开第一六二次政治会议。到蒋中正、胡汉民、谭延闿、戴传贤、孙科、何应钦、叶楚伧、王宠惠、周启刚、孔祥熙、缪斌、陈果夫、蔡元培……。蒋中正主席。决议案:(一)王宠惠提议,请修正司法部组织法第一条内司法行政署改为司法行政部,司法审判处改为最高法院,其余有关系各条一律照改。决议照改。(二)王委员宠惠提出司法行政部及最高法院组织法草案,请核议。决议暂照原案通过,仍提交立法院审查。(三)戴委员传贤报告审查孙委员科之建设大纲草案意见,请核议。决议原则通过,计划预算程序各项交国府核办。(四)中央执行委员会函开本会第一百八十次常会准党务诸问题审查委员会提议修正民政团体组织条例及特种工会组织条例,当经决议有修正之必要,应由政治会议交立法院从速修正,相应检送民众团体组织条例及特种工会组织条例各一件,请查照交办。决议交立法院。……"(《时事新报》1928年11月8日)

同日 应邀在中央无线电台发表广播讲话。

"中央广播无线电台,七日下午四时特请蔡元培演讲《中央研究院与衣食住行之关系》,末并谓中央研究院为吾国大学毕业生深造而设,期于建设上有极大之贡献,将来各大学均将设研究所。"(上海《民国日报》1928年11月8日)

六、大学院院长及中央研究院院长时代(1927—1940) 807

中央研究院院长(1928年)

11月8日 由南京回上海。

"中央委员蔡元培,于前晚由京乘夜车来沪,于八日晨七时抵北站。"(《时事新报》1928年11月9日)

11月9日 国民政府五院长就职后联名发表通电。

"国民政府五院长谭延闿、胡汉民、王宠惠、戴传贤、蔡元培联名通电云:海宇方安,舆情望治,确定五权制度,以为宪政阶梯。同人膺兹重任,夙夜兢兢,远承嘉许之殷,弥凛仔肩之重。此后实施训政,安我新规,党国前途,是在同努力也。"(《时事新报》1928年11月10日)

11月12日 出席上海党政军各机关联合举行的总理诞辰纪念大会,并发表演讲。

"上海党政军各机关于昨日上午九时,在新普育堂举行联合纪念周及总理诞辰纪念大会。……中央委员蔡元培、吴铁城、孙科,工商部孔祥熙,上海市指委潘公展、王延松、冷欣、陈德征、吴开先、许孝炎、刘衡静等约一千余人。""孙哲生报告总理革命事略,蔡元培、吴铁城等有重要演说。蔡元培演说谓:各位同志,今天我们在这里举行庆祝总理的诞辰,照普通意义讲起来,差不多好像人家纪念父母祖先一样,就是在世界上也是通行的。凡是国内有功劳的,有学问的人,都举行庆祝诞辰的一个会来纪念他,好像英国的莎士比亚,德国的俾士麦,这种普通纪念的意义,我们纪念总理的诞辰,当然也是一样的。

不过我们对于总理还有一种特别的意义,世界上无论那一个团体,一个总理故了,当然有第二个来继承,要是没有第二个总理的,只有我们中国国民党是这样的。他的缘故,就是因为总理故了,没有第二个人能够及得上总理,那么能够继承总理的,只有我们全体党员,所以全体党员在做纪念周的时候,一定要恭读总理的遗嘱,就是这个意思。我们觉得要像总理一样的,对于各方面都有能力的,现在没有这个人,我们所希望的,只要全体党员联合起来,成一个人,才可以承继总理没有完成的革命事业。我们怎样能够团结成一体,好像机器一样,每一个人,就是机器的一小部分,总的机关一动,全部统统动了。一个人的身体也是这样的,各有各的部分,都有专长的,要我们决定今天怎样办一件事,预先在脑子里,一定有好几种的思想来竞争的;我们全体党员对于党的政策,党所办的事业,一定也有许多意见。但是一个人的行动,譬如现在我们还是跑出去呢,还是伏在桌上写字,在没有决定的时候,两种思想,就互相竞争,后来决定了在桌上写字,那么手就动起来,脚当然是不动,也决不会同手打起来;又好比今天我们要娱乐,还是去听音乐呢,还是去看图画,脑子里又有两种思想争执,但是到后来决定了去听音乐,那么眼睛也决不会同耳朵争执的。我们全体党员,既然要承继总理的精神,当然要团结成一个人一样。对于党的政策,党所办的事业,起先的时候,许多的意见,是一定有的,所以在未决定以前,不论怎样的激烈讨论,也是应该的,因为这是中国国民党的精神所如此的。要是退退缩缩的不想,那是不行的。不过讨论还是很尊敬很相爱,从前各党部都有写'亲爱精诚'四个字,就是这个意思。所以无论讨论到怎么样不同的意见,是一定有的,但是决定了一个意见,其余就没有了。刚才孙先生说,总理对于同志,是用诚实的'诚'字,就是'亲爱精诚',有不同的意见,互相激烈的辩论,都是出于诚心,为公众的,不是为那一个人而反对的。一到决定以后,无论牺牲他的也可以,牺牲我的也可以。彼此还是很要好的。有了这样的团结的精神,后来无论决定那一个人的主张,其余的许多人,都照样去做。要是党里不能用亲爱精神团结一块,就不能继承总理一切伟大的精神。

总理的精神,是为全社会服务的,全体党员统统能够了解总理的主义,能够实行总理的主义,再推广开,就是世界大同。将来全世界能够得到平等自由,这种情形,要是本党能够实行'亲爱精诚',团结一起,一定能够达到的。现在我们当然先推广到全中国,所以有一部分要扶助农工界,我们是亲爱的诚心的扶助他们,提高他们的地位,使他们得到幸福,不是说拿他来作为工具,达到我们目的。我们对于贪官污吏是要打倒的,土豪劣绅、军阀、乱党也都是要打倒的,但是他们这些人都是中国人,我们为什么打倒他们呢?因为他们所做的事情,都是有害于许多人,所以不得已而牺牲他们少数人。刚才孙先生讲陈炯明的叛逆,总理只要他悔过,仍旧可以承认他的,所以我们要杀他监禁他或者打倒他,也是不得已的,因为他做贪污的事情,是妨碍我们的政策,欺侮农工,所以我们要去掉他。但是我们要打倒他,并不是要罚他的钱,得到一些经费,要是这样,就不是亲爱同胞所应该如此的,我们的本意,还是爱他。我们中国现在已是训政时期,我们中国国民党的党员比较已经是有知觉了,还有许多没有知没有觉的人,就好像先生对学生一样,当然由我们去教训他们,指导他们。

我们要打倒帝国主义,因为帝国主义是压迫我们,我们当然要如此做。总理遗嘱说:'联合世界上以平等待我之民族共同奋斗',就是那一国能够平等待我们,即以最惠国待它。对于被压迫之民族,要去救它。所以第一步把自己的同志都团结起来,然后再推广到世界的人类,有不好的要改正他,好的要帮助他,这许多的事情,唯有'亲爱精诚'四个字做得到。但是要那里做起呢?就要从全体党员都要有这种精神,要是党员中没有这种亲爱精诚的精神,只晓得互相倾轧,互相利用,或是拥护,或是排斥。这样子绝对不可以的,我们才对得住总理。"(《申报》1928年11月13日)

同日 写作《纪念总理诞辰的意义》一文。(蔡元培先生手稿)

11月13日 偕夫人周峻参观国货展览会。

"国展会开幕迄今已有十三日,而各界来宾仍甚多。……昨日上午十一时许,蔡元培院长偕其夫人周峻女士及魏震君到会参观,由总干事寿毅成亲自招待,先在都一处分馆午餐后,即至陈列各部参观。"(上海《民国日报》1928年11月14日)

11月14日 关于是否就任监察院长等问题答记者问。

"中央监察院迄未成立,监察院长蔡元培,外间传其又表示不就,专注力于中央研究院事。记者昨特往升平街蔡氏寓所访问,蔡氏正在督促仆役治菊,当承其接见,兹志其谈话如次:(问)先生对监察院长是否又表示不就,外传先生已请陈果夫先生担任院长,确否?(答)陈果夫先生因系余所主张请其任院长者,惟以陈先生坚辞不允,必须余入京。现在监察院尚未成立,故余对此并未表示正式态度。(问)闻中央研究院拟于最短期间,在上海建筑中央图书馆及中央博物馆,何时可以实现?(答)中央博物馆现正筹备,中央图书馆报载决定在上海霞飞路,实属不确。院中对于图书馆将设南京,至物理化学实验室,则决设在上海霞飞路,日内即可兴工建筑,组织颇简单,故完工亦可较迅速。(问)日前欧美运到大批国际科学书籍,是否即中央图书馆所制备?(答)否,此种书籍完全系代各国际科学机关定购,书到后当分别转交。(问)中央研究院除积极筹备建筑外,尚有其他计划否?(答)尚有一事可告先生者,即拟组织一西北考察团。从前中外人士曾合组一西北考察团,系由北京出发,现尚在途中,此次对于甘肃方面,拟特别加以注重,盖彼处有煤矿、石矿甚富,足资考察。(问)该科学考察团是否最近能实现?(答)现正与南京各要人商议进行,冯焕章先生已允担任交通方面之给养,其他候确定办法后,再当告先生也。(问)先生来沪已久,何日返京?(答)余此行纯为小女嫁事,一二日即当返京。"(上海《民国

日报》1928年11月15日）

11月15日 列名刘海粟去国纪念画展启。

"海粟先生为吾国新兴艺术之先导，其艺术之价值，早为中外人士所公认，不待赘言。兹已定下月乘法邮portnos赴欧，此去周游各国，归无期。同人等请其将最近国画七十帧（多数为海粟丛刊原作），于本月十六日起迄二十日止，每日上午九时起下午六时止，假西藏路宁波同乡会公开展览五日，留别国人，敬请驾临评览，无任翘企。

蔡元培 戴季陶 蒋梦麟 经亨颐 杨铨 胡适 史量才 高鲁 徐朗西 陆费逵同启"。（《申报》同日）

11月16日 自上海赴杭州。

"蔡元培定今晨（十六日）由沪乘四次特别快车赴杭。"（《时事新报》1928年11月16日）

同日 以国民党中央党部、国民政府代表监誓员身份，出席浙江省政府委员、主席宣誓就职仪式。

"浙江省政府主席张静江，省委除朱家骅、黄郛外，余如钱永铭、蒋伯诚、叶琢堂、周骏彦、程振钧、陈其采、何辑五等，均于昨日（十六日）到府宣誓就职。中央党部、国民政府代表、监誓员蔡元培，省党务指委会李超英，浙大刘大白，民庭杨子毅……三四百人到会。……

监察院长蔡元培代表中央党部及国民政府训辞，略谓今天为张主席及新省委就职日期，元培奉中央命令来说几句话。今次改组浙江省政府，并非因别的问题，实缘有几位委员都在中央任职，无暇兼顾，故而改组。主席张先生，本系中央党部监察委员，并任国府委员及兼建委会主席，所以对于党务上、政治上、建设上，一切的改良计划，均已胸有成竹，加以新任各委员，均有专长，帮助张主席处理省政，将来的浙江，一定成为中国的模范省。这是很可以预祝的。我们要晓得，民众能够安居乐业，全在土匪的肃清；土匪的来源，全为生计压迫，铤而走险。故第一要紧，是一省之财政，财政宽裕，便可建设实业，兴实业土匪就可无形减少，民众便可安居乐业了。幸亏浙省财政有条不紊。陈委员蔼士，因多病而向中央坚辞财厅兼职，当然可以帮忙张主席及钱委员共同努力的。浙大，校长蒋梦麟办得很好，现仍由蒋兼任。故代表中央，恭祝浙江，为做一个模范省。完了。"（《时事新报》1928年11月17日）

11月17日 由杭州回上海。

"监察院院长蔡元培，十七日晨由杭州乘三次特别快车，在中午抵沪。"（《时事新报》1928年11月18日）

同日 出席上海各大学联合会同乐会，并发表演说。

"上海各大学联合会,于本月十七日六时借宁波同乡会〔举行同乐会〕。到大夏、大同、上海法科、中央商学院、中国公学、中法、法专、交通、光华、东吴、法专、音乐院、美术专门、劳动、复旦、群治、沪江、暨南等十八校,及来宾蔡子民、韦捧丹等共一百四十余人。胡适之主席。餐顷,致开会词……次蔡子民演说:推论食色两本性,以为食求利己,推广之可包括一切,自渔猎劫夺以至农工商业,用科学方法努力以取得物质上之利益。色爱非我,推广之可包括一切父子、兄弟、朋友之情义,文学、美术、精神上之娱乐。又希望会中设公用图书馆、实验室,会员多研究学术,用英国大学导师制,切实指导学生及联合团体,赴边省办教育云。次褚民谊讲演国术太极拳……宾主尽欢而散。"(上海《民国日报》1928 年 11 月 21 日)

11 月 20 日　自上海赴南京。

"蔡元培、杨杏佛、吴宗光,二十日晚乘十一时特别快车晋京。"(《时事新报》1928 年 11 月 21 日)

同日　为王云五编《中外图书统一分类法》作序一篇。(该书 商务印书馆 1928 年版)

同日　被特任为中意庚款委员会出席委员。

"国民政府二十日令……特任蔡元培、张人杰、李煜瀛、王宠惠、蒋梦麟、魏道明,为中义(意)庚款委员会出席委员。此令。"(《申报》1928 年 11 月 21 日)

11 月 21 日　出席国民党中央政治会议第一六四次会议。会议通过特种刑庭取消办法。

"二十一日第一六四次中央政治会议。出席胡汉民、张人杰、蔡元培、周启刚、古应芬、王正廷、薛笃弼、叶楚伧、白云梯、宋子文、孔祥熙、邵力子、王伯群、何应钦、陈果夫、贺耀祖、缪斌、王宠惠、蒋梦麟、赵戴文。公推胡汉民主席。决议案如下:(一)行政院长谭延闿函送修正行政院各部会组织法草案,请审核实行。决议,指定王宠惠、孙科、谭延闿三委员审查,由谭委员召集开会。(二)司法院长王宠惠提出关于特种刑事临时法庭取消办法六条,请核议。……决议通过。"(上海《民国日报》1928 年 11 月 22 日)

同日　出席在国民党中央党部召开的党歌曲谱审查委员会会议。

"党歌曲谱审查委员会今午后四时,在中央党部大礼堂开会。到胡汉民、孙科、蔡元培、陈果夫、叶楚伧等,并试奏党歌谱曲,旁听者甚众。"(《时事新报》1928 年 11 月 22 日)

11 月 23 日　出席国民政府第六次国务会议,议决通令各省驻军派兵剿匪等议案。

"国府二十三日开第六次国务会议。出席委员戴传贤、谭延闿、蔡元培、胡汉民、孙科、王宠惠、陈果夫、何应钦。主席谭延闿。议决案如下:(一)颁发通令,凡各省府得命令驻军派兵剿匪,维持地方治安,各县长得咨请其管辖区内之驻军派兵剿匪,各该驻军均不得延宕。(二)江海关监督李景羲调财政部任用,遗缺以陈其采接允。(三)任命杨天寿为卫生部总务司长、严智忠为医政司长、蔡鸣为防疫司长。……"(《申报》1928年11月24日)

同日 与谭延闿、于右任等联名为罗钝翁撰发书画作品润例广告。

"《罗钝翁书画》。钝翁性耽书画,研精有年,倦游沪上,求者纷如,爰为代订润例如左(下):

书堂幅 四尺四元 五尺六元 六尺八元

楹联照堂幅 屏条照堂幅减半 纨折扇每柄二元 画梅照书例加倍。

介绍人:蔡子民 谭延闿 于右任 商笙伯。收件处:上海宁波路渭水坊西泠印社及各大笺扇店。"(《申报》同日)

11月24日 自南京赴上海。

"蔡元培、杨杏佛、王宠惠、郑毓秀,廿四夜车赴沪。"(《时事新报》1928年11月25日)

11月26日 出席孙科就任上海交通大学校长典礼式,并代表国民党中央党部致训词。

"昨日上午上海交通大学举行纪念周,同时孙校长行就职典礼。到有来宾、教职员、学生、校工千余人。王前校长报告毕,孙校长宣誓就职。监誓员蔡子民代表中央致训词,略称孙先生继承总理之志,办理铁道事业,然孙先生对于其他建设事业,亦时时在念。交通大学为全国造就建设人才最高学府,孙先生来长校务,最为相宜,将来毕业人才,必有相当用处云。"(上海《民国日报》1928年11月27日)

11月27日 为朱镜宙(铎民)著《英属马来亚群岛》一书题写封面。

"铎民先生大鉴:承示大著《英属马来亚群岛》三册,纲举目张,发人深省,真有用之书。承命作序,实苦无暇,且自序已极详赡,无可补充,只好藏拙。擅题封面,借以塞责,诸希鉴谅为幸。……弟蔡元培敬启 十一月二十七日"。(《致朱镜宙函》同日)

11月28日 与张继、易培基等联名发起潘玉良画作展览会。

"洋画家潘玉良女士(潘赞化夫人)游欧八载,专攻绘事,曾入罗马美术学院,得意大利教育部奖金,其作品屡经进入意国国家展览会,实为我国女画家获得国际上荣誉之第一人。兹经蔡元培、张继、易培基、柏文蔚诸氏发起,特于今日起至十二月二日止,在本埠西藏路宁波同乡会四楼,将潘女士之作品八十余种,公开陈列出来,举行留欧回国纪念展览会五天云。"

发起启事:"西画专家潘玉良女士,游欧八载,专攻绘事,昔由巴黎国立美专毕业,即考入意大利罗马美术学院,本年以最优等毕业,曾得意政府奖状,且数将女士作品选入该国国家展览会,并由意教育部特赠奖金五千利尔,实为我国女画家获得国际上荣誉之第一人也。今夏归国,随带海外作品凡八十余件,经同人等敦劝,举行留欧回国绘画公开展览会。兹定于十一月廿八日至十二月二日为会期,会场在西藏路宁波同乡会,届时务请各界莅临,以广见闻,而重文艺,毋任欣幸。

蔡元培 张继 易培基 柏文蔚同叩"。(《申报》同日)

同日 由上海到南京。

"张人杰、蔡元培、吴铁城、吴光宗,今晨由沪抵京。"(《时事新报》1928年11月29日)

同日 出席国民党中央政治会议第一六五次会议。会议通过行政院各部会组织法草案等案。

"中央政治会议二十八日开一六五次会议。出席丁超五、王宠惠、戴传贤、王伯群、宋子文、叶楚伧、贺耀祖、蔡元培、易培基、谭延闿、蒋梦麟、张人杰、陈果夫、周启刚、谷应芬、薛笃弼、何应钦……决议各案:(一)委员谭延闿等提出行政院各部会组织法审查修正案,请公决。决议:行政院各部会组织法通过。(二)考试院拟具考试铨叙部组织法草案,请核议。决议:指定胡汉民、戴传贤、孙科、王宠惠四委员及内政部赵代部长、财政部宋部长、外交部王部长暨古文官长审查。(三)全国禁烟会议主席张之江呈送调验公务员吸烟简则草案,请核准施行。决议:交王委员宠惠审查。(四)武汉政治分会主席李宗仁哿电,请准将程潜解除监视免于查办。决议:照准。(五)国民政府转云南省政府主席龙云铣电称,省府财政厅厅长陈钧坚辞不就,经另委陆崇仁代理,请明令准其代理。决议:照准。(六)决议参谋部准改称参谋本部。(七)凡未经正当手续出版之行为,当应注册,无确实负责人、营业所之出版品,由国民政府会饬主管部门严加取缔。"(上海《民国日报》1928年11月29日)

11月29日 出席国民党中央常务委员会第一八四次会议。

"二十九日上午,一八四次中央常务会议。到胡汉民、戴季陶、孙科、谭延闿。列席陈肇英、古应芬、王宠惠、蔡元培、白云梯、丁超五、叶楚伧、周启刚、邵力子。主席胡汉民。讨论事项:(一)决议,委厉式鼎、张铁桂、何国良、严中煦、周霖、祝自如、高竹秋、李文彬、陈绍庆等九人,为陆军第五师特别党部筹备委员。(二)中宣部函,为国家主义派勾结军阀、反革命,事实昭著,近复在各处分发印刷品,捏造谣言,煽惑人心,特检同京市府宣传队转来邮局递到之国家主义译本,重庆部为国家纪念告民众书一纸,函请国府通令全国军警机关并令交部饬各省邮局查禁彻究,一面通令各省市指委会查禁,以遏乱萌。决议:通令查禁。(三)中央组织、训练两部呈为关于革命青年之培植及救济案,经常会决议,交训练、组织两部拟定办法,再提讨论。兹经会同拟定失学革命青年救济办法草案,内分遣派留学国内肄业六条,呈请核决施行。决议：交蔡元培、戴季陶审查。（四）中央训练部提议，为提高我国文化地位及振兴各科学事业，拟具保障学术人才，及保护艺术品等五种办法，提请公决。函令国府分别厘定详细条目，制为法令，逐次推行案。决议：交蔡元培、王宠惠审查。"（《申报》1928年11月30日）

同日 主持清华大学董事会第一次会议，通过董事会议事细则及组织财务委员会等事项。

"清华大学董事会于十一月二十九日下午，在中央研究院举行第一次会议。出席董事有蔡元培、唐悦良、张韶海、杨杏佛、任鸿隽、凌冰、余同甲等。列席者有教育部长蒋梦麟及该校校长罗家伦。当由全体董事推蔡元培为主席。首先通过董事会议事细则，次选举任鸿隽、唐悦良为常务董事。抽签决定董事改选年限后，乃开始讨论下列各重要议案：（一）彻查基金问题……（二）组织财务委员会、清华全体教授会暨评议会建议董事会要求转请教育外交当局会同美国公使于基金保管委员会下设立财物委员会，处理基金存放出纳及投资等事宜，教授会并要求该会公举教授一人会同学校当局参加该财物委员会，当由全体决议教育外交两部及基金保管委员会立即成立财物委员会，并推定凌冰、任鸿隽、杨杏佛三人起草该委员会组织条例，至六时半散会。三十日闻又继续开会，讨论一切重要问题云。"（《时事新报》1928年12月2日）

11月30日 出席国民政府第九次国务会议。会议决议任命赵戴文等为赈务委员会委员等二十三案。

"国民政府三十日开第九次国务会议。到谭延闿、王宠惠、胡汉民、孙科、陈果夫、蔡元培、戴传贤、何应钦。主席谭延闿。决议案如下：（一）派驻比公使王景岐兼充国际联盟会禁烟顾问委员会委员。（二）赈务委员会常委胡毓导辞职照准。（三）派赵戴文、赵丕廉充赈务委员会委员。……"（《时事新报》1928年12月1日）

同日 主持清华大学董事会第二次会议，讨论通过校务委员会组织条例等事项。

"清华大学董事会，昨日下午三时在中央研究院开第二次会议。出席者蔡元培、余同甲、杨杏佛、唐悦良、任鸿隽、凌冰、张韶海。列席清华大学校长罗家伦。主席蔡元培。决议事项如下：（一）通过校务委员会组织条例。（二）杨杏佛辞清查清华基金委员照准，改任凌冰。（三）追认以前设立各系。（四）动用基金案暂缓议。"（《时事新报》1928年12月3日）

12月1日 出席南京监察院筹备会议，议决监察委员任用法等议案。

"南京监察院前日开筹备会议，蔡元培、陈果夫、王世杰、古应芬、茹欲立、杨谱笙、萧吉珊、吴挹举、陶公衡、许心武等列席。陈果夫提议，先讨论筹备程序，监察

员任用法,监察委员人选标准及审计部组织法、审计法、预算法、弹劾法等……"(《申报》1928年12月3日)

同日 出席国民政府欢宴内蒙古代表团。

"国府一日午在第一会议厅,宴内蒙代表团。谭延闿、胡汉民、蔡元培、戴传贤、谷应芬、何成濬列席,对内蒙政治问题,谈论甚洽。"(《申报》1928年12月2日)

同日 函请吴稚晖为孙中山葬事纪念章书写篆文。

"稚晖先生大鉴:……今日孙先生葬事筹备处开会议定葬事纪念章,一面总理遗像,上、下各有篆文一行,请先生写,特嘱弟寄奉样张,敢祈即写,寄南京成贤街五十八号弟收,以便转交葬事筹备处寄美国赶制模型。……弟元培敬启 十二月一日"。(《致吴稚晖函》同日)

同日 致电慰问李石曾、李书华(润章)。

"北平大学校长李石曾,昨接蔡元培来电,极致其慰问之意,原文照录如下。北平李石曾先生、李润章先生大鉴:阅报,借悉北平学生有轨外行动,不审尊府无恙否,至为悬念,谨电慰问。弟蔡元培。东。"(《京报》1928年12月4日)

12月4日 电请李烈钧令其随员迁房,以建图书馆。

"电李烈钧,为请转令随员迁让成贤街四十七号房、俾资改建图书馆由。

江西武宁探送李协和先生大鉴:惠电敬悉。安抵珂里,经营乡治,至为欣慰。培近专力研究院,已购成贤街四十七号地产,拟建图书馆及总办事处。闻寓客为公随员,敢乞电令迁让,俾可进行建筑,并盼复电。蔡元培。支。"(《国立中央研究院总报告》第1册)

12月5日 出席国民党中央政治会议第一六六次会议。会议指定蔡元培等人审查建立中央图书馆组织大纲等案。

"五日中央开第一六六次政治会议。到周启刚、丁超五、薛笃弼、王伯群、易培基、缪斌、戴传贤、蔡元培、贺耀祖、孙科、王宠惠、胡汉民、谭延闿、蒋梦麟、白云梯、恩克巴图、冯玉祥、古应芬、叶楚伧、蒋中正……主席蒋中正。决议案如下:(一)决议修正禁烟委员会组织条例第二条第二项……(二)决议定民国十八年在南京开中华民国建国纪念博览会,交国府办理。(三)决议任何其鞏为北京临时政分会委员。(四)王正廷提议设立中央图书馆筹备处意见书及组织大纲,预算概略请核议。决议推定戴传贤、胡汉民、蔡元培、王正廷、蒋梦麟、赵戴文、薛笃弼七委员审查,由蔡召集开会。"(《申报》1928年12月6日)

同日 出席国民党中央政治会议临时会,讨论中比、中意、中挪新订条约,发言中历举应加修正之点。

"中比及中意商约,经外王与比代办纪佑穆、意使华雷签订后,中央各委颇表不满。五日政会席上,蔡元培提议对中比、中意两约原文,历举应加修正之点。如中比、中意两通商条约,规定十九年一月一日以前,中政府与比意订定中国对比意人民行使法权之详细办法,似此种附有极苛待之条件,实属不彻底的取消领事裁判权;又关于关税自主问题,及比意侨民可在中国领土以内,有居住、营商、购地等权,均属惠彼而不惠我。蔡对以上各点,有详细之解释。……讨论结果,决定对中意、中比、中挪三约,应如何修正,交外交委员会讨论。"(《申报》1928年12月17日)

  同日 自南京赴上海。

  "财政部长宋子文、次长张寿镛、浙江省主席张静江、监察院长蔡元培等,今晚乘夜快车赴沪。"(《时事新报》1928年12月6日)

  同日 北京大学学生代表启程赴南京请愿。

  "北大学生会选举李辛之、赵子懋为代表,即日赴京请愿北大独立。"(《时事新报》1928年12月7日)

  12月6日 与蒋梦麟联名发电,劝告北大学生,谓"护校举动有违常轨",并叙大学区建立经过。

  "蔡元培、蒋梦麟本故旧感情,以私人名义,劝告北大学生,于六日发出电文云。北平大学译转前北京大学学生诸君鉴:顷据报告诸君以护校为名,致举动有违常轨,殊深惋惜。且闻流言护校之举,曾得培等同意,虽知好事之徒,虚构谰言,别有用意,然其误诸君者或已多矣。闻诸君近举所持者二事:一反对大学区制。二保存北京大学。寻施行大学区制,培等实创其议,大学委员会决定之,国民政府颁行之,其理论无待于此言之。特试行之后果如何,培等亦何敢遽断,自宜静待经过。然以事实验之,浙江行之期年,未见其弊,则制度本身,尚无问题,可以概见。培等向在北大,每多创制,有利则存,见害则徙,此诸君之所共见闻者也。苟大学区制或见其弊,培等自即纠举,以谢国人。今北平大学区方始成立,遽加反对,在诸君或有误会,然足令专己守残图逞其私者,得所依傍,煽焰扬汤,未知所届。是诸君一时之未察,起无谓之风波,殊为诸君不取也。北京大学光荣之声誉,昭灼寰内,旗常简册,万事不磨,若使同学诸君随地阐扬,令其精神弥纶全国,则昆弟云祁,无非一本,五世之庙,亲尽亦祧,宁复必如告朔饩羊,然后为贵哉。况校名虽改,其实无损,而北大在昔与顺直各校,元季相从,每为孟长,今更连枝并蒂,正可氤氲一气,郁成大观。培等皆曾忝长北大,爱护之情,不后贤者,独以所贵在彼,是以乐从众议,以睹新猷,甚愿诸君亦深思之。抑有言者,校长李石曾先生,德业高越,培等所钦,昔教授北大,群情翕然,经纶教育,亦多宏业。……顷闻诸君亦复有所未慊,自由误会所致,极望长思远瞩,无令空穴来风。培等谬承过爱,敢匿欲言,用倾肺腑,幸惟照纳。蔡元培、蒋梦麟。鱼。"(《申报》1928年12月9日)

  同日 列席国民党中央常务委员会第一八五次会议。会议讨论徐锡麟褒扬办法等七案。

六、大学院院长及中央研究院院长时代(1927—1940) 817

"今日开一八五次中央常务会议。到蒋中正、谭延闿、胡汉民、孙科。列席者周启刚、陈肇英、吴铁城、陈果夫、何应钦、邵力子、白云梯、恩克巴图、蔡元培、丁超五、叶楚伧、古应芬。谭延闿主席。议决各案如下：(一)陈肇英提议拟令各省筹募公债，开设工厂，拟具办法请公决案。决议交国府。(二)胡汉民、熊克武呈为前请核给本党已故党员杨维治丧费，并予公葬及抚恤遗族案经拟照上将战时积劳病故例，由曾先给一次恤金，俾资葬费，一面呈请核准后，再给恤金，至公葬一节，后中央择定地点，统筹办理等语。今该族急切安葬，拟请先行给葬费，□□□□……(四)皖省指委会呈……查徐锡麟先烈，在清季淫威炽盛之期，挺身奋起，虽未成功，然所以振作士气而促辛亥革命之实现者，为功甚伟，特检同事实清册，并抄呈该会所拟褒扬办法，转请鉴核施行。决议交国府酌办。……"(《时事新报》1928年12月7日)

12月7日 出席国民政府第十次国务会议。会议通过部司职官任免等二十案。

"今早十时，国民政府开第十次国务会议。出席委员蔡元培、陈果夫、林森、谭延闿、王宠惠、孙科、胡汉民、冯玉祥、戴传贤、蒋中正、何应钦。……决议案如下：(一)以交通部常任次长韦以黻兼任交通部技监，蒋培、窦觉苍为交通部参事。(二)决议行政院参事林彬呈请辞职照准，遗缺以陆嗣曾继任。……"(《时事新报》1928年12月8日)

同日 列席国民党中央常务委员会第一八六次常务会议。会议讨论中国国民党第三次全国代表大会代表产生原则等事项。

"今日下午中央开一八六次临时常务会议。到蒋中正、谭延闿、胡汉民、戴季陶、孙科。列席者周启刚、陈肇英、吴铁城、邵力子、王宠惠、白云梯、恩克巴图、丁超五、陈果夫、蔡元培、叶楚伧。主席胡汉民。议决关于第三次全国代表大会案：(甲)第三次全国代表大会代表产生原则，通过。(乙)第三次全国代表大会议题，由中央常会准备，并由戴传贤起草，于下星期四常会提出讨论。(丙)第三次全国代表大会组织法、选举法，由中央组织部起草。……"(《时事新报》1928年12月8日)

同日 通告罗家伦(志希)，已派叶秀峰为清华基金审查员。

"志希吾兄鉴：清华基金审查员中，由监察院选派之一人，已由陈果夫先生指派叶秀峰同志，其通讯处为建设委员会。特此通告，请随时与之接洽为要。……弟元培敬启 十二月七日"。(《致罗家伦函》同日)

12月8日 与教育部长蒋梦麟联合举行上海各界知名人士招待会，并发表演说。

"昨日正午，教育部长蒋梦麟、中央研究院院长蔡子民、副院长杨杏佛，招待上海各界，聚餐于银行公会俱乐部。一时列席者吴稚晖、于右任、孔庸之、虞洽卿、穆藕初、钱新之、袁履登、林康侯诸君。酒酣，蒋起立致词：谓前此大学院曾计划举行美术展览会，今教育部继续前规，并假定新普育堂为会址，仍望海上人士，予以扶植。继由蔡孑民演说：略谓人生间本来注重于美术，且每人均有满足其欲望之心，国货展览会之成立，原资于提创国货，惟国货当求其精美，方足以制胜，则美术展览会之继起，正与有莫大之关系。继由孔庸之演说……"（《申报》1928年12月9日）

同日 由南京到上海。

"监察院长蔡元培，铁道部长孙科，交通部长王伯群……均于昨晨七时由京抵沪。"（《申报》1928年12月9日）

12月10日 列名巴黎中国图书馆发起人之一。

"巴黎中国图书馆简章。（一）名称：图书馆设立于巴黎中国学院，定名为巴黎中国图书馆。（二）宗旨：巴黎中国图书馆为便利中外人士之研究，应多方搜罗图书以供参考。（三）赠书：凡赠书与本馆开办之始者，为本馆创办人，载入书目之首，分个人赠书及团体赠书。（四）藏书：凡藏书于本馆开办之始者，亦为本馆所欢迎，但短期藏者为赞成人，而长期藏书者为创办人。（五）购书：凡国内书业所有出版图书，本馆均拟购置一份，于批发之例外，拟定一特价，以便广为收集，分类庋藏。（六）借书：驻在欧洲各国公使，得向本馆借书，其章程另定之。（七）修正：本简章未备之点，得随时修正之。

发起人：吴敬恒 蔡元培 王宠惠 李书华 翁文灏 彭济群 李麟玉 萧文熙 蒋中正 谭延闿 蒋梦麟 郑毓秀 褚民谊 张乃燕 齐致 高鲁 张人杰 李煜瀛 易培基 沈尹默 高梦旦 魏道明 萧瑜 何尚平 中华民国十七年十二月十日"。（《申报》1929年1月23日）

12月12日 出席国民党中央政治会议第一六七次会议。会议议决指定蔡元培、王宠惠等人会同审查民法总则编立法原则草案。

"今日中央政治会议第一六七次会议。出席者丁超五、叶楚伧、贺耀祖、陈果夫、褚民谊、王宠惠、蒋梦麟、白云梯、古应芬、恩克巴图、蒋中正、胡汉民、蔡元培……（一）决议考试院铨叙部组织法修正案通过。（二）胡委员汉民等提出关于民法总则编立法原则请核议。决定指定王宠惠、蔡元培、戴传贤会同原提案人审查。（三）王委员宠惠函送调验公务员简则审查案，请决议。又行政院送来关于是案之决议案一件。决议连同行政院议决案，交司法院由国府公布。（四）决议建设首都委员会改为国府直辖机关，章制交国府文官处商定。（五）决议建立导淮委员会，交国府文官处妥议办法呈国府核夺。……"（《时事新报》1928年12月13日）

12月13日 列席国民党中央常务委员会第一八七次会议。会议修正通过中国国民党第三次全国代表大会组织法、选举法等五案。

"中央第一八七次常务会议，出席者孙科、谭延闿、蒋中正、胡汉民、戴传贤。列席者褚民谊、白云梯、王宠惠、陈肇英、恩克巴图、陈果夫、丁超五、叶楚伧、吴铁城、蔡元培、周启刚、缪斌、邵力子。主席孙科。讨论事项如下：（一）中央组织部提出第三次全国代表大会组织法、选举法草案请核议案。议决修正通过。（二）戴委员传贤等提出第三次全国代表大会议题草案，请核议案。议决修正通过，并拟定蒋中正、胡汉民、谭延闿、戴传贤四委员整理文字。（三）决议山东省党务指导委员张仲介、葛镰、李澄之撤回，遗缺以冷刚峰、赵畸、洛美粤补充。……"（《时事新报》1928年12月14日）

12月14日 出席阎锡山就任国民政府委员宣誓仪式，为监誓员，并以国民党中央代表身份致训词。

"十四日上午九时，阎锡山在国府大礼堂就国府委员职。中央党部、国府各院部要人到者，为蒋中正、蔡元培、胡汉民、谭延闿、冯玉祥、孙科、戴传贤、陈果夫、王宠惠、王伯群、古应芬、何成濬、张群，及府院各机关职员约五百余人。蒋中正主席。行礼如仪，阎举右手宣誓就职。中央党部代表蔡元培监誓、致训词。……略谓阎同志自辛亥以来，为革命奋斗，刻苦淬励，其坚忍卓越之精神，殊可钦佩。现在北伐完成，阎同志对于国家所建功绩，尤堪矜式。阎同志治军经验，极为丰富，以山西一省力量，抵抗军阀权威，卒能打倒一切障碍；而山西关于民政上之建树，如道路、教育、村制等，亦堪称各省模范。此次阎同志来京就国府委员之职，可为党国欣幸，希望本素来之经验，共图建设。现在最重要之事务，为编遣会议，于国防、财政及各种建设，具有极大关系，今后军制、军额、军费如何整理，如何决定，一方希望与本党军事领袖，速具适当方针，一方希望本辛亥以来革命精神，为国家宏济艰难，共图伟大建设。"（《申报》1928年12月15日）

12月15日 出席蒋介石为阎锡山就任国府委员而举行的政界要人联欢会。

"蒋主席因阎锡山远道入都，又于昨晨就国府委员职，认为有与党国要人联欢之必要，特命参军处总务局柬请阎及其随员并各要人，于昨晚在府会宴，计被邀者有阎锡山、谭延闿、胡汉民、冯玉祥、戴传贤、王宠惠、蔡元培、陈果夫、朱绶光、赵戴文、赵丕廉、贾庆德、孔繁蔚、任青云、梁汝舟、唐悦良、张群、何应钦、古应芬、邵力子、薛笃弼等六十九人。……（席间）蔡元培云：阎同志治晋成绩，遐尔咸知，望阎同志今后对政治上军事上，继续努力，为本党放一异彩云云。"（上海《民国日报》1928年12月16日）

同日 出席国民政府第十一次国务会议。会议决议各省不得以国税抵借款项等十一案。

"今早十时，国民政府第十一次国务会议。出席蒋中正、蔡元培、冯玉祥、林森、何应钦、阎锡山、谭延闿、胡汉民、戴传贤、孙科、陈果夫、王宠惠。主席蒋中正。决议案如下：（一）决议任命关庚□为铁道部参事。（二）决议任命孙谋、王承祖为铁道部技正。(三)决议任命马聪兼云南盐运使。(四)决议任命王毓庚为陆军兽医学校校长,赵仲曼为陆军卫生材料厂长。……(十九)行政院谭院长呈,据财长宋提议各省府不得以国税抵借款项等情。决议照办。(二十)决议首都卫戍司令部,直属国府。……"(《时事新报》1928年12月15日)

12月17日 出席国民政府临时会议,听取中英谈判经过的报告。

"十七日上午十一时,国府举行临时会议,到蒋中正、冯玉祥、阎锡山、陈果夫、林森、何应钦、蔡元培、王宠惠……由王列席报告中英谈判经过。大意谓此次中英谈判,系就关税问题讨论,其条约内容,与中美关税条约颇多相似云云。"(《申报》1928年12月18日)

同日 复电傅斯年,掘出古物是否存开封可自酌量办理。

"傅斯年先生鉴:已径函河南省政府。所请以掘出古物留存开封陈列所一节,自可酌量办理。未函教部。元培。"

12月19日 出席国民党中央政治会议第一六八次会议。会议通过蔡元培等提出的关于民法总则编立法原则等八案。

"中央政治会议十九日开一六八次会议。出席丁超五、贺耀祖、王伯群、王宠惠、白云梯、恩克巴图、林森、冯玉祥、古应芬、孔祥熙、蒋梦麟、阎锡山、胡汉民、蔡元培……主席蒋中正。议决案如下。一、决议编遣委员会条例通过。二、蔡元培等提出审查关于民法总则编立法原则草案意见。决议照审查案通过。三、决议:(一)由内政部会同江苏省政府及南京特别市政府勘定南京特别市区域。(二)江宁县治暂缓撤销,待第二期扩充市区时再决定撤废日期。四、决议:(一)蒙藏委员会为九人至十三人,并改用委员长制。(二)加任阎锡山、恩克巴图、班禅额尔德尼、李培基、诺那呼图古图为蒙藏委员会委员。(三)任阎锡山为蒙藏委员会委员长。五、决议内政部长阎锡山调任蒙藏委员会委员长,特任赵戴文为内政部长。……"(《时事新报》1928年12月20日)

同日 主持中央图书馆案审查会。

"十九日下午四时,中央研究院总办事处开中央图书馆案审查会,到蔡元培、胡汉民、蒋梦麟、王正廷、赵戴文、薛笃弼。蔡元培主席。该案为王正廷委员提议,原案为整理与集中各院部会之旧存档案与图书,便于研究起见,主拨款十二万特设中央图书馆筹备处,直受中央与国府监督指导一案,由国府议决交上列各委审查,审查结果:(一)责成教部设计筹办。(二)各机关旧有档案由各机关自行保管。(三)各机关所有图书由各机关自行整理,设法扩充并实行互谋联合办法。"(《申报》1928年12月20日)

12月20日 列席国民党中央常务委员会第一八八次会议。会议通过任免浙江等省党指委人员等十六案。

"二十日第一八八次中常会议,出席戴传贤、孙科、胡汉民、蒋中正。列席丁超五、陈肇英、蔡元培、叶楚伧……主席蒋中正。讨论事项:(一)浙省党指委何应钦辞职,照准;遗缺以张人杰补充。(二)晋党指委杨笑天辞职,遗缺调刘渚章补充。(三)陕党指委梁俊章撤职,以孙维栋补充。(四)滇党指委全体撤职,另由中央派人前往,专办登记。(五)绥远党指委冷刚录已调鲁党指委,遗缺以徐永昌补充。纪亮撤职,遗缺调鄂省委卜哲民补充。商震调充北平特别市指委。(六)湘党指委张定撤回,遗缺以袁同畿补充。(七)河北指委于国桢、刘绳武一并撤回,卜哲民调充绥远省指委,刘瑶章调充晋党指委,所有遗缺以王礼锡、李石曾、张继、张荫梧补充。……"(《时事新报》1928年12月22日)

12月21日　出席国民政府第十二次国务会议。会议通过加派晋冀察绥赈灾委员会委员等二十一案。

"国民政府二十一日开第十二次国务会议。出席委员蒋中正、王宠惠、蔡元培、冯玉祥、戴传贤、胡汉民、孙科、阎锡山、陈果夫、何应钦。主席蒋中正。议决案:(一)加派刘盥训、张文兰为晋冀察绥赈灾委员会委员。(二)任命张福运为财政部官务署长。(三)军政部营造司长邱鸿钧辞职照准,遗缺以端修生继任。(四)任命许维祥署海军署海政司长。(五)中央卫生试验所长陈方之兼任卫生部技监。(六)任命张道藩为南京特别市政府秘书长,李基鸿为京市财政局长,杨宗炯为土地局长,姚琮为公安局长,钱鸿为简任参事。(七)任命孟寿椿为教育部参事。(八)特任赵戴文为内政部长。……"(《时事新报》1928年12月22日)

12月22日　自南京到上海。

"王正廷、孙科、蔡元培、王伯群……前晚乘夜车于昨晨抵沪。"(《申报》1928年12月23日)

12月23日　与张继、于右任联名介绍江南刘三(季平)书法。

"旧友江南刘三,江村灵照,节旌自陵,书法高骞,如其品性,隶宗石门,颂扬淮表纪参,以张迁封龙诸碑,刚健婀娜并世无两,行草尤俊,高华沈实,奄有香光,觉斯之长外,甲骨籀篆之文,弥自珍秘,偶一挥洒,靡弗精绝,洵艺苑之巨观,一代之哲匠,已比为其先德经营葬事,发愿书二千品,自以腕脱之劳,用代负土之责,某等与有雅,故辄为删订旧例以谂当世大氏……

张继　蔡元培　于右任　叶楚伧　柳亚子同启"。(《申报》同日)

12月24日　与吴稚晖共同致函李济深、李宗仁,"请即来京列席编遣会议"。

"闻蔡元培、吴敬恒最近曾有长函致李济深、李宗仁,请即来京列席编遣会议,庶收良好效果,两李因决来京。"(《时事新报》1928年12月25日)

12月25日 出席国民政府第二次临时国务会议。会议通过编遣委员会召开日期。

"国府今日下午三至四时,举行第二次临时国务会议。出席何应钦、王宠惠、孙科、戴传贤、冯玉祥、蔡元培、胡汉民、阎锡山。主席蒋。文官长古应芬记录。决议案一,全国国军编遣委员会,改定民国十八年一月一日上午九时行开幕式,礼毕阅兵。"(《时事新报》1928年12月26日)

12月26日 出席国民党中央政治会议第一六九次会议,会议通过指定胡汉民等人审查土地法原则等七案。

"今午中央政治会议开一六九次会议。出席者褚民谊、叶楚伧、蒋梦麟、张人杰、王正廷、贺耀祖、赵戴文、古应芬、王伯群、蔡元培、王宠惠……议决案如下:(一)胡汉民、林森提议,根据总理平均地权之旨,酌用廖仲恺与沙尾博士等讨论土地税法之结果,并参考加拿大、英国等之法案,草拟土地法原则,候公决。议决指定胡汉民、戴传贤、阎锡山、王正廷、孔祥熙、冯玉祥等十委审查,由胡召集。(二)冯玉祥、孙科提议请设立黄河水利委员会,直隶于国府,拟具该会组织法草案及委员人选,请核议。议决指定冯玉祥、孙科、胡汉民、戴传贤、阎锡山、张人杰、吴敬恒七委审查,由冯召集。(三)决议各集团军前敌总指挥,均着加入全国编遣会议为委员。(四)决任赵戴文为蒙藏委员会委员,并指定为该会副委员长。(五)决议:1.粤省府委员李济深呈请辞职,照准。2.粤省府委员兼民政厅长刘栽甫请辞本兼各职,准辞兼职。3.任李文范、陈济棠为粤省府委员。4.任李文范兼粤省民政厅长,未到任前,由陈铭枢暂行兼代。……"(《时事新报》1928年12月27日)

同日 请冯玉祥(焕章)转饬河南地方驻军保护考古挖掘工作。

"焕章先生大鉴:径启者,本院历史语言研究所,拟在河南彰德设立办公处,挖掘地层,借便考古,业由敝院正式函河南省政府,请拨借洹上袁宅花园房屋之一部分,为办公之地。惟事属创始,深恐地方上少见多怪,发生误会。拟请先生转达庞炳勋师长,于该地方驻扎军队拨出兵士二十名,保护挖掘工作。……素仰先生提倡文化,不遗余力,对于此等科学的考古事业,必荷垂察,并盼赐复,至纫公谊。……弟蔡元培敬启"。(《国立中央研究院十七年度总报告》)

12月27日 列席国民党中央常务委员会第一八九次会议。会议原则通过保障学术人才等十八项议案。

"中央常会今日一八九次会议。出席者胡汉民、戴传贤、蒋中正、孙科。列席者张英、丁超五、邵力子、褚民谊、张人杰、白云梯、古应芬、蔡元培……。决议案:(一)蔡元培、王宠惠报告保障学术人才,保障学术人员,保障各种职业人员,保障艺术人才及保护艺术品等五种办法,奉交审查,兹经会同审查,稍有修改,谨略述各案不能不改之故,并缮具修正案,提请公决。决,原则通过,交戴传贤整理文字。(二)蔡元培、戴传贤提出关于失学革命青年救济办法案审查报告,决照审查修正办法通过。(三)国府文官处函,为特遵谕依照编遣委员会条例第三条之规定,函请推定五至七人,届时出席案。决推蔡元培、吴敬恒、胡汉民、李石曾、张人杰、王宠惠、戴传贤出席。……"(《时事新报》1928年12月28日)

12月28日 出席国民政府第十三次国务会议。会议通过任赵戴文为蒙藏委员会副委员长等十四案。

"今日午刻十三次国务会议。出席者戴传贤、阎锡山、王宠惠、蔡元培、冯玉祥、蒋中正、胡汉民等。主席蒋中正。议决案如下:一、任赵戴文为蒙藏委员会委员,并指定为该会副委员长。二、聘唐绍仪为国府高级顾问。三、决议:(一)粤省府委员李济深辞职照准。(二)粤省府委员兼民政厅长刘栽甫辞兼职,准辞兼职。(三)任李文范、陈济棠为粤省府委员。(四)任李文范为粤府民政厅长,未到任前,由陈铭枢暂代。四、鲁省府委员石敬亭辞职照准,以吕文秀继。五、任林蔚章、胡宏、王毓昆署最高法院检察署检察官。……"(《时事新报》1928年12月29日)

同日 听审国民党党歌曲谱试唱。

"中国国民党党歌,曾由中央征集歌谱,组织委员会从事审查……二十八日下午二时,中央召集京女中教员五人、学生四人,男中学生十数人,在中央礼堂试唱。蔡元培、胡汉民、戴传贤、蒋梦麟等四人到场听审。"(《申报》1928年12月31日)

12月30日 宴请李煜瀛(石曾)等。

"蔡元培三十日晚在中央研究院宴李石曾,并请张人杰作陪。"(《申报》1928年12月31日)

12月31日 自南京赴上海。

"蔡元培于今晚乘夜快车赴沪。"(《时事新报》1928年1月1日)

12月 为李金发书对联一副。

"文学纵横乃如此,金石刻画臣为能。金发先生正 弟蔡元培"。(《美育》杂志第2期)

本年 为商务印书馆职工会第三分会年刊题词。

"商务印书馆职工会第三分会年刊

相友相助 蔡元培(印)"。(商务印书馆发行所职工会《职工年刊》1928年印)

为商务印书馆职工会刊题词(1928年)

本年 为当仁学校特刊题词。

"当仁学校特刊 当仁不让 蔡元培(印)"。(菲律宾苏格洛《当仁学校校刊》1928年)

1929年(民国十八年 己巳)六十二岁

1月1日 中国学会举行成立大会。为该会列名发起人之一。

"一月一日上午十时,本会假老把子路俭德会举行成立大会。……诸发起人先后踵至,十一时宣布开会,当推胡朴安为主席,谭禅生记录。首由主席略述本会发起经过情形,及参加本会诸发起人之意见。略谓本会发起业经两月,曾于十一月一日出一周刊,附在《时事新报》发行,截至今日参加者已达八十余人。特开大会,讨论章程。……

发起人题名:丁福保、于右任、王云五、吴承仕、吴敬恒、何炳松、吕思勉、柳贻征、柳亚子、胡朴安、郭绍虞、陈钟凡、袁同礼、马良、马叙伦、曾孟朴、叶恭绰、叶楚伧、蔡元培、蒋智由、戴传贤、郑振铎……"(《时事新报》1929年1月10日)

1月3日 自上海到杭州。

"庚子赔款委员蔡元培等,今日酉刻抵杭,蒋梦麟莅站欢迎。"(《时事新报》1929年1月4日)

1月4日　在杭州主持中华教育文化基金董事会第三次董事常会,议决要案十九项。会上被举为该会董事长。

"第三次董事常会,于民国十八年一月四日上午九时半在杭州新新旅馆举行。出席者蔡元培、蒋梦麟、胡适、翁文灏、颜惠庆、周诒春、顾临、贝诺德、司徒雷登、孟禄诸董事。公推蔡元培副董事长主席。议决要案如下:(一)主席报告,略谓教育部近有公函来会,请作一系统报告,以便转呈政府,俾资文化事业进行之参考,现该项送呈政府之报告,业已备妥。讨论结果,全部通过。(二)通过本会十六年度会计报告。(三)通过本会事业报告。(四)通过修正章程五条。……(十一)补选本会职员,当选者:董事长蔡元培、副董事长蒋梦麟。"

"同日下午二时半,仍在原处续开第二次会议。出席者蔡元培、李石曾、蒋梦麟、翁文灏、孟禄、司徒雷登、顾临、颜惠庆、周诒春、胡适、任鸿隽诸董事。蔡董事长主席。议决要案如下:(十四)议决北海图书馆只设馆长一人,并取消副馆长。(十五)议决本会干事处仍设执行秘书一人,并取消副干事。(十六)通过聘袁同礼为北海图书馆馆长。……"(《中华教育文化基金董事会第四次报告》)

蔡元培董事长在本日会议上的报告。

"……此项基金即系民国十三年,美国第一次退还之庚子赔款。自民国十四年以来,由美财政部根据一九二五年七月十六日之大总统命令,按月将此一部分赔款支付与中华教育基金董事会。如原有董事会遽而取消,则须另由美国大总统之支付命令,始克相继付款,其手续非常繁重,旷日持久,致使基金委员会经办之教育文化事业,势必停顿。故此次召集开会,将改组事宜,详加讨论,俾使不生障碍,与中华文化事业不致受及影响云。"(《时事新报》1929年1月6日)

1月5日　在杭州主持中华教育文化基金董事会第十四次执行委员会,议决要案两项。

"第十四次执行委员会,于民国十八年一月五日上午十时,在杭州新新旅馆举行。出席者蔡元培、顾临、翁文灏、任鸿隽诸董事。议决要案如次:(一)议决添聘丁文江、周诒春二君为北海图书馆委员会委员。(二)议决聘请蔡元培、翁文灏二董事及秉志、张景钺、步达生诸君为计划自然历史博物馆委员会委员,蔡董事为委员长。"(《中华教育文化基金董事会第四次报告》)

同日　函请吴稚晖决定国音符号推行会开会日期。

"稚晖先生大鉴:大驾何日离沪?青年会何立廷先生欲趁先生在沪时,开一次国音符号推行会,因会员已有百余人,而尚未开成立会也,请先生定一会期,或直接函告青年会,或由弟转告均可。……弟元培敬启　一月五日"(《致吴稚晖函》同日)

1月6日　会见云南省接洽庚款代表,答复关于庚款补助云南科学事业有关问题。

"云南省政府特派员接洽庚款,补助该省科学事业之发展。兹闻该省代表由杭回沪,与董事长蔡子民作一度之接洽。其谈话如下。问:滇省请求之各项,贵会谅能同情否?答:定能帮忙。问:何时实现?答:候贵代表具体拟定申请书及详细预算,提交本会审查后,即可执行,为期当在六七月间。问:此次未得具体提出常会有无妨碍?答:无碍。此次常会仅修改会章。其执行会议仍在六七月召集,该会始能负全责。问:滇省拟组织科学考查团,以研究西南之地质情况及物产分布,贵会能帮助否?答:可以办到。问:云南图书馆及东陆大学办理,著有成效,贵会能补助否?答:可以。此外关于该省之党务,亦有所商洽云。"(《申报》1929年1月7日)

同日　自上海赴南京。

"……李济深氏因七日为编遣会议第二次会议之期,亟须赴京出席,特于六日晚偕行政院院长谭延闿、监察院长蔡元培……乘花车二辆、卧车一辆,附挂十一时夜快车联袂赴京。"(《时事新报》1929年1月7日)

同日　南洋公学同学会邀请出席该会年会。

"南洋同学会年会聚餐,今晚六时在大东酒楼举行,已志本报。兹闻会场秩序,除聚餐、报告、摄影外,特请蔡子民、邵力子、缪丕成三君莅会演说,并由新旧同学演奏中乐西乐,表演新剧《压迫》《黑蝙蝠》,旧剧《四郎探母》《落马湖》《玉堂春》等剧,及其他游艺。到会者由商务印书馆各赠总理遗像、阳历日历手册及美术吸墨纸等物,并由亨达利钟表公司赠送精制价廉物美之金表牌香烟,作为余兴时之消遣品,想届时必有一番热闹云。"(《申报》同日)

1月7日　有关编遣会议等问题答记者问。

"国民政府参谋部长李济深氏等八人,于前晨抵沪,原订前夜即赴京,嗣因昨日星期编遣会议休息,故改于昨晚乘十一点夜车赴京,张静江、李石曾、谭延闿、蔡元培均同车偕行。本报记者特赴北站,于车次与诸氏作简短之谈话……蔡元培谈话。(问)先生对编遣会议有何意见?(答)各方皆能和衷共济,会议之顺利,可想而知。(问)先生对北平党务如何意见?(答)有一部分办理党务者,作惯昔日之秘密工作,今党国事件,业已公开,故不免有误会之纠纷。(问)中央对此将如何处置?(答)尚未闻提出讨论。(问)北平大学事件已解决否?(答)李石曾先生南行前已告一段落,可以将北大学院之名义仍予存在,一如科学院、社会学院等名称平等地位。(问)关于经费问题如何解决?(答)此须通盘筹划。(问)文化基金董事会于教育上有新计划否?(答)此须照会计年度预算办理,每半年决定一次。今日所谈者,亦须至六月内讨论举行。"(上海《民国日报》同日)

同日　与吴稚晖联名介绍李孤帆访会蒋介石。

"介石先生侍右:径启者,宁波李孤帆先生,英年学识超群,夙深敬佩。年来负时誉于商场,亦为左右所器知。渠以商界不乏明知之士,如能用温进手段,积渐连络,皆能就世界潮流之轨,而有益于国家,足为革新之分子。故李先生有意立一中间团体,以便新旧承接,无形中各使就范,其入手则改良现有之商报也。编译经济方面之著作,俾商界开通而有力也。设商人俱乐部之类,使意见融洽也。凡所陈议,弟等均极赞同。其详李先生将缕述于左右。弟等亦为附一言,乞大力甄赞。……弟蔡元培 吴稚晖顿首 一月七日"。(《致蒋介石函》同日)

1月8日 出席编遣委员会第二次会议。会议讨论编遣委员会编制草案等事项。

"编遣委员会今日午前九至十二时第二次会议。出席蒋中正、朱培德、王宠惠、王伯群、赵戴文、谭延闿、蔡元培、阎锡山、胡汉民、戴传贤、李济深、孙科、宋子文、李宗仁、何应钦、李石曾、张人杰、吴敬恒等十八委员……讨论事项:(一)编遣委员会筹备会提出国军编遣委员会编制草案。决编制应加入常务委员,俟审查后提出。(二)主席临时提议本会设立临时秘书处,并附组织规程案。修正通过。"(《时事新报》1929年1月9日)

同日 通知宋梧生出席中国生理学会年会。

"径启者:顷准中国生理学会年会筹备员蔡翘来函。内开:'中国生理学会,定于十八年二月六日至十三日,在上海吴淞中央大学医学院举行年会,贵院中如有对于生理学研究饶有兴趣者,届时如荷联袂出席,无任欢迎'等语,用特函请先生届时出席该会,并已函复该会筹备员蔡翘查照矣。此致 宋梧生博士。院长蔡元培"。(《国立中央研究院十七年度总报告》)

1月9日 出席国民党中央政治会议第一七〇次会议,会议议决中德、中英、中法关税条约等三项议案。

"九日上午十时,中央政治会议开第一百七十次会议。出席者:贺耀祖、周启刚、丁超五、王伯群、朱培德、胡汉民、戴传贤、李济深、赵戴文、王宠惠、白云梯、恩克巴图、易培基、孔祥熙、薛笃弼、王正廷、蔡元培、蒋中正、古应芬、阎锡山、叶楚伧、陈果夫、孙科、蒋梦麟、邵力子、李宗仁、谭延闿、张人杰。……(一)决议:中德、中英、中法、中和、中瑞、中挪各关税条约通过批准,提交立法院追认。中葡、中西、中丹三约外交委员会审查。(二)国民政府文官处函称,奉主席谕:关于任命张作相、万福麟为东北边防军副总司令一案,虽经第十四次国务会议议决追认,仍应报告中央政治会议,请求追认,以□规制,相应函达,请查照追认。决议:追认。(三)教育部函称:国民政府公报登载教育部组织法第四条'教育部置左列各司'之下,漏一'处'字,请添补'处'字,并转政府及行政院,在公报上更正。决议:函国民政府及行政院照补。"(上海《民国日报》1929年1月10日)

同日 发表关于监察院人选标准及产生办法的谈话。

"监察院现正起草军政及监察权使用方法，外传在三次代表大会前成立，仅属揣测。本院人选标准，固须学问经验俱备，而在党中历史尤不可忽。按监察院组织法，人选虽由院长呈请任命，究须征求各方意见。吴敬恒先生曾主张由各省市党部及中央党部推举若干人，由院长选任，此为人选产生方法之一。总理主张议员须经过考试，监察院人选亦应经过考试，亦是产生方法之一。此类问题，正在详密考虑中。"（《时事新报》1929年1月10日）

"九日午后四时，监察院长蔡元培语记者：监察院现正起草弹劾及监察权使用等法，外传在三次代表大会以前成立，实属推测之词，盖本院人选问题颇难解决，其标准固须学问经验俱备，而在党之历史尤不可忽。监察责任繁重，困难甚多，具有上述诸项资格者愿意担任与否，及愿意任此职者是否具有上述资望，亦属问题。按监察组织法人选虽由院长呈请任命，究须征求各方意见。吴稚晖先生曾经主张由各省市党部及中央党部推举若干人，由院长选任，此为人选产生办法之一。总理主张议员须经过考试，监察院人选或者将来经过考试亦是产生方法之一。此类问题，正在详密考虑，一时难于公布。总之，五院制度由总理新创，参照旧例及模仿各国成规，均不适用，一切须遵照总理遗训，重新创造云云。"（上海《民国日报》1929年1月10日）

1月10日 为杨立诚编《四库目略》一书作序一篇。

"杨君立诚，覃思好学，凤嗜著述，近编《四库目略》，意在标举群书，开示途径，致力甚勤，旨趣甚善。夫古之著录书目者多矣，或详书旨而略版本，或专举版本而不及书旨，顾此失彼，学者病之。杨君就清代四库著录之书，撷其要旨，更详举每书各种版本剖析比较之，要言不烦，开卷粲然。后有学者按图可索，目力精力节省不少，然则杨君此书非自炫其著述之能，其所以贡献于教育界者，为功实至大也。中华民国十八年一月十日 蔡元培"（《四库目略》杭州大方伯图书馆1929年印）

同日 列席国民党中央常务委员会第一九〇次会议。会议通过党歌曲谱审查案。

"十日第一九〇次中央常务会议。出席胡汉民、孙科、谭延闿。列席王宠惠、朱培德、陈肇英、丁超五、古应芬、蔡元培、恩克巴图、白云梯、陈果夫、邵力子。主席谭延闿。讨论事项如下：一、中宣部请按照一七九次常会，关于下层党部工作纲领案。决议即组织各种运动设计委员会规定实施方法案。决议：（一）关于各种设计委员会组织，交中央各部处会事务会议讨论。（二）各种设计委员会，应由政府中有关系各部，指派专门人员参加。二、中组部提议，据京市党指委报告，该市于十七年十二月已遵照选举法大组规定，举行执监委选举，计选出执委候选人黄士翔等二十八人，特提请圈定……决议，送中监委会核办。"（《申报》1929年1月11日）

1月11日 出席国民政府第十五次国务会议。会议通过职官任免等二十案。

"国府今日午前十时至十二时，开十五次国务会议。出席蒋中正、蔡元培、胡汉民、戴传贤、王宠惠、谭延闿、孙科、陈果夫、阎锡山、何应钦、李宗仁、李济深。议决案如下：（一）税务司易纨士辞职照准，以梅乐和继任，由财政部分别任免。（二）陆海空军抚恤委员会委员长以军政部长兼任。（三）加派唐绍仪为赈款委员会委员。（四）内政部民政司长樊象离升任为内政部政务次长。（五）赵丕廉呈请开去内政部次长职，出洋考察政治。照准。（六）任刘之龙为禁烟委员会副委员长。（七）任王次甫为河北省政府秘书长。（八）任严其祥为青海省政府秘书长。（九）任南桂馨为河东盐运使。……"（《时事新报》1929年1月12日）

同日 出席编遣委员会第三次会议。会议对兵额及实施编遣办法大纲草案等进行讨论。

"编遣委员会今日午后三时仍在国府第一会议厅举行第三次会议。出席冯玉祥、何应钦、朱培德、蔡元培、王宠惠、王伯群、阎锡山、戴传贤、孙科、谭延闿、赵戴文、胡汉民、李济深、李宗仁、吴敬恒、李石曾、张人杰、蒋中正十八委员……讨论事项：（一）编遣会筹备委员会提送决定兵额及实施编遣办法大纲草案，主席比付讨论，同时自提出编遣进行程序大纲草案。主席先命筹备委员长何应钦逐条说明大纲意旨毕，主席亦将自己提案说明理由，并谓大纲不解决，详细节目无从议起，当决定将两大纲草案共同组织一审查委员会先付审查，再由下次大会讨论。……"（《时事新报》1929年1月12日）

同日 电请张继解决历史语言研究所北平分所藏书及办公用房。

"北平政治分会张主席溥泉先生鉴：中央研究院历史语言研究所因整理清档案及其他考古研究，决在北平设分所，拟请拨故宫博物院所属南河沿堂子及景山西旧御史衙门两处房屋，为分所藏书及办公之用，详由马叔平先生面陈。蔡元培。真。"（《国立中央研究院总报告》第1册）

1月13日 主持召开中央研究院第四次院务会议，讨论本院章程及规则草案等。

"时间：十八年一月十三日，上午十时至十二时，下午二时至七时。地点：中央研究院驻沪办事处。出席者蔡元培、杨铨、王敬礼、鼓学沛、丁燮林、胡刚复、王琎、恽福秦、王季同、李四光、徐渊摩、竺可桢、胡焕庸、杨端六、王世杰。主席蔡元培。记录章进。……议决下列事项：（一）关于本院章程及规则之草案，除由今日本会通过者外，概交王世杰、丁燮林、杨铨审查。审查完毕，经院长核准施行。（二）通过中央研究院院务会议章程。（三）通过中央研究院设置助理员章程。（四）通过中央研究院设置研究生章程。（五）议决：自本院成立至本会计年度止，各所用于地产、建筑、设备、图书及准备金之经费，不得少于全部预算百分之五十。（六）决议：本院各所所长、组主任及专任研究员在外之兼职，应即辞去，其办法由各所所长

负责进行。……"(《国立中央研究院总报告》第 1 册)

  同日 函请刘湘(甫澄)、松云等资助余锡嘏留学费用。

  "甫澄总指挥、松云军长先生大鉴:径启者,余君锡嘏,系北京大学哲学系三年级生,有志出洋留学,以求深造,自筹经费,苦未足数,意欲请公家补助,俾得成行。素仰台端提倡教育,奖掖后进,可否量予资助,成就余君好学之志,感念大惠,当无既极。特为代达,还希俯予玉成。……蔡元培敬启 一月十三日"。(《致刘湘等函》同日)

  同日 自南京到上海。

  "孙科、张静江、孔祥熙、蔡元培、李石曾、宋子文等,今晨由京乘车到沪。"(《时事新报》1929 年 1 月 13 日)

  1 月 14 日 自上海赴南京。

  "司法院长王宠惠、监察院长蔡元培、交通部长王伯群、大学院院长蒋梦麟……均于昨晚夜快车晋京。"(《申报》1929 年 1 月 15 日)

  1 月 16 日 出席国民党中央政治会议第一七一次会议。会议通过蒙藏组织法等十二项议案。

  "今晨十时,中央政治会议开一七一次会议。出席者冯玉祥、贺耀祖、王宠惠、丁超五、王正廷、易培基、褚民谊、蒋梦麟、孙科、恩克巴图、王伯群、古应芬、周启刚、李宗仁、李石曾、蒋中正、谭延闿、赵戴文、宋子文、胡汉民、李济深、薛笃弼、邵力子、阎锡山、蔡元培、孔祥熙。主席蒋中正。决议案如下:(一)国府转蒙藏委员会委员长阎锡山,呈送蒙藏委员会组织法修正案及驻平办事处规则,请核议。决交立法院。(二)蒋中正、胡汉民等函送土地法原则审查报告,请公决。决照审查案通过。(三)黄河水利委员会组织条例通过。(四)决议派冯玉祥、吴敬恒、张人杰、李煜瀛、阎锡山、赵戴文、孔祥熙、宋子文、马福祥、孙科、王瑚、刘骥、李仪祉、李晋、薛笃弼、刘治洲、陈仪为黄河水利委员会委员。冯玉祥为委员长。(五)北平临时政治分会委员赵戴文辞职照准,任温寿泉、朱绶光为北平临时政治分会委员。……"(《时事新报》1929 年 1 月 17 日)

  同日 出席全国美术展览会第一次总务会议。

  "教育部全国美展会在中央研究院成立开第一次总务会议。由蒋梦麟主席。陈小蝶记录。总务委员列席者蔡元培、杨杏佛、褚民谊、陈石珍、王一亭、狄葆贤、朱履鹏、徐志摩、林风眠、徐悲鸿、张聿光、钱瘦铁、李祖韩、林文铮、丁衍镛、江小鹣、李宗汉、范文照、李毅士、刘海粟、蔡周峻二十一人。议决各款如下:一、会场决定借用国货展览会原址,先设办事处,以便筹备布置一切。二、开会日期拟定于三月二十日。三、推定常务委员王一亭、李毅士、林风眠、徐悲鸿、刘海粟、江小鹣、徐志摩。四、各部办事计分五组:征集组、陈列组、会场组、编辑组、事务组。五、各组细则由李毅士、王继远、江小鹣、陈小蝶、陈石珍分任起草,提出下次总务会议通过之,并加入王继远、李金发为总务委员。……"(上海《民国日报》1929年1月17日)

与李金发等人合影(1929年)

同日 出席保存甪直唐塑委员会会议。

"午后三时,唐塑委员会在亚尔培路开会。"(本年《日记》同日)

1月17日 出席编遣委员会第四次会议。会议通过"国军编遣委员会进行程序大纲"等十七案。

"编遣委员会今日午后二时,在国府第一会议厅开第四次大会。出席者冯玉祥、王宠惠、李石曾、孙科、阎锡山、李济深、吴敬恒、张人杰、朱培德、宋子文、何应钦、王伯群、蒋中正、赵戴文、蔡元培、谭延闿、李宗仁。由蒋中正主席。冯玉祥报告上星期两次审查编遣经过、办法及进行程序两大纲草案结果,嗣照审查修正案通过,将两案合并一案,定名为国军编遣委员会进行程序大纲。……"(《时事新报》1929年1月18日)

同日 列席国民党中央常务委员会第一九一次会议。会议议决孙总理安葬时用哀乐歌词审查及制谱,交蔡元培负责。

"今午中央百九十一次常务会议。出席谭延闿、胡汉民、孙科。列席丁超五、蔡元培、朱培德、叶楚伧、恩克巴图、周启刚、褚民谊、古应芬、李石曾、李宗仁、李济深、邵力子。主席孙科。讨论事项:(一)决议天津特别市党务指导委员会应即解散,成立正式党部。(二)关于总理安葬时所用哀乐歌辞之审查案,决并交蔡元培制谱后由常委核定。(三)关于北方各省党务问题案。决议关于北方各省党务问题推蒋中正、胡汉民、李煜瀛、蔡元培、谭延闿、陈果夫、吴敬恒、戴传贤、孙科、张人杰、古应芬、叶楚伧审查。由蒋召集。(四)中央组织部提据桂省党务指导委员会呈报该省各县成立区党部已有四十余处;又据两广党务视察员伍家宥等报告桂省各下级党部组织尚属健全各等情,拟令饬令遵照省执监委员会选举法大纲第二条两项之规定,选举该省执监委员,以便成立正式省党部,请公决案。决照办。……"(《时事新报》1929年1月18日)

同日 介绍熊子真到清华学校读书讲学。

"志希吾兄大鉴:径启者,熊子真先生曾在北大讲唯识论,想兄尚能忆及,熊先生近因甚注意于国学之整理及讲授,以南方气候于彼不相宜,拟再来北平,择一清静而有书籍之所,读书讲学,以期有所贡献。闻梁漱溟先生前曾假馆清华,兄现在能否援从前招待梁先生之例,为熊先生设法?特托林宰平先生诣兄晤商,务请玉成。……弟蔡元培敬启 一月十七日"。(《致罗家伦函》同日)

1月18日 出席国民政府第十六次国务会议。会议通过任蔡元培等人为建设委员会委员。

"国民政府十八日午开第十六次国务会议。到蒋中正、孙科、蔡元培、冯玉祥、王宠惠、胡汉民、谭延闿、李宗仁、阎锡山、何应钦、李济深、陈果夫。由蒋中正主席。决议案如下:(一)特任伍朝枢为驻美全权大使。(二)施肇基为驻英全权大使。(三)聘任张人杰、吴敬恒、李石曾、谭延闿、蒋中正、冯玉祥、李宗仁、胡汉民、蔡元培等为建设委员会委员,张人杰为建设委员会委员长。(四)侨务会改组,任命林森、萧佛成、邓泽如、周启刚、黄右公、陈耀垣、吕渭生、钟荣光、李绮庵、萧吉珊、郑占南为侨务委员会委员。特任林森为委员长。(五)黄河水利委员会组织条例通过,特派马福祥、吴敬恒、张人杰、孙科、戴传贤、孔祥熙、宋子文、王瑚、刘骥、李仪祉、李晋、薛笃弼、刘治洲、陈仪、阎锡山、李煜瀛为黄河水利委员会委员。冯玉祥为委员长,马福祥、王瑚副之。(六)任命陈敬棠为晋省政府委员。(七)任命鲁效祖为新疆省政府委员。(八)任命陈福民署司法行政部参事。(九)农部次长周养甫辞职照准,遗缺以陈郁暂代。……"(《时事新报》1929年1月19日)

同日 出席国民政府总理奉安委员会第一次会议。

"总理奉安委员会十八日下午二时至四时,在国民政府第一会议厅举行第一次会议。出席者胡汉民、王宠惠、蒋梦麟、孙科、魏道明、杨树庄(吴光宗代)、阎锡山、谭延闿、薛笃弼、冯玉祥、陈果夫、古应芬、何应钦、刘纪文、蔡元培、李宗仁……

讨论事项:(一)孙委员科提议,根据总理奉安委员会章程第二条之规定,应推定主席委员一人,请公决案。决议推定蒋主席为主席委员。(二)孙委员科提议,根据总理奉安委员会章程第五条之规定,应推定办公处总干事一人,请公决案。决议推定孔委员祥熙为办公处总干事。"(《申报》1929年1月21日)

1月20日 与王宠惠、焦易堂等人一起出席方振武宴请。

"方振武皓午宴请蔡元培、王宠惠并焦易堂、赵戴文、缪斌、邵力子、钮永建、郭春涛、熊斌、毛炳文、刘治洲,并有戴传贤、孔祥熙、王伯群、王正廷等夫妇在座。"

(《时事新报》1929年1月21日)

1月21日 出席国民政府举行的第十六次总理纪念周式,并作政治报告。

"二十一日上午十时,国民政府举行第十六次总理纪念周。到蔡元培、冯玉祥、何应钦、王宠惠、李宗仁、李济深及全体职员共三百余人。蔡元培主席。行礼后,蔡作政治报告云:

最近政治上最重要问题,即编遣会议事。从前革命未完成,现在虽已统一,但尚未能即为成功,因革命成功非仅扫除军阀障碍,即算完事,同时还要铲除帝国主义及政治上经济上之压迫,所以革命要素应注重两点:一破坏,一建设,现当训政时期,建设事宜甚多,但究以何法可以袪除压迫,使一切事项,可自由进行,毫无阻碍,非有预备决不可。从前越王勾践的十年生聚十年教训,固可以参考,但目前应首先解决者,厥为民生问题。现在各地灾民与失业人民,为数极众,决不能等有充分力量,再去接济,应当有一分力量,尽一分力做去才行。一方须知无论何事,必须人才经济同时兼顾,对人才方面,全国的人才究有若干,应当通盘计划;全国收入,究有若干,亦应计划。务使经济皆用于必要者,凡此皆非力图建设不可。此次编遣会议即系减少消耗,增加生产。在此会未开前,有许多反对我们的人,散布种种谣言,结果全体武装领袖皆以国家为前提,不为谣言所动,所以上一周已将兵额决定,全国兵数不得过八十万,经费不得过全国收入百分之四十。其被裁官兵,悉用于社会生产事业,使以后国家事业,逐渐创造起来,故此次参加会议各领袖,对前途极为乐观,将来决议案,定可顺利执行,毫无阻碍,其他尚有许多琐屑事件,因不甚重要,故不报告。"(《申报》1929年1月22日)

同日 出席建设委员会委员、委员长就职式,并代表国民政府致训词。

"建设委员会委员长张人杰,副委员长曾养甫,委员冯玉祥、吴敬恒、李宗仁、何应钦、孙科、蔡元培、叶楚伧、郑毓秀、赵铁桥、贺国光、李铎、吴忠信等,今日午前十一时在国府大礼堂宣誓就职。首由王宠惠代表国府蒋主席领导行礼如仪,并授印。因张人杰病足,曾养甫代接印。张人杰率诸委员宣誓。由王宠惠代中央党部监誓并致训词……旋由蔡元培代国府蒋主席致训词,略谓总理积四十年之经验,谋由破坏以达建设之路。今总理往矣,一肩专任在诸同志身上;而诸同志之学识经验,均足胜任,相信必有以报党国也。"(《时事新报》1929年1月22日)

1月22日 出席编遣委员会第五次会议。会议通过国军编遣委员会编制等议案。

"今日编遣会议第五次大会。出席者冯玉祥、蔡元培、阎锡山、宋子文、朱培德、李宗仁、王宠惠、何应钦、戴传贤、蒋中正、吴敬恒、李石曾、张人杰……讨论事项:(一)国军编遣委员编制案。决议通过。(二)公推吴敬恒、谭延闿、蒋中正、冯玉祥、阎锡山、李宗仁、李济深、张学良、杨树庄、何应钦、宋子文为常务委员,提请中央政治会议决定。(三)本会公推李济深为本会总务部主席,李宗仁为本会编组部主任,冯玉祥为本会遣置部主任,阎锡山为本会经理部主任,提请中央政治会议决定。(四)国军编遣会编遣区办事处组织大纲案。决议修正通过。(五)国军编遣委员会服务规程案。决议修正通过。(六)文武官员薪俸平均案。决议呈请国民政府核定。(七)陆军编制案。交常务委员会决定。……"(《时事新报》1929年1月23日)

同日 拟在豫、陕、甘三省设立测候所。

"焕章部长先生大鉴:径启者,天时之变化,关系于民生者至巨。……西北一带,占全国四分之一之版图,实有设立测候所之必要。拟请转致豫、陕、甘三省政府当轴,就省城各设一所,以资观测,而便研究。……倘荷赞同,关于测候人员,请选派各该省中学毕业生各二人,先入敝院气候研究所实习,一俟学成,便可设所。统祈察照施行为荷。"(《国立中央研究院十七年度总报告》)

同日 北大学生代表到南京请愿保持北京大学原校名,经蔡元培、吴稚晖调解,取得满意结果。

"北大学生会代表赵子懋、李辛之来京,请愿北平实行大学院制及保持北大原名,连日来经吴稚晖、蔡元培出任调解,已有端倪。北大改为北平大学。北大学院长请陈大齐充任。仍分三院,第一院文科长请陈大齐兼任,第二院理科长请王星拱充任,在王未到任前,由王烈代理,第三院社会科学科长,请何基鸿充任。预科主任请关应铸充任。以上条件,由吴蔡商得李石曾同意后,北平大学即可正式成立。闻赵李以要求已得相当结果,准二十四日返平。"(《申报》1929年1月23日)

同日 被教育部聘为国语统一筹委会委员。

"教部聘任蔡元培、吴稚晖、李石曾、李书华、周作人、胡适、刘复等为国语统一筹委会委员,在京平两处分别筹备。"(《申报》1929年1月23日)

同日 介绍李宣襟于卫生部。

"菊哥同年大鉴:前李君宣襟来,奉惠书,借谂东游所见,并承谆谆以保存古物相勖,力所能及,当共勉之。李君事,已为辗转介绍于卫生部,已得复函,奉览,并乞转告李君。……弟元培敬启 一月二十二日"。(《复张元济函》同日)

1月23日 出席国民党中央政治会议第一七二次会议。会议决定派蔡元培、王宠惠等七人为审讯长芦纲总舞弊案委员。

"今日一七二次中央政治会议。出席者王伯群、叶楚伧、褚民谊、王正廷、白云梯、恩克巴图、贺耀祖、胡汉民、孙科、周启刚、赵戴文、朱培德、蒋中正、孔祥熙、邵力子、冯玉祥、阎锡山、陈果夫、戴传贤、蒋梦麟、李济深、王宠惠、李石曾、蔡元培、张人杰。主席蒋中正。议决案如下:(一)国府文官处转工商部呈送商会法、工商同业公会条例、工厂法、消费合作社条例等草案,请审议施行案。决指定胡汉民、戴传贤、王宠惠、孔祥熙、孙科、陈果夫六员审查。（二）决议国府财政委员会组织大纲通过。（三）国府文官处转行政院呈据财政部呈送全国财政会议议决案，依照财政部组织法实行监督地方财政，附理由书及监督地方财政条例，请核议。决原则通过，交立法院。（四）孙科提议请令饬广州政治分会执行铁道施政方针，将广九、粤汉、广三各路局统归铁道部管理。决议电广州政治分会转饬遵办。（五）决议任吴敬恒、谭延闿、蒋中正、冯玉祥、阎锡山、李宗仁、李济深、张学良、杨树庄、何应钦、宋子文为国军编遣委员会常务委员。……（八）决议特派王宠惠、蔡元培、陈果夫、谭延闿、冯玉祥、宋子文、赵戴文七委员审讯长芦纲总舞弊案，以王宠惠为主席委员。"（《时事新报》1929年1月24日）

同日 出席国民党中央宣传部沪外报通讯记者招待会。

"沪外报通讯社记者四十余人，应中宣部之招二十三〔日〕晨到京，由中宣部派汽车招待进城，旋赴京市参观，由刘纪文招待，致欢迎词……用茶点毕，各记者即齐赴安乐酒店，应中宣部之宴，蔡元培、叶楚伧均出席演说，各记者亦多发言，对中国极为赞美，并感谢招待之意。"（《申报》1929年1月24日）

1月24日 列席国民党中央常务委员会第一九二次会议。会议通过军队特别党组织条例等案。

"今日一九二次中央常务会议。出席者胡汉民、戴传贤、孙科、蒋中正。列席者朱培德、丁超五、古应芬、王宠惠、蔡元培、叶楚伧、恩克巴图、白云梯、陈果夫、陈肇英、邵力子。主席胡汉民。讨论事项如下：（一）重订军队特别党组织条例。（二）师执行委员会组织条例。（三）团执行委员会组织条例。……请公决施行案。决议通过。"（《时事新报》1929年1月25日）

同日 应胡汉民之邀，出席在立法院召开的会议，参与讨论礼制服装及公建民房等事项。

"立法院长胡汉民，今日下午三时在院邀集吴敬恒、王宠惠、张人杰、蔡元培、戴传贤、冯玉祥、赵戴文、刘纪文等十余人，协议礼制服装及京市公建民房等，晚间始散会。"（《时事新报》1929年1月25日）

同日 函请白崇禧（健生）出席编遣会议。

"健生先生大鉴：近在医院调摄，深以为念，深望早日霍然也。此间编遣会议进行顺利，足见武装同志诸领袖，真正开诚布公，为民造福，党国前途，赖有此矣。拟订计划，次第实行，还望劳苦功高之诸同志，集中毅力，克期成功。介石先生本渴望先生南来主持，近又以北平党政诸务，均待通盘筹划，确定方针。此间同人，均希望先生偕溥泉、启予诸先生莅京商酌，已别有电奉邀，谅荷赞同。……弟蔡元培启 一月二十四日"。（上海《时报》1929年2月5日）

1月25日 出席国民政府第十七次国务会议。会议决议任命编遣委员会各部主任人选等十四案。

"国府今日第十七次国务会议。出席者戴传贤、冯玉祥、蔡元培、李济深、蒋中正、胡汉民、王宠惠、孙科、李宗仁、陈果夫、何应钦。主席蒋中正。议决案如下：（一）特任李济深为编遣委员会总务部主任，李宗仁为编遣部主任，冯玉祥为遣置部主任，阎锡山为经理部主任。（二）特派王宠惠、蔡元培、陈果夫、谭延闿、冯玉祥、宋子文、赵戴文七委员审讯长芦钢总舞弊案，以王宠惠为主席。（三）加派军政部长为禁烟委员会当然委员。（四）任吴公义为侨务委员会委员。（五）任陈灿为立法院编修。……"（《时事新报》1929年1月26日）

同日　出席编遣委员会第六次会议。会议通过军校组织要领等五案。

"编遣委员会今日午后第六次大会。出席者阎锡山、冯玉祥、何应钦、李济深、李宗仁、宋子文、朱培德、蒋中正、孙科、胡汉民、戴传贤、王伯群、蔡元培等十四委员……讨论事项：（一）军校组织要领案，决通过。推胡汉民、吴敬恒、戴传贤、冯玉祥、阎锡山、李济深、李宗仁、何应钦、蒋中正为军校委员会委员。（二）编遣委员会经理办法及遣区经理分处规程案。决并经理审查委员会审查报告，交常务委员会。（三）军官佐任免调补办法案，附陆军官佐服务任免规程大纲。决并编制审查委员会，报告交常务委员会……"（《时事新报》1929年1月26日）

同日　出席编遣会议大会闭幕式并在会上发表演说。

"编遣会议二十五日第六次大会，各案均圆满通过。下午四时举行闭幕式。行礼如仪。蒋中正、蔡元培、胡汉民均有演说……蔡委员致词：今日编会闭幕，希望议决案能完全实行，既裁兵就可腾出一部分力量来做建设事业。本来军队是不得已而设置，现在中国不能不有军队，将来还要大加改良，在国家有事时要通国皆兵，无事时要一兵不见。既要如此，对于军事方面自不能不重新做起。现在离全国皆兵时期尚远，一方固要充实国家自卫的武力，一方还要改良旧有的军队，预为将来军事建设作相当准备。兄弟还希望本会常委将大会决议各案逐渐施行，使各位所想象所希望的救国大计完全实现，造成庄严灿烂的新中华民国。"（上海《民国日报》1929年1月26日）

同日　自南京赴上海。

"丁超五、孙科、宋子文、蔡元培、孔祥熙、王伯群、张寿镛、穆藕初等，乘今（廿五）日夜车由京来沪。"（《时事新报》1929年1月26日）

1月29日　离上海赴南京。

"中央委员蔡元培、褚民谊、李石曾，于今夜由沪乘车晋京。"（《时事新报》1929年1月30日）

同日　国民政府特派王宠惠、蔡元培等为审讯长芦盐案委员。

"国民政府二十九日令，特派王宠惠、蔡元培、陈果夫、谭延闿、冯玉祥、宋子文、

赵戴文为审讯长芦盐案委员,以王宠惠为主席委员。此令。"(《申报》1929年1月30日)

1月30日　国民政府简派蔡元培等为浙江省考试县长典试委员。

"国府三十日令。简派蔡元培、张乃燕、蒋梦麟、陈大齐、朱家骅为浙江省考试县长典试委员。此令。"(《时事新报》1929年2月1日)

同日　出席国民党中央政治会议第一七三次会议。会议通过蒙藏委员会组织法及驻平办事处规则等六案。

"第一七三次中央政治会议,出席者易培基、赵戴文、蒋梦麟、孙科、阎锡山、王宠惠、王伯群、李石曾、张人杰、王正廷、冯玉祥、恩克巴图、白云梯、薛笃弼、孔祥熙、蔡元培、叶楚伧、周启刚、蒋中正、何应钦、戴传贤、胡汉民……决议案如下:(一)蒙藏委员会组织法、蒙藏委员会驻平办事处规则,通过。(二)国府函,据国军编遣委员会呈为该会协赞委员长,处理日常事务,设置常务委员五人至七人,请加入条例等情,经第十六次国务会议议决,编遣委员会常务委员应加入该会,四部主任及财长,员额改为九人至十一人,列入条例第四条,曰国军编遣委员会为协赞委员长处理日常事务,设置常务委员九人至十一人,并经决议条例修正公布,并函中政会追认。(三)奉天省改称辽宁省。……"(《时事新报》1929年1月31日)

同日　通知傅斯年(孟真)拟将历史语言研究所迁南京。

"孟真吾兄大鉴:承寄历史语言研究所各种刊物,想见勇猛精进,良堪欣慰。……同人均以研究院有散漫之状,前途颇为危险。现拟集中京沪两处,希望史语研究所即迁首都,其重要关系,已详于杏佛先生函中,想兄必能采纳。……弟元培敬启　一月三十日"。(《致傅斯年函》同日)

1月31日　列席国民党中央常务委员会第一九四次会议。会议议决孙总理奉安典礼展期等七案。

"今日一九四次中央常务会议。出席者谭延闿、戴传贤、孙科、蒋中正。列席王宠惠、陈肇英、周启刚、蔡元培、缪斌、白云梯、恩克巴图、陈果夫、邵力子、叶楚伧、何应钦。主席谭延闿。议决案如下:(一)关于总理奉安典礼展期案。议决总理奉安日期现因雨雪稽延,工程未尽,应俟京市长刘纪文再行精密计算路工日期,报告奉安委员会提交常会决定。(二)组织部提拟委黄士谦等五人为汉平路特别党部筹备员案。议决委任黄士谦、陈祖烈、茹馥廷、闻天鸣、周培卿五人为汉平铁路特别党部筹备员。(三)北平临时政治分会主席张继电,为奉任为北平临时政治分会主席,就职两月,成绩毫无,尸位增疚,日夜不安,敢请解职,另任贤能案。议决慰留。……"(《时事新报》1929年2月1日)

同日　主持召开中华图书馆协会年会。

"中华图书馆协会年会,于三十一日上午开分组会议。……正午十二时由中央大学在中大体育馆开欢迎会。到一百数十人，中大设酒席十四席。首由中大秘书长刘海萍代表张君谋校长致欢迎词，述欢迎钦佩与中大区注重图书馆事业之意及其希望。杜定友代表各会员致答谢。原定十时至二时欢迎德国莱恩密博士之欢迎会，因时间迫切，而主席蔡元培适至，遂由云南代表徐蕴如致词介绍，蔡元培主席，开欢迎德国国际出版品交换局代表莱恩密之欢迎会，刘衡如记录。先由蔡主席致欢迎词，并说图书馆事业之重要影响，往古来今，一切学术界及其功用。继由莱恩密答词。……"（上海《民国日报》1929年2月2日）

1月 为《统计月报》题词。

"统计月报 瞭如指掌 蔡元培（印）"。（《统计月报》1929年1卷1期）

2月1日 出席国民政府第十八次国务会议。会议议决各机关长官捐俸助赈等十七案。

"国民政府今日开第十八次国务会议。出席何应钦、蔡元培、蒋中正、谭延闿、阎锡山、胡汉民、孙科、王宠惠、李宗仁、戴季陶、陈果夫。主席蒋中正。决议案如下：（一）通知京内外各文武机关，凡文武官吏月俸二百元至四百元者，捐俸半月；四百元以上者，捐俸一月；五百元至六百元，捐俸百分之六十。中央各机关长官由所在机关负责，京外由省市府财政厅负责。自本年一月份起，分四个月匀扣，收集解交赈款委员会散赈。（二）派薛笃弼前往陕甘，王瑚前往晋绥视查灾情，并请中央党部加派二人，分途偕往。赈灾款项交赈灾委员会收发。（三）任葛敬恩为编遣会总务部副主任，刘骥为遣置部副主任，张华辅为编组部副主任，朱绶光为经理部副主任。（四）以闽省府委员兼民政厅厅长陈乃元暂代省府主席。（五）任赵雷田为宁夏省政府秘书长。（六）军政部陆军署军医司长伍连德辞职照准，遗缺以军医学校长郝天华调充，递遗校长缺，以杨懋补充。（七）参谋本部上校参谋周子闲辞职照准，遗缺以梅铸调任。（八）本府警卫团长杜从戎辞职照准，遗缺调三十一团长俞继时接充。（九）公布国际法施行条例。……"（《时事新报》1929年2月2日）

同日 出席鹿钟麟、许致祥宣誓就职典礼式，并有训词。

"军政部长鹿钟麟、海署司长许致祥，一日上午八时，在国府大礼堂行宣誓就职礼。中央党部代表蔡元培监督，并致训词，略谓编遣会议已经完成，国防会议即将开始，陆海军正值大建设时期。鹿同志劳苦功高，许同志经验凤富，相互能以凤有抱负及精神，多所赞书，俾促进军政之发展，编遣之成功。"（《申报》1929年2月2日）

同日 国民政府发布特任蒋中正、吴稚晖、蔡元培等为国民政府委员会委员。

"国民政府一日令，特任蒋中正、吴稚晖、谭延闿、冯玉祥、阎锡山、李宗仁、李济深、张学良、杨树庄、何应钦、宋子文、胡汉民、林森、蔡元培、戴传贤、孙科、陈果夫为

国民政府委员会委员。此令。"(《申报》1929年2月2日)

2月2日 出席国民政府国军编遣委员、各部正副主任、国防会议委员等宣誓就职典礼式。

"国民政府国军编遣委员会常务委员,各部正副主任暨国防会议委员,财政委员会委员,二日上午八时在国民政府大礼堂举行宣誓就职典礼。兹将就职情形分志如下:

到会人物有蒋中正、谭延闿、吴稚晖、蔡元培、王宠惠、李宗仁、何应钦、阎锡山、胡汉民、戴季陶、鹿钟麟、万敬恩、朱绶光、张华甫及刘汝贤、陈绍宽、熊斌、何成濬、张群、曹浩森、虞典书、叶楚伧、钮永建、刘骥及各机关代表、国府职员等共约三百余人,济济一堂,颇极一时之盛。

……各委员及来宾等鱼贯入礼堂,分两旁站立,蒋主席行礼读遗嘱后,先由国军编遣会常委、各部正副主任宣誓,次国防会议委员宣誓,再次财政委员会委员宣誓……"(《申报》1929年2月3日)

2月4日 出席国民党中央常务委员会第一九五次会议。会议议决第三次全国代表大会代表人选等问题。

"四日下午三时,中央党部一九五次会议。出席胡汉民、戴传贤、谭延闿、孙科。列席周启刚、蔡元培、叶楚伧、陈果夫、邵力子。主席胡汉民。讨论:(一)关于第三次全国代表大会代表之人选标准案。决议,规定第三次全国代表大会代表人选如下:(甲)取得本党党籍并服务二年以上,经此次登记合格领有新党证者。(乙)从未有违反本党言论或行为者。(丙)从未违犯党纪者。(二)中央组织部提议,准河北、甘肃两省定期举行代表大会,选举执监委员,所有各该省执监委员选举法并拟饬令准照省执监委员选举法第二条丙项规定办理,是否有当,并请公决。决议:通过。(三)中央组织部提议,凡由代表大会选举执监委员之各省市,拟准予采用记名连记投票法,当否请公决。决议:通过。……"(上海《民国日报》1929年2月5日)

同日 所撰《说总理的惟生史观》一文发表。

"对于马克思的惟物史观,吾欲以惟生史观名总理的民生主义,其理由如左(下):

总理说:'近来美国有位马克思的信徒威廉氏,深究马克思的主义,说马克思以物质为历史的重心,是不对的;社会问题才是历史的重心,而社会问题中又以生存为重心,那才是合理。民生问题就是生存问题。这位美国学者最近发明,适与吾党主义若合符节。这种发明就是民生为社会进化的重心,社会进化又为历史的重心,归结到历史的重心是民生,不是物质'(民生主义第一讲)。以物质为历史重心的,谓之惟物史观。以民生为历史中心的,当然可名为惟生史观。

在哲学上本有惟物论与惟心论的两派,惟物论否定精神,惟心论又否定物质,而总理的惟生史观,可谓为惟物与惟心的折衷。其证如左(下):

一、认物质与精神相辅为用。总理说:'总括宇宙现象,要不外物质与精神二者,精神虽为物质之对,然实相辅为用也。从前科学未发达时代,往往以精神与物质为绝对分离,而不知二者本合为一,在中国学者,亦恒言有体有用。何谓体?即物质;何谓用?即精神。譬如人之一身,五官百骸,皆为体,属于物质;其能言语动作者即为用,由人之精神为之,二者相辅,不可分离,若猝然丧失精神,官骸虽具,不能言语,不能动作,用既失而体亦成为死物矣。由此观之,世界上仅有物质之体,而无精神之用者,必非人类。人类而失精神,则必非完全独立之人。虽现今科学进步,机器发明,或亦有机器制造之人,比生成之人,毫无异者,然人之精神,不能创造,终不得直谓之为人。人者有精神之用,非专待物质之体也。'(军人精神教育)

二、认物质文明与心性文明相待而进步。总理说:'机器与钱币之用,在物质文明方面,所以使人类安适繁荣;而文字之用,则以助人类心性文明之发达,实际则物质文明与心性文明,亦相待而后能进步。'(学说)总理对于物质文明之提倡,以食衣住行为纲领,不特民生主义中有食衣两讲,在建国方略的实业计划中,有粮食工业,衣服工业,居室工业,行动工业等,而对于交通、商港、水力、矿业等,亦一一求其发展。这可以见总理对于物质文明的重视了。总理对于心性文明的重视,可分为三方面:(一)尊道德。总理在民族主义第六讲中,说要恢复我们固有的道德,如忠孝、仁爱、信义、和平等。在军人精神中又提出仁与勇。(二)重科学。其证有六:(甲)以科学为真知识。总理说:'夫科学者统系之学也,条理之学也,凡真知特识,必从科学而来也,舍科学而外之所谓知识者,多非真知识也。'(学说)(乙)谓科学优于宗教。总理说:'今日人类的知识,多是科学的知识;古时人类的知识,多是宗教的感觉。科学的知识,不服从迷信,对于一件事,须用观察和实验的方法,仔细去研究;研究屡次不错,始认定为知识。宗教的感觉,专是服从古人的经传,古人所说的话,不管他对不对,总是服从,所以说是迷信。就宗教科学比较起来,科学自然较优。'(国民要以人格救国)(丙)认科学研究为大事。总理说:'大概的说,无论那一件事,只要从头至尾,彻底做成功,便是大事,譬如从前有个法国人,叫作柏斯多,专用心力考察普通人眼所不能见的东西……把它的构造性质和对于别种东西的关系,自头至尾,研究出来,成一种有系统的结果,把这种东西叫作微生物,便发现微生物对于各种动植物的妨害极大,必须要把它扑灭才好,现在世界人类受知道扑灭这种微生物的益处,不知多少。'(学生要立志做大事,不可做大官)(丁)说研究学问的方法。总理说:'造就高深学问的方法不但是每日在讲堂之内,要学先生所教的学问,还要举一隅而三隅反,自己去推广,在讲堂之外,更须注重自修的功夫,把关于军事学和革命道理的各种书籍和杂志报章,都要参考研究,研究有了心得之

六、大学院院长及中央研究院院长时代(1927—1940) 841

后,一旦融会贯通,自然可以发扬革命的精神.'(革命军的基础,在高深的学问)(戊)说认定一种科学与参考他种科学的重要。总理说:'诸君现在在学校求学,无论是哪一门科学,像文学、物理、化学、农学,只要是自己性之所近,便拿哪一门来反复研究,把其余关系于哪一门的科学,也去过细参考,借用它们的道理和方法来帮助哪一门科学的发展,彻底考察以求一个成功的结果.'(学生要立志做大事,不可做大官)(己)说学外国科学要迎头赶上去。总理说:'恢复我一切国粹后,还要去学欧美之所长,然后可以与欧美并驾齐驱,如果不学外国的长处,我们仍要退后,外国的长处是科学,用了两三百年的功夫,去研究发明,到了近五十年来才算是十分进步……我国要学外国,要迎头赶上去,不要向后跟着它,譬如学科学,迎头赶上去,便可以减少两百多年的光阴.'(民族主义第六讲)(三)尚美术。其证有四:(甲)注意于视觉听觉的美术而推及于味觉。总理说:'夫悦目之画,悦耳之音,皆为美术,而悦口之味,何独不然?'(学说)(乙)对于中国文学的评判。总理说:'中国历代能文之士,其所创作突过外人,则公论所归也。盖中国文字成为一种美术,能文者多美术专门名家,既有天才,复以其终身之精力赴之,其造诣自不易及.'(学说)(丙)对于工艺美术的表彰。总理说:'近代泰西化学大明,各种工业从而发达,而其制瓷事业,亦本化学之知识而施工始能与中国之瓷质相伯仲,惟为明朝之景泰永乐,清朝之康熙乾隆等时代所制之各种美术、瓷器,其色彩质地,则至今仍不能仿效也.'(学说)(丁)说风景与建筑的美。总理说:'从前的观音山,有很多楼台亭阁,树木花草,站在广州市的北边很高,风景是很好的,此刻市政厅要把它辟作公园……要把那个全山,辟作很好的新公园.'(女子须明白三民主义)综观总理遗教,……诚可谓折衷至当,无以名之,曰惟生史观."(上海《民国日报》同日)

2月6日 出席国民党中央政治会议第一七四次会议。会议讨论黑龙江省政府主席人选等问题。

"六日中政会议第一七四次会议。出席委员李宗仁、叶楚伧、蒋梦麟、李石曾、蒋中正、易培基、王宠惠、孙科、蔡元培、孔祥熙、赵戴文、薛笃弼、胡汉民、戴传贤、何应钦、宋子文、谭延闿、王正廷。主席蒋中正。决议案:(一)决议万福麟为黑龙江省政府委员,并指定万为黑龙江省政府主席。(二)青海省政府委员兼建设厅长马麒呈请辞去厅长兼职。照准,任命马麟为青海省政府委员兼建设厅长。(三)任命朱熙为安徽省政府委员。(四)特任杨树庄、赵戴文、阎锡山为国防会议委员。(五)任命张维藩为陕西省政府委员兼建设厅长。(六)任命陈安仁为侨务委员会委员。(七)任命孙其昌兼吉林建设厅厅长。"(上海《民国日报》1929年2月7日)

2月7日 出席国民党中央常务委员会第一九六次会议。会议议决总理奉安大典展期举行等案。

"七日,中央第一九六次常会。出席孙科、蒋中正、胡汉民。列席李宗仁、蔡元培、李石曾、何应钦、叶楚伧、邵力子。主席胡汉民。……讨论事项：（一）总理奉安委员会函，为奉安大典国家体制攸关，原定三月十二日，因工程不能全部竣事，拟展至六月一日举行，是否可行，请核夺案。决议，总理奉安，展至六月一日举行。（二）决议：通过各地党部出席中国国民党第三次全国代表大会名额。（三）决议：各省市党部执监委员及第三次全国代表大会之代表，均以具有各该省市之党籍者为限。（四）关于下层党部工作设计委员会组织条例案。决议照修正案通过。"（上海《民国日报》1929年2月8日）

  同日 与蒋梦麟联名提议优恤梁启超案，未果。

  "蔡元培、蒋梦麟在中政会提出优恤梁启超案。因有人谓研究系向来不能认识本党党义，梁为该党首领，故否决。又据另电，胡适亦电中央，请优恤梁启超，各要人多不赞同，将搁置。"（天津《大公报》1929年2月8日）

  "蔡先生平时与梁任公先生甚少往还。任公逝世后，先生在政治会议席上，邀我共同提案，请政府明令褒扬。此案经胡展堂先生之反对而自动撤销。"（蒋梦麟：《试为蔡先生写一笔简照》）①

  2月8日 出席国民政府第十九次国务会议。会议通过国防会议委员及黑龙江省政府委员任命人选等十四案。

  "八日国民政府第十九次国务会议。出席蒋中正、胡汉民、孙科、李宗仁、戴传贤、蔡元培、何应钦。主席蒋中正。决议案如下：（一）特任杨树庄、赵戴文、阎锡山为国防会议委员。（二）任命万福麟为黑龙江省府委员、省府主席。（三）任命孙其昌兼吉林建设厅长。（四）任命张维藩为陕西省政府委员兼建设厅长。（五）任命朱熙为安徽省政府委员。（六）山东省政府委员兼农矿厅厅长于恩波因病呈请辞职。于恩波准其辞去兼职。任命王冠军为山东农矿厅长。（七）马麒准其辞去青海省建设厅长兼职。任命马麟为青海省政府委员兼建设厅长。（八）任命陈安仁为侨务委员会委员。……"（《时事新报》1929年2月13日）

  同日 出席国民党江苏省第一次代表大会开幕式，并致训词。

  "八日晨九时，江苏省第一次代表大会在中央大学开幕，到各县代表百余人；中委蔡元培、戴传贤，江苏省主席钮永建，厅长何玉书，及各机关代表三百余人。主席叶楚伧。行礼如仪。叶氏报告……次蔡元培致训词，谓第三次代表大会即将举行，今后工作当注重建设的积极步骤。"（上海《民国日报》1929年2月9日）

  同日 对记者发表谈话，表示在适当时间当再辞监察院长职。

  "蔡元培八日语记者：本人对监察院长职前曾请辞，未获准。但本人极愿意专致力于中央研究院，俟相当时期，当再呈辞。"（上海《民国日报》1929年2月9日）

---

  ① 载蔡元培研究会编：《蔡元培纪念集》。

2月9日 自南京到上海。

"何应钦、蔡元培、陈绍宽、李宗仁、孙科、魏道明、郑洪年等,九日晨由京抵沪。"(《时事新报》1929年2月13日)

2月12日 蒋介石自南京到上海,曾与会晤。

"国民政府主席蒋介石氏,自十二日晨由京抵沪后,与在沪中央委员蔡元培、吴稚晖、李石曾,及各方要人晤谈毕……已定十四日上午乘原有花车附挂八时十分沪杭路早快车,与张静江氏同车赴杭。"(《时事新报》1929年2月14日)

同日 主持世界学社举行的中法文化事业有关人士叙餐会。

"中央委员蔡孑民、吴稚晖、张静江、王宠惠、褚民谊,司法部长魏道明,立法委员郑毓秀,为世界学社及促进中法文化事业,前日中午一时特邀请中法各要人,欢宴于蒲柏路中法学堂新屋。计法国方面到者,有法使玛德,秘书奥思初列格;越南外交局长茹洛,经济局长卜鲁斯,沪总领事柯葛林,宁总领事白朗度,陆军参赞茹斯菲尔;法总巡菲沃礼,银行界白玲,中法银行经理蒲特洛,法文汇报主笔方德诺。我国方面到者,有训练总监何应钦,外交部长王正廷,铁道部长孙科,工商部长孔祥熙,交通部长王伯群,警备司令熊式辉,市长张定璠及黄郛、张乃燕等六十余人。入席后首由蔡孑民先生致词,略云今日为中法文化事业叙餐。二十多年前,同人等在法时有世界学社之发起,曾致力关于科学、美术之提倡,革命的宣传,经法国之相当赞助,今天法国代表在座,法使向来致力于中法文化事业,望此后中法文化合作能有所贡献于世界。世界社所进行各事,宗旨可由李石曾先生作详细报告。次李氏报告云……"(上海《民国日报》1929年2月14日)

2月13日 为常宗会、胡蕴华补书证婚祝词。

"为汪执中写其父母寿言。为常宗会、胡蕴华写证婚词。"(本年《日记》同日)

"证婚祝词。社会组织,托始夫妇。互尊人格,互尽义务,互谅所短,互信所长;亲爱不渝,幸福无疆。"(启功 牟小东编《蔡元培先生手迹》)

2月16日 出席中国科学社上海社友聚餐会,即席发表演说。

"中国科学社上海社友会,于前昨(十六)日在静寺路华安八楼,举行聚餐会,到会者百余人。由曹良厦主席。首由马相伯演说,勉励科学研究,发展中国富源。次蔡孑民演说科学冷静,为人所畏,然游戏之事,仍须科学化,而兴趣增加,即科学即当取游戏引人入胜之法,增加研究兴趣。……"(《时事新报》1929年2月16日)

同日 主持中央研究院第五次院务会议,讨论通过十四项议案。

"第五次院务会议。时间,十八年二月十六日。地点,本院驻沪办事处。出席者蔡元培、杨铨、许寿裳、彭学沛、丁燮林、胡刚复、王琎、宋梧生、恽福森、周仁、王季同、徐渊摩、竺可桢、高平子、周览、赵元任。主席蔡元培。议决事项:(一) 社会科学研究所各组应合并一地办事,以利联络而便管理案。议决:该所所址,暂定在沪一年,永久所址,以后再定。(二)本院职员徽章及院徽式样应规定案。议决:指定周子竞、赵元任、胡刚复、徐渊摩,会同江小鹣、李毅士两美术家拟定式样后再议。(三)历史语言研究所应于最近期内迁京或沪,以期集中管理案。议决:保留。(四)评议会组织章程案。议决:保留。(五)本院参加国际天文学会案。议决:仍由原审查委员会负责调查国际联盟关于国际会议之详细章程及会费后,再行讨论。委员高鲁离国,由高平子代。(六)推派我国总代表出席太平洋科学会议案。议决:派翁文灏先生为代表。……"(《国立中央研究院总报告》第1册)

2月16日—17日 出席主持保存甪直唐塑委员会第一次委员会议、第一次常务委员会议。

"教育部为保存苏州甪直镇杨惠之遗塑,特由部组织保存甪直唐塑委员会……于本月十六、十七两日,连在上海中央研究院办事处,开第一次委员会议及第一次常务委员会议,议决事项甚多:

十六日第一次委员会议。是日到会者有马寅初、陈剑翛、金家凤、陈去病、张仲仁、蔡孑民、叶玉虎、黄任之、狄葆贤等十一人。由马寅初主席。议决各案:(一)经费预订需用三万元。其来源教部拨款一万元。唐塑会由叶委员负责筹募一万元。苏省政府方面由陈佩忍负责筹募一万元。(二)办事处设于上海,暂行借用清凉寺。(三)关于建筑事宜,推范文藻君设计,再行酌定。(四)上海会务公推寓沪委员叶玉虎等主持,至将来设计完毕后,在甪直设立之事务所,推金家凤先生负责。(五)定于三月四日全体常委员邀同各委员暨工程师塑匠等,亲往甪直,视察并计划保存事宜。……

十七日第一次常务会议。是日到会者有蔡孑民、金家凤、叶玉虎、陈佩忍、马寅初、陈剑翛等六常委。由蔡孑民主席。议决各案:(一)推定金委员家凤改驻上海,主持日常日务。(二)款项存储上海银行,并委托该行代办会计事务。(三)关于保存之设计及工作,自三月一日起,定于三个月完成。(四)预算许由常务会议通过,再报告委员会。(五)下次常会,订期三月三日下午三时,仍在上海举行。此外又议决支款手续、会议次数等要案多种。"(上海《民国日报》1929年2月23日)

2月17日 撰《挽梁启超联》。

"保障共和,应与松坡同不朽;宣传欧化,宁辞五就比阿衡。"(丁文江:《梁任恭先生年谱长编》)

2月18日 与记者谈辞监察院长职问题。

"监察院长蔡元培昨晚在北站语记者云,渠对监察院长职,并未提出正式辞呈,现拟维持至三次代表大会,届时人才集中,颇思于三次代表大会后退避贤路,及专心致力于中央学术研究云云。"(《申报》1929年2月19日)

同日　自上海赴南京。

"建设委员会委员长张静江氏,于十八日下午五时由杭抵沪,当夜与李石曾、蔡元培、王正廷、孔祥熙、孙科、宋子文、张寿镛等,由沪乘车晋京。"(《时事新报》1929年2月19日)

2月20日　出席国民党中央政治会议第一七六次会议,提议速筹暨南、劳动、同济三大学经费,以便开学。

"二十日中央开第一七六次政治会议。出席者谭延闿、叶楚伧、戴传贤、魏道明、蔡元培、张人杰、李石曾、王正廷、王伯群、易培基、何应钦、钮永建、胡汉民、赵戴文、孙科、王宠惠、孔祥熙、邵力子。由谭延闿主席。决议案如下:(一)国府文官处函称,奉国府发下立法院呈称行政院政务处将禁烟委员会组织法修正草案函送该院查定经法制委员会将审查结果,造具审查报告书前来,复经第十二次会议议决修正通过,呈请鉴核等情,奉批送中央政治会议,特抄送原呈及组织法各一份,请核议。决议通过。(二)任命郭泰祺为驻意大利国特命全权公使,傅秉国为驻比利时特命全权公使,金问泗为驻荷兰国特命全权公使,戴恩霖为驻巴西国特命全权公使。(三)决议河南省政府添设工商厅,陕西省添设农矿厅。(四)任命宋则久为河南省政府委员兼工商厅长,任命沈宗翰为陕西省农矿厅长。(五)任命吕秀文兼山东省工商厅长。(六)河南省政府委员吴新田着即免职。(七)国府文官处函,奉国府发下行政院呈,据河南省政府委员陈鸾书呈请辞职案,奉批经第二十六次国务会议议决照准,应报告政治会议追认。决议追认。(八)蔡元培提议称国立暨南、劳动、同济三大学近以十七年新预算未能成立,倘不即速筹解决,势将陷于停顿,用特缕述各校等近况,并将该三大学两年所用临时、经常两项积欠,即令财部暂拨十万元,以便开学。决议函财政委员会将各大学预算提前核定,其办法照政院会议之决议办理。"(《时事新报》1929年2月21日)

同日　出席总理奉安委员会会议。

"总理奉安委员会二十日午后二时至四时开会,到林直勉、孙科、蔡元培、易培基、蒋梦麟、叶楚伧、何成俊、张群、范熙绩等二十余人。议决:(一)桂省府闽侨委员会及各海外华侨团体,函派参与奉安典礼之代表,复准。(二)修正奉安赠赙具品办法,通过。(三)宁交涉员张庚年函,准英领据拉蒙通讯社驻华代表拟摄灵榇由平运京影片,并随榇南下,沿途摄影,照相。"(《时事新报》1929年2月21日)

同日　就编遣会后,各集团军总司令出京事,向新闻界发表谈话。

"蔡元培二十日谈话。监察院正在起草组织法。各集团军总司令出京,因编遣会开会后,当然须回去办理编遣事宜。中央当不能下一命令,编遣事实即能凭空实现,而某方即借此造谣挑拨,本国新闻界当纠正之。"(《时事新报》1929年2月21

2月21日 列席国民党中央常务委员会第一九九次会议。会议通过"总理逝世四周年纪念办法"等六案。

"今日中央开第一九九次常务会议。出席者孙科、胡汉民、戴传贤。列席者何应钦、陈果夫、蔡元培、李石曾、缪斌、叶楚伧、邵力子。主席胡汉民。议决事项：（一）中央宣传部提出总理逝世四周年纪念办法八条例，请核议施行案。决议修正通过。……"（《时事新报》1929年2月22日）

同日 教育部推蔡元培、胡适等为处理北大学潮委员。

"教部二十一日接北大办公处号电，详告师大学生请愿风潮，同时接北大全体学生苛电，请蔡元培北上，主持校务。现有人推荐蔡元培、胡适、马寅初、马叙伦等为委员，处理北大学潮。蔡等表示愿任调停，日内将以私人名义，电劝学生以学业为重，勿过问学校行政。"（《申报》1929年2月22日）

同日 应邀出席鹿钟麟的宴请。

"二十一日午后六时，鹿钟麟假安乐酒店宴各要人，到蔡元培、胡汉民、戴传贤、王伯群、何应钦、蒋梦麟、赵戴文等八十余人。九时散席。"（《时事新报》1929年2月22日）

同日 表示对监察院长职，"因屡辞不获，只得勉为其难"。

"监察院长蔡元培语人云，监察院长一职，本人不欲就，以便尽力筹划中央研究院，冀对于新文化有所贡献。惟因屡辞不获，只得勉为其难。现已积极筹备一切，以期早日成立监察院云云。"（《时事新报》1929年2月22日）

2月22日 出席国民政府第二十一次国务会议。会议通过任命驻外大使人选等十八案。

"二十二日国民政府开第二十一次国务会议。到戴季陶、胡汉民、何应钦、蔡元培、孙科、王宠惠、陈果夫。由胡汉民主席。议决案如下：（一）任命郭泰祺为驻意大利公使，傅秉常为驻比利时公使，诸昌年为驻瑞典公使并挪威公使，余问泗为驻荷兰公使，戴恩霖为驻巴西公使。（二）赈灾筹款委员会裁撤，并入赈灾委员会，派冯玉祥等九十三人为赈灾委员会委员，指定许世英等十一人为常务委员，财政部长宋子文等八部长为当然常务委员，并以许世英为主席。（三）任命吕秀文兼鲁省工商厅长。（四）任命王汝霖为青海高等法院院长。（五）任命吴昆吾为司法院参事，王均差为司法院秘书。（六）任命彭启彪等为编遣委员会总务部文书科长、处长、秘书长等。（七）任命杨逾为军政部海军署军政司警备科上校科长。……"（《时事新报》1929年2月23日）

同日 被推为解决北大学潮委员会成员。

"日前中政会议决，组织解决北大学潮委员会，推定蔡元培、胡汉民、戴季陶、何

应钦、蒋梦麟等六人,由蒋召集。"(《申报》1929年2月23日)

2月23日 对记者发表谈话,谓无北大学生促北上来电事,亦无去电事。

"蔡元培语往访者,此次北大学潮中,该校学生并无来电促彼北上,彼亦无去电。李石曾亦被任为解决北大学潮委员,现已赴平。渠与李意见完全一致,具体办法,须俟蒋梦麟下星期返京后商决。"(《申报》1929年2月24日)

2月24日 与胡汉民等到总理陵视察,继往汤山一行。

"胡汉民、蔡元培、戴传贤等二十四日偕往总理陵视察,午后至汤山沐浴,旋回京。"(《申报》1929年2月25日)

"国府委员蔡元培氏,今日偕许寿裳赴汤山。"(《时事新报》1929年2月25日)

2月25日 列席国民党中央常务委员会第二○○次会议。会议通过准陇体要辞职等五案。

"二十五日中央开第二百次常务会议。到常务胡汉民、孙科、戴季陶、蒋介石。列席缪斌、褚民谊、周启刚、蔡元培、叶楚伧、何应钦、邵力子、陈果夫。主席孙科。讨论事项如下:(一)中央组织部提议,据沪特别市执行委员陇体要呈请辞职,请核议施行案。决议照准。(二)中央组织部提议修正区党部执监委员印文案,说明:查一四○次常会所通过之区党部印文方式,无执监委之别,嗣该部于一九一次常会提出区党部监察委员之印文方式,经决议通过后,兹查与省县执监委员会所用信札制未能一致,特拟一律修正,庶与上级党部印文相符。决议:区党部执行委员会印文修改为'中国国民党某县某市第几区执行委员会印',监察委员会印文修改为'中国国民党某县某市第几区监察委员会之章'。……"(《时事新报》1929年2月26日)

同日 电告汪敬熙,研究院准助赴生理心理学会费用千五百元。

"广州中山大学汪敬熙先生鉴:赴生理心理学会费,研究院准助千五百元。蔡元培。径。"(《国立中央研究院十七年度总报告》第1册)

2月26日 主持处理北京大学学潮会议。

"北大学潮,中央政治会议指定蔡元培、李石曾、胡汉民、戴季陶、何应钦、蒋梦麟会商解决,由蔡元培召集。蔡定明(二十六)日下午二时,在教育部开会讨论。"(《时事新报》1929年2月26日)

"教育部处置北大学潮委员,今日下午四时在教育部会议。到蔡元培、胡汉民、蒋梦麟,结果未详。"(《时事新报》1929年2月27日)

2月27日 出席国民党中央政治会议第一七七次会议。会议决定派蔡元培、李宗仁调查湘案等八案。

"今日中央开第一七七次政治会议。出席者王宠惠、蒋梦麟、贺耀祖、魏道明、周启刚、褚民谊、叶楚伧、邵力子、蔡元培、赵戴文、王伯群、王正廷、恩克巴图、孔祥熙、易培基、孙科、蒋中正、胡汉民、何应钦、张人杰、陈果夫。由蒋中正主席。决议事项如下：（一）武汉政治分会此次关于改任湖南省政府主席及委员之决议案……应派监察院长蔡元培会同国府委员李宗仁切实查明，以凭核办。（二）派何健暂行代理湖南省政府主席。（三）非战公约通过。（四）工厂法、工商法原则修正通过。工商同业公会条例原则通过。（五）北平临时政治分会主席张继再请辞职。决议慰留。（六）豫省政府委员兼教育厅长邓萃英着免本兼各职，另候任用。任命张鸿烈为豫省政府委员兼教育厅长。（七）司法院提出关于行政院请核议大赦案之意见三项，请核。决议交立法院。（八）褚民谊提议，请拨关税庚款之一部分为卫生费，办理医药事业。决交行政院。……"《时事新报》1929年2月28日）

2月28日 列席国民党中央常务委员会第二〇一次会议。会议通过各军队党部出席三次代表大会代表等十一案。

"中央今日开二〇一次常务会议，到于右任、蒋中正、胡汉民、谭延闿。列席者周启刚、恩克巴图、缪斌、叶楚伧、蔡元培、陈果夫、何应钦、邵力子。主席蒋中正。议决事项如下：（一）中央组织部提议，请圈定第四集团军总司令部等军队特别党部出席第三次全国代表大会代表案。决议圈定各军队特党部出席三全代表大会如左（下）：四集团总司令张华辅，陆军第二师黄杰，十四师章云淞。（二）中央组织部提议，为据汉口、江西、察哈尔、湖北等省市党部，陆军第一师、中央军官学校两特别党部，及内蒙党员克兴额先后电呈，请求增加三全大会代表名额如何办理，特并案提请公决案。决议不准增加。（三）中央组织部提议，请圈定江苏省党部执行委员案。决议圈定汪宝瑄、滕固、倪弱、顾子扬、周杰人、朱坚白、葛建、叶楚伧、祁锡勇九人为江苏省党部执行委员。……"《时事新报》1929年3月1日）

同日 为《学生指南》一书题赞词。

"上海勤奋书局应全国学生之需要，由欧元怀、江问渔、刘湛恩等三十余名教育名家，费一年半之光阴，合著《学生指南》一书。……该书有中央研究院院长蔡元培之题眉，安徽省教育厅长程天放及中央大学校长张乃燕之序文。……"《时事新报》1929年11月9日）

蔡孑民氏对《学生指南》之赞美：

"古人称君子者，曰爱人以德，曰成人之美。《学生指南》一书，罗举各种求学之方法，而于读书、运动、卫生，以至毕业以后之择业，亦陈其利弊。使读者得选定一种之计划，循序渐进，张弛均有标准。既不致为欺人牟利之学校所利诱，而亦不致为忍心害理之野心家所利用。诚可谓爱学生以德而成学生之美者矣。十八年二月二十八日 蔡元培"。（《时事新报》1930年3月1日）

同月 与叶恭绰一起草拟《甪直保圣寺古物馆董事会规则》《甪直保圣寺古物馆管理规则》。（叶恭绰草拟、蔡元培修订手稿）

3月1日 出席国民政府第二十二次国务会议。会议通过任命天津海关监督人选等十六案。

"今日上午十时,国府开第二十二次国务会议。出席者蒋中正、胡汉民、孙科、王宠惠、陈果夫、蔡元培、谭延闿、何应钦。由蒋中正主席。决议案如下:(一)任命陆沂礼为津海关监督。(二)任命杨兆庹为陕西省政府秘书长。(三)任命杜本立为军政部陆军署交通司上校技师。……"(《时事新报》1929年3月2日)

同日 就处理北京大学学潮及召开国民党第三次全国代表大会问题,对记者发表谈话。

"蔡(元培)语记者:(一)关于平学潮事。政府曾命余等组织审查会讨论解决,外传组委会说有误。星期二开会审查,即报中央,而有通电训勉学生之决定。此电动机,虽为平学潮而发,但实际上不只对平学生一方面,实亦中央对教育根本政策之表示。中央通电,已由宣传部备就,国府电则闻尚正文字中。三全大会会议规则,尚未提出讨论,秘书长须大会推定,但预备会或先推定亦未可知,照现今形势观察,大会可如期完成。"(《时事新报》1929年3月2日)

同日 为赴沪晤李宗仁磋商处理"湘事"办法,向记者发表谈话。

"蔡元培一日午后,以对湘事意见及办法告记者云:余今晚赴沪,晤李宗仁,会商湘事办法。因宗仁目疾,一时不能来京,而渠对此事起因,当较明了,故须与之磋商。昨余曾函李,即系告以政会处置此事经过,并谓将来沪与渠晤商,此去四日可回。湘事,李宗仁确未前闻,仅系一二人所为,当易置理。余等奉命查办此事,先查明此事起因何在,何人为此种举动?至余与宗仁所查办责任,为政治方面的,即政分会可否免本地高级官员等问题;李济深与何应钦所负责,为军事方面的,即可否调动军队等问题。何须俟济深来,方能决定办法。顷得确讯,济深不日即可来京。关于此事,可在京沪查究,无赴湘之必要。"(《时事新报》1929年3月2日)

同日 与蒋梦麟、徐庆誉等发起南京学术讲演会。

"蔡元培、蒋梦麟、徐庆誉、王世杰、朱经农、杨杏佛、赵迺抟、黄建中等,在京发起学术讲演会,昨在教育部开成立会,出席者有蔡元培、徐庆誉、王世杰、杨杏佛、梅思平、吴贻芳、过探先、朱经农、洪式闾、柳报青、俞庆棠、陈钟声、刘乃敬、刘振东、富纲侯等三十余人。蔡元培主席,发起人徐庆誉报告筹备之经过及发起之动机。"(《申报》1929年3月2日)

同日 为夫人周峻(养浩)作《汉堡紫罗兰村风景》油画题诗一首。

"疏林□□小池濒,池上阑干尚半新。留得村童三两个,殷勤愿作画中人。

汉堡紫罗兰村风景 十八年三月一日为养浩题 孑民"。(《蔡元培——中德文化交流使者》中国蔡元培研究会编印)

同日 由南京赴上海。

"蔡元培、孙科、张群、熊式辉、赵铁樵等,一日乘快车来沪。"(《时事新报》1929年3月2日)

3月2日 与吴稚晖同访李宗仁,会商"湘事"善后问题。

"蔡元培奉蒋主席命来沪,慰问李宗仁病状,并会商湘省善后事件,已于二日晨抵埠,比于午后三时邀同吴稚晖氏,往宏恩医院晤李。李因左目病势尚剧,目生翳膜,特就病榻延见二氏。谈话结果,因李氏目疾又见增剧,且李济深、何应钦二氏尚未会齐,只得暂从长商议。……"(《时事新报》1929年3月3日)

"中央特派彻查湘事委员蔡元培,昨日自京来沪。……本报记者探闻蔡氏来沪后,李宗仁氏曾派人在下午往蔡宅晤谈(内容未悉)。又闻蔡氏来沪之任务,在会晤李宗仁氏,告以中央政会处置湘事经过,并磋商如何着手彻查。蔡主不必亲自赴湘,可在京查办。"(上海《民国日报》1929年3月3日)

3月3日 访李宗仁,协商"湘事"善后问题。

李宗仁"昨晨由第四集团军总司令部军医处长王光宇偕同出院,嗣即赴海格路融圃。午后,蔡元培亦来,再与李宗仁协商湘事善后,密谈甚久"。(《申报》1929年3月4日)

同日 出席保存甪直唐塑委员会第二次常务会议。

"教育部保存甪直唐塑委员会常务会,与三月三日下午三时,在上海亚尔培路中央研究院办事处开第二次会议。……是日出席者为马叙伦、叶恭绰、陈去病、陈剑儵、蔡元培、金家凤及列席吴稚晖、狄葆贤、赵深等。"(《申报》1929年3月11日)

3月4日 与吴稚晖同往昆山,商议要公。

"记者昨日午后二时往访蔡元培院长于私邸,适得左右语记者:蔡氏于今(四日)晨七时偕同中央委员吴稚晖赴昆山商议要公。临行时曾与李宗仁一函,定当晚九时即可返沪云。"(《时事新报》1929年3月5日)

同日 与叶恭绰(誉虎)、陈去病等往勘甪直保圣寺。

"甪直唐代杨惠之手塑佛像,蜚声中外,已由教育部组织保存唐塑委员会,拨款修理。该会于三月三日复在中央研究院开第二次常会,议决全体往勘,以便设计,至四日该常委蔡孑民、叶誉虎、陈去病、陈剑儵、金家凤并约同吴稚晖、褚民谊、周仁及赵工程师等,乘特别快车赴昆转甪,见该保圣寺已全部倾塌,所存壁画无几,且非赶紧于雨期前施工不可,下午四时由甪直赴昆山拜谒黄子文、刘韵州古墓于马鞍山下,七时返沪。至保存计划有二:其一主张采博物馆性质办法;其一主张恢复旧观,已交范文照、赵深两工程师设计,留待十七日三次常会决定,大约一月内即可动工云。"(《时事新报》1929年3月6日)

3月5日 就"湘事"调查结果,对记者发表谈话。

"监察院长蔡元培氏,自奉命彻查湘事,即来沪偕同中央委员吴稚晖氏,与武汉政治分会主席李宗仁氏，会商解决办法。现在湘事发生之真相，各方均已明了，而李宗仁氏亦已明白表示服从中央，并负责制止两湖军事行动，湘事影响，可望不致扩大。俟奉派彻查军事之李济深氏由粤抵沪后，即可会同将经过情形呈报中央，以凭核办。蔡吴二氏特于五日晚偕同张静江氏乘沪宁夜快车先行晋京，报告在沪会商结果。本报记者特访两氏于车次。蔡元培氏语记者云：湘事发生后，外间不明真相，颇多误会。现经双方表示，真相已明了。两湖方面现无军事行动，故余等并无赴汉调查之必要，俟李任潮（济深）来沪，即与李（宗仁）、何（应钦）及余四人共同呈复中央，准于三次代表大会前将湘事完全解决，各政分会亦决如期撤销。"（《时事新报》1929年3月6日）

3月6日 自上海到南京。

"蔡元培、张人杰、吴敬恒，今晨抵京，稍息后，即往总部谒蒋主席报告此次赴沪与李宗仁接洽结果，并商善后办法甚久。"（《时事新报》1929年3月7日）

同日 出席国民党中央政治会议第一七八次会议。会议讨论蔡元培送监察院组织法等七案。

"中央政治会议今午开第一七八次会议。出席者丁超五、白云梯、恩克巴图、蒋梦麟、赵戴文、胡汉民、王宠惠、王伯群、蒋中正、孙科、孔祥熙、王正廷、蔡元培、魏道明、鹿钟麟、陈果夫、谭延闿等十七委员。主席蒋中正。讨论事项：（一）监察院长蔡元培呈送该院审计院组织法、审计法、弹劾法各草案，及监察院组织法修正案，请核议施行。决交立法院。（二）孔祥熙等前奉饬审查特种工业保障条例草案，业已审查完毕，将原草案酌加修正，并缮具审查报告，请核议。决议：改称特种工业保障法，交立法院核议。（三）国府转内政部长赵戴文呈复关于曲阜孔林孔庙收归国有一案，兹拟具改革意见及办法，并拟定整理曲阜林庙委员会条例草案，请核议。决议：指定蔡元培、胡汉民、戴传贤、蒋梦麟、赵戴文五委员审查，由赵委员召集开会。（四）海军总司令杨树庄呈送请设海军专部建议书。决议：海军部应否设立，交国防委员会核议。（五）国府转湘省政府委员兼民政厅长曾继吾电请辞去本兼各职。决议：慰留。（六）决议鄂省政府委员兼民政厅长严重呈请辞去兼职照准。……"（《时事新报》1929年3月7日）

3月7日 列席国民党中央常务委员会第二〇三次会议。会议通过汉口特别市出席第三次代表大会代表人选等五案。

"今日开二〇三次中央常会，出席者于右任、孙科、谭延闿、胡汉民、蒋中正。列席者白云梯、陈肇英、蔡元培。主席谭延闿。议决案如下：（一）圈定涂思忠、潘宜之、胡国桢、林四述、李慎安、孙绳六人为汉口特别市出席三全大会代表。（二）圈定各军师特别党部出席三全代表大会代表如下：第五军廖鸿欧、第十五军毛飞、第九师蒋鼎文、第十师方鼎英、第十五师黎行恕、第二十师石敬亭、第二十五师何基巩、第二十六师赵守钰、第二十九师曹浩森、第四十六师范熙绩、第四十九师李肖庭、第五十师岳森、独立第四师张贞……"(《时事新报》1929年3月8日)

同日 就用直保圣寺壁塑保存问题,向记者发表谈话。

"蔡元培谈苏州塑像事,谓杨惠之有塑就罗汉二种,壁塑已有破坏。但尚有存在壁上者,拟在壁后添一层新壁,并将脱落之壁塑补上。罗汉共有五尊,内有一尊确出惠之手,余四尊但可认为唐代时物,亦拟设法保存之,但地点未定。"(《时事新报》1929年3月9日)

同日 代夫人周养浩草拟《三八妇女节演说词》一篇。(蔡元培先生手稿)

3月8日 出席国民政府第二十三次国务会议。会议通过简派高鲁为中国与阿司托尼亚修订通商条约全权代表等案。

"今日午前十时至十一时,国府开第二十三次国务会议。出席者王宠惠、谭延闿、孙科、蒋中正、蔡元培、胡汉民。决议案如下:(一)简派驻法公使高鲁为商订中华民国与爱司脱尼亚国修订通商条约全权代表。(二)湖北省政府委员兼民政厅长严重,准予辞去民政厅长兼职,遗缺以湖北省政府委员孙绳兼任。(三)湖北省高等法院院长汤葆光辞职照准,遗缺以翁敬棠兼任。(四)任命冯司直为天津市政府秘书长。……"(《时事新报》1929年3月9日)

同日 就"湘事"解决办法,向记者发表谈话。

"蔡元培赴沪前,对记者发表谈话:(一)湘事解决,须待任潮(李济深)、德邻(李宗仁)来京,即有办法。(二)武汉军事行动,德邻已去电制止。(三)赴沪系为友人明日证婚,下星期一晚可返京。上次邀德邻同来,因渠目肿齿痛中止。此次任潮既到沪,尚邀二李同来,以便商湘事。(四)湘事已由二李及各要人设法消弭。三全大会可依期开会。(五)李石曾来京,为出席三全大会。(六)吴稚晖甚愿湘事早了结。"(《时事新报》1929年3月9日)

同日 由南京赴上海。

"蔡元培、李石曾、吴稚晖,定八日晚车赴沪,晤李济深商湘事解决办法。"(《时事新报》1929年3月8日)

同日 函告蔡文渊已被委任绍兴电报局长职。

"文渊弟鉴:昨接交通部彭次长函,附有委令、委状,已委弟为绍兴电报局局长,请弟即来兄处接洽为妥。……兄元培敬启 三月八日"。《致蔡文渊函》同日)

3月9日 就彻查"湘事"问题,向记者发表谈话。

"监察院长蔡元培氏,因彻查湘事及制止两湖军事行动等问题,迭与李宗仁及中央各要人会商,力求顾全大局办法,现已有相当结果,特于昨晨七时偕同中委李石曾由京抵沪,俟李济深由粤来沪后,将由蔡氏会同李宗仁、李济深、何应钦四氏联名呈报中央,将武汉政分会议决对于解决湘省主席之责任及驱鲁经过之事实,详细陈述,俾中央根据事实,秉公处理。本报记者昨晤蔡、李二氏于北站车次,兹录其谈话如下。蔡氏之谈话:湘省问题,余在京时已将德邻迭电制止两湖军事移动及服从中央,静候解决之意见,转达中央。蒋主席颇为谅解。两湖形势现已和缓,惟鲁涤平部下之军队,既已离湘,为善后起见,对于现在驻防地点及将来饷糈之供给,自应由中央妥筹办法,故派赣省府主席朱培德氏返赣主持一切。至余等彻查湘事之报告,因李任潮氏尤未抵沪,尚缺一人,无从全部进行,大约一二日内俟任潮到沪,即可会同各人商妥办法,呈报中央。关于德邻辞职事,不过系属表示个人责任,并无重大影响。余抵沪后,拟往晤德邻,告以中央意旨,俾免误会。至三全代表大会,中央现正积极筹备,可望如期举行云。"(《时事新报》1929年3月10日)

同日　访李宗仁,谈甚久。并答记者问。

"中委蔡元培、李石曾,于昨晨七时由京抵沪,旋于昨晨九时许赴海格路融圃,晤李宗仁氏,谈甚久。本报记者于昨日午后往谒二氏,兹记其谈话如下。

记者问:蔡先生今日来沪是否候李济深主席同查湘事?蔡答:是的,同时来沪为李先生侄公子证婚。问:李宗仁通电辞职,先生已得悉否?答:今晨始悉,但此电已于昨日拍出。问:先生对此有何感想?答:予以为德邻此举极当,在事实上应有此态度,而谣言亦可因此而息。问:中央将持如何态度?答:此电中央今日收到,当然极力慰留。问:湘事当不至有误会发生?答:不会。李济深来后,大家一商量就可以解决。……"(《申报》1929年3月10日)

3月11日　李济深到沪。至李济深宅访晤会商"湘事"解决办法。

"李(济深)氏抵诸宅后,略用午餐,至十一时三十分,中委张静江、李石曾、吴稚晖三人即乘汽车到宅访见,当由李氏亲自接至楼上晤谈。迨二时五十分,监察院长蔡元培氏亦来访晤;诸氏与李氏寒暄毕,即对于湘事叙述经过情形,并互相交换意见。佥以武汉政分会此次解决湘事,过于操切,手续上殊多失当之处,宜速与中央会商补救办法,以免发生意外,初拟即日晋京,征求中央意旨,再定解决办法。因李济深氏须与李宗仁有所商洽,故改于十二日晚由李氏约同李宗仁与四中委联袂入京,俾各方误会完全解释,以息谣言。各事商妥后,至四时四十五分,张静江等始兴辞而散。"(《时事新报》1929年3月12日)

3月12日　离上海赴南京。行前就"湘事"解决办法问题对记者发表谈话。

"参谋部长李济深氏因三全大会开会在即及湘事处置之问题,尚须请示蒋主席,以资解决,特于十二日晚偕同奉蒋主席命来沪相邀之古应芬及中委蔡元培、张静江、吴稚晖、李石曾等分乘花车二辆,附挂十一时夜快车联袂晋京。"

"蔡元培氏语记者云:余等赴京,对湘事将与中央会商补救办法,不难早日解决。现在上下游安静如恒,并未发生若何举动。李任潮赴京后,即可会同何应钦氏,将查办湘事责任,呈报中央。至李德邻氏,未处当事人之地位,可无须赴京,加以目疾尚未告痊,故彼赴京与否,于湘事解决并无重大影响。至政分会职权,日内即可撤销,将来中央与地方之权限如何划分,均俟政治会议解决。余对三全大会,并无意见云。"（《时事新报》1929年3月13日）

3月13日 抵上海,就"湘事"问题及国民党召开三次代表大会问题对记者发表谈话。

"蔡元培语记者,李宗仁因目疾未痊愈,故未同来,俟目疾稍愈,或中央需要渠来京,当即前来。彻查湘事问题,在沪曾与李济深、李宗仁晤商,已有结果,本日政会提出报告,并以彻查结果,李宗仁实事先无所闻知,故自请处分一切,已决定应勿庸议。对胡宗铎等三人,则议免去政分委职,并交监委会议处,将来处分或予以警告及申斥,现尚未定。据此以观,是湘事在政治方面,已无问题。至军事方面,李宗仁曾电令两湖军各回原防,当无问题。"（《申报》1929年3月14日）

"据蔡元培谈:三次全国代表大会应先一日开预备会,但本人此时尚未接通知书。大会是否延期一两天,当视代表报到者过半数否为定。余本人无提案。"（《时事新报》1929年3月14日）

同日 出席国民党中央政治会议第一七九次会议。会上,与李济深等报告彻查武汉政分会改组湖南省政府案。

"中央政治会议今日开第一七九次会议。出席者鹿钟麟、丁超五、褚民谊、胡汉民、魏道明、蒋梦麟、赵戴文、古应芬、孙科、李济深、王伯群、易培基、李石曾、孔祥熙、薛笃弼、蔡元培、周启刚、王正廷、张人杰、蒋中正、陈果夫、谭延闿。主席蒋中正。议决案:（一）蔡元培、李济深等报告奉命查办武汉政分会改组湖南省政府一案,遵即详查,认为该分会此次举动,诚为不合,应由该分会主席负责。但主席李宗仁因公留京,未及临时制止,曾自请处分在案。李主席事前并未与闻,所请处分,似可毋庸置议,当时与议者为张知本、胡宗铎、张华辅三委员,应请予以处分,是否有当,请公决。决议武汉政分会委员张知本、胡宗铎、张华辅等先行免去分会委员之职,请中央监察委员会议处。（二）决议各地政治分会依照中央第一八九次常务会议议决案,应于三月十五日以前裁撤,自本日起停止开会,结束裁撤。"（《时事新报》1929年3月14日）

3月14日 列席国民党中央常务委员会第二〇五次会议。会议通过三次全国代表大会代表资格审查委员会委员人选等十七案。

"今日二〇五次中央常务会议。出席委员谭延闿、孙科、于右任、胡汉民、蒋中正。列席者王宠惠、古应芬、李济深、陈肇英、蔡元培、张人杰……议决案:（一）推定谭延闿、蒋中正、胡汉民、于右任、孙科、陈果夫、古应芬、吴敬恒、张人杰九委员为第三次全国代表大会代表资格审查委员会委员。（二）决议三次全国代表大会由中央指派之代表未出席者,由执监委员提出交代表资格审查委员会决定补充之。

(三)代理秘书长叶楚伧提议,请核定大会开会秩序案。决议通过。(四)叶楚伧提议,请推定三次全国代表大会开会时临时主席。决推胡汉民为临时主席。(五)叶楚伧提议,任李仲公、王陆一、梁寒操、狄膺为三次大会秘书案。决通过。……"(《时事新报》1929年3月15日)

3月15日 出席中国国民党第三次全国代表大会开幕式。

"今日午前十时至十二时,第三次全国代表大会在炮兵军校行开幕典礼。到中央委员蒋中正、胡汉民、谭延闿、古应芬、王宠惠、蔡元培、李济深、戴传贤、孙科、何应钦、陈肇英、恩克巴图、褚民谊、萧佛成、陈果夫、李石曾、张人杰、宋子文、缪斌、邵力子等,又到代表共二百二十人,来宾约二百余人。振铃开会后,代理秘书长叶楚伧报告两事:一、本日到会到表二百一十七人(按有三人迟到)。二、十四日中央常会议决推胡汉民为临时主席。众鼓掌表示欢迎。继行礼如仪,胡汉民登台致开会词。……"(《时事新报》1929年3月16日)

同日 为刘秉粹编《革命第一次东征实战记》一书题签。

"上海大文书店印行,《革命第一次东征实战记》,题者蔡元培。"(《时事新报》同日)

3月16日 出席国民党第三次全国代表大会第一次预备会议。会议通过大会主席团人选等案。

"今日上午九时,三全大会开第一次预备会议。到中央委员王宠惠、孙科、谭延闿、胡汉民、蒋中正、张人杰、李石曾、缪斌、李济深、古应芬、何应钦、周启刚、恩克巴图、蔡元培、陈果夫、褚民谊。代表共到二百三十人,内有列席七人。由胡汉民主席。……(一)推定大会主席团九人。(二)明日星期(日)休会,下星期一(十八日)上午开第一次正式会议。(三)议决明日星期(日)休会,定下星期一(即十八日)上午九时开第一次正式会议。"(《时事新报》1929年3月17日)

同日 关于国民党第三次全国代表大会有关问题,答记者采访。

"今晚遇蔡元培于励志社,据谈:(一)京中发现汪等宣言,想非彼等所发。党内同志对之甚信仰,此次亦有当选希望。(二)于右任回沪,其故不明,想系因私事。(三)此次执监选举,或将增加委员名额。第一届执委为二十四人,第二届加三分之一,为三十六人。此次如再加三分之一,当为五十四人。但须大会决定。(四)今日主席团为推举式。"(《时事新报》1929年3月17日)

"本报记者访蔡元培,谈话如下。问:大会须几天?蔡答:规定十天,但必要时,或许延长。问:在沪尚有许多执监委员,能否到会?答:我不知道。问:大会议题,是否日前中执委会议决十项?答:是的,中执会议决十个议题,预先通告各级党部,以便各代表提案,但此十项议题以外,亦可自由提案。问:本届大会对党章有否修改?答:党章在第二次大会已修改甚多,大约此次亦须加以修改。问:本届大会选举执监委员是否完全用选举法,抑仍用一二两届办法?答:应用纯粹选举法。问:中央执监委员人数须增加若干?答:从前非正式谈过。但是没有规定。"(《申报》1929年3月17日)

同日 自南京到上海。

"蔡元培、邵力子、张群、缪斌,今(十六日)夜由京来沪。"(《时事新报》1929年3月17日)

3月17日 访李宗仁,深谈约一小时。

"中委蔡元培氏,十七日晨由京抵沪,即径至融圃访李宗仁,有所接洽,深谈约一小时之久始别,所谈内容未明。"(《时事新报》1929年3月18日)

同日 主持教育部保存甪直唐塑委员会第二次委员大会。

"教育部保存甪直唐塑委员会于十七日下午在上海亚尔培路中央研究院开第二次委员大会。出席委员蔡元培、狄楚青、李云书、黄汤之、关炯之、陈万里、陈去病、陈剑脩、叶恭绰、马叙伦、金家凤。列席金家城、范文照、赵深等。主席蔡元培,记录金家凤。开会如仪后,主席报告对于保存保圣寺杨惠之壁塑有一班人拟恢复保圣寺旧观,有一般人不赞成,拟成为博物馆。但改为博物馆较为简便,今日应决定建筑方针。"(《申报》1929年3月19日)

3月18日 称病谢客,展缓赴京。

"中央执监委员蔡元培氏,于十六日由京乘夜快车抵沪后,即访晤李宗仁等,极为忙碌。兹悉蔡氏仆仆京沪,忽患微疾,昨日不见客。记者询其家人以晋京之期,则谓因之而展缓云。"(《时事新报》1929年3月19日)

3月19日 答记者问,谓进京日期尚未能定。

"本报记者昨特驱车诣慕饵鸣路蔡寓,访问监察院长蔡元培氏,有所叩问,承蔡氏答复如下。问:先生莅沪以后,曾与李德邻先生晤谈否,其结果如何?答:本人以私人前往融圃存问,故并无所谓结果。问:德邻先生何日进京?答:尚未能定。问:先生何日返都?答:亦未能定。然据李石曾氏语记者,则谓蔡氏将于三四日后即返首都云。"(《时事新报》1929年3月20日)

3月22日 对于宁汉冲突,因有投鼠忌器之虑,不得不以沉默对之。

"菊哥大鉴:读惠书,甚佩正论。惟目前曲突徙薪之工未竣,投鼠忌器之点尚有,不得不以沉默对之,叨在知爱,想荷鉴谅。……弟元培敬启 三月二十二日"。(《复张元济函》同日)

同日 作《贝多文 Beethoven1770—1827》(四绝)。

"吾邦音乐太单平,西友初闻顿失惊。我爱贝多文法曲,包含理想极深闳。

　　吾国音乐,皆由单音构成,音波抑扬相去不远,以五线谱写之自见。昔者柏林大学生开一部分之同学恳亲会,吾国学生贝君季美等以音乐娱之,余时在来比锡,未与焉。他日,晤顾君梦渔,询以德人闻吾国音乐,作何评判。顾君曰:有一德友见语'可惊的单纯'(Schrecklirk binfink)。且吾国美术均以形式见长,寓以繁深之理想者,竟不可得。西洋人之美术,则高者多含有理想,凡音乐、建筑、雕刻、图画皆然。贝氏之音乐,其著者也。

自然主义宗希腊,希伯来风出世间。融合两希成一片,曲中现出我生观。

西洋思想有二:其一,自然的,乐天的,世间的,即希腊风。其二,超自然的,厌世的,出世间的,即希伯来所传之基督教也。(希腊,西文作 Hellas,希伯来,作 Hebräer,皆以 He 居首,吾国均译作希字。)西洋中古时代,偏于希伯来风。文艺中兴以后,偏于希腊。近世则谋融合两种思潮,贝氏亦其一也。

妇人醇酒与清歌,行乐及时便奈何。一任迂儒谈礼法,流传法曲壮山河。

贝氏于音乐外,颇耽酒色。'酒色歌'(Wein Weibe und Sinfen),西人恒语也。德法开战后,法人排斥德国派音乐,贝氏亦在其列。然法人崇拜贝氏者,谓贝氏祖先本比利时人,不当排斥。可以见美术与国家光荣之关系矣。

丑面遗型到处传,哲人貌取亦成妍。克林造像尤精绝,袒臂科头态俨然。

贝氏貌甚寝,然西人崇拜甚至,以石膏模其面型,多有悬诸壁上者。来比锡最著名雕刻家克林该尔(Klinger)尝选各种文石,雕成贝氏像,陈博物馆中。到来比锡者,均以一见为幸。"(蔡元培先生手稿)

同日 作《拿破仑》(三绝)。

"四海惊传拿破仑,国民渐不我思存。功名何似微生子,打破人间地狱门。

李君石曾为我言:某年巴黎某报招人投票,举法国最伟大人物,得票最多者为微生物学者巴斯德,而拿破仑次之。

无非时势造英雄,亿万原因一果中。乍败乍成均偶尔,托翁健笔写天功。

俄国托尔斯泰作《战争与和平》小说,写拿破仑侵俄,先胜后败,皆有种种原因,使之不得不然。彼此均无所谓战功也。

前车已覆后车来,第二威廉现舞台。咄咄侏儒胡短视,野心不死欲燃灰。"(蔡元培先生手稿)

3月28日 被选为中国国民党第三届中央监察委员。

"吴委员敬恒、张委员人杰、蔡委员元培、李委员石曾、邓委员泽如、邵委员力子、张委员继鉴:第三次全国代表大会选举第三届中央委员结果,执事当选为中央监察委员。现在第三届第一次全体会议业于本日开会,并定于下星期一继续开会。特电奉达,务希克日来京出席为荷。中央执行委员会印。俭。"(《时事新报》1929年3月29日)

3月31日 撰写挽徐珂(仲可)联。

"疾恶如仇,独对我过事宽容,平生风义兼师友;多文为富,无片刻暂离铅椠,等身著作付儿孙。"(郑海逸:《南社丛谈》上海人民出版社1981年出版)

3月 为《中国经济问题》一书作序一篇。

"中国经济学社为国内专家所组织,借以研求经济学理及其应用方法。成立以来,仅阅四载,而规模远大,贡献宏多,于是有社刊之发行。其第一卷曰《中国经济问题》,于财政、金融、货币、会计、地方经济、交通经济、土地经济等,多所论列,切中肯綮。自非蕴蓄富厚,焉能集此巨制。其嘉惠学子,而裨益于吾国经济之改善,岂有极耶。爰缀数语,以致欣幸。"(《中国经济问题》上海 商务印书馆1929年出版)

3月、4月 为嵊县《戴氏宗谱》作序文一篇。

"《戴氏宗谱序》。戴本殷后,自契始封商,汤遂为号。至商纣无道,微子痛殷之将亡,谋于箕子、比干,史录其问,答之语以为《微子》之书。及周武王克商,乃封微子于陶唐氏火正阏伯之墟商丘,为宋,以奉殷祀,得用先王礼乐,于周为客,天子有事膰焉。微子仁贤,殷民甚爱戴之。微子卒,九世而至戴公立时宣王二十八年也,及宋政久衰,商之礼乐散亡,大夫正考父得《商颂》十二篇于太师,归以祀先王,后因以戴为姓,而蔓延于天下。汉台定侯戴野佐命征伐,表于功臣。德胜祖述礼经,有大小之号,记于儒林,后汉司马徒涉、侍中凭、高士叔鸾、晋仆射邈、金城太守绥皆其后也。绥子建位大司农,从谢玄破符坚,封广信侯,与兄安道或出或处,焯于当时。广信玄孙明宝,在宋历中书舍人,封临湘侯,子硕为弈世之祖。今辑成谱牒,置图分系,序昭穆,别亲疏,因流而溯源,由本而达枝。戴而不族者黜之,族而流落者录之。辟诸一本,散之万殊,万殊归之一本,有纲有纪,有典有则,诚足以信今而传后也。谱成丐余序,余重其能尊祖敬宗也,聊悉其梗概,以志永永。

民国岁次己巳仲春 蔡元培敬撰"。(王墓墩修 嵊县《戴氏宗谱》民国十八年仲春编)

4月1日 为黄幼轩申请身后恤金。

"润章、百年先生大鉴:久疏修候,惟起居康胜为祝。兹有启者,得北平报告,惊悉黄幼轩内兄已于三月十七日中风去世,身后萧条,其较为年长之两儿,均尚在比国留学,学成回国服务,担负家计,至早在一二年以后。顷与石曾先生商,以幼轩兄服务北大,殆逾十年,于经济困难之中勉强支持,不无微劳足录。似可由北大学院暨北平大学各给恤金百元,合成二百元,至其两世兄毕业回国时截止。……敬请酌量情形,早行决定为幸。……弟蔡元培敬启 四月一日"(《致李书华、陈大齐函》

同日）

同日 为《钦天山气象台落成纪念刊》作序一篇。（该刊 中央研究院气象研究所 1929 年印）

4月3日 致电北平图书馆，告该馆经费预算已经国民政府财委会通过照拨。中央研究院不再继续补助。

"北平居仁堂北平图书馆：电悉。贵馆预算，已经国府财委会通过，自三月起，照新预算拨发，乞向教部领取。本院经费支绌，碍难继续补助。元培。江。印。"

北平图书馆电："中央研究院蔡院长、杨副院长鉴：恳将北平图书馆一二两月补助费二千元即日电汇，以资接济，为祷。垣、藻、衡。"（《国立中央研究院总报告》第1册）

同日 同意汪敬熙、李煜瀛（石曾）出席国际生物学会会议。

"季茀先生大鉴：奉二日惠函，敬悉。程天放君函，已签名，奉上。本年国际生物学会在美国波士顿于八月间开会，本院已派汪敬熙君往，并曾助旅费（与心理学会合助千五百元）。现李石曾先生亦愿参加此会，……前日晤李先生，言能助费固善，即不能助费，则指为代表，亦所望。现拟可由本院正式函告教育部，会派李煜瀛、汪敬熙为代表，出席该会，至教育部能否对于李先生助以旅费，请先生或杏佛先生向梦麟或夷初面商一次，并示及为幸。……弟元培敬启 四月三日"（《复许寿裳函》同日）

4月10日 蒋介石宴请张人杰、蔡元培等，对党政问题有所讨论。

"蒋主席今日午后赴金银街访张人杰，晚在宅宴请张人杰、李石曾、蔡元培，对党政有所讨论。"（《时事新报》同日）

4月12日 参观全国美术展览会。

"昨日（十二日）系国货路教育部全国美术展览开会之第二日，其盛况不下开幕日。如蔡子民、何香凝、陈树人等，皆先后莅至，流连于陈列室内，不忍遽去。闻蔡子民对于该会出版之《美展三日刊》，极为赞美，临行时曾允担任逐期撰稿，此后该刊当愈见精彩。"（上海《民国日报》1929 年 4 月 13 日）

4月16日 函某要人言暂不返南京。

"蔡元培函某要人，内述其夫人于十四日进医院，一俟产后即返京供职。"（《申报》1929 年 4 月 17 日）

4月18日 函告许寿裳（季茀）应处理事项。

"季茀先生大鉴：……奉惠书并各件，敬悉。除比利时 Gille 函及汤腾汉书留此办理外，左（下）列各事，奉托如左（下）：一、雪艇先生函，请先生阅后交去。二、王琴希函，及孙案汇览一通，亦须送吴先生一览，故亦托雪艇先生设法。但弟忆曾两次为孙实父君向工商部嘱托，现既发现曲在孙君，则亦不可不解去所系之铃。请先生查明前两次函中如何措词,再致工商部一函,告以前因孙君要求,曾为作函,但既知丹华董事并非坏人,孙君一面之词,亦未可全信,用敢郑重声明,请尊处秉公处理云云。……三、李凤岐夫妇征寿言,请托寿焱兄代作诗一首。……

再,收发文报告中,有余青松君赴太平洋学术会议可否由天文研究所津贴四百元一文,鄙意可以津贴,请照复。"(《致许寿裳函》同日)

4月20日　报载蔡元培辞监察院院长甚坚决。

"蔡元培辞监察院院长甚坚决。传中央将照准,以谭延闿调监察院长。……"(《时事新报》1929年4月21日)

4月27日　答《申报》记者问。

"昨日本报记者特往慕尔鸣路蔡宅请谒,适蔡先生乘汽车返寓,即立谈数语,特志于下:(问)闻院长仍坚辞监察院职,确否?(答)本未得国府同意,所以于适当时期,仍提出辞职。(问)闻先生日内将赴京,确否?(答)并无此意。(问)先生病已愈否?(答)尚须休息。谈至此,记者即兴辞。"(《申报》1929年4月28日)

4月28日　所撰《美术批评的相对性》一文发表。(《美展》杂志 第7期)

4月　为山西铭贤学校二十周年纪念题词。

"创校迄今,倏逾廿载。乐英育才,超然几辈。化民成俗,惟学是循。令闻广誉,惟学章身。升高自卑,有进无退。畅达句萌,永绝障碍。太行弟郁,汾浍潆洄。骁骁多士,益勉方来。

铭贤学校二十周年纪念　蔡元培敬祝"(山西《铭贤二十周年纪念刊》1929年印)

5月1日　请赵元任、陈寅恪主持历史语言研究所。

"元任、寅恪先生大鉴:历史语言研究所承两先生允为主持,将来成绩,必为世界学者所注意,不胜欣幸。顷已与傅孟真兄商定迁平计划,此后进行,必益顺利。傅君到平后,请接洽一切为荷。……弟元培敬启　五月一日"(《致赵元任、陈寅恪函》同日)

同日　四子怀新出生于上海。

怀新"生日为旧历三月二十二日"。(《日记》1938年4月21日)

5月8日　为出席国民党中央监察委员会议,自上海赴南京。

"中央监察委员蔡元培、李石曾二氏,现以中央定于九日召集监察委员第一次全体会议,并接蒋主席、吴稚晖、张静江等联名来电促驾,特于昨日下午十一时乘沪宁路夜快车联袂晋京。据蔡氏语记者云:余与石曾先生赴京,完全为出席监察会议。上次开会因人数不足,致未举行。现在稚晖、静江两先生均在汤山,明日当可返京,如到七人,凑足法定人数,即可开正式会。惟此会议并无重要问题讨论,不过举出常务委员五人及秘书一人。此外如有时间,或可圈定各省市监察委员名单,否则交由常务委员办理亦可。余俟开会后,拟赴汤山一行,如无余暇,晚即拟返沪。"(《时事新报》1929年5月9日)

"监察院长蔡元培来沪已久,迭经中央劝驾,故决定今晚赴京。"(《申报》1929年5月8日)

5月9日　主持国民党第三届中央监察委员会第一次会议。会议通过中央监察委员会组织法等五案。

"第三届中央监察委员会今日午后三时,开第一次会议。到张人杰、古应芬、吴稚晖、李石曾、蔡元培、王宠惠、恩克巴图、邵力子。蔡元培主席。……决议案如下:(一)通过中央监察委员会组织法。(二)票选王宠惠、古应芬、张人杰、蔡元培、林森为常务委员。(三)通过任萧吉珊为中央监察委员会秘书长。(四)京特别市监察委员会衷塞等呈请辞职案。决议挽留。(五)常务会议定每周一次。"(《时事新报》1929年5月10日)

出席中国国民党第三届监察委员会第一次会议合影(1929年5月)

5月10日　致电李宗仁,劝其"即释兵柄,暂游海外"。

"自李宗仁发出歌(五日)电,自称组织护党军,电中且受中央委员及党中先进暨同志之敦促云云,此间党员深致不满。今日中央监察委员张人杰、蔡元培、李石曾、吴敬恒等,均发蒸电诘责,并劝其释兵远游,以谢国人。……蔡元培电。德邻先生鉴:南京友人见示歌电,始知公亦已投入战线,良深婉叹!自国民革命军打倒北洋军阀以后,全国军事领袖,同隶青天白日旗下,互相亲爱,当如骨肉,彼此即有误会,可依据党义,切合人情,开诚布公而解决之,万无再用武力之理。谁为戎首,便是自杀,谁肯退让,方得同情。弟对于中央进兵武汉之举,曾力阻之;此次桂军攻粤,自然尤不赞成。《易》称不远复,无祗悔,元吉。望公能采用任潮、稚晖两先生之劝告,即释兵柄,暂游海外,博闻多识,为他日报国准备。年富力强如公,前途未可限量,何苦冒不韪而争鸡虫得失于目前耶? 如能约健生(白崇禧)、季宽(黄绍雄)两先生同行,使两粤得以息争,尤所谓如天之福,祷祀以求者也,最后忠告,尚希采纳。蔡元培。灰。"(《时事新报》1929 年 5 月 11 日)

同日 离南京返上海。

"中央监察委员蔡元培、张静江、李石曾、吴稚晖四人,于昨晨七时许联袂返沪。闻吴氏即将返京,张氏今明赴杭,蔡李一时不再赴京。"(《时事新报》1929 年 5 月 11 日)

5月11日 与杨铨联名致电傅斯年,请派定历史语言研究所参加奉安典礼代表人选。

"……傅孟真先生鉴:本院各处各所主任,应全体参加奉安典礼,另由每所派一人加入。贵所代表姓名,请速派定电复。培、铨 五月十一日"。(《国立中央研究院总报告》第1册)

5月14日 电托胡汉民(展堂)转请青岛市长维持蒋幼沧青岛观象台台长原职。

"南京立法院胡展堂院长鉴:青岛观象台蒋幼沧台长,天文专家,办事勤能。请电陈中孚市长维持蒋君原职。蔡元培。寒。"(《致胡汉民电》同日)

"青岛观象台蒋幼沧、宋春舫两先生鉴:元电敬悉。已电托胡君。培。寒。"(《复蒋丙然、宋春舫电》同日)

5月17日 复电唐钺,告已电请北平公安局转饬查照勿阻租房事。

"北平清华大学唐钺先生鉴:电悉。已电公安局转饬查照。元培。印。五月十七日"。

附唐钺电。"中央研究院蔡孑民院长:心理所租定北平新开路三十五号,警署不知有研究院,索官样委任状并拒迁入。恳电北平公安局饬内一区警署勿阻,并盼电复。钺。"(《国立中央研究院总报告》第1册)

5月18日 为《上海教育》题词。

"扬舲毋后 十八年五月十八日为上海教育题 蔡元培题(印)"。(《上海教育》1929 年第1期)

5月20日 欢迎美国华盛顿大学吴尔东教授来北平游览。

"霍华德·吴尔东教授:奉读三月二十三日来函,知您和吴尔东夫人将于八月间来北平访问,非常高兴。我可以肯定,您的到来将会受到诚挚而热情的欢迎,我自己也将尽力协助。……蔡元培"。(《复吴尔东函》本年五月六日)

"吴尔东先生鉴:前接三月二十三日来函,知将于八月间来北平游览,业已于五月六日奉函,表示欢迎,谅荷鉴及。承属代为觅寓所及译员等事,业已由燕京大学校长司徒(Mr. Stuart)君妥为准备,闻司徒君已有专函奉告矣。……"(《致吴尔东函》同日)

同日　撰写《〈五权宪法〉手稿印本序》。

"总理之《五权宪法》演讲,行世已久,今始得总理手订之演稿而读之,始知演讲以后,补充而点窜者颇多,益足以促读者之注意而弗谖,其裨益甚大,非独使诸同志得多见一种总理之墨迹而已。抑总理墨迹,被毁甚多,而此稿独恃冯同志艰苦保存之力,得于举行奉安典礼期间公布于世,以为重要之纪念,此则尤使吾人对于冯同志表无限之感谢者焉。

十八年五月二十日　蔡元培"。(蔡元培先生手稿)

5月23日　与许寿裳(季茀)商酌赞助德人史图博往浙闽两省学术考察事。

"季茀先生大鉴:顷接商章孙函,知同济大学生理学教授史图博君拟往浙闽两省考察佘民风俗,要求本院发给护照或介绍函(节略奉上),此事前曾由该教授与弟面商,弟曾允赞助。惟本院是否有自发护照之例?如无之,则可分别致函浙江及福建省政府,请其保护,请与杨先生商办,并就近告知商先生径复史君。……弟元培敬启　五月二十三日"。(《致许寿裳函》同日)

5月25日　拟定本日赴南京,参加奉安大典并出席国民党中央监察委员会会议。

"蔡元培、李石曾因须参加奉安大典,定廿五日莅京,并出席第二次中央监察委员会。"(《时事新报》1929年5月19日、25日)

5月27日　自上海到南京,即往汤山与吴稚晖晤谈。

"司法院长王宠惠日前来沪,现已公毕,于昨日十一时偕中央监委蔡元培氏,同乘快车返京。"

"蔡抵京后,往汤山晤吴稚晖,叙谈三小时。"(《时事新报》1929年5月27日、28日)

同日　在车站语记者:"奉安后,仍须回沪。"

"蔡元培在车站语记者,予奉安后,仍须回沪,监委会之召集,当视有无开会之必要云云。"(《申报》1929年5月27日)

5月28日　孙中山灵榇由北平运至南京。与中央执监委员同到浦口车站参加"奉灵下车"仪式。

"总理灵榇二十六日北平南下,沿途电京报告:中央执监委员、国府委员及特任以上各文武官吏,于今晨八时在下关齐集,乘德胜军舰渡江至浦口车站肃候,十一时五十分灵车至,全体敬谨奉迎。一时半渡江,二时半由下关奉至中央党部暂厝,行祭礼,三时半毕。各要人均留宿灵堂。定明日起,即在中央党部公祭三天,然后于一日奉移至紫金山陵所安葬。

时车站迎榇者除党国各要人外,尚有来宾及总理亲故多人。月台前先预备一木板,上铺毛毡毯与车衔接。车停,即将车前之铜门启开……全体向灵榇行三鞠躬礼后,继中央、国府委员,各特任官,总理亲故家属,迎榇专员等,上车敬谨奉灵下车,当有宋庆龄、宋子文、宋美龄、孙科、谭延闿、于右任、蔡元培、吴稚晖、陈果夫、戴传贤、蒋中正、胡汉民、陈耀垣及总理亲故等,扶灵下车……"(《时事新报》1929年5月29日)

5月31日 按分班守灵次序,八时至十二时参加中央委员的守灵式。

"总理灵榇即移京,中央委员及特任官自二十八夕起,分班守灵,每三人为一组,四小时一更易。兹将时间之名单录后：……蔡元培、王宠惠、魏道明八时至十二时；邵元冲、桂崇基、陈绍宽十二时至四时；……"(《时事新报》1929年5月30日)

5月 为《寰球中国学生会特刊》题词。

"寰球中国学生会民国十八年特刊 示我周行 蔡元培"。(《寰球中国学生会特刊》1929年5月)

6月1日 参加孙中山遗体安葬式。

"一日午前三时三十分,东方初白,南京城外狮子山炮台,发吊炮一百零一响,此即孙总理遗体将于此日奉安于紫金山之中山陵也。先是孙总理遗族亲戚及中央要人,如蒋、谭、胡、戴、蔡等,早已齐集中央党部大礼堂,向孙总理灵柩举行最后之告别礼。礼成后,以狮子山炮台所发一百零一响礼炮最后之一响为号,灵柩即行发引……"(《时事新报》1929年6月3日)

奉安大典时特挽孙中山联：

"生荣死哀倡革命,而有志事成,胜似丰碑显功德；

知难行易论科学,当迎头赶上,愿皈遗训惜光阴。"(台湾《国语周报》周末增刊1986年3月1日)

6月2日 自南京到上海。

"林森、吴铁城、郑洪年、蔡元培、宋子文,昨(二日)晨抵沪。"(上海《民国日报》1929年6月3日)

6月3日 请谭延闿(组安)再电新疆省政府主席对西北科学考察工作予以便利。

"组安先生大鉴：径启者,中国西北科学考察团来电,以该团在甘肃、新疆扩充工作,增派团员,曾函请教育部转呈行政院电令该两省积极援助。现已派团员陈宗器,及瑞典人步林取道中东铁路,前往工作,惟闻新省当局犹有误会,嘱恳先生再电金主席,勿加阻止,并妥为保护,予以充分便利云云。……"(《国立中央研究院十八年度总报告》)

6月6日　在杭州参加陈英士铜像揭幕典礼。

"陈英士先生铜像昨(六)日上午九时举行揭幕典礼。……中央党部代表褚民谊,国府主席蒋介石代表朱家骅,行政院长孔祥熙,立法院副院长林森,监察院长蔡元培,教育部长蒋梦麟,陈英士先生日本友人头山满,广济医院院长梅林,省党部委员张希豪、郑炳庚、叶朔中、项定荣,省政府主席张静江,秘书长程振钧……家属陈其采及机关团体代表,来宾共五千余人参加。"(《时事新报》1929年6月9日)

同日　为西湖博览会撰写《祝词》一篇。(《西湖博览会总报告书》第1册 大东书局1931年印行)

6月7日　请辞监察院长及国民政府委员职。

"蔡元培向中央执行委员会、国府,请辞监察院长及国府委员,辞呈已分别投递。原呈如下:为久病未愈,呈请准辞监察院院长及国民政府委员职事。窃元培当初膺监察院院长及国民政府委员之任命时,即以才力不胜,迭上辞呈。复经钧会常务会议责以会同副院长筹备监察院事宜,元培以筹备期间,事务较简,且有副院长共同负责,故不得已而勉承其乏。不意自三月十六日以后,旧疾重发,不得不赴沪就医,缘是继续请假迄今已八十余日。中间因监察委员会开第一次全体会议及总理奉安大典,曾力疾进京两次,然均因病体难支,匆促离京,不能到国府销假。此八十中,监察院筹备及国府副署等事宜,均承陈副院长负责代理,幸而不致废弛。然元培个人放弃责任之罪,实不可宽假。现在奉安礼成,军事亦将结束,为完成统一、巩固中央起见,自当于用人行政上首先整顿,矫用违其才之失,责名副其实之效,亦其要点也。元培旷职既久,销假无期,长此因循,益滋罪咎。谨沥诚吁请辞去监察院长及国民政府委员之职,敢请明令准许,并别任适当之人才,以重职责,不胜屏营待之至。谨呈中华民国国民党中央执行委员会、国民政府。"(《时事新报》1929年6月8日)

同日　致函国民政府主席蒋介石坚辞监察院长职。

"介石主席先生赐鉴:……兹有一事,不能不提前奉商者。元培自被命为监察院院长后,即屡提辞呈。最后,因中央常务会议责以与陈副院长共同筹备,公务较简,为日无多,不得不暂居其名。现筹备既将竣事,成立即在目前。元培决不能再事迁延,以妨循名责实之义。拟即提出辞呈,重申前请,务请鼎力主持,即予批准,不胜感荷之至。……"(《致蒋介石函》同日)

6月9日　报载蔡元培本日赴南京,将出席中央执行委员会第二次全体会议。[①]

"行政院长谭延闿,考试院长戴季陶,监察院长蔡元培,铁道部长孙科……日前

[①] 据《时事新报》同月14日消息,蔡元培实未赴京。

因事或来沪或赴杭,现以中央执委会定十日开第二次全体会议,特于九日晚乘沪宁路十一时夜快车联袂晋京。"(《时事新报》1929 年 6 月 10 日)

同日 函告张元济(菊生),《辞呈》发表时被删之字句。

"菊哥大鉴:……承询弟在京时,对某通讯社发表政见,实不忆有正式之谈话。不过有一二通讯社记者是熟人,曾见之,于谈话中,偶然发表意见,或彼等据以为新闻,而送报馆,被检查,亦未可知。实无稿本可以奉正,甚歉。至辞呈中所删去之文,为'现在奉安礼成,军事亦将结束,自当于用人行政上首先整顿,矫用违其才之失,求名副实之效,亦其要点也'。虽稍含讽意,而并无违碍。然《申报》等被删去,《民国日报》则节删几句。言论不自由如此,诚可异也。……弟元培敬启 六月九日"。(《复张元济函》同日)

6月10日 致信胡适,相邀一叙。

"适之先生大鉴:奉惠书并大著《人权与约法》,振聩发聋,不胜佩服。秉农山先生函亦读过,属事自当注意,求其通过。明午约任叔永、翁咏霓诸君到望平街觉林蔬食处便餐,届时敬请惠临一叙,藉以畅谈。……弟蔡元培敬启 六月十日"。(《复胡适函》同日)

同日 为蒯寿枢(若木)特备致王正廷(儒堂)一函。

"若木先生大鉴:由小徐兄传示两函,敬悉一切。儒堂闻曾到沪,而前、昨从电话中约与一谈,均值其他出,彼已于昨夜赴京矣。特备一函,请阅后饬送去,看彼复函如何。……弟元培敬启 六月十日"。(《致蒯若木函》同日)

6月11日 在沪养病,不能赴京出席会议,并坚辞国府委员及监察委员。

"中央监察委员蔡孑民氏此次入京参加奉安,并向中央坚辞国府委员及监察院长职,于二日返沪。现值二中全会开幕,蔡氏则因病不能晋京。本报记者昨日下午赴蔡氏寓邸访晤。据蔡氏语记者云:本人因在沪养病,不能赴京出席二中全会,对国府委员及监察院长已向中央坚辞,谅能俯准,本人此后极愿致力于学术事业。"(上海《民国日报》同日)

6月14日 报载蔡元培未赴南京出席国民党二中全会,并拟再次呈请辞去监察院长职。

"监察院长蔡元培氏,离京来沪后,以体躯孱弱多病杜门休养。此次二中全会中央虽曾电邀,蔡氏亦未入京,并对监察院长一职,决定辞去。日内方草第二次辞呈,预备再行呈请,至于辞职之后,将往庐山避暑,暂与政治界隔绝云。"(《时事新报》1929 年 6 月 14 日)

6月21日 主持中央研究院第六次院务会议。

"第六次院务会议。时间:十八年六月二十一日下午二时至七时。地点:本院驻沪办事处。出席者蔡元培、钱天鹤、周仁、胡刚复、徐渊摩、丁燮林、恽福森、许寿裳、杨端六、李四光、胡焕庸、竺可桢、王季同、王敬礼、徐韦曼、殷源之、高平子、宋梧生、杨铨。主席蔡元培。讨论：（一）本院评议会组织条例应制定案。议决：除原有起草委员会负责外，加推徐韦曼、宋梧生为本院评议会组织条例起草委员，由徐韦曼负责召集开会，限七月底以前完成之。（二）本院刊印定期刊物案。议决：本院自十八年七月起刊印《国立中央研究院院务月报》一种，由各所秘书担任供给材料，交总办事处编辑刊印之。该报定于每月月底集稿，次月十五日出版。（三）本院院徽式样应规定案。议决：由原计划委员会拟妥式样交院务会议通过，并指定周仁负责召集开会。（四）本院版权及专利章程规定案。议决：除原有起草委员会负责起草外，加推杨端六、许寿裳为本院版权及专利章程起草委员，指定杨端六负责召集开会。（五）本院职员待遇章程草案应请通过案。议决：交各所所长及各处主任将草案分别审查后，报告意见于总办事处，由总干事修正之，经院长核准后施行。"（《国立中央研究院总报告》第 1 册）

同日　国民政府第三十二次国务会议，未准蔡元培辞职，决"准假一月"。

"今日国府三十二次国务会议。出席者蒋中正、谭延闿、胡汉民、孙科、杨树庄、陈果夫、戴传贤。主席蒋中正。决议案：（一）特派阎锡山为西北宣慰使，兼办军事善后事宜。（二）农矿部政务次长麦焕章辞职照准，遗缺以萧瑜署理。又命陈郁兼署农矿部常务次长。（三）军政部总务厅长虞典书、文书科长王义圣、上校秘书雷继尚免职。以胡大猷署理总务厅长、蔡源署理文书科长、陈景烈署理上校秘书。（四）农矿部技监兼林政司长胡庶华辞职照准，所遗林政司长一缺，以该部农政司长徐廷瑚暂行兼署。（五）任命曾集熙为武汉特别市政府秘书长。（六）任命孙葆瑢、唐乃康为上海特别市政府参事。（七）任命罗步武为军需署第二被服厂上校厂长。（八）国府委员兼监察院长蔡元培呈为久病未愈，销假无期，长此因循，徒滋罪咎，请准辞监察院长及国府委员之职，以资休养。决议，准假一月，由副院长代理。"（《时事新报》1929 年 6 月 22 日）

6 月 22 日　出席中国科学社基金保管会、理事会联席会议，讨论建立科学图书馆等问题。

"该社鉴于……实有创设科学图书馆之需要，业由永宁建筑公司绘具图样，系钢骨水泥三层楼一所，樑架窗门，均用钢制，全部房屋，均以防火防潮材料制成，库中能藏书二十万卷，工程颇巨，特于昨日召集基金保管会、理事会联席会议。到蔡子民、朱汉章、胡敦复、任鸿隽、杨杏佛、秉农山、竺藕舫、杨允中、周子竞、翁文灏、胡刚复等十余人。决定拨款十二万元，以十万元建筑上海图书馆，二万元添建南京生物研究所研究室。日内即将招工投标云。"（上海《民国日报》1929 年 6 月 23 日）

6 月 24 日　接受记者采访，表示一月假满后，将再次辞职。

"国民政府监察院长蔡子民氏，前向国府提出坚决辞职。国务会议议决，准蔡氏给假一月,院务由副院长陈果夫代理。大中社记者昨晤蔡氏,询一月后蔡氏能否入京销假。蔡氏表示云:余俟假满后再辞职,或假未满而有辞职之机会,亦必再辞。态度甚为坚决。外传蔡氏已递二次辞呈则尚未。据蔡氏左右语记者,则蔡氏廿六七日须入京一行。"

"蔡元培因教育文化基金会不日在津开会,蔡为该会委员长,须于本星期内赴津出席,约本星期四先来京一行,然后北上。对于监察院长,蔡曾经数次辞职,国府决准假一月,但辞意仍甚坚决,并声言如国府不照准其辞职,则中央研究院院长一职,亦将同时辞去。"(《时事新报》1929年6月25日)

6月26日 自上海到南京,转赴天津。

"中华教育文化基金委员会在津开会,委员长蔡元培定明日来京,与委员蒋梦麟同搭下午津浦路特别快车北上。"

"蔡元培、吴铁城、邵元冲、林森、马叙伦、张福运等,于昨晚由沪相偕乘坐十一时夜车晋京。"(《时事新报》1929年6月27日)

6月27日 与《申报》记者谈赴津出席中华教育文化基金董事会等事。

"蔡元培二十七日晨抵京,语本报记者,谓本人因在假期中,对时局无意见表示。现冯出洋,可望成事实。余此次赴津,专为出席文化基金委会,因病尚未完全痊愈,拟不赴平,一周后即由津返京转沪。"(《申报》1929年6月29日)

6月28日 抵达天津,出席中华教育文化基金董事会。

"蔡元培、蒋梦麟等二十八日抵津,寓址未悉。据闻日内在英租界某地开文化基金会议,因恐有学生捣乱,故绝对严守秘密。"(《申报》1929年6月28日)

6月29日—30日 主持中华教育文化基金董事会第五次年会。

"第五次年会,于民国十八年六月二十九日及三十日在天津利顺德饭店举行,共开会五次。出席者为董事长蔡元培,副董事长蒋梦麟,名誉秘书兼干事长任鸿隽,名誉会计翁文灏、贝诺德及施肇基,顾临、司徒雷登、赵元任、贝克诸董事。蔡、蒋二董事并代表李石曾董事。议决要案如次:

(一)名誉秘书报告、名誉会计报告、执行委员会报告、干事长报告,俱经通过。

(二)议决本会承受国民政府教育部及清华基金保管委员会之委托,接管清华大学基金。并根据教育部之提议,承允代领第一次美国按月退还之庚款。其详细办法,由本会执行委员会与教育部商定之。

(三)议决在本会自办事业项内,聘请卫迟尔教授来华,指导研究植物病理学。其留华时期,先定为一年及两个夏期,待遇办法由执行委员会参照聘请尼登教授旧例酌定办理。

(四)议决拨给武昌中华大学国币四千元,为清还该校前在本会补助期内,向美国订购仪器积欠之用。

（五）议决文华图书科本年度终了时，未付出之补助余款，作为期满无效。"（《中华教育文化基金董事会第四次报告》）

6月30日　会见北平大学代理校长李书华，表示绝难担任北平大学校长职。

"北平大学代理校长李书华坚决求去，前已再向教部电请辞职，教部亦已电复慰留。李因去志已决，决不再继续任事，昨前因蔡元培、蒋梦麟到津，乃于六月三十日早车赴津，面晤蔡、蒋，对蔡表示本人不得不去之苦衷，并代表李石曾请蔡氏来长北大。蔡比称：本人精神能力，皆所不及，无论如何，决难担任。"（《京报》1929年7月3日）

同日　会见北京大学学生代表，望北大同学对复校运动取慎重行动。

"北大学生会代表胡嘉恩、陈泽恩，于三十日赴津，欢迎蔡元培、蒋梦麟。前日诸代表已回校，并在该校三院大礼堂开会报告。其要点如下：代表于三十日下午八时抵津车站，即下车赴利顺德饭店谒蔡。蔡即出见。首由代表说明来意，并报告北大现状及复校经过，非蔡回校主持一切不可。蔡答谓，本人对北大同学此番厚意，十分感谢。复校运动，同学须抱镇静态度，取慎重行动，不可轻举妄动，有妨大体。如前大学区制，北大反对最早，因时机未熟，虽受多大牺牲，亦徒枉然。现中央既明令取消，只可静待。至北平教育，中央有整个计划，望同学从法理方面去努力为要。本人此次因种种关系，不能去平，不日即返上海，有违同学雅意，希转达为盼。"（《时事新报》1929年7月10日）

7月1日　中华教育文化基金董事会第五次年会闭幕。本日离津返沪。

"教育文化基金委员会昨晚闭会，通过八要案，改选董事。蔡元培、蒋梦麟今日返沪。"（《时事新报》1929年7月2日）

7月5日　自天津赴济南。

"午后二时，到天津。五时半，往济南。"（本年《日记》同日）

7月6日　抵达青岛。

"监察院长蔡元培，教育部长蒋梦麟，山东教育厅长何思源，接收委员彭百川、傅斯年，于六、七两日先后抵青。蔡、蒋二氏以青岛附近之胜，惟崂山为最，故相偕往游览。"（上海《民国日报》1929年7月14日）

7月8日　与蒋梦麟等同往青岛，出席筹办青岛大学的会议。

"蔡元培、蒋梦麟前因公赴平，兹为接收青岛大学事，今晨转道来青，定八日在该校开接收筹备会议，商洽接收办法。"（《时事新报》1929年7月7日）

"蔡元培、蒋梦麟及青岛大学全体筹备委员何思源等，今日午后在大饭店开会，商议筹备青大进行事项。"（《时事新报》1929年7月9日）

"八日下午二时余，在汇泉大饭店开接收青大委员会，讨论今后对于接收后之办法。市各校校长，因蔡蒋于十日乘船南归，前往欢迎，候至五时，方得接见。各校长表示欢迎后,即谓胶济区域内学校林立,本市行政,前后军阀剥夺,置教育于不问,所有教育经费,每年只有十六万元,致各校聊为敷衍,几难支持。敬请蔡院长、蒋部长与市长磋商增加基金,以备将来教育之发展云云。蔡蒋当询青岛小、中学校共有几处,与各校之设备情形,即允于今晨面见吴市长,代为请求增加基金。"(上海《民国日报》1929 年 7 月 14 日)

"国立青岛大学,自何思源等奉令筹备以来,业经月余。日前蔡元培、蒋梦麟、傅斯年、何思源、王近信、陶百川,相继来青,于本月八日下午,在大饭店举行筹备会议,议决青大先设文理工农法五科,并在济南设置实验工厂,青岛设农场,常年经费为五十万元。校长一席大概于何思源、傅斯年两人中择一任命,刻下尚未十分决定。唯记者今晨访何思源时,何则表示济南政务繁忙,不能兼任。闻俟经费拨妥,筹备就绪,即定于十月一日开学。"(《时事新报》1929 年 7 月 13 日)

7 月 9 日 出席青岛大学筹备接收委员会会议。

"青大筹备接收委员会,在汇泉饭店开会,出席蔡元培、蒋梦麟、何思源、赵家普、傅斯年、杨金声、王近信、彭百川、赵富九人。蒋主席,刘次萧记录。会议结果……定十月一日开学。"(《申报》1929 年 7 月 11 日)

同日 中华教育文化基金董事会与教育部决定联合聘任蔡元培为国立北平图书馆馆长。

"第十八次执行委员会暨财政委员会联席会议,于民国十八年七月九日下午二时十五分在本会会所举行。出席者顾临、赵元任、贝诺德、翁文灏、任鸿隽诸董事。由任董事代理主席。议决各案如次:(一)与教育部合聘蔡元培君为国立北平图书馆馆长,袁同礼君为副馆长。(二)修正并通过接收保管清华基金办法。(三)修正并通过代管清华大学每月退还庚款办法。(四)修正并通过与教育部合组国立北平图书馆办法。(五)修正并通过国立北平图书馆委员会组织大纲。"(《中华教育文化基金董事会第五次报告》)

7 月 11 日 自青岛乘船返上海。

"……蔡元培、蒋梦麟两氏,因会议完毕,已定于今午乘大连丸赴沪。蔡、蒋连日在青游兴甚豪。"(《时事新报》1929 年 7 月 13 日)

7 月 16 日 应征作《魏伯桢五十生日》一律。

"记称五十服官政,鼎盛春秋大有为。曾庇党人开广厦,别兴工艺督佳儿。

救人活用新刑律,观世权当旧将棋。敬酌兕觥介眉寿,祝君努力到庞期。"(蔡元培先生手稿)

7 月 18 日 电请四川省军政长官对赴川、贵采集动植物标本人员予以保护。

"四川成都刘主席、重庆刘军长勋鉴:中央研究院博物馆派动物馆采集员唐开品,偕中国科学社植物研究员方之培赴贵省南部与云、贵交界处,采集动植物,务请转饬所属,于该两员过境时,酌派军警沿途保护,并予以各种便利为祷。蔡元培。啸。印。"(《国立中央研究院院务月报》第1卷第1期)

同日 北京大学学生会电呈教育部,"请明令北大独立,任命蔡元培长校"。

"北京大学学生会暑期委员会日前举行第四次会议。议决事项凡九项中,以电呈教育部请明令北大独立,任命蔡元培长校一案为最重要。此外,函请李书华脱离北平大学,欢迎回校讲课一案,亦较重要。"(《时事新报》1929年7月19日)

7月21日 与李石曾、褚民谊等宴请上海药界人士,商讨组建中法大学药学院。

"中法大学创办人蔡子民、李石曾、褚民谊诸氏,日前于蒲石路中法大学研究院,宴上海药界诸君,商组中法大学药学院。……自日前开第一次筹备会,举定董事九人。昨日下午一时开第二次筹备会,医药界费裕生等到二十余人。……蔡子民代表中法大学致词欢迎。略谓:我国药品,有时颇为有效,但用之者只知有效,而不知其所以有效,故宜以科学方法研究之。本校拟设药学院,造就制药专门人才,即系此意。承诸君赞助,甚表感谢等语。"(上海《民国日报》1929年7月22日)

7月24日 手拟北京大学各科教授名单。

"伯年,代理校长。

数学:王仁辅、冯汉叔。物理:夏浮筠、李润章。化学:李圣章、温宗禹、丁绪贤。地质:王霖之。哲学:邓以蛰。心理:樊际昌、徐炳昶。

国文系:马幼渔、刘半农、沈兼士、许之衡。英文:温源宁。法文:贺之才。德文:杨丙辰。史学:朱逖先、马叔平。法律:何海秋、黄右昌。经济:朱继安。政治:□□。

预科主任:关应麟。"(本年《日记》同日)

7月29日 敦请比利时社会学家樊迪文夫妇来华演讲。

"宽甫兄大鉴:惠书敬悉。端六先生函已签名送去,北平电两通敬收。中比庚款委员会樊迪文夫妇演讲,由本院出名敦请,故请褚君代发一电。现知樊氏明年始能来,电稿存案可也。……弟元培敬启 二十九日"。[《致徐韦曼(宽甫)函》同日]

7月31日 函请罗家伦(志希)录取考生马清槐。

"志希吾兄大鉴:时于报纸上见清华消息,甚好,为慰。兹有启者,舍亲马清槐投考贵校,深望见录。如程度尚能及格,务祈尽先录取为幸。专此奉托。……弟蔡元培敬启 七月三十一日"。(《致罗家伦函》同日)

7月 承担中央研究院社会科学研究所民族学组两项研究课题。

"民族学组,蔡主任除主持本组各项研究外,并自担任下列两种题目:(一)各民族关于数之观念。(二)结绳及最初书法之比较研究。"(《国立中央研究院总报告》第2册)

同月 所撰中央研究院院务月报《发刊词》刊出。(《国立中央研究院院务月报》第1卷第1期)

同月 向青岛市政府说明关于青岛观象台的管理意见。

"立凡市长先生大鉴:径启者,本月二十六日,曾以中央研究院名义敬致公函,陈述对于青岛观象台之意见,其要点如下:一、青岛观象台之任务,与市政航政有关,自应归贵市政府直辖。二、本院总揽全国研究学术机关,于该台学术发展,须谋联络。关于研究计划,彼此共同商榷。而台长人选,亦须征求本院同意,谅荷鉴及。惟此函甫发,而别得消息,称贵市政府有以观象台拨归教育局管辖之议,闻之甚觉不安,故特奉一电,请公勿采用此议。电中不能详述理由,今补述之:一、观象台之任务,为专门学术之应用与研究;而教育局之任务,则为普及教育之设施,性质不同。大学虽亦教育之一部分,而以其偏重学术之故,通例不受教育厅或教育局管辖。观象台不在教育范围以内,更不可隶于教育局。二、观象台台长资格,等于大学教授,故各国之地方观象台台长,均由中央观象台任命;而台长之地位,在特别市,应与各局长齐等。若隶于局长之下,则积学之士或不肯屈就,而台务将无进步。务请公不采拨归教育局管辖之议而定为直隶于市长。……"[《致吴思豫(立凡)函》同月]

同月 鼓励陈翰笙等人开展农村经济调查。

"一九二九年七月底至九月初,组主任陈翰笙等实行二十二村之挨户调查。一九三〇年五月又与北平之社会调查所合作,组织保定农村经济调查团。"(《国立中央研究院总报告》第2册)

"最初,社会科学研究所把工作集中在调查日本人在上海所办纱厂内的包身制,作为专题来研究,出版了一本小册子。随后,蔡先生告诉我,有人反对这样的工作,劝我们改赴农村,调查农村经济。于是我和王寅生、张稼夫、钱俊瑞、张锡昌、薛暮桥、孙冶方、姜君辰等同志前往江苏无锡、山东潍县、河南许昌、河北保定以及广东省的十二个县,从事实地调查。后来我们在调查研究的基础上,同吴觉农先生等组织了中国农村经济研究会,会员达五百人之多,编印《中国农村》月刊达十年之久。当时就是蔡先生掩护了我们这些地下革命工作人员。"(陈翰笙:《追念蔡孑民先生》)①

同月 被聘为中比庚款委员会卫生建设基金委员会委员。

"中比庚款委员会中国代表,昨日上午十时在亚尔培路开第五次会议。……决组织卫生建设基金委员会,聘请蔡元培、李石曾、宋梧生、葛成之、刘永纯、褚民谊、蔡鸿七人为委员。"(《时事新报》1929年7月30日)

---

① 载《人民日报》1980年3月4日。

六、大学院院长及中央研究院院长时代(1927—1940)　873

同月　为《国学论文索引》一书题签。

中华图书馆协会丛书第二种,"国学论文索引　蔡元培题"。(该书 中华图书馆协会 1929 年印)

8月6日　病已痊愈,但尚无赴南京销假意向。

"国府主席蒋介石以监察院预定九月一日成立,昨特电沪蔡元培请其克日晋京,积极筹备。记者特于昨日下午趋车往谒蔡氏,叩以何日首途,适因外出。根据其左右语记者云,蔡氏身体现下确已痊愈,惟对赴京一层,则尚未有表示云。"(《时事新报》1929 年 8 月 7 日)

8月8日　蒋介石到蔡宅造访,敦劝出任监察院长职。蔡有允意。但未言赴京日期。

"蒋主席前夜寄宿罗别根路上海疗养院,昨晨起身,略进早餐,八时半即出外,赴慕尔鸣路访蔡元培氏,亲劝蔡氏偕同返京,就监察院长职。蔡有允意,而未言启行日期。"(上海《民国日报》1929 年 8 月 9 日)

同日　函约蒯寿枢(若木)同访王正廷(儒堂)。

"若木先生大鉴:承枉存畅谈,为快。儒堂在沪,已约定星期六午前十时在外交部驻沪办公处(祈斋路底)谈话。是日弟当于九点半到尊处同去,公可不必备车。专此奉告。……弟蔡元培敬启　八月八日"。(《致蒯若木函》同日)

8月9日　再次电呈国民政府,恳请辞职。

"蔡元培对监察院长仍无就职意,亦无来京确期,闻已再呈国府恳辞。"(《申报》1929 年 8 月 10 日)

8月12日　蒋介石到上海往访蔡元培,促入京就监察院长职;蔡元培当面恳辞,仍无就职之意。

"监察院长蔡元培迭次向国府辞职,未经照准。此次蒋主席来沪,曾往慕尔鸣路蔡宅访谈,并促蔡氏早日入京就职。日日社记者昨赴蔡宅访问,蔡氏仍不见客。据其左右云,蔡氏对监察院事务,仍旧消极,一时仍无进京之意。外传晋京就职之说,实非事实云云。"(《时事新报》1929 年 8 月 13 日)

"顷据近蔡元培之某君谈,蔡向愿专任研究职,自监察院长发表,即力辞至再。顷蒋主席到沪,又面恳辞,蒋已谅解。最近中央仍决蔡负名义,进行各事由副院长陈果夫负责,已电蔡商洽,蔡允否尚未悉。"(《时事新报》1929 年 8 月 16 日)

8月17日　出席保存唐塑委员会第六次常会。

"前日(十七日)该会复借法界中央研究院举行第六次常会。出席常委蔡元培、马叙伦、叶恭绰、金家凤、陈万里五人。议决:(一)关于建筑方面,根据上届议决案。……不日即可开工。(二)关于修理遗塑方面。已议决请江小鹣雕塑家担任。其尚存之小堵一方,尚有云山背景,备极精美,为防免建筑时损坏起见,拟先行拆下,将来与佛像配置馆中间,约共需费三千元。(三)关于经济方面,即教部之万元外,有苏省府补助三千元,叶恭绰募数千元,合计不敷尚巨,拟仍请省府补助。……"(上海《民国日报》1929年8月20日)

8月18日 同意监察院长一职仍居名义,一切公务由副院长负责。

"日日社记者昨赴慕尔鸣路蔡宅,谒见蔡元培,蔡氏对北大校长及监察院有重要之表示。今记谈话如下:蔡氏谓,北大校长,各方虽多推余担任,但余对此事,现尚在考虑,允否尚未能定。监察院则约十月间可以成立,余仍居院长之名义,一切均由副院长陈果夫负责。此系蒋主席之意,蒋主席并要余多留南京,余当遵从其意也。"(《申报》1929年8月19日)

8月19日 介绍廖奕往访吴稚晖,详陈赴法勤工俭学生处置办法问题。

"稚晖先生大鉴:径启者,廖奕先生,艰苦卓绝,而虑事甚周到,甚可佩服,渠近草有勤工俭学生处置方法,分列四项,觉甚妥。惟石曾先生对于此事尚未详细筹及,而匆匆赴平。据弟推想,中法大学现在恐尚无此巨款之力,适教育部曾于四月间提出遣送勤工俭学生回国之议于行政会议,而该会议已交各机关会同核办,弟以为完全消极,如兼采积极法,故仍以廖先生之议送部,属其酌行。惟闻各方对于勤工俭学生之感情颇不好,而教育部又或泥于成议,不欲再更张,特请廖先生诣前详陈,请就近告知教育部从长计议,如有必须变通处,请指示更幸。……弟元培敬启 八月十九日"。(《致吴稚晖函》同日)

8月24日 于本月二十二日再上辞呈,重申请辞监察院长职。

"季茀先生大鉴:昨惠函敬悉。致赵部长函,已签名,奉上,请佑长兄一试之。中央党部密函已读过,当注意。弟因见报纸新闻中,有准弟脱离监察院之消息,故于二十二日即发电重申辞意,想不久必可发表矣(梦麟来函,谓政治会议确已议决)。……"[《复许寿裳(季茀)函》同日]

8月29日 致函清华学校校长罗家伦(志希),询马清华(清槐)能否录取。

"志希吾兄大鉴:清华在上海招生,已于七月二十六日至二十九日考毕。至今未见报纸上揭晓,是否尚未甄别,抑对于录取者已用别种方式通告。弟前曾为舍亲马清华(槐)作函,未知此生程度究竟如何,能否录取?祈见告为荷。……弟蔡元培敬启 八月二十九日"。(《致罗家伦函》同日)

同日 请辞监察院长职获准。

"中央执行委员会今晨举行第三十一次常务会议……准蔡委员元培辞去监察院长兼职,所请辞去国民政府委员应予慰留。选任赵戴文为国民政府委员兼国民政府监察院院长。"(《时事新报》1929年8月30日)

8月30日 北京大学派师生代表赴沪,面谒蔡元培,敦请北上掌校。

"北大派余锡嘏、陈泽恩到京迎蔡元培,二十四日南下。"(《时事新报》1929年

8月23日)

"北大全体教职员廿三日电南京陈大齐云,蔡校长谦虚,未肯遽允,同人惶惑莫名,兹再推王霖之、刘半农廿四日南下,会同先生赴沪促驾。"(《时事新报》1929年8月25日)

"蔡元培辞监察院长,已经政治会议通过。北京大学请蔡回任校长,进行极力,各代表赴沪面谒蔡氏,请早日回校。"(《时事新报》1929年8月30日)

8月31日 代收蒯寿枢(若木)捐助甪直唐塑修复费五百元。

"若木先生大鉴:奉二十三日惠函,知谂安抵大连为慰。甪直唐塑修理费,承慨捐五百元,仰见好古翊教之至意,不胜佩服。沪中行支票已代领,俟交去后取得正式收据,即奉寄。……弟蔡元培敬启 八月三十一日"。(《致蒯若木函》同日)

"甪直唐塑修理费蒙慨捐五百元,仰见好古翊教之至意,不胜佩服。沪中行支票已代领,俟交去后取得正式收据即寄。

临时收据 暂代收甪直唐塑捐款五百元整。蒯若木先生鉴。蔡元培十八年八月三十一日"。(北大图书馆藏件)

8月 教育部聘为国立北平图书馆馆长。

"本年七月本会与教育部议定合组办法及委员会组织大纲,旋于八月由教育部聘任蔡元培、袁同礼为正副馆长。马叙伦、陈垣、刘复、周诒春、傅斯年、任鸿隽、孙洪芬七君为该馆委员会委员。原有之中海、北海两馆,即由委员会接收,全馆组织,亦经委员会议定。"(《中华教育文化基金董事会第五次报告》)

"教育部与中华教育文化基金董事会合组国立北平图书馆,筹正馆长为蔡元培,副馆长为袁同礼,由马叙伦、傅斯年、陈垣、刘复、任鸿隽、孙洪芬、周诒春等为委员,主持一切事务。"(《申报》1929年9月22日)

9月1日 函请王世裕(子馀)为蔡梦燕安置工作。

"子馀先生大鉴:径启者。堂舍弟梦燕,承姚惠澄先生委以团头助理,甚愿认真服务,因不肯随同某主任舞弊,致遭诬蔑,有停职候调之处分。后来某主任舞弊证实,而梦弟候调半年,尚无着落。现家宝帆叔特来上海,面命介绍,不得已仍以奉求先生。就历史而言,梦弟确为可靠。尊处为事择人,或非无用。故再以奉烦,幸赐提拔。……弟蔡元培谨启 九月一日"。(《致王世裕函》同日)

9月2日 分别致书北京大学学生及教职员、南京北大同学会,约于九个月以后回北大任事。

"北平大学师生代表,南下敦请蔡元培氏回长北大情形,迭志前报。代表等返

校时,蔡氏又晤代表,携回致北大教职员及学生两函,允长北大,对学生敦勉甚切。"①(《时事新报》1929年9月17日)

"国立北京大学学生诸君公鉴:余、陈两代表到沪,传述公意,深感诸君维护北大、爱重鄙人之盛情。元培之爱护北大,绝不敢后于诸君。既承敦促,敢不勉强。惟考察校中状况及环境关系,若非有半年以上之准备,而猝然回校任事,则微特无益于北大,而适以害之。元培谨与诸君约,九个月以后,若无特殊阻力,元培决回北大,共同致力。最近九个月中,请陈百年先生负责进行。尤希望诸君特别忍耐,偏重自助;对于学校当局,设身处地,知其难处,勿轻发无责任之言论,以取快一时,而妨碍全局。至于校舍之扩张,经费之筹划,诸君即有所见,亦可条陈于学校当局,请其斟酌办理,诸君决无直接行动之必要也。总之,诸君本为求学而来,一切言动,均以有益于求学之目的为范围,则凡能助诸君达此目的者,自然乐于效力,而不至视为畏途,想诸君早已见及矣。恃爱直言,想荷鉴谅。……蔡元培敬启 十八年九月二日"。(《北京大学日刊》1929年9月13日)

"南京北大同学会诸同学公鉴:舒、郭两代表到沪,转述公意,维护母校,爱重鄙人,至为感荷。弟确有回校负责之决心,然非有半年以上之准备,而仓猝任事,非徒无益于北大,而反害之。业与教职代表及学生会代表约,准于九个月后回校,业荷赞同。谨以奉闻。……蔡元培敬启 九月二日"。(《致南京北大同学会函》同日)

9月4日　为汤尔和译《到田间去》一书作序一篇。(该书 商务印书馆 1929年出版)

9月8日　主持中央研究院第七次院务会议。

"中央研究院第七次院务会议记录。时间:十八年九月八日上午九时。地点:本院驻沪办事处。出席者:蔡元培、许寿裳、钱天鹤、竺可桢、王琎、徐渊摩、徐韦曼、恽福森、宋梧生、周仁、胡刚复、丁燮林、李四光、余青松、王季同、杨铨、王敬礼、殷源之。主席蔡元培。记录章进。……议决案:一、《训政时期工作分配年表草案》交各所自行增加或修改之,限下星期六以前送交总干事处,由总干事编制之。二、请定王季同、王琎、杨肇廉为本院总理物质建设计划研究委员会条例起草委员,由王委员负责召集开会。三、将文书处所编之总报告中无关本院之公牍部分删去,各研究所排列次序按照章程所定为先后,院务会议记录移前。四、本院出版品之售价,概以成本折半计算之,以便利学者之研究。五、本院为办理出版品事宜便利起见,特设出版委员会,负印刷、保管、销售及交换等事项之责。……"(《国立中央研究院院务月报》第1卷第3期)

---

① 致北大教职员函及致北大学生函内容基本相同,均见《北京大学日刊》同月12日、13日,此处仅录一函。

9月13日 国民政府第四十二次国务会议任命蔡元培为国立北平大学校长，未到任前由陈大齐代理。

"九月十三日上午六时至十时半，国民政府开第四十二次国务会议。……任命蔡元培为国立北平大学校长，在未到任以前，由陈大齐代理。"(《时事新报》1929年9月14日)

9月16日 国民政府发布任蔡元培为北京大学校长任命令。

"国民政府九月十六日令：任命蔡元培为国立北京大学校长。此令。北京大学校长蔡元培未到任以前以陈大齐代理。此令。"(上海《民国日报》1929年9月17日)

9月18日 被教育部聘为教育方案编制委员会委员。

"二中全会曾议决明年春季召集全国教育会议，先由教育部组织教育方案编制委员会，编成全国教育促进方案，为全国教育之准备。教育部奉令后已将教育方案编制委员会组织大纲，呈请中央核准。……前日(十八日)教育部遵循该组织大纲，聘任蔡元培、褚民谊、钟荣光、戴修俊、陶知行、俞子夷、顾树森、欧元怀等十五人为教育方案编制委员会委员，并指定蔡元培、褚民谊、陶知行、顾树森等七人为常务委员。"(《时事新报》1929年9月20日)

9月23日 函请朱希祖(逖先)回任北京大学历史系主任职。

"逖先生大鉴：北大恢复，弟虽愿回校服务，而目前尚有窒碍，承百年先生体谅，决然离考试院而回校主持，其热诚真可感佩。乃闻先生尚以前学生会之开罪，而不肯复就历史系主任之职，良深怅惘。学生会前此之表示，本不合理，先生尽可不必措意。弟致学生会函称：'对于学校当局，设身处地，知其难处，勿轻发无责任之言论，以取快一时，而妨碍大局'，即为此等事而发；并曾向学生代表剀切劝告，为具体说明，谅彼等早已觉悟。务请先生不咎其既往，勿再耿耿。抑先生对于百年先生之热诚，谅不忍不为之助。伏愿慨然允回历史系主任原任，协力进行。弟不久必当来平，从先生之后，一同尽力也。……弟蔡元培敬启 九月二十三日"。(《北京大学日刊》1929年9月30日)

同日 函请马裕藻(幼渔)回任北京大学国文系主任职。

"幼渔先生大鉴：前阅报载，北大学生会有开罪于先生之言论，先生愤而辞国文系主任，疑为不确。后晤百年先生，询知事出有因。学生会本不应有此种举动，先生可以置之不理。弟前晤学生代表时，曾剀切劝告，彼等亦以为然。故弟函中有对于学校当局，设身处地，知其难处，勿轻发无责任之言论，以取快一时，而妨碍全局等语，即为此等事而发。彼等既无反响，即可证其觉悟。愿先生不咎其既往，勿再耿耿。弟一时不能回校，承百年先生决然离考试院而来校主持，感佩无已。想先生对于百年先生之热诚，必不忍不为之助，务请慨然允任国文系主任，协助进行。弟不久必当来平，从先生之后，一同尽力也。……弟蔡元培敬启 九月二十三日"。

(《北京大学日刊》1929年9月30日)

9月24日 为商务印书馆出版的"万有文库"丛书题词。

"《万有文库》是给现代中国人以自由取得常识之机会。蔡元培印"。(《时事新报》同日)

9月25日 致函北平教育团体,表示愿以中央研究院院长资格,对全国所有教育事业给予协助,毫无偏袒主张。

"中央研究院院长蔡元培氏,近函北平教育团体云,(衔略)元培在沪,一面注重卫生,一面努力讲学,对于北大及平中各校与夫全国所有教育事业,当以中央研究院院长资格,予以充分之帮助,毫无偏袒主张。特达。并颂 公祺。元培上 九月二十五日"。(《申报》1929年10月2日)

9月30日 出席上海音乐专科学校开学典礼,并致训词。

"国立音乐院自奉令改为国立音乐专科学校后,积极筹备,已于昨日上午九时举行开学典礼。到中央研究院院长蔡元培、教育部代表陈德征等及教员学生等七十余人。由该校校长萧友梅主席。行礼如仪。首由蔡孑民氏训辞,报告音乐院改为专科学校之经过,须注意音乐超国家性,并应淡泊明志。次由教育部代表训词……"(上海《民国日报》1929年10月1日)

同月 为中央研究院历史语言研究所编印《安阳发掘报告第一期》作序一篇。(《安阳发掘报告》第1集1929年印)

同月 为李乔苹著《有机化学工业》一书作序一篇。(该书上册 商务印书馆1929年9月出版)

同月 为北京大学《自然科学季刊》题写刊名。

"国立北京大学 自然科学季刊 蔡元培"。(该刊1929年9月第1卷第1号)

10月1日 电请四川省主席刘文辉(自乾)、川军总司令刘湘(甫澄),制止日人擅自入川探采的活动。

"成都刘自乾主席、重庆刘甫澄总指挥勋鉴:日本派岸上镰吉、木村重、尉鸿谟、董聿茂、金昭华一行五人,不先向本院与教育部商洽,径行溯江而上,探采水产动物,业经外交部与之交涉,须由本院派员参加,并审查所得标本,日久未复。现知该氏等已过重庆,今日由合川乘自动车复成都,逗留五日,即将深入内地。为此,电请将该氏等护照立予扣留,制止探采。……国立中央研究院院长蔡元培。东。印。"(《国立中央研究院院务月报》第1卷第4期)

10月3日 报载外传蔡元培对北大校长辞不就说不准。

"北京大学校长蔡元培氏自经国府任命后,久未赴平到校视事,一时议论纷纷,疑为有辞不就之意,实则蔡氏年老力衰,决计自此以后脱离政治生涯,专心办学与科学文化事业,北大事已委托陈大齐暂为代理一切,不生问题。"(《时事新报》1929

年10月3日)

"兹据确息,蔡氏因研究院及政党方面有手续事,非一时所可料理清楚,须于九个月后始克北上云。"(《时事新报》1929年10月4日)

10月6日 到杭州,参加浙江教育宣传活动。

"中央研究院院长蔡元培,此次应浙教育厅长陈布雷之邀,于六日夜车来杭,参加浙江教育宣传,业于昨(八)日上午十时,乘特快通车晋京,省府各委因是日常会之期,各派代表莅站欢送。"(《申报》1929年10月9日)

10月7日 在西湖博览会"浙江省教育宣传日"发表题为《教育事业的综合》演说。(《西湖博览会总报告》第6册 大东书局1931年印行)

10月8日 由杭州赴南京。

"张群、蔡元培,昨日下午二时二十五分由杭乘车抵沪,出席泛太平洋会议加拿大代表告维尔及国府顾问英怀德爵士,定晚十一时乘车晋京,参与首都阅兵典礼。"(《申报》1929年10月9日)

10月10日 为《中央画刊》题词。

"中央画刊 视而可识 察而见意 蔡元培题(印)"。(《中央画刊》1929年双十节特刊)

10月14日 被推为教育方案编制委员会主席。

"教育部于十四日下午三时,开教育方案编制委员会。……推举委员十一人为教育方案编制委员会委员,并经推定蔡元培为委员会正主席,褚民谊为副主席。……"(《时事新报》1929年10月16日)

同日 准日人岸上镰吉等在华进行动物标本采集。

"成都刘自乾主席、重庆刘甫澄总指挥勋鉴:佳电敬悉。日人岸上镰吉等调查水产动物事,经驻京日领事署迭次与敝院接洽,大致已圆满解决。敝院正在遴选人员前往参加。乞俯准该氏等即日进行采集。……特此电复查照。国立中央研究院院长蔡元培。寒。印。"(《国立中央研究院院务月报》第1卷第4期)

10月15日 分别致电阎锡山(百川)、张继(溥泉),请负责保护大同云冈石窟。

"太原阎百川先生勋鉴:山西大同云岗①石像,工程伟大,雕刻瑰奇;出龙门造像之前,集北朝美术之粹,久为世界有识者所称美。近闻被匪偷割,售诸市肆,名迹因以毁损,国宝日就消亡。我公关心国粹,扶翼文明,想亦同深愤惜也。务恳电令地方文武长官,先行负责保护并妥商永久保存之法,以维现状,而示来叶,幸甚。蔡元培。咸。印。"

---

① 原文系大同云岗石像。

"北平古物保存委员会张溥泉先生大鉴:山西大同云岗石像,近闻被匪偷割,售诸市肆,国宝消亡,至深愤惜。除电阎百川迅饬地方文武长官先行负责防护外,务恳贵会妥筹永久保存之法,以维现状,而示来叶,幸甚。蔡元培。咸。印。"(《国立中央研究院院务月报》第 1 卷第 4 期)

同日　为胡怀琛著《墨子学辨》一书题签。

"朴安先生大鉴:惠书及令弟怀琛先生《墨子学辨》样本,敬悉。墨子是否印度人,确为值得讨论之一问题。题签奉上,请正。……弟元培敬启　十月十五日"。(胡怀琛:《墨子学辨》1929 年印本)

同日　为《全国美术展览会特刊》撰写序文一篇。(该刊 正艺社 1929 年印行)

10 月 19 日　撰写凭吊《朱祥生诔》。

"猗欤先生,禀赋优厚,抱璞恒贞,吐华益秀。髫年商场,驰骤飞扬。抗志笃学,偷闲凿光。

清正迎陨,革命声沸。先生奋然,别树一帜,触藩撄网,义不顾身。滔滔雄辩,从者如云。

有弟惸惸,茕焉孤露。教养熏修,独任艰巨。梗柟栋材,烨耀勋名。人钦难弟,益念贤兄。

江汉汤汤,大功既集。先生退然,拓殖实业。十亩之间,往来闲闲。齐纨蜀锦,勇挽利权。

闇然日章,清德弥异。近兰知馨,望岳睹翠。奈何不吊,遂凋厥躬。万事都已,九原永终。

日树俄摧,姜被无共。歌哭行吟,同怀之痛。我思前修,恻怆敷言,岂惟惜逝,兼慰鸰原。"(蔡元培先生抄留底稿)

10 月 21 日　出席中国公学大学部董事会议。

"中国公学大学部于日昨上午十时,假一品香开校董会。到会校董有蔡元培、马君武、杨杏佛、朱经农、王云五、熊克武(胡代)、何鲁、胡适、丁毂音等。董事长王云五主席。首由兼校长胡适报告四点:(一)社会科学院迁沪及恢复法律系经过。(二)教育概况及教授人选。(三)收回公债经过及处置方法。(四)募捐经过。旋及讨论提案,通过预算决算。……继举行教职员聚餐会,到一百二十余人。由高一涵、陈廷祯、茅秉常等招待。席间蔡元培、杨杏佛均有极恳切之演说,至下午二时余始毕。"(《时事新报》1929 年 10 月 22 日)

同日　称陈大齐(百年)辞考试院秘书长职回北大执教,"足以表示学者之襟怀"。

"适之先生:昨扰盛筵,谢谢!承示《大公报》两文,均持之有理;然百年肯牺牲考试院之地位而回校,足以表示学者之襟怀,其他为时间所限而不能克期解决者,

六、大学院院长及中央研究院院长时代(1927—1940)　　881

我辈只能谅之,所望将来有机会解决之耳。……弟元培敬启　十月二十一日"。(《致胡适函》同日)

同日　致函司法行政部长魏道明(伯聪),为张骞被免职事说情。

"伯聪部长先生大鉴:径启者,顷接前永嘉地方法院院长张骞函称:在浙省任司法事务,已历多年,平日办事,尚知勤慎。今年六月,遽被免职,并未依《法官惩戒暂行条例》,经过法官惩戒委员会合法手续云云。查张君办事,既据自知勤慎,此次免职,有无冤抑之处,谅荷洞鉴。若果情有可原,兼以原有资格,改调他省任用,出自大惠,无任感祷。特为函达,请祈察裁复示为荷。……蔡元培敬启　十月二十一日"。(《致魏道明函》同日)

同日　何应钦(敬之)父丧开吊,送挽联一副。

"季茀先生大鉴:……何敬之父丧开吊,请属庶务处代购一幛子送去,大字请代拟,上款'明伦老伯灵右',下款'愚侄蔡元培恭挽'。……弟元培敬启　十月二十一日"。(《复许寿裳函》同日)

10月23日　转告教育部在教育方案中增加盲哑教育。

"径启者:顷接朱冲涛、张维新两君来函,主张编制教育方案中,增加盲哑教育,并附来呈大部原文,祈转为函请云云。盲哑为无告之民,自当本博爱之精神,予以受教育之机会。朱、张二君所持理由,甚为正当,尚望诸先生注意之。倘能编入教育方案中,实全国盲哑青年之大幸,诸希酌察是荷。此致　教育部教育方案编制委员会诸先生。蔡元培敬启　十月二十三日"。(《致教育部教育方案编制委员会函》同日)

"冲涛、维新先生大鉴:顷接大函,主张编制教育方案中,增加盲哑教育,理由正当,甚佩卓识。已函告教育部,请其注意矣。……蔡元培启　十月二十三日"。(《复朱冲涛、张维新函》同日)

同日　函请丁燮音为陈声树谋职。

"燮音先生大鉴:径启者,陈君声树,前在北大肄业时,向学颇勤。……近因赋闲,旅居不易,愿得一小职务,以维持生活。因陈君住址与贵校相近,特为绍介。贵校如有相当职务,陈君颇堪备选,还希酌裁汲引,不胜感荷。……蔡元培敬启　十月二十三日"。(《致丁燮音函》同日)

同日　函请江苏省教育厅长加委汪仲英为淮阴中学校长。

"和铣厅长先生大鉴:径启者,汪君仲英,前奉省令往查淮阴中学事,并主持校务,闻颇能竭力调停,风潮平息。近据来函,已照常开课,一切进行,均颇顺利云云。可否竟予加委为淮阴中学校长,俾得专意办理,亦该校之幸。特为函请,还希裁酌施行为荷。……蔡元培敬启　十月二十三日"。(《致陈和铣函》同日)

同日　函谢宋希尚(达盦)赠书。

"达盦吾兄大鉴：承惠赠大著《说淮》，荟萃众说，元元本本，导淮进行，得此鸿制，利赖不浅，甚佩，甚佩！季茀先生及图书馆两本，已分别转送矣。特此函谢……蔡元培敬启 十月二十三日"。（《致宋希尚函》同日）

10月26日 主持中央研究院第八次院务会议。

"第八次院务会议记录。开会日期：民国十八年十月二十六日上午九时半至下午一时半。开会地点：本院驻沪办事处。出席者：蔡元培、杨铨、许寿裳、王敬礼、陈翰笙、王云五、殷源之、钱天鹤、王琎、时照涵、余青松、杨肇燫、徐韦曼、丁燮林、李四光、竺可桢、周仁、胡刚复。主席蔡元培。记录：章进。……议决案：一、在本院研究所组织通则第四条下，加'如有必要时得设名誉研究员'十二字。二、本院名词英译标准如下：国立中央研究院 Acatemia Sinica，研究所 The National Research Institute of……三、通过总理物质建设计划委员会条例。……"（《国立中央研究院院务月报》第1卷第4期）

10月28日 为《涉园图咏》一书题词。

"菊哥大鉴：惠书敬悉。……前日命题《涉园图咏》，业已名作如林，勉强效颦，请斧正。卷奉璧。……弟元培敬启 十月二十八日"。（《复张元济函》同日）

10月 为中国公学《中公三日刊》撰写《说三》一篇。（蔡元培先生手稿）

11月1日 函请浙江省政府主席张静江同意拨助绍兴热诚学校办学基金。

"静江主席先生大鉴：径启者，绍兴东浦村热诚学校，系先烈徐公锡麟所手创，迄今已历二十五年。原有校产，尽属田亩，自二五减租后，经费大受影响，不得不别筹基金，以资维持。闻该校校董陈燮枢等，已具呈教育厅，请援定一学校拨助基金成案，准在绍兴箔类特税项下，拨给三万元，作为该校基金。此事提出省政府时，务求鼎力主持，俾得通过，庶几先烈惨淡经营之校，得以维持于不敝。特此代为函请，诸望玉成，不胜感祷。……蔡元培敬启 十一月一日"。（《致张静江函》同日）

同日 致函张静江请拨予绍兴朱华乡第四小学办学经费。

"静江主席先生大鉴：径启者，据绍兴朱华乡区立第四小学来函，称近年因田租减收，校款益形支绌，势将停办。查绍兴箔类特税，已荷省政府核准，拨给五万元，补助各小学。惟其分配，必取平均之原则，所得无几，难资沾溉。乞将本校特别困难情形，转陈当局，拟请在此五万元内，拨予数千元，俾得维持永久……还望俯予玉成，不胜感祷。……蔡元培敬启 十一月一日"。（《致张静江函》同日）

同日 鸣谢杨永清赠阅东吴大学年刊。

"永清先生大鉴：承惠赠贵校年刊，记载详明，插图美富，一年成绩，粲然具陈，披览既竟，至佩热心。特此鸣谢，诸维查照。……蔡元培敬启 十一月一日"。（《致杨永清函》同日）

11月2日 主持中国科学社明复图书馆建筑奠基仪式。

"中国科学社在本埠亚尔培路一〇九号建筑明复图书馆,已兴工数月,预计明年九月可以完工。昨日下午三时正式举行奠基典礼。到会者有各机关代表及该社社员一百余人。由蔡孑民董事主席。奏乐行开会仪式后:(一)主席致开会词,述该社先建图书馆及纪念明复先生之意义,并谓此项经费实得孙哲生之力,今日得哲生先生奠基为□□。(二)理事会代表杨杏佛报告筹备图书馆建筑经过,谓科学社拟在上海建筑图书馆已梦想一二年,今日始得实现,皆系蔡、孙两先生之力,今请两先生主席及奠基,以不忘本。(三)奏乐行奠基式。……"(《时事新报》1929 年 11 月 3 日)

同日 函请吴稚晖出席科学社图书馆奠基礼。

"稚晖先生大鉴:惠书敬悉。……今日午后三时,科学社图书馆奠基礼,请先生讲演,务请到会,梦麟、杏佛均欲乘此机会与先生晤商各事(有要言)。……弟元培敬启 十一月二日"。(《复吴稚晖函》同日)

同日 函请谭延闿(组安)为《龚学斋遗集》一书题签。

"组安院长先生大鉴:径启者,顷接程宗沂君来函,谓'先人遗集,将次刻成,前荷谭院长惠允龚学斋遗集题签,未知有否书就?'……特此代为函陈,还祈拨冗赐墨,使藏山事业,早日完成,同深感荷。……蔡元培敬启 十一月二日"。(《致谭延闿函》同日)

11月3日 撰写《尤德升墓志铭》。(蔡元培先生抄留底稿)

11月6日 函请孙科(哲生)补派朱雷章出洋留学。

"哲生部长先生大鉴:径启者,近闻贵部有补派留学生办法,凡交大学生,在民国十七年以前,毕业成绩列第一名者,得请求补派留学,并闻有梁兴贵等,已邀批准。兹有朱君雷章,系去夏卒业交大电机科第一名,有志出洋留学,业由交大据情呈请贵部鉴核,还望执事念其向学之殷,准予补派。……蔡元培敬启 十一月六日"。(《致孙科函》同日)

11月7日 为黄季飞编《经济史长编》撰写序文一篇。(该书 商务印书馆1929 年出版)

同日 请马祀光代写《朱华亭传》一篇。(蔡元培先生抄留底稿)

11月8日 向张静江推荐喻长霖纂修《浙江通志》。

"静江主席先生大鉴:径启者,顷接喻君长霖来函,略谓:'《浙江通志》工作中断,前者已成十之六七,欲竟全功,固不甚易,但得积学谨朴之士,专一于此,少则一年,至多二年,万无不成之理。浙志失修二百余年,舍此不图,后更无望'云云,并拟就办法一纸。查喻君浙东儒士,前次曾在志局任事,关心文献,至为可佩。现在浙志如何进行?喻君自愿效劳,所拟包办之法,是否可行?兹将原文一纸附上,敬希查览。……蔡元培敬启 十一月八日"。(《致张静江函》同日)

同日 申谢驻南京英国总领事许立德(冠三)向中央研究院移赠《京报》。

"冠三先生大鉴：接读大函，借悉尊处藏有关于义和拳事之《京报》多张，欲移赠本院，至荷厚意。请即赐寄，将为保存于本院图书馆，以供参证。……蔡元培敬启 十月三十一日"。(《复许立德函》同年 10 月 31 日)

"冠三先生大鉴：接奉大函，并《京报》五十三本，敬谂执事以私人之藏，供公家之用使故事无失，参考有资，厚谊所施，永佩无教，专此申谢。……蔡元培敬启 十一月八日"。(《复许立德函》同日)

11 月 10 日 函复许寿裳(季茀)，谓孔德林因曲阜孔林案呈文行政院告发蔡元培意欲没收私产事，"不便与之辩明"。

"季茀先生大鉴：连奉两函，敬悉一切。……抄示孔德成呈文及宣言，彼等为利害关系，自不能不一试最后之抵抗。但财产充公案，似由委员四五人审查，不知彼何以攻弟一人？弟固不便与之辩明，以免诿谤于人之嫌疑。如教育部严斥之，则不必说，万一置之不理，似可由友人如剑儵之流以私人名义平心和气的疏辩之，但亦非必不可少也(但剑儵在教育部服务，或不便)。许庆誉君事，弟接朱经农、杨宗伯两君函，详叙其历史，拟直接致戴一函试之，如朱君或徐君再来询，请告之。弟除监察院绝对不作介绍函外，其他机关仍未能免俗，真无可如何！……弟元培敬启"。(《复许寿裳函》同日)

"季茀先生大鉴：连奉两函，敬悉一切。孔德成呈文，教育部已驳斥；陈焕章之驳议，未知如何？剑儵现想回京，当已接洽。吴定良君函已交杏佛兄。其他各事，当由此间次第办理，请勿念。……弟元培敬启 十一月十四日"。(《复许寿裳函》11 月 14 日)

11 月 11 日 函谢金士宣赠书。

"士宣先生大鉴：承寄赠大著《铁路运输》之第一卷总论，叙次详明，含义赅洽，甚佩撰述之勤。谨此函谢，惟希查照。……弟元培敬启 十一月十一日"。(《致金士宣函》同日)

11 月 13 日 为刘海粟作《展览册》题词。

"海粟先生大鉴：……大作展览册题词及致蒋梦麟兄函奉上。教育部现有马、吴两次长，故函中并记。……弟元培敬启 十一月十三日"。(《复刘海粟函》同日)

同日 函复胡朴安可到社会科学研究所参观台湾番族器物。

"朴安先生大鉴：惠书敬悉。台湾番族器物，现已在福开森路三七八号(社会科学研究所)陈列。先生及贵友如欲参观，可到该所访林惠祥君(如在星期日，请先期关照)。摄影请从缓……弟蔡元培敬启 十一月十三日"。(《复胡朴安函》同日)

11 月 16 日 函谢北京大学教授黄右昌寄赠著述。

"右昌先生大鉴:接读手书,并惠大文三种就审乘时著述,履蹈清佳。大著按切时务,要言不烦,拜读既竟,钦佩曷胜。远承颁寄,至感雅谊。特此申谢……蔡元培敬启 十一月十六日"。(《复黄右昌函》同日)

11月17日 出席中国科学社举办的马相伯九十寿诞庆祝会。

"中国科学社昨日下午一时,为马相伯先生九十大寿,假一品香菜社开庆祝盛会。到蔡子民、吴稚晖、于右任、杨杏佛、朱志尧、朱少屏等男女来宾百余人。……开会时,全体饮酒上寿,次聚餐。继由蔡子民致词:略谓马氏之得高寿康健,非由炼丹神秘,全凭科学方法,故中国科学社,特设筵席,为马先生庆,且祝马先生高寿无疆云云。"(《申报》1929年11月18日)

11月20日 为《北京大学三十一周年纪念刊》撰写序文一篇。(该书 北京大学1929年印行)

同日 北京大学学生会电请蔡元培校长来校参加三十一周年校庆纪念会。

"南京教育部转蔡校长钧鉴:前本会代表来沪,蒙允最近来校一次。亥(十二)月篠(十七)日,本校举行三十一周年纪念会,庆祝复校并欢迎先生,恳届期北来为祷。北大学生会。叩。"(《时事新报》1929年11月25日)

11月28日 作《题钱静方悼亡诗卷》。(蔡元培先生手稿)

11月30日 出席中央研究院社会科学研究所所务会议。

"午前十时,社会科学研究所所务会议。"(本年《日记》同日)

同日 函请青岛市长马福祥(云亭)维护青岛大学校舍。

"云亭市长先生大鉴:径启者,青岛大学,筹备伊始,由杜君光埙主其事。日内修葺校舍,汲汲进行,以期早日授课。惟校舍原为德、日兵营,外间不无觊觎。现有一部分房屋,为公安局保安队所借用,尚未迁让。近闻吴立凡司令军队,业已离青,深恐他项接防军队,见青大校舍宽广,发生借驻情事,影响校务,至为重大。欣值台端履新,百端具举,关于教育,尤乐提倡,用敢备陈一切,甚望鼎力维护,曲为防范。倘有军队借驻校舍,务请格外关垂,设法消阻。……蔡元培敬启 十一月三十日"。(《致马云亭函》同日)

"春舫先生大鉴:接读手书,知担任青大图书馆事,至为欣慰。青大校舍,恐为军队觊觎,甚佩先见,同时亦接杜光埙来信言其事。弟已致信云亭市长,托其切实维护矣。……蔡元培敬启 十一月三十日"。(《复宋春舫函》同日)

同日 函复余青松青岛观象台申请拨款事,可照办。

"青松先生大鉴:手书奉悉。青岛观象台恳请拨款,由天文、气象两研究所每月各拨五百元补助一事,自可照办。其期限定为六月,以后视情形再定进止,办法尤善。祈与竺藕舫先生彼此商定后,正式备函至总办事处,再行答复可也。……蔡元培敬启 十一月三十日"。(《复余青松函》同日)

11 月 为李季编写《马克思传》撰写序文一篇。

从略。(李季:《马克思传》平凡社 1929 年 12 月出版)

同月 为《卫生报》周年纪念题词。

"卫生报周年纪念 保障健康 蔡元培(印)"。(《卫生报》第 60 期)

12 月 1 日 复函张元济(菊生),谓《翁文恭日记》中有一条"与李往来之记述,不可解"。

"菊哥同年大鉴:惠书敬悉。钦甫先生事,如有机会,必当为之辩解。……惜弟无意赴京,恐未易为力耳。《翁文恭日记》第九册,丁未闰五月初九日,确有'李莼客先生来,长谈。此君举世目为狂生,自余观之,盖策士也'一条。略检以前所记,未见有与李往来之记述,不可解也。《日记》未能遍读,奉缴。……弟元培敬启 十二月一日"。(《复张元济函》同日)

12 月 4 日 为议复青岛观象台组织细则事致函许寿裳(季茀)。

"季茀先生大鉴:顷接宋春舫函,并附来青岛观象台组织细则(台中原稿)及关于此细则之函件的抄本,知市政府有致本院一函,并附细则,未知已到院否?因行政院批市政府呈文有'既据函达中央研究院,自应仍候该院议复,另呈核转'云云。……是必待本院复核后,此细则始能成立;而本院于收到后,必须审核市政府之修正本于该台办事上及本院与该台之关系上有无不妥之点,始可函复也。杏佛先生定于星期六来京,如市政府函已到,可留京,候杨先生到后,经气象、天文两主任商办。专此奉布……弟元培敬启 十二月四日"。(《致许寿裳函》同日)

12 月 5 日 函嘱许寿裳(季茀),对于一般应酬函件,可代签名、盖章处理。

"季茀先生大鉴:由杏佛先生转来一纸,并昨日惠函,均读悉。对岸上博士致唁,甚善。为佑长兄致张次长函,已签名,奉上。此等函,嗣后代签名而盖章亦可,免往返费时。各处征题之件,当分别办理。……弟元培敬启 十二月五日"。(《复许寿裳函》同日)

12 月 7 日 函告许寿裳(季茀),核复青岛观象台组织细则事,"请就近约竺、余两主任商定"。

"季茀先生大鉴:……青岛观象台组织细则,既由市政府送来,未知与台中所拟原稿有无异同?请检出,与宋君所寄稿对校一过。如有疑义,请就近约竺、余两主任商定;如有须商酌之处,可正式函告市政府,请其酌改。若无容商改,则似应一面复市政府,一面告行政院,庶此案即可确定。特将宋君所寄各件及蒋君右沧函奉上,请斟酌办理为幸。……弟蔡元培敬启 十二月七日"。(《致许寿裳函》同日)

12 月 14 日 对日本岸上博士病殁表示哀悼。

"日本岸上博士,前赴长江一带调查渔族种类,因患病客死于成都,遗骸已经其助手木村学士等,护送来沪,日内即运往东京,交其家族举行葬礼。最近中央研究

院院长蔡元培曾致电日领上村,对于岸上博士之病殁表示悼意,并希望关于长江渔族之调查,仍能继续进行云。"(《申报》同日)

12月15日 函寄为叶恭绰(玉甫)题写的书签。

"玉甫先生大鉴:奉惠书敬谂贵体以渐康复为慰,知有并印《宋本淮海长短句》之举,且附以大著《随笔》及《比较表》等,甚可喜也。属题签照写奉正。知用直工事可克期竣事,甚善。支票签名奉交。……弟蔡元培敬启。十二月十五日"。(《致叶恭绰函》同日)

12月19日 函促张静江将浙省货物附加税拨归地方教育公益使用。

"静江主席先生大鉴:径启者,浙省货物附加税,原系按照县自治法办理,专供地方教育公益等用。绍兴一县,岁有三十余万圆之数。自民国五年财政厅将此数收归省用,致绍兴地方事业,一无发展。近两年来,迭经各团体吁请省中发还,均以预算已定,未邀允准。最近闻由姚烈、曹豫谦二君,面向台端请愿,已蒙惠允提交会议,具见顾念地方、俯顺舆情之盛意。惟时隔数旬,尚未解决。弟情关桑梓,未免悬怀。颇闻各县此项税款,皆为县用。想绍兴一隅,必不致独感偏枯。务请鼎力维持,使此款决议拨还。……蔡元培敬启 十二月十九日"。(《致张静江函》)

12月20日 函复胡适(适之),欢迎拉西门博士到中央研究院一谈。

"适之先生大鉴:惠书敬悉。拉西门博士愿于下星期二到研究院一谈,甚所欢迎,弟当于是日午前十时半至十二时,在院候之。如彼欲提早,则见告,弟亦可早去。……弟元培敬启 十二月二十日"。(《复胡适函》同日)

12月21日 函告北大代校长陈大齐(百年),创办《北大月刊》应由学校当局主持。

"百年先生大鉴:迭奉惠函,敬悉一切。纪念会诸荷偏劳,感歉无已。接李辛之兄函,言拟发行《北大月刊》,于明年一月出创刊号,属作发刊词。弟虽从《日刊》上见有关于月刊之通告,然未详其组织如何。弟意既以北大名义,应由学校当局负责主持,不能付之初毕业或未毕业之同学。已函复辛之,请先生阅后转送之,并商决办法。或由学校当局主持,而出《北大月刊》(当然可收学生作品);或由学生自出杂志,而不用北大名义(当然亦可由教职员投稿)。此事未可放任,务请注意为幸。……蔡元培 十二月二十一日"。(《复陈大齐函》同日)

12月27日 介绍蔡尚思求教于胡适(适之)。

"适之先生大鉴:径启者,蔡君尚思,旧在北大国学研究所用功,草有《孔子人生观的哲学》等,欲就正于先生,敬为介绍,务请进而教之。……弟蔡元培敬启 十二月二十七日"。(《致胡适函》同日)

同日 宴请美国地质学者约翰逊夫妇。

晚"七时,在东亚西五楼,宴地质学者Johnson夫妇"。(本年《日记》同日)

12月28日 函告胡适(适之),单丕(不厂)病假期间薪水照送。

"适之先生大鉴:惠书敬悉。不厂先生竟有不起之兆,真可痛惜,然终望尚有转机。明年一月份之薪水,昨已于电话中与杏佛商定,准照送,请勿念。恤金则一时尚未定,容再商。……弟元培敬启 十二月二十八日"。(《复胡适函》同日)

12月 为郑午昌编《中国画学全史》题词。

"中国有画学以来集大成之巨著 蔡元培题"。(该书 上海中华书局 1929年12月出版)

同月 为《民国十八年新国民年鉴》一书题签。(该书 上海亚新书局 1930年版)

同月 为《教育与职业》百期纪念题词。

"教育与职业百期纪念 富之教之 蔡元培题(印)"。(《教育与职业》1929年第100期)

本年 撰写杨引之烈士赞词。

"杀身成仁,古有是语。壮哉烈士,不畏强御。认定主义,历险无阻。凶徒构赏,致陷囹圄。大呼就义,口号毕举。为党奋斗,光明如炬。引之烈士千古 蔡元培敬赞"。(蔡元培研究会藏抄件)

本年 作有《题养友为写油画》一律。

"我相迁流每刹那,随人写照各殊科。惟卿第一能知我,留取心痕永不磨。"(蔡建国:《蔡元培画传》上海人民美术出版社 1988年出版)

本年 作有《题时贤书画集》一首。

"题时贤书画集,即希式园先生正之。

莫因爱古薄今人,识曲由来在听真。卫索台中皆入妙,李吴殿壁各超伦。读书顿起同时感,刮目相看三日新。不羡《清河书画舫》,君家常住圣湖滨。"(蔡元培研究会藏抄件)

本年 为《中华最新形势图》题写书名。

"表解说明

中华最新形势图 蔡元培题(印)"。(该书 上海世界舆地学社 1929年出版)

本年 为《知难》周刊题词。

"知难周刊两周年纪念 务获真知 蔡元培"。(《知难》1929年第100期)

1930年(民国十九年 庚午)六十三岁

1月1日 所撰《中央研究院过去工作之回顾与今后努力之标准》一文发表。

(《中央周刊》第 83、84 期合刊)

1 月 4 日 主持中央研究院第九次院务会议。

"第九次院务会议记录。时间：十九年一月四日上午九时。地点：本院驻沪办事处。出席者：蔡元培、钱天鹤、胡纪常、王敬礼、时昭涵、王琎、余青松、王季同、徐渊摩、殷源之、宋梧生、徐韦曼、李四光、杨肇燫、王云五、许寿裳、周仁、胡刚复、竺可桢、杨铨。主席蔡元培。记录王肇简。……讨论：一、本院评议会组织章程草案。议决：保留。二、本院出版品委员会规则待通过案。议决：该规则第二条委员五人，当推出王云五、胡刚复、王琎、徐韦曼、李仲揆五人，并请王云五负责召集第一次会议。第七条应改'各所出版品，至少以半数归各出版机关自存及交换，余归委员会销售'。三、中华热带病研究所所长洪式闾呈请补助案。议决：转浙江省政府。四、地质调查所请抚恤赵子仁案。议决：由地质研究所起草办法。五、本院工程研究所请规定职工及公役之工资划一办法案。议决：推周子竞、王毅侯、徐宽甫、王云五、杨季璠起草，由徐宽甫负责召集会议。"(《国立中央研究院院务月报》第 1 卷第 7 期)

1 月 7 日 请马祀光代撰《周母盛夫人家传》。(蔡元培先生抄留底稿)

1 月 11 日 转请许寿裳(季茀)为青岛大学图书馆开列应购置书刊目录。

"季茀先生大鉴：连奉两函敬悉。青岛〔大学〕图书馆(现由宋春舫君主任)，函询应最先购置何种书籍，自应答复。但极不易开列，先生能代拟一部分否(如国学及教育学一类)？……弟元培敬启 一月十一日"。(《复许寿裳函》同日)

1 月 13 日 函告吴稚晖，拉西曼欲与晤谈。

"稚晖先生大鉴：得杏佛兄函，言拉西曼来沪，颇欲一见先生，商出席国联文化会事，未知先生曾与晤谈否？……弟元培敬启 一月十三日"。(《致吴稚晖函》同日)

同日 函请刘湘(甫澄)、郭汝栋(松云)，公费补助余锡嘏出洋留学。

"甫澄总指挥、松云军长先生大鉴：径启者，余君锡嘏系北京大学哲学系三年级生，有志出洋留学，以求深造，自筹经费，苦未足数，意欲请公家补助，俾得成行。素仰台端提倡教育，奖掖后进，可否量予资助，成就余君好学之志，感念大惠，当无既极。……蔡元培敬启 一月十三日"。(《致刘湘等函》同日)

1 月 16 日 被聘为浙江省立西湖博物馆历史文化部专门委员。

"静江主席先生大鉴：径启者，顷由西湖博物馆陈馆长寄到贵政府公函，承聘为该馆历史文化部专门委员，祇敬领悉。……蔡元培敬启 一月十六日"。(《致张静江函》同日)

"屺怀馆长先生大鉴：顷奉大札，并省政府公函，承聘为贵馆历史文化部专门委员，祇敬领悉。……蔡元培 一月十六日"。(《复陈屺怀函》同日)

1月17日　分别通知各研究所所长为青岛大学图书馆开列应入藏书刊目录清单。

"季茀先生大鉴：惠书敬悉。青岛〔大学〕图书馆应购之书，除国文著作外，日、英、德、法等外国语著作均可列入，现已备一公函，分送各研究所所长或组主任，请分别开列，并抄入原函之三条，尊处亦有一函也。……"（《复许寿裳函》同日）

"○○先生大鉴：径启者，顷接青岛大学图书馆函称，'本大学图书馆拟先置备三种图书：（一）普通参考图书（如字典、年鉴、百科全书等）。（二）各种学生参考时所不可少之书。（三）各种期刊。兹请开列书名赐掷，以便采办'等语。该大学设立图书馆，正在筹备期间，我辈自宜相当之匡助。兹拟关于○○学书籍，请先生费神分别开列，除以国文著译者外，其英、法、德、日及其他外国语原文书志，均可列入。务希拨冗办就寄下，俾便转寄，无任心感。……

地质李四光　语言赵元任　物理丁申甫　历史陈寅恪　化学王季梁　考古李济之　法制王云五　经济杨杏佛　工程周子竞　社会陈翰笙　天文余青松　心理唐擘黄　气象竺藕舫　教育许季茀　……蔡元培敬启　一月十七日"。（《致李四光、赵元任等函》同日）

1月18日　出席中国科学社新年同乐会，并有演说。

"中国科学社前晚六时，在一品香举行新年同乐会。到会者有蔡子民、胡适之、褚民谊、杨杏佛、朱少屏等百五十余人。由曹梁厦主席。蔡子民演说：略谓人生不外二种，一是厌世观，一是乐天观。但人必有科学之智识，科学之方法，才能快乐。有卫生知识，身体可健康。所以科学能实现世界大同，造成人间的天上乐园。褚民谊演说略谓：……"（《申报》1930年1月20日）

同日　函告许寿裳（季茀），日人在华采集的标本非经准许，不得运出境外。

"季茀先生大鉴：今日日本农学博士雨宫育作……及郑贞文君来，为答谢慰唁（代表岸上一家），并言将为岸上氏完成工作，缮具报告，并以一部分标本赠与研究院作为纪念云云。弟告以岸上所得标本非经院审查，不可运出，此为本院与岸上协定之条件，务希注意云云，彼允到宁后向总领事接洽。……弟元培敬启　一月十八日"。（《致许寿裳函》同日）

1月19日　为伍梁明、陈绪编《中国大观》撰序一篇。

"我国汉代以后的著述，太偏于抽象方面。如三礼、五春秋、三传的注疏，二十四史的地理舆服等，悉都没有舆地、当室、器物的图。人物之传，没有本人画像。甚至书画家的传、书品、画品、没有把本人的书画附印上去，叫读的人，一点没有把握来证明他的记载对不对。初时因为没有印刷术，摹图很不容易，等到印刷术发明了，又因进步太缓，止有雕版，所以还视摹图为畏途。现在欧洲的照相、石印、铜版、珂罗版等新法，都已输入了，若再不多印点图画，后之视今，犹今之视昔。后人一定要惋惜的了不得。伍梁明、陈绪先生所编《中国大观》真是现时代出色当行的印刷

六、大学院院长及中央研究院院长时代(1927—1940)　　891

品。当第一编付印的时候,特题数语来表示我的感想。中华民国十九年一月十九日　蔡元培"。(《时事新报》1930年2月15日)

1月21日　介绍沈作乾访谒蒋梦麟。

"梦麟吾兄大鉴:径启者,处州沈作乾兄,系前北京大学毕业生,有调查畲民风俗等文,知其于研究学术,甚为相宜。近奉外交部派署驻纽约总领事馆随习领事,拟借此机会,入哥仑比亚大学,选习政治,惟入学手续,多未谙悉,欲请指教。特为介绍,还希赐予接见,开示一切。……蔡元培敬启　一月二十一日"。(《致蒋梦麟函》同日)

同日　函复胡适(适之),愿同赴史沫特莱约会。

"适之先生:惠书敬悉。Smedley女士之约,弟可以往。杏佛尚在宁,明日来沪否未定。愿与先生同去,临时请先生关照为幸。……弟元培敬启　一月二十一日"。(《复胡适函》同日)

1月22日　鸣谢商衍鎏(藻亭)赠书。

"藻亭先生大鉴:承惠寄《江西特税纪要》,记载详明,图表美备,就审裁厘改税,积极进行,擘画贤劳,粲然可见。披读既竟,谨此鸣谢。……蔡元培敬启　一月二十二日"。(《致商衍鎏函》同日)

1月29日　函请浙江高等法院院长郑文礼(烈荪),对沈慕君"从宽定谳"。

"烈荪院长先生大鉴:径启者,秋涛社一案,闻已由省政府移送贵院,不日开审。案中有沈慕君者,年少无知,误罹法网,以前种种,非出本心。如开审时,还希逾格哀矜,细加推勘,从宽定谳,不胜感幸。……蔡元培敬启　一月二十九日"。(《致郑文礼函》同日)

同日　函复汪启正,沈慕君(梦吉)事已函请郑文礼院长疏通。

"启正女士大鉴:来函读悉。梦吉世兄,已致函郑烈荪院长,并达一切矣。知念,先此奉复。……蔡元培敬启　一月二十九日"。(《复汪启正函》同日)

1月　为《航业月刊》题词。

"航业月刊　兴利保权　蔡元培题(印)"。(《航业月刊》1930年第1卷第1期)

2月1日　偕夫人及胡适同往Agnes Smedley家中吃茶。

"下午与蔡先生夫妇同去Agnes Smedley家中吃茶,主客为印度嘉维教授(Dhondo Karve)和他的儿子。嘉维教授是印度女子大学的创始者,今年已七十一岁。"(《胡适日记全集》同日)

2月4日　鸣谢吴了邨惠赠手临金石文字诸件。

"了邨先生大鉴:径启者,承惠赠手临各种金石文字,气息深厚,至堪钦佩。谨当保存于本院图书馆,以供众览,且志高谊。特此鸣谢……蔡元培敬启　二月四日"。(《致吴了邨函》同日)

同日　鸣谢黄溯初惠赠《敬乡楼丛书》。

"溯初先生大鉴：径启者，承惠赠《敬乡楼丛书》两辑，具见执事搜罗乡哲遗著、流播艺术之盛意。谨已储藏于本院图书馆，以供众览。特此鸣谢……蔡元培敬启　二月四日"。(《致黄溯初函》同日)

2月6日　与胡适同劝马君武出任中国公学校长。

"丁燮音与马君武先生同来，谈中公校长事。我坚请君武先生继任，他仍推辞。后来我们三人同去访蔡先生，他也力劝君武。君武始有允意。"(《胡适日记全集》同日)

与马相伯、胡适等合影(1930年)

2月8日　出席中国社会学社成立大会，并有演说。

"中国社会学社于八、九两日在四川路青年会开成立大会。八日上午来宾社员到者约百五十余人，有蔡孑民先生讲演，杨炳勋国音速记。讲毕即由主席孙炳文报告东南社会学会改组及中国社会学社筹备之经过，继讨论通过社章，末选举第一届理事。……"(上海《民国日报》1930年2月10日)

2月9日　主持中华教育文化基金董事会第四次董事常会。

"第四次董事常会，于民国十九年二月九日上午九时半假上海礼查饭店举行。出席者为蔡元培、蒋梦麟、李石曾、翁文灏、顾临、贝克、孙科、赵元任、胡适、任鸿隽诸董事。列席旁听者外交部代表张歆海君。由蔡董事长主席。胡名誉秘书记录。行礼如仪。议决要案如下：(一)执行委员会报告，名誉会计报告，干事长报告，均经通过。(二)修改本会会务细则十处，均经通过……"(《中华教育文化基金董事会第五次报告》)

"中华教育文化基金董事会开第四次常会……共十人，有三分之二，可算盛会。此次无甚重要议案。有一案为'联合各文化基金团体保存北京古物'，李石曾提议，要全筹四百万元,一半保存北平古物,一半用在南京创造文化机关。……我第一次见石曾,便不喜欢他;第二次见他,便同他作对。十年以来,无一次看得起此人的。"(《胡适日记全集》同日)

2月10日　函询傅斯年(孟真),可否借阅本院藏明清档案。

"孟真吾兄大鉴:敬启者,顷接朝鲜人李达河君来函称:'朝鲜属中国,自洪武至清光绪,前后五百年,章奏表笺,为数甚多。现藏何处?意欲一视原本,能见许否'等语。本院移存明清档案,有否是类章奏,若欲观览,是否便利?李君之请,可容纳否?特为函询,诸希示复为荷。……蔡元培敬启　二月十日"。(《致傅斯年函》同日)

2月11日　出席上海特别市教育局等二十一团体欢送留学党员会议,并有演说。

"昨日下午二时半,上海特别市教育局、环球中国学生会、交通大学等二十一团体,假座华安大厦开会,欢送中央考派留学党员。到者……一百余人。全体入座,主席陈德征局长致词……次蔡院长孑民演说,大致谓:诸同志在国内均已受高等教育,并曾担任党政工作之人员,值此训政时期,国内建设事业,均有专门学者担负其责任,诸同志乘此时期,出国进求高深学问,尽可专心求学,不必分心他事云。"(上海《民国日报》1930年2月12日)

同日　同意私立无线电工程学校与中央研究院物理所合作办学。

"椒伯先生大鉴:前日承枉存,领教为快。寄来贵校章程,甚佩创办热心。尊意欲与本院物理研究所合作,已与丁申甫所长谈过,至为欢迎。请与丁所长随时接洽为荷。……蔡元培敬启　二月十一日"。(《致方椒伯函》同日)

2月18日　主持中央研究院社会科学研究所第九次所务会议。

"社会科学研究所第九次所务会议。十九年二月十八日在图书馆。到会人:蔡元培、杨铨、凌纯声、王际昌、陈翰笙、胡纪常、王云五。主席:本所所长。一、特约研究员待遇案。议决:特约研究员曾支垫款而尚未有报告而前来者,应请其注意特约研究员规则第四条,将工作进行状况及计划报告到所,由所务会议审查。二、议决聘请何廉先生为特约研究员。三、本所出版品保管案。议决:各组出版品交由秘书处保管。四、出版品对外流通案。议决:由秘书处与各组商酌办理出版品广告,由秘书处拟定交由本院出版品委员会发表。五、本院各所及本所各组间出版品交换案。议决:本院各所及本所各组,每处赠送一本。六、组织出版品审查委员会案。议决:本所每种出版品应由所务会议指定审查委员审之。"(《国立中央研究院院务月报》第1卷第8期)

2月　出席中国科学社上海社友新年同乐会并发表演讲。(《科学》第14卷第

7期)

同月 题文伯子遗墨。

"虎虎有生气,嚣嚣远俗尘。何须讳摹仿,特性自常新。

应锡五仁兄之属敬题文伯子先生遗墨 十九年二月 蔡元培(孑民)"。(蔡元培先生手稿)

同月 为李圣越译《政治思想史大纲》一书题署书名。(该书 上海启东书局1930年出版)

同月 为中华会计专科学校《会计月刊》题词。

"中华会计专科学校会计月刊

兴利除弊 蔡元培题(印)"。(该刊1930年第2期)

为《会计月刊》题词(1930年2月)

3月3日 函请考试院院长戴传贤(季陶)玉成萧一山任考选专门委员。

"季陶院长先生大鉴:径启者,萧君一山,毕业北大,学绩甚佳,曾著清史,亦颇详赡。顷从北平南下,闻已由陈百年、焦易堂两先生推为考选专委,谅荷台洽。兹特再为绍介,还希爱拂玉成,至为感荷。……蔡元培敬启 三月三日"。(《致戴季陶函》同日)

3月4日 被聘为上海图书馆协会名誉委员。

"上海图书馆协会,日前在民立中学图书馆开执委会,陈伯逵主席,金敏甫记录。议决:(一)推黎维岳、孙心盘、鲍益清进行该会第二图书馆于北市。(二)敦请郑韶觉、钟荣光、叶誉虎、刘文虎、蔡孑民、陈嘉庚、丁仲祜、张岳军、陈待秋、匡仲谋

为名誉委员。……"(《时事新报》1930年3月5日)

3月8日　请王宠惠(亮畴)为欧阳孟博安置职位。

"亮畴先生大鉴：径启者，今日面托欧阳孟博兄事，承允为暂位置贵院书记官，甚感美意。特嘱孟博兄晋谒，请即发表为幸。……弟蔡元培敬启　三月八日"。(《致王宠惠函》同日)

3月10日　函请曾友豪知照怀宁地方法院秉公办理卢国华案。

"友豪吾兄院长大鉴：径启者，庐江县士绅卢国华被张屏山等陷杀一案，前由司法部令行怀宁地方法院彻究，经该院侦察起诉，并通缉凶犯。顷据卢国华之子卢美意函称：'上年秋季，业经美意报捕张屏山到案。因张屏山请展缓审判，直至本年，地方法院始示期三月十五日审理。惟美意家本贫寒，无力延请律师，只身赴讯，据理虽直，于势甚孤，恳请设法矜全'云云。查此案发生于弟兼长司法部时，深悉其情。此次既定期审理，用特代为道达，还希执事知照怀宁地方法院，秉公办理，依法保障，至为感荷。……蔡元培敬启　三月十日"。(《致曾友豪函》同日)

3月20日　函请徐寄顾告知修理陶成章等三君子墓捐款处。

"寄顾先生大鉴：前日承向广东银行关说，并往驾见告，感荷之至。兹有启者，弟曾接一函，为修理陶焕卿、杨哲商、沈克刚三君子之墓，及陶社募集捐款，领衔者王儒堂兄，而先生亦为发起人之一。此项捐款，是否可由尊处转去，抑别有收款处，请便中示及为荷。……弟蔡元培敬启　三月二十日"。(《致徐寄顾函》同日)

3月21日　与马其昶、许寿裳等设宴欢迎日本东京文理大学来华参观团。

"东京文理科大学第一次来华参观团，已由教授诸桥辙次博士引导团员九人，于昨日下午乘长崎丸抵沪。今日赴杭州参观，二十五日至苏州，二十六日赴京，二十八日由沪乘轮北上考察。昨(二十一日)夜教育家蔡元培、马其昶、许寿裳等多人，在张元济私宅设宴欢迎诸桥博士，中日佳宾济济一堂，晤谈颇欢云。"(上海《民国日报》1930年3月23日)

3月25日　函请青岛特别市长葛敬恩(湛侯)酌增青岛观象台经费。

"湛侯市长先生大鉴：接奉手示，就审勋猷懋著为慰。蒋君右沧，承爱护维持，甚感。惟观象台经费较少，难资展布。执事提倡学术，如荷设法酌加经费，俾得积极进行，实为厚幸。……蔡元培敬启　三月二十五日"。(《复葛敬恩函》同日)

"右沧先生大鉴：手书读悉。贵台经费困难，碍难再减一节，因葛君适有函来，业于去函中请其设法酌加，即退一步，亦希望不致受减政之影响矣。……蔡元培敬启　三月二十五日"。(《复蒋丙然函》同日)

3月31日　函请杨仲子、刘天华、赵丽莲等任北京大学音乐研究会导师。

"仲子、天华、丽莲先生大鉴：得北大来函，知新组音乐研究会恭请指导，未蒙惠允，甚为怅惘。该会会员，向学甚诚，想先生必不忍令其向隅，务求允任导师，以广

布学术,不胜企祷。……蔡元培敬启 三月三十一日"。(《致刘天华等函》同日)
3月 撰写《秋瑾纪念碑记》。

"中华民国十六年春,国民革命军戡定浙江,士庶欢乐,追念成功所自,莫不歌颂诸先烈首犯大难,有以启之。而吾乡先烈,自徐先生锡麟与陶先生成章而后,以秋先生瑾为最著。民国之初,徐先生祠于西郭,陶先生祠于东湖,各有瞻仰之所,惟秋先生迄无表章,隆仪阙然。于是邑人王君世裕等,慨念兴起,议建祠、筑亭,永昭功烈,具状政府言其事,并请款。会中央有不立专祠之决议,旋奉国民政府令,依内政部议准,建风雨亭及纪念碑,其经费由省政府会县估定。筹拨令既下,邑人之心大慰,乃遂相度地势。众意咸谓轩亭口为先生正命之地,宜建纪念碑;卧龙山之巅,近西南处,可下瞰当年先生拘系之典史所,宜建风雨亭。鸠工庀材,不日成事。亭取'秋雨秋风'之句以为名。咏其诗想见其为人,流连凭吊,情不自已。而轩亭口人烟稠密,往来肩摩,睹纪念碑之矗立,尤足以感动群情。廉顽立懦,盖必有后人继起建设,而先烈之勇往牺牲始不虚。然则是碑与亭,固为革命缔造之光,实以群众兴奋之剂,宜与徐、陶纪念,鼎分辉映云。

十九年三月 蔡元培记 三原于右任书"。(绍兴市轩亭口秋瑾纪念碑碑文)
同月 为日本研究社题词。

"孙武子'知己知彼,百战百胜'的名言,马相伯、朱紫樵两先生都引用过了,真可以算我们的当头棒喝。日本人知我,所以敢侵略我。我不知日本,所以从前毫无准备,临时又不敢抵抗。孟子说:'七年之病,求三年之艾'。我们趁此时研究日本,尚有知彼的一日,尚可以制彼的方法。若再不研究,就永远不知,就要像孟子所说的'苟为不畜,终身不得',以至于死亡了。日本研究社就是'艾'的萌芽,希望全国同胞都爱护他,培养他,使他能发出救'病'的力量。"(蔡元培先生手稿)

同月 撰写《日本研究谈》一文。

"日本是我们同种同文的邻国,'室无空虚,则妇姑勃豀';'邻之厚,君之薄也'。这是中日互相疾视的理由。'兄弟阋于墙,外御其侮',这是中日互相亲善的理由。孙子说:'知己知彼,百战百胜'。'人之相知,贵相知心'。亲善日本的,可以不知道日本么?要知道,就不能不研究。所以日本研究,是我们当今之急务。 蔡元培"。(《日本研究》月刊第1卷第3号)

4月1日 函请外交部长王正廷(儒堂)改派卢辉玉任驻日随习领事。

"儒堂部长先生大鉴:径启者,顷接卢君辉玉函称:'近奉部令,派驻望加锡领事馆主事,甚荷裁成。惟望埠气候与体质不宜,且地方风俗,亦多隔膜,不敢贸然前往。特备文呈请改派日本釜山随习领事,尚未奉批。恳函达王部长俯察下情,予以批准'云云。卢君于望加锡情形未熟,不敢轻于尝试,自是慎重之道,倘蒙改派,当

能勤勉供职。特此转达,还希察裁为幸。……蔡元培敬启 四月一日"。(《致王正廷函》同日)

4月3日 介绍励展程访会王震(一亭)、洪少圃等人。

"一亭、少圃、晓籁先生大鉴:径启者,去岁浙灾,〔绍〕属尤甚,饿莩载道,惨不忍睹,近值青黄不接,更觉恐慌。兹由县政府集合各团体,公举励展程君乃鹏来沪筹赈。夙仰执事推解为怀,乐于提倡,特为绍介。励君来谒时,还希关垂指示,予以相当助力,不胜感荷。……蔡元培敬启 四月三日"。(《致王一亭等函》同日)

4月4日 函谢北平大学讲师李乔苹赠书。

"乔苹先生大鉴:接手书并大著《有机化学工业》一册,内容丰富,工业前途,深资利导。远程厚惠,无任感谢。……蔡元培敬启 四月四日"。(《复李乔苹函》同日)

4月5日 函请陈大齐(百年)为李寿雍换领北京大学毕业文凭。

"百年先生大鉴:径启者,顷接李君寿雍函称:'……寿雍于十五年夏北大经济系毕业,去年始领文凭,已易名北大学院。伦敦大学疑非曩时之北大,致生窒碍,故已函请学校当局换取文凭。仍恳再向北大函陈情形,准予换凭'云云。李君因入伦敦大学发生窒碍,请求换凭,自属不得已之举,希查章程,俟原函到时,从速换给,俾便入学为荷。……蔡元培敬启 四月五日"。(《致陈大齐函》同日)

"寿雍吾兄大鉴:手书诵悉。入伦敦大学受课,甚善。换文凭事,已函致北大,嘱查照章程换给,请勿念。……蔡元培敬启 四月四日"。(《复李寿雍函》同月4日)

同日 再函安徽高等法院院长曾友豪,务请秉公判断卢国华被陷杀案。

"友豪吾兄院长大鉴:前奉复示,知卢国华被张屏山等陷杀一案,深荷垂注,甚感。兹据卢美意函称:'此案经怀宁地方法院判处张屏山无期徒刑,余犯获案另结。但张犯凶狡异常,声言不服。美意亦以未判抵罪,不克歼仇,请检查官核予上诉,仍恳函托曾院长秉公判断,俾申冤抑'云云。此案既已上诉,执事执法平衡,自有相当定谳。惟卢美意志在复仇,不无可悯。如张屏山罪无可逭,还请竟予重典,以昭惩戒,否则亦请勿予减轻,略慰卢美意孝思。……蔡元培敬启 四月五日"。(《致曾友豪函》同日)

同日 推荐余干章任贵州瓷业专科学校校长。

"大川先生厅长大鉴:径启者,余干章继南君,毕业于日本东京高等工业学校窑业科……学历既深,经验亦富。闻贵州现有设立瓷业专科学校之计划,如以章君任校长,甚为相宜。敬希酌行。专此绍介……"〔《致蒋笈(大川)函》同日〕

4月6日 为宋景祁主编《中国图书馆名人录》题写书名。

"上海图书馆协会常务委员宋景祁君主编之《中国图书馆名人录》,已于前日出版,内容丰富。有蔡元培先生题名,图书馆专家杜定友、戴志骞先生等序文。……"(《时事新报》1930年4月8日)

4月7日 与李石曾同赴徐公桥农村改进试验区参观。

"蔡孑民、李石曾二氏,近来对于农村事业极为注意,闻中华职业教育社经营之徐公桥农村改进试验区,已有相当成绩,昨日以往游昆山之便,特于清晨顺道前往参观各种设施。到该处时,农民早市尚未散,二氏垂询颇详,并至农场公园及合作碾米厂、农具陈列室、民众茶园、养鸡厂、鱼池等处视察一周,返至该区办事处展阅各种图表簿册,与主管人员接谈甚久。旋各挥写评语及单条,极表满意,直至十一时三十分方离处赴安亭震川书院及昆山等处云。"(《时事新报》1930年4月8日)

同日 函请江苏高等法院院长林礼源从宽开释被拘学生。

"礼源院长先生大鉴:径启者,林君影,系吴淞中国公学肄业生,于前月八日,偕同学李、张二君赴沪访友,在南场桥地方,被西门二区公安局逮捕,即由上海地方法院转解贵院。查林君甫于今年二月考入中国公学大学部,平日向学颇勤,性亦笃厚。未知受何种嫌疑,遂受拘捕。还请台端念其年幼,不致有不规则行动,审鞫后从宽开释,不胜感荷。……蔡元培敬启 四月七日"。(《致林礼源函》同日)

同日 函请铁路督办刘尚清为杨吉人安置工作。

"柳忱督办台鉴:径启者,敝同乡杨君吉人,在哈尔滨服务十年,收回路政、市政等大事,以至普通政治、经济上诸问题,概多尽力,成绩粲然,为执事所素悉。现为执事主持路政,需才甚多,熟悉哈市各方面情形如杨君者,如蒙延揽,必能有所贡献。专此介绍……"(《致刘尚清函》同日)

4月9日 自上海赴杭州。

"蔡元培先生今日因公赴杭,同行者有图案专家王纲氏。"(上海《民国日报》1930年4月9日)

同日 出席欢迎全国运动会选手宴会,并有演说。

"昨(九日)下午七时,浙江省党部及浙江省政府特假座西湖博览会大礼堂举行欢迎全国运动大会选手大会。到各省选手及来宾约七千余人,济济一堂,颇称热闹。中委蔡孑民、蒋梦麟、叶溯中等相继演说。"(上海《民国日报》1930年4月11日)

4月10日 自杭州回上海。

"中央研究院院长蔡元培及教部长蒋梦麟于前日赴杭州参观全国运动大会,业于昨日乘中快车回沪。蒋部长即于当晚乘京沪夜快车晋京回部。"(《申报》1930年

4月12日）

4月11日 致电毛光翔，请保护中央研究院赴贵州自然科学调查团。

"贵阳毛主席勋鉴：本院贵州自然科学调查团动物组团员常麟定等四员，植物组团员蒋英等二员，均于本日由京出发，转道重庆入黔，采集标本，供研究陈列之用。敬请饬属于该员等到省时，妥为保护，并赐予指导，至深公感。国立中央研究院院长蔡元培。真。印。"（《国立中央研究院院务月报》第1卷第10期）

4月12日 主持中央研究院社会科学研究所第十次所务会议。

"社会科学研究所第十次所务会议议决案。十九年四月十二日。到会者：蔡元培、陈翰笙、凌纯声、林惠祥、王际昌、杨铨、胡纪常。主席：本所所长。一、国际贸易统计案。议决：将统计内须行商改之处另由院长序文中补充说明之，侯厚培在《国际贸易导报》第一卷第一号发表此项统计内生丝出口贸易统计应由所去函阻止，请其勿再继续发表。二、经济组添聘助理员案。议决：聘请沈钫、樊明茂为经济组助理员。三、民族学组往东北调查通古斯族案。议决：调查费定为二千五百元，另购置标本费定为一千元。四、社会学组调查员张辅良改为助理员案。议决：改聘张辅良为助理员。五、社会学组添聘调查员五人，整理杨树浦调查所得各项材料案。议决：先将调查所得材料由所派定审查员陈翰笙、朱祖晦、胡纪常先行审查后再议。……"（《国立中央研究院院务月报》第1卷第11期）

同日 力主北京大学停办预科，开办研究科。

"百年先生大鉴：奉本月二十一日惠函，以教部训令，自本年起，停招预科学生，如有困难情形，可附设高中云云，征弟意见。弟以为预科生当然停招，改办高中，亦可不必。北平中学颇多，想均有高中，正不必再为代庖。北平所急需而尚甚少者，大学之研究科目，本校本有增设自然科学、社会科学及文学研究科之议，因经费无着，曾要求俄款委员会拨款补助，今若乘停办预科之机会，而即以预科所省之经费，移用于研究科，则预定之计划，似不难次第实现。总之，吾人为北大发展计，与其求诸量，无宁求诸质；与其普及，无宁提高，不必以学生人数多寡为老成，如承先生赞同，请提出评议会。弟培启"。（《北京大学日刊》1930年4月12日）

同日 出席上海市政府欢迎德国实业团宴会，并有演说。

"德国实业团应国民政府邀请，来华视察，该团定今晚入京。上海特别市政府、淞沪警备司令部、商业会、中央研究院等四十八团体，于昨晚在商业会公宴，到八十余人。由张市长主席，致欢迎词。蔡元培、虞洽卿等演说，德实业视察团总代表雷兹曼致答词……夜阑，始尽欢而散。"（《申报》1930年4月13日）

4月13日 出席中国公学董事会，被推为代理董事长。

"昨日(四月十三日)中国公学校董会在一品香开会。出席者有蔡孑民、马君武、胡适、杨杏佛、刘南陔、丁燮音诸先生。其重要议决案:(一)因董事长王云五上月赴欧美考察,推蔡孑民代理董事长。(二)因近年学生人数增加,吴淞原有校舍不敷,议决增建可容五百人之校舍,推马君武、杨杏佛、丁燮音负责进行。"(《时事新报》1930年4月15日)

4月14日　函复叶恭绰(玉甫),即催教育部拨付用直工程款。

"玉甫先生大鉴:十二日惠书敬悉。用直工程将竣,而款项待筹,甚感偏劳。教部第五期款,弟即当函催。……弟元培敬白　四月十四日"。(《复叶恭绰函》同日)

4月15日　自上海赴南京,出席第二次全国教育会议。

"全国教育会议定本月十五日,由教育部召集各部会及各省市代表在京出席。刻下会期已届。日来远道各省市代表,均纷纷来沪转道赴京。中央研究院除派秘书长许寿裳先期报到外,该院院长蔡元培,约明后日准期晋京出席云。"(《时事新报》1930年4月14日)

南京留影(1930年)

同日　偕夫人参观王济远个人画展。

"中央研究院院长蔡元培氏,昨偕其夫人周峻女士,至西藏路宁波同乡会四楼,参观王济远个人画展,并定水彩画第四十二号《天平山》一帧,又在事务室题赠王氏横幅一方,曰'推陈出新'四字,盛称王氏在艺术上努力之精神。并闻王氏画展准延至今日(十六日)下午七时闭幕。"(《申报》1930年4月16日)

4月16日 主持全国气象会议,并致开会词。

"全国气象会议于民国十九年四月十六日,假南京中国科学社图书馆开会。是日上午八时,到各机关代表约五十余人,在未开会前,先在科学社生物院内摄影,遂即开会。行礼如仪,由中央研究院院长蔡孑民主席,致开会词。谓:今日举行全国气象会议,承各机关代表到会,鄙人极表欢迎。世界上各种会议,皆由小而大,气象会议亦然。今日全国会议,将来当开远东会议,再加入国际会议,共同商量。今日到会各代表,提案甚多,大都希望有一致之主张,如符号之统一、电讯交通等等。普通会议常因地域而有所隔膜,惟气象会议则完全为客观的,不仅一国要有一致之主张,即国际亦必有一致之主张,始能完全合作。中国区域广大,若全国设测候所,则不知要多少。现在虽然人数不多,然预料将来必有良好之结果,希望无穷也。"(《中央研究院院务月刊》第1卷第11期)

同日 出席第二次全国教育会议。

"第二次全教会议,铣(十六日)午前九时至十二时开第一次大会。出席者九十余人,蔡元培亦到。蒋梦麟主席。行礼如仪后,由李石曾讲演,讲演毕,签定会员席次。……最后讨论改进全国教育方案,决交付审查。"

"第二次全国教育会议各组审查委员会于十六日午后二时,在中央饭店礼堂分别开会。……高等教育组成员:孙贵定、徐季杰、谭星阁、杨芳、郭有守(主管科长)、蔡元培、黎照寰……;社会教育组成员:戴超、王秉衡、池剑修、彭百川(主管科长)、彭清明、蔡元培……"(《时事新报》1930年4月17日)

4月17日 出席第二次全国教育会议第二次大会。

"十七日下午二时全国教育第二届会议在萨家湾铁道部大礼堂,开第二次大会。出席会员八十九人。议长蒋梦麟。行礼如仪后,主席报告开会前之名人讲演……次开议实施义务教育初步计划及实施成年补习教育初步计划二案。下午开义教及成年补教审查会。

出席会员:蔡元培、杨振声、王汝翼、陈和铣、李石曾、刘湛恩、戴超、陈正谟、黄建中、杨芳、金善保、谢瀛洲、何思源、陆幼刚、王世乃、黎照寰、项荣霄,来宾蒋中正。"(《时事新报》1930年4月18日)

主持中央研究院招待出席第二次全国教育会议会员晚宴。

"中央研究院于下午五时,特邀全体会员至一气象台参观,由总干事杨杏佛、干事许季茀暨该院职员引导。是台□北极阁旧址,建筑极为闳雅,仪器设备极多。现在台后建筑图书馆一所,业已兴工。参观毕至鸡鸣寺。蔡院长已先至,亲自招待,六时设席豁蒙楼,计到会会员百余人,来宾有吴稚晖、李石曾等。席间蔡致词,略谓今日邀请诸位全教会员到此,甚为愉快。中央研究院与教育上的关系,至为密切。本院系属草创,现已成立之研究所,如气象、天文、地质、博物、物理、化学、工业,多属自然科学方面,其于社会科学,居极少数,现只有一社科研究所,仅分法制、经济、社会等组,因实科的研究所,比较的容易开办,只要研究员几人,仪器若干,即可从事研究。研究院系国家设立,其性质与大学之研究院不同。大学之研究院系为大学毕业生造就更高深的学问而设;研究院的性质,则在使学者依其兴趣,得一自由研究机会,有时选择几个切用于应用的问题去研究,供给社会、政治、教育各种事业的参考。研究院对于教育,本有设教育研究所的计划,因此种研究所范围甚广。人才方面,固然不是几个人所能办成;设备方面,也不是若干仪器即可办成。一实验室,必得有各种实验学校为其研究之所,所需经费,亦复甚巨,因此不能着手。教育部有筹设教育研究所之计划,希望与研究院方面合作,本院甚所赞同。今日承诸位光临,至为快乐,请以一杯薄酒,祝诸位健康,并祝全国教育进步。"(《申报》1930年4月18日)

4月18日 参加中国童子军第一次全国总检阅式,并发表讲话。

"中国童子军全国总检阅于十八日上午九时在首都小营举行。到各省市男女童子军十二团,计三千三百六十六人,观众数万人。因该军总司令何应钦赴汉主持军政,由中央训练部长戴季陶主阅,蒋中正等参阅。全场秩序整齐严肃,男女童军,英武纠纠,颇极一时之盛。……参加童军检阅要人:蒋介石、戴季陶、胡汉民、谭延闿、王宠惠、葛敬恩、蔡元培、李石曾、吴稚晖、蒋梦麟、朱培德、张治中、焦易堂、桂崇基、邵元冲、刘卢隐、张默君及各省市出席全教会员等数十人。……中央监察委员蔡元培致训词。略谓:今天参与中国童子军总检阅,个人觉得荣幸。关于童子军的责任重大,已由蒋主席及稚晖先生说过了,现在再来补充一点意见。童子军的十二条规律,为:诚实、尽忠、助人、友爱、礼节、爱物、服从、快乐、节俭、勇敢、清洁、公德。归纳言之,不外独立与互助,而独立、互助乃为维系人类社会之二大元素,必各个人先能独立,而后方有互助;互助乃爱国家、爱民族、爱人类之起点。今日诸君受此种训练,将来必能牺牲自己,服从人类为和平保障之奋斗也。世界大同之业,将惟君等是赖,望诸君努力珍重。中国照最近统计,已登记之童子军,凡二百余团,得万三千余人,以特殊原因,今日到场参加检阅者仅三千余,其余诸人,则不得参与盛会,不知诸君对此感想如何?中国学龄儿童,与诸君相等者,何止数千万,而彼等亦为境遇所限,不得与诸君同来出席,诸君感想又何如?吾人互助,应由最浅近地方作起,深望明年总检阅时,能将前两种人之困难解除,而能与吾人共同加入表演,其意义必较今日更为更大也。"(《时事新报》、上海《民国日报》1930年4月19日)

同日　出席立法院招待会，对姓氏、婚姻、家庭三问题，发表意见。

　　"本月十八日，本院招待全国教育会议代表，兄弟把上星期傅委员秉常所提出的民法上的几个问题，问问诸位教育家，希望他们多所指示，立法上可多得着一些根据。当时问答的情形，报纸上已有记载，惟略有错误，兄弟现在再大略报告一下，以供大家研究。

　　第一是姓的问题。究竟姓要不要，如果要，从父的姓呢，抑从母的姓？第二是婚姻问题。究竟要不要结婚，如果要，早婚好，还是迟婚好，早和迟的标准如何？第三是家庭问题。家庭到底要不要，如果要，大家庭好还是小家庭好？……

　　蔡孑民先生说，姓可以不要，用父姓或母姓都不公道，各个人对社会不过要有一个记号而已，那么另外设法定个记号便行，不一定要有姓。结婚也不必，将来男女可以随意同居。这样，家庭的有无，自不成问题了。不过这是将来的事，不是目前的事。这些主张，应该保留，尚未到发表时期。"《时事新报》1930年4月21日、26日）

　　关于这次三个问题的谈话，《申报》的记载略有不同。

　　"第二次全国教育会议，南京立法院招待餐叙时，胡汉民提出三个问题，要求会员发表意见。

　　第一，姓的问题。（一）要姓？（二）不要姓？（三）如要姓，应从父姓、抑应从母姓？

　　蔡孑民：不要的好，用父的姓不公道，用母的姓也不妥当，还是不要的好。可以设法用别的符号来代替。

　　第二，婚姻问题。（一）要结婚？（二）不要结婚？（三）如要结婚，早婚或迟婚有无限制？

　　蔡孑民：在理想的新村里，以不结婚为好。在这新村里，有很好的组织，里面有一人独宿的房间；也有两人同睡的房间；跳舞场、娱乐室，种种设备，应有尽有。当两人要同房居住的时候，须先经医生检查过，并且要有很正确的登记，如某日、某时、某某同房居住。将来生出子女，便可以有记号了。

　　第三，家庭问题。（一）要家庭？（二）不要家庭？（三）如要家庭，是大家庭好，还是小家庭好？

　　蔡孑民：不要的好；不得已而思其次，小家庭比大家庭好。"《申报》1930年4月19日）

　　同日　出席国民政府考试院举办的招待全国教育会议会员晚宴，并有演说。

　　"十八（日）晚七时半，考试院宴全教会议会员已志昨报，兹将详情录下。是晚到：蔡孑民、杨杏佛、蒋梦麟等五百余人，由戴季陶、邵元冲、张默君等招待。……蔡孑民演说：顷戴先生站在考试院立场上，对各会员进言，无任钦佩。教育目的在养成人才，惟学校中所造就之人才，能否为社会所用，其关键则在考试院，考试院对教育机关所造就之人才，有选择之作用。中国教育情形与世界各国略有不同，中国学校习惯，学生在校，年限终了，总可毕业，如不予毕业，学生便向学校当局纠纷不已，办学者颇能知之。欲救此项弊病，方法甚多，如组织委员会，由他校教员组织考试等等。但终不如由考试院主持为妙。现在日本、比利时等，均已实行，由考试机关主持学校考试，吾国似亦可以仿行。如是则教育机关，对于干涉非正式学校之办法，尽可放松。关于第一次全国教育会议事件，在会场中各会员颇多提及者，今日戴先生演辞中，亦曾说及，用特借此机会，向各位一见，当时经过一次大会前，戴先生即主张照总理对第一次全国代表大会所用之方法。总理当时在全国代表大会之开幕词中，曾谓此次集合各位于一堂，非请各位提出议案，乃请各位设法推行教育会议。戴先生力主用此方法，并会同粤中大、粤教厅预备一有系统的方案，当时兄弟以时机关系，议定用自由提案办法，此番因时期与前不同，故由中央制订大体方案，交由大会讨论，最后决定则仍取决于中央。昔日戴先生之主张，至今已完全实行，此项办法很好。因自由发展个性，从前已行过一次，此次办法之优点，即在可以集中注意收敛精神，讨论时最为方便，最易收效，此个人之感想也。上次大会戴先生在粤，此次戴先生适在首都，必可予吾人以指导之机会。"（《申报》1930年4月20日）

4月19日 应邀在劳动大学作题为《劳动大学之意义及劳动大学学生之责任》的讲演。

"蔡元培先生为国立劳动大学发起人，昨因劳大之请在大礼堂演讲。首由该校校长易培基先生致开会词，次由蔡先生登台演讲。其讲题为《劳动大学之意义及劳动大学学生之责任》。略谓用体力从事于人类有益之生产，实为农工。以前农工延用旧法，现在人口增加，须改用用力寡收效多的新法，故劳动亦须施以教育；至于劳动要施以大学教育的缘故，则是因为中等的农工实习学校，亦只能应用新的成法，学理太浅，不能从事发明，故非有高等教育不可。劳动大学学生，一方面求学，一方面还要做工，其产品即为学校所有，此种精神，殊属难能可贵。希望以后大家都要从事实际劳动，无论工、农、社科院的学生，均应一律作工，庶不负劳动大学创办之意义云云。"（《时事新报》1930年4月20日）

4月20日 与出席全国教育会议的代表一起游览中山陵及明陵等处。

"全教议星期〔日〕停会。全体会员于午前九时，在中央饭店集合，计到蒋梦麟、蔡元培、吴敬恒、李石曾、谭熙鸿、陈和铣、朱经农等三十余人，齐赴总理陵墓叩谒。事前由会招待处与陵园接洽，陵墓各处特别开放一日。各员谒墓后，赴灵谷寺午餐。下午游览明陵，五时赴五洲公园应京市教育局茶话会。七时赴考试院鸡鸣寺宴。"（《时事新报》1930年4月21日）

4月21日 拟向国民党中常会提出推行注音符号案。

"吴稚晖、李石曾、蔡元培、邵力子等为增加国语效率普及全国起见,定二十一日向中常会提议,为改定注音字母名称,改称注音符号,以免歧误而利推行案。其理由:一、令行各级党部一律采用,以增宣传上之便利。二、知照国府令行各机关人员一律熟记,藉以周济失学民众疾痛之助。三、并由教部令行各级教育机关、师生皆应传习,协力以助民众练习,以促国语教育之容易进行。"(上海《民国日报》1930年4月18日)

同日 介绍卢作孚等到中国科学社生物研究所等处参观。

"径启者:顷接卢君作孚函称:四川研究科学诸友,近来发起在重庆上游嘉陵江滨,设一科学馆。今年分六组往川边,采集生物、地质标本及蛮夷用品。其中一组,由德国人傅德利领导,五组由中国科学社社员领导。作孚等为考察文化及经济事业,游历各省,负有使命,与各文化机关商议征求或交换,拟请赐函介绍,俾便参观磋商云云。卢君等考察各节,关系学术,甚为重大。谨为绍介,还希招待接洽,不胜感荷。此致

中国科学社生物研究所 本院博物馆 蔡元培敬启 四月二十一日"。(《致中国科学社生物研究所等函》同日)

4月22日 函请浙省教育厅长陈布雷准缪天绶赴日留学。

"布雷先生大鉴:径启者,缪君天绶,毕业北大哲学系后,即任浙江省立法政专门学校教授,继续三年,又受商务印书馆之聘,编辑教科书七年,好学不倦,常思出国留学,再求深造。兹闻贵厅拟派遣官费生二三十名,缪君自度曾在本省服务三年,与章程甚合,欲乘此时机,赴日本帝大大学院研究教育。特为绍介,尚望执事俯念缪君求学之诚,有与玉成之,不胜厚幸。……蔡元培敬启 四月二十二日"。(《致陈布雷函》同日)

4月23日 出席第二次全国教育会议闭会式。

"全教会议定漾(二十三日)宴,出宴国府主席夫人、五院正副院长、各部部长、中央研究院院长、京市长及新闻记者、全体会员、职员共二百余人。地点定中央饭店,请帖养(二十二日)已发。"(《时事新报》同日)

"二十三日下午第二次全国教育会议举行闭幕式,到来宾陈虞卿、张难先、朱兆莘、周亚衙、徐志摩、陈果夫、吴企云及会员八十余人。三时十五分闭幕礼,主席蒋梦麟。……"(《时事新报》1930年4月24日)

同日 请何基鸿(海秋)允任北京大学教务长。

"北京大学何海秋先生:执事当选教务长,闻之欣慰。敬请慨允就职,以慰群望,而利校务,无任企盼。蔡元培"。(《北京大学日刊》1930年4月23日)

4月24日 出席上海特别市招待德国来华实业视察团茶话会。

"上海特别市长张群夫妇,于昨日下午4时假江湾叶园,举行游园茶话会,招待德国来华实业视察团。……到者除特宾德实业视察团及德领事外,尚有蔡元培、王一亭、金问泗、袁履登、赵晋卿、徐新六、王晓籁、陈廷锐等数十人,至五时许,始摄影而散。"(《申报》1930年4月25日)

同日 为戴目清申请赴比国留学费用。

"径启者:戴目清君,昔年在比国留学,用力颇勤,后因学费中绝,不得已辍学。现戴君欲重返比国,仍苦学费无着,拟商于贵会给予补助。特为函达,还希俯念青年劬学,酌量补助学费,至为感荷。附履历,祈察。此致 中比庚款委员会 蔡元培敬启 四月二十四日"。(《致中比庚款委员会函》同日)

4月27日 领衔发布为马相伯九秩祝嘏启事。

"相伯先生耆年硕德,士林景仰,去年先生九秩,同人等曾发起为先生祝嘏后,以事阻不克举行。兹推国历,先生九秩实在今岁,爰定五月四日午刻假座本府法租界吕班路震旦大学大礼堂,敬治觞酌为先生进南山之祝,凡先生之亲戚故旧,与夫钦崇先生之道德学问,而欲一瞻其丰采者,如愿参加,不论士女一致欢迎。餐券每张三元,均请先期向下列三处购买,如有诗文亦乞早日送至该处是荷。

发起人:蔡元培 王景岐 杨杏佛 朱汉章 陆伯鸿 魏廷荣 朱孔嘉 王昆仑 沈叔眉 毕静谦 邵诗丹暨震旦大学同学会 于右任 殷汝耕 张轶欧 胡敦复 何尚平 陈文凤 汪企张 潘兆邦 张钦明 叶永鎏 陆鸿逵 宋国宾 袁家汉 朱云侣 姚肇第 顾守熙等同启"。(《申报》同日)

4月28日 出席上海市第二届执监委员就职典礼,并有演说。

"昨日上午十时,第二届执监委员在市党部大礼堂举行宣誓典礼。中央派代表蔡孑民先生监誓。由主席陈德征报告后,执监委员宣誓毕,当由中央代表蔡孑民先生致训词。谓:今天是诸位委员的宣誓就职典礼,元培奉中央命令来监誓。上海党部的地位,除了首都,没有再比此地重要的了。上海是个很复杂的地方,当革命军未到长江流域之前,上海本来就有很多的同志,在担任着很重要的工作。革命军到了以后,依然没有松懈。诸位委员过去就是很努力的。刚才主席陈委员报告的第六次代表大会的决议,中央已经知道。这样的准备一年的工作,中央认为很满意。在上海情形之下,最重要的乃是民众训练工作。我们要把民众个个训练得有党员资格。这一点,自从中央发现了从前在广东、在武汉的错误,便积极的从实际上去努力。如造林、识字等等的运动的规定,要从省、市党部,到县党部、区党部、区分部分头进行。还有在训政时期,要训练民众四权的运用,将来就可以达到宪政时期了。但是如提倡造林运动,必先使民众知道,如无森林,将来会有灾荒,以及森林与水利的关系等等,必定都要使他们彻底明了方行。他们所以不明了的,是不知道我们的宣传。又如训练民众运用四权,单靠白话,效力也很有限,而且许多法律的条文,也不能用白话翻译。总理当初也见到这层,所以要教国人都能识字。识字运动,就是训政时期开始的最要紧的工作。最近第二次全国教育会议通过,又经中央决定的注音符号,乃是识字最好的工具。因为仅仅用现在的文字推行,非常困难,即就《千字课》而论,读完《千字课》而能看书报的,依然很少。注音符号乃吴稚晖先生研究发明的办法,先教他们用土语注音,便很容易识字。在民众能识注音符号之后,训政时期的工作进行起来,就容易了。先由区分部推行到附近的人家,渐渐推行到全市民众是很方便。今天对于上海诸位委员,没有什么可以指导,特地提出新从中央决定注音符号于大家之前,希望大家在执行全市第六次代表大会决议案之外,对于这个识字的工具,加以一番注意。"(上海《民国日报》1930年4月29日)

同日 主持中央研究院第十次院务会议。

"第十次院务会议记录。日期:十九年四月二十八日下午二时。出席人:蔡元培、杨铨、王敬礼、钱天鹤、王琎、殷源之、徐渊摩、余青松、竺可桢、王季同、徐韦曼、宋梧生、杨肇燫、丁燮林、李四光、时昭涵、胡纪常、许寿裳、周仁、胡刚复。主席:蔡元培。记录:王肇简。开会……讨论:一、天文研究所助理研究员杨惠公提议组织本院职员寿险互助会案。议决:送宋梧生、钱安涛、徐宽甫审查办法。二、国民政府文官处奉主席发下中央执行委员会关于江苏省党部建议请优奖发明广设科学研究馆经三中全会分交教育部及本院照办案。议决:以社会科学研究所已拟之稿油印分送各所作参考,限一星期函复文书处呈复国民政府。三、徐宽甫先生提议本院各所馆处刊物付印以前,应请院长指定专员或组织永久委员会负责审查案。议决:各稿由出版委员会负责审查,并因王云五出洋推陈翰笙先生补充。四、物理研究所提议设立国立中央研究院大地物理观察台案。议决:原则通过,俟详细预算提出后再讨论。五、社会科学研究所提出所员因公请假案。议决:通过。……"(《国立中央研究院院务月报》第1卷第10期)

4月29日 所撰《造林、识字及推行注音符号为民众训练最重要的工作》一文发表。(《中央周刊》第100期)

4月 在全国国语教育促进会发表题为《三民主义与国语》演讲。(《三民主义与国语》)(《蔡元培全集》第6卷)

同月 为上海《商学月刊》题词。

"利用厚生 蔡元培题(印)"。(《商学月刊》1930年第4期)

5月4日 出席震旦、复旦等团体公祝马相伯九秩大寿酒宴。

"丹徒马相伯先生,耆年硕德,万流敬仰,去冬曾经其门生故旧等祝嘏数起,但推诸国历,先生九秩,实在今岁。故震旦、复旦、北大等旧门生,中国拒毒会等各团体,于昨日午刻假座震旦大学大礼堂,治觞公祝。到蔡子民、于右任、叶恭绰、王景岐、金问泗、杨杏佛、殷汝骊、魏廷荣、陈伯鸿、顾馨一、沈叔眉、朱炎之、何尚平及各

报馆新闻记者三百余人。车水马龙,备极一时之盛。"(《申报》1930年5月5日)

5月5日 《在国民党上海市党部委员就职典礼式的训词》发表。(《中央周刊》第100期)

同日 函告胡适,中国公学校董会接受胡适辞校长职。

"适之先生大鉴:谢谢先生两年多在中公的努力。……本年一月十二日校董会第四次常会上,先生辞中公校长,推校董马君武继任。我们深信马先生可以替代先生,但是他席上不允替代,因此我们不能平白放走一位理想的校长,不能不议决:非马先生允任校长,不许胡校长辞职。……因此,我们在五月五日校董会临时会上,帮同先生强劝马先生允许继任,因此我们接受先生五月三日的辞职书,推选马君武先生为中公校长。……中国公学校董会代理董事长蔡元培 十九年五月五日"。(《致胡适函》同日)

5月15日 接待法国马古烈博士,与之畅谈。

"法国马古烈博士今晨偕同丁肇青博士及中法医药专门学校校长宋梧生往中央研究院谒见蔡元培,当蒙蔡氏接见畅谈甚久,继由蔡氏派宋梧生领导二博士参观地质博物院……"(《申报》1930年5月16日)

5月17日 发布《中国公学校长问题通告(一)》。

"自从十七年四月底,我们把中国公学交给胡校长,到于今两年多了。两年多的中公,无论从学生的人数上、思想上,都有很大的发展,无论何人,都承认现在的中公,是中国较好的大学,这是胡校长两年多在中公的努力。我们很佩服胡校长这样的努力,很希望今后中公因胡校长的努力,能有更大的发展,以中国较好的大学,发展到世界著名的大学。但是,我们知道胡校长有比经营一个世界著名大学更大的事业要他去做,有那几部国内外期望十年的大著作要他完成,所以我们虽再三强留他,然亦常常允许他找人继任。本年一月十二日,校董会第四次席上,胡校长辞职,推马君武先生继任。……我们在五月五日校董会临时席上,帮同胡校长劝马先生允许继任。因此,我们批准胡校长五月三日的辞职书,推马君武先生为校长。

我们很感激马先生强疾赴会,席上接受我们的推选。我们深信,马校长手里的中公,和在胡校长手里一样,可以充分发展,以国内较好的大学,发展到世界著名的大学。胡校长约定,本月十九日(星期一)上午十一时,在吴淞中公大礼堂举行马校长就职典礼,届时我当代表校董会,欢迎马校长,谢谢胡校长。中国公学校董会代理董事长蔡元培 十九年五月"。(上海《新闻报》1930年5月20日)

5月18日 函复蒋维乔(竹庄),允列名于集资付印《易学探源》一书发起人。

"竹庄先生大鉴:十四日惠函敬悉。黄星若先生之《易学探源》将集资付印,属列贱名于发起人中,谨当如命。此复,并祝著安。弟蔡元培启 五月十八日"。(《复蒋维乔函》同日)

六、大学院院长及中央研究院院长时代(1927—1940)　909

5月19日　出席中国公学新任校长马君武就职仪式。

"中国公学校长胡适之氏,曾于去冬一度提出辞职,嗣以一时继任无人,延至今日正式提出辞职,经校董会议通过,请马君武氏继长中公。马氏于本月十九日在吴淞本校大礼堂行就职典礼,董事长蔡孑民亲往监视。行礼如仪,首由胡前校长致开会词,略谓本人并不似外界所传因受环境压迫而辞职,如果怕受环境压迫,应在去年坚决辞职,不必等到今天。马先生是经我们长时间物色得来的,他是本校的老教师,中国负有盛誉的科学家,此后定能为本校造成无限的光荣。继由蔡氏致词,大意为胡、马两先生的学力操守,完全相同,并举种种学科证明。……"(《时事新报》1930年5月20日)

5月20日　主持中央研究院社会科学研究所第十一次所务会议。

"社会科学研究所第十一次所务会议议决案。十九年五月二十日下午三时。到会人:蔡元培、王际昌、林惠祥、杨铨、徐传镛、胡纪常。主席:本所所长。一、本所刊物赠送及交换各办法应予规定案。议决:(一)刊物赠送办法:(甲)关于赠送机关方面:1.须该机关有相当之刊物交换。2.须该机关于刊物有相当赞助者。3.须该机关与本所刊物之内容有专门关系者。(乙)关于赠送个人方面:1.须于刊物有赞助者。2.须于刊物内容有专门研究者。(二)赠送机关及个人由所务会议决定之。(三)各机关交换或赠阅刊物寄交各组者,应一律交图书馆登记。二、中央广播无线电台轮流演讲本所应推定演讲员案。议决:推定林惠祥为演讲员。三、特约研究院何廉拟交工作报告手续及研究费领支办法案。议决:工作报告每两个月一次,研究费由五月一日开始支领。……"(《国立中央研究院院务月报》第1卷第11期)

同日　以中国公学校董会代理董事长名义发布《中国公学校长问题通告(一)》。(上海《新闻报》同日)

同日　为胡鉴民译《自由哲学》一书撰写序文一篇。(该书　上海商务印书馆1931年版)

5月22日　出席注音符号促进会成立会,并发表演说。

"注音符号促进会,前由何炳松等根据本年全国教育会议决案而发生,专门提倡注音字母,以辅助政府推行。该会于本月之二十二日假上海青年会开成立大会,到会者二十余人。吴稚晖、蔡孑民两先生皆有重要演讲。并选举筹备委员,当推蔡、吴两先生及方毅、刘湛恩、陈立廷三君共五人。"(上海《民国日报》1930年5月24日)

同日　函请驻英公使施肇基(植之),对赴英考察之成舍我随时照拂。

"植之公使先生大鉴:径启者,成君舍我,毕业北大,曾任北平大学秘书长、南京《民生报》社社长。此次受北平研究院及司法院之委派,到欧洲考察教育及司法状况,并研究新闻学。到英京时,还希执事随时照拂,予以方便,不胜感荷。特此绍介……蔡元培敬启 五月二十二日"。(《致施肇基函》同日)

5月24日 应邀到中华职业学校发表讲演。

"中央研究院院长蔡孑民氏日昨来沪,参观中华职业教育社。下午应中华职业学校之请,莅校讲演。蔡氏对于青年求学必经之途径,阐发甚详。听讲学生五六百人,莫不动容云。"(《时事新报》1930年5月25日)

同日 商请浙江省教育厅给予严济慈公费留学资助。

"径启者:本院物理研究所研究员严济慈君于民国十五年曾由贵省官费派赴法国留学专习物理,得有巴黎大学国家科学博士学位,回国后历任大同、暨南等各大学教授及本院物理研究所研究员,嗣于十七年因得中华教育文化基金委员会甲种研究补助金,乃辞让贵省官费,于十八年一月再度赴法,继续研究。年余以来,成绩甚著,即彼邦科学名家,亦群相推重。近复承发现镭锭专家居里夫人,约其再为留法一年,专在世界知名之放射质研究所中从事研究。

惟文化基金会补助,有一定期限,满期以后,照章不得继续,该员所受此项基金补助,今夏即将截止,截止以后,旅费无着,不特无以副居里夫人约请之盛意,即研究亦无继续之可能,殊为可惜,功亏一篑。且在国外作高深研究,于学费之外,尚需实验费(包括仪器药品费)及调查费甚多,该员本年上半年所得补助款,已不敷用,若再留法一年,所需各费,势必另为筹划不可。

查该员对于物理专学,造诣甚深,此次复应著名学者之请为深邃科学研究,为省国培植学术人才计,似应设法予以相当资助。用特备函商请贵厅准予该员补给留欧官费名额,并另行筹给调查费若干,俾得尽力研究,有所贡献,实为厚幸。设若贵省方面只能给以该员留学官费,而于调查实验费未能宽筹,则本院设法当酌给补助,以共励其成就。如何之处,统希查核办理,并盼惠复为荷。此致 浙江省教育厅(附严济慈履历一件)院长蔡元培 十九年五月二十四日"。(中国第二历史档案馆藏件)

5月25日 偕夫人出席东方文化学会举办的马古烈博士讲演会。

"今日下午三时,东方文化学会假环龙路十一号法国礼堂,请该会会员马古烈博士公开讲演《亚洲文化之变迁及其特点》。一时到会者除该会会员数十人外,尚有来宾中央研究院蔡孑民院长夫妇等计三百余人。先由该会会长李伟侯君致介绍词,请马古烈博士就席。马古烈博士讲演纯操中国国语,历两小时,口齿清晰,始终精神爽然,而听众亦无一人未终席而去者。"(《时事新报》1930年5月26日)

5月31日 定于今日在中央研究院举行欢迎马古烈博士招待会。

"蔡孑民、李石曾、朱少屏,定于星期六下午四时在亚尔培路二〇五号中央研究院,招待法国政府特派考察中国高等教育专员马古烈博士,并邀本市各大学校教授

与会。……"(《时事新报》1930年5月30日)

"昨日下午四时,蔡孑民、李石曾、朱少屏,在亚尔培路二〇五号中央研究院招待法国教育部特派考察中国高等教育专员马古烈博士。到者中国教育部特派专员丁肇青博士,同济大学胡庶华、吴子敬,交通大学刘丽珠、胡维定,暨南大学谢循初,大夏大学欧元怀、王之伟,持至大学胡怀琛,光华大学胡其炳,复旦大学郭或爽、尹恩椿,上海法政大学朱佛定……四时半蔡孑民博士致词后,由马古烈博士答词。"(上海《民国日报》1930年6月1日)

5月 为白季眉著《普通测量学》教本撰写序文一篇。(该书上册 南京钟山书局1934年出版)

6月11日 函告沪江大学校长刘湛恩拟往该校演讲题目。

"湛恩先生大鉴:手书颂悉。二十一日莅贵校演讲,至深欣幸。其题目拟用《大学生当于假期中尽力民众教育》。此题前曾面告,承询,再奉闻,希查照。……蔡元培敬启 六月十一日"。(《复刘湛恩函》同日)

6月14日 出席大夏大学六周年纪念及学生毕业典礼式。

"大夏大学原定十四日上午在梵王渡新校举行六周年纪念典礼,适逢天雨乃临时改定于是日下午在胶州路礼堂与毕业典礼同时举行,来宾及该校学生二千余人,济济跄跄,于一时半鱼贯入席,由王伯群校长致词……

蔡元培演说,略谓私立大学办理完善进步迅速者,推大夏为独步,而施行导师制尤为开国内各大学风气之先,盖导师制在欧美各国,极为教育家所重视。次校董杨杏佛演说……"(《申报》1930年6月16日)

同日 函复黄建中(离明),向教育文化基金会提议拨款充实高中及公共科学实验馆补助事,从缓为妥。

"梦麟吾兄大鉴:顷接黄离明兄来函,嘱弟偕兄向中华教育文化基金董事会提议,岁拨补助费若干,交由教育部分配各省,为充实高中及公共科学实验馆设备之资,并言湖北科学实验馆已筹备就绪云云。离明兄用意甚善,且与全教会议宣言及吾兄平时意见,均无不合,闻已直接有函,谅荷台洽,弟亦表赞同。……蔡元培敬启 六月三日"。(《致蒋梦麟函》同月3日)

"离明吾兄厅长大鉴:前奉惠书,嘱偕蒋梦麟兄向文化基金董事会提议,拨款充实高中及补助科学实验馆,当即致信梦麟兄商洽。兹得复函,略谓'离明兄用意虽善,无如该会方允拨款调查中学教育,未便再为此请'云云。想梦兄已有详函到尊处,鄙意亦以从缓为妥。……蔡元培敬启 六月十四日"。(《复黄建中函》同日)

同日 函请国民政府农矿部长易培基(寅村)、江苏省农矿厅长何玉书(梦麟),酌予中国农学会年会费用补贴。

"寅村部长、梦麟厅长先生大鉴:径启者,顷据新中国农学会执行委员会主席谭熙鸿君函称,'本年常年大会,定七月十五日在苏州举行。惟此项经费尚未筹定,拟请执事代向农矿部、江苏农矿厅要求津贴若干,以资应用'云云。查新中国农学会开办以来,尚著成绩,公家对于各学会开会时酌予津贴,亦有先例,重以台端爱护学术,当蒙赞许。特为函达,还希俯允量为补助。……蔡元培敬启 六月十四日"。(《致易培基、何玉书函》同日)

同日 为苏甲荣编印《庄子哲学》一书题词。

"庄子以无端崖之辞自诩,故其书较为难读。苏君甲荣作《庄子哲学》,钩提元要,抽绎系统,且证明其为积极的,而非消极的,甚有裨于读者。 十九年六月十四日 蔡元培"。(该书1930年编印)

6月16日 函复复旦大学校长李登辉不能出席该校毕业典礼。

"登辉校长先生大鉴:承邀二十一日莅贵校参与毕业典礼,至深欣幸。惟是日适先有他约,时间冲突,不克如命,甚为抱歉。……蔡元培敬启 六月十六日"。(《复李登辉函》同日)

同日 前在劳动大学讲演词——《劳动大学之意义及劳动大学学生之责任》——发表。(《中央周刊》第106期)

6月20日 拟同胡适一起会见美考古学者毕安琪等。

"适之先生大鉴:惠书敬悉。Bishop与Wentey星期〔日〕晚之约,弟可以去。如大驾是日由此地行,最好同车也。……弟元培敬启 六月二十日"。(《复胡适函》同日)

6月22日 出席世界学院等举办的新任法国驻华公使威尔登欢迎会。

"本埠福开森路三九三号,世界学院及中法大学上海事务处于本月之二十二日下午四时,联名柬请中法各界开会欢迎新任驻华法国公使威尔登夫妇。到者有法使威尔登、法正领事居兰、法总巡费沃礼,及中法银行经理等多人。中国方面有李石曾、魏道明、张群、郑毓秀、孔祥熙、胡若愚、易培基、蔡元培、吴稚晖、王景岐、杨肇埙、黎照寰、王晓籁、李宗侃等男女宾约百余人。由李石曾致欢迎词。……"(《时事新报》1930年6月24日)

同日 作又题《式园时贤书画集》三绝。

"十月五日画水石,由来王宰擅风流。好将书画三千卷,贮向烟霞万古楼。
并世高贤翰墨多,缣缃交换意如何。知君换尽传家物,不换山阴道上鹅。
山水争驱到敝庐,西湖何减辋川居。画中自有新诗句,我写新诗总不如。"(蔡元培先生手稿)

6月23日 作吴了邨写《金刚经》跋。

"经石峪为六朝写经妙品,字大径尺,熔铸篆分,故为榜书之宗,临习至难,力薄者不敢轻学。合肥吴了邨先生,酷好金石,尤耽经石峪。尝以所临各体书一巨箧,赠藏于中央研究院之图书馆，冀垂永久。其中经石峪临本，具见工力。近又写《金刚经》全文一通，盖因原石经文不全，故缩临补之。洋洋五千余言，渊静肃厚，无懈可击，非寝馈功深，曷克至是。他人所不敢学者，了村先生乃游刃有余，开阖转换之处，庶几不失神理。以之问世，宜获赏音，辄书数语，用志钦佩。"（蔡元培先生手稿）

6月24日 函请浙省政府主席张静江、国民政府立法院长王宠惠，酌予补助严景耀川资。

"静江主席、亮畴院长先生大鉴：径启者，敝院社会科学研究所助理研究员严君景耀，专研犯罪学及监狱学，今年同时受美国芝加哥大学及纽约社会行政院之聘，为研究员。严君以芝加哥之聘，尤为荣誉，故舍纽约而就芝校。惟芝校每岁津贴仅美金七百元，预计二年，尚缺川旅费美金三千元。严君之意，拟请贵政府、院量为补助，将来回国，对于犯罪学及监狱学之研究，必当尽量贡献。特为介绍，诸维裁酌施行为荷。附原函，祈省览。……蔡元培敬启 六月二十四日"。（《致张静江、王宠惠函》同日）

同日 致函王一亭，介绍吴了邨书法作品。

"一亭先生大鉴：径启者，合肥吴了邨君道生，雅善书法，旧有润格，先生曾与吴昌硕、郑苏戡两先生为之规定，想系旧交。吴君近以经石峪笔意写《金刚经》全文，意欲善价出售，以维生活。闻尊处日本友人，颇多好古者，可否便中介绍，冀获赏音。如蒙允诺，敬希示复，以便转属吴君送奉全文。特此函商，诸希察酌。……蔡元培敬启 六月二十四日"。（《致王一亭函》同日）

6月25日 与李石曾、褚民谊等联名呈文教育部，请拨发古物保管所旧存木料，以制造古今乐器之用。

"教育部据大同乐会执行委员李石曾、蔡元培、褚民谊，执委兼事务主任王孝赍，执委兼乐务主任郑觐文等呈称：为请拨古物保管所存储旧木料制造古今全套乐器事。……教育部除批令该会呈件均悉。该会研究古乐，期复旧观，成立迄今，阅时十载，所有出版仿制编谱练习等工作，均著成绩，深堪嘉许。我国古乐之保存、整理及改进，要惟此项研究工作是赖，所请拨发本部古物保管所旧存木料，制造古今乐器等情，事属可行。仰即前往承领具报外，并令古物保管所云，据大同乐会呈请拨发存储旧木料制造乐器等情□□，查该会呈请各节，事属可行，除批示外，合行抄发原呈及附表，令仰如数发给具领，仍将发给情形，呈报备案。"（《时事新报》同日）

同日 与李石曾、褚民谊等联名致教育部《请拨发古物保存所存储旧木料以制造古今乐器呈》发表。（《时事新报》同日）

6月28日 自上海赴南京。

"浙江省政府主席张静江因有要公，于昨日晚十一时偕同中央研究院院长蔡元培乘京沪夜快车联袂晋京。"（《时事新报》1930年6月29日）

6月29日 出席国民党中央监察委员会第三次全体会议。会议议决各级监察委员会审查党员细则等议案。

"中央监委会二十九日下午二时,开第三次全体会议。到委员吴敬恒、王宠惠、古应芬、张人杰、李石曾、蔡元培、林森、恩克巴图等八人。林森主席。……通过下列各案:(一)各级监察委员会或监察委员审查党员细则。(二)党员犯罪有涉及行政或司法范围者之处理办法。(三)修订县监察委员会、师团监察委员会组织条例。"(《申报》1930年6月30日)

6月30日 应邀出席地质调查所及研究所展览会,并发表演说。

"下午……五时半赴中央大学应地质调查所及研究所展览之招,由易寅村主席。到子民、稚晖等兼讲演。又参观各种成绩报告,中有近年在北平附近周家店发掘所得原人之臼齿一枚,据考得为猿人交替期中之齿,其时已距今五十万年云……"(《邵元冲日记》同日)

6月 为江山《邑前毛氏宗谱》撰写序文。

"《邑前毛氏宗谱序》。吾浙衢州江山县毛氏族姓至蕃,居邑前者尤为箸戴之甲,故以邑前毛氏为标识。今教育部秘书毛君,昔通雅故,适其族人续修族谱告成,乞余为序。余与毛君同溯源有周,为文之昭。遥遥数千载,演迤蝉嫣,至有今日。各以君出臣出著其歧分之异。今取其谱读之,自毛伯以下,凡见于史传者,无不一一可稽。昔颜师古云:'近代谱牒,妄相托附,追溯昭穆,流俗学者共祖述焉。'此师古注《萧望之传》语。具见唐代谱牒已不可信,毛氏安得罗列名姓不相杂厕如此!天台齐息园侍郎一序。所以稍示不满,通人之见一也。余谓此必毛氏先人循旧谱之说而无以难之,故亦不敢竟废。然至迁江山安和坊,居邑前者为始迁之祖,以下世次皆秩然不紊,又无傅合史传之失,盖后人视前为加谨焉。班孟坚言冯商称张汤之先,与刘侯同祖,而司马迁不言,故阙亏,孟坚之不信冯商欤。邑前以后之谱亦之不摭史传,一从其慎,可知邑前以前之谱亦流俗祖述之本,与师古之见相类,而后之慎可以盖前之垩,私家之谱牒亦有未可竟废者。此谱之善,吾友扬州真化李君审言曾举其义例之精当,为谱家特韧之著,而实可为近代修谱者之准的。今观其谱既不以毕门圭窦凌蔑齿德,又不以果裸之祝涸渎支庶,一举而数善备,而衮斧之义寓焉。江山距吾县西南,风土朴野,民俗醇厚,而毛氏一姓蔚为诸族之冠。诗云:'本支百世,不(丕)显亦世。其庶几副谱例之善,敦笃不忘也哉!'

民国十九年六月 日 蔡元培撰"。(江山《邑前毛氏宗谱》民国十九年印)

同月 撰写《甪直保圣寺古物馆记》文。(甪直保圣寺古物馆石碑拓片)

同月 与张伯苓、江恒源等联名介绍陈彬龢创办之《日本研究月刊》。

"敬启者:中日邻国,邦交繁密,自古已然,于今为甚。近十余年来,彼邦人士,对于我国各种问题,靡不分头探讨,泐成专书。返观我国,则非徒日本过去历史,与夫今日国势,对之曚然。即国内问题,亦赖日本书籍为之参考,殊堪痛惜!是以日本问题之研究,实为当今要图。我教育界同人,更因中日文化上关系之密切,尤难忽视。兹有陈彬龢君创设《日本研究月刊》一种,内容足资研究日本问题之参考,党政机关,以及工商团体,赞助甚力,谨为介绍,敬希执事惠予赞助,多为介绍,以广宣传,不胜感荷。敬颂教安。蔡元培 张伯苓 江恒源 刘湛恩谨启 十九年六月"。(《江苏教育季刊》创刊号)

同月 为朱经农书字一幅。

"宽而栗,柔而立,愿而恭,乱而敬,扰而毅,直而温,简而廉,刚而塞,强而义,彰厥有常,吉哉。经农先生雅属 蔡元培"。(蔡元培研究会藏复印件)

7月1日 主持召开中央研究院第一届院务年会。

"中央研究院为便利院务进行,本有院务会议之组织,但以中央院址,尚未建成,各研究所散在京沪平三处,致到会人数每受限制。现因中央建筑已在积极进行,特自今年起,每年召集院务年会一次,以讨论研究方针及一切重要计划之进行。本年定于七月一日、二日在成贤街总办事处开会,所有应行出席人员,均已陆续报到。蔡院长已于二十九日晨到京,主持会务,届时各所馆报告议案及宣读论文等为数甚盛云。"(《时事新报》1930年7月2日)

"昨日中央研究院举行第一届院务年会于南京成贤街总办事处。出席者计有院长蔡元培,总干事杨杏佛,暨各处主任、各所馆所长、主任、秘书、专任研究员、李方桂、徐韦曼、胡刚复、许寿裳、陈翰笙、赵元任、王季梁、徐渊摩、胡季常、叶良辅、徐传信、杨肇燫、丁燮林、时昭涵、周仁、王敬礼、王季同、傅斯年、陈遵妫、余青松、竺可桢、钱天鹤等三十余人。

午前九时半开会。开会如仪。首由主席蔡院长元培致开会词。略谓本院各研究所为谋交换一所中各组之意见起见,有所务会议之设;为谋沟通全院中各所之意见,有院务会议之设。此次所召集之年会,不过为院务会议之扩大,因全院各所分设三地,每次院务会议,全院中各所常不能全体出席,用特召集此会,期弥斯憾。本会之使命,最要有二种,一为学术上之研究,各所有沟通之需要;一为行政上之手续,各所亦有联络之必要。今日到会诸君,谊若家人,务请尽量发表意见,勿存客气,实所盼幸。"(《时事新报》1930年7月3日)

同日 以国民政府委员身份,出席中央研究院自然历史博物馆人员就职宣誓仪式。

"七月一日下午一时半在本院,自然历史博物馆举行宣誓典礼。国府派蔡委员元培监督并致训。到会者有吴稚晖、任叔永等。宣誓者约百人。周文官誓词诵读,蔡委员致训后,来宾吴稚晖致词,末由杨杏佛代表致答词,摄影即散。

当日下午七时,该院假中央饭店宴请中央委员暨各院部长,计到有吴稚晖、胡汉民、刘卢隐、谭延闿、王宠惠、王伯群、孔祥熙、易培基、古应芬、蒋梦麟、邵元冲、刘瑞恒、曾养甫、余井塘、魏道明、茹欲立等。该院出席年会人员,亦全体赴宴,济济堂堂,颇极一时之盛,至九时始散云。"(《时事新报》1930 年 7 月 4 日)

7 月 2 日 主持中华教育文化基金董事会第六次年会。

"中华教育文化基金董事会为管理美国第二次退还庚子赔款之机关,其第六次年会原定于六月廿七日在南京举行,嗣因美国董事顾临抵沪后忽患痢疾,未能到会,乃改于七月二日仍在南京举行。是日上午九时,假教育部会议室开会,计出席董事有蔡元培、蒋梦麟、胡适、翁文灏、任鸿隽、李石曾、赵元任等。外交部派欧美司长徐谟、教育部派专门司长孙本文列席旁听。九时半,由蔡董事长宣布开会,行礼如仪后,通过名誉秘书、名誉会计、执行委员会、干事长各报告,次讨论下年度进行各事业之预算,计有:(一)科学教席。(二)编译委员会。(三)科学研究补助金及奖励金。(四)社会调查所。(五)国立北平图书馆。(六)静生生物调查所。(七)干事处等项共支出九十七万三千余元。……"(《时事新报》1930 年 7 月 5 日)

中华教育文化基金董事会第六次年会合影(1930 年 7 月 2 日)

7 月 2 日、3 日 继续主持中央研究院第一届院务年会。

"国立中央研究院年会,昨日为开会第二日。上午九时至十二时,审查报告及讨论提案。下午二时至五时,宣读论文及各所学术报告。五时至六时,游览太平门外天文台工程。

今日(三日)尚须举行晋谒总理陵墓及游览,并举行闭幕云。"(《时事新报》1930 年 7 月 4 日)

7 月 4 日 自南京到上海。

"中央研究院院长蔡元培,昨夜出京,今晨抵沪。"(上海《民国日报》同日)

7月5日　函请江苏省教育厅长陈和铣(孟钊),补助正则女子职业中学年费五千元。

"孟钊厅长先生大鉴:径启者,丹阳私立正则女子职业中学,办理多年,颇著成绩。……兹闻苏省府注意职业教育,如宜兴中学将改职业,已由贵厅特予补助。正则校原属职业学校,且系私立,当亦蒙补助之列。闻该校已呈请贵厅予以五千元之常年补助,还请俯予批准……蔡元培敬启　七月五日"。(《致陈和铣函》同日)

7月7日　出席商务印书馆四角号码检字编制索引实习所开学典礼式。

"商务印书馆对于学校假期服务,提倡甚力,本届又于暑期开办四角号码检字编制索引实习所。……于本日上午九时举行开学礼,到有来宾蔡子民、胡适之,并该馆董事高梦旦、经理李拔可、机要科长庄百俞、编译所何伯丞、出版部长李伯嘉及指导员徐葆德、陈自新、茅诵甘、方孤愤、赵景源、宗幼泽及实习员二百余人。行礼如仪。首由主席何伯丞报告实习所开办宗旨,继由胡适之、蔡子民、庄百俞先后讲演索引法之重要与四角号码之优点及其应用。……"(《时事新报》1930年7月8日)

7月8日　转达驻法公使高鲁(叔钦),已经出国的留学生不必再经考试。

"叔钦先生公使大鉴:……兹接蒋梦麟兄来函:'留学生未出国前,须先予以考试,教部确曾有此拟议,然尚未实行;其已出国者,固不必再经考试,祈转达高公使'等语。特此函达,希转知留学诸君为荷。……蔡元培敬启　七月八日"。(《复高鲁函》同日)

7月10日　作《十九年七月十日结婚纪念》七绝二首。

"留园影事七经秋,俪影频年一片留。难得月圆花好夜,比肩窗下话苏州。(今年适值阴历六月十五日,圆月当空,忆结婚时是阴历五月二十八日也。)

膝前儿女渐成行,药裹茶瓯费检量。最忆欧西游学日,狂搜诗料入行囊。(女儿适有疾,日间不能出去摄影。)"(启功 牟小东编《蔡元培先生手迹》)

7月11日　函请浙省政府主席张静江,对杨建酌予任用。

"静江主席先生大鉴:径启者,新昌杨君建,以本省公费派往比国留学,在冈省大学得有土木工程师之位,并在比国充国家铁路及桥路工程局工程师,……现在本省建设事业日益发达,谅需相当人才,如杨君者正堪备选。特为介绍,还希酌予位置。……蔡元培敬启　七月十一日"。(《致张静江函》同日)

同日　函请天文研究所所长余青松审查郭义泉制普通校时器。

"青松先生大鉴:径启者,郭君义泉,新制普通校时器,据云在日光中测量,不爽毫厘,请本院为之审查。兹特函介,请希接洽,并为审查是荷。……蔡元培敬启　七月十一日"。(《致余青松函》同日)

7月15日 为马复、李若泉译《近代教育学说》撰写序文一篇。(该书 世界书局1930年出版)

7月18日 列名上海私立公时学校秋季开学公告。

"本校为纪念先烈蔡公时而设,蔡夫人郭景鸾女士抱兴学救国宗旨,奔走呼号于海内外者二年,今承南洋侨胞踊跃赞助,并承上海市政府允于上海市中心区域拨地建校,只以建筑需时,兹为积极进行先租屋于上海海格路四七六号作为校舍,定本年秋季开学……

发起人:谭延闿 李烈钧 何应钦 王宠惠 宋子文 古应芬 蔡元培 王正廷 蒋梦麟 孙科 孔祥熙 张群 周启刚 张定璠 李登辉 唐悦良 萧吉珊 刘纪文 钮永建 何世桢 吴铁城 杨赓笙 曹浩林"。(《申报》同日)

7月19日 主持中央研究院社会科学研究所第十二次所务会议。

"社会科学研究所第十二次所务会议议决案。时间:十九年七月十九日。到会人:蔡元培、杨铨、陈翰笙、林惠祥、徐公肃、朱祖晦、胡纪常。主席:本所所长。(一)审定本所经费减缩期内预算案。(甲)北方社会调查经费以六千元为限。(乙)民族学组调查于现在进行之通古斯族调查以外,暂不作其他调查。(丙)法制组两湖两广犯罪调查暂不进行。……(二)吴定良请寄款二百镑购置统计图书仪器案。议决:寄款一百镑购置统计图书。(三)最近向本所函索刊物各机关应予审定是否照寄案。议决:向本所函索刊物各机关除由图书委员会审定赠送者外,一律请其购买。"(《国立中央研究院院务月报》第2卷第1期)

7月20日 出席爱国女中校董会议,讨论该校内部革新等问题。

"爱国女子中学于日昨(二十日)晚邀请蔡子民、胡适之、江鸿起、周君党诸先生,讨论下学期迁至江湾路鹿园及内部革新等问题,同时新校舍租借契约,亦于是晚与园主邓君订定,至自建校舍须俟本届校董会议决云"。(上海《民国日报》1930年7月22日)

7月20日—22日 主持中华职业教育社第十一届年会暨全国职业教育机关联合会第八次年会。

"中华职业教育社第十一届年会、全国职业教育机关联合会第八届年会,于昨日上午在环龙路法国小学楼上大会堂举行开幕式,主席团为马相伯、蔡子民、钮永建、钱新之、王尧臣五人。各省职教社代表及男女来宾到者达七百余人。教育部长蒋梦麟事前来电,本拟参加,是日忽以事冗,不克来沪,由教育部普通司司长顾荫亭代表。会场布置,庄严肃穆。行礼如仪后,主席团蔡子民致开会词。钮永建、马相伯先后演说。顾荫亭氏代表蒋教长致勖词。市党部代表毛同志致词。来宾代表杨杏佛、林康侯等相继演说。主席团钱永铭代表答词。……午后二时,举行第一次全体会议,由刘湛恩、王尧臣主席,议决要案四项。"(《时事新报》1930年7月21日)

"中华职业教育社第十一届年会全国职教机关联合会第八届年会,昨为第二日,上午分四组讨论,下午应本埠十七机关之邀,在新新举行欢宴大会。今日举行第二次全体大会,下午举行闭幕礼。"(《时事新报》1930年7月22日)

7月22日 分别致函教育部长、浙省政府主席等,为艺术专科学校申请办学经费。

"梦麟部长、静江主席、蔼士厅长大鉴:径启者,中国艺术专科学校,为郑曼青、马孟荣、黄宾虹诸君所组织,注重国粹的书画与文学……惟经费甚为支绌,如蒙贵部、省政府拨款补助,俾得支持,徐图发展,曷胜感荷。……"(《致蒋梦麟等人函》同日)

7月23日 鸣谢日本每日新闻社泽村幸夫赠书。

"泽村幸夫先生大鉴:径启者,迭承寄赠《大乘》四册,均有关于宋官窑之文字,不胜欣幸。谨此拜领,特此鸣谢。……蔡元培敬启 七月二十三日"。(《致泽村幸夫函》同日)

7月25日 致函淞沪警备司令熊式辉(天翼),请将被拘之沈宝桢量予释放。

"天翼司令先生大鉴:径启者,沈君宝桢,在中华艺术大学西洋画科肄业,本年五月二十四日,该校学生全体被拘,沈君同遭羁绁,均收押于贵司令部。查沈君青年好学,平日尚称安分,此次被拘多日,如无重大嫌疑,可否量予释放。……蔡元培敬启 七月二十五日"。(《致熊式辉函》同日)

同日 介绍汉口留法预备学校吴柱东校长访见教育部长。

"径复者:接诵大函,知贵会创办留法预备学校,为赴法学子之指导,甚佩热心。校长吴柱东兄已见过,为备函介绍于蒋部长处,接洽一切矣。专复,希察照。此致汉口留法预备学校校董会 蔡元培敬启 七月二十五日"。(《复汉口留法预备学校函》同日)

同日 为张培钧编著《美国市政之革新》撰写序文。(蔡元培先生手稿)

7月30日 敦劝徐炳昶(旭生)留任北平女子师范学院院长职。

"旭生先生大鉴:手书读悉。韩芸文先生来沪,已见过。同时,蒋梦麟兄亦来,知部中对于女师院与女附中之纠葛,已有办法,且对于先生竭诚挽留。务请本维持教育之热心,继续进行,勿倾消极为祷。……蔡元培敬启 七月三十日"。(《复徐炳昶函》同日)

同日 致函罗尗青应允担任《认识论》一书契约保证人。

"尗青吾兄大鉴:接读手书,知大稿《认识论》修润已就,甚慰。承嘱担任让与契约保证人,自当照办,惟序文忙冗中恐无暇执笔。专此奉复,希察之。……蔡元培敬启 七月三十日"。(《复罗尗青函》同日)

7月 为唐郁南女士题字一幅。

"日知其所亡,月毋忘其所能,可谓好学也已矣。郁南女士 蔡元培"。(蔡元培研究会藏复印件)

同月 为《教育大辞书》撰写"大学教育""美育"两词条。(该书 商务印书馆1930年版)

8月1日 在中华职业教育社第十一届社员大会《开会词》发表。(《教育与职业》第116期)

8月10日 自上海赴青岛,出席中国科学社第十五次年会。

"蔡元培、杨杏佛及其夫人等,现定十日乘大逢汽社之大连丸赴青岛,是日上午九时在黄浦码头上轮。"(《时事新报》1930年8月8日)

"中国科学社第十五次年会,定于本月十二日在青岛大学开幕,曾志本报。半月以来,该社各地社友纷纷前往者,极形踊跃,近以会期已届,往者更多。上海社员蔡子民、周子竞、杨杏佛、胡刚复、杨允中、胡适之、颜任光等;广州社员陈宗南等共计二十余人,均定于明晨乘大连丸前往出席。会期内有公开讲演数次,已约定翁文灏、李济、秉农山、蔡子民、李石曾、吴稚晖、胡适之七人,分期讲演。各社员提出年会宣读之论文甚多。……"(《时事新报》1930年8月9日)

8月12日—18日 主持中国科学社第十五次年会。

"中国科学社第十五次年会,自决定在青举行后,即由市府省府及胶路局筹备接待。该社社员等已于十一日先后抵青。十二日午后三时,在国立青大礼堂开幕典礼。到会社员有吴有训、丁绪宝、宋春舫、林凤岐、蔡子民、何思源、杨振声等五十一人。三时半正式开幕,由蔡子民先生主席。开会如仪。首由主席致开会词。略谓今天科学社在青岛开十五次年会,承市府、青大及各机关帮忙,非常感谢。科学社发起已十六年,发起之初在美国,仅少数留学生,现在社员已有七十余人。本社发起时,系研究学理及应用科学,谋未来之发展,提倡各种科学,包括很大。经社员之努力,对于科学界略有几点贡献:(一)机关杂志《科学》,现发刊五十四卷,并未间断。(二)南京社员创办生物学研究所,成绩很好,学科以外,研究新发见之学理颇多。(三)科学图书馆,系在南京所办,起初规模很小,近因得有基金,在沪建造新图书馆。(四)社员论文(中西文)专刊。(五)年会系学者演讲,用以交换知识、联络感情并宣读社员论文等。中国科学幼稚,所办之事,并未能尽如人意,然十余年来经多数社员努力,尚著成效。此次在青开会,因为青岛原系一荒岛,至今日所有土地、道路、森林,完全是科学造成。当局对我们之提倡,盛意招待,非常感谢云。"

"中国科学社十三日上午八点半开社务会,有总干事杨元中、会计周子竞及图书馆、生物研究所、编辑部之报告,下午参观青岛市。五点半公开演讲,蔡子民讲实验美学,秉农山讲人类的天演。"

"年会日程。八月十二日下午三时,正式开会,七时青岛大学宴会。十三日上午八时社务会,十时省府欢宴;下午二时,游览观海山、青岛市、炮台、第一公园,五时公开讲演,七时市府宴会。十四日上午八时,宣读论文;下午一时,游览四方机厂、四方公园,五时公开讲演,七时胶路局欢宴。十五日上午八时,宣读论文;下午二时,社务会,四时港务工务两局在海滨青岛咖啡茶会,七时青岛总商会欢宴。十六日上午八时,讨论会;下午二时,参观电汽公司及电话公司,四时观象台茶会,七时年会宴会。十七日,乘海军炮舰游崂山。十八日,参观李村水源地,并游崂山。"(《时事新报》1930 年 8 月 15 日)

"本社第十五次年会于八月十二日在青岛大学举行,到会注册社员五十五人。第一日开幕典礼甚盛,由社董蔡孑民先生主席。有来宾市长葛敬恩、教育厅长何思源、中央委员张道藩、青大校长杨振声,及社员陈宗南、任鸿隽、杨杏佛、竺藕舫等演说。会期内宣读论文二十四篇,总干事、会计、图书馆长、生物研究所长、编辑部主任各有详细报告,社务会通过议案十七件。……公开讲演凡二次:蔡孑民讲《实验的美学》,秉农山讲《人类天演问题》。……"(《科学》第 14 卷第 12 期)

与夫人青岛留影(1930 年)

8月23日 出席中华农学会第十三届年会。

"中华农学会本月二十三日上午八时在青岛国立青大校舍,举行十三届年会开幕典礼,先期即由本市农林事务所预备招待一切,是日到会会员及来宾八十余人,由该会委员长许璇主席……主席致词毕,蔡元培、刘运筹、汪希菊、池九雄、杨振声、牟君德等相继演说。"(《申报》1930年8月27日)

8月30日 以中央研究院名义邀请比利时人樊迪文夫妇来华讲演。

"季茀先生大鉴:前承电询樊迪文夫妇来华演讲事,尚未奉答,甚为歉疚。原樊氏来华,本由比款委员会招待,为体面起见,以中央研究院名义延之,故招待之任,经济上由比国退款中供给,事实上本院不得不负责也。……弟蔡元培敬启 八月三十日"。(《致许寿裳函》同日)

8月 撰写《徐宝璜行状》。(九江《徐氏宗谱》)

同月 为杨端六、侯原信编《六十五年来中国国际贸易统计专刊》撰写序文。(《中央研究院社会科学研究所专刊》第4号)

9月3日 函请张学良(汉卿)援助筹设日日新闻社沈阳分社。

"汉卿先生大鉴:径启者,日日新闻社总社长殷再为君,服务新闻界有年。鉴于我国新闻事业之落后,现在国基初奠,外交方殷,国际间之宣传,尤为重要,爰于曩年纠集同志,组织日日新闻社,采详确之消息,分布中外各报,为党国谋正确广大之宣传,其终极目的,希望在国际间占一重要地位。……兹殷君特来筹设沈阳分社,弟嘉其志行,特为函介左右,尚乞拨冗赐见,鼎力援助……弟蔡元培敬启 九月三日"。(《致张学良函》同日)

9月4日 出席青岛市长胡若愚宣誓就职典礼,并致训词。

"新任青岛市长胡若愚于四日晨九时在市府大礼堂举行宣誓就职典礼,中央特派蔡元培监誓,来宾参加者有市指委会代表杨兴勤、东北海军驻青办公处长李毓成……及本市各机关代表等,约三百余人。开会行礼后,胡市长循例宣誓,次由蔡元培监誓员致训词,勉以党政合作,提倡教育,注重地权。次由市党部代表杨兴勤及来宾萨福均致词,十时半礼成。"(《申报》1930年9月5日)

9月15日 呈请教育部准辞北京大学校长兼职。

"国立各大学校长,多半系党国重要人员兼,一身数职,每苦不能兼顾。教育部长蒋梦麟有鉴于此,前曾辞去浙大校长。考试院长戴季陶兼中山大学校长,中央研究院院长蔡元培兼北京大学校长,近亦鉴于大学校长非专心任事,不足以重教育,亦先后呈教育部转呈国府准予辞去大学校长兼职,分别推荐朱家骅、陈大齐担任。教育部业已前日转呈,戴辞呈已经国府会议照准,闻蔡辞呈下次国府会议,亦可照准云。"(《时事新报》同日)

9月19日 国民政府举行第九十四次会议。会议议决北京大学校长蔡元培

六、大学院院长及中央研究院院长时代(1927—1940)

辞职照准。

"今日国府九十四次会议,出席林森、胡汉民、王宠惠、陈果夫、孙科、朱培德、谭延闿。主席谭。议决案……(二)决国立北大校长蔡元培辞职照准,遗缺以陈大齐代理。(三)决兼国立交通大学校长孙科呈请辞职照准,任命黎照寰为校长。(四)决议国立劳动大学校长易培基免去校长兼职。"(《时事新报》1930年9月20日)

9月20日 主持青岛大学开学及校长宣誓就职典礼,并致训词。

"二十日上午九时,国立青岛大学在该校大礼堂行正式开学典礼,同时该校杨校长宣誓就职,到有中央委员蔡元培、张道藩(现任青大教务长),市党部代表袁方治,委员胡市长代表胡家凤,山东省政府党部代表何思源……该校第一年级学生一百七十余人。主席蔡元培。行礼如仪后,杨校长宣誓,监誓员蔡元培授印后并训词,次有何思源、方经、周钟歧、胡家凤等相继演说。"(《申报》1930年9月29日)

9月22日 偕夫人自青岛返沪,途中答记者问。

"中委李石曾氏,……二十日赴青岛与中委蔡孑民夫妇同船来沪。记者昨于船次晤诸氏分记谈话如次,……蔡氏云:余赴青岛出席中国科学社研究会,该会八月十二日至十七日,举行凡五日,除提出数篇论文外,余为讨论社务。余于闭会后即在该地避暑云云。……"(上海《民国日报》1930年9月23日)

9月24日 为嵩园傅氏三书题词。

"耕读传家,佐以医术。利己利人,守而勿失。卓尔先生,超群特出。抚心和扁,研思缜密。务起沉疴,不自暇逸。三折功深,视此著述。"(蔡元培先生手稿)

9月25日 致函陆费逵(伯鸿),推荐出版蔡尚思著《中国学术史大纲》一书。

"伯鸿先生大鉴:径启者,蔡君尚思,著有《中国学术史大纲》一编,内容丰富,且有新见解,欲让版权于贵局,如蒙许可,一切条件请与尚思兄接洽为幸。专此介绍……弟蔡元培敬启 九月二十五日"。(蔡元培研究会藏复印件)

9月28日 主持袁观澜先生追悼会。

"教育界及地方各公团组织袁观澜先生追悼会,于昨日下午二时假中华职业学校举行。出席者蔡孑民、朱经农、张仲仁、姚子让、钱新之、王云五、胡庶华、方维一、史量才……及团体代表千余人。首由主席蔡孑民致开会词,报告蔡先生与袁先生之交情。观澜先生任普通教育司长,继任次长,先后七年,所任教育部之行政,能一线相承。先生为人切实,诚能动人,后往西洋考察教育,勤求西洋教育之精神。归国后致力于义务教育,笃信力行,至老如一日。先生习矿学,好美术,尝派学生徐悲鸿留学西洋,今且成名矣。袁先生以治科学,好美术,故一生不为物诱。不幸与世长辞,最要之纪念,即在继续先生之志愿及事业而扩大。到会诸君所共有之感想,亦今日开会之本旨也。次潘仰尧宣读祭文。……"(《时事新报》1930年9月29日)

9月29日 致函有正书局总经理狄葆贤（楚青），请代售吴了邮书法作品。

"楚青先生大鉴：径启者，合肥吴了邮君道生，雅善篆书，昔年与吴缶老往还，深相投契。吴君近以经石峪笔意，缩写《金刚经》全文，开阖动荡，笔势洞精。意欲善价出售，以苏旅困。特为绍介于台端。……蔡元培敬启 九月二十九日"。（《致狄楚青函》同日）

"楚青先生大鉴：接复示，承允将吴君所书《金刚经》一部收存，设法代售，至为感谢。……兹吴君尚有屏对数种，谨代开具清单，一统奉上，仍希设法代售。……蔡元培敬启 十月八日"。（《复狄楚青函》同年10月8日）

9月30日 出席上海各团体欢迎樊迪文夫妇宴会。

"上海各机关国际招待会，特于昨晚八时假戈登路大华饭店，公宴樊迪文夫妇，并邀比使华乐思及比总领事等作陪。各机关代表到者计有蔡元培、李石曾、王景岐、武连德、王孝籁、胡庶华、徐宽由、宋梧生、耿嘉基、陈世光、颜复庆、陶百川、刘大钧等百余人。席间中比交谈甚为欢洽。"（《时事新报》1930年10月1日）

同日 以个人名义撰挽谭延闿（组安）一联。

"季茀先生大鉴：惠书敬悉。……组安先生国葬，本院应如何送礼？请杏佛先生询知别机关办法后酌定。弟个人已撰挽联一副，其词如下：

以黄老自然，剂商吴急进，功名非盖一世，而弥患恒在于无形；有亭林奇癖，传常熟书风，年寿纵逊二公，但垂名必同其悠久。（上款用组安先生院长千古 下款用愚弟蔡元培恭挽）弟元培敬启 九月三十日"。（《复许寿裳函》同日）

同日 函请浙省政府主席张静江，按月发放孙宝琦（慕韩）薪金。

"静江主席先生大鉴：径启者，孙慕韩先生旅寓沪上，承台端聘为顾问，深感垂护。惟慕韩先生家累颇重，顷得其来函，谓'自五月起，贵政府未将薪金寄给，深用忧贫'云云，特此代为函达。嗣后慕韩先生薪金，可否按月发给，并恳将五月份以后之欠薪，迅予补发，俾苏困境。……蔡元培敬启 九月三十日"。（《致张静江函》同日）

9月 在中国社会学社成立会的演说词《社会学与民族学》一文发表。（《社会学刊》第1卷第4期）

同月 所撰《〈明清史料档案甲集〉序》刊出。（《明清史料档案甲集》第一册 中央研究院历史语言研究所 1930年印）

同月 请马祀光代撰《二陈烈士碑铭》文。（蔡元培先生抄留底稿）

同月 为《农业推广》季刊题词。

"农业推广季刊 利用厚生 蔡元培题（印）"。（《农业推广》1930年创刊号）

同月 在中华全国职业教育讨论会《开会词》发表。（《教育与职业》第128期）

10月1日 出席交通大学举办的比利时人樊迪文演讲会。

"第二国际领袖、前比国首相樊迪文氏夫妇抵沪后,备受各方欢迎。昨日下午樊氏在徐家汇交通大学,作公开讲演。旁听者有蔡元培及该校学生教员等数百人。讲题为《三民主义与社会主义》。首由黎照寰校长致介绍词,至七时许,始行散会。"(《申报》1930年10月2日)

10月2日 出席故宫博物院保管委员会理事谈话会,并于会后向记者介绍会议内容。

"北平古宫博物院保管委员会理事李石曾、蔡元培、易培基、萧瑜、李宗侗诸氏,昨日下午四时在福开森路三九三号世界学院举行谈话,并邀青岛市长胡若愚氏加入开会,讨论会务,约历一小时许始散。会后新声社记者晤中委蔡元培氏,叩询昨日会议内容及古宫博物院近状。据谈古宫博物会所在北平,理事长为张溥泉氏。今日会议以到会理事不足法定人数,致开谈话会,筹备正式理事会,征求意见,拟具提案。在座各位协商结果,决下次会在京举行。东北有两席,边防司令长官张汉卿氏,亦为本会理事之一,今日特请胡若愚加入谈话会,传达意见。古宫博物院最近保管方法极为完善。至古物保管委员会,系另一组织,主其事者系李石曾、易培基两氏。会所在平,分会在苏州云。"(《时事新报》1930年10月3日)

同日 出席世界学院欢迎比利时樊迪文茶话会。

"世界学院及中法大学两学术团体,于昨日下午五时在福开森路393号会所欢迎樊迪文氏。到蔡元培、易培基、胡若愚、萧瑜、李石曾、马志超、宋梧生、蔡无忌、郑慧珠、王晓籁、张啸林、杜月笙等男女六十余人。由李石曾主席。李氏秘书马、叶两君殷勤招待。会场即在该会门前草地,先集来宾合摄一影,次由大同乐会在该处茅亭演奏国民大乐。"(上海《民国日报》1930年10月3日)

10月3日 函复复旦大学校长李登辉,不能出席该校二十五年纪念会。

"登辉先生大鉴:奉手教,借悉本月十七日下午二时,贵校举行二十五周年纪念会,承赐宠召,至为欣幸。惟弟于十六日欲往首都,不克如命来贵校参与盛典,敬希鉴谅为荷。……蔡元培敬启 十月三日"。(《复李登辉函》同日)

10月4日 应邀出席比利时驻华公使华洛思的宴请。

"前比外长樊迪文,近以外交部长王正廷已于前晚由京来沪,特于昨日上午十时许,偕同比使华洛思,赴霞飞路外交讨论会访谒,当由王部长接见,晤谈时许,颇为欢洽。下午八时半,比使华洛思特假华懋饭店宴请樊氏,并邀中央研究院院长蔡元培,日本代办钟光葵,波兰代办魏登涛,土耳其代办福德培,法总领事柯葛林及王正廷、李石曾、王景岐等夫妇。……"(《时事新报》1930年10月5日)

同日 延请叶恭绰(誉虎)、孔祥熙等人为音乐专科学校基金委员会委员。

"誉虎先生惠鉴:敬启者,国立音乐专科学校自十六年倡办,迄今三载,成绩卓卓,……现值国内战事,财政竭蹶,该校一切建筑设备,均待扩展,而竟以费绌不能进行，殊为可惜。兹与该校同人商洽，佥拟组织国立音乐专科学校基金委员会，主持该校筹募基金一切事宜。素仰先生热心音乐教育，敬恳鼎力襄助进行，无任同感。敬候示复。蔡元培谨启　十月四日。

附：拟推请各委员芳名如下：孔（祥熙）部长、孔部长夫人、王晓籁先生、李石曾先生、张溥泉先生、钮（永建）部长、欧阳荣之先生、杨杏佛先生、叶誉虎先生、赵元任先生、蒋主席夫人、蒋（梦麟）部长、郑韶觉先生、蔡院长夫人、钟荣光先生、戴（传贤）院长。"（《致叶恭绰等函》同日）

10月5日　主持樊迪文在上海的讲演会。

"前比外长樊迪文，昨日下午一时许，应前驻比公使王景岐约，在戈登路大华饭店宴会，并有比使华洛思、参赞薛维巨斯及蔡元培、楚狄青、钱新之、胡孟嘉、俞鸿钧、朱少屏及教育界刘湛恩、章益等五十余人作陪。……宴后，樊氏即至商会讲演，题为《世界和平问题》。计到王晓籁、胡庶华、李权时、徐宽甫等千余人。由中央研究院院长蔡元培主席，杨公达翻译。首由蔡元培作介绍词，次樊氏起立演讲。……"（《时事新报》1930年10月6日）

10月6日　在樊迪文讲演会上的《介绍词》刊出。（《申报》同日）

10月9日　函请陈其采（蔼士）委任马体善职务。

"蔼士先生厅长大鉴：径启者，前由弟介绍马世兄体善，业荷以财政局长甄用审查合格，深感厚谊。……现闻存记各员，均已委竣。马君既荷栽成于前，敢祈始终维持，赐予委用，畀以一局，马君必能积极整顿，竭诚图报，特为陈情，统希裁行……弟蔡元培敬启　十月九日"。（《致陈其采函》同日）

10月10日　出席上海市庆祝国庆十九周年民众大会，并有演说。

"上海国庆庆祝大会日。本市各界民众在市商会举行庆祝国庆大会，到各界代表一千余人。由主席团潘公展致开会词，并敦请中委蔡元培先生，市监委王延松先生演说。是日秋高气爽，风和日丽，到会代表，咸欣然有喜色。"（《申报》1930年10月12日）

同日　与孔祥熙、蒋梦麟、魏道明等，公宴樊迪文夫妇。

"中央研究院院长蔡元培、工商部长孔祥熙、教育部长蒋梦麟、南京市长魏道明，于十日下午七时半，公宴比国前外相、社会党领袖、第二国际主席樊迪文夫妇于南京政府。席间先由机关代表致欢迎词，继由樊氏演说，演词甚长。……继由主席答辞。"（《时事新报》1930年10月13日）

10月11日　函请湖北省政府主席何成濬、湖南省政府主席何键，对该省赴法留学生酌予津贴。

"○○先生主席勋鉴：径启者，兹有贵省自费留法学生黎家训、王光世等，以经济力量有限，欲援贵省留法津贴成案，请予补助，求以一言为介。查该生等有志向学,殊堪嘉尚。现在法国生活程度,较前增高数倍,惟经济不足,实为求学之累。执事培植青年,素具热心,尚望查照前案,酌予津贴……计开学生姓名如下:

鄂籍学生:黎家训、戴守中、程德大、吴济丰。湘籍学生:王光世、刘东佛、谢天。"(《致何成濬等函》同日)

同日 函请江苏省民政厅长胡朴安,委任卢子侨县长职缺。

"朴安先生厅长大鉴:径启者,卢君子侨为北京大学毕业生,曾由弟介绍于钮惕生先生。钮先生本欲以县长存记,而不久离江苏省政府,不及安排。然以卢君之才,于县长最为相宜,特为专函介绍于左右。如蒙酌行委任,不胜同感。……弟蔡元培敬启 十月十一日"。(《致胡朴安函》同日)

同日 本月十日在上海市庆祝国庆节大会上的演说词——《今年庆祝国庆的新意义》——全文刊出。(《申报》1930年10月11日)

10月12日 自上海到南京。

"吴稚晖、蔡元培、易培基、刘瑞恒、李仲公等,于昨乘十一时夜快车晋京。"(《时事新报》1930年10月13日)

"中央监察委员蔡元培、吴敬恒、李石曾,今晨由沪来京,即往中央党部出席纪念周。蔡此来对研究院另有所处理,最近将不离京。"(《时事新报》同日)

10月13日 出席国民党中央党部第八十一次总理纪念周。

"中央党部十月十三日上午九时,在中央党部大礼堂举行八十一次总理纪念周,到中央委员李石曾、蔡元培、吴敬恒、胡汉民、王正廷、李文范、陈立夫、陈布雷、克兴额等,各部处职员及来宾五六百人。吴敬恒主席,行礼后,推王正廷报告。"(《申报》1930年10月14日)

同日 对记者声明此次来南京的目的。

"蔡元培语记者:此次来京,系为中央研究院建筑事,并吊唁谭院长,不日返沪,俟届四中全会开会时,再来京参加。至国民会议问题,须由四次全会解决。余以为国民会议照总理遗嘱应当举行,不过须有充分准备,否则仓猝之间,难免有流弊发生。"(《申报》1930年10月15日)

10月15日 出席国民政府第五次临时会议。会议议决已故谭延闿葬仪事宜等五案。

"国民政府今日午后三时举行第五次临时会议。出席委员王宠惠、胡汉民、戴传贤、陈果夫、宋子文、朱培德、孙科、蔡元培。主席孙科。决议案:(一)决议公布国葬仪式。(二)决议指定紫金山第四峰马腰坡下为谭故院长营葬墓地。……"(《时事新报》1930年10月16日)

10月16日 列席国民党中央执委会第一一三次常务会议。会议议决准南京市党部征求预备党员等四案。

"中央执行委员会今日上午八时,开一一三次常务会议。出席者胡汉民、叶楚伧、孙科、戴传贤。列席者王宠惠、王相龄、林云陔、焦易堂、邵元冲、陈立夫、方觉慧、刘卢隐、克兴额、余井塘、陈耀垣、李文范、朱培德、王正廷、蔡元培、王伯群、邵力子、恩克巴图。主席叶楚伧。决议各案:(一)决议准南京特别市党部自本年十一月一日起,征求预备党员,以两个月为限。(二)决议讨逆军第八路总指挥部所属各级政治训练机关,暂准保留。(三)决议推陈委员铭枢出席下星期一中央纪念周报告。(四)中央监察委员会函送处分党员案件五起,计永远开除党籍者周荣锦、陆一勺、陶国华、宋宏、许永昌……均决议照办。"(《时事新报》1930年10月17日)

10月17日 参加为谭延闿移灵的活动。

"谭故院长灵榇于今日上午九时五分,由谭公馆起移,至正午十二时半送灵行列始达第一公园。到达后,即以此分左右相向,作二行停止,此时灵榇遂由扛夫抬入公园。榇前由谭侄二人,捧灵位先导,次为乐队及中央国府各委、各院部会长官及代表,并谭家亲属等。灵榇达烈士祠礼堂时,两旁乐队均奏哀乐,送灵要人如蒋主席、胡汉民、戴季陶、吴稚晖、李石曾、蔡元培、朱培德、宋子文、张群等数百人,均在灵前依次而立,至下午一时灵榇安置完毕。"(《时事新报》1930年10月18日)

同日 出席中国海洋研究所第二次筹备会议。

"中国海洋研究所自今夏在青岛成立之后,十七日在首都中央研究院开第二次大会。列席者有蔡元培、李石曾、易培基、竺可桢、陈绍宽、蒋梦麟、杨杏佛、宋春舫诸君。宋春舫君报告中国海洋研究所筹备计划,……但无各项开支。当经议决以下各部院各担任二千元:(一)中央研究院。(二)北平研究院。(三)海军部。(四)教育部。(五)工商部。(六)农矿部,分四期缴款,每期五百元。自十月底起至来年一月止。"(《时事新报》1930年10月21日)

10月18日 出席海洋研究所筹委会第七次筹备会议。

"海洋研究所筹委会十八日开第七次筹备会议,有蔡元培、李煜瀛、蒋梦麟、陈绍宽、易培基等出席。决议:开办经费定两万元,前在青岛已筹集一万元,余由各机关出席人员,自由分任。"(《申报》1930年10月19日)

10月19日 代表中央研究院,参加谭延闿公祭仪式。

"皓为公祭谭故院长第二日。晨七时起,各机关相继来祭者,计苏省府代表叶楚伧、首都建委会盾友兰、京市府魏道明、导淮委员会陈人采、建委会曾养甫、总理陵园管理委员会夏光宇、中央研究院蔡元培、蒙藏会马福祥、禁烟会张之江、赈委会许世英、司法行政部朱履和、最高法院林翔、市党部及各级党部杨熙清、各省市党部代表、各团体农工商、各学校等往祭。"(《时事新报》1930年10月20日)

同日 在谭延闿公祭仪式上敬献祭文。

"惟中华民国十有九年十月十九日,国立中央研究院院长蔡元培,率全体职员,谨以鲜花清酌,献祭于故行政院长谭公组安之灵曰:呜呼谭公,本儒林之硕彦,建革命之丰功,处困穷而不屈,惟总理之钦崇。赞襄大业,扫荡群凶,允宜辅万,几执百揆,使三民主义为全国国民之所宗。乃者,大星忽陨,天降□讻,群伦失望,举国忧忡,念平生之交契,徒想象夫音容。尤可感者,扶翼文化,以科学为建设之楚,俾吾侪得肆力以专攻。呜呼谭公,遽辞尘世,而返苍穹。愿精神之永在,牖国人以明德。兹当国葬大典,谨献鲜花清酌,灵之格兮,鉴此敬恭。呜呼尚飨。"(《中央日报》1930年10月20日)

10月22日 由南京到上海。

"蔡元培晨七时,由京抵沪。"(上海《民国日报》同日)

10月25日 出席中国科学社成立十五周年纪念会,并有演说。

"前日为中国科学社成立十五周年纪念日,适逢该社新建之明复图书馆落成,遂邀集本埠社员于三时开十五周年纪念会于明复图书馆。计到社员有蔡孑民、杨杏佛、周子竞、杨元中、王季梁等一百余人。济济一堂,颇为热闹。首由上海社会长曹梁厦致开会词。略谓孔子十五而致学。科学社自产生于色佳以来,于今适为孔圣人志学之年。现在明复图书馆适落成,这个十五岁的小儿可以专心向学了。继介绍蔡孑民演讲。略谓中国少专门科学团体为研究之机关,科学社有十五年之历史,社员包罗万有,宜依据各专科分为小组,为将来专科研究机关之基础。……"(《时事新报》1930年10月27日)

10月28日 主持中央研究院社会科学研究所第十三次所务会议。

"社会科学研究所第十三次所务会议记录。时间:十九年十月二十八日下午三时。到会人:蔡元培、杨铨、凌纯声、朱祖晦、徐公肃、陈翰笙、胡纪常。主席:本所所长。一、建筑本所房屋案。议决:照计划通过。民族学博物馆不在本计划内,将来与自然历史博物馆合办,经费以一万元为限。二、特约研究员胡长青著《陪审制度论》,应予审查案。议决:先请王雪艇先生审查。三、本所迁京现住房应先期通知退租案。议决:现住房屋暂不通知退租,视南京新建筑何时可以落成,再行定夺。四、民族学组整理标本案。议决:民族学组标本俟迁京后再行整理。五、设法搜集中国各地民族学标本案。议决:由民族学组草拟办法,再行审夺。"(《国立中央研究院院务月报》第2卷第4期)

10月30日 主持召开中国公学董事会临时会。

"中国公学校董会,昨晚六时假一品香开临时会。到校董蔡孑民等十人。主席蔡孑民。决议:(一)准马君武辞校长职。(二)选于右任继任校长,末聚餐而散。"(上海《民国日报》1930年10月31日)

10月31日 以中国公学董事会董事长的名义,公布于右任为中国公学校长。

"兹因马(君武)校长辞意坚决,特由本会于本月三十日会议,推选于校董右任

先生为校长。此布。董事长蔡元培"。(《时事新报》1930年11月2日)

10月　为许寿裳(季茀)书写对联。

"山水有灵,亦惊知己;性情所得,未能忘言。

季茀先生正　十九年十月　弟蔡元培"。(台北《美哉中华画报》第149期)

同月　为《全国气象会议特刊》撰写序文一篇。(该刊　中央研究院气象研究所1930年印)

同月　为蒋丙然著《近十年中国之气候》一书作序文一篇。(该书　青岛气象台1930年印)

同月　《怎样才配做一个现代学生》一文发表。[《现代学生》(月刊)创刊号]

11月1日　出席李国绮、沈达时结婚典礼,为证婚人。

"合肥李勤属公孙女公子国绮女士,于昨日下午四时在大华饭店,与江海关帮办沈达时硕士结婚。汪女士奏琴。中央研究院院长蔡子民先生证婚。礼甚庄严。入晚在新新酒楼宴客,到者千余人。"(《申报》1930年11月2日)

同日　为中国公学校长事复函胡适。

"适之先生大鉴:惠书敬悉。承赐箴言,自当铭诸五中,感谢无已。中公事既由云五先生电催马先生速回,能来与否,想即日可得消息。适凌、王二君来,弟已劝其依照马校长嘱托,继续维持(弟尔时尚未读尊函,所见相同),二君亦并无难色。似不必再以校董会名义嘱托之,因一用会名,又非开会不可也。……弟元培敬启　一日"。(《复胡适函》同日)

11月2日　应邀在上海青年会发表《美育代宗教》的讲演。

"上海青年会学术讲演,每星期举行一次,循办已久。此次讲题为《美育代宗教》,主讲者为蔡子民先生。于本日下午三时在该会大礼堂举行。……"(上海《民国日报》1930年11月2日)

11月3日　敦劝于右任速就中国公学校长职。

"吴淞中国公学易长问题,颇惹社会注目。自该校校董会准马君武辞职,另准于右任先生继长后,于先生迟迟未有表示,致学校负责无人。……本月三日,蔡子民先生曾亲往敦劝于氏,早日就职。于先生表示,余本拟不干,但观日来校内复杂情形,余决不辞职。至就职日期,尚未确定。"(《时事新报》1930年11月8日)

11月4日　与胡适一起营救罗隆基。

"今天在蔡先生家午饭,席未散,忽家中人来说有学生为紧急事要见我。我回家,始知罗隆基今天在中公上课,下午一时忽被公安局警察捕去了。我即托蔡先生去寻市长张岳军(群),一面托昆三去寻公安局马袁良。我打电话给宋子文,要他即为设法。……蔡先生也来了,说他就去看张群,愿为保释。时郭德华也持张咏霓函来,会于张宅。时隆基尚未送到上海,但张群允即释放。"(《胡适日记全集》同日)

同日 请马祀光代作《国民革命军第十一军公墓碑铭》文。（蔡元培先生抄留底稿）

11月5日 与宋子文、张寿镛等联名保释中国公学教授罗隆基。

"中国公学及光华大学教授罗隆基,昨日下午一时在吴淞中国公学被捕,即解送公安局,旋即有蔡元培、宋子文、张寿镛等前往具保,张市长亦电令释放,即于六时释出。其被捕原因,系为被人控告反动云云。"(《时事新报》1930年11月6日)

11月6日 发布欢迎于右任就任中国公学校长的《布告》。

"中国公学校董会于本月六日在该校揭示布告云:两年前,本校全体同学打电报,派代表催请不来的于校长右任先生,这一次经校董会推选,和我代表校董会,再三敦劝,各教职员各同学再三欢迎,他才答应我们,准于本月十日到校。他这次是扶病来的。他这样维持本校的热诚,真是我们十二分感谢的。他是本校二十多年的老校董,是本校二十年前的老教员,是本校的最有力量的创办人,是创办本校宣言的起草者,他和本校的关系,比任何人更为密切。他是当代的老诗人,是教育界、新闻界的老前辈,许多有思想的中年青年,都受过他的影响,或受过他的训练。他的一往无前的精神,必能使全校有生气,必能在最短时间,使本校得有最大的发展,这是我们深信不疑的。我们预祝本校的发展,并为本校祝于校长的健康。此布。董事长蔡元培 十九年十一月六日"(上海《民国日报》1930年11月9日)

11月9日 在常熟虞山游览。

"蔡元培来游虞山。中央研究院院长蔡元培,前日过苏,偕同苏坤、张一麐来常游历,寓石梅虞山旅社。当由前任县长庞甸才及瞿士良等,伴往北山之破山寺、三峰寺等名胜处游览。惟天不作美,细雨蒙蒙,蔡等乃冒雨乘轿而去。"(《申报》1930年11月12日)

同日 与吴稚晖、刘湛恩等发起组织注音符号促进会。

"蔡元培、吴敬恒、刘湛恩、欧元怀、陈鹤琴、何炳松等,为促进注音符号之应用起见,特发起组织注音符号促进会。兹将其宣言及简章录下:《宣言》从民国元年教育部开了读音统一会,制成四十个注音字母,是要叫不识字的人容易认字,识字的人统一读音。此后教育界就不断地有国语统一的运动。可是十几年来,知识阶级,还没达到统一的希望,民众的识字,更丝毫没受到影响。本届全国教育会议,知道普及识字别的问题,格外重要,因把注音字母改称注音符号,预备随地拼音,加在汉字旁边,作普及教育的工具,无形中也就把大多数的国音音素传播到民间。在统一国语方面也可得到不少的帮助。现在教育当局已有推行的命令,社会民众也应该有促进的表示,因此联合同志组织这会,希望各界加入,扶助指导,特此宣言。《简章》。(一)本会定名为注音符号促进会。(二)宗旨。本会以研究注音,推行注音符号为宗旨。(三)会员。凡赞成本会宗旨的,经会员二人以上之介绍,得为本

会会员。（四）职员。本会设执行委员九人，组织执行委员会，主持一切会务。……"（上海《民国日报》1930年11月9日）

11月10日 函请胡适，将中公事与于右任商妥。

"适之先生：两函敬悉。弟昨夜从常熟回，今晨赴京，因北大同学会今晚开会也。中公事，请公与于君商妥，弟并无成见。……弟元培敬启 十一月十日"。（《胡适日记全集》同日）

同日 在南京到国民党四中全会总务组报到。

"四中全会报到委员，截至十日止，已有执委胡汉民、孙科、陈果夫、陈铭枢……候补委员王正廷、陈耀垣、张桢、刘文岛、桂崇基、余井塘、焦易堂、马超俊、苗培成、克兴额、陈绍宽、吴稚晖、林森、蔡元培、王宠惠、邵力子、恩克巴图。"（《申报》1930年11月11日）

11月11日 函复沈宜甲，欢迎寄赠欲搜集的材料。

"宜甲先生大鉴：接大函，承欲搜集关于科学及工业材料，寄赠本院，具征热心绍介，无任钦感。将来接洽事宜，当照遵示办理。先此函复，并鸣谢悃。……蔡元培敬启 十一月十一日"。（《复沈宜甲函》同日）

同日 函谢刁敏谦赠书。

"敏谦先生大鉴：前奉手书，并惠大著《两年之新政》多册，至为感荷。是书记载详备，对于本院规划，专章述之，尤见关怀学术。除存留数册外，其余交出版品国际交换处分别转赠，谨此函谢，诸希查照。……蔡元培敬启 十一月十一日"。（《复刁敏谦函》同日）

11月12日 出席国民党第三届中央执行委员会第四次全体委员会议开幕式。

"十一月十二日为中国国民党第三届中央执行委员会第四次全体委员会议开幕之日。……到会委员执委蒋中正、戴传贤、何应钦、胡汉民、孙科……监委吴敬恒、张人杰、蔡元培、张继、王宠惠、邵力子、李石曾等五十四人，各机关代表数百人。"（《时事新报》1930年11月13日）

11月13日 出席国民党第三届中央执行委员会第四次全体会议预备会。

"第三届中央执行委员会第四次全体会议，今日上午八时举行预备会。出席委员刘纪文、蒋中正、戴传贤、何应钦、胡汉民、于右任、叶楚伧、程天放、陈肇英、蔡元培等五十四人。主席胡汉民。决议如下：（一）推定胡汉民、蒋中正、于右任、戴传贤、丁惟汾五委员为四次会议主席团。（二）推定陈立夫为秘书长。（三）全体会议会期自本月十三日起至十八日止。……"（《时事新报》1930年11月14日）

11月14日 出席国民党第三届中央执行委员会第四次全体会议第二次大会。

"四中全会今日上午九时开第二次大会。出席中央执行委员蒋中正、戴传贤、何应钦、胡汉民、孙科、陈铭枢、叶楚伧、朱培德、吴铁城、于右任、宋子文、王伯龄、邵元冲。列席监察委员吴敬恒、张人杰、蔡元培、张继、王宠惠、邵力子、李石曾。列席张学良。主席胡汉民。议决事项：（一）刷新中央政治、改善制度、整饬纲纪，确定最短期内施政中心，以提高行政效率案。（二）中央政治会议条例酌加修正案。……"（《时事新报》1930年11月15日）

同日 主持中央研究院第十一次院务会议。

"第十一次院务会议记录。时间：十九年十一月十四日下午二时至五时半。地点：本院总办事处。主席蔡元培。出席者：蔡元培、杨铨、许寿裳、王敬礼、林语堂、徐韦曼、李四光、陈翰笙、周仁、丁燮林、胡刚复、王琎、王季同、余青松、高平子、竺可桢、傅斯年、胡鸿勋、钱天鹤。开会：主席恭读总理遗嘱。讨论：一、本院各研究所应如何集中，此后三年内之永久计划应如何详细规定案。议决：由各研究所于一个月内规定三年间分年进行之计划，送总干事或组织委员会，参酌情形，汇拟办法，交建筑师绘图，分期实现。二、唐钺提议本院新聘研究员由国外归来者，其川资应否酌量支给案。议决：改为'如川资困难，可酌量先支一、二月份薪水，但应先经过院长批准'。三、工商部转上海中华国货维持会电呈提倡国货注重科学案。议决：由本院复一函，此案当由本院送由政府设立之编译局办理。四、工程所助理员张维龄条陈组织职工医药救济会案。议决：在京沪平三处由各机关各推一人组织委员会，讨论医病、检查身体及组织宿舍事宜。庶务主任为当然委员。"（《国立中央研究院院务月报》第2卷第4期）

11月15日 出席国民党第三届中央执行委员会第四次全体委员会议第三次大会。

"四中全会于十五日上午八时开第三次大会。出席者五十五人，计到戴传贤、胡汉民、何应钦、孙科、陈铭枢、叶楚伧、朱培德、吴铁城、于右任、宋子文、何成濬、王伯龄、邵元冲、朱家骅、张群、刘峙……列席监察委员吴敬恒、张人杰、林森、蔡元培、张继、王宠惠、邵力子、李石曾、恩克巴图。又列席张学良。主席于右任。讨论事项：（一）关于完成总理陵墓工程以及陵园急要建设案。（二）关于民国二十年五月五日召集国民会议案。（三）取消国军编遣委员会案。（四）取消国军编遣委员会，所有陆军整理事宜，由国民政府责成最高军事机关办理。（五）关于完成陇海铁路之计划与经费之筹备案。交政治会议讨论决定。"（《时事新报》1930年11月16日）

11月16日 与胡适、曾孟朴等发起成立中国笔会，并被推为该会理事长。

"笔会之组织，系蔡孑民、杨杏佛、胡适之、曾孟朴、叶誉纬、宗白华、徐志摩、戈公振、谢寿康、林语堂、郑振铎、邵洵美、郭有守诸君所发起，曾选开筹备会。上星期日下午四时在华安八楼开成立会,除发起人外,到有宋春舫、杨哲子、赵景琛、章克标、罗隆基、李青崖、王国华、吴德生、沈亮君等,公推胡适之主席致词。谓五年前在英伦受彼邦笔会之招待,即有组织中国笔会之动机。迨返国内,觉著作家非常散漫,竟搁置至今。近以在外国笔会之会员纷纷言归,乃旧事重提,且以著作家之散漫,更有从早组织之必要,俾思想不同者常得联欢一堂,此在缘起中曾切实言之。又本年世界笔会在波兰开会,知中国已在组织,亦希望能有代表参与,临时乃与蔡孑民诸先生商定,请郭子雄君就近出席。其报告书已寄到,容再发表,此应请会中追认者。次宣读章程,稍有修改,遂通过。复次选举理事七人,蔡孑民、叶誉虎、徐志摩、郑振铎、邵洵美、戈公振、郭有守七君当选,又互选蔡孑民君为理事长,戈公振君为书记,邵洵美君为会计,乃用茶点而散。"(《时事新报》1930年11月19日)

  11月17日 出席国民党第三届中央执行委员会第四次全体委员会议第四次、第五次大会。

  "四中全会于今日上午九时开第四次大会,下午三时开第五次大会。出席执行委员蒋中正、戴传贤、胡汉民、何应钦、孙科……监察委员吴敬恒、张人杰、林森、蔡元培、王宠惠、张继、邵力子、李石曾、恩克巴图。又列席张学良。主席丁惟汾。讨论事项:(一)通过关于党部组织决议案。(二)通过关于党务工作案。(三)东北将领拥护党国有功,其未取得党籍者,应允许入党,由中央委托张学良同志负责调查报告介绍转给党证。(四)本次大会应发布宣言及对党员训令,俾明大会之意义,及了然今后之任务……

  四中全会今日下午开第五次大会,到会人数除陈布雷未到外,余与上午所到者同,由戴传贤任主席。讨论事项如下:(一)蒋中正、胡汉民、戴传贤、王宠惠提刷新中央政治、改善制度、整饬纲纪,确立最短期内施政中心,以提高行政效率案。(二)孙科提请将中央政治会议条例酌加修正案。(三)孙科提关于新建设事业应责成政府各主管部直接办理,不应随时另设独立机关案。(四)王正廷提由政府调集得力军队限于三个月内肃清湘鄂赣豫四省及其他各地共产党案。(五)刘峙提集中人才充实中央干部以资建设案。决议:以上五案经合并讨论,通过刷新政治案及国民政府组织法修正案。……"(《时事新报》1930年11月18日)

  11月18日 出席国民党第三届中央执行委员会第四次全体委员会议第六次大会及闭幕式。

  "四中全会今晨八时开第六次大会。出席委员蒋中正、戴传贤、何应钦、胡汉民、孙科、陈铭枢、叶楚伧、朱培德、于右任、宋子文、何成濬、李文范、邵元冲、王相龄、朱家骅、刘峙、蔡元培、李石曾、刘卢隐、恩克巴图、陈布雷、邓青阳、吴铁城、张群。列席者张学良。主席蒋中正。决议案如下:(一)推选国府主席蒋中正兼行政院长。(二)推选于右任为国民政府委员兼监察院长。(三)刘委员峙提议,请特设黄河流域林务督办于沿河造林增加生产以防水患案。原则通过,交主管机关采纳施行。(四)刘委员峙提议,请设导浚黄河计划,筹定专款,以便进行而兴水利案。交国府饬黄河水利委员会办理。(五)方委员觉慧提统一派遣管理留学生办法案。交常务会议参考……"

"四中全会今(十八日)晨十时续开第七次大会。出席、列席委员同前。胡汉民主席。决议事项如下:(一)通过各级党部及全体党员训令。(二)鲁委员涤平提议设立特别行政区案。决交政治会议讨论。(三)何委员成濬提议整饬吏治案。交国府参考。(四)陈委员耀垣提议设立移民机关,以处理中外侨民出入口一切事宜案。交国府参考。(五)鲁委员涤平提议,建立廉洁政府基本办法案。交国民政府参考。(六)刘委员纪文提议,专设中央地政机关,整理全国土地案。交国府参考。(七)张委员贞提议,根据地价厘定地租案。交国府参考。……"

"十八日下午三时,四中全会开八次大会。到会者执委蒋中正、戴传贤、孙科、何应钦……监察委员吴敬恒、张人杰、林森、蔡元培、张继、王宠惠、邵力子、李石曾、恩克巴图。列席张学良。主席于右任。讨论大会宣言案。决议修正通过。于五时在中央大礼堂举行闭幕礼。到会中委与八次大会同。张学良亦参加。主席于右任。行礼如仪。次于右任朗读宣言毕,蒋中正致闭幕辞。……旋奏乐礼成,摄影散会。"(《时事新报》1930年11月19日)

同日 刘复教授报告南下挽蔡结果——碍难再任北大名誉校长,可任北大研究院院长。

"《刘复教授致各报馆函》。○○报记者先生大鉴:敬启者,顷阅本日各报所载星期一日,复向北大纪念周报告南下挽蔡情形,语意略有不符,兹特将复所报告者节要写出,敬祈刊登,藉此订正,即请台安。刘复敬启 十一月十八日。

复到沪晤蔡先生后,即恳切说明北大师生一致挽留之诚,望其打消辞意,来校主持。蔡先生谓本人与北大关系甚深,此次因国府取消校长遥领办法,事关国家行政大计,不得不辞,实非得已,然所任国民政府委员,一时既无法辞去,目前实难返校,惟有本已往之关系,一切从旁帮助,好在有百年先生在校主持,遇有应行斟酌之处,尽可随时函电相商,在学校之进展上决不至发生障碍。复谓先生愿以私人资格从旁帮忙,固所甚感,但恐全校师生不能认为满足。嗣与蔡先生再三磋商,如目前不能回任校长,为一时权宜计,亦得保留相当之关系,例如名誉校长及研究院院长,亦系保留相当之关系之一法。蔡先生谓本人对此,均可担任,但不知于教育行政上有无窒碍,须一问梦麟,方可定局。复即请其手书一函,携京与梦麟先生磋商,结果是研究院院长可以不成问题,名誉校长则因本年四月中教育部通令取消,碍难恢复。复再三解释,谓普通私立学校之名誉校长,不过请一阔人装装门面,蔡先生是任北大校长多年之人,今请其任名誉校长,实合于欧美大学之 Emerituf,未可一概而论。梦麟先生谓事实虽是如此,但恐外人不察,谓教育部出尔反尔,亦殊难自解。复知此亦部中实在为难情形,未便强求,又回沪晤蔡先生。蔡先生谓既任研究院院长,关系并不中断,名誉校长名义,尽可不必有,此后本人对于北大研究院,固当负责规划,即其他各部分事务,亦必竭诚协助,一如往日,决不使百年先生感觉困难,并允将此意手写一函致百年先生,请其勿再言辞。其时四中全会及中央研究院年会将开会,蔡先生正忙于整装赴京,此函未及写就交复带回,大约稍缓一二日,必可寄到;当时复又向蔡先生言,北大研究院组织法已经评议会通过,且研究所国学门成立已有多年,现在赶紧进行,比能使全院于短期间内成立,彼时先生能否来平一行,以慰全校师生之渴想。彼言当然可以,且可在平小住若干时,俾得与平中诸友及诸同学多多聚首云。"(《北京大学日刊》1930 年 11 月 19 日)

11 月 20 日　自南京到上海。

"蔡元培昨晚乘夜车出京,今晨可抵沪。"(《申报》同日)

同日　访晤马君武,榷商中国公学学潮解决办法。

"中国公学学潮日来颇有转机。因该校董事长蔡孑民氏于四中全会闭幕后,即行返沪,对此次风潮,已完全明白。闻现在正准备开校董会,俾此纠纷早得解决。蔡氏且于前日(二十日)亲至昆明路晤该校校长马君武氏,对解决学潮事,已有一度之榷商云。"(《时事新报》1930 年 11 月 23 日)

11 月 22 日　致函北京大学校长陈大齐(百年)及全体师生,谓"复任校长一节,势难办到",北大研究院事务,"尚可勉力帮忙"。

"百年先生大鉴:径启者,半农先生来沪,面述先生及北大师生挽留弟之盛意,至为感荷。弟与北大关系特深,取消遥领,因关国府行政大计,事非得已,复任校长一节,势难办到。惟北大研究院事务,尚可勉力帮忙,嗣后关于北大研究院之组织,自当助为计划,即其他部分事务,亦当知无不言,以备采用,决不使先生独任其难,务请积极进行,勿再有所顾虑。……弟蔡元培敬启"。(《北京大学日刊》1930 年 11 月 22 日)

同日　函谢叶恭绰(玉甫)赠书。

"玉甫先生道鉴:五日赐函并《清代学者像传》一部,拜领,谢谢。知公专意摄卫,谢绝应酬,未敢渎访。……弟蔡元培敬启　十一月二十二日"。(《复叶恭绰函》同日)

11 月 23 日　为郭有守、杨云慧婚礼作证婚人。

"郭有守博士,于昨日正午,由胡庶华、邵洵美二氏介绍,与杨皙子氏女公子光华大学高材生云慧女士结婚。由蔡孑民氏证婚,胡适之氏代表来宾致祝词。入晚教育部同人等在大加利菜馆设宴公贺。"(《申报》1930 年 11 月 24 日)

11 月 24 日　函复胡适,对已辞中公校长职之马君武,"既往不咎"。

六、大学院院长及中央研究院院长时代(1927—1940)　　937

"适之先生大鉴:惠书敬悉。熊、但二君有弹劾书,弟闻之而未得读。因云五先生既代表辞职,无待弹劾,劝丁馨音先生不必提出会议,故弟亦不复索读。……为得学费而滥收学生,本私立大学通病,但太滥则不免校誉有损。马先生既已辞职,既往不咎,望继任者随时补救耳。……弟元培敬启　十一月二十四日"。(《复胡适函》同日)

同日　函请张立民转告熊十力,中央研究院无空房可供居住。

"立民吾兄大鉴:接手书,知十力先生旧恙屡发,甚念。南京本院总办事处房屋狭隘,并无空室,势不能招待,希转告十力先生谅之。十月薪资,已嘱会计处照汇,想可递到。……蔡元培敬启　十一月二十四日"。(《复张立民函》同日)

11月27日　在南京,出席国民政府中央监察委员会第四十四次常务会议。

"中央监察委员会今晨八时开第四十四次常会。到林森、蔡元培、王宠惠、邵元冲、恩克巴图五委员。林主席。讨论关于党务案五十余件,送中执会办理。"(《时事新报》1930年11月28日)

同日　《国民革命军第十一军公墓碑铭》撰就录寄陈铭枢(真如)。

"真如主席先生大鉴:前接惠函,嘱撰第十一军公墓碑铭,忽已多日。兹谨撰就录奉,即希查收。……蔡元培敬启　十一月二十七日"。

"《国民革命军第十一军公墓碑铭》。国民革命军第十一军久历行阵,夙著忠烈。编制始于一隅,转战遍于各地。削平内乱,皆与有功。有志操则颠扑不破,其精神则诚实无畏,中央嘉之,社会钦之。此皆陈铭枢军长训练有方,故能军心团结,深合于执戈卫国之义,令誉日隆,良非幸致。其间艰难苦斗,死丧孔多,既兴杀场裹骨之悲,益增存殁睽踪之痛。爰于广东省会某山之麓,筑公墓,以为栖幽之所,岁时凭吊,永留纪念,礼也。夫国家养兵蓄士,将以外张国威,内平逆寇。凡属胞泽,被坚执锐,不忌丧元,亦固其分。乃比年以来,境内多故,变乱四起。中央奋起神武,次第戡定,实赖忠勇效命之军士敌忾同仇,遂得肤功立奏。以彼反侧,较此贞诚,劲草卓立于疾风,鸡鸣不已于如晦,瞻对忠骸,有不歊歔感喟者乎。铭曰:维兹军士,秉德淑清,赳赳孔武,视死犹生。生者众矣,不及死国事者之荣;死者已矣,愿销兵气而乐和平。五岭郁郁,三江盈盈,永绥毅魄,归此佳城。"(《致陈铭枢函》同日)

11月28日　自南京到上海。

"交通部长王伯群,中央研究院院长蔡元培、副院长杨杏佛,昨晚十一时乘京沪快车来沪,约于今晨抵站。"(《时事新报》同日)

同日　出席上海美术专科学校创立九周年纪念会。

"上海美术专科学校,二十八日举行创立九周年纪念及新校舍落成典礼。上午九时许,本市党部代表范争波、许也夫,市政府教育局代表张眉孙,该校董代表蔡元培,并来宾戈公振、徐志摩等,均陆续莅校。行礼如仪后,该校代理校长王远勃致开会词并报告该校历史。……次该校董代表蔡元培,来宾戈公振、徐志摩等演说。次各教授各学生代表演说,时鸣钟已十二下,全体参加者数千人云。"(《申报》1930年11月29日)

11月30日　与中国公学学生代表谈中国公学校长问题。

"昨日下午三时,同学会代表谒蔡董事长于极司菲尔路蔡氏私宅,谈话达三小时之久。兹录其谈话如次(下):

(代表问)前日报载蔡先生至昆明路马君武私宅,敦其到校办公是否?(蔡氏答)马先生家内我是去过的,不过是说明校董会此次准他辞职的原因,并不是敦促他到校办公。(问)校董会是否维持原案?(答)校董会的决议案当然维持,绝没有自己决议自己又推翻的。(问)现在校董会既已准马先生辞职,推于先生继任,那么在理论方面,在事实方面,都是应归于先生当手管中公了,加以于先生已经到中公正式宣布维持秩序,何得马君武仍用校长名义发出布告,代表团又大布特布说是马校长复职,到底是怎么样?(答)代表团说的做的都可以做算那么还要校董会干什么!马先生到校是他自己去的,也是没有交卸以前当然的事。(问)代表团何以干涉学校行政,时而逐某教员,时而逐某职员,弄得满城风雨,对否?(答)学校当局应负完全责任。继该代表等即请董事长敦促于校长到校视事。蔡氏答:于先生能够来我们当然是很欢迎,但于先生为国家大事不能分身,我们要找一位新的校长,现在尚没有找到,你们始终避免冲突,爱护学校,这是一桩很好的事体,校董会已完全明白了。不过你们今天回去以后,还是要劝同学安心上课,校董会的开会问题,你们可以不管。"(《申报》1930年12月1日)

12月2日　五子英多出生于上海。(蔡建国:《蔡元培画传》)

12月3日　与杨杏佛、蒋梦麟等联名发起汪亚尘、荣君立画展。

"名画家汪亚尘先生及夫人荣君立女士于民国十七年赴欧考察美术,最近归国携回作品二百余帧。兹由同人等发起先在沪市举行旅欧绘画展览会二星期,陈列英、法、德、比、俄、瑞士及意大利各地杰作八十余幅暨文艺复兴起至近代欧洲代表名画摹写作品五十余幅,恭请各界莅会评览,无任翘企。会期:国历十二月五日起至八日止。会场:上海威海卫路慕尔鸣路口百五十号。

发起人:李石曾　蔡元培　杨杏佛　蒋梦麟同启"(《申报》1930年12月4日)

12月4日　国民政府准免蔡元培北京大学校长本职。

"国民政府四日令,……国立北京大学校长蔡元培呈请辞职,蔡元培准免本职。此令。"(《申报》1930年12月5日)

12月5日　与李石曾共同发起汪亚尘旅欧画展。

"艺苑绘画研究会主任、新华艺专教务长汪亚尘及夫人荣君立,最近由欧归国,携回作品甚多。经蔡元培、李石曾诸先生之发起,在沪举行公开展览会二星期,会

场借威海卫慕鸣路口中社,今日开幕。"(上海《民国日报》1930年12月5日)

同日 函询商务印书馆何炳松(伯丞),可否购印韦丛芜译书稿。

"伯丞先生大鉴:径启者,韦君丛芜,最近译成英国 Edmund Gosse 所著《近代英国文学史》,……未知贵馆欲收购其稿否?书分四册,兹将已印成之一册奉上,希查阅。倘荷收受,韦君希望稿价约在两千元之谱。……蔡元培敬启 十二月五日"。(《致何炳松函》同日)

同日 致函大东书局孟寿椿,荐介陈德荣所译书稿。

"寿椿吾兄大鉴:径启者,陈君德荣,专研心理学,愿以译稿贡献于世。……未知贵书局愿与预订收购其稿否?研究儿童心理之书,需要迫切。陈君对于译事,亦甚细心。谨为绍介,还希酌裁示复。……蔡元培敬启 十二月五日"。(《致孟寿椿函》同日)

12月6日 函请教育部次长李书华(润章),为王代之安排工作。

"润章先生大鉴:径启者,王君代之,旧在巴黎治美术,对于海外艺术运动及国内艺术学校,多所尽力。如贵部秘书、科长等职需人担任,请为王君位置。……弟蔡元培敬启 十二月六日"。(《致李书华函》同日)

同日 函请戈公振邮寄黄仲琴笔会章程一份。

"公振先生大鉴:径启者,黄仲琴君,系前本院历史语言研究所编辑。兹函索笔会详章,特为转达,希即寄与一份,寄至香港康乐道西万松泰转黄仲琴君为荷。……蔡元培敬启 十二月六日"。(《致戈公振函》同日)

12月8日 为马明达所藏小楷法帖《十三行》题跋。

"柳诚悬谓:子敬好写《洛神》,人间合有数本。神物显晦,久少定论。是本行间斑剥处,甚似西湖落水本,圆润可临习,亦不易得之物。

明达先生出以见示,因题记之。"(蔡元培先生手稿)

12月12日 题陈树人所画晋祠周柏。

"蔽芾甘棠歌勿剪,猗傩长楚乐无知。偶然指爪留泥土,记取冥鸿度晋祠。"(蔡元培先生手稿)

同日 题汪亚尘所绘巴黎舞女。

"舞态蹁跹定可人,静中犹自葆天真。重心底要随环境,说法观音遍现身。"(蔡元培先生手稿)

12月14日 主持中国科学社"中国图书版展会"筹备会议。

"中国科学社定于明年元旦日起,在亚尔培路该社明复图书馆举行中国图书版展会。……该会以会期逼近,特于前日又开一次筹备大会。到柳翼谋、汤爱理、狄楚青、吴潮帆等十余人。由蔡孑民主席,杨允中记录。决议事项:(一)拟定会场陈列程序。(二)推定征集人董绶经、潘明训、张菊生、蔡孑民、陈乃乾、王云五、周子

竞、杨允中。(三)陈列品。(四)推定负责保管人……"(《时事新报》1930年12月16日)

同日 就中央大学、中山大学、北京大学三校校务问题答日日社记者问。

"日日社云,本社记者昨晤蔡元培氏于华安公司六楼,询以中央大学、中山大学、北大诸校校务之纠纷,及国府关于文化事业之设施等问题。蔡氏答谓,中央大学,朱新校长已接任,张乃燕现任浙省政府委员。北大已委蒋梦麟为校长。现时三校校务,仍然如故。中国经济落后,工业不发达,文化较之泰西各国当然落后。好在训政开始,国家尽力与人民合作,除对于提高国际地位,发达实业外,并须努力从事文化事业,提高人民教育。目下最主要者,是要有良好之内政;有良好之内政,对内对外一切问题,才易解决云。"(《时事新报》1930年12月15日)

12月16日 出席浙江省政府主席及委员就职式,并代表国民党中央党部致训词。

"新任浙省府主席张难先及委员蒋伯诚、王徵莹、方策、周骏彦、叶琢堂、张乃燕(张道藩、石英未到)等,十六晨在省府大礼堂举行宣誓就职典礼,来宾到五百余人,中央派蔡元培监誓,行政院派郑文礼代表监誓授印。主席郑文礼。行礼如仪,由郑文礼授印毕,行宣誓礼。誓毕,由蔡、郑两监誓员致训词,次由来宾省执委叶溯中致词,末张难先答词,散会。"(上海《民国日报》1930年12月17日)

同日 为南京《民治报》出版一周年题词刊出。

"南京《民治报》出版以来,甚受社会欢迎。其目光正大,议论卓荦,尤注意于外交关系、民生疾苦。如日舰闯入,则大声疾呼,促民众之觉悟;对各国条约修改或废止,则畅发宏论,作政府之声援。又如首倡废止小费运动,力主私娼应救济,而不应罚款诸端,事似细微,意甚深长。以此类推,优点綦多,不遑枚举。盖新闻事业之天职,上以督促政府,下以指导社会。《民治报》依此目标,努力进行,宜其一纸风行,声誉日茂。今值周岁纪念,回顾一年以来之成绩,当益振起以后奋发之精神。《民治报》不因社会之欢迎而自满,社会必因《民治报》之努力激进其欢迎,此可断言者。爰书数语,取证于他日。"(南京《民治报》同日)

同日 自杭州到上海。

"蔡元培昨日下午三时,由杭州乘中快车来沪,即晚九时半抵埠。"(《申报》1930年12月17日)

12月17日 决邀请德国汉堡大学教授但采尔来华从事研究工作。

"季茀先生大鉴:十三日惠函敬悉。……民族学组,自颜复礼君回国后,函告不能再来。因函商旧日莱比锡大学旧同学但采尔(Dr. Danzel)君,近得复函,允于明年九月间来华,并拟于最近十个月间为本院搜集美、非、澳三洲土人物品,埃及、巴比伦、亚西利亚等各种图表,欧洲古代物品及民族图表、人种统计图表等,于来华时带来,而索吾国相当价值之物品为交换品。此民族学之建设,俾益非浅。彼要求月薪八百元,往返两人(渠及其夫人)头等川资,亦不能不允之。请预备一聘书寄至上海(请与杨先生商决),拟封入复函中寄去也。……弟元培敬启 十二月十七日"。(《复许寿裳函》同日)

12月22日 向商务印书馆借展涵芬楼藏善本书。

"菊哥大鉴:奉惠书,敬谂贵体已康复,为慰。……科学社同人均希望涵芬楼善本书参加展览,未知能否设法,敬希酌示。……弟元培敬启 十二月二十一日"。(《复张元济函》同月二十一日)

"菊哥大鉴:晨间奉手示,敬谂涵芬楼善本书吾哥虽未能躬往检理(务请慎重摄卫,同人绝不敢为此要求),而已函商馆中同事设法办理,甚感盛意。……弟元培敬启 十二月二十二日"。(《复张元济函》同日)

12月24日 与胡适商讨中国公学校事解决办法问题。

"适之先生大鉴:别后奉惠书,敬谂阁第安宁为慰。中公目前马先生业已积极维持,无待校董会正式委托。董事长如未得校董会同意,个人亦无正式表示之权。尊嘱弟未敢遵行,云五、南陔两兄亦无此观点,尚希鉴谅。至此校解决方法,拟俟大驾到沪后,召集校董会推诚商讨而后定。梦麟兄想已到北平,北大事当与先生商及,希望有一永久之计划,循序渐进,以造成理想中之北大也。……弟元培敬启 十二月二十四日"。(《复胡适函》同日)

12月26日 函请教育部次长李书华(润章)按月发放张立民薪金。

"润章先生大鉴:奉复示,敬谂贵部特约著作员李详(号审言)、刘开渠二君之月费,蒙允维持,不胜感谢。近接熊子真先生(旧北大印度哲学讲师,现在杭州养病)函,属为张立民君关说。张君所领之款,于熊先生有关,亦请属会计按月照发为幸。……弟蔡元培敬启 十二月二十六日"。(《复李书华函》同日)

12月28日 应邀在推行国历讲演大会上发表讲演。

"上海市各界庆祝国历新年筹备委员会,为积极推行国历起见,定明日(二十八日)起,在市党部三楼举行推行国历演讲大会,连续三天。已请定蔡元培(二十八日)、杨杏佛(二十九日)、王景岐(三十日)等三人,按日于下午二时起,四时止,莅会演讲。"(《时事新报》1930年12月27日)

"昨日(二十八日)为上海各界庆祝国历新年筹备委员会,举行推行国历讲演大会之第一天,筹委会特请蔡元培先生莅临市党部三楼讲演推行国历问题。当日到听讲人众凡三百余人。由市宣传部长杨清源主席报告讲演大会之意义,并介绍蔡先生之道德文章毕,即请蔡先生讲演,词极恳切动听。"(《时事新报》1930年12月29日)

12月29日 函谢张元济(菊生)允将商务印书馆藏善本书借展。

"菊哥大鉴:屡承厚赐,感谢无已。……承选定尊藏善本,送科学图书馆展览,无任欢迎。俟检出后,即行送陈,并不嫌迟也。……弟蔡元培敬启 二十九日"。(《复张元济函》同日)

12月31日 世界学会执行委员会在南京开会,议决聘请蔡元培等三十余人为丛书审查委员会委员。

"世界学会执行委员会昨在南京开会。到委员陈立夫、许寿裳、徐庆誉、孙本文、仇鳌、朱经农、李公朴、刘振东等。议决:(一)推举仇鳌、许寿裳、徐庆誉为常务委员。……(四)聘蔡元培、陈立夫、朱家骅、朱经农、凌道扬、王世杰、颜任光、陈大齐、赵迺抟、秉志、竺可桢、余青松、高士其、李济、张歆海、冯友兰等三十余人为丛书审查委员会委员。"(《时事新报》1931年1月1日)

12月 补题《延平故垒》一律。

"叱咤天风镇海涛,指挥若定阵云高。虫沙猿鹤有时尽,正气觥觥不可淘。

中华民国十六年一月来此凭吊,十九年十二月应李汉青先生之请补题。 蔡元培"。(厦门诗词学会编《厦门名胜诗词选》海峡文艺出版社2007年出版)

同月 为北京大学三十二年纪念题词。

"北大三十二年纪念 温故知新 蔡元培(印)"。(《北大学生周刊》1930年1卷2期)

北大三十二年纪念题词(1930年)

同月　为张季信编著《中国教育行政大纲》一书撰写序文一篇。(该书 商务印书馆 1934 年出版)

同月　所作《以美育代宗教》一文发表。(《现代学生》第 1 卷第 3 期)

本年　推荐刘海粟出席布鲁塞尔国际美术展览会。

"一九三〇年,比利时建国百年纪念,聘请国际美术展览会评审委员,我自巴黎去布鲁塞尔参加了国际会议,也是蔡先生推荐的。"(刘海粟:《怀念蔡元培先生》)

本年　题马孟容画稿。

"吾国文人派与画院派之别:文人之作,大都气韵生动,寄托遥深,而放者为之,或流于疏脱;画院之作,大抵界画精细,描写逼真,而拘者为之,或失之板滞。孟容先生,折衷两派,兼取其常,诚出色当行,有艺术价值也。"(陇西约翰:《蔡元培言行录》)

本年　作挽秋瑾一联。

"巾帼拜英雄,求仁得仁又何怨;亭台悲风雨,虽死不死终自由。蔡元培"。(绍兴蔡元培故居纪念馆藏件)

本年　为《星洲日报周年纪念册》题词。

"星洲日报周年纪念　君子居其室出其言,善则千里之外应之,况其迩者乎!蔡元培题(印)"。(《星洲日报周年纪念册》1930 年)

本年　为宋春舫书字一幅。

"迢递槐江岭,是谓玄圃邱。西南望昆墟,光气难与俦。亭亭明玕照,落落清瑶流。恨不及周穆,托乘一来游。春舫先生正 蔡元培"(蔡元培研究会藏抄件)

本年　为蒯寿枢(若木)书字一幅。

"稍稍枝早劲,涂涂露晚晞。南中荣桔柚,宁知鸿雁飞。拂露朝青阁,日旰坐彤闱。

怅望一途阻,参差百虑依。春草秋更绿,公子未西归。谁能久京洛,缁尘染素衣。

若木先生大鉴　蔡元培"。(蔡元培研究会藏抄件)

本年　为《复旦大学新闻系纪念刊》题词。

"复旦大学新闻系纪念刊　思无邪　言有物　蔡元培题(印)"。(《复旦大学新闻系纪念刊》1930 年)

本年　为《复旦大学附中年刊》题词。

"好学力行　蔡元培(印)"。(《复旦大学附中年刊》1930 年第 1 期)

1931年(民国二十年　辛未)六十四岁

1月1日　出席"中社"开幕典礼式,并有演说。

"中社筹备半载,本年元旦始正式开幕。是日九时,社员来宾齐集下层大礼堂,十时振铃行开幕礼。首由大同乐队奏乐,全体起立唱党歌。主席吴经雄先生读总理遗嘱。行礼如仪毕,主席首贺国家统一,次祝社员健康,继述中社旨趣,以德体智美四育平均发达为宗旨,中社所进行之事业,即以此四项为依归。就现在设备论,虽属具体而微,而将来之发展,须由全体社员努力。……继由蔡孑民、褚民谊、杨杏佛、吴迈诸先生相继演说,至十一时乃摄影而散。"(《申报》1931年1月12日)

同日　主持中国科学社明复图书馆落成暨中国图书版本展览会揭幕典礼。

"明复图书馆开幕于元旦日下午三时举行,到社员及中西来宾二百余人,先在馆门前摄影,而后鱼贯而入大礼堂。由蔡孑民主席。行礼如仪。主席致词。略谓本社在十五年前即已发起,现在南京有生物研究所,做实验工作,陈列标本,常想建一合于科学装置的图书馆,至今日才能实现。今日明复图书馆落成,惜乎孙哲生先生不能到,尚未目睹,盖此馆颇得孙先生之帮助也。此馆纪念胡明复先生,因彼为本社重要发起人,为本社牺牲极大,故本社第一个伟大建筑物即以纪念明复先生;今日又为版本展览会开幕之期,因本社藏书有限,乃商诸北平、南京、杭州、苏州、上海各图书馆,各藏书家,将善本送来陈列。希望明复图书馆将来能成一书版博物馆,如德国、法国,即有此种博物馆。今日极荣幸承比、德两国总领事光临。国人如马相伯先生已九十二,冒风雪而来,吴稚晖先生从南京赶来,均表示热烈欢迎。"(《时事新报》1931年1月11日)

同日　出席中国科学社上海社友新年同乐会。

"元旦晚七时,上海社友及眷属,假新新酒楼举行新年同乐会,到一百数十人。聚餐毕,由曹梁厦主席。首介绍褚民谊演讲,回顾去岁国际的三种运动。……次蔡孑民演说国民政府今年的三大新猷,为:国民会议、大赦政治犯及废止厘金。并提出金贵银贱问题,请各社员研究。最后由褚民谊演幻术三套,出神入化,莫不称奇,会毕摄影而散。"(《申报》1931年1月11日)

1月8日　拟聘叶峤为化学研究所特约研究员。

"接读手书,知修学勤苦,甚念。执事既为研究中药努力,可在本院化学研究所以特约研究员名义,每月借垫国币八十元。除将证书两种及论文送交化学研究所,阅毕由该所直接寄还,并续备聘书外,先此奉复,希察洽。复致　叶峤先生　蔡元培敬启　一月八日"。(《复叶峤函》同日)

"季梁先生大鉴：顷接叶君峤自德国来信，谓研究中药，请本院酌予津贴，并附证书等件。叶君勤学，甚有成绩。除复以在化学研究所以特约研究员名义，每月借垫国币八十元外，兹将证书两种、论文一本、研究中药报告及原信、履历，寄奉察洽。其中应缴还各件，希阅后由尊处直接寄还叶君为荷。……蔡元培敬启 一月八日"。（《致王琎函》同日）

1月9日 主持中华教育文化基金董事会第五次常会。

"中华教育文化基金会于前日（九日）在本埠沧州饭店，召集各董事举行第五次常会，协商一年来会务，并确定今后该会之方针，即于当日下午闭会。出席董事中国方面有蔡元培、蒋梦麟、胡适之、赵元任、任鸿隽等五人；美国方面有司徒雷登、顾临、贝克、孟禄等四人。由蔡元培主席。上午系该会所属各机关如北平国立图书馆、生活调查所、社会研究所、社会调查所各职员报告工作情形，并由该会秘书处报告一年来事业经济状况，下午讨论该会今后之方针。"（《时事新报》1931年1月11日）

"上午九时到下午四点半，在沧州饭店开中华文化基金董事会第五次常会。到会者Dr. Paul Monroe、Messes Leighten Stuart、L. E. Baker、Roger S. Greene、蔡元培、蒋梦麟、任鸿隽、赵元任与我，共九人。是日所议事，最重要的一案为北大补助案。此外则为基金投资问题。晚间，蔡先生请各董事吃饭，在研究院。见着许多老朋友。"（《胡适日记全集》同日）

同日 撰写《刘硕堂墓表》。（蔡元培先生抄留底稿）

1月10日 在亚洲文会的讲演词——《中华民族与中庸之道》——发表。（《东方杂志》第28卷第1号）

1月11日 主持中国笔会常会。

"笔会于昨午在静安寺路雪园开常会。到会员及来宾有狄平子、杨皙子、杨亮工、谢六逸、沈从文、孙俍工、傅东华、陆侃如、张资平、李青崖、孙大雨、姚明达、郑振铎、张振宇等，及虞岫云、吴廉如女士等二十余人。理事长蔡孑民氏主席。胡适之博士演说。……书记戈公振报告会务，乃尽欢而散。"（《申报》1931年1月13日）

"一点到笔会的宴会，见着戈公振、蔡先生、洵美、亮功、寿椿、振铎、赵景深、张资平（初见）、盛成、虞岫云女士、杨皙子先生等人。"（《胡适日记全集》同日）

同日 主持中华职业教育社评议会。

"中华职业教育社于昨日下午六时举行评议会。出席者蔡孑民、刘湛恩、胡春荣、何柏丞、王志莘、杨卫玉、邹恩润、姚惠泉、周开森。主席蔡孑民。行礼如仪。讨论事项……拟设高等实习学校案，邹恩润君说明高等实习教育之必要。刘湛恩君报告沪大筹设商科夜大学计划，及他处办理高等补习教育情形。杨卫玉君谓，可由几个机关联合办理。刘湛恩君谓，本人代表沪江大学极愿与本社合办。蔡孑民君谓,农工等科设备不易,所费较巨。邹恩润君谓,设科宜简,不妨先办商科。黄任之君说明夜大学与高等补习教育之区别,并主张后者较易实现,需费较省,可以先办。前者不妨从鼓吹提倡入手。蔡子民君谓,最好利用已有大学,如沪夜大学将来如果发达,本校商学院不妨移并。江问渔君谓,关于专科方面,当就现有夜校整理扩充。关于夜大学方面,可先组织委员会从事筹备。决议照最后决定通过。……"(《时事新报》1931年1月13日)

1月14日 函请陈其采(蔼士)为王汝昌安置职务。

"蔼士先生大鉴:径启者,无锡王君汝昌,毕业于北京大学经济系,曾充交通总行会计课课员,在交通部关税会议筹备委员会及财政整理委员会办事,并充铁道部南浔铁路机务处文牍股主任。以所学本为经济,而文牍积有经验,服务于先生所筹备之主计处,最为相宜。如蒙量为位置,不胜感幸。……弟蔡元培敬启 一月十四日"。(《致陈其采函》同日)

1月16日 函复杨越川,申请留学补助金需提交书面申请。

"越川先生大鉴:接读手札,知热心教育,创设小学,甚佩。世兄留德,拟向文化基金董事会请求补助一节,须有正式请求书,向会投递,将来开会讨论时,弟自当尽力。……蔡元培敬启 一月十六日"。(《复杨越川函》同日)

同日 函复河南省民政厅长张钫(伯英),遵嘱撰写序文稍缓寄奉。

"伯英厅长先生大鉴:径启者,前承惠赠大著《历代军事诗选》三册,采集菁英,发扬尚武,虽为古人之诗,实具新人之气;养成青年爱国精神,裨益至大,无任钦佩。承嘱序文,自当遵撰,稍缓再寄奉。先此奉复,并鸣谢悃。……蔡元培敬启 一月十六日"。(《致张钫函》同日)

1月17日 鸣谢赵锡恩(晋卿)赠书。

"晋卿先生大鉴:径启者,承惠赠《中华物产地图》及《工商日记》,调查详晰,粲然可观,无任欣佩。谨已拜领,并以《日记》分赠同人,共深感荷。谨复鸣谢……蔡元培敬启 一月十七日"。(《致赵锡恩函》同日)

1月18日 函聘齐铁恨、杜若虚等九人为注音委员会常务委员。

"全国国语教育促进会为提倡注音符号起见,特组织注音委员会,并由该会会长蔡元培先生函聘齐铁恨、杜若虚、郭后觉、简世铿、黎维岳、陆衣言、马国英、彭安农、彭林仙等九人,为常务委员。"(上海《民国日报》1931年1月18日)

1月21日 到南京,规划中央研究院建筑。

"中央研究院自经国府指令集中首都建筑各所址,爰于去年重定建筑方针,先在成贤街建筑院址,更于北极阁建筑社会科学研究所,是项工程,均已先后开始。一俟落成日,即将上海亚尔培路院址,完全迁京,至其他各所新址,均勘定于清凉山,不日亦将兴工。该院院长蔡元培,特于日前来京,亲自规划云。"(《时事新报》

六、大学院院长及中央研究院院长时代(1927—1940)　　947

1931年1月22日)

　　同日　出席国民党中央政治会议。会议讨论对有功革命者给励办法等案。

　　"中政会二十一日晨举行会议。到蒋中正、胡汉民、于右任、孙科、何应钦、张人杰、林森、蔡元培、王宠惠、邵力子、李文范、朱家骅、邵元冲、陈立夫、孔祥熙、王伯群、吴铁城、马超俊等。蒋主席。讨论对有功革命者给励办法"等事项。(《申报》1931年1月22日)

　　1月22日　主持国民党中央监察委员会常会,"讨论党纪案三十余件"。

　　"今日午前中央监察委员会常会开会。到邵力子、蔡元培、王宠惠、林森、张静江等。主席蔡元培。讨论党纪案三十余件,陈德征案亦提出,闻将俟送交中执会后,始能发表。"(《时事新报》1931年1月23日)

　　同日　列席国民党中央执行委员会第一二四次常务会议。会议决议中央党部地址改定明故宫旧址等五案。

　　"今日一百二十四次中常会。出席胡汉民、朱培德、孙科、叶楚伧、丁惟汾。列席林森、王宠惠、王伯群、周启刚、陈立夫、何应钦、邵元冲、朱家骅、张人杰、吴铁城、蔡元培、桂崇基。主席胡汉民。决议案如下:(一)中央党部地点改定明故宫旧址,并委托京市府担任测量。(二)通过审查党义教师资格暂行条例,及审查党义教师资格委员会组织条例。(三)通过北方各省人民团体改组或组织指导办法。(四)通过人民团体职员选举通则。(五)推孔委员祥熙出席下星期一中央纪念周报告。……"(《申报》1931年1月23日)

　　1月23日　出席国民政府第七次会议。会议议决筹设国民会议选举事务所等事项。

　　"二十三日第七次国民政府会议。出席委员林森、胡汉民、蒋中正、何应钦、朱培德、王宠惠、蔡元培、孙科。蒋中正主席。决议案:(一)决议筹设国民会议选举总事务所。(二)决议公布民法亲属编施行法。(三)决议公布民法继承权施行法。(四)决议公布教育会法。(五)决议任命王翰鸣、张志公、张兴仁为军事参议院参议。(六)调任考试院秘书高槐川为考试院参事。……"(《申报》1931年1月24日)

　　1月26日　出席国民党中央监察委员会第四次全体大会。会议修订审查党务通则、细则等议案。

　　"中央监察委员会今晨开四次全体大会。到监委张人杰、王宠惠、张继、吴敬恒、林森、邵力子、蔡元培、恩克巴图、陈布雷、褚民谊。由林森主席。讨论修改审查党务通则、细则事项及关于解释法例各案,通过十二起。另修正审查党务通则一案。定明晨开二次会。"(《时事新报》1931年1月27日)

　　同日　撰《题项孝女墓志铭拓本》文。(《题项孝女墓志铭拓本》)

1月27日　主持国民党中央监察委员会第四次全体大会第二次会议。

"中央监察委员会第四次全体会议二十七日继续开会。到蔡元培、邵力子、吴敬恒、张继、恩克巴图、褚民谊。主持蔡元培、纪录萧吉珊。讨论各案：(一)修正审查党务细则。(二)各级党部呈报处分案时，应将全案卷宗连同证据封送。(三)各级党部职员亏款追缴办法。(四)解释永远开除党籍及开除党籍之区别，旋举行闭会典礼。……"(《时事新报》1931年1月28日)

同日　题明拓曹全碑。

"汉人分书碑，存者尚二十余，各有特性，而以曹全为最隽永。般若兄见告，曾以此本与清初各拓本对校，凡各本漫漶之点，此本尚存半字，殆为明拓，可宝也。

二十年一月二十七日　蔡元培"。(蔡元培先生手稿)

同日　为戴幼侨遗诗题词。

"般若同学以尊人幼侨先生遗诗见视，读之，虽不过百数十首，而自弱冠以至晚年，因寄所托，大略可见。少年服膺濂洛，锐意功业，颇以曾、左自期；及阅世既久，蒿目时艰，萧然有彭泽之思，尚友之咏，并列叔度、幼安、逸少、元亮、青莲五君，而东流柞蚕，屡见篇什，殆亦把酒话桑麻之意态与。五言四言，饶有陶风；其他步韵用韵之作，间涉少陵、东坡、渔洋，而诗句则与渔洋尤近，七律七绝，尤为显然。爱花爱友，感时感遇，吾国诗人公有之感想，亦时时于字里行间见之，诚所谓诗人之诗也。"(蔡元培先生手稿)

1月28日　与邵力子一同接见"为庚款停补回国请愿"的留日学生代表。

"留日学生代表卢福保、何忧、崔紫峰等，为庚款停补回国请愿，已志前报。兹闻各代表于二十七、八两日，谒见中央委员蔡元培、邵力子接谈。大概如下，蔡委员以留日学生困苦既属实在情形，应有设法救济之必要，在外交问题未决之际，留学生宜各自重人格，不应接受日人选拔费，至外交问题解决后，仍以庚款一部分补助留日学生，退还庚款各国，均有先例，当无问题。邵委员以留日学生困苦情形，如此切迫，亟应从速解决外交，盖日人文化事业部存在一日，我国庚款即多一日之损耗云云。"(《时事新报》1931年1月30日)

1月29日　自南京回上海。

"中央研究院院长蔡元培，昨晚由京乘快车来沪，约今晨抵站。"(《时事新报》1931年1月29日)

同日　与杨杏佛、许季茀商议如何答复熊十力暂借住房问题。

"杏佛、季茀先生大鉴：熊十力先生将于阴历正月半携眷来京，然彼于致汤锡予先生函中有云：'须商孑老，于研究院总办事处觅一静室，与我借住'，……彼近又来一函，附有条件：一、须在楼上。二、须可容两人，因有明德学校教员李笑春舍教席而愿从熊先生游，故熊愿与同住也。楼上一层，似尚可设法，楼上院长室占有两间，若归并一间,则较为明敞之一间,可备熊居住。但熊先生以特约研究员之资格,来院暂住,尚属可通,若许李君同住,是否开一后来难以对付之惯例,弟未能决,请两先生酌定见复,以便函告熊先生。……弟元培敬启 一月二十九日"。(《致杨杏佛、许寿裳函》同日)

1月31日 主持中央研究院社会科学研究所第十五次所务会议。

"社会科学研究所第十五次所务会议议决案。时间:二十年一月三十一日。到会人:蔡元培、杨铨、陈翰笙、徐公肃、朱祖晦、凌纯声、胡纪常。主席:本所所长。(一)审查本所三年计划案。议决:各组三年计划草案,由秘书处汇总与各组分别商编。(二)编制二十年度预算案。议决:二十年度预算总数为十三万元。(三)本所分组用费账目逐月报告所务会议,以为审订本所一切研究工作用算预算之根据案。议决:通过。(四)请所中酌拨同人体育设备费案。议决:由所中拨公款二百元充设备费。(五)修改本所报纸材料分类方法案。议决:本所剪报事务由社会学组独自担任,自二月份起剪报人员薪水亦由社会学组担负。(六)聘请严立民先生为本所特约研究员案。议决:通过,月致垫款八十元。(七)添聘文牍员一人案。议决:通过。……"(《国立中央研究院院务月报》第2卷第7期)

1月 为夫人周峻(养浩)之母撰写《周母陈太夫人七秩征文启》。

"……本年二月□日,为太夫人七十岁寿辰,太夫人预戒子女,毋得铺张,故泽青等不敢接受礼物。同人等以君子有赠人以言之例,用就平日所闻太夫人之士行,记起概略,希望当世能文章之君子,各贡所长,以为太夫人寿。"(《周母陈太夫人七秩征文启》)

同月 为《大国师章嘉呼图克驻京办事处月刊》题词。

"化民易俗 蔡元培题(印)"。(《大国师章嘉呼图克驻京办事处月刊》1931年第1、2期)

同月 为《中南杂志》题词。

"中南杂志创刊 文化交流 蔡元培题(印)"。(《中南杂志》1931年第1期)

同月 为金善宝编写《实用麦作学》作序一篇。(《实用麦作学》)

2月2日 中国公学学潮日愈复杂,与其他校董一起提出辞职。

"中国公学学潮,近愈演愈复杂。一月二十九日有以中国公学教职员名义致函校董会,反对马君武者云。闻马于昨日离校。同时有一部分学生将各办公室暂行封闭,冀候校董会派员接收。该校董会亦于昨日下午六时,在沧州饭店开临时会,出席者九人,议决接收蔡董事长孑民先生及校董王云五、刘南陔、高一涵、杨杏佛、丁燮音辞职书,致该校已陷于无政府状态云。"(《时事新报》1931年2月3日)

同日 发表中国公学校董会辞职启事。

"元培等对于中国公学迭次纠纷,无力解决,引咎辞职,业经二月二日校董会临时会议决接受。此后对于校董概不负责,特此声明。

蔡元培　王云五　杨杏佛　高一涵　刘秉麟　丁燮音公启"。(《申报》1931年2月4日)

2月3日　电报教育部中国公学学潮经过情形,声明校董不能负责,一切请教育部处理。

"该校六校董辞职后(蔡孑民亦在内),闻已由董事长电报教育部,声明对于学潮,校董不能负责,一切请教育部处置。并闻教育部陈次长对于学潮真相,已大致明了,昨日回京,预料不日即有解决办法云"。(《时事新报》1931年2月4日)

"案查十九年五月五日,中国公学校董会开临时会,推选马君武先生继任私立中国公学校长,殊马校长于同年六月八日校董会临时会上,因建筑案提出辞职书,经出席各校董退还。同年十月七日,又于董事会六次部会席上声请辞职,亦经劝挽。同年十月三十日,校董会以校中发生纠纷,亟须处理,而马校长远赴日本,不得已召集临时会讨论办法,云五事前曾受马校长恳切委托,代向董事会辞职。董事会以为马校长迭表辞意,此次又托云五代辞,且值校中纠纷迭起之时,飘然远去,其辞意之坚决,可想而知。而当时校中情形,又不可无负责之人,故议决承认马校长辞职之决心,另推于右任为校长。同年十一月十日,于校长到校考察一次,表示不愿就职,曾有辞职书送校董会董事长,而却因公赴陕。其时马前校长仍行回校主持。本年一月二十六日南京《中央日报》及一月二十七日上海《申报》,载马先生对记者谈话,有苦于无人接替之语,其对大部所派查办员,亦有同样之表示。因此,与常务董事马前校长协商,拟由董事长代表董事会接收学校,并拟定大致办法。乃一月十三日接马前校长函告,有详加审查,确觉形势甚不利,恐因此引起学生与董事会大冲突等语。而同日又有所谓学生代表二人,到孑民私宅,留一手条,略谓昨经全体同学公决,对此次学潮如第三者长校时,则誓死拒绝,同时我们并不承认马校长已经辞职等语。自顷以来,校中纠纷,日甚一日。孑民等既不忍坐视,又无力维持,不得已于本月二日校董会临时会中引咎辞职,业经决议接受。孑民等对于中国公学之责任解除,理合备文呈报。且近奉大部敬电,垂询校董会最近经过情形。特节叙大要,仰祈察核,谨呈教育部。私立中国公学校董事长蔡元培,前校董高一涵、刘秉麟、王云五、丁燮音、杨杏佛。"(《时事新报》1931年2月7日)

2月4日　与吴稚晖、李煜瀛等联名呈文当局给予杨笃生特别抚恤。(《吴稚晖先生全集》卷18)

2月5日　教育部电复中国公学蔡元培等校董"照常负责"校务,并派员从事整顿。

"教部前派参事朱葆勤、秘书郭有守赴沪调查中国公学风潮,二日回部报告;又据沪市教育局电称,二日晚学生又生争执;五日接校董会蔡元培及王云五、杨铨、高

六、大学院院长及中央研究院院长时代（1927—1940） 951

一涵、刘秉麟、丁毅音等来函,声明无力维持,向会辞职。教部以该校学生举动越轨,蔑视校董会之决议,非但风纪荡然,即学校亦失成立根据,一面电复蔡等照常负责,执行职权;一面派顾树森、岑德彰等为中国公学临时接管委员,并指定顾为常委,从事整理,由校董会妥拟善后办法。"（《时事新报》1931年2月6日）

2月8日 主持中国笔会常会。

"笔会于星期日正午在雪园开常会。到会员及来宾蔡子民、章行严、程演生、徐志摩、邵洵美、郑振铎、傅东华、张若谷、赵景琛、朱维基、戈公振诸君,及虞岫云女士等。由理事长蔡子民主席。席间章行严谈及东北文艺界近况。……次戈公振氏报告世界笔会得于今年六月在荷兰开会,已寄来修改章程征求意见,又报告其他会务,散会已近四时矣。"（《时事新报》1931年2月10日）

2月9日 致函中央政治学院校长罗家伦（志希）,请准继续借用原晓庄师范校舍。

"志希吾兄大鉴：径启者,顷接中国合众蚕桑改良会南京制种场常宗会函称：'该厂去年在晓庄办有蚕业指导所,房屋器具,均由晓庄师范借用,及该校查封,经教育部仍许继续借用。今春方欲加倍推广,乃报载晓庄师范全部拨归中央政治学校办理乡村师范。可否函托志希先生于原借校址仍予续借。……'特此代为函达,还希察酌情形,量予维持,倘蒙续借房屋,及采用其所陈办法,至为感荷。……蔡元培敬启 二月九日"。（《致罗家伦函》同日）

同日 致函杭州监狱署长陆宗贽,请为沈慕君出具改悔证明。

"宗贽先生署长大鉴：径启者,据沈汪启贞函称,'儿子沈慕君,前因年幼,误入歧途,近在监悔悟,已奉高等法院批示,应依政治大赦条例第八条手续办理。惟查该条例第八条,有须经监所长官证明其确有悛悔之实据一语,乞为致函陆署长,俯为证明,转呈高等法院,冀得释放'云云。特此代为函达。闻沈慕君改悔,出于真诚。还请执事详加查核后,证明转呈,俾得早脱囹圄,不胜感荷。……蔡元培敬启二月九日"。（《致陆宗贽函》同日）

2月10日 函请浙省教育厅长张道藩,给予朱契递补官费留学。

"道藩先生厅长大鉴：径启者,朱君契,为朱逖先先生希祖之世兄,自费留学德国,在柏林大学学习经济,刻苦勤学,时有撰述,近因金价暴涨,私费不易维持,曾持校中成绩证书,请蒋公使移交浙省,请补官费,未知已荷察洽否？朱君才学,甚可造就,还希量为设法,俾得递补官费,遂其好学之志,无任感荷。……蔡元培敬启 二月十日"。（《致张道藩函》同日）

同日 特将《郑延平实录》一书送张元济（菊生）阅读。

"菊哥大鉴：《郑延平实录》已裱好,遵命先奉览,览毕祈仍送弟处。拟先送历史研究所考订后始复印。他日或由研究院出版,或由商务印书馆出版,看研究所之工

作到如何程度而定之,谅荷赞同。……弟元培敬启 二月十日"。(《致张元济函》同日)

2月11日 鸣谢驻沪德国总领事丰里德赠阅杂志。

"丰里德先生大鉴:接读大函,并承惠寄贵国杂志一份,至感厚谊。鄙人对于是项杂志,甚为喜阅,披览既竟,谨复鸣谢。……蔡元培敬启 二月十一日"。(《复丰里德函》同日)

2月13日 函请河南省政府主席刘峙(经扶)派员参加与保护安阳古物发掘工作。

"经扶主席先生大鉴:径启者,关于发掘安阳殷墟办法一节,前经面商台端,承慨允继续履行,具见关心考古,扶翼文明,至深钦佩。兹以敝院历史语言研究所拟于本年三月初旬,前往彰德筹备继续发掘事宜,依照预定办法,按序进行。除备正式公函外,相应函请查照前案,迅予派员参加,以竟全功,无任公感。……"(《国立中央研究院院务月报》第2卷第8期)

同日 认购中华康健会筹募基金游艺会入场券。

"径启者:接颂大函。具悉贵会筹募康健医院基金,举行游艺大会,甚佩热心。承寄入场券,由弟自购一元券五张,兹奉上银五元,希察入。尚余二元券二十张、一元券十五张,谨璧还,祈收回为荷。此致 中华康健会……蔡元培敬启 二月十三日"。(《复中华康健会函》同日)

同日 函询教育部次长李书华(润章),近来是否按月致送特约著作员江绍原薪俸。

"润章先生次长大鉴:径启者,贵部近来对于特约著作员江君绍原之月俸,是否按月致送,抑系比较迟发? 敬希示及。因江君嘱为探询,用特函达,诸维察之。……蔡元培敬启 二月十三日"。(《致李书华函》同日)

2月14日 主持中国公学校董会议,修改董事会章程,并选举邵力子为中国公学校长。

"中国公学校董会昨日下午由教育部接管委员顾树森、朱应鹏、岑德彰召集谈话会。到蔡元培、朱经农、刘南陔、王云五、高一涵、叶葵明等。由顾树森报告接管经过,并与各校(董)商议善后问题。旋各董事正式开董事会,由董事长蔡元培主席。通过各案:(一)接受于右任校长辞职书。(二)选举邵力子为校长。(三)接受丁燮音校董辞职书。(四)指定刘南陔为校董会秘书。(五)修改会章,校董人数十五人改为十五人至十九人。(六)加推陈果夫、邵力子、潘公展、朱应鹏、吴开先为校董。(七)电催邵力子校长接事,并定近期内开校董会,商议一切善后问题。"(《时事新报》1931年2月15日)

同日 分别致电刘湘、刘文辉、龙云等,介绍美国卫阁德等五人往川滇进行科

六、大学院院长及中央研究院院长时代(1927—1940) 953

学考察。

"重庆刘督办、成都刘主席、昆明龙主席勋鉴：美国公使介绍卫阁德等五人来华考察动物学及人种学，经敝院及外、教两部严密会订限制办法，并由外、军两部分别发给考察及械弹护照，现由沪经重庆至川、滇二省，希台洽，并酌予保护为荷。中央研究院院长蔡元培。寒。印。"(《国立中央研究院院务月报》第2卷第8期)

2月15日 出席上海市教育局等二十二团体欢迎美国教育家华虚朋宴会。

"美国教育家华虚朋博士于前晚抵沪，……今日下午六时市教育局、中华儿童教育社、沪江大学、寰球中国学生会等二十二团体，在银行公会举行公宴，由徐佩璜局长主席，蔡孑民先生演说云。"(《时事新报》1931年2月15日)

"上海市教育局等二十二公团，于十五日晚在香港路银行公会俱乐部，欢宴华虚朋博士。到徐佩璜、刘湛恩、朱少屏、蔡孑民等六十余人。华氏偕三公子于七时许到会。由徐佩璜局长主席。宴毕，主席致词，继华氏讲演。"(《时事新报》1931年2月17日)

上海留影(1931年)

2月17日 函复驻沪德国总领事，谓可用中德友谊会名义开展文化交流活动。

"丰里德总领事台鉴：奉本月十一日惠函，询及中德文化密切合作团体之组织，甚佩盛情，鄙意即可利用中德友谊会之名义，而充实其内容。现今已有每月一次之讲演会，若稍加扩充，陈列两国新闻纸及杂志，渐渐进行图书馆及美术展览会等事，似最稳妥。在中国方面，鄙意推举同济大学校长胡庶华先生担任筹备员。贵国方面，请先生推定一人。……二月十七日"。(《复丰里德函》同日)

2月19日 主持中国公学校董会议，讨论校事并聘请朱经农为该校副校长。

"中国公学校董会于十九日下午开董事会。到董事蔡元培、邵力子、潘公展、吴开先、朱应鹏、叶揆初、朱经农、王云五、刘南陔。由蔡元培主席。议决案：王云五、刘南陔、胡适之三校董辞职，均挽留。指定朱经农为校董会秘书。补推潘公展为常务董事。聘请朱经农为副校长。"（《时事新报》1931年2月21日）

同日　函请李书华（润章）、孙科（哲生）、陈布雷等，恢复发放《中国评论周报》津贴。

"润章先生次长、布雷先生、哲生部长大鉴：径启者，《中国评论周报》前荷贵部给予津贴、广告费，嗣因中央财政困难，暂停给发。……现值战事甫平，中央财政渐舒，该报拟请贵部恢复津贴、广告费，俾兹发展。特此代为函达，想执事素重言论机关，当荷允许。……蔡元培敬白　二月十九日"。（《致李书华等函》同日）

2月20日　出席北平民国学院校董会。

"北平民国学院校董会二十日晨开会，到胡汉民、孙科、王宠惠、李煜瀛、张继、蔡元培等。张继主席。议决：（一）通过校董会组织章程，向教育部备案。（二）推张学良为名誉校董。谭延闿病故、阎锡山开缺、熊希龄解职，故推王家桢、戴国璋、周震麟、曾杰四人补充。"（《申报》1931年2月21日）

同日　函告胡适，曾函托张群设法开释胡也频并请胡适继续担任中国公学董事会常务董事。

"适之先生大鉴：自京回沪，大驾已北上，不克恭送，甚歉。沈从文君到京，携有尊函，属营救胡也频君，弟曾为作两函，托张岳军设法，然至今尚未开释也。……中公事闹到弟等无办法，一辞了事。然教育部派员接管后，为举出校长计，除丁燮音兄外，我等均不能不复职。十九日开会，弟提出先生及云五、南陔两兄之辞职书，均不为全体校董所接受。王、刘两函，已由本人收回，尊函亦奉璧，并常务校董亦仍请先生担任也。……弟元培敬启　二月二十日"。（《致胡适函》同日）

同日　为邵可侣编《近代法国文选》撰写序文一篇。（该书 中华书局1932年出版）

2月21日—22日　在苏州出席中华职业教育社专家讨论会。会议对各种职业教育分别议有办法。

"中华职业教育社本届在苏州开专家会议。二十一日该社社员黄任之、姚惠泉、王星驰、吴粹伦、黄齐生、杨卫玉、黄竹铭、潘建卿、刘湛恩、蔡元培、胡庶华、王志莘、潘文安、顾名、胡春藻等一行二十九人，依照原定计划乘道探梅邓村，于舟中讨论各案。名人逸趣，尽多珍闻。此行结果并决定在县善人桥组设农村教育改进社。议决各案，则即提请国府会议通过施行。当舟经木渎时，登陆至民教馆参观，后遂开始讨论议案，对于工商教育、农村教育、职业指导、补习教育、职业教育推行等五项三十九案，一一分别议有办法。议案中尚有关于女子职教一项，因在场会员中均系男子，情形未免隔阂，故决定留待再议云。"（《时事新报》1931年2月24日）

六、大学院院长及中央研究院院长时代(1927—1940) 955

"中华职业教育社,每年有专家会议一次,今春会议定二十一、二十二两日在苏州举行。兹将情形〔记〕如下:(一)第一日会议。出席人员:蔡元培、胡庶华……开会情形:二十一日上午赴者已先后抵苏,寓花园饭店。午刻由县长王云僧、社会调查处乔嘘农、邑人张仲仁公宴于该饭店。餐后即赴留园,于二时一刻起振铃开会,推蔡元培、胡庶华、刘湛恩为主席。首江问渔报告提案,计关于工商者五项,农村者九项,职业指导者十项,补习教育者五项,职业教育推行者十项,女子职业问题六项,并提本社要否推举委员起草宣言,以引各方之注意,并明了本社之主旨,……时间有限,请照前次办法,每人应尽精彩发表,而以三分钟为限,众赞成,以是先后发表,至五时余摄影散会。(二)各团体之欢迎。散会后,赴三元坊苏州中学赴十二团体之欢迎会。六时半振铃开会,由苏中汪校长主席,邑人张仲仁致欢迎词,先后由蔡子民、胡庶华、刘湛恩、何玉书四人演说,至八时余散会。(三)第二日游览会议。二十二日上午八时,在花园饭店集合,即登大船出发,同行共二十九人。新任广西会办伍廷飚氏及其眷属等,亦同时向光福镇出发,经胥门镇省立农具制造所,乃登岸参观,由该所所长周丞佑引导详加说明。复下船前进,午刻至木镇,在该处石家饭店午餐。餐后往光福镇,至四时余行抵该处,乃游览龟山光福寺等名胜。"(《申报》1931年2月23日)

2月24日 谢绝列名中国气象学会董事会董事。

"径复者:前接大函,借悉贵会成立董事会,并推弟为董事,深感雅意。惟弟于气象学素少研究,既非专门学者,自乏多量赞助,董事之职,所不敢居,敬请不必列名。特此函谢,诸希查照。此致 中国气象会。 蔡元培敬启 二月二十四日"。(《复中国气象学会函》同日)

同日 函复广东连县初级中学生邓立德,声明从未寄发诗谜征题。

"立德兄大鉴:接读手书,并应征诗谜,具见善用心思,惟鄙人并未出诗谜题,尊札恐有误投,兹特缴还,请查明别寄。……蔡元培启 二月二十四日"。(《复邓立德函》同日)

2月25日 《与〈时代画报〉记者谈话》本日刊出。(《时代画报》第2卷第3期)

2月26日 列席国民党中央执行委员会第一二九次常务会议。会议议决推方觉慧视察贵州省党务等五案。

"中央执行委员会二十六日上午八时,举行第一二九次常务会议。出席者胡汉民、戴传贤、朱培德、丁惟汾、孙科、于右任。列席者张道藩、王宠惠、丁超五、马超俊、朱家骅、王正廷、陈立夫、蔡元培、刘卢隐、孔祥熙。由戴传贤主席。议决案如下:(一)视察贵州省党务褚民谊因另有任务,改推方委员觉慧兼往视察。(二)派阮肇昌、李松山、张彬、徐为炅、杨明芳、栾鉴莹、张豫学七人为陆军第五十五师特别党部筹备委员。(三)派罗霖、易秉乾、胡良玉、席秉钧、刘丕烈五人为陆军第七十七师特别党部筹备委员。(四)特派源泉、马登瀛、韩昌俊、徐继武、张震汉、林涛、丁志磐七人为陆军第四十八师特别党部筹备委员。……"(《时事新报》1931年2月27日)

同日 出席国民党中央监察委员会常会。会议议决"处分党员"办法等十余案。

"中央监察委员会今日常会。到蔡元培、王宠惠、陈布雷。王宠惠主席。决议处分党员及解决处分办法等十余案。"(《时事新报》1931年2月27日)

2月27日 自上海赴南京。

"李石曾、蔡元培、陈绍宽均于昨晚乘夜快车返京。"(《申报》1931年2月28日)

2月28日 声明退出中国天文学会,不再列名该会会员。

"径复者:前接大函并会员调查书,嘱为填就等语。培于天文学,素少研究,既非专门学者,前虽列名会中,毫无贡献,深以为愧。谨声明出会,嗣后请不必列名会员。兹将调查表附还,即希收回为荷。此致 中国天文学会 蔡元培敬启 二月二十八日"。(《复中国天文学会函》同日)

2月 为鲁德馨编《医学名词汇》撰写序文一篇。(该书 中国科学图书仪器公司1931年印行)

同月 为《中南杂志》题词。

"中南杂志创刊 文化交流 蔡元培题(印)"。(《中南杂志》1931年第1期)

同月 为《浙江保安月刊》题词。

"浙江省政府保安月刊 期臻上理 蔡元培题(印)"。(《浙江保安月刊》1931年第2期)

3月1日 《中华职业教育社宣言》全文发表。

"本社同人努力研究提倡并试验职业教育,亦既有年,平昔屡以一得之愚,条陈政府,贡献社会,不敢惮烦。兹值战事告终,全国统一,更应群策群力,谋民生主义之实现,弭国家危患于无形。适本社有专家会议之举,集合众思,慎重考虑,会议结果,一致主张对于政府、对于社会,本所经验,掬诚宣言。……中华职业教育社专家会议主席蔡元培、胡庶华、刘湛恩等四十二人同启。"(《教育与职业》第122期)

3月2日 出席国民会议选举总事务所主任、干事等就职宣誓仪式。以监誓员致训词。

"国民会议选举总事务所主任戴传贤,副主任孙科,总干事陈立夫,干事谢健、史尚宽、史维焕、王子壮、区国梁、梁寒操、狄膺,审计部长茹欲立,举行宣誓就职礼。监誓员蔡元培,主席蒋中正及各就职人员,依次就位,行礼如仪。主席恭读总理遗嘱,先行授印礼(主席授印,戴主任、茹部长依次接印),再行宣誓礼。宣誓毕,即由监誓员致训词。略谓:国民会议为国父遗嘱所定,本应早日举行,因种种障碍,竟延至此时才决定于五月间开会,殊觉有愧。参加会议的分子,我们希望都能了解革命的意义及本党的主张,将来的决议才能符合主义,适合国家的实际需要,所以筹备选举,责任是十分重要的。戴、孙、陈诸同志,均系本党有历史,而且是很有学识经验的,现在负此责任必能胜任愉快,以副全国国民及本党之期望的。至于财政之能否收支得当,并有明确之统计,关于国家之前途者甚大,审计部就是来专负这个责任。茹部长学识经验均极丰富,将来在计政方面,相信必能收优良之效果。"
(《申报》1931年3月3日)

同日 列席国民党中央执行委员会第一三〇次会议,被推为约法起草委员。

"中央执行委员会二日上午十一时,举行一三〇次常务会议。出席委员丁惟汾、叶楚伧、朱培德、于右任、戴传贤、孙科、蒋中正。列席者李石曾、周启刚、克兴额、吴敬恒、张人杰、王正廷、蔡元培、陈立夫。主席丁惟汾。探录决议案:(一)蒋委员中正、戴委员传贤等十二同志提议召集国民集会,应于三民主义的训政范围以内,确立本党与全国人民共同遵守之约法,以树久安长治之宏规案。决议通过,并推定吴敬恒、李石曾、于右任、丁惟汾、王宠惠、蔡元培、叶楚伧、邵元冲、刘卢隐、孔祥熙、邵力子等十一同志为约法起草委员,由吴敬恒、王宠惠召集。(二)胡汉民同志因积劳多病,又值国民会议即将开会,不足膺重要繁剧之任,辞国民政府委员、立法院长本兼各职案。决议通过。并选任林森同志为立法院长、邵元冲同志为国民政府委员兼立法院副院长。……"(《时事新报》1931年3月3日)

3月3日 主持国民党中央监察委员会议。会议议决解释党纪案十五件。

"中监会今日午后开会。到王宠惠、蔡元培、李石曾。蔡元培主席。决解释党纪案十五件。陈德征案尚在侦察,一时不议。"(《时事新报》1931年3月4日)

3月4日 自南京到上海。

"中委蔡元培,昨晚由京乘夜快车来沪,约今晨抵站。"(《时事新报》1931年3月4日)

3月5日 函复王亮(希尹),中央研究院不能借款出版其先人遗著。

"希尹我兄大鉴:接读手书,知尊大人遗著亟谋刊布,甚善。惟本院方面,无法借款。如欲向文化基金会请求援助或借贷,须速具正式请求书,径送北平南长街二十二号该办事处,以便开会时讨论。……蔡元培敬启 三月五日"。(《复王亮函》同日)

3月8日 挽劝杨铨(杏佛)勿辞中央研究院总干事职。

"孟真、元任、寅恪、济之诸先生鉴:奉惠书,对于杏佛先生辞总干事之提议,诚恳挽留,实获我心。杏佛先生曾正式提出辞状,弟竭诚挽劝,将辞状退回,并由周子竞先生等敦劝,杨先生已取消辞意,照常服务矣。……弟蔡元培敬启 三月八日"。(《复傅斯年等函》同日)

3月9日 函请教育部次长李书华(润章)、中央宣传部副部长陈布雷,准拨杭州艺术专科学校经费及欠发各费。

"润章、布雷先生次长大鉴:径启者,顷接艺术专校林风眠先生函称,'敝校因经费竭蹶,设备简陋,亟须设法扩展,故于编造二十年度预算,酌量增加,计全年经费三十六万九千元。又因校舍不敷,拟增筑教室、宿舍、礼堂,请临时费九万一千余元;能否邀准,尚未可知。乞转函教育部,请其俯察困难情形,核准增加。又十七年度之积欠经费二万一千余元,及十九年十一、十二两月经费,并乞转函催请速发'等语。艺术专校,僻在西湖,……所请增加经、临两项预算,还须俯予核准,其欠发各费,亦请与音乐专校一律待遇,设法筹拨。特代函达,诸维裁察施行,不胜感荷。……蔡元培敬启 三月九日"。(《致李书华、陈布雷函》同日)

3月10日 自上海赴南京。

"蔡元培、褚民谊,于昨晚夜快车返京。"(《申报》1931年3月11日)

3月11日 致函王一亭,请将中央研究院藏吴道生篆书选入中日书画展。

"一亭先生大鉴:报载日本举行中日书画展览会,中国出品,由先生处集中选定。……本院藏有吴道生君篆书,兹特送奉四册,即希查阅甚盼入选。倘因格式不合,还请费神寄回,并先惠复为荷。……蔡元培敬启 三月十一日"。(《致王一亭函》同日)

3月12日 在南京,出席孙中山先生逝世六周年纪念会。

"三月十二日上午八时,中央党部举行总理逝世六周年纪念会。到中委蒋中正、于右任、周启刚、蔡元培、王宠惠、邵力子、马超俊、朱培德、邵元冲、余井塘、丁惟汾、吴稚晖、孙科、褚民谊、克兴额等,及机关来宾,党部全体职员共八百余人。于右任主席。奏哀乐行礼开会如仪毕,即由吴稚晖报告。"(《时事新报》1931年3月13日)

3月13日 自南京到上海。

"王正廷、蔡元培、杨杏佛、陈绍宽,于昨夜一时由京乘车来沪,今晨七时可到。"(《时事新报》1931年3月14日)

同日 出席第十四次国民政府会议,讨论编制二十年度总收入预算书等问题。

"十三日晨,第十四次国府会议。出席委员王宠惠、朱培德、蔡元培、邵元冲、蒋中正、于右任。主席蒋中正。……决议:一、责成财政当局及管理收入之院部会,根据最近年度收入实况,编二十年度国家总收入预算书送核,无许缺略。二、责成军事当局,根据现有兵额,采尽量缩小单位编制,造具二十年度军费经常预算,另将现在剿匪费用及裁遣军事高级机关费用,编造临时预算。三、严定编造预算违误程限罚则,逾限者免官。……"(《申报》1931年3月14日)

同日 与李石曾、褚民谊等联名介绍岳仑雕刻展览会。

"蔡元培、李石曾、邵力子、褚民谊、熊希龄、易培基等,介绍岳仑雕刻展览会:岳仑先生新近由法归,携有作品多件,定于三月十三日午后三时起至三月二十三日止,在上海法租界环龙路十一号法国学校大厅,举行个人雕刻展览会。同人等以今日时有个人或团体之绘画展览会,而于雕刻一艺,除故有之佛像塑刻外,几无可供献者。岳君本天赋之才,研究八载,已得奥妙,且获巴黎沙龙最优等奖,则有成绩宜有以飨国人也。"(《时事新报》1931年3月15日)

3月15日 主持中央研究院社会科学研究所第十六次所务会议。

"社会科学研究所第十六次所务会议议决案。时间:二十年三月十五日。到会人:蔡元培、杨铨、凌纯声、朱祖晦、徐公肃、陈翰笙、胡纪常。(一)杨树浦住宅调查现已将草棚部分整理完竣,成书一册,定名为《杨树浦之草棚》,请求组织委员会审查案。议决:请蔡正雅、杨杏佛、陈翰笙三先生审查。(二)请周其镛先生顺便在南洋群岛搜集民族学标本案。议决:通过购置标本费以一千元为度。(三)本所前研究员陶孟和先生主持之杭嘉湖调查及助理员樊弘编著之《工资理论》,由北平社会调查所出版案。议决:通过。"(《国立中央研究院院务月报》第2卷第9期)

同日 出席清寒教育基金委员会委员会议,讨论招考新生名额及办法。

"吴蕴初君发起之清寒教育基金,其情形已记前报。十五日委员会假天厨味精厂集会讨论进行办法。到蔡子民、沈信卿、胡庶华、蒋维乔、徐新六、曹梁厦、徐善祥、张逸云等十余人。席间,吴君发表除担任基金外,再以本人在天原电化工厂应得之薪资,悉数拨充特别捐,依此计算,第一期招考免费生额,可扩充至十四人。次加推徐新六君为保管基金委员,至于招生办法推定徐佩璜、徐名材、徐作和三君,组织考试委员会主持云。"(《申报》1931年3月16日)

3月17日 致函蒋梦麟商请北京大学准予魏峥峨补行毕业考试。

"梦麟吾兄大鉴:径启者,顷接前北大学生魏峥峨函称,'前在北京大学地质学系肄业,于民国十四年习完功课,因急事回家,未及考试,直至去年十月间,始往北平母校请求补考,而校中谓过期已久,不能补考。……恳请函致北大当局,特予通融,俾得补考'云云。查魏君系新加坡华侨,知在祖国求学,情甚可嘉,倘能稍予通融,亦足以昭激劝。务望量为设法,……蔡元培敬启 三月十七日"。(《致蒋梦麟函》同日)

3月18日 致函国民政府司法院长王宠惠(亮畴)、江苏省高等法院院长林礼源,谓潘邠案"无另组织临时法庭之必要"。

"亮畴、礼源先生院长大鉴:径启者,潘邠被控一案,闻将依照党员背叛条例第七条,由中央执行委员会组织临时法庭审判,未知确否?查此案先由省府发觉,依法发交镇江法院检察官侦察起诉,并经法院判决。既已经过法定程序,何以忽变办法?还望执事量予维持,但使潘邠受应得之罪。似无另组临时法庭之必要。特此

函达,诸维酌裁为幸。……蔡元培敬启 三月十八日"。(《致王宠惠、林礼源函》同日)

3月19日 出席大同大学建校二十年纪念会,并在会上发表演说。

"大同大学于昨日上午十时,在其新建之知方体育馆举行二十年纪念典礼。到者有校董马相伯、蔡孑民、赵晋卿等,市长代表、市党部代表、教育局代表、上海各大学校代表、校友学生等共三千余人。首由曹惠群校长报告,说明该校庆祝二十岁生日之意义及校史大略,次由该校校董马相伯、蔡孑民,市长代表岑君,市党部代表华君等相继演说。"(《申报》1931年3月20日)

同日 函询化学研究所能否为叶峤留一中药研究的席位。

"季梁先生大鉴:顷接叶君峤来函,谓化学研究所嘱调查德国对于中药研究情形,当汇集以报。又谓本年暑期,决意返国,化学研究所能否留一席地,俾得继续分析中药云云。所中是否需要是项研究人才?还希酌量示及,以便转复为荷。……蔡元培敬启 三月十九日"。(《致王琎函》同日)

同日 为《进步英华周刊》题词。

"进步英华周刊 文化隶通 蔡元培题(印)"。(《进步英华周刊》1931年第20期)

3月20日 函请上海特别市长张群(岳军),准予租赁民房之庵观展期一年停闭。

"岳军先生市长大鉴:径启者,顷接袁希濂律师函称,'上海市政府令市内所有租赁民房之庵观,于十九年年底一律停闭。嗣由佛教会呈请内政部,准展期于二十年三月底停闭。现由毘卢寺守贞会同各寺僧,呈请佛教会转呈政府,恳再展期一年,……请代向市府关说,俯予批准'等语。上海僧徒种类不一,坏者固须淘汰,良者似不妨畀以自由。袁君所说似亦有可采处。如蒙酌行,曷胜盛幸。分别淘汰,去恶留良,甚为钦佩。但三月底之限期似太迫促,可否展期一年,尚祈斟酌施行为幸。……蔡元培敬启 三月二十日"。(《致张群函》同日)

同日 函复刘海粟,因经费支绌,无力津贴滕固的研究工作。

"海粟先生大鉴:接读手书,知发扬艺术,价重外邦,无任欣慰。承示滕君固请本院津贴一节,本院现因经费支绌,种种计划,皆受限制。津贴滕君,实苦无以应命,诸希谅之。滕君处已直接致复矣。……蔡元培敬启 三月二十日"。(《复刘海粟函》同日)

"径复者:拜读从刘海粟先生处附来大函,借谂执事研究西方历史,费用不足,深为系念。惟本院经费支绌,实苦无力补助,未能遵嘱为歉。诸希谅之。此致 滕固先生 蔡元培敬启 三月二十日"。(《复滕固函》同日)

3月24日 自上海赴南京。

"中委蔡元培、中央宪兵司令谷正伦及上海地方自治训练所学员百人,均乘昨晚夜快车晋京。"(《申报》1931年3月25日)

3月25日 出席国民党中央政治会议。会议讨论通过财政、经济、教育、政治四组报告等事项。

"二十五日在中央政治会议。到蒋中正、于右任、孙科、邵元冲、王宠惠、吴敬恒、蔡元培、李石曾、孔祥熙、邵力子、马超俊、王伯群、王正廷、刘卢隐、陈立夫等。蒋中正主席。讨论:(一)财政、经济、教育、政治四组报告。孙委员科提议,请确定俄庚款三分之二完成陇海铁路工程。(二)拨用办法。由行政院召集与庚款有关系各机关,组织委员会,讨论拨用办法,呈政治会议核定,交财政部发行公债,照案支配,当否请公决。决议:照审查报告。(三)王宠惠提议,请议定党员犯罪处刑及审判程序。决议:交法律组。(四)孔祥熙提议,开发石油、金、铜、煤等四种矿产,拟具计划,恳即指拨款项,以便兴办。决议:通过,交行政院酌量办理。"(《申报》1931年3月26日)

同日 出席约法起草委员会第二次委员会议,听取约法起草经过等问题。

"约法起草委员会二十五日午后二时,在中央党部第二会议厅举行第二次会议。出席委员吴敬恒、李石曾、于右任、王宠惠、蔡元培、叶楚伧、邵元冲、刘卢隐、孔祥熙、邵力子、丁惟汾等,先由王宠惠报告起草经过,次经各委逐条讨论。"(《申报》1931年3月26日)

3月26日 列席国民党中央执行委员会第一三三次常务会议。会议决议派苗培成视察山西省党务等十三案。

"中央执行委员会二十六日上午八时,举行第一三三次常务会议。出席者叶楚伧、丁惟汾、于右任、蒋中正。列席者吴敬恒、周启刚、褚民谊、陈立夫、邵元冲、余井塘、马超俊、蔡元培、孔祥熙、陈布雷、王伯群、王宠惠、李石曾、王正廷、邵力子。由蒋中正主席。议决案摘录如下:(一)孔委员祥熙因病辞去视察山西省党务任务,改推苗委员培成兼视。(二)委派谷良民、李占标、陶二阶、傅家一、杜学曾、刘清浦、郭洪儒七人为陆军第二十二师特别党部筹备委员。(三)委派马洪逵、罗震高、腾蛟、马全良、屈伸、苏仲元、叶森七人为陆军第三十五师特别党部筹备委员。(四)委派孙连仲、马永安、刘树栋、季振同、李松昆五人为陆军第二十五师特别党部筹备委员。(五)湖南省党务指导委员沈遵晦辞职照准,以毛松圃补充。(六)热河省党务指导委员金鼎臣免职,另候任用,以盖允功补充。(七)委派刘文松为平汉铁路特别党部筹备委员。(八)加推吴敬恒、丁惟汾两委为中央抚恤委员会委员。……"(《时事新报》1931年3月27日)

同日 主持国民党中央监察部第五十六次常会。会议讨论通过党员处分案件等事项。

"中央监委二十六日晨开五十六次常会。出席委员吴敬恒、蔡元培、王宠惠、邵力子、褚民谊等。蔡元培主席。通过处分案二十余件。"(《申报》1931年3月27日)

3月27日 出席国民政府第十六次会议。

"二十七日上午,第十六次国府会议。出席蒋中正、王宠惠、蔡元培、邵元冲、于右任、宋子文。主席蒋中正。……讨论事项:(一)决议公布银行法。(二)决议公布民国二十年关税短期库券条例。(三)决议公布修正上海市政公债条例。……"(《申报》1931年3月28日)

同日 函请浙省教育厅长张道藩,发放张梁任留学补助金。

"道藩先生厅长大鉴:径启者,张君梁任,在德国柏林大学学习经济,已历三载,现正预备博士论文。因金价奇涨,私费不支,甚盼公家予以补助,援何思敬、陈行叔辈例,给以考察费,庶几得竟学业。特此代为函达,还希俯念寒酸,察酌施行,至为感幸。……蔡元培敬启 三月二十七日"。(《致张道藩函》同日)

3月29日 函请石瑛(蘅青)督责绍兴标卖城石事。

"蘅青先生大鉴:顷奉上建议一通,虽似小事,而关系吾乡居民之卫生关系颇巨,其事又轻而易举。因所标卖之石价□□有余裕也,以本地人保守者多,非得厅令督责,恐县政府胜众□□,故以奉商并乘剑翛兄来杭之便,托其面详一切。……弟蔡元培敬启 三月二十九日"。(《致石瑛函》同日)

同日 自南京回上海。

"中央委员蔡元培,昨晚由京来沪,今晨可到站。"(《时事新报》1931年3月29日)

3月30日 国民政府特派为西陲学术考察团理事会理事长。

"国民政府三十日令,特派蔡元培、戴传贤、吴敬恒、李煜瀛、陈布雷、翁文灏、竺可桢、李四光、朱家骅、秉志、傅斯年、杨铨、钱昌照、徐炳昶为西陲学术考察团理事会理事,并指定蔡元培为理事长。此令。"(《申报》1931年3月31日)

3月31日 函请青岛市政府给予青岛观象台台长以简任待遇。

"径启者:查贵市府所辖各机关长官,均由中央明令简任。惟观象台台长,未经发表。查该台组织细则,有与敝院合作一条。敝院所属各所所长,均系聘任,而以简任待遇。该台长职务,同属研究性质,……似应与贵市府各局长一律待遇,可否亦定为简任?相应函达,敬希察酌施行,至纫公谊。此致 青岛市政府 国立中央研究院院长蔡元培"。(《致青岛市政府函》同日)

同日 函复中央大学教授孟心如,说明西陲学术考察团团员均需在原单位支原薪。

"心如先生大鉴:接读大函,知欲加入西陲学术考察团,甚佩热心。惟考察团团员,不能在团中支薪,仍支原机关原薪,尊意欲辞现职而加入,于事实有碍。至工艺

化学是否可以加入,当俟下次理事会决之。特复,希查照。……蔡元培敬启 三月三十一日"。(《复孟心如函》同日)

3月 在上海各学术教育机关欢迎华虚朋集会上的《演说词》刊出。(《教育杂志》第23卷第3号)

4月1日 撰写《介绍点直横斜检字法》一文。

"我们的文字,有用义分部的,如《尔雅》《广雅》等是;有用声分部的,如《广韵》《集韵》,以至《佩文韵府》等是;有用形分部的,如《说文解字》以至《康熙字典》等是。不识字的意义者,不能检用义分部的书;不知读法者,不能检用声分部的书。所以用形分类的《康熙字典》,流行了三百年。但字典还有许多缺点,所以改革的方法,近来很有人注意。林语堂先生是主张用最先三笔分类的,后来又想兼用末笔,至今还不曾正式发表。陈立夫先生用五种笔画分部,用以检查姓名,觉得很简便,但也没有付印。王云五先生发明用数目代表笔画的方法,而且以四角的号码为限,用四位数,在用惯电报号码的人,是很方便了,不过有些人还觉得检点四角,太复杂一点。张凤先生又发明两线点检字法,用三位数来代表每一个字上面线点的数目,比较的毗于客观;但有些人觉得面是积线而成的,面中的线与独立的线,尚有混合不清的地方。又仅用三位数,同码的字未免太多一点,舍侄学初与陈稼轩、黄美陶两先生对于这个问题,很有兴趣,觉得字的成分,止有点线两种;而线数最繁,可以照它们的方向,分横直斜三种,于是照每一个字上点直横斜的数目,用四位数代表它们。确有易学易记易检的优点。业已用此法编成字典,将出而问世,而适见中华书局四笔计数检字法字典的广告,始知陆费逵先生所发明的,也是用点与三线,也用四位数,彼此暗合的地方颇多了。但读陆先生的例言,把斜划计作一直,把斜捺平捺都计作一点,似乎不及点直横斜分配的自然,所以把这个方法刊布出来,请需要检字者共同试验。

二十年四月一日 蔡元培。《点直横斜检字法》(全文略)"(《现代学生》第3卷第4期)

4月2日 撰发《周母陈太夫人七十岁征文谢启》。

"珠玉赠言,记旧文于荀子。琼瑶惠我,结永好于卫诗。敬惟〇〇先生清才八斗,饱学五车。假藻思之纷披,祝萱龄之绵邈。飞来天上,彩鸾写韵之工。迥出人间,白马驮经之贵。云蒸霞蔚,玉振金声。彩舞因而增辉,慈亲见儿色喜。便当匣装玳瑁,字藏逸少之龙跳。更欲锦袭葡萄,香避羽陵之蠹损。载瞻高谊,弥切低徊。感谢华仪,伏希荃照。"(蔡元培先生手稿)

4月4日 出席中华职业教育社第十九次学术讲演会,发表题为《选择职业的标准》的讲演。

"中华职业教育社日昨举行第十九次学术讲演,听讲者百三十余人。请蔡子民先生主讲,题为《选择职业的标准》,由该社杨卫玉君致介绍词。蔡君大意谓,职业可分劳心与劳力。劳心者治人,劳力者治于人。所谓劳心者,即发明家、政治家。劳力者即实行家。但有正当与不正当,有利与有害之别。吾国自古以来职业观念错误,以致埋没人才。要知职业无贵贱大小,都为平等。有利于人群者,即为正当职业。如农者种烟苗,工者造毒气损人,商人贩卖鸦片、垄断市场,斯即不正当职业。一方政府对于人民职业应予保障及奖励,使各就特长,分配得当,则公众事业,必能努力改进。男女职业,以分工为主,宜各就性之所近,为社会服务。家政亦为女子重要职业。总之,选择职业标准最要原则,应视社会需要,以大众幸福为前提,不可以个人安乐而损害公众云云。历一时阐发无遗,听者动容。"(《时事新报》1931年4月7日)

同日 为浙江省立图书馆延请名誉阅览指导。

"○○先生大鉴:径启者,顷接浙江省立图书馆长杨立诚函称,'近来为提倡读书运动,有读书储蓄会、妇女读书会、儿童读书会等组织,拟延专家为名誉阅览指导,乞钧院各系主任予以襄助,代撰各科阅览程序及各科应用科目,俾得良善指导'等语。该馆请求指导,自宜予以相当助力,特为函达,还希执事允任该项指导……蔡元培敬启 二月十九日"。(《致中央研究院各研究所所长、主任函》1931年2月19日)

"立诚吾兄大鉴:前接大函,嘱转商本院各系主任担任阅览指导,兹先后接得各处复函,特汇齐寄奉,即希察阅,直接订商可也。……蔡元培敬启 四月四日"。(《复杨立诚函》同日)

4月7日 请吴稚晖致函拉西曼,说明由林语堂代表出席国际联盟文化合作会议。

"稚晖先生大鉴:顷得语堂先生来电,请求先生亲笔致拉西曼一函,说明以林君代表出席事,以便译成面致拉氏。语堂船期定十一出发,为时已促,尚祈拨冗一办,由弟转寄,无任感祈。……弟蔡元培敬启 四月七日"。(《致吴稚晖函》同日)

4月9日 函请吴稚晖玉成丹阳正则女校经费补助事。

"稚晖先生大鉴:径启者,丹阳正则女校向教育厅请求补助一案,闻教育厅已决提交教育经费委员会讨论。该女校经费竭蹶,渴待维持。兹接吕凤子来函,嘱转托先生一为援手,特代函达,还希开会讨论时,量予玉成,不胜感幸。……蔡元培敬启 四月九日"。(《致吴稚晖函》同日)

4月15日 为化学、细菌学博士高士其寻求任职单位。

"季梁先生大鉴:径启者,高君士其系美国芝加哥大学化学博士、细菌学博士,曾任芝加哥大学细菌学助教、细菌博物院管理,其意欲入本院工作,未知所中近来需要是项人才否?还希查酌示复为荷。……蔡元培敬启 四月十五日"。(《致王琎

同日 函请上海二特区地方法院院长王思默,据实平反居秉磐冤情。

"思默先生大鉴:径启者,前六合县承审员居秉磐,被家丁供称纳贿一案,经江宁地方法院判决,居秉磐不服,闻正向贵院上诉中。查该家丁刘堙初供,虽有代主人受贿之举,旋即自行声明,系受人教唆诬陷,主人实未受贿。何以江宁法院仅据前供,不顾后供,遽判徒刑,不无冤抑。居秉磐平日为人,尚属纯正,此次倘无纳贿实据,还望执事量予设法,俾得平反,不胜感幸。……蔡元培敬启 四月十五日"。(《致王思默函》同日)

同日 为赵燏黄编著《中国新本草图志》一书撰写序文。(该书 第1集 中央研究院1931年出版)

4月16日 商请叶峤继续留德一年。

"叶先生鉴:径复者,前接大函,言将于夏后返国,并愿在本院工作,嘱为设法云云,已与化学研究所王季梁所长商过,照该所计划,希望先生再留德一年,由本所予以补助,及供给生药研究原料,冀更深造,则将来回国研究,更可事半功倍。特此函商,诸希酌裁示复为荷。……蔡元培敬启 四月十六日"。(《复叶峤函》同日)

4月21日 撰写《法兰西学院四百周年纪念祝词》。(蔡元培先生手稿)

4月23日 函请干藻见告发现有字木片的详细情况。

"承示木心发现'大'字,可作研究资料,甚感雅意。是项木片,如蒙送至敝院,借便研究,至所欣盼。此致 干藻先生。 蔡元培敬启 三月三十一日"。(《复干藻函》)

"前承寄示有字木片,谨已收悉。此事研究,目前尚未得有结论。甚欲探悉伐木时详细情形,以助思考。倘荷再赐较前次更详细之函,将此木未伐以前,及既伐以后,如何劈开,何人所劈各情形,缕述见告,实所欣盼。其事不嫌琐细,愈详愈妙。此致 干藻先生。 蔡元培敬启 四月二十三日"。(《致干藻函》同日)

4月25日 主持中华职业教育社评议会。会议讨论职业教育进行计划等问题。

"中华职业教育社于昨日下午举行评议会于该社。出席者蔡元培、朱经农、何炳松、张公权、潘序伦、汪懋祖、欧元怀、廖世承、王志莘、刘湛恩、庄俞、黄任之、江问渔、杨卫玉、潘仰尧等十九人。蔡元培君主席。行礼如仪后,由杨君报告三个月来社务情形及董事会议通过下年度预算情形。……欧元怀、朱经农、潘序伦三君临时动议,教部明令各省区限制普通中学,添设职业中学,其意甚佩。但职业教育不限于中学,而办理职业教育,尤须有整个的计划与标本。本社宜邀集专家编制方案,向政府建议。此案提出后,经列席诸君反复讨论,议决继苏州会议宣言之后,续发第二次宣言,于办理职业教育方针方法,列举明白,以促各方注意。……"(《时事

新报》1931年4月26日)

同日 上海北大同学会邀请蔡元培等人讲演。

"北大同学会于今日下午五时假座新新酒楼,举行春宴,并请黄膺白、蔡孑民、徐维震、张耀曾、张维城诸氏讲演。京沪杭苏各地北大同学均将赶到与会,并有中西女塾唱歌,同文书院口琴等。"(《时事新报》1931年4月25日)

4月26日 自上海赴南京。

"监察院长于右任、中央研究院院长蔡元培、国府参议杨永泰等,于昨晚乘京沪夜快车晋京。"(《时事新报》1931年4月27日)

同日 出席留法、比同学聚餐会。

"昨日下午六时,在沪留法、比同学,假新新酒楼开聚餐会。到会者有劳动大学王校长、林铜宝、廖世功、曾毅、郑延谷、李辛阳等八九十人。……续到来宾蔡元培、黄膺白二先生。蔡氏演讲大意谓:凡新旧同学须时常聚会,以便交换见闻求学识进步。黄氏则鼓励留学界切实建设国家。至十时许,尽欢而散。"(上海《民国日报》1931年4月28日)

4月27日 出席国民政府王树翰等宣誓就职典礼,为监誓员。

"国民政府委员王树翰、参谋本部次长鲍文樾,于今日上午举行宣誓就职典礼。蒋中正主席。行礼后即行宣誓礼。由中央委员蔡元培监誓。誓词毕,监誓者蔡元培训词。略谓今日王、鲍两同志就职,本党同人深为欣幸。两位在东北努力甚久,对国家极为勋劳。本党所规定之建国程序,分为军政、训政、宪政三时期,现在虽入训政时期,但尚非真正偃武修文之时,故对军事方面亦仍须有极大之努力。王、鲍两同志对军事经验异常丰富,现供职中央,今后对军事建设及国防计划,必能本过去之经验,向政府为绝大之贡献云云。……"(《时事新报》1931年4月28日)

同日 列席国民党中央执行委员会第一三八次常务会议。会议通过委派西康省党务特派员等七案。

"中央今日举行一三八次常务会议。出席丁惟汾、蒋中正、戴传贤、于右任。列席陈布雷、邵元冲、刘卢隐、朱家骅、蔡元培、桂崇基、刘纪文、邵力子、陈立夫、余井塘、焦易堂。主席蒋中正。议决各案:(一)派格桑泽仁为西康省党务特派员。(二)加派区芳浦、温泰华为第八路总指挥部特别党部筹备委员。(三)汉口特别市党部临时整理委员王怡群已另有任用,免职。邱洪钧、陈希平二人撤职。(四)改派陈果夫、刘纪文、林焕廷、黄为才、赵隶华、蒋中正、何应钦、王柏龄、熊斌、傅焕光、夏光宇,为建筑阵亡将士公墓筹备委员会委员。(五)依照第三次全体会议实施三民主义的乡村教育案原则,交中央政治学校筹设乡村教育系。……"(《时事新报》1931年4月28日)

同日 为上海大东书局成立十五周年纪念特刊题写刊名,并在"特刊"中发表

《国化教科书问题》一文。

"大东书局特刊 蔡元培题"。(《时事新报》同日)

4月28日 与记者谈国民会议提案问题。

"蔡元培语某记者:此次民会提案,余意不必过多但求能行,与其多而不行,不若先就其能行者而行之为好。至约法草案内容,审慎周详,颇得简要入窍之精义。又缩小省区,为余素所主张,此事如果实行,他日政治之易于进步,可指日而待。"(《申报》1931年4月29日)

4月29日 出席国民党中央政治会议第二七二次会议。

"中央政治会议二十九日举行第二七二次会议。到委员蒋中正、刘尚清、于右任、王树翰、张人杰、朱家骅、宋子文、陈立夫、吴敬恒、蔡元培、邵元冲、邵力子、张群、王正廷、刘卢隐、焦易堂、刘纪文、陈布雷等。主席蒋中正。探得议决案如下:(一)各省市商会及钱业公会屡陈对于银行法意见,并请另订钱庄法,交立法院。(二)内政部呈为杭州市划分区坊里邻未能依照市组织法规定办理,拟将市组织法第五条所定特别情形,按广义解释,准其通融办理,是否可行请核示案。交地方自治组。……"(《时事新报》1931年4月30日)

4月30日 列席国民党中央执行委员会第一三九次常务会议。会议通过"预备党员训练实施纲领"等四案。

"中央执行委员会三十日上午八时,在中央党部第一会议厅举行第一三九次常务会议。出席者叶楚伧、戴传贤、蒋中正、于右任、丁惟汾。列席者缪斌、周启刚、焦易堂、苗培成、张人杰、吴敬恒、恩克巴图、刘纪文、陈布雷、张道藩、王正廷、蔡元培、朱家骅、邵力子、刘卢隐、邵元冲、桂崇基、陈立夫。主席于右任。议决各案:(一)通过预备党员训练实施纲领。(二)平汉铁路特别党部筹备委员杨致焕兼任北宁铁路特别党部筹备委员,开去本职,遗缺调京沪杭甬铁路特别党部执行委员刘维炽补充。刘维炽遗缺以该党部候补执行委员华泽钧递补。(三)指派伍家有、何汉文、何维存为中央党部地方自治研究会干事。……"(《时事新报》1931年5月1日)

5月1日 出席国民党中央执监委员临时全体会议。会议讨论约法草案等三案。

"中央执监委员临时全体会议,今日上午九时至十二时在中央党部举行,讨论约法草案。下午三时至五时,继续开会。出席委员蒋中正、戴传贤、叶楚伧、吴铁城、于右任、宋子文、邵元冲、朱家骅、张群、刘峙、杨树庄、周启刚、陈立夫、陈肇英、刘纪文、刘卢隐、丁惟汾、王正廷、孔祥熙、缪斌、苗培成、吴敬恒、张人杰、蔡元培、张继……决议案:(一)修正通过约法草案。(二)推李石曾、张继、吴铁城、于右任、刘卢隐、陈布雷、陈立夫、邵力子八委员审查对国民会议之提案。(三)明日下午继续

开会。"(《时事新报》1931年5月2日)

同日 致函王世裕(子馀),请询姚幼槎是否愿将姚海槎遗著公开出版。

"子馀先生大鉴:径启者,快阁姚海槎先生遗著甚富,闻其《隋书经籍志考证》,尤为精审;《狮石山房藏书志》,亦称杰构。二书关系学术甚大,为现今学术界所注意,有贻书见询者,似应亟图刊播。先生如晤其哲嗣幼槎先生时,希为探问愿将稿件公之于世否。如有其他条件,并望妥为面商示复,以便相机谋付刊之法。……蔡元培敬启 五月一日"。(《致王世裕函》同日)

"明达吾兄大鉴:承示姚海槎先生遗著精美,已托乡人王子馀先生与幼槎先生商洽一切。俟得复后,再谋付刊之法。先此奉复……蔡元培敬启 五月一日"。(《复姚明达函》同日)

5月2日 继续出席国民党中央执监委员临时全体会议。

"中央全体执监委员临时会议,二日下午三时在中央党部第一会议厅,继续举行。出席委员同一日,于右任主席。通过对国民会议提案两件:(一)确定教育设施之趋向案。(二)实业建设程序案。"(《时事新报》1931年5月3日)

同日 向林语堂借阅《中国科学事业概况》一文写作资料。

"语堂先生大鉴:别来想安善。……弟应商务印书馆之要求,作《中国三十五年来之新文化》一文,其科学一部分,拟以先生所预备之《中国科学事业概况》为蓝本,如蒙以各方面所得材料,借弟一检,非常感荷。……弟元培敬启 五月二日"。(《致林语堂函》同日)

5月3日 与张继、张静江等复电邓泽如、林森等人,解释胡汉民留京真相。

"泽如、子超、佛成、襄勤诸先生公鉴:密。奉三十日电,回环雒诵,怀疑莫释。一朝之忿,其词惟恐不尽,必不出于诸公,必有少年典签,惑于流言,拟稿塞责;公等繁忙,不暇详读,遂拍发耳。子、佛二公,远在海外,泽公常居香港,谨征请列名,告其主旨,未举条文,抑又可知。此电主旨,只为爱护展公。执笔者爱之弥笃,不觉言之过情,其意亦必不恶。若在朋友责善,必可一切容忍,惟所告至于普遍,关系已涉党国,方面一多,倘亦有少数率直之人,闻之不堪忍受,可引起极危险之纠纷,结果何堪设想?展公之事,来电引介公电粤一则,谓深恐引起党国纠纷,特与详细讨论,又谓胡先生欲静居择地,谢见宾客,弟等所知事之真相,亦尽于此。彼此政见,虽暂有异同,而朋友交谊,实更增深厚。欲避地而城乡屡迁,欲谢见而杂客偶揿,事极寻常。而道路传说,小报装点,三人成虎,远道中尤为异词,于是公等之所闻,与弟等当然不同。现因远道同志忧惶莫释,弟等亦在护侍展公之责者,每相形而不安。至尤亲厚者,不能自明,虽免用消极方式,表示无他,皆流言之为害。公等亦深知民国以来,千百次之纠纷,成于事实者少半,成于流言者过半。展公之意,不欲遽行远离,即恐谢政之事方新,好事者谣传必多。倘居远道,入耳之后,于心不安,或偶有毛细之讨论,形之函电,必立见郑重。展公负党国重望,不能如我等之自由讨论而注意者较少。倘为众人利用,造作汪胡合作等之谣言,设意更进一步出于展公防维之外,则汪先生因左右无定,反复皆可,遂毁其历史。展公人格,坚逾金石,岂愿佛头之上着此微秽？故知安然留京,遇有要政,就近口头商讨,言之较可详确。即同志遇有艰巨,欲请求展公仍任仔肩,隔宿相邀,次日可应,亦较便利。复以此等曲折,展公未遽出游,同志未赞远离,如是而已。国议将开,同人正望展公出席,领导群众,尤盼公等刻日来京,同抒伟画。会时详知展公起居,必极告慰。会后展公频年未遑寝食,亦可计划南游,兼旬往返,小换空气,以利宿疴。切望诸公遍告同志,天下本来无事,万勿听庸人之扰。故三十日电所及,可归诸绝对误会,彼此可不再论。因三十日电出于仓猝,意善而词未赅者至多,即如电中列举少数姓名,明抑其失,执笔者似皆不过据普通之传闻,随手摭引。夫管度支者被疑侵贪,居党部者被疑把持,诸如此类,往往局中甚苦,而局外莫谅。泽、佛两公闲居自适之日多,蒙此不虞之谤亦少,而裹、子二公贤劳经国,日在要津,贤者之渊,必常受责,深知若据以为通电声罪之资料,皆有商量之余地。经弟等之说明,执笔者亦必莞尔。且三十日电,仓猝亦已极矣。列衔自中央党部、国民政府、先生、司令、主席、团体以至于报馆请其钧鉴,而开始则曰提请贵会严予处分,此会何会？未及叙明,其仓猝一也。章士钊之高等顾问,小报所传,毫无事实,此或远道难知,而彼从未在《时事新报》作事,久在《时事新报》者,乃张东荪,公等与时人皆熟知之,执笔者未察,其仓猝又一也。此等毛细,非敢赘举,而欲举例以慰诸公,见三十日电亦只执笔者仓猝陈词,或未有提请之程度,以劳诸公之踌躇,则释然于介、展之间,一切如常,纠纷不起,党国幸甚。人民幸甚。千虑之得,伏求亮鉴。敬此特复。蔡元培、张继、吴敬恒、张人杰、李石曾同叩"。(天津《大公报》1931 年 5 月 7 日)

5月4日 出席国民政府第二十一次会议。

"国民政府四日上午十一时至十二时半,开第二十一次国府会议。出席蒋中正、张学良、杨树庄、于右任、朱培德、张继、蔡元培、宋子文、王树翰、邵元冲。主席蒋中正。列席王正廷。讨论事项:(一)决议提出下列三案于国民会议。(甲)中华民国训政时期约法草案。(乙)确定教育设施之趋向案。(丙)实业建设程序案。(二)决议公布管辖在华外国人实施条例,并定自民国二十一年一月一日起施行。"(《申报》1931 年 5 月 5 日)

同日 参观国民会议会场工程及布置状况。

"国民会议会场布置。会场大门札有楼阁式三门、松柏牌楼一座,高约六七丈,上悬'国民会议'四大字。……四日下午五时,蒋中正、张学良、蔡元培、吴铁城、张继、吴敬恒、邵元冲、刘卢隐、叶楚伦、程天放等数十人,联袂赴国民会议议场,参观内部布置及全体工程。"(《申报》1931 年 5 月 5 日)

同日 致函蒋梦麟,转请经济专家审定《经济救国计划书草案》。

"梦麟我兄校长大鉴:径启者。宋君渊源印有《经济救国计划书草案》,属转请经济专家批评,兹奉上三份,请转交贵大学经济系诸教授征求意见,函复宋君(由弟处转亦可)。……弟蔡元培敬启 五月四日"。(《致蒋梦麟函》同日)

同日 函复胡适,谓朱经农辞中国公学副校长职,"理由甚正大"。

"适之先生大鉴:经农函已读过,奉缴,自不必发表。辞职书理由甚正大,开会时当提出。……弟元培敬启 五月四日"。(《复胡适函》同日)

同日 列名介绍孙世灏(航海)画展启事。

"航海先生,天才逸众,七岁能画,民国七年游法,进巴黎国立美术学校。十年赴比,考入比京王家美术学院油画班,历五年而毕业,复留比、德各一年,专研美术,并在比、德、法三国开个人展览会三次,作品售出者占四分之三。回国一年,更增新作,选拔菁英,定期展览,国粹欧化均所擅,是海上诸鉴赏家必先睹为快也。

介绍人:蔡元培 王景岐 徐朗西 戈公振 徐志摩 李石曾 褚民谊 王彬彦 邵洵美同启"。(《申报》1931年5月4日)

5月5日 出席国民党中央党部的孙中山就任非常大总统十周年纪念会。

"五月五日上午七时三十分,中央党部举行总理就任非常大总统十周年纪念。到中委蒋中正、张继、蔡元培、吴敬恒、褚民谊、张道藩、苗培成、戴传贤、王柏龄、于右任、恩克巴图、邵元冲、丁惟汾、张人杰、陈果夫……及各机关来宾及党部全体职员共约六百余人。于右任主席。奏乐开会。行礼如仪,旋由吴稚晖报告总理就任非常总统及经过事迹。"(《申报》1931年5月6日)

同日 出席国民会议开幕式。

"空前之国民会议,经数个月短时间之筹备,至前日止,各省市报到代表已达四百四十七人。乃于昨(五日)晨如期开幕。……九时前,全体中委及府委(张副司令亦在内),又各省市代表及中外观礼人员共到千余人,计中央执委除胡汉民(病)、王宠惠、孙科(在沪),监委除古、萧、邓、林(在粤或海外)未到,余均到。"《时事新报》1931年5月6日)

同日 发表《庆祝国民会议颂词》。

"斯会任务,解决国是。遗教谆谆,瞬逾六祀。今幸统一,训政开始。时会既成,召集于此。济济一堂,农工商士。消弭众歧,指示正轨。力谋建设,公宏民祉。制定约法,以张民纪。讨论问题,得其神髓。主义实现,辉煌国史。使命不辱,上慰总理。宪政可期,兆民咸喜。"(《时事新报》1931年5月5日)

同日 为朱谦之著《历史派经济学》一书作序一篇。

"法人孔德氏说人类进化,分为神学、玄学与科学的三级;近代学者,无不以由玄学而嬗于科学为目的,是我们所能公认的。科学的异于玄学,就是舍演绎法而用归纳法。但同是用归纳法的科学,因对象的不同,而得区为两类:一是自然科学,一是历史科学。前者在剔除歧异之影响而求得反复不变的因果;后者在观察类似之事实,而表出特别的不同关系。各有领域,不能相易。经济学的成立,实始于古典学派,此派纯用演绎法,以个人的利己性与自由竞争为出发点,欲求得一抽象的超时间、空间而永久不变的原则,以应用于一切;是貌为袭用自然科学的法则,而结果乃蹈玄学的覆辙。……纯粹用归纳法的,惟有历史学派。历史学派中,虽也有新旧的区别,而且经济学中是否由国民经济学而世界经济学,亦为值得研究的问题……我国经济学说,虽自管子时代,已有甚精的格言,然二千年来,迄未有科学的组织。直至十九世纪,始有侯官严氏所译之斯密氏《原富》,是属于古典学派的。最近时期,又有译述马克思派的著作,然亦零星小著,无关宏旨。至于纯粹历史学派的著作,则译者较少。朱君谦之,素治玄学,著有《虚无哲学》等书,近则由玄学而进于科学,于历史学派的经济学,研究甚深,特编此书,不特于历史学派与古典学派及马克思派的异同,分析甚精,而且于历史学派中各种经济发达阶段说,详细叙述而加以批评,于我国经济学界,必有重要的裨益,可以断言。所以略志缘起,藉为介绍。中华民国二十年五月五日 蔡元培"。(该书 上海商务印书馆 1933 年出版)

5月6日　出席国民会议代表的谒陵式及国民会议第一次预备会议。

"国民会议代表六日清晨八时拜谒总理陵墓,虽风狂雨大,各代表仍准时而至,各个分乘汽车前往。计到中委、国委:蒋中正、张学良、于右任、蔡元培、杨树庄、陈立夫、宋子文、叶楚伧、孔祥熙、张继、吴铁城、褚民谊、苗培成、何应钦、克兴额、邵力子及全体代表五百余人。由蒋中正领导行礼。各代表均举右手宣誓。各代表宣誓毕,并在誓词上一一签名盖章,以昭郑重。旋即赴会场开会。"

"六日上午,国民会议全体代表于拜谒总理陵墓后回至会场,举行第一次预备会,时正十时。计到出席列席中委、府委:蒋中正、张学良、戴传贤、何应钦、陈果夫、宋子文、孔祥熙、张继、蔡元培、杨树庄、朱培德、于右任、叶楚伧、陈立夫、丁惟汾、邵力子、张人杰、吴敬恒、邵元冲、褚民谊、张道藩等三十九人。又出席代表四百六十三人。推定临时主席于右任。临时秘书长叶楚伧。行礼如仪毕,即(一)用抽签法抽定各代表席次。(二)推举主席团……至十一时半散会。"(《时事新报》1931年5月7日)

5月7日　出席国民会议第二次预备会议,被指为代表资格审查委员会委员之一。

"国民会议第二次预备会议,本日上午九时开会,到全体代表四四五人,出席中委、府委四四人。推于右任为临时主席。议事程序:(一)恭读总理遗嘱。(二)报告主席团九人当选名单。(三)主席团入席。(四)休息五分钟。(五)指定代表资格审查委员会。(六)报告特许列席人员四十余人。(七)推定叶楚伧为秘书长。

(八)报告文件。下午主席团及代表资格审查委员会分别开会,并决定明日(八日)上午开第一次正式会议。"

"今日预会,主席团九人就席后,旋即指定代表资格审查委员会四十七人:李树林、马福祥、洪陆东、王延松、邱裕生、鲁荡平、秦亦文、陈诚、张人杰、蔡元培、吴敬恒等为委员。由吴敬恒主持召集。预备会散会后,即由吴委员召集开会,到三十余人,先后查竣代表四三六人,余俟补充手续再查,将于八日第一次大会提出报告。"(《时事新报》1931年5月8日)

5月8日 出席国民会议第一次大会。

"国民会议八日上午开第一次大会,通过:(一)致敬阵亡革命烈士。(二)慰劳国军将士。(三)劳谢侨胞等三案。讨论约法案。下午继续开会,接议约法案,结果付审查。……"

"今日国民会议第一次大会。到中央、国府委员名单上下午均同,为蒋中正、叶楚伧、张学良、陈立夫、张继、戴传贤、于右任、陈肇英、丁惟汾、陈果夫、朱培德、邵元冲、周启刚、王正廷、丁超五、蔡元培、张群、何应钦、宋子文、邵力子等二十八人中委出席者。"(《时事新报》1931年5月9日)

5月9日 出席国民会议第二次大会。会上对"确定教育设施之趋向案"作说明。

"国民会议九日晨九时开第二次大会。出席四五九人,列席六十一人。……讨论事项:(一)国民政府送议确认教育设施之趋向案。先由国府主席蒋中正、委员蔡元培先后说明,代表王卓然、庄崧甫、龚增伟、张乃燕、陈布雷相继发言。主席宣布交提案审委会审查。……

蔡委员说明,大致谓民国十八年十月廿六日,国府曾有《中华民国教育宗旨》之公布,但未规定切实之趋向。现在所提出之本案,第一项中一以养成国民之民族观念,并使有刻苦勤劳之习惯。过去学生,自学校毕业后,大半成为不事生产,但求一己享用之公子哥儿。故第一项即谋力矫此弊。再则学生平时生活,与其将来之职业,有密切之关系。譬如农村学校,学生课余,辄从事农牧,迨长仍为农人。现在学生出校后,每有学非所用之苦,流弊所及,不特酿成失业恐慌,社会方面,亦将感才荒之叹。故第二、三、四各项中,均有明白规定。至第六项,大学教育注重实用科学、自然科学内容,亦为现在迫切之需要也云云。"(《时事新报》1931年5月10日)

5月10日 对记者发表关于"约法"中增加"国民生计"和"教育"二章理由的谈话。

"本报记者,昨(十)日晤蔡元培氏,谈及约法草案。据谈:约法草案已付审查,在审委会未决定具体意见以前,似不必表示任何意见。不过我(蔡自称)亦为起草委员之一,关于约法草案增国民生计及教育二章之理由,可略为述及。查世界各国宪法，除欧战后少数新兴国之外，均无此二章之规定。而当时起草各委员所以特别增加此二章也，因本党以三民主义建国，总理建国大纲更明白昭示，建国之首要在民生，故对于国民生计，不能不特别注重。且值此世界经济恐慌潮流澎湃之时，中国因生产不发达，受到极大的影响，银价低落，失业众多，尤为具体的象征，非积极谋民生问题之解决，实无以解决民众之痛也。至教育问题，亦同样重要。《论语》有云：'既富矣，又何加焉？'曰'教之'。况现在训政伊始，一切建设事业，非得民众之了解与协助，不能顺利进行，故提高人民知识程度，实为当务之急，所以教育一项，亦另立专章。日前国府向国民会议提出《实业建设程序案》及《确定教育设施之趋向案》，皆为实现上述二项目的而设。因既有条文规定之后，必须同时有实施之办法也。"（南京《中央日报》1931年5月11日）

5月11日 上午出席国民会议第三次大会。下午主持教育审查组第一次会议，讨论"确定教育设施之趋向案"。

"国民会议今（十一）日上午十时举行第三次大会。出席代表四五八人，列席六十六人。由张继主席。……讨论事项：（一）催促国民政府克日施行新盐法并限期成立盐政改革委员会案。（二）请政府公布新盐法案。以上两案提案审查委员会议决合并讨论。下午各组审查会均开会。……"

"国民会议各审查委员会十一日下午分别开会，教育审查会第一次大会交付审查之确定教育设施之趋向案。出席四十八人。由召集人蔡元培主席。讨论结果，多数认为本案大体均甚妥善，无大修改。"（《时事新报》1931年5月12日）

5月12日 出席国民会议第四次大会。

"国民会议十二日晨八时四十分开第四次会议。出席四九一人，列席六十人。主席戴传贤宣告开会，议事如次。（甲）报告三项：（一）宣读第三次会议记录。（二）审查委员会报告。（三）文件报告。（乙）剿共报告，由蒋中正及何应钦说明。决议交各委员会召集人吴敬恒、孔祥熙、朱培德、蔡元培、丁惟汾、钮永建、王世杰会同何应钦、何建、何思源、陈布雷、刘卢隐审查，由何应钦召集。（丙）约法草案。中华民国训政时期约法草案审查报告，吴敬恒说明后，开始讨论。议决，三读修正通过。"（《时事新报》1931年5月13日）

同日 为熊十力求租学舍用房。

"万里先生大鉴：径启者，湖北熊十力先生，通儒宿学，士林敬仰。近欲在杭州设帐讲学，而难得相当学舍，意欲就省府所没收里湖广济医院之房屋，廉价长期租用二三所，俾学团基础可以成立，此事未知可否？特为函达，还希量予设法玉成，不胜感荷。……蔡元培敬启 五月十二日"。（《致陈万里函》同日）

5月13日 出席国民会议第五次大会，在会上作"确定教育设施之趋向案"审查说明。

"民会十三日晨九时开五次会议。出席者四五〇人,列席六十二人,由吴铁城主席。议决:(一)国民会议全体代表代表全国国民敬谨接受中国国民党总理遗教案。(二)废除不平等条约宣言案。(三)政治总报告审查报告案。(四)确定教育设施之趋向案。照审查报告通过。……"

教育审查委员会审查报告。"奉大会交下审查国民政府所提之确定教育设施之趋向案,遵于本月十一日下午三时开会审查,计出席委员四十八人。当将大会各代表付本案所发表之意见,归纳为十九项,又经大会列席代表,提出者两项,一并由主席逐条提出详加讨论,均因所提各条,或为十八年四月二十六日,国民政府所公布之中华民国教育宗旨及其实施方针所已规定,或为约法第五章所已列举,又或与政府此次特别提出之本旨不甚密接,及于本案一贯之精神稍有妨害,均未能得多数赞同。讨论结果,决定除原案第三项辅助其生产,下加'知识与'三字外,余均照原案修正通过。谨此报告,敬候公决。教育审查委员会召集人蔡元培。"(南京《中央日报》1931年5月14日)

5月14日 出席国民会议第六次大会。

"国民会议今日(十四日)上午八时开第六次会议。出席代表四一七人,列席代表五十四人。由于右任主席。决议案六:(一)实业建设程序案审查报告案,大多数通过。(二)剿共报告审查报告决议案草案,决议通过。(三)宣导华侨投资、保护华侨案,决议原则通过。(四)工人失业救济案,决议原则通过。(五)切实救济丝、茶业案,决议原则通过。(六)请设立编译馆案,决议原则通过。"《时事新报》1931年5月15日)

5月15日 上午出席国民会议第七次大会。下午主持教育审查委员会,讨论提高小学教员待遇等案。

"十五日民会七次大会,出席代表四四五人,列席代表五十三人,由张学良主席。通过:(一)蒙古案三件。(二)经济会议二件。(三)解救各国华侨苛例案。(四)时局和平电两通。(五)告粤军民两案。(六)六月一日公布约法等。……"

"今日午后教育审查会,到三十余人。蔡元培主席。审查案六七件,决议提高小学教员待遇案及社会教育两案提十六日大会,其余华侨、职业教育等案,决分别性质,归并交国府核办或参考。"(《时事新报》1931年5月16日)

教育审查委员会审查报告。"奉交审查教育案计十一件,遵于本月十五日下午二时召集第二次审查会议,经将各案逐一提付讨论,其结果列表付陈,是否有当,敬请主席团鉴核:(一)改进安南华侨教育案。原提办法三项,除第二项以教育部前已颁行规程,可勿庸议外,第三项应修正为'国内各学校应酌量情形,开设华侨回国学生补习班',与第一项原定办法,一并送交国民政府酌办。(二)保障教育经费独立,并规定地方教育经费,应占岁出百分之三十案。原提办法,意在修改约法草案

第五十条；查约法业已由大会通过，本案可毋庸再议。（三）制定庚款一部分作民众教育经费案。原提办法两项，重在规定民众教育经费占教育经费总额之成数，但查教育部前已规定，民众教育经费应占百分之十至百分之二十，本案可毋庸议。（四）提高小学教员待遇，以增进教育效率案。理由极为充分，值此政府注重国民教育之际，允宜提高小学教员之待遇。本案应请提交大会讨论（附原案）。（五）请确定保障原有教育经费之具体办法案。以约法业已规定保障条文，本案可毋庸再议。（六）全国之牲屠、牙帖遗产等税，暨沙田官荒庙产，应全数拨充义务教育经费，以宏教育案。原提办法中之一二三三项，拟请送交国府酌办。（七）实施义务教育年限，必迨应训政年限案。（八）推广并改良职业教育，以重民生案。（九）全国动员限期普及成年实习教育，以促成四权之行使案。（十）切实推进国民体育案。以上所提四案之原则，或为约法所已规定，或为国府所提《确定教育设施之趋向案》中所已揭示，拟请将各案原文一并送交国府参考。（十一）限期普及识字教育案。拟请分送中央党部及国府参考。教育审查委员会召集人蔡元培 五月十五日"。（《时事新报》1931年5月17日）

5月16日 出席国民会议第八次大会。

"十六日国府举行阅兵礼，民会全体代表参加。下午开第八次大会。议决：（一）发表宣言。（二）审查报告共十一案。（三）临时动议，通过禁烟，慰蒋，造总理铜像，建约法纪念碑，赠蒋、张纪念章，速定国歌，对粤两电等案。"（《时事新报》1931年5月17日）

5月17日 出席国民会议闭幕式。

"国民会议十七日晨九时在本京中大礼堂民会会场，举行闭幕礼。参加人计主席团于右任、戴传贤、张学良、周作民、吴铁城、林植夫、陈立夫、刘纯一。秘书长叶楚伧。秘书主任程天放。中委、国委蒋中正、何应钦、陈果夫、朱培德、吴敬恒、蔡元培、李石曾、张人杰……全体代表及中外来宾约千余人。由周作民主席。主席团推于右任读大会宣言，次推戴传贤致闭幕词，再次蒋介石致词。欢呼口号，奏乐礼成而散会。"（《时事新报》1931年5月18日）

5月18日 出席陈英士殉难十五周年纪念会，并作纪念报告。

"五月十八日上午九时，中央党部举行第一一二次总理纪念周，与陈英士先生殉国十五周年纪念，合并举行，到八百余人。由丁惟汾主席，领导行礼如仪。蔡元培报告，蒋中正主席演说。至十时十分，礼成方散。"（《时事新报》1931年5月19日）

同日 撰写《同济大学成立二十四周年纪念会演说词》。

"今日同济大学举行二十四年纪念会，同时举行生理学研究馆落成盛典，鄙人承邀参加，且行生理学研究馆启门典礼，荣幸之至。同济大学是专治医、工两科的，而且已预定增设理科。现今落成的生理学研究馆,虽是医科的范围,而也就是理科的一部分。本来医、工两科的基础科学,不外乎理科;所以我们看这个生理学研究馆的告成,就知道理科是不久必要成立的了。现在我国学术界的趋势,是注重自然科学与应用科学。同济已办的医、工两科是应用科学,理科是自然科学,正合于我国的需要。又我等到过德国的人,都知道德国是理科与理、工两科最发达的国家。现在同济有多数德国朋友相助,学生都能读德文的参考书,所以进步更快。二十四年来,因各位教职员的尽心与同学的用功,成绩很好,若再历数年,医、工两科必更有进步,而且理科也一定办起来,且办得有成绩了。鄙人敬贺同济大学已往的成功,并助将来的进步。"(蔡元培先生手稿)

5月20日 出席中央党部召集的苏浙皖等省党部代表会议。

"二十日晨八时,中央党部召集苏浙皖等十余省出席国民会议之党部代表陈希象等数十人开会。中委到蒋中正、于右任、戴传贤、丁惟汾、蔡元培、邵元冲、陈果夫、朱培德、陈立夫、朱家骅、曾养甫等,对各代表有重要训话,并将关于各省党务推进办法有所详商。"(《申报》1931年5月21日)

5月21日 自南京回上海。

"中央研究院院长蔡元培,实业部长孔祥熙,昨晚由京乘夜车来沪,今晨可到。"(《时事新报》1931年5月21日)

5月22日 石世磐试制有声电影成功,特加赞许。

"电影专家石世磐氏精于电学,试验有声电影有年。两月前,复经友人介绍于中央研究院院长蔡元培氏,经蔡氏准其声请,特准在该院理化研究所实验。成功消息发表之日,适蔡院长由宁抵沪,闻讯殊为嘉慰,特于前夕(二十二日)由大东书局总编辑孟寿椿君及丁选夫所长陪同亲往视察。石氏当将试验经过,一一面陈。蔡院长深加赞许,并亲读总理遗嘱,摄入影片,以观成绩,闻此片已于昨日试演,声音非常清楚。"(《申报》1931年5月24日)

5月23日 与张静江、李石曾等会商斡旋"粤事"和平解决办法问题。

"张静江、李石曾、蔡元培等各元老,连日在沪会商斡旋粤事和平解决办法。中央监察委员张继前日抵沪后,即参与讨论。昨晚各元老在张静江宅,作最后一次之集议,亘数小时之详商,已议有具体之方案。"(《申报》1931年5月23日)

5月24日 出席上海生物学会年会,并有演说。

"上海生物学会,在沪江大学举行年会……中外会员来宾出席参加讨论者百余人。蔡元培先生及郑洪年原由该会敦请讲演,及沪江大学邀请宴会,亦先期而来参加论文宣读会。

至下午一时,……请蔡元培演讲。蔡君多援引本国古典,历证吾国对于生物学素有研究精神及兴趣,且谓本国幅员广大,生物种类至为繁富,实一天然伟大完备之研究环境,且生物学有地方性,以本会会员互助研究之精神,于一年间历史,已有今日之热闹的学术会议,将来发展,表现本国生物特色,贡献于国家及世界必多。现在中央研究院以成立时间不久,虽无生物研究所之设立,然于可能范围,已派人到西南及西北采集多次,所得动植物标本甚多。即以整理标本之故,不能不够置图书仪器,以供进行上之要需,亦即为将来生物学研究所之预备云云。"(《申报》1931年5月25日)

5月25日 在国民党中央党部第一一二次总理纪念周所作《陈英士殉难纪念报告》全文发表。(《中央周报》第155期)

5月27日 函复王济远,现时无法筹集一万法郎购画款。

"济远先生大鉴:手书读悉。德国所印欧洲名画,半价售与吾华,诚为绝好机会,志摩兄已与弟接洽。志摩兄正办结束前账事,万法郎现时无法筹得,徒深怅惘而已。……蔡元培敬启 五月二十七日"。(《复王济远函》同日)

同日 为中央研究院订购研究参考用书。

"翰怡先生大鉴:敬启者,先生所刻各种丛书,深有关于学术,市上不易购得。兹本院为参考起见拟向尊处订购全份。如荷惠诺,希先将价格开示,以便寄奉。另附书目单,祈查核见复为荷。……蔡元培敬启 五月二十七日"。(《致刘翰怡函》同日)

5月28日 致函孟寿椿,推荐出版《范氏诗抄》一书。

"寿椿吾兄大鉴:径启者,范叔通先生所辑《范氏诗抄》,搜罗至勤,间有从稀有之本手自抄录,历年始成。思在沪上印行,其意欲托书局代为印售,酌收版税,或将原稿售出,立定合同,限期出版,未知贵局愿承其事否?兹由叔通先生携稿面商,还希审核。如荷玉成,至深感幸。……蔡元培敬启 五月二十八日"。(《致孟寿椿函》同日)

"叔通三兄年大人台鉴:承赐印泥瓷匣,古色古香,至为难得,拜领谢谢!尊辑《范氏诗抄》,商务既无暇付印,不妨向大东书局一商。奉上致孟寿椿君一函,请携稿往晤。……蔡元培启"。(《致范叔通函》同日)

5月29日 自上海赴南京。

"中委李石曾、蔡元培,外长王正廷,赈灾会主席许世英,财次长张寿镛,均于昨晚乘京沪夜快车晋京。"(《时事新报》1931年5月30日)

同日 函请教育部李、陈两次长,给予艺术专科学校补助费。

"润章、布雷次长先生大鉴:径启者,此次艺术专科学校在首都民众教育馆举行展览会,成绩尚佳。惟因社会上艺术知识尚未普遍,售出画件甚少,展览会经费,极形拮据。据该校之意,拟援音专校例,请贵部给予补助费。如蒙给予二千元,当敷周转。想执事提倡艺术,当蒙允许。……蔡元培敬启 五月二十九日"。(《致李书

华、陈布雷函》同日）

5月30日 出席国民党中央执行委员会第一四二次常会。会议议决6月1日举行庆祝公布约法典礼。

"中央执行委员会五月三十日上午十时，在中央党部第一会场举行第一四二次常会（临时会议）。出席者陈果夫、朱培德、叶楚伧、戴传贤、于右任、蒋中正、丁惟汾。列席者周启刚、宋子文、恩克巴图、邵元冲、余井塘、邵力子、朱家骅、程天放、王伯群、陈肇英、方觉慧、陈立夫、刘卢隐、王正廷、吴敬恒、蔡元培、李石曾、陈布雷。主席于右任。决议各案：（一）决定六月一日举行各典礼。上午在总理陵墓祭堂举行扩大纪念周，并行奉安纪念礼。纪念周毕，即在祭堂举行约法告成礼。……"（《申报》1931年6月1日）

5月31日 对南京新闻界发表谈话。

从略。（《申报》1931年6月1日）

5月 为《北大二十年级同学录》题词。

"博学于文，行己有耻。 蔡元培题"。（《北大二十年级同学录》北京大学1931年5月印）

北大二十年级同学录题词

六、大学院院长及中央研究院院长时代(1927—1940) 　979

　　同月　　所撰《二十五年来中国之美育》一文发表。(《寰球中国学生会二十五周年纪念册》该会1931年印)

　　同月　为张伯英编《历代军事分类诗选》作序文一篇。(蔡元培先生抄留底稿)

　　同月　为《慈幼月刊》题词。

　　"慈幼月刊　幼有所长　蔡元培题(印)"。(《慈幼月刊》1931年第5期)

　　6月1日　出席首都各界庆祝公布约法大会。

　　"国民政府于六月一日上午九时三十分在半边街公共体育场,正式公布约法大会。同时首都各界举行庆祝公布约法大会。到会者有蒋中正、于右任、蔡元培、丁惟汾、戴传贤、陈立夫、邵力子、邵元冲、朱培德、贺耀祖、张群、吴敬恒、方觉慧、王正廷、庄蕴田、宋美龄等,及各机关各团体代表,全市民众共约十万余人。至时,国民政府主席宣布公布约法,行礼后,并朗读全部条文一遍。即毕,遂接开庆祝约法大会。……"(《时事新报》1931年6月2日)

　　6月2日　就"今后教育方针"问题,对中央社记者发表谈话。

　　"此次国民会议决议《确定教育设施之趋向案》,对于过去之教育方针,加以彻底之改革,使中国的教育设施进入于一新的阶段。如能逐渐推行,于国计民生,裨益实大。

　　从前国内中小学生毕业之后,生活方面,仍须仰给于其家庭,徒增其父兄之负担。所以一般农人、工人,往往为生计所迫,不愿送其子弟入小学。现在规定中小学校教育,以养成独立生活之技能与增加生产之能力为中心,则可以纠正过去之缺点,增进推广小学教育之助力。

　　社会教育本为灌输知识之一种良好方法,但过去并未十分注意于其设备之目的,致社会反受许多不良之影响。今后一切展览会的陈列,民众教育的布置,以及各种游艺场所的演唱,均须以贯注科学知识、指导生产技术为目标,以收增加生产之效果。

　　职业学校及有关国民生计之专科学校,各地亦间有设置者。然因创设不甚普遍,且多不适合当地的情形,时有学非所用之叹。故增设此种学校,并使其能适应当地的情形,为目前迫切之要求。产业之发达,实有赖于生产工具之发明及生产技术之改进。所以大学教育注重自然科学及实用科学,以期达此目的。总之,今后之教育方针,自小学以至大学,均以养成职业化、增加国民生产为一贯的精神。此种重大之革新,甚合于中国目前的需要。"(南京《中央日报》1931年6月3日)

　　6月3日　对记者发表关于时局看法的谈话。

　　"蔡元培谈时局。蔡元培语本报记者。中央仍用政治方式解决粤乱。张继即返京报告斡旋经过。北方将领深明大义,知和平统一实为中国之惟一出路。张入院确为医病。北方安定。外谣决不足信。"(《申报》1931年6月4日)

同日 建议教育部购买武进陶氏涉园出售的古物。

"润章、布雷先生次长大鉴：径启者，武进陶氏涉园，出售所藏前代墓志铭石版，计五十九石；又精刻书版六种，五千九百余页；两面刻木，约三千五六百块。两项共欲售洋约十二万元，一时尚无人承购。此事关系保存古物，似宜由公家购存，以免辗转流入外邦。倘政府欲购，价目尚可商减。特为函达，想荷关垂。……蔡元培敬启　六月三日"。（《致李书华、陈布雷函》同日）

同日 鸣谢刘锦标赠书。

"锦标先生大鉴：接读手教，并大著《易理中正论》，知研究玄览，时有所会，披读一过，殊深钦佩。专此奉复，并鸣谢悃。……蔡元培敬启　六月三日"。（《复刘锦标函》同日）

6月4日 主持国民党中央监察委员会议，决议"党员处分案"十余件。

"中央监会今日午前开会，到蔡元培、吴敬恒、邵力子等。蔡主席。决议党员处分案十余件。外传监委邀在粤各委到沪说，不确。"（《时事新报》1931年6月5日）

同日 列席国民党中央执行委员会第一四三次常务会议。会议通过华侨招待所所章等五案。

"中央执行委员会四日晨八时，举行一四三次常务会议。出席朱培德、叶楚伧、丁惟汾、于右任、戴传贤。列席陈立夫、恩克巴图、吴敬恒、焦易堂、克兴额、桂崇基、余井塘、蔡元培、王伯群、孔祥熙、王正廷、曾养甫。主席叶楚伧。决议案：（一）通过首都华侨招待所所章。（二）派李伴奎、幸良模、李岐鸣、胡开材、贺知诗五人，为陆海空军总司令部独立炮兵第二旅特别党部筹备委员。（三）山西省执行委员耿步蟾撤职，又该省执委侯洪烈前经一一七次常会决议撤职在案，所有两遗额以候补执行委员刘冠儒、李汾递补。（四）中央监察委员会送处分党员案件，计开除党籍二年者周旦一人，开除党籍一年者钱振东一人，均决议照办。……"（《时事新报》1931年6月5日）

6月5日 出席国民政府第二十三次国务会议。会议决议任何应钦兼空军司令等七案。

"五日晨国府举行第二十三次国务会议。出席委员蒋中正、于右任、朱培德、蔡元培、戴传贤、邵元冲、王树翰。蒋中正主席。讨论事项：（一）决议，特任军政部长何应钦兼空军司令。未到任前，由参谋部长朱培德兼代。（二）决议特派戴院长传贤兼高等考试主考官、邵元冲兼高等考试襄试处主任。（三）文官处转呈国民会议秘书处函，为国民会议决议案除以专案函送外，尚有送国民政府办理或参考者三百七十起，兹分别开列一览表，连同各案提送请查照转陈案。决议：交文官处整理，其可照办或应酌办及参考者，分别交主管机关。……"（《时事新报》1931年6月6日）

6月6日 出席中德各团体联合会第一次集会，并有演讲。

"中德各团体联合会以沟通中德文化，促进中德友谊为目的，昨日（六日）下午七时假座杏花楼举行第一次集会，到者华人方面蔡元培、胡庶华、沈君怡、许元芳及本馆马荫良等。德人方面总理事丰理德、同济大学中学部教务长欧特曼、德国柏林大学教授希尔特等共一百余人。席次，由蔡元培、欧特曼诸君演说协会之目的及工作，其后开映上海市政府影片，尽欢而散。"（《申报》1931年6月7日）

同日 自南京赴上海。

"吴铁城、熊式辉、蔡元培，今晚夜车赴沪。"（《申报》1931年6月6日）

6月8日 对日日社记者发表关于时局的看法，希望用政治方式解决粤事。

"中央监察委员兼中央研究院院长蔡元培氏前日由京来沪，日日社昨（八日）上午特驱车往谒蔡氏于中央研究院，叩以时局之意见。记者问：粤事为全国注意，中央现究持何态度？答：粤事发生后，各方多揣测和惊疑，但在实际仅为政治上一种纠纷，并无多大问题，中央仍抱和平宗旨，希望政治方式解决，决不轻启干戈，重苦人民。问：张继先生赴粤斡旋，闻已有电到京，内容可得闻欤？答：张继先生赴粤，并非中央所派，实系游览中山县总理故居，遂顺道用私人资格传达中央和平意旨，与彼方进行调解。前日余（蔡自称）在京时，张先生电京谓日内即可北返（按今日可以离粤）。此行结果如何，尚无所闻，俟返京后，当有一番详细报告。……"（《时事新报》1931年6月9日）

6月10日 商请浙江省立图书馆，优价收购萧山单氏遗书。

"以明吾兄大鉴：径启者，萧山单氏遗书，闻已由贵馆保存。兹据单不庵先生之夫人来函，谓馆中允给代价一千五百元，渠意未满足，望加增至二千以外，请为转达云云。是项书价，既由贵馆估定，自属斟酌妥善，惟单夫人家境异常艰难，设非售书稍得善价，实不足以维持生活。倘其书品尚佳，还希悯念遗孽，略予优价，俾得自存，不胜厚幸。……蔡元培敬启 六月十日"。（《致杨以明函》同日）

同日 函请教育部李、陈二次长继续发放刘开渠留学津贴。

"润章、布雷先生次长大鉴：径启者，刘开渠在法国专习雕刻，向荷贵部津贴，惟自今年三月起，尚未接到是项津贴费，生活艰难，妨碍进修，……执事爱才若渴，还希继续给予津贴，将三月份至今应给之款，从速汇往巴黎，俾得维持，不胜感盼。……蔡元培敬启 六月十日"。（《致李书华、陈布雷函》同日）

6月11日 与杨铨、李四光等发起吴筱朋追悼会。

"吴筱朋先生任职于国立中央研究院地质研究所，尽瘁学问，□至染疾，于本年五月二十八日上午七时许疾终吴淞疗养院，凡属知交，莫不痛悼，爰定于六月十五日上午九时至十一时，假上海亚尔培路五三三号中国科学社礼堂举行追悼，如有联幛诔词等件，务乞先期交三三一号中央研究院出版品国际交换处代收，届期至希莅会,共表悼忱为荷。

蔡元培 杨铨 李四光 丁燮林 周仁 王环 杨肇臻 时昭伦 李毓尧 徐韦曼 徐志摩 徐渊摩 叶良辅 孟德民 王敬礼 谨启"。(《申报》同日)

同日 自上海赴南京。

"蔡元培、张静江、吴铁城、杨树庄,乘昨夜车晋京。"(《时事新报》1931年6月12日)

6月12日 在上海车站对记者发表谈话。

"中央监察委员蔡元培、吴铁城,及海军部长杨树庄、财政部长宋子文,昨晚十一时四十五分夜快车晋京,出席五中全会。蔡氏语本报记者:五中全会之重要使命,一为决定第四次全国代表大会日期,二为讨论国民会议所通过急于实施之各案,俾交国府从速实行。至广东问题,须俟张溥泉君返京后再行决定云云。"(《申报》1931年6月13日)

6月13日 出席国民党第三届中央执行委员会第五次全体会议开幕式及第一次大会。

"第三届中央执行委员会第五次全体会议,十三日晨八时,在中央党部大礼堂举行开幕典礼。到会人物有执行委员蒋中正、戴传贤、陈果夫、叶楚伧、于右任、宋子文……监察委员吴敬恒、蔡元培、恩克巴图,候补监察委员陈布雷等,及全体职员、各机关代表、来宾约千余人。继举行第一次大会。会议主席于右任。……"(《时事新报》1931年6月14日)

6月14日 出席国民党第三届中央执行委员会第五次全体会议第二次大会,被推为中央政治会议委员之一。

"第三届中央执行委员会第五次全体会议,十四日上午八时在中央党部第一会议厅举行第二次大会。出席者中央执行委员于右任、陈立夫、叶楚伧、丁惟汾……,中央监察委员蔡元培、吴敬恒、张继、恩克巴图,候补监察委员陈布雷。主席丁惟汾。决议各案:(一)报告处理广东事变经过,并请决定方针案。决议,常务委员会处理此事经过,本会认为适当。本案应由中央监察委员会查明处理。(二)修正国民政府组织案。决议,修正通过。……(四)决议:废止征求预备党员实施办法及征求预备党员实施步骤及方法,并另订免除预备党员程序办法。(五)决议:定于本年十月十日举行第四次全国代表大会。(六)决议:修改中央政治会议条例第三条条文如次:政治会议委员之名额,不得超过中央执行委员、中央监察委员总数之三分之二。政治会议得设候补委员,但其名额不得超过中央执行委员、中央监察委员总数二分之一。(七)改推中央政治会议委员案。推蒋中正、胡汉民、叶楚伧、于右任、丁惟汾、陈果夫、何应钦、戴传贤、宋子文、吴敬恒、张人杰、李石曾、蔡元培、邵元冲……三十二人为中央政治会议委员。"(《时事新报》1931年6月15日)

6月15日 出席国民党第三届中央执行委员会第五次全体会议第三次大会及闭幕式，被推为国民政府委员之一。

"中全会十五日上午八时，在中央党部第一会议厅开第三次大会。出席者中央执行委员蒋中正、于右任、戴传贤、丁惟汾……，中央监察委员蔡元培、吴敬恒、张继，候补监察委员陈布雷。主席于右任。讨论事项：……（二）选任国民政府主席案。决议：选任蒋中正为国民政府主席。（三）选任国民政府委员案。决议：选任蒋中正、蔡元培、张人杰、胡汉民、丁惟汾、于右任、张继、戴传贤、林森、张学良……四十人为国民政府委员。"

"第三届中央执监委员第五次全体会议，于今日（十五日）上午九时，在中央党部大礼堂举行闭幕式。到中央委员蒋中正、吴敬恒、叶楚伧、蔡元培、陈布雷……及中央党部全体职员约千余人。由叶楚伧主席。行礼如仪后，由吴敬恒致闭幕词。"（《时事新报》1931年6月16日）

同日 所撰《三十五年来中国之新文化》一文发表。（《最近三十五年之中国教育》商务印书馆1931年出版）

6月16日 出席国民党中央党部举行的孙中山广州蒙难九周年纪念会。

"国民党中央党部十六日晨九时，举行总理广州蒙难九周年纪念大会。到蒋中正、蔡元培、戴传贤、丁惟汾、张继、陈立夫、方觉慧、周启刚、陈肇英、朱家骅、程天放、曾养甫、余井塘、恩克巴图及全体职员等千余人。张继主席。戴传贤报告蒙难事略。"（《申报》1931年6月17日）

同日 出席中央国术馆体育传习所筹备成立会。

"中央国术馆体育传习所，十六日开董事会暨筹备会成立大会，到馆长张之江，董事长蔡元培，董事朱培德、刘尚清、马福祥等，筹备委员张忠道、张信宁等四十余人。张之江、蔡元培各演说国术与体育关系之重要，愿一致提倡进行。次举行国术表演，旋开第一次筹备会，讨论进行办法。"（《申报》1931年6月17日）

6月18日 主持国民党中央监察委员会议，会议"仅议例案，未提粤变"。

"中央监察委员会今日（十八日）午前开会。蔡元培主席，仅议例案，未提粤变。"（《时事新报》1931年6月19日）

同日《申报》报道是日会议为"讨论全会交议处理粤变审查会报告"。

"今日中央监察委员会，到常委蔡元培、吴敬恒，监委恩克巴图等。蔡主席。讨论全会交议处理粤变审查会报告，对于常会以政治手腕处理粤变，认为适当。……"（《申报》1931年6月19日）

同日 列席国民党中央执行委员会第一四六次常会。会议推举戴传贤等起草全国代表大会议题。

"中央执行委员会十八日上午八时，在中央党部第一会议厅举行第一四六次常务会议。出席者丁惟汾、于右任、叶楚伧、戴传贤、蒋中正。列席者吴敬恒、邵元冲、周启刚、余井塘、陈立夫、蔡元培、王柏龄、程天放、陈布雷、陈肇英、王正廷、方觉慧、苗培成、张道藩。主席丁惟汾。决议各案：（一）推戴传贤、叶楚伧、邵元冲、程天放四委员及中央秘书长、三部部长起草第四次全国代表大会议题。（二）决议派程天放、曾养甫、张道藩三委员指导并就近处理江西等处地方党务。……"（上海《民国日报》1931年6月19日）

6月19日 出席国民政府第一次会议。会议通过国民政府会议规程等七案。

"国府十九日开第一次全体会议。出席委员邵元冲、刘瑞恒、刘尚清、宋子文、蔡元培、马福祥、于右任、戴传贤、邵力子、陈果夫、蒋中正、叶楚伧、王正廷、丁惟汾、朱培德。主席蒋中正。决议各案：（一）由文官处起草各级行政人员奖惩条例呈核。（二）通过国民政府会议规程。（三）通过整理测量办法。……"《时事新报》1931年6月20日）

6月21日 对记者发表谈话，介绍北平之行任务。

"蔡元培语记者，此次北上，系出席教育基金会，参加教育图书馆落成礼。在平留二周即返京。……对粤仍主和平，不变以前主张。四全大会重要使命，为改选中委及促进训政纲领，讨论并整理训政时期各问题。"《时事新报》1931年6月22日）

6月22日 首途北上，赴平参加北平图书馆开馆礼并出席中华教育文化基金会年会。

"蔡氏已定于明日（二十二日）首途北上，主持国立图书馆开幕典礼，并出席中华教育文化基金会委员会常会云。"

"蔡元培准二十四日到平，参加廿五日国立图书馆开馆礼。该馆为宫殿式，拨庚款百万建成，容书五十万册，瑰伟称东亚第一。"（《时事新报》1931年6月23日）

6月23日 与钱昌照同车赴平，本日车行过济南。

"蔡元培今晚过济（南）赴（北）平。明晨过津，南开师生准备赴站欢迎。"

"蔡元培、钱昌照同车北来，准明午到平。清华学潮，由钱来解决。"（《时事新报》1931年6月24日）

同日 《时事新报》发表专访文章——《蔡元培谈国立北平图书馆概况》。

"最近国立北平图书馆行将落成，日日社记者以其有关中国文化至巨，爰特往访该馆馆长蔡元培氏。据谓，该馆原即前北京图书〔馆〕及北海图书馆合组创建而成。前者经费出自教部，现有藏书计有：文津阁《四库全书》三万六千三百册，敦煌经卷八千册，普通书籍十六万余册，善本书籍二万二千余册，唐人写经八千六百余卷，西夏文经百余册，外有《永乐大典》及内阁精本书籍甚多；后者为中华教育文化基金事业之一部，藏书现有普通书籍七万五千余册，善本书籍六千余册，整部科学杂志等一百五十余种，此外西文书籍搜罗约四万册。十八年六月由文化基金董事会决定，将两馆组为国立北平图书馆，隶属教育部，即由教部任董事七人，负责主持，并任蔡氏为该馆馆长，袁同礼为副馆长。嗣以旧馆址地积（占地面积）太小，且不合图书馆应用，乃即请得教部允许，由庚款项下拨款，在北旧御马园另建新馆址，面积百余亩。开工迄今，阅两年余，费建筑费计六十余万元。建筑工程已于本月二十日交工，并定于本月二十五日举行落成典礼。馆之建筑完全为宫殿式，四壁均有琉璃烧成之游龙等，以资点缀，极富东方色彩。馆成工字形，凡三层，前部阅览，后部藏书。第一层为地下室，第二层普通阅览室，第三层为善本观摩之处。馆东临北海，湖光山色领略无余。前后有隙地数十亩，植常绿树木多种，空气尤为清鲜；内部设置倍极壮丽，书库均制以钢骨，诚为国内唯一之大图书馆，其在我国将来文化学术上，势必有极伟大之贡献。"（《时事新报》同日）

6月24日 抵达北平。在车站对记者谈赴平任务及粤变问题。

"蔡元培今午抵平。李石曾、蒋梦麟、吴铁城等均到站欢迎。蔡语记者：本人此来，系参加二十五日北平图书馆落成典礼。定二十六日、二十七日，出席中华教育基金会董事年会。在平约耽搁一周，即返宁。中央对粤，拟不用武力，听其觉悟后，再以政治手腕解决。……本人在京时，与展堂晤面，胡现患病，颇欲赴美休养，是否就国委，须俟病愈后决定。蔡离站后，即赴李石曾洗尘宴。……"（《申报》1931年6月25日）

6月25日 主持北平图书馆新馆落成典礼，并致开会词。

"主持国立北平〔图书馆〕新馆落成典礼，致开幕词。"（本年《日记》同日）

"今日国立北平图书馆开幕。到党政领袖及学术界名流五百余人。蔡元培、蒋梦麟、李石曾、胡若愚等皆有致词。"（《时事新报》1931年6月26日）

"六月二十五日举行落成典礼。是日由蔡馆长致开会词，并由教育部代表蒋梦麟先生、市党部代表董霖先生、北平市市长胡若愚先生、北平研究院院长李石曾先生、协和医学校校长顾临先生及来宾陈衡哲女士，分别致词。本会则由干事长代表致词，末由袁副馆长致答词，颇极一时之盛。"（《中华教育文化基金董事会第六次报告》）

蔡元培馆长致开会词。"今日北平图书馆落成典礼，时值溽暑，酷日当空，蒙诸位惠然来临，不胜感谢。本馆同人筹备期短，招待欠周，谨先道歉，故仅简单报告本馆成立经过，以免诸位吃苦。本馆自清宣统二年学部发起组织京师图书馆，时以无相当地址，乃借用什刹海广化寺作馆址，举凡重要书册各库档案等搜罗殆尽。迄民国元年正式开幕，至民国二年教育部以馆址不适，乃设分馆办事，移重要文件于教部。民国四年，决将图书馆移设方家胡同国子监内。六年一月开馆，至十七年末叶则又移至北海居仁堂，目前则又移至本馆坐落地点矣。按民国十四年，中华教育文化基金委员会曾有筹设图书馆计划，乃与教育部筹商合作进行，筹办北京图书馆，并订契约，此为今日北平图书馆之起源。惜中国政治时有变动，致双方契约未克履行。十五年教育基金委员会召集董事开会，对于筹设图书馆事决议单独负责办理。十八年六月，基金会召开年会时，教部特向该会提议京师及北海二图书馆合并成立国立北平图书馆，基金委员会同意后即起始进行，截至今日，全部工程告竣，所有新旧书籍均经移入。现存之书册极众，如《永乐大典》、唐人写经八千卷、《四库全书》等。按北平图书馆之本身历史短促，而藏书极丰，旧北海图书馆内之科学书籍，较京师为多，而三海、圆明园建筑模型在焉。至本馆建筑，于辉煌富丽之外，尚有二特长：第一，建筑上完全采用新式的科学方法，日光由外直接射入，避免弧线，室内绝无潮湿弊端。第二，此种建筑，外部完全按照中国古代建筑方法。惟北平图书馆之建筑，乃试验性质，尚望诸位来宾不吝赐教。"（北平《大公报》1931年6月26日）

北平图书馆落成典礼讲话（1931年6月）

同日 出席国立北平图书馆揭碑式。碑文为蔡元培撰，钱玄同书。（北京图书馆碑拓片）

同日 应邀出席北京大学欢送毕业同学茶话会，并发表演说。

"国立北京大学昨日下午四时，在第二院宴客厅开茶话会，欢送本届毕业同学，到前校长蔡元培、校长蒋梦麟，教职员及毕业学生一百余人。该会只限毕业生、教职员参加，在校学生一律不列席。首由校长致欢送词，……次蔡元培致词，谓余多年离校,今日来此,又适逢诸君毕业,得参与欢送会,非常愉快。兹欲向诸君谈者有三:(一)北大近年因种种关系,处在风雨飘摇之中,工具不完备,以不完备之工具,应付复杂之社会,非常困难,最好之出路,仍为继续求学。(二)若不能继续求学,或因环境之压迫,或因经济之关系,在社会上服务,请莫抛弃书本。思想来源,出自书本,有书本然后做事可有参考。(三)服务社会一点,初出学校,不必即作大事,尤不宜因小事而不就,须知小事亦可尝试,作小事若无信仰,则大事必不能做。请诸君注意。言毕,全场鼓掌。次教授何基鸿、王烈等致词。次用茶点摄影,六时半散会。"(《京报》1931年6月26日)

6月26日　主持中华教育文化基金委员会董事年会,被推连任二十年度基金委员会董事会董事长。

"第七次董事会于民国二十年六月二十六日上午九时至下午五时四十分,在本会会所举行,开会两次。出席者蔡元培、蒋梦麟、胡适、顾临、金绍基、赵元任、贝克、司徒雷登、李石曾、任鸿隽诸董事,列席旁听者教育部代表徐炳昶及美国驻华公使代表安格脱君。由蔡董事长主席,胡名誉秘书记录。行礼如仪。议决要案如次:(一)名誉秘书报告十九年度会务。议决通过。(二)代理名誉会计顾临君报告十九年度财务,……照案通过。……(十六)改选本董事会成员,经一致公推,结果如下:董事长蔡元培(连任),副董事长孟禄(连任)、蒋梦麟(连任),名誉秘书胡适(连任)。"(《中华教育文化基金董事会第六次报告》)

6月28日　偕蒋梦麟等游览北京西山。

"蔡元培今晨偕蒋梦麟游西山。李石曾、吴铁城邀蔡聚餐,并在温泉沐浴。"(《申报》1931年6月29日)

6月30日　游览故宫及出席北京大学欢迎会。

"《国立北京大学布告》。本校前校长蔡孑民先生因参加北平图书馆落成典礼来平,本校特定于本月三十日(星期二)上午十时,在第三院大礼堂开欢迎会,届时务望本校员生一律参加为要。此布。二十年六月二十六日"。(《北京大学日刊》1931年6月27日)

"午前九时,国学研究(所),团城。十时,古物保管会。十一时,午门,北大教职员。午后三时,钢和泰茶会。四时,北大全体,沙滩。"(本年《日记》同日)

"故宫博物院今宴蔡元培,有蒋梦麟、胡适等作陪。"(《申报》1931年6月30日)

"今午北大教职员及毕业同学,公宴蔡元培。席上,蔡元培语记者:余北来参加北平图书馆落成典礼,及出席中华教育文化基金委员会。现任务已了,决二日返京。"(《申报》1931年7月1日)

6月　书写"柔亦不茹,刚亦不吐"字幅,赠予阮毅成。

"民国二十年春,我在南京中央大学任教,住中大门前协昌里,先生住成贤街中央研究院办事处,我常于晚间往谒。……先生乃与谈学术研究事,并常勉我'柔亦不茹,刚亦不吐'。某日,先生待我至,已将此两语亲笔用宣纸写就当面见赠。"(阮毅成:《蔡孑民先生》)①

7月1日 应邀在国民党北平市党部演说。

"蔡元培、李石曾今晨出席市党部约法扩大宣传周。蔡演说国府公布之约法,一段为国民生计,一段为国民教育,词甚长。李因喉病,医嘱勿演说,仅对蔡所讲约法两章,略为补充。"(《申报》1931年7月2日)

同日 出席中华戏曲研究院招待会。

"中华戏曲研究院,于中华民国二十年七月一日下午四时,在崇外木厂胡同该院,招待蔡元培、平市学术界及党政各界,事先并由李煜瀛分函邀请。

是日下午到会者有蔡元培、蒋梦麟、李麟玉、胡若愚、周大文、吴铁城、张继、郑毓秀、熊希龄、沈尹默、铎尔孟、韩德成、余叔岩、程砚秋……"(《戏剧月刊》第1卷第3期)

7月2日 离北平返南京。

"蔡元培今晚返京。到站送行者有李石曾、吴铁城、张学铭、蒋梦麟等二百余人。"(《申报》1931年7月3日)

"季茀先生大鉴:奉二十三日惠函,诸承关爱,不胜感谢。……弟定于七月二日晚五时由平启行,四日午前十时四十分可到浦口。如有改变,当电告,否则即以此函为准。……弟蔡元培敬启 六月二十六日"。(《复许寿裳函》同年6月26日)

7月3日 在车站语记者:北平各文化教育机关,"极有起色"。

"蔡元培三日晨十时半,由平过济返京,据蔡在站语记者,在平参观各文化教育机关,极有起色,生活程度亦低,地方平安。"(上海《民国日报》1931年7月5日)

7月4日 回到南京。

"蔡元培四日晨十一时抵京,许寿裳等数十人,过江欢迎。"(《申报》1931年7月5日)

同日 在《北京大学日刊》发表辞别北平友朋启事。

"元培此次到平,不获久留,故友新交,或荷车站往迓,或荷惠驾来临,烦劳既殷,承教实多。惟以培在此日短,时不暇给,今又遄返南京。过我友朋,不及回访;盛筵之招,或未能至,歉仄何如!至所有函询之件,当待返京后敬复。谨布区区,诸希鉴原。"(《北京大学日刊》同日)

同日 返抵南京,访于右任。

"蔡元培四日晨十时由平返京,下午访于右任。蔡谓张学良病已大愈,对北方

---

① 载蔡元培研究会编:《蔡元培纪念集》。

情形亦有谈及。"(上海《民国日报》1931年7月5日)

7月5日 自南京到上海。对记者发表关于"中法考察团事件"及"粤变问题"的谈话。

"中委蔡元培、英庚款委员叶恭绰,于昨晚由京乘夜车来沪,今晨可到。"(《时事新报》1931年7月5日)

"中央委员蔡元培氏,此次参加北平图书馆开幕典礼,并与国府秘书钱昌照赴平,调解清华大学学潮,前日已返京,搭夜快车于昨晨抵沪。记者晤蔡氏,据告下列诸事:

张学良之病,确日渐痊愈,已得复原,本拟接见宾客,惟因医生嘱其勿操劳过度,故概不会客,于最短期间,即可离院。至外传各种均子虚乌有,不可凭信。

对于中法考察团,法团长卜安殴辱华团事,平学术界中人对此咸甚愤慨,即各方舆论,亦殊激烈。惟最近事实,不甚明了。按外交界方面传出消息,卜安已撤职,由蒲鲁代其事,并担保此次之行,此后不致发生同样之不幸事。曾先后晤及李石曾、张溥泉、吴铁城。对粤问题,虽曾一度谈及,然仍无具体意见之决定,大约此事起之于党,消灭之亦须在党,其范围只限于党,决不致扩大。

闻蔡氏此次来沪,纯系私人关系,并以今日中央研究院假座化学社开会,拟往出席。蔡以风尘劳顿,略感不适,拟在沪稍事休养,即行返京云。"(《时事新报》1931年7月6日)

7月7日 出席上海市政府修建新屋奠基典礼。

"昨日市政府成立四周年纪念,上午十时在市中心区举行新屋奠基典礼。第一任市长黄郛,亦被邀由莫干山返沪,参加大会。……参加典礼之中外来宾,计蔡元培、黄郛、叶恭绰、张之江、蒋作宾、徐维震、杨念祖、严慎予、王晓籁、虞洽卿、袁履登、林康侯……各界来宾合计不下三千余人。"(上海《民国日报》1931年7月8日)

7月10日 自上海赴南京。

"中央监委蔡元培、立法委员马寅初、海军厅长李世甲,均于昨晚乘京沪夜快车晋京。"(《时事新报》1931年7月11日)

同日 在国民党北平特别市党部所作《训政约法的重要意义》讲演词发表。(上海《民国日报》同日)

7月11日 致函教育部长李书华(润章),请汇寄刘海粟由欧归国川资。

"润章先生部长大鉴:径启者。上海美专校长刘海粟君,本以贵部特约著作员津贴赴欧游学。刘君到欧后,历在法、意、德、瑞诸国展览讲演,备受欢迎,近有《雪景》一幅被选入鲁克爽堡美术馆,益令人注意。现刘君拟束装归国,而川费不敷,欲请贵部汇给法币一万法郎。如蒙终始玉成,曷胜同感,专此奉商。……弟蔡元培敬启 七月十一日"。(《致李书华函》同日)

7月13日 出席教育部长、次长就职宣誓礼,为监誓员。

"教育部长李书华,次长陈布雷、钱昌照,警卫军长顾祝同,副师长赵启禄、李延年,十三日晨,国府纪念周后,在礼堂宣誓就职。于右任主席,蔡元培监誓。行授印礼后,蔡训词,略谓:教育为立国之本,教育部乃教育行政最高机关,地位重要。李部长为物理学家,曾办过大学,学识经验极丰富。陈、钱两次长亦谨慎细密,极有研究,希三位对已有的教育设施,设法提高其效率,应有而尚未成立的极力建设起来。……"(上海《民国日报》1931年7月14日)

同日 出席国民政府总理纪念周。

"上午十时,国民政府举行总理纪念周,到于右任、蔡元培、邵元冲、邵力子、叶楚伧、朱培德、马福祥、朱履和、李书华、陈布雷、钱昌照、王伯群、顾祝同等及国府职员三百余人。于右任主席。邵元冲讲《中央禁烟政策》。……"(《申报》1931年7月14日)

7月16日 列席国民党中央执行委员会第一五〇次常务会议。会议通过各地出席国民党第四次全国代表大会代表名额等十五案。

"中央执行委员会今日上午八时,在南京中央党部第一会议厅举行第一五〇次常务会议。出席者丁淮汾、于右任、叶楚伧、朱培德、陈果夫。列席者陈立夫、余井塘、陈布雷、王正廷、邵力子、蔡元培、邵元冲、苗培成、恩克巴图、孔祥熙、克兴额。主席于右任。决议各案:(一)通过各地党部出席四次全国代表大会代表名额。(二)派何振藩、袁梦蛟、姚英成、王文山、易庚、张万信、王俊杰为陆军第三十四师特别党部筹备委员。(三)派陈渠珍、周燮卿、陈运奎、顾家齐、包轸、陈清福六人为陆军新编第三十四师特别党部筹备委员。(四)派陈明仁、温忠、李绍良、吴绍周、张毅夫五人为陆军第三独立旅特别党部筹备委员。……(十五)推蔡委员元培出席下星期一中央纪念周报告。"(《时事新报》1931年7月17日)

同日 主持国民党中央监察委员会第六十一次常会。

"中央监委会十六日上午十时,开六十一次常会。到蔡元培、邵力子、恩克巴图、陈布雷等,蔡元培主席。通过处分党员三十余起,及该会对四全大会之工作报告书,已责成秘书处起草。"(《申报》1931年7月17日)

7月17日 出席国民政府四次常会。会议通过任命南桂馨为导淮委员会委员等案。

"国府今晨开第四次常会。出席委员丁惟汾、叶楚伧、邵元冲、于右任、陈果夫、蔡元培、朱培德、王伯群、王正廷、孔祥熙、邵力子。主席于右任。……讨论事项:(一)决议公布实业部国际贸易局组织条例。(二)决议任命南桂馨为导淮委员会委员。(三)决议主计处主计官兼会计局副局长潘序伦辞职照准,所遗本兼各职以赵隶华继任。(四)决议任命吴涵为警卫军参谋长。(五)决议建设委员会技正余

六、大学院院长及中央研究院院长时代（1927—1940） 991

籍传辞职照准，任命王崇植为该会技正。……"（《时事新报》1931年7月18日）

7月20日 出席国民党中央党部第一二一次总理纪念周，在会上作"韩惨案发生后之对日问题"的报告。

"中央党部今日（二十日）上午九时举行第一二一次总理纪念周。到中委丁惟汾、方觉慧、蔡元培、陈立夫、苗培成、余井塘，暨职员来宾共约六百余人，由丁惟汾主席。领导行礼如仪后，即由蔡元培报告，其演词为阐述韩惨案发生后之对日问题。"（《时事新报》1931年7月21日）

7月23日 列席国民党中央执行委员会第一五一次常会。会议议决准山西省党部召开省代表大会等议案。

"国民党中央执行委员会于二十三日上午八时在中央党部第一会议厅，举行第一五一次常会，出席于右任、叶楚伧、朱培德、陈果夫、丁惟汾。列席者邵元冲、王正廷、陈布雷、王伯龄、陈立夫、苗培成、方觉慧、余井塘、蔡元培。主席丁惟汾。议决各案如下：（一）准山西省党部于本年九月十日，召集全省代表大会，并规定该省下届执行委员为七人，候补五人。监察委员五人，候补二人。依省执监委员选举法大纲选出加倍候选人，呈由中央圈定。（二）规定青岛特别市党部下届执行委员五人……"（《申报》1931年7月24日）

同日 出席国民党南京市第三届新任执监委员宣誓式。

"京市三届新任执监委员，二十三日晨在中央大礼堂，实行宣誓，中央推蔡元培莅场监誓并训词。"（《申报》1931年7月24日）

同日 列名发布唐腴庐逝世讣告。

"腴庐先生惨于本月二十三日上午遇难逝世，兹由家族决定于本月二十五日下午三时在胶州路万国殡仪馆大殓，四时三十分在虹桥路工部公墓举行葬礼。凡腴庐先生故旧，统望于下午三时前齐集万国殡仪馆致奠执绋，以致哀忱。特此奉布。

宋子文 孔祥熙 吴敬恒 杨铨 徐志摩 韦宪章 郑莱 邓勉仁 王庚 刘瑞恒 蔡元培 徐韦曼 秦景阜"。（《申报》1931年7月25日）

7月24日 出席国民政府第五次常会。会议通过行政院调查各地水灾、筹备救济等议案。

"国府二十四日上午八时举行第五次常会。出席委员于右任、叶楚伧、马福祥、邵元冲、王伯群、朱培德、丁惟汾、蔡元培、陈果夫。主席于右任。讨论事项：（一）决议，令行政院迅即分别派员调查各地水势及农产受害实情，按照灾况，筹备救济。（二）决议，令行政院转饬财政部拨发南京市区水灾急赈三万元。（三）决议，石友三明令褫职拿办。（四）决议，公布实业部农工矿技副登记条例。（五）决议，公布民国二十年四川省善后公债条例。（六）决议，参谋本部高级参谋卢佐辞职照准，遗缺以该部科长黄华震升充。……"（上海《民国日报》1931年7月25日）

7月27日 出席国民政府总理纪念周作"目前国内最重要的工作"的报告。

"国府二十七日晨举行总理纪念周。到于右任、蔡元培、朱培德、马福祥、茹欲立、李书华、王伯群等百余人。主席于右任。行礼后,蔡元培报告。……我们现在要使民众有民治民享的希望,并要有达到希望的方法,即总理遗训中地方自治开始实行法:(一)清户口。(二)立机关。(三)定地价。(四)修道路。(五)垦荒地。(六)办学校。我们应积极进行,应从江西新近克复的地方办起,使各地逐渐推行起来……近日尚有二事:(一)石友三之叛变。石反复无常,举兵构衅,为全国人所共弃,现政府已明令讨伐,不日即可解决。(二)霪雨为灾。粤、冀、豫、鄂、江西、首都,均成重灾。此由于平日林木太少,水利不修之故,须筹根本的救济,治标之策,亦不可少云云。"(《时事新报》1931年7月28日)

同日 出席高维岳、曹万顺等宣誓就职典礼,并致训词。

"国民政府军事参议院上将参议高维岳,中将参议曹万顺、王翰鸣……于二十七日上午十时半,在国府大礼堂举行宣誓就职礼,由于右任主席领导行礼,高维岳等举右手宣誓,中央委员蔡元培监誓。誓毕,蔡委员致训词,略谓各位就军事参议、谘议各职,殊可祝贺。现在虽由军政时期入于训政时期,但国内军事尚未完全结束,尤其是国防极为重要,故军队编制之整理,及自卫力量之充实,均为急不容缓之图,诸位对军事经验丰富,定能分途研究,必有莫大贡献。"(《申报》1931年7月28日)

7月30日 列席国民党中央执行委员会第一五二次常务会议。会议通过军队特别党部每月工作报告格式等十八案。

"中央执行委员会今日上午八时,在中央党部第一会议厅举行第一五二次常务会议。出席者于右任、朱培德、丁惟汾、叶楚伧、陈果夫,列席者陈立夫、余井塘、王正廷、蔡元培、苗培成、邵元冲、克兴额、方觉慧、恩克巴图、王伯群、陈布雷。主席于右任。决议各案:(一)通过军队特别党部每月工作报告格式。(二)改派金树仁、徐益珊等为新疆省党务特派员。(三)北宁铁路特别党部筹备委员高哲民调回,改派曾三省补充。(四)第四十一师党部筹备委员芮勤学、李德惠另有任务,不能兼任,改派李庶平、陶维侃补充。(五)第五十二师特别党部筹备委员孙长钧奉令去职,改派李正华补充。……"(《时事新报》1931年7月31日)

同日 为张之江著《东游感想录》作序一篇。(张之江:《东游感想录》1931年出版)

7月31日 出席国民政府第六次常会。会议决议公布银行兑换券发行税法等案。

"国府今晨举行第六次常会。出席委员于右任、朱培德、蔡元培、王伯群、王正廷、丁惟汾、马福祥、邵元冲。主席于右任。……讨论事项:(一)决议工厂法第十三条准以两年内为实施之预备期间,由实业部负责督催。(二)决议公布银行兑换券发行税法。(三)决议公布银行业收益税法。(四)决议任命廖维藩为首都反省院院长。……"(《时事新报》1931年8月1日)

7月 撰《首荩卿家传》一篇。(蔡元培先生抄留底稿)

同月 请马祀光代作《赵仁山暨辛夫人合葬墓志铭》一文。(蔡元培先生抄留底稿)

同月 《韩案发生后之对日问题》演讲词发表。(《日本研究》第1卷第11期)

8月1日 由南京到镇江,主持全国职业教育讨论开幕式及第一次大会。

"中华职业教育社召开之全国职业教育讨论会,于昨日上午九时在镇江伯先公园举行开幕式。到教育部代表顾树森、省府主席叶楚伧代表金体乾、省党委胡朴安,及十大省三市代表会员二百余人。主席团蔡子民、冷御秋、胡世华、江问渔、顾树森。九时半开会。行礼如仪。主席蔡子民致开会词,略谓职业渊源甚古,欧美各国创行已久,尤其是大学专门教育均与职业教育攸关,此为救济民生、开发富源之最重要问题。现在集合各省区代表于一堂,讨论职业教育之最重要事件,实为最有价值之事。中国今后教育之转机,即在于此,深愿各以所见,彼此交换,切实进行,以求成效。"

"下午一时,举行第一次大会。主席蔡元培、顾树森、冷御秋、胡玉书、张一麐。行礼如仪。先由蔡子民致开会词,江问渔报告上届议决案情形,即开始提出议案。……"(《申报》1931年8月2日)

8月2日 由镇江回上海。

"中委蔡元培,昨晚由镇江乘夜快车来沪,今晨可到。"(《时事新报》同日)

8月4日 致函教育部长李书华(润章),推荐林有壬参加教材编审工作。

"润章先生部长大鉴:径启者,福建林有壬先生,毕业于法国都鲁士大学(经济系),曾任侨务委员会科长、华侨教育设计委员会委员、南洋《泗滨日报》撰述主任,著有《南洋实地调查录》等书,于南洋侨务最为熟悉。贵部现有编审南洋华侨学校教材之举,如延揽林先生参加工作必大有贡献。专此介绍……弟蔡元培敬启 八月四日"。(《致李书华函》同日)

8月5日 应张元济之请,介绍张伯远访会于右任。

"菊哥同年大鉴:昨承枉顾,领教为快。致于院长函及汪君原函,均奉上,请嘱伯远兄试之(函中请加入履历一纸)。……弟元培敬启 八月五日"。(《致张元济函》同日)

8月8日 与于右任、邵元冲等举行高等考试揭闱宴会。

"于右任、邵元冲、蔡元培、朱培德、叶楚伧、陈果夫、丁惟汾等定九日假华侨招待所,举行高等考试揭闱欢宴大会,宴请典试委员,并柬请各部长、次长作陪。"(《申

报》1931年8月9日）

8月10日 函请湖南省政府主席何键（芸樵），给予留德学生欧阳翥省费津贴。

"芸樵先生主席大鉴：径启者，留德学生长沙欧阳君翥，专攻神经学，成绩甚佳，多有著作，近方预备博士论文，明年年底始可完结，而学费中断，辍业堪虞。素谂执事提倡学术，栽植后进，如欧阳君者，谅所爱护。倘荷酌拨省费，予以津贴，俾有成就，实学术前途之幸。特为代达，尚希察裁示复为荷。……蔡元培敬启 八月十日"。（《致何键函》同日）

同日 致函心理学研究所所长唐钺（擘黄），询有无可能资助欧阳翥继续留学。

"擘黄先生大鉴：径启者，欧阳君翥，留学德国，专攻神经学，颇有著作，近方预备博士论文，而所受中华教育文化基金会补助金，期满不能再续。费用中断，甚为恐慌，由俞大维君转函嘱为设法。未知所中是否需要是项人才？应否予以约定，稍予津贴？……特此函达，还希酌量示复为荷。……蔡元培敬启 八月十日"。（《致唐钺函》同日）

8月11日 介绍林我将晋谒交通部长王伯群。

"伯群先生部长大鉴：径启者，林君我将，曾在美国芝加哥航空研究院研究，回国不久。鉴于我国航空事业正在发展，而航空法尚未规定，亟应设立航空法研究所，利用各国业经研究有得之各种材料，以促进国内航空事业，且助国际航空之发展。听其绪论，至为扼要。……兹因林君晋谒，特为介绍，还希面询其详，酌予相当奖掖，不胜感荷。……蔡元培敬启 八月十一日"。（《致王伯群函》同日）

8月12日 与吴稚晖一起保释被拘捕侦查的邓家彦。

"前李济深之秘书长邓家彦氏，日前因宋案嫌疑在沪被捕，由上海第二特区地方法院拘捕侦查。昨日下午，由罗推士升座刑庭，询问一过，因查无确证，且经中委吴稚晖、蔡元培两氏到庭具保，当庭即行释放。"（《申报》1931年8月13日）

8月13日 致函教育部长李书华（润章），转递刘清源作国歌一首。

"润章先生部长大鉴：径启者，湖北刘君清源，寄来所作国歌一首，嘱为转达。兹特寄奉，即希查阅，归并审查为荷。……蔡元培敬启 八月十三日"。（《致李书华函》同日）

8月16日 主持全国教育讨论会及全国国语教育促进会二十年会员大会。

"全国国语教育促进会召集全国教育讨论会及廿年会员大会，于昨日上午在上海皇宫大戏院行开幕式……主席团推定蔡元培为主席。行礼如仪，先由蔡主席致开会词，陆衣言报告会务，次由上海市长代表徐佩璜、市党部代表童行白致训词，继由代表先后演说，末由蔡主席致谢词而散会。"（《时事新报》1931年8月17日）

8月17日 往宋宅吊唁宋庆龄之母倪太夫人之丧。

"宋母倪太夫人之丧,于昨日上午六时起,在西摩路本宅领帖。上下午前往吊唁者甚众。国府由张群代表致祭,其他各院部及本埠各机关团体,除主管人员亲到行礼外,并派代表公祭。……赴宋宅吊唁之来宾,有吴稚晖、于凤至、杨杏佛、葛云龙、许世英、宗日章、王正廷、陈绍宽、张公权、贺耀祖、黄金荣、张啸林、杜月笙、王伯龄、蔡元培、魏道明、李仲公、王一亭、虞洽卿、沈能毅、许金源等。"(上海《民国日报》1931年8月18日)

8月18日 自上海赴南京。

"国府参谋长贺耀祖、中央研究院院长蔡元培、江苏绥靖督办张之江,均于昨晚由沪乘京沪夜快车晋京。"(《时事新报》1931年8月19日)

同日 致函山东省教育厅长何思源(仙槎),请准卢逮曾继续留学。

"仙槎先生厅长大鉴:径启者,卢君逮曾,以十六年秋,由山东省费派赴英国留学,至十七年夏,五三案起,省府对于留学经费,未能接济,卢君被推回国请愿,……数次请愿,未得要领。荏苒迄今,无由继续求学。兹值贵厅派遣各国留学生,卢君闻而欣喜,恳转为陈述,拟请将卢君留学名额恢复,与此次所派遣者并案办理,同时发给回英川、学各费,俾续未竟之学业。倘蒙玉成,同深感荷。……蔡元培敬启 八月十八日"。(《致何思源函》同日)

同日 鸣谢塞勒姆·威兹赠书。

"塞勒姆·威兹博士先生:六月一日惠函于十天前收到。……您赠送的图书,现藏南京本院总办事处图书馆。这些书,不仅提供给本院的同人,并且供有志于文艺的院外人士作参考。请允许我再一次感谢您的盛意,并致以衷心的祝愿。蔡元培"。(《复威兹函》同日)

8月20日 出席廖仲恺殉国六周年纪念会。

"中央二十日晨举行廖仲恺殉国六周年纪念,到中委朱家骅、焦易堂、方觉慧、周启刚、于右任、丁惟汾、王伯群、吴稚晖、蔡元培、苗培成、陈肇英、陈立夫、邵元冲,及职员来宾约六百余人。由方觉慧主席并致词,介绍廖的革命业绩。……"(《时事新报》1931年8月21日)

同日 列席国民党中央执行委员会第一五五次常务会议。会议决议侨务委员会改隶于国民政府等五案。

"中央执行委员会二十日上午八时,在中央党部举行第一五五次常务会议。出席者于右任、丁惟汾、朱培德。列席者吴敬恒、张道藩、陈肇英、蔡元培、焦易堂、邵元冲、王伯群、朱家骅、陈立夫、曾养甫、陈布雷。主席于右任。决议:(一)侨务委员会改隶于国民政府,中央党部分别组织一海外党务设计委员会。(二)侨务委员会设委员若干人,常务委员七人至九人,委员长一人,副委员长一人。(三)选定吴铁城、林森、周启刚、曾养甫、陈耀垣、萧吉珊、郑占南、黄壬戌、林泽臣、张河洲、陈武烈等三十七人为侨务委员会委员。（四）任陈耀垣、萧吉珊、曾养甫、周启刚、吴铁城为海外党务设计委员会委员,指定陈耀垣为主任,萧吉珊为副主任。……"（《时事新报》1931年8月21日）

同日 出席国民党中央监察委员会常务会议。会议讨论召集全体监委会议问题。

"中央监察委员会二十日午前十时常务会议。出席蔡元培、吴敬恒、陈布雷等。关于召集全体监委会议事,决在四全大会前举行整理三全会后工作经过,向大会报告,召集期未决定。"（《时事新报》1931年8月21日）

同日 对报界发表关于粤局问题的谈话。

"蔡元培谈粤局问题。最近张溥泉、吴铁城与粤中磋商和平解决之策,接洽至何程度,此间尚未接得具体报告。但为党国计,为人民计,非趋于和平不可,即以粤方现状而论,亦不利于用兵,中央始终不愿以戎相见,皆可以事实证明。盖党的纠纷,在理论上自应于党内觅解决之途径,舍此均违正轨也。外传稚晖将赴平与溥泉将赴粤说,据余所知,或非事实。总之,粤事苟能于此次全代会前解决,实属万幸,中央诸同志亦莫不作如是想云。"（《申报》1931年8月21日）

8月21日 出席国民政府第九次常会。会议通过对主考官等"误算考分"进行处分案。

"国府二十一日开第九次常会。出席委员邵元冲、王正廷、于右任、蔡元培、马福祥、王伯群、朱培德、丁惟汾。主席于右任。讨论事项……考试院院长兼主考官戴传贤呈为职员误算考分,自请处分案。决议:（一）考试院院长兼主考官戴传贤罚俸三个月。（二）秘书长陈大齐罚俸一个月。（三）典试委员会第二科科长张心一记过一次。（四）其余应负责之计算分数人员各计过一次。"（《时事新报》1931年8月22日）

8月22日 赴镇江,出席中国科学社第十六次年会。

"中央监委吴稚晖、蔡元培,今日来镇,参加中国科学社第十六次年会。"（《时事新报》1931年8月23日）

"本社第十六次年会于八月二十二日至二十六日在镇江举行。实到社员七十二人,大都下榻焦山,社务会、论文会亦均在此举行。同日下午在教育厅举行开幕典礼,同时并有小规模之科学成绩展览会,到社员、来宾一百五十余人。由蔡子民先生主席,略述本社之过去、水灾与科学之关系,并致谢省政府之招待。次有邹树文、竺藕舫、丁绪宝、陈宗南、钱宝琮、汪典、王季梁诸君相继演说,摄影散会。"（《科学》第15卷第11期）

"中国科学社在镇江开年会,自二十二日起在苏省教育厅大礼堂开幕。该社到会会员已达镇江者约百余人,大半均在焦山,二十一日省府开预备会。兹将大会情形录后:(一)大会日程。……(二)教厅之欢迎会。教育厅陈厅长于二十二日二时开会欢迎科学社社员,特请蔡子民氏演说。蔡氏起立,略谓江苏省教育在各省为模范,诸位学有专长,办事富有经验,弟所希望者:中国近年不但学生进中学无机会,就是要进有名的小学也是供不应求,往往要受严格限制,不能读书。外国凡小学生不进学校,父母有罪。今日中国父兄要送子弟读书,而无学校可进。外国除学龄儿童外,还要顾及成年失学者之教育。中国学龄儿童,尚无法使他受教育。这是一个大问题。中国现在不能造就由小学升到大学之学生,必定要中学、小学职业化,我们要为在某级学毕业之后,而无力升学,欲在社会生存者,谋教育在各级学校之外,要有补习学校,同时又为已有职业之成年者,谋公民道德常识之补习,此亦今后教育问题。(三)大会开幕礼。第十六次大会,于二十二日午后三时,在教厅大礼堂举行,到千余人。由蔡子民主席。行礼如仪。蔡氏报告云:科学社发起于美国,而成立于南京、上海,皆与江苏有历史的关系。镇江为江苏新省会,所有设备,皆于(?)科学建设之途,而金焦北固,又为天下名胜,承省府诸公之殷勤招待,使我们社员非常舒适的开会甚为感激。本社工作可分两部:1.为统社的工作;2.各社员在外之工作。我们社内近年在南京办了生物研究所,又设科学图书馆,今该馆已在上海新建馆址,定名明复图书馆。因胡明复先生,实科学社之前辈也。此外中央研究院、北平研究院,皆有本社社员在内工作。但就中国现在科学与世界科学相较,看来尚甚幼稚。如中国今年的水灾,固为自然界之大势力,科学能力亦有不能抵御者,但科学之设施,有时亦能减少自然界灾害之程度,如水灾前之造林、河防,灾来时之预测警告,及灾后之灾区计算,灾民之安顿,灾区之所需,皆科学优为之也。是故科学昌明的国家,虽遇天灾,其人民所受之痛苦,较为不讲科学者为低少耳。是故中国负科学之责者,其努力应在任何国家之上也。次胡朴安代表省政府致欢迎词……相继报告后,摄影而散。"《申报》1931年8月24日)

同日 在中国科学社十六届年会上的《开会词》刊出。(《申报》1931年8月24日)

8月25日 由上海赴南京。

"中委蔡元培、丁超五,定今晚乘夜快车晋京。"(《时事新报》1931年8月25日)

8月27日 列席国民党中央执行委员会第一五六次常务会议。会议通过救济水灾问题等八案。

"中央执行委员会廿七日上午八时,举行一五六次常务会议。出席于右任、叶楚伧、朱培德、丁惟汾,列席者丁超五、苗培成、吴敬恒、张道藩、王柏龄、王正廷、陈立夫、邵元冲、朱家骅、曾养甫、余井塘、陈布雷、克兴额、蔡元培、方觉慧、王伯群、恩克巴图。主席叶楚伧。议决各案:(一)关于救济水灾问题案。议决:(甲)由国民政府通令各机关,非切要之建筑一律停止,其经费移借作为救灾之用。(乙)中央党部建筑经费,一律限期交来中央,由中央全部购买水灾公债。(二)规定湖南省党部执监委员人数为执行委员七人,候补执行委员五人,监察委员五人,候补监察委员二人。(三)浙江省全省代表大会开会,推戴委员传贤前往指导。(四)北平特别市党务整理委员胡若愚遗缺以周大文补充。……"《时事新报》1931年8月28日》

同日 出席中国工程师学会成立会,并有演说。

"中国工程学会与中华工程师学会合并为中国工程师学会,二十七日正式成立,通过新职员,初选三倍人数,计会长韦以黻、颜德庆、凌宏勋,副会长胡庶华、徐佩璜、黄伯樵、董事夏光宇等四十五人。……下午由吴稚晖、蔡元培、韦以黻等演讲工程救国及中国铁路问题。"《申报》1931年8月28日》

8月28日 出席国民政府第十次常会。会议议决严惩忽略堤防修治及水道疏通等五案。

"国府二十八日开第十次常会。出席委员叶楚伧、于右任、马福祥、邵元冲、王伯群、朱培德、蔡元培、王正廷、丁惟汾。主席于右任。……决议:(一)凡负有地方水利责任之官吏,忽略堤防之修治及水道之疏通者,予以严惩。(二)责成各地方官吏移救灾民。(三)通令节省宴会。……"《时事新报》1931年8月29日》

8月29日 自南京到上海。

"中央研究院院长蔡元培,昨晨由京乘夜快车抵沪。"《时事新报》1931年8月30日》

8月31日 往宁波,参加中国经济学社第八届年会。

"记者询问马(寅初)氏,蔡元培氏此次允许出席经济学社第八届年会讲演,究竟何时可来,贵社社员此次来甬参加年会者有若干人?马氏答云:蔡氏明日(一日)可乘宁绍轮到甬,此次能参加社员约六十余人。年会准定明日(一日)上午九时在商会开幕,届时蔡氏必定出席演讲。"《时事新报》1931年9月2日》

"蔡元培、马寅初、王澄莹等,三十一日下午三时由杭到甬,参加中国经济学社年会。各界定一日在青年会欢迎。"《申报》1931年9月1日》

8月 致函何应钦(敬之),请从速准保释郑超麟监外就医。

"敬之仁兄勋鉴:敬启者。前函关于保释现押中央监狱政治犯郑超麟事,谅达台览。兹悉该犯郑超麟胃病日愈加深,惟恐久系狱中,危及生命,殊非国家爱护人才之道。用特再函恳请从速准予保释,俾得保全生命,实为德便。顺颂勋祺 弟蔡元培启。"《致何应钦函》同月》

同月 撰写《〈全国经度测量会议报告〉序》。

"中国古代以土圭测日影,因知地面南北距离,可依北极之高下而定,是当时已有纬度之朦胧意识。至于经度,知之较晚,直至明末西法输入,始见了解。概缘中上古时，一般人无地图之印象，故经纬观念不易发生。

全国之经纬度测量，实始于清初，康熙庚寅、辛卯间，首命令台官分测各省及外藩之北极高度，东西偏度，量画舆图，经纬井然。嗣后二百年，杳无继轨。间有从事者，大抵出于西洋教士，如佘山天文台前台长蔡尚质，以长江上游轮船难通，尝于三十年前雇民船上溯，西入夔门，历测沿江各地经纬度，厥功至伟。而舆地之图，于我国各城镇经纬度数搜罗较丰者，亦出于外人之手。己则不竞，坐享其成，怠废之讥，何能幸免耶。

经纬度测量为一切测量之基本。苟枝节测绘，徒知注意地形，而不有经纬度数以为之基，则西图并合，势必不相衔接。近来航空测量，诚为测术中之异军突起者，然欲藉航空以实施大地测量，尤需天文点为之控制。是知经纬度数，纵横交织，为确定地点之最良之方法。若以名称志地，则不免有两地同名或年代久远无从考证之虞。以山川城镇之方向距离志地，则因谷陵变迁，城池兴替，仍有沧海桑田转动靡常之患。独经纬度根据于星辰方位，但求观测精审，则决定之后，不致有歧出复见之弊。虽星辰方位，亦非亘古不变，然其变差可以计算之。故经纬度数，可谓兼系天地，仰观俯察，均以此为基准焉。经度测量方法，在数十年前尚称疏陋，自无线电发明以后，便于利用，进步极猛。迩来经度测量之成绩，可使其误差不满百分秒之一，换言之，即测量结果与理想上之位置相差甚微，藉此可以证验地面变迁诸说之价值。1933年之国际经度合作测量，即含有试验惠氏之大陆漂移学说，及万氏之沿海岸襞垒学说之用意。理论与实际，双方并进，相互为用，此则深可注意者也。

本年七月三、四两日，本院会同参谋本部，召集全国经度测量会议，各机关代表出席者共四十余人，提案凡四十件，自组织全国经纬度测量委员会以致选择仪器，选择星辰及算式，经费来源，测量时期各要端，详细讨论，细目厘然。所望共同努力，积极施行，内以供一切建设之基，外以效国际合作之实，裨益人群，岂浅鲜哉。

中华民国二十年八月 蔡元培"。(《浙江档案》2008年第6期)

同月 为浙江省立医药专科学校题词。

"得心臻妙 蔡元培题(印)"。(《浙江大学百年发展史》2008年印)

9月1日 出席在宁波召开的中国经济学社第八届年会，并作经济问题的讲演。

"中国经济学社第八届年会，于一日上午九时在商会大礼堂行开幕礼。到社员四十余人，来宾四百余人。由该社社长马寅初主席。宣读开会词后，即由甫由沪来甬应邀演讲之蔡元培演说，次由社员王征莹演说，二氏所讲，属经济问题，词长从略。下午二时，蔡元培氏在青年会大礼堂作公开讲演，听众有五六百人。蔡氏因公忙，定于二日下午乘轮回沪转京。"(《时事新报》1931年9月3日)

同日 由彭林仙代表主持全国国语教育促进会五周年纪念大会及致词。

"全国国语教育促进会,一日举行五周年纪念大会,到各机关代表、学员二百余人。由彭林仙代表蔡元培主席致词。会董陆衣言报告会务,谓工作目标有三点:(一)辅助政府推行注音符号。(二)积极促进普及国语教育。(三)努力建设新文化基础。……"(《时事新报》1931年9月2日)

9月2日　往奉化雪窦寺游览并出席会议。

"二日上午该社(经济学社)全体社员及蔡孑民先生,由招待员谢凤鸣等陪往奉化雪窦寺游览,并在该寺举行会议云。"(《申报》1931年9月4日)

同日　作《游溪口雪窦和俞寰澄韵》。

"诸公谋富国,野获在兹游。世变看车辙,人生感瀑流。

崇楼兴幼学,比户服先畴。洪水怀襄日,山乡尚有秋。"[《新社会》(半月刊)第1卷第7号]

9月3日　离宁波赴杭州转南京。

"中央委员蔡元培氏,前日应中国经济社社长马寅初之请来甬演说,今(三日)八时乘早班车赴杭转京。"(《申报》1931年9月5日)

9月8日　自宁波回上海。

"前日在雪窦,寅初等必欲留我等与社员多盘桓几日,且因我等若必欲于是日回沪,则不能不提早午餐,而大家都有几处不能去畅游了。我想往首都,专为谭氏葬事,似亦无令多数人扫兴之必要。故决意勾留几日,即在雪窦写电文,由寅初携至奉化发出。……若明日无电,则必于七日上船,请令大毛准于八日早晨到金利源码头接,仍是新江天轮也。"(《致夫人周养浩函》同月4日)

9月10日　自上海赴南京。

"赈委会主席许世英、中央研究院院长蔡元培,昨晚乘京沪夜快车晋京。"(《时事新报》1931年9月11日)

9月11日　出席国民政府第十一次常会,会议讨论公布赈灾公债条例等七案。

"国府十一日晨举行第十一次常会。出席于右任、邵元冲、朱培德、丁惟汾、王正廷、马福祥、王伯群、蔡元培。主席于右任。讨论事项:(一)公布民国二十年赈灾公债条例。(二)公布要塞堡垒地带法。(三)公布第一届高等考试及格人员任用规程。……"(《时事新报》1931年9月12日)

9月14日　出席国民政府总理纪念周,作《水灾救济问题》的报告。

"国府十四日晨举行总理纪念周,到蒋中正、于右任、蔡元培、邵元冲、朱培德、钮永建、王伯群、贺耀祖等及职员三百余人。蒋主席。领导行礼如仪后,由蔡元培报告水灾救济问题。略谓据最近报告,灾民达七八千万人,占有全国人口六分之一,若无良好办法,将引起最大危险。现政府与社会,均积极进行救济之策,颇有可能渡过难关之希望。次对中国经济学社第八届年会之意见书,有详细的说明,并谓该社所谆谆致意的,尤在立止战祸,我们深表同情。……"(《时事新报》1931年9月15日)

同日 函复俞大维,请转达欧阳翥心理研究所无力津贴其学费。

"大维先生大鉴:径启者,前承寄示欧阳翥君论文及履历,并述欧阳君学费将罄,嘱向国内设法津贴等语。当经分别到湖南省政府及本院心理研究所商洽。兹接心理研究所复函,以限于经费,不能举行所外研究之津贴。特将原函附奉,希查阅后,转寄欧阳君为祷。……蔡元培敬启 九月十四日"。(《复俞大维函》同日)

同日 致函舒新城,商请给予邬翰芳变通售稿办法。

"新城先生大鉴:邬君翰芳来称,拟编日本大地志,承先生赞同,允在贵局出版,甚感。惟售稿与版税之间,尚待考虑。邬君寒士,版税实缓不济急,可否于售稿办法中参用分期缴稿及支款之法,例如第一月先缴五十万言,则先付相当之款,第二月以后亦如之,此则于贵局当无甚为难,而在邬君则得以应急,务请先生玉成之……弟蔡元培敬启 九月十四日"。(《致舒新城函》同日)

9月17日 列席国民党中央执行委员会第一五九次常务会议。会议通过加任奖励党义著述审查委员会委员等十案。

"中央执行委员会十七日上午八时,举行一五九次常务会议。出席于右任、朱培德、丁惟汾、戴传贤,列席者陈肇英、蔡元培、邵元冲、陈立夫、方觉慧、王正廷、克兴额、王柏龄、邵力子、吴敬恒、曾养甫、陈布雷。主席朱培德。议决各案:(一)加任陈立夫、余井塘、苗培成三委员,为中央奖励党义著述审查委员会委员。(二)修正中央党部印刷所章程第二、八、十三、十五、十六、十七等条条文。(三)会同中央监察委员圈定葛建时、邱有珍、钮长耀、段木贞、周祚天五人为江苏省党部监察委员。祁述祖、王公玙二人为候补监察委员。(四)准苗委员培成辞天津特别市党务整理委员,遗缺以钱家栋补充。(五)黑龙江省党务指导委员吕醒夫另候任用,应以免职,遗缺以于明洲补充。……"(《时事新报》1931年9月18日)

同日 主持国民党中央监察委员会第六十六次常会。

"十七晨十时,中监会六十六次常会。到蔡元培、吴敬恒、邵力子、恩克巴图、陈布雷等。蔡元培主席。通过各级党部呈请处分党员案二十余起,另录案移送中执会执行。"(《申报》1931年9月18日)

同日 主持中央研究院院务会议,讨论派遣专家出席加拿大太平洋科学会议人选问题。

"十七日中央研究院开会,讨论来年五月加拿大太平洋科学会议派遣专家出席。蔡元培主席。对人选、旅费俱有极详细研究。"(《时事新报》1931年9月18日)

9月18日 由南京到上海。

"财长宋子文、中央研究院院长蔡元培、副院长杨杏佛,均于昨晚由京乘坐夜车来沪,今晨可到。"(《时事新报》1931年9月18日)

9月19日 应邀出席欢迎法国音乐家拉罗阿的茶会。

"法国国家戏院秘书、音乐大家拉罗阿于前日乘法邮船抵沪。拉罗阿与中委李石曾、褚民谊等均系故交。昨日李石曾、褚民谊、郑毓秀、齐致四人,具名柬请中法各界名人,在世界学院举行茶会,欢迎拉氏。外宾到者有法国总领事、法工部局总董等。中国方面到者蔡元培、高鲁、王晓籁、杜月笙、张啸林,及留法、比两国学生百余人,颇极一时之盛。"(《时事新报》1931年9月20日)

9月21日 在国民政府总理纪念周所作《水灾问题》报告全文刊出。(《中央周报》第172期)

9月22日 自上海赴南京。

"蔡元培、陈肇英、王柏龄,昨晚同乘夜快车晋京。"(《申报》1931年9月23日)

同日 允为孙国封之母撰写像赞。

"国封我兄苦次:接惠函,惊悉太夫人噩耗,同深悲感。属撰像赞,义不敢辞,手写寄奉。兄孝思素挚,毁瘠可想。然国事多艰,继志为孝,尚希顺变节哀为要。蔡元培敬启 九月二十二日"。(《复孙国封函》同日)

9月23日 对记者发表关于张继赴粤任务的谈话。

"日本兵乘我国水灾綦重之际,突然出兵东北,肆杀焚毁,无所不至。举国人士,同深愤激。广东当局,亦复憬然觉悟,捐弃成见,立将入湘军队撤回,与中央共商和平,共赴困难,彼此电文往还,闻已颇有具体办法之商讨。日前中委蔡元培氏入京后,与陈铭枢氏等既商定办法,……蔡先生在京,已电沪定舱位,明(即今日)晨偕同赴粤,约留四五日,即可返京。"

"蔡元培谈话。(记者问)先生在京曾晤及展堂先生否?(蔡氏答)曾会面。(问)胡先生意见如何、允即行销假否?(答)胡先生对时事甚关切,惟以身体尚未复元,一时或未能即将销假。(问)粤方有电到京否?(答)粤方已有复电。(问)闻粤方颇有建议,其内容如何?(答)国难方殷,固无所谓条件也。(问)张溥泉先生等赴粤,其任务如何?(答)宣达中央意旨。"(上海《民国日报》1931年9月24日)

同日 与张继同赴广东,与粤方会商国内和平及健全中央组织等办法。

"中央监委张继氏,因奉中央电召派赴广东接洽和平问题,于昨日上午由平乘坐飞机抵京,晋谒蒋主席后,即于下午搭京沪快车来沪,已于当晚十一时一刻抵站,定今晨偕同中委蔡元培、陈铭枢等乘渣化公司芝沙德轮联袂赴粤,会商一切。前广东省主席陈铭枢及省委孙希文等,均将与张氏同轮赴粤,俟至香港与各方接洽后,即由张、蔡二氏亲赴广州,会商国内和平及健全中央组织等办法。闻张氏在京时,已电告粤方届时妥为接洽,约于今晨七时许,即由海关码头乘坐小轮转往浦东登轮,准上午十时即可离沪。"(《时事新报》1931年9月24日)

9月24日 与张继、陈铭枢联名电邀汪精卫及孙科等到港共商救国大计。

"昨据蔡元培语记者,彼等此行,携有蒋主席亲笔函,由陈铭枢亲交粤方,至何时返沪,及粤委能否偕同来沪,现尚未定。"(《申报》1931年9月25日)

致粤方电:"广州汪精卫先生、孙哲生先生、古襄勤先生、陈伯南先生,并转诸先生钧鉴:辽吉失陷,寇焰方张,封豕长蛇,国将不国。救国之道,厥惟全国团结,一致对外。元培、继、铭枢即日来粤,与诸先生商榷救国大计。抵港之日,深盼诸先生命驾来港赐教。谨此电陈。蔡元培、张继、陈铭枢叩。敬。"(上海《民国日报》1931年9月25日)

9月25日 因东海有飓风,芝沙德轮延至今日启碇。本日与张继等致电汪精卫、孙科等。

"中央监委张继、蔡元培、陈铭枢氏,于昨晨同登渣华公司芝沙德轮,原定十时许启碇赴港,嗣以海关警告,东海发生飓风,且有重雾,至该轮延未出口,定于今日(二十五日)五时离沪。"(《时事新报》同日)

9月28日 与张继、陈铭枢等抵达香港。

"陈铭枢、张继、蔡元培、许锡清等,二十八日晨九时乘荷轮芝沙丹尼抵港,粤府派傅秉常到港迎陈等登陆,下榻半岛酒店,即电粤要人请来港会商。粤派汪、孙、李君佩等专车下午五时半抵港,即赴半岛酒店晤陈等,商和平条件,至夜半散。"(《申报》1931年9月29日)

同日 孙科、江精卫等赴港会晤今日由沪到港的蔡元培、张继等人。

"孙科、汪精卫、李文范,乘专车赴香港,往晤今晨由沪来港之中央政府代表张继、陈铭枢、蔡元培,双方和平运动因是更进一步。"(《时事新报》1931年9月30日)

9月29日 与张继等在港与汪精卫、孙科等进行会谈。

"今日和平预会京代表出蒋亲笔函,交古应芬、汪精卫、孙科转各同志,谓粤方如有具体办法,促党国和平,本人绝对服从,粤代表满意。会议由上午八时至十一时,继由二时至五时始散。蔡元培、张继、陈铭枢,定明晨偕汪、孙等赴省。伍朝枢今晨抵港后,赴半岛酒店参加会议,亦定同行赴省。"(《时事新报》1931年9月30日)

同日 电告蒋介石与粤方谈判结果。

"南京蒋主席钧鉴:枢等于昨日到港,……约定今晨九时继续研讨,届时复开议,至十时半议妥:(一)钧座发一通电,为时局危急引咎,并声明议定统一政府办法时,立即下野。粤方亦发一通电,亦向国民引咎并说明非统一不能救国,赴京开会,取消广州政府,并不以钧座下野与否为条件。两电须同时发表,电稿均在草拟,容即电闻。目前两方均训令各级党部及报纸,停止两方互相攻讦之言论。(二)须立即变更京沪卫戍警卫组织,俾粤方诸同志即可安心来京,在总理灵前宣誓开会,议决统一政府办法,是否有当,候训示。培、继、枢叩。艳(二十九日)午。"(《致蒋介石电》同日)

9月30日　自香港赴广州。

"张继、蔡元培、陈铭枢偕汪精卫、孙科、伍朝枢、李文范、傅秉常、陈璧君等,三十日早八点五十分乘专车离港赴省,十二点二十分抵埠。"(《申报》1931年10月1日)

"宁粤代表昨日讨论释争条件,已有决议,即电达宁粤,代表现正殷待满意之复电。至其条件,未经泄露。双方代表今晨同入广州,如双方赞成之电,则日内将在广州再开一次会议,作最后之解决。"(《申报》1931年10月1日)

"此次京粤两方为谋和平统一、团结对外,各派代表来港,协商和平,经双方代表在半岛酒店开预备会议后,结果颇为完满,并于二十九日晚会议中,议定三项大纲,由张继、蔡元培、陈铭枢三氏电达南京。粤方三代表亦于是晚将会议情形,电告陈济棠、古应芬诸要人。现各代表以双方意见既异常接近,遂于昨日(三十日)上午八时联袂赴省,以便会见广州各委员,继续磋商。……一行代表有京方代表张继、蔡元培、陈铭枢,粤方代表汪精卫、孙科、李文范,此外有新从海外归国之前驻美公使伍朝枢,汪精卫夫人陈璧君。……"(《申报》1931年10月7日)

同日　报载蔡元培来电谓"二度会晤,结果良好"。

"蔡元培来电:谓港二度会晤,结果良好,和平有望,请京中同志安心,一致对外。"(《申报》1931年10月1日)

9月　所撰《韦棣华来华服务三十年纪念》一文发表。(《文华图书科季刊》第3卷第3期)

同月　题张坤仪《莺啄桑葚图》七绝。

"山深四月始闻莺(放翁句),斗酒双柑又此行。一啄莫非前定事,众雏待哺正嘈鸣。

又稿:山深四月始闻莺(放翁句),斗酒双柑又此行。一啄宁非昔定事,众雏待哺正嘈鸣。"(启功 牟小东编《蔡元培先生手迹》)

同月　题张坤仪《鹡鸰栖荷图》。

"东西莲叶镇田田,浥露迎风总翩然。如此清凉新境界,可能割爱到鸰原。"(蔡元培先生手稿)

同月　请马祀光代作《潼南杨氏族谱》序一篇。(蔡元培先生抄留底稿)

10月1日　到广州,参加宁粤代表"和平会议"。

"今晨九时广州和平会议。孙科主席。结果如下：(一)统一会议未成前，一切外交须粤同意，始得办理。(二)统一会成后外交概由统一会外交股办理。此条伍朝枢主张最力。(三)宁方须以最短期，恢复政见不同者之自由，已扣留者释放，并予以保障。……

散会后，萧佛成谈，至今晨止，未接蒋复电，或者蒋须会议后始复。但据京代表意无问题。会议地点候蒋复后始定。蔡元培谈，蒋今日不复，明日必复。萧佛成谈，闻和平条件六条，有胡汉民主党、汪精卫主政、蒋介石主军之拟议。"(《时事新报》1931年10月2日)

10月2日 蒋介石复电到粤，宁粤代表继续开会。

"一日午三时，蒋介石复电到。略谓两方在港会议各件，尚须斟酌修改。恢复胡、李诸人自由，随时可照办。并力促粤赴京开和平会议，末谓外患日极，望同志谅解，一致对外。粤委提今晨再次会议，再电蒋请切实答复问题。铭枢谓弟等来粤，系奉命接洽磋商，无权开正式和平统一会，请原谅，各委认为合理乃散。"(《时事新报》1931年10月3日)

10月3日 对记者发表谈话，谓"二日和会系谈话会，非正式"。

"蔡元培语记者，二日和会系谈话会，非正式。蒋复电内容未能公布。陈铭枢赴京，粤派李文范同行。本人与张继暂留粤，俟铭枢到京复电后，始偕粤委北上。"(《时事新报》1931年10月4日)

10月5日 粤方提出三条件，蔡元培允电蒋报告。

"今晨府议，对京让步：(一)蒋须正式电粤表示诚意。(二)先让胡汉民到沪，俾与粤派员接晤。(三)胡到沪后，粤即派代表到沪，开正式和会。随推汪精卫、古应芬、孙科，持决案稿往谒京三代表。蔡元培允电蒋报告，并推陈铭枢赴京报告。但形势与前不同，故李文范不去。"(《时事新报》1931年10月6日)

10月8日 《申报》报道：蔡元培、张继留港，陈铭枢离香港返南京。

"中委张继、蔡元培、陈铭枢等，奉派赴沪，与广东当局磋商和平合作办法，闻具体条件已经商定，决在上海开和平会议。现蔡、张尚留香港，陈先生离港返京。"(《申报》1931年10月8日)

10月9日 定本月10日赴港。

"和平代表定十五日前由广州赴沪，已备行装。蔡元培、张继今晨往李怀霜宅阅书楼，出门时蔡答记者问：原定九日返沪，现改十日偕汪精卫、孙科同行，准十日晨赴港。"(《时事新报》1931年10月10日)

10月14日 中央研究院召开海洋研究所筹备会议。此系蔡元培、李石曾所发起组织。

"中央研究院院长蔡元培及中委李石曾氏，以吾国东部滨海，海潮之汛期，海水之性质，时有变更，其影响于航业、农工业及海军者，至大且巨。在欧美各国，都设有机关，专事研究。吾国民政府成立多年，各种事业皆有相当之进展，而于此举独付阙如。蔡氏等有鉴于斯，爰特发起组织一海洋研究所，专门研究海水潮流等事，以作发展海军及航业、农工业之准备。兹悉定于今日下午五时，在中央研究院召开筹备委员会，邀请有关系之各机关如农矿、工商、海军各部长及气象研究所长，参加讨论，共同筹备，又留法海洋专家，现任青岛大学教授宋春舫氏，亦拟请莅会议商一切。该所所址，拟暂设在青岛，其开办经费，除请国府补助外，不足之数，将由各部分别担任云。"（南京《中央日报》同日）

10月16日　与张继联名复电蒋介石，请提前实施四事，以表精诚之意。

"蒋主席钧鉴：学密删已电悉。汪、孙、李、伍四同志准于巧晨偕继等乘'总统麦迪生一号'行，哿上下可到沪，精诚团结，已无问题。有四事请尊处提前实施，以表示亲爱精诚之意：（一）电饬天津、上海暨各处属于非常会议之同志，一律予以自由。（二）通饬上海暨各处报馆，对于此间言论通讯，予以登载。（三）请戒饬各地党部及各军队长官，不得于和平会议期间轻率发表主张，致有胁迫之嫌。（四）请通告民众团体，对于来沪代表，应任其自由行使职权，不得为示威、包围等举动。以上各端，皆目前切要之图，务祈即予施行为幸。继、培。铣午。"（《复蒋介石电》同日）

同日　与张继、伍朝枢同车到香港。

"蔡元培、张继今日午车到港。张谈两方意见已一致，和平即可告成。蔡谈原定偕汪（精卫）等同来，因应港大约演讲，故先行。十八日偕汪等赴沪。今晚绅商宴张、蔡于半岛酒店。蔡定明日下午四时到港大讲演。"（《时事新报》1931年10月17日）

"张继、蔡元培、伍朝枢乘尾车十六日夕七点抵港。蔡谈：汪精卫、孙科、李文范等，准十七日午一点专车来港，同乘十八日晨一点开行之麦地逊总统（号轮）赴沪。和平办法，大体决定，在沪只开一度会议，即可解决。本人决定十七日午到港大讲演云。张、蔡、伍同寓半岛酒店。此次赴沪要人，连随从共九十人。粤府因各项办法已决定，自十七日起停开临时会。"（《申报》1931年10月17日）

同日　撰写《校阅纂图互注〈荀子〉后》跋语。（蔡元培先生手稿）

10月18日　自香港北上赴沪。

"此次粤要人赴沪，连随员共百余人，顷分两批北上，张继、蔡元培、汪精卫、孙科、伍朝枢、李文范、陈友仁……唐生智等，十八日晨一时，同乘勿地臣总统号，余人同乘晨八时德轮多里祁北上，二十日可到沪。"（《申报》1931年10月19日）

10月21日　上午与汪精卫、孙科等同船抵沪，下午参加孙科寓所的茶话会。

"汪精卫、孙科、伍朝枢等，于昨日上午十一时在法租界大马路码头登岸，……旋

六、大学院院长及中央研究院院长时代(1927—1940) 1007

至孙宅续谈。张继、蔡元培、陈铭枢、吴铁城、李石曾亦先后莅止,当在孙宅开一茶话会,讨论和平统一事。张、蔡于三时先行辞出,陈、吴亦于四时许先后辞出,汪则直谈至五时,始离孙宅。"(《时事新报》1931年10月22日)

"奔走和平之蔡元培、张继,已偕粤方代表汪精卫、孙科、李文范、伍朝枢、陈友仁等五人,于昨晨十时乘麦地逊总统轮抵沪,……汪等登陆后,即驱车访胡汉民,阔别许久,把晤甚欢。旋复与留沪各中委聚谈、商洽一切,蒋主席定日内来沪会见。和平统一会议,决在京举行,在沪仅交换意见而已。"

"与粤代表偕来之蔡元培、张继两氏,昨语本报记者云:此次本党同志鉴于国难当前,故决心一致对外,在沪并无何种会议形式,外传开预备会议等说,均非事实。蒋主席日内即可来沪会见,再经一度交换意见,双方同意后,粤代表即晋京,正式磋商办法。现各方所注重者,不关切于对内人事之纠纷,而注重于一致对外问题云云。"(《申报》1931年10月22日)

同日 太平洋国际学会第四届大会在上海举行,为会议提交《中国之书画》论文一篇。(《申报》1931年10月22日、11月3日)

10月22日 出席胡汉民召集的"和平统一问题"谈话会。

"胡展堂氏,于昨日上午八时,邀集张继、蔡元培、汪精卫、孙科、伍朝枢、李文范、陈友仁、邹鲁、刘芦隐、李石曾、陈铭枢、朱培德等,讨论和平统一问题,历两小时之久。闻席间佥主先一致对外,组织外交统一委员会,确定对日方针。由张、蔡、陈等决定会晤时间。"(上海《民国日报》1931年10月23日)

同日 出席京粤代表谈话会。

"昨日京粤双方代表未会晤之前,京方代表先于十二时许,在西摩路宋公馆,召集谈话会,出席者计蒋介石、张继、蔡元培、李石曾、吴铁城、于右任、邵元冲、邵力子、张静江、朱培德等十余人,由张继、蔡元培、陈铭枢居中接洽,往来于莫利爱路孙公馆与西摩路宋公馆之间,传递双方于未见面前,应有之接洽。"(《申报》1931年10月23日)

同日 与蒋介石、于右任等同往孙科寓所,访晤粤方代表。

"蒋主席于昨日午前由京乘飞机来沪,十时二十分抵虹桥机场。午刻,先后往访者有张溥泉、蔡元培、于右任、李石曾、张静江、陈铭枢、朱培德、吴铁城、邵元冲诸人,及二时许往莫利爱路孙宅,访晤胡汉民、孙哲生、汪精卫……"(《时事新报》1931年10月23日)

10月23日 自上海赴南京。

"中委蔡元培、张继二氏,自粤返沪后即与各方晤商和平对外进行事宜。现已在沪接洽告一段落,爰于昨晚十一时三刻乘京沪夜快车联袂晋京,向中央报告一切云。"

"蔡元培今晨到京,车船劳顿,容颇倦。"(《时事新报》1931年10月23日)

同日 出席国民政府第十七次常会。会议通过改组黄河水利委员会等十五案。

"国府今晨开十七次常会。出席委员杨树庄、戴传贤、王伯群、孔祥熙、陈果夫、丁惟汾、蒋中正、何应钦、张继、蔡元培。主席蒋中正。讨论事项:(一)决议改组黄河水利委员会,设委员七人,以朱庆澜为委员长,马福祥为副委员长。(二)决议河南高等法院院长邵修文另有任用,免去本职。(三)决议任命孔昭焱为最高法院东北分院院长,魏大同为该分院检察署检察长。(四)决议最高法院检察署检察官梅光羲、林炳勋,另有任用,免去本职,遗缺以莫宗友、钱纪龙二员继任。(五)考试院呈为据本院参事郭心松呈以志在讲学,请准予辞去参事职务等情,查该员所请情词恳挚,理合据情转呈鉴核,准予免职案,决议照准。……"(《时事新报》1931年10月25日)

10月24日 被推为参加宁粤和平会议宁方代表之一。

"自汪、孙、伍诸氏到沪后,蒋曾亲往沪上,与粤方来沪诸同志及胡展堂先生晤谈团结一致,共赴国难之意见。兹闻中央方面,已推定张溥泉、蔡元培、张静江、李石曾、陈真如五委员,在沪就近与由粤来沪诸氏商谈一切,俾得及早来都共负救国大任。"(《时事新报》1931年10月25日)

同日 离南京赴上海。

"中央研究院院长蔡元培,及铁道部长连声海等,昨晚乘夜快车出京,今晨八时可到〔上海〕。"(《时事新报》1931年10月24日)

同日 到沪后,历访吴铁城、陈铭枢、张静江等晤谈。

"中委蔡元培、张继,日前晋京,报告在沪接洽和议经过,蔡氏已于昨晨八时返沪,张尚留京。蔡下车后,返私宅略息,即历访吴铁城、陈铭枢、张静江等晤谈,并一度往莫利爱路孙公馆,访谒孙科,遂即回基司非尔路私宅休息。下午往蔡宅造访者,均未接见。"(《时事新报》1931年10月25日)

10月25日 介绍宁方推定出席和平统一会议五代表姓名。

"蔡氏于前日返沪,与汪等晤商一切后,张继于前晚乘夜车出京,昨晨八时五分抵沪,携有蒋主席函。函中叙述双方于外交方面,已趋一致,现派张、蔡等五人为代表,希即速商谈云云。张继下车时,曾告记者,谓中央代表已推定,余现到沪,俟晤汪氏等即可开始商谈云云。张氏出站,乘车赴吴铁城宅休息二十余分钟,即往蔡氏处,约蔡同访张静江谈一小时,蔡即归寓。时汪精卫与孙科、伍朝枢、陈友仁等在胡宅商谈,亘一小时半,胡汪孙三氏并在宅合摄一影而散。汪氏偕其夫人陈璧君女士同往访蔡。本报记者适于此时晤及蔡氏。蔡氏谓中央五代表已推定,余及溥泉(张继)、真如(陈铭枢)、静江、石曾五人,至于再加推二人说,余未之闻。俟真如、石曾二先生明(即今日)晨自京到沪,再经一度晤商后,即可开始商谈。至其商谈之内容,以何起点,及在何处集会,则亦须先行晤商后决定。顷闻仅汪先生来此,彼未能一人独断,而中央各代表则亦须俟真如、石曾二先生到沪后再商定也。"(上海《民国日报》1931年10月26日)

10月26日 参加宁粤代表谈话会,与汪精卫共同签署"谈话结果"。

"昨日上午九时,粤方代表在胡汉民住宅聚谈时,以各代表到沪已多日,南京方面代表现已正式派定,当此对外紧急之时,希望即日举行第一次预备会议,早日商决一切问题,乃即由粤方代表将此项意见,函致南京代表蔡元培。蔡即以此意转告其他南京方面代表,遂约定于昨日下午二时,在戈登路二十九号伍朝枢住宅,举行会议。至下午二时南京方面代表张静江、蔡元培、陈铭枢;粤方代表汪精卫、孙科、李文范、邹鲁、陈友仁先后抵伍宅。惟南京代表李石曾未到,因此预备会议未能正式举行,双方商定,作为共同谈话性质,讨论对外及其他各项问题,至五时始散。

散会后由汪精卫、蔡元培正式签名发表谈话结果如下:今日因李石曾先生未到会,故不作第一次会议,只作共同谈话性质。最先讨论外交问题,经全体同意者两点:(一)甚感国联能主持公道,闻外间有主张退出国联者,想系国民一时之激于爱国热诚之愤慨语。此次日本侵占东三省,系绝对无理行动,不只侵犯我国领土主权且系违反国联及非战公约。我人应使世界人士明了此意,并与我人一致反对日本此次之行为。盖此不仅关系中国领土主权,而实关系国联之将来及非战公约签字各国之尊严,故国联及非战公约签字之各国,均有应负之责任。我国人民应明了日本现已处于孤立之地位,我人不但不应有退出国联之主张,且应督促国联贯彻其主张公道之精神,以抑日本之横暴。(二)又闻外间有主张即日与俄复交者,此系属另一问题,不必与对日问题相提并论。此次谈话,足以表示国民党一致对外之精神,此外虽尚谈及其他问题,但尚在交换意见中。"(《时事新报》1931年10月27日)

10月27日 主持宁粤双方代表参加的和平会议第一次预备会议。

"昨预备会议主席蔡元培正式发表会议结果云:今日因十一时始接到李石曾先生来电,谓不能出席托吴铁城先生代表参加,故于十一时始正式开会。两方代表及吴铁城先生均出席,当推定蔡元培先生主席,并议决:(一)发表和平会议进行经过之报告。(二)双方通电原稿,俟本会讨论就绪,再定发表日期。(三)定明日上午九时,开第二次会议。时已十二时半,即散会。"(《时事新报》1931年10月28日)

10月28日 出席宁粤和平会议第二次预备会议。

"第二次预备会议,十月廿八日上午十时在戈登路伍宅举行。出席者汪精卫、李石曾、张继、张静江、蔡元培、李文范、伍朝枢、孙科、陈友仁、邹鲁、吴铁城、陈铭枢。主席汪精卫。行礼如仪。议决事件:(一)此会议之目的,在彼此讨论办法,拟定具体方案,其最后之决定权在双方之中央党部。(二)关于外交事件,其交涉进行,由南京政府任之,其方针及原则,即在本会讨论,并随时报告,非必要时,不向外发表。(三)复首都各界抗日救国会函。本日会议系根据粤方代表致蒋介石先生函所提七件,加以讨论,集中于第一条,关于统一之外交问题已定有各种具体办法。……"(《时事新报》1931年10月29日)

  同日 参加在吴铁城寓所召开的宁方五代表会议。

  "京代表集议。南京方面五代表,于昨日上午第二次预备会散会后,约定本日下午五时在海格路吴铁城公馆集议,故至下午五时许,蔡元培、李石曾、张继、陈铭枢、何应钦、张群、邵力子、张道藩及吴氏本人,齐集一室,对于预备会中所谈各问题加以讨论,并公推邵力子即晚晋京,将本日预备会中所谈各问题之详情,向中央方面报告,集议至六时半始散。"(《申报》1931年10月29日)

  同日 草拟《外交一致之范围》文稿。

  "(一)从前东三省军队不抵抗的态度,不能赞同。(二)在广州时,已要求随时通告外交消息,而至今未接到何种文件,致未能多述意见。(三)日本不承认占领东三省土地,但以该国军保护日侨为言。我国不宜静待十六日之到期,应即日派军接收,声明对于日侨生命财产负责保护。日军如继续进行,应由守土军队竭力抵抗。最好不派张汉卿,而派别种军队。

  陈说:南京政府专靠国联,是欧洲小国行为,中国行之(以下原稿缺)……"(蔡元培先生手稿)

  10月29日 主持宁粤和平会议第三次预备会议。

  "昨日第三次会议,主席蔡元培。行礼如仪后,最先仍就外交问题,作更详尽周到之讨论,并决定更进一步之办法;继讨论关于中央政治制度之改善问题,由各代表尽量发表意见后,决定将各种意见归纳成案,明日第四次会议,再续讨论。"(《时事新报》1931年10月30日)

  10月30日 出席宁粤和平会议第四次预备会议,并于会后发表共同声明。

  "昨日会议京粤十一代表,除李石曾、邹鲁二氏因病缺席外,出席者伍朝枢、张静江、蔡元培、李文范、汪精卫、孙科、陈友仁、张继、陈铭枢。主席伍朝枢。十时许正式开会。各代表在未开会前,见各报所载南京某中委谈话,认为与事实有出入,且足引起误会,为和平前途计,由双方代表慎重研究后,遂拟定共同声明,备于散会时发表。继即开始讨论,至十二时半始散。结果,关于政制改革案,已于原则上通过三项详细办法,闻已通过数条,俟今日全文全体通过后一同发表。"

  "代表中央赴粤接洽和平之代表张继、蔡元培,联同粤方代表汪精卫、孙科、伍朝枢、李文范等共六人,发表共同声明云:顷见各报,载有南京某中委谈话,谓通电下野,照当时香港来电原议。原约议定之后,取消广东政府;本定在议定前,及到上海,再改为在议定后等语。查当时所拟定两方通电稿,曾见各报,并无议定前、议定后之说,且两方约定,同时发表。现尚未届正式发表日期,至于将来发表时字句上是否尚有修改,乃是另一问题。兹据当时事实,共同负责声明,以免误会。汪精卫、孙科、伍朝枢、张继、蔡元培、李文范 十月三十日"。(《时事新报》1931年10月31日)

10月31日 主持宁粤和平会议第五次预备会议,讨论"中央政制改革案"等。

"昨日预备会议主席蔡元培,发表第五次会议纪要如下:十月三十一日上午九时在戈登路二十号开会。出席代表蔡元培、张静江、伍朝枢、李文范、汪精卫、孙科、陈友仁、吴铁城、张继、陈铭枢。主席蔡元培。议决事项:(甲)中央政制改革案办法如下。(一)国民政府主府为国家元首,不负实际行政责任,等于内阁制国家之总统,任期二年,得连任一次;国民政府主席,不兼其他公职。(二)废除中央政治会议之组织,设国民政府委员会,为国家最高之权力机关。国民政府委员会设常务委员三人,于会议时轮流主席。(三)国民政府委员会设委员若干人,中国国民党执行、监察委员均为当然委员。(四)行政院负实际行政责任,等于责任内阁,对国民政府委员会负责。(五)立法、司法、监察、考试四院长,对于国务不与行政院长连带负责。(六)行政院及行政院各部长,为国民政府委员会当然委员。(七)司法院为最高司法裁判机关,不另设最高法院,其司法行政移归行政院设部管理。(八)每年或两年由国民政府召集国民代表会议一次,其组织另定之。(九)国民代表会议得选举立法、监察两院委员之半数。(十)行政院各部人选,应采人才主义,不必限于国民党党员。(十一)关于国民政府主席、五院院长之人选资格,于国民政府组织法规定之。(乙)休会二日,于十一月三日午前九时,开第六次会议。"(《时事新报》1931年11月1日)

10月 为《嘤鸣集》作序。

"北仑先生,身羁异地,心恋故国,蓼莪既废,沧海归来,隐于市廛,泊然高蹈,托相人之术以疗饥,为求己之谋而益奋。友朋钦义,投赠篇章,语无溢美,诚哉,爱国之志士,独行之卓卓者也。

夫台湾割弃,为日本辱我之开端。四十年来,雪耻无从,含垢弥甚。国中岂无健者,政体亦既刷新,终于蛮触之争屡起,薪胆之效不彰。何者?物有所蔽,斯智有所短也。是故为仁必由克己,养心莫善寡欲,非夫刻苦坚忍,乌足以承天下大事。

睹北仑先生弃固有之资产,跋涉归国,辞富而居贫,舍逸而就劳,盖庶几目击国耻而能动心忍性者。其言曰:但使河山无恙,躬耕陇亩,渔钓河滨,皆无不可。又曰:不为一身一家痛,独痛炎黄之胄不得所安。兹数语者,不足证其淡泊之怀与弘济之量乎?

嗟乎,奇耻大辱,来轸方遒,跃马横戈,匹夫有责,读嘤鸣一集,益增无涯之感怆矣。

中华民国二十年十月　蔡元培"。（蔡元培先生手稿）

同月　撰写《〈上海市工人生活费指数〉序》。

"自然科学的进展要靠实验，社会科学的发达须藉统计。自从统计学发展以来，数字不仅能表现份量，并且能充分的说明关系，与其高谈阔论花费了许多篇幅来辩驳人和人间的关系，还不如用极冷静的统计，最简单而最正确的数字，来证实这种关系。指数的功效便在于此。

指数的编印在国内最初只限于物价，近来才应用到一般市民的生活费上，至于工人生活费的指数更是最新的成绩。上海市社会局制就民十五年至民十九年间五年的工人生活费指数，其能裨益于上海劳工事情和中国劳工运动的研究，当不待言。

上海工人维持其实际生活所必需的费用，据蔡君正雅等调查，民十八年平均每家454.38元，换言之，即每星期8.74元。按照社会局的指数来计算，民十九年上海工人生活费平均每家每星期10.01元。中山先生说过'德国是不够饭吃的'，但德国工人1929年生活费平均每家每星期有49.65马克；1930年虽然较少，也有47.55马克（J. U. M. Kuczynski, Die Lagedes deutschen lndustriearbeiters, Berlin, 1931）。假使我们将马克折算为银元，便知道上海工人的生活费还不及德国工人的三分之一。然而最近德国工人的生活费指数有些减低；上海工人的却因为米贵银贱的关系，骤然增高。

工人生活费指数

	上海	德国
1926	100.00	100.00
1927	101.09	104.49
1928	93.21	107.42
1929	101.98	108.88
1930	116.79	104.28

要解决民生的问题，工资是它的重要的部分。西方学者颇多主张根据生活费指数而改订工资。英国、丹麦、比利时等地方已经采用这种方法。大战后沦为美国金融殖民地的德国便不容易照办，所以德国工人的工资总不能和工人必需的生活费相称。

六、大学院院长及中央研究院院长时代(1927—1940) 1013

	工资占生活费的百分比	因生活费高涨而工资必须增加的百分比
1913/14	87.1	14.8
1926	74.4	34.4
1927	85.1	17.5
1928	87.1	14.8
1929	85.0	17.6
1930	77.7	28.7

在今日民族工业还不能长足进展的中国,工资和工人必需的生活费当然也不能相称。蔡君正雅如将上海工人生活费与工资作百分比,吾人更易明了要解决中国民生问题的困难了。

蔡元培　国立中央研究院　民国二十年十月"。[上海市政府社会局编《上海市工人生活费指数》(民国十五年至二十年　汉英对照)上海中华书局1932年9月出版]

同月　题高奇峰画集。

"吸尽天风与海涛(先生居前后面水,自题'天风海涛'额),迸将心力泼生绡。云山渝郁人人见,细入毫芒也不晓。

滓秽何曾损太清,要从神秘彻光明。非经百炼千锤后,莫使刀圭误后生。(先生雄浑之作,非曾有基本功夫者,不许效颦,近编有《画苑》,以教初学。)"(蔡元培先生手稿)

同月　为《陈树人画集》作序文一篇。(该书　第4辑　上海和平出版社1932年出版)

11月1日　出席宁粤和平会议谈话会。

"京粤和平统一会议于昨日上午十时,续在戈登路伍公馆开谈话会。……粤代表除邹鲁因病未参加外,汪精卫、孙科、陈友仁、李文范均到会。南京方面除张继、蔡元培、张静江、陈铭枢、吴铁城之外,何应钦亦列席旁听。双方代表均不受会议形式之拘束,随意谈述,直至十二时许始毕。结果闻关于党务问题,其重心完全在于第四次全国代表大会之开会日期及地点等。此项问题,较为困难,但已暂时拟定三项办法,由张、吴等晋京磋商,然后再开六次会云。"(《时事新报》1931年11月2日)

11月2日　自上海赴南京。

"蔡元培、王伯群、郑洪年及日领上村,昨乘夜车晋京。"(《申报》1931年11月3日)

11月4日 上午出席宁粤和平会议谈话会。

"京代表张静江、张继、吴铁城等晋京报告,已于昨晨由京回沪,同来者尚有中委朱培德、何应钦、邵力子等。各代表及中委下车后,即在车站约定同赴海格路吴铁城宅集会。张静江则于下车后驱车往迈尔本爱路谒胡汉民,有所接洽。张、胡互谈约半小时,即赴海格路吴宅。时蔡元培、陈铭枢、于右任已先后到吴宅候张。张到后,即开谈话会。结果,以电话通知粤方代表,要求上午正式预备会改为谈话会,先行交换意见,然后下午开正式预备会。粤方当即允应,遂改正式预备会为谈话会,先行交换意见云。十时二十五分,京代表等由海格路吴宅到会。双方代表到齐后,于十时半开始非正式之讨论。出席者除粤代表汪、陈、孙、邹、伍及京代表张、吴、蔡、张、陈外,中委于、何、朱、邵等亦参加讨论,至十二时始散。结果,据京粤双方代表张继、孙科等谈,仍系根据上次谈话会中,所暂时拟定解决四全会开会问题之三项办法,交换意见,双方均未有任何决定云。"(《时事新报》1931年11月5日)

同日 下午,出席宁粤和平会议预备会。

"下午四时预备会,双方代表十一人于四时二十五分到齐后,即于四时半宣布开会。公推汪精卫临时主席。讨论历一小时三十分之久始散。据发表结果,系关于国民党四次全会开会问题,对前所暂定之三项办法,因南京方面代表晋京请示后,双方尚未一致,办法未定;粤方代表向粤方中央党部所请示者,尚未接到复电,因之会议暂行延会,并将昨开会情形电粤请示,俟今日接到复电后,再于明日上午继续会议。"(《时事新报》1931年11月5日)

同日 与汪精卫联名发电,敦劝王季绪(茧庐)停止绝食。

"北平大学工学院教务长王茧庐先生鉴:由陈立夫先生转来东电,敬悉一切。此次同人会议本精诚团结之旨,以期解决历年纠纷,事在必成,惟各种问题繁复,必非数日所能竣事,草率苟且以贻误将来,度亦先生所不取,敬祈辍绝食之议,并时赐教言为荷。在会诸同人均同此意。诸祈鉴察。汪精卫、蔡元培。支。印。"(上海《民国日报》1931年11月5日)

11月5日 出席何应钦约集的京代表午餐,对和平前途问题有所讨论。

"昨日中午中委何应钦氏特约集京代表蔡元培、陈铭枢、吴铁城、张静江,中委邵力子、朱培德、张群等午餐,对和平前途有所讨论。"(《申报》1931年11月6日)

11月6日 上午,出席宁粤和平会议谈话会并接见工学界请愿代表。下午,出席第六次预备会议。

"各代表于上午九时二十分先后到齐,略行休息,即于九时三十分开谈话会。出席者粤方汪、孙、李、伍、陈代表均到,宁方除张继昨日尚留京接洽及李石曾因病缺席外,其余四代表蔡元培、吴铁城、张静江、陈铭枢均到,双方仍讨论第四次全国代表大会开会问题。至十时半,大致将毕,因工学界代表请愿,须面递呈文,即公推汪精卫、蔡元培二氏代表京粤双方,接见各学校代表、各公会代表、各大学教授代表,直至十二时许始散。

下午自五时起,继续上次预备会开第六次会议。出席代表汪兆铭、蔡元培、张静江、伍朝枢、李文范、孙科、邹鲁、吴铁城、陈铭枢、陈友仁。主席汪兆铭。双方讨论约一小时半,至六时三十分始散。发表之决议事项,关于设立财政委员会。(甲)设立全国财政委员会,由政府授予下列职权:(一)整理财政。(二)审核预算。(三)审核公债发行。(四)稽核报销。(五)公布收支账目。(乙)财政委员会以下列人员组成之:(一)政府若干人。(二)银行界若干人。(三)工商业若干人。(四)经济学者若干人。(五)有经验之专家若干人。以上各项其人数相等。(丙)财政委员会主席,以行政院长兼任之。……"(《时事新报》1931年11月7日)

同日 对请愿学生代表发表谈话。

"现在中国对外已经一致,可以说已经和平统一了,我们所商酌的,是今后永求和平的办法。但这不是简单的事情,过去许多纠纷和错误,不是人的问题,而一部分还是制度问题。改变制度,应由国民党四次全国代表大会取决,所以南京主张先开四全大会。至于学生罢课是本人所最反对的,现在的学生,都是中国将来的负责人物,为救国计,应注意培植自己的能力,不可走绝路。许多爱国志士,因为国难危急而投海、绝食,这都不是办法。在外患侵凌的区域,无法求学,大家牺牲救国,是出于不得已,故劝各地同学,仍当专心学业,不可以罢课为号召云云。"(《申报》1931年11月7日)

11月7日 出席宁粤和平会议第七次预备会议。

"京粤和平统一会七次预备会议。昨日京代表张继自南京请示,于昨晨八时许偕中委何应钦等到沪后,即同车赴海格路吴宅,与吴铁城等会晤,旋蔡元培、张静江、陈铭枢亦到,各代表略事集议,张氏并将在京请示经过,向留沪之京方各代表报告后,即于十时十分乘汽车同赴戈登路伍朝枢宅开谈话会。粤代表于十时许先到,京代表至十时二十分亦相继而到,略事休息,即十时半起开始商谈。双方代表除李石曾外,均出席。讨论约一时半,至十二时许始毕。结果,将第四次全国代表大会问题,根据原规定之第二项办法,拟定一解决原则。遂于下午四时,召开七次预备会议,根据上午谈话中所商定之解决原则,讨论办法。结果,已将各案解决,除由全体代表发表通电宣告国人外,并各推定代表三人,回京粤双方报告。京方代表张继于昨晚十一时四十五分乘京沪夜快车晋京,向中央报告会议经过。蔡元培、吴铁城氏,定今晨早车进京。"(《时事新报》1931年11月8日)

同日 出席宁粤和平会议双方代表联名发表通电。

京粤代表会议"预备会议,昨日发表致全国各界之通电如下:各党部、各同志、各团体、各报馆均鉴：五月以来，中央与广州非常会议所发生之一切冲突现象，在中央认为此为关于政治、党务之纠纷，不欲以兵力解决；在广州亦认为但求于政治、党务诸重要问题得正当解决，则和平方法更为有效。故同人遂负双方使命，集议上海，自开议以来，首先讨论者为外交问题。盖自日本侵扰东三省以来，危急存亡，不可终日，为共赴国难，当先谋外交之一致行动，故即议决，关于外交事件，其交涉进行，由中央政府任之，其方针及原则即在会议通过。举其要点，首在以日本违反国际信义之事实，诉之国际联盟及非战公约签字各国，要求主张公道裁判日本之横暴行为，及在军事、经济上为最后抵抗之准备。对于外交，现已一致，乃进而为政治、财政、军事之讨论。

关于政治之决议，有中央政制改革案。其原则：（一）使五院能独立负责行政职权，以实现五权制度之精神。（二）使政治系统与组织简单化，以增加政治效能，而避免重复转折责任分散之弊病。（三）使政治实际能民主化，中央政治机关应参加民选分子，使政府与人民之关系日益亲切，共同负担建立宪政之目的，至于办法，凡十一条，曾在报端披露，恕不赘述。

关于财政之决议，拟设全国财政委员会，以政府及人民经济团体共同组织。付以整理财政、审核预算、审核公债之发行、稽核报销、公布收支账目之权。又郑重决议，为防止内战起见，中央及地方收入，如提供军费应以国防及剿匪为限。财政委员会得拒绝关于内战之一切负担。

关于军事亦郑重决议：关于政治之纠纷，非开中央执行委员会全体会议，有三分之二以上之出席，及出席委员登记姓名表决三分之二以上之可决，不得以兵力解决之。

关于党务之决议，京粤双方以合作精神，各于所在地克期开第四次全国代表大会。其办法如下：（一）开会时双方发表通报，表示本党统一。（二）双方四全大会一切提案，均交第四届中央执行委员会，在南京开第一次全体会议时处理之。（三）双方协商中央执监委员候选人产生方法。（四）第四届中央执行委员会第一次全体会议，修改国民政府组织法，并改组国民政府，关于外交、政治、财政、军事、党务诸荦荦大端，现经议定。其他如保障人民权利自由、赦免政治犯，则双方认为无须讨论，即应负责实行者。关于前经拟定蒋主席下野通电及广州国民政府取消通电两原稿，原定俟本会讨论就绪，再定发表日期，现在根据党务会议第四项办法，南京政府改组，广州政府当然取消，故上述通电原稿，无须发表。以上各项，除互推蔡元培、张继、吴铁城赴南京，孙科、李文范、陈友仁赴广州报告，请求决定施行外，谨此奉闻，诸祈鉴察。

李煜瀛、蔡元培、汪兆铭、伍朝枢、孙科、邹鲁、李文范、张静江、陈铭枢、张继、吴铁城、陈友仁　阳。"（《申报》1931年11月8日）

同日 函复萧宗训(秋轩)著《英国史》出版事。

"秋轩先生大鉴：手书奉悉。大著《英国史》后部出版事，已为向大东书局查问，据说已由孟寿椿君拟用租赁版权法直接答复，想荷察洽矣。……蔡元培敬启 十一月七日"。(《复萧宗训函》同日)

11月8日 自上海赴南京。

"和平会议第七次预备会议，推定蔡元培、张继、吴铁城往京，孙科、李文范、陈友仁往粤，报告会议经过，并实现各决议案。宁方代表，除张继已于前(七日)晚入京外，蔡元培、吴铁城，已于昨晨九时三十分乘快车入京。"(《时事新报》1931年11月9日)

同日 与出席宁粤和平会议代表联名发表告各界人士书。

"同人等到沪会议以来，迭接各界同胞来函勖勉，至深感佩。现在本会议对于党国大计，业经讨论就绪，并已披露报端，谅邀鉴察。所有各界同胞来函，恕未一一奉复，尚祈鉴谅。此启。"(《申报》1931年11月9日)

11月9日 出席国民党第三届中央执行委员会临时全体会议，被推为第四次代表大会主席团成员。

"第三届中央执委会九日上午十时举行临时全体会议。出席者中执委员何应钦、陈铭枢、朱培德、叶楚伧、于右任、蒋中正……监察委员恩克巴图、张继、蔡元培、林森、吴敬恒、邵力子。主席于右任。决议各案：(一)决议第四次代表大会主席团人数，定为七人，其人选先行推定蒋中正、戴传贤、于右任、林森、蔡元培五同志(余二人俟由代表中推定)。(二)决议推定丁惟汾、陈立夫、周启刚三同志为四全代表大会资格审查委员会委员。(三)决议推叶楚伧为四全大会秘书长。(四)决议临时全体会议会期定为三日。(五)明日上午八时继续开会。"(《时事新报》1931年11月10日)

同日 出席国民党中央监察委员会第六十七次常会。

"九日下午一时，中监常会六十七次会，到委员林森、蔡元培、吴敬恒、张继、褚民谊、商震、邵力子、陈布雷等。林主席。决议：(一)圈定湖南、绥远等省监委。(二)监委古应芬出缺，以候补褚民谊补。"(《时事新报》1931年11月10日)

同日 主持国民党中央监察委员会第五次全体会议。

"九日下午四时，中央监委五次全体会议。到林森、蔡元培、张继、邵力子、褚民谊、恩克巴图、吴敬恒、商震、陈布雷等。蔡主席。决议，第二届四中全会以后，因政治关系开除党籍者，除俞作柏等三百零八人，一律准予恢复党籍，其余尚有修改各种条例案多起。"(《时事新报》1931年11月10日)

同日 就和平统一通电问题，对记者发表谈话。

"蔡元培谈：(一)中央对沪预备会议议决案，正在研究。(二)统一通电，京由中央起草,粤由非常会起草,双方阅后,即可发表。(三)通电内容,大概述国难当前,非国内统一,不足以言抗外,及双方愿牺牲意见,团结一致云。"(《时事新报》1931年11月10日)

11月10日 出席国民党第三届中央执行委员会第二次临时全体会议。

"第三届中央执委会十日上午八时,举行第二次临时全体会议。出席者中执委员曾养甫、于右任、何应钦、丁惟汾、蒋中正……监察委员蔡元培、林森、吴敬恒、张继、恩克巴图、邵力子。主席戴传贤。决议各案:(一)讨论中央执行委员会提出第四次全国代表大会各议案。(二)决议调派王子庄、朱云先、许静之等为四全大会秘书处秘书。(三)决议调派吴保丰为第四次全国代表大会秘书处招待科主任,赵隶华为会计科主任,王子弦为议事科主任,沈君陶为文书科主任,段兆麟为庶务科主任。(四)决议明日上午八时开会。"(《时事新报》1931年11月11日)

同日 主持修改总章等议案的审查会议。

"晚,蔡孑民在中央研究院,召集审查修改总章等案,并晚餐,九时顷归。"(《邵元冲日记》同日)

11月11日 出席国民党第三届中央执行委员会第三次临时全体会议。

"第三届中央执行委员会临时全会,十一日上午八时开第三次会议。出席者执行委员丁惟汾、邵元冲、于右任、戴传贤、陈果夫、蒋中正……监察委员林森、吴敬恒、张继、邵力子、蔡元培、恩克巴图。主席于右任。决议各案:(一)十二日上午九时举行第四次全国代表大会开幕礼。十三日上午九时开预备会议。(二)发布实现团结通电。(三)第四次全国代表大会主席团人数改定为九人,除已推定五人外,其余四人由常务委员于代表中提出之。(四)通过财政委员会组织大纲及委员人选。(五)选任施肇基、钮永建为国民政府委员。(六)致电奖勉黑龙江马代主席占山。"(《时事新报》1931年11月12日)

11月12日 出席国民党第四次全国代表大会开幕式。

"中国国民党第四次全国代表大会于十二日上午十时,在举行总理诞辰纪念后,举行开会典礼。到中央执监委员及各省市党部代表、京内各机关代表共千余人。由于右任为临时主席。行礼如仪后,林森报告纪念总理诞辰意义。礼成后,继续举行四全大会开会典礼,亦由于右任为临时主席。行礼后致开会词毕,蒋中正演说四全大会使命,旋奏乐礼成。"(《时事新报》1931年11月13日)

11月13日 出席国民党第四次全国代表大会第一次预备会议,为大会主席团成员。

"四全大会代表十三日晨七时全体谒陵。礼毕即返大会会场,举行预备会议。于右任主席。推选主席团,投票结果,戴槐生二二七票、潘公展二一一票、黄慕松一六一票、恩克巴图一五四票,四人当选为主席团。大会主席团共九人,已由中央执委会推定蒋中正、戴传贤、于右任、林森、蔡元培五人。中央执行委员会提请追认叶楚伧为大会秘书长,决议追认。代表资格审查委员会报告,无异议。十二时五十分散会。"(《时事新报》1931年11月14日)

同日 致函财政部长宋子文,请维持绍兴鱼捐,以利地方教育。

"子文先生部长大鉴:径启者,据绍兴县党部及绍兴县管理县教育款产委员会等各代表函称,'绍兴鱼捐一案,业奉行政院令行财、教两部核议具复:财政部以是项鱼捐,核与中央明令约法规定,均有抵触,应行撤销,咨请教育部核复……'查绍兴县教育,全赖鱼捐以为挹注,如果撤销,则县教育根本动摇。且鱼捐就当地产物酌量收捐,以办教育,与他项征捐性质颇有不同。还希量予维持,俾地方教育不受影响,至所企盼。……蔡元培敬启 十一月十三日"。(《致宋子文函》同日)

同日 通知汪精卫、伍朝枢(梯云)、邹鲁(海滨)派员出席财政会议。

"精卫、梯云、海滨先生勋鉴:财政委员会业经组织,并定于本星期日在京开会,拟请尊处推举数人参加。如一时不及完成正式手续,可否先推员列席,以示财政公开、双方合作之诚意,尚盼赐复为感。(下略)"(《申报》1931年11月14日)

11月14日 出席国民党第四次全国代表大会第二次预备会议及第一次大会。

"四全大会十四日晨八时在中大会场,继续开预备会,出席代表三三八人。出席中执监委二十五人,列席代表四人,列席候补执监委员六人。临时主席于右任。(一)临时主席请主席团就位,蒋中正、于右任、林森、蔡元培、戴槐生、潘公展、黄慕松、恩克巴图登主席台。(二)宣读第一次预备会议记录,无异议。(三)代表资格审查委员会报告,无异议。(四)宣读大会会议规则……无异议。九时五十分散会。"

"十四日下午二时,四全大会举行第一次大会。……蒋中正主席。主席团报告递补代表及准许列席名单,及中央执监委员会之党务报告。由丁惟汾、蔡元培二委员分别说明外,其议决各案因决议案整理委员会尚未成立,决议事项待整理后正式发表。"(《时事新报》1931年11月15日)

11月16日 出席国民党第四次全国代表大会第二次全体大会。会议通过各项提案审查委员会人选,被推为教育组召集人。

"四全会各提案审查委员会名单:……(十二)教育组:钱大钧、江安西、高惜冰、水梓、熊育锡、徐育明、李希穆、蔡元培、苗培成、林寄南、梅光任。由蔡元培、苗培成召集。"

"教育审查委员会于十六日下午四时,召集第一次会议。出席者李希穆、李中襄、梅光任、水梓、熊育锡、高惜冰、蔡元培、林寄南、钱大钧、苗培成、江安西。由蔡元培主席。对于第三届中央执行委员会所提《依据训政时期约法关于国民教育之

规定确定其实施方针》一案详加讨论。……"（《时事新报》1931年11月17日）

同日 与张继、叶楚伧、王子壮等联名提议《实现总理钱币革命案》。（中国国民党四全大会议事记录）

11月17日 主持国民党第四次全国代表大会第三次全体大会。

"四全大会十七日晨八时举行第三次大会，出席代表三四二人、中委二十八人，列席代表十一人。主席蔡元培。……决议：（一）通过主席团介绍之总章审查委员会人选。（二）中央执行委员会依据训政时期约法关于国计民生之规定，确定其实施方针案，修正通过。（三）关于国民教育之规定，确定其实施方针案，修正通过。……"（《时事新报》1931年11月18日）

11月18日 出席国民党第四次全国代表大会第四次全体大会。

"十八日晨八时，四全大会举行第四次会议。出席代表三四七人，列席十三人，中央委员三十二人。主席团蒋中正、戴传贤、于右任、林森、蔡元培、戴槐生、黄慕松、恩克巴图。主席于右任。……决议：（一）中央执行委员会提改进中央党部组织案、河北省党部提改善党的组织案，交党务组重行审查。（二）何如群等二十三人提切实保护华侨案，照提案审查委员会侨务组审查报告通过。（三）何如群等二十八人提整理华侨教育案。照提案审查委员会侨务组审查报告通过。（四）伍朝海等二十二人提普遍继续救济失业华侨，以顾国体而维民生案，及沈鸿柏二十一人提政府应设法及规定的款救济失业归国之华侨案。经合并讨论，决照提案审查委员会侨务组审查报告通过。（五）何金泉等二十三人提凡海外华侨因公被逐回国，应予相当安置案。照提案审查委员会侨务组审查报告通过。……"《时事新报》1931年11月19日）

同日 与恩克巴图等人接见南京学生抗日救国会请愿团。

"首都各校抗日救国会全体约万余人，均着义勇军武装或救护队制服，于十八（日）晨九时，在中央大学操场集合，十时排队至四全大会，举行总请愿，鱼贯而入鹄立于中央大学科学馆前，由请愿总指挥、总纠察及各校代表至四全会场，呈递请愿书。……

当经大会主席团蔡元培、恩克巴图、黄慕松、戴槐生四人向请愿团答复。蔡对请愿团之十一点，当场逐项答复，表示应予接受，即将提出大会议决，转交政府采纳执行。"（《申报》1931年11月19日）

同日 致函夫人周峻，言南京各校教职员学生请愿事及营救胡也频事。

"鹊友鉴：今日上午开会时，因南京各学校教职员同学生（号称五千余人）到四全代表请愿，我同别的三个主席去见他们，麻烦了一个钟头，午后又开了一次主席团的会。……胡也频被捕时，沈从文要我营救，我曾为向张岳军设法，然无效。胡之夫人丁玲，亦曾求过一次。……鹊启 二十年十一月十八日"。《致周峻函》同

日）

11月19日 出席国民党第四次全国代表大会第五次全体大会。

"十九日下午二时，四全大会举行第五次会议。出席代表三六六人、中委二十六人、列席代表十二人。主席团蒋中正、戴传贤、于右任、林森、蔡元培、戴槐生、潘公展、黄慕松、恩克巴图。主席于右任。……决议各案：（一）边远各省区实业建设与文化建设应确定方针切实施行案。（二）关于军备及国防各案。（三）提倡训练民众，成立各省市县区国术馆案。……"（《时事新报》1931年11月20日）

11月20日 主持国民党第四次全国代表大会第六全体大会。

"四全大会于二十日下午举行第六次会议。出席代表三八一人、列席代表十三人、中委二十五人。主席蔡元培。……"（《时事新报》1931年11月21日）

11月21日 出席国民党第四次全国代表大会第七次全体大会。

"四全大会于二十一日下午二时，举行第七次会议，计到代表四〇二人，列席十四人。中委二十一人。主席团蒋中正、戴传贤、于右任、林森、蔡元培、戴槐生、潘公展、黄慕松、恩克巴图。主席蒋中正。……决议概要：（一）通过国家建设初期方案。（二）通过中央执行委员会提请追认恢复党籍案。（三）全体起立对历年为革命奋斗牺牲生命之先烈，默哀三分钟致敬。（四）第四届中央执监委员之额数，经于大会通过计中央执行委员七十二人，候补中央执行委员四十八人；中央监察委员二十四人，候补中央监察委员十六人。依据第五次大会决议，本日大会应选举中央执行委员十八人，中央监察委员六人，以得票多者为当选，人次多者为候补人，由大会代表自由选举之。……"（《时事新报》1931年11月22日）

同日 主持中央研究院、中央大学等六机关追悼爱迪生大会。

"本月二十一日下午二时，国立中央研究院、中央大学、私立金陵大学、金陵女子文理学院、中国科学社、中国工程师学会六机关，在金陵大学开会追悼爱迪生。堂中悬爱氏遗像，到会者各界咸集，行礼静默，同申哀悼。由蔡元培主席，致开会词。……

蔡词之大意：爱氏是我们人类的好朋友，能够帮助我们人类解决物质上精神上的困难云云。"（《申报》1931年11月23日）

11月22日 出席国民党第四次全国代表大会第八次全体大会。

"四全大会二十二日上午九时，举行第八次会议。计出席代表三〇七人，列席代表十二人，中委十六人。主席团蒋中正、戴传贤、于右任、林森、蔡元培、戴槐生、潘公展、黄慕松、恩克巴图。主席林森。……决议概要：（一）主席团临时动议，现在国难日亟，为求集思广益计，本党愿集中人才，设立国难会议，延揽各方英才，共筹救国方法，是否有当请公决案。决议，原则通过。（二）中执委员会提请恢复李济深党籍案，及张大飞等提请恢复海外忠实党员陈瑞云党籍案，经并案讨论，决议通过。(三)中央执行委员会提请恢复李济深党籍案及张大飞等提请恢复海外忠实党员陈瑞云党籍案。经并案讨论,决议通过。(四)中央执行委员会党务报告。照审查委员会审查报告通过。(五)第三次全国代表大会修改之总章继续有效。五时十分散会。"(《时事新报》1931年11月23日)

11月23日 主持国民党第四次全国代表大会总理纪念周活动,并出席闭幕礼。

"四全大会二十三日晨先举行扩大纪念周,中央、国府职员均参加。由蔡元培主席。行礼后戴传贤报告。休息十分钟后,举行闭幕礼……闭幕礼后,有杭州学生二千余人来京向大会请愿,先由主席团蔡元培、戴槐生接见,继由蒋中正接见,对各生热诚爱国,极表嘉慰。"(《时事新报》1931年11月24日)

同日 发表关于国难会议组织问题的谈话。

"蔡元培谈:国难会议之组织,当取委员制,除中央指定人员外,须集合军事、政治、外交、财政、经济、教育等专门人才,由政府任命,在中央领导之下,共筹救国方略。此会设置时期、全部人选及组织规章等,均须由四届一中全会决定。"(《时事新报》)(《申报》1931年11月24日)

11月24日 邀请蒯寿枢(若木)、屠敬山、陈独秀等晤谈。

"闻公(指蒯)将于今日午后三时抵京,久别极思一谈,明日午后六点钟,请惠临东兴楼一叙,有屠敬山、夏穗卿、叶浩吾、张蔚西、钱念劬诸老辈,又陈仲甫亦在座,想公必能拨冗来也。"(《致蒯若木函》同月23日)

11月25日 自南京到上海。

"中央委员蔡元培、交通部长王伯群、卫生署长刘瑞恒,昨晚由京乘夜车出京,今(廿五日)晨八时抵沪。"(《时事新报》同日)

11月26日 上午,出席在吴铁城住宅举行的宁方谈话会;下午,参加在顾孟馀住宅举行的宁粤双方谈话会。

"上午七时,邵力子、何应钦、朱培德三人,同乘车由京到沪,下车后各返寓所休息。至十时,蔡元培、陈铭枢先至海格路望庐吴铁城宅会谈,未几李石曾、邵力子、何应钦、朱培德等,亦先后赴约抵望庐,遂开谈话会。所谈内容,闻除外交问题外,对蒋介石北上与胡汉民返沪等事,均经论及,先经此一度交换意见后,……至下午三时,各乘车至杜美路顾孟馀宅会谈。"

"……谈话会到者,计有汪精卫、蔡元培、陈铭枢、吴铁城、邵力子、李石曾、何应钦、朱培德等八人。顾孟馀虽曾事前约定参加,但因事外出未能参加。故汪精卫等自下午三时十分谈起,直至五时二十分始散。记者当散会时,叩蔡先生以开会经过,仅答今日所谈只外交问题,如对付国联及蒋北上诸问题,本晚或有数人须返京云。"(《时事新报》1931年11月27日)

六、大学院院长及中央研究院院长时代(1927—1940) 1023

同日 关照赴南京请愿绝食的清华大学讲师吴其昌。

"清华大学讲师吴其昌,前因国难,全家绝食,曾赴京请愿。其友人袁同礼、傅斯年曾电蔡元培,请其照料。蔡氏昨有复电到平。原电如次:

漾电敬悉,吴其昌沿途受优待,到后已由钱乙藜(昌照)兄等妥为招待,并劝进食。元培"。(《北平晨报》1931年11月27日)

同日 自上海赴南京。

"京方出席宁粤会谈人员蔡元培、吴铁城、陈铭枢、邵力子、朱培德、何应钦等六人,因与汪氏讨论已有结果,特于昨晚搭乘十一时四十五分快车返京,向中央报告一切云。"(《时事新报》1931年11月27日)

11月 为《京师译学馆校友录》题词。

"译学馆为偏重外国语之学校,其所以与同文馆、广方言馆等不同者有两点:一兼课国文,二兼授其他科学是也。有此二者,是以译学馆虽办理不久,同学亦为数无多;然而其中之高材生,或服务社会,卓著成绩;或更求深造,成为专门学者;或从事译著,有信、达、雅三长;使此短期之学校,在历史上可以不朽。今距兹馆停办之期,已二十年;而诸同学追念当日切磋琢磨之益,辑成此录;将使展览之余,往昔聚首一堂之乐,如在目前;益复互相策励,不以已往及现在之成就为满足,而更求进步;其俾益于吾侪者,岂浅鲜耶!

中华民国二十年十一月 蔡元培"。(《京师译学馆校友录》1931年重订本)

同月 为蒋廷黻编著《近代中国外交史资料辑要》一书题签。(该书 商务印书馆 1931年版)

12月2日 在上海出席爱国女校三十年校庆纪念会,并在会上讲演。

"爱国女学开办迄今,业已三十周年,兹于昨日(二日)举行纪念会。到会者有创办人蔡元培,校董褚民谊、蒋竹庄、吴蕴初等。义勇训练主任王伯龄、市教育局长徐佩璜、市党部代表,及来宾王孝英、郑通和等,并校友一千余人。上午纪念会典礼,由教育局长、市党部代表分别致训词,后由蔡元培、蒋竹庄报告学校创办时之情形,继行义勇军宣誓礼。……"(《时事新报》1931年12月3日)

同日 函请财政部长宋子文转知天津海关免费放行刘承幹书版。

"子文先生部长大鉴:径启者,刘君承幹……因有《晋书斠注》《旧五代史》两种书版,系由北平文楷斋承刻,于前月间共装三十箱,交济通转运公司运沪,过天津时,为海关税务司扣留,按照古玩,须纳捐税及印花等约千二三百元。查新刻书版与古玩性质绝对不同,刘君流通古籍,尤非书贾牟利可比,似应令其通过。执事赞助文化,还希令饬关防署转知津海关免税放行,至为欣感。……蔡元培敬启 十二月二日"。(《致宋子文函》同日)

12月4日 致函安徽省政府主席陈调元(燮轩),请准陈铭常、孟浩卿二人交保释放。

"燮轩先生主席大鉴:径启者,陈君铭常,愤当地豪绅把持财政,侵吞公款,赴省控告,已查有实据。豪绅怀恨,转控陈君,业经解省。陈君之友孟浩卿,营救陈君,亦遭忌妒,由军警办事处搜拘。此案自当静候审理。惟陈、孟二人平日尚无不端之处,事因公愤,转得飞祸,情形复杂。可否将陈铭常、孟浩卿二人先予交保释放,遇审问时,随传随到。……蔡元培敬启 十二月四日"。(《致陈调元函》同日)

12月5日 致函蒋梦麟,介绍Hedin入北京大学任教。

"梦麟吾兄大鉴:径启者,接Elmer L. Hedin君来函谓其与友人同愿在北京大学掌教,嘱为介绍等语。兹将原函奉达,还希酌裁径复为荷。……蔡元培敬启 十二月五日"。(《致蒋梦麟函》同日)

同日 致函浙江省政府主席张难先(义痴),为余春芳谋求警务位置。

"义痴先生主席大鉴:径启者,余君春芳,系蔡松坡旧部,久在云南,曾著劳绩,又娴熟警政。现住浙江,甚思在德化之下服务。还希量材器使,在警务上酌与位置,当能竭诚自效。专此介绍,并附履历。……蔡元培敬启 十二月五日"。(《致张难先函》同日)

同日 函谢亚洲文会"寄赠印就文件五十二册"。

"径启者:承寄赠印就文件五十二册,至为感谢。专此奉复,希查照。此复 亚洲文会 蔡元培敬启 十二月五日"。(《致亚洲文会函》同日)

12月6日 与李石曾、张继等致电汪精卫、邹鲁等,促在粤各中委迅即赴南京开会。

"(前略)国难益急,和平统一,若不速求彻底实现,无以慰民众之渴望,无以挽党国之危亡。现四全大会已闭幕,四届中委业已选出,务恳根据上海会议之决定,立即就近邀集各中委,集中南京,举行第一次全会,以解决一切党政军问题,建立一致对外之统一政府。党国存亡,系于俄顷。此间同志,拟于本月中旬,举行第一次会议,深望迅即赴京,以便筹备一切,至深感荷。

蔡元培、李石曾、张继、张静江、陈铭枢、吴铁城同叩。鱼。"(《时事新报》1931年12月8日)

12月8日 自上海赴南京。

"熊式辉、杨树庄、蔡元培、魏道明、李世甲,昨夜乘车晋京。"(《申报》1931年12月9日)

12月9日 为国民党中央政治会议推定筹备"国难会议"成员之一,是日出席"国难会议"第一次筹备会议。

"中央政治会议九日上午举行第二九八次会议。蒋主席。决议:(一)核定事实上各机关预算案十一起。(二)召开国难会议,推定叶委员楚伧等筹备。"

"蔡元培谈国难会议。九日政治会议推定于右任、戴传贤、叶楚伧、李石曾及蔡元培等七人负责筹备,筹委即于当日午后三时,举行第一次筹备会,讨论筹备事宜。"《时事新报》1931年12月10日》

同日 对上海《民国日报》记者发表谈话。

"蔡元培九日晨由沪返京。据谈:中央以国难当前,深盼粤代表即日来京,共赴国难。孙科等四人已由港北来,日内即可到沪,俟孙等到后,粤代表中将先推派两人来京,襄理国事,再俟粤方所选中委抵沪后,即行全体入京,举行一中全会,讨论国是。记者复叩以沪选出十中委,此事将如何补救?蔡答:此俟孙等到沪后,当有补救办法,决不致因此引起问题。诚如汪先生所言,中委任期不过是一二年的时期而已,在此党国危急存亡之秋,应注重于共同合作,凡我党员,均应为党努力,为党奋斗。"(上海《民国日报》1931年12月10日)

同日 被指定为特种教育委员会委员长。

"上午八时赴中央政治会议,关于国难事决召集国难会议,集中全国各界人才从事协商,定本年内开会;又因应付学生等事,决定设立特种教育委员会,推定蔡孑民、戴季陶、于右任、吴稚晖、叶楚伧等为委员,并指定蔡为委员长,杨杏佛为副委员长。"《邵元冲日记》同日》

同日 函告陈良猷,被逮之刘、武二人"业经设法保出"。

"良猷吾兄大鉴:前接手书,借悉在美进修情形,甚慰。《民治报》刘、武二君被逮一节,业经设法保出,《民治报》改名《民治导报》,照常发行。希释锦注。……蔡元培敬启 十二月九日"。(《复陈良猷函》同日)

12月10日 出席国民党中央执行委员会第三次常务会议。

"中央执行委员会十日上午八时,在第一会议厅举行第三次常务会议,出席叶楚伧、陈果夫、朱培德、于右任。列席者杨树庄、吴铁城、黄吉宸、黄慕松、邵元冲、郑杏南、贺耀祖、曾养甫、杨杰、周启刚、顾祝同、马福祥、蔡元培、陈立夫、张厉生、余井塘、陈肇英、洪陆东……决议各案如下:(一)撤销独立第二旅特别党部。(二)撤销陆海空军总司令部独立炮兵第二旅特别党部。"(《申报》1931年12月11日)

同日 出席国民政府第二十一次常会。会议决议公布户籍法等七案。

"国府十日晨十时举行第二十一次常会。出席委员杨树庄、于右任、王伯群、陈果夫、马福祥、邵元冲、蔡元培、朱培德、何应钦。主席于右任。……讨论事项:(一)决议公布户籍法。(二)决议公布工会法第十六条修正条文。(三)决议监察委员袁金铠复职。(四)决议通过召集国难会议布告文。(五)主席提案为饬据文官处拟呈修正黄河水利委员会组织条例草案,提请公决施行案。决议交立法院。(六)监察院弹劾河南财政厅长万舞,请交付惩戒案。决议万舞记过一次。(七)监察院弹劾山西省灵石县县长赵良贵请交付惩戒案。决议赵良贵降二级改叙。"

(《时事新报》1931年12月12日)

12月11日 主持召开特种教育委员会第一次会议。

"特种教育委员会十一日,在中央开第一次会。委员长蔡元培主席,讨论要案甚多。据某委谈,该会组与特外会相仿,教育重要设施一切原则,皆由该会决定。"(《时事新报》1931年12月12日)

"特种教育委员会委员长蔡元培,委员戴传贤、于右任、邵元冲、李书华、陈布雷等十一日在中央党部举行第一次会议,决定每月开会一次,关于各地学生向中央请愿事宜,即由该会负责办理,其他教育方面之重要设施,拟由会决定原则,交教部秉承办理。"(《申报》1931年12月12日)

12月12日 主持特种教育委员会会议,讨论解决各地学生请愿问题。

"特种教育委员会12日下午在中央党部开会。到委员长蔡元培、委员戴季陶等二十余人。对于上海此次风潮善后办法及各省学生请愿,如何指示、慰勉等事宜,有所讨论。"(《申报》1931年12月13日)

12月13日 发电劝阻上海各大学学生进京请愿,未见成效。

"蔡元培氏于前日自京电王伯群等,请转各大学校长,劝阻学生入京,其原电云:电报局荣局长请即分转王伯群、张咏霓、李登辉、郑洪年、王景岐、黎照寰、胡庶华、何世桢、郑毓秀、褚辅成、刘湛恩、曹梁厦、刘海粟、潘公展诸先生公鉴,报载上海学生三分之一定寒日入京,现在外交自接受国联决议后,暂告一段落,内容及政府之苦衷,均已公布。内政则四届中委,不日集京,即产生统一政府,此后救国大计,统由国难会议统筹。此时来京,必无结果可言。京中天气骤寒,在零度以下,居行各感困难。务望即邀集各校校长教授,设法劝阻诸同学来京,并希以接洽经过电告。弟蔡元培。各校校长得到此电后,均于前晚、昨晨向学生劝阻,但学生去志坚决,卒无效果,遂毅然赴京。"(《申报》1931年12月15日)

12月14日 出席国民政府总理纪念周并在会上作关于"特种教育委员会的任务"的报告。

"国府十四日晨举行总理纪念周,到蒋中正及各院部长官蔡元培、于右任、朱培德、邵力子、马福祥、李书华、陈其采、贺耀祖、茹欲立、魏道明、陈绍宽、俞飞朋、朱履和等,及三处职员共四百余人。蒋主席。领导行礼后,由蔡元培报告特种教育委员会的任务。"(《时事新报》1931年12月15日)

同日 代表国民政府接见北平学生抗日救国示威团。

"北平学生抗日救国示威团,十四日午全体至国府,用书面提出十五点,请蒋当面答复,由国委蔡元培出见。学生方面坚持须蒋自出,至下午二时,未得要领,仍回中大休息。"(《申报》1931年12月15日)

12月15日 列席国民党中央执行委员会第四次常务会议临时会。会议通过准蒋介石辞职。

"中央执行委员会十五日上午十时,举行第四次常务会议临时会,出席者朱培德、于右任、陈果夫、戴传贤、叶楚伦、蒋中正、丁惟汾,列席者周佛海、邵元冲、罗家伦、邵力子、程天放、蔡元培……,决议案:(一)国民政府主席兼行政院院长蒋中正呈请辞去本兼各职案。决议,准蒋同志辞职,推选林森代理国民政府主席,陈铭枢(代理)行政院院长。(二)考试院院长戴传贤、监察院院长于右任、立法院院长邵元冲呈请辞职案,决议慰留。"(《时事新报》1931年12月16日)

同日 接见赴南京示威请愿的北平学生,在混乱中受伤。

"北平各学校学生示威团,十五日上午八时由该团代表召集学生三四百人,在中央大学集合会商毕,即整队赴外交部,手持红旗帜,左膊缚红布,胸前佩红布条,口呼各种反动口号,纠察队并手持大木棍,到达外交部后,即由该团总指挥下令散队,除一部分学生整队鹄立外,其中一百余人,即潜入部内,将所有办公室内之玻璃、器具、文件及汽车,捣毁一空。外交部职员见情势不佳,即纷纷由墙垣逃避,但已有数人被殴打,身受重伤。一部分学生约二百余人,即速整队赴中央党部,于十一时一刻到达,行将大门封闭,并将中央党部岗警五人之枪械缴出,纠察队亦同时分布各要道,禁止职员行入。其余学生即拥至二门,狂呼各种反动口号,并喊打不止。时中央委员正在举行临时会议,乃推蔡元培、陈铭枢二委员出见。蔡、陈二氏到达二门,即闻呼打之声。蔡氏甫发数语,该团学生即将蔡氏拖下殴打,并以木棍猛击陈氏头颅,陈氏当即昏厥倒地,时中央党部之职员及警卫,见学生动武,即上前救护蔡、陈二氏,但学生中即拔出手枪开放,用木棍向内殴打,并绑架蔡氏,向门外冲出。中央党部警卫至此,向天空开放空枪示威,并追出营救蔡氏,直至离中央党部荒田中近玄武里处,始行救回。蔡年事已高,右臂为学生所强执,推行半里,红肿异常,头部亦受击颇重,现已送医院。……"(《时事新报》1931年12月16日)

同日 接受记者采访,谓"个人对于学生救国之轨内行动,纯洁热诚,仍愿政府与社会加以爱护"。

"十五日北平学生二百多人,扰乱中央党部,中央临时常会开会,蔡元培、陈铭枢二氏代表与学生接洽,竟被围困院中,且遭棍击。二氏即折回会议厅,追散会后,记者向前趋谒,获得下列之问答:

记者问:今日两位先生太委屈,究有甚伤害否?蔡答:予头顶受棍击,似无甚伤害,惟右膀被暴徒扭拉,颇伤及筋络。真如先生头顶亦受棍击,颇肿痛。总之值此国难,吾人精神上受日帝国主义者侵凌,伤痛已极,尚复何所怨尤,且予个人从事教育数十年,今日在场青年之粗暴如此,实为我辈从事教育者未能努力所致,故对此亦惟有自责耳。不过今日之暴动,绝非单纯爱国学生之所为,必有反动分子主动其间,学生因爱国而为反动分子所利用,无辨别之力,无防范之方,实至可痛惜。问:

先生对各地学生请愿、停课种种运动,尚有何意见否?答:予之意见,业已表示多次。比来教育界之态度,如果全体学生皆出于爱国救国之真诚,自为我民族精神之表现,倘从此能编练成为坚苦之义勇军,以备万一,固亦属壮举。惟国家与社会所要求于青年者,尚不仅如此,盖救国家当前之危难及作长久之奋斗,均具有同等之重要性,稍移目前热烈之情绪,以致力于根本救国之准备,凡以民族前途为己任者,要当加以冷静深刻之审察。至个人对于学生救国之轨内行动,纯洁热诚,仍愿政府与社会加以爱护,绝不因今日之扰乱,而更变平素之主张也。"(《时事新报》1931年12月16日)

12月17日 被推为国民党中央监察委员会临时常务委员。

"四届监委会十七日召集在京各监委开会结果,推定林森、蔡元培、张人杰、张继、邵力子五委员为临时常务委员。……"(《时事新报》1931年12月19日)

12月18日 自南京回上海。

"蔡元培偕夫人,十八日午前乘车返沪休养。预定一中全会前返京。"(《时事新报》1931年12月19日)

12月20日 撰挽徐志摩联。

(一)"谈论是诗,举动是诗,毕生行径都是诗,诗的意味渗透了,随遇自有乐土;

乘船可死,驱车可死,斗室坐卧也可死,死于飞机偶然耳,不必视为畏途。"

(二)"活得风流,死得火速,不愧文学家态度;逝者目瞑,存者魂销,仍是历史上臼科。"(蔡元培研究会藏抄件)

12月21日 本月14日在国民政府纪念周所作关于《特种教育委员会的任务》报告,以题《牺牲学业损失与失土相等》于今日发表。(《中央周报》第185期)

12月22日 国民党四届一中全会在南京开幕。因病在沪休养,未出席。

"蔡元培氏自返沪来,即在私寓休养,四届一中全会亦未出席。昨记者往访,据其家人云迩来病势未有起色,终日卧床,昨日请宋医生诊断。往访者俱未接见,即日且将入医院疗养云。"(《时事新报》1931年12月26日)

12月26日 经医院诊视,右臂骨节恐有破碎,宜入院治疗。

"中委蔡元培氏,前在中央党部学生请愿冲突中受伤……初以所伤仅手臂红肿及背上青紫,似不甚重,略加休养治疗,当可即愈。不意来沪后,臂痛加剧,伸屈皆感困难,背上青紫亦未消,经法贝博士诊视,谓右臂骨节恐有破碎,不速治将有后患,乃于昨日移入某医院,拟用爱克斯光,诊察臂伤之内部,加以根本之治疗。据蔡氏侍疾之家属云,蔡氏病中,精神尚好。"(《申报》1931年12月27日)

12月30日 于右任往医院探视蔡元培,谓蔡伤势业已转轻。

"中委于右任氏于昨晨乘车自京来沪,系赴医院探望蔡孑民氏伤势。午后据于氏语记者云,蔡氏目下之伤势,头部及背部业已转轻,左臂经医者用艾克斯光检查,骨亦未碎,惟筋络则受伤颇重,须加以适当之调养,方可逐渐恢复原状云。"(《时事新报》1931 年 12 月 31 日)

本月 为《华侨周报》题词。

"华侨周报 声明洋溢 蔡元培题(印)"。(《华侨周报》1932 年第 1 卷第 1 期)

本年 作《案上盆兰》七绝一首。

"出谷幽兰并蒂开,如镌碧玉映苍苔。合登檀几充清供,不羡窗前绿萼梅。"(蔡元培先生手稿)

本年 撰写《美育与人生》一文。(蔡元培先生手稿)

本年 作《游万锋寺还元阁》七绝一首。

"湖光正展大圆镜,梅萼犹含来复心。欲为农村筹改进,校邠遗意好推寻。"(唐国川:《革命家诗钞》上海光华书局 1934 年出版)

本年 为高燮(时若)书联一副。

"时若仁兄先生正

老去诗篇浑漫与;天涯风俗自相亲。 蔡元培"。(蔡元培研究会藏影印件)

本年 代夫人周峻撰写《上海私立中小学创校二十年祝词》一文。(蔡元培先生手稿)

本年 为顾凤城等编《新文艺辞典》题写书名。

"顾凤城编 新文艺辞典 蔡元培题(印)"。(顾凤城 邱文渡等编《新文艺辞典》上海光华书局 1931 年出版)

1932 年(民国二十一年　壬申)六十五岁

1 月 12 日 介绍张一志会见宋子文,面陈意见。

"子文先生院长大鉴:径启者,北大旧同事张一志先生,博学深思,热诚爱国,顷有意见,欲面陈于左右,谨为介绍,如蒙接见,借以面商甚幸。……弟蔡元培敬启 一月十二日"。(《致宋子文函》同日)

1 月 14 日 复函国民政府主席林森(子超),谓康复后即到南京任事。

"子超主席钧鉴:迭接函电,并戴槐生先生面达尊意,诸承关注,感荷无已。弟恙稍瘥,已出医院,小作旅行,借资调养,一俟身体康复,即当来京,以副雅命。专此布复,并希谅照。……蔡元培敬启 一月十四日"。(《复林森函》同日)

同日 致函王云五、刘秉麟(南陔),请召开校董会解决中国公学风潮。

"云五、南陔先生大鉴:径启者,中国公学风潮,极待开校董会,解决一切。弟身体未康复,现正出外旅行,还请先生设法召集会议。通告上姑用弟名亦可。诸希裁酌办理为荷。……蔡元培敬启 一月十四日"。(《致王云五、刘秉麟函》同日)

1月15日 为王季同著《佛法与科学比较之研究》作序文一篇。(该书 上海佛学书局1932年版)

1月18日 函复但采尔,谓正在调养臂伤,未能到南京会面。

"但采尔先生大鉴:迭奉去年十二月二十一日及本年一月十三日惠函,备承关爱,不胜感谢。我之伤处,自到上海进医院后,头部、腰部均已痊愈,惟臂上筋伤,至今尚有一点未复原状,不能不择一清净之地,调养几日,故一时未能来京,与先生及夫人会晤,至以为歉。……"(《复但采尔函》同日)

同日 致函铁道部长叶恭绰(玉虎),请为俞慎修安置工作。

"玉虎先生部长大鉴:径启者,俞慎修君大纯,为俞恪士明震之子,能文善书,留学日本回国以后,在铁道上服务甚久,有十年以上之资历,自十七年冬辞卸陇海铁路局务,迄无工作,其才闲废可惜。谨为介绍,还希酌畀相当职务,必能驾轻就熟,仰祈要政。诸维玉成提用,不胜感荷。……蔡元培敬启 一月十八日"。(《致叶恭绰函》同日)

1月22日 函请教育部常务次长钱昌照(乙藜)继续留用司机王阿才。

"乙藜先生次长大鉴:径启者,贵部汽车司机王阿才,人尚勤慎,自大学院时代以至今日,开车尚能称职。兹当新旧交替之际,心中不无顾虑。恳为转达,还希照拂留用为荷。……蔡元培敬启 一月二十二日"。(《致钱昌照函》同日)

1月29日 函请许寿裳(季茀)转托邱长康照料但采尔夫妇安全。

"季茀先生大鉴:上海已有战事,难免不牵及南京,如都中人士有避难之必要时,务请转托邱长康君(邱曾与但氏同寓)为但采尔夫妇同样安排。……弟元培敬启 一月二十九日"。(《致许寿裳函》同日)

1月 在苏州休养。杨杏佛曾往探视。

"蔡元培在苏养病,中央已派杨杏佛往视病势,并请来京共商御侮大计。"(《时事新报》1932年1月25日)

同月 题赵安之所作国画。

"黄雀螳螂喜剧过,此间虫鸟复如何。榴花不解参蛮触,活色生香自在多。二十一年一月 题安之先生佳作,即希正之。 蔡元培"。(蔡元培先生手稿)

同月 为《外论周刊》题词。

"外论编译社 多闻阙疑 慎言其余 蔡元培题(印)"。(《外论周刊》1932年第1卷第1期)

2月1日 与刘光华、蒋梦麟等联名致电国际联盟文化合作委员会,揭露日军故意摧毁暴行。

"蔡元培等电日内瓦国联文化合作委员会云：此间日本陆战队及飞机二十余架，迭在上海之闸北横施暴行，故意摧残文化机关，如中国最大出版事业之商务印书馆、东方图书馆、暨南大学等，均被焚毁殆尽。同人等谨代表中央研究院、中央大学、中山大学、北京大学、武汉大学、清华大学等，恳请贵会转请国际联合会行政院，迅速采取有效方法，制止日军此类破坏文化事业及人类进步之残暴行为。蔡元培、刘光华、邹鲁、蒋梦麟、王世杰、梅贻琦 同叩"。（《时事新报》1932年2月2日）

同日 发电呼吁杜威、爱因斯坦等国际知识界知名人士，公开谴责日本军人毁灭中国文化教育机构的野蛮行为。

"发往华盛顿。请将蔡元培下面的电文分送尼古拉斯·巴特勒、劳伦斯·娄厄尔、约翰·杜威、玛丽·伍莱、韦尔伯、爱因斯坦、米利肯、阿瑟·霍尔库姆，以及美国知识界、教育界其他著名领袖人士，并抄送驻华盛顿中国大使：

日本军方在当前侵略中国的作战中，以大规模毁灭中国文化教育设施为目的对上海滥施轰炸。迄今为止，文化教育机构如商务印书馆（过去二十年来，全中国的教科书百分之七十五由该馆提供）连同它那无法以价值估算的东方图书馆，著名的国立暨南大学、同济大学、持志大学和中央大学医学院等已被夷为平地。凡日本军国主义武装力量所到之处，中国的文化教育机构在其狂轰滥炸下全被摧毁。即使在战争时期，也不容许蓄意摧毁文化教育机构。而日本政府一面宣传称并未进行侵华战争；另方面却在国际法明文规定保护文化设施的情况下，蓄意摧毁中国的文化教育设施。

希望全世界的知识界领袖人士仗义而起，公开谴责日本军方毁灭中国文化教育机构的野蛮行为，并提出措施，制止日本方面进一步采取这种行动。中央研究院院长蔡元培 南京"。（《致杜威、爱因斯坦等人电》同日）

同日 在中央研究院作对时局看法的报告，指斥蒋介石、宋子文等要人。

"本月一日，中央研究院举行纪念周，该院长蔡元培对时局曾作报告，先说明他前次留在南京维持危局的苦衷，后来又表示对国民党前途的悲观。他第一个指斥的是宋子文，他说当美国劝阻日军进占锦州时，日军暂按兵不动，那时宋子文便邀拉西曼氏纵酒狂欢，庆祝胜利，谁知不久，日军便进占锦州了。这些地方便表现出宋子文是怎样的幼稚，宋少不更事，固不足论。最可怪的要算所谓党国的领袖第一，胡展堂那位先生，在和会以前满口承认合作，对于既往概不追究，而在和会时，他便首先作梗；在和会以后，他又负气不到南京，自己在广东组织起三个委员会来。其次要讲到蒋介石，他的专横独裁，实为古今中外罕有，只要看他的政府，一切措施无不出自私心，财政部长辞职时，他可以将一切事务官完全引跑了，他们的薪水非但分文不欠，并且他们临走的时候，还每人发干薪两月，而其他各部人员的薪水，都欠几个月，教育竟积欠几百万。蒋临走的时候，还请了三位军人做省政府主席，他的合作精神及和平诚意,已可见一斑。蔡个人表示时局艰难,政治尤一无办法,言下不胜欷歔云。"(《文艺新闻》1932年2月8日)

2月7日 比利时国家科学文学院开会,对日军侵华,毁坏学校,深表痛恨。

"哈瓦斯七日比京布鲁塞尔电:比国科学文学院开会,第二国际领袖、前首相樊迪文宣读中国中央研究院院长电报一通,对于日本毁坏各大学校,深致痛恨,而以东方图书馆遭劫尤甚。"(《时事新报》1932年2月9日)

2月9日 复函许寿裳(季茀),言及"但采尔先权利而后义务之根性,仍与普通欧洲人差不多"。

"季茀先生大鉴:昨奉五日惠函敬悉。诸同事多请假,而先生及毅侯兄留院维持,甚为感佩。……《新京日报》所发表之电文,已读过,本院可以列名。但采尔夫妇既往北平,使我等减少责任,亦复甚好。但彼既欲预支二、三、四月份薪俸,则彼在平之工作必须贡献于本院,可请其随时与历史语言研究所接洽;因该所本有人类学工作,与民族学密接,且考古学与语言学,亦在与民族学有关也。可请毅侯兄汇款时,致一英文函,与之婉商。且致一介绍函,为介绍于史语研究所。川费止能照现在镑价计算(昨杏佛兄亦已商及,同此主张)。但采尔为弟所佩服者,然其先权利而后义务之根性,仍与普通欧洲人差不多,殊令弟诧异。……弟元培敬启 二月九日"。(《复许寿裳函》同日)

同日 致函广东省教育厅长许崇清(志澄)、福建省教育厅长程时煃(柏庐),介绍人种学者前往两省进行学术考察。

"志澄、柏庐先生厅长大鉴:径启者,本院历史语言研究所,现请美国研究人种学专家许文生君与中国学者合作,研究中国人种问题,著文发表。兹欲研究粤东之客家、闽浙之畲民、海南之黎人、潮汕之土著种族,南来调查。许君此行,希望能于每种得一百人以上之测验。特为函介来谒,还希面洽一切,并予以保护,俾能从容调查,得有测验效果,裨益文化,实为万幸。……蔡元培敬启 二十一年二月九日"。(《致许崇清、程时煃函》同日)①

2月15日 函请财政部长宋子文从速拨付江西省教育经费。

"子文先生部长大鉴:径启者,顷接江西省教育厅长陈剑翛先生来电,谓该省教费年支二百万元,自二十年三月起,每月由财部令饬西岸榷运局按月拨发十六万六千六百元。现在各校即欲开学,需款孔急。本年一月份教费,财部尚未发拨付命令,各校催款,万分紧急,嘱转恳先生即电令西岸榷运局从速拨付,以慰群情。……蔡元培敬启 二月十五日"。(《致宋子文函》同日)

同日 致函江苏实业厅长何玉书(梦麟),商请保持江苏昆虫局名称。

---

① 此函相同内容还于同日分致伍朝枢(梯云)、邹鲁(海滨)。

"梦麟先生厅长大鉴：径启者，顷接张巨柏君来函，借悉贵厅令饬江苏昆虫局结束改组，并更名为植物病虫害防治所，具见关怀实业之至意。惟查昆虫局具有科学研究性质，可以包括防治害虫工作，若专揭害虫防治，则不能包括昆虫学一切工作。是以欧美各国，皆习用昆虫局之名。……沿习既久，信用已彰，一旦更改名称，似其原有之地位与价值不能保存。可否仍沿用旧名，以维持其悠久历史。敬希察酌为幸。……蔡元培敬启 二月十五日"。(《致何玉书函》同日)

2月23日 致函许寿裳(季茀)，申明对待但采尔应取的办法。

"季茀先生大鉴：前闻但采氏赴平，疑其一去而不复回，故有请其在平为本所工作之说。……现在我等对于但采氏有两办法：一、彼若于二月底回国，则月薪送至二月底。二、若彼继续工作（无论在宁在平），则仍按月送薪，至彼归国之月止。至于暂领生活费办法，由于我等爱国爱院的热心，彼是外国人不便以爱中国责之；彼在本院，时期甚短，即将解约，亦不便以爱本院责之。……弟元培敬启 二月十六日"。(《致许寿裳函》同月16日)

"(上缺)再养电想毅侯兄可以照行，但采尔来电，用德语，大意谓'请发最后三个月薪俸及回国川费英金二百镑或美金千元，已有信在途，很诚恳的请求。但采尔，德华银行'。鄙意，我等已商定止发二月份薪俸，故电嘱毅侯兄止发川费及一个月薪也。请转告毅侯兄为荷。培再启 二十三日"。(《致许寿裳函》同日)

2月 致胡适函，商请聘用原商务印书馆编译所部分失业学者。

"适之先生大鉴：前承存问，感谢无已。……日军犯沪，激起十九路军之奋斗，诚为吾民族之光。但日人破坏一切，毫无顾忌，平民生命财产，固已损失不赀，而对于文化机关，尤肆摧毁，如东方图书馆所搜集之方志，不少孤本，尽付一炬矣！商务印书馆有多数受训练之人物，有三十年之信用，复兴非无望，但短时期内当然停顿，编译所中学者多患失业。前日周鲠生兄谈及，可否请先生于编译委员会中，酌量扩张，吸收一部分学者，如李圣五(北大毕业生，留美治公法，偕云五兄回国，在商务编辑所任研究员)之类，弟深韪其议，谨以贡献于左右。如荷采纳，曷胜欣幸。……弟元培敬启"。(《致胡适函》同月)

同月 迁居静安别墅54号。

"又，弟已迁居(上海)静安寺路静安别墅五十四号，附闻。"(《致胡适函》同月)

同月 为《遗族校刊》题词。

"不堙不忘 相得益彰 蔡元培(印)"。(《遗族校刊》第1卷第1期)

同月 为上海国货公司专刊题词。

"上海国货公司专刊 经纬百端 取精用博 蔡元培(印)"。(《国货月刊》1932年第2期)

同月 为《华侨半月刊》题词。

"华侨半月刊 达情言志 蔡元培题"。(《华侨半月刊》1932年第3期)

3月7日 与唐有壬、杨铨联名复电行政院长汪精卫,请令各地银行将华侨汇款拨交技术合作委员会。

"洛阳汪院长钧鉴:密东电敬悉。技术委员会非有相当经济,无由进行。查华侨汇沪各银行之款颇多,每被有力者自由提用。恳以钧院暨军委会名义,电令各银行将该项汇款拨交技术合作委员会管理为荷。盼复。蔡元培、唐有壬、杨铨。阳。"(《复汪精卫电》同日)

3月14日 函复外交次长郭泰祺,不能趋陪欢迎国联调查团。

"泰祺先生次长大鉴:径启者,承束邀明日欢迎国联调查委员团,弟因身体小有不适,未能趋陪为歉。特此函复,诸维亮察。……蔡元培敬启 三月十四日"。(《复郭泰祺函》同日)

3月15日 全国技术合作委员会成立,为上海常务委员之一。

"刘鸿生先生大鉴:兹为集中全国技术人材,计划御侮国防准备,特于京、津、沪等地设立技术合作委员会,并经上海常务委员会议推定先生为本会上海分会○○组委员,务希勿却为荷。……

技术合作委员会上海常务委员蔡元培、唐有壬、刘瑞恒、张公权、杨铨谨启 二十一年三月十五日"。(《致刘鸿生、颜瑞庆等函》同日)

3月16日 电请河南省政府主席刘峙从宽开释吴仲在。

"(衔略)道清路局课长吴仲在世兄,因人民自卫团文件嫌疑,被逮解汴。请饬属审察。如可矜全,务恳从宽发落,不胜感荷。蔡元培"。(《致刘峙电》同日)

3月17日 函复钟达先,不能代为转递"时事条陈"。

"达先世伯赐鉴:接奉手书,远承慰问,甚感。时事条陈,甚佩热忱。惟日内贱体略有不适,正在休养,未赴都中,不能转递,至以为歉。……蔡元培敬启 三月十七日"。(《复钟达先函》同日)

3月18日 函请浙江省高等法院院长郑文礼(烈荪),对赵汉卿从宽结案或保出就医。

"烈荪先生院长大鉴:径启者,赵汉卿与蒋埏宅中途同车赴杭,因贩鸦片嫌疑判罪,闻已向贵院上诉在案。查赵汉卿平日尚有正当职业,此次是否与蒋同谋,尚望秉公审理。赵君在押所患病,如果查无通同实据,更请从宽结案,或先准以轻微证金保出就医。谨为函达……蔡元培敬启 三月十八日"。(《致郑文礼函》同日)

3月19日 致函胡适,推荐陈岳生分任丛书编译会译务。

"适之先生大鉴:元任先生来,谈及先生进医院时,以就医稍晚,颇深挂虑,五日后已得安全保证云云,想现已痊愈矣。编译会想进行顺利,闻数学书亦已有数种付译。陈君岳生,毕业大同大学,在商务印书馆任数学编译有年,商务停顿,因而失业,欲向贵处分任译务,奉上拟译书目一纸,又《大同友声》中旧译《中国算学史》数页,敬希酌定可否延任译事。祈示复为幸。……弟元培敬启 二十一年三月十九日"。(《致胡适函》同日)

同日 鸣谢陆徵祥(子欣)赠书。

"子欣先生大鉴:前从徐家汇图书馆转到惠赠《超○学要》十八册,远承关爱,并审道体康娱,至深欣感。事冗稽答,弥觉歉然。特此函复鸣谢,诸希察照。……蔡元培敬启 三月十九日"。(《致陆徵祥函》同日)

3月26日 复信汪精卫,婉词拒绝留居南京,参与政事。

"精卫先生大鉴:接诵有电,语长心重,弟非木石,能无感动。惟硁硁之见,救国必须分工,自献宜稽效率。运筹帷幄之内,折冲尊俎之间,实非拘墟如弟者所能助力。若强作解事,相与周旋,隔靴搔痒,徒乱人意,不如择性所近,尽力所及,竭一得之愚,求几分之效,比于不贤识小,藉告无罪云尔。近经静摄,宿疴渐愈。但人老何能,既迫颓龄,益滋惰性。有辜期望,尚冀鉴原。……"(启功 牟小东编《蔡元培先生手迹》)

3月 函谢伯希和嘉许中央研究院考古组的新发现。

"伯希和先生鉴:接本年三月五日很友谊的惠函,谢谢。本院历史语言研究所考古组稍有发现,竟承嘉许,为提出考古与文学研究院,得领于里安奖金,深感先生提倡盛意。本所同人当愈益勉力,以副期望。……鄙人在南京所受之伤,现已痊愈,已照常工作,承注,感谢之至。请您接受我的祝福。"(《复伯希和函》同月)

同月 函请南京裁判人员"平情检审,从宽处分"王赓。

"径启者:王君绶卿(赓),前为日军所拘,不久见释。外间疑有重要文件被日军扣留,致多责备。案王君平日谨厚温雅,不类诪张为幻者。此次身入险地,不能辞疏忽之咎,然疑其有意卖国,则殊非吾人所能想象。现闻王君已解京讯办,想先生必为参与裁判之一员,务请平情检审,从宽处分,幸甚。"(《致南京裁判人员函》同月)

同月 为林义顺新筑寓庐作《青海寓庐记》一篇。(蔡元培先生手稿)

4月1日 致函浙江省高等法院院长郑文礼(烈荪),请准赵汉卿以交书面保证金狱外就医。

"烈荪先生院长大鉴:前因赵汉卿夹带鸦片嫌疑上诉一案,曾奉芜函,当蒙察及。执事持法维平,谅荷审慎处理矣。惟赵君在狱患病,势须出外就医,而法院对于烟案保证金,往往命纳巨款。赵君清寒,一筹莫错。倘准其交保就医,可否仅用殷实商铺所具之书面保证金,不用现款。特再函商,还希俯念寒微,量予通融,不胜感荷。……蔡元培敬启 四月一日"。(《致郑文礼函》同日)

4月9日 致函教育部长朱家骅(骝先),请允兽医专科学校以公立学校备案。

"骝先先生部长大鉴：径启者，有一部分兽医专家，因鉴于吾国新政丕兴，关于卫生行政、商品检验等等，均需兽医人才担任，而国内此项学校尚付阙如。因于去年秋，商由实业部商品检验局、上海市政府卫生局、中华职业教育社三机关合组一兽医专科学校，……直至本年一月，始由上海市教育局转呈大部备案。嗣奉第一〇四八号训令：应照私立学校规程办理，仰见大部郑重之至意。但该校动机，完全出于适应社会需要，而组织主体，又为政府直属及立案之机关，且大部分经费，出于当地之政府，似与其他私立学校性质不同。可否俯念创立者提创之苦心与夫情形之特殊，允予比照他部及地方政府办理学校，准予备案，无任公感。……蔡元培谨启 四月九日"。（《致朱家骅函》同日）

同日 介绍周树芬访会福建省政府主席杨树庄（幼京）及省府委员方声涛（韵松）。

"幼京、韵松先生大鉴：径启者，总理有钱币革命之主张，至今未曾实现。刘闻长先生认此为今日起死回生之要政，悉力研究，并拟有推行方法。且不必拘于普及全国，而可在一地方先行试验。近闻贵省财政亟需整理，刘先生认为试行钱币革命之机会，特属周树芬君诣前详陈，务请拨冗接见，妥商办法为荷。……"（《致杨树庄、方声涛函》同日）

同日 致函教育部部长、次长，请准恢复美术、音乐专科学校为学院。

"骝先部长，书贻、乙藜次长大鉴：径启者，艺术人才，非经长期之训练，不能养成，音乐尤甚。各国艺术学校及音乐学校，多与大学同等。吾国旧以学院名之，与专科大学相埒，修业年限亦同，毕业各生尚有程度太低之感。今年改名专科学校，限三年毕业，试验数年，甚感困难。国立三校，现正呈请复院，务请再加考察，修改条文，提出立法院及政治会议通过，以便克期实行。……"《致朱家骅函》同日）

4月13日 函复中国公学学生，"校长人选，不久必可推出"。

"中国公学诸同学大鉴：迭接两函，具见热忱。本校状况，极待维持，自应从速推定校长，现在正与各方商洽，校长人选，不久必可推出。……蔡元培敬启 四月十三日"。（《致中国公学同学函》同日）

4月14日 致函秉志（农山），嘱偕王家楫等代表中央研究院检查美国在川滇采集的动物标本。

"农山先生大鉴：径启者，美国费城自然科学院川滇科学调查团主任杜伦君，在川滇所采集之动物及关于民俗学标本，已全数到沪，照约须经本院检查。兹由杜伦君函嘱四月十五、十六两日前往检查，拟请执事偕王家楫、方炳文二先生，代表本院充任此事。……即希察照允行为荷。……蔡元培敬启 四月十四日"。（《致秉志函》同日）

4月15日 函请徐坤如随时指教沈钧。

"坤如先生大鉴:久疏笺问,想动止安豫。前者志摩兄猝遭意外,学界同人,咸深嗟悼;近闻眷属还乡,未刊遗著,谅哀集待印矣。兹有启者,舍亲沈君钊,新受宁盐印花税分局之事,有志整顿,素仰道范,闻已踵门谒见,此后一切事宜,希随时指教,俾有遵循。特此函达,诸维爱照。……蔡元培敬启 四月十五日"。(《致徐坤如函》同日)

4月20日 出席清寒教育基金委员会冬季大会,议定本年续招津贴生十二名。

"天府味精厂吴蕴初君创办之清寒教育基金,去年招取之学生,学行均极优秀,分送中央、浙江、大同等大学肄业,成绩甚佳。本年时局虽不安定,该会仍照常进行。日前照例假功德林举行委员冬季大会。到蔡孑民、沈信卿、曹梁厦、吴蕴初、廖茂如等十数人,议定本年续招津贴生十二名,学额由天府味精厂、天原电化厂、□□新公司等捐助。"(《申报》1932年4月22日)

同日 为青岛水族馆筹募建筑费。

"沈市长成章、胡秘书长秀松、郭财政局长秉和:敬启者,宋春舫君于前日到此,水族馆闻将于五月一日开幕。过去一切,诸承赞助,并闻市府每月津贴经常费二百元,甚为感谢。惟该馆建筑费尚短少五六千元。值此时局,实无法再筹。而青岛万国体育会方面,已允加赛一次,以收入补此项不足。望成全其事,将加赛照例免税,不胜感盼。……蔡元培敬启 四月二十日"。(《致沈鸿烈函》同日)

同日 致函刘海粟,为绍兴人陈福谋职。

"海粟先生大鉴:径启者。绍兴人陈福,人极诚笃,曾在绍兴中西学堂及上海暨南大学服役,于学校各役颇为熟练,现因失业,急谋工作。贵校新增中学或需雇校役,特为介绍,请留用为幸。……弟蔡元培手启 二十一年四月二十日"。(《致刘海粟函》同日)

4月24日 与宋庆龄、杨铨联名致电政府当局,要求对被捕之牛兰夫妇进行公开审判。

"国民政府主席、行政院院长、司法院院长公鉴:泛太平洋工会干事牛兰夫妇,自去年六月因共产党嫌疑,为上海公共租界捕房拘捕,移交中政府,被禁已近一年,未经法庭公开审判。最近最高法院忽发表调查牛兰案报告书,谓牛兰夫妇与中国共党活动确有关系,实犯图谋倾覆现政府之罪,令苏州高等法院依照报告书起诉,如经法院证明,应处死罪。查牛兰案久为国际所注目,各国知名人士,如杜威、爱因斯坦、罗兰、波拉诸人,均根据思想自由、人权保障,电请释放牛兰夫妇。微论现在最高法院调查报告书所根据者,均为新加坡及上海捕房所搜集未经被告承认之文件,即使文件有相当证据,亦应经过公开审判,予被告以自聘律师辩护之机会。今乃在法院审判之前,先定判词,似非法治国所应为。中国处暴日蹂躏之下,方向国际求公道,自应先以公道待人;中国方谋收回治外法权,应先以法治精神示人。同人等为尊重中国法治精神及国际公道,谨要求国民政府予牛兰夫妇以公开之审判,并许其自聘律师辩护。如证据不足并望立予释放。临电无任迫切待命之至。宋庆龄、蔡元培、杨铨"。(《时事新报》1932年4月28日)

4月28日 拟聘任但采尔为通讯研究员(无薪给)。

"季芾先生大鉴:二十六日快函敬悉。……但采尔行时于工作证明书外,尚拟送一通讯员聘书(无薪给,请纪常与面商而后定),亦须由文书处预备。……弟元培敬启 四月二十八日"。(《复许寿裳函》同日)

4月30日 为《申报》创立六十周年题词。①

"吾国早有邸抄与京报等,但非新闻纸格式。最早为华文新闻纸,就是《申报》。其初虽经营于外人之手,而卒为吾国人所购得,是为我民族能独立而爱自由之一象征。"(《申报》1940年3月17日"星期增刊")

5月3日 致电汪精卫,谓牛兰案应公开审判,并许自聘律师辩护。

"蔡元培致汪精卫电云,南京行政院汪院长勋鉴:牛兰案久为国际注目,欧美学者特设国际救护委员会。无论牛氏主张如何,政府应令法庭公开审判,并许自聘律师辩护,中国方求世界之公道与同情,应以公道与同情待人。管见如此,敬候卓裁。蔡元培 江"。(《申报》1932年5月4日)

同日 为杨嘉树作《天时预测法》题词。

"季芾先生大鉴:接二日惠函,知大驾已到京为慰。……杨嘉树之《天时预测法》,本立索题词,弟已为题'破除迷信,有裨实用'八字与之,此时补救,惟有举其大误者属令修改,其住址可询气象研究所。……弟元培敬启 五月三日"。(《复许寿裳函》同日)

5月6日 出席中华职业教育社成立十五周年纪念会。

"本月六日为中华职业教育社成立十五周年,以国难时期,并不铺张,除于是日编行《职业教育之理论与实践》一书为纪念外,仅召集各部职员及在沪社员,于中华职业学校之职工教育馆举行纪念式。到会社员郑通和、何玉书、胡庶华、黄郛、沈怡、刘湛恩等,及各报馆、机关职员、学生约二千人。上午九时开会,先行升旗礼,继行职业学校添造校舍奠基礼。由朱子渊君领导,礼毕开会。蔡子民、江问渔二君致开会词。黄任之、杨卫玉二君报告立社经过,对于该社组织及立社主旨,阐发甚详。"(《申报》1932年5月8日)

5月11日 转呈教育部,为吴金鼎申请山东省公费出国留学名额。

---

① 《申报》创立60周年纪念活动,因当年国难深重,未能举行仪式,所有纪念文章、题词等,未及发表。1940年3月17日,该报出版"星期特刊·蔡子民号",将此题词影印刊出。

"顷接本院历史语言研究所所长傅斯年呈称：'本所最有成绩之助理员中，有吴金鼎一员，山东籍，研究历史学民族学等，其著作之已刊者有《山东人体质之研究》等，待刊者有《历城龙山城子崖发掘报告》等。此项已刊著作甚受国内外专家学者之称许，认为确是中国最近之科学精作；其待刊之件，所关尤为重要，所有本院与山东省政府合组古迹研究会之发掘工作，由其经手办理，卓著成绩。似此专家之才，苟得再在国外先进之学术团体中，加以培植，后来成绩必更无限量。……以上各节，敬请核夺咨送教育部察核办理。'查该所长所述各节，皆属实情，该员吴金鼎在院成绩确系优异。本院为国家发展学术计，为地方培植人才计，自应准如所请，专函送达，用特取具该员已刊著作《山东人体质之研究》一册，履历表一纸，随函送请贵部察核，准予转知山东省教育厅查照办理，无任公感。此致 教育部 院长蔡元培 二十一年五月十一日"。(中国第二历史档案馆藏档案)

5月13日 致函杭州反省院长，恳请尽快开释沈梦吉。

"○○先生大鉴：径启者，沈梦吉前因徒刑期满，移入贵院，迄今已有二期。闻颇能痛悔前非，力求自新。兹值三期评判将开，倘荷察其果有自新之志，还希准其出院，俾得择业谋生，至为感幸。……蔡元培敬启 五月十三日"。(《致杭州反省院长函》同日)

"接大函，嘱致信反省院，为令郎陈说，现已直接寄去矣。知念奉复，还祈察照。此致 沈汪夫人。 蔡元培敬启 五月十三日"。(《致沈汪启贞函》同日)

5月15日 出席中华职业学校十五周年纪念会。

"中华职业学校十五周年纪念会，昨日举行纪念典礼，来宾共有数千人之多，上午八时半开幕，由江问渔主席。初由该校创办人黄任之、前校长王伯樵、潘仰尧及现任校长贾锦如报告该校十五年来艰难缔造之经过及现状，继由上海教育局长潘公展、教育部钟芷修致训词，后由来宾中央研究院院长蔡元培、前四川大学校长张表方、同济大学校长翁之龙、上海中学校长郑西谷及校董王儒堂、穆藕初、沈信卿等相继演说。"(《申报》1932年5月16日)

5月18日 允列名于集资印行《易学探源》一书发起人之一。

"竹庄先生大鉴：十四日惠函敬悉。黄星若先生之《易学探源》，将集资付印。嘱列贱名于发起人中，谨当如命。……弟元培敬启 五月十八日"。(《复蒋维乔函》同日)

5月19日 函告许寿裳（季茀），拟去武汉两周，其间"即须办理之事"请酌量代行。

"季茀先生大鉴：迭接惠函，未能即复为歉。……弟经雪艇、鲤生诸君多次函电之催促，拟偕仲揆往武汉大学一观，大约往返不过半个月，如有即须办理之事，请先生酌量代行。……弟元培敬启 五月十九日"。(《致许寿裳函》同日)

同日 为在英学术考察之吴定良申请科学研究补助金。

"径启者：顷接吴定良先生由英伦来函谓，'因考察欧陆各国统计机关，……预计八九月间方可启程返国。在此数月中，生活困难，请贵会给予临时科学研究补助费美金数百元，以资维持'等语。查吴定良先生所研究各项，确有价值。特为函达，还希酌予补助，公决施行为荷。此致 中华教育文化基金董事会 蔡元培敬启 五月十九日"。（《致中华教育文化基金董事会函》同日）

5月21日 所撰挽卢效骞联刊出。

"古道可风，更创新校；奇冤竟雪，赖有佳儿。"（《枕戈》旬刊 第7期）

5月24日 上午9时自上海到武汉，下午1时到武汉大学参观。

"抵武汉。午后，到武大。"（本年《日记》同日）

"中央监察委员兼研究院院长蔡元培，偕武大新校舍建筑设备委员会委员长李四光氏，于昨（二十四）日上午九时乘隆和轮抵汉。何成浚、陈耀祖，均往轮埠迎迓。当由武大校长王世杰氏，陪同过江，同乘汽车赴珞珈山。午后一时，由王校长引导参观。"（《武汉日报》1932年5月25日）

5月25日 出席武汉大学教职员欢迎会，并发表题为《最近全世界之教育》的演讲。

"武大教职员，昨（二十五）日午后四时，面请蔡元培氏，在该校大会议厅，以西餐茶点招待，蔡氏当即席作长篇演说，题为《最近全世界之教育》，其演词在该校之周刊发表云云。"（《武汉日报》1932年5月26日）

5月26日 出席武汉大学新校舍落成典礼，并在会上发表演说。

"午后，参加落成礼。校长宴。"（本年《日记》同日）

"武汉大学昨（二十六）日午后二时在该校大礼堂举行新校舍落成典礼，全体男女学生六百余人及教职员全体，均集合大礼堂。行政院派蔡元培，教育部派李四光代表参加。此外参加盛典者，有何主任、夏主席、省委孔庚、李书城、沈肇年、程汝怀、沈士远……二时十五分开会，由王校长世杰主席。行礼如仪后，首由王世杰报告武大新校舍设计之目的，略谓……次由中央监察委员、行政院代表蔡元培演说，略谓：这次来武大参观，接汪院长来电，嘱代表参加新校舍落成典礼。中国自周代即设学宫，直至清末始有新式大学。张之洞在鄂曾倡办两湖书院，极有成绩。后来渐次改进，民国六年，教育部在北平、南京、广州、汉口等五处分设国立大学。因为政治变迁，临时改变内容。最近中央命王校长来办武大——理想的大学。兄弟以为，大学目的有二：一为研究学问，二为培养人格。欧洲大学，多有偏重。例如大陆派大学，如德法两国，大学概取放任，认定大学生应自知注重学问；而英法则不然，尤其是英国，如剑桥、牛津两大学，则特别注重人格之陶冶，对于学生一举一动，随时加以深刻注意。学生言语行动，须绅士化，出外须一律着制服。教职员常常出外监督学生行动，使学生绝对养成高尚之人格。此外如英国之大学，均注重于体育，运动竞赛、竞渡、足球之比赛，全国注目。于运动中养成公德，虽因竞争而失败，亦所甘心。如果在运动时有侥幸取胜，或则作弊取胜，大家觉得是最羞耻的一件事。中国办大学，过去多注重于学问方面，故多采取大陆派，及后渐渐觉悟，采学问与人格双方并重。盖学问方面，其重要点在设备之完善，如标本、仪器、图书之充足，教员之能指导学生，提起兴趣，而养成人格之伟大，习惯之高尚，尤为重要。故吾人大学教育，应学问与人格并重。中国三十年来，有新式大学后，总计全国大学约百数十所，多因过去历史关系，虽时时改革，总不如武大之与旧历史一刀截断，重新创造之痛快，且武汉为水陆中心，地点在全国很重要，应该建一合科学的、美化的大学。现在校中又注重卫生及新村之建设，将来一定有很好成绩，不过大学区——学村——内，无论什么事，应该受校方支配，照英国牛津、剑桥两大学办法，无论建筑及一切设备，均须依照大学的设计而行，否则即不'和谐'。至武大现在建设，一半已经完成，将来建筑和设备经费，中央认为应该要用的，总可想法拨给，希望地方当局亦秉初旨，尽量协助云云。次由教育部代表李四光演说……"（《武汉日报》1932年5月27日）

　　5月27日　出席何成浚、夏斗寅宴会。晚出席武汉大学学生欢迎会。

　　"何（成浚）、夏（斗寅）宴会。看图书馆。夜，学生欢迎。故友宴。"（本年《日记》同日）

　　"何、夏宴蔡元培。绥署何主任、省府夏主席，昨（二十七）日上午十二时在武昌湖上园，欢宴蔡元培、李四光，并请沈士远、方本仁、刘树杞，武大校长王世杰，中华大学校长陈时，华中大学校长韦作民等作陪，至午后二时始散。蔡元培等即返珞珈山赴武大学生之欢迎宴会。"（《武汉日报》1932年5月28日）

　　同日　访会该校文学院院长陈西滢。

　　"大约是民国二十一年的春天，蔡先生到武昌珞珈山住过几天。武汉大学的同人给他一个很热烈的欢迎。可是那时候我正病卧在床上，不能够行动。倒是蔡先生走上百余级石阶到我住在高高的山坡上的家，作病榻前的慰问。对于一个后辈，而且实在是很少见的人，看作亲切的朋友，这是蔡先生待人接物的本色，是他人所不可及的一个特点。"（陈西滢：《关于蔡先生的回忆》）①

　　5月28日　上午参观湖北省立高中，中午出席武汉北大同学会欢迎宴。

　　"高中。北大同学。中华。华中。韩达斋。"（本年《日记》同日）

　　"中央监察委员蔡元培氏，及教育部李四光，会同武大校长王世杰三人，于昨

---

① 载蔡元培研究会编：《蔡元培纪念集》。

(二十八)日正午至省立高中参观并讲演。听讲除高中全体师生外,他校学生前往听讲者甚多。首由蔡氏演讲毕,即由李四光演讲,演词均训诲谆谆,学生闻之,不知得多少教训也。"(《武汉日报》1932年5月29日)

同日 相继出席中华、华中两大学及文华图书馆专科学校欢迎会,并发表演讲。

"武昌中华、华中两大学,文华图书馆专校,于昨(二十八)日午后,分别开会欢迎蔡元培,并先期敦请演讲。蔡氏于是日午后三时偕李仲揆、王世杰至中华大学,由陈时校长引导参观各处,旋至大礼堂请蔡讲演,蔡讲题为《科学救国》,讲时历举东北及上海战事为证。讲毕,复偕赴华中大学及文华图书馆专校,首至颜母室,由三校饷以茶点,移时开讲,讲题为《文理及教育学院之学制与欧洲古代学制相合》,讲毕,由沈祖荣校长引观各处,至午后六时始散。"(《武汉日报》1932年5月29日)

同日 启程赴牯岭一游。

"国府委员蔡元培及李四光等,定明(二十八)日起程赴牯岭一游,再行转返南京,赴沪。"(《武汉日报》1932年5月27日)

5月29日 离武汉东下。

"蔡元培二十九日始乘江顺轮东下。"(《申报》1932年5月30日)

5月 为《中国建设》杂志化学专号撰写序文一篇。(《中国建设》第5卷第5期)

6月4日 聘任桂质廷为中央研究院物理所特约研究员。

"巽甫先生大鉴:大函奉悉。聘桂质廷博士为特约研究员一事,已交文书处照发聘书。先此奉复,希察照。……蔡元培敬启 六月四日"。(《复丁燮林函》同日)

6月5日 为《西北垦殖论》撰写序文一篇。

"开发西北,为吾党同志所公认之要政,而能切切实实为具体之计划者,尚不多见。盖开发事业,既需有对于各业之常识;而各地方情形不同,尤需有对于某地方之特殊的考察也。是书在总论中,对于西北垦殖之通则,既提挈其纲领,而于分论中又就陕西、绥察、甘宁青、新疆、外蒙等地方,列举其特别着手之法,诚所谓坐而言可起而行者。凡有志开发西北之同志,不可不浏览者也。

二十一年六月五日 蔡元培"。(安汉:《西北垦殖论》南京国华印书馆1932年出版)

6月6日 由武汉回南京,汪精卫、蒋介石等往访。

"蔡元培赴武汉参加武汉大学落成典礼,前日抵京。汪、蒋等六日均往访。蔡定六日晚车赴沪。"(《时事新报》1932年6月7日)

"蔡元培由汉到京。汪、蒋恳切表示,请其常川在京,共商国是。蔡亦表示应尽职责,并不消极。前因事于六日晚赴沪。"(《申报》1932年6月7日)

6月7日 自南京到上海。

"中央研究院院长蔡元培氏,日前在京与汪院长、蒋委员长晤谈关于该院事务,刻已完竣,当于昨日由京乘夜快车来沪。"(《时事新报》1932年6月8日)

同日 决定召集中国公学校董会,调停该校学潮。

"中央研究院院长蔡元培自日前由汉回京后,即得上海中国公学大学部校董电告该校学潮情形复杂,非董事长亲自来沪,实属无法解决。蔡氏接电后,即于前晚搭夜快车到沪,定于今日召集校董会议调停一切,并宣布在纠纷未解决前,学生暂停上课。"(《申报》1932年6月8日)

6月9日 与汪精卫、曾仲鸣等电贺法国内阁总理履新。

"汪精卫、曾仲鸣、褚民谊、蔡元培、李石曾等联名电贺法新内阁总理赫时欧履新。原电略谓:欣闻执大政,敢为世界和平前途庆贺,并为中法邦谊前途庆贺。"(《申报》1932年6月10日)

6月10日 在寓所召开中国公学校董会议,讨论解决该校学潮问题。

"连年多事之中国公学,自五月十九日学生在拉飞德路该校大礼堂召集抗日救国会,为捕房拘去学生田恒(当时大会主席)一名,致激起轩然大波后,教职员樊仲云与胡耀楣二派,各树壁垒,互相攻击,而学生方面,亦道分拥护某某、打倒某某及不管闲事各派,背景之不同,互哄互斗,迭演文武之活剧。虽有杨杏佛君以校董兼代董事长资格,力任调解,卒归无效。目前该校某派学生召集大会,大演全武行后,各教授均以学校负责无人,相率请假,故本星期以来,各级功课俱行停授。现该校董事长蔡元培由汉返沪,以该校纠纷滋多,业于昨日发出通告,定于今日下午八时,假静安别墅蔡氏寓所,召集全体校董会议,妥谋解决之法。"(《时事新报》同日)

"中国公学校董会于六月十日举行全体会议。议决:一、更改秘书长制。本校现行之教务长、总务长、秘书长制度,执行上殊感困难,应即废止,改设注册、文书、庶务、会计四主任,受校长之指挥,分任校中事务。二、推定常务校董。本校之董事会,常务校董人数改为由五人至七人,任期一年。推定于右任、王云五、朱经农、但树刚、刘秉麟、杨杏佛为本届常务校董。三、设复兴委员会。负责计划并实现本校复兴之责,推定熊锦帆、陈果夫、蔡元培、于右任、王云五、邵力子、徐新六、马君武、胡适、任叔永、张公权、杜月笙、胡石青、杨杏佛诸先生为委员。四、定下星期一(六月十三日)起,一律复课。"(《时事新报》1932年6月12日)

与胡适、马君武等合影(1932年)

同日 函请朱其清再次审阅《电网图说》一书。

"其清先生大鉴：径启者，何君德显所著《电网图说》，前荷执事审查，毋庸印行，早经复函。兹何君复有信来，陈说颇多，究竟如何回答，还希费神再为核阅，并开示意见，以便函复，至为感荷。……蔡元培敬启 六月十日"。(《致朱其清函》同日)

6月16日 函请教育部长朱家骅（骝先），即予核发大中公学补助费。

"骝先先生部长大鉴：径启者，北平大中公学，系本党同志所办，蒙大部月给八百元之补助。兹因补助费积至六个月未发，该校困苦万状，难以支持。特此代为函达，还希即予核发，俾得周转，不胜感荷。……蔡元培敬启 六月十六日"。(《致朱家骅函》同日)

6月17日 致函刘湘（甫澄）、刘文辉（自乾）、田光祥（颂尧）、邓锡侯（晋康），介绍曾义拟在四川设立建设事业研究所。

"甫澄、自乾、颂尧、晋康先生军长大鉴：径启者，曾君义，系留法农艺化学毕业，……愿回四川省开发实业，拟请以各县建设经费，设立一建设事业研究所，从事于调查、试验、计划等项。贵省天然丰富，以科学方法整理之，必有惊人之成绩。曾君计划远大，当为执事所乐许。因其肃谒，特为介绍，还希面询其详……蔡元培敬启 六月十七日"。(《致刘湘等函》同日)

6月23日 致函宋式骥（姤逢），借阅抄本《明朝实录》一书。

"姤逢先生厂长大鉴：径启者，近闻贵厂变更计划，将各机件物具分别移存他所，想当实行。惟贵厂存有前江南制造局书籍颇多，其中抄本《明朝实录》一部，自吴王至万历，共五百余年，至为难得，于历史学上关系至巨。本院历史研究所正在搜集史料，拟请将此书暂行留沪，借与本院阅览，本院当负安全保管之责。想执事关怀学术，当蒙允许。……蔡元培敬启 六月二十三日"。(《致宋式骥函》同日)

6月26日 出席世界社同人欢迎美国教育家罗格博士讲演会。

"美国哥伦比亚大学教授罗格博士，为著名之教育家，今春三月来华考察教育，足迹遍中国南北。世界社同人李石曾等，以罗格博士考察我国教育，定多心得，对于改进办法，必有良好意见，特请渠于上月二十六日上午十一时，在世界学院演讲《中国教育问题》。到蔡元培夫妇、李石曾、高鲁、王景岐、齐致、张忠道、章世杰等四百余人。"（《申报》1932年7月1日）

6月28日 由南京动身赴北平。

"蔡元培廿八日到京，即赴平，……任务：（一）出席中华教育文化基金委员会。（二）对平学潮从事调解。"（《时事新报》1932年6月29日）

"暑假时，我从南京去北平，因平津路突然不通，乘船到南京，改由津浦路北上。到南京后得知蔡先生正在此时北上，出席文化基金董事会，乃相约同行。……车快到北平时，他对我说，中央委员乘车是不用花钱的，所以这一次一个钱也没有花。心里觉得有些不安，饭车的账请我让他开销了吧。他说得这样诚恳委婉，我觉得没有什么话可说。可是第二天早晨发现不仅饭费，连睡车上茶房的小费他都付过了。车到站时，他又说他带了一个当差，而且有人来接，行李有人招呼，我的行李也不如放在一处运去。所以这一次与蔡先生同行，一个年轻三十多岁的我非但没有招呼蔡先生，而且反而受他招呼，表示自己的不中用，但也可以看到蔡先生待人接物的和霭体贴的风度。"（陈西滢：《关于蔡先生的回忆》）

6月30日 抵达北平，出席中华教育文化基金会年会。

"中委兼中华文化基金会董事长蔡元培，为出席该会第八届年会，于二十八日晚偕该会美国董事贝克、贝纳特二人由沪过京搭平浦车来平，于昨日上午十一时九分抵站，到站欢迎者以学术界人物为多。如胡适、蒋梦麟、任鸿隽、傅斯年、陶孟和、金叔初、袁同礼、周诒春等。……蔡氏在平寓所为北海静心斋，昨晚七时并在欧美同学会宴文化基金董事胡适、司徒雷登、周诒春、金叔初等。"（天津《大公报》1932年7月1日）

"今日中华教育文化基金委员会开会，蔡元培午前赶到出席。蔡此来将相机调解学潮，但表面不承认。"（《时事新报》1932年7月1日）

在赴平途中，向记者发表出席教育文化基金会年会及关于改革教育方案等问题的谈话。

"中华教育文化基金委员会董事长蔡元培，昨日（三十日）上午十一时九分由京抵平，同行者为武汉大学文学院院长陈通伯。到站欢迎者有该会委员任鸿隽、胡适、北京大学校长蒋梦麟、秘书王烈、教授刘复、樊际昌，北平图书馆副馆长袁同礼，及蔡氏之内侄黄季亭等四十余人。绥靖主任张学良亦派员赴站欢迎。蔡下车后与欢迎者一一握手道谢，出站乘五二五号汽车，赴北海静心斋休息。蔡在平浦道上，记者即投刺访问。兹志其谈话要点如次：

本人来平任务，完全为出席中华教育文化基金委员会，余为董事长，当然非来不可。贝克委员与余同车。此次开会出席之委员先后抵平者有八人,已过法定人数,明日(即今日)可开幕,会期约二天。自财部停付美庚款一年后,宋部长允发中华教育文化会一百万元,只抵原有经费三分之一,分配予学者及学术机关之补助金,颇非易事。此次开会之主要事项,即系讨论如何分配补助金问题,次为改选职员。外传本人来平调解北平各大学学潮,本人完全不知此事。二十七日晨抵京,当日下午离京北上,虽与骝先(朱家骅)见面,但伊并未请余对师大、平大风潮事,加以调解。

北平各校学潮发生已久,京沪传闻现已缓和,不知近日为何仍未停息。尹默及七院长总辞职,除挽留外,未闻教部有何新表示,过渡期间维持北平大学校务一节,本人亦不知教部有何办法,师范大学校长李蒸未曾见面,不知其态度如何。北平有学潮,南京亦有学潮,中央大学学生殴伤教员段锡朋,当然系学生之过失,段甫到校时,学生大会尚未通过拒绝长校,而竟有一部分学生将段拖出辱殴,实属不成体统。

改革教育方案,系陈果夫先生所提出,现正在审查中,本人亦为审查委员之一。因近日事忙,未及参加,俟审查委员修改完毕后,即由中央政治会议讨论,通过后,交行政院,复由行政院转交教育部执行。方案要点有四:(一)注重质的发展。(二)经费方面,注重于改变用途,节省浪费。(三)增设自然科学院,裁撤文学、法律等学系。(四)对私立大学组织,采严厉取缔方法,均有相当理由。

平津院校经费,已无问题。自七月份起,由中央按月拨发三十六万元,此项经费,系依据成案,在俄庚款收入项下拨付。拨付办法,由财政部训令国库司,自本年七月份起,每月于俄庚款拨到时,径由该款项下,提拨国币三十六万元,交由平津高等教育经费保管委员会,照教育部所规定,分别拨发。至于北平大学内容,本人不知其详,因连年奔走,亦未曾过问云云。"(《北平晨报》1932年7月1日)

北海静心斋欢迎蔡元培盛大聚会合影(1932年)

同月　为《测验学会特刊》题词。

"测验学会特刊　聪明密微　蔡元培"。(《测验》1932年创刊号)

7月1日　主持中华教育文化基金董事会第八次年会,并被推连任二十一年度董事长。

"第八次年会,于民国二十一年七月一日上午九时,在北平南长街本会会所举行。出席者蔡元培、胡适、贝克、贝诺德、金绍基、周诒春、司徒雷登、任鸿隽诸董事,列席者教育部代表傅斯年君、外交部代表王承传君、美国驻华公使代表安格特君。由蔡董事长主席。行礼如仪。议决要案如下:(一)通过接受名誉秘书报告,名誉会计报告,执行委员会报告暨干事长报告。……(十四)改选本董事会职员。结果如下,董事长蔡元培(连任),副董事长孟禄(连任)、周诒春君。"(《中华教育文化基金董事会第七次报告》)

7月2日　相继出席张学良宴请及欧美同学会欢迎宴会。

"四时,开欢迎蔡孑民先生会,照相。到彦堂处,与旭生、莘田、中舒谈。到欧美同学会赴宴。因蔡先生赴张学良之宴,九时半始来,故散席时已十一时矣。……今晚同席:蔡孑民、任叔永、陈通伯、金叔初、周诒春(以上客)。"(《胡适日记全集》同日)

同日　语记者,"本人不愿调解任何学潮"。

"蔡元培定明晚返沪。据谈,外传中央派本人与吴稚晖调解中大学潮,非事实。本人不愿调解任何学潮,因无从着手。"(《申报》1932年7月3日)

7月3日　自北平返南京。

"中委蔡元培以来平主席中华教育文化基金董事会任务已毕,定今日下午五时十五分乘平蒲快车返京。绥靖主任张学良昨晚在顺承王府宴蔡氏,为之饯行云。"(天津《大公报》1932年7月3日)

"蔡元培今晚返京,蒋梦麟、胡适等教界名流,均到站送行。"(《申报》1932年7月4日)

"蔡先生这一次到北平,是十年后重游旧地,盛受各团体、各界人士、朋友的欢迎招待。常常一餐要走两三个地方。他到一处,一定得与每一客对饮一杯,饮完方离去,所以每晚回家时大都多少有了醉意了。他对一切的兴趣都很浓厚。故宫博物院欢迎他去参观时,他进去看了一天。他的脚有病,走路不大方便,可是毫无倦容。我们从游的年轻些的人,都深为惊异。"(陈西滢:《关于蔡先生的回忆》)

同日　离平动身前对记者发表谈话。

"中央委员蔡元培,昨晨赴西山,为其前妻扫墓,当日下午五时搭平浦车返京。蔡临行前,发表谈话如次:

本人此次来平,出席中华教育文化基金会董事会第八届年会,决定下年度预算及补助金额分配,计给予各大学及学术团体补助费三十万元。敝会本可每年拨发补助费五十万元,今年因停付美庚款,经叔永(任鸿隽)等奔走之结果,宋部长(子文)始允拨敝会维持费一百万元,故补助费不得不设法缩减。开会日期本定二天,因各委员加紧讨论,一天即已议毕。北平学潮真相,本人不得而知,因非本人范围内之事,当然不必细想。中央大学与青岛大学风潮,教育部必有善后办法,本人亦不参加意见。成立平津高等教育经费保管委员会一节,本人可从旁催促。教育经费独立,本人绝对赞成,有经费,始可整顿学风,欲消灭学潮,最好先保障教育经费独立。"(《北平晨报》1932年7月4日)

7月5日 自北平到南京。

"蔡元培今日由平回京,日内赴沪。"(《时事新报》1932年7月6日)

7月6日 题词介绍卢绍稷编写《大学升学指导》和《中学升学指导》。

"教育专家卢绍稷君对于指导学生升学,颇有经验。近著《大学升学指导》与《中学升学指导》两书,殊有价值。……蔡孑民赞美该两书谓:'搜集周密,叙述清晰,确可为有志升学者指导,乐为之介绍'云。"(《时事新报》1932年7月6日)

同日 被聘为中央大学整理委员会委员长。

"六日行政院长汪精卫,发表蔡元培、顾孟馀、周鲠生、俞大维、竺可桢、钱天鹤、张道藩、罗家伦、谭白羽为中大整理委员会委员,并以蔡元培为委员长,聘书已发。"(《时事新报》1932年7月7日)

7月7日 接见中央大学毕业同学会总会代表。

"南高、东大、中大毕业同学会总会,七日晨推五代表傅况麟等人赴研究院谒蔡元培。蔡答复对中大整理委员会委员长事,云事前汪院长曾面洽,已允就,对毕业同学要求:(一)远道不能离校学生,当想法不使被迫离校。(二)优良教授当想法不使离校他就。(三)根本经费问题当从长计议。(四)毕业同学所希望之人选标准,当设法,谅可达到。"(《申报》1932年7月8日)

7月8日 谈整理中央大学办法。

"蔡元培对整理中大事,谈:(一)本会任务为复兴中大。(二)会议大纲,须开会决定,不外内部编制、确定校长人选。(三)定九日正式开会,各委皆专家,当尽贡献意见,以备政府采择。"(《时事新报》1932年7月9日)

"蔡元培语记者,谓中大整委会任务,在此后之恢复。中大既经解散,极待复兴,故组此会。接收事,由教部负责办理。现定佳(九日)开会讨论大纲,不外内部编制、今后经费及校长人选等问题。各委员均系专家,定有贡献云。"(《北平晨报》1932年7月9日)

同日 赴汪精卫晚宴。

"八时半,应汪精卫晚餐之约,至铁道部,同席者蔡孑民及平津沪各大学教授

等,十时顷散。"(《邵元冲日记》同日)

7月9日 主持中央大学整理委员会会议,讨论学校经费及学生甄别办法等问题。

"中大整理委员会九日在教部开会,出席蔡元培、顾孟馀、周鲠生、竺可桢、钱天鹤、张道藩、朱家骅、段锡朋、梁济康九人。蔡元培主席。关于学校经费及学生甄别办法,讨论良久,虽有所决议,因系初步讨论,俟十四日续议,原则决定后,再一并发表。"(《时事新报》1932年7月10日)

7月10日 继续主持中央大学整理委员会会议,讨论学校行政组织及教授待遇等问题。

"中大整委会十日晨在教部继续开会,仍由蔡元培主席。讨论事项,闻系关于院系之文理、学校行政组织,以及教授待遇问题。决议各案俟经过整理后,呈行院核夺,并闻整委会将向政府建议,下年度中大经费须按实数发给,不再折扣。"(《时事新报》1932年7月11日)

7月11日 出席国民党中央党部留京办事处第三十四次纪念周,作《钱币革命方法》的报告。

"中央留京办事处十一日晨,举行三十四次纪念周,由蔡元培报告钱币革命方法,其词颇长。"(《时事新报》1932年7月12日)

7月12日 与宋庆龄一起具状保释牛兰夫妇监外就医。

"牛兰夫妇移沪就医,系由蔡元培、宋庆龄担保,并出具证状,始经法院允准,暂时移沪医治,并规定,必须在华界内医院。现牛兰夫妇已定十三日出所,即赴沪医治。据蔡元培语人,牛兰夫妇因绝食日久,已有病态,故暂时移沪医治,将来如有传询,当随传随到。……"(《申报》1932年7月13日)

同日 与宋庆龄一起往视牛兰夫妇并同访审判长黎冕。

"宋庆龄来京除视牛兰夫妇外,并晤汪精卫、宋子文、蔡元培,对牛兰案有详谈。十二日午复偕蔡元培同晤黎冕,所谈亦关牛案事。蔡元培是日亦往视牛兰夫妇。"(《时事新报》1932年7月13日)

同日 报载保释牛兰夫妇具状者,蔡、宋具名说不准。

"十二日保牛具状先仅蔡元培出名,嗣法院以例须二人,复加一杨杏佛。外传宋庆龄出名不确,宋仅尽力奔走。……"(《时事新报》1932年7月14日)

同日 司法行政部长罗文幹因牛兰夫妇保释事辞职。与杨杏佛共同声明退保。

"……牛兰夫妇已定十三日晨即可保出,咸谓此案可告一段落。不料至晚突变,传牛律师陈瑛复要求医院须由被告选择,反对法院指定为不合法。法院以此案事关危害民国嫌疑,为中外俱瞻要案,若果不依法办,则司法尊严扫地无余,对内对外，司法俱无独立价值。罗文幹、郑天锡再四考虑结果，十二日晚十时，决定辞职呈文即送行政院。牛兰保出就医，因此遂临时发生变化，现仍押看守所未保出。"（《时事新报》1932年7月14日）

"杨杏佛氏，上星期日晚车赴京，协同蔡元培氏，进行向江苏高等法院请保牛兰夫妇出所就医，于昨晨回沪，与蔡氏共同发表下列声明：元培等因牛兰夫妇在看守所绝食十日，奄奄待毙，为人道计，经各方同意，具状向江苏高等法院保其出所，至沪疗养院调治。交涉两日，尚无结果，而司法行政部罗部长忽因此事辞职，元培等惟有声请退保，以期罗部长即日复职，除函苏高法院外，谨此公布。"（《申报》1932年7月14日）

7月13日 自南京乘车赴上海。

"蔡元培十三日夜车赴沪，对牛兰案与孙夫人尚有所商量。"（《时事新报》1932年7月14日）

同日 主持国民党中央监察委员会常会。

"中央监委会十三日开常会。到蔡元培、褚民谊、纪亮、黄吉宸。秘书萧吉珊。主席蔡元培。讨论例案多起。"（《申报》1932年7月14日）

7月14日 整日外出访友，至晚未回寓。

"中央研究院院长蔡元培氏，于前晚乘夜车离京来沪。兹悉蔡氏于昨晨八时许抵沪，即返静安寺路寓邸休息，九时许出外访友，至午始返寓午餐。下午二时许，又出外访友，迄晚尚未返寓云。"（《时事新报》1932年7月15日）

同日 牛兰律师访谒蔡元培，仍请保释牛兰夫妇。

"牛兰案蔡元培声明退保，牛兰律师陈瑛访蔡，仍请担保。蔡元培绝之，谓不愿引起非必要之纠纷云。"（《时事新报》1932年7月15日）

7月16日 关于再次具状释牛兰夫妇监外就医答记者问。

"中央研究院院长蔡元培氏，于十四日由京抵沪，记者昨访蔡氏于其私邸，作下列之谈话。问：先生此来有何任务？答：余此来纯系料理私事，并无其他任务。问：闻先生继续具保牛兰夫妇出所就医确乎？答：此次牛兰夫妇在看守所绝食多日，奄奄待毙，余站在人道主义之立场上，故前曾向苏高院保其出所疗养，旋司法行政部长罗文幹氏因此案辞职，余不愿泥于合法之手续，以引起行政之纠纷，故当晚即向苏高院声明退保。兹悉罗部长之辞职，并非为具保出所疗养问题，且具保出所疗养已得法院之允准，为人道计，故余于前日与孙夫人宋庆龄女士及杨杏佛氏，联名再向苏高院具保牛兰夫妇出所疗养，俾维持其生命，而得依法审判也。问：牛兰夫妇保释后是否将来沪就医？答：牛兰夫妇出所后，即将来沪就医，至所入之医院，法院指定须在华界，俾易监视，故已决定入虹桥路之上海疗养院医治。问：先生对于牛兰案有何意见？答：牛兰为全世界学者所关心之人物，故余希望当局郑重处理此案

也。"(《时事新报》1932年7月17日)

同日 与宋庆龄、杨杏佛二次具状保释牛兰夫妇监外就医。

"杨杏佛来京,复携有宋庆龄、蔡元培对牛兰二次保状。因黎冕在苏,杨杏佛等电高院略云:前谓倘仍由宋、蔡两先生担保,仍可出院医治。现宋、蔡两先生已愿继续担保,保状业已带来南京,用将情形报告、如何之处,即希电复等语。牛兰夫妇十六日晨饮汽水五瓶,美医诊察称与前昨无异,惟皆偃卧,亦不言语。"(《时事新报》1932年7月17日)

7月17日 偕夫人参观陈树人画展。

"陈树人个展昨日为第三日,适值星期日,参观者尤为踊跃。蔡孑民偕夫人前往参观,极称赞陈氏线条之秀劲,色调之和谐,为中国画开一新纪元。……"(《时事新报》1932年7月18日)

同日 牛兰夫妇被保释监外就医,在南京陵园疗养。

"顷悉,审判长黎冕十七日午后六时到京,即赴最高法院会商,由蔡元培等出具保状,保出就医,并随传随到等手续毕,即由最高法院签署提票,由黎冕携往宁法院看守所,并由中央党部、司法部、最高法院、外交部代表同行,到所后即由所长龚宽将牛兰夫妇提出,由鼓楼医院医治。……

杨杏佛语记者:牛夫妇保出养疾,最先本拟赴沪,嗣以种种不便,乃改陵园,因鼓楼医院无守护住宿。至移转管辖问题,仍由最高法院裁决;其犯罪与否,仍当依法裁判。此乃为牛案奔走,因关国际视听,且为人道计,决不违背法律尊严与独立。"(《时事新报》1932年7月18日)

7月18日 电请李四光任中央大学校长。

"中央大学校长闻又内定李四光,蔡元培已电北平,征李同意。"(《时事新报》1932年7月19日)

同日 在国民党中央办事处总理纪念周所作报告《钱币革命》全文刊出。(《中央周报》第215期)

7月20日 国民党中央政治会议,讨论蔡元培等关于比庚款利息为教育文化基金提案。

"中央政治会议二十日开三一八次会议。汪兆铭主席。决议要案:(一)通过预算法原则。(二)中小学组织法案。照教育审查组意见通过。(三)师范学校及职业学校组织法草案。交教育组审查。(四)加推张道藩为外交组委员,王陆一为财政组委员。(五)加推夏奇峰、韦玉为外交委员会委员。(六)蔡元培等提议照中央规定保息原则,以铁道部用去比国退还庚款为教育文化基金,以五厘付息案。决议交国府饬行政院遵本会以前决议办理。……"(《时事新报》1932年7月21日)

7月21日 电告教育部:李四光允就中央大学校长。

"蔡元培电教部云：沪李四光已允就中大校长。中大员生以李为学者表示欢迎。中大代理校长段锡朋第一次所发教员聘书，因多系旧教员，据闻李四光对之无问题。第二批教员聘书，待李同意再发，中大风潮告一段落。惟招生问题，尚待洽商。"（《申报》1932年7月22日）

7月23日 致函淞沪警备司令戴戟，保释被拘中国公学学生。

"径启者：前在劳勃生路共和大剧院开会之学生，已由市公安局拘押并转解贵司令部在案。其中有刘志超、李季俊、钟策、张钟、周正馀、林作友、罗永福、叶之焕、徐淮平等九人，均系中国公学学生，未知有否犯罪行为？倘审问之后，该生等尚无显著不端情事，可否准予交保释放？谨为函达，诸望裁酌施行，至为感荷。此上 戴司令勋鉴。中国公学校董会董事长蔡元培敬启 七月二十三日"。（《致戴戟函》同日）

7月26日 函请安徽大学校长程演生，改聘方涛为专任教授。

"演生先生校长大鉴：径启者，前由弟介绍方君涛，已蒙聘为兼任教授，甚感。方君以日力尚有余裕，深愿增益教课。闻下学期化学系添有新班，倘改聘方君为专任教授，尤为企盼，专此奉达，诸维裁察为幸。……蔡元培敬启 七月二十六日"。（《致程演生函》同日）

7月27日 出席暨南大学护校运动会举行的中外记者招待会，面允向政府作维护华侨教育的建议。

"暨南大学学生护校运动会，昨日下午假座中社，招待本埠中外各报记者，当时蔡元培氏亦适莅临。该会当即推派代表朱敦立、陶逸、汤景宗等趋前谒见，并由朱敦立陈述暨大法、教两院不可裁并理由。……谓此次事变，诚出意想之外，故为整个华侨教育计，不得不出而反对，言辞恳切。蔡氏闻之，亦为动容，当经面允向政府作有力之建议，以维华侨教育云云。"（《时事新报》1932年7月28日）

7月30日 出席中比庚款委员会教育、卫生两委员会联席会议，议决两委员会合并为教育卫生基金委员会。

"中比庚款委员会昨日下午五时，在亚尔培路褚宅，举行中国代表团教育基金、卫生基金两委会联席会议。出席委员长褚民谊，委员蔡子民、蔡鸿、宋梧生、万成之，列席农汝惠、田守成。首由褚委员长报告，蔡元培、吴敬恒、李石曾、褚民谊四委员向中央政治会议提议请照中央规定庚款保息原则，铁道部用去比国退还庚款为教育文化基金，以五厘付息一案，业经中政会通过。……次讨论卫生基金、教育基金两委员会拟合并为教育卫生基金委员会案。决议通过。"（《时事新报》1932年7月31日）

同日 函约吴稚晖与王小徐一起座谈关于社会主义问题。

"稚晖先生大鉴：今日晤石曾先生，知先生现正作文，……王小徐来函，言关于社会主义欲与先生与弟一谈,原函奉上,弟已函约请于明日午前九时到敝寓一谈,如先生能同时光临,幸甚。……弟蔡元培敬启　七月三十日"。(《致吴稚晖函》同日)

7月31日　应邀参加中华学艺社新社址落成典礼,并有演说。

"中华学艺社以研究真理,昌明学艺,交换知识,促进文化为宗旨,于民国五年由留日学生陈启修、王兆荣、吴永叔等四十七人发起组织,民国六年出版《学艺》杂志,民国十四年在上海开办学艺大学。该社于昨日下午三时,在新社址(爱麦虞限路四十五号)举行落成典礼。出席者除全体社员,外到来宾有蔡元培、叶恭绰、黄炎培、倪贻德、欧元怀、徐公美、梁漱溟、黎照寰、李大超等。主席傅式悦、白经天。首由主席报告开会宗旨,继由该社常务董事马宗荣报告该社略史,来宾蔡元培、梁漱溟等相继演说,对于该社词多勉励。"(《时事新报》1932年8月1日)

8月5日　语记者,牛兰案"只须依法办理便不致再有风波"。

"中委蔡元培,昨日参与芝加哥博览筹备会欢宴之时,新声社记者当即叩其对于牛兰案之近况。据蔡氏云,关于牛兰案,据予所知,牛兰夫妇业已恢复健康,嗣后只须依法办理,便不致再有风波也云云。"(《时事新报》1932年8月6日)

同日　出席芝加哥博览会筹备会茶会。

"参加芝加哥博览会筹备会,昨日下午五时,假静安寺路奚宅,举行茶会,欢宴科学博士芝加哥博览会代表爱尔德,来宾到者有吴市长、蔡元培、林白克、邹秉文、陈立廷、何德奎、温应星、沈君怡及西人等五十余人,极一时之盛况。"(《申报》1932年8月6日)

8月6日　被推为柏林中国美术展览会筹备委员会主席。

"……我国驻德国使馆,乃与德国艺术界及政学各界领袖,协定于二十三年二月举行第一次大规模之中国近代画展览会,于柏林之普鲁士美术院,并决定由中德两国人士,共同组织一筹备委员会,筹备一切。德方由德国美术协会主持,华方由中央研究院主持,此举行柏林中国美术展览会之发动情形也。

筹备委员会中,……中国方面之委员,经二十一年六月行政第四十二次会议决定,聘教育部长、中央研究院院长、北平研究院院长、驻德公使及陈树人、叶恭绰、刘海粟、高奇峰、徐悲鸿等。是年八月六日,我方筹备委员会在上海开第一次会议,当经决议,于是成立筹备处。筹备处即附设上海亚尔培路三三一号中央研究院出版品国际交换处内,并推蔡元培、叶恭绰、陈树人、刘海粟为常务委员,以蔡元培为主席,开始筹备一切,此组织筹备委员会之经过情形也。"(《申报》1932年11月6日)

8月7日　致函汪精卫,劝取消辞意。

"精卫先生大鉴:在报纸上拜读五电,曷胜感动。然国难方殷,非□人任,还祈取消辞意,勉为其难。顷接王雪艇先生来电,亦深言中枢不可摇动之意,并述蒋先生意,劝先生无论如何先行返京云云。全文别纸录奉。尊意如何,敬希示复。"(《致汪精卫函》同日)

8月8日 题写对联一副。

"声音文字各穷奥,风云材略已消磨。壬申新秋 蔡元培"。(蔡元培研究会藏复印件)

8月10日 函告顾孟馀、张道藩等拟同辞中央大学整理委员会委员职。

"孟馀、道藩、藕舫、安涛、志希诸先生均鉴:中大整理方案,虽经开会议决,而近据李仲揆先生报告,实施甚为困难。李先生现已向行政院辞职,弟等亦除辞职外无他策。特缮辞函一通,弟已签名,请诸先生次第签名后,并代周鲠生、谭伯羽、俞大维三先生代行签名,即送行政院。……弟蔡元培敬启 八月十日"。(《致顾孟馀等函》同日)

8月11日 向商务印书馆推荐何思敬作为编辑人选。

"云五先生大鉴:径启者,何君思敬,系日本东京帝国大学毕业,文学士,曾任中山大学文科哲学系、法科政治学系主任及法科主任,于哲学、社会学、政治学、经济学均有深切之研究。闻贵馆《东方杂志》之编辑主任,正在物色人才,何君可以备选。谨为介绍,还希酌量延揽。……蔡元培敬启 八月十一日"。(《致王云五函》同日)

8月14日 请辞中央大学整理委员会委员职。

"中大整委蔡元培、竺可桢、张道藩,因归并农医学院及聘用教授问题,发生困难,相继呈请辞职。"

"径启者:委员等自承命为中央大学整理委员会委员以来,曾开会两次,议定整理方案。复承任李四光为副委员长兼代行校长职务,俾实施整理在案。现据李副委员长报告,困难太多,不能胜执行整理方案之任,已向钧院辞去副委员长及代行校长职务之职云云。凡李副委员长所感之困难,即整理委员会全体之困难,委员等实不能胜整理中大之任,谨辞整理委员之职,祈俯如所请,实为公便。此上 行政院院长汪 蔡元培"。(《申报》1932年8月15日)

8月16日 答新声社记者问,谓决不就行政院长职。

"新声社记者昨访中央研究院院长蔡元培氏,作下列之谈话。问:汪先生坚辞行政院长后,对于继任人选,曾力推先生担任,且闻昨日(十五日)清晨,汪先生曾一度与先生晤谈,不知先生意旨若何?答:本人总希望汪先生能复职,余实不能担任。问:际此国难时期,且先生又为众望所归,则先生似亦不能过谦。答:国难时期,固当共同努力,但亦当就个人之能力所及,努力以赴。余不能任行政院院长,犹余之不能为马占山、蔡廷锴之抗日相同。问:然则汪先生坚决不回行政院长职,以先生之意见,认何人最适当?答:余以宋副院长最为适宜,盖依法行政院之设副院长,正备行政院长不在时代行职务也。而此次若即以之递升,驾轻就熟。此外内政部长黄绍雄,亦为极适当之一人。问:唐有壬先生今日曾访蔡先生,其事可得闻乎?答:并非为汪先生事,盖系接洽中大问题,因中央大学全体辞职问题,急待于明日中央政治会议内提出解决之。问:先生何时返京?答:尚须与杨杏佛先生续商中大问题,暂不赴京云。"(《申报》1932年8月17日)

8月18日 致函叶恭绰(玉甫),对北京大学塑立张百熙(文达)铜像提出三点意见。

"玉甫先生大鉴:前奉惠函,询为张文达立铜像于北京大学事。此事仅纪念个人,而于北大的整个布置有关系,不得不请现在之学校当局斟酌。弟提出三种办法:(一)立像于北大门前。(二)作半身像,陈列于大礼堂。(三)以铜版刻像,并附小传,而嵌于大礼堂之壁间,请其酌定。现得蒋校长复函,拟提出校务会议,甚善。……弟元培敬启 八月十八日"。(《致叶恭绰函》同日)

同日 为张坤仪女士《画册》题词。

"天风海涛共晨夕,成连先生移我情。六法由来尊气韵,琴心画意两忘形。奉题坤仪女士画集,女士师事高奇峰先生天风海涛,高先生所以榜其所居者也。

二十一年八月十八日 蔡元培(印)"。(蔡元培研究会藏影印件)

8月19日 报载蔡元培因奉中央电促晋京。

"兹悉蔡氏因奉中央电促,即于昨晨九时二十五分,乘坐特快车晋京矣。"(《申报》1932年8月20日)

"昨晨蔡氏忽搭乘京沪路九时二十五分车晋京,众信蔡氏赴京,当与行政院继任问题有关。惟蔡氏谈,此行赴京,系属私事,便中并拟向各方解释决不就任行政院长之苦衷云。"(《时事新报》1932年8月20日)

8月20日 为避免繁嚣,往某乡村暂住,藉资休养。

"十九日沪电传蔡元培离沪来京,经多方面探询,实未到京。据与蔡接近者谈,蔡前因中大整理事,本拟来京一行,适汪辞行政院长,并提议请蔡继任,蔡以年事过高,不胜繁剧,虽经汪面征同意,当即婉词逊谢。惟各方面属望仍殷,汪亦迄未复职,蔡为避免繁嚣计,确于十九日晨离沪,赴京沪路之某乡村暂住,藉资休养。沪上因蔡乘京沪车,以为必系来京,实则在行政院长问题未解决前,蔡决不至来京也。"(《时事新报》1932年8月21日)

8月23日 报载蔡元培在无锡"寻山玩水,态甚闲适"。

"无锡来人说,蔡元培在锡,寓其友人处,寻山玩水,态甚闲适。"(《时事新报》1932年8月24日)

同日 行政院会议照准蔡元培辞中央大学整理委员会委员职。

"今晨行政院会议议决：(一)中大整理委员会委员蔡元培等辞职照准。(二)中大代行校长李四光辞职照准。"(《时事新报》1932年8月24日)

8月25日 到桐庐，游览钱塘胜景。

"中央研究院秘书许寿裳谈，蔡院长元培因有继任行政院长之呼声，为表示谢绝，避免劝驾起见，离沪他适，乘时浏览各地风景。蔡之行踪，常电知本院，以便遇有要公，可随时请示，现在已到桐庐，游览钱塘江胜景，准本月底定可返京。"(《申报》1932年8月26日)

同日 与宋庆龄联名要求当局特赦牛兰夫妇。

"牛兰案判处无期徒刑后，中委宋庆龄、蔡元培，请予特赦。中央交司法院审核，司法院长居正于二十五日中常会散会后，与常委汪兆铭、叶楚伧等对此事谈商甚久，将来能否准予特赦，应由司法当局慎重考虑之。惟因牛兰不服判决，已准备上诉，故此案在最近期内，将暂行悬搁。"(《申报》1932年8月26日)

8月31日 为熊十力所著《新唯识论》作序一篇。(蔡元培先生手稿)

8月 发表《六十年来之世界文化》一文。(《申报月刊》第1卷第2号)

9月2日 致函友人，言三数日内离桐庐返杭赴沪。

"蔡元培函京友，拟三数日内离桐庐返杭，略事逗留，即赴沪等语。闻蔡以行政院长职已由宋子文代理，本人无再行隐蔽之必要，到沪后或将来京一行。"(《申报》1932年9月3日)

9月23日 因院务急待处理，日内拟往南京。

"中央研究院院长蔡元培，由无锡抵沪后，本拟即日返京，惟中国公学停办，教授学生急待安排，蔡氏为该校董事长，自不得不留沪代谋善后。现以院务急待整理，而中公善后亦已具有相当眉目，蔡氏遂决于日内即行返京云。"(《时事新报》同日)

9月27日 撰写《马孟容像赞》。

"古绘象征，利用花鸟。惟美演进，特立代表。徐黄以来，今有先生。山水人物，余事兼精。如何不吊，寿尽四一。及门多才，庶几绍述。"(蔡元培先生手稿)

9月 为李祖鸿(毅士)所作《长恨歌画意》图撰写序文。

"李毅士先生，物理学者也。力学之余兼喜绘事，仍以物理学者之精神赴之。实事求是，一丝不苟。《长恨歌画意》三十帧，尤其积年惨淡经营之结晶也。故事画，本有历史的、神话的两种，前者宜按切时地，而后者可以自由。白香山之《长恨歌》，前七十四句，除杨家有女二句，为尊者讳，参用曲笔外，余皆根据事实，纯为历史的。临邛道士以下，即为神话的。然此为宫中一种慰藉上皇之作用，大抵贵妃曾以私语密告其亲信之宫人，而钗钿即为其所保管。于不得已时，利用道士，编造仙山楼阁一幕,以杀上皇之哀思耳。而此等经过,亦即为历史之一节,虽谓是歌,为纯粹历史的,可也。李先生画意,对于各地风物,固皆有所本,即其他宫殿之崇闳,陈设之华贵,卤簿之庄严,服饰之宜称,均取前人记载与图画之所及,参以故宫遗迹,钩稽而得之,非漫然着笔,至于临邛道士一节,除第二十一帧写排空御气之状,令人感神话的意味外,楼阁玲珑,主客对语,何一非人间状态?即谓李先生画意,亦纯粹为历史的,而悉贯以物理学者之精神,无不可也。"(《长恨歌画意》中华书局1932年出版)

同月 为良友摄影团题词。

"我国土地的广大,历史的悠远,久已为世界所注目。海禁大开以后,各国学者到内地探险考察的,不胜计数。最近美国的探险队和褚民谊先生所领导的西北学术考察团,更引起学界的注意。不过我国人士对此,尚无自动的组织,可称遗憾。

良友公司,自创刊《良友》杂志以来,以图画之力,介绍我国的国情风俗于海内外,成绩昭著,久为识者所仰佩。现在又组织摄影旅行队,将遍游全国,采取壮丽的山川、醇美的风俗,以及种种新的建设,都收之于印画,宣示世界,以为文字宣传的佐证。其目的之远大,实堪称赞。故缀数语,以作赠言。"(《良友》画报 第69期)

10月14日 应邀出席画家刘海粟欧游作品展览会开幕典礼。

"本市市政府筹备已久之当代画家、刘海粟大师欧游作品展览会,今日上午十时在北京路贵州路口湖社英士纪念堂,举行开幕典礼。邀请参加典礼者,有蔡元培夫妇、李任潮、杨杏佛、叶恭绰、吴经熊、劳敬修、荣宗敬、吴凯声、王一亭、钱新之、史量才、杜月笙、王晓籁、朱家骅、高博爱,并各国驻沪领事、大学校长及当代文艺界名流三千余人。吴市长铁城致开会词,教育部朱部长代表致词,来宾演说,刘海粟先生致谢词。"(《时事新报》1932年10月15日)

同日 为《刘海粟游欧作品展览》撰写序文。(该书1932年10月印行)

同日 介绍朱师辙会见傅斯年(孟真),洽商出版朱氏著述问题。

"孟真吾兄大鉴:径启者,朱丰芑先生之《说文通训定声》,久已家弦户诵。其他著述及其子仲我先生之著述,未印者尚多。其孙师辙兄能绍述家学,著述亦富。顷由易寅村先生介绍,愿本院为之择优布,书稿全在北平,且属于史语范围。特嘱师辙兄诣前接洽……弟元培敬启 十月十四日"。(《致傅斯年函》同日)

10月17日 出席上海市政府祝刘海粟欧游作品展览招待会,并有演说。

"新兴艺术领袖刘海粟氏于本月十七日由市政府假本埠北京路湖社,主办欧游作品展览会十七天。开幕以来,中西人士到会参观者,不下万人,实开中国历来各种展览空前之盛况。昨日下午七时市长吴铁城等,柬请蔡元培、孙科、史量才、叶恭绰、文鸿恩、潘公展、杨杏佛、吴经熊、王济远、潘序伦、王晓籁、杜月笙、张啸林、王一亭、严慎予、徐新之等党国要人及各界名流,在该会会场二楼设宴招待,列席者三十余人。由吴市长亲自招待,……席间有蔡元培、王一亭、刘海粟、杨杏佛、王晓籁等演讲,均为名言谠论,备极一时之盛。"(《申报》1932年10月27日)

10月23日 与杨杏佛、柳亚子、林语堂等七人联名营救陈独秀。

"昨日,上海学术界领袖蔡元培、杨杏佛、柳亚子、林语堂等,致南京中央党部、国民政府一电,特录如下。南京中央党部、国民政府钧鉴:闻陈独秀,于卧病中被捕解京,甚为系念。此君早岁提倡革命,曾与张溥泉、章行严,办《国民日报》于上海;光复后,复佐柏烈武治皖有功,而五四运动时期,鼓吹新文化,对于国民革命,尤有间接之助,此非个人恩怨之私所可抹杀者也。……伏望矜怜耆旧,爱惜人才,特宽两观之诛,开其自新之路,学术幸甚,文化幸甚,临电不胜惶恐待命之至。"(《申报》1932年10月24日)

10月27日 报载蔡元培、胡适等对陈独秀案,请求当局公开审判。

"司法界消息,蔡元培、胡适等,为陈案致当局电,纯为请求依法公开审判,并非为陈缓颊,更非请要保释。"(《时事新报》1932年10月28日)

10月28日 为范文照著《建筑师之认识》题词。

"《建筑师之认识》题词。居住问题与衣食住并重,虽在初民,无不注意。自穴居以至华夏,其间经过进化阶段不同,而所以避风雨、御寒暑、求安适之心理则同。如秦之阿房宫,罗马之科罗新剧场,稽其年代,去今甚远,亦有如许盛大之建筑,何况今日社会复杂,事业繁兴,宜其有渠渠夏屋,供其需要;且必有专门人才如建筑师者,以为之指导画策也。中国近年,虽外侮内战迭受打击,然社会内部发达,仍有潜流暗长之势,故建筑物之需要,与年俱增。范文照先生专精建筑,任务勤恳,卓然有声。因见一般人士有不明建筑之性质与夫选择建筑师之重要者,爰著《建筑师之认识》一书,条分缕析,罗列清疏,须臾浏览之间,已得博访周咨之乐,启导社会,功不在小。都市之盛衰,视建筑物之多寡;建筑之良否,又全赖建筑师之计画。所以关心居住问题者,不可不阅此书。遂题数语,以为介绍。

中华民国二十一年十月 蔡元培"。(蔡元培先生手稿)

10月30日 偕夫人参观刘海粟绘画作品展览会。

"市府主办之刘海粟绘画作品展览会,自本月十五(四)日开幕以来,轰动一时,迄今已阅十七日,展览时期已满。……昨日到会参观者,有自南京专程来沪之教育部普通教育司司长顾荫亭、高等教育司司长沈信卿、北京画家王梦白、蔡孑民夫妇、杨杏佛、唐炎、周仁、日本驻沪总领事……"(《申报》1932年10月31日)

10月 委派刘海粟往南京监狱看望陈独秀。

"蔡先生对陈独秀一直很关心。……在陈转解到南京监狱之后,他又和孙夫人作了研究,觉得派我去监中看望陈独秀较为合适。蔡先生的学生段锡朋时任教育部次长,蔡先生便给段写了亲笔信,要段排除万难,让我会晤陈独秀。这件事总算办到了,我和仲甫在牢房相见,谈到蔡先生,他异常感激,当年他在北大几次受到旧势力的包围,都是蔡先生出来解围,所以一再要我向蔡先生致意。蔡先生要他在牢房中坚持锻炼身体,从事一些学术研究,不要虚度岁月,社会上许多人正在设法营救他。独秀听了很兴奋,临别依依。为我写了联语,也可以看作向蔡先生作的心灵独白:'行无愧怍心常坦,身受艰危气若虹。'"(刘海粟:《忆蔡元培先生》)

11月1日 为中国社会学社年刊题签。

"中国社会学社第一次年刊《中国人口问题》蔡元培题。世界书局出版。"(该书1932年11月版)

同日 南京市党部本日发出《警告书》,对请宽释陈独秀,大为反对。

"京市党部因闻蔡元培、杨杏佛将请中央宽释陈独秀等,大为反对,一日致警告书,并有此匪终凶之语。"(《申报》1932年11月2日)

11月5日 致函国民政府军政部政务次长陈仪(公侠),商请继续借用《大明实录》。

"公侠先生次长大鉴:径启者,顷接上海兵工厂处理委员会驻沪办事处函称,'奉军政部次长陈手谕开:沪厂存书,均须缴部,内有《大明实录》一部,望函请蔡院长归还等因,相应函请归还,以便缴部'等情。查《大明实录》卷帙丰富,在历史学上甚有价值。敝院历史语言研究所正在搜集各种史料,可取材于是书者甚多,实非短时期浏览所能毕事,拟请继续借用,敝院当负安全保管之责。……蔡元培敬启 十一月五日"。(《致陈仪函》同日)

11月10日 允列名为法兰克福中国学院友谊联合会名誉会员。

"径复者:接奉惠书,敬谂贵会成立以来,诸多发展,至为愉快,承推为名誉会员,尤觉欣幸。谨当遵示列名,并尽相当助力,共策进行。诸希查照。此致 欧特曼博士、权从德先生 蔡元培敬启 十一月十日"。(《复法兰克福中国学院友谊联合会函》同日)

11月12日 主持甪直保圣寺古物馆开幕典礼。

"甪直保圣寺古物馆为保存唐代杨塑罗汉及其他古物而设,由教育部保存甪直唐塑委员会,就该寺大雄宝殿原址改建,业已竣工。该馆于昨日举行开幕典礼,京、镇、苏、沪要人名流,纷纷参加。……主席蔡元培领导行礼,报告讲演毕,即出馆至东首甫里小学操场摄影,开幕典礼即告完毕。主席蔡元培致辞,略谓今日甪直古物馆开幕,承地方长官及各界来宾光临,非常荣幸。今日适值总理诞辰之期,古物馆于是日开幕,实有深意。总理在民族主义中讲保存古代之重要,而古代遗物如唐代塑像者,实为应加保存古代文物之一。雕塑像为吾国特有之艺术,而至今获保存者,如山东聊城之宋代遗物、河北保定之元朝遗物,已极可宝贵,而甪直之塑像,则传自唐代,故弥足珍宝,民国二年始为顾颉刚先生发现,时予在苏州行结婚礼,顾先生以保留此唐代塑像作结婚纪念为勖。余等以游历在即,乃转托友人,惟因政治未上轨道,无所成就。至民国十八年,始由教育部组织唐塑保管委员会,复得江苏省政府赞助,及各界热心保留古物者之赞助,与工程师雕塑家之努力,修复之功,始告完成,今后保管之责,与其他各地古物之保留,仍望各界人士与行政之责任者,共同协作努力完成之。"(《时事新报》1932年11月13日)

11月14日 语记者,翁文灏决不就任教育部长。

"据蔡元培对本报记者谈,就余(蔡自称)推测,翁文灏决不就教长,因地质研究所翁不愿脱离也。"(《时事新报》1932年11月15日)

11月16日 函复河南省政府主席刘峙(经扶),同意列名募捐建筑该省博物馆发起人。

"经扶先生主席大鉴:接奉大函,关于贵府筹设国(省)立博物馆一端,崇论宏议,至为钦佩。此事关系重要,深盼实现,弟愿在学术上有所赞助,并列名发起人,共同募捐。知关锦注,先此奉闻。……蔡元培敬启 十一月十六日"。(《复刘峙函》同日)

同日 与褚民谊、郑洪年等联名发布季融五讣告。

"常熟季融五先生,学问道德,久为世重,昔列议席,造福桑梓。嗣息影沪滨,任爱国女学校长,辛苦经营,努力教育,而又深悟佛理,具度人之志,精研歧黄,抱济世之怀,悬壶未久,拯救良多,不幸于十月十四日遽归道山,同人等忝在知交,特定于十一月十九日,先生设奠之期,在上海北成都路太平寺,举行公祭,用申梁木倾颓之痛,深恐公启讣闻,容有未周。特此通告,至希公鉴。

发起人:蔡元培 褚民谊 郑洪年 蒋维乔 蒋凤梧 王典章 王培孙 张维城 钱用和 陈钟凡 陈伯藩 张媛……同启"。(《申报》1932年11月16日)

11月23日 主持上海美术专门学校创立二十周年庆祝典礼。

"昨日(二十三日)为上海美术专门学校举行二十周年创立纪念典礼。上午十时,由主席校董蔡孑民致开会词,并由创办人刘海粟氏报告及党政各长官及该校校董叶誉虎相继演说,至下午二时许礼成。"

蔡孑民致开幕词:"美专创立迄今,已经二十年,当初不为社会所注意,及几经磨折,赖母亲刘海粟先生苦心扶育,以抵于成年,而开始工作于社会,闻名于社会。二十年前,中国本无美术学校,直至民七,国立北平美专始创立,至民十七,国立西湖艺校方成立,故吾校实为首创,在吾国美术史上有转旋时代之势力。美专在今日,大家公认它是吾国唯一之美术学校,但是即使成为世界上之唯一之美术学校,亦更当努力,以达精益求精之境地,故今后希望政府及社会尽量督促援助。"(《申报》1932年11月24日)

11月29日　出席中国公学毕业同学会联欢大会。

"中国公学本届毕业同学会,昨在亚尔培路中国科学馆大礼堂举行联欢大会。出席者有该校董事长蔡元培、常务董事杨杏佛、教授朱通九,及本届毕业同学八十余人。首由主席邱希圣致开会词,继由董事长蔡元培训话,杨杏佛、朱通九相继演说。"(《申报》1932年11月30日)

同日　函复许寿裳(季茀),允列名于朱梁任父子丧启。

"季茀先生大鉴:二十六日惠函敬悉。朱梁任父子丧启,弟愿列名。徐君遗像题字,已直接送叶洪丞。……弟元培敬启　十一月二十九日"。(《复许寿裳函》同日)

11月　参加筹备发起中山文化教育馆,并被推为筹备委员。

"本馆前后举行发起人谈话会凡六次,草拟中山文化教育馆缘起、章程,及筹备委员会简章、办事细则等。推定孙科、叶恭绰、张定璠、杨庶堪、吴铁城、郑洪年、吴经熊、伍朝枢、蔡元培、黎照寰、马超俊、黄汉梁、孙彬龢、薛笃弼、史量才等十五人,为筹备委员。"(《中山文化教育馆纪念刊》)

同月　所作《医学名词汇编序》一文发表。(《社友》第23期)

12月1日　函请国民政府主席林森(子超),批示可否赠送俄国东方大学《清史稿》一部。

"子超主席钧鉴:径启者,俄国东方大学于今年夏间函致本院,索赠《清史稿》一部。颇闻此书内容有欠斟酌处,故尚未予发行,但为学术机关纯粹参考之用,似亦无大碍。该大学函索殷殷,特此函请钧裁可否……蔡元培敬启　十二月一日"。(《致林森函》同日)

12月2日　出席上海爱国女学建校三十一年纪念会,并有演说。

"……爱国女学创办迄今,已有三十一周年历史。昨日(二日)该校适逢三十一周年立校纪念日,上午举行纪念仪式。到会者有市党部代表毛霞轩、市长代表徐佩璜,及市公安局靳区长,校董蔡孑民、李毅生,来宾廖茂如、王忠明,以及校友等计数百人。先由校长孙翔仲报告学校情况及复兴后之计划,……继由主席校董蔡孑民先生报告学校初创时之艰难困苦情况,与爱校对于革命之贡献,希望此后继续此种精神不替云云。"(《时事新报》1932年12月3日)

上海爱国女学卅一周年纪念合影(1932年)

12月3日 函请张元济(菊生)为吴了邨书法作品题词或题签。

"菊哥同年大鉴：又数日不晤，想起居安善。兹有启者，合肥吴君了邨道生，精书法，临各体名作，均能神似。……属转奉吾哥及李拔可先生鉴定，并求随选数种，为之题词或题签，想荷许可。吾哥题竣，即请转送拔可先生征题。……弟元培敬启 二十一年十二月三日"。(《致张元济函》同日)

12月4日 函请于右任为齐荣浣书写匾额。

"右任先生大鉴：径启者，敝院物理研究所同人齐荣浣君，欲求法书匾额，以为家族光，特趋前肃谒，谨为介绍，还希不吝珠玉，有以赐教之为幸。……蔡元培敬启 十二月四日"。(《致于右任函》同日)

12月5日 同意给予商承祖(章孙)延长补助费一年。

"章孙吾兄大鉴：接读手书，知励志潜修，甚善。所请本院延长补助一节，已知会会计课准予延长一年矣。……蔡元培敬启 十二月五日"。(《复商承祖函》同日)

同日 请马祀光代作《〈内乡齐氏族谱〉序》。(蔡元培先生抄留底稿)

12月6日 致函中央大学校长罗家伦(志希)，介绍甘大文出让所著书稿。

"志希吾兄校长大鉴：径启者，甘君大文著有《先秦诸子学说述评》《中国史学名著评论》《中国古代哲学名著评论》《白香山诗讲义》《纯文学史》五种，拟将书稿售与贵校，每种欲得价三百元。贵校如有需要，拟嘱其寄稿前来。专此介绍……蔡元培敬启 十二月六日"。(《致罗家伦函》同日)

同日 致函教育部次长段锡朋(书贻)，为甘大文索要稿费。

"书贻吾兄次长大鉴：径启者，得甘君大文来函称：去年贵部嘱其撰就国歌，议定稿费洋一千元。盼瞻已久，可否从速发给云云。特代函达……蔡元培敬启 十二月六日"。(《致段锡朋函》同日)

12月9日 同意物理研究所加入中国物理学会为机关会员。

"巽甫先生大鉴：前接大函，本所加入中国物理学会为机关会员，并补助印刷费每年三百元各节，自应照准，已将原函转知会计处矣。……蔡元培敬启 十二月九

日"。(《复丁燮林函》同日)

同日 被聘为全国经济委员会筹备处教育专门委员会委员。

"径复者：前奉大函，并承聘为教育专门委员会之委员，深荷厚意，谨当担任。专此奉复，诸维朗照。此致 全国经济委员会筹备处 蔡元培敬启 十二月九日"。(《复全国经济委员会筹备处函》同日)

同日 致函浙江省教育厅长陈布雷，介绍蔡金英申请公费赴法留学名额。

"布雷先生厅长大鉴：径启者，前劳动大学社会科学院经济系肄业生鄞县蔡金英女士，……立志往法国游学，法文已有充分预备，意欲补入里昂中法大学公费学额，未知可否？还希台端念其有志深造，届时量为设法，不胜感荷。……蔡元培敬启 十二月九日"。(《致陈布雷函》同日)

同日 致函中央大学文学院长孙本文(时哲)，请发给赵东木在该校补考成绩。

"时哲吾兄院长大鉴：径启者，中国公学学生赵东木，上学期在贵校借读，尚能勤奋。本学期开始时，因病不克参与甄别试验，后以补考手续略有不合，致辗转多时，未能取得补考成绩。……该生受此牵制，彷徨无措。还希吾兄俯念青年光阴可惜，量予设法通融，将补考成绩发给该生，不胜感荷。特此函达……蔡元培敬启 十二月九日"。(《致孙本文函》同日)

12月10日 主持中华基督教青年会中国风景及社会情形摄影展开幕式，并作题为《美育代宗教》讲演。

"中华基督教青年会发起之中国风景及社会情形摄影展览会，于昨晚五时在青年会礼堂聘请蔡元培氏主持开幕典礼。……首由西人青年会总干事乔其氏及该会干事沈嗣君致词，报告筹备经过，继由展览会主任西人嘉华灵演说，至六时即请蔡元培氏至大礼堂讲演《美育代宗教》，听众一百余人，极为满意。"(《申报》1932年12月11日)

同日 撰写《中国公学大学部校史》(三)。(《中国公学大学部民国二十二年毕业纪念刊》中国公学 1933 年印行)

12月12日 由上海到南京。

"中委于右任、蔡元培、吴敬恒、覃振、周佛海、唐有壬、褚民谊等，十二日晨由沪抵京，备出席三全会。"(《时事新报》1932年12月13日)

12月13日 北平当局奉命逮捕并监禁侯外庐、许德珩等教授及学生。

"市党部方面称侯外庐各教授、学生被捕，系中央电饬北平当局按照名单办理。蒋梦麟谈，北大教授许德珩被捕，予已电京请保释。"(《时事新报》1932年12月15日)

12月14日 出席国民党中央执行委员会四届三中全会谈话会。

"四届三中全会十五晨九点开幕，……今日谈话会二点前到会者为蒋中正、丁惟汾、戴槐生、方生涛……三点三刻后到会者,有蔡元培、吴敬恒、居正、张继、段锡朋等十余人。大会之预备会议,定十五日下午三时开,推于右任为主席。大会主席团由预备会议中推定,大会中所讨论之各项重要提案,即由预备会议中审查决定。"(《申报》1932年12月15日)

12月15日 被推为改革全国教育方案起草人之一。

"中常会推陈果夫、戴季陶、蔡元培、程天放、段锡朋等起草之改革全国教育方案,业由陈果夫起草完毕,内容对专门教育、国民教育、中等教育,均有详细改革计划。全案已送三全秘书处。"(《时事新报》1932年12月16日)

同日 出席国民党第四届中央执行委员会第三次全体会议预备会,被推为教育组提案审查委员。

"三中全会十五日下午三时开预备会。于右任主席。决议:(一)推蒋中正、孙科、顾孟馀、丁惟汾、戴传贤、居正为主席团。(二)推叶楚伧为秘书长。(三)会期定五日至七日。(四)推定提案审查委员。……教育组:朱家骅、经亨颐、周佛海、陈树人、苗培成、程天放、克兴额、段锡朋、李任仁、罗家伦、吴敬恒、蔡元培、王琪十三人。由蔡元培、经亨颐召集。"(《时事新报》1932年12月16日)

12月16日 上午,出席国民党中央监察委员会会议。下午,出席国民党四届三中全会第一次会议。

"中央监察委员会十六日晨召开全体会,到张人杰、蔡元培、吴敬恒、张继、褚民谊、陆洪东、恩克巴图、柳亚子、杨虎、黄吉宸、黄绍雄……因不足法定人数,改明年三月十五日再召集。"

"三全会十六日下午经一次会议,已将各委员提案三十八条,分交常务、政治、经济、教育、军事五组审查,各组定十七日分别开会审查,将提十八日第二次大会。"(《时事新报》1932年12月17日)

同日 与记者谈孙科(哲生)就职问题。

"蔡元培谈:孙哲生先生原属立法院,中央一视同仁,都劝其即行就职,国难当前,正应共同奋斗,大约孙先生能徇同人之请也。"(《申报》1932年12月17日)

12月17日 主持国民党四届三中全会教育组提案审查会议。

"三中全会党务、政治、经济、教育、军事各组十七日上下午均开审查会。……教育组到蔡元培、朱家骅、经亨颐、周佛海等十二人,由蔡元培主席,上下午均开会,各提案大致审查完竣,并推数人即日作再度研究后,即拟具意见提交大会云。"(《时事新报》1932年12月18日)

同日 中国民权保障同盟为营救许德珩等,致电京、平当局。

中国民权保障同盟致京、平当局电云:"南京中央政治会议蒋常务委员介石先生、行政院宋代院长子文先生、北平平津卫戍司令于学忠先生公鉴:报载北平警探非法逮捕、监禁各学校教授学生许德珩等多人,至今未释,摧残法治,蹂躏民权,莫此为甚。年来国势凌夷,民气消沉,皆因民权不立,人民在家时怀朝不保暮之恐惧,对外何能鼓同仇敌忾之精神？欲求全国精诚团结,共赴国难,惟有即日由政府明令全国,保障人民集会、结社、言论、出版、信仰诸自由,严禁非法拘禁人民、检查新闻。并望即日释放在平被非法拘禁之学校师生许德珩等,以重民权,而张公道。

中国民权保障同盟筹备委员会宋庆龄、蔡元培、杨铨、黎照寰、林语堂等同启十二月十七日"。(《时事新报》1932年12月18日)

12月18日 与宋庆龄、杨杏佛、林语堂等发表组织"中国民权保障同盟"宣言。

其宣言曰："中国民众,以革命的大牺牲所要求之民权,至今尚未实现,实为最可痛心之事,抑制舆论与非法逮捕、杀戮之记载,几为报章所习见,甚至男女青年有时加以政治犯之嫌疑,遂不免秘密军法审判之处分。虽公开审判,向社会公意自求民权辩护之最低限度之人权亦被剥夺。我辈深知对此种状态欲为有效与充分之改革,惟有努力改造产生此种状况之环境;惟同时亦知各先进国家皆有保障民权之世界组织,由爱因斯坦、觉雷塞、杜威、罗素,及罗兰之流为之领导,此种组织之主要宗旨,在保障人类生命与社会进化所必需之思想自由与社会自由。根据同一理由,我辈提议中国民权保障同盟之组织。本同盟之目的：

（一）为国内政治犯之释放与非法的拘禁、酷刑及杀戮之废除而奋斗。本同盟愿首先致力于大多数无名与不为社会注意之狱囚；

（二）予国内政治犯以法律及其他之援助,并调查监狱状况,刊布关于国内压迫民权之事实,以唤起社会之公意；

（三）协助为结社集会自由、言论自由、出版自由诸民权努力之一切奋斗。

本同盟设全国委员会,以五人至七人之执行委员会主持之。全国委员会由各分会选举之代表二人组织之,每年集会一次,选举执行委员,讨论会务。执行委员任期一年,执行委员会设主席一人,干事若干人。本同盟设总会于上海,设分会于国内各重要都市。分会每月至少集会一次,全国委员会之分会代表,每月应报告分会状况于执行委员会。凡赞成本同盟主张,并愿从事实现此主张之实际工作者,不拘国籍、性别及政治信仰,由会员三人之介绍,经执行委员会多数之通过,得为本盟之会员。候选会员在过去曾参加剥夺民权之行为者,执行委员会得拒绝其加入同盟。

本同盟之会费,个人会员每年三元,团体会员每年十元,并得募集捐款维持会务。

中国民权保障同盟筹备委员会宋庆龄、蔡元培、杨铨、黎照寰、林语堂等。"(《申报》同日)

同日 向商务印书馆东方图书馆推荐康有为藏书书目,以供购藏其书。

"顷有谢驾千会计室介绍无名氏藏书,索价二十万元。又有人寄示康南海旧藏书目,藏书索价二十万元。今将两种书目均奉上,请酌量是否可为复兴之东方图书馆购入。如不值得购,则请以书目掷还,以便代向别处问讯。……弟蔡元培敬启"。(台湾"中央研究院"编《蔡元培、张元济往来书札》)

12月19日 出席国民党四届三中全会第二次大会。

"三中全会十九日晨十时举行第二次大会,出席中执委员蒋中正、孙科、戴传贤、何应钦、陈果夫……列席监委林森、吴敬恒、张人杰、蔡元培、张继、恩克巴图、褚民谊、柳亚子、杨虎、陆洪东等十人,共计中委一○九人。又班禅、章加及蒙古王公等,亦均到会旁听。由于右任主席。大会决议:(一)对于远来与会之班禅、章加两大师及各盟旗领袖,表示欢迎。(二)由大会宣告汉、蒙、满、回、藏各地同胞,一致团结,以御外侮,而奠同基。(三)方觉慧等五委员提厉行禁烟案。决议交国民政府召集全国禁烟会议,厉行禁烟。(四)谢持等六委员整理训政之具体办法案。决议:1.四川战争由国民政府严厉制止。2.四川善后事宜,由政治会议妥筹一切。3.该提案交政治会议参考。(五)张贞、戴槐生二委员提,切实救济失业华侨及优待被压迫回国海外同志案。决议关于救济华侨一节,交政治会议酌办。关于优待被压迫回国同志一节,由党务组审查。……"

"下午三时,继开第二次大会,出席列席委员与上午同,于右任主席。讨论事项:邵委员力子提议西北公赈委员会特定筹赈办法案,褚委员民谊提开发西北案,刘委员守中等提开发西北办法案。决议以上三案,为开发及救济西北至为重要案,交政治会议妥筹办理。……"①(《时事新报》1932年12月20日)

同日 签名发起筹备中山文化教育馆。

"孙科因鉴吾国文化衰落,实为国运杌陧之主因,为振起颓风,赞扬总理遗教,以树立文化基础,培养民族生命起见,拟在沪筹备发起中山文化教育馆,集中学术专家研究中山先生之主义与学说。此次来京出席三中全会,即于会议期间,分发缘起及章程,征求各中委为发起人。各中委以此项文化机关为党务之急,均一致赞成,签名为发起人者,已有林森、蒋中正、蔡元培、戴传贤、吴稚晖等一百人云。"(《时事新报》1932年12月20日)

12月20日 主持国民党四届三中全会教育组提案审查委员会会议。

"三中全会各组审委会二十日晨在中央党部分别开会。……教育组在第一会议厅西预备室举行,出席十一人,蔡元培主席。"(《时事新报》1932年12月21日)

同日 出席国民党四届三中全会第三次大会。

---

① 蔡元培先生为褚提"开发西北案"附议者。

六、大学院院长及中央研究院院长时代(1927—1940) 1067

"三中全会二十日下午三时,开三次大会。……讨论事项:(一)孙科、蔡元培等二十七委员提,集中国力挽救危亡案(其中有在内政方面,政府应切实履行本党保障人民集会、结社、言论、出版、居住、信仰各种自由之纲领,禁止一切非法干涉,滥行拘捕等)。决议,修正通过。(二)张贞、戴槐生两委员提议,请优待被压迫回国海外同志案。决议,查本届中央第五一四次常务会议,订有海外同志因公被逐回国待遇办法案,交中常会并案参考。(三)孙科等二十一委员提,集中国力挽救危亡案。决议修正通过。(四)陈委员立夫等提促进地方自治应从生计与教育入手案。决议送政治会议参考。(五)中央组织委员会提促进地方自治案。决议送政治会议参考。……"(《时事新报》1932年12月21日)

12月21日 出席国民党四届三中全会第四次大会。在会上介绍对蒙古王公名号暂仍其旧案。

"三中全会二十一日下午三时,续开第四次大会。……由丁惟汾主席。讨论事项:(一)主席团提慰勉出席国际联合会代表案。决议通过。(二)蔡委员元培等介绍西康诺那呼图克图提请对蒙古王公名号暂仍其旧案。决交政治会议议处。(三)主席团提中央执行委员会常务委员为中央政治会议常务委员案。决议通过。(四)王委员正廷等提,开放运米禁令,并厉行积谷办法案。决议:1.禁止各省禁运一层,由中央明令各省遵办。2.仓储一层,交政治会议酌办。(五)宋委员子文提流通国内米麦案。决照原案通过,交政治会议迅速核办。(六)于委员右任介绍陕西省政府建议开发西北应先救济陕西,请确定实施方案。决议与邵委员力子所提设西北公赈委员会特定筹赈办法案,并案办理。……"(《时事新报》1932年12月22日)

12月22日 出席国民党四届三中全会第六次大会及闭幕式。

"三中全会二十二日晨九时开第六次大会。出席执委蒋中正、孙科、戴传贤、何应钦、陈果夫等四十七人,监委吴敬恒、张人杰、林森、蔡元培、张继、褚民谊等九人,由居正主席。至上午十一时散会,即在大礼堂继续举行闭幕礼。……全体会议宣言案,决议通过。"(《时事新报》1932年12月23日)

12月23日 出席国民党中央政治会议第三三六次会议,与陈立夫向会议提议"整理国乐案"。

"中央政治会议二十三日下午三时举行三三六次会议,……蒋介石主席。决议要案:(一)三中全会交办各案,由常委分别性质交各组审查。(二)戴传贤提关于考试制度有关之各种行政制度,应兴应革事宜案。交教育、法制两组审查。(三)戴传贤提议,请核定修正考试法、监试法及典试委员会组织法原则案。交教育、法制两组审查。(四)唐有壬等报告审查实业部所拟修理及发展渔业计划案。结果原则通过,交主管机关参照成规酌量办理。(五)陈公博拟具参加芝加哥博览会征集中国政府专馆出品标准案。照办。（六）蔡元培、陈立夫提整理国乐案，交教育组审查。"（《时事新报》1932年12月24日）

12月24日 推荐高鲁与蒋梦麟为教育部长候选人。

"教育部长人选，蔡元培推荐高鲁与蒋梦麟。中委经亨颐呼声亦高，闻尚未决定。"（《时事新报》1932年12月25日）

12月26日 出席中央研究院第一次公开学术讲演会。

"国立中央研究院昨日上午十时，在亚尔培路中国科学社明复图书馆，举行第一次公开讲演。主讲者为该院历史语言研究所考古组主任李济博士。讲题为《河南考古最近之发见》，并将浚县出土之西周古物多件，陈列展览。到有该院院长蔡元培、副院长杨铨及来宾叶恭绰等，听众三百余人。"（《时事新报》1932年12月27日）

12月27日 奉劝倪品真从缓出版《五四纪实》一书。

"季茀先生大鉴：别后两奉惠书，备承关注，不胜感荷。……倪品真兄之《五四纪实》，尚存弟处，拟劝其从缓出版，弟别写一纸，请转致倪君为幸。……弟元培敬启 十二月二十七日"。（《致许寿裳函》同日）

同日 为大东书局举办的"家庭教育"储蓄专栏题词。

"家庭教育是学校教育的基础。 蔡元培"。（《时事新报》同日）

12月28日 致函大同大学校长曹梁厦，说明胡明复不能继续在该校兼课事。

"梁厦先生大鉴：前奉手教，承商胡明复先生在贵校兼课事，已由杨杏佛先生以院中暂定兼顾院校办法奉达，允胡先生于本学期内，在贵校兼课两小时，但以本学期为限，现在本学期转瞬将尽，务请早日另觅物理教授，俾胡先生得按照定章，专力研究，如贵校必欲坚留胡先生，而胡先生亦自欲兼课，则惟有照宋梧生先生办法，自下学期起，胡先生在院之任务，改为兼任研究员。事关本院定章，务望曲谅院中困难，早赐解决为荷。……蔡元培敬启 十二月二十八日"。（《致曹梁厦函》同日）

12月29日 与宋庆龄联名致电北平公安局长鲍毓麟，望即释放被拘师生。

"北平公安局鲍局长勋鉴：闻在平被非法拘禁之学校师生，仅许德珩君经保释，其余数十人仍羁押贵局。政府方力言保障人民一切自由，而贵局所行如此，何以自解？务望将全体被拘师生，即予释放，以重公意，而保民权，并盼电复。中国民权保障同盟正副主席宋庆龄、蔡元培。艳。"（《申报》1932年12月31日）

12月30日 主持中国民权保障同盟中外记者招待会。

"中国民权保障同盟于昨日下午四时，在跑马厅华安大厦招待本埠中西各报记者。到该会临时执行委员副主席蔡元培，会员杨杏佛、林语堂等。正主席孙宋庆龄，则因喉疼未至，其所预制欢迎词及该会组织宗旨，临时由蔡元培代表宣读，最后由杨杏佛君报告会务进行状况，并由中西各记者相继发表意见，至六时半始尽欢

六、大学院院长及中央研究院院长时代(1927—1940) 1069

而散。"

"该会临时执行委员会,业已成立。主席宋庆龄、副主席蔡元培、总干事杨杏佛、宣传主任林语堂。前日李济之博士来沪讲演,对于该会援助青年之宗旨,极表同情。尤愿于视察内地监狱情形,代任义务。执行委员会即以在北平组织分会事,委托李博士到平后负责办理。"(《时事新报》1932年12月31日)

同日 在中国民权保障同盟中外记者招待会上发表个人致词。(《申报》1932年12月31日)

本年 为夫人周养浩代撰《上海私立广东中小学创校二十年祝词》。(蔡元培先生手稿)

本年 发表《美育代宗教》一文。(王维骃:《近代名人言论集》1932年上海出版)

本年 与李石曾、吴稚晖等创办中国国际图书馆。

"在拉类西当斯旅馆的前面,绿阴中有一座小楼,门口悬着一个小匾,题曰:中国国际图书馆。……这个馆的创办人是蔡子民、吴稚晖、李石曾,及法人赫里欧、德人倍开尔等。其主要宗旨在介绍中国数千年之文化于世界,以期各国多数人士对中国有真确的认识,并供中西学者关于中国国际间学术之研究,以期获得沟通中西文化较大之效率,筹备建立于民国二十一年。"(董渭川:《旅欧印象记》)

本年 为三十年代摄影画册《中国风景》题词。

"美在其中 蔡元培题(印)"。(《中国风景》上海 1932年出版)

1933年(民国二十二年 癸酉)六十六岁

1月1日 与孙科(哲生)、林森、蒋介石等共同署名发起成立中山文化教育馆。

"《孙哲生等发起中山文化教育馆》。中委孙哲生等多人,鉴于我国文化裹步不进,为谋增加我民族之活力,应树立新文化之基础起见,特发起创办中山文化教育馆,专门从事于文化运动,曾趁三中全会之便,征集林森、蒋中正、蔡元培、于右任等百余委员之同志,共同署名发起。最近孙等更为扩大征求发起人起见,由孙哲生、叶誉虎、伍梯云、张伯璇、吴铁城五人共同出名,分柬教育、金融、实业各界人士多人,定于一月三日下午三时,假座八仙桥青年会堂茶会,藉以报告发起之旨趣,并征求各界共同发起。"(《申报》1933年1月1日)

1月6日 与宋庆龄联名致电国民党中央党部,请释放马哲民等北平各学校师生。

"南京中央党部常务委员会公鉴：北平学校师生许德珩等数十人，于去年十二月十七日被非法拘禁，经各方呼吁营救，仅许德珩等少数暂得保释，其余诸人，拘押至今，既未依法审判，亦不释放，于党义法治，实有未合。本会曾电平公安局请释，得鲍局长复电，谓此次传讯各校师生，系奉市政府令转中央命令，协助市党部办理，现在能否释放，业经市政府电请中央核示在案，是此次平校师生之拘禁、释放，完全由中央主持。又据确实消息，入狱者尚有十四岁之小学生与十六七岁之中学生多人。中央屡言保障人民一切自由，扶植民主政治，乃此辈中、小学年龄之儿童，竟不获矜全，横遭非法，诚可痛心。务望贵会力持正义，尊重民权，即日令平公安局释放被拘马哲民等师生，并盼电复。

中国民权保障同盟正副主席宋庆龄、蔡元培。鱼。"（《申报》1933年1月8日）

1月8日 与孙科、吴经熊等人成立中山文化教育馆筹备委员会。

"新任立法院长孙科，偕中委马超俊、梁寒操、陈立夫、陈果夫、吴铁城于昨晚十一时四十五分乘京沪夜车入京，即就立法院长职，孙氏行前，于昨午在宅，宴蔡元培、吴经熊等十五人，成立中山文化教育馆筹备委员会云。"（《申报》1933年1月9日）

同日 应邀出席上海各大学联合会教职员聚餐会，并有演说。

"上海各大学联合会，例于学期结束时举行大会一次，同时并举行教职员聚餐会。兹探悉前日下午七时，各大学教职员七十余人，在八仙桥青年会开会聚餐，首由光华大学校长张寿镛报告半年会务及各项经过情形，继请蔡元培、褚民谊、刘湛恩、翁之龙、欧元怀、刘海粟、沈钧儒、黎照寰、褚辅成等讲演，尽欢而散。"（《申报》1933年1月10日）

1月10日 被聘为中央古物保管委员会委员。

"行政院十日晨开八十二次会，出席罗文幹、顾孟馀、何应钦等十一人。决议……设立中央古物保管委员会，并聘任张继、戴传贤、蔡元培、吴敬恒、李石曾、张人杰、陈寅恪、翁文灏、李济、袁复礼、马衡为委员。"（《时事新报》1933年1月11日）

1月13日 致函叶恭绰（玉甫），商议增选柏林中国美术展览会筹备委员问题。

"玉甫先生大鉴：前胡子靖先生提议，为张文达立铜像于北大，云承先生赞同。弟复为函询梦麟校长。顷得复函，一时未易定夺。原函奉览。如先生知子靖先生通讯处，乞转致之。柏林中国美术展览会，又增委员数人。前拟规则等，是否再经全体委员会议通过，方发表；抑援法律不追既往之例，先行印布？请酌定。一星期内,拟开全体会议一次,以何日为最相宜,请示及。又增聘委员之名单,马孝焱兄未及抄出,现正在旧报中检查。如尊处有之,请抄示。……弟蔡元培敬启 一月十三日"。(《致叶恭绰函》同日)

1月15日 与宋庆龄联名致电北平当局,要求立即释放被捕爱国学生。

"中国民权保障同盟会日前致电北平市长云:北平市政府周市长、公安局长勋鉴,报载贵局于本月十二日,逮捕北平各校抗日会学生数十人,内女学生六七人。当此日寇压境,国势垂危之日,抗日救亡,匹夫有责。政府对青年正宜因势利导,何可横加摧残,民权苟无保障,民气何由而申?务望立释被拘诸生,以养士气,共赴国难,并盼电复。

中国民权保障同盟会正副主席 宋庆龄 蔡元培。删。"(《申报》1933年1月17日)

1月16日 出席中山文化教育馆第二次筹备委员会。会议通过该馆申请立案呈文。

"中山文化教育馆自本月十日在莫利爱路十号开始办公以来,准备进行颇形紧张,除全部职员每日常川驻会办公外,副委员长叶恭绰亦每日到会主持一切。该会昨日下午三时,举行第二次筹备委员会。出席者有叶恭绰、黎照寰、陈彬龢、郑洪年、蔡元培、薛笃弼,列席李大超。主席叶恭绰。首由主席报告筹备经过情形,次由李大超报告开始办公经过。……议决修正通过呈请中央党部备案及教育部立案呈文。"(《时事新报》1933年1月17日)

1月17日 主持中国民权保障同盟上海分会成立会。会议通过上海分会章程及宣言,并选出执行委员九人。

"中国民权保障同盟上海分会,昨假亚尔培路三三一号中央研究院,召集会议。到蔡元培、杨杏佛、林语堂、伊罗生、邹韬奋、许甲、吴汉祺、陈彬龢、林众可、郭蔚然、鲁迅、王造时、郑太朴、班乐夫等。由蔡元培主席。首先通过上海分会章程,次讨论通过上海分会要求出版、言论自由宣言,并投票选举宋庆龄、蔡元培、杨铨、林语堂、伊罗生、邹韬奋、陈彬龢、胡愈之、鲁迅等九人为沪分会执行委员。末推举王造时、吴汉祺、全增嘏为宣传委员会委员,张志让、郭蔚然、沈钧儒等为法律顾问委员会委员,周建人、林众可、张志韩等为监察调查委员会委员。最后推宋庆龄、蔡元培、杨铨三人为上海分会出席全国委员会代表,议毕散会。"(《时事新报》1933年1月18日)

与杨铨合影(1933年)

同日 以旧作七绝二首书赠鲁迅。

"养兵千日知何用,大敌当前暗不声。汝辈尚容说威信,十重颜甲对苍生。几多恩怨争牛李,有数人才走越胡。顾犬补牢犹未晚,只今谁是蔺相如。旧作录奉 鲁迅先生正之 蔡元培"。(启功 牟小东编《蔡元培先生手迹》)

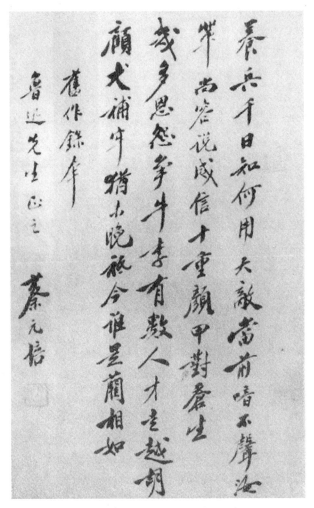

书赠鲁迅诗作(1933年)

1月18日 胡适允在北平筹备组织中国民权保障同盟北平分会。

"上海民权保障同盟会昨日成立后,北平现在筹备组织分会。胡适之近由京抵此,即由杨杏佛与商设立分会事,胡力允赞助,现已着手进行。"(《时事新报》1933年1月19日)

1月20日 为李孤帆著《招商局三大案》题词。

"招商局有数十年之积弊,非彻底明了,决难着手整理。是编举其最大者详言之,洵足供当局参证。蔡元培题"。(该书 上海现代书局 1933 年出版)

1月22日 出席中山文化教育馆筹备委员会第三次筹备会议。

"中山文化教育馆筹备委员会,昨午在莫利爱路十号孙宅开第三次筹备会议。……出席人员：孙科、郑洪年、薛笃弼、陈彬龢、张定藩、马超俊、黎照寰、蔡元培、吴经熊、伍朝枢、叶恭绰、吴铁城、杨庶堪、黄汉栋、史量才、李大超等十六人。议决各案：（一）设计委员会提出之计划、决定原则及应举办之事业与初步工作。（二）筹措本馆经费。议决：甲、发起人认捐创办费尽月底交齐。乙、呈请中央补助本馆事业费每月二万元。丙、函请广东省政府每月补助一万元。丁、函请本市政府每月补助一万元。（三）征求发起。议决照所拟范围通过。……"（《时事新报》1933 年 1 月 23 日）

1 月 23 日　主持中国柏林美术展览会第二次筹备委员会。会议通过征集作品办法。

"中国柏林美术展览会，去年六月经国民政府行政院议决，聘请蔡元培、朱家骅、刘海粟、叶恭绰、陈树人为筹备委员，成立筹备委员会，积极进行，已历半载。昨日下午二时，该会在亚尔培路中央研究院举行第二次筹备委员会。到叶恭绰、蔡元培、朱家骅、刘海粟、王一亭、狄楚青、林风眠、林文铮、张泽、高奇峰等人。当推蔡元培为主席。行礼如仪，由蔡元培报告常务委员会议决之征集作品办法后，即议决：（一）添推狄楚青、张泽为常务委员。（二）聘请滕固撰写中国画史论，印于目录之首。（三）请吴帆径购中国画具，备开会时陈列。（四）行政院所拨经费四万五千元存上海银行，今后由叶恭绰负责签字动用。最后由教育部朱部长提议，展览出品加入最近五十年已故画家名作六十件。决议通过。散会时已鸣钟五下矣。"（《时事新报》1933 年 1 月 24 日）

同日　出席世界学社欢迎哥伦比亚大学教授庞福安茶会。

"中国文化经济学会驻美总干事、美国商务参赞、哥伦比亚大学教授庞福安，于最近来沪。世界学社于昨日下午五时茶会招待。计到蔡元培、魏通如、林文铮、陈立廷、齐致、杨肇煐等十余人，均发表意见，至七时许始散。"（《申报》1933 年 1 月 24 日）

同日　捐助东北义勇军作品展览会书联三件、立轴二件。

"全国艺术家捐助东北义勇军作品展览会组织成立以来，收到各方捐助书画，不下数千件。该会昨又接到林主席立轴一件，黄太玄行书联五件，周震麟书联三件、屏条一件，蔡元培书联三件、立轴二件。"（《申报》1933 年 1 月 23 日）

1 月 24 日　与宋庆龄联名致电天津公安局长营救黄平。

"天津公安局张局长勋鉴：报载有黄平以共产党嫌疑为贵局拘禁，为日已多，尚未释放。黄君无论是否共产党，俱应依法律办理，方足以示法治精神，务望即行移交法院审讯，以彰民权而彰公理，并盼电复。

中国民权保障同盟正副主席 宋庆龄 蔡元培。迴。"（《申报》1933 年 1 月 25 日）

同日　孙科宴请段祺瑞,应邀出席作陪。

"前北京政府执政段芝泉氏,日前应中央军委长蒋介石之邀,翩然南下,在京仅留三日,即于前晚偕许世英、张群等乘京沪特快车来沪,于昨晨八时七分安抵北车站。站上迎者甚众。……下午七时,则应立法院长孙科之欢宴,陪客有市长吴铁城、中委吴稚晖、伍朝枢、蔡元培、张群、叶恭绰、张溥泉、杨庶堪、覃振、史量才等廿余人,颇极一时之盛云。"(《时事新报》1933年1月25日)

　　1月27日　为俞棪编著《中国政略学史》撰写序文。(该书 生活书店 1933年出版)

　　1月30日　函谢李圆净赠书。

"圆净先生大鉴:承赐大著数种,妙义敷陈,豁然开朗,麻疯之福音,尤能实际拯救痛苦。远蒙颁示,无任感谢。……蔡元培敬启 一月三十日"。(《复李圆净函》同日)

　　同日　致函傅斯年(孟真),请回复丁山书稿事。

"孟真吾兄大鉴:顷接丁山兄来函,谓贵所退还之《郦学考》稿已收到,惟尚有序录一首,遍寻不得。又《两周金文章句》一稿,所中亦未声明是否要印,嘱为函询。兹将原函附奉,希察裁示复为荷。……蔡元培敬启 一月三十日"。(《致傅斯年函》同日)

　　1月31日　出席中山文化教育馆筹备委员会第四次筹备会议。

"中山文化教育馆筹备会于昨日下午三时,在莫利爱路十号举行第四次筹备会议。出席者叶恭绰、郑洪年、蔡元培、张定璠、吴铁城、顾兆淇、史量才、杨济川、陈彬龢、黎照寰、李大超等。主席叶恭绰,记录李大超。首由主席报告进行立案事宜,继讨论:(一)呈请中央政府、广东省政府及上海市政府补助本馆事业费呈文,业已拟就,请通过。议决通过。(二)确定本馆馆徽案。议决照本党党徽,中嵌总理遗像,为馆徽原则,方式俟专家打样后再行决定,余案从略。"(《时事新报》1933年2月1日)

　　1月　为《现代学生》题词。

"现代学生 体育救国 蔡元培题(印)"。(《现代学生》第3卷第1期)

　　2月1日　出席中国民权保障同盟执行委员会议,并主持报界记者招待会,宣读抗议非法枪决刘煜生宣言。

"中国民权保障同盟本日为镇江《江声日报》编辑,被江苏省政府主席顾祝同违法枪决一案,于下午三时在华安大厦开会讨论办法,……出席者孙夫人宋庆龄女士、蔡元培、林语堂、伊罗生、陈彬龢、邹韬奋等十人。讨论结果,决先由会中发表中英文宣言,昭告全国,并请政府严办顾祝同。……继由该会在八楼特备茶点,招待本市报界,计到各报社记者四十余人,《申报》总经理史量才亦列席。当由蔡元培主席,首先报告招待原因,宣读宣言文字,继请在座者发表意见,至六时散会。"

是日发表的宣言如下:

"最近江苏省政府主席顾祝同,非法枪毙镇江《江声日报》经理刘煜生,事前并抗拒监察院调查。此一血案,实与北洋军阀在北京枪毙邵飘萍、林白水之暴行如出一辙,全国人民,应予以严重之注意。查人民应享有言论出版之绝对自由权,为近代文明国家之国民应享之权利。就使刘煜生有逸出'自由'范围以外之犯法行为,也应依法交由司法机关审判,行政机关决不能非法拘禁,更不容非法处死。而顾祝同竟滥用其权力,既非法拘禁刘煜生至五月之久,又悍然抗拒监察院之调查,更于抗拒监察院调查之后,进一步非法枪决刘煜生,并查封江声报馆,此种蹂躏人权、破坏法纪之黑暗暴行,已明白证明顾祝同为实质上与北洋军阀毫无二式,亦即为我全国人民之公敌。为维护人权,对于顾祝同之军阀暴行,全国人民应共起而作坚决之抗争。抑且此种极端黑暗之暴行,在我国今日,实不止顾祝同枪决刘煜生一事而已。……本同盟为维护民权,争取民权而组织,对于顾祝同非法枪决刘煜生之暴行,本同盟表示坚决之反对。同时,本同盟认为顾祝同以现任之行政官吏,公然弁髦法律,蹂躏民权,政府如无以裁制此种暴行,实为政府之大羞。本同盟兹谨特向政府提出要求三项:(一)迅将顾祝同及其他有关系负责人员免职,并依法惩办。(二)公布顾祝同所认为'宣传共产'之《江声日报》副刊所刊载诸文。(三)切实保障民权,务使以后不至再有此种同类之事实发生。"(《申报》1933年2月2日)

同日 对报社记者发表关于古物南运必要性问题的谈话。

"记者昨日关于此事,特访中央研究院院长蔡元培氏。据蔡氏谈,古物运沪,平津各界颇有反对者,其理由谓:日军现下尚无实行进占平津之举。古物南运,既使民众惊恐,而沿途苟有散失损坏,尤非保存古物之道,故均加以反对。此项理由,固觉充分,但我人应思日军行动,每属不顾一切,去年一·二八之沪战,突然而作,则其显例。现下平、津日军,虽尚未实行动作,但谁可保证其不有变动?即使日军或有所顾忌,但去岁天津事变之前例,我人又安能保证其不嗾使汉奸与傀儡再度起事?苟有事变发生而后,再谋补救,如何得□?北平故宫古物,及本院所有者,均属吾国数千年来之国粹,若不妥加以保存,后患诚难设想,故宁未雨绸缪,即使苟有损坏,但以全局被夺与损坏小部相较,孰轻孰重?况此次起运,手续异常妥慎,我人作事,应加超然目光观察,若徒拘于事实,必有措手不及之虞。现本院古物,共计一百廿箱,业已运沪,途中一无失散,惟内中有无损坏,则尚未加检视。此项古物,价值实难估计,就中尚有古版书籍与仪器等,在北平时,曾公开陈列,供人参观,运沪而后,亦当同样办理。蔡氏又谓故宫古物,现亦有千余件起运,其中一部,亦将运沪保存,并供各界参观。惟中央研究院地址过狭,故正在另觅相当地点。杨杏佛君现在北平,为民权保障同盟组织分会,并调查监狱事宜,不日即当南返云云。"(《时事新

报》1933年2月2日）

2月3日　与刘湛恩共同主持中华职业教育社专家会议。

"中华职业教育社每年春季有专家会议，讨论一年间社务进行方针，本年为第七届，于昨日假闽行松沪纪念广慈院举行，上午九时开会。出席者有蔡子民、何炳松、刘湛恩、陈选善、韦悫、邹秉文、黄朴奇、王志莘、廖茂如、陶知行、李公朴、黄任之等三十余人。公推蔡子民、刘湛恩二君主席。首由江问渔报告该社最近事业状况。……次由贾佛如、潘仰尧、吴宋紫云诸君分别报告各部分试验事业之实况及推进方法，颇为详尽。"（《申报》1933年2月4日）

同日　出席东北协会成立会。

"吴铁城、张公权、林康侯等，鉴于东北问题之严重与关系之重大，发起组织东北协会，筹备数月，于昨日下午四时，假座八仙桥青年会九楼，由吴铁城主席，通过章程，推举理事，……到会者有蔡元培、许世英、王一亭、褚辅成、章士钊、吴铁林、林康侯、史量才……及各界领袖、报社记者百余人。"（《申报》1933年2月4日）

2月6日　主持中国民权保障同盟第六次执行委员会议。会议讨论营救因参加抗日活动而被捕的工人、学生等。

"中国民权保障同盟总会临时执行委员会，因所接各方面呼吁函电甚多，特于二月六日下午四时举行第六次会议，由蔡元培主席，通过要案甚多。兹分记如下：（一）该会总干事杨杏佛报告北平分会成立之经过，及该会代表在平视察监狱情形，并以书面转达分会会员大会之决议案，即本会主张危害民国紧急治罪法应立即废止，并主张在刑法以外之种种侵害人民权利之〔暂〕行法，应即废止，并请执委努力，以达目的。当议决接受平会议决案，并推定专家，根据法理事实，起草抗议书。（二）宣读北平市政府关于营救在平被捕抗日学生之复文。议决，推举在平会员三人，调查因抗日被捕尚未释放之学生姓名、被禁地点，以便继续营救。（三）北平市邮务工会来电，请营救在平抗日被捕之邮工十三人。议决，函平分会调查营救，并复函交部，请查明释放及惩戒邮务长。（四）北平民众抗日救国总会函请营救在天桥抗日会被捕之二十人。议决，函平分会调查营救。（五）山东旅平同乡冯俊五等函请营救因国民党行动委员会关系，在济南被拘禁之袁春霖等二十余人。议决，兹项组织久已消灭，应函请山东省政府从宽处理，斟酌开释。"（《申报》1933年2月8日）

2月7日　为《吴了邨楷书陶诗》题二绝。

"（一）镌金勒石溯先唐，絜净雄浑各擅扬。嬗到柔毫能逼似，古人真合善刀藏。

（二）画革旁行充都市，独敦古处率天真。缶翁不作农髯死，海内嘤求复几人。

了邨先生既以旧临金石文字送中央研究院保存，近又重临一通，至可宝也。因题拙句,即希弢正。

二十二年二月七日 蔡元培"。(《了邨楷书陶诗》商务印书馆1935年3月出版)

2月8日 与宋庆龄联名致电南京政府交通部,要求电平当局释放被拘邮工,并严惩邮务长。

"南京交通部朱部长鉴:顷据北平邮务工会函称,平邮务长巴立地,于一月二日勾结军警,将该会抗日会执委十一人拘禁,迄今未交法院,亦不释放。查邮工即为国民,何能罪其抗日,人权载在宪法,尤不应任意蹂躏,务望即电平当局释放被拘邮工,并惩办滥使职权之邮务长巴立地,以重民权。中国民权保障同盟正副主席宋庆龄、蔡元培。庚。"(《申报》1933年2月10日)

同日 与宋庆龄联名致电韩复榘,要求对被拘之袁春霖等即予释放或交法院公开审判。

"济南韩主席勋鉴:据山东旅平同乡冯骏五等曰称,其朋友袁春霖、徐哲、刘芳兰、辛人立、沈子安、吕洪滨、赵天泽等二十余人,因参加国民党行动委员会嫌疑,于去年三四月间,在山东被捕,迭被严刑拷讯,至今尚关押于军法会审委员会。查所谓国民党行动委员会,久已消灭,因此案被拘之袁春霖等,务望即予释放或交法院公开审判,以重人权而张公道。中国民权保障同盟主席宋庆龄、蔡元培。庚。"(《申报》1933年2月10日)

同日 致函最高法院院长居正(觉生),为赵汉卿案说情从宽结案。

"觉生院长大鉴:径启者,赵汉卿与蒋埏定同车赴杭,有贩鸦片嫌疑,经杭州高法院判决不服,闻已向贵院上诉在案。查赵汉卿平日尚有职业,此次是否与蒋同谋,尚望秉公审理,如查无通同实据,还请从宽结案为感。……蔡元培敬启 二月八日"。(《致居正函》同日)

2月9日 对记者发表谈话,称中国民权保障同盟,"不能谓为非法"。

"自孙夫人宋庆龄女士及蔡元培等,发起组织民权大同盟后,国人对此组织,极为同情。但该同盟北平分会,于上月三十日成立,北平市党部即分函市政府等,认为非法组织,请勿接受该会任何要求。记者昨为此事,特在中央研究院访该同盟副主席蔡元培氏,询以对此事所持态度。据谈各次本同盟之组织,实为根据约法所予人民之权利,本同盟组织之目的,为保障人权,促进法治,宗旨纯正,态度光明,绝对不能谓'非法',反之,凡一切反对本同盟之主张,则恰为'非法',再就事实论,当北平市党部致函市政府,否认本同盟北平分会之同日(一月三十一日),为营救北平抗日青年事,本同盟亦已接得北平市政府之正式复函,则本同盟之已被认为正大而合法之组织,事实上亦已毫无可疑。"(《申报》1933年2月10日)

同日 函请任鸿隽(叔永)、杭立武为何荫棠搜集资料。

六、大学院院长及中央研究院院长时代(1927—1940) 1079

"叔永、立武先生大鉴：径启者，何君荫棠，现在美国哥伦比亚大学师范学院修业，专研究美、比、英、法、意、日、俄各国退还庚子赔款与吾国教育事业问题。其中关于俄国部分材料，尚未搜齐，嘱为转达执事，酌予抄寄。兹将原来清单寄上。……蔡元培敬启　二月九日"。(《致任鸿隽、杭立武函》同日)

"荫棠先生大鉴：接手书，承嘱设法调查庚子赔款美国、俄国部分材料，已转函任叔永、杭立武两先生，请其直接抄寄矣。……蔡元培敬启　二月九日"。(《复何荫棠函》同日)

同日　致函朱家骅(骝先)，请为夏宗法谋求招商局宁波分局职务。

"骝先先生部长大鉴：径启者，夏君宗法，前由弟介绍于台端，请任以招商局宁波分局长之职，承复书允以见到刘总经理时当为一言，甚感栽置。夏君于宁波家乡情形较为熟悉，舆情定可妥洽。还希转嘱刘总经理早与实现，俾得服务，不胜企盼。谨再为函达，惟察夺为幸。……蔡元培敬启　二月九日"。(《致朱家骅函》同日)

2月10日　力主故宫古物，暂先运沪。

"稚晖先生大鉴：闻故宫古物到浦江后，忽接中央政治会议命令不准过江，并有即运洛阳之说，宋子文进京争之无效。查洛阳并无可以寄顿古物之设备，军警亦太单薄，且有此挫折，恐此后各批将无法起运。前次中政会议先生未到，应如何设法补救，使此批古物不向洛阳而向沪，务望迅速进行。……弟元培敬启　二月十日"。(《致吴稚晖函》同日)

"稚晖先生大鉴：昨骤闻故宫古物迁洛阳系出于中央政治会议之决议，以洛阳既无保险之建筑，尤无充分之军警，恐不妥当，曾奉函求挽救之策。该函送丁福保先生请转致。渠言先生尚在南京，而报纸上又说迁洛之议，发起于溥泉先生，敢请先生就近与溥泉先生共商转圜，暂先运沪。……弟元培敬启　二月十一日"。(《致吴稚晖函》同月11日)

同日　出席中华口琴会聚餐会，并有演讲。

"中华口琴会于前晚七时，假座华安八楼举行聚餐大会，到该会赞助人蔡元培、王晓籁、潘公展、顾毓琦等诸先生，及各报记者及男女会员约二百余人。前由主席王勋会长致开会词，并报告二年来会务经过之情形及今后发展之计划，继为蔡元培、王晓籁、潘公展等之演讲。"(《申报》1933年2月13日)

2月11日　国民党南京市党部电请国民党中央解散民权保障同盟。

"京市党部十一日开执委会，决议：蔡元培、宋庆龄等擅组民权保障大同盟，发表宣言，妄保反革命及共党要犯，实破坏本党威信，有乖中委职权，应请中央解散该非法组织，并以蔡宋等以警告。本会并通电全国，一致主张。"(《申报》1933年2月12日)

同日　致函湖南省教育厅长朱经农，请给予湘乡私立春之中学办学补助费。

"经农先生厅长大鉴：径启者，湘乡蒋氏私立春之中学，颇负时誉，已荷省政府给予补助费在案。近年该校扩充设备，又因农村经济动摇，私人亏累颇巨，闻已照章程请晋级补助。倘蒙察其校政果有成绩，还希量予照准，俾得维持，不胜感荷。特为代达，诸候酌裁。……蔡元培敬启 二月十一日"。（《致朱经农函》同日）

同日 致函铁道部长顾孟馀（梦渔）、次长曾仲鸣，为留法学生魏秉俊申请实习补助费。

"梦渔先生部长、仲鸣先生次长大鉴：径启者，留法学生魏秉俊，现在巴黎道北路工程部实习，为此恳请补给实习费一年，遵奉贵部批示，将在学与作工成绩，及一切证明文件，呈核办。于去年九月十二日由驻法公使馆寄送，迄今未奉部令，颇深遑急，嘱为转询。兹将原函转奉，还希察裁办理，酌予补助为感。……蔡元培敬启 二月十一日"。（《致顾孟馀、曾仲鸣函》同日）

2月13日 与林语堂联名致函胡适，说明《北平军委会反省院政治犯 Appeal》一文的写作与发表经过。

"适之先生大鉴：迭接本月四日、五日两函，以此事关系太大，非开会调查不可，故由语堂以交与会议之办法先奉告。昨午后开会提出尊函。同人等以为李肇音一函，此间均不知为何人所发，其冒充尊寓等荒谬之行为，请先生就近彻查为便。彼所称河北第一监狱政治犯致中国民权保障同盟北平分会函稿，尤以由北平分会彻查为善也。至《北平军委会反省院政治犯 Appeal》一篇，确曾由史沫特列女士提出会议。在史女士确认为自被拘禁人辗转递出之作，而同人亦以此等酷刑，在中国各监狱或军法处用之者，本时有所闻，故亦不甚置疑。当开会时尚未得有先生及杨、成二君调查北平反省院之消息，因亦未想到先询其确否于先生等，即由会中委托史女士写英文缘起，陈彬龢君写中文缘起，分别送寄中西文各报登载。但中文本因有新闻检查处之阻力，均未登出。而英文报则间有采载者。故此文若不宜由本会发表，其过失当由本会全体职员负责，决非一二人之过，亦决非一二人擅用本会名义之结果也，务请勿念。至尊函称有人专做捏造的文稿，我等尚是首闻，如将来再收到此种文件，自当审慎考核，不轻发表。……蔡元培、林语堂敬启 二月十三日"。（《复胡适函》同日）

2月15日 为刘海粟作《中国画苑》《西洋画苑》撰写序言。

"中国习图画之术已数千年，西洋图画之输入亦已数十年，而为有系统之介绍者尚少。刘海粟先生素以'艺术叛徒'自命，所作皆表现个性，迥绝恒蹊。兹应中华书局之请，编成《中国画苑》《西洋画苑》各两册，记事插图，钩元提要，虽不能不发挥其个人之特见，而于每一时期中适应时期之名家与杰作均不没其优点，使读者不至为编者一人之意见所囿，诚善本也。并附有海粟先生作品两册，更使读者得前后互相验证，而悟其得力之所自焉。 二十二年二月十五日 蔡元培"。

"海粟先生大鉴:命题大编画册,已脱稿,抄奉,请正之。……弟元培敬启 二月二十日"。(《致刘海粟函》同日)

2月17日 英国文豪萧伯纳夫妇到上海,与宋庆龄、杨杏佛等欢迎、接待。

"英国大文豪萧伯纳氏夫妇,乘昌兴公司之英国皇后轮,作漫游世界之旅行。该船昨晨六时由香港驶抵吴淞口,萧氏转乘孙夫人宋庆龄女士等乘往迎迓之海关小轮,十时三十分在杨树浦兰路码头登陆,……萧氏偕孙夫人等登岸后,先赴外滩乔理查饭店,与同时来沪各游历团团员相见,稍作寒暄,即赴亚尔培路访中央研究院院长蔡元培。十二时赴孙宅,应孙夫人午宴,用中式菜馔。陪坐者为蔡元培、杨杏佛、林语堂、伊罗生等。下午二时许,此白发银须、精神矍(矍)铄之大文豪,偕林语堂、蔡元培、杨杏佛诸氏,戛然由孙宅而出,面带笑容,登车赴世界学院,应笔会之招待。"(《申报》1933年2月18日)

"午后汽车赍蔡先生信来,即乘车赴宋庆龄夫人宅午餐,同席为萧伯纳、斯沫特列女士、杨杏佛、林语堂、孙夫人等,共七人。饭毕照相二枚。萧、蔡、林、杨往笔社,约二十分后复回孙宅。"(《鲁迅日记》同日)

与鲁迅、萧伯纳在中山故居合影(1933年2月)

同日 为《全国出版物目录汇编》一书题签。

"生活书店最新编行:《全国出版物目录汇编》,蔡元培题"。(《申报》同日)

2月18日 出席中国参加芝加哥博览会征品展览会开幕礼。

"中华民国参加芝加哥博览会征品展览会于昨日下午二时,在白利南路九四七号中央研究院举行开幕典礼,展览时间至三月五日为止。正午陈委员长宴请全体筹备委员。……行政院长褚民谊(行政院长系行政院秘书长之误)。中央委员王正廷、柳亚子,蔡元培夫妇,美国商务参赞安乐德,上海市长吴铁城,市商会主席王晓籁,中央研究院副院长杨杏佛等各界人士约五百余人,而参观者达二千人以上。"(《申报》1933年2月19日)

同日 应邀在上海中华基督教青年会作《民权保障之过去与现在》的讲演。

"本埠八仙桥青年会学术讲演会,特请蔡子民先生,于今晚七时在该会演讲,讲题为《民权保障之过去与现在》,各界可自由前往听讲。"(《申报》1933年2月18日)

2月20日 出席中山文化教育馆筹备委员会第五次会议。会议讨论该馆正式成立的时间、地点等问题。

"中山文化教育馆筹备委员会,昨日下午四时在莫利爱路十号举行第五次筹备委员会。出席者叶恭绰、杨庶堪、史量才、陈彬龢、蔡元培、马超俊、郑洪年、伍朝枢、薛笃弼、黎照寰、吴铁城、李大超等十二人。主席叶恭绰。……讨论事项:(一)本馆成立日期案。决议,三月十二日,在南京陵园管理委员会举行。(二)本馆馆址案。决议,先行租用,一面购地建屋。(三)拟订基本事业计划案及规章案。决议,基本计划印发各发起人征求意见。(四)上次所拟馆徽因不适用应如何规定案。决议,公开征求,酌给奖金,至六时散会。"(《申报》1933年2月21日)

2月21日 在上海八仙桥青年会上的讲演词——《关于民权保障》——刊出。(上海《新闻报》同日)

2月23日 被推为中国参加芝加哥博览会征品审查委员会主席,并于本日召集第一次审委会议。

"芝博征品审委会今日开会。……该会聘请各组审委六十余人,组织审查委员会,并推定蔡元培为审委会主席。闻蔡氏昨已发出请柬,邀请全体审委于今日下午四时举行茶会,同时开第一次审委会议,讨论审查标准及进行办法等问题。"(《申报》1933年2月23日)

同日 出席亚洲文会新屋落成典礼,并有演说。

"博物院路亚洲文会新屋,业于昨(二十三日)晚五时举行正式落成典礼,先由会长卜舫济欢迎来宾后,即请工部局总董裴尔主礼,宣告落成开幕,嗣请蔡元培、伍连德两博士相继演说,遂由毛根代表该会致谢捐款诸君。"(《申报》1933年2月25日)

2月24日 召集参加芝加哥博览会征品审查委员会各组主任会议,讨论征品审查办法。

"我国参加芝城博览会筹备委员会,昨日又开常会,决议组织赴美观光团,征品展览,将招待各界。……征品展览会以此次承各界热烈赞助,因定明日下午三时,在会场招待各界,举行盛大茶会,藉以答酬,昨已发出请柬五百余份,届时当有一番盛况。又审委会前日推定各组主任后,主席蔡元培氏定今日下午邀请各组主任,讨论审查办法。"(《申报》1933年2月25日)

2月27日 主持召开上海美术专门学校董事会议。

"上海美术专门学校于前日下午七时,假银行公会举行校董会。由主席校董蔡元培召集,并欢迎新校董孙哲生、吴铁城、陈公博、梁寒操、曾仲鸣、潘公展。出席校董有蔡元培、吴铁城、钱新之、叶恭绰、孙哲生(黎代)、王一亭、江问渔、王晓籁、高鲁、刘海粟。来宾王云五、郑洪年、沈信卿、黎照寰、李大超及该校前校长王济远等。由蔡主席致词欢迎新校董及报告开会宗旨。略谓美专负有发扬我国固有文化,吸收域外新艺之使命,社会责望甚殷。二十年来虽规模粗具,同人等不敢以此自满,应继续努力以促社会进化,现以原有校舍不敷应用,拟于徐家汇基地修建新校舍及美术馆,以树文化基础。次由刘校长海粟报告校务现状及今后进展计划。并由蔡主席亲书筹建该校新校舍及美术馆启,提出朗诵,一致通过。……"(《申报》1933年3月1日)

2月28日 与宋庆龄联名致电胡适,指出"释放政治犯,会章万难变更",违背者,"惟有自由出会"。

"北平米粮库胡同四号胡适之先生鉴:养电未得遵复。释放政治犯,会章万难变更。会员在报章攻击同盟,尤背组织常规,请公开更正,否则惟有自由出会,以全会章。盼即电复。民权保障同盟会宋庆龄、蔡元培。俭。"(《致胡适电》同日)

2月 撰挽张相文(蔚西)联。

"硕学重江淮,锐力典坟,更喜楹书传梓舍;直言满南北,有功党国,只怜反服在椿庭。"(《南园丛稿》1933年印)

同月 致函叶恭绰(玉甫),并寄黄氏五桂楼书目一册。

"玉甫先生大鉴:前、昨迭奉两函,均为柏林美展事,想荷鉴及。顷接谷伯旸君函,并寄来黄氏五桂楼书目一册,询先生何时往阅,兹一并奉上,书目中都是普通书,又未注明版本。忆先生前以其非梨洲后人,曾无意往阅。看书目后,感想何如?……弟元培敬启"。(《致叶恭绰函》同月)

同月 为顾鼎梅编《物理器械实验法及其原理》一书题词。

"鼎梅先生大鉴:奉惠书,并赐《物理器械实验法及其原理》一册。此种教本,不惟于营业上有推广之力,特别于教育上可以引起实验之兴趣,甚善。别纸题数字,奉上备采。……弟元培敬启"。

题字:"普及常识,提倡实验。"(该书 上海科学仪器馆 1933年2月印)

同月 为陶百川主编《中学会考指导丛书》题写书名。

"《中学会考指导丛书》,二十二年,蔡元培题"。(《申报》1933年2月10日)

3月1日 写作《萧伯纳有老当益壮的感想》一文。

"萧伯纳年已七七,须发皓然,而言语爽利,举动轻便,毫无老态。但在前日闲谈中,自言:

'初入老境时,大家觉得萧老了,不必再看他的作品了;到了现在,又觉得萧老而益壮,又要看他的作品了。'他虽然不大喜欢作庄语,然而这两句话,似乎出于真的感想。

我们的文学家,常有'才尽'或'老年颓唐'等评语,老年作品的减色,容或有之;但萧氏的近作,却还没有听到'逊色'的评判。我想他的两句话,是读者心理的状态。美学的试验,知道吾人对于最新的美的接触,有两种态度:〔学〕惊其新奇而诧为尽美,或嫌其格格不相入而斥为非美。但此斥为非美的对象,若屡屡接触,则渐与相习,而认识其美点,此为第一转变。若久与之习,则又不觉其美,如入芝兰之室,久而不闻其香,此为第二转变。萧氏所说'不必看他作品'的话,当是读者心理上第二转变时期的状况。然后来看他倔强犹昔,不觉又引起好奇之心,加以萧氏游俄以后,能言人所不敢言,尤足引起同情,故又转而欢迎他的作品了。"(《论语》杂志第12期)

同日 报载中国政府决定不参加芝加哥国际展览会的消息。

"……美国芝加哥展览会本年六月开幕,我国征集展览物品,已搜集完毕,并在沪开征品预赛会,备赴美参加,并派定郭威白赴美监造馆屋。二月十八日行政院会议时,对此事提出讨论,经长时间商议结果,以经费困难,国难日深,决停止参加,由外、实两部婉电美国,声述原委。"(《申报》同日)

3月2日 往访行政院秘书长褚民谊。

"行政院秘书长褚民谊,于昨日上午八时许由京到沪,当即乘车返亚尔培路私邸休息。中央研究院院长蔡元培氏,于十时十五分往访,谈约二十分钟即辞出。"(《申报》1933年3月3日)

3月3日 出席中国民权保障同盟临时中央执行委员会会议。会议决议开除胡适会籍。

"中国民权保障同盟临时中央执行委员会昨日开会,议决开除该会会员胡适之。其开除原因,闻系缘胡氏在中外各报所发表关于保障民权之根本原则,与该同盟会章不符,且胡氏曾对该同盟作毫无根据之攻击,该同盟曾发两电,要求胡氏公开更正,至开会时尚未得满意答复之故。同时,中国民权保障同盟并且重新申明该会之原则,而尤注意于胡氏所反对释放政治犯一条,该同盟认为政治犯之释放,与人权之运动,在原则上不得分离云。"(《申报》1933年3月4日)

同日 与宋庆龄联名致电云南省政府主席龙云,要求释放清华大学毕业生陶国贤。

"云南省政府主席勋鉴:清华大学毕业生陶国贤,三年前因国家主义青年党籍入狱,至今未释。国难日亟,青年可用,望即释放,以重民权。中国民权保障同盟正副主席宋庆龄、蔡元培。"(《申报》1933年3月4日)

同日 原拟赴美参加展览征品审查工作结束,特举行宴会答谢各审查委员。

"……征品展览会则因原订闭幕期届,决于今晚闭幕。审委会已审查完毕,主

席蔡元培特于今晚宴请全体审委,以资答谢。"(《申报》1933年3月4日)

"昨晚七时,出品审查委员会主席蔡元培氏,以审查工作结束,并讨论是否继续审查合格各品,以便发奖问题,特在华安八楼欢宴全体审委。出品人员方面闻讯,即推定王松游、吴广智等为代表,拟乘此时机,前向各审委请愿协助,要求继续赴美参加。"(《申报》1933年3月4日)

3月4日 报载宋庆龄、蔡元培发电严诘胡适发表《民权的保障》一文,并开除其会籍。

"胡适前发表《民权的保障》一文,主张释放政治犯,并提议四原则。沪民权保障同盟总会及宋庆龄、蔡元培颇不满,曾来电严诘。胡复称,此文系以个人资格发表,总会不能因为彼为一会员即剥夺其个人在会外发言权。胡并表示自动退出,不料沪总会先将彼开除会籍。"(《申报》1933年3月5日)

3月5日 为赴美参展,出品人自组成立"出品协会",推定蔡元培等十五人为理事。

"出品协会成立。中央停止参加芝博后,出品人决自组协会,赴美参展。昨出品协会已宣告正式成立,并推定蔡元培等十五人为理事,何炳贤等八人为各组正副主任。征展会于昨晚七时闭幕,今日已登报公布。"(《申报》1933年3月6日)

3月7日 出席中山文化教育馆筹备会议,讨论成立后之工作计划及修订章程等。

"中山文化教育馆以成立在即,昨日下午三时特在莫利爱路十号开末次筹备会议,讨论关于成立后进行之计划并修订该馆章程。出席者有孙科、吴经熊、叶恭绰、史量才、陈彬龢、吴铁城、郑洪年、黎照寰、马超俊、蔡元培、伍朝枢、李大超等十五人。"(《申报》1933年3月8日)

3月12日 中山文化教育馆在南京成立,被推为常务理事。

"中山文化教育馆成立。中山文化教育馆初由林森、蔡元培、蒋中正、孙科诸氏,以及国内社会各界领袖三百余人发起创设,继复由中央政治会议决议月予补助五万元,上海市政府亦年予补助五万元,在优越之物质条件与全国各界热烈赞助之下,准备三阅月,今日已在南京正式举行成立典礼,奠定此一规模宏大之文化机关之基石。"

"中山文化教育馆十二日上午十时,在总理陵园管理委员会开成立会,到中委发起人及来宾三百余人。林森主席,报告开会宗旨,孙科报告筹备经过,次通过章程,……旋决定事业计划大纲,并推定林森等二十九人为理事,蔡元培等八人为常务理事,孙科为理事长。"(《申报》1933年3月12日)

3月14日 与叶恭绰、陈望道、陶知行等一百余人共同发起马克思逝世五十周年纪念会。

"本年三月十四日,是马克思逝世五十年纪念。世界学术界均在筹备盛大的纪念。闻我国学术界蔡元培、叶誉虎、江恒源、张蕴和、章益、陶知行、李公朴、朱铎民、章乃器、李石岑、陈望道、黄任之等一百余人,现亦发起马克思逝世五十周年纪念会,并预备出版数十万言之纪念册云。兹觅得该会缘起如下:

卡尔·马克思于一八八三年三月十四日逝世,今年适为其逝世五十周年。在此短促之五十年中,马克思之学说所给予世界之影响,至为重大。而五十年世人对于马克思,无论其为憎为爱,为毁为誉,而于马克思之为一伟大之思想家,为近世科学的社会主义之始祖,则殆无人否认。迩年来,我国以反对共产党之故,辄联而及于马克思之思想与学说,寝且言者有罪,研究者亦有罪,此种观念,极应打破。何也?一种思想之产生,一种学说之成立,断非偶然之奇绩。吾人如能基于纯正研究学术之立场,则无论为符合或为反对,但于此种思想、学说,都应切实研究,唯研究乃能附和,亦惟研究乃能反对,盖真理惟研究乃能愈益接近也。……同人等今基于纯正之研究学术立场上,发起纪念马克思逝世五十周年会,一以致真挚之敬意,于此近代伟大之思想家,同时亦即作研究自由、思想自由之首倡,并打破我国学术界近年来一种思想义和团之壁垒,是为启。

发起人:蔡元培 叶誉虎 江恒源 张蕴和 章益 陶知行 李公朴 朱铎民 章乃器 李石岑 陈望道 黄任之等一百余人"。(《申报》1933 年 3 月 13 日)

"马克思纪念,昨日临时戒备。我国学术界以马克思逝世五十周年纪念系三月十四日,特开纪念会,并有名人讲演。"(《申报》同日)

北京大学马克思学说研究会会员合影(1921 年)

同日　应邀在上海中华基督教青年会作《科学的社会主义概论》公开讲演。

"……闻八仙桥上海青年会智育部同时举行科学的社会主义讲座,于本月十四、十五两日,每晚七时至九时,公开讲演。讲员已请定蔡元培、李石岑、章乃器、陈

望道等云。"(《申报》1933年3月13日)

"本埠中国青年会鉴于适值马克思逝世五十周年纪念之时,特举办科学的社会主义讲座,以供学术界之研究,其讲题及演讲日期规定如下:(一)三月十四日下午七时,蔡元培讲《科学的社会主义概论》。(二)三月十四日下午八时,章乃器讲《科学的社会主义经济》。……"(《申报》同日)

3月17日　函复胡适,谓已觉悟民权保障同盟不足有为,"当逐渐摆脱耳"。

"适之先生大鉴:奉四日惠函,知先生对民权保障同盟'不愿多唱戏给世人看',且亦'不愿把此种小事放在心上',君子见其远者大者,甚佩甚感。弟与语堂亦已觉悟此团体之不足有为,但骤告脱离,亦成笑柄,当逐渐摆脱耳。承关爱,感何可言。……弟元培敬启　三月十七日"。(《复胡适函》同日)

3月18日　通知召开中国民权保障同盟会员大会。

"蔡元培、林语堂等发起之民权保障同盟会,定本日下午四时假八仙桥青年会举行会员大会,通过及修正各项简章细则等类,并切实讨论以后会务进行。其通告各会员函云。

径启者:兹定于本月十八日(星期六),准下午四时,假座八仙桥青年会九楼举行会员大会,务请拨冗出席讨论会务,以利进行为荷。专此顺颂　台安　蔡元培　林语堂谨启"。(《申报》同日)

同日　汪精卫到访,畅谈半小时许。

"行政院长汪精卫氏……于今晨九时三十分,由亚尔培路褚宅驱车赴愚园路访蔡元培氏,畅谈半小时许。"(《申报》1933年3月19日)

同日　为全国三十余名教育家合编《学生指南》一书题赞语。

"上海勤奋书局延请全国教育专家所编辑之《学生指南》一书,……蔡孑民氏赞美内容曰:《学生指南》一书,罗列各种求学之方法,而于读书、运动、卫生,以至毕业以后之择业,亦陈其利弊,便读者得选定一种之计划,循序渐进,张弛均有标准,及不致为欺人贸利之学校所引诱,并不致为忍心害利之野心家所利用,诚可谓爱学生以德,而成学生之美者矣。"(《申报》1933年3月18日)

3月21日　出席中山文化教育馆常务理事会第一次会议,被推为该馆设计委员会委员。

"常务理事会第一次会议,时间:二十二年三月二十一日下午三时,地点:上海莫利爱路十号。出席者孙科、蔡元培、郑洪年、史量才、黎照寰、叶恭绰、吴铁城、马超俊、李大超。"讨论事项十件,其中第三种为"组织设计委员会案。议决,请蔡元培、伍朝枢、叶恭绰、杨庶堪、史量才、戴传贤、郑洪年、王云五、黎照寰为本馆设计委员,设计本馆初步工作"。(《中山文化教育馆成立周年纪念刊》)

3月27日　致函中英庚款管理委员会委员长朱家骅(骝先),转达林森(子超)

要求拨款补助孙中山陵园建设经费。

"骝先先生大鉴：顷奉林主席函开，陵园建设，基础渐固云云，至当提出讨论，甚望通过，按月照拨等语。盖误以弟为中英庚款委员会委员。除向林主席声明外，特为函达左右，还希于开会讨论时，深切注意，不胜感幸。……蔡元培 杨铨敬启 三月二十七日"。(《致朱家骅函》同日)

"子超主席钧鉴：顷奉示谕，以陵园植物园经费支绌，已由陵园管理委员会函请中英庚款管理董事会拨款补助，嘱开会讨论时予以通过。……自当设法助成。惟元培、铨均非中英庚款管理董事会董事，现已将尊示转达该会委员长朱骝先君，请其切实注意。恐劳注念，先此奉闻……蔡元培 杨铨敬启 三月二十七日"。(《复林森函》同日)

3月28日 主持中国考古会第二次筹备会议，讨论该会宗旨及成立之意义。

"《中国考古会之发起》。金石家、顾鼎梅、关百益、田玉芝联合滕固博士及艺术家刘海粟、王济远所发起之中国考古会，于第一次筹备会议后曾邀请海内专家加入。昨日在辣斐德路海庐开第二次筹备会议，到蔡元培、叶恭绰、刘体智、刘海粟、关百益、田玉芝、顾鼎梅、王济远、滕固等。公推蔡元培主席，王济远记录。讨论创立是会之意义，以搜考历代遗物发扬吾国文化为宗旨。议决：(一)本会名称应改为中国考古会。(二)成立日期拟定四月内。"(《申报》1933年3月29日)

同日 函告白仁德前留德学生 Hung Tscha 在上海的住址。

"白仁德先生大鉴：接奉大函，嘱探前留德学生 Hung Tscha 君中国姓名及地址，照拼音看来，疑是蔡鸿，曾在法国习医学，又曾到过德国，现寓上海静安寺路八百八十二号，究竟是否此人，还希直接函询。专此奉复……"(《复白仁德函》同日)

3月30日 出席中国民权保障同盟临时执委会议。会议邀请著名律师吴凯声出席，讨论为"罗、余、廖二案"辩护事宜，并决定发表宣言。

"中国民权保障同盟，为今日法院开审罗、余、廖共产嫌疑二案，特发宣言，唤起国人注意。吾国为农工运动及反对帝国主义奋斗而被拘禁私刑杀戮者，已成司空见惯之事，此则本同盟所迭经抗议者。本同盟临时执行委员会特为此案，于昨日上午开会讨论，并邀请沪上著名律师吴凯声博士，出席商议。此案辩护事宜，业由蔡元培、宋庆龄委托吴律师负责处理。三月二十八日，罗登贤、余文化、廖承志三人，由间谍之报告被捕，依报章所载，其罪状为加入共党及工会运动。罗余二人于寓所逮捕，而廖则于数小时后，竟因偶尔投访，同遭拘禁。三月二十四日，又有陈广亦因密探之报告被捕，同时有陈女士(据称系陈广之妹)于陈被捕之后偶住陈屋，亦被扣留。陈广之罪名为"江西共产军第十四军军长"，惟据确息，二陈之被捕，皆无丝毫证据。陈广寓所以前曾寓之五处，均经搜查，未得任何证据，而罗、余、廖所犯行为，亦不过二人偶语,第三者跨进房中而已。综观各案,唯一之证据,为间谍之报告,或故人之告密,揆之法理,人证必有人证之资格,证明非挟嫌报怨者,始得谓平,若据空言可入人于罪,则吾国民之前途,尚堪过问耶。且犯罪者有犯罪行为,始可定罪。即使被告为共产党员,或曾参加反帝或工人运动,亦非法律所不许,苟无特别行动,应即立刻释放。盖信仰自由,屡载约法,为吾民所必争之权利。吴律师今日出庭,即将阐发此点法理,至目前所争,尤为诸被告引渡问题,然被告既无证据,即逮捕之理由不足,不但引渡不成问题,超过二十四小时以上之拘留,亦系显违法规。在此国难期间,欲言御侮,国人必有反对帝国主义之自由,不应对于努力此项工作者反愈加压迫,致伤元气,吾民应速自觉悟,奋起力争,而要求罗、余、廖及其他一切政治犯之释放,尤为第一要图。关于出庭辩护律师,除吴凯声律师外,尚有马常律师……。此诸律师皆将根据法理,为民权保障之奋斗也。"(《申报》1933年3月31日)

3月　撰写《中山文化教育馆设计管见》。(蔡元培先生手稿)

同月　为《无线电杂志》题词。

"无线电杂志　应用科学　传播美术　蔡元培题(印)"。(《无线电杂志》第2卷第1期)

同月　为《医药导报》题词。

"医药导报　十全为上　蔡元培题(印)"。(《医药导报》第1卷第2期)

4月1日　主持上海美专新校舍筹建委员会成立会,确定进行工作日期。

"上海美专自校董会决议筹建新校舍及美术馆委员会后,推定蔡子民、孙哲生、吴铁城、钱新之、叶玉虎五人为主席团。前日(一日)下午七时,由主席团召集全体委员,假本埠香港路银行公会举行成立大会。到蔡元培、吴铁城、文鸿恩、袁履登、王震、顾树森、李大超、孙科、黎照寰、褚民谊、吴凯声、钱新之、王晓籁、王济远等。首由主席蔡子民报告,继即确定进行日期,推定队长四十人,当由吴市长提议每队担任募款五千元。……"(《申报》1933年4月4日)

4月2日　为营救罗登贤、余文化、陈广、陈淑英等四人,与宋庆龄联名致电南京行政院院长及司法行政部长。①

"南京行政院汪院长、司法行政部罗部长勋鉴:世日,沪特两法院判决移提共产嫌疑罗、余、陈、陈四人,东晚,由公安局解京。罪证既不成立,移提久禁,已属违法。务望力争由正式法庭审判,勿用军法刑讯,以重民权,而保司法独立。伫候电复。宋庆龄、蔡元培。冬。"(《申报》1933年4月4日)

4月3日　出席民权保障同盟执委会及该会上海分会联席会议。会议成立营

---

① 陈淑英也曾写作"陈藻英"。

救政治犯委员会,并为其委员之一。

"中国民权保障同盟全国执行委员会及上海分会,昨日下午四时在亚尔培路三三一号开联席会议。到孙夫人宋庆龄女士、蔡孑民、杨杏佛、陈彬龢、王造时、郁达夫、胡愈之、吴迈、伊罗生等三十余人。杨杏佛主席,即由杨氏报告营救廖承志、罗登贤、余文化、陈广、陈淑英五人之经过,现除廖承志交保释放外,余四人已于日昨解京云云。旋决议推派代表四人晋京,再为设法营救,即当场票选孙夫人、杨杏佛、沈钧儒、伊罗生四人为代表。提议组织营救政治犯委员会,票选结果:孙夫人、蔡孑民、杨杏佛、吴凯声、王造时、沈钧儒、陈彬龢七人当选为营救政治犯委员会委员。决议改组宣传委员会,决议加推彭文应、王启煦、伊罗生三人加入该会。"(《申报》1933年4月4日)

同日 出席鸿英教育基金董事会成立会,被推为董事会主席。

"上海实业巨子叶鸿英,……特设鸿英教育基金董事会,专办图书馆及乡村小学两项。延聘蔡孑民、钱新之、穆藕初等十五人为董事。三日午刻,在上海霞飞路叶宅设宴,邀请董事诸人,餐毕合摄一影,即举行董事会成立会,由叶君报告捐金缘起,及呈奉教部许可之经过。后公推蔡孑民为主席,江问渔为临时记录。行礼如仪毕,由主席起立致词,极端表示佩仰推崇之意,并引叶澄衷、杨斯盛、陈嘉庚三人相比,谓其影响所及于国家社会教育文化前途,固有莫大之贡献,即叶君子孙,受此非常荣誉,传之无穷,较之遗财产于子孙,不可同日而语,且谓叶君指定办理图书馆及乡村教育,尤为救国急务云云。旋请蔡孑民君为董事会主席。"(《申报》1933年4月4日)

同日 函请浙江省建设厅长曾养甫转饬萧山县法院从宽处理丁芳勋、高德常等商民。

"养甫先生厅长大鉴:径启者,萧山南阳镇农民捣毁东岳庙一案,当大众扛偶像经过街市时,有丁芳勋、高德常、高德福等三人燃点香烛,致被疑为暴动嗾使人,押县查办,并封产业。查丁、高等原属安分商民,不过迷信太深,向偶像燃烛致敬,实无嗾使行为。拟请转饬该县从宽处理,其商店及住宅亦即予启封,俾免无辜受累,不胜厚幸。特为函达……蔡元培敬启 四月三日"。(《致曾养甫函》同日)

4月4日 出席中山文化教育馆常务理事会第二次会议。

"常务理事会第二次会议。时间:四月四日上午十二时。地点:上海哥伦比亚路二十二号。出席者孙科、蔡元培、杨庶堪、孔祥熙、王云五、黎照寰、叶恭绰、刘大钧、史量才、李大超。当场议决本馆各部正副主任案。……"(《中山文化教育馆成立周年纪念刊》)

4月6日 分别鸣谢杜庭修、顾燮光(鼎梅)赠书。

"庭修先生大鉴:前接手书,并惠赠《仁声歌集》一册,至荷厚谊。是集多取词旨

晓畅、音调谐婉之作,甚助陶养,特此鸣谢。……蔡元培敬启 四月六日"。(《复杜庭修函》同日)

"鼎梅先生大鉴:前蒙惠赠《物理器械实验法及其原理》五册,图说详明,足以引起实验趣味。况承多帙,尤感厚意,特此鸣谢。……蔡元培敬启 四月六日"。(《复顾燮光函》同日)

4月7日 分别致函新加坡陈嘉庚,福州蒋光鼐、蔡廷楷,广西李宗仁、白崇禧,广东陈济棠等,请助张之江提倡国术训练的便利。

"○○先生大鉴:径启者,张之江先生提倡国术,已历多年,在首都主办国术馆,成绩灿然,各处闻风兴起,咸认为锻炼筋体之良好方法。值此外寇侵凌,凡属国民尤宜注重体育,以为杀敌准备。张先生欲于此时扩大国术训练,特行晋谒有所缕陈,还希晤谈一切,予以提倡便利,不胜感荷,专此介绍。……蔡元培敬启 四月七日"。(《致陈嘉庚等函》同日)

同日 以英文《中央研究院概略》一文应法兰克福中国学院《汉学杂志》约稿。

"前奉大函,承示贵学院《汉学杂志》,拟嘱元培撰关于中央研究院之建造及宗旨一文,甚荷厚意。惟本院已有用英文写印之《中央研究院概略》一册,叙述颇详,似已可应贵杂志之需要。……兹将该书寄奉,即希察入,事冗稽答为歉。此致 法兰克福中国学院友谊联合会 蔡元培敬启 四月七日"。(《复法兰克福中国学院友谊联合会函》同日)

4月8日 出席上海交通大学三十七周年成立纪念会,并有训词。

"国立交通大学工业及铁道展览会,定今日下午七时闭幕。昨为大会第十日,上午九时植树纪念及宣怀花园开幕典礼。十时举行大学三十七周年成立纪念会,……到前校长蔡元培、叶恭绰、孙科,及创办人盛公宣怀哲嗣盛泽丞,校友沈叔逵、徐佩璜及该校师生五百余人。主席黎照寰。行礼如仪。首由主席致开会词,次发给学行优胜奖品,补授毕业证书,继由徐君陶、盛泽丞颂词,蔡元培、叶恭绰、孙科等训词,末奏乐礼成。

前校长蔡元培训词略谓,本人于三十年前负籍于此,五年前曾一长此校,今值三十七周年纪念大会,又能躬奉斯盛,从历史回溯前尘,大有今昔之感。但此三十七年中,交大之形式虽有变更,而其精神则始终一贯,故其一切步骤,未尝有丝毫之错误,确能将中国之需要,从根本上做起。从前中国人之吸收西方文明,只从需要上着想,战时不胜人,则从事于改良器械,结果发现西人除战争利器外,尚有法律、政治,于是乃从而习法政,又发现法政之能良善,全赖教育,于是又从事教育,诚所谓头疼医头,脚疼医脚,只从需要上做去,不在根本上着想,此种方式纯系错误。交大初立时,系仗盛公宣怀之力,当时仅为政治之训练场所,后系欲求斯学发明,非有良好中小学根基不可,于是又先后分设中小学校。厥后知教育为法政之根本,又改师范班。民国以来,曾一度隶属农商部,又改为商业学堂,不久即隶交通部,乃以交通为专门学科,以交通技术为其教科中心,交大之根底于是确立。现在沪校有工程、管理、科学三院,北平有铁道管理学院,唐山有工程学院,学制甚为整齐。目下教部规定,凡得称大学者,须有三学院以上,交大之添设科学院,盖即本此。国人做事,往往注意应用,不根据学理,科学实为各种应用科学之基础,欲发达应用科学,必须注意纯粹科学,交大之突飞猛进,合乎时代需要,殊属钦佩云。"(《申报》1933年4月9日)

同日 函复刘之惠接待晤谈时间。

"之惠先生大鉴:接读手书,知有关于民权保障同盟事见告,甚荷厚意。除星期外,每日上午十一时至十二时,均可晤谈,希查照。……蔡元培敬启 四月八日"。(《复刘之惠函》同日)

同日 致函教育部长朱家骅(骝先),转达湖南省教育厅长朱经农请求调往他省的要求。

"骝先先生部长大鉴:径启者,顷接朱经农先生来函,略谓湖南学校数目较各省为多,而教育经费较各省为少,平时应付,已极困难。乃年来省库支绌,经费又打七折,不但义务教育、生产教育、民众教育无推行之可能,即维持现状,亦不可得。务希转达部中,恳予调往他省,或选人接替云云。近来主办教育,往往苦于经费竭蹶,湖南情形,想早荷洞察。朱经农先生既已无法维持,还希鉴其苦衷,早予迁调,俾得在他处服务,特为函达,惟裁酌施行为幸。……蔡元培敬启 四月八日"。(《致朱家骅函》同日)

4月12日 民权保障同盟临时执委会举行会议,听取赴京营救陈、余、罗等情况的报告。

"中国民权保障同盟临时执行委员会前日开会,接受前派赴京营救陈、罗、余案诸代表之报告,并决定再正式函请汪院长、罗部长,务将陈、罗、余等,移交法庭审判,以重民权。……"(《申报》1933年4月14日)

"民权保障函汪、罗原文。精卫先生、君任先生勋鉴:前因共产嫌疑被捕自沪解京之罗登贤、余文化、陈广、陈淑英等四人,近悉尚拘禁于首都宪兵司令部,闻系由中央党部寄押该处,前承先生电允,依法办理,务盼鼎力,即日移解正式法定,依法办理,以重民权而维法治精神。民权保障前途,实深利赖。专泐。敬颂公安,并候复音。"(《申报》1933年4月15日)

同日 请马祀光代作《第十九路军淞沪抗日及历次阵亡将士公墓刻石词》。

"淞沪一役,顽寇逞凶。洸洸武士,来摧其锋。忠贯日月,气挟云龙。攻坚陷阵,决胆洞胸。谁能无死,死国从容。谁不慕义,义战肃雍。顽廉懦立,响应风从。王黑冢高,苌宏血滢。千秋万古,英爽如逢。"(蔡元培先生抄留底稿)

同日 提倡改良中药。

"中央研究院院长提倡改良国药曰：吾国与欧洲同有炼丹法，欧洲人由此而发明化学，而我国人未能也；吾国与欧洲同有以魔术治病之方法，欧洲人由此而发明依据科学之医学，而我国人则尚未能脱阴阳五行之臆说的医论也。其在应用生物学及药化学方法，与实施医学理论之药物，何独不然，（中略）①欧亚大通，吾国所采用之西药甚多，而西药亦颇有采用中药，且以科学方法实验而证明之者，例如肉桂、大黄、莨菪、龙胆、远志等，久已被采用于外国药典中，近来如麻黄、当归、延胡索、吴茱萸、汉防已等，复以精确之研究，东西洋名医将承认而乐用之，中药也因而尽变为西药者矣。其他在研究中者，尚复不少。日本旧行汉医，近则通采西法，故致力于中药之生物学鉴定及化学分析者尤众。我国学者，又岂能全诿其责于他国人，而不急起直追，以求有所贡献耶。"（《申报》同日）

同日 致函中央大学校长罗家伦（志希），介绍张梽重执教鞭。

"志希吾兄校长大鉴：径启者，北大同学张君梽，前在英国研究经济学，所得甚深。兹拟至京重执教鞭，以收教学相长之效，特为绍介。贵校如需此项教师，还须酌量延揽。如中央政治学校需聘经济学教授，张君亦愿担任，诸惟裁察为荷。……蔡元培敬启 四月十二日"。（《致罗家伦函》同日）

同日 相助傅增湘出售所藏善本书籍。

"沅叔先生大鉴：承惠赠《劳山记》，至为感谢。尊意欲以邮架中所藏善本书一部分，割让于公家，诚为两得之计。容为留意购书机关，日后再行奉告。……蔡元培敬启 四月十二日"。（《复傅增湘函》同日）

4月13日 主持鸿英教育基金会第二次董事会，讨论该会各项细则文件。

"鸿英教育基金董事会，前日（十三日）下午在霞飞路叶宅开第二次会。出席董事蔡元培、叶鸿英、朱孔嘉、高砚云、钱新之、许秋帆、魏文瀚、黄任之、穆藕初、黄金荣、杜月笙、沈信卿、江问渔、朱吟江等十四人，市教育局长潘公展亦莅会。首由主席蔡孑民致词：略谓今日第二次董事会，重在讨论各项细则文件，并因成立会时，教育局潘局长公出，今日特请出席指导。次由教育局长潘公展致词……"（《申报》1933年4月15日）

4月15日 出席中央银行总裁就职宣誓典礼，以国民党中央代表身份致训词。

"新任中央银行总裁孔祥熙氏，于昨晨九时在该行礼堂举行宣誓典礼。国府特派财政部长宋子文氏到场监誓，中央党部代表蔡元培及行政院代表宋子文致训词，该行全体职员均到场参与。由孔氏致答后，十时始散。"

---

① 《申报》刊登时如此。

"中央党部代表蔡元培训词云:今天孔前部长奉令就中央银行总裁之职。中央银行为国家银行,与其他银行之任务不同,与国家前途关系重大。在现状下,其重大之使命,约有三端:(一)救济及复兴农村。我国农村经济,已陷于破产地位,希望孔总裁,以全国金融中枢之力量,设法救济,以求复兴农村。(二)提倡国货。我国国货,迄今仍不能与外货竞争,以致外货充斥市场,金钱外溢,工商业衰落,重要原因,实系限于资力,希望金融界设法扶助工商业之发展。(三)改革货币。政府为统一货币,明令废两改元,草创伊始,全国货币尚未能趋于一致。中央银行负调剂全国金融与硬币供应之责,希望于短时期完成货币统一之使命。至于中央银行为宋部长所创办,过去成绩颇好。各项计划未实行者,希望孔同志继续实行,国家前途,实利赖之,本党有厚望焉。"(《申报》1933年4月16日)

4月16日 致函萧山县县长张宗海,请予以丁芳勋案宽假之词。

"宗海先生县长大鉴:径启者,萧山南阳镇农民捣毁东岳庙一案……除函致曾养甫厅长说明实情,请其从宽处理外,还希执事于查案呈复时,予以宽假之词,俾丁、高得蒙开脱,给还产业,不胜感幸。特为函达,诸维酌裁为幸。……蔡元培敬启 四月十六日"。(《致张宗海函》同日)

4月17日 偕杨铨(杏佛)访会宋子文。

"我国派赴华府出席世界经济谈话会代表宋子文氏,原定今晨离沪,兹改于今午十二时,该轮启碇离沪。……本埠留沪各要人,咸以该会性质重要,特先后访宋话别,并讨论出席机宜。中央研究院院长蔡元培、副院长杨杏佛,于昨日上午偕银行界徐新六往访。"(《申报》1933年4月18日)

4月21日 致函最高法院院长居正(觉生),请予朱曜西案平反。

"觉生先生院长大鉴:径启者,朱曜西被浙江省政府剿匪宣传大队拘捕指为共党嫌疑,经浙高等法院判决不服,已依法向贵院上诉在案。……当案发时,中央党务视察员罗霞夫曾实地调查,称为忠实,不知浙高院何以竟判徒刑?还希执事察验案情,如有冤抑,并望平反,不胜感荷。……蔡元培敬启 四月二十一日"。(《致居正函》同日)

同日 致函浙江省高等法院院长郑文礼(烈荪),请对常山万源盐栈追款案秉公定谳。

"烈荪先生院长大鉴:径启者,常山厚字万源盐栈俞仲记向王庆澜控追收款,经绍法院判令王姓偿还,王姓不服,闻已依法向贵院上诉在案。该盐栈自十八年改定章程,俞、王两姓共同组合,毫无轩轾,并推俞达夫、王庆澜两人为监察,……而俞达夫自己支用栈款甚多。今俞仲记不向俞达夫理论,反责令王庆澜偿还,似未得其平。还希执事察验案情,秉公定谳,不胜感盼。……蔡元培敬启 四月二十一日"。(《致郑文礼函》同日)

同日 分别致函内政部长黄绍竑(季宽)、浙省民政厅长吕芯筹(蓬荪),请协助对两省畲民生活之调查。

"季宽先生部长、蓬荪先生厅长大鉴:径启者,何君联奎为学术上之探讨,有闽、浙畲民生活之调查,已具相当成绩。其中最困难者,为畲民人口及其经济生活数字上之统计,非借政治力量难收效果。素仰执事提倡学术,谅荷赞助。兹附上调查表。还希转发闽、浙省政府、各县政府予以切实调查,填入表内。径寄何君,不胜感荷。……蔡元培敬启 四月二十一日"。(《致黄绍竑函》同日)

4月23日 为上海各大学教职员联合会,推为"保障教育经费独立运动委员会"筹备员。

"上海各大学教职员联合会,于昨日下午二时在大陆商场三○四号新会址举行第四次常务委员会。……议决设立两委员会:(甲)保证文法二科教育运动委员会。推黄宪章、李田中、褚慧增、沈钧儒、李登辉、章骏骑、李恩诏、李作辉、孙寒冰、郭一岑为委员会筹备员,由黄宪章负责召集;(乙)保障教育经费独立运动委员会。推蔡元培、钱新之、郑洪年、杨修芬、翁之龙、褚民谊、徐佩琨、奚玉书、张寿镛、褚慧增、柏文蔚、李恩诏、陈继烈为委员会筹备员,由郑洪年负责召集。"(《申报》1933年4月24日)

4月24日 出席《晨报》家庭服务部开幕典礼,并在会上发表演说。

"晨报家庭服务部,昨午后二时在三马路绸业大楼补行开幕典礼。到者有中央研究院院长蔡子民,中委吴稚晖、熊锦帆,蒙藏委员诺邦乎图克图、陈瑞林、陆仲安、张志让、钱承绪、范守渊、何西亚、孙道胜,共百数十人。首由社长潘公展致辞,次由该部主任徐韫知报告该部组织。嗣蔡子民演说:略谓余尝见美国各学校利用假期及空屋等,设立图书馆,且鼓励民众看书,其办法诚为难得。今日各报妇女、家庭、儿童等应有尽有,与昔日报纸比较,确有进步不少。家庭服务部成立,适当社会需要之时,家庭是社会的要素。《大学》云:家齐而后国治。因为受过教育的家庭,其家庭定井井有条,反是则家庭内常发生不平和现象,社会国家也因而受影响。现《晨报》同人可得各方均顾到,故有办家庭服务部之必要。敬祝前程万里!"(《申报》1933年4月25日)

4月25日 主持中华职业教育社评议会,议决推广职业补习教育等五案。

"中华职业教育社于昨日(二十五日)晚六时,在四马路一枝香菜馆举行评议会。出席者蔡元培、高践四、欧元怀、廖茂如、贾佛如、潘序伦、顾荫亭、陈彬龢、刘湛恩、王志莘、杜重远、朱经农、邹秉文。主席蔡元培。行礼如仪。首由主席致开会词。继报告事项:……议决下列五案:甲、利用学校原有设备,推广职业补习教育。乙、提供农村副业训练。丙、养成职教师资。丁、举行生产教育巡回讲演。戊、普通中学应设实验工厂或农场。……"(《申报》1933年4月27日)

4月26日 中国民权保障同盟召开执行委员会议,议决营救罗登贤、罗章龙等要案。

"中国民权保障同盟临时全国执行委员会,于四月二十六日下午四时会议,议决要案甚多:(一)通过章程。(二)请唐明时律师赴京,营救罗登贤、罗章龙等。(三)关于在平被判有期徒刑之马哲民、侯外庐两教授,议决于上诉期内,请律师依法营救。(四)会员及上海分会执行委员吴迈,其主张及最近行为与本同盟宗旨不合,议决除名。"(《申报》1933年4月29日)

同日 被教育部聘为国际文化合作中国协会筹备委员。

"昨日教部函聘国际世界文化合作中国协会筹备委员,并指定吴敬恒为委员会会长。委员名单如下:戴传贤、钮永建、辛树帜、朱家骅、王世杰、翁文灏、李书华、程其保、郭有守、杨廉、厉家祥、李熙谋、宋子文、陈立夫、罗家伦、蔡元培等二十五人。"(《申报》1933年4月27日)

同日 为营救罗章龙,致函汪精卫。

"精卫先生赐鉴:北大同学罗章龙,最近因共党嫌疑,在上海市商会图书馆被捕,现禁于市公安局,民权同盟所请律师往探,闻公安局谓案情重大,竟不许见。查罗君……近年专力著作,成《中国产业史》一百二十万言,其书稿弟曾寓目,搜罗甚富,为中国经济史科之巨帙。其两年来,在沪之时间精力,多消耗于各图书馆,即其被捕地点,亦在市商会图书馆,似不应根据曾在共党之眼线报告,即加以危害民国罪名。务望令上海公安局即日将罗章龙君释放,或移交上海地方法院公开审判为幸。专泐,敬颂 公安。蔡元培启"。(《申报》1933年4月27日)

"……行政院院长对于该同盟副主席蔡元培氏营救罗章龙之函,已函复,谓已电上海市政府,如罗无暴动行为,当可从宽办理。"(《申报》1933年4月29日)

4月27日 与陈公博会同具名,对提供赴美展览的出品人,发给奖状。

"我国参加芝加哥博览会筹备委员会,……为对出品人方面表示感谢,及留一纪念起见,已决定由该会委员长陈公博,及审查委员会主席蔡元培会同具名,不分出品等级,一律发给谢状一纸。"(《申报》1933年4月27日)

4月29日 致函最高法院院长居正(觉生),请对被拘北平大学教授侯外庐从宽处理。

"觉生先生院长大鉴:径启者,顷据山西省汾阳县代表于跃龙、平遥县代表郭耀岚等函称,'去冬北平大学教授因讲演逮捕许德珩、马哲民、侯外庐三人一案,务恳鼎力设法营救'等语。查近来常有因讲演不慎触犯刑章者,惟据该代表等所称,侯外庐当时讲演,似尚无重大情节。倘经审核后确无他种嫌疑,还希从宽处理。……蔡元培敬启 四月二十九日"。(《致居正函》同日)

4月30日 出席凌其翰、康素以结婚典礼,并为证婚人。

"《申报》月刊主任凌其翰博士,昨与中西女塾高材生康素以女士行结婚典礼于市立民众教育馆内之明伦堂。来宾如蔡子民、张蕴和、潘公展、马荫良、王志莘、章渊若、张叔通、陈彬龢及留比同学会杨琦、汪水康、路式导等,均翩然莅止,凡二百余人。礼堂布置,具见典雅,三时许行礼,敦请蔡子民氏证婚,致诚恳之训词。历举古今婚姻制度之变迁,并称凌君不蹈时俗,假学宫之明伦堂结婚,实为海上第一声,末祝其创造新式而美满之家庭。语气亦庄亦谐,合座掌声不绝。"(《申报》1933年5月1日)

4月 为《独秀文存》撰写序文。(该书 上海亚东图书馆1933年出版)

同月 为桢良书字一幅。

"阳谷吐灵曜,扶桑森千丈。朱霞升东山,朝日何晃朗。
回风流曲棂,幽室发逸响。悠然心永怀,眇尔自遐想。
桢良先生雅属 廿二年四月 蔡元培"。(蔡元培研究会藏抄件)

5月2日 出席中山文化教育馆第三次常务理事会,听取最近工作状况报告。

"中山文化教育馆自三月二十二日在京成立后,即觅定本市福煦路八○三号洋房,开始办公,计划初步工作,日前在该馆召开第三次常务理事会。出席孙科(叶代)、叶恭绰、孔祥熙、史量才、蔡元培、黎照寰、吴铁城、郑洪年。列席李大超。主席叶恭绰。记录李大超。由主席报告最近各部工作状况,及收到发起人捐款情形,次即讨论调查团工作纲要草案。……"(《申报》1933年5月4日)

5月3日 出席上海教育会召开的高等教育研究谈话会。

"上海市教育会于昨日下午二时,召开第一次高等教育研究会。出席者蔡元培、郑洪年、黎照寰、张继行、刘海粟、褚辅成、徐佩璜、何炳松等,列席市教育会常务理事黄造雄。由郑洪年主席,陈邦彦记录。以出席委员不足法定人数,改开谈话会。谈话结果:(一)我国大学课程标准迄未订定,本会应先研究。(二)参考教部拟有大学课程表,由本会请各科专家根据三民主义、复兴文艺二项原则研究。(三)下次会议定下星期一在银行公会举行。"(《申报》1933年5月4日)

5月4日 应邀前往参加上海各文化团体五四纪念大会,及至,知会未开成,废然而返。

"昨日五四为学生运动纪念日。本市各大学校教联会、大学生联合会、中学校教联会、市教育会、中山文化教育馆等二十余团体,本定在市商会开会纪念,临时又改在八仙桥青年会举行,因受法捕房干涉,致亦中止。嗣以派员往市党部请求,闻已核准于今日下午在少年宫宣讲团补开,华租警务机关,均通令所属特别加紧戒备。……"(《申报》1933年5月5日)

5月5日 上海各文化团体补开纪念五四大会,请康选宜携带手稿代表出席致词。

"上海各文化团体,原定五月四日假市商会举行五四纪念大会,旋因临时地点发生问题,不及举行仪式,只发表《纪念五四宣言》而散。昨以报载补行纪念,该会为免各位代表徒劳往返起见,当即紧急通告各文化团体,于下午二时在少年宣讲团补行纪念式,……康选宜代读蔡元培氏演词,演词如下:

前次贵会代表枉顾,欲邀鄙人讲演,当时以年老力衰,未曾肯定许诺。昨晨报载程序,始知贵会已将鄙人列入讲演,为维护贵会信约起见,曾准时力疾驱车赴市商会参加,及见会场临时改变,立即遄赴青年会,又因捕房干涉未能开会,乃废然而返。今日贵会补行仪式,本当亲来参加,无如今晨感冒,不克到会,兹请康选宜君随带手稿代表致词,并朗读致北大学生会与大学联宣言,及旧作《五四周年之回顾与希望》一文,觉当时所陈各节,至今仍可作诸君之参考,幸勿以明日黄花视之可也。五月的纪念日最多,除五一为国际的公共问题外,余如五三、五九、五卅等,均为吾国悲惨的纪念日,稍稍差强人意的还是五四。五四运动所迫切要求的,一不签字于巴黎和约,二罢免亲日派曹、章、陆。这两种要求,经当年全国青年学生艰苦的奋斗,与上海和北平等都市商工界罢工、罢市的援助,而始为当时的政府所容纳。倘使此等要求仅仅为一地方的学生所主张,或大多数学生有此要求,而商工界不赞同,或不认为重要,而不加援助,则仍不能达到目的。所以参加五四运动的学生感于商工界援助之有力,而悟普及常识的需要。一方面大学生每于课余办校役教育及平民学校;一方面而促进语体文之发展,出版之书籍及杂志,较前踊跃。且彼等自五月四日至七月二十三日间八十日之奋斗,感于环境之变迁与应付之困难,悟学力不足者不能应变,而勉学之精神为之增进,所以五四运动中最得力的学生,于运动告一段落以后,无不力学,多有大学毕业以后,赴外国留学,更求深造,至今成为著名学者的。现在国难之酷烈,视十五年前酷烈到万倍,我们感觉到十五年普及常识、提倡力学的成效,尚属微乎其微,只要从军队战斗力与提倡国货等事观察就明白。孟子说'七年之病,求三年之艾',我们若再不能切切实实地从根本上求救济,我们的纪念五四运动,也不是很有意义的。"(《申报》1933 年 5 月 6 日)

5 月 7 日 在上海青年会作《日本对华政策》的讲演。

"国耻周讲演会,蔡孑民先生讲《日本对华政策》,五月七日在上海青年会讲。"(《申报》1933 年 5 月 9 日)

5 月 9 日 致函汪精卫,请令将被捕之张志洪等十一人交法庭审理。

"宋庆龄、蔡元培致汪精卫函云,精卫先生勋鉴:径启者,兹据张志洪君家属面称,张君于三月十日在上海华界被捕,原因不明,家属探询,亦被拒绝。径于四月二十八日左右,连同其他十人解送南京等语。该张君等究犯何罪?何因被捕?现拘何处?请先生即令将张志洪等十一人,移交正式法庭公开审理,至纫公谊。专泐。"(《申报》1933 年 5 月 10 日)

5月13日 与宋庆龄、杨铨（杏佛）等到德国驻沪领事馆，严重抗议希特勒法西斯主义者践踏民权、摧残文化的暴行。

蔡元培与宋庆龄等在1933年5月到德国驻沪领事馆递交抗议书
（赵延年于1956年创作的木版刻画《抗议》）

"中国民权保障同盟，向以提倡民权为宗旨，不分国际畛域。近以德国希特勒派一党专政以来，残害无辜，压迫学者，惨酷殊甚，特于昨日（十三日）上午，由执行委员会宋庆龄、蔡元培、杨杏佛、鲁迅等亲到本埠德国领事馆，提出抗议，当由副领事贝连君接见，许代转达该国驻华公使。抗议书全文如下：

本同盟由各国报章所载得悉，自法西斯蒂政党得权以来，被捕之工人已达三四万，而知识分子横遭压迫者，亦在数千之数。囚犯或被施以惨刑，或加虐杀，事后诬为自尽或谓逃亡时中弹殒命，林中河上，时常发现尸身，工人团体解散，产业没收，文人学者，以犹太种族关系或政见'左'倾，迭受种种侮辱。科学家如恩斯坦·赫史非而德·(Magnus Hirschfeld)等被迫出国。有名作家，如任卢微(Ludwig Reun)、福史王葛(Leon Feuchtwanger)及曼多马士(Thomasmann)等，或被迫离国，或横受侮辱。大美术家如利伯曼(Max Liebermann)、音乐家如华尔得(Bruno Watter)家遭揭毁，书稿被焚。中世纪窘迫科学家之黑暗行为，及二千年前焚书之祸，不图重见于今日。出版言论自由全被剥夺，即谈美术文艺之杂志，如Weltbuehne亦被封禁。最右派之纽约泰晤士报（三月十五日、二十日、二十一日）亦有以下报告：'〈维也纳报〉逐日披载共产党、社会党、进步党、及犹太议员记者、作家、律师受惨刑之故事。'议员沙尔曼(Sollmann)被'打至昏倒，胸骨折断，复以火焚其足，醒后再打'。有名主笔'乌西爱斯基(Ossietsky)之齿，被手枪打落'。'海恩兹·波罗(Heinz Pohl)之小说稿，被撕毁后，复命其吞咽，……在囚营中，囚犯被迫相殴，打

至昏倒,其中竟有父子被迫相打者,……柏林附近松林中,每晨常发见死尸,上星期竟于一天发见二尸身……'

以上事实,皆迭见欧美政党不同之各报,决非一方之辞,本同盟认为此种惨无人道之行为,不特蹂躏人权,且压迫无辜学者作家,不啻自摧残德国文化。兹为人道起见,为社会文化之进步起见,特提出最严重之抗议。"(《申报》1933年5月14日)

同日 与叶恭绰(誉虎)、李济之等联名通函发起组织中国考古会。

"中央研究院院长蔡子民与名流叶誉虎、刘海粟,考古家李济之、关百益、顾鼎梅,书家王济远、滕若渠博士等所发起之中国考古会,业经筹备数日,通函邀请海内贤士加入,现已大致就绪,今将名单、通函等录后。名单:于右任、邹适庐、高野侯、马叔平、刘半农、沈兼士、沈尹默、陈寅恪……"

蔡氏致词,略云:"诸君今日举行考古会,似乎是不急之务,其实人类各自有其所长,应各尽其所长。考古事业,可以了解民族性与世界比较,不但民族性,又有地方性,可以看出地方色彩,各地有地方之特迹,吾人不得不明白。古代有时代性,各民族皆有时代性;不论是人,就是动物也是一样。从前各民族之交通不便利,现在他民族皆喜欢东方民族之遗泽,因此他民族以金钱搜买古物,吾国之宝,流亡海外至伙。日本人说,中国人要看古物,不必在中国看,可到日本看。一·二八之役,日本毁去我们东方文化,灭绝吾国文化的遗迹,他们的确是想世界要考察东方文化,一定要到日本去。我们处于此种情况,一定要图自救。英国、法国,一再搜了精髓的古物来保存,不要紧的遗下,将来十分危险,我们持考古的兴味及志趣来做这样工作,非常难得云。"(《申报》1933年5月15日)

"发起建立中国考古会通函。中国历代遗物,非仅欣赏美术之所宜珍惜,抑以研究历史之必要资料。无论政府社会,皆有维护搜讨之责。顾比年已还,灾事迭兴,胜区零落,现在遗物与夫出土宝藏,不罹自然销亡,即遭海外掠夺,社会人士,深痛惜之。蔡子民、叶誉虎、刘海粟、顾鼎梅、关百益、王济远、滕固诸先生有鉴于此,特发起中国考古会,期以群力搜考先民遗泽,维护前代文化,切磋流通,相观而善。曾于三月十四日、二十五日举行筹备会议;经决议敦请先生列名发起,以资提倡。并定于五月十四日下午二时,假上海亚尔培路五三三号明复图书馆开成立大会,如荷赞许,即希见复,届时并恳拨冗赏临,共观厥成,文化前途,不胜兴甚。

发起人:蔡元培 叶誉虎 刘海粟 李济之 关百益 顾鼎梅 王济远 滕若渠"。(《申报》1933年5月13日)

同日 主持中国考古会第一次理事会议,并被推为常务理事之一。

"中国考古会于前晚七时在霞飞路觉林蔬食处举行首次理事会议。出席理事蔡元培、叶恭绰、荻平子、刘英伯、杨杏佛、李济之、张凤、顾燮光、刘海粟、关百益等。

由蔡元培主席,关百益记录。行礼如仪。讨论事项:(一)推举常务理事案。立即通过七人如次:蔡元培、叶恭绰、刘海粟、顾燮光、杨杏佛、吴湖帆、张天方。(二)根据会章及大会决议案,设立调查、编辑两委员会案,当推定人员如次:调查委员会顾燮光、梁甘圆、梁思成……编辑委员会郑午昌、胡小石、容肇祖……议毕九时始散会。"(《申报》1933年5月16日)

5月14日　出席中华职业学校十五周年纪念会并有演说。

"南市陆家浜中华职业学校十五周年,昨日举行纪念典礼。来宾共有数千人之多。上午八时半开幕,由江渭渔主席。初由该校创办人黄任之、现任校长贾佛如报告该校十五年来艰难缔造之经过及校中现状,……后由来宾中央研究院院长蔡孑民,前四川大学校长张表方,同济大学校长翁之龙,上海中学校长郑西谷及校董王儒堂、穆藕初、沈信卿相继演说,对于该校成绩均大加赞美。"(《申报》1933年5月16日)

5月17日　发表"教育经费独立不难实现"的谈话。

"蔡谈教费独立不难实现。……上海各大学教职员联合会,认为整顿教育,应以教育经费独立为目前急务,爰特发起组织保障教育经费独立运动委员会,专司其事。昨据该会委员蔡元培谈,保障教费独立,原为国民党政纲之一,并决以庚子赔款划作教育经费。现在华北各大学,仍以庚款为教育经费之一部分,新任教育部长王雪艇先生,对于教费独立向甚注意。此事如有具体办法,似不难见诸实现也。"(《申报》1933年5月18日)

5月18日　被推为学术救国运动周大会名誉主席,并约请为学术讲演。

"上海各文化团体,于昨日下午三时在大教联,举行第一次学术救国运动周筹备会议,到大学教联会林众可、康选宜,中教联沈祖儒、李用中,大学联汪励吾等。主席康选宜,记录邵学铭。讨论议案如下:(一)推定大会职员。推名誉会长蔡元培、王世杰、褚民谊……(二)分请王世杰、伍朝枢、蔡元培、潘公展、张耀增、李登辉轮流作学术讲演。"(《申报》1933年5月19日)

同日　致函国民党中央党部秘书长叶楚伧,请继续津贴任培道留学考察经费。

"楚伧先生大鉴:径启者,顷据中央派遣留美女生任培道函称,'自承中央党部津助来美,去岁毕业于西南大学,即转入尉其他Wichita大学研究,继续研究心理教育。惟三载之期,瞬即届满,自顾所学尚浅,拟恳请中央继续津助四年,以二年半留美研究考察,以一年留美,半年考察全欧,务请提携'云云。任女士志趣远大,欲效忠于党国,自须于学术上作极深之研讨。特为函达,还希察酌成全之为幸。……蔡元培敬启　五月十八日"(《致叶楚伧函》同日)

同日　函复沈体兰,中央研究院可以试助解决有关化学军事的问题。

"体兰先生大鉴:大函敬悉。战时工作研究会,诚为急务。关于化学军事一门,

如有不易解决之问题,希开示,本院可以试助。……蔡元培敬启 五月十八日"。(《复沈体兰函》同日)

5月19日 主持上海美术专门学校筹建新校舍委员会募款工作会议。

"上海美术专门学校筹建新校舍及美术馆委员会,于昨日下午七时假银行公会举行第二次队长会议,由蔡元培主席,各队分别报告进行之状况……出席委员:蔡元培、李石曾、孔祥熙、叶誉虎、吴铁城、孙科、戴戟、黎照寰、王一亭、郑洪年、杜月笙、袁履登、李大超、刘海粟、王济远等。……"(《申报》1933年5月20日)

同日 致张元济(菊生)函,询可否收购张文端遗著版权。

"菊生吾哥同年大鉴:闻大驾已由杭回,想起居安善。张马君玮夫人送来张文端所著《易经衷论》《书经衷论》各一册,又马通伯先生所著《尚书谊诂》《老子故》各一册,嘱转承左右,意欲出售版权,未知有此办法否?张夫人不久欲回桐城,如蒙早日示复,甚幸。……弟元培敬启 十九日"。(《致张元济函》同日)

5月20日 致函江苏省政府主席顾祝同(墨三),请饬查原江苏省通志局璧还朱曼君所著书稿。

"墨三先生主席大鉴:径启者,泰兴朱曼君先生积学多著述,其中《四裔朝献长编》首册一本,《晋会要》《宋会要》原稿各一件,《齐会要》《梁会要》《陈会要》原稿各一本,曾于民国七年江苏设通志局时,由泰兴县征访主任蔡宝善征送到局掣有局字第一号收据一纸。嗣后通志局辗转迁移,终于停办,迄未将该书交还朱先生本人。查该项著述,卷帙浩繁,于历史上甚有价值,本院历史语言研究所拟加以整理,陆续付刊,惟必须将各所阙首册领回,方称完璧。用特检同前通志局收据照片一纸,恳请饬查检出,寄交本院,以便审查,不胜感荷。……蔡元培敬启 五月二十日"。(《致顾祝同函》同日)

5月23日 与杨杏佛、陈彬龢、胡愈之等联名致电南京国民政府行政院长及司法行政部长,营救作家丁玲、潘梓年。

"著作家丁玲女士及潘梓年,近因当局认为有某种嫌疑,于上星期为本市公安局拘捕。本埠文艺界,因丁、潘两人著述宏富,素有青年所崇拜,特于昨日联名电京,为之缓颊。兹觅得电文照录如下。南京国民政府行政院汪院长、司法行政部罗部长钧鉴:比闻著作家丁玲、潘梓年,突被上海市公安局逮捕,虽真相未明,然丁、潘二人,在著作界素负声望,于我国文化事业,不无微劳。元培等谊切同人,敢为呼吁,尚恳揆法衡情,量予释放;或移交法院,从宽办理,亦国家怀远佑文之德也。

蔡元培、杨铨、陈彬龢、胡愈之、洪深、邹韬奋、林语堂、叶圣陶、郁达夫、陈望道、柳亚子、俞颂华、黄幼雄、傅东华、樊仲云、夏丏尊、黎烈文、江公怀、李公仆、胡秋原、沈从文、王鲁彦、赵家璧、蔡慕晖、彭芳草、马国亮、梁得所、叶灵凤、徐翔穆、杨村人、沈起予、戴望舒、邵洵美、钱君匋、穆时英、顾均正、杜衡、施蛰存等同叩。漾。"(《申

报》1933年5月24日）

5月24日 国立音乐专科学校音乐艺文社柬请蔡元培出席音乐大会并发表演说。

"国立音乐专科学校师生合组之音乐艺文社，……决定于本月二十四日（今日）午后八点一刻，假八仙桥青年会举行音乐大会，届时由该社正社长蔡元培先生报告后，即开始演奏，当有一番盛况也。"（《申报》1933年5月24日）

同日 分别致电行政院长汪精卫、教育部长王世杰，请令财政部尽快拨付中华教育文化基金会经费。

"南京行政院汪院长钧鉴：中基会及清华大学留美学生等经费，向由美退庚款维持。自上年三月美款停付一年，会、校经费已极感困难。本年三月停付期满，但该款仍未蒙拨发，挪借之款，既无法清偿，下年计划，尤无从着手。前经屡电宋部长，请饬财部照拨，迄未见复。窃念中基会与清华大学办理有年，内关国内教育文化事业之发展，外系国际之观瞻，设竟听其停顿，殊非国家之福。特电恳钧座提出行政会议，设法救济，并饬令财部迅将已经到期之三、四两月美庚款先行拨付，俾会、校事业得以维持，不胜迫切待命之至。中华教育基金董事会会长蔡元培 干事长任鸿隽叩。敬。"（《致汪精卫电》同日）

（致教育部部长王世杰电与致汪精卫电内容基本相同，从略。）

5月25日 撰写大同乐会《乐器图说》序。（蔡元培先生手稿）

5月26日 函请教育部长王世杰（雪艇），恢复艺术、音乐专科学校的学院名称。

"雪艇先生部长大鉴：径启者，杭州艺术专校及上海音乐专校，其招收新生资格及学科程度，与大学毫无差异。自改专科以来，范围狭隘，教学设施颇感困难。查大学组织法第五条载：'凡教授艺术及音乐之学校，如其程度与大学程度相等，亦得称为学院'云云。现闻林风眠、萧友梅两君，向贵部恳请恢复学院名称，以符名实，似属正当，倘荷核准，实该两校学子之幸。谨为代达，诸候裁夺。……蔡元培敬启 五月二十六日"。（《致王世杰函》同日）

5月27日 所撰《民治起点》一文发表。（《民治评论》第50期）

5月28日 出席民生改进社第二届年会，发表《解决民生问题的途径》讲演。

"年会记录（二十二年五月二十八日下午三时，博物院路二十号中山厅）。出席基本社员：应书贵、马增常、朱懋澄、史久芸、刘湛恩、黎照寰、黄警顽、李登辉、黄仲明……列席：严子尚、钱仲龙、龚绍雄、杨德安、蔡吉卿、吕诚安、蔡元培、崔谦、李石曾、李特尔、李梦池、陈丕贞、孔祥熙、顾不凡、陈元芳、顾瞻周。开会如仪。理事长李登辉君致开会词，公推黎照寰君为临时主席，黄仲明君为临时书记。主席请总干事朱懋澄君报告过去一年度工作状况。……继由蔡元培、李石曾、孔祥熙三君相继演讲民生问题……"

"《解决民生问题的途径》。蔡孑民先生讲,夏高阳速记。

今天贵会开年会,兄弟得参与,觉得非常荣幸。目前中国有许多问题要解决,不过先得把民生问题解决,然后别的问题才能解决。从前黎元洪副总统有一句话,叫作'有饭大家吃',他的意思不过是要各派许多政客都有地位,各地方军阀都有安稳的地盘罢了。但是有饭大家吃的一句话,却是很有道理的。因为它的含义,是至少每一个人应该都可以维持最低限度的生活,这自然是天经地义。但是有饭大家吃,当然要有'饭'才可以大家吃,没有'饭'怎样吃?饥馑的时候,大家都得吃草根树皮,所以第一个问题先要有'饭'。原始人类,要吃鸟兽就得去狩猎;要吃鱼,就得去捕捉,总要经过劳动。所以'有饭大家吃'下面,还要补充一句,就是'有工大家做'。从前古人引神农之教说:'一夫不耕,或受之饥;一妇不织,或受之寒。'或者说:'一夫不耕,天下有受于饥者。一妇不织,天下有受于寒者。'就是说一个人不做工,总有一个人受到饥,或受到寒,所以一定要各尽所能,始得各取所需。但说到做工,又有问题了:(一)可做与不可做。譬如有几亩田,种谷子也可,种麦子也可,种鸦片也可,所以做工之前一定要做一番挑选的工作,应该多做有益于群众的工,有害于群众的工做不得。(二)能做与不能做。普通的木匠泥水匠,容易学会;上海人住的是洋房,坐的是汽车,要做成它,就很不容易了,要经过长时间的训练才能够做。(三)有工做的人是否真能有饭吃,他的所获是否能养活他的一家?这就是劳资纠纷的问题。(四)有许多能够做工而没有工做的人——所谓事业问题。又一班能够做工而不肯做工,情愿做叫花子流氓的,固当另行设法;而一般要做工而找不到机会的人,这就成了问题了。欧美政府出了一笔钱养这一班人,美国还把现在做工的减少工作时间,腾出来位置给失业的工人,不过是慈善式的施与,只能暂时维持;而减少工时,未必能收大的效果,仍不能根本解决。第一个问题,大家都知道哪一种事业应该做,哪一种事业不应该做,应该禁绝。第二个问题,能不能够做,应该在事前做一番考验的工作,这个人适宜于哪一种工作,那一个人又适宜于哪一种工作,量材施教,因人制宜。第三个与第四个问题。做工与吃饭的关系,尚须斟酌,也有不做工而应该给他饭吃的,如小孩子。所以在一个区域里,必须先要调查这里做工的人有多少?不做工的有多少?如何使他们都有饭吃?要给他们能做工的人做哪几种工,每一个人每天做几点钟,才能够把我们所需要的一切解决?一方给他们以最低限度的生活费,一方还要顾到他们意外的支出,应该比预算标准溢出一点,如所谓'九年耕有三年之食'的样子。在他们空余的时间,可以给他们自由工作如文学美术,或运动之类,这第三第四问题解决了,民生问题也都算解决了。但是这一种组织,还是一种理想,要实现这种理想,要先有一种过渡的组织。例如'新村',村里边,每一个人最好都会做几种工作,一个工作失业了,他可以做别一种工作来生活。其次设消费与生产合作社。我看今天贵会有一个提议就是'改进农村试验案',改进农村的实验先要改进农村环境。贵会所提出'民生食堂'和'改良服装',都是对民众消费上很有帮助的。若同时实行生产合作,做到劳动者就是资本家,资本家就是劳动者,无劳资的畛域可分,理想的社会就渐渐实现了。这是我一点感想贡献于贵社的,请诸位指教。"(民生出版社编《民生》第1卷第20期)

同日 出席中国农工银行股东常会。

"本月二十八日下午二时,中国农工银行在二马路河南路口本行,开第六届股东常会。到会股东,计有蔡子民、张静江、李石曾、方耀亭、宋子良、周作民、吕汉云、王幹丞、吴震修、冯幼伟、魏伯聪、齐致、王国华、程振基、聂国栋、胡聘三等百余人。公推董事长李石曾主席。首由主席致开会词。……次报告上年营业状况及决算情形,全行账面存款总数与夫放款及其他业务,均较二十年度多有增加。"(《申报》1933年5月29日)

5月29日 主持中华职业教育社评议会常会,讨论通过下半年事业大纲草案等议案。

"中华职业教育社评议会于昨日下午七时举行常会,到刘湛恩、蔡元培、王云五、王志华、陈彬龢、贾佛如、潘序伦、陈济成、欧元怀……讨论事项:一、下年度事业大纲草案。决议通过。二、办事部主任江恒源、杨卫玉任职期满,请改选案。议决连任,无须改选。"(《申报》1933年5月30日)

同日 函请教育部长王世杰(雪艇),按月发放私立明德中学补助费。

"雪艇先生部长大鉴:径启者,湖南私立明德中学,历史已逾三十周年,该省中学会考,屡次冠军,成绩优异。惟中央核定之常年补助费二万四千元,国难期间减折支付,总计积亏达九阅月之久,拮据情形,不胜困苦。查本年度各项教育经费,均经十足发放,独明德补助费仍属减折,未免向隅太甚。闻该校长胡元倓君,已向台端面递说帖,请求从四月份起,按月发足二千元,庶几维持于不敝。想台端素注重教育经费,当荷俯洽。兹再为函达,还希裁酌施行,至为感荷。……蔡元培敬启 五月二十九日"。(《致王世杰函》同日)

5月31日 与柳亚子、鲁迅、郁达夫等,联名发表为林惠元被难冤案申雪宣言。

"十九路军团长李金波枪杀龙溪民众教育馆长及龙溪抗日会常委林惠元一案,现其家属孟之等,以惠元被李团长枉法处死,全于莫须有之罪状,遮尽一般耳目,特来沪呼吁,俾明不白之冤。昨日午后四时,假华安大厦招待本埠新闻界及民权保障会同人,到二十余人,……本埠民权保障会正会长宋庆龄,前曾已电蒋光鼐、蔡廷锴、陈铭枢代为申雪。同时沪文艺界方面如蔡元培、柳亚子、鲁迅、郁达夫等二十人,亦有宣言,表白林氏此次被难之沈冤,五时后散会。兹将蔡元培等文电录后。

蔡元培、柳亚子、杨杏佛、鲁迅、郁达夫、傅斯年、夏丏尊、叶圣陶、朱少屏、潘光旦、孙福熙、全增嘏、李青崖、邵洵美、杨骚、白薇、章衣萍、吴曙天、李小峰、赵景琛等为林惠元惨案呼冤宣言云：近见报载，龙溪抗日常委林惠元，以通匪嫌疑，于十月十九日逮捕后二小时未经审讯，即行枪决，窃以漳州现非戒严时期，何以仓皇处置若此？闽南轰动，传为疑案。惠元在沪之日，同人皆知其赋性爽直，或者开罪土豪，遭人构陷，乃意中事。兹据其父林孟温报告漳州抗日会简案宣言及漳州各报所载，始悉该地有台籍商人简孟尝，假借地方名义，采进大宗日货，惠元身居抗日常委，主张严办，驱除出境，至以去就争，卒将简游街示众，此为五月五日事。而惠元之枪毙，为五月十九日。籍民简孟尝，不但不驱除出境，反受保护，倒行逆施，莫此为甚。且惠元之死，既未交与任何法庭，又未经任何审讯，只以特务团团长李金波一纸名片，请入营中，即时枪决，押赴刑场时，又以木枚钳口，使难呼冤。至其被诬通共，除所谓高村口供而外，毫无证据。而高村又于同日，同以木枚钳口正法，以灭口实。蛛丝马迹，何难寻觅。际兹国家多难之秋，热心抗日者结果乃如此，岂但死者家属之不幸，实亦吾国之不幸，故特为昭雪如右（上），以期外间得明真相。

蔡元培致蒋、蔡、陈申雪林惠元电云：

福建省政府蒋主席并转蔡总指挥暨陈真如先生公鉴：前阅电报，龙溪林惠元以通匪枪决。其父亦忠实党员，与弟认识多年，不应有此，疑骇莫释。近参报载及家属消息，系因台人简孟尝假借地方名义，采进大宗日药，抗日会裁决没收，驱简出境。惠元身居常委，奸人构陷，弗加审讯，含枚冤死，遐尔轰传，于贵军抗日荣名，不免有玷。可否彻查申雪，借昭公正，而劝来者，党国幸甚。蔡元培。世。"（《申报》1933年6月3日）

同日 代朱少屏推销《大声周刊》。

"少屏先生大鉴：前奉大函并惠赠《大声周刊》，至为感谢。承嘱代为推销，兹有徐文元君定就一份，缴来洋一元，特将定报单及洋一元奉上，即希察入为荷。……蔡元培敬启 五月三十一日"。（《复朱少屏函》同日）

6月1日 致郑文礼（烈荪）函，请对被拘捕入狱的江文炜，期满早予释放。

"烈荪先生院长大鉴：敬启者。江君文炜，以犯反动嫌疑，拘押于杭陆军监狱，此人曾任安定中学训育主任兼国文教员，虽曩日思想偶涉偏激，近则深知悔悟，力求自新。倘若鉴其情有可原，可否提前改送反省院，期满早予释放，至为感荷。特为函商，惟察裁为幸。……蔡元培敬启 六月一日"。（《致郑文礼函》同日）

同日 函复沈从文，谓尚不知丁玲下落。

"从文先生大鉴：手书敬悉，丁玲女士事，已为多方营救，尚不知下落。丁女士有否家属，是否寓沪？先生如知之，希便中示及。……蔡元培敬启 六月一日"。（《复沈从文函》同日）

同日 致函南京宪兵总司令谷正伦,请对在押之陶桓馥量予优待。

"正伦先生司令大鉴:径启者,陶桓馥女士于春间在上海公安局被捕,解至南京,近闻羁押于南京模范监狱。陶女士思想偶涉歧误,身遭拘禁,自属咎有应得。惟狱中生活,困苦异常,恐非女子所能忍受。可否量予优待,俾有悔悟自新机会,似亦爱护青年之道。谨为函达,还希裁酌施行,不胜感荷。……蔡元培敬启 六月一日"。(《致谷正伦函》同日)

6月2日 为昭雪林惠元一案,举行记者招待会。

"蔡元培等为请昭雪十九路军团长李金波枪杀龙溪民众教育馆长及龙溪抗日会常委林惠元一案,……昨日午后四时,假华安大厦招待本埠新闻界及民权保障会同人,到二十余人,席间有死者林惠元之子林孟温,林语堂等之报告及演说……"(《申报》1933年6月3日)

同日 致叶楚伧函,营救北平师范大学被捕学生徐峥。

"楚伧先生大鉴:敬启者。北平当局逮捕北平师范大学十四人一案,闻已解中央究办。惟内有女生徐峥,闻平日尚知安分,与该校生活社关系尤浅,此次同遭缧绁,不无冤抑,拟请台端量予设法,倘徐女士尚无不轨之显证,可否从宽发落,俾得自新。特为代达,诸维酌夺为幸。……蔡元培敬启 六月二日"。(《致叶楚伧函》同日)

6月3日 致函浙江省财政厅长周骏彦(枕琴),为诸暨蒋宰棠谋职。

"枕琴先生大鉴:径启者,诸暨蒋宰棠君麟振,国学优长,历长浦江、淳安等县,并曾长嘉兴、石门湾、临安等处茧捐局,成绩均佳。现愿在□指导之下,有以自效。闻各区沙田专员现尚需才,如蒙委派蒋君充任其一,必能慎勤称职。专此介绍,敬候酌行。……蔡元培敬启"。(《致周骏彦函》同日)

同日 致函无锡地方法院院长徐体乾,请对乔氏控告秦氏侵占田产案秉公判决。

"体乾先生院长大鉴:径启者,无锡周秦氏,有祖遗田产二十九亩及屋基一所。因两代宦游,均托其族人吉卿代管。及秦氏回里整理,在后围基地拔桑建屋,竟被吉卿之儿媳乔氏控告,称田产均为乔氏私产,要求赔偿田租及桑树损失云云。但该产为何方所置,载明宗谱,且田单粮串,均为秦氏所执,是乔氏所控实无证据,务请秉公判决,早为结束,不胜感荷。……蔡元培敬启"。(《致徐体乾函》同日)

同日 致函江西省教育厅长程时煃(柏庐),举荐夏宗锦充任女中校长职。

"柏庐先生厅长大鉴:径启者,夏宗锦女士在北京大学肄业时,擅长数学,后在教育系毕业,在北平及赣省任中学教员及高中主任,均著成绩。现闻九江之省立第三女中校长将更动,如以夏女士任该校校长,甚为相宜。特为介绍,敬希酌行。……蔡元培敬白"。(《致程时煃函》同日)

6月4日　主持中国国际图书馆招待会，并致词。

"日内瓦中国国际图书馆于昨日（四日）下午五时，当世界文化合作中国协会闭幕之后，在该馆驻沪办事处第一阅览室，招待来宾。参与者计有孔庸之、朱骝先、李润章、蔡子民、吴稚晖、王一亭、周作民及金融界钱新之，教育界、艺术界诸要人。由蔡子民先生主席、致词。略谓：中国文化有数千年之历史，即印刷术之发明，亦较他国为早，然因吾国缺少具备材料贡献于国际，致各国对我未能有深切之认识。今中国国际图书馆从事该项工作，中西文化藉此而得贯通，世界合作前途，诚利赖焉。"（《申报》1933年6月5日）

同日　出席世界文化合作中国协会筹备会。

"世界文化合作中国协会，于昨日下午五时在霞飞路举行筹备会，当时计到蔡元培、吴稚晖、李石曾、朱家骅、陈立夫、钮永建、褚民谊、程其保、林语堂、陈和铣、李书华、郭有守、庄文亚等二十余人。公推吴稚晖主席。议决：（一）会员分团体会员、个人会员两种。（二）会员由筹备委员分别介绍，签立名单，送办事处汇齐，经过筹备委员会整理，通知各会员并送教育部备案。（三）世界文化合作中国协会成立会，今年年内举行。"（《申报》1933年6月5日）

同日　函复汪精卫，碍难聘任高剑父为中央研究院研究员。

"精卫先生大鉴：别来忽忽数旬，奉本月一日惠函，敬悉起居安善，为慰。高剑父先生绘画展览会，虽未及参观，然从前曾见过数帧，得以想见其作风，至其致力革命之历史，闻之甚详，良深钦佩。承询研究员一节，因研究院为经费所限，现仅设十研究所，多关于自然科学者，艺术门尚未建立，虽欲借重高先生，而苦未能，尚希见谅为幸。……弟蔡元培敬启　六月四日"。（《复汪精卫函》同日）

同日　致函安徽省政府主席刘镇华（雪亚），推荐胡士夔任县长职。

"雪亚先生主席大鉴：径启者，含山胡君士夔，为明治大学学士，曾任安徽三埠管厘金局长和县教育局长，创办含山军学园，均著成绩。颇闻执事治皖锐意整饬吏治，如以胡君任县长等职，必能黾勉从公。专此介绍……蔡元培敬启"。（《致刘镇华函》同日）

同日　致安徽省民政厅长马凌甫，请补派李亚中为县长职。

"凌甫先生厅长大鉴：径启者，李君亚中，毕业于复旦大学，政治法律均有研究。闻执事整理吏治，于县长人选最为慎重。李君愿在指导之下，有所效力，倘蒙补派县缺，不胜感荷。专此介绍……蔡元培敬启"。（《致马凌甫函》同日）

同日　致函浙江省财政厅长周骏彦（枕琴），为薛淦庭谋职。

"枕琴先生厅长大鉴：径启者，薛君淦庭，曾在上海银行公会服务，勤慎可靠。现愿回来本省办理税务。闻箔税职员，尚有缺额，如蒙委派薛君，俾得自效，甚幸。……蔡元培敬启"。（《致周骏彦函》同日）

6月5日 致函行政法院院长茅祖权(咏薰),请予陈鹏程"相当位置"。

"咏薰先生院长大鉴:径启者,奉贤陈鹏程君,毕业北京大学法律系,精通法律,谙法兰西语文,在陇海路办事十余年,成绩甚佳。现愿在□指导下,有所效力,如蒙界以相当位置,必能不负委任。专此介绍……蔡元培敬启"。(《致茅祖权函》同日)

同日 致函铁道部长顾孟馀,请安排萧无畏工作位置。

"孟馀先生部长大鉴:径启者,敝世交萧君无畏,曾在日本飞机学校练习驾驶,回国后,进军官学校。以平日于交通事业最所注意,愿在贵部直辖各路局服务,如蒙量其能力,即为位置,俾得有以自效,不胜感荷。专此介绍……蔡元培敬启"。(《致顾孟馀函》同日)

同日 致函监察院审计部长李元鼎,为马孝统谋求办事员职位。

"元鼎先生部长大鉴:径启者,俾世交马君孝统,曾受中等教育,并在涟水、吴县及江宁县等财政局任办事员,克勤克慎。现愿来贵部效力,如蒙量才录用,不胜感荷。……蔡元培敬启"。(《致李元鼎函》同日)

同日 致函张定藩(伯璇)、李烈钧(协和),为巫启瑞谋江西公学教职。

"伯璇、协和先生大鉴:闻二公与留沪贵同乡发起江西公学,规模宏远,无任钦迟。北大旧同学巫君启瑞,曾在上海法政学院讲授英文,于教授上积有经验,甚愿来贵校担任教员,如蒙延揽,不胜同感。专此介绍……蔡元培敬启"。(《致张定藩、李烈钧函》同日)

同日 致函光华大学校长张寿镛(咏霓)、副校长欧元怀,为萧庚麓谋求教职。

"咏霓、元怀先生大鉴:径启者,北大毕业生萧君庚麓,曾在暨大任论理、伦理等课,于讲授哲学饶有经验。现愿来贵校担任教员,于上述论理、伦理两课外,如哲学概论、哲学史等,均可任讲,国文亦所愿任。如蒙延揽,不胜同感。专此介绍……蔡元培敬启"。(《致张寿镛、欧元怀函》同日)

6月6日 致王晓籁函,商定上海美专租用绍兴会馆房屋问题。

"晓籁先生大鉴:径启者,上海美专租赁绍兴会馆之房屋,历年甚多,从无拖欠。自'一·二八'事变后,收入大减,致房租亦不能不展期,所欠几近万元。校长刘君海粟深抱不安,欲商定一种解决办法,拟分四期拨还,……较为切实,想尊意亦所赞同。又租约虽满期,而该校新建筑之落成,尚需时日,若凭借前约,延长数年,亦较再订新约手续简易,尤望先生主持。先生素抱提倡美术之宏愿,美专久赖维持。上列二项,务请玉成。……蔡元培敬启"。(《致王晓籁函》同日)

6月7日 中波文化协会在南京成立,被推为名誉会长之一。

"中波文化协会,七日下午在教部开成立会,到中波两国人士三十余人,吴稚晖主席。……通过会章,选举吴稚晖、蔡元培、魏登涛为名誉会长,陈剑儵、郭有守、程其保、敖京斯基、谢敦康、王世杰、陈立夫七人为理事。"(《申报》1933年6月9日)

6月15日 致函南京大学校长罗家伦（志希），询可否延揽熊十力进该校任教。

"志希我兄大鉴：径启者，黄冈熊十力先生，……在北大讲印度哲学颇久，近亦愿讲《论语》，自称别有心得。以畏北平风沙，暑假后愿来南京大学，如贵校可以延揽，则每星期讲授三点钟，月薪一百七十元，兄亦有意否？请酌定见复。……元培敬启 六月十五日"。（《致罗家伦函》同日）

同日 列名杨澄甫设馆传授武术启事。

"杨澄甫先生为武当嫡派，自河南陈长兴传至杨禄禅师，家法相承，渊源有自，澄甫先生即建侯师之子禄禅师之孙也。南北授教，从游甚众。前年来沪休养，即不肯轻易示人。人杰等近感世道之荆榛，人心之险诈，不有妙术以强健身体，则国魂无自而苏，因固请于先生毋怀宝以秘其术，今幸承其见许，允将家学之真传以济世，吾愿世之有志武术者，闻风来学，幸弗失之交臂也。

张人杰 蔡元培 陈铭枢同启"。（《申报》1933年6月16日）

6月16日 胡适到中央研究院看望，谈话中未提及民权保障同盟事。

"我在南京时，听孟真说起蔡先生已退出民权同盟。昨日我听文伯说，杏佛打电话来说蔡先生要同他来看我，故我下午即先到研究院看他们。见蔡先生时，他不提及同盟事，我也不谈。"（《胡适日记全集》同日）

6月18日 中央研究院副院长杨铨（杏佛）遭暗杀殒命。即召集各所长开会讨论一切善后问题，并致电南京国民政府、行政院，请急予缉凶，以维法纪。

"国立中央研究院副院长杨铨即杨杏佛，昨晨八时十五分，由法租界亚尔培路三三一号中央研究院率其公子杨小佛，乘车出游，车头甫开出大门，道旁突有短衣暴汉四名冲上，持合子炮围集车身射击，弹如雨发。车夫强祥大，胸部首中两枪，受重伤，生命危殆。杨氏蹲伏车中，被击三枪，命中要害，旋即殒命。公子小佛右腿亦中一弹，伤势颇轻。凶手一人，当场自戕。……中央研究院院长蔡元培闻报告，即于九时许，驱车至该院视察，复转往广慈医院审视杨氏遗体。陆续前往者，尚有该院职员及杨氏戚友等数十人。蔡氏即于昨晨十一时在霞飞路善钟路口该院工程研究所内，召集该院工程部所长周子竞、化学部所长王季梁、物理部所长丁巽甫、庶务主任徐宽甫、林语堂及各科科长等，开会讨论杨氏身后一切善后问题。律师吴凯声亦列席，会议至下午六时许，始行散会。当决定今晨十时，在中国科学社举行该院纪念周时，报告杨氏遇害经过，藉志哀忱。会中决定，请吴凯声律师代表家属进行法律上之追究，蔡亦以院长名义，昨电国府缉凶。原电云，南京国民政府林主席、汪院长钧鉴：本院总干事杨铨，于今晨八时许，在法租界亚尔培路本院国际出版交换处门前，被刺逝世，特此电闻，并请急予饬属缉凶，以维法纪。国立中央研究院院长蔡元培叩。啸。"（《申报》1933年6月19日）

同日　对杨杏佛被刺杀事,语记者曰:"对此事不愿有所发表。"

"蔡请缉凶。嗣记者又往访蔡元培氏,蔡与杨平日最为莫逆,故对杨氏惨遭不幸之事,表示愤慨,其对记者谓,对此事不愿有所发表。"(《时事新报》1933年6月19日)

6月19日　在万国殡仪馆对记者发表谈话。

"本报记者昨在万国殡仪馆晤及蔡元培氏,据称,中央对杨氏被刺,尚无复电。杨为一文人,遭此非常变故,人民生命可谓毫无保障,言下不胜感慨。又谓孙夫人宋庆龄女士今日(即十九日)未来过,民权保障同盟暂时亦无动静云。"(《申报》1933年6月20日)

6月20日　参加杨杏佛遗体成殓式。

"国立中央研究院总干事杨杏佛被刺后,业于昨日下午二时在万国殡仪馆成殓。……杨氏亲友昨往吊唁者达百余人,计有中央研究院院长蔡元培,中央银行总裁孔祥熙,孙夫人宋庆龄女士,江海关监督唐海安,交通大学校长黎照寰,暨南大学校长郑洪年,清华大学理学院长叶企孙,商品检验局长蔡无忌,及鲁迅、洪深、王云五、周象贤、唐瑛、沈钧儒、刘海粟……均赠花圈,以志哀悼。"(《申报》1933年6月21日)

"蔡元培氏对杨氏之被害及善后,异常悲恸与关切。蔡氏于昨日午刻即至万国殡仪馆,督率中央研究院职员照料一切,直至四时许,始返寓休息。据蔡氏谈,杨氏灵柩现决暂停于万国殡仪馆内,一俟墓地选定,再行安葬,大约当在两星期之内。上海之公墓甚多,本人将于明日(二十一日)派员前往选择之后,再行决定。凶犯目前尚无消息,汪院长业已电令上海市府严缉归案,以凭法办;林主席则尚无复电到沪。"(《时事新报》1933年6月21日)

6月21日　宣称已辞中国民权保障同盟副会长事。

"据蔡元培氏谈,渠对民权会之副会长事,早已辞职,故对该会之前途如何,均不得而知云。"(《申报》同日)

6月25日　出席中山文化教育馆第一次理事会议。会议通过该馆处务通则草案及办事细则草案等。

"中山文化教育馆昨日(二十五日)下午二时,在福煦路八〇三号该馆举行第一次理事会。出席理事长孙科,理事汪精卫(褚民谊代)、叶恭绰、蔡元培、张人杰、吴铁城(李大超代)、史量才、黎照寰、于右任、杨庶堪、李石曾、王云五、张定璠、郑洪年、孔祥熙、戴传贤、马超俊等十七人。由孙理事长主席。……开始讨论:(一)本馆处务通则草案。议决通过。(二)本馆办事细则草案。议决通过。(三)本馆奖学金规则草案。议决修正通过。(四)本馆助学金规则草案。议决修正通过。(五)本馆农村土地经济调查团服务规则草案。议决通过。……"(《申报》1933年

6月26日)

同日 出席中山文化教育馆常务理事会第四次会议。会议通过该馆研究部、出版部计划及经费预算等案。

"四时十五分,接开常务理事会第四次会议。出席者孙科、叶恭绰、蔡元培、黎照寰、孔祥熙、史量才、郑洪年、吴铁城等。由孙科主席。……讨论:(一)研究部经费预算案。议决照案通过。(二)出版部计划及经费预算案。议决,经常费照案通过。中山文库、总理传记,分二年举办,其经费亦分二年支出。关于出版印刷发行事项,暂托他处办理,并由设计委员会再为计划。"(《申报》1933年6月26日)

6月27日 致函驻法公使顾维钧(少川)、驻巴黎总领事李骏(显章),请安置留法学生季志仁临时职务,以利完成学业。

"少川先生公使、显章先生领事大鉴:……兹有启者,自费留法学生季志仁君,练习音乐五年以上,程度颇高,著有《和声学》等书,并在国际学院研求政法,于外交、商务等均所注意,法文亦擅长,实为留学生中难得的人才。近因骤丁外艰,家中无法接济,将有辍学之虑,功亏一篑,甚可惜也。如蒙特别玉成,令在贵馆担任一种职务,俾得以每月薪水应付学费,则感荷无已。……蔡元培敬启"(《致顾维钧、李骏函》同日)

6月28日 致函驻德公使刘文岛,商请帮助吴涵解决赴德留学的食宿困难。

"文岛先生公使大鉴:径启者,吴君涵,毕业于武昌楚材中学及湖北省立国学馆,……现愿转学德国,苦于清贫,思在贵公使馆每日工作二三小时,由馆供膳借宿,俾轻负担。此事未知可行否?素仰执事提携后学,无所不至,倘荷允诺,则吴君学业可望成就,将来图报有日,特为函商,还希裁酌玉成,不胜感荷。……蔡元培敬启 六月二十八日"。(《致刘文岛函》同日)

7月1日 主持中央研究院及中国科学社同人公祭杨杏佛仪式。

"前中央研究院总干事杨杏佛被刺身死,暂殡于万国殡仪馆,定于今日发引,安葬永安公墓。昨日上午,中央研究院及中国科学社两处同人,分别举行公祭。中央研究院公祭于上午十时举行,该院在京之历史语言研究所长傅斯年、自然历史博物馆长钱天鹤、天文研究所长高平子、研究院秘书许寿裳、会计王孝侯等,均来沪参加。连同在沪之总办事处及各所职员,共约二百余人。杨氏家属均到祭堂回礼。堂内布置简单,四壁遍悬各界致赠之挽联,联语极多沉痛,灵前供鲜花,花圈罗列,情景至为凄切。该院院长蔡元培氏,亲到主祭,仪式亦是简单,行礼读祭文,献花圈后即礼成。"(《申报》1933年7月2日)

同日 在上海青年会国耻讲演会演说词——《日本对华政策》——刊出。(申报馆编印《国耻讲演集》1933年7月出版)

7月2日 杨杏佛灵柩发引安葬,亲往送葬。

"昨日杨氏发引之前,前往胶州路万国殡仪馆吊唁者,络绎不绝。行政院院长汪精卫(褚民谊代),中央银行总裁孔祥熙,上海市长吴铁城(俞鸿钧代),中委吴稚晖、何香凝,中央研究院院长蔡元培,中政会秘书长唐有壬等均往致祭,共计二百余人。杨兄鑫、侄祥麟、公子小佛等三人,分别站跪灵前回礼。"

"……三时发引,由万国殡仪馆出发,首由华捕开道,次为灵车,小佛手抱灵座,并有一侍役扶杨氏遗像,三为柩车,后为蔡元培等送殡车,都数十辆,出胶州路,经静安寺路、极司非尔路,而入海格路,经徐家汇镇,而入虹桥路,及抵霍必兰路永安公墓,已逾三时半矣。"(《申报》1933年7月3日)

7月5日 致函罗家伦(志希),请转荐江小鹣承造孙中山铜像。

"志希吾兄校长大鉴:径启者,国民会议议场前建筑总理铜像一案,……想正在进行中。兹有江君小鹣,专长美术,尤精雕刻,谅亦为兄所素悉。倘总理铜像得由江君承造,必能璀璨庄严,可以昭示中外。甚望吾兄转为推荐。特此函达,诸维裁酌施行为荷。……蔡元培敬启 七月五日"。(《致罗家伦函》同日)

同日 致函实业部长陈公博,为李枫岑谋职。

"公博吾兄部长大鉴:径启者,李君枫岑,研究化学、冶金两项,甚有心得。兹值贵部设立钢铁厂,需要多量专门人才,如李君者,正堪备选。特为绍介,还希赐见考询,因材录用,当能努力工作,力图报称。惟量予裁置为感。……蔡元培敬启 七月五日"。(《致陈公博函》同日)

7月6日 致函江苏省政府主席顾祝同(墨三),请代觅《晋会要》《宋会要》等书。

"墨三先生主席大鉴:接奉大函,并检寄朱曼君遗著《四裔朝献长编》《恒阴集》,齐、梁、陈《会要》共五本。承多方设法寻获,至感厚谊。尚有晋、宋《会要》各一本,仍希设法搜觅,俾成全璧,无任感祷。……蔡元培敬启 七月六日"。(《复顾祝同函》同日)

7月14日 出席中华教育文化基金董事会第九次年会,经选举连任董事。

"中华教育文化基金会第九次年会,于本月十四日在成都饭店举行。到会者有蔡元培、周诒春、顾临、任鸿隽、贝克、徐新六、司徒雷登诸董事,教育部代表沈司长,外交部代表刘司长,美使署代表加斯林君,俱列席旁听。该会于九时开始,依次由名誉秘书、名誉会计、执行委员及干事长,报告一年来各项会务状况,继讨论下年度该会自办与合办事业预算,及各请款机关声请补助文件,俱经逐一慎密考虑,决定办法。……该会本年度任满董事为蔡元培、贝诺德、金绍基三君,俱经被举连任。"(《申报》1933年7月15日)

同日 函复广州特别市长刘纪文,谓意大利退还庚款之说尚未完全实现。

"纪文先生市长大鉴:惠书敬悉。广州市河,建桥利涉,深佩伟画。惟义款退还之说,尚未完全实现,重以雅命,将来如有会议,自当尽力。专此奉复,诸希察照。……蔡元培敬启 七月十四日"。(《复刘纪文函》同日)

  同日 致函罗家伦(志希),介绍郑曼青往访。

  "志希吾兄大鉴:前闻中大有艺术教员数人离校,曾介绍郑君曼青(岳)堪任国画教员,以郑君对于诗书画均擅长也。久未得复,兹特嘱郑君趋访,请接见,面罄一切。……元培敬启 七月十四日"。(《致罗家伦函》同日)

  7月15日 函复国际联盟文化合作院主任班纳,申明中国知识阶级愿对国际文化合作的讨论贡献意见。

  "班纳先生足下:在上海得领大教为幸,别后又得上年十二月八日惠函,并关于国际知识合作社之印刷品,使敝人对于国际知识合作之内容,益益明了,尤为感谢。……

  中国旧有之学宫及书院,本为考取较为高等之学者,而予以专门研究之机会,惟偏于哲学、文学及政治学耳。及采取方式而为新学制,则以小学及初级中学为普及常识之机关;而自高中至大学,则为养成专门人才之机关。然为培养创造之人才起见,于大学中设有研究院,以备大学教授与毕业生之研究,而更由中央政府设立中央研究院,以备学者之自由研究。其中一方面以世界公用之方法研究世界公有之问题,冀有普通之贡献;一方面则用中国固有之方法,参用欧美最新之方法,就中国特有材料而研究之,以冀有特殊之贡献。要之,鉴于世界未曾解决之问题,尚复甚多,而愿与欧美学者共负一部分之责任,则中国知识阶级公有之大愿也。敝人仅敢代表中国知识阶级,敬谢先生合作之提议,而贡其深愿合作之诚意,幸先生及合作社诸君子垂鉴焉。"(《复国联文化合作院主任班纳函》同日)

  同日 为陈树人著《自然美讴歌集》作序文一篇。(该书 世界书局 1948年1月出版)

  7月17日 函谢卢作孚邀赴川中游览。

  "作孚先生大鉴:手书奉悉。承邀赴川中游览,无任心感。惟弟近以身体屡有小恙,道途绵邈,深恐不能成行,有负盛情,殊以为歉。谨先函复道谢,诸候察照。……蔡元培敬启 七月十七日"。(《复卢作孚函》同日)

  7月18日 函请叶恭绰(玉甫),助为鉴定文物。

  "玉甫先生大鉴:前曾谈及之何氏古物,……是否真值得购,不能无疑。欲请先生助为鉴定。如有贵友可约请共同鉴定者,亦请代约一位。敝院方面,当由孟真、济之诸兄随时与先生接洽。诸承费神,不胜感谢。……弟蔡元培敬启 七月十八日"。(《致叶恭绰函》同日)

  7月19日 函复外交部长罗文幹(钧任),"中意庚款委员会近年并未开会"。

  "钧任先生部长大鉴:接奉大函,以广州市河建桥,以资利济,拟拨用义国退还

六、大学院院长及中央研究院院长时代(1927—1940) 1115

庚款,嘱开会时注意赞同等语。查中义庚款委员会近年并未开会,其款退还与否,亦尚未确定。重以雅命,将来开会时自当注意。……蔡元培敬启 七月十九日"。(《复罗文幹函》同日)

7月22日 函复驻荷兰公使金问泗(纯孺),谓荷兰退还庚款中划归中央研究院部分正在筹划中。

"纯孺世仁兄大鉴:接奉大函,借谂使节安和,荣光休畅为慰。中荷退还庚款问题,其中一部分划归本院支配,正在筹划中,俟有端绪,自当随时奉闻,以资商榷。承索本院英文刊物,兹奉寄英文概况三册,借便参考。……蔡元培敬启 七月二十二日"。(《复金问泗函》同日)

7月25日 致函吴稚晖,商订为杨铨后人筹募教养费。

"稚晖先生大鉴:在杏佛先生墓旁一晤以后,大驾想即赴京矣。兹有一事,欲请先生偏劳。缘杏佛先生遇害后,即有为其后人筹教养费之计划,拟分三部分筹集:一、政府特别恤金。二、中央研究院恤金。三、友朋募集之款。决定从第一部分先下手。曾与唐有壬、彭浩徐二先生商量,托转达精卫先生,请其在政治会议提出,但迟迟未提。……与唐有壬先生商讨之结果,拟请先生与静江、骝先、蘅青诸先生提出政治会议(汪先生是否可请列名,亦请酌之),提案拟请先生起草,因先生对于杏佛先生之生平知之最详,而又看透现代复杂之环境,应如何措词最易通过,惟先生最为明了也。恤金额本拟二万元,如先生认为不妥,请酌改之。弟不必列名,但先生如认为有列名之需要,则请代为列入可也。专此奉托。……弟元培敬启 七月二十五日"。(《致吴稚晖函》同日)

7月31日 致函叶恭绰(玉甫),商议在中山文化教育馆内设立教育研究机关等三事。

"玉甫先生大鉴:久不晤,惟起居安善。……兹有三事奉商:一、庄君泽宣,在广州中山大学办理教育研究所数年,成绩甚佳。现中大停发该所经费,势必辍业。惟该所设备,系由中华教育文化基金会拨款购置,约值数万金,弃之可惜。欲请中山文教馆接受此项设备,而设一教育研究机关,想中山大学及中基会必能同意。……尊意若何,可否提出常务理事会?二、接上虞谷伯阳君来函,称有明藏一部,待人整理,而又说内有几种宋版书。未知贵友中有愿尽此种整理之义务者否?谷君原函奉览。三、何叙甫君之古物,本拟以三万元售诸研究院,后因款项生波折,现款项有着,而吕戴之君又以已发委托押款书,未能即日履行前约。如先生与吕君相识,祈劝其玉成。专此奉托……弟蔡元培敬启 七月三十一日"。(《致叶恭绰函》同日)

8月1日 参加中华职业教育社董事改选,任开票监察。

"中华职业教育社董事,每二年改选一半,评议员每年改选一半,本年已届改选之期，应行改选。该社因鉴于社员散居各地，召集不易，特印刷选举票分寄各社员，作通信选举，现已竣事。选举票已络续寄回，于本月一日下午二时，在该社比乐堂开票，董事票由蔡子民监察，评议员票由沈信卿监察。……"《申报》1933年8月3日》

8月3日 函请许寿裳（季茀），代撰《中央研究院之过去与将来》等文。

"季茀先生大鉴：别后奉惠书，敬谂安抵首都为慰。……郑晓沧君等有一《教育丛刊》，征《中央研究院之过去与将来》一文。国际文化合作中国分社要续刊《世界》杂志，亦征求本院照片及概略，后者以照片为主，文字愈简愈好；前者以文字为主（忆以二千字为限），照片可有可无。此两文请先生代撰之，忆已托孝焱兄转告，想蒙允诺。……弟元培敬启 八月三日"。《致许寿裳函》同日》

8月5日 与袁同礼合呈教育部文，建议影印四库全书时，"应将文渊及文津两本一一比勘，择善而从"。

"教育部决定影印四库全书，定名为《影印四库全书未刊珍本》。北平图书馆长蔡元培、副馆长袁同礼特向教育部贡献意见，主张影印时，应将文渊及文津两本一一比勘，择善而从，不得置文津本于不顾，四库本已失原面目，不能作为标准。蔡、袁会呈教部，有所说明，教部未予采纳。袁同礼前为影印四库全书时，赴京贡献意见，今日（三日）返平，记者往访，请询一切。……

蔡、袁呈教育部。敬启者：闻大部现拟《影印四库全书未刊珍本》，仰见发扬文化、嘉惠士林之至意，无任钦佩。窃查此书校寄（辑），远在一百七十年前，或著录各省采用之本，或辑自永乐大典残帙，内中虽间有采自稿本，然大多数固多有刊本也。今兹选印，如标以'未刊'二字，于名称上似觉未妥，此应请大部予以考虑者一也。又四库罕传之本，有原书未亡，而馆臣未及搜讨者；有据残本入馆，而全帙至今尚存者。且馆臣于原书面目，任意窜改，脱简遗文，指不胜屈。今如以本馆近年所收宋元明旧刊或旧钞之本，一一比勘，足证明馆臣窜改摧毁之处，不一而足。且馆臣未及见之孤本秘笈，今则岿然尚存天壤。今兹影印，凡有旧刊或旧钞足本，胜于库本可以代替者，允宜采用原帙，以存古书之面目，此应请大部予以考虑者二也。至此外四库所收之书，今无旧本流传，非影印库本，别无补救之法者，为数甚多。内中虽不无罕传之本，但如明人关于经史之著述，其内容在学术上多无价值。今如以机械方式一一影印，非特为一无意识之举，而贻误后学，关系尤非浅鲜。拟请大部延聘通人，或组织委员会，详为审查，严定去取，藉收集思广益之效，此应请大部予以考虑者三也。又四库集部诸书，概无目录，翻检为艰。本馆近年以来，补辑篇目，业已竣事，自应排印于每书卷首，以资检查。管蠡之见，是否有当？敬希鉴核。谨呈教育部长。

国立北平图书馆馆长蔡元培、副馆长袁同礼。附四库罕传本拟目一册。"《申

报》1933年8月5日）

8月11日　鸣谢刘鸿生为上海爱国女校捐款。

"鸿生先生大鉴：接奉大函，并蒙慨助爱国女校一千元，热心义举，嘉惠后学，曷胜钦佩，款送学校，较为便捷，甚善。谨此函复鸣谢，诸维察照。……蔡元培敬启八月十一日"。（《复刘鸿生函》同日）

8月15日　致叶恭绰（玉甫）函，续谈购藏吕氏古物事。

"玉甫先生大鉴：闻昨日吕戴之君在尊处与济之兄等谈判□园古物问题，备承开导，大有转机，不胜感荷。惟闻吕君说，曾托林康侯君以古物抵押五万元于新嘉坡某华侨，与《时事新报》上所载抵押于美国银行不同，未知公能一询林君并请其助劝吕君否？

至教部强制执行之说，弟与济之兄均以为不妥（与尊意同）。济之兄已详告孟真兄矣。……弟元培敬启　八月十五日"。（《致叶恭绰函》同日）

8月16日　函复陈宽荫，伍连德已赴四川，无从接洽。

"宽荫吾兄大鉴：手书读悉。欧洲佛教徒来华，欲习汉文，嘱向伍连德先生介绍一节，现探知伍君赴四川，参与中国科学社年会，无从接洽。且据江味农居士说，招待经费不裕，一切均尽义务云云。特此复闻，希察照。……蔡元培敬启　八月十六日"。（《复陈宽荫函》同日）

8月18日　致函傅斯年（孟真），转达袁同礼（守和）对影印四库全书的意见。

"孟真吾兄大鉴：闻兄近患气管炎，进中央医院，现已痊愈否？甚念。……教育部影印四库未刊珍本事，守和兄迭表意见，颇引起物议，既渠已变计，有致兄一函，并附报纸上评论，特转上。有谈及者，请为解释。……弟元培敬启　八月十八日"。（《致傅斯年函》同日）

同日　为张德怡《红薇诗草》作序一篇。（蔡元培先生抄留底稿）

8月19日　复中国社会教育社函，说明因足疾不能到会演讲。

"径复者：接读大函，以贵社在济南开年会，嘱到会讲演，至荷雅意。惟元培入夏以来，常患足疾，尚不能出门，承邀不克应命为歉。专此奉复，希察照。此致中国社会教育社　蔡元培敬启　八月十九日"。（《复中国社会教育社函》同日）

8月28日　出席中山文化教育馆常务理事会第五次会议。

"中山文化教育馆于前日（二十八日）下午三时，在该馆召开常务理事会第五次会议。出席理事长孙科，常务理事叶恭绰、蔡元培、孔祥熙、史量才、吴铁城、黎照寰、郑洪年，列席李大超。主席孙理事长，记录李大超。行礼如仪。报告事项：（一）宣读上次决议案。（二）本馆七月收到发起人创办费三千零一十元，基金三千零七十元，连同二十一年度下半年份利息一百三十四元零三分。（三）本馆收到财政部补助事业费七、八两月洋四万元。（四）本馆补助傅有壬暑期讲学会经费洋五百元,应请追认。(五)本馆补助青海考察团旅费洋一千元,并订定该团调查报告办法,应请追认。……至六时散会。"(《申报》1933年8月30日)

9月2日 复函吴稚晖,继续讨论筹集杨铨恤金事。

"稚晖先生大鉴:久不晤,惟起居曼福。兹有启者,前以杨杏佛先生恤金事(弟等希望者一次发二万元)奉商,承示俟宋子文先生回国后提出行政会议,并允先后向汪先生及宋先生疏通,想汪先生处早已商过。现宋已回国,务请即日进行为荷。……弟元培敬启 八月三十一日"。(《致吴稚晖函》同年8月31日)

"稚晖先生大鉴:复示敬悉。杏佛先生恤金问题,俟庐山会议后再积极进行,甚善,甚善。惟弟奉函时,已同时分别致汪、宋两先生各一函,在中央研究院立场,及弟与杨先生关系,及杨先生与宋先生关系,弟不能不先致一函,函中并言及所以不要求提出中政会议,而请提行政会议,并待宋回国后者,均系吴先生所主张云云(待宋回国一层,说明汪先生本有此意)。宋函系由徐宽甫兄携往,宋无暇接见,由郑秘书代见,允为转达。汪则已有复函,称'遵当与子文兄晤谈时商订办法'云云,特奉闻,备参考。……弟元培敬启 九月二日"。(《复吴稚晖函》同日)

9月9日 函请潘公展为中国公学校董会准备有关材料。

"公展先生大鉴:久不晤,想起居安善。兹有启者,今日王君抟沙、胡适之君来访,以金城、扩和两款要求中公校董会定一办法。此事当然不能置之不理,拟于一两星期内,在首都开会讨论(乘王君在京之便,可请其出席说明之)。但校中对此两款案卷,请嘱管卷者检出,于开会时送会参考。兹特将胡君函奉上,请玉览。力子兄日内想可来校,亦可请其先阅一过也。十日弟赴京,十四日开学式,想不能参加,乞鉴谅。……弟元培敬启 九月九日"。(《致潘公展函》同日)

9月11日 介绍张廉入日本东京帝国大学深造。

"径启者:张君廉,毕业于北平大学工学院电机工程系,兹拟进贵校研究院,再求深造。谨为介绍,还希察其程度,量予录入,不胜感荷。此致 日本东京帝国大学研究院院长 蔡元培敬启 九月十一日"。(《致东京帝国大学研究院函》同日)

9月13日 与叶恭绰、刘海粟等联名致电阎锡山,请严饬所部保护大同云冈石刻。

"大同云岗石佛寺,为魏正光年始建,历百余年完成,石佛万余尊,大者每尊四十余丈,环伟庄严,为世所珍,实吾国美术史上之异迹,近报载为赵承绶部下毁损。中国考古会蔡元培、叶恭绰、刘海粟,昨特电阎百川云,山西太原阎百川先生鉴:各报载大同云岗石刻,为赵司令承绶部下毁损,以驰名世界古物,如此摧残,实堪痛惜,乞严饬保护复旧,不准侵害,盼甚。中华考古会蔡元培、叶恭绰、刘海粟等叩。元。"(《时事新报》1933年9月14日)

9月23日 出席中比庚款委员会的卫生建设基金委员会和文化教育基金委

员会联席会议，会议讨论拨用庚款利息等案。

"中比庚款委员会昨日下午二时，在亚尔培路四〇八号举行该会卫生建设基金委员会及文化教育基金委员会联席会议。出席委员李石曾、蔡元培、吴敬恒、褚民谊、曾宗鉴、朱世全、宋梧生、葛成之，列席农汝惠、田守成。主席委员褚民谊，记录农汝惠、田守成。开会如仪。首由褚委员报告卫生建设基金委员会及文化教育基金委员会成立经过情形，次李委员石曾报告铁道部拨用比庚款四分之三，应按照五厘付息案。略谓此案前由蔡、吴、褚三委员及鄙人向中政会提议，关于铁道部拨用比庚款四分之三，应按照大会议决拨用庚款原则，以五厘付息，业经大会通过，由行政院令行该部照办。惟该部以无的款，尚未实行，现在讨论中。次讨论各项补助案。关于南京私立各中学校及爱国女学校请求补助案，该会以铁道部利息尚未拨付，暂行设法垫用。"（《申报》1933年9月24日）

9月25日 以北平图书馆馆长名义呈文教育部筹印善本书。

"北平图书馆袁馆长上教育部呈云：案奉大部七月十九日函委本馆担任筹印善本书事宜，爰拟计划报部备案各节，仰见大部发扬文化、嘉惠士林之至意，莫名欣感。遵即与国内公私藏家及商务印书馆再三审议，拟定办法两项，理合另纸录陈，并检同四库善本丛刊拟目一册（其他存目及未收拟目容编次告竣再行呈部）。本馆与商务印书馆订立合同草案一份，具文呈请鉴核备案，实为公便。谨呈 教育部长 附拟目一册合同草案一份。

国立北平图书馆馆长蔡元培 副馆长袁同礼 九月二十五日"。（《申报》1933年10月6日）

9月28日 商请中山文化教育馆考虑俞省羞著《东北实地调查记》出版问题。

"省羞先生大鉴：奉复示，并《东北实地调查记》大稿，敬悉一切。大稿材料，极具价值，文笔亦甚畅达。弟为他种工作所忌羁，未能全读（恐久搁误印刷之期），亦无暇作序，谨题数字，借表欢迎。至印费亦非绵力所能筹垫。已商之陈彬龢君，……在中山文化教育馆任出版部副主任，于印刷事，可以设法也。弟因未得公同意，不敢示以全稿，仅以第一次见示之目录示之。渠对于校订及印刷两事，均允尽力。兹将原稿奉缴，请持弟介绍片往福熙路八〇三号中山文教馆访之（不拘何日，午前十一时左右），面商一切。专此介绍……弟蔡元培敬启 九月二十八日"。（《复俞省羞函》同日）

9月30日 为商务印书馆出版的《小学生文库》题词。

"《题〈小学生文库〉》。小学校应有图书馆，普通图书馆应有儿童阅览室，家庭文库应有儿童读物，此现代通例。因为将来的世界，完全靠儿童们长大以后的活动；我们不愿他们养成被动的习惯，而要引起他们自动的探求，不可不为之预备材料，以备参考者。欲使学校图书馆及家庭，都愿大量的购进儿童读物，而印刷机关不足以供其所求,则亦无可如何！今幸商务印书馆有《小学生文库》之编印,从此不但各小学校均有充实其图书馆之机会,而在普通图书馆与各个家庭,亦可以先备基本图书,供多数儿童参考,不可谓非吾国现代儿童之幸运也。 二十二年九月三十日 蔡元培"。(《申报》1933年10月10日)

9月 为姚仲拔撰《辅助国民教育运动》一书作序。

"仲拔吾兄大鉴:昨奉一函,想荷鉴及。序文已脱稿,奉正。……弟元培敬启"。(《致姚仲拔函》同月)

同月 请马祀光代撰《余莲青家传》文。(孙常炜:《蔡元培先生全集》)

10月1日 撰写《印行〈越缦堂日记补〉缘起》一文。(《越缦堂日记补》第1册商务印书馆 1935年版)

10月7日 复函方积蕃,详述中国公学偿还正大银行贷款办法。

"积蕃先生律师大鉴:奉惠函,询及中国公学与正大银行欠款关系中延期清偿办法之详情。查四月间,鄙人所与正大银行经理王文治先生商量者,仅提出延期清偿要求,而请其与校长熊君详商办法,实未有具体办法之商定。现在中国公学方面,已备好第一期偿还之款,交与沈越升会计师,请其与正大银行磋商办法。种种详情,请询正大银行可也。……十月七日"。(《复方积蕃函》同日)

10月9日 函请张堂履面谈所发明的"简易年月日自动计"。

"堂履先生大鉴:接奉大函,知有简易年月日自动计之发明,甚善。承询各节,因未见图样,一切无从悬断。如有暇,请携带草图及纸制各轮轴式样,到上海白利南路愚园路底本院物理研究所面谈。该所是否可以帮忙,彼时当可决定。……蔡元培敬启 十月九日"。(《复张堂履函》同日)

10月10日 撰写《西山学校藏器记》一文。(蔡元培先生手稿)

10月11日 复函雅纳戚,并寄赠中央研究院工作报告及照片。

"雅纳戚先生大鉴:接奉八月二十二日所发手示,知执事热心中国文化,筹设中国文字科及收藏中国文物博物馆,雅谊宣扬,至深钦佩。承索本院出版物,兹谨奉赠贵校以《工作报告》□册,并附照片□张,借作纪念,均另邮寄上,到时希察收。……蔡元培敬启 十月十一日"。(《复雅纳戚函》同日)

10月12日 致蒋介石、宋子文、戴季陶等函,转请给予佛光社捐助。

"介石先生委员长、子文先生副院长、季陶先生院长大鉴:径启者,顷接江易园先生来函,以所著佛学书、佛光社募集基金导言及建造社舍募捐册各一本,属转呈左右,谨为奉上,请赐阅览,并酌予补助,不胜同感。……蔡元培敬启"。(《致蒋介石、宋子文、戴季陶函》同日)

同日 函复杨鑫(吉甫),谓缉拿刺杀杨铨凶手案尚无头绪。

"吉甫先生大鉴:迭接手书,敬悉一切。关于杏佛先生身后各事,均经次第筹划,教养费正在接洽,以期早日领出。惟缉凶案则尚无头绪。知念特复,诸希察照。……蔡元培敬启 十月十二日"。(《复杨鑫函》同日)

10月18日 被推选为国际问题研究会名誉理事。

"径启者:接读大函,知贵会对于国际问题,作详细之研究,至为钦佩。承推选元培为名誉理事,谨当担任。蒙惠赠年报,谢谢。专复,希察照。此致 国际问题研究会 蔡元培敬启 十月十八日"。(《复国际问题研究会函》同日)

同日 发布取消胡母寿庆征文启事。

"《蔡元培启事》。前元培等为胡超之君之令堂八旬预庆发起征文,荷蒙各方友好赞襄,曷胜欣感,刻接胡超之君急电,胡母周太夫人竟于本月七日子时急病而终,据电再为登报声明,并谢诸友好之感情耳。"(《申报》同日)

10月19日 复函傅斯年(孟真),请展缓返平。

"孟真吾兄大鉴:接十一日惠函,知已出医院,并每日小出一二次为慰。体力虽一时未能复原,然兄年富力强,不久即可恢复,希勿焦虑。北平调养较适宜,然闻在君于下月七日可到沪,巽甫等颇欲请兄留待一谈(弟尤望兄留此同劝在君),此行展缓二十日,想亦不妨,请改期为幸。……弟元培敬启 十月十九日"。(《复傅斯年函》同日)

10月21日 函询张元济(菊生),《双鉴楼善本书目》中"未经刊行"各书能否设法付印。

"菊哥同年大鉴:昨荷枉顾,领教为快。《双鉴楼善本书目》三册,已读过,觉其中有'未经刊行''世无传刻'等书,其当保存,应不下于希有之宋本,未知能否设法付印否?……弟元培敬启 十月二十一日"。(《致张元济函》同日)

10月31日 与张继、林森、蒋中正等人联名发起创设仁卿纪念学校。

"党国要人张继、林森、蒋中正、汪精卫等以陆军上将夏仁卿烈士为国牺牲,特联名发起创办仁卿纪念学校,已设办事处于上海法租界白来尼蒙马浪路四四六号,积极进行。闻此校将来成立,对于贫苦子弟、先烈后裔、海外华侨,特予优待,教授待遇,亦求提高。兹将情形择志于后。

创办缘起。夏烈士仁卿,殉身革命,功在党国,国民政府业已明令褒扬,国人而能知之。继等与烈士,或谊如苔岑,或情关袍泽,平昔皆知烈士之德行学识。其为人也,立志沉毅,临事明决,坚毅有谋,贞白其行;其于革命也,今兹在兹,一心一德,忠而奋发,勇不远仁,□目见忌于反动者之手,而殉之以身,总理誉之为模范之死。呜呼!可以□矣。方今世道浇季,人欲横流,狡點者二三其德,竞进而图私,一二纯厚之士,则又恬退而独善,革命须先革心,人心若此,实吾党之忧也。继等追忆前征,爰拟创办仁卿纪念学校,非特彰烈士之名行,著烈士之功勋,亦欲于弦诵之间,使烈士伟大之精神,贤贞之气节,侵润于莘莘学子之脑海,以矫当世之枉,振当世之衰,更进而愿承烈士之志,推进革命之大业。古人有言,'高山仰止,景行行止',虽不能至,心向往之。所冀海内外贤达,念烈士之忠烈,至继等树人之志,共砥于成,则党国甚利赖之。谨启。

联名发起人:张继、李石曾、谢持、于右任、林森、孙科、居正、蔡元培、宋子文、杨树庄、李济深、蒋中正、汪精卫、柏文蔚"。(《申报》1933年10月31日)

10月 题黄文彬(雅然)编《师古小言》。

"多闻阙疑,慎言其余,则寡尤;多见阙殆,慎行其余,则寡悔。谨为雅然先生题所著《师古小言》 蔡元培"。(《绍兴文史资料》第11期)

同月 为《现代学生》杂志题词。

"现代学生杂志 体育救国 蔡元培"。(《现代学生》第3卷第1期)

11月2日 致函王晓籁,请助绍兴本益和尚募资。

"晓籁先生大鉴:径启者,绍兴柯岩普照寺,年久破败,大殿将倾,住持本益发愿重修,欲求十万施助。素仰先生顾念桑梓,于名山古刹,尤所关怀;拟请设法劝募,庶几广殿金碧,重现庄严。因本益晋谒,谨为介绍,还希接谈,开示一切为感。……蔡元培敬启 十一月二日。"(《致王晓籁函》同日)

同日 函谢何香凝抄寄杨杏佛遗诗。

"香凝先生大鉴:接奉手示,承抄录杨杏佛先生遗诗,至深感荷,已转交杏佛先生遗稿征集委员会矣。专此鸣谢……蔡元培敬启 十一月二日"。(《复何香凝函》同日)

11月4日 孙科来沪会晤,谈约一小时。

"立法院长孙科昨晨七时三十分,由京乘夜车抵沪,旋分访全国经委会常委宋子文,暨中委李石曾等。……孙氏抵沪后,昨晨九时三十分,驱车造访宋子文氏于私邸,敦促宋氏早日入京,主持全国经济委员会事宜,谈约半小时始辞。转赴福开森路世界学院晤中委李石曾,未几,中委蔡元培亦至,商谈约一时之久。闻三氏会晤,亦对时局交换私人意见云。"(《申报》1933年11月5日)

11月5日 出席中山文化教育馆常务理事会第六次会议。

"中山文化教育馆……日昨(十一月五日)举行第六次常务会议,出席者蔡元培、叶恭绰、史量才(陈彬龢代)、吴铁城、郑洪年(黎代)、黎照寰、孙科、孔祥熙,列席李大超。主席理事长孙科,记录李大超。……讨论事项:(一)举行各大学教育系毕业论文奖金办法案,议决修正通过。(二)本馆征求总理传记登记,可否延至年底案,议决延期至年底。(三)指定本馆职员李庚、李邦栋、陈端志、沈兹九、陈正谟、庄泽宜为本馆第一次奖学金初筹委员,应请追认案,议决照追认。……"(《申报》1933年11月7日)

11月9日 致函山东省教育厅长何思源(仙槎),请玉成姚仲拔试验"往教"法。

"仙槎我兄厅长大鉴：久不晤，惟起居安善。兹有启者，教育普及为吾人所渴望，然学校不能于短时间激增，而有多数人已无再进学校之希望。吾友姚君仲拔主张'往教'一法，借以补学校教育之不及，而促进普及，弟甚赞成。其运动自当遍全国，而姚君服务青岛，或将在山东开始试验。弟对于此等辅助学校之运动，谅有同情，务请随时提倡，随地玉成，俾得顺利进行，不胜盼祷。……蔡元培敬启 十一月九日"。（《致何思源函》同日）

11月11日 撰写柏林中国美术展览会展品国内展览会《开幕词》。（蔡元培先生手稿）

同日 与吴敬恒、李煜瀛等联名发起成立中国历史学会。

"《发起中国历史学会启事》。我国自羲农以降，有将近五千年绵延不绝之史实。自《尚书》以降，有四千年绵延不绝之史文。举世界古今号称文明之国殆无足与我抗颜行者。惟然，故迁、固而下，述作纷纷，记言、记事、记典制、记艺文，以至风俗民生，遗文逸事，莫不有记。大之弥纶古今，贯穿百代，小亦发凡起例，自成家言。凡此皆先民之所䌷绎，守以待后之人者也。晚近以来，载籍钩稽之不足，取徵及金石。故爬梳之不足，网罗远及之象胥。益以今日交通之道大开，履重洋如平地，缩瀛海为户庭，遐荒几事，其来捷如影响。苟不疏通知远，尤将因应无方，缘是所谓史学科，其积也日以深，其涵也亦日以广，欲抽其绪而理其棼，诚非一手一足之力所能为功矣。今世治史之士，望古遥集，术有专攻。或以通今著，或以笃古闻，或潜心于考订，或致力于采掘，或则长记注，或则擅撰述。分道扬镳，各逞其效。同人等窃以为百川分流，同归于海，分以极其深，尤必合以成其大。用是不揣冒昧，爰有中国历史学会之发起，颇冀以琢磨蹉切之功，收熔铸钧陶之效，是所望于海内同志有以玉其成也。

发起人：吴敬恒 蔡元培 李煜瀛 柳诒徵 徐光 王易 汪国垣 赵曾俦 雷海宗 傅运森 张相 王钟麒 何炳松 张乃熊 张乃燕 张其昀 郑鹤声 梁园东 葛绥成 缪凤林 金兆梓

通讯处：南京中央大学文学院 缪质虞 上海中华书局 金子敦"。（《申报》同日）

11月12日 与李石曾、陈公博等设宴欢送刘海粟赴德举办中德美术展览。

"我国新兴艺术领袖刘海粟，除致力于创作外，复专事艺术事业之建设，思想所及，艺运大振。一九三二年在德国佛郎克府讲学，并举行个人作品展览会，极受德国学术界之推崇，复与德政府协定，于一九三四年二月，在柏林举行柏林中德美术作品展览会。归国后，即与蔡元培、叶恭绰、陈树人等筹商办理，并由行政院会议通过，筹备年余，业已将第一批征集精品三百五十件，先于上海世界学院公开展览三天,定于今日午后五时乘意大利邮船康推维脱动身。刘氏此行,除携带上项物品外,并有赠送德国筹备委员之瓷器数十件,及国画之各种用具等,藉以宣扬我国之工艺美术,并使德人理解我国国画之技法。昨晚蔡元培、李石曾、陈公博,上海美专同人及文艺春秋社等,特为刘氏设宴话别,对刘氏之不顾毁誉,努力谋我国艺术事业之建设,十分钦佩云。"(《申报》1933年11月13日)

　　同日　请刘海粟寄交汉堡大学但采尔教授赠品一包。

　　"海粟先生大鉴:闻大驾明晚十二时登舶。奉上赠品一包,请携至德国后寄汉堡但采尔君(但系汉堡大学教授,并在民族博物馆任主任)为荷,费神至感。明(十三日)晚务请惠临一叙。……弟蔡元培敬启　十一月十二日"。(《致刘海粟函》同日)

　　11月14日　电告驻德中国使馆,刘海粟已携带展品动身赴德。

　　"柏林中国使馆:寒日,刘海粟带出品及目录,乘意船唐悌浮地,下月中到德。元培"。(《致中国驻德使馆电》同日)

　　11月15日　复李敏树函,内谓民权保障同盟已无形停顿。

　　"敏树先生大鉴:大函读悉。民权保障同盟事,自杨杏佛先生故后,奔走乏人,已无形停顿。孙夫人现亦无意活动,请不必与之通讯。……蔡元培敬启　十一月十五日"。(《复李敏树函》同日)

　　同日　应陈鹗之请,为其母遗像题字。

　　"奉书惊悉太夫人噩耗,同深怆悼!但事已至此,当希节哀顺变。嘱题像,尚已照写,付印时稍移左方可也。此上　鹗兄苦次　元培敬启　中华民国二十二年十一月十五日"。(《复陈鹗函》同日)

　　11月16日　致函中央大学校长罗家伦(志希),询可否延聘袁振英任教。

　　"志希吾兄校长大鉴:顷接袁振英君来函言,上半年渠在青岛大学时,曾由兄邀其下学期到贵校任课,系陈公博兄去信。因此渠将青大一席辞去,及至暑假后未成事实,迄今尚无工作。未知贵校仍可设法延揽否?特代函询,希酌裁见复为荷。……蔡元培敬启　十一月十六日"。(《致罗家伦函》同日)

　　同日　函复许寿裳(季茀),说明抄录《俞理初日记》系私人之事。

　　"季茀先生大鉴:奉十五日惠函,敬谂大驾已到京为慰。……《俞理初日记》系弟私人之事,本托宽甫兄觅一抄胥,领去誊写,由弟计页酬值,尤未便缘此而使院中增员,鄙意以不提出为是(适与子竞谈及,渠有一熟人可代抄,弟已嘱其向孝焱兄索取矣,请勿念)。……弟元培敬启　十一月十六日"。(《复许寿裳函》同日)

　　同日　请马祀光代作《〈资兴曹氏族谱〉序》文。(蔡元培先生抄留底稿)

　　11月25日　当局拟推为赴粤代表。

　　"南京二十五日电。闽变发生后,中央有派员赴粤与胡汉民及西南中委交换意见,请来京共负艰巨之议。据探悉,现已决定推张继、蔡元培南下,张已同意,蔡在征询同意中。"(《时事新报》1933年11月26日)

同日 请马祀光代作《孙庚三家传》。(蔡元培先生抄留底稿)

11月27日 函复东吴大学法学院长吴经熊,愿列名赞助筹建该院图书馆。

"经熊先生大鉴:接奉手书,知贵院筹设法学图书馆,诚为切要之事,弟愿列名赞助。专此奉复,即祈察照。……蔡元培敬启 十一月二十七日"。(《复吴经熊函》同日)

同日 请马祀光代作《廖苹南暨夫人墓志铭》。(蔡元培先生抄留底稿)

11月 致函国内外教育家征求实施辅助国民教育运动的发起人。

"径启者:查我国普及教育,提倡已久。国府当局,对于学龄儿童,有强迫入学之明文;对于贫瘠乡里小学,有量予补助之规定,督促维持,无微不至。顾三四十年来,乡里儿童入学者,不过十之二三,失学者十常七八。以如此多数失学儿童,俟其成年,再行施教,难免事倍而功半。但一纳诸学校,非惟现在国家财力容有未逮,即儿童本身往往因贫困而不得不工作以求生,虽欲入学而势亦有所不能。是我大多数之国民,永无识字读书之机关矣。姚君仲拔有鉴于此,提倡辅助国民教育,以最经济、最简捷之'移教就蒙'办法,为施行普及儿童教育之方法,利用儿童工作间隙,令其识字读书,以补助正式小学之不足。先试一村,推而至于全国,使家无不识字之儿童,则十余年后方可达到国无不学之民。意美法良,造端宏大,全赖海内贤俊,群策群力,一致提倡,方易收效。素仰台端热心教育,学界泰斗,用将姚君所拟辅教运动草案,及所草大纲与章程等件○份,寄请台览,并乞指导修正,共策进行。如蒙惠允加入发起人,务乞示复,不胜盼祷之至。此请。"(《致国内外教育家函》同月)

同月 为赵燏黄、徐伯鋆著《现代本草生药学》作序一篇。(该书1933年12月印行)

12月2日 出席上海爱国女学立校三十二周年纪念会,并发表演说。

"昨日(二日)本埠江湾路爱国女学逢三十二周年立校纪念,更值复兴计划初步完成,故于是日上午九时举行纪念会。……主席孙校长报告开会宗旨大意,……继校董蔡孑民演讲:大意为衣食住行为人生所必要,学校亦然。继校董褚民谊演讲。……"(《申报》1933年12月3日)

同日 所作《〈爱国女学三十二周年纪念刊〉导言》刊出。(上海《爱国女学三十二周年纪念刊》同日)

12月3日 与汪精卫、于右任等联名发表公祭高奇峰启事。

"高奇峰先生在沪逝世,定于十二月八日运柩归粤,同人拟于七日在海格路中国殡仪馆公祭,是日并陈列遗作画品,以表哀思。凡诸亲友门生,希届时惠临是幸,一切诗文挽幛请先期送中国殡仪馆代收,以便悬挂。

汪兆铭 于右任 经亨颐 吴铁城 马超俊 叶恭绰 方君璧 黄宾虹 蔡元培 孙科 陈树人 狄平子 褚民谊 曾仲鸣 梁得所等同启"。(《申报》1933年12月4日)

12月7日 前往祭奠名画家高奇峰。

"吾国名画家高奇峰，病逝沪上……定本月九日庇阿士总统号船运柩归粤，先期于七日各界公祭，并陈列遗作多幅，是日灵堂设在中国殡仪馆，致送挽联者，有汪精卫、于右任、蔡子民、叶恭绰、陈树人、曾仲鸣等百余人，并有祭文诗词甚多。是日到祭者，有陈树人伉俪、蔡子民、吴铁城、叶恭绰及高君亲友、艺术界同人等。"(《申报》1933年12月8日)

12月8日 出席上海学术界欢迎意大利马可尼夫妇的茶话会，并代表各团体致欢迎词。

"意大利无线电发明家马可尼侯爵，于前日到沪，备受各界人士之欢迎。……下午四时，马氏夫妇仍应本市各学术团体之请，在交通大学容闳堂，开盛大茶话会，席间由中央研究院院长蔡元培氏致欢迎词。马氏作简短之演说后，并为交大无线电台树基，以作纪念。"(《申报》1933年12月9日)

12月10日 出席汪精卫召集的会议，讨论有关召开四中全会等问题。

"汪院长旋于昨日午后二时许，在亚尔培路褚宅，邀集蔡元培、宋子文、李石曾、吴铁城各中委，会商处置闽乱、召开四中全会及全国经济委员会进行计划各项重要问题，直至傍晚始散。"(《申报》1933年12月11日)

同日 请马祀光代作《益阳丁氏族谱》序文。(蔡元培先生抄留底稿)

12月15日 出席中法联谊会为法驻华公使韦礼敦举行的归国饯行会。

"法国驻华公使韦礼敦，自得法政府许可请假返国后，即由平入京，向国府汪外长等辞行，已于昨晨七时半由京搭夜快车抵沪，……中法联谊会，于昨日中午十二时半，在迈尔西爱路法商总会，为之设宴饯别。

昨日到会人物，计有中委蔡元培、李石曾，行政院秘书长褚民谊，前驻法公使钱新之，前驻比代办谢寿康，中法联谊会会长王景岐，秘书江文新……及中西各报记者二百余人。"(《申报》1933年12月16日)

同日 出席世界社、世界学院和中法大学等为法公使韦礼敦举行的归国欢送会。

"世界社、世界学院、中法大学三团体，昨日下午六时在福开森路社内开会，欢送法公使韦礼敦及法教育部长奥诺拉等。法国领事梅里霭，蔡子民、张静江、吴铁城、褚民谊、张啸林、杜月笙、叶玉虎、王石孙、吴蕴斋、陈蔗青等二百余人，颇极一时之盛。"(《申报》1933年12月16日)

12月17日 赞助"新村建设"运动进行。

"本埠博物院路二十六号中国新村建设社……自倡行新村建设以来，引起社会深切注意,新闻代为播传,名流予以赞助,业务进展甚速。闻该社赞助人为蔡元培、张静江、李石曾、孙科、黄绍雄、王世杰、陈公博、吴铁城、覃振、谢持、傅世霖、叶恭绰、褚民谊、甘乃光、刘洪生、王晓籁、陈鹤琴诸氏。"(《申报》1933年12月17日)

同日 上海美术专科学校举办现代名人书画展。

"上海美术专科学校为普及艺术欣赏起见,发起名家书画展览会,将历代收藏现代艺海名家,文坛耆宿心血结晶之作品数百件,精致装潢,公诸同嗜。……出品名家有于右任、王一亭、任堇权、何香凝、沈恩孚、蔡元培、陈树人、郑洪年、黄宾虹、叶恭绰、刘海粟、王济远、经亨颐、潘天授、诸闻韵、许筱白、谢公展诸当代名家百余人。"(《申报》1933年12月17日)

"上海美术专科学校主办之名家书画展览会,在本埠南京路大陆商场开幕各节,曾志前报。连日来,参观者十分踊跃,该会乘冬假期间内,柬请本市公私各大学及中小学师生,到会欣赏名家手笔。昨有蔡元培、叶恭绰、郑洪年之诗书对联,加入陈列。……"(《申报》1933年12月20日)

12月18日 函询张元济(菊生)是否愿购无名氏所售之藏书。

"菊哥同年大鉴:顷有谢驾千会计师介绍无名氏藏书,索价二十万元。又有人寄示康南海旧藏书目,藏书索价十万元。今将两种书目均奉上,请酌量是否可为复兴之东方图书馆购入。如不值得购,则请以书目掷还,以便他向别处问讯。……弟元培 十二月十八日"。(《致张元济函》同日)

同日 函谢中福联合办事处驻沪经理处代还中国公学债款。

"径启者:接奉大函及升记煤号收据,敬悉。王抟沙先生热心中国公学校务,其世兄继述先志,设法代还欠升记巨款,无任钦佩。谨代中公表感谢之忱,并将收据送中公保存,借资纪念。专此奉复,希察照,并转达为荷。此致 中福联合办事处驻沪经理处 蔡元培敬启 十二月十八日"。(《复中福联合办事处驻沪经理处函》同日)

12月19日 函请汪精卫、戴季陶、于右任等为天文研究所新建天文台题字。

"精卫、季陶、右任先生院长大鉴:径启者,敝院天文研究所新建天文台、天文台赤道仪室、天文台变量仪室行将落成,其奠基刊石之文,拟求法书,以昭隆重。台端提倡学术,谅允挥翰。兹将纸张及样稿奉上,即希赐墨,不胜感荷。……蔡元培敬启 十二月十九日"。(《致汪精卫、戴季陶、于右任函》同日)

12月21日 资助上海中法工学院学生朱旦学费并寄还其学费收据。

"来函及学费收据均悉,兹将学费收据寄还,希察收。此后望努力于学,以期成就为要。此致 朱旦君 蔡元培敬启 十二月二十一日"。(《复朱旦函》同日)

同日 撰发为杜亚泉征赙通函。

"径启者：杜亚泉先生逝世，身后萧然，几于不克棺殓。哲人厄运，闻者伤之。先生提倡科学，远在三十五年以前；埋头著书，亦积有三十五年之久。其编撰之作，整部出版于商务印书馆及零篇散见于各杂志中者，不胜枚举。嘉惠士林，无待赘述。因家本寒素，又不善积蓄，重以沪上'一·二八'之变，商务印书馆遭焚，职员均受损失；先生间道避难，损失尤大，以致影响生计，此其老而弥困之情形也。遗孤中，尚有二人在中学时代，一女未嫁，此后支持，大非易事。凡我友朋，宜加存恤。倘赐礼物，希用现款，庶几积有成数，为偿还医药及举行薄葬之用；有余以备诸孤求学之资。仁者所施，实利赖之。谨为声请，诸维察照。 蔡元培"（蔡元培先生抄留底稿）

同日 为《陆军二师南天门抗日阵亡将士纪念特刊》题词。

"腥风来自古北口，十万健儿跃马走。浓云起处炮火飞，但能报国死如归。

八道楼子阵地动，堆尸夺回气神勇。肉躯挟弹阻敌车，坦克虽利何所加。

悲壮淋漓有如此，前仆不忧贵后继，望空齐洒同情泪。"（蔡元培先生手稿）

12月25日 函复唐大圆，说明中央研究院尚未设立哲学、文学门类研究项目。

"大圆先生大鉴：拜读手书，承欲至敝院作哲学、文学一类之研究，具见关怀学术，无任钦佩。惟敝院经费不足，种种计划未能实施。目前哲学、文学等门，均未设研究所。执事热心提倡，竟无法延揽，至为歉憾。专此奉复，尚希谅之。……蔡元培敬启 十二月二十五日"。（《复唐大圆函》同日）

同日 致函最高法院院长居正（觉生），转达梁丽升所提"论功奖励"要求。

"觉生先生院长大鉴：径启者，顷接海防梁丽升君来函言，'前因为国奔劳，屡屡倾囊，今者年逾古稀，身羸气弱，顿患清贫，拟求中央论功奖励，已经呈政府并函达先生处'云云。此事谅荷察洽。梁君热心爱国，多有宣劳，自宜加以优待，还希先生照彼来信及呈文为之设法，想必乐予玉成也。……蔡元培敬启 十二月二十五日"。（《致居正函》同日）

同日 函谢陈树人赠书。

"树人先生大鉴：接奉大函，并惠赠大著《自然美讴歌集》，回环讽诵，弥增兴趣，无任感谢。专此奉复，希察照。……蔡元培敬启 十二月二十五日"。（《复陈树人函》同日）

12月26日 致函陕西省政府主席邵力子、财政部次长秦汾（景阳），请将赵国宾列入经济委员会西北分会成员。

"力子吾兄主席、景阳先生次长大鉴：径启者，赵君国宾，地质学专家，于陕甘路务、矿务经验甚丰。此次组织经济委员会西北分会，务请为赵君列入，当能本其学验，尽力赞襄，会务进行，必多俾益。谨为介绍，诸希酌裁为幸。……蔡元培敬启 十二月二十六日"。(《致邵力子、秦汾函》同日)

12月27日　函谢生活书店赠书。

"接读大函，并惠赠《生活文选》一册，至感厚谊。专此奉复道谢，诸维察照。此致 生活书店 蔡元培敬启 十二月二十七日"。(《复生活书店函》同日)

12月28日　复函英国各大学驻华代表修士(中诚)，商议英学者来华学术讲演计划问题。

"中诚先生大鉴：接本月二十二日惠函，敬悉一切。……先生拟请伦敦委员会下一届派一自然科学家，如物理、化学或生物学家，来华讲演，弟甚赞成。鄙意专门学者来华，除尊函所述当于暑假以前先行接洽一端外，在南京、上海、北平、武昌及广州等处，至少各留住一月有半以上，一方参观各大学，与讲授兹学之专门教员开几次讨论会，关于扩充设备、搜集材料及指导学生方法等，可以交换意见；一方对于学生为专门学术之讲演若干次，可以一大学之讲堂，召集各大学专习兹学之学生，共同听讲，不必分往各大学讲演，并可将讲稿译出印行。弟以为如此安排，所得效果较大。……蔡元培敬启 十二月二十八日"。(《复英国各大学驻华代表修士函》同日)

12月31日　属意丁文江任中央研究院总干事。

"中央研究院总干事杨杏佛被害后，尚未补人，暂由物理研究所长丁西林兼任。兹闻院长蔡元培属意历史语言研究所通讯研究员丁文江，将令其继任，定下月来京就任。"(《申报》1934年1月1日)

12月　与柳亚子、邵力子、朱家骅等，分别题词介绍上海中学生书局出版的《中国当代国文》一书。

"是编选择谨严，编列适当，语体与文言之衔接，内容与形式之均衡，皆煞费苦心；指示文法，间附注解，尤便于读者，诚中学国文科最适宜之教科书也。二十二年十二月 蔡元培孑民"。(《申报》1934年1月9日)

同月　为《北京大学三十五周年纪念刊》题词。

"北大三十五年纪念

风雨如晦，鸡鸣不已。 蔡元培"。(《北京大学三十五周年纪念刊》北大学生会三十五周年纪念筹备会出版委员会1933年12月)

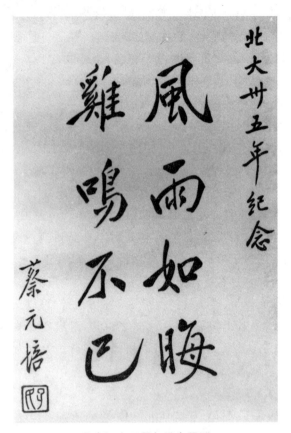

北大三十五周年纪念题词

同月 为持志书院二二年刊题词。

"持志书院二二年刊 进德修业 蔡元培题(印)"。(《持志年刊》1933 年 8 期)

本年 为《上海东南医学院二十二级毕业纪念刊》题词。

"好学力行 造就良医 蔡元培题(印)"。(该刊 1933 年印)

本年 为丁超五书屏一幅。

"北起成孤峰,东蟠作幽谷。中有十余家,芦藩映茅屋。土肥桑拓茂,雨饱麻豆熟。

超五先生雅正 弟蔡元培(子民注:诗文出自宋陆游诗《予读元次山与瀼溪邻里诗意甚爱之,取其间四句》)"。(蔡元培研究会藏复印件)

本年 为许琴伯书联一副。

"琴伯先生正

躬洁冰雪,情发兰石。 蔡元培"。(蔡元培研究会藏复印件)

1934年（民国二十三年　甲戌）六十七岁

故宫博物院南京分院奠基礼合影（前排右五为蔡元培，1934年1月）

中央研究院工程研究所同仁合影（1934年）

1月1日 所撰《我在北京大学的经历》一文发表。(《东方杂志》第31卷第1号)

1月4日 函介胥国瑞留学日本东京帝国大学。

"径启者：胥君国瑞，系东北大学经济学系毕业，又借读于北京大学，颇知努力。兹为更求深造计，愿入贵大学继续研究，特为函介，倘经审查成绩合格，还希准许入学，不胜感荷。此致 日本东京帝国大学校长 蔡元培敬启 一月四日"。(《致东京帝国大学函》同日)

1月5日 介绍上海沪西北居民代表往见公务局长沈怡(君怡)。

"君怡先生局长大鉴：径启者，兹有居住沪西北蔡家浜童家桥人民，欲造煤屑路一条，以利交通，推代表金晏澜君入谒，陈述一切，特为介绍，还希赐见为幸。……蔡元培敬启 一月五日"。(《致沈怡函》同日)

1月6日 为天津东亚毛纺厂题字。

"天津东亚毛纺厂本实业救国之义，以挽回利权、杜塞漏卮为办厂宗旨，专纺国产抵羊牌各种毛线，近公布本年所得名人题奖字句，……有中央研究院院长〔题字〕：'授之有道 蔡元培题'。"(《申报》同日)

同日 致胡适函，请与胡石青商讨中原公司补助中国公学办学经费问题。

"适之先生大鉴：别来想安善。兹有启者：中国公学经熊哲帆兄代理校长后，得沈敬仲君之助，改善学风，整理积牍，已由混乱之后恢复秩序，预算、决算亦甚清楚，照此进行，甚有希望。惟因受教育部不招新生之拘束，下学期学生不过三百人，收支相抵，不足二万元。现一方面筹设理科，维修旧屋，进行复兴计划；一方面不能不先着手于下学期之维持。若不能筹到二万元，则哲帆决不肯再代理，其他亦必无肯任者，而中公非停办不可矣。查中公前由王抟沙先生与中原公司接洽，每年补助二万元。闻抟沙先生之继任者胡石青，最近在北平，欲请先生就近与胡君一商，仍请中原公司续行补助，如尚有其他筹款之法，亦请酌定进行，并随时示及为祷。……弟蔡元培敬启 一月六日"。(《致胡适函》同日)

1月7日 致函中央大学校长罗家伦(志希)，推荐陈伯早可任法国文学教员。

"志希吾兄大鉴：前由西林兄携示手书，借谂贵校迅速进步之状况，甚为忻佩。兹有启者，陈伯早博士(绵)，为兄在巴黎时所素识，陈君精研法国文学，谅荷洞鉴，回国后当然愿以所学饷后进，如贵校有法文学讲座，陈君可以胜任。敬此介绍，请酌行。……弟蔡元培敬启 一月七日"。(《致罗家伦函》同日)

1月12日 介绍本益和尚将募修绍兴柯岩寺捐款存入绍兴中国银行。

"子馀、晓尘先生大鉴：径启者，本益和尚发愿，募修柯岩普照，捐款陆续收到，意欲向贵行汇存，特为介绍，诸希裁酌为荷。……蔡元培敬启 一月十二日"。(《致王世裕、姚晓尘函》同日)

六、大学院院长及中央研究院院长时代(1927—1940) 1133

同日 分别致函陈立夫、焦易堂、梁寒操等,请审正钱币革命计划草案。

"○○先生同志:径启者,前为钱币革命问题,曾介绍刘子仁兄诣前请教。兹据子仁兄报告,敬谂先生对于兹事之热诚,不胜钦佩。以民穷财尽之中国当此全世界不景气之时期,非遵奉总理非常时期之主张而加以缜密之计划,不足以起衰而回生。敢请就闻长、子任两刘君之草案,均实指示,并提出会议,以达到实地试验之第一步,不胜企祷。……"(《致焦易堂等函》同日)

1月13日 函告李拔可,李慈铭(越缦)之弟子名为王继香。

"拔可先生大鉴:前日承宠招,感谢之至。承询越缦先生之弟子王君,其名如左(下):

王继香,字子献,号止轩。曾于清光绪十六年仲春,为越缦先生刻《白华降树阁诗》十卷。谨闻。……弟蔡元培敬启 一月十三日"。(《致李拔可函》同日)

1月15日 出席中山文化教育馆常务理事会第七次会议。会议议决编印该馆成立一周年纪念刊和举行纪念会等案。

"中山文化教育馆昨日下午二时开常务理事第七次会议。出席者孙科、史量才、孔祥熙、叶恭绰、郑洪年、黎照寰、蔡元培、吴铁城(李大超代),列席者李大超、陈彬龢。主席孙科,记录李大超。……讨论事项:(一)本馆成立一周年纪念应如何举行案。议决编印纪念刊并举行纪念仪式。(二)本馆理事兼前筹委会及设计会委员伍梯云先生遽归道山,咸深惋惜,拟由本馆在沪发起追悼会,以慰英灵案。议决以本馆理事为发起人,并联合各团体各界名流,共同筹备。(三)二十三年上半年预算请付审核案。议决通过。(四)拟举办留学生奖金规程请公决案。议决缓议。……"(《申报》1934年1月16日)

同日 就任国立音乐学校音乐艺文社社长的《演说词》发表。(《音乐杂志》第1期)

1月16日 《长城半月刊》发表俞洽成撰《蔡孑民先生访问记》。(该刊 第1卷第2期)

同日 所作《书杜亚泉先生遗事》一文发表。(《新社会》半月刊 第6卷第2号)

1月17日 参加"星期三会"聚餐会,讲演生平求学之经过。

"夜,在语堂家参加'星期三会'之聚餐会,同座有董任坚、李青崖、全曾嘏、徐新六、潘光旦诸君,凡十三人。我演讲生平求学之经过。"(本年《日记》同日)

同日 作致高凤谦(梦旦)函,转请退还陈光垚作《简字表》原稿。

"梦旦先生大鉴:前承介绍陈光垚先生之《简字表》并曾谈之函,弟亦深赞同采用简字之主张,但未经详细研究,因以《简字表》送研究院之历史语言研究所语言组,询是否可在组内设一研究简字之工作,已得报告,大意:一、简字当然可以采用,陈先生之工作亦可佩,惟以至少须与刘半农、钱玄同诸先生共同研究后,始可发表。二、语言组所派得经费都已分配净尽,不能再筹出研究简字之费。照此情形,研究院已无法相助,陈先生现已到平,或者北平同志能为设法,亦未可知。今特将《简字表》原稿奉上,请转还陈先生,又弟个人读表时记出疑点,抄于别纸,亦奉上,请酌之。……弟元培敬启 二十三年一月十七日"。(《致高凤谦函》同日)

1月18日 寄出致高凤谦函并附陈光垚之《简字表》。

"以陈光垚之《简字表》送还高梦旦(本由高君送来),告以研究院语言研究所不能增设简字研究工作之故,及我对于《简字表》之疑点。"(本年《日记》同日)

同日 写作《读〈简字表〉随笔》一文。(蔡元培先生手稿)

1月19日 鸣谢科学仪器馆赠书。

"径启者:蒙惠赠贵馆编印之《物理器械试验法及其原理》,内容充实,印刷精美,甚增阅读兴趣,至感厚谊。特此鸣谢,希察照。此致 科学仪器馆 蔡元培敬启 一月十九日"。(《复科学仪器馆函》同日)

同日 收阅香港《平民日报》两份,剪存该报所刊《蒋中正与四老之离合》一文。

"接香港《平民日报》二份……(本年一月十日与十一日),载《辽海梦回室笔记选录》(四)(五)两则,题为《蒋中正与四老之离合》,于我多恕词,而于稚晖多责备,不知何人所著,附粘于后方。"

《辽海梦回室笔记选录》(四)(五)《蒋中正与四老之离合》

蔡元培与蒋本无渊源。清党时以监委资格署名劾共党分子,始由吴稚晖介绍找蒋长谈。蔡任北大校长,号称领袖群伦,兼收并蓄,一手造成新文化运动,又为国学家所推重。不特海内共许为一等名流,且侪于世界名流之列。因其与共党领袖陈独秀、李大钊等称为至交,故吴稚晖乃思利用其地位名望以压倒共党,故必要其共同行动。蔡一方面徇吴与李石曾等之情,一方又欲予共党以缓冲,乃列名弹劾书中,而请暂予共党分子以看管,固不许拥有兵权者之随意加以诛戮囚辱也。其后杨虎奉草头命在沪大杀青年,蔡尝激烈与争,诚不愧书生本色矣。

蒋东游归国,必欲复总司令职,吴稚晖又说蔡助蒋。蔡为人谨愿和易,于蒋复职不为积极援助,亦不破坏,蒋颇恨之。蒋利用左派之捧场而复职,又利用四老以制左派。实则蔡本不为蒋利用,绝无助蒋之言论行动。而说者乃并四老为一谈,亦可谓受吴稚晖之赐矣。

中原大战爆发,蔡又为和平运动,欲促蒋下野,而捧张人杰登场。蔡用意盖兼为蒋计,欲蒋保其令名,与促孙下野同怀诚意。不料蒋绝不谅解,对蔡深恶痛绝。蔡受蒋忌自此始。

二十年冬,蒋受粤迫胁下野,阴遣陈果夫率中央政校、军校生捣乱。蔡受各方推重,有出任艰巨意,时有传其欲自为主席者。若能实现,则蔡虽居傀儡之地位,亦必能稍申正义而抑邪谋,胜于徒供玩弄者万倍矣。乃忽于代表中党部接见学生时,与陈铭枢同时被殴击至伤。此等行凶学生皆佩中央政校、军校证章者。蔡虽书生,而历世故深,即知难而退,卷被出都门矣。危邦不入,乱邦不居,蔡其明哲保身之君子欤。

蔡对青年极爱护,虽属共党分子,亦欲曲为保全。谓此等皆为社会上之优秀分子,不可使社会受莫大之损失云。近年与第三党往来甚密,有传第三党欲捧为党魁者。但蔡原为一书生,为一好好先生,非斗争人物,非革命人物,此说之无稽可知。蒋杀邓演达,而对蔡则只轻予惩戒,盖亦审知蔡之为人矣。然蔡与宋庆龄组织民权保障大同盟,对蒋阴谋及独裁颇不利;于蒋之诛锄异己青年,尤直接反对。故蒋特使人杀其重要人物杨铨以示警,又使人以炸弹及恐吓函送蔡寓。蔡乃迁居沪西以避之。由此以观,蒋之不复需利用蔡,可断言也。"

蔡先生在此篇剪报上,写有如下批注:"当时并无出任艰巨意。""军校生事在十七年。""被殴事在二十年。""是北平南下示威团,并非佩中央政校、军校证章者。"(本年《日记》同日)

1月22日 致函中央大学校长罗家伦(志希),商请延聘熊十力任教。

"志希我兄校长大鉴:在京得畅谈,为慰。兹有启者,久在北大讲授印度哲学之黄冈熊十力先生想兄尚能忆记之,渠已由平抵鄂,欲在长江流域之各大学中担任讲师,月薪百五十元,如贵校可以延揽,甚善,否则亦请就近与雪艇先生商一办法见示为荷。……弟元培敬启 一月二十二日"。(《致罗家伦函》同日)

1月24日 以全国国语教育促进会名义呈文教育部,请通令各省切实注重国语教育。

"呈为呈请通令各省市教育厅、局,推行社会教育应切实注重国语事。窃查本会于民国二十年八月,在上海召集全国国语教育讨论会,决议'呈请教育部通令各省教育厅、局推行社会教育应切实注意国语案'……该案办法有四:一、各级教育机关办理社会教育人员,必须认识注音符号,会作国语文,否则不予录用。二、民众学校首应教授注音符号,以便帮助识字。三、民众读物以及各项文告,应用国语文编辑,文字旁边均须加注注音符号。四、民众教育馆、图书馆、阅报处等公共场所,应购办国语图表、注音书报、注音符号机片等,设法陈列,广为传习推行。上列四项办法,敬请大部通令各省市教育厅、局,切实厉行,是否有当,敬请鉴核施行。谨呈 教育部部长王"。(《申报》1934年1月26日)

1月25日 自上海力疾赴南京,参加国民党中央监察委员会议。

"午后三时,偕养浩携晬盎往南京,九时三十分到,住研究院。"(本年《日记》同日)

同日 离沪前,向记者发表此次入京任务的谈话。

"中监委蔡元培氏,近以身体不适,故久未入京。昨日蔡氏接京电,敦促晋京,参加今晨中央监察委员全体会议,因即于昨日下午三时偕夫人乘车晋京。……蔡氏于昨午离沪前向往访记者表示,此次中监委召集全体会,待至昨日始接通知,本人于四全会前即拟入京一行,嗣因身体不适,故一再延期,现下身体虽已较前略佳,但入京仍属勉强。此次全监会所应讨论之议程,尚不甚详,大致追认李、陈(李济深、陈铭枢)等开除国民党党籍事,亦为会中所应讨论之一。盖上次全监会开会时,因出席人数不足,以致流会;今次可望开成,当不成问题。此次入京,因尚须出席中美庚款之中华教育文化基金委员会,故在京拟多逗留数日,约于二月二日该会开会以后,方可回沪。"(《申报》1934年1月26日)

1月26日　出席国民党第四届中央监察委员会第一次全体会议,被推为中监委常务委员。

"四届中央监察委员会第一次全会,二十六日上午九时在中央第三会议厅开会。出席委员吴敬恒、张人杰、林森、蔡元培、张继、邵力子、李石曾、恩克巴图、褚民谊、柳亚子、张学良、杨虎、洪陆东十三人,候补监委黄绍雄、郭春涛、李福林、陈布雷、商震、方声涛、邓飞黄、孙镜亚、萧忠贞、纪亮、李次温十一人。由林森主席。讨论事项:(一)推定林森、吴敬恒、张人杰、张继、蔡元培五人为监察委员会常务委员。(二)推定萧吉珊为监察委员会秘书长。(三)通过中央监察委员会组织法案。"(《申报》1934年1月27日)

1月28日　到孙中山陵园访梅,并晤张继(溥泉)。

"偕季茀、召南访梅,先到陵园委员会,梅未放。到孝陵前,有半放者,摄一影。看林子超所居四方城,在天竹子前摄影。访张溥泉于陵园小筑同摄影。"(本年《日记》同日)

1月29日　与王世杰(雪艇)、苏俄驻华公使鲍格莫洛夫共午餐。

"本院纪念周。午,雪艇约午餐,座有俄公使。晚离明、时哲约晚餐(在院)。"(本年《日记》同日)

1月31日　中央研究院同人及北大同学会分别为祝六十八岁生日。

"我生日。晨,本院同人约我等吃面。晚北大同学会在中华街老万全开会。临时,志希报告是我生日,全座庆祝;适之说,北大创立之日,在阴历亦是十二月十七日,易转阳历是×月×日。"(本年《日记》同日)

"昨日下午六时,南京北大同学会在老万全菜馆举行春季大会,并欢迎前校蔡元培先生。计到前校长蔡先生及其夫人,前教授朱家骅、王世杰、谭熙鸿、杨芳、颜任光等,及各同学罗家伦、段锡朋、狄膺等二百余人。胡适之先生甫于昨日到京,当亦到会参加,备受欢迎。当推王昉主席。宣布开会,行礼如仪。主席报告一年来会务情形,……次散票选举职员,选举毕,即入餐室聚餐。入席后,同学罗家伦起立

六、大学院院长及中央研究院院长时代(1927—1940) 1137

报告:今日适为前校长蔡先生六十晋八诞辰,同学应向蔡先生祝贺。全场起立欢呼,各举杯祝蔡先生健康。旋由蔡起立致训词,略谓自来同乡会同学会,义取团结,同字与学字连缀,尤当重交换知识,继述希望:(一)同学间应彼此互助,并要互相谅解。(二)会所问题。急宜建筑新会所,省得纠葛。(三)对母校应多尽力。大家应多关心母校状况,国立学校系以国家力量培植人才,吾人应想到吾人是否已无缺憾,对于国家事应有觉悟云云。"(《中央日报》1934年2月1日)

"郭有守来电话,说今晚北大同学会欢迎蔡孑民先生,又值孑民先生六十八岁生日(阴历十二月十七日),我不可不到。他用汽车来接,我同他到老万全酒店。参加北大同学会。蔡孑民有演说,我也有演说。"(《胡适日记全集》同日)

同日 被推为南京北大同学会监事。

"首都北大同学会,昨日开会选举理事、监事。……蔡元培、胡适、顾孟馀、朱家骅、许寿裳、谭熙鸿、王世杰、黄右昌、陈公博为监事。"(《申报》1934年2月2日)

与夫人、女儿及许寿裳合影(1934年)

同日 函请罗家伦(志希),从速回复可否延揽熊十力任教。

"志希吾兄校长大鉴:前奉一函,为熊十力先生介绍(讲印度哲学,月薪希望百五十元),未知贵校能延揽否?……现熊先生在汉口候信,以定北行与否,请早日赐复为荷。……弟元培敬启 一月三十一日"。(《致罗家伦函》同日)

1月 所作《中央研究院之过去与将来》一文发表。(《中华教育界》第21卷第7期)

同月 与张元济、高梦旦等发布《为杜亚泉先生募集子女教养基金启》。

"旧同事杜亚泉先生不幸于上年十二月六日在籍病故。念先生服务商务印书馆垂三十年,遭国难后,始退休归里,然犹任馆外编辑,至弥留前不辍,可谓劳且勤矣。今闻溘逝,身后萧条,尚赖其戚族亲友为之经纪其丧,文士厄穷,思之可慨。顾其夫人亦老而多病,稚女未嫁,二子在中学肄业。同人等久契同舟,感深气类,悯其子女孤露,不可使之失学。因念先生遗风宛在,旧雨甚多,或以桑梓而悉其生平,或以文学而钦其行谊,必有同声悼惜,乐与扶持。为此竭其微忱,代申小启,伏希慨解仁囊,广呼将伯,集有成数,即当储为基金,使其二子一女,皆可努力读书,克承先业,则拜赐无既,而先生亦必衔感于九原之下也。

蔡元培 郑贞文 钱智修 高梦旦 张元济 傅纬平 何炳松 庄俞 周昌寿 李宣龚 王云五 夏鹏同谨启"。(《为杜亚泉先生募集子女教养基金启》)

2月2日 主持中华教育文化基金董事会第八次常会。会议议决因美金低落造成预算不敷,以尽力节省经常费用弥补。

"中华教育文化基金董事会,二日上午在中央研究院开第八次常会。到董事胡适之、李石曾、任鸿隽、周诒春、金绍基、徐新六、贝克、贝诺德、司徒雷登,及教部代表陈石珍、外部代表刘师舜等十余人。由蔡元培主席。……议决事件如下:(一)伍梯云董事去世,改选丁文江继任事宜。(二)本年六月二十九日在北平开第十次年会。(三)本年内因美金低落,预算不敷,约计二十三万元,决定分五年在经常费用内尽力节省弥补。……"(《申报》1934年2月3日)

2月3日 主持国民党第四届中央监察委员会第一次常务会议。会议通过该会秘书处组织条例等案件。

"中监会三日晨九时开第一次常务会议,到蔡元培、吴敬恒、林森、张继、萧忠贞、洪陆东、郭春涛、邓飞黄、李次温等十余人。秘书长萧吉珊。由蔡元培主席。通过中监会秘书处组织条例及其他关于党纪案件共四十余起,至十一时三十分散会。"(《申报》1934年2月4日)

2月4日 自南京回上海。

"七时半,乘京闸联运特快车,车行至丹阳,停,……一时后开驶,到家已九时半矣。"(本年《日记》同日)

2月5日 主持德国现代印刷品展览开幕典礼,并有演说。

"午后四时,德国现代印刷品在世界社开会,我主席。我与石曾,德总领事白仁德、中德文化协会代表谢理士(Dr. Ernst Schierlitz)均有演词。谢君现在北平辅仁大学任教员及图书馆主任。"(本年《日记》同日)

2月6日　偕夫人赴波兰驻华公使晚宴。

"晚八时半,波兰公使夫妇招引,座有俄公使夫妇、捷克公使夫妇及其他领事夫妇等。饭后约玩纸牌及马将,我与养浩均以不能谢之。"(本年《日记》同日)

2月9日　函告朱梁任父子葬事筹备处,中央研究院同人为朱氏父子捐赠一百三十元汇出。

"径启者:前接大函,并捐册两本,均敬收悉。兹在中央研究院同人方面捐洋一百三十元,交浙江兴业银行汇上,汇到时祈掣收证寄下为荷。附缴捐册两本,并祈察收。此致 朱梁任先生父子葬事筹备处 蔡元培敬启 二月九日"。(《复朱梁任父子葬事筹备处函》同日)

2月11日　出席上海爱国女学校董会议,讨论经费问题等。

"爱国女学校董会,于昨日正午假功德林开会。到者有校董蔡元培、褚民谊、蒋竹庄、季毅生等,……协商解决学校经费办法,并以孙翔仲校长出外考察教育,不能兼顾校务,提请辞职,当经公推季毅生继任校长云。"(《申报》1934年2月12日号外)

同日　与王云五、丁燮音等讨论中国公学校务。

"云五、燮音、(沈)敬仲来,谈中公问题。"(本年《日记》同日)

2月13日　函劝傅斯年勿辞中央研究院史语所所长职,并谓"此君硁硁然以必信必果自勉,诚可敬可爱"。

"自回沪后,连接孟真来函四通,其中主要之点:(一)述病状。(二)辞所长职,荐济之自代。(三)一年中勉守四个月假期之限。(四)整理旧稿或以其他方法抵还多支之薪水。此君硁硁然以必信必果自勉,诚可敬可爱;然此时提出辞状,于院方有妨,特致函劝止之。"(本年《日记》同日)

同日　致函傅斯年(孟真),劝勿辞研究所长职。

"孟真吾兄大鉴:自南京回沪,始得读一月二十三日惠函,旋接二月五日两函,顷又接七日惠函。……(一)兄本月五日函中,有愿辞所长职而荐济之自代之说,此说万万不可提出,提出则无异拆研究院之台。在君已声明,如兄辞所长,则彼不就总干事职。元任已表示如兄去,则彼亦随而去。其他研究员中,与元任同一态度者,尚多有之,恐济之亦不免。如此,则史语所必先解体,而其他各所必有随之而动摇者,岂非自杀之道!在兄以遥领为恶例,因出于爱院之诚意,然因爱院而毁院,岂兄之所愿乎?请兄再思,速取消辞意。(二)最后一函所述欠款一层,既有许多公费在内,可以补报销账,即一时无暇办此,亦可暂搁,不必力疾整稿以了此案。总之,弟所欲劝兄者,目前以健身为第一义,万不可多虑,一切事都有水到渠成之机

会,万祈勿急。……弟元培敬启　二月十三日"。(《复傅斯年函》同日)

2月16日　转请张元济(菊生)为张其浚证婚。

"菊哥同年大鉴:昨承枉驾,失候为歉。日内适有事,尚未能走访。兹有启者:敝友张君其浚,精研电学,现任武汉大学教授,定于明日(十七日)午后四点钟,在大东旅社结婚,欲请吾哥为之证婚。特为代求,如蒙允诺,不胜同感。……年小弟元培敬启　二十三年二月十六日"。(《致张元济函》同日)

同日　读陆侃如、冯沅君著《中国诗史》毕,对是书有所评论。

"读陆侃如、冯沅君《中国诗史》毕,其中甄别古诗真伪,采取近人新说,最为谨严。宋以后,但叙词曲名家,虽为节省篇幅计不得不尔,然宋人之诗、清人之词,一概不叙,终觉不妥。末节附论现代的中国诗,揭白话新诗与无产诗两运动。但全书均以体裁分章,白话之作,可用诗体、词体、典体或道情、小曲等体,自《诗经》时代已用之,自是以来并未中断,全是字句问题,不能列为体裁之一种。无产诗又是内容问题,无关体裁,赘于全书之后,似乎无谓。……"(本年《日记》同日)

同日　赞同用《礼运》"大道之行也"一节为国歌歌词。

"午后三时半,雪艇来,言已晤右任,中公尚无办法。谈及国歌,雪艇主张用《礼运》'大道之行也'一节。我亦赞同。"(本年《日记》同日)

同日　《〈越缦堂日记补〉缘起》一文定稿。

"改定《〈越缦堂日记补〉缘起》,致丁毂音。"(本年《日记》同日)

2月20日　应汪精卫之请,为《秋庭晨课图》题二绝。

"致精卫函,送《题〈秋庭晨课图〉》二绝,并附一函,说玉甫以铁道部存款拨充柏林展览会事。"(本年《日记》同日)

2月21日　介绍屈均畹访见陶孟和。

"孟和先生大鉴:径启者,屈君均畹,明于财务,现充行政院驻平政务整理委员会调查专员,对于财政金融,颇欲草具意见,以供采择。深恐一人见闻有限,欲亲谒在平学者,借听绪论。特为函介,还希有以教之,并随时转为介绍,不胜感荷。……蔡元培敬启　二月二十一日"。(《致陶孟和函》同日)

2月23日　听取棉业统制会李升伯等谈纺织研究事。

"棉业统制会李升伯、邓□□到院,谈纺织研究事。此事前由在君与彼等接洽,愿与研究院合作。"(本年《日记》同日)

同日　请马祀光代作《李文轩事略》。(蔡元培先生抄留底稿)

2月24日　寄还黄叔培《客话考文序例》及样张。

"叔培先生大鉴:承示令兄所著《客话考文序例》及样张,已请赵元任先生阅过,渠略附意见,有函一通,兹特转上,还希转寄令兄,以为何如?原件奉缴。……蔡元培敬启　二月二十四日"。(《复黄叔培函》同日)

2月28日　函请上海绸业银行准予上海新美织绸厂透支借款。

"清华先生大鉴：径启者，去年弟曾为上海新美织绸厂介绍，承准予透用二千元，俾得推广营业，甚为感荷。现该行稍事扩张，欲向贵行透用四千元（系于原订二千元外，加订二千元），以利进行。如蒙慨允，曷胜同感。除由该行请定保人报告尊处外，特为奉商……二月二十八日"。（《致骆清华函》同日）

同日　出席伍朝枢（梯云）追悼会筹备会及鸿英教育基金会会议。

"二时，到青年会，参加伍梯云先生追悼会筹备会。四时，参加鸿英教育基金会，并参观鸿英图书馆新迁之所。"（本年《日记》同日）

2月　为上海科学仪器馆创业三十年纪念题词。

"实事求是　蔡元培题"。（《申报》1934年2月17日）

同月　为潘恒勤著《现代银行实务论》题写书名。

"现代银行实务论　蔡元培题"。（《申报》1934年2月3日）

同月　为国民公论社题词。

"国民公论社　民之喉舌　蔡元培（印）"。（《国民公论》第1卷第2期）

同月　为生活周刊社出版的《生活文选》题签。

"生活文选　蔡元培题"。（《申报》1934年2月10日）

3月1日　与柳亚子等晤谈。

"七时，到新亚酒店，应柳亚子、朱少屏之约。"（本年《日记》同日）

同日　撰写《吾人不能忘徐文定介绍科学之功》一文。

"徐文定固以提倡加特力教之功，为教会所崇拜；而其介绍科学之功，亦有不可没者。其所介绍，范围颇广，自算学、历法、天文、水利，以至工艺、兵器，均有所译述。使继起有人，锲而不舍，则自明季以至清季，此二百数十年中，欧洲科学家之所发见与发明，早已传播于我国，奚必待制造局成立以后，始有少数之译本，且待最近三十年，始有大量之输入耶！然使非文定创始于三百年以前，则最近时期之传译，或亦不能如是之容易。故文定介绍科学之功，吾人不能忘也。

蔡元培　二十三年三月一日"。（徐宗泽编《徐文定公逝世三百周年纪念文汇编》圣教杂志社1934年版）

3月2日　赴徐季荪晚宴。

"晚，徐季荪姻叔招晚餐，座有（宋）梧生、㧑身，说煤油能治肺痨之无稽。"（本年《日记》同日）

3月3日　参观杭州艺术专科学校在沪举行的第四届展览会。

"国立杭州艺术专科学校在沪举行第四届展览会，假法租界环龙路十一号中法友谊会为展览会场，于昨晨九时开幕。该校校长林风眠，教授雷圭元、李朴园等均在场招待。至下午四时止，来宾前往参观者，有蔡孑民、甘乃光、华林、徐仲年及中

法友谊会中西会员等一千余人。"(《申报》1934年3月4日)

3月4日 出席陈去病(佩忍)追悼会,并有演说。

"南社巨子、党史编纂委员会委员陈去病之逝世,党国要人及其故旧,特于昨日下午三时,假宁波同乡会举行追悼会。到会来宾计有中央党部代表叶楚伧,司法院副院长覃振,中央委员蔡元培、吴稚晖,司法院长居正(刘霞凌代),上海市长吴铁城及潘公展、李大超、柳亚子、胡朴安、姚西平,及南社、秋社、吴江旅沪同乡会、竞雄女学等代表六百余人。由吴铁城主席,……蔡元培、吴稚晖相继演说。蔡云:予在今日追悼会中,欲贡献有两点意思:第一文字之功能,影响至大且久,而立名尤足传人以不朽。陈先生尽其毕生之力,以文字促进文字之功,故我等今日追悼陈先生,实有搜集其遗作之必要。第二人之寿命有限,而团体之寿命无穷,陈先生虽未享有十分高寿,即行溘逝,而其精神则可寄托于团体,以传于无穷。如先生所创之竞雄女校、南社等,故予极望南社同人,必能努力延长南社于无穷,盖延长南社之寿命,亦即所以延长陈先生之寿命也。"

挽陈去病联:

"含英咀华,早岁文章鸣党国;枕流漱石,暮年栖遁在林泉。"(《申报》1934年3月5日)

同日 出席非正式的上海美专校董会谈话会。

"九时,玉甫、新之、济远、克昌来,作为非正式之上海美专校董会谈话会,商马尼拉书画展览事。"(本年《日记》同日)

3月5日 撰写《惕斋遗集序》一篇。

"……周味莼先生之遗集,久搁弟处。前承签注一通,亦检不得。弟近日全读一过,觉诗稿及日记、札记,均当全印;文则颇有练习策论之作,似无全数付印之必要,为选存八十篇而已,未知当否?并作一序奉正。忆伯澄似有请先生作序之说,故奉上目录及拙序,如先生欲读原稿,则当寄上,将来由尊处寄与伯澄可也。……"(《致许寿裳函》同日)

3月6日 主持柏林中国美展筹备处会议。

"午后二时,在院开柏林美展筹备处会议,议决委托潘序伦会计师代编计算书,及致海粟一电。"(本年《日记》同日)

3月7日 为夫人周峻所绘《巨舶渡海图》题诗一首。

"破浪乘风会有时,载将国产揭商旗。岂徒自给夸衣食,美麦英棉塞漏卮。"(蔡元培研究会藏复印件)

同日 撰写《我对于妇女国货年之感想》。(蔡元培先生手稿)

3月8日 出席三八国际妇女节上海市妇女界联欢会,并发表演说。

"午后二时,到湖社参加妇女国货年运动委员会。三时,在永生电台演播《妇女

对于提倡国货之责任》。"(本年《日记》同日)

"昨为三八国际妇女节,本市妇女界国货运动委员会,特于昨日下午二时假北京路湖社大礼堂,举行国际妇女节上海市妇女界联欢会,参加仕女甚为拥挤,中央研究院院长蔡元培等均有恳挚之演说,并有游艺。各国货厂商,在场分送赠品,颇极一时之热闹。"

"中央研究院院长蔡孑民氏演说:略谓鄙人今日前来参加妇女界国货联欢大会,甚为荣幸。观乎今日大会之盛况,尤为欣幸。但我人检阅过去海关进出口之表册,殊为痛心。去年入超,其数达七万万元,究其原因:(一)由于外国有机式生产,而中国尚多用手工制造,故外国之出品,较诸我国多而且美。(二)外国商品,因生产量多而价格便宜。我国之生产力与外国相较,相差甚远,故今后应使生产力增加,货物可质美而价廉。有权力者从旁督促,社会人士加以鼓励,余信必有良好结果可见。"(《申报》1934年3月9日)

3月10日 出席伍朝枢(梯云)追悼会筹备委员会议。

"伍梯云追悼会筹备委员会,昨(十日)下午二时在中山文化教育馆开筹备会议。到蔡元培、褚民谊、吴铁城、叶恭绰、李烈钧、黄炎培、陈策、杨虎、柳亚子、张知本、薛笃弼、张惠良、黎照寰、孙科……讨论事项,通过:(一)请规定追悼会仪式案。(二)决定发起人担任经费案。(三)请推定本会常务委员会案。"(《申报》1934年3月11日)

3月11日 出席上海美术专科学校校董会。

"十时,上海美专开校董会,商往菲律宾开展览会事(乘远东运动会开会机会)。"(本年《日记》同日)

3月12日 出席中山文化教育馆成立一周年纪念会,并有演说。

"中山文化教育馆成立迄今已历一年,昨日下午二时在该馆举行周年纪念典礼。由主席叶恭绰报告一年来所办事业。李石曾、孔祥熙、蔡元培等演说。……蔡元培演说,略谓政治非单独可行,须赖文化推进,总理常说中国文化较欧美各国为高深,知难行易,以及《实业建设》中,引证颇多。今哲生先生等发起中山文化教育馆,其目的即在阐扬文化,一年来成绩可观,希望继续努力,以底于成。上海自东方图书馆毁于炮火后,竟无一完备之图书馆,所以本馆扩充图书,尤为目前急需云。"(《申报》1934年3月13日)

3月14日 函请叶恭绰(玉甫)解答德人葛乐泰提出的问题。

"玉甫先生大鉴:径启者,前奉上德人葛乐泰君所提出之问题九条。现经柳翼谋君答复七条(其第一条中,推举先生)。惟五、六两条,注云未详,第八条亦不甚明确,此数条先生知之最详,敬请拨冗赐答为幸。……弟元培敬启 三月十四日"。(《致叶恭绰函》同日)

3月15日 致函中国红十字会,愿任征求会员名誉总队长。

"中央研究院院长蔡元培,昨致函中国红十字会,愿任该会征求会员名誉总队长之职,并寄赠照片一帧,以示纪念。"(《申报》1934年3月16日)

3月16日 接待国联劳工局莫利德来访。

"午前,石曾偕国联劳工局副局长莫利德(Msurette)君到院参观。莫氏任巴黎高等师范学校教员甚久,对于本院以心理学编入理化实验馆,颇注意。晚石曾宴莫氏,招我作陪。"(本年《日记》同日)

同日 《在中山文化教育馆成立一周年纪念会的演说词》刊出。(《申报》同日)

3月17日 出席清寒教育基金会第六次会议。会议议决继续招考津贴生十二名。

"清寒教育基金会本月十七日下午六时,在觉林举行第六次大会。到委员曹梁厦、徐新六、蔡元培、徐作和、沈信卿、陈聘丞、胡敦复、徐铭才、吴蕴初等十余人。由曹梁厦主席。报告三届津贴生三十六名,分别在浙江、交通、清华、中央、武汉、大同、南通等大学肄业,成绩均极优良。旋议决本年继续招考大学津贴生十二名。……"(《申报》1934年3月20日)

3月18日 参加大同大学校董会。

"午到觉林,参加大同大学校董会。"(本年《日记》同日)

3月19日 出席中山文化教育馆常务理事会第八次会议。会议通过举办中山奖学金及成立孙中山传记审定委员会等案。

"……中山文化教育馆昨日下午二时,举行第八次常务理事会议。出席者孙科、郑洪年、叶恭绰、孔祥熙、吴铁城、蔡元培、黎照寰,列席李大超。主席孙科,记录李大超。报告事项(略)。讨论事项:(一)南京本馆建筑图平面设计案。议决自本年七月起开始建筑。(二)参加国际图书馆案。议决参加。(三)聘陈庚雅为新疆调查员,并订调查报告办法请追认案。议决照追认。(四)中山奖学金第二次举办计划案。议决……由蔡元培、黎照寰、郑洪年商定,由蔡元培召集。(五)请成立孙中山传记审定委员会案。议决请吴稚晖、蔡元培、胡汉民、汪精卫、戴季陶、叶楚伧、叶誉虎担任审定。……"(《申报》1934年3月20日)

3月21日 出席上海音乐专科学校音乐艺文社年会,并有演说。

"午后四时,到音乐专科学校参加音乐艺文社年会。我劝社员注意古乐器之考订、古乐谱之抄译及新编,免使大同乐会独占演场,致有失实传讹之虑。"(本年《日记》同日)

3月23日 函请黄伯樵任用刘开渠承担孙中山遗像雕塑任务。

"伯樵先生大鉴:径启者,刘君开渠,在法国专习雕塑,现任西湖艺专教授,其雕刻作风,新颖深挚,国内所不多见。如车站建刻总理遗像,想正物色能手,若使刘君为之,或能传出伟大精神,用垂久远。特为绍介,并附作品照片四张,还希察裁甄录为感。……蔡元培敬启 三月二十三日"。(《致黄伯樵函》同日)

3月24日 从上海到南京。

"午后三时启行,九时三十分到京。季芾、毅侯、召南均在车站招呼,并晤在君。"(本年《日记》同日)

3月26日 出席全国经济委员会教育专门委员会议。

"全国经济委员会二十六日下午二时,在会召集教育专门委员会议。到李石曾、蔡元培、吴稚晖、顾树森、王世杰、朱家骅、拉西曼、莫利德。由李石曾主席。决议关于教育上之要件二件,向全国经济委员会议提议。"(《申报》1934年3月27日)

同日 与王世杰(雪艇)同访林森。

"八时,偕雪艇访林主席,谈博物院事。知党部常会所决定者,陵园图书馆、博物馆、植物园三机关,预定建筑费各百万,设备费合百万,共计四百万,拟在各国退还庚款中拨付。"(本年《日记》同日)

3月27日 夜车返上海。

"写字。季豪来。夜十一时赴车站。登车晤曾养甫。"(本年《日记》同日)

3月28日 作七律一首贺夫人周峻(养浩)四十四岁生日。

"晨七时,到上海。养友生日(四十四岁)。友作七绝二首,我作七律一首寿之。"(本年《日记》同日)

3月31日 出席世界文化合作中国协会等十二团体欢迎国际劳工局长莫列德宴会。

"世界文化合作中国协会、国立中央研究院、北平研究院、暨南大学等十二团体,于昨晚七时在福开森路世界社,欢宴国际劳工局长莫列德。[①] 席间由李石曾介绍莫氏演讲。题为《现代生活中智慧劳动者之任务》,及大同乐会演奏国乐。……参加人员计到李石曾、蔡元培、吴铁城、刘湛恩、李书华、褚民谊、丁西林、王晓籁、李登辉、史量才、华林、杨允中、林语堂、庄文亚、林重远、陈和铣、胡天石……共百余人。"(《申报》1934年4月1日)

3月 与吴稚晖等联名保释李默农。

"为具保事:查李默农,人素诚实,为敬恒等所深知。此次在沪被拘,实出误会。敬恒等愿为具保。出外以后安分读书,不预外事,如遇必要时,得随传随到,由敬恒等负责保证。务希贵院允准,实为德便。……具状人:吴敬恒、蔡元培、李石曾、张人杰。"(《吴稚晖先生全集》卷18)

"孑民先生大鉴:奉静江先生大教,知小婿李默农一案,先生与静江、稚晖、曾

---

① 此处说法与本年3月16日略有出入,均系遵照原文,特说明。

诸先生愿为保释,不特香凝与梦醒衔感无地,即仲恺有灵,亦应感激于九泉也。本当登门叩谢,实因病躯羸弱,未能成行,敬托张、马两女士代表来前致谢,务希接见为幸。临颖神驰,书不尽意,即叩大安。何香凝谨上"。(《何香凝致蔡元培函》同月)

同月　代夫人周峻草拟《上海妇女提倡国货会总务组办事细则》。(蔡元培先生手稿)

同月　作有《我对于妇女国货年之感想》一文。(蔡元培先生手稿)

4月1日　造访张静江,请列名保释曾觉之等四人。

"访静江,请列名公函致何敬之,准曾觉之等四人可以保释。"(本年《日记》同日)

同日　张元济以其所有商务印书馆股份十股,置于蔡元培先生名下,遂被举为董事。

"晚,菊生招饮,语我:商务印书馆股东会举我为董事;我本非该馆股东,菊生以所有股份十股置我名下,我遂有被选为董事之资格,事前并未告我也。"(本年《日记》同日)

4月3日　函请蒋丙然详细说明所请补助费用途。

"丙然先生大鉴:承示贵台自与水族馆合作以来,经费支绌,请由本院补助二百元一节,是项补助费用途是否专供水族馆,抑系别项支配?希再详细示明,以便斟酌为荷。……蔡元培敬启　四月三日"。(《复蒋丙然函》同日)

同日　函复杨鑫(吉甫)杨杏佛墓堂建造情况。

"吉甫先生大鉴:手书诵悉。杏佛先生墓堂,除铜像由江小鹣先生定做尚未完成外,其余工程已全部告竣。知关锦注,特此复闻。……蔡元培敬启　四月三日"。(《复杨鑫函》同日)

4月4日　上午,出席上海市政府举办的儿童节纪念会,并有演说。下午,出席妇女国货运动委员会举办的儿童节纪念会,亦有演说。

"昨日为我国公定第四届儿童节,全市各界儿童万余人参加市政府之庆祝典礼,并由市长招待儿童,接见儿童代表。蔡元培、李石曾两氏特到会参加,并致演词。略谓今天是我国第四届儿童节,我国国庆日为十月十日,而名之为双十节;儿童节为四月四日,当名之为双四节。现在之儿童,亦即将来之主人翁。双四节应注意两种四件事:(一)儿童日常之生活,衣、食、住、行,此四事全恃年长者供给。(二)智、德、体、美,尤应成年人予与良好之指导,在儿童本身应遵受训导。因未来之责任,异常繁复,如无相当之训练,将来不易担当。我敬贡献此八字于双四节中,望特别注意。"

"妇女国货年运动委员会主办之庆祝儿童节纪念大会,于昨日下午二时在北京路湖社举行,到儿童及家长一千余人,……蔡元培演说,略谓今日儿童节,又逢国货年,而今天庆祝大会,又是妇女国货年运动委员会所主办,所以对于国货问题,特别提一提,请小朋友时时刻刻把用国货放在心里云云。"(《申报》1934年4月5日)

同日 被推为上海市新生活运动促进会常务理事。

"市新生活运动促进会全体理事、监事,于昨日下午四时在市商会三楼举行第一次联席会议,推定理事长及常务理事、监事人选,并通过章程等案。……选举结果,理事长吴铁城,常务理事蔡孑民、吴醒亚、杨啸天、俞鸿钧、吴开先、张寿镛、潘公展、许金源、陶百川、王晓籁、王延松等十二人。"(《申报》1934年4月5日)

同日 被推为故宫博物院理事会理事长。

"行政院四日下午在励志社召开故宫博物院第一次理事会议。主席汪兆铭报告改组理事会经过,及召开首次理事会意义,继马衡报告院务,旋推选理事长及常务理事。推:(一)蔡元培为理事长。(二)叶楚伧为秘书长。李书华、陈立夫、蒋梦麟、罗家伦、王世杰、黄绍雄六人为常务理事。……"(《申报》1934年4月5日)

4月5日 分别致函孔祥熙、叶楚伧、唐有壬、朱家骅、孙科等,请促成币制研究委员会尽快成立。

"○○先生大鉴:径启者,钱币革命问题经中政会财务、法制二组联合审查,并于三月十四日之例会议决,在中政会内设一币制研究委员会,人选为一部分中委、一部分专家。具见此问题有渐趋实现之希望,闻之甚为欣忭。务请促成此委员会之成立,以便积极研究,不胜企盼。……"(《致孔祥熙等函》同日)

同日 函谢金问泗(纯孺)指陈派遣留学生应注意的问题。

"纯孺世仁兄大鉴:接奉二月二十八日大函并附件,承指陈详尽,甚为感忭。派遣学生标准及填写学科,尤佩卓见,谨当注意。……蔡元培敬启 四月五日"。(《复金问泗函》同日)

同日 所撰《我所受旧教育的回忆》一文发表。(《人间世》1934年第1期)

4月6日 致函安徽省教育厅长杨廉(四穆),商请提前发给吴允文留学奖学金。

"四穆吾兄厅长大鉴:径启者,吴君允文,在坎拿大默吉大学修业,已蒙贵厅月给奖学金在案。吴君以母病欲从早返国,因学规限制,如本年不在暑期学校选读二门学科,则一九三五年夏不能完成学位,故拟届时进科仑比亚大学暑期学校,欲请贵厅酌予通融,将一九三六年应得奖学金,提前发给,作今年进暑校之费用,未知可否?特为函达,诸候察裁。如蒙通融办理,实深感荷。……蔡元培敬启 四月六日"。(《致杨廉函》同日)

4月8日 出席中国国际图书馆筹备会议。

"十一时,国际文化合作社及中国国际图书馆筹备会开会,拉西曼到会。在世

界社午餐。"(本年《日记》同日)

同日 出席伍朝枢(梯云)追悼会,为主席团成员。

"伍梯云先生追悼大会,于昨日下午二时在贵州路湖社举行。……昨日参加追悼者,计到中央党部及国民政府代表吴铁城,立法院长孙科,行政院副院长孔祥熙,实业部长陈公博、次长刘维炽,中委李石曾、蔡元培、戴槐生、贺耀祖、张惠长、陈策、张知本、许崇智、何世桢、张定藩、马超俊、薛笃弼、杨虎……及各界代表五百多人。主席团成员吴铁城、孙科、叶恭绰、蔡元培、薛笃弼、孔祥熙、杨沧白、王晓籁、郭顺。记录李邦栋,司仪余朴。二时正开会追悼,主席团及家属入席后,即全体肃立,行礼如仪,并由公安军乐队奏哀乐,然后主席孙科献花圈,恭读祭文。……"

挽伍朝枢联:

"知宪法精义,在保障民权,以外交手腕,废不平条约,扬历多年,党国勋劳真柱石;

握使节美洲,是家门旧事,作公断海牙,亦先德良模,缵承弗替,庄严堂构有光辉。"(《申报》1934年4月9日)

4月10日 与孙科等共同发起组织伍梯云纪念会。

"……孙科等为谋永久纪念伍梯云先生之党国功勋起见,特发起组织伍梯云纪念会。出席计有孙科、蔡元培、张惠长、叶恭绰、朱少屏、马超俊、薛笃弼、郑洪年、汪精卫(吴铁城代)、吴铁城……主席蔡元培,记录李邦栋。开会如仪后,主席报告开会宗旨,讨论永久纪念伍梯云各项办法,并通过纪念会章程,当场推举四十五人为委员……孔祥熙、王晓籁、白崇禧、朱少屏、吴铁城、李石曾、李烈钧、李宗仁、汪兆铭、蔡元培、黎照寰、郑洪年……"(《申报》1934年4月11日)

4月12日 函复德人康妲女士欢迎来华研究国画。①

"康妲女士鉴:接本年一月十二日惠函,敬悉。女士对于中国美术理论,早有论著,现又愿来华研究国画,鄙人等甚为欢迎。至于与亨堡基金会交换之学费,鄙人已向教育部接洽,该部俟接到中国驻德使馆正式报告,即可办理。鄙人除函催驻德使馆外,特此报告,诸希鉴察。"(《复康妲函》同日)

4月14日 为发掘古墓事,复函戴传贤(季陶)。

"季陶先生大鉴:奉读真电,备悉一是,愿言之怀非电可尽,敬函述之。先生关怀民德培植,民族隆替,慈悲之心,仁人之言,曷胜感佩。惟所斥责学术团体发掘之事,按以弟所听之于考古人士者,殊有异乎先生所闻。盖近年来古墓古迹之破坏,主动由于中外之古玩商人。而地方机关保护不周,更或有暗通契合,明征税项者。即如洛阳,此风数年前始息。至于地痞土劣之操纵,尤无所不至。此恶风固远在近

---

① 康妲,蔡元培先生也曾译为孔达。

年间有之学术发掘以前,更不因学术发掘而转炽。且正考古诸君到处呼吁,求有以止之,其奔走之劳,亦稍有效者也。……

弟以为政府保护古迹,禁止私掘,应取更有效之手段。此外之学术事件,自当出之以慎重,而不宜泛加之以禁止。恢复千年古史,其用大矣。鄙见如此,想荷赞同。……弟蔡元培敬启"。(《申报》1934年4月17日)

4月15日 出席伍梯云先生纪念会第一次委员会议。

"伍梯云先生纪念大会,已于本月十日在中山文化教育馆成立,并推定孙科等为该会委员。第一次委员会议,于昨日下午三时在会所举行,决议案十余起,……出席委员计有孙哲生、傅秉常、马超俊、朱少屏、王晓籁、陶履恭、郑洪年、吴铁城、黎照寰、蔡元培。"(《申报》1934年4月16日)

4月16日 出席中国公学开学典礼,并致训词。

"中国公学自吴铁城长校以来,积极整顿,不遗余力。昨日上午十时补行开学典礼。到董事长蔡元培,董事王云五,党政代表吴醒亚、陶百川、曾绳点等,及全体师生四百余人。由校长吴铁城报告对于复兴中公计划,次由蔡元培、王云五、吴醒亚等相继训词。"(《申报》1934年4月17日)

同日 偕夫人周养浩往听音乐艺文社演奏会。

"晚八时,偕养友同往青年会,听音乐艺文社同人演奏。"(本年《日记》同日)

4月17日 分别致函中山文化教育馆陈彬龢、南京国立编译馆辛树帜,为杨晦谋职。

"彬龢先生馆长大鉴:径启者,杨君晦,系北大哲学系毕业,精英文长于翻译,思想及文笔均佳,曾主编《沉钟》杂志,各文学杂志中多有其创作。兹来上海,思在中山文化教育馆有所贡献,特为绍介,倘罗致在杂志部中,当有赞助之处。诸希汲引为感。……蔡元培敬启 四月十七日"。

(致辛树帜函与致陈彬龢函内容相同)(《致陈彬龢、辛树帜函》同日)

同日 《古今名画大画片》出版,内辑有蔡子民作品。

"上海文华美术图书公司,最新出版《古今名画大画片》,图画之部:《声长啸百兽惊》,胡卿作;《松壑鸣琴》,蔡子民作……"(《申报》同日)

4月18日 致函教育部东北青年救济处周天放,转请资助胥国瑞留日学费。

"天放先生大鉴:径启者,据前东北大学学生沈阳胥国瑞君称:'九一八以后,流离故都,借读北大,蒙免费入学得勉强卒业。去秋,又承母校师友资助至日本,今幸考入帝国大学,充研究生。惟今后研究须三年,不能长赖师友,恳为言于教育部东北青年救济处,每月酌给津贴,以资维持'等语。查胥君经过帝国大学之考试,已录取为研究生,成绩自尚可观。特为转达,还希量予救济,俾得深造为荷。……蔡元培敬启 四月十八日"。(《致周天放函》同日)

4月19日　作石刻日晷碑铭一篇。

"今年中国科学社往四川开年会,由西南科学院卢作孚、曾义等招待,甚周到。社中以石刻日晷赠之,作为纪念品,要求作铭,已写发。"(本年《日记》同日)

"中国科学社去年集资赠送北碚中国西部科学院纪念碑。碑顶装置日晷一座,业由上海总社将日晷制就,由杨允君携同图样日晷及捐款,送至民生公司卢作孚君接受,转寄北碚建造。该社董蔡子民氏并亲撰碑铭。文曰:科学托始,仰观天文,璇玑玉衡,在昔我闻。莘莘蜀材,励学乐群,知新温故,沿流溯源,勉进先觉,奔轶绝尘。"(《申报》1934年8月4日)

同日　代表中央研究院向郑觐文讨债。

"觐文先生大鉴:径启者,前由执事向本院借去洋一百五十元,言明由大同乐会筹还。现因借垫之期过久,账目急须结束,务希大同乐会从速归还,或先派员至白利南路本院总办事处与马孝焱君先行商洽办法。不胜切盼。……蔡元培敬启　四月十九日"。(《致郑觐文函》同日)

4月20日　致函无锡地方法院院长徐体乾,请准予丘纠生取保办理结案。

"体乾先生院长大鉴:径启者,丘纠生君案,闻已判决。惟丘君尚须办理交待,可否准予暂时取保,俾得速办。特再为函达,还希裁酌施行为荷。……蔡元培敬启四月二十日"。(《致徐体乾函》同日)

同日　分别致函开明书店章锡琛、商务印书馆王云五,商请出版阮步蟾译作。

"锡琛先生大鉴:径启者,阮君步蟾,新译《飞航员体格检查法》一书,颇切于实用。阮君愿出售版权,特为介绍于台端,还希察览。倘蒙允购版权,最好;否则酌取版税,亦无不可。……蔡元培敬启　四月二十日"。

"云五先生大鉴:敬启者,阮君步蟾,编译《高空生理与航空卫生》一书,颇切于实用。阮君愿出售版权,特为介绍于台端,还希察览。倘蒙允购版权,最好;否则酌取版税,亦无不可。便中示复为荷。……蔡元培敬启　四月二十日"。(《致章锡琛、王云五函》同日)

同日　作《和知堂老人五十自寿》七律二首。

"(一)

何分袍子与袈裟,天下原来是一家。不管乘轩缘好鹤,休因惹草却惊蛇。扪心得失勤拈豆,入市婆婆懒绩麻。(君自言到厂甸数次矣)园地仍归君自己,可能亲掇雨前茶。(君曾著《自己的园地》)

(二)

厂甸摊头卖饼家(君在厂甸购戴子高《论语注》),肯将儒服换袈裟。赏音莫泥骊黄鸟,佐斗宁参内外蛇。如祝南山寿维石,谁歌北房乱如麻。春秋自有太平世,且咬馍馍且品茶。"(《人间世》本年第2期)

4月21日 出席中央研究院院务会议。

"九时开院务会议,通过改革时期暂以院务会议的职权交与院长及总干事执行一案。"(本年《日记》同日)

同日 往比利时现代美术展览会参观。

"驻华比使纪佑穆男爵,因各方赠予该馆之美术书画颇多,特于昨日下午二时半起,假福州路江西路口汉密尔登大厦内,举行比国现代美术展览会两星期。……中外人士前往参观者颇众,中委蔡元培氏、行政院秘书长褚民谊氏、铁道部次长曾仲鸣氏及其夫人、外交部司长朱鹤翔氏、国民政府顾问实道及交大校长黎照寰博士等均往参观,深为赞赏。"(《申报》1934年4月22日)

同日 抄正马祀光代作《罗母白太夫人纪念诗》。

"欧母当年画荻书,古今媲美信非虚。长君戎战幼商战,虎风声名慰倚闾。

晴川落木正奇寒,难觅医治药一丸。独有女宗名不朽,待刊玄石看书丹。"(蔡元培先生抄留底稿)

4月22日 以中国红十字会征求会员委员会名誉总队长名义,发布征求会员的启事。

"《中国红十字会第一次征求会员委员会启事》。本会征求会员期间,奉内政部批准延长一个月,展至五月三十一日为止,务祈各界仕女踊跃加入本会各级会员,共襄善举,无任企盼。章程函索即寄,敬此公布,诸希垂鉴。

中国红十字征求会员委员会名誉总队长蔡元培、戴佑贤、蒋中正、林森、汪精卫、于右任、何应钦、王士杰、孔祥熙、许世英、黄绍雄、王用宾、朱家骅同谨启。总会地址:上海九江路望平街西首三四二号。"(《申报》同日)

同日 作贺马叙伦(彝初)五十寿辰一联。

"马彝初之子五人,为其父五十寿辰,将在首都世界饭店举行祝典,作一联贺之,曰:'白眉最良,谈经解惑;丹桂齐馥,介寿承欢。'寄章味三,属代书送去。"(本年《日记》同日)

4月23日 偕夫人周峻(养浩)参观比国绘画展览。

"四时,偕养友往 Hamilton House,看比国绘画展览会,觉 Bastian 诸作,并非其得意之作。"(本年《日记》同日)

4月25日 致函美国洛克菲勒基金会驻华代表,推荐蔡宾牟为该会奖学金申请人。

"洛克菲勒基金会:敬推荐一九三三年以来任中央研究院特约研究员的蔡宾牟君为贵会奖学金申请人,请予考虑。

蔡君的资历如下:一九三〇年,光华大学理学士。一九三一年,该大学理学硕士。一九三三年,在哈佛大学研究物理学;中央研究院特约研究员。一九三四年,国立暨南大学物理学教授。著作:《氢的三种同位素在光谱中的微扰》(中央研究院印行)。如蒙认真考虑这一申请,非常感谢。中央研究院院长蔡元培"。(《致洛克菲勒基金会驻华代表函》同日)

4月27日 与李石曾、史量才等发起组织英文中国年鉴社。

"蔡子民、李石曾、史量才、陈立廷等,最近发起组织一英文中国年鉴社。社址设在本埠八仙桥青年会三二一号,现已开始工作。全书约一百四十万字,采用各国年鉴最新编制方法,内容务求扼要完备,各项章目,均请专家撰稿,拟委托商务印书馆出版,预定今年底出书。兹觅得该社编辑缘起,附录如次:

近世各国年鉴编制,大别为二,有属于专门性质者,有属于普通性质者,而后者又有以国为范围者,有以世界为范围者。去岁《申报年鉴》之出版,风行一时,最近且将发行第二版。其他属于专门性质者,如中央实业部之《经济年鉴》,教育部之《教育年鉴》,亦行将问世矣。以上诸作,都为汉文,国人参考,诚称便利。而异国人士,欲研讨中国问题者,则徒以文字迥异,无从参阅。试观东邻日本,每年不惜巨资,编印英文年鉴,宣达国情于世界,以为国际宣传之利器,刊行英文年鉴意义之重大,概可想见。不谓此项重要工作,我国人一向放弃,竟由英人伍特海氏代庖至十余年之久,此不仅为我国文化出版界之缺憾,抑且为国家之耻辱也。去岁沪上著作家十余人,曾联合发表宣言,希望全国各机关勿供给伍书材料,唯此举事属消极,积极工作当在国人自编英文年鉴,以为替代,同人等爰本此旨,特发起组织一英文中国年鉴社,尚希国人予以援手,共襄是举,幸甚幸甚。"(《申报》1934年4月27日)

4月28日 致函教育部长王世杰(雪艇),商请为同济大学筹款还贷。

"雪艇先生部长大鉴:径启者,同济大学于十四年四月向德国商人借款七万元,为建筑中学部校舍之用,至今无法偿还,而德商催索甚急,无可再延。闻该校校长翁之龙君已呈请大部,恳补发二十年度九、十两月经费,或自二十三年度该校经费概算内追加数月,以作挹注之计,谅荷察洽。此事关系外商信用,还希格外矜恤,于所恳二项中,择一而行,至为感荷。万一两项中皆难实行,则用分年偿还办法,在学费常年费外,每年酌加若干,似亦可行。谨为函达,诸候裁酌施行,不胜企盼。……蔡元培敬启 四月二十八日"。(《致王世杰函》同日)

4月30日 函复李书华(润章),不能接受其辞函。

"润章先生大鉴:十四日惠函敬悉。弟之理事长亦决非愿任者,然非到理事会开会时,任何人不能有接受辞函及另举贤能接充之权,故弟亦无从告辞。前接楚伧先生辞秘书函,弟亦以此意告之二璧其函。今对于先生,亦只能用此法,请勿怪为荷。……弟元培敬启 四月三十日"。(《复李书华函》同日)

同日 致函浙江省高等法院院长郑文礼(烈荪),请对高名馥等上诉案秉公判决。

六、大学院院长及中央研究院院长时代(1927—1940) 1153

"烈荪先生院长大鉴:径启者,舍亲高名馥君等,以祠田被前祠董高少芳盗卖,曾在本地法院控诉,业经判决,照数追回。而执行厅忽有异议,以至再审期间,仍难解决,现已上诉贵院。弟素悉此等田产确为高氏宗祠所有。高名馥君等,确为公正之祠董。务请秉公判决,早予结束,不胜感荷。……四月三十日"。(《致郑文礼函》同日)

4月 致函浙江省教育厅长陈布雷,商请延长蔡柏龄官费留学期限。

"布雷先生大鉴:在京领教为快。来沪后,接小儿柏龄自巴黎来函称近奉贵厅去年十二月四日令催早日准备结束回国,并令呈报回国日期。查吾浙官费额数无多,若以补者久滞不归,使后进补入之机会因而减少,本属不情。惟柏龄现在之工作,非再留一年有半,不能完毕。……非至明年暑假不能完成。观其历年研习,均尚有成绩,与停滞不进、虚縻公款者不同。可否特别玉成,许延至二十五年暑假,以免中辍。如荷核准,曷胜感荷。专此奉商……"(《致陈布雷函》同日)

同月 敬撰并书《谷母连夫人墓碑》。

"曹江之滨,有镇百官。革军过境,速渡维艰。赖我谷君,善为调度。谁其佐之,曰贤内助。

夫人氏连,枕湖书楼。及笄嫔谷,家政克修。孝顺翁姑,亲和妯娌。教子课孙,敦悦诗礼。

如何不吊,考终七一。夫子神伤,族亲泪溢。佳诚葱郁,在兹鹤山。母仪不朽,宽鄙廉顽。

中华民国二十三年四月 夫谷旸率男斯耀、斯懋,孙椿生、庚生、高生、吉生、东生谨立。

绍兴蔡元培敬撰并书"。(绍兴鲁迅博物馆藏拓片)

同月 为黄尊生著《中国问题之综合的研究》作序。(该书 大公报馆 1935 年印行)

同月 为《中华医学会年会特刊》题词。

"中华医学会年会特刊 病夫得救 蔡元培题"。(《中华医学杂志》第 20 卷第 4 期)

同月 应约为他人题写书名。

石苇著,上海文艺书局出版:"《现代应用文》蔡元培题"。(《申报》1934 年 4 月 14 日)

张若英编,上海书局出版:"《中国新文学运动史资料》蔡元培题"。(《申报》1934 年 4 月 22 日)

5月1日 主持上海美术专科学校新校舍筹建委员会及欢送王正廷(儒堂)赴菲律宾茶会。

"美专茶会,欢送王儒堂,商菲律宾展览会事。"(本年《日记》同日)

"上海美专筹建新校舍及美术馆委员会,鉴于南洋华侨散居各埠,比年以来,国家文化□于宣传,以致侨胞对于祖国文粹,殊鲜认识,爰经提出美专校董会议决于本年六月间在斐律宾举行中国现代名家书画展览会,既可宣扬祖国文化,复可筹募美专新校舍及美术馆建筑经费,以树文化基础。经聘林主席子超、立法院长孙哲生为名誉会长。该校校董蔡子民为当然会长,吴铁城、王儒堂为副会长。……兹由该会副会长王儒堂氏,乘出席远东运动会之便,先行赴斐会同驻斐筹备委员王总领事积极筹备,届时并由总干事王济远氏前往主持。昨由会长蔡子民召集,定于五月一日下午假座青年会九楼,举行委员会,筹备进行,同时欢送王副会长儒堂赴斐云。"(《申报》1934年4月29日)

上海美专赴菲画展委员会合影(1934年5月1日)

同日 为上海美术专科学校赴菲律宾展览美术品撰写《题词》。

"菲列宾距吾国至近,吾侨胞之旅于菲者众矣。凡旅于菲之侨胞,对于祖国政俗学术之隆替,无不极端注意,以其影响于侨胞之生活,至敏锐也。自远东运动会发起以来,国内运动选手有赴菲之机会,而侨胞亦以得将迎国内运动家为大快,对于其运动之胜利与失败,与自身得失之感无以异。侨胞之眷怀祖国、亲爱族类,我等无论到菲与否,未有不感动者也。今上海美术专科学校又由运动而推广之,以美术品展览于菲,是又破天荒之盛举也。运动所以健身,美术可以养心,身心之间,互相影响。而且书画雕刻,均为吾族数千年之国粹,虽近日间参欧化,别出心裁,然而吾民族之特性,必不因之而隐晦。其所以唤起侨胞之同情,而引其爱国怀旧之联想者,更当有特殊之效力;且将因展览品之满意,而推见上海美专之成绩,量其需要,助以发展,为吾侨菲同胞留永久之纪念,则尤美专同人所馨香而祷祝者矣。

中华民国二十三年五月 蔡元培"。(蔡元培先生手稿)

同日 函复金国宝,并"附还毛君著作三篇"。

"国宝先生大鉴:手书奉悉。毛君著作,已转与傅孟真兄阅看,同深佩仰。惟因历史语言研究所中经费支绌,致一时无法借重,有负雅嘱,甚以为歉。……附还毛君著作三篇,乞转还为荷。顺颂台绥 蔡元培敬启 五月一日"。(《复金国宝函》同日)

5月2日 函复德国驻上海副领事丰兰杜,康泰克女士来华事正在办理之中。

"丰兰杜先生副领事大鉴:奉四月二十八日惠函,诸承关爱,谢谢。康泰克女士(Fräulein Dr. Contag)之事,鄙人已与教育部商量,但须敝国驻柏林使馆将经过情形报告教育部,该部当即为设法。鄙人已于四月十四日致航空函于柏林之中国使馆,催其报告,并同时分致挂号于亨堡基金会及康泰克女士,告知此种情形矣。……五月二日"。(《复丰兰杜函》同日)

5月4日 致函薛砺若,答复对其书稿的审阅意见。

"砺若吾兄大鉴:前呈寄大著《中国词学史》稿中卷,嘱为审阅,当交历史语言研究所同人阅看。兹据该所答复略称:'薛君搜讨之勤,致力之深,甚佩。……倘欲刊行,尚须加以熔裁,否则中卷篇幅,恐超过上、下两卷数倍也。至于研究机会一层,薛君努力之方向,与本所之旨趣不符,且所中现方樽节,无力增聘人员'等语。兹将原稿另邮寄还,即希查照为荷。……蔡元培敬启 五月四日"。(《复薛砺若函》同日)

5月5日 和周作人打油诗,《新年用知堂老人自寿韵》七律一首发表。

"新年儿女便当家,不让沙弥袈了裟①。鬼脸遮颜徒吓狗,龙灯画足似添蛇。六幺轮掷思赢豆②,数语蝉联号绩麻③。乐事追怀非苦话,容吾一样吃甜茶④。"(《人间世》1934年第3期)

同日 为王立中纂辑《俞理初先生年谱》撰写跋语。(该书 安徽丛书编印处 1934年印行)

5月6日 与吴铁城、吴稚晖等共同邀请新疆回族音乐团到沪演出。

"新疆回族音乐团……曾一度在首都表演。日前复经吴铁城、吴稚晖、蔡子民、张静江、褚民谊等邀约,由行政院派艾沙虎矫如领导来沪,于昨晚八时假福开森路世界社公开演奏,车水马龙,盛极一时。"(《申报》1934年5月7日)

5月7日 为出席故宫博物院理事会议,本日到南京。

---

① 蔡注:吾乡小孩子留发一圈而剃其中边者,谓之沙弥。《癸巳存稿》三"精其神"一条,引"经了筵、陈了亡"等语,谓此自一种文理。

② 蔡注:吾乡小孩选炒蚕豆六枚,于一面去壳少许,谓之黄;其完好一面谓之黑。二人以上轮掷之,黄多者赢,亦仍以豆为筹码。

③ 蔡注:以成语首字与其他末字相同者联句,如甲说"大学之道",乙说"道不远人",丙接说"人之初"等,谓之绩麻。

④ 蔡注:吾乡有"吃甜茶,讲苦话"语。

"中委蔡元培,为出席故宫博物院理事会议,七日夕抵京,在京勾留数日即赴沪。教长王世杰,定八日晚在寓邸宴请蔡氏。"(《申报》1934年5月8日)

"季苇先生大鉴:前奉惠书并辞职书,甚为怅惘,尚未与巽甫兄谈过,容稍缓办理。……弟本拟星期六来京,现因故博常理会定于八日开会,而星期日上海适有约会,拟改星期一(七日)午后一点钟启行,于七点三十五分到京。家岳母因仲奇兄屡禀迎养,因亦于是日偕弟来京,免仲奇往返京沪之烦也。……弟元培敬启 五月四日"。(《致许寿裳函》同日)

同日 复函叶恭绰(玉甫),谓营造学社事已托朱家骅(骝先)设法。

"惠函敬悉。营造学社事,已致一函于骝先。弟今日赴京,如能晤骝先,当再面托之。此上 玉甫先生大鉴 弟元培敬启 五月七日"。(《复叶恭绰函》同日)

5月8日 主持南京故宫博物院第一次常务理事会议。会议通过二十三年度经费概算等议案。

"故宫博物院常务理事会,八日晨假行政院开首次会议。到蔡元培、王世杰、罗家伦、黄绍雄(傅汝霖代)、叶楚伧、傅斯年、李元鼎、李济、褚民谊、马衡。蔡元培主席。议决各案:(一)叶理事楚伧函请辞去理事会秘书职务。决议仍请叶理事担任。(二)理事会大会交议之故宫博物院二十三年度概算及在京筑保存库经费案。决议,1. 经常费核减为每月三万六千元。2. 临时费分两项:甲、上海租房储藏照原概算。乙、建筑保存库应于临时费项下增加二十万元。丙、由故宫博物院上列决议数编造概算送核。……"(《申报》1934年5月9日)

同日 与王世杰(雪艇)一起会晤美国驻华公使。

"王雪艇约晚餐,晤美国詹森公使,裴克、萨博利两参赞。"(本年《日记》同日)

同日 函复邹鲁(海滨),谓中山大学请求补助事自当尽力。

"海滨先生校长大鉴:接奉手书,关于贵校向中华教育文化基金董事会请求继续补助一节,开会时自当尽力主张。惟会中受美金贬值影响,可以分配之款渐少,尚未知能力如何。知关注念,先此奉复,诸希察照。……蔡元培敬启 五月八日"。(《复邹鲁函》同日)

5月9日 与美国总领事裴克晤谈中美文化合作问题。

"九日午,美总领事裴克赴中央研究院访蔡元培,晤谈关于中美文化合作事宜,约半小时始去。下午三时,市长石瑛亦往访蔡,行政院汪院长九日晚在铁部官邸宴蔡。蔡在京留二三日即赴沪。"(《申报》1934年5月10日)

5月10日 主持国民党中央监察委员会第三次常务会议。会议通过关于党纪案多件。

"中监会十日晨九时,开第三次常务会议,到蔡元培、林森、纪亮、李次温、邓飞黄及秘书长萧吉珊。蔡元培主席。通过关于党纪案件多起,十二时三十分散会。"

(《申报》1934年5月11日)

5月11日　与段锡朋、吴之椿等同游牛首山。

"午后偕书贻、之椿、璧黄、季甫游牛首山。"(本年《日记》同日)

5月12日　出席国民政府第十二次委员会议。会议通过设立铁路审计办事处等案。

"国府十二日晨九时开第十二次委员会议。出席邓家彦、叶楚伧、蔡元培、黄复生、陈立夫、张继、刘守中、王法勤，……主席林森。讨论事项：（一）监察院呈据审计部呈为京沪杭甬及平浦、平汉各铁路营业发达，收支繁复，拟就各该铁路设立审计办事处，于本年度先行试办，请转呈核准等情，据情转请鉴核施行案。决议，照准。……"(《申报》1934年5月13日)

5月13日　本日晨回到上海，下午出席中山文化教育馆常务理事会。

"蔡元培、曾仲鸣，昨乘夜快车出京，今晨抵沪。"(《申报》1934年5月13日)

"到家。午后二时，参加中山文化教育馆常务理事会。"(本年《日记》同日)

5月15日　贺陆征祥(子兴)任天主教七品司铎。

"悼亡诗后福音书，八载潜修味道腴。青史齐名徐上海，纬帏同调马丹徒。一官久已忘筌置，七命新闻司铎除。各有尊行互推重，祝公精进荷兰衢。

子兴先生在比国圣安大修院荣任七品司铎，赋此奉祝。"(蔡元培先生手稿)

5月16日　函复之江大学文理学院李培恩，谓不能出席该院毕业典礼。

"培恩先生大鉴：接奉大函，借审贵院六月十九日举行毕业典礼，嘱弟参加演讲，至荷雅意。惟弟彼时适有他事，预料不能前来，有负盛情为歉。特此复闻，希察照。……蔡元培敬启　五月十六日"。(《复李培恩函》同日)

5月18日　丁文江到上海，就任中央研究院总干事。

"在君到。四时，本院开会欢迎。商务印书馆董事会，未到。"(本年《日记》同日)

"季茀先生大鉴：奉前日惠函，有告假几日之意，日内公事并不多，请先生酌定可也。在君已于今日到沪，拟二十日到京，二十一日夜间即北上。此行系受巽甫之敦促，专为就职而来，乘此亦可举较为重要之问题试行解决。……上海于今日午后四时开一欢迎会，请留沪诸同事与新总干事行相见礼。南京则拟于星期一纪念周后行之(巽甫将来京主席)。……弟元培敬启　五月十八日"。(《致许寿裳函》同日)

同日　函请王世裕(子馀)调解新庵僧静善与阮氏争端。

"子馀先生大鉴：径启者，南门外琶山新庵僧静善，因其俗家祖坟余地，被阮彰松开为桃园，并有盗葬情事，屡来函诉。弟不知详细情形，可否台端量予调解，俾得无事，不胜感荷。……蔡元培敬启　五月十八日"。(《致王世裕函》同日)

"静善师大鉴：来函具悉。所嘱一节，已转托中国银行王行长量为调解，得能和平了结,最好。兹附致王行长函一件,可持函往见,并将详细情形据实面陈。师既为出家人,奉劝此后勿与世俗人争讼为要。……蔡元培敬启 五月十八日"。(《复静善函》同日)

5月19日 出席中西疗养院茶会。

"五时,中西疗养院茶会。是院本由石曾发起,由法国郎培尔医生主持,并约中医陆仲安共诊,故名中西疗养院。"(本年《日记》同日)

同日 出席上海爱国女学校校董会议。

"六时半,爱国女学校校董会在功德林开会。"(本年《日记》同日)

5月20日 参加同济大学二十七周年纪念会,有演说。

"九时,参加同济大学二十七年纪念会,我演说。同济本有工医二学院,现将增办理学院,可以试验我民元所主张之办工农医科必办理科之条件;同济兼办卫生、职业教育等事,可以试验学校服务社会的办法。"(本年《日记》同日)

同日 与王晓籁等联名撰发重修柯岩石佛寺劝募函。

"○○先生有道:启者,元培、晓籁等发起重修绍兴柯岩石佛寺事,迄已有年,筹备于今,始有端伊。各界知名之士,咸乐助成。现所拟开工之期,相距不远。素仰台端热心乐善,领袖群伦,当兹发轫之初,不得不专函请命,或资助款项,或拨给土木。尚希有以教之,不胜感幸之至。……"(《为重修绍兴柯岩石佛寺劝募函》)

"晚五时,应王一亭、王晓籁及本益和尚之邀,往功德林,商修复柯岩普照寺事。"(本年《日记》同日)

5月21日 致函宋春舫,说明延揽蔡振华事未得通过。

"春舫先生大鉴:前承示蔡振华先生所著《元剧联套述略》,及拟编《中原音韵疏证起例》,当交历史语言研究所阅看。兹复函,认蔡君于此学上实有相当贡献,至深钦佩。惟因研究旨趣不同,致难延揽云云。此事未得通过,甚以为歉。……蔡元培敬启 五月二十一日"。(《致宋春舫函》同日)

同日 与李石曾等会晤德人许德夫妇。

"五时半,在世界社与李石曾等欢迎德人许德夫妇。许德为学校建筑专家,近三年均在莫斯科为俄人计划各级校舍。"(本年《日记》同日)

5月22日 出席鸿英教育基金会会议。

"晚六时半,鸿英教育基金会开会。"(本年《日记》同日)

5月23日 欣赏音乐专科学校音乐会。

"晚八时半,到青年会之音专音乐会。"(本年《日记》同日)

同日 致函杭州市长周象贤(企虞),为杨祥麟谋职。

"企虞先生市长大鉴:径启者,杨君祥麟,系杨杏佛先生之侄,浙江警察学堂毕业,曾充任队长、巡官及京沪杭甬路警管理局稽查等职,颇有成绩。兹因寻觅工作,仍思至杭服务,拟请察其材能,量予栽植。杨君勤慎,杭地情形亦熟,倘荷畀以普通职务,当能勉图报称。特为介绍,诸希裁酌为感。……蔡元培敬启 五月二十三日"。(《致周象贤函》同日)

5月24日 为高奇峰画册题词。

"高奇峰先生为艺术界之泰斗,去岁在沪溘然长逝,凡有心于艺术者,无不同声哀悼。其生平作品,已为国府宣付史馆。兹由其京沪遗画保管人汪精卫、陈树人、叶恭绰、方君璧、曾仲鸣诸先生,选出其生平杰作十六幅,汇成一大册,交本埠老把子路华侨图书印刷公司负责印刷发行。内容除先生之遗画外,尚有先生之遗墨、遗教、遗像,及汪精卫先生所撰先生之行迹,于右任、蔡元培、叶恭绰诸先生之题词。"(《申报》1934年5月24日)

同日 致函北平特别市公安局长余晋和(幼庚),请对亡室黄夫人等墓地加意保护。

"幼庚先生局长大鉴:久慕,未得领教为怅。兹有启者,亡室黄夫人暨故外舅、外姑之墓,均在北平西郊黑龙潭八家村。近闻时有无赖试行毁损,敬祈饬属加意保护。倘蒙允诺,无任感荷。……五月二十四日"。(《致余幼庚函》同日)

5月25日 致函许寿裳(季茀),商议共同编写《中国美术史长编》一书。

"季茀先生大鉴:二十三日惠函敬悉。……弟颇欲着手《中国美术史长编》,如先生能在上海与弟及孝焱兄同治此业,俟一年后,以已有成绩,要求本院列入正式研究所,似亦可能,先生亦有意乎?……弟元培敬启 五月二十五日"。(《致许寿裳函》同日)

5月27日 出席中山文化教育馆理事会第二次会议。

"午后二时,参加中山文教馆理事会。"(本年《日记》同日)

"中山文化教育馆第二次全体理事会,于昨日午后二时在该馆会议室举行。出席孙科、吴铁城等全体理事。由孙科主席。……讨论事项:(一)常务理事会会议议决,各项章程、规则,请付审核并予追认案,理事长提议。决议照追认。(二)建筑南京馆舍图样及预算请核定案,理事长提议。决议由理事会授权理事长决定。(三)本年度预算案,理事长提议。决议通过……"(《申报》1934年5月28日)

"五月二十七日,理事会第二次会议后,与会理事共同合影。"(《中山文化教育馆纪念刊》)

5月28日 函复安徽省教育厅长杨廉(四穆),谓对该省申请科学设备补助费事"当设法助力"。

"四穆吾兄厅长大鉴:接读大函,知对于各校科学设备,力求充实,并筹设公共科学馆,甚佩硕画。向中华教育文化基金董事会要求补助费一节,既有正式请求书寄出,开会时弟当设法助力。先此奉复,希察照。……蔡元培敬启 五月二十八

日"。(《复杨廉函》同日)

　　同日　出席大同乐会演奏会。

　　"晚八时半,到世界社,参加大同乐会演奏会。"(本年《日记》同日)

5月29日　主持中华职业教育社评议会常会。会议通过下年度事业大纲草案。

　　"中华职业教育社评议会会议,于日昨下午七时举行常会。到刘湛恩、蔡元培、王云五、王志莘、廖茂如、贾佛如、潘序伦、陈济成、欧元怀……主席蔡元培。报告事项:(一)最近社务状况。(二)本社社员大会筹备情形。讨论事项:(一)下年度事业大纲草案。议决通过。……"(《申报》1934年5月30日)

　　同日　致函许寿裳(季茀),请考虑可否为商务印书馆译书。

　　"季茀先生大鉴:前日奉一函,想荷鉴及。万一先生不愿赴闽,可暂任国府秘书名义,但月俸仅二百元。弟曾向王云五商量,据言商务现均用租赁版权办法,但现可为先生用购稿办法,订一年契约。译日文书,每千字三元(最高额)。如每日译二千字,每月近二百元;每日译三千字,则近三百元矣。该馆近印自然科学丛书,如先生愿译此类书,则选书较易。否则亦可别选教育学理论或儿童心理等书译之(此一点请先生示复)。谨奉闻,备参考。……弟元培敬启 五月二十九日"。(《致许寿裳函》同日)

　　同日　为《星象统笺》撰写序文。(高鲁编著《星象统笺》中央研究院1934年8月出版)

5月　为《章乃器论文选》一书题写书名。

　　上海生活书店编辑、出版:"章乃器论文选 蔡元培题"。(《申报》1934年5月4日)

6月3日　出席中山文化教育馆常务理事会第十一次会议。会议讨论二十三年度预算等议案。

　　"中山文化教育馆昨日下午三时,在该馆举行常务理事会第十一次会议。出席者孙科、郑洪年、蔡元培、黎照寰、史量才(陈彬龢代)、马超俊、吴铁城(李大超代)、孔祥熙。主席孙科……讨论:(一)二十三年度预算案,议决呈请中央核拨。(二)依照修正章程应行改组案。议决照章改组,请马理事超俊担任总干事……"(《申报》1934年6月4日)

　　同日　到湖社,参观竹溪书画展。

　　"到湖社,竹溪书画展览会,晤尹默、兼士。"(本年《日记》同日)

6月5日　聘任庄长恭为中央研究院化学研究所专任研究员兼代所长。

　　"长恭先生大鉴:接奉大函,知奉聘执事为化学研究所专任研究员兼代所长,已承同意,甚感。中华教育文化基金董事会方面,已去函商洽矣。……蔡元培敬启

六月五日"。(《复庄长恭函》同日)

6月6日　函复毛庆祥,中央研究院心理研究所将继续聘任卢于道为研究员。

"庆祥先生大鉴:手书奉悉。卢于道先生在本院心理研究所,正资借重,仍继续聘任,希勿念。专此奉复。……蔡元培敬启　六月六日"。(《复毛庆祥函》同日)

6月9日　出席中央研究院成立六周年纪念茶话会。

"午前九时,本院成立纪念日茶话会,盖十七年六月九日开第一次院务会议,今为第六年纪念日也。"(本年《日记》同日)

6月10日　参观艺风社第一届画展。

"艺风社第一届画展,自本月三日开幕以来,各界前往参观者络绎不绝。……昨午中央研究院院长蔡孑民独自前往,由孙福煦君陪同参观,并为解释。蔡氏微笑颔首,绝口赞扬,且逐一审视,兴致极佳。……"(《申报》1934年6月11日)

6月11日　致函教育部专员郭有守,询问笔会、国语教育促进会地址及主持人姓名。

"有守吾兄大鉴:径启者,顷接世界文化合作中国协会筹备处来函,询及笔会地址及其主持人姓名,此间无人查悉,望兄代查示及。又全国国语教育促进会地址及主持人姓名,亦望一并探示,不胜感荷。……蔡元培敬启　六月十一日"。(《致郭有守函》同日)

6月12日　致函蒋介石夫妇,谓不能出席励志社公宴。

"介石先生、蒋夫人惠鉴:承宠邀本月十六日励志社公宴,极思趋前,惟日内适有小疾,恐届时不克至都。先此奉复,诸维蔼照。……蔡元培敬启　六月十二日"。(《致蒋介石、宋美龄函》同日)

6月13日　写作《吾国文化运动之已往与将来》一文。

"为中山文化教育馆季刊作《吾国文化运动之已往与将来》脱稿,付抄。"(本年《日记》同日)

6月18日　主持杨铨死难一周年纪念会。

"杨杏佛先生一周年忌辰,九时在院开纪念会。"(本年《日记》同日)

同日　丁文江到中央研究院视事。日前曾在沪与蔡先生晤谈。

"中央研究院总干事丁文江,上月来京就职,旋赴平结束事务。日前赴沪晤蔡元培,十八日由沪入京,十九日到院视事。"(《申报》1934年6月19日)

同日　主持大同乐会董事委员会。

"午后四时,在世界社开大同乐会委员会。"(本年《日记》同日)

同日　致函北京大学法籍教授邵可侣,说明北大校长蒋梦麟组合外国文学系之理由。

"邵可侣先生大鉴：接五月二十七日惠函，谢谢。北京大学有法、德、俄诸国文学系，是弟任校长时所发起，欲使学者能见到世界文学之真相，而去其偏重英语之弊。但吾国中学校多用英语，要招习过法、德、俄之中学毕业生，甚为难得。若进大学后，始习法、德、俄文，欲于四年后成一文学家，亦甚不容易。所以蒋校长有合组为外国文学系之新案。此事虽与弟初意相背，然因为蒋校长与弟屡次讨论之结果，弟亦不能不谅其苦衷，而不欲再反对之。惟目前虽不得已而有此改革，将来或有机会复设法、德、俄文诸系，亦未可知。承先生厚意，为我国学术前途顾虑，感谢无已。……"（《复邵可侣函》同日）

6月20日 出席上海国立音乐专科学校第二届毕业典礼式。

"国立音乐专科学校第二届毕业典礼，日昨举行于礼堂。……中委蔡院长、市党部代表毛云君、市长代表罗泮挥君、文艺家易章斋君等，多精警勉惕之语，嗣由毕业同学答词礼毕。"（《申报》1934年6月28日）

6月24日 函请中华教育文化基金董事会认同庄长恭到中央研究院任职。

"径启者：本院自下年度起，聘庄长恭君为本院化学研究所专任研究员并代理该所所长，已得庄君同意。惟庄君现为贵会所聘之研究教授，贵会科学研究教授席办法第三条有'其研究地点，由本会与教授及接受教席之机关三方商定'等语，自应按照办理。为此专函奉商，敬希认可，并赐复为荷。此上 中华教育基金董事会任干事长 中央研究院院长蔡元培"（《致中华教育文化基金董事会函》同日）

6月25日 出席上海美术专科学校董事会。

"九时半，上海美专董会。十时，毕业式。"（本年《日记》同日）

"上海美术专科学校，于昨日上午十时在该校艺海堂举行，新制第十四届毕业典礼。到党政机关代表吴市长、潘局长、曹沛兹、李大超、胡叔异，外宾德女士、孔铎博士，校董蔡元培、钱永铭、袁履登及全体职教员学生数百人，济济一堂，由音乐奏乐典礼，至为隆重。首由代理校长王济远致开会词。勋勉毕业生，以学无极，应不断努力奋斗，继由蔡元培校董给中国画系文凭。……"（《申报》1934年6月26日）

6月26日 致函中央大学校长罗家伦（志希），推荐邹翰芳任教。

"志希吾兄校长大鉴：径启者，北平师大史地系邹翰芳君，曾屡往国外考察，关于地理、历史之著作颇多，在清华、燕京、暨南、光华、复旦、持志等大学任地理、历史有年。闻贵校地理系教员尚有缺额，如蒙延揽，邹君必能胜任。特为介绍……弟蔡元培敬启 六月二十六日"。（《致罗家伦函》同日）

同日 函复河南省政府主席刘峙（经扶），不能出席该省暑期讲座。

"经扶先生主席大鉴：接奉电示，敬审贵省将举行教育行政人员暑期讲习会，甚佩荩筹。承宠邀参预讲座，弟近以体弱多病，未能跋涉长途，有负雅意，无由趋前，至以为歉。专此奉复，诸希亮察。……蔡元培敬启　六月二十六日"。(《复刘峙函》同日)

同日　函复殷再为，允列名介绍鲁六华在浙省行医。

"再为先生大鉴：承示鲁六华女士拟在本省行医，嘱为发起介绍，弟谨当列名介绍人之内。专此奉复，即希查照。……蔡元培敬启　六月二十六日"。(《复殷再为函》同日)

6月27日　在中山文化教育馆，与黎照寰、郑洪年等讨论奖学金事。

"午后三时，在中山文化教育馆与黎、郑两理事，讨论奖学金问题。"(本年《日记》同日)

"六月二十七日，蔡、郑、黎三常务理事，在本馆开会讨论其他奖学事项应如何举办。议决，第一届举办之第一、二两类征文，成绩不佳，本届缓办，奖金统归第三类自然科学考试竞赛办理，仍以物理学为主，重在奖励已毕业学生专门研究之学术成绩。……"(《中山文化教育馆纪念刊》)

6月29日　中华教育文化基金董事会在北平召开第十次年会，因病未出席，经与会者票选，连任该会董事长。

"中华教育文化基金董事会，于六月二十九日上午十时在北平南长街该会举行第十次年会。……因董事长蔡元培未到，由副董事长周诒春主席。"

"改选任满董事及职员结果如下：甲：董事施肇基、徐新六、胡适满任，均经票选一致连任。乙、满任职员董事长蔡元培，副董事长孟禄、周诒春，名誉秘书胡适，名誉会计贝诺德、金绍基，执行委员顾临、周诒春、金绍基，均经一致票选连任。"(《申报》1934年7月2日)

同日　致函安徽省代理主席马凌甫，请对卢氏被害案设法平冤。

"凌甫先生代主席大鉴：径启者，张屏山陷杀路某案，事历七年，情节重大。近闻忽有局部改判情形，卢某之子美意，情殊惶急，欲仰恳仁慈，加以荫护。谨为转达，还希鉴其沉冤，量予设法。……"(《致马凌甫函》同日)

6月　上海美术专科学校举办名家书画作品展览会，与林森、于右任等均有作品参展。

"上海美术专科学校主办，名家书画展览会。会期六月二十五日至七月十日。会场法租界菜市路四四○号上海美专艺海堂，作家林森、于右任、王一亭、王济远……蔡元培、郑洪年、郑午昌、经亨颐、顾彦平。"(《申报》1934年7月1日)

同月　为《庄子内篇证补》作序。

"《庄子》一书,辞旨深妙,自晋以降,解者至多,率骋玄言,罕究实诂。清王先谦氏集解,郭庆藩氏集释,乃始综合众说,以求名物训诂之真,而疏漏尚多。

乃者罗君莘田以其亡友朱君芸圃《庄子内篇证补》属序于余,受而读之,觉其纠谬补遗,谨严缜密,征引博而抉择精,不惟庄书之功臣,抑且注家之诤友也。

昔戴东原氏之论学也,谓明道者词,成词者字,由字以通其词,由词以通其道,求必有渐。是篇虽主于厘懂文词,以明义旨,然悬解妙道,舍是末由,固不仅以疏通雅诂为功矣。

朱君名桂曜,初字瑶圃,后改芸圃浙江义乌人,……未经厘定,稿藏于家。然观于是编则其践履笃实,学修邃密,俨然如见。昭明未融,遂即长夜,识者惜之。

二十三年六月　蔡元培"。(朱桂曜编著《庄子内篇证补》商务印书馆1934年出版)

同月　为河南《私立焦作工学院第二十三级同学录》题词。

"好学力行　蔡元培"。(该《同学录》1934年6月编印)

7月1日　出席中山文化教育馆常务理事会议。会议决议改聘陈翰笙为特约研究员等议案。

中山文化教育馆"七月一日常务理事会开会。出席及列席者孙科、郑洪年(马超俊代)、叶恭绰、马超俊、史量才(陈彬龢代)、蔡元培、黎照寰、吴铁城(李大超代)、刘大钧、杨幼炯等。主席孙科,记录李邦栋。决议事项:(一)研究部主任陈翰笙因赴日本调查国际贸易,不克来馆,改聘为特约研究员,另推刘大钧代理主任。(二)编辑部主任陈彬龢一再辞职,改推钟天心担任。(三)组织丛书审查委员会。……"(《申报》1934年7月4日)

同日　所作《日本往哪里去》一文发表。(新加坡《星洲日报》同日)

7月4日　函复鲁迅,可借用周子竞藏《博古叶子》一书。

"鲁迅先生大鉴:前承赐《北平笺辑》,近又赐《引玉集》,借谂先生对于木刻画之提倡不遗余力,钦佩之至。拜领,谢谢。许季茀先生见告,先生又将与西谛先生复印陈老莲氏《博古叶子》,拟借用周子竞兄藏本作底本,弟已与子竞兄谈过,可以出借。请先生或西谛先生诣子竞处一商,可以电话约之。子竞寓中之电话为八○八七三,至工程研究所之电话则为二一六九三也。……弟元培敬启　七月四日"。(《致鲁迅函》同日)

同日　自上海赴南京。

"夜十一时,往南京。……"(本年《日记》同日)

7月5日 主持故宫博物院常务理事会。

"午后二时,在行政院开故宫博物院常务理事会,通过议事规则及三馆长人选(古物馆徐森玉、文献馆沈兼士、图书馆袁同礼)。"(本年《日记》同日)

"故宫博物院理事会,定五日下午二时在政院开会,讨论马衡所拟之整理计划。蔡元培亦定五日来京,出席会议。"(《申报》1934年7月5日)

"故宫博物院理事会,五日下午二时,假行政院开二次常会。到蔡元培、王世杰、罗家伦、马衡等。蔡主席。决议:(一)关于点收故宫博物院存沪存平之古物,责成马衡照所拟办法切实点收。并请行政院指派三人(沪一人,平二人)监督之。存沪古物之点收,应于一年内完毕。(二)以徐鸿宝任古物馆长,袁同礼任图书馆长,沈兼士任文献馆长。"(《申报》1934年7月6日)

7月6日 鲁迅得蔡元培先生信及周子竞电话号码。

"周子竞果系蔡先生之亲戚,前曾托许季茀打听,昨得蔡先生信,谓他可以将书借出,并将其住宅之电话号数开来,谓可自去接洽。"(鲁迅《致郑振铎函》同日)

同日 与王世杰(雪艇)夫妇等同登天文台参观。当夜赴沪。

"晚,雪艇约同登天文台,备有冷餐,雪艇夫人及其妹萧女士、志希夫人均同去。看木星、织女、一个双星、一点星云。夜十一时赴沪。"(本年《日记》同日)

7月7日 电吊居里夫人。

"巴黎大学校长先生:惊悉居里夫人逝世,谨代表中央研究院致以悼忱!深感她的逝世是法国科学界的巨大损失,敬请代向其家属致意。蔡元培。"(《吊居里夫人电》同日)

7月11日 分别致函汪精卫、林森(子超)、石瑛(蘅青)等,请为刘鹗(铁云)平反昭雪。

"精卫院长大鉴、子超先生主席大鉴、蘅青市长大鉴:径启者,清末丹徒刘铁云先生鹗,博学嗜古,首先研读甲骨文字,有功文化。所著《老残游记》风行一时,为今日语体文之矩矱,其中隐刺朝事,亦间接助我革命。以近来政府表彰柯凤荪、廖季平诸先生之例推之,刘先生实有特□表彰之资格。惟刘先生在日,以《游记》中影射权要姓名,遂遭构陷,诬以盗卖太仓米谷,遣戍新疆,卒于戍所,又将浦口九濮洲地产及古玩书画一律没收,当世冤之。迄今事隔二十余年,铁云先生后嗣幸得成立,念沉冤未白,拟请中央复查原案,明令昭雪,并将浦口九濮洲私有地五百五十七亩发还,借申往屈。除径函林主席、汪院长外,特为函达,敬希台端追怀前哲,俯念寒微,准如所请,使前清冤谳得平反于今日,不胜同感。……蔡元培敬启 七月十一日"。(《致林森函》同日)

7月20日 拟与林语堂等发起刘复追悼会。

"文学家刘复于本月十四日在平逝世,全国惊悼。兹悉名流学者如蔡元培、林语堂等,因刘氏与我国文学界颇多贡献,已决发起追悼。"

"挽刘半农联

其人如春风冬日,尽瘁于文字语言。 蔡元培"。(《申报》同日)

7月22日 列名平沪教育界筹备刘复追悼会。

"平沪教育界筹备追悼刘复。平方由蒋梦麟、胡适发起;沪方由蔡元培、林语堂发起,今已有函到平,向各方征集挽联。"(《申报》1934年7月23日)

7月26日 与丁文江联名电复任鸿隽(叔永)、胡适,赞成社会调查所、社会科学研究所合办法第四条新改条文。

"北平任叔永、胡适之两兄鉴:函悉。社查、社研办法第四条,赞成新改条文。培、江。宥。"(《致任鸿隽、胡适电》同日)

7月28日 函复张元济(菊生),谓暂不作牯岭之游。

"菊生吾哥同年大鉴:奉十日惠函,敬谂大驾已抵牯岭。……弟等虽亦有登山之意,然因小女太弱,恐不胜中途劳顿,业于十日先进上海西区之虹桥疗养院,半个月来,颇觉有效。下月或可为青岛之游,现在探询崂山疗养院状况也。牯岭之游,今年恐难实现,承允代觅馆舍,谢谢。……弟元培敬启 七月二十八日"。(《复张元济函》同日)

7月29日 作七绝一首。

"问蟹(日舰六十八艘进青岛)

结体区区强自恃,自煎倏已竭膏脂。

二螯八足空张大,看汝横行到几时?"(启功 牟小东编《蔡元培先生手迹》)

8月1日 为陈鹤琴主编《儿童国语教科书》题词。

"儿童的抽象作用,较直观为弱。所以吾人在智育方面,即不能不授以概念,而要在多用直观的材料为引导。直观的对象,最好是实物,次标本,次图画,这是现今教育家所公认的。我国地大物博,兼跨寒温热三带;儿童所见,显有不同。对南部的儿童,讲雪人、冰窖;对北部的儿童,讲木棉、甘蔗,虽有图画,若再举实物来证明它,就很少机会了。上海儿童书局有鉴于此,特分编北、中、南三部国语,所含名词,均择本部中最彰明较著的。而关于听觉的,如歌谣等,也从本部中选出耳熟能详的,穿插其间,这对于儿童的领会,必有极大的助力。特志数语,以为介绍。二十三年八月一日 蔡元培"。(《申报》1934年8月7日)

同日 为《美术生活》杂志"儿童专号"题词。

"科学基于概念,美术偏于直观。成人生活,关系复杂,联缀种〔种〕概念以应付之;积久而感疲劳,则有资于直观之美,以为调剂。此《美术生活》之所为出版也。儿童时代,形成概念之力尚弱,则尤倾于直观。故无论开智陶情,均以利用美术为适宜。美术生活社将设儿童专号,用意甚善。至其选材之新隽,印刷之精工,则可于已出之美术生活诸册推而知之;其必为全国儿童及其家长所欢迎,无疑也。二十三年八月一日 蔡元培"。(《美术生活》杂志第5期)

8月10日 函谢孔祥熙(庸之)原价收回亚尔培路房屋。

"庸之先生大鉴:前日谢秘书携示惠函,敬悉一切。亚尔培路三三一号之屋,承先生允以四万二千两原价收回。前次承捐让之五千两,自当勒铭院中礼堂,借志盛意。现在关于该屋之契据等,均已检过,何日交付?请决定后,先数日见示,以便预备。至承示对于敝院事业,别行相机捐助,尤为感荷。……二十三年八月十日"。(《复孔祥熙函》同日)

8月15日 所作《吾国文化运动之过去与将来》一文发表。(《中山文化教育馆季刊》创刊号)

8月20日 发表《哀刘半农先生》一文。(《人间世》1934年第10期)

8月24日 被推为"英文中国年鉴社"名誉理事长。

"国人自办英文中国年鉴社,自四月间由蔡元培、李石曾、史量才、陈立廷等发起筹备以来,截至目前加入发起者有于学忠、王正廷、孔祥熙、何应钦……二十五人。最近由发起人推选蔡元培、李石曾为名誉理事长。史量才、俞佐庭、郭秉文、陈立廷、冯炳南、桂中枢、唐寿民、陈彬龢、曹云祥、吴达铨、刘湛恩等十一人为理事。……"(《申报》1934年8月26日)

8月28日 自上海乘船赴青岛。

"午前九时,乘普安轮赴青岛,同行者,养浩率睟盎、怀新、英多三儿。送行者无忌、宝香、张其浚、徐季苏姻叔、陈宝言内表弟。"(本年《日记》同日)

8月29日 抵达青岛。

"午后二时,船到青岛。来接者刘梅垞表兄、蒋右沧、袁道充、赵元任、李济之、赵太侔、李超夫妇、沈市长代表等。暂住观海路十号刘宅。四时,沈成章市长偕叶玉甫来。"(本年《日记》同日)

"蔡元培二十九日午抵青,沈等到码头欢迎。据说,此来系养足疾。"(《申报》1934年8月30日)

在青岛火车站(1934年)

8月30日 答访青岛市长、市府秘书长。

"答访沈(成章)市长,久谈,渠对于教育普及甚努力。据言市中学龄儿童进校者百分之八十,乡村亦在百分之五十以上。……答访胡(秀峰)秘书长,晤。"(本年《日记》同日)

8月 撰挽高奇峰先生二绝。

"(一)

细针密缕写生手,游雾崩云应变时。体相两方齐彻照,耐人寻味画中诗。

(二)

我昔访君天风楼,一别无缘再聚头。曙后孤星芒作作,继君绝业有千秋。

(余前年到广州时,曾偕张溥泉君访先生,并晤先生之义女坤仪女士。)

敬挽 奇峰先生 二十三年八月 蔡元培"。(启功 牟小东编《蔡元培先生手迹》)

同月 又作挽高奇峰先生二绝。

"（一）

革命精神彻始终，政潮艺海两成功。介推岂屑轻言禄，笔下烟云供养丰。

（二）

访君曾到天风楼，一别无缘再聚头。曙后孤星芒作作，继君绝业有千秋。

挽奇峰先生 蔡元培"。

"（一）

革命精神贯始终，政潮艺海两成功。子推岂屑轻言禄，笔下烟云供养丰。

（二）

一生绝技有传人，爱女恂恂最逼真。负土成坟虽未遂，勤罗画集一编新。

（先生之义女坤仪女士，曾斥工赀为先生造坟于沙基，因忽有阻力竟舍之，现正全力为先生印画集也。）"（蔡元培先生手稿）

9月1日 偕夫人等往北九水看屋。

"午后一时，市政府庶务股高君导往北九水看屋。养浩偕往，梅槎、天深亦同行。先到柳树台看崂山大饭店，经理栾君，蓬莱人。又到北九水，先看Bergmann之天然疗养院，设备简单，无空屋，由贝君领导参观而出。"（本年《日记》同日）

9月2日 邓方素悌夫人、杨荸康、胡秀松等来访。

"邓方素悌夫人来，方令英夫人之姊，邓仲纯君（初）原配也。杨荸康来。胡秘书长秀松、王公安局长来。市政府秘书处科长朱茂溪（绍濂）来。"（本年《日记》同日）

同日 致函王敬礼（毅侯），寄还中基会收条。

"致毅侯函，送所签名盖章之中基会收条，由宽甫寄来者也。"（本年《日记》同日）

9月3日 晚赴邓仲纯夫妇招饮。

"晚，邓仲纯夫妇招饮，养浩不能往。座有陈端白君（定），陶遗之子，十五年由德国同船回国者也。现在汉阳兵工厂署医。"（本年《日记》同日）

9月5日 赴青岛市长沈鸿烈（成章）招饮。

"午，沈成章市长招饮，座有李柳溪、叶玉甫、顾少川等。"（本年《日记》同日）

"午十二时，沈鸿烈在迎宾馆宴顾维钧、蔡元培、叶恭绰等。"（《申报》1934年9月6日）

9月6日 致电胡适，请勿强拉李方桂去北大。

"得在君（南京）电，谓适之邀李方桂往北大，渠以去就争之，嘱我电适之。我即致电于适之，嘱勿强拉方桂。夜半，又得在君电，谓方桂允留，可不再电之矣。"（本年《日记》同日）

9月7日 为刘复（半农）逝世讣告题签。

"复在君函。复半农夫人函,并附去讣告题签。"(本年《日记》同日)

9月8日　为《民众教育季刊》题写刊名。

"致高乃同函,附去所写《民众教育季刊》签题。"(本年《日记》同日)

9月10日　为营救范文澜事,致电汪精卫。

"接季茀(许寿裳)、幼渔(马裕藻)、(沈)兼士、介石(郑奠)四人为营救范文澜事公函。"

"致……子馀、精卫(范文澜事)、韫和(附去致雪艇函)快函。"(本年《日记》同日)

9月11日　陈培昭(子彰)来访,商为陈明侯昭雪。

"陈明侯之侄子彰(培昭)来,商为明侯昭雪事。明侯屡参加革命军,有功。十六年,李德麟等谓其通敌,处死刑。子彰现任港务局事务员,郁郁不乐,图活动。"(本年《日记》同日)

9月12日　迁居福山支路。

"迁居于福山支路十四号。"(本年《日记》同日)

9月14日　为吴廷燮谋职。

"致精卫函,答所荐吴廷燮事,并托栗生事。致钧任函,为吴廷燮事。致栗生函。"(本年《日记》同日)

9月15日　寄交胡栗长夫人像赞。

"致胡栗长(颖之)函,有其夫人之像赞。"(本年《日记》同日)

9月18日　赵太侔邀请参加山东大学开学式。

"赵太侔来,约二十日午前九时,参加山大开学式。"(本年《日记》同日)

9月19日　寄交张松樵暨左夫人诔。

"致张立民函,附去张松樵先生暨夫人诔。"(本年《日记》同日)

9月20日　参加山东大学开学式,并有演说。

"九时,参加山东大学(开学式),演说。山东大学较国内各大学特优之点:(一)山海壮观。(二)组织完善。例如文理学院之合设,工学院与理学院之连贯,农学院之专事研究,均与我个人主张相同。最后说学生享此幸福,不可辜负之,尤不可因享受幸福之习惯,而失去刻苦耐劳之精神云。"(本年《日记》同日)

9月21日　在山东大学成立四周年纪念会的《演说词》刊出。(《青岛日报》同日)

9月22日　函复浙江省立图书馆,寄存该馆之藏书不作捐赠。

"浙江省立图书馆公鉴:奉本月一日惠函,询舍间寄存贵馆之图书三十一箱,可否改作捐赠。查此项图书,十分之九为国亲遗产,培已询国亲夫人,渠对捐赠一层未表赞同,稍缓仍拟领回,以课子弟。惟寄存期内,本不妨列入总目,供众阅览。贵

馆如有此需要，尽请酌行，不必长此肩藏也。"（《致浙江省立图书馆函》同日）

9月24日 游览青岛湛山寺，并为该寺题联。

"游湛山寺，遇熊秉三，知寓湛山二路七号。"（本年《日记》同日）

"性会先生雅属。薜崖直上飞双履，云洞前头岸幅巾。蔡元培"。（蔡元培研究会藏抄件）

同日 访胶济铁路管理局葛光庭等五委员。

"访胶济铁路管理局五委员：葛光庭、崔士杰（景山）、彭东原、陆梦熊（渭渔）、陈延炆。"（本年《日记》同日）

9月25日 为《山东历代画人录》题签。

"莱阳于世琦君来，见赠所著《三国时代薄葬考》《卢乡丛书目录》及所辑《万柳老人诗集残稿》。……并为题《山东历代画人录》签。"（本年《日记》同日）

9月28日 应邀参观四方胶济铁路中学并作演讲。

"胶济铁路管理局崔景山委员，邀往四方胶济铁路中学演讲，崔君兼任该校校长也。校为路员子弟就学而设，故不收学费。"（本年《日记》同日）

同日 所撰《武训先生提醒我们》一文寄交武训小学校董会。

"致校焱（附致清尘一函）、寿椿（写《不惑集》签）、张炽章（大公报馆，其父翘轩诔词）、武训小学校董会（武先生九七纪念册征文）各一函。"（本年《日记》同日）

9月29日 偕夫人观看京剧。

"晚，邢工务局长夫妇赠义务戏入场券两纸，偕养浩往，观看《六月雪》（柴女士）、《审头刺汤》（陶女士）、《御碑亭》（尚小云）、《四郎探母》（俞珊女士）。"（本年《日记》同日）

10月1日 致许寿裳（季茀）、许世璇、黄炎培（任之）函。

致"许季茀（告范仲瀛事，附去党部文件两种）、许世璇（告仲瀛事）、黄任之（鸿英基金董事会事）"。（本年《日记》同日）

同日 所撰《刘半农先生不死》一文刊出。（《青年界》第6卷第3号）

10月2日 函请浙江省教育厅补发法国里昂大学官费。

"致周继光函（附致浙江省教育厅请补法国里昂大学官费函）。"（本年《日记》同日）

10月2日—3日 《在胶济铁路中学演说词》在报上连载。（《青岛日报》同日）

10月4日 应邀出席北大旅青同学招待会。

"北大旅青同学招饮中山路青岛咖啡馆，先摄影，公推太侔致词，我答之。"（本年《日记》同日）

10月5日 分别致函浙江省政府主席鲁涤平（咏庵），财、建两厅厅长王澄莹（惜寸）、曾养甫，请拨巨款以进行翻堤浚江。

"咏庵主席、惜寸先生、养甫厅长大鉴：径启者，诸暨县下北乡东泌湖，为全属湖田最多之处，因江窄堤低，屡遭水患，是以历年夏季预防霉雨，早将湖水放干，以待耕种，今年循例办理，不意亢旱数月，阖湖之田龟裂，以致颗粒无收。查防霉放水，办法原属无奈，故二十一年间阖湖民众，曾拟具翻堤浚江计划，呈请财、建两厅酌拨赈灾公债，俾兴筑堤埂，一劳永逸。因该项公债早已指定用途，未蒙批准。……兹闻中央顾念各省旱灾，定发行巨额公债，以救灾黎。本省工赈事宜，亦正在芟筹办理中。该东泌湖灾情奇重，湖民饥寒逼迫，恐有意外变动，拟请拨发巨款，俾得以工代赈，实行翻堤浚江之计划，不惟濒死灾民免填沟壑，且从此数万亩难熟易荒之田，永成沃壤，共为利益，何可胜道。想执事视民如伤，必有玉成之也。谨为函达，诸希裁酌施行，至为感荷。……蔡元培敬启 十月五日"。（《致鲁涤平等函》同日）

10月6日 应邀为山东中小学教职员作教职员责任问题的讲演。

"午后三时，应教育局雷局长之约，到民众教育馆为中学校校长、教职员及小学校长演讲。大意言：普通教育之教职员，不可不自认责任之重大，因而不可不虚心时求进步。又对于各个资禀不同之学生，当有平等心。并因在民众教育馆，附说教职员有助成民众教育之义务。"（本年《日记》同日）

同日 被聘为百川书画会名誉会员。

"百川书画会第一届书画展览会，自开幕以来，连日前往参观者甚为踊跃。……该会并假定西门路吕班路口二一六号为会所，并由全体大会议决，敦聘林子超、汪精卫、于右任、蔡孑民、居觉生、孙哲生、吴铁城……诸氏为名誉会员，以促进会务之发展。"（《申报》1934年10月6日）

同日 请马祀光代作《〈中国经济年鉴〉序》一篇。（实业部《中国经济年鉴》商务印书馆1935年出版）

10月7日 被聘为中国美术生产研究社艺术品征求会总队长。

"本市及京平各地艺术家，发起组织之中国美术生产研究社，其目的在艺术除鉴赏外，尚须能为社会人类得有生产贡献。该社最近为征求同志咸献力于斯起见，乃组织征求，聘请蔡孑民为征求会总队长，潘公展、刘湛恩为副队长，史量才为总参议，此外征求队分四队。……"（《申报》同日）

10月10日 在青岛公私立中学校学生国庆纪念会演讲。

"午前十时，应教育局雷局长之约，到市立中学参与国庆典礼，并为到会各学生（公私立各高中及市中初中生）演讲。"（本年《日记》同日）

10月11日 致电汪精卫，"称范文澜案请付法院办理"。

"得季黻、幼渔、兼士、介石函，言党部报告有不符事实处。又得季黻电，嘱商范案付法院。"（本年《日记》同日）

"南京行政院汪院长鉴：范文澜案尚可疑，务请法院办理。蔡元培。真。"（《致

六、大学院院长及中央研究院院长时代(1927—1940) 1173

汪精卫电》同日)

"致精卫电,称范文澜案请付法院办理。又致一快函,附去季莆等函。"(本年《日记》同日)

10月13日 得汪精卫"所答非所问"复电。

"得精卫文电,告司法行政部已改隶司法院,想为范文澜案复,然亦所答非所问也。"(本年《日记》同日)

10月15日 为金公亮编《美学原理》一书作序。(该书 正中书局1934年10月出版)

10月18日 偕袁道冲,游聚仙宫及下太清宫。

"偕袁道冲行湛沙路,到聚仙宫,看元人重修碑记。到流清河,换轿过梯子石(凡上下二千余级)到下太清宫,观耐冬,并见丹桂两株,正开放,询知是第二次开放也。"(本年《日记》同日)

10月20日 偕夫人参加青岛船埠落成典礼式。

"午后,偕养浩及徐天深夫妇往小港,参与青岛船埠落成礼。……"(本年《日记》同日)

10月26日 游四方公园。

"游四方公园,占地不多,而布置曲折,不致有一览无余之感。"(本年《日记》同日)

10月31日 对姜忠奎著《说文转注考》一书有所评论。

"山大教授姜忠奎(叔明)赠所著《说文转注考》二册,以《说文解字》中'从某某亦声'等字为转注,分部拈出,以声母为建类一首,以因声得义者为同义相受。其最要关键,在认考、老二字为对举,以上下、日月、武信、江河、令长同例。于是考字左回,老字右转之行转,与'考,老也''老,考也'之互训显然不能成立,可谓新发现。"(本年《日记》同日)

11月1日 赴山东大学文理学院院长黄任初晚宴。

"晚,山大文理学院黄任初(际遇)招饮。任初潮州人,习闻我到潮之说,不甚信。询我,我告以实有其事。询以汕头薛氏,澄海陈氏、李氏,知现俱衰落。询林氏,则未知之。"(本年《日记》同日)

11月2日 访晤山东大学刘重熙教授。

"午后,访刘重熙教授。重熙都昌人,山大生物系主任也。曾在牛津大学治民族学。最近搜得海南岛黎人物品极多,……正在分类整理。"(本年《日记》同日)

11月4日 游览华严寺、白云洞及太平宫。

"邢契华夫妇邀我等游华严寺、白云洞及太平宫。华严寺有耐冬牡丹、玉兰等花,近寺多松竹,有雍正三年所请之藏经。白云洞为十九年偕道冲、杏佛曾宿处,卧

室如故。忆曾在磐石山观日出,洞后老松,姿势甚好。太平宫有犹花洞,供老子及十八君像。……"(本年《日记》同日)

11月6日 到太古商行预定轮船舱位。

"到太古商行接洽盛京舱位,晤经理苏君,允留一等舱两间,到九日晨购票。"(本年《日记》同日)

11月10日 离青岛回上海。

"'盛京'于八时到,我等于十一时到船。送行者:沈市长、胡秘书长、王局长时泽、邢局长夫妇、陈秘书(公安)、陈科长夫妇(俶南)、徐穆如夫人、周仲琦夫人、杜毅伯教务长、皮松云秘书长、黄任初院长、张贻荪教授夫妇、胶济路五委员等。"(本年《日记》同日)

11月11日 返抵上海。

"蔡元培十日午携眷乘盛京号轮返沪。"(《申报》1934年11月11日)

"二时泊码头。来接者无忌夫妇、谢台南、翁仲熊、榕瀚兄弟、诸维淦等。"(本年《日记》同日)

11月13日 赴张元济(菊生)宴请。

"菊生约午餐,座有王亮畴、温钦甫、伍昭扆。我与钦甫、昭扆及菊生同岁,惟亮畴五十四岁,为最少耳。"(本年《日记》同日)

11月17日 与萧友梅同宴上海市政府科长以上诸人。

"晚,音专宴市政府科长以上诸君于新亚,为领地问题也。我与友梅同作主人。"(本年《日记》同日)

11月18日 参观农艺展览会。

"到市政府参观农艺展览会。晤包伯度、吴桓如等。"(本年《日记》同日)

"园展会之展览期为四天,昨日为最后一日,适值星期例假,参观者自上午九时起,至下午五时闭幕止,到中委王陆一、蔡元培、于右任,商标局长蔡无忌,团体学校计吴淞快轮小学、市立农村小学……五百余人。"(《申报》1934年11月19日)

同日 函告高平叔(乃同),对于求助者体谅对方之困难。

"乃同我兄大鉴:接十一月十四日惠函,承告陈君所提弟介绍函中,谢君自述有失实之处,碍难照办。陈君之言甚善,弟决不怪之。普通人为生活所迫,前来要求援助,不情不实之报告,在所难免。弟对于代求而无结果者,从不怪对方之无情,亦体谅对方之困难耳。……元培敬启 十一月十八日"。(《复高平叔函》同日)

11月19日 函谢旅沪英侨莫里斯自英代捎礼品。

"莫里斯先生:郭泰祺先生托您从欧洲带给我的礼物,谢谢。因我不在上海,故未及时作复,在此谨致歉意。……蔡元培"。(《致莫里斯函》同日)

11月21日 函复吴宗焘(公鲁),赞同结束北京学生储蓄银行。

"公鲁吾兄大鉴：迭奉惠书，借谂北京学生储蓄银行不能不及时结束，甚佩兄之明断。本息照发，足以昭信用矣。股票遗失，不必多费手续，尤感。专此鸣谢……弟元培敬启 十一月二十一日"。(《复吴宗焘函》同日)

11月23日 出席上海美术专科学校二十三周年纪念会及新校舍奠基礼。

"上海美专行二十三年纪念会及新校舍奠基礼，同时在菜市路该校举行秋季绘画习作展览会及音乐演奏会，以志纪念。……二十三日上午十时在基地上举行奠基礼，主席团有蔡元培、孙科、吴铁城、叶恭绰、杜镛、钱永铭、王济远。……"(《申报》1934年11月23日)

"十时，往曹溪路，参加上海美专二十三年纪念会，并新校舍奠基式。"(本年《日记》同日)

上海美专新校舍奠基礼留影(1934年11月23日)

同日 出席商务印书馆欢迎安徽教育考察团午宴。

"商务印书馆宴安徽教育考察团，招作陪。除云五外，我与黄任之、江问渔、陶知行、邰爽秋、戴志骞、马仲友均有演说。"(本年《日记》同日)

同日 函请上海特别市市长吴铁城，提前办理中央研究院征地手续。

"铁城市长先生大鉴：敬启者，本院为扩充钢铁试验厂、建筑物理仪器制造工场，及全国经济委员会棉花统制委员会合办纺织实验馆，须征用民地二十余亩，以资进行。前曾函请内政部准予征收本院上海院址附近之地，已荷核办，并将公开寄院，转至贵市政府依法公告。该项基地待用甚急，若照普通行文手续，恐其尚须时日。用敢专函奉恳可否饬属提前办理，俾得早日进行，无任感荷。……十一月二十三日"。(《致吴铁城函》同日)

11月24日 应京沪、沪杭甬两路局菊花展览会之邀赏菊。

"应京沪、沪杭甬两路局菊花展览会之邀,往青阳港铁路饭店看所陈列之菊花。同到者,有谢公展、陈管生(有管生农场营业部),及叶玉甫、王一亭、赵菊农之代表范右善、王季眉、陈□□等。"(本年《日记》同日)

11月25日 出席中华职业教育社招待征求队长宴会,有演说。

"中华职业教育社宴请征求队长,我与江问渔、黄任之、水楚琴(梓,甘肃人,现任教育厅长)、张咏霓,均有演说。水君演词最警切。"(本年《日记》同日)

11月26日 应张元济(菊生)约陪宴德国总领事。

"菊生、云五宴德国总领事(为捐书东方图书馆事),招作陪。谈及德国现代哲学家 Spingre 氏现有小册,称欧洲文化如非有德民族参加,必将没落。因民族文化提高至顶点后,必以渐降落而至于老死。"(本年《日记》同日)

11月 为杨家骆编《仰风楼丛书》题词。

"在昔最宏巨之书,如《永乐大典》《图书集成》,固非一手之烈,即《佩文韵府》《经籍纂诂》之类,亦皆为多数纂辑者所写定也。今仰风楼十大巨著,乃成于杨家骆先生一人之手,其毅力可佩也。且此种著作,至为烦琐,而书成以后,嘉惠学者甚大,其牺己为群之精神,尤足为学者模范矣。二十三年十一月 蔡元培"。(启功 牟小东编《蔡元培先生手迹》)

同月 为上海生活书店出版物广告题签。

上海生活书店创制,"全国出版物联合广告 蔡元培"题、"妇女旬刊 蔡元培题"。(《申报》1934年11月24日)

12月2日 出席上海爱国女校三十三周年纪念会,并有演说。

"爱国女学,昨日逢三十三周年立校纪念。……上午十时开会,党政机关代表章渊若、陈公素,校董蔡子民、蒋竹庄、江亢虎先后莅止,初高中、普通师范、体育师范生二百余人,教职数十人,济济一堂,届时行礼如仪。由校长李毅生报告开会意义后,即由市长代表章渊若致词,……继创办人蔡子民致词,述该校创始时期,教员龚米生从事革命教育之历史,及其百折不回之精神,勉励学生。……"(《申报》1934年12月3日)

同日 致函宋汉章,请勿辞中国科学社基金保管委员。

"汉章先生大鉴:径启者,顷接中国科学社总干事杨孝述君来函,悉于先生辞去社中基金保管委员一节,竭诚挽留,并属元培转商先生,请勿固辞云云。兹将原函附上,还希俯念社务关系,仍允担任,缘社中既定有请徐新六先生分任办法,谅不致过劳清神也。诸祈察裁示复为荷。……蔡元培敬启 十二月二日"。(《致宋汉章函》同日)

同日 函复钱永铭(新之),因事不能出席上海法学院校董会议。

"新之先生大鉴:明日上海法学院校董会议,弟因他事,不克出席,晚间宴叙,亦

不能奉陪,为歉。特此奉闻,希察照。……蔡元培敬启 十二月二日"。(《复钱永铭函》同日)

12月3日 函请冯幼伟早日交付助款。

"幼伟先生大鉴:径启者,大同乐会自改组以后,工作颇见进步,……惟经费支绌,甚觉为难。各委员助费已多数交去,台端惠款,可否早日拨下,俾得维持,不胜感荷。……蔡元培敬启 十二月三日"。(《致冯幼伟函》同日)

同日 函复安迪生,呈稿收到并将转交会议讨论。

"迪生先生大鉴:接奉手书及呈稿关于□东各县水潦为灾情形并救济办法,指陈详尽,甚佩卓见。俟会中讨论时,弟自当尽力。先此布复……蔡元培敬启 十二月三日"。(《复安迪生函》同日)

12月5日 《武训先生提醒我们》一文刊出。

"我国有普及教育的必要,是人人所公认的。但是至今还未能实行,一因师资不足,二因经费难筹,这也是人人所公认的。但师资缺乏也与经费有关,所以最困难的问题,还是经费。武先生看出文盲的需要教育,与饿丐的需要饮食一样,而普通人虽肯以余食施饿丐,却不肯以余钱助教育,这是一种近视的习惯。武先生利用这种习惯乃以饿丐为需要教育者的象征,以饿丐所得的余食与余钱为教育经费的象征。积历年乞食之所得足以办三义学而有余,可见筹款不算很难,而筹款的人要能如武先生的刻苦而诚恳,是不容易得的。武训先生似乎对我们说:你们不要再说教育经费难筹了,只要你们能刻苦而诚恳就好了! 这是武先生提醒我们的。"(《武训先生九七诞辰纪念册》山东临清武训学校1934年12月编印)

12月6日 自上海到南京。

"蔡元培、褚民谊,昨乘夜快车晋京。"(《申报》1934年12月6日)

12月7日 出席国民党中央监察委员会议。会议讨论例案多件。

"中央监察委员会于七日下午四时,在中央第一会议室开会。到林森、张继、蔡元培、褚民谊、纪亮等,讨论例案多件。"(《申报》1934年12月8日)

同日 主持故宫博物院理事会议。

"故宫博物院理事会七日申刻在行政院会议厅开会,到理事长蔡元培,理事张继、王世杰、蒋梦麟、傅汝霖、李四光、马衡等。蔡主席。讨论点验留沪古物及建筑古物保管库等事宜。席间对盗卖古物案有所讨论,闻今日讨论各案尚无结果,八日续开。"(《申报》1934年12月8日)

12月8日—10日 出席故宫博物院理事会议。会议讨论古物点收问题。

"四时,故博常理会开会。"(本年《日记》同日)

"故宫博物院理事会议,连日议决各案。八日、九日、十日三天,故宫博物院理事会议议决各案:(甲)马衡历陈点收存沪文物工作情形。议决:1. 点收分组数目,交由教部监盘委员与故宫博物院驻沪办事处主任商定,但必须监盘委员在场,实行精密监督。2. 为增进点查效率,并免除装箱对损坏物品之危险起见,故宫博物院应添雇专门装箱人才。3. 一切点查物品详细登记,有疑问者,证明待查字样,并向监盘委员盖章'存入原箱'四字正,应在该件之适当地位,加盖印章。凡故宫物品点收工作,应照原有决议迅速进行,于每部分点收完毕时,迅速分类集中举行鉴定,详细办法由马拟具草案送请理事会核定。(乙)李文鼎提议本院编制财产目录、古物清册案。决议,陆续编制财产目录及古物清册。"(《申报》1934年12月12日)

"故宫博物院理事会,十日下午五时在行政院开第四次理事会。到蔡元培、王世杰、罗家伦、王正廷、张继、傅汝霖、傅斯年、褚民谊、马衡。对于盗换案,已有决议,即呈中央核办。"(《申报》1934年12月11日)

12月10日 出席国民党四届五中全会开幕式及预备会议。

"五中全会十日晨九时在中央大礼堂举行开会典礼。出席中央执委、中监委及候补执监委共百余人,……开会式后,即开预备会。出席执委蒋中正、汪兆铭、戴传贤、何应钦……五十二人。列席监委陈璧君、吴敬恒、张人杰、林森、蔡元培、张继、邵力子、褚民谊、柳亚子、张学良、杨虎、洪陆东等二十人。……推蒋中正、汪兆铭、孙科、于右任、戴传贤、丁惟汾、居正七委员为主席团。……"

"五中全会各组提案审查委员及召集人如下:……教育组朱家骅、经亨颐、周佛海、陈树人、苗培成、程天放、克兴额、段锡朋、罗家伦、王棋、吴敬恒、李敬斋、陈布雷、杨杰、桂崇基、蔡元培、褚民谊、柳亚子。召集人蔡元培、吴敬恒。"(《申报》1934年12月11日)

同日　函谢郭泰祺(复初)转赠海德非尔见赠小刀。

"复初先生大鉴:前奉手示,敬谂政体绥和,令闻休邕为慰。承海德非尔爵士Fayaday钢所制小刀见赠,至深欣感。现已谨藏于中央研究院之理工实验馆,借作科学纪念。……蔡元培敬启　十二月十日"。(《复郭泰祺函》同日)

同日　往中央大学作题为《民族学上之进化观》的演讲。

"十一时,在中央大学讲演《民族学上之进化观》,并参观(梅庵)音乐教室。唐学咏教授见赠所谱弘一法师《世梦》及志希《国歌》各一纸。……"(本年《日记》同日)

同日　题柳子谷绘《戚继光像》。

"日蹙国百里,毋谓秦无人。此典型人物,万古常如新。"(蔡元培先生手稿)

12月11日 出席国民党四届五中全会第一次大会。

"五中全会十一日晨九时开第一次大会。出席执委汪兆铭、戴传贤、孙科等五十人,列席监委陈璧君、吴敬恒、张人杰、林森、蔡元培、张继、邵力子、褚民谊、柳亚子、张学良、杨虎、洪陆东、恩克巴图等十三人。……仅讨论中华民国宪法草

案。……"(《申报》1934年12月12日)

同日 出席中波文化协会欢迎、欢送茶叙会,并致祝词。

"中波文化协会十一日下午五时,举行四次茶叙会,欢迎名誉会长蔡元培、吴稚晖,并欢送威拉士毅及卫纳士通回国。吴因感冒未到,由会长谢康致开会词,表示欢迎、欢送之意。次由蔡元培、威拉士毅与卫纳氏相继致祝词而散。"(《申报》1934年12月12日)

同日 为朗霄书联一副。

"朗霄先生雅属 几蹬空阶高似阁,一痕初月淡于星。 蔡元培(印)"。(《北洋画报》第1178期)

12月12日 上午,出席国民党四届五中全会第二次大会。下午,主持教育组提案审查会议。

"五中全会十二日晨开第二次大会。出席执委汪兆铭、孙科、戴传贤、孙科等五十人,列席监委陈璧君、吴敬恒、张人杰、林森、蔡元培、张继、邵力子、褚民谊、柳亚子、张学良、杨虎、洪陆东、恩克巴图等十三人。……宪法草案审查委员会审查报告,决议宪法草案审议程序,照审查意见通过。……"

"五中全会十二日下午三时,均在中央党部开审查会,除军事组未开会外,计有党务、政治、教育、经济四组举行。……教育组经亨颐、周佛海等十余人,蔡元培主席。审查推广党务教育等提案五件。"(《申报》1934年12月13日)

同日 与吴敬恒、张人杰、石瑛等联名提出《对外贸易施行管理以期减少入超案》。(国民党四届五中全会提案油印件)

12月13日 出席国民党四届五中全会第三次大会。

"五中全会十三日晨九时开第三次大会。出席执委汪兆铭、戴传贤、孙科、何应钦等五十一人,列席监委陈璧君、吴稚晖、张人杰、林森、蔡元培、张继、邵力子、褚民谊、柳亚子、张学良、杨虎、洪陆东、恩克巴图等十三人。……张委员继提刷新政治与民更始案,议决,原则通过,交政治委员会妥筹办法,切实执行。……"(《申报》1934年12月14日)

同日 出席国民党中央监察委员第二次全体会议。

"中央监察委员十三日下午三时,在中央党部开第二次全体会议。出席监委张人杰、林森、蔡元培、张继、邵力子、陈璧君、吴敬恒、恩克巴图、褚民谊、柳亚子、张学良、杨虎、洪陆东等十三人。……林森主席。讨论要案五件,四时半散会。"(《申报》1934年12月14日)

12月14日 出席国民党四届五中全会第四次、第五次大会。

"五中全会十四日晨九时开第四次大会。出席执委汪兆铭、蒋中正、戴传贤、孙科等四十九人,列席监委吴敬恒、张人杰、林森、蔡元培、张继、邵力子、褚民谊、柳亚子、张学良、洪陆东、恩克巴图等十一人。……蔡元培等九委员提实施义务教育标本兼治办法案。议决,提案内第一、第二两项通过,交政治会议。……"

"五中全会十四日下午二时,开第五次大会。出席执委汪兆铭、蒋中正、戴传贤等四十五人,列席监委吴敬恒、林森、蔡元培、张人杰、张继、邵力子等九人。讨论事项:(一)中华民国宪法草案。决议中华民国宪法草案应遵奉总理之三民主义,以期建立民有、民治、民享之国家,……本草案应交常会依此原则郑重核议。"(《申报》1934年12月15日)

同日　与吴稚晖、邵力子等共商为寰球中国学生会募款事。

"稚晖、力子、吉珊、布雷、亚子招饮中央饭店,为寰球中国学生会募款事。"(本年《日记》同日)

12月15日　应邀在电台播讲《教育之普及与提高》。

"午后六时三十分,到中央广播电台,讲《教育之普及与提高》。"(本年《日记》同日)

同日　致函何联奎(子星),谓因事不能出席中国民族学会成立会。

"子星我兄大鉴:前日承惠顾,并赐《畲民宗教画》摹本一卷,谢谢！明晨八时之中国民族学会成立会,弟本愿参加,现因有宝华山之行,八时前即须出发,恐不能到贵会,务请吾兄及同人原谅为荷。……弟元培敬启　二十三年十二月十五日"。(《致何联奎函》同日)

12月16日　中国民族学会成立,为理事之一。

"中国民族学会成立。学术界蔡元培、黄文山、凌纯声、孙本文、何联奎、徐益棠、杨坤、吴定良、陈映璜、商承祖、刘咸欧、汤鬠、胡焕庸等,鉴于年来国内学术运动虽蓬蓬勃勃,但对吾国民族及其文化之研究,尚无组织以应集思探讨之要求,爰于半年以前,筹组中国民族学会,一时各地同志闻此消息,均愿参加。现该会于本月十六日午前八时,在南京中央大学举行成立大会,各地会员之前往出席者,计有黄文山、胡鉴民、商承祖、邱长康、孙本文、徐益棠、何联奎、胡焕庸等数十人,中央党部派金茂祖莅会指导。八时开会,行礼如仪。公推孙本文为主席,马松玲为记录。宣布组织该会之旨趣,继由何联奎报告筹备经过情形,继由出席者讲演其平日研究之心得,最后通过各种章则,并选举监事、理事,计当选者为蔡元培、黄文山、何联奎、凌纯声、徐益棠、商承祖、孙本文、邱长康、胡鉴民、程憬等人,十二时散会。"(《申报》1934年12月18日)

12月17日　遵陶冶公之嘱,为所藏《越州名胜图》题一绝。

"冶公先生大鉴:承枉顾,领教为快,属题《越州名胜图》,已题一绝奉璧,请正之。……"

"题《越州名胜图》

故乡尽有好湖山,八载常萦魂梦间。最羡卧游若有术,十篇妙绘若循环。
冶公先生正　二十三年十二月　蔡元培"。(《致陶冶公函》同日)

12月18日　自南京回上海。

"蔡元培、刘峙、覃振、贺耀祖,昨乘夜快车出京,今晨抵沪。"(《申报》同日)

12月19日　致函财政部长孔祥熙(庸之),请尽快拨付刘半农遗属恤金。

"庸之先生部长大鉴:径启者,刘半农先生去世后,家境困难,由北大当局呈请教育部给予恤金一万二千元,业经批准,并由教部迳函财部请予发下,尚未蒙签发。半农先生生前专心学术,既无积蓄,又多宿逋,现在家室维持及子女教育,在在需款。此项恤金,既蒙政府批准,可否早日拨付,俾应急需。谨为函达,诸希裁酌施行为荷。……蔡元培敬启　十二月十九日"。(《致孔祥熙函》同日)

12月20日　与林森、吴稚晖等电吊邓泽如逝世。

"中央监察委员会……以报载邓委员泽如逝世消息,二十日特去电吊唁,原电云:广州探送邓委员泽如先生家属礼鉴:泽如先生生平翊赞总理,矢忠革命,功在党国,遽闻逝世,悲悼同深,尚希节哀顺变,勉襄大事,仅此吊唁,并候礼安。

林森　吴敬恒　张人杰　蔡元培　张继叩。哿。"(《申报》1934年12月21日)

12月22日　致函行政院长汪精卫、实业部长陈公博,请任刘厚(大悲)为中央农事实验所长。

"精卫先生院长、公博吾兄部长大鉴:径启者,本月九日,弟曾到孝陵镇中央农事实验所,承钱安涛副所长导观各处,……闻所长名义,不再由部长自兼,正在物色妥人。吴稚晖、张静江两先生已函荐刘大悲君,如蒙赞同,敬乞早日发表。刘君留法多年,专研农业,必能与钱副所长和衷共济,更收集思广益之效也。专此奉商……十二月二十二日"。(《致汪精卫、陈公博函》同日)

12月26日　函谢余天民赠书。

"天民吾兄大鉴:弟旅行多日,回沪后得读十月二十四日惠函,知现已到东京。两年后并拟往德国研究,甚善甚善。承示有大著《广西省施政纪录》一册,由李昆玖君送弟,甚感。……元培敬启　十二月二十六日"。(《复余天民函》同日)

12月27日　致函参谋部总长朱培德(益之),请暂缓征用孙本文住宅土地。

"益之先生部长大鉴:径启者,中央大学教授孙本文君,曾于两年前在京市蓝家庄购地一亩,建有住屋一所。近闻贵部将征收蓝家庄靶子场以东一段土地,孙君住宅,适在征收范围以内。……若一旦被收,不特居住无所,且受借款牵制,势将破产。可否俯念学者清苦,暂缓征收,或偿还地价建筑等费,俾得挹注,无任感盼。……蔡元培敬启　十二月二十七日"。(《致朱培德函》同日)

12月30日　应杨钟健之请,为撰《杨松轩家传》。[杨钟健编印《杨稼书堂丛录(五)·父丧记》]

12月31日 出席上海美术专科学校第十五届学生毕业典礼式。

"上海美术专科学校,本学期适届新制第十五届中国画系、西洋画系、音乐系、艺术教育系四系学生毕业计六十人。……定今日上午在艺海堂举行毕业典礼,请党政机关代表莅临训词。校董蔡元培、孙科、吴铁城、叶恭绰、杜月笙、钱永铭、陈公博、王晓籁、褚民谊、袁履登诸氏给凭。"(《申报》同日)

12月 与吴稚晖领衔联名印发上海兽医专科学校扩大计划书,分请当局与各界协助。

"上海兽医专科学校自开办以来,瞬经三载,其第一届毕业成绩,前经呈送教育部检验,所有毕业证书亦经颁发在案;所有毕业生,由各地商检局、卫生局、农业行政机关、学校等之邀至,完全就业,足见兽医教育之重要。兹由吴稚晖、蔡元培领衔,联名印发扩大该校计划书,分请政府及各界协助,俾早实现。"(《申报》1934年12月27日)

同月 为沈嗣庄著《社会主义新史》作序。(该书 青年协会书局 1934年出版)

同月 为《湖北教育月刊》新年号题词。

"湖北教育月刊新年号 囊括大典 包罗众家 蔡元培题(印)"。(《湖北教育月刊》1934年第5期)

本年 以严正的态度,苦劝汪精卫改变亲日行为。

"在七七抗战前两年,先生到南京,那时候汪精卫还是行政院长兼外交部长。这后来变作汉奸的汪精卫,请先生晚餐,进的是西膳。先生苦劝他改变亲日的行为,立定严正的态度,以推进抗战的国策;在座都看见先生的眼泪,滴在汤盘里,和汤一道咽下去。"(罗家伦:《伟大与崇高》)①

本年 书赠陶冷月对联一副。

"尽美尽善武韶异;此心此理东西同。"(蔡元培研究会藏抄件)

本年 书赠杨其泳一联。

"夜雨长深三尺水;春风新上数枝藤。 蔡元培"。(《对联》1986年第5期)

本年 为《太极拳体用全集》题词。

"可以御侮,可以卫生,愿以此有百利而无一害之国粹为四百兆同胞之典型。 杨澄甫先生太极拳体用全集 蔡元培题"。(杨澄甫编《太极拳体用全集》民国二十三年印)

本年 为东南医学院八周年纪念题词。

"东南医学院八周年纪念 造就良医 蔡元培题(印)"。(《东南医学院八周年纪念特刊》1934年)

---

① 载蔡元培研究会编:《蔡元培纪念集》。

1935年(民国二十四年　乙亥)六十八岁

中央研究院史语所同仁北海公园合影(1935年)

1月1日　出席中央研究院留沪同人同乐会,并有演说。

"午前十时,本院留沪同人在院开同乐会,我演说《阳历与阴历之比较》,我不知阳历之二月,何以止二十八日。巽甫谓:因罗马王August自以其名名八月,而是月适止三十日,乃减二月之一日以补之。"(本年《日记》同日)

同日　所撰《论大学应设各科研究所之理由》一文发表。(《东方杂志》第32卷第1号)

同日　题夫人周峻(养浩)绘《青岛海滨油画》(一绝)。

"水族馆中窗窈窕,海滨园外岛参差。惊涛怪石互吞吐,正是渔舟稳渡时。

二十三年十月,养浩在青岛市海滨公园水族馆楼上小窗中窥见此景,因绘之。孑民题句。"(《东方杂志》第32卷第1号)

1月3日　章衣萍等邀往马夫人处看奇石。

"十时,衣萍偕沈鹏飞夫妇及钟女士来,邀我及养浩同赴贝纳路梅兰坊十九号马夫人处看奇石,晤马夫人及其女黛珍。石如冬瓜形,甚重,褐色,有光。"(本年《日记》同日)

1月4日　与吴稚晖、张静江等,联名提请国葬邓泽如。

"拟请国葬邓泽如同志提案,访稚晖、静江,均允列名。"(本年《日记》同日)

"以邓同志国葬提案寄楚伧。"(本年《日记》1月5日)

同日 致函教育部长王世杰(雪艇),请对杭州艺术专科学校展览会酌予经费补助。

"雪艇先生部长大鉴:径启者,杭州艺术专科学校将于三月一日至十日,在首都举行大规模展览会,辅以该校剧社之演剧,及音乐系之音乐演奏会,洵足以启发民众思想,并陶冶其精神。惟该校经费支绌,拟恳大部在文化补助费项下拨助四千元,成斯盛举,闻已由校备文呈请。兹特再为一言,可否俯念是项展览会关系重要,准予补助,俾得如期举行,实深感荷。专此函达,诸候裁酌。……蔡元培敬启 一月四日"。(《致王世杰函》同日)

1月7日 与朱家骅、吴铁城、陈果夫等共同发起组织科学建设促进社。

"科学建设促进社为蔡元培、朱家骅、吴铁城、陈果夫、王世杰、吴醒亚、潘公展、吴开先、余井塘、曾养甫、陶百川、陆京士等发起组织,以提倡科学智识,促进科学建设为宗旨,业经呈奉市党部许可组织,刻正积极筹备,不日即可成立云云。"(《申报》1935年1月7日)

1月9日 致函教育部长王世杰(雪艇),转请国民政府给予德国齐爱尔斯道夫伯爵夫人等相当等级之勋章。

"雪艇先生部长大鉴:径启者,顷接德国佛兰克中国学院副院长丁文渊君函,拟请贵部转呈国府给予德国齐爱尔斯道夫伯爵夫人、卜尔熙公使及鲁雅文院长,以相当等级之勋章,其言甚为合理。弟谨代表中国学院董事会,为之转上,敬希斟酌施行为荷。……弟蔡元培敬启 二十四年一月九日"。(《致王世杰函》同日)

同日 推荐张惠谷、陈璧申请美国巴勃奖学金。

"W.卡尔·鲁弗斯教授:我愉快地向您介绍两位女学生——张惠谷女士和陈璧女士。她们两人均欲申请巴勃奖学金。贵会每年以此奖励优秀的东方学生。她们的学历和学识都很好,谨向贵会推荐,请予考虑。……中央研究院院长蔡元培博士"。(《致鲁弗斯函》同日)

1月11日 应赵家璧之约,允为《中国新文学大系》撰写总序。

"赵家璧到院,拟印《中国新文学大系》(第一个十年,一九一六——一九二七,即五四至五卅时代),要我作一篇总序,约三四万言,二月二十八日以前缴稿。先作二三百言的提要,于下星期六来领,备先付印征预约。"(本年《日记》同日)

"一九三四年秋,作为五四以来新文学运动第一个十年总结的《中国新文学大系》初步筹备就绪时,考虑到十位编选者如鲁迅、茅盾、郑振铎、郁达夫等都已约定,这样一套纪念五四的煌煌巨著,总得请位适当的人在书前写篇总序。征求各位编选者意见后,一致认为蔡元培是唯一适当的人选。于是决定由我直接去中央研究院登门求见,那是在中山公园对面的一座大办公楼里,我这个青年编辑,不带任何介绍信件,立即受到了这位忠厚长者的亲切接见。我把这套丛书的编辑意图、计划

六、大学院院长及中央研究院院长时代(1927—1940) 1185

内容、筹备经过和已聘定的编选者名单告诉他以后,他老人家极为高兴;对我要求他写一篇总序的事,略经思索就答应了。……"(赵家璧:《想起蔡元培先生的一个遗愿》)①

同日 为卢印泉入日本东京帝国大学研究历史出具介绍函。

"径启者:卢君印泉,江苏公立法政大学政治经济系毕业,黄埔军官学校政治科毕业,……著有《中国法制史》《官僚政治史》,于历史特感兴趣。兹卢君拟至贵大学研究历史,特为介绍,尚希允准入学为荷。此致 东京帝国大学 蔡元培 一月十一日"。(《致东京帝国大学函》同日)

同日 致函张元济(菊生),转告王谢长达、沈尹默住址。

"菊哥大鉴:奉惠函,敬悉一切。王谢长达先生,确是君九兄之太夫人,家住苏州十全街,但忘其号数,可由振华女学校转。该校校长,即九兄之令妹季玉女士,而该校亦在十全街,与王宅相近也。沈尹默兄,以字行,并无别号,现寓法租界环龙里九十号。……弟元培敬启 一月十一日"。(《复张元济函》同日)

1月12日 主持中国科学社董事理事联席会议。

"中国科学社于昨日下午三时,在亚尔培路该社社所,举行董事、理事联席会议。出席者计有蔡元培、孙科、宋汉章、徐新六、胡敦复、伍连德、杨孝述、周仁、胡刚复等十余人。主席蔡元培。首由主席报告开会宗旨及社务情形,次讨论各项议案。……"(《申报》1935年1月14日)

同日 致函北平特别市市长袁良(文钦)等人,请在更换街巷名称牌时加添注音符号。

"文钦先生市长、晋龢先生局长大鉴:径启者,报载平市街巷名称牌,定本年内一律更换等情。查教育部推行注音符号办法,有各机关、团体、街衢、车站等名牌,须加注注音符号之规定,此实予民众极大之便利。南京方面及津浦、平汉等路,均经实行。今平市既须更换街巷名称,拟请一律加添注音符号,以利民众。……蔡元培敬启 一月十二日"。(《致袁良等函》同日)

1月13日 与叶楚伧、戴传贤等联名提出实施义务教育标本兼治办法。

"中委蔡元培等人前向五中全会提议实施义务教育标本兼治办法一案,自经全会决议通过及中政会议决定,交国府照办后,已由国府训令行政院,经院转饬教育部遵照办理。兹探得蔡委员等提案如下:(略)

提案人:蔡元培 叶楚伧 戴传贤 丁惟汾 朱培德 宋子文 何应钦 吴敬恒 朱家骅"。(《申报》1935年1月14日)

1月14日 主持中央研究院上海办事处总理纪念周。

---

① 载蔡元培研究会编:《蔡元培纪念集》。

"十一时,本院纪念周。自去年暑假中停顿后,至今始再举行,以大礼堂已布置完妥,而京沪交互报告之表亦已规定也。各所报告,自下一周起。今日由我报告,我即以张君俊之民族社计划为材料。"(本年《日记》同日)

1月15日 函达何联奎(子星),《民族学上之进化观》文稿已寄陈剑翛。

"子星吾兄大鉴:接十一日惠函,敬悉。承赐寄《新社会科学季刊》,拜领,谢谢。中大演讲之记录稿,近始改定,寄与陈剑翛兄。如兄欲得此稿,可向剑翛兄商抄,弟已函告矣。……弟元培敬启 二十四年一月十五日"。《复何联奎函》同日)

1月16日 接受《旅行杂志》记者赵君豪的采访。

"赵君豪到院,记旅行讲座材料。由君豪提出若干问题,我口答,彼笔记,整理后编入《旅行杂志》。"(本年《日记》同日)

1月17日 致函财政部部长孔祥熙(庸之),请提前给发刘复恤金。

"庸之先生部长大鉴:径启者,国立北京大学呈请发给已故教授刘复恤金一万二千元一案,早经教育部核明照准,并呈奉行政院转陈国民政府准予备案,一面咨请贵部拨发在案。现在刘教授家属,因种种需要,待款甚殷。此项恤金,既蒙政府允准,可否酌予提前给发,俾该家属得以周转。特此函达,诸候裁察施行,不胜同感。……蔡元培敬启 一月十七日"。《致孔祥熙函》同日)

同日 介绍胡嘉谟到中研院化学研究所面洽论文事。

"巴黎大学博士胡嘉谟君来,以所著分析尿酸及植物油之工作报告见示,为介绍于化学所。"(本年《日记》同日)

1月18日 函请赵元任审阅《清浊音之关系不在声母说》一文。

"元任先生大鉴:兹有钱君祝生寄来所著《清浊音之关系不在声母说》一文,要求讨论。此文是否确有见地?拟请先生审查。兹将原函附奉,并另邮寄上原稿,希便中阅览为荷。……蔡元培敬启 一月十八日"。《致赵元任函》同日)

"祝生先生大鉴:大著《清浊音之关系不在声母说》,已转送本院历史语言研究所赵元任先生阅览矣。先此奉复……蔡元培敬启 一月十八日"。《复钱祝生函》同日)

同日 赞成何炳松所提出的《中国本位的文化建设宣言》。

"署名宣言之何炳松氏,前曾以宣言寄示蔡元培氏,现蔡氏已有复函,承认宣言中之原则为颠扑不破之原则,并望其能更进一步,力谋不守旧不盲从两原则之具体化。"

"承示《中国本位的文化建设宣言》,谨已读过。在原则上、在抽象的理论上,可云颠扑不破。孔子说:'三人行,必有我师焉。择其善者而从之,其不善者而改之。'这就是不守旧,不盲从的态度。现在最要紧的工作,就是择怎样是善,怎样是人类公认为善,没有中国与非中国的分别的。怎样是中国人认为善,而非中国人或认为不善的；怎样是非中国人认为善，而中国人却认为不善的。把这些对象分别列举出来，乃比较研究何者应取，何者应舍。把应取的成分，系统的编制起来，然后可以作一文化建设的方案，然后可以指出中国的特征尚剩几许。若并无此等方案，而凭空辩论，势必如张之洞'中体西用'的标语，梁漱溟'东西文化'的悬谈，赞成、反对，都是一些空话了。谨陈鄙见，用备参考。"(《申报》1935年1月19日)

1月19日 赴苏州，参加王谢长达先生追悼会并致词。

"八时赴苏州，王谢长达先生追悼会，推干事惠心可（洪）到站招呼，到振华，晤俞庆棠夫人、王佩净（謇）教员、小徐世兄、季玉世妹。偕惠君访李印泉，因其寓距振华甚近也。午，在振华来今雨轩午餐，座有张（章）太炎、张仲仁、吴企云（县长）等，菊生、千里、季威亦来。午后二时，参加追悼会，我有演词。三时三十分，偕菊生赴车站，晤《吴县日报》兼早报记者沈伯英及《苏州明报》记者陈焦同。四时二十七分，车行。……"(本年《日记》同日)

同日 作《苏沪往返》一绝。

"俯瞰路旁皆绿野，仰看天半有朱霞。车行到处夸冬暖，闻道号寒千百家。"(启功 牟小东编《蔡元培先生手迹》)

1月21日 出席王济远赴菲举办画展欢送会。

"中国现代名家书画展览会总干事王济远氏，定今晚九时乘格兰总统号轮赴菲，美专同人特于昨日假座味雅酒楼举行公饯，到蔡元培、钱新之、袁履登等及美专全体同人，颇极一时之盛云。"(《申报》1935年1月22日)

1月22日 函请张伯琴为重修柯岩石佛寺捐款。

"伯琴先生大鉴：径启者，绍属柯岩之石佛寺，创自六朝，夙称古刹，其地风景幽丽，为游览胜区。……住持本益和尚，发愿劝募大修，冀恢复旧观，兼谋士大夫觞咏流连之便。此举不特维护佛教，抑且保存古迹。素仰台端热心义举，可否为该寺酌捐若干，借收众擎之效？特为函介，诸候卓裁。……蔡元培敬启 一月二十二日"。(《致张伯琴函》同日)

同日 致函王一亭、王晓籁，转请庞莱臣、金庭生等为重修柯岩石佛寺捐款。

"一亭、晓籁先生大鉴：径启者，绍属柯岩之石佛寺，夙称古刹，风景幽丽，为游览胜地，惜年久失修，倾圮堪虞。该寺住持本益和尚劝募重修，已向庞莱臣先生，金庭生、杜月笙两先生商请捐资，承其允诺，但未确定数目。现本益和尚为此事再来沪，拟请先生转商庞君，金、杜二处，酌捐若干，俾得从速兴工。想执事维护佛教，必乐为关说也。……蔡元培敬启 一月二十二日"。(《致王一亭、王晓籁函》同日)

1月23日 出席东方图书馆复兴委员会会议。

"四时，到东方图书馆复兴委员会。"(本年《日记》同日)

1月26日 往中华慈幼协会演讲。

"二时半,到新亚,慈幼协会六年大会演讲。"(本年《日记》同日)

"中华慈幼协会,昨日下午三时,假座北四川路新亚酒楼大堂,举行第六届年会。到孔祥熙等七十余人,讨论二十四年工作大纲及预算,并修改会章。熊希龄、蔡元培等亦到会演说。"(《申报》1935年1月27日)

1月28日 出席中山文化教育馆第十四次常务理事会议。

"中山文化教育馆昨日下午开第十四次常务理事会议。出席者孙科、蔡元培、吴铁城、黎照寰、孔祥熙(曹克斋代)、马超俊。……讨论事项:(一)吴常务理事铁城提议,编制民众教育人文地理挂图设计案。议决交研究部拟定。(二)总理传记审定及揭晓办法案。议决俟初步审查竣事再议。……"(《申报》1935年1月29日)

"午后三时,参加中山文教馆常理会议,有潘光旦君报告,心理建设研究中,已写成《伶人》一册。馆中不愿单独发表,拟俟再草两册后,同时印行。"(本年《日记》同日)

1月29日 出席伦敦中国美展征品管理委员会会议。

"午后四时,伦敦中国美展征品管委会开会,到云五、新之、霖生。"(本年《日记》同日)

1月30日 出席中国科学社董事、理事联席会议。

"晚六时,科学社开董事会、理事会联席会议,推胡敦复加入基金监,由基金监与专门家徐新六、竺世生合组基金保管会。"(本年《日记》同日)

1月 为朱升苹著《现代中国政治思想史》撰写序文一篇。(该书 现代书局1935年出版)

同月 所作《我所希望的浙江青年》一文发表。(《浙江青年》第1卷第2期)

2月1日 赵君豪记录的蔡元培《关于旅行的谈话》全文发表。(《旅行杂志》第9卷第2期)

2月2日 主持中国公学董事会议,议决加聘陈济成为副校长。

"……校董主席蔡元培氏,以为复兴中公,非得有办学夙具经验之人主持内部不可,征得潘公展、吴开先、于右任、王云五、朱应鹏等六人,一致决定加聘该校教授陈济成为副校长。"(《申报》1935年2月11日)

"午前十时,在院召集中公校董会。"(本年《日记》同日)

同日 到锦兴电台,为国语促进会播讲国语教育问题。

"午后五时二十分,到锦兴电台,为全国国语促进会演讲。"(本年《日记》同日)

2月5日 被聘为中华学艺社董事。

"中华学艺社自理事会成立后,对于社务改进多所擘划,该社于日前举行临时理事会议,决定要案多项,所聘蔡元培等三十余人为董事,业已复函允就。……"(《申报》1935年2月7日)

六、大学院院长及中央研究院院长时代(1927—1940) 1189

同日 分别致函邵力子、宋子文,请审定张君俊草拟的开发西北计划。

"力子吾兄主席大鉴:径启者,张君君俊,抱有复兴民族大计,集中于生理影响及开发西北两方面,……闻渠已建议于吾兄,颇蒙嘉许,属草详细计划,深佩远见。现张君之计划已草定,奉正。务希赐予审定,并筹切实进行,非特陕省之利,实为全民族所依赖也。……二月五日"。(《致邵力子函》同日)

"子文先生大鉴:径启者,张君君俊,抱有复兴民族大计,集中于生理影响及开发西北两方面,……曾建议于邵力子主席,并拟具详细计划,颇蒙嘉许。因思开发西北,本在执事苾筹廑注之中。张君是项计划,如果实行有效,非特关系一方,实为全民族所依赖,而西北首蒙其利,执事当必乐闻之。谨为介绍,倘蒙鉴赏,还希力予提倡……蔡元培敬启 二月五日"。(《致宋子文函》同日)

同日 函谢狄膺(君武)代换新车执照。

"君武吾兄大鉴:接奉手书,并承换得新车证,费神,甚感。特此鸣谢,诸希察照。……蔡元培敬启 二月五日"。(《致狄膺函》同日)

2月6日 出席中国科学社上海社友联谊会,并有演说。

"中国科学社于昨日(六日)下午六时,在国际大饭店举行上海社友大会,及二十四年社友联谊会,到会社员及眷属二百数十人,二楼大厅完全满座。七时开始聚餐,进咖啡后,由主席曹梁厦致开会词。照大会节目,演说者三人,音乐七节,相间而行。蔡孑民讲'乙亥'二字,述历史上乙亥年之重要事迹,并从乙亥字义说到算学、机器、动物、植物,引经据典,博雅而杂以诙谐,合座粲然。次为王云五演说科学先生,……"(《申报》1935年2月8日)

2月7日 偕夫人周峻出席李石曾、吴稚晖举行的酒会。

"中委李石曾、吴稚晖昨日下午一时,特在福开森路世界学院,欢宴王(宠惠)氏,及国联专员哈斯,并柬请中外各界友好作陪,计到中委王宠惠,中委蔡元培夫妇,国联秘书吴秀峰夫妇,贝淞荪、杨光汝、魏道明及国联技术合作专员哈斯夫妇二十余人,……至三时许,宾主尽欢而散。"(《申报》1935年2月8日)

同日 作与夫人周养浩兆丰访梅联句并作《兆丰访梅》一绝。

"水边落落几枝梅,(养)占得朝阳先自开。唤起几多新蓓蕾,(子)暗香疏影共徘徊。(养)"

"今日偷闲又访君,怜君寂寞致温存。家中也有盆梅放,局促辕驹只望尘。"(启功 牟小东编《蔡元培先生手迹》)

2月9日 出席中华职业教育社专家会议。会议讨论复兴民族目标下之青年职业训练方案。

"中华职业教育社于昨日上午九时起,在高桥海滨饭店举行第十次专家会议。上午报告会务,下午讨论提案。……九时开会,由江问渔报告开会宗旨后,公推蔡元培、刘湛恩、欧元怀、俞庆堂为主席团。中国速记学会担任记录。首由蔡元培致开会词,江问渔报告一年来之会务,至十二时摄影散会。"

"下午二时继续开会,讨论复兴民族目标下之青年职业训练具体方案,经各专家详细讨论结果,照原方案修正通过施行。"(《申报》1935年2月10日)

　　同日　为沈葆钧、袁惠芬证婚。

"六时,到新亚大酒店。为沈叔逵之子葆钧及袁惠芬女士证婚。适熊秉三、余青松二君亦均于慕尔堂结婚后在新亚宴客,亦偕养浩往道喜。"(本年《日记》同日)

2月11日　参加宴请英国友人。

"午十二时半,东方图书馆复兴委员会宴英国代表于国际大饭店十四楼碧室,我参加。"(本年《日记》同日)

2月15日　赞同大学丛书每一书均须载明审查者姓名。

"接商务印书馆大学丛书委员会函,称吴经熊提议,每一书须载明审查人姓名,以示责任云云,候公决。我复以赞同吴说。"(本年《日记》同日)

2月18日　应邀出席波兰驻华公使晚宴。

"晚八时半,波兰公使及其夫人招饮,座有吴市长、意大利大使、葡萄牙公使、梅乐和税司、德公使夫妇等。"(本年《日记》同日)

　　同日　致函上海绸业银行王延松等,介绍诸济瞻向该行借款。

"延松、清华先生大鉴:径启者,诸君济瞻,开设上海新美绸厂,去年曾由弟介绍,向贵行通用二千元,早经如期清缴。今年诸君因营业扩展,拟向贵行通用三千元,除另觅担保人外谨再为函介。……蔡元培敬启　二月十八日"(《致王延松、骆清华函》同日)

　　同日　函复任鸿隽(叔永),同意推胡敦复为中国科学社董事会基金监。

"叔永先生大鉴:承示本社董事会推胡敦复先生为基金监,及聘竹垚生先生为专家,弟均表同意。特此函复,希察照。……二月十八日"(《复任鸿隽函》同日)

2月20日　出席鸿英图书馆筹备委员会会议。

"午后四时,鸿英图书馆筹备委员会开会。"(本年《日记》同日)

　　同日　应刘公任之属,为题《蔚斋诗文选集》封面。

"公任吾兄大鉴:接十六日惠函,知公余尚可读书,为慰。属题令祖大人遗集封面,别纸写奉。此复……蔡元培敬启　二月二十日"(《复刘公任函》同日)

2月21日　复林语堂函,允为匈牙利美术展览会发起人。

"得语堂函,属列名匈牙利美术展览会发起人中,复允之。"(本年《日记》同日)

2月22日　看伦敦中国美展预展会场。

"到中国银行旧址,看伦敦中国美展预展会场,晤今甫、荫亭。"(本年《日记》同日)

同日　撰书祝周炳琳之母陈太夫人七十寿庆屏联。

"杯酒宾筵介寿歌，母仪瞻仰乐祥和。西湖梅柳争春候，不及萱枝爱日多。弟兄竞爽尽英才，画荻当时教养来。欲报恩勤何处是，为君重赋北山莱。"（蔡元培先生手稿）

2月23日　同意列名于《世界文库》编译委员会。

"郑振铎属列名于《世界文库》之编译委员会，允之。"（本年《日记》同日）

2月24日　与巴金、叶圣陶、朱自清等一百人联名发表采用"手头字"倡议，并公布第一批可供采用"手头字"三百个。

"中国文字具有种种优点，然笔划过于繁多，而手写体与印刷品又不一样，实为民众教育之一大阻力。近年来，全国有人主张减省汉字笔划，以谋教学之便利，最近复由文化界人士共同研究，已历多时，顷始发表手头字第一期字汇，各界人士签名发起者一百人，各文化机关及刊物决定采用者已有十余家。兹将推行手头字缘起及第一期字汇照录如下：

我们日常有许多便当的字，手头上大家都这么写，可是书本上并不这么印，识一个字须得认两种以上的形体，何等不便。现在我们主张把手头字用到印刷上去，省掉读书人记忆几种字体麻烦，使得文字比较容易识，容易写，更能够普及于大众。这种主张从前也有人提出过，可是他们没有实在做，所以没有甚么影响。现在我们决定把手头字铸成铜模浇出铅字来，拿来排印书本，先选出手头常用的三百个字来，作为第一期推行的字汇，以后再逐渐加添，直到手头字跟印刷体一样为止，希望关心文化的先生们，赞同我们的主张，并且尽量采用这个字汇。

发起人：丁淑静、万迪鹤、万家宝、小默、王人路、丰子恺、方光焘、巴金、叶圣陶、朱自清……蔡元培、潘公展、潘式、樊仲云、郑君里……一百人。

手头字表（三百个）略。"（《申报》同日）

同日　为上海光明书局出版《中国文学家大辞典》题签。

谭正璧编"中国文学家大辞典　蔡元培题"。（《申报》同日）

2月27日　出席商务印书馆董事会。

"午后四时，商务印书馆董事开会。该馆股票，自一·二八后已减估为六十元。现因资本已由三百万而增至四百万，故股票亦增至八十元矣。"（本年《日记》同日）

同日　与杨振声（今甫）联名宴请伦敦中国艺展专门委员、筹备委员等。

"七时，与今甫联名宴伦展专门委员、筹备委员、保管委员等于杏花楼，商征求明清间在朝派画家作品，稍有头绪。"（本年《日记》同日）

同日　致函铨叙部长林翔（璧予），请准予阮志华以二等军法正重新登记。

"璧予先生部长大鉴：径启者，前任晋绥军第十七军中校军法处长阮志华，向贵部恳请登记，于去年十月间，由该军周士廉军长函送到部，嗣经贵部秘书处以军职人员不合登记条例,迭次驳复在案。查阮志华以二等军法正为登记条件,系技术人员,以暂行文官等官俸表荐任技正为正当比照,中校是比照荐任阶级,非以军职登记。又闻贵部曾有函复山西省政府,中、少校准比照荐任,已登报端。是阮君请求登记,不无根据。可否准其所请,重予登记?谨为函商,诸候裁酌施行为感。……蔡元培敬启 二月二十七日"。(《致林翔函》同日)

同日 致函教育部长王世杰(雪艇),请甄拔侯鸿鉴为督学职。

"雪艇先生部长大鉴:径启者,无锡侯君鸿鉴,办理教育数十年,考察教育遍于西南各省。前由弟介绍于台端,请予采用,想荷烛察。近侯君有志欲往西北各省考察,苦乏资斧。闻贵部拟添设督学,如侯君者正堪备选,可否量才甄拔,俾有所凭借,以遂其志,不胜感荷。……蔡元培敬启 二月二十七日"。(《致王世杰函》同日)

同日 为顾燮光(鼎梅)著《译书经眼录》撰写阅后识语。

"鼎梅先生:奉惠书,敬谂远游甫归,专意著述,……拜读《〈译书经眼录〉自序》,抒怀旧之蓄念,彼此同之。文波澜老成,不胜佩服。惟第一行光绪中叶,是否可加一'清'字。又第七行弃诸行箧之弃字,是否可改作'弆'字。请酌之。……弟元培敬启 二月二十七日"。(《复顾燮函》同日)

2月 为张晓楼著《法律教育》撰写序文一篇。

"晚近欧美各国,文化孟晋,大有一日千里之概。推原溯因,收效于普通教育者固多,而法律教育之隆替,关系尤为密切。回顾我国自逊清兴办新学以来,非尽习东制,即移植欧法,草草从事,未见有何实效,而法律教育更无论矣。无锡孙晓楼博士曩岁负笈海外,精研耶林、庞德之学,旁及杜威、罗素之说,归国后司法曹有年,暇则掌教苏、沪各大学;近复于其主教东吴法律学院之余,本教授经验及研究所得,成斯巨著,纵论英美大陆之制,详阐应兴应革诸端,参以新旧学说,采东西各制之长,熔经验理论于一炉,非特使后来之教育家有所遵循,且足为法律学者研究法学指南针,有裨社会者非鲜。爰为之序。

中华民国二十四年二月 蔡元培"。(孙晓楼著《法律教育》上海商务印书馆1935年出版)

3月1日 被聘为读书会选定书籍委员。

读书会,"复于本月一日开第二次筹备会,继续讨论各问题,如将以何日开始及以何地为本读书会之范围,选书之标准等,皆加以缜密之考虑,最后并决定聘陈立夫、蔡元培、李熙谋、高一涵、刘秉麟、竺可桢、吴醒亚、潘公展诸氏,为读书会选定书籍委员"。(《申报》1935年3月3日)

同日 主持召开伦敦"美展"联席会议。

"午后二时,伦展会联席会议。"(本年《日记》同日)

"伦敦中国艺术展览会预展会……昨日下午复开专门委员及保管联席会议。

出席马衡、蔡元培、欧阳道达、杨振声、顾树森、叶恭绰、蒋葆昌、吴湘帆、傅以文等十余人。蔡元培主席。详细讨论会期,补充古物,以及古物陈列方法、安全设备等。散会后,并偕同视察会场一周,各委员对安全设备,均表示满意。"(《申报》1935年3月2日)

3月2日 偕夫人参加匈奥名画展览会开幕式并参观是展。

"匈牙利名画家葛兰毅君,携匈奥著名艺术家作品数百件,由欧来沪。由上海西桥美术会之发起,并由沪上名士吴市长、蔡元培、潘志铨、马荫良、张竹平等之赞助,特假静安寺路五十七号美国妇女公会,开匈奥名画展览会。昨日下午五时半开幕,预定展览两星期。昨往参观者计有吴市长夫妇,蔡元培夫妇,市政府秘书唐士煊、李慕,波兰公使魏登涛夫妇,张竹平夫妇,名画家胡伯翔、胡伯洲、吴仲熊夫妇,以及各国侨商等数百人。"(《申报》1935年3月3日)

"五时半,偕养浩参加匈奥名画展览会开幕式,陈列一百九十七件,其中有笔著色调甚佳者。"(本年《日记》同日)

同日 致函教育部普通教育司长顾树森(荫廷),请准予武训中学立案。

"荫廷先生大鉴:径启者,顷接堂邑武训中学来函略称,学校成立已足三载,遵照规程,呈部请求立案;因今年暑假有初中一班毕业,若立案不能通过,则该班学生不得参与会考,将生绝大困难,嘱为函询云云。武训中学办理情形如何,想早蒙审核,倘其内容不过于简陋,可否念及武训君艰难创学精神,量予立案,俾得逐渐发展。特为函达,诸希裁酌。……蔡元培敬启 三月二日"。(《致顾树森函》同日)

同日 函复驻英公使郭泰祺(复初),允任名誉董事。

"复初先生大鉴:大函奉悉。刘海粟先生来英伦展览我国现代名画,承鼎力提倡赞助,得以顺利进行,同深欣感。名誉董事一席,弟遵当担任。专此奉复,诸希察照。……蔡元培敬启 三月二日"。(《复郭泰祺函》同日)

3月3日 出席新松江社新屋落成典礼,并有演说。

"松江自沈联璧、高君藩等发起组织新松江社以来,积极进行,不遗余力,新屋现已落成,因定于明日(三日)举行落成典礼及第二次社员大会,后日举行松江文献展览。闻中央研究院院长蔡元培及商务印书馆总编辑何炳松等,皆已决定到社讲演。"(《申报》1935年3月2日)

"八时往松江,高尔柏夫妇及一甥女同车去。九时到新松江社,晤何伯诚、沈联璧、董修甲等。十时,参加新松江社开幕式,我演说《新松江与旧松江》,略言旧时代之松江,农渔安居乐业,士大夫多能诗能画,似为乐土;而其实生产是偏枯的,专赖劳动阶级;文艺是偏枯的,专供有闲阶级消遣;享乐是偏枯的,富人可以讲卫生,竞奢侈,而贫者衣食不足。新的松江要把此种偏枯的改成平等。"(本年《日记》同日)

3月4日 出席江西光大瓷厂茶话会。

"江西光大瓷厂，自经杜重远君与江西省府筹设进行，业经大体就绪。本埠发起人张公权、李石曾、杜月笙、张啸林、钱新之等，于三月四日下午四时在福开森路世界社内，延请各界领袖，举行茶话会。各界来宾计到场者，有吴市长、蔡财政局长、蔡元培、许世瑛、章士钊、赵晋卿、李大超、陈光甫、徐新六、王志莘、宋潞生、项康元、潘佛伦及金融实业各界名人四十余人。……"（《申报》1935年3月6日）

3月5日 接待日本上海自然科学研究所所长来访。

"日本之上海自然科学研究所新城新藏所长，偕其庶务上野君，及天文研究员沈义舫三君来院，晤谈后，由巽甫导观各研究所。"（本年《日记》同日）

3月6日 应邀赴王云五、李拔可午宴。

"午十二时半，云五、拔可约午餐，同座为叔平、今甫等。"（本年《日记》同日）

3月8日 应邀出席申报图书馆读书指导部特约专门委员招待会，并有演说。

"申报流通图书馆于前晚（八日）七时，假座八仙桥青年会九楼，宴请该馆读书指导部特约专门委员。到者有蔡子民、沈信卿、杜定友、王孝英、傅东华、章乃器、曹仲渊、孙师毅、丁淑静、曹亮、吴耀宗、钱伯涵、王春涛、郭子勋等十七人。首由该馆馆长李公朴致欢迎词，并报告读书指导部过去一年之工作情形及今后一年的计划，并提出馆中各方面的改革意见，以及读书指导部编订之各种国学书目，征求各专家意见。报告毕，蔡子民即欣然起立，略谓中国从前本无图书馆，只有私家之藏书楼，后来虽渐有图书馆，但从未有如申报流通图书馆之普遍于民众间者，更从未有读书指导部之创设，负起指导一般人如何读书之责任者。继有教育界之老前辈，现今服务上海鸿英图书馆之沈信卿、图书馆专家杜定友，现任中国女子中学校长王孝英等，分别发表意见。"（《申报》1935年3月10日）

同日 应赵家璧之约而撰写的《中国新文学大系总序节要》发表。

"欧洲近代文化，都从复兴时代演出，而这时代所复兴的，为希腊、罗马的文化，是人人所公认的。我国周季文化，可与希腊、罗马相比拟，也经过一种烦琐哲学时期，与欧洲中古时代相符，非有一种复兴运动，不能振兴起衰。五四运动时代的新文学运动，就是复兴的开始。希腊、罗马的文化，虽包括哲学、科学、文学与艺术，而尤以文艺为最著，故欧洲的复兴以文艺为主要。而吾国周末的文化，如诸子的散文、义士的纵横、风雅颂的诗、楚人的辞赋，都偏于文学方面，故复兴时期，也以文学为主要。

欧洲的复兴，在艺术上，由神相而渐成为人相；我国的复兴，在文学上，由鬼话而渐成为人话。欧洲的复兴，为方言文学发生的主因；我国的复兴，以白话文学为要务。

欧洲的复兴，由十二世纪发起，历三世纪之久，由意大利而渐布于法德英等国；由文学的人道主义、科学方法，以达于艺术的最高点。我国的复兴，自五四运动以来，不过十五年，新文学的成绩，当然不敢自诩为成熟，其影响于科学精神，民治主义（即《新青年》所标为的赛先生与德先生）及表现个性的艺术，均尚在进行中。但是吾国历史、现代环境，督促吾人不得不有奔轶绝尘的猛进，吾人自期至少应以十年的工作，抵意大利的百年，所以对于第一个十年，先做一总审查，使吾人有以鉴既往而策将来，决不是无聊的消遣。蔡元培"。（《申报》同日）

3月9日 拟商请教育部资助王光祈回国川资。

"午后五时，沈君怡来，贻我王光祈君之《中国古乐》，在德国波痕大学毕业论文者也。王君近在该大学教华文，每月俸给百五十马克，拟以两年之久，积三等舱位之川资而回国。沈君之意，此等人才，宜由政府汇给川资，促其早回，故为我言之。我拟向教育部及音专一商。"（本年《日记》同日）

3月10日 赴真如，参观黄氏育植场。

"午前十时，赴真如，到国际无线电台，晤周君，在真社（俱乐部），以所携食物偕周君午餐后，分乘小车及人力车往黄氏育植场，晤黄岳渊主任及其子女。"

"观赏育植场，赠以一绝：

不使宝山空手回，濒行精选赠盆栽。花神未必增惆怅，乞得君家衣钵来。"（本年《日记》同日）

3月11日 致函张元济（菊生），答复群碧楼藏书去向。

"菊哥同年大鉴：前承枉顾，畅谈为快。属查群碧楼书，已运往南京史语研究所，函索之，已得傅、赵二君复函，奉览。如有可备参考者，候示，即属寄来。……弟元培敬启 三月十一日"。（《致张元济函》同日）

3月13日 再次参观匈奥名画展览会。

"再观匈奥名画展览会，购目录一册（0133号）。"（本年《日记》同日）

3月14日 应邀为张高俊、梁慧如证婚。

"四时，到青年会，为张高俊、梁慧如证婚，王为广及逸卿弟所代为约也。"（本年《日记》同日）

3月15日 前在南京中央大学作题为《民族学上之进化观》讲演全文刊出。（《新社会科学季刊》第1卷第4期）

3月16日 为上海青年会三十五周年纪念特刊题词。

"青年会三十五周年纪念 三育进步 蔡元培题"。（《申报》同日）

3月17日 题黄花岗凭吊图。

"碧血三年化，黄花终古香。为群直牺己，死后尽知方。

为柳亚子题王济远所作《黄花岗凭吊图》

廿年三月十七日 培"。（蔡元培先生手稿）

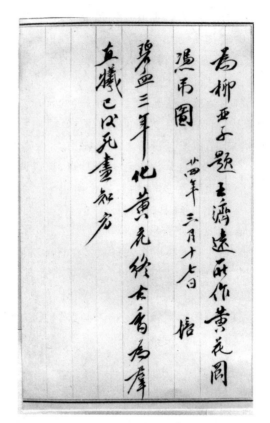

为柳亚子题《黄花岗凭吊图》(1935 年 3 月 17 日)

同日 与全增嘏等商议笔会事。

"全增嘏、傅立志来,商笔会事。"(本年《日记》同日)

同日 被举为中华科学建设促进社执行委员。

"中华科学建设促进社于昨日下午二时,在本埠冠生园举行成立大会,通过会章,选举职员。……选举结果,计潘公展、吴雨霖、茅震初、陈白、蔡元培、韩祖康、沈庆熊、李登辉、胡刚复九人,当选执行委员。……"(《申报》1935 年 3 月 18 日)

3 月 19 日 婉辞拒绝出席日本东京孔庙落成礼。

"日使馆有野学参赞来,邀往东京参与四月间孔庙落成礼(由斯文会招待),婉谢之。"(本年《日记》同日)

3 月 21 日 出席上海市图书馆、博物馆筹备委员会议,被推为临时董事会董事长。

"上海市图书馆博物馆筹备委员会,于二十一日上午十一时在市政府举行筹备会议。出席蔡元培、王云五、徐积馀、程演生、洪逵、董大酉、沈怡俞、洪钧、黎照寰、杜定友、黄宾虹、马宗荣、潘公展、叶恭绰、吴铁城、李大超。主席吴铁城，记录李大超。……议决：(一)组织上海市图书馆临时董事会，专办理两馆应行筹办事宜。(二)各董事会董事名额若干人，设常务董事五至七人，董事长一人，副董事长一人，秘书一人。(三)推定董事会董事长蔡元培，副董事长王云五、秘书洪逵。……定四月一日中午在市府午餐，开成立会。"(《申报》1935年3月23日)

同日 出席世界笔会中国分会社员大会，被推为中国分会会长，一说是理事长。

"世界笔会中国支会成立以来，已历数载。惟自一·二八而后，多数理事已多星散，会务进行遂多停顿。爰由旧任理事于昨晚在静安寺路七四九号召开全体会员大会。到有中国会员蔡元培、黎照寰、傅东华、林语堂、全增嘏、宋春舫、傅彦长、李青崖、董任坚、赵景深、张若谷、曾虚白、邵洵美等三十余人，外国会员芙立茨夫人等十余人。乃开会改选蔡元培、林语堂、曾虚白、宋春舫、芙立茨夫人、何柏成、傅东华、黎照寰、李青崖、邵洵美、全曾嘏十一人为理事。推定蔡元培为会长，芙立茨夫人为英文书记，曾虚白为中文书记，宋春舫为会计。继复议定假南京路五十号国际戏剧协会余屋为会址，并决定努力推进会务，广邀会员，各外埠设立分会，以资联络。……按笔会为各国文艺家之大集团，总会设于伦敦，支会遍于世界各国。其宗旨为联络全世界之文艺家，沟通各民族间之文化，历史悠久，规模宏大……"(《申报》1935年3月23日)

"世界笔会中国分会……于三月二十一日假上海静安大楼召集在沪全体会员改选理事，结果：蔡元培、黎照寰、林语堂、曾虚白、邵洵美、李青崖、何炳松、全增嘏、芙立茨夫人、宋春舫、傅东华当选为理事，蔡元培为理事长。……"(《文学月刊》第4卷第4期)

3月23日 再次函商教育部普通教育司长顾树森(荫庭)，务请早日准予武训中学立案。

"荫庭先生大鉴：径启者，堂邑武训中学成立已足三载，遵照规程，呈部请求立案。因今年暑假有初中一班毕业，若立案不蒙通过，则该班学生不得参与会考，将生绝大困难。前曾为函请俯念武训君艰难创学之精神，量予立案。兹因鲁省中学会考，已提前定于六月五日举行，用特再为函商，如该校尚无不合条例之处，务希鼎力赞助，早日予以批准，俾该校暑期毕业学生得参与会考，不胜同感。……蔡元培敬启 三月二十三日"。(《致顾树森函》同日)

3月25日 复函张元济(菊生)，寄交所作冯氏像赞并告知已聘一女教员在寓为子女授课。

"菊哥同年大鉴：昨奉惠函，属为令亲冯君作像赞，别纸奉正。小女等以学校每班人数太多，于卫生殊不相宜，现聘一女教员每日来寓授课，已试验一星期，尚觉相

宜。承注附闻。……弟元培敬启 三月二十五日"。(《复张元济函》同日)

3月27日 复函张群(岳军)等,敬辞重建湖北省立图书馆发起人之名而专尽募捐之责。

"岳军先生暨诸先生大鉴:奉本月十八日惠函,并重建湖北省立图书馆捐簿一册,敬佩诸先生提倡文化之盛意。惟命为发起人,殊不敢当。元培敬辞发起人之名,而专尽募捐之责,诸希原谅。……蔡元培敬启"。(《复张群函》同日)

3月28日 出席中国公学开学典礼。

"中国公学前日上午十时,补行开学典礼,吴校长因患感冒未能出席,开会时由陈副校长领导行礼,并由陈氏代表吴校长致开会词,并由董事蔡元培、潘公展暨教务长雷国能相继致词,语多嘉勉。"(《申报》1935年3月30日)

3月31日 出席商务印书馆股东常会,继续当选董事。

"商务印书馆昨日假座上海市商会议事厅举行股东常会,三时开会,行礼如仪。张菊生君主席。首由董事王云五君报告二十三年度营业情形,次由监察人徐善祥君报告二十三年度账目,均经查核,甚为确实。所有提议事件,均依次通过。照章选举,当选董事夏筱芳、鲍庆林、王云五、李拔可、高梦旦、高翰卿、张菊生、丁斐章、蔡元培、张蟾芬、徐善祥、刘湛恩、徐寄卿十三人。……"(《申报》1935年4月1日)

同日 被聘为全国读书竞进会哲学科读书导师。

"中国文化建设协会,为鼓励读书,养成好学风气,提高文化水准起见,特举办全国读书竞进会,……各科导师,业已聘定,计党义:陈立夫、潘公展、吴醒亚、周佛海、陶百川、洪兰友、童行白;哲学:蔡元培、陈布雷、郭任远、冯友兰、章友三、陈高庸……"(《申报》同日)

3月 为杨振声(今甫)书字一幅。

"天机本自足,人事或相须。东坡画三昧,乃与龙眠俱。黄州富丘壑,余杭渺江湖。已困口嘲弄,更堪手糊涂。

振声吾兄正 蔡元培"。(蔡元培研究会藏复印件)

4月1日 出席上海市图书馆临时董事会成立会,并被推为董事长。

"本市政府所建筑之市图书馆、博物馆,业已兴工,双十节前将完工。……另行成立临时董事会。该会于昨日上午十二时,在市政府举行成立会议。……出席图书馆董事吴铁城、杨宗荣、杜定友、潘公展、沈怡、俞鸿钧、蔡增基、董大西、洪逵、伍连德、丁福保、李公朴、戴超,并推定图书馆临时董事会董事长为蔡元培,副董事长王云五,秘书洪逵。"(《申报》1935年4月2日)

4月3日 函复竺可桢(藕舫),不能出席相关的气象会议。

"藕舫先生大鉴:本月二日会函敬悉。七日气象学会十周年纪念,八日全国气象机关联席讨论会,弟理应参加,惟七、八等两日,上海已有多数约会,不能抽身,一

切请偏劳为感。……蔡元培敬启"。(《复竺可桢函》同日)

4月4日 往航运广播电台播音演讲。

"是日为我国第五届儿童节。午后三时半,到广东路九十三号航运电台播音演讲。"(本年《日记》同日)

同日 为丁任之祖母归夫人撰像赞。

"接常熟城内荷香馆丁秉孙(任)函,赠其祖父丁秉衡(国钧)所著之《晋书校证》及《补晋书·艺文志》,并寄其祖母归夫人行述,索像赞,即作赞复之。"(本年《日记》同日)

4月5日 作与夫人周养浩游兆丰公园联句。

"清明游兆丰公园联句 四月五日

连日春寒却放晴,(孑)池边垂柳已青青。枝头小鸟频欢噪,(养)夹入游人笑语声。(孑)

九十春光容易过,(养)梅花留得到清明。西园一片芊芊色,(孑)携我娇儿共踏青。(养)"(启功 牟小东编《蔡元培先生手迹》)

4月6日 参观中国艺术展览会预展会公开预展。

"伦敦中国艺术展览会预展会公开预展,当中央社记者昨往该会参观时,适教育部长王世杰、中央研究院院长蔡元培及四英委等,亦在会参观,对各项古物浏览甚久……"(《申报》1935年4月7日)

4月7日 偕夫人参观伦敦美展上海预展。

"午前,偕养浩参观伦美预展,详观国画一类,余俟异日。在会场晤陈树人、颜任光、罗志希夫妇等。"(本年《日记》同日)

同日 为钱端升、陈公蕙证婚。

"五时往新亚,为钱端升证婚,其新夫人名陈公蕙,拔可之甥女也。"(本年《日记》同日)

同日 应邀赴汪精卫晚宴。

晚"七时半,精卫招饮于市政府,同座中外来宾约二百人"。(本年《日记》同日)

4月10日 所撰《我的读书经验》一文发表。(《文化建设》第1卷第7期)

4月11日 往中西广播电台,播讲《怎样研究哲学》。

"中国文化建设协会主办之全国读书运动大会,昨为第四日,该会特请中央研究院院长蔡元培,在中西电台讲演《怎样研究哲学》。"(《申报》1935年4月12日)

"午后三时十五分,应中国文化建设协会之请,往四马路中西大药房楼上中西广播电台,播送《怎样研究哲学》。"(本年《日记》同日)

同日 为宋启文、李澹一证婚。

"四时,到大东旅馆,为宋启文、李澹一证婚。宋为嵊县姚伯华之外甥,故伯华

及其弟仲拔、永励等均在场。"（本年《日记》同日）

  4月12日　出席笔会晚餐会。

"晚，笔会在梅园举行晚餐会，凡三席。"

  4月13日　偕夫人参观萨龙（亦译作柴农）个人画展，并为撰写画评一则。

"萨龙新画展览于法国文学会之图书馆。四时，偕养浩往观。"（本年《日记》同日）

"意大利画家萨龙个人画展，已于前日下午三时在环龙路十一号中法友谊会开幕，中外参观者，约计千人。来宾皆直接入场，并无门票。内悬中央研究院蔡孑民院长亲笔画评一则：

柴农先生生长于意大利之威尼斯，其地河流互贯，扁舟往来，几如吾国嘉、湖、苏、淞一带。而意大利文艺复兴期间之画家，以利用色彩富有诗意与佛罗伦萨派相对峙者，威尼斯派也。先生本个人之嗜好，受环境之熏染，致力绘事，既尽取欧洲画家之所长而习之，犹以为未足，乃兼采东方画家之所长；既来吾国，一方面购置名画，一方面漫游山水，在嘉兴与嘉善之间，喜其为纯粹吾国本色，不染欧风，流连忘返，作画最多。绘水、绘船、绘桥、绘乡村小屋、绘积雪、绘夕阳、绘黑鸬鹚、绘舟上及窗间之女子，取其衣服之鲜明也，间亦绘曝诸竿头之衣服。其他在上海、在日本及法国尼斯之作品，虽取材稍异，而要皆气韵隽逸，诗趣洋溢，非融汇中西之长，而别出心裁，不能到此境界也。先生所用纸幅及颜料，皆取诸吾国，手自制裱，亦吾国旧法也。值展览之始，为述缘起，以告我邦人士。　中华民国二十四年　蔡元培"。（《申报》1935年4月15日）

  同日　函复《励志月刊》主编沈嗣庄，谓无暇为该刊撰稿。

"嗣庄先生大鉴：接奉大函，承嘱为《励志月刊》撰稿，极思遵嘱，惟以近来事务纷繁，实苦无暇握管，诸请鉴谅。黄仁霖先生函亦收到，稽答甚歉，希为致意。……蔡元培敬启　四月十三日"。（《复沈嗣庄函》同日）

  4月15日　为上海中西大药房老牌明星花露水广告题字。

"越陈越香　蔡元培题"。（《申报》同日）

  4月16日　主持上海市图书馆临时董事会议。

"午后五时，在本院召集上海市图书馆临时董事会。"（本年《日记》同日）

  同日　函复虞洽卿，已函请蒋复璁（慰堂）制造书架时采用飞马牌喷漆。

"洽卿先生大鉴：接奉大函，以贵乡姜俊彦君所制飞马牌喷漆，属向大华铁厂为中央图书馆制书架时采用。查中央图书馆，系由蒋君慰堂办理，现已将尊意函达蒋君矣。特此奉复……蔡元培敬启　四月十六日"。（《复虞洽卿函》同日）

"慰堂吾兄大鉴：径启者，顷接虞洽卿君来函，介绍其同乡姜俊彦君所制飞马牌喷漆，请贵馆函嘱大华铁厂制书架时采用，借以提倡国货云云。兹将虞君来函奉

览，即希裁酌为感。……蔡元培敬启 四月十六日"。(《致蒋复璁函》同日)

同日 为吴融入日本东京帝国大学研究历史作介绍函。

"径启者：私立大同大学文科毕业生吴融，愿进贵大学之大学院研究历史，特为介绍。此上 东京帝国大学总长台鉴 蔡元培敬启 中华民国二十四年四月十六日"。(《致东京帝国大学函》同日)

4月18日 参观叶恭绰（玉甫）等六家藏品展览会。

"午后四时，偕养浩往宁波同乡会，观叶玉甫、吴湖帆等六家藏品展览会。有倪文贞书画数帧，徐天地画数帧。"(本年《日记》同日)

4月19日 主持中华教育文化基金董事会第十一届年会。会议讨论经费预算、各项补助金及改选职员。

"中华教育文化基金董事会第十一届年会，于昨日上午八时起，在国际饭店举行。上午各项报告，下午讨论预算及补助金并改选职员。出席人员计到董事长蔡元培，副董事长周诒春，董事胡适、金绍基、徐新六、孙科、李石曾、丁文江、任鸿隽、孟禄、贝克、贝诺德、司徒雷登，教育部代表顾树森，外交部代表王光，美公使代表亚银汉。主席蔡元培，记录胡适。报告事项：(一)名誉秘书报告。(二)执行委员会报告。(三)会计报告。(四)董事会干事长报告。(五)第三次庚款联席会议出席代表报告。历时甚久，至正午始毕。下午二时，继续开会，议决各案如下：(一)基金保存问题。(二)各项事业预算。……(三)董事会干事处经费。(四)改选丁文江、任鸿隽、江镛连、任卫生、生物研究调查所委员。……(六)改选董事会职员，蔡元培当选董事长，周诒春、孟禄为副董事长，胡适为名誉秘书，贝诺德、金绍基为名誉会计，顾临、周诒春、金绍基为执行委员，至五时许散会。"(《申报》1935年4月20日)

同日 函复沈兼士，同意将中央研究院所藏黄册一并编入《黄册联合目录》。

"兼士先生大鉴：手书奉悉。关于清查黄册编纂联合目录，拟将中央研究院所存少数一并编入一节，已函询孟真兄意见，甚为赞同。兹将原函奉上，希查览。……蔡元培敬启 四月十九日"。(《复沈兼士函》同日)

"孟真吾兄大鉴：顷接沈兼士先生来函云：现正代北大清查旧研究所所藏之黄册，将来编纂联合目录，拟将中央研究院所存之少数，一并编入，不知可否云云。此事，吾兄意见如何？希示及，以便函复兼士先生。……蔡元培敬启 四月十三日"。(《致傅斯年函》同日)

同日 函寄余青松剪报一则，请阅后考虑应否解释其中疑惑之处。

"青松先生大鉴：兹有友人剪寄《申报》一则，关于天文台观测火星，有疑惑之处。兹将该报寄奉，希察览。应否解释以去其疑，诸请酌裁。……蔡元培敬启 四月十九日"。(《致余青松函》同日)

4月20日 出席中华教育文化基金董事会财务委员会议，并于午间宴请到会全体董事及执行委员。

"中华教育文化基金董事会，昨日上午在原处继续举行财务委员会议。到蔡元培、周诒春、任鸿隽、金绍基、胡适、丁文江、贝克、孟禄、贝诺德等。对于下年度各项事业预算，均有详细之讨论，内容暂勿发表。午由董事长蔡元培宴请全体董事及执委，以尽地主之谊，历二小时始尽欢而散。"（《申报》1935年4月21日）

同日 往伦敦中国艺术国际展览会上海预展会参观。

"昨日（二十一日）为伦敦中国艺术国际展览会上海预展会第十四日。……到会参观名人，计有中央研究院院长蔡元培、行政院秘书长褚民谊、中大教授艺术家徐悲鸿、暨南大学教务长李熙谋、工部局会办何德奎，又北大教授文学院长胡适，亦偕美国教育家孟禄博士到会参观。"（《申报》1935年4月22日）

同日 自上海赴南京。

"午一时十分赴京，车中遇程天放、廖家楠、方治、姚仲揆诸君。七时四十五分到下关。"（本年《日记》同日）

4月22日 主持故宫博物院第二次全体理事会议。

"故宫博物院理事会二十二日午后四时，假行政院开第二次全体理事大会。到蔡元培、褚民谊、叶楚伧、张继、王世杰、傅汝霖、马衡等十余人。由理事长蔡元培主席。闻本日报告及讨论要案，约有三项：（一）报告选送伦敦国际艺展古物情形。（二）报告博物院院务及点收情形。（三）讨论二十四年度概算书案，至六时半始散会。"（《申报》1935年4月23日）

"午后三时，在行政院开故宫博物院理事会。议决：理事会一年一次，常务理事会两月一次。下年度预算，应于三十六万元中提出八万元，为南京新建仓库设备之用，余二十八万元，为事业费及行政费，但行政费愈少愈好。"（本年《日记》同日）

同日 邀请汪精卫、孙科等商议中央研究院评议会提案事。

"午后七时，约精卫、哲生、雪艇、骝先、楚伧、叔平等来院晚餐，拟商本院评议会案提出事。精卫于午前来访，言晚间自做主人，不能到，签名于提案上。"（本年《日记》同日）

4月23日 出席中山文化教育馆第三次理事会议。会议讨论本年度举办事业计划及经费预算案。

"中山文化教育馆二十三日下午，开第三次理事会议。出席蔡元培、张人杰、张继、孙科、汪兆铭（褚民谊代）、叶楚伧、居正、吴铁城（黎照寰代）、马超俊、王云五、李石曾、叶恭绰（李邦栋代）等。主席孙科。议决要案：（一）二十四年度举办事业计划案，照案通过。（二）二十四年度预算案，原则通过。（三）拟组织本馆基金委员会案，通过，交常务理事会。……"（《申报》1935年4月24日）

六、大学院院长及中央研究院院长时代(1927—1940) 1203

"午后三时,中山文教馆开常务理事会。我与黎曜生同提物理研究所改良古今乐器,请补助每月五百元一案,决议须俟扩大预算案通过后再议。"(本年《日记》同日)

同日　函谢杜定友惠赠著作三种。

"定友先生大鉴:接奉大函,并惠赠大著三种,极承厚谊,无任感谢。专此奉复,诸维察照。……蔡元培敬启　四月二十三日"。(《复杜定友函》同日)

同日　函复刘湘山,不能列名三民主义文学研究会挂名职务。

"湘山吾兄大鉴:接读手书,知主持三民主义文学研究会,近更扩大组织,促其发达,甚善。承嘱列名领导一节,因弟近来精力衰退,事物仍繁,深觉难以兼顾,故将一切挂名职务,近渐辞去,贵会之事,亦不能参加,有负盛意为歉。……蔡元培敬启　四月二十三日"。(《复刘湘山函》同日)

同日　函复赵志垚(淳如),允列名为蔡石瑜征赙发起人之一。

"淳如先生大鉴:大函奉悉。蔡石瑜君盛年逝世,同深伤悼。承示征赙一节,请由尊处预备传略、启事等件,弟可列名发起人中。专此奉复,希察照。……蔡元培敬启　四月二十三日"。(《复赵志垚函》同日)

同日　致函河南省政府主席刘峙(经扶),请继续拨付《河南金石图》印刷经费。

"经扶先生主席大鉴:径启者,关君伯益,编制《河南金石图》,精美雅饰,有裨学术,前承法鉴,深蒙器许,其印刷经费由省政府拨给,甚仰提倡之盛意。惟关君志愿极大,拟由一集推至十集,成书既宏,印费必巨,拟恳台端始终奖掖,量予继续维持印刷经费。此书发扬国光,既承赏鉴于先,谅必玉成于后。特为函商,诸希裁酌施行,不胜同感。……蔡元培敬启　四月二十三日"。(《致刘峙函》同日)

同日　赴钱用和女士晚宴。

"晚,钱用和女士(常熟人,乙藜之从姊妹,现任遗族学校秘书)招饮浣华,座有乙藜夫妇、陶配三、孟晋父女、朱逖先、石蘅青等。"(本年《日记》同日)

同日　撰写《胡焕章传》。(蔡元培先生抄留底稿)

4月24日　出席国民党中央政治会议。会议讨论了中央研究院评议会条例原则及草案。

"午前八时,到中央政治会议。哲生主席。我与精卫所提之中央研究院评议会条例原则及草案,付法制组审查。别有中央党部常务委员提出报告,系决定裁并机关及紧缩政费原则者,亦付审查。"(本年《日记》同日)

同日　接待北京大学教育系师生来访。

"三时,北大教育系教授尚仲衣携男女学生十三人来访,皆本年毕业者,除有一人四川籍外,余皆河北、河南及辽宁人。避参观名目,号为实习。除已到邹平外,拟在无锡之江苏教育学院十日,上海陶行知之工学团五日云。"(本年《日记》同日)

同日　出席古物保管委员会晚宴。

"晚,古物保管委员会招饮,座有张溥泉、傅沐波、许昂若、许修直、卢晋侯、马叔平、黄仲良等。会所系租赁俞确士之旧居云。溥泉说明黄帝陵现状及汉墓、唐陵之应保护。"(本年《日记》同日)

　　4月25日　主持国民党中央监察委员会常会。

"午后三时,监察委员会常会。我主席。"(本年《日记》同日)

　　同日　复函张元济(菊生),抄寄上海市图书馆临时董事会名单。

"菊生吾哥同年大鉴:奉二十三日惠函,敬悉一切。上海市图书馆临时董事会名单奉上,其姓名上注'到'字者,皆于二十二日到会者也。……"(《复张元济函》同日)

　　同日　作《中波文化协会特刊》序。

"中波文化协会之成立,已二年。两国文化上之互证,益有进步。在波兰方面,最近如魏登涛夫人之演讲《波兰女子在历史文化上之地位》,学校船之来航,商品陈列所之建设,所以提撕我等者甚挚。我等谨以此刊物为诚意之表示,对于波兰之文学、音乐、图画等,既有专篇介绍;而吾国之科学、教育、体育新规,与夫艺术之特点,亦有所论述,可以告友邦诸君子。吾知此刊一出,必能更促进中波文化之密切的关系无疑也。

二十四年四月二十五日　蔡元培"。(启功 牟小东编《蔡元培先生手迹》)

　　4月27日　主持中波文化协会第二届年会,并致词。

"中波文化协会第二届年会于二十七日下午四时,假教部大礼堂开会。到名誉会长蔡元培、王世杰、魏登涛及会员五十余人。四时许开会,行礼如仪后,由名誉会长蔡元培主席并致开会词。略谓本会成立已届二年,中波两国文化之互证,益有进步,最近如魏登涛夫人讲演波兰女子在历史文化上之地位,学校船之来航,商品陈列所之展览,在波兰方面,所以提斯吾人者甚挚;吾人对于波兰之文学、音乐、图画等,既尽量介绍,而吾国之科学、教育、体育新规与夫艺术之特点,亦有所论告友邦。本会成立虽仅两年,沟通中波文化之事业,已复不少,今日之会各方会员欢聚一堂,更望此后两国文化之密切合作。……"(《申报》1935年4月29日)

"午后四时,中波文化协会在教部大礼堂开年会,我主席。印有论文一册。"(本年《日记》同日)

　　同日　往金陵大学听音专演奏会。

"八时三十分,偕阳和、瑞华、宝华往金陵大学听音专演奏会。某君以二胡演西洋音调,接近提琴。某君以琵琶弹旧调(十面埋伏),其手法甚熟而音颇逆耳,尤在轮指时。"(本年《日记》同日)

　　4月28日　赴钱昌照(乙藜)夫妇午宴。

"午,乙藜夫妇(钱夫人,名沈姓元)约,座有王雪艇、丁在君、钱端升夫妇及吴之椿君。"(本年《日记》同日)

4月29日　应邀在南京私立济民职业学校讲演。

"南京私立济民职业学校,昨日(二十九日)晨十时举行总理纪念周。到该校全体教员学生九十余人。由校长倪品真主席。行礼如仪后,敦请中央研究院院长蔡元培先生对全体学生训话。蔡氏嗣即登台讲演。首对倪校长提倡职业教育之热情,颇为赞许,继讲中国今日职业教育之重要。辞意精辟,阐发详尽,听众莫不动容……"(《申报》1935年4月30日)

4月30日　致函王云五,商洽出售杨晦(慧修)书稿问题。

"云五先生大鉴:径启者,北大毕业生杨君慧修晦,有文学书稿数种,或编或译,愿出售版权于贵馆,特属携稿奉访。如蒙审定接受,一切条件请与杨君直接商定为荷。专此介绍……弟蔡元培敬启　四月三十日"。(《致王云五函》同日)

同日　函复陈政(仲瑜),答复德文中研究民族学入门书籍。

"仲瑜吾兄大鉴:奉二十二日惠函,知有研究民族学之余暇。德文中此学入门书籍,以 Woulg 之 Leitfadrn der Völkerkunde 为简便,弟适有此书,先寄奉一览(别由邮寄)。此书一四九页至一五二页为 Literatur verzeishnis,可以检出可买之书,虽有一部分绝版者,然大半可购也。……弟元培敬启　四月三十日"。(《复陈政函》同日)

4月　为黄金荣(锦镛)四教厅书联一副。

"博学于文,行己有耻,亭林毕生铭诸座;为人谋忠,与友交信,曾子每日省其身。

锦镛先生　四教厅　二十四年四月　蔡元培"。(蔡元培研究会藏复印件)

同月　应《大众画报》之请,为该刊第18期"假如我的年纪回到二十岁"专栏撰文一篇。(《大众画报》第18期)

同月　为张君俊著《中国民族之衰老与再生》作序文。(该书 中华书局 1935年出版)

5月1日　国民党中央政治会议通过中央研究院评议会条例。

"八时,中政会开会,本院评议会条例原〔案〕,依审查报告通过。"(本年《日记》同日)

"中政会一日晨,举行第四五五次会议。到汪兆铭、孙科、于右任、居正、林森、陈立夫、马超俊、张人杰等六十余人。叶委员楚伧主席。决议事项:通过中央研究院评议会条例原则,及修正中央研究院组织法第五条条文,均交立法院审议,并讨论其他个案多起。"(《申报》1935年5月3日)

同日　约章味三、童亦韩午餐。

"午,约味三同访亦韩于其子公震住所(大中桥琥珀巷二十三号),到浣华午餐,到中华照相,以吾三人同岁,而同年举于乡,曾于六十岁时在上海合摄一影,今年皆六十九矣,又留影为纪念,公震待于后。"(本年《日记》同日)

5月2日　与郑阳和等同访鲁涤文。

"阳和偕周仲容约我同往采石矶,访鲁涤文,观其所搜采石志材料。同坐小舟,旁矶游览,至三公洞午餐,素菜颇佳。"(本年《日记》同日)

5月3日　主持中印学会会议,被推为理事长。

"午前十时,中印学会开会,我主席。会中得蒋介石捐五万元,拟以三万元为在印度国际大学建筑中国图书馆之用,以二万元为购置、编录及运输图书之用。组织购书委员会。组织理事会,以我为理事长。"(本年《日记》同日)

同日　应邀出席波兰驻华使馆晚宴。

"十一时,波兰国庆纪念茶会,未去。晚八时,波兰使馆约晚餐,赴之。"(本年《日记》同日)

5月5日　自南京回上海。

"于右任、蔡元培四日晚十一时联袂乘夜快车离京来沪,五日晨七时十五分抵北站下车,当即分返私邸休息。"(《申报》1935年5月6日)

5月8日　复函孔达,说明故宫博物院在沪无二次展览之事。

"孔达博士大鉴:大函奉悉。故宫博物院并无在沪作二次展览之说,想系误传。特此奉闻,诸希察照。……蔡元培敬启　五月八日"。(《复孔达函》同日)

5月9日　撰写《世界文库序》一文。(郑振铎主编《世界文库》第1册)

5月10日　致函交通部长朱家骅(骝先),请予杨鑫酌量擢升。

"骝先先生部长大鉴:径启者,杨君鑫,充任温州电报局长,已逾两载,尚无过失,谅荷洞察。杨君系杨杏佛先生之胞兄,办事稳健,尚希执事垂念,俯与维持,遇机缘时,并望酌量超擢,不胜同感。……蔡元培敬启　五月十日"。(《致朱家骅函》同日)

同日　致函安徽省教育厅长杨廉(四穆),请提前发给留日学生陶荫森等奖学金。

"四穆吾兄厅长大鉴:径启者,皖籍自费留日学生陶君荫森,现在东京中央大学肄业。又马瑞玉女士,现在东京文化学院肄业。二君系属夫妇,笃志好学,尚有成绩。因家道平常,学费凑集不易,甚望得省中奖学金,借以维持。业由留学监督处呈请登记在案,谅荷察及。兹特代为函商,倘蒙核其成绩尚属优越,可否提前予以奖学金,俾得安心向学,不胜感盼。……蔡元培敬启　五月十日"。(《致杨廉函》同日)

同日　为周维幹、任月华证婚。

"午后三时，为周维幹、任月华证婚。在绍兴七县寓沪同乡会，晤吴公鲁。"（本年《日记》同日）

同日 在上海中西电台所作《怎样研究哲学》演词刊出。(《文化建设》第1卷第8期)

同日 所作《对于读经问题的意见》发表。(《教育杂志》第25卷第5号)

5月11日 与于右任共商中国公学筹款事。

"午，右任招饮来喜（德国饭店），商中公筹款复兴事。"（本年《日记》同日）

同日 往图书学校讲演。

"午后四时，偕崔竹溪往龙路图书学校演讲。该校有学生六十人，均初中高中毕业者，分印刷、图书馆、管理、书肆等四组，利用已有之机关为实习之所。"（本年《日记》同日）

同日 致函教育部普通教育司长顾树森（荫亭），请暂准武训中学初中毕业生参加会考。

"荫亭先生大鉴：径启者，山东堂邑武训中学呈请立案一事，前承复示，属转知该校迅即遵照改正呈复云云，具征垂护，甚感。兹又接该校来函，谓立案事正在赶办。惟本学期有初中毕业一班，若不能参加会考，影响学校前途甚大。现有恳请暂准会考公文，呈厅转部，恳再为代达苦衷云云。……谨再为函达，还希于该项公文到部时，量予批准，不胜感幸。……蔡元培敬启 五月十一日"。(《致顾树森函》同日)

同日 致函中央大学校长罗家伦（志希），转请介绍大华钢铁厂采用飞马牌喷漆。

"志希吾兄大鉴：前接虞洽卿君来函略谓：中央图书馆托大华钢铁厂定制书架多具，需用喷漆，请为介绍其同乡姜君彦君所制飞马牌喷漆应用云云。……兹特函询吾兄，如贵校果有托大华厂制书架之事，可否向该厂介绍购用姜君所制之喷漆，因姜君曾将是项喷漆送请大华厂试用，颇称满意也。……蔡元培敬启 五月十一日"。(《致罗家伦函》同日)

5月13日 致函杭州艺术专科学校校长林风眠，介绍常书鸿应聘该校教员。

"风眠先生大鉴：径启者，顷接常书鸿自巴黎来函，历述其学习艺术经过，及所得彼邦荣誉，并附作品照片及抄件，似乎造诣甚深。常君现拟归国服务，倘贵校下学期需添聘教师，正堪备选。特为介绍……蔡元培敬启 五月十三日"。(《致林风眠函》同日)

5月14日 为《粤桂视察印象记》一书题词。

"广西以整理军队、编练民团驰誉于全国，而努力建设亦著艰苦卓绝之概。广东亦揭著三年计划，切实进行。此两省之状况，久为他省人所亟欲目睹者。樊君自觉素好游，善于视察，此次于五月十八日游粤桂二省，举其所得之印象而公布之，对于工厂、学校及其他建设事业，均记其概略，而于旅程、旅费之属，亦约举之。他日有为粤桂之游者，可以是书为指南焉。二十四年五月十四日 蔡元培"。（樊自觉著《粤桂视察印象记》上海中国生存学社 1935 年出版）

5月16日 函复卫仲乐，允列名陈天乐个人音乐会赞助人。

"仲乐先生大鉴：奉示陈天乐君将在世界社举行个人音乐会，属弟列入赞助人之内，弟准可列名赞助。专此奉复……蔡元培敬启 五月十六日"。（《复卫仲乐函》同日）

同日 写作《史量才像赞》。

"矫矫先生，高瞻远瞩。主持舆论，振世导俗。一纸推行，万方披读。更握金融，盈虚往复。事业簇新，烂如朝旭。绵绵远道，祸机潜伏。哲人云亡，如何可赎。

量才先生遗像 蔡元培敬赞"。（蔡元培先生手稿）

5月18日 与沈钧儒同为陈志皋、黄淑仪证婚。

"上海名律师陈志皋氏，昨在爱麦虞限路中华学艺社，与黄淑仪女士结婚。由蔡元培、沈钧儒两氏证婚，唐有壬、柳亚子两氏介绍，司法院秘书长谢冠生，司法行政部长王用宾，外次唐有壬……均送仪致贺。"（《申报》1935 年 5 月 19 日）

同日 撰写《为什么要研究学问》文章。

"为文学社作《文学在一般文化上居怎样地位？文学与一般艺术有何等关系》。为《学校生活》旬刊社作《为什么要研究学问》等文。（本年《日记》同日）

同日 函告山东武训中学校长李瑞阶，谓教育部已准武训中学立案。

"瑞阶先生大鉴：前接大函，嘱再函教育部……兹得复函，略谓：'山东武训中学校董会：前经部中核准，即可赶办学校立案手续，至本年初中会考问题，俟教厅转呈到部时，当遵命办理'等语。特此复闻，希察照。……蔡元培敬启 五月十八日"。（《复李瑞阶函》同日）

5月20日 函请高鲁（曙青）担任日蚀观测委员会秘书长。

"曙青先生大鉴：径启者，日蚀观测委员会秘书长一席，闻先生尚在谦辞中，鄙意此席实以先生为最相宜，请勿固辞。特再函劝，务望惠予担任，以利会务，不胜感幸。……蔡元培敬启 五月二十日"。（《致高鲁函》同日）

5月24日 主持中国国际图书馆欢迎巴黎狄社代表杨思奇夫人赠书茶会。

"中国国际图书馆昨日下午五时，为欢迎巴黎狄社代表杨思奇夫人讲演及致赠图书，在世界学社举行茶会。……赴会者有中委蔡元培、李石曾，上海市长吴铁城，赈灾委员会委员长许世英，前司法行政部长魏道明，四行储蓄会总经理钱新之及丁福宝、宋梧生、杜定友、梁仁杰、何尚平、陆仲安、蔡无忌，外宾有法副领白里印佛罗、法国协会列洪、法文日报马格司斗等中外二百余人。主席蔡元培。（一）李石曾报告。（二）杨思奇夫人讲演。（三）吴铁城致词。（四）卢作孚讲演。（五）李石曾继续报告。（六）中国国际图书馆报告四项图书部位及册数。（七）蔡元培致闭幕

词。"(《申报》1935年5月25日)

5月25日 先后为俞寰澄之子、赵志游之女证婚。

"午后四时,为俞寰澄之子证婚于一品香。五时半,为赵志游之女证婚于新亚。"(本年《日记》同日)

5月27日 为王希隐编《清季外交史料》一书撰写序文。

"北平乃兹府关东店外交史料编辑处所编之清季光绪宣统两朝外交史料,多凡一百六十余册,异常精致,至全书编印之宗旨,在于集中史料,留备参考。近蔡元培氏为该书撰写序文云:前清外交文件,从未有系统之刊行,编史者涉及对外关系,每依赖外籍,辗转译述,辄多失实。今王君所编之《清季外交史料》,搜集勤劬,记载闳富,确能供及历史家以外交上贵重资料云云。"(《申报》1935年5月27日)

"北京乃兹府关东店外交史料编辑处所编行之《清季外交史料》,多凡一百六十四册,皆用连史纸精印,异常精致。至全书编印之宗旨,在于集中史料,灌输文化,纠正外籍之谬误,因应时代之需要,诚今日外交之信史也。蔡元培氏序文有云:前清外交文件,从未尝有系统之刊行,编史者涉及对外关系,每依赖外籍,辗转译述,辄多失实。今王君所编之《清季外交史料》,搜集勤劬,记载宏富,确能供给历史家以外交上贵重资料,而辅国内学界之缺憾云云。"(《申报》1935年6月)

同日 致函青岛市长沈鸿烈(成章),商请担任青岛海洋生物研究室部分经费。

"成章先生市长大鉴:径启者,太平洋科学协会……中国分会,于本年四月在京成立,并议决于厦门、定海、青岛、烟台四处,设立海洋生物研究室。除定海由本院、烟台由北平研究院,厦门由厦门大学分别主持外,青岛方面之研究室,托青岛观象台及山东大学会同筹备,已征得同意。惟其经费,正在筹商中。除山东大学允任该室每年维持费之半数及设备费之一部分(约二千元),计维持费每年尚缺六百余元,设备费尚缺五千元。凤仰执事关怀要政,拟请贵市府担任设备费二千五百元,又请每年担任经常费七百元,庶几青岛海洋生物研究室得以早日成立,于中国之海产及渔业前途,所关至巨。特此函商,并复计划书一纸,还希惠予助成,不胜企盼。……蔡元培敬启 五月二十七日"。(《致沈鸿烈函》同日)

同日 函谢生活书店赠书。

"径复者:蒙惠赠《世界文库》一书,谨以收到。极承厚谊,无任感谢,特此函复,诸维察照。此致 生活书店 蔡元培敬启 五月二十七日"。(《复生活书店函》同日)

5月28日 函谢世界书局总经理陆高谊赠书。

"高谊先生大鉴:接奉大函,并惠赠《中国药学大辞典》一部,内容甚美,尤便检查,翻读之余,至感厚谊。特此鸣谢……蔡元培敬启 五月二十八日"。(《复陆高谊函》同日)

5月29日 致函王云五,介绍出版沈涛编《德华会话》一书。

"云五先生大鉴:径启者,沈君涛系北大德文系毕业,曾在北平医大及浙大农工学院任德文教员,在浙江民政厅办德文文件,于德文效力颇深。兹编有《德华会话》一书,较□□□者为新颖,沈君甚愿售稿□□□□□,还希量予审定……蔡元培敬启 二十四年五月二十九日"。(《致王云五函》同日)

5月30日 出席鸿英图书馆董事会议。

"午后五时,鸿英图书馆董事会开会。"(本年《日记》同日)

同日 国民政府公布修正中央研究院组织法条文。

"国府公布修正中央研究院组织法第五条条文如下:中央研究院设评议会,由国民政府聘任之评议员三十人及当然评议员组织之,中央研究院院长及其直属各研究所所长,为当然评议员,院长为评议会议长。评议会条例另定之。"(《申报》同日)

5月 发表《对于读经问题的意见》一文,反对提倡中小学生读经的主张。(《教育杂志》第25卷第5号)

同月 为沈兼士书联一副。

"兼士先生正

天际晓山三峡路,雨中春树万人家。 蔡元培"。(蔡元培研究会藏影印件)

同月 为张润泉编著《人类生活史》作序一篇。(该书 正中书局1936年10月出版)

同月 为《暨中月刊》题写刊名。

"《出版委员会启事三》。本刊封面蒙蔡元培先生锡予鸿题,增光不少,谨此致谢。"(《暨中月刊》第5、6期合刊)

为《暨中月刊》题写刊名(1935年5月)

6月4日 致函胡适（适之）、任鸿隽（叔永），请考虑当局要求中基会允拨义务教育经费问题。

"适之、叔永先生大鉴：在沪晤叔永先生，已详谈，中基会对于义教经费之办法，弟个人觉有皮之不存，毛将焉附之感。既人人认义务教育为救国之第一策，政府亦于财政困难之际，将拨款数百万元以促成此举，其对于中基会之要求为数不多。……叔永先生曾有开一临时会之说，可否决行之？与叔永先生别后，又接有南京友人函（非教育当局），劝中基会允拨四十万元，认为善意的劝告，附闻。请酌行。……弟元培敬启 六月四日"。（《致胡适、任鸿隽函》同日）

6月5日 应上海大夏大学学生自治会之请，在该校发表题为《复兴民族与学生自治》的讲演。

"大夏大学学生自治会经各科院代表第一次代表大会，决议提案六项，民族复兴讲座为其中提案之一。本月五日下午四时，举行第一次公开讲演，敦请蔡元培氏担任揭幕礼，题为《复兴民族与学生自治》。首由该会研究干事黄瑞致介绍词并报告设立讲座之意义。词毕，〔蔡〕氏即将题分条缕述，发挥无遗，末由该校群育部主任顾名代表全体同学致谢词而散。"（《申报》1935年6月7日）

6月6日 偕夫人出席东方图书馆接受法国书籍赠送式。

"午后五时，东方图书馆行法国书籍赠予式，偕养浩去，在环龙路十一号，晤石曾及伯希和等人。"（本年《日记》同日）

"法国公益慈善会捐赠东方图书馆之法国书籍一千六百册，于昨日下午五时半，在环龙路十一号法公董局大礼堂，行赠受典礼，……参加典礼者，国民政府行政院长汪精卫代表褚民谊、上海市长吴铁城代表洪迻、蔡孑民、李石曾、伯希和、王景岐、伍光建、胡敦复、王思默、许世英、周仁、赵厚生、杨卫玉、陈和铣等三百余人。"（《申报》1935年6月7日）

6月7日 电邀蒋梦麟、徐诵明等列席中研院评议会会议。

"中央研究院院长蔡元培氏，以该院第一届评议会，定本月十六日在京举行，七日电蒋梦麟、徐诵明、梅贻琦等赴京列席。"（《申报》1935年6月9日）

同日 偕夫人赴世界学社听杨思奇夫人讲演。

"五时三十分，偕养浩赴环龙路十一号听杨思奇夫人讲东方歌唱中灵魂，分中国、日本、俄国三节；每节演讲后，均继以所听讲之国之歌唱，第一中国、第二日本、第三俄国。"（本年《日记》同日）

6月8日 出席中央研究院成立纪念会。

"午后二时，举行本院成立纪念会。……同事中有娴音乐者，如胡彦文（胡为子靖之子)之提琴与笛,齐荣翰之箫,吴学周之笙,卢于道之胡琴,钮步嵩之笛,各有演奏。所奏之笛,即物理研究所新制者。"(本年《日记》同日)

同日 函复史岩,售书稿事请与王云五直接接洽。

"径启者:大著《东洋美术史》欲售与商务印书馆一事,顷已得王云五先生来信,兹特将原信寄奉,希察阅。以后请与该馆直接接洽可也。此致 史岩先生。 蔡元培敬启 六月八日"。(《复史岩函》同日)

同日 为黄化成创制的旅行柜撰写《介绍书》。(蔡元培先生手稿)

6月9日 出席上海美专校董会议。

"五时,上海美专校董会在华安八楼开会。"(本年《日记》同日)

6月10日 出席上海市图书馆临时董事会议。

"午后五时,上海市图书馆临时董事会,通过设备费、第一年购书费及行政费预算,提议设筹办主任及筹办副主任,原则通过,人选由市长聘任。"(本年《日记》同日)

同日 致函教育部长王世杰(雪艇),请拨发国语教育促进会事业补助费。

"雪艇先生部长大鉴:径启者,目前全国国语教育促进会为建设国语事,呈请大部补助建设工作事业费,……现在会中编印事务正在进行,需款颇急,是项补助费甚望早日核准,或一次补助,或分期补助,数目不论多少,均盼惠予拨给。特再函商,诸维裁酌为感。……蔡元培敬启 六月十日"。(《致王世杰函》同日)

同日 致函绍兴姚慧尘,商请为四达制造厂注入股金。

"慧尘先生大鉴:径启者,四达制造厂,关系平民生计,赖省府及各股东热心维护,得以持久。本月三日,开股东会议议决:为充实厂中基础计,各股东按股出洋五百元,此后当益有希望。因念执事对于四达尤荷关切,此次所加五百元,可否先予惠下,为各股东倡,谅蒙允许。特代为函商,诸希裁酌为感。……蔡元培敬启 六月十日"。(《致姚慧尘函》同日)

同日 函复高平叔(乃同),敬谢代撰《教与学》一文。

"乃同我兄大鉴:接本月五日惠函,并寄来代撰《教与学》一文,用意甚善,文笔亦极条畅。惟其中'一部通书读到老'一句,不知出自何处?而吾乡旧称历书为通书,不敢使用,故删去之。原文已签名,仍随函附奉,烦代致该刊编者。敬谢代劳,乞恕掠美。……元培敬启 六月十日"。(《复高平叔函》同日)

六、大学院院长及中央研究院院长时代(1927—1940) 1213

与高平叔合影(1935年)

6月11日 作《赠严安君》一律。

"一代同文溯相斯,许君解说析群疑。穷原自是参周鼎,别体何曾采魏碑。急就奇觚甘众异,深藏良贾惹人知。等身著作名山业,挈引书家九达逵。二十四年六月十一日 培"。(启功 牟小东编《蔡元培先生手迹》)

6月12日 致函红十字会第一医院,商请为重症贫困儿童免费治疗。

"径启者:兹有童子叶湘荣,骤患重症,曾请贵院医治,经诊断后,认为必须住院。惟该童家中甚贫,其父曾在敝院服役,兹特代为函商,可否念其困难情形,量予免费,俾得速痊。想贵院仁心仁术,当有变通办法也,诸希酌裁为感。此致 中国红十字医院 蔡元培敬启 六月十二日"。(《致中国红十字会第一医院函》同日)

6月15日 应邀出席中国文化建设协会上海分会和上海读书竞进会会员联谊会,并有演讲。

"中国文化建设协会上海分会于昨日下午七时半,在市商会大礼堂举行会员联谊大会,请蔡元培氏莅会讲演。……蔡孑民氏演说略谓,今天参加文化建设协会上海分会及读书竞进会上海会员联谊会,非常高兴。上海读书竞进会员有如此之多,足见一般青年对于学术方面很愿意努力去研究,是一个很好的现象。自修是读书最好的办法,即在学校中读书,也重在学生自己的研究,不仅靠教师在讲堂上教授,英美法各国的大学大都如此。如牛津、剑桥大学,学生很少是在讲堂上读书的,教授是一种导师,告诉学生一个研究的方法,而由学生自己去研究的;即如中国以前有一种学院制,像江阴南菁书院一样,由院长指示学生一条路,由学生自己读书,到考的时候再会集起来考试;此次文化建设协会读书竞进会也是用导师制,采取英法各国导师制及中国过去学院制两者的长处,其收效一定很大,希各位努力研究云。"(《申报》1935年6月16日)

6月17日 自上海赴南京。

"唐有壬、蔡元培、傅汝霖、刘瑞恒、刘维炽、褚民谊等昨夜快车晋京。"(《申报》1935年6月18日)

同日 致函安徽省政府主席吴忠信(礼卿),为张平之谋职。

"礼卿先生主席大鉴:久不晤,遥企新猷,无任钦佩。兹有启者,北京大学毕业张平之兄,学识均优,办事亦极忠实,……素仰慕德辉,愿在指导之下有所尽力。如蒙鉴其成绩,委以相当职务,必能矢勤矢勇,不负期许。专此介绍……弟蔡元培敬启 二十四年六月十七日"(褚民谊附签)。(《致吴忠信函》同日)

6月19日 出席国民党中央政治会议第四六二次例会,会议讨论要案多项。

"中政会十九日晨八时开第四六二次例会。到汪兆铭、孙科、居正、于右任、吴敬恒、蔡元培、孔祥熙、何应钦、褚民谊、丁惟汾、王陆、王祺、周启刚、张道藩、段锡朋、焦易堂、唐有壬、曾仲鸣……汪兆铭主席,讨论要案多件,直至下午一时余方散会。"(《申报》1935年6月20日)

"八时,参加政治会议,对华北问题,何敬之有详细报告。"(本年《日记》同日)

同日 主持中央研究院院第一届聘任评议员选举预备会。

"二十四年六月十九日遂举行首届聘任评议员选举会之预备会。……由蔡院长主席。当时议决:(一)各科目聘任评议员人数之分配。……(二)选举聘任评议员之标准。……(三)评议员候选人之推举。为选举便利起见,议决由主席指定蒋梦麟、梅贻琦、周鲠生三人推举评议员候选人。"(《国立中央研究院首届评议会第一次报告》)

同日 晚宴请各大学校长。

"晚七时,开中央研究院评议会选举会,留各校长晚餐。到者蒋梦麟、徐诵明、李蒸、梅贻琦、赵琦、陈剑翛(代表罗家伦)、周鲠生(代表王星拱)、陈大齐(代表王兆荣)、翁之龙、郭任远、居励今(代表邹鲁)。"(本年《日记》同日)

"中央研究院院长蔡元培十八日晨由沪抵京后,十九日晚宴请国立各大学校长,到蒋梦麟、罗家伦等多人,商谈该院评议会聘任评议员选举各事,二十日将正式选举三十人,呈国府任命。"(《申报》1935年6月20日)

6月20日 主持中央研究院聘任评议员选举会议。

"中央研究院二十日上午开聘任评议员选举会。出席蔡元培、各国立大学校长或代表等十四人。蔡院长主席。选举结果如下:(一)物理:李书华、姜立夫、叶企孙。(二)化学:吴宪、侯德榜、赵承嘏。(三)工程:李协、凌鸿勋、唐炳源。(四)动物学:秉志、林可胜、胡经甫。(五)植物学:谢家声、胡先骕、陈焕庸。(六)地质:丁文江、翁文灏、朱家骅。(七)天文:张云。(八)气象:张其昀。(九)心理:郭任远。(十)社会学:王世杰、何廉、周鲠生。(十一)历史:胡适、陈寅恪。(十二)语言:赵元任。(十三)考古:李济。(十四)人类学:吴定良。"(《申报》1935年6月22日)

同日 主持故宫博物院常务理事会议。

"午后五时,故宫博物院常务理事会在行政院开会。"(本年《日记》同日)

"故宫博物院理事会二十日假行政院开第五次常会。到蔡元培、褚民谊、王世杰、蒋梦麟、李济、马衡、葛敬猷。蔡元培主席。议决:(一)通过文物点收及整理办法、文物点收委员会规则、文物分类整委会规则,及专门委员会章程。(二)马衡提存平沪文物整理与点收,同时进行,分类集中、审查,并拟定办法三项,请公决案。决议,通过。(三)决议仓库工程委员会,由马衡召集会议,决定施工计划。……"(《申报》1935年6月21日)

同日 撰写《杨芝麟夫妇家传》。(蔡元培先生抄留底稿)

6月21日 与中央委员一起公祭廖仲恺。

"中央及军校暨京各机关团体,二十一日晨先后在灵谷寺公祭先烈廖仲恺……八时至九时为中委致祭,叶楚伧、汪兆铭、孙科、于右任、何应钦、周启刚、柏文蔚、唐有壬、蔡元培、覃振……先后往祭。叶楚伧主祭,领导行礼,献花圈,宣读中执监会祭文。"(《申报》1935年6月22日)

同日 致函驻荷兰公使金问泗(纯儒),请筹措经费出版黄昌怀编《华荷大辞典》。

"纯儒仁兄大鉴:径启者,黄君昌怀系荷兰来丁大学法政学士,通晓荷、英、德、法、□、马、□、爪哇各种语文,近撰《华荷大辞典》,搜罗成句极多,有相当价值。黄君意欲印行,以利学者。谨为介绍于台端,还希披览审查。倘蒙嘉许,并望惠予设

法,筹措刊费,俾得出版,不胜感荷。……蔡元培敬启 六月二十一日"。(《致金问泗函》同日)

6月23日 自南京回上海。

"蔡元培氏,前入京出席中央研究院评议会选举会,业于昨晨七时十五分公毕抵沪。下车后,即径返愚园路私寓休息。"(《申报》1935年6月24日)

6月24日 函复上海市教育局长潘公展,奉告不能担任特别讲演。

"公展先生局长大鉴:接奉大函,以贵局自七月八日起,分别举行第五届市立小学教员暑期学校及第三届私立立案小学教员暑期讲习会,嘱担任特别讲演,至荷雅意。惟弟于七月初旬,即须离沪,是项讲师,不克担任。恐劳悬注,特此复闻。……蔡元培敬启 六月二十四日"。(《复潘公展函》同日)

6月25日 出席商务印书馆股东会议。

"午后四时,商务印书馆股东会。"(本年《日记》同日)

6月26日 致函中央大学校长罗家伦(志希),介绍李肇义可任经济学教员。

"志希吾兄校长大鉴:径启者,广东李肇义君留法八年,专研究经济学,其毕业论文即为关于中国古代之经济思想者。现已归国,愿在大学任教课,以收教学相长之益。如贵校尚需要经济学教员,李君堪备延揽,特为介绍。……弟蔡元培敬启 六月二十六日"。(《致罗家伦函》同日)

同日 函谢顾燮光(鼎梅)赠书。

"鼎梅先生大鉴:手书敬悉。承赐《关中石刻文字新编》一部,《译书经眼录》五部,均由科学仪器馆递到,远蒙嘉惠,无任感谢。……蔡元培敬启 六月二十六日"。(《复顾燮光函》同日)

6月27日 出席上海美术专科学校欢迎刘校长回国及第十六届毕业式。

"午前十时,参加美专之欢迎刘校长返国会及第十六届毕业式。"(本年《日记》同日)

"本市美术专科学校,于昨日上午十时在艺海堂举行欢迎刘校长归国及新制第十六届毕业,附属成美中学第一届,毕业典礼。计到市党部代表王龙章、市教育局代表聂海帆、主席校董蔡元培、校长刘海粟、副校长王济远及全校教职员学生来宾等约五百余人。首由王副校长致开会词并欢迎刘校长词,嗣即请刘校长报告欧游经过,旋由主席校董蔡元培给专科毕业生文凭。……"(《申报》1935年6月28日)

上海美专第十六届毕业典礼(1935年)

同日 为张树源(伯远)证婚。

"午后四时,为菊生之侄伯远证婚于新亚,女子为许九香之女,从夏剑丞习画。"(本年《日记》同日)

6月28日 接待刘海粟来访。

"海粟来,留德文各报对于中国现代画展之批评三册,又 The Studio 一册。"(本年《日记》同日)

6月29日 致函浙江省高等法院院长郑文礼(烈荪),请对冯子仪等出卖会产案秉公判决。

"烈荪先生院长大鉴:径启者,冯子仪等因卖会产与冯堪等涉讼一案,闻已由最高法院发回贵院更审,谅正在察核中。闻冯子仪等出卖会产,系由已故会长冯萱庵召集开会议决,冯堪等少数,当时不出席,事后反对。果如此说,则冯堪等未免无理取闹。还祈审核后秉公判决,不胜感荷。……蔡元培敬启 六月二十九日"。(《致郑文礼函》同日"

6月 为《现代父母》月刊题词。

"儿童年特刊 少者怀之 蔡元培题(印)"。(《现代父母》第3卷第6期)

7月1日 为叶青、尉素秋证婚。

"午后五时,为叶青、尉素秋证婚于青年会。叶君,四川人,治科学、哲学,有著作在辛垦书店出版,并主持《研究与批判》等杂志。拟印行自然科学、社会科学丛书,并建设思维科学。尉君,江苏砀山人,毕业于中央大学国文系。所作诗词颇清丽,曾在《研究与批判》上发表。"(本年《日记》同日)

同日 在大夏大学学生自治会的演说词——《复兴民族与学生自治》——发表。(上海《晨报》同日)

7月2日 国民政府聘任中央研究院选举的第一届评议员。

"国立中央研究院评议会首届聘任评议员,自经该院召集之选举会选出李书华等三十人,呈请国府聘任,政府已于二日发表聘书……"(《申报》1935年7月3日)

7月3日 函谢程海峰赠书。

"海峰先生大鉴:接奉大函,并惠赠日内瓦总局长伯勒特氏所著局长报告书一册,至荷盛意。特此鸣谢,并希转谢总局长为感。……蔡元培敬启 七月三日"。(《复程海峰函》同日)

同日 函复欧阳渐(竟无),愿遵嘱介绍《藏要》。

"竟无先生大鉴:接奉手书,敬悉《藏要》二辑藏事,开始预约,欣佩无量。谨当遵嘱介绍,借广流通。先此奉复……蔡元培敬启 七月三日"。(《复欧阳渐函》同日)

7月4日 撰写《我青年时代的读书生活》一文。

"应李公朴之属,为《读书生活》杂志写《我青年时代的读书生活》一文。"(本年《日记》同日)

7月5日 收阅孙中山手书《建国大纲》,拟为题词。

"黎照寰以孙中山先生手书《建国大纲》见示,为哲生索题词。"(本年《日记》同日)

同日 致函王云五,请与陈德荣洽定译书委托书。

"云五先生大鉴:径启者,贵馆万有文库中,Lecky: History of European Morals一书,陈君德荣意欲翻译,曾与执事一度商洽。……此次愿译之书,倘蒙允诺,还希早予翻译委托书,俾有准备,不胜感荷。特为函达,诸维裁酌。……蔡元培敬启 七月五日"。(《致王云五函》同日)

7月7日 为汤兆恒、许士瑄证婚。

"午后五时,为汤兆恒、许士瑄证婚于新亚。兆恒为少荣之子,习电机;士瑄为

季茀之女,中央大学经济系毕业。"(本年《日记》同日)

7月8日　函复梁伯枝,应允担任评阅试卷。

"伯枝先生大鉴:接奉大函,借谂贵公司顾念商店店员及其子弟,拨资奖学,至佩热忱。承嘱评阅试卷,谨当担任,并愿遇机赞助。特此奉复,诸希察照。……蔡元培敬启　七月八日"。(《复梁伯枝函》同日)

7月9日　致函国民党中央党部秘书长叶楚伧,请资助雷导哀留学经费。

"楚伧先生大鉴:径启者,月前为雷导哀留学经费事,曾由汪精卫、居觉生两先生及弟呈请中央,请量予拨款玉成,迄今尚未奉批示,想正在裁酌中。雷君在外候命,因生活困难,精神不安,酿成疾病,深望中央早予资助,俾痊愈即可出国求学。兹特为函达于台端,务希悯念有志青年,促成其事。……蔡元培敬启　七月九日"。(《致叶楚伧函》同日)

"导哀世仁兄大鉴:手书诵悉。知正在病苦之中,甚念。楚伧先生处,已为致函,请其促成,想可为力。还希静心调养,勿过忧思为要。……蔡元培敬启　七月九日"。(《复雷导哀函》同日)

7月10日　对中美庚款会迟迟不补发义教经费,极表愤慨。

"二十四年度实施全国义教经费,除由中央列入国家预算二百四十万,又另列边疆教费五十万元,由教部商请中英、中法、中美、中比四庚款会合予补助之八十万元,除中英等会经决定各补助一部分外,中美庚款会迄未决定,闻该会董事长蔡元培、董事丁文江,以该会迟迟不决定极表愤慨,现已提出辞职。"(《申报》1935年7月11日)

7月12日　出席世界文化合作协会中国分会会议。

"五时,世界文化合作中国协会开会。"(本年《日记》同日)

7月18日　作《现代儿童对于科学的态度》一文。

"为《科学画报》作《现代儿童对于科学的态度》。"(本年《日记》同日)

7月19日　分别致函余青松、陶孟和,转请解答经纬度及物价指数算法问题。

"青松先生大鉴:径启者,山东堂邑县纂修县志,由总纂李君瑞阶寄来新志拟定目录,颇能推陈出新。其中有县址经纬度一目,李君询及如何算法。兹特为转询台端,还希详为指导。便希示复以便转达为感。……蔡元培敬启　七月十九日"。(《致余青松函》同日)

(同日《致陶孟和函》,除有"李君询及物价指数如何算法"一句不同外,其余内容与《致余青松函》相同。)

同日　函复张元济(菊生),蒋竹庄、陈巨来事均已接洽办理。

"菊哥大鉴:迭奉两函,敬悉一切。蒋竹庄兄事,已由郑振铎院长与之接洽,每星期有六时教课。陈巨来君事,已为致函吴铁城市长,请其交图书馆筹备处,俟得

复奉闻。……弟元培敬启 七月十九日"。(《复张元济函》同日)

7月20日 主持欢庆刘海粟等赴欧举办中国美术展览成功宴会,并有演讲。

"柏林中国美术展览会筹备委员会,以代表刘海粟此次赴欧播扬艺术,极为各国朝野所敬崇,对于欧洲学术界影响之大,震撼之深,前所未有,贤劳卓著,载誉东归。……筹委会昨假座华安大厦八楼欢宴刘代表,并请报告展览经过。到会人士蔡元培、李石曾、叶恭绰、吴铁城、李大超、王震、黄伯樵、钱新之、潘公弼、潘序伦、刘海粟、黄宾虹、张树仁、王济远、谢公展、张泽、吴东迈、王个簃、郑午昌、许征白、鄢克昌、马崇淦、李子宽、钱沧硕等数十人。七时入席,首由主席蔡元培报告,称刘海粟先生此次代表吾国,赴德举办中国现代画展,获得无上光荣与极大成功,在柏林展览会后,引起各国之注意。一年间,在欧巡回展览千余处,震动全欧,使欧人明了吾国艺术尚在不断地前进,一变欧人以前之误会,大斛对刘先生表示敬意。……"(《申报》1935年7月22日)

7月24日 题恽寿平《南田花卉册》。

"右花卉十页,于工细之中,富生动之趣,设色尤恰到好处,允为南田经意之作,备宫灯用,故无题句。旧藏徽州朱氏,近为衣萍先生所得,拟付影印广传,公诸同好,诚美意也。

二十四年七月二十四日与内子周峻同观,因题。"

7月25日 出席上海美专董事会议。

"六时,上海美专开校董会议。"(本年《日记》同日)

7月26日 致函徐韦曼(宽甫),请酌定宴请中央研究院各所所长酒馔。

"宽甫先生大鉴:在君先生将来(闻二十七日来),而庄丕可、汪缉斋两所长已到,拟于二十八、九等日,在院中宴请丁、庄、汪先生一次,请先生及在沪各所长作陪。弟足疾渐愈,亦可到。定时刻及发帖、定菜等事,均请先生酌定可也。……弟蔡元培敬启 七月二十六日"。(《致徐韦曼函》同日)

同日 与李石曾等发起建立黄兴(克强)纪念馆。

"晚,石曾招饮,座有覃理明,同发起黄克强先生纪念馆,附入国际图书馆中,由湖南同乡认三单位至五单位(每单位四千元)。拟推黄宗汉、覃理明、周道腴、何云樵、何雪竹为创办人。"(本年《日记》同日)

7月27日 被聘为上海市博物馆临时董事会董事。

"本市博物馆建设工程,现已工竣,业经市政府聘定叶恭绰、程演生、黄宾虹、徐积馀、马衡、蔡元培、王一亭、狄平子、吴湖帆、程霖生、何遂、黄修甲、柳亚子、商承祖、俞鸿钧、潘公展、沈怡、蔡增基、董大酉、李大超为博物馆临时董事会董事。董事会并已召集会议,决定成立伊始,首重历史与美术两门。"(《申报》1935年7月27日)

六、大学院院长及中央研究院院长时代(1927—1940) 1221

同日 主持上海市图书馆临时董事会议。

"午后五时,在院召集市图书馆临时董事会。"(本年《日记》同日)

同日 致函教育部高教司长黄建中(离明),索取海外留学补助章程。

"离明吾兄大鉴:兹有郁达夫先生之侄女,毕业于北平大学艺术院美术系,拟留学法国,欲请求教育部补助,未悉补助章程如何。兹特为函询于吾兄,可否将该章程摘要录示,以便转达,不胜感荷。……蔡元培敬启 七月二十七日"。(《致黄建中函》同日)

7月29日 函复詹姆斯·M.普鲁默,所寄资料收到。

"普鲁默先生:本月十五日的来信及关于浙江、福建两省古代瓷窑遗址的资料,均已收到。当我们的工程研究所沿用相同途径,在研究陶瓷制造方面作了一些勘察工作时,您的资料对我们有很大的价值。周仁所长对古代陶瓷制造很有兴趣。他目前在广西参加中国科学社的年会,八月底回上海。届时我将您的信交给他,并请他和您联系。中央研究院院长"。(《复普鲁默函》同日)

7月30日 由银行汇还李吉生银币一百元。

"由中国银行汇还银币百元于李吉生。"(本年《日记》同日)

"李守楚(吉生)来,持一光绪二十二年十一月之凭票付洋一百元之条,是我手写而签名画押的。我嘱其姑留此条,我当即行寄还,换取之。彼言本为缴还此条而来,要我无条件收回,惟愿为推荐一小职而已。……"(本年《日记》7月4日)

同日 函告罗家伦(志希)叶楚伧到沪情况。

"志希吾兄大鉴:前接惠函,告叶先生来沪事,甚感关切。叶先生已来过,曾畅谈,渠甚注意于六中会议以前之准备,大约目前尚不是极端紧张也。承注特闻……弟蔡元培敬启 七月三十日"。(《致罗家伦函》同日)

同日 函谢陆征祥(子欣)赠送印刷品。

"子欣先生大鉴:承颁寄请帖及徐文定公遗像暨印刷品,均敬收悉。远承记注,无任欣感。并谂动定胜常,研究不倦,道心益固,乐境弥宽,至深企祝。专此复谢,诸希蔼照。……蔡元培敬启 七月三十日"。(《复陆征祥函》同日)

7月31日 函请北京大学校长蒋梦麟,延聘白雄远回任北大体育教职。

"梦麟吾兄校长大鉴:径启者,白雄远君,前在北大办理体育、军训,甚具经验,学生方面,感情亦洽,在校历史已久,以担任他机关事务辞职,谅蒙察忆。兹闻北大体育会主任王君辞职,未知确否?白君甚思回校担任体育之事,特为函介,还希酌裁延揽,至深感荷。……蔡元培敬启 七月三十一日"。(《致蒋梦麟函》同日)

书赠白雄远(锦涛)字画

7月 发表《慈幼的新意义》一文。(《现代父母》第3卷第6期)

同月 《教与学》一文发表。(《教与学》月刊第1卷第1期)

同月 《现代儿童对于科学的态度》一文发表。(《科学画报》本年7月号)

8月1日 分别致函教育部长王世杰(雪艇)、司法行政部长王用宾,请给予广东法科学院经费补助。

"雪艇先生部长大鉴:径启者,国立广东法科学院,因经费短少,向赖学费收入以为挹注……困难万分。近闻该院长曾如柏派员至大部请求补助费,实出于不得已。甚望念及该院为总理所首创,俯允补助,俾可支持,且得遵令改善,不胜感荷。……蔡元培敬启 八月一日"。

(致司法行政部长王用宾函内容与致王世杰函相同)(《致王世杰、王用宾函》同日)

同日 致函朱家骅(骝先),请于中英庚款内量予广东法科学院经费补助。

"骝先先生部长大鉴:径启者,国立广东法科学院为总理所首创,历年办理,不敢懈弛。惟因经费短少,设备方面,未能积极扩充。今年奉部令增加设备,亟须遵行,拟先从图书馆着手,力谋充实。近闻该院长曾如柏派员晋谒台端,恳在中英庚

款内酌拨巨款,谅荷赞许。还希量予补助,俾得广购图籍,不胜感幸。……蔡元培敬启 八月一日"。(《致朱家骅函》同日)

同日 函请辞卸北平孔德学校校长职。

"径启者:元培现已衰老,不能尽孔德学校校长之责任,谨此告辞,请改选能者任之。附奉启事一通,请鉴。此上 北平孔德学校校董会 蔡元培敬启 二十四年八月一日"。(《致北平孔德学校校董会函》同日)

8月2日 函请沈鸿烈(成章)协助王济远举办个人画展。

"为济远致沈成章一函,托招呼个人展览会。函由济远携去。"(本年《日记》同日)

同日 请马祀光代作题费荫普《秋灯课子图》。

"秋焰一灯小,书声半夜高。孤儿赖慈母,弱腕试柔毫。差喜门楣大,难忘坎坷遭。披图凝想久,何以报劬劳。"(蔡元培先生抄留底稿)

8月3日 送刊《追悼曾孟朴先生》一文。

"以《追悼曾孟朴先生》一文,送《大晚报》。"(本年《日记》同日)

8月5日 向高乃同(平叔)述一九一九年以来的经历。

"乃同到院,询民国八年后我之经历,笔记之。"(本年《日记》同日)

8月6日 所撰《中国新文学大系总序》脱稿。

"《中国新文学大系总序》脱稿,交虎臣抄之。"(本年《日记》同日)

8月8日 阅评蒋维乔(竹庄)作《中国教育会之回忆》一文。

"竹庄先生大鉴:奉五日惠函,并大著《中国教育会之回忆》,所记旧事,半为弟所不能记忆者,非有先生此文,中国教育会之陈迹,不免湮没矣。弟所怀疑者三点,志于上方(已改正——作者),请酌之。……弟元培敬启 八月八日"。①(《东方杂志》第33卷第1号)

8月9日 赴青岛探视行政院长汪精卫。

"中委蔡元培氏定于今晨九时,乘坐招商局海宁轮赴青岛,探视在青疗养之行政院长汪精卫氏,并悉蔡氏与中央党部秘书长叶楚伧氏,此次先后赴青,均含有中央之命,恳切慰留汪院长云。"(《申报》1935年8月10日)

8月10日 偕夫人及男女公子赴青岛避暑,行前于轮次对记者发表谈话。

"中委蔡元培氏,十日上午九时,偕夫人及男女公子各一人,乘坐招商局之海亨轮离沪赴青,预计十一日傍晚,当可到达。蔡氏行前,在轮次接见各报社记者,据谈:本人此次赴青,系属原订之计划,前定上月二十七日启行,嗣以未购得船票,乃

---

① 此处"作者"二字系指蒋维乔。

展缓至本月三日,拟坐太古之盛京轮启行,亦以船票售罄,临时中止,是故直至今日始得成行。此次赴青,系属游览,预定在青两周之勾留,下月初南返。盖因中央研究院第一次评议会,定于九月七日在京召开,必须赶回出席也。汪院长此次呈请辞职,中央得系本人赴青,故托由京来沪之友人,转达嘱往挽留,如因病尚未复原,中央自可予以相当时日之假期,俾得休养。六中全会,定于九月二十日在京召开,通知书业于七日发出,会期大约一星期。关于五全大会召开之日期,六中全会中当提出讨论。至于前定十一月十二日在京召开非确定之日,须待提交六中全会通过之后,始可确定。"(《申报》1935 年 8 月 11 日)

  同日 在船上,同该轮职员谈招商局进步状况及时局。

  "九时,携眷属登海亨轮赴青岛。送上船者:季苏姻叔、张其浚兄、雷清尘女士、君敏内表弟。……午后二时,船中职员要求谈话,稍谈招商局进步状况及时局。"(本年《日记》同日)

  8 月 11 日 抵青岛,寓平原路十二号。

  "蔡元培偕眷十一日午后五时半由沪乘海亨轮抵青,各机关长官均在码头欢迎。蔡住平原路十二号,定十二日午后晤汪,面致中央慰留诚意。"(《申报》1935 年 8 月 12 日)

  "午后五时到青岛。接者:梅垞夫妇、邢契莘夫妇、胡秀松秘书长、雷法章局长……"(本年《日记》同日)

  8 月 12 日 走访汪精卫及沈鸿烈市长。

  "访精卫。访沈市长、胡秘书长、雷局长。皮松云来。"(本年《日记》同日)

  8 月 16 日 赴沈鸿烈市长及其夫人晚宴。

  "晚,沈市长及夫人招饮于迎宾馆,我等五人均往,座有马寅初一家、陆渭渔及其一女一子、刘梅垞。"(本年《日记》同日)

  8 月 18 日 马衡(叔平)到青岛,会见蔡先生,谈蔡先生辞故宫博物院理事事。[①]

  "叔平寓东海饭店二一六号,为我辞故博理事特来,定于星期二回平。"(本年《日记》同日)

  同日 呈文行政院,请续拨"柏林中国美术展览会筹备会"费用八千元。

  "柏林中国美展会筹会主席蔡元培呈行政院,以我国赴德展览现代绘画,业已竣事,于联络邦交,播扬文化,均有借助,除已蒙拨三万九千余元之外,所有筹垫之款及预备编辑展览成绩刊物,拟共请续拨八千元,以便结束。"(《申报》1935 年 8 月 19 日)

[①] 蔡先生在本年 7 月 31 日《为辞兼职并停写介绍信启事》中,提出辞"故宫博物院理事及理事长"等职。

8月20日 为《新青年》重印本题词。

"题《新青年》重印本数语,寄钱化佛。"(本年《日记》8月23日)

"《新青年》杂志为五四运动时代之急先锋。现传本渐稀,得此重印本,使研讨吾国人最近思想变迁者有所依据,甚可喜也!二十四年八月二十日 蔡元培"。(《新青年》重印本1936年9月出版)

8月23日 致电蒋介石,请其令宪兵病院迁出南京朝天宫,以建故宫博物院仓库。

"得马叔平电,询可否再电蒋委员长,请其催宪兵病院迁出朝天宫。"(本年《日记》8月22日)

"致蒋介石电。故宫博物院拟建仓库之朝天宫,前承电饬各军事机关迁让,至感。惟现宪兵病院尚未商妥,如蒙申令早迁,不胜感荷。"(本年《日记》同日)

8月25日 与于右任联名代订罗钝翁书画润例。

"《罗钝翁书画润例》

书例 堂幅四尺四元 五尺六元 八尺十元 横幅照直幅 楹联照堂幅 自撰长联酌加

屏条每条照堂幅减半 纨折扇每柄二元 册页一元见方每页二元

手卷每尺二元(高以一尺为度) 榜书每字一尺六元 一尺以上递加

寿屏八尺每条五元 画例墨梅照书例加倍 润例先惠 磨墨加一 约日取件

蔡元培 于右任代订"。(《东南日报·特种副刊》同日)

8月27日 与邢契莘夫妇同游靛缸湾等处。

"邢君夫妇于十一时偕我等往北九水,在该处饭店午餐。……复往靛缸湾看瀑布,游人颇多。途中遇叶企孙,又遇上海银行分行经理王君及副理奚君,遇太古公司经理张君及副理苏君及其眷属。"(本年《日记》同日)

8月30日 函请行政院将徐锡麟墓地与公园打通。

"致精卫函,附去徐伯荪先烈墓地与公园打通呈文。"(本年《日记》同日)

8月31日 往山东大学。

"到山东大学,晤太侔夫妇、松云、王韵声、严济慈等。"(本年《日记》同日)

同日 赴青岛市政府胡秘书长晚宴。

"晚,胡秀松秘书长招饮可乐地,座有赵太侔夫妇、邢夫人、皮松云、杨荓康诸君。"(本年《日记》同日)

9月1日 撰写英文《中国年鉴》前言。

"印行完全由中国人编辑的英文《中国年鉴》,是为了适应广大英文读者长时期来的需求。正如出版者以思想独立著称一样,本书也可因所载内容的资料确实性而自豪。

须加以说明的是,书中大多数篇章,是那些在各自专业上卓著成绩和学识渊博的著名专家特为本书撰写的。我们愉快地给读者列出为本书撰文的作者,并借此机会,为他们的学术贡献公开表示谢意。出版者特别感谢财政部长孔祥熙博士,他为编印本书作了不懈的努力。同时,也向商务印书馆总经理王云五先生致以谢意。他以其所主持的巨大的出版企业,为我们提供了印刷便利。更需要深切感谢的,是已故史量才先生——我们的前任社长,这个事业的最早发起人之一。他为本书作出的宝贵贡献,是我们铭记不忘的,他于一九三四年十一月十三日悲惨逝世,不仅对于英文《中国年鉴》,而且对于中华民族,都是一种无可估量的损失。

一九三五年九月一日 蔡元培"。(The Chinese Year Book 1935—1936,商务印书馆 1936 年出版)

9 月 3 日 出席中国物理学会第四届年会。

"中国物理学会第四届年会,决定本年在青举行后,当经推由山东大学物理学教授王恒守为筹备委员长,负责筹备一切,会期定为三日(九月三日—五日)。各地委员参加者共三十余人,均于期前到青,下榻山东大学。本日(三日)上午八时举行开幕式于山东大学之科教馆,除全体会员外,来宾参加者有中央研究院院长蔡元培、青岛市长沈鸿烈、胶路委员长葛光庭、山东大学校长赵琦等。北平研究院院长李书华主席。行礼如仪后,首由主席报告开会宗旨……蔡元培致词中,对物理二字之意义,详加解释;对物理学关系之重要,亦多阐述,希望物理学会多参加国际间之物理研究,使工作效能提高,并力求普及,以其促进我国物理学之进步。"(天津《大公报》1935 年 9 月 5 日)

9 月 5 日 自青岛赴南京。

"蔡元培五日晚乘车离青。据谈,此行系返京出席中央研究院评议会及六全会,会后仍来青。"(《申报》1935 年 9 月 6 日)

9 月 7 日 抵南京,主持中央研究院评议会成立会,并举行评议会第一次会议。

"八时到浦口。孟馀有一专船,约我等同乘,先渡江。十时,本院评议会开会,季陶代表党部,精卫代表政府,均致词。午后,规程起草委员会及提案审查委员会,分别开会。晚七时,精卫宴请诸评议员于外交部。"(本年《日记》同日)

"中央研究院七日晨十时,举行首届评议会成立会,蔡元培特由青岛赶来主持。到李书华、王世杰等三十五人。中央派戴传贤、国府派汪兆铭出席。蔡领导行礼,报告后,戴、汪致词,……旋即开首次会,推丁文江为该会秘书,李润章等七人为规程起草委员,王世杰等二十人为议案审查员。正午散会。下午三时两委员会分别开会,议案共七件,审查后定八日提出讨论。"(《申报》1935 年 9 月 8 日)

9 月 8 日 主持中央研究院评议会第一次会议,表决各规程草案。

"九月八日续开大会,由规程起草委员会主席李书华报告起草之:(一)评议会议事规程。(二)处务规程。(三)选举规程。经主席将各草案逐条付表决。"(《国立中央研究院首届评议会第一次报告》)

"午前九时,评议会开会,所起草各规程及业经审查之提案,均修正通过。"(本年《日记》同日)

9月9日 主持中国日食观测委员会临时会。

"中国日食观测委员会,九日下午开临时会,到会长蔡元培、高鲁、李书华等八人。由蔡主席。决议,明年六月十九日全食,决定参加苏联观测,并通知苏联科学院,请将观测计划通知该会。"(《申报》1935年9月10日)

9月10日 主持中央研究院院务会议,讨论修改院务规程等案。

"中央研究院十日晨开院务会,出席蔡元培、丁文江及所属研究所所长等十余人。由蔡主席报告院务后,即讨论修改院务规程等案,正午散会。"(《申报》1935年9月11日)

"九时,本院院务会议。午后三时,院务会议继续会议,五时毕。"(本年《日记》同日)

9月11日 出席国民党中央政治会议及蒙藏学校审查会议。

"中政会十一日举行第四七四次会议。到汪兆铭、叶楚伧、居正、孙科、陈果夫、孔祥熙、褚民谊、朱家骅、陈公博、茅祖权、焦易堂、洪陆东、蔡元培等三十余人。居正主席。决议要案:(一)通过省市铨叙委员会组织法原则三项。(二)通过兼任两种官职之公务员惩戒事件:管辖及惩戒处分适用标准两项。……"(《申报》1935年9月12日)

"午前八时,中央政治会议开会。会毕,开蒙藏学校审查会。偕书贻往灵谷寺啜茗,知立夫病,以仙槎所嘱语托书贻转告之。"(本年《日记》同日)

同日 出席故宫博物院第六次常务理事会议。

"故宫博物院理事会,十一日下午在政院开第六次常务理事会,蔡元培、王世杰等均出席,讨论要案多件,至七时半散会。"(《申报》1935年9月12日)

9月12日 蒋梦麟、段锡朋(书贻)、罗家伦(志希)等北大师生向蔡元培先生赠屋祝寿。

"书贻、志希、剑翛同来,贻一函,其词如左(略)。

我谨受之,其建筑进行已由段君等以各地发起人名义,函托周子竞、丁巽甫、宋梧生三君办理。"(本年《日记》同日)

同日 自南京返青岛。

"午后五时三十分,渡江至浦口,送者在君、巽甫、志希、叔平等。汪泽魏到车上送。"(本年《日记》同日)

9月14日 抵达青岛。

"蔡元培十四晨由京来青。据谈:予为料理私务,特再来青一行,稍留即返京,以便出席六全会。"(《申报》1935年9月15日)

9月20日 所作《中国新文学大系总序》一文,邮寄赵家璧。

"致赵家璧函,附去《中国新文学大系总序》。"(本年《日记》同日)

"这年夏天,蔡先生避暑青岛。总序原稿由邮局挂号寄来。他还另写了一封亲笔信,信中表示天气炎热,交稿期比预约的略迟几天,希望不致影响全书的出版期。序文长达二万字。结尾处说:自五四运动以来,不过十五年,但是我国历史、现代环境,督促吾人,不得不奔逸绝尘的猛进。吾人自期,至少应以十年的工作,抵欧洲的百年。"(赵家璧:《想起蔡元培先生的一个遗愿》)

9月21日 访会邓仲纯夫妇。

"晚,访邓仲纯夫妇,并晤其二女,其大女出近画扇面三页及隶书屏四张见示。"(本年《日记》同日)

9月25日 勘定高乃同所编之《孑民文存》书稿目录。

"我在寓勘定高乃同君所草之《孑民文存》目录,除大多数可入选者,著以○于目上外,其须阅订始定者,以'点'志之,计:(一)临时教育会议开幕词。(二)赴参议院宣布政见演词。(三)全国教育会议开会词。(四)普通教育与职业教育。(五)对于勤工俭学会之通告。(六)全国教育会所议决之学制系统草案评等,共六首。……决删者,以△志之,计:(一)养成优美高尚思想(在城东女学演讲)。(二)大战与哲学。(三)怎样推行国历(尚可修改)。"(本年《日记》同日)

9月26日 邮寄《孑民文存》目录及《传略》(下)纪录稿等于高乃同。

"致高乃同函,附去文存目录两份,孑民事略续编稿一份,快照的相片一张,又寄广益书局《蔡元培言行录》一册于乃同,均挂号。"(本年《日记》同日)

9月27日 赠全国运动会奖品捐二十元。

"致雷清尘函,托代付全国运动会奖品捐二十元。"(本年《日记》同日)

9月28日 再函请辞鸿英基金会董事。

"径启者:接奉惠函,承垂爱,至深感纫。元培衰老,不能兼任多务,具述前函中。虽承格外原谅,许以委托代劳,然与其虚挂名称,不若明白引退。自愧年来对于会务甚少贡献,此后之无从尽力可知,确定不能继续担任。特再函辞,有负盛意,惭悚奚似。此致

鸿英 寿同 宝纶 秋帆 问渔 金荣 吟江 任之 孔家 新之 月笙 藕初 信卿 文翰先生 蔡元培敬启 九月二十八日"。(《复鸿英基金会董事会函》同日)

9月29日 应王云五之请,为《读书指导》(丛刊)作序一篇。

"得王云五函,并《读书指导》一本,索序,须于十月一日以前缴稿。"(本年《日

记》9月28日）

"看《读书指导》，作序一首。"（本年《日记》同日）

9月30日 以《〈读书指导〉序》一文寄王云五。

"以《〈读书指导〉序》寄云五，并告以地质学、天文学、农学、词的研究四篇，不甚好，可于再版时抽换。"（本年《日记》同日）

同日 由马祀光代作刘伯温祠堂楹联一副。

"旦初先生大鉴：手书读悉。嘱书刘伯温祠堂楹联，义不敢辞。请将样纸寄来，以便有暇书写。专此奉复……蔡元培敬启 七月三十一日"。[《复陈旭（旦初）函》同年7月31日]

"刘伯温祠联：时事造英雄，帷幄奇谋，功冠有明一代；庙堂馨俎豆，枌榆故里，群瞻遗像千秋。"（本年《日记》同日）

9月 为姜豪编《王安石新政纲要及其政论文选》一书题签。

"王安石新政纲要暨其政论文选 蔡元培题"。（《申报》1935年9月1日）

同月 为苏甲荣编《中国地理沿革图》一书题签。

"中国地理沿革图 蔡元培题签"。（《申报》1935年9月6日）

10月1日 为张梁任编《中国邮政》作序一篇。（该书 商务印书馆1936年出版）

同日 《追悼曾孟朴先生》发表。（《宇宙风》第2期）

同日 为崔景三作《黄河富源之利用》一书作序。

"为崔景三作《黄河富源之利用》序成，已送崔君。"（本年《日记》同日）

10月5日 往山东大学图书馆借书。

"到山大借书，晤图书馆主任胡鸣盛君。"（本年《日记》同日）

10月8日 允列名李石曾之母追悼会，又以刘复（半农）碑文寄钱玄同。

"得李润章函，属列名李太夫人（石曾之母）追悼会，即复允。以刘半农墓碑文寄钱玄同。"（本年《日记》同日）

"《故国立北京大学教授刘君碑铭》绍兴蔡元培撰文，余杭章炳麟篆额，吴兴钱玄同书丹。

刘君讳复，号半农，江苏省江阴县人，民国纪元前二十一年五月二十七日生。……君于二十三年六月赴绥远，考查方言及声调，染回归热症，返北平，七月十四日卒，年四十有四。妻朱惠，长女育厚，男育伦，次女育敦。葬君于北平西郊玉皇顶南冈。

铭曰：朴学隽文，同时并进；朋辈多才，如君实仅。甫及中年，身为学殉；嗣音有人，流风无尽。"（《北京大学国学季刊》第6卷第1期）

同日 与赵太侔商谈海洋生物研究所经费问题。

"访叶子刚、王云飞，均未晤。晤太侔，与商海洋生物研究所经常费问题。"（本年《日记》同日）

10月11日　函谢罗奇（Roerich）赠书。

"复 Roerich 教授一函，显廷所代拟，谢其赠书也。"（本年《日记》同日）

"罗奇教授：您八月十六日的来信，及所寄的油画《喜玛拉雅山》等件，均已收到。另寄来的《佛教基础》一书，也同时收到。非常感谢您在中央研究院期间，对我们的殷切关怀与帮助，请接收我诚恳的谢意。中央研究院院长 蔡元培"。（《复罗奇函》同日）

10月12日　致电蒋介石，请敦促南京市戒烟局迁出朝天宫。

"得念劬函，为南京市立戒烟局不肯迁出朝天宫事，拟一电稿来，属致电蒋委员长，复允照发，稿中增十余字。"（本年《日记》同日）

10月21日　函复马煦（春旸）关于参加高考资格及手续问题。

"春旸吾兄大鉴：前月中旬手书，从上海转来青岛，得读已迟。承询高考资格，查《考试法》第七条第五项：经普通考试及格四年后，或曾任委任官，及与委任官相当职务三年以上者，得应高等考试。惟须先具声请审查书，连同证明文件、最近照片等，听候审查。合格者，给予应考资格证明书，方可报名。手续繁重，期限迫促，嘱代报名，无从办理。目前报名业已截止。恐劳注盼，特此函复，诸希察照。……蔡元培敬启 十月二十一日"。（《复马煦函》同日）

10月24日　自青岛回上海。

"午前九时十五分，上太古公司之盛京船。"（本年《日记》同日）

"中委蔡元培前日由青岛乘盛京轮，于昨日下午一时四十五分抵埠。"（《申报》1935年10月25日）

10月25日　主持中华教育文化基金董事会议预备会。

"午前到研究院。晚代表中基会在沧州饭店宴请诸董事，并参加预备会。"（本年《日记》同日）

10月26日　主持中华教育文化基金董事会第九次常务会议。

"中华教育文化基金董事会此次为讨论补助义教经费国币三十万元等事宜，特于昨日（二十六日）上午九时，在静安寺路沧州饭店举行第九次常务董事会议。出席者计有蔡元培、周诒春、贝克、胡适、司徒雷登、李石曾、徐新六、孙科、丁文江、任鸿隽，列席者有美国驻华大使詹森、教育部代表郭有守、外交部代表余铭，该会代理干事长孙洪芬十余人。由董事长蔡元培主席。先由该会名誉秘书胡适报告秘书职务事宜，继并代表执行委员会报告会务，会计事宜则由名誉会计周诒春报告，末由任鸿隽报告五、六两月会务，孙洪芬报告六月以后会务。讨论事项：（一）修改本会会务细则案。议决，照案修正通过。（二）修改本会章程案。议决，照案修正通过。

(三) 补助教育部推进义务教育案。议决,补助义教经费国币三十万元,分两年平均支付。……"

"中委蔡元培氏,自廿三日由青岛归沪后,昨竟日在静安寺路沧州饭店内主持中华教育文化基金董事会第九次董事常务会。昨晚七时在愚路小宴该会出席董事任鸿隽等,闻蔡氏留沪休息一两日,即晋京出席六中全会云。"(《申报》1935年10月27日)

10月28日 对《大陆报》记者谈中央研究院评议会成立经过问题。

"午后,大陆报记者费许(W. E. Fisher Jr)来,偕巽甫与谈,询评议会成立经过。"(本年《日记》同日)

同日 函请内政部政务次长陶履谦(益生),准予萧山地方将黄斯馨列入乡贤祠。

"益生先生次长大鉴:径启者,浙江萧山黄斯馨先生中耀,在清季尽力地方公益事务,当道倚重,称一乡善士。兹由萧山地方绅士具公呈请,以黄斯馨先生入乡贤祠,由县呈请浙省政府,业由黄季宽主席提出通过,再呈大部察核。因思黄斯馨先生有功桑梓,声誉卓然,入乡贤祠,似属允当。拟请俯予核准,俾昭激劝,不胜厚幸。特此函达,诸希裁酌为荷。……蔡元培敬启 十月二十八日"。(《致陶履谦函》同日)

10月29日 接待美国驻华大使来访。

"午后三时,美国大使詹森来……,偕巽甫与谈,谈及无锡左近之古迹。"(本年《日记》同日)

同日 函复德奥瑞同学会,因事不能出席第四次执监会。

"径启者:十月三十一日第四次执监会,因元培日内拟赴京,届时不能出席,特此函闻,诸希查照。此致 德奥瑞同学会 上海同济校友会 蔡元培敬启 十月二十九日"。(《致德奥瑞同学会、同济校友会函》同日)

10月30日 自上海到南京。

"中委蔡元培、李石曾、张发奎、缪斌、陈庆云等,三十日晨由沪到京,出席一日六中全会。"(《申报》1935年10月31日)

同日 主持国民党中央监察委员会临时常会。

"中监会三十日下午四时,召开临时常会。到蔡元培、张继、吴敬恒、邵力子、李石曾、陈布雷、褚民谊、洪陆东等十余人。蔡元培主席。六时余,方散。"(《申报》1935年10月31日)

10月31日 出席中央研究院基金委员会会议。

"午后二时,本院基金委员会开会,通过基金利息动用规则。"(本年《日记》同日)

秋 提议编辑五四时期的翻译作品结集。

"一九三五年秋,《新文学大系》开始出书时,我就把最先拿到的样书亲自送去。当蔡先生看到深兰烫金布脊,配在灰色纸面上的精装本时,脸上露出满意的笑容。他把内容翻阅了一遍,又问我全书十卷何时可以出齐。隔了一会,他用沉重的语气,对我说出了如下的一个愿望:'假如这部书出版后销路不坏,你们很可以续编第二集。但我个人认为比这更重要的是翻译作品的结集。五四时代如果没有西洋优秀文艺作品被介绍到中国来,新文学的创作事业就不可能获得目前的成就。当时从事翻译工作的人,他们所留下的种子是同样值得后人珍视的,困难的是这些作品散佚的情形,比这部书更难着手整理而已。'那天我离开研究院大门后,这番教诲一直萦怀在心。……"(赵家璧:《想起蔡元培先生的一个遗愿》)

11月1日 出席国民党四届六中全会开幕式。

国民党四届六中全会委员合影(1935年11月)

国民党四届六中全会委员摄影(1935年11月)

"六中全会一日开幕。八时各中委先行谒陵。到蒋中正、汪兆铭、孙科、于右任、林森、蔡元培、戴传贤、阎锡山、张学良等八十余人。由林森主席,如仪行礼后,并献花圈,全体入陵寝瞻仰遗容,旋摄影礼成,纷返中央党部举行开幕典礼。……汪兆铭受伤未能出席,由于右任主席。决议案如下:(一)推蒋中正、汪兆铭、于右任、孙科、戴传贤、丁惟汾、居正七委为全会主席团。(二)推叶楚伧为全会秘书长。(三)组织提案审查委员会案。决议,分为党务、政治、军事、经济、教育五组,各组委员名单,由主席团决定。……"(《申报》1935年11月2日)

11月2日 出席国民党四届六中全会第一次全体大会和教育组审查会。

"六中全会二日晨九时开第一次大会,……出席监委吴敬恒、张人杰、林森、蔡元培、张继、邵力子、李石曾、柳亚子、张学良、杨虎、洪陆东、许崇智、张发奎等十三人。……讨论事项:(一)中华民国宪法草案。决议,组织中华民国宪法草案审查委员会审查。……"

"六中全会各组审查委员……教育组石瑛、朱家骅、陈布雷等二十人,召集人蔡元培、吴敬恒。"

"六中全会二日下午开审查会,除军事组外,党务、政治、经济、教育四组均分别开会,由各召集人主席,均草拟报告,送主席团提交大会。"(《申报》1935年11月3日)

同日 为上海世界书局出版的《诸子集成》一书题签。

"诸子集成 蔡元培题"。(《申报》同日)

11月3日 介绍祝明源、沈福文入日本京都高等工艺专门学校深造。

"径启者:兹有祝明源君、沈福文君,曾肄业国内美术学校,并曾入东京图案专门学校肄业。现因羡慕贵校学科高深,愿入染织科修业,特为介绍,还希量予收纳,不胜感荷。此致 日本京都高等工艺专门学校 蔡元培敬启 十一月三日"。(《致日本京都高等工艺专门学校函》同日)

同日 函谢林义顺寄赠榴梿糕。

"义顺先生大鉴:接奉惠函,备听高论,具见爱国热忱,曷胜钦佩。承寄赠榴莲(梿)糕,珍物远贻,弥见情重。特此函复道谢,诸希察照。……蔡元培敬启 十一月三日"。(《复林义顺函》同日)

同日 函复广州绍兴公会允任名誉董事。

"径启者:接奉大函,借谂组织广州市绍兴公会,联络乡情,致深欣佩。承嘱担任名誉董事,元培可以担任。特此函复,诸希察照。此致 广州市绍兴公会 蔡元培敬启 十一月三日"。(《复广州市绍兴公会函》同日)

11月4日 在国民党四届六中全会总理纪念周,讲演《中央研究院与中国科学研究之概况》。

"六中全会四日晨八时在大礼堂举行总理纪念周,全体中委百余人均出席,皆依年龄分排序立,最前为主席于右任,首排为林、蒋、柏、居诸委员,共分五排,全体职员在后,亦分班鹄立,秩序井然。由于主席领导行礼。蔡元培报告《中央研究院与中国科学研究之概况》。……"(《申报》1935年11月5日)

同日 出席国民党四届六中全会第二次大会。

"六中全会四日晨九时开第二次大会,出席中委蒋中正、孙科、何应钦、陈果夫、叶楚伧、朱培德、于右任、何成濬、王柏龄、邵元冲、朱家骅……监委吴敬恒、张人杰、蔡元培、张继……报告事项:(一)宣读第一次会议记录。(二)秘书长报告文件。(三)主席团报告。(四)中央组织委员会报告。"(《申报》1935年11月5日)

同日 主持国民党四届六中全会教育组审查会议。

"奉续交审查各案,均于四日上午十时半在第三审查室审查,出席委员为经亨颐、梁寒操、柳亚子、朱家骅、周佛海、克兴额、桂崇基、李敬斋、苗培成、郑青阳、杨杰、王祺、孙科、石瑛、段锡朋、罗家伦、李石曾、陈布雷及蔡元培与吴敬恒等二十人。谨将审查意见报告于后:(一)孙科等四委员提教育改革案。审查意见,原则通过,交政治会议详拟办法。(二)戴委员槐生提促进西北教育案。审查意见,交教育部参考。是否有当,敬候公决。……"(《申报》1935年11月6日)

同日 与吴敬恒、甘乃光等人联名向四届六中全会提交《救亡大计案》《请迅免棉花进口关税案》。(中国国民党四届六中全会会议录)

11月5日 出席国民党四届六中全会第三次大会。

"六中全会五日晨八时开第三次大会,出席执委蒋中正、孙科等四十六人,列席监委吴敬恒、张人杰、林森、蔡元培、张继、邵力子、李石曾、恩克巴图、柳亚子、张学良、杨虎、蒋作宾、洪陆东、张发奎等十四人。……通过各组审查报告,中华民国宪法草案送请第五次全国代表大会讨论。"(《申报》1935年11月6日)

同日 出席国民党中央监察委员会第三次全体会议。

"中央监委会五日下午四时开第三次全会。出席林森、许崇智、张继、蔡元培、吴敬恒、李石曾、张人杰、邵力子、柳亚子、恩克巴图、张学良、蒋作宾、褚民谊、孙镜亚、李福林、黄绍雄、纪亮、萧忠贞等十八人。林森主席。讨论监委会向五全大会工作报告及建筑办公地址等案,五时许散会。"(《申报》1935年11月6日)

同日 撰写《楼木安家传》。(蔡元培先生手稿)

11月6日 出席国民党四届六中全会闭幕式。

"六中全会一日开幕后,共开会五日,已将各项要案讨论完竣。六日晨九时,在中央大礼堂举行闭幕典礼,到中委蒋中正、林森、方觉慧、丁超五、陈公博、陈策、赵丕廉、张学良、经亨颐、钱大均、蔡元培、黄复生等八十五人,及中央党部职员二百余人,由于右任主席。……"(《申报》1935年11月7日)

11月7日 主持故宫博物院理事会议，讨论通过来年经费预算方案。

"故宫博物院理事会七日在政院开理事会，蔡元培主席。马衡报告伦敦中国艺展会展品业经开箱点交情形，及建筑分院及保存库，经选定华盖工程事务所所设计图案，并经建筑专门委员分别修改情形，并决议二十五年之经、临各费，仍照上年原额编列。"（《申报》1935年11月8日）

11月9日 往观经亨颐（子渊）、郑曼青等书画作品展览，并为郑曼青所画《牡丹翠柏》题词。

"看经子渊、郑曼青、张善子图画展览会。题曼青所画《牡丹翠柏》：'富贵逼人来，骄人以贫贱。岁寒风雪中，与君再相见。'此画被赵懋华夫人购去。"（本年《日记》同日）

11月12日 出席国民党第五次全国代表大会开幕式。

"十二日晨，天气阴沉，微雨蒙蒙，然各中委及代表七时许即纷赴总理陵，……九时四十分行谒陵及总理诞辰纪念。主席蔡元培，领导行礼，并献花圈后，领导鱼贯入寝陵，共谒总理遗容，旋复位，礼成。十时正，行五全大会开幕式。主席林森，领导行礼后，即于播音机前于全场肃静中，以沉着清朗之音调致开会词，历十五分钟始毕，全场报以热烈掌声，词毕奏乐，礼成。"（《申报》1935年11月13日）

同日 往观画家王济远近作展览。

"蜚声全国之王济远画伯，最近游名山大川，获画稿甚丰。八日起在南京首都饭店举行近作展览会。连日到会参观者，有交通部长朱家骅、监察院长于右任、中央研究院院长蔡元培、海军部长陈绍宽、侨务委员会主席陈树人、陕西省主席邵力子等。"（《申报》1935年11月13日）

11月13日 出席国民党第五次代表大会第一次预备会议。

"五全大会十三日晨九时，在中央党部大会场举行第一次预备会议。到中委蒋中正、叶楚伧、邹鲁、刘庐隐、居正、许崇智、丁惟汾、于右任、朱培德、戴传贤、李文范、林森、陈璧君、马超俊、冯玉祥、蔡元培、覃振等一百二十人。……"（《申报》1935年11月14日）

同日 与林森、于右任等联名复电萧佛成，共表精诚团结之意。

"萧佛成九日由粤电林森、于右任、张静江、蔡元培、张继，发抒真诚团结意见，林等已联名致复。……复电（衔略），久违规范，至深怀想，顷奉佳电，欣慰无似。年来国难日亟，本党责任益重，精诚团结，全国期望至切，尊电语重心长，无任感佩！老成谋国，尚祈时赐教言，海天南望，诸维珍摄。林森、于右任、张静江、蔡元培、张继叩。"（《申报》1935年11月14日）

同日 往观谢公展、柳子谷等画展。

"乙藜来，与谈怡荪事。看谢公展、柳子谷等画展。"（本年《日记》同日）

11月14日 出席国民党第五次代表大会第二次预备会议。

"五全大会十四日晨九时,举行第二次预备会。出席中委蒋中正、孙科、居正、陈果夫、邹鲁、阎锡山、冯玉祥、张学良、刘庐隐、林森、张继、叶楚伧、于右任、刘纪文、吴敬恒、李石曾、恩克巴图、孔祥熙、陈公博、蔡元培、戴传贤等七十人。……"(《申报》1935年11月15日)

同日 致函张元济(菊生),谓汪精卫被刺幸未中要害。

"菊生吾哥大鉴:前月二十七日,承枉顾,失候……此次六中全会,各方均来参加,在国难期间,差强人意。不幸开会式中,有精卫兄被刺一案,幸弹力未中要害,现危险已过,再经调养若干日,可以痊愈。吾哥与精卫兄平日甚为关切,故附闻。……弟元培敬启 十一月十四日"。(《致张元济函》同日)

11月15日 上午,出席国民党第五次代表大会第一次大会;下午,主持提案审查委员会教育组审查会。

"五全大会十五日晨九时,在中央党部大会场举行第一次大会。出席中委吴铁城、张继、蔡元培、何应钦、蒋中正、陈璧君、刘庐隐、刘纪文、戴传贤等四百二十八人。主席林森。……孙科、张继分别报告中央执监会工作,通过提案审委会组织并各组委员名单等。"(《申报》1935年11月16日)

"提案审委会教育组审查报告(第一号),奉交审查关于教育提案,经于十五日下午三时半开会审查,计到蔡元培、柳亚子等十七人,由蔡元培主席,对于各案加以详细审查。谨将各案审查结果报告于后:

(一)请扩大国立编译馆组织,统制中小学教科书教材及青年儿童读物,以树立三民主义教育基础案。审查意见:(甲)扩大国立编译馆组织,慎选富有学识及确有经验之人才,统制编译全国中小学教科书,并编译及审核青年儿童读物,介绍适用于中华民国之世界学术,务以三民主义之宗旨为依归。由各省市主管教育机关,审核各地出版青年儿童读物,并搜集各地史实及有价值之材料,送国立编译馆采用。(乙)请大会交国民政府斟酌办理。(二)设立中央技术学院,培养专门技术人才,促进物质文明案。审查意见:(甲)修正原案标题之文字如下:设立各级技术学校,培养专门技术人才,促进物质文明案。(乙)请大会交国府。……"(《申报》1935年11月17日)

同日 分别致函金润泉、韦以黻,请予杨祥麟安置职务。

"润泉、以黻先生大鉴:径启者,杨君祥麟,系杨杏佛先生之令侄,前由弟函介于台端,请予录用,已蒙存记,甚感。兹因杨君静候多日,旅况艰窘,特再为进言,可否量予普通职务,俾有枝栖,实深感盼。专此绍介,诸候裁成。……蔡元培敬启 十一月十五日"。(《致金润泉、韦以黻函》同日)

11月16日 出席国民党第五次代表大会第二次大会。

"五全大会十六日晨九时,在中央党部大会场开第二次大会。出席中委蒋中正、吴铁城、张继、蔡元培、何应钦、陈璧君、林森、刘庐隐、刘纪文、邹鲁……共一百四十二人。张继主席,秘书长叶楚伧。通过提案审查委员会各组审查意见。……"(《申报》1935年11月17日)

11月17日　往观比利时绘画展览会。

"午后三时,比国图画展览会在中大图书馆展览,往看。巴士天有画两轴:一为故比王亚尔培乘马,一为静物。谢次彭属我商林主席购故比王乘马一轴。志希告我,其静物一轴,由中大购之。"(本年《日记》同日)

11月18日　出席国民党第五次代表大会第三次大会及大会提案审查委员会教育组审查会。

"五全大会十八日晨九时,在中央党部大会场开第三次大会,出席中委及代表四百五十人,列席中委及代表一百五十五人。邹鲁主席,秘书长叶楚伧。……讨论事项:(一)主席团提出中国国民党党员守则案。议决通过。(二)第四届中央执行委员会提议召集国民大会及宣布宪法草案。决议,组织提案审查委员会,其审查委员名单,由主席团决定后报告大会。……"(《申报》1935年11月19日)

"提案审委会教育组审查报告(第三号),奉大会续交关于教育提案,业经十八日下午三时开会审查,计到蔡元培、吴敬恒等二十九人,对于各案加以详细审查。谨将审查结果报告如后:(一)请注重技术,以增进国力民生,特定为教育之重大方针,并修改现行只限八院之大学制,促其注重专科技术,使有分设技术学院或技术学校之余地案。审查意见:(甲)第一项之原文中中央技术学院一律修正为各级技术学校。(乙)第二项之乙应设专院或专校之句下,补充或由现有大学内添设扩充或充实技术科系。(二)注重技术教育,已有另案通过,交教育部注意其大学不必限定八院一点,原则拟予通过。……"(《申报》1935年11月19日)

11月19日　上午,出席国民党第五次代表大会第四次大会;下午,主持大会提案审查委员会教育组审查会。

"五全大会十九日晨九时开第四次大会,出席中委及代表四百八十二人,列席中委及代表一百五十九人。主席阎锡山,秘书长叶楚伧。……决定宪法草案审查委员会人选,分别通过各组提案审查报告。"

"奉大会续交关于教育提案十二件,经于本月十九日下午三时在大会场第六审查室开会审查,计到张德流、鲁荡平、张炯、罗家伦、佘凌云、柳亚子、滕固、杨集瀛、周天放、蔡元培、喻育之、段锡朋、王伯群、叶溯中、彭国钧、萧川、王南复、熊育锡、桂崇基、经亨颐、梁贤达、伍智梅、李煜瀛、何思源、潘秀仁等二十五人,由蔡元培主席,对于各案加以详细审查,谨将审查结果报告如左(下):

一、黄坚白等二十二人提:拟请中央设立官费教育机关,救济失学华侨子弟案

(提案第一八二号)审查意见:本案请交国民政府核办。二、陈石泉等二十二人提:确定文化建设原则与推进方针以复兴民族案(提案第一八三号)。审查意见:本案拟请通过,交国民政府核办。三、曹叔实等二十三人提:彻底实行党化教育、严格遴选信奉三民主义之人才以改进教育案(提案第一八六号)。审查意见:(一)修正原案之文字如下:(甲)理由原文中之现在'号称能作复兴民族根据地'之句及'若果中央认定为复兴民族之一最后根据地'句均删去。(乙)办法之一'无论部长、厅长、局长、科长以及校长'句删去。(二)本案拟请交本届中央执行委员会参考。……十二、苏村圃等二十二人提:创办农村实用学校,造就本党实用人材案(提案第二二九号)。审查意见:(一)修正标题为'创办农村学校,造就实用人材'。(二)本案拟请交国民政府转交主管机关参考。以上审查意见,是否有当?敬候公决。召集人:蔡元培 吴敬恒"。(《申报》1935年11月21日)

11月20日 参加国民革命军阵亡将士公墓落成礼。

"国民革命军阵亡将士公墓落成公祭典礼,二十日晨八时在中山门外墓地举行。……清晨与祭者即络绎于道,到中委蒋中正、林森、居正、戴传贤、孙科、陈果夫、张学良、张继、叶楚伧、蔡元培、邹鲁等百余人。"(《申报》1935年11月21日)

同日 与吴稚晖、李石曾等列名发起高奇峰及坤仪画展。

"三时至六时,高奇峰先生及坤仪女士画展,由我与稚晖、石曾、树人、民谊等五人列名于请柬,故同往招待。"(本年《日记》同日)

11月22日—23日 出席国民党第五次代表大会第七次大会,被选为第五届中央监察委员。

"五全大会二十二日下午三时开七次大会,选举五届中委,五时许完毕,七时开始计票,漏夜工作,至二十三日晨七时始毕,共选出二百零八人。二十三日下午三时,续开七次大会,续选五十二人。五时半举行闭幕礼。五届中委当选委员名单:……监察委员四○人:林森、张继、蔡元培、吴敬恒、张人杰……"(《申报》1935年11月24日)

11月26日 致函叶恭绰(玉甫),转交袁守和所荐备选博物馆人员名单。

"玉甫先生大鉴:久不晤,甚系。……不及奉访,至以为歉。博物馆,自接九月十五日惠函后,搜索枯肠,无可推荐。直至到京后询李济之兄,始知有数人可以备选。但济之系由袁守和兄间得来者,已不大记得。函询守和(函中并不说明为上海博物院所需),始得一名单,凡四人。守和所较信任者为冯君,而明夏可以归国者,却惟年较幼之李君。今将名单及守和原函奉览,请酌之。……弟元培敬启 十一月二十六日"。(《致叶恭绰函》同日)

11月27日 函达真达上人,无力捐助,"法宝奉还"。

"无力捐助,诸希见谅。法宝奉还,谢谢,希收回。此上 真达上人大鉴 蔡元培

六、大学院院长及中央研究院院长时代(1927—1940) 1239

敬启 十一月二十七日"。(《复真达上人函》同日)

11月29日 参加监察委员、典试委员就职宣誓礼,为监誓。

"高考第一典委长钮永建,典委张知本等于二十九日晨十时在国府大礼堂,补行宣誓就职礼。中央派蔡元培监誓,观礼者到有周震麟、经亨颐、王用宾、陈其采、吕起、魏怀等及国府职员来宾共约四百余人。就位奏乐,林主席领导行礼毕,即行接印礼,由主席授印,钮永建、陈大齐、焦易堂、石瑛相继接印。宣誓就职礼毕,闻由蔡元培训词,首谓本人今日参与盛典,非常荣幸,次就总理手创之五权宪法阐明考试、监察、司法三种制度,与一国政治之重大关系甚详。末谓参与的人,应该完全持客观态度。(一)不可有私见。(二)不可有偏见。诸位服务党国已久,对此'清''平'两种精神,大家一定可以共信互信,谨以此意贡献各位云云。"(《申报》1935年11月30日)

同日 与于右任、许寿裳(季茀)、白鹏飞(经天)等商北平大学工农医三院西迁事。

"十二时,右任招饮,座有季茀、经天、溥泉、力子及严庄等人,商平大工、农、医三院西迁事。"(本年《日记》同日)

11月 在国民党五全大会上所作《中央研究院工作报告》印出并在会上散发。(中央研究院总办事处同月自印)

12月1日 迁居鸡鸣寺三号。

"由成贤街迁居鸡鸣寺三号,即藕舫旧居,我居楼上,楼下为史语所职员宿舍。"(本年《日记》同日)

同日 参观邰爽秋发明的教育车。

"季豪来,同往中大心理实验室,看邰爽秋所造教育车,仿巡回文库之例而兼营识字、卫生、公民等教育,兼营测验、展览及合作事业。"(本年《日记》同日)

同日 申报载文介绍周佛海、蔡元培等提出的确定今后各级教育改进方针内容。

"周佛海、蔡元培等,前向五中全会提确定今后各级教育改进方针,经议决交政治会议办理,该案原则四项如下:(一)初级教育应实筹经费促成义教普及。(二)中等教育应谋职业及师范教育数量扩充,普通中学注意素质改善。(三)高等教育应力谋素质改善,提高水准。(四)各级学校均应注意人才训练与体魄训练,矫正过去弱点。"(《申报》1935年12月2日)

12月2日 出席国民党五届一中全会开幕式。

"五届中央执监委员二日晨八时举行谒陵礼,暨一中全会开幕式,由吴敬恒主席。……监察委员林森、张继、蔡元培、吴敬恒、杨虎、邵力子、谢持、杨虎城、许崇智、恩克巴图、柳亚子等二十八人出席。……"(《申报》1935年12月3日)

12月3日 出席国民党五届一中全会第一次大会。

"一中全会三日晨九时开第一次大会。出席执委蒋中正、于右任、孙科、邹鲁七十五人。列席候补执委吴开先、薛笃弼等四十二人。列席监委林森、张继、蔡元培、吴敬恒等二十三人。……讨论事项：（一）关于召集国民大会及宣布宪法草案案。决议，由主席团综合各委员意见，商定初步办法，再行讨论。（二）关于第五次全国代表大会交下各案应如何处理案。决议，分交各组审查。……"（《申报》1935年12月4日）

12月4日 出席国民党五届一中全会第二次大会。

"一中全会四日晨九时开第二次大会。出席执委蒋中正、冯玉祥、于右任、孙科、邹鲁等八十人。列席候补执委吴开先、薛笃弼等四十二人。监委林森、张继、蔡元培、吴敬恒等二十四人。……讨论事项：（一）主席团提召集国民大会日期及宣布宪法草案办法。（甲）中华民国二十五年五月五日宣布宪法草案，十一月十二日开国民大会。国民大会代表之选举，应于十月十日以前办竣。（乙）设宪法草案审议委员会，由主席团拟定委员十九人组成之，负责审议草案及经大会认为应予采纳之提案。……"（《申报》1935年12月5日）

12月5日 出席国民党五届一中全会第三次大会。

"一中全会五日下午三时开第三次大会。出席执委蒋中正、冯玉祥、孙科、于右任、吴铁城、朱培德、邹鲁、居正、陈果夫、陈立夫、何成俊、石瑛、孔祥熙等七十八人。列席候补执委吴开先、薛笃弼等四十四人，监委林森、张继、蔡元培、吴敬恒等二十四人，……讨论通过各组审查报告。……"（《申报》1935年12月6日）

12月6日 出席国民党五届一中全会第四次大会。

"一中全会六日下午三时开第四次大会。出席执委于右任、孙科、邹鲁、居正、陈果夫、宋子文等七十七人。列席候补执委吴开先、薛笃弼等四十四人，监委林森、张继、蔡元培等二十四人。……会议通过中央组织大纲草案。"（《申报》1935年12月7日）

12月7日 出席国民党五届一中全会第五次大会及五届一中全会闭幕式。

"一中全会七日晨十时，举行第五次大会。出席执委冯玉祥、于右任、孙科、邹鲁、居正、陈果夫等七十五人。列席候补执委吴开先等四十四人，监委林森、张继、蔡元培、吴敬恒等二十四人。……宣读四次全体会议记录，推举中枢负责人，并规定国府主席任期问题，十一时散会。"

"一中全会第五次大会散会后，即于十一时半在中央大礼堂举行闭幕式，出席会议之中委均一致参加，由邹鲁主席并致闭幕词后，大会即圆满结束。"（《申报》1935年12月8日）

同日 出席上海美专南京画展茶会。

"午后三时半,偕季豪同往上海美专画展茶会,在华侨招待所,晤德使陶尔曼等。"(本年《日记》同日)

12月9日 自南京回上海。发表对于一中全会的看法及前辞各学术团体名誉兼职理由的谈话。

"中央研究院院长蔡元培氏,日前晋京出席一中全会,业于八日晚十一时乘坐夜车离京来沪,九日晨七时十五分抵北站下车,当即径返私邸休息。据蔡氏谈,此次出席一中全会,印象甚佳。胡展堂先生刻已准备行装,即将启程归国。华北近状,仅见报载,并无足述。本人前者辞去各文化团体及学术机关之名誉各职,乃以年迈力衰,故不愿徒负虚名耳。"(《申报》1935年12月10日)

同日 致函李石曾、李书华(润章)商如何为日食观测会请求补助事。

"石曾、润章先生大鉴:顷接日蚀观测会电,嘱弟与两先生在中法庚款委员会设法。弟阅报知昨曾开会,今日尚可设法否?原电奉览。请酌行。……弟元培敬启 十二月九日"。(《致李石曾、李书华函》同日)

12月12日 本日得知中央研究院总干事丁文江十日夜在湘中煤毒,致电慰问。

"得金家凤函、翁咏霓函、钱乙藜电,均说在君于十日夜中煤毒,神志不清,但今日已清醒。钱电中言,咏霓、巽甫偕一戚大夫于晨乘飞机往,晚八时可到衡阳。与丕可、子竞、宽甫致电在君,宽慰之。"(本年《日记》同日)

同日 代教育部专门教育司长汤中(爱理)书写碑文。

"爱理先生大鉴:手书颂悉。属书碑文,已送外交部条约委员会,日内谅可递到。……蔡元培敬启 十二月十二日"。(《复汤中函》同日)

12月14日 致函南京中央图书馆馆长蒋复璁(慰堂),商请购藏李慈铭《越缦堂日记》手稿。

"慰堂吾兄大鉴:径启者,绍兴李莼客先生所著《越缦堂日记》,前由商务印书馆印行。其手稿五十一册,仍藏李氏家中。惟李氏后人以私家保存,终未妥善;意欲请公家收购,冀得垂诸永久。因思贵馆筹备期中,正在购置各种书籍,对于名贤巨量手迹,谅亦乐于购存。兹有李君○○携样本入谒,特为介绍,还希赐见接谈。倘蒙收受,其价值若干,祈与李君面说。又此五十一册以前,尚有十三册,现仍托商务印书馆影印,俟印完后,其原稿可以一并售入贵馆。……蔡元培敬启 十二月十四日"。(《致蒋复璁函》同日)

同日 函复南通学院校董会,允勉任名誉董事。

"接奉大函,承厚意改推为贵院名誉校董,既系名誉职务,自当暂时勉任。特此函复,诸希察照。此致 南通校董会 蔡元培敬启 十二月十四日"。(《复南通学院函》同日)

12月15日　应邀偕夫人游宜兴之唐桑洞、善卷洞。

"季荪姻叔约我与养浩并其侄学禹同游宜兴两洞,加入中国旅行社。八时上火车,十一时到无锡,换汽车,一时到宜兴车站,在复菜馆午餐。二时,先往唐桑洞,次游善卷洞,回宜兴车站已五时。七时十分回无锡,……十一时五十分到沪。"(本年《日记》同日)

　　同日　作《无锡乡间》二绝。

"(一)一片青青大草场,谛观如感稻花香。先民选种谈何易,粒粒艰辛永不忘。(谷类本野草耳,先民选其所食者而播种之,初发现时,不知费几许辛苦也。)

(二)绝无东倒西歪屋,丝米营生信百宜。只惜卫生知识短,肥缸沿路万蝇滋。"(蔡元培先生手稿)

12月17日　为陈彬龢兴办南洋研究社事致函西南诸要人。

"栗生来。彬龢来,称将赴两广及南洋群岛商办南洋研究社,嘱为致函西南各要人介绍,允之。"(本年《日记》同日)

12月18日　为张衍棠、周式馨证婚。

"午后四时到新亚,为张伯璇之子衍棠与周扶九之曾孙女式馨证婚。晤石曾、铁城、公展、撷云等。"(本年《日记》同日)

12月19日　撰写《〈影印宋碛砂版大藏经〉序》一文。(《影印宋碛砂版大藏经》1936年版)

　　同日　致函叶恭绰(玉甫),商请设法修理富平县延福寺。

"玉甫先生大鉴:顷接杭州友人来函,称处州宣平县有延福寺,为宋仁宗时建筑,年久失修,颇虑倾圮。先生可否为设法修理,或先请营造学社梁君先去视察一次,再定办法,何如?节略奉上,诸希酌行。……弟元培敬启　十二月十九日"。(《致叶恭绰函》同日)

12月20日　为北平图书馆商借中华学艺社址为阅览所之用。

"致守和函,告北平图书馆借中华学艺社为阅览所事,已托玉甫往商。"(本年《日记》同日)

　　同日　函谢沈兼士赠阅《文献特刊》,并允撰写《内阁旧藏黄册联合目录》序文。

"兼士先生大鉴:手书奉悉。前承惠赠《文献特刊》,早经收到,并此次续赠一册,均深感谢。嘱撰《内阁旧藏黄册联合目录》序文,遵当撰写,稍缓即寄。先此奉复,诸希察照。……蔡元培敬启　十二月二十日"。(《复沈兼士函》同日)

　　同日　所作《南京迁居告养友》二绝发表。

"(一)新居恰傍鸡鸣寺,时有钟声到耳边。记得南屏湖畔路,不曾领略已经年。

(二)黄叶林中自著书,明窗净几一癯儒。愿卿认取故乡好,揽得秋光入画

图。"(《人间世》第42期)

12月21日 为修葺普照寺募捐。

"晚六时,为募捐修复普照寺事,在功德林为本益和尚请客,到者甚少。座有蔡既亭、田国瑞等。"(本年《日记》同日)

12月23日 赠送但采尔夫妇礼品两件。

"看邱长康,托带菲律宾雕刻一件、灰鼠披领一件,赠但采尔夫妇。"(本年《日记》同日)

12月24日 到商务印书馆购书。

"到商务分馆购马导原著《吴梅村年谱》、傅抱石著《中国绘画理论》、陈遵妫译山本一清《宇宙壮观》、徐珂辑《易林分类集联》等书。"(本年《日记》同日)

12月25日 丁文江病加剧,电招许新六往探。

"闻在君病又剧,电招新六去。致一电于经农。"(本年《日记》同日)

12月30日 函谢叶恭绰(玉甫)为北平图书馆借屋。

"玉甫先生大鉴:前奉惠书,敬谂北平图书馆借屋阅览之计划,已承迭与学艺社及市政府图书馆商量,而市馆允借,甚慰。中央院、馆请先生加入理事会问题已函商王雪艇部长,复函愿于组织图书馆理事会时,加以考虑。附闻。……弟元培敬启 十二月三十日"。(《复叶恭绰函》同日)

同日 呈请管理中英庚款董事会为中央研究院建筑天气预报室指拨补助费。

"径启者:本院气象研究所,为研究学术之机关,而兼司全国气象事业之行政。……天气预报室及无线电室之建筑,刻不容缓,惟以限于经费,不克见诸实行。窃维天时之预测颇具教育文化之价值,而风暴台风之警报,尤为水利、航空运输各机关所利赖,裨益民生,不为浅鲜。贵会对于教育文化事业,扶植有年,用敢专函恳请于本年中英庚款息金,指拨建筑天气预报室及无线电室补助费国币四万元。谨将该项建筑草图三份、计划书二十份、气象研究所概况二十份,并行附呈,即希提付会议,赐予通过,衔感何如。此致 管理中英庚款董事会 蔡元培敬启"。(《致管理中英庚款董事会函》同日)

12月31日 函请量才奖学基金团酌量给予张君俊研究奖金。

"径启者:张君君俊,研究中国民族衰老原因及其改造方法,著有专书,业经出版。惟兹事体大,尚须继续努力,张君现正纠合同志,互相研究,所困难者,经济维持非寒儒所能胜任。查贵团奖学章程,对于专门研究及特别贡献,均有相当补助,张君似可适用。还希酌予奖金,俾得完成其事。除由张君直接请求外,特为介绍,倘蒙允诺,不胜同感。此致 量才奖学基金团 蔡元培敬启 十二月三十一日"。(《致量才奖学基金团函》同日)

同日 函复最高法院院长焦易堂,姚抡元谋职事容相机设法。

"易堂先生院长大鉴：手示奉悉。承介绍姚君抡元，学行优长，甚为钦佩。现已交棉纺织馆先行存记，容图相机设法。专此奉复，诸希察照。……蔡元培敬启 十二月三十一日"。(《复焦易堂函》同日)

12月 为刘海粟绘《黄山松》题诗。

"海粟先生于本年十一月游黄山，在风雪中作此，不胜岁寒后凋之感。

黄山之松名天下，夭矫盘拏态万方。

漫说盆栽能放大(人言黄山松石恰如放大之盆景)，且凭笔力与夸张。蔡元培题"。(刘海粟：《忆蔡元培先生》)

本年 与吴敬恒、孙科等联名撰发《中国科学社生物研究所筹募基金启》。(蔡元培研究会藏复印件)

本年 撰写《俞芝祥先生六秩晋四德配何夫人五旬正寿双庆序言》。(苍梧《俞氏宗谱》1945年重修)

本年 为上海龙华寺住持愿海和尚书联一副。

"愿海和尚疋属

四大皆空明则著；三生有幸思无邪。 蔡元培"。(蔡元培研究会藏复印件)

本年前后 请马祀光代作《题曾侣仁所藏宋女史佳庐剩稿》(三绝)。(蔡元培先生抄留底稿)

1936年(民国二十五年 丙子)六十九岁

1月1日 偕夫人参加中央研究院新年同乐会，并致词。

"院中放假。午前九时，本院同人举行同乐会，我致词，养浩给奖(围棋：物理所；象棋：工程；拔河：化学)。我演词中，引德国 Kraftdurch Freude(或译为乐力)语，以明同乐之不可少。"(本年《日记》同日)

1月3日 出席爱国女学校董事会议。

"六时半，到功德林，参加爱国女学校董会。到者：褚民谊、蒋竹庄、吴蕴初之代表龚铖，列席者李毅生校长。"(本年《日记》同日)

1月6日 中央研究院总干事丁文江于本月五日病逝，派代表协助丁夫人办理善后事宜。

"九时得电，知在君已于五时四十分去世。"(本年《日记》1月5日)

"在纪念周中，静默三分钟，追悼在君。竺世生来，见示在君遗嘱。致宽甫两电：一嘱代表中央研究院协助丁夫人办理善后事宜。一嘱协助(丁)夫(人)遵在君遗嘱办理(不立嗣子，丧事从简等)。"(本年《日记》同日)

六、大学院院长及中央研究院院长时代(1927—1940) 1245

同日 复电徐韦曼(宽甫),丁文江葬事"运柩南京之计划,不必变更"。

"得宽甫电,言前未见遗属,棺价已超过;又丁夫人坚持葬南京,灵柩定七日午专车行。如必遵遗属,请急电示复。复以一电说:小节不必太拘,运柩南京之计划,不必变更。午后得丁夫人电,言决遵遗属行。"(本年《日记》同日)

同日 函谢蒋梦麟、胡适、罗家伦等人祝寿献屋。

"抄复集资赠屋诸同事、诸同学函,其词如左(下):

适之、抚五、巽甫……诸先生暨梦麟、太侔、志希……诸同学公鉴:接二十四年九月七日惠函,拜读以后,惭悚得很!诸君子以元培年近七十,还没有一所可以住家藏书的房屋,特以合力新建的房屋相赠;元培固没有送穷的能力,但诸君子也不是席丰履厚的一流;伯夷筑室,供陈仲子居住,仲子怎么敢当呢?诸君子的用意,在对于一个终身尽忠于国家和文化而不及其私的公民,作一种纪念。抽象的讲起来,这种对于公尔忘私的奖励,在元培也是极端赞成的。但现在竟以这种奖励加诸元培,在元培能居之不疑么?但使元培以未能自信的缘故,而决然谢绝,使诸君子善善从长的美意无所借以表现,不但难逃矫情的责备,而且对于赞成奖励之本意,也不免有点冲突。元培现愿为商君时代的徙木者,为燕昭王时代的骏骨,谨拜领诸君子的厚赐,誓以余年,益尽力于对国家对文化的义务,并勉励子孙,永永铭感,且勉为公尔忘私的人物,以报答诸君子的厚意。谨此申谢。敬祝诸君子健康。 二十五年一月一日 蔡元培敬复"。(本年《日记》同日)

1月7日 函请孙庆麟等出面调解王乐安与周兆增产业纠纷。

"庆麟先生大鉴:径启者,兹有王乐安与周兆增二君,因产业上关系,其住屋西首天井侧披,争执已久,绍兴地方法院断归王氏。因此周氏有屋而竟无出路,不得不出于上诉。惟区区地面,屡次涉讼,殊不值得,似不如由地方士绅量予和解。夙仰执事,人望所归,拟请会同孙瑞镇长、孙水贞先生出为调解,俾两得其平,而周氏亦得出入途径。特为函达,诸希鼎言,扶植为荷。……蔡元培敬启 一月七日"。(《致孙庆麟函》同日)

1月8日 介绍殷再为往访翁文灏(咏霓)。

"咏霓先生大鉴:径启者,殷君再为,系新闻社及大华晚报社之社长,才学优长。兹来晋谒,谨为介绍,还希赐见提携为荷。……蔡元培敬启 一月八日"。(《致翁文灏函》同日)

同日 致函交通部电政司长温毓庆,请对杨鑫之温州电报局长职务量予维持。

"毓庆先生大鉴:径启者,杨君鑫,现任温州电报局长,闻尚能称职,想正在大部考核中。杨君系杨杏佛先生之令兄,倘其成绩尚有可观,还希量予维持,不胜同感。诸维裁酌为幸。……蔡元培敬启 一月八日"。(《致温毓庆函》同日)

1月10日 致函王云五,询可否出版杨鸿烈新著。

"云五先生大鉴：径启者，杨君鸿烈，在日本东京帝国大学院专攻中国法律在朝鲜、日本、琉球、安南等国之影响，已撰成一书，约十万余言，搜集材料，颇费苦心，拟以每千字五元以上之报酬，请贵馆出版，未知需要否？倘蒙接受，当属其寄稿奉览。……蔡元培敬启 一月十日"。(《致王云五函》同日)

1月11日 七十寿庆日，同人及亲友举行祝典。

"本院同人举行祝典。午书贻、剑翛、离明、仙槎、太侔、子杰、缉斋、孟和、君武等自南京来，在一品香公宴。晚六时，无忌等在东亚酒楼宴亲友。七时，丁巽甫、庄丕可、周子竞在东亚酒楼公宴。"(本年《日记》同日)

1月12日 召集中央研究院临时院务会议，讨论丁文江故后的追悼、抚恤及纪念等办法。

"中央研究院自得该院总干事丁文江在湘逝世消息后，全体同人均深为震悼。除由该院院长蔡孑民氏，即由派往长沙探病之秘书徐韦曼，代表该院襄助丁氏家属办理善后，并于日前特派代理总干事丁燮林氏赴京，代表向丁氏家属吊慰外，特于上星期日召集各所所长及各主任，开临时院务会，讨论追悼、抚恤及纪念办法。"(《申报》1936年1月14日)

1月13日 致函李宣龚(拔可)，奉告李慈铭弟子王君姓名。

"拔可先生大鉴：前日承宠招，感谢之至。承询越缦先生之弟子王君，其姓名如左(下)：

王继香，字子献，号止轩，曾于清光绪十六年仲春为越缦先生刻《白华绛柎阁诗》十卷。谨闻。……弟元培敬启 一月十三日"。(《复李宣龚函》同日)

1月14日 函谢德国驻上海总领事克里拜慰唁丁文江逝世。

"克里拜先生大鉴：径启者，敝院总干事丁文江先生逝世，正深痛惜，乃蒙赐函慰唁，表示同情，岂胜感荷。特此函复鸣谢，诸维察照。……蔡元培敬启 一月十四日"。(《复克里拜函》同日)

1月16日 赴南京参加丁文江追悼会。

"蔡元培昨乘夜车晋京。"(《申报》1936年1月17日)

"丁文江追悼会定十八日在中大致仁堂举行，中研院长蔡元培十七日抵京参加。"(《申报》1936年1月18日)

同日 致函南京警备司令谷正伦，请早予开释皖人周西岑。

"正伦先生司令大鉴：径启者，皖人周西岑，以政治嫌疑系狱，去冬弟与柏烈武先生联名函请保释，谅荷察及。周君此后行为自当格外谨慎，弟可确实担保，还希早予开释，不胜感荷。特此函达，诸候裁酌。……蔡元培敬启 一月十六日"。(《致谷正伦函》同日)

1月18日 主持丁文江追悼会并致悼词。

六、大学院院长及中央研究院院长时代（1927—1940） 1247

"中央研究院院长蔡元培氏，因主持今日在京举行之丁文江追悼会，故于前晚（十六日）由沪乘坐夜快车晋京，至上海追悼会一席，决另派人员代理。"（《申报》1936年1月18日）

"中央研究院十八日下午二时，分别在京沪两地同时举行前总干事丁文江追悼会。京假中大礼堂，到会者有蔡元培、王世杰、翁文灏、胡适、罗家伦、邵元冲、张群、朱家骅、钱昌照、张默君、张伯苓、徐育明、梅贻琦等及该院职员来宾，共约六百余人。蒋院长曾于开会前到会致吊。礼堂内悬丁氏遗像，即于像前陈列蒋等所赠花圈数十只，气氛极肃穆，令人兴悲悼之感。二时开会，由蔡主席领导行礼后，全体默哀三分钟，旋由主席献花圈毕，并作报告。大意谓丁氏不仅为地质学家，对人类、历史各学，均有深刻研究，且办事实事求是，故于学术贡献极多，事业成就不少。丁逝世实全国学术界莫大损失，吾人只有努力完成丁氏未竟事业，方足慰丁于地下。继由翁文灏报告丁氏史略，胡适、罗家伦亦相继致词，末丁氏家属答词，四时礼成散会。"（《申报》1936年1月19日）

1月19日 自南京返上海。

"蔡元培、朱培德，昨乘夜快车出京，今晨抵沪。"（《申报》1936年1月19日）

同日 中国科学社上海社友会举行新年同乐会，并为蔡先生祝寿。蔡先生出席并有答词。

"晚，科学社上海社友会在国际俱乐部开新年同乐会，并为我祝寿。有口琴会音乐，音专陈能方唱歌，廖永康小提琴，俄国十七岁 Mr. Nana Swartsfoug 钢琴，音专有敬祝蔡院长子民先生千秋诗如左（下）：

是艺人和学者的父亲，博大的艺人和精明的学者的父亲；作社会和人生的模范，善良的社会和庄严的人生的模范；是艺人和学者的父亲，作社会和人生的模范。欣逢上寿，敬祝千秋！敬祝千秋！千秋！千秋！

马君武致词，以普法战争时德国弗烈特王俾斯麦、克公毛奇将军，均在七十岁以上，以七十岁正建立功业之秋用相勉。我之答词，亦以一息尚存，此志不容稍懈为言，并以孔子十五治学一章与自己历史相比较。

马相伯书寿字立轴相赠。"（本年《日记》同日）

1月20日 致函周仁（子竞）、傅斯年（孟真），请向上海博物馆赠送物品。

"子竞先生、孟真吾兄大鉴：顷接叶玉甫先生来函，称上海博物馆进行甚亟，颇感征集物品之不易。中央研究院所属各所倘有可以分惠之物，甚望见赠若干云云。特为函达，尚希酌量赠予物品为荷。……蔡元培敬启 一月二十日"。（《致周仁、傅斯年函》同日）

1月21日 为丁文江（在君）遗像题词。

"此中央研究院总干事丁在君先生遗像也。先生名文江，江苏泰兴人。以地质学名于世,兼治地理、人种、历史诸科学,近以探矿得病,本年一月五日卒于长沙,年仅四十有九,深为吾国学术界惜之。 二十五年一月二十一日 蔡元培识"。(《东方杂志》第 33 卷第 3 号)

1 月 25 日 致函浙江省政府主席黄绍竑(季宽),请照拨定海气象测候所建筑费。

"季宽先生勋鉴:径启者,敝院前与贵省建设厅订立设置定海气象测候所合作办法,刻期筹备,凡组织条例、经费预算,均经商定。……期在台风时期以前,建筑完成。近闻贵厅颇事紧缩,而原定拨付之定海经常费,亦在剔除之列,则经年成约骤将停滞,固无以慰定海渔民喁喁之望,即敝院察勘绘图,向所经营者,亦成虚议。夙谂台从关怀建设,兼绾厅务,治绩尤著。务望仍照原订办法,将定海经常费按月发给,拨充建筑,以期早日落成。即浙江全省测候经费,亦乞照常维持,俾竟全功。……○○○敬启"。(《致黄绍竑函》同日)

同日 介绍蒋凤征往见教育部长王世杰(雪艇),申请给予出版补贴。

"雪艇先生部长大鉴:径启者,蒋君凤征,主办《进步英华周刊》,用中英文对照刊行,甚受各界欢迎,允为中学生课外之良好读物,前承大部审阅,认为适合学生阅读资料。惟经费困难,时虞竭蹶,渴望公家补助,庶可永久支持。兹因蒋君晋谒,谨为介绍,还希俯予提倡,酌给补助,俾得益臻完善,不胜感荷。……蔡元培敬启 一月二十五日"。(《致王世杰函》同日)

同日 请马祀光代作《冯之骧墓志》。(《绍兴县志资料》第 1 辑第 5 编)

1 月 26 日 出席中国科学社祝寿宴会,叙述生平经过。

"本埠中国科学社全体社员,于前日假静安寺路万国总会为该社董事兼基金监事蔡元培氏七秩称觞,到二百余人。首由马君武致词,略谓人到七十,正好做事的时候,像德国大豪杰贝斯马克到了七十岁革新政治,故希望蔡先生不以为老,领导人群,努力救国云云。次由蔡氏答词,略谓人到七十,只不过多活几年而已,一百二十岁为上寿,八十岁为下寿,我今年七十,实谈不上寿,唯马先生要我不以为老,努力救国,极愿接受,继述生平经过甚详。"(《申报》1936 年 1 月 28 日)

1 月 27 日 作《〈文中子真伪汇考〉序》。

"为王立中作《〈文中子真伪汇考〉序》。"(本年《日记》1 月 28 日)

1 月 30 日 致函豫皖绥靖主任刘峙(经扶),请饬驻军勿得占用殷墟发掘团租用之屋。

"经扶主任勋鉴:敬启者,本院安阳殷墟发掘团,自民国十七年开始工作,历年进行未断,并荷台端屡次协助,谅邀洞鉴。本院发掘团在安阳城内冠带巷二十六号设有办事处一所,所有房屋,系向房主订借,并立有长期合同在卷。顷接报告称:贵部九十五师拟用此房屋,并限定本月三十一日让出。查本院工作,尚在继续进行中，且此房系本院订约负责，一切设备修理，均系院方担任，历年考古材料、用具，均储于此，实亦无法迁让。应请电饬驻彰九十五师另觅处所，以免妨碍学术工作，是所感盼。……蔡○○敬启　二十五年一月三十日"。(《致刘峙函》同日)

同日　致电安阳行政督察王专员，请严加保护殷墟发掘团办公处用房。

"安阳专员公署王专员勋鉴：查冠带巷发掘团办公处，系由本院径向房主负责订借有案，不得转让任何机关。请出示布告，严加保护，以重学术为荷。中央研究院院长蔡元培。陷。"(《致安阳王专员电》同日)

2月1日　出席上海北大同学会祝寿宴会。

"旅沪北大同学三十余人，昨在静安寺路沧州饭店，欢宴前北大校长、现任中央研究院院长蔡孑民氏。蔡氏今岁适值七十大庆，此项宴会，盖藉以称觞祝嘏云。"(《申报》1936年2月2日)

"晚六时半，北大上海同学会在沧州饭店聚餐，并为我祝寿，到三十余人。李大超主席，何伯诚、萧友梅两教员及同学五六人均致词。寿屏之文，为林庚白所撰。"(本年《日记》同日)

同日　致函各大学校长，请与世界学生联合会建立联络并交换出版品。

"○○校长先生惠鉴：敬启者，顷接比京世界学生联合会来函，内开：'敝会为世界四十二国学生团体所组织，……甚望鼎力掖助，以中国最近之学生组织与其活动情形见告。敝会当按期邮奉各种出版品，与贵方之出版品交换'等语。相应录函转请亮察，即希费神将贵校之出版品，择要惠寄上海愚园路底国立中央研究院总办事处，以便汇转。嗣后关于一切联络事宜，当请该会径与贵校接洽，以省手续，而利进行。……蔡元培敬启　二十五年二月一日"。(《致各大学校长函》同日)

同日　为《清内阁旧汉文黄册联合目录》所作序文发表。(故宫博物院印《文献论丛》1936年)

2月2日　应邀参加中法联谊会午餐会。

"午应赵智由夫妇之招，参加中法联谊会午餐会。有一法国女子自南洋旅行而来，演说南洋华侨生活状况。"(本年《日记》同日)

2月5日　接待顾颉刚。

"到愚园路谒孑民先生，并见师母。出，遇大雨，到大马路，吃点当饭。"(《顾颉刚日记》同日)

2月6日　撰写并寄出《丁在君先生对于国立中央研究院之贡献》一文。

"得适之电，《独立周刊》将为在君出专号，八日齐稿，嘱我与巽甫为文。"(本年《日记》2月4日)

"作《丁在君先生对于国立中央研究院之贡献》，寄适之。为亚子题何香凝夫人所绘《江南第二楼》。"(本年《日记》同日)

"适之先生大鉴：奉电敬悉。奉上《丁在君先生对于国立中央研究院之贡献》一篇，请审定。巽甫兄处亦已转告矣。……弟元培敬启 二月五日"。（《致胡适函》2月5日）

同日　致函鲁宾德拉纳特·泰戈尔，感谢在印度国际大学设立中印学会交流中心。

"敬爱的鲁宾德拉纳特先生：……我们感谢您慷慨地允诺把圣蒂尼克坦的国际大学作为中印学会的总部。关于谭教授筹款建立国际大学中国学院大厦一事，我当努力与他合作，尽管我们目前财政困难，谭教授仍在竭力筹措。请允许我向您致以良好的祝愿和亲切的问候。 蔡元培 一九三六年二月六日"。（《致泰戈尔函》同日）

2月7日　被推为南社纪念会名誉会长。

"在二月七日举行了南社纪念会的聚餐会，并公推蔡先生为名誉会长。蔡先生那天虽然没有出席，但我写信去告诉他时，他却是欣然同意的。"（柳亚子：《纪念蔡元培先生》）

2月9日　上海行政界、工商界、学术界名流公祝蔡先生七十寿辰。

"昨日为中央研究院院长蔡元培氏七十寿辰，各界名流如褚民谊、王震、吴经熊、钱新之、柳亚子、潘公展、王云五，以及上海美术专门学校校董会、中华职业介绍社、中华艺术教育社、中华美术协会等各团体发起，于昨日下午七时，假静安寺路国际大饭店二楼大厅，举行盛大庆祝。蔡氏友好临时参加者甚众，济济一堂，极盛一时，至十时许宾主尽欢而散。"（《申报》1936年2月10日）

2月10日　与吴铁城商议上海博物馆征品事。

"晚，吴铁城招饮于海格路望园，为博物馆征品事。"（本年《日记》同日）

同日　为《张坤仪画册》题词。

"天风海涛共晨夕，成连先生移我情。六法由来尊气韵，琴心画意两忘形。女士师事高奇峰先生，天风海涛，高先生所榜其居者也。"（蔡元培先生手稿）

同日　在中国科学社公祝七秩寿宴上的《演说词》刊出。（中国科学社《社友》第53期）

2月11日　自上海赴南京。

"吴铁城、蔡元培、王正廷、居正、杨飞鹏等，均于昨晚夜快车晋京。"（《申报》1936年2月12日）

同日　出席上海文化团体举办的祝寿宴会，并有演说。

"上海美术专科学校校董会、中华职业教育社、鸿英教育基金委员会、中华艺术教育社等文化团体，孙科、孔庸之、吴铁城、钱永铭、刘海粟、沈恩孚等发起，于昨日在国际大饭店公祝蔡元培七秩大寿，到党政学术各界名流孙科、何应钦、张学良、顾少川、吴铁城、柳亚子、杜月笙、梅兰芳、李登辉等一百七十余人,静安寺路车水马龙,极一时之盛,由钱新之、刘海粟、鄢克昌等分别招待。七时,由筹备会派干事刘海若赴蔡邸恭迎蔡先生偕夫人莅场时,全体一致起立掌声雷动,喜气欢腾,七时半入席,由刘海粟主席,请孙院长哲生代表同人致祝词。……继蔡先生答词:今天承政治界、工商界、学术界诸君为我作寿,实不敢当。现在党国及学术界中人,比我年龄大的人很多,而且是多福多寿多子,所以我的年纪还不能说怎样的高。现在有许多人研究返老还童之术,我国古代也早已有了。譬如周末涉及神仙之说,秦始皇请方士泛舟东海,求长生不老之药,迄乎汉武,亦求长生之方。这无非他们有很多的功业,不能放弃。可是清初的诗人吴梅村屈节称臣,后来满怀忧愤,记于吟咏,有许多绝妙好词,'吾病难将医药治,耿耿心中热血'正是他的亡国之痛。但是倘使早死十年,便不至目击心伤,前人所谓'老而不死是为贼',我们现在正处于这同样的关头,尤有来日大难之感。有些人多活几年,还能为国家社会造福,不无有功。今天诸君在此为我做寿,乃孙先生方才的话,不外要我再做几年事,我很惭愧。古人行年五十,当之四十九年之非。我今年七十,又多了二十年的错,再活几年,无非要我多做几年错事。我一个执笔杆的人,要做事也只能在笔杆上做一些工作,以前我每次遇到胡适之先生,他总是劝我写篇自传,我也想以余年来写些,谢答社会。

今天主席及诸位,为我祝寿,要我为社会国家尽力的意思,我是不敢忘记的。"(《申报》1936年2月12日)

2月12日 主持国民党中央监察委员会第三次常会。

"中监会十二日下午三时开第三次常会。到林森、蔡元培、张继、褚民谊、王秉钧、王子壮、蒋作宾等十余人。蔡元培主席。通过处分案三十余件,六时散会。"(《申报》1936年2月13日)

同日 在上海美专校董会、中华职业教育社等团体公祝七秩寿宴上的《演说词》发表。(《申报》同日)

2月14日 开始撰写《自写年谱》。

"始着手《自写年谱》。"(本年《日记》同日)

2月15日 主持故宫博物院常务理事会。

"午后三时,在行政院开故宫博物院常务理事会。"(本年《日记》同日)

"故宫博物院理事会第八次会议昨(十五)日下午三时在行政院会议厅举行。到理事长蔡元培。理事王世杰、翁文灏,故宫博物馆长马衡等十余人,由理事长蔡元培主席。讨论要案多件,至六时许散会。"(南京《中央日报》1936年2月16日)

同日 中央研究院决定每月补助中印学会款200元。

"与巽甫、毅侯商定对于谭云山之补助,姑认一年,自本年四月起,每月付二百元,作为中央研究院对中印学会之捐款,但汇款时可直接致谭君,又第一次可合付

三个月。"（本年《日记》同日）

2月16日 出席南京北大同学会祝寿宴会并发表《整顿北京大学的经过》的演说。

"京北大同学会十六日午，假中央饭店举行春季聚餐会，并庆祝蔡元培七十寿辰。到王世杰、石瑛、段锡朋、罗家伦等二百余人，群向蔡行三鞠躬礼，鸣鞭炮万响。王世杰、石瑛分别致词，历述蔡在文化界、教育界各种贡献。蔡答词，备极谦逊。……"（《申报》1936年2月19日）

同日 所撰《丁文江对于中央研究院的贡献》一文发表。（《独立评论》第188号）

2月17日 出席中印学会会议。

"午后五时，在宁远楼开中印学会，并备晚餐。"（本年《日记》同日）

"戴传贤等发起组织中印学会，讨论派员赴印讲授国学，及研究印度文化事，十七日晚在考试院开理事会。到戴传贤、蔡元培、许崇灏、陈大齐等，议决多案。"（《申报》1936年2月18日）

2月19日 自南京回上海。

"蔡元培昨乘夜快车出京，于今晨抵沪。"（《申报》1936年2月19日）

同日 介绍赵建功投考日本京都高等工艺学校。

"径启者，兹有赵君建功，欲研究陶瓷，钦慕贵校学科完善，愿来肄业，谨为介绍。倘蒙查其程度相当，还希量予收纳为荷。此致 日本京都高等工艺学校 蔡元培敬启 二月十九日"。（《致日本京都高等工艺学校函》同日）

2月21日 致函青岛市长沈鸿烈（成章），请设法补助青岛海洋生物研究所建筑费。

"成章先生市长大鉴：径启者，青岛海洋生物研究所，现正建造房屋，经工估值约需三万元，盖因图样改变，比前恢廓，且物料价值又高，与原算数竟超过两倍，顿陷于进退维谷之势。因念执事关怀教育，该研究所又夙蒙提倡，此项建筑费，拟请设法维持，量予补助，俾竟全功，特为函达，诸希裁酌玉成，不胜感荷。……蔡元培敬启 二月二十一日"。（《致沈鸿烈函》同日）

同日 致函上海特别市长吴铁城，请一同为何甘露出具学历证明。

"铁城先生市长大鉴：径启者，何君甘露，努力革命事业及服务警界有年。前蒙赏拔，在指导之下任职，亦能勤奋，谅荷察忆。惟其所有毕业证书等件，均于'一•二八'时遗失。此次何君来书，要求台端与弟同为证明，并属弟代为函商。兹特据情转达，并附证明书一件，还希俯予盖章证明，俾得确定资格，不胜同感。……蔡元培敬启 二月二十一日"。（《致吴铁城函》同日）

2月22日 出席苏联版画展览会开幕式并有演说。

"苏联国版画展览会,系由苏联国对外文化协会、中苏文化协会、中国美术会、中国文艺社等四团体所发起,上月曾在首都中央大学图书馆一度展览,大博好评。最近又将全部出品二百余件携来上海,于日前先假八仙桥青年会九楼东厅举行预展,招待学校团体参观,并于昨日下午三时举行开幕典礼,……出席者有中苏文化协会理事长、立法院长孙科,名誉会长俄大使鲍格莫洛夫及中央研究院院长蔡元培,交通大学校长黎照寰,市通志图书馆柳亚子,及中苏文艺界男女来宾二百余人。

中央研究院院长蔡元培氏,对版画作历史的叙述。略谓:版画一道,我国创始最早,当十世纪时,我国已有版画,西洋则至十二世纪始发现。十四世纪,欧洲如德、奥、意,渐普遍。自十四世纪至十五世纪,为欧洲版画最盛行时代,以后因有铜版问世,乃渐退步。自十七世纪到现在,又有照相等兴起而代之矣。其结语谓,我国版画,受西洋影响甚大,此次展览以后,定将有新影响于新作品云。"(《申报》1936年2月23日)

同日 函复郭秉文,同意英文《中国年鉴》由外交部接办。

"秉文先生大鉴:手书奉悉。《年鉴》编辑,能由外交部接办,自属甚善,鄙意深为赞同。特此奉复,即希察照。……蔡元培敬启 二月二十二日"。(《复郭秉文函》同日)

同日 函谢王立中赠书。

"立中先生大鉴:手书奉悉。承惠赠《孟浩然集》,字大刻精,洵称善本,远蒙缄寄,欣感奚如。特此鸣谢,诸希察照。……蔡元培敬启 二月二十二日"。(《复王立中函》同日)

2月23日 出席中国公学毕业同学祝寿宴会,并致谢词。

"中国公学毕业同学会,昨日正午假座八仙桥青年会,为该校董事长蔡元培氏晋祝七秩大寿。到吴继泽、郭虚中、龙英杰、骆亦文、毛仿梅、水祥云、孙珍田等六十余人。寿堂布置,简洁隆重。蔡氏莅场时,全体一致起立鼓掌欢迎,情殊热烈。即席由同学会敬致颂词,略谓蔡董事长既为党国元老,复为我学术界之泰斗,道德文章,称重全国,维护母校,尤为赤诚,幸达七十大寿,敬祝健康,愿为国延年,永造邦家之福云。继由蔡氏答词,略谓中公乃有悠久历史之学校,与党国具有深切之关系,自'一・二八'校舍被毁以还,迄今未复旧观,抚念当时诸先烈创校之苦心,实令人感慨系之。今日欢聚一堂,祝我贱寿,殊不敢当,愿乘斯时会,共商复兴母校之所见,以期奠定校基于磐石,则中国公学万岁,祝诸位之健康云云。末即全体摄影。又该同学会并致赠蔡氏鲁殿灵光大银盾一座,以志纪念。……"(《申报》1936年2月24日)

同日 南社纪念会发表汇印《蔡柳二先生寿辰纪念集》征文启事。

"蔡柳二先生寿辰纪念征集作品缘起。今年,我们南社纪念会成立,恰好我们名誉会长蔡孑民先生七十岁,会长柳亚子先生五十岁。蔡柳两先生的道德文章,因为我人所宗仰,而两先生的寿辰,尤其值得庆贺。蔡柳两先生是学术界耆宿,而我们又大都是文字与美术的工作者。俗语说'秀才人情纸半张'。我们祝贺蔡柳两先生的寿诞,因不用寿糕寿幛,却不用寿文寿诗,我们拟征集学术界的名流各就所长,撰一论文,或选一生平代表之作,汇印一部《蔡柳二先生寿辰纪念集》,在双十节的一天,呈现给蔡柳两先生,以蔡柳两先生为模范,感奋起来,呈现一部纪念集给两位先生,想两位先生必乐许,我们这样的秀才人情,作品的征集。我们现在已组织一委员会办理,作品征集条例另定。通讯处:上海萨波森路二九一号 吴静山先生转交。"(《申报》1936年2月23日)

  同日 在南京北大同学会聚餐会的演说词——《整顿北京大学的经过》——发表。(《中央周报》第406期)

  2月24日 致函钱玄同,请设法安排陈光垚职务,以利从事简字研究。

  "玄同先生大鉴:径启者,陈君光垚,致力于简体字,著有简字选稿,大略已具,尚待修饰,惟身体有病,生活未定,拟请先生在北平方面,为觅月八百元左右之位置。因北平气候与陈君身体相宜,且既有职业,足以完成其简字工作。特为函托,望汲引为幸。……蔡元培敬启 二月二十四日"。(《致钱玄同函》同日)

  "光垚先生大鉴:手书奉悉。执事尽力于简体字,诚为大众之利。惟整理修改,颇需时日,现值身体不佳以缓缓进行为是。至于生计问题,已托玄同先生设法,因北平气候较宜于贵体也。……蔡元培敬启 二月二十四日"。(《复陈光垚函》同日)

  2月26日 出席商务印书馆董事会议。

  "午后三时,商务印书馆董事会,云五报告本年度营业状况。"(本年《日记》同日)

  2月27日 为《中国现代绘画展览目录》作序。

  "国际艺剧院主办之中国现代绘画展览会,于前日起在圆明园路五十五号该院举行,陈列出品共计一百五十余件。……该会印有出品目录,由蔡元培作序。昨日中外来宾前往参观者,颇为踊跃。"(《申报》1936年2月29日)

  2月28日 致函上海特别市政府保安处长杨虎(啸天),请准郑超麟、贺贤深保外就医。

  "啸天先生处长大鉴:径启者,查有郑超麟、贺贤深二人,于民国二十五年[①]五月二十日在上海被捕,由尊处判决郑十五年、贺十年之徒刑,经大赦减轻后,刑期尚未满,现在中央陆军监狱拘押。二人在狱日久,不无后悔,现均患疾病,日渐沉重,拟请由弟作保,准其出外就医,俾得相当调理,早日就痊。特为函达于左右,还希察

[①] 此处疑有误。

裁允许,不胜感荷。……蔡元培敬启 二月二十八日"。(《致杨虎函》同日)

同日 函请国民党嘉兴县党部准予绍兴旅禾同乡会立案。

"径启者:兹有绍兴同乡人沈友宝、蔡恪谦等三十余名,组织绍兴旅禾同乡会,已呈递申请书于省、县两党部,谅蒙察核。惟尚未奉批示,该县呈人等殊深盼切。……可否早予批准,俾一切得以进行。特为函达,诸希裁酌施行。此致 嘉兴县党部诸同志公鉴 蔡元培敬启 二月二十八日"。(《致国民党嘉兴县党部函》同日)

2月29日 电唁俄国国家科学院会员、生理学家班夫罗夫逝世。

"俄国国家科学院会员、生理学家班夫罗夫逝世消息到京后,中央研究院院长蔡元培二十九日电俄国国家科学院长卡本斯基,代向班家族致唁。"(《申报》1936年3月1日)

同日 致函上海难民救济会许世英(静仁),请对"一·二八"战役中阵亡之黄述援例给恤。

"静仁先生大鉴:径启者,查有黄述系黄埔军校第五期毕业,曾充十九军宪兵队第二中队长,于'一·二八'之役阵亡,为国捐躯,忠诚可念。迄今尚未蒙恤典,家况萧条,遗孤待教。谨为函达于左右,拟请援照贵会抚恤条例,从优给恤,慰彼精魂。诸希察酌施行为幸。……蔡元培敬启 二月二十九日"。(《致许世英函》同日)

3月3日 出席上海市博物院临时董事会议。

"午后三时,上海市博物院临时董事会在青年会开会,叶玉甫提议胡兆椿为馆长,通过。……"(本年《日记》同日)

同日 致函地质研究所叶良辅(左之),请为衢县两处煤矿检验煤质。

"左之先生大鉴:径启者,兹有友人在衢县附近开煤矿两处,因不知煤质是否优良,要求本院代为化验,弟已允之。其煤块两包,昨托周子竞先生顺便带奉,诸希费神察办为荷。……蔡元培敬启 三月三日"。(《致叶良辅函》同日)

3月4日 函谢青岛市长沈鸿烈(成章)拨予海洋生物研究所补助费一千元。

"成章先生市长大鉴:接奉大函,欣悉海洋生物研究所,蒙允再拨补助费一千元,具征关怀学术,终始垂护,曷胜铭感。特此函复鸣谢,诸希荩照。……蔡元培敬启 三月四日"。(《复沈鸿烈函》同日)

3月5日 为丁文江(在君)兄弟少时读书处题写匾额并志缘起。

"此丁在君先生与令兄练秋先生少时读书处,旧有城市山林额者也。迩者,在君先生以勘矿衡阳罹疾逝世,练秋先生甚痛惜之,爰撤旧额,改颜望衡。友爱之笃,垂范无艺。谨为书之,并志缘起。 中华民国二十五年 蔡元培"。

"练秋先生大鉴:望衡斋额已写并缄一短跋奉正,如字样大小不合,或跋中有不妥之字句,请掷还改写为荷。……弟蔡元培敬启 三月五日"。(《致丁练秋函》同日)

3月6日　应邀偕夫人出席中波文化协会举办的游艺会。

"晚，波兰公使夫妇招晚餐，并往百乐门观跳舞。"(本年《日记》同日)

"中波文化协会及波侨慈善总会所主办之跳舞游艺大会，业于六日晚在百乐门舞厅举行。自晚九时起，至昨晨三时后始散。我国各当局及各国使领均莅会，来宾参加者达七百余人。……苏联大使鲍吉莫洛夫夫妇、褚民谊、蔡元培夫妇、顾维钧夫妇、王正廷夫妇、朱家骅夫妇等。"(《申报》1936年3月8日)

同日　致函音乐专科学校校长萧友梅，请对被黜学生夏国琼重予收录。

"友梅先生大鉴：径启者，贵校学生夏国琼，因事被黜，谅系犯规。惟该生家本寒素，求学甚艰，又无他校可转，中心愧悔，渴望回原校继续受课，睹其情形，似尚真切。特为函达，倘其犯规情节尚不重大，可否念其悔过，重以收录，不胜企望。……蔡元培敬启　三月六日"。(《致萧友梅函》同日)

"啸天先生处长大鉴：大函奉悉。夏君国琼回原校继续受课一事，已函致萧友梅校长，声述夏君悔过情形，请其酌量重予收录。俟有复信，再行奉达。知念先复，诸希察照。……蔡元培敬启　三月六日"。(《复杨虎函》同日)

同日　函谢赵建功赠送茶具。

"建功姻仁兄大鉴：手书奉悉。承赠茶具，已由储君交到。珍物远贻，曷胜铭感。特此函复鸣谢，诸希察照。……蔡元培敬启　三月六日"。(《复赵建功函》同日)

3月7日　蔡夫人周养浩四十六岁生日，贺以五律五首。

"养友生日，俞汝良及郭有守夫妇均来祝寿。晚，在家设宴，外姑、三舅母、大哥、大嫂等均来。我以王立中所赠《孟浩然集》为养友寿，因浩然名字均与'养浩'之别号有关也。用集中《和张明府登鹿门山韵》题五律一首，又用同韵作五律四首。"(本年《日记》同日)

一首：

"繁文输挚意，半纸秀才情。邹峄名言隽，襄阳诗句清。标符朱墨烂，评骘李刘成。表德良非偶，高吟金石声。"

又四首：

"卅年前影事，回忆不胜情。我志标革命，卿名是怒清。国文初口试，英语亦粗成。曾与杨徐辈，当时并有声。

十载暌违久，相逢话别情。学风承志劲，教派启明清。皖沪楼船渡，许张家塾成。一心关姊病，常听鹡鸰声。

容我结褵请，感卿师友情。百年非鼎盛，两袖况风清。梁案时能举，欧游志竟成。遂于蜜月里，海上听涛声。

近岁家庭乐，相将真性情。图书百年载，花石一园清。妙画看山得，新诗联句成。为卿介眉寿，儿女踏歌声。"

六、大学院院长及中央研究院院长时代(1927—1940)　1257

　　黟县王君立中,以闵本《孟浩然集》祝我七十岁生日。我以浩然名字均本《孟子》,而亦为养友之号所本,值养友四十六岁生日,即以此集书为养友寿,用集中《和张明府登鹿门山韵》题一律。鹿门为庞公栖隐处,亦藉以表吾二人乡居之宿愿焉。二十五年三月七日　蔡元培"。(启功　牟小东编《蔡元培先生手迹》)

与夫人、子女合影(1936年)

　　同日　致函傅斯年(孟真),代张元济(菊生)借书。
　　"孟真吾兄大鉴:径启者,群碧楼善本书中,忆有陈鳣著《诗人考》一种,张菊生先生欲借看,已答允之,祈妥善寄沪,以便交去。又有宋本《周益公集》,据菊生先生云,各处所藏《周益公集》,均属不全,本院群碧楼本有几卷?卷数第几?祈为一查示复。……蔡元培敬启　三月七日"。(《致傅斯年函》同日)
　　同日　致函庄长恭(丕可),请答复钟寿亨自制煤球有无检验价值。
　　"丕可先生大鉴:径启者,前有钟寿亨君交来自制煤球一包,并具呈文,请化验,当已转送所中。据钟君意,是项煤球,燃烧时可无煤毒,其说是否可以成立?如尊意认为值得试验,请给予试验单。如认为无试验之价值,亦请说明理由,函复钟君,俾得明白,因钟君屡来问讯也。……蔡元培敬启 三月七日"。(《致庄长恭函》同日)

3月10日　撰写《王光祈先生追悼会致词》。

"写《王光祈先生追悼会致词》,寄郭有守。"(本年《日记》同日)

3月11日　写作《江苏教育学院九周年祝词》,并寄高践四。

"写无锡江苏省立教育学院九周年成绩展览会祝词,寄高践四,并告以十五日不能到。"(本年《日记》同日)

3月12日　在本日《日记》中记有父母及已故黄夫人生卒年月时间。

"查得,我父亲的生日:一八三七年阴历七月二十三日。忌辰:一八七七年阴历六月二十三日。

我母亲的生日:一八三六年阴历十月二十三日。忌辰:一八八六年阴历正月二十二日。

黄仲玉夫人生日:一八七七年阴历正月初五日。忌辰:一九二一年阴历庚申十一月二十五日,阳历一月三日。"(本年《日记》同日)

3月13日　为柳亚子编《南社诗集》作序。

"本书包含南社丛刻二十二集中全部的诗,是一部充满着革命情绪的诗集。书前印有南社巨子于右任、居正、邵元冲、及蔡元培、吴稚晖等题序,柳亚子夫妇合影,徐蔚南、胡怀琛等重要文字。……"(《申报》1936年3月13日)

3月15日　所作《对于江苏教育学院的祷祝》一文发表。

"民众教育是帮助民众,使他们能达到自给自管自卫的目的。这些目的小到一身,大到一国,与小于身而大于国的各种团体都是有的。例如身体上有消化呼吸等机关,是自给的。有脑部及神经系,是自管的。有筋及爪甲等,是自卫的。又如国家,所有关于经济的组织,是自给的。关于政治的机关,是自管的。关于军事的编制,是自卫的。其他大于一身而小于一国的,如省县乡区以至家庭,都有这三种目的。这就是美国人所传诵的民享民治民有,也就是孙中山先生所主张的民生民权民族三主义。因为自给就是民享,也就是民生主义;自管就是民治,也就是民权主义;自卫就是民有,也就是民族主义。

江苏省立教育学院,设在无锡,院中所办民众教育实验区内之分子,自然无锡人占最大多数;但每一个无锡人都是江苏人,也都是中华民国的国民,所以每个人所练的自给自管自卫的能力,不但应用于一县,也将应用于一省,应用于全国。而这个练习的机关,可为全省的模范,也可为全国的模范。

我们现在考验九年以来教育学院的成绩,关于农艺的,有农场、特约农田、稻种繁殖区、园艺示范区、水利垦殖合作社等;关于畜牧的,有特约养鸡场、鸡种猪种改良场、养鱼合作社、养羊养鹅养猪合作社等；关于工艺的，有妇女工艺训练班、儿童服务团、扛重队等；关于商务的，有信用合作社、信用生产兼营合作社、农村工艺品产销合作社、运销合作联合社、储蓄会、农村贷款处、借款联合会等，这都是自给的成绩。又有禁赌会、调解委员会、合作完粮、模范家庭、托儿室等，这都是自管的成绩。又有对于疾病的防御，如卫生委员会、农村卫生所、民众保健所、简易治疗处、简易药库等；对于火灾的防御有救熄会、消防队等；对于匪贼的防御，有保甲会、冬防团、地方自卫训练班等；关于体育的，有体育场、田径队、武术团等，这都是自卫的成绩。

但是这些成绩，并不是突然产生，它那产生的原因，还不能不归功于教育。我们再一考教育学院本身的事业，如小学、民众学校、短期义务小学、义教试验班、日间短期义务班、劳工自给学校等，都是以学校形式推行教育的；如图书室、读书会、巡回书库、民众博物馆、民众阅报社、民众茶园、农友工余社、青年进修会、乡村改进会、改进会联合会等，都是以非学校的形式推行教育的；又如娱乐室、音乐队、唱歌队、工余剧社等，是以美术助成教育的。有这许多社会教育的方法，始能产出上节所举自给自管自卫的成绩。我深佩高践四先生、俞庆棠先生及诸位同志努力于教育学院之热诚！我敬祝无锡一隅的成绩，能推行于江苏全省，并能推行于全国。"（江苏教育学院院刊《校闻》第4卷第2期）

同日 王光祈追悼会在上海国立音专举行，所撰《王光祈先生追悼会致词》在《王光祈先生追悼会特刊》发表。

"王君光祈，……不幸于本年一月十二日患脑充血病，故于德之波恩，赍志以终，享年仅四十有五岁。君早失怙恃，现亦无兄弟妻室，客死异域，孑然一身。现其旅沪友人等定于今日（十五日）上午十时三十分，在市中心区国立音专学校开会追悼，以志哀思。"（《申报》同日）（南京《新民报》同日）

3月18日 与王晓籁、孙仲舒等联名发出《修葺绍兴柯岩石佛寺募捐启》。

"径启者：浙江绍兴之柯岩石佛寺，建自六朝，为著名古刹。自有清康熙年间，经南洋沈太守出资重修，迄今垂二百余载，风雨剥蚀，倾圮堪虑。前由元培、晓籁等发起重修，凤蒙赞成。近曾函请浙江省黄主席转咨绍兴县贺专员，嘱于建设公款项下拨款资助。维估计是项工程，平治道路，修造殿宇，约需一万六千金，而筹备以来，除公款补贴外，计尚缺一万金。现已推举朱泽轩、倪仲敬、邵秉中、陈洁人诸君，及仲舒、磬韵为经理委员，分头集捐。冀于最短期间，集成前数。在绍兴方面所集捐款，统由磬韵经管；上海方面所集捐款，统由仲舒经管。奉上材料工程预算单一纸，务请慨捐现款，或指任材料价值，促成盛举，并请送交上海望平街兴昌人丝号，或绍兴柯桥德泰义记，集成整数，以便刻日兴工，不胜盼祷之至。此致 ○○先生台鉴 蔡元培 王晓籁 孙仲舒 王磬韵敬启"。（《修葺绍兴柯岩石佛寺募捐启》）

3月19日 出席爱国女学校董事会议。

"晚七时,爱国女学校董会在功德林开会,赴之。到者褚民谊、蒋竹庄、金侣琴、孙翔仲、邓□□等。"(本年《日记》同日)

同日 函复美国电影制片人詹森,赞同制作体现中国二十五年进步的电影。

"詹森先生:三月十二日函及附件均已收到。您要制作一部足以体现中国二十五年进步的有声电影,我相信您的这种进取精神,将得到我们伟大民族的每个爱国儿女的衷心赞同。我将乐于以任何的方式给您切实的帮助。 中央研究院院长蔡元培"。(《复詹森函》同日)

3月23日 接待法国数学家哈达玛(G. Hadamard)来访。

"法国大数学家哈达玛氏(G. Hadamard)到沪,本日午后三时到本院参观。晚由我代表本院宴哈氏及其夫人于新亚酒楼,请中国科学社中国数学会、加国物理学会代表作陪。"(本年《日记》同日)

"……晚六时,蔡元培氏在国际饭店欢宴哈氏夫妇,到学术界人士数十人。席间,蔡氏与哈氏均起立致词,十时许尽欢而散。"(《申报》1936年3月24日)

同日 函谢广州《自强》杂志社赠书。

"接奉大函,承惠赠《白华草堂诗集》一部,无任铭感。谨此函复鸣谢,诸希察照。此致 自强杂志社 蔡元培敬启 三月二十三日"。(《复广州自强杂志社函》同日)

3月24日 主持中国科学社等三团体联合举办的欢迎哈达玛宴会。

"法国数理大家哈达玛夫妇抵沪后,于昨日上午参观市中心。……晚七时,中国科学社、中国数学会、中国物理学会三团体,在静安寺路华安大厦举行联合公宴,到三学会会员百余人。席间由蔡元培氏致欢迎词,次哈氏答词,至十时许始尽欢而散。"(《申报》1936年3月25日)

"晚,中国科学社、中国数学社、中国物理学会公宴哈达玛氏于华安八楼。我主席,以华语述欢迎词,由梧生译作法语。大意先述哈氏在数学上及理论物理学之权威,并言数学的正确性及演绎法,能使人促进扶持正义的毅力与推己及人的同情,故哈氏与潘加莱、班乐卫等,均以大数学家主持法国人权会,平反特赖甫斯狱,对于这一点,我等尤佩服哈氏云云。"(本年《日记》同日)

3月25日 参加商务印书馆董事会议。

"午后四时,参加商务印书馆董事会。"(本年《日记》同日)

同日 致函傅斯年(孟真),请准中国建筑展览会借展殷墟版筑影片。

"孟真吾兄大鉴:径启者,顷接中国建筑展览会来函,征求本院殷墟版筑影片,借供陈列。兹将原函寄奉台阅,如有是项影片,还希酌寄数件为荷。……蔡元培敬启 三月二十五日"。(《致傅斯年函》同日)

3月26日　偕夫人周养浩出席哈达玛夫妇茶话会。

"午后五时,偕养浩赴国际饭店,参加哈达玛夫妇茶话会。"(本年《日记》同日)

同日　为李缵铮、张倬亚证婚。

"六时,赴新新酒楼为李缵铮、张倬亚证婚。"(本年《日记》同日)

3月27日　赠花圈挽林义顺。

"送花圈于万国殡仪馆,挽林义顺君。林君在新加坡营树胶业,致富,热心赞助革命事业,我游欧洲时过新加坡,必访之,屡受款待。近年树胶不振,林君亦渐窘。此次本拟进京,抵沪即病,遂不起,可哀也。"(本年《日记》同日)

同日　介绍张梓生访会英文《中国年鉴》编辑主任桂中枢。

"中枢先生大鉴:径启者,张君梓生,系《申报年鉴》主编人,兹拟向贵社借阅关于宗教一类之中文底稿,特为介绍,还希接见,允其所请为感。……蔡元培敬启　三月二十七日"。(《致桂中枢函》同日)

3月28日　出席清寒教育基金协会第八次会议。

"清寒教育基金协会,于三月二十八日假觉林开第八次大会,到委员蔡元培、蒋竹庄、程汉章、徐作和、陈聘丞、徐新六、胡敦复、吴蕴初、曹梁厦、徐名材、沈信卿等十余人。主席曹梁厦。会议结果:改选职员,当选者委员长曹梁厦,总干事徐名材,财务委员吴蕴初、徐新六、陈聘丞……"(《申报》1936年4月12日)

同日　出席欢迎画家高剑父茶会。

"午后四时至六时,简又文、杨玉仙夫妇在惇信路四十五号班园举行茶会,欢迎高剑父画家,赴之。"(本年《日记》同日)

"艺术家高剑父氏,日前由粤抵沪,昨日(二十八日)下午,逸经社长简又文特在惇信路班园举行文艺雅集,欢迎高氏,并在班园内陈列高氏杰作数十帧,……是日到者中西闻人有蔡元培、林语堂、刘海粟、汪亚尘、英国伯爵米士夫妇、波兰侯爵丹鲁士欣及路透社主任赞神夫妇等百余人,极一时之盛。"(《申报》1936年3月30日)

同日　出席欢迎化学家侯德榜宴会。

"晚,吴蕴初在觉林开清寒教育基金协会,赴之。未及候开会,即行。庄丕可在新亚设宴欢迎侯德榜化学家(办硫酸铔厂者,新自欧美回),赴之。"(本年《日记》同日)

同日　复函殷再为,说明因事不到南京,请另约他人题主。

"再为吾兄礼次:接奉来函,知新遭大故,哀怆可想,惟望念生死有常,勿过摧毁为幸。嘱十八日题主一节,因是日中华教育文化基金董事会在上海开会,元培系主席,不克抽身来京,祈另请他人。专此奉复,并希谅之。……蔡元培敬启　三月二十八日"。(《复殷再为函》同日)

3月29日　再次当选商务印书馆董事。

"昨日商务印书馆假上海市商会举行股东常会,二时五十分开会。到会股东连代表2323户,30211股,26928权。张菊生主席。由董事监察人先后报告营业状况及结算情形,继议盈余利息分派之议案及董事会提议事件,均经通过。选举董事,当选者张菊生、李拔可、夏筱方、鲍庆林、王云五、高梦旦、高凤池、徐善祥、刘湛恩、丁斐章、蔡元培、张蟾芬、徐寄卿十三人。……"(《申报》1936年3月30日)

3月 分别致函朱家骅(骝先)、李书华(润章)、杭立武、叶恭绰(玉甫)等,请管理中英庚款董事会准予拨款补助中华职业教育社。

"骝先、润章、立武、玉甫先生大鉴:径启者,中华职业教育社……从前受中华教育文化基金董事会补助甚久,近因庚款机关联席会议议决,改归中英庚款项下补助。故自本年起,中美庚款董事会停止助款。去年向中英庚款董事会请求,又以该年度基金利息支配无余,不及照拨。经续请保留于本届会议(二十五年四月)提出复议,已蒙董事会复允照办。现开会在即,务请顾念该会历年成绩,力主准予补助,以维持原有事业……"(《致朱家骅等函》)

同月 为上海北大同学会募建会所撰写《缘起》。(《上海北大同学会会刊》第2期)

同月 英文《中国季刊》(The China Quarterly)刊出《中国的中央研究院与科学研究事业》文,署名蔡元培。(该刊1936年3月号)

4月2日 推举洪芰铃任上海市图书馆长。

"五时半,偕云五访铁城,芰铃亦在座,商定上海市图书馆长,由芰铃以市政府秘书兼任,于本月二十二日午后五时,开临时董事会推举之。"(本年《日记》同日)

4月3日 致函中央大学校长罗家伦(志希),请聘用张藕舫为讲师。

"志希吾兄大鉴:久不晤,惟起居安善。兹有启者,张静江先生之令侄藕舫,历在美国康乃尔大学及麻省工专,得电机工程学士及理科硕士,……如贵大学理、工两院之数学及电机工程等课程,于暑假后可以为张君安排,务请延揽,因张君之品性及学诣,弟所深信。为贵大学计,亦未可交臂失之也。请酌定见复为荷。……弟元培敬启 四月三日"。(《致罗家伦函》同日)

4月4日 出席商务印书馆董事会议。

"三时,商务董事会在国际饭店绿厅开会,新董事马寅初出席。董事会接未复职诸职工函,要求复工,通过一函稿复之。"(本年《日记》同日)

4月5日 吊唁林义顺。

"午后二时,吊林义顺于万国殡仪馆。"(本年《日记》同日)

4月6日 致函罗家伦(志希)、陈宝锷(剑修),请为中山大学推荐地学教授一人。

"志希校长、剑修教务长吾兄大鉴:前五全大会时,邹海滨先生在京托在君先生物色地理教员,在君先生曾约贵校地学诸君,与邹先生聚餐一谈。顷得邹先生电,属推荐地理教授一人,原电抄奉,敬希询明贵校地学诸君,推举所知见示,以便转告邹先生酌夺。专此奉托……弟蔡元培敬启 四月六日"。(《致罗家伦、陈宝锷函》同日)

同日 函复陆仲文、叶良辅,请于本月七日到中央研究院晤谈。

"径复者:承示执事等发明三用电灯泡,拟携样品来本院各节。兹定于本月七日上午十一时在本院鹄候,即希驾临为荷。此致 陆仲文 叶良辅先生 蔡元培敬启 四月六日"。(《复陆仲文、叶良辅函》同日)

4月7日 函复无锡国学专修学校校长唐文治(蔚艺),允尽力为该校申请建筑费。

"蔚艺先生大鉴:大函奉悉。国学专修学校添筑新屋,具见校务发达,曷胜欣羡。向中华教育文化基金会请求建筑费一节,在开会讨论时,弟自当尽力。先此奉复,诸希察照。……蔡元培敬启 四月七日"。(《复唐文治函》同日)

4月9日 自上海赴南京。

"蔡元培、郑洪年、日使馆情报部长卢野安,昨晚同乘夜快车赴京。"(《申报》1936年4月10日)

4月12日 偕谢召南游镇江。

"八时偕谢召南向镇江出发,九时五十五分到。游竹林寺,次游招隐林,云是戴颙高隐处,最后到鹤林寺,复到伯先公园一游。午后一时四十五分,乘公共汽船往焦山,五时到,由守慧寺前登岸,访松廖阁,端方铜像尚存。历游玉峰、自然等庵,登山经三诏洞、财神阁等处,抵坚白亭。下山登汽船,到召南家服茶点,五时三十分行,七时三十分到京。"(本年《日记》同日)

4月14日 往汤山。

"午后,到汤山,浴于陶庐。"(本年《日记》同日)

4月15日 出席故宫博物院保存库建筑奠基式。

"午前十时,偕常莘田赴朝天宫举行故宫博物院保存库奠基式。"(本年《日记》同日)

同日 出席故宫博物院第三届理事会议,继续当选为理事长。

"行政院十五日下午三时,召开故宫博物院第三届理事会,到李书华、李济、李鼎昌、周诒春、陈垣、翁文灏、傅汝霖、张伯苓、张嘉敖、张继、傅斯年、褚民谊、叶楚伧、蔡元培、罗家伦、蒋廷黻、马超俊、张道藩、马衡等二十余人。翁文灏主席,除由马衡报告工作概况外,并讨论工作计划,议决要案多件。"

"故宫博物院理事会议,十五日下午三时举行,推蔡元培继续担任理事长。陈立夫、李书华、蒋梦麟、罗家伦继续担任常务理事,并推翁文灏为理事会秘书。"(《申

报》1936年4月16日）

　　同日　主持中央博物院第一次理事会议，被推举为理事长。

　　"国立中央博物院理事会，十五日下午五时在教部成立，并开首次全体会议。出席蔡元培、王世杰、翁文灏、胡适、朱家骅、傅斯年、张道藩、李济、黎照寰、秉志、李书华等。首由王教长主席，并致开会词，继推举蔡元培为理事长、傅斯年为秘书。继改由蔡元培主席，决议要案如次：（一）指定专家拟设人文、自然、工艺三馆，下年度设备计划，予以确定，并请政府酌拨必需款项。（二）决定中央博物院与中央研究院未来的工作，应力避重复。（三）中央博物院与国内其他学术机关尽量合作。（四）通过理事会议事细则等。"（《申报》1936年4月16日）

　　同日　与王世杰（雪艇）、袁守和、胡适等谈北平图书馆及北大事。

　　"九时，雪艇、守和、巽甫、孟真、适之到我寓夜谈，为北平图书馆及北大事，到十二时始散。"（本年《日记》同日）

　　同日　上海市有关团体发起创设孑民美育研究院。

　　"本市各团体前于新亚酒店为中委蔡孑民氏庆祝七十大寿时，当由吴市长等发起创设孑民美育研究院，以为蔡氏七十诞辰纪念，并即席推定筹备委员，负责进行筹备。该会于昨日下午五时在八仙桥青年会举行首次筹备会。出席委员，计有吴铁城、孙科（杜代）、钱新之、沈恩孚、刘海粟、李大超、柳亚子（沈代）、程演生、关甘园、陈济成、鄢克昌、王远勤、张寿镛（刘代）、王汉良、黄伯樵、汤增敖、李宝森、吴公亮、萧友梅、谢公展、潘良玉、谢海燕、刘海若、吴匡时、吴䎱之、马公愚、傅伯良、郑午昌等。……讨论事项：（一）筹会组织办事细则案。议决，修正通过。（二）推定总干事及各组正副主任案。议决，交常务会决定后提交下次会议追认。（三）申请中央党部、教育部、市教育局分别立案案。议决，交常委会……"（《申报》1936年4月16日）

4月16日　主持中央研究院第一届评议会第二次年会，作《国立中央研究院进行工作大纲》的报告。

　　"九时，本院评议会开会。十时开审查会，十二时审查毕，本院在首都饭店设宴。午后二时又开会，五时毕。"（本年《日记》同日）

　　"第一届评议会第二次年会，于二十五年四月十六日在本院南京历史语言研究所举行。……举行仪式后，蔡院长起立致词，略谓：评议员诸君不辞劳苦来京赴会，至为荣感。此次集会，不能不怀想本会故秘书丁文江先生之逝世，请全体起立为丁先生静默一分钟，以志哀悼！

　　静默毕，蔡院长报告《国立中央研究院进行工作大纲》，就正于各评议员。"（《国立中央研究院首届评议会第一次报告》该院1937年印）

4月17日　自南京回到上海，出席中华教育文化基金董事会预备会。

"晨到沪。晚中基会晚餐会,餐后开预备会,十二时始散。"(本年《日记》同日)

4月18日 主持中华教育文化基金董事会第十六届年会。

"中华教育文化基金董事会第十六届年会,于昨日上午九时起,在本埠沧州饭店举行,上午各项会务报告,下午讨论各项事业预算,确定教育文化机关补助经费,并改选职员,分配职务。其二十五年度科学研究补助金候补名单,亦经公布。各地董事昨日来沪出席者,计有蔡元培、周诒春、胡适、李石曾、徐新六、孙科、金绍基、任鸿隽、贝克、贝诺德、顾临、司徒雷登及代理干事长孙洪芬等。教部代表杨振声、外交部代表周圭、美大使代表高斯,亦均出席参加。由董事长蔡元培主席。……

次选举任满出缺董事、职员,结果如下:董事司徒雷登、任鸿隽、孙科、翁文灏、董事长蔡元培,副董事长孟禄、周诒春,名誉秘书胡适,名誉会计贝诺德、金绍基。……"(《申报》1936年4月19日)

同日 函复赵修之,说明教育部已停止推行简体字。

"修之先生大鉴:接奉大函,知尊意拟组织全国旅行宣传团,提倡简体字,播音教授,至佩热忱。惟近日教育部已宣布简字停止进行,来示所提各节,只得从缓再议。特此函复,诸希察照。……蔡元培敬启 四月十八日"。(《复赵修之函》同日)

同日 函复黄式金,请与吴蕴初联系索取清寒教育基金协会招考章程。

"式金先生大鉴:大函奉悉。关于清寒教育基金协会招考章程,可函询上海爱多亚路一二三号天厨味精厂吴蕴初先生,当能寄奉。特此函复……蔡元培敬启 四月十八日"。(《复黄式金函》同日)

4月20日 为《清季外交史料》一书撰发征订启事。

"○○先生大鉴:径启者,黄岩王彦夫先生,清末供职枢垣,手录光绪朝外交文件,藏诸秘籍。其哲嗣希隐先生缵承遗志,增集宣统朝外交文件,编辑《清季外交史料》一百六十四册,翔实赅洽,诚为参考必备之书。前蒙行政院于二十一年十月间通行各部、会、省、市政府转各机关酌订在案,其书之价值可见。兹因全书出版在即,用特代为函介,还希台端提倡,量予订购,俾是书得以推广风行,不胜感幸。……蔡元培敬启 四月二十日"。(《介绍〈清季外交史料〉通函》同日)

4月22日 出席上海市图书馆临时董事会议。

"午后五时,上海市图书馆临时董事会在本院开会,筹备处定于五月一日结束。馆长人选,推王云五、俞鸿钧、潘公展三君讨论。"(本年《日记》同日)

同日 丁文江在湘营葬,派丁燮林代表致祭。

"丁文江在湘营葬,何键将岳麓山地一块捐赠,五月四日举行葬礼,蔡元培特派丁燮林代表致祭。"(《申报》1936年4月23日)

4月23日 出席国立音乐专科学校师生祝贺七十寿诞演奏会,并致词。

"午后四时,国立音专师生为我祝七十寿,举行演奏。先到手植长松处摄影,又

偕该校全体师生及来宾摄影。乃开演奏会,学生代表致词,我亦致词。"(本年《日记》同日)

同日 致函考试院长戴季陶,询可否减费代印韩英华所著之书。

"季陶先生院长大鉴:径启者,韩君英华,著有《政治计划汇编·建设方案》一书,计二十一万言。专心著述,洵属难得。刻拟将此书付梓,苦于刻资不易。闻贵院有印刷一部分,可以减费代印,未知详细办法如何。韩君所著,倘蒙察核尚有价值,深望得沾代印之意。特为函介。……蔡元培敬启 四月二十三日"。(《致戴季陶函》同日)

4月24日 函请上海特别市长吴铁城颁发市图书馆长洪逵委任状。

"径启者:本月二十二日市图书馆临时董事会议,推王副董事长云五、俞董事鸿钧、潘董事公展讨拟馆长人选,并于会议中声明拟定后报告市长及董事长,即可解决,不必再经过会议云云。二十三日,承市长邀王副董事长及俞、潘两董事及元培,在市政府开谈话会,决定市图书馆筹备处洪主任逵改任馆长。元培除以此项决议交临时董事会记入会议录外,谨此函陈,请即发馆长任命状,俾于本月底筹备处结束时,得以接受办理,实为公便。此上 吴市长勋鉴 上海市图书馆临时董事会董事长 蔡元培"。(《致吴铁城函》同日)

同日 分别致函杜月笙、潘公展、何炳松等人,为《新亚细亚》月刊等书刊征求订户。

"○○先生大鉴:径启者,新亚细亚学会为阐扬三民主义,研究中国边疆问题,唤起国人注意,以谋巩固边防,特发行《新亚细亚》月刊,及实地调查边疆状况各种丛书,深蒙各界人士赞许。兹因是项书籍重要,为普及起见,该学会更谋积极推销。用特代为函介,还希台端提倡,量予订购,俾得风行,不胜感荷。……蔡元培敬启 四月二十四日"。(《致杜月笙等函》同日)

4月25日 致函建设委员会主席张人杰(静江),请考虑济民职校经费来源不受损害。

"静江先生大鉴:径启者,长沙李俊卿君,以所创衡阳泰记电厂,捐作济民职校为基金,校方正准备接收。乃有人预料衡阳市面必将发展,电厂必获大利,因另立名目,以整顿名义呈由湘省政府转呈贵会备案,希图批准后可以垄断。此事关系学校经费,特为函达,还希俯加考虑,俾该校已经捐得之电厂,不受损害,不胜感幸。……蔡元培敬启 四月二十五日"。(《致张静江函》同日)

4月27日 偕夫人周养浩到杭州。

"午前十时,偕养友及三哥乘汽车赴杭州。在乍浦之中国旅行社招待所小憩,用午餐。……午后五时余抵杭州,寓银枪版巷八号徐季荪姻叔家。"(本年《日记》同日)

4月30日　到浙江天台华顶山游览。

"冒雨乘轿登山,至高明寺、真觉寺,抵华顶,午餐。登拜经,到李太白读书处(有鱼池、荷池),夜宿华顶。"(本年《日记》同日)

4月　为程演生辑"中国内乱外祸历史丛书"作序一篇。

"程演初(生)到院,以所辑《中国内乱外患丛书》①目见示,嘱题数语。"(本年《日记》3月30日)

"《〈中国内乱外祸历史丛书〉序》,蔡元培。"(该书 第1册 神州国光社 1936年4月出版)

同月　所撰《记三十六年以前之南洋公学特班》在上海《交通大学四十年纪念特刊》刊出。(启功 牟小东编《蔡元培先生手迹》)

同月　为《粤汉铁路株韶段通车纪念刊》撰写《粤汉铁路与南北文化沟通之关系》一文。(该刊1936年印)

同月　审阅滕固撰德文《中国绘画史略》,对该书深表满意。

"柏林中国艺术展览会,前为宣扬中国历代绘画之特色于欧洲起见,特请滕固博士撰述德文《中国绘画史略》一书,凡二百余页。其内容:第一章古代绘画,第二章佛教输入时代,第三章士大夫画与院画之生成,第四章士大夫画再生,折衷倾向及其反动,第五章折衷主义及近代极端派,结论。该书原稿,经蔡元培先生审查,深表满意。……"(《申报》1936年4月7日)

5月2日　到浙江乐清雁荡山游览。

"晨七时出发向雁荡。到临海,渡椒江;到黄岩,渡澄江;到乐清,渡,水涨。在黄岩一小酒馆午餐。晚到雁山旅社。"(本年《日记》同日)

5月4日　在浙江乐清大龙湫等处游览。

"游大龙湫、西石梁(午餐)、梅雨潭、罗带瀑、梯云瀑、能仁寺。晚回旅社。"(本年《日记》同日)

5月5日　在浙江乐清散水岩等处游览。

"游显门、散水岩(午餐)、龙溜。……龙溜之水有旋涡,掷大石于中,旋转而下。晚回旅社。"(本年《日记》同日)

5月6日　返回杭州。

"晨五时行,到临海,在聚仙园午餐。到新昌站,稚晖、润章改道往奉化。我车至蒿坝后,一车轮橡圈泄气。换一轮,到钱塘江已八时,见圆月,惜有晕耳。夜仍宿徐宅。"(本年《日记》同日)

5月7日　返抵上海。

---

① 即为"中国内乱外祸历史丛书"。

"十一时自杭州出发,仍至海宁、乍浦等处暂憩,午后五时抵家。知三儿均无恙,甚慰。"(本年《日记》同日)

5月8日 函请李书华(润章)到豫丰泰菜馆畅叙。

"润章先生大鉴:台雁同游,诸承照拂,甚感。想大驾已于今晨到沪矣。明晚(五月九日)七点钟,请临豫丰泰绍兴酒菜馆(福州路六〇一号)一叙。同座皆台雁游侣,借以畅谈。务请惠临。……弟元培敬启 五月八日"。(《致李书华函》同日)

5月9日 与李书华(润章)、徐季荪"商分派游费事"。

"晚七时,邀稚晖、润章、季荪到豫丰泰便餐,商分派游费事(稚晖不能到,先期来谈),决议以互相推让之款,用'游六记'名义存银行,俟有适当机会,仍用之台、雁。"(本年《日记》同日)

同日 致函居正(觉生),请给予《进步英华周刊》经费补助。

"觉生先生大鉴:径启者,蒋君凤征,主办《进步英华周刊》,用中英文对照刊行,甚受各界欢迎,尤为中学生课外之良好读物,……惟私人举办,经济困难,渴望公家有所补助,庶可永久支持,借副一般期望。兹特代为函达,倘蒙俯加提倡,在中央财务委员会酌给补助费,俾得改善内容,减低售价,庶几贡献益大。还希量予裁成……蔡元培敬启 五月九日"。(《致居正函》同日)

5月10日 列名于六百八十余人签名发表的《我们对于推行新文字的意见》倡议。(张静庐编《中国现代出版史料乙编》中华书局1955年出版)

5月11日 出席中央研究院纪念周,午宴李四光(仲揆)夫妇。

"纪念周提前于十时三十分开始,天文研究所报告后,请仲揆演说。午,宴仲揆于本院,并邀其夫人及女儿。"(本年《日记》同日)

5月13日 参加招待李书华(润章)、李麟玉(圣章)等友人的晚宴。

"晚,陈孟钊、庄文亚招饮于世界社,座有李润章、李圣章、赵石民、严济慈、张凤举等。"(本年《日记》同日)

"海粟先生大鉴:闻贵体小不适,想日来已康复。承招晚餐,至为感荷。惟今晚已约自北平来沪之友人在敝寓晚餐,不克分身趋陪,心领,谢谢,祈鉴谅。……弟元培敬启 五月十三日"。(《致刘海粟函》同日)

同日 函复各学术团体联合年会筹委会,因事不能遵嘱到会。

"径复者:接奉大函,属参加五月二十日联合年会,至感雅意。惟元培同时已有他种约会,不克来杭,甚以为歉,诸希谅之。专复,祈察照。此致 各学术团体联合年会筹备委员会 蔡元培敬启 五月十三日"。(《致各学术团体联合年会筹备委员会函》同日)

5月14日 电唁胡汉民(展堂)逝世。

"蔡元培电云:闻展堂先生噩耗,不胜悼痛,岂复平生风义之感,实深人亡国瘁

六、大学院院长及中央研究院院长时代(1927—1940) 1269

之惧。谨唁。"(《申报》1936年5月15日)

  同日 参加东方图书馆复兴委员会会议。

"午后四时,我到银行俱乐部,参加东方图书馆复兴委员会。"(本年《日记》同日)

  同日 致函浙江省建设厅长伍廷飏,请继续拨发诸暨东泌湖筑堤补助款。

"廷飏先生大鉴:径启者,诸暨东泌湖筑堤,关系农田水利,前蒙贵厅核准补助五万元,至感垂注。……补助费除已蒙核拨三万元外,尚有二万元未曾领到,深盼续予拨发,以济急需。执事关心民隐,谅必终始成全。……蔡元培敬启 五月十四日"。(《致伍廷飏函》同日)

  5月15日 为顾颉刚编订《崔东壁遗书》撰写题词。

"当科学尚未发展,魔术与宗教尚在盛行之时,而有王仲任氏,著《论衡》以反对种种迷信。虽在科学昌明以后,比较的不免有幼稚之见解;然其摧陷廓清之精神,迄今犹不朽也。当吾国史学、考古学尚未革新之时,而有崔东壁氏,举秦以前之史实,参互比较作《考信录》,因其可疑者疑之,因其可信者而信之。虽间有证据不周之点,然其实事求是之精神,则至今犹新;虽谥以清代之王仲任无不可也。顾君颉刚作《古史辨》,即辨伪丛刊,对于甄别古书之工作几认为终身事业,其于崔氏之书,寝馈已久,所不待言。今又费十五年之力,标点是书,并搜集一切与崔氏有关之材料,使读其书者有知其人之乐,其足以传播崔氏实事求是之精神,更无疑矣。二十五年五月十五日"。(《申报》1936年9月17日)

  同日 致函中华教育文化基金会干事长孙洪芬,请将岭南大学申请补助事提出执行委员会审议。

"洪芬先生大鉴:径启者,顷接岭南大学何畏冷先生来函,述及潮汕一带柑橘病害甚为严重,现正着手研究,希望增加补助费等语。兹将原函寄奉,即希查阅,并提出执行委员会为荷。……蔡元培敬启 五月十五日"。(《致孙洪芬函》同日)

  同日 致函考选委员会委员长陈大齐(百年),请将王诗敏改入考选委员会发展。

"百年先生大鉴:径启者,北大同学王君诗敏,去秋三届高考考取,志愿分入铁道或财政部,后铨叙部以王君现在审计部附属机关服务,仍分原处,前途难望发展。其意欲改分考选委员会,庶获追随之意。特此先为函达,可否量予收录,俾王君得请求铨叙改分,不胜感荷。……蔡元培敬启 五月十五日"。(《致陈大齐函》同日)

  同日 致函陆费逵(伯鸿)、舒新城,介绍出版陈廷璠编《世界文化史》。

"伯鸿、新城先生大鉴:久不晤,惟起居安善。兹有启者,陈君廷璠编有《世界文化史》一部(两册),欲请贵局付印,出售书后按百分之十五抽税。惟彼所注意者,欲预支版税三百元或四百八十元,以购贵书局所印之《四部备要》,寒士打算殊为可悯。如陈君之稿经审查后,确有付印之价值,务请玉成。除将全稿奉上外,并陈君别抄之目录及条件四项,一并奉览为荷。酌量接受,不胜同感。……弟蔡元培敬启 五月十五日"。(《致陆费逵、舒新城函》同日)

同日 《苏联版画展览会开幕式演说词》发表。(《中苏文化》第1卷第1期)

5月16日 介绍高林(J. Kounin)往访宋子文。

"子文先生大鉴:径启者,兹介绍高林(J. Kounin)君晋谒左右。高君现正筹备刊行中华民国二十五周年纪念巨册,业经中央许可,甚望台端指导,以匡不逮,祈惠赐接谈为幸。……蔡元培敬启 五月十六日"。(《致宋子文函》同日)

同日 函复暨南大学校长何炳松(伯诚),不能遵嘱出席该校毕业典礼。

"伯诚先生大鉴:接奉大函,嘱参加六月十五日贵校毕业典礼,至荷雅意。惟弟此时适有他事,不克如命前来,至以为歉,尚希谅之。……蔡元培敬启 五月十六日"。(《复何炳松函》同日)

5月17日 偕夫人周养浩赴杭州。

"午后三时,偕养浩赴杭州。季苏姻叔在西站送,学武姻兄同行到南星桥。文铮雇一汽车候我等,遂偕往岳坟后里东山弄十一号甲住宅,晤威廉及其五儿。"(本年《日记》同日)

5月18日 到杭州,参加静真侄女婚礼。

"在杭州。晨九时,太冲来,同往洋坝头火药局弄三十七号孙子寅侄婿家。静真已偕允竞他出,晤三弟夫人及子寅之夫人。午,静真与允竞来,我等邀彼等往楼外楼便餐,无忌亦到。晚,男女两方合宴介绍人及亲友于聚丰园……我提议,全体举杯祝订婚人,我又举杯谢介绍人,举杯谢参加之亲友。十时散。"(本年《日记》同日)

5月19日 返回上海。

"午前,养浩往访徐姻叔母。一时五十五分到城站上车,六时三十二分到上海西站。"(本年《日记》同日)

5月20日 函复高平子,请取消辞意,继续任职。

"平子先生大鉴:前奉大函,承示下年度拟辞去职务一节,词谦意□,弥仰清光。弟念国内研究天文学者,为数不多,执事所任研究事项,极关重要,院中倚畀方深,青松先生亦正资协助,务望取消辞意,下年度继续任职。特此函达,诸祈察察。……蔡元培敬启 五月二十日"。(《复高平子函》同日)

同日 致函王敬礼(毅侯)请支付余青松、陈遵妫赴日旅费。

"毅侯吾兄大鉴:径启者,中国日蚀观测委员会决派本院余青松、陈遵妫两先生赴日本观测,定六月六日由京启程,约六月底可归。此行因公出国,应需旅费,希由会计处支给。特此函达……蔡元培敬启 五月二十日"。(《致王敬礼函》同日)

同日　为张建华译《科学界的伟人》一书作序。(该书 商务印书馆 1936年出版)

5月22日　出席上海美专校董会议。

"午后一时,美专校董会在国际饭店开会。"(本年《日记》同日)

5月23日　与张寿镛等联名柬请各界人士出席顾树森画展茶会。

"中国美术协会于昨日起,假法租界爱麦虞限路中华学艺社,为该会理事顾树森,举行近作展览会三日,陈列作品百帧。昨日下午四时至六时,并由蔡元培、张寿镛、何炳松三氏,具柬邀各界茶会云。"(《申报》1936年5月24日)

　　同日　与叶恭绰(玉甫)等商葬已故画家高奇峰。

"晚七时,与叶玉甫联署,约孔庸之、吴铁城、李石曾等在叶宅晚餐,商坤仪女士售画葬高奇峰先生事。"(本年《日记》同日)

　　同日　函达日食观测委员会秘书处,秘书长一席仍请高曙青继续担任。

"大函奉悉。本会秘书长一席,拟请高曙青继续担任,即希察照。此致 中国日蚀观测委员会秘书处 蔡元培敬启 五月二十三日"。(《复中国日蚀观测委员会函》同日)

　　同日　函谢叶云寄赠画片。

"手书奉悉。承赐画片,至深感荷。弟前次匆遽离杭,致失把晤为憾。专复,希察照。此致 叶云吾兄 蔡元培敬启 五月二十三日"。(《复叶云函》同日)

5月24日　参观顾树森近作展览。

"中华美术协会于二十三日起至二十五日止,假法租界爱麦虞限路中华学艺社,为该会理事顾树森举行近作展览会三天,陈列顾氏近作山水松竹等百帧。连日到会参观者,有蔡元培、吴铁城、叶恭绰、熊希龄、钱新之、沈恩孚、欧元怀、吴蕴初、刘海粟等一千二百余人。"(《申报》1936年5月25日)

　　同日　为宗之发、朱雯霞证婚。

"午后三时,到银行公会,为宗之发、朱雯霞证婚,仪式甚简单,无音乐。晤之发之父及其兄伯华。"(本年《日记》同日)

5月26日　自上海到南京,参加公祭胡汉民。

"蔡元培、曾镕甫亦于昨晚乘夜车晋京。"(《申报》同日)

"晨七时到京,晤巽甫、孟真、仲揆等。"(本年《日记》同日)

"二十六日为京各界公祭胡主席汉民第一日,往祭者均依照预定时刻列队前往励志社,先后致祭,秩序严肃。上午八时,中央全体执监委员及全体工作人员公祭,到蒋中正、林森、冯玉祥、孔祥熙、张继、张人杰、吴敬恒、蔡元培、邵元冲、何应钦……"(《申报》1936年5月27日)

5月27日　出席中央研究院院务会议。

"午后二时,开院务会议。晚,聚餐。"(本年《日记》同日)

"中央研究院二十七日下午二时,开院务会议,决议:(一)各所组织规程修正通过。(二)故总干事丁文江、杨杏佛奖学金条例通过,纪念丁者为自然科学,纪念杨者为人文科学,每种二千元,一人为限,每年发给一种,轮流举办,条例俟文字整理后,即由国府公布,下年度开始。"(《申报》1936年5月28日)

5月28日　午赴许千里宴请,晚赴余青松宴请。

"午,许千里招饮于皇后川菜馆,座有王恩栋(金城分行长)、颜任光、傅沐波等。晚,余青松招饮于其新居(赤壁路十二号),座有高曙青、张钰哲、李珩(以上二人将往伯力观测日蚀)、丁巽甫等。"(本年《日记》同日)

5月29日　参观伦敦中国美术展南京展览会。

"因伦敦中国美展之南京展览会已安排妥当,先去参观。午前观书画及铜器,午后观瓷器。"(本年《日记》同日)

"古物展览会,二十九日将国际照片陈列竣事,三十日对会场布置作最后处理,俾如期开幕。又蔡元培、王星拱、蒋梦麟、段锡朋等,二十九日上午均到场参观一周,对该会布置,极表赞同。"(《申报》1936年5月30日)

5月30日　出席故宫博物院常务理事会议。

"午前往汤山。午后三时,故宫博物院常理会。"(本年《日记》同日)

5月31日　再次参观中国赴英美术品展览会。

"午前,再观伦展美术品展览会。看王石荪。午,杨公庶、公兆昆仲招饮于德奥瑞同学会。"(本年《日记》同日)

5月　为《中国美术会特刊》题字。

"中国美术会特刊　提倡美育　蔡元培题"。(《中国美术会季刊》第1卷第2期)

6月1日　拟请朱家骅(骝先)出任中央研究院总干事。

"骝先到京,约一谈,欲请任总干事。参观史语所新得古物,有牛鼎、鹿鼎、石刻兽形等,均稀有。"(本年《日记》同日)

6月2日　自南京回上海。

"蔡元培昨乘夜快车出京,今晨抵沪。"(《申报》1936年6月3日)

6月4日　赴德国驻华使馆商务参赞宴请。

"晚八时,德国大使馆商务参赞文德斐(Winterfeldt)与其妻孔达博士招饮,我与养浩同往。座皆华客,如叶玉甫、江小鹣、王季铨、褚民谊等。"(本年《日记》同日)

6月6日　致函教育部长王世杰(雪艇),推荐郑锦为北平美术专科学校备选校长。

"雪艇先生部长大鉴:径启者,前北京美专校长郑君锦,年来在定县从事平民教育,多所贡献。近因北平艺术专校,缺少整顿精神,多数教员及毕业生,忆及郑君从前办理有方,思挽郑君重掌斯校,以继已往之绩。兹特代为函达,倘该校更易校长时,郑君似堪备选。诸候察裁为幸。……蔡元培敬启 六月六日"。(《致王世杰函》同日)

同日 函谢冀朝鼎(筱泉)赠书。

"筱泉先生大鉴:顷从孟和先生转到大著《中国历史上主要的经济区域》一本,卓识宏裁,至深钦佩。特此函谢,诸希察照。……蔡元培敬启 六月六日"。(《致冀朝鼎函》同日)

6月9日 出席中央研究院成立八周年纪念会,并借"八"字发表演说。

"本院八周年纪念日,午前十时开会,我借'八'字扯谈。自八卦、八骏,说到人才上关系,如八元、八凯、周八士,后汉八俊、八及、八顾、八厨,以至八仙,祝本院长寿。……"(本年《日记》同日)

6月10日 收存吴稚晖、李书华(润章)捐入"游六记"款各一百元。

"稚晖先生大鉴:奉惠书,并赐同游时照片,又先生捐入'游六记'之款一百元,及李润章先生之捐款一百元,均已照领。照片甚佳,拜领谢谢。'游六记'又得捐款,必可以造一所纪念的建筑。但其地点应在何所,天台乎?雁荡乎?石梁对面之仙筏桥乎?显圣门乎?请于暇时选定见示。……弟蔡元培敬启 六月十日"。(《复吴稚晖函》同日)

6月11日 偕夫人参观全国儿童画展,并作品评。

"全国儿童绘画展览会昨为第六日,到会参观者颇为踊跃,……蔡元培氏夫妇,昨亦到会参观,由该会派员招待,蔡氏参观一周,颇为详细。参观毕甫题批评数语:模仿者虽老到而非奇,创作者虽幼稚而可取,其中带地方色彩者,尤足引人注意。"(《申报》1936年6月12日)

同日 函复莱斯特学校校长,约定可来中央研究院参观时间。

"校长先生:六月二日函悉。兹复如下:关于在您的暑期学校执教的工程与职业技术学院的中国教师,拟到本院上海各研究所参观一节,我愉快地通知您,我们已经决定把这次参观安排在六月十七日至十八日这两天下午。院长"。(《复莱斯特校长函》同日)

6月13日 函复圣约翰大学校董会,因事不能出席该校毕业式。

"接奉大函,敬谂二十日贵校举行毕业礼,承邀参观,至荷雅意。惟元培是日适已有他约,不克前来,甚歉。特此复闻,并申谢悃,诸希察照。此致 上海圣约翰大学校董会及教授会 蔡元培敬启 六月十三日"。(《致圣约翰大学函》同日)

同日 《申报》载"蔡元培伉俪唱和诗"。

"送春(立夏前夕)——峻

今年花事已阑珊,临去春风夜又寒。林鸟依依还惜别,愿君寄语报平安。

和养友送春(立夏日)——培

来迟本已苦珊珊,去又忽忽趁嫩寒,但愿随春共来去,不教别恨觉恬安。"(《申报》同日)

6月14日 为中华书局编印的《辞海》题词。

"吾国最古之辞书为《尔雅》,其后一方面演而为《广雅》《骈雅》等小学书,一方面演而为《初学记》《太平御览》等类书。清初分编《康熙字典》《渊鉴类函》《佩文韵府》《骈字类编》等书,检阅之便,可云空前。但行世已二百余年,科举既废,文学革新,而科学新词,日益孳乳,清初之作,又病其不适用。中华书局于是有《辞海》之编,收单字一万三千余,犹《尔雅》'释诂''释言'诸篇,收复词十万余条,则犹'释训'以下诸篇。而其内容之丰富与扼要,又适合于今人之所需,诚有用之书也。 二十五年六月十四日"。(《申报》1936年9月6日)

"景深先生大鉴:奉本月四日惠书,属题词于贵局新出版之《辞海》,别纸写奉请正之。专此奉颂 著安 弟蔡元培敬启 六月十四日"。(《致赵景深函》同日)

6月15日 为教育部审定标准本《当代国文》题词。

"是编选择谨严,编列适当,语体与文言之衔接,内容与形式之均衡,皆煞费苦心,指示文法,间附注解,尤便于读者,诚中学国文科最适宜之教科书也。蔡元培题"。(《申报》同日)

6月16日 为《高剑父师生国画展览会特刊》题词。

"为《高剑父师生国画展览会特刊》题词。为剑父《喜玛拉亚山研究》题七绝一首:

五岳归来不看山,城中眼界太庸孱。羡君直造须弥顶,画意诗情见一斑。"(本年《日记》同日)

同日 致函叶恭绰(玉甫),请准张红薇等领回参与柏林美展作品。

"玉甫先生大鉴:径启者,敝友章君味三之夫人张红薇及其甥曼青,昔年均有出品致柏林美展会,因会中所给收条遗失,故其画件至今尚未领回。兹章君有上执事函一件,欲求变通办法,领取画件,特为转奉,尚希察阅,倘蒙允其领回,甚感。……蔡元培敬启 六月十六日"。(《致叶恭绰函》同日)

同日 致函陶孟和,请开示有关国内经济建设状况方面书刊目录。

"孟和先生大鉴:径启者,顷接蒋君镇澜自意国来函,需要关于国内经济建设之状况各刊物,俾得对外宣传云云。兹将原函奉上,祈察阅,并希开示书目,以便酌量购赠。诸费清神为感。……蔡元培敬启 六月十六日"。(《致陶孟和函》同日)

6月17日 函复光华大学校长张寿镛(咏霓),欢迎该校学生到中央研究院参观。

"咏霓先生校长大鉴:大函奉悉。贵校数理系毕业生拟于十八日到敝院理工实

验馆参观,无任欢迎,届时当由馆中人员导观。专此奉复,即希察照。……蔡元培敬启 六月十七日"。(《复张寿镛函》同日)

同日 撰写《高剑父的正反合》一文。(《艺术建设》创刊号)

6月18日 为刘海粟二度欧游作品展览会题词。

"刘海粟先生最近携吾国现代画家作品赴柏林展览,并展览于德国其他都市及瑞士、荷、英等国,备受揄扬,更有留赠之品,永久保存于柏林之美术馆,其宣扬国光之功甚伟。缘是得广览各国自然之美与文化之高,历访美术馆,见古今艺术演进之程序,更与当代美术家上下其议论,对于自身艺术之影响,决非微薄。故刘先生此次欧游以后之著作,渴望先睹者甚多。今特取最新作品,定期展览,其材料之新颖,意境之深远,必有出于预想之外者,拭目俟之。 二十五年六月十八日 蔡元培"。(《时事新报》1936年7月1日)

同日 致函中央大学校长罗家伦(志希),请特别录取印度留学生师光月。

"志希我兄校长大鉴:别来忽将一月,在报上得读中大概略,进步甚速,可喜也。兹有启者,印度泰戈尔所设国际大学,有艺术院之毕业生师光月君来华留学,专攻绘画,希望中大艺术科特别录取。又该生家境非裕,希望免收学宿膳等费,可否请核示。……元培敬启 六月十九日"。(《致罗家伦函》同日)

同日 再函浙江省建设厅长伍廷飏,请将诸暨东泌湖筑堤补助款早予拨付。

"廷飏先生厅长大鉴:径启者,关于诸暨东泌湖筑堤工程补助费,请将未拨之二万元继续拨给一节,前蒙复示,允特别设法拨付,深感垂注。此项工程,关系农民,至为密切,……执事关怀民瘼,久仰荩筹,特再代为陈请,可否将该项补助余款二万元,早予拨付,俾完要工,一方粮食,皆拜厚赐,不胜企感之至。……蔡元培敬启 六月十八日"。(《致伍廷飏函》同日)

6月19日 欢迎中央研究院新任总干事朱家骅(骝先)到任。

"午前十时,骝先来。午后二时,院中备茶点,集全体同事,欢迎新任总干事朱骝先。"(本年《日记》同日)

6月20日 函请罗家伦(志希)为上海美术专科学校争取补助费。

"径启者:闻兄参加教育部私立高等学校补助费分配委员会,关于二十五年度之补助费,未知何时开会。弟曾为上海美术专科学校函请补助,……查上海美专,创立于民国元年,历届毕业生除继续深造者外,在全国中小学校任艺术教员者甚多,在教育界不为无功,而经费窘迫,需要补助,希望与苏州美专受同额之补助费,务请玉成。此上 志希我兄 弟蔡元培启 六月二十日"。(《致罗家伦函》同日)

6月21日 与蒋介石、吴佩孚、阎锡山、居正、于右任等一○二人,联名发起慈溪张啸林先生六秩大庆征文启事。(《申报》同日)

6月23日 致函王显廷,请为在意大利留学的蒋镇澜购寄有关国内经济建设状况书刊。

"显廷先生大鉴：径启者，兹接到蒋君镇澜自罗马来函，欲得关于国内经济建设之状况各刊物，以便对外宣传。兹已托社会科学研究所开具书目提要，其中用朱笔钩出之十三部，尤属重要，拟由本院购备，寄赠蒋君。兹寄上复蒋君函一件及蒋君原函，请执事将钩出之十三部购就后，连同复书、书目，直寄蒋君，至为感荷。……蔡元培敬启 六月二十三日"。(《致王显廷函》同日)

"镇澜先生大鉴：接奉大函，知研究政治经济，学理之外，兼重实习，至深钦佩。国内经济建设之状况各刊物，已托本院社会科学研究所开具了书目提要，兹特奉上，希察览。其中用朱笔钩勒之十三部，尤属重要。如有需要，请自行设法采购也。……蔡元培敬启 六月二十三日"。(《复蒋镇澜函》同日)

同日 复函美国加州大学莱辛教授，对其来华考察表示欢迎。

"莱辛教授：您的来信使我很高兴，尤其是听到您为建立加利福尼亚大学中文图书馆将来我国考察，更引起我的兴趣。在您采购图书等方面，我当尽力相助。……蔡元培"。(《复莱辛函》同日)

"秘书先生：请您将附上的信转给美国加利福尼亚大学东方语言文学系的费尔迪南·莱辛教授。他预定本月底以前到达东京。如果您接到此信时他已前往中国，那就请您将此信转寄给北平德国驻华大使馆，希望他不久能收到此信。谨先致谢。 蔡元培"。(《致德国驻日本大使馆函》同日)

同日 函复大同大学校长曹惠群(梁厦)，谓因事不能出席该校毕业式。

"梁厦先生大鉴：径复者，贵校二十八日举行毕业式，承邀参观，至荷雅谊。弟适日已有他约，不克前来。特此函闻，并表谢悃，诸希察照。……弟元培敬启 六月二十三日"。(《复曹梁厦函》同日)

6月24日 偕夫人等到虹桥疗养院参观。

"孙哲生及黄汉梁氏暨蔡元培氏及夫人，均于前日上午驱车至虹桥疗养院参观，对于该院之各种最新设备及建筑，深加赞许。"(《申报》1936年6月26日)

同日 致函翁文灏，请其营救殷再为。

"张君廷梁、时君笙伯携吴绂征函来访，知殷再为被逮，作一函致翁咏霓，请其营救。"(本年《日记》同日)

同日 致函上海第一特区地方法院院长郭云观，请对许晚成从轻定谳。

"云观先生院长大鉴：径启者，许君晚成，前因在各级报刊发行工作报告特刊内，载中国司法界黑幕调查，下笔不慎，事实错误，迹近诬蔑，由贵院拘押。许君疏忽之咎，自不容辞，然事出无心，似堪见恕。凤仰台端执法，鉴公衡平，倘蒙察讯之后，许君所犯果系无心之过，还希量予宽容，稍轻定谳。……蔡元培敬启 六月二十四日"。(《致郭云观函》同日)

6月27日 与孙科、吴铁城等共同主办高剑父师生国画展览会,并偕夫人往观。

"立法院长孙科、中央研究院院长蔡元培、市长吴铁城,及中国妇女会、中国评论会、天下月刊社、宇宙社、逸经社、春睡书院等各团体联合主办之高剑父师生国画展览会,已定于本月二十四日至二十八日止,于每日上午十时至下午七时,在静安寺路七二二号万国总会举行公开展览。"(《申报》1936年6月17日)

"高剑父师生画展盛况,已历见本报,查该会展览之期,共仅五日,今日已为最后一天。昨星期六各界乘便前往参观,中央研究院蔡院长元培于早九时偕蔡夫人前往观摩⋯⋯"(《申报》1936年6月28日)

6月30日 出席梁燕孙先生助学奖金会。

"午后四时,梁燕孙先生助学奖金会在叶宅开会,决议补助者:北大地质学系二人、燕大制革专修科一人、家政学一人、复旦化学工艺二人、东吴生物学系二人。⋯⋯"(本年《日记》同日)

同日 陪同李石曾宴请法国驻华大使。

"八时,石曾宴法国那其亚大使,并有大同乐会演奏。"(本年《日记》同日)

6月 与胡适、王云五联名印发《征集张菊生先生七十生日纪念论文启》。

"敬启者:我们最敬爱的朋友张菊生先生今年七十岁了。张先生向来极端反对庆寿,我们也不愿提倡世俗庆寿的仪式,不过我们觉得像张先生这样的人,在过去几十年间不断为社会努力,为学术努力,我们应该有一种敬礼的表示。

张先生是富于新思想的旧学家,也是能实践新道德的老绅士。他兼有学者和事业家的特长。⋯⋯我们现在提议一个简单而富有意义的祝寿方法,就是征集几十篇有价值的论文,刊行一本纪念册,献给这一位学者与学术界功臣,作为他七十岁生日的一点寿礼。我们知道先生对于张先生缔交有素,此举定荷赞同,故将所拟征集论文办法另纸开奉,敬求赐撰宏文,共成此举,并乞早日惠复,幸甚幸甚。敬颂著祺 蔡元培 胡适 王云五谨启"。

"本启于二十五年六月间分发于张先生的朋友几十位,承他们一一复函赞同。但因期限很短,有许多位已经担任撰文的,届时都不及交稿,所以先把已收到的论文二十二篇先行刊印。并把征文启附后,以代序文。⋯⋯"(《张菊生先生七十生日纪念论文集》商务印书馆1937年1月出版)

同月 为宋春舫题联一副。

"春舫先生雅正 屡出诗章新管籥,永怀江海旧渔樵。

二十五年六月 蔡元培"。(蔡元培研究会藏影印件)

7月1日 参加王汉良古物市场新迁会所开幕式。

"午前十时,偕子竞参加王汉良之古物市场新迁会所开幕式。"(本年《日记》同

日)

"古玩市场迁移至216—218号新厦营业,已于昨日(一日)正式开幕。该市场聘请蔡子民、王一亭、潘公展三氏行揭幕礼,并由孤儿院全体乐队伴奏。主席团由王汉良氏致开幕词……继由蔡子民、潘公展二氏致词。礼成后,各界来宾参观人数甚伙。"(《申报》1936年7月2日)

  同日 主持刘海粟二度游欧作品展览会开幕式,并发表演说。

"当代名画家刘海粟氏,二度游欧作品三百件,昨日下午四时,在南京路大新公司四楼,举行预展,由中央研究院院长蔡元培主席,本市市长吴铁城揭幕。到英、美、法、德、日、俄各国驻沪总领事及王一亭、沈恩孚、钱新之、王晓籁、张寿镛、黎照寰、郭承恩、高剑父、简又文、梅兰芳、李大超、徐佩璜、王长春、王济远、吴蕴初等千余人。画展于今日起正式开放。蔡元培致词略谓:刘海粟先生当代画宗,从事新艺术运动二十余年,吾国画史至刘君乃分一大鸿沟,英法艺坛领袖如赖洛阿、别宁、奎迈,共推为中国文艺复兴之大师。其天才学力,经历身价,世人知之详审,予不复能赘一词。二十二年刘君一度赴欧展画,经德、荷、瑞士、法、意、英、捷,所至欢迎若狂,舆论至佳。《柏林日报》,英伦《泰晤士报》,至谓中国有如此文化,吾人尚图侵略,实乖理性者。德、法政府,复在柏林、巴黎国家美术馆,特辟专室,陈列刘君近作,予因之有感焉。夫艺术无论古今中西,要当观其大通,乃自国势凌夷,凡百衰落,一时学者,醉心欧化,一切的一切,悉为欧人是师,抑若吾国数千年来竟无一人足取者。吁!此种观念,实太妄自菲薄也。我总理民族主义及心理建设,拳拳于固有之文明国粹,意志深远。今刘君挟其绝艺,播扬于国际,使欧人知吾国大有人在,归国以后,复集其欧游各国所作展览于沪上,吾观刘君作品,深信艺人之活动,于我国民族复兴之大业,有深切之关系焉。"(《申报》1936年7月2日)

  7月2日 出席上海市图书馆临时董事会。

"午后四时,参加上海市图书馆临时董事会。"(本年《日记》同日)

  7月4日 为虞绍稷编《大学投考指南》《中学投考指南》两书题词。

"搜集的周密,叙述的清晰,确堪为有志升学者指导。蔡子民题"。(《申报》同日)

  同日 偕夫人参观赵安之画展。

"画家赵安之在三马路一一五号办展。……昨晨十时,中央研究院蔡院长元培偕夫人莅会遍观诸作,啧啧称赞,见仿宋布画十余帧,脱尽人间烟火气,尤为赞美,观其用笔传色,与古本无异。蔡夫人亦当代名家,以为我国布画,自宋以后,不堪多见,详询赵氏画法,据云用笔须到毫端,自然沉挚,用色与墨,皆明清间之旧物云。"(《申报》1936年7月5日)

  同日 所撰《我青年时代的读书生活》发表。(《读书生活》第2卷第6期)

7月7日 所作《苏联版画集题词》发表。

"中苏政府于本年春在京沪两地举行的苏联版画展览会,所有出品二百余幅,……现在已用最新制版技术,印成画集一厚册。内彩色版、单色版等,共计一百八十余幅,完全单面印,画前有鲁迅先生作序、蔡元培先生题词。"(《申报》同日)

"木刻画在雕刻与图画之间,托始于书籍之插图与封面,中外所同。惟欧洲木刻,于附丽书籍外,渐成独立艺术,同有发抒个性,寄托理想之作用;且推演而为铜刻、石刻,以及粉画、墨画之类,而以版画之名包举之,如苏联版画展览会是矣。鲁迅先生于兹会展览品中,精选百余帧,由良友公司印行,足以见版画之一斑,意至善也。

二十五年六月二十五日 蔡元培题"。(《苏联版画集》良友图书公司1926年7月出版)

同日 致函胡适推荐周新任中基会编译委员会付译之书译者。

"适之先生大鉴:闻大驾不久可抵沪,甚善。兹有启者,舍内侄周新以民国二十二年毕业于光华大学政治经济系,其所好文学、国文、英文,程度均颇高,……闻中基会之编译委员会预定付译之书尚有需人担任者,如关于文学或经济学之类,周君甚愿试译。倘荷玉成,不胜感荷。……弟元培敬启 七月七日"。(《致胡适函》同日)

7月9日 自上海赴南京。

"二中全会将于明日开幕,在沪中委除已先后晋京者外,昨晚乘十一时夜快车晋京者,计有孔祥熙、许崇智、杨虎及蔡元培等。"(《申报》同日)

7月10日 出席国民党五届二中全会开幕式及预备会。

"二中全会十日晨六时,在总理墓前举行谒陵礼暨开幕式,黎明各中委驱车前往参加,陵园则警备森严,秩序至佳,计到蒋主席,及中委林森、冯玉祥、孙科、唐绍仪、吴敬恒、蔡元培、居正、叶楚伧、丁惟汾、陈立夫、朱家骅……六时正奏乐行礼,由林森主席,领导行礼如仪,献花圈,并即席致开会词。"(《申报》1936年7月11日)

"二中全会十日晨八时在中央党部第一会议厅举行预备会议。出席中央执委蒋中正、冯玉祥、孙科、叶楚伧、何应钦等八十三人,列席中央监委林森、蔡元培、吴敬恒、杨虎、邵力子、王宠惠、许崇智、陈璧君、蒋作宾、褚民谊、商震、李石曾、李烈钧、孙连仲、刘镇华等二十三人。……由丁惟汾临时主席。讨论事项:(一)推定主席团案。决议,推蒋中正、孙科、冯玉祥、于右任、丁惟汾、居正、陈果夫、王法勤、孔祥熙九委员为第二次全体会议主席团。(二)推定秘书长案。决议,推定叶楚伧为秘书长。(三)全体会议日期案。决议三日至五日。(四)组织提案审查委员会案。决议,提案审查委员会分为党务、政治、军事、经济、教育五组。……"(《申报》1936年7月11日)

7月11日 出席国民党五届二中全会第一次大会。被大会主席团指定为提案审查委员会教育组成员。

"二中全会十一日晨七时在中央党部第一会议厅举行第一次大会。出席中执委员蒋中正、冯玉祥、孙科、叶楚伧、吴铁城、何应钦、朱培德、居正、陈果夫等八十三人,列席中监委林森、蔡元培、吴敬恒、王宠惠、许崇智、李烈钧等二十四人。""全会提案审查委员会各组委员名单,业由主席团提出十一日第一次大会报告,各组名单如下:……(四)教育组王伯群、经亨颐、吴敬恒、蔡元培、李石曾、褚民谊、柳亚子、雷震、周伯敏、彭国钧、鲁涤平、段锡朋、罗家伦、李敬斋、孙镜亚、周佛海、潘公展、王世杰、张默君、王泉笙、黄麟书、何思源。召集人吴敬恒、王世杰。"(《申报》1936年7月12日)

同日 为殷再为事面交朱培德(益之)一信。

"以故宫博物院节略面交庸之。为殷再为作一片,面致朱益之。"(本年《日记》同日)

同日 代张坤仪分发画展请柬。

"为坤仪分致画券于林森、褚民谊、蒋作宾、宋子文、张学良、张群、柳亚子、何应钦八委员。"(本年《日记》同日)

7月13日 出席国民党五届二中全会第二次大会。

"二中全会于十三日晨纪念周礼成后,即于八时在第一会议厅开第二次大会。出席执委蒋中正、冯玉祥、孙科、吴铁城、叶楚伧、何应钦、居正、石瑛、孔祥熙、方觉慧、陈肇英、张冲、焦易堂、何成濬等八十人,列席监委林森、张继、蔡元培等二十七人。……"(《申报》1936年7月14日)

同日 出席国民党五届监察委员第二次全体会议。

"五届中监委第二次全会,十三日下午三时在中央党部举行,出席中监委林森、张继、蔡元培、吴敬恒、邵子力、陈璧君等十七人。……林森主席,仅讨论中国国民党党员及党部处分规程二案。"(《申报》1936年7月14日)

同日 出席褚民谊处茶会,谈铁路所借庚款付息事。

"褚民谊处茶会,约公权、镕甫、养甫,谈铁路所借庚款付息事。公权对石曾似有允许二厘半之表示,及我与稚晖到,则公权已行矣。"(本年《日记》同日)

7月14日 出席国民党五届二中全会第三次大会及二中全会闭幕式。

"二中全会十四日晨九时,举行第三次大会。出席中央执委蒋中正、冯玉祥、于右任、孙科、吴铁城、叶楚伧、何应钦、朱培德、居正、叶秀峰等八十八人,列席监委林森、张继、蔡元培、杨虎、邵力子、褚民谊、徐永昌、庞炳勋等二十四人。……提案审查委员会党务组报告奉交审查常务委员会及组织、宣传、民众训练三部工作报告。决议,照审查意见通过。"

"二中全会十四日晨第三次大会散会后,稍憩即于十一时中央大礼堂举行闭幕式,参加中委一百六十余人,名单与第三次大会同,及全会秘书处职员一百余人,共计三百人。十一时十分正宣告典礼开始,由冯玉祥主席,通过大会宣言草案。"(《申报》1936年7月15日)

7月15日 自南京回上海。

"二中全会闭幕。中委王宠惠、监察院副院长许崇智、中央研究院院长蔡元培,……业于昨晨七时许,同乘夜快车抵沪。"(《申报》1936年7月16日)

7月16日 应邀赴苏俄驻华使馆晚餐。

"晚七时,俄大使招晚餐,并看国防影片。"(本年《日记》同日)

7月17日 出席国际文化协会中国分会筹备会议。

"晚五时,国际文化协会开会,并聚餐,商'筹备会'字眼是否可以除去,而举行成立大会,未通过。"(本年《日记》同日)

7月18日 主持上海各界追悼章炳麟(太炎)大会,并作《章太炎革命行述》的报告。

"本市各界追悼章太炎先生大会,昨日下午四时在北京路贵州路湖社举行。会场设于二楼大厅,大门前及会场门前,均以黑白布扎成牌楼,并悬上海市各界追悼章太炎先生大会之横额。由大门至二楼三楼,壁间遍悬挽联,在会场前之中央及四周,均凌空悬吊白绫,并缀成花球,正中台前,悬有六角素灯,台上悬总理遗像,党国旗分叉左右,其下即为灵堂,供太炎先生遗像,灵桌陈列青花鲜果数色,并置有中国石公司镌赠之石盾一座,文为'立国导师'四字,全场简洁朴素,极为悲壮肃穆。主席团吴市长、蔡元培、杨虎、王晓籁、童行白、潘公展、杜月笙。主祭吴市长,献花蔡元培,读祭文周雍能,司仪黄钧。……首由主席蔡元培报告,略谓:章氏幼年情形,本人不甚深知。某年,余由杭去临安,过余杭,始初识章氏,时年二十有余,方作《訄书》也。辛丑,章即去发辫,徜徉过市,复倡排满革命之说,邻里侧目。章氏太炎之名,实慕明末清初学者黄太冲、顾炎武之为人而取。时杭州有《经事报》者,章常著论辱骂政府,鼓吹革命。终因环境关系,未久,即来上海,为《苏报》《民报》撰稿。追'苏报案'发,章及多人被捕,他人即经营救出狱,惟章以《驳康有为书》中,有骂光绪为'小丑'字样,经判禁西牢三年,与陈蜕庵同狱。余时往探亲,并递送书籍及零用钱。出狱时,章剃一光头,人谓恐风吹伤脑。章笑曰:刀尚不怕,乌论风吹。乃东渡日本,在东京讲学,听者均年长于章,而国学根蒂甚深者,一时对留东学生影响甚大,复在北京大学及现中央大学中国文学系教授中,不乏章氏彼时之高足。中年而后,犹不忘情政治,对时局时有通电,发表主张。近年复致力讲学,惜未竟全功,而遽归道山,殊人怀念不置云云。"(《申报》1936年7月19日)

"午后四时到湖社,参加章太炎追悼会,挽以一联:后太冲炎武已二百余年,驱

駷复华,窃比遗老;与曲园仲容兼师友风义,甄微广学,自成一家。"(本年《日记》同日)

同日 中山文化教育馆开第十六次常务理事会议,请黎照寰代表出席。

"中山文化教育馆于日前下午四时,开第十六次常务理事会议。出席及列席者孙科、黎照寰、蔡元培(黎代)、郑洪年、吴铁城(郑代)、马超俊、傅秉常、吴经熊……讨论:(一)修订馆章案。决议,修正通过。(二)设计委员会组织简则及聘请之设计委员傅秉常、陈立夫、王云五等二十一人请追认案。议决,照追认。……"(《申报》1936年7月20日)

同日 致函教育部长王世杰,荐上海美专参与"办理图音劳作师资训练班"。

"雪艇先生部长大鉴:径启者,此次贵部委托各校办理图音劳作师资训练班,闻上海私立美专,亦蒙列入,想实行之期不远。上海美专,办理切实,声望尚佳,倘训练班可果蒙委托办理,似属相宜。谨为函达,还希裁酌为荷。……蔡元培敬启 七月十八日"。(《致王世杰函》同日)

同日 致函上海特区地方法院院长卢益美,请宽释许晚成出狱就医。

"益美先生院长大鉴:径启者,许君晚成,前因在各报发行工作报告特刊,记载错误,出于无心,曾由弟函商台端,可否稍予宽容,谅蒙察及。现闻许君在狱患病颇重,不胜痛楚,可否量予释放,俾得就医。特再为函达,还希裁酌施行。……蔡元培敬启 七月十八日"。(《致卢益美函》同日)

7月19日—21日 与李石曾、吴稚晖等共同筹建上海世界学校。

"五时,在世界社开世界学校中国同志会。……石曾提议在世界社设一普通小学校及中学校,作为上海之世界学校,拟即往教育局立案,稚晖不以为然。讨论之结果,设一特殊学校,兼用私塾式。"(本年《日记》7月19日)

"陶孟晋来,述十九日我行后(我于七时行),稚晖又讨论世界学校问题,至十一时始散。决用特殊式,不立案,于一星期内分途接洽教员与学生,如教员得相当人物,而学生满二十人,则决开班,否则恐不能成立云。我荐杨以明及陈仲瑜均堪任教员,以明尤相宜……"(本年《日记》7月21日)

"上海世界学校筹备处,业经成立两年,此校与日内瓦世界学校为联校,有教员二人,学生十人已到日内瓦二年。最近该校筹备尤力,以为续送新生之准备,近曾连日在福开森路三九三号开会。到者有吴稚晖、李石曾、蔡孑民、陈孟钊、陶孟晋、崔竹溪诸校董,该校不久将正式成立。"(《申报》1936年7月21日)

7月24日 函复国民经济建设运动委员会总会,认定担任该会乙组事务。

"径复者:接奉大函,以本总会所有事务,除培养训练介绍各种经济人才一项另订办法外,现分甲乙丙三组,嘱认定担任一组或一组以上事务等因。元培认定担任

六、大学院院长及中央研究院院长时代(1927—1940) 1283

乙组事务。特此函复,敬希察照。此上 国民经济建设运动委员会总会 蔡元培启 七月二十四日"。(《复国民经济建设运动委员会函》同日)

同日 撰写《悼高梦旦》文。

"高梦旦于今晨去世,年六十有八。梦旦性情挚厚,思想清新。清季,我读其《拜跪之礼不可行于今日》之一文而慕之。梦旦之兄子益为外交官啸桐谙吏治,助林迪臣太守治杭州,力兴文化事业,为士林所传诵。梦旦最近三十年均在商务印书馆主持编译所,前几次所印国文教科书,均经其手。菊生辞总经理时,董事会要求梦旦继任,梦旦不肯,荐适之自代,适之亦不肯就,荐云五。自是以来,历经工潮及'一·二八'巨变,而商务屹然无恙,云五之功,间接的亦梦旦之功也。梦旦提倡通历,提倡简字,皆以生活合理化为标准。六十岁生日,在君祝以一联:'吃肉,爬山,骂中医,人老心不老;写字,□□,打官话,知难行亦难。'但此次得病之由,在游四川峨眉山,而病中又因医生用过量安眠药以致死。凡事真非可逆料。"(蔡元培先生手稿)

7月26日 吊唁高凤谦(梦旦)。

"午后一时,梦旦大殓,往万国殡仪馆吊之。家属广告称:赙仪及挽幛、挽联、花圈、烛、锭,概不敢领。故我无所备。今日往,则菊生、云五均有联,而壁上亦有挽幛数幅云。"(本年《日记》同日)

7月28日 出席商务印书馆董事会议。

"午后四时,商务印书馆董事会在银行俱乐部开会,议决于公积金中提出岁息千元之基金,为高梦旦董事纪念,其办法由总经理与高氏家属商定后,再提出董事会核定。"(本年《日记》同日)

同日 函复江苏省教育厅长周佛海,允作《孔子之精神生活》一文。

"佛海先生大鉴:奉本月二十二日惠函,借谂贵厅将印行《中国先哲精神生活》专号,甚佩高见。命草《孔子之精神生活》,谊不容辞。惟至迟何时必须缴稿,请示及为荷。……弟元培敬启 七月二十八日"。(《江苏教育》月刊第5卷第9期)

同日 致函王云五,转达陈光垚关于每月供稿字数的想法。

"云五先生大鉴:径启者,陈光垚君著作,承雅意玉成,允以按月借予版税百六十元,月交八万字,以一年为期,甚感提携。惟陈君之意,书品内容,务求精美,若限以每月多量之字数,恐致粗制滥造,双方皆蒙其弊,故愿不限字数而借支版权税,以求尽善尽美。谨为函达,未知可行否?……蔡元培敬启 七月二十八日"。(《致王云五函》同日)

7月30日 偕夫人周养浩往杭州。

"午后三时,与养浩同往杭州,季苏姻叔及无忌同行七时到南星桥,文铮在站

接,同往文铮家晚餐,见威廉及五外孙。夜往季荪家寄宿。"(本年《日记》同日)

7月31日 乘扁舟游西湖。

"清晨六时往西湖,乘扁舟到三潭印月赏荷。季荪购得莲实,于舟中剥而尝之。又购得莼菜回家后制汤。十时到西湖饭店,与三弟妇等接洽一切。"(本年《日记》同日)

同日 为侄女静真主持婚礼。

"午后四时,静真侄女与文昌叶允竟在西湖饭店礼堂结婚,我为女家主婚人,请竺藕舫证婚。晚,备喜宴,男女两家之客共七席。"(本年《日记》同日)

7月《粤汉铁路与南北文化沟通之关系》一文刊出。(《粤汉铁路株韶段通车纪念刊》1936年7月印)

同月 贺刘海粟四十岁生日一联。

"海粟先生四十岁大寿

技进乎道,庶几不惑;名符其实,何虑无闻。 蔡元培敬祝"。(刘海粟:《忆蔡元培先生》)

8月1日 返回上海。

"午后五时五十五分,由城站上车。夜九时四十七分到上海西站。"(本年《日记》同日)

同日 所作《国防的教育》一文发表。(《教育与国防》季刊 第1卷第1期)

8月4日 在自宅宴请顾颉刚。

"到重九弟家送物,再到中央研究院访子民先生,遇之。……到子民先生家赴宴。四时,与刘(小)惠女士同车出。"(《顾颉刚日记》同日)

同日 宴请即将赴美的林语堂夫妇。

"午刻,宴林语堂夫妇及其三女,并约刘小惠。"(本年《日记》同日)

8月5日 致函江苏省立水产学校校长张毓骎,请予学生区澄照减免费用。

"毓骎先生校长大鉴:径启者,区君澄照,业蒙贵校录入制造科一年级,深荷栽培。惟该生原系上海贫儿教养院毕业,境况极寒,虽贵校免收学宿费、实验费,嘉惠不浅,而膳食、服装、书籍等费,该生尚无所出。未知贵校尚有其他优待贫寒子弟之条例否?谨为函达,倘蒙特别裁成,酌量减免各费,不胜感荷。……蔡元培敬启 八月五日"。(《致张毓骎函》同日)

8月6日 出席中国笔会理事改选会。

"午后五时,笔会在交通大学开会,改选理事,全体连任。改选会计、书记等,书记仍旧,会计以宋春舫不在沪,改推蔡□□。"(本年《日记》同日)

8月7日 出席科学社举办的欢迎王季梁、沈义舫茶会。

"午后五时,科学社茶会欢迎王季梁、沈义舫二社员自海外归国,沈以母病回江

阴,未到。王报告:所研究者,关乎分析化学之一问题。在美考察稍详,游欧太匆促。"(本年《日记》同日)

8月13日 出席筹款恢复中国公学的讨论会。

"午后五时,吴铁城约茶话,商中国公学复兴问题。到者除我与铁城外,仅陈济成、潘公展、吴开先、朱应鹏四人。讨论结果,上条陈于校董会,推于右任、邵力子、胡适之、吴铁城及我五人为筹款委员会(委员),请中央拨款十万元,各省市政府合助十万元。推朱应鹏为秘书,报告于董事部,请提出,并于下次开校董会时提出追认。"(本年《日记》同日)

8月15日 接待美国加利福尼亚大学图书馆长莱辛(Ferdinand Lessing)教授。

"午前十一时,莱辛(Ferdinand Lessing)到院谈,知在美国歌钵伦大学(芝加哥左近)任华文教员已二年,并在附近城市演讲中国文化。校中颇有中文书,然无系统,当筹补充。又愿与史语研究所交换书籍,当开一语言学书目来,备所中选择。至所中不能交换之书,当照价购买云。"(本年《日记》同日)

同日 宴请王石荪夫妇,并为王石荪题扇。

"午十二时,宴王石荪夫妇及其三女,以将往瑞、挪也,并邀季荪姻叔。石荪留折扇,嘱书,作一七律赠之:

简要明通出境才,楼船横海晓风催。中欧正惜征轺远(前曾使比利时),北地新迎旌节开。

政见商情邮置速,高文朴学译鞮恢。(近年我国竞译挪威文学家易卜生等小说,而瑞典地质学家、考古学家安得生等,地理学家斯文赫丁等,中国语言学家高本罕等均与吾国学者合作。)

临歧惜别兼欢送,相约勿忘驿使梅。"(本年《日记》同日)

8月17日 撰写《孔子的精神生活》一文。

"纪念周,社会科学研究所报告。以所作《孔子的精神生活》寄周佛海。"(本年《日记》同日)

8月20日 函谢上海大中华口琴制造公司赠送口琴。

"大函奉悉。承惠赠口琴,谱韵清和,式样精巧,较前益见进步,无任新感。特此函谢,希察照。此致 大中华口琴制造公司 蔡元培敬启 八月二十日"。(《复大中华口琴公司函》同日)

8月21日 撰写《辛亥那一年》一文。

"越风社征求'辛亥杂记',写一首。"(本年《日记》同日)

同日 致函四川省教育厅长蒋志澄(养春),请对私立正义学校酌予经费补助。

"养春吾兄厅长大鉴:径启者,壁山县私立正义学校,办理尚好,学生会考成绩亦佳。惟校中常年经费太少,由各校董设法借垫,极感困难。本年四月间,曾由该校校董会呈请贵厅请予补助每月三百三十七元,著为定案,尚未蒙批准。兹当贵厅审查补助之时,倘蒙俯察该校尚有成绩,准予补助,以示奖励,实所欣盼。特为函达,诸候裁酌施行为感。……蔡元培敬启 八月二十一日"。(《致蒋志澄函》同日)

8月22日 应姚永元(伯华)之请,为其父姚穆(懋甫)诗文集作记及序文。

"伯华我兄大鉴:前承示捐赠侨园于县中学始末及尊大人诗文集,属作记、序,已脱稿奉正。侨园诗文序之前三行,如兄等认为于事实有不合处,或即有此事实而不愿发表,则请以原稿交下,弟可删之。又诗文集中有可删者数首,其目如左(下):《作讼四箴》《曹武惠王灵签记》《存亡起点图》《感怀四首(次刘兆藜韵)》,请酌之。……蔡元培敬启 八月二十二日"。

"《姚氏捐侨园旧址于县立中学记》。姚懋甫先生在清之末叶筑园于嵊县鹿胎山麓,幽僻洁净,宜于读书。以先世自山阴迁嵊,故名其园曰侨园。地故属学宫,则请于有司斥己田易得之,布置既精,景物益盛。时当戊戌政变之后,先生蒿目时艰,日处园中读有用书,期出任天下大事。既而念及地方要政,莫急于教育,嵊地尚未有学校,是宜急办,学校地点又莫侨园若。于是益廓园内房室建校二十一间,于光绪辛丑之春,开办师范学堂,……校中费用,皆出先生私财,割亩以应积二年余,资产略尽,不得已停办,而先生旋于宣统己酉去世矣。嗣后园林寂寞,室宇空闭,二十余年来,弦诵阒如,回顾当时,不无今昔之感。而先生丈夫子五人:曰永元、永衡、永励、永政、永勋,皆英隽负才,克自树力,顾念堂构,常思所以善处侨园者。适嵊县中学校与侨园接,欲扩充校舍,永元等遂于中华民国二十五年春五月捐赠侨园于县立中校,俾永为办学之用,成先志也。余观先生毁家兴学,而后嗣峥嵘,各有相当学行,以与其家先人不以侨园自私,而永元等善继善述,能移侨园为公用,岂非后先辉映欤!爰记其颠末,以告来世。

《〈侨园诗文集〉序》。嵊县姚懋甫先生,辛亥以前革命老同志也。自嵊迁绍兴,与陶焕卿、秋竞雄诸先烈秘密结合。秋案发后,先生郁郁不自聊,时纵酒,一日大醉,失足坠水中,遂不起,不及见辛亥之成功,可悲也。先生在嵊,尝独力办学,以所居侨园充校舍,今其嗣君永元等以侨园捐赠嵊县中学,余既为文记之,永元等又出先生诗文若干卷示余,大抵称心而言,不假修饰,于感慨忧国之中,见其质朴沉郁之志。其论戏剧,谓但当改良,不当禁止,有益之剧演者非糜费,听者非废时,且遍及老幼,收效较学校尤巨。盖当时号称开通之士,尚未有社会教育之概念,故欲禁剧以节费,先生独洞明本源,发挥伟论,可谓目光如炬矣。又云:士之可重,在有其实,可鄙在务其名。此又见先生崇实黜华,自抒襟抱,兼以策励他人者。凡若此类,流露于文中甚多,随处可以见其高尚之品格、坚毅之精神。然则是集问世,足以起人景仰者,必在先生之行谊,而词采末也。诗坦率真挚,与文同,流露性情亦与文同。

昔人称读其文,想见其为人,其侨园诗文之谓矣。蔡元培"。(《复姚永元函》同日)

同日 函达王华芬因事不能参加沈定一被难纪念及定一小学校董会。

"华芬先生大鉴:径启者,本月二十八日定一先生被难八周年纪念,及定一小学第六次校董会,元培因事不克前来参加,甚以为歉。特此函达,诸希谅察。……蔡元培敬启 八月二十二日"。(《致王华芬函》同日)

8月23日 次女睟盎十岁生日,祝以一律。

"即阴历七月七日,为睟盎十岁生日,长亲多来会饮。我祝以一律:

生男生女何悲喜,无事再分瓦与璋。学级高低同及格,公民选举共登场。

望儿再历十年后,应世能名一技长。此日书痴非必要,练身第一要康强。"(本年《日记》同日)

8月24日 致函胶济路管理局局长葛静岑,请继续补助海洋生物研究所经费。

"静岑先生大鉴:径启者,海洋生物研究所自筹办以来,承执事顾念学术,每月补助经费二百五十元,得资挹注,曷胜感荷。近年来该所房屋,正在兴筑,一切计划亦望按步进行,惟经费支绌万分。贵局补助费又将于十一月满期,当事者颇深焦虑。兹特函恳台端逾格维持,可否将此项补助费继续数年,俾该所得有发展。想忝筹发扬文化,当蒙乐许,还祈裁酌施行为感。……蔡元培敬启 八月二十四日"。(《致葛静岑函》同日)

8月26日 致函教育部长王世杰(雪艇),商请给予福建私立集美学校经费补贴。

"雪艇先生部长大鉴:径启者,福建私立集美学校,办理认真,素著成绩。此次大部拨款补助全国职业学校,业由福建教育厅提出三校,集美高级水产航海职业学校,亦与其列,想正在审核中。惟查集美农林学校,……经费非常困难,倘蒙大部一体补助,庶几得有发展。此校原不在闽教厅提出三校之内,惟同系集美所办,深望俯察成绩,特别加惠,予以补助,俾益增奋勉,不胜企幸。……八月二十六日"。(《致王世杰函》同日)

8月29日 赴黄岳渊宴请。

"黄岳渊君招饮于真如植园,座有于右任、王伯群、罗纬、郭琦原等二十余人。"(本年《日记》同日)

8月30日 与于右任、吴稚晖等发起成立"吴越史地研究会",被推为该会会长。

"文化界领袖蔡元培、于右任、吴稚晖、叶恭绰、卫聚贤等发起组织之吴越史地研究会,昨日下午三时,假八仙桥青年会举行成立大会。到发起人蔡元培、叶恭绰、卫聚贤,及京、杭、镇、锡、嘉与各地会员:胡朴安、丁福保、谢瑞龄、郑洪年、杨恺龄、简又文、张乃骥等六十余人。由蔡元培主席,卫聚贤记录。当场通过简章,推定职员。该会为引起会员研究古物兴趣起见,并同时举行古物展览。"

"蔡元培主席并致开会词,谓今日为吴越史地研究会举行成立会,同人等发起斯会宗旨,实源自古荡、钱山漾、绍兴、金山等处,先后发现古代石器陶器后,颇足供历史上参考价值,证明江浙两省在五六千年以前,已有极高文化。当非如传说所云,在春秋时代江浙尚为野蛮之区。现该项古物,遗留在江浙各地者,当必甚多。深望本会成立之后,各地会员能继续多所发现,以供研究,借以明了历史演化及先民生活之情况云。

旋通过简章如下:(一)本会定名为吴越史地研究会。(二)本会以研究吴越(暂以江苏、浙江二省为限)史地为宗旨。(三)凡有志研究吴越史地者,得声请入会,经会员介绍,填具志愿书,经理事会通过,即为本会会员。(四)本会经费。会员每年纳会费一元,不足应用时,经评议会及理事会通过,得募捐之。(五)本会设会长一人、副会长二人、评议员若干人,由每届会员大会选举推定之,连举得连任。……推定会长:蔡元培,副会长:吴稚晖、钮永建,评议:于右任、孔庚之、张溥泉……"(《申报》1936年8月31日)

同日 为潘渊(企莘)证婚。

"五时,往中社,为潘企莘同学证婚。晤李圣五、张佩璇诸君。"(本年《日记》同日)

9月3日 为《新青年重印本题词》刊出。

"《新青年》杂志为五四运动时代之急先锋。现在传本渐稀,得此重印本,使研讨吾国人最近思想变迁者有所依据,甚可嘉也。"(《申报》同日)

同日 撰挽高凤谦(梦旦)联。

"高梦旦先生之追悼会,将于十三日举行,拟挽以一联:理想尽超人,平易只求合理化;文章能寿世,菁华尤在教科书。"(本年《日记》同日)

同日 作《刘申叔事略》一文。

"以所作《刘申叔事略》寄玄同。"(本年《日记》同日)

同日 致函胶济铁路管理局叶子刚,商请给予海洋生物研究所永久补助。

"子刚先生大鉴:径启者,海洋生物研究所承贵局每月补助经费一百五十元,深资挹注。此项补助费,至本年十一月满期,而该所固定经费甚少,支绌万分。弟已函商于静岑先生,可否继续补助,谅正在酌核中。此事拟请鼎力同为设法,倘蒙将是项经费永久补助,实于该所有莫大利益。执事爱护学术,谅当乐予维持,特此函商,还希裁察玉成为感。……蔡元培敬启 九月三日"(《致叶子刚函》同日)

9月4日 为茅盾主编《中国的一日》一书撰写序文。(该书 生活书店1936年

9月出版)

9月5日 与王世杰、王云五、张元济等共同发起高凤谦(梦旦)先生追悼会。

"《高梦旦先生追悼会启事》。长乐高梦旦先生，抱经世之学，躬行实践，其生平心力尤尽瘁于教育文化事业。方清季丙申、丁酉间，海内名流与先生通声气者，争相引重，间亦发挥政见，不苟同，不立异，所有言论屡载于当日之《时务报》。嗣应浙江高等学堂总教习之聘，旋率浙江学生赴日本学习师范，即留为监督。中间尝因张南皮、张丰润、岑西林诸公之聘，或主报务，或任幕职，又充上海复旦大学监督，均未久即辞去，独于商务印书馆编译所长一席，慨然乐就，至今教科用书之风行，与出版物之从事编纂，潮起云涌，使全国青年学生获先河之导者，先生与有力焉。兹以高年得病，捐弃馆舍，老成凋谢，盍然同伤。谨定于九月十三日下午二时，假上海西藏路宁波同乡会开追悼大会，凡与先生生前知好，伫盼贲临。如有哀挽文字，敬祈先期惠寄上海河南路商务印书馆庶务股代收，是所至荷。谨此布闻，至希公鉴。

发起人：丁榕、王世杰、王造时、王康生、王云五、张元济……张世尘、蔡元培、罗家伦"。(《申报》1936年9月5日)

同日 撰写《〈中国思想研究法〉序》。

"为蔡尚思作《〈中国思想研究法〉序》。"(本年《日记》同日)

同日 函请赵元任审阅《国语直接拼音字母说明》等书。

"元任先生大鉴：径启者，顷接到周毅君寄来所著《国语直接拼音字母说明》及《国语字母切音》两种，要求评阅。兹将原书及书两本寄奉先生阅览，希加以批判。其中字母切音一种，阅后须寄还作者。诸费清神为感。……蔡元培敬启 九月五日"。(《致赵元任函》同日)

9月6日 致函江苏省政府主席陈果夫，请将吴志骞列入留学生奖励名额中。

"果夫先生主席大鉴：径启者，南通吴君志骞，毕业于大夏大学教育学院，……本年仍拟往罗马继续研究，以一年为期，并拟于归途经德、法、英、美等国，考察女子教育情形。其志可嘉，惟学费尚未筹定。闻贵省政府新定留学生奖励办法，科目有女子教育，地点有意大利，吴君计划，可云合格。敢请为吴君列入奖励额中，以成其志。除由吴君照章呈请外，敬为奉商，如荷玉成，不胜同感。……蔡元培敬启 九月六日"。(《致陈果夫函》同日)

9月9日 为黄寄萍编《当代妇女》作序。(《当代妇女》上海申新书店1936年出版)

9月10日 继续当选为中华职业教育社评议员。

"中华职业教育社，董事任期四年，每二年改选半数，由董事部提出候选人，经全体社员选举之。本届董、评两部改选结果：……蔡子民六九二票，周佛海六五七票,刘湛恩六〇四票,朱经农五四九票,王志莘五〇三票,贾佛如四八八票,潘卿尧四四五票,卢作孚三九二票,郑通和三五〇票,当选为评议。"(《申报》同日)

同日　请马祀光代作《〈黄冈林氏族谱〉序》。(蔡元培先生抄留底稿)

9月11日　与李照亭谈北平图书馆图书加入浙江展览事。

"午后五时,约北平图书馆职员李照亭来,告以平馆图书加入浙江展览事。渠言守和已到京,即将来沪。"(本年《日记》同日)

9月12日　致函蒋梦麟、竺可桢(藕舫)、张伯苓、张一麐(仲仁)等,请介绍华侨考察团到各地参观。

"梦麟吾兄、藕舫先生、伯苓先生校长、仲仁先生大鉴:径启者,上海光明制造水瓶电器公司经理梁伯枝先生,现组织华侨考察团,往国内各地考察,洵称热心祖国,有志实业。甚望台端予以提倡,并转为绍介于本地机关,俾该团得有便利,不胜感荷。特此介绍。……蔡元培敬启　九月十二日"。(《致蒋梦麟等函》同日)

同日　致函浙江象山县长胡鼎仁,商请可否早予开释李云章。

"鼎仁先生县长大鉴:径启者,顷据旧仆李云章称,近被本城医生胡良璠攀诬,拘押县政府,不胜冤抑,请求设法云云。李云章平日为人,似尚驯良,此次未知因何牵涉? 特此代为函达,如非实际犯罪,可否早予开释? 统候酌裁为幸。……蔡元培敬启　九月十二日"。(《致胡鼎仁函》同日)

9月13日　主持高凤谦(梦旦)先生追悼会,并致悼词。

"在宁波同乡会为高梦旦先生开追悼会,我主席。菊生代表董事会读祭文,黄君代表商务同人读祭文,雷震代表王雪艇、黄任之、蒋竹庄、吴稚晖、王云五演说。"(本年《日记》同日)

"高梦旦追悼会……迟至九月十三日在宁波旅沪同乡会举行。出席者有蔡元培、邹韬奋、胡愈之、韦悫、黄炎培、伍光建、王云五、徐新六、徐积卿、李拔可,以及吴稚晖、雷震等,及商务全体同人,共五百余人。由蔡元培主席并致悼词云:今日在此开会追悼高梦旦先生。先生乃一通人,亦一世之好人,年事虽高,本犹可服务社会,有所专诣,讵竟不起,世人无论识与不识,咸之为悼惜不已。先生抱经世之学,躬行实践,其生平心力,尤尽瘁于教育文化事业,富于新思想,对旧时代之事物,多主革新,其力主用通历与简易字体,实重其合理化也。先生为人精细,无成见,为商务编教科书,功力甚大,且于教育史上,树一异彩。今馆务付托与王云五先生等,主持得人,先生未竟之志,望吾后学者起而继之。"(《申报》1936年9月14日)

9月14日　主持中央研究院公民宣誓式。

"本院同人补行公民宣誓式,职员在礼堂举行,我主席;工役在四楼大厅举行,仪器工厂管理员张季言君主席,市教育局袁增坫君来监誓。"(本年《日记》同日)

同日 为王济远画展举行预展茶会。

"中央研究院院长蔡元培氏,今日下午五时至七时,在南京路大新公司四楼,为名画家王济远作品预展举行茶会,招待党政学界领袖及新闻界……王氏画展,准明日(十五日)正式揭幕。"(《申报》同日)

9月15日 主持王济远画展开幕式,并致词。

"画家王济远个展于今晨正式开幕,……蔡元培主席并致词,略谓:王济远氏为一努力艺人,所有作品,具独特风格,不同凡响。年来周游国内外,凡广西、江西、福建、湖南、江苏、浙江,及日本、菲列宾等地,均有其足迹。走万里路,读万卷书,使王氏之画更为充实。盖王氏与自然接触之后,胸衿阔大,景界布局之优美,已臻化境云云。"(《申报》1936年9月15日)

9月17日 参观王济远画展。

"名画家王济远氏个人画展,昨为第三日,市长吴铁城,社会局长潘公展,公安局长蔡劲军,市商会主席王晓籁,中央研究院院长蔡元培,国立音专校长萧友梅,鸿英图书馆叶鸿英,沈信卿及各界名流学者联袂莅会,对王氏之作品,咸表惊服。……"(《申报》1936年9月18日)

9月19日 应邀出席苏俄驻华大使的宴会。

"八时三十分,苏俄鲍各莫洛夫大使招饮,饯蒋廷黻大使也,赴之。"(本年《日记》同日)

9月22日 出席中国公学董事会议。

"午,右任招饮新亚,开中公校董会,商筹款及还债办法,推吴开先、朱应鹏两董事偕李大超科长,与正大银行代表人交涉。"(本年《日记》同日)

同日 自述加入同盟会的地点及介绍人。

"史绍祖君以本日上海《宁波日报》见示,中有'人物小志'一栏,铁生为我作小传,无贬词。惟中有'蔡始识孙总理于日本东京,加入同盟会',误也。我于辛亥以前,未曾见总理。我之入同盟会,由何海樵介绍,在爱国学社高楼上。"(本年《日记》同日)

同日 函谢中山文化教育馆总干事马超俊(星樵)同意给予物理研究所经费补助。

"星樵先生大鉴:接奉大函,借悉中央研究院物理研究所改良中国乐器,业蒙贵馆自十月份起,每月补助二百五十元,以一年为限。具征爱护学术,力予维持,曷胜感荷。除知会物理研究所外,特此函复鸣谢,诸希查照。……蔡元培敬启 九月二十二日"。(《复马超俊函》同日)

9月24日 自上海赴南京。

"孙科、蔡元培、关素人,昨乘夜车晋京。"(《申报》1936 年 9 月 25 日)

9 月 25 日 出席故宫博物院常务理事会议。

"午后三时,故宫博物院常务理事会开会。"(本年《日记》同日)

9 月 26 日 主持南京故宫博物院古物保管库落成典礼式。

"故宫博物院京古物保管库,二十六日验收。蔡元培、翁文灏、蒋作宾、褚民谊、段锡朋、滕固、罗家伦、李济等共约三十余人,均往参加。晨十时开会,由理事长蔡元培主席,报告工程经过情形,并行授钥匙礼后,即由审计部稽察安淮春会同该院院长马衡验收。"

"古物保(管)库二十六日落成礼,蔡元培剪彩,马衡受钥,建筑费二十八万元,设备有人造空气等。"(《申报》1936 年 9 月 27 日)

9 月 28 日 出席中央研究院基金保管委员会议。

"十时,本院基金保管委员会开会,午刻聚餐。雪艇、书贻、贻琦均到。"(本年《日记》同日)

同日 作陪傅斯年(孟真)等宴请柏林大学教授。

"晚,孟真、志希宴德国汉学教授 Hänich(柏林大学,研究元史)、地质学教授 Beck、Weissmann 等,我亦参加。"(本年《日记》同日)

9 月 29 日 自南京回上海。

"蔡元培前晚乘夜车出京,于昨晨抵沪。"(《申报》1936 年 9 月 30 日)

9 月 30 日 作《二十五年来中国研究事业》一文。

"为《大公报》作《二十五年来中国研究事业》,送去(张蓬舟收)。"(本年《日记》同日)

9 月 为邹韬奋主编《生活星期刊》题词。

"中国为一人,天下为一家。

这两句是《礼记·礼运篇》成语。照现代中国人的立场看来,也是用得著的。若是中国四万〔万〕七千万人,都能休戚相关,如身使臂、臂使指的样子,就自然没有人敢来侵略,而立于与各国平等之地位。由是而参加国际团体,与维持世界和平的各国相提携,自然可以制裁侵略主义的国家,而造成天下一家的太平世了。二十五年九月 蔡元培"。(《生活星期刊》第 1 卷第 19 号)

同月 为王藤文雄、王白渊合编的《综合日语教程》题签。

"《综合日语教程》的内容分为音韵篇、品词篇、文章篇、书简篇、会话篇等六大部……叶楚伧题字、蔡元培题签、潘公展题词、汪馥泉作序。"(《申报》1936 年 10 月 1 日)

同月 《孔子之精神生活》一文发表。(《江苏教育》月刊第 5 卷第 9 期)

10 月 2 日 出席梁燕荪奖助学金审定会。

"午后五时梁燕荪先生奖助学术委员会在叶宅审定,北京大学地质系学生二人、燕京大学制革专修科一人。燕大尚有家事专修科一人,无合格者,又浙大农学院有及格而已转他校者一人,以此两名之助学金,改为本年特别奖金,仍以燕大家事科、浙大农学为限。"(本年《日记》同日)

同日 致函吴稚晖,商保留以盐附税充省教育经费原案事。

"前日走访,先生适往南京,昨报称先生来沪就医,未知确否?贵体如何?接福建省教育经费委员会电,要求先生与弟向财部商量保留以盐附税充全省教育费原案,应如何办理?请示。……蔡元培敬启 十月二日"。(《致吴稚晖函》同日)

10月5日 出席国际文化合作协会中国分会会议。

"下午五时,国际文化合作中国协会开会,商明年参加巴黎之万国博览会事。"(本年《日记》同日)

同日 作《端方电档中关于"苏报案"往来各电序》一文。

"作《端方电档中关于'苏报案'往来各电序》,寄兼士。孟真寄代作《〈人与地〉序》来,即送毕修勺。"(本年《日记》同日)

同日 将傅斯年代作的《〈人与地〉序》送毕修勺。

"孟真寄代作《〈人与地〉序》来,即送毕修勺。"(本年《日记》同日)

10月7日 为《读书指导》第二辑作序一篇。

"为商务印书馆校阅《读书指导》第二辑,作序一首,本日送去。"(本年《日记》同日)

"……第二辑的门类,与第一辑同的有心理、统计、政治、法律、经济、商业、农业、文学等,但各篇命题,并未重复。其他门类,为第一期所未及的有图书馆学、经学、哲学、教育学、矿物学、生理学、工程学,尤足为第一辑的补充。

以现代学术分工的详细,合第一辑、第二辑的门类,可以补充的还不少,即检察每一门类中的专题,可以补充的也还不少。如《出版周刊》编辑者继续征求各专家的著作,以为他日再编第三辑的准备,这尤是读者所希望的。"(《读书指导》第二辑商务印书馆编1936年出版)

10月9日 为上海《五洲大药房创立三十周年暨新厦落成纪念特刊》题词。

"海通以来,外国利用机器,以其成本较轻,生产特多之物品侵入我国,与我故有之手工商品相竞争,我之失败,宜也。五洲大药房主人有鉴于此,仿用新法,制药制皂,历三十年之久,制品之精良,已受全国欢迎。再由此而进步,则其提倡国货、挽回利权之功,更未可限量矣。敬于新厦落成之期,为综核已往之成绩,而祝将来之发展。

中华民国二十五年十月 蔡元培"。(《申报》同日)

10月10日 致函外交部长张群（岳军），介绍林和成为国联办事处专门委员备选人员。

"岳军先生部长大鉴：径启者，福建林和成君，毕业南洋大学，又在欧美各国留学五年，……闻贵部将在国联办事处设置经济专门委员会，正在物色相当之人才，如林君者，堪以备选。如蒙擢用，必有成绩，专此介绍。……"（《致张群函》同日）

同日 所作《我在辛亥那一年》发表。（《越风》杂志第20期）

同日 所作《二十五年来中国研究机关之类别与其成立次第》一文发表。（《大公报》同日）

10月11日 参加张弦先生追悼会。

"午前十时，往美专，参加张弦先生（字亦琴）追悼会。"（本年《日记》同日）

同日 致函中国驻日大使许世英（静仁），转请商于黄山建设委员会指拨黄山气象台经费。

"静仁先生大使勋鉴：前奉复示，允于中央补助黄山建设费内拨付气象台建筑费五千元，甚佩盛情。惟该台成立以后，经常费中，除仪器设备等费，可由敝院气象研究所勉强担任外，其他薪工杂费等项，每月约百五十元，……可否由执事向黄山建设委员会或安徽省政府指拨？敬请酌行，专此奉商。……"（《致许世英函》同日）

同日 为《中国与中国人特刊》题词。

"中国为一人，天下为一家。 中国与中国人特刊 蔡元培题"。（《生活星期刊》第1卷第19号）

同日 所撰《墨子的非攻与善守》一文发表。（《生活星期刊》第1卷第19号）

10月12日 函复国际经济关系学会筹备发起人邹明初，因年迈事烦不能列名加入发起。

"明初先生大鉴：接十月三日通告，敬谂先生等有国际经济关系学会之发起，甚佩盛情。承嘱加入发起，因弟非习经济者，且年迈事烦，不敢多所参与。谨此告辞，诸希鉴谅。……"（《复邹明初函》同日）

10月14日 出席画家张弦遗作展览开幕式，并即席演说。

"已故画家张弦先生遗作展品会，业于昨日在大新公司四楼开幕。……午后五时行开幕礼，到中央研究院院长蔡元培、市商会主席王晓籁、美专校长刘海粟及名画家王济远、潘良玉等二百余人。主席刘海粟致词后，由蔡元培演说：略谓张先生艺术高超，惜乎天不永年，其身后萧条，寡妻孤雏，尤属可怜，希吾爱好艺术诸同志，踊跃购藏其遗作，一则可永资纪念，一则施之生而复于死，想为诸位所同情云，旋即礼成。"（《申报》1936年10月15日）

同日 往观三英画展。

"日昨（十四日）三英画展，到会参观人数众多。下午五时，中央研究院蔡元培院长偕沈恩孚莅会参观,并即席题词,以赠《三英画集》。蔡先生题云:融汇古法,时参新意,名手荟于一门,得未曾有。沈恩孚先生题云:崔南三秀。在会场浏览逾时良久,并与熊氏姊妹拍照,以留纪念。"(《申报》1936年10月15日)

10月15日 为姜立夫、胡芷华证婚。

"午后六时,数学家姜立夫与胡芷华结婚于新亚酒楼,我为证婚。芷华为敦复之妹,毕业于大同大学文学院,自明复处习新式会计,明复故后,即继任大同会计。"(本年《日记》同日)

10月16日 函复蒋梦麟,中央研究院并无添设回教文化研究专科之议。

"梦麟吾兄大鉴:手书敬悉。本院并无添设回教文化研究专科之议,想系传闻之误。穆君曾直接来函询问,业已复函告知。特此奉闻……蔡元培敬启 十月十六日"。(《复蒋梦麟函》同日)

10月19日 参加鲁迅治丧委员会。

"鲁迅氏于昨晨五时二十五分逝世于施高塔路大陆新村九号寓内。……现由蔡元培、马相伯、宋庆龄、内山完造、史沫特莱、沈钧儒、茅盾、萧参等八人,组成治丧委员会,办理一切,昨发出讣告。……"(《申报》1936年10月20日)

"是日晨五时,鲁迅先生(周树人、豫才)去世,孙夫人来院告我,并约我参加治丧委员会。"(本年《日记》同日)

鲁迅葬礼(1936年10月)

10月20日 列名发布鲁迅逝世讣告。

"鲁迅(周树人)先生于一九三六年十月十九日上午五时二十五分病卒于上海寓所,即日移置万国殡仪馆。由二十日上午九时至下午五时,二十二日上午九时至下午二时,为各界人士瞻仰遗容和礼祭时间,二十一日下午三时入殓,二十二日下午二时在虹桥万国公墓下葬。依先生的遗言:'不得因为丧事收受任何人的一文钱',除祭奠及表示哀悼的挽词花圈以外,谢绝一切金钱赠送。谨此讣告。

　　鲁迅先生治丧委员会　蔡元培　马相伯　宋庆龄　内山完造　史沫特莱　沈钧儒　茅盾　萧参"。(《申报》同日)

　　同日　往万国殡仪馆吊鲁迅,并参加治丧委员会会议,集议鲁迅殡殓仪节等事。

　　"治丧委员蔡元培、宋庆龄、内山完造、沈钧儒、茅盾、史沫特莱等,昨午在该馆二楼,集议殡殓仪节事。"(《申报》1936年10月21日)

　　"往胶州路万国殡仪馆吊鲁迅,挽以一联:著作最严谨,岂惟中国小说史;遗言太沉痛,莫作空头文学家。"(本年《日记》同日)

为鲁迅送葬(1936年10月)

　　同日　函复梁士诒奖助学术委员会,赞同浙江大学提议的"铸章永久奖励办法"。

"大函奉悉。关于浙江大学提议铸章永久奖励办法,即经叶、陆二委员赞同,并定名为'梁士诒先生奖章',元培亦甚表赞同。专此奉复,希察照。此致 梁士诒先生奖助学术委员会 蔡元培敬启 十月二十日"。(《复梁士诒奖助学术委员会函》同日)

10月22日 参加鲁迅殡葬仪式,并致词。

"文坛巨子鲁迅昨午出殡。……送殡行列长达里许,执绋者约六千余人。前导为白布横旗,额题'鲁迅先生殡仪',由蒋牧良、欧阳山掌执,后为乐队,持挽联、背花圈之送殡者一长列,及歌咏队一大队,其后为巨大之遗像,布底墨画,神采栩栩如生。像车中遗像,由氏侄女两人恭侍左右。柩车后,随送殡者氏妻许女士、子海婴、弟建人,及蔡元培、宋庆龄,分乘汽车四辆,后为步行执绋者。行列出万国殡仪馆,经胶州路、极司菲尔路、地丰路,折入大西路而至虹桥路,步行约三小时,至约四时半抵达万国公墓。行抵公墓后,先在纪念堂前举行葬仪,柩置广道上,主席团治丧委员蔡、宋等立堂前台阶上,送殡者均整立道旁。奏乐后,首由蔡元培致词,继由沈钧儒报告鲁迅事略,及宋庆龄、内山完造等相继演说,胡愈之读哀词,末行最后之敬礼,并静默致哀,唱挽歌,礼成。"(《申报》1936年10月23日)

在鲁迅葬礼上讲话(1936年10月)

10月23日 书赠蒋廷黻立轴一帧。

"午,陆干廷(臣)在青年会宴蒋廷黻大使,邀作陪,赴之。蒋君索书,回家后,书一立轴赠之。"(本年《日记》同日)

同日 所作《我在五四运动时的回忆》一文发表。(《中国学生》第3卷第9期)

10月27日 为陆家骏、戚丽云证婚。

"海上闻人陆连奎氏之长子家骏,于昨日(二十七日)假座中央大旅社与戚丽云女士举行结婚典礼,贺客有李石曾、吴市长、杨司令、蔡局长、杜月笙、张啸林、姚曾模、虞洽卿、王晓籁、袁履登、金廷荪、在伯奇、在仲韦,以及各方代表,工部捕房西宾等不下万人。下午三时结婚,由中委蔡元培氏证婚,并致极长训词。"(《申报》1936年10月28日)

10月28日 为苏联建国第十九周年纪念特刊题词。

"苏联建国第十九周年纪念特刊 理想世界之实现 蔡元培题(印)"。(《中国导报》1936年苏联建国十九年特辑)

10月30日 出席商务印书馆董事会议。

"午后四时,商务印书馆董事会开会,议决高梦旦先生奖金委员会,有中央研究院代表参加。"(本年《日记》同日)

同日 函谢山东省教育厅长何思源(仙槎)补助青岛海洋生物研究所经费。

"仙槎吾兄厅长大鉴:接奉手书,借悉青岛海洋生物研究所经费,承商同韩主席补助五千元,至深铭感。其款请汇交青岛观象台蒋右沧台长为荷。专复鸣谢,诸希察照。……蔡元培敬启 十月三十日"。(《复何思源函》同日)

10月31日 函谢广西绥靖主任李宗仁(德邻)来书问候。

"德邻先生主任大鉴:麦慕尧先生来,展诵惠书,敬审(谂)勋业日隆,动定咸豫,至深忻颂。值此困难时期,得先生坐镇西南,式遏寇虐,威棱所被,刁斗无惊。辄因中枢倚畀之殷,益增贤者鞅掌之责。南云引望,曷罄欢忱。谨此奉复,借答雅谊。弟顽躯粗适,堪慰记注。风便尚希时赐教言,以慰悬悬。临颖驰系,即颂勋绥,诸维蔼照不备。 蔡元培敬启 十月三十一日"。(《复李宗仁函》同日)

同日 函谢广西省政府主席黄旭初来书问候。

"旭初先生主席大鉴:麦慕尧先生来,展诵惠书,敬审(谂)新猷彪炳,政体安愉,至深忻颂。桂省为西南重镇,得先生领导群英,积极开发,将见民生康阜,庶物熙和。贤者之旁,苍生之福。南云引望,曷罄欢忱。谨此奉复,借答雅谊。诸维亮察。……蔡元培敬启 十月三十一日"。(《复黄旭初函》同日)

10月 为上海美术专科学校修订校歌。

"我们感受了寒温热三带变换的自然,我们承继了四千年建设文化的祖先,曾经透彻了印度哲学的中边,而今又感受了欧洲学艺的源泉。我们要同日月常新,我们要似海纳百川。我们现在彻底的受了母校的陶甄,将来要在全世界上发扬我们国光而绵绵。啊!我爱我的中华万年!啊!我爱我的母校万年!蔡元培作 1936 年修订。"(刘海粟:《忆蔡元培先生》)[①]

11月1日 主持鲁迅先生纪念会筹备委员会成立会。

"鲁迅先生家属及治丧委员会,于一日下午三时,在八仙桥青年会招待此次参加送殡各界代表,及治丧处全体同人。蔡元培、沈钧儒、内山完造、茅盾、鲁迅夫人景宋女士、周建人、胡愈之、夏丏尊、陈杰克、姚克、章乃器、李公朴、胡风、田军、巴金、黄源、聂绀弩、欧阳山、孟十还、陈白尘、以群、吴朗西等五十余人出席。由蔡元培主席,夫人景宋女士向各界致谢。……治丧委员会任务终了,应成立包含各界与鲁迅先生有个人交谊,及敬仰鲁迅先生的知名人士的大规模的纪念委员会,办理一切永久的纪念事业。在正式纪念会成立前,先推蔡元培、宋庆龄、沈钧儒、内山完造、茅盾、景宋、周建人为筹备委员。……"(《申报》1936年11月4日)

"午后二时,鲁迅先生纪念委员会筹备会在清华同学会开会,议决推动上海各界开追悼会。教育界内,我与黎曜生、郑西谷接洽。"(本年《日记》同日)

11月2日 出席鲁迅纪念委员会筹备会第一次会议。

"鲁迅先生纪念委员会筹备会,二日下午三时开第一次会议。到蔡元培、沈钧儒、内山完造、茅盾、景宋、周建人。决定事项:(一)在建立正式的坟面纪念物之前,先做简单的修饰。(二)登报宣传筹备会工作任务。(三)各界及各国人士对于纪念鲁迅先生事业的献金,请中国银行代收,筹备会发出收据及回信。银行方面由沈钧儒接洽。(四)关于追悼会,民众团体由团体自行筹备发动,如欲与纪念委员会接洽,教育方面就商蔡元培;民众方面就商沈钧儒。……"(《申报》1936年11月4日)

同日 致函商务印书馆会计科,请准郭秉文支领英文《中国年鉴》版税。

"商务印书馆会计科台鉴:径启者,第一期英文《中国年鉴》事务,现由郭秉文先生清理。前存尊处之版税一千九百三十六元七角三分,应由郭先生领出,以充应付之职员欠薪。此后续得版税,均请陆续交付郭先生为荷。……"(《致商务印书馆会计科函》同日)

11月5日 为龚骥良、周淑敬证婚。

"午后二时,到半淞园,为龚骥良、周淑敬证婚。龚宅送馔一席,夜请季荪、梧生夫妇及王思默小饮。"(本年《日记》同日)

---

① 载《学艺》1983 年第 1 期。

11月7日 为放映"苏联之建设"电影,致介绍词。

"十一月七日为苏联国庆纪念日。中苏文化协会上海分会特定于今日下午五时三十分,在北四川路上海大戏院开映苏联之建设影片,并请中央研究院院长蔡元培氏讲演。"(《申报》同日)

"晚六时三十分,中苏文化协会上海分会在上海大戏院演苏联之建设影片,招余致词介绍。"(本年《日记》同日)

同日 出席中国公学董事会议。

"午刻右任召集中国公学校董会,议决推陈济成副校长往浙江高等法院访郑烈荪院长,为冯懋熊被封房产缓颊,由我作函介绍。"(本年《日记》同日)

同日 介绍山东武训中学李瑞阶等往访教育部长王世杰(雪艇)等。

"雪艇部长、荫亭先生大鉴:径启者,兹有山东堂邑私立武训中学校董李君瑞阶、陈君秀章,晋谒台端,还希赐见,指导一切为幸。……蔡元培敬启 十一月七日"。(《致王世杰、顾树森函》同日)

同日 介绍山东武训中学李瑞阶等到上海相关中学参观。

"径启者:山东堂邑私立武训中学校董李君瑞阶、陈君秀章来沪,因仰慕贵校办理完善,欲前来参观,特为介绍,还希招待指示为幸。此致 ○○中学 蔡元培敬启 十一月七日"。(《致上海各中学函》同日)

11月8日 偕夫人到全国漫画展览会参观。

"全国漫画展览会自本月四日起在大新公司开幕以来,历时五日,本拟于昨日准时截止,实因观者拥挤不堪,……决定自今日起,再展览三天,至十一日为止。闻昨日参观者有蔡元培夫妇、王晓籁、高占非等三千余人。"(《申报》1936年11月9日)

11月10日 自上海赴南京。

"蔡元培、贺耀祖、朱家骅、王伯群、覃振、吴经熊,昨乘特快车晋京。"(《申报》1936年11月11日)

同日 致函苏州振华女校校董陶冷月,请以演说词代替到会演说。

"冷月先生大鉴:前日承枉顾,并赐大作印本,感荷无已,谢谢。弟今晚进京,除于十二日参加中央博物院奠基外,十四日并有故宫博物院理事会,不能到苏州。先具振华女学三十年纪念会演词一纸奉上,请斧正后,代在会场说大意,并请代向季玉校长告罪。诸承费神,不胜感谢。……蔡元培敬启 十一月十日"。(《致陶冷月函》同日)

同日　函祝张元济(菊生)七十大寿。

"菊生吾哥同年大鉴：明日吾哥七十大寿，弟适因事于昨晚来京，不克登堂恭贺，敬遥祝眉寿无疆。 年小弟蔡元培敬上 二十五年十一月十一日"。(《致张元济函》同日)

11月12日　出席中央博物院院舍建设奠基式及理事会议。

"午后三时，中央博物院奠基式，开理事会。晚聚餐于中华路老万全。"(本年《日记》同日)

11月13日　往国学图书馆阅书。

"午前九时，到龙幡里国学图书馆阅书，适馆员放假(因昨未放假)，柳馆长为特别提书，始得摘抄所需者。"(本年《日记》同日)

同日　致函陈垣(援庵)，商请将《汪龙庄先生致汤文端七札之记录与说明》文发表于张元济七十岁生日纪念册。

"援庵先生大鉴：别来许久，从乐素世兄处，得念兴居万福为慰。前承示汪龙庄先生手札，并命作跋。……顷已稍稍搜集一鳞一爪之材料，拟即整理成篇。惟弟有不情之请，拟以汪札、胡跋及弟所附加之跋，别抄一本，发表于张菊生先生之七十岁纪念册，因龙庄、敦甫及札中所举之毛西河、魏文清、戴可亭，皆高寿，而弟亦免得别觅题目也。如蒙允诺，不胜感荷。专此奉商，敬希示复。……弟蔡元培敬启 十一月十三日"。(《致陈垣函》同日)

11月14日　出席中央研究院院务会议。

"午前九时，本院开院务会议，午间聚餐。午后又开会议，五时始毕。"(本年《日记》同日)

11月15日　往观在南京举办的各书画、摄影展览。

"午后，往青年会，看京沪名家书画展览会及高氏(月秋)兄弟摄影展览会。到吉州会馆，看□□□图画展览会。到华侨招待所，看高剑父之弟子□□□图画展览会。"(本年《日记》同日)

同日　赴王世杰(雪艇)宴请。

"晚，王雪艇招饮于教育部，座有夏焕章、戈绍龙、李仲揆、傅孟真、陶孟和、李济之等。"(本年《日记》同日)

11月16日　出席国民党中央监察委员会第八次常会。

"中监会十六日下午三时举行第八次常会。到林森、吴敬恒、张继、蔡元培、蒋作宾、褚民谊、麦焕章、林云陔、贺耀祖、王子壮等。由林森主席，讨论关于处分案件共廿余起，五时半散会。"(《申报》1936年11月17日)

同日 所作《记鲁迅先生轶事》一文发表。(《宇宙风》第 29 期)

11 月 17 日 夜车返沪。

"午前往汤山。夜车回沪。"(本年《日记》同日)

11 月 18 日 与宋庆龄、茅盾共同签署致法国左派作家协会函。

"巴黎法国左派作家协会、亲爱的朋友们:你们肯定已从世界报纸上获悉,被盛誉为中国的高尔基或中国的伏尔泰的鲁迅,于十月十九日逝世了。

……

我们计划隆重纪念我们的民族英雄,我们知道各国的文化组织和革命群众的领导人同样希望参加这位新世界的勇敢先驱者的纪念活动。为此我们写信给法国左派作家协会,要求他们负责利用报纸和入会的各个组织,掀起一个完成我们这一计划的广泛运动。

我们非常需要资金。我国的广大人民非常贫穷,要筹集足以建造一个合适的纪念像所需要的一笔款项,斗争是很艰巨的。我们呼吁每个同情我们斗争的人援助我们纪念鲁迅,以使他们那炽热的心和勇敢精神永垂不朽。

我们也呼吁世界上的艺术家们帮助我们,为即将建立的纪念像提供具有革命思想的设计。我们知道你们愿意同我们合作,并且尽一切力量把纪念鲁迅的活动推向全世界。

致以兄弟般的敬意!

宋庆龄 茅盾 蔡元培 一九三六年十一月十八日 上海"。(《致法国左派作家协会函》同日)

11 月 26 日 奉派出席上海文官典试委员宣誓典礼,并代表国民党中央党部致词。

"本市普通考试定十二月一日起举行,试场决借交通大学体育馆,定明后两日颁发入场证。所有普考典试委员长、典试委员、襄试委员、监试委员及试务处人员,于昨日上午九时在市政府大礼堂举行宣誓典礼,中央党部派蔡元培、国府考试院派杨虎代表监誓。宣誓毕,……由中央代表蔡元培氏致训词,略谓今天是上海市普通考试典试委员长及各委员举行宣誓典礼,本人奉中央命代表监誓。考试是一件最重要之事,国家选贤与能,须凭考试,总理主张五权分立,专设考试院,即是重视考试。此次上海市办理普通考试各委员,学识经验两俱丰富,希能得到圆满结果。本人代表中央,深为欣慰。"(《申报》1936 年 11 月 27 日)

普通考试典试委员长暨各委员试务处长宣誓仪式合影(1936年)

11月27日 与熊希龄、潘公展等共同发起陈鹤琴之母八秩寿诞祝贺礼。

"陈鹤琴太夫人八秩寿诞……国历月之二十七日适逢太夫人八旬,设悦之辰,教育界闻人蔡元培、熊希龄、潘公展、林康侯诸君,特为发起祝寿,以示敬老尊德之意,并徇陈鹤琴君之请,以国难严重,删除一切庆祝仪式,所送寿礼,概用现金,汇集成数,悉充奖学基金,藉以嘉惠清寒学子,而留永久纪念……"(《申报》1936年11月27日)

11月28日 函谢山东省政府主席韩复榘(向方)补助青岛海洋生物研究所经费。

"向方先生主席大鉴:接奉华翰,并承补助海洋生物研究所国币五千元,仰见执事关怀学术,力予成全,曷胜感佩。贵省渔盐之利,自昔著称,以科学方法,益民生之用,尤为当今急务,此后悉心研究,冀有相当收获,庶不负执事提倡之盛意耳。专此函复鸣谢……蔡元培敬启 十一月二十八日"。(《复韩复榘函》同日)

12月2日 所作《爱国女学三十五年来之发展》刊出。(《爱国女学校三十五周年纪念刊》1936年12月2日印)

12月12日 自上月28日起,患病已逾两周,今日始见好转。

"国立中央研究院院长蔡孑民氏,自上月二十八日起感觉不适。最初由该院院医宋梧生诊视,数日后,延请红十字会医院医生吴旭丹,及法国医生谢壁(HiBeit)会同诊治。最近上海国立医学院院长颜福庆请得该院内科主任乐文照医生,国立同济大学校长翁之龙请得该校教授 Kastein 加入会同诊察。据闻因蔡氏年来体虚,病情深可为念。连日除各方来电询问病情者外,亲往蔡宅探视者,有吴稚晖、李石曾、张菊生、王亮畴、王世杰、段锡朋、罗家伦及该院总干事朱家骅,及其南京同人

多人云。"(《申报》1936 年 12 月 12 日)

"国立中央研究院院长蔡子民氏,自得病迄今已逾两周,两日前病势严重,因蔡氏年高,各方均甚关念。兹从负责方面探悉,蔡氏病况从昨日起确有起色。昨日上午,蔡氏体温已降至一百度点五,脉搏九十二,血压一百三十,神志颇清,并能稍进饮食。……"(《申报》1936 年 12 月 13 日)

12 月下旬 病状日渐恢复正常,唯须继续调养。

"蔡子民病脱险。中央研究院院长蔡子民氏病状,昨日复有进步,体温、脉搏、血压,均已恢复常态,惟调养方面仍须十分注意。所有临问来宾,均遵医嘱,一律谢绝与病人晤见云。"(《申报》1936 年 12 月 15 日)

"中央研究院院长蔡元培氏病况,昨晨据其家人称,蔡氏患病行将匝月,前曾一度濒危,日来更见痊可。惟蔡氏年来体衰,经月卧病,精神实甚疲乏,痊愈后,尚须长期休养云。"(《申报》1936 年 12 月 19 日)

"中央研究院院长蔡元培患病,迄今将一月。兹据蔡宅消息,蔡氏经医诊治后,病势已痊十之八九,并已起床,可在室中行动,惟以年老体衰,病后精神甚为疲乏,尚待长时间调养,亲友前往探视者,仍照医嘱辞谢。"(《申报》1936 年 12 月 31 日)

12 月 复函罗宾德拉纳特·泰戈尔,告由谭云山等代表出席中国学院成立典礼。

"亲爱的罗宾德拉纳特·太戈尔先生:前接来信,欣悉中国学院大厦即将竣工,并将择吉举行学院成立典礼。蒙邀参加典礼,实因年来健康不佳,碍难远涉重洋,赴印访问。已转达谭云山教授师生,作为我个人及我国人民之代表,参加这一有历史意义的盛典。蔡元培 一九三六年十二月"。(《复泰戈尔函》同月)

本年 为望衡斋书写匾额,并志缘起。

"此丁在君先生与令兄练秋先生少时读书处,旧有城市山林额者也。迩者,在君先生以勘矿衡阳罹疾逝世,练秋先生甚痛惜之,爰撤旧额,改颜望衡。友爱之笃,垂范无意。谨为书之,并志缘起。 中华民国二十五年 蔡元培"。(蔡元培先生手稿)

本年 书赠郑宾于一联。

"宾于仁兄同学正

高文落笔妙天下;清论挥犀服坐中。 蔡元培"。(四川《龙门阵》1984 年第 5 期)

本年 为英汉四用辞典题词。

"择精语详 蔡元培题(印)"。(朱生豪、葛传规等编《英汉求解作文辨义四用辞典》上海世界书局 1936 年出版)

1937年(民国二十六年　丁丑)七十岁

1月4日　函谢许世英(静仁)、李烈钧(协和)来书问候。

"静仁、协和先生大鉴：接奉惠示，蒙垂念殷殷，曷胜鸣感。弟去岁抱病旬余，幸调理得宜，日渐恢复，近年眠食均颇进步。惟遵医生言，尚须充分时间休息，故尚在安心休养中。极承关注，谨以奉闻。诸希察照，专复鸣谢……弟蔡元培敬启　一月四日"。(《复许世英、李烈钧函》同日)

1月5日　函谢教育部长王世杰(雪艇)来书问候。

"雪艇先生部长大鉴：前蒙枉驾存问，正深歉仄，昨又接惠示，承垂念殷殷，厚谊深情，曷胜铭感。弟近日正遵医嘱，安心静养，眠食均颇进步。谨以奉闻，借答绮注，诸希察照，专复鸣谢……"(《复王世杰函》同日)

1月13日　电贺林森七十寿诞。

"林主席七秩大庆，各方面祝寿电仍如雪片飞来，十三日国府收到者有：蔡元培、谢持、熊克武、刘守中、杨庶堪、许世英、顾维钧、于学忠、吴铁城、马步芳、冯钦哉等。"(《申报》1937年1月14日)

1月　所撰《汪龙庄先生致汤文端七札之记录与说明》一文刊出。(《张菊生先生七十生日纪念论文集》商务印书馆 1937年1月出版)

同月　请马祀光代作《〈上虞丁谢结婚纪念集〉序》。(蔡元培先生抄留底稿)

2月1日　函复肇和中学校董杨虎(啸天)，允为该校广筹经费。

"啸天先生大鉴：惠书奉悉。肇和中学扩充设备，自当广筹经费，以期完善。承嘱一节，拟俟晤及中美庚款会各委员时，提出商谈，促其实现。先此奉复，诸希察照。……蔡元培敬启　二月一日"。(《复杨虎函》同日)

2月16日　国民党五届三中全会开幕。蔡先生因病缺席。

"三中全会开幕，一部分中委因事或因病不克参加，已纷电中央请假。……蔡元培、王祺、顾孟馀、阎锡山、丁惟汾、刘镇华、刘湘、赵戴文等十四人，因病请假。"(《申报》1937年2月17日)

2月20日　阅《雪桥诗话》续集第二卷。

"近日阅辽阳杨钟羲《雪桥诗话》续编(集)第二卷(因未得初编，而续编之第一卷，亦一时检不得，故从第二卷起)。"(本年《日记》同日)

2月22日　阅《雪桥诗话》续集第3卷。

"阅《雪桥诗话》续编(集)第三卷竣。"(本年《日记》同日)

2月24日　函谢张元济(菊生)赠书。

"菊哥同年大鉴：屡承枉存，感谢无已。奉十五日惠函，并赐大著《刍荛之言》，读之，深有感于仁言利溥之义。在海盐已拆之屋，虽已无从取偿，然使当局读此而觉悟，则其他各县之可以保全者尚多也。复承赐先德文忠公遗著，家学渊源，必多精义，容详读之。专此申谢。……弟元培敬启　二月二十四日"。(《复张元济函》同日)

2月27日　阅《雪桥诗话》续集第四卷。

"阅《雪桥诗话》续编(集)第四卷竟。"(本年《日记》同日)

2月　撰写《杜亚泉传》《汤沛恩传》。(《绍兴县志资料》第1辑)

同月　请马祀光代作《田祚专》《鲍承先传》。(《绍兴县志资料》第1辑)

3月3日　被推为第二次全国美术展览会筹委会名誉副会长。

"教部二次全国美展筹委会，三日下午开五次常会。张道藩主席。决议：(一)敦请林主席为名誉会长，蒋院长及中央研究院蔡院长为名誉副会长。(二)个人展品不得超过五件。……"(《申报》1937年3月4日)

3月4日　阅《张菊生先生七十生日纪念论文集》。

"阅《张菊生先生七十生日纪念论文集》竟。"(本年《日记》同日)

3月7日　阅《雪桥诗话》续集第六卷。

"阅《雪桥诗话》续集第六卷毕。"(本年《日记》同日)

3月9日　与戴传贤(季陶)联名发出《征集国画沟通中印文化函》。

"敬启者：自印度大师东来传教，中国先圣西去求经，中印文化开始接触，交光互影，其道益宏，乃遂有蓬蓬勃勃之观焉。彼禅宗、天台宗、贤首宗、净土宗，独创宗派，蔚为大德，可无论已；即如法相宗，虽曰出自印度，然自玄奘法师著成《唯识论》后，其门下窥基、圆测两派，各传衣钵，剖析入微，发挥尽致，遂使无著、世亲之学问，益臻光明圆融之域。此学术沟通之陈迹，我先民固已行之有效者矣。

就以绘画艺术论，杨惠之雕塑，吴道玄之人物，王摩诘之山水，受厥影响，尤非浅鲜。递变以至于两宋，画院作风，肆美古今，贺真雪林，高悬障壁，郭熙山水，独标三远，此又中印艺术会通参合之所遗留者也。

乃者印度诗哲泰戈尔，既已创立国际大学，旋又筹设中国学院焉。今更互设中印学会，以为交通联络之枢纽。元培、传贤志切嘤求，益怀往迹。中国学院庋藏之图书册籍，肩以自任，不敢后人。第一批赍送之书籍图画，国际大学教授谭君云山，去年□月间即已亲挟以行矣。书来报状彼邦人士欢欣鼓舞，不可名言，且有睹中国国画，油然兴来学之思者。泰戈尔报书，亦谓将来于两民族间，屹然为文化学术沟通中枢者，惟中国学院是已。东方文化复兴光大，此其实也。第二批赍送之书籍，今已搜求购置，不日又将赍以西行。用敢撮述涯略，以告当世之法绘名家，各策群力，共襄盛举。凡印度昔所赍于中国者，今中国亦将转以赍诸印度，参互而变化焉，

会通而光大焉,虽欧洲之文艺复兴,亦将不得专美于前矣。邦人君子,其亦有乐于是欤。此致 ○○○先生

中印学会理事会主席蔡元培 监事会主席戴传贤同敬启 ○月○日"。(《征集国画沟通中印文化函》)

"百年先生大鉴:大函奉悉。征画启稿,甚妥善。兹照鄙意省去其中一句,已在原稿上标明,谨附还,仍请季陶先生察阅为荷。……蔡元培敬启 三月九日"。(《复陈大齐函》同日)

3月10日 阅《雪桥诗话》续集第七卷。

"阅《雪桥诗话》续集卷七竟。"(本年《日记》同日)

3月11日 朱家骅到宅问候。

"浙江省政府主席朱家骅晋京公毕,于昨晨七时乘车抵沪,赴旅次稍息,即往愚园路谒中委蔡元培氏,问候起居。……"(《申报》1937年3月12日)

同日 函复洪逵(芰舲),拟请王云五代表出席上海图书馆董事会成立会。

"芰舲先生大鉴:手书奉悉。弟近来身体尚未十分恢复,十三日开董事会成立会及第一次常会,拟请云五先生代表。谨此函复,诸希亮照。……蔡元培敬启 三月十一日"。(《复洪逵函》同日)

3月15日 阅《雪桥诗话》续集第八卷。

"阅《雪桥诗话》第八卷竟。"(本年《日记》同日)

3月16日 函复郭秉文,赞同英文《中国年鉴》结算办法。

"秉文先生大鉴:大函奉悉。承示英文《中国年鉴》社结欠上海信托公司之款,拟在将来续收版税中补足桂中枢先生欠薪后,倘有余额,尽先付还。是项办法,弟甚为赞同。专此奉复,诸希察照。……蔡元培敬启 三月十六日"。(《复郭秉文函》同日)

3月17日 阅《雪桥诗话》第三集第一卷。

"阅《雪桥诗话》三集第一卷竟。"(本年《日记》同日)

3月18日 作《汪龙庄七札跋》。

"始写《汪龙庄七札跋》于卷中。"(本年《日记》同日)

"写跋至复次人证后,卷尽,遂截止。好在全文已印入《张菊生先生七十生日纪念论文集》。"(本年《日记》3月19日)

同日 函复教育部长王世杰(雪艇),允任筹办第二次全国美展名誉副会长。

"雪艇先生部长大鉴:接奉惠函,以大部筹办第二次全国美术展览会,嘱弟担任名誉副会长,弟遵当担任。专此奉复,诸希察照。……蔡元培敬启 三月十八日"。(《复王世杰函》同日)

同日 函复中华教育文化基金会干事长孙洪芬,可以出席本届董事年会。

"洪芬先生大鉴：大函奉悉。本会(届)董事年会地点，在申在京，弟均甚便，可以出席。至于中央研究院评议会，系五月二日在京举行，并以附闻。……蔡元培敬启 三月十八日"。(《复孙洪芬函》同日)

3月20日 阅《雪桥诗话》第三集第二卷。

"阅《雪桥诗话》三集第二卷竟。"(本年《日记》同日)

3月21日 作七律一首，贺夫人周养浩四十七岁生日。

"写定寿养友七律(二十六日，即旧历二十四日，为养友四十七岁生日)。

我今七一卿四七，茕蹶相依十四年。为我牺牲终却病，祝卿康健不羡仙。

娇儿已解呈书画，薄酒何妨中圣贤。正是江春渡梅柳，月圆花好寿人天。(是日后春分五日，后花朝二日)。"(本年《日记》同日)

同日 又作《病起谢养友》(蔡先生抄正时，题为《病后谢养友》)五律一首。

"值我骤然病，累卿过度劳。危疑需立判，烦琐亦纷交。

我已渐轻减，卿宜慎摄调。相期早康复，名胜共逍遥。"(本年《日记》同日)

又作《喜柏儿归》及《谢乐文照医生》各一律。

"喜柏儿归：

海程三十有一日，因闻我病促归航。五岁暌违华法际，四年实验电磁场。

慰亲力学已无忝，报国储能宁可忘？半载始堪毕程序，重游又见整行装。

谢乐文照医生：

我曾一病已垂危，全赖良医得转机。众难群，疑虽竞起，小心大胆总坚持。

南塘纪效赓同调(谓中央医院戚寿南医生)，北地参稽有石师(谓协和医院杜卫医生)。差幸闻中足知己(多数医师表示意见后，我妻我女特赞同先生之主张)，愧余最近始闻之。"(本年《日记》同日)

同日 阅《雪桥诗话》第三集第三卷。

"阅《雪桥诗话》三集第三卷竟。"(本年《日记》同日)

3月23日 阅《雪桥诗话》第三集第四卷。

"阅《雪桥诗话》三集第四卷竟。"(本年《日记》同日)

3月24日 阅《雪桥诗话》第三集第五卷。

"阅《雪桥诗话》第五卷竟。"(本年《日记》同日)

3月25日 作《雪后告养友》(蔡先生抄正时，题为《雪后贻养友》，又曾题为《春雪赠养友》)七律一首。

"晨起，见屋顶、地面及林木上皆有积雪，自去冬以来，所未有也。……作七律一首，题为《雪后告养友》：

去冬屡雪不曾积，已过春分雪转强(前四日春分)。要竞严霜封绛瓦(愚园路一带住宅多用红瓦)，预将飞絮惹垂杨。(园中杨柳已放青)

余威尚得觇风力(昨夜大风,今日风未止),清伴可能待月光?(今日为阴历二月十三日,月将圆矣,如日间雪未能尽,则夜间雪月交辉,尤资胜赏)

此景贻君充画料(此句亦作'此景贻君添画料'),雪蕉莫笑右丞王。(友日内正在中山医院中作画)"(本年《日记》同日)

同日 又作七绝一首。

"养浩在医院,画南窗所见风景,在朝霭曚时着笔,为题一绝如左(下):

骀荡云容凝晓霭,芊绵草色恣遥看。向荣更喜春天树,稚绿欣欣却耐寒。"(本年《日记》同日)

同日 阅《雪桥诗话》第三集第六卷。

"阅《雪樵(桥)诗话》三集第六卷竟。"(本年《日记》同日)

3月27日 阅《雪桥诗话》第三集第七卷。

"阅《雪桥诗话》三集第七卷竟。"(本年《日记》同日)

3月31日 作《为养友题前两年所绘青岛风景》七绝一首,并志缘起。

"为养友题前两年所绘青岛风景:

晚晴阅眺海之隈,霞影波光面面开。莫为渔舟愁日暮,塔中尚有夜珠来。

二十四年九月,避暑青岛,时晤卫心薇伉俪于其海滨木屋中,养浩登楼,取西南面晚景写此,有灯塔者,即小青岛也。二十六年三月二十九日,子民补题一绝,并志缘起。"(本年《日记》同日)

同日 补录诗作《和养友跎字韵》四绝及《佛学》三绝。

"莫便认蹉跎,卅年更事多。人情参透后,苦境已先过。

不要悔蹉跎,先忧后乐多。甜茶宜准备,苦话早经过。(于得意后追失意时事,绍兴人谓之吃甜茶,讲苦话)

漫自说蹉跎,苦人世上多。有余姑下比,心地不难过。(比上不足,比下有余,绍兴谚)

不要怕蹉跎,达观庄子多。素位而任运,心太平中过。"

"世上何曾有五浊,我心无奈见贪嗔。众生与我都成佛,始识庐山真面目。

我相人相众生相,万障皆从差别生。相对论销成绝对,浑然一片大光明。

万户千门各自投,一经一论任人修。收心也许持名号,但悟何妨参话头。"(本年《日记》同日)

同日 阅《雪桥诗话》第三集第八卷。

"阅《雪桥诗话》三集第八卷竟。"(本年《日记》同日)

3月 应泰戈尔之请,题赠印度中国学院横条一幅。

"敬爱的罗宾德拉纳德先生:谨寄奉横条一幅,阐明中国学院宗旨。当否,请指正。

研究中国学术,沟通中印文化,融洽中印感情,联合中印人民,创建人类和平,促进世界大同。蔡元培敬书。……"(绍兴蔡元培故居藏件)

同月 复函汪精卫,谓其所谓以党治军之义,"诚为扼要"。

"精卫先生大鉴:阔别经年,辱承垂注。来函勤恳,感荷无任。先生提以党治军之义,诚为扼要。以今日军队之复杂、军人领袖程度之不齐,同仇则暂合,投骨则纷争,已成积重难返之势。将如何彻底整理,使一切受党权支配,想先生已胸有成竹矣。此关打破,始可以着手于其他问题。弟生性迂愚,对于政治问题,毫无兴会,即不得已而参加,亦常持急流勇退之态度。非不为也,实不能也。对于文化事业,虽无专长,要为性之所近,不贤识小,聊尽挹壤涓流之义务而已。辄布区区,诸维为党为国自重。……"(《复汪精卫函》同月)

4月3日 阅《雪桥诗话》第三集第九卷。

"阅《雪桥诗话》三集第九卷竟。"(本年《日记》同日)

4月6日 阅《雪桥诗话》第三集第十卷。

"阅《雪桥诗话》三集第十卷竟。"(本年《日记》同日)

4月7日 同意邀请荷兰物理学者 Bofr 来华。

"午后,巽甫又来,签名于欢迎荷兰物理学者 Bofr 之函。"(本年《日记》同日)

4月8日 游赵庄花园,题二绝。

"午前到罗别根路赵庄一游,庄主为赵云潭,住老靶子路。此园为其父灼轩所营。灼轩于去年病故,即葬园中。园布置甚好,题二绝:

拓地未盈三十亩(园基约二十八亩有奇),经营一十五年中。模山范水痕都化,远势回环意匠工。

岁寒三友竹松梅,乞得湖莲作意栽。(园丁正在栽荷,闻其种自西湖移来)

今日春光方烂漫,嫣红姹紫一齐开。(园中碧桃、木笔盛开)"(本年《日记》同日)

4月9日 阅《雪桥诗话》第三集第十一卷。

"阅《雪桥诗话》三集第十一卷竟。"(本年《日记》同日)

4月11日 自本年二月二十日以来,阅辽阳杨钟羲著《雪桥诗话》续集、三集,为加新式标点,并节录要语于《日记》。

"阅《雪桥诗话》三集第十二卷竟。"

"《雪桥诗话》凡三集,辽阳杨钟羲所著,吴兴刘承干君为刻之,编入《求恕斋丛书》。前数年,刘君曾以续集及三集赠我,而无初集。我于今年二月间杜门养疴时,始取阅之,而续集之第一卷及第五卷,又未检得,我遂从第二卷读起,迄于三集第二卷。为缀新式标点,认为可喜者以连圈志之,并节录要语于日记。杨君号圣远,又号止卿居士。书中喜引王渔洋、翁覃溪、李越缦、陈兰甫、谭复堂之说,所取诗句,概近唐音,于同时仿宋人体者鲜及之。于地方古迹、边疆风物,特喜掇拾,可资多识。至其艳说科名,歌颂清帝功德,虽颇不合时宜,然其立场与我辈不同,可以谅之。忆在北平时,曾向胡适之君借阅初二集,然仅检读有关曹雪芹各条,未及全读也。(续集之第五卷已于十五日检得而阅之,十八日附记。)"(本年《日记》同日)

4月13日 与王世杰(雪艇)商定故宫博物院理事会会期。

"雪艇来,商定五月三日午后四时,开故宫博物院理事会。雪艇写一电稿致马叔平,由院中代发。"(本年《日记》同日)

4月14日 与戴传贤联名致电泰戈尔,祝贺印度国际大学中国学院成立。

"(上略)中国学院正式开幕,极感庆幸,亟欲与阁下合作,以阐扬东方文化学术,而使全人类获得享受和平与幸福,并实现全世界之伟大协和,谨祝中印文化合作顺利成功,并颂阁下及贵校同人健康。(下略)"(《时事月报》第30卷第1期)

同日 函请傅斯年(孟真)担任中央研究院评议会代理秘书。

"孟真吾兄大鉴:径启者,本院评议会秘书翁咏霓先生因公出国,是项秘书职务,拟请执事代理,以重要务,希允诺,不胜感荷。……蔡元培敬启 二十六年四月十四日"。(《致傅斯年函》同日)

4月15日 阅《雪桥诗话》续集第五卷。

"检得《雪桥诗话》续集第五卷,阅之。"(本年《日记》同日)

4月18日 阅《雪桥诗话》续集第五卷。

"阅《雪桥诗话》续集第五卷竟。"(本年《日记》同日)

4月20日 签名盖章于中国公学募捐函。

"陈济成来,携去签名盖章之中公募捐函二十九份。"(本年《日记》同日)

4月23日 阅左拉著《卢贡家族的家运》。

"阅林如稷所译左拉之《卢贡家族的家运》二册竟。此为左拉所著《卢贡·马加尔家传》十五本中第一本。"(本年《日记》同日)

4月24日 以所作中央研究院第三次评议会开会词稿,寄傅斯年(孟真)。

"致孟真函,并寄与本院评议会开会词稿,请其斟酌。"(本年《日记》同日)

4月26日 以上海肇和中学校董名义致函王世杰(雪艇),申请增加该校补助款。

"关思敬(淞沪警备司令部秘书兼肇和中学校务主任)、胡定(号则仁,江山人)来访,携肇和中学校函,称将呈教育部酌增补助费二万元,嘱以该校校董资格作函致部长,允之。"(本年《日记》4月24日)

"为肇和中学致雪艇函,请增加补助费二万元。"(本年《日记》同日)

4月29日 中山文化教育馆开第四次理事会议改选理事,仍被推为理事。

"中山文化教育馆于昨日(二十九日)下午三时,在南京陵园召开第四次理事会议。……理事有三分之一任期届满,应行改选,又缺额应行补选。议决改选蒋中正、于右任、李石曾、郑洪年、居正、吴铁城、蔡元培、张继、陈果夫,以上连任;补选王宠惠为理事。"(《申报》1937年5月3日)

同日　在自宅会晤胡适。

"适之来。杜毅伯(光埙)来。杜君任职山东大学颇久,现在教育部任专员。此次代表教育部参加中基会。"(本年《日记》同日)

"七点到上海,……看蔡孑民先生。此为去年七月至今第一次见他。"(《胡适日记全集》同日)

4月30日　出席中华教育文化基金董事会第十三次年会,继续被推为该会董事长。

"中华教育文化基金董事会,于昨日上午九时,假上海中央研究院会议室举行第十三次年会。出席者董事蔡元培、司徒雷登、任鸿隽、贝克、顾临、李石曾、徐新六及干事长孙洪芬。列席旁听者教育部代表杜光埙、外交部代表赵铁章、美大使代表高斯,由董事长蔡元培主席。董事会执行委员会名誉秘书、名誉会计及干事长相继提出一年来会务报告,俱经分别接受。旋即开始讨论及选举。……

选举结果:顾临、孟禄、周诒春三董事经一致票选连任,并改选职员如下:董事长蔡元培,副董事长孟禄、周诒春,名誉秘书胡适,名誉会计贝诺德、金绍基、司徒雷登。……"

"董事长蔡元培氏,于昨晚八时,假座新亚酒楼,欢宴出席年会全体董事,席间由蔡氏致词,并随意交换推进文化教育及我国参加世界教育会等各项意见。"(《申报》1937年5月1日)

"九时,中华教育(文化)基金董事会开第十三次年会于理工实验馆,我任主席。十时,我因病后不宜过劳退席,请于孟禄、周诒春两副董事长中,推一人主席。"(本年《日记》同日)

同日　阅林惠祥撰《中国民族史》竟,谓之"诚有用之书也"。

"阅林惠祥《中国民族史》竟。林君,福建人,曾在菲列滨习民族学。三年前,曾来研究院工作,曾往台湾,考察番人文化,有报告。现在厦门大学任教授。是书分上、下二册,……罗列古今诸家之说,而以己意折衷之,虽未能悉为定论,然得此荟萃众说之一编,足为有志分别考察者之指针,诚有用之书也。"(本年《日记》同日)

4月　为《会稽车家浦陈氏宗谱》撰序一篇。

"会稽车家浦陈氏,自其始祖闻二公以来,传世二十余,继继绳绳,蔚为巨族。其间才智辈出,至二十世有曰宰埏字秉衡者,尤优异。既尽瘁于地方公益,称一乡之善士,复以余力整顿族务,以为敬宗明统,莫急于修谱。于是续旧增新,传信阙疑,体例大备,事未蒇而秉衡君卒。其弟宰鸿、宰廷者继之,联合族人,竭其心虑,寒暑屡更,始克成书。能者之劳,合族之光矣。

夫谱系之学,盛于魏晋。世族寒门,判若鸿沟,历官通姻,惟谱是稽。是时之谱,殆无意义。其后风气渐殊,而谱不废,至于宋代,欧苏二家改善体例,利用谱系为敬宗睦族之书。于是谱之道尊而其用亦广。其中人口备书,贤能毕录,非但亲亲(亲其所当亲之人),抑且尊贤。积众姓之谱,可以见民族盛衰,风尚迁变。自无意义而变为有价值,斯则宗谱进步之徵,而纂修宗谱所以至今仍为急务也。

陈氏受姓甚早,派衍甚繁,著名之人历来甚众。其种族优美适于生存,可以概见。车家浦一支,亦播誉于会稽,如秉衡君兄弟者,行宜卓卓。观所撰宗谱,深合敬宗、睦族、亲亲、尊贤之旨。信乎其人,足传其书,足贵学者。考览所及,将有取于是也夫。

中华民国二十六年四月　蔡元培"。(绍兴县档案馆藏《会稽车家浦陈氏宗谱》民国二十六年版)

5月2日　自上海赴南京,夫人周峻同行。

"中央研究院院长蔡元培,为主持该院三日举行之第三次评议会,二日下午由沪乘车抵京,蔡夫人及吴敬恒同来。"(《申报》1937年5月3日)

"八时三十五分行。车上有子竞、稚晖、孟钊诸君,颇不寂寞。下午二时三十分,到南京和平站,骝先、文伯、端升、离明、毅侯、献廷、仲揆、缉斋、仲济、孟和、巽甫、藕舫、汝良等,均在站接。雪艇、鲠生、志希亦到。剑脩后至。到鸡鸣寺三号小住。"(本年《日记》同日)

5月3日　主持中央研究院第三次评议会。

"中央研究院评议会三届年会,三日晨九时开幕,到李书华、姜立夫、叶企孙、吴宪、赵承嘏、李协、凌鸿勋、林可胜、胡经甫、谢家声、胡先骕、朱家骅、张其昀、王世杰、何廉、周鲠生、胡适、陈垣、陈寅恪、赵元任……由院长蔡元培主席。开幕式后,即由蔡致词,大意谓:在过去一年会务进行尚属顺利,所有本会职权行使,均在切实进行中,此为诸位热心协力效果,此后更将继续努力,一切尤待赞助,次述该会职权为决定中央研究院学术方针,及促进国内学术研究合作与互助,并分为三个方面报告:(一)对于该院各所。(二)对于国内各学术机关。(三)对于国外研究机关。末希望各位乘此开会机会,有详细指示云云。"(《申报》1937年5月4日)

5月4日　继续主持中央研究院第三次评议会。

"十一时,评议会复开大会,一时止。午后三时,继续开会,六时毕。"(本年《日记》同日)

"继开评议会,下午五点一刻完。蔡先生始终主席。"(《胡适日记全集》同日)

同日　出席故宫博物院理事会议。

"平故宫博物院理事会,四日下午四时假行政院会议厅开第二次理事会议,出席理事长蔡元培,理事陈立夫、罗家伦、王世杰、陈垣、李书华、张道藩、周诒春等,列席马院长衡。主席蔡元培。议决要案:(一)英国际博物馆协会秘书函,本年七月间举行四十八次年会,请派员到会讨论会务。决议,电翁文灏就近代表出席。(二)偿还建筑京分院保存库基金抵押借款欠息六千七百十九元三角四分,已由基金存款利息及活期存款项下支付。议决,准予追认。"(《申报》1937年5月5日)

  同日 出席南京北大同学会欢迎茶会,并有演说。

  "晚六时,北大同学会在老万全开茶会及晚餐会,我参加茶会后即归。"(本年《日记》同日)

  "今日为五四十八周年纪念,北大同学会开会欢迎蔡先生,地点在老万全,我去稍晚,同学签到簿上已满二百人。狄君武致开会词,蔡先生演说完即辞去。"(《胡适日记全集》同日)

  "京北大同学会为欢迎蔡前校长孑民氏,并纪念五四运动十八周年,四日下午五时,举行茶会,六时聚餐。除到蔡前校长,及胡适、石英、高鲁、黄右昌、马寅初等外,计同学二百六十余人。席间由同学会常务理事狄膺致欢迎词。蔡答词,并发挥对五四运动之感想。旋由胡适报告北大最近情形,对现任校长苦忍经营推崇尤至。当由学会名义电蒋校长慰劳。至九时许始尽欢而散。"(北平《晨报》1937年5月5日)

  5月5日 主持日食观测委员会常会。

  "九时,日食观测委员会在本院开会,我主席。会毕,看影片。"(本年《日记》同日)

  "中国日食观测会五日晨开第二届常会。出席蔡元培(中央研究院)、李书华(平中央研究院)、叶企孙(清大)、邹仪新(中山大学)、高鲁(天文学会)、魏学仁(物理学会)、丁燮林、余青松、陈遵妫、竺可桢等,由蔡主席,并致词。继高鲁报告一年来会务。"(《申报》1937年5月6日)

  5月8日 出席国民党中央监察委员会第十一次常会。

  "中央监察委员会八日下午三时,开第十一次常会。到委员林森、蔡元培、王子壮、姚大海、王秉钧、闻亦有、溥侗、杨熙绩、胡文灿等。由林委员主席。讨论处分案件二十余件,至五时半散会。"(《申报》1937年5月9日)

  5月9日 往金陵大学参观园艺展览会。

  "午前九时半,汝良、剑俦、子杰来,同往金陵大学参观园艺展览会,又至中华门外看中央大学新校址。"(本年《日记》同日)

  5月10日 对全院同仁于病中的关心表示谢意。

  "九时,参加本院纪念周,对全院同事谢病中关切之美意。"(本年《日记》同日)

  5月13日 为《鲁迅全集》事,作函致邵力子。

"孝焱寄来季茀函,为鲁迅遗集事,嘱函中央宣传部,为作函致邵力子。"(本年《日记》同日)

5月14日　访会王宠惠,谈约一小时。

"蔡元培十四日上午十时许,赴外交部访王宠惠,约谈一小时辞出。"(《申报》1937年5月15日)

同日　往访马相伯。

"访相伯先生,见赠所著《致知浅说》一本。托章味三同年代作寿马相伯先生九十八岁七律一首,并代书之。"(本年《日记》同日)

5月15日　致函中央大学校长罗家伦(志希),请考虑安排林和民职位。

"志希我兄校长大鉴:径启者,林和民先生留美七年,在卫斯里安大学得文学士学位,又在哥仑比亚大学得硕士学位专研英文学,兼习教育学与政治学。闻贵大学有增聘教员之需要,林先生可任英文学教授,如英文系一时无缺,则请在教育与政治学上安排。……蔡元培敬启　五月十五日"。(《致罗家伦函》同日)

5月16日　作《栖霞山下道中看蘋花》一绝。

"仰瞻山际俯平畴,日色浓渲众绿稠。池上蘋花新出水,蜡黄簇簇豁双眸。"(启功　牟小东编《蔡元培先生手迹》)

5月19日　作挽邵元冲(翼如)诗。

"挽邵翼如

衔杯犹忆芝加阁(民国十年,余游美洲,到芝加阁,于留芝诸同学宴会中,始识君),

冒雨同看雁荡云(去年十一月,余与君同游雁荡)。

闻道长安居不易,一时西向总思君。

芝芙草拔言司合,酬唱闺中得易安。

正待吟痕包两戒(默君夫人曾印行《西陲吟痕》),离鸾别鹄太辛酸。"(本年《日记》同日)

5月20日　函复许寿裳(季茀),鲁迅遗著文稿尚在国民党中央宣传部审查之中。

"季茀先生大鉴:由祀光先生转来惠函,敬悉一切。鲁迅先生遗著事,弟曾函商于中央宣传部邵力子部长。力子来谈称:内政部已转来呈文,当催促部员提前检查,现尚未敢断言是否全部都无问题,万一有少数在不能不禁之列,止可于全集中剔除几部,俾不至累及全集云云。其言亦持之有故,止可俟其检查后再说。……弟元培敬启　五月二十日"。(《致许寿裳函》同日)

同日　函复陶冶公,致浙江省高等法院院长郑文礼(烈声)函已寄出。

"冶公先生大鉴:承枉顾,失候为歉。奉十五日惠函,属为亚东兄致函郑烈声院

长,已于前数日缮一函,由上海寄杭州矣。……元培敬启 五月二十日"。(《致陶冶公函》同日)

5月22日 偕夫人参观手工艺品展览。

"午前,偕养友参观全国手工艺品展览会,遇出口部主任、中央工业试验所所长顾毓泉君,招待甚周到。"(本年《日记》同日)

5月25日 自南京回上海。

"中央研究院院长蔡元培氏,日前入京处理院务,昨晨七时许抵北站下车,当即径返私邸休息。"(《申报》1937年5月26日)

5月31日 对中央研究院上海部同仁谢病中关切之美意。

"始到院参加纪念周,向上海全体同事谢病中关切之美意。"(本年《日记》同日)

同日 《十年来之国立中央研究院》一文发表。(《中央周报》第469期)

6月2日 阅《五四历史演义》一书。谓是书作者"思想甚进步",对于李大钊、陈独秀特别推重,而颇不满于胡适。

"阅《五四历史演义》竟。是书署蔷薇园主所编。叙五四运动及其后学生界之事,至五卅运动开始而止。如日本二十一条之要求、《新青年》之出版、白话文运动及其反对派林琴南等之攻击、工读互助团、劳工会、湖南的绿波俱乐部、勤工俭学会、科玄辩论、《甲寅》杂志等都写到,多数用真姓名,惟学生中如吴士年(傅斯年)、唐伯清(康白情)、喻冰白(俞平伯)、鲁其伦(罗家伦)等,用声近之字代之。编者似是湘人,故于湘事较详。思想甚进步,对于李守常、陈仲甫特别推重,而颇不满于适之云。"(本年《日记》同日)

6月3日 致函张元济(菊生),转交浙江省政府主席朱家骅(骝先)对文忠公墓域事的复函。

"菊哥同年大鉴:接本月三日惠函,敬悉一切。骝先虽同在会场,而会务既忙,竟未曾谈及。致电之事,接尊函时,已会毕,彼已赴一饭局,而预定于第二日晨间赴杭州,无法面谈。即写一函送其寓,函中并请其作复。……弟元培敬启 二十六年五月五日"。(《复张元济函》)

"菊哥同年大鉴:保护文忠公墓域一事,朱骝先主席已有复函,奉览。……弟元培敬启 二十六年五月十二日"。(《致张元济函》)

"菊哥大鉴:昨畅谈甚快。今日又接骝先一函,奉览。请留尊处备考。……弟元培敬启 六月三日"。(《致张元济函》同日)

6月4日 会见赵家璧,允为《世界短篇小说大系》撰写序文。

"赵家璧到院,谈新文学大系事,赠我良友公司所印得奖小说二种:(一)《像样的人》,陈涉作。(二)《天下太平》。"(本年《日记》同日)

"当时,正值蔡先生大病初愈,刚刚回院,每天办公一小时,遵照医嘱,绝对不接见访客。我到门房说明来意，要求上报蔡院长，让蔡院长自己决定，结果蔡先生答应破例接见。……话刚说完，蔡先生已推门进来。面容虽带苍白，但精神矍铄，见我后，紧紧握住我的手，说最近病了一场，犹在治疗中。接着亲切地问我《新文学大系》销路如何？读者有何反应？又问到第二个十年已否动手？当我告诉他，我已遵从他前年的建议，先出一套五四以来翻译文学的整理结集。把范围规定在短篇小说内，已搞了一个《世界短篇小说大系》的计划，十位编选者都已约定，工作已进行了半年时，他连声称好。他认为这是又一件有意义的出版工作。我接着请他先写篇短序，以便刊在正在筹印中的广告样本上（《新文学大系》出版前也出过同样的样本），将来再请他写篇长序，放在第一卷之前。他听完我的要求，愉快地答应了。"（赵家璧：《想起蔡元培先生的一个遗愿》）

6月5日 致函宋子文，请为杨鑫安置职位。

"子文先生大鉴：径启者，杨君鑫，系杏佛先生之令兄，曾任温州电报局长多年，成绩良好。兹因赋闲半载，家境甚贫，意欲仰求台端设法安插，谨为介绍，还希赐见接谈……蔡元培敬启 六月五日"。（《致宋子文函》同日）

同日 致函教育部长王世杰（雪艇），请助学术团体建筑联合会建筑、设备费。

"雪艇先生部长大鉴：径启者，中国学术团体建筑联合会，建筑设备等费，为数颇巨，虽经各方拨助合筹，所差尚多。该会因房屋动工，亟须的款，曾向大部请求拨给五万元，谅荷察洽。此事关系文化前途发达，倘蒙允予拨给，国内同深庆幸。谨为函达，还希裁酌玉成，不胜企祷。……蔡元培敬启 六月五日"。（《致王世杰函》同日）

6月7日 阅陈独秀撰《实庵字说》，颇嘉许。

"第三十四卷第六号《东方杂志》，有《实庵字说》，为陈独秀所作。取声近之字说明相关之意，触类旁通，逼近太炎，惟太炎不信金文及甲骨文，而独秀不然，更有理致。"（本年《日记》同日）

6月9日 出席中央研究院成立九周年纪念大会，并有演说。

"本院开九周年纪念会，我到会演说。巽甫亦致词，谓一以纪念本院，二以庆祝我健康之恢复云。"（本年《日记》同日）

6月15日 助本益和尚修葺大佛寺募捐。

"为本益和尚分别致孙仲舒、倪仲敬、王韵罄、赵萃生函，请以修理大佛寺捐款汇城中税务局张天汉局长。又致张天汉一函，请其收款。此五函均交本益。"（本年《日记》同日）

同日 复电蒋介石，谓病后调养，"七月中旬再定行止"。

"真电敬悉。培大病后，尚需调养，近日亦曾发热，一时未克启行，拟于七月中旬再定行止。诸希鉴谅。"（本年《日记》同日）

附蒋介石来电:"蔡孑民先生:本年暑期庐山训练,甚望先生莅临训导,为荷。中正叩。真。机。牯。"

6月18日　致函张元济(菊生),转告张道藩来函说明文忠公之墓,自当保护。

"菊哥大鉴:前日承枉顾,甚感。……近接张道藩君函,说古物保管会对于文忠公之墓,自当保护。惟迄今尚未接到公呈,是否罢议?拟复以现正清厘墓田界域,清厘后,容即递呈云云,想荷赞同,敬闻。……弟元培敬启　六月十八日"。(《致张元济函》同日)

6月19日　函请胡适为余锡嘏(又荪)安排副教授位置。

"适之先生大鉴:久疏修候,想起居安善。兹有启者,北大旧同学余又荪兄(锡嘏),……愿进北大任教员,弟在京时,晤梦麟兄与商,梦兄言余君已在编译委员会任译事。未知译事已有成议否?如未成,可否为在北大安排一副教授之位置?好在两方面情形,均可由先生主持,务请逾格关垂,有以裁成之。……弟元培敬启　六月十九日"。(《致胡适函》同日)

6月20日　午后游赵庄,作七绝一首。

"午后五时,偕养友率儿辈及太冲游赵庄,口占一绝:

赵庄久别喜重逢,莲叶田田漾晚风。

岂仅金萱堪入画,榴花照眼十分红。(儿辈携纸画萱花)"(本年《日记》同日)

6月21日　作《记宗仰上人轶事》一文。

"作《记宗仰上人轶事》竟。自抄一通,寄溥泉,因溥泉近在栖霞山修上人墓,并欲为之表章也。"(本年《日记》同日)

6月22日　访谢乐文照医生。

"访乐文照,送银杯及酬金。"(本年《日记》同日)

6月29日　为"世界短篇小说大系"作序一篇。

"为良友所印《世界短篇小说大系》作一略序,送赵家璧。"(本年《日记》同日)

6月　为刘复编《中小字典》作跋。

"刘半农先生的大辞典编纂计划,我知之甚久,他编有中小字典,我现在才知道的。若刘先生所要编的大辞典早已完成,然后节录若干条,作为中小字典,那是最容易的。但是大辞典未成以前,先编一部中小字典,也可以表示一种大辞典的雏型。例如在字数方面,已经收到九千条的通用字,要扩大起来,就把其他的字与辞尽量的收容起来就好了。在字形方面,于通用的楷书外,兼收简体字,已经在字体沿革上,做了一番'竟委'的工作;若反过来不做'穷源'的工作,止要把碑别字、隶、篆、籀、古、今文、甲骨文等加上去,就好了。在字音方面,既以注音符号为主,又辅以基本直音,又加以四声练习,读音的基础,已经不怕动摇。若要穷字音及变化,那就纵的求历代的古音,横的搜各地的方言,在这个基础上集起来,就好了。在字义方面,先列原义,次列引申、转变、借喻等义,又列为同组异组的区别,条理分明,大辞典上当然也可以适用,不过比较的繁复一点罢了。所以大小两种谁先谁后,都没有问题。现在大辞典既尚在进行中,而刘先生遗稿中之中小字典,既有敖君士英任补续之责,又有李君小峰任印行之务,使刘先生小试其技之著作得提前发表,以嘉惠学子,是很可欢迎的一件事。至于这部字典的特长,刘先生自序及黎锦熙先生的序说得很详细,我不必再赘言了。二十六年六月 蔡元培"。(启功 牟小东编《蔡元培先生手迹》)

7月3日 为陈德荣证明北京大学学历。

"九时,陈德荣来,陈君自民国八年至十五年肄业北大,因参加废考运动团体,未能毕业考试,未领文凭,先向铨叙部设法,要求证明。据言:内政部之谭惕吾女士,经过俱同,亦曾由我证明也。"(本年《日记》同日)

7月9日—15日 关注日军在我北平卢沟桥的武装挑衅。

"报载日军连日在芦沟桥郊外演习。七日午十一时许继续进行。先有日方便衣队二百余名进至我军在芦沟桥河北岸工事附近,要求二十九军退出,未允。有日军六百余续至,集中进攻,我方抵抗,损失颇重。并另有一部分日兵包围宛平县城。八日午十一时许,芦沟桥日军忽又进攻,但旋被我军击退。"(本年《日记》7月9日)

"报载芦沟桥昨晨起停战,中日两军同时后撤,石友三保安队接防北平。"(本年《日记》7月10日)

"报载天津电:芦沟桥方面十一日夜十时后又起冲突。又载北平电:丰台南黄土坡十一日晚十一时亦发生冲突。"(本年《日记》7月12日)

"报载中央社电:大井村日军于十二日晚十时许向财神庙进攻(距平市广安门约五华里)。我军还击,日军退去。"(本年《日记》7月13日)

"报载天津电:日增援军到平郊。十四日上午一时集结兵力千余向南苑猛攻,我军御敌于大红门,正激战中。又天津电:永定门外战事已移至观音堂、黄土坡,丰台以西遍是日军,顷对平市取南、西两面包围式。刻战事重心已由芦沟桥、宛平而移至北平。敌似注意我南苑、西苑二十九军根据地。"(本年《日记》7月14日)

"报载,我空军首次出战,炸毁三敌舰(并围攻出云旗舰)。我空军少尉任云阁先生受伤殉国。杭州笕桥击落重轰炸机二架。……

中央社电:十五日晨八时三十分,日机十四架飞至南昌上空,投弹十余枚,十时许被我空军驱逐,日机轰曹娥江,被我空军击落九架。日机飞京,被我空军击落六架。"(本年《日记》7月15日)

7月16日 函告周建人,已函请宋庆龄、汪精卫等人参加鲁迅纪念委员会。

"建人先生大鉴:径启者,纪念鲁迅先生各事,已由季茀先生详告。致宋庆龄、孙哲生、汪精卫、顾孟馀、于右任、张溥泉、朱骝先诸先生函,请其参加纪念委员会,并筹集基金,已陆续发寄。弟身体又不大好,十八日不能到会,谨援外埠委员不能来沪之例,请先生代表。弟本拟在会场提议,推宋庆龄委员为永久委员长,敬请先生代表提出。……弟蔡元培敬启 七月十六日"。(《致周建人函》同日)

7月28日　上海文化界救国协会成立,被推为该会理事之一。

"上海文化界救国协会,于昨日下午七时举行成立大会,到文化界人士五百余人,……蔡子民、潘公展、陶百川、吴开先、张菊生、黎照寰、刘湛恩、蒋建白、何炳松、黄造雄、舒新城、胡愈之、严独鹤、沈田莘、萨空了、王芸生、张天翼、巴金等当选为理事。"(《申报》1937年7月29日)

7月　致函国民政府军政部长何应钦(敬之),再次保释郑超麟。

"敬之仁兄勋鉴:敬启者,前函关于保释现押中央监狱政治犯郑超麟事,谅达台览。兹悉该犯郑超麟胃病日愈加深,惟恐久系狱中,危及生命,殊非国家爱护人才之道。用特再函恳请从速准予保释,俾得保全生命,实为德便。……"(《致何应钦函》)

同月　作挽田兰陔联。

"归谊属通家,记曾共话鸡窗,末座儒生亲道范;新居留后约,悭绝忽催鹏赋,故乡文化失耆英。"(绍兴鲁迅博物馆藏件)

8月1日　与蒋梦麟、胡适等七人联名致电国联智识合作委员会,控告日军侵华暴行。

"教育界领袖蔡元培、蒋梦麟、胡适、梅贻琦、罗家伦、竺可桢、王星拱等七人,一日致电国联智识合作委员会,报告日军侵略华北暴行。原电略称:

日本在华北之军事侵略,现已蹂躏北平附近,并沦天津为废墟,日军除残杀数千非武装的平民外,并以炸弹、燃烧弹,蓄意毁灭南开大学之图书馆、实验室及宿舍之全部。南开为张伯苓博士三十三年来辛苦经营之学府,为文化计及人道计,鄙人等请求贵会对于此种野蛮屠杀,及肆意摧毁教育机关之行为,公开加以谴责,并请转达各国政府,对侵略速采有效制裁方法,庶公道复张,而此项残酷行为,不致再现云云。"(《申报》1937年8月2日)

8月12日　致函浙江省政府主席朱家骅(骝先),介绍徐世达为县长人选。

"骝先先生大鉴:径启者,徐君世达,于行政界历著成绩,曾由弟与尹默先生等选为介绍,请以县长用。顷闻孝丰县长已辞职,正在物色继任之人,如蒙擢用徐君,不胜同感。……弟蔡元培敬启 八月十二日"。(《致朱家骅函》同日)

8月14日　自"七七"事变后,蔡先生对抗战时局更为关切,常于《日记》中记述、赞许我军奋勇抗敌的战绩。

"报载,昨晨九时一刻,日军进攻宝山路及八字桥等地二十分钟,被击退。下午三时余,日军复进攻,我军被迫应战。炮战结果,八字桥、青云桥一带日军被驱走,

天通庵日军司令部中炮。"(本年《日记》同日)

8月16日 同意以中央研究院部分房舍作为伤兵医院。

"巽甫、丕可、子竞、宽甫等在院开会，议由院中同事办理防火救急等事，俟与市当局接洽后，或可以院屋一部分办伤兵医院，诸同事亦可分任其劳云。会毕来报告，我当然赞同。"(本年《日记》同日)

8月22日 函复张元济（菊生），谓中央研究院仪器、机器，均已拆卸，分存他处。

"菊哥同年大鉴：昨奉惠函，甚感关切。敝院仪器及机器，均已拆卸，分存别处。现除仪器制造及棉纺织染有一部分工人照常工作外，余均已停工。日来路上不免有流弹，不敢出门，但沪西较为安全，贵宅当不致受惊也。……弟元培敬启 八月二十二日"。(《复张元济函》同日)

8月24日 被聘为文化界救亡协会国际宣传委员会委员。

"接文化界救亡协会宣传部函，称：'兹敦聘先生为本会宣传部国际宣传委员会委员'云云。"(本年《日记》同日)

8月30日 与周仁（子竞）、丁燮林（巽甫）等商定允用中央研究院空房办伤兵医院。

"乔君文寿来，称受颜福庆君之嘱，借研究院空房，组织伤兵医院。"(本年《日记》8月29日)

"子竞、丕可、巽甫、宽甫来，商定伤兵医院事。"(本年《日记》同日)

8月 撰写《重修贺秘监祠记》。

"贺秘监故宅千秋观，本在会稽五云乡。天宝七载，改天长，至宋犹存。张淏《宝庆会稽续志》所谓'一曲鉴湖，长堤十里，春波之桥，跨截湖面者，固非城中所有也'，其在县廨东北一里许者，则为秘监之行馆。《万历会稽志》：'明真观下，古宋乾道史浩奏，移千秋观旧额建，又名鸿禧馆。明永乐中，改明真监，亦几经变迁矣。'清嘉庆中，里人重修，有碑存观中。近年以来，祀事废缺。今浙江第三区专员永新贺君名扬灵者，秘监之第四十一世孙也。守越两载，政通人和，文献保存，犹所注重。议恢复秘监祠。请于大府，获报可需赀三千余版，期月而成，丹雘焕然。属记于余。惟秘监立朝，正当开元全盛之时，一旦挂冠，天子赋诗赠行，百官云集走送，其事甚盛，当时稀有，故其名特高。而秘监却能遗落荣利，等朱门于蓬户，识山水之清音，属辞染翰，事事之精工，蹯然狂客之踪，无愧风流之号。后之人低徊慨慕，历久不能忘者，良有以也。永蘋蘩而新庙貌，不亦宜乎。而其徒赣遐斋，适来作宰，以政事受乡人崇仰。祠成之日，瞻对肃雍，后先辉映，岂非事之可纪者欤。

中华民国二十六年八月 蔡元培撰 马祀光书"。(绍兴蔡元培故居纪念馆藏复制件)

9月15日 报载蔡元培等发表告世界文化界书。蔡先生阅后认为是传闻之误。

"本日《大公报》有揭发敌军暴行一条,加'蔡元培等发告世界文化界书'子目,称'中央研究院院长蔡元培及中委宋庆龄女士,联合文化界人士胡适、郭沫若等发告世界文化学术人员书,揭发敌人暴行,请同伸正义,予以精神之制裁云'。案:此事我简直不知道,想是传闻之误。"(本年《日记》同日)

9月22日 致函浙江大学校长竺藕舫,介绍寿孝天孙女到该校借读。

"孝天来,为其孙女钰祥要借读浙大事,为致一快函于竺藕舫校长。"(本年《日记》同日)

9月28日 记录八路军抗日游击战的战绩。

"晋北我军大捷,平型关敌全部击溃,灵邱归路被我截断,我军进入灵广大道(八路军游击战之成绩)。"(本年《日记》同日)

10月2日 允任世界学生服务团救助中国大学生委员会发起董事。

"得雪艇函,转来张彭春电,称世界学生服务团有救助中国大学生之议,渠已与其在日内瓦、巴黎之委员会接洽,要求我与梅贻琦、张伯苓、刘湛恩等在中国任发起董事,并已告李煜瀛、胡适云云。我复雪艇,允之。"(本年《日记》同日)

10月11日 接待陈真如、邵可侣等人来访。

"陈真如、魏君、褚民谊、邵可侣来。"(本年《日记》同日)

10月17日 函复傅斯年(孟真),同意所定紧缩开支的三条办法。

"孟真我兄大鉴:接十三日惠函,并本院在京各所迁往内地工作站人员施用国难时期各项支出紧缩办法第六条之办法,敬悉一切。应赴工作站人员,任意逗留,不能不加以限制。所定三条,弟认为妥当,请即发通知。原件签名奉缴。……弟蔡元培敬启 十月十七日"(《复傅斯年函》同日)

10月23日 复函胡愈之,允任文化界救亡协会普通委员,而不能任该会主席。

"胡愈之来,未晤。留一函,并见示文化界救亡协会工作报告及各种文字印刷品,并告该会推我为主席。即复一函,告以我本中央监察委员会常务委员,理应留住南京,因病请假,暂寓上海;又有维护研究院之职责,不能绝对自由。故被推为普通委员不敢辞,主席则决乎不可任云。"(本年《日记》同日)

同日 函复阮毅成,对余樾园作墓表稿无可批评。

"毅成世仁兄大鉴:接十八日惠函,敬谂尊大人十周忌,不循俗例作道场,而以镌勒墓表为纪念,继志述事,庶乎达孝。余樾园先生所作表稿,能见其大,吾无间然。专此奉复……元培敬启 十月二十三日"(《复阮毅成函》同日)

10月29日 迁居上海海格路175号。

"是日，我家迁寓于海格路一七五号。"(本年《日记》同日)

11月2日 与竺可桢、翁之龙等联名致电华盛顿九国公约会议，吁请制止日寇侵华暴行。

"前月二十五日，竺藕舫拟一致九国公约会议电稿，大意：吁请采取有效措置，以遏止日本在华之侵略；并应惩日本违反国际公法及摧毁我国文化与教育机关之暴行。由我与藕舫（浙大）及翁之龙（同济）、黎照寰（交大）、何炳松（暨大）五人联名，于今日发出。"(本年《日记》同日)

同日 复电教育部长王世杰（雪艇），愿列名揭露日军毁灭我教育机关声明。

"雪艇来电：'九国会议开会在即，拟用全国教育领袖数十人名义，将日军摧毁教育实况，宣告中外，文由教育部拟，并拟借重公名，想荷鼎诺'云云。复电愿列名。"(本年《日记》同日)

11月6日 与张伯苓、胡适、李煜瀛等教育界名流一百零二人联名发表英文声明，揭露自卢沟桥事变以来，日本蓄意毁灭我教育机关的罪恶暴行。

"教育部代发一电，由我与张伯苓、胡适、李煜瀛、翁之龙、邹鲁、蒋梦麟、罗家伦、刘湛恩、梅贻琦等一百○二人列名。其大意见本日各报。"(本年《日记》同日)

"自芦沟桥事变后，三月以来，日本军队在我中国各地，利用飞机大炮，毁灭我各级教育机关，业已指不胜屈，此实为日方最恶之暴行，且亦为世界文明史上之最大污点。顷我国教育界巨子，如中央研究院院长蔡元培、南开大学校长张伯苓、北京大学教授胡适、北平研究院长李煜瀛、同济大学校长翁之龙、北京大学校长蒋梦麟、中央大学校长罗家伦、沪江大学校长刘湛恩、清华大学校长梅贻琦等一百○二人，联合发表长篇之英文事实声明，历叙日本破坏我国教育机关之经过。计首段为序论。次段则叙述日方破坏之广泛，略称：北自北平，南迄广州，东起上海，西迄江西，我国教育机关被日方破坏者，大学、专门学校有二十三处，中学、小学则不可胜数。仅以大学而论，其物质上损失，按照一九三五年之估计，在六千七百万元以上；至文化上之损失，则无法计算，诚所谓中国三十年建设之不足，而日本一日毁之有余也。

再次则叙述日方此种举动，系有计划、有系统，故如中央大学，初即为日本空军所圈定的轰炸目标，嗣果陆续惨被轰炸四次；又如南开大学，则轰炸不足，继以焚烧，全成焦土。日方此种举动，每以军事必要为藉口，殊不知此种教育机关，分布各地，往往距军事区域非常辽远，且绝与军事无关。日人之蓄意破坏，殆即以其为教育机关而毁坏之，且毁坏之使其不能复兴，此外皆属遁辞耳。最后则郑重向世界人士提出吁请，以为日本此种举动，实为对于文明之大威胁，应请世界开明人士，协同我国，一致谴责。如果此种威胁不能制止，则世界将无进步与和平之可言，且以为迟疑不决，即不啻与侵略者以鼓励。惟有举世决心，实施有效制裁，始为保障文明

最简便最迅速之唯一方法。"(《申报》同日)

11月8日 周祖琛携其子永沣来访。

"周祖琛(伯澄)携其子永沣(绩禹)来访。绩禹毕业于北平大学法学院,曾任民国学院教授、北平大学讲师,现愿往浙大任教员,属向竺校长介绍。"(本年《日记》同日)

11月16日 敦请朱家骅(骝先),勿辞中央研究院总干事职。

"致骝先函,劝勿辞本院总干事职。"(本年《日记》同日)

11月17日 中央研究院于本日迁长沙。

"得孟真铣电,告政府令:文机关陷(限)三日内迁往内地,本院总办事处于筱日迁长沙。惟文牍员徐达行留京。"(本年《日记》同月16日)

11月18日 庄长恭(丕可)来谈杨树勋制造六〇六事,租屋于同仁医院事。

"丕可来,谈杨树勋为王志莘等制造六〇六事。以白利南路之屋租给同仁医院。"(本年《日记》同日)

11月27日 由庄长恭(丕可)、丁燮林陪同自上海赴香港。

"午餐后一时,与养友及三儿别,偕丕可赴黄浦滩,泽青大哥、子竞五弟送我。至滩,甚拥挤。洪芬亦来送。先上小汽艇,换乘法国邮船马利替末斯(Maritimes),我与巽甫合住五十九号房,四时船行。"(本年《日记》同日)

11月28日 于船中遇钱新之、杜月笙等人。

"于甬道中遇钱新之、杜月笙、王晓籁三君。宋汉章来。沈君怡来。皆因无忌而知我在此室也。"(本年《日记》同日)

11月29日 晚七时抵香港。

"晚七时到香港(船埠在九龙),有陆海通旅馆招待人称该馆有空房,因以行装付之。然甚缓。我与丕可先赴馆,行装在十二时始到,我住二百四十号房。"(本年《日记》同日)

"菊哥同年大鉴:屡承枉顾赐教,弟竟未能趋访,为歉。别后,弟于午后一时抵浦滩候船,……弟于十一月二十九日晚七时到此,三十日即晤王岫兄,承其转属香港分馆主任黄汉生君照料一切。……年小弟敬启 十二月六日"(《致张元济函》12月6日)

"……蔡先生亦自上海由周子竞、丁西林陪同来港,拟取道前往西南。唯自港前往西南道途跋涉,至为辛苦。蔡先生此时高年多病,恐不能支持。周丁二君因我在香港,照料有人,遂以相托。我遂迎蔡先生到商务印书馆宿舍,与我和商务自上海来此之二三同人相处。"(王云五:《蔡子民先生与我》)

同日 在途中船上作诗二首。

"(怀养友)自来携手总同车,此次孤行屡梦家。碧海青天风景好,愿君早日指星槎。

（示盎、新、多三儿）娇儿差喜有天才，书画弦歌成绩恢。但愿相亲如手足，更教慈母得心开。"（本年《日记》同日）

11月30日 以丁燮林（巽甫）名致电傅斯年，请到港一商；以周子馀名致电夫人周养浩，告平安抵港。

"午，迁大道中胜斯酒店（St. Francist Hotel），我与巽甫住三〇四号，丕可住四一四号。以巽甫名致孟真电，询能否来港一商；如不能来，则电复。巽、丕当即飞长沙。以周子馀名致养友电，告平顺到此，并告住址，并嘱转知子竟及庄宅。"（本年《日记》同日）

同日 作七绝一首。

"别陆海通旅社二四〇房一绝：

庄严斗室粤方工，四壁回环书画丛。最喜北廊俯江水，群山孤列作屏风。"（本年《日记》同日）

12月2日 应王云五之邀游山并参观商务印书馆。

"午后，云五、汉生来，邀我及丁、庄二君驰车游山，到电车终站后，有步道一环，不行汽车，惟步行或行人力车及轿子耳。……下山后，参观商务印厂，宏敞整齐，工千余人……"（本年《日记》同日）

12月4日 阅周太玄著《地质学浅说》。

"阅《地质学浅说》竟。书分二编，第一编为地质现象，第二编为地层学，有地质学世系化石对照表一纸，甚便检阅。太玄留学法国，故所注西文名词皆法语。"（本年《日记》同日）

12月7日 移居商务印书馆宿舍之崇正四楼。

"云五来，言商务同人新组织宿舍，为一部分自沪来港之同事设，已租定摩利臣山道之崇正四楼。楼系大厅，须用木板分成房间始可住，大约星期五六完工。劝我移住，我领其美意，允住之。"（本年《日记》同日）

12月8日 作《胜斯酒店楼房前廊所见》四绝。

"致养浩函，附去诗五首，除陆海通旅社一首外，皆胜斯酒店三〇四号楼房前廊所见。

文夹茶筒自制藤，不曾糜费学摩登。唐街历史斑斑在，到处都能见象征。

男衣短促女衣长，此是南疆时世装。善美自然能适应，不需圣哲费周章。

熙熙攘攘过廊前，一日能看几百千。车轿偏停旁巷里，甚稀顾客就安便。

亭午重来垃圾车，铃声清隽不嫌哗。一般废物扫除尽，应道中餐洁有加。"（本年《日记》同日）

12月9日 阅张资平著《普通地质学》。

"阅张资平之《普通地质学》竟。此书于绪论后分三篇：第一篇地球物质学，分地球之诸性质、地球之三界、构成地壳之材料三章。第二篇构造地质学，分沉积岩之构造、火成岩之产状、矿床之产状及构造、岩石之节理四章。第三篇动力地质学，分绪言及大气之作用、雨水及流水之作用、湖水之作用、地下水之作用、生物之作用（等）七章为外营力，前编。又火山作用、地震、地壳之缓慢运动为内营力，后编。"（本年《日记》同日）

12月12日 王云五邀游九龙。

"午后二时，黄汉生来，邀我同赴商务宿舍。晤云五之第三子学政，本在沪江大学修政治学，现借读于香港大学，近因放年假，住宿舍。三时，云五偕我及学政游九龙。先至李家阁。通公车，夏季游泳场碧水可爱，其旁为美孚煤油公司。复至水塘，即九龙饮水储蓄处，工程甚坚实，开工于一九三三年，落成于一九三七年，费用二千万元。能蓄水三万万加仑。旁有钨矿场。路经九龙塘，住屋多为别墅式。复至九龙城，望见城楼及雉堞，以道路不易走，未登。"（本年《日记》同日）

12月17日 同意中央研究院史语所十余人到港工作。

"得孟真删电，称史语所同事十余人拟来港工作，请核准。托云五在九龙觅屋并属显廷助为布置。同时有一电致云五。我复一电，赞成，并言云五允觅屋，且告显廷。"（本年《日记》同日）

12月20日 为史语研究所租定房屋及桌椅等。

"彬龢、显廷来，同往云咸街七十九号看屋，……彬龢愿以第一层楼全部及第二层楼之半租给史语研究所。彼全部房租每月二百五十元，合其他房捐、水电等费约三百元，今愿向史语所索租价百二十元，并可借用其桌椅等，遂与订定。由显廷代发一电于孟真，称屋已租定，同人可即来云云。"（本年《日记》同日）

12月24日 史语所同人来"九龙事拟作罢"。

"得孟真、毅侯二十三日电：两电敬悉。路阻，史语所大部拟赴桂，后来或转滇。九龙事拟作罢，所租房如有损失，当由所中担任，至歉。"（本年《日记》同日）

同日 阅《湘绮楼日记》。

"阅《湘绮楼日记》上函十六册竟。自同治八年己巳至光绪十七年辛卯，自四十一岁至六十岁所写也。王氏素以放荡著，观所记虽时有尊己玩世之语，然抄书、阅书、解经、作文，日有常课，课儿女亦有日程，丧祭均遵行古士礼，未可厚非也。"（本年《日记》同日）

12月25日 熊希龄（秉三）在港病逝，挽以一联。

"熊秉三到港未久，今晨以中风卒于旅馆，年六十八岁。夫人毛彦文在港。"

挽联曰：

"宦海倦游，还山小试慈幼院；鞠躬尽瘁，救世惜无老子军。"（本年《日记》同日）

12月27日 与王云五论《中山大辞典》条目收录问题。

"云五见示《中山大辞典》一书全稿，搜罗甚富。据云五言，有人嫌其太繁，拟酌删条文。我则以为条文宁滥无阙，每条所引例证，如诗句之类，其用法相同者不妨酌删。"（本年《日记》同日）

12月29日 迁居陈彬龢宅中。

"夜，彬龢来邀，看其所居屋，允为腾出两间，甚感之。"（本年《日记》同月28日）

"午餐后，我先迁居彬龢宅中。"（本年《日记》同日）

同日 夫人周养浩率子女到港。

"五时，养友率睟盎、怀新、英多来。养友较前稍瘦，三儿似均较前稍高稍腴矣。……团聚，为之大快。"（本年《日记》同日）

"菊生年伯赐鉴：日前为有港行，诸承照拂，俾得刻期就道，并蒙转托吴君照料，濒行又荷屈临指导，感荷无已，谢谢！峻已于二十九日午后五时到港，暂寓陈彬龢先生宅中，一面托云五先生等代觅相当之屋。一路平顺，堪慰锦注。尊函已面致云五先生，致许君函亦托其转致。……蔡周峻敬启 十二月三十日。孑民嘱笔奉候小女等随叩。"（代夫人周养浩《致张元济函》12月30日）

12月 所作《我在教育界的经验》一文发表。（《宇宙风》杂志第55期、56期）

本年 为仲璋题联一副。

"友会以文，身修以道；功崇于志，业积于勤。

仲璋同学兄正属 蔡元培"（《温州日报》1988年1月8日）

本年 为陈天啸国难绘画展览题词。

"国难方殷，全民负责。各尽所能，得寸得尺。孰云艺术，无补时艰。觥觥义举，矜式时贤。

蔡元培题"。（蔡元培研究会藏复印件）

1938年（民国二十七年 戊寅）七十一岁

1月3日 作七绝一首。

"《坚尼地台十二号》

寄居正在坚尼地，散步常临总督园（公园也，俗称兵头公园）。

更有茂林营小圃（一美国人所营），盆英畦菜在山泉。"

又补录崇正会馆四楼二绝：

"（一）南山绿树四时常，俯视平平赛马场（俗称跑马地）。徙倚高楼宜夜眺，几家灯火夺星光。

（二）北山露骨太峥嵘，终日常闻伐石声。回忆故乡多石宕，东湖奇境最关情。"(本年《日记》同日)

1月4日 致函吴稚晖，详述到港后的一切情形。

"稚晖先生大鉴：大驾离沪后，迭由报纸上拜读纪念周演词，知由南京而抵重庆为慰。顷又有苏乐贞先生转来前年十二月二十五日惠函，敬谂起居安善，甚快。弟于前年十一月二十七日偕丁巽甫、庄丕可两兄离沪，小儿无忌及光辰兄同舟行。尔时上海租界受敌军包围，租界当局对于敌人大有'予取予求，不汝瑕疵'之态，凡国立机关，均有被攫取之趋势，不得不为迁地之计。到香港后，丁、庄二君直至十二月八日始购得飞机券赴汉口转长沙，弟则留港候信。未久子竞亦自沪来。时从港报上见敌军搜索越界筑路住宅，及干涉租界之消息。恐因机关之故而涉及个人，又因个人之故而涉及家宅，故电催内人携儿辈来港，均于前月二十九日到港矣。无忌到港后，即偕黄坚医生于十一月三十日由粤汉路赴汉口，结束检验局后，应程绍迥兽医之邀，偕往川北参加防治牛瘟工作，云将在成都之川省家畜保育所暂住，但自十二月十七日自武汉来一函后，尚未接何等报告也。光辰兄到港后，停一夜即偕丁氏眷属同赴海防转昆明，近已由昆明来港，渠与云南龙主席及经济委员会缪委员长商工研迁滇事，深受欢迎。现已与子竞商定，先将工研所书籍、仪器陆续运港，再由港运昆明。光辰兄因此于昨日乘荷兰邮船回上海矣。知念附闻。并颂道安。

李润章先生来港已二十余日。张静江先生到港已将一月，初携眷住六国饭店，现闻已迁居跑马地山村道三十二号，亦附闻。 弟元培敬启 二十七年一月四日

弟在此间为避应酬起见，改用'周子馀'姓名，故信封写周缄。"(《中央日报》1946年1月11日)

同日 关注西北科学考察团所获之木简寄存香港大学图书馆事。

"西北科学考察团所获之木简二万余枚，本储北大国学研究所，近由沈君□□秘密运出，经徐君携至香港，现已寄存香港大学图书馆。"(本年《日记》同日)

1月7日 赴陈彬龢、罗旭五（和）等之约茶话。

"午后四时，彬龢约茶话，座有罗旭五（和）、王云五、史梦根、王显廷及冯君等。养友亦在座。"(本年《日记》同日)

1月9日 收到海外游历护照。

"李大超送蔡鹤卿护照来。指定往法属安南，英属马来半岛游历。"(本年《日记》同日)

1月10日 致朱家骅函，请其致力筹措中央研究院经费。

"复毅侯函，又附骝先一纸，请其致力于研究院经费问题（航空）。"(本年《日记》同日)

"得毅侯昨年十二月三十日航快函,称同人疏散后(散时酌发遣散费及薪金,用新标准),一切存款连基款在内,勉强得支持五六月。"(本年《日记》1月3日)

1月12日 赴罗旭和之宴请。

"晚,罗旭和招饮,座有云五夫妇、彬龢、马荫良、史及罗君二女。饭后参观其中英文藏书室。"(本年《日记》同日)

1月13日 致电朱家骅(骝先),恳请尽快返中央研究院视事。

"致一电于骝先,称中研院全仗鼎力维持,务恳即回院视事云云。"(本年《日记》同日)

"接孟真十日函,报告各所迁移情形,并嘱电催骝先销假。"(本年《日记》1月12日)

同日 为陈彬龢作介绍英文《太平洋文摘》月刊词。

"为彬龢写介绍英文《太平洋文摘》月刊词,显廷所拟作也。"(本年《日记》同日)

1月15日 阅《湘绮楼日记》第十八至三十二册竟。

"阅《湘绮楼日记》第十八册至三十二册竟。自光绪二十年甲午至民国丙辰也。"(本年《日记》同日)

1月16日 为王显廷证婚。

"午后五时,王显廷与史瑞曾在坚尼地台十二号结婚,我为证婚。"(本年《日记》同日)

1月22日 被推为出席伦敦国际和平运动大会特别会议中国代表。

"蔡子民先生、宋庆龄先生钧鉴:国际和平运动大会,于二月十一日在伦敦举行世界援助中国及反日抵货运动特别会议,中国分会于本月二十二日在汉召集全国各界举行扩大组织会议,到会朝野人士五千余人,推定先生等为出席伦敦大会代表团,并议决对伦敦大会提案四项……等由,相应电达,务希诸先生届时前往伦敦,出席大会,努力进行,至为祷荷。"(本年《日记》同日)

1月24日 函谢张元济(菊生)托人带来药物。

"菊哥同年大鉴:奉本月十日惠函,敬谂兴居安善,潭第康宜,甚慰。承转属本馆便人携来药物,今日已到,至感费神。海格路之屋,已由何君分租,于十六日迁进。弟等在九龙已定租一宅,但须至月底始迁。承注附闻。……弟培敬启 二十七年一月二十四日"。(《复张元济函》同日)

同日 函复余天民,因寄居友人家中,不便奉约一谈。

"天民我兄大鉴:接本月二十日惠函,知兄亦在港,为慰。弟到此后,寄居友人家中,不便晤客,故未能奉约一谈。弟与眷属均平安,希勿念。……培敬启 一月二十四日"。(《复余天民函》同日)

同日 阅冯承钧著《景教碑考》。

"阅冯承钧所著《景教碑考》。分绪言及：（一）碑之发见，（二）清儒考证，（三）唐代之景教，（四）教碑文，（五）叙利亚文人名表。附录：大秦考、拂菻考。此书引钱念劬氏《归潜记》中之景教流行中国碑跋而加以补充。"（本年《日记》同日）

1月28日　函告王云五夫妇，决定迁居九龙柯斯甸路一五六号。

"云五先生、夫人俪鉴：前日承导观跑马地新屋，各方面关系，都承顾到，且随时可以请教，曷胜感荷。惟九龙沃斯丁路之屋，较为宽展。且前住者，略受津贴，已提前腾出，弟等遂定于二十九日午后迁入矣。跑马地之屋，只可割爱，应如何房东退租，或为他友介绍，敬请酌行。前承徐琢如先生垫付之压租及电表压柜费，如不便收回，当由弟等照数奉缴。弟等之新居为九龙沃斯丁（偶或作柯斯甸，皆 Austin 之译音）路底一五六号中之第二号……培、峻敬启　一月二十八日"。（《致王云五函》同日）

1月29日　迁居九龙柯斯甸路一五六号。

"迁居九龙柯斯甸道一五六号屋中二号，计客座一间，膳厅一间，卧室二间，其他浴室、厨房等若干间，月租一百二十元。其西文住址如下：156, Austin Road, King's Park Building, Room 2."（本年《日记》同日）

在香港寓所留影（1938年）

1月31日　阅张星烺著《马哥孛罗》竟。

"阅张星烺君所著《马哥孛罗》竟。张君所译之《马哥孛罗游记》，遍收参考材料，积稿等身；今撮其要点以为此八十一面之小书，虽叙述甚略，而无一言不言之有物，诚佳书也。书中于游记之长处及误书，均明著之，非一味左袒孛罗。"（本年《日记》同日）

2月2日　赞同国际和平会中国分会由宋庆龄任名誉主席、宋子文任主席。

"萧子升来，携示石曾各电，均为国际和平分会事，以孙夫人、宋子文、陈真如、朱骝先、邵力子、陶行知、李石曾等及我为主席团，而推孙夫人为名誉团主席，宋子文为团主席。要求我致一电于子文、亮畴及各主席、各会员，表示对于孙、宋二人任主席之赞同。我在子升所拟电稿上签名。"（本年《日记》同日）

同日　敦劝朱家骅（骝先）勿辞总干事职。

"致杭立武函，内附致骝先函，劝勿辞总干事（航空寄）。"（本年《日记》同日）

2月8日　复袁同礼（守和）函，赞成北平图书馆本部迁滇，与西南联合大学合作。

"守和先生大鉴：叠接一月三十日及二月四日惠函，并承徐森玉兄面告一切，所附图书馆委员会议决之六条，委曲求全，弟所赞成。蒋、傅两委员函稿读过，甚善。弟亦当致一函于洪芬兄也。执委会一月十八日之议决案六条中之第四条，对于先生四月以前往滇，并无冲突。惟为四月以后计，似可由先生具一详明之提案，要求在中基会年会中讨论之（该会定于四月二十九日、三十日开会，已发通告）。目前先生尽可往滇，为临时大学设计也。……弟元培敬启　二月八日"。（《复袁同礼函》同日）

同日　作《居友学说评论序》。

"为萧子升作《居友学说评论序》。"（本年《日记》同日）

2月11日　续写《自写年谱》。

"始续写《自写年谱》。"（本年《日记》同日）

2月12日　函谢王云五赠书及代为选借书籍。

"云五先生大鉴：昨承枉顾，领教为快。顷奉惠函，以弟目疾，选书之大字者备阅，深感关切。《游志汇编》准于阅毕后交换他书，又承赐《演繁露》一部，拜领，谢谢！……弟蔡元培敬启　十二日"。（《复王云五函》同日）

2月13日　作和周成（泽青）《戊寅岁朝》二绝韵。

"（一）侨居异国（地）容农历（香港各报皆记阴历，有称为农历者），爆竹声中度小除。

仔颇闻多海错（香港仔有餐馆数家，专以鱼类及其他海错为馔，颇著名），何缘再得四鳃鲈？

（二）由来境异便情迁,历史循环溯大原。

还我河山旧标语,可能实现在今年!"(本年《日记》同日)

同日 又作周泽青《战后夜游沪上特区》七律韵一首。

"上元前一夜久雨初霁,晚餐后偕养友率儿辈出门散步,用泽兄《战后夜游沪上特区》七律韵：

良宵散步过墙东,明月原知千里同。海屿乍除云影净,车灯迅闪电光红。

几多碧血膏原野,惟有晓音诉雨风。等是有家归不得,东西那复计飞鸿。(东字重复但不愿改之)。"(启功 牟小东编《蔡元培先生手迹》)

2月15日 复函朱家骅(骝先),商定召开中央研究院院务会议有关事务。

"骝先先生大鉴：前奉长密电,甚佩高见。……近奉微、齐两电,定于本月二十八日在港开院务会议,地点借梅芳女中,并属弟就近通告丁、庄、周、余四所长。又后得仲揆兄两电、孟和兄一电,亦转示会期地点等。除子竞兄留港以尊电转示外,丁、庄、余三兄均在沪,用挂号函通知,已得丁、庄两兄复电,称能来,并属转告先生。青松兄则先有一电,称十七日到港。是三君均能来港无疑。会议中应讨论之问题,想先生早已筹及。如大驾能于会期前早临几日,则可以预行商酌尤幸。……弟元培敬启 二月十五日"。(《复朱家骅函》同日)

2月28日 在港主持中央研究院院务会议。

"十时,在香港酒店开院务会议,朱骝先总干事及十所长均到。议决七案,重要者：(一)地质、动植物、心理、社会科学四所,既在桂林、阳朔开始工作,不必再徙昆明。(二)气象所准在重庆。(三)历史语言所在昆明,与第一临时大学合作。(四)理化工三所之仪器、书籍、杂志、机器等,迁移较易及适宜在内地工作者迁昆明；其不能迁者,在上海保存。(五)自一月份起,如政府未能照发经费,则留所职员薪水,照长沙会议所定标准垫发,政府如发经费,则逐月按成(例)补发。午一时,在香港酒店用餐。午后三时,又开会,五时半毕。"(本年《日记》同日)

3月1日 往香港大学参观。

"午后一时,云五来,偕我及养友同往香港大学,访副校长斯格司氏,并参观港大。……"(本年《日记》同日)

3月2日 议定将科学考察团所得之木简摄胶片保存。

"晚,云五邀饮金龙,座中皆研究院同事也。孟真提议请商务即为科学考察团所得之木简摄影,当先交万元。云五以为可行。"(本年《日记》同日)

3月3日 与中央研究院总干事、各所长商空房子出租问题、总干事辞职问题等。

"午后五时,骝先、孟真、巽甫、丕可、子竞、藕舫、仲揆、缉斋来,商百里南路房子出租问题,……总干事辞职及代理问题。我宣告,骝先无论到何地,总干事之名不

能取消，仍请孟真代理。"(本年《日记》同日)

3月8日　函谢李俊承捐赠奖励发明基金。

"俊承先生台鉴：久慕德辉，未亲矩教。接财政部函，知先生购入救国公债十万元，作为国立中央研究院奖励发明基金，一方面供给抗战前途之需要，一方面助成科学进步之凭借，遐迩并效，标本兼治。感佩远谟，敬拜嘉惠。弟当与敝院同人就此款每年收入之利益及利息，商定奖励发明条例，妥慎施行，以副盛意。手此陈谢。……"(《致李俊承函》同日)

3月9日　函谢余天民惠赐子女佳作。

"天民我兄大鉴：承赐小女、小儿等佳作(惟奖饰太过，殊不敢当耳)，弟为彼等讲解，均欢喜无量，感谢不已。英多以旧历午年生，最喜看马、画马。特写一马奉赠，借博一粲，兼表谢忱。……培敬启　三月九日"。(《致余天民函》同日)

3月10日　与袁同礼(守和)等人商定在昆明和重庆设北平图书馆办事处。

"孟真、叔永、守和偕来，商定北平图书馆办法。"(本年《日记》同日)

3月12日　与陈乐素等同游青山湾。

"陈乐素来，同乘汽车往青山湾。一路山左松林，海滨蕉舍，风景极佳。"(本年《日记》同日)

3月13日　恳请朱家骅(骝先)回任中央研究院总干事。

"汉口法界福煦街五号中英庚款会杭立武先生转朱骝先先生鉴：中央研究院全仗鼎力维持，务恳即到院视事。培叩。元。"(《致朱家骅电》同日)

3月17日　函复史语研究所所长傅斯年(孟真)，可准赵元任请假一年。

"孟真我兄大鉴：接十四日惠函，知兄决于十五日飞汉矣。赵元任先生应Honolulu大学之聘，往彼讲学一年，自本年九月起，可准其请假一年。……元培敬启三月十七日"。(《复傅斯年函》同日)

同日　应余天民之约游沙田道风山。

"天民约游沙田道风山(养友率三儿偕去)，此为瑞典、挪威、丹麦三国之教士所建设，其会曰东亚基督教道友会。主持者艾牧师适回国，由副监督田莲德牧师招待。"(本年《日记》同日)

3月8日　助陈彬龢推销英文《太平洋文摘月刊》。

"彬龢来，又以托推销英文《太平洋文摘月刊》事致函国钦、嘉庚、光前、燊南、玉堆、伯权、延凯、连登、守明、介珊、飑川、立群、佐南诸君，皆英属马来亚半岛华侨领袖也。"(本年《日记》同日)

3月22日　许广平嘱托，为《鲁迅全集》作序。

"得许广平夫人函告：《鲁迅全集》将由复社印行，附来印行《鲁迅全集》暂拟办法，并嘱作序。"(本年《日记》同日)

3月23日 函谢余天民导游道风山及见示诗作。

"天民我兄大鉴：前日承命驾导游道风山，风景极佳，道友不俗，感荷无已。午餐清洁可口，我等本非为餔啜者，转劳齿及，反抱不安。属写之纸，尚未着墨，兄既别觅宣纸，当俟宣纸到后同写之。承示七律六首，展读甚佩，并以为儿辈讲解之，谢谢！……培敬启 三月二十三日"。(《复余天民函》同日)

3月24日 作"和周成花朝后一日二绝"五首，函寄"呈正"。

"大哥大鉴：奉花朝后一日惠函，并大作二绝，知大姊生日团聚甚欢。惜弟等不及参加也。馥妹初度，惟太冲侄来，具面小饮而已。此间杜鹃盛开矣。大作情文相生，园林亭草二句，尤妙造自然。弟前后和作五首，呈正。……子馀敬上 三月二十四日"。(《复周成函》同日)

同日 作《古青诗选跋》。

"右《古青诗存》，任叔永先生所作也。先生以研求科学之余暑，涉笔于渊源家学之诗，登山临水幽秀雄奇之感，昆弟朋友悲欢离合之情，言之不足而长言之，长言之不足而咏叹之。思无邪而言有物与食古不化，或无病而呻者固不可同日语也。而波澜老成，字句深稳，绝无粗犷或侧艳之语，阑入其中，允为诗人之诗，与其穷年矻矻之科学，固并行而不相悖者也。"(本年《日记》同日)

3月28日 为《居友学说评论》作序一篇。

"萧子升来，携去《居友学说评论序》，及我们答萧夫人函。"(本年《日记》同日)

4月2日 帮助谢沈(无量)解决游历南洋的困难。

"谢无量来，言将游历南洋，托作介绍函，允为致函陈嘉庚。又托向商务商垫千元。"(本年《日记》同日)

4月3日 致函王云五，请通融谢无量借支稿费。

"云五先生大鉴：径启者，敝门下谢君无量，前曾为本馆编中国文学及佛学等书(现似皆绝版)，近在监察院任监察委员。此次由政府派往南洋(英属、荷属马来半岛并菲律宾、缅甸等地)，旅费不过五千元，预算恐不敷，欲向本馆通融一千元，作为预付之稿费，将来由谢君缴稿结算，属弟代为奉商。是否可行，敬希示复。……弟元培敬启 四月三日"。(《致王云五函》同日)

4月4日 与子女共度儿童节。

"午后三时，为儿辈举行儿童节，洪氏姊妹来，晋瑞夫人来。"(本年《日记》同日)

4月6日 为中国国际图书馆书联。

"萧子升来，携去我为日内瓦中国国际图书馆书联及横幅。子升说，曾见我为人书联，用'爱竹不除当路草，伐薪常护有巢枝'集句，……语在爱生物。"(本年《日记》同日)

4月19日 沈雁冰来谈《鲁迅全集》付印事。

"沈雁冰来,谈《鲁迅全集》付印事,携有许广平函,附全集目次。并有许广平致王云五函,嘱转致。"(本年《日记》同日)

4月23日　吴玉章到港,晤谈国共两党重新合作共赴国难,为国家民族大幸。

"吴玉章来,子竞偕卡尔来。"(本年《日记》同日)

"九一八日寇进攻中国以来,国难日趋严重,我党中央屡向全国人民及国民党中央提议停止内战一致对外,孑民先生直接间接对于国内团结共御外侮,用力甚多,卒能于'七七'抗战以前,达到国共合作的目的。前年四月,我由欧洲回国,道经香港得与晤谈时,他犹欣欣然以国共能重新合作,共赴国难,为国家民族之大幸。"(吴玉章:《纪念蔡孑民先生》)①

4月25日　出席中华教育文化基金董事会茶话会。

"午后四时,中基会茶话。教育部代表顾次长到,部要求四项:(一)义务教育费十万元。(二)仿中英庚款例,助两临大五十万元。(三)编译费□□元。(四)职业教育、师范教育等各□□元,共九十万元。"(本年《日记》同日)

4月26日　出席中华教育文化基金董事会年会预备会议。

"十时,中基会开预备会,十二时休息。午后三时,又开会,七时毕。"(本年《日记》同日)

4月27日　主持中华教育文化基金董事会第十四次年会,连任该会二十七年度董事长。

"第十四次董事年会,于民国二十七年四月二十七日在香港九龙半岛酒店举行。出席者为蔡元培、周诒春、贝克、贝诺德、徐新六、顾临、金绍基、司徒雷登、翁文灏、任鸿隽诸董事。……通过代理名誉秘书报告、执行委员报告、财政委员会报告等十五案,并改选二十七年年度董事会职员。结果如下:董事长蔡元培、副董事长孟禄、周诒春。……"(《中华教育文化基金董事会第十三次报告》)

"九时,中基会开第十四次年会,除本会董事十人及教育部代表顾一樵外,又有外交部代表戴德谦、美大使馆代表 Fonne(冯奈),午间会毕,用董事长名义请各代表及诸董事在半岛酒店便餐。"(本年《日记》同日)

同日　介绍中央研究院研究工作现状:"不因战事而停顿"。

"中央研究院院长蔡元培氏,日昨抵港。据谈中研院目前仍照常工作,不因战事而停顿,但各部分已分别迁至川滇桂三地,继续研究。"(《申报》1938年4月28日)

4月29日　出席中华教育文化基金会执行委员会议。

"午前九时,到半岛酒店参加中基会之执行委员会。"(本年《日记》同日)

---

①　载蔡元培研究会编:《蔡元培纪念集》。

4月30日 开始考虑为《鲁迅全集》作序问题。

"致季茀航空函,询对于《鲁迅全集》作序之意见。"(本年《日记》同日)

"季茀先生大鉴:久不晤,想起居安善。西安临大进行如何? 接马孝焱兄函,说关于《鲁迅全集》作序问题,先生有与弟商酌之处,敬希示及。弟曾得许广平夫人函属作序,已允之,然尚未下笔,深愿先生以不可不说者及不可说者详示之,盖弟虽亦为佩服鲁迅先生之一人,然其著作读过者甚少,即国际间著名之《阿Q正传》亦仅读过几节而已,深恐随笔叹美,反与其真相不符也。……弟元培敬启 四月三十日"。(《致许寿裳函》同日)

同日 致函许寿裳(季茀),通告到港后之详细情形。

"季茀先生大鉴:久不晤,想起居安善。……弟于去年十一月杪来港,初寓旅馆,后迁商务印书馆之寄宿舍,十二月杪眷属来,先借住坚尼地台陈彬龢兄家中,今年一月杪,始租得九龙柯士甸路一五六号楼下二号之屋而住,以至于今,但通讯仍由商务印书馆转(香港之商务分馆在大道中三十五号),而姓名则借用周子馀三字。此间相识之寓公太多,若宣布真姓名、真住址,将应接不暇也。……弟元培敬启 四月三十日"。(《致许寿裳函》同日)

5月3日 复函余天民,谈如何治词学。

"致天民函,劝先读张氏词选及周氏词辨。"(本年《日记》同日)

"天民我兄大鉴:接本月二日惠函,知有意为词,甚善。词之流派颇多,但以常州派为正宗。若先读张皋文(惠言)、翰风兄弟之《词选》《续词选》,周介存(济)之《词辨》,得其门径,然后博览诸家,择所嗜者多读之,自不致误入歧途矣。弟于此事所涉甚浅,姑以所经历者奉告,备参考耳。……元培敬启 五月三日"。(《复余天民函》同日)

"我曾以词学请益于先师,函示'词之流派颇多,以常州派为正宗,当先读张皋文、翰风兄弟之《词选》《续词选》,周介存之《词辨》,再博考诸家,择所嗜者多读之,方不致误入歧途',并谓'弟于此所涉甚浅,故以所经历者奉告,备参考耳',语详遗札,不备录。函系民国二十七年五月三日所写,先师于患难流离中,仍极注意文学,启发门人,不遗余力,其诲人不倦之热忱,真值得钦仰。"(余天民:《蔡先师港居侍侧记》)①

同日 致函波兰驻华公使,答谢波兰政府所赠勋章。

"得教育部函告,由外交部转来波兰国所赠勋章及勋章证书,已寄出。同时收到该勋章及证书。"(本年《日记》4月27日)

"复教育部(告收到波兰政府勋章事)及波兰公使(谢赠勋章)函。"(本年《日记》

---

① 载蔡元培研究会编:《蔡元培纪念集》。

六、大学院院长及中央研究院院长时代(1927—1940) 1337

同日)

5月4日 函复中央研究院总干事朱家骅(骝先),请自行酌定天文研究所小汽车处置问题。

"骝先生大鉴:前奉四月十九日惠函,对于子竞兄游欧问题,多所指示,不胜同感。顷接余青松兄函,弟已阅过。特奉览。弟对于该所小汽车之处置,毫无成见,敬请酌定后转交孟真兄执行可也。……弟元培敬启 五月四日"。(《复朱家骅函》同日)

5月6日 函请余天民到自宅一谈。

"天民我兄大鉴:孟寿椿兄函称'兄事已与张真如先生谈过,稍缓始能决定'云云。日内弟有一事欲与兄一谈,兄何日得暇,请惠临。……元培敬启 五月六日"。(《致余天民函》同日)

5月8日 为王廉、顾毓珅证婚。

"午后四时,为王廉、顾毓珅证婚于半岛酒店,主婚者,廉之兄受庆、珅之兄一樵。晤刘仲杰夫妇、陈寅恪夫人、袁守和、任叔永夫妇、樊仲云、宋子良等。"(本年《日记》同日)

5月9日 同意章渊若以蔡先生一函充所著书后题跋。

"章渊若来,言所著《自力主义》初编将由商务印行,欲以我之一函附印书后,充题跋,允之。"(本年《日记》同日)

5月11日 为泰戈尔约为国际大学中国大学赞助人。

"谭云山来,携示泰戈尔函,约我为国际大学中国大学护导(Patron)。"(本年《日记》同日)

同日 致函中央大学校长罗家伦(志希),请为彭文藻安置工作。

"志希我兄大鉴:久不通问,闻中大进行甚利,为慰。兹有启者,彭君文藻,长于文牍,经验甚多,三月间随军入川,留滞重庆,无以赡其身家,如贵校需要办理文书人才,务请量为位置,倘荷玉成,不胜同感。专此介绍……元培敬启 五月十一日"。(《致罗家伦函》同日)

5月13日 国际学生代表来华视察团拜访蔡元培、宋子文等。

"国际学生代表来华视察团,英代表白纳得佛诺,法代表鲁曼抵港后备受各界人士欢迎。十二日晨,由各团体十余人陪同两代表团参观各赈济兵灾团体、各学校,及东华医院、收容难民所等机关,两代表对各团体各学校之工作及精神,均有良好之印象……昨(十三)日仍照原定程序自上午起,由各界欢迎,筹备处派员陪同两代表,前往拜访留港我国华人领袖孙科夫人、宋子文、蔡元培、陈其尤等,接谈甚洽。"(《申报》1938年5月14日)

同日 函复傅斯年(孟真),同意所提出的人员续聘、续任办法。

"孟真吾兄大鉴：接六日惠函，知兄对于清理积案，已有办法，无招人相助之需要，甚善。……续聘任书之办法，自以兄所提出之第四法（仍向各所长索名单，到后，经院长批准，由总处复书各所长，将聘书延长半年）为较妥，请即照此办理。因马秘书一时不能来，弟现暂延余天民兄为临时秘书，附闻。……元培敬启　五月十三日"。（《复傅斯年函》同日）

5月14日　聘请余天民为临时秘书并兼为家庭教师。

"致毅侯函，告请余天民兄为临时秘书，每月津贴车费国币六十元。余天民兄始为三儿授课，每周二时。"（本年《日记》同日）

"先师身任中央研究院院长，港居养疗，不免常有文字应酬，在休养中不得不觅人代庖，尤其是院中间亦有公文来此，需要处理，因我在当地教课，且系多年师生，乃就近邀我为秘书，月致生活费法币六十元，并特函重庆中央研究院按月照寄，以后中研院即依此数寄款，每月由先师亲交由我盖章于收条上领取。……先师除邀我为秘书外，另聘我为家庭教席，月订脩金法币二十元，由其家致送。……但我原在外教书，又因师生关系，故只领中研院所发之秘书生活补助费，而家庭所送之教师脩金，则坚辞未受。蔡夫人因我不受脩金，故按年与节，必馈赠寒暖衣服与零用品，却之不恭，受之反愧。……"

"先师因我任家庭教师，特别礼貌。每值上课时，必先在书室迎候；下课时，必送至门口，殷勤握别。男女公子有时应亲友邀约，或过港就医，常预先来函请我放假一日，或另请改期。计二十七年十一月九日一函，同年十二月二十四日一函，二十八年三月十四日一函，其中应约一次，就医两次，详见致我遗札中，均已影印保存，以志永慕。我是其学生，理应为老师服务，不当在尊师重道之列，此等过度礼貌，虽然是伟大人格表现，但转令我惭愧无地自容矣。"（余天民：《蔡先师港居侍侧记》）

5月15日　参观盆栽展览会。

"晚偕养友携三儿往华人青年会参观战时粮食盆栽研究委员会之盆栽展览会。"（本年《日记》同日）

5月17日　为蔡尚思加写评语于申请书中。

"为蔡尚思加评语于请求中英庚款董事会协助书，即寄还尚思（挂号）。"（本年《日记》同日）

5月19日　黄汉生、陆匡文等来访，并邀游浅水湾。

"黄汉生偕陆匡文、陆幼刚、陈友琴（会计师）、薛基锦（广州建设局技正）来访，陈、薛、二陆皆北大同学也。邀游浅水湾，盎儿同去。到 Repulse Bay 旅馆用茶点。匡文、基绵（锦）入浴。盎儿拾贝壳少许。还，见邀香港仔镇南酒家晚餐，并购一活的香螺赠盎儿。"（本年《日记》同日）

5月20日 出席保卫中国大同盟及香港国防医药筹赈会举办的美术品展览会,并发表演说。

"前数日,孙夫人及廖女士偕陈友仁之子伊范来访,言陈君擅长木刻画,近由保卫中国大同盟及香港国防医药筹赈会两团体发起,开一美术品展览会于花园道圣约翰大礼堂,陈列现代英美美术作品及第一次中国国防美展中代表作品,自二十一日至二十三日(自二十四日至三十日则移陈干诺道六十五号华商总会图书馆),将于二十日下午四时半行开幕礼,约我及香港大学副校长(Sloss)君致词。我允之。今日下午,廖女士来接,养友同去。渡海后,孙夫人备车接候,同往圣约翰大礼堂。晤港都夫妇,副校长夫妇,许地山夫妇,云五、彬龢、江亢虎、陈其尤诸君。我演说抗战期中需要美术之陶养,请云五译成英语。会毕,孙夫〔人〕约同车游浅水湾,送至摩理臣山道三十八号云五家中。"(本年《日记》同日)

"蔡先生留港期间,只有一次例外地公开演说。那就是在民国二十八(七)年五月二十日,出席香港圣约翰大礼堂美术展览会,并发表演说。是日中外名流毕集,主席为香港大学副校长史乐诗,香港总督罗富国爵士等均列席。蔡先生的演说词也临时由我担任英译。蔡先生留港将及二年,此次独破例公开讲演,表面上似为爱好美术,实际上承他密告我业已决计近期离港前往后方,藉此有关学术的集会出现一次,以示对香港公众的话别。又因彼时中英交谊甚笃,香港政府,特别是总督罗富国等,虽尊重蔡先生意见,不便正式应酬,然暗中爱护有加。此一集会为香港大学所发起,依英国通例,大学的副校长为实际的校长,而所谓校长辄由达官贵人挂名,彼时港督罗富国即将兼任港大校长。蔡先生利用一半官式的机会,与港督在此晤面,以示临别向地主道谢,实寓有深意,他人多无从悬揣。只看蔡先生经此一度公开出现后,直至二十九年三月逝世时,并未作第二次公开出现,便知其然。"(王云五:《蔡孑民先生与我》)

5月21日 周新函请为《自传之一章》签题。

"得新侄函,属写《自传之一章》签题,月底付印。"(本年《日记》同日)

5月23日 签复中华教育文化基金会第一二五次执委会议记录,允任该会董事及董事长。

"致中基会函,附去已签名之第一二五次执委会会议记录,及允任该会董事及董事长之签复。"(本年《日记》同日)

5月24日 应周新之嘱,作《自传之一章》签题。

"新侄览:接十七日惠函,敬悉一切。前承示《武装欧洲》一书,读过,言之有物,诚有用之书,谢谢!属写《自传之一章》签题奉上。……培启 五月二十四日"。(《复周新函》同日)

5月29日 任鸿隽(叔永)夫妇邀游沙田道道庐。

"应叔永及其夫人之招,偕养友率三儿往沙田道道庐。三面环山,平畴弥望,风景甚佳。子高、洪芬亦来。午餐后,小憩。与叔永等散步片刻,于五时三十分回九龙。中途,见多人在林旁观猴子,以花生或香蕉等饲之,群猴跃叫甚欢,我等亦下车观之。"(本年《日记》同日)

6月3日 应萧吉珊之请,为方少纬之母作祝寿诗一首。

"应萧吉珊之嘱,为方少纬之母徐介寿,请天民代作五律一首,今日寄汉口方宅。"(本年《日记》同日)

6月5日 所撰《鲁迅全集序》脱稿。

"作《鲁迅全集序》成,送致沈雁冰,并附去甲种纪念本一部之预约价法币百元,取得收条。"(本年《日记》同日)

同日 修订《在圣约翰大礼堂美术展览会演说词》稿。

"写前月二十日圣约翰大礼堂美术展览会演词稿,托新俟送至彬龢。"(本年《日记》同日)

6月7日 函谢中央研究院总干事朱家骅(骝先),自重庆汇寄港币。

"骝先先生大鉴:奉本月二日惠函,并中央银行港币七〇六七.一四元之汇票一张,兑换水单一纸,敬悉一切。自重庆汇款至港,甚为不便。承先生异常关切,为商准财部,先汇万元换成港币,使此后半年内不致受汇划之牵掣,曷胜感荷。除知会毅侯兄外,专此陈谢。……弟蔡元培敬启 六月七日"(《复朱家骅函》同日)

同日 题刘海粟所临《黄石斋二十九松图》二绝。

"为刘海粟题所临黄石斋二十九松图卷子:

(一)黄山天目与天台,踏石看松曾几回。选写英姿二十九,铁肩辣手一齐来。

(二)晋帖唐临也逼真,每参个性一番新。但求神似非形似,不薄今人爱古人。"(本年《日记》同日)

同日 刘海粟、鲍少游来访。

"海粟偕鲍少游来。鲍君与陈树人、郑褧裳同时留学日本,回国后设丽精美术学院,已十年余。海粟说,鲍君平日埋头工作,不骛声华。"(本年《日记》同日)

6月13日 收到荷兰银行汇付中央研究院荷币领取单。

"爱斯君来,称荷兰银行接荷京汇来荷币四千六百三十三盾,应汇重庆中央研究院,但往返需时,且汇兑率亦有问题,可否由我在港领取,再接洽汇寄?我以彼有此好意,允之。渠留通知书、领款单各一纸而去。"(本年《日记》同日)

6月15日 刘海粟、鲍少游来访。

"海粟偕鲍少游来,少游见赠丽精美术学院之展览会券。赵廷璧来。"(本年《日记》同日)

6月16日 赵廷璧告知荷币与港币兑换率。

"廷璧来,告荷币4633,以561/8兑换率,换得港币8254.79,存上海商业储蓄银行,用Academea Sinica户,印鉴用我的西文姓名。"(本年《日记》同日)

6月17日 致函王敬礼(毅侯),告化学研究所事及荷兰汇款事。

"致毅侯函,告化研所事及荷兰汇款事,询味三要求补送十月份薪水事。"(本年《日记》同日)

同日 致函傅斯年(孟真),询可否辞故宫博物院理事长。

"致孟真函,告化研所事,并故宫博物院理事长事,并询可否并辞理事而以雪艇补入。有致故博理事会一函,托孟真提出。"(本年《日记》同日)

同日 为《星岛日报》题字。

"得《星岛日报》函,征题词及相片。"(本年《日记》6月10日)

"致《星岛日报》函,告以不能作文,题四字。"(本年《日记》同日)

6月21日 函复王云五,同意唐擘黄任商务函授大学部顾问。

"得云五函,附唐擘黄函,询如擘黄任商务函授大学部顾问,在院方是否有问题。答以无问题。"(本年《日记》同日)

6月23日 用港币换回荷币原数,以备留荷学生学费之用。

"九时半,到香港商务印书馆,晤黄汉生,偕往上海〔银行〕,晤陆行长及陈光甫,提出港币8254.79,又偕往中国银行,晤林副行长及郑铁如行长,再以港币换荷币,再加上55.52,始换得4633荷币,以国立中央研究院名义存中行,印鉴用我中文姓名,地址写商务印书馆,有特种活期存款折一册。"(本年《日记》同日)

同日 为《鲁迅全集》纪念本题签。

"得沈雁冰函,属写'鲁迅全集纪念本'等字,备刻在纪念本木箱上。"(本年《日记》同日)

6月27日 主持世界文化合作协会中国分会会议,通过成立中国教师会。

"午后五时,到静江处开世界文化合作中国分会。以稚晖未到,我主席。出席者静江、石曾、孟钊、子升。子升记录。孟钊报告秘书处大事。石曾以代表团资格报告去年七月间文化月各种集会之情形,彼所感动者,为世界小学教师会,其会员已有六百万人,所以石曾提议在世界文化合作中国分会中,亦设一中国教师会,先从小学起,以次及中学、大学。通过,交孟钊、子升起草章程。"(本年《日记》同日)

同日 复泰戈尔一函。

"复太戈儿函,由显廷代写,我签名后显廷代寄。"(本年《日记》同日)

6月29日 出席中国教师会成立会,被推为主席团成员之一。

"八时半,石曾偕子升、孟钊来,以会议录见示,我签名。并商定教师会之主席团,预定七人至十五人,现先推吴、蔡、张、李、陈、萧、王七人,李任主任秘书。"

"五时,石曾、孟钊、子升、代之,并约邹海滨、袁冠新、朱伯奇来,继前会,石曾报

告,摄影,会毕,散。"(本年《日记》同日)

7月1日 签发中央研究院各所续聘、续任名单。

"得毅侯函,有所长所开续聘、续任名单,附有孟真函。"(本年《日记》6月30日)

"致毅侯函,附缴我已签名之各所续聘、续任名单,附孟真函。"(本年《日记》同日)

同日 由萧瑜起草《居友社社友题名录小引》一篇。(台北《艺文志》第88期)

同日 手写《居友社社友题名录小引》。

"子升来,携去子文属写之件及居友社社友题名录小引一纸,即子升代我起草而我手写之者。"

"居友为近代伦理学家、美学家、文学家,而又为教育家,其学说至为精神博大。吾国人之言居学者,二三十年来,李君石曾倡之最早,萧君子瑜(升)治之最专。余夙有以美育代宗教之说,与居友所论,亦多暗合。近顷李、萧诸君先后归自欧洲,与余过从谈论,时及居友,均觉有介绍居友学说于中国而发挥光大之之必要;萧君及王君代之且于云南有居友学校之创立;行见提倡与研究之同志日益增多,此皆居友之友也。因组织居友社,并广征社友题记姓名,以为纪念居友与推广居学之一助云。 中华民国二十七年七月一日 蔡元培"。(台北《艺文志》第88期)

7月3日 王显廷等邀游九龙城。

"显廷等约自油麻地码头乘渡船至尖沙嘴,换乘别一渡船至九龙城。城甚小,城外大路颇宽,左近有一飞机场。乘三路公共汽车回寓。"(本年《日记》同日)

7月4日 对天文研究所不予续聘李铭忠一事,认为不妥,以为应准情相谅,仍予续聘。

"总办事处寄来天文研究所续聘、续任名单,弟已详阅,无多问题。惟李铭忠君不续聘一层,弟以为不甚妥。李君在所数年,平日工作,素闻称职;此次迁移,对于一部分之仪器,收拾转运,亦甚劳苦;既已由京而湘,而桂,而滇,方准备从新着手,忽被解聘,情何以堪!闻其眷属亦已到滇,失业以后,未必即有其他相当之职务可为介绍,弟深为不安,想先生亦同此感想也。如其并无重大过失(前承示李君曾以私有猎枪二支私自装入仪器箱件中,自是过失,但此事已由仲揆先生酌定办法,只能置之既往不咎之列。流〔离〕颠沛之中,人谁无过,惟有准情相谅,互勉将来),务请仍予续聘,试验半年。倘荷采纳,请以专函向总办事〔处〕声明为荷,并祈示复。……"(《致余青松函》同日)

7月5日 阅《比较文学史》竟,并有评论。

"阅《比较文学史》竟。此书为法 Frederic Loeide 著,傅东华从英、日本重译者。

对于法国文学与其他各国文学,优劣互见,并无偏重。第九章第一节,叙日本文学演变稍详,而对中国则甚贫乏,所举诗人自李白、杜甫而外,但举王维及骆宾王,可见其所得材料太不完备。"(本年《日记》同日)

7月9日 辞故宫博物院理事会理事长。

"得魏伯聪电,告故宫博物院理事会定于十三日开会,催参加。即复一电,称衰病不能出席故宫博物院理事会,谨辞理事,荐王君世杰自代,请院长改聘,并改选理事长。"(本年《日记》同日)

"汉口行政院魏秘书长:齐电敬悉。衰病不能出席故宫博物院理事会,谨辞理事,荐王君世杰自代,请院长改聘,并改推理事长。蔡元培。佳。"(《复魏道明电》同日)

7月10日 致函中央大学校长罗家伦(志希),续请安置彭文藻职务。

"志希吾兄校长大鉴:径启者,彭君文藻在中央研究院文书处供职多年,于办理文稿甚擅长,兼饶兴趣。闻中大文书组办稿现仅一人,最近事繁,如需要添设办稿人员时,请以彭君改充,并盼饬就近通知,必能更加勤奋,无负知遇也。专此奉托……蔡元培敬启 七月十日"。(《致罗家伦函》同日)

7月12日 致电巴黎反侵略大会,请议定对残暴国家的有效制止办法。

"蔡元培、陈铭枢顷电巴黎反侵略大会,请议定对残暴国家有效制止办法。两电录次:

一、蔡电:巴黎中国大使馆转李石曾先生请再转世界反侵略大会公鉴:大会开会,闻将反对轰炸不设防城市,至足欣感。务请议定有效办法,实行制止,妇孺老弱幸甚,正义人道幸甚。余因远道未能赶到参加,甚以为歉,特电托老友即中国分会驻欧代表团主席李煜瀛先生,代达鄙忱,至希鉴察为幸。

蔡元培 七月十二日

二、陈电(略)。"(《申报》1938年7月23日)

7月13日 继续当选故宫博物院理事会理事长。

"补记□日,褚民谊来,携来行政院秘书长魏道明七月十六日函:佳电敬悉。元日故理事会决议,请院改正博物院组织条例,扩充理事名额为三十五人,加孔庸之、王雪艇、杭立武三先生为理事,仍推我公为理事长,由庸公代理云云。"(本年《日记》8月3日)

同日 致函汤尔和,要求制止新民会掠取北平图书馆藏书。

"得中基会所寄司徒雷登报告,称五月二十三日新民会派员至北平图书馆,提出书籍三十箱,称系禁书,合计八千九百元(?),已致函汤尔和要求制止。"(本年《日记》同日)

7月18日　被聘为国际论文竞赛国内征文评判委员。

"孟真来函,说一切国际学会事,皆因财部不发外汇停止云云。又附来教育部聘书,并瑞典文化书局发起各国出版界举行论文竞赛,促进世界和平机构说明书,聘我为国际论文竞赛国内征文评判委员。"(本年《日记》同日)

7月19日　致函中央大学校长罗家伦(志希),介绍张德怡为备选美术教授。

"志希我兄校长大鉴:闻中大迁渝后进步益著,至为慰佩。其中艺术学院近况若何?永嘉章味三君之夫人张德怡女士(光),擅长国画,尤精花卉,工笔、写意,均恰到好处;诗句、书法,与绘事相埒,可称三绝,曾在北平及杭州美专教授多年。如中大艺院需要是科教员,章夫人可以备选。章夫人现住歌乐山,与贵寓相近,一切条件,请就近接洽可也。专此介绍……弟元培敬启　七月十九日"。(《致罗家伦函》同日)

7月20日　签发致国际反侵略大会电。

"得子升书,转来国际反侵略大会中国分会函,要求于大会在巴黎开会时(二十三、二十四日),有所表示。"(本年《日记》7月19日)

"访子升,与商定反侵略分会所要求之表示,拟一致石曾之电,请在大会宣读。此电由子升寄分会,嘱其照发。午后子升来,以电稿示我,由我签名。"(本年《日记》同日)

"巴黎中国大使馆转李石曾先生,请再转世界反侵略大会公鉴:大会开会,至足欣感。务请议定有效办法,实行制止,妇孺老弱幸甚! 正义人道幸甚! 蔡元培　七月二十日"。(重庆《新华日报》1938年7月23日)

7月26日　与萧瑜讲述身世与家事。

"在无所不谈中,我们常谈及自己的身世与家事。我觉得蔡先生各次所谈他的身家轶事,都是闻所未闻。在他的《言行录》及其他有关他的记载中,全没见过。我因请他给我作一个有系统的叙述,他欣然允诺。他那天精神很好,又谈又笑,格外兴奋。这是一九三八年七月二十六日……他从下午四时五分谈起,一直谈到六时五十分,谈了一大篇的话……"(萧瑜:《蔡孑民先生自述身家轶事》)

8月3日　致函王云五,商请为蔡稚卿安排工作。

"云五先生大鉴:弟足疾未愈,尚不能走访,为歉。兹有启者,弟前为堂舍弟稚卿介绍,承允为随时留意,稚弟出身钱庄,写算均所擅长,在世界书局服务八年以上,……闻本馆在港诸同事因沪厂扩充,多数将调回沪厂,如因港厂需人,可否推屋及乌之爱,为稚卿舍弟安排,不情之请,尚希鉴谅。……弟元培敬启　八月三日"。(《致王云五函》同日)

8月6日　分别致函庄长恭(丕可)、傅斯年(孟真),敦劝勿辞所长职和代理总干事职。

"复丕可电,称:务恳留任所长,函详。致丕可航空挂号函,劝勿辞所长。致孟真函,劝勿辞代理总干事及史语所长,并属与丕可面商办法。"(本年《日记》同日)

8月7日 经医生诊断,患有脑贫血症。

"我忽患晕眩,邀朱惠康医生来诊,验得血压太低,是脑贫血症。"(本年《日记》同日)

8月18日 致函傅斯年,提出朱家骅(骝先)总干事辞职后的临时办法。

"(上略)(一)骝先兄居其名而仍请兄代行。(二)骝先兄居其名而躬亲其事,派一秘书驻院办事(前曾派过一人),或于该秘书外再指任一位可以信任之文书主任。(三)如兄来函所提:于同事各所长中别请一位代行,但须由骝先兄指请,而不能由弟代请。又轮流代理之法,决不可行。(下略)"(《致傅斯年函》同日)①

8月27日 复电朱家骅(骝先),谓"近患贫血,就医渐愈"。

"汉口福熙街五号中英庚款会朱骝先先生:有电敬悉,甚感关垂。弟近患贫血,就医渐愈,敬希勿念。元培。感。"(《复朱家骅电》同日)

9月5日 函复王敬礼,近患脑贫血,已逐渐痊愈。

"(上略)雷女士见示一函,知兄对弟之病状甚为挂念,感激之至。弟自八月七日忽患头晕,请医生诊验,谓是血压太低,胃消化力弱,血液留滞于胃。故患脑贫血,宜使脑多休息,食后切勿即用脑力,并服补血剂。二十余日来,除十日晨间晕眩稍剧外,已逐渐痊愈。不轻见客,亦不常写信,卧而阅书,以消永日,不久即可复原,务请勿念。……"(《复王敬礼函》同日)

9月9日 函复朱家骅(骝先),请宽限一个月,准辞总干事职。

"得骝先本月三日汉口函,又辞本院总干事。复函承认之,但请其宽一月之限,于一个月内,必告以办法。"(本年《日记》同日)

"骝先先生大鉴:八月八日承赐函,……近又奉到九月三日惠函,始与前次惠函合读之,敬悉一切。先生任中央秘书长,本已繁忙,近又兼代青年团书记长,公务丛集,可想而知。加以党团迁址之计划,非渝而湘,对于研究院遥领之务,自然益感不便。而先生所最信任之孟真兄,偏于此时坚决的不肯继续代行。先生有摆脱研究院之表示,弟不敢怪先生。惟弟从未向此方面有所准备,请宽以一个月之期,弟何时筹得较妥之办法,即当奉闻,以慰悬系,先此布复。……弟元培敬启 九月九日"。(《复朱家骅函》同日)

9月12日 致丁西林(巽甫)、吴学周及李四光等函,商议中央研究院总干事继任人选问题。

"致巽甫、学周、子竞、青松、孟真函(同封挂号),致仲揆、仲济、缉斋、孟和函(挂

---

① 此处(上略)、(下略)照录《蔡元培书信集》。

号),均为总干事问题。"(本年《日记》同日)

9月18日 复电孙科,告致国际联盟大会电,愿列名。

"得孙哲生真电,称国联日内瓦开会,我国已提请制裁。此间反侵略会发起文化界联名致电国联,属为转请台端领衔,想承俞允。乞电复汉口怡和街十三号该会云云。因电首只写蔡孑民先生五字,无地址,邮局向各方探听,于十七日午后始送达。即复一电,称孙院长:真电今日始达,读悉。致电国联,愿列名云云。于十七日晚发出。"(本年《日记》同日)

9月23日 领衔与郭沫若等人联名发出致国际联盟大会主席电。

"致国际联盟大会主席电。日内瓦国际反侵略运动总会转国联大会主席勋鉴:暴日对华侵略,撕毁国联盟约,无异对全人类挑衅。我忍无可忍,于年前发动抗战,以救中国,同时亦为救世界。贵会为保障世界和平与人道正义之最高机构,希即依据盟约第十七条,对暴日实施最大限度之制裁。此为我国最后之请求,亦为贵会最后之试验。我国有五千年历史,四万〔万〕五千万人民,一向深以得为贵会之会员国为荣,故拥护贵会,不遗余力。当此侵略狂焰蔓延全国之际,我国决为民族独立与世界和平奋斗到底,谅贵会当能切实执行有效的制裁,不致以忠实勇敢的会员国如我中华民国之痛苦与希望为无足轻重也。中华民国全国文化界蔡元培、郭沫若等叩。梗。"(重庆《新华日报》1938年9月30日)

同日 函复朱家骅(骝先),徐伯园面交港币已照收。

"骝先先生大鉴:奉十二日惠函敬悉一切。徐伯园君已于二十二日来敝寓,面交港币一千九百三十二元八角二分,弟已照收,敬希勿念。先生于百忙中为弟料理此等琐事,感荷无已,谢谢。……弟蔡元培敬启 九月二十三日"。(《复朱家骅函》同日)

同日 致函傅斯年(孟真),询对"致五位所长函"意见。

"孟真我兄大鉴:闻兄于二十一日飞渝,想到渝已数日矣。弟曾于本月十一日寄上一函,中有致五位所长函,未知兄与其他四位所长商过否?各位意见如何?(子竞于五号启行来港,当然未及与商)请以兄所观察者见告。……弟元培敬启 九月二十三日"。(《致傅斯年函》同日)

10月5日 致函朱家骅(骝先),为沈敬仲谋充干事职务。

"骝先先生大鉴:闻徐伯园君说,大驾十月间将赴重庆参加国民参政会,未知何时启行?兹有启者,闻管理中英庚款董事会有增设干事之需要。沈君敬仲,文笔甚佳,书法近包安吴,曾游历欧洲,在行政界、实业界及教育界均有经验。如蒙派充干事,当然胜任。特为绍介,敬希酌行。……弟元培敬启 十月五日"。(《致朱家骅函》同日)

10月7日 商请王世杰(雪艇)任中央研究院总干事。

六、大学院院长及中央研究院院长时代(1927—1940) 1347

"致王雪艇函,请任本院总干事,寄毅侯转送。致孟真函,由毅侯转致。"(本年《日记》同日)

"雪艇先生大鉴:久不晤,又疏修候,惟于报纸上见先生处理国民参政会事务,推知起居安善,以为忻慰。贵眷想亦已到渝,当皆安好。弟留港已半年余,病后体弱,不适于奔走,北不能至渝,南不能到桂滇,非常歉憾。幸此地适处三方面交通中心,函商尚便,聊以自宽而已。

现在本院却有一较为紧要之务,即总干事问题,不得不有求于先生。自骝先生兼任浙江省主席以来,为党国要务所羁绊,不能常到南京及重庆视事,请孟真兄代行总干事任务。但自总办事处迁渝,而史语所迁滇,孟真兄已有两处难以兼顾之感。近来孟真兄又在行政上欲有所贡献,坚辞代行总干事及史语研究所所长,经弟再三恳留,允留任所长,而绝对不肯代行总干事;当朱先生屡辞总干事之期,请其别指一代行之同事,渠更有所借口,辞之益坚。且渠以中央党部秘书长兼代理青年团书记长,繁忙可想。弟不便强人所难,已允以别行设法。经弟与诸同事再三商榷,佥以为本院总干事之职,以先生为最相宜。先生曾任本院研究员,现又任本院评议员,又先生长教育部时,对于本院各事无不关切提倡。如先生肯屈就总干事之职,对于本院各方面之维持与进展,必有驾轻就熟之效。用特专诚奉恳,务请俯如所请,以慰云霓之望。……弟蔡元培敬启"。(《致王世杰函》同日)

10月11日 列名参加发起鲁迅逝世二周年纪念会。

"新光书店李游子持沈雁冰函来访(李君为中华艺术协进会理事),以发起鲁迅逝世二周年纪念会缘起,属签名,允之。"(本年《日记》同日)

10月13日 商请傅斯年(孟真)继续代行总干事之务。

"孟真吾兄大鉴:接四日惠函及十二日惠电,敬悉一切。雪艇先生亦繁忙如此,真无如何!现已函商,希望渠能俯就,好在雪公常驻渝,总可较骝公为方便也,骝公既不能来渝,将来雪公允就时,仍请兄偏劳数日为荷。……弟元培敬启 十月十三日"。(《复傅斯年函》同日)

10月14日 为《反侵略周刊》题词。

"致徐彦之函,寄去反侵略周刊题词。"(本年《日记》同日)

10月17日 为《世界教联》撰写发刊词及题签。

"致王代之函,附有《世界教联》发刊词及封面题签。"(本年《日记》同日)

10月20日 函复正宇,不能为伦世兄介绍工作。

"正宇先生大鉴:奉惠书属为伦世兄向银行荐充练习生,用意甚美。惟在此杜门养疴,与外界极少往来,银行中竟无熟人,即先生所举之丁君,亦未相识也,容缓图。……培敬启 十月二十日"。(《复正宇函》同日)

10月21日 复电王世杰(雪艇),再请兼任中央研究院总干事,并希刻期视事。

"复雪艇电：效电敬悉。院事不多，大才不妨兼任，太忙时可请孟真相助，务请俯就并刻期视事为祷。"（本年《日记》同日）

10月23日 阅《石鼓文研究》一书。

"阅郭沫若《石鼓文研究》，有先锋本书后一首。"（本年《日记》同日）

11月3日 复函王世杰（雪艇），知不能兼任总干事职，"良为怅惘"。

"雪艇先生大鉴：奉艳电，敬悉弟在马电中所提议之兼任，亦不可能，良为怅惘。然先生允对于本院向政府方面一切接洽，均可代办，不胜铭感。将来当陆续奉商。……弟元培敬启 十一月三日"。（《复王世杰函》同日）

同日 函复傅斯年，拟请任鸿隽（叔永）继任中央研究院总干事。

"孟真我兄大鉴：接陷电，敬悉一切。承允留渝几日，与毅兄共理院务，以待总干事问题之解决，甚感甚感。现在弟不能不先向兄首先提议，而得六位所长所赞同之任叔永君一探，彼是否能任，不久可决。……弟元培敬启 十一月三日"。（《复傅斯年函》同日）

11月4日 收到《鲁迅全集》纪念本一套。

"沈雁冰送来《鲁迅全集》纪念本乙种一箱。"（本年《日记》同日）

11月7日 复函高平叔（乃同），谈《文存》编选问题。

"乃同我兄大鉴：接十月二十一日惠函，借谂兄安抵上海，……承示《文存》稿件，竟于避难时全数携沪，曷胜感佩。自传因头绪颇繁，不适于旅行中之准备，故照年谱体写之，现已得三万言左右（写成时至少五万言）。王云五先生要求用租赁版权办法，由商务付印，一则字数太多（且距写完时尚远），二则版权不能不归家中人，故不适宜于冠'文存'之上。若欲弟别撰一篇较短之自传，则又提不起精神来。鄙意'文存'为集体，冠首之传，亦不妨用集体式。民国元年，有蒋竹庄君所作之传。《言行录》中，有黄世晖君所作之《传略》。又弟曾写过《我在北京大学的经历》《我在教育界的经验》等篇，想尊处均有此等文件。如汇印卷端，亦是一格。《文存》之辑印，完全由兄主动，且兄为此事费许多心力，印本上完全作为兄之编制最好（弟作为并不与闻此事）。若卷端冠以弟特撰之自传，凡使人疑为《文存》是弟所自选，而嫁名于兄，故弟意不必有自传，想兄亦能赞同也。……元培敬启 十一月七日"。（《复高平叔函》同日）

11月9日 因王世杰碍难兼任中央研究院总干事，拟转聘任鸿隽（叔永）担任。

"邀叔永及其夫人晚餐，并邀子竞。请叔永任本院总干事，允来帮忙；惟要求勿即发表，俟到桂林、昆明及重庆视察一次后，再决定。大约十二月间往上海参加中基会执委会后，回港，即准备启程，明年一月可到重庆，于参加国民参政会时，即可

到本院总办事处视事云云。"(本年《日记》同日)

同日 致函余天民,商请调改子女国文授课时间。

"天民吾兄大鉴:十一日(星期六)午后,小女等拟往香港就医,国文功课拟请移诸午前(因午前学校放假),自十点钟起。如蒙允诺至感。……弟元培敬启 十一月九日"。(《致余天民函》同日)

11月10日 分别致函朱家骅(骝先)、傅斯年(孟真),请于两个月内继续执行职务。

"骝先先生大鉴:本月三日托孟真兄转上一函,想荷鉴及。现已请任叔永兄任本院总干事,但渠虽允来帮忙,而要求暂勿发表,俟渠于两个月内往桂林、昆明及重庆考察一次,始能决定。如无别种阻碍,则明年一月间必可到院办事。此犹豫期间,敬请先生仍居总干事之名,而由孟真兄代行,想荷允诺,无任企祷。……弟元培敬启 十一月十日"。(《致朱家骅函》同日)

"孟真吾兄大鉴:本月三日奉一函,附有转致骝先、雪艇两兄函,想均荷鉴及。本院总干事之职,已请任叔永兄担任。渠虽答允,而有一条件,须于两个月后始可决定(详致骝先函中)。此两个月的犹豫期间,拟仍请骝先居其名,而兄为之代行,谅蒙允许。……弟元培敬启 十一月十日"。(《致傅斯年函》同日)

11月13日 拟正式发表聘任任鸿隽(叔永)为中央研究院总干事。

"叔永、子竞来,叔永允即发表任总干事,商定电稿四通,将于明日发出。"(本年《日记》同日)

11月14日 分别致电傅斯年(孟真)、李四光(仲揆)、吴学周、竺可桢(藕舫),通告已聘任任鸿隽(叔永)为总干事。

"致孟真电:已聘任叔永先生为总干事,拟于下月中旬在昆明开院务会议,议毕到渝。请转告骝先先生、毅侯兄。

致桂林李仲揆电:已聘任叔永先生为总干事。拟于下月中旬在昆明开院务会议,请与陶、王、汪诸先生预备议案,前往出席。

致昆明吴学周代电:已聘任叔永先生为总干事。拟于下月中旬到昆明,开院务会议,请与济之、青松、汝为(物理)、伯泉(工程)诸先生预备议案。

致宜山竺藕舫电:已聘任叔永先生为总干事。拟于下月中旬在昆明开院务会议,请预备议案,届时出席。"(本年《日记》同日)

11月16日 为张资界重印南宋本《孝肃包公奏议集》题词。

"张君资界,字叔通,曾任揭阳地方法院院长,持张仲仁介绍片来。以南宋本《包孝肃奏议集》十卷(四册)、杨竹西小像《倪云林补松石又题字》见示,索题词。"(本年《日记》11月13日)

"张君叔通将重印南宋本孝肃包公奏议集征题。"

"题重印南宋本《孝肃包公奏议集》二绝：

一

廉吏何曾不可为，通都僻壤口皆碑。道狼社鼠纵横日，可作九原吾与归。

二

洁身自好或非鲜，嫉恶如仇得见难。辣手文章资启发，相期立懦挽狂澜。"(本年《日记》同日)

同日　题《杨竹西小像卷》。

"吴中高士不求死，位置允宜松石间。喜有云林晚年笔，画书相称不偏屡。(云林于癸卯年补松石并题字，年六十三矣。董香光谓云林晚年，字不称画，观此卷，殊不然。)"(本年《日记》同日)

11月19日　电告朱家骅(骝先)、傅斯年(孟真)等，任鸿隽(叔永)允于十二月初旬到渝。

"叔永来，允于十二月初旬先飞渝。我即电告骝先、孟真及毅侯。"(本年《日记》11月18日)

"渝。朱骝先先生暨孟真、毅侯两兄：任叔永先生准于十二月初旬先飞渝。元培。皓。"(《致朱家骅等电》同日)

11月22日　作《红叶诗》四首。

"陆丹林索写《红叶诗》，旧作都不复记忆，杂凑四首应之。

(一)

霜叶红于二月花(成语)，故乡乌桕荫农家。不须更畏吴江冷，自有温情熨晚霞。(故乡乌桕)

(二)

春游牛首秋栖霞。秋色由来红叶赊。我后我先曾绚烂，物希为贵我犹夸。(屡往栖霞看红叶，或先期，或后期，所见不多，然亦有致。)

(三)

枫叶荻花瑟瑟秋。江州司马感牢愁。而今痛哭何时已？白骨皑皑战血流。(江右)

(四)

半江红树卖鲈鱼(成语)，记得真州好景无？青笠绿蓑风雨里，淮南一例哭穷途。(淮南)"(本年《日记》同日)

12月5日　允任上海绍兴七县旅沪中学名誉校董。

"得绍兴七县旅沪同乡会委员长王晓籁，副委员长王延松、裴云卿公函，推我为绍兴七县旅沪中学之名誉校董，附来聘请书一纸。"(本年《日记》11月21日)

"致王晓籁函，允任上海绍兴七县旅沪中学名誉校董。"(本年《日记》同日)

12月17日　得云南北大同学会"遥祝健康"电,并为北京大学建校40周年纪念题词。

"得云南北大同学会电:'于本校四十周年纪念日,向师座虔致敬意,遥祝健康!'"(本年《日记》同日)

北京大学四十周年纪念题词:"北京大学,自成立以来,经四十年,其间除民元前十二年,遭义和团之变,稍有停顿外,逐年进展,成绩可观。民国八年左右,被公认为新文化运动之领袖。又如建设研究所,组织评议会,兼收女学生,编练学生军等,无不由北大为之倡。过去四十年之光阴,不为虚度。故近几年来,北京沦于敌手,全校南迁,虽设备或有未周,而精神益为兴奋。孟子所谓'动心忍性,增益其所不能'者,今日之北大,足以当之。他日河山还我,重返故乡,再接再厉,一定有特殊之进步。敬以是为祝。蔡元培"。(北京大学档案)

12月19日　为《唐拓九成宫醴泉铭》题词。

"张叔通来,为题《唐拓九成宫醴泉铭》:

九成宫醴泉铭,有所谓海内第一唐拓本者,已由商务印书馆印行。今以此本对勘之,如醴泉之醴字,奉敕撰之撰字,金碧相晖之晖字,良足深尤之尤字,不能尚也之也字,灵贶毕臻之毕字,怡神养性之养字,何必改作之作字,鉴於既往之於字,国之盛美之之字,随感变质之变字,龟图凤纪之凤字,虽两本均不免漫漶,而此本均多几笔,是此本必在彼本之先矣。惟铭词末缺四十七字,为可惜耳。"(本年《日记》同日)

12月21日　为方君璧画集作序一篇。

"方君璧来,送画集目录,征序。"(本年《日记》12月16日)

"为君璧夫人作画集序成,送去,并探询妇科医生印度Ssum(三美)君诊所,即得复,知S君诊所在香港皇后大道君主行二楼,门诊费三元。"(本年《日记》同日)

"《〈方君璧图画集〉序》。欧洲人作画,以不被拘束于古人窠臼而自成一家为最大之目的。中国人作画,自摹古入手,而悟解古人笔意而与之齐名为最后之境界。然古人之画,何自而来?要亦得诸观察自然之结果,例如禽鱼之动态、花叶之色泽、人物之特征、山水之远近,何尝不肇端于写实?特后来作家偏于尊古,怯于独创,始养成摹仿之习耳,且东西两方面不朽之作,无不有选摄自然,表现感想之作用,其功效亦复一揆也。

君璧夫人留法甚久,曾进波尔多美术学院二年,进巴黎美术学院三年,潜心自修者又若干年,对于欧洲画之若干技巧,心得既多,作品甚富,归国以后所见本国特殊之风景与人物,时时与欧洲之工具与笔法写之,既为中外知画者之所叹赏,近又以中国之纸笔与色彩,参用欧洲技巧,而写本国之风景与人物,借欧洲写实之手腕达中国抽象之气韵,一种尝试,显已成功,锲而不舍,前途斐然,爰于画集出版之初,

特缀芜词,用祝进步。 蔡元培 一九三八年"。(《方君璧图画集》第 2 册)

12 月 与宋庆龄联名为《鲁迅全集》发表征订启事。

"敬启者:鲁迅先生为一代文宗,毕生著述,承清季朴学之绪余,奠现代文坛之础石。此次敝会同人特为编印全集,欲以唤醒国魂,砥砺士气,谅为台端所赞许。惟因全篇篇幅浩繁,印刷费用甚巨,端赖各界协力襄助,以底于成。除普通刊本廉价发行预约外,另印精制纪念本一种,以备各界人士定购,每部收价国币一百元。将来除印刷成本外,如有溢利,一概拨充鲁迅先生纪念基金。素仰台端爱护文化,兹特附呈《鲁迅全集》样本一册,倘荷赐购,并介绍友人定购,则不仅敝会之幸而已。……鲁迅先生纪念委员会主席蔡元培、副主席宋庆龄"。(《鲁迅全集》第 20 卷)

本年 为任鸿隽题扇。

"忆昔梁州夜枕戈,东归如此壮心何。蹉跎已失邯郸步,悲壮空传敕勒歌。
今日扁舟钓烟水,当时重铠渡冰河。自怜一觉寒窗梦,尚想浯溪石可磨。
叔永先生正 蔡元培"。(《少年画报》第 30 期)

本年 为李宗侗(玄伯)书联一副。

"谟议轩昂开日月;文章浩渺足波澜。玄伯仁兄方家正 蔡元培"。(孙常炜:《蔡元培先生全集》)

本年 为陆匡文书联一副。

"刚日读经,柔日读史;无酒学佛,有酒学仙。匡文同学兄雅属 蔡元培"。(孙常炜:《蔡元培先生全集》)

1939 年(民国二十八年 己卯)七十二岁

1 月 7 日 致函朱家骅(骝先),谓不能参加国民党五届五中全会。
"致骝先函,告不能赴渝参加五中全会,托届期代请假。"(本年《日记》同日)

1 月 14 日 作和张一麐(仲仁)七绝二首,诗中深信抗战必胜。
"以我及养友和仲仁之诗,托天民转致仲仁。"(本年《日记》同日)
"和张一麐七绝二首:

(一)

惑曾思辨德思崇,浅涉惭如卖饼佣;自得诗人弘奖后,一家均在霁光中。

(二)

廿年前已赋归田,啸傲林泉望若仙。更为虞山坚后约,凯歌声里共陶然。
奉和仲仁先生见赠之作,敬希斧正。蔡元培"。(《东方画刊》第 2 卷第 12 期)

1月16日　为商务印书馆审定《心理学》书稿。

"得商务印书馆函,以傅统先所译之美国兰费德、波林、卫尔德三教授合编之《心理学》,嘱鉴定,拟列入大学丛书。"(本年《日记》1月9日)

"阅《心理学》竟。发见清样中误字数十,均记出。此书材料丰富,叙次明晰,集实验心理学之大成,而不为一派所拘束,堪备大学生参考。"(本年《日记》同日)

1月18日　聘丁声树由助理为专任编辑员。

"叔永携示孟真函,告所务会议决请丁声树助理为专任编辑员,月薪一八〇元。"(本年《日记》1月14日)

2月9日　为杨椒山手书狱中诗卷子题签。

"昨北大毕业生李韶清来(现任香港《立报》业务设计委员),以杨椒山先生手书狱中诗卷子属写引首。……今日为书'杨忠愍书狱中诗'七字于卷端。"(本年《日记》同日)

2月13日　为《大风》旬刊周年纪念刊作七绝一首。

"得陆丹林函,以《大风》旬刊于三月五日周年刊行纪念专号,征诗。作一绝:

八千子弟死亡多,三杰徒夸良言何。眼见四方皆猛士,新编民族大风歌。"(本年《日记》同日)

同日　允列名为何铁华摄影展览会赞助人。

"得香港中国妇女兵灾筹赈会主席刘庆萱函,属列名为何铁华摄影展览会之赞助人,复允。"(本年《日记》同日)

2月16日　应缪孝威之请,为缪子才遗像题一绝。

"题缪君子才遗像一绝,寄其子孝威:

远自函关参大道,近□蓟汉演微言。等身著作承贻赠,迨展遗容已九原。"(本年《日记》同日)

2月18日　为任鸿隽(叔永)夫妇书匾及条幅,赠莎菲夫人七律一首。

"为叔永书《古青书屋》匾,又为任夫人书条幅,赠以七律一首:

女子何渠不若男,如君杰出更无惭。外家文艺经陶养,西学英华久咀含。

能为孟坚完汉史,夙闻道韫擅清谈。唱酬最喜得嘉耦,庐阜圣湖数共探。"(本年《日记》同日)

2月20日　撰写《华盛顿对于我国教育界之关系》一文。

"彬龢来,言将以《太平洋文摘》让陶行知继续编印,而自己则印书。又言将为华盛顿刊一纪念册,以'吾国教育界与华盛顿关系'之一文,属我撰之。"(本年《日记》1月9日)

"彬龢自上海来,携去《华盛顿对于我国教育界之关系》稿。"(本年《日记》同日)

同日　为《淹留》诗学半月刊题三绝。

"廖平子,字苹庵,顺德人。早岁赞助兴中会、同盟会事业有功。辛亥后不仕。日寇南侵,召乡团凭江御之,援绝,乃赴澳门,创诗学半月刊,名曰《淹留》,所有著作、编辑、缮写、装订、发行等事,皆一手经理,每期出三十册云云,并以本月十六日所发行之第一期见赠,征求题咏。"(本年《日记》2月15日)

"题《淹留》三绝:

(一)用则能行舍则藏,藏于诗国最安详。热肠岂许常韬晦,黑暗宵中掣电光。

(二)彭泽衿怀似卧龙,却于平淡见豪雄。定庵巨眼超侪辈,引取名篇移赠公。

(三)劳力劳心等级平,事无巨细一般成。惊人轶事差相似,只有青年爱迪生。"(本年《日记》同日)

2月 书赠余天民长联一副。

"天民吾兄雅正

钓竿欲拂珊瑚树;诗卷长留天地间。 蔡元培"。(余天民:《蔡先师港居侍侧记》)

3月1日 作中央研究院评议会第四次会议开会词,并寄昆明办事处。

"得翁咏霓二十一日函,提议三事:(一)评议会开会时,望我亲到。(二)于开会前,由我电请蒋委员长给训词,即由○携会宣读。(三)辞秘书。"(本年《日记》2月26日)

"致叔永函(航挂),有评议会开会词稿。"

"拟致军事委员会蒋委员长电。重庆军事委员会蒋委员长勋鉴:国立中央研究院之评议会所聘评议员,均国内第一流之科学家,平日分头工作,对于军事上、经济上颇多贡献。本年定于三月十三日在○开会,敬请赐予训词,交该会秘书翁君文灏携会宣读,以资鼓励,无任企祷。"(本年《日记》3月1日、2日)

同日 作挽钱玄同七律一首。

"致沈尹默函,附去挽钱玄同七律。

理想高谈不讳狂,久于大学耀锋芒。古音善演余杭绪,疑事重增东壁光。

开示青年新道路,揄扬白话大文章。可曾手定遗书目,堪与二刘旗鼓当。

君曾为刘申叔、刘半农结集遗书,深望君之著作已有自定本。"(本年《日记》同日)

3月5日 写张镕西哀词。

"写张镕西哀词(天民代作),寄张镕西先生纪念刊编辑委员会汪馥炎。"(本年《日记》同日)

3月10日 作贺马相伯百岁寿诞七律一首。

"得昆明益世报馆方豪(忆其字曰俶新)函告,本年四月八日为马相伯先生百岁生日,该报拟出专页,征我的短文或题词。"(本年《日记》3月4日)

"作寿马相伯先生一律,寄益世报馆方豪:

百年自昔夸人瑞,学邃神完更足珍。伏胜授书能启后,武公善谑助亲仁。

犹因爱国抒弘论,不为悲天扰性真。愿借台莱歌乐只,八千常与历秋春。"(本年《日记》同日)

3月11日 与宋庆龄、何香凝等主持何铁华摄沦陷区名胜影展。

"本港中国妇女兵灾筹赈会,为加紧筹赈济难起见,特邀请我国名摄影家何铁华氏,将年前游历华北、华中及华南一带掠影所得,选其属于沦陷区者凡五百帧,举行一沦陷区名胜影展,今日上午十时起在花园道圣约翰礼拜堂举行公开展览。下午二时半,由本港名流宋庆龄女士、许世英、何香凝、蔡元培、许地山等主持开幕礼。"(《申报》同日)

3月14日 函请余天民为子女放假一天。

"天民我兄大鉴:星期三(十五日),小女睟盎于午后在校中照常上课,而小儿怀新、英多咳嗽未愈,敬请放假一日,于星期六照常上课。……弟元培敬启 三月十四日"。(《致余天民函》同日)

与子怀新合影(1939年)

3月16日 读冯友兰(芝生)著《新理学》一书,谓该书"厘然有当于我心"。

"读冯芝生《新理学》一过,对于郭象及程朱之说能虚心体会,补缺正误,为系统的说明,可谓空前之作。说艺术、说鬼神、说宗教,均厘然有当于我心。"(本年《日记》同日)

同日 对莎菲夫人著《小雨点》及《散文集》两书,均有佳评。

"近日曾阅陈衡哲夫人之《小雨点》及《散文集》。《小雨点》中以《络绮思之问题》及《一支扣针的故事》为最佳。《散文集》中,评现代吾国中小学校缺点,论女权,均有卓见。"(本年《日记》同日)

3月20日 应中国妇女兵灾筹赈会之请,为沦陷区摄影题字。

"接香港中国妇女兵灾筹赈会函,赠何铁华所摄《沦陷区名胜集》及《蒋委员长故乡名胜集》各一册,并为何君征序及题词。"(本年《日记》3月17日)

"致妇女兵灾筹赈会函,附去沦陷区摄影题字。"(本年《日记》同日)

同日 函请中央大学校长罗家伦(志希),为彭文藻酌加月俸。

"志希我兄校长大鉴:久不通信,想安善。兹有启者,研究院旧同事彭君文藻,由孟真兄介绍在贵校服务,闻成绩尚好。惟彭君家累甚重,每月入不敷出,如蒙酌增月给,俾得免内顾之忧而专心办事,于公于私,皆有益也。是否可行,请就近告知彭君为荷。……元培敬启 三月二十日"。(《致罗家伦函》同日)

3月21日 为陈成渠讣闻题字。

"显廷来,属为陈成渠讣闻题字,即题交。"(本年《日记》同日)

3月25日 为培英中学六十年纪念会特刊题签。

"接广州培英中学香港分校校长刘继祖函,属写该校六十年纪念会特刊封面。"(本年《日记》3月22日)

"为培英中学写六十年纪念会特刊封面,寄去。"(本年《日记》同日)

3月31日 作贺夫人周养浩四十九岁生日一律。

"因四月三日即阴历二月十四日为养友四十九岁生日,贺以一律。

邛疐生涯十六年,耐劳嗜学尚依然。岛居颇恨图书少,春到欣看花鸟妍。

儿女承欢凭意匠,亲朋话旧煦心田。一尊介寿山阴酒,万壑千岩在眼前。

二十八年旧历二月为养友寿 培"。(本年《日记》同日)(《东方画刊》第2卷第12期)

同日 四月四日儿童节,作儿童节歌一首。

"好儿童！好儿童！未来世界在掌中。若非今日勤准备,将来落伍憾无穷！

好儿童！好儿童！而今困难正重重。后方多尽一分力,前方将士早成功！"(本年《日记》同日)

4月4日 在宅率男女公子,并邀来宾共度儿童节。

"二十八年四月四日,先师与夫人率男女公子庆祝儿童节,来宾有任鸿隽(叔永)夫人携子女到会,闽省教育家何尚平先生,则由远道新到,我亦参加,另为其戚属数人。先师为主席,致词毕,旋由在座者各述感想,我亦就各国儿童节与日本儿童节有所发挥。……先师与来宾,均认为见解正确,随由小朋友等联合唱歌后,再由每人各唱一歌,每人各说一童话中有趣味故事,并共同做许多儿童游戏始毕。在节目进行中,先师与夫人分别以糕点水果饷客,招待倍殷勤。游戏毕复备饭,席间先师欢甚,曾顾男女公子云:下一次儿童节,可多邀几个小朋友来参加热闹。"(余天民:《蔡先师港居侍侧记》)

4月20日　出席中华教育文化基金会图书委员会会议。

"午前十时,中基会之图书委员会在我寓开会。到会者有蒋梦麟、袁守和、周寄梅、孙洪芬、司徒雷登君,十一时半会毕。晚九时至十一时,中基会在半岛酒店开预备会。"(本年《日记》同日)

4月21日　出席中华教育文化基金董事会第十五次年会预备会。

"午前九时半至十二时,午后三时半至六时,晚八时至十二时,均开预备会。我晚间未参加。"(本年《日记》同日)

4月22日　出席中华教育文化基金董事会第十五次年会,仍被推为二十八年度董事长。

"第十五次董事年会,于民国二十八年四月二十二日在香港九龙半岛酒店举行。出席者蔡元培、孟禄、周诒春、贝克、顾临、金绍基、司徒雷登、施肇基、翁文灏、任鸿隽诸董事,通过代理名誉秘书报告、执行委员会报告、财政委员会报告等十五案。改选二十八年度董事会职员,结果如下:……董事长蔡元培,副董事长孟禄、周诒春。"(《中华教育文化基金董事会第十四次报告》)

4月25日　偕夫人答访中华教育文化基金董事会诸董事。

"偕养友往半岛酒店,答访中基会诸董事,晤洪芬、咏霓、叔永、孟禄、贝克、司徒雷登诸君。"(本年《日记》同日)

4月27日　鲁迅先生纪念委员会赠送《鲁迅全集》一部,退回原付书款。函谢之,并以原付书款改作赙敬,托转致许广平女士。

"前有鲁迅先生纪念委员会干事王纪之君来,携有该会一函,言我既为《鲁迅全集》作序,并力为提倡,会中议决,应赠乙种纪念本一部,前所收订乙种纪念本之国币百元,应送还云云。王君留函及款而去。我今日复该会一函,谢其赠书,又言鄙人对于鲁迅先生身后终不愿毫无物质之补助,请以此款改作赙敬,仍托王君转致许景宋女士云云,函、款均托喻卡尔送去。"(本年《日记》同日)

4月29日　阅《吴恪斋尺牍》一书。

"北平图书馆送来《吴恪斋尺牍》七册,皆自清同治十二年癸酉冬十二月迄光绪九年癸未十二月之十年间致陈篛斋之函,多用行楷,间有用金文者。内容多关于古物、古文而间及赈务、边防、屯垦等务(尺牍所附之金文考,亦印入)。"(本年《日记》

同日)

又读谢国桢《〈吴恪斋尺牍〉跋》,知有《陈簠斋尺牍》一书。

"读谢国桢跋,知平馆又假到石印本《陈簠斋尺牍》五册,皆为致吴恪斋书,起同治十二年,止光绪五年己卯九月,庚辰以后已散佚。谢君因编一吴、陈两家尺牍编年表,附印吴牍之后,且发现吴、陈二君神交十年,未尝谋面,亦趣事也。"(本年《日记》同日)

5月2日 为何铁华两种画集题签。

"午后,何铁华来,将往重庆、昆明等处开沦陷区名胜摄影展览会,属向熟人介绍,又属写《铁华抗战素描集》《铁华抗战画集》题签;又属题字于将印行之《美术杂志》。"(本年《日记》同日)

5月5日 为何铁华印《美术杂志》题字。

"何铁华来,为致陶孟和、叶楚伧介绍函各一,又为题字于杂志。"(本年《日记》同日)

5月11日 记述为次女取名睟盎之缘由。

"我女睟盎生于民国十六年,其时我等住上海慕尔鸣路,对门有天主教会之学校,名曰 Jean d'Arc,即我国所译为若安贞德者,我以 Jean 为女中豪杰,欲以是名我女,而法语中之 Jean 急读为上,缓读则为 Sui Yang,乃从《孟子》'睟然见于面,盎于背'一语而中取其睟盎二字以为名,初不计古人曾有'睟盎'二字成语否也。近读陆放翁《剑南诗稿》,至六十七卷,乃有'道貌安能希睟盎'之句,喜其先得我心。因录其全首,以示我女。

亲旧见过,多见贺强健,戏作此篇。

偶向人间脱骇机,玉池中夜自生肥。据鞍马援虽堪笑,强饭廉颇亦知非。

道貌安能希睟盎,世缘但可付猗违。它年不死君须记,会在天津看落晖。(自注:元微之赠老人诗云:天津桥上无人识,独倚阑干看落晖。)"(本年《日记》同日)

5月13日 中法协进会拟请蔡先生赴法参加及主持该会工作。

"午前,萧缉亭(文熙)偕昂端携示石曾函,言中法协进会发起于欧战时,为华法教育会、俭学会等联合团体,在华曾举行公会,由先生与班先生(班乐卫氏,现已去世,而爱里欧、穆德等继续主持)主席。抗日以来,此会多在暗中努力,为秘密工作。近有公会公开之计划……法方同志稍迟有函致先生,并盼公来法参加及主持法公会云云。并嘱为萧、昂二君介绍于政府诸君。"(本年《日记》同日)

"萧缉亭(文熙)来,携二函去(一致庸之,一致亮畴),据言将来开公会时,石曾拟请穆德来华。"(本年《日记》5月28日)

5月21日 致函黄尊生,附去所写《淹留》封面及题诗。

"得菲列宾粤侨各团体联合会函,嘱于二周年纪念特刊题字。得黄尊生函,嘱写《淹留》封面及题诗。"(本年《日记》5月20日)

"致尊生函,附所写《淹留》及题诗三绝。"(本年《日记》同日)

5月23日 阅读张元济著《校史随笔》二册。

"阅菊生所著《校史随笔》二册,知汪允宗有《今事庐笔乘》;又王茀卿先生著《明史考证捃逸》,子君九增辑三十余条,先后由嘉业堂刘氏刊行。"(本年《日记》同日)

5月25日 称许张元济(菊生)著《校史随笔》为正讹补夺、嘉惠学子之书。

"菊哥同年大鉴:奉五月十二日惠函,敬谂起居曼福为慰。……弟杜门不出,有暇读书。近从商务分馆中购得大著《校史随笔》,拜读一过,虽未及检各史对勘,而正讹补夺,厘然有当于心。若举百数十册之校勘记,次第整理印行,则吾哥博观精勘之成绩,所以嘉惠学子者,益无限量,曷胜企盼。……弟元培敬启 五月二十五日"。(《复张元济函》同日)

6月10日 为《星洲日报》题词。

"得《星洲日报》郁达夫函,为该报征文。"(本年《日记》6月6日)

"七七节,为《星洲日报》题:再接再厉,必明必强。"(本年《日记》同日)

6月15日 张一麐(仲仁)邀入香港新文字学会,允与吴稚晖商议后再作决定。

"仲仁偕黄霖生、冯裕芳、陈肃亮来,报告新文字运动成绩,并邀我加入香港新文字学会,我告以不能入会之故。仲仁提议,由我与仲仁联名致函稚晖,征其意见,我以为可;决定由仲仁作函,我附签名。"(本年《日记》同日)

6月20日 为《大风》旬刊题署"七七两周年纪念特辑"等字。

"得陆丹林函,嘱为《大风》写'七七两周年纪念特辑'等字样。"(本年《日记》6月20日、22日)

6月24日 为《天下》图画半月刊题字。

"《天下》图画半月〔刊〕总编辑梁晁赠我《天下》二期,又曾由何铁华及陈德贤女士索题字。"(本年《日记》6月22日)

"致《天下》总编辑梁晁函,附去题字。"(本年《日记》同日)

同日 致函蔡无忌,商为林文铮择一较固定的工作位置。

"无忌览:接本月七日来函,知儿平安,又知宝葇等已迁成都北郊,为慰。……文铮虽有译书之务,然总以有一较为固定之位置为方便,据任叔永兄函告,邹秉文君现主持国际贸易委员会,思延一熟谙法语之员,在海防办交涉,如文铮自忖可以胜任(中法交涉恐有法律、经济上之关系),且愿意担任,则一面我可托叔永介绍,一面可以由儿与秉文商量,望先与文铮酌之。……元培 六月二十四日"。(《复蔡无忌函》同日)

6月25日 为暹罗(今泰国)《华侨日报》"七七特刊"题字。

"彬龢来,见赠《申报画刊》,为暹罗《华侨日报》索七七特刊题字。"(本年《日记》6月18日)

"彬龢来,携去暹罗《华侨日报》题字。"(本年《日记》同日)

7月3日 允为新文字运动名誉赞成员。

"仲仁来,言新文字运动会将开成立会,要我列名,我告以不能;仲仁提议作名誉赞成员,我允之。"(本年《日记》同日)

7月4日 被推为国际反侵略运动大会中国分会第二届名誉主席。

"得国际反侵略运动大会中国分会函告,我被推为第二届名誉主席,附来调查表一纸。"(本年《日记》同日)

7月7日 为纪念七七抗战日,全家素食一日。

"两年前七月七日,日人攻卢沟桥,为两年来恶战之开端。国民政府已定此日为抗战建国纪念日,旅港华侨举行种种纪念,吾家亦素食一日。"(本年《日记》同日)

同日 为菲律宾马尼拉《华侨商报》题词。

"抗战建国纪念日特刊。积两年之奋斗,祈最后之胜利。"(启功 牟小东编《蔡元培先生手迹》)

为抗战建国纪念日特刊题词(1939年)

7月13日 作《哀长女蔡威廉》文。(蔡元培先生手稿)

7月19日 为《港澳学校概览》一书题字。

"得梁冰弦函,属为《港澳学校概览》题字,拟题'学海津梁'。"(本年《日记》7月17日)

"致梁冰弦函,附去题字。"(本年《日记》同日)

同日 为新文字运动会题词。

"仲仁来,为新文字运动会索题词。"

"扫除文盲,愈速愈妙;其所用之工具,越简越妙。香港新文字学会所利用之新文字,简矣;其有速效,盖可无疑。"(本年《日记》同日)

7月28日 为国际反侵略运动大会中国分会填写调查表。

"得国际反侵略运动大会中国分会函,言拟出会报一种,征五百字左右之文,并属换调查表。又寄来该会常务理事会会议录汇编第一集。……以调查表寄反侵略分会。"(本年《日记》同日)

7月29日 为李宗侗(玄伯)著《中国古代社会新研究》作序一篇。①

"为李玄伯作《中国古代社会新研究》序。"(本年《日记》同日)

7月31日 阅《现代西藏》一书。

"阅《现代西藏》竟。虽所记稍略,但确为现代的。标题为世界佛学院汉藏教理院丛书第三种,其前二种不知为何书也。著者自称曾著《我去过的西藏》一篇。汉藏教理院在重庆北碚缙云寺,释太虚就其遗址设教理院。太虚他去时,即由法尊代理。"(本年《日记》同日)

8月2日 复蔡无忌函,详述在港与外界不通闻问的生活状况。

"煦儿览:接本月七日来函,知儿胃疾不发,局务不劳为慰。……欧战初起,港中寓公向各方面奔避,舱位拥挤非常,近则往澳门者又多回港矣。但事变无常,港汇又高,我亦感迁居之必要。但我自来港以后,绝对不应酬不轻易见客,有许多熟人同在此地而不与通闻问,并不见怪。我于是有暇读书,有暇著书,为十年来所未有。若一到内地,因研究院各所受省府助力,岂能不与往来;各种文化教育机关之研究员、教员、学生,人数既多,安能见谅;仅仅晤谈,已感忙烦,其他演说、函电之要求,亦所难免。我之生活,又将回到南京、上海的样子。加以卫生设备之不完〔善〕,医生药物之缺乏,雨季以后之空袭,在在堪虞。故我虽已为迁居之准备,而地点尚未能决定。若万不得已时自然顾不得许多,但现在似尚有从容考虑之余地也。……元培"(《复蔡无忌函》同日)

8月6日 阅爱特加·斯诺(Edgar Snaw)著《西行漫记》和宁谟·韦尔斯著

---

① 该书于1939年由开明书店出版,序文中所记撰文日期为7月15日。

《续西行漫记》两书。

"阅《西行漫记》，美国爱特加·斯诺（Edgar Snaw）著，吴景崧等十二人译。是书凡十二章：第一，探寻红色的中国；第二，到红色首都去的路上；第三，在保安；第四，一个共产党员的略历；第五，长征；第六，西北的红星；第七，到前线去的路上；第八，在红军中（上）；第九，在红军中（下）；第十，战争与和平；第十一，回到保安去；第十二，回到白色区域。其第三章中有'共产党的基本政策''论对日战争'等节，述毛泽东的意见，颇详。第十二章，叙西安事变。

阅《续西行漫记》，斯诺夫人宁谟、韦尔斯著（Nym Wales），胡仲持等八人译。是书分五章：第一，到苏区去；第二，苏区之夏；第三，妇女与革命；第四，中国苏维埃的过程；第五，中日战争，又有附录。是书于红军人物，叙述最详；诸要人均有自传分叙于各章，而最后附录记八十六人略历，分政治领袖、军事领袖、开除党籍者三类，已有自传者亦列其中，但较略耳。第二章之十一节，中国字变了，指拉丁化中文的利用。第四章之第四节关于托派的二三事。第五章之等到他醒来的时候，对于中国前途的希望，说得甚为恳切。"（本年《日记》同日）

8月8日 致函王云五，商请委以康选宜重庆分馆经理职务。

"云五先生大鉴：前数日上一函，为堂舍弟稚卿介绍，谅荷鉴及。顷又有启者，北大毕业生康君选宜，在上海暨南大学任教授时，曾与公晤谈。现已在渝市设学术书店，愿与本馆合作，希望由公委以本馆渝市分馆经理或协理之职，所说理由甚详，特将函中第六页至第十一页奉览，请酌示可否？……弟元培敬启　八月八日"。（《致王云五函》同日）

8月15日 应黄启明治丧委员会之请题字。

"得黄校长启明治丧委员会函（澳门卢家花园培正学校），征词，写'教思无穷'应之。"（本年《日记》同日）

8月18日 致函童公震，附有童亦韩夫妇像赞及赙仪。

"得童公震七日函，报告其父亦韩及其母俞，于六、七两月中先后去世。

童亦韩同年暨年嫂俞太夫人像赞：

铮铮童君，古之遗直。嫉恶如仇，爱人以德。温温夫人，为君内助。课子持家，令闻凤著。如何不淑，先后反真。瞻仰遗像，规范常新。"（本年《日记》8月11日）

"致毅侯函，托以函件及赙仪送童公震（赙仪二十元，托毅侯于本月薪水中预支）。致公震函（附去亦韩夫妇像赞及赙仪）。"（本年《日记》同日）

9月3日 鹤山邑侨筹赈兵灾难民会函请题字。

"得鹤山邑侨筹赈兵灾难民会函，属为所印《抗战的鹤山》题字。"（本年《日记》同日）

9月16日 应中苏文化协会之请,为苏联十月革命二十二周年纪念特刊题词。

"得中苏文化协会函,言本年十一月七日为苏联十月革命二十二周年纪念会,敝会特于是日出版特刊,请赐祝词。

特题如左(下):

革命精神,平民主义。二十二年,功成名遂。

反对侵略,咸为同志。敬祝进步,造福人类。"(本年《日记》同日)

"致中苏文化协会函,寄去祝词。"(本年《日记》9月19日)

9月21日 允列名童亦韩先生公祭启事。

"得公震函,见示《新昌童亦韩先生公祭启事》稿,属列名。启中有'清季创《经世报》于杭州,延陈志三(虬)、宋燕生(恕)、章太炎诸先生为撰述,……《苏报案》起,冒难任危,营救甚力'等语。"(本年《日记》9月20日)

"致童公震函,允在公启上签名。"(本年《日记》同日)

9月22日 为中华教育文化基金会借款免息事致孔庸之函。

"得章元美函,送来洪芬函及财政部函稿,要求二十九年起,中基会向四国行所借之款免息拨付,并属我致孔庸之一函。"(本年《日记》9月21日)

"致章元美函,附去致孔庸之函。"(本年《日记》同日)

9月27日 为王济远题《写竹第一集》。

"得王济远十八日吧城(Batavia)片,嘱以画竹册题字,寄吧城中国总领事馆转交。"(本年《日记》同日)

"(补录)为王济远题《写竹第一集》:

此君一日不可无,安得渭川千亩乎?展卷便能医人俗,何烦邻里护龙雏(东坡傅尧俞济源草堂七律:邻里亦知偏爱竹,春来相与护龙雏)。

有宋名家竹写真,后生仿拟太陈陈。喜君一试写生手,气韵依然仪态新。"(本年《日记》10月20日)

9月28日 为《南洋大学周年纪念特刊》题签。

"复中基会函,以所写纪念特刊封面寄南洋大学钟鲁斋,因索书'南洋大学周年纪念特刊'等字也。"(本年《日记》同日)

9月30日 被推为香港新文字学会理事会名誉理事长。

"张仲仁来,属与朱骝先商,由中央庚款尚未分配之八十万中,提出二三万元助香港新文字运动会。又交来香港新文字学会理事会一函,推我为该会名誉理事长。"(本年《日记》同日)

晚年在香港寓所留影（1939年）

10月3日 所著《石头记索隐》一书在商务印书馆又销出82部。

"得商务印书馆通告：自二十六年四月至二十八年八月，《石头记索隐》共销去八十二部，应得版税六元一角五分。"（本年《日记》同日）

10月8日 为民族革命通讯社印战地文化丛书题字。

"林焕平携张仲仁介绍片来访。自言……现任民族革命通讯社华南分社社长。该社拟印行战地文化丛书，索题字，书'智勇俱进'四字畀之。"（本年《日记》同日）

同日，对林焕平说：中国需要进步。中国目前除了抗战到底以外，别无出路。

"记得去年（二十八年）十一月间，我曾往他的私寓拜谒过一次（而这竟是最后一次的握手!)那时他精神已颇不佳,脚坏,每晚用盐水浸它三十分钟;眼也坏,不能看报。但他却坦然地说:中国需要进步。中国目前除了抗战到底以外,那还有第二条出路呢？这些话,对于生者不是很好的警惕吗？"(林焕平:《蔡元培与新文学》)①

10月12日 函请朱家骅(骝先)为许寿裳(季茀)请补。

"致骝先函,请以中英庚款会讲座余额为季茀请补,或以协助科学工作款助之(航空)。"(本年《日记》同日)

10月20日 为沧萍《己卯诗》题一绝,并为《唐书说林》题签。

"黄汉生偕李沧萍来,沧萍以所著《己卯诗》征题,并嘱为黄伯轩写《唐书说林》封面。"(本年《日记》10月18日)

"为李沧萍题《己卯诗》。

渊源远溯金华伯,风格近倚蒹葭楼。自有清凉沁肝肺,不愁残暑袭深秋。(陈后山称鲁直为金华伯,沧萍诗中用之。蒹葭楼为黄晦闻别号,沧萍当从晦闻学诗也。)

秋晚犹苦热,得读沧萍兄己卯诗,为之一快,率题卷端。"(本年《日记》同日)

"致李沧萍函,附去《唐书说林》书签。"(本年《日记》10月21日)

同日 贺蔡哲夫六十岁寿辰。

"得蔡哲夫函,送其子伦略例;催写扇;并言今年六十岁,马相伯贺以'寿'字,索我一言。"(本年《日记》9月14日)

"寿蔡哲夫六十

吾家学艺溯中郎,现代得公宗又亢。武达文通非执昔,吉金乐石恣收藏。黄花犹忆谢英伯(公在广州时,常访谢英伯先生于黄花岗博物馆),绛帐曾亲马季良(公曾受业于马相伯先生)。愿与本师同上寿,岿然南社鲁灵光。"(本年《日记》同日)

10月22日 赞成中华教育文化基金会下年度用通信办法表决款项用途。

"得洪芬十三日函,见示贝克君致中基会执行委员会函,言如明年二月一日不能收到庚款,则不必开四月年会,而以财政委员会所编送之款项支配法,经执行委员会审定后,由干事长通函各董事通信表决。我赞成之。"(本年《日记》同日)

10月27日 薄暮偕夫人及女儿外出散步,见圆月当空,作一绝。

"薄暮偕养友、盎儿出门散步,忽见满月,盖今日为阴历九月十五日也。因念中秋风雨及一月来未曾夜游之状况,作一绝:

密云骤雨度中秋,秉烛何曾作夜游。辜负清明三十日,今宵始见月当头。"(本年《日记》同日)

同日 函谢蔡尚思寄赠《中国思想研究法》一书。

---

① 载蔡元培研究会编:《蔡元培纪念集》。

"中睿吾兄大鉴：接本月二十二日惠函，借谂在沪大专讲中国通史，甚善。承寄示大作《中国思想研究法》印本，拜领，谢谢，当详读之（前作序时，未见全稿）。斠玄兄与颉刚兄共事于齐鲁大学，兄所未暇整理之材料，有一部分由渠先为编排，亦可喜也。……弟元培敬启 十月二十七日"。（《复蔡尚思函》同日）

10月30日 为护国息灾法会捐款百元。

"得护国息灾法会函催捐款，该会会长戴傅（传）贤，理事长张继，副理事长屈映光、陈其采。"（本年《日记》10月29日）

"致毅侯函，附去护国息灾法会捐册及致该会函，托代支薪百元，随捐册送去。"（本年《日记》同日）

11月12日 国民党五届六中全会在重庆开幕，因病未能出席。

"致中央秘书处函，告因病不能到渝列席六中全会。"（本年《日记》11月6日）

11月14日 李沧萍以陈白沙书五古直幅等件嘱题字。

"李沧萍来，携去《己卯诗》，赠我黄晦闻《蒹葭楼诗》一册，又示我陈白沙书五古、朱九江书楹联，属题字。"（本年《日记》10月31日）

"题款于陈白沙所书和杨龟山'此日不可得'五古直幅（沧萍说，此诗《白沙集》中有之，有数字不同耳），及朱九江所书七言楹联（联语为'尺从大小分规矩，线有方圆定短长'，红蜡笺，上款金福仁兄大人雅属，下款朱次绮书）。李沧萍来，即以陈、朱两写件还之。"（本年《日记》同日）

11月15日 为王小徐著《因明入正理论摸象》题签。

"得王小徐函，言近著《因明入正理论摸象》一卷，由商务印行，嘱作序。"（本年《日记》11月8日）

"读《因明入正理论摸象》一过，不易了解，又无暇详读，不能作序，为题签而已，函告小徐。"（本年《日记》同日）

同日 以王小徐著《因明入正理论摸象》书稿璧还王云五。

"云五先生大鉴：奉复示，并赐借王小徐兄之《因明入正理论摸象》稿本，甚感，觉作序甚不易，因弟平日未曾研究因明也。已告小徐兄。书稿奉璧，请早付排。……弟元培敬启 十一月十五日"。（《复王云五函》同日）

11月22日 函请鲍少游见示所作《长恨歌诗意图》。

"少游先生大鉴：奉二十一日惠函，敬谂大作《长恨歌诗意图》二十帧已完成，不胜佩服，承允于公开展览前见示，尤感。本拟诣贵院参观，而足疾未愈，不能出门，如蒙惠临，并携一二帧，俾快先睹，弟当于二十四日（星期五）午后五点钟在敝寓恭候。诸希谅鉴。……弟元培敬启 十一月二十二日"。（《复鲍少游函》同日）

11月23日 阅陈大年著《中国古玉之研究初集》。

"阅陈大年君《中国古玉之研究初集》竟。陈君根据实物，参加理想，颇多创见，

六、大学院院长及中央研究院院长时代(1927—1940) 1367

惟亦有可疑之点。"(本年《日记》同日)

11月 复函陈立夫,允任国际论文竞赛国内征文评判委员会委员。

"立夫先生部长大鉴:奉聘函及瑞典文化书局说明书、正中书局国内征文办法各一份,委元培为国际论文竞赛国内征文评判委员会委员,自惟学力浅薄,未必果能胜任,但谊不容辞,遵当承乏。……"(《复陈立夫函》)

12月2日 旅港北大同学会邀赴晚餐会,谢绝之。

"得留港北大同学通讯处函,附旅港北大同学录、明晚晚餐会请柬,并有一函说明晚由孙家哲、翟俊千、李沧萍三同学来接。"

"致陈良猷(玉山,北大同学会通讯员)函,告以不能参加聚餐会,并托转致孙、翟、李三君不必来接。(晚,孙、翟、李三君仍来,面谢之。)"

"玉山吾兄同学大鉴:昨接兄与成、翟、陆、李、孙、金、陈诸同学惠函,属于今晚六时,参加华商俱乐部之聚餐会,并拟由孙、李、翟三兄到敝寓招呼。恳切周至,曷胜感佩。惟弟病体亟需调养,对于本港各种集会,均不参加。对于北大同学会,亦未便破例,想诸同学必能特别体谅之。今晚恕不到会,并请转告孙、李、翟三同学,幸勿屈驾,以免往返之劳。……弟元培敬启 十二月二日"。(本年《日记》12月1日、2日)

12月3日 为刘海粟所画《滚马》题字。

"刘海粟来,将往爪哇,以所画《滚马》相示,嘱题字,为题'新清俊逸'四字。"(本年《日记》同日)

同日 李沧萍赠以《人境庐诗草》一部,并索题字。

"李沧萍赠我《人境庐诗草》一部,又以所藏《人境庐诗草》之有陈伯严、曾重伯、袁爽秋、欧阳瓣姜诸君评语者,索题字。又见示明成化本《张曲江集》,属写封面。"(本年《日记》同日)

12月7日 为国际反侵略运动大会中国分会作会歌歌词。

"得国际反侵略运动中国分会函,嘱制该会会歌,于年底前寄去。"(本年《日记》11月29日)

"为国际反侵略大会中国分会作歌词,用《满江红》词调:

公理昭彰,战胜强权在今日。概不同,领土大小,军容赢诎。文化同肩维护任,武装合组抵抗术。把野心军阀尽排除,齐努力。我中华,泱泱国。爱和平,御强敌。两年来博得同情洋溢。独立宁辞经百战,众擎无愧参全责。与友邦共奏凯旋歌,显成绩。 蔡元培拟作"。(本年《日记》同日)

"致国际反侵略大会中国分会函,寄去拟作会歌。"(本年《日记》12月9日)

同日 补录所作绍兴子民美育院铭。

"得邵可侣十六日昆明函,言在西南设立中学问题,又言孙福熙在绍兴设子民

美育院,要我写校训,并给以照片,其住址为绍兴鱼化桥云云。"(本年《日记》5月26日)

"补录绍兴孑民美育院铭

美术之作,肇自初民。积渐进步,温故知新。醇化职业,陶养精神。天才好学,成己达人。(此铭尚未寄该院)"(本年《日记》同日)

12月8日　以所作《题鲍少游〈长恨歌诗意图〉》一首寄鲍少游。

"少游先生大鉴:前承枉顾,并携大作《长恨歌诗意图》见示,又承示代序七绝,波澜老成,寄托遥深,不胜佩服。奉上拙作一首,请正之。……弟元培敬启　十二月八日"。(《致鲍少游函》同日)

"题《长恨歌诗意图》:长恨歌成千百年,长生殿曲也流传。更将画史随诗史,三绝应看萃一编。"

"致鲍少游函,寄去题长恨歌诗意图诗。"(本年《日记》12月7日)

12月9日　致函王云五,转交罗尗青作学术论文一篇。

"云五先生大鉴:近接罗尗青君函,属转询先生是否尚有杂志可以登载研究学术之工作,并寄来《左氏私学论考》自序一首。今将原函及自序一并奉览。应如何答复,候示。……弟元培敬启　十二月九日"。(《致王云五函》同日)

12月12日　自王云五处借阅明版《游志汇编》三函。

"又得云五函,赠我影宋本《演蕃露》一函,借给我明版《游志汇编》三函。"(本年《日记》同日)

同日　函复马相伯先生纪念委员会,允列名募建相伯图书馆赞助人。

"马相伯先生纪念委员会台鉴:奉惠函,敬悉贵会拟募建相伯图书馆于复旦大学,甚赞同。承属列名赞助,谊不容辞。敬请列入。……蔡元培敬启　十二月十二日"。(《复马相伯先生纪念委员会函》同日)

12月26日　为《远东日报》题字。

"南华大学秘书王永载持雷通群介绍函来访,嘱题字于《远东日报》(设在安南),并有纸索书。"(本年《日记》12月22日)

"致王永载函,附去《远东日报》题字:'观势达情'四字。"(本年《日记》同日)

同日　菲律宾华侨南洋学校求撰校歌。

"王春生(猷建)来,留王尔三一函,嘱为菲律宾华侨南洋学校撰校歌。"(本年《日记》同日)

本年　为任鸿隽(叔永)书扇面(一律)。

"忆昔梁州夜枕戈,东归如此壮心何。磋砣(蹉跎)已失邯郸步,悲壮空传敕勒歌。

今日扁舟钓烟水,当时重铠渡冰河。自怜一觉寒窗梦,尚想浯溪石可磨。

叔永先生正　蔡元培"。(《少年画报》第30期)

本年　为刘大杰书写二绝。

"(一)

剡中山色照清渊,一路常看黄杜鹃。自入新天临路后,映山红映在山泉。

(二)

省识山人爱植桐,输油欧美挽奇穷。看花也复惊疏秀,素瓣红跌漾晚风。

大杰我兄正　蔡元培"。(《宇宙风》半月刊第90期)

1940年(民国二十九年　庚辰)七十三岁

1月1日　为中央研究院二十六年度至二十八年度总报告题签。

"得叔永去年十二月二十九日函,属写本院二十六年度至二十八年度总报告封面。"(本年《日记》同日)

"致叔永函,附去我所写本院二十六年度至二十八年度总报告签题。"(本年《日记》1月4日)

1月2日　《行都日报》函请题词。

"得行都日报社社长郭担宇函,索元旦特刊及该报创刊二周年纪念特刊题词。"(本年《日记》同日)

1月11日　将中央研究院评议会评议员改选事宜的最后决定权,授与该会秘书翁文灏(咏霓)执行。

"得叶企孙、陶孟和、傅孟真函,言中央研究院评议会将改选。前次评议会开会时,曾推翁咏霓、王雪艇、朱骝先、任叔永、陶孟和、叶企孙、傅孟真等七人组织筹备会,而推咏霓为主任。筹备会拟出一候选人参考名单;此名单则由院中各所长开列,而院长为最后决定。恐我对各所长所开之单,不事增减而通过,或有不妥处,劝我授最后之权于咏霓。我想此办法亦甚好,故致咏霓一函,称我既不能到重庆,若在港决定,或有疑点,苦无可以请教之人,今谨以最后决定之权奉托先生执行;先生如有疑问,征求其他六先生意见较易也。"(本年《日记》同日)

1月13日　为黄尊生夫妇题字。

"黄尊生偕其夫人廖苹庵来。苹庵以所绘《春江管领图》长卷,属写此五字于卷端,将来可托李沧萍转还。尊生自选联语'在山泉水,出海云霞'属我书之。"(本年《日记》同日)

1月15日　为香港同济中学四周年纪念特刊题词。

"得香港同济中学函,嘱题该校四周年纪念特刊,书'好学力行,同舟共济'八字

寄去。"(本年《日记》同日)

1月16日 阅《游志汇编》二十册竟,谓该书体裁奇异。

"阅《游志汇编》二十册竟。此书抄录唐至明文人之游记,偶有先秦之作,如孔稚圭《北山移文》,又从《水经注》中节录一、二条之类。每篇自记页数,积五六十页,则合为一册,不分卷,亦无目录。有同一作者或同一游记而合数篇于一题之下者,如元次山之《喦溪铭》《喦台铭》等,合名为《次山铭记》;如刘斧、江瑾及高荩之游武夷山记,合隶于《武夷山记》之名,是也。每篇于某人撰之下,必有某人阅,或某人辑校等字,大约是注明出处之作用。其体裁乃与现代教科书中活页文选相类,可异也。"(本年《日记》同日)

1月18日 袁同礼代云南通志馆方臞仙求书屏条。

"得袁守和八日函,称云南通志馆编纂方臞仙(树梅),以所著《钱氏族谱》及《盘龙两游诗录》两种见赠,索我书,屏条或对联均可(据言可托章元美寄)。"(本年《日记》同日)

同日 致函王云五,还回借书并续借他书。

"云五先生大鉴:承赐借《游志汇编》二十册,字大,于晚间浏览,不感困难,今已读毕奉还,谢谢。此书体例甚特别,无卷第,无序目,每篇自计页数,极似现代教科书中之活页文选。未知各种目录中曾著录否?如尊处尚有其他大字之书,仍请便中检出一二部赐借为荷。……弟元培敬启 一月十八日"。(《致王云五函》同日)

1月22日 香港崇正总会救济难民会请题词。

"得香港崇正总会救济难民会函,索题词于该会一年来工作经过及收支状况特刊。"(本年《日记》同日)

1月26日 为香港火柴厂题字。

"得雷通群函,为王永铭、永载兄弟所办香港火柴厂特刊征题,书'观国之光'四字畀之。"(本年《日记》同日)

同日 为香港崇正总会救济难民会特刊题字。

"接香港崇正总会救济难民会主席古瑞庭函,为该会特刊征题,书'善与人同'四字畀之。"(本年《日记》同日)

1月27日 准照傅斯年、余青松所拟名单,合组天文、考古等科评议员推选委员会。

"得翁咏霓函,以评议会中天文、考古及人类三科,在全国各国立大学及独立学院之教授总数不满五人;照章应由议长指派该科目之本届评议员,及有关系各科目之评议员若干人,与国立各大学及独立学院之该科目教授合组推选委员会,选举该科目之评议员候选人。现由傅孟真拟考古及人类两科名单,余青松拟天文科名单,送我备参考。我阅之觉甚妥,签名单上,志'照所拟指派'五字,寄缴咏霓。"(本年

《日记》同日）

1月29日 阅张一麐（仲仁）《八一三纪事诗》，为题一绝。

"前日，天民携仲仁八一三后纪事诗第二册见示，并索题，题一绝。"（本年《日记》同日）

"世号诗史杜工部，亘古男儿陆渭南。不作楚囚相对态，时闻谔谔展雄谈。

得读仲仁先生《八一三纪事诗》第二册，敬题一绝奉正。蔡元培"。（香港《大公报》1940年3月24日）

1月30日 复函许寿裳（季茀），告知为《俞理初先生年谱》写作跋文的始末经过。

"季茀先生大鉴：接一月七日惠函，敬谂起居安善为慰，现想安抵成都矣。……俞理初先生之年谱，承俞先生之同县后学王立民君为弟搜集诗集、札记、朱卷等，本可着手，而在沪太忙，竟未能从事。王君不及待，乃自撰之，虽稍嫌枯燥，然究胜于弟缴白卷矣。弟为作一长跋，注重两点：一为时代标准，一为男女平权，皆从类稿、存稿中钩稽而得之者。尔时程演生方主持《安徽丛书》，于第三编中编入俞先生手自改订之《癸巳类稿》，因附年谱于其后。如在成都能借到《安徽丛书》，则王君所作之年谱及弟之跋皆可一阅矣。……弟元培敬启　一月三十日"。（《复许寿裳函》同日）

1月31日 谢领余天民邀游青山的美意。

"天民我兄大鉴：昨承约于五日游青山，极感美意。但弟日内颇畏此长途，因是日舍侄一房及一二亲戚必来，弟于游前游后仍不能不与谈话，恐衰老之躯，不能支持。心领盛情，务请原谅。……弟元培敬启　一月三十一日"。（《致余天民函》同日）

1月 为黄遵宪（公度）著《人境庐诗草》题词。

"李沧萍赠我《人境庐诗草》一部，又以所藏《人境庐诗草》之有陈伯严、曾重伯、袁爽秋、欧阳瓣姜诸君评语者，索题字。又见示明成化本《张曲江集》，属写封面。"（1939年《日记》12月3日）

"公度先生之诗，活用旧格调，广收新材料，在最近数十年中，实为杰出冠时之作。此本又过录陈伯严、曾重伯、袁爽秋、欧阳瓣姜诸诗人之简评语于简端，尤为难得。中华民国二十九年一月　蔡元培"。（《东方画刊》第2卷第12期）

同月 为广东省政府特刊题词。

"广东省政府特刊　发扬广东精神，保证中国胜利。　蔡元培题（印）"。（《广东省政府公报》1940年元旦特刊）

2月2日 奉张一麐（仲仁）之请托，将其《为实施港侨社会教育意见书》转寄管理中英庚款董事会。

"仲仁送来《为实施港侨社会教育意见书》，有参政员张一麐，香港大学教授许地山、香港大学冯平山、图书馆馆长陈君葆及政治部设计委员冯裕芳四(五)人签名盖章,属转寄管理中英庚款董事会。致骝先函,附去张仲仁等之香港社教意见书。"(本年《日记》同日)

2月11日 偕夫人及公子往访王云五,并游浅水湾等处。

"十一时,偕养友及新儿访王云五于其家,见其母及其夫人、子女等,并观其年市中购得之旧书旧画。偕往香港仔庐山酒家吃海鲜,绕浅水湾及赤柱而归。"(本年《日记》同日)

"蔡先生年来影息香港,深居简出;去岁迁往九龙新寓后,更少来港。今年废历正月初四,先生偕夫人、公子等来港访谈,旋偕往香港仔午膳,顺游浅水湾等处,游兴甚浓,精神亦健。"(王云五:《蔡先生得病的经过》)①

蔡元培(1940年在香港,这是他最后之留影)

2月12日 为广东文物展览会特刊题一律。

"昨接陆丹林函,属题诗于广东文物展览会特刊,今日写七律一首,寄丹林。诗如左(下):

中国自来富文物,广东特别见精神。殖民历练心光远,革命渊源学说新。

事鉴十章张子寿,世称三绝黎简民。管窥耳食吾常愧,眼界从今顿不贫。"(本年《日记》同日)

同日 应军政部之请,为祝何应钦掌军政部十周年纪念,作一律。

---

① 载《少年画报》第30期。

六、大学院院长及中央研究院院长时代(1927—1940) 1373

"得军政部函,为何应钦之任部长十年,征题词。"(本年《日记》1月22日)

"写天民代撰五律一首,祝何敬之长军政部十周年纪念,直寄敬之。"(本年《日记》同日)

2月13日 应胡春冰之请,为《现代活页文选》等书题签,并对其原书名有所修改。

"得现代出版社胡春冰函,属书《现代活页文选》及《民族精神篇》《科学东渐篇》等封面。"

"以写件寄胡春冰,改科学东渐为科学促进,又提议改篇为编。"(本年《日记》2月13日、14日)

2月14日 声明《怎样配做现代学生》一文,为孟寿椿代作。

"……又声明《怎样配做现代学生》一文,系孟寿椿君代撰者。"(本年《日记》同日)

2月15日 章力生(渊若)谒访,与畅谈。

"章渊若来,言将往重庆,参加参政院(会)中之起草宪法工作。"(本年《日记》同日)

"上月十五日,在一个晴朗的下午,作者因为这次道经香港之便,特地往谒久违的蔡先生于其九龙柯士甸道的旅寓。客厅的陈设,还是和前年初迁香港时一样的简单,象征了这一位朴质清高的人格。当我对着墙鉴赏他的题诗时,他已在客厅门口了;但并不愿把我惊动,等我读完转身时,他才从容的迎前,于慈祥和蔼的微笑中,和我携手。那天所谈的范围很广,举凡政治、经济、哲学、文化、社会、教育,可以说的无所不涉。……谈至薄暮,兴辞而出,先生犹谦逊逾恒,连语'领教……';一面复伴送出外,亲自为我开了大门,一直等我走得转了弯,才返身进去。这一种慈和谦详的态度,直表示出先生无限诚挚的深情,使我的心窝里起了无限深刻的崇敬。"(章力生:《蔡先生的不朽精神》)①

2月17日 函谢王云五盛馔招待并为摄照片。

"云五先生大鉴:前星期备承招待,得纵览收藏珍品,又扰盛馔,感荷之至。昨承赐学政世兄所摄之相片,甚为精美,永留纪念,谢谢。……弟元培敬启 十七日"。(《致王云五函》同日)

2月20日 阅《顽劣儿童训练法》一书。

"阅《顽劣儿童训练法》,孙一芬著,所言简而明。"(本年《日记》同日)

2月21日 抄写1921年《日记》毕。

"写《西游日记》毕,记民国十年自一月一日至八月十八日游欧美而归国之经历

---

① 载蔡元培研究会编:《蔡元培纪念集》。

也。"（本年《日记》同日）

2月24日 胡适向蔡先生致意，蔡先生为胡适身体状况担忧。

"钱端升来，为适之致意；据言适之去年之病，实异常危险；现虽自认已愈，然事必躬亲，每夜非至二三时不就寝，实为可虑云。"（本年《日记》同日）

2月25日 为《北大旅港同学通讯录》撰序并题签。

"接北大旅港同学雷荫孙、叶恭绰、孙家哲、陆匡文、翟俊千、陈达材、陈良猷、李韶清八君联名函，称北大旅港同学近印通讯录，请题封面并撰序。复寄皇后大道中二十四号亚细亚行二楼西南公司李韶清。"（本年《日记》同日）

"致李韶清函，附去通讯录封面及序文。"（本年《日记》2月28日）

"《北大旅港同学通讯录序》。国立北京大学，自成立以来，已四十余年。在大都会中，往往有北大同学数十人以至数百人，辄有同学会之组织。香港有特殊情形，同学旅居者，素不甚多；近三年来，日益增加，已达二百人左右，于是诸同学亦感有组织之需要。向者，吾对于同学会，辄联想'联络感情，交换知识'之成语，而尤注意于交换知识之一语，以此语于同学之名较为密切也。然交换知识，不能无相当之设备，且亦不免有时间、空间之制限，故其事未可以骤行，而以先从联络感情入手为较善。且联络感情之举，如聚餐，如通讯，均已有报告讨论之机会，不可谓非交换知识之发端也。吾北大旅港同学曾聚餐数次，商讨进行之程序，决先印通讯录一册。夫事固有作始简而将毕巨者，既有此初步之联络，其能进而为密切之工作，盖无可疑。爰题数语，以勖将来。

二十九年二月二十五日　蔡元培"。（启功　牟小东编《蔡元培先生手迹》）

同日　游大环湾浴场。

"偕养友率三儿同游大环湾浴场。"（本年《日记》同日）

2月27日　作书介绍罗忠恕往访傅斯年、翁文灏、朱家骅及任鸿隽等。

"罗忠恕来，言曾在牛津大学两年余，又到剑桥及爱丁堡大学，与诸教授谈话，英国学者近年来对于东方文化甚感兴趣，各大学均有东西文化学会之委员会，拟印行杂志，希望我国学者亦能投稿。写示各校名单一纸，未全，他日补充。要求介绍于昆明、重庆之学者，为写介绍片四张，备往访傅孟真（昆明）、翁咏霓、朱骝先及任叔永（均在重庆）。"（本年《日记》同日）

2月28日　为高剑父、叶恭绰画作题词。

"得陆丹林函，以高剑父画梅、叶玉甫画松征题字，附来旧纸两张：

雪地冰天，健儿喋血，象征国魂，百花一映。（题红梅）

独立不惧，无问冬春，多方发展，金针度人。（题画松）"（本年《日记》同日）

同日　得国际反侵略大会中国分会征文函。

"得国际反侵略大会中国分会函，言将出法文月刊，征文。"（本年《日记》同日）

3月2日 书赠王鹤仪陆游《忆昔》诗一首。

"梅子生仁燕护雏,绕檐新叶绿扶疏;朝来酒兴不可耐,买到钓船双鳜鱼。鹤仪女士正 蔡元培"。(《东方画刊》第2卷第12期)

3月3日 失足仆地,病起,即入养和医院诊治,尚无特殊异状。

"本月(三月)三日,先生在寓不慎,失足仆地,初以为无碍,旋竟口吐鲜血一口,家人恐慌,即召医诊治。惟因时值星期假日,故所延西医朱惠康至午始到,并为加延马利医院内科主任凌医生会同诊察,认为先生年事已高,宜防意外,故商定过海入养和医院,悉心诊疗。途中由朱医生及蔡夫人侍伴。入院后,详为诊察,脉搏如常,似无大碍,乃为注射止血剂及葡萄糖针。本人于蔡先生赴院前及入院后均往探望,见精神尚佳,无何异状。"(王云五:《蔡先生得病的经过》)

3月4日 病势转危,医生以输血施救。

"四日晨十一时,再往医院探望。闻蔡夫人言未续吐血,医师亦谓如不转变,或可出险。时蔡先生正睡着,故未与谈,即行辞出。讵至午后二时,即接蔡夫人电话谓先生病势转危,本人急往探视,知从肛门排血甚多,精神骤衰,且不甚清醒,急为先后延请李祖祐、李树芬及外籍医师惠金生、郭克等四医生,会同朱医生诊治,均认系胃病出血,恐难救治。……故不得已决定施行输血;惟时已深夜,原已验定之输血人遍觅不得,当时侍奉左右之蔡先生胞侄太冲及内侄周新,自愿输血,经赶往香港大学实验室检验,蔡君之血同型,乃即返院施行手术。在输血前,蔡先生已入极危险之状态,惠医生已断定无救。惟郭医生仍努力输血施救。输血后,经过良好,先生精神亦转佳……"(王云五:《蔡先生得病的经过》)

3月5日 上午9时3刻与世长辞,遗言:"科学救国""美育救国"。

"今晨(五日)八时,接医院电话,知蔡先生又转危,本人即赶往医院,一面通知商务印书馆在职工中征求输血者,一面赶请医生急救。乃至九时四十五分,愿输血者数人赶至,未及施行手术,而先生已撒手长逝。痛哉!"(王云五:《蔡先生得病的经过》)

"王云五先生在哀伤之余,悄悄问我,蔡先生有无遗嘱,可能需要加以发表的。我找到一个适当机会,问过姑母,显得由于蔡先生自得病至逝世,过于为时匆促,生前并未有此安排。但我想到他在输血后从昏迷中苏醒的一段时候,吐出的许多说话,很可能便是一篇非常重要的遗言。可惜因他口中并未套上假牙,口齿漏风,我竟无法完全听清。不过,在我所能辨出的一些断续句中,我很清楚地听到他曾几次吐出'科学救国''美育救国'一些字。这也许便可作为他的最后遗言了。"(周新:《蔡孑民先生的最后遗言》)[1]

---

[1] 载蔡元培研究会编:《蔡元培纪念集》。

同日　蒋介石电唁蔡元培先生逝世。

"香港蔡夫人暨无忌世兄礼鉴：惊悉孑民先生遽归道山，老成殂谢，痛悼无任，务望节哀顺变，善绍先志，用慰九原，谨电致唁。蒋中正叩。微。"（《申报》1940年3月6日）

3月6日　蔡元培临时治丧委员会组成，以王云五为主任委员。

"蔡公临时治丧委员会于六日下午三时在大道中商务印书馆开谈话会，到吴铁城、王云五等。当决定加推罗旭和、张一麐、钱新之、俞洪钧、章元美、郑洪年、丁燮林、孙家哲、成舍我、程沧波、卢棋新、陶百川、金诚夫、李韵清等委员，并推定王云五为主任委员。"（香港《大公报》1940年3月7日）

3月7日　中国共产党中央委员会主席毛泽东自延安发出唁电，对蔡元培逝世，深致哀悼。

"香港九龙奥士甸道蔡孑民先生家属礼鉴：孑民先生学界泰斗、人世楷模，遽归道山，震悼曷极！谨电驰唁，尚祈节哀。毛泽东叩。阳。"（重庆《新华日报》1940年3月8日）

同日　蔡元培临时治丧委员会首次会议，决本日下午行入殓式，十日行出殡式。

"临时治丧委员会于七日晨十时，在华侨图书馆举行首次会议，到委员吴铁城、叶恭绰、王云五、张一麐、许地山、俞鸿钧等，由王云五主席，吴铁城报告奉总裁电派代表致祭。继讨论：（一）午后行入殓仪式，决定在棺上覆以国旗、党旗，以示隆重，并推俞鸿钧襄助吴代表主礼。（二）决定本月十日出殡，灵柩暂厝东华义庄。关于出殡路由、时间、送殡仪仗等，推俞鸿钧、高廷梓会同各部负责接洽办理。"（香港《大公报》1940年3月8日）

同日　下午三时行遗体入殓式，由国民党总裁代表吴铁城、治丧委员会代表俞鸿钧主祭。

"党国元老蔡元培先生于五日在本港逝世后，遗体于七日下午三时在摩理臣山道福禄寿殡仪馆入殓，由海外部长吴铁城代表蒋总裁主祭。蔡氏在港亲友及北大同学前往祭奠者，约三百余人，仪式隆重肃穆。蔡氏灵柩定十日（星期日）出殡，奉移东华义庄暂厝，俟最后胜利之日到来，再移往原籍（浙江山阴）安葬。"

"蔡公遗体七日下午入殓时，因福禄寿殡仪馆地位厌小，故布置简单，礼堂内供蔡公遗像，四周堆置各界致赠之花圈。入殓仪式则在第二室进行，室内布置亦简，中置黄色中式棺木，上置蒋总裁所赠之花圈，四壁亦满悬挽联。蔡氏遗体，穿兰袍黑褂礼服，均以国产绸缎特制，头戴呢帽。三时入殓，由蔡公子扶持棺内，上覆绣被，首部外露，上盖玻璃。时蔡夫人及诸公子均侍灵侧，哭泣至哀。礼毕，由蒋总裁代表吴铁城及临时治丧委员会代表俞鸿钧氏主祭，当于巨幅国旗、党旗覆于棺上。

礼毕,群向遗体行礼而退。……"(香港《大公报》1940年3月8日)

3月9日 中国共产党中央委员会自延安发出唁电,对蔡元培逝世,深致哀悼。

"香港蔡孑民先生家属礼鉴:得港电,惊悉蔡孑民先生捐馆,曷胜哀悼!先生为革命奋斗四十余年,为发展中国教育文化事业勋劳卓著,培植无数革命青年,促成国共两党合作。当此寇深国危之秋,正赖老成硕望宏济时艰,遽归溘逝,无任痛惜,特派廖承志同志代表致唁外,特此电唁,尚希节哀顺变,完成先生团结救国未竟之志。中国共产党中央委员会 三月九日"。(延安《新中华报》1940年3月12日)

3月10日 灵柩出殡,执绋者约五千余人,与祭者约万余人。

"蔡孑民灵柩昨日午举殡,本港各学校及商号,均悬半旗志哀。殡仪于二时由福禄寿殡馆出发,仪仗简单,行列壮穆,执绋者约五千人,均步行至南华体育场,改乘汽车送至义庄。沿途观者如堵,情况空前。中国电影协会将制成新闻片,定明晚九时一刻在中央戏院公映□场……"

"昨日各界前往送殡者,于一时左右已齐集福禄寿殡仪馆,当时因该处地方狭小,而时间又至仓促,故未行礼,均列队于路旁。至二时许启灵,家属先行家奠,继由北大同学罗明佑、陈良猷、胡春冰、苏怡、金诚夫、吴范寰、罗少斋、余天民、陈政、李韶清、曾如柏、钟衍林、符孔遵、黄铁铮所组之护灵队,扶柩登灵车。蔡公子无忌,恭持灵座后随。殡仪准时发引,以丧鼓两对、提灯两对前导。继之为铭旌车、遗像车,均缀以花圈,其后为灵车。蔡公遗族、北大同学、花圈队及送殡亲友,均步行后随,执绋者五千余人,行列整齐肃穆。

灵车由礼顿小山道东行入加路连山道,直入南华体育场。先是参加公祭之各学校及社团共约万余人,已整队集于场内,由高廷梓为总指挥。迨灵车驶入场时,全体肃立,静默三分钟,向灵车敬礼。灵车绕场缓行一匝后,仍驶出场。其时送殡亲友及各学校、社团所派之代表共约五百人,分乘汽车百余辆,列队出发。路经波斯富街、轩鲤诗道、皇后大道、登薄扶林道,过永别亭时,并未停留,而直至摩里道而达东华义庄。当时在路旁围观者甚众。

行列于三时半抵义庄,灵柩仍由护灵队扶下灵车,送至殡舍。执绋者亦均下车随行。蔡氏灵柩寄厝之殡舍,为月字七号,地方尚宽大。灵柩停放妥当后,即设奠致祭。先由家族行礼,当蔡夫人行礼时,由女眷两人扶持,状至悲切,泣不成声。继举行公祭,由吴铁城氏代表中央主祭,治丧委员会则推俞鸿钧氏为代表,先后行礼。港督亦请罗旭和代表到场致祭。其余来宾等,则次第行礼。当时由李韶清在旁司仪,仪式约历一小时,至约五时始全散去。"(香港《大公报》1940年3月11日)

香港各界万余人公祭蔡元培(1940年3月)

3月11日 蔡元培治丧委员会开第三次会议,决议募集蔡子民先生纪念基金、编纂蔡氏遗著等四案。

"蔡公治丧委员会定于今日午后二时,举行第三次会议,因时间仓促,未及通知,嘱记者转告,希各委员届时出席。"(香港《大公报》同日)

"蔡子民治丧委员会,昨午三时假座华人行六楼华商俱乐部举行第三次会议。出席全体委员。王云五主席,李韶清记录。首由各组负责委员报告办理殡殓经过,及所用账目。继讨论:

(一)募集蔡子民先生纪念基金案。议决,暂定办法七项,与政府及各地人士商洽进行。(二)定期举行追悼会案,议决,暂定五月四日,商得政府同意,通饬全国各地,同时举行。(三)编纂蔡公遗著案。议决,请任鸿隽与政府接洽办理。(四)设立元培书院案。议决,建议政府办理。至五时散会。关于募集纪念基金案,其决定之原则如下。定名为蔡公子民纪念基金;其用途为:(一)事业费。(二)未成年子女教育费。募集数额暂定第一期为国币十万元,以百元为募捐单位。每人认募若干单位,或由若干人合认一单位均可。捐款委托各地银行代收,限期于开始日起两月截止云。"(香港《大公报》1940年3月15日)

3月16日 国民政府自重庆发出对蔡元培的褒扬令。

"国民政府委员蔡元培,道德文章,夙负时望。早岁志存匡复,远历重瀛,研贯中西学术。回国后,锐意以作育人才、促进民治为己任。先后任教育总长、北京大学校长及大学院院长,推行主义,启导新规,士气昌明,万流景仰。近长中央研究院,提倡文化事业,绩效弥彰。方期辅翊中枢,裁成后进,高年硕学,永为党国仪型;乃以旧疾未瘳,滞居岭表。遽闻溘逝,震悼良深!着给治丧费一万元,派许委员崇智前往致祭,生平事迹,存备宣付史馆,用示崇重勋耆之至意,此令。三月十六日"。(香港《大公报》1940年3月17日)

3月24日 重庆各界隆重举行追悼蔡元培大会。

"昨天（二十四日）重庆举行了一个隆重的追悼蔡元培先生的大会。会场设在国民党中宣部大礼堂内。蔡先生遗像置于花团丛中，北大同学会的一个大花圈搁在中央，他们用这来对老师表示崇敬与哀悼之意，□□□□□礼堂四壁以及围廊上，甚至进门的广场上，都挂满了挽联。灵台上有国民政府林主席的横额'勋宏作育'，两侧是蒋委员长的挽联：'教化宏敷于古应尊大乐正；艰难多助匡时赖□出群才'，以及各院长各部长的□□。中共领导人毛泽东、董必武也都送了挽联。蔡先生的许多学生、门弟子、受业，都用悲痛之笔，写下了老师的功绩，写下了纪念先生必须承继遗志的誓言。'万方多难哭先生'，在这个国家多难、群丑跳梁、阴云密布天空的时候，对于蔡先生那样忠于学术、酷爱自由的'一代大儒'底死去，人们怎么禁抑得住不同声一哭呢？

上午八时半举行公祭，首由蒋委员长率领国民党留渝中央执监委员洪陆东、张道藩、潘光展、吴稚晖、李文范、狄膺、叶楚伧、刘文岛、蒋作宾、何应钦、张厉生、李次温、邓家彦、王宠惠、雷震、陈树人、张群、冯玉祥、萧吉珊、刘峙、李宗黄、林翼中、陈济棠、黄麟书、陈绍宽、陈诚、张治中、徐恩曾、乐景涛、孔祥熙、戴传贤、张继、陈立夫、陈布雷、林云陔、刘纪文、于右任、朱家骅、洪兰友、萧同兹、罗家伦、谷正纲、徐堪、傅汝霖等，向遗像致祭上香，献花圈，并读祭文。次由张继代表国民政府致祭。再次由各部会、国民党渝市党部暨各文化团体、中央研究院、留德同学会及中德文化协会、重庆各报联合会、北大同学会，各机关代表等等，先后致祭，上香献花，一面对着'勋宏作育''群伦师表'的蔡先生遗像行最虔诚的鞠躬礼。

下午三时，举行追悼会，到各机关团体代表于右任、张继、居正、叶楚伧、吴稚晖、陈立夫、邵力子、朱家骅、潘公展、张伯苓、马寅初、左舜生、张澜、黄炎培、沈钧儒、何成濬、吕超等五百余人。由中委张继主祭。奏哀乐、献花圈后，主席致词。张继先生说：蔡先生是全国的表范、师长。国家为了对他致敬，已通令各省市同时开会追悼。计有贵阳、吉安、峨眉、西安、西宁、恩施、乐山、成固、成都、桂林、韶关、昆明等地。蔡先生是礼义廉耻最完全的人，值得作为我们后辈的楷模。吴稚晖先生接着报告，吴先生在挽联上以'平生无阙德，世界失完人'两语来崇尊蔡先生。他的报告的着重点还在这里，他说：蔡先生是个伟大的书生，是一个开风气的学者。但是他的伟大却在于具有着'无所不容，有所不为'的精神，气量宏大，是无所不容的最好表征。但是蔡先生并不是无所不容，无所不为，而却却相反是，有所不为的。什么是有所不为呢？叫作临大节而不可夺志。看看那些北方的群丑，以及南方的汪精卫之流吧，在蔡先生高风亮节之前，他们只是一堆垃圾，他们算不得是人！如今蔡先生已在(是)历史上成功一个人物而去,我们没有死的人总不能尽学他的'无所不容',但顶好要学他的'有所不为'!我们不做汉奸,我们无论怎样要抗战到底!吴老先生激昂地结束了他的报告。是的,纪念死者的最好的办法,莫过于继承他的遗志。在今天我们要举起手来立誓,誓以鲜红的血,抗战到底,不达到中国自由平等之目的,决不中止。这是参加蔡先生追悼会的人,所共有的感觉。"(重庆《新华日报》1940年3月25日)

同日 中国国民党中央执行、监察委员会发表致祭蔡元培先生文。

"维中华民国二十九年三月二十四日,中国国民党中央执行、监察委员会,敬以香花清酌,致祭于孑民蔡先生之灵曰:呜呼,邦国肇兴,必有鸿师,推道训俗,弼我丕基。周时未至,箕子明夷,九鼎既定,九畴斯垂。懿欤先生,降神惟岳,兴学救时,天民先觉。辅佐哲人,借箸相权,倡导革命,立言勋悼。惟初建国,敷教为先,孰当其轴,佥曰公贤,精心擘画,规章焕然,群才辈出,英髦班联。嗣顷卅年,不离教育,自西徂东,自南徂北。栖栖皇皇,孔席墨突,时雨春风,士林蒙福。先生之教,重门洞开,其为学也,中西兼赅。异邦俊彦,敛手交推,至德无憾,至道无猜。赫赫中华,文化之会,贴括间之,讥同自郐。中兴之功,浙儒是赖,阳明黎洲,山河砺带。先生奋起,遹骏厥声,整理国故,沾溉八弦。提倡科学,昌我文明,质诸前烈,实伟且宠。惟兹老成,吾党传保,胡不少留,遽倾坊表。绝业孰承,儒功孰绍,溯回平生,中心如捣。德辉非遥,音容长杳,万祀千秋,英灵永葆。尚飨。"(重庆《大公报》1940年3月25日)

4月14日 延安各界千余人举行追悼蔡元培、吴承仕二氏大会,并以大会名义,电请国民政府明令国葬蔡元培。毛泽东、周恩来等分别赠送挽联。

"文化界老前辈蔡元培先生病逝香港,吴承仕先生津门殉国,本市文化界同人闻讯,均深哀悼。特于十四日下午发起本市各界举行追悼二氏大会于中央大礼堂。到会文化界吴玉章、艾思奇、范文澜、丁玲等诸同志,及各机关、学校代表共约千余人。会场布置,极为哀穆,满悬各方送来之挽联、花圈,计毛泽东同志挽'老成凋谢',周恩来同志挽蔡氏'从排满到抗日战争,先生之志在民族革命;从五四到人权同盟,先生之行在民主自由'。……大会于庄严肃穆中开始,首由吴玉章同志报告开会追悼意义后,全体肃立默哀三分钟,继请范文澜分别简略报告两氏生平,并由文化界代表艾思奇、青年界代表刘光相继讲话完毕。最后大会动议,全体一致通过,以大会名义电请国民政府明令国葬蔡元培氏,分别电慰两氏家属。(电文附后)

六、大学院院长及中央研究院院长时代(1927—1940)　1381

蔡元培香港墓地(1940年)

香港蔡子民先生家属礼鉴：子民先生遽归道山，远闻噩耗，深为悲痛！窃念先生清末从事革命，提倡民权；民六任北大校长，网罗人才，兼收并蓄，学术思想，主张自由，伟大的五四运动，实先生提倡诱掖，导其行路。九一八后，与宋庆龄、杨杏佛诸先生等发起人权保障同盟，从事援救青年志士，以图保留国家元气，虽为强暴所威胁，而气不为之沮。七七抗战以来，先生老矣，犹谆谆以精诚团结、言信行果，训诫国人。哲人云亡，遗教不朽。本大会追念贤劳，当与全国同胞努力完成先生所未竟之志。除电请国府明令国葬外，谨电奉唁，诸维节哀，以临大事。延安各界追悼蔡元培、吴承仕先生大会叩。"（延安《新中华报》1940年4月19日）

蔡元培逝世四十周年纪念大会（1980年）

附录

(一) 时间不详　待考事项

1. 为伯君书字一幅。

"岳麓云深麦雨秋,满倾杯酒对湘流。沙边细柳牵行色,水面轻烟画别愁。
伯君同学兄雅属　蔡元培"。(启功 牟小东编《蔡元培先生手迹》)

2. 为伯卿书联一副。

"伯卿仁兄先生雅正

满室古香人有会;当阶清荫月初中。蔡元培"。(蔡元培研究会藏抄件)

3. 为伯梧书联一副。

"器重南金材横东箭;辨雕春圃德莹秋天。蔡元培"。(绍兴蔡元培故居纪念馆藏件)

4. 为伯卿书联一副。

"满室古香人有会;当阶清荫月初中。蔡元培"。(蔡元培研究会藏抄件)

5. 为敦伯书字一幅。

"伟矣前修,学坚多饱。负文余力,飞靡弄巧。枝词攒映,嘒若参昴。
敦伯姻仁兄先生雅属　蔡元培"。(蔡元培研究会藏抄件)

6. 为敦信书一联。

"风云激壮志;琴歌发清声。敦信先生正　蔡元培"。(启功 牟小东编《蔡元培先生手迹》)

7. 书赠傅斯年(孟真)一联。

"山平水远苍茫外;地僻天开指顾中。孟真学兄　蔡元培"。(孙常炜编《蔡元培先生全集》)

8. 先后为侄倩冯仪九书联两副。

"仪九侄倩雅属　小桥夜静人横笛;秋浦天青雁拂檐。蔡元培"。

"仪九侄倩雅属　金和玉节流声远;凤羽龙鳞振采高。蔡元培"。(启功 牟小东编《蔡元培先生手迹》)

9. 季丞先生嘱题联一副。

"篆势之留厥土宁固;铭词不朽唯吾仙丹。 子民蔡元培"。(蔡元培研究会藏抄件)

10. 为季华先生书联。

"高柳簇桥初转马;数家临水自成村。 蔡元培(印)"。(蔡元培研究会藏抄件)

11. 为季平书联一副。

"季平先生属 文光射云霞;剑气衝牛斗。 蔡元培"。(蔡元培研究会藏抄件)

12. 书赠李石曾一联。

"惜竹不除当路笋;伐薪教护带巢枝。 蔡元培"。(孙常炜编《蔡元培先生全集》)

13. 为莫明书字一幅。

"莫明吾兄雅属 博学而笃志,切问而近思,仁在其中矣。 蔡元培"。(启功 牟小东编《蔡元培先生手迹》)

14. 为钱木书联一副。

"钱木先生鉴正 春草染绿参差百荣;鸿雁南飞怅望一途。 蔡元培"。(蔡元培研究会藏抄件)

15. 为秋农书联一副。

"秋农吾兄正之 夕阳秋兴满;朝坐落花间。 蔡元培"。(蔡元培研究会藏抄件)

16. 为森然书联一副。

"森然仁兄疋属 秀句还吟广平作;深怀肯放郑虔醒。 蔡元培"。(蔡元培研究会藏抄件)

17. 为善斋书联一副。

"善斋先生正 天际晓山三峡路;雨中春树万人家。 蔡元培"。(蔡元培研究会藏抄件)

18. 为沈兼士书字一幅。

"平生喜登高,醉眼无疆界。北顾极幽并,东望跨海岱。喟然抚手叹,从古几成败。英雄如过鸟,城郭但遗块。 兼士先生正 蔡元培"。(北京新文化运动纪念馆藏件)

19. 为省之书联一副。

"省之先生雅属

荷净已无擎雨盖;菊残犹有傲霜枝。 蔡元培"。(蔡元培研究会藏抄件)

20. 为叔惠书联一副。

"叔惠仁兄先生正

岳色河声尽驱赴;茶经酒谱各横陈。 蔡元培"。(蔡元培研究会藏抄件)

21. 为叔谦书联一副。

"叔谦先生雅属

泛舟菰脆鲈肥地;把酒橙黄桔绿天。 蔡元培"。(启功 牟小东编《蔡元培先生手迹》)

22. 为廷馥书字一幅。

"玉质纯苍理致精,锋芒都尽墨无声。相如闻道还持去,肯要秦人十五城。 蔡元培"。(蔡元培研究会藏抄件)

23. 为桐碧女士书联一副。

"瑞气廻浮青玉案;清名合在紫微天。 蔡元培"。(蔡元培研究会藏抄件)

24. 为新三书联一副。

"新三仁兄先生正

移竹南窗初试笋;买地十亩皆种莲。 孑民蔡元培"。(蔡元培研究会藏抄件)

25. 为星伯书联一副。

"星伯仁兄世大人雅属

闲翻酒券供临帖;静对梅花好看书。 崔顾蔡元培"。(启功 牟小东编《蔡元培先生手迹》)

26. 为荫庐书联一副。

"荫庐仁兄先生雅正

朗抱初临万山日;清游快揽九天春。 蔡元培"。(蔡元培研究会藏抄件)

27. 为印若先生书一联。

"印若仁兄先生正 得句旋题新竹上;寄书多向远山中。 孑民蔡元培(印)"。(中国国家博物馆藏件)

28. 为郁南女士书字一幅。

"日知其所无,月毋忘其所能,可谓好学者矣。 郁南女士 蔡元培"。(蔡元培研究会藏抄件)

29. 为知翀书联一副。

"知翀姻兄雅属

焚香细读斜川集;候火亲烹顾渚茶。 蔡元培"。(启功 牟小东编《蔡元培先生手迹》)

30. 为目寒题写诗轴。

"目寒同学兄雅属

东湖盛夏草树荒,屋古无人亭午凉。萱房微呀不见日,笋箨自解时吹香。
野藤蟠屈入窗罅,湿菌扶疏生屋梁。跨向数椽最幽翳,涨水及槛雨侵墙。
静涵青苹舞荇藻,闲立白鹭浮鸳鸯。芙蕖虽瘦亦弥漫,照眼青盖遮红妆。

水纹珍簟欲卷却,月圆素扇赖复将。天风忽送塔铃语,唤觉清梦游潇湘。 蔡元培"。(蔡元培研究会藏复印件)

31. 挽李蔚然联。

"义旅起智明,九世复仇原不丕;强邻逼缅甸,重关资故有遗哀。 蔡元培"。(蔡元培研究会藏抄件)

32. 为刘思谦(谷怀)题扇。

"谷怀仁兄大人雅正

一

烟波深处卧孤篷,宿酒醒时闻断鸿。最是平生会心事,芦花千顷月明中。

二

落雁沙边艇子横,分明清梦上三巴。眼明一点炊烟起,不是渔家即酒家。 弟蔡元培"。(《战地》1980年第3期)

33. 作《中秋》(七绝)一首。

"月圆花好又中秋,想见妻儿共倚楼。底事藏身万人海,逢场作戏到苏州。 写奉养浩正之 元培"。(启功 牟小东编《蔡元培先生手迹》)

34. 为童汝廉夫妇撰像赞。

"接物以仁,治家从俭。见义勇为,独严绳检。厥配淑温,女宗东剡。教子成材,亢宗无丕。

俪德同心,宜铭琬琰。

汝廉先生暨德配魏夫人遗像 蔡元培敬赞"。(绍兴鲁迅纪念馆藏件)

35. 作《苏州度中秋》一首。

"中庭妇女烧香斗,沿路儿童飐纸旗。此似故乡迎月式,独无巨饼饷常仪。(嫦娥亦作常仪)"(启功 牟小东编《蔡元培先生手迹》)

36. 作《桂花》一首,又二首。

"入市今晨见桂花,一枝购取任横斜。甜香活色轻轻摘,乞与深杯试点茶。"

"十九日,市中又见卖桂花者,疑留园闻木(?)樨香轩之丛桂,当已着花,往探之则未见花而仿佛闻其香,不知联想所致,抑高处已有花耶?

(一)

丛桂今晨又缔缘,相将踪迹到留园。暗香已逗初禅意,色相犹悭俗眼观。

(二)

传舍犹存两三株,劲枝绿叶镇扶疏。花期寂寞无消息,买得折枝聊慰无。"(启功 牟小东编《蔡元培先生手迹》)

37. 作七绝二首。

"(一)百树梅花万卷书,读书楼上五年余。山中清福真堪美,不羡窥园董仲舒。

(二)广寒一梦坠金钱,咳唾依然下九天。自是文章能寿世,何须羽化说登仙。"(启功 牟小东编《蔡元培先生手迹》)

38. 作《京寓口占》二首。

"(一)尽多女士度窗前,粗服靓装各自然。未及端详真面目,不须赘语到嫮妍。

(二)秃树槎枒数十株,偶参常绿也清癯。金人趺坐对红烛,古拙均堪入画图。"(启功 牟小东编《蔡元培先生手迹》)

39. 作《京寓门前两石犬》一首。

"辟邪天禄萃南都,石犬居然也滥竽。怪道人人说狮子,原从异域写韩卢。"(蔡元培先生手稿)

40. 作挽萧子升康夫人诗一首。

"廿载述君子,房歌沉瀍深。温良基个性,黾勉见同心。

赢损中闺质,清招薄病侵。多情留奉倩,哀感总难禁。"(蔡元培先生手稿)

41. 作《西湖荷》一首。

"潋滟湖光里,荷花别样红。水波清似许,莲叶碧无穷。

仁看三潭月,行吟曲院风。凭栏香冉冉,把椁乐融融。"(蔡元培研究会藏抄件)

42. 作《西湖柳》一首。

"青青湖上柳,袅袅舞纤腰。堤畔闻莺啭,桥边看絮飘。

鹅黄方吐艳,鸭绿又添娇。苏小门前住,依依几万条。"(蔡元培研究会藏抄件)

43. 作《咏茉莉》(七律)一首。

"为何冉冉座旁香,缘有茉莉在我房。气与芝兰同臭味,瑞同蓂荚卜嘉祥。

轻裁玉蕊送诗兴,笑插冰姿助夜凉。雅韵孤标真可爱,画眠清梦也芬芳。"(蔡元培研究会藏抄件)

44. 作《岫云》一首。

"云在层岩上,浑无出岫心。烟霞同啸傲,泉石卜知音。"(台湾《传记文学》第57卷第3期)

45. 作《岩泉》一首。

"泉在层岩下,源头活水清。出山嫌世浊,抱璞守廉贞。"(台湾《传记文学》第57卷第3期)

46. 作《秋夜感怀》一首。

"刚是炎炎天气候,霎时天末又凉风。听来西陆蝉声唱,正与去秋一一同。"

（台湾《传记文学》第57卷第3期）

　　47. 作《和周成赏花》一绝。

　　"诗人随处赋精神，斗室疏花许绝尘。最惜晨游迟一步，未能同赏赵家春。"
（《宇宙风》乙刊 第24期）

（二）征引文献简目

《蔡元培全集》中国蔡元培研究会编 浙江教育出版社 1997—1998年出版
《蔡元培书信集》高平叔 王世儒编注 浙江教育出版社 2000年出版
《蔡元培先生手迹》启功 牟小东 北京大学出版社 1988年出版
《蔡元培纪念集》中国蔡元培研究会编 浙江教育出版社 1998年出版
《蔡孑民先生言行录》新潮社编辑 北京大学出版部 1920年出版
《蔡元培先生全集》孙常炜编 商务印书馆（台湾）1977年出版
《蔡元培先生全集》（续集）孙常炜编 商务印书馆（台湾）1991年出版
蔡元培《日记》《自写年谱》（见《蔡元培全集》第15卷—第17卷）
蔡元培口述、黄世晖记《传略》（见《蔡元培全集》第3卷）
《论蔡元培》蔡元培研究会编 旅游教育出版社 1989年出版
《蔡元培画传》蔡建国编 上海人民美术出版社 1988年出版
《吴稚晖全集》（第1—18卷）中国国民党党史史料编委会 1969年出版
《西潮》蒋梦麟著 远流出版事业公司 1989年出版
《师友记》毛子水著 台湾传记文学出版社 1978年出版
《罗家伦先生文存》中国国民党"中央委员会"党史委员会 1976年出版
《罗家伦先生文存》（附编）中国国民党"中央委员会"党史委员会 1996年出版
《越缦堂日记》广陵书社 2004年出版
《翁文恭公日记》上海商务印书馆 1925年影印
《缘督庐日记钞》叶昌炽 北京图书馆出版社 2007年出版
《胡适日记全集》安徽教育出版社 2003年出版
《胡适全集》（书信）安徽教育出版社 2003年出版
《张元济日记》商务印书馆 1981年出版
《邵元冲日记》上海人民出版社 1990年出版
《顾颉刚日记》中华书局 2011年出版
《周作人日记》大象出版社 1996年出版
《鲁迅日记》人民文学出版社 1981年出版
《吴虞日记》四川人民出版社 1984年出版
《知堂回想录》周作人著 香港三育图书文具公司 1980年出版

《留法勤工俭学运动》（一）张允侯等编 上海人民出版社 1980 年出版
《旅欧教育运动》世界社编辑 该社 1916 年印本
《辛亥革命》（一）（二）上海人民出版社 1957 年出版
《辛亥革命回忆录》政协文史资料研究委员会编 文史资料出版社 1961 年出版
《中华教育文化基金董事会报告》（第一次—第十三次）
《全国和平联合会一览》该会 1919 年编印
《全国大学图鉴》中国学生社编 上海良友图书印刷公司 1933 年出版
《国立北京大学二十周年纪念册》北京大学出版部 1918 年出版
《北大生活》北京大学出版部 1921 年出版
《国立北京大学校史略》国立北京大学志编纂处编 1933 年印
《北京民国大学一览》民国大学出版部 1924 年出版
《近代中国教育史料》舒新城编 中华书局 1928 年出版
《陶成章集》汤志钧编 中华书局 1986 年出版

《苏报》1903 年
《俄事警闻》1903—1904 年
《警钟日报》1904—1905 年
《民立报》1910—1913 年
《甲寅日刊》1917 年 1—7 月
《北京大学日刊》1917—1927 年　1929—1932 年
北京《晨钟报》1916—1918 年
北京《晨报》1919—1928 年
《京报》1918—1926 年　1931—1933 年
天津《大公报》1916—1935 年
《申报》1891—1938 年
《时事新报》1912—1935 年
上海《民国日报》1916—1931 年
长沙《大公报》1920 年
《武汉日报》1932 年
南京《中央日报》1928—1948 年
延安《新中华报》1940 年
重庆《大公报》1940 年
重庆《新华日报》1938—1940 年
香港《大公报》1940 年

《旅欧杂志》1—23卷(1916—1917年)
《临时政府公报》1—58号(1912年1—4月)
《新青年》1—9卷(1915—1922年)
《新潮》1—3卷(1919—1922年)
《国民》1—2卷(1919—1921年)
《少年中国》1—4卷(1919—1924年)
《北京大学月刊》1—9期(1919—1922年)
《音乐杂志》1—2卷(1920—1921年)
《教育杂志》3—25卷(1911—1935年)
《新教育》1—11卷(1919—1925年)
《东方杂志》7—34卷(1910—1937年)
《科学》1—12卷(1915—1927年)
中华民国《政府公报》1—1310号(1912—1915年)
《大学院公报》1—9号(1928年)
《国立中央研究院总报告》1928—1935年度
《国立中央研究院院务月报》1—2卷(1929—1931年)
《南开校风》1—134号(1919年)
《国闻周报》1—2卷(1924—1937年)
《宇宙风》半月刊1—100期(1935—1940年)
《宇宙风》乙刊1—56期(1939—1941年)
《中央周报》1—473号(1928—1937年)
《东方画刊》1—2卷(1938—1940年)
《传记文学》(台湾)1—73卷(1962—1998年)
《北京档案史料》1986—1999年